plurall

Esta obra está no **Plurall**.
Baixe o app no seu celular
ou acesse **http://plurall.net**
e descubra uma nova
forma de estudar!

AAAPJGCJ2

Atenção! Somente serão liberados conteúdos
e serviços relacionados a esta obra.

44489_01_269072 - 410

Ajuda: @plurallnet

SOMOS EDUCAÇÃO

1 PARTE

VOLUME ÚNICO

MATEMÁTICA

Luiz Roberto Dante

Luiz Roberto Dante
Livre-docente em Educação Matemática pela Universidade Estadual Paulista (Unesp – Rio Claro, SP)
Doutor em Psicologia da Educação: Ensino da Matemática pela Pontifícia Universidade Católica de São Paulo (PUC–SP)
Mestre em Matemática pela Universidade de São Paulo (USP)
Pesquisador em ensino e aprendizagem da Matemática pela Unesp – Rio Claro, SP
Ex-professor na rede estadual de Ensino Fundamental e Médio

Autor de vários livros, entre os quais: ***Formulação e resolução de problemas de Matemática – Teoria e prática; Didática da Matemática na pré-escola***; ***Projeto Ápis – Matemática*** (1º ao 5º ano)***; Projeto Teláris – Matemática*** (6º ao 9º ano); Coleção ***Matemática - Contexto & Aplicações*** (Ensino Médio, três volumes) – Editora Ática

Voaz **é um nome criado a partir da palavra "voar" mais o sufixo "az" e expressa a ideia de alguém capaz de voar – o aluno alçando voo rumo ao conhecimento e à aprendizagem.**

PROJETO V O A Z

editora ática

editora ática

Gerente Editorial e de Conteúdos Didáticos: Elizabeth Soares
Responsável Editorial: Cármen Matricardi
Editores: Alterson Cação; Felipe Fatichi,
Luiz Cesar e Marcela Pontes (Estagiários)
Coordenador Digital: Roberto Matajs
Gerente de Arte e Criação: Marisa Iniesta Martin
Supervisor de Arte: Sérgio Yutaka Suwaki
Editores de Arte: Didier D. C. Dias de Moraes (Coord. Programação Visual)
e André Vitale
Editoração Eletrônica: Formato
Gerente de Revisão: Hélia de Jesus Gonsaga
Equipe de Revisão: Ana Carolina Nitto, Ana Curci,
Ana Paula Chabaribery, Célia da Silva Carvalho, Gloria Cunha,
Patrícia Travanca e Rosângela Muricy
Supervisor de Iconografia: Sílvio Kligin
Equipe de Iconografia: Josiane Camacho Laurentino (Pesquisa)
e Claudia Cristina Balista (Assistência)
Cartografia: Juliana Medeiros de Albuquerque e Márcio Santos de Souza
Tratamento de Imagem: Cesar Wolf e Fernanda Crevin
Colaboradores: Eloy Ferraz Machado Neto, Fernando Machado César Viana,
Nara Vilma Lima Pinheiro e Márcia Ladeira
Gerente de Tecnologia: Ricardo Falzetta
Guilherme Paes Molina (Analista de Tecnologia Educacional)
Programação Visual de Capa: Aeroestúdio
Programação Visual de Miolo: Imageria Estúdio
Fotos de capa: Michelle Gilders/SuperStock/Getty Images, Alexandru/
Shutterstock/Glow Images e Jaggat/Shutterstock/Glow Images
Ilustrações: Formato e Paulo Manzi

Av. Otaviano Alves de Lima, 4400
6º andar e andar intermediário ala "A"
Freguesia do Ó – CEP 02909-900 – São Paulo – SP
Tel.: 4003-3061
www.atica.com.br / editora@atica.com.br

Dados Internacionais de Catalogação na Publicação (CIP)
(Câmara Brasileira do Livro, SP, Brasil)

Dante, Luiz Roberto
Projeto VOAZ Matemática / Luiz Roberto Dante. – 1. ed. – São Paulo: Ática, 2012. – (Coleção Projeto VOAZ)

1. Matemática (Ensino Médio) I. Título. II. Série.

12–06030 CDD–510.7

Índice para catálogo sistemático:
1. Matemática : Ensino Médio 510.7

2018
ISBN 978 85 08 15924 6 (AL)
ISBN 978 85 08 15925 3 (PR)
Cód. da obra CL 738169
CAE: 269072 (AL)
CAE: 269073 (PR)
1ª edição
8ª impressão

Impressão e acabamento: Bercrom Gráfica e Editora

ABDR
EDITORA AFILIADA

MISTO
Papel produzido a partir de fontes responsáveis
FSC® C137933

APRESENTAÇÃO

A questão primordial não é o que sabemos, mas como o sabemos.
Aristóteles

Não há ramo da Matemática, por mais abstrato que seja, que não possa um dia vir a ser aplicado aos fenômenos do mundo real.
Lobachevsky

Ao elaborar este ***Projeto Voaz Matemática***, procuramos levar em conta as duas afirmações acima. Nosso intuito é fazer com que a compreensão das ideias básicas da Matemática desse nível de ensino seja clara e objetiva e, quando necessário, que a aplicação na resolução de problemas no mundo real seja bem fundamentada.

Neste volume único buscamos resolver o problema de usabilidade; para isso dividimos o livro em três partes, facilitando o transporte e o uso do material.

Outra novidade é a reestruturação do conteúdo, tornando o texto mais sucinto e objetivo (principalmente no tratamento da Geometria Plana e da Trigonometria).

Todos os conceitos básicos próprios do Ensino Médio foram explorados de maneira intuitiva e compreensível. Priorizamos os exercícios e problemas que envolvem contextualização, interdisciplinaridade e integração entre os temas matemáticos. Os exemplos de aplicação e os exercícios são parte integrante do livro. Antes de resolver os exercícios é absolutamente necessário que o aluno estude a teoria e refaça os exemplos de aplicação.

Também compõe esta obra um material complementar – o Caderno de Revisão e Exercícios – para auxiliar nos estudos direcionados aos vestibulares. Nesse material você encontra tabelas-resumo e uma grande diversidade de exercícios das mais variadas instituições de ensino superior do país, bem como do Enem.

Assim, este volume único reúne todos os assuntos trabalhados no Ensino Médio e também auxilia o aluno em sua preparação para os processos seletivos de ingresso nos cursos de Educação Superior.

Esperamos, dessa forma, contribuir para o trabalho do professor em sala de aula e para o processo de aprendizagem dos alunos, solidificando, aprofundando e ampliando o que eles aprenderam no Ensino Fundamental.

As sugestões e críticas que visem aprimorar este livro serão sempre bem-vindas.

Luiz Roberto Dante

CONHEÇA SEU LIVRO

A obra

O livro está organizado em capítulos, nos quais o texto é construído de forma clara, contextualizada, completa e com o rigor necessário à disciplina.

Abertura de capítulo

Tem a função de aguçar a curiosidade e contextualizar ou introduzir o assunto que será trabalhado.

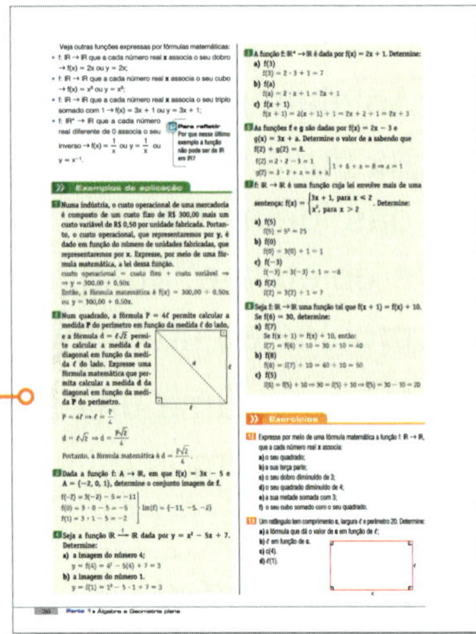

Exemplo de aplicação

Ao longo de cada capítulo são resolvidos vários problemas e questões, com o objetivo de concretizar as ideias básicas analisadas e servir de orientação para a resolução de outros exercícios.

As seções

Permeando a teoria há as seções a seguir, cada uma com um objetivo próprio.

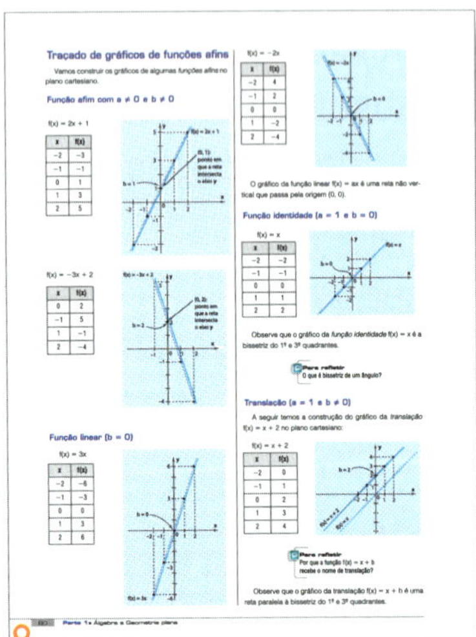

Para refletir

Um convite à reflexão, que estimula a constatar, descobrir, perceber ou provar alguma propriedade ou fato.
Às vezes, complementa o estudo do tópico que está sendo abordado.

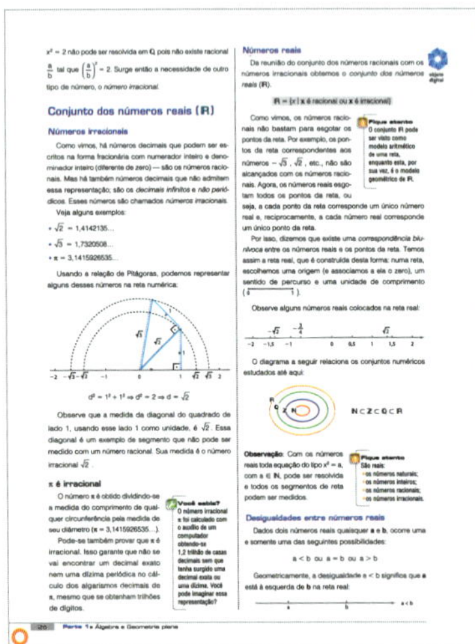

Fique atento

Apresenta conteúdos já estudados e que devem ser relembrados ou relacionados com o assunto que está sendo apresentado.

Você sabia?

Trata de informações interessantes que ampliam o tema em estudo.

Os exercícios

Há uma grande variedade e quantidade de exercícios e situações-problema para você checar, consolidar e aplicar os conhecimentos adquiridos. Eles são apresentados com dificuldades graduadas e, sempre que possível, contextualizados de maneira interdisciplinar.

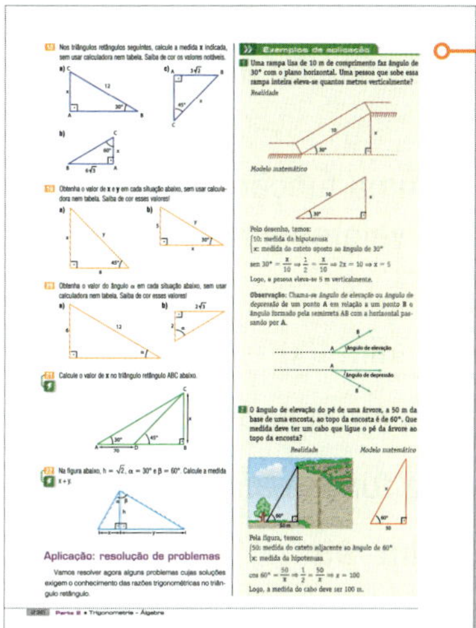

Desafios

Nos capítulos há vários desafios para você resolver. Em geral, esse tipo de atividade exige um pouco mais de perspicácia e atenção.

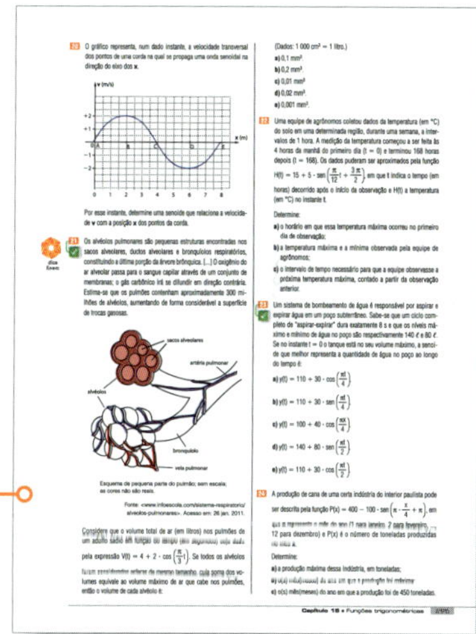

Pensando no Enem

Em cada capítulo há questões direcionadas ao desenvolvimento das habilidades desse exame.

Assuntos optativos

Textos complementares, apresentados no final de alguns capítulos, agregando informações e exercícios ao conceito estudado.

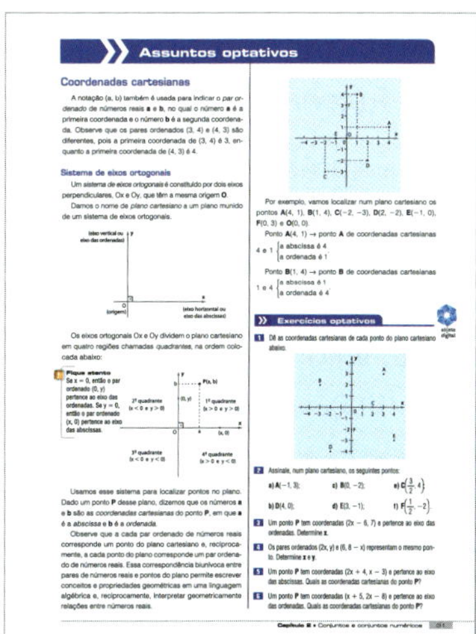

objeto digital

Objeto digital

Conteúdos digitais relacionados aos principais assuntos abordados (acesse: www.redetria.com.br).

dica Enem

Dica Enem

Dicas de como se sair bem no Enem (acesse: www.redetria.com.br).

SUMÁRIO

PARTE 1 ÁLGEBRA – GEOMETRIA PLANA

CAPÍTULO 1 | Revisão do Ensino Fundamental

CAPÍTULO 2 | Conjuntos e conjuntos numéricos

CAPÍTULO 3 | Funções

CAPÍTULO 4 | Função afim

CAPÍTULO 5 | Função quadrática

PARTE 1

ÁLGEBRA – GEOMETRIA PLANA

1
Capítulo

Revisão do Ensino Fundamental

Cálculo numérico e algébrico e Fatoração

1 Efetue as operações com expressões algébricas, reduzindo os resultados à forma mais simples:

a) $(3x^2 - 2x + 9) - (3x - 1)(x + 4)$

b) $a(a - b + 1) + \dfrac{4a - 6b + 2}{2}$

c) $(x - 4)^2 + 2(x + 3)^2 - (x - 5)^2$

d) $(x + 6)(x - 2) + (x + 4)(x - 4)$

e) $\dfrac{6(x - 1)(x + 2)}{(2x - 5) - 2(x - 1)}$

2 Desenvolva:

a) $(a + 5)^2$

b) $(2x + 4)^2$

c) $\left(y - \dfrac{1}{3}\right)^2$

d) $(x - 2b)^2$

e) $\left(5y + \dfrac{1}{2}\right)^2$

f) $(x^2 + b)^2$

g) $(a - 3)^2$

h) $(4x - 7)^2$

3 Efetue:

a) $(x - 7)(x + 7)$

b) $(a + 20)(a - 20)$

c) $(x + 4y)(x - 4y)$

d) $(5x + 8)(5x - 8)$

4 Efetue:

a) $(4x - 9)^2$

b) $(5x + y)(5x - y)$

c) $(3a + 8b)^2$

d) $\left(x - \dfrac{2}{3}\right)^2$

5 Efetue:

a) $\left(\sqrt{3} + \sqrt{2}\right)\left(\sqrt{3} - \sqrt{2}\right)$

b) $\left(\sqrt{3} + \sqrt{2}\right)^2$

6 Efetue:

a) $(x + 2)^3$

b) $(a - 4b)^3$

c) $(1 - 10x)^3$

d) $(x + y)^3$

7 Fatore as expressões abaixo, colocando em evidência os fatores comuns em cada uma delas:

a) $ax + bx$

b) $ax^3 + bx^5$

c) $6a^3 + 4a^2 + 8a^3$

d) $10\sqrt{2} + 10\sqrt{3}$

8 Fatore as expressões, colocando em evidência o fator comum em cada uma delas:

a) $6x^2y^2 - 9x^2y + 15xy^2$

b) $x(x - 4) + 6(x - 4)$

c) $2x^2 + 4xy$

d) $7a^3 + 14ab$

9 Fatore as expressões seguintes usando a fatoração por agrupamento:

a) $2x^2 - 4x + 3xy - 6y$

b) $a^2 - a - ab + b$

c) $x^2 + xy + x + y$

d) $ab + 3b - 7a - 21$

10 Fatore a expressão algébrica $(3x + 5)(x - 2) + (3x + 5)^2$.

11 Escreva as diferenças como produto de uma soma por uma diferença dos mesmos termos:

a) $9x^2 - 16y^2$

b) $4a^2b^2 - 9x^2y^2$

c) $x^2 - \dfrac{1}{36}$

d) $\dfrac{1}{4} - 4a^2b^2$

12 Fatore a expressão $(3x + 4)^2 - (2x - 1)^2$.

13 Fatore as expressões abaixo, transformando-as em quadrados perfeitos:

a) $x^2 + 2x + 1$

b) $m^2 - 2m + 1$

c) $a^2 + 6a + 9$

d) $x^2 - 10x + 25$

14 Faça a fatoração das expressões abaixo:

a) $3x^2 - 15x$

b) $9x^2 - 25$

c) $x^2 + 40x + 400$

d) $y^2 - 81$

15 Fatore as expressões algébricas:

a) $30x^2 - 12x + 18xy$

b) $25x^2 - 4y^2$

c) $x^2 - 5x + xy - 5y$

d) $x^2 - 16x + 64$

e) $x^4 - y^4$

16 Fatore:

a) $2x + bx + x^2$

b) $ax + bx + ay + by$

c) $4x^2 - y^2$

d) $4 - m^2$

e) $x^2 + 2xy + y^2$

f) $a^2 - 4a + 4$

17 Fatore completamente:

a) $(a + b)x + a + b$

b) $ax + 2x + ab + 2b$

c) $4b^2 - 1$

d) $z^2 - 8z + 16$

18 Simplifique as frações algébricas:

a) $\dfrac{3x + ax + bx}{x}$

b) $\dfrac{20 + 4x}{2}$

c) $\dfrac{6 + 3\sqrt{2}}{3}$

d) $\dfrac{x^2 - y^2}{2x + 2y}$

19 Simplifique as frações algébricas:

a) $\dfrac{6x^2 - 9x}{15x}$

b) $\dfrac{x^2 - 25}{x^2 + 10x + 25}$

c) $\dfrac{20x^3yz^2}{35xy^2z^2}$

d) $\dfrac{x^2 + 2xy + y^2}{x^2 + xy - 3x - 3y}$

e) $\dfrac{5x - 10}{x^2 - 2x}$

f) $\dfrac{x + 6}{x^3 - 36x}$

20 Fatore completamente:

a) $x^4 - x^7 + 2x^5$

b) $ma + 1 - m - a$

c) $x^3 + x^2 + x + 1$

d) $\text{sen}\, x + \cos x + \text{sen}\, x \cdot \cos x + 1$

e) $\text{sen}^2 x - 1$

f) $9a^2 - a^2y^2 + b^2y^2 - 9b^2$

g) $a^2 + 2ab + b^2 - c^2$

h) $\text{sen}^2 x - 2 \cdot \text{sen}\, x \cdot \cos x + \cos^2 x$

i) $a^2 - 6ab + 9b^2 - 16$

j) $a^2 + 2ab + b^2 - c^2 - 2cd - d^2$

21 Fatore as expressões completamente:

a) $45x^3 - 5xy^2$

b) $a^4 - b^4$

c) $xy - 5x + 4y - 20$

d) $x^2 + 2xy + y^2 + 5x + 5y$

22 Faça a fatoração das diferenças entre dois cubos:

a) $x^3 - 64$

b) $8a^3 - 1$

c) $27a^3 - 125y^3$

d) $64 - 8x^3y^3$

23 Fatore as expressões que indicam soma de dois cubos:

a) $a^3 + 1\,000$

b) $27x^3 + 1$

c) $8x^3 + y^3$

d) $27 + 8a^3b^3$

24 Resolva as equações do 1º grau com uma incógnita, com $U = \mathbb{R}$:

a) $3x - 1 = 2x + 7$

b) $x + 4 = \dfrac{x}{2} + 10$

c) $\dfrac{x}{4} - \dfrac{x - 5}{6} = 1 + \dfrac{2(x - 5)}{3}$

d) $10 - (8x - 2) = 5x + 2(-4x + 1)$

e) $\dfrac{3x - 2}{5} - x = \dfrac{1}{2}$

25 Resolva os sistemas do 1º grau com duas incógnitas reais:

a) $\begin{cases} x + y = 10 \\ x - y = 14 \end{cases}$

b) $\begin{cases} x - 2y = -3 \\ 2x + y = 14 \end{cases}$

c) $\begin{cases} 3x - y = 14 \\ 5x + 2y = 16 \end{cases}$

d) $\begin{cases} x + y = 537 \\ x - y = 211 \end{cases}$

e) $\begin{cases} x - y - 3 = 0 \\ 3x + 2y + 1 = 0 \end{cases}$

f) $\begin{cases} \dfrac{x}{2} - \dfrac{y}{2} = 5 \\ 2x + 2y = 8 \end{cases}$

26 Resolva as equações do 2º grau com uma incógnita em $\mathbb{R}$:

a) $x^2 - 9 = 0$

b) $x^2 + 5x = 0$

c) $x^2 - 4x + 3 = 0$

d) $x^2 + 5x - 14 = 0$

e) $-x^2 + 5x - 6 = 0$

f) $x^2 - 6x + 7 = 0$

2 Capítulo
Conjuntos e conjuntos numéricos

Analise a seguinte situação-problema:

Em uma pesquisa realizada com 50 pessoas para saber que esporte elas apreciam entre futebol, basquete e vôlei, o resultado foi o seguinte: 23 gostam de futebol, 18 de basquete e 14 de vôlei; 10 gostam de futebol e de basquete; 9 de futebol e de vôlei; 8 de basquete e de vôlei e 5 gostam das três modalidades.

a) Quantas pessoas não gostam de nenhum desses esportes?
b) Quantas gostam somente de futebol?
c) Quantas gostam só de basquete?
d) Quantas gostam apenas de vôlei?
e) E quantas não gostam nem de basquete nem de vôlei?
f) Quantas pessoas gostam só de futebol ou só de basquete ou de ambos?

ANTONIO SCORZA/STAFF/GETTY IMAGES

Jogo entre Brasil e Argentina no estádio do Mangueirão, em Belém do Pará, em 28/9/2011.

Para resolver questões desse tipo, devemos utilizar conhecimentos de *conjuntos*.

1. A noção de conjunto

A noção de conjunto é bastante simples e fundamental na Matemática, pois a partir dela podem ser expressos todos os conceitos matemáticos.

Um *conjunto* é uma coleção qualquer de objetos. Por exemplo:

- conjunto dos estados da região Sudeste do Brasil: S = {São Paulo, Rio de Janeiro, Minas Gerais, Espírito Santo}

Adaptado de: *Trabalhando com mapas: as regiões brasileiras*. São Paulo: Ática, 2000.

- conjunto dos números primos: B = {2, 3, 5, 7, 11, 13, ...}
- conjunto dos quadriláteros: C = {quadriláteros}

Para refletir
Todo número primo maior do que 2 é ímpar? Todo número ímpar maior do que 2 é primo?

Um conjunto é formado por *elementos*. Um objeto **a** qualquer pode ser elemento de um determinado conjunto **A**. Quando for, dizemos que:

a *pertence* a **A** e escrevemos $a \in A$.

Caso contrário, dizemos que **a** *não pertence* a **A** e escrevemos $a \notin A$.

Nos exemplos acima, temos:

- Minas Gerais $\in$ S e Paraná $\notin$ S
- $2 \in B$ e $9 \notin B$
- retângulo $\in$ C e triângulo $\notin$ C

2. Propriedades, condições e conjuntos

Consideremos a *propriedade* **p**:

p: **x** é um número natural ímpar

Essa propriedade pode ser expressa pelo conjunto $I = \{1, 3, 5, 7, 9, 11, ...\}$.

Assim, é indiferente dizer que **x** possui a propriedade **p** ou que $x \in I$.

Consideremos agora a *condição* **c**:

c: **x** é um número inteiro que satisfaz a condição $x^2 - 4 = 0$

Essa condição pode ser expressa pelo conjunto $A = \{-2, 2\}$.

Nesse caso, também é indiferente dizer que **x** satisfaz a condição **c** ou que $x \in A$.

É mais simples trabalhar com conjuntos do que com propriedades e condições. Além disso, podemos definir relações e operações entre conjuntos. Já com propriedades e condições isso seria mais difícil.

3. Igualdade de conjuntos

Dois conjuntos são *iguais* quando possuem os mesmos elementos. Por exemplo, se A = {números naturais pares} e $B = \{0, 2, 4, 6, 8, 10, 12, ...\}$, então $A = B$.

Se **A** *não é igual a* **B**, então **A** *é diferente de* **B** e escrevemos $A \neq B$.

Observação: $\{1, 2\} = \{1, 1, 1, 2, 2, 2, 2, 2\}$, pois possuem os mesmos elementos. A quantidade de vezes que eles aparecem não é importante.

Exercícios

Para resolver os exercícios 1 e 2 a seguir, use as convenções dadas na página anterior.

1 Escreva com símbolos:

a) Espírito Santo pertence ao conjunto dos estados da região Sudeste.
b) Bahia não pertence ao conjunto dos estados da região Sudeste.
c) 17 pertence ao conjunto dos números primos.
d) 15 não pertence ao conjunto dos números primos.
e) Pentágono não pertence ao conjunto dos quadriláteros.
f) Losango pertence ao conjunto dos quadriláteros.

2 Classifique em verdadeiro (**V**) ou falso (**F**):

a) São Paulo $\in S$
b) Piauí $\notin S$
c) Rio de Janeiro $\notin S$
d) $21 \in B$
e) $2 \in D$
f) paralelogramo $\in C$
g) trapézio $\notin C$
h) hexágono $\in C$
i) $29 \notin B$
j) Venezuela $\in S$

3 Escreva o conjunto expresso pela propriedade:

a) **x** é um número natural par;
b) **x** é um número natural menor do que 8;
c) **x** é um número natural múltiplo de 5 e menor do que 31;
d) **x** é letra da palavra CONJUNTO;
e) **x** é um quadrilátero que possui 4 ângulos retos.

4 Escreva o conjunto dado pela condição:

a) **y** é um número tal que $y^2 - 25 = 0$;
b) **y** é um número tal que $y^2 - 5y + 6 = 0$;
c) **y** é um número maior do que zero tal que $y^2 - 3y - 10 = 0$;
d) **y** é um número divisor de 16 tal que $y^3 = 8$;
e) **y** é um número inteiro menor do que 6 e maior do que -2.

5 Escreva uma propriedade que define o conjunto:

a) $\{0, 1, 2, 3, 4, 5, 6, 7, 8, 9\}$;
b) $\{0, 2, 4, 6\}$;
c) $\{11, 13, 15, 17\}$;
d) $\{0, 1, 2, 3, 4, ..., 99, 100\}$.

6 Escreva uma condição que define o conjunto:

a) $\{-3, 3\}$;
b) $\{1, 2\}$;
c) $\{5\}$;
d) $\{7, 8, 9, 10, 11, ...\}$.

4. Conjuntos vazio, unitário e universo

Um conjunto interessante é o *conjunto vazio*, cuja notação é $\varnothing$. Uma propriedade contraditória qualquer pode ser usada para definir o conjunto vazio. Por exemplo:

{números naturais ímpares menores do que 1}

{x | **x** é um número natural ímpar menor do que 1} = $\varnothing$,

(| lê-se "tal que")

pois *não há* número natural ímpar menor do que 1.

Assim, o conjunto vazio *não possui elementos*. Ele pode ser representado também por { }.

Outro conjunto interessante é o *conjunto unitário*, formado por um único elemento. Exemplo:

{números naturais pares e primos} = {x | **x** é um número natural par e primo} = {2}, pois o único número natural par e primo é o 2.

Como curiosidade, observe que $\varnothing$ é diferente de $\{\varnothing\}$, pois $\{\varnothing\}$ é um conjunto unitário que tem como único elemento o conjunto vazio.

Um conjunto importante é o *conjunto universo*, cuja notação é **U**. É o conjunto formado por todos os elementos com os quais estamos trabalhando num determinado assunto. Fixado o universo **U**, todos os elementos pertencem a **U** e todos os conjuntos são partes de **U**.

É muito importante saber em qual universo estamos trabalhando. Por exemplo, se **U** é o conjunto dos números naturais, então a equação $x + 5 = 2$ não tem solução; porém, se **U** é o conjunto dos números inteiros, então a equação $x + 5 = 2$ tem como solução $x = -3$.

Exercício

7 Classifique em conjunto vazio ou conjunto unitário:

a) A = {polígonos que possuem três lados}
b) B = {x | **x** é natural maior do que 10 e menor do que 11}
c) C = {x | **x** é par maior do que 3 e menor do que 5}
d) D = {x | **x** é número primo maior do que 7 e menor do que 11}
e) E = {quadriláteros que possuem todos os ângulos obtusos}

5. Subconjuntos e a relação de inclusão

Consideremos dois conjuntos, **A** e **B**. Se todos os elementos de **A** forem também elementos de **B**, dizemos que **A** é um subconjunto de **B** ou que **A** está contido em **B** ou, ainda, que **A** é parte de **B**. Indicamos esse fato por $A \subset B$.

$A \subset B$ lê-se:
- **A** é subconjunto de **B**
- *ou*
- **A** está contido em **B**
- *ou*
- **A** é parte de **B**

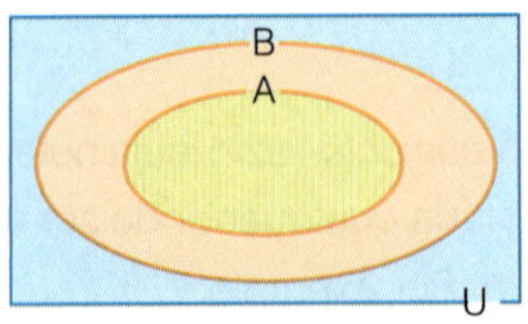

Você sabia?
Quando $A \subset B$ podemos também escrever $B \supset A$ (lê-se **B** contém **A**).

Se **A** não for subconjunto de **B**, escrevemos $A \not\subset B$.

Exemplos:

1º) Considerando **P** o conjunto dos números naturais pares e IN o conjunto dos números naturais, temos:

$$P = \{0, 2, 4, 6, 8, 10, ...\} \text{ e}$$
$$\mathbb{N} = \{0, 1, 2, 3, 4, 5, 6, 7, 8, 9, ...\}$$

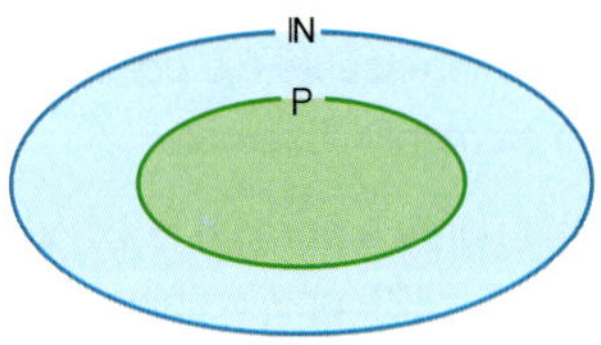

Nesse caso, $P \subset \mathbb{N}$, pois todos os elementos de **P** pertencem a IN.

2º) Se **A** é o conjunto dos retângulos e **B** é o conjunto dos quadriláteros, então $A \subset B$, pois todo retângulo é um quadrilátero.

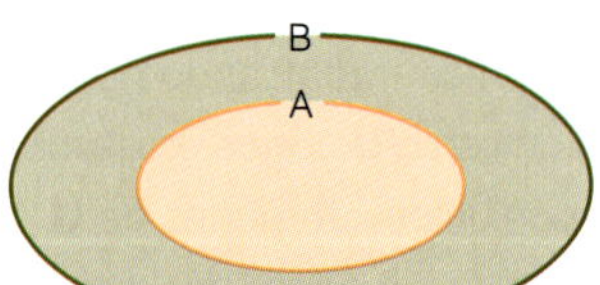

3º) Se $A = \{1, 2, 3\}$ e $B = \{1, 2, 4\}$, então $A \not\subset B$, pois $3 \in A$ e $3 \notin B$. Nesse caso, também $B \not\subset A$.

Relação de inclusão

A relação $A \subset B$ chama-se *relação de inclusão*. São casos particulares extremos de inclusão:

- $A \subset A$, pois é claro que qualquer elemento de **A** pertence a **A**.
- $\varnothing \subset A$, qualquer que seja o conjunto **A**, pois, se admitíssemos que $\varnothing \not\subset A$, teríamos um elemento **x** tal que $x \in \varnothing$ e $x \notin A$. Mas $x \in \varnothing$ é impossível. Logo, $\varnothing \subset A$.

A relação de inclusão possui três propriedades básicas. Dados os conjuntos **A**, **B** e **C** quaisquer de um determinado universo **U**, temos:

- $A \subset A$ (propriedade reflexiva).
- Se $A \subset B$ e $B \subset A$, então $A = B$ (propriedade antissimétrica).
- Se $A \subset B$ e $B \subset C$, então $A \subset C$ (propriedade transitiva).

A propriedade antissimétrica é sempre usada quando se quer provar que dois conjuntos são iguais. Para provar que $A = B$ basta provar que $A \subset B$ (todo elemento de **A** pertence a **B**) e que $B \subset A$ (todo elemento de **B** pertence a **A**).

A propriedade transitiva é fundamental nas deduções. Na lógica, ela é conhecida como uma forma de raciocínio chamada *silogismo*. Por exemplo:

- **P**: conjunto dos paulistas
- **B**: conjunto dos brasileiros
- **S**: conjunto dos sul-americanos

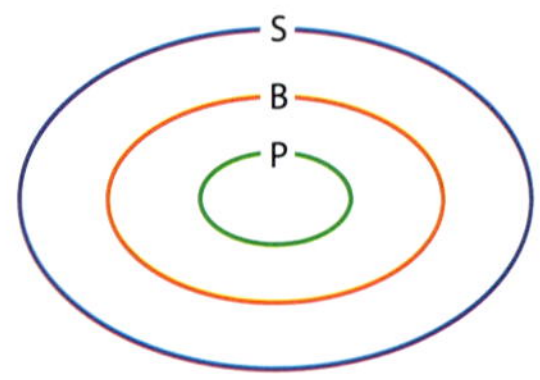

Todo paulista é brasileiro.
Todo brasileiro é sul-americano.
Então, todo paulista é sul-americano.
Se $P \subset B$ e $B \subset S$, então $P \subset S$.

Você sabia?
A é subconjunto próprio de **B** quando $A \subset B$ com $A \neq \varnothing$ e $A \neq B$.

Veja outro exemplo:

- IN: conjunto dos números naturais
- Q: conjunto dos números racionais
- IR: conjunto dos números reais

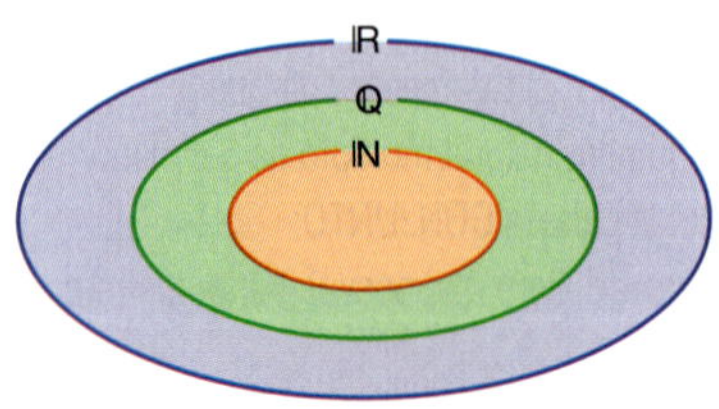

Todo número natural é racional.
Todo número racional é real.
Então, todo número natural é real.
Se $\mathbb{N} \subset \mathbb{Q}$ e $\mathbb{Q} \subset \mathbb{R}$, então $\mathbb{N} \subset \mathbb{R}$.

» Exercícios

8 Dado o conjunto A = {1, 3, 7, 8}, julgue se os itens abaixo são verdadeiros ou falsos.

a) $1 \in A$ **d)** $2 \subset A$ **g)** $\{3\} \in A$

b) $1 \subset A$ **e)** $3 \in A$ **h)** $\{7\} \subset A$

c) $2 \in A$ **f)** $\{3\} \subset A$ **i)** $\{7\} \in A$

9 Dado o conjunto A = {1, {2, 3}, {4}}, julgue se os itens abaixo são verdadeiros ou falsos:

a) $1 \in A$ **c)** $1 \subset A$ **e)** $\{2, 3\} \subset A$

b) $\{1\} \in A$ **d)** $\{1\} \subset A$ **f)** $\varnothing \in A$

10 Dado o conjunto A = {∅}, diga se os itens abaixo são verdadeiros ou falsos:

a) **A** é o conjunto vazio. **d)** $\varnothing \in A$

b) **A** é um conjunto unitário. **e)** $\{\varnothing\} \subset A$

c) $\varnothing \subset A$

11 Dados os conjuntos A = {1, 2}, B = {1, 2, 3, 4, 5}, C = {3, 4, 5} e D = {0, 1, 2, 3, 4, 5}, classifique em verdadeiro (**V**) ou falso (**F**):

a) $A \subset B$ **e)** $C \not\subset A$ **i)** $\varnothing \not\subset A$

b) $C \subset A$ **f)** $A \subset D$ **j)** $D \supset A$

c) $B \subset D$ **g)** $B \subset C$ **k)** $\varnothing \subset B$

d) $D \subset B$ **h)** $B \subset B$ **l)** $C \supset D$

12 Considerando que:

- **A** é o conjunto dos números naturais ímpares menores do que 10;
- **B** é o conjunto dos dez primeiros números naturais;
- **C** é o conjunto dos números primos menores do que 9;

Em cada item, escolha a relação correta entre as duas opções apresentadas.

a) $A \subset B$ ou $A \not\subset B$ **c)** $C \subset B$ ou $C \not\subset B$

b) $C \subset A$ ou $C \not\subset A$ **d)** $A \subset C$ ou $A \not\subset C$

6. Conjunto das partes

Dado o conjunto A = {a, e, i}, é possível escrever todos os subconjuntos (ou todas as partes) de **A**. Esse conjunto formado por todos os subconjuntos de **A** é chamado de *conjunto das partes de* **A** e é indicado por P(A). Assim, temos:

$$P(A) = \{\varnothing, \{a\}, \{e\}, \{i\}, \{a, e\}, \{a, i\}, \{e, i\}, \{a, e, i\}\}$$

Observe que {a}, {a, e} e {a, e, i}, por exemplo, são *elementos* de P(A). Portanto, escrevemos $\{a\} \in P(A)$, $\{a, e\} \in P(A)$ e $\{a, e, i\} \in P(A)$, e *não* $\{a\} \subset P(A)$, $\{a, e\} \subset P(A)$ e $\{a, e, i\} \subset P(A)$. Veja que $\varnothing \subset P(A)$ e $\varnothing \in P(A)$.

Observe também que há uma relação entre o número de elementos de P(A) e o número de elementos de **A**:

- ∅ tem 0 elemento e $P(\varnothing) = \{\varnothing\}$ tem 1 elemento.
- A = {a} tem 1 elemento e $P(A) = \{\varnothing, \{a\}\}$ tem 2 elementos.
- A = {a, b} tem 2 elementos e $P(A) = \{\varnothing, \{a\}, \{b\}, \{a, b\}\}$ tem 4 elementos.
- A = {a, b, c} tem 3 elementos e $P(A) = \{\varnothing, \{a\}, \{b\}, \{c\}, \{a, b\}, \{a, c\}, \{b, c\}, \{a, b, c\}\}$ tem 8 elementos.

Lembre-se de que $2^0 = 1$; $2^1 = 2$; $2^2 = 4$; $2^3 = 8$. É possível conjecturar então que, se **A** tem **n** elementos, P(A) tem 2^n elementos, ou seja, se **A** tem **n** elementos, **A** tem 2^n subconjuntos.

Essa conjectura é verdadeira e será demonstrada posteriormente.

Para refletir
O que significa conjecturar? Dê um exemplo.

» Exercícios

13 Dados A = {3, 7} e B = {1, 2, 3, 4, 5, 6, 7, 8}, determine:

a) o número de subconjuntos de **A**. Escreva todos eles.

b) o número de subconjuntos de **B**.

14 Dados A = {0, 1} e B = {1, 3, 5}, determine:

a) P(A);

b) P(B);

c) o número de elementos de P(A);

d) o número de elementos de P(B).

15 Se P(A) tem 64 elementos, quantos elementos tem o conjunto **A**?

16 Escreva um subconjunto **A** dos números naturais tal que P(A) tenha 16 elementos.

7. Operações entre conjuntos

Reunião ou união

Dados os conjuntos A = {0, 10, 20, 30, 50} e B = {0, 30, 40, 50, 60}, podemos escrever o conjunto **C** formado pelos elementos que pertencem a **A** ou pertencem a **B** ou a ambos. Assim, C = {0, 10, 20, 30, 40, 50, 60}. O conjunto **C** é chamado *reunião* ou *união* de **A** e **B** e é indicado por $A \cup B$ (lê-se: **A** reunião **B** ou **A** união **B**).

De modo geral, dados dois conjuntos **A** e **B**, a reunião $A \cup B$ é o conjunto formado pelos elementos de **A** mais os elementos de **B**:

$$A \cup B = \{x \mid x \in A \textit{ ou } x \in B\}$$

Por exemplo, se A = {3, 6} e B = {5, 6}, então $A \cup B = \{3, 5, 6\}$.

Nos diagramas a seguir, a reunião $A \cup B$ está colorida:

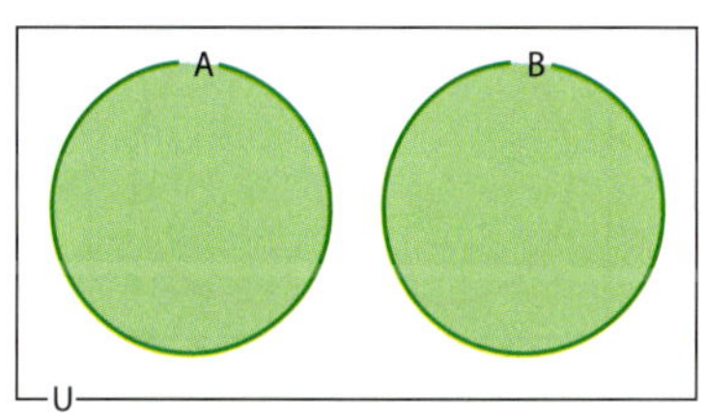

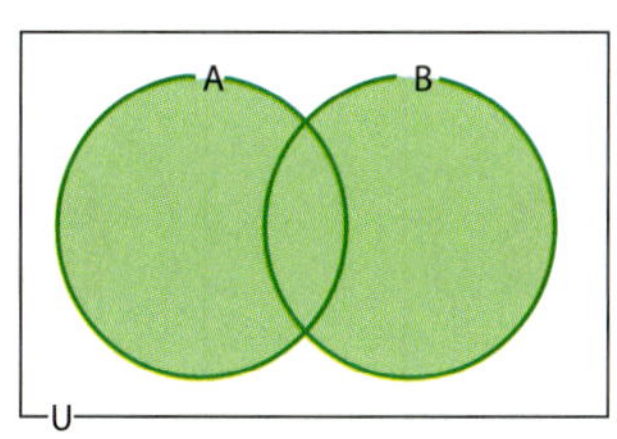

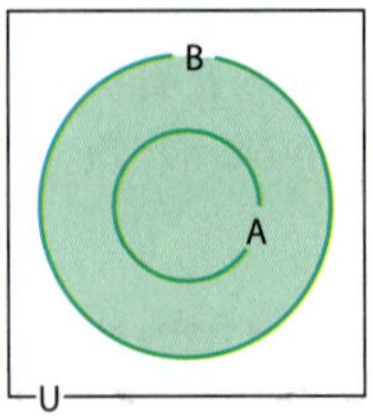

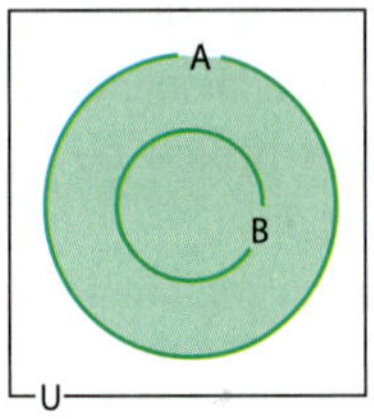

Observação: Este "ou" da reunião *não* é o "ou" de exclusão da linguagem usual "vamos ao cinema ou ao teatro". Ele significa: se **x** pertence a $A \cup B$, então **x** pertence a **A** ou pertence a **B** ou **x** pertence a ambos, isto é, $x \in A \cup B$ quando pelo menos uma das afirmações, $x \in A$ ou $x \in B$, for verdadeira.

Intersecção

Dados os conjuntos $A = \{a, e, i, o, u\}$ e $B = \{a, e, u, b\}$, podemos escrever o conjunto **C** formado pelos elementos que pertencem *simultaneamente* a **A** e **B**, ou seja, pelos elementos *comuns* a **A** e **B**. Assim, $C = \{a, e, u\}$.

O conjunto **C** é chamado *intersecção* de **A** e **B** e é indicado por $A \cap B$ (lê-se **A** intersecção **B** ou, simplesmente, **A** inter **B**).

De modo geral, dados dois conjuntos **A** e **B**, a intersecção $A \cap B$ é o conjunto formado pelos elementos que pertencem simultaneamente a **A** e a **B**:

$$A \cap B = \{x \mid x \in A \ e \ x \in B\}$$

Por exemplo, se $A = \{2, 4, 6\}$ e $B = \{2, 3, 4, 5\}$, então $A \cap B = \{2, 4\}$.

Nos diagramas abaixo, a intersecção $A \cap B$ está colorida:

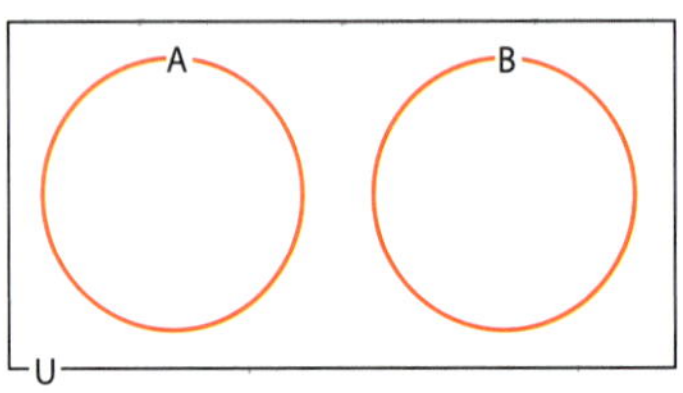

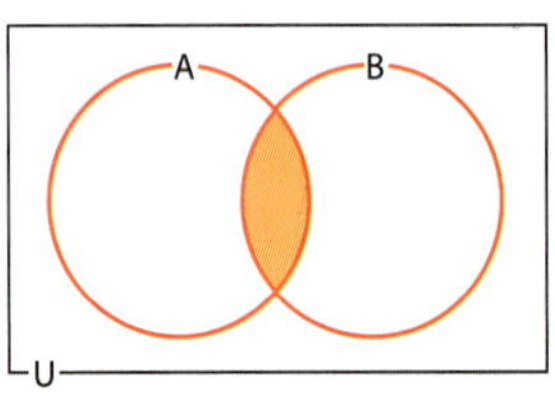

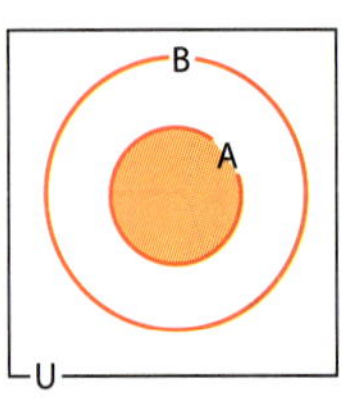

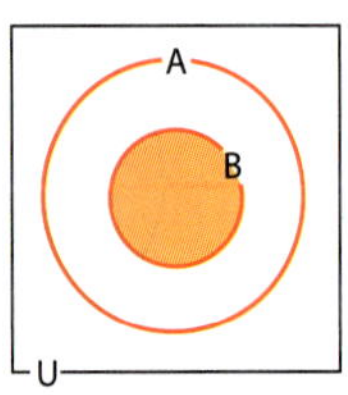

Observações:

1ª) $x \in A \cap B$ quando as duas afirmações, $x \in A$ e $x \in B$, são simultaneamente verdadeiras.

2ª) Se $A \cap B = \varnothing$, então os conjuntos **A** e **B** são chamados *disjuntos*.

Propriedades da reunião e da intersecção

Dados três conjuntos, **A**, **B** e **C**, valem as propriedades:

1ª) $A \cup B = B \cup A$
$A \cap B = B \cap A$ (comutativa)

2ª) $(A \cup B) \cup C = A \cup (B \cup C)$
$(A \cap B) \cap C = A \cap (B \cap C)$ (associativa)

3ª) $A \cap (B \cup C) = (A \cap B) \cup (A \cap C)$
$A \cup (B \cap C) = (A \cup B) \cap (A \cup C)$ (distributiva)

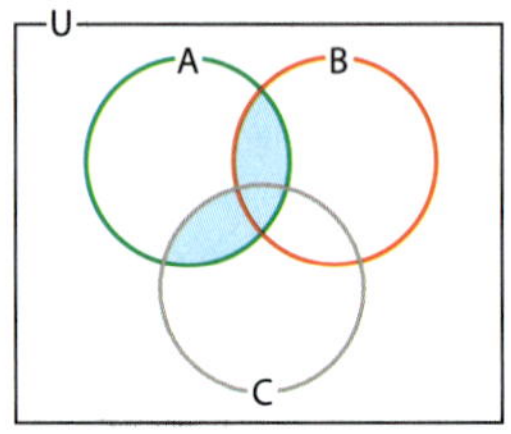

$A \cap (B \cup C)$

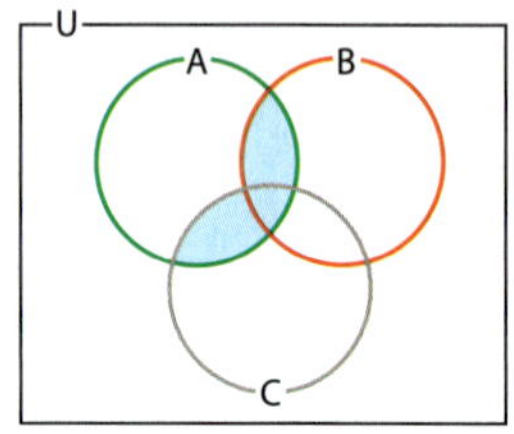

$(A \cap B) \cup (A \cap C)$

4ª) $A \subset B \Leftrightarrow A \cup B = B \Leftrightarrow A \cap B = A$

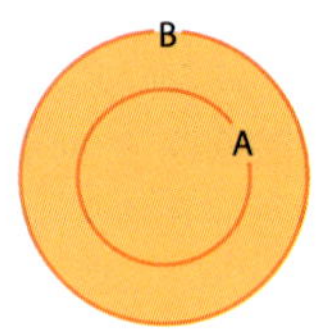

$A \cup B = B$

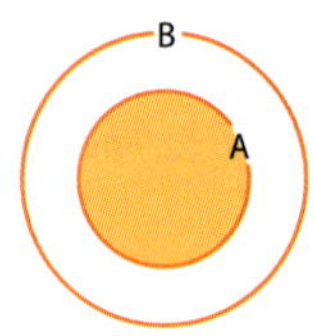

$A \cap B = A$

5ª) $A \subset B \Rightarrow (A \cup C) \subset (B \cup C)$
$A \subset B \Rightarrow (A \cap C) \subset (B \cap C)$

Diferença

Dados os conjuntos $A = \{0, 1, 3, 6, 8, 9\}$ e $B = \{1, 4, 9, 90\}$, podemos escrever o conjunto **C** formado pelos elementos que pertencem a **A**, mas que não pertencem a **B**. Assim, $C = \{0, 3, 6, 8\}$.

O conjunto **C** é chamado *diferença* entre **A** e **B** e é indicado por $A - B$ (lê-se: **A** menos **B**).

De modo geral, escrevemos:

$$A - B = \{x \mid x \in A \ e \ x \notin B\}$$

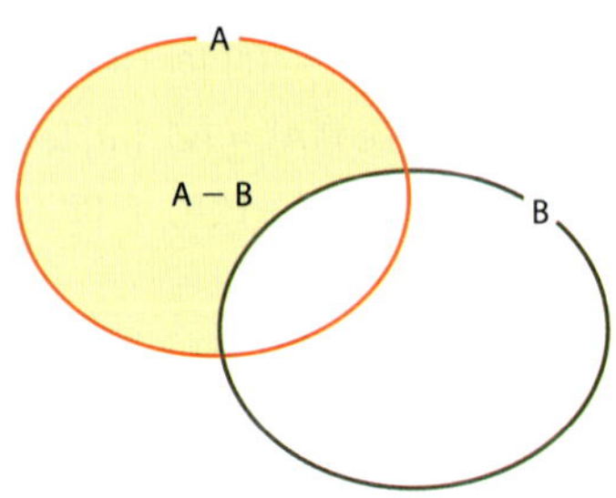

Exercícios

17 Dados os conjuntos $A = \{1, 4, 5, 6\}$ e $B = \{2, 3, 4\}$, determine:

a) $A \cup B$ **b)** $A \cap B$ **c)** $A - B$ **d)** $B - A$

18 Dados os conjuntos $A = \{a, b, c, d, e\}$ e $B = \{a, e, i, o, u\}$, determine:

a) $A \cup B$ **b)** $A \cap B$ **c)** $A - B$ **d)** $B - A$

19 Dados os conjuntos $A = \{0, 3, 4, 5, 6, 7, 8\}$, $B = \{2, 4, 5, 6, 9\}$ e $C = \{0, 3, 6, 9, 10\}$, determine:

a) $A \cup B$ **c)** $A - C$ **e)** $(B \cap C) - A$

b) $A \cap B$ **d)** $C - A$ **f)** $(A \cap B) \cup C$

20 Dados os conjuntos $A = \{2, 3, 5, 6\}$, $B = \{2, 3, 7\}$ e $C = \{3, 5\}$, determine:

a) $A \cap (B \cup C)$ **b)** $(A \cap B) \cup (A \cap C)$

Compare os conjuntos obtidos em **a** e **b**. O que você pode concluir?

21 Dado o diagrama, hachure os conjuntos, fazendo uma figura para cada item:

a) $(A \cap B) - C$

b) $(B \cup C) - A$

c) $(A \cup B) \cap C$

d) $(B \cap C) \cup A$

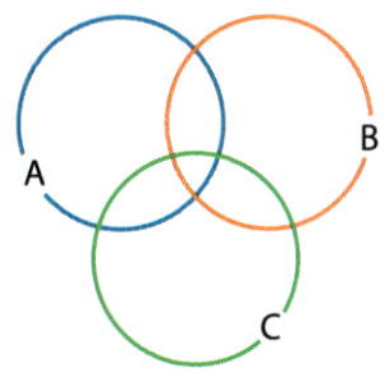

22 Dados os conjuntos:

- $A = \{x \mid$ **x** é um número natural primo menor do que $10\}$;
- $B = \{x \mid$ **x** é um número natural múltiplo de 2 menor do que $9\}$;
- $C = \{x \mid$ **x** é um número natural divisor de $12\}$;

determine:

a) $(A - B) \cup C$ **d)** $(A \cup B) \cup C$

b) $(A \cap B) \cap C$ **e)** $(A \cup C) \cap B$

c) $(B - C) \cap A$

23 Indique simbolicamente a parte colorida no diagrama:

a)

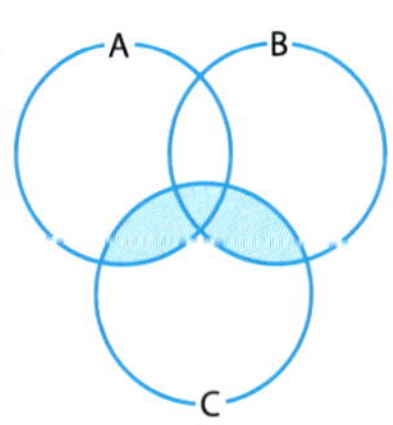

c)

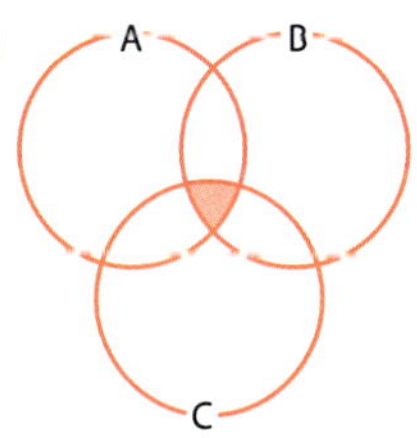

b)

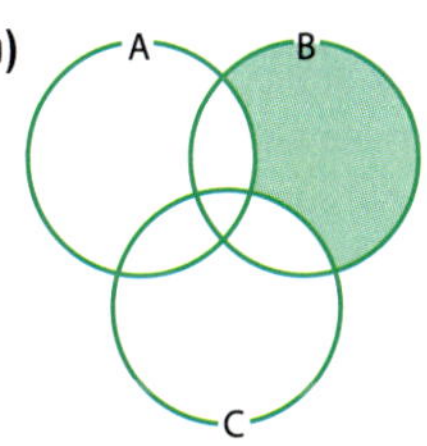

d)

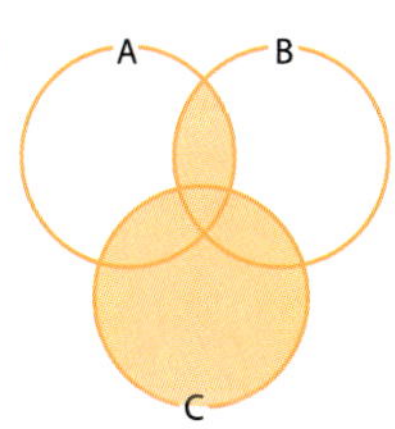

24 Na internet, *sites* de busca como o Google permitem que o internauta faça combinações entre as palavras que devem ser pesquisadas para obter os resultados desejados. Em geral, as regras de procura são as seguintes:

- Quando as palavras são digitadas com um espaço entre elas, a busca é feita por uma palavra **e** a outra palavra. Por exemplo, digitando ***amor esperança*** serão procurados apenas os *sites* que contenham, ao mesmo tempo, a palavra "amor" e a palavra "esperança".
- Quando se usa um sinal de – na frente de uma determinada palavra, a busca é feita excluindo-se os *sites* que contenham tal palavra. Por exemplo, digitando ***amor–esperança*** serão procurados *sites* que contenham a palavra "amor", mas que não contenham a palavra "esperança".

Com base nessas regras, considere que um rapaz tenha feito a seguinte pesquisa no Google: ***amor beleza–desespero***.

No diagrama de Venn abaixo, considere que os *sites* com as palavras ***Amor***, ***Beleza*** e ***Desespero*** estão representados como conjuntos com a inicial da palavra, ou seja, ao conjunto **A** pertencem todos os *sites* que contêm a palavra ***Amor***, e assim por diante. Pinte as regiões que representam corretamente o resultado da busca feita pelo rapaz.

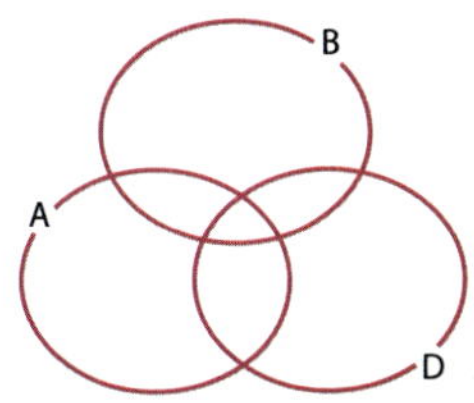

Número de elementos da reunião de conjuntos

1º caso:

Sejam $A = \{1, 3, 5, 7, 9\}$ e $B = \{0, 2, 4, 6, 8\}$. Observando os conjuntos, notamos que cada um tem cinco elementos.

Representamos simbolicamente o número de elementos desses conjuntos da seguinte forma:

$n(A) = 5$ $n(B) = 5$

Agora, veja:

$A \cap B = \varnothing \Rightarrow n(A \cap B) = 0$

$A \cup B = \{0, 1, 2, 3, 4, 5, 6, 7, 8, 9\} \Rightarrow n(A \cup B) = 10$

Observe que:

$$\underset{n(A \cup B)}{\underset{\downarrow}{10}} = \underset{n(A)}{\underset{\downarrow}{5}} + \underset{n(B)}{\underset{\downarrow}{5}}$$

2º caso:

Consideremos **A** o conjunto dos números ímpares de 0 a 10, e **B** o conjunto dos números primos de 0 a 10. Então, se $n(A)$ representa o número de elementos de **A**, temos:

$A = \{1, 3, 5, 7, 9\} \Rightarrow n(A) = 5$

$B = \{2, 3, 5, 7\} \Rightarrow n(B) = 4$

$A \cap B = \{3, 5, 7\} \neq \varnothing \Rightarrow n(A \cap B) = 3$

$A \cup B = \{1, 2, 3, 5, 7, 9\} \Rightarrow n(A \cup B) = 6$

Observe que $n(A \cup B) \neq n(A) + n(B)$, pois há três elementos comuns a ambos os conjuntos $[n(A \cap B) = 3]$.

Assim:

$$\underset{n(A \cup B)}{\underset{\downarrow}{6}} = \underset{n(A)}{\underset{\downarrow}{5}} + \underset{n(B)}{\underset{\downarrow}{4}} - \underset{n(A \cap B)}{\underset{\downarrow}{3}}$$

É possível provar que, de modo geral, quando **A** e **B** são conjuntos finitos, tem-se:

$n(A \cup B) = n(A) + n(B) - n(A \cap B)$, quando $A \cap B \neq \varnothing$

Demonstração:

Observe que $n(A)$ inclui $n(A \cap B)$ e $n(B)$ também inclui $n(A \cap B)$:

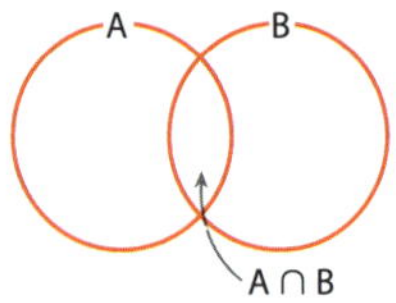

$n(A \cup B) = [n(A) - \cancel{n(A \cap B)}] + \cancel{n(A \cap B)} + [n(B) - n(A \cap B)] \Rightarrow$

$\Rightarrow n(A \cup B) = n(A) + n(B) - n(A \cap B)$

No caso particular de $A \cap B = \varnothing$, temos:

$n(A \cup B) = n(A) + n(B)$, pois $n(A \cap B) = 0$.

» Exemplos de aplicação

1 Numa pesquisa com jovens, foram feitas as seguintes perguntas para que respondessem sim ou não: Gosta de música? Gosta de esporte? Responderam sim à primeira pergunta 90 jovens; 70 responderam sim à segunda; 25 responderam sim a ambas; e 40 responderam não a ambas. Quantos jovens foram entrevistados?

A: conjunto dos que gostam de música $\Rightarrow n(A) = 90$

B: conjunto dos que gostam de esporte $\Rightarrow n(B) = 70$

$A \cap B$: conjunto dos que gostam de ambos $\Rightarrow n(A \cap B) = 25$

$A - (A \cap B)$: conjunto dos que só gostam de música $\Rightarrow$

$\Rightarrow 90 - 25 = 65$

$B - (A \cap B)$: conjunto dos que só gostam de esporte $\Rightarrow$

$\Rightarrow 70 - 25 = 45$

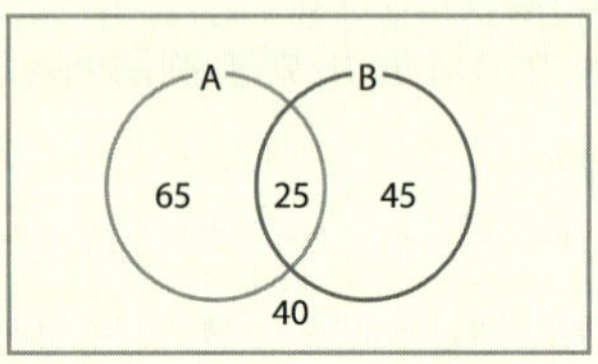

Portanto, o número de entrevistados é:

$65 + 25 + 45 + 40 = 175$

ou:

$n(A \cup B) + 40 = n(A) + n(B) - n(A \cap B) + 40 =$

$= 90 + 70 - 25 + 40 = 175$

2 (Enem) Um fabricante de cosméticos decide produzir três diferentes catálogos de seus produtos, visando a públicos distintos. Como alguns produtos estarão presentes em mais de um catálogo e ocupam uma página inteira, ele resolve fazer uma contagem para diminuir os gastos com originais de impressão. Os catálogos C_1, C_2 e C_3 terão, respectivamente, 50, 45 e 40 páginas.

Comparando os projetos de cada catálogo, ele verifica que C_1 e C_2 terão 10 páginas em comum; C_1 e C_3 terão 6 páginas em comum; C_2 e C_3 terão 5 páginas em comum, das quais 4 também estarão em C_1.

Efetuando os cálculos correspondentes, o fabricante conclui que, para a montagem dos três catálogos, necessitará de um total de originais de impressão igual a:

a) 135. b) 126. c) 118. d) 114. e) 110.

» Resolução passo a passo

1. Lendo e compreendendo

a) O que é dado no problema?

É dado o número de páginas de cada catálogo, destacando-se quantas páginas serão comuns nos três catálogos.

b) O que se pede?

Pede-se a quantidade mínima de originais de impressão necessária para imprimir completamente os três catálogos.

2. Planejando a solução

Devemos fazer uma nova leitura do problema, com muita atenção, para saber qual é a quantidade de páginas em comum entre os catálogos. O uso do diagrama de Euler-Venn ajuda muito nessa leitura e na obtenção de informações.

3. Executando o que foi planejado

Como são três catálogos, desenhamos um diagrama de Euler-Venn com três círculos, que representarão os catálogos C_1, C_2 e C_3. As regiões comuns entre os círculos representam as páginas em comum entre os catálogos. Dessa forma, teremos sete regiões distintas, conforme mostrado a seguir:

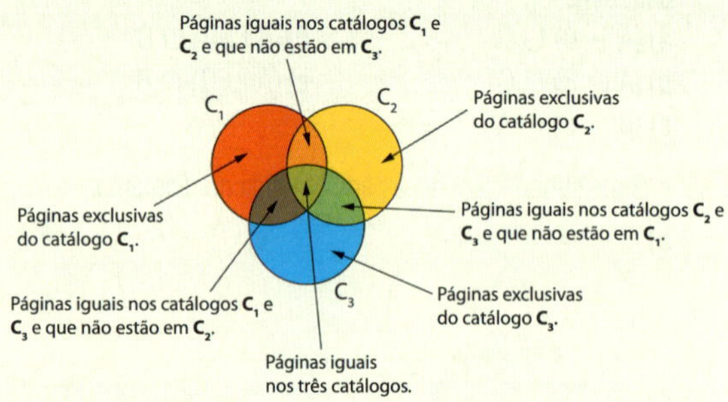

Começamos a preencher o diagrama pela parte central, que corresponde às páginas iguais nos três catálogos. Do enunciado, descobrimos que são 4. A partir daí, preenchemos cada região de páginas iguais tomando dois catálogos por vez. Por exemplo, se no enunciado lemos que C_2 e C_3 terão 5 páginas em comum, das quais 4 também estarão em C_1, então apenas 1 página é comum a C_2 e C_3, não estando em C_1.

Portanto, o diagrama preenchido fica assim:

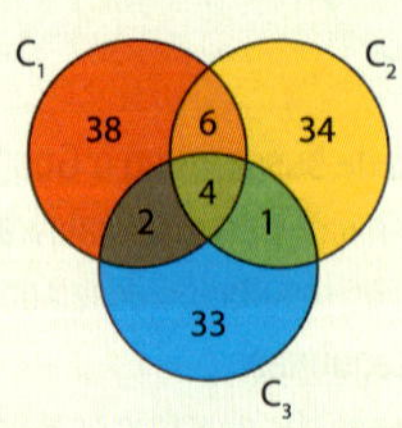

A soma de todos os números das sete regiões nos dará a quantidade de originais de impressão necessária:

$38 + 6 + 4 + 2 + 34 + 1 + 33 = 118$ originais distintos.

4. Verificando

Do diagrama de Euler-Venn, percebemos que são $34 + 1 + 33 = 68$ páginas que não pertencem ao catálago **1**. Como o catálogo **1** tem 50 páginas, então precisaremos de $50 + 68 = 118$ originais distintos. Assim, verificamos a resposta, e ela está correta.

5. Respondendo

A resposta é a alternativa **c**.

6. Ampliando o problema

a) Se a tiragem de cada catálogo C_1, C_2 e C_3 for, respectivamente, 3 000, 4 000 e 6 000 impressões, quantas páginas serão impressas no total?

b) A gráfica que vai imprimir os catálogos cobra R$ 1,00 por página se a tiragem for até 5 000 cópias da mesma página, R$ 0,80 se a tiragem for de 5 001 a 10 000 cópias, e R$ 0,70 para tiragens acima de 10 000 cópias. Assim, qual é o custo unitário do catálogo C_1 considerando-se as quantidades apontadas no item **a**?

c) **Discussão em equipe**
Troque ideias com seus colegas sobre a importância de ainda haver catálogos impressos nos dias atuais. Um catálogo eletrônico (em um *site* na internet, por exemplo) não seria mais eficaz, além de poupar o corte de árvores para a fabricação do papel?

3 Agora estamos em condições de resolver o problema da introdução deste capítulo.

Vamos considerar **F** o conjunto dos que gostam de futebol, **B** dos que gostam de basquete, e **V** dos que gostam de vôlei, e montar o diagrama com a distribuição das quantidades. Devemos começar sempre com a intersecção dos três, depois com a intersecção de dois e, finalmente, com os que gostam só de um esporte, sempre desconsiderando os já contados.

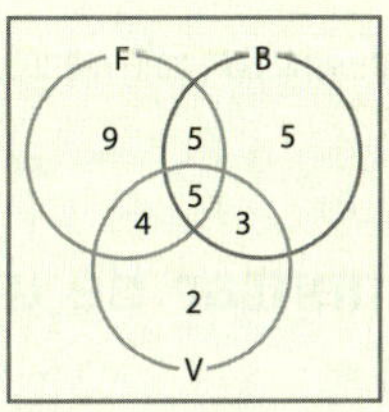

a) $50 - (5 + 5 + 3 + 4 + 5 + 2 + 9) = 17$
Dezessete pessoas não gostam de nenhum desses esportes.

b) Nove pessoas só gostam de futebol.

c) Cinco pessoas só gostam de basquete.

d) Duas pessoas só gostam de vôlei.

e) Vinte e seis pessoas não gostam nem de basquete nem de vôlei (9 que só gostam de futebol e 17 que não gostam de nenhum dos esportes).

f) $9 + 5 + 10 = 24$
Vinte e quatro pessoas gostam só de futebol ou só de basquete ou de ambos.

Observação: No caso de três conjuntos, **A**, **B** e **C**, pode-se provar que a fórmula que indica o número de elementos da união $A \cup B \cup C$ é:

$$n(A \cup B \cup C) = n(A) + n(B) + n(C) - n(A \cap B) - n(A \cap C) - n(B \cap C) + n(A \cap B \cap C)$$

Assim:
$n(F \cup B \cup V) = 23 + 18 + 14 - 10 - 9 - 8 + 5 = 33$

Exercícios

25 Uma prova com duas questões foi dada a uma classe de 40 alunos. Dez alunos acertaram as duas questões, 25 acertaram a primeira questão e 20 acertaram a segunda questão. Quantos alunos erraram as duas questões?

26 Classifique em verdadeiro (**V**) ou falso (**F**) e justifique:

a) Se **A** tem 3 elementos e **B** tem 4 elementos, então $A \cup B$ tem 7 elementos.

b) Se **A** tem 2 elementos e **B** tem 3 elementos, então $A \cap B$ tem 2 elementos.

c) Se $A \cap B = \varnothing$, **A** tem 5 elementos e **B** tem 4 elementos, então $A \cup B$ tem 9 elementos.

27 Em uma classe 30 alunos acertaram a primeira questão de uma prova e 25 alunos acertaram a segunda questão dessa prova. A prova continha apenas duas questões e todos os alunos da classe acertaram pelo menos uma questão.

a) Qual é o máximo de alunos que essa classe pode ter? Em que situação?

b) Qual é o mínimo de alunos que essa classe pode ter? Em que situação?

28 Numa pesquisa sobre audiência de tevê entre 125 entrevistados, obteve-se: 60 assistem ao canal **X**, 40 ao canal **Y**, 15 ao canal **Z**, 25 assistem a **X** e **Y**, 8 a **Y** e **Z**, 3 a **X** e **Z**, e 1 assiste aos três.

a) Quantos não assistem a nenhum desses canais?

b) Quantos assistem somente ao canal **X**?

c) Quantos não assistem nem a **X** nem a **Y**?

29 Numa pesquisa feita com 1 000 famílias para verificar a audiência dos programas de televisão, os seguintes resultados foram encontrados: 510 famílias assistem ao programa **A**, 305 assistem ao programa **B** e 386 assistem ao programa **C**. Sabe-se ainda que 180 famílias assistem aos programas **A** e **B**, 60 assistem aos programas **B** e **C**, 25 assistem aos programas **A** e **C**, e 10 famílias assistem aos três programas.

a) Quantas famílias não assistem a nenhum desses programas?

b) Quantas famílias assistem somente ao programa **A**?

c) Quantas famílias não assistem nem ao programa **A** nem ao programa **B**?

30 Uma pesquisa mostrou que 33% dos entrevistados leem o jornal **A**, 29% leem o jornal **B**, 22% leem o jornal **C**, 13% leem **A** e **B**, 6% leem **B** e **C**, 14% leem **A** e **C** e 6% leem os três jornais.

a) Quanto por cento não lê nenhum desses jornais?

b) Quanto por cento lê os jornais **A** e **B** e não lê **C**?

c) Quanto por cento lê pelo menos um jornal?

31 **A**, **B** e **C** são conjuntos tal que $n(A \cap B) = 8$, $n(C) = 10$, $n(A - C) = 7$, $n(A \cap B \cap C) = 5$, $n(B \cap C) = 6$, $n(B) = 12$, $n(A \cap C) = 7$. Determine o número de elementos de:

a) $B - C$;

b) A;

c) $A \cup B$;

d) $A \cup B \cup C$.

32 Na porta de um supermercado foi realizada uma enquete, com 100 pessoas, sobre três produtos. As respostas foram: 10 pessoas compram somente o produto **A**, 30 pessoas compram somente o produto **B**, 15 pessoas compram somente o produto **C**, 8 pessoas compram **A** e **B**, 5 pessoas compram **A** e **C**, 6 pessoas compram **B** e **C**, e 4 compram os três produtos.

a) Quantas pessoas compram pelo menos um dos três produtos?

b) Quantas pessoas não compram nenhum desses produtos?

c) Quantas pessoas compram os produtos **A** e **B** e não compram **C**?

d) Quantas pessoas compram os produtos **A** ou **B**?

e) Quantas pessoas compram o produto **A**?

f) Quantas pessoas compram o produto **B**?

33 Num levantamento entre 100 estudantes sobre o estudo de idiomas, obtivemos os seguintes resultados: 41 estudam inglês; 29 estudam francês e 26 estudam espanhol; 15 estudam inglês e francês, 8 estudam francês e espanhol, 19 estudam inglês e espanhol; 5 estudam os três idiomas.

a) Quantos estudantes não estudam nenhum desses idiomas?

b) Quantos estudantes estudam apenas um desses idiomas?

34 A dengue é uma doença infecciosa aguda transmitida pela picada do mosquito *Aedes aegypti*. Ocorre principalmente em áreas tropicais e subtropicais do mundo, que incluem o Brasil. As epidemias geralmente ocorrem no verão, durante ou imediatamente após períodos chuvosos. Pode aparecer na forma clássica (dengue clássica ou febre da dengue) e na forma grave (dengue hemorrágica).

dica Enem

Sintomas mais comuns associados à dengue

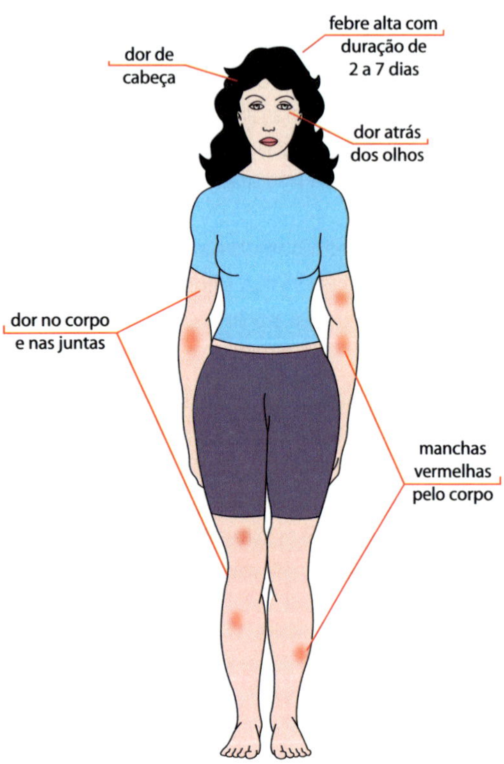

Adaptado de: <www.combateadengue.com.br>. Acesso em: 3 set. 2010.

> **! Fique atento**
> Para diminuir a chance de uma epidemia de dengue, a melhor atitude é combater os focos de acúmulo de água. Esses locais são propícios para a criação e reprodução do mosquito transmissor da dengue.

Com base nesse texto e em seus conhecimentos sobre a teoria dos conjuntos, responda à questão a seguir.

Em determinado município, foram confirmados pela Secretaria de Saúde 5 500 casos de dengue e relacionados apenas os sintomas dor de cabeça (D), febre (F) e manchas vermelhas pelo corpo (M). Veja a tabela abaixo:

Sintoma	Número de pessoas
D	2 600
F	3 200
M	2 600
D e F	1 500
D e M	1 000
F e M	2 000
D, F e M	500

De acordo com as informações, pode-se afirmar que:

a) 600 pessoas tiveram apenas febre.

b) 5 000 pessoas tiveram dor de cabeça ou febre ou manchas vermelhas.

c) 1 100 pessoas não apresentaram nenhum dos três sintomas relacionados.

d) o número de pessoas que apresentaram apenas o sintoma de febre foi maior do que o número de pessoas que apresentaram somente dor de cabeça.

e) 4 300 pessoas apresentaram pelo menos um dos sintomas relacionados.

8. Complementar de um conjunto

Dado o universo U = {0, 1, 2, 3, 4, 5, 6, 7, 8, 9} e o conjunto A = {1, 3, 5, 7}, dizemos que o complementar de **A** em relação a **U** é {0, 2, 4, 6, 8, 9}, ou seja, é o conjunto formado pelos elementos de **U** que não pertencem a **A**.

> **! Fique atento**
> O complementar de um conjunto só tem sentido quando fixamos um conjunto universo **U**.

De modo geral, dado um conjunto **A** de um certo universo **U**, chama-se *complementar de **A** em relação a **U*** o conjunto formado pelos elementos de **U** que não pertencem a **A**; indica-se $\complement_U^A$ ou A^C ou $\overline{A}$.

Logo, $A^C = \{x \mid x \in U \text{ e } x \notin A\} = U - A$.

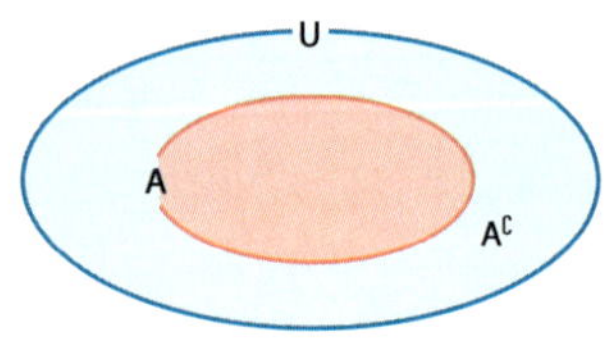

objeto digital

Observação: Uma vez considerado o conjunto **A**, em um universo **U**, para cada elemento $x \in U$, vale uma, e somente uma, das possibilidades: $x \in A$ ou $x \notin A$ (na lógica esse fato é conhecido como *princípio do terceiro excluído*). As alternativas $x \in A$ e $x \notin A$ não podem ser verdadeiras ao mesmo tempo (*princípio da não contradição*).

Desses princípios acima podemos tirar as seguintes propriedades:

1ª) $(A^C)^C = A$ para todo $A \subset U$ (o complementar do complementar de um conjunto **A** é o próprio conjunto **A**).

2ª) Se $A \subset B$ então $B^C \subset A^C$ (se um conjunto **A** está contido em **B**, o complementar de **B** está contido no complementar de **A**). Escrevendo de outra forma:

$$A \subset B \Rightarrow B^C \subset A^C$$

É possível provar que a recíproca de $A \subset B \Rightarrow B^C \subset A^C$ também é verdadeira e escrevemos:

$$A \subset B \Leftrightarrow B^C \subset A^C$$

ou seja, as afirmações "**A** está contido em **B**" e "complementar de **B** está contido no complementar de **A**" são equivalentes.

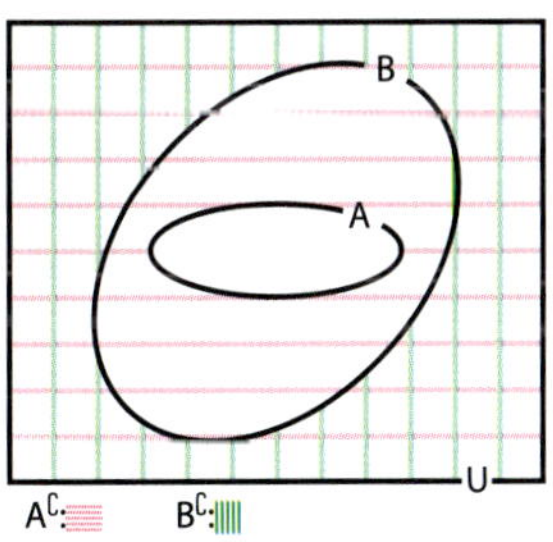

3ª) Leis de De Morgan

Dados **A** e **B** subconjuntos de um universo **U**, tem-se:

$(A \cup B)^C = A^C \cap B^C$ (O complementar da reunião é igual à intersecção dos complementares.)

$(A \cap B)^C = A^C \cup B^C$ (O complementar da intersecção é igual à reunião dos complementares.)

Por exemplo, se $U = \{0, 1, 2, 3, 4, 5, 6, 7, 8, 9\}$, $A = \{1, 3, 5, 7\}$ e $B = \{2, 4, 6\}$, temos:

$A \cup B = \{1, 2, 3, 4, 5, 6, 7\}$

$(A \cup B)^C = \{0, 8, 9\}$

$A^C = \{0, 2, 4, 6, 8, 9\}$

$B^C = \{0, 1, 3, 5, 7, 8, 9\}$

$A^C \cap B^C = \{0, 8, 9\}$

Observe que $(A \cup B)^C = A^C \cap B^C = \{0, 8, 9\}$. Nesse caso, $A \cap B = \varnothing$, $(A \cap B)^C = U$ e $A^C \cup B^C = U$.

Logo, $(A \cap B)^C = A^C \cup B^C$.

Exercícios

objeto digital

35 Dados $U = \{0, 1, 2, 3, 4, 5, 6, 7, 8, 9\}$, $A = \{0, 2, 4, 6, 8\}$, $B = \{1, 3, 5, 7, 9\}$ e $C = \{2, 4\}$, determine:

a) C_U^A; **b)** C_U^B; **c)** C_U^C; **d)** C_A^C.

36 Dado o diagrama de Venn abaixo, hachure os conjuntos, fazendo uma figura para cada item:

a) C_U^A **b)** B^C **c)** $\bar{C}$

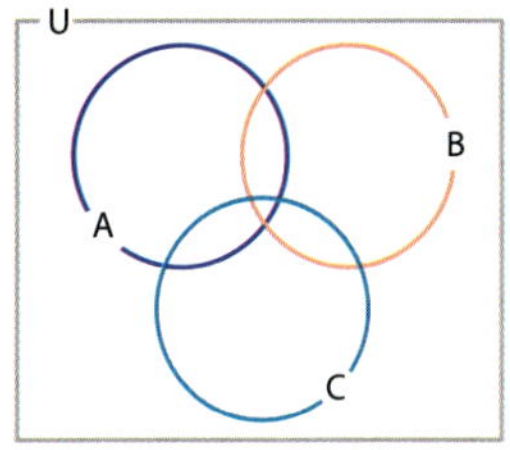

Fique atento
De modo geral, podemos considerar C_B^A sempre que $A \subset B$. Se $A \not\subset B$ não podemos determinar C_B^A.

37 Dados $U = \{1, 2, 3, 4, 5, 6, 7\}$, $C_U^A = \{1, 2, 6, 7\}$, $B^C = \{5, 6, 7\}$ e $C_U^C = \{1, 3, 5, 7\}$, determine os conjuntos:

a) A; **b)** B; **c)** C.

9. Conjuntos numéricos

Introdução

Os dois principais objetos com que se ocupa a Matemática são os números e as figuras geométricas. O objetivo deste tópico é recordar e aprofundar o que você estudou sobre números no ensino fundamental.

Quando comparamos uma grandeza e uma unidade obtemos um número. Se a grandeza é discreta, a comparação é uma *contagem* e o resultado, um número natural. Exemplo: quando contamos o número de dias de um ano bissexto. Se a grandeza é contínua, a comparação é uma *medição* e o resultado é um número real. Por exemplo, quando medimos a distância entre duas cidades.

Conjunto dos números naturais (IN)

Deus criou os números naturais. O resto é obra dos homens.
Leopold Kronecker (matemático alemão)

O conjunto dos números naturais é representado por:

$$\mathbb{N} = \{0, 1, 2, 3, 4, 5, 6, 7, 8, \dots\}$$

O sucessor de um número natural é o número natural que vem imediatamente depois dele. Assim, o sucessor de 3 é 4, de 5 é 6, etc. Observe que:

Para refletir
Como determinamos o antecessor de um número natural? Dê um exemplo.

- qualquer número natural tem um único sucessor;
- números naturais diferentes têm sucessores diferentes;
- o zero é o único natural que não é sucessor de nenhum outro.

Um subconjunto importante de IN é o conjunto IN*:

IN* = {1, 2, 3, 4, 5, 6, 7, 8, ...} ou IN* = IN − {0}

Os números naturais são usados:

- *nas contagens*

  A população brasileira é de aproximadamente 190 milhões de brasileiros.
- *nos códigos*

  O CEP da Editora Ática em São Paulo é 02909-900.
- *nas ordenações*

  O 1º estado brasileiro em superfície é o Amazonas, com 1 570 745,68 km², e o 2º é o Pará, com 1 247 689,515 km².

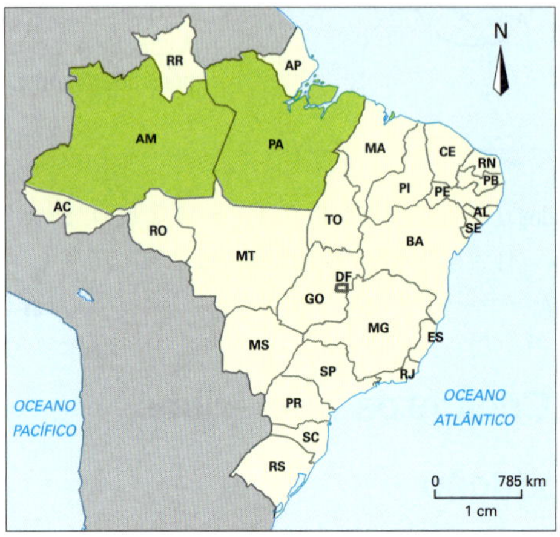

Fonte: IBGE. *Brasil em Números*, 2005.

Em IN é sempre possível efetuar a adição e a multiplicação, ou seja, a soma e o produto de dois números naturais resultam sempre um número natural. Já a subtração entre dois números naturais nem sempre é um número natural; a subtração 3 − 4, por exemplo, não é possível em IN. Daí a necessidade de ampliar o conjunto IN introduzindo os números negativos.

Conjunto dos números inteiros (ℤ)

O conjunto dos números inteiros é representado por:

ℤ = {..., −4, −3, −2, −1, 0, 1, 2, 3, 4, ...}

Para refletir
- Existe número natural que não é inteiro?
- Existe número inteiro que não é natural?
- Você sabia que Z é a primeira letra da palavra *Zahl*, que em alemão significa 'número'?

Destacamos os seguintes subconjuntos de ℤ:

- IN, pois IN ⊂ ℤ
- ℤ* = ℤ − {0} ou ℤ* = {..., −4, −3, −2, −1, 1, 2, 3, 4, ...}

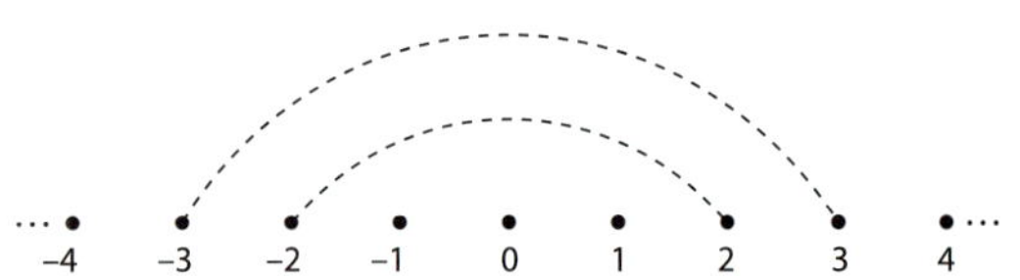

Há uma simetria em relação ao zero. O oposto ou simétrico de 3 é −3, bem como o oposto de −3 é 3, valendo 3 + (−3) = −3 + 3 = 0.

No conjunto ℤ é sempre possível efetuar a adição, a multiplicação e a subtração, ou seja, a soma, o produto e a diferença de dois números inteiros resultam sempre um número inteiro. E todas as propriedades das operações em IN continuam válidas em ℤ.

Já da divisão de dois números inteiros nem sempre resulta um número inteiro:

- (−8) : (+2) = −4 → é possível em ℤ
- (−7) : (+2) = ? → não é possível em ℤ

Você sabia?
Fração aparente é aquela que indica um número inteiro: $\frac{12}{4} = 3$; $-\frac{8}{2} = -4$; etc.

Daí a necessidade de ampliar o conjunto ℤ introduzindo as frações não aparentes.

Conjunto dos números racionais (ℚ)

Ao acrescentarmos as frações não aparentes positivas e negativas ao conjunto ℤ obtemos o conjunto dos números racionais (ℚ). Assim, por exemplo, são números racionais:

$$-2, -\frac{3}{2}, -1, -\frac{1}{2}, -\frac{1}{4}, 0, \frac{1}{2}, \frac{3}{4}, 1, \frac{5}{3} \text{ e } 2$$

Observe que todo número racional pode ser escrito na forma $\frac{a}{b}$, com a ∈ ℤ, b ∈ ℤ e b ≠ 0. Por exemplo, $-2 = -\frac{6}{3}$, $1 = \frac{2}{2}$, $2 = \frac{10}{5}$, $-\frac{3}{4}$, $\frac{2}{3}$, $0 = \frac{0}{2}$, etc.

Assim, escrevemos:

$$\mathbb{Q} = \left\{x \mid x = \frac{a}{b}, \text{ com } a \in \mathbb{Z}, b \in \mathbb{Z} \text{ e } b \neq 0\right\}$$

Observe que a restrição b ≠ 0 é necessária, pois $\frac{a}{b}$, divisão de **a** por **b**, só tem significado se b ≠ 0. A designação racional surgiu porque $\frac{a}{b}$ pode ser vista como uma razão entre os inteiros **a** e **b**. A letra ℚ, que representa o conjunto dos números racionais, é a primeira letra da palavra *quociente*.

Se b = 1, temos $\frac{a}{b} = \frac{a}{1} = a \in \mathbb{Z}$, o que implica que ℤ é subconjunto de ℚ. Assim:

IN ⊂ ℤ ⊂ ℚ

Historicamente, os racionais estão associados a resultados de medições. Ao medir um segmento de reta AB com uma unidade **u** de medida 1 podem ocorrer estas possibilidades:

1ª) A unidade **u** cabe em $\overline{AB}$ um número inteiro de vezes:

Vamos supor que **u** caiba exatamente **p** vezes em $\overline{AB}$. Então a medida de $\overline{AB}$ = **p** unidades, em que **p** é um número natural.

2ª) A unidade **u** *não* cabe um número inteiro de vezes em $\overline{AB}$.

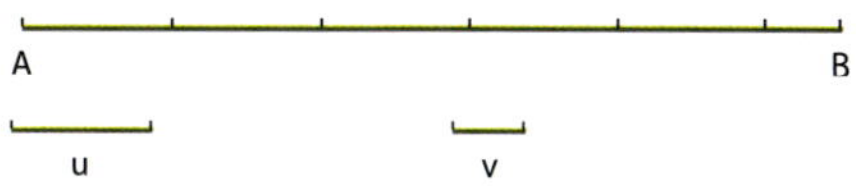

Nesse caso, procuramos um segmento de reta **v** que caiba **q** vezes no segmento unitário **u** e **p** vezes no segmento de reta AB. A medida de **v** será a fração $\frac{1}{q}$ e, consequentemente, a medida de AB será **p** vezes $\frac{1}{q}$, ou seja, igual a $\frac{p}{q}$. Quando tal segmento **v** existe, dizemos que os segmentos de reta **u** e AB são comensuráveis e a medida de $\overline{AB}$ é o número racional $\frac{p}{q}$. Nem sempre existe o segmento **v** nessas condições.

No conjunto $\mathbb{Q}$, as quatro operações fundamentais são possíveis e valem todas as propriedades que valem para os inteiros. Certamente devemos nos lembrar de que a divisão por zero é impossível e o símbolo $\frac{a}{0}$ não tem significado.

Representação decimal dos números racionais

Dado um número racional $\frac{a}{b}$, a representação decimal desse número é obtida dividindo-se **a** por **b**, podendo resultar em:

- decimais exatas, finitas:

$\frac{1}{4} = 0,25 \quad -\frac{5}{8} = -0,625 \quad 6 = \frac{6}{1} = 6,0 \quad \frac{4}{5} = 0,8$

- decimais ou dízimas periódicas, infinitas:

$\frac{2}{3} = 0,666... = 0,\overline{6} \qquad \frac{177}{990} = 0,1787878... = 0,1\overline{78}$

Determinação da fração geratriz do decimal

Da mesma forma que um número racional $\frac{a}{b}$ pode ser representado por um decimal exato ou periódico, estes também podem ser escritos na forma $\frac{a}{b}$, que recebe o nome de *fração geratriz do decimal*.

Por exemplo, vamos escrever a fração geratriz de cada decimal:

- 0,75

$0,75 = \frac{75}{100} = \frac{3}{4} \rightarrow$ fração geratriz

- 0,222...

$x = 0,222...$
$10x = 2,222...$
$10x = 2 + 0,222...$
$10x = 2 + x$
$9x = 2$
$x = \frac{2}{9} \rightarrow$ fração geratriz

- 0,414141...

$N = 0,414141...$
$100N = 41,4141...$
$100N = 41 + 0,4141...$
$100N = 41 + N$
$99N = 41$
$N = \frac{41}{99} \rightarrow$ fração geratriz

- $0,1\overline{78}$

$N = 0,1787878...$
$10N = 1,787878...$
$10N = 1 + 0,787878... \quad \left(0,787878... = \frac{78}{99}. \text{ Verifique.}\right)$
$10N = 1 + \frac{78}{99}$
$990N = 99 + 78$
$N = \frac{177}{990} \rightarrow$ fração geratriz

Observações:

1ª) O número 0,999... é igual a 1, pois o símbolo 0,999... representa o número cujos valores aproximados são 0,9; 0,99; 0,999; 0,9999; etc., cada vez mais próximos de 1. Dizemos que essa sequência tem 1 como limite.

2ª) Veja alguns números racionais colocados na reta:

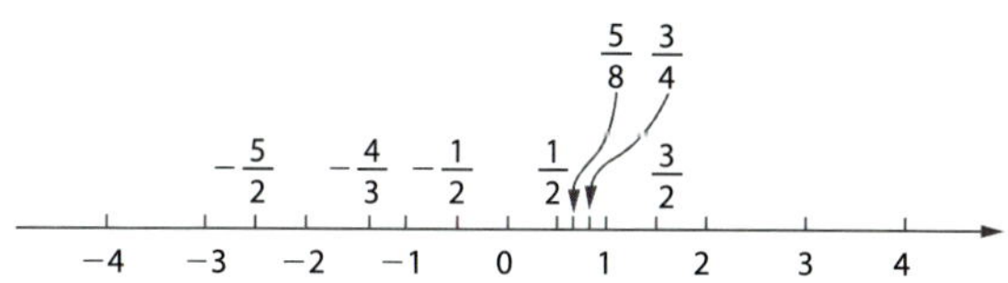

Entre dois números inteiros *nem sempre* existe outro número inteiro.

Entre dois números racionais *sempre* existe outro racional. Por exemplo, entre os racionais $\frac{1}{2} = 0,5$ e $\frac{3}{4} = 0,75$ podemos encontrar infinitos racionais; entre eles $\frac{5}{8} = 0,625$.

Mas isso *não* significa que os racionais preenchem toda a reta.

Os números racionais são insuficientes para medir todos os segmentos de reta. Veremos um exemplo disso no próximo item.

Embora as quatro operações fundamentais (adição, subtração, multiplicação e divisão por um número diferente de zero) sejam sempre definidas em $\mathbb{Q}$, uma equação como

$x^2 = 2$ não pode ser resolvida em $\mathbb{Q}$ pois não existe racional $\frac{a}{b}$ tal que $\left(\frac{a}{b}\right)^2 = 2$. Surge então a necessidade de outro tipo de número, o *número irracional*.

Conjunto dos números reais ($\mathbb{R}$)

Números irracionais

Como vimos, há números decimais que podem ser escritos na forma fracionária com numerador inteiro e denominador inteiro (diferente de zero) — são os números racionais. Mas há também números decimais que não admitem essa representação; são os *decimais infinitos* e *não periódicos*. Esses números são chamados *números irracionais*.

Veja alguns exemplos:

- $\sqrt{2} = 1{,}4142135...$
- $\sqrt{3} = 1{,}7320508...$
- $\pi = 3{,}1415926535...$

Usando a relação de Pitágoras, podemos representar alguns desses números na reta numérica:

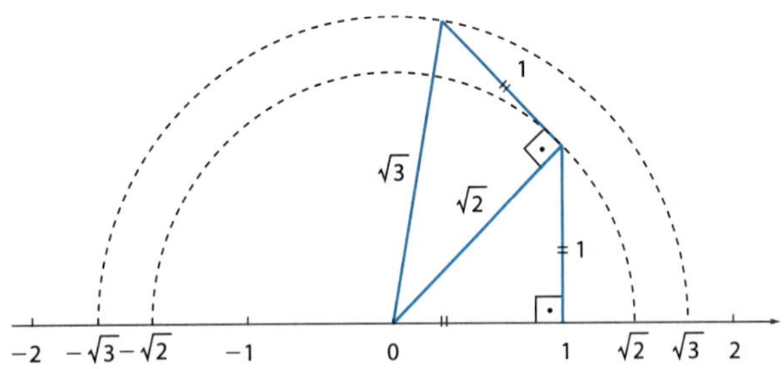

$$d^2 = 1^2 + 1^2 \Rightarrow d^2 = 2 \Rightarrow d = \sqrt{2}$$

Observe que a medida da diagonal do quadrado de lado 1, usando esse lado 1 como unidade, é $\sqrt{2}$. Essa diagonal é um exemplo de segmento que não pode ser medido com um número racional. Sua medida é o número irracional $\sqrt{2}$.

π é irracional

O número π é obtido dividindo-se a medida do comprimento de qualquer circunferência pela medida de seu diâmetro ($\pi = 3{,}1415926535...$).

Pode-se também provar que π é irracional. Isso garante que não se vai encontrar um decimal exato nem uma dízima periódica no cálculo dos algarismos decimais de π, mesmo que se obtenham trilhões de dígitos.

> **Você sabia?**
> O número irracional π foi calculado com o auxílio de um computador obtendo-se 1,2 trilhão de casas decimais sem que tenha surgido uma decimal exata ou uma dízima. Você pode imaginar essa representação?

Números reais

objeto digital

Da reunião do conjunto dos números racionais com os números irracionais obtemos o *conjunto dos números reais* ($\mathbb{R}$).

$$\mathbb{R} = \{x \mid \mathbf{x} \text{ é racional ou } \mathbf{x} \text{ é irracional}\}$$

Como vimos, os números racionais não bastam para esgotar os pontos da reta. Por exemplo, os pontos da reta correspondentes aos números $-\sqrt{3}$, $\sqrt{2}$, etc., não são alcançados com os números racionais. Agora, os números reais esgotam todos os pontos da reta, ou seja, a cada ponto da reta corresponde um único número real e, reciprocamente, a cada número real corresponde um único ponto da reta.

> **Fique atento**
> O conjunto $\mathbb{R}$ pode ser visto como modelo aritmético de uma reta, enquanto esta, por sua vez, é o modelo geométrico de $\mathbb{R}$.

Por isso, dizemos que existe uma *correspondência biunívoca* entre os números reais e os pontos da reta. Temos assim a reta real, que é construída desta forma: numa reta, escolhemos uma origem (e associamos a ela o zero), um sentido de percurso e uma unidade de comprimento (0 ——— 1).

Observe alguns números reais colocados na reta real:

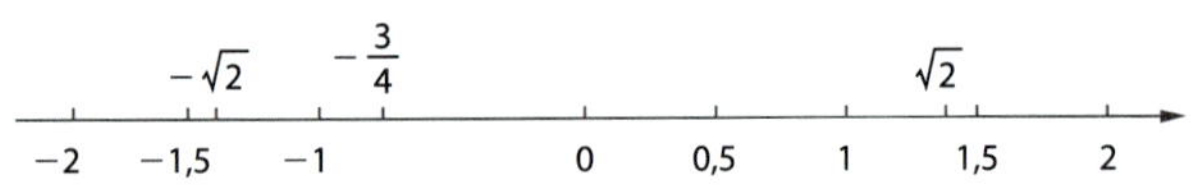

O diagrama a seguir relaciona os conjuntos numéricos estudados até aqui:

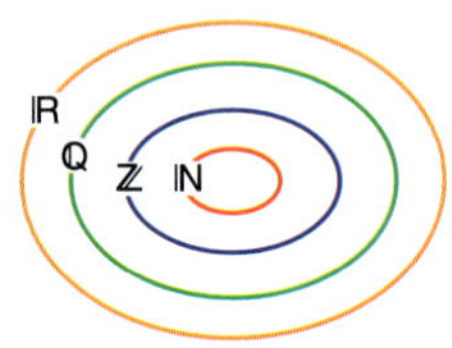

$$\mathbb{N} \subset \mathbb{Z} \subset \mathbb{Q} \subset \mathbb{R}$$

Observação: Com os números reais toda equação do tipo $x^2 = a$, com $a \in \mathbb{N}$, pode ser resolvida e todos os segmentos de reta podem ser medidos.

> **Fique atento**
> São reais:
> - os números naturais;
> - os números inteiros;
> - os números racionais;
> - os números irracionais.

Desigualdades entre números reais

Dados dois números reais quaisquer **a** e **b**, ocorre uma e somente uma das seguintes possibilidades:

$$a < b \quad \text{ou} \quad a = b \quad \text{ou} \quad a > b$$

Geometricamente, a desigualdade $a < b$ significa que **a** está à esquerda de **b** na reta real:

A desigualdade $a > b$ significa que **a** está à direita de **b** na reta real:

Aritmeticamente, vamos analisar alguns exemplos:

- $2{,}195\ldots < 3{,}189\ldots$, pois $2 < 3$
- $4{,}128\ldots < 4{,}236\ldots$, pois $4 = 4$ e $0{,}1 < 0{,}2$
- $3{,}267\ldots < 3{,}289\ldots$, pois $3 = 3$; $0{,}2 = 0{,}2$ e $0{,}06 < 0{,}08$
- $5{,}672\ldots < 5{,}673\ldots$, pois $5 = 5$; $0{,}6 = 0{,}6$; $0{,}07 = 0{,}07$ e $0{,}002 < 0{,}003$

e assim por diante.

> **Você sabia?**
> Ordenar os números reais aritmeticamente é como ordenar as palavras num dicionário.

Algebricamente, $a < b$ se, e somente se, a diferença $d = b - a$ é um número positivo, ou seja, vale $a < b$ se, e somente se, existe um número real positivo **d** tal que $b = a + d$.

Uma vez definida essa relação de ordem dos números reais, dizemos que eles estão ordenados.

Usamos também a notação $a \leqslant b$ para dizer que $a < b$ ou $a = b$. Assim:

> $a \leqslant b$ lê-se **a** é menor do que ou igual a **b**
> $b \geqslant a$ lê-se **b** é maior do que ou igual a **a**

Exercícios

38 Classifique em verdadeira (**V**) ou falsa (**F**).

a) $-4 \in (\mathbb{Z} - \mathbb{N})$
b) $\frac{4}{5} \in (\mathbb{Q} - \mathbb{Z})$
c) $\sqrt{5} \in (\mathbb{R} - \mathbb{Q})$
d) $-2 \in (\mathbb{Z} \cap \mathbb{N})$
e) $\frac{6}{11} \in (\mathbb{Q} \cap \mathbb{Z})$
f) $\sqrt{3} \in (\mathbb{R} \cap \mathbb{Q})$

dica Enem

39 Classifique em verdadeira (**V**) ou falsa (**F**):

a) Todo número natural representa a quantidade de elementos de algum conjunto finito.
b) Existe um número natural que é maior do que todos os demais.
c) Todo número natural tem sucessor em $\mathbb{N}$.
d) Todo número natural tem antecessor em $\mathbb{N}$.

40 Identifique como decimal exato (finito), decimal infinito periódico ou decimal infinito não periódico cada um dos números a seguir:

a) 0,555
b) 0,11454545...
c) 0,1231251271291211...
d) 0,26666...
e) 0,020020002...
f) 0,789145

41 Dê a representação decimal dos seguintes números racionais:

a) $\frac{1}{2}$
b) $\frac{1}{4}$
c) $\frac{3}{4}$
d) $\frac{1}{8}$
e) $\frac{3}{8}$

42 Determine a geratriz $\frac{a}{b}$ dos seguintes decimais periódicos:

a) 0,333...
b) 0,555...
c) 0,242424...
d) 0,123123123...
e) 0,545454...

43 Determine a geratriz $\frac{a}{b}$ dos seguintes decimais periódicos:

a) 2,3333...
b) 7,2222...
c) 0,1666...
d) 0,4121212...
e) 0,1257777...

44 Coloque em ordem crescente os números reais: $\frac{6}{10}$; $0{,}\bar{5}$; $\frac{1}{2}$; $\frac{4}{5}$; $0{,}\overline{52}$; 0,25.

45 Dados $A = \{-4, -1, 0, 1, 2, 6, 9\}$ e $B = \{x \text{ é irracional} \mid x = \sqrt{a}, \text{ com } a \in A\}$, quais são os elementos do conjunto **B**?

46 Considere os conjuntos $A = \{x \in \mathbb{Z} \mid x \geqslant -5\}$ e $B = \{x \in \mathbb{Z} \mid x + 1 < 0\}$. Quantos elementos tem o conjunto $A \cap B$?

Conjunto dos números complexos ($\mathbb{C}$)*

Se $x \in \mathbb{R}$, então $x^2 \geqslant 0$. Assim, a equação $x^2 + 1 = 0$ não tem solução em $\mathbb{R}$, pois:

$$x^2 + 1 = 0 \Rightarrow x^2 = -1 \Rightarrow x = \pm\sqrt{-1}$$

e não existe um número real **x** que elevado ao quadrado resulte -1.

Daí surgiu a necessidade de estender o conjunto dos números reais para obter um novo conjunto, chamado *conjunto dos números complexos*.

> **Para refletir**
> A forma $z = a + bi$ é chamada de *forma algébrica de* z.

Um número complexo **z** é um número que pode ser escrito na forma:

$$z = a + bi, \text{ com } a \in \mathbb{R}, b \in \mathbb{R} \text{ e } i^2 = -1$$

i é chamada *unidade imaginária* e sua característica fundamental é que $i^2 = -1$.

Um número complexo tem duas partes, uma real e outra imaginária:

$z = a + bi$
parte real de **z** → $\mathrm{Re}(z) = a$
parte imaginária de **z** → $\mathrm{Im}(z) = b$

Devemos observar também que, se $b = 0$, temos $z = a$ (número real); e se $a = 0$ e $b \neq 0$, temos $z = bi$, que é um número imaginário puro.

Se indicarmos o conjunto dos números complexos por $\mathbb{C}$, podemos escrever que $\mathbb{R} \subset \mathbb{C}$.

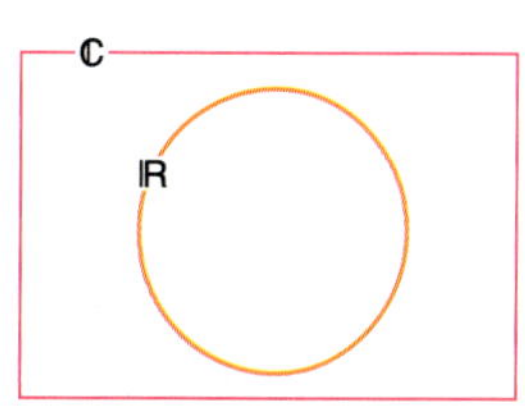

* O conjunto numérico ($\mathbb{C}$) será estudado detalhadamente no capítulo 30.

Veja agora o diagrama que relaciona os conjuntos numéricos:

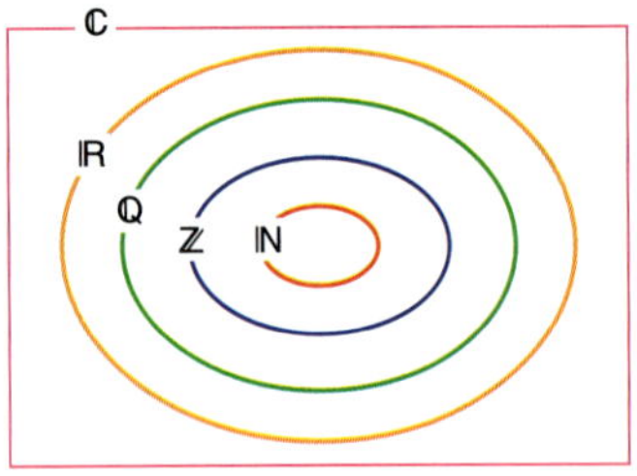

Exemplos:

1º) Em $z = 2 + 5i$, temos $Re(z) = 2$ e $Im(z) = 5$.

2º) Em $z = 5$, temos $Re(z) = 5$ e $Im(z) = 0$. Portanto, **z** é real.

3º) Em $z = -3i$, temos $Re(z) = 0$ e $Im(z) = -3$. Portanto, **z** é um imaginário puro.

Raiz quadrada de número negativo em ℂ

Como $i^2 = -1$, então no conjunto dos complexos é possível calcular raízes quadradas de números negativos. Por exemplo:

$\sqrt{-4} = \sqrt{4 \cdot (-1)} = \sqrt{4 \cdot i^2} = 2i$

$\sqrt{-49} = \sqrt{49 \cdot (-1)} = \sqrt{49 \cdot i^2} = 7i$

$\sqrt{-5} = \sqrt{5 \cdot (-1)} = \sqrt{5 \cdot i^2} = \sqrt{5} \cdot i$

$\sqrt{-12} = \sqrt{12 \cdot (-1)} = \sqrt{12 \cdot i^2} =$

$= \sqrt{12} \cdot i = 2\sqrt{3} \cdot i$

Operações com números complexos

Adição

Se $z_1 = 2 + 2i$ e $z_2 = -3 + 4i$, temos:

$z_1 + z_2 = (2 + 2i) + (-3 + 4i) = (2 - 3) + (2 + 4)i = -1 + 6i$

Subtração

Se $z_1 = 3 + i$ e $z_2 = 5 + 3i$, temos:

$z_1 - z_2 = (3 + i) - (5 + 3i) = (3 - 5) + (1 - 3)i = -2 - 2i$

Multiplicação

Se $z_1 = 1 + 5i$ e $z_2 = 2 - 2i$, temos:

$z_1 \cdot z_2 = (1 + 5i) \cdot (2 - 2i) = 1 \cdot 2 - 1 \cdot 2i + (5i) \cdot 2 - (5i)(2i) =$

$= 2 - 2i + 10i - 10i^2 = 2 + 8i - 10(-1) = 2 + 8i + 10 = 12 + 8i$

Potências de i

Se $z = i$, temos:

$i^1 = i$

$i^2 = -1$

$i^3 = i^2 \cdot i = (-1) \cdot i = -i$

$i^4 = (i^2)^2 = (-1)^2 = 1$

$i^5 = i^4 \cdot i = 1 \cdot i = i$

$i^6 = i^4 \cdot i^2 = 1 \cdot i^2 = 1(-1) = -1$

$i^7 = i^4 \cdot i^3 = 1 \cdot (-i) = -i$

$i^8 = i^4 \cdot i^4 = 1 \cdot 1 = 1$

Observe que as potências de **i** começam a se repetir depois de $\mathbf{i^4}$. Assim:

$i^{12} = i^8 = i^4 = 1$

$i^{31} = i^{27} = ... = i^7 = i^3 = -i$, e assim por diante.

Divisão

O *conjugado* de um número complexo $z = a + bi$ é o número complexo $\overline{z} = a - bi$.

Exemplos:

1º) Se $z = 3 + 4i$, então $\overline{z} = 3 - 4i$.

2º) Se $z = 1 - 3i$, então $\overline{z} = 1 + 3i$.

3º) Se $z = 5$, então $\overline{z} = 5$.

4º) Se $z = 4i$, então $\overline{z} = -4i$.

5º) Se $z = 0$, então $\overline{z} = 0$.

6º) Se $z = i$, então $\overline{z} = -i$.

O *quociente* $\frac{z_1}{z_2}$ entre dois números complexos, com $z_2 \neq 0$, é dado por $\frac{z_1}{z_2} = \frac{z_1\overline{z_2}}{z_2\overline{z_2}}$.

Exemplos de aplicação

1 Determine o quociente $\frac{z_1}{z_2}$ sabendo que $z_1 = 1 + 3i$ e $z_2 = 2 + 2i$.

$$\frac{z_1}{z_2} = \frac{1+3i}{2+2i} = \frac{(1+3i)(2-2i)}{(2+2i)(2-2i)} = \frac{2-2i+6i-6i^2}{2^2-(2i)^2} =$$

$$= \frac{2+4i-6(-1)}{4+4} = \frac{8+4i}{8} = 1 + \frac{1}{2}i$$

2 Resolva em ℂ a equação $x^2 - 2x + 10 = 0$.

$$x = \frac{2 \pm \sqrt{4-40}}{2} = \frac{2 \pm \sqrt{-36}}{2} \text{ (impossível em } \mathbb{R})$$

Em ℂ podemos resolvê-la. Assim, temos:

$$x = \frac{2 \pm \sqrt{(-1) \cdot 36}}{2} = \frac{2 \pm \sqrt{i^2 \cdot 36}}{2} = \frac{2 \pm 6i}{2}$$

$$x' = \frac{2+6i}{2} = 1 + 3i$$

$$x'' = \frac{2-6i}{2} = 1 - 3i$$

$S = \{1 + 3i; 1 - 3i\}$

Verificando, vem:

$S = x' + x'' = (1 + 3i) + (1 - 3i) = 2$

$P = x' \cdot x'' = (1 + 3i) \cdot (1 - 3i) = 1^2 - (3i)^2 = 1 - (-9) = 10$

Satisfazendo, portanto, a equação $x^2 - Sx + P = 0$, ou seja, $x^2 - 2x + 10 = 0$.

Para refletir
Quando não for indicado o conjunto universo, consideramos que o conjunto é ℝ.

Exercícios

47 Calcule em $\mathbb{C}$ o valor das raízes quadradas abaixo:

a) $\sqrt{-9}$ **b)** $\sqrt{-25}$ **c)** $\sqrt{-7}$ **d)** $\sqrt{-8}$

48 Resolva em $\mathbb{C}$ as equações:

a) $x^2 + 4 = 0$ **b)** $5x^2 + 45 = 0$

49 Resolva em $\mathbb{C}$ as equações:

a) $x^2 - 2x + 4 = 0$ **b)** $x^2 - 4x + 5 = 0$

50 Efetue as operações indicadas, escrevendo o resultado na forma algébrica $z = a + bi$:

a) $(-2 + i) + (-3 - 6i)$

b) $(2 + 5i) - (1 + 3i)$

c) $(4 + 2i) \cdot (5 + 3i)$

d) $(1 + i)^2$

e) $\dfrac{3 + i}{1 + i}$

51 Calcule o valor de:

a) i^{39} **b)** i^{80} **c)** $2i^{13} - i^{12}$

52 Efetue:

a) i^{60}

b) i^{101}

c) $i^{400} - i^{150}$

d) $i^{25} + i^{16}$

53 Efetue as divisões indicadas:

a) $\dfrac{1+5i}{2+3i}$

b) $\dfrac{1+2i}{i}$

c) $\dfrac{i}{1 - i}$

d) $\dfrac{3i}{1+2i}$

54 Se $z_1 = 2 + i$ e $z_2 - 1 - i$, efetue as operações indicadas:

a) $z_1 + z_2$ **c)** $z_1 \cdot z_2$ **e)** $(z_2)^2$

b) $z_1 - z_2$ **d)** $\overline{z_1} + \overline{z_2}$ **f)** $\dfrac{z_1}{z_2}$

10. Intervalos

Certos subconjuntos de IR, determinados por desigualdades, têm grande importância na Matemática: são os *intervalos*. Assim, dados dois números reais **a** e **b**, com $a < b$, tem-se:

a) Intervalo aberto

$(a, b) =]a, b[= \{x \in IR \mid a < x < b\}$

(A bolinha vazia (○) indica que os extremos **a** e **b** não pertencem ao intervalo.)

b) Intervalo fechado

$[a, b] = \{x \in IR \mid a \leqslant x \leqslant b\}$

(A bolinha cheia (●) indica que os extremos **a** e **b** pertencem ao intervalo.)

c) Intervalo fechado à esquerda e aberto à direita

$[a, b) = [a, b[= \{x \in IR \mid a \leqslant x < b\}$

d) Intervalo fechado à direita e aberto à esquerda

$(a, b] =]a, b] = \{x \in IR \mid a < x \leqslant b\}$

e) Semirreta esquerda, fechada, de origem **b**

$(-\infty, b] =]-\infty, b] = \{x \in IR \mid x \leqslant b\}$

f) Semirreta esquerda, aberta, de origem **b**

$(-\infty, b) =]-\infty, b[= \{x \in IR \mid x < b\}$

g) Semirreta direita, fechada, de origem **a**

$[a, +\infty) = [a, +\infty[= \{x \in IR \mid x \geqslant a\}$

h) Semirreta direita, aberta, de origem **a**

$(a, +\infty) =]a, +\infty[= \{x \in IR \mid x > a\}$

i) Reta real

$(-\infty, +\infty) =]-\infty, +\infty[= IR$

Observações:

1ª) $-\infty$ e $+\infty$ *não* são números reais; apenas fazem parte das notações de intervalos ilimitados.

2ª) Qualquer intervalo de extremos **a** e **b**, com $a \neq b$, contém números racionais e irracionais.

Exercícios

55 Represente graficamente na reta real os seguintes intervalos:

a) $\{x \in IR \mid -1 < x < 3\}$

b) $]-\infty, 2]$

c) $\left[-3, \dfrac{1}{2}\right]$

d) $\{x \in IR \mid x \geqslant 6\}$

e) $\{x \in IR \mid 2 \leqslant x < 7\}$

f) $]-\sqrt{5}, \sqrt{5}[$

g) $\{x \in IR \mid x < -4\}$

h) $[0, 6[$

56 Escreva os intervalos representados graficamente:

a) 

b) 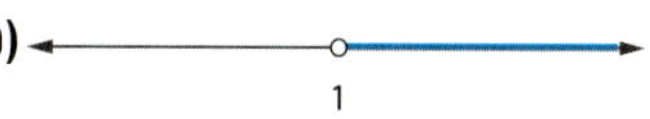

c) 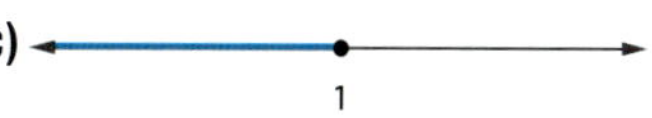

d) 

e) 

57 Associe **V** ou **F** a cada uma das seguintes afirmações:

a) $2 \in [2, 6]$

b) $-1 \in]-5, -1[$

c) $0 \in \{x \in \mathbb{R} \mid -1 < x < 1\}$

d) $3 \notin \{x \in \mathbb{R} \mid 3 < x < 4\}$

e) $\{2, 5\} \subset [0, +\infty[$

f) $[0, 2] = \{x \in \mathbb{R} \mid 0 \leq x \leq 2\}$

g) $-3 \in]-\infty, -1]$

h) $(1+\sqrt{2}) \in \{x \in \mathbb{R} \mid 0 \leq x \leq 1\}$

Operações com intervalos

Como intervalos são subconjuntos de IR, é possível fazer as operações de intersecção, união, diferença e complementar com eles.

Exemplos de aplicação

1 Dados

$A = \{x \in \mathbb{R} \mid -1 < x < 1\}$

e $B = [0, 5[$, determine:

Para refletir
Analise os possíveis significados de $\{3, 5\}$, $(3, 5)$ e $[3, 5]$.

a) $A \cap B$

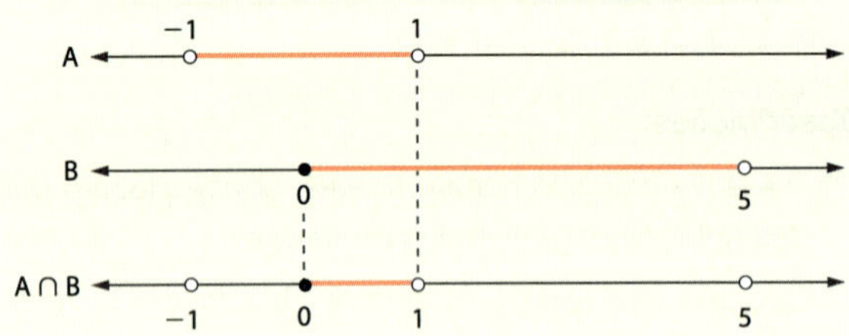

$A \cap B = \{x \in \mathbb{R} \mid 0 \leq x < 1\} = [0, 1[$

b) $A \cup B$

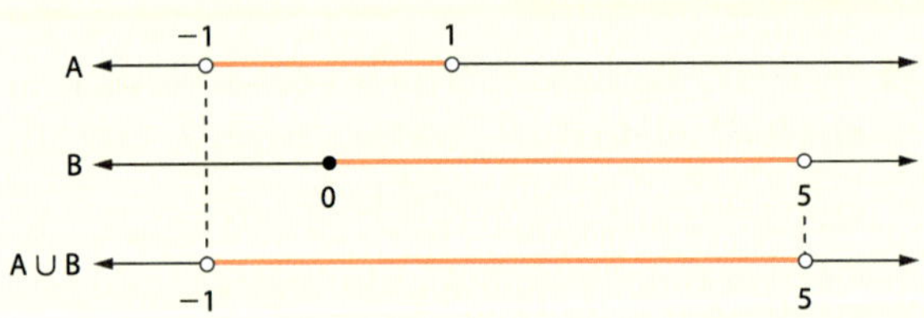

$A \cup B = \{x \in \mathbb{R} \mid -1 < x < 5\} =]-1, 5[$

c) $A - B$

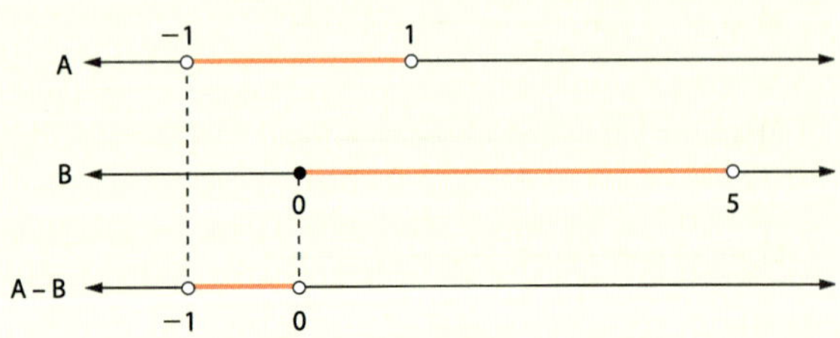

$A - B = \{x \in \mathbb{R} \mid -1 < x < 0\} =]-1, 0[$

d) $\complement_B^A$ não se define, pois $A \not\subset B$.

2 Dados os conjuntos $A = [2, 5]$ e $B =]3, 6]$, calcule para $U = \mathbb{R}$:

(**Observação:** $\complement_{\mathbb{R}}^A = \mathbb{R} - A$ também pode ser representado por $\complement^A$ ou $\overline{A}$.)

a) $\overline{A}$

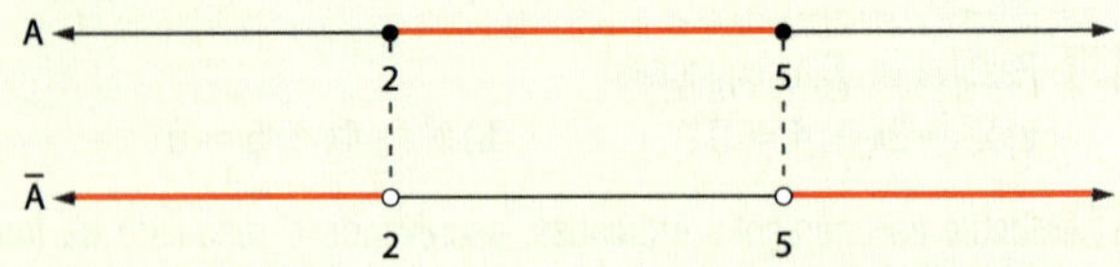

$\overline{A} = \{x \in \mathbb{R} \mid x < 2 \text{ ou } x > 5\} =]-\infty, 2[\cup]5, +\infty[$

b) $\overline{B}$

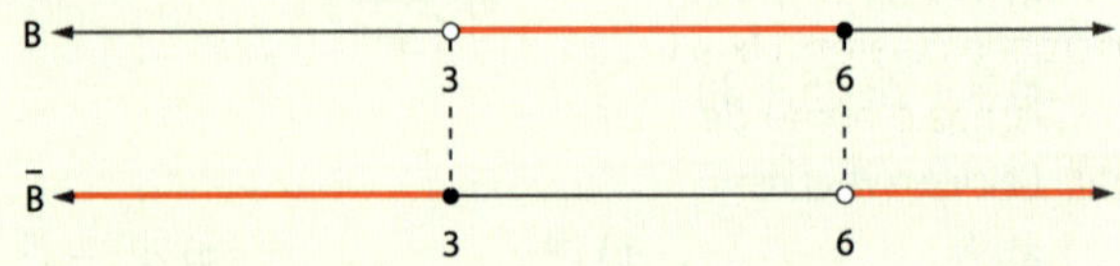

$\overline{B} = \{x \in \mathbb{R} \mid x \leq 3 \text{ ou } x > 6\} =]-\infty, 3] \cup]6, +\infty[$

c) $A \cup B$

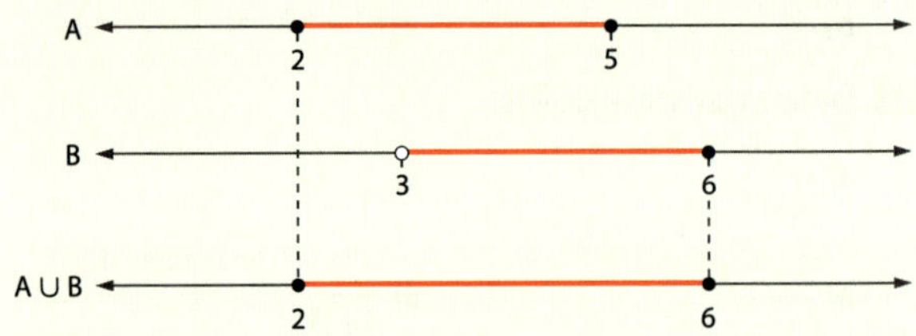

$A \cup B = \{x \in \mathbb{R} \mid 2 \leq x \leq 6\} = [2, 6]$

d) $\overline{A \cup B}$

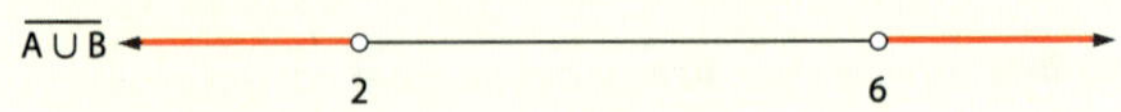

$\overline{A \cup B} = \{x \in \mathbb{R} \mid x < 2 \text{ ou } x > 6\} =]-\infty, 2[\cup]6, +\infty[$

Exercícios

objeto digital

Nos exercícios 58 a 61 determine o que se pede com os conjuntos dados.

58 $A = [2, 4]$ e $B = [3, 6]$

a) $A \cap B$ **b)** $A \cup B$ **c)** $A - B$ **d)** $B - A$

59 $A = \{x \in \mathbb{R} \mid x < 4\}$ e $B = \{x \in \mathbb{R} \mid x < 1\}$

a) $A \cup B$ **b)** $B \cap A$ **c)** $A - B$

60 $A = [-2, 0[$ e $B = [-1, +\infty[$

a) $A \cup B$ **b)** $A \cap B$ **c)** $\overline{A \cap B}$

61 $A =]-2, 1[$ e $B = [-3, 0]$

a) $A \cup B$ **b)** $A \cap B$ **c)** $A - B$

62 Dados $A =]-5, 2]$, $B = [-6, 6]$ e $C =]-\infty, 2]$, calcule:

a) $A \cup B \cup C$ **b)** $A \cap B \cap C$

63 Dados os conjuntos a seguir, determine o que se pede:

$A =]-\infty, 3]$ e $B =]2, 5]$

a) $\overline{A}$ **b)** $\overline{B}$ **c)** $\overline{A} \cup \overline{B}$ **d)** $\overline{A} \cap \overline{B}$

64 Dados os intervalos $A = [-1, 4)$, $B = [1, 5]$, $C = [2, 4]$ e $D = (1, 3]$, verifique se 1 pertence ao conjunto $(A \cap B) - (C - D)$.

Assuntos optativos

Coordenadas cartesianas

A notação (a, b) também é usada para indicar o *par ordenado* de números reais **a** e **b**, no qual o número **a** é a primeira coordenada e o número **b** é a segunda coordenada. Observe que os pares ordenados (3, 4) e (4, 3) são diferentes, pois a primeira coordenada de (3, 4) é 3, enquanto a primeira coordenada de (4, 3) é 4.

Sistema de eixos ortogonais

Um *sistema de eixos ortogonais* é constituído por dois eixos perpendiculares, Ox e Oy, que têm a mesma origem **O**.

Damos o nome de *plano cartesiano* a um plano munido de um sistema de eixos ortogonais.

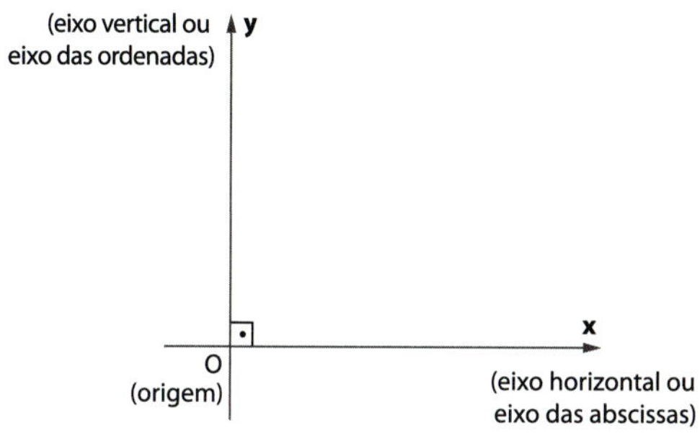

Os eixos ortogonais Ox e Oy dividem o plano cartesiano em quatro regiões chamadas *quadrantes*, na ordem colocada abaixo:

Fique atento
Se x = 0, então o par ordenado (0, y) pertence ao eixo das ordenadas. Se y = 0, então o par ordenado (x, 0) pertence ao eixo das abscissas.

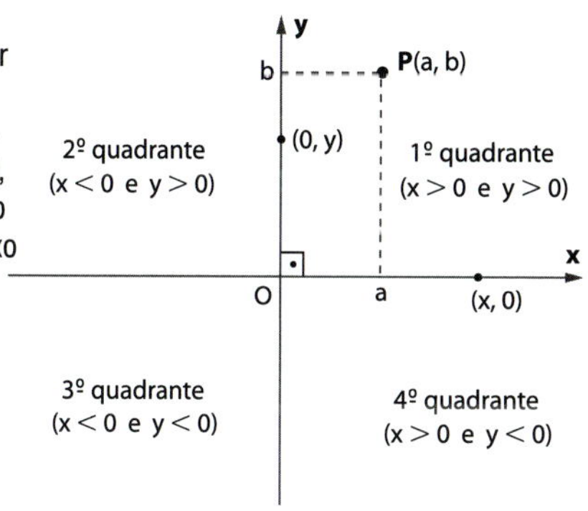

Usamos esse sistema para localizar pontos no plano. Dado um ponto **P** desse plano, dizemos que os números **a** e **b** são as *coordenadas cartesianas* do ponto **P**, em que **a** é a *abscissa* e **b** é a *ordenada*.

Observe que a cada par ordenado de números reais corresponde um ponto do plano cartesiano e, reciprocamente, a cada ponto do plano corresponde um par ordenado de números reais. Essa correspondência biunívoca entre pares de números reais e pontos do plano permite escrever conceitos e propriedades geométricas em uma linguagem algébrica e, reciprocamente, interpretar geometricamente relações entre números reais.

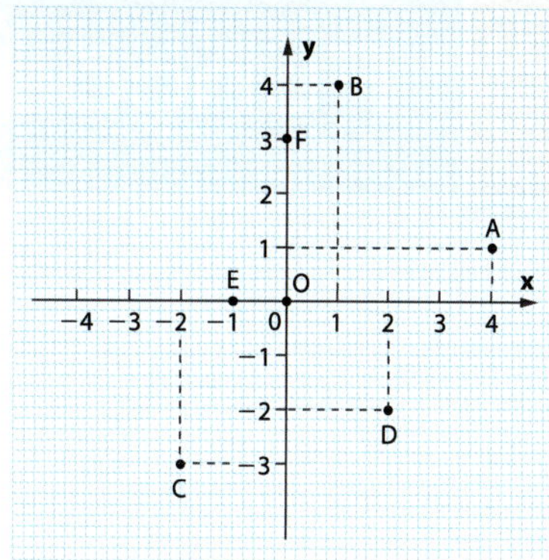

Por exemplo, vamos localizar num plano cartesiano os pontos **A**(4, 1), **B**(1, 4), **C**(−2, −3), **D**(2, −2), **E**(−1, 0), **F**(0, 3) e **O**(0, 0).

Ponto **A**(4, 1) → ponto **A** de coordenadas cartesianas

$$4 \text{ e } 1 \begin{cases} \text{a abscissa é } 4 \\ \text{a ordenada é } 1 \end{cases}.$$

Ponto **B**(1, 4) → ponto **B** de coordenadas cartesianas

$$1 \text{ e } 4 \begin{cases} \text{a abscissa é } 1 \\ \text{a ordenada é } 4 \end{cases}.$$

Exercícios optativos

objeto digital

1 Dê as coordenadas cartesianas de cada ponto do plano cartesiano abaixo.

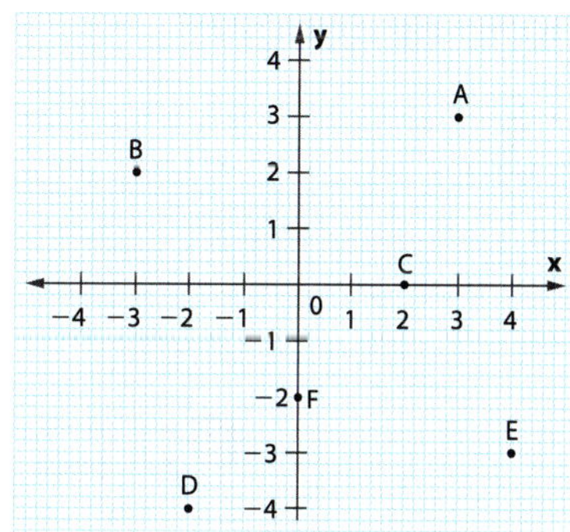

2 Assinale, num plano cartesiano, os seguintes pontos:

a) **A**(−1, 3); **c)** **B**(0, −2); **e)** **C**$\left(\frac{3}{2}, 4\right)$;

b) **D**(4, 0); **d)** **E**(3, −1); **f)** **F**$\left(\frac{1}{2}, -2\right)$.

3 Um ponto **P** tem coordenadas (2x − 6, 7) e pertence ao eixo das ordenadas. Determine **x**.

4 Os pares ordenados (2x, y) e (6, 8 − x) representam o mesmo ponto. Determine **x** e **y**.

5 Um ponto **P** tem coordenadas (2x + 4, x − 3) e pertence ao eixo das abscissas. Quais as coordenadas cartesianas do ponto **P**?

6 Um ponto **P** tem coordenadas (x + 5, 2x − 8) e pertence ao eixo das ordenadas. Quais as coordenadas cartesianas do ponto **P**?

3 Capítulo — Funções

Considere a tabela abaixo, que relaciona o número de litros de gasolina comprados e o preço a pagar por eles em novembro de 2011.

Observe que o preço a pagar é dado *em função* do número de litros comprados, ou seja, o preço a pagar *depende* do número de litros comprados.

HELY DEMUTTI

Preço a pagar = R$ 2,40 *vezes* o número de litros comprados.

Número de litros	**Preço a pagar** (R$)
1	2,40
2	4,80
3	7,20
4	9,60
⋮	⋮
40	96,00

Situações como essa utilizam ideias de função.

1. Explorando intuitivamente a noção de função

A ideia de função está presente quando relacionamos duas grandezas variáveis. Vejamos alguns exemplos.

1º) Lado do quadrado e perímetro.

Veja agora a tabela que relaciona a medida do lado de um quadrado (ℓ) e o seu perímetro (**P**):

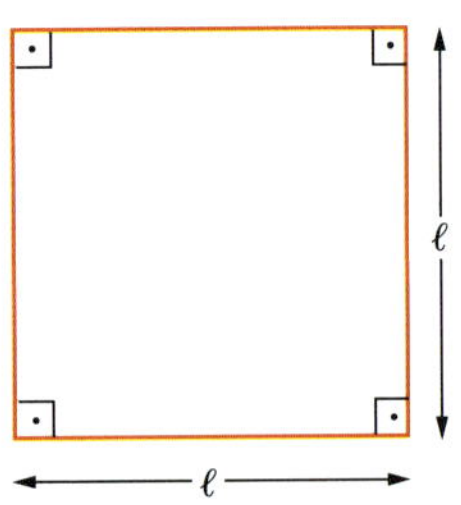

Fique atento
p é símbolo de semiperímetro. Não existe um símbolo para perímetro. Muitas pessoas utilizam 2p para representá-lo. Aqui usaremos **P** para indicar perímetro.

Medida do lado (ℓ)	**Perímetro** (P)
1	4
2	8
2,5	10
3	12
4,1	16,4
⋮	⋮
ℓ	4ℓ

Observe que o perímetro do quadrado é dado em função da medida do seu lado, isto é, o perímetro depende da medida do lado. A cada valor dado para a medida do lado corresponde um único valor para o perímetro.

perímetro = 4 vezes a medida do lado

ou

$P = 4\ell$ → *lei da função* ou *fórmula matemática da função* ou *regra da função*

Nessa função, o perímetro, como depende da medida do lado, é a *variável dependente*, e a medida do lado, escolhida arbitrariamente, é chamada de *variável independente*.

2º) A máquina de dobrar.

Observe abaixo o desenho de uma máquina imaginária de dobrar números.

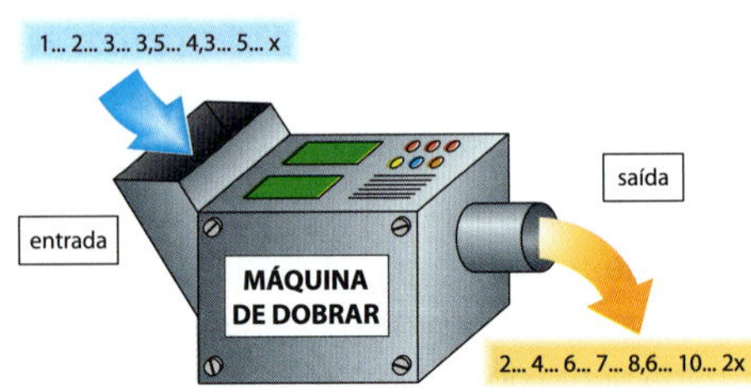

Veja que os números que saem são dados *em função* dos números que entram na máquina, ou seja, os números que saem *dependem* dos números que entram. Assim, a *variável dependente* é o número de saída e a *variável independente* é o número de entrada.

Nesse caso, temos:

número de saída (**n**) é igual a duas vezes o número de entrada (**x**)

ou

n = 2x → *regra da função* ou *lei da função* ou, ainda, *fórmula matemática da função*

3º) Numa rodovia, um carro mantém uma velocidade constante de 90 km/h. Veja a tabela que relaciona o tempo **t** (em horas) e a distância **d** (em quilômetros):

Tempo (h)	0,5	1	1,5	2	3	4	t
Distância (km)	45	90	135	180	270	360	90t

Observe que a distância percorrida é dada *em função* do tempo, isto é, a distância percorrida *depende* do intervalo de tempo. A cada intervalo de tempo considerado corresponde um único valor para a distância percorrida. Dizemos, então, que a distância percorrida é *função* do tempo e escrevemos:

distância = 90 · tempo

d = 90t

(d: variável dependente; t: variável independente)

Exercícios

1 A tabela a seguir indica o nome de alguns estados e de suas respectivas capitais.

Estados	Capitais
Ceará	Fortaleza
Minas Gerais	Belo Horizonte
São Paulo	São Paulo
Paraná	Curitiba
Pernambuco	Recife

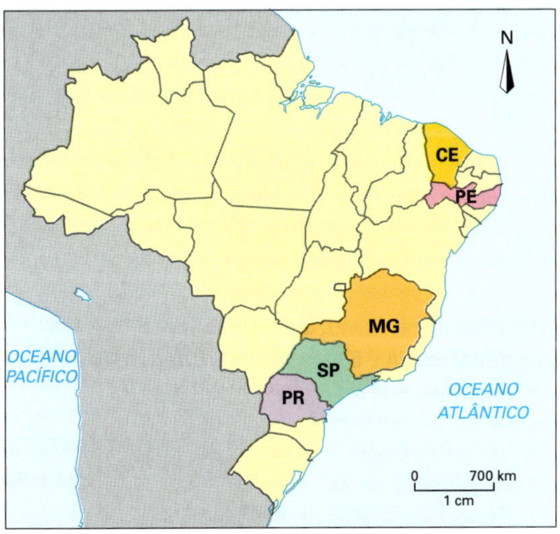

Fonte: IBGE. *Anuário Estatístico do Brasil*, 1998.

a) O nome da capital é dado em função do nome do estado?
b) O nome da capital depende do nome do estado?
c) A cada estado corresponde uma única capital?

2 Observe na tabela a medida do lado (em cm) de uma região quadrada e sua área (em cm²).

Medida do lado (em cm)	1	3	4	5,5	10	...	ℓ
Área (em cm²)	1	9	16	30,25	100	...	ℓ^2

a) Para cada medida do lado, obtém-se uma área. O que é dado em função do quê?
b) Qual é a variável dependente?
c) Qual é a variável independente?
d) Qual é a lei da função que associa a medida do lado com a área?
e) Qual é a área de uma região quadrada cujo lado mede 12 cm?
f) Qual é a medida do lado da região quadrada cuja área é de 169 cm²?

3 A tabela abaixo indica o custo de produção de certo número de peças para informática:

dica Enem

Número de peças	**Custo** (R$)
1	1,20
2	2,40
3	3,60
4	4,80
5	6,00
6	7,20
7	8,40
8	9,60

a) A cada número de peças corresponde um único valor em reais?
b) O que é dado em função do quê?
c) Qual é a fórmula matemática que dá o custo (**c**) em função do número de peças (**x**)?
d) Qual é o custo de 10 peças? E de 20 peças? E de 50 peças?
e) Com um custo de R$ 120,00, quantas peças podem ser produzidas?

4 Responda:

a) A diagonal (**d**) de um quadrado é dada em função do seu lado (ℓ). Qual é a fórmula matemática que indica essa função?
b) O comprimento (**C**) da circunferência é dado em função do seu raio (**r**). Qual é a expressão que indica essa função?
c) O número de diagonais (**d**) de um polígono é dado em função do número de lados (**n**) do polígono. Qual é a fórmula matemática que indica essa função?

2. A noção de função via conjuntos

Vamos, agora, estudar essa mesma noção de função usando a nomenclatura de conjuntos. Considere os exemplos a seguir.

1º) Observe os conjuntos **A** e **B** relacionados da seguinte forma: em **A** estão alguns números inteiros e em **B** outros.

Devemos associar cada elemento de **A** a seu triplo em **B**.

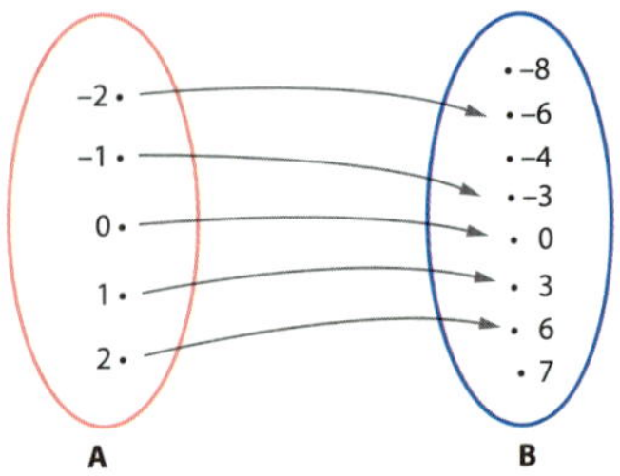

$x \in A$	$y \in B$
−2	−6
−1	−3
0	0
1	3
2	6

Note que:

- todos os elementos de **A** têm correspondente em **B**;
- a cada elemento de **A** corresponde um único elemento de **B**.

Nesse caso, *temos uma função de **A** em **B***, expressa pela fórmula $y = 3x$.

2º) Dados $A = \{0, 4\}$ e $B = \{2, 3, 5\}$, relacionamos **A** e **B** da seguinte forma: cada elemento de **A** é menor do que um elemento de **B**:

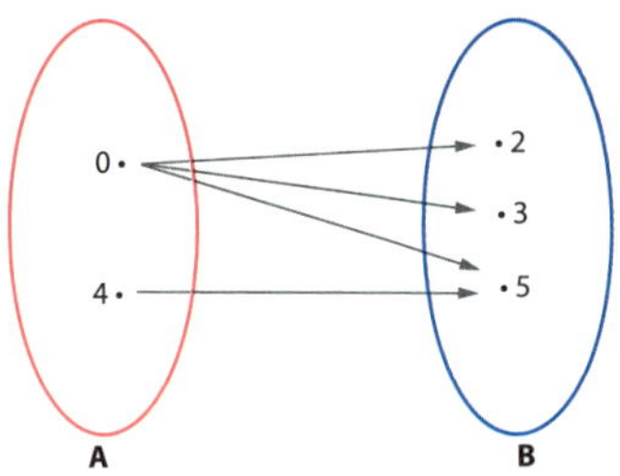

Nesse caso *não temos* uma *função de **A** em **B***, pois ao elemento 0 de **A** correspondem três elementos de **B** (2, 3 e 5, pois $0 < 2$, $0 < 3$ e $0 < 5$), e não apenas um único elemento de **B**.

3º) Dados $A = \{-4, -2, 0, 2, 4\}$ e $B = \{0, 2, 4, 6, 8\}$, associamos os elementos de **A** aos elementos de igual valor em **B**:

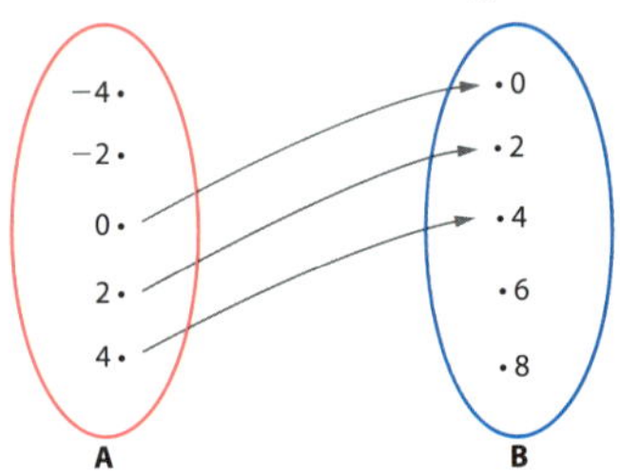

Observe que há elementos em **A** (os números −4 e −2) que não têm correspondente em **B**. Nesse caso *não temos uma função de **A** em **B***.

4º) Dados $A = \{-2, -1, 0, 1, 2\}$ e $B = \{0, 1, 4, 8, 16\}$ e a correspondência entre **A** e **B** dada pela fórmula $y = x^4$, com $x \in A$ e $y \in B$, temos:

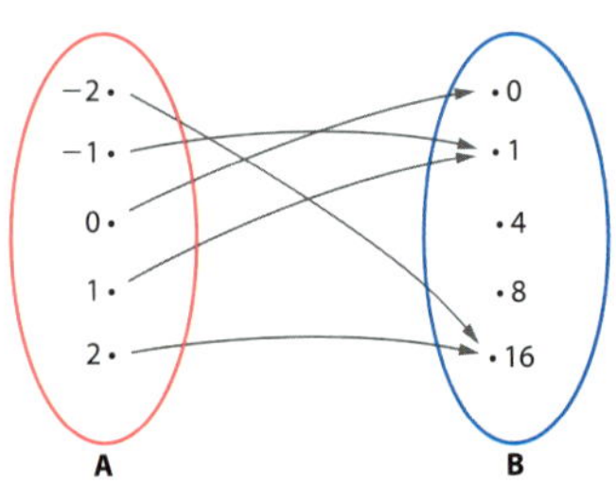

- todos os elementos de **A** têm correspondente em **B**;
- a cada elemento de **A** corresponde um único elemento de **B**.

Assim, a correspondência expressa pela fórmula $y = x^4$ *é uma função de **A** em **B***.

5º) Sejam **P** o conjunto das regiões poligonais do plano e IR o conjunto dos números reais. A cada região poligonal do plano fazemos corresponder a sua área em IR. Essa correspondência é uma função de **P** em IR.

Definição e notação

Dados dois conjuntos não vazios **A** e **B**, uma função de **A** em **B** é uma regra que indica como associar cada elemento $x \in A$ a um único elemento $y \in B$.

Usamos a seguinte notação:

$f: A \to B$ ou $A \xrightarrow{f} B$ (lê-se: **f** é uma função de **A** em **B**)

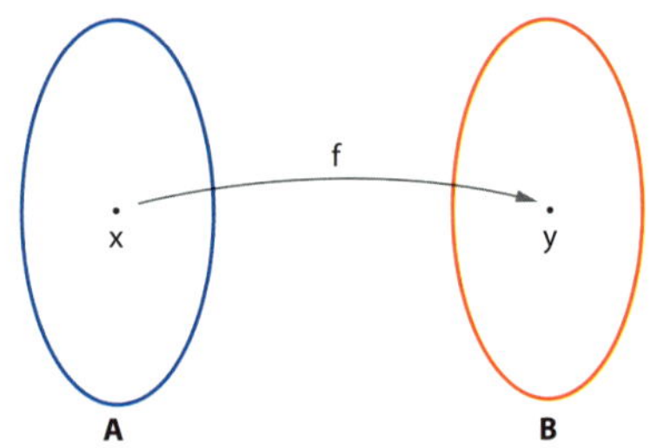

A função **f** transforma **x** de **A** em **y** de **B**.

Exercícios

5 Quais dos seguintes diagramas representam uma função de **A** em **B**?

a)

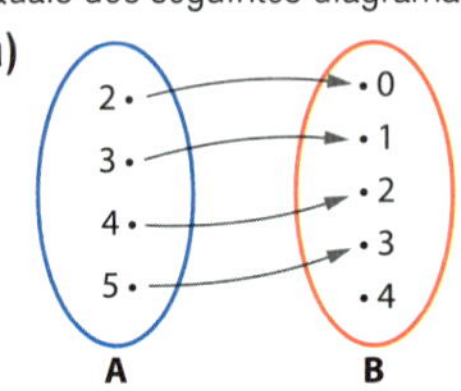

c)

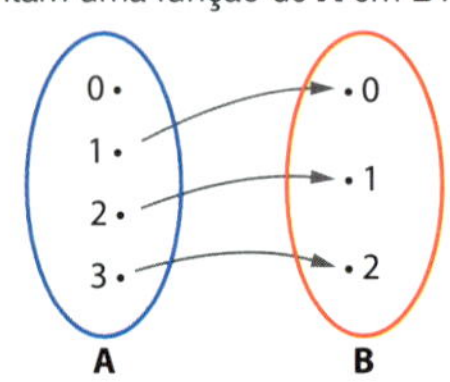

b)

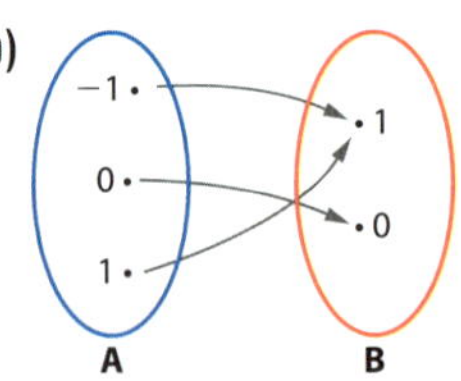

d)

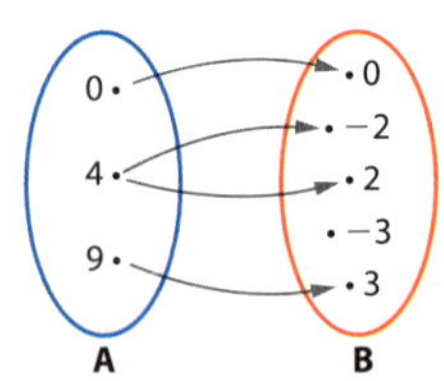

6 Dados $A = \{-2, -1, 0, 1, 2\}$, $B = \{-1, 0, 1, 3, 4\}$ e a correspondência entre **A** e **B** dada por $y = x^2$, com $x \in A$ e $y \in B$, faça um diagrama e diga se **f** é uma função de **A** em **B**.

7 Dados $A = \{0, 1, 2, 3\}$, $B = \{-1, 0, 1\}$ e a correspondência entre **A** e **B** dada por $y = x - 2$, com $x \in A$ e $y \in B$, faça um diagrama e diga se **f** é uma função de **A** em **B**.

8 Dados $A = \{-1, 0, 1, 2, 3\}$, $B = \left\{\frac{1}{2}, 1, 2, 4, 6, 8\right\}$ e uma correspondência entre **A** e **B** expressa por $y = 2^x$, com $x \in A$ e $y \in B$, essa correspondência é uma função de **A** em **B**?

9 Observe a tabela abaixo:

A	B
x	y
1	1
4	2
9	3
16	4
25	5

a) Verifique se a correspondência de **A** em **B** pode ser uma função. Em caso afirmativo, determine a fórmula matemática dessa função.

b) Verifique se a correspondência de **B** em **A** pode ser uma função. Em caso afirmativo, determine a fórmula matemática dessa função.

3. Domínio, contradomínio e conjunto imagem

Dada uma função **f** de **A** em **B**, o conjunto **A** chama-se *domínio* da função (**D**) e o conjunto **B**, *contradomínio* da função (**CD**). Para cada $x \in A$, o elemento $y \in B$ chama-se *imagem de* ***x*** *pela função* ***f*** ou o valor assumido pela função **f** para $x \in A$, e o representamos por f(x) (lê-se **f** de **x**). Assim, $y = f(x)$.

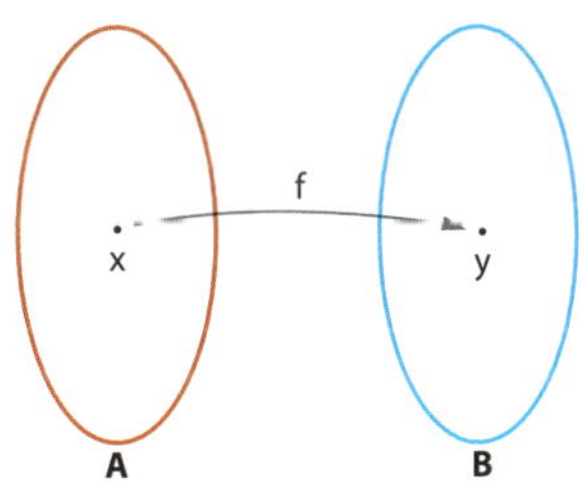

O conjunto de todos os **y** assim obtidos é chamado *conjunto imagem da função* **f** e é indicado por Im(f).

Observe:

1º) Dados os conjuntos $A = \{0, 1, 2, 3\}$ e $B = \{0, 1, 2, 3, 4, 5, 6\}$, vamos considerar a função $f: A \rightarrow B$ que transforma $x \in A$ em $2x \in B$.

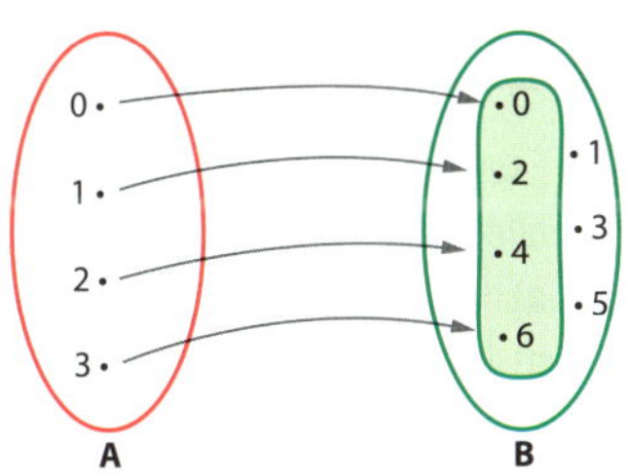

Dizemos que $f: A \rightarrow B$ é definida por $f(x) = 2x$ ou por $y = 2x$. A indicação $x \xrightarrow{f} 2x$ significa que **x** é transformado pela função **f** em 2x.

Veja que para caracterizar uma função é necessário conhecer seus três componentes: o domínio (**A**), o contradomínio (**B**) e uma regra que associa cada elemento de **A** a um único elemento $y = f(x)$ de **B**. Nesse exemplo, o domínio é $A = \{0, 1, 2, 3\}$, o contradomínio é $B = \{0, 1, 2, 3, 4, 5, 6\}$, a regra é dada por $y = 2x$ e o conjunto imagem é dado por $Im(f) = \{0, 2, 4, 6\}$.

2º) Vamos considerar a função $f: \mathbb{N} \rightarrow \mathbb{N}$ definida por $f(x) = x + 1$.

Nesse caso a função **f** transforma todo número natural **x** em outro número natural **y** que é o sucessor de **x**, indicado por $x + 1$.

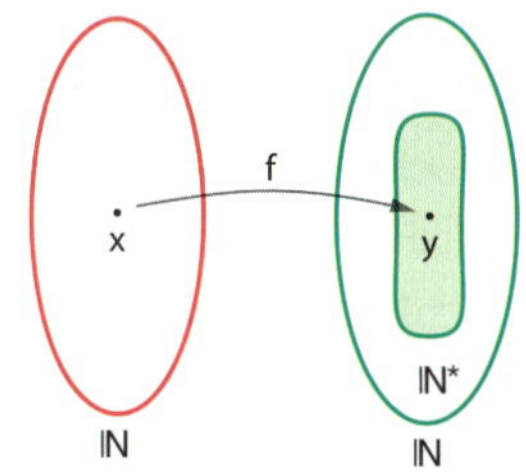

- a imagem de $x = 0$ é $f(0) = 0 + 1 = 1$
- a imagem de $x = 1$ é $f(1) = 1 + 1 = 2$
- a imagem de $x = 2$ é $f(2) = 2 + 1 = 3$

e assim por diante.

Portanto, o domínio é $\mathbb{N}$ ($D = \mathbb{N}$), o contradomínio é $\mathbb{N}$ ($CD = \mathbb{N}$), a regra é $y = x + 1$ e o conjunto imagem é $\mathbb{N}^* = \mathbb{N} - \{0\}$, isto é, $Im(f) = \mathbb{N}^*$.

Exercícios

10 Considere a função $A \xrightarrow{f} B$ dada pelo diagrama e determine:

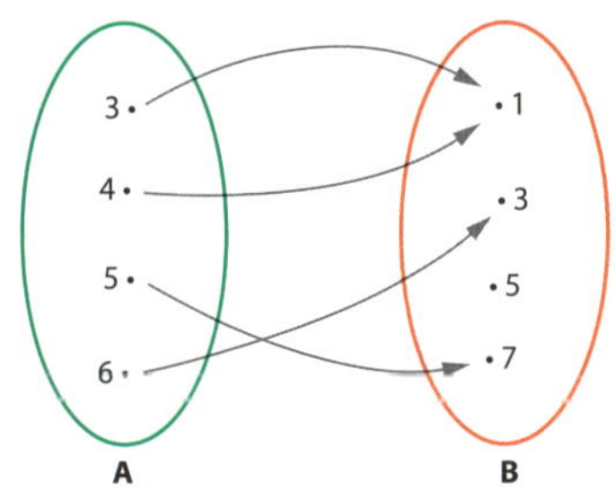

a) D(f);
b) CD(f);
c) Im(f);
d) f(4);
e) **y**, quando $x = 5$;
f) **x**, quando $y = 3$;
g) **x**, quando $f(x) = 1$;
h) f(x), quando $x = 6$;
i) **y**, quando $x = 3$;
j) **x**, quando $y = 7$.

11 Considere $A \xrightarrow{g} B$ a função para a qual $A = \{1, 3, 4\}$, $B = \{3, 9, 12\}$ e g(x) é o triplo de **x**, para todo $x \in A$.

a) Construa o diagrama de flechas da função.
b) Determine D(g), CD(g) e Im(g).
c) Determine g(3).
d) Determine **x** para o qual $g(x) = 12$.

4. Funções definidas por fórmulas matemáticas

Grande parte das funções que estudamos é determinada por fórmulas matemáticas (regras ou leis).

No início do capítulo vimos uma correspondência entre o número de litros de gasolina e o preço a pagar expressa por:

preço a pagar = 2,40 vezes o número de litros comprados

em que o preço de 1ℓ é R$ 2,40. Essa função pode ser expressa pela fórmula matemática:

$$y = 2{,}40x \quad \text{ou} \quad f(x) = 2{,}40x$$

Veja outras funções expressas por fórmulas matemáticas:

- f: IR → IR que a cada número real **x** associa o seu dobro → f(x) = 2x ou y = 2x;
- f: IR → IR que a cada número real **x** associa o seu cubo → $f(x) = x^3$ ou $y = x^3$;
- f: IR → IR que a cada número real **x** associa o seu triplo somado com 1 → f(x) = 3x + 1 ou y = 3x + 1;
- f: IR* → IR que a cada número real diferente de 0 associa o seu inverso → $f(x) = \frac{1}{x}$ ou $y = \frac{1}{x}$ ou $y = x^{-1}$.

Para refletir
Por que nesse último exemplo a função não pode ser de IR em IR?

Exemplos de aplicação

1 Numa indústria, o custo operacional de uma mercadoria é composto de um custo fixo de R$ 300,00 mais um custo variável de R$ 0,50 por unidade fabricada. Portanto, o custo operacional, que representaremos por **y**, é dado em função do número de unidades fabricadas, que representaremos por **x**. Expresse, por meio de uma fórmula matemática, a lei dessa função.

custo operacional = custo fixo + custo variável ⇒
⇒ y = 300,00 + 0,50x
Então, a fórmula matemática é f(x) = 300,00 + 0,50x ou y = 300,00 + 0,50x.

2 Num quadrado, a fórmula P = 4ℓ permite calcular a medida **P** do perímetro em função da medida ℓ do lado, e a fórmula $d = \ell\sqrt{2}$ permite calcular a medida **d** da diagonal em função da medida ℓ do lado. Expresse uma fórmula matemática que permita calcular a medida **d** da diagonal em função da medida **P** do perímetro.

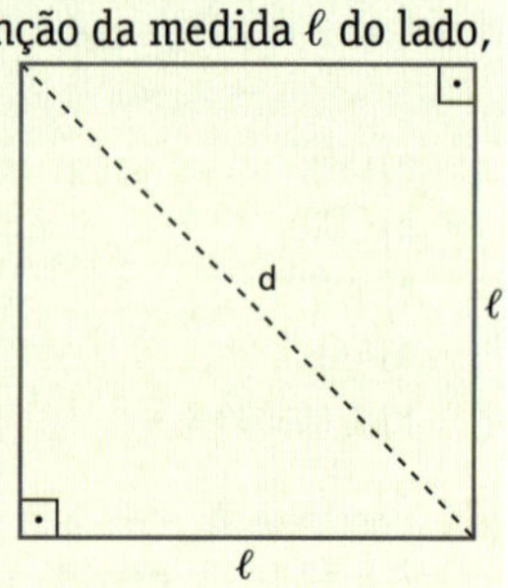

$P = 4\ell \Rightarrow \ell = \frac{P}{4}$

$d = \ell\sqrt{2} \Rightarrow d = \frac{P\sqrt{2}}{4}$

Portanto, a fórmula matemática é $d = \frac{P\sqrt{2}}{4}$.

3 Dada a função f: A → IR, em que f(x) = 3x − 5 e A = {−2, 0, 1}, determine o conjunto imagem de **f**.

$\left.\begin{array}{l} f(-2) = 3(-2) - 5 = -11 \\ f(0) = 3 \cdot 0 - 5 = -5 \\ f(1) = 3 \cdot 1 - 5 = -2 \end{array}\right\} Im(f) = \{-11, -5, -2\}$

4 Seja a função $IR \xrightarrow{f} IR$ dada por $y = x^2 - 5x + 7$. Determine:

a) a imagem do número 4;
$y = f(4) = 4^2 - 5(4) + 7 = 3$

b) a imagem do número 1.
$y = f(1) = 1^2 - 5 \cdot 1 + 7 = 3$

5 A função f: IR* → IR é dada por f(x) = 2x + 1. Determine:

a) f(3)
$f(3) = 2 \cdot 3 + 1 = 7$

b) f(a)
$f(a) = 2 \cdot a + 1 = 2a + 1$

c) f(x + 1)
f(x + 1) = 2(x + 1) + 1 = 2x + 2 + 1 = 2x + 3

6 As funções **f** e **g** são dadas por f(x) = 2x − 3 e g(x) = 3x + a. Determine o valor de **a** sabendo que f(2) + g(2) = 8.

$\left.\begin{array}{l} f(2) = 2 \cdot 2 - 3 = 1 \\ g(2) = 3 \cdot 2 + a = 6 + a \end{array}\right\} 1 + 6 + a = 8 \Rightarrow a = 1$

7 f: IR → IR é uma função cuja lei envolve mais de uma sentença: $f(x) = \begin{cases} 3x + 1, \text{ para } x \leq 2 \\ x^2, \text{ para } x > 2 \end{cases}$. Determine:

a) f(5)
$f(5) = 5^2 = 25$

b) f(0)
f(0) = 3(0) + 1 = 1

c) f(−3)
f(−3) = 3(−3) + 1 = −8

d) f(2)
f(2) = 3(2) + 1 = 7

8 Seja f: IR → IR uma função tal que f(x + 1) = f(x) + 10. Se f(6) = 30, determine:

a) f(7)
Se f(x + 1) = f(x) + 10, então:
f(7) = f(6) + 10 = 30 + 10 = 40

b) f(8)
f(8) = f(7) + 10 = 40 + 10 = 50

c) f(5)
f(6) = f(5) + 10 ⇒ 30 = f(5) + 10 ⇒ f(5) = 30 − 10 = 20

Exercícios

12 Expresse por meio de uma fórmula matemática a função f: IR → IR, que a cada número real **x** associa:

a) o seu quadrado;
b) a sua terça parte;
c) o seu dobro diminuído de 3;
d) o seu quadrado diminuído de 4;
e) a sua metade somada com 3;
f) o seu cubo somado com o seu quadrado.

13 Um retângulo tem comprimento **c**, largura ℓ e perímetro 20. Determine:

a) a fórmula que dá o valor de **c** em função de ℓ;
b) ℓ em função de **c**.
c) c(4).
d) ℓ(1).

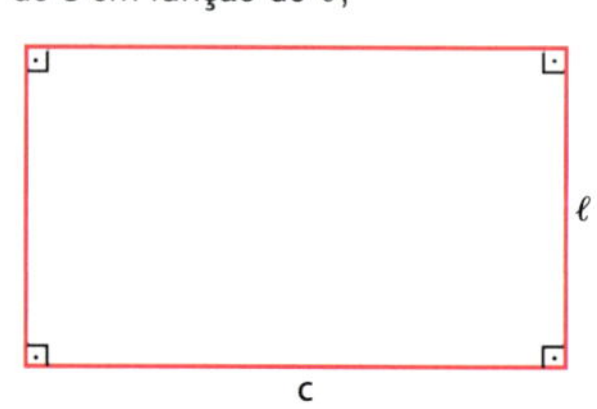

14 Escreva a fórmula matemática que expresse a lei de cada uma das funções abaixo:

a) Uma firma que conserta televisores cobra uma taxa fixa de R$ 40,00 de visita mais R$ 20,00 por hora de mão de obra. Então o preço **y** que se deve pagar pelo conserto de um televisor é dado em função do número **x** de horas de trabalho (mão de obra).

b) Um fabricante produz objetos a um custo de R$ 12,00 a unidade, vendendo-os por R$ 20,00 a unidade. Portanto, o lucro **y** do fabricante é dado em função do número **x** de unidades produzidas e vendidas.

c) A Organização Mundial da Saúde recomenda que cada cidade tenha no mínimo 14 m² de área verde por habitante. A área verde mínima **y** que deve ter uma cidade é dada em função do número **x** de habitantes.

d) Um triângulo tem base fixa de 6 cm e altura variável de **x** cm. A área **y**, em cm², é dada em função de **x**.

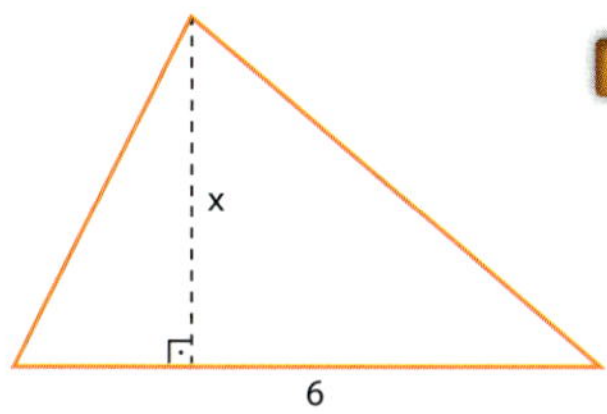

Fique atento
A área do triângulo pode ser obtida pela fórmula:
$A = \frac{\text{base} \cdot \text{altura}}{2}$

15 A fórmula $C = 2\pi r$ nos permite calcular o comprimento **C** de uma circunferência em função da medida **r** do raio. Expresse uma fórmula matemática que permita calcular a medida **r** em função de **C**.

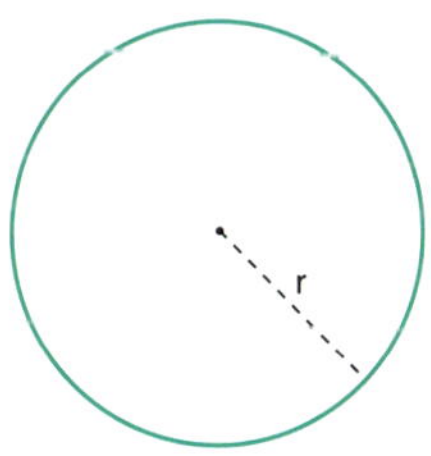

16 Seja a função f: D → IR dada por $f(x) = 2x + 1$, de domínio $D = \{-2, -1, 0, 2\}$. Determine o conjunto imagem de **f**.

17 Considere f: IR → IR dada por $f(x) = 3x + 5$; determine $f(-3)$ e $f(0)$.

18 Considere f: IR → IR dada por $f(x) = 2$.

a) Determine f(1), f(5) e f(80).

b) Determine a soma
$S = f(1) + f(2) + f(3) + f(4) + ... + f(79) + f(80)$.

19 Considere f: IR → IR dada por $f(x) = 3x - 2$ e determine o número real **x** de modo que $f(x) = 0$.

20 Se $D = \{1, 2, 3, 4, 5\}$ é o domínio da função f: D → IR definida por $f(x) = (x - 2)(x - 4)$, quantos elementos tem o conjunto imagem da função?

21 Dada f: IN → IN tal que $f(x) = \begin{cases} x + 5, \text{ se } \mathbf{x} \text{ é par} \\ 2x, \text{ se } \mathbf{x} \text{ é ímpar} \end{cases}$, calcule:

a) f(5);
b) f(4);
c) f(0);
d) f(31);
e) **x** tal que $f(x) = 14$.

22 Seja f: IR → IR a função definida por $f(x) = \begin{cases} 2, \text{ se } x \notin \mathbb{Q} \\ 3, \text{ se } x \in \mathbb{Q} \end{cases}$.

Determine o valor de $f(\sqrt{2}) + f\left(\frac{1}{3}\right) + f(\pi)$.

23 Quando se praticam exercícios físicos, deve-se tomar cuidado com os excessos. Uma das maneiras de se monitorar a intensidade do esforço aeróbico é medindo a frequência cardíaca (número de batimentos do coração por minuto) e cuidando para que esse valor fique sempre dentro do recomendado para cada tipo de treinamento, para cada indivíduo. Esses valores devem ser determinados por um médico, mas, como curiosidade, saiba que existem algumas fórmulas empíricas utilizadas para isso. Por exemplo, a frequência cardíaca de treino (FC_{treino}) para quem deseja queimar calorias pode ser dada por: $FC_{treino} = FC_{rep} + 0{,}7 \cdot (FC_{máx} - FC_{rep})$, em que $FC_{máx}$ é a frequência cardíaca máxima e FC_{rep} é a frequência cardíaca em repouso do indivíduo.

Para homens, a frequência cardíaca máxima é determinada empiricamente subtraindo-se de 220 a idade do indivíduo:
$FC_{máx} = 220 - \text{idade}$.

Suponha que um homem de 40 anos deseje perder peso. Em repouso, sentado, ele pressiona o pulso durante 15 segundos e conta 20 batimentos cardíacos. De acordo com o texto, qual seria a frequência cardíaca de treino para essa pessoa?

a) 126 bpm
b) 144 bpm
c) 150 bpm
d) 154 bpm
e) 160 bpm

24 Dois irmãos, João e Pedro, desejam visitar a mãe deles em São Carlos, SP. João está saindo de carro de São José do Rio Preto, SP, distante 495 km de São Paulo, SP, e Pedro está saindo de ônibus, de São Paulo. João conclui, de acordo com os dados de seu GPS, que a função que define o espaço percorrido (em km) por seu carro em função do tempo (em horas de viagem) é $S(t) = 100t$. Pedro, por sua vez, consultando o GPS de seu celular, conclui que a velocidade média do ônibus em que viaja é de 80 km/h. Considere as três cidades perfeitamente alinhadas, e que João e Pedro iniciaram suas viagens exatamente no mesmo horário.

dica Enem

Adaptado de: IBGE. *Atlas geográfico escolar.* Rio de Janeiro, 2009.

De acordo com os dados do enunciado, a distância entre eles após 1,5 h de viagem será de:

a) 129 km.
b) 165 km.
c) 216 km.
d) 294 km.
e) 299 km.

5. Estudo do domínio de uma função real

Vimos que uma função consta de três componentes: domínio, contradomínio e lei de correspondência. Quando é citada uma função **f** de **A** em **B**, já ficam subentendidos o domínio (**A**) e o contradomínio (**B**).

Às vezes, porém, é dada apenas a lei da função **f**, sem que **A** e **B** sejam citados. Nesses casos consideramos o contradomínio B = IR e o domínio **A** como o "maior" subconjunto de IR ($A \subset \mathbb{R}$) tal que a lei dada defina uma função $f: A \to \mathbb{R}$.

» Exemplo de aplicação

Explicite o domínio das funções reais abaixo:

a) $f(x) = \dfrac{1}{x}$

$\dfrac{1}{x}$ só é possível em IR se $x \neq 0$ (não existe divisão por 0).

Para cada $x \neq 0$, o valor $\dfrac{1}{x}$ sempre existe e é único (o inverso de x).

Logo, $D(f) = \mathbb{R} - \{0\} = \mathbb{R}^*$.

b) $f(x) = \dfrac{x-2}{x+5}$

$\dfrac{x-2}{x+5}$ só é possível em IR se $x + 5 \neq 0$.

$x + 5 \neq 0 \Rightarrow x \neq -5$

Para cada $x \neq -5$, f(x) existe e é único, pois é a divisão de um número real por outro diferente de zero.

Então, $D(f) = \mathbb{R} - \{-5\}$.

c) $f(x) = \dfrac{1}{x^2 - 6x + 5}$

$\dfrac{1}{x^2 - 6x + 5}$ só é possível em IR se $x^2 - 6x + 5 \neq 0$.

Vamos então resolver a equação do 2º grau $x^2 - 6x + 5 = 0$:

$\Delta = 16$

$x' = 5$ e $x'' = 1$

Para cada $x \neq 5$ e $x \neq 1$, f(x) existe e é único, pois é o inverso de um número real diferente de zero. O domínio da função não poderá ter os números reais 5 e 1.

Logo, $D(f) = \mathbb{R} - \{1,5\}$.

d) $f(x) = \sqrt{3 - x}$

$\sqrt{3 - x}$ só é possível em IR se $3 - x \geq 0$ (em IR não há raiz quadrada de número negativo).

$3 - x \geq 0 \Rightarrow -x \geq -3 \Rightarrow x \leq 3$

Para cada $x \leq 3$, f(x) existe e é único, pois é a raiz quadrada de um número real maior ou igual a zero.

Portanto, $D(f) = \{x \in \mathbb{R} \mid x \leq 3\}$.

e) $f(x) = \dfrac{\sqrt{7 - x}}{\sqrt{x - 2}}$

Nesse caso, devemos ter:

$7 - x \geq 0 \Rightarrow x \leq 7$

$x - 2 > 0 \Rightarrow x > 2$

Ou seja, $x \in]2, 7]$. Para cada $x \in]2, 7]$, f(x) existe e é único, pois é a divisão de um número real positivo ou nulo por outro positivo.

Logo, $D(f) =]2, 7]$.

» Exercícios

25 Explicite o domínio das funções reais definidas por:

a) $f(x) = \dfrac{1}{x}$

b) $g(x) = \sqrt{x}$

c) $h(x) = \dfrac{3}{2 - x}$

d) $y = \sqrt{2 - x}$

e) $f(x) = \dfrac{2}{\sqrt{x + 3}}$

26 Explicite o domínio das funções reais definidas por:

a) $f(x) = \dfrac{1}{x - 6}$

b) $f(x) = \dfrac{x}{3}$

c) $f(x) = \dfrac{x + 1}{x}$

d) $f(x) = \dfrac{x - 1}{4}$

e) $y = \sqrt{5 - x}$

f) $f(x) = \dfrac{1}{\sqrt{8 - x}}$

g) $f(x) = \dfrac{\sqrt{x - 2}}{x - 3}$

h) $f(x) = \sqrt[3]{x - 5}$

6. Gráfico de uma função

Em livros, revistas, jornais e na internet frequentemente encontramos gráficos e tabelas que procuram retratar uma determinada situação.

Esses gráficos e tabelas, em geral, representam funções, e por meio deles podemos obter informações sobre a situação que retratam, bem como sobre as funções que representam.

Vamos analisar um exemplo de aplicação:

Exemplo de aplicação

Evolução do número de candidatos inscritos no vestibular da Fuvest (1995 a 2012)

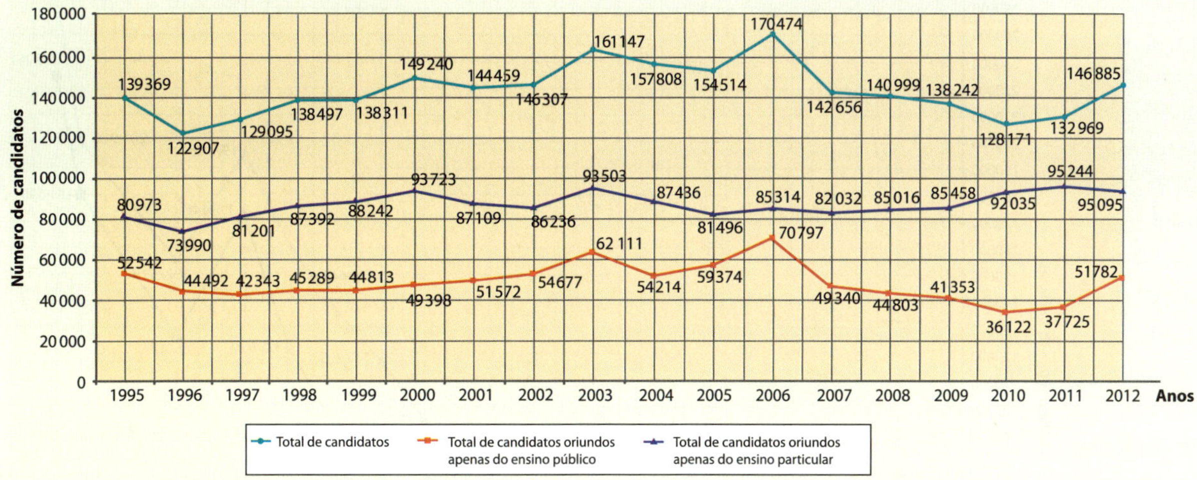

Fonte: <www.fuvest.br>. Acesso em: 18 maio 2012.

Pela análise do gráfico, vemos que:

- de 1995 a 1997 diminuiu o número de candidatos oriundos do ensino público. De 1997 a 1998 esse número aumentou. De 1998 a 1999 houve uma pequena queda. De 1999 a 2003 houve um aumento. De 2003 a 2004 houve uma queda. De 2004 a 2006 houve um aumento. De 2006 a 2010 esse número diminuiu. E de 2010 a 2012 houve um aumento.
- quanto aos candidatos oriundos do ensino particular houve queda de 1995 para 1996, de 2000 a 2002, de 2003 a 2005, de 2006 a 2007 e de 2011 a 2012. O aumento desse número ocorreu de 1996 a 2000, de 2002 a 2003, de 2005 a 2006 e de 2007 a 2011.
- comparando os vestibulares de 2005 e 2006, a porcentagem dos candidatos oriundos do ensino público subiu de 38% para 42%, aproximadamente.

Para refletir
Como foram calculadas as porcentagens 38% e 42%?

Exercícios

27 Analisando o gráfico, responda:

Os dez maiores vencedores da Fórmula 1 até o fim do campeonato de 2011

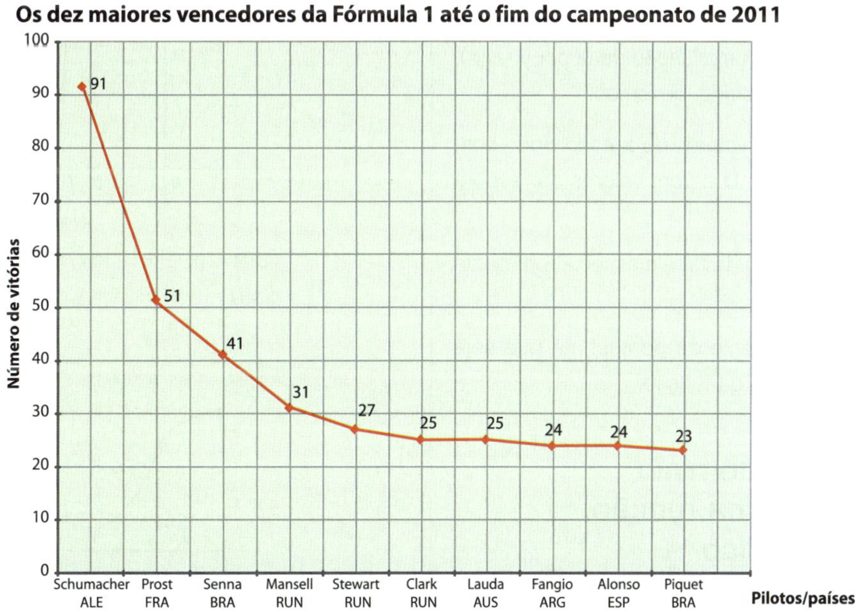

a) Desses dez pilotos, até o fim do campeonato de 2011, qual teve o maior número de vitórias na Fórmula 1 e qual teve o menor número?

b) Quais pilotos tiveram o mesmo número de vitórias?

28 Analise o gráfico a seguir e responda:

Balança comercial brasileira (1992 a 2011)

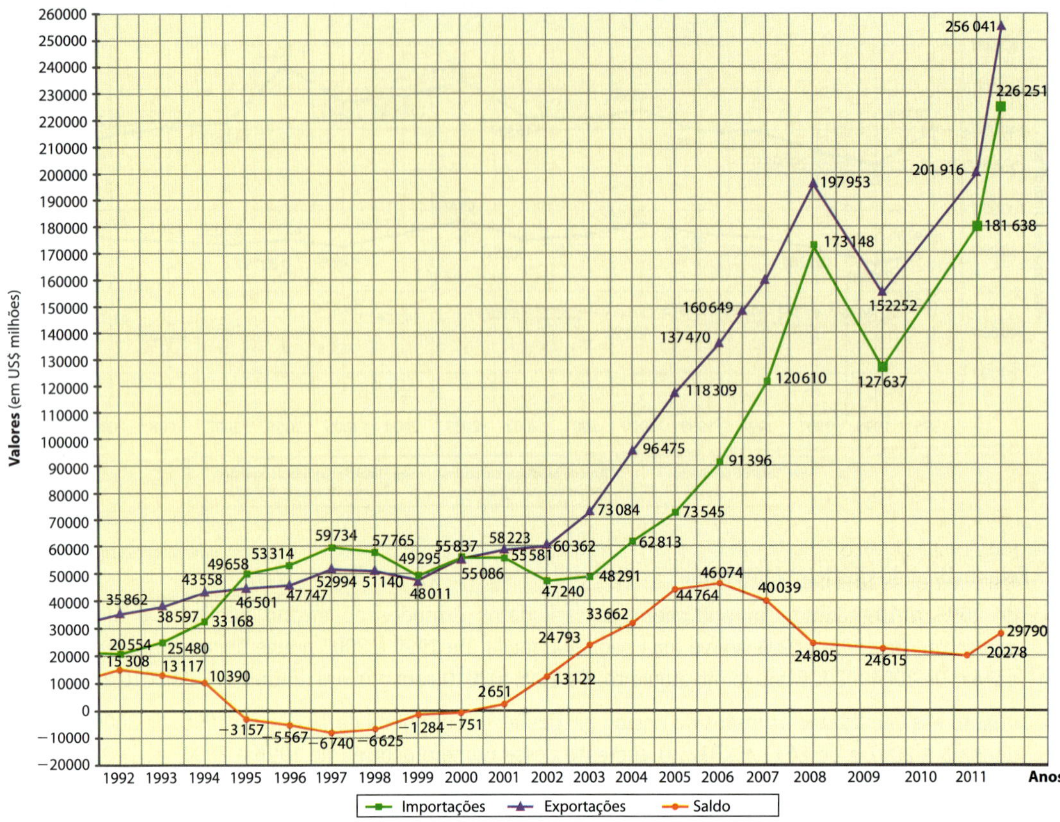

Fonte: <www.portalbrasil.net>. Acesso em: 2 fev. 2012.

a) Em que ano as importações atingiram valor máximo? E mínimo?

b) Em que anos as exportações foram superiores a 50 bilhões de dólares?

c) Comparando o saldo de 2009 com o de 2010, houve aumento ou queda? De quanto por cento?

Construção de gráficos de funções

Para construir o gráfico de uma função dada por $y = f(x)$, com $x \in D(f)$, no plano cartesiano, devemos:

- construir uma tabela com valores de **x** escolhidos convenientemente no domínio **D** e com valores correspondentes para $y = f(x)$;
- a cada par ordenado (x, y) da tabela associar um ponto do plano cartesiano;
- marcar um número suficiente de pontos, até que seja possível esboçar o gráfico da função.

Determinação do domínio e da imagem de uma função, conhecendo o gráfico

Observando o gráfico de uma função no plano cartesiano podemos, às vezes, determinar o domínio **D** e o conjunto imagem **Im** da função, projetando o gráfico nos eixos:

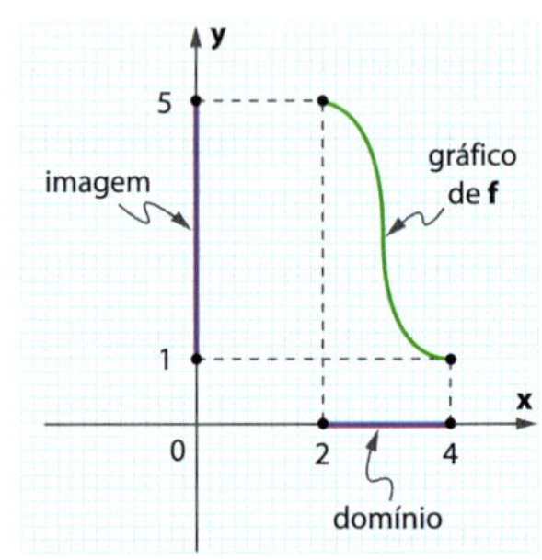

$D(f) = \{x \in \mathbb{R} \mid 2 \leq x \leq 4\} = [2, 4]$

$Im(f) = \{y \in \mathbb{R} \mid 1 \leq y \leq 5\} = [1, 5]$

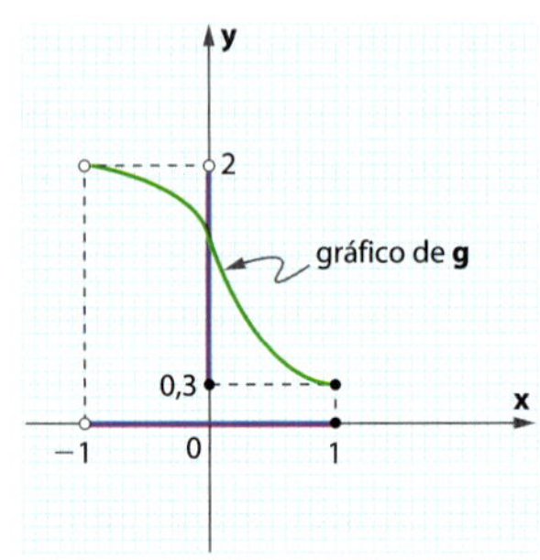

$D(g) = \{x \in \mathbb{R} \mid -1 < x \leq 1\} =]-1, 1]$

$Im(g) = \{y \in \mathbb{R} \mid 0{,}3 \leq y < 2\} = [0{,}3; 2[$

Determinando se um conjunto de pontos é gráfico de uma função

Já vimos que, para ter uma função de **A** em **B**, a cada $x \in A$ deve corresponder um único $y \in B$. Geometricamente, isso significa que qualquer reta perpendicular ao eixo **x** que intersecta o gráfico deve fazê-lo num *único* ponto. Por exemplo:

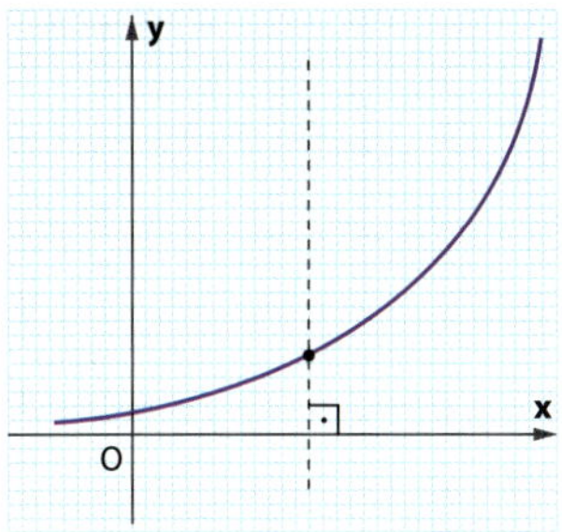

O gráfico acima é de uma função, pois qualquer reta perpendicular ao eixo Ox intersecta-o em um único ponto.

Assim, se essa reta intersectar o gráfico em mais de um ponto, esse gráfico não é gráfico de uma função.

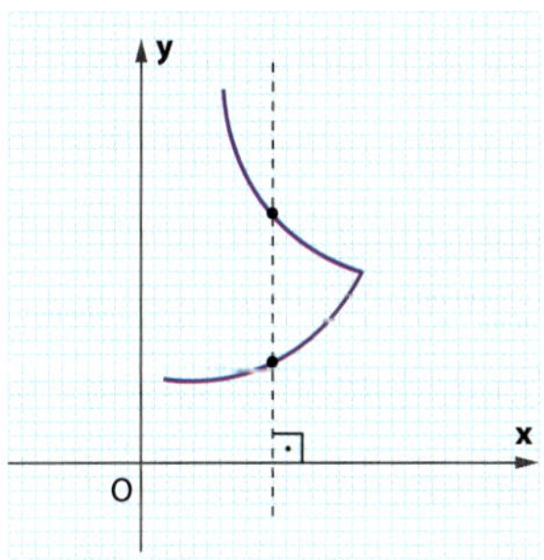

O gráfico acima *não* é de uma função, pois existem retas perpendiculares ao eixo Ox intersectando-o em mais de um ponto.

Exemplos de aplicação

1 **Construa o gráfico da função dada por $f(x) = 2x + 1$, sendo o domínio $D = \{0, 1, 2, 3, 4\}$ e determine o conjunto imagem Im(f).**

x	y = f(x) = 2x + 1
0	1
1	3
2	5
3	7
4	9

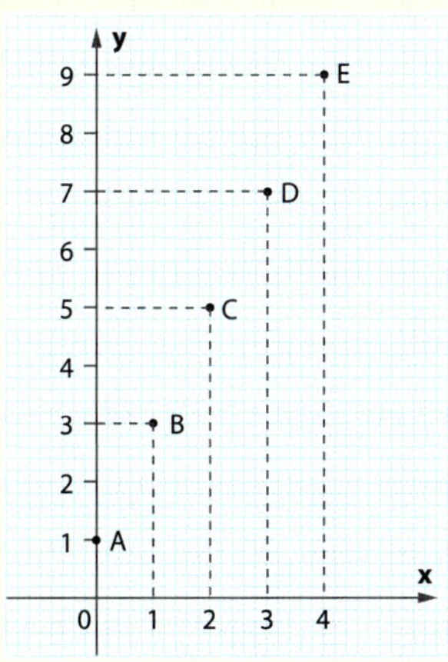

Nesse caso, o gráfico da função é o conjunto dos pontos **A**, **B**, **C**, **D** e **E**.

O conjunto imagem é o conjunto das ordenadas desses pontos: $Im(f) = \{1, 3, 5, 7, 9\}$.

2 **Construa o gráfico da função dada por $f(x) = 2x + 1$, sendo $D = [0, 4] = \{x \in \mathbb{R} \mid 0 \leq x \leq 4\}$ e determine o conjunto imagem de f.**

x	y = f(x) = 2x + 1
0	1
0,5	2
1	3
2	5
2,5	6
3	7
4	9

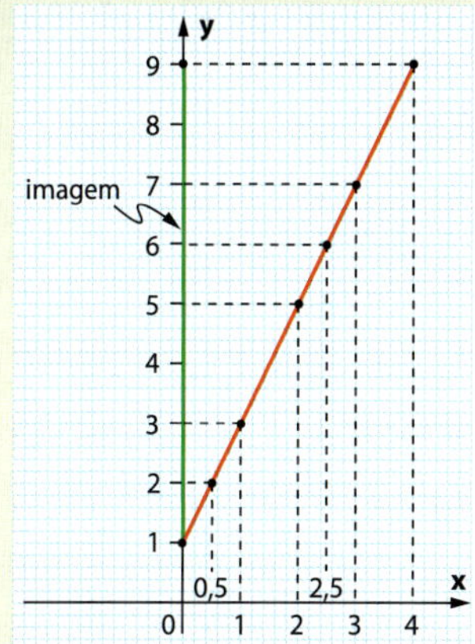

Nesse caso, o gráfico é o conjunto de todos os pontos (x, y), com **x** real de 0 a 4 e $y = 2x + 1$, o que nos dá o segmento de reta da figura acima.

Os pontos são ligados por uma linha contínua porque o domínio é um intervalo de $\mathbb{R}$.

Assim, o conjunto imagem também é um intervalo de $\mathbb{R}$, como podemos observar no gráfico:

$Im = [1, 9] = \{y \in \mathbb{R} \mid 1 \leq y \leq 9\}$.

3 **Construa o gráfico da função $f: \mathbb{R} \to \mathbb{R}$ dada por $f(x) = 2x + 1$ e determine o conjunto imagem de f.**

Como, neste caso, $D = \mathbb{R}$, vamos escolher alguns valores arbitrários de **x**:

x	y = f(x) = 2x + 1
−2	−3
−1	−1
0	1
1	3
2	5

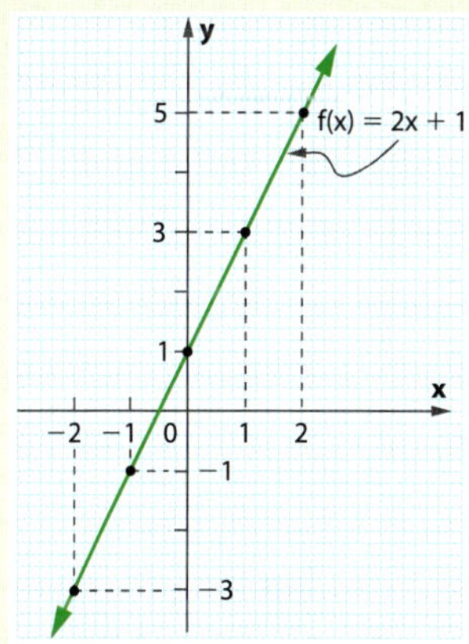

Agora, o gráfico é conjunto de todos os pontos (x, y), com **x** real e $y = 2x + 1$, resultando na reta da figura acima.

Assim, o conjunto imagem é todo o eixo **y** das ordenadas: $Im = \mathbb{R}$.

Para refletir

Por que os três gráficos dos exercícios anteriores são diferentes se a lei das três funções é $f(x) = 2x + 1$?

4 Construa o gráfico da função $\mathbb{R} \xrightarrow{f} \mathbb{R}$ dada abaixo:

a) $f(x) = -x^2$

x	$y = f(x) = -x^2$	(x, y)
−2	−4	(−2, −4)
−1,5	−2,25	(−1,5; −2,25)
−1	−1	(−1, −1)
0	0	(0, 0)
1	−1	(1, −1)
1,5	−2,25	(1,5; −2,25)
2	−4	(2, −4)

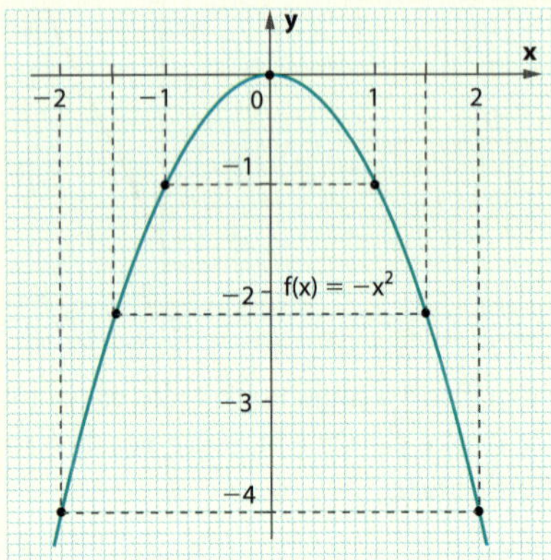

A curva que contém todos os pontos obtidos com $y = -x^2$ é o gráfico da função dada. Essa curva se chama *parábola*.

b) $f(x) = 3^x$

x	$y = f(x) = 3^x$
−2	$\frac{1}{9}$
−1	$\frac{1}{3}$
0	1
1	3

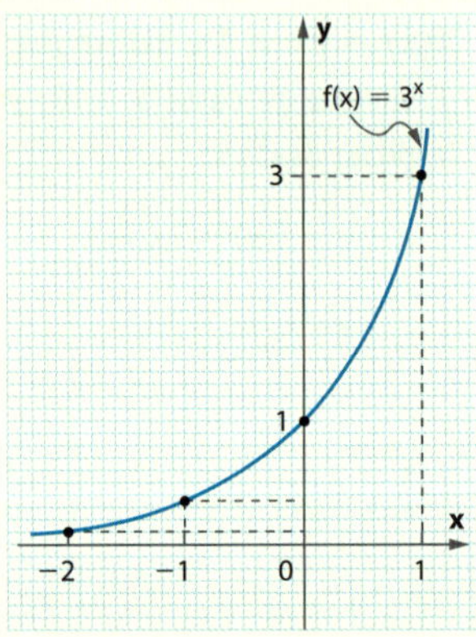

A curva da figura é o gráfico da função dada. Essa curva se chama *exponencial*.

Para refletir

Por que o gráfico dessa função não possui pontos do eixo **x** e dos quadrantes III e IV?

c) $f(x) = \begin{cases} x, \text{ se } x \leqslant 3 \\ 3, \text{ se } x > 3 \end{cases}$

Nesse caso, a função está definida por duas sentenças:

$\begin{cases} f(x) = x, \text{ se } x \leqslant 3 \\ f(x) = 3, \text{ se } x > 3 \end{cases}$.

$x \leqslant 3$

x	y = f(x) = x	(x, y)
−1	−1	(−1, −1)
1	1	(1, 1)
3	3	(3, 3)

$x > 3$

x	y = f(x) = 3	(x, y)
4	3	(4, 3)
5	3	(5, 3)
6	3	(6, 3)

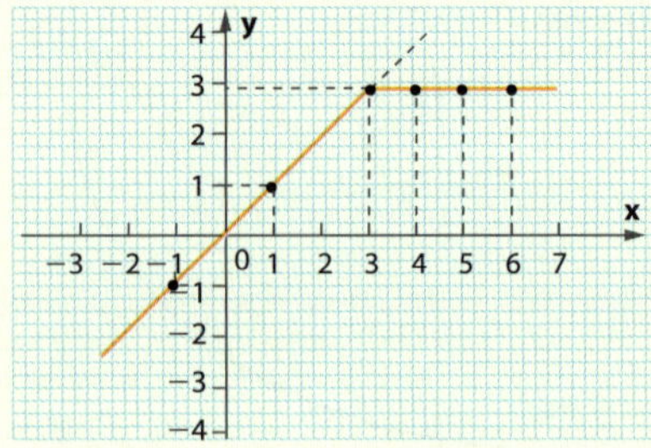

Você sabia?

Existe uma função f: [a, b] → IR chamada *função rampa* cujo gráfico tem uma destas formas:

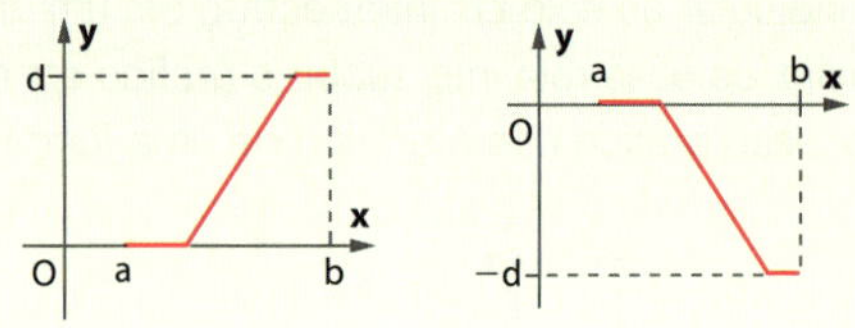

Exercícios

29 Para cada uma das funções abaixo, construa uma tabela dos valores $y = f(x)$ para $x \in \{-2, -1, 0, 1, 2\}$. A seguir construa o gráfico $y = f(x)$ baseado nos valores dessa tabela.

a) $f(x) = x - 2$

b) $y = -2x$

c) $f(x) = x^2$

d) $f(x) = 2^x$

30 Para cada uma das funções abaixo, construa uma tabela com valores convenientes de **x** e f(x). A seguir, construa o gráfico correspondente.

a) $f(x) = \begin{cases} 2, \text{ se } x \leqslant 2 \\ x, \text{ se } x > 2 \end{cases}$

b) $g(x) = \begin{cases} 4x, \text{ se } x \geqslant 0 \\ 0, \text{ se } x < 0 \end{cases}$

31 Os seguintes gráficos representam funções; determine o domínio **D** e o conjunto imagem **Im** de cada uma delas:

a)

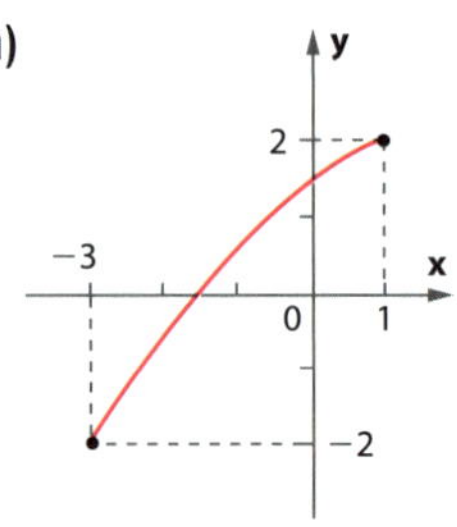

c)

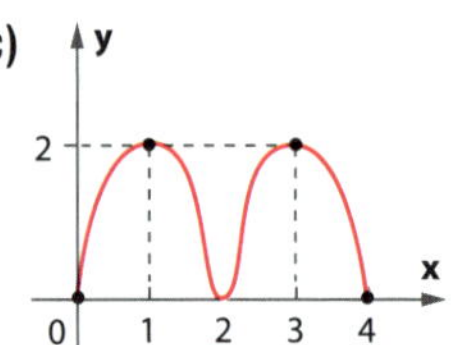

b)

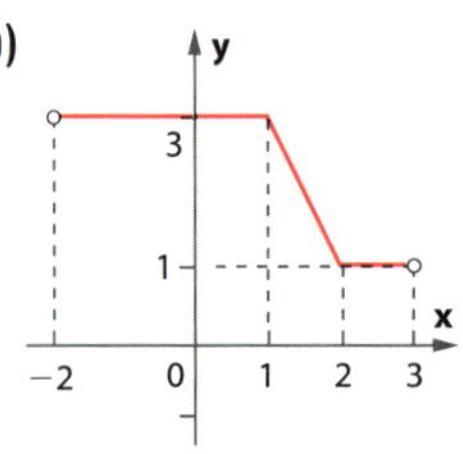

d)

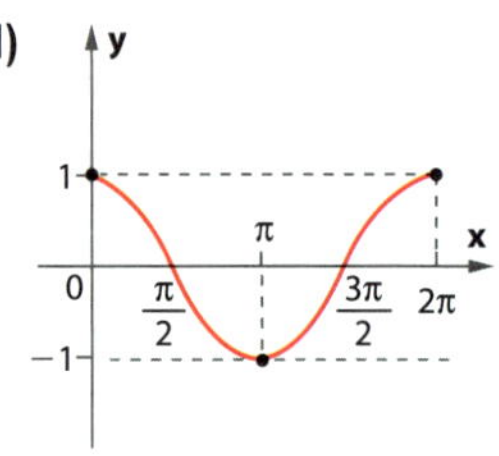

32 Determine se cada um dos gráficos abaixo pode representar uma função:

a)

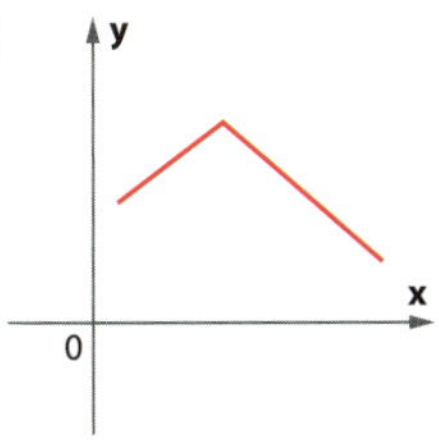

c)

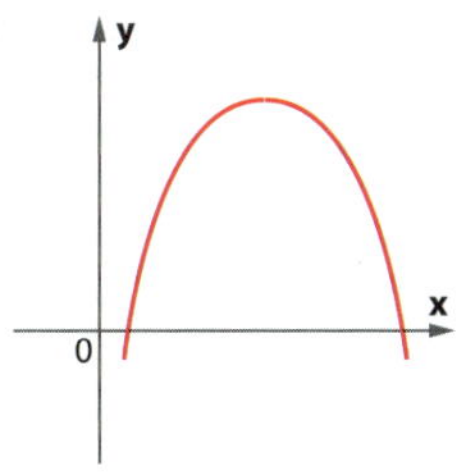

b)

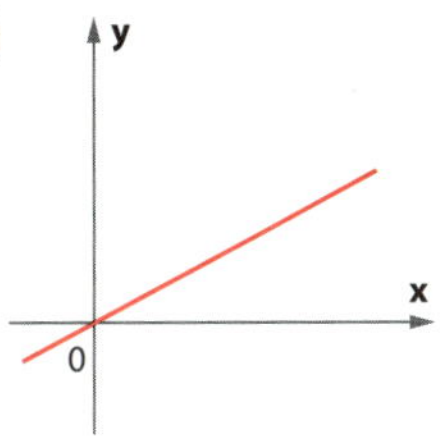

d)

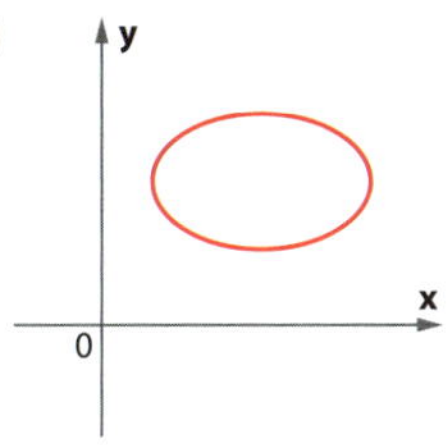

7. Função par — Função ímpar

Função par

Consideremos a função f: IR → IR, definida por $f(x) = x^2$. Veja abaixo o gráfico correspondente.

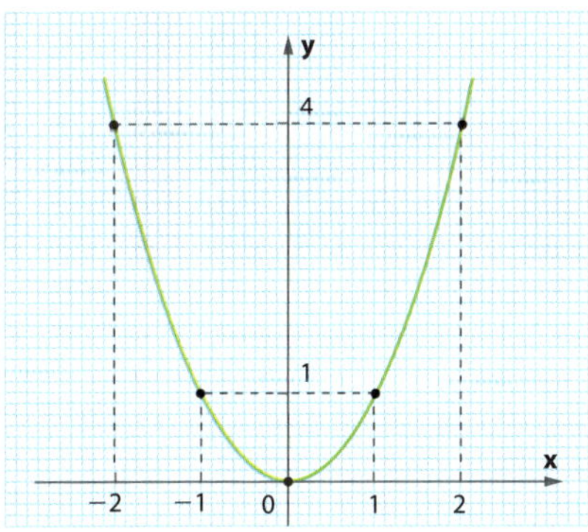

Observe que:

- $\left.\begin{array}{l} f(1) = 1^2 = 1 \\ f(-1) = (-1)^2 = 1 \end{array}\right\}$ $f(1) = f(-1)$, ou seja, 1 e −1 têm a mesma imagem.
- $\left.\begin{array}{l} f(2) = 2^2 = 4 \\ f(-2) = (-2)^2 = 4 \end{array}\right\}$ $f(2) = f(-2)$, ou seja, 2 e −2 têm a mesma imagem.

O gráfico de $f(x) = x^2$ é *simétrico em relação ao eixo* **y**. Para uma função qualquer, podemos escrever:

> **f** é função par ⇔ $f(x) = f(-x)$, para qualquer $x \in D$, em que o domínio é simétrico em relação à origem, isto é, $x \in D \Rightarrow -x \in D$.
> O gráfico de **f** é simétrico em relação ao eixo **y**.

Assim, $f(x) = x^2$ é par, pois para qualquer $x \in D$ temos $f(x) = x^2$ e $f(-x) = (-x)^2 = x^2$, ou seja, $f(x) = f(-x)$.

Função ímpar

Vamos considerar a função f: IR → IR, definida por $f(x) = x^3$.

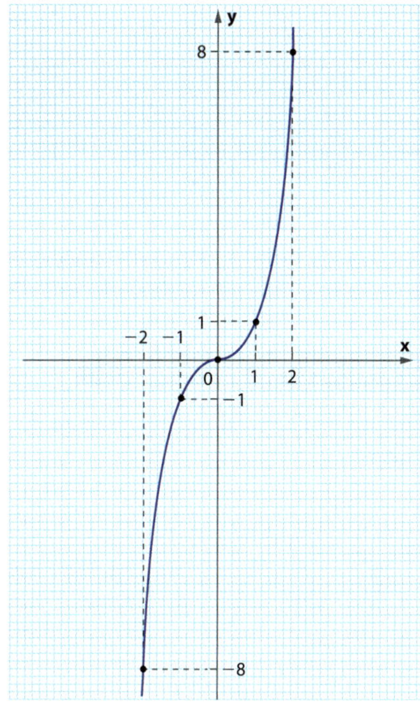

Pela análise do gráfico, observe que:

- $\left.\begin{array}{l} f(1) = 1^3 = 1 \\ f(-1) = (-1)^3 = -1 \end{array}\right\}$ $f(1) = -f(-1)$, ou seja, 1 e −1 têm imagens opostas
- $\left.\begin{array}{l} f(2) = 2^3 = 8 \\ f(-2) = (-2)^3 = -8 \end{array}\right\}$ $f(2) = -f(-2)$, ou seja, 2 e −2 têm imagens opostas
- Para qualquer $x \in$ IR, se $f(x) = m$, então $f(-x) = -m$, pois $x^3 = -(-x)^3$.

Por isso, o gráfico de $f(x) = x^3$ é *simétrico em relação ao ponto* ***O***, origem do sistema cartesiano, e dizemos que a função **f** é ímpar. De modo geral:

> **f** é função ímpar ⇔ $f(-x) = -f(x)$, para qualquer $x \in D$.
> O domínio é simétrico em relação à origem, isto é, $x \in D \Rightarrow -x \in D$.
> O gráfico de **f** é simétrico em relação à origem **O**.

No exemplo dado, $f(x) = x^3$ é ímpar, pois para qualquer $x \in D$ temos $f(x) = x^3$ e $f(-x) = (-x)^3 = -x^3$, ou seja, $f(-x) = -f(x)$.

Observação: Existe função que não é par nem ímpar. Por exemplo, f: IR → IR tal que $f(x) = 2x + 1$. Veja que:

- $f(3) = 2 \cdot 3 + 1 = 7$
- $f(-3) = 2(-3) + 1 = -5$

Esse valor x = 3 já é suficiente para afirmar que **f** não é função par nem ímpar.

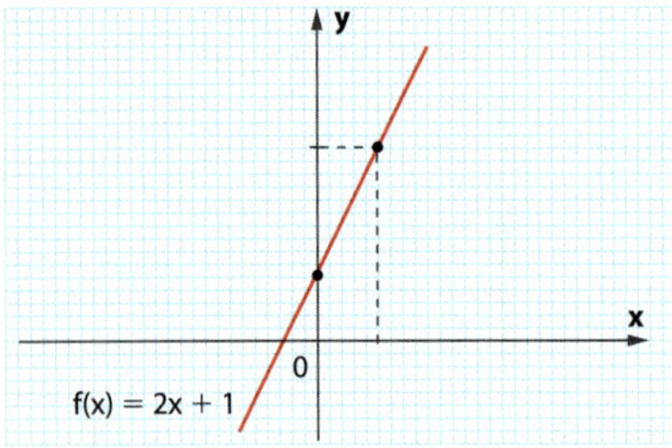

Para refletir
Por que neste exemplo já se pode tirar a conclusão analisando um dos valores de **x**?

O gráfico da função f(x) = 2x + 1 não apresenta simetria em relação ao eixo **y** nem em relação ao ponto **O**.

Exemplo de aplicação

Verifique se os gráficos abaixo representam funções pares ou ímpares:

a)

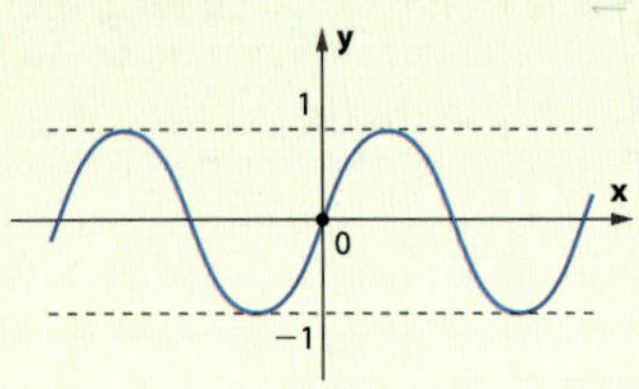

O gráfico é simétrico em relação à origem, portanto a função é ímpar.

b)

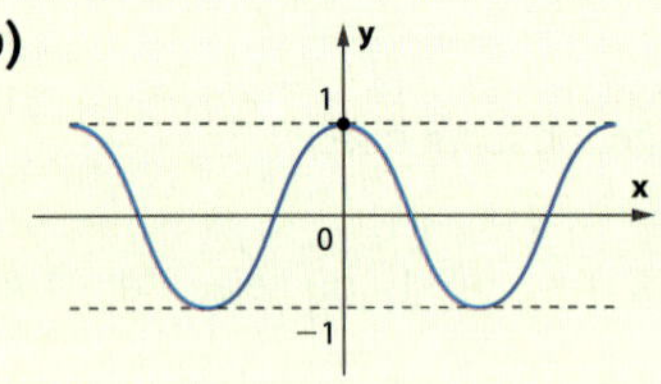

O gráfico é simétrico em relação ao eixo **y**, portanto a função é par.

c)

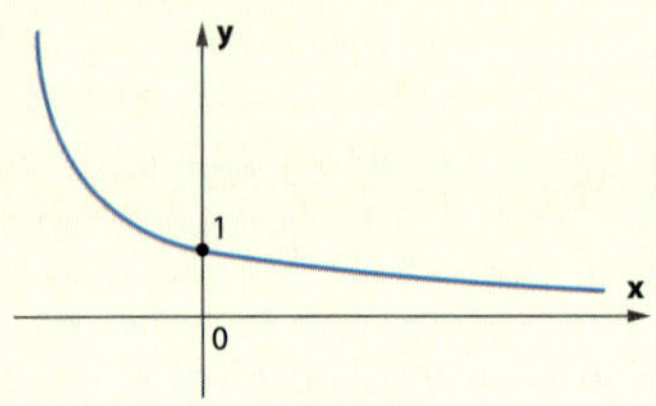

Não há simetria em relação à origem nem em relação ao eixo **y**, portanto a função não é par nem ímpar.

Exercícios

33 Verifique se os gráficos representam funções, e, quando sim, se elas são pares ou ímpares.

a)

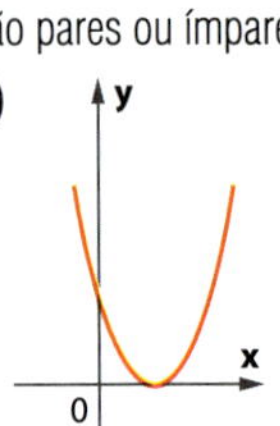

c)

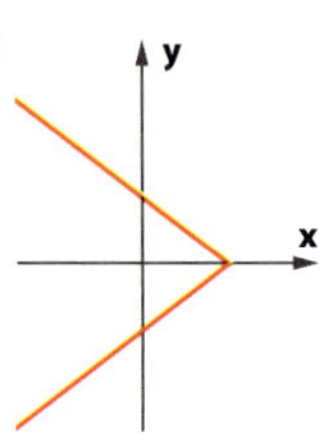

b)

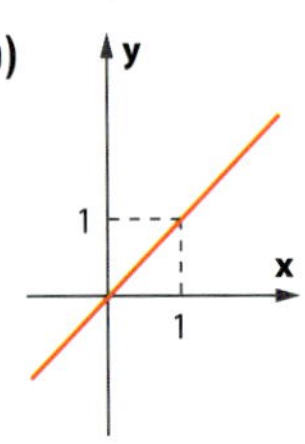

d)

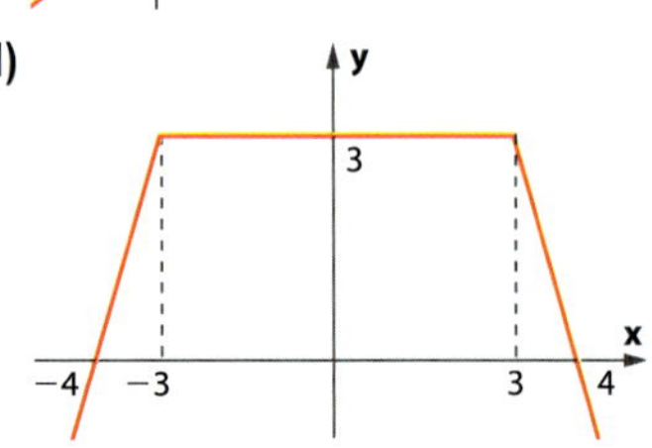

34 Verifique se as funções abaixo são pares ou ímpares:

a) f: $\mathbb{R} \rightarrow \mathbb{R}$ tal que $f(x) = \frac{x+1}{2}$

b) f: $\mathbb{R} \rightarrow \mathbb{R}$ tal que $f(x) = x^4$

c) f: $\mathbb{R}^* \rightarrow \mathbb{R}$ tal que $f(x) = \frac{1}{x}$

d) f: $\mathbb{R} \rightarrow \mathbb{R}$ tal que $f(x) = -x^2$

8. Função crescente e função decrescente

Vamos analisar as seguintes situações.

- O gráfico abaixo mostra a população brasileira de 1940 a 2010.

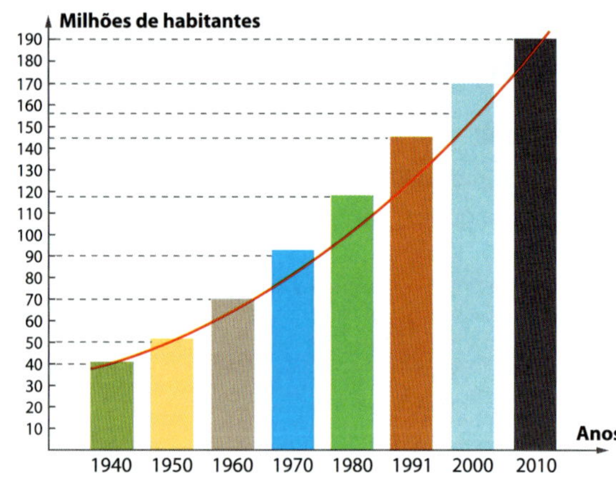

Fonte: <www.ibge.gov.br>. Acesso em: 9 abr. 2012.

Pelo gráfico notamos o aumento da população em função do aumento do tempo (dado em anos), ou seja, a curva é crescente.

- Este gráfico mostra um tanque de água sendo esvaziado:

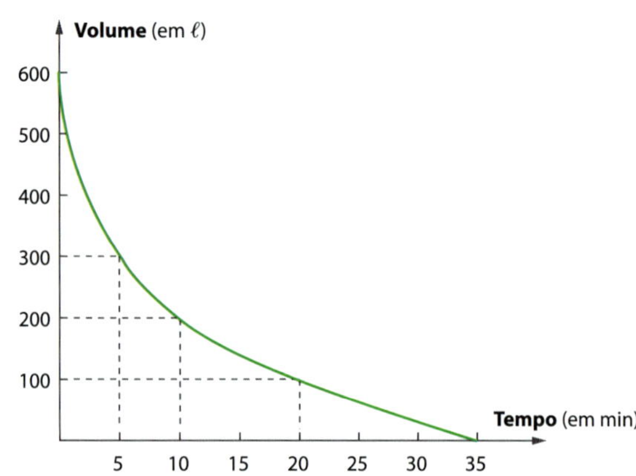

Pelo gráfico notamos a diminuição do volume de água em função do aumento do tempo (dado em min), ou seja, a curva é decrescente.

Analisando gráficos

Vamos analisar os gráficos que já construímos.

Observe o gráfico da função de IR em IR dada por f(x) = 2x + 1: é uma reta.

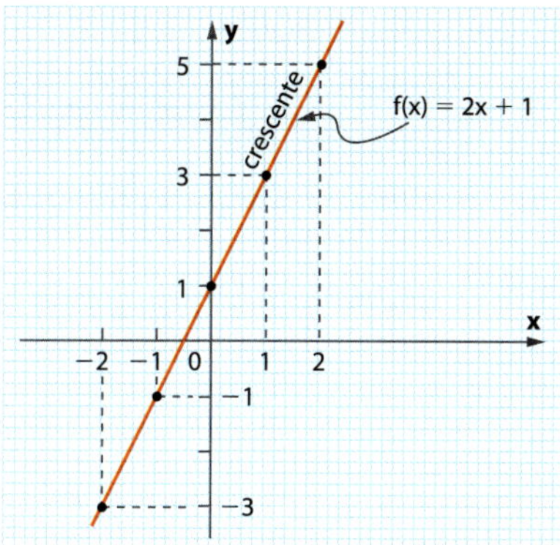

Dizemos que essa função é *crescente*, pois, quanto maior o valor dado a **x**, maior será o valor correspondente f(x) = 2x + 1.

Observe o gráfico da função de IR em IR dada por $f(x) = -x^2$: é uma parábola.

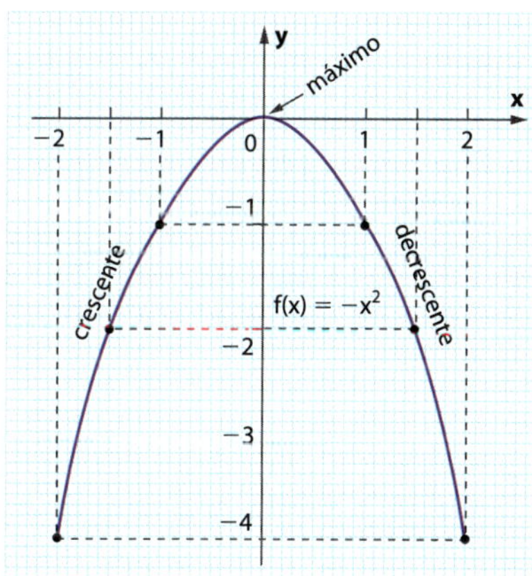

Veja que:

- para x ⩽ 0, essa função é *crescente*.
- para x ⩾ 0, essa função é *decrescente*.
- para x = 0, f(x) = 0; para x ≠ 0, temos f(x) < 0. Por isso, dizemos que x = 0 é um *ponto de máximo* da função.
- o gráfico é *simétrico* em relação ao eixo **y** (**f** é função par).

Observe o gráfico da função de IR em IR dada por

$$f(x) = \begin{cases} x, \text{ se } x \leqslant 3 \\ 3, \text{ se } x > 3 \end{cases}.$$

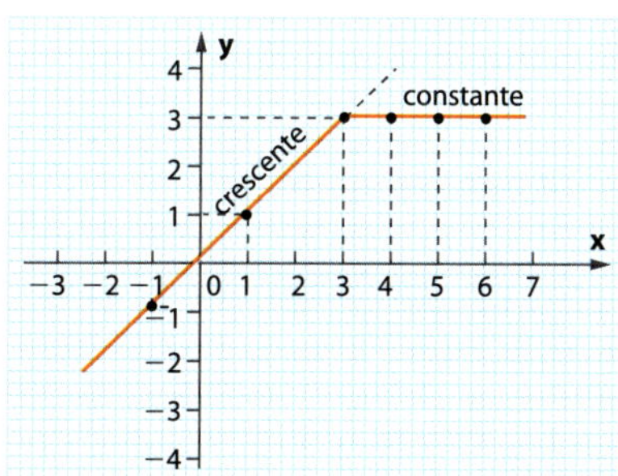

Veja que:

- para x ⩽ 3, essa função é *crescente*.
- para x > 3, essa função é *constante*.
- para x < 0, f(x) < 0.
- para x = 0, f(x) = 0.
- para x > 0, f(x) > 0.

Conclusões: De modo geral, analisando o gráfico de uma função, podemos observar propriedades importantes dela, como:

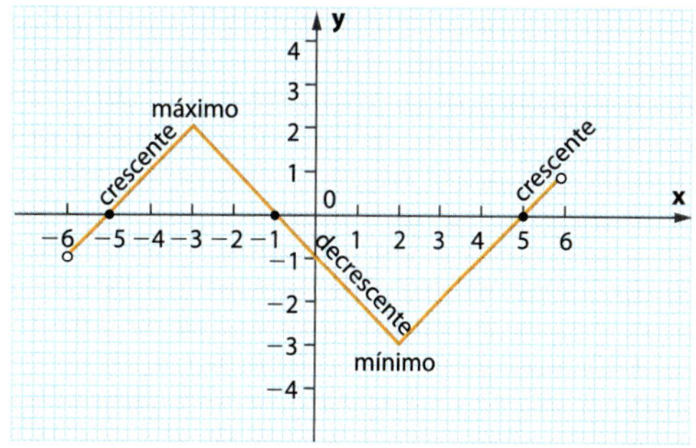

1ª) Onde ela é positiva (f(x) > 0), onde ela é negativa (f(x) < 0) e onde ela se anula (f(x) = 0). Os valores $\mathbf{x_0}$ nos quais ela se anula ($f(x_0) = 0$) são chamados *zeros* ou *raízes* da função **f**.

2ª) Onde ela é crescente (se $x_1 < x_2$, então $f(x_1) < f(x_2)$), onde ela é decrescente (se $x_1 < x_2$, então $f(x_1) > f(x_2)$) e onde ela assume um valor máximo ou um valor mínimo, se existirem. Por exemplo, considere o gráfico acima, que representa uma função definida no intervalo]−6, 6[:

- **f** é positiva em]−5, −1[e em]5, 6[.
- **f** é negativa em]−6, −5[e em]−1, 5[.
- **f** é nula em x = −5, x = −1 e x = 5. Esses são os zeros ou raízes da função.
- **f** é crescente em]−6, −3] e em [2, 6[.
- **f** é decrescente em [−3, 2].
- O ponto com x = −3 é um ponto de máximo e f(x) = 2 é o valor máximo de **f**.
- O ponto com x = 2 é um ponto de mínimo e f(x) = −3 é o valor mínimo de **f**.

Exemplo de aplicação

(Enem) O quadro abaixo apresenta a produção de algodão de uma cooperativa de agricultores entre 1995 e 1999.

	Safra				
	1995	1996	1997	1998	1999
Produção (em mil toneladas)	30	40	50	60	80
Produtividade (em kg/hectare)	1 500	2 500	2 500	2 500	4 000

O gráfico que melhor representa a área plantada (AP) no período considerado é:

a) 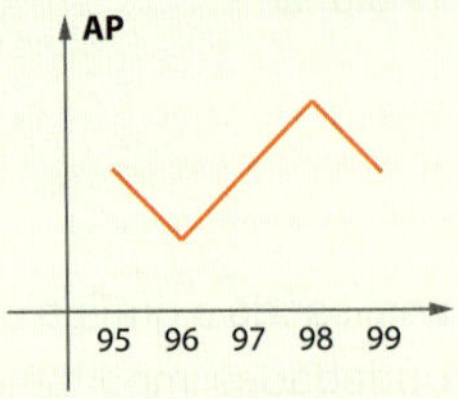

d) 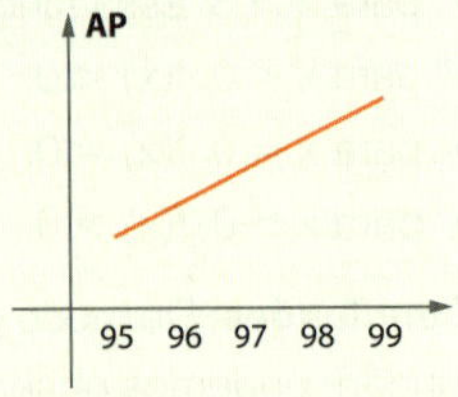

b) 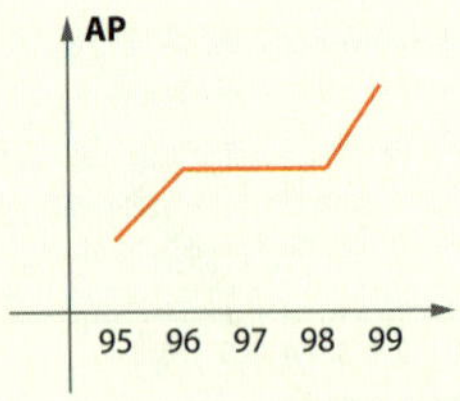

e) 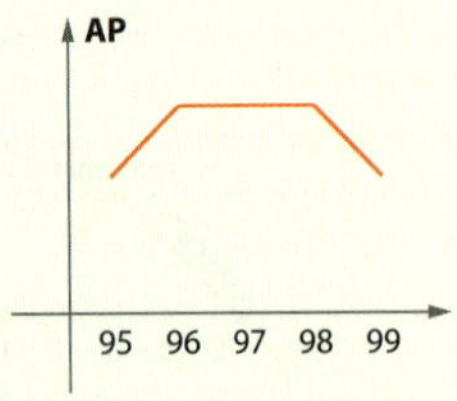

c) 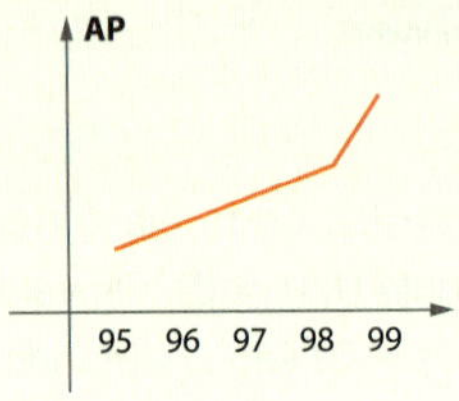

» Resolução passo a passo

1. Lendo e compreendendo

a) O que é dado no problema?

São dadas duas grandezas em cada ano considerado; a produção, em milhares de toneladas, e a produtividade, em quilos por hectares.

b) O que se pede?

O melhor gráfico para representar a variação da área plantada ao longo dos cinco anos considerados.

2. Planejando a solução

Devemos usar as informações da tabela para calcular a área plantada. Como temos a produção em milhares de toneladas, e a produtividade em quilos por hectare, será possível obter a área plantada em hectares.

Para fazer isso, precisamos compreender a relação entre as grandezas dadas: isso pode ser feito observando-se as unidades das grandezas. Assim, percebemos que a produtividade é a divisão da produção pela área plantada. Dessa relação, obteremos a área plantada que precisamos para compor o traçado do gráfico.

Primeiro vamos igualar as unidades, escrevendo a produção em quilos. Como uma tonelada equivale a 1 000 quilos, então 1 000 toneladas equivalem a um milhão de quilos.

3. Executando o que foi planejado

De acordo com nossa estratégia, podemos pensar na relação produtividade $= \dfrac{\text{produção}}{\text{área plantada}}$ e, portanto, área plantada $= \dfrac{\text{produção}}{\text{produtividade}}$. Assim, vamos criar uma nova linha na tabela dada na qual dividiremos os valores dados.

Vamos também escrever os valores da produção em quilos, lembrando que 1 000 toneladas $= 10^6$ quilos.

	Safra				
	1995	**1996**	**1997**	**1998**	**1999**
Produção (em kg)	$30 \cdot 10^6$	$40 \cdot 10^6$	$50 \cdot 10^6$	$60 \cdot 10^6$	$80 \cdot 10^6$
Produtividade (em kg/hectare)	1 500	2 500	2 500	2 500	4 000
Área plantada (AP) (em hectares)	$\dfrac{30 \cdot 10^6}{1500} =$ $= 20$ mil	16 mil	20 mil	24 mil	20 mil

Analisando a nossa linha com valores da área plantada, percebemos que de 1995 a 1996 ela é decrescente, de 1996 a 1998 ela é crescente, e de 1998 a 1999 é novamente decrescente. De acordo com a interpretação dos valores acima e observando as cinco alternativas de gráfico do problema, percebemos que a melhor escolha é a alternativa **a**.

4. Verificando

O gráfico escolhido como possível resposta tem um valor mínimo em 1996 e um valor máximo em 1998.

Analisando os valores de AP obtidos, verificamos que a menor área plantada ocorre em 1996 e a maior, em 1998. Portanto, a escolha do gráfico da alternativa **a** foi adequada.

5. Respondendo

A resposta é a alternativa **a**.

6. Ampliando o problema

a) Calcule qual seria a área plantada em 1998 se a produtividade fosse 3 000 kg/hectare, 4 000 kg/hectare e 5 000 kg/hectare, respectivamente.

b) Aproveitando os resultados da alternativa **a**, analise o que ocorre com a área plantada de uma plantação quando se aumenta a produtividade mantendo-se a mesma produção.

c) Se aumentarmos a produtividade mantendo a mesma área plantada, o que ocorrerá com a produção?

d) **Discussão em equipe**

Troque ideias com seus colegas sobre o esforço dos pequenos agricultores para aumentar a produtividade de uma lavoura. Isso seria bom? Ou não tem muita importância? Se for bom, quem poderia ajudá-los nessa tarefa?

Exercícios

35 Os gráficos seguintes representam funções. Indique se cada função é crescente ou decrescente:

a)

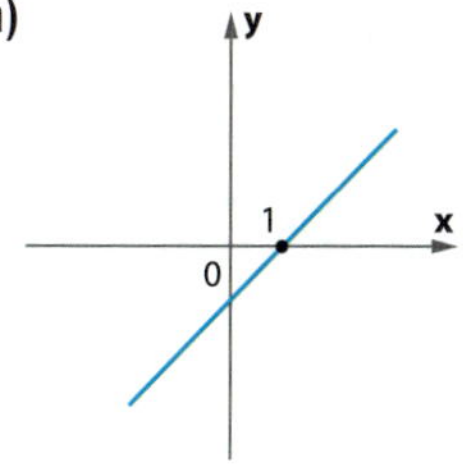

b)

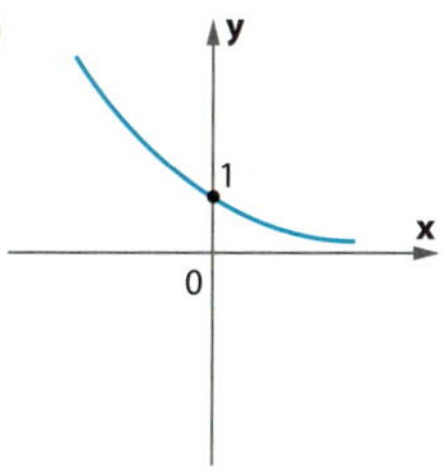

c)

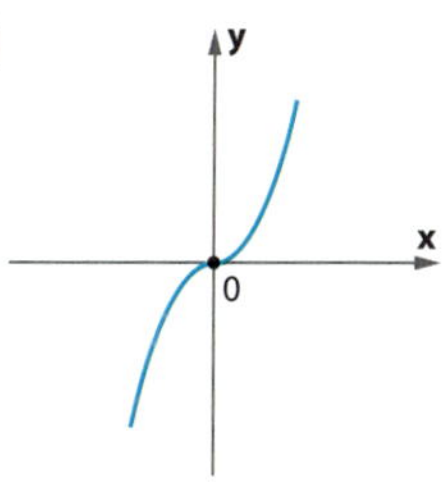

36 Considerando os gráficos a seguir, que representam funções, responda para que valores reais de **x** a função é crescente e decrescente. Responda também se existem valores máximos ou mínimos e quais são eles.

a)

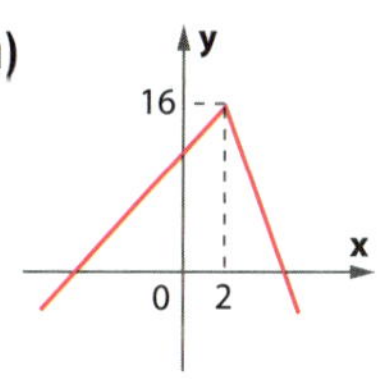

b)

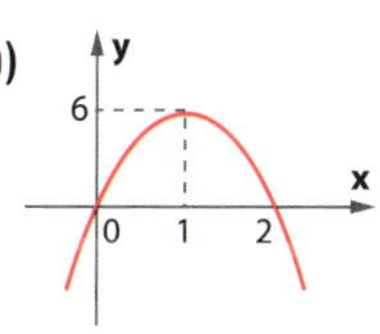

c)

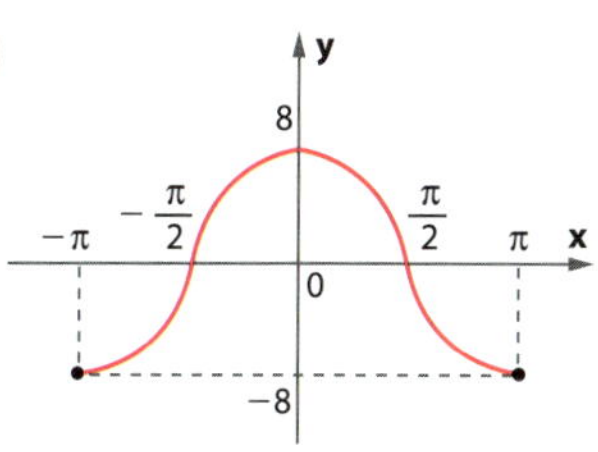

Informações sobre uma função a partir do seu gráfico

Seja f: IR → IR a função cujo gráfico é o seguinte:

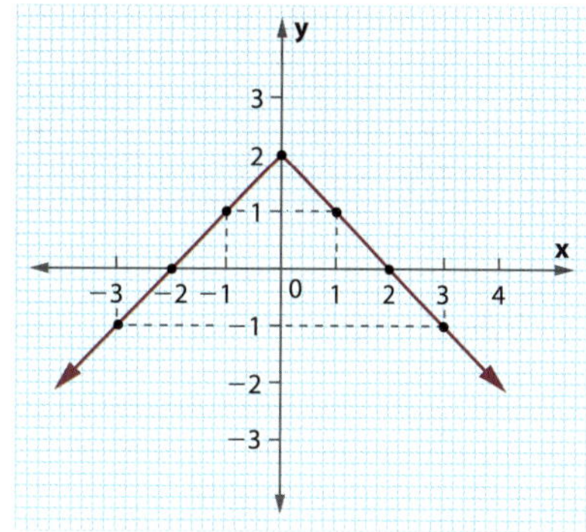

Observe algumas informações que podem ser obtidas pela leitura do gráfico:

- $f(-3) = -1$
- $f(1) = 1$
- se $f(x) = 1$, então $x = 1$ ou $x = -1$
- $f(0{,}5) > f(1{,}5)$
- $\nexists\, x \in IR \mid f(x) = 3$
- $D(f) = IR$ e $Im(f) = \{y \in IR \mid y \leqslant 2\}$
- O gráfico de **f** corta o eixo **x** em (2, 0) e (−2, 0) e corta o eixo **y** em (0, 2)
- **f** é uma função par
- **f** é decrescente para $x \geqslant 0$
- $f(x) = 2$ é o valor máximo de **f**.

Para refletir
Para quais valores de **x** essa função é crescente?

Exercícios

37 Responda às questões a partir do gráfico da função **f** dado abaixo.

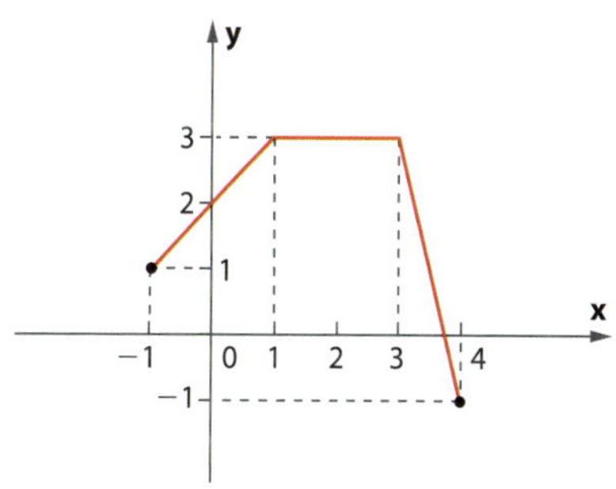

a) Qual é o domínio e qual é a imagem de **f**?

b) Em quantos pontos o gráfico corta o eixo **x**? E o eixo **y**?

c) f(1,7) é maior, menor ou igual a f(2,9)?

d) Qual é o valor máximo de f(x)? E o valor mínimo?

e) Qual ponto do gráfico tem abscissa −1?

f) O ponto (4, −1) pertence ao gráfico de **f**?

g) Qual é o valor de **x**, quando f(x) = 3?

38 Responda às questões a partir do gráfico da função **f** abaixo:

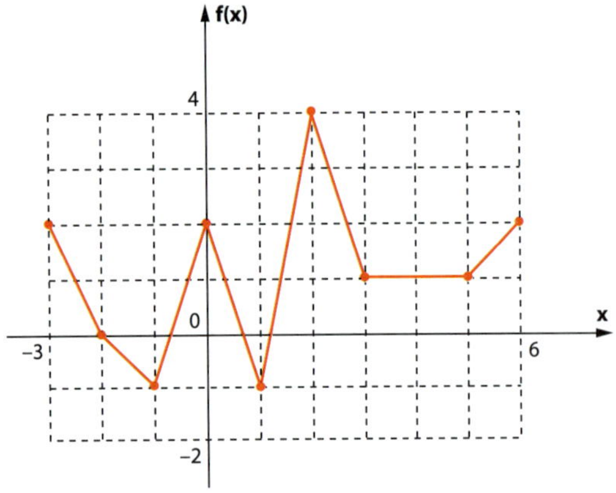

a) Qual é o domínio e qual é a imagem?

b) Em quantos pontos o gráfico corta o eixo **x**? E o eixo **y**?

c) Qual é o valor máximo de **f**? E o valor mínimo?

d) Em quais intervalos **f** é crescente?

e) Quais os valores de $f(-3)$, $f(-2)$, $f(0)$, $f(3)$ e $f(4)$?

f) Para quais valores de **x** tem-se $f(x) = -1$?

39 A função do gráfico do exercício anterior tem quatro zeros. Determine-os.

40 Um rapaz desafia seu pai para uma corrida de 100 m. O pai permite que o filho comece a corrida 30 m à sua frente. Um gráfico bastante simplificado dessa corrida é dado abaixo.

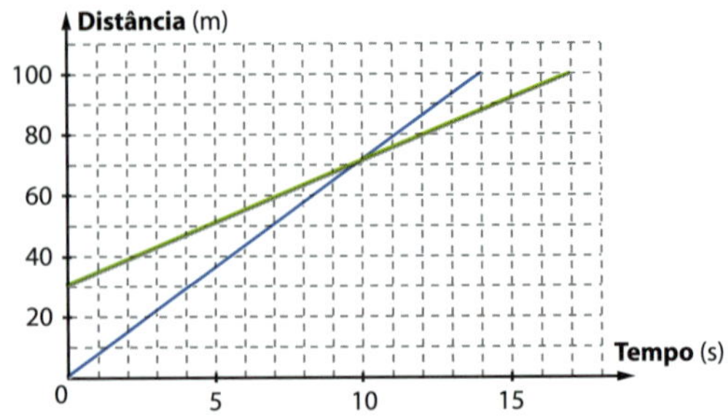

a) Pelo gráfico, como é possível dizer quem ganhou a corrida e qual foi a diferença de tempo?

b) A que distância do início o pai alcançou seu filho?

c) Em que momento depois do início da corrida ocorreu a ultrapassagem?

41 Analise o gráfico abaixo e responda:

Valor da compra do dólar comercial, em reais, no último dia do mês (de julho/2010 a outubro/2011)

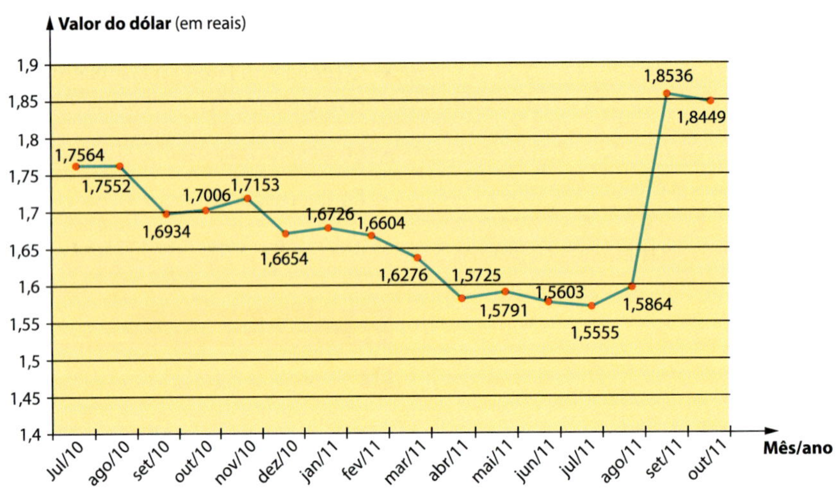

a) Em que mês o dólar atingiu seu valor máximo? E seu valor mínimo?

b) De que mês para que mês houve valorização mais brusca do dólar? De quanto por cento foi essa valorização?

c) De quanto por cento foi a desvalorização do dólar de setembro de 2010 a janeiro de 2011?

9. Função injetiva, sobrejetiva e bijetiva

Função injetiva (ou injetora)

Uma função f: A → B é *injetiva* (ou *injetora*) quando elementos diferentes de **A** são transformados por **f** em elementos diferentes de **B**, ou seja, não há elemento em **B** que seja imagem de mais de um elemento de **A**. Assim, **f** é injetiva quando:

$$x_1 \neq x_2 \text{ em } \mathbf{A} \Rightarrow f(x_1) \neq f(x_2) \text{ em } \mathbf{B}$$

ou, equivalentemente:

$$f(x_1) = f(x_2) \text{ em } \mathbf{B} \Rightarrow x_1 = x_2 \text{ em } \mathbf{A}$$

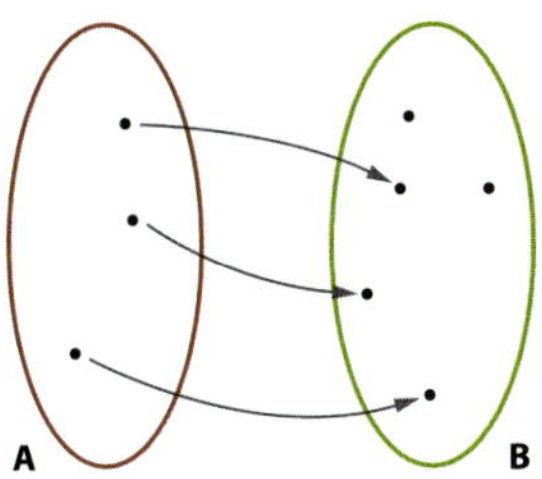
função injetiva

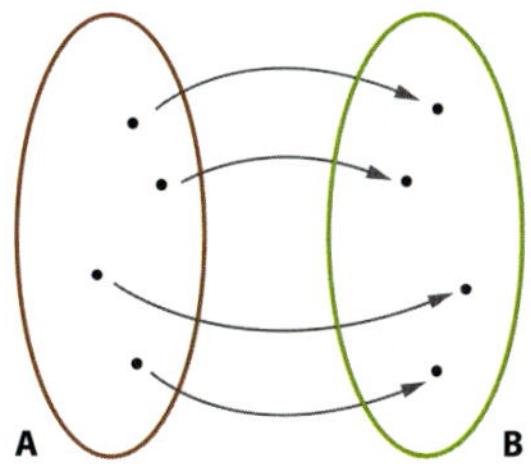
função injetiva

(Não há elemento em **B** que seja imagem de mais de um elemento de **A**.)

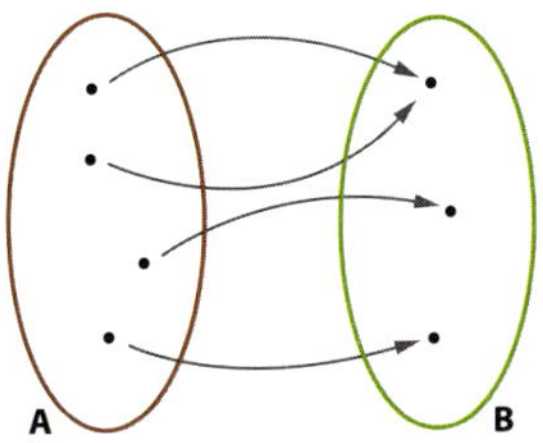
função não injetiva

(Há um elemento em **B** que é imagem de dois elementos distintos em **A**.)

Exemplos:

1º) A função f: IR → IR dada por $f(x) = x^2 - 1$ não é injetiva, pois:

- para x = 1 corresponde f(1) = 0;
- para x = −1 corresponde f(−1) = 0.

Nesse caso, para dois valores diferentes de **x** encontramos um mesmo valor para a função.

No diagrama:

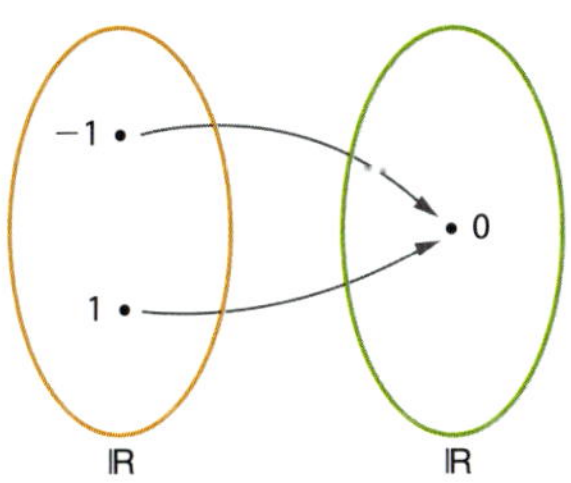

2º) A função f: IR → IR dada por f(x) = 2x é injetiva, pois faz corresponder a cada número real **x** o seu dobro 2x e não existem dois números reais diferentes que tenham o mesmo dobro. Simbolicamente:

Para quaisquer $x_1, x_2 \in$ IR,

$x_1 \neq x_2 \Rightarrow 2x_1 \neq 2x_2 \Rightarrow f(x_1) \neq f(x_2)$

Observação: Podemos verificar se uma função é injetiva olhando seu gráfico. Sabemos que, se a função é injetiva, não há elemento do conjunto imagem que seja imagem de mais de um elemento do domínio. Assim, imaginando linhas horizontais cortando o gráfico, essas linhas só podem cruzar o gráfico uma única vez para cada valor de **y**.

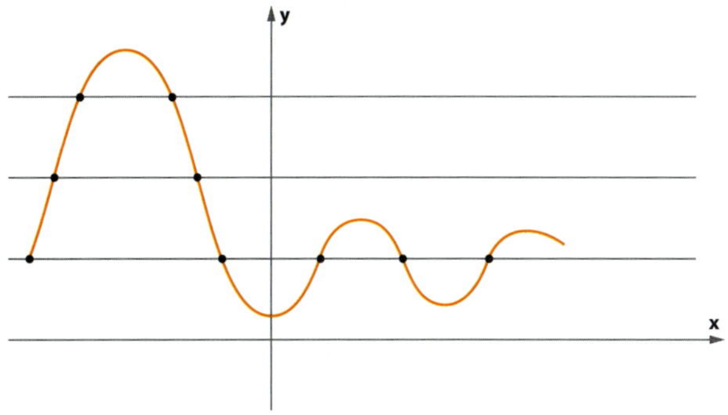
As linhas horizontais interceptam o gráfico mais de uma vez. A função não é injetiva.

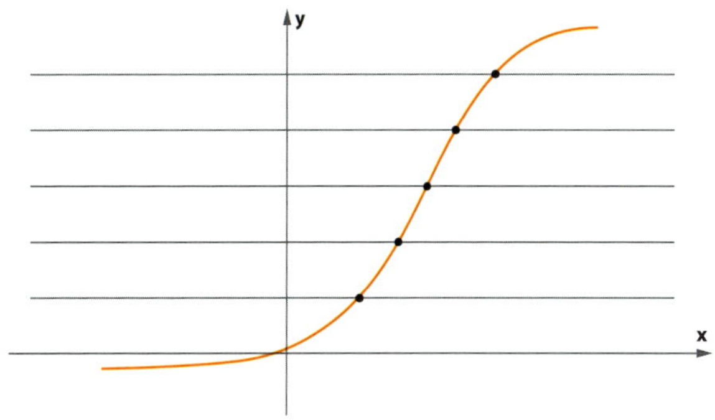
As linhas horizontais nunca interceptam o gráfico mais de uma vez. Então, a função é injetiva.

Função sobrejetiva (ou sobrejetora)

Uma função f: A → B é *sobrejetiva* (ou *sobrejetora*) quando, para qualquer elemento y ∈ B, pode-se encontrar um elemento x ∈ A tal que f(x) = y. Ou seja, **f** é sobrejetiva quando todo elemento de **B** é imagem de pelo menos um elemento de **A**, isto é, quando Im(f) = B.

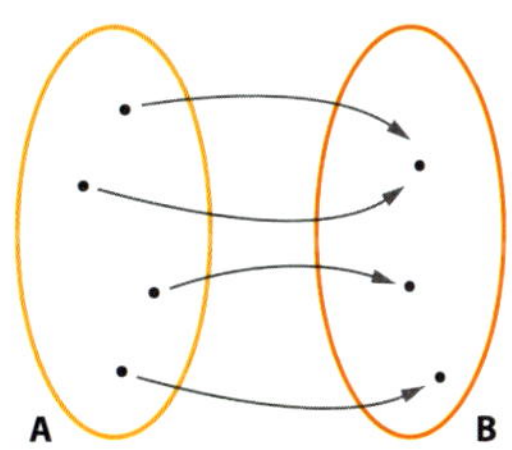
função sobrejetiva
Im(f) = B

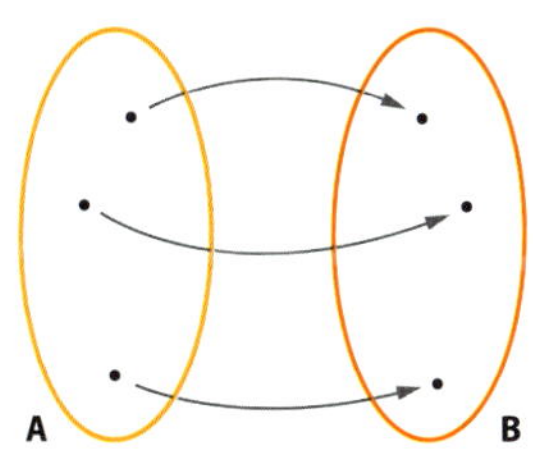
função sobrejetiva
Im(f) = B

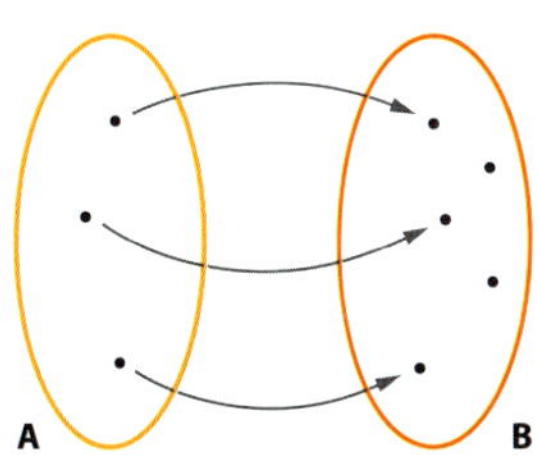
função não sobrejetiva
(Há elementos em **B** sem correspondente em **A**, logo Im(f) ≠ B.)

Exemplos:

1º) A função f: IR → IR dada por $f(x) = x + 2$ é sobrejetiva, pois todo elemento de IR é imagem de um elemento de IR pela função $[x = f(x) - 2]$. Veja:

- $f(x) = 5$ é imagem de $x = 3$, pois $5 - 2 = 3$;
- $f(x) = 0$ é imagem de $x = -2$, pois $0 - 2 = -2$.

2º) A função f: IR → IR_+ dada por $f(x) = x^2$ é sobrejetiva, pois todo elemento de IR_+ é imagem de pelo menos um elemento de IR pela função $\left[x = \pm\sqrt{f(x)}\right]$. Observe:

- $f(x) = 9$ é imagem de $x = 3$ e de $x = -3$ $(\pm\sqrt{9})$;
- $f(x) = 0$ é imagem de $x = 0$ $(\pm\sqrt{0})$;
- $f(x) = 2$ é imagem de $x = \sqrt{2}$ e de $x = -\sqrt{2}$ $(\pm\sqrt{2})$.

3º) A função sucessora f: IN → IN definida por $f(n) = n + 1$ *não* é sobrejetiva, pois Im(f) = IN* e IN* ≠ IN. Em outras palavras, dado 0 ∈ IN, não há natural algum que seja transformado em 0 pela função **f**, isto é, 0 não é sucessor de nenhum número natural.

Função bijetiva ou correspondência biunívoca

Uma função f: A → B é bijetiva se ela for, simultaneamente, injetiva e sobrejetiva. Quando isso ocorre dizemos que há uma bijeção ou uma correspondência biunívoca entre **A** e **B**.

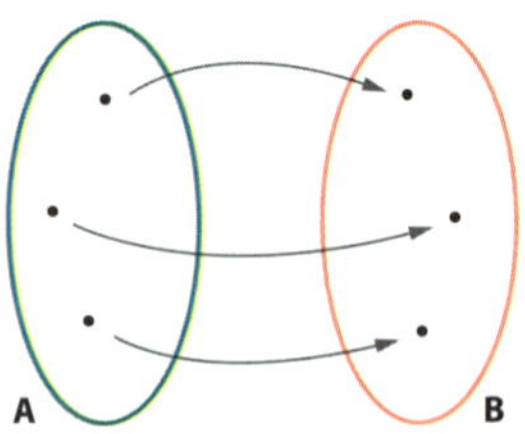

função bijetiva

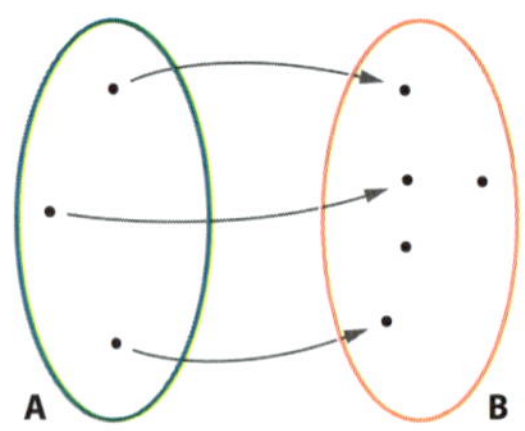

não é bijetiva
(É injetiva, mas não sobrejetiva.)

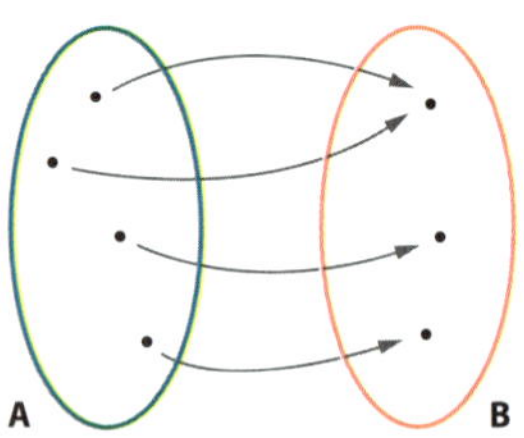

não é bijetiva
(É sobrejetiva, mas não injetiva.)

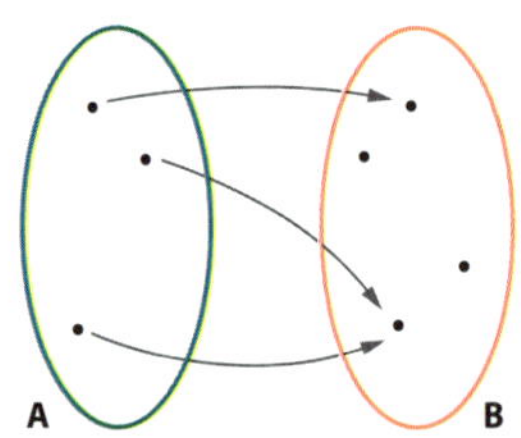

não é bijetiva
(Não é injetiva nem sobrejetiva.)

Exemplos:

1º) A função f: IR → IR dada por $f(x) = 3x$ é bijetiva, pois ela é simultaneamente injetiva e sobrejetiva; cada número real do contradomínio IR tem como correspondente no domínio a sua terça parte, que sempre existe e é única.

2º) A função f: IR → IR dada por $f(x) = x + 1$ é bijetiva, pois é injetiva e sobrejetiva; cada número real do contradomínio IR tem sempre um só correspondente no domínio IR (esse número menos 1).

3º) A função f: IR → IR^+ dada por $f(x) = x^2$ não é bijetiva, pois, embora seja sobrejetiva, ela não é injetiva: $3 \neq -3$, mas $f(3) = f(-3) = 9$.

4º) A função f: IR → IR dada por $f(x) = 2^x$ não é bijetiva; embora seja injetiva, ela não é sobrejetiva. Não existe x ∈ IR tal que $f(x) = 0$ ou que f(x) seja negativo.

Exercícios

objeto digital

42 Verifique se as seguintes funções são injetivas, sobrejetivas e bijetivas.

a) f: A → B

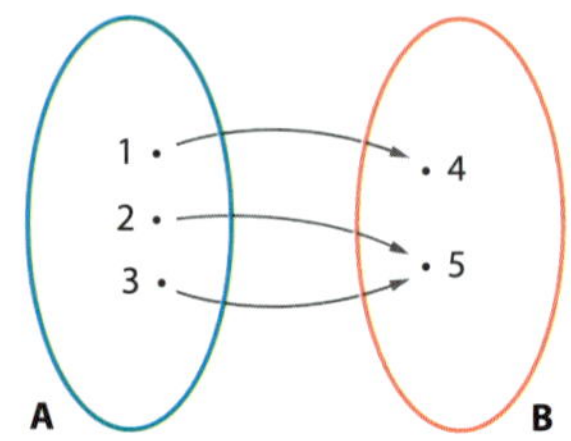

b) f: A → B

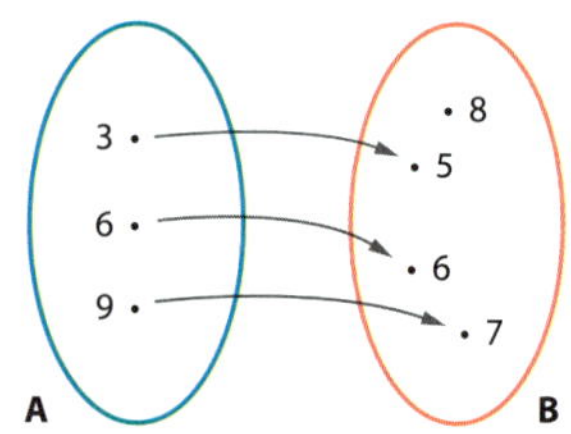

c) f: A → B

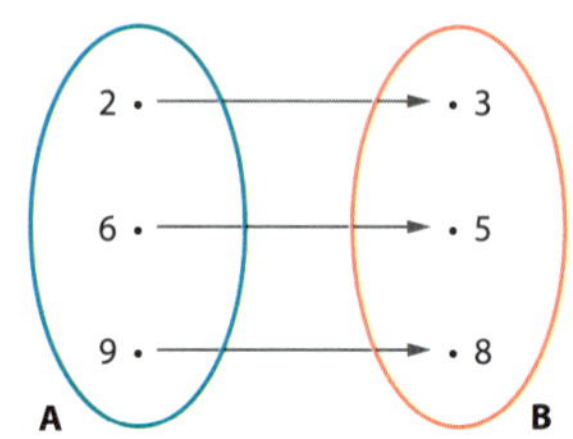

d)

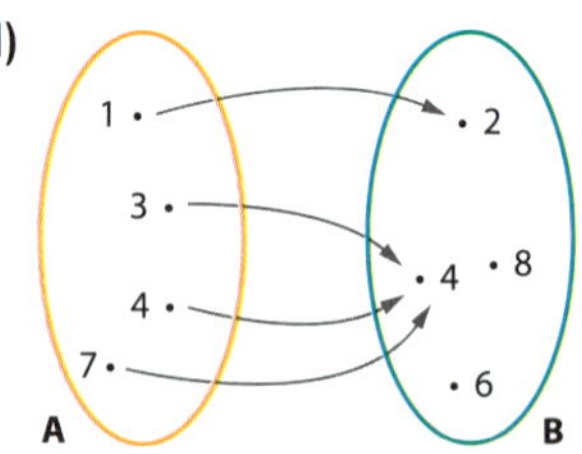

43 Identifique quais das funções abaixo são sobrejetivas, injetivas ou bijetivas:

a)

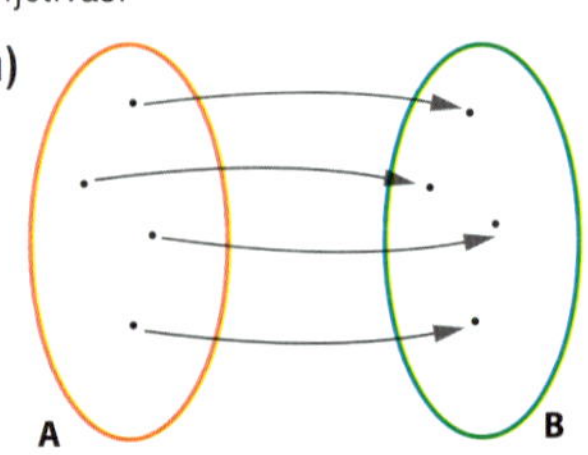

b)

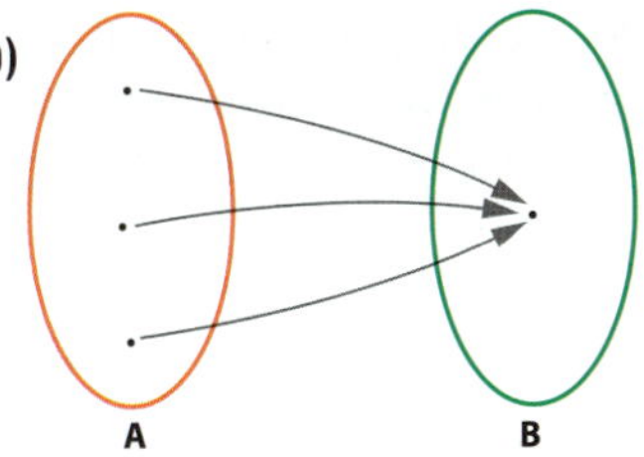

c)

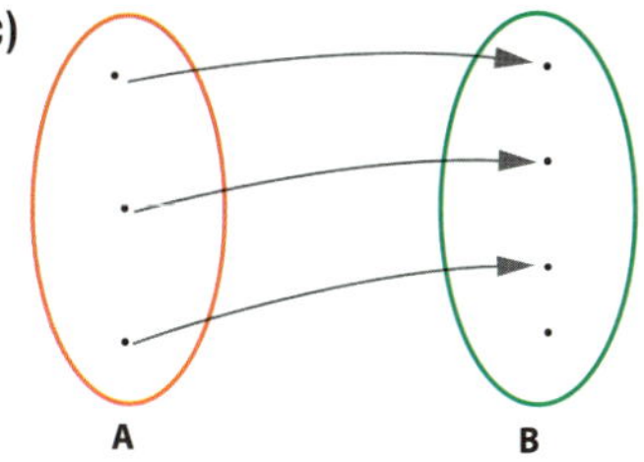

44 Verifique se as funções são sobrejetivas, injetivas ou bijetivas:

a) f: A → B

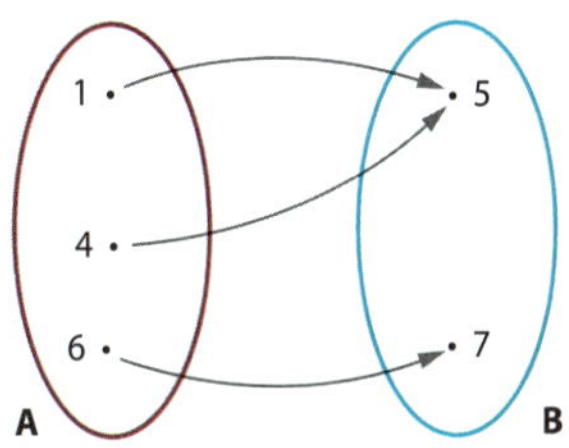

b) f: A → B

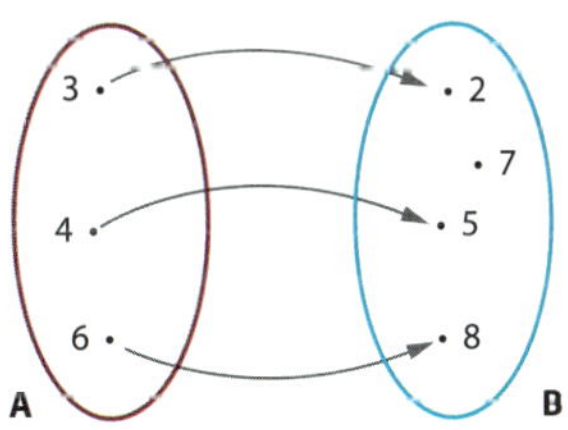

c) f: A → B

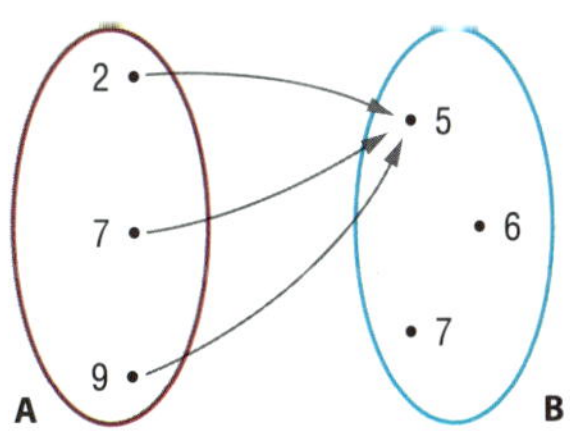

d) f: A → B

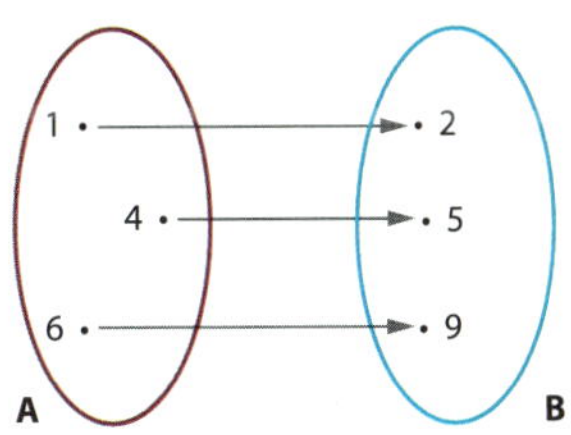

e) f: IR → IR tal que $f(x) = x^2$

f) f: {0, 1, 2, 3} → IN dada por $f(x) = x + 2$

g) f: $IR_+ \to IR_+$ tal que $f(x) = x^2$

45 Analisando os gráficos abaixo identifique quais são funções injetivas.

a)

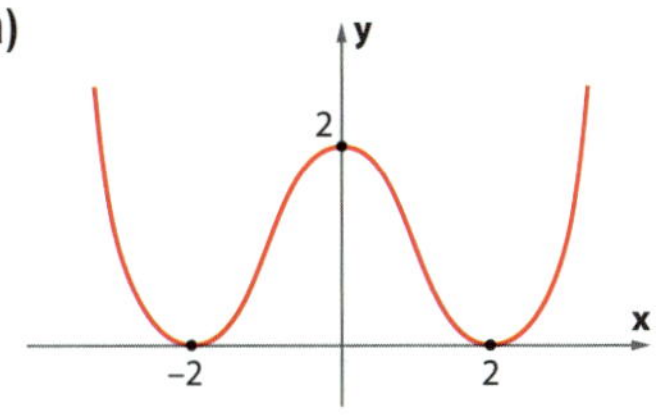

b)

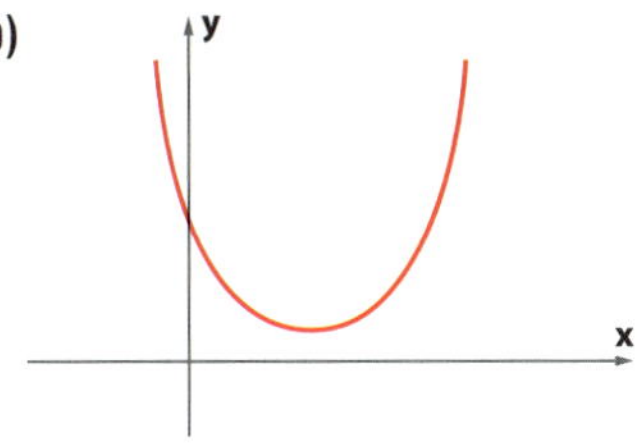

c)

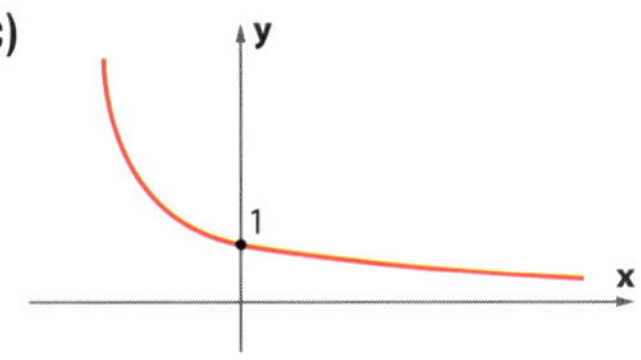

d)

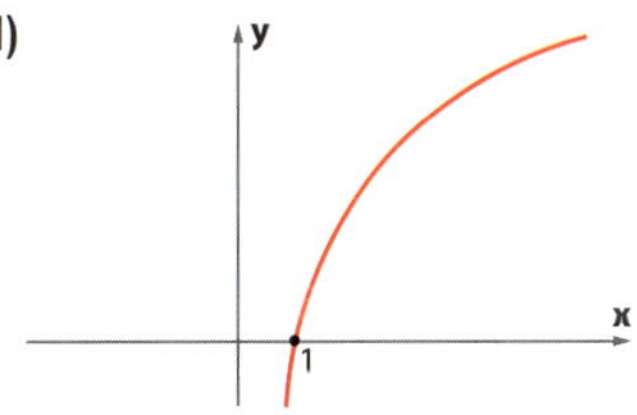

46 Analisando os gráficos abaixo verifique se as funções são sobrejetiva, injetivas ou bijetivas:

a) g: [1, 7] → [0, +∞[

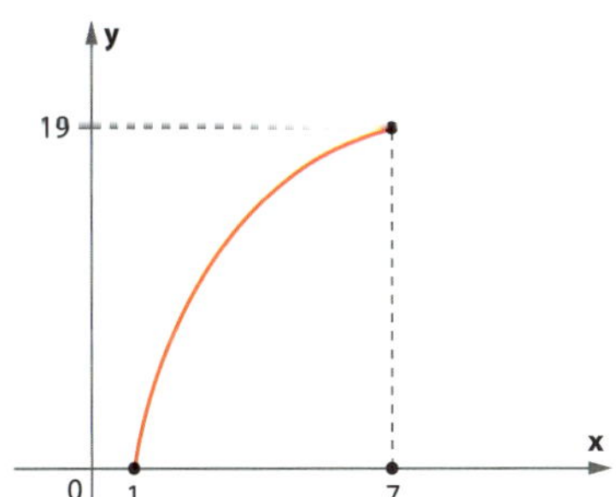

b) f: $IR_+ \to IR_+$

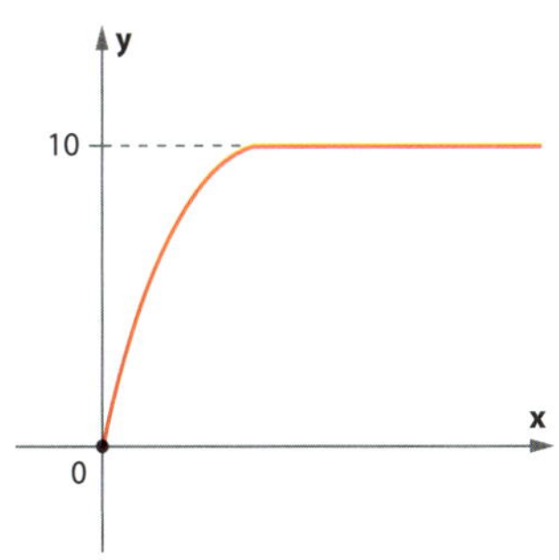

c) f: $\mathbb{R}_+ \to [0, 10]$

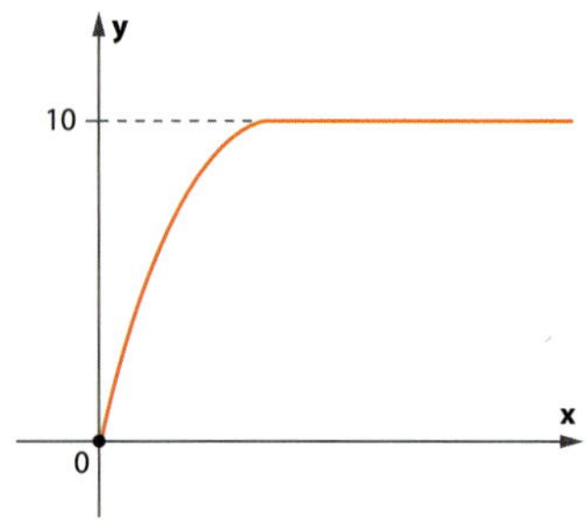

47 Analisando os gráficos a seguir identifique quais funções são injetivas, sobrejetivas ou bijetivas:

a) f: $[0, 5] \to [0, 8]$

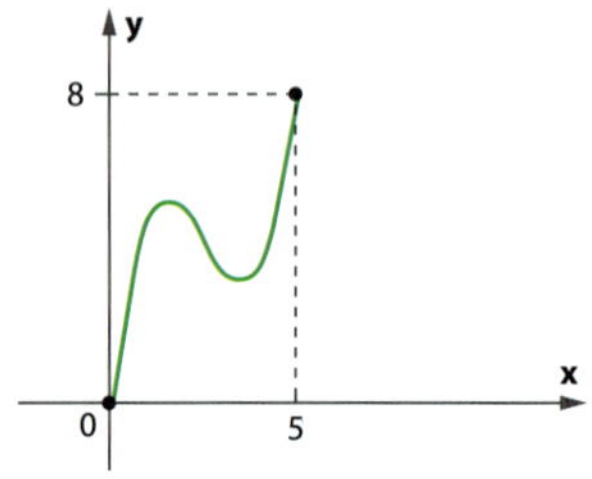

b) f: $[0, 5] \to [0, 8]$

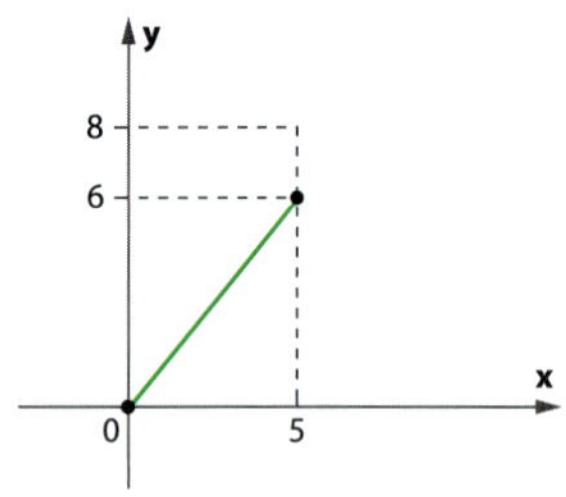

c) f: $[0, 5] \to [0, 8]$

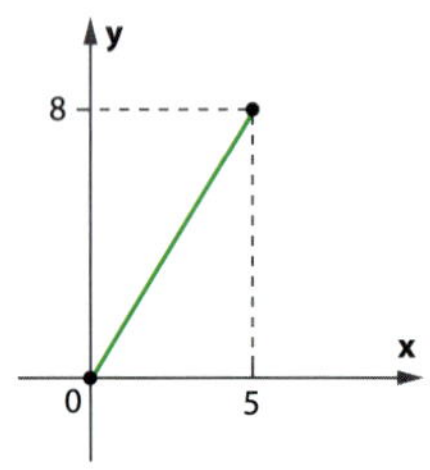

10. Função composta

Dadas as funções f: $A \to B$ e g: $B \to C$, denominamos função composta de **g** e **f** a função $g \circ f$: $A \to C$, que é definida por $(g \circ f)(x) = g(f(x))$, $x \in A$.

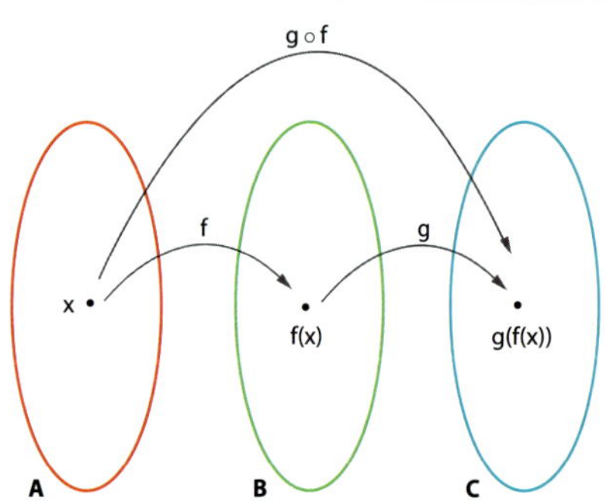

Por exemplo, dados os conjuntos $A = \{1, 2, 3, 4\}$, $B = \{2, 3, 4, 5\}$ e $C = \{4, 9, 16, 25\}$, vamos considerar as funções: f: $A \to B$ dada por $f(x) = x + 1$ e g: $B \to C$ dada por $g(y) = y^2$:

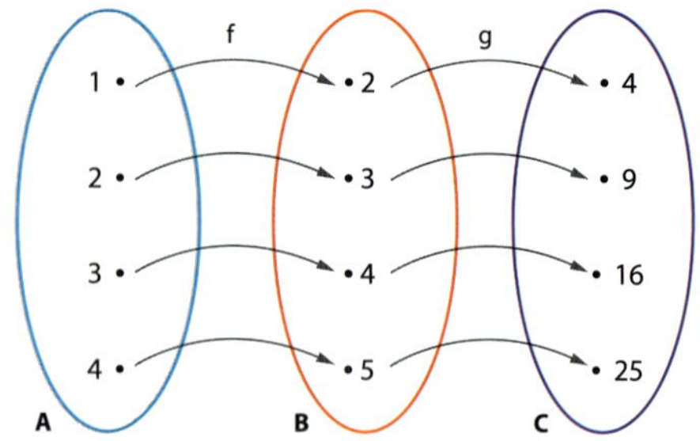

Notamos que:

$(g \circ f)(1) = g(f(1)) = g(2) = 4$ e que $(1 + 1)^2 = 4$

$(g \circ f)(2) = g(f(2)) = g(3) = 9$ e que $(2 + 1)^2 = 9$

$(g \circ f)(3) = g(f(3)) = g(4) = 16$ e que $(3 + 1)^2 = 16$

$(g \circ f)(4) = g(f(4)) = g(5) = 25$ e que $(4 + 1)^2 = 25$

Percebemos que $g(f(x)) = (x + 1)^2$, ou seja, $(g \circ f)(x) = g(f(x)) = g(x + 1) = (x + 1)^2$.

Exemplos de aplicação

1 Sejam $f(x) = 3x - 2$ e $g(x) = 4x + 1$. Determine $g(f(x))$.

$g(f(x)) = g(3x - 2) = 4(3x - 2) + 1 = 12x - 8 + 1 =$
$= 12x - 7$

2 Sejam $f(x) = x^2 - 1$ e $g(x) = x + 2$. Determine $(f \circ g)(x)$ e $(g \circ f)(x)$.

$(f \circ g)(x) = f(g(x)) = f(x + 2) = (x + 2)^2 - 1 =$
$= x^2 + 4x + 4 - 1 = x^2 + 4x + 3$

$(g \circ f)(x) = g(f(x)) = g(x^2 - 1) = (x^2 - 1) + 2 =$
$= x^2 - 1 + 2 = x^2 + 1$

3 Dada a função $f(x) = x^2 + 1$, determine $f(f(2))$.

$f(f(x)) = f(x^2 + 1) = (x^2 + 1)^2 + 1 = x^4 + 2x^2 + 1 + 1 =$
$= x^4 + 2x^2 + 2$

$f(f(2)) = (2)^4 + 2(2)^2 + 2 = 16 + 8 + 2 = 26$

A questão pode ser resolvida também da seguinte maneira:

$f(2) = (2)^2 + 1 = 4 + 1 = 5$

$f(f(2)) = f(5) = (5)^2 + 1 = 25 + 1 = 26$

4 Dadas as funções $f(x) = 2x - 1$ e $f(g(x)) = 6x + 11$, calcule $g(x)$.

$f(g(x)) = 2g(x) - 1$ e $f(g(x)) = 6x + 11$

Então:

$2g(x) - 1 = 6x + 11 \Rightarrow 2g(x) = 6x + 12 \Rightarrow$

$\Rightarrow g(x) = \dfrac{6x + 12}{2} \Rightarrow g(x) = 3x + 6$

5 Dadas as funções $f(x) = 2x + a$ e $g(x) = 3x - 1$, determine o valor de **a** para que se tenha $(f \circ g)(x) = (g \circ f)(x)$.

$(f \circ g)(x) = f(g(x)) = f(3x - 1) = 2(3x - 1) + a =$
$= 6x - 2 + a$

$(g \circ f)(x) = g(f(x)) = g(2x + a) = 3(2x + a) - 1 =$
$= 6x + 3a - 1$

Como $(f \circ g)(x) = (g \circ f)(x)$, temos:

$6x - 2 + a = 6x + 3a - 1 \Rightarrow a - 3a = -1 + 2 \Rightarrow$

$\Rightarrow -2a = 1 \Rightarrow 2a = -1 \Rightarrow a = -\dfrac{1}{2}$

6 **Dada a função $f(x + 1) = x^2$, determine:**

a) $f(4)$

Para obter $f(4)$ precisamos fazer:

$x + 1 = 4 \Rightarrow x = 3$

Assim:

$f(3 + 1) = 3^2 \Rightarrow f(4) = 9$

b) $f(a)$

Para obter $f(a)$ precisamos fazer:

$x + 1 = a \Rightarrow x = a - 1$

Assim:

$f(a - 1 + 1) = (a - 1)^2 \Rightarrow f(a) = a^2 - 2a + 1$

c) $f(x)$

Se $f(a) = a^2 - 2a + 1$, então $f(x) = x^2 - 2x + 1$.

Exercícios

48 Dados $f(x) = 3x + 1$ $g(x) = x - 3$ determine:
a) $f(g(5))$;
b) $g(f(5))$;
c) $f \circ g(3)$;
d) $f \circ f \circ f(2)$.

49 Sejam as funções $f(x) = x^2 - 2x + 1$ e $g(x) = 2x + 1$. Calcule:
a) $f(g(1))$;
b) $g(f(2))$;
c) $f(f(1))$;
d) $g \circ g \circ f(0)$.

50 Dados $f(x) = x - 1$ e $g(x) = 5x - 6$, determine:
a) $f(g(x))$;
b) $g(f(x))$;
c) $f(f(x))$;
d) $g(g(x))$.

51 Sejam as funções $f(x) = x^2 - 2$ e $g(x) = 2x + 1$. Determine:
a) $(f \circ g)(x)$;
b) $(g \circ f)(x)$.

52 Sendo $f(x) = 3x + 5$ e $f(g(x)) = 6x - 13$, determine $g(x)$.

53 Dados $f \circ g(x) = x^2$ e $g(x) = x + 2$, determine:
a) $f \circ g(5)$;
b) $f(5)$;
c) $f(a)$;
d) $f(x)$.

54 Dado $f(2x) = x + 1$, determine $f(x)$.

55 Dados $f \circ g(x) = x$ e $g(x) = 2x - 1$, determine $f(x)$.

11. Função inversa

Dada uma função $f: A \to B$, bijetiva, denomina-se função inversa de **f** a função $g: B \to A$ tal que, se $f(a) = b$, então $g(b) = a$, com $a \in A$ e $b \in B$.

Representamos a função inversa de **f** com o símbolo $\mathbf{f^{-1}}$. Exemplificando no diagrama de flechas:

$f: A \to B$

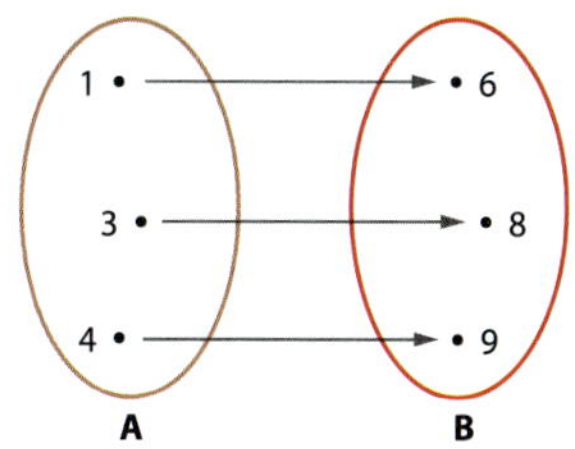

$g: B \to A$

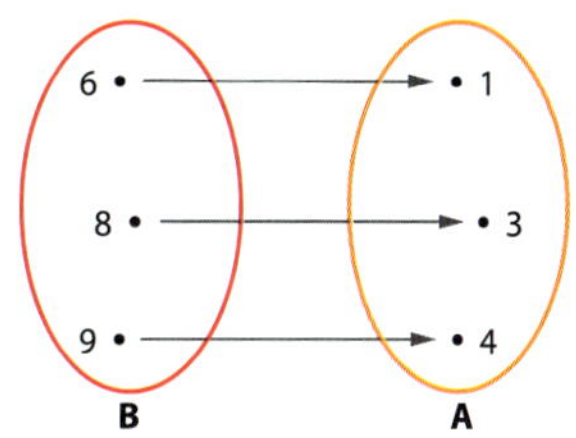

Fique atento
f^{-1} não é $\dfrac{1}{f}$.

De modo geral, se **f** é bijetiva, temos:

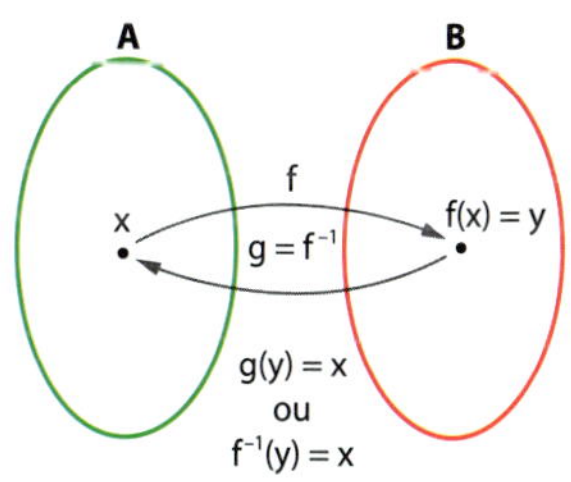

Fique atento
Só existe função inversa de uma função bijetiva.

em que $g: B \to A$ é a função inversa da função $f: A \to B$, uma vez que se tem:

$g(y) = g(f(x)) = x$ e $f(g(y)) = y$ para quaisquer $x \in A$ e $y \in B$.

Fique atento
Se $f(a) = b$, então $f^{-1}(b) = a$.

Processo para determinar a função inversa de uma função bijetiva dada

Observe que a função bijetiva $f: A \to B$, definida por $f(x) = 4x$, tem como função inversa a função $g: B \to A$, definida por $g(y) = \dfrac{y}{4}$, uma vez que:

$$g(y) = g(f(x)) = g(4x) = \frac{4x}{4} = x$$

e

$$f(g(y)) = f\left(\frac{y}{4}\right) = 4 \cdot \frac{y}{4} = y$$

para quaisquer $x \in A$ e $y \in B$.

Vejamos um roteiro que nos permite, a partir da fórmula da função bijetiva **f**, chegar à fórmula de f^{-1}:

- escrevemos $f(x) = 4x$ na forma $y = 4x$;
- em $y = 4x$, trocamos **y** por **x** e **x** por **y**, obtendo $x = 4y$;
- em $x = 4y$, determinamos **y** em função de **x**, obtendo $y = \frac{x}{4}$ (pois não é comum, neste nível, considerar **y** como variável independente);
- escrevemos $y = \frac{x}{4}$ na forma $f^{-1}(x) = \frac{x}{4}$, que é a *inversa* de **f**.

Exemplos:

1º) f: IR → IR é função bijetiva tal que $f(x) = -3x + 5$

$y = -3x + 5$

$x = -3y + 5 \Rightarrow 3y = -x + 5 \Rightarrow y = \frac{-x + 5}{3} \Rightarrow$

$\Rightarrow f^{-1}(x) = \frac{-x + 5}{3}$

Testando valores:

Por **f**: $x = 1 \rightarrow f(1) = -3 + 5 = 2$

Por $\mathbf{f^{-1}}$: $x = 2 \rightarrow f^{-1}(2) = \frac{-2 + 5}{3} = 1$

2º) f: IR* → IR − {2} é função bijetiva tal que $f(x) = \frac{2x + 1}{x}$

$y = \frac{2x + 1}{x}$

$x = \frac{2y + 1}{y} \Rightarrow xy = 2y + 1 \Rightarrow xy - 2y = 1 \Rightarrow$

$\Rightarrow y(x - 2) = 1 \Rightarrow y = \frac{1}{x - 2} \Rightarrow f^{-1}(x) = \frac{1}{x - 2}$

Testando valores:

Por **f**: $x = 1 \rightarrow f(1) = \frac{2 + 1}{1} = 3$

Por $\mathbf{f^{-1}}$: $x = 3 \rightarrow f^{-1}(3) = \frac{1}{3 - 2} = 1$

Exercícios

56 Seja uma função injetiva **f** que passa pelo ponto (2, 5). Sua inversa passa pelo ponto (5, y). Qual é o valor de **y**?

57 Sendo **f** uma função bijetiva, responda cada item:

a) Se $f(2) = 10$, então qual o valor de $f^{-1}(10)$?

b) Se $f(3) = 1$, então qual o valor de $f^{-1}(1)$?

c) Se $f^{-1}(5) = 7$, então qual o valor de $f(7)$?

58 Seja a função $f(x) = 3x - 4$ definida de IR em IR. Determine:

a) $f^{-1}(x)$;

b) $f^{-1}(2)$.

59 Determine a função inversa das seguintes funções bijetivas de IR em IR:

a) $f(x) = x - 6$

b) $f(x) = 1 - 2x$

c) $f(x) = 3x + 4$

d) $f(x) = 3x$

60 Determine a função inversa $f^{-1}(x)$ da função

f: IR − {2} → IR − {1} dada por $f(x) = \frac{x}{x - 2}$.

Para refletir
Observe as sentenças de **f** e de $\mathbf{f^{-1}}$ e os conjuntos IR − {2} e IR − {1}. Tire conclusões.

61 Seja f: IR → IR a função bijetiva tal que $f(x) = 2x + 5$. Determine:

a) a função **g**, inversa de **f**, isto é, $g(x) = f^{-1}(x)$;

b) $(f \circ g)(x)$ e $(g \circ f)(x)$.

Gráfico da função inversa

Vamos observar, por meio de exemplos, como ficam dispostos os gráficos de uma função **f** e da sua função inversa $\mathbf{f^{-1}}$ em um mesmo sistema de eixos.

1º) Seja a função **f** dada por $f(x) = x + 2$ e a sua função inversa dada por $f^{-1}(x) = x - 2$.

f

x	y = f(x)
0	2
1	3
2	4

$\mathbf{f^{-1}}$

x	y = f(x)
0	−2
1	−1
2	0

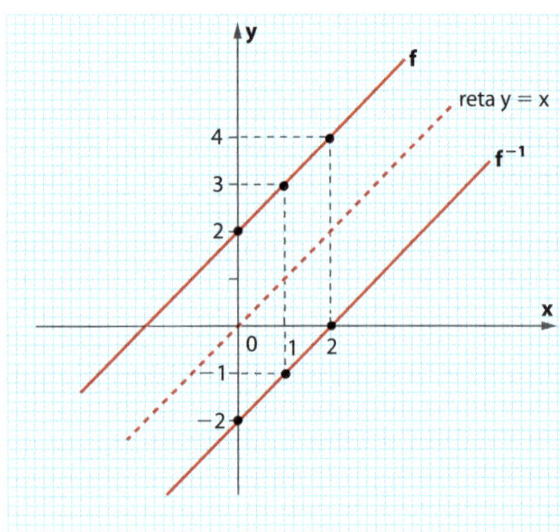

Para refletir
Se (a, b) pertence ao gráfico de **f**, então (b, a) pertence ao gráfico de $\mathbf{f^{-1}}$.

2º) Seja a função bijetiva f: $IR_+ \rightarrow IR_+$ dada por $f(x) = x^2$ e a sua função inversa f^{-1}: $IR_+ \rightarrow IR_+$ dada por $f^{-1}(x) = \sqrt{x}$.

> **Fique atento**
> Note que o domínio e o contradomínio de $f(x) = x^2$ foram modificados para que a função **f** seja bijetiva. Se tivéssemos f: $IR \rightarrow IR$ a função $f(x) = x^2$ não seria bijetiva e não teria inversa.

f

x	y = f(x)
0	0
1	1
2	4

f^{-1}

x	y = f(x)
0	0
1	1
4	2

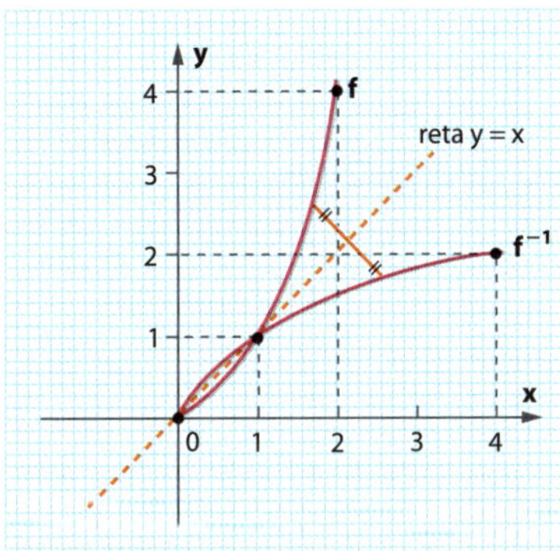

> **Fique atento**
> (a, b) e (b, a) são pontos simétricos em relação à reta y = x.

Os exemplos sugerem que o gráfico de uma função **f** e o gráfico da sua função inversa $\mathbf{f^{-1}}$ são simétricos em relação à reta y = x, que representa a bissetriz dos quadrantes ímpares. É possível provar que isso ocorre em todos os casos de duas funções inversas.

Exercícios

objeto digital

62 Seja f: $IR \rightarrow IR$ a função definida por $f(x) = -6x + 2$.

a) Determine $f^{-1}(x)$.

b) Construa os gráficos de **f** e $\mathbf{f^{-1}}$ no mesmo sistema de eixos.

63 Seja f: $x \rightarrow f(x)$ a função cujo gráfico é:

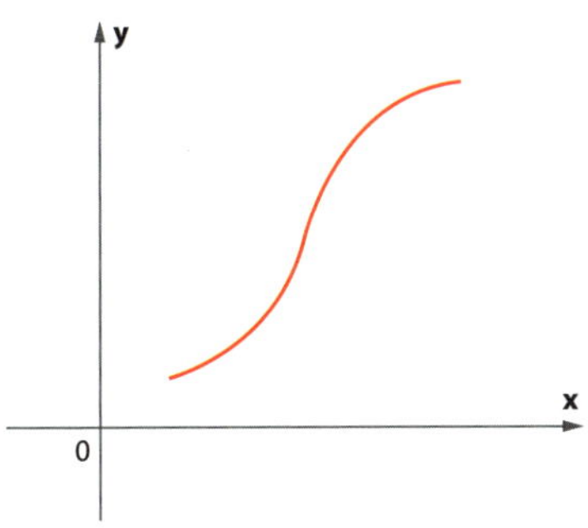

O gráfico que melhor representa a função inversa da função **f** é:

a)

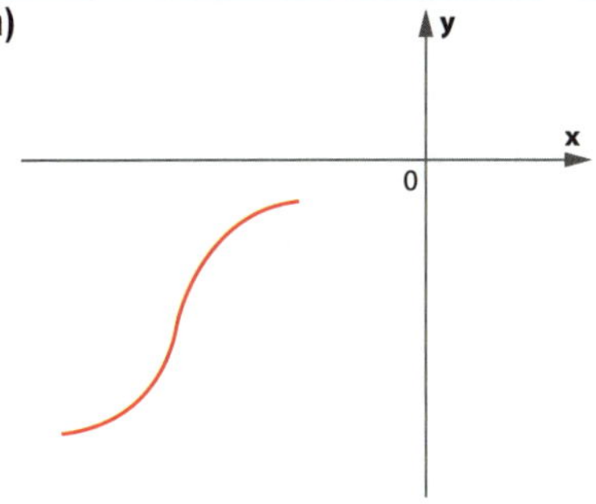

b)

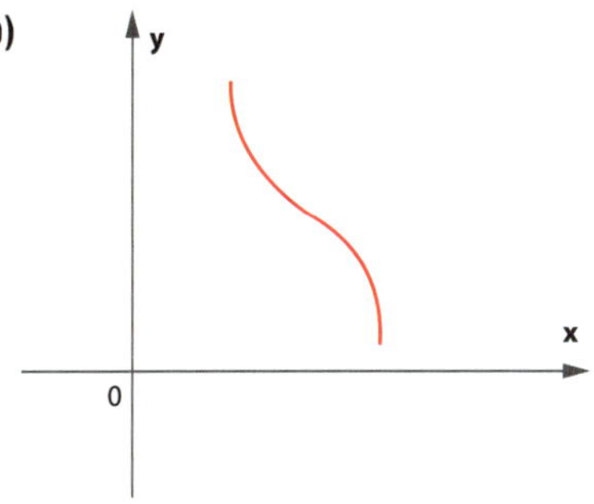

c)

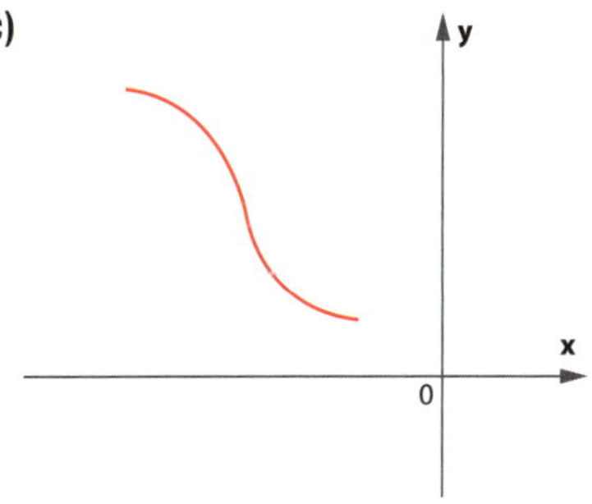

d)

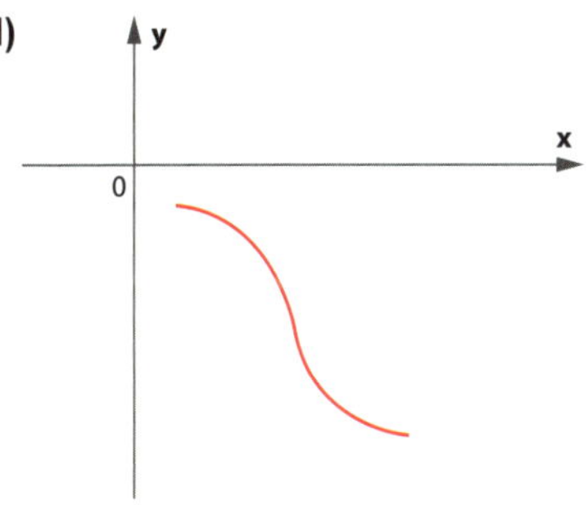

e)

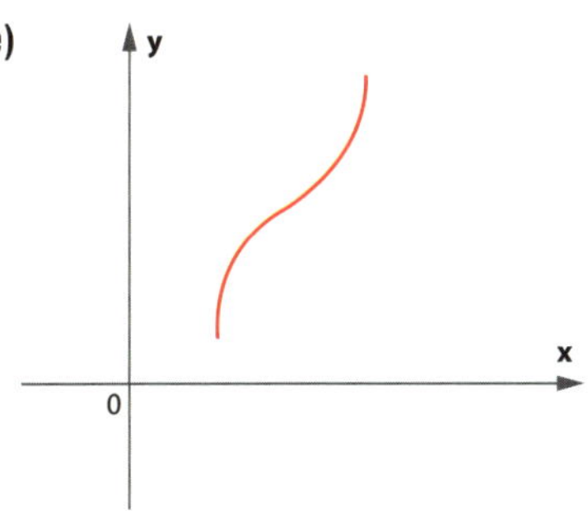

Assuntos optativos

Conjuntos finitos e conjuntos infinitos

Dado n ∈ IN*, vamos indicar por $\mathbf{I_n}$ o conjunto dos números naturais de 1 até **n**. Por exemplo, $I_1 = \{1\}$, $I_3 = \{1, 2, 3\}$ e $I_6 = \{1, 2, 3, 4, 5, 6\}$. De modo geral, $I_n = \{1, 2, 3, 4, ..., n\}$.

Dizemos que um conjunto **A** tem **n** elementos e é finito quando é possível estabelecer uma correspondência biunívoca f: $I_n \rightarrow A$. O número natural **n** chama-se então *número cardinal* do conjunto **A**, ou, simplesmente, número de elementos de **A**.

Por exemplo, se A = {a, e, i, o, u}, é possível definir a bijeção ou correspondência biunívoca f: $I_5 \rightarrow A$. Logo, o número cardinal de **A** é 5 ou, simplesmente, o número de elementos de **A** é 5.

Admite-se o conjunto vazio como sendo finito e dizemos que ∅ tem zero elemento. Assim, por definição, zero é o número cardinal do conjunto vazio.

Dizemos que um conjunto **A** é *infinito* quando ele não é finito, ou seja, **A** não é vazio e para qualquer n ∈ IN* *não* existe correspondência biunívoca f: $I_n \rightarrow A$.

Para refletir
É verdade que todo número natural **n** é o número cardinal de algum conjunto finito?

Função e progressões

Uma *sequência* é uma função cujo domínio é o conjunto IN* dos naturais excetuando-se o zero:

$$f: IN^* \rightarrow IR$$

A cada número natural diferente de zero corresponde um único número real $\mathbf{x_n}$:

$$1 \rightarrow x_1;\ 2 \rightarrow x_2;\ 3 \rightarrow x_3;\ ...;\ n \rightarrow x_n;\ ...$$

Uma sequência é indicada por:

$$(x_1, x_2, ..., x_n, ...) \text{ ou } (x_n)$$

Dois exemplos importantes de sequências são as progressões aritmética e geométrica.

Você sabia?
Os elementos que formam as sequências são chamados termos.

Progressão aritmética

A sequência:

1, 8, 15, 22, 29, 36, 43, ...

é uma *progressão aritmética* (PA). Observe que cada termo, a partir do segundo, é a soma do termo anterior com 7. Nesse caso, essa constante 7 chama-se *razão* da PA. A razão de uma PA pode ser um número positivo, negativo ou igual a zero. Por exemplo:

- 3, 7, 11, 15, 19, 23, 27, ... é uma PA de razão 4 (crescente)
- 15, 12, 9, 6, 3, 0, −3, −6, ... é uma PA de razão −3 (decrescente)
- 8, 8, 8, 8, 8, ... é uma PA de razão 0 (constante)

Observe também que na PA:

1, 8, 15, 22, 29, 36, 43, ...

Temos:

2º termo: 8 = 1 + 7
3º termo: 15 = 8 + 7
4º termo: 22 = 15 + 7
5º termo: 29 = 22 + 7
e assim por diante.

Para refletir
Qual número vem depois do 43 nessa PA?

Progressão geométrica

A sequência:

2, 6, 18, 54, 162, 486, ...

é uma *progressão geométrica* (PG). Observe que cada termo, a partir do segundo, é o produto do anterior por 3. Nesse caso, essa constante 3 chama-se *razão* da PG.

Observe que:

2º termo: 6 = 2 · 3
3º termo: 18 = 6 · 3
4º termo: 54 = 18 · 3
5º termo: 162 = 54 · 3
e assim por diante.

Para refletir
Qual número vem depois do 162 nessa PG?

Exercícios optativos

1 Quais das sequências abaixo são progressões aritméticas ou progressões geométricas? Nas que forem, indique suas razões.

a) 10, 5, 0, −5, −10, −15, ...

b) 3, 6, 12, 24, 48, 96, ...

c) 2, 5, 8, 10, 13, 15, 18, ...

d) 16, 8, 4, 2, 1, $\frac{1}{2}$, $\frac{1}{4}$, ...

e) 4, 14, 24, 34, 44, 54, ...

f) 5, 15, 45, 90, 180, 540, ...

2 O primeiro termo de uma PA é 6. A razão é 5. Qual é o 10º termo dessa PA?

3 O primeiro termo de uma PG é 5. A razão é 2. Qual é o 6º termo dessa PG?

4 Seja a sequência (10, 20,...)

a) Se ela for uma PA, qual é o 4º termo?

b) Se ela for uma PG, qual é o 4º termo?

4

Capítulo

Função afim

Um representante comercial recebe mensalmente um salário composto de duas partes: uma parte fixa, no valor de R$ 1 500,00, e uma parte variável, que corresponde a uma comissão de 6% (0,06) sobre o total das vendas que ele faz durante o mês. Nessas condições, podemos dizer que:

$$\text{salário mensal} = 1500{,}00 + 0{,}06 \cdot (\text{total das vendas do mês})$$

Observamos então que o salário mensal desse vendedor é dado em função do total de vendas que ele faz durante o mês, ou seja:

$$s(x) = 1500{,}00 + 0{,}06x \quad \text{ou} \quad s(x) = 0{,}06x + 1500{,}00$$

ou

$$y = 0{,}06x + 1500{,}00$$

em que **x** é o total das vendas do mês.

Esse é um exemplo de *função afim*.

1. Definição de função afim

Uma função f: IR → IR chama-se *função afim* quando existem dois números reais **a** e **b** tal que $f(x) = ax + b$, para todo x ∈ IR.

Exemplos:

1º) $f(x) = 2x + 1$ $(a = 2, b = 1)$

2º) $f(x) = -x + 4$ $(a = -1, b = 4)$

3º) $f(x) = \frac{1}{3}x + 5$ $\left(a = \frac{1}{3}, b = 5\right)$

4º) $f(x) = 4x$ $(a = 4, b = 0)$

Para refletir
Compare as leis dessas funções e procure escrever a lei geral de uma função afim.

Observe outro exemplo:

Um motorista de táxi cobra uma taxa fixa de R$ 3,20 pela "bandeirada" mais R$ 1,80 por quilômetro rodado. Assim, o preço de uma corrida de **x** quilômetros é dado, em reais, por:

$$f(x) = 1{,}80x + 3{,}20$$

De modo geral, se o preço da bandeirada fosse **b** reais e o preço do quilômetro rodado **a** reais, então o preço de uma corrida de **x** quilômetros seria dado, em reais, por $f(x) = ax + b$.

HELY DEMUTTI

2. Casos particulares importantes da função afim f(x) = ax + b

Função linear

f: IR → IR definida por $f(x) = ax$ para todo x ∈ IR. Nesse caso, $b = 0$.

Exemplos:

1º) $f(x) = -2x$ $(a = -2)$

2º) $f(x) = \frac{1}{5}x$ $\left(a = \frac{1}{5}\right)$

3º) $f(x) = \sqrt{3}x$ $(a = \sqrt{3})$

Função constante

f: IR → IR definida por $f(x) = b$ para todo x ∈ IR. Nesse caso, $a = 0$.

Exemplos:

1º) $f(x) = 3$

2º) $f(x) = -2$

3º) $f(x) = \sqrt{2}$

4º) $f(x) = \frac{3}{4}$

Função identidade

f: IR → IR definida por f(x) = x para todo x ∈ IR. Nesse caso, a = 1 e b = 0.

Translação

f: IR → IR definida por f(x) = x + b para todo x ∈ IR com a = 1 e b ≠ 0.

Exemplos:

1º) f(x) = x + 2

2º) f(x) = x − 3

3º) $f(x) = x + \frac{1}{2}$

4º) $f(x) = x - \frac{3}{5}$

3. Valor de uma função afim

O valor de uma função afim f(x) = ax + b para $x = x_0$ é dado por $f(x_0) = ax_0 + b$. Por exemplo, na função afim f(x) = 5x + 1, podemos determinar:

- f(1) = 5 · 1 + 1 = 5 + 1 = 6
  Logo, f(1) = 6.
- f(−3) = 5(−3) + 1 = −15 + 1 = −14
  Logo, f(−3) = −14.
- $f\left(\frac{1}{5}\right) = 5\left(\frac{1}{5}\right) + 1 = 1 + 1 = 2$
  Logo, $f\left(\frac{1}{5}\right) = 2$.
- f(k) = 5k + 1
- f(x + h) = 5(x + h) + 1 = 5x + 5h + 1

Valor inicial

Numa função afim f(x) = ax + b, o número b = f(0) chama-se *valor inicial* da função **f**.

Por exemplo, o valor inicial da função f(x) = −2x + 3 é 3, pois f(0) = −2 · 0 + 3 = 3.

4. Taxa de variação da função afim f(x) = ax + b

O parâmetro **a** de uma função afim f(x) = ax + b é chamado de *taxa de variação* (ou *taxa de crescimento*). Para obtê-lo, bastam dois pontos quaisquer, porém distintos, $(x_1, f(x_1))$ e $(x_2, f(x_2))$, da função considerada.

Assim, $f(x_1) = ax_1 + b$ e $f(x_2) = ax_2 + b$, de onde obtemos que $f(x_2) - f(x_1) = a(x_2 - x_1)$ e, portanto, $a = \frac{f(x_2) - f(x_1)}{x_2 - x_1}$.

A taxa de variação **a** é sempre constante para cada função afim, e isso é uma característica importante das funções afins. Por exemplo, a taxa de variação da função afim f(x) = 5x + 2 é 5 e a da função g(x) = −2x + 3 é −2.

Observação: A taxa de variação de uma função afim f(x) = ax + b pode ser obtida fazendo f(1) − f(0). Note que f(1) = a + b e f(0) = b. Logo, f(1) − f(0) = (a + b) − b = a. Assim, f(1) − f(0) = a.

5. Determinação de uma função afim conhecendo-se seus valores em dois pontos distintos

Uma função afim f(x) = ax + b fica inteiramente determinada quando conhecemos dois dos seus valores $f(x_1)$ e $f(x_2)$ para quaisquer $\mathbf{x_1}$ e $\mathbf{x_2}$ reais, com $x_1 \neq x_2$. Ou seja, com esses dados determinamos os valores de **a** e de **b**.

Por exemplo, vamos ver duas maneiras de determinar uma função afim, sabendo que f(2) = −2 e f(1) = 1.

1º modo:

Para determinar a função afim, vamos obter a taxa de variação **a** e o valor inicial **b**.

Sabemos que

$$a = \frac{f(2) - f(1)}{2 - 1} = \frac{-2 - 1}{2 - 1} = \frac{-3}{1} = -3$$

Assim, f(x) = −3x + b. Para obter **b**, escolhemos um dos valores conhecidos, por exemplo, f(1) = 1:

Substituindo-se x = 1 temos:

$$1 = -3 \cdot 1 + b \Rightarrow b = 4$$

Então, f(x) = −3x + 4.

2º modo:

- se f(2) = −2, então para x = 2 tem-se f(x) = −2, ou seja, −2 = 2a + b;
- se f(1) = 1, então para x = 1 tem-se f(x) = 1, ou seja, 1 = a + b.

Determinamos os valores de **a** e **b** resolvendo o sistema de equações:

$$\begin{cases} 2a + b = -2 \\ a + b = 1 \end{cases} \Rightarrow \begin{cases} \cancel{2a} + b = -2 \\ -\cancel{2a} - 2b = -2 \end{cases}$$
$$-b = -4 \Rightarrow b = 4$$

Como a + b = 1, então:

$$a + 4 = 1 \Rightarrow a = -3$$

Logo, a função afim f(x) = ax + b tal que f(2) = −2 e f(1) = 1 é dada por f(x) = −3x + 4.

objeto digital

Exercícios

1 Determine o valor da função afim $f(x) = -3x + 4$ para:

a) $x = 1$; **c)** $x = 0$;

b) $x = \frac{1}{3}$; **d)** $x = k + 1$.

2 Em cada função afim abaixo identifique qual é o valor da taxa de variação e o valor inicial.

a) $f(x) = 3x + \frac{2}{3}$ **b)** $g(x) = 2x + \frac{3}{4}$

3 Classifique as funções $f: \mathbb{R} \to \mathbb{R}$ abaixo em afim, linear, identidade, constante e translação:

a) $f(x) = 5x + 2$ **d)** $f(x) = x$

b) $f(x) = -x + 3$ **e)** $f(x) = 3x$

c) $f(x) = 7$ **f)** $f(x) = x + 5$

4 Verifique quais funções são afins. Nestas, encontre **a** e **b**, para $f(x) = ax + b$.

a) $f(x) = 3(x + 1) + 4(x - 1)$

b) $f(x) = (x + 2)^2 + (x + 2)(x - 2)$

c) $f(x) = (x - 3)^2 - x(x - 5)$

d) $f(x) = (x - 3) - 5(x - 1)$

5 Determine a função afim $f(x) = ax + b$ sabendo que:

a) $f(1) = 5$ e $f(-3) = -7$; **b)** $f(-1) = 7$ e $f(2) = 1$.

6 Determine a função afim $f(x) = ax + b$ sabendo que:

a) $f(0) = 4$ e $f(1) = 3$ **c)** $f(3) = 6$ e $f(5) = 10$

b) $f(2) = 10$ e $f(5) = 4$ **d)** $f(-1) = 2$ e $f(3) = 2$

7 Escreva a função afim em cada item sabendo que:

a) a taxa de variação é 3 e o valor inicial é 1

b) a taxa de variação é -2 e $f(2) = 5$

c) para cada unidade aumentada em **x**, a função aumenta 2 unidades e o valor inicial é 10.

d) para cada unidade aumentada em **x**, a função diminui 1 unidade e o valor inicial é 3.

8 Escreva a função afim em cada item sabendo que:

a) a taxa de variação é 1 e o valor inicial é 5

b) a taxa de variação é -3 e $f(6) = 0$

c) para cada unidade aumentada em **x**, a função diminui 2 unidades e o valor inicial é 8.

d) para cada unidade aumentada em **x**, a função aumenta 2,5 unidades e o valor inicial é -4.

9 Na produção de peças, uma indústria tem um custo fixo de R$ 8,00 mais um custo variável de R$ 0,50 por unidade produzida. Sendo **x** o número de unidades produzidas:

a) escreva a lei da função que fornece o custo total de **x** peças;

b) calcule o custo de 100 peças;

c) escreva a taxa de crescimento da função.

10 A academia Corpo em Forma cobra uma taxa de matrícula de R$ 90,00 e uma mensalidade de R$ 45,00. A academia Chega de Moleza cobra uma taxa de matrícula de R$ 70,00 e uma mensalidade de R$ 50,00.

a) Determine as expressões algébricas das funções que indicam os custos acumulados ao longo dos meses para se frequentar cada academia.

b) Qual academia oferece o menor custo para uma pessoa se exercitar durante um ano?

11 O preço do aluguel de um carro popular é dado pela tabela abaixo.

100 km	taxa fixa de R$ 50,00
300 km	taxa fixa de R$ 63,00
500 km	taxa fixa de R$ 75,00

Em todos os casos, paga-se R$ 0,37 por quilômetro excedente rodado.

a) Escreva a lei da função para cada caso, chamando de **x** o número de quilômetros excedentes rodados.

b) Qual é a taxa de variação de cada função?

12 O proprietário de uma fábrica de chinelos verificou que, quando se produziam 600 pares de chinelos por mês, o custo total da empresa era de R$ 14 000,00, e quando se produziam 900 pares o custo mensal era de R$ 15 800,00. A relação entre o custo mensal (**C**) e o número de chinelos produzidos por mês (**x**) é uma função afim.

dica Enem

a) Obtenha **C** em função de **x**.

b) Se a capacidade máxima de produção da empresa for de 1 200 chinelos/mês, determine o valor do custo máximo mensal.

13 Devido ao desgaste, o valor (**V**) de uma mercadoria decresce com o tempo (**t**). Por isso, a desvalorização que o preço dessa mercadoria sofre em razão do tempo de uso é chamada de *depreciação*. A função depreciação pode ser uma função afim, como neste caso: o valor de uma máquina é hoje R$ 1 000,00, e estima-se que daqui a 5 anos será R$ 250,00.

a) Qual será o valor dessa máquina em **t** anos? (ou seja, obtenha **V** em função de **t**)

b) Qual será o valor dessa máquina em 6 anos?

c) Qual será sua depreciação total após esse período de 6 anos?

6. Gráfico da função afim $f(x) = ax + b$

O gráfico de uma função afim $f(x) = ax + b$ é uma reta.

Geometricamente, **b** é a ordenada do ponto onde a reta, que é gráfico da função $f(x) = ax + b$, intersecta o eixo Oy, pois para $x = 0$ temos $f(0) = a \cdot 0 + b = b$.

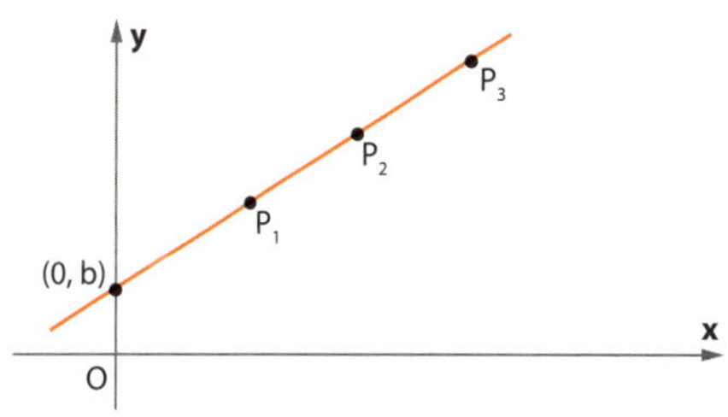

O número **a** chama-se *taxa de variação* da função ***f***, mas também é conhecido como *declividade* ou *coeficiente angular* dessa reta em relação ao eixo horizontal. Como já vimos, ele também é chamado de *taxa de variação da função **f***.

O número **b** chama-se *valor inicial da função **f*** ou *coeficiente linear* dessa reta.

objeto digital

Traçado de gráficos de funções afins

Vamos construir os gráficos de algumas *funções afins* no plano cartesiano.

Função afim com $a \neq 0$ e $b \neq 0$

$f(x) = 2x + 1$

x	f(x)
−2	−3
−1	−1
0	1
1	3
2	5

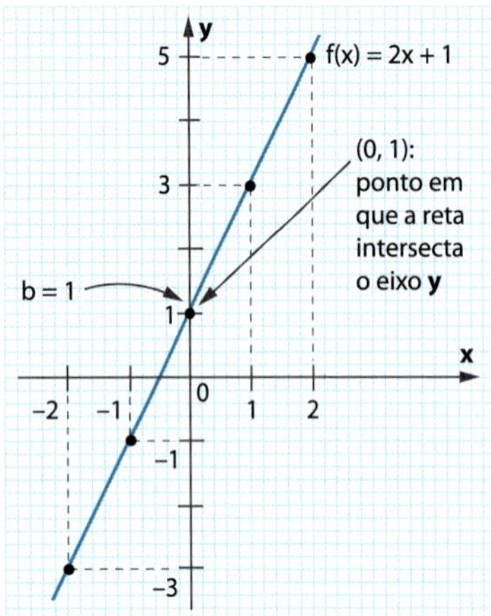

$f(x) = -3x + 2$

x	f(x)
0	2
−1	5
1	−1
2	−4

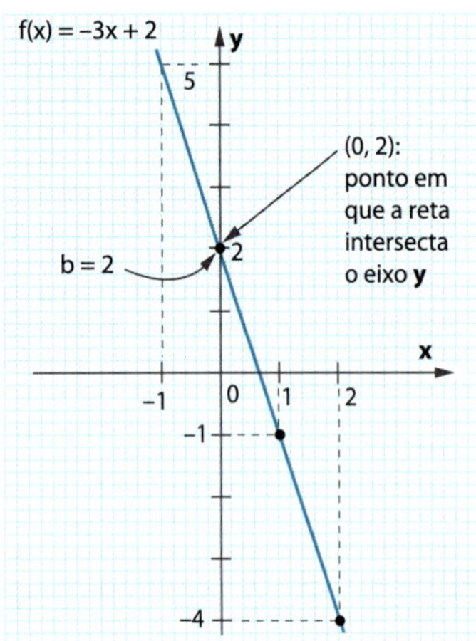

Função linear ($b = 0$)

$f(x) = 3x$

x	f(x)
−2	−6
−1	−3
0	0
1	3
2	6

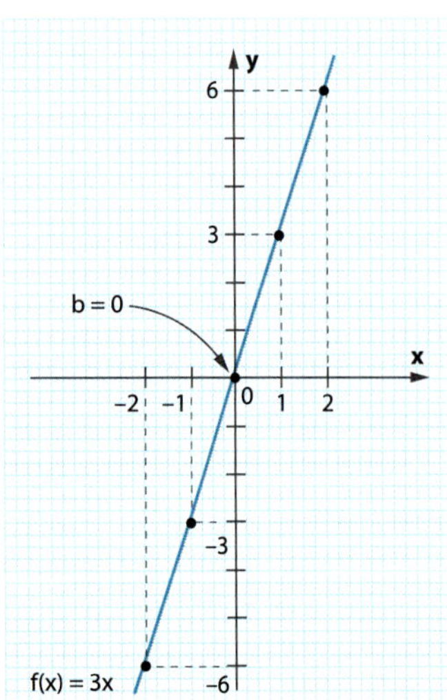

$f(x) = -2x$

x	f(x)
−2	4
−1	2
0	0
1	−2
2	−4

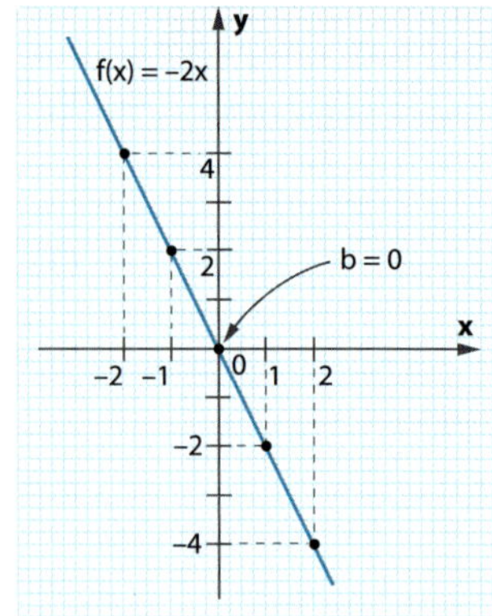

O gráfico da função linear $f(x) = ax$ é uma reta não vertical que passa pela origem (0, 0).

Função identidade ($a = 1$ e $b = 0$)

$f(x) = x$

x	f(x)
−2	−2
−1	−1
0	0
1	1
2	2

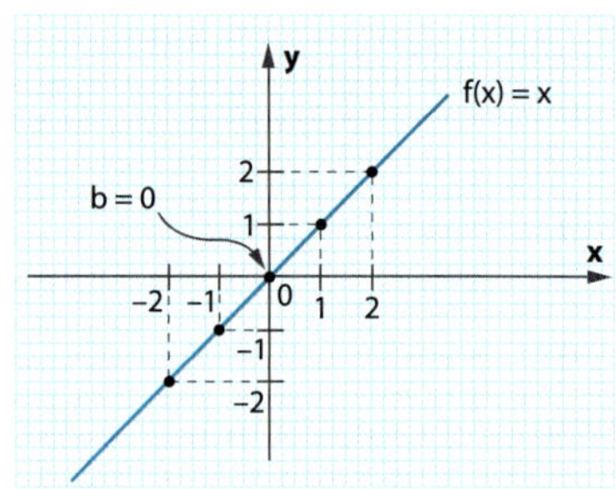

Observe que o gráfico da *função identidade* $f(x) = x$ é a bissetriz do 1º e 3º quadrantes.

Para refletir
O que é bissetriz de um ângulo?

Translação ($a = 1$ e $b \neq 0$)

A seguir temos a construção do gráfico da *translação* $f(x) = x + 2$ no plano cartesiano:

$f(x) = x + 2$

x	f(x)
−2	0
−1	1
0	2
1	3
2	4

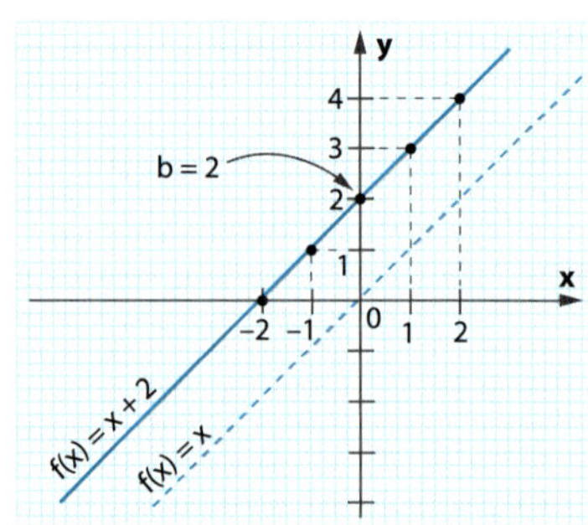

Para refletir
Por que a função $f(x) = x + b$ recebe o nome de translação?

Observe que o gráfico da translação $f(x) = x + b$ é uma reta paralela à bissetriz do 1º e 3º quadrantes.

Função constante (a = 0)

Observe agora a construção do gráfico da *função constante* f(x) = 2 para qualquer x ∈ IR, no plano cartesiano.

f(x) = 2

x	f(x)
−2	2
−1	2
0	2
1	2
2	2

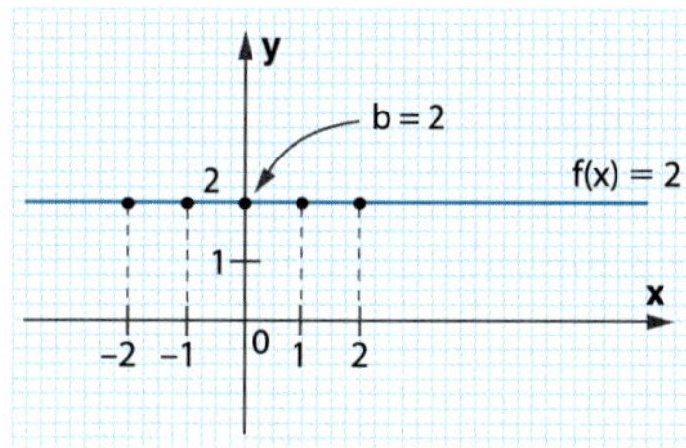

Para refletir
Por que a função f(x) = b recebe o nome de função constante?

O gráfico da função constante f(x) = b é uma reta paralela ao eixo **x** que passa pelo ponto (0, b). Nesse caso, Im(f) = {b}.

Observações sobre a função afim:

1ª) O gráfico de uma função afim f(x) = ax + b é uma *reta* não vertical, isto é, não paralela ao eixo **y**.

2ª) Como dois pontos determinam uma reta, basta considerarmos dois pontos do plano cartesiano para construirmos o gráfico (compare isso com o que foi dito no item 5 da página 58).

Exemplo de aplicação

(Enem) O gráfico abaixo, obtido a partir de dados do Ministério do Meio Ambiente, mostra o crescimento do número de espécies da fauna brasileira ameaçadas de extinção.

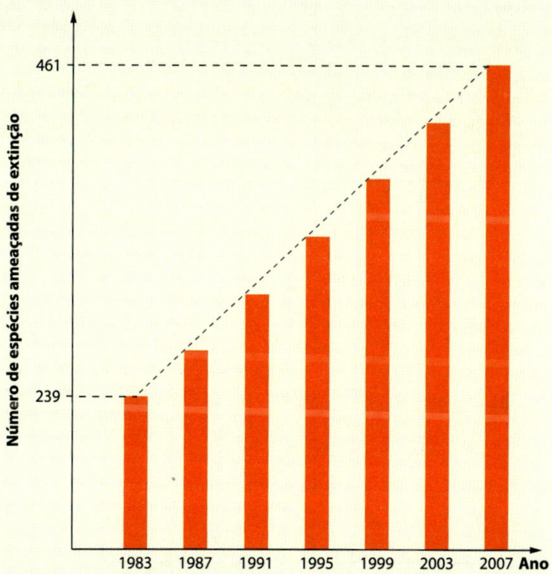

Se mantida, pelos próximos anos, a tendência de crescimento mostrada no gráfico, o número de espécies ameaçadas de extinção em 2011 será igual a:

a) 465. **b)** 493. **c)** 498. **d)** 538. **e)** 699.

Resolução passo a passo

1. Lendo e compreendendo

a) O que é dado no problema?

Um gráfico de barras com o número de espécies em extinção entre os anos 1983 e 2007.

b) O que se pede?

Qual será o número de espécies ameaçadas de extinção em 2011.

2. Planejando a solução

Devemos usar o gráfico para fazer a projeção do número de espécies ameaçadas de extinção em 2011. É essencial perceber que esse gráfico, que mostra a relação do número de espécies ameaçadas de extinção com os anos, é uma função afim e, portanto, pode ser modelado com uma reta adequada. Assim, bastará obter a lei dessa função e, com ela, a imagem para x = 2011.

Uma segunda estratégia de resolução é lembrar que em uma função afim incrementos iguais em **x** geram incrementos iguais em **y**. Assim, basta determinar qual é o incremento vertical gerado por cada incremento horizontal no gráfico e utilizar esses valores para calcular o valor de 2011.

3. Executando o que foi planejado

Vamos utilizar a primeira estratégia na resolução do problema e a segunda estratégia como elemento de verificação, uma vez que delineamos duas estratégias distintas.

De acordo com a primeira estratégia, precisamos obter a lei da função afim que relaciona o número de espécies em extinção com o ano. Do gráfico, temos que f(1983) = 239 e f(2007) = 461.

Genericamente, uma função afim é do tipo: f(x) = ax + b. Vamos obter **a** e **b**. Para isso, dispomos de duas maneiras:

Na primeira maneira, vamos obter a taxa de variação **a** dessa função fazendo:

$$a = \frac{f(2007) - f(1983)}{2007 - 1983} = \frac{461 - 239}{2007 - 1983} = \frac{222}{24} = \frac{37}{4}$$

Assim, $f(x) = \frac{37}{4}x + b$. Para obter **b**, escolhemos um dos valores conhecidos, por exemplo, f(2007) = 461.

Substituindo x = 2007, temos:

$$461 = \frac{37}{4} \cdot 2007 + b \Rightarrow$$

$$\Rightarrow b = 461 - \frac{74\,259}{4} = -\frac{72\,415}{4}$$

A segunda maneira de obter **a** e **b** é resolvendo um sistema:

Se f(1983) = 239 e f(2007) = 461, então podemos montar o sistema $\begin{cases} 1\,983a + b = 239 \\ 2\,007a + b = 461 \end{cases}$

Resolvendo o sistema obtemos $a = \frac{37}{4}$ e $b = -\frac{72415}{4}$.

Seja qual for a maneira usada, obteremos a lei da função procurada, que é $f(x) = \frac{37}{4}x - \frac{72415}{4}$.

Para obter o número de espécies em extinção em 2011, calcularemos f(2011):

$$f(2011) = \frac{37}{4} \cdot 2011 - \frac{72415}{4} = \frac{1992}{4} = 498$$

4. Verificando

Convém lembrar que essa segunda estratégia só é possível porque o domínio do gráfico é uma sequência de valores igualmente espaçados (no caso, os anos variam de 4 em 4). Quando isso não ocorre, infelizmente não existe essa possibilidade.

Sabemos que a sequência das imagens do gráfico será de valores gerados por incrementos iguais (Δy). Como temos 7 elementos no domínio, temos 6 incrementos em **x** e, portanto, 6 incrementos em **y**. Os valores de **y** variam de $y_1 = 239$ até $y_7 = 461$, ou seja, 6 incrementos em **y** geram uma variação de 239 até 461:

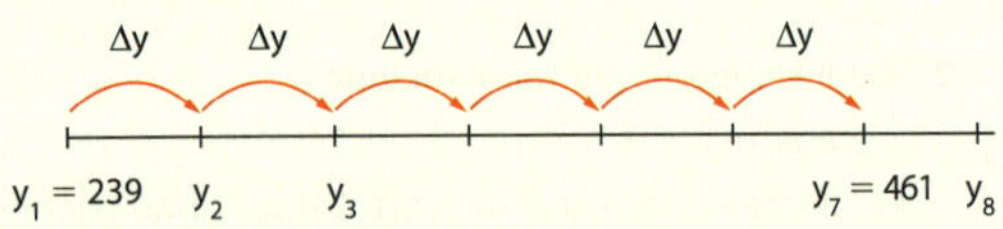

Assim, a diferença entre y_7 e y_1 equivale a 6 incrementos:

$6\Delta y = 461 - 239 \Rightarrow 6\Delta y = 222 \Rightarrow \Delta y = 37$

Portanto, para obter y_8, basta adicionar 37 ao valor y_7:

$y_8 = 461 + 37 = 498$

Isso verifica a resposta.

5. Respondendo

A resposta é a alternativa **c**.

6. Ampliando o problema

a) Calcule qual seria o número de espécies ameaçadas de extinção em 2019 supondo que seja mantida a tendência de crescimento observada no gráfico.

b) Determine f(2013). O valor encontrado para f(2013) é adequado como o número de espécies ameaçadas de extinção? Se não for, qual seria um valor adequado?

c) **Discussão em equipe**

Troque ideias com seus colegas sobre a importância da preservação das espécies de animais em nosso planeta. O que podemos fazer para ajudar? Vocês conhecem alguma espécie que já tenha sido extinta? E alguma espécie ameaçada de extinção? Isso ocorre só no Brasil ou também em outras partes do mundo?

Exercícios

14 Construa, num sistema cartesiano ortogonal, o gráfico das seguintes funções:

a) $f(x) = 2x + 3$
b) $f(x) = x + 3$
c) $f(x) = -2x + 5$
d) $f(x) = \frac{1}{2}x + 4$

15 Faça o gráfico da função $f(x) = \frac{2 - 5x}{3}$, sendo $f: \mathbb{R} \to \mathbb{R}$.

16 Um corpo se movimenta em velocidade constante de acordo com a fórmula matemática $S = 2t - 3$, em que **S** indica a posição do corpo (em metros) no instante **t** (em segundos). Construa o gráfico de **S** em função de **t**.

17 Obtenha, em cada caso, a função $f(x) = ax + b$, cuja reta, que é seu gráfico, passa pelos pontos:

a) $(-1, 1)$ e $(2, 0)$;
b) $(3, 0)$ e $(0, 4)$.

18 Determine o valor de **m** para que o gráfico da função $f(x) = 2x + m - 3$:

a) intersecte o eixo **y** no ponto (0, 5);
b) intersecte o eixo **x** no ponto (3, 0).

19 Sabendo que a função $f(x) = ax + b$ é tal que $f(1) = 5$ e $f(-2) = -4$, determine:

a) a lei da função;
b) o gráfico de **f**;
c) o valor de **x** para o qual $f(x) = 0$.

20 Dados os gráficos das funções de $\mathbb{R}$ em $\mathbb{R}$, escreva a função $f(x) = ax + b$ correspondente:

a)

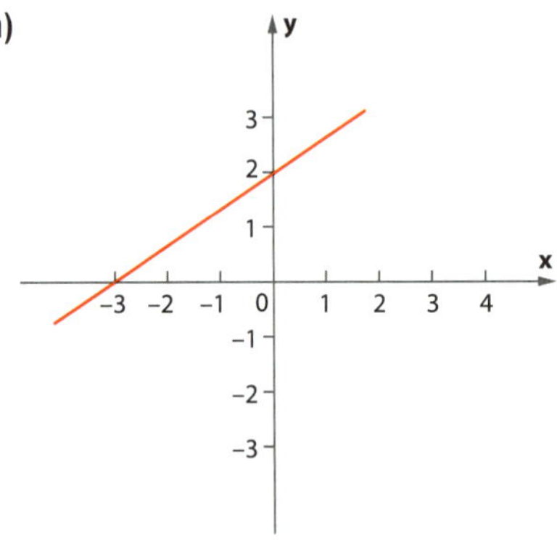

b)

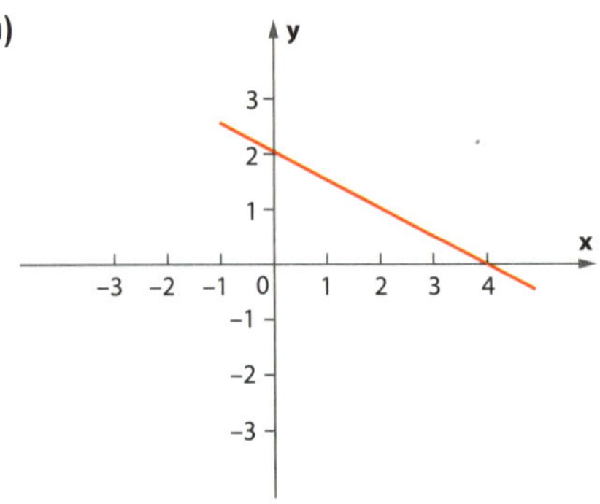

21 Dados os gráficos das funções de IR em IR, determine a função afim correspondente.

a)
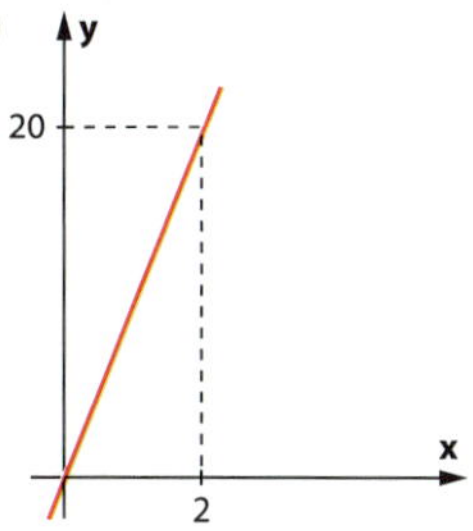

c)
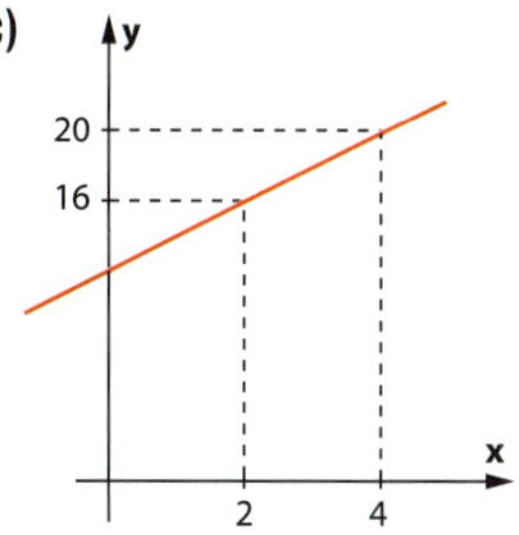

b)
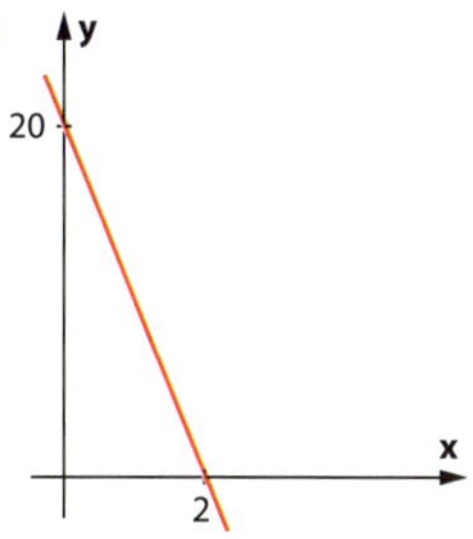

22 Dados os gráficos das funções de IR em IR, determine a função afim correspondente.

a)
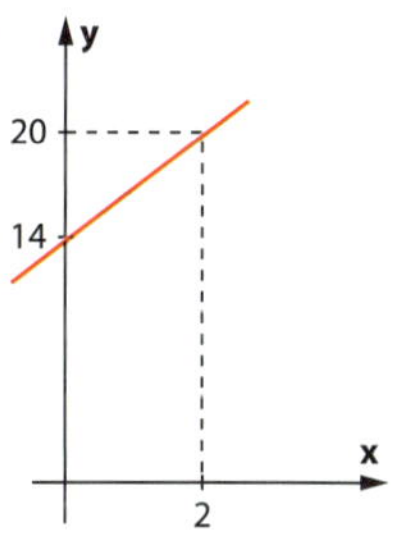

c)
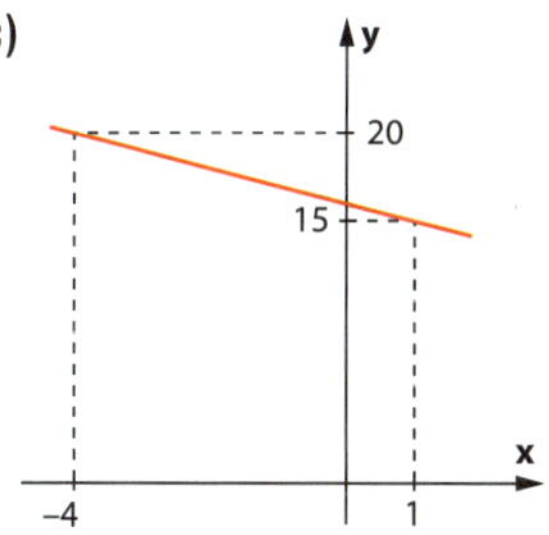

b)
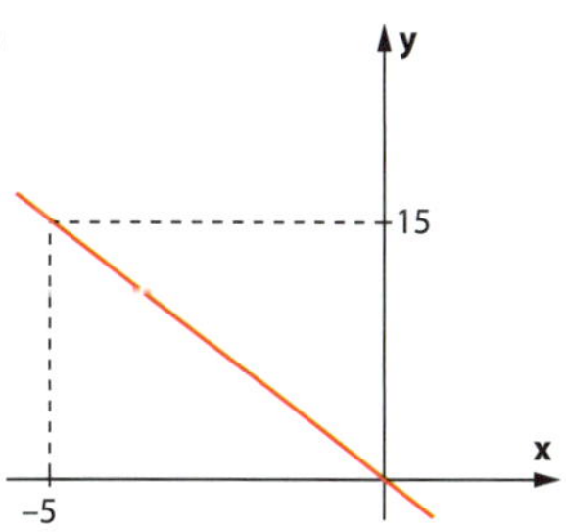

23 Construa, num sistema de coordenadas cartesianas ortogonais, o gráfico das seguintes funções:

a) $f(x) = \begin{cases} 2, \text{ se } x \geqslant 0 \\ x + 2, \text{ se } x < 0 \end{cases}$ **b)** $f(x) = \begin{cases} x, \text{ se } x \geqslant 2 \\ -1, \text{ se } 0 \leqslant x < 2 \\ x - 1, \text{ se } x < 0 \end{cases}$

24 Construa o gráfico da função f: [0, 1] ⟶ IR definida por

$$f(x) = \begin{cases} 0, \text{ se } 0 \leqslant x < 1 \\ 1, \text{ se } x = 1 \end{cases}.$$

25 Construa o gráfico da função f: IR ⟶ IR definida por

$$f(x) = \begin{cases} x + 3, \text{ se } x \geqslant 0 \\ 3, \text{ se } -2 \leqslant x < 0 \\ -x + 1, \text{ se } x < -2 \end{cases}.$$

26 A matéria pode se apresentar em três estados físicos (ou fases): sólido, líquido e gasoso (há outros menos conhecidos, como o plasma e o coloide). Ela pode passar de um estado a outro mediante alterações em sua temperatura, e essas mudanças de estado recebem nomes específicos, por exemplo:

dica Enem

- fusão: mudança de sólido para líquido;
- ebulição: mudança de líquido para gasoso (vaporização tumultuosa, com formação de bolhas).

Algumas temperaturas em que se iniciam as mudanças de estado são:

- ponto de fusão: em que se inicia a fusão;
- ponto de ebulição: em que se inicia a ebulição.

Se a matéria formada por uma única substância (no estado sólido) é aquecida, sua temperatura aumenta até que se inicie a fusão e permanece constante até que toda a matéria passe para o estado líquido. Em seguida, se a matéria continuar sendo aquecida, a temperatura aumentará novamente até atingir o ponto de ebulição e permanecerá constante até toda a matéria passar para o estado gasoso, quando então voltará a subir.

Suponha que determinada substância, inicialmente no estado sólido, tem sua curva de aquecimento mostrada no gráfico abaixo.

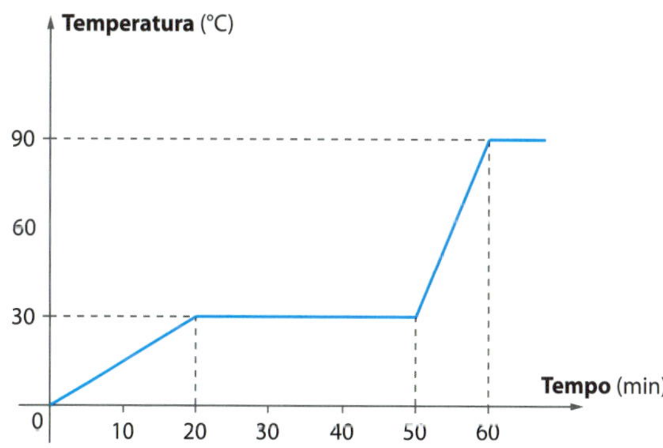

De acordo com essa curva, assinale a afirmação correta.

a) As fases líquida e sólida aparecem simultaneamente durante 20 min.

b) O ponto de ebulição é alcançado quando a temperatura atinge os 30 °C.

c) O intervalo de tempo em que a substância está somente no estado líquido é de 10 min.

d) O ponto de fusão dessa substância ocorre quando a temperatura chega a 0 °C.

e) Entre 50 min e 60 min, temos uma função afim definida por f: [50, 60] ⟶ IR tal que f(t) = 6t + 270.

7. Função afim crescente e decrescente

Já vimos que uma função afim f(x) = ax + b tem como gráfico uma reta (que indicamos por y = ax + b) não vertical, ou seja, não paralela ao eixo **y**.

A ordenada do ponto onde a reta intersecta o eixo **y** é sempre **b**. O ângulo α que a reta faz com o eixo **x** (quando a ≠ 0) é chamado de *ângulo de inclinação da reta*. Ele pode ser agudo (entre 0° e 90°) ou obtuso (entre 90° e 180°).

Vimos também que o número **a** é a taxa de variação da função. Entretanto, também podemos chamar o número **a** de *coeficiente angular* ou *declividade da reta* em relação ao eixo horizontal **x**. Quanto maior o valor absoluto de **a**, mais a reta se afasta da posição horizontal.

Para a ≠ 0 existem duas possibilidades:

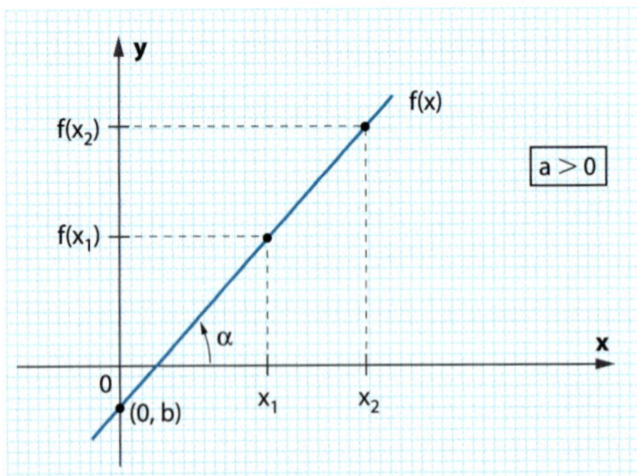

O ângulo α é agudo.

$a > 0$ e $x_2 > x_1 \Rightarrow ax_2 > ax_1 \Rightarrow ax_2 + b > ax_1 + b \Rightarrow$
$\Rightarrow f(x_2) > f(x_1)$

Logo, **f** é crescente.

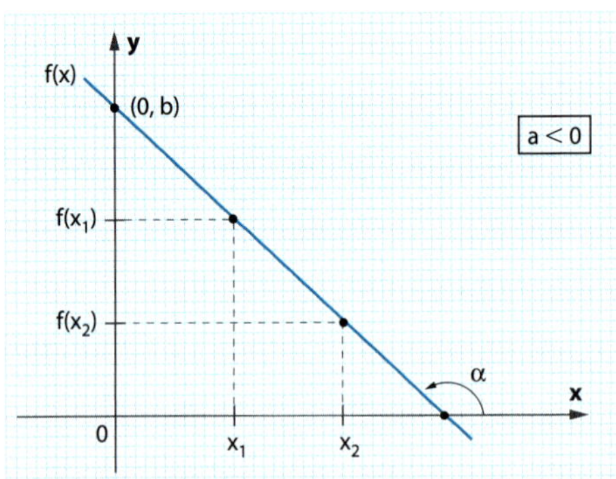

O ângulo α é obtuso.

$a < 0$ e $x_2 > x_1 \Rightarrow ax_2 < ax_1 \Rightarrow ax_2 + b < ax_1 + b \Rightarrow$
$\Rightarrow f(x_2) < f(x_1)$

Logo, **f** é decrescente.

Assim, o que determina se a função afim f(x) = ax + b, com a ≠ 0, é crescente ou decrescente é o sinal de **a**. Se **a** é positivo, ela é crescente; se **a** é negativo, ela é decrescente.

objeto digital

No caso de a = 0, o valor de f(x) permanece constante [f(x) = b] e o gráfico de **f** é a reta paralela ao eixo **x** que passa por (0, b).

» Exemplos de aplicação

1 Em cada um dos gráficos a seguir, que representam funções afins, diga se **a** e **b** são positivos (> 0), negativos (< 0) ou nulos (= 0) e se as funções são crescentes ou decrescentes.

a)

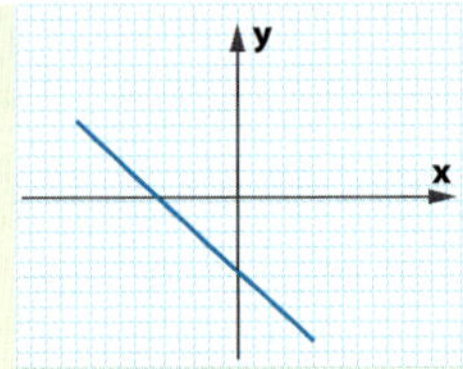

a < 0 e b < 0
função decrescente

b)

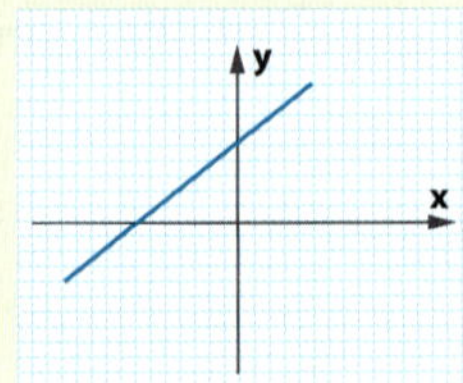

a > 0 e b > 0
função crescente

c)

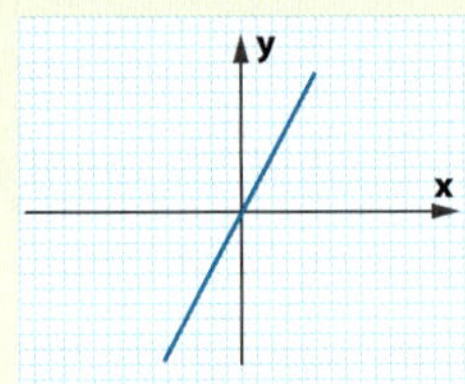

a > 0 e b = 0
função crescente

d)

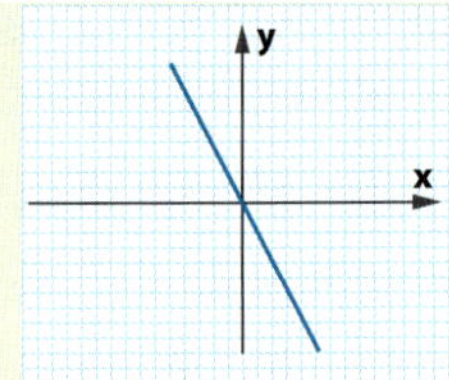

a < 0 e b = 0
função decrescente

e)

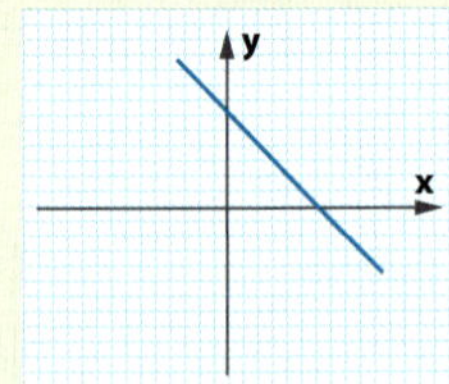

a < 0 e b > 0
função decrescente

f)

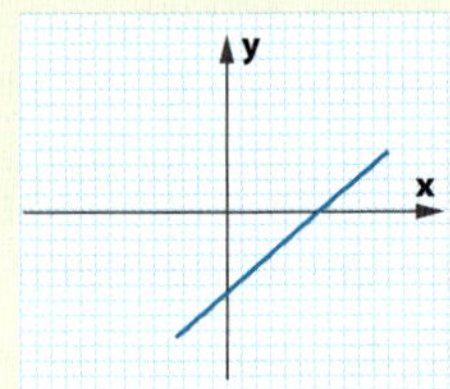

a > 0 e b < 0
função crescente

Para refletir
Justifique cada resposta dada no 1º exemplo.

2 Considere a função f: ℝ → ℝ definida por f(x) = 5x − 3; sem construir o gráfico, responda:

a) Qual é a figura do gráfico de **f**?

O gráfico de **f** é uma reta, pois **f** é função afim.

b) Em que ponto o gráfico de **f** intersecta o eixo **x**?

Todo ponto do eixo **x** tem ordenada 0:

$5x - 3 = 0 \Rightarrow 5x = 3 \Rightarrow x = \dfrac{3}{5}$

O gráfico de **f** intersecta o eixo **x** em $\left(\dfrac{3}{5}, 0\right)$.

c) Em que ponto o gráfico de **f** intersecta o eixo **y**?

Todo ponto do eixo **y** tem abscissa 0:

$f(0) = 5 \cdot 0 - 3 \Rightarrow f(0) = -3$

O gráfico de **f** intersecta o eixo **y** em (0, −3).

d) **f** é função crescente ou decrescente?

f é crescente, pois a = 5, isto é, a > 0.

e) O ângulo de inclinação da reta de **f** é agudo ou obtuso?

Se a > 0 e a função é crescente, o ângulo de inclinação é agudo.

3 Determine o ponto de intersecção das retas das funções afins $f(x) = x + 1$ e $g(x) = 2x - 1$:

a) pelo gráfico:

Desenhando ambas as retas no mesmo plano cartesiano, temos:

$f(x) = x + 1$

x	y
1	2
2	3
0	1

$g(x) = 2x - 1$

x	y
1	1
2	3
0	−1

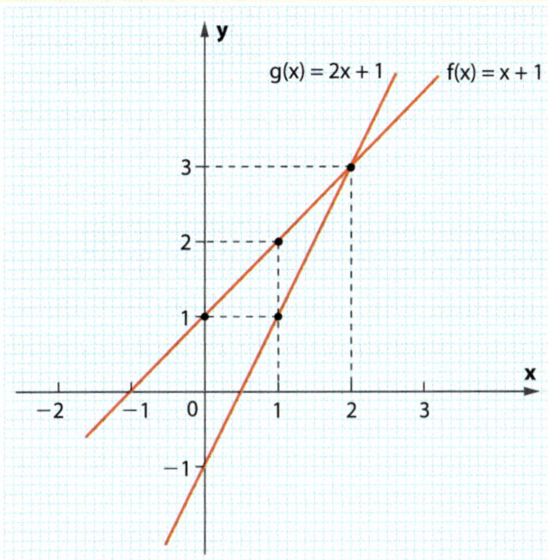

O ponto de intersecção é **P**(2, 3).

b) sem usar o gráfico:

Como $y = f(x)$, então $y = x + 1$.
Como $y = g(x)$, então $y = 2x - 1$.
Igualando **y**, temos:

$x + 1 = 2x - 1 \Rightarrow 2 = x$

Substituindo o valor de **x** encontrado em qualquer uma das funções acima, temos $y = 2 + 1 = 3$.
Assim, o ponto de intersecção é **P**(2, 3).

Exercícios

27 Considere as funções afins dadas por $f(x) = -3x + 4$, $g(x) = \frac{x}{3}$ e $h(x) = x - 2$. Para cada uma das funções, responda:

a) Em que pontos a reta correspondente corta os eixos **x** e **y**?

b) A função é crescente ou decrescente? O ângulo de inclinação é agudo ou obtuso?

c) Construa os gráficos e confira neles as respostas dadas nos itens anteriores.

28 Determine a lei da função afim cuja reta intersecta os eixos em (−8, 0) e (0, 4). Essa função é crescente ou decrescente?

29 Determine a fórmula matemática da função afim tal que $f(2) = 5$ e $f(-1) = -4$ e depois responda:

a) O ângulo de inclinação da reta correspondente é agudo ou obtuso?

b) Qual é a taxa de variação dessa função?

30 A função f: IR → IR definida por $f(x) = 6x - 5$ é bijetiva.

a) Determine f^{-1}, função inversa de **f**.

b) Construa no mesmo sistema de eixos os gráficos de **f**, f^{-1} e $y = x$.

c) Que relação existe entre esses três gráficos?

31 Determine o ponto **P**:

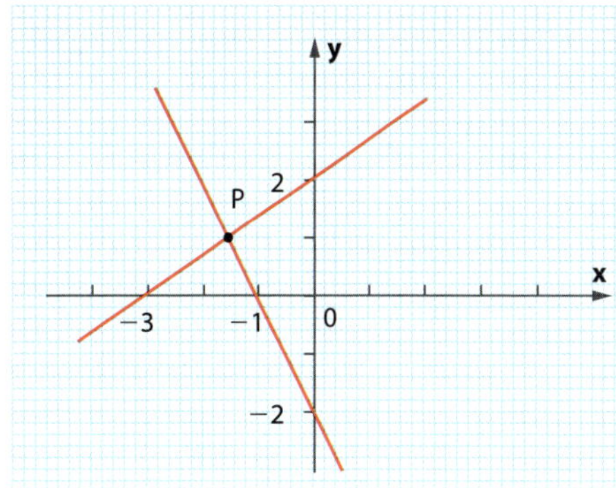

8. Estudo do sinal da função afim

Um comerciante gastou R$ 300,00 na compra de um lote de maçãs. Como cada maçã será vendida a R$ 2,00, ele deseja saber quantas maçãs devem ser vendidas para que haja lucro no final da venda.

Observe que o resultado final (receita menos despesa) é dado em função do número **x** de maçãs vendidas, e a lei da função é $f(x) = 2x - 300$.

- Vendendo 150 maçãs não haverá lucro nem prejuízo.
  Para $x = 150$, temos $f(x) = 0$.
- Vendendo mais de 150 maçãs haverá lucro.
  Para $x > 150$, temos $f(x) > 0$.
- Vendendo menos de 150 maçãs haverá prejuízo.
  Para $x < 150$, temos $f(x) < 0$.

Em situações como esta, dizemos que foi feito o estudo do sinal da função, que consiste em determinar os valores de **x** do domínio para os quais $f(x) = 0$, $f(x) > 0$ e $f(x) < 0$.

9. Zero da função afim

O valor de **x** para o qual a função $f(x) = ax + b$ se anula, ou seja, para o qual $f(x) = 0$, denomina-se *zero* da função afim.

Para determinar o zero de uma função afim basta resolver a equação $ax + b = 0$.

Exemplos:

1º) O zero da função $f(x) = 2x + 5$ é $-\frac{5}{2}$.

2º) O zero de $f(x) = 2x - 4$ é $x = 2$.

3º) O zero da função $y = x - 8$ é 8.

Interpretação geométrica

Geometricamente, o zero da função afim $f(x) = ax + b$ é a *abscissa* do ponto de intersecção do gráfico da função com o eixo **x**.

Por exemplo, dada a função afim definida por $f(x) = 2x - 5$, temos:

$$2x - 5 = 0 \Rightarrow 2x = 5 \Rightarrow x = \frac{5}{2} \text{ (zero da função)}$$

x	y
1	−3
3	1

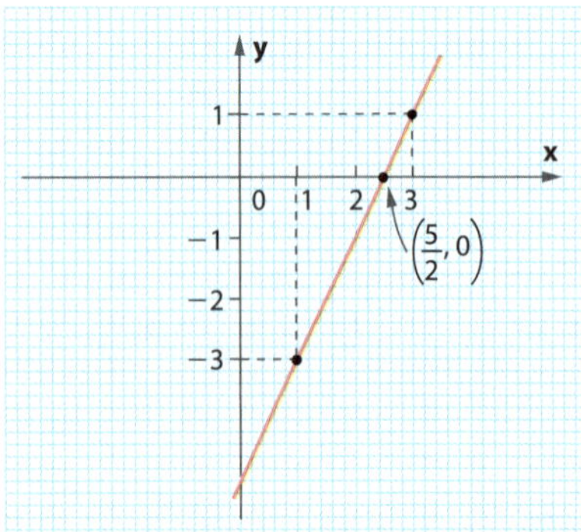

Logo, a reta dessa função intercepta o eixo **x** no ponto $\left(\frac{5}{2}, 0\right)$.

Para refletir
O que acontece com o valor de f(x) quando $x > \frac{5}{2}$? E quando $x < \frac{5}{2}$?

objeto digital

10. Estudo do sinal pela análise do gráfico

Vejamos agora como fazer o estudo do sinal da função analisando o gráfico.

- $a > 0 \rightarrow$ função crescente

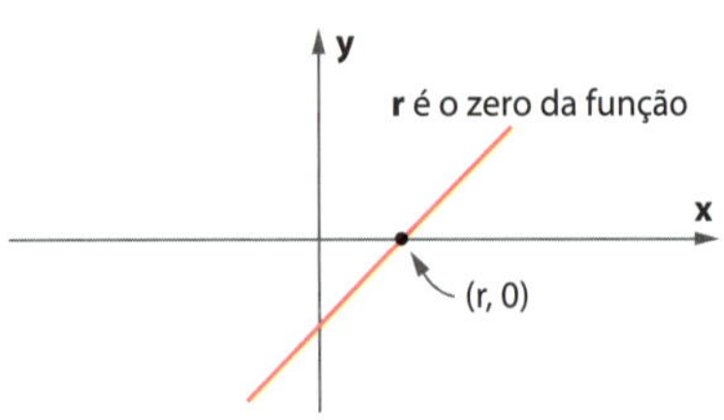

$x = r \Rightarrow f(x) = 0$

$x > r \Rightarrow f(x) > 0$

$x < r \Rightarrow f(x) < 0$

Dispositivo prático:

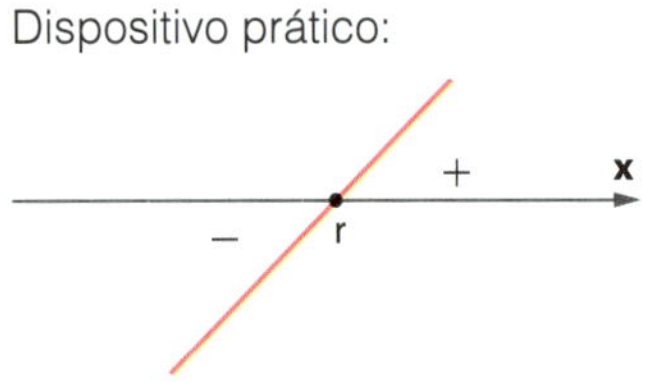

- $a < 0 \rightarrow$ função decrescente

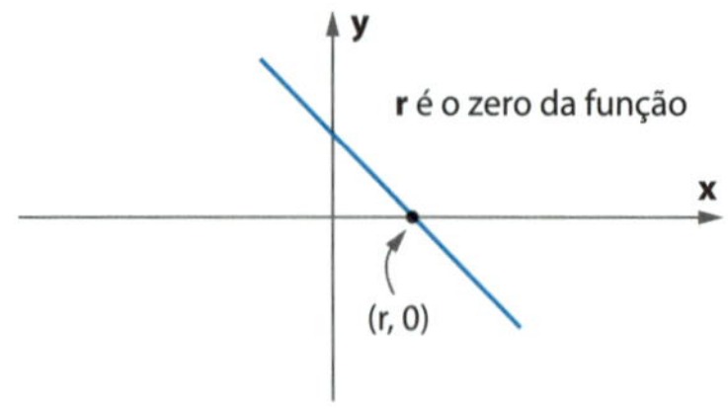

$x = r \Rightarrow f(x) = 0$

$x > r \Rightarrow f(x) < 0$

$x < r \Rightarrow f(x) > 0$

Dispositivo prático:

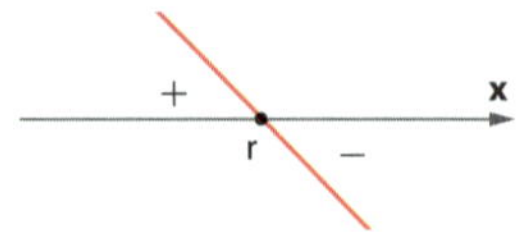

Para refletir
Qual o significado dos sinais + e − nesse dispositivo?

Exemplos de aplicação

1 Dada a função $f: \mathbb{R} \rightarrow \mathbb{R}$ tal que $f(x) = -4x + 1$.

a) Qual é o zero dessa função **f**? Qual é seu significado geométrico?

$-4x + 1 = 0 \Rightarrow -4x = -1 \Rightarrow 4x = 1 \Rightarrow x = \frac{1}{4}$

(raiz de **f**)

Se $\frac{1}{4}$ é o zero de **f**, então o gráfico de **f** intersecta o eixo **x** em $\left(\frac{1}{4}, 0\right)$.

b) Construa o gráfico de **f**.

x	y
0	1
1	−3

Para refletir
Localize no gráfico o zero da função.

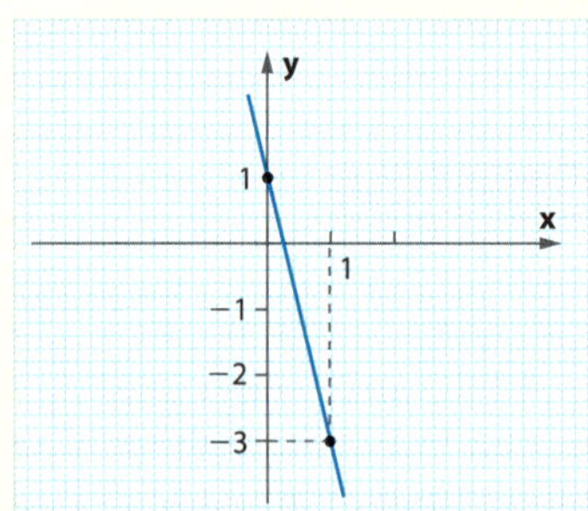

c) Faça o estudo do sinal da função **f**.

$f(x) = -4x + 1$

$a = -4 < 0$ (função decrescente)

$x = \frac{1}{4} \Rightarrow f(x) = 0$

$x > \frac{1}{4} \Rightarrow f(x) < 0$

$x < \frac{1}{4} \Rightarrow f(x) > 0$

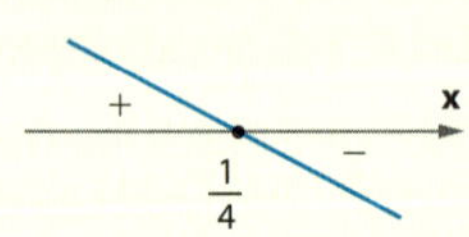

2 Estude o sinal da função $f(x) = 3x - 1$.

Zero da função: $3x - 1 = 0 \Rightarrow 3x = 1 \Rightarrow x = \frac{1}{3}$

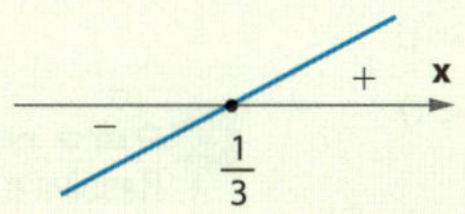

Sinal de **a**: $a = 3 > 0 \Rightarrow f(x)$ é crescente

$f(x) = 0$ para $x = \frac{1}{3}$

$f(x) > 0$ para $x > \frac{1}{3}$

$f(x) < 0$ para $x < \frac{1}{3}$

3 Para quais valores de **x** a expressão $4 - 19x$ é positiva?

$-19x + 4 = 0 \Rightarrow -19x = -4 \Rightarrow x = \frac{4}{19}$ (zero da função)

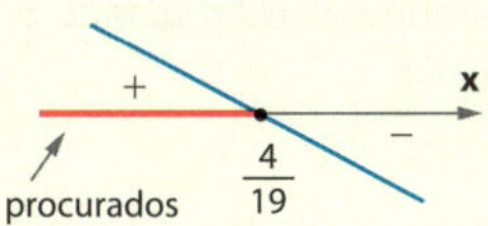

$a = -19 < 0$ (função decrescente)

$4 - 19x > 0$ quando $x < \frac{4}{19}$

Exercícios

32 Sem construir gráficos, descubra os pontos em que as retas, gráficos das funções abaixo, cortam os eixos **x** e **y**:

a) $f(x) = x - 5$

b) $f(x) = -x + 4$

c) $f(x) - 1 + 4x$

d) $f(x) = 2 - \frac{3}{4}x$

33 Estude a variação do sinal das seguintes funções afins:

a) $f(x) = x + 4$

b) $f(x) = -2x + 1$

c) $f(x) = -1 + \frac{1}{2}x$

d) $f(x) = 2 - 6x$

34 Para quais valores reais de **x** a função:

a) $f(x) = 1 - x$ é positiva?

b) $f(x) = 3x + 12$ é negativa?

35 Determine os valores reais de **x** para que ambas as funções $f(x) = -2x + 8$ e $g(x) = 3x - 6$ sejam negativas.

36 Qual é o zero da função afim cujo gráfico, que é uma reta, passa pelos pontos $(2, 5)$ e $(-1, 6)$?

11. Inequações do 1º grau

Na resolução de inequações devemos usar adequadamente as propriedades das desigualdades entre números reais e das desigualdades envolvendo adição e multiplicação de números reais. Algumas dessas propriedades são:

1ª) Dados $x, y \in \mathbb{R}$, vale uma e somente uma das possibilidades: $x < y$, $x = y$ ou $y < x$.

2ª) Se $x < y$ e $y < z$, então $x < z$ (transitiva).

3ª) Se $x < y$, então, para qualquer $z \in \mathbb{R}$ tem-se $x + z < y + z$, ou, de outra forma, se $x < y$ e $x' < y'$, então $x + x' < y + y'$ (soma membro a membro).

4ª) Se $x < y$ e **z** é positivo, então $xz < yz$, ou, de outra forma, dados **x**, **y**, **x'**, **y'** positivos, se $x < y$ e $x' < y'$, então $xx' < yy'$ (produto membro a membro).

5ª) Se $x < y$ e **z** é negativo, então $xz > yz$ (quando multiplicamos os dois membros de uma desigualdade por um número negativo, o sentido dessa desigualdade se inverte). Isso pode ser demonstrado assim:
O produto dos números positivos $y - x$ e $-z$ é positivo, ou seja, $(y - x)(-z) > 0$. Efetuando a multiplicação obtemos $xz - yz > 0$ e, assim, $xz > yz$.

> **! Fique atento**
> A notação $x \leqslant y$ significa negar $x > y$.
> Logo, $x \leqslant y$ significa $x < y$ ou $x - y$.
> Por exemplo, são verdadeiras as afirmações $2 \leqslant 2$ e $6 \leqslant 8$.

6ª) Se $x \neq 0$, então $x^2 > 0$ (exceto zero, todo quadrado é positivo).

7ª) Se $0 < x < y$, então podemos dividir todos os membros por xy, assim: $\frac{0}{xy} < \frac{x}{xy} < \frac{y}{xy} \Rightarrow 0 < \frac{1}{y} < \frac{1}{x}$ (quanto maior for um número positivo, menor será seu inverso).

Resolução de inequações

No Ensino Fundamental, vimos como resolver inequações do 1º grau.

Exemplos:

1º) $2x - 5 > 0$ em $\mathbb{R}$

$2x > 5 \Rightarrow x > \frac{5}{2}$ $\qquad S = \left\{x \in \mathbb{R} \mid x > \frac{5}{2}\right\}$

Podemos também resolver essa inequação por meio do estudo do sinal da função afim.

$\underbrace{2x - 5}_{f(x)} > 0 \qquad 2x - 5 = 0 \Rightarrow 2x = 5 \Rightarrow x = \frac{5}{2}$ (zero)

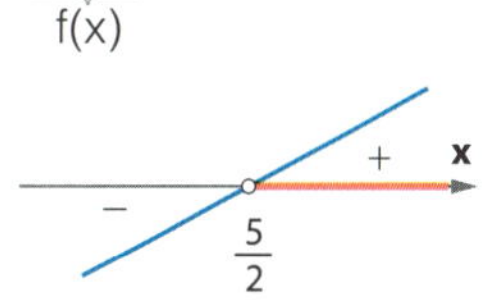

$x > \frac{5}{2} \Rightarrow f(x) > 0$

$S = \left\{x \in \mathbb{R} \mid x > \frac{5}{2}\right\}$

2º) Observe a seguinte inequação resolvida de dois modos:

- $3 - 2x \geqslant x - 12$ em $\mathbb{R}$

  $-2x - x \geqslant -12 - 3 \Rightarrow -3x \geqslant -15 \Rightarrow 3x \leqslant 15 \Rightarrow$

  $\Rightarrow x \leqslant \dfrac{15}{3} \Rightarrow x \leqslant 5$

  $S = \{x \in \mathbb{R} \mid x \leqslant 5\}$

  ou

- $3 - 2x \geqslant x - 12 \Rightarrow -2x - x + 3 + 12 \geqslant 0 \Rightarrow$

  $\Rightarrow \underbrace{-3x + 15}_{f(x)} \geqslant 0$

  $-3x + 15 = 0 \Rightarrow -3x = -15 \Rightarrow 3x = 15 \Rightarrow$

  $\Rightarrow x = 5$ (zero)

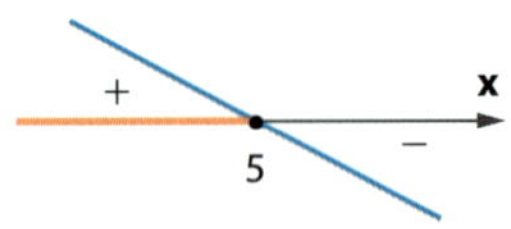

$x \leqslant 5 \Rightarrow f(x) \geqslant 0$ $\quad S = \{x \in \mathbb{R} \mid x \leqslant 5\}$

Sistemas de inequações do 1º grau

Utilizamos o estudo do sinal para resolver sistemas de inequações do 1º grau em $\mathbb{R}$.

Exemplos:

1º) $\begin{cases} 3x - 4 > 0 \\ -x + 5 \geqslant 0 \end{cases}$ para $x \in \mathbb{R}$ (A solução do sistema será dada pela intersecção das soluções das duas inequações.)

$3x - 4 > 0 \Rightarrow S_1 = \left\{x \in \mathbb{R} \mid x > \dfrac{4}{3}\right\}$

$-x + 5 \geqslant 0 \Rightarrow S_2 = \{x \in \mathbb{R} \mid x \leqslant 5\}$

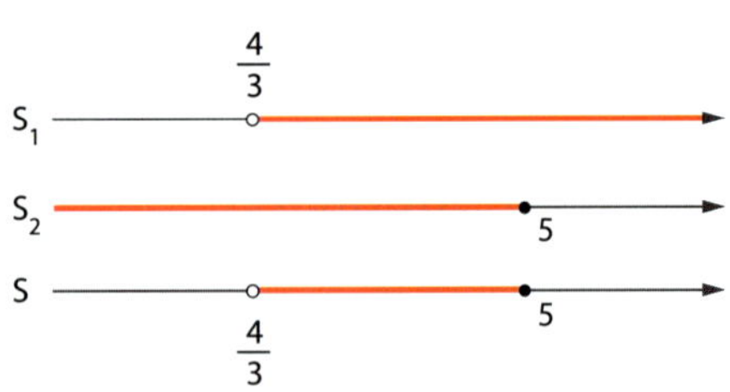

$S_1 \cap S_2 = S = \left\{x \in \mathbb{R} \mid \dfrac{4}{3} < x \leqslant 5\right\}$ ou $\left]\dfrac{4}{3}, 5\right]$

2º) $-3 \leqslant x + 2 \leqslant 5$ para $x \in \mathbb{R}$

Essas desigualdades equivalem ao sistema

$\begin{cases} x + 2 \geqslant -3 \\ x + 2 \leqslant 5 \end{cases} \Rightarrow \begin{cases} x + 5 \geqslant 0 \\ x - 3 \leqslant 0 \end{cases}$, que pode ser resolvido como no exemplo anterior.

Outra forma de resolução:

$-3 \leqslant x + 2 \leqslant 5 \Rightarrow -3 - 2 \leqslant x \leqslant 5 - 2 \Rightarrow -5 \leqslant x \leqslant 3$

$S = \{x \in \mathbb{R} \mid -5 \leqslant x \leqslant 3\}$ ou $[-5, 3]$

3º) $-2x + 3 \leqslant x + 6 < 2x$ para $x \in \mathbb{R}$

Devemos resolver o sistema $\begin{cases} x + 6 \geqslant -2x + 3 \\ x + 6 < 2x \end{cases} \Rightarrow$

$\Rightarrow \begin{cases} 3x + 3 \geqslant 0 \\ -x + 6 < 0 \end{cases}$.

$S = \{x \in \mathbb{R} \mid x > 6\}$

Para refletir
Resolva o sistema do exemplo 3.

Inequação-produto e inequação-quociente

» Exemplos de aplicação

1 Vamos resolver a inequação-produto $(x - 2)(1 - 2x) \leqslant 0$, para $x \in \mathbb{R}$.

Primeiro, estudamos os sinais das funções separadamente. Então, se $(x - 2)$ for positivo, $(1 - 2x)$ deverá ser negativo. Se $(x - 2)$ for negativo, $(1 - 2x)$ deverá ser positivo.

Podemos verificar isso estudando os sinais de cada função separadamente:

$f(x) = x - 2$ $\qquad g(x) = 1 - 2x$

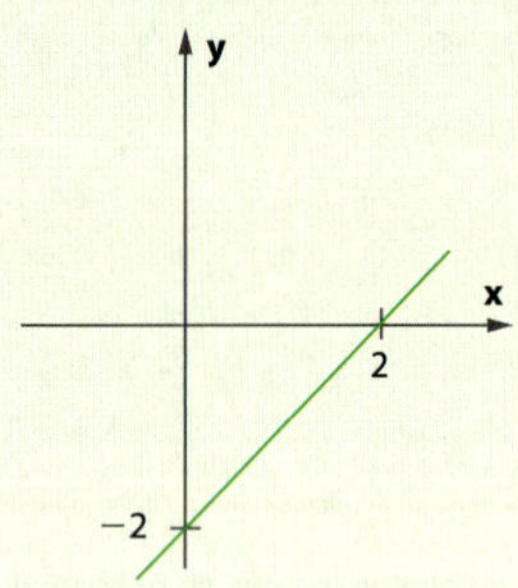

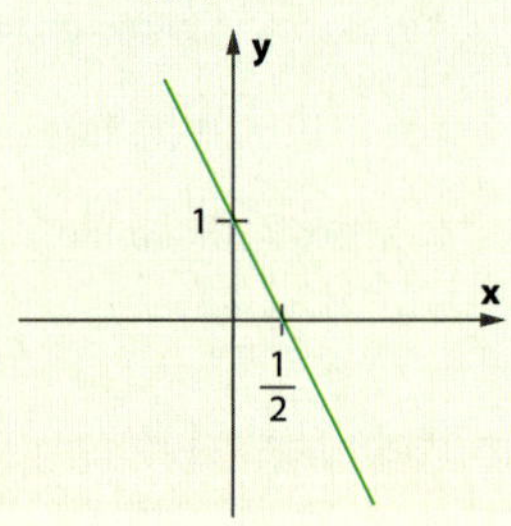

$f(x) \geqslant 0$ para $x \geqslant 2$ $\qquad g(x) \leqslant 0$ para $x \geqslant \dfrac{1}{2}$

precisam ocorrer simultaneamente

$f(x) \leqslant 0$ para $x \leqslant 2$ $\qquad g(x) \geqslant 0$ para $x \leqslant \dfrac{1}{2}$

precisam ocorrer simultaneamente

Assim, para ocorrer $x - 2 \geqslant 0$ e $1 - 2x \leqslant 0$, devemos ter $x \geqslant 2$. Para ocorrer $x - 2 \leqslant 0$ e $1 - 2x \geqslant 0$, devemos ter $x \leqslant \dfrac{1}{2}$. Portanto, $S = \left\{x \in \mathbb{R} \mid x \leqslant \dfrac{1}{2} \text{ ou } x \geqslant 2\right\}$.

Podemos determinar o conjunto solução usando um quadro dos sinais. Veja:

		$\frac{1}{2}$		2	
f(x)	−		−		+
g(x)	+		−		−
f(x) · g(x)	⊖		⊕		⊖
		$\frac{1}{2}$		2	

Logo, $S = \left\{x \in \mathbb{R} \mid x \leqslant \dfrac{1}{2} \text{ ou } x \geqslant 2\right\}$.

2 Resolva a inequação-quociente $\frac{x + 4}{x - 1} \geq 0$, com $x \in \mathbb{R}$ e $x \neq 1$.

$f(x) = x + 4$

- zero da função: $x = -4$
- sinal de **a**: $a = 1 > 0$

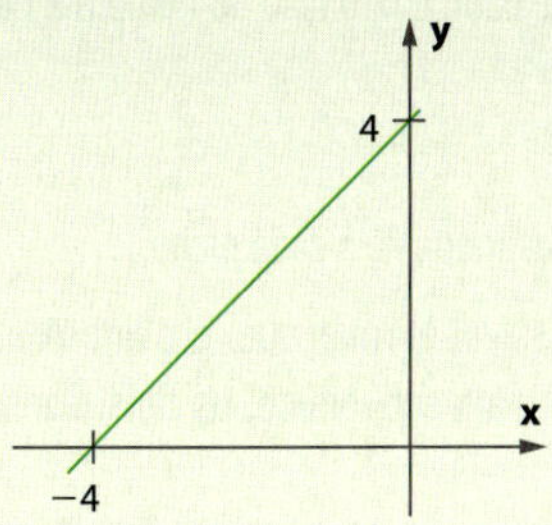

$g(x) = x - 1$

- zero da função: $x = 1$
- sinal de **a**: $a = 1 > 0$

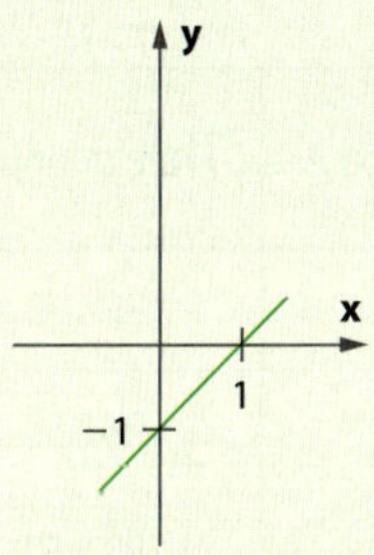

Quadro dos sinais:

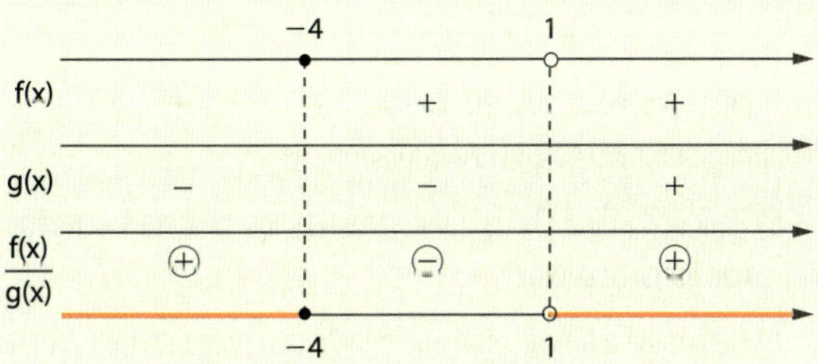

Logo, $S = \{x \in \mathbb{R} \mid x \leq -4 \text{ ou } x > 1\}$.

> **Fique atento**
> Uma fração é igual a zero quando só seu numerador é zero.

3 Explicite o domínio da função $f: \mathbb{R} \to \mathbb{R}$ definida por $f(x) = \sqrt{\frac{x - 2}{1 - x}}$.

Sabemos que $\sqrt{\frac{x - 2}{1 - x}}$ só é possível em $\mathbb{R}$ se $\frac{x - 2}{1 - x} \geq 0$ e $x \neq 1$.

Portanto, vamos resolver a inequação $\frac{x - 2}{1 - x} \geq 0$:

$g(x) = x - 2$

- $x = 2$
- $a = 1 > 0$

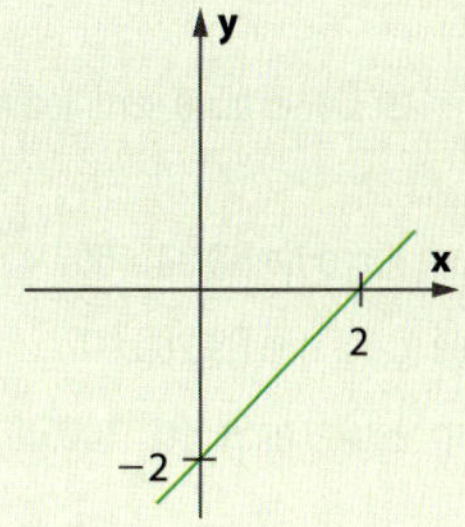

$h(x) = 1 - x$

- $x = 1$
- $a = -1 < 0$

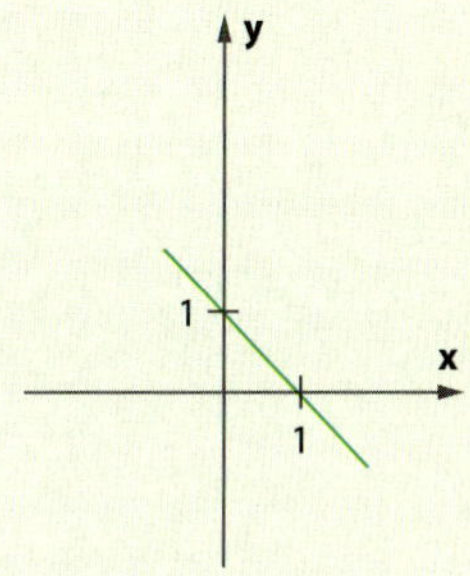

Quadro dos sinais:

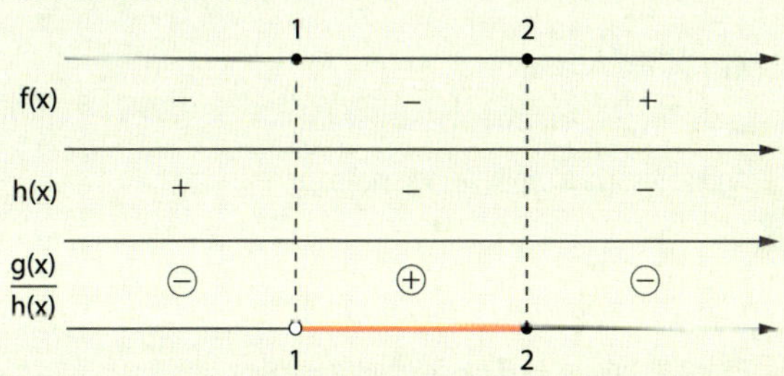

Logo, $D = \{x \in \mathbb{R} \mid 1 < x \leq 2\}$.

Exercícios

37 Resolva em $\mathbb{R}$ as seguintes inequações usando o processo que julgar mais conveniente:

a) $3x - 4 \geq 0$

b) $8 - 2x < 0$

c) $3 - 4x > x - 7$

d) $\frac{x}{4} - \frac{3(x - 1)}{10} \leq 1$

38 Resolva os sistemas de inequações, em $\mathbb{R}$:

a) $0 \leq x - 3 \leq 3$

b) $2x < x + 4 < 3x$

c) $\begin{cases} 5 - 2x \leq 4 \\ x - 5 < 1 - x \end{cases}$

39 Um comerciante teve uma despesa de R$ 230,00 na compra de certa mercadoria. Como vai vender cada unidade por R$ 5,00, o lucro final será dado em função das **x** unidades vendidas. Responda:

a) Qual a lei dessa função **f**?

b) Para quais valores de **x** temos $f(x) < 0$? Como pode ser interpretado esse caso?

c) Para quais valores de **x** haverá um lucro de R$ 315,00?

d) Para quais valores de **x** o lucro será maior que R$ 280,00?

e) Para quais valores de **x** o lucro estará entre R$ 100,00 e R$ 180,00?

40 Resolva, em IR, as seguintes inequações:

a) $(2x + 1)(x + 2) \leqslant 0$

b) $(x - 1)(2 - x)(-x + 4) < 0$

41 Resolva, em IR, as seguintes inequações:

a) $\dfrac{2x - 3}{1 - x} \geqslant 0$

b) $\dfrac{(x + 1)(x + 4)}{(x - 2)} > 0$

c) $\dfrac{2x - 1}{x - 3} > 1$

d) $\dfrac{x(4 - x)}{2 - x} < 0$

42 Agora, resolva a seguinte inequação:

$\dfrac{2x - 3}{x - 3} > 1.$

43 Explicite o domínio **D** das seguintes funções:

a) $f(x) = \sqrt{(x - 1)(3x + 5)}$

b) $f(x) = \sqrt{\dfrac{2x - 3}{x} - 1}$

c) $f(x) = \sqrt{\dfrac{x - 1}{x - 5}}$

44 O conjunto solução da inequação $(x + 2)^{13}(2x - 2)^{21} \leqslant 0$ é:

a) $\{x \in IR \mid -2 \leqslant x \leqslant 1\}$.

b) $\{x \in IR \mid 1 \leqslant x \leqslant 2\}$.

c) $\{x \in IR \mid x \geqslant 2\}$.

d) $\{x \in IR \mid -2 \leqslant x < 1\}$.

e) $\{x \in IR \mid -1 \leqslant x \leqslant 2\}$.

45 Determine o menor valor inteiro positivo de **x** que satisfaz a inequação

$\dfrac{(x - 1)^{10}(6 + 3x)^{11}}{x - 2} \geqslant 0.$

46 Uma pessoa vai escolher um plano de saúde entre duas opções: **A** e **B**.

- O plano **A** cobra R$ 100,00 de inscrição e R$ 50,00 por consulta num certo período.
- O plano **B** cobra R$ 180,00 de inscrição e R$ 40,00 por consulta no mesmo período.

O gasto total de cada plano é dado em função do número **x** de consultas.

Determine:

a) a equação da função correspondente a cada plano;

b) em que condições é possível afirmar que: o plano **A** é mais econômico; o plano **B** é mais econômico; os dois planos são equivalentes.

47 Um rapaz, ao pesquisar na internet para comprar DVDs, encontrou o produto que queria em duas lojas virtuais. O preço dos DVDs eram os mesmos nas 2 lojas, mas a maneira de cobrar o frete era diferente, conforme os valores apresentados na tabela abaixo:

Número de DVDs comprados	Frete na loja A	Frete na loja B
1	R$ 7,00	R$ 4,50
2	R$ 8,50	R$ 6,50
3	R$ 10,00	R$ 8,50
4	R$ 11,50	R$ 10,50

O rapaz percebeu que, em ambas, o valor do frete era uma função afim do número de DVDs comprados.

a) Para comprar 5 DVDs, qual seria o preço do frete a ser pago em cada uma das lojas?

b) Determine a função afim que relaciona o preço do frete, em reais, com o número de DVDs adquiridos na loja **A** e na loja **B**.

c) Podemos dizer que o frete sempre será mais barato na loja **B**, independentemente do número de DVDs comprados? Em caso negativo, determine a partir de quantos DVDs comprados o frete seria mais barato na loja **A** do que na **B**.

12. Proporcionalidade e função linear

Um motorista mantém seu carro numa rodovia a uma velocidade constante de 90 km/h.

a) Em quanto tempo ele percorrerá 225 km?

b) Quantos quilômetros ele percorrerá em 3,5 horas?

Essa é uma situação que envolve os conceitos de proporcionalidade e de função linear.

Proporcionalidade

Analisando a tabela abaixo, que representa a situação anterior, observe que:

a) quanto maior o tempo, maior será a distância percorrida;

b) se dobrarmos, triplicarmos, etc. o valor do tempo (**t**), então o valor correspondente da distância (**d**) fica dobrado, triplicado, etc.

t (em horas)	**d** (em km)
$\frac{1}{3}$	30
$\frac{1}{2}$	45
1	90
2	180
3	270
4	360
t	d = 90t

Quando isso ocorre entre duas grandezas, dizemos que elas são proporcionais (ou diretamente proporcionais). Logo, tempo e distância percorrida são grandezas proporcionais, quando se tem velocidade constante.

Linguagem matemática

Na linguagem matemática, essa noção de proporcionalidade pode ser assim expressa:

Duas *grandezas* são *diretamente proporcionais* se para cada valor **x** de uma delas corresponde um valor **y** bem definido na outra ($x \rightarrow y$), satisfazendo:

a) Quanto maior for **x**, maior será **y**, ou seja:
se $x \rightarrow y$ e $x' \rightarrow y'$, então $x < x'$ implica $y < y'$.

b) Se dobrarmos, triplicarmos, etc. o valor de **x**, então o valor correspondente de **y** será dobrado, triplicado, etc., ou seja:
se $x \rightarrow y$, então $nx \rightarrow ny$ para todo $n \in \mathbb{N}^*$.

A correspondência $x \rightarrow y$ que satisfaz essas duas condições chama-se *proporcionalidade*.

Por exemplo, ao ser aplicada uma quantia de dinheiro **x** em uma caderneta de poupança, após 1 mês é obtido um montante **y**.

Podemos notar que as duas condições da proporcionalidade estão satisfeitas:

a) Quanto maior a quantia investida, maior será o montante.

b) Ao ser dobrada, triplicada, etc. a quantia **x**, duplicado, triplicado, etc. será o montante.

Desta forma, a correspondência $x \rightarrow y$ é uma proporcionalidade.

Observe: uma aplicação de R$ 1 000,00 que rende 0,7% ao mês dá um montante de R$ 1 007,00 no fim de um mês:

Capital inicial (C)	Juros (j)	Montante (M = C + j)
R$ 1 000,00	R$ 7,00	R$ 1 007,00
R$ 2 000,00	R$ 14,00	R$ 2 014,00

Observe, porém, que havendo um segundo mês calcularíamos 0,7% de R$ 1 007,00 (e não de R$ 1 000,00), obtendo um montante de R$ 1 014,05:

Tempo (em meses)	**Capital**	**Juros**	**Montante**
1	R$ 1 000,00	R$ 7,00	R$ 1 007,00
2	R$ 1 007,00	R$ 7,05	R$ 1 014,05

Conclusão: Num período fixo, o retorno é proporcional ao capital inicial investido mas não é proporcional ao tempo de investimento.

Exemplo de aplicação

Consideremos **r** e **s** retas paralelas. Dado qualquer triângulo que tenha um vértice em uma dessas retas e o lado oposto contido na outra, verifique se a correspondência **x** (medida desse lado) e **A** (área da região triangular) é uma proporcionalidade.

A correspondência $x \rightarrow A$ é uma proporcionalidade, ou seja, quando a altura relativa a um lado de uma região triangular é fixada, sua área (**A**) é proporcional a esse lado (**x**).

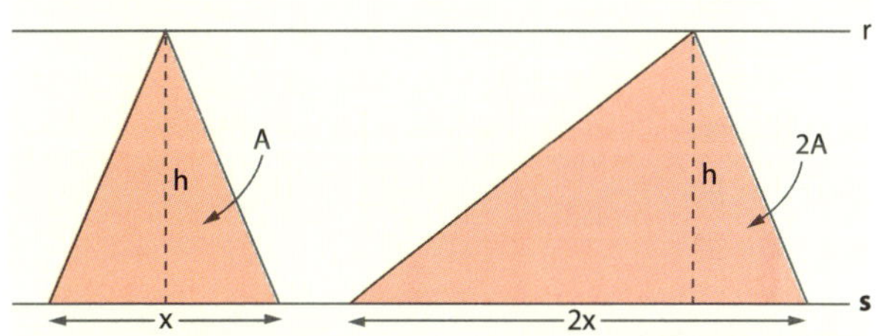

As duas condições da proporcionalidade estão satisfeitas: quanto maior o valor de **x**, maior será o valor da área, e dobrando-se, triplicando-se, etc. **x**, duplica-se, triplica-se, etc. a área **A**.

Função linear

É possível provar que, se uma função f: $\mathbb{R}^+ \to \mathbb{R}^+$ é uma proporcionalidade, então $f(x) = ax$, em que $a = f(1)$, para todo **x** positivo.

Por outro lado, já vimos que a *função linear* f: $\mathbb{R} \to \mathbb{R}$ é definida por $f(x) = ax$, em que $a \in \mathbb{R}$ é uma constante.

Quando $a > 0$, a função linear $f(x) = ax$ transforma um número real positivo **x** no número positivo ax. Portanto, define, com essa restrição, uma proporcionalidade f: $\mathbb{R}^+ \to \mathbb{R}^+$. O coeficiente **a** chama-se *fator de proporcionalidade* ou *constante de proporcionalidade*.

É por isso que dizemos que a função linear é o modelo matemático para os problemas de proporcionalidade.

Gráfico

Já vimos também que o gráfico de uma função linear é uma reta que passa pela origem (0, 0).

Vamos representar a situação da introdução do item 12 (página 70) por um gráfico:

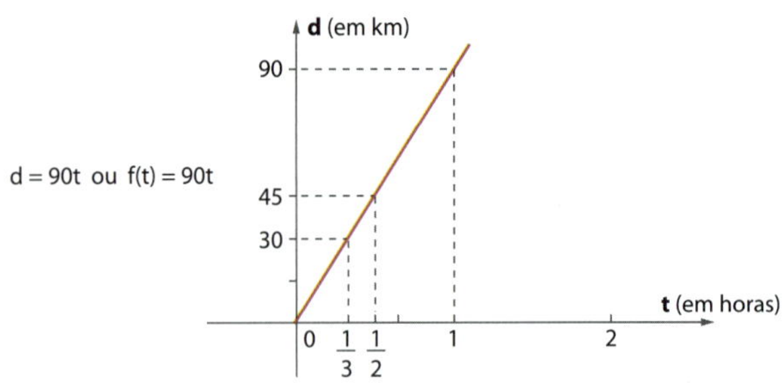

Observe que:

$f(1) = 90 \cdot 1 = 90$

$f(2) = 180 = 2 \cdot f(1)$

$f(3) = 270 = 3 \cdot f(1)$

$f(4) = 360 = 4 \cdot f(1)$

e que $a = f(1) = 90$. Nesse caso, $a = 90$ é o fator de proporcionalidade. Observe que:

$30 : \frac{1}{3} = 90$

$45 : \frac{1}{2} = 90$

$90 : 1 = 90$

$180 : 2 = 90$

$270 : 3 = 90$

$360 : 4 = 90$

Regra de três

Quando temos uma proporcionalidade f: $\mathbb{R}^+ \to \mathbb{R}^+$, para quaisquer $\mathbf{x_1}$, $\mathbf{x_2}$ com $f(x_1) = y_1$ e $f(x_2) = y_2$, obtemos $\frac{y_1}{x_1} = \frac{y_2}{x_2} = a$. A igualdade $\frac{y_1}{x_1} = \frac{y_2}{x_2}$ chama-se *proporção*.

Ao procedimento que permite, conhecendo três dos números $\mathbf{x_1}$, $\mathbf{y_1}$, $\mathbf{x_2}$, $\mathbf{y_2}$, determinar o quarto número damos o nome de *regra de três*.

> **Fique atento**
> Regra de 3 só pode ser usada em situações que podem ser representadas por uma função linear.

Usando uma regra de três podemos resolver as questões da introdução do item 12 (página 70).

a) Em quanto tempo o carro percorrerá 225 km?

$$\frac{90}{1} = \frac{225}{x} \Rightarrow x = \frac{1 \cdot 225}{90} = 2{,}5 \text{ horas}$$

O carro percorrerá 225 km em 2 horas e 30 minutos.

b) Quantos quilômetros ele percorrerá em 3,5 horas?

$$\frac{90}{1} = \frac{x}{3{,}5} \Rightarrow x = \frac{3{,}5 \cdot 90}{1} = 315 \text{ km}$$

Em 3,5 horas o carro percorrerá 315 km.

Exercícios

48 Sejam ℓ a medida do lado e **P** o perímetro de um quadrado. Verifique se a correspondência $\ell \to P$ é uma proporcionalidade.

49 Consideremos **x** a medida do lado e **A** a área de uma região quadrada. A correspondência $x \to A$ é uma proporcionalidade? Justifique.

50 Consideremos as retas **r** e **s** paralelas. Dado qualquer retângulo que tenha dois lados contidos nessas retas, vamos chamar de **x** a medida de um desses lados e **A** a área da região retangular. Verifique se a correspondência $x \to A$ é uma proporcionalidade.

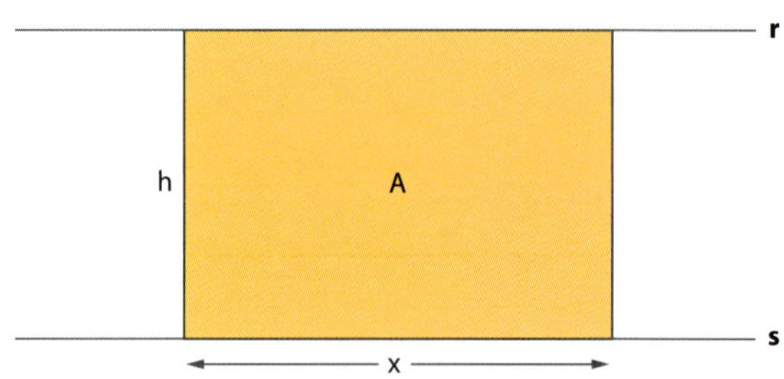

51 Verifique em quais situações abaixo poderíamos usar regra de três para responder à pergunta feita.

a) Um táxi cobra R$ 4,00 por km rodado. Quanto cobrará por uma corrida de 12 km?

b) Um táxi cobra R$ 3,00 mais um adicional de R$ 4,00 por km rodado. Quanto cobrará por uma corrida de 8 km?

52 O comprimento **C** de uma circunferência é dado em função da medida **D** do diâmetro, pois $C = \pi \cdot D$, que é uma função linear. Então o comprimento **C** é proporcional à medida **D** do diâmetro. Determine o coeficiente de proporcionalidade.

Proporcionalidade e escalas

Um arquiteto ou um engenheiro, antes de executarem um projeto de casa, prédio, usina, etc., frequentemente costumam desenhar plantas, nas quais reproduzem a forma que essas construções vão ter na realidade, mas em dimensões reduzidas. Para isso utilizam escalas.

Um cartógrafo, quando traça mapas geográficos, também usa escalas para representar as dimensões de um país ou de uma cidade, por exemplo.

Tanto em plantas como em mapas aparecem expressões como "escala 1 : 100" ou "escala 1 : 12500", que devem ser lidas assim: "escala 1 por 100" ou "escala 1 por 12500". Veja:

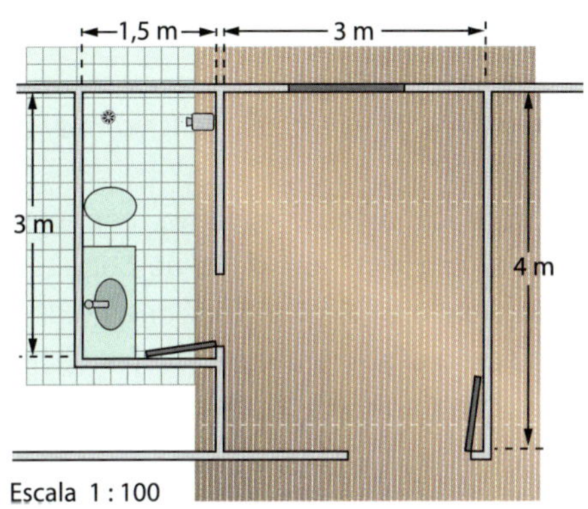

Adaptado de: <www.guia4rodas.com.br>. Acesso em: 4 nov. 2009.

O que isso representa?

Dizemos que um mapa foi feito na escala 1 : 12500 quando 12500 unidades de comprimento (que pode ser o milímetro, o centímetro, o metro, etc.) do real foram representadas, no mapa, por 1 unidade (milímetro, centímetro, metro, etc.). Se escolhermos como unidade de comprimento o centímetro, então essa escala indicará que cada comprimento de 12500 cm foi representado por 1 cm.

» Exercícios

53 Converse com um colega sobre a seguinte questão: como descobrir a distância real entre duas cidades tendo o mapa e sua escala?

objeto digital

54 O que significa dizer: "esta planta de casa foi construída na escala 1 por 10 000"?

55 No mapa abaixo, qual é a distância entre as cidades **A** e **B**?

Adaptado de: IBGE. *Atlas geográfico escolar.* Rio de Janeiro, 2009.

56 Davi e Miriam têm mapas do Brasil em tamanhos diferentes. Cada um mediu em seu mapa a distância de Maceió a Recife, em linha reta.

Davi obteve 8 mm.

Miriam obteve 2 cm.

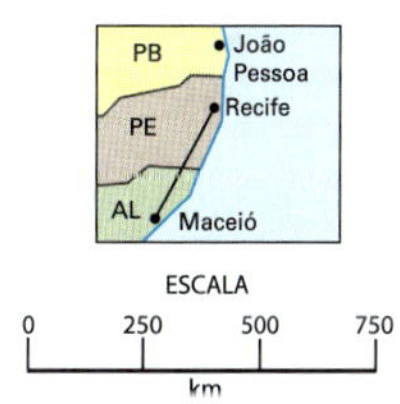

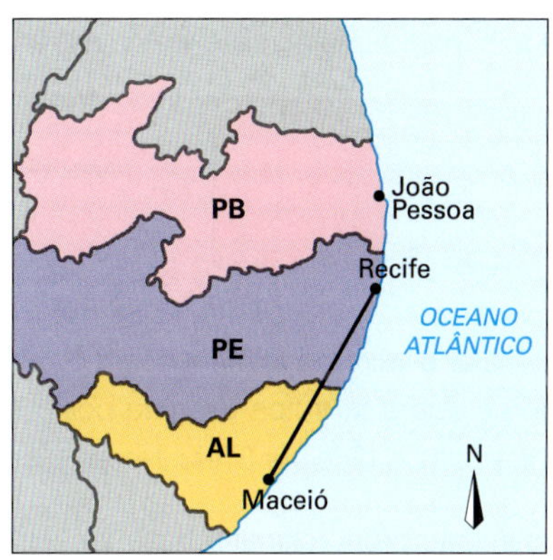

Adaptado de: IBGE. *Atlas geográfico escolar.* Rio de Janeiro, 2009.

a) Qual é a escala no mapa de Miriam?

b) Qual é a distância real de Recife a João Pessoa em linha reta?

Grandezas inversamente proporcionais

objeto digital

Fixada uma distância de 400 km, por exemplo, o tempo gasto para que um veículo percorra essa distância é *inversamente proporcional* à sua velocidade, ou seja, quando dobramos a velocidade, o tempo fica dividido por 2; quando triplicamos a velocidade, o tempo fica dividido por 3, e assim por diante. Veja:

$$t = \frac{400}{v} \text{ ou } f(v) = \frac{400}{v}$$

Assim:

- $f(40) = \frac{400}{40} = 10 \text{ h}$
- $f(80) = f(2 \cdot 40) = \frac{400}{80} = 5 \text{ h} = \frac{f(40)}{2}$
- $f(120) = f(3 \cdot 40) = \frac{400}{120} \simeq 3{,}3 \text{ h} = \frac{f(40)}{3}$
- ...
- $f(kx) = \frac{f(x)}{k} \quad (k > 0)$

Assim, dizer que **y** é inversamente proporcional a **x** equivale a dizer que **y** é proporcional a $\frac{1}{x}$. Pelo que vimos anteriormente, se **y** é inversamente proporcional a **x**, então temos que $y = \frac{a}{x}$, em que o fator de proporcionalidade **a** é igual a f(1), ou seja, é o valor de **y** que corresponde a $x = 1$.

Vamos analisar alguns exemplos.

1º) Consideremos as regiões retangulares cuja medida da base é **x**, a medida da altura é **y** e cuja área é 1.

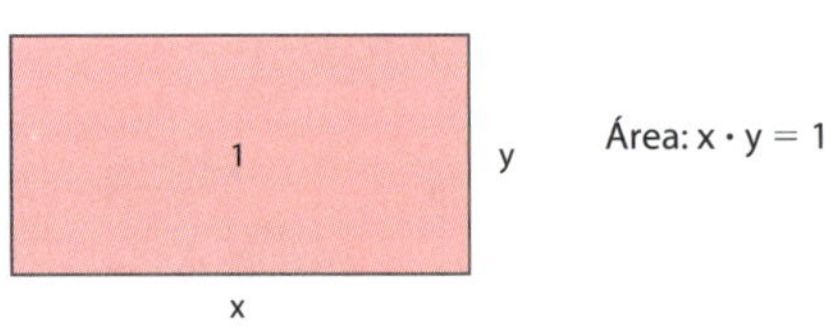

Quanto maior o valor de **x**, menor será o valor de **y**. Quando se dobra **x**, **y** fica dividido por 2; quando se triplica **x**, **y** fica dividido por 3; etc. Nesse caso, a altura **y** é inversamente proporcional à base **x** e temos $y = \frac{1}{x}$, ou seja, entre as regiões retangulares, fixada a área, a altura é inversamente proporcional à base.

2º) Consideremos **V** o volume (em cm³) e **m** a massa (em **g**) de uma porção de um líquido homogêneo.

A massa (**m**) é proporcional ao volume (**V**) e escrevemos $m = DV$. Nesse caso, o fator de proporcionalidade **D** é importante e é chamado de *densidade* do líquido:

$$D = \frac{m}{V}$$

Para uma massa de 1 g temos $D = \frac{1}{V}$, e vemos que a densidade (**D**) é inversamente proporcional ao volume (**V**), pois, quanto maior o volume, menor será a densidade, e dobrando-se o volume, a densidade fica dividida por 2; triplicando-se o volume, a densidade fica dividida por 3; etc.

3º) Há grandezas que são diretamente ou inversamente proporcionais a várias outras.

A *lei da gravitação universal*, de Isaac Newton, é um exemplo disso:

Dois corpos, de massas $\mathbf{m_1}$ e $\mathbf{m_2}$ respectivamente, situados a uma distância **d** um do outro, se atraem segundo uma força **F** cuja intensidade é diretamente proporcional a essas massas e inversamente proporcional ao quadrado ($\mathbf{d^2}$) da distância entre eles:

$$F = c \cdot \frac{m_1 \cdot m_2}{d^2}$$

em que **c** depende do sistema de unidades escolhido.

4º) Gases perfeitos

A pressão exercida por uma determinada massa de gás é diretamente proporcional à temperatura absoluta e inversamente proporcional ao volume ocupado pelo gás:

$$P = k\,\frac{T}{V}$$

em que **k** é uma constante que depende da quantidade de gás encerrada nesse volume, **T** é a temperatura em kelvin, **V** é o volume em metros cúbicos (m³) e **P** é a pressão em pascal (Pa).

Exercício optativo

Em um tanque há 100 litros de água. Ao destampar-se o ralo, escorrem por ele **x** litros de água por minuto, esvaziando o tanque em **t** minutos, ou seja, para cada valor de **x** corresponde um valor de **t**.

a) Faça uma tabela com valores para as grandezas **x** (litros/min) e **t** (minutos).

b) Escreva o produto xt para todos os valores **x** e **t** e, depois, o valor de **t** em função de **x**.

c) Construa o gráfico dessa função (**x** e **t** só podem assumir valores reais positivos).

d) Essa função caracteriza uma proporcionalidade? Direta ou inversa?

5 Capítulo

Função quadrática

Os diretores de um centro esportivo desejam cercar com tela de alambrado o espaço em volta de uma quadra de basquete retangular. Tendo recebido 200 metros de tela, os diretores desejam saber quais devem ser as dimensões do terreno a cercar com tela para que a área seja a maior possível.

IARA VENANZI/KINO.COM.BR

Realidade

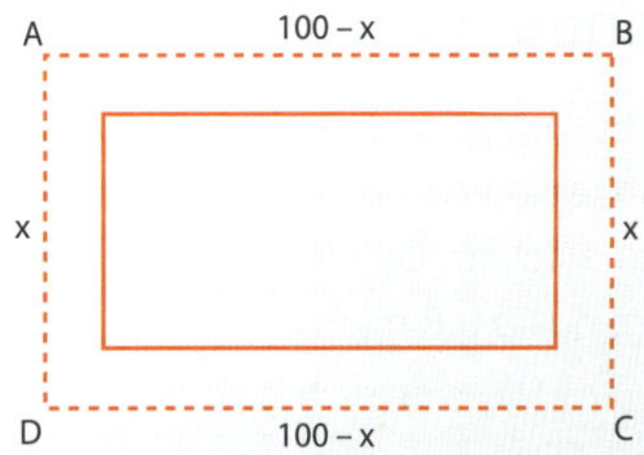

Modelo matemático

Podemos ilustrar o problema com o retângulo ABCD, com dimensões **x** por $100 - x$, pois o perímetro é de 200 m.

Observe que a área do terreno a cercar é dada em função da medida **x**, ou seja:

$$f(x) = (100 - x)x = 100x - x^2 \quad \text{ou} \quad f(x) = -x^2 + 100x \rightarrow \text{lei da função}$$

Esse é um caso particular de *função quadrática*. A situação-problema que desencadeou essa função quadrática será resolvida adiante.

1. Definição de função quadrática

Uma função f: IR → IR chama-se *quadrática* quando existem números reais **a**, **b**, **c**, com $a \neq 0$, tal que $f(x) = ax^2 + bx + c$ para todo $x \in$ IR.

$$f: \text{IR} \rightarrow \text{IR}$$
$$x \rightarrow ax^2 + bx + c$$

Vamos identificar a função quadrática com o trinômio do 2º grau a ela associado e a escreveremos simplesmente como $f(x) = ax^2 + bx + c$.

Exemplos:

1º) $f(x) = -x^2 + 100x$, em que $a = -1$, $b = 100$ e $c = 0$

2º) $f(x) = 3x^2 - 2x + 1$, em que $a = 3$, $b = -2$ e $c = 1$

3º) $f(x) = -4x^2 + 4x - 1$, em que $a = -4$, $b = 4$ e $c = -1$

4º) $f(x) = x^2 - 4$, em que $a = 1$, $b = 0$ e $c = -4$

5º) $f(x) = 20x^2$, em que $a = 20$, $b = 0$ e $c = 0$

Observe que *não* são funções quadráticas:

- $f(x) = 2x$
- $f(x) = 2^x$
- $f(x) = x^3 + 2x^2 + x + 1$

Para refletir
Por que essas três funções não são quadráticas?

2. Situações em que aparece a função quadrática

objeto digital

Na Geometria

O número de diagonais (**d**) em um polígono convexo de **n** lados é dado por uma função quadrática. Observe:

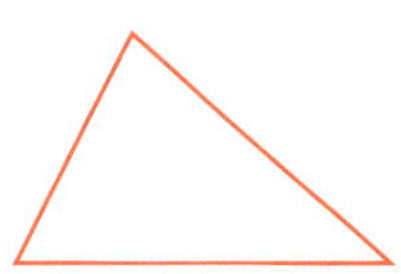

$n = 3 \quad d = 0$

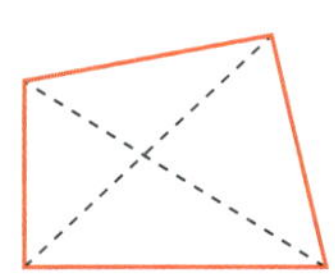

$n = 4 \quad d = 2$

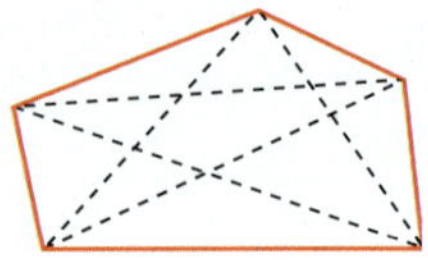

$n = 5 \quad d = 5$

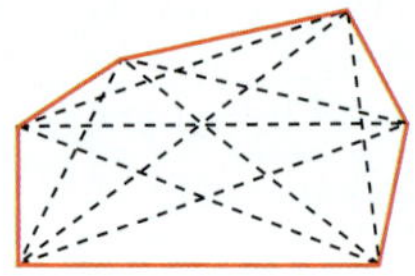

$n = 6 \quad d = 9$

Um polígono de **n** lados tem **n** vértices. De cada vértice partem $(n - 3)$ diagonais e, para não considerarmos duas vezes a mesma diagonal, dividimos $n(n - 3)$ por 2. Assim temos **d** em função de **n** dado por:

$$d(n) = \frac{n(n-3)}{2} = \frac{n^2 - 3n}{2} \quad \text{ou} \quad d(n) = \frac{1}{2}n^2 - \frac{3}{2}n$$

Nos fenômenos físicos

objeto digital

Na queda livre dos corpos, o espaço (**s**) percorrido é dado em função do tempo (**t**) por uma função quadrática $s(t) = 4{,}9t^2$, em que a constante 4,9 é a metade da aceleração da gravidade, que é 9,8 m/s^2.

No esporte

Num campeonato de futebol, cada clube vai jogar duas vezes com outro, em turno e returno. Assim, o número **p** de partidas do campeonato é dado em função do número **n** de clubes participantes, conforme vemos na tabela seguinte:

Número de clubes	Número de partidas
2	$2(2 - 1) = 2$
3	$3(3 - 1) = 6$
4	$4(4 - 1) = 12$
5	$5(5 - 1) = 20$
...	...
n	$n(n - 1)$

Para refletir
Quais são os coeficientes **a**, **b** e **c** nessas funções s(t) e p(n)?

Pela tabela, vemos que o número **p** de partidas é dado por $p(n) = n(n - 1) = n^2 - n$. Observe que $n^2 - n$ é o número de pares ordenados (pois há o "mando de campo") menos os jogos de cada time com ele próprio, que não existem.

3. Valor da função quadrática em um ponto

Se $f: \mathbb{R} \to \mathbb{R}$ é dada por $f(x) = ax^2 + bx + c$, dois problemas são importantes:

- dado $x_0 \in \mathbb{R}$, calcular $f(x_0)$;
- dada $f(x_0)$, calcular $\mathbf{x_0}$.

Exemplos de aplicação

1 Sobre uma circunferência são marcados pontos distintos e traçados todos os segmentos possíveis com extremidades nesses pontos. O número de segmentos (s) é dado em função do número x de pontos marcados.

Por exemplo:

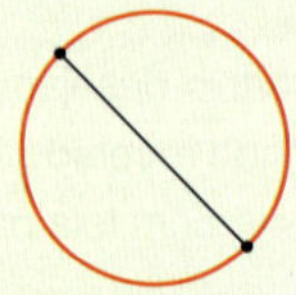

$x = 2, s = 1$

$s = \frac{2(2-1)}{2} = 1$

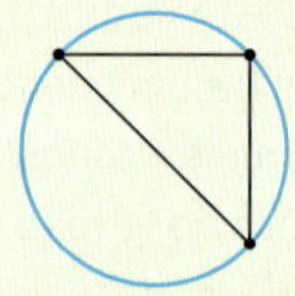

$x = 3, s = 3$

$s = \frac{3(3-1)}{2} = 3$

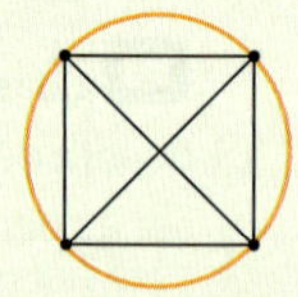

$x = 4, s = 6$

$s = \frac{4(4-1)}{2} = 6$

a) Escreva a lei dessa função quadrática. Quais são os coeficientes **a**, **b** e **c**?

A lei dessa função é:

$$s(x) = \frac{x(x-1)}{2} = \frac{x^2 - x}{2} = \frac{1}{2}x^2 - \frac{1}{2}x$$

Os coeficientes são $a = \frac{1}{2}$, $b = -\frac{1}{2}$ e $c = 0$.

b) Quantos são os segmentos quando são marcados 5 pontos?

$$s(5) = \frac{5^2 - 5}{2} = \frac{20}{2} = 10 \text{ segmentos}$$

c) Quantos pontos precisam ser marcados para que o número de segmentos seja 21?

$$\frac{x^2 - x}{2} = 21 \Rightarrow x^2 - x - 42 = 0$$

$$\Delta = 1 + 168 = 169$$

$$x = \frac{1 \pm 13}{2} \Rightarrow x' = 7 \text{ e } x'' = -6 \text{ (não serve)}$$

Precisam ser marcados 7 pontos.

Para refletir
Por que o valor $x = -6$ não serve?

2 Dada a função quadrática $f: \mathbb{R} \to \mathbb{R}$ definida por $f(x) = x^2 - 6x + 8$, determine:

a) os coeficientes **a**, **b** e **c**;

Em $f(x) = x^2 - 6x + 8$, temos $a = 1$, $b = -6$ e $c = 8$.

b) $f(1)$, $f(0)$, $f(-2)$ e $f\left(\frac{1}{2}\right)$;

$$f(1) = 1^2 - 6(1) + 8 = 1 - 6 + 8 = 3$$

$$f(0) = 0 - 0 + 8 = 8$$

$$f(-2) = 4 + 12 + 8 = 24$$

$$f\left(\frac{1}{2}\right) = \frac{1}{4} - 3 + 8 = \frac{1 - 12 + 32}{4} = \frac{21}{4}$$

c) se existe $x \in \mathbb{R}$ tal que $f(x) = 3$. Se existir, calcule **x**;

$f(x) = 3 \Rightarrow x^2 - 6x + 8 = 3 \Rightarrow x^2 - 6x + 5 = 0$

$\Delta = 36 - 20 = 16$

$x = \dfrac{6 \pm 4}{2} \Rightarrow x' = 5 \text{ e } x'' = 1$

Existem dois valores de **x** para os quais $f(x) = 3$: $x = 5$ e $x = 1$.

d) se existe $x \in \mathbb{R}$ para o qual $f(x) = -1$. Se existir, calcule **x**;

$f(x) = -1 \Rightarrow x^2 - 6x + 8 = -1 \Rightarrow x^2 - 6x + 9 = 0$

$\Delta = 36 - 36 = 0$

$x = \dfrac{6 \pm 0}{2} = 3$

Existe um único $x \in \mathbb{R}$ tal que $f(x) = -1$: $x = 3$.

e) se existe $x \in \mathbb{R}$ para que se tenha $f(x) = -3$. Se houver, calcule **x**;

$f(x) = -3 \Rightarrow x^2 - 6x + 8 = -3 \Rightarrow x^2 - 6x + 11 = 0$

$\Delta = 36 - 44 = -8$

Não existe $x \in \mathbb{R}$ tal que $f(x) = -3$.

Para refletir
Analise os itens **c** e **e** para responder se essa função é injetiva e sobrejetiva.

f) se existe $x \in \mathbb{R}$ para que se tenha $f(x) = 0$. Se existir, calcule **x**.

$f(x) = 0 \Rightarrow x^2 - 6x + 8 = 0$

$\Delta = 36 - 32 = 4$

$x = \dfrac{6 \pm 2}{2} \Rightarrow x' = 4 \text{ e } x'' = 2$

Existem dois valores para **x**: $x' = 4$ e $x'' = 2$.

3 Determine a lei da função quadrática **f**, sabendo que $f(0) = 1$, $f(1) = 3$ e $f(-1) = 1$.

$f(x) = ax^2 + bx + c$

$f(0) = 1$: $a \cdot 0^2 + b \cdot 0 + c = 1 \rightarrow c = 1$

Então, $f(x) = ax^2 + bx + 1$.

$f(1) = 3$: $a \cdot 1^2 + b \cdot 1 + 1 = 3 \rightarrow a + b = 2$

$f(-1) = 1$: $a \cdot (-1)^2 + b \cdot (-1) + 1 = 1 \rightarrow a - b = 0$

Resolvendo o sistema $\begin{cases} a + b = 2 \\ a - b = 0 \end{cases}$, encontramos $a = 1$ e $b = 1$.

Portanto, $f(x) = x^2 + x + 1$.

Exercícios

1 Quais das seguintes funções são quadráticas?

a) $f(x) = 2x^2$
b) $f(x) = \dfrac{2}{x^2}$
c) $f(x) = 2x + 1$
d) $f(x) = x^2 + x$
e) $f(x) = x(x - 1)(x - 2)$
f) $f(x) = 3x(x - 1)$

2 Para que valores de **t** as seguintes funções são quadráticas?

a) $f(x) = tx^2 + 2x + 5$
b) $f(x) = x^2 + tx + 3$
c) $f(x) = (t - 2)x^2 + 3$
d) $f(x) = \dfrac{1}{t}x^2 + 2x + 5$
e) $f(x) = -5x^t + 2x + 5$
f) $f(x) = (t + 1)x^2 + 2$

3 As funções abaixo são equivalentes à função $f(x) = ax^2 + bx + c$. Determine, em cada uma delas, os valores de **a**, **b** e **c**.

a) $f(x) = 2x^2$
b) $f(x) = 2(x - 3)^2$
c) $f(x) = 2(x - 3)^2 + 5$
d) $f(x) = (x + 2)(x - 3)$

4 A área de um círculo é dada em função da medida **r** do raio, ou seja, $S = f(r) = \pi r^2$, que é uma função quadrática. Considerando $\pi = 3{,}14$, calcule:

a) **S**, quando $r = 5$ cm;
b) **r**, quando $S = 64\pi$ m^2.

5 Quando variamos a medida ℓ do lado de um quadrado, a área da região quadrada também varia. Então, a área é dada em função da medida ℓ do lado, ou seja, $f(\ell) = \ell^2$. Faça então o que se pede:

a) calcule $f(10)$ e $f(2\sqrt{3})$;
b) calcule ℓ tal que $f(\ell) = 256$;
c) determine qual é o domínio e qual é a imagem dessa função.

6 Dada a função quadrática $f(x) = 3x^2 - 4x + 1$, determine:

a) $f(1)$;
b) $f(2)$;
c) $f(0)$;
d) $f(\sqrt{2})$.

7 Seja $f: \mathbb{R} \rightarrow \mathbb{R}$ a função definida por $f(x) = 4x^2 - 4x + 3$. Determine **x**, se houver, para que se tenha:

a) $f(x) - 2$;
b) $f(x) = 3$;
c) $f(x) = -1$.

8 Determine a lei da função quadrática **f**, sabendo que $f(1) = 2$, $f(0) = 3$ e $f(-1) = 6$.

9 **f** e **g** são funções de $\mathbb{R}$ em $\mathbb{R}$ definidas por $f(x) = 2x - 1$ e $g(x) = x^2 - 1$. Determine $(f \circ g)(x)$ e $(g \circ f)(x)$.

10 A área da região em forma de trapézio é dada por $A = \dfrac{(B + b)h}{2}$, em que **B** é a base maior, **b** é a base menor e **h** é a altura.
Nesse trapézio a área pode ser dada em função da base menor por uma lei do tipo $f(x) = ax^2 + bx + c$.

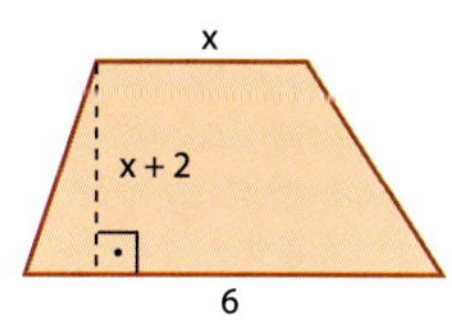

a) Determine a lei dessa função.
b) Identifique os coeficientes **a**, **b** e **c**.

11 De uma folha de papel retangular de 30 cm por 20 cm são retirados, de seus quatro cantos, quadrados de lado **x**. Determine a expressão que indica a área da parte que sobrou em função de **x**.

12 Dada a função $f: \mathbb{R} \rightarrow \mathbb{R}$ tal que

$$f(x) = \begin{cases} x^2 - 2x, \text{ para } x < 5 \\ 3x - 20, \text{ para } 5 \leqslant x < 9 \\ -x^2 + 4x - 2, \text{ para } x \geqslant 9 \end{cases}$$, determine:

a) $f(6)$;
b) $f(-1)$;
c) $f(10)$;
d) $f(9)$;
e) $f(5)$;
f) $f(0)$;
g) $f(4)$.

13 Na função **f** do exercício anterior, determine **x** para o qual $f(x) = -2$.

4. Zeros da função quadrática

O estudo da função quadrática tem sua origem na resolução da equação do 2º grau.

Um problema muito antigo que recai numa equação do 2º grau é este:

> **Você sabia?**
> Este problema aparece em registros cuneiformes escritos pelos babilônios há quase quatro mil anos.

"Determinar dois números conhecendo sua soma **s** e seu produto **p**."

Chamando de **x** um dos números, o outro será $s - x$. Assim, $p = x(s - x)$ ou $p = sx - x^2$, ou, ainda,

$$x^2 - sx + p = 0$$

Para encontrar **x** (e, portanto, $s - x$), basta resolver a equação do 2º grau $x^2 - sx + p = 0$, ou seja, basta determinar os valores **x** para os quais a função quadrática $f(x) = x^2 - sx + p$ se anula. Esses valores são chamados *zeros* da função quadrática ou *raízes* da equação do 2º grau correspondente a $f(x) = 0$. Por exemplo, os dois números cuja soma é 7 e cujo produto é 12 são 3 e 4, que são as raízes da equação $x^2 - 7x + 12 = 0$ ou zeros da função quadrática $f(x) = x^2 - 7x + 12$.

Observação: Dados quaisquer **s** e **p**, nem sempre existem dois números reais cuja soma seja **s** e cujo produto seja **p**. Por exemplo, não existem dois números reais cuja soma seja 3 e cujo produto seja 7.

> **Para refletir**
> Justifique por que não existem dois números reais cuja soma seja 3 e cujo produto seja 7.

Observações:

1ª) O número $\Delta = b^2 - 4ac$ é chamado *discriminante* da função quadrática $f(x) = ax^2 + bx + c$.

2ª) Quando $\Delta > 0$, a função $f(x) = ax^2 + bx + c$ tem *dois zeros reais diferentes*.
Quando $\Delta = 0$, a função $f(x) = ax^2 + bx + c$ tem *um zero real duplo*.
Quando $\Delta < 0$, a função $f(x) = ax^2 + bx + c$ *não tem zeros reais*.

De agora em diante você poderá escolher a maneira pela qual determinará os zeros da função.

Determinação dos zeros da função quadrática

Vamos ver algumas maneiras de determinar os zeros da função quadrática.

Usando a fórmula $x = \frac{-b \pm \sqrt{b^2 - 4ac}}{2a}$

Para usar a fórmula basta conhecer os coeficientes **a**, **b** e **c**. Se $\Delta > 0$ ou $\Delta = 0$, então as raízes serão $x' = \frac{-b + \sqrt{\Delta}}{2a}$ e $x'' = \frac{-b - \sqrt{\Delta}}{2a}$.

Observações:

1ª) Relação entre coeficientes e raízes da equação $ax^2 + bx + c = 0$, com $a \neq 0$

Existindo zeros reais tal que $x' = \frac{-b + \sqrt{\Delta}}{2a}$ e $x'' = \frac{-b - \sqrt{\Delta}}{2a}$, obtemos:

$$x' + x'' = \frac{-b + \sqrt{\Delta}}{2a} + \frac{-b - \sqrt{\Delta}}{2a} = \frac{-2b + \sqrt{\Delta} - \sqrt{\Delta}}{2a} = -\frac{b}{a}$$

Logo, $x' + x'' = -\frac{b}{a}$.

$$x' \cdot x'' = \frac{-b + \sqrt{\Delta}}{2a} \cdot \frac{-b - \sqrt{\Delta}}{2a} = \frac{b^2 - \left(\sqrt{\Delta}\right)^2}{4a^2} = \frac{\cancel{b^2} - \cancel{b^2} + 4ac}{4a^2} = \frac{4ac}{4a^2} = \frac{c}{a}$$

Logo, $x' \cdot x'' = \frac{c}{a}$.

2ª) Forma fatorada do trinômio $ax^2 + bx + c$, com $a \neq 0$

Quando $\Delta \geq 0$, ou seja, quando a equação $ax^2 + bx + c = 0$ possui as raízes reais **x'** e **x''**, podemos escrever:

$$ax^2 + bx + c = a\left(x^2 + \frac{b}{a}x + \frac{c}{a}\right) =$$

$$= a[x^2 - (x' + x'')x + x'x''] = a[x^2 - x'x - x''x + x'x''] =$$

$$= a(x - x')(x - x'')$$

Logo, $ax^2 + bx + c = a(x - x')(x - x'')$ (forma fatorada).

Exemplos de aplicação

1 Determine, se existirem, os zeros da função quadrática $f(x) = 2x^2 - 3x + 5$.

$2x^2 - 3x + 5 = 0$

$a = 2$, $b = -3$ e $c = 5$

$\Delta = b^2 - 4ac = (-3)^2 - 4(2)(5) = 9 - 40 = -31 \Rightarrow \Delta < 0$

Logo, a equação não tem raízes reais; consequentemente a função $f(x) = 2x^2 - 3x + 5$ não tem zeros reais.

2 Para que valores de **k** a função $f(x) = x^2 - 2x + k$ tem zeros reais e diferentes?

- Condição: $\Delta > 0$
- $\Delta = b^2 - 4ac = (-2)^2 - 4(1)(k) = 4 - 4k$

Assim:

$4 - 4k > 0 \Leftrightarrow -4k > -4 \Leftrightarrow 4k < 4 \Leftrightarrow k < 1$

Portanto, a função $f(x) = x^2 - 2x + k$ terá zeros reais e diferentes para quaisquer $k \in \mathbb{R}$ tal que $k < 1$.

3 Determine o valor de **k** positivo para que a equação $x^2 - 2kx + (k + 1) = 0$ tenha uma raiz igual ao triplo da outra.

$$\begin{cases} x' = 3x'' \\ x' + x'' = -\dfrac{b}{a} = 2k \\ x' \cdot x'' = \dfrac{c}{a} = k + 1 \end{cases}$$

$$3x'' + x'' = 2k \Rightarrow 4x'' = 2k \Rightarrow x'' = \frac{1}{2}k$$

$$x' + \frac{1}{2}k = 2k \Rightarrow x' = 2k - \frac{1}{2}k \Rightarrow x' = \frac{3}{2}k$$

Assim:

$$x' \cdot x'' = k + 1 \Rightarrow \frac{3}{2}k \cdot \frac{1}{2}k = k + 1 \Leftrightarrow \frac{3k^2}{4} = k + 1 \Leftrightarrow$$

$$\Leftrightarrow 3k^2 - 4k - 4 = 0$$

$a = 3$, $b = -4$ e $c = -4$

$$k = \frac{-b \pm \sqrt{b^2 - 4ac}}{2a} \Rightarrow k = \frac{4 \pm \sqrt{16 + 48}}{6} \Rightarrow$$

$$\Rightarrow k \frac{4 \pm \sqrt{64}}{6} = \frac{4 \pm 8}{6} \Rightarrow$$

$$\Rightarrow \begin{cases} k = \dfrac{4 + 8}{6} = 2 \\ \text{ou} \\ k = \dfrac{4 - 8}{6} = -\dfrac{2}{3} \text{ (não serve)} \end{cases}$$

Portanto, quando $k = 2$, a equação $x^2 - 2kx + (k + 1) = 0$ se transforma na equação $x^2 - 4x + 3 = 0$.

> **Para refletir**
> Comprove que a equação $x^2 - 4x + 3 = 0$ tem uma raiz igual ao triplo da outra.

4 Escreva na forma fatorada as seguintes funções:

a) $f(x) = x^2 - 5x + 6$

A forma fatorada é $f(x) = a(x - x')(x - x'')$, em que **x'** e **x''** são as raízes da equação $f(x) = 0$.

Assim:

$x^2 - 5x + 6 = 0$

$\Delta = b^2 - 4ac = (-5)^2 - 4 \cdot 1 \cdot 6 = 1$

$$x = \frac{-b \pm \sqrt{\Delta}}{2a} = \frac{-(-5) \pm \sqrt{1}}{2 \cdot 1} = \frac{5 \pm 1}{2} \Rightarrow x' = 3$$

e $x'' = 2$

Então, $f(x) = (x - 3)(x - 2)$.

(Note que $a = 1$ não precisa ser escrito.)

b) $g(x) = 5x^2 + 10x + 5$

Fazendo $g(x) = 0$, vem:

$5x^2 + 10x + 5 = 0$

$\Delta = b^2 - 4ac = 10^2 - 4 \cdot 5 \cdot 5 = 0$

$$x = \frac{-b \pm \sqrt{\Delta}}{2a} = \frac{-10 \pm \sqrt{0}}{2 \cdot 5} = \frac{-10}{10} \Rightarrow$$

$\Rightarrow x' = -1$ e $x'' = -1$

Então, $g(x) = 5(x + 1)(x + 1) = 5(x + 1)^2$.

> **Fique atento**
> Se $\Delta = 0$, a função quadrática é um trinômio quadrado perfeiro.

5 Escreva a função quadrática que tem como zeros os números 2 e 5 e passa por (1, 4).

Usando a forma fatorada, podemos escrever $f(x) = a(x - 2)(x - 5)$. E, se (1, 4) pertence à função, então $f(1) = 4$, portanto:

$f(1) = a(1 - 2)(1 - 5) \Rightarrow 4 = a \cdot (-1) \cdot (-4) \Rightarrow$

$\Rightarrow 4 = a \cdot 4 \Rightarrow a = 1$

Desta forma, $f(x) = 1 \cdot (x - 2)(x - 5) = x^2 - 7x + 10$.

Exercícios

14 Determine, se existirem, os zeros das funções quadráticas usando a fórmula:

a) $f(x) = x^2 - 3x$

b) $f(x) = x^2 + 4x + 5$

c) $f(x) = -x^2 + 2x + 8$

d) $f(x) = x^2 + 10x + 25$

15 Para que valores reais de **m** a função $f(x) = (m - 1)x^2 - 4x - 1$ não admite zeros reais?

16 Para que valores reais de **k** a função $f(x) = kx^2 - 6x + 1$ admite zeros reais e diferentes?

17 Para que valores de **m** a função $f(x) = (m - 2)x^2 - 2x + 6$ admite zeros reais?

18 Determine o valor de **k** para que a equação $x^2 - (k + 1)x + (10 + k) = 0$ tenha uma raiz igual ao dobro da outra.

19 Escreva a função quadrática f(x) em cada item, de acordo com as informações dadas.

a) Zeros de f(x): $x = 1$ e $x = 3$; f(x) passa por $(0, -6)$.

b) Zeros de f(x): $x = 2$ e $x = -2$; f(x) passa por $(0, 4)$.

c) Zeros de f(x): $x = 5$ (duplo); f(x) passa por $(2, -9)$.

Usando fatoração

A fatoração é um processo útil em funções quadráticas que não possuem termo independente ($c = 0$).

objeto digital

Exemplo de aplicação

Determine os zeros das seguintes funções quadráticas:

a) $f(x) = x^2 - 5x$

A equação do 2º grau correspondente é $x^2 - 5x = 0$.

Colocando **x** em evidência no 1º membro, temos:

$x^2 - 5x = 0 \Leftrightarrow x(x - 5) = 0$

Logo:

$x = 0$

ou

$x - 5 = 0 \Rightarrow x = 5$

Assim, os zeros da função são 0 e 5.

b) $f(x) = x^2 + 2x$

A equação do 2º grau correspondente é $x^2 + 2x = 0$.

Fatorando o 1º membro da equação, temos:

$x^2 + 2x = 0 \Leftrightarrow x(x + 2) = 0$

Logo:

$x = 0$

ou

$x + 2 = 0 \Rightarrow x = -2$

Assim, os zeros da função são 0 e -2.

Observação: A fatoração também pode ser usada com funções quadráticas completas, ou seja, que possuem $a \neq 0$, $b \neq 0$ e $c \neq 0$, embora perca um pouco de praticidade.

Isolando x

Isolar o **x** é um processo útil em funções quadráticas que não possuem termo em **x** ($b = 0$).

Exemplo de aplicação

Determine, se existirem, os zeros das seguintes funções quadráticas:

a) $f(x) = x^2 - 9$

A equação do 2º grau correspondente é $x^2 - 9 = 0$. Isolando o **x** no 1º membro, temos:

$x^2 - 9 = 0 \Leftrightarrow x^2 = 9$

Logo:

$x = \pm\sqrt{9} \Rightarrow x = 3$ ou $x = -3$

Assim, os zeros da função são 3 e -3.

b) $f(x) = x^2 + 25$

A equação do 2º grau correspondente é $x^2 + 25 = 0$.

Isolando o **x** no 1º membro, temos:

$x^2 + 25 = 0 \Leftrightarrow x^2 = -25$

Porém, não existe número real cujo quadrado seja negativo. Assim, essa função não tem zeros.

c) $f(x) = 2x^2 - 14$

A equação do 2º grau correspondente é $2x^2 - 14 = 0$.

Isolando o **x** no 1º membro, temos:

$2x^2 - 14 = 0 \Leftrightarrow 2x^2 = 14 \Leftrightarrow x^2 = 7$

Logo:

$x = \pm\sqrt{7} \Rightarrow x = \sqrt{7}$ ou $x = -\sqrt{7}$

Assim, os zeros da função são $\sqrt{7}$ e $-\sqrt{7}$.

Exercícios

20 Determine, se existirem, os zeros das seguintes funções quadráticas:

a) $f(x) = x^2 - 2x$

b) $f(x) = 2x^2 + 8x$

c) $f(x) = x^2 - 16$

d) $f(x) = x^2 - 11$

21 Determine, se existirem, os zeros das seguintes funções quadráticas:

a) $f(x) = x^2 + 14x$

b) $f(x) = 3x^2 + 3x$

c) $f(x) = 2x^2 - 8$

d) $f(x) = -x^2 + 36$

Por soma e produto

Como já visto, a soma e o produto das raízes da equação quadrática $ax^2 + bx + c = 0$ são dadas respectivamente por $-\frac{b}{a}$ e $\frac{c}{a}$:

$$\text{Soma} = S = x' + x'' = -\frac{b}{a}$$

e

$$\text{Produto} = P = x' \cdot x'' = \frac{c}{a}$$

objeto digital

Então, sendo possível adivinhar dois números cuja soma e cujo produto sejam os valores obtidos na equação quadrática, esses números serão as raízes.

Esse processo é mais indicado para equações quadráticas mais simples, cujas raízes sejam números inteiros.

Exemplo de aplicação

Determine, se existirem, os zeros das seguintes funções quadráticas:

a) $f(x) = x^2 - 5x + 6$

A equação do 2º grau correspondente é $x^2 - 5x + 6 = 0$. A soma das raízes é então dada por $S = -\frac{-5}{1} = 5$ e o produto é dado por $P = \frac{6}{1} = 6$.

Ou seja, procuramos um par de números cuja soma seja 5 e cujo produto seja 6. Esses números são 2 e 3.

Assim, os zeros da função são 2 e 3.

b) $f(x) = x^2 + 3x - 28$

A equação do 2º grau correspondente é $x^2 + 3x - 28 = 0$. A soma das raízes é então dada por $S = -\frac{3}{1} = -3$ e o produto é dado por $P = \frac{-28}{1} = -28$. Ou seja, procuramos um par de números cuja soma seja -3 e cujo produto seja -28. Esses números são 4 e -7.

Assim, os zeros da função são 4 e -7.

Exercícios

22 Quantos lados tem um polígono convexo que possui 170 diagonais? Qual é o nome dele?

> **Fique atento**
> Lembre-se de que $d = \dfrac{n(n-3)}{2}$.

23 O *retângulo áureo* ou *de ouro* dos gregos é um retângulo especial em que valem as relações entre o comprimento (**c**) e a largura (ℓ):

$$\frac{c}{\ell} = \frac{\ell}{c - \ell} \leftarrow \text{proporção áurea}$$

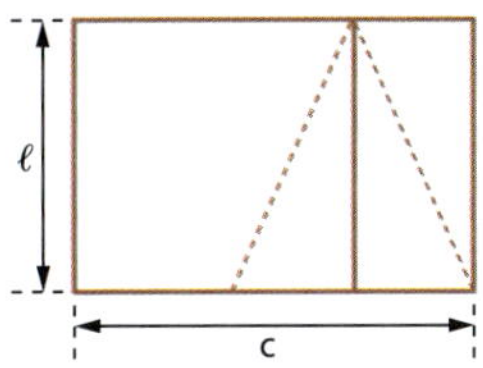

A proporção áurea pode ser observada na natureza, nas obras de arte e nas construções. Por exemplo, o templo grego Partenon tem suas medidas apoiadas na proporção áurea.

VALDEMIR CUNHA/ARQUIVO DA EDITORA

Vista do Partenon, em Atenas, Grécia.

Se considerarmos c = 1, a proporção será:

$$\frac{1}{\ell} = \frac{\ell}{1-\ell} \rightarrow \ell^2 + \ell - 1 = 0$$

A raiz positiva dessa equação é chamada *número de ouro*. Qual é esse número?

24 Uma caixa sem tampa tem a base quadrada com lado medindo **x** dm e altura 1 dm. Sabendo que a área total de sua superfície é de 5 dm^2, calcule a medida **x**.

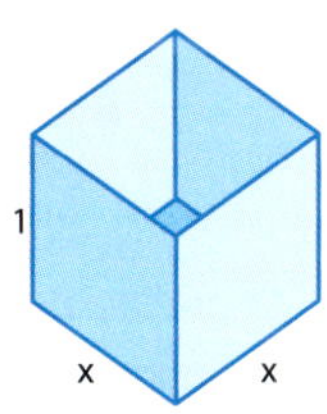

25 Renata tem 18 anos e Lígia, 15. Daqui a quantos anos o produto de suas idades será igual a 378?

26 Um trem percorreu 200 km em certo tempo. Para percorrer essa distância em uma hora a menos, a velocidade deveria ser de 10 km/h a mais. Qual a velocidade do trem?

27 Os 180 alunos de uma escola estão dispostos de forma retangular, em filas, de tal modo que o número de alunos de cada fila supera em 8 o número de filas. Quantos alunos há em cada fila?

5. Forma canônica da função quadrática

Dada a função quadrática $f(x) = ax^2 + bx + c$, podemos escrever:

$$f(x) = ax^2 + bx + c = a\left[x^2 + \frac{b}{a}x + \frac{c}{a}\right]$$

As duas primeiras parcelas dentro dos colchetes são as mesmas do desenvolvimento do quadrado

$$\left(x + \frac{b}{2a}\right)^2 = x^2 + 2 \cdot x \cdot \frac{b}{2a} + \frac{b^2}{4a^2} = x^2 + \frac{b}{a}x + \frac{b^2}{4a^2}.$$

Completando o quadrado, temos:

$f(x) = ax^2 + bx + c =$

$$= a\left[x^2 + 2 \cdot \frac{b}{2a}x + \frac{b^2}{4a^2} - \frac{b^2}{4a^2} + \frac{c}{a}\right]$$

ou seja,

$$f(x) = ax^2 + bx + c = a\left[\left(x + \frac{b}{2a}\right)^2 + \frac{4ac - b^2}{4a^2}\right]$$

(forma canônica)

ou ainda:

$$f(x) = a\left(x + \frac{b}{2a}\right)^2 + \frac{4ac - b^2}{4a}$$

Chamando de $m = -\dfrac{b}{2a}$ e $k = \dfrac{4ac - b^2}{4a} = \dfrac{-\Delta}{4a}$

concluímos que k = f(m).

Assim, para todo $x \in \mathbb{R}$ e $a \neq 0$ podemos escrever qualquer função quadrática $f(x) = ax^2 + bx + c$ da seguinte maneira:

$$f(x) = a(x - m)^2 + k, \text{ em que } m = -\frac{b}{2a} \text{ e } k = f(m)$$

(outra maneira de escrever a forma canônica)

Por exemplo, vamos escrever a função $f(x) = x^2 - 4x - 6$ na forma canônica.

1ª maneira

Completando o quadrado:

$x^2 - 4x - 6 = (x^2 - 4x) - 6 =$

$= (x^2 - 4x + 4) - 4 - 6 = (x - 2)^2 - 10$

Logo, $f(x) = x^2 - 4x - 6 = (x - 2)^2 - 10$.

2ª maneira

Calculando $m = -\dfrac{b}{2a}$, $k = f(m)$ e substituindo em

$f(x) = a(x - m)^2 + k$:

$f(x) = x^2 - 4x - 6 \rightarrow a = 1;\ b = -4;\ c = -6$

$m = \dfrac{4}{2} = 2$

$k = f(2) = 2^2 - 4 \cdot 2 - 6 = 4 - 8 - 6 = -10 \Rightarrow k = -10$

Portanto, $f(x) = (x - 2)^2 - 10$.

» Exercício

28 Escreva na forma canônica as seguintes funções quadráticas:

a) $f(x) = x^2 + 2x - 3$

b) $f(x) = 2x^2 + 8x - 5$

c) $f(x) = -x^2 + 6x + 7$

d) $f(x) = x^2 + 2x - 24$

e) $f(x) = 10 + 5x - 5x^2$

f) $f(x) = -2x^2 + 5x - 1$

Decorrências da forma canônica

1ª) Valor mínimo e valor máximo da função $f(x) = ax^2 + bx + c$

Consideremos a função quadrática $f(x) = 3x^2 - 5x + 2$. Nesse caso, temos:

$m = \frac{5}{6}$ e $k = f\left(\frac{5}{6}\right) = 3\left(\frac{5}{6}\right)^2 - 5\left(\frac{5}{6}\right) + 2 = -\frac{1}{12}$ e a forma canônica é dada por:

$$f(x) = 3\left(x - \frac{5}{6}\right)^2 - \frac{1}{12}$$

Analisando essa forma canônica, podemos concluir que o menor valor de f(x) para todo $x \in \mathbb{R}$ é $-\frac{1}{12}$. Isso ocorre quando $x = \frac{5}{6}$.

De modo geral, da forma canônica $f(x) = a(x - m)^2 + k$, concluímos que, para qualquer $x \in \mathbb{R}$:

a) se $a > 0$, o menor valor de f(x) é $k = f(m)$;

b) se $a < 0$, o maior valor de f(x) é $k = f(m)$.

2ª) Zeros da função quadrática e raízes da equação correspondente

$f(x) = 3x^2 - 5x + 2 \Rightarrow f(x) = 3\left(x - \frac{5}{6}\right)^2 - \frac{1}{12}$ (forma canônica)

$$3\left(x - \frac{5}{6}\right)^2 - \frac{1}{12} = 0 \Rightarrow 3\left(x - \frac{5}{6}\right)^2 = \frac{1}{12} \Rightarrow \left(x - \frac{5}{6}\right)^2 = \frac{1}{36} \Rightarrow$$

$$\Rightarrow x - \frac{5}{6} = \pm\frac{1}{6} \Rightarrow \begin{cases} x - \frac{5}{6} = \frac{1}{6} \Rightarrow x = 1 \\ x - \frac{5}{6} = -\frac{1}{6} \Rightarrow x = \frac{4}{6} = \frac{2}{3} \end{cases}$$

Logo, os zeros de $f(x) = 3x^2 - 5x + 2$ são 1 e $\frac{2}{3}$, que são também as raízes da equação $3x^2 - 5x + 2 = 0$.

De modo geral, da forma canônica de $f(x) = ax^2 + bx + c$, com $a \neq 0$, que é $a(x - m)^2 + k$ com $m = -\frac{b}{2a}$ e $k = f(m)$, podemos chegar à fórmula que fornece os zeros da função e, portanto, às raízes da equação do 2º grau $ax^2 + bx + c = 0$. Observe as equivalências:

$$ax^2 + bx + c = 0 \Leftrightarrow a(x - m)^2 + k = 0 \Leftrightarrow x = \frac{-b \pm \sqrt{b^2 - 4ac}}{2a}$$

(fórmula que fornece as raízes da equação do 2º grau $ax^2 + bx + c = 0$)

» Exercícios

29 Determine, se existirem, os zeros das funções quadráticas:

a) $f(x) = (x - 2)^2 - 9$

b) $f(x) = -(x + 1)^2 + 4$

30 Determine o menor valor que a função $f(x) = 2(x - 1)^2 + 10$ pode assumir para todo $x \in \mathbb{R}$.

31 Qual é o maior valor que a função $f(x) = -3x^2 - x + 1$ pode assumir para qualquer $x \in \mathbb{R}$? (*Dica*: use a forma canônica.)

6. Gráfico da função quadrática

objeto digital

Consideremos um ponto **F** e uma reta **d** que não o contém. Chamamos *parábola* de *foco* **F** e *diretriz* **d** o conjunto dos pontos do plano que distam igualmente de **F** e de **d**.

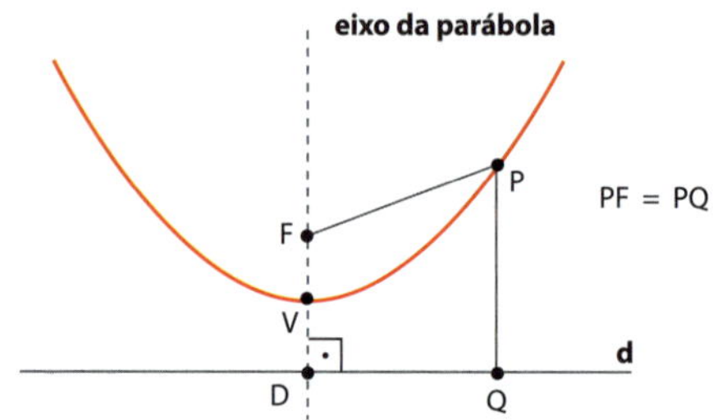

Você sabia?

A distância de um ponto a uma reta é a medida do segmento perpendicular baixado do ponto sobre essa reta.

A distância de **P** a **r** é igual à medida de $\overline{PA}$.

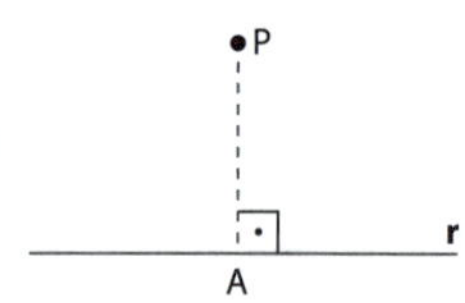

A reta perpendicular à diretriz que contém o foco chama-se *eixo* da parábola. O ponto (**V**) da parábola mais próximo da diretriz chama-se *vértice* dessa parábola. O vértice (**V**) é o ponto médio do segmento cujos extremos são o foco e a intersecção do eixo com a diretriz.

Fique atento

As coordenadas do vértice são $V(x_V, y_V)$.

O gráfico de uma função quadrática é uma parábola. Veja alguns exemplos:

Gráfico da função definida por $f(x) = x^2$

Para construir o gráfico, fazemos uma tabela com um número suficiente de valores:

x	−3	−2	−1	0	1	2	3
f(x)	9	4	1	0	1	4	9

Marcamos esses pontos e desenhamos uma linha contínua passando por eles, pois estamos trabalhando com números reais.

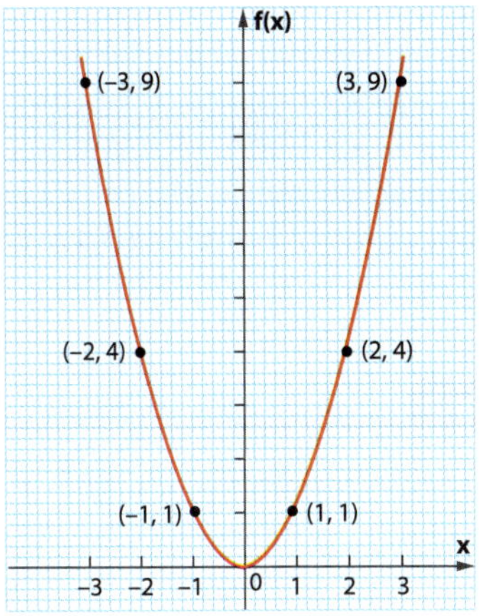

Para refletir
Qual o valor de x_v e y_v nesse gráfico?

Observe que, por exemplo, os pontos $\left(\frac{1}{2}, \frac{1}{4}\right)$, $\left(\frac{3}{2}, 2\frac{1}{4}\right)$, $\left(-\frac{5}{2}, 6\frac{1}{4}\right)$ também pertencem à parábola.

Exercícios

32 Trace o gráfico de $f(x) = x^2$ e determine os valores $f(x)$ para **x** igual a:

a) $-\frac{1}{2}$; **b)** $\frac{5}{2}$; **c)** $-\frac{3}{2}$.

Verifique esses valores no gráfico.

33 Como seria o gráfico de $f(x) = x^2$ se considerarmos:

a) somente os pontos cujas coordenadas são números inteiros?

b) somente os pontos cujas coordenadas são números racionais?

Gráfico da função definida por $f(x) = ax^2$, com $a \neq 0$

Examine os gráficos da função definida por $f(x) = ax^2$, para $a = \frac{1}{10}$, $a = \frac{1}{2}$, $a = 1$, $a = 2$ e $a = 5$, e para $a = -5$, $a = -2$, $a = -1$, $a = -\frac{1}{2}$ e $a = -\frac{1}{10}$.

$a > 0$

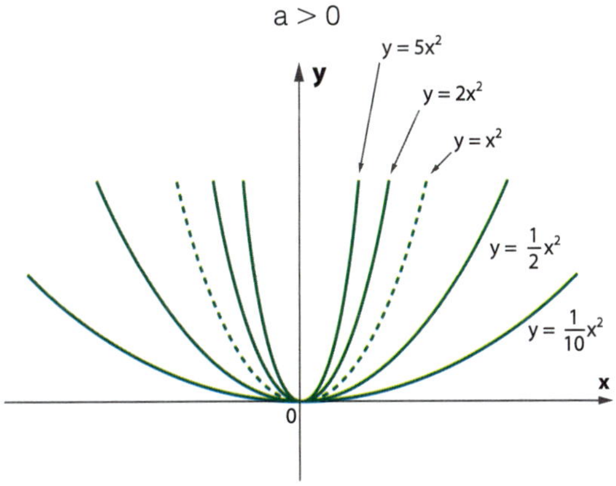

$a < 0$

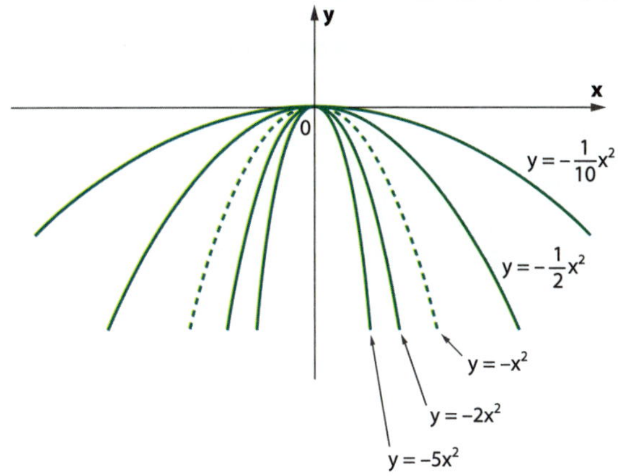

Observe que:

- quando $a > 0$, a concavidade está voltada para cima;
- quando $a < 0$, a concavidade está voltada para baixo;
- todas as parábolas têm o mesmo vértice (0, 0) e o mesmo eixo $x = 0$;
- quanto menor o valor absoluto de **a**, maior será a abertura da parábola;
- quanto maior o valor absoluto de **a**, menor será a abertura da parábola;
- os gráficos das funções quadráticas $f(x) = ax^2$ e $g(x) = a'x^2$, em que **a** e **a'** são números simétricos, são simétricos em relação ao eixo **x**. Veja, por exemplo, os gráficos de $f(x) = 4x^2$ e $g(x) = -4x^2$:

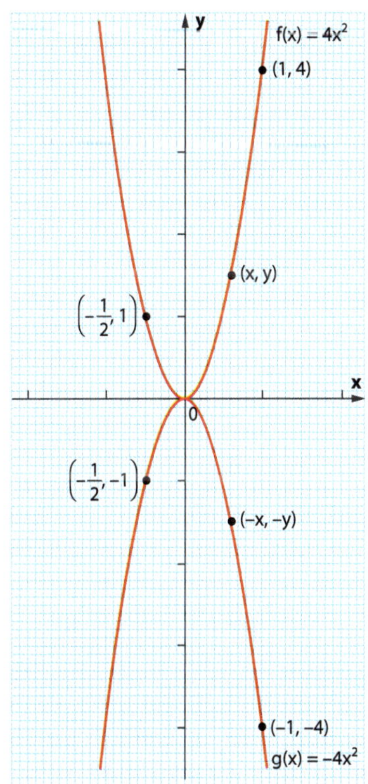

objeto digital

Exercício

34 Trace o gráfico de cada uma das seguintes funções quadráticas em um mesmo sistema de eixos:

a) $f(x) = 2x^2$

b) $f(x) = -2x^2$

c) $f(x) = \frac{1}{2}x^2$

d) $f(x) = -\frac{1}{2}x^2$

Gráfico da função definida por $f(x) = a(x - m)^2 + k$, com $a \neq 0$

O gráfico de $f(x) = a(x - m)^2 + k$ é congruente ao gráfico de $f(x) = ax^2$, tendo **x** uma posição que está, em valores absolutos, **m** unidades à direita ($m > 0$) ou à esquerda ($m < 0$) do gráfico de $f(x) = ax^2$ e **k** unidades acima ($k > 0$) ou abaixo ($k < 0$) do gráfico de $f(x) = ax^2$. O eixo de simetria da parábola dada por $f(x) = (x - m)^2 + k$ é $x = m$.

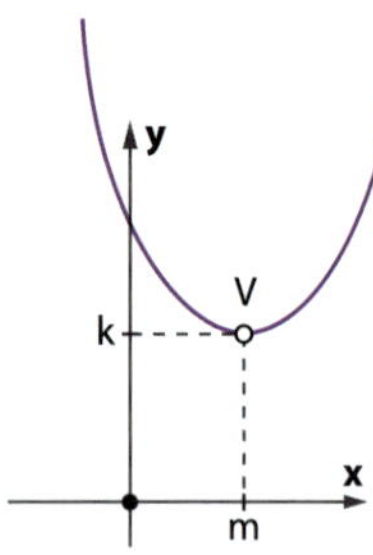

Observe, por exemplo, os gráficos das funções quadráticas $f(x) = 2x^2$, $g(x) = 2(x - 3)^2 + 1$ e $h(x) = 2(x + 3)^2 + 1$.

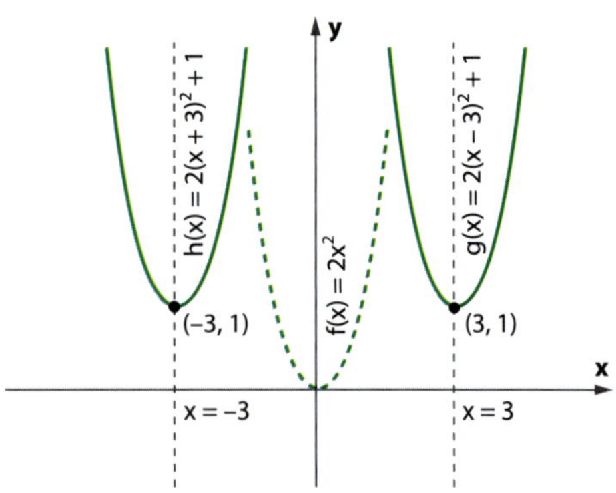

A parábola dada por $g(x) = 2(x - 3)^2 + 1$ está 3 unidades à direita e 1 unidade acima da parábola dada por $f(x) = 2x^2$ e é simétrica em relação ao eixo $x = 3$.

A parábola dada por $h(x) = 2(x + 3)^2 + 1$ está 3 unidades à esquerda e 1 unidade acima da parábola dada por $f(x) = 2x^2$ e é simétrica ao eixo $x = -3$. O vértice da parábola $g(x) = 2(x - 3)^2 + 1$ é **V**(3, 1) e o vértice da parábola $h(x) = 2(x + 3)^2 + 1$ é **V**(−3, 1).

Observação: A função $f(x) = a(x - m)^2 + k$, com $a \neq 0$, é equivalente à função $f(x) = ax^2 + bx + c$ ($a \neq 0$), em que $m = -\frac{b}{2a}$ e $k = -\frac{\Delta}{4a}$. A forma canônica é especialmente interessante por evidenciar o vértice da parábola e a concavidade, facilitando o traçado do gráfico. Como o vértice da parábola dada por $f(x) = a(x - m)^2 + k$ é **V**(m, k) e sabendo que as coordenadas do vértice são (x_v, y_v) então também podemos reescrever a forma canônica como $f(x) = a(x - x_v)^2 + y_v$.

Exercícios

35 Observe os gráficos das funções quadráticas $f(x) = x^2$, $f(x) = (x - 2)^2$ e $f(x) = (x + 2)^2$ e responda:

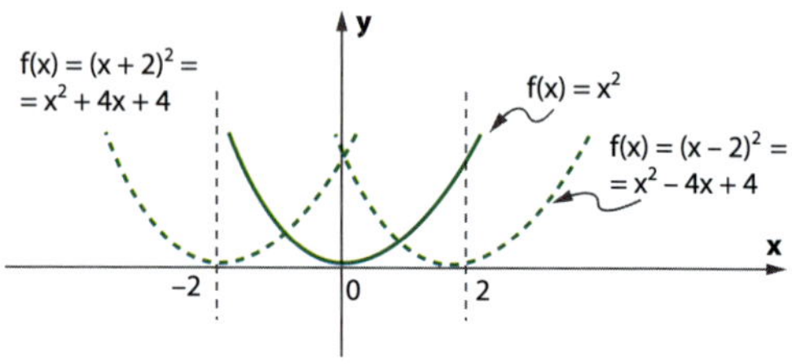

a) Como é o gráfico da função $f(x) = (x - 2)^2$ em relação ao gráfico de $f(x) = x^2$?

b) E o da função $f(x) = (x + 2)^2$ em relação ao gráfico de $f(x) = x^2$?

c) Quais são as coordenadas dos vértices das parábolas $y = x^2$, $y = (x - 2)^2$ e $y = (x + 2)^2$?

d) E as do vértice da parábola $y = (x - m)^2$?
E da parábola $y = (x + m)^2$?

36 Observe os gráficos das funções quadráticas $f(x) = x^2$, $f(x) = (x - 2)^2 + 3$ e $f(x) = (x + 2)^2 - 3$:

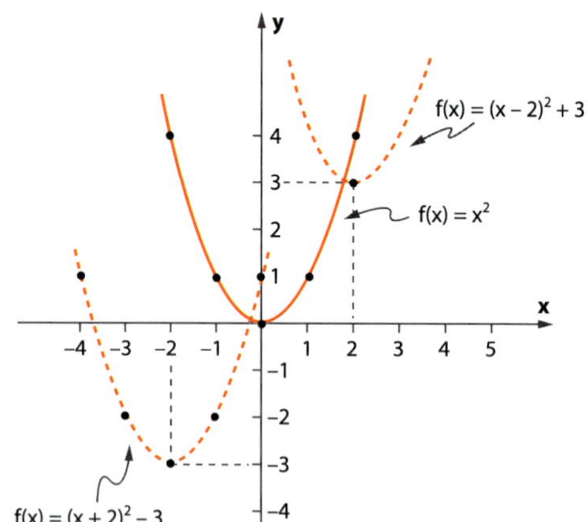

a) Indique as coordenadas dos vértices das parábolas:
- $y = x^2$
- $y = (x - 2)^2 - 3$
- $y = (x - 2)^2 + 3$
- $y = (x + 2)^2 + 3$
- $y = (x + 2)^2 - 3$

b) Como é o gráfico da função $f(x) = (x - 2)^2 + 3$ em relação ao gráfico de $f(x) = x^2$?

c) E o da função $f(x) = (x + 2)^2 - 3$ em relação ao gráfico de $f(x) = x^2$?

d) E o de $f(x) = (x - m)^2 - k$ em relação ao gráfico de $f(x) = x^2$?

e) Quais são as coordenadas do vértice da parábola $y = (x - m)^2 + k$?

Gráfico da função definida por $f(x) = ax^2 + bx + c$

Vamos estudar o efeito dos parâmetros **a**, **b** e **c** na parábola que representa a função quadrática $f(x) = ax^2 + bx + c$.

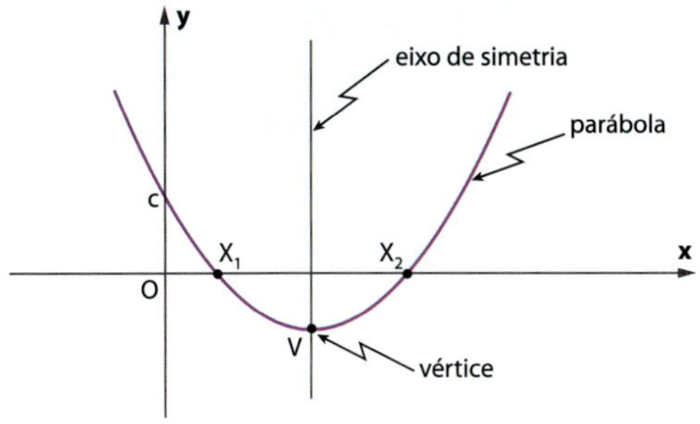

Parâmetro *a*

Responsável pela concavidade e abertura da parábola.

- Se $a > 0$ a concavidade é para cima.

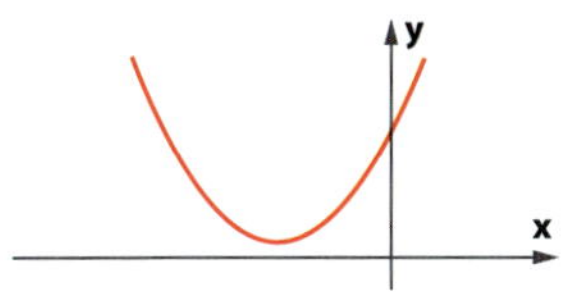

- Se $a < 0$ a concavidade é para baixo.

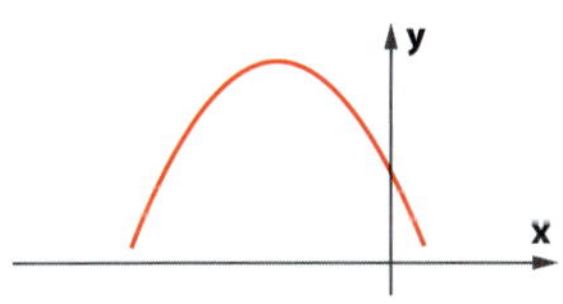

Além disso, quanto maior o valor absoluto de **a**, menor será a abertura da parábola (parábola mais "fechada"), independentemente da concavidade.

$a > 0$

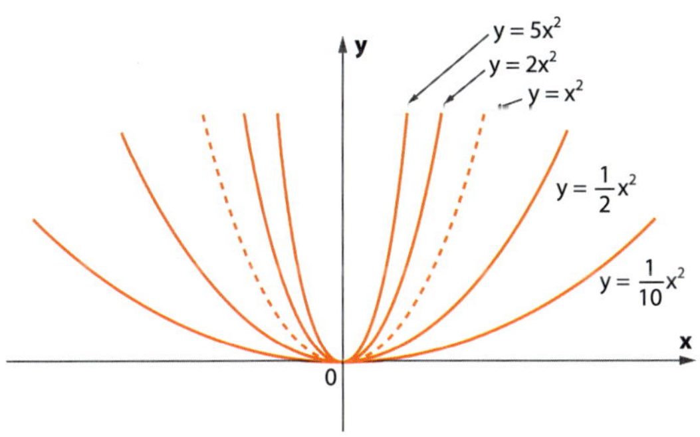

$a < 0$

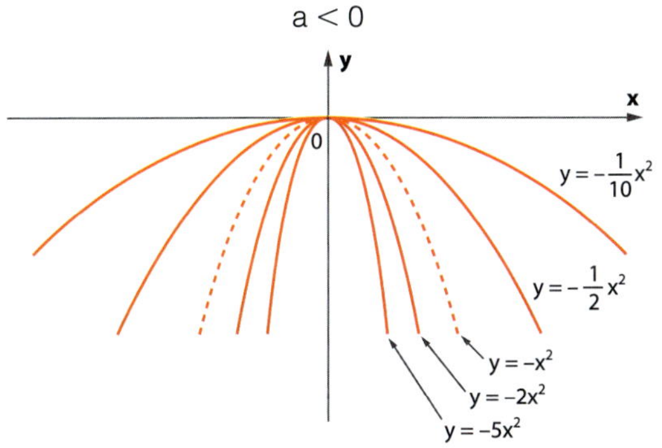

Parâmetro *b*

Indica se a parábola cruza o eixo **y** no ramo crescente ou decrescente da parábola.

- Se $b > 0$ a parábola cruza o eixo **y** no ramo crescente.

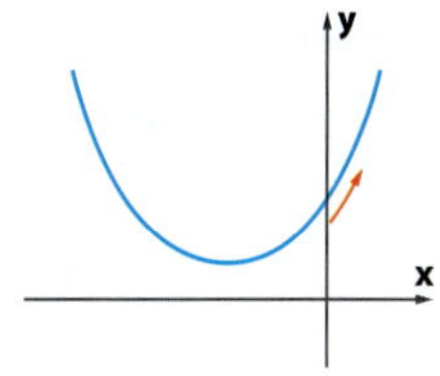

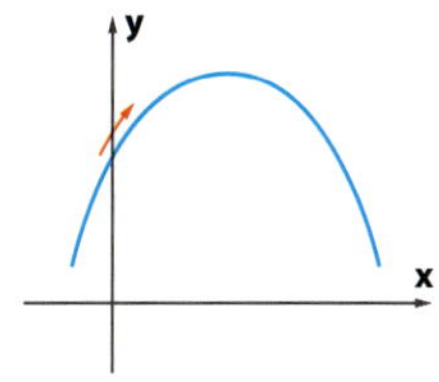

- Se $b < 0$ a parábola cruza o eixo **y** no ramo decrescente.

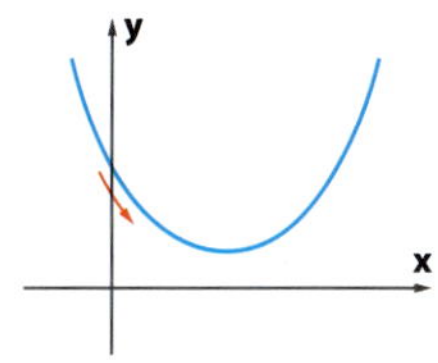

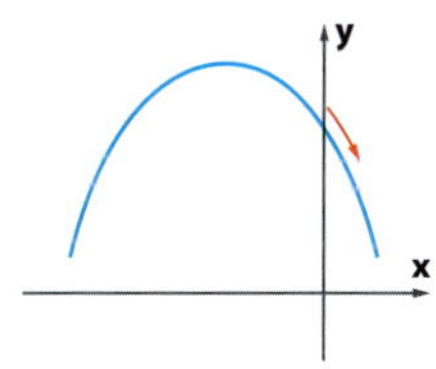

- Se $b = 0$ a parábola cruza o eixo **y** no vértice.

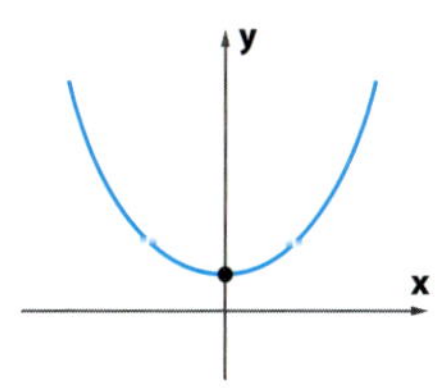

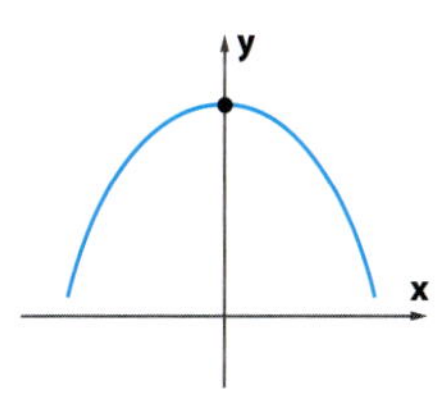

Parâmetro *c*

Indica o ponto onde a parábola cruza o eixo **y**.

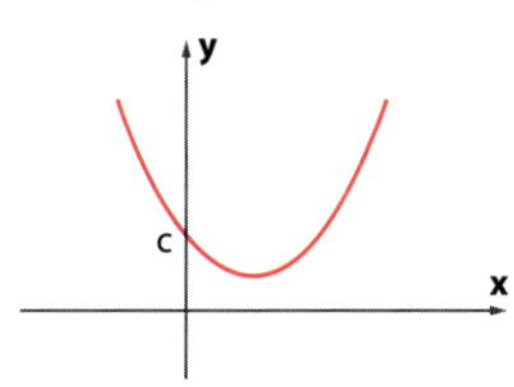

A parábola cruza o eixo **y** no ponto (0, c).

objeto digital

» Exercício

37 Escreva a função quadrática na forma $f(x) = ax^2 + bx + c$ correspondente a cada gráfico dado (dica: comece usando a forma canônica e/ou a forma fatorada).

a)

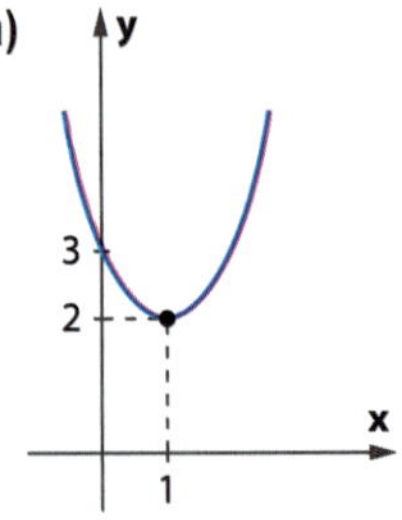

c)

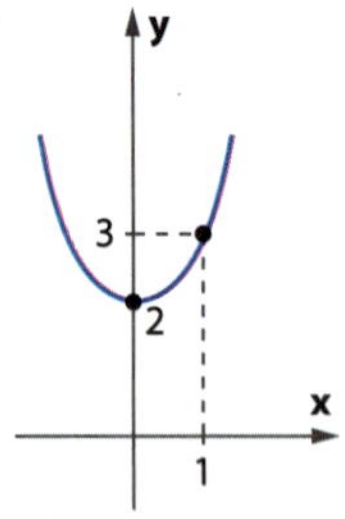

b)

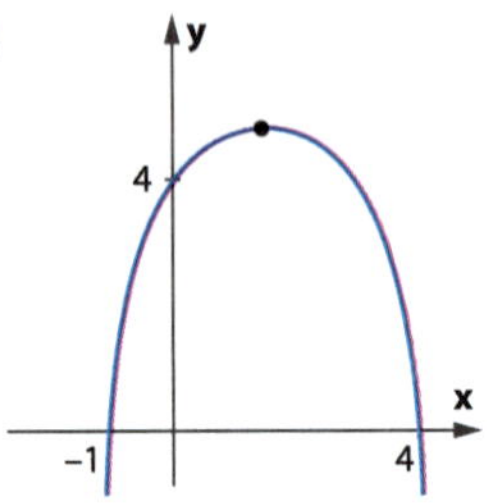

d)

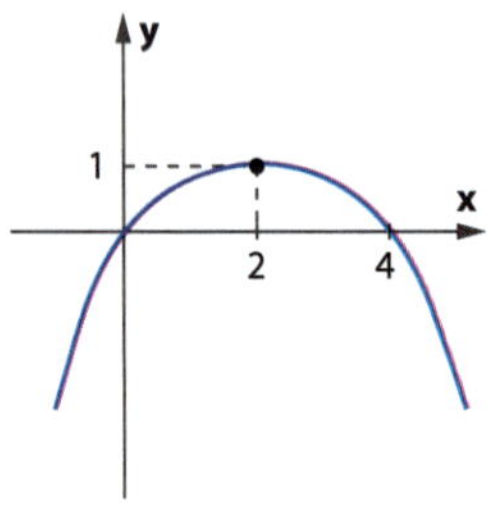

7. A parábola e suas intersecções com os eixos

Nos gráficos seguintes estão indicados os pontos de intersecção da parábola com os eixos; veja como são determinados algebricamente esses pontos de intersecção a partir da lei da função quadrática:

a) $f(x) = x^2 - 2x + 1$

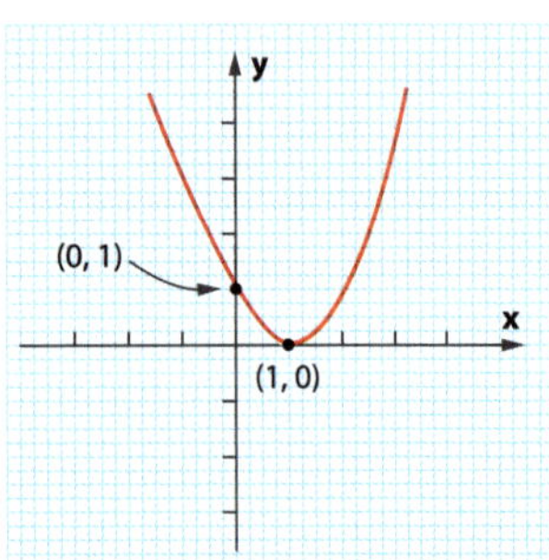

Intersecção com o eixo **y**:

$x = 0 \Rightarrow f(0) = 0^2 - 2 \cdot 0 + 1 = 1$

A parábola intersecta o eixo **y** em (0, 1).

Intersecção com o eixo **x**:

$f(x) = 0 \Rightarrow x^2 - 2x + 1 = 0$

$\Delta = 4 - 4 = 0 \Rightarrow \Delta = 0$ (a equação admite uma raiz dupla)

$x = \dfrac{2 \pm 0}{2} = 1$

A parábola intersecta o eixo **x** em um só ponto: (1, 0). Isso significa que a função possui um zero duplo: 1.

b) $f(x) = -4x^2 + 1$

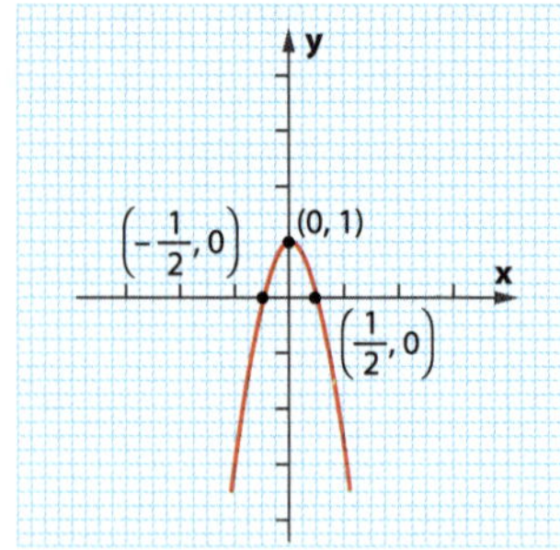

Intersecção com o eixo **y**:

$x = 0 \Rightarrow f(0) = -4 \cdot 0^2 + 1 = 1$

A parábola intersecta o eixo **y** em (0, 1).

Intersecção com o eixo **x**:

$f(x) = 0 \Rightarrow -4x^2 + 1 = 0 \Rightarrow -4x^2 = -1 \Rightarrow$

$\Rightarrow 4x^2 = 1 \Rightarrow x^2 = \dfrac{1}{4} \Rightarrow x = \pm\dfrac{1}{2}$ (a equação admite duas raízes distintas)

Observe que, neste caso, $\Delta = 0 + 16 = 16$, ou seja, $\Delta > 0$.

A parábola intersecta o eixo **x** em dois pontos: $\left(\dfrac{1}{2}, 0\right)$ e $\left(-\dfrac{1}{2}, 0\right)$.

Isso significa que os zeros da função $f(x) = -4x^2 + 1$ são $-\dfrac{1}{2}$ e $\dfrac{1}{2}$.

c) $f(x) = x^2 + 2x + 3$

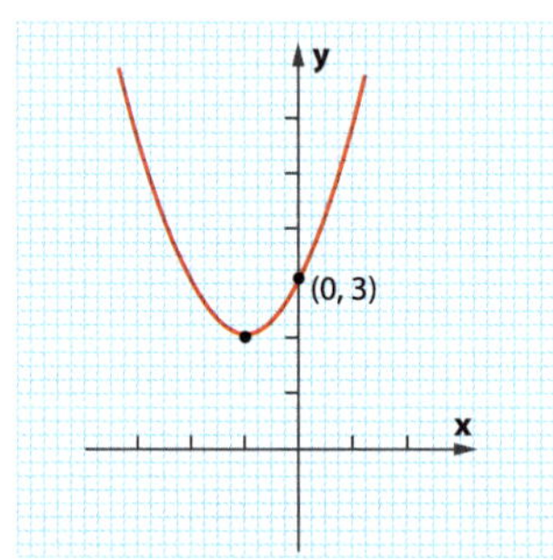

Intersecção com o eixo **y**:

$x = 0 \Rightarrow f(0) = 0^2 + 2 \cdot 0 + 3 = 3$

A parábola intersecta o eixo **y** em (0, 3).

Intersecção com o eixo **x**:

$f(x) = 0 \Rightarrow x^2 + 2x + 3 = 0$

$\Delta = 4 - 12 = -8$ ou $\Delta < 0$ (a equação não tem raízes reais)

A parábola não intersecta o eixo **x**.

A função $f(x) = x^2 + 2x + 3$ não admite zeros reais.

> **Para refletir**
> Por que a parábola sempre intersecta o eixo **y** em *um só ponto*?

Conclusão:

- A parábola da função quadrática $f(x) = ax^2 + bx + c$ intersecta o eixo **y** sempre no ponto (0, c), pois $f(0) = a \cdot 0^2 + b \cdot 0 + c = c$.
- Essa parábola pode intersectar o eixo **x** em um ou dois pontos ou pode não intersectar o eixo **x**, dependendo do valor de $\Delta = b^2 - 4ac$ da equação correspondente. Veja: $f(x) = 0 \Rightarrow ax^2 + bx + c = 0$

$\Delta = 0 \Rightarrow$ uma raiz real dupla (a parábola intersecta o eixo **x** em um só ponto)
$\Delta > 0 \Rightarrow$ duas raízes reais distintas (a parábola intersecta o eixo **x** em dois pontos)
$\Delta < 0 \Rightarrow$ nenhuma raiz real (a parábola não intersecta o eixo **x**)

Graficamente, temos:

$a > 0$

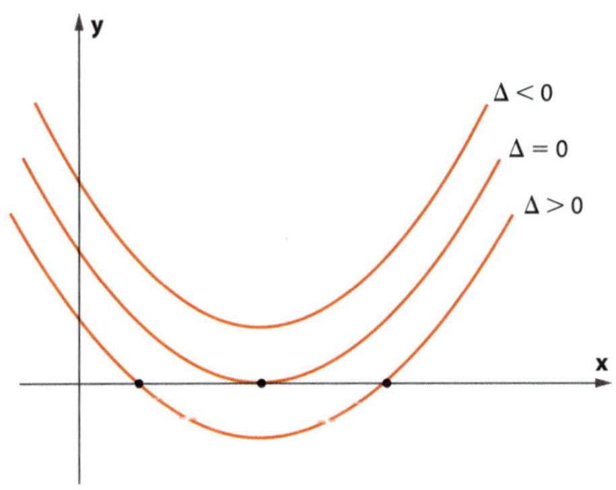

$a < 0$

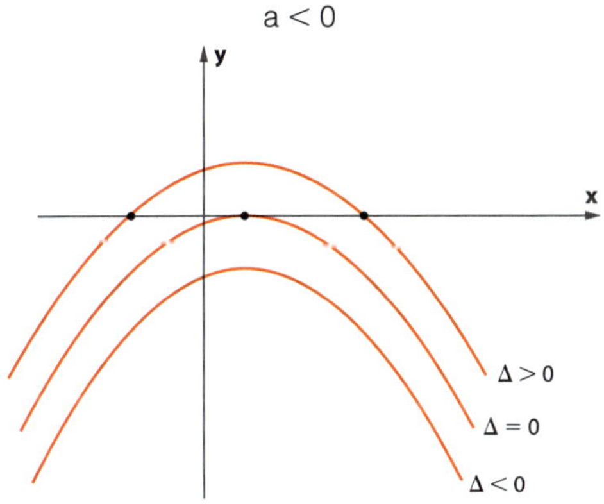

Exercícios

38 Determine o eixo, o vértice, o foco e a diretriz de cada uma das parábolas dadas pelas funções quadráticas abaixo.

a) $f(x) = 4x^2 + x - 3$

b) $f(x) = -2x^2 + 5x - 1$

39 Esboce o gráfico da função quadrática **f** cuja parábola passa pelo ponto (0, 4) e tem vértice no ponto (2, −4); em seguida, verifique qual das seguintes sentenças corresponde a essa função:

a) $f(x) = -2x^2 - 8x + 4$

b) $f(x) = 2x^2 - 8x + 4$

c) $f(x) = 2x^2 + 8x + 4$

40 Verifique quais dos seguintes pontos pertencem à parábola que representa graficamente a função $f(x) = x^2 - 5x + 6$:

a) **A**(2, 0)

b) **B**(4, 2)

c) **C**(−1, 10)

41 Determine o valor de **m** para que o ponto **A**(2, 1) pertença à parábola que representa graficamente a função dada por $f(x) = (m + 1)x^2 - 1$.

42 Determine os zeros das seguintes funções quadráticas:

a) $f(x) = x^2 - 11x + 30$

b) $f(x) = x^2 + 4x - 21$

c) $f(x) = x^2 - 36$

d) $f(x) = 6x^2 - 5x + 1$

43 Em que pontos a parábola de cada função do exercício anterior intersecta os eixos **x** e **y**?

44 Em cada gráfico da função quadrática $f(x) = ax^2 + bx + c$, com $\Delta = b^2 - 4ac$, descubra se $a > 0$ ou $a < 0$ e se $\Delta > 0$, $\Delta < 0$ ou $\Delta = 0$.

a)
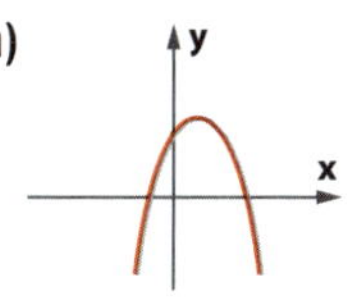

b)
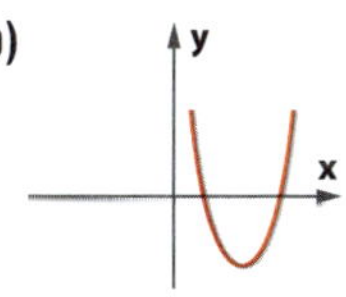

c)
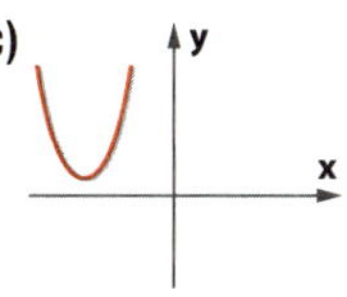

d)
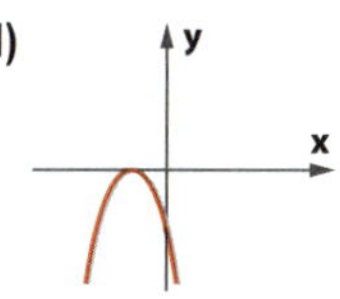

e)
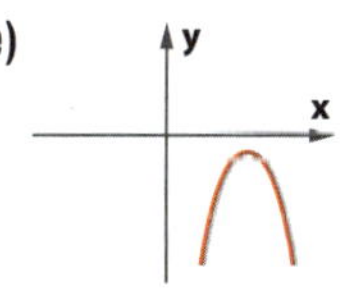

f)
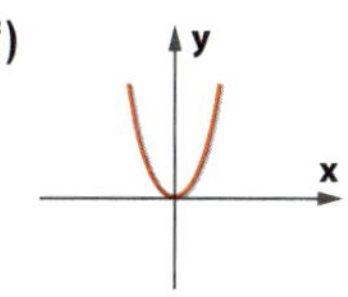

45 O gráfico abaixo representa uma função do tipo $y = ax^2 + bx + c$, $a \neq 0$:

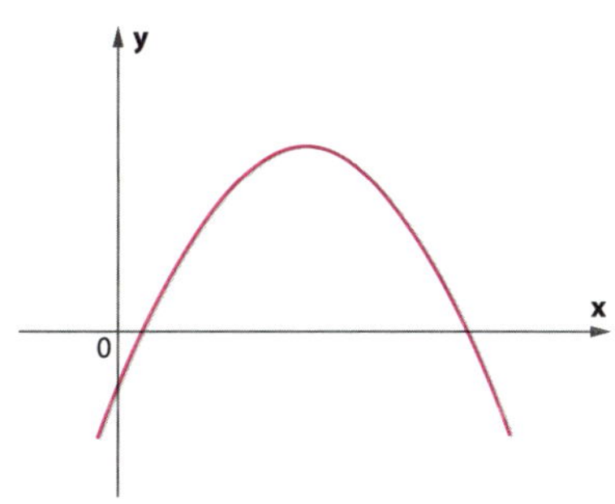

Então, podemos afirmar que:

a) $a > 0$, $b^2 = 4ac$, $c > 0$ e $b < 0$.

b) $a < 0$, $b^2 > 4ac$, $c < 0$ e $b > 0$.

c) $a < 0$, $b^2 < 4ac$, $c < 0$ e $b > 0$.

d) $a < 0$, $b^2 > 4ac$, $c > 0$ e $b > 0$.

e) $a < 0$, $b^2 > 4ac$, $c < 0$ e $b < 0$.

8. Vértice da parábola, valor máximo ou mínimo e imagem da função quadrática

A determinação do vértice da parábola ajuda na elaboração do gráfico e permite determinar a *imagem da função*, bem como seu *valor máximo* ou *mínimo*.

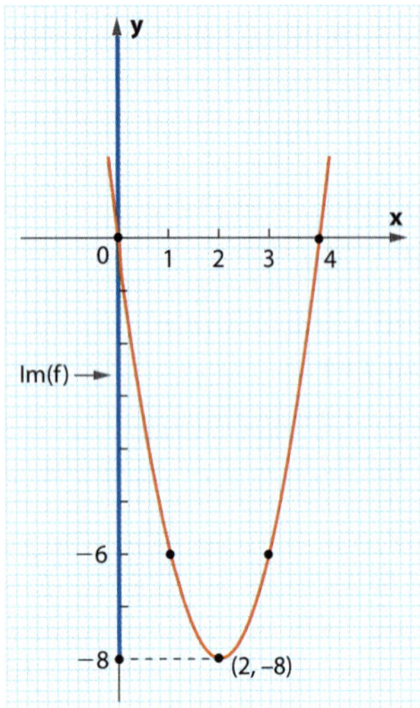

Valor mínimo da função: −8

$Im(f) = \{y \in \mathbb{R} \mid y \geq -8\}$

Examine os exemplos:

1º) $f(x) = 2x^2 - 8x$

Escrevendo na forma canônica temos:

$f(x) = 2(x^2 - 4x)$

$= 2(x^2 - 4x + 4 - 4)$

$= 2(x - 2)^2 - 8$

Vértice da parábola $\mathbf{V}(x_v, y_v)$: $\mathbf{V}(2, -8)$.

A função assume valor mínimo −8 quando $x = 2$.

Logo, $Im(f) = \{y \in \mathbb{R} \mid y \geq -8\}$.

Para refletir
Por que essa função não tem valor máximo?

2º) $f(x) = -4x^2 + 4x + 5$

Lembramos que na forma canônica (página 81) chamamos:

$$m = -\frac{b}{2a} \text{ e } k = \frac{4ac - b^2}{4a} = -\frac{\Delta}{4a}$$

Então, o vértice de uma parábola dada por $f(x) = ax^2 + bx + c$, $a \neq 0$, também pode ser calculado assim: $\mathbf{V}\left(-\frac{b}{2a}, -\frac{\Delta}{4a}\right)$.

Neste caso, temos:

$f(x) = -4x^2 + 4x + 5$

$$x_V = \frac{-b}{2a} = \frac{-4}{-8} = \frac{1}{2}$$

$$y_V = \frac{-\Delta}{4a} = \frac{-(16 + 80)}{-16} = \frac{-96}{-16} = 6$$

$\mathbf{V}\left(\frac{1}{2}, 6\right)$

A função assume valor máximo 6 quando $x = \frac{1}{2}$.

Logo, $Im(f) = \{y \in \mathbb{R} \mid y \leq 6\}$.

A forma canônica $f(x) = a(x - x_v)^2 + y_v$ é:

$$f(x) = -4\left(x - \frac{1}{2}\right)^2 + 6.$$

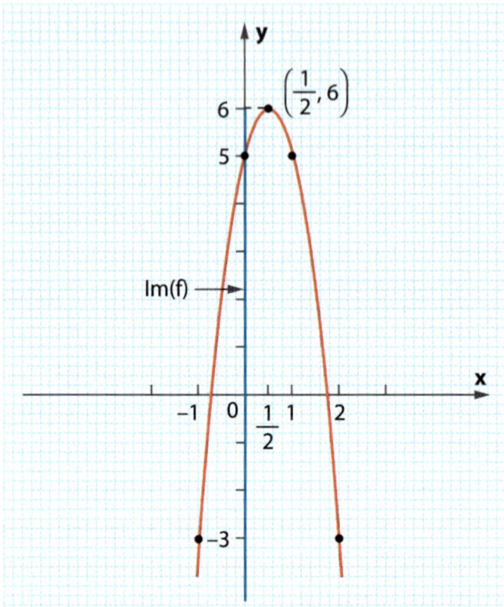

De modo geral, dada a função $f: \mathbb{R} \rightarrow \mathbb{R}$ tal que $f(x) = ax^2 + bx + c$, com $a \neq 0$, se $\mathbf{V}(x_V, y_V)$ é o vértice da parábola correspondente, temos então:

$a > 0 \Leftrightarrow \mathbf{y_V}$ é o valor mínimo de $\mathbf{f} \Leftrightarrow Im(f) = \{y \in \mathbb{R} \mid y \geq y_V\}$

$a < 0 \Leftrightarrow \mathbf{y_V}$ é o valor máximo de $\mathbf{f} \Leftrightarrow Im(f) = \{y \in \mathbb{R} \mid y \leq y_V\}$

Exemplos de aplicação

1 Determine a Im(f) e o valor máximo ou mínimo da função quadrática $f(x) = x^2 + 4x - 2$.

1ª maneira

$f(x) = x^2 + 4x - 2$

$$y_V = \frac{-\Delta}{4a} = \frac{-(16 + 8)}{4} = -6$$

$a > 0$, então a concavidade é para cima.

$Im(f) = \{y \in \mathbb{R} \mid y \geq -6\}$

Valor mínimo de **f**: −6

2ª maneira

$f(x) = x^2 + 4x - 2$

$f(x) = x^2 + 4x + 4 - 4 - 2$

$f(x) = (x + 2)^2 - 6$ (forma canônica)

$\mathbf{V}(-2, -6)$

Valor mínimo (pois $a > 0$) de **f**: −6 (ocorre quando $x = -2$).

$Im(f) = \{y \in \mathbb{R} \mid y \geq -6\}$

2 Determine **m** de modo que a função $f(x) = (3m - 1)x^2 - 5x + 2$ admita valor máximo.

Para que a função $f(x) = (3m - 1)x^2 - 5x + 2$ admita valor máximo, devemos ter $a < 0$ (concavidade para cima).

Condição: $a < 0 \Leftrightarrow 3m - 1 < 0$

$$3m - 1 < 0$$
$$3m < 1$$
$$m < \frac{1}{3}$$

Logo, **m** pode ser qualquer número real menor do que $\frac{1}{3}$.

3 Determine **k** de modo que o valor mínimo da função $f(x) = (k - 1)x^2 + 6x - 2$ seja -5.

Condições: $\underbrace{k - 1}_{a} > 0 \Rightarrow k > 1$ e $y_V = \frac{-\Delta}{4a} = -5$

$\Delta = (6)^2 - 4(k - 1)(-2) = 36 + 8k - 8 = 8k + 28$

$\frac{-\Delta}{4a} = -5 \Rightarrow -\frac{8k + 28}{4(k - 1)} = -5 \Rightarrow \frac{8k + 28}{4k - 4} = 5$

Resolvendo a equação em **k**, temos:

$5(4k - 4) = 8k + 28 \Rightarrow 20k - 20 = 8k + 28 \Rightarrow$

$\Rightarrow 20k - 8k = 28 + 20 \Rightarrow 12k = 48 \Rightarrow k = \frac{48}{12} \Rightarrow$

$\Rightarrow k = 4$ (satisfaz a condição $k > 1$)

Portanto, para que o valor mínimo de $f(x)$ seja -5, temos que ter $k = 4$.

4 Determine **m** de modo que a função $f(x) = -4x^2 + (m + 1)x + 2$ tenha valor máximo para $x = 2$.

Condição: $x_V = \frac{-b}{2a} = 2 \Rightarrow \frac{-\overbrace{(m + 1)}^{b}}{2(-4)} = 2 \Rightarrow$

$\Rightarrow \frac{m + 1}{8} = 2$

Resolvendo a equação em **m**, temos:

$m + 1 = 16 \Rightarrow m = 15$

Logo, a função $f(x)$ tem valor máximo para $x = 2$ quando $m = 15$.

5 Se a função $f: \mathbb{R} \to A$ definida por $f(x) = x^2 + 3$ é sobrejetiva, determine o conjunto **A**.

Para que a função seja sobrejetiva, $Im = A$. Assim, precisamos determinar a imagem de f:

$f(x) = x^2 + 3$

$x_V = \frac{-b}{2a} = 0$

$y_V = \frac{-\Delta}{4a} = 3$

Então, $Im = [3, +\infty[$ e $A = [3, +\infty[$.

6 Considere a função $f: [-1, 3] \to \mathbb{R}$ cuja lei de formação é $f(x) = x^2$. Determine os valores máximo e mínimo e a imagem de **f**.

Como o vértice de $f(x) = x^2$ é **V**(0, 0), temos que $x_V = 0$ pertence ao intervalo dado. Assim, o valor mínimo é $y_V = 0$ e o máximo é $f(3) = 3^2 = 9$.

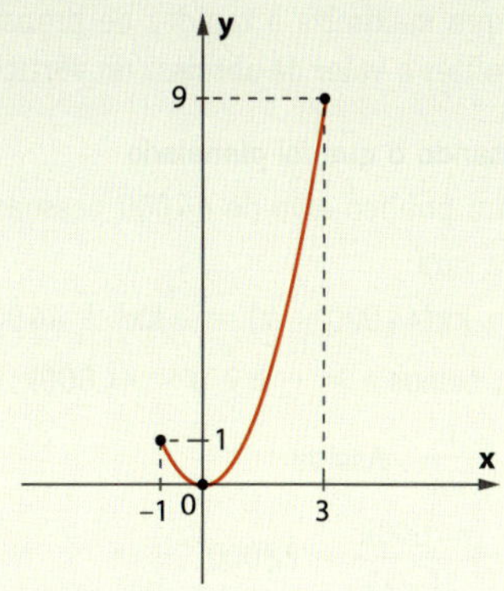

A imagem é $Im = [0, 9]$.

7 (Enem) Um boato tem um público-alvo e alastra-se com determinada rapidez. Em geral, essa rapidez é diretamente proporcional ao número de pessoas desse público que conhecem o boato e diretamente proporcional também ao número de pessoas que não o conhecem. Em outras palavras, sendo **R** a rapidez de propagação, **P** o público-alvo e **x** o número de pessoas que conhecem o boato, tem-se:

$$R(x) = k \cdot x \cdot (P - x)$$

em que **k** é uma constante positiva característica do boato.

Considerando o modelo acima descrito, se o público-alvo é de 44 000 pessoas, então a máxima rapidez de propagação ocorrerá quando o boato for conhecido por um número de pessoas igual a:

a) 11 000.
b) 22 000.
c) 33 000.
d) 38 000.
e) 44 000.

» Resolução passo a passo

1. Lendo e compreendendo

a) O que é dado no problema?

É dada uma fórmula que relaciona a rapidez de propagação do boato com o número de pessoas que o conhecem, para determinado público-alvo.

b) O que se pede?

Um boato se espalha de forma devagar quando poucos o conhecem, e a velocidade de propagação do boato vai aumentando conforme mais gente o conheça e passe a propagá-lo. Entretanto, se muitas pessoas já sabem do boato, a sua velocidade de propagação também vai ser baixa, pois tanta gente sabe dele que fica mais raro encontrar quem não saiba. Assim, existe determinado número de pessoas que torna a velocidade de propagação máxima. Queremos determinar qual é esse número.

2. Planejando a solução

Observando a fórmula dada, verificamos que ela é uma função quadrática:

$R(x) = k \cdot x \cdot (P - x) \Rightarrow R(x) = -kx^2 + kPx$

Sabemos que, em funções quadráticas, o máximo (ou o mínimo) valor ocorre no vértice. Assim, para obter o valor que maximiza a rapidez de propagação do boato, basta obter o valor da abscissa do vértice, ou seja, de x_v.

3. Executando o que foi planejado

Para um público-alvo de 44 000 pessoas, a função quadrática será:

$R(x) = kx(44\,000 - x) = -kx^2 + 44\,000kx$

Então, temos $a = -k$ e $b = 44\,000k$. O $\mathbf{x_v}$ é dado por $x_v = -\dfrac{b}{2a}$. Assim:

$$x_v = -\frac{44\,000k}{2(-k)} = 22\,000$$

Então, a quantidade de pessoas que maximiza a propagação de boato, neste caso, é 22 000.

4. Verificando

Substituindo $x = 22\,000$ na equação dada, com $P = 44\,000$, temos:

$R(22\,000) = k \cdot 22\,000 \cdot (44\,000 - 22\,000) = 484\,000\,000k$

Para verificar se ele é o máximo, vamos calcular também R(21999) e R(22001) e comparar com R(22000). Observe que propositalmente escolhemos o antecessor e o sucessor de $x = 22\,000$:

$R(21\,999) = k \cdot 21\,999 \cdot (44\,000 - 21\,999) =$
$= 483\,999\,999k < 484\,000\,000k$

$R(22\,001) = k \cdot 21\,001 \cdot (44\,000 - 22\,001) =$
$= 483\,999\,999k < 484\,000\,000k$

Ambos são menores que R(22000). Como R(x) é uma função quadrática cujo gráfico é uma parábola (e possui apenas um valor máximo), então $x = 22\,000$ é o valor que maximiza R(x). Isso basta para verificar a resposta.

5. Respondendo

A resposta é a alternativa **b**.

6. Ampliando o problema

a) Para este modelo de propagação de boato, generalize o resultado para um público-alvo **P**, obtendo o número de pessoas, em função de **P**, que deve conhecer um boato para que tenhamos a máxima rapidez de propagação.

b) **Discussão em equipe**
Troque ideias com seus colegas sobre o que seria essa constante **k** presente no modelo de propagação de boatos apresentada. Em que situação o valor de **k** será maior ou menor: um boato sobre a morte de um artista famoso (que faltou no *show* de ontem à noite e de cujo paradeiro ninguém sabe) ou um boato sobre a morte do seu Zé, que mora na esquina (e que não abre a janela há dois dias)?

8 A trajetória da bola, num chute a gol, descreve uma parábola.
Supondo que sua altura **h**, em metros, **t** segundos após o chute, seja dada por $h = -t^2 + 6t$, responda:

a) Em que instante a bola atinge a altura máxima?

A bola atinge a sua altura máxima quando:

Ponto de máximo: $\mathbf{V}(t_V, h_V)$

$$t_V = -\frac{b}{2a} = \frac{-6}{2(-1)} = \frac{-6}{-2} = 3 \text{ s}$$

Logo, a bola atinge a altura máxima 3 segundos após o chute.

b) Qual é a altura máxima atingida pela bola?

DARTFISH SOLUTIONS/DIVULGAÇÃO

A altura máxima atingida pela bola é:

$$h_V = -\frac{\Delta}{4a} = -\frac{36}{4(-1)} = -\frac{36}{-4} = 9 \text{ m} \quad \text{ou}$$

$h(3) = -3^2 + 6 \cdot 3 = -9 + 18 = 9 \text{ m}$

A altura máxima atingida pela bola é 9 metros.

9 *Resolução da situação-problema da introdução do capítulo*
Os diretores de um centro esportivo desejam cercar com tela de alambrado o espaço em volta de uma quadra de basquete retangular. Tendo recebido 200 metros de tela, os diretores desejam saber quais devem ser as dimensões do terreno a cercar com tela para que a área seja a maior possível.

área do terreno:

$(100 - x)x = -x^2 + 100x$

A área máxima procurada é o valor máximo da função

$f(x) = -x^2 + 100x$.

Para refletir
Qual é o fato que garante a existência do valor máximo dessa função?

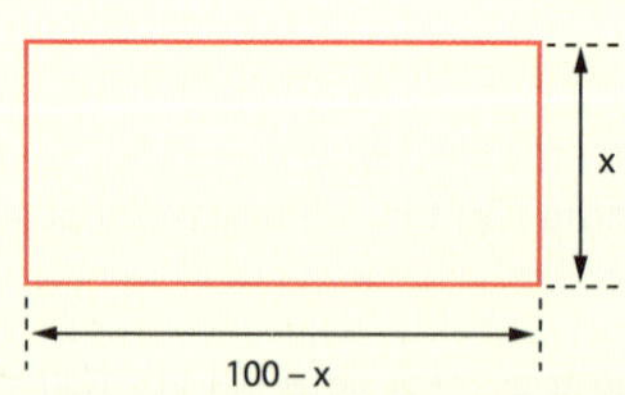

A área assume o valor máximo no vértice da parábola, ou seja, quando:

$$x_V = \frac{-b}{2a} = \frac{-100}{2(-1)} = -\frac{100}{-2} = 50 \text{ (largura)}$$

Observamos então que a área máxima a ser cercada é uma região quadrada cujo lado mede 50 m. (Lembre-se de que quadrado é um caso particular de retângulo.)

Para refletir
Por que o quadrado é um caso particular de retângulo?

Exercícios

46 Determine o vértice **V** da parábola que representa a função quadrática:

a) $f(x) = x^2 - 2x - 3$

b) $f(x) = -x^2 + 3x - 5$

c) $f(x) = x^2 - 4x + 3$

47 Determine o valor de **k** para que a função $f(x) = (2 - k)x^2 - 5x + 3$ admita valor máximo.

48 Qual o valor de **m** para que a função $f(x) = (4m + 1)x^2 - x + 6$ admita valor mínimo?

49 Para que valor de **k** o valor mínimo da função $f(x) = x^2 - 6x + 3k$ é 3?

50 Determine o conjunto imagem de cada uma das seguintes funções quadráticas:

a) $f(x) = x^2 + 4x + 3$

b) $f(x) = x^2 + 2x + 1$

c) $f(x) = -x^2 + 6x - 9$

51 A reta, gráfico da função $f(x) = 3x - 1$, e a parábola, gráfico da função $g(x) = x^2 - x + 2$, têm pontos comuns? Se tiverem, descubra quais são.

Para refletir
Quantos pontos comuns podem ter uma reta e uma parábola?

52 Determine o conjunto **A** para que a função f: A → [3, 7], definida por $f(x) = x^2 - 4x + 7$ seja bijetiva e crescente.

53 Dada a função quadrática $f(x) = 2x^2 - x - 3$, determine:

a) se a concavidade da parábola definida pela função está voltada para cima ou para baixo;

b) os zeros da função;

c) o vértice da parábola definida pela função;

d) a intersecção com o eixo **x**;

e) a intersecção com o eixo **y**;

f) o eixo de simetria;

g) Im(f);

h) o esboço do gráfico.

54 Sabe-se que o custo **C** para produzir **x** unidades de certo produto é dado por $C = x^2 - 80x + 3\,000$. Nessas condições, calcule:

a) a quantidade de unidades produzidas para que o custo seja mínimo;

b) o valor mínimo do custo.

55 Uma bola é lançada ao ar. Suponha que sua altura **h**, em metros, **t** segundos após o lançamento, seja $h = -t^2 + 4t + 6$. Determine:

a) o instante em que a bola atinge a sua altura máxima;

b) a altura máxima atingida pela bola;

c) quantos segundos depois do lançamento ela toca o solo.

56 Uma região retangular tem perímetro igual a 40 m. Quais devem ser as dimensões do retângulo para que a área seja máxima?

57 (dica Enem) A bola da Copa do Mundo 2010 ficou famosa por sua trajetória inusitada, dificultando bastante a vida dos goleiros. Com o nome de jabulani (*celebração*, na língua Bantu isiZulu), essa bola tem apenas oito gomos em formato 3D. Seu *design* possui traços africanos misturados numa diversificação de 11 cores, que foram escolhidas para representar os 11 jogadores de cada seleção, os 11 idiomas oficiais da África do Sul e as 11 tribos que formam a população sul-africana.

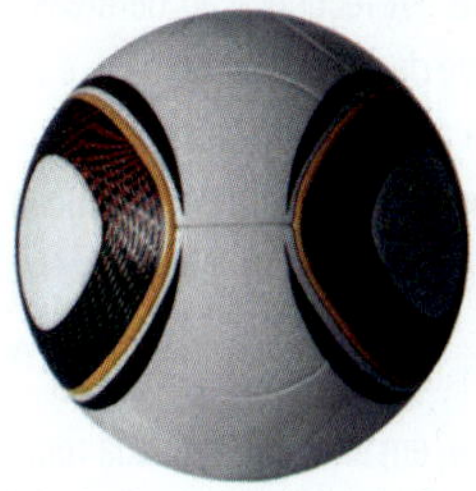
RUBENS CAVALLARI/FOLHAPRESS

Jabulani, a bola oficial da Copa do Mundo de 2010.

"A bola será mais rápida e fará mais curvas do que a sua antecessora", diz Derek Leinweber, chefe do Departamento de Física e Química da Universidade de Adelaide, que, há seis anos, estuda a aerodinâmica de bolas esportivas.

Adaptado de: <info.abril.com.br/noticias/ciencia/fisicoexplica--velocidade-da-jabulani-11062010-24.shl>. Acesso em: 18 set. 2010.

Suponha que os pesquisadores concluíram que, em cobranças de falta a certa distância do gol, a velocidade instantânea da jabulani seria descrita pela função $v(t) = \frac{-15}{8} \cdot t(t - 8)$, em que **t** é o tempo em segundos contado a partir do chute na jabulani ($t > 0$) e v(t) é dada em m/s. Qual é a velocidade máxima adquirida pela jabulani, nas condições descritas no enunciado?

a) 30 km/h

b) 54 km/h

c) 72 km/h

d) 96 km/h

e) 108 km/h

58 (dica Enem) Consideremos que o Aeroporto Internacional Presidente Castro Pinto, na cidade de Bayeux, PB, tenha seu terminal de passageiros na forma de um retângulo cujo perímetro seja de 360 m. Analise as afirmações abaixo e assinale a correta.

a) Com o perímetro do terminal de passageiros de 360 m, a área de 8 000 m^2 é a máxima possível.

b) Para que a área seja máxima, a maior dimensão do terminal de passageiros deverá ser de 100 m.

c) Considerando-se o terminal com a maior área possível e 3 m^2 por passageiro e sua bagagem, a capacidade máxima do terminal é de 2 700 pessoas.

d) Para que tenhamos maior capacidade de passageiros, considerando 3 m^2 por pessoa e sua bagagem, as dimensões do terminal devem ser 95 m × 85 m.

e) Se o terminal estivesse com sua capacidade máxima de pessoas e cada uma levasse para casa uma lembrança de R$ 2,00 de uma loja dentro do aeroporto, a arrecadação dessa loja seria de R$ 5 350,00.

59 O *sequestro de carbono* é a absorção de grandes quantidades de gás carbônico (CO_2) presentes na atmosfera. A forma mais comum de sequestro de carbono é naturalmente realizada pelas florestas. Na fase de crescimento, as árvores demandam uma quantidade muito grande de carbono para se desenvolver e acabam tirando esse elemento do ar. Esse processo natural ajuda a diminuir consideravelmente a quantidade de CO_2 na atmosfera: cada hectare de floresta em desenvolvimento é capaz de absorver nada menos que 150 a

200 toneladas de carbono. É por essas e outras que o plantio de árvores é uma das prioridades para a diminuição de poluentes na atmosfera terrestre. “A recuperação de áreas plantadas, que foram degradadas durante décadas pelo homem, é uma das possibilidades mais efetivas para ajudar a combater o aquecimento global”, afirma Carlos Joly, do Instituto de Biologia da Unicamp.

Superinteressante, São Paulo: Abril, edição 247, dez. 2007. Disponível em: <super.abril.com.br/superarquivo/2007/conteudo_556026.shtml>. Acesso em: 29 ago. 2010.

Consideremos que, em uma determinada região, a função **f** que fornece o acréscimo do sequestro anual de CO_2 da atmosfera (em milhões de toneladas) em função do tempo (em anos) seja dada por: $f(t) = -\frac{t^2}{135} + \frac{16t}{27} + \frac{85}{27}$. Considere $t = 0$ para o ano 2000, $t = 1$ para 2001, e assim por diante. Por exemplo, no ano de 2040 o acréscimo do sequestro de carbono será de $f(40) = 15$ milhões de toneladas. De acordo com essa fórmula, o acréscimo máximo do sequestro anual de carbono nessa região será, em milhões de toneladas, de:

a) 15. **b)** 16. **c)** 17. **d)** 18. **e)** 19.

objeto digital

9. Estudo do sinal da função quadrática

Estudar o sinal da função quadrática $f(x) = ax^2 + bx + c$, $a \neq 0$, significa determinar os valores reais de **x** para os quais f(x) se anula $(f(x) = 0)$, f(x) é positiva $(f(x) > 0)$ e f(x) é negativa $(f(x) < 0)$.

O estudo do sinal da função quadrática vai depender do discriminante $\Delta = b^2 - 4ac$, da equação do 2º grau correspondente $ax^2 + bx + c = 0$, do coeficiente **a** e dos zeros da função (se existirem).

Dependendo do discriminante, podem ocorrer três casos e, em cada caso, de acordo com o coeficiente **a**, podem ocorrer duas situações:

1º caso: $\Delta > 0$

Neste caso:

- a função admite dois zeros reais diferentes, **x'** e **x"**;
- a parábola que representa a função intersecta o eixo **x** em dois pontos.

$a > 0$

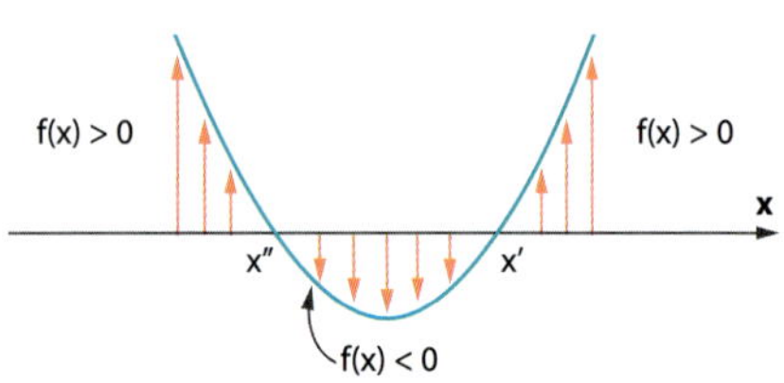

$f(x) = 0$ para $x = x"$ ou $x = x'$

$f(x) > 0$ para $x < x"$ ou $x > x'$

$f(x) < 0$ para $x" < x < x'$

$a < 0$

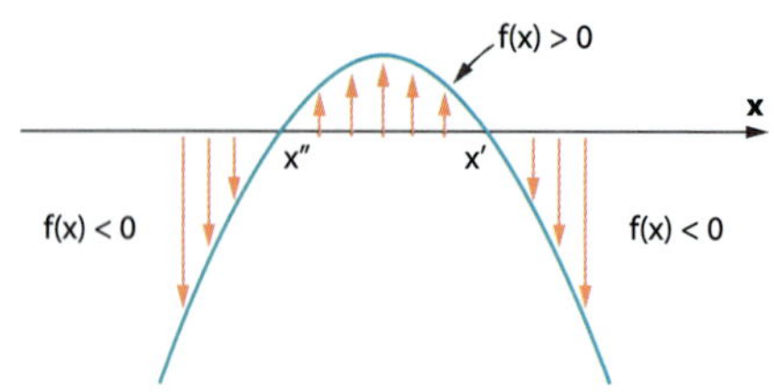

$f(x) = 0$ para $x = x"$ ou $x = x'$

$f(x) > 0$ para $x" < x < x'$

$f(x) < 0$ para $x < x"$ ou $x > x'$

Dispositivo prático:

$\Delta > 0$ e $a > 0$

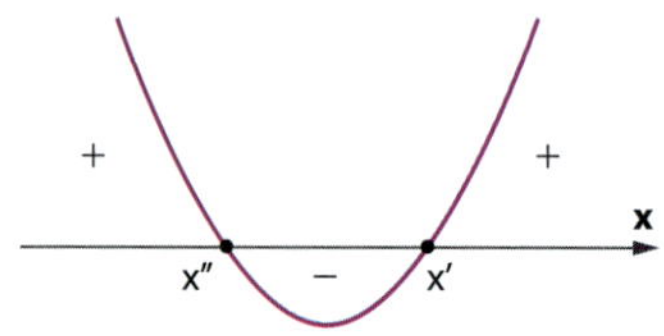

$\Delta > 0$ e $a < 0$

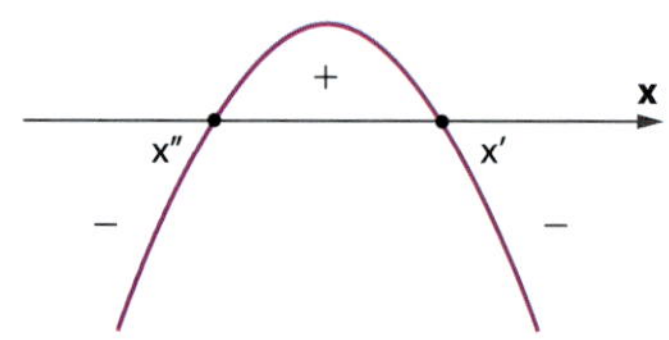

Para refletir
O que significam os sinais + e − no dispositivo prático?

Assim, quando $\Delta > 0$, f(x) tem o sinal oposto ao de **a** quando **x** está entre as raízes da equação e tem o sinal de **a** quando **x** está fora do intervalo das raízes.

2º caso: $\Delta = 0$

Neste caso:

- a função admite um zero real duplo $x' = x"$;
- a parábola que representa a função tangencia o eixo **x**.

$a > 0$

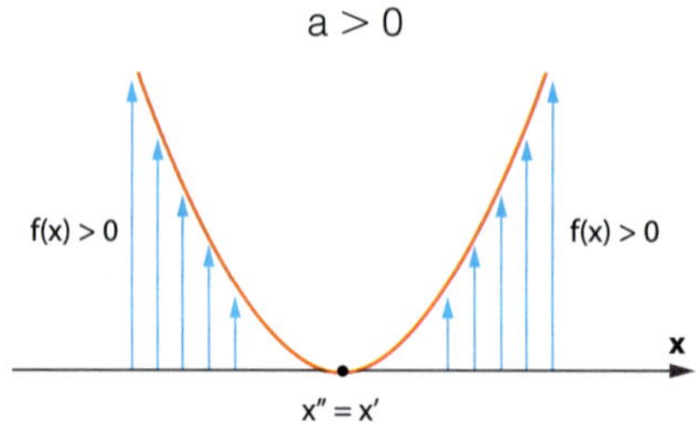

$f(x) = 0$ para $x = x' = x"$

$f(x) > 0$ para $x \neq x'$

$a < 0$

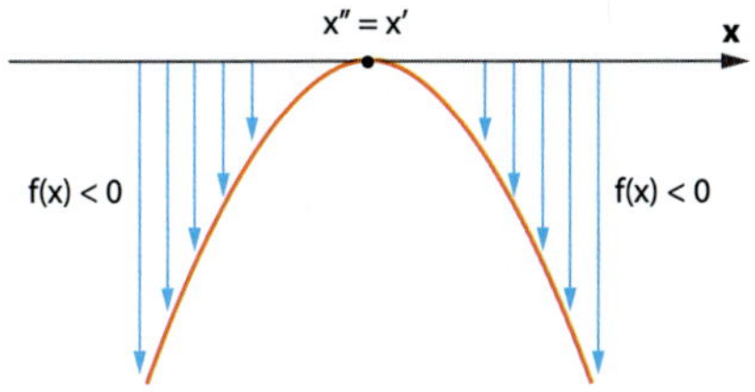

$f(x) = 0$ para $x = x' = x''$

$f(x) < 0$ para $x \neq x'$

Dispositivo prático:

$\Delta = 0$
e
$a > 0$

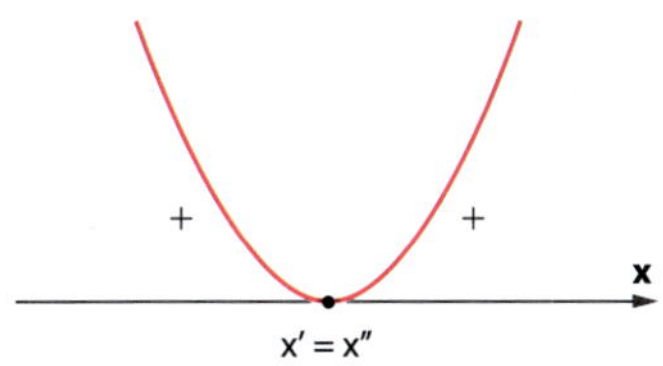

$\Delta = 0$
e
$a < 0$

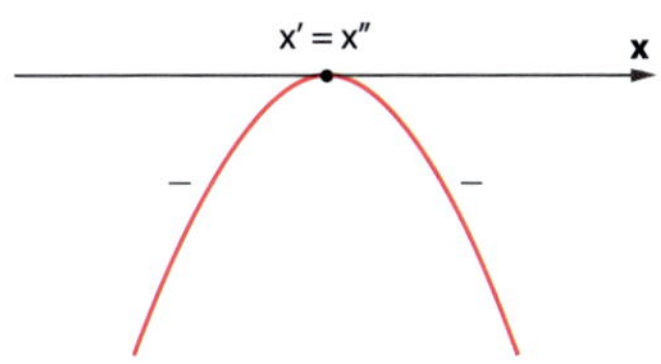

Assim, quando $\Delta = 0$, f(x) tem o sinal de **a** para **x** diferente da raiz dupla da equação.

3º caso: $\Delta < 0$

Neste caso:

- a função não admite zeros reais;
- a parábola que representa a função não intersecta o eixo **x**.

$a > 0$

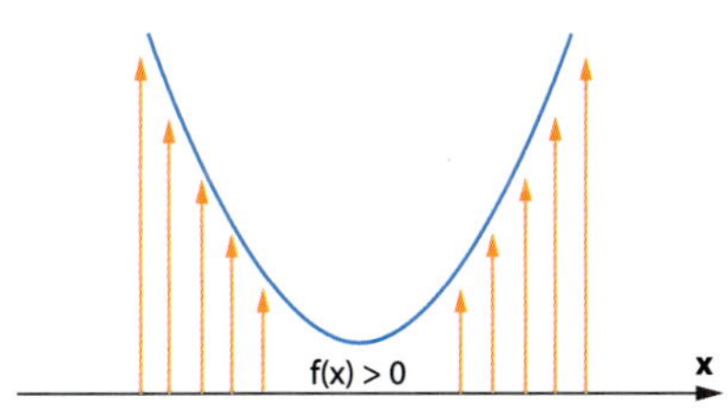

$f(x) > 0$ para todo **x** real

$a < 0$

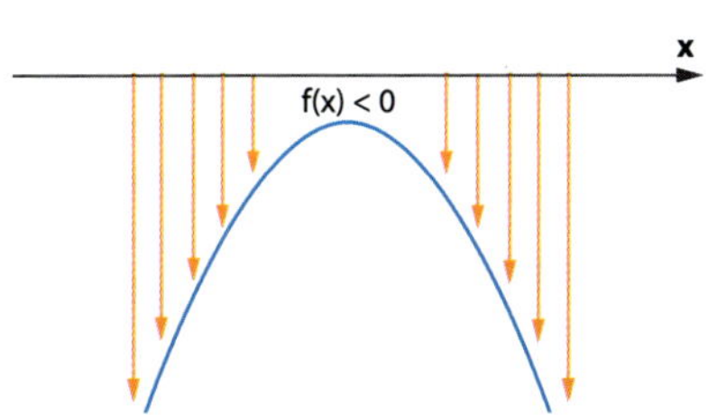

$f(x) < 0$ para todo **x** real

Dispositivo prático:

$\Delta < 0$
e
$a > 0$

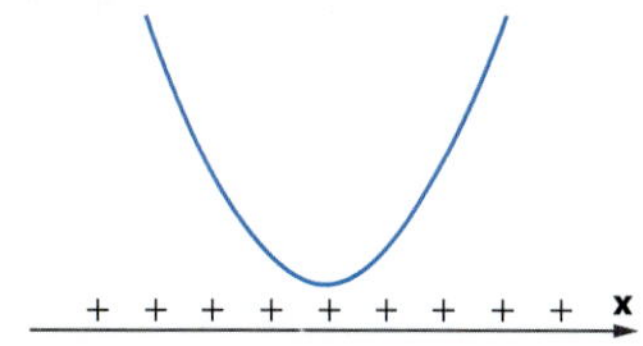

$\Delta < 0$
e
$a < 0$

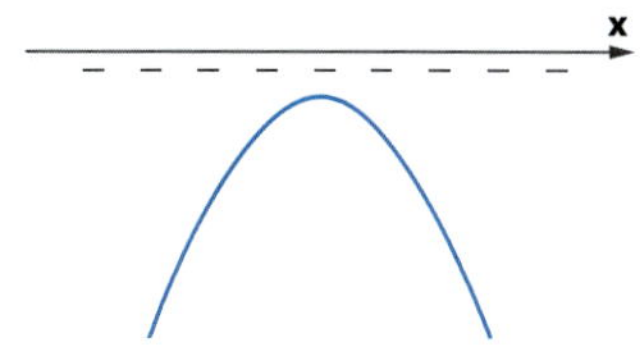

Assim, quando $\Delta < 0$, f(x) tem o sinal de **a** para qualquer valor real de **x**.

Exemplos de aplicação

1 Estude o sinal das seguintes funções:

a) $f(x) = x^2 - 7x + 6$

$a = 1 > 0$

$\Delta = (-7)^2 - 4(1)(6) = 25 > 0$

zeros da função: $x' = 6$ e $x'' = 1$

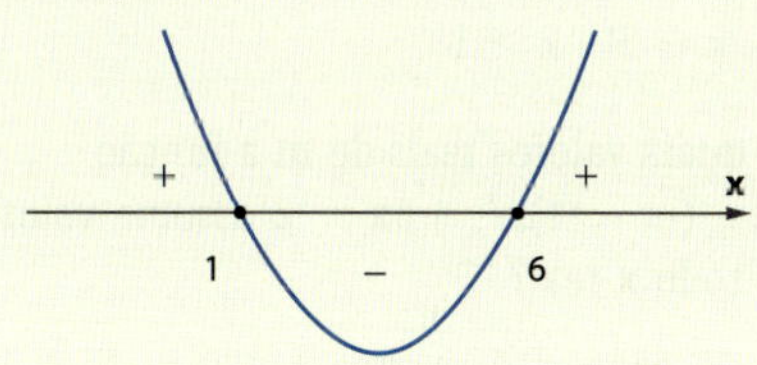

Então, $f(x) = 0$ para $x = 1$ ou $x = 6$; $f(x) > 0$ para $x < 1$ ou $x > 6$ e $f(x) < 0$ para $1 < x < 6$.

Portanto, f(x) é positiva para **x** fora do intervalo [1, 6], é nula para $x = 1$ ou $x = 6$ e negativa para **x** entre 1 e 6.

b) $f(x) = 9x^2 + 6x + 1$

$a = 9 > 0$

$\Delta = (6)^2 - 4(9)(1) = 0$

zero da função: $x = -\frac{1}{3}$

Logo, $f(x) = 0$ para $x = -\frac{1}{3}$ e

$f(x) > 0$ para todo $x \neq -\frac{1}{3}$.

Ou seja, f(x) é positiva para todo $x \neq -\frac{1}{3}$ e se anula em $x = -\frac{1}{3}$.

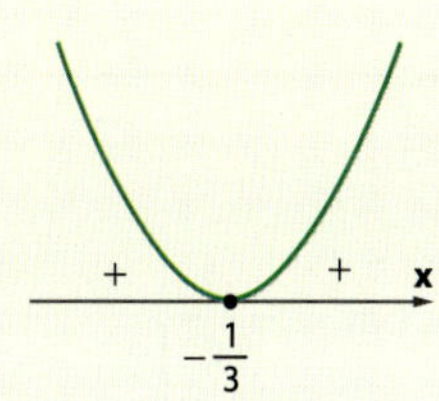

c) $f(x) = -2x^2 + 3x - 4$

$a = -2 < 0$

$\Delta = (3)^2 - 4(-2)(-4) = -23 < 0$

Portanto, $\Delta < 0$ e a função não tem zeros reais.

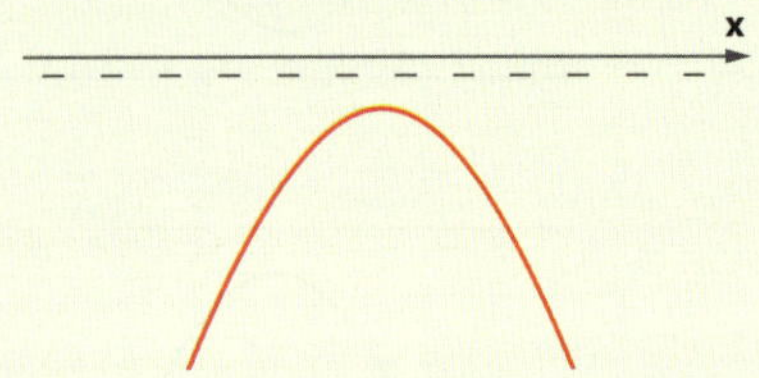

Logo, $f(x) < 0$ para todo **x** real, ou seja, $f(x)$ é *sempre negativa.*

2 Quais são os valores reais de **k** para que a função $f(x) = x^2 - 2x + k$ seja positiva para todo **x** real?

Condições: $\begin{cases} a > 0 \text{ (já satisfeita, pois } a = 1 > 0) \\ \Delta < 0 \end{cases}$

Cálculo do Δ:

$\Delta = (-2)^2 - 4(1)(k) = 4 - 4k$

Daí:

$4 - 4k < 0 \Rightarrow -4k < -4 \Rightarrow 4k > 4 \Rightarrow k > \frac{4}{4} \Rightarrow$

$\Rightarrow k > 1$

Logo, $k \in \mathbb{R} \mid k > 1$.

3 Para quais valores reais de **m** a função $f(x) = (m - 1)x^2 - 6x - 2$ assume valores negativos para todo **x** real?

Condições: $\begin{cases} a < 0 \Rightarrow m - 1 < 0 \Rightarrow m < 1 \quad \text{(I)} \\ \Delta < 0 \end{cases}$

Cálculo do Δ:

$\Delta = (-6)^2 - 4(m - 1)(-2) = 36 + 8m - 8 = 8m + 28$

Daí:

$8m + 28 < 0 \Rightarrow 8m < -28 \Rightarrow m < -\frac{28}{8} \Rightarrow$

$\Rightarrow m < -\frac{7}{2} \quad \text{(II)}$

Como as duas condições devem ser satisfeitas *ao mesmo tempo*, fazemos a intersecção de (I) e (II) obtendo **S**:

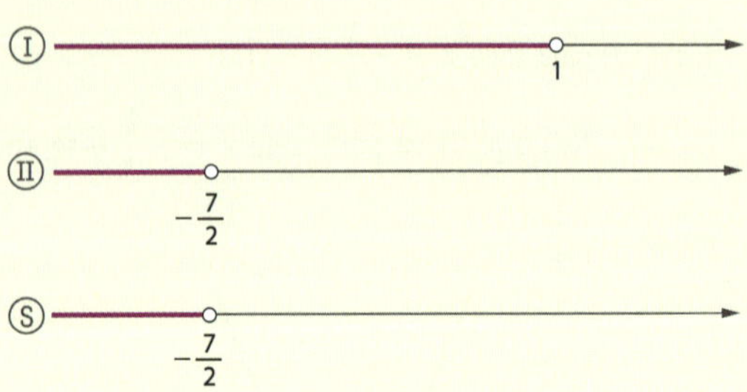

$S = \left\{m \in \mathbb{R} \mid m < -\frac{7}{2}\right\}$

» Exercícios

60 Estude o sinal das seguintes funções quadráticas:

a) $f(x) = x^2 - 3x - 4$

b) $f(x) = -3x^2 + 2x + 1$

c) $f(x) = x^2 + 4x + 4$

d) $f(x) = x^2 - 4$

e) $f(x) = -3x^2 + 2x - 4$

f) $f(x) = -2x^2 + 3x$

61 Para que valores reais de **x** a função $f(x) = x^2 + 7x + 10$ é positiva?

62 Dada a função $f(x) = x^2 - 8x + 16$, determine os valores reais de **x** para os quais $f(x) > 0$.

63 Para que valores reais de **x** a função $f(x) = x^2 - 2x + 6$ é negativa?

64 Para quais valores de **m** a função $f(x) = x^2 + 5x + 5m$ assume valores positivos para todo **x** real?

65 Determine **k** para que a função $f(x) = kx^2 + (2k + 3)x + k$ seja negativa para todo **x** real.

10. Inequações do 2º grau

Desigualdades como estas:

- $x^2 - 5x + 6 > 0$
- $-3x^2 + 2x - 1 < 0$
- $3x^2 < 0$
- $3x^2 - 4 \geqslant x + 3$
- $x^2 - 4 \leqslant 0$
- $-2x^2 + 5x > 0$
- $x^2 + 7x + 10 \geqslant 0$
- $(x - 3)(x + 3) < 0$

denominam-se *inequações do 2º grau.*

Vejamos como encontrar a solução de inequações do 2º grau usando o estudo do sinal da função quadrática.

Para refletir
Como identificar uma inequação do 2º grau?

» Exemplo de aplicação

Resolva as seguintes inequações em $\mathbb{R}$:

a) $x^2 - 3x + 2 < 0$

Resolver a inequação $x^2 - 3x + 2 < 0$ significa determinar os valores reais de **x** para os quais a função $f(x) = x^2 - 3x + 2$ assume valores negativos.

$a = 1 > 0$

$\Delta = (-3)^2 - 4(1)(2) = 9 - 8 = 1 > 0; \Delta > 0$

Dispositivo prático:

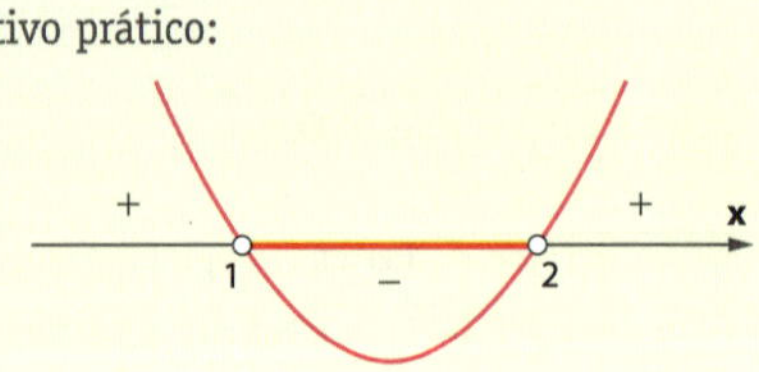

As raízes da equação $x^2 - 3x + 2 = 0$ são $x' = 1$ e $x'' = 2$.

Como devemos ter $f(x) < 0$, então

$S = \{x \in \mathbb{R} \mid 1 < x < 2\}$ é a solução da inequação.

b) $-x^2 + 9 \geqslant 0$

$a = -1 < 0$

$\Delta = (0)^2 - 4(-1)(9) = 36 > 0;\ \Delta > 0$

As raízes da equação $x^2 - 9 = 0$ são $x' = -3$ e $x'' = 3$.

Dispositivo prático:

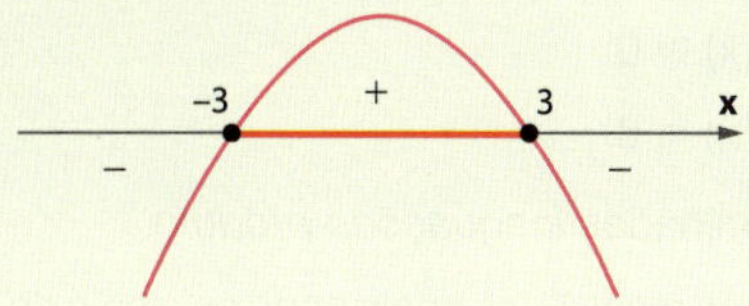

Como devemos ter $f(x) \geqslant 0$, então

$S = \{x \in \mathbb{R} \mid -3 \leqslant x \leqslant 3\}$ é a solução da inequação.

c) $2x^2 - 2x + 5 > 0$

$a = 2 > 0$

$\Delta = (-2)^2 - 4(2)(5) = 4 - 40 = -36 < 0;\ \Delta < 0$

A equação $2x^2 - 2x + 5 = 0$ não tem raízes reais.

Dispositivo prático:

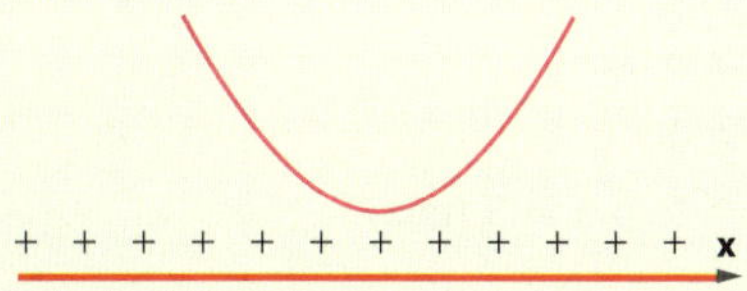

Como devemos ter $f(x) > 0$, então $S = \mathbb{R}$.

d) $-x^2 + 6x - 9 > 0$

$a = -1 < 0$

$\Delta = (6)^2 - 4(-1)(-9) = 36 - 36 = 0;\ \Delta = 0$

A equação $-x^2 + 6x - 9 = 0$ tem uma raiz dupla: $x' = x'' = 3$.

Dispositivo prático:

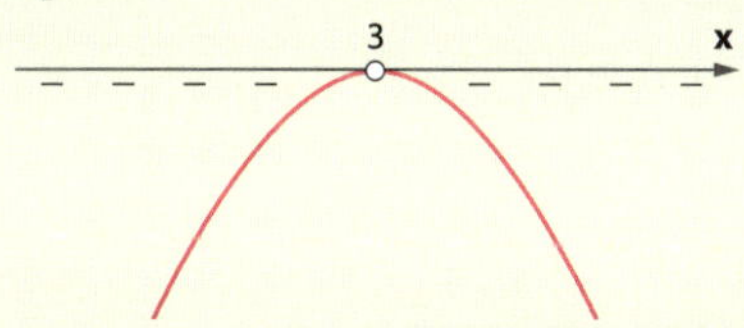

Neste caso, é impossível obter **a** negativo e f(x) positiva, pois f(x) deveria ter o sinal de **a** para **x** diferente da raiz dupla.

Logo, $S = \varnothing$

e) $(x - 1)^2 \geqslant 3 - x$

Neste caso, devemos inicialmente escrever a inequação na forma $f(x) \geqslant 0$.

$(x - 1)^2 \geqslant 3 - x \Rightarrow x^2 - 2x + 1 \geqslant 3 - x \Rightarrow$

$\Rightarrow x^2 - 2x + 1 - 3 + x \geqslant 0 \Rightarrow x^2 - x - 2 \geqslant 0$

$a = 1 > 0$

$\Delta = (-1)^2 - 4(1)(-2) = 1 + 8 = 9 > 0;\ \Delta > 0$

As raízes da equação $x^2 - x - 2 = 0$ são $x' = 2$ e $x'' = -1$.

Dispositivo prático:

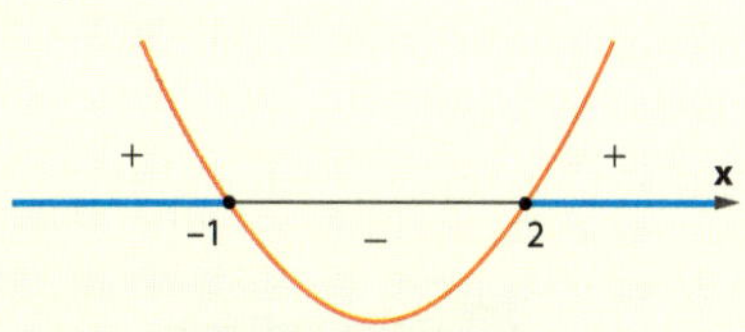

Como devemos ter $f(x) \geqslant 0$, então

$S = \{x \in \mathbb{R} \mid x \leqslant -1 \text{ ou } x \geqslant 2\}$ é a solução da inequação.

Exercícios

66 Resolva as seguintes inequações do 2º grau:

a) $3x^2 - 10x + 7 < 0$

b) $-2x^2 - x + 1 \leqslant 0$

c) $x^2 - 10x + 25 > 0$

67 Resolva as seguintes inequações do 2º grau:

a) $x^2 - 5x + 10 < 0$

b) $-4x^2 + 9 \geqslant 0$

c) $-x^2 - 8x - 16 < 0$

68 Considere a função $f(x) = x^2 + 1$. Calcule os valores reais de **x** para que se tenha $f(x + 2) < f(2)$.

69 Resolva as seguintes inequações do 2º grau:

a) $3(x - 1) - 6x \geqslant 2 - 2x(x - 3)$

b) $2(x - 1)^2 < x$

c) $3(x^2 - 10) > 4x^2 - 34$

70 Qual é o menor número inteiro positivo que satisfaz a condição $3x \leqslant \frac{1}{2}x(x - 1)$?

Inequações simultâneas

Resolver inequações simultâneas é o mesmo que resolver um sistema de inequações.

Exemplos de aplicação

1 Resolva $-8 \leqslant x^2 - 2x - 8 \leqslant 0$ em $\mathbb{R}$.

$$\begin{cases} x^2 - 2x - 8 \leqslant 0 \\ x^2 - 2x - 8 \geqslant -8 \end{cases} \Rightarrow \begin{cases} x^2 - 2x - 8 \leqslant 0 \\ x^2 - 2x \geqslant 0 \end{cases}$$

$x^2 - 2x - 8 \leqslant 0$ (I)

$a = 1 > 0$

$\Delta = 36 > 0$

$x' = 4$ e $x'' = -2$

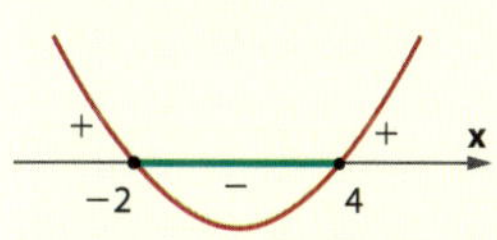

$x^2 - 2x \geqslant 0$ (II)

$a = 1 > 0$

$\Delta = 4 > 0$

$x' = 2$ e $x'' = 0$

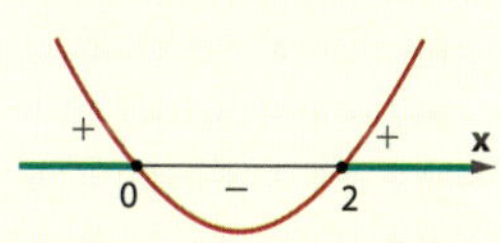

$S_I = \{x \in \mathbb{R} \mid -2 \leqslant x \leqslant 4\}$ $\quad S_{II} = \{x \in \mathbb{R} \mid x \leqslant 0 \text{ ou } x \geqslant 2\}$

Como temos duas condições que devem ser satisfeitas simultaneamente, vamos determinar a intersecção $S = S_I \cap S_{II}$:

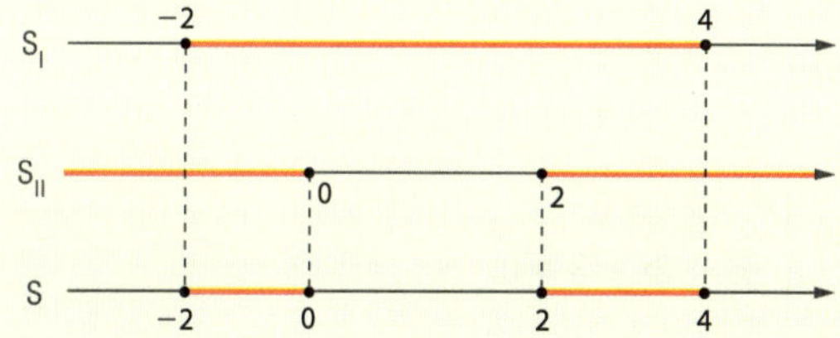

$S = \{x \in \mathbb{R} \mid -2 \leqslant x \leqslant 0 \text{ ou } 2 \leqslant x \leqslant 4\}$

2 Resolva o sistema $\begin{cases} x - 1 > 0 \\ x^2 - 5x - 6 < 0 \end{cases}$ em $\mathbb{R}$.

$x - 1 > 0$ (I)
$a = 1 > 0$
$x = 1$ (raiz)

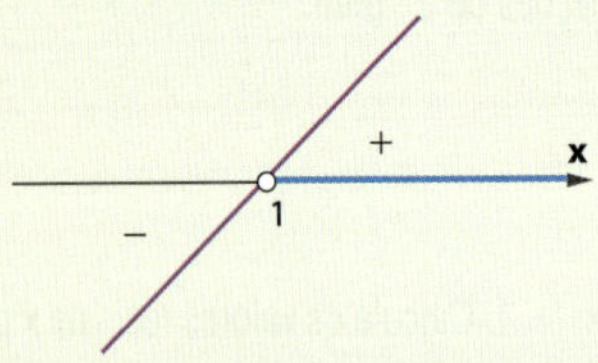

$S_I = \{x \in \mathbb{R} \mid x > 1\}$
$x^2 - 5x - 6 < 0$ (II)
$a = 1 > 0$
$\Delta = 49 > 0$
$x' = 6$ e $x'' = -1$ (raízes)

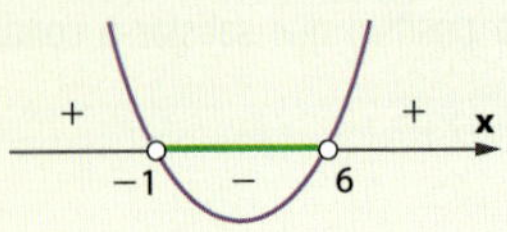

$S_{II} = \{x \in \mathbb{R} \mid -1 < x < 6\}$

Vamos calcular $S = S_I \cap S_{II}$:

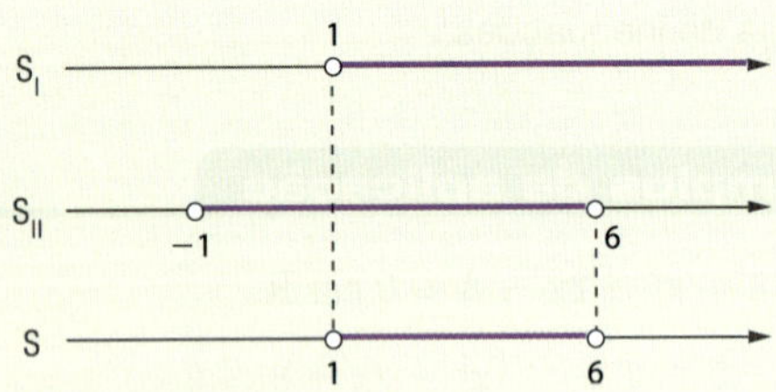

$S = \{x \in \mathbb{R} \mid 1 < x < 6\}$

Exercícios

71 Resolva em $\mathbb{R}$:

a) $-6 < x^2 - 5x < 6$
b) $7 \leqslant x^2 + 3 < 4x$
c) $2 \leqslant x^2 - x \leqslant 20 - 2x$
d) $3 < x^2 - 2x + 8 < 8$

72 Resolva os sistemas de inequações em $\mathbb{R}$:

a) $\begin{cases} x^2 + 6x + 8 \geqslant 0 \\ x + 5 < 0 \end{cases}$

b) $\begin{cases} x^2 - 1 \leqslant 0 \\ x^2 - 2x > 0 \end{cases}$

c) $\begin{cases} x^2 - 2x \geqslant 0 \\ -x^2 + 2x + 3 \geqslant 0 \end{cases}$

d) $\begin{cases} x^2 - 2x + 1 > 0 \\ x^2 - 4 < 0 \end{cases}$

Inequação-produto

Desigualdades como estas:

- $f(x) \cdot g(x) > 0$
- $f(x) \cdot g(x) < 0$
- $f(x) \cdot g(x) \geqslant 0$
- $f(x) \cdot g(x) \leqslant 0$

são denominadas *inequações-produto*.

Podemos resolvê-las analisando os sinais de cada função e depois aplicá-los ao produto.

Exemplo de aplicação

Resolva as inequações a seguir em $\mathbb{R}$:

a) $(x - 3)(x^2 + 3x - 4) > 0$

$f(x) = x - 3$
$a = 1 > 0$
$x - 3 = 0 \Rightarrow x = 3$ (raiz)

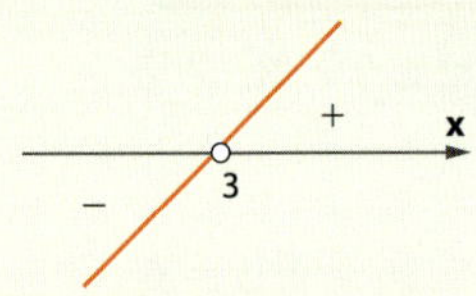

$g(x) = x^2 + 3x - 4$
$a = 1 > 0$
$\Delta = 25; \Delta > 0$
$x' = 1$ e $x'' = -4$ (raízes da equação)

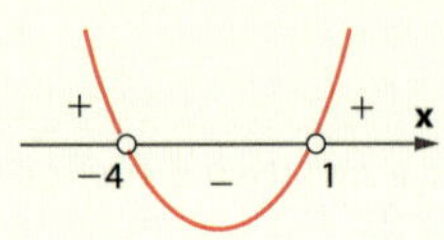

Quadro de resolução:

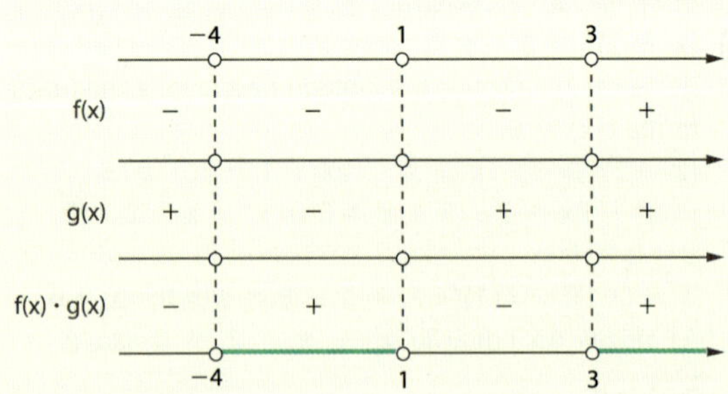

De acordo com a inequação dada, devemos ter $f(x) \cdot g(x) > 0$. Então:

$S = \{x \in \mathbb{R} \mid -4 < x < 1 \text{ ou } x > 3\}$

Para refletir
Como são obtidos os sinais de $f(x) \cdot g(x)$?

b) $(x^2 - 9x - 10)(x^2 - 4x + 4) \leqslant 0$

$f(x) = x^2 - 9x - 10$

$a = 1 > 0$

$\Delta = 121 > 0$

raízes: $x' = 10$ e $x'' = -1$

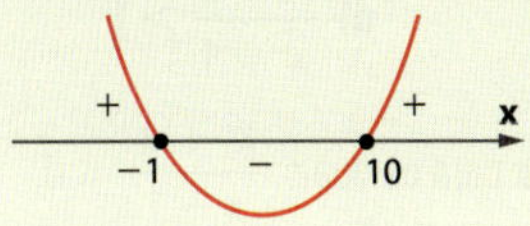

$g(x) = x^2 - 4x + 4$

$a = 1 > 0$

$\Delta = 0$

raiz: 2

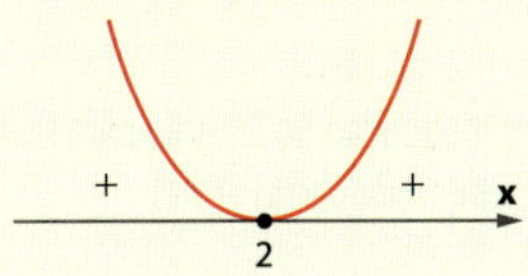

Quadro de resolução:

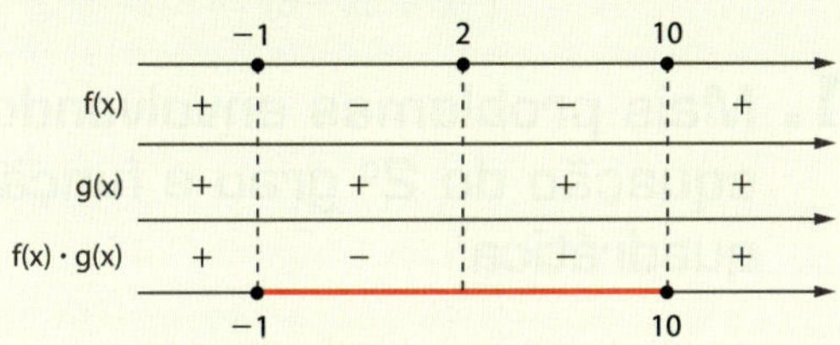

Logo, $S = \{x \in \mathbb{R} \mid -1 \leqslant x \leqslant 10\}$.

Exercícios

73 Resolva as seguintes inequações em $\mathbb{R}$:
a) $(x - 3)(-x^2 + 3x + 10) < 0$ **b)** $(x^2 - 3x)(-x + 2) \geqslant 0$

74 Determine o conjunto solução da inequação $(-x^2 - x + 6)(x^2 - 4x) \geqslant 0$ em $\mathbb{R}$.

75 Para quais valores reais de **x** o produto $(x^2 - 5x + 6)(x^2 - 16)$ é positivo?

76 Quais os números inteiros positivos que pertencem ao conjunto solução da inequação $(x^2 - 2x - 15)(-x + 2) > 0$?

Inequação-quociente

Desigualdades como estas:

- $\dfrac{f(x)}{g(x)} > 0$
- $\dfrac{f(x)}{g(x)} \geqslant 0$
- $\dfrac{f(x)}{g(x)} < 0$
- $\dfrac{f(x)}{g(x)} \leqslant 0$

são denominadas *inequações-quociente*.

Lembramos que a regra de sinal para o cálculo do quociente de dois números reais é a mesma que para o cálculo do produto, e que uma fração se anula quando o numerador é zero e o denominador diferente de zero.

Exemplo de aplicação

Resolva as inequações a seguir em $\mathbb{R}$:

a) $\dfrac{x^2 - 8x + 12}{x^2 - 9} \leqslant 0$

$f(x) = x^2 - 8x + 12$

$a = 1 > 0$

$\Delta = 16; \Delta > 0$

raízes: $x' = 6$ e $x'' = 2$

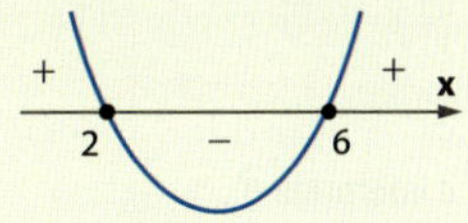

$g(x) = x^2 - 9$

$a = 1 > 0$

$\Delta = 36; \Delta > 0$

raízes: $x' = 3$ e $x'' = -3$

Restrição: $x^2 - 9 \neq 0 \Rightarrow x \neq 3$ e $x \neq -3$

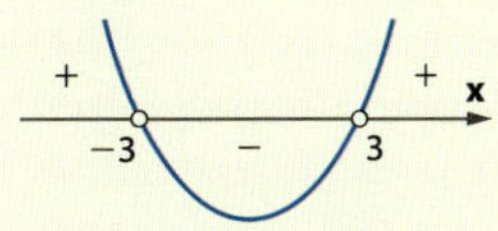

Quadro de resolução:

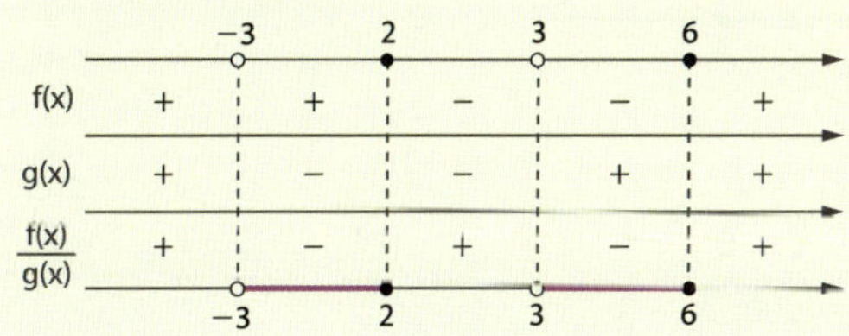

$S = \{x \in \mathbb{R} \mid -3 < x \leqslant 2 \text{ ou } 3 < x \leqslant 6\}$

b) $\dfrac{x^2 + 5x}{x + 1} < 3$

Neste caso, vamos obter a inequação-quociente equivalente fazendo as transformações necessárias.

$\dfrac{x^2 + 5x}{x + 1} - 3 < 0 \Rightarrow \dfrac{x^2 + 5x - 3(x + 1)}{x + 1} < 0 \Rightarrow$

$\Rightarrow \dfrac{x^2 + 2x - 3}{x + 1} < 0$

$f(x) = x^2 + 2x - 3$

$a = 1 > 0$

$\Delta = 16; \Delta > 0$

raízes: $x' = 1$ e $x'' = -3$

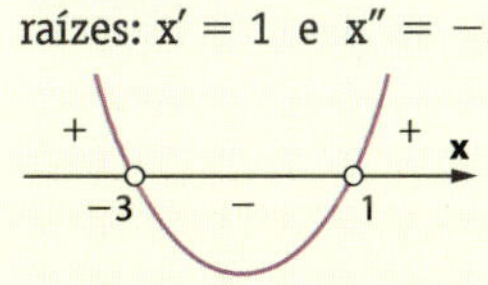

$g(x) = x + 1$

$a = 1 > 0$

raiz: $x = -1$

Restrição: $x + 1 \neq 0 \Rightarrow x \neq -1$

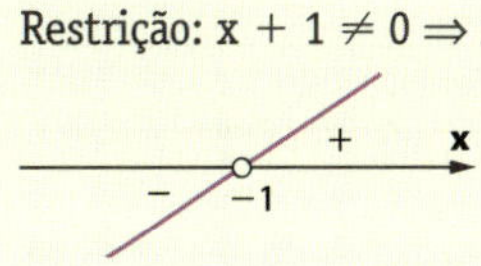

Quadro de resolução:

	$x < -3$	-3	$-3 < x < -1$	-1	$-1 < x < 1$	1	$x > 1$
f(x)	+		−		−		+
g(x)	−		−		+		+
$\frac{f(x)}{g(x)}$	−	○	+	○	−	○	+

$S = \{x \in \mathbb{R} \mid x < -3 \text{ ou } -1 < x < 1\}$

Para refletir
Analise com atenção e interprete o significado das flechas, das bolinhas vazias ○, das bolinhas cheias • e do traço mais forte nos dispositivos práticos.

c) $\dfrac{(x-4)(x^2-25)}{-x^2+5x-4} \geq 0$

$f(x) = x - 4$
$a = 1 > 0$
raiz: $x = 4$

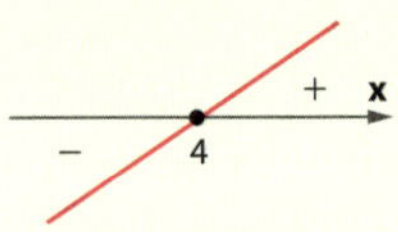

$g(x) = x^2 - 25$
$a = 1 > 0$
$\Delta = 100; \Delta > 0$
raízes: $x' = 5$ e $x'' = -5$

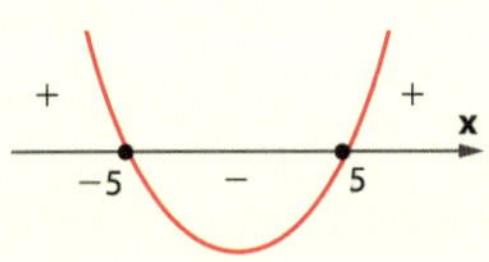

$h(x) = -x^2 + 5x - 4$
$a = -1 < 0$
$\Delta = 9; \Delta > 0$
raízes: $x' = 1$ e $x'' = 4$
Restrição: $-x^2 + 5x - 4 \neq 0 \Rightarrow x \neq 1$ e $x \neq 4$

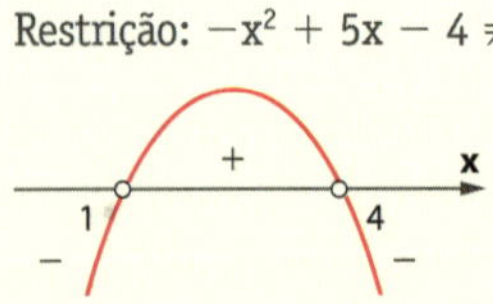

Quadro de resolução:

	$x < -5$	-5	$-5 < x < 1$	1	$1 < x < 4$	4	$4 < x < 5$	5	$x > 5$
f(x)	−		−		−		+		+
g(x)	+		−		−		−		+
h(x)	−		−		+		−		−
$\frac{f(x) \cdot g(x)}{h(x)}$	+	•	−	○	+	○	+	•	−

$S = \{x \in \mathbb{R} \mid x \leq -5 \text{ ou } 1 < x < 4 \text{ ou } 4 < x \leq 5\}$

Exercícios

77 Resolva as inequações em $\mathbb{R}$:

a) $\dfrac{x^2-5x+6}{x-2} > 0$

b) $\dfrac{x^2-3x+2}{x-4} \leq 0$

c) $\dfrac{x^2-2}{x} \leq 1$

d) $\dfrac{x^2+x}{x^2-1} > 1$

78 Determine os valores reais de **x** para os quais $\dfrac{x^2+x}{x-1} \leq 0$.

79 Determine os valores reais de **x** para os quais a expressão $\dfrac{x^2-7x+12}{x-2}$ seja positiva.

80 Para quais valores reais de **x** a desigualdade $\dfrac{x-3}{x-2} + 1 \leq x$ é verdadeira?

81 Use inequação-produto e depois inequação do 2º grau para resolver de duas formas diferentes a seguinte inequação em $\mathbb{R}$:
$(x-4)(-x+2) \geq 0$.

82 Resolva a inequação $\dfrac{(x^2-4x+3)^7(40-5x)^9}{(-x^2+6x-8)^6} \geq 0$.

11. Mais problemas envolvendo equação do 2º grau e função quadrática

objeto digital

Exercícios

83 A despesa total de um condomínio é de R$ 3600,00. No entanto, 10 condôminos deixaram de pagar, ocasionando um acréscimo de R$ 60,00 para cada condômino. Quantos são os condôminos no total e quanto cada um dos pagantes pagou?

84 Um ônibus de 40 lugares foi fretado para uma excursão. A empresa exigiu de cada passageiro R$ 20,00 mais R$ 2,00 por lugar vago. Qual o número de passageiros para que a rentabilidade da empresa seja máxima?

85 Dois amigos levam juntos 24 horas para descarregar um trem carregado de farinha. Se os dois trabalhassem sozinhos, um deles levaria 20 horas a menos do que o outro para descarregar a farinha. Em quanto tempo cada um deles descarregaria o trem?

86 Duas torneiras enchem uma piscina em 18 horas. Uma delas sozinha levaria 15 horas a mais do que a outra para enchê-la. Quantas horas leva cada uma das torneiras para encher essa piscina?

87 Define-se custo médio de produção $C_m(x)$ o valor de produção de uma peça de um lote de **x** peças. Assim, o custo médio é calculado dividindo-se o custo total pelo número de peças produzidas: $C_m(x) = \dfrac{C(x)}{x}$. Se o custo médio de produção de certa mercadoria é dado por $C_m(x) = -x + 3 + \dfrac{10}{x}$ e a função receita é dada por $R(x) = 10x - 2x^2$ (**x** é dado em milhares):

a) obtenha o número de peças a serem produzidas para que o lucro seja máximo;

b) classifique a função C_m quanto ao crescimento no intervalo [1, 4]. O que você pode concluir após analisar o crescimento da função?

6
Capítulo

Função modular

Um professor de Matemática parte da Universidade Federal de São Carlos (Ufscar), localizada na cidade de São Carlos-SP, na rodovia Washington Luís, km 235, em direção à Universidade Estadual Paulista (Unesp), localizada na cidade de Rio Claro, São Paulo, na mesma rodovia, no km 175. Nesse deslocamento, o automóvel do professor desenvolve uma velocidade média de 85 km/h. No mesmo instante, saindo da Unesp em direção à Ufscar, pela mesma rodovia, um professor de Física desenvolve uma velocidade média de 95 km/h no seu veículo. A figura acima ilustra a rodovia e as duas universidades.

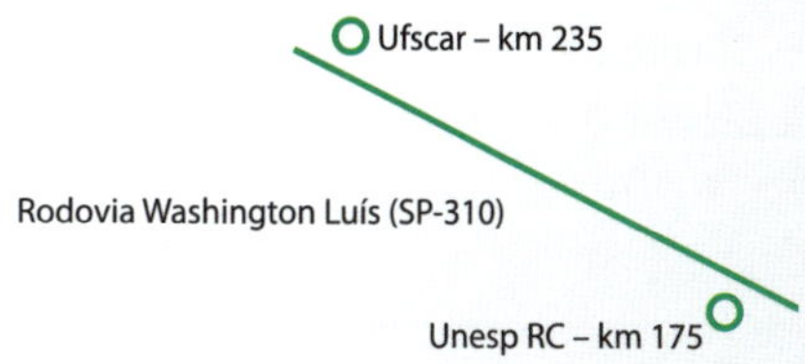

Considere que as equações horárias dos automóveis sejam $S_1 = 175 + 95t$ e $S_2 = 235 - 85t$, onde $\mathbf{S_1}$ é a posição do veículo que sai de Rio Claro e $\mathbf{S_2}$ é a posição do veículo que sai de São Carlos, ambas em função do instante **t** (em horas).

Se desejarmos saber em que instantes da viagem a distância na rodovia que separa os dois professores será de 30 km, estaremos diante de uma situação que pode ser resolvida usando-se os conceitos de módulo e equação modular. Esse problema será resolvido na página 109, após estudarmos os conceitos necessários.

1. Módulo de um número real

O *módulo* ou *valor absoluto* de um número real **r**, que representamos por $|r|$, é considerado igual a **r** se $r \geq 0$ e igual a $-$**r** se $r < 0$. Por exemplo:

- $|2| = 2$, porque, neste caso, $r = 2$ e $2 > 0$
- $|0| = 0$, porque, neste caso, $r = 0$
- $|-2| = -(-2) = 2$, porque $r = -2$ e $-2 < 0$

Resumindo, podemos escrever:

$$|r| = r, \text{ se } r \geq 0$$
e
$$|r| = -r, \text{ se } r < 0$$

Geometricamente, o módulo de um número indica, na reta real, a distância desse número ao zero.

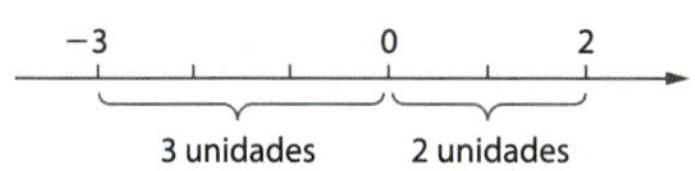

distância do 2 ao 0: 2 unidades $\rightarrow |2| = 2$
distância do -3 ao 0: 3 unidades $\rightarrow |-3| = 3$

Veja outros exemplos:

- $|3| = 3$
- $\left|\frac{1}{2}\right| = \frac{1}{2}$
- $|1{,}5| = 1{,}5$
- $|-\sqrt{2}| = -(-\sqrt{2}) = \sqrt{2}$
- $|-6| = -(-6) = 6$
- $|0| = 0$

Podemos observar que o módulo de um número real qualquer nunca é negativo, ou seja, é sempre positivo ou zero.

» Exemplo de aplicação

Calcule:

a) $2 \cdot |5|$

$2 \cdot |5| = 2 \cdot 5 = 10$

b) $|-7| + |-2|$

$|-7| + |-2| = 7 + 2 = 9$

c) $|-3| - |+8|$

$|-3| - |+8| = 3 - 8 = -5$

d) $|-5 + 3|$

$|-5 + 3| = |-2| = 2$

e) $|-5| + |3|$

$|-5| + |3| = 5 + 3 = 8$

f) $|(-5)(-4)|$

$|(-5)(-4)| = |20| = 20$

g) $|3 - x|$ quando $x = 7$

$|3 - x| = |3 - 7| = |-4| = 4$

h) $|x^2 - 3x - 10|$ quando $x = 2$

$|x^2 - 3x - 10| = |4 - 6 - 10| = |-12| = 12$

i) $|x^2|$ com $x \in \mathbb{R}$

Como $x \in \mathbb{R} \Rightarrow x^2 \geq 0$ e, pela definição, $|x^2| = x^2$.

j) $|x^5|$ com $x \in \mathbb{R}$

- se $x \geqslant 0$, então $x^5 \geqslant 0$ e, pela definição, $|x^5| = x^5$
- se $x < 0$, então $x^5 < 0$ e, pela definição, $|x^5| = -x^5$

> **Fique atento**
> $|x^2|$ independe do sinal de **x**.
> $|x^5|$ depende do sinal de **x**.

k) $|x - 3|$ com $x \in \mathbb{R}$

Para resolver este exercício, usamos o estudo do sinal de $f(x) = x - 3$:

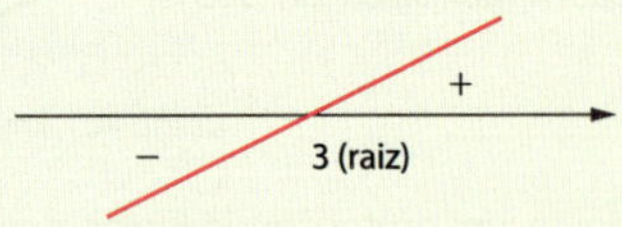

$x \geqslant 3 \Rightarrow x - 3 \geqslant 0 \Rightarrow |x - 3| = x - 3$

$x < 3 \Rightarrow x - 3 < 0 \Rightarrow |x - 3| = -(x - 3) = -x + 3$

Então, $|x - 3| = x - 3$ quando $x \geqslant 3$ e $|x - 3| = -x + 3$ quando $x < 3$.

l) $|x - 2| + |x - 6|$ com $x < 2$

- $x < 2 \Rightarrow (x - 2) < 0$ e, pela definição, $|x - 2| = -(x - 2) = -x + 2$
- $x < 2 \Rightarrow (x - 6) < 0$ e, pela definição, $|x - 6| = -(x - 6) = -x + 6$

Então:

$x < 2 \Rightarrow |x - 2| + |x - 6| = (-x + 2) + (-x + 6) =$
$= -x + 2 - x + 6 = -2x + 8$

Portanto, para $x < 2$ temos $|x - 2| + |x - 6| = -2x + 8$.

m) $|x - 2| + |x - 6|$ com $x \in \mathbb{R}$

Vamos resolver esse exercício de duas maneiras:

1ª maneira:

Nessa expressão, devemos analisar três casos: $x < 2$, $2 \leqslant x \leqslant 6$ e $x > 6$.

- Para $x < 2$, já vimos no exercício anterior: $|x - 2| + |x - 6| = -2x + 8$
- Para $2 \leqslant x \leqslant 6$ temos $x - 2 \geqslant 0$ e $x - 6 \leqslant 0$. Então:
  $|x - 2| + |x - 6| = (x - 2) + (-x + 6) =$
  $= x - 2 - x + 6 = 4$
- Para $x > 6$ temos $x - 2 > 0$ e $x - 6 > 0$. Então:
  $|x - 2| + |x - 6| = (x - 2) + (x - 6) = 2x - 8$

Logo, $|x - 2| + |x - 6| = \begin{cases} -2x + 8, \text{ se } x < 2 \\ 4, \text{ se } 2 \leqslant x \leqslant 6 \\ 2x - 8, \text{ se } x > 6 \end{cases}$.

2ª maneira:

$|x - 2| = \begin{cases} x - 2, \text{ se } x \geqslant 2 \\ -x + 2, \text{ se } x < 2 \end{cases}$

$|x - 6| = \begin{cases} x - 6, \text{ se } x \geqslant 6 \\ -x + 6, \text{ se } x < 6 \end{cases}$

	(x < 2)	2 (2 ≤ x ≤ 6) 6	(x > 6)
$\|x-2\|$	$-x+2$	$x-2$	$x-2$
$\|x-6\|$	$-x+6$	$-x+6$	$x-6$
$\|x-2\|+\|x-6\|$	$-2x+8$	4	$2x-8$

Logo:

$|x - 2| + |x - 6| = \begin{cases} -2x + 8, \text{ se } x < 2 \\ 4, \text{ se } 2 \leqslant x \leqslant 6 \\ 2x - 8, \text{ se } x > 6 \end{cases}$

Exercícios

1 Calcule:

a) $|-7|$
b) $|\pi - 3|$
c) $|\pi - 5|$
d) $(-3) \cdot |-5|$
e) $|-9| + |-7|$
f) $-|-7|$
g) $|-2 + 5|$
h) $|2x - 1|$, quando $x = -5$

2 Aplicando a definição, escreva a expressão dada usando sentenças que não apresentem módulo.

a) $|x^4|$ com $x \in \mathbb{R}$
b) $|x^3|$ com $x \in \mathbb{R}$
c) $|x + 1|$ com $x < -1$
d) $|x - 2|$ com $x \in \mathbb{R}$

3 Aplicando a definição, escreva a expressão dada usando sentenças que não apresentem módulo.

a) $|x - 2| + |x - 1|$ com $x > 2$
b) $|x - 1| + |x - 4|$ com $1 < x < 4$
c) $|x - 2| + |x - 5|$ com $x > 4$ (Sugestão: analise $4 < x < 5$ e $x \geqslant 5$.)
d) $|x - 3| - |x - 5|$ com $x \in \mathbb{R}$

Propriedades envolvendo módulo

Admitiremos, sem demonstrar, algumas propriedades dos módulos:

1ª) Para todo $r \in \mathbb{R}$, temos $|r| = |-r|$.

Exemplos:

a) $|7| = |-7|$
$\downarrow \quad \downarrow$
$7 \quad 7$

b) $|-4| = |4|$
$\downarrow \quad \downarrow$
$4 \quad 4$

c) $\left|\frac{1}{2}\right| = \left|-\frac{1}{2}\right|$
$\downarrow \quad \downarrow$
$\frac{1}{2} \quad \frac{1}{2}$

> **Fique atento**
> Cuidado! A igualdade $|-r| = r$ *não* é verdadeira para $r < 0$. Por exemplo, para $r = -5$, temos $|-(-5)| = -5$ ou $|5| = -5$, que é falso.

2ª) Para todo $r \in \mathbb{R}$, temos $|x^2| = |x|^2 = x^2$.

Exemplos:

a) Para $x = 6 \Rightarrow x^2 = 36$, $|x^2| = |36| = 36$ e $|x|^2 = |6|^2 = 6^2 = 36$

b) Para $x = 0 \Rightarrow x^2 = 0$, $|x^2| = |0^2| = |0| = 0$ e $|x|^2 = |0|^2 = 0^2 = 0$

c) Para $x = -5 \Rightarrow x^2 = 25$, $|x^2| = |25| = 25$ e $|x|^2 = |-5|^2 = 5^2 = 25$

Não é correto considerar $\sqrt{x^2}$ igual a **x**, pois isso é verdadeiro para $x \geq 0$, mas é falso para $x < 0$. Veja os exemplos:

- $x = 3 \Rightarrow \sqrt{x^2} = \sqrt{3^2} = \sqrt{9} = 3 = x$
- $x = -4 \Rightarrow \sqrt{x^2} = \sqrt{(-4)^2} = \sqrt{16} = 4 \neq x$

O correto é afirmar que:

para todo $x \in \mathbb{R}$, temos $\sqrt{x^2} = |x|$.

Para refletir
Compare os valores reais de **x** em cada uma das situações:
a) $x = \sqrt{49} = 7$
b) $x^2 = 49 \Rightarrow x = \pm\sqrt{49} \Rightarrow x = \pm 7$, ou seja, $x = 7$ ou $x = -7$

3ª) Para todo **x** e **y** pertencentes a IR, $|x \cdot y| = |x| \cdot |y|$.

Exemplos:

a) $x = 2$ e $y = 3 \Rightarrow |2 \cdot 3| = |2| \cdot |3|$
$|6| = 2 \cdot 3$
$6 = 6$

b) $x = 1$ e $y = -2 \Rightarrow |1 \cdot (-2)| = |1| \cdot |-2|$
$|-2| = 1 \cdot 2$
$2 = 2$

c) $x = -3$ e $y = -4 \Rightarrow |(-3) \cdot (-4)| = |-3| \cdot |-4|$
$|12| = 3 \cdot 4$
$12 = 12$

Fique atento
Para quaisquer números reais **a** e **b**, temos $|a - b| = |b - a|$.

4ª) Para todo **x** e **y** pertencentes a IR, $|x + y| \leq |x| + |y|$.

Exemplos:

a) $x = -3$ e $y = -2 \Rightarrow |(-3) + (-2)| ■ |-3| + |-2|$
$|-5| ■ 3 + 2$
$5 = 5$

b) $x = -3$ e $y = 4 \Rightarrow |(-3) + 4| ■ |-3| + |4|$
$|1| ■ 3 + 4$
$1 < 7$

c) $x = 4$ e $y = 5 \Rightarrow |4 + 5| ■ |4| + |5|$
$|9| ■ 4 + 5$
$9 = 9$

d) $x = 1$ e $y = -2 \Rightarrow |1 + (-2)| ■ |1| + |-2|$
$|-1| ■ 1 + 2$
$1 < 3$

5ª) Para todo **x** e **y** pertencentes a IR, $||x| - |y|| \leq |x - y|$.

Exemplos:

a) $x = 1$ e $y = 2 \Rightarrow ||1| - |2|| ■ |1 - 2|$
$|1 - 2| ■ |1 - 2|$
$|-1| ■ |-1|$
$1 = 1$

b) $x = 1$ e $y = -2 \Rightarrow ||1| - |-2|| ■ |1 - (-2)|$
$|1 - 2| ■ |1 + 2|$
$|-1| ■ |3|$
$1 < 3$

c) $x = -1$ e $y = -2 \Rightarrow ||1| - |-2|| ■ |(-1) - (-2)|$
$|1 - 2| ■ |1|$
$|-1| ■ |1|$
$1 = 1$

d) $x = -1$ e $y = 2 \Rightarrow ||-1| - |2|| ■ |-1 - 2|$
$|1 - 2| ■ |-3|$
$|-1| ■ |-3|$
$1 < 3$

Valor de *x* a partir do módulo de *x*

Analise cada um dos exemplos (com módulo de **x** nulo, negativo e positivo):

1º) $|x| = 0 \Rightarrow x = 0$
Zero é o único número real cujo módulo é igual a zero.

2º) $|x| = -3$
Não existe valor real para **x**, pois o valor de um módulo nunca é negativo.

3º) $|x| = 6 \Rightarrow x = 6$ ou $x = -6$, porque $|6| = 6$ e $|-6| = 6$

Para refletir
Analise e perceba a diferença entre as sentenças $x = |7|$ e $|x| = 7$.

Resumindo, podemos dizer que:

- $|x| = 0 \Rightarrow x = 0$
- Não existe $x \in \mathbb{R}$ tal que $|x| = a$, com $a < 0$.
- $|x| = a$ e $a > 0 \Rightarrow x = a$ ou $x = -a$

Exercícios

4 Verifique se as igualdades são verdadeiras ou falsas:

a) $|5| = -5$
b) $|-5| = 5$
c) $|5| = |-5|$
d) $-|5| = -5$
e) $|5| + |-5| = 0$
f) $-|-5| = 5$
g) $\sqrt{(-5)^2} = 5$
h) $|5^2| = (-5)^2$

5 Verifique se as afirmações são verdadeiras ou falsas:

a) $\sqrt{2^2} = |2|$
b) $|3^2| = |3|^2 = 3^2$
c) $|3 \cdot (-2)| < |3| \cdot |-2|$
d) $|(-3) \cdot (-4)| = |-3| \cdot |-4|$
e) $|(-1) + 2| = |-1| + |2|$
f) $|3 + (-5)| \leq |3| + |-5|$
g) $||-3| - |-2|| > |-3 + 2|$
h) $||5| - |-3|| \leq |5 + 3|$

6 Determine o valor de **y** em cada caso:

a) $|y| = 9$
b) $|y| = -6$
c) $|y| = 0$
d) $|y| = \frac{4}{5}$
e) $|y| = 1$
f) $|y| = -1$

7 Determine os possíveis valores reais de **x** nos seguintes casos:

a) $x = |-6|$
b) $|x| = -6$
c) $|x| = 6$
d) $x = |6|$
e) $x = \sqrt{25}$
f) $x^2 = 25$
g) $|x| = |3|$
h) $|x| = |-4|$

2. Distância entre dois pontos na reta real

Considerando a reta real representada por:

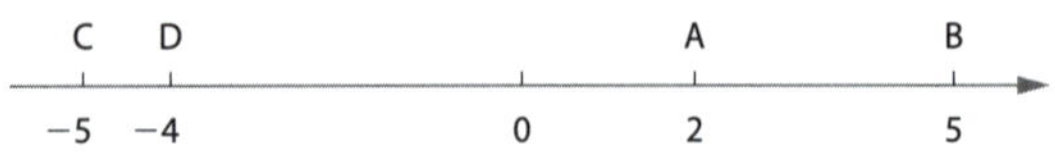

podemos determinar, através do módulo, a distância entre dois pontos dessa reta, fazendo a correspondência entre os pontos da reta e números reais:

- a distância entre **A** e **B** é $AB = |5 - 2| = |3| = 3$
- a distância entre **C** e **D** é $CD = |(-4) - (-5)| = |1| = 1$
- a distância entre **D** e **A** é $DA = |2 - (-4)| = |6| = 6$
- a distância entre **B** e **C** é $BC = |(-5) - 5| = |-10| = 10$

Observe que:

- a distância entre **A** e **B** é $AB = |5 - 2| = |3| = 3$
- a distância entre **B** e **A** é $BA = |2 - 5| = |-3| = 3$

Logo, $AB = BA$. Verifique outros exemplos e veja que essa desigualdade ocorre sempre.

De modo geral, é possível demonstrar que:

Na reta, se **a** é a coordenada do ponto **A** e **b** é a coordenada do ponto **B**, então a distância entre **A** e **B** pode ser representada por $|a - b|$ ou $|b - a|$, que são iguais.

Exercícios

8 Observando a reta com os pontos, determine as distâncias pedidas:

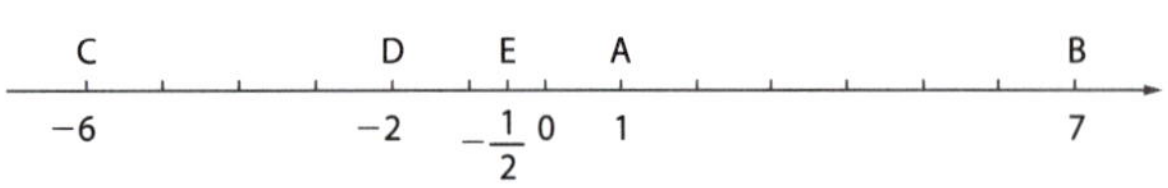

a) AB
b) EA
c) DE
d) DC
e) CB
f) DA
g) DB
h) CA

9 Se **P** corresponde ao número −127, **Q** corresponde ao número 238 e **M** corresponde ao número −31, calcule PQ, PM e MQ.

3. Função modular

Dado um número real **x**, sempre existe $|x|$ e seu valor é único.

Temos então uma função de IR em IR que será chamada de *função modular*.

Definição de função modular

Denomina-se função modular a função **f**, de IR em IR, tal que $f(x) = |x|$, ou seja:

$$f(x) = \begin{cases} x, \text{ para } x \geqslant 0 \\ -x, \text{ para } x < 0 \end{cases}$$

Gráfico da função modular

objeto digital

Vamos construir o gráfico da função $f(x) = |x|$:

- se $x \geqslant 0 \Rightarrow f(x) = |x| = x$

x	y = f(x)
0	0
1	1
2	2

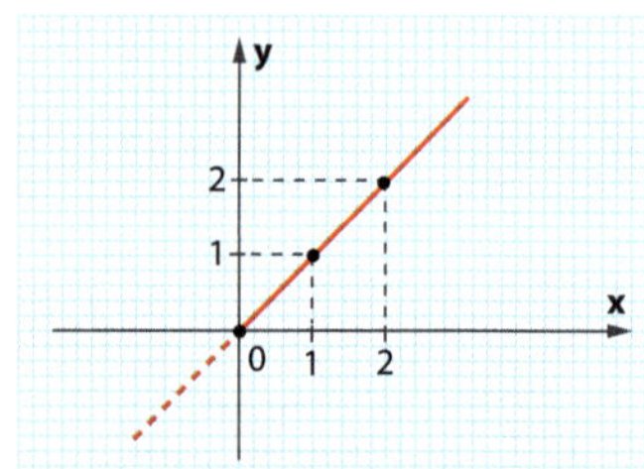

- se $x < 0 \Rightarrow f(x) = |x| = -x$

x	y = f(x)
−1	1
−2	2

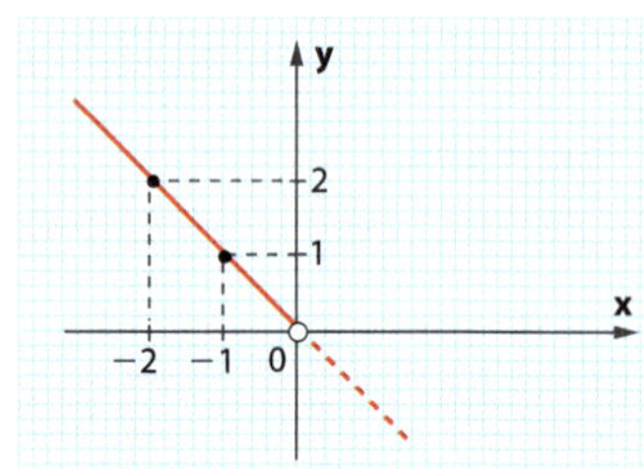

Colocando as duas condições num só gráfico, temos o gráfico de $f(x) = |x|$:

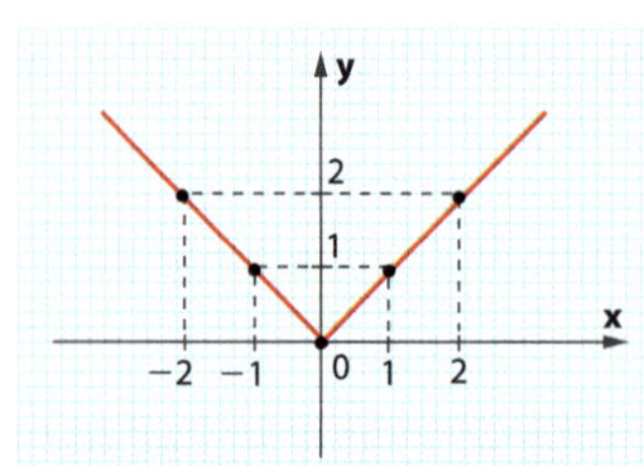

$D(f) = IR$
$Im(f) = IR_+$

Observação: Podemos construir o gráfico de $f(x) = |x|$ a partir do gráfico de $g(x) = x$ usando o conceito de reflexão.

A reflexão de um ponto (x, y) em torno do eixo Ox é o ponto $(x, -y)$. Assim, a reflexão de um gráfico em torno do eixo Ox é:

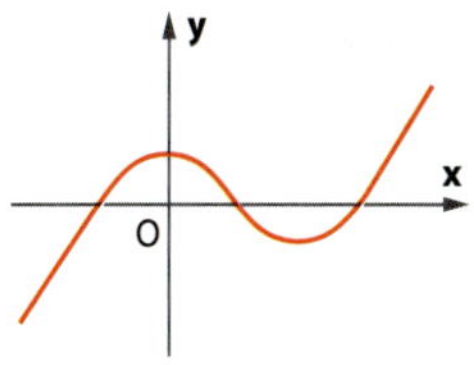

Reflexão em torno de Ox

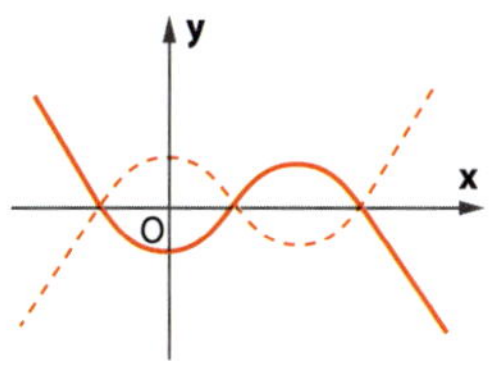

ou seja, os valores de f(x) negativos tornam-se positivos e vice-versa.

Gráficos de funções modulares do tipo $f(x) = |g(x)|$ podem ser obtidos fazendo a reflexão da parte do gráfico de g(x) cujas imagens sejam negativas.

Assim:

Gráfico de $f(x) = x$

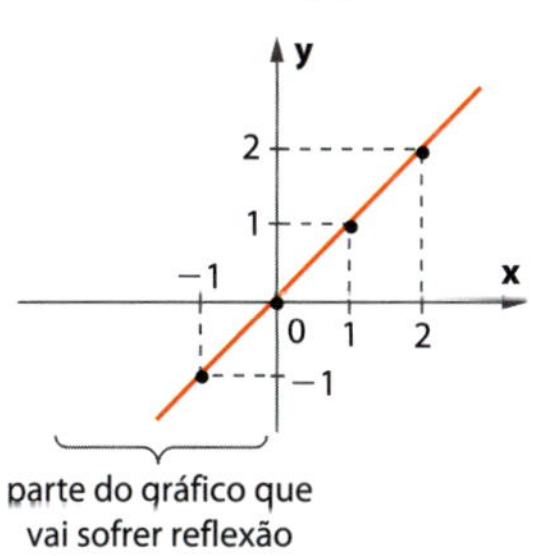

Reflexão em torno de Ox

Gráfico de $f(x) = |x|$

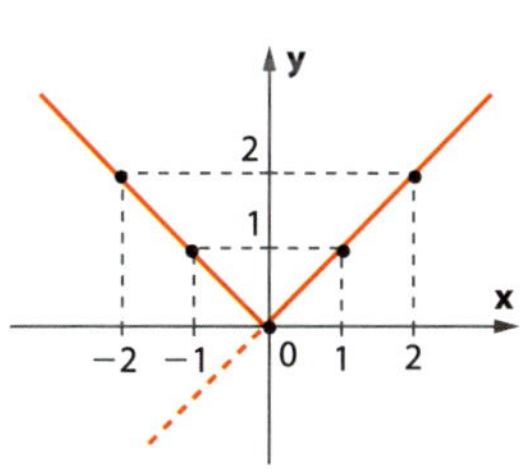

Outro conceito útil na elaboração de gráficos é o de translação. Veja estes exemplos:

1º)

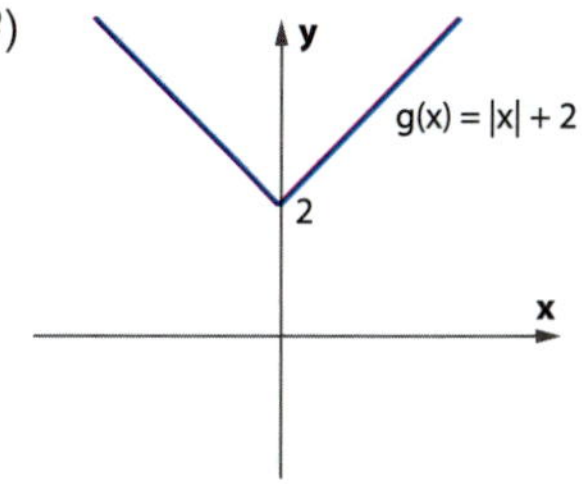

2º)

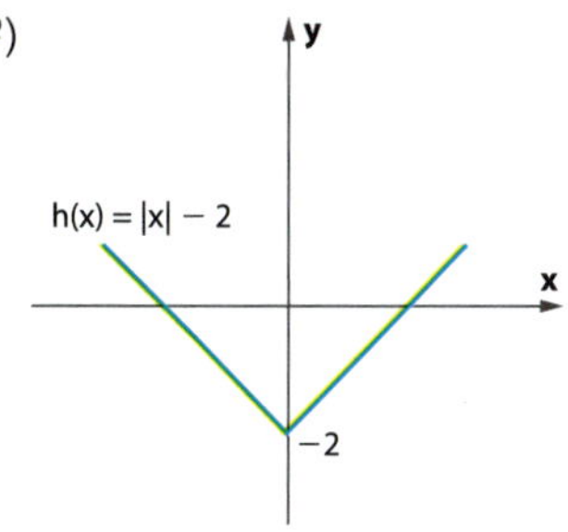

3º)

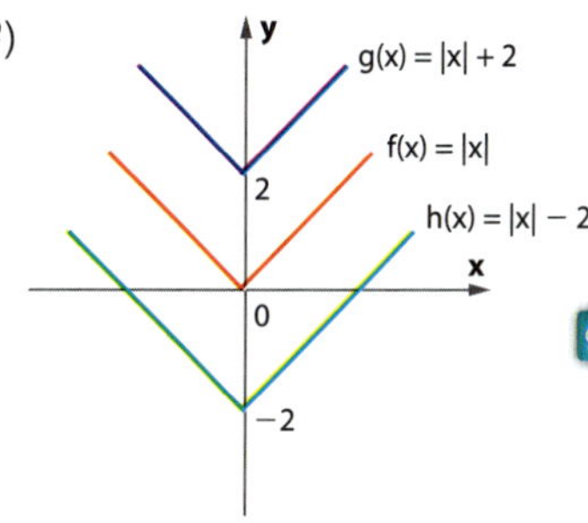

Para refletir
Analise a sentença e o gráfico de g(x) e de h(x) em relação a $f(x) = |x|$.

4º)

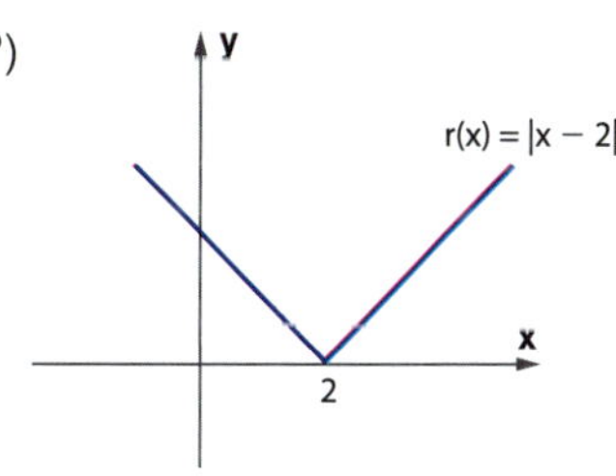

5º)

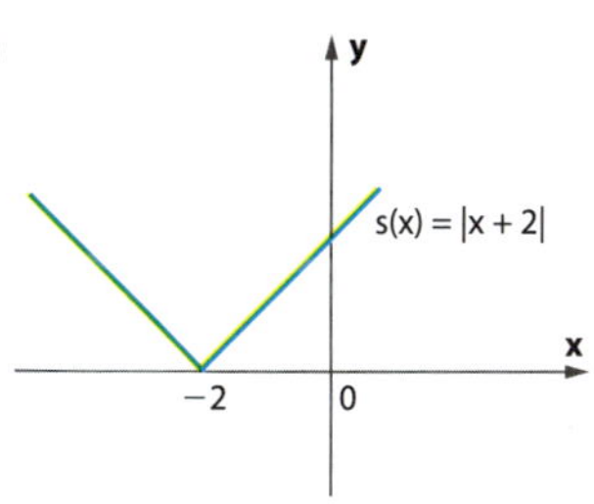

6º)

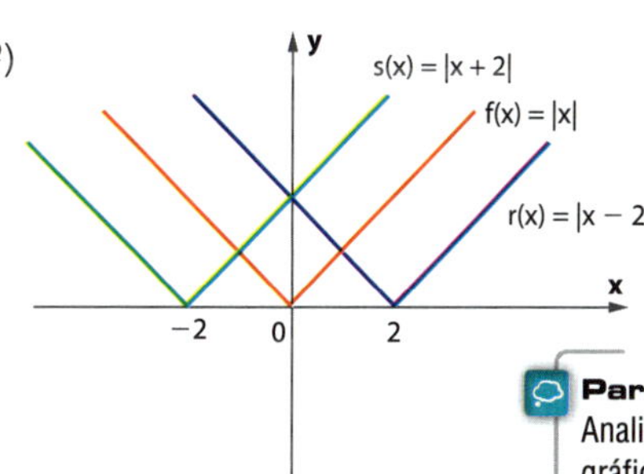

Para refletir
Analise a sentença e o gráfico de r(x) e de s(x) em relação a $f(x) = |x|$.

7º)

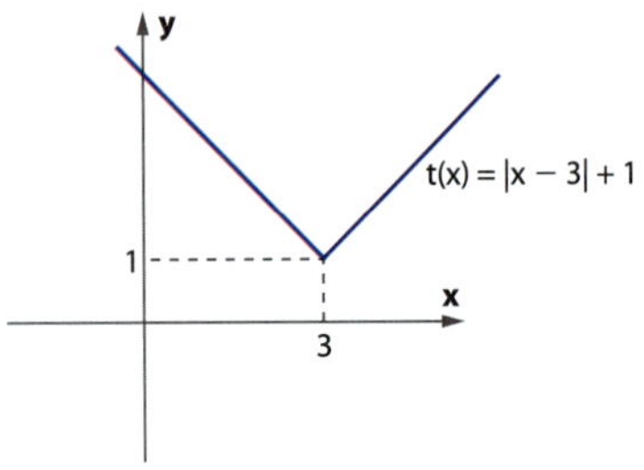

8º)

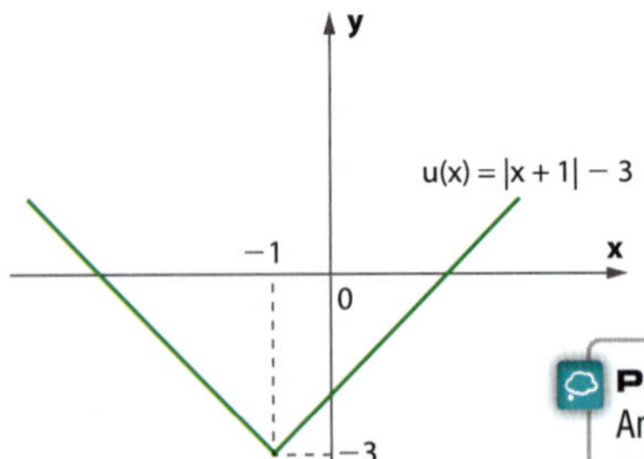

Para refletir
Analise a sentença e o gráfico de t(x) e de u(x) em relação a f(x) = |x|.

9º)

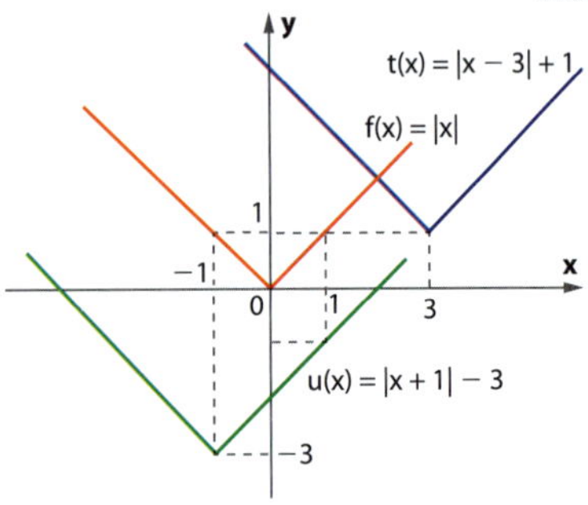

De modo geral podemos perceber que:

- O gráfico de uma função $g(x) = |x| + k$ é congruente ao de $f(x) = |x|$, porém transladado para cima (quando $k > 0$) ou para baixo (quando $k < 0$). O número de unidades do deslocamento é o valor absoluto de **k**.
- O gráfico de uma função $h(x) = |x - m|$ é congruente ao de $f(x) = |x|$, porém transladado para a direita (quando $m > 0$) ou para a esquerda (quando $m < 0$). O número de unidades do deslocamento é o valor absoluto de **m**.
- O gráfico de uma função $p(x) = |x - m| + k$ é congruente ao de $f(x) = |x|$, porém transladado para a direita ou para a esquerda ($m > 0$ ou $m < 0$) e para cima ou para baixo ($k > 0$ ou $k < 0$). O número de unidades dos deslocamentos são os valores absolutos de **m** e de **k**, respectivamente.

objeto digital

Exemplos de aplicação

1 Dada a função $f(x) = |2x - 8|$:

a) calcule $f(5)$, $f(1)$, $f(0)$, $f\left(\frac{1}{2}\right)$, $f(-4)$ e $f(4)$.

$f(5) = |2 \cdot 5 - 8| = |2| = 2$

$f(1) = |2 \cdot 1 - 8| = |-6| = 6$

$f(0) = |2 \cdot 0 - 8| = |-8| = 8$

$f\left(\frac{1}{2}\right) = \left|2 \cdot \frac{1}{2} - 8\right| = |-7| = 7$

$f(-4) = |-8 - 8| = |-16| = 16$

$f(4) = |8 - 8| = |0| = 0$

b) escreva f(x) com sentenças que não têm módulo.

$2x - 8 = 0 \Rightarrow 2x = 8 \Rightarrow x = 4$

- $x \geqslant 4 \Rightarrow 2x - 8 \geqslant 0 \Rightarrow f(x) = |2x - 8| = 2x - 8$
- $x < 4 \Rightarrow 2x - 8 < 0 \Rightarrow f(x) = |2x - 8| = -(2x - 8) =$ $= -2x + 8$

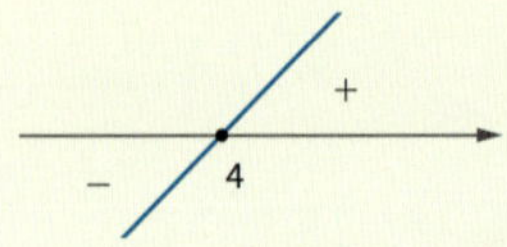

Para refletir
Confira as respostas dadas em **a** usando a resposta de **b**.

$$f(x) = \begin{cases} 2x - 8, \text{ para } x \geqslant 4 \\ -2x + 8, \text{ para } x < 4 \end{cases}$$

2 Construa o gráfico da função $f(x) = |x - 2| - 1$.

Em questões que peçam a construção de gráficos podemos recorrer a dois caminhos:

1º caminho: utilizando translações

O gráfico de $g(x) = |x|$ é:

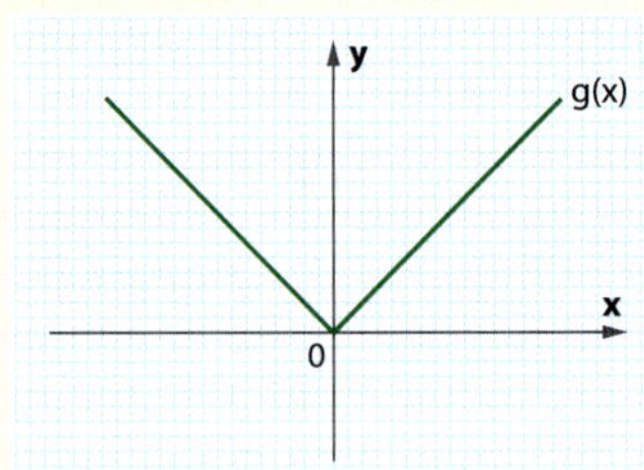

O gráfico de $h(x) = |x - 2|$ é congruente ao de $g(x)$, porém transladado de 2 unidades para a direita:

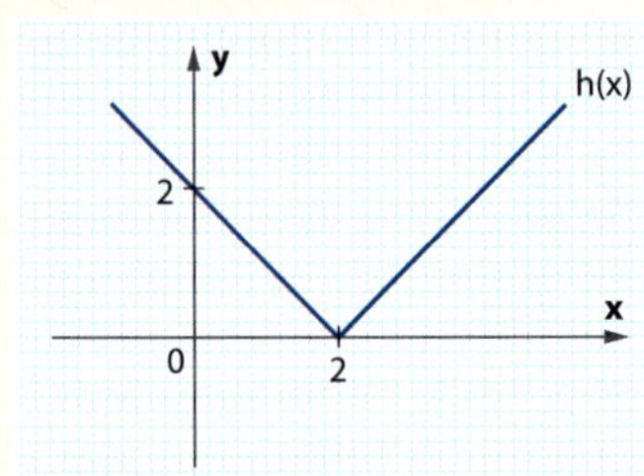

O gráfico de $f(x) = |x - 2| - 1$ é congruente ao de $h(x)$, porém transladado de 1 unidade para baixo:

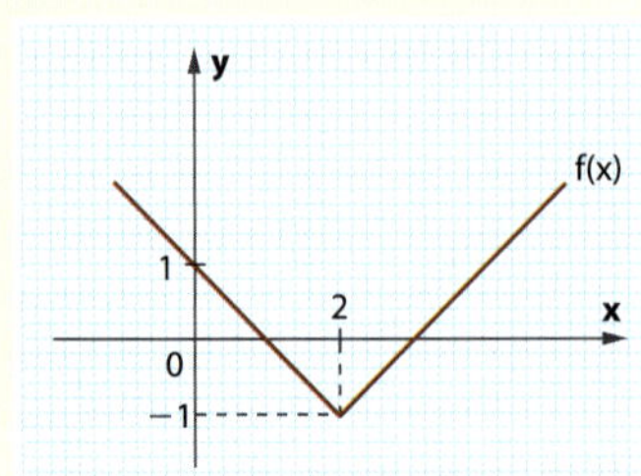

Fique atento
Partindo do gráfico de $g(x) = |x|$ fazemos uma translação de 2 unidades para a direita seguida de uma translação de 1 unidade para baixo e obtemos o gráfico de $f(x) = |x - 2| - 1$.

2º caminho: utilizando a definição de módulo

Vamos escrever f(x) usando sentenças sem módulo:

- $x \geq 2 \Rightarrow x - 2 \geq 0 \Rightarrow f(x) = |x - 2| - 1 =$
  $= x - 2 - 1 = x - 3$
- $x < 2 \Rightarrow x - 2 < 0 \Rightarrow f(x) = |x - 2| - 1 =$
  $= -(x - 2) - 1 = -x + 1$

$$f(x) = \begin{cases} x - 3, \text{ se } x \geq 2 \\ -x + 1, \text{ se } x < 2 \end{cases}$$

Usaremos as retas dos gráficos das duas funções afins para obter o gráfico de f(x):

$x \geq 2$

x	y = x − 3
2	−1
3	0

$x < 2$

x	y = −x + 1
1	0
0	1

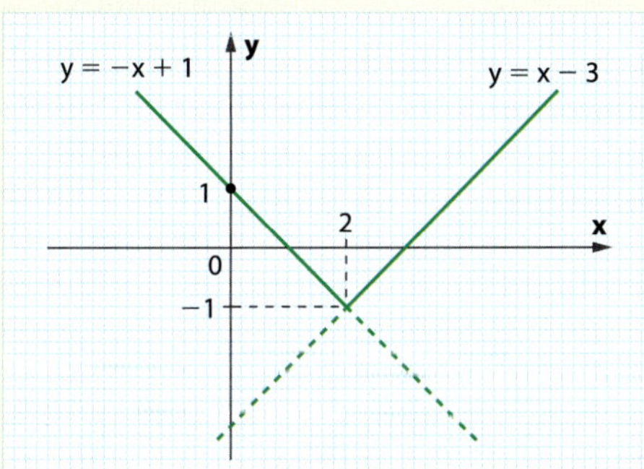

Gráfico de $f(x) = |x - 2| - 1$:

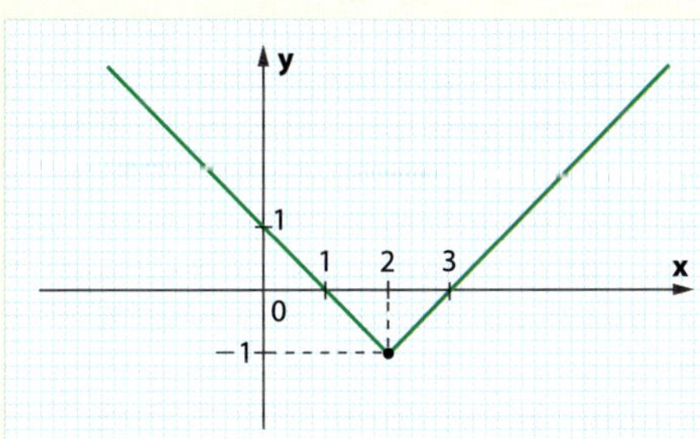

$D(f) = \mathbb{R}$

$Im(f) = \{y \in \mathbb{R} \mid y \geq -1\}$

3 Construa o gráfico da função $f(x) = |x - 1| + |x - 3|$.

- $x \geq 3 \Rightarrow \begin{cases} |x - 1| = x - 1 \\ |x - 3| = x - 3 \end{cases}$

  $f(x) = (x - 1) + (x - 3) = x - 1 + x - 3 = 2x - 4$

- $1 \leq x < 3 \Rightarrow \begin{cases} |x - 1| = x - 1 \\ |x - 3| = -(x - 3) = -x + 3 \end{cases}$

  $f(x) = (x - 1) + (-x + 3) = \cancel{x} - 1 - \cancel{x} + 3 = 2$

- $x < 1 \Rightarrow \begin{cases} |x - 1| = -(x - 1) = -x + 1 \\ |x - 3| = -(x - 3) = -x + 3 \end{cases}$

  $f(x) = (-x + 1) + (-x + 3) = -x + 1 - x + 3 =$
  $= -2x + 4$

Então, $f(x) = \begin{cases} 2x - 4, \text{ se } x \geq 3 \\ 2, \text{ se } 1 \leq x < 3 \\ -2x + 4, \text{ se } x < 1 \end{cases}$.

$x \geq 3$

x	y = 2x − 4
3	2
4	4

$1 \leq x < 3$

x	y = 2
1	2
2	2

$x < 1$

x	y = −2x + 4
0	4
−1	6

Fique atento
Gráficos de funções cujas sentenças têm mais de um módulo devem ser feitos pela definição.

Gráfico de $f(x) = |x - 1| + |x - 3|$:

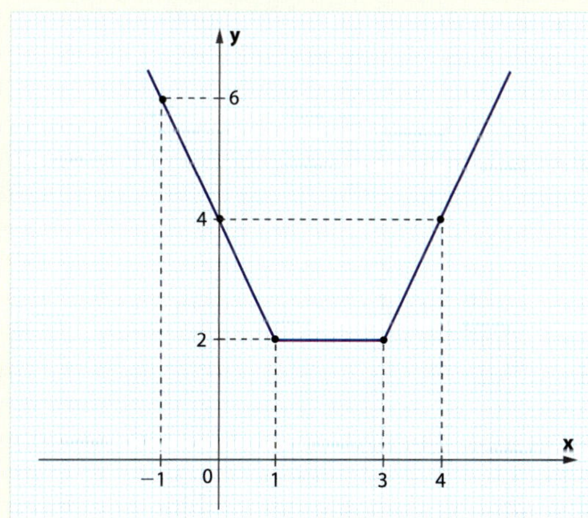

$D(f) = \mathbb{R}$

$Im(f) = \{y \in \mathbb{R} \mid y \geq 2\}$

4 Construa o gráfico de $f(x) = |x^2 - 4|$.

1ª maneira: utilizando a definição

Fazendo o estudo do sinal de $x^2 - 4$, temos:

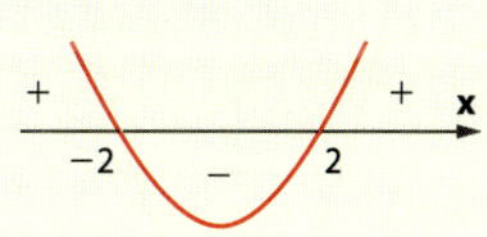

Então:

- $x \leq -2$ ou $x \geq 2 \Rightarrow x^2 - 4 \geq 0 \Rightarrow$
  $\Rightarrow f(x) = |x^2 - 4| = x^2 - 4$
- $-2 < x < 2 \Rightarrow x^2 - 4 < 0 \Rightarrow$
  $\Rightarrow f(x) = |x^2 - 4| = -(x^2 - 4) = -x^2 + 4$

Podemos escrever $f(x) = |x^2 - 4|$ como

$$f(x) = \begin{cases} x^2 - 4, \text{ para } x \leqslant -2 \text{ ou } x \geqslant 2 \\ -x^2 + 4, \text{ para } -2 < x < 2 \end{cases}.$$

Construímos os gráficos dessas duas funções quadráticas, de mesmas raízes e concavidades opostas. O gráfico de f(x) será obtido a partir destas parábolas:

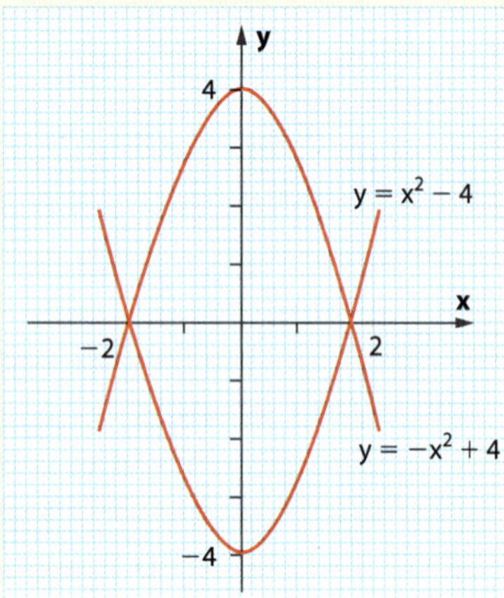

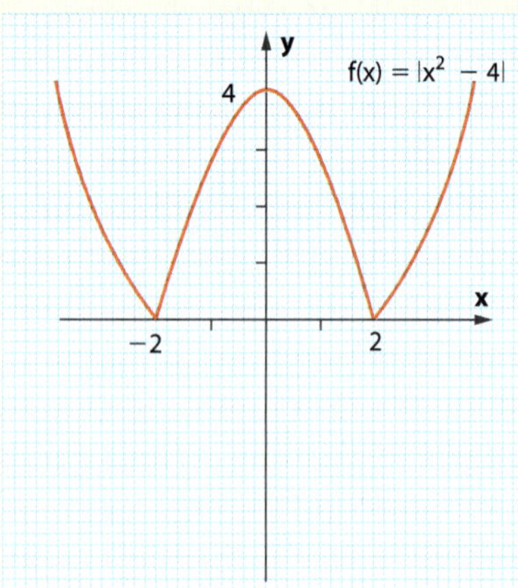

2ª maneira: utilizando reflexões

O gráfico de $g(x) = x^2 - 4$ é:

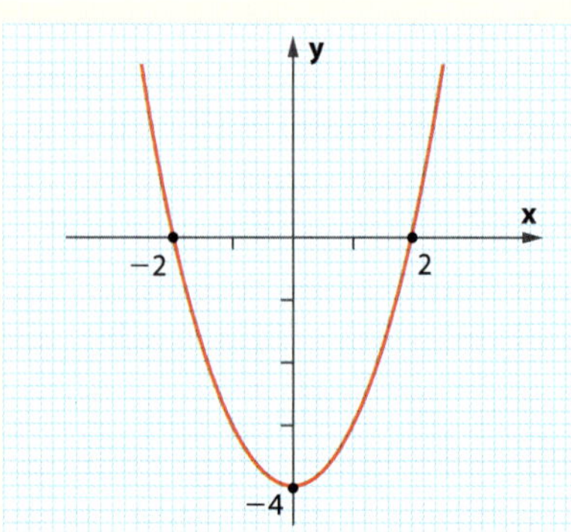

Para obter o gráfico de $f(x) = |g(x)|$ a partir do gráfico de g(x), devemos fazer uma reflexão em torno do eixo Ox da parte do gráfico de g(x) cujas imagens são negativas:

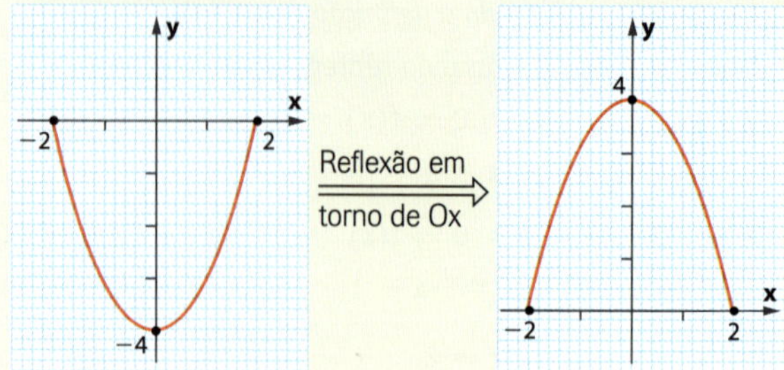

Dessa forma, o gráfico de $f(x) = |x^2 - 4|$ é:

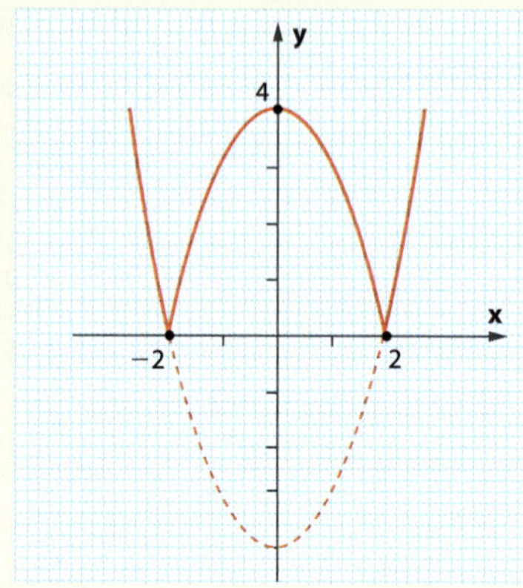

5 Construa o gráfico da função **f** dada por:

$$f(x) = \begin{cases} |x|, \text{ para } -2 < x \leqslant 2 \\ x, \text{ para } x \leqslant -2 \\ 4, \text{ para } x > 2 \end{cases}.$$

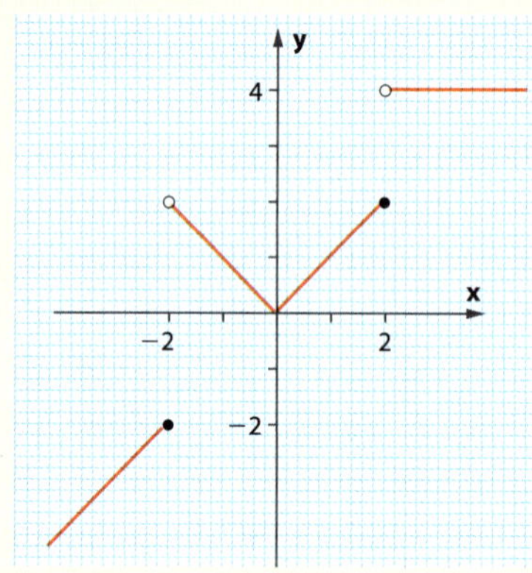

Para refletir

O que significam as indicações de ○ ("bola vazia") e ● ("bola cheia") nesse gráfico?

Exercícios

10 Se f: IR → IR é dada por $f(x) = |x|$, calcule quando existir:

a) f(7);
b) f(−4);
c) f(0);
d) f(4);
e) **x** tal que f(x) = 8;
f) **x** tal que f(x) = −2.

11 Esboce o gráfico de cada uma das seguintes funções:

a) $f(x) = |x - 3|$
b) $f(x) = |x + 1|$
c) $f(x) = |x| + 1$
d) $f(x) = |x| - 3$
e) $f(x) = |x - 3| + 2$
f) $f(x) = |x + 3| - 1$

12 Analisando a definição e o gráfico da função modular $f(x) = |x|$, de IR em IR, faça o que se pede:

a) Determine D(f) e Im(f).

b) **f** é crescente ou decrescente?

c) **f** é injetiva? E sobrejetiva?

d) **f** é função par ou ímpar?

e) Faça o estudo do sinal da função **f**.

13 Seja f: IR → IR a função dada por $f(x) = |-3x + 15|$.

a) Escreva f(x) sem utilizar módulo nas sentenças.

b) Calcule f(2), f(7), f(−1) e f(5) usando a definição dada ou a resposta obtida em **a**.

14 Dada a função **f** de IR em IR definida por $f(x) = |3 - x| + 4$, faça o que se pede:

a) Determine f(8), f(−1), f(3) e f(0).

b) Escreva f(x) usando sentenças sem módulo.

c) Construa o gráfico de **f**.

d) Determine D(f) e Im(f).

15 Construa o gráfico das funções, determinando o domínio e o conjunto imagem de cada uma:

a) $f(x) = |x - 2|$

b) $f(x) = |x - 1| - 1$

c) $f(x) = |x| + x$

d) $f(x) = |x - 1| + |x - 2|$

16 No plano cartesiano, esboce o gráfico da função definida por:

a) $f(x) = |x^2|$;

b) $f(x) = |x^2 - 1|$.

17 Construa o gráfico da função **f** tal que $f(x) = \begin{cases} |x|, \text{ para } x \leq 1 \\ -x + 3, \text{ para } x > 1 \end{cases}$.

18 Algumas pesquisas constatam que, no início de cada mês, quando recebe o salário, o brasileiro visita os supermercados para abastecer sua despensa. Depois, a quantidade de pessoas que vai às compras passa a diminuir, até aproximar-se o dia 20, quando então ocorre uma ligeira alta em função dos adiantamentos salariais que muitas empresas realizam por volta desse dia. Uma expressão que retrata essa situação pode ser dada pela função $f(x) = 500 + |100 - 5x|$, para $1 \leq x \leq 30$, em que **x** representa o dia do mês e f(x) a quantidade de pessoas que visitam o supermercado nesse dia. Considere um supermercado que permanece aberto das 7h até às 22h, todos os dias do mês.

MONKEY BUSINESS IMAGES/SHUTTERSTOCK

Analise as afirmações e indique qual delas é a verdadeira.

a) O maior número de pessoas no supermercado ocorre no dia primeiro de cada mês.

b) No dia 19 de cada mês apenas 40 pessoas vão ao supermercado.

c) Pelo menos em um dia do mês ninguém vai ao supermercado.

d) A quantidade de pessoas que vão ao supermercado nos dias 10 e 20 é igual.

e) A quantidade de pessoas que vão ao supermercado diminui do dia 20 ao dia 30.

19 Em certa indústria, o gasto com a produção de peças pode ser representado por funções de custo. Essas funções dependem das quantidades necessárias de matéria-prima, mão de obra e energia; da tecnologia requerida (como tipo de máquinas e ferramentas); etc. Geralmente, nas primeiras horas da manhã a produção é menor, pois os empregados encontram mais dificuldades no uso das mãos, principalmente no inverno.

dica Enem

SEONGJOON CHO/BLOOMBERG/GETTY IMAGES

Linha de montagem de telefone móvel, na Coreia do Sul.

Suponhamos que determinada peça tenha uma função custo dada por f: IR → IR, tal que $f(x) = \left|\frac{x^2}{10} - 40x + 3000\right|$, sendo **x** a quantidade de peças produzidas e f(x) o custo em reais dessa produção. Admitamos também que, na produção de determinada quantidade de peças, o custo de produção possa ser zero. Verifique qual das alternativas abaixo é a verdadeira e assinale-a.

a) O custo máximo de produção acontece para 200 unidades produzidas.

b) Um custo inferior a R$ 1000,00 pode ser encontrado para quatro quantidades diferentes de unidades produzidas.

c) É possível, para certa quantidade produzida, que o custo seja negativo.

d) O custo de produção de 50 unidades é menor que o de 350 unidades.

e) O custo de produção diminui quando a quantidade de unidades produzidas aumenta de 100 para 200.

4. Equações modulares

Equações modulares são aquelas em que a variável aparece dentro de módulos.

Para resolvê-las é útil relembrar as propriedades envolvendo módulos vistas no começo deste capítulo.

» Exemplos de aplicação

1 Resolva as equações:

a) $|x - 5| = 3$

$|x - 5| = 3 \Leftrightarrow x - 5 = 3$ ou $x - 5 = -3$

Resolvendo as equações obtidas, temos:

$x - 5 = 3 \Rightarrow x = 8$

$x - 5 = -3 \Rightarrow x = 2$

$S = \{2, 8\}$

Graficamente, podemos considerar as funções $f(x) = |x - 5|$ e $g(x) = 3$ e procurar os pontos comuns de seus gráficos:

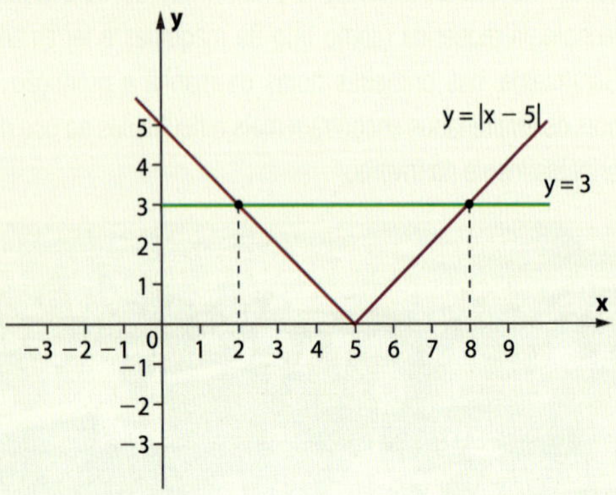

b) $|3x - 1| = -5$

Não existe módulo com valor negativo, logo não existe valor real para **x**.

$S = \varnothing$

Não há intersecção dos gráficos; logo, a equação não tem solução. Graficamente:

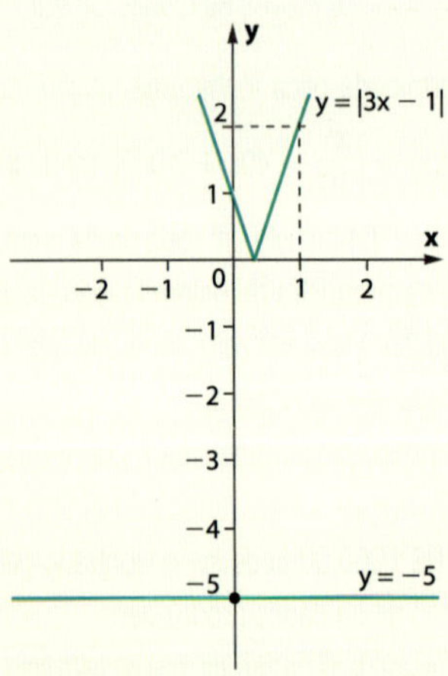

c) $|x|^2 + 2|x| - 15 = 0$

Fazemos $|x| = y$, com $y \geqslant 0$ e temos:

$y^2 + 2y - 15 = 0$

$\Delta = 64$

$y' = 3$ e $y'' = -5$ (este valor não convém, pois $y \geqslant 0$)

Como $|x| = y$ e $y = 3$, temos:

$|x| = 3 \Leftrightarrow x = 3$ ou $x = -3$

$S = \{-3, 3\}$

d) $|x^2 - x - 1| = 1$

$|x^2 - x - 1| = 1 \Leftrightarrow x^2 - x - 1 = 1$ ou $x^2 - x - 1 = -1$

- $x^2 - x - 1 = 1$

  $x^2 - x - 2 = 0$

  $\Delta = 9$

  $x' = 2$ e $x'' = -1$

- $x^2 - x - 1 = -1$

  $x^2 - x = 0$

  $x(x - 1) = 0$

  $x' = 0$ e $x'' = 1$

  $S = \{-1, 0, 1, 2\}$

e) $|3x - 5| = |x + 3|$

$|3x - 5| = |x + 3| \Leftrightarrow 3x - 5 = x + 3$ ou $3x - 5 = -(x + 3)$

Resolvendo as equações obtidas, temos:

- $3x - 5 = x + 3 \Rightarrow 3x - x = 3 + 5 \Rightarrow 2x = 8 \Rightarrow$ $\Rightarrow x = 4$
- $3x - 5 = -(x + 3) \Rightarrow 3x - 5 = -x - 3 \Rightarrow$ $\Rightarrow 3x + x = -3 + 5 \Rightarrow 4x = 2 \Rightarrow x = \frac{1}{2}$

$S = \left\{\frac{1}{2}, 4\right\}$

2 (UFRN) Durante o ano de 1997 uma empresa teve seu lucro diário **L** dado pela função $L(x) = 50 \cdot (|x - 100| + |x - 200|)$, em que $x = 1, 2, ..., 365$ corresponde a cada dia do ano e **L** é dado em reais. Determine em que dias (**x**) do ano o lucro foi de R$ 10 000,00.

» Resolução passo a passo

1. Lendo e compreendendo

a) O que é dado no problema?

É dada a lei de uma função que relaciona o lucro com os dias do ano de 1997.

b) O que se pede?

Em que dias do ano de 1997 o lucro da empresa mencionada no enunciado foi de 10 mil reais.

2. Planejando a solução

Devemos usar a função dada para obter o(s) dia(s) do ano em que o lucro foi de 10 mil reais. Para isso, vamos fazer $L(x) = 10\,000$ e resolver a equação modular para obter os valores de **x**, de acordo com a teoria estudada no capítulo.

3. Executando o que foi planejado

Vamos obter **x** tal que $L(x)$ seja 10 mil:

Fazendo $L(x) = 10\,000$, temos a equação $50 \cdot (|x - 100| + |x - 200|) = 10\,000$. Dividindo tudo por 50, chegamos a $|x - 100| + |x - 200| = 200$.

Para resolver essa equação modular, precisamos lembrar que $|x - 100| = x - 100$ se $x \geqslant 100$ e $|x - 100| = 100 - x$ se $x < 100$. Da mesma forma, $|x - 200| = x - 200$ se $x \geqslant 200$ e $|x - 200| = 200 - x$ se $x < 200$. Assim, precisamos formular três hipóteses: $x < 100$, $100 \leqslant x < 200$ e $x \geqslant 200$.

1ª hipótese: supondo que $x < 100$:

Neste caso, se $x < 100$ (por exemplo, $x = 90$), também teremos $x < 200$ (pois $90 < 200$).

Então:

$|x - 100| = 100 - x$

$|x - 200| = 200 - x$

$|x - 100| + |x - 200| = 200 \Rightarrow$

$\Rightarrow 100 - x + 200 - x = 200 \Rightarrow 300 - 2x = 200 \Rightarrow$

$\Rightarrow 2x = 100 \Rightarrow x = 50$

Esse valor é adequado com a hipótese inicial, pois $50 < 100$; portanto, é um valor válido.

2ª hipótese: supondo que $100 \leqslant x < 200$:

Neste caso, $100 \leqslant x < 200$ equivale a $x \geqslant 100$ e $x < 200$.

Então:

$|x - 100| = x - 100$

$|x - 200| = 200 - x$

$|x - 100| + |x - 200| = 200 \Rightarrow$

$\Rightarrow x - 100 + 200 - x = 200 \Rightarrow 100 = 200$

Essa sentença é falsa independentemente do valor de **x**. Assim, a hipótese não é válida.

3ª hipótese: supondo que $x > 200$:

Neste caso, se $x > 200$ (por exemplo, $x = 230$), também teremos $x > 100$ (pois $230 > 100$). Então:

$|x - 100| = x - 100$

$|x - 200| = x - 200$

$|x - 100| + |x - 200| = 200 \Rightarrow$

$\Rightarrow x - 100 + x - 200 = 200 \Rightarrow$

$\Rightarrow 2x - 300 = 200 \Rightarrow 2x = 500 \Rightarrow x = 250$

Esse valor é adequado com a hipótese inicial, pois $250 > 200$; portanto, também é um valor válido. Desta forma, os valores de **x** que procuramos são $x = 50$ e $x = 250$.

4. Verificando

Vamos obter os valores de L(50) e L(250) em $L(x) = 50(|x - 100| + |x - 200|)$ para verificar se eles valem 10 000, como pede o enunciado:

$L(50) = 50(|50 - 100| + |50 - 200|) =$

$= 50(|-50| + |-150|) = 50(50 + 150) = 50 \cdot 200 =$

$= 10\,000$

$L(250) = 50(|250 - 100| + |250 - 200|) =$

$= 50(|150| + |50|) = 50(150 + 50) = 50 \cdot 200 =$

$= 10\,000$

Portanto, $x = 50$ e $x = 250$ são realmente os valores procurados.

5. Respondendo

Os dias do ano em que o lucro foi de R$ 10 000,00 foram o 50º dia e o 250º dia.

6. Ampliando o problema

a) Em que meses do ano estão os dias cujo lucro foi de R$ 10 000,00?

b) Sabendo que 1º de janeiro de 1997 foi uma quarta-feira, em que dias da semana caíram os dias cujo lucro foi de R$ 10 000,00?

c) Esboce o gráfico de L(x) para $1 \leqslant x < 365$.

d) **Discussão em equipe**

No enunciado, é dito que "x = 1, 2, ..., 365 corresponde a cada dia do ano".

Converse com seu colega sobre a diferença, caso exista, entre "x = 1, 2, ..., 365" e "$1 \leqslant x < 365$" dias.

3 Um professor de Matemática parte da Universidade Federal de São Carlos (Ufscar), localizada na cidade de São Carlos-SP, na rodovia Washington Luís, km 235, em direção à Universidade Estadual Paulista (Unesp), localizada na cidade de Rio Claro, São Paulo, na mesma rodovia, no km 175. Nesse deslocamento, o automóvel do professor desenvolve uma velocidade média de 85 km/h. No mesmo instante, saindo da Unesp em direção à Ufscar, pela mesma rodovia, um professor de Física desenvolve uma velocidade média de 95 km/h. A figura abaixo ilustra a rodovia e as duas universidades.

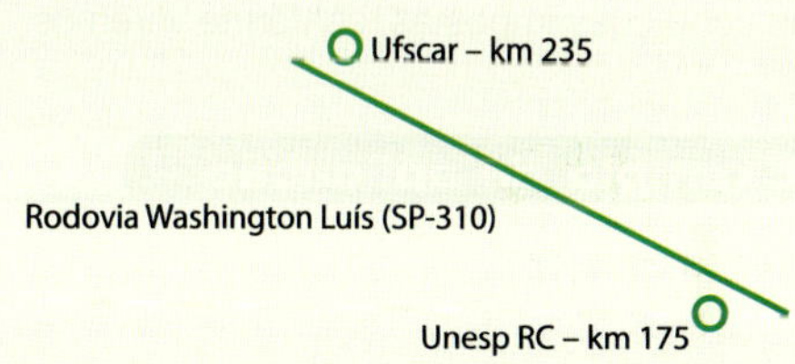

Considere que as equações horárias dos automóveis sejam $S_1 = 175 + 95t$ e $S_2 = 235 - 85t$, onde $\mathbf{S_1}$ é a posição do veículo que sai de Rio Claro e $\mathbf{S_2}$ é a posição do veículo que sai de São Carlos, ambas em função do instante **t** (em horas). Quais os instantes em que a distância que separa os dois veículos é de 30 km?

$d = |(235 - 85t) - (175 + 95t)| = |60 - 180t|$

Como d = 30 km, temos:

$|60 - 180t| = 30 \Rightarrow$

$$\Rightarrow \begin{cases} 60 - 180t = 30 \Rightarrow 30 = 180t \Rightarrow t = \dfrac{1}{6}\text{h} = 10 \text{ min} \\ 60 - 180t = -30 \Rightarrow 90 = 180t \Rightarrow t = \dfrac{1}{2}\text{h} = 30 \text{ min} \end{cases}$$

Exercícios

20 Resolva as equações:

a) $|x - 6| = 10$

b) $|3x - 1| = 5$

c) $|4x - 1| = -3$

21 Resolva as equações:

a) $\left|\dfrac{x-1}{4}\right| = 2$

b) $5 + |-2x + 4| = 11$

c) $\left|\dfrac{x-1}{x-3}\right| = 2$, para $x \neq 3$

22 Resolva as equações:

a) $|x^2 + 6x - 1| = 6$

b) $|x^2 - 5x| = 6$

c) $|x^2 - 6| = -1$

23 Resolva as equações:

a) $|x^2 - 2x - 4| = 4$

b) $|x^2| - 4|x| - 5 = 0$

24 Resolva as seguintes equações:

a) $|3x - 7| = |2x - 3|$

b) $|1 - 3x| = |x + 3|$

c) $|x^2 - 4x + 1| = |x + 1|$

25 Dadas as funções $f(x) = |x + 1|$ e $g(x) = |3x - 1|$, determine os pontos comuns aos gráficos de **f** e **g**.

Equações modulares sujeitas a condições

Existem equações modulares cuja resolução depende de certas condições impostas, conforme veremos.

Exemplo de aplicação

Resolva as equações:

a) $|2x - 1| = x + 3$

Condição: $x + 3 \geqslant 0 \Rightarrow x \geqslant -3$ (o módulo de um número real é sempre positivo ou nulo)

$|2x - 1| = x + 3 \Leftrightarrow 2x - 1 = x + 3$ ou $2x - 1 = -(x + 3)$ (definição de módulo)

Resolvendo as equações:

- $2x - 1 = x + 3 \Rightarrow 2x - x = 3 + 1 \Rightarrow x = 4$ (satisfaz a condição $x \geqslant -3$)
- $2x - 1 = -x - 3 \Rightarrow 2x + x = -3 + 1 \Rightarrow$ $\Rightarrow 3x = -2 \Rightarrow x = -\dfrac{2}{3}$ (satisfaz a condição $x \geqslant -3$)

$S = \left\{-\dfrac{2}{3}, 4\right\}$

b) $x \cdot |x| - x = 2$

Vamos analisar dois casos: $x \geqslant 0$ e $x < 0$.

- $x \geqslant 0 \Rightarrow |x| = x$

  Daí:

  $x \cdot |x| - x = 2 \Rightarrow x \cdot x - x = 2 \Rightarrow x^2 - x - 2 = 0$

  $\Delta = 9$

  $x' = 2$ (serve, pois $2 \geqslant 0$) e $x'' = -1$ (não serve, pois $-1 < 0$)

- $x < 0 \Rightarrow |x| = -x$

  Daí:

  $x \cdot |x| - x = 2 \Rightarrow x(-x) - x = 2 \Rightarrow$

  $\Rightarrow -x^2 - x - 2 = 0$

  $\Delta = -7$ (não existem raízes reais)

Logo, $S = \{2\}$.

c) $|x - 2| + |x + 1| = 7$

- $f(x) = x - 2$

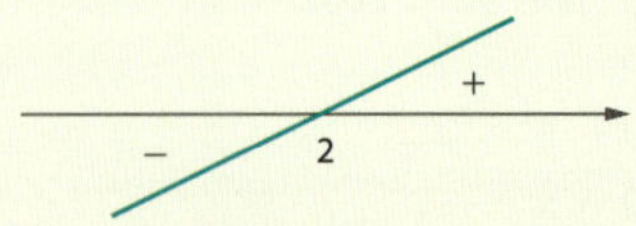

$x \geqslant 2 \Rightarrow x - 2 \geqslant 0 \Rightarrow |x - 2| = x - 2$

$x < 2 \Rightarrow x - 2 < 0 \Rightarrow |x - 2| = -x + 2$

- $g(x) = x + 1$

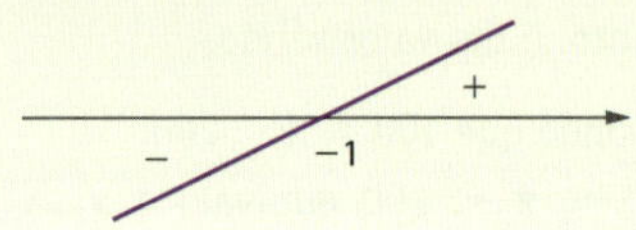

$x \geqslant -1 \Rightarrow x + 1 \geqslant 0 \Rightarrow |x + 1| = x + 1$

$x < -1 \Rightarrow x + 1 < 0 \Rightarrow |x + 1| = -x - 1$

Então:

- $x < -1 \Rightarrow \begin{cases} |x - 2| = -x + 2 \\ |x + 1| = -x - 1 \end{cases} \Rightarrow$

  $\Rightarrow -x + 2 - x - 1 = 7 \Rightarrow -2x = 6 \Rightarrow x = -3$ (serve, pois $-3 < -1$)

- $-1 \leqslant x < 2 \Rightarrow \begin{cases} |x - 2| = -x + 2 \\ |x + 1| = x + 1 \end{cases} \Rightarrow$

  $\Rightarrow -x + 2 + x + 1 = 7 \Rightarrow 3 = 7$ (falso)

- $x \geqslant 2 \Rightarrow \begin{cases} |x - 2| = x - 2 \\ |x + 1| = x + 1 \end{cases} \Rightarrow$

  $\Rightarrow x - 2 + x + 1 = 7 \Rightarrow 2x = 8 \Rightarrow x = 4$ (serve, pois $4 \geqslant 2$)

Logo, $S = \{-3, 4\}$.

Exercícios

26 Resolva as seguintes equações em IR:

a) $|2x - 1| = x$

b) $|x - 5| = 2x - 2$

c) $|x^2 - 4| = 3x$

d) $|3x + 2| - 1 = x$

27 Resolva as seguintes equações em IR:

a) $|x - 1| = \dfrac{2}{x}$ $(x \neq 0)$

b) $1 - |2x - 1| = x$

c) $x + |x - 2| = 5$

d) $x \cdot |x| - x = 0$

28 Resolva a equação $|x - 2| + |x - 4| + |2x + 1| = 10$.

5. Inequações modulares

Inequações modulares são inequações que envolvem variável em módulo. Veja alguns exemplos:

a) $|x - 3| < 7$ d) $2 < |x - 1| < 4$

b) $|x - 1| \geqslant 5$ e) $|x - 6| \leqslant x$

c) $|5x - 3| \leqslant -2$ f) $|x - 3| + |x| > 5$

Vamos analisar algumas desigualdades que podem ser resolvidas usando apenas a definição de módulo:

I) $|x| \geqslant -4 \Rightarrow S = \mathbb{R}$ (todo número real tem módulo $\geqslant 0$ e portanto $\geqslant -4$)

II) $|x| \leqslant -4 \Rightarrow S = \varnothing$ (não existe número real com módulo negativo)

III) $|x| \geqslant 0 \Rightarrow S = \mathbb{R}$

IV) $|x| > 0 \Rightarrow S = \mathbb{R}^*$

V) $|x| < 0 \Rightarrow S = \varnothing$

VI) $|x| \leqslant 0 \Rightarrow S = \{0\}$

> **Para refletir**
> Justifique as conclusões de III, IV, V e VI.

VII) $|x| < 4 \Rightarrow S = \{x \in \mathbb{R} \mid -4 < x < 4\}$

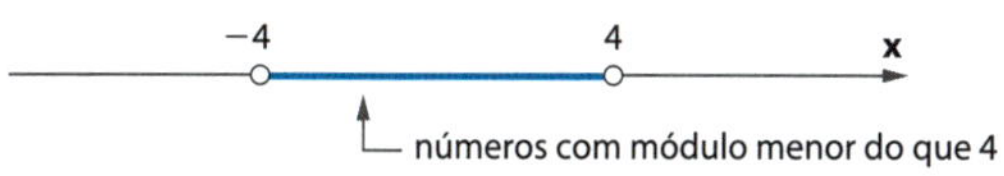

VIII) $|x| > 4 \Rightarrow S = \{x \in \mathbb{R} \mid x < -4 \text{ ou } x > 4\}$

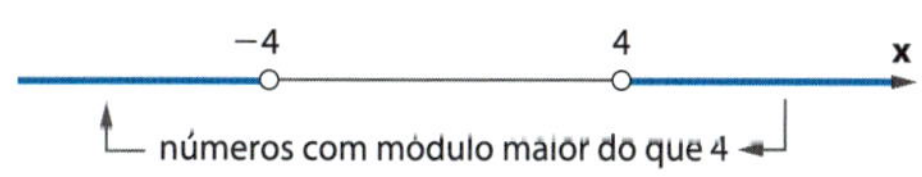

Pelos dois últimos casos (VII e VIII) podemos escrever que:

> Dado o número real $a > 0$, temos:
> $|x| < a \Rightarrow -a < x < a$
> $|x| > a \Rightarrow x < -a$ ou $x > a$

> **Para refletir**
> Pense nas soluções das inequações:
> - $|x| \leqslant 3$
> - $|x| \geqslant 3$

Acompanhe, a seguir, as resoluções dos exemplos apresentados acima.

Exemplo de aplicação

Resolva as inequações em $\mathbb{R}$:

a) $|x - 3| < 7$

$|x - 3| < 7 \Leftrightarrow -7 < x - 3 < 7$ (pela propriedade)

$-7 < x - 3 < 7 \Rightarrow -7 + 3 < x < 7 + 3 \Rightarrow$

$\Rightarrow -4 < x < 10$

Graficamente:

$S = \{x \in \mathbb{R} \mid -4 < x < 10\}$

b) $|x - 1| \geqslant 5$

$|x - 1| \geqslant 5 \Leftrightarrow x - 1 \geqslant 5$ ou $x - 1 \leqslant -5$ (pela propriedade)

$x - 1 \geqslant 5 \Rightarrow x \geqslant 6$ (I)

$x - 1 \leqslant -5 \Rightarrow x \leqslant -4$ (II)

Fazendo a união, vamos obter a solução por meio do seguinte quadro:

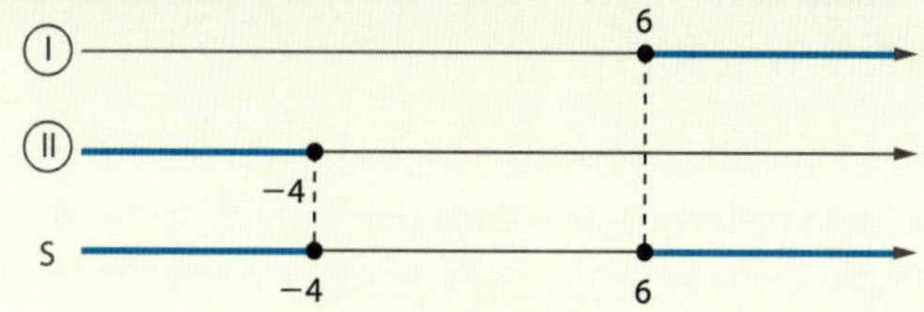

$S = \{x \in \mathbb{R} \mid x \leqslant -4 \text{ ou } x \geqslant 6\}$

c) $|5x - 3| \leqslant -2$

Todo módulo é maior ou igual a zero, portanto nunca pode ser menor ou igual a -2.

Logo, $S = \varnothing$.

d) $2 < |x - 1| < 4$

$2 < |x - 1| < 4$ equivale ao sistema

$$\begin{cases} |x - 1| < 4 & \text{(I)} \\ |x - 1| > 2 & \text{(II)} \end{cases}$$

(I) $|x - 1| < 4 \Leftrightarrow -4 < x - 1 < 4 \Leftrightarrow$

$\Leftrightarrow -4 + 1 < x < 4 + 1 \Leftrightarrow -3 < x < 5$

(II) $|x - 1| > 2 \Leftrightarrow x - 1 > 2$ ou $x - 1 < -2 \Leftrightarrow$

$\Leftrightarrow x > 3$ ou $x < -1$

A solução será dada pela intersecção das duas inequações simultâneas:

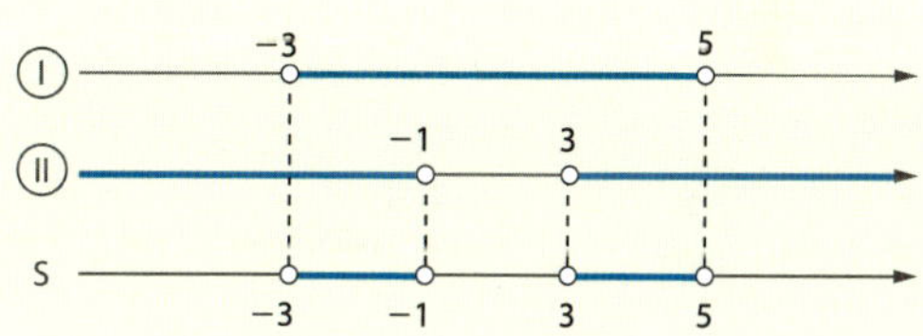

$S = \{x \in \mathbb{R} \mid -3 < x < -1 \text{ ou } 3 < x < 5\}$

> **Para refletir**
> Como seria o conjunto solução:
> a) em $\mathbb{Z}$?
> b) em $\mathbb{N}$?

e) $|x - 6| \leqslant x$

Neste caso temos de resolver a inequação em três situações: para $x < 0$, $x = 0$ e $x > 0$. A solução da inequação será dada pela união das soluções de cada uma.

- $x < 0 \Rightarrow |x - 6| \leqslant x \Rightarrow$ não existe valor para **x** (o módulo nunca é menor ou igual a um número negativo)
  negativo
  $S_1 = \varnothing$
- $x = 0 \Rightarrow |0 - 6| \leqslant 0 \Rightarrow 6 \leqslant 0$ (impossível)
  $S_2 = \varnothing$

- $x > 0 \Rightarrow |x - 6| \leqslant x \Rightarrow -x \leqslant x - 6 \leqslant x \Rightarrow$

positivo

$$\Rightarrow \begin{cases} x - 6 \geqslant -x \Rightarrow x \geqslant 3 \\ x - 6 \leqslant x \Rightarrow 0 \leqslant 6 \Rightarrow x \in \mathbb{R} \end{cases}$$

As condições $x > 0$, $x \geqslant 3$ e $x \in \mathbb{R}$ simultaneamente nos dão $S_3 = \{x \in \mathbb{R} \mid x \geqslant 3\}$.

Temos então $S_1 = \varnothing$, $S_2 = \varnothing$ e $S_3 = \{x \in \mathbb{R} \mid x \geqslant 3\}$.

A solução da inequação é dada por

$S = S_1 \cup S_2 \cup S_3 = \{x \in \mathbb{R} \mid x \geqslant 3\}$.

f) $|x - 3| + |x| > 5$

- $f(x) = x - 3$

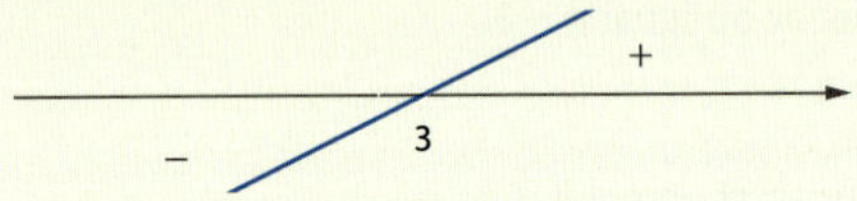

$x \geqslant 3 \Rightarrow x - 3 \geqslant 0 \Rightarrow |x - 3| = x - 3$

$x < 3 \Rightarrow x - 3 < 0 \Rightarrow |x - 3| = -x + 3$

- $g(x) = x$

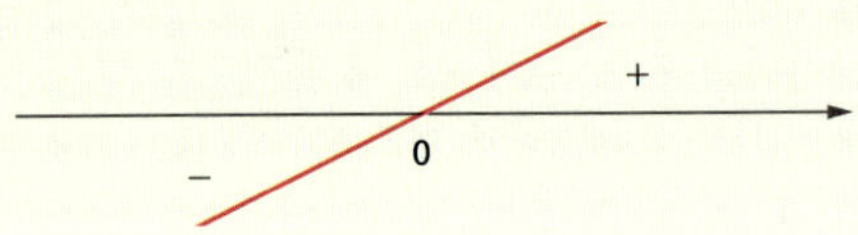

$x \geqslant 0 \Rightarrow |x| = x$

$x < 0 \Rightarrow |x| = -x$

Então:

- $x < 0 \Rightarrow \begin{cases} |x - 3| = -x + 3 \\ |x| = -x \end{cases} \Rightarrow$

$\Rightarrow -x + 3 - x > 5 \Rightarrow -2x > 2 \Rightarrow x < -1$

$S_1 = \{x \in \mathbb{R} \mid x < -1\}$

- $0 \leqslant x < 3 \Rightarrow \begin{cases} |x - 3| = -x + 3 \\ |x| = x \end{cases} \Rightarrow$

$\Rightarrow -x + 3 + x > 5 \Rightarrow 3 > 5$ (impossível)

$S_2 = \varnothing$

- $x \geqslant 3 \Rightarrow \begin{cases} |x - 3| = x - 3 \\ |x| = x \end{cases} \Rightarrow x - 3 + x > 5 \Rightarrow$

$\Rightarrow 2x > 8 \Rightarrow x > 4$

$S_3 = \{x \in \mathbb{R} \mid x > 4\}$

Logo:

$S = S_1 \cup S_2 \cup S_3 = \{x \in \mathbb{R} \mid x < -1 \text{ ou } x > 4\}$

Aplicação da resolução de inequações modulares

Podemos determinar o domínio de algumas funções aplicando a resolução de inequações modulares.

Exemplo de aplicação

Determine o domínio das funções:

a) $f(x) = \dfrac{1}{|x - 2| - 3}$

$\dfrac{1}{|x - 2| - 3}$ só é possível em $\mathbb{R}$ se $|x - 2| - 3 \neq 0$.

$|x - 2| - 3 \neq 0 \Rightarrow |x - 2| \neq 3 \Rightarrow x - 2 \neq 3$ e $x - 2 \neq -3 \Rightarrow x \neq 5$ e $x \neq -1$

Logo, $D(f) = \{x \in \mathbb{R} \mid x \neq 5 \text{ e } x \neq -1\}$.

Para refletir

Por que de $|x - 2| \neq 3$ deduzimos $x - 2 \neq 3$ e $x - 2 \neq -3$ e não $x - 2 \neq 3$ ou $x - 2 \neq -3$?

b) $f(x) = \sqrt{5 - |x - 3|}$

$\sqrt{5 - |x - 3|}$ só é possível em $\mathbb{R}$ se $5 - |x - 3| \geqslant 0$.

$5 - |x - 3| \geqslant 0 \Rightarrow -|x - 3| \geqslant -5 \Rightarrow |x - 3| \leqslant 5 \Rightarrow$

$\Rightarrow -5 \leqslant x - 3 \leqslant 5 \Rightarrow -5 + 3 \leqslant x \leqslant 5 + 3 \Rightarrow$

$\Rightarrow -2 \leqslant x \leqslant 8$

Logo, $D(f) = \{x \in \mathbb{R} \mid -2 \leqslant x \leqslant 8\}$.

Exercícios

objeto digital

29 Resolva em $\mathbb{R}$:

a) $|2x - 5| > 3$
b) $|3x + 1| \leqslant 10$
c) $|x - 3| \leqslant -1$
d) $|2x - 3| > x$

30 Resolva a inequação $|2x - 6| < 4$ em $\mathbb{Z}$.

31 Determine os valores reais de **x** para os quais $|x^2 - 4| < 3x$.

32 Resolva o sistema $\begin{cases} |x| > 4 \\ |2 - x| < 3 \end{cases}$.

Para refletir

Resolva cada equação do sistema e depois faça a intersecção das soluções de cada uma.

33 Explicite o domínio **D** das seguintes funções:

a) $f(x) = \dfrac{1}{|x| - 10}$
b) $g(x) = \sqrt{2 - |x + 1|}$
c) $h(x) = \sqrt{|x - 1| - 1}$
d) $i(x) = \dfrac{x}{\sqrt{|x| - 3}}$

34 Usando as funções **f**, **g**, **h** e **i** do exercício anterior, calcule se existir:

a) $f(0)$;
b) $f(1)$;
c) $f(-9)$;
d) $g(-2)$;
e) $h(11)$;
f) $i(1)$;
g) $i(4)$;
h) **x** tal que $h(x) = 3$.

7 Capítulo

Função exponencial

Consideremos a seguinte situação:

Em uma cultura de bactérias, a população dobra a cada hora. Se há 1000 bactérias no início da experiência, calcule quantas bactérias existirão depois de:

a) 3 horas; b) 10 horas; c) **x** horas.

CC STUDIO/SPL/LATINSTOCK

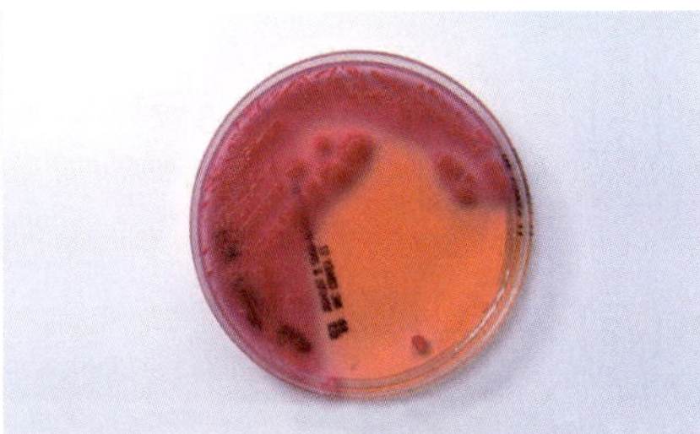

Cultura de bactérias *Escherichia coli* em placa de Petri.

Você sabia?
Na prática, as bactérias podem desenvolver-se sobre uma camada de alimentos e sua população é medida pela área que ocupa.

a) Observe que:

- depois de 1 hora, teremos 2000 bactérias ($2 \cdot 1000$);
- depois de 2 horas, teremos 4000 bactérias ($4 \cdot 1000$ ou $2^2 \cdot 1000$);
- então, depois de 3 horas, teremos 8000 bactérias ($8 \cdot 1000$ ou $2^3 \cdot 1000$).

b) Depois de 10 horas, teremos $2^{10} \cdot 1000$ ou 1024000 bactérias.

c) Depois de **x** horas, teremos $2^x \cdot 1000$ bactérias.

De modo geral, o modelo matemático usado para resolver situações como essa é dado pela *função de tipo exponencial* $f(x) = b \cdot a^x$, que estudaremos neste capítulo.

No caso das bactérias acima, o modelo matemático é dado pela função de tipo exponencial $f(x) = 1000 \cdot 2^x$, sendo 1000 a população de bactérias existentes no início da experiência e **x** o tempo decorrido.

1. Revisão de potenciação

Será que a expressão $\mathbf{a^x}$ tem sentido para todo número real **x**? Vejamos isso retomando o estudo da potenciação.

Potência com expoente natural

Dados um número real positivo **a** e um número natural **n** diferente de zero, chama-se *potência de base* ***a*** *e expoente* ***n*** o número $\mathbf{a^n}$ que é igual ao produto de **n** fatores iguais a **a**:

$$a^n = \underbrace{a \cdot a \cdot a \cdot ... \cdot a}_{n \text{ fatores}}$$

Fique atento
Pode-se definir que o valor de $\mathbf{a^n}$ é dado por:

- $a^1 = a$
- $a^{n+1} = a^n \cdot a$

Por exemplo:

- $a^2 = a^1 \cdot a = a \cdot a$
- $a^3 = a^2 \cdot a = a \cdot a \cdot a$

Para n = 1, considera-se por definição que $a^1 = a$, uma vez que não há produto com um único fator.

Vejamos alguns exemplos:

- $2^5 = 2 \cdot 2 \cdot 2 \cdot 2 \cdot 2 = 32$
- $\left(\frac{1}{2}\right)^3 = \frac{1}{2} \cdot \frac{1}{2} \cdot \frac{1}{2} = \frac{1}{8}$
- $1^4 = 1 \cdot 1 \cdot 1 \cdot 1 = 1$
- $10^3 = 10 \cdot 10 \cdot 10 = 1000$
- $\left(\frac{3}{4}\right)^2 = \frac{3}{4} \cdot \frac{3}{4} = \frac{9}{16}$
- $3^5 = 3 \cdot 3 \cdot 3 \cdot 3 \cdot 3 = 243$
- $\left(\frac{7}{4}\right)^1 = \frac{7}{4}$

Propriedade fundamental

Observe que $2^3 \cdot 2^2 = (2 \cdot 2 \cdot 2)(2 \cdot 2) = 2 \cdot 2 \cdot 2 \cdot 2 \cdot 2 = 2^5 = 2^{3+2}$.

De modo geral, para quaisquer m, n $\in$ IN*, podemos provar que:

$a^m \cdot a^n = a^{m+n}$ (propriedade fundamental da potenciação: multiplicação de potências de mesma base), pois em ambos os membros da igualdade temos o produto de m + n termos iguais a **a**.

Essa propriedade continua válida para um número qualquer de fatores. Para $m_1, m_2, \ldots, m_p$ quaisquer pertencentes a IN*, temos:

$$\underbrace{a^{m_1} \cdot a^{m_2} \cdot \ldots \cdot a^{m_p}}_{\text{p fatores}} = a^{m_1 + m_2 + \ldots + m_p}$$

Por exemplo, $2^2 \cdot 2^3 \cdot 2^5 = 2^{2+3+5} = 2^{10}$.

No caso de todos esses expoentes serem iguais ($m_1 = m_2 = \ldots = m_p = m$), temos:

$(a^m)^p = a^{mp}$ (potência de potência)

Por exemplo, $\underbrace{3^2 \cdot 3^2 \cdot 3^2 \cdot \ldots \cdot 3^2}_{\text{7 fatores}} = (3^2)^7 = 3^{14}$.

Observe também que:

- Se $a > 1$, então $a^{n+1} > a^n$.

  Basta multiplicar ambos os membros da desigualdade $a > 1$ por $\mathbf{a^n}$, que é positivo:

  $a \cdot a^n > a^n \Rightarrow a^{n+1} > a^n$

  Assim:

  $a > 1 \Rightarrow 1 < a < a^2 < a^3 < \ldots < a^n < a^{n+1} < \ldots$

- Se $0 < a < 1$, então $1 > a > a^2 > a^3 > \ldots > a^n > a^{n+1} > \ldots$

Fique atento
Quando a = 1, essa sequência é constante, com todos os termos iguais a 1.

Potência com expoente inteiro

Como atribuir um significado à potência $\mathbf{a^n}$ (**a** real positivo), quando n $\in \mathbb{Z}$ é um número inteiro, que pode ser negativo ou zero?

Isso precisa ser feito de modo que seja mantida a propriedade fundamental $a^m \cdot a^n = a^{m+n}$.

Inicialmente, vejamos qual deve ser o valor de $\mathbf{a^0}$ para $a \neq 0$.

Como a igualdade $a^0 \cdot a^1 = a^{0+1}$ deve ser válida, teremos $a^0 \cdot a = a$. Assim, a única possibilidade que temos é definir $a^0 = 1$, com $a \neq 0$.

Em seguida, dado qualquer n $\in$ IN*, devemos ter, para $a \neq 0$:
$a^{-n} \cdot a^n = a^{-n+n} = a^0 = 1$

Portanto, $a^{-n} \cdot a^n = 1$, ou seja,

$a^{-n} = \dfrac{1}{a^n}$.

Para refletir
Observe os valores da sequência e complete-a logicamente:
$2^4, 2^3, 2^2, 2^1, 2^0$
↓ ↓ ↓ ↓ ↓
16, 8, 4, 2, ?

Com isso, estendemos o conceito de potência do número real positivo **a**, com expoentes inteiros quaisquer, mantendo a propriedade fundamental.

Exemplos:

1º) $3^{-2} = \dfrac{1}{3^2} = \dfrac{1}{9}$

2º) $\left(\dfrac{1}{2}\right)^{-3} = \dfrac{1}{\left(\dfrac{1}{2}\right)^3} = \dfrac{1}{\dfrac{1}{8}} = 8$

3º) $\left(\sqrt{2}\right)^{-2} = \dfrac{1}{\left(\sqrt{2}\right)^2} = \dfrac{1}{2}$

Inverso de um número a ≠ 0

Observe que $a \cdot a^{-1} = a \cdot \dfrac{1}{a} = \dfrac{a}{a} = 1$, ou seja, $a \cdot a^{-1} = 1$, com $a \neq 0$.

$a^{-1} = \dfrac{1}{a}$ é chamado o *inverso de* **a**.

Para refletir
O número zero não tem inverso. Por quê?

Outras propriedades

1ª) Observe que:

$$a^m : a^n = \frac{a^m}{a^n} = a^m \cdot \frac{1}{a^n} = a^m \cdot a^{-n} = a^{m+(-n)} = a^{m-n},$$

com m, n $\in \mathbb{Z}$.

Logo:

$$a^m : a^n = a^{m-n} \quad ou \quad \frac{a^m}{a^n} = a^{m-n}$$

Para refletir
Observe os valores da sequência e complete-a logicamente:
$2^4, 2^3, 2^2, 2^1, 2^0, 2^{-1}, 2^{-2}, 2^{-3}$
↓ ↓ ↓ ↓ ↓ ↓ ↓ ↓
16, 8, 4, 2, ?, ?, ?, ?

com $a \neq 0$ (quociente de potências de mesma base)

2ª) Se $a \neq 0$, para m, n $\in \mathbb{Z}$ continua valendo $(a^m)^n = a^{mn}$.

Por exemplo, $(3^{-2})^{-1} = \dfrac{1}{3^{-2}} = \dfrac{1}{\dfrac{1}{9}} = 9 = 3^2 = 3^{(-2)(-1)}$.

Observe também que:

- Se $a > 1$, então a sequência $\mathbf{a^n}$ é crescente para $n \in \mathbb{Z}$.

  Por exemplo:

  $a = 2 \Rightarrow ...\ 2^{-3} < 2^{-2} < 2^{-1} < 2^0 < 2^1 < 2^2 < 2^3 < ...$

  $... \frac{1}{8} < \frac{1}{4} < \frac{1}{2} < 1 < 2 < 4 < 8 < ...$ (sequência crescente)

- Se $0 < a < 1$, então a sequência $\mathbf{a^n}$ é decrescente para $n \in \mathbb{Z}$.

  Por exemplo:

  $a = \frac{1}{2} \Rightarrow ... \left(\frac{1}{2}\right)^{-3} > \left(\frac{1}{2}\right)^{-2} > \left(\frac{1}{2}\right)^{-1} > \left(\frac{1}{2}\right)^{0} >$

  $> \left(\frac{1}{2}\right)^{1} > \left(\frac{1}{2}\right)^{2} > \left(\frac{1}{2}\right)^{3} > ...\ 8 > 4 > 2 > 1 > \frac{1}{2} >$

  $> \frac{1}{4} > \frac{1}{8} > ...$ (sequência decrescente)

Potência com expoente racional

Veremos agora que significado pode ser dado à potência $\mathbf{a^r}$, com **a** positivo, quando $r = \frac{m}{n}$ é um número racional (em que $m \in \mathbb{Z}$ e $n \in \mathbb{Z}^*$), de modo que continue válida a propriedade fundamental $a^r \cdot a^s = a^{r+s}$.

Inicialmente, vejamos como podemos definir, por exemplo, $2^{\frac{1}{2}}$, mantendo a propriedade fundamental:

$$2^{\frac{1}{2}} \cdot 2^{\frac{1}{2}} = 2^{\frac{1}{2}+\frac{1}{2}} = 2^1 = 2$$

Assim, $2^{\frac{1}{2}}$ é um número positivo cujo quadrado é igual a 2. Portanto, pela definição de raiz quadrada:

$$2^{\frac{1}{2}} = \sqrt{2}, \text{ pois } \left(2^{\frac{1}{2}}\right)^2 = \left(\sqrt{2}\right)^2 = 2$$

De modo geral, partindo da propriedade fundamental:

$$a^r \cdot a^s = a^{r+s} \text{ ou } (a^r)^n = a^{r \cdot n}$$

e fazendo $r = \frac{1}{n}$, teremos:

$$\left(a^{\frac{1}{n}}\right)^n = a^{\frac{1}{n}} \cdot a^{\frac{1}{n}} \cdot ... \cdot a^{\frac{1}{n}} = a^{\frac{1}{n}+\frac{1}{n}+...+\frac{1}{n}} = a^{n \cdot \left(\frac{1}{n}\right)} = a^{\frac{n}{n}} = a$$

ou seja, $a^{\frac{1}{n}}$ é o número real positivo cuja n-ésima potência é igual a **a**. Pela definição de raiz, esse número é $\sqrt[n]{a}$, a raiz n-ésima de **a**. Logo:

$a^{\frac{1}{n}} = \sqrt[n]{a}$ com **a** real positivo e $n = 2, 3, 4, ...$

Exemplos:

1º) $8^{\frac{1}{3}} = \sqrt[3]{8^1} = \sqrt[3]{8} = 2$

2º) $9^{0,5} = 9^{\frac{1}{2}} = \sqrt[2]{9^1} = \sqrt{9} = 3$

3º) $3^{-\frac{1}{2}} = \sqrt[2]{3^{-1}} = \sqrt[2]{\frac{1}{3}} = \frac{1}{\sqrt{3}} = \frac{\sqrt{3}}{3}$

4º) $\left(\frac{8}{27}\right)^{\frac{1}{3}} = \sqrt[3]{\frac{8}{27}} = \frac{2}{3}$

Podemos observar também que:

$$2^{\frac{2}{3}} = 2^{\frac{1}{3}+\frac{1}{3}} = 2^{\frac{1}{3}} \cdot 2^{\frac{1}{3}} = \left(\sqrt[3]{2}\right)\left(\sqrt[3]{2}\right) = \left(\sqrt[3]{2}\right)^2 = \sqrt[3]{2^2}$$

Portanto, $2^{\frac{2}{3}} = \sqrt[3]{2^2}$.

De modo geral, preservando a propriedade fundamental:

$$a^r \cdot a^s = a^{r+s} \text{ ou } (a^r)^n = a^{r \cdot n}$$

e fazendo $r = \frac{m}{n}$, teremos:

$$\left(a^{\frac{m}{n}}\right)^n = a^{\frac{m}{n}} \cdot a^{\frac{m}{n}} \cdot ... \cdot a^{\frac{m}{n}} = a^{\frac{m}{n}+\frac{m}{n}+...+\frac{m}{n}} = a^{n \cdot \left(\frac{m}{n}\right)} = a^m$$

ou seja, $a^{\frac{m}{n}}$ é um número real positivo cuja n-ésima potência é igual a $\mathbf{a^m}$.

Pela definição de raiz, esse número é $\sqrt[n]{a^m}$, a raiz n-ésima de $\mathbf{a^m}$. Logo:

$a^{\frac{m}{n}} = \sqrt[n]{a^m}$, com **a** real positivo e $m, n = 2, 3, 4, ...$

Para refletir

Constate com exemplos em que $\sqrt[n]{a^m} = \sqrt[np]{a^{mp}}$ para todo $p \in \mathbb{N}^*$.

Exemplos:

1º) $2^{\frac{3}{5}} = \sqrt[5]{2^3} = \sqrt[5]{8}$

2º) $\left(\frac{1}{2}\right)^{\frac{3}{4}} = \sqrt[4]{\left(\frac{1}{2}\right)^3} = \sqrt[4]{\frac{1}{8}}$

3º) $\left(\sqrt{5}\right)^{\frac{2}{3}} = \sqrt[3]{\left(\sqrt{5}\right)^2} = \sqrt[3]{5}$

4º) $\left(\frac{1}{3}\right)^{-\frac{2}{3}} = \sqrt[3]{\left(\frac{1}{3}\right)^{-2}} = \sqrt[3]{3^2} = \sqrt[3]{9}$

Potência com expoente irracional

Vamos agora dar uma ideia de como caracterizar, por exemplo, $2^{\sqrt{2}}$. Tomamos as aproximações racionais do número irracional $\sqrt{2}$, que são:

$$1;\ 1{,}4;\ 1{,}41;\ 1{,}414;\ \dots$$

e temos definidas as potências com expoente racional

$$2^1;\ 2^{1,4};\ 2^{1,41};\ 2^{1,414};\ \dots$$

À medida que:

$1;\ 1{,}4;\ 1{,}41;\ 1{,}414;\ \dots$ se aproximam de $\sqrt{2}$,

$2^1;\ 2^{1,4};\ 2^{1,41};\ 2^{1,414};\ \dots$ se aproximam de $2^{\sqrt{2}}$.

Usando a calculadora, obtemos:

$$2^1 = 2;\ 2^{1,4} = 2{,}639015;\ 2^{1,41} = 2{,}657371;$$

$$2^{1,414} = 2{,}664749;\ \dots;\ 2^{\sqrt{2}} = 2{,}665144\dots$$

Obtemos, assim, por aproximação de racionais, a potência $\mathbf{a^x}$, com **x** irracional e **a** real positivo. É importante observar que $\mathbf{a^x}$ é sempre um número real positivo.

Potência com expoente real

Lembrando que os números racionais unidos com os números irracionais resultam nos *números reais*, chegamos às potências com expoentes reais mantendo as propriedades mencionadas anteriormente.

Assim, são potências com expoente real:

$$3^{\frac{5}{6}}\quad 2^{\sqrt{3}}\quad 7^{\pi}\quad (\sqrt{3})^{\sqrt{2}}\quad \left(\frac{2}{3}\right)^{\sqrt{5}}\quad \left(\frac{1}{2}\right)^{-\sqrt{2}}\quad 5^4\quad 7^{-2}\quad 8^0\quad \left(-\frac{2}{3}\right)^{-5}$$

Observação: Quando $a = 0$ ou $a < 0$, algumas potências de base **a** estão definidas em IR e outras não. Por exemplo:

$$0^3 = 0 \qquad 0^{-2} = \frac{1}{0} \notin \mathbb{R}$$

$$(-8)^{\frac{1}{3}} = \sqrt[3]{-8} = -2 \qquad (-9)^{\frac{1}{2}} = \sqrt{-9} \notin \mathbb{R}$$

Resumo das propriedades da potenciação

Sempre que as operações e as potências envolvidas estejam definidas, temos as seguintes propriedades da potenciação, considerando $a \in \mathbb{R}$:

1ª) Produto de potências de mesma base: $a^m \cdot a^n = a^{m+n}$

2ª) Quociente de potências de mesma base:

$$a^m : a^n \text{ ou } \frac{a^m}{a^n} = a^{m-n}$$

3ª) Potência de potência: $(a^m)^n = a^{m \cdot n}$

4ª) Potência de um produto: $(a \cdot b)^n = a^n \cdot b^n$

5ª) Potência de um quociente: $(a : b)^n$ ou $\left(\frac{a}{b}\right)^n = \frac{a^n}{b^n}$

para $b \neq 0$

Exemplos:

1º) $2^7 \cdot 2^3 = 2^{10}$

2º) $\frac{5^9}{5^7} = 5^2$

3º) $a^9 : a^4 = a^5$

4º) $(3^4)^2 = 3^8$

5º) $(7 \cdot 4)^3 = 7^3 \cdot 4^3$

6º) $(12 : 3)^4 = 12^4 : 3^4$

7º) $\left(\frac{5}{7}\right)^m = \frac{5^m}{7^m}$

8º) $9^{x+3} = 9^x \cdot 9^3$

9º) $7^{x-2} = \frac{7^x}{7^2}$

10º) $5^{2x} = (5^2)^x$ ou $(5^x)^2$

Observação: Não podemos considerar $(a^m)^n$ igual a $a^{(m^n)}$. Veja, por exemplo, que $(2^3)^4 = 2^{12}$ e $2^{(3^4)} = 2^{81}$.

Consideramos a^{m^n} equivalente a $a^{(m^n)}$. Por exemplo, $5^{2^3} = 5^{(2^3)} = 5^8$.

Exercícios

1 Calcule as potências com expoente inteiro em IR.

a) 3^4
b) $(-2)^3$
c) $(-2)^6$
d) 0^5
e) 5^0
f) $(\sqrt{2})^2$
g) $(\sqrt{7})^3$
h) 6^{-2}
i) $\left(-\frac{3}{2}\right)^{-1}$

2 Calcule o valor de:

a) $x = \left(-\frac{1}{3}\right)^3 + [3^{-1} - (-3)^{-1}]^{-2}$

b) $y = \frac{2^{-2} + 2^2 - 2^{-1}}{2^{-2} - 2^{-1}}$

3 Calcule:

a) 10^6
b) 10^9
c) 10^{-4}
d) $10^{-6} \cdot 10^4$

4 Escreva como potência de base 10:

a) 10 000
b) $\frac{100\,000}{100}$
c) 0,001
d) 0,000001

5 Calcule as potências em IR quando definidas:

a) $5^{\frac{2}{7}}$
b) $2^{\frac{3}{4}}$
c) $\left(\frac{1}{2}\right)^{\frac{1}{2}}$
d) $(\sqrt{3})^{\frac{4}{5}}$
e) $9^{\frac{1}{2}}$
f) $0^{\frac{3}{8}}$
g) $2^{\frac{4}{3}}$
h) $8^{0,666\dots}$
i) $7^{0,4}$

6 Calcule o valor de:

a) $\left(27^{\frac{1}{3}} + 64^{\frac{1}{2}} - 8^{\frac{2}{3}} + 4^{\frac{1}{2}}\right)^{\frac{1}{2}}$ **b)** $\dfrac{3^0 + (-2)^2 - \left(\frac{1}{3}\right)^{-1}}{\left(\frac{1}{2}\right)^{-2}}$

7 A potência $3^{\sqrt{20}}$ é maior, menor ou igual a 250? ($Dica$: $4 < \sqrt{20} < 5$.)

8 Reduza a uma única potência:

a) $7^4 \cdot 7^2$ **b)** $3 \cdot 3^8$ **c)** $5^9 : 5^2$ **d)** $(2^5)^3$ **e)** $5^{(2^3)}$

9 Reduza a uma única potência.

a) $2^3 \cdot 2^7 \cdot 2^2$

b) $\dfrac{3^{10}}{3^4}$

c) $\dfrac{a^6}{a}$, com $a \neq 0$

d) $(2^6)^x$

e) 7^{3^2}

f) $\dfrac{2^7 \cdot 2^3}{2^{-4}}$

10 Escreva na forma de um produto de potências, de um quociente de potências ou de uma potência de potência:

a) 5^{x+y} **b)** 4^{x-3} **c)** 7^{3x} **d)** $(5x)^4$

11 Escreva como potência de base 3:

a) 2 187 **b)** $\dfrac{1}{9}$ **c)** 1 **d)** $\sqrt[5]{81}$ **e)** $\dfrac{\sqrt{3}}{3}$ **f)** 27^5

Notação científica

A notação científica permite escrever números usando potências de 10. Sua principal utilidade é a de fornecer, num relance, a ideia da ordem de grandeza de um número que, se fosse escrito por extenso, não daria essa informação de modo tão imediato.

Um número está expresso em notação científica se está escrito como o produto de dois números reais: um número real pertencente ao intervalo [1, 10[e uma potência de 10.

Veja como se escreve um número em notação científica:

- $300 = 3 \cdot 100 = 3 \cdot 10^2$
- $0{,}0052 = 5{,}2 \cdot 0{,}001 = 5{,}2 \cdot 10^{-3}$
- $32{,}45 = 3{,}245 \cdot 10 = 3{,}245 \cdot 10^1$
- $5249 = 5{,}249 \cdot 1000 = 5{,}249 \cdot 10^3$

Veja alguns exemplos em informações científicas:

- a distância média da Terra ao Sol: 149 600 000 km = $1{,}496 \cdot 10^8$ km;
- a velocidade da luz: 300 000 km/s = $3 \cdot 10^5$ km/s;
- a distância em torno da Terra no Equador: 40 075 km = $4 \cdot 10^4$ km (aproximadamente);
- a massa de um átomo de oxigênio: $2{,}7 \cdot 10^{-23}$ g;
- a massa de um átomo de hidrogênio: $1{,}66 \cdot 10^{-24}$ g.

Exercícios

12 Escreva em notação científica os seguintes números:

a) 500 **b)** 0,0006 **c)** 0,034 **d)** 0,8 **e)** 48 000 **f)** 7 000 000 000

13 Escreva em notação científica os seguintes números:

a) 0,00000025 **b)** 0,02 **c)** 20,39 **d)** 0,000008 **e)** 923,1 **f)** 40 400

14 Dê o valor de cada número escrito em notação científica:

a) $8 \cdot 10^4$ **b)** $5 \cdot 10^{-2}$ **c)** $3{,}52 \cdot 10^5$ **d)** $1{,}6 \cdot 10^{-3}$

15 Escreva em notação científica:

a) a distância média do Sol a Marte: 227 900 000 km;

b) a distância média do Sol a Júpiter: 778 300 000 km;

c) a massa de um elétron, aproximadamente, 0,000000000000000000000000000911 g.

16 Os cabelos são estruturas que agem no organismo como isolantes térmicos, protegendo a cabeça das radiações e da abrasão mecânica. Considere, para uma pessoa com $1{,}1 \cdot 10^5$ fios de cabelo, que cada fio cresça 1,2 cm por mês. Qual a extensão total do crescimento de todos os fios de cabelo dessa pessoa em um dia?

a) $4{,}4 \cdot 10^1$ cm **b)** 44 cm **c)** $1{,}1 \cdot 10^1$ m **d)** 0,4 m **e)** 4,4 m

17 Considerando que um determinado átomo tenha diâmetro de 10^{-10} m, quantos desses átomos precisaríamos colocar enfileirados lado a lado para cobrir perfeitamente o **raio** de um fio de cabelo cilíndrico com diâmetro de 10^{-5} m?

a) 10 mil átomos. **b)** 50 mil átomos. **c)** 100 mil átomos. **d)** 200 mil átomos. **e)** 500 mil átomos.

2. Revisão de radiciação

Definição

Dados um número real **a** não negativo e um número natural **n**, $n \geq 1$, chama-se *raiz n-ésima aritmética de* **a** o número real e não negativo **b**, tal que $b^n = a$:

$$\sqrt[n]{a} = b \Leftrightarrow b^n = a$$

em que:

- $\sqrt[n]{\ }$ é o símbolo que indica a operação radiciação e é chamado *radical*;
- **a** é um número real chamado *radicando*;
- **n** é um número natural diferente de zero chamado *índice*;
- **b** é um número real, resultado dessa operação, chamado *raiz*.

Em particular, se $a < 0$, $\sqrt[n]{a} \notin \mathbb{R}$, quando **n** for par.

Exemplos:

1º) $\sqrt[3]{8} = 2$, pois $2^3 = 8$.

2º) $\sqrt[2]{9} = 3$, pois $3^2 = 9$.

3º) $\sqrt[4]{625} = 5$, pois $5^4 = 625$.

4º) $\sqrt{-16} \notin \mathbb{R}$

> **Fique atento**
> Lembre-se de que não é necessário escrever o índice quando se tratar da raiz quadrada, ou seja, $\sqrt[2]{9} = \sqrt{9} = 3$.

Vamos considerar dois casos:

- 1º caso: **n** é par

$\forall\, a \in \mathbb{R}$, temos $\sqrt[n]{a^n} = |a|$.

Exemplos:

1º) $\sqrt{81} = \sqrt{9^2} = |9| = 9$

2º) $\sqrt[4]{(-2)^4} = |-2| = 2$

3º) $\sqrt{(2-\pi)^2} = |2-\pi| = -2 + \pi$, pois $2 - \pi < 0$.

- 2º caso: **n** é ímpar

$\sqrt[n]{a^n} = a,\ \forall\, a \in \mathbb{R}$

Exemplos:

1º) $\sqrt[3]{8} = \sqrt[3]{2^3} = 2$

2º) $\sqrt[5]{(-3)^5} = -3$

3º) $\sqrt[3]{-8} = \sqrt[3]{(-2)^3} = -2$

Propriedades

Considerando **a** e **b** reais não negativos, **m** inteiro, **n** e **p** naturais não nulos, temos as seguintes propriedades:

1ª) A raiz aritmética de um produto é igual ao produto dos fatores.

Observe que $\sqrt[n]{a \cdot b} = (a \cdot b)^{\frac{1}{n}} = a^{\frac{1}{n}} \cdot b^{\frac{1}{n}} = \sqrt[n]{a} \cdot \sqrt[n]{b}$.

Portanto:

$$\sqrt[n]{a \cdot b} = \sqrt[n]{a} \cdot \sqrt[n]{b}$$

Veja alguns exemplos:

- $\sqrt{2 \cdot 3} = \sqrt{2} \cdot \sqrt{3}$
- $\sqrt{2} \cdot \sqrt{18} = \sqrt{36} = 6$

2ª) A raiz aritmética de um quociente $\frac{a}{b}$, com $a \geq 0$ e $b > 0$, é igual ao quociente das raízes de **a** e **b**.

Para $a \geq 0$ e $b > 0$, temos $\sqrt[n]{\frac{a}{b}} = \left(\frac{a}{b}\right)^{\frac{1}{n}} = \frac{a^{\frac{1}{n}}}{b^{\frac{1}{n}}} = \frac{\sqrt[n]{a}}{\sqrt[n]{b}}$.

Portanto:

$$\sqrt[n]{\frac{a}{b}} = \frac{\sqrt[n]{a}}{\sqrt[n]{b}}$$

Veja alguns exemplos:

- $\sqrt{\frac{5}{3}} = \frac{\sqrt{5}}{\sqrt{3}}$
- $\frac{\sqrt{32}}{\sqrt{2}} = \sqrt{\frac{32}{2}} = \sqrt{16} = 4$

3ª) A potência de um radical aritmético é obtida elevando-se o radical ao referido expoente.

Observe que $\left(\sqrt[n]{a}\right)^m = \left(a^{\frac{1}{n}}\right)^m = a^{\frac{m}{n}} = \sqrt[n]{a^m}$. Então:

$$\left(\sqrt[n]{a}\right)^m = \sqrt[n]{a^m}$$

Veja alguns exemplos:

- $\left(\sqrt[3]{2}\right)^2 = \sqrt[3]{2^2} = \sqrt[3]{4}$
- $\left(\sqrt{2}\right)^6 = \sqrt{2^6} = 2^3 = 8$

4ª) Podemos alterar o índice de um radical aritmético, sem alterar o seu valor numérico, multiplicando ou dividindo o expoente e o índice pelo mesmo número inteiro e positivo.

Considerando o número natural positivo **p**, temos:

- $\sqrt[n]{a^m} = a^{\frac{m}{n}} = a^{\frac{m \cdot p}{n \cdot p}} = \sqrt[n \cdot p]{a^{m \cdot p}}$
- $\sqrt[n]{a^m} = a^{\frac{m}{n}} = a^{\frac{m : p}{n : p}} = \sqrt[n : p]{a^{m : p}}$

Dessa maneira:

$$\sqrt[n]{a^m} = \sqrt[n \cdot p]{a^{m \cdot p}} \quad \text{e} \quad \sqrt[n]{a^m} = \sqrt[n : p]{a^{m : p}}$$

Veja alguns exemplos:

- $\sqrt[4]{3^3} = \sqrt[4 \cdot 5]{3^{3 \cdot 5}} = \sqrt[20]{3^{15}}$
- $\sqrt[6]{5^3} = \sqrt[6:3]{5^{3:3}} = \sqrt[2]{5^1} = \sqrt{5}$

5ª) Podemos calcular a raiz de um radical aritmético multiplicando os índices das raízes e mantendo inalterado o radicando.

Considerando o número natural positivo **p**, podemos afirmar que:

$$\sqrt[p]{\sqrt[n]{a}} = \sqrt[p]{a^{\frac{1}{n}}} = \left(a^{\frac{1}{n}}\right)^{\frac{1}{p}} = a^{\frac{1}{n} \cdot \frac{1}{p}} = a^{\frac{1}{n \cdot p}} = \sqrt[n \cdot p]{a}$$

Portanto:

$$\sqrt[p]{\sqrt[n]{a^m}} = \sqrt[p \cdot n]{a^m}$$

Veja alguns exemplos:

- $\sqrt[5]{\sqrt[3]{2}} = \sqrt[5 \cdot 3]{2} = \sqrt[15]{2}$
- $\sqrt{\sqrt{\sqrt{2}}} = \sqrt[2 \cdot 2 \cdot 2]{2} = \sqrt[8]{2}$

É bom lembrar que essas propriedades não são válidas para a adição e para a subtração de radicais com o mesmo índice. Por exemplo:

- $\sqrt{2} + \sqrt{3} \neq \sqrt{2+3}$
- $\sqrt{6} - \sqrt{3} \neq \sqrt{6-3}$

Exemplos de aplicação

1 Simplifique os radicais a seguir:

a) $\sqrt{32}$

$\sqrt{32} = \sqrt{2^5} = \sqrt{2^4 \cdot 2^1} = \sqrt{2^4} \cdot \sqrt{2^1} = 2^2\sqrt{2} = 4\sqrt{2}$

b) $\sqrt{288}$

$\sqrt{288} = \sqrt{2^5 \cdot 3^2} = \sqrt{2^4 \cdot 2^1 \cdot 3^2} =$

$= \sqrt{2^4} \cdot \sqrt{2^1} \cdot \sqrt{3^2} = 2^2 \cdot 3^1\sqrt{2} = 12\sqrt{2}$

c) $\sqrt[4]{2\,592}$

$\sqrt[4]{2\,592} = \sqrt[4]{2^5 \cdot 3^4} = \sqrt[4]{2^4 \cdot 2^1 \cdot 3^4} =$

$= \sqrt[4]{2^4} \cdot \sqrt[4]{2^1} \cdot \sqrt[4]{3^4} = 2^1 \cdot 3^1\sqrt[4]{2} = 6\sqrt[4]{2}$

d) $\sqrt{0{,}01}$

$$\sqrt{0{,}01} = \sqrt{\frac{1}{100}} = \frac{\sqrt{1}}{\sqrt{100}} = \frac{1}{10}$$

e) $\sqrt[3]{-125}$

$\sqrt[3]{-125} = \sqrt[3]{(-5)^3} = -5$

f) $\sqrt[3]{\dfrac{-54}{125}}$

$$\sqrt[3]{\frac{-54}{125}} = \frac{\sqrt[3]{-54}}{\sqrt[3]{125}} = \frac{\sqrt[3]{2(-3)^3}}{\sqrt[3]{5^3}} =$$

$$= \frac{\sqrt[3]{2} \cdot \sqrt[3]{(-3)^3}}{5^1} = \frac{\sqrt[3]{2}(-3)^1}{5} = \frac{-3\sqrt[3]{2}}{5}$$

g) $\sqrt{(2+\sqrt{3})^2}$

$\sqrt{(2+\sqrt{3})^2} = |2+\sqrt{3}| = 2+\sqrt{3}$, pois $2+\sqrt{3} > 0$

h) $\sqrt{(2-\sqrt{3})^2}$

$\sqrt{(2-\sqrt{3})^2} = |2-\sqrt{3}| = 2-\sqrt{3}$, pois $2-\sqrt{3} > 0$

i) $\sqrt{(2-\sqrt{5})^2}$

$\sqrt{(2-\sqrt{5})^2} = |2-\sqrt{5}| = -2+\sqrt{5}$, pois $2-\sqrt{5} < 0$

2 Resolva a seguir as operações com radicais:

a) $\sqrt[3]{625} + \sqrt[3]{40} - \sqrt[3]{135}$

$\sqrt[3]{625} + \sqrt[3]{40} - \sqrt[3]{135} = \sqrt[3]{5^4} + \sqrt[3]{2^3 \cdot 5} - \sqrt[3]{3^3 \cdot 5} =$

$= \sqrt[3]{5^3 \cdot 5^1} + \sqrt[3]{2^3} \cdot \sqrt[3]{5} - \sqrt[3]{3^3} \cdot \sqrt[3]{5} =$

$= \sqrt[3]{5^3} \cdot \sqrt[3]{5} + 2\sqrt[3]{5} - 3\sqrt[3]{5} =$

$= 5\sqrt[3]{5} + 2\sqrt[3]{5} - 3\sqrt[3]{5} = 4\sqrt[3]{5}$

b) $\sqrt{32} + \sqrt{48} - \sqrt{8} - \sqrt{108}$

$\sqrt{32} + \sqrt{48} - \sqrt{8} - \sqrt{108} =$

$= \sqrt{2^5} + \sqrt{2^4 \cdot 3} - \sqrt{2^3} - \sqrt{2^2 \cdot 3^3} =$

$= \sqrt{2^4 \cdot 2^1} + \sqrt{2^4} \cdot \sqrt{3} - \sqrt{2^2 \cdot 2^1} - \sqrt{2^2 \cdot 3^2 \cdot 3^1} =$

$= \sqrt{2^4} \cdot \sqrt{2^1} + 2^2 \cdot \sqrt{3} - \sqrt{2^2} \cdot \sqrt{2^1} - \sqrt{2^2} \cdot$

$\cdot \sqrt{3^2} \cdot \sqrt{3^1} = 2^2\sqrt{2} + 4\sqrt{3} - 2^1\sqrt{2} - 2^1 \cdot 3^1 \cdot \sqrt{3} =$

$= 4\sqrt{2} + 4\sqrt{3} - 2\sqrt{2} - 6\sqrt{3} = 2\sqrt{2} - 2\sqrt{3}$

c) $\sqrt{8} \cdot \sqrt{6} + \sqrt{21} \cdot \sqrt{7}$

$\sqrt{8} \cdot \sqrt{6} + \sqrt{21} \cdot \sqrt{7} = \sqrt{48} + \sqrt{147} =$

$= \sqrt{2^4 \cdot 3} + \sqrt{3 \cdot 7^2} = \sqrt{2^4} \cdot \sqrt{3} + \sqrt{3} \cdot \sqrt{7^2} =$

$= 2^2\sqrt{3} + 7^1\sqrt{3} = 4\sqrt{3} + 7\sqrt{3} = 11\sqrt{3}$

d) $\sqrt{\sqrt[3]{128}} + \sqrt[3]{\sqrt{1\,458}}$

$\sqrt{\sqrt[3]{128}} + \sqrt[3]{\sqrt{1\,458}} = \sqrt[3 \cdot 2]{2^7} + \sqrt[3 \cdot 2]{2 \cdot 3^6} =$

$= \sqrt[6]{2^6} \cdot \sqrt[6]{2^1} + \sqrt[6]{2} \cdot \sqrt[6]{3^6} = 2\sqrt[6]{2} + 3\sqrt[6]{2} = 5\sqrt[6]{2}$

e) $\sqrt{6}(\sqrt{3} + \sqrt{2} - \sqrt{18})$

$\sqrt{6}(\sqrt{3} + \sqrt{2} - \sqrt{18}) =$

$= \sqrt{6 \cdot 3} + \sqrt{6 \cdot 2} - \sqrt{6 \cdot 18} =$

$= \sqrt{2 \cdot 3 \cdot 3} + \sqrt{2 \cdot 3 \cdot 2} - \sqrt{2 \cdot 3 \cdot 2 \cdot 3^2} =$

$= \sqrt{2 \cdot 3^2} + \sqrt{2^2 \cdot 3} - \sqrt{2^2 \cdot 3 \cdot 3^2} =$

$= 3\sqrt{2} + 2\sqrt{3} - 2 \cdot 3 \cdot \sqrt{3} = 3\sqrt{2} + 2\sqrt{3} - 6\sqrt{3} =$

$= 3\sqrt{2} - 4\sqrt{3}$

f) $\sqrt[5]{2\sqrt[3]{4}}$

$\sqrt[5]{2\sqrt[3]{4}} = \sqrt[5]{\sqrt[3]{2^3 \cdot 2^2}} = \sqrt[3 \cdot 5]{2^5} = \sqrt[15:5]{2^{5:5}} = \sqrt[3]{2}$

g) $\left(\sqrt[3]{\dfrac{\sqrt[6]{5^{10}}}{\sqrt[3]{5^2}}}\right)^4$

$$\left(\sqrt[3]{\frac{\sqrt[6]{5^{10}}}{\sqrt[3]{5^2}}}\right)^4 = \left(\sqrt[3]{\frac{\sqrt[6:2]{5^{10:2}}}{\sqrt[3]{5^2}}}\right)^4 = \left(\sqrt[3]{\frac{\sqrt[3]{5^5}}{\sqrt[3]{5^2}}}\right)^4 =$$

$$= \left(\sqrt[3]{\sqrt[3]{\frac{5^5}{5^2}}}\right)^4 = \left(\sqrt[9]{5^{5-2}}\right)^4 = \left(\sqrt[9]{5^3}\right)^4 =$$

$$= \left(\sqrt[9:3]{5^{3:3}}\right)^4 = \left(\sqrt[3]{5}\right)^4 = \sqrt[3]{5^4} = \sqrt[3]{5^3 \cdot 5} = 5\sqrt[3]{5}$$

h) $(\sqrt{3} + \sqrt{2})^2$

$(\sqrt{3} + \sqrt{2})^2 = (\sqrt{3})^2 + 2 \cdot \sqrt{3} \cdot \sqrt{2} + (\sqrt{2})^2 =$

$= 3 + 2\sqrt{6} + 2 = 5 + 2\sqrt{6}$

i) $\sqrt{2\sqrt[3]{2^2}} + \sqrt[3]{2\sqrt{2^3}}$

$\sqrt{2\sqrt[3]{2^2}} + \sqrt[3]{2\sqrt{2^3}} = \sqrt{\sqrt[3]{2^3 \cdot 2^2}} + \sqrt[3]{\sqrt{2^2 \cdot 2^3}} =$

$= \sqrt[2\cdot3]{2^{3+2}} + \sqrt[3\cdot2]{2^{2+3}} = \sqrt[6]{2^5} + \sqrt[6]{2^5} = 2\sqrt[6]{2^5} =$

$= 2\sqrt[6]{32}$

j) $\dfrac{\sqrt{2} \cdot \sqrt[3]{4}}{\sqrt[6]{32}}$

$\dfrac{\sqrt{2} \cdot \sqrt[3]{4}}{\sqrt[6]{32}} = \dfrac{\sqrt[2\cdot3]{2^{1\cdot3}} \cdot \sqrt[3\cdot2]{4^{1\cdot2}}}{\sqrt[6]{32}} = \dfrac{\sqrt[6]{2^3} \cdot \sqrt[6]{4^2}}{\sqrt[6]{32}} =$

$= \sqrt[6]{\dfrac{2^3 \cdot 4^2}{32}} = \sqrt[6]{\dfrac{8 \cdot 16}{32}} = \sqrt[6]{4}$

3 Qual o maior valor entre $\sqrt{2}$, $\sqrt[6]{7}$ e $\sqrt[4]{5}$?

Vamos deixar todos os radicais com o mesmo índice:

$\sqrt[2]{2^1} = \sqrt[2\cdot6]{2^{1\cdot6}} = \sqrt[12]{2^6} = \sqrt[12]{64}$

$\sqrt[6]{7^1} = \sqrt[6\cdot2]{7^{1\cdot2}} = \sqrt[12]{7^2} = \sqrt[12]{49}$

$\sqrt[4]{5^1} = \sqrt[4\cdot3]{5^{1\cdot3}} = \sqrt[12]{5^3} = \sqrt[12]{125}$

O maior valor é $\sqrt[4]{5}$.

Exercícios

18 Classifique em verdadeira (**V**) ou falsa (**F**) cada sentença abaixo:

a) $\sqrt{x^2} = x$

b) $\sqrt{x^2} = x$, se $x > 0$

c) $\sqrt{x^2} = |x|$

d) $\sqrt{x^3} = x$

e) $\sqrt{49} = \pm 7$

f) $\sqrt{(-3)^2} = -3$

g) $\sqrt{(-5)^2} = 5$

h) $\sqrt{-5^2} \in \mathbb{R}$

19 Simplifique cada radical:

a) $\sqrt{8}$

b) $\sqrt[3]{16}$

c) $\sqrt{60}$

d) $\sqrt{200}$

20 Simplifique cada radical:

a) $\sqrt[4]{1250}$

b) $\sqrt[3]{0{,}125}$

21 Transforme em um só radical:

a) $\sqrt{2} \cdot \sqrt{5}$

b) $\dfrac{\sqrt{5}}{\sqrt{2}}$

c) $\sqrt{\sqrt[3]{5}}$

d) $\sqrt{2\sqrt{3}}$

e) $\sqrt{2\sqrt{2\sqrt{2}}}$

f) $\sqrt[4]{5\sqrt[3]{2}}$

g) $\sqrt[3]{2} \cdot \sqrt[4]{2}$

h) $\sqrt{2} \cdot \sqrt[3]{2} \cdot \sqrt[4]{2}$

22 Transforme em um só radical:

a) $\dfrac{\sqrt[3]{3^2} \cdot \sqrt[4]{3^3}}{\sqrt[5]{3^4}}$

b) $\sqrt{\sqrt[3]{x\sqrt{x}}}$

23 Efetue as operações com os radicais:

a) $2\sqrt{2} + 3\sqrt{2} - \sqrt{2}$

b) $\sqrt{125} + 3\sqrt{5} - \sqrt{20}$

c) $6\sqrt{3} + \sqrt{75} + 4\sqrt{12} - \sqrt{27}$

24 Efetue as operações com os radicais:

a) $2\sqrt{3}(\sqrt{12} + \sqrt{3})$

b) $(2 + \sqrt{3})(3 - \sqrt{3})$

c) $(\sqrt{2} + \sqrt{3})(2 - 2\sqrt{3})$

d) $(2\sqrt{5} + \sqrt{7})(\sqrt{5} - 2\sqrt{7})$

25 Simplifique cada expressão:

a) $(\sqrt{5} - 2)(\sqrt{5} + 2)$

b) $(\sqrt{7} - \sqrt{2})(\sqrt{7} + \sqrt{2})$

c) $(1 + \sqrt{2})^2$

d) $(\sqrt{5} - \sqrt{3})^2$

26 Simplifique cada expressão:

a) $\sqrt{3 + \sqrt{5}} \cdot \sqrt{3 - \sqrt{5}}$

b) $\sqrt{7 + 2\sqrt{6}} \cdot \sqrt{7 - 2\sqrt{6}}$

27 Coloque os radicais $\sqrt{2}$, $\sqrt[3]{4}$, $\sqrt[4]{17}$ e $\sqrt[6]{40}$ em ordem crescente.

3. Simplificação de expressões

Agora veja outros exemplos de aplicação dos conceitos apresentados anteriormente.

Observe também como podemos aplicar as propriedades da potenciação na simplificação de expressões.

Exemplos de aplicação

1 Simplifique a expressão $\left(\dfrac{0{,}001 \cdot 1000^4}{10^5}\right)^2 \cdot (0{,}0001)^3$.

$\left(\dfrac{0{,}001 \cdot 1000^4}{10^5}\right)^2 \cdot (0{,}0001)^3 =$

$= \left[\dfrac{10^{-3} \cdot (10^3)^4}{10^5}\right]^2 \cdot (10^{-4})^3 =$

$= \left(\dfrac{10^{-3} \cdot 10^{12}}{10^5}\right)^2 \cdot 10^{-12} = \left(\dfrac{10^9}{10^5}\right)^2 \cdot 10^{-12} =$

$= (10^4)^2 \cdot 10^{-12} = 10^8 \cdot 10^{-12} = 10^{-4}$ ou 0,0001

2 Sabendo que $2^x = m$ e $2^y = n$, escreva a expressão $(0,25)^{2x - y}$ em função de **m** e **n**.

$0,25 = \frac{25}{100} = \frac{1}{4} = \frac{1}{2^2} = 2^{-2}$

$(2^{-2})^{2x-y} = 2^{-4x+2y} = 2^{-4x} \cdot 2^{2y} =$

$= (2^x)^{-4} \cdot (2^y)^2 = m^{-4} \cdot n^2$

3 Transforme em produto a expressão $2^{x-2} + 2^{x-1}$.

$2^{x-2} + 2^{x-1} = 2^x \cdot 2^{-2} + 2^x \cdot 2^{-1} = 2^x(2^{-2} + 2^{-1}) =$

colocando 2^x em evidência

$= 2^x\left(\frac{1}{4} + \frac{1}{2}\right) = 2^x \cdot \frac{3}{4} = \frac{3}{4} \cdot 2^x$

4 Se $A = 2^x + 2^{-x}$ e $B = 2^x - 2^{-x}$, calcule o valor de $A^2 - B^2$ para todo **x** real.

$A^2 - B^2 = (A + B)(A - B) \Rightarrow A^2 - B^2 =$

$= [\underbrace{(2^x + 2^{-x})}_{A} + \underbrace{(2^x - 2^{-x})}_{B}][\underbrace{(2^x + 2^{-x})}_{A} - \underbrace{(2^x - 2^{-x})}_{B}] \Rightarrow$

$\Rightarrow A^2 - B^2 = [2 \cdot 2^x][2 \cdot 2^{-x}] \Rightarrow A^2 - B^2 = 4 \cdot 2^x \cdot 2^{-x} \Rightarrow$

$\Rightarrow A^2 - B^2 = 4 \cdot 2^0 = 4 \cdot 1 = 4$

5 Escreva a expressão $\sqrt{a\sqrt[3]{a}}$ na forma de potência.

$\sqrt{a\sqrt[3]{a}} = (a\sqrt[3]{a})^{\frac{1}{2}} = \left(a \cdot a^{\frac{1}{3}}\right)^{\frac{1}{2}} = \left(a^{1 + \frac{1}{3}}\right)^{\frac{1}{2}} =$

$= \left(a^{\frac{4}{3}}\right)^{\frac{1}{2}} = a^{\frac{2}{3}}$

6 Determine o valor da expressão $\sqrt{0,25} + 16^{-\frac{3}{4}}$.

$\sqrt{0,25} + 16^{-\frac{3}{4}} = 0,5 + (2^4)^{-\frac{3}{4}} = \frac{5}{10} + 2^{-3} =$

$= \frac{1}{2} + \left(\frac{1}{2}\right)^3 = \frac{1}{2} + \frac{1}{8} = \frac{5}{8}$

Exercícios

28 Represente a expressão $100^4 \cdot (0,001)^3$ na forma de potência de 10.

29 Simplifique a expressão $\frac{12 \cdot 10^{-3} \cdot 10^{-4} \cdot 10^8}{12 \cdot 10^{-1} \cdot 10^{-4}}$.

30 Transforme em produto a expressão $3^{x+2} + 3^{x-1} - 3^x$.

31 Se $(a - a^{-1}) = k$, com $a \neq 0$ e $a \neq 1$, calcule o valor de $a^2 + a^{-2}$ em função de **k**. (*Sugestão*: Eleve a igualdade dada ao quadrado.)

32 Se $A = (3^x + 3^{-x})$ e $B = (3^x - 3^{-x})$, calcule o valor de $A^2 - B^2$ para todo **x** real.

33 Escreva na forma de potência a expressão $\sqrt[6]{x\sqrt[5]{x}}$.

34 Simplifique as expressões abaixo para $x > 0$.

a) $x^3 \cdot x^{-\frac{1}{2}} \cdot \frac{x^{\frac{3}{2}}}{x^2 \cdot x^{-3}}$

b) $\sqrt{\frac{x}{\sqrt{x}}}$

4. Função exponencial

Vamos agora estudar a função exponencial definida por $f(x) = a^x$.

Definição

Dado um número real **a** ($a > 0$ e $a \neq 1$), denomina-se *função exponencial de base* ***a*** uma função **f** de IR em IR_+^* definida por $f(x) = a^x$ ou $y = a^x$.

Exemplos:

1º) $f(x) = 3^x$

2º) $y = 5^x$

3º) $f(x) = \left(\frac{1}{2}\right)^x$

4º) $f(x) = (0,4)^x$

5º) $f(x) = (\sqrt{2})^x$

6º) $f(x) = 10^x$

Observação: As restrições $a > 0$ e $a \neq 1$ dadas na definição são necessárias, pois:

- Para $a = 0$ e **x** negativo, não existiria a^x (não teríamos uma função definida em IR).
- Para $a < 0$ e $x = \frac{1}{2}$, por exemplo, não haveria a^x (não teríamos uma função em IR).
- Para $a = 1$ e **x** qualquer número real, $a^x = 1$ (função constante).

Gráfico da função exponencial

Vamos analisar os gráficos de duas funções exponenciais, a primeira com $a > 1$ e a segunda com $0 < a < 1$.

1ª) $f(x) = 2^x$ ou $y = 2^x$

x	−3	−2	−1	0	1	2	3
2^x	2^{-3}	2^{-2}	2^{-1}	2^0	2^1	2^2	2^3
$y = 2^x$	$\frac{1}{8}$	$\frac{1}{4}$	$\frac{1}{2}$	1	2	4	8

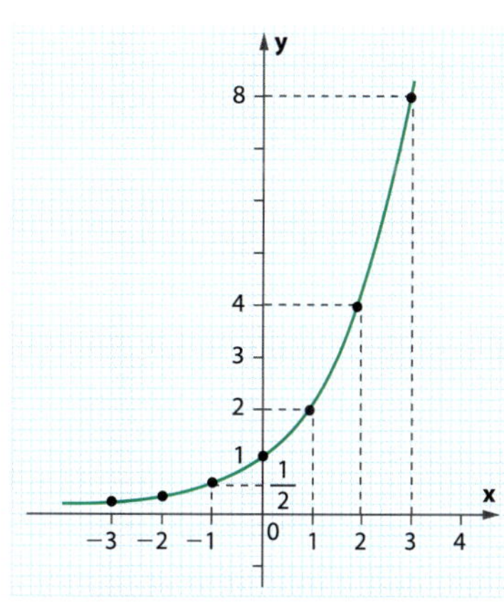

2ª) $f(x) = \left(\frac{1}{2}\right)^x$ ou $y = \left(\frac{1}{2}\right)^x$

→ → → → → → →

x	−3	−2	−1	0	1	2	3
$\left(\frac{1}{2}\right)^x$	$\left(\frac{1}{2}\right)^{-3}$	$\left(\frac{1}{2}\right)^{-2}$	$\left(\frac{1}{2}\right)^{-1}$	$\left(\frac{1}{2}\right)^{0}$	$\left(\frac{1}{2}\right)^{1}$	$\left(\frac{1}{2}\right)^{2}$	$\left(\frac{1}{2}\right)^{-3}$
$y = \left(\frac{1}{2}\right)^x$	8	4	2	1	$\frac{1}{2}$	$\frac{1}{4}$	$\frac{1}{8}$

← ← ← ← ← ← ←

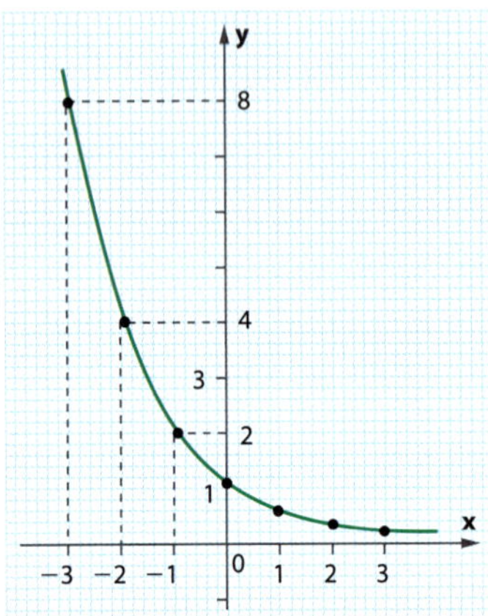

Para refletir
- Como garantir que o gráfico passa por (0, 1)?
- Justifique por que o gráfico não toca o eixo **x** e não tem pontos nos quadrantes III e IV.

Pela observação das tabelas e dos gráficos podemos concluir que, para uma função exponencial:

- $D(f) = \mathbb{R}$, $CD(f) = \mathbb{R}_+^*$, $Im(f) = \mathbb{R}_+^*$, $f(1) = a$ e $f(x_1 + x_2) = f(x_1) \cdot f(x_2)$;
- o gráfico é uma figura chamada curva exponencial, que passa por (0, 1);
- o gráfico não toca o eixo **x** e não tem pontos nos quadrantes III e IV;
- para $a > 1$ a função é crescente ($x_1 > x_2 \Rightarrow a^{x_1} > a^{x_2}$);
- para $0 < a < 1$, a função é decrescente ($x_1 > x_2 \Rightarrow a^{x_1} < a^{x_2}$);
- a função exponencial é sobrejetiva: $Im(f) = CD(f)$, ou seja, para todo número real $b > 0$, existe algum $x \in \mathbb{R}$ tal que $a^x = b$ (todo número real positivo é uma potência de **a**);
- a função exponencial é injetiva ($x_1 \neq x_2 \Rightarrow a^{x_1} \neq a^{x_2}$ ou $a^{x_1} = a^{x_2} \Rightarrow x_1 = x_2$);
- a função exponencial é bijetiva, logo, admite função inversa;
- a função exponencial é ilimitada superiormente.

Observação: As ideias desenvolvidas no estudo da função exponencial $f(x) = a^x$ podem ser aplicadas em outras funções em que a variável aparece no expoente, como:

$f(x) = 2 \cdot 3^x$ $\quad$ $f(x) = 5^{x-2}$ $\quad$ $f(x) = 5^x - 2$

Por exemplo, seja **f** a função de $\mathbb{R}$ em $\mathbb{R}$ definida por $f(x) = 4^x + 1$; vamos:

- calcular $f(-2)$, $f(-1)$, $f(0)$, $f(1)$ e $f\left(\frac{3}{2}\right)$;
- construir o gráfico de **f** e determinar D(f) e Im(f).

$f(-2) = 4^{-2} + 1 = \frac{1}{16} + 1 = \frac{17}{16} = 1{,}0625$

$f(-1) = 4^{-1} + 1 = \frac{1}{4} + 1 = \frac{5}{4}$

$f(0) = 4^0 + 1 = 1 + 1 = 2$

$f(1) = 4^1 + 1 = 4 + 1 = 5$

$f\left(\frac{3}{2}\right) = 4^{\frac{3}{2}} + 1 = \sqrt{64} + 1 = 8 + 1 = 9$

x	y
−2	$\frac{17}{16} = 1{,}0625$
−1	$\frac{5}{4} = 1{,}25$
0	2
1	5
$\frac{3}{2}$	9

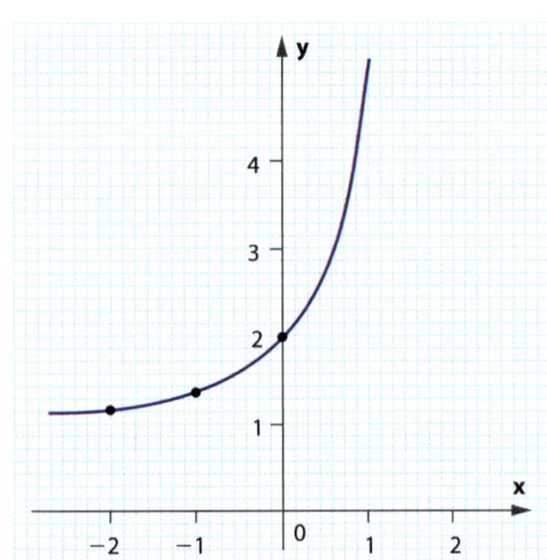

$D(f) = \mathbb{R}$

$Im(f) = \{y \in \mathbb{R} \mid y > 1\}$

Para refletir
O que muda no gráfico de $f(x) = 4^x + 1$ em relação ao gráfico de $f(x) = 4^x$?

Exemplo de aplicação

A seguir temos os gráficos das funções exponenciais **f** e **g** definidas por $f(x) = r^x$ e $g(x) = s^x$.

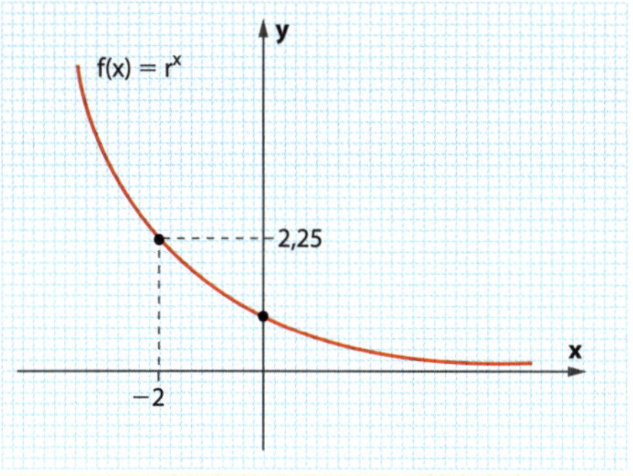

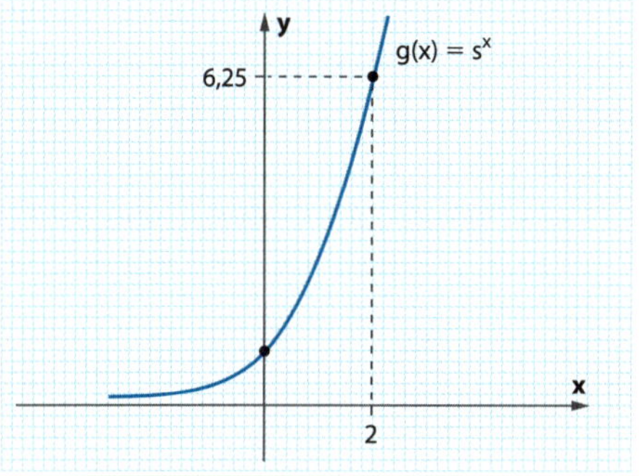

Com base nos gráficos, responda:

a) $r > 1$ ou $0 < r < 1$?
$0 < r < 1$

b) $s > 1$ ou $0 < s < 1$?
$s > 1$

c) **f** é crescente ou decrescente? E **g** é crescente ou decrescente?
f é decrescente e **g** é crescente.

d) $f(7)$ é maior, menor ou igual a $f(3)$?
$f(7) < f(3)$

e) $g(5)$ é maior, menor ou igual a $g(4)$?
$g(5) > g(4)$

f) Traçando os gráficos de **f** e **g** no mesmo sistema de eixos, em que ponto os gráficos se intersectam?
No ponto (0, 1).

> **Para refletir**
> As funções **f** e **g** não possuem zeros (raízes).

g) Entre as sentenças seguintes, identifique as de **f** e **g**:

I) $f(x) = \left(\frac{2}{3}\right)^x$

II) $f(x) = \left(\frac{2}{5}\right)^x$

III) $g(x) = \left(\frac{3}{2}\right)^x$

IV) $g(x) = \left(\frac{5}{2}\right)^x$

$f(x) = \left(\frac{2}{3}\right)^x$ e $g(x) = \left(\frac{5}{2}\right)^x$

Exercícios

35 Verifique quais das sentenças dadas correspondem à lei de uma função exponencial.

a) $f(x) = 9^x$
b) $f(x) = (0{,}666...)^x$
c) $f(x) = (-4)^x$
d) $y = 2^x$
e) $y = x^2$
f) $f(x) = 0^x$
g) $f(x) = 1^x$
h) $f(x) = \left(\frac{1}{5}\right)^x$

36 Dada a função exponencial $f(x) = 4^x$, determine:

a) $f(3)$;
b) $f(-1)$;
c) $f\left(\frac{1}{2}\right)$;
d) $f\left(-\frac{1}{2}\right)$;
e) **m**, tal que $f(m) = 1$.

37 Cada gráfico abaixo representa uma função exponencial do tipo $f(x) = a^x$. Identifique a lei de formação de cada uma delas.

a)

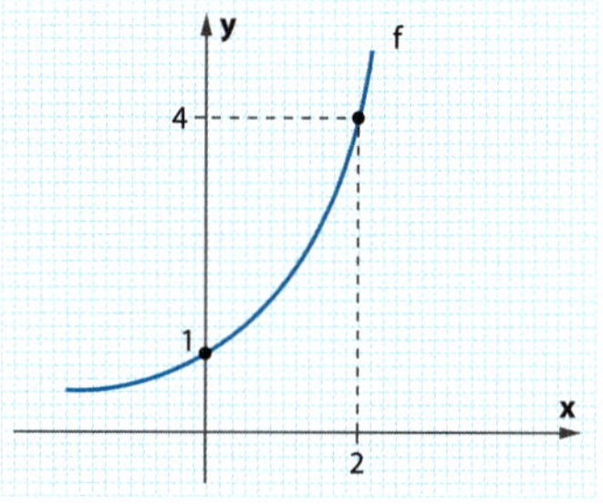

b)

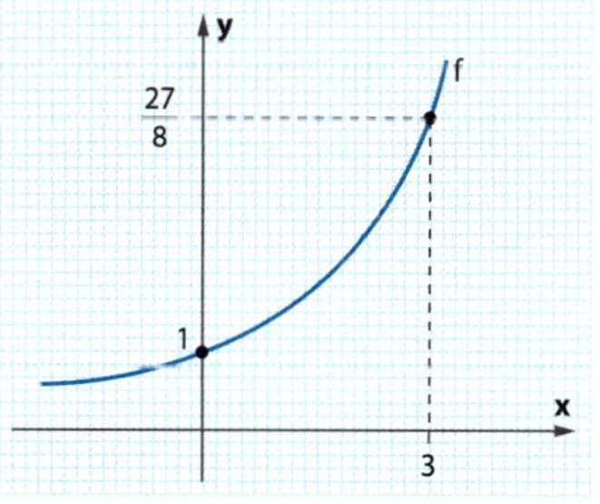

c)

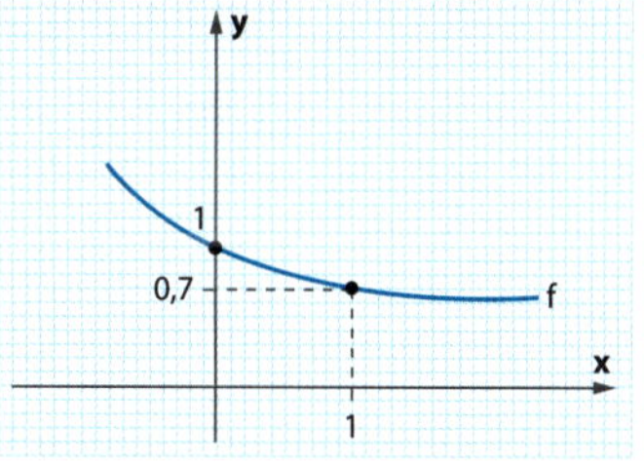

38 Cada gráfico abaixo representa uma função exponencial do tipo $f(x) = b \cdot a^x$. Identifique a lei de formação de cada uma delas.

a)

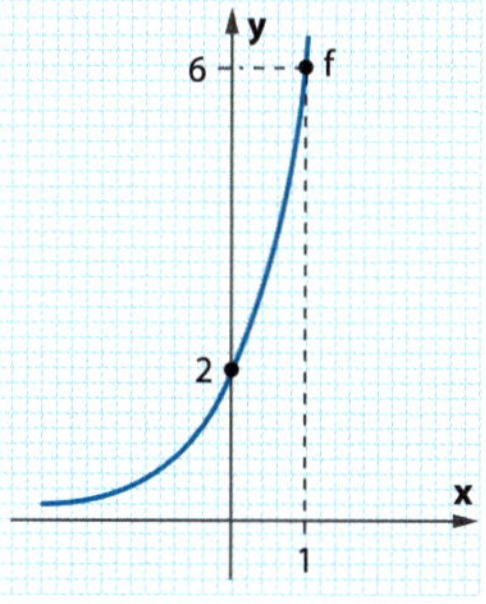

b)

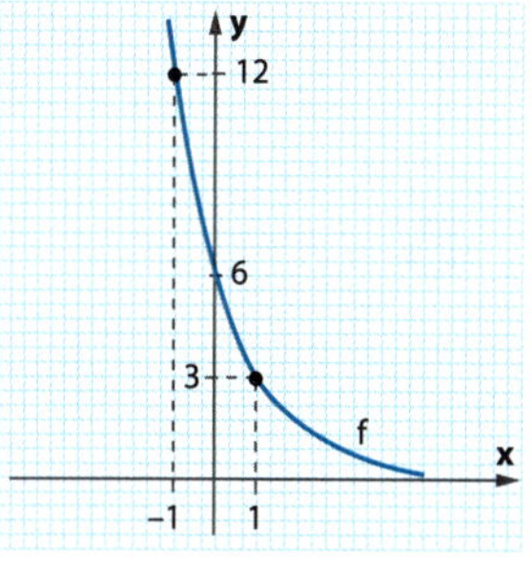

39 Construa o gráfico das funções e confirme as observações feitas sobre as funções exponenciais.

a) $f: \mathbb{R} \rightarrow \mathbb{R}_+^*$ dada por $f(x) = 3^x$

b) $f: \mathbb{R} \rightarrow \mathbb{R}_+^*$ definida por $f(x) = \left(\frac{1}{4}\right)^x$

40 Identifique as seguintes funções como crescentes (**C**) ou decrescentes (**D**):

a) $f(x) = 4^x$

b) $f(x) = \pi^x$

c) $f(x) = \left(\frac{\sqrt{2}}{2}\right)^x$

d) $f(x) = \left(\sqrt{3}\right)^x$

e) $f(x) = \left(\frac{\sqrt{3}}{2}\right)$

f) $f(x) = (0,01)^x$

g) $f(x) = \left(\frac{1}{5}\right)^x$

h) $f(x) = 2^{-x}$

41 Compare as potências, colocando entre elas o símbolo de maior, menor ou igual:

a) $(0,9)^8$ ■ $(0,9)^5$

b) 47^5 ■ 47^3

c) $\left(\frac{\sqrt{3}}{3}\right)^9$ ■ $\left(\frac{\sqrt{3}}{3}\right)^8$

d) $\left(\sqrt{3}\right)^{\sqrt{5}}$ ■ $\left(\sqrt{3}\right)^2$

42 **f**, **g** e **h** são funções de $\mathbb{R}$ em $\mathbb{R}$ dadas por $f(x) = 2 \cdot 3^x$, $g(x) = 5^x - 2$ e $h(x) = 5^{x-2}$. Determine:

a) $f(2)$;

b) $g(2)$;

c) $h(2)$;

d) $f(-1)$;

e) $g(0)$;

f) $h(0)$;

g) **x** tal que $h(x) = 125$;

h) **x** tal que $g(x) = 3$.

43 Construa o gráfico da função **f** de $\mathbb{R}$ em $\mathbb{R}$ definida por $f(x) = 2^{x-1}$ e determine Im(f).

O texto abaixo se refere às questões 44 e 45.

No dia 5 de agosto de 2010, um desmoronamento bloqueou a saída da mina San José, no norte do Chile. Desde então, 33 homens ficaram presos sob a terra, a 622 m de profundidade, recebendo água e comida por meio de sondas.

Os operários bateram recorde de sobrevivência debaixo da terra, foram 69 dias de angústia para as famílias.

O resgate, realizado em 14 de outubro de 2010, foi emocionante e comoveu o mundo. Foi aberto um túnel, pelo qual os mineiros foram içados um a um, dentro de uma cápsula metálica.

Adaptado de: <//noticias.r7.com/internacional/noticias/relembre-o-drama-dos-mineiros-no-chile-20101008.html>. Acesso em: 15 out. 2010.

Suponha que, após atingir 110 metros de escavação, encontrou-se uma camada diferente de rochas e a perfuradora precisou ser trocada por uma nova máquina, mais adequada ao tipo de trabalho a ser feito. Suponha também que a profundidade da escavação do túnel, após a troca da perfuradora, em metros, seja dada pela função $P(t) = 110 + 2^t$, em que **t** representa o número de semanas de escavação com a nova perfuradora.

44 A profundidade do túnel na 5ª semana de escavação com a nova perfuradora era:

a) 120 m.

b) 126 m.

c) 132 m.

d) 142 m.

e) 174 m.

45 O número de semanas que a nova perfuradora precisou para atingir a profundidade em que estavam os mineiros foi:

a) 10.

b) 9.

c) 8.

d) 7.

e) 6.

5. Equações exponenciais

Equações exponenciais são aquelas em que a incógnita aparece nos expoentes de uma ou mais bases positivas e diferentes de 1. Veja alguns exemplos:

$4^x = 32 \qquad \left(\frac{1}{3}\right)^x = 81 \qquad 25^{x+1} = \sqrt{5^x} \qquad 2^{2x} = 2^x + 12$

Resolução de equações exponenciais simples

Vamos primeiro resolver equações exponenciais que podem ser transformadas numa igualdade de potências de mesma base.

Para resolvê-las, usamos o fato de que a função exponencial é injetiva, ou seja, para $a > 0$ e $a \neq 1$, temos:

$$a^{x_1} = a^{x_2} \Leftrightarrow x_1 = x_2$$

Exemplos de aplicação

1 Resolva as equações:

a) $3^{x-1} = 81$

Vamos transformar a equação dada numa igualdade de potências de mesma base:

$3^{x-1} = 81 \Rightarrow 3^{x-1} = 3^4$

Igualando os expoentes, temos:

$x - 1 = 4$ (equação do 1º grau em **x**) $\Rightarrow x = 5$

Verificação: $x = 5 \Rightarrow 3^{x-1} = 3^{5-1} = 3^4 = 81$

$S = \{5\}$

b) $\left(\frac{1}{2}\right)^x = \sqrt[3]{4}$

$\left(\frac{1}{2}\right)^x = \sqrt[3]{4} \Rightarrow (2^{-1})^x = 4^{\frac{1}{3}} \Rightarrow 2^{-x} = (2^2)^{\frac{1}{3}} \Rightarrow$

$\Rightarrow 2^{-x} = 2^{\frac{2}{3}} \Rightarrow -x = \frac{2}{3} \Rightarrow x = -\frac{2}{3}$

$S = \left\{-\frac{2}{3}\right\}$

Para refletir
Faça a verificação do item **b**.

c) $2^{x^2 - 3x - 4} = 1$

Como $1 = 2^0$, podemos escrever $2^{x^2 - 3x - 4} = 2^0$.

$x^2 - 3x - 4 = 0$ (equação do 2º grau em **x**)

$\Delta = 25$

$x' = 4$ e $x'' = -1$

$S = \{-1, 4\}$

d) $9^{x+1} = \dfrac{1}{27}$

$9^{x+1} = \dfrac{1}{27} \Rightarrow (3^2)^{x+1} = \dfrac{1}{3^3} \Rightarrow 3^{2x+2} = 3^{-3} \Rightarrow$

$\Rightarrow 2x + 2 = -3 \Rightarrow 2x = -3 - 2 \Rightarrow 2x = -5 \Rightarrow$

$\Rightarrow x = -\dfrac{5}{2}$

$S = \left\{-\dfrac{5}{2}\right\}$

e) $0{,}75^x = \dfrac{9}{16}$

$0{,}75^x = \dfrac{9}{16} \Rightarrow \left(\dfrac{75}{100}\right)^x = \dfrac{9}{16} \Rightarrow \left(\dfrac{3}{4}\right)^x = \dfrac{3^2}{4^2} \Rightarrow$

$\Rightarrow \left(\dfrac{3}{4}\right)^x = \left(\dfrac{3}{4}\right)^2 \Rightarrow x = 2$

$S = \{2\}$

2 Calcule **x** e **y** no sistema de equações $\begin{cases} 5^{x+y} = 1 \\ 3^x \cdot 9^y = \dfrac{1}{9} \end{cases}$.

$5^{x+y} = 1 \Rightarrow 5^{x+y} = 5^0 \Rightarrow x + y = 0$

$3^x \cdot 9^y = \dfrac{1}{9} \Rightarrow 3^x \cdot 3^{2y} = 3^{-2} \Rightarrow 3^{x+2y} = 3^{-2} \Rightarrow$

$\Rightarrow x + 2y = -2$

Os valores de **x** e **y** serão obtidos resolvendo-se o sistema do 1º grau:

$\begin{cases} x + y = 0 \\ x + 2y = -2 \end{cases} \Rightarrow x = 2 \text{ e } y = -2$

$S = \{(2, -2)\}$

Resolução de equações exponenciais com artifícios de cálculo

Algumas equações exigem artifícios de cálculo para serem solucionadas. Observe a seguir.

» Exemplo de aplicação

Resolva as seguintes equações:

a) $3 \cdot 4^{x+1} = 96$

$3 \cdot 4^{x+1} = 96 \Rightarrow 4^{x+1} = \dfrac{96}{3} \Rightarrow 4^{x+1} = 32 \Rightarrow$

$\Rightarrow (2^2)^{x+1} = 2^5 \Rightarrow 2^{2x+2} = 2^5 \Rightarrow 2x + 2 = 5 \Rightarrow$

$\Rightarrow 2x = 5 - 2 \Rightarrow 2x = 3 \Rightarrow x = \dfrac{3}{2}$

$S = \left\{\dfrac{3}{2}\right\}$

b) $2^{x+2} + 2^{x-1} = 18$

$2^{x+2} + 2^{x-1} = 18 \Rightarrow 2^x \cdot 2^2 + 2^x \cdot 2^{-1} = 18$ (propriedade $a^{m+n} = a^m \cdot a^n$)

Fazendo $2^x = y$, temos:

$y \cdot 4 + y \cdot \dfrac{1}{2} = 18 \Rightarrow 4y + \dfrac{y}{2} = 18 \Rightarrow$

$\Rightarrow 8y + y = 36 \Rightarrow 9y = 36 \Rightarrow y = 4$

$2^x = y$ e $y = 4 \Rightarrow 2^x = 4 \Rightarrow 2^x = 2^2 \Rightarrow x = 2$

$S = \{2\}$

c) $2^{2x} - 9 \cdot 2^x + 8 = 0$

$2^{2x} - 9 \cdot 2^x + 8 = 0 \Rightarrow (2^x)^2 - 9(2^x) + 8 = 0$ (propriedade $2^{mn} = (2^m)^n$)

Fazendo $2^x = y$, temos:

$y^2 - 9y + 8 = 0$ (equação do 2º grau em **y**)

$\Delta = 49$

$y' = 8$ e $y'' = 1$

Como $2^x = y$, temos:

$\begin{cases} 2^x = 8 \Rightarrow 2^x = 2^3 \Rightarrow x = 3 \\ 2^x = 1 \Rightarrow 2^x = 2^0 \Rightarrow x = 0 \end{cases}$

$S = \{0, 3\}$

» Exercícios

46 Resolva as seguintes equações exponenciais na variável **x**:

a) $2^x = 64$

b) $3^{x-2} = 9$

c) $10^{1-x} = \dfrac{1}{10}$

d) $(\sqrt{2})^x = 4$

e) $(0{,}5)^{2x} = 2^{1-3x}$

47 Resolva as seguintes equações exponenciais na variável **x**:

a) $3^{2\;\;x} = \dfrac{1}{27}$

b) $3^{x-5} = 27^{1-x}$

c) $\sqrt[5]{2^x} = \dfrac{1}{32}$

d) $5^{x^2-2x} = 125$

e) $2^{4x-x^2} = 8$

f) $(10^x)^{1-x} = 0{,}000001$

g) $\left(\dfrac{1}{2}\right)^{x^2-4} = 8^{x+2}$

48 Sabe-se que $f(x) = \left(\dfrac{4}{5}\right)^{4x^2-x}$ e $g(x) = (0{,}8)^{3(x+1)}$. Calcule os valores de **a** para que se tenha $f(a) = g(a)$.

49 Se $\begin{cases} 3^{x+y} = 1 \\ 2^{x+2y} = 2 \end{cases}$, qual é o valor de $x - y$?

50 Descubra qual par (x, y) é a solução do sistema $\begin{cases} 4^x \cdot 8^y = \dfrac{1}{4} \\ 9^x \cdot 27^{2y} = 3 \end{cases}$.

51 Qual é o ponto comum aos gráficos de $f(x) = 4^{x-1}$ e $g(x) = 2^x$?

52 Resolva as equações exponenciais:

a) $2 \cdot 3^{x-2} = 162$ c) $5 \cdot 2^{x^2-4} = 160$

b) $3 \cdot 5^{x-1} = 75$ d) $10 \cdot 2^{x+3} = 10$

53 Resolva as seguintes equações:

a) $2^{x+1} + 2^x = 48$ c) $7^x + 7^{x-1} = 8$

b) $2^{x+3} + 2^{x+1} + 2^x = 88$ d) $4 \cdot 2^x + 2^{x-1} = 72$

54 Resolva as seguintes equações:

a) $3^{2x} + 2 \cdot 3^x - 15 = 0$ c) $9^x - 4 \cdot 3^x + 3 = 0$

b) $4^x - 9 \cdot 2^x + 8 = 0$

55 Resolva as seguintes equações:

a) $10^{x+1} + 10^x = 1100$ c) $4^x + 3 \cdot 2^x - 4 = 0$

b) $3x - 3^{x-1} = 6$ d) $25^x - 6 \cdot 5^x + 5 = 0$

56 Resolva as seguintes equações:

a) $1 + \dfrac{3^x - 1}{3^x} = -1$ c) $3^x - \dfrac{9}{3^x} = 8$

b) $4^{x+2} - 3 \cdot 2^{x+3} = 160$

57 Na sequência 1, 3, 9, 27, 81, ..., das potências inteiras de 3, dizemos que 81 é o 5º termo. Que termo é o número 2 187?

6. Inequações exponenciais

Desigualdades como as seguintes são chamadas inequações exponenciais:

- $3^{x-1} \geqslant 27$
- $8^{x-1} \leqslant \dfrac{1}{16^x}$
- $25^x < \sqrt{5}$

Para resolvê-las devemos nos lembrar de que a função exponencial $f(x) = a^x$ é crescente para $a > 1$ e decrescente para $0 < a < 1$.

- $f(x) = a^x$ com $a > 1$

função crescente

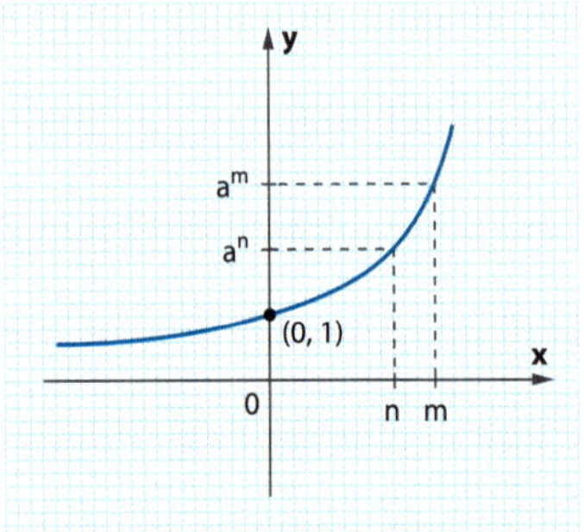

Observe que:

$$a^m < a^n \Leftrightarrow m < n \text{ e } a^m > a^n \Leftrightarrow m > n$$

Neste caso de $a > 1$, o sentido da desigualdade foi conservado.

- $f(x) = a^x$ com $0 < a < 1$

função decrescente

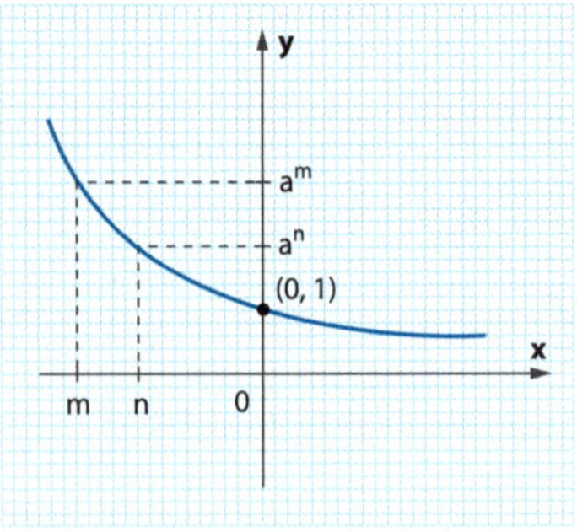

Neste caso, temos:

$$a^m < a^n \Leftrightarrow m > n \text{ e } a^m > a^n \Leftrightarrow m < n$$

Ou seja, sendo $0 < a < 1$, o sentido da desigualdade é invertido.

Exemplos de aplicação

1 Resolva as inequações:

a) $2^{x+7} < 32$

$2^{x+7} < 32 \Rightarrow 2^{x+7} < 2^5 \rightarrow$ desigualdade de potências de mesma base

$a = 2 \Rightarrow a > 1$ (mantém-se o sentido da desigualdade)

$x + 7 < 5 \Rightarrow x < 5 - 7 \Rightarrow x < -2$

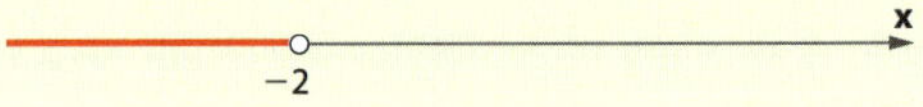

$S = \{x \in \mathbb{R} \mid x < -2\}$

b) $10^{x-3} > 1$

$10^{x-3} > 1 \Rightarrow 10^{x-3} > 10^0 \rightarrow$ desigualdade de potências de mesma base

$a = 10 \Rightarrow a > 1$ (mantém-se o sentido da desigualdade)

$x - 3 > 0 \Rightarrow x > 3$

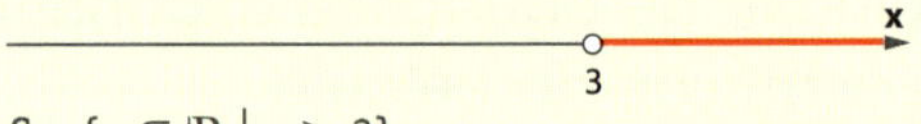

$S = \{x \in \mathbb{R} \mid x > 3\}$

c) $\left(\dfrac{1}{2}\right)^{x+1} \geqslant 4^{x+3}$

$\left(\dfrac{1}{2}\right)^{x+1} \geqslant 4^{x+3} \Rightarrow (2^{-1})^{x+1} \geqslant (2^2)^{x+3} \Rightarrow$

$\Rightarrow 2^{-x-1} \geqslant 2^{2x+6}$

$a = 2 \Rightarrow a > 1$ (mantém-se o sentido da desigualdade)

$-x - 1 \geqslant 2x + 6 \Rightarrow -x - 2x \geqslant 6 + 1 \Rightarrow -3x \geqslant 7 \Rightarrow$

$\Rightarrow 3x \leqslant -7 \Rightarrow x \leqslant -\dfrac{7}{3}$

$S = \left\{x \in \mathbb{R} \mid x \leqslant -\dfrac{7}{3}\right\}$

Para refletir

Resolva o item **c** escrevendo 4^{x+3} em potência de base $\frac{1}{2}$ e verifique que se obtém o mesmo resultado.

d) $\left(\frac{1}{3}\right)^{x^2 - x} > \left(\frac{1}{3}\right)^2$

Como já temos uma desigualdade com potências de mesma base, podemos escrever:

$a = \frac{1}{3} \Rightarrow 0 < a < 1$ (troca-se o sentido da desigualdade)

$x^2 - x < 2 \Rightarrow x^2 - x - 2 < 0$

$x^2 - x - 2 = 0$

$\Delta = 9 > 0$

$x' = 2$ e $x'' = -1$

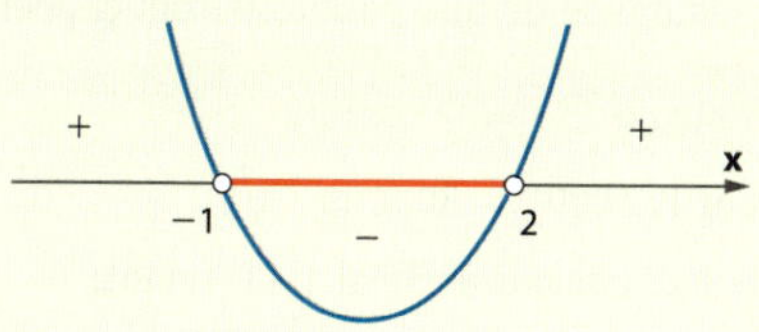

$S = \{x \in \mathbb{R} \mid -1 < x < 2\}$

e) $4 < 2^{x+1} \leqslant 32$

$4 < 2^{x+1} \leqslant 32 \Rightarrow 2^2 < 2^{x+1} \leqslant 2^5 \Rightarrow 2 < x + 1 \leqslant 5 \Rightarrow$

$\Rightarrow 2 - 1 < x \leqslant 5 - 1 \Rightarrow 1 < x \leqslant 4$

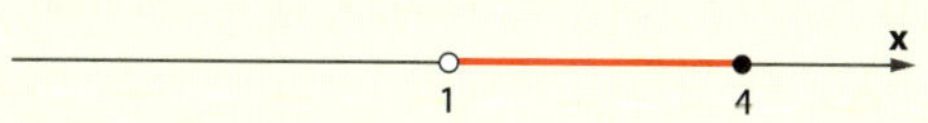

$S = \{x \in \mathbb{R} \mid 1 < x \leqslant 4\}$

f) $\frac{1}{9} < 9^{x-1} \leqslant 3^x$

A solução procurada é a solução do sistema

$$\begin{cases} 9^{x-1} > \frac{1}{9} \\ 9^{x-1} \leqslant 3^x \end{cases}.$$

Resolvendo cada inequação separadamente:

$9^{x-1} > \frac{1}{9} \Rightarrow 9^{x-1} > 9^{-1} \Rightarrow x - 1 > -1 \Rightarrow x > 0$

$9^{x-1} \leqslant 3^x \Rightarrow 3^{2x-2} \leqslant 3^x \Rightarrow 2x - 2 \leqslant x \Rightarrow x \leqslant 2$

A intersecção das duas soluções é a solução do sistema.

$S = \{x \in \mathbb{R} \mid 0 < x \leqslant 2\}$

2 Determine o domínio **D** das seguintes funções:

a) $f(x) = \sqrt{3^x - 9}$

Para que exista f(x) devemos ter $3^x - 9 \geqslant 0$. Então:

$3^x \geqslant 9 \Rightarrow 3^x \geqslant 3^2 \Rightarrow x \geqslant 2$

Logo, $D = \{x \in \mathbb{R} \mid x \geqslant 2\}$.

b) $g(x) = \dfrac{10}{\sqrt{16 - \left(\frac{1}{2}\right)^x}}$

Para que exista g(x) devemos ter $16 - \left(\frac{1}{2}\right)^x > 0$. Então:

$16 > \left(\frac{1}{2}\right)^x \Rightarrow \left(\frac{1}{2}\right)^{-4} > \left(\frac{1}{2}\right)^x \Rightarrow -4 < x$

Logo, $D = \{x \in \mathbb{R} \mid x > -4\}$.

Exercícios

58 Resolva as inequações exponenciais abaixo:

a) $2^{5x} > 2^{3x + 10}$

b) $3^{5 - x} < 3^{-4}$

c) $(0{,}01)^{3x} < (0{,}01)^{x - 1}$

d) $(\sqrt{2})^{x^2 - x} > (\sqrt{2})^x$

59 Resolva as inequações exponenciais:

a) $3^{x - 2} > 9$ **b)** $2^{x + 3} < \left(\frac{1}{2}\right)^3$

60 Resolva as inequações exponenciais:

a) $3^{x + 1} + 3^{x + 2} < 108$

b) $(0{,}5)^{x - 1} + (0{,}5)^{x - 2} \leqslant 48$

61 Resolva as seguintes inequações:

a) $a^{x - 2} < 1$, quando $a > 1$

b) $a^{x^2 - 2x} > a^8$, quando $a > 1$

c) $a^{x^2} < a^9$, quando $0 < a < 1$

d) $a^{x - 3} < 1$, quando $0 < a < 1$

62 Resolva os sistemas de inequações:

a) $1 < 2^{x - 1} < 16$

b) $10 < 100^x < 1\,000$

c) $\frac{1}{4} \leqslant 2^{x - 3} \leqslant \frac{1}{2}$

d) $\left(\frac{1}{9}\right)^x < \left(\frac{1}{3}\right)^{x - 1} \leqslant \sqrt{3^x}$

63 Dados $f(x) = 3^{x - 1}$, $g(x) = 3^x$ e $h(x) = 4$, determine os valores de **x** para os quais $f(x) + g(x) \geqslant h(x)$.

64 Determine o domínio **D** das funções:

a) $f(x) = \sqrt{2^x - 16}$

b) $f(x) = \dfrac{1}{\sqrt{3^{x + 1} - 27}}$

objeto digital

objeto digital

7. Aplicações da função exponencial

O crescimento exponencial é característico de certos fenômenos naturais. No entanto, de modo geral não se apresenta na forma $\mathbf{a^x}$, mas sim modificado por constantes características do fenômeno, como em:

$$f(x) = C \cdot a^{kx}$$

Exemplos de aplicação

1 (Uneb-BA) A expressão $P(t) = K \cdot 2^{0,05t}$ fornece o número **P** de milhares de habitantes de uma cidade, em função do tempo **t**, em anos. Se em 1990 essa cidade tinha 300 000 habitantes, quantos habitantes, aproximadamente, espera-se que ela tenha no ano 2000?

a) 352 000
b) 401 000
c) 423 000
d) 439 000
e) 441 000

Resolução passo a passo

1. Lendo e compreendendo

a) O que é dado no problema?
É dada uma função exponencial que relaciona o número esperado de habitantes da cidade com o ano: $P(t) = K \cdot 2^{0,05t}$. Também é dada a população da cidade em 1990: 300 mil habitantes.

b) O que se pede?
O número esperado de habitantes na cidade citada no ano 2000.

2. Planejando a solução

A função dada relaciona a população esperada da cidade com o ano. Entretanto, a função não é inteiramente conhecida, pois existe uma constante **K** que precisaremos determinar para conhecer a função e depois obter a população no ano 2000.
Para obter a constante **K**, usaremos um dado conhecido: em 1990 a população era de 300 mil habitantes.
Então, uma primeira estratégia a ser seguida pode ser:

a) obter **K** usando os dados conhecidos de 1990;
b) substituir o valor de **K** na função para conhecê-la;
c) usar a função para estimar a população da cidade em 2000.

3. Executando o que foi planejado

Se em 1990 a população era de 300 mil habitantes, temos $P(1990) = 300\,000$. Então:

$$300\,000 = K \cdot 2^{0,05 \cdot 1990} \Rightarrow 300\,000 = K \cdot 2^{99,5} \Rightarrow$$
$$\Rightarrow K = \frac{300\,000}{2^{99,5}}$$

Não há necessidade alguma de desenvolver melhor o valor de **K**, uma vez que o seu valor está sendo determinado apenas para que a função exponencial seja conhecida completamente. Vamos substituí-lo na função:

$$P(t) = \frac{300\,000}{2^{99,5}} \cdot 2^{0,05t}$$

Com a função plenamente determinada, podemos agora obter $P(2\,000)$, que é a população esperada no ano 2000.

$$P(2\,000) = \frac{300\,000}{2^{99,5}} \cdot 2^{0,05 \cdot 2\,000} \Rightarrow$$
$$\Rightarrow P(2\,000) = \frac{300\,000}{2^{99,5}} \cdot 2^{100}$$

Neste momento, observe a ocorrência de uma das propriedades da potenciação – a divisão de potências de mesma base:

$$\frac{2^{100}}{2^{99,5}} = 2^{100 - 99,5} = 2^{0,5}$$

Assim, temos $P(2\,000) = 300\,000 \cdot 2^{0,5}$.

Atenção: lembre-se de que potências com expoente racional são raízes: $2^{0,5} = 2^{\frac{1}{2}} = \sqrt{2}$

Agora temos $P(2\,000) = 300\,000 \cdot \sqrt{2}$.

Estimando $\sqrt{2}$ como o decimal 1,41, temos:

$P(2\,000) = 300\,000 \cdot 1,41 = 423\,000$

Então, em 2000, espera-se que a população seja de 423 000 habitantes.

4. Verificando

Vamos resolver essa questão de outra maneira:

$$P(1990) = K \cdot 2^{0,05 \cdot 1990} \Rightarrow P(1990) = K \cdot 2^{99,5} \Rightarrow$$
$$\Rightarrow K = \frac{P(1990)}{2^{99,5}}$$
$$P(2\,000) = K \cdot 2^{0,05 \cdot 2\,000} \Rightarrow P(2\,000) = K \cdot 2^{100}$$

Substituindo **K** na expressão anterior, temos:

$$P(2\,000) = \frac{P(1990)}{2^{99,5}} \cdot 2^{100} = 300\,000 \cdot \frac{2^{100}}{2^{99,5}} =$$
$$= 300\,000 \cdot 2^{0,5} = 300\,000\sqrt{2} = 300\,000 \cdot 1,41 =$$
$$= 423\,000$$

Isso confirma o resultado obtido.

5. Respondendo

A resposta é a alternativa **c**.

6. Ampliando o problema

a) Qual é a população esperada para essa cidade em 2010? E em 2030?

b) Interprete o que está ocorrendo com a população dessa cidade de 20 em 20 anos, ou seja, de 1990 a 2010, de 2010 a 2030. Isso parece algo razoável em termos reais?

c) **Discussão em equipe**
Converse com seus colegas sobre o crescimento populacional e como isso pode afetar a vida dos moradores de uma cidade. O que pode ocorrer se uma cidade

» tiver um grande aumento populacional em um curto intervalo de tempo? Pensem nas coisas boas e nas coisas ruins. Que medidas podem ser tomadas pelas autoridades para evitar que a qualidade de vida dos cidadãos seja afetada pelo crescimento populacional?

» d) **Pesquise**
» Qual é a maior cidade do planeta em termos de população (apenas área urbana, sem contar a região metropolitana)? Onde fica? Quantos habitantes tem?

2 **(FMJ-SP) O número de bactérias de uma cultura, t horas após o início de certo experimento, é dado pela expressão $N(t) = 1200 \cdot 2^{0,4t}$. Nessas condições, quanto tempo após o início do experimento a cultura terá 38400 bactérias?**

$N(t) = 1200 \cdot 2^{0,4t} \Rightarrow N(t) = 38400$

Igualando, temos:

$$1200 \cdot 2^{0,4t} = 38400 \Rightarrow 2^{0,4t} = \frac{38\,400}{1\,200} \Rightarrow 2^{0,4t} = 32 \Rightarrow$$

$$\Rightarrow 2^{0,4t} = 2^5 \Rightarrow 0,4t = 5 \Rightarrow$$

$$\Rightarrow t = \frac{5}{0,4} = 12,5 \text{ h ou } 12 \text{ h } 30 \text{ min}$$

Portanto, a cultura terá 38400 bactérias após 12 h 30 min.

Exercícios

dica Enem

65 A radioatividade é um fenômeno que ocorre em núcleos de átomos instáveis por emitirem partículas e radiações. A medida de tempo na qual metade da quantidade do material radiativo se desintegra é denominado **meia-vida** ou período de semidesintegração (**P**). A cada período de tempo **P** a quantidade de material radioativo cai à metade da anterior, sendo possível relacionar a quantidade de material radioativo a qualquer tempo com a quantidade inicial por meio de uma função exponencial:

$N(t) = N_0 \cdot \left(\frac{1}{2}\right)^{\frac{t}{P}}$, em que $\mathbf{N_0}$ é a quantidade inicial do material radioativo, **t** é o tempo decorrido e **P** é o valor da meia-vida do material radioativo considerado.

A radioatividade faz parte de nossas vidas, como, por exemplo, quando se faz uma tomografia. Um dos isótopos mais usados nos radiofármacos injetados nos pacientes submetidos à tomografia é o carbono-11, cuja meia-vida é de 20 minutos. O tempo necessário, em minutos, para que uma amostra de carbono-11 se reduza a $\frac{1}{4}$ do que era quando foi obtida é:

a) 5.
b) 10.
c) 20.
d) 40.
e) 80.

66 Numa certa cultura, há 1000 bactérias num determinado instante. Após 10 min, existem 4000. Quantas bactérias existirão em 1 h, sabendo que elas aumentam exponencialmente segundo a fórmula $P = P_0 \cdot e^{kt}$, em que **P** é o número de bactérias, **t** é o tempo em horas e **k** é uma constante?

67 Os biólogos afirmam que, sob condições ideais, o número de bactérias em uma certa cultura cresce de forma exponencial. Suponhamos que 2000 bactérias estejam inicialmente presentes em uma certa cultura e que 4000 estejam presentes 30 minutos depois. Quantas bactérias estarão presentes no final de 2 horas?

68 Os átomos de um elemento químico radioativo possuem uma tendência natural a se desintegrar (emitindo partículas e se transformando em outros elementos). Dessa forma, com o passar do tempo, a quantidade original desse elemento diminui. Chamamos de meia-vida o tempo que o elemento radioativo leva para desintegrar metade de sua massa radioativa. O antibiótico Axetil cefuroxina apresenta meia-vida de 3 horas. Se uma pessoa tomou 50 mg desse medicamento, qual é a quantidade de antibiótico ainda presente no organismo:

a) após 12 horas de sua ingestão?
b) após **t** horas de sua ingestão?

69 O carbono-14 é um isótopo raro do carbono presente em todos os seres vivos. Com a morte, o nível de C-14 no corpo começa a decair. Como é um isótopo radioativo de meia-vida 5730 anos, e por ser relativamente fácil saber o nível original de C-14 no corpo dos seres vivos, a medição da atividade de C-14 num fóssil é uma técnica muito utilizada para datações arqueológicas.

A atividade radioativa do C-14 decai com o tempo pós-morte segundo a função exponencial: $A(t) = A_0 \cdot \left(\frac{1}{2}\right)^{\frac{t}{5730}}$, em que $\mathbf{A_0}$ é a atividade natural do C-14 no organismo vivo e **t** é o tempo decorrido em anos após a morte.

Suponha que um fóssil encontrado em uma caverna foi levado ao laboratório para ter sua idade estimada. Verificou-se que emitia 7 radiações de C-14 por grama por hora. Sabendo-se que o animal vivo emitia 896 radiações por grama por hora, então a idade aproximada desse fóssil, em anos, seria:

a) 400 mil anos.
b) 200 mil anos.
c) 80 mil anos.
d) 40 mil anos.
e) 20 mil anos.

70 O modelo Jenss-Bayley é uma fórmula usada para avaliar a altura de uma criança em idade pré-escolar. Se h(x) denota a altura (em centímetros) na idade **x** (em anos) para $\frac{1}{4} \leq x \leq 6$, então h(x) pode ser aproximada por $h(x) = 79,041 + 6,39x - e^{3,261 - 0,993x}$.

A partir dessa expressão temos que a taxa de crescimento v(x) (em cm/ano) de uma criança na mesma faixa de idade é dada por $v(x) = 6,39 + 0,993 \cdot e^{3,261 - 0,993x}$.

(Considere a aproximação $e^{2,268} = 9,7$.)

Com base no exposto, quais seriam a altura e a taxa de variação de crescimento de uma criança quando esta atingisse a idade de 1 ano?

a) 75,7 cm e 16 cm/ano
b) 74,1 cm e 10,93 cm/ano
c) 84,3 cm e 11,08 cm/ano
d) 80,4 cm e 14,89 cm/ano
e) 82,3 cm e 15,01 cm/ano

objeto digital

8 Capítulo
Logaritmo e função logarítmica

Segundo o Banco Mundial, a previsão do crescimento demográfico na América Latina, no período de 2004 a 2020, é de 1,2% ao ano, aproximadamente. Em quantos anos a população da América Latina vai dobrar se a taxa de crescimento continuar a mesma?

Para resolver questões desse tipo, devemos utilizar conhecimentos de *logaritmos*.

Adaptado de: SIMIELLI, M. E. *Geoatlas*. São Paulo: Ática, 2006.

1. Logaritmo

Vamos estudar o problema acima.

Para refletir
$100\% + 1{,}2\% = 101{,}2\% = \frac{101{,}2}{100} = 1{,}012$

Nessas condições, podemos organizar o seguinte quadro:

Tempo	População
Início	P_0
1 ano	$P_1 = P_0 \cdot 1{,}012$
2 anos	$P_2 = (P_0 \cdot 1{,}012)1{,}012 = P_0(1{,}012)^2$
3 anos	$P_3 = P_0(1{,}012)^3$
⋮	⋮
x anos	$P_x = P_0(1{,}012)^x$

Supondo que a população dobrará após **x** anos, temos:

$$P_x = 2P_0$$

Daí:

$$\cancel{P_0}(1{,}012)^x = 2\cancel{P_0} \Leftrightarrow (1{,}012)^x = 2$$

Não é possível resolver essa equação usando os conhecimentos adquiridos até aqui.

Com o objetivo de transformar uma equação exponencial como essa numa igualdade entre potências de mesma base, vamos desenvolver a noção de *logaritmo*.

Um pouco de História

Há cerca de 400 anos, em 1614, o escocês John Napier revolucionaria os métodos de cálculo da época com a invenção dos *logaritmos*. O logaritmo de Napier não era exatamente o que usamos hoje, nem era associado ao conceito de expoente, mas a essência era a mesma.

Naquela época, multiplicar, dividir, calcular potências e extrair raízes eram trabalhos extremamente árduos, que eram feitos a partir de senos.

Hoje em dia, com o advento das calculadoras eletrônicas, multiplicar, dividir, calcular potências e extrair raízes não é mais uma dificuldade. Nem por isso os logaritmos tornaram-se inúteis, pois a possibilidade de definir logaritmos como expoentes (mérito do inglês John Wallis em 1685) e a ideia de base para os logaritmos (do galês William Jones em 1742) transformaram o logaritmo em um imprescindível instrumento de resolução de equações exponenciais.

É esse logaritmo moderno, definido como um expoente, que estudaremos nas próximas páginas.

Definição de logaritmo de um número

Considere as seguintes questões. A que número **x** se deve elevar:

a) o número 2 para se obter 8?

b) o número 3 para se obter $\frac{1}{81}$?

Observe as resoluções:

a) $2^x = 8 \Leftrightarrow 2^x = 2^3 \Leftrightarrow x = 3$

Esse valor 3 denomina-se *logaritmo* do número 8 na base 2 e é representado por $\log_2 8 = 3$.

Assim:

$$\log_2 8 = 3 \Leftrightarrow 2^3 = 8$$

b) $3^x = \frac{1}{81} \Leftrightarrow 3^x = \frac{1}{3^4} \Leftrightarrow 3^x = 3^{-4} \Leftrightarrow x = -4$

O valor -4 chama-se *logaritmo* do número $\frac{1}{81}$ na base 3 e é representado por $\log_3 \frac{1}{81} = -4$.

Dados os números reais positivos **a** e **b**, com $a \neq 1$, se $b = a^c$, então o expoente **c** chama-se logaritmo de **b** na base **a**, ou seja:

$\log_a b = c \Leftrightarrow a^c = b$, com **a** e **b** positivos e $a \neq 1$

Nessa equivalência, temos:

Forma logarítmica
$\log_a b = c$ { **c**: logaritmo; **a**: base do logaritmo; **b**: logaritmando }
Forma exponencial
$a^c = b$ { **b**: potência; **a**: base da potência; **c**: expoente }

Vejamos mais alguns exemplos:

- $\log_3 81 = 4 \Leftrightarrow 3^4 = 81$
- $\log_{\frac{1}{2}} 32 = -5 \Leftrightarrow \left(\frac{1}{2}\right)^{-5} = 32$
- $\log_{\sqrt{5}} 5 = 2 \Leftrightarrow (\sqrt{5})^2 = 5$
- $\log_8 1 = 0 \Leftrightarrow 8^0 = 1$

Para refletir
Quando falamos *logaritmo* estamos nos referindo a um número.

Observações:

1ª) Veja que, de acordo com as restrições impostas, não são definidos, por exemplo: $\log_3 (-81)$, $\log_{10} 0$, $\log_0 3$, $\log_{-2} 8$ e $\log_1 6$. Experimente aplicar a definição nesses casos.

2ª) Quando a base do logaritmo for 10, podemos omiti-la. Assim, log 2 é o logaritmo de 2 na base 10. Aos logaritmos na base 10 damos o nome de *logaritmos decimais* ou de *Briggs*.

Exemplos de aplicação

1 Determine:

a) $\log_2 128$

$\log_2 128 = x \overset{\text{def.}}{\Rightarrow} 2^x = 128 = 2^x = 2^7 \Rightarrow x = 7$

Portanto, $\log_2 128 = 7$.

b) $\log_{\sqrt{3}} 9$

$\log_{\sqrt{3}} 9 = x \Rightarrow (\sqrt{3})^x = 9 \Rightarrow \left(3^{\frac{1}{2}}\right)^x = 3^2 \Rightarrow$

$\Rightarrow 3^{\frac{x}{2}} = 3^2$

$\frac{x}{2} = 2 \Rightarrow x = 4$

Logo, $\log_{\sqrt{3}} 9 = 4$.

c) $\log_{\frac{1}{9}} 3\sqrt{3}$

$\log_{\frac{1}{9}} 3\sqrt{3} = \log_{3^{-2}} \left(3^1 \cdot 3^{\frac{1}{2}}\right) = \log_{3^{-2}} 3^{\frac{3}{2}}$

$\log_{3^{-2}} 3^{\frac{3}{2}} = x \Leftrightarrow (3^{-2})^x = 3^{\frac{3}{2}} \Leftrightarrow 3^{-2x} = 3^{\frac{3}{2}} \Leftrightarrow$

$\Leftrightarrow -2x = \frac{3}{2} \Leftrightarrow x = -\frac{3}{4}$

Portanto, $\log_{\frac{1}{9}} 3\sqrt{3} = -\frac{3}{4}$.

2 Sabe-se que $\log_a 25 = 2$. Calcule **a**.

O número **a** procurado deve ser positivo e diferente de 1 ($1 \neq a > 0$).

$\log_a 25 = 2 \Rightarrow a^2 = 25 \Rightarrow a = \pm\sqrt{25} \Rightarrow a = \pm 5$

Logo, $a = 5$ (o valor -5 não deve ser considerado, pois $a > 0$).

3 Sabendo que $A = \log_{10} 0{,}001 + \log_2 \frac{1}{16}$, calcule o número real **A**.

$\log_{10} 0{,}001 = x \Rightarrow 10^x = 0{,}001 \Rightarrow 10^x = 10^{-3} \Rightarrow x = -3$

$\log_2 \frac{1}{16} = y \Rightarrow 2^y = \frac{1}{16} \Rightarrow 2^y = \frac{1}{2^4} \Rightarrow 2^y = 2^{-4} \Rightarrow$

$\Rightarrow y = -4$

Portanto:

$A = \log_{10} 0{,}001 + \log_2 \frac{1}{16} = (-3) + (-4) = -7$

4 Sabe-se que $\log_3 x = -2$. Calcule **x**.

O número **x** deve ser positivo ($x > 0$). Pela definição de logaritmo:

$$x = 3^{-2} \Rightarrow x = \frac{1}{9}$$

5 Calcule $\log_2 (\log_3 81)$.

$\log_3 81 = x \Rightarrow 3^x = 81 \Rightarrow x = 4$

Então:

$\log_2 (\log_3 81) = \log_2 4 = 2$

Exercícios

1 Calcule cada potência e depois escreva o logaritmo correspondente:

a) 2^3 **b)** 7^2 **c)** 10^3 **d)** 3^{-1} **e)** $7^{\frac{1}{2}}$

2 Usando potência, determine o equivalente a cada logaritmo:

a) $\log_2 7 = x$

b) $m = \log_p r$

c) $\log 0{,}1 = -1$

3 Com os três números dados, escreva uma igualdade usando logaritmo:

a) 6, 36 e 2 **c)** 8, 8 e 1

b) 5, -1 e $\frac{1}{5}$ **d)** 5, 2 e 32

> **Para refletir**
> No item **b** temos duas respostas possíveis.

4 Usando a definição, calcule:

a) $\log_3 27$ **h)** $\log_{10} 0{,}01$

b) $\log_5 125$ **i)** $\log_{\frac{1}{4}} 16$

c) $\log 10\,000$ **j)** $\log_2 0{,}5$

d) $\log_7 7$ **k)** $\log_2 0{,}25$

e) $\log_4 1$ **l)** $\log_2 \sqrt{8}$

f) $\log_{\frac{1}{5}} \frac{1}{5}$ **m)** $\log_4 \sqrt{32}$

g) $\log_{\frac{1}{2}} 32$ **n)** $\log_{\frac{2}{3}} \frac{8}{27}$

5 Determine o valor da base **a** nas seguintes igualdades:

a) $\log_a 8 = 3$ **c)** $\log_a 4 = -2$

b) $\log_a 5 = 1$ **d)** $\log_a 1 = 0$

6 Calcule **x** nas igualdades:

a) $\log_2 x = 5$

b) $3 = \log_4 x$

c) $\log (x + 1) = 2$

7 Calcule $\log_2 [\log_{1,5} 2{,}25]$.

8 Determine **x** nas igualdades:

a) $\log_2 64 = x$ **d)** $2 = \log_x 625$

b) $\log_x 126 = 3$ **e)** $\log x = 0$

c) $-1 = \log_3 x$ **f)** $x = \log_9 27$

Condições de existência de logaritmos

Já sabemos que a existência de um logaritmo, como por exemplo $\log_a N$, depende das seguintes condições:

- **N** deve ser um número positivo ($N > 0$).
- A base deve ser um número positivo e diferente de 1 ($1 \neq a > 0$).

> $\log_a N$ existe quando e somente quando $\begin{cases} N > 0 \\ a > 0 \text{ e } a \neq 1 \end{cases}$

Exemplos de aplicação

1 Qual é o conjunto dos valores reais de **x** para os quais existe $\log_{x-2} (x + 5)$?

Pelas condições de existência, temos:

$x + 5 > 0 \Rightarrow x > -5$ (I)

$\left.\begin{array}{l} x - 2 > 0 \Rightarrow x > 2 \\ x - 2 \neq 1 \Rightarrow x \neq 3 \end{array}\right\}$ (II)

x deve satisfazer simultaneamente as três condições:

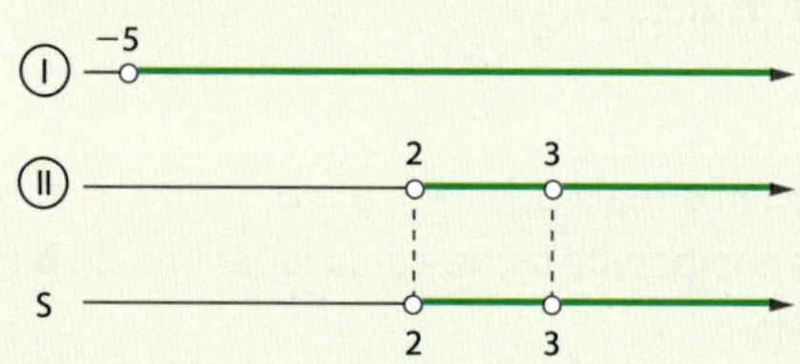

Logo, o conjunto é $\{x \in \mathbb{R} \mid x > 2 \text{ e } x \neq 3\}$.

2 Encontre o conjunto dos valores reais de **x** para os quais é possível determinar $\log_{x-2} (x^2 - 4x - 5)$.

Pelas condições de existência, temos:

- $x^2 - 4x - 5 > 0$

  $a = 1 > 0$

  $\Delta = 36 > 0$

  $x' = 5$ e $x'' = -1$

  Estudo do sinal:

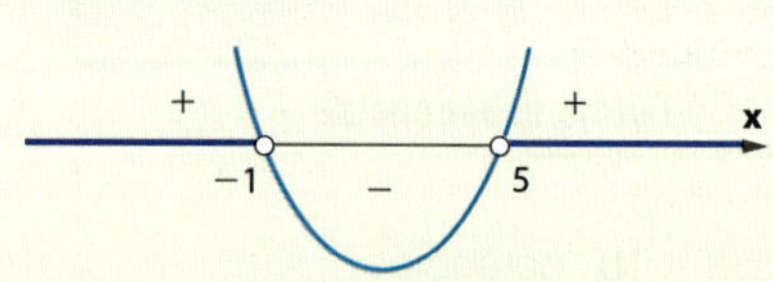

  $x < -1$ ou $x > 5$ (I)

- $\begin{cases} x - 2 > 0 \Rightarrow x > 2 \\ x - 2 \neq 1 \Rightarrow x \neq 3 \end{cases}$ (II)

  Satisfazendo simultaneamente as condições, estabelecemos o quadro de resolução:

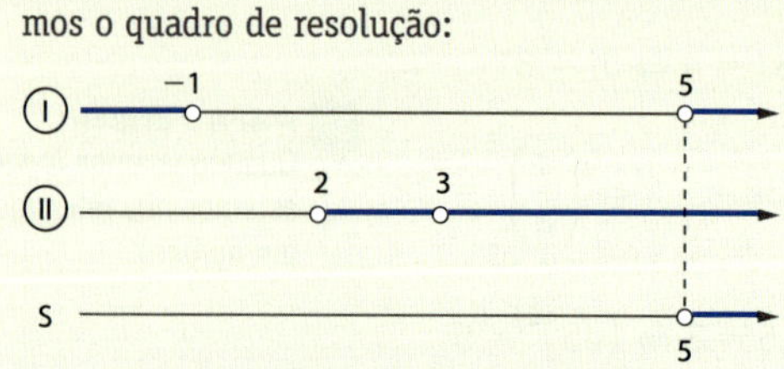

Logo, o conjunto é $\{x \in \mathbb{R} \mid x > 5\}$.

objeto digital

Exercícios

9 Ache os valores reais de **x** para os quais é possível determinar:

a) $\log_5 x$
b) $\log_{10} (x - 3)$
c) $\log_2 (2x + 1)$
d) $\log_4 (x^2 - 16)$

10 Determine os valores de **x** para que exista:

a) $\log_{x-5} 10$
b) $\log_{2x-1} \sqrt{3}$

11 Determine o conjunto dos valores reais de **x** para que seja possível definir:

a) $\log_{1-x^2} \sqrt{3}$
b) $\log_x (x^2 - 4)$
c) $\log_x (x - 3)$
d) $\log_{x-1} (x + 4)$

Consequências da definição de logaritmo

1ª) $\log_a 1 = 0$, pois $a^0 = 1$, qualquer que seja $a > 0$ e $a \neq 1$.

2ª) $\log_a a = 1$, pois $a^1 = a$ para todo $a > 0$ e $a \neq 1$.

3ª) $\log_a a^n = n$, pois $a^n = a^n$ para todo $a > 0$ e $a \neq 1$ e para todo **n**.

4ª) $a^{\log_a N} = N$, com $N > 0$, $a > 0$ e $a \neq 1$.

Justificativa: $\log_a N = x \Rightarrow a^x = N$

Substituindo **x**: $a^{\log_a N} = N$

5ª) $\log_a x = \log_a y \Leftrightarrow x = y$, com $x > 0$, $y > 0$, $a > 0$ e $a \neq 1$.

Justificativa: se $\log_a x = r$ e $\log_a y = s$, isto é, $a^r = x$ e $a^s = y$, temos:

- $x = y \Rightarrow a^r = a^s \Rightarrow r = s \Rightarrow \log_a x = \log_a y$
- $\log_a x = \log_a y \Rightarrow r = s \Rightarrow a^r = a^s \Rightarrow x = y$

Por exemplo, podemos calcular $2^{\log_5 10 \cdot \log_2 5}$ fazendo:

$$2^{\log_5 10 \cdot \log_2 5} = (2^{\log_2 5})^{\log_5 10} = 5^{\log_5 10} = 10$$

propriedades das potências

Veja outros exemplos dessas propriedades:

1º) $2^{\frac{\log_2 3}{3}} = 2^{\frac{1}{3} \cdot \log_2 3} = (2^{\log_2 3})^{\frac{1}{3}} = 3^{\frac{1}{3}} = \sqrt[3]{3}$

2º) $3^{1 + \log_3 5} = 3^1 \cdot 3^{\log_3 5} = 3 \cdot 5 = 15$

Exercícios

12 Calcule o valor dos logaritmos:

a) $\log_7 1$
b) $\log_{0,8} 0,8$
c) $\log_{\sqrt{2}} \sqrt{2}$
d) $\log_{\frac{1}{3}} 1$
e) $\log_{0,5} 1$
f) $\log_{0,1} 0,1$

13 Dê o valor de **x** nas igualdades:

a) $1 = \log_3 x$
b) $1 = \log_x 10$
c) $0 = \log_2 x$

14 Calcule o valor dos logaritmos a seguir:

a) $\log_5 5^4$
b) $\log_2 2^6$
c) $\log_2 16$

15 Calcule o valor dos logaritmos a seguir:

a) $\log_{10} 10^{-4}$
b) $\log_\pi \pi^2$
c) $\log_3 243$

16 Calcule o valor das expressões:

a) $10^{\log_{10} 3}$
b) $2^{\log_2 5}$

17 Calcule o valor das expressões:

a) $2^{\log_2 6 \cdot \log_6 10}$
b) $2^{1 + \log_2 3}$

18 Calcule o valor de **x**:

a) $\log_6 x = \log_6 8$
b) $\log_3 8^x = \log_3 16$
c) $\log x^2 = \log x$
d) $\log_{\frac{1}{5}} (x - 1) = \log_{\frac{1}{5}} 3$

19 Classifique em verdadeiro (**V**) ou falso (**F**):

a) $\log_5 1 = 1$
b) $\log_1 5 = 5$
c) $\log_5 5 = 1$
d) $\log_7 3^7 = 3$
e) $\log_3 3^7 = 7$
f) $2^{\log_2 5} = 5$

Propriedades operatórias dos logaritmos

1ª propriedade: logaritmo de um produto

Da propriedade fundamental das potências, $a^x \cdot a^y = a^{x+y}$, surge uma propriedade semelhante nos logaritmos. Veja um exemplo:

- $\log_2 (4 \cdot 8) = \log_2 (2^2 \cdot 2^3) = \log_2 2^{2+3} = 2 + 3 = 5$ (I)
- $\log_2 4 + \log_2 8 = \log_2 2^2 + \log_2 2^3 = 2 + 3 = 5$ (II)

De (I) e (II) tiramos que:

$$\log_2 (4 \cdot 8) = \log_2 4 + \log_2 8$$

Vamos provar que esse fato vale para qualquer base e quaisquer dois números para os quais existam os logaritmos envolvidos. Ou seja, que se trata de uma propriedade:

$$\log_a (M \cdot N) = \log_a M + \log_a N$$

Demonstração:

Consideramos $\log_a (M \cdot N) = p$; $\log_a M = m$ e $\log_a N = n$.

Dessas igualdades, tiramos $a^p = M \cdot N$; $a^m = M$ e $a^n = N$. Então:

$$a^p = M \cdot N = a^m \cdot a^n = a^{m+n}$$

Se $a^p = a^{m+n}$, então $p = m + n$, ou seja, $\log_a (M \cdot N) = \log_a M + \log_a N$.

Conclusão:

Numa mesma base, o logaritmo do produto de dois números positivos é igual à soma dos logaritmos desses números.

Exemplos:

1º) $\log_7 (2 \cdot 5) = \log_7 2 + \log_7 5$

2º) $\log 300 = \log (3 \cdot 100) = \log 3 + \log 100 = \log 3 + 2$

3º) $\log_5 (4 \cdot 5) = \log_5 4 + \log_5 5 = \log_5 4 + 1$

Para refletir
$\log 3 \cdot 2$ não é o mesmo que $\log (3 \cdot 2)$.

Observação: Essa propriedade de transformar produtos em somas foi a motivação original para a introdução dos logaritmos, no século XVII, no intuito de simplificar cálculos.

2ª propriedade: logaritmo de um quociente

Vamos observar, por exemplo, que:

- $\log_2 \left(\frac{16}{4}\right) = \log_2 \left(\frac{2^4}{2^2}\right) = \log_2 2^{4-2} = 4 - 2 = 2$ (I)

- $\log_2 16 - \log_2 4 = \log_2 2^4 - \log_2 2^2 = 4 - 2 = 2$ (II)

De (I) e (II) tiramos que:

$$\log_2 \left(\frac{16}{4}\right) = \log_2 16 - \log_2 4$$

Podemos provar que esse fato é válido para qualquer base e quaisquer dois números, desde que existam os logaritmos envolvidos. Generalizando:

$$\log_a \frac{M}{N} = \log_a M - \log_a N$$

Demonstração:

Consideramos $\log_a \frac{M}{N} = q$; $\log_a M = m$ e $\log_a N = n$.

Daí tiramos $a^q = \frac{M}{N}$; $a^m = M$ e $a^n = N$. Então:

$$a^q = \frac{M}{N} = \frac{a^m}{a^n} = a^{m-n}$$

Se $a^q = a^{m-n}$, então $q = m - n$, ou seja, $\log_a \frac{M}{N} = \log_a M - \log_a N$.

Temos, então, mais uma propriedade dos logaritmos:

> Numa mesma base, o logaritmo do quociente de dois números positivos é igual à diferença entre os logaritmos desses números.

Caso particular: $\log_a \frac{1}{N} = \log_a 1 - \log_a N = 0 - \log_a N$, ou seja,

$$\log_a \frac{1}{N} = -\log_a N$$

Exemplos:

1º) $\log_5 \left(\frac{2}{3}\right) = \log_5 2 - \log_5 3$

2º) $\log_2 \left(\frac{1}{8}\right) = \log_2 1 - \log_2 8 = 0 - 3 = -3$

3º) $\log \left(\frac{7}{10}\right) = \log 7 - \log 10 = \log 7 - 1$

3ª propriedade: logaritmo de uma potência

Observemos que:

$\log_2 7^3 = \log_2 (7 \cdot 7 \cdot 7) = \underbrace{\log_2 7 + \log_2 7 + \log_2 7}_{\text{3 parcelas}} =$

$= 3 \cdot \log_2 7$

Então:

$$\log_2 7^3 = 3 \cdot \log_2 7$$

Genericamente, temos:

$$\log_a M^N = N \cdot \log_a M$$

Demonstração:

Consideramos $\log_a M^N = r$ e $\log_a M = m$.

Daí tiramos: $a^r = M^N$ e $a^m = M$.

Então:

$$a^r = M^N = (a^m)^N = a^{Nm}$$

Se $a^r = a^{Nm}$, então $r = Nm$, ou seja, $\log_a M^N = N \cdot \log_a M$.

Assim, podemos dizer que se trata de um fato que ocorre para qualquer base e qualquer potência sempre que existam os logaritmos envolvidos, o que o torna uma propriedade dos logaritmos:

> Numa mesma base, o logaritmo de uma potência de base positiva é igual ao produto do expoente pelo logaritmo da base da potência.

Podemos aplicar essa propriedade no logaritmo de uma raiz (quando existir):

$$\log_a \sqrt[N]{M} = \log_a M^{\frac{1}{N}} = \frac{1}{N} \cdot \log_a M$$

Exemplos:

1º) $\log_3 8^4 = 4 \cdot \log_3 8$

2º) $\log 10^2 = 2 \cdot \log 10 = 2 \cdot 1 = 2$

3º) $\log_7 5^3 = 3 \cdot \log_7 5$

4º) $\log_2 \sqrt[3]{4} = \log_2 (4)^{\frac{1}{3}} = \frac{1}{3} \cdot \log_2 4 = \frac{1}{3} \cdot 2 = \frac{2}{3}$

4ª propriedade: mudança de base

Observe:

- $\log_4 64 = 3$, pois $4^3 = 64$;
- $\log_2 64 = 6$, pois $2^6 = 64$;
- $\log_2 4 = 2$, pois $2^2 = 4$.

Como $3 = \frac{6}{2}$, podemos escrever $\log_4 64 = \frac{\log_2 64}{\log_2 4}$.

Nesse caso dizemos que houve uma mudança de base nos logaritmos (bases 4 e 2).

Vamos então provar que a relação verificada acontece em geral, isto é, que se tem mais uma propriedade dos logaritmos:

$$\log_b N = \frac{\log_a N}{\log_a b} \text{ para } N > 0,\ b > 0,\ a > 0;\ b \neq 1 \text{ e } a \neq 1$$

Demonstração:

Consideramos $\log_b N = p$; $\log_a N = q$ e $\log_a b = r$.

Daí tiramos: $b^p = N$; $a^q = N$ e $a^r = b$.

Fazendo substituições: $N = a^q = b^p = (a^r)^p = a^{rp}$.

Se $a^q = a^{rp}$, então $q = rp$ e daí $p = \frac{q}{r}$ ou

$$\log_b N = \frac{\log_a N}{\log_a b}.$$

Para refletir
Como garantir que $r \neq 0$?

Conclusão:

Para escrever o $\log_b N$ usando logaritmos na base **a**, realizamos a mudança de base:

$$\log_b N = \frac{\log_a N}{\log_a b}$$

Observação: Nessa propriedade de mudança de base, fazendo $N = a$, temos um caso importante:

$$\log_b a = \frac{\log_a a}{\log_a b} = \frac{1}{\log_a b}$$

Então podemos escrever que, quando existirem os logaritmos envolvidos:

$$\log_b a = \frac{1}{\log_a b} \quad \text{ou} \quad \log_b a \cdot \log_a b = 1$$

Para refletir
Quando existirem, $\log_b a$ e $\log_a b$ são números inversos.

Exemplos:

1º) $\log_7 5 = \frac{\log_2 5}{\log_2 7}$ (na base 2)

2º) $\log_7 5 = \frac{\log 5}{\log 7}$ (na base 10)

3º) $\log_5 25 = 2 \Leftrightarrow \log_{25} 5 = \frac{1}{2}$

4º) $\log_b a = -\frac{3}{4} \Leftrightarrow \log_a b = -\frac{4}{3}$

Quadros-resumo

Sempre que existirem os logaritmos envolvidos, temos:

Definição de logaritmo $\log_a b = c \Leftrightarrow a^c = b$

Consequências da definição de logaritmo

1ª) $\log_a 1 = 0$

2ª) $\log_a a = 1$

3ª) $\log_a a^n = n$

4ª) $a^{\log_a b} = b$

5ª) $\log_b a = \log_b c \Leftrightarrow a = c$

Propriedades operatórias dos logaritmos

1ª) $\log_a (M \cdot N) = \log_a M + \log_a N$

2ª) $\log_a \frac{M}{N} = \log_a M - \log_a N$

$\log_a \frac{1}{N} = -\log_a N$

3ª) $\log_a M^N = N \cdot \log_a M$

$\log_a \sqrt[N]{M} = \frac{1}{N} \cdot \log_a M$

4ª) $\log_b N = \frac{\log_a N}{\log_a b}$

$\log_b a = \frac{1}{\log_a b}$ ou $\log_b a \cdot \log_a b = 1$

Exemplos de aplicação

1 **Determine o desenvolvimento logarítmico da expressão $\log\left(\frac{a\sqrt{b}}{c^3}\right)$.**

Para refletir
O que significa desenvolvimento logarítmico?

$$\log\left(\frac{a\sqrt{b}}{c^3}\right) = \log\left(\frac{a \cdot b^{\frac{1}{2}}}{c^3}\right) = \log\left(a \cdot b^{\frac{1}{2}}\right) - \log c^3 =$$

$$= \log a + \log b^{\frac{1}{2}} - \log c^3 =$$

$$= \log a + \frac{1}{2} \cdot \log b - 3 \cdot \log c$$

Logo, $\log\left(\frac{a\sqrt{b}}{c^3}\right) = \log a + \frac{1}{2} \cdot \log b - 3 \cdot \log c$.

2 **Dados $\log_a m = 11$ e $\log_a n = 6$, qual é o valor de $\log_a (m^3n^2)$?**

$\log_a (m^3n^2) = \log_a m^3 + \log_a n^2 =$

$= 3 \cdot \log_a m + 2 \cdot \log_a n = 3 \cdot 11 + 2 \cdot 6 = 45$

Então, $\log_a (m^3n^2) = 45$.

3 **Se $\log 2 = a$ e $\log 3 = b$, expresse $\log 72$ em função de a e b.**

$\log 72 = \log (2^3 \cdot 3^2) = \log 2^3 + \log 3^2 =$

$= 3 \cdot \log 2 + 2 \cdot \log 3 = 3a + 2b$

Então, $\log 72 = 3a + 2b$.

4 Sabendo que $\log_a A = 2 \cdot \log_a c - \frac{1}{3} \cdot \log_a d$, calcule **A** em função de **c** e **d**.

$\log_a A = 2 \cdot \log_a c - \frac{1}{3} \cdot \log_a d =$

$= \log_a c^2 - \log_a d^{\frac{1}{3}} = \log_a c^2 - \log_a \sqrt[3]{d} =$

$= \log_a \left(\frac{c^2}{\sqrt[3]{d}}\right)$

Daí:

$\log_a A = \log_a \left(\frac{c^2}{\sqrt[3]{d}}\right) \Leftrightarrow A = \frac{c^2}{\sqrt[3]{d}}$

Logo, $A = \frac{c^2}{\sqrt[3]{d}}$.

5 Escreva $\log_2 8$ usando logaritmos na base 10.

$\log_a N = \frac{\log_b N}{\log_b a} \Rightarrow \log_2 8 = \frac{\log_{10} 8}{\log_{10} 2}$

6 Dado $\log_b a = 6$, calcule $\log_a b^3$.

$\log_a b^3 = \frac{\log_b b^3}{\log_b a} = \frac{3}{6} = \frac{1}{2}$

7 Calcule o valor da expressão $\log_3 5 \cdot \log_{25} 81$.

$\log_3 5 \cdot \log_{25} 81 = \log_3 5 \cdot \frac{\log_3 81}{\log_3 25} =$

$= \log_3 5 \cdot \frac{\log_3 3^4}{\log_3 5^2} = \cancel{\log_3 5} \cdot \frac{4}{2 \cdot \cancel{\log_3 5}} = \frac{4}{2} = 2$

8 Escreva as expressões a seguir por meio de um único logaritmo:

a) $3 \cdot \log_4 7$

$3 \cdot \log_4 7 = \log_4 7^3 = \log_4 343$

b) $\log_3 x - \log_3 2$

$\log_3 x - \log_3 2 = \log_3 \frac{x}{2}$

c) $\log_{\frac{1}{2}} 6 + \log_{\frac{1}{2}} 3$

$\log_{\frac{1}{2}} 6 + \log_{\frac{1}{2}} 3 = \log_{\frac{1}{2}} (6 \cdot 3) = \log_{\frac{1}{2}} 18$

d) $\log_5 4 + \log_5 x - \log_5 3$

$\log_5 4 + \log_5 x - \log_5 3 = \log_5 4x - \log_5 3 =$

$= \log_5 \frac{4x}{3}$

Exercícios

20 Determine o desenvolvimento logarítmico das expressões:

a) $\log \left(\frac{\pi r^3 h}{3}\right)$

b) $\log_3 \left(\frac{\sqrt{x}}{y^2}\right)$

21 Escreva na forma de um único logaritmo:

a) $\log_5 6 + \log_5 11$

b) $\log_7 28 - \log_7 4$

c) $4 \cdot \log 3$

d) $\frac{1}{5} \cdot \log_7 2$

e) $\frac{\log_2 3}{\log_2 7}$

f) $\frac{1}{3} \cdot \log_3 7 - \log_3 2$

22 Escreva na forma de um único logaritmo:

a) $1 + \log_5 4$

b) $(\log x) - 2$

23 Dados $\log 2 = a$ e $\log 3 = b$, determine:

a) $\log 6$

b) $\log 24$

c) $\log 300$

d) $\log 1{,}5$

e) $\log 16$

f) $\log_3 2$

24 Dados $\log 2 = x$ e $\log 3 = y$, determine:

a) $\log 5$

b) $\log \sqrt{3}$

c) $\log \sqrt[3]{12}$

d) $\log \frac{1}{3}$

e) $\log 0{,}06$

f) $\log_4 27$

25 Dados $\log a = 5$, $\log b = 3$ e $\log c = 2$, calcule o valor de $\log \left(\frac{ab^2}{c}\right)$.

26 Se $\log_a 10 = 2$, calcule o valor de $\log_a \sqrt[4]{10}$.

27 Se $\log 10 = 1$ e $\log 2 = K$, expresse $\log 20$ em função de **K**.

28 Sendo $\log_a 2 = 20$ e $\log_a 5 = 30$, calcule o valor de $\log_a 100$.

29 Determine a expressão **P** sabendo que:

a) $\log P = 2 \cdot \log a + 5 \cdot \log b$

b) $\log_2 P = 3 \cdot \log_2 a + \log_2 b - 2 \cdot \log_2 c$

30 Sabendo que $x = \log_{10} 5 + \log_{10} 8 - \log_{10} 4$, calcule o valor de **x**.

31 Dada a equação $2 \cdot \log x - 5 \cdot \log y = 2$, determine uma relação entre **x** e **y**.

32 Escreva usando logaritmos de base 10:

a) $\log_2 5$

b) $\log_x 2$

c) $\log_2 (x - 1)$

d) $\log_{(x+1)} (x - 3)$

33 Se $\log_{10} a = x$ e $\log_{10} b = y$, calcule $\log_b a$.

34 Calcule o valor da expressão $\log_2 3 \cdot \log_3 10 \cdot \log_{10} 2$.

35 Se $\log_b a = m$, calcule $\log_a b$.

36 Calcule **x** sabendo que $x = \log_3 2 \cdot \log_8 81$.

37 Sabendo que $\log_{20} 2 = a$ e $\log_{20} 3 = b$, calcule o valor de $\log_6 5$.

Cologaritmo

Denomina-se cologaritmo de um número **N** ($N > 0$) numa base **a** ($a > 0$ e $a \neq 1$) o oposto do logaritmo do número **N** na base **a** ou o logaritmo do inverso de **N** na base **a**.

$$\text{colog}_a N = -\log_a N \quad \text{ou} \quad \text{colog}_a N = \log_a \frac{1}{N}$$

Para refletir
Como provar que $-\log_a N = \log_a \frac{1}{N}$?

Exercícios

38 Pela definição de cologaritmo, calcule:

a) $\text{colog}_2 8$

b) $\text{colog}_3 \left(\frac{1}{81}\right)$

c) $\text{colog}_{10} 0{,}001$

d) $\text{colog}_2 2\sqrt{2}$

39 Se $\log_x S = 2 \cdot \log_x a + \text{colog}_x b$, determine a expressão **S**.

40 Se $\log_5 x = \log_5 3 + \text{colog}_5 4$, qual é o valor de **x**?

Cálculo de logaritmos

Introdução

Em Química, define-se o pH de uma solução como o logaritmo decimal (base 10) do inverso da respectiva concentração de H_3O^+ (íon hidroxônio). O cérebro humano contém um líquido cuja concentração de H_3O^+ é $4{,}8 \cdot 10^{-8}$ mol/ℓ (em média). Qual será o pH desse líquido?

De acordo com a definição e os dados do problema, temos:

$$pH = \log_{10}\left(\frac{1}{4{,}8 \cdot 10^{-8}}\right) = \log_{10} 1 - \log_{10}(4{,}8 \cdot 10^{-8}) =$$
$$= \log_{10} 1 - \log_{10} 4{,}8 - \log_{10} 10^{-8} = 0 - \log_{10} 4{,}8 - (-8) =$$
$$= 8 - \log_{10} 4{,}8$$

Portanto, $pH = 8 - \log_{10} 4{,}8$.

Para logaritmos como esse, existem três formas de cálculo, que serão estudadas a seguir:

- com o auxílio da calculadora;
- com a aplicação de tabelas de valores (tabelas de logaritmos);
- por meio de alguns logaritmos dados.

Com a difusão do uso da calculadora, a utilização das tabelas de logaritmos hoje está praticamente abolida. Veremos a seguir os outros dois processos citados.

Calculadora

Algumas calculadoras possuem duas teclas com as seguintes funções:

- tecla `log` : permite calcular o logaritmo decimal de um número **N**, inteiro ou decimal.
- tecla `10^x` : permite calcular o número **N** quando se conhece $\log N = x$.

Fique atento
Seu celular provavelmente tem uma calculadora com a função log. Use-o se precisar.

Fique atento
Em algumas calculadoras, para obter log **N** digitam-se primeiro log e depois **N**. Verifique como é a sua calculadora.

Usando essas teclas, as propriedades dos logaritmos e as quatro operações fundamentais, é possível realizar os seguintes cálculos:

1º) $\log 36$

digita-se 36 ⟶ tecla-se `log` ⟶ 1,556303

$\log 36 \simeq 1{,}556303$

2º) $\log \sqrt[3]{4{,}57}$

$\log \sqrt[3]{4{,}57} = \frac{1}{3} \cdot \log 4{,}57$

digita-se 4,57 ⟶ tecla-se `log` ⟶ 0,659916 : 3 = = 0,219972

$\log \sqrt[3]{4{,}57} \simeq 0{,}219972$

3º) $\log_2 997$

$\log_2 997 = \frac{\log 997}{\log 2}$

Usando a tecla `log` , calcula-se $\log 997 \simeq 2{,}998695$ e $\log 2 \simeq 0{,}301030$.

$\log_2 997 \simeq \frac{2{,}998695}{0{,}301030} \simeq 9{,}961449$

4º) $\log_{10} x = 0{,}72342$

digita-se 0,72342 ⟶ tecla-se `10^x` ⟶ 5,289566

$\log 5{,}289566 \simeq 0{,}72342$

5º) Podemos também resolver o problema do líquido cerebral que vimos acima: usando a calculadora, obtemos $\log 4{,}8 \simeq 0{,}681241$.

Assim, $pH = 8 - 0{,}681241 \simeq 7{,}3$.

Observação: Existem calculadoras com a tecla `ln` , que permite calcular os logaritmos naturais dos números reais positivos. Os logaritmos naturais têm a base **e**, ou seja, $\ell n\, x = \log_e x$ (logaritmo natural de **x**). O número **e**, base dos logaritmos naturais, é caracterizado pelo fato de que seu logaritmo natural é igual a 1, ou seja, $\ell n\, e = 1$. O número **e** é irracional. Um valor aproximado dessa importante constante é $e = 2{,}7182818284$, como já vimos no capítulo anterior. Os logaritmos naturais, de base **e**, são muito importantes nas aplicações.

Logaritmos dados

A partir de um ou mais logaritmos dados, podemos obter o valor aproximado de uma infinidade de logaritmos, usando as propriedades conhecidas. Por exemplo:

Dados $\log 2 \simeq 0,30$ e $\log 3 \simeq 0,48$, podemos calcular:

- $\log 6 = \log (2 \cdot 3) = \log 2 + \log 3 = 0,30 + 0,48 = 0,78$
- $\log 30 = \log (3 \cdot 10) = \log 3 + \log 10 = 0,48 + 1 = 1,48$
- $\log 8 = \log 2^3 = 3 \cdot \log 2 = 3 \cdot 0,30 = 0,90$
- $\log \sqrt{3} = \frac{1}{2} \cdot \log 3 = \frac{1}{2} \cdot 0,48 = 0,24$
- $\log 5 = \log (10 : 2) = \log 10 - \log 2 = 1 - 0,30 = 0,70$
- $\log_2 3 = \frac{\log 3}{\log 2} = \frac{0,48}{0,30} = 1,60$
- $\log_9 32 = \frac{\log 32}{\log 9} = \frac{\log 2^5}{\log 3^2} = \frac{5 \cdot \log 2}{2 \cdot \log 3} = \frac{5 \cdot 0,30}{2 \cdot 0,48} =$
  $= \frac{1,50}{0,96} = 1,5625$
- $\log_3 2 = \frac{1}{1,6} = 0,625$ (Neste caso, verificamos que $\log_3 2$ e $\log_2 3$ são inversos.)
- $\log_{81} 16 = 0,625$ ($\log_{81} 16 = \log_{3^4} 2^4 = \log_3 2 = 0,625$)

Também podemos aplicar o conceito de logaritmo para resolver problemas que envolvam potências. Veja:

Sabendo que $\log 2 = 0,301$, vamos calcular o número de algarismos da potência 5^{100}.

$x = 5^{100} \Rightarrow \log x = 100 \cdot \log 5 \Rightarrow$

$\Rightarrow \log x = 100 \cdot \log \frac{10}{2} = 100(1 - 0,301) = 69,9$

Então, se $\log x = 69,9$, pela definição temos $x = 10^{69,9}$.

Como 10^{70} é o primeiro número com 71 algarismos (10^{70} = 1 seguido de 70 zeros), então necessariamente $10^{69,9}$ tem 70 algarismos.

Exercícios

41 Com o auxílio de uma calculadora, calcule utilizando as teclas das quatro operações fundamentais, a tecla log e a 10^x (caso não tenha uma calculadora à disposição, indique o roteiro para efetuar o cálculo):

a) log 64,3
b) log 0,00196
c) **x** tal que $\log x = 1,35$
d) log 914
e) log 0,820
f) **x** tal que $\log x = -1,155$

42 Sem usar calculadora, determine entre quais inteiros consecutivos fica cada logaritmo:

a) log 279
b) log 6
c) log 0,071
d) $\log_7 2$

43 Calcule:

a) log 100
b) log 0,00001
c) log 0,001
d) log 10 000 000

44 Dados $\log 2 = 0,30$, $\log 3 = 0,48$ e $\log 5 = 0,70$, quanto vale:

a) log 20?
b) log 0,0002?
c) log 0,3?
d) log 500?
e) log 18?
f) log 45?
g) log 250?
h) log 1,25?

45 Dados $\log 2 = 0,30$ e $\log 7 = 0,85$, determine:

a) log 14 **b)** log 50 **c)** log 3,5 **d)** log 70

46 Calcule, com aproximação de duas casas decimais e usando mudança de base, os logaritmos:

a) $\log_2 3$
b) $\log_5 3$
c) $\log_8 9$
d) $\log_{100} 5$

> **Fique atento**
> Se não tiver calculadora, use $\log 2 = 0,3$ e $\log 3 = 0,48$.

47 Sabendo que $\log 52 = 1,7160$ determine o número de algarismos da potência $52^{1\,000}$.

48 Se $\log a = 0,297$, calcule $\log (100a)$.

49 Se $\log N = 1,964$, calcule $\log \sqrt{N}$.

50 Sabendo que $\log 3 = 0,477$, determine $\log \sqrt[4]{27\,000}$.

51 Calcule $\log [(0,2)^3 \cdot 0,003]$, dados $\log 2 = 0,30$ e $\log 3 = 0,48$.

52 O pH de uma solução é o logaritmo decimal do inverso da concentração de H_3O^+. Qual é o pH de uma solução cuja concentração de H_3O^+ é $4,5 \cdot 10^{-5}$ mol/ℓ?

Aplicação dos logaritmos na resolução de equações exponenciais e de problemas

Exemplos de aplicação

1 Resolva a equação $3^x = 5$.

$3^x = 5 \Rightarrow \log 3^x = \log 5 \Rightarrow x \cdot \log 3 = \log 5 \Rightarrow$

$\Rightarrow x = \frac{\log 5}{\log 3} \Rightarrow x \simeq \frac{0,69897}{0,47712} \simeq 1,46$

$S = \{1,46\}$

2 Dados $\log 2 = 0,30$; $\log 3 = 0,48$ e $\log 5 = 0,70$, resolva a equação $5^{2x} - 7 \cdot 5^x + 12 = 0$.

$5^{2x} - 7 \cdot 5^x + 12 = 0 \Rightarrow (5^x)^2 - 7(5^x) + 12 = 0$

Fazendo $5^x = y$, temos:

$y^2 - 7y + 12 = 0$

$\Delta = (-7)^2 - 4(1)(12) = 1$

$y' = 4$ e $y'' = 3$

Daí:

- $5^x = 4 \Rightarrow \log 5^x = \log 4 \Rightarrow \log 5^x = \log 2^2 \Rightarrow$
  $\Rightarrow x \cdot \log 5 = 2 \cdot \log 2 \Rightarrow$
  $\Rightarrow x = \frac{2 \cdot \log 2}{\log 5} = \frac{0,60}{0,70} \simeq 0,86$
- $5^x = 3 \Rightarrow \log 5^x = \log 3 \Rightarrow x \cdot \log 5 = \log 3 \Rightarrow$
  $\Rightarrow x = \frac{\log 3}{\log 5} = \frac{0,48}{0,70} \simeq 0,69$

$S = \{0,69; 0,86\}$

3 Resolva a equação $e^x - 27 = 0$, dados $\log e = 0{,}43$ e $\log 3 = 0{,}48$.

$e^x - 27 = 0 \Rightarrow e^x = 27 \Rightarrow \log e^x = \log 27 \Rightarrow$

$\Rightarrow \log e^x = \log 3^3 \Rightarrow x \cdot \log e = 3 \cdot \log 3 \Rightarrow$

$$\Rightarrow x = \frac{3 \cdot \log 3}{\log e} = \frac{1,44}{0,43} \simeq 3,34$$

$S = \{3{,}34\}$

4 Sabemos que o número de bactérias numa cultura, depois de um tempo **t**, é dado por $N = N_0 \cdot e^{rt}$, em que $\mathbf{N_0}$ é o número inicial (quando $t = 0$) e **r** é a taxa de crescimento relativo. Em quanto tempo o número de bactérias dobrará se a taxa de crescimento contínuo é de 5% ao minuto?

> **Para refletir**
> Se a taxa é de 5% ao minuto, o tempo **t** é dado em minutos.

Pelos dados do problema, a pergunta é: Em quanto tempo $N = 2N_0$?

Assim, temos:

$N = N_0 \cdot e^{rt} \Rightarrow 2\cancel{N_0} = \cancel{N_0} \cdot e^{0{,}05t} \Rightarrow 2 = e^{0{,}05t} \Rightarrow$

$\Rightarrow \ell n\, 2 = \ell n\, e^{0{,}05t} \Rightarrow \ell n\, 2 = 0{,}05t \cdot \underbrace{\ell n\, e}_{1} \Rightarrow$

$$\Rightarrow \ell n\, 2 = 0,05t \Rightarrow t = \frac{\ell n\, 2}{0,05}$$

Calculando $\ell n\, 2$ obtemos $\ell n\, 2 = 0{,}6931$; portanto:

$$t = \frac{0,6931}{0,05} = 13,8 \text{ min} = 13 \text{ min e } \frac{8}{10} \text{ min} =$$

$= 13$ min 48 s

O número de bactérias dobrará em 13 minutos e 48 segundos.

> **Para refletir**
> O tempo não depende do número inicial de bactérias.

5 Em quantos anos 500 g de uma substância radioativa, que se desintegra a uma taxa de 3% ao ano, se reduzirão a 100 g? Use $Q = Q_0 \cdot e^{-rt}$, em que **Q** é a massa da substância, **r** é a taxa e **t** é o tempo em anos.

Sabemos que:

$Q = Q_0 \cdot e^{-rt} \Rightarrow 100 = 500 \cdot e^{-0{,}03t}$

que é equivalente a:

$$\frac{1}{5} = e^{-0,03t} \Rightarrow \ell n\left(\frac{1}{5}\right) = \ell n\, e^{-0,03t} \Rightarrow$$

$$\Rightarrow \ell n\, 1 - \ell n\, 5 = -0,03t \cdot \ell n\, e \Rightarrow -\ell n\, 5 = -0,03t \Rightarrow$$

$$\Rightarrow t = \frac{\ell n\, 5}{0,03} = \frac{1,6094}{0,03} \simeq 53,6 \text{ anos}$$

6 (Situação-problema da introdução do capítulo)

Segundo o Banco Mundial, a previsão do crescimento demográfico na América Latina, no período de 2004 a 2020, é de 1,2% ao ano, aproximadamente. Em quantos anos a população da América Latina vai dobrar se a taxa de crescimento continuar a mesma?

População do ano-base $= P_0$

População após um ano $= P_0(1{,}012) = P_1$

População após dois anos $= P_0(1{,}012)^2 = P_2$

⋮

População após **x** anos $= P_0(1{,}012)^x = P_x$

Supondo que a população dobrará em relação ao ano-base após **x** anos, temos:

$P_x = 2P_0 \Rightarrow \cancel{P_0}(1{,}012)^x = 2\cancel{P_0} \Rightarrow (1{,}012)^x = 2$

Aplicando logaritmos, temos:

$\log (1{,}012)^x = \log 2 \Rightarrow x \cdot \log 1{,}012 = \log 2 \Rightarrow$

$$\Rightarrow \frac{\log 2}{\log 1,012} \simeq \frac{0,30103}{0,00518} \simeq 58$$

A população dobrará em 58 anos, aproximadamente.

Exercícios

53 Dados $\log 2 = 0{,}30$; $\log 3 = 0{,}48$; $\log 5 = 0{,}70$ e $\log e = 0{,}43$, resolva as equações:

a) $2^x = 5$ **b)** $e^x - 3$ **c)** $5^x = e$ **d)** $e^x - 6 = 0$

54 Calcule (com duas casas decimais) o valor de **x** que verifica a equação $3 \cdot 2^x = 10$, dados $\log 2 = 0{,}30$ e $\log 3 = 0{,}48$.

55 Dados $\log 2 = 0{,}30$ e $\log 3 = 0{,}48$, resolva a equação $3^{2x} - 5 \cdot 3^x + 6 = 0$.

56 Determine o valor de **x** que verifica a equação $(1{,}12)^x = 3$, sendo $\log 2 = 0{,}30$, $\log 3 = 0{,}48$ e $\log 7 = 0{,}85$.

57 Mostre que uma substância radioativa que decai exponencialmente de acordo com a fórmula $m(t) = m_0 e^{-kt}$ tem meia-vida igual a $\frac{\ell n\, 2}{k}$.

58 Escreva o número 5 como uma potência de base 2.

2. Função logarítmica

objeto digital

No capítulo anterior estudamos a função exponencial. Para todo número real positivo $a \neq 1$, a função exponencial $f: \mathbb{R} \to \mathbb{R}_+^*$, $f(x) = a^x$, é uma correspondência biunívoca entre $\mathbb{R}$ e $\mathbb{R}_+^*$. Ela é crescente se $a > 1$, decrescente se $0 < a < 1$ e tem a seguinte propriedade:

$$f(x_1 + x_2) = f(x_1) \cdot f(x_2), \text{ ou seja, } a^{x_1 + x_2} = a^{x_1} \cdot a^{x_2}$$

Essas considerações garantem que **f** possui uma função inversa.

> **Para refletir**
> Dizer que f(x) é uma correspondência biunívoca é o mesmo que dizer que **f** é uma função bijetiva.

Definição da função logarítmica

A inversa da função exponencial de base **a** é a função $\log_a: \mathbb{R}_+^* \rightarrow \mathbb{R}$, que associa a cada número real positivo **x** o número real $\log_a x$, chamado logaritmo de **x** na base **a**, com **a** real positivo e $a \neq 1$.

Observe que $f: \mathbb{R} \rightarrow \mathbb{R}_+^*$, dada por $f(x) = a^x$, tem a propriedade $f(x_1 + x_2) = f(x_1) \cdot f(x_2)$, ou seja, $a^{x_1 + x_2} = a^{x_1} \cdot a^{x_2}$. A sua inversa $g: \mathbb{R}_+^* \rightarrow \mathbb{R}$, dada por $g(x) = \log_a x$, tem a propriedade $\log_a (x_1 \cdot x_2) = \log_a x_1 + \log_a x_2$.

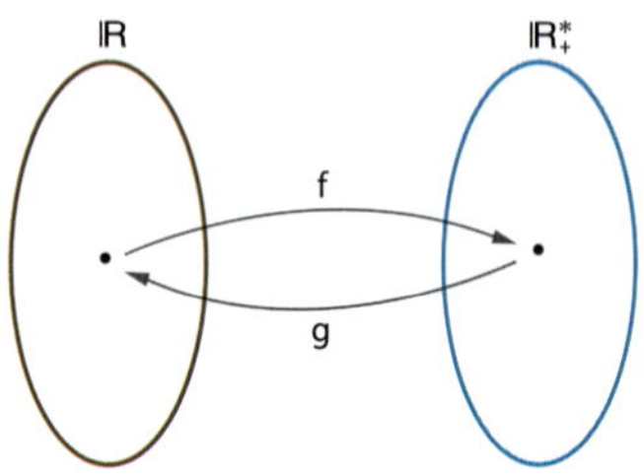

Domínio da função logarítmica: $\mathbb{R}_+^*$

Imagem da função logarítmica: $\mathbb{R}$

Como a função logarítmica é a inversa da função exponencial, temos:

$$a^{\log_a x} = x \text{ e } \log_a (a^x) = x \text{ para todo } x \in \mathbb{R}$$

Assim, $\log_a x$ é o expoente ao qual se deve elevar a base **a** para obter o número **x**, ou seja, $y = \log_a x \Leftrightarrow a^y = x$, como já vimos.

As funções logarítmicas mais usadas são aquelas cuja base **a** é maior do que 1. Particularmente, as de base 10 (logaritmos decimais), as de base 2 (logaritmos binários) e as de base **e** (logaritmos naturais).

São exemplos de função logarítmica as funções de $\mathbb{R}_+^*$ em $\mathbb{R}$ definidas por:

- $f(x) = \log_2 x$
- $g(x) = \log_{10} x = \log x$
- $h(x) = \log_e x = \ell n\, x$
- $i(x) = \log_{\frac{1}{4}} x$

Gráfico da função logarítmica

Observe os seguintes gráficos de função logarítmica:

$f(x) = \log_2 x$

x	$\frac{1}{4}$	$\frac{1}{2}$	1	2	4
y = f(x)	−2	−1	0	1	2

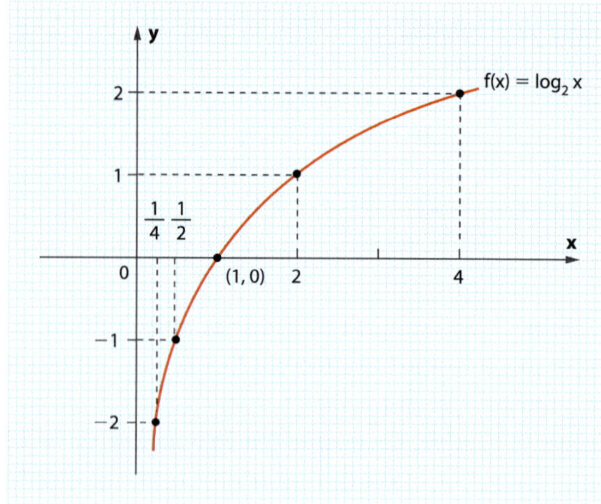

$f(x) = \log_{\frac{1}{2}} x$

x	$\frac{1}{4}$	$\frac{1}{2}$	1	2	4
y = f(x)	2	1	0	−1	−2

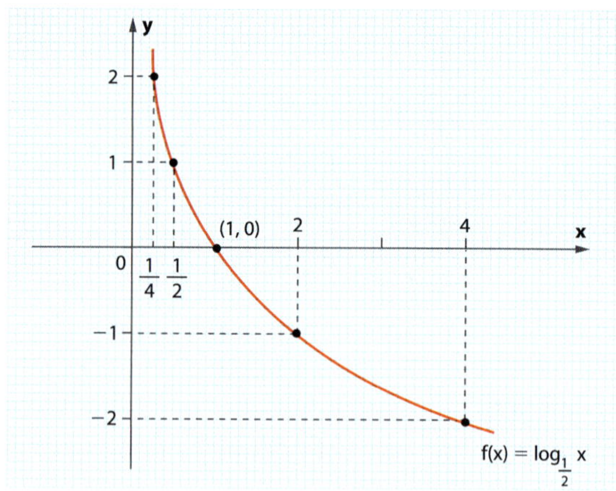

Para refletir

Os gráficos de $y = \log_a x$ e $y = \log_b x$, com $a > 1$ e $0 < b < 1$ quaisquer, têm o mesmo aspecto dos gráficos desta página, respectivamente.

Como consequência da definição de função logarítmica e da análise dos gráficos, podemos concluir que:

- o gráfico da função logarítmica passa pelo ponto (1, 0), ou seja, $f(1) = 0$, ou, ainda, $\log_a 1 = 0$;
- o gráfico nunca toca o eixo **y** nem ocupa pontos dos quadrantes II e III;
- quando $a > 1$, a função logarítmica é crescente ($x_1 > x_2 \Leftrightarrow \log_a x_1 > \log_a x_2$);
- quando $0 < a < 1$, a função logarítmica é decrescente ($x_1 > x_2 \Leftrightarrow \log_a x_1 < \log_a x_2$);
- somente números positivos possuem logaritmo real, pois a função $x \rightarrow a^x$ assume somente valores positivos;

- se $a > 1$, os números maiores do que 1 têm logaritmo positivo e os números compreendidos entre 0 e 1 têm logaritmo negativo;
- se $0 < a < 1$, os números maiores do que 1 têm logaritmo negativo e os números compreendidos entre 0 e 1 têm logaritmo positivo;
- a função logarítmica é ilimitada, superior e inferiormente. No caso de $a > 1$ ser ilimitada superiormente significa que se pode dar a $\log_a x$ um valor tão grande quanto se queira, desde que tomemos **x** suficientemente grande;
- ao contrário da função exponencial $f(x) = a^x$ com $a > 1$, que cresce rapidamente, a função logarítmica $\log_a x$ com $a > 1$ cresce muito lentamente. Veja, por exemplo, que, se $\log_{10} x = 1\,000$, então $x = 10^{1\,000}$. Assim, se quisermos que $\log_{10} x$ seja maior do que 1 000, será preciso tomar um número **x** que tenha pelo menos 1 001 algarismos;
- a função logarítmica é injetiva, pois números positivos diferentes têm logaritmos diferentes. Ela é também sobrejetiva, pois, dado qualquer número real **b**, existe sempre um único número real positivo **x** tal que $\log_a x = b$. Portanto, ela é bijetiva (há uma correspondência biunívoca entre $\mathbb{R}_+^*$ e $\mathbb{R}$).

Para refletir
No caso de $a > 1$, o que significa ser ilimitada inferiormente?

Uma relação importante

No capítulo 3, vimos que os gráficos de duas funções inversas são simétricos em relação à reta $y = x$ (bissetriz dos quadrantes I e III). Observe os gráficos a seguir das funções inversas f(x) = ax e g(x) = loga x:

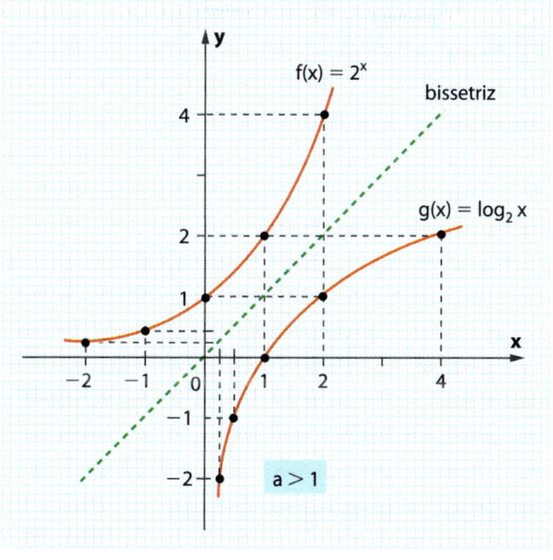

Para refletir
Observe no gráfico ($a > 1$) como a função exponencial cresce rapidamente, enquanto a função logarítmica cresce muito lentamente.

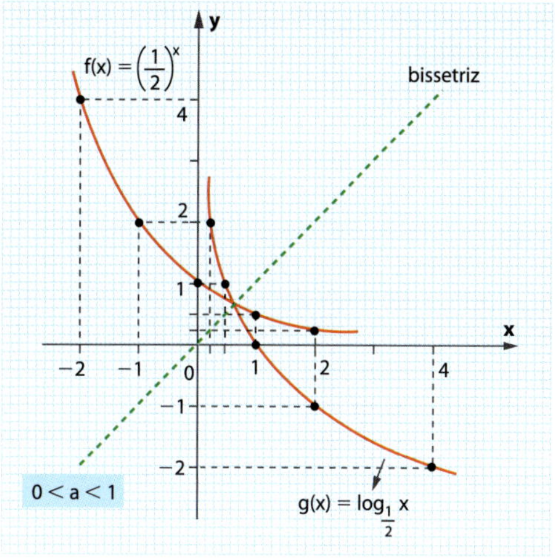

Para refletir
Escreva as coordenadas de alguns pontos simétricos em cada um dos gráficos.

objeto digital

Exercícios

59 As funções logarítmicas **f** e **g** são dadas por $f(x) = \log_3 x$ e $g(x) = \log_4 x$. Determine:

a) f(9);
b) g(1);
c) g(4);
d) $f\left(\frac{1}{3}\right)$;
e) D(f);
f) Im(f);
g) **x** tal que g(x) = 4;
h) $f^{-1}(x)$;
i) $g^{-1}(x)$;
j) $f^{-1}(1)$;
k) f(27) + g(16);
l) $(g \circ f)(81)$.

60 Dados $f(x) = \log_3 (x + 1)$, $g(x) = 4 + \log_2 x$ e $h(x) = \log 2x$, determine:

a) f(2);
b) g(2);
c) h(5);
d) h(50);
e) g(1);
f) f(0);
g) f(26);
h) $g(\sqrt{2})$.

61 Construa os gráficos das funções logarítmicas e confirme neles as conclusões obtidas:

a) $f(x) = \log_3 x$
b) $f(x) = \log_{\frac{1}{3}} x$

62 Observando a base, identifique as seguintes funções como crescentes ou decrescentes:

a) $f(x) = \log_3 x$
b) $f(x) = \log x$
c) $\log_{0,5} x$
d) $f(x) = \log_{\frac{1}{3}} x$
e) $f(x) = \log_{0,1} x$
f) $f(x) = \log_{\sqrt{3}} x$

63 Construa os gráficos das funções:

a) $f(x) = \log_2 \left(\frac{x}{2}\right)$
b) $f(x) = \log_2 (x - 1)$

64 Sabendo que o gráfico abaixo é da função $f(x) = \log x$, determine os valores de **a** e **b**.

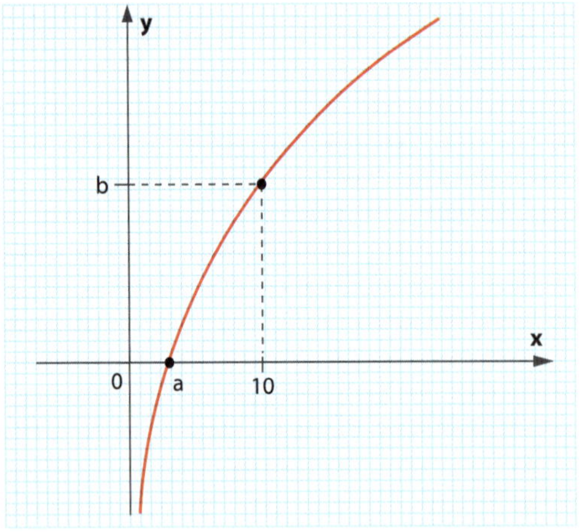

65 Construa no mesmo sistema de eixos os gráficos de $f(x) = 3^x$ e $g(x) = \log_3 x$.

66 Um dos fatos marcantes da Copa do Mundo de 2010 na África do Sul foi o barulho das *vuvuzelas*, um tipo de corneta usada pela torcida da população local e adotada por muitos turistas. A Fifa (Federação Internacional de Futebol Associado) inicialmente tentou proibir a utilização desse tipo de corneta nos estádios de futebol, mas acabou acatando o argumento de que a *vuvuzela* faz parte da cultura esportiva africana, e que sua presença era essencial para o clima animado durante as partidas. Ainda assim, o som ensurdecedor da *vuvuzela* irritou muita gente, inclusive os telespectadores que assistiram à Copa pela TV.

dica Enem

Estudos constataram que uma única *vuvuzela* é responsável pela emissão de um ruído de 95 dB (a escala decibel (dB) é uma escala logarítmica usada para medir a intensidade sonora de uma fonte). Além disso, quando se dobra a quantidade de *vuvuzelas* tocadas simultaneamente, há um aumento de 3 dB na escala sonora.

A figura mostra uma escala de decibéis:

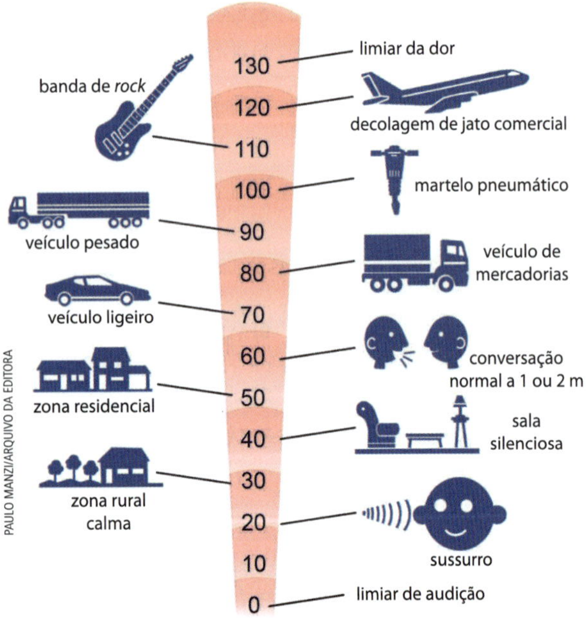

PAULO MANZI/ARQUIVO DA EDITORA

Com base nos dados do texto e na escala de decibéis dada na figura, seria incorreto afirmar que:

a) A função que relaciona o ruído em decibéis causado por **x** *vuvuzelas* é $f(x) = 95 + 3 \cdot \log_2 x$.

b) O ruído de 4 *vuvuzelas* tocadas simultaneamente é comparável ao de um martelo pneumático.

c) O ruído de 32 *vuvuzelas* tocadas simultaneamente equivale ao de uma banda de *rock*.

d) O ruído de 256 *vuvuzelas* tocadas simultaneamente é comparável ao de um jato comercial decolando.

e) Com pouco menos de 2 000 *vuvuzelas* tocadas simultaneamente já se ultrapassa o limiar da dor.

67 Quando se administra um remédio, sua concentração no organismo não pode ser tão baixa a ponto de não fazer efeito (concentração mínima eficaz, **Ce**) e não pode ser tão alta a ponto de apresentar efeitos indesejáveis (toxicidade) ao paciente (concentração máxima tolerada, **Cp**).

Quando o nível de concentração de um remédio no organismo atinge **Ce**, deve-se administrar mais uma dose do remédio, a fim de elevar o nível de concentração novamente para **Cp**. Esse tempo entre as administrações é chamado de tempo interdoses, e é o tempo que decorre para a concentração máxima **Cp** decair até a concentração mínima eficaz **Ce**.

A concentração de uma droga no organismo, após um tempo **t**, é dada por:

$C(t) = C_0 \cdot \left(\frac{1}{2}\right)^{\frac{t}{P}}$, em que C_0 é a concentração inicial do remédio, **t** é o tempo decorrido e **P** é o valor da meia-vida da substância no organismo.

Suponha que a concentração mínima eficaz e a concentração máxima tolerada de determinado remédio sejam, respectivamente, de 210 e 630 microgramas por mililitro. Sabendo que a meia-vida desse remédio é de 6 h, então o intervalo interdoses deverá ser: (Dados: $\log 2 = 0,3$ e $\log 3 = 0,48$.)

a) 14,4 h.

b) 12 h.

c) 9,6 h.

d) 6,4 h.

e) 4,8 h.

68 Um fármaco (remédio) tem meia-vida de 6 h e as concentrações mínima eficaz e máxima tolerada no corpo humano são respectivamente 210 e 680 microgramas por mililitro. Qual é a dosagem indicada para esse fármaco e em que intervalo de tempo deve repetir-se a dosagem?

Equações logarítmicas

Vamos agora estudar as equações logarítmicas, ou seja, aquelas nas quais a incógnita está envolvida no logaritmando ou na base do logaritmo.

Os exemplos seguintes mostram como aplicamos as propriedades estudadas para resolvê-las.

Exemplos de aplicação

1 (Ufscar-SP) A altura média do tronco de certa espécie de árvore, que se destina à produção de madeira, evolui, desde que é plantada, segundo o seguinte modelo matemático:

$$h(t) = 1{,}5 + \log_3 (t + 1),$$

com h(t) em metros e **t** em anos. Se uma dessas árvores foi cortada quando seu tronco atingiu 3,5 m de altura, o tempo (em anos) transcorrido do momento da plantação até o do corte foi de:

a) 9.
b) 8.
c) 5.
d) 4.
e) 2.

Resolução passo a passo

1. Lendo e compreendendo

a) O que é dado no problema?

É dada uma função logarítmica que relaciona o tempo transcorrido desde a plantação da árvore com a altura dela: $h(t) = 1{,}5 + \log_3 (t + 1)$. Também é dada a altura no momento do corte: 3,5 m.

b) O que se pede?

Determinar quanto tempo depois de ter sido plantada a árvore foi cortada.

2. Planejando a solução

Como a função dada relaciona a altura da árvore de acordo com o tempo transcorrido após a plantação, usaremos essa função para determinar o tempo **t** para quando a altura for de 3,5 m.

3. Executando o que foi planejado

Se h(t) é a altura da árvore na idade **t**, então queremos **t** tal que $h(t) = 3{,}5$. Assim:

$3{,}5 = 1{,}5 + \log_3 (t + 1) \Rightarrow 2 = \log_3 (t + 1)$

Pelo conceito de logaritmo, se $2 = \log_3 (t + 1)$, então $t + 1 = 3^2$. Assim, $t + 1 = 9 \Rightarrow t = 8$ anos.

Então a árvore foi cortada 8 anos após sua plantação.

4. Verificando

Vamos verificar se $h(8) = 3{,}5$:

$h(t) = 1{,}5 + \log_3 (t + 1) \Rightarrow$

$\Rightarrow h(8) = 1{,}5 + \log_3 (8 + 1) \Rightarrow$

$\Rightarrow h(8) = 1{,}5 + \log_3 9 \Rightarrow h(8) = 1{,}5 + 2 = 3{,}5$

Assim, o resultado foi verificado.

5. Respondendo

A resposta é a alternativa **b**.

6. Ampliando o problema

a) Qual era a altura da árvore no momento em que foi plantada?

b) Qual seria a altura da árvore após 80 anos de sua plantação se ela não tivesse sido cortada?

c) Essa árvore atingiria 10 m de altura em algum momento? Se sim, quanto tempo depois de plantada?

d) **Discussão em equipe**

Converse com seus colegas sobre a importância de preservar a natureza, evitando-se o corte abusivo das árvores. É possível para a humanidade viver sem o corte das árvores? Se não for, qual seria a solução para evitar o desmatamento das florestas?

e) **Pesquise e responda:**

O que é o selo FSC? Em que ano foi criado o FSC Brasil?

2 Resolva as equações a seguir:

a) $\log_2 (x - 3) + \log_2 x = 2$

- condição de existência: $x - 3 > 0$ e $x > 0 \Rightarrow$
  $\Rightarrow x > 3$ e $x > 0 \Rightarrow x > 3$
- há dois modos diferentes de resolução:

  I) $\log_2 (x - 3) + \log_2 x = 2 \Rightarrow$
  $\Rightarrow \log_2 [(x - 3)x] = 2$
  Usando a definição de logaritmo:
  $(x - 3)x = 2^2 \Rightarrow x^2 - 3x - 4 = 0$
  $\Delta = 9 + 16 = 25$
  $x' = 4$ e $x'' = -1$

  ou

  II) $\log_2 (x - 3) + \log_2 x = \log_2 2^2 \Rightarrow$
  $\Rightarrow \log_2 [(x - 3)x] = \log_2 4$
  Usando o fato de que a função logarítmica é injetiva:
  $(x - 3)x = 4 \Rightarrow x^2 - 3x - 4 = 0$
  $\Delta = 25$
  $x' = 4$ e $x'' = -1$

- verificação: como a condição de existência é $x > 3$, então $4 \in S$ e $-1 \notin S$. $S = \{4\}$

b) $\log_3 (x^2 - 3x - 1) = 1 + \log_3 (x - 2)$

- condição de existência: $x^2 - 3x - 1 > 0$ e $x - 2 > 0$
- $\log_3 (x^2 - 3x - 1) = 1 + \log_3 (x - 2) \Rightarrow$
  $\Rightarrow \log_3 (x^2 - 3x - 1) = \log_3 3 + \log_3 (x - 2) \Rightarrow$
  $\Rightarrow \log_3 (x^2 - 3x - 1) = \log_3 [3(x - 2)] \Rightarrow$
  $\Rightarrow x^2 - 3x - 1 = 3x - 6 \Rightarrow x^2 - 6x + 5 = 0$
  $\Delta = 16$
  $x' = 5$ e $x'' = 1$
- verificação: $x = 5$
  - $x^2 - 3x - 1 = 25 - 15 - 1 = 9 > 0$
  - $x - 2 = 5 - 2 = 3 > 0$

  $x = 1$
  - $x^2 - 3x - 1 = 1 - 3 - 1 = -3 < 0$
  - ____________

  Portanto, $5 \in S$ e $1 \notin S$.
  $S = \{5\}$

> **Para refletir**
> Por que não houve necessidade de calcular $x - 2$ para $x = 1$?

c) $\log_{10} [1 + 2 \cdot \log_{10} (x - 1)] = 0$

- condição de existência: $x - 1 > 0$ e $1 + 2 \cdot \log_{10} (x - 1) > 0$
- $\log_{10} [1 + 2 \cdot \log_{10} (x - 1)] = 0 \Rightarrow$
$\Rightarrow 10^0 = 1 + 2 \cdot \log_{10} (x - 1) \Rightarrow$
$\Rightarrow 1 = 1 + 2 \cdot \log_{10} (x - 1) \Rightarrow$
$\Rightarrow 2 \cdot \log_{10} (x - 1) = 0 \Rightarrow \log_{10} (x - 1) = 0 \Rightarrow$
$\Rightarrow 10^0 = x - 1 \Rightarrow 1 = x - 1 \Rightarrow x = 2$
- verificação: $x = 2$ ⟨ $x - 1 = 2 - 1 = 1 > 0$; $1 + 2 \cdot \log_{10} (x - 1) = 1 + 2 \cdot 0 = 1 > 0$

Logo, $2 \in S$.
$S = \{2\}$

d) $\log_{x - 1} 4 = 2$

- condição de existência: $x - 1 > 0$ e $x - 1 \neq 1 \Rightarrow$
$\Rightarrow x > 1$ e $x \neq 2$
- $\log_{x - 1} 4 = 2 \Rightarrow (x - 1)^2 = 4 \Rightarrow$
$\Rightarrow x^2 - 2x + 1 = 4 \Rightarrow x^2 - 2x - 3 = 0$
$\Delta = 16$
$x' = 3$ e $x'' = -1$
- verificação: $x = 3$: $3 > 1$ e $3 \neq 2$. Logo, $3 \in S$.
$x = -1$: $-1 < 1$. Então, $-1 \notin S$.
$S = \{3\}$

e) $\log_2 (\log_3 x) = 2$

- condição de existência: $x > 0$ e $\log_3 x > 0$
- $\log_2 (\log_3 x) = 2 \Rightarrow 2^2 = \log_3 x \Rightarrow \log_3 x = 4 \Rightarrow$
$\Rightarrow 3^4 = x \Rightarrow x = 81$
- verificação: $81 > 0$ e $\log_3 81 = 4 > 0$.
Então, $81 \in S$.
$S = \{81\}$

Fique atento
$\log^2 x$ não pode ser confundido com $\log x^2$.

f) $\log^2_{10} x - 3 \cdot \log_{10} x + 2 = 0$

- condição de existência: $x > 0$
- a equação pode ser escrita na forma:
$(\log_{10} x)^2 - 3 \cdot \log_{10} x + 2 = 0$
Fazendo $\log_{10} x = y$, temos:
$y^2 - 3y + 2 = 0$
$\Delta = 1$
$y' = 2$ e $y'' = 1$
Como $\log_{10} x = y$, então:
$$\begin{cases} \log_{10} x = 2 \Rightarrow 10^2 = x \Rightarrow x = 100 \\ \log_{10} x = 1 \Rightarrow 10^1 = x \Rightarrow x = 10 \end{cases}$$
- verificação: $100 > 0$ e $10 > 0$. Logo, $100 \in S$ e $10 \in S$.
$S = \{10, 100\}$

g) $\log_{x - 1} 4 = 2$

- condição de existência: $x - 1 > 0$ e $x - 1 \neq 1 \Rightarrow$
$\Rightarrow x > 1$ e $x \neq 2$
- $\log_{x - 1} 4 = 2 \Rightarrow (x - 1)^2 = 4 \Rightarrow$
$\Rightarrow x^2 - 2x + 1 = 4 \Rightarrow x^2 - 2x - 3 = 0$
$\Delta = 16$
$x' = 3$ e $x'' = -1$
- verificação: $x = 3$: $3 > 1$ e $3 \neq 2$. Logo, $3 \in S$.
$x = -1$: $-1 < 1$. Então, $-1 \notin S$.
$S = \{3\}$

h) $2 \cdot \log_{10} x = \log_{10} 4 + \log_{10} 3x$

- condição de existência: $x > 0$ e $3x > 0 \Rightarrow x > 0$
- $2 \cdot \log_{10} x = \log_{10} 4 + \log_{10} 3x \Rightarrow$
$\Rightarrow \log_{10} x^2 = \log_{10} (4 \cdot 3x) \Rightarrow x^2 = 12x \Rightarrow$
$\Rightarrow x^2 - 12x = 0 \Rightarrow x(x - 12) = 0$
$x' = 0$ e $x'' = 12$
- verificação: como devemos ter $x > 0$, então $0 \notin S$ e $12 \in S$.
$S = \{12\}$

i) $\log_9 x + \log_{27} x - \log_3 x = -1$

- condição de existência: $x > 0$
- $\log_9 x + \log_{27} x - \log_3 x = -1$
Vamos escrever os logaritmos na base 3:
$$\frac{\log_3 x}{\log_3 9} + \frac{\log_3 x}{\log_3 27} - \log_3 x = -1$$
Como $\log_3 9 = 2$ e $\log_3 27 = 3$, temos:
$$\frac{\log_3 x}{2} + \frac{\log_3 x}{3} - \log_3 x = -1 \Rightarrow$$
$$\Rightarrow \frac{3 \cdot \log_3 x + 2 \cdot \log_3 x - 6 \cdot \log_3 x}{6} = \frac{-6}{6} \Rightarrow$$
$\Rightarrow 3 \cdot \log_3 x + 2 \cdot \log_3 x - 6 \cdot \log_3 x = -6 \Rightarrow$
$\Rightarrow -\log_3 x = -6 \Rightarrow \log_3 x = 6 \Rightarrow 3^6 = x \Rightarrow$
$\Rightarrow x = 729$
- verificação: $729 > 0 \Rightarrow 729 \in S$
$S = \{729\}$

j) $\log_2 (x + 7) - \log_2 (x - 11) = 2$

- condição de existência:
$x + 7 > 0$ e
$x - 11 > 0 \Rightarrow x > 11$
- $\log_2 (x + 7) - \log_2 (x - 11) = 2 \Rightarrow$
$$\Rightarrow \log_2 \left(\frac{x + 7}{x - 11}\right) = 2 \Rightarrow 2^2 = \frac{x + 7}{x - 11} \Rightarrow$$
$$\Rightarrow 4 = \frac{x + 7}{x - 11} \Rightarrow 4x - 44 = x + 7 \Rightarrow$$
$\Rightarrow 4x - x = 7 + 44 \Rightarrow 3x = 51 \Rightarrow x = 17$
- verificação: como $17 > 11$, então $17 \in S$.
$S = \{17\}$

Exercícios

69 Resolva as equações:

a) $\log_3 x = 5$

b) $\log_x 36 = 2$

c) $\log_2 (x + 1) = 4$

d) $\log_{x-1} 6 = 1$

e) $\log_{\frac{1}{2}} (x - 2) = -3$

f) $\log_2 (x^2 + x + 2) = 3$

70 Resolva as equações:

a) $\log_{x-3} 9 = 2$

b) $\log_4 2(x + 5) = 2$

c) $\log_4 (\log_2 x) = 1$

d) $\log_2 [\log_3 (x - 1)] = 2$

e) $\log_5 [(x + 3)(x - 1)] = 1$

f) $\log_{x+1} (x^2 + 7) = 2$

71 Calcule **x** sabendo que:

a) $\log_x x(x - 6) = 1$

b) $2^{\log_2 (x + 1)} = 3$

c) $\log_2 \left(\dfrac{x + 4}{x - 2}\right) = 1$, com $x \neq 2$

d) $5^{\log_5 (x^2 - 3x)} = 4$

72 Calcule a soma das raízes da equação $\log_5 (x^2 - 5x + 7) = 0$.

73 Resolva as seguintes equações:

a) $\log_3^2 x - \log_3 x - 6 = 0$

b) $\log_2^2 x - 2 \cdot \log_2 x + 1 = 0$

c) $\log_{25} [1 + 4 \cdot \log_2 x] = \dfrac{1}{2}$

d) $\log_{10}^2 (x + 1) - \log_{10} (x + 1) = 0$

e) $\log_3 [7 + \log_9 (x - 1)] = 2$

f) $\log_5^2 x - 4 \cdot \log_5 x + 3 = 0$

74 Resolva as seguintes equações:

a) $\log_2 3 + \log_2 (x - 1) = \log_2 6$

b) $\log_3 2 + \log_3 (x + 1) = 1$

c) $2 \cdot \log_{10} x = \log_{10} 2 + \log_{10} x$

d) $\log_5 x - \log_5 (x - 4) = 1$

e) $\log_{10} (x + 4) + \log_{10} (x - 4) = 2 \cdot \log_{10} 3$

f) $\log_2 (x^2 + 2x - 7) - \log_2 (x - 1) = 2$

75 Dados $A = \log_{10} x$, $B = \log_{10} (x + 2)$ e $C = \log_{10} 3$, calcule **x** para que se tenha $A + B = C$.

76 Qual é o conjunto solução da equação $\log_2 (x - 2) + \log_2 (x - 3) = 1 + \log_2 (2x - 7)$? (Lembre que: $1 = \log_2 2$.)

77 Determine **x** de modo que $\log_{10} (1\,000)^x - \log_{10} (0{,}001)^x = 1$.

78 Resolva as equações:

a) $\log_4 x - \log_8 x = 1$

b) $\log_{10} x + \log_{100} x = 3$

c) $\log_2 x = \log_4 (4 - 3x)$

d) $\log_5 x - 2 \cdot \log_x 5 = -1$

e) $\log_2 (x - 2) - \log_{\frac{1}{2}} (x - 2) = 2$

79 Resolva a equação $\log_x 2 + \log_{16} x = \dfrac{5}{4}$.

Sistemas de equações logarítmicas

São sistemas de equações que são resolvidos aplicando-se as propriedades operatórias dos logaritmos.

Exemplo de aplicação

Resolva o sistema $\begin{cases} \log_{10} x - \log_{10} y = \log_{10} 2 \\ 4^{x - y} = 16 \end{cases}$.

- condições de existência: $x > 0$ e $y > 0$
- preparação do sistema:

$\log_{10} x - \log_{10} y = \log_{10} 2 \Rightarrow \log_{10} \left(\dfrac{x}{y}\right) = \log_{10} 2 \Rightarrow$

$\Rightarrow \dfrac{x}{y} = 2 \Rightarrow x = 2y$

$4^{x - y} = 16 \Rightarrow 4^{x - y} = 4^2 \Rightarrow x - y = 2$

- resolvendo o sistema:

$\begin{cases} x = 2y \\ x - y = 2 \end{cases} \Rightarrow 2y - y = 2 \Rightarrow y = 2$

$x = 2y \Rightarrow x = 2(2) \Rightarrow x = 4$

- verificação: $x = 4 > 0$ e $y = 2 > 0$

$S = \{(4, 2)\}$

Exercícios

80 Resolva os sistemas de equações:

a) $\begin{cases} \log_{10} x - \log_{10} y = \log_{10} 3 \\ x + 2y = 15 \end{cases}$

b) $\begin{cases} \log_{10} x + \log_{10} y = 2 \\ x + y = 20 \end{cases}$

81 Sejam $x, y \in \mathbb{R}$ tal que $\begin{cases} x + y = 70 \\ \log_{10} x + \log_{10} y = 3 \end{cases}$. Calcule o valor de $x^2 + y^2$.

82 Dado $\begin{cases} \log_{10} x - \log_{10} y = \log_{10} y \\ 3x + 2y = 33 \end{cases}$, calcule o valor de $x - y$.

Inequações logarítmicas

Inequações como:

- $\log_2 (x + 1) > \log_2 6$
- $\log_{\frac{1}{2}} x \geqslant 1$
- $\log_3 x + \log_3 (x - 8) < 2$
- $\log_{49} 2x - \log_{49} 3 \geqslant \log_7 x + \log_{49} 2$

são exemplos de inequações logarítmicas. Para resolvê-las, usamos várias informações já obtidas sobre logaritmos e função logarítmica. Vamos recordar:

- A função $f(x) = \log_a x$ é crescente quando $a > 1$. Nesse caso, conserva-se o sentido da desigualdade. Por exemplo: para $x > 0$, temos $\log_{\frac{7}{4}} x > \log_{\frac{7}{4}} 3 \Leftrightarrow x > 3$.
- A função $f(x) = \log_a x$ é decrescente quando $0 < a < 1$. Nesse caso, troca-se o sentido da desigualdade. Por exemplo: para $x > 0$, temos $\log_{\frac{3}{5}} x > \log_{\frac{3}{5}} 3 \Leftrightarrow x < 3$.

Exemplos de aplicação

1 Resolva as inequações abaixo:

a) $\log_2 (x + 1) > \log_2 6$

- condição de existência: $x + 1 > 0 \Rightarrow x > -1$ (I)
- base $a = 2$ $(a > 1) \rightarrow$ mantém-se o sentido da desigualdade:
  $\log_2 (x + 1) > \log_2 6 \Rightarrow x + 1 > 6 \Rightarrow x > 5$ (II)
- quadro de resolução (as condições (I) e (II) devem ser satisfeitas simultaneamente):

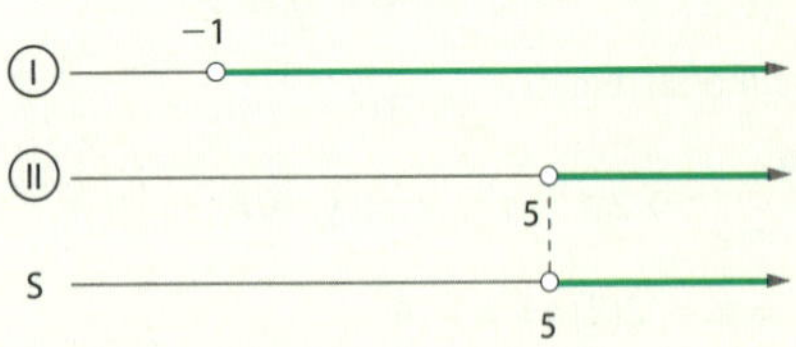

$S = \{x \in \mathbb{R} \mid x > 5\}$

b) $\log_{\frac{1}{2}} x \geqslant 1$

- condição de existência: $x > 0$ (I)

  Como $1 = \log_{\frac{1}{2}} \left(\frac{1}{2}\right)$, a inequação pode ser escrita assim: $\log_{\frac{1}{2}} x \geqslant \log_{\frac{1}{2}} \left(\frac{1}{2}\right)$.

- base $a = \frac{1}{2}$ $(0 < a < 1) \rightarrow$ troca-se o sentido da desigualdade: $\log_{\frac{1}{2}} x \geqslant \log_{\frac{1}{2}} \left(\frac{1}{2}\right) \Rightarrow x \leqslant \frac{1}{2}$ (II)
- quadro de resolução:

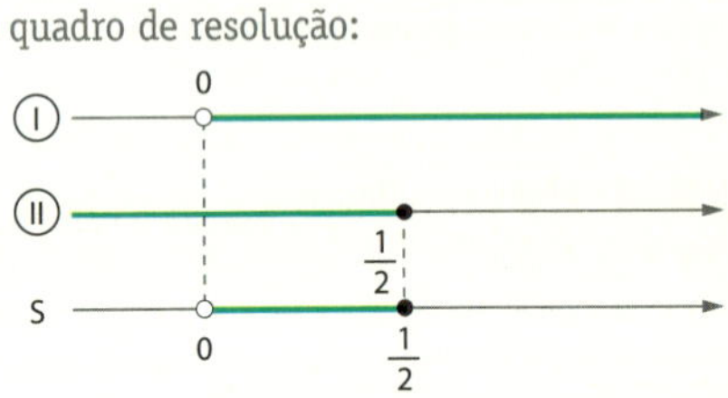

$S = \left\{x \in \mathbb{R} \mid 0 < x \leqslant \frac{1}{2}\right\}$

c) $\log_3 x + \log_3 (x - 8) < 2$

- condição de existência: $x > 0$ e $x - 8 > 0 \Rightarrow$
  $\Rightarrow x > 0$ e $x > 8 \Rightarrow x > 8$ (I)
  Como $2 = \log_3 3^2$, a inequação pode ser escrita assim: $\log_3 x + \log_3 (x - 8) < \log_3 9$.
- base $a = 3$ $(a > 1) \rightarrow$ mantém-se o sentido da desigualdade:
  $\log_3 x + \log_3 (x - 8) < \log_3 9 \Rightarrow$
  $\Rightarrow \log_3 [x(x - 8)] < \log_3 9 \Rightarrow x(x - 8) < 9 \Rightarrow$
  $\Rightarrow x^2 - 8x - 9 < 0$
  $\Delta = 100$
  $x' = 9$ e $x'' = -1$

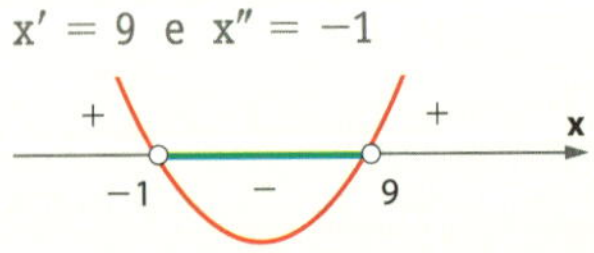

$-1 < x < 9$ (II)

- quadro de resolução:

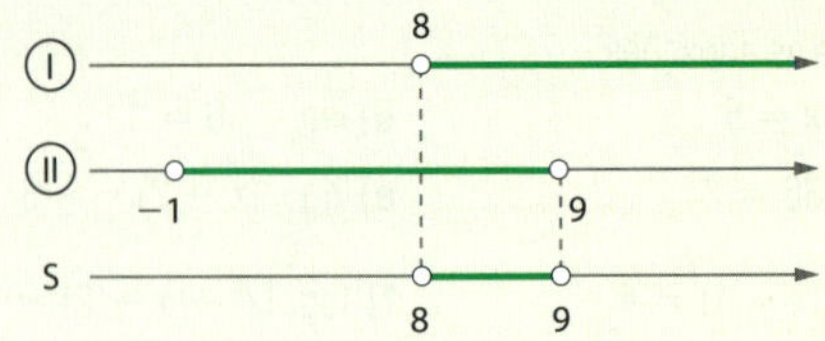

$S = \{x \in \mathbb{R} \mid 8 < x < 9\}$

d) $\log_{49} 2x - \log_{49} 3 \geqslant \log_7 x + \log_{49} 2$

- condição de existência: $2x > 0$ e $x > 0 \Rightarrow x > 0$
  Para que todos os logaritmos tenham a mesma base, podemos substituir $\log_7 x$ por $\log_{49} x^2$. A inequação fica assim:
  $\log_{49} 2x - \log_{49} 3 \geqslant \log_{49} x^2 + \log_{49} 2 \Rightarrow$
  $\Rightarrow \log_{49} \frac{2x}{3} \geqslant \log_{49} (2x^2) \Rightarrow \frac{2x}{3} \geqslant 2x^2 \Rightarrow$
  $\Rightarrow 6x^2 - 2x \leqslant 0$
  $x' = 0$ e $x'' = \frac{1}{3}$

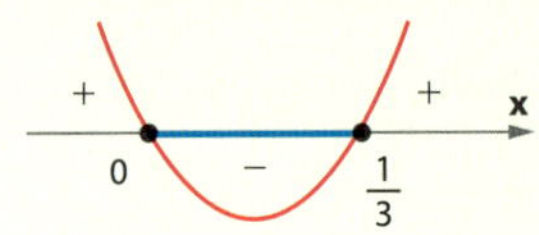

- verificação: $x > 0$ e $0 \leqslant x \leqslant \frac{1}{3} \Rightarrow 0 < x \leqslant \frac{1}{3}$

$S = \left\{x \in \mathbb{R} \mid 0 < x \leqslant \frac{1}{3}\right\}$

> **Para refletir**
> Construa o quadro de resolução para confirmar a resposta.

2 Resolva o sistema $\begin{cases} \log_2 x < 2 \\ \log_{\frac{1}{2}} (x - 1) < -1 \end{cases}$.

- condição de existência: $x > 0$ e $x - 1 > 0 \Rightarrow$
  $\Rightarrow x > 1$ (I)
- $\log_2 x < 2 \Rightarrow \log_2 x < \log_2 4 \Rightarrow x < 4$ (II)
- $\log_{\frac{1}{2}} (x - 1) < -1 \Rightarrow \log_{\frac{1}{2}} (x - 1) < \log_{\frac{1}{2}} 2 \Rightarrow$
  $\Rightarrow x - 1 > 2 \Rightarrow x > 3$ (III)
- quadro de resolução:

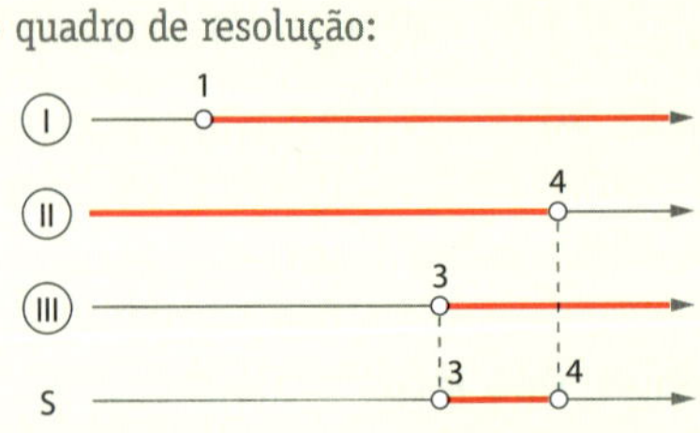

$S = \{x \in \mathbb{R} \mid 3 < x < 4\}$

Exercícios

83 Resolva as inequações:

a) $\log_5 (x - 1) > 0$

b) $\log_3 (2x + 6) < \log_3 4$

c) $\log_2 (2 - x) > \log_2 3$

d) $\log_{0,3} (x^2 - 1) < \log_{0,3} 8$

84 Resolva a inequação $\log_{10} (x^2 - 2x + 1) < 2$.

85 Resolva:

a) $\log_{\frac{1}{2}} (3 - x) - \log_{\frac{1}{2}} 2 > \log_{\frac{1}{2}} x$

b) $\log_4 (2x + 1) > \log_4 x + \log_4 3$

c) $\log_2 (x - 5) + \log_2 (x - 4) < 1$

d) $\log_3 (\log_2 x) > 0$

e) $\log_{\frac{1}{3}} (\log_2 x) > 0$

86 Determine os valores reais de **x** que satisfazem:

a) $2^{\log_{10} (x - 4)} > 1$

b) $|\log_{10} x| < 1$

87 Resolva os sistemas de inequações abaixo:

a) $\begin{cases} \log_2 (x - 1) \leqslant 1 \\ \log_3 2x > 0 \end{cases}$

b) $\begin{cases} \log_2 x^2 < 2 \\ \log_{\frac{1}{2}} x \leqslant 0 \end{cases}$

Aplicações da resolução de inequações logarítmicas

Alguns exercícios são formulados de tal modo que, para resolvê-los, recorremos a inequações logarítmicas.

Exemplos de aplicação

1 **Para que valores reais de x é definida a função $f(x) = \log_{10}\left[\log_{\frac{1}{3}} (x^2 - x + 1)\right]$?**

Para que esta função seja definida, é necessário que $\log_{\frac{1}{3}} (x^2 - x + 1) > 0$.

Então, devemos resolver essa inequação.

Como $0 = \log_{\frac{1}{3}} 1$, a inequação pode ser escrita assim:

$\log_{\frac{1}{3}} (x^2 - x + 1) > \log_{\frac{1}{3}} 1$

- condições de existência: $x^2 - x + 1 > 0$
  $\Delta = -3$ (não tem zeros reais)

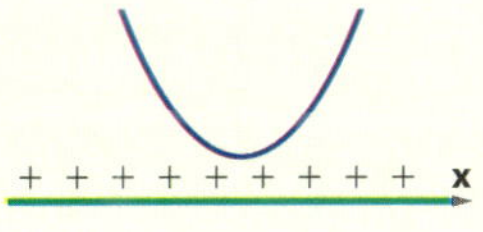

Como $a > 0$ e $\Delta < 0$, a condição se verifica para todo **x** real. (I)

- base $a = \frac{1}{3}$ $(0 < a < 1) \rightarrow$ troca-se o sentido da desigualdade:
  $x^2 - x + 1 < 1 \Rightarrow x^2 - x < 0$
  $\Delta = 1$
  $x' = 1$ e $x'' = 0$

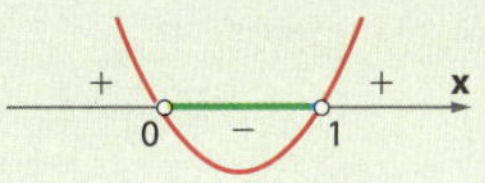

$0 < x < 1$ (II)

- quadro de resolução:

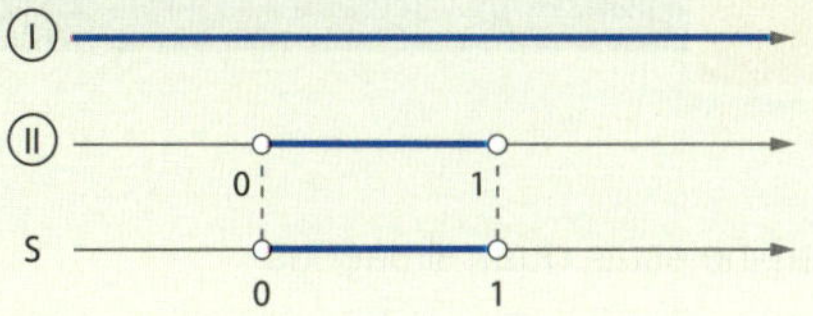

$S = \{x \in \mathbb{R} \mid 0 < x < 1\}$

2 **Determine os valores de k para que a equação $x^2 - 2x + \log_{10} (k - 2) = 0$ admita raízes reais diferentes.**

Para que a equação admita raízes reais diferentes, devemos ter $\Delta > 0$, ou seja:

$(-2)^2 - 4(1) \cdot \log_{10} (k - 2) > 0 \Rightarrow$

$\Rightarrow 4 - 4 \cdot \log_{10} (k - 2) > 0 \Rightarrow$

$\Rightarrow -4 \cdot \log_{10} (k - 2) > -4 \Rightarrow$

$\Rightarrow 4 \cdot \log_{10} (k - 2) < 4 \Rightarrow \log_{10} (k - 2) < 1$

Portanto, temos de resolver a inequação:

$\log_{10} (k - 2) < 1$ ou $\log_{10} (k - 2) < \log_{10} 10$

- condição de existência: $k - 2 > 0 \Rightarrow k > 2$ (I)
- base $a = 10$ $(a > 1) \rightarrow$ mantém-se o sentido da desigualdade:
  $k - 2 < 10 \Rightarrow k < 12$ (II)
- quadro de resolução:

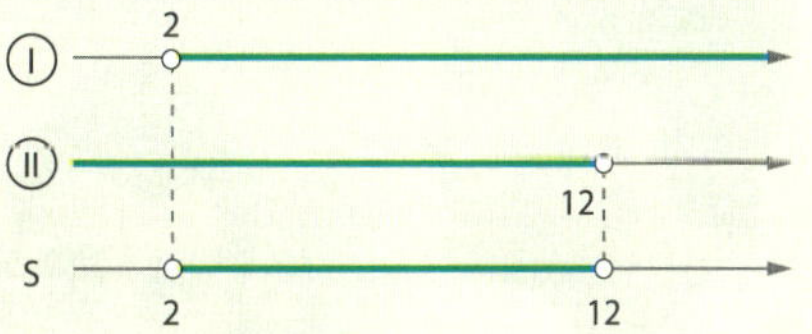

$S = \{k \in \mathbb{R} \mid 2 < k < 12\}$

Exercícios

88 Explicite o domínio das funções definidas por:

objeto digital

a) $f(x) = \sqrt{\log_{10} (x - 2)}$

b) $f(x) = \sqrt{\log_2 3 + \log_2 (x - 2)}$

89 Para que valores reais de **x** é definida a função

$f(x) = \log_{10}\left[\log_{\frac{1}{3}} (x + 1)\right]$?

90 Determine os valores de **k** para que a equação $x^2 - 2x + \log_{10} (k^2 - 3k) = 0$ admita raízes reais e diferentes.

91 Determine o domínio da função $f(x) = \dfrac{1}{\sqrt{\log_8 x - \log_2 5}}$.

9 Capítulo Progressões

Examine estas duas situações:

1ª) Um corpo caindo livremente (desprezando-se a resistência do ar) tem, no final do primeiro segundo, velocidade de 9,8 m/s; velocidade de 19,6 m/s no final do segundo seguinte; de 29,4 m/s no final do terceiro segundo; e assim por diante. Continuando nesse ritmo, qual será sua velocidade no final do décimo segundo?

EDUARDO SANTALIESTRA

2ª) Ao lançarmos uma moeda, temos dois resultados possíveis: cara ou coroa. Se lançarmos duas moedas diferentes, por exemplo, uma de R$ 0,10 e outra de R$ 0,50, teremos quatro possibilidades: (cara, cara), (cara, coroa), (coroa, coroa) ou (coroa, cara). Se lançarmos três moedas diferentes, serão oito os resultados possíveis. E assim por diante.

A relação entre o número de moedas e o número de resultados é mostrada na tabela:

Número de moedas	1	2	3	4	5	⋮
Número de resultados	2	4	8	16	32	⋮

Para refletir
Explicite os oito resultados no caso de três moedas.

BOB LEVEY/GETTY IMAGES/AGÊNCIA FRANCE-PRESSE

O juiz Terry Vaughn lança a moeda para decidir qual dos dois times vai começar com a bola. (Partida entre os times norte-americanos Houston Dynamo e FC Dallas na cidade de Houston, estado do Texas (Estados Unidos), 28 maio 2011.)

Vemos que $2 = 2^1$; $4 = 2^2$; $8 = 2^3$; $16 = 2^4$; $32 = 2^5$; etc.

Então, se **n** é o número de moedas, o número de resultados é dado por 2^n.

Nesse caso, temos uma sequência: (2, 4, 8, 16, 32, ...).

Qual é o total de resultados se lançarmos 8 moedas?

Neste capítulo estudaremos sequências e, em particular, as sequências chamadas de progressão aritmética e de progressão geométrica. Com esses conceitos poderemos resolver situações como as exemplificadas e outras envolvendo sequências.

1. Sequências

Em muitas situações da vida diária aparece a ideia de *sequência* ou *sucessão*. Assim, por exemplo, temos:

- a sequência dos dias da semana (domingo, segunda, ..., sábado)
- a sequência dos meses do ano (janeiro, fevereiro, ..., dezembro)
- a sequência dos números naturais (0, 1, 2, 3, 4, ...)
- a sequência dos anos, a partir de 1990, nos quais a Copa do Mundo de Futebol é realizada (1990, 1994, 1998, 2002, 2006, 2010, ...)

Em todas essas situações observamos uma certa ordem nos elementos da sequência. Esses elementos são também chamados *termos* da sequência. Na sequência dos meses do ano, temos:

1º termo: janeiro, 2º termo: fevereiro, ..., 12º termo: dezembro.

Se representarmos o 1º termo por $\mathbf{a_1}$ (lê-se **a** índice um), o 2º termo por $\mathbf{a_2}$, o 3º por $\mathbf{a_3}$, e assim por diante, até o termo de ordem **n** ou enésimo termo ($\mathbf{a_n}$), essa sequência pode ser representada por $(a_1, a_2, a_3, ..., a_n)$.

Nesse exemplo, temos:

- a_1 = janeiro
- a_{10} = outubro
- a_7 = julho
- a_{12} = dezembro

Definição

Uma sequência finita de **n** termos é uma função cujo domínio é o conjunto numérico {1, 2, 3, ..., n}. Os números do contradomínio são indicados por $a_1, a_2, a_3, ..., a_n$.

Uma sequência infinita é uma função **f** cujo domínio é $\mathbb{N}^* = \{1, 2, 3, ..., n, ...\}$, e o contradomínio indicado por $\{a_1, a_2, a_3, ..., a_n, ...\}$. Assim, $f(1) = a_1$, $f(2) = a_2$, ..., $f(n) = a_n$, ...

Exemplos:

1º) A sequência dos números ímpares positivos é infinita: (1, 3, 5, 7, 9, ...), na qual $a_1 = 1$, $a_2 = 3$, $a_3 = 5$, $a_4 = 7$, $a_5 = 9$, etc.

2º) A sequência dos quatro primeiros múltiplos de 5 é finita: (0, 5, 10, 15). Nesse caso, $a_1 = 0$, $a_2 = 5$, $a_3 = 10$ e $a_4 = 15$.

3º) A sequência dos números quadrados perfeitos é infinita: (1, 4, 9, 16, 25, ...).

4º) A sequência do número de dias dos 12 meses de um ano bissexto é finita: (31, 29, 31, 30, 31, 30, 31, 31, 30, 31, 30, 31). Esse exemplo mostra ainda que os termos de uma sequência não são necessariamente distintos.

5º) 17, 12, 7, 2, −3, −8 é uma sequência finita de 6 termos.

Determinação de uma sequência

Algumas sequências são dadas por regras ou leis matemáticas chamadas *leis de formação*, que possibilitam explicitar todos os seus termos.

A sequência $a_n = 2n - 1$, $n \in \mathbb{N}^*$, é dada por:

- para $n = 1 \Rightarrow a_1 = 2 \cdot 1 - 1 = 1$;
- para $n = 2 \Rightarrow a_2 = 2 \cdot 2 - 1 = 3$;
- para $n = 3 \Rightarrow a_3 = 2 \cdot 3 - 1 = 5$;
- para $n = 4 \Rightarrow a_4 = 2 \cdot 4 - 1 = 7$; etc.

Portanto, a sequência é (1, 3, 5, 7, ...), ou seja, a dos números naturais ímpares.

Da mesma forma, podemos determinar o termo geral (a_n) de uma sequência a partir de alguns de seus termos. Por exemplo, dada a sequência (1, 4, 9, 16, 25, ...), observamos que:

- $n = 1 \Rightarrow a_1 = 1 = 1^2$
- $n = 2 \Rightarrow a_2 = 4 = 2^2$
- $n = 3 \Rightarrow a_3 = 9 = 3^2$
- $n = 4 \Rightarrow a_4 = 16 = 4^2$

...

- para um **n** qualquer $\Rightarrow a_n = n^2$

Logo, $a_n = n^2$ é o termo geral da sequência, com $n \in \mathbb{N}^*$.

Exemplo de aplicação

Escreva a sequência definida por:

$$\begin{cases} a_1 = 3 \\ a_n = a_{n-1} + 2, \text{ para } n \in \mathbb{N}, n \geq 2 \end{cases}$$

Temos:

$a_1 = 3$

- para $n = 2 \Rightarrow a_2 = a_1 + 2 = 3 + 2 = 5$
- para $n = 3 \Rightarrow a_3 = a_2 + 2 = 5 + 2 = 7$
- para $n = 4 \Rightarrow a_4 = a_3 + 2 = 7 + 2 = 9$, etc.

Portanto, a sequência é (3, 5, 7, 9, ...), que é a sequência dos números naturais ímpares a partir do 3.

Para refletir
Essa maneira de definir uma sequência é chamada de *recorrência*. Por quê?

Exercícios

1 Complete cada uma das sequências até o 7º termo:

a) −1, −4, −7, −10, ...

b) $\frac{3}{4}, \frac{6}{7}, \frac{9}{10}, \frac{12}{13}, ...$

c) $\sqrt{2}, 2, 2\sqrt{2}, 4, ...$

d) 1, 4, 9, 16, ...

2 No exercício anterior, determine o termo geral de ordem **k** de cada uma das sequências.

3 Escreva os 4 primeiros termos das sequências definidas pelos termos gerais a seguir:

a) $a_n = 5n$

b) $a_n = \frac{1}{3^n}$

c) $a_n = \frac{n}{n+1}$

d) $a_n = \left(1 + \frac{1}{n}\right)^n$

4 Determine:

a) o 10º termo da sequência dos números naturais pares;

b) o 7º termo da sequência cujo termo geral é $a_n = 2(n - 1)$.

5 Escreva o termo geral das sequências:

a) (1, 2, 3, 4, 5, 6, ...)

b) (2, 3, 4, 5, 6, ...)

c) (3, 6, 9, 12, 15, 18, ...)

d) (2, 5, 8, 11, 14, 17)

6 Calcule:

a) a soma $a_2 + a_5$ para a sequência cujo termo geral é dado por $a_n = (-1)^n \cdot \frac{n+2}{n+1}$;

b) a soma dos quatro primeiros termos da sequência cujo termo geral é $f(n) = \frac{1}{n^2}$, com $n \in \mathbb{N}^*$.

Para refletir
No exercício **6b**, a notação f(n) corresponde a $\mathbf{a_n}$.

7 Observe as figuras abaixo, formadas com palitos.

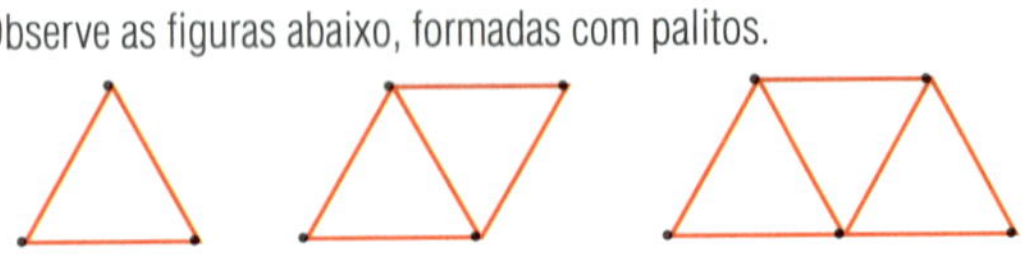

Complete a tabela com o número de palitos necessários para formar os triângulos:

Número de triângulos	Número de palitos
1	3
2	5
3	
4	
5	
⋮	⋮
x	

Observando que o número de palitos necessários é dado em função do número de triângulos que se quer formar, responda:

a) Quantos palitos são necessários para formar 20 triângulos?

b) Quantos palitos são necessários para formar 77 triângulos?

c) Quantos triângulos se podem formar com 41 palitos?

8 Calcule o 8º termo da sequência que tem $a_1 = 6$ e $a_n = a_{n-1} + 3$, para $n \geq 2$.

9 Determine os cinco primeiros elementos da sequência (a_n), $n \in \mathbb{N}^*$, definida pela lei de recorrência $\begin{cases} a_1 = 1 \\ a_n = 2a_{n-1} + 3, \text{ para } n \geq 2 \end{cases}$.

Soma dos termos de uma sequência

Consideremos uma sequência $(a_1, a_2, a_3, ..., a_n, ...)$ e a soma $\mathbf{S_n}$ dos seus **n** primeiros termos tal que:

- $S_1 = a_1$
- $S_2 = a_1 + a_2$
- $S_3 = a_1 + a_2 + a_3$

...

- $S_{n-1} = a_1 + a_2 + a_3 + ... + a_{n-1}$
- $S_n = a_1 + a_2 + a_3 + ... + a_{n-1} + a_n$

Conhecendo a fórmula para a soma dos **n** primeiros termos de uma sequência em função de **n**, pode-se obter qualquer termo, ou mesmo encontrar o termo geral ($\mathbf{a_n}$) dessa sequência. Observe que:

- $a_1 = S_1$
- $a_2 = (a_1 + a_2) - a_1 \Rightarrow a_2 = S_2 - S_1$
- $a_3 = (a_1 + a_2 + a_3) - (a_1 + a_2) \Rightarrow a_3 = S_3 - S_2$

...

- $a_n = (a_1 + a_2 + a_3 + ... + a_{n-1} + a_n) - (a_1 + a_2 + a_3 + ... + a_{n-1}) \Rightarrow a_n = S_n - S_{n-1}$, para $n \geq 2$

2. Progressão aritmética (PA)

Introdução

Encontramos frequentemente grandezas que sofrem variações iguais em intervalos de tempo iguais. Veja, por exemplo, o seguinte problema:

Uma empresa produziu, em 2007, 100 000 unidades de certo produto. Quantas unidades produzirá, anualmente, de 2007 a 2012, se o aumento anual de produção for estabelecido em 20 000 unidades?

Esquematizamos o problema da seguinte forma:

- produção em 2007 = 100 000
- produção em 2008 = (produção em 2007) + 20 000 = = 100 000 + 20 000 = 120 000
- produção em 2009 = (produção em 2008) + 20 000 = = 120 000 + 20 000 = 140 000
- produção em 2010 = (produção em 2009) + 20 000 = = 140 000 + 20 000 = 160 000
- produção em 2011 = (produção em 2010) + 20 000 = = 160 000 + 20 000 = 180 000
- produção em 2012 = (produção em 2011) + 20 000 = = 180 000 + 20 000 = 200 000

Nessas condições, a produção anual nesse período será representada pela sequência: (100 000, 120 000, 140 000, 160 000, 180 000, 200 000).

Notamos que, nessa sequência, cada termo, a partir do segundo, é obtido do anterior somando-se a este um número fixo (20 000, nesse caso). Ou seja, a produção sofreu aumentos iguais de 20 000 unidades, em intervalos de tempo iguais de 1 ano.

Sequências desse tipo são chamadas de *progressões aritméticas*. Observe que a diferença entre cada termo e o termo anterior é constante (20 000 unidades nessa sequência).

A sequência (100 000, 120 000, 140 000, 160 000, 180 000, 200 000) é um exemplo de progressão aritmética. O aumento de cada termo para o seguinte é sempre o mesmo e é chamado *razão* da progressão. A razão dessa progressão é 20 000. Dizemos que os termos dessa sequência estão em *progressão aritmética*.

Definição

Progressão aritmética (PA) é toda sequência de números na qual a diferença entre cada termo (a partir do segundo) e o termo anterior é constante. Essa diferença constante é chamada *razão* da progressão e é representada pela letra **r**.

Exemplos:

1º) A sequência (2, 7, 12, 17, ...) é uma progressão aritmética infinita de razão 5, em que $a_1 = 2$ e $r = 5$.
Essa é uma *PA crescente*, pois $r > 0$.

2º) A sequência (20, 10, 0, −10, −20) é uma PA de cinco termos em que o 1º termo é $a_1 = 20$ e a razão é $r = -10$.
Essa é uma *PA decrescente*, pois $r < 0$.

3º) A sequência (4, 4, 4) é uma PA de três termos, em que o 1º termo é $a_1 = 4$ e a razão é $r = 0$.
Quando $r = 0$, a PA é chamada *PA constante* ou *estacionária*.

4º) A sequência (1, −1, 1, −1, 1, −1, ...) não é uma progressão aritmética, pois as diferenças entre termos sucessivos são alternadamente −2 e 2.

Observações:

1ª) Notamos então que, de modo geral, uma sequência $(a_1, a_2, a_3, a_4, \ldots, a_n, \ldots)$ é uma PA quando:

$a_2 = a_1 + r \Rightarrow a_2 - a_1 = r$

$a_3 = a_2 + r \Rightarrow a_3 - a_2 = r$

$a_4 = a_3 + r \Rightarrow a_4 - a_3 = r$

...

$a_n = a_{n-1} + r \Rightarrow a_n - a_{n-1} = r$

Comparando, temos:

$a_2 - a_1 = a_3 - a_2 = a_4 - a_3 = \ldots = a_n - a_{n-1} = \ldots = r$

2ª) Da definição decorre que, se $\mathbf{a_r}$, $\mathbf{a_s}$ e $\mathbf{a_p}$ são termos consecutivos de uma PA, então:

$$a_s - a_r = a_p - a_s \Rightarrow 2a_s = a_r + a_p \Rightarrow a_s = \frac{a_r + a_p}{2}$$

Ou seja, dados três termos consecutivos de uma progressão aritmética, o termo do meio é a média aritmética dos outros dois.

Representações especiais

Eventualmente podemos recorrer a algumas representações especiais de uma PA, principalmente quando a soma dos termos for conhecida. A vantagem das representações especiais é diminuir a quantidade de cálculos exigidos em algumas situações.

As principais representações especiais são:

- três termos em PA: $(x - r, x, x + r)$
- quatro termos em PA: $(x - 3y, x - y, x + y, x + 3y)$
  Note que nesse caso, $r = 2y$.
- cinco termos em PA: $(x - 2r, x - r, x, x + r, x + 2r)$

Exemplos de aplicação

1 **Verifique se a sequência (6, 13, 20, 27, 34) é uma PA.**

$13 - 6 = 7; 20 - 13 = 7; 27 - 20 = 7; 34 - 27 = 7$

Logo, a sequência dada é uma PA de razão $r = 7$.

2 **Diga se a sequência $(x - 4y, x - 2y, x, x + 2y)$, em que x e y são números reais, é ou não uma PA. Se for, determine a razão.**

$(x - 2y) - (x - 4y) = x - 2y - x + 4y = 2y$

$x - (x - 2y) = x - x + 2y = 2y$

$(x + 2y) - x = x + 2y - x = 2y$

Logo, a sequência é uma PA de razão $r = 2y$.

3 **A sequência $\left(2, \frac{7}{3}, \ldots\right)$ é uma PA infinita. Determine a razão e o 3º termo dessa PA.**

$a_1 = 2$

$a_2 = \frac{7}{3}$

$r = a_2 - a_1 = \frac{7}{3} - 2 = \frac{7}{3} - \frac{6}{3} = \frac{1}{3}$

$a_3 = a_2 + r = \frac{7}{3} + \frac{1}{3} = \frac{8}{3}$

Logo, $r = \frac{1}{3}$ e $a_3 = \frac{8}{3}$.

4 **Determine o 4º termo da PA $(x - 3, x - 1, \ldots)$.**

De $a_1 = x - 3$ e $a_2 = x - 1$, concluímos que:

$r = a_2 - a_1 = (x - 1) - (x - 3) = x - 1 - x + 3 = 2$

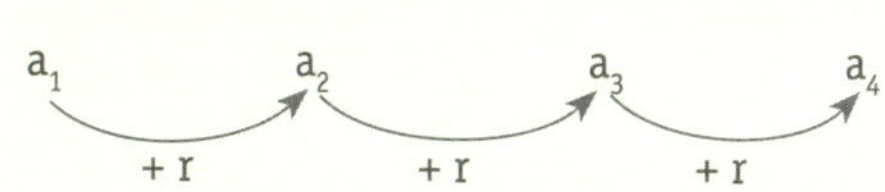

Então:

$a_4 = a_1 + r + r + r = a_1 + 3r = (x - 3) + 3 \cdot 2 =$
$= x - 3 + 6 = x + 3$

O 4º termo da PA dada é $a_4 = x + 3$.

5 **Determine o 8º termo de uma PA na qual $a_3 = 8$ e $r = -3$.**

$$a_3 \xrightarrow{+r} a_4 \xrightarrow{+r} a_5 \xrightarrow{+r} a_6 \xrightarrow{+r} a_7 \xrightarrow{+r} a_8$$

$a_8 = a_3 + 5r = 8 + 5(-3) = 8 - 15 = -7$

Logo, o 8º termo da PA é $a_8 = -7$.

6 **Três números estão em PA; o produto deles é 66 e a soma é 18. Calcule os três números.**

Vamos representar os três números em PA por $x - r, x, x + r$, em que **r** é a razão.

Assim, temos o seguinte sistema de equações:

$$\begin{cases}(x - r) \cdot x \cdot (x + r) = 66 \\ (x - r) + x + (x + r) = 18\end{cases} \Rightarrow \begin{cases}x(x^2 - r^2) = 66 \\ 3x = 18\end{cases}$$

Resolvendo o sistema:

$3x = 18 \Rightarrow x = 6$

$6(6^2 - r^2) = 66 \Rightarrow 36 - r^2 = \dfrac{66}{6} \Rightarrow 36 - r^2 = 11 \Rightarrow$

$\Rightarrow r^2 = 25 \Rightarrow r = \pm 5$

Então, para $x = 6$ e $r = 5$, temos:

- $x - r = 6 - 5 = 1$
- $x + r = 6 + 5 = 11$

Para $x = 6$ e $r = -5$, temos:

- $x - r = 6 - (-5) = 11$
- $x + r = 6 - 5 = 1$

Verificação: $1 \cdot 6 \cdot 11 = 66$ e $1 + 6 + 11 = 18$

Portanto, os números procurados são 1, 6 e 11, que estabelecem duas PAs: (1, 6, 11) e (11, 6, 1).

» Exercícios

10 Verifique se a sequência dada é uma PA e, em caso positivo, dê o valor da razão **r**.

a) (2, 5, 8, 11, 14)

b) (15, 10, 5, 0, −5)

c) (2, 3, 5, 7)

d) $\left(1, \dfrac{4}{3}, \dfrac{5}{3}, 2\right)$

e) $\left(1, 1+\sqrt{3}, 1+2\sqrt{3}, 1+3\sqrt{3}\right)$

f) $\left(\dfrac{1}{2}, \dfrac{2}{3}, \dfrac{3}{4}\right)$

g) $\left(a - 1, a - \dfrac{1}{2}, a\right)$

h) $(x - 5y, x - 2y, x + y, x + 4y)$

11 As sequências abaixo são PAs. Determine a razão de cada uma:

a) (9, 16, ...)

b) (−4, −2, ...)

c) $\left(\dfrac{4}{3}, 2, \ldots\right)$

d) $(x - 2y, x + y, \ldots)$

e) $\left(1 - 2\sqrt{3}, 1 + 2\sqrt{3}, \ldots\right)$

f) $\left(\dfrac{x^2 + 2}{x}, \dfrac{2}{x}, \ldots\right)$

g) $\left(1, \dfrac{n - 1}{2}, \ldots\right)$

h) $(\pi, 2\pi - 1, \ldots)$

12 Escreva a PA de:

a) cinco termos, em que o 1º termo é $a_1 = 7$ e a razão é $r = 4$;

b) quatro termos, em que o 1º termo é $a_1 = -6$ e a razão é $r = 8$;

c) cinco termos, em que o 1º termo é $a_1 = x + 3$ e a razão é $r = x$.

13 Determine:

a) o 6º termo de uma PA na qual $a_2 = 12$ e $r = 7$;

b) o 7º termo de uma PA na qual $a_4 = 25$ e $r = -5$.

14 Determine o 3º termo de uma PA em que o 1º termo é $a_1 = 2\pi + 1$ e a razão é $r = -2\pi$.

15 Sabe-se que três números inteiros estão em PA. Se esses números têm por soma 24 e por produto 120, calcule os três números.

16 As medidas dos lados de um triângulo retângulo formam uma PA de razão 5. Determine as medidas dos lados desse triângulo. (*Sugestão*: utilize o teorema de Pitágoras para esquematizar o problema.)

17 Determine cinco números que formam uma PA crescente, de forma que o produto dos extremos seja 28 e a soma dos outros três seja 24.

Fórmula do termo geral de uma PA

objeto digital

Em uma progressão aritmética $(a_1, a_2, a_3, \ldots, a_n, \ldots)$ de razão **r**, partindo do 1º termo, para avançar um termo basta somar **r** ao 1º termo ($a_2 = a_1 + r$); para avançar dois termos basta somar 2r ao 1º termo ($a_3 = a_1 + 2r$); para avançar três termos basta somar 3r ao 1º termo ($a_4 = a_1 + 3r$); e assim por diante. Desse modo encontramos o termo de ordem **n**, denominado *termo geral* da PA, que é dado por:

$a_n = a_1 + (n - 1)r$ (ao passar de $\mathbf{a_1}$ para $\mathbf{a_n}$, avançamos (n − 1) termos, ou seja, basta somar (n − 1) vezes a razão ao 1º termo)

Nessa fórmula temos:

a_n = termo geral

a_1 = 1º termo

n = número de termos (até $\mathbf{a_n}$)

r = razão da PA

Observações:

1ª) Note que $a_9 = a_4 + 5r$, pois, ao passar de $\mathbf{a_4}$ para $\mathbf{a_9}$, avançamos cinco termos; $a_3 = a_{15} - 12r$, pois retrocedemos 12 termos ao passar de $\mathbf{a_{15}}$ para $\mathbf{a_3}$; e assim por diante.

Agora podemos estender a definição do termo geral para:

$a_n = a_k + (n - k)r$ (ao passar de $\mathbf{a_k}$ para $\mathbf{a_n}$, avançamos (n − k) termos, ou seja, basta somar (n − k) vezes a razão ao kº termo)

2ª) Algumas vezes é conveniente notar que o 1º termo é $\mathbf{a_0}$ e não $\mathbf{a_1}$, com o termo geral da PA dado por $a_n = a_0 + nr$.

Observe isso no seguinte problema:

Se o preço de um carro novo é R$ 40 000,00, e esse valor diminui R$ 1 200,00 a cada ano de uso, qual será o seu preço com 5 anos de uso?

Temos uma PA com $a_0 = 40000$, razão $r = -1200$, e queremos determinar $\mathbf{a_5}$:

$a_5 = a_0 + 5r = 40000 + 5(-1200) = 40000 - 6000 =$
$= 34000$

Assim, após 5 anos, o carro custará R$ 34 000,00.

Propriedades da PA

1ª) Qualquer termo de uma PA, a partir do segundo, é sempre igual à média aritmética entre os termos anterior e posterior a ele.

$$a_n = \frac{a_{n-1} + a_{n+1}}{2} \text{ para } n \geq 2$$

Exemplo:

Na PA (−2, 1, 4, 7, 10, 13, 16), note que:

- $a_2 = \frac{a_1 + a_3}{2} = \frac{-2 + 4}{2} \Rightarrow a_2 = 1$
- $a_5 = \frac{a_4 + a_6}{2} = \frac{7 + 13}{2} \Rightarrow a_5 = 10$

2ª) Em uma PA finita, a soma de dois termos equidistantes é igual à soma dos termos extremos.

$(a_1, a_2, a_3, ..., a_{n-1}, a_n)$ é uma PA $\Rightarrow$
$\Rightarrow a_{k+1} + a_{n-k} = a_1 + a_n$

Exemplo:

(2, 5, 8, 11, 14, 17, 20, 23, 26, 29, 32)

14 + 20 = 34
11 + 23 = 34
8 + 26 = 34
5 + 29 = 34
2 + 32 = 34

3ª) Em uma PA com número ímpar de termos, o termo médio é igual à média aritmética dos termos extremos.

Exemplo:

Na PA (−5, −1, 3, 7, 11, 15, 19, 23, 27), note que o quinto termo é o termo médio; este, por sua vez, é igual a:

$$a_5 = \frac{a_1 + a_9}{2} = \frac{-5 + 27}{2} \Rightarrow a_5 = 11$$

4ª) Na PA, é sempre válida a relação:

$a_m + a_n = a_p + a_q \Leftrightarrow m + n = p + q$

Exemplo:

Considere a PA (−6, −1, 4, 9, 14, 19, 24, 29, 34, 39, 44).

Como 3 + 8 = 5 + 6, temos:

$a_3 + a_8 = a_5 + a_6$
$4 + 29 = 14 + 19$
$33 = 33$

Exemplos de aplicação

1 (Unicamp-SP-modificado) A Anatel determina que as emissoras de rádio FM utilizem as frequências de 87,9 a 107,9 MHz, e que haja uma diferença de 0,2 MHz entre emissoras com frequências vizinhas. A cada emissora, identificada por sua frequência, é associado um canal, que é um número natural que começa em 200. Desta forma, à emissora cuja frequência é de 87,9 MHz corresponde o canal 200; à seguinte, cuja frequência é de 88,1 MHz, corresponde o canal 201, e assim por diante. Pergunta-se: Quantas emissoras FM podem funcionar [na mesma região], respeitando-se o intervalo de frequências permitido pela Anatel?

Resolução passo a passo

1. Lendo e compreendendo

a) O que é dado no problema?

Informa-se o modo como as frequências são distribuídas entre as várias emissoras de rádio FM: "as emissoras de rádio FM usam as frequências de 87,9 a 107,9 MHz, havendo uma diferença de 0,2 MHz entre emissoras com frequências vizinhas".

b) O que se pede?

O número de emissoras FM que podem funcionar na mesma região, respeitando-se as regras da Anatel.

2. Planejando a solução

Como a diferença entre as frequências de duas emissoras consecutivas é constante, a sequência de valores das frequências caracteriza uma progressão aritmética. Dessa forma, podemos considerar cada frequência como um termo da sequência. Determinando o número de termos, saberemos a quantidade de frequências possíveis.

3. Executando o que foi planejado

A sequência (87,9; 88,1; 88,3; ...; 107,7; 107,9) é uma PA de razão 0,2 e $a_1 = 87{,}9$. O termo de ordem **n** é $a_n = 107{,}9$.

Vamos usar o conceito de termo geral: Sabemos que $a_n = a_1 + (n - 1)r$. Substituindo os valores, temos:

$107{,}9 = 87{,}9 + (n - 1) \cdot 0{,}2 \Rightarrow$
$\Rightarrow 20 = (n - 1) \cdot 0{,}2 \Rightarrow$
$\Rightarrow n - 1 = \frac{20}{0{,}2} = 100 \Rightarrow n = 101$

4. Verificando

Vamos utilizar uma maneira diferente para contar o número de emissoras e compararemos com o resultado encontrado:

De 87,9 MHz até 107,9 MHz temos um intervalo de 20 MHz. Isso equivale a 100 intervalos de 0,2 MHz. Se após avançar 0,2 MHz sempre houver mais uma emissora, então após a 1ª emissora na frequência inicial de 87,9 MHz teremos mais 100 emissoras, totalizando 101 emissoras. Isso verifica o resultado encontrado.

5. Respondendo

São 101 emissoras de rádio FM possíveis por região.

6. Ampliando o problema

a) (Unicamp-SP) Qual o número do canal com maior frequência?

b) (Unicamp-SP) Os canais 200 e 285 são reservados para uso exclusivo das rádios comunitárias. Qual a frequência do canal 285, supondo que todas as frequências possíveis são utilizadas?

c) Devido à falta de canais para uso das rádios comunitárias, o Governo Federal recentemente também abriu os canais 198 e 199 para esse fim. Qual é a frequência desses dois novos canais?

d) **Discussão em equipe**

Rádios comunitárias são rádios autorizadas pela Anatel, com alcance limitado a uma pequena região (alcance máximo de 1 km), mantidas por fundações ou associações comunitárias sem fins lucrativos. Converse com seus colegas sobre a existência dessas rádios comunitárias. Elas são importantes no dia a dia de uma comunidade? Vocês conhecem alguma rádio comunitária?

e) **Pesquise e responda**

O que significa a sigla Anatel?

2 Dê a fórmula do termo geral da PA (5, 9, ...).

Na PA dada, temos $a_1 = 5$ e $r = 4$.

Daí:

$a_n = a_1 + (n - 1)r = 5 + (n - 1)4 = 5 + 4n - 4 =$
$= 4n + 1$

Logo, a fórmula do termo geral é $a_n = 4n + 1$.

3 Qual é o 20º termo da PA (2, 8, ...)?

Dados: $\begin{cases} a_1 = 2 \\ r = 6 \\ n = 20 \end{cases}$

$a_{20} = a_1 + 19r = 2 + 19 \cdot 6 = 116$

Logo, $a_{20} = 116$.

4 Qual é o 1º termo de uma PA em que $a_{10} = 39$ e $r = 4$?

Dados: $\begin{cases} a_{10} = 39 \\ r = 4 \\ n = 10 \end{cases}$

$a_{10} = a_1 + 9r \Rightarrow 39 = a_1 + 9 \cdot 4 \Rightarrow 39 = a_1 + 36 \Rightarrow$
$\Rightarrow a_1 = 3$

Então, $a_1 = 3$ e a PA é (3, 7, 11, ...).

5 Numa PA de 14 termos, o 1º termo é 2 e o último é 28. Calcule a razão dessa PA.

Dados: $\begin{cases} a_1 = 2 \\ a_{14} = 28 \\ n = 14 \end{cases}$

$a_{14} = a_1 + 13r \Rightarrow 28 = 2 + 13r \Rightarrow 13r = 26 \Rightarrow r = 2$

Portanto, $r = 2$ e a PA é (2, 4, 6, 8, ...).

6 Quantos elementos tem a PA finita (−2, 3, ..., 43)?

Dados: $\begin{cases} a_1 = -2 \\ a_n = 43 \\ r = 5 \end{cases}$

$a_n = a_1 + (n - 1)r \Rightarrow 43 = -2 + (n - 1)5 \Rightarrow$
$\Rightarrow 43 = -2 + 5n - 5 \Rightarrow 5n = 50 \Rightarrow n = 10$

Logo, a PA dada tem 10 elementos.

7 Numa PA, $a_{10} = -3$ e $a_{12} = 11$. Calcule o 1º termo $\mathbf{a_1}$ e a razão **r** dessa PA.

$a_{12} = a_{10} + 2r \Rightarrow 11 = -3 + 2r \Rightarrow r = 7$

$a_{12} = a_1 + 11r \Rightarrow 11 = a_1 + 11 \cdot 7 \Rightarrow a_1 = -66$

Então, $a_1 = -66$, $r = 7$ e a PA é

(−66, −59, −52, −45, ...).

8 Numa PA crescente, $a_2 + a_6 = 20$ e $a_4 + a_9 = 35$. Determine o 1º termo $\mathbf{a_1}$ e a razão **r** dessa PA.

$\left.\begin{matrix} a_2 = a_1 + r \\ a_6 = a_1 + 5r \end{matrix}\right\} \Rightarrow a_2 + a_6 = (a_1 + r) + (a_1 + 5r) \Rightarrow$

$\Rightarrow a_2 + a_6 = 2a_1 + 6r$

$\left.\begin{matrix} a_4 = a_1 + 3r \\ a_9 = a_1 + 8r \end{matrix}\right\} \Rightarrow a_4 + a_9 = (a_1 + 3r) + (a_1 + 8r) \Rightarrow$

$\Rightarrow a_4 + a_9 = 2a_1 + 11r$

Pelos dados do problema, vamos resolver o sistema:

$\begin{cases} 2a_1 + 6r = 20 \\ 2a_1 + 11r = 35 \end{cases} \Rightarrow \begin{cases} -2\cancel{a_1} - 6r = -20 \\ 2\cancel{a_1} + 11r = 35 \end{cases}$

$5r = 15 \Rightarrow r = 3$

$2a_1 + 6(3) = 20 \Rightarrow 2a_1 + 18 = 20 \Rightarrow 2a_1 = 2 \Rightarrow a_1 = 1$

Logo, $a_1 = 1$ e $r = 3$. A PA é (1, 4, 7, 10, 13, ...).

9 Quantos são os múltiplos de 8 compreendidos entre 100 e 1 000?

- o primeiro número múltiplo de 8, maior que 100, é 104;
- o último número múltiplo de 8, menor que 1 000, é 992.

Então, os múltiplos de 8 compreendidos entre 100 e 1 000 constituem a PA (104, 112, ..., 992).

Nessa PA, temos: $\begin{cases} a_1 = 104 \\ r = 8 \\ a_n = 992 \end{cases}$

Devemos calcular o número **n** de termos da PA:

$a_n = a_1 + (n - 1)r \Rightarrow 992 = 104 + (n - 1)8 \Rightarrow$
$\Rightarrow 992 = 104 + 8n - 8 \Rightarrow 8n = 992 - 104 + 8 \Rightarrow$
$\Rightarrow 8n = 896 \Rightarrow n = 112$

Portanto, existem 112 múltiplos de 8 compreendidos entre 100 e 1 000.

10 Determine o valor de **x** para que os números x^2, $(x + 2)^2$ e $(x + 3)^2$ sejam, nessa ordem, os três primeiros termos de uma PA.

Pelo problema, temos:

$$\begin{cases} a_1 = x^2 \\ a_2 = (x + 2)^2 \\ a_3 = (x + 3)^2 \end{cases}$$

Como $a_2 = \frac{a_1 + a_3}{2}$, temos:

$(x + 2)^2 = \frac{x^2 + (x + 3)^2}{2}$ (equação em **x**)

Resolvendo a equação:

$$x^2 + 4x + 4 = \frac{x^2 + x^2 + 6x + 9}{2} \Rightarrow$$

$$\Rightarrow 2x^2 + 8x + 8 = x^2 + x^2 + 6x + 9 \Rightarrow$$

$$\Rightarrow 8x - 6x = -8 + 9 \Rightarrow 2x = 1 \Rightarrow x = \frac{1}{2}$$

Verificação:

$$\left(\frac{1}{2}\right)^2, \left(\frac{1}{2} + 2\right)^2, \left(\frac{1}{2} + 3\right)^2 \Rightarrow \left(\frac{1}{2}\right)^2, \left(\frac{5}{2}\right)^2, \left(\frac{7}{2}\right)^2$$

PA: $\left(\frac{1}{4}, \frac{25}{4}, \frac{49}{4}\right)$; razão: $\frac{24}{4} = 6$

Portanto, o valor procurado é $x = \frac{1}{2}$.

11 *Primeira situação da introdução (página 148)*

Um corpo caindo livremente (desprezando-se a resistência do ar) tem, no final do primeiro segundo, velocidade de 9,8 m/s; velocidade de 19,6 m/s no final do segundo seguinte; de 29,4 m/s no final do terceiro segundo; e assim por diante. Continuando nesse ritmo, qual será sua velocidade no final do décimo segundo?

Devemos estabelecer a PA (9,8; 19,6; 29,4; ...), na qual $a_1 = 9,8$ e $r = 9,8$, e determinar o termo $\mathbf{a_{10}}$:

$a_n = a_1 + (n - 1)r \Rightarrow a_{10} = 9,8 + 9 \cdot 9,8 \Rightarrow a_{10} = 98$ m/s

Logo, no final do décimo segundo sua velocidade será de 98 m/s.

Para refletir
Quando em uma PA temos $a_n = a_1 \cdot n$?

Exercícios

18 Calcule a fórmula do termo geral de cada PA:

a) (2, 7, ...); **b)** (−1, 5, ...); **c)** (p − 2, p, ...).

19 Determine o 15º termo da PA (6, 10, ...).

20 Numa PA infinita, $a_1 = 12$ e $r = 5$. Calcule $\mathbf{a_{26}}$.

21 Qual é a fórmula do termo geral da sequência dos números pares positivos?

22 Qual é o 50º número ímpar positivo?

23 Calcule o 1º termo da PA:

a) de razão $r = 3$, sabendo que $a_7 = 21$;

b) em que $a_{12} = -29$ e $r = -4$.

24 Sabe-se que, numa PA de 12 termos, $a_1 = -8$ e $a_{12} = 36$. Calcule a razão dessa PA.

25 Numa PA em que a razão é igual ao dobro do 1º termo, sabe-se que $a_{10} = 38$. Calcule o 1º termo e a razão da PA.

26 Na PA em que $a_1 = 6$ e $r = 8$, qual é o lugar ocupado na sequência pelo termo igual a 62?

27 Quantos termos tem a PA finita (−10, −4, ..., 44)?

28 Determine o 1º termo e a razão de cada PA na qual:

a) $a_4 = 12$ e $a_9 = 27$;

b) $a_8 = -4$ e $a_{12} = 0$;

c) $a_6 = 12$ e $a_{13} = 82$;

d) $a_5 - a_2 = 15$ e $a_3 + a_8 = 49$.

29 Quantos múltiplos de 11 existem entre 100 e 1 000?

30 Quantos números inteiros compreendidos entre 1 e 5 000 são divisíveis por 9?

31 Assinale quais das afirmações abaixo são verdadeiras em qualquer PA de razão **r**:

a) $a_7 = a_1 + 6r$

b) $a_2 = \frac{a_1 + a_3}{2}$

c) $a_{10} = a_4 + 5r$

d) $a_{23} - a_{22} = r$

e) $a_9 = a_3 + 6r$

f) $a_8 = \frac{a_9 + a_{10}}{2}$

g) $a_3 + a_{10} = a_1 + a_{12}$

h) $a_8 + r = a_7$

i) $a_{35} = a_{36} - r$

j) $a_5 = \frac{a_4 + a_6}{2}$

k) $a_2 = a_9 - 7r$

l) $a_7 + a_{10} = a_3 + a_{14}$

32 Determine o valor de **x** para que as seguintes sequências sejam PA:

a) (a + b, x, a − b)

b) (x − 4, 2x, x + 2)

c) $[\log_2 8, \log_2 (x + 9), \log_2 (x + 7)]$

33 Se os quadrados dos números x − 2, x + 4 e x + 6 são, nessa ordem, termos consecutivos de uma PA, calcule o valor de **x** e a razão dessa PA.

34 Determine três números que estão em PA crescente tais que, aumentados de 1, 2 e 9 unidades, respectivamente, sejam proporcionais aos números 5, 10 e 25.

35 Numa PA, $a_1 + a_{99} = -20$. Qual é o valor de $\mathbf{a_{50}}$?

36 Numa PA, temos $a_4 + a_8 = 20$. Determine o valor de

$$E = \frac{a_1 + a_3 + a_9 + a_{11}}{8} + a_6.$$

37 O preço de um carro novo é de R$ 45 000,00 e diminui R$ 1 500,00 a cada ano de uso. Qual será o preço dele após 5 anos de uso?

38 Marcelo criou uma conta no *Twitter*. No mesmo dia, três pessoas começaram a segui-lo. Após 1 dia, ele já tinha 20 seguidores e após 2 dias, já eram 37 seguidores. Marcelo percebeu que a cada novo dia, ele ganhava 17 seguidores. Ele ultrapassará a barreira de 1000 seguidores após:

a) 57 dias.
b) 58 dias.
c) 59 dias.
d) 60 dias.
e) 61 dias.

Interpretação geométrica de uma progressão aritmética

Já vimos que o termo geral de uma progressão aritmética é dado por $a_n = a_1 + (n - 1)r$ ou por $a_n = a_0 + nr$ ao começarmos a enumeração dos termos por $\mathbf{a_0}$. Assim, podemos pensar em uma progressão aritmética como uma função que associa a cada número natural **n** o valor $\mathbf{a_n}$ dado por $a_n = a_0 + nr$. Essa função é a restrição aos números naturais da função afim $a(x) = a_0 + rx$, ou seja, ela é definida por uma fórmula do tipo da função afim, mas com domínio IN. O gráfico dessa função é formado por uma sequência de pontos colineares no plano:

$(0, a_0), (1, a_1), (2, a_2), (3, a_3), \ldots, (n, a_n), \ldots$

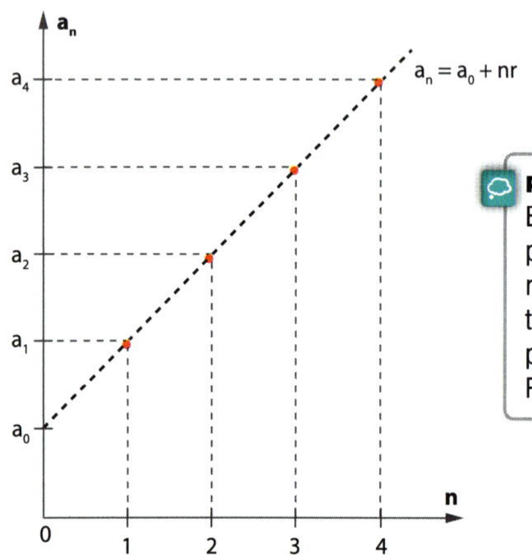

Para refletir
Bastam dois pontos para determinar uma reta e bastam dois termos de uma PA para determinar a PA toda.

Assim, podemos caracterizar uma progressão aritmética observando que uma sequência (a_n) é uma progressão aritmética se e somente se os pontos do plano que têm coordenadas $(0, a_0)$, $(1, a_1)$, $(2, a_2)$, $(3, a_3)$, etc. estão em linha reta.

Exercício

39 Trace o gráfico de cada uma das progressões aritméticas sabendo que:
a) $a_0 = 1$ e $r = 1$;
b) $a_0 = -2$ e $r = 2$.

Interpolação aritmética

Vamos resolver o seguinte problema:

No primeiro semestre de um dado ano, a produção mensal de uma montadora está em PA crescente. Em janeiro, a produção foi de 18 000 carros e, em junho, de 78 000 unidades. Qual foi a produção dessa montadora nos meses de fevereiro, março, abril e maio?

Nessas condições, o problema consiste em formar uma PA na qual:

$$\begin{cases} a_1 = \text{produção de janeiro} = 18000 \\ a_n = \text{produção de junho} = 78000 \Rightarrow \\ \quad \Rightarrow (18000, \_\_, \_\_, \_\_, \_\_, 78000) \\ n = 6 \end{cases}$$

Devemos inicialmente calcular o valor da razão **r**:

$a_n = a_1 + (n - 1)r \Rightarrow 78000 = 18000 + 5r \Rightarrow$

$\Rightarrow 5r = 60000 \Rightarrow r = 12000$

Então, teremos:

$$\begin{cases} a_2 = \text{produção de fevereiro} = 30\,000 \\ a_3 = \text{produção de março} = 42000 \\ a_4 = \text{produção de abril} = 54000 \\ a_5 = \text{produção de maio} = 66000 \end{cases} \Rightarrow$$

$\Rightarrow (18000, 30000, 42000, 54000, 66000, 78000)$

Na realidade, o que fizemos foi inserir ou interpolar *quatro meios aritméticos* entre 18 000 e 78 000.

Exemplos de aplicação

1 Interpole 6 meios aritméticos entre 100 e 184.

Devemos formar a

PA (100, ___, ___, ___, ___, ___, ___, 184), em que:

$$\begin{cases} a_1 = 100 \\ a_n = 184 \\ n = 2 + 6 = 8 \end{cases}$$

$a_n = a_1 + (n - 1)r \Rightarrow 184 = 100 + 7r \Rightarrow 7r = 84 \Rightarrow$

$\Rightarrow r = 12$

Logo, PA (100, 112, 124, 136, 148, 160, 172, 184).

2 Quando inserimos 10 meios aritméticos entre 2 e 79, qual é a razão da PA obtida?

Temos:

$$\begin{cases} a_1 = 2 \\ a_n = 79 \\ n = 2 + 10 = 12 \end{cases}$$

$a_n = a_1 + (n - 1)r \Rightarrow 79 = 2 + 11r \Rightarrow 11r = 77 \Rightarrow r = 7$

Logo, $r = 7$.

Exercícios

40 Insira 7 meios aritméticos entre 20 e 68.

41 Quantos meios aritméticos devemos inserir entre 5 e 53 de modo que a sequência obtida tenha $r = 8$?

42 Qual é a razão da PA que se obtém inserindo 10 termos entre os números 3 e 25?

Soma dos termos de uma PA finita

Introdução

Na tabela abaixo está demonstrada a produção anual de uma empresa num certo período:

Ano	2000	2001	2002	2003	2004	2005	2006	2007
Produção (em unidades)	10000	12000	14000	16000	18000	20000	22000	24000

Quantas unidades a empresa produziu de 2000 a 2007? Pela tabela, no período de 2000 a 2007 a empresa produziu:

$10\,000 + 12\,000 + 14\,000 + 16\,000 + 18\,000 + 20\,000 + 22\,000 + 24\,000 = 136\,000$ unidades

Observamos que:

- as parcelas formam uma PA finita (razão $r = 2\,000$): (10000, 12000, 14000, 16000, 18000, 20000, 22000, 24000)
- o número 136000 representa a soma dos termos dessa PA.

Fórmula da soma dos termos de uma PA finita

Karl Friedrich Gauss foi um matemático alemão que viveu de 1777 a 1855. Certo dia, quando Gauss era um estudante de aproximadamente 7 ou 8 anos de idade, seu professor, querendo manter o silêncio em sala de aula por um bom tempo, pediu que os alunos somassem todos os números de 1 a 100, isto é, $1 + 2 + 3 + 4 + ... + 99 + 100$. Para surpresa do professor, depois de alguns minutos Gauss disse que a soma era 5050. Veja seu raciocínio:

$$1 + 2 + 3 + ... + 98 + 99 + 100$$

50 parcelas de 101

$50 \cdot 101 = 5050$

> **Fique atento**
> $1 + 100 = 101$
> $2 + 99 = 101$
> ⋮
> $50 + 51 = 101$

Ou seja, $1 + 2 + 3 + 4 + ... + 99 + 100 = 5\,050$.

Fórmula

O procedimento usado por Gauss no caso da PA (1, 2, 3, 4, ..., 99, 100) vale de modo geral.

Consideremos a PA finita de razão **r** ($a_1, a_2, a_3, ..., a_{n-2}, a_{n-1}, a_n$) cuja soma dos seus **n** termos pode ser escrita por:

$$S_n = a_1 + a_2 + a_3 + ... + a_{n-2} + a_{n-1} + a_n = \sum_{i=1}^{n} a_i$$

$a_1 + a_n$

$a_1 + a_n$

$a_1 + a_n$

Portanto, $S_n = \underbrace{(a_1 + a_n) + (a_1 + a_n) + ... + (a_1 + a_n)}_{\frac{n}{2} \text{ parcelas iguais a } (a_1 + a_n)}$.

Então:

$S_n = \dfrac{(a_1 + a_n)n}{2}$ (fórmula que nos permite calcular a soma dos **n** primeiros termos de uma PA) em que:

- $\mathbf{a_1}$ é o primeiro termo;
- $\mathbf{a_n}$ é o enésimo termo;
- **n** é o número de termos;
- $\mathbf{S_n}$ é a soma dos **n** termos.

> **Para refletir**
> A fórmula obtida é equivalente a esta: $S_n = \dfrac{n(a_p + a_q)}{2}$, com $p + q = n + 1$. Por quê?

> **Fique atento**
> Se **n** for ímpar, teremos $\left(\dfrac{n-1}{2}\right)$ parcelas iguais a $(a_1 + a_2)$ e sobrará uma parcela equivalente a $\dfrac{a_1 + a_2}{2}$ (termo central).
> Isso também equivale a $\dfrac{n}{2}$ parcelas iguais a $(a_1 + a_2)$.

Exemplos de aplicação

1 Retome o problema do item Introdução. Resolva-o agora aplicando a fórmula da soma dos termos de uma PA finita.

Sabemos que a produção anual nesse período é uma PA na qual $a_1 = 10\,000$, $r = 2\,000$, $n = 8$ e $a_n = a_8 = 24\,000$.

Aplicando a fórmula:

$$S_n = \frac{n(a_1 + a_n)}{2} = \frac{8(10\,000 + 24\,000)}{2} = 136\,000$$

Logo, no período de 2000 a 2007 a empresa produziu 136000 unidades.

2 Calcule a soma dos 50 primeiros termos da PA (2, 6, ...).

Nessa PA infinita, os 50 primeiros termos formam uma PA finita, na qual $a_1 = 2$, $r = 4$ e $n = 50$.

Devemos calcular $\mathbf{a_n}$ (ou seja, $\mathbf{a_{50}}$):

$a_n = a_{50} = a_1 + (n - 1)r \Rightarrow a_n = 2 + 49(4) \Rightarrow$
$\Rightarrow a_n = 2 + 196 \Rightarrow a_n = 198$

Aplicando a fórmula, temos:

$$S_n = \frac{(a_1 + a_n)n}{2} \Rightarrow S_{50} = \frac{(2 + 198)50}{2} \Rightarrow S_{50} = 5\,000$$

A soma procurada é igual a 5000.

3 **A soma dos dez termos de uma PA é 200. Se o 1º termo dessa PA é 2, calcule a razão r da PA.**

Nessa PA sabemos que $S_{10} = 200$, $a_1 = 2$ e $n = 10$.

Devemos calcular a_{10} aplicando a fórmula da soma:

$$S_{10} = \frac{(a_1 + a_{10})10}{2} \Rightarrow 200 = \frac{(2 + a_{10})10}{2} \Rightarrow$$

$$\Rightarrow 20 + 10a_{10} = 400 \Rightarrow 10a_{10} = 380 \Rightarrow a_{10} = 38$$

Vamos calcular **r**:

$$a_{10} = a_1 + 9r \Rightarrow 38 = 2 + 9r \Rightarrow 9r = 36 \Rightarrow r = 4$$

Então, a razão procurada é 4.

4 **A soma de cinco números em PA é 295. Determine o termo do meio.**

Podemos sempre escrever 5 números em PA assim:

$x - 2r, x - r, x, x + r$ e $x + 2r$.

Somando:

$$x - \cancel{2r} + x - \cancel{r} + x + x + \cancel{r} + x + \cancel{2r} = 295 \Rightarrow$$

$$\Rightarrow 5x = 295 \Rightarrow x = 59$$

Portanto, o termo do meio é 59.

Observação: Outra maneira de resolver seria utilizando a fórmula:

$$S_5 = \frac{5(x - \cancel{2r} + x + \cancel{2r})}{2} \Rightarrow \frac{5 \cdot 2x}{2} = 295 \Rightarrow x = 59$$

5 **A soma S_n dos n primeiros termos de uma PA é $3n^2$, qualquer que seja n. Calcule o 5º termo dessa progressão.**

Nessa PA, sabemos que $S_n = 3n^2$. Então:

- $n = 1 \Rightarrow S_1 = a_1 \Rightarrow a_1 = 3n^2 \Rightarrow a_1 = 3(1)^2 = 3$
- $n = 2 \Rightarrow S_2 = a_1 + a_2 \Rightarrow 3 + a_2 = 3n^2 \Rightarrow$
  $\Rightarrow 3 + a_2 = 3(2)^2 \Rightarrow a_2 = 9$

Podemos então determinar o valor da razão:

$r = a_2 - a_1 = 9 - 3 = 6$

Vamos determinar o 5º termo da PA (3, 9, ...):

$a_5 = a_1 + 4r \Rightarrow a_5 = 3 + 4 \cdot 6 \Rightarrow a_5 = 27$

Logo, o 5º termo dessa PA é 27.

6 **Determine o valor de x na igualdade $2 + 7 + ... + 2x = 198$, sabendo que as parcelas do 1º membro formam uma PA.**

Nessa PA, temos $S_n = 198$, $a_1 = 2$, $a_n = 2x$ e $r = 7 - 2 = 5$

Vamos determinar **n** em função de **x**:

$$a_n = a_1 + (n - 1)r \Rightarrow 2x = 2 + (n - 1)5 \Rightarrow$$

$$\Rightarrow 2x = 2 + 5n - 5 \Rightarrow 5n = 2x + 3 \Rightarrow n = \frac{2x + 3}{5}$$

Aplicando a fórmula da soma, temos:

$$S_n = \frac{n(a_1 + a_n)}{2} \Rightarrow 198 = \frac{\left(\frac{2x + 3}{5}\right)(2 + 2x)}{2} \Rightarrow$$

$$\Rightarrow \left(\frac{2x + 3}{5}\right)(2 + 2x) = 396 \Rightarrow \frac{4x + 4x^2 + 6 + 6x}{5} =$$

$$= 396 \Rightarrow 4x^2 + 10x + 6 = 1980 \Rightarrow 2x^2 + 5x - 987 = 0$$

Vamos resolver a equação do 2º grau $2x^2 + 5x - 987 = 0$:

$$\Delta = (5)^2 - 4(2)(-987) = 25 + 7896 = 7\,921$$

$$x = \frac{-5 \pm 89}{4} \Rightarrow x' = 21 \text{ e } x'' = -\frac{47}{2}$$

Como a PA é crescente, temos que $x = 21$.

7 **Determine o valor de:**

a) $S = \sum_{i=1}^{5} 2i$

O símbolo Σ significa somatório, ou seja, devemos efetuar a seguinte soma:

$$S = 2 \cdot 1 + 2 \cdot 2 + 2 \cdot 3 + 2 \cdot 4 + 2 \cdot 5 =$$
$$= 2 + 4 + 6 + 8 + 10 = 30$$

b) $S = \sum_{i=1}^{30} (1 + i)$

$$S = (1 + 1) + (1 + 2) + ... + (1 + 29) + (1 + 30) =$$
$$= 2 + 3 + ... + 30 + 31$$

Assim, temos uma PA em que $a_1 = 2$ e $a_{30} = 31$.

Aplicando a fórmula, temos:

$$S = \frac{(2 + 31) \cdot 30}{2} = 495$$

Exercícios

43 Dada a PA (5, 8, ...), determine a soma de seus 4 primeiros termos.

44 Uma PA tem $a_1 = -9$ e $r = 7$. Determine seus 6 primeiros termos e calcule a soma deles.

45 Uma PA tem $a_1 = 1$ e $r = 1$. Determine a soma dos seus 20 primeiros termos.

46 Calcule a soma:

a) dos trinta primeiros termos da PA (4, 10, ...);

b) dos vinte primeiros termos de uma PA em que o 1º termo é $a_1 = 17$ e $r = 4$;

c) $1 + 2 + 3 + ... + 98 + 99 + 100$;

d) dos 200 primeiros números pares positivos;

e) dos 50 primeiros múltiplos positivos de 5;

f) de todos os múltiplos de 7 que tenham três algarismos.

47 Calcule a soma:

a) dos **n** primeiros números pares positivos;

b) dos **n** primeiros números ímpares positivos;

c) dos **n** primeiros termos da PA $(n - 3, n - 1, ...)$.

48 Ao se efetuar a soma das 50 primeiras parcelas da PA (202, 206, ...), por distração não se somou a 35ª parcela. Qual foi a soma encontrada?

49 A expressão $S_n = n^2 - 3n$, para qualquer **n** inteiro positivo, representa a soma dos **n** primeiros termos de uma PA. Qual é a razão dessa PA?

50 A soma dos **n** primeiros termos de uma PA é:

a) $S_n = n^2 - n$; determine a_1 e a_2;

b) $S_n = n^2 + 2n$; determine $a_{10} + a_{11}$.

51 Resolva a equação $2 + 5 + 8 + \dots + x = 260$, sabendo que os termos do 1º membro estão em PA.

52 Calcule o valor de **x** na igualdade $x + 2x + \dots + 20x = 6\,300$, sabendo que os termos do 1º membro estão em PA.

53 Determine o valor de:

a) $\sum_{i=1}^{10} 3i$ **b)** $\sum_{i=1}^{20} (5 + 2i)$

54 Um ciclista percorre 20 km na primeira hora; 17 km na segunda hora, e assim por diante, em progressão aritmética. Quantos quilômetros percorrerá em 5 horas?

a) 92 km **c)** 75 km **e)** 62 km
b) 80 km **d)** 70 km

55 Um corpo em queda livre percorre 3 m no primeiro segundo, 12 m no segundo, 21 m no terceiro segundo, e assim por diante. Continuando nessa sequência, quantos metros terá percorrido após 10 segundos?

56 Um teatro possui 12 poltronas na primeira fileira, 14 na segunda e 16 na terceira; as demais fileiras se compõem na mesma sequência. Quantas fileiras são necessárias para o teatro ter um total de 620 poltronas?

ORLANDO ABRUNHOSA/TYBA

Teatro Municipal de Ouro Preto, em Minas Gerais, considerado o mais antigo do país.

57 A soma das medidas dos ângulos internos de um triângulo é 180°. Num triângulo, as medidas dos ângulos estão em PA e o menor desses ângulos mede 40°. Calcule as medidas dos outros dois ângulos.

58 Os ângulos internos de um pentágono convexo estão em progressão aritmética. Determine o termo do meio dessa sequência.

Progressões aritméticas de segunda ordem

Da sequência $(a_n) = (0, 3, 8, 15, 24, 35, \dots)$ podemos formar uma progressão aritmética tomando as diferenças entre cada termo e o termo anterior $(a_{n+1} - a_n)$:

$$3, 5, 7, 9, 11, \dots$$

obtendo uma PA não estacionária ($r \neq 0$).

Definição

Uma progressão aritmética de segunda ordem é uma sequência (a_n) na qual as diferenças $(a_{n+1} - a_n)$ entre cada termo e o termo anterior formam uma progressão aritmética não estacionária.

Assim, a sequência $(a_n) = (0, 3, 8, 15, 24, 35, \dots, n^2 - 1, \dots)$ é um exemplo de uma PA de segunda ordem.

Caracterização

É possível provar que toda sequência na qual o termo de ordem **n** é um polinômio em **n** do segundo grau é uma progressão aritmética de segunda ordem. Reciprocamente, se (a_n) é uma progressão aritmética de segunda ordem, então $\mathbf{a_n}$ é um polinômio do segundo grau em **n**.

Dessa forma, se o domínio de uma função quadrática for uma PA, então sua imagem será uma PA de 2ª ordem. Essa característica já havia sido mencionada no capítulo de funções quadráticas.

Exemplo de aplicação

Dada a PA de 2ª ordem 4, 7, 12, 19, ..., determine o polinômio de 2º grau que expressa o termo geral.

Observe que:

$a_1 = 4$

$a_2 = 7 = 4 + 3$

$a_3 = 12 = 4 + 3 + 5$

$a_4 = 19 = 4 + \underbrace{3 + 5 + 7}_{\text{soma dos 3 termos da PA (3, 5, 7, ...)}}$

$\vdots$

$a_8 = 4 + \underbrace{3 + 5 + 7 + 9 + 11 + 13 + 15}_{\text{soma dos 7 termos da PA (3, 5, 7, ...)}}$

$\vdots$

$a_n = 4 + \underbrace{3 + 5 + \dots + b_{n-1}}_{\text{soma dos (n − 1) termos da PA (3, 5, 7, ...)}}$

Assim:

$b_{n-1} = 3 + (n - 1 - 1) \cdot 2 = 3 + 2n - 4 = 2n - 1$

Então:

$$3 + 5 + 7 + \dots + b_{n-1} = \frac{(3 + 2n - 1)(n - 1)}{2} =$$

$$= \frac{(\cancel{2} + \cancel{2}n)(n - 1)}{\cancel{2}} = (n + 1)(n - 1) = n^2 - 1$$

Logo: $a_n = 4 + n^2 - 1 \Rightarrow a_n = n^2 + 3$.

Exercícios

59 Verifique se cada uma das sequências abaixo é uma progressão aritmética de 2ª ordem:

a) $(a_n) = (1, 3, 6, 10, 15, 21, \dots)$

b) $(a_n) = (1, 3, 5, 7, 9, 11, \dots)$

c) $(a_n) = (1, 5, 11, 19, 29, 41, \dots)$

d) $(a_n) = (2, 5, 11, 20, 32, 47, \dots)$

e) $(a_n) = (2, 3, 5, 8, 13, 21, 34, \dots)$

60 Dadas as progressões aritméticas de 2ª ordem, escreva o termo geral $\mathbf{a_n}$ como um polinômio de 2º grau em **n**:

a) −1, 2, 7, 14, 23, 34, ...

b) 2, 5, 10, 17, 26, 37, ...

c) 1, 7, 17, 31, 49, ...

d) 4, 14, 30, 52, 80, ...

3. Progressão geométrica (PG)

Enquanto a população humana cresce em progressão geométrica, a produção de alimentos cresce em progressão aritmética.

Thomas Malthus (economista britânico)

Introdução

A taxa de crescimento relativo de uma grandeza é dada pela razão entre o seu aumento e seu valor inicial. Assim, uma grandeza que passa do valor **a** para o valor **b** tem taxa de crescimento relativo igual a $\frac{b-a}{a}$.

Por exemplo, a taxa de crescimento relativo de uma grandeza que passa do valor 5 para o valor 8 é igual a 60%, pois $\frac{8-5}{5} = \frac{3}{5} = 0{,}60 = 60\%$.

Neste item trataremos de sequências que variam com taxa de crescimento relativo constante. Examine, por exemplo, a seguinte situação-problema:

Em 2007 uma empresa produziu 200 000 unidades de certo produto. Quantas unidades produzirá no período de 2007 a 2012 se o aumento de produção anual for sempre de 10% em relação ao ano anterior?

Esquematizamos o problema da seguinte forma:

- produção em 2007 = 200 000
- produção em 2008 = produção em 2007 · 1,10 = = 200 000 · 1,10 = 220 000
- produção em 2009 = produção em 2008 · 1,10 = = 220 000 · 1,10 = 242 000
- produção em 2010 = produção em 2009 · 1,10 = = 242 000 · 1,10 = 266 200
- produção em 2011 = produção em 2010 · 1,10 = = 266 200 · 1,10 = 292 820
- produção em 2012 = produção em 2011 · 1,10 = = 292 820 · 1,10 = 322 102

Para refletir
Se uma grandeza tem taxa de crescimento relativo igual a **i**, o novo valor é obtido fazendo (1 + i) vezes o valor anterior. No exemplo, (1 + i) = (1 + 0,10) = 1,10 ou 1,1.

Nessas condições, a produção anual, nesse período, será representada pela sequência (200 000, 220 000, 242 000, 266 200, 292 820, 322 102).

Notamos que, nessa sequência, cada termo, a partir do segundo, é obtido multiplicando o termo anterior por um número fixo (no caso, 1,10), ou seja, a produção anual teve uma taxa de crescimento relativo constante de 10% em relação ao ano anterior.

Sequências com esse tipo de lei de formação são chamadas *progressões geométricas*. No exemplo dado o valor 1,10 é chamado de *razão* da progressão geométrica e indicado por **q** (no exemplo, q = 1,10). Dizemos que os termos dessa sequência estão em progressão geométrica.

Definição

Progressão geométrica (PG) é toda sequência de números não nulos na qual é constante o quociente da divisão de cada termo (a partir do segundo) pelo termo anterior. Esse quociente constante é chamado *razão* (**q**) da progressão. Ou seja, uma progressão geométrica é uma sequência na qual a taxa de crescimento relativo de cada termo para o seguinte é sempre a mesma.

Exemplos:

1º) A sequência (2, 10, 50, 250) é uma PG de quatro termos, em que o 1º termo é $a_1 = 2$ e a razão $q = 5$. Observe que:

- $a_1 = 2$; $a_2 = 10\ (2 \cdot 5)$; $a_3 = 50\ (10 \cdot 5)$; $a_4 = 250\ (50 \cdot 5)$
  250 : 50 = 5; 50 : 10 = 5; 10 : 2 = 5 → quociente constante = 5 (razão)
- a taxa de crescimento relativo de **a** para **b** é dada por $\frac{b-a}{a}$. Nesse exemplo, $i = \frac{10-2}{2} = \frac{8}{2} = 4 = 400\%$.
  Logo, $q = 1 + i = 1 + 4 = 5$.

2º) A sequência (6, −12, 24, −48, 96) é uma PG de cinco termos, na qual $a_1 = 6$ e $q = -2$, pois:

$a_1 = 6$

$a_2 = -12$ [$-12 = 6(-2)$, ou seja, $a_2 = a_1 \cdot (-2)$]

$a_3 = 24$ [$24 = (-12)(-2)$, ou seja, $a_3 = a_2 \cdot (-2)$]

$a_4 = -48$ [$-48 = 24(-2)$, ou seja, $a_4 = a_3 \cdot (-2)$]

$a_5 = 96$ [$96 = (-48)(-2)$, ou seja, $a_5 = a_4 \cdot (-2)$]

Ou, de modo equivalente:

- $-12 : 6 = -2$; $24 : (-12) = -2$; $-48 : 24 = -2$; $96 : (-48) = -2$ (quociente constante = −2 (razão))
- taxa de crescimento relativo:
  $i = \frac{-12-6}{6} = -\frac{18}{6} = -3 = -300\%$
  Logo, $q = 1 + i = 1 + (-3) = -2$.

3º) A sequência (1, 3, 9, 27, 81, ...) é uma PG infinita na qual $a_1 = 1$ e $q = 3$, pois:

$a_1 = 1$

$a_2 = 3$ ($3 = 1 \cdot 3$, ou seja, $a_2 = a_1 \cdot 3$)

$a_3 = 9$ ($9 = 3 \cdot 3$, ou seja, $a_3 = a_2 \cdot 3$)

$a_4 = 27$ ($27 = 9 \cdot 3$, ou seja, $a_4 = a_3 \cdot 3$), etc.

Taxa de crescimento relativo: $i = \frac{3-1}{1} = 2 = 200\%$.

Logo, $q = 1 + 2 = 3$.

4º) A sequência (10, 10, 10) é uma PG de três termos, em que o 1º termo é 10 e a razão é 1, pois:

$a_1 = 10$

$a_2 = 10$ ($10 = 10 \cdot 1$, ou seja, $a_2 = a_1 \cdot 1$)

$a_3 = 10$ ($10 = 10 \cdot 1$, ou seja, $a_3 = a_2 \cdot 1$)

Taxa de crescimento relativo:

$i = \frac{10 - 10}{10} = \frac{0}{10} = 0 = 0\%$. Logo, $q = 1 + 0 = 1$.

Observações:

1ª) De modo geral, observamos que uma sequência (a_1, a_2, a_3, ..., a_n, ...) com $a_1 \neq 0$ é uma PG de razão $q \neq 0$ quando:

$$a_2 = a_1 \cdot q \Rightarrow \frac{a_2}{a_1} = q$$

$$a_3 = a_2 \cdot q \Rightarrow \frac{a_3}{a_2} = q$$

$$a_4 = a_3 \cdot q \Rightarrow \frac{a_4}{a_3} = q$$

...

$$a_n = a_{n-1} \cdot q \Rightarrow \frac{a_n}{a_{n-1}} = q$$

Comparando, temos:

$\frac{a_2}{a_1} = \frac{a_3}{a_2} = \frac{a_4}{a_3} = ... = \frac{a_n}{a_{n-1}} = q$, com $q = 1 + i$ em que

$i = \frac{a_n - a_{n-1}}{a_{n-1}}$ ($a_{n-1} \neq 0$) é a taxa de crescimento relativo dos termos.

2ª) Da definição decorre que, se $\mathbf{a_r}$, $\mathbf{a_s}$ e $\mathbf{a_p}$ estão em PG, então:

$$\frac{a_s}{a_r} = \frac{a_p}{a_s} \Rightarrow a_s^2 = a_r \cdot a_p$$

Ou seja, dados três termos consecutivos de uma progressão geométrica, o termo do meio é a *média geométrica* dos outros dois.

Exemplos de aplicação

1 **Verifique se a sequência (5, 15, 45, 135, 405) é uma PG.**

$\frac{15}{5} = 3 \quad \frac{45}{15} = 3 \quad \frac{135}{45} = 3 \quad \frac{405}{135} = 3$

Logo, a sequência é uma PG de razão 3.

2 **Determine o 8º termo de uma PG na qual $a_4 = 12$ e $q = 2$.**

$a_4 \xrightarrow{\cdot q} a_5 \xrightarrow{\cdot q} a_6 \xrightarrow{\cdot q} a_7 \xrightarrow{\cdot q} a_8$

Então:

$a_8 = a_4 \cdot q^4 \Rightarrow a_8 = 12(2)^4 \Rightarrow a_8 = 12 \cdot 16 \Rightarrow a_8 = 192$

Portanto, o 8º termo da PG é 192.

3 **A população de um país é atualmente igual a $\mathbf{P_0}$ e cresce 3% ao ano. Qual será a população desse país daqui a t anos?**

Como a população cresce 3% ao ano, em cada ano a população é de 103% da do ano anterior. Logo, a cada ano a população é multiplicada por 103% = 1,03.

Após **t** anos, a população será $P_0 \cdot (1{,}03)^t$.

Neste caso, temos a PG:

$P_0, P_0 \cdot (1{,}03), P_0 \cdot (1{,}03)^2, P_0 \cdot (1{,}03)^3, ..., P_0 \cdot (1{,}03)^t, ...$ de razão 1,03.

4 **Determine o 4º termo da PG (ab, a^3b^2, ...), com $a \neq 0$ e $b \neq 0$.**

$$\begin{cases} a_1 = ab \\ a_2 = a^3b^2 \end{cases}$$

$$q = \frac{a_2}{a_1} \Rightarrow q = \frac{a^3b^2}{ab} \Rightarrow q = a^2b$$

Então, temos:

$a_1 \xrightarrow{\cdot q} a_2 \xrightarrow{\cdot q} a_3 \xrightarrow{\cdot q} a_4$

Portanto:

$a_4 = a_1 \cdot q \cdot q \cdot q \Rightarrow a_4 = a_1 \cdot q^3 \Rightarrow a_4 = ab(a^2b)^3 \Rightarrow$

$\Rightarrow a_4 = ab \cdot a^6b^3 \Rightarrow a_4 = a^7b^4$

Logo, $a_4 = a^7b^4$.

5 **Um tanque tem capacidade $\mathbf{C_0}$ de água. Abre-se o tampão e essa capacidade decresce 4% por minuto. Qual será a capacidade desse tanque daqui a t minutos?**

Como a capacidade diminui 4% por minuto, em cada minuto a capacidade equivalerá a 96% da capacidade do minuto anterior. Assim, a cada minuto que passa, a capacidade é multiplicada por 96% = 0,96. Depois de **t** minutos, a capacidade do tanque será de $C_0 \cdot 0{,}96^t$.

Neste caso a PG seria

$C_0, C_0 \cdot 0{,}96, C_0 \cdot (0{,}96)^2, C_0 \cdot (0{,}96)^3, ..., C_0 \cdot (0{,}96)^t, ...$ de razão 0,96.

6 **Nas progressões geométricas abaixo, qual é a taxa de crescimento relativo de cada termo para o seguinte?**

a) (1, 2, 4, 8, 16, 32, ...)

Nesta PG a taxa de crescimento relativo de cada termo para o seguinte é de 100%, o que faz com que cada termo seja igual a 200% do termo anterior

$\left(\frac{2 - 1}{1} = 1 \rightarrow 100\%\right)$.

b) (100, 70, 49, ...)

Cada termo equivale a 70% do termo anterior. A taxa de crescimento relativo de cada termo para o seguinte é de $-30\% \left(\frac{70 - 100}{100} = \frac{-30}{100} \rightarrow -30\%\right)$.

7 A sequência $\left(\frac{1}{2}, \frac{1}{6}, \ldots\right)$ é uma PG infinita. Determine a razão dessa PG e a taxa de crescimento dos seus termos.

Temos $a_1 = \frac{1}{2}$ e $a_2 = \frac{1}{6}$.

Então:

$$q = \frac{a_2}{a_1} \Rightarrow q = \frac{\frac{1}{6}}{\frac{1}{2}} \Rightarrow q = \frac{1}{6} \cdot \frac{2}{1} = \frac{1}{3}$$

Logo, $q = \frac{1}{3}$.

Taxa de crescimento: $i = \dfrac{\frac{1}{6} - \frac{1}{2}}{\frac{1}{2}} = \dfrac{-\frac{1}{3}}{\frac{1}{2}} = -\frac{2}{3} =$

$= -0{,}66\ldots \simeq -66{,}66\%$

Exercícios

61 Verifique se cada sequência dada é uma PG. Em caso positivo, dê o valor da razão **q**:

a) (1, 3, 9, 27, 81)
b) (2, 4, 6, 8, 10, 12)
c) (400, 200, 100, 50)
d) (5, −10, 20, −40, 80, −160)
e) $\left(1, \frac{1}{4}, \frac{1}{16}, \frac{1}{64}\right)$

62 As seguintes sequências são PG. Determine a razão de cada uma delas:

a) (2, 8, ...)
b) $\left(3, \frac{3}{2}, \ldots\right)$
c) $\left(\frac{1}{3}, \frac{2}{9}, \ldots\right)$
d) $(10^{-1}, 10, \ldots)$
e) $(xy, xy^3, \ldots)$
f) $(10^4, 10^7, \ldots)$

63 Escreva uma PG:
a) de cinco termos em que $a_1 = 7$ e $q = 3$;
b) de quatro termos em que $a_1 = -5$ e $q = 2$.

64 Se o 1º termo de uma PG é $a_1 = 10^{-3}$ e a razão é 10^2, escreva os quatro primeiros termos dessa PG.

65 Determine:
a) o 4º termo da PG em que $a_1 = 4$ e $q = 5$;
b) o 9º termo da PG em que $a_5 = ab^2$ e $q = \frac{1}{b}$.

66 Nas progressões geométricas abaixo, qual é a taxa de crescimento relativo de cada termo para o seguinte?
a) (5, 15, 45, 135, ...)
b) (1 000, 800, 640, 512, ...)
c) (1, 4, 16, 64, 256, ...)
d) (100; 60; 36; 21,6; ...)

67 Uma população de bactérias é atualmente dada por $\mathbf{B_0}$ e cresce 5% por minuto. Qual será essa população daqui a **n** minutos?

68 A torcida de um determinado clube é atualmente dada por $\mathbf{P_0}$, mas está diminuindo 3% ao ano. Se esse fato continuar a ocorrer, qual será a torcida desse clube daqui a **t** anos?
a) $P_0 - 3t$
b) $P_0 - 0{,}03t$
c) $1{,}03^t \cdot P_0$
d) $0{,}97^t \cdot P_0$
e) $0{,}03^t \cdot P_0$

Classificação das progressões geométricas

Dependendo da razão **q**, uma PG pode ser:

- *Crescente*: A PG é crescente quando $q > 1$ e os termos são positivos ou quando $0 < q < 1$ e os termos são negativos. Por exemplo:
  (2, 6, 18, 54, ...) com q = 3
  (−40, −20, −10, −5, ...) com $q = \frac{1}{2}$
- *Decrescente*: A PG é decrescente quando $0 < q < 1$ e os termos são positivos ou quando $q > 1$ e os termos são negativos. Veja os exemplos:
  (200, 100, 50, 25, ...) em que $q = \frac{1}{2}$
  (−4, −12, −36, −108, ...) em que q = 3
- *Constante*: A PG é constante quando q = 1. Veja:
  (10, 10, 10, ...), em que q = 1
  (−5, −5, −5, ...), na qual q = 1
- *Alternante*: A PG é alternante quando q < 0. Por exemplo:
  (4, −8, 16, −32, ...), em que q = −2
  (−81, 27, −9, 3, ...), na qual $q = -\frac{1}{3}$

Para refletir
Como são os termos da PG alternante?

Representações especiais

Como visto em PA, também podemos recorrer a algumas representações especiais de PG, principalmente se o produto dos termos for conhecido.

As principais são:

- três termos em PG: $\left(\frac{x}{q}, x, xq\right)$
- quatro termos em PG: $\left(\frac{x}{y^3}, \frac{x}{y}, xy, xy^3\right)$
- cinco termos em PG: $\left(\frac{x}{q^2}, \frac{x}{q}, x, xq, xq^2\right)$

Neste caso, temos $q = y^2$.

Exemplo de aplicação

Três números estão em PG de forma que o produto deles é 729 e a soma é 39. Calcule os três números.

Nesse tipo de problema sobre PG com três termos consecutivos, é conveniente representar a sequência na forma $\left(\frac{x}{q}, x, xq\right)$, em que o termo médio é **x** e a razão é **q**. Assim, temos o seguinte sistema de equações:

$$\begin{cases} \frac{x}{\not q} \cdot x \cdot x\not q = 729 \\ \frac{x}{q} + x + xq = 39 \end{cases} \Rightarrow \begin{cases} x^3 = 729 \\ \frac{x}{q} + x + xq = 39 \end{cases}$$

Da 1ª equação, temos:

$x^3 = 729 \Rightarrow x = \sqrt[3]{729} \Rightarrow x = 9$

Substituindo na outra equação, temos:

$\frac{9}{q} + 9 + 9q = 39 \Rightarrow 9 + 9q + 9q^2 = 39q \Rightarrow$

$\Rightarrow 9q^2 - 30q + 9 = 0 \Rightarrow 3q^2 - 10q + 3 = 0$

$\Delta = (-10)^2 - 4(3)(3) = 64$

$q = \frac{10 \pm 8}{6} \Rightarrow q' = 3 \text{ e } q'' = \frac{1}{3}$

Então, para x = 9 e q = 3, temos:

$$\begin{cases} 1^{\circ} \text{ número: } \frac{x}{q} = \frac{9}{3} = 3 \\ 2^{\circ} \text{ número: } x = 9 \\ 3^{\circ} \text{ número: } xq = 9 \cdot 3 = 27 \end{cases}$$

Para $x = 9$ e $q = \frac{1}{3}$, temos:

$$\begin{cases} 1^{\circ} \text{ número: } \frac{x}{q} = \frac{9}{\frac{1}{3}} = 27 \\ 2^{\circ} \text{ número: } x = 9 \\ 3^{\circ} \text{ número: } xq = 9 \cdot \frac{1}{3} = 3 \end{cases}$$

Portanto, os números procurados são 3, 9 e 27.

Exercícios

69 Identifique cada PG abaixo como crescente, decrescente, constante ou alternante:

a) (20, 40, 80, ...)

b) (3, −9, 27, −81, ...)

c) (−7, −14, −28, ...)

d) (2, 2, 2, ...)

e) $\left(1, \frac{1}{2}, \frac{1}{4}, \ldots\right)$

f) (−9, 18, −36, 72, ...)

g) (256, 64, 16, ...)

h) $\left(-6, -3, -\frac{3}{2}, \ldots\right)$

70 Determine a PG de três elementos que são números inteiros, sabendo que a soma deles é igual a 31 e o produto é 125.

71 As medidas dos lados de um triângulo retângulo estão em PG. Determine a razão **q** dessa PG.

72 Três números inteiros positivos estão em PG de tal forma que a soma deles é igual a 62 e o maior número é igual a 25 vezes o menor. Quais são os três números?

Fórmula do termo geral de uma PG

Em uma progressão geométrica $(a_1, a_2, a_3, \ldots, a_n, \ldots)$ de razão **q**, partindo do 1º termo, para avançar um termo basta multiplicar o 1º termo pela razão **q** ($a_2 = a_1q$); para avançar dois termos, basta multiplicar o 1º termo pelo quadrado da razão **q** ($a_3 = a_1q^2$); para avançar três termos basta multiplicar o 1º termo pelo cubo da razão **q** ($a_4 = a_1q^3$); e assim por diante. Desse modo encontramos o termo de ordem **n**, denominado termo geral da PG, que é dado por:

$$a_n = a_1q^{n-1}$$

(ao passar de $\mathbf{a_1}$ para $\mathbf{a_n}$, avançamos (n − 1) termos)

Nessa fórmula:

- a_n = termo geral;
- n = número de termos (até $\mathbf{a_n}$);
- a_1 = 1º termo;
- q = razão.

Observações:

1ª) Note que $a_{10} = a_3q^7$, pois ao passar de $\mathbf{a_3}$ para $\mathbf{a_{10}}$ avançamos 7 termos; $a_5 = \frac{a_9}{q^4}$, pois ao passar de $\mathbf{a_9}$ para $\mathbf{a_5}$ retrocedemos 4 termos; e assim por diante.
Dessa forma, podemos estender a definição do termo geral para:

$$a_n = a_k \cdot q^{n-k}$$

(ao passar de $\mathbf{a_k}$ para $\mathbf{a_n}$, avançamos (n − k) termos)

2ª) Observe a PG finita (a_1, a_2, a_3, a_4). Nela, os termos $\mathbf{a_2}$ e $\mathbf{a_3}$ são *equidistantes* dos extremos $\mathbf{a_1}$ e $\mathbf{a_4}$. Veja que:

$$a_2 \cdot a_3 = a_1q \cdot a_3 = a_1 \cdot a_3q = a_1 \cdot a_4$$

Isso é válido de modo geral e dizemos que, numa PG finita, o produto de dois termos equidistantes dos extremos é igual ao produto dos extremos.
Generalizando, temos que $a_m \cdot a_n = a_k \cdot a_p$, se m + n = p + k.
Consequentemente, considerando-se três termos consecutivos $(\ldots, a_{k-1}, a_k, a_{k+1}, \ldots)$, temos que $a_k^2 = a_{k-1} \cdot a_{k+1}$, pois k + k = k − 1 + k + 1.

3ª) Muitas vezes é conveniente colocar o 1º termo como $\mathbf{a_0}$ e não $\mathbf{a_1}$, ficando o termo geral da PG dado por $a_n = a_0 \cdot q^n$.
Por exemplo, se o número de sócios de um clube hoje é 2000 e cresce 5% ao ano, quantos sócios esse clube terá em 3 anos?
Temos uma PG com $a_0 = 2000$ e razão $q = 1 + i = 1 + 0{,}05 = 1{,}05$.
Após 3 anos, o clube terá
$a_3 = a_0 \cdot q^3 = 2000(1{,}05)^3 \simeq 2315$ sócios.

Exemplos de aplicação

1 *Segunda situação da introdução (página 148)*
Ao lançarmos uma moeda, temos dois resultados possíveis: cara ou coroa. Se lançarmos duas moedas diferentes, por exemplo, uma de R$ 0,10 e outra de R$ 0,50, teremos quatro possibilidades: (cara, cara), (cara, coroa), (coroa, coroa) ou (coroa, cara). [...] Qual é o total de resultados se lançarmos 8 moedas?

Nesta situação, temos a progressão geométrica (2, 4, 8, 16, 32, ...) e procuramos o 8º termo:

$a_n = a_1 \cdot q^{n-1}$; $a_1 = 2$; $q = 2$

$a_8 = 2 \cdot 2^{8-1} = 2 \cdot 2^7 = 2^8 = 256$

Portanto, quando lançamos 8 moedas diferentes, temos 256 resultados possíveis.

2 Dê a fórmula do termo geral da PG (2, 4, ...).

Na PG dada, temos $a_1 = 2$ e $q = 2$:

$a_n = a_1 \cdot q^{n-1} \Rightarrow a_n = 2 \cdot 2^{n-1} \Rightarrow a_n = 2^{1+n-1} \Rightarrow$

$\Rightarrow a_n = 2^n$

Logo, o termo geral da PG dada é $a_n = 2^n$.

3 Qual é o 7º termo da PG (2, 6, ...)?

Dados: $\begin{cases} a_1 = 2 \\ q = 3 \\ n = 7 \end{cases}$

$a_7 = a_1 \cdot q^6 \Rightarrow a_7 = 2 \cdot 3^6 \Rightarrow a_7 = 1\,458$

Logo, $a_7 = 1458$.

4 Calcule o 1º termo de uma PG em que $a_4 = 375$ e $q = 5$.

Dados: $\begin{cases} a_4 = 375 \\ q = 5 \\ n = 4 \end{cases}$

$a_4 = a_1 \cdot q^3 \Rightarrow 375 = a_1 \cdot 5^3 \Rightarrow 125a_1 = 375 \Rightarrow a_1 = 3$

Portanto, $a_1 = 3$.

5 Numa PG crescente, o 1º termo é 3 e o 5º termo é 30000. Qual é o valor da razão **q** nessa PG?

Dados: $\begin{cases} a_1 = 3 \\ a_5 = 30\,000 \\ n = 5 \end{cases}$

$a_5 = a_1 \cdot q^4 \Rightarrow 30\,000 = 3 \cdot q^4 \Rightarrow q^4 = 10\,000 \Rightarrow$

$\Rightarrow q = \pm\sqrt[4]{10\,000} \Rightarrow q = \pm 10$

Então, como a PG é crescente, $q = 10$.

Para refletir
Observe e entenda cada uma das implicações em IR:
- $x^3 = 8 \Rightarrow x = \sqrt[3]{8} = 2$
  $x^3 = -8 \Rightarrow x = \sqrt[3]{-8} = -2$
- $x^4 = 16 \Rightarrow x = \pm\sqrt[4]{16} = \pm 2$
- $x^4 = -16 \Rightarrow \nexists\, x \in \mathbb{R}$

Quando ocorre cada um desses casos?

6 Quantos elementos tem a PG (8, 32, ..., 2^{31})?

Dados: $\begin{cases} a_1 = 8 \\ a_n = 2^{31} \\ q = 4 \end{cases}$

$a_n = a_1 \cdot q^{n-1} \Rightarrow 2^{31} = 8 \cdot 4^{n-1} \Rightarrow 2^{31} = 2^3 \cdot 2^{2n-2} \Rightarrow$

$\Rightarrow 2^{31} = 2^{3+2n-2} \Rightarrow 2^{31} = 2^{2n+1} \Rightarrow$

$\Rightarrow 2n + 1 = 31 \Rightarrow 2n = 30 \Rightarrow n = 15$

Logo, a PG tem 15 termos.

7 Determine o valor de **x** de modo que os números x + 1, x + 4 e x + 10 formem, nessa ordem, uma PG.

Como os números dados são três termos consecutivos de uma PG, pela definição temos:

$(x + 4)^2 = (x + 1)(x + 10) \Rightarrow$

$\Rightarrow x^2 + 8x + 16 = x^2 + 11x + 10 \Rightarrow$

$\Rightarrow 8x - 11x = 10 - 16 \Rightarrow -3x = -6 \Rightarrow 3x = 6 \Rightarrow x = 2$

Logo, o valor procurado é x = 2, e os números são 3, 6 e 12.

8 Numa PG, temos $a_5 = 32$ e $a_8 = 256$. Calcule o primeiro termo e a razão dessa PG.

$a_8 = a_5 \cdot q^3 \Rightarrow 256 = 32q^3 \Rightarrow q^3 = \frac{256}{32} \Rightarrow q^3 = 8 \Rightarrow$

$\Rightarrow q = \sqrt[3]{8} \Rightarrow q = 2$

Determinamos então $\mathbf{a_1}$:

$a_5 = a_1 \cdot q^4 \Rightarrow 32 = a_1 \cdot 2^4 \Rightarrow 32 = a_1 \cdot 16 \Rightarrow a_1 = 2$

Então, $a_1 = 2$ e $q = 2$.

9 Numa PG, a soma do 3º e do 5º termos é igual a 360 e a soma do 4º e do 6º termo é igual a 1080. Determine a razão e o 1º termo dessa PG.

$\left.\begin{matrix} a_3 = a_1 \cdot q^2 \\ a_5 = a_1 \cdot q^4 \end{matrix}\right\} \Rightarrow a_3 + a_5 = a_1 \cdot q^2 + a_1 \cdot q^4 \Rightarrow$

$\Rightarrow a_1(q^2 + q^4) = 360$ (I)

$\left.\begin{matrix} a_4 = a_1 \cdot q^3 \\ a_6 = a_1 \cdot q^5 \end{matrix}\right\} \Rightarrow a_4 + a_6 = a_1 \cdot q^3 + a_1 \cdot q^5 \Rightarrow$

$\Rightarrow a_1 \cdot q(q^2 + q^4) = 1080$ (II)

Dividindo membro a membro (I) e (II), temos:

$$\frac{\cancel{a_1}\,\cancel{(q^2 + q^4)}}{\cancel{a_1} \cdot q\,\cancel{(q^2 + q^4)}} = \frac{\overset{1}{\cancel{360}}}{\underset{3}{\cancel{1080}}} \Rightarrow \frac{1}{q} = \frac{1}{3} \Rightarrow q = 3$$

Vamos calcular $\mathbf{a_1}$:

$a_1(q^2 + q^4) = 360 \Rightarrow a_1(3^2 + 3^4) = 360 \Rightarrow$

$\Rightarrow a_1 \cdot 90 = 360 \Rightarrow a_1 = 4$

Portanto, na PG dada, $a_1 = 4$ e $q = 3$.

objeto digital

Exercícios

73 Determine a fórmula do termo geral de cada PG:
a) (2, 8, ...) **b)** (3, 9, ...) **c)** (2, 1, ...)

74 Calcule:
a) o 5º termo da PG (1, 5, ...) **b)** o 10º termo da PG (9, 27, ...)

75 Qual é o 8º termo de uma PG na qual o 1º termo é $a_1 = \sqrt{2}$ e a razão é $q = \sqrt{2}$?

76 Calcule o 1º termo da PG $(a_1, a_2, a_3, ...)$ em que:
a) $a_4 = 128$ e $q = 4$
b) $a_6 = 10^3$ e $q = 10$
c) $a_{11} = 3\,072$ e $q = 2$

77 Numa PG crescente de seis termos, o último vale 486 e o 1º vale 2. Qual é a razão **q** dessa PG?

78 Calcule quantos termos tem a PG finita $(a_1, a_2, ..., a_n)$ em que:
a) $a_1 = 9$, $a_n = 3^{20}$ e $q = 3$ **b)** $a_n = 1\,875$, $a_1 = 3$ e $q = 5$

79 Qual é a razão de uma PG em que $a_1 = 4$ e $a_4 = 4\,000$?

80 Determine a razão **q** da PG na qual:
a) o 2º termo vale 12 e o 5º vale 324;
b) $a_{28} = -2$ e $a_{32} = -32$.

81 Sabe-se que, numa PG de números reais, $a_2 = 48$ e $a_7 = \frac{3}{2}$. Qual é o 1º termo dessa PG?

82 A produção de uma empresa nos meses de janeiro, fevereiro e março, respectivamente, forma uma PG. Se a produção em janeiro foi de 3 000 unidades e em março foi de 27 000 unidades, quantas unidades foram produzidas em fevereiro?
a) 9 000 unidades
b) 11 000 unidades
c) 13 000 unidades
d) 15 000 unidades
e) 17 000 unidades

83 Em uma progressão geométrica, o 4º termo é 2 e o 9º termo é 64. Qual é o valor do 7º termo dessa progressão?

84 Numa PG crescente, $a_2 - a_1 = 30$ e o primeiro termo $\mathbf{a_1}$ é igual ao quíntuplo da razão **q**. Calcule $\mathbf{a_1}$ e **q**.

85 Seja uma PG crescente de números reais, formada por quatro termos. A soma do 1º e do último termo é igual a 27 e a soma dos termos intermediários é 18. Escreva essa PG. (*Sugestão*: Lembrar que $1 + a^3 = (1 + a)(1 - a + a^2)$.)

86 Determine **x** para que as seguintes sequências sejam PG:
a) (4, x, 9)
b) (a, ax, 3a)
c) (x, x + 9, x + 45)
d) (x − 3, x, x + 6)

87 Qual o número **x** que se deve adicionar a 2, 6 e 14 para que os números assim obtidos sejam, nessa ordem, termos consecutivos de uma PG?

88 Segundo o Banco Mundial, na América Latina, a população deverá crescer à taxa média de 1,2% ao ano. Em 2004, sua população era de **P** habitantes. Persistindo essa taxa de crescimento anual, qual será a população da América Latina em 2020?

89 Uma indústria produziu 30 000 unidades de certo produto no primeiro trimestre de 2012. Supondo que a produção tenha dobrado a cada trimestre, quantas unidades desse produto foram produzidas no último trimestre de 2012?

Interpretação geométrica de uma progressão geométrica

Já vimos que o termo geral de uma progressão geométrica é dado por $a_n = a_1 \cdot q^{n-1}$ ou por $a_n = a_0 \cdot q^n$ quando começamos a enumeração dos termos por $\mathbf{a_0}$. Nesse caso, podemos pensar em uma progressão geométrica como uma função que associa a cada número natural **n** o valor dado por $a_n = a_0 \cdot q^n$. Essa função é a restrição aos números naturais da função exponencial $a(x) = a_0q^x$. O gráfico dessa função é formado por uma sequência de pontos pertencentes ao gráfico de uma função exponencial.

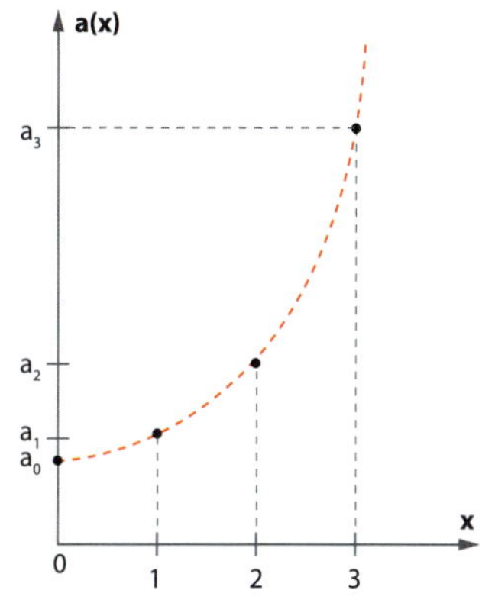

Veja o exemplo de $a_n = a_0 \cdot q^n$, com $a_0 = \frac{1}{4}$ e $q = 3$ e o esboço do gráfico da função correspondente:

$$PG\left(\frac{1}{4}, \frac{3}{4}, \frac{9}{4}, \frac{27}{4}, ...\right)$$

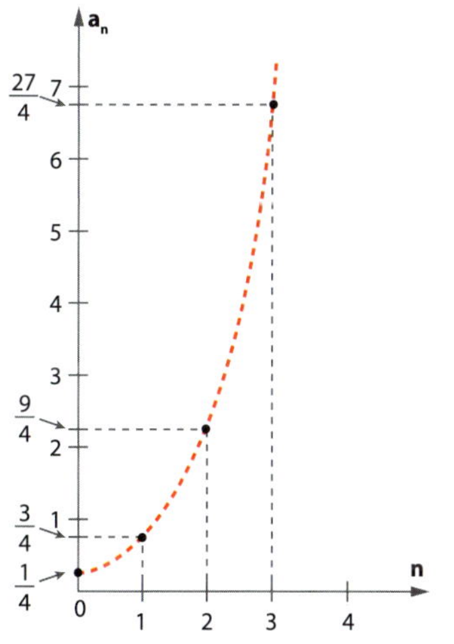

Interpolação geométrica

Vamos considerar o seguinte problema:

No primeiro semestre de 2007, a produção mensal de uma indústria cresceu em PG. Em janeiro, a produção foi de 1 500 unidades e, em junho, foi de 48 000 unidades. Qual foi a produção dessa indústria nos meses de fevereiro, março, abril e maio?

Nessas condições, o problema consiste em formar uma PG em que:

a_1 (produção em janeiro) = 1500

a_n (produção em junho) = 48000

$n = 6$

Devemos inicialmente calcular o valor da razão **q**:

$a_n = a_1 \cdot q^{n-1} \Rightarrow 48000 = 1500 \cdot q^5 \Rightarrow q^5 = 32 \Rightarrow$

$\Rightarrow q = \sqrt[5]{32} \Rightarrow q = 2$

Então temos:

(1500, 3000, 6000, 12000, 24000, 48000)

Daí podemos dizer que:

a_2 = produção em fevereiro = 3000 unidades

a_3 = produção em março = 6000 unidades

a_4 = produção em abril = 12000 unidades

a_5 = produção em maio = 24000 unidades

Na realidade, o que fizemos foi *inserir* ou *interpolar quatro meios geométricos* entre 1500 e 48000.

Exemplos de aplicação

1 **Insira três meios geométricos entre 3 e 48.**

Para inserir três meios geométricos entre 3 e 48, devemos formar a PG (3, __, __, __, 48) na qual:

$$\begin{cases} a_1 = 3 \\ n = 2 + 3 = 5 \\ a_5 = 48 \end{cases}$$

$a_5 = a_1 \cdot q^4 \Rightarrow 48 = 3q^4 \Rightarrow q^4 = 16 \Rightarrow q = \pm\sqrt[4]{16} \Rightarrow$

$\Rightarrow q = \pm 2$

Então temos:

- para $q = 2$, a PG (3, 6, 12, 24, 48)
- para $q = -2$, a PG (3, −6, 12, −24, 48)

2 **Quantos meios geométricos devemos inserir entre $\frac{1}{16}$ e 64 de modo que a sequência obtida tenha razão 4?**

Dados: $\begin{cases} a_1 = \dfrac{1}{16} \\ a_n = 64 \\ q = 4 \end{cases}$

Devemos então calcular **n**:

$a_n = a_1 \cdot q^{n-1} \Rightarrow 64 = \frac{1}{16} \cdot 4^{n-1} \Rightarrow$

$\Rightarrow 4^3 = 4^{-2} \cdot 4^{n-1} \Rightarrow 4^3 = 4^{n-3} \Rightarrow n - 3 = 3 \Rightarrow n = 6$

Então, a PG deve ter 6 termos, ou seja, devemos inserir 4 meios geométricos.

Exercícios

90 Insira quatro meios geométricos entre 6 e 192.

91 Quando inserimos quatro meios geométricos entre 8 e 1944, qual é o 2º termo da PG obtida?

92 Entre os números 18 e **x** foram inseridos dois meios geométricos. Obteve-se, assim, uma PG de razão 3. Qual é o valor de **x**?

93 Escrevendo-se quatro números entre 480 e 15, obtém-se uma sequência que é uma PG. Qual é a razão **q** dessa PG?

94 Para obter a soma 1 + 2 + 3 + 4 + ... + 98 + 99 + 100, o matemático Karl F. Gauss observou que 1 + 100 = 101; 2 + 99 = 101; 3 + 98 = 101; etc., num total de 50 vezes. Obteve desse modo o resultado 5050, calculando 50 · 101 = 5050. Utilizando um processo análogo, descubra o produto dos termos da seguinte PG finita: (2, 4, 8, 16, 32, 64, 128, 256, 512, 1024).

Fórmula da soma dos *n* primeiros termos de uma PG finita

A soma dos **n** primeiros termos de uma progressão geométrica (a_n) de razão $q \neq 1$ é $S_n = a_1 \cdot \dfrac{1 - q^n}{1 - q}$.

Demonstração:

Consideremos a PG finita ($a_1, a_2, a_3, ..., a_{n-1}, a_n$) e seja $\mathbf{S_n}$ a soma de seus termos:

$$S_n = a_1 + a_2 + a_3 + ... + a_{n-1} + a_n \quad (I)$$

Vamos multiplicar os dois membros dessa igualdade pela razão **q**, obtendo:

$$qS_n = \underbrace{a_1q}_{a_2} + \underbrace{a_2q}_{a_3} + \underbrace{a_3q}_{a_4} + ... + \underbrace{a_{n-1}q}_{a_n} + a_nq$$

ou

$$qS_n = a_2 + a_3 + a_4 + ... + a_n + a_nq \quad (II)$$

Fazendo (I) − (II), obtemos:

$$S_n - qS_n = a_1 - a_nq$$

Como $a_n = a_1q^{n-1}$, então $a_nq = a_1q^{n-1}q = a_1q^n$, daí:

$$S_n(1 - q) = a_1 - a_1q^n \Rightarrow S_n(1 - q) = a_1(1 - q^n)$$

Portanto, $S_n = a_1 \cdot \dfrac{1 - q^n}{1 - q}$ para $q \neq 1$.

Para refletir

Essa fórmula também pode aparecer assim:

$$S_n = a_1 \cdot \frac{q^n - 1}{q - 1},\ q \neq 1.$$

Exemplos de aplicação

1 Uma empresa produziu 10 000 unidades de certo produto em 2007. A cada ano seguinte produzirá 20% a mais desse produto em relação ao ano anterior. Quantas unidades desse produto a empresa produzirá no período de 2007 a 2011?

1ª maneira:

Ano	Produção (em unidades)	
2007	10 000	
2008	12 000	20% maior que 10 000 = 12 000
2009	14 400	20% maior que 12 000 = 14 400, etc.
2010	17 280	
2011	20 736	

No período de 2007 a 2011 a empresa produzirá:

10 000 + 12 000 + 14 400 + 17 280 + 20 736 = 74 416 unidades.

As parcelas formam uma PG finita de razão q = 1,20 (120%).

Assim, a soma dos cinco primeiros termos é 74 416.

2ª maneira: usando a fórmula

Como temos uma PG na qual $a_1 = 10\,000$, $q = 1{,}20$ e $n = 5$, temos:

$$S_n = a_1 \cdot \frac{1 - q^n}{1 - q} \Rightarrow S_5 = 10000 \cdot \frac{1 - (1{,}20)^5}{1 - 1{,}20} =$$

$$= 10000 \cdot \frac{-1{,}48832}{-0{,}20} = 74\,416$$

Logo, no período de 2007 a 2011 a empresa produzirá 74 416 unidades desse produto.

2 Determine a soma:

a) dos dez primeiros termos da PG (3, 6, ...):

Nessa PG, conhecemos: $a_1 = 3$, $q = 2$ e $n = 10$.

Aplicando a fórmula:

$$S_n = a_1 \cdot \frac{1 - q^n}{1 - q} \Rightarrow S_{10} = 3 \cdot \frac{1 - 2^{10}}{1 - 2} =$$

$$= 3 \cdot \frac{1 - 1\,024}{-1} = 3069$$

A soma pedida é 3 069.

b) dos termos da PG $(2, 2^2, ..., 2^{10})$:

Nessa PG, temos: $a_1 = 2$; $q = 2$ e $n = 10$.

$$S_{10} = 2 \cdot \frac{1 - 2^{10}}{1 - 2} = 2 \cdot \frac{1 - 1024}{-1} = 2046$$

Portanto, a soma dos termos da PG é 2 046.

3 A soma dos termos de uma PG finita é 728. Sabendo que $a_n = 486$ e $q = 3$, calcule o primeiro termo dessa sequência.

Nessa PG, conhecemos: $S_n = 728$, $a_n = 486$, $q = 3$.

Vamos aplicar a fórmula $S_n = \frac{a_n q - a_1}{q - 1}$ para calcular $\mathbf{a_1}$:

$$728 = \frac{486 \cdot 3 - a_1}{3 - 1} \Rightarrow 728 = \frac{1458 - a_1}{2} \Rightarrow$$

$$\Rightarrow 1458 - a_1 = 1456 \Rightarrow a_1 = 1458 - 1456 \Rightarrow a_1 = 2$$

Portanto, o primeiro termo da PG dada é $a_1 = 2$.

> **Para refletir**
> Se na página 166 fizéssemos (II) − (I), obteríamos $S_n(q - 1) = a_n q - a_1$, ou seja, $S_n = \frac{a_n q - a_1}{q - 1}$, $q \neq 1$.

4 Calcule o valor de **x** na igualdade $10x + 20x + ... + 1280x = 7650$, sabendo que os termos do 1º membro formam uma PG.

Nesse caso, $a_1 = 10x$, $q = 2$, $a_n = 1280x$ e $S_n = 7650$.

Inicialmente, vamos determinar **n**:

$$a_n = a_1 q^{n-1} \Rightarrow 1280x = 10x \cdot 2^{n-1} \overset{x \neq 0}{\Rightarrow}$$

$$\overset{x \neq 0}{\Rightarrow} 128 = 2^{n-1} \Rightarrow 2^7 = 2^{n-1} \Rightarrow n - 1 = 7 \Rightarrow n = 8$$

$$S_n = \frac{a_1(q^n - 1)}{q - 1} \Rightarrow 7650 = \frac{10x(2^8 - 1)}{2 - 1} \Rightarrow$$

$$\Rightarrow 7650 = 10x \cdot 255 \Rightarrow 7650 = 2550x \Rightarrow x = 3$$

Logo, x = 3.

Exercícios

95 Calcule a soma:

a) dos seis primeiros termos da PG (2, 8, ...);

b) dos dez termos iniciais da PG $(a^2, a^5, ...)$.

96 Calcule a soma dos termos da PG finita:

a) (1, 2, ..., 512)

b) (5, 20, ..., 1 280)

c) $(1, 2^2, ..., 2^{10})$

97 Seja uma PG na qual o 1º termo é 2, o último é 256 e a soma dos termos é 510. Qual é o valor da razão dessa PG?

98 Os termos do 1º membro da equação $3 + 6 + ... + x = 381$ formam uma PG. Calcule o conjunto solução dessa equação.

99 Quantos termos devemos considerar na PG (3, 6, ...) para obter uma soma igual a 765?

100 Numa PG crescente, são dados $a_2 = 6$ e $a_4 = 54$. Calcule a soma dos cinco primeiros termos dessa PG.

101 A soma dos seis termos iniciais de uma PG é 1456. Sabendo que a razão dessa PG é q = 3, calcule $\mathbf{a_1}$.

dica Enem

102 Uma pessoa aposta na loteria durante cinco semanas, de tal forma que, em cada semana, o valor da aposta é o dobro do valor da aposta da semana anterior. Se o valor da aposta da primeira semana é R$ 60,00, qual o total apostado após as cinco semanas?

a) R$ 480,00 **b)** R$ 960,00 **c)** R$ 1 440,00 **d)** R$ 1 680,00 **e)** R$ 1 860,00

103 Calcule o valor do número **x** sabendo que

$$x = 1 + \frac{1}{2} + \frac{1}{2^2} + \frac{1}{2^3} + \frac{1}{2^4} + \frac{1}{2^5}.$$

Limite da soma dos termos de uma PG infinita

Introdução

Consideremos a sequência $(a_n) = \left(\frac{1}{n}\right)$ com $n \in \mathbb{N}^*$, explicitada por:

$$1, \frac{1}{2}, \frac{1}{3}, \frac{1}{4}, \frac{1}{5}, \frac{1}{6}, \frac{1}{7}, \frac{1}{8}, \frac{1}{9}, \frac{1}{10}, \ldots, \frac{1}{100}, \ldots, \frac{1}{1000}, \ldots, \frac{1}{n}, \ldots$$

Para refletir
Essa sequência é uma PG?

ou, ainda, em representação decimal:
1; 0,5; 0,333...; 0,25; 0,2; 0,16...; 0,142...; 0,125; 0,11...; 0,1; ...; 0,01; ...; 0,001; ...

Observemos que, à medida que **n** cresce indefinidamente (tendendo a infinito), o termo $a_n = \frac{1}{n}$ tende a 0 (zero). Indicamos assim:

$$n \to \infty \Rightarrow \frac{1}{n} \to 0$$

ou, então, assim:

$$\lim_{n \to \infty} \frac{1}{n} = 0$$

(Lê-se limite de $\frac{1}{n}$ quando **n** tende a infinito é igual a 0.)

Nas progressões geométricas em que $0 < |q| < 1$, a soma dos **n** primeiros termos tem um limite finito quando **n** tende a infinito. Nesse caso, $\mathbf{q^n}$ aproxima-se de zero para **n** suficientemente grande, ou seja, $\lim_{n \to \infty} q^n = 0$.

Sabemos que $S_n = a_1 \cdot \frac{1 - q^n}{1 - q}$, $q \neq 1$.

Logo, $\lim_{n \to \infty} S_n = a_1 \cdot \frac{1 - 0}{1 - q}$,

isto é:

$$\lim_{n \to \infty} S_n = \frac{a_1}{1 - q}, \; 0 < |q| < 1$$

Para refletir
O que acontece com a soma dos termos de uma PG infinita de termos positivos e razão maior do que 1?

Exemplos de aplicação

1 Calcule o limite da soma dos termos da progressão geométrica $\frac{1}{2} + \frac{1}{4} + \frac{1}{8} + \frac{1}{16} + \ldots + \frac{1}{2^n} + \ldots, n \in \mathbb{N}^*$.

Neste caso, $a_1 = \frac{1}{2}$, $q = \frac{1}{2}$ e temos:

$$\lim_{n \to \infty} S_n = \frac{a_1}{1 - q} = \frac{\frac{1}{2}}{1 - \frac{1}{2}} = \frac{\frac{1}{2}}{\frac{1}{2}} = 1$$

Logo, $\lim_{n \to \infty} S_n = 1$. Isso significa que, quanto maior for **n**, a soma $\frac{1}{2} + \frac{1}{4} + \frac{1}{8} + \frac{1}{16} + \ldots + \frac{1}{2^n} + \ldots$ será mais próxima de 1.

Para refletir

$S_1 = \frac{1}{2}$

$S_2 = \frac{1}{2} + \frac{1}{4} = \frac{3}{4}$

$S_3 = \frac{1}{2} + \frac{1}{4} + \frac{1}{8} = \frac{7}{8}$

$\frac{1}{2}, \frac{3}{4}, \frac{7}{8}, \ldots$ tende a 1.

Veja agora uma interpretação geométrica considerando a área da região quadrada abaixo igual a 1. Inicialmente vamos colorir $\frac{1}{2}$ dela, depois $\frac{1}{4}$, depois $\frac{1}{8}$, e assim por diante. Continuando esse procedimento indefinidamente, estaremos nos aproximando da área total da região quadrada, que é 1.

2 Mostre que o limite da soma 0,6 + 0,06 + 0,006 + ... quando o número de parcelas tende a infinito é igual a $\frac{2}{3}$.

1ª maneira:
Somando um número muito grande de termos dessa progressão geométrica encontramos aproximadamente a dízima periódica $0{,}6666\ldots = \frac{6}{9} = \frac{2}{3}$.

$$\begin{array}{r} 0{,}6 \\ 0{,}06 \\ 0{,}006 \; + \\ 0{,}0006 \\ 0{,}00006 \\ \text{-----} \\ \hline 0{,}6666\ldots \end{array}$$

2ª maneira: calculando o limite

Neste caso, $a_1 = 0{,}6$ e $q = \frac{1}{10}$. Assim:

$$\lim_{n \to \infty} S_n = \frac{a_1}{1 - q} = \frac{0{,}6}{1 - \frac{1}{10}} = \frac{\frac{6}{10}}{\frac{9}{10}} = \frac{6}{9} = \frac{2}{3}$$

Portanto, $\lim_{n \to \infty} S_n = \frac{2}{3}$.

3 Determine o limite da soma da PG infinita $\frac{1}{3} + \frac{2}{9} + \frac{4}{27} + \ldots$

As parcelas formam uma PG infinita na qual $a_1 = \frac{1}{3}$ e

$$q = \frac{\frac{2}{9}}{\frac{1}{3}} = \frac{2}{3}.$$

Como $\frac{2}{3} < 1$, podemos usar a fórmula $\lim_{n \to \infty} S_n = \frac{a_1}{1 - q}$:

$$\lim_{n \to \infty} S_n = \frac{\frac{1}{3}}{1 - \frac{2}{3}} = \frac{\frac{1}{3}}{\frac{1}{3}} = 1$$

Logo, o valor procurado é 1.

4 Calcule o limite da soma dos termos da PG $\left(\frac{1}{3}, -\frac{1}{9}, \frac{1}{27}, \ldots\right)$.

Nessa PG, temos $a_1 = \frac{1}{3}$ e $q = \frac{-\frac{1}{9}}{\frac{1}{3}} = -\frac{1}{3}$:

$$\lim_{n \to \infty} S_n = \frac{a_1}{1 - q} = \frac{\frac{1}{3}}{1 - \left(-\frac{1}{3}\right)} = \frac{\frac{1}{3}}{1 + \frac{1}{3}} = \frac{\frac{1}{3}}{\frac{4}{3}} = \frac{1}{4}$$

Logo, o limite da soma procurada é $\frac{1}{4}$.

5 Resolva a equação $5x + \frac{10x}{3} + \frac{20x}{9} + \ldots = 20$, na qual o primeiro membro é o limite da soma de uma PG infinita.

$$a_1 = 5x,\ q = \frac{\frac{10x}{3}}{5x} = \frac{2}{3} \text{ e } \lim_{n \to \infty} S_n = 20$$

$$\lim_{n \to \infty} S_n = \frac{a_1}{1 - q} \Rightarrow 20 = \frac{5x}{1 - \frac{2}{3}} \Rightarrow 20 = \frac{5x}{\frac{1}{3}} \Rightarrow$$

$$\Rightarrow 5x = \frac{20}{3} \Rightarrow x = \frac{20}{15} = \frac{4}{3}$$

Logo, $x = \frac{4}{3}$.

6 A medida do lado de um triângulo equilátero é 10. Unindo-se os pontos médios de seus lados obtém-se um segundo triângulo equilátero. Unindo-se os pontos médios dos lados desse novo triângulo equilátero obtém-se um terceiro, e assim por diante, indefinidamente. Calcule a soma dos perímetros de todos esses triângulos.

Perímetro do 1º triângulo = 30

Perímetro do 2º triângulo = 15

Perímetro do 3º triângulo = $\frac{15}{2}$

⋮

Devemos calcular a soma dos termos da PG infinita $\left(30, 15, \frac{15}{2}, \ldots\right)$ na qual $a_1 = 30$ e $q = \frac{1}{2}$:

$$\lim_{n \to \infty} S_n = \frac{a_1}{1 - q} = \frac{30}{1 - \frac{1}{2}} = \frac{30}{\frac{1}{2}} = 60$$

Portanto, a soma dos perímetros é 60.

Para refletir
Nessas condições, os perímetros sempre formam uma PG infinita de razão $\frac{1}{2}$.

Exercícios

104 Determine o valor de $20 + 4 + \frac{4}{5} + \frac{4}{25} + \ldots$

105 Calcule o limite da soma dos termos das seguintes PGs:

a) (20, 10, 5, ...) **b)** $\left(x, y, \frac{y^2}{x}, \ldots\right)$, sendo $\left|\frac{y}{x}\right| < 1$

106 Determine o valor dos limites das seguintes somas:

a) $1 - \frac{1}{2} + \frac{1}{4} - \frac{1}{8} + \ldots$ **b)** $2 + \frac{1}{2} + \frac{1}{8} + \ldots$

107 Determine o valor de **x** na igualdade $x + \frac{x}{3} + \frac{x}{9} + \ldots = 12$, na qual o primeiro membro é o limite da soma dos termos de uma PG infinita.

108 Determine o valor da expressão

$$\frac{1+\frac{1}{10}+\frac{1}{10^2}+\ldots}{1+\frac{1}{4}+\frac{1}{16}+\ldots}$$, na qual o numerador e o denominador são os limites das somas de duas PGs infinitas.

109 Determine o conjunto solução da equação

$2^{1+x}+2^{1+2x}+2^{1+3x}+\ldots=\frac{2}{3}$, na qual o primeiro membro é o limite da soma dos termos de uma PG infinita.

110 Um quadrado tem área 36 cm². Unindo-se os pontos médios dos lados desse quadrado, obtemos um segundo quadrado; unindo-se os pontos médios dos lados desse segundo quadrado, obtemos um terceiro quadrado, e assim por diante, indefinidamente. Determine a soma das áreas desses infinitos quadrados.

111 Um quadrado tem perímetro 20 cm. Unindo-se os pontos médios dos lados desse quadrado, obtemos um segundo quadrado; unindo-se os pontos médios dos lados desse segundo quadrado, obtemos um terceiro quadrado, e assim por diante, indefinidamente. Determine a soma dos perímetros desses infinitos quadrados.

112 Seja um triângulo de área 40. Unindo os pontos médios dos lados desse triângulo, obtemos um segundo triângulo; unindo os pontos médios dos lados desse segundo triângulo, obtemos um terceiro, e assim por diante, indefinidamente. Calcule o limite da soma das áreas de todas essas regiões triangulares, sabendo que elas formam uma PG.

Produto dos termos da PG

objeto digital

Considere uma PG $(a_1, a_2, a_3, \ldots, a_{n-2}, a_{n-1}, a_n, \ldots)$.

O produto $\mathbf{P_n}$ dos **n** primeiros termos dessa PG pode ser obtido de duas maneiras:

1ª maneira:

$$\begin{cases} a_1 = a_1 \\ a_2 = a_1q \\ a_3 = a_1q^2 \\ \vdots \\ a_n = a_1q^{n-1} \end{cases}$$

Multiplicando-se membro a membro, encontramos:

$$a_1a_2a_3\ldots a_n = \underbrace{a_1a_1a_1\ldots a_1}_{\textbf{n}\text{ fatores}} \cdot q^1q^2q^3\ldots q^{n-1}$$

Então:

$$P_n = a_1^n \cdot q^{\overbrace{\boxed{1+2+3+\ldots+n-1}}^{\text{soma de PA}}} \Rightarrow P_n = a_1^n \cdot q^{\frac{(1+n-1)(n-1)}{2}} \Rightarrow$$

$$\Rightarrow \boxed{P_n = a_1^n \cdot q^{\frac{n(n-1)}{2}}}$$

2ª maneira:

$$\begin{cases} P_n = a_1 \cdot a_2 \cdot a_3 \cdot \ldots \cdot a_{n-2} \cdot a_{n-1} \cdot a_n \\ P_n = a_n \cdot a_{n-1} \cdot a_{n-2} \cdot \ldots \cdot a_3 \cdot a_2 \cdot a_1 \end{cases}$$

Multiplicando-se membro a membro, encontramos:

$$P_n^2 = (a_1 \cdot a_n)(a_2 \cdot a_{n-1})(a_3 \cdot a_{n-2}) \cdot \ldots \cdot (a_{n-2} \cdot a_3)(a_{n-1} \cdot a_2)(a_n \cdot a_1)$$

Como $(a_2 \cdot a_{n-1}) = (a_3 \cdot a_{n-2}) = \ldots = (a_1 \cdot a_n)$, então:

$P_n^2 = (a_1a_n)^n \Rightarrow \boxed{P_n = \pm\sqrt{(a_1a_n)^n}}$ (o sinal correto depende de estudar as condições da PG dada)

Exemplos de aplicação

1 Determine o produto dos vinte primeiros termos da PG (3, 6, 12, ...).

1ª maneira:

$$P_{20} = 3^{20} \cdot 2^{\frac{20 \cdot 19}{2}} = 3^{20} \cdot 2^{190}$$

2ª maneira:

$$a_{20} = a_1 \cdot q^{19} \Rightarrow a_{20} = 3 \cdot 2^{19}$$

$$P_{20} = \pm\sqrt{(3 \cdot 3 \cdot 2^{19})^{20}} = \pm(3^2 \cdot 2^{19})^{10} = \pm 3^{20} \cdot 2^{190}$$

Como a PG tem apenas termos positivos, então $\mathbf{P_{20}}$ é positivo. Logo, $P_{20} = 3^{20} \cdot 2^{190}$.

2 Determine o produto dos quinze primeiros termos da PG alternante (1, −2, 4, −8, ...).

1ª maneira:

$$P_{15} = 1^{15} \cdot (-2)^{\frac{15 \cdot 14}{2}} = (-2)^{105} = -2^{105}$$

2ª maneira:

$$a_{15} = 1 \cdot (-2)^{14} = 2^{14}$$

$$P_{15} = \pm\sqrt{(1 \cdot 2^{14})^{15}} = \pm 2^{105}$$

Como entre os quinze primeiros termos temos 7 termos negativos, o produto é negativo. Logo, $P_{15} = -2^{105}$.

Exercícios

113 Determine o produto dos **n** termos iniciais de cada PG:

a) $n = 10$ e PG (2, 4, 8, ...)

b) $n = 25$ e PG (1, −3, 9, ...)

c) $n = 11$ e PG $(x, x^2, x^3, \ldots)$

114 Em uma PG crescente, com $a_{20} = 2$, qual o valor do produto dos 39 termos iniciais?

4. Problemas envolvendo PA e PG

Para completar o capítulo sobre progressões, veremos agora problemas que envolvem PA e PG ao mesmo tempo, além de outras contextualizações.

» Exemplos de aplicação

1 São dados quatro números, x, y, 6, 4, nessa ordem. Sabendo que os três primeiros estão em PA e os três últimos estão em PG, determine **x** e **y**.

Se x, y, 6 estão em PA, temos $y = \frac{x + 6}{2}$.

Se y, 6, 4 estão em PG, temos $6^2 = 4y$.

Devemos resolver o sistema formado por essas duas equações:

$$\begin{cases} y = \frac{x + 6}{2} \\ 4y = 36 \Rightarrow y = 9 \end{cases}$$

$$9 = \frac{x + 6}{2} \Rightarrow x + 6 = 18 \Rightarrow x = 12$$

Então, $x = 12$ e $y = 9$.

2 A sequência (a, b, c) é uma PG crescente e a sequência (a − 1, b, c) é uma PA. Sabendo que a + b + c = 19, determine os valores de **a**, **b** e **c**.

Se (a, b, c) é uma PG, temos $b^2 = ac$.

Se (a − 1, b, c) é uma PA, temos:

$$b = \frac{a - 1 + c}{2} \Rightarrow 2b = a - 1 + c$$

Devemos, então, resolver o sistema:

$$\begin{cases} b^2 = ac & \text{(I)} \\ 2b = a - 1 + c & \text{(II)} \\ a + b + c = 19 & \text{(III)} \end{cases}$$

De (II), temos:

$2b = a - 1 + c \Rightarrow a + c = 2b + 1$ (IV)

De (III), temos:

$a + b + c = 19 \Rightarrow a + c = 19 - b$ (V)

Comparando (IV) e (V), temos:

$$2b + 1 = 19 - b \Rightarrow 2b + b = 19 - 1 \Rightarrow 3b = 18 \Rightarrow$$
$$\Rightarrow b = 6$$

Conhecido b = 6, temos um novo sistema:

$$\begin{cases} 36 = ac \\ a + c = 13 \end{cases}$$

$a + c = 13 \Rightarrow a = 13 - c$

$36 = (13 - c)c \Rightarrow 36 = 13c - c^2 \Rightarrow c^2 - 13c + 36 = 0$

$\Delta = 25$

$c' = 9$ e $c'' = 4$

- $c = 9 \Rightarrow a = 13 - 9 = 4$
- $c = 4 \Rightarrow a = 13 - 4 = 9$

Como a PG (a, b, c) é crescente, temos a = 4, b = 6 e c = 9.

3 Numa situação em que há empréstimo de dinheiro para devolução depois de certo número de períodos, e em que esse empréstimo é baseado no sistema de juros simples, os juros correspondentes a cada período são constantes e iguais ao valor calculado no fim do 1º período. Dessa forma, no fim do 1º período, os juros são acrescidos ao capital inicial, resultando no montante $\mathbf{M_1}$. No fim do 2º período, os juros são acrescidos ao montante $\mathbf{M_1}$, resultando no montante $\mathbf{M_2}$, e assim por diante até o fim dos períodos contratados, em que o capital emprestado terá se transformado no montante $\mathbf{M_n}$.
Considere então um empréstimo de R$ 800,00 a ser pago em 6 meses, à taxa de juros simples de 4% a.m. No fim dos 6 meses, quanto deverá ser pago para a quitação da dívida?

Os 4% de juros simples cobrados por mês significam $0{,}04 \cdot 800{,}00 =$ R$ 32,00 de acréscimo mensal. Essa é uma situação em que os valores devidos evoluem da seguinte forma:

Mês 0: 800,00

Mês 1: 800,00 + 32,00

Mês 2: 832,00 + 32,00

Mês 3: ...

Mês 4: ...

...

É possível representar a sequência de valores devidos por uma progressão aritmética usando como 1º termo o valor devido após o 1º período e, como razão, o valor constante a ser pago a título de juros simples:

r = juro do 1º período $= 0{,}04 \cdot 800 = 32$

$$a_n = a_1 + (n - 1)r \Rightarrow M_n = 832 + (n - 1)32 \Rightarrow$$
$$\Rightarrow M_6 = 832 + (6 - 1)32 = 992{,}00$$

É importante salientar que essa progressão poderia ser mais bem representada usando-se $\mathbf{a_0}$ em vez de $\mathbf{a_1}$ no termo geral. Assim, teríamos o capital inicial representado no termo geral:

$$a_n = a_0 + nr \Rightarrow M_n = 800 + 32n \Rightarrow$$
$$\Rightarrow M_6 = 800 + 32 \cdot 6 = 992{,}00$$

No fim do 6º mês, o valor a ser pago será R$ 992,00.

4 Numa outra situação, semelhante à anterior, em que há empréstimo de dinheiro para devolução depois de certo número de períodos, mas em que o empréstimo é baseado no sistema de juros compostos, os juros correspondentes a cada período não são constantes e, por isso, precisam ser calculados no fim de cada período relativo ao montante atual da dívida. Dessa forma, no fim do 1º período, os juros são acrescidos ao capital inicial, resultando no montante $\mathbf{M_1}$. No fim do 2º período, os juros são recalculados sobre o montante $\mathbf{M_1}$ e somados, resultando no montante $\mathbf{M_2}$, e assim por diante até o fim dos períodos contratados, em que o capital emprestado terá se transformado no montante $\mathbf{M_n}$.
Considere então um empréstimo de R$ 800,00 a ser pago em 6 meses, à taxa de juros compostos de 4% a.m.

No fim dos 6 meses, quanto deverá ser pago para a quitação da dívida?

Antes de iniciar a montagem da sequência de valores devidos, notemos que, quando é preciso aumentar um valor em 4%, o novo valor é imediatamente obtido ao multiplicarmos o valor antigo por 1,04, pois

$x_1 = x + 0{,}04x = x(1 + 0{,}04) = 1{,}04x$. Chamamos 1,04 de fator de atualização.

Essa é uma situação em que os valores devidos evoluem da seguinte forma:

Mês 0: 800,00

Mês 1: $800 \cdot 1{,}04 = 832{,}00$

Mês 2: $832 \cdot 1{,}04 = 800 \cdot (1{,}04)^2 = 865{,}28$

Mês 3: $865{,}28 \cdot 1{,}04 = 800 \cdot (1{,}04)^3 = \ldots$

Mês 4: ...

...

É possível representar a sequência de valores devidos por uma progressão geométrica usando como 1º termo o valor devido após o 1º período e, como razão, o valor do fator multiplicativo que permite a atualização do valor:

$$q = 1 + i = 1 + 0{,}04 = 1{,}04$$

$$a_n = a_1 \cdot q^{n-1} \Rightarrow M_n = 832 \cdot (1{,}04)^{n-1} \Rightarrow$$

$$\Rightarrow M_6 = 832 \cdot (1{,}04)^{6-1} = 1012{,}25$$

Novamente é importante salientar que essa progressão poderia ser mais bem representada usando-se $\mathbf{a_0}$ em vez de $\mathbf{a_1}$ no termo geral. Assim, teríamos o capital inicial representado no termo geral:

$$a_n = a_0 \cdot q^n \Rightarrow M_n = 800 \cdot (1{,}04)^n \Rightarrow$$

$$\Rightarrow M_6 = 800 \cdot (1{,}04)^6 = 1\,012{,}25$$

No fim do 6º mês, deverão ser pagos R$ 1012,25.

5 **Um artesão esculpe carrancas utilizadas em embarcações que navegam no rio São Francisco. Ele tem em estoque 15 carrancas e recebe uma encomenda de 87 carrancas. Sabendo que ele produz 2 carrancas por semana, quantos meses serão necessários para o artesão atender à encomenda?**

Como o artesão já tem em estoque 15 carrancas, ele deve produzir $87 - 15 = 72$ carrancas e, como produz 2 carrancas por semana, serão necessárias $\frac{72}{2} = 36$ semanas, ou seja, aproximadamente 8 meses.

Podemos também resolver este problema utilizando o conceito de progressão aritmética. Assim, $a_1 = 17$ (lembre-se de que no fim da primeira semana ele terá as 15 carrancas do estoque mais as duas produzidas nessa semana); $r = 2$ (número de carrancas produzidas por semana) e $a_n = 87$, para que possamos determinar o valor de **n**. Logo:

$$a_n = a_1 + (n - 1)r \Rightarrow 87 = 17 + (n - 1)2 \Rightarrow$$

$$\Rightarrow 70 = (n - 1)2 \Rightarrow 35 = n - 1 \Rightarrow$$

$$\Rightarrow n = 36 \text{ semanas} \simeq 8 \text{ meses}$$

» Exercícios

objeto digital

115 Calcule **x** e **y** sabendo que a sequência (x, y, 9) é uma PA e a sequência (x, y, 12) é uma PG crescente.

116 A sequência (a, b, c) é uma PA e a sequência (a, b, c + 1) é uma PG. Se $a + b + c = 18$, escreva a PA sabendo que ela é crescente.

117 A sequência (a_1, a_2, a_3, a_4) é uma PA de razão 4 e a sequência (b_1, b_2, b_3, b_4) é uma PG de razão 4. Sabendo que $a_4 = b_3$ e $a_1 = b_2$, escreva a PA e a PG.

118 Sabendo que os números 2, log x, log y, nessa ordem, estão simultaneamente em PA e em PG, calcule **x** e **y**.

119 A torcida do glorioso S. C. Corinthians Paulista tem hoje 20 milhões de torcedores e cresce 3% ao ano. Qual será a torcida do time daqui a 10 anos?

120 A espessura de uma folha de papel é 0,05 mm. Forma-se uma pilha de folhas de papel colocando-se na 1ª vez uma folha e, em cada uma das vezes seguintes, tantas quantas já foram colocadas anteriormente. Após 11 operações iguais a essa, qual a altura da pilha de folhas de papel em centímetros?

121 Um sitiante estava perdendo sua plantação de algodão em decorrência da ação de uma praga. Ao consultar um agrônomo da Casa da Lavoura, foi orientado para que pulverizasse, uma vez ao dia, um determinado agrotóxico da seguinte maneira:

- 1º dia: 2 litros
- 2º dia: 4 litros
- 3º dia: 8 litros

... e assim sucessivamente. Sabendo que o total de agrotóxico pulverizado foi de 126 litros, determine quantos dias de duração teve esse tratamento.

dica Enem

122 Em alguns países europeus, a taxa de juros é tão baixa que algumas lojas e bancos trabalham com o sistema de juros simples, pois ele é mais facilmente compreendido pelos clientes. Faça uma comparação do montante de uma dívida de R$ 1 000,00 após 6 meses, usando os sistemas de juros simples e compostos, verificando se a diferença entre os montantes obtidos com os dois sistemas de juros é significativa, comparada com a dívida:

a) para 0,5% a.m.

b) para 5% a.m.

Observação: É comum a adoção do sistema de juros simples quando o valor do juro é muito baixo. A diferença monetária não compensa o esforço do cliente (ou do lojista) em fazer uso do sistema de juros compostos.

123 Os anos múltiplos de 4 terminados em 04, 08, 12, ..., 96 são bissextos, isto é, apresentam 366 dias (têm o dia 29 de fevereiro). Já os anos múltiplos de 4 terminados em 00 somente serão bissextos se forem múltiplos de 400. Sabendo que Samuel nasceu em uma sexta-feira, no dia 27 de junho de 2008, em que dia da semana ele completará seus 15 anos?

a) segunda-feira

b) terça-feira

c) quarta-feira

d) quinta-feira

e) sexta-feira

10 Capítulo

Geometria euclidiana plana

Um dos princípios fundamentais da Geometria é o conceito de proporcionalidade, diretamente relacionado com o teorema de Tales.

Considere o seguinte problema:

No △EFG, uma das bissetrizes é GM. Calcule o perímetro do △EFG.

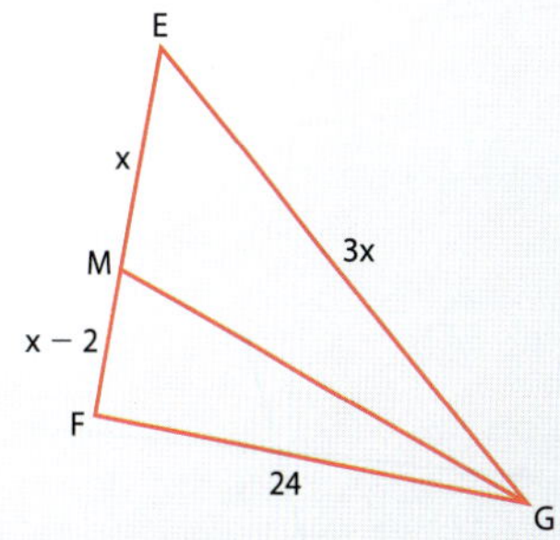

Observando seu esquema, recorremos mentalmente às propriedades que envolvem seus elementos e criamos artifícios, como construções auxiliares, para resolvê-lo.

Neste capítulo recordaremos as propriedades de figuras planas, que constituem nosso repertório de recursos para resolução dos problemas geométricos que as envolvem.

1. Ângulos

Ângulo é uma figura plana formada por duas semirretas de mesma origem. As semirretas chamam-se *lados* do ângulo e o ponto de origem chama-se *vértice*.

- Ângulo raso: ângulo de medida 180° (ou seja, seus lados formam uma reta).
- Ângulo reto: ângulo de medida 90°.
- Ângulo agudo: ângulo cuja medida está entre 0° e 90°.
- Ângulo obtuso: ângulo cuja medida está entre 90° e 180°.
- Ângulos congruentes: ângulos que têm a mesma medida (símbolo: ≅).
- Ângulos complementares: par de ângulos cuja soma das medidas é 90°.
- Ângulos suplementares: par de ângulos cuja soma das medidas é 180°.
- Ângulos adjacentes: ângulos que possuem um lado comum e as regiões determinadas por eles não têm mais pontos comuns.
- Ângulos formados por duas retas paralelas cortadas por uma transversal:

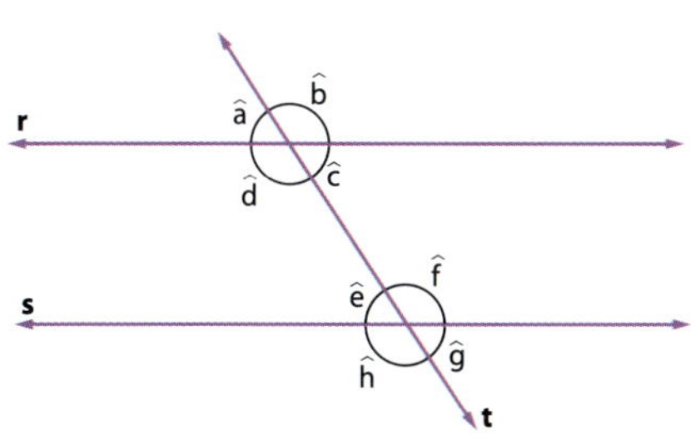

r e **s**: retas paralelas

t: reta transversal

$\hat{a}$ e $\hat{c}$: ângulos opostos pelo vértice

$\hat{a}$ e $\hat{e}$: ângulos correspondentes

$\hat{a}$ e $\hat{g}$: ângulos alternos externos

$\hat{c}$ e $\hat{e}$: ângulos alternos internos

$\hat{c}$ e $\hat{f}$: ângulos colaterais internos

$\hat{a}$ e $\hat{h}$: ângulos colaterais externos

> **Fique atento**
> Observe que nesse esquema há pares de ângulos congruentes e pares de ângulos suplementares.

Exercícios

1 Considere as retas paralelas **m** e **n** (em símbolos: m // n). Calcule o valor de **x** e a medida de cada ângulo assinalado.

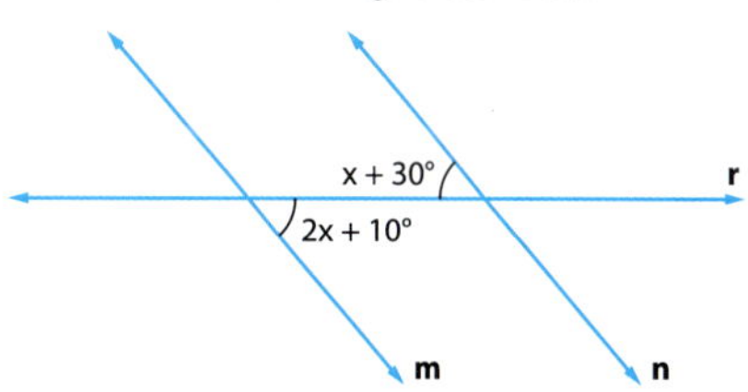

2 Considerando r // s, determine as medidas de **x** e **y**.

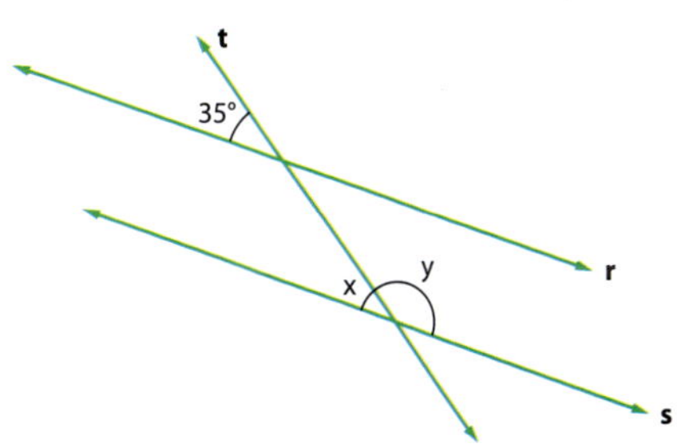

3 Sabendo que r // s, determine, em graus, o valor de cada uma das medidas dos ângulos assinalados.

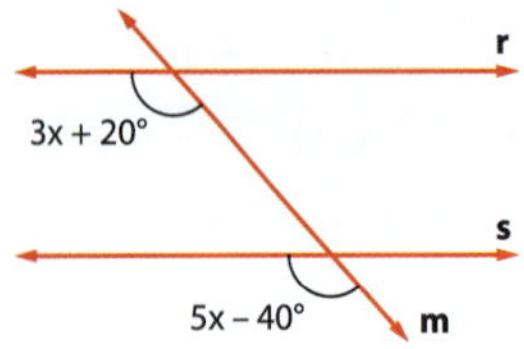

4 Considerando r // s, determine, em graus, o valor de cada uma das medidas dos ângulos assinalados.

a)

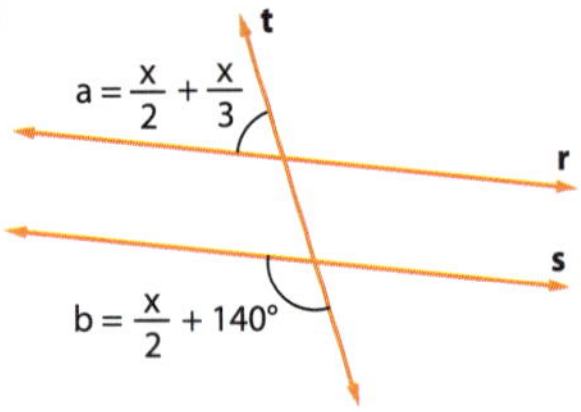

b)

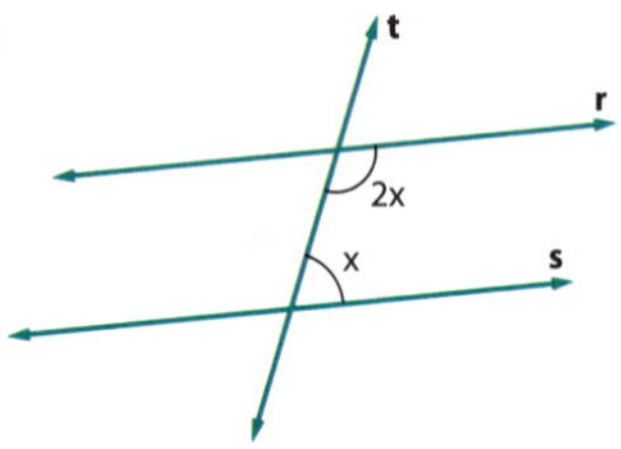

5 Sendo r // s, determine as medidas de **x**, **y** e **z**, em graus, dos ângulos assinalados.

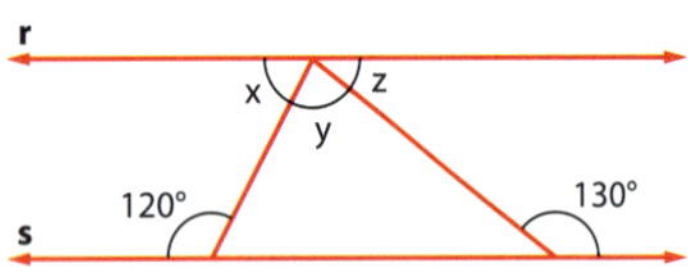

6 Calcule o valor de **x** sabendo que as retas **r** e **s** são paralelas.

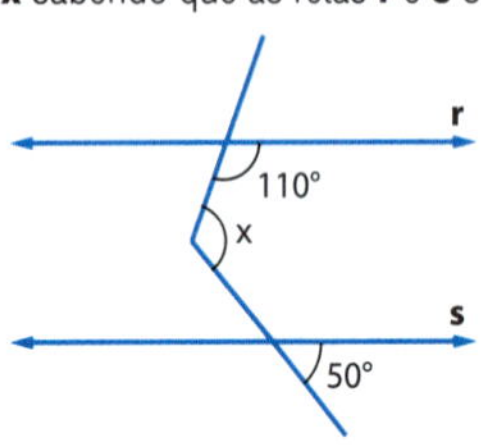

7 Calcule as medidas **x** e **y**, em graus, dos ângulos:

a) r // s

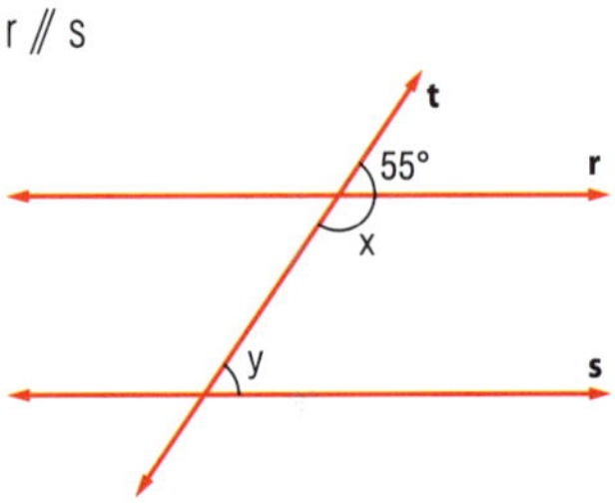

b) r // s e s // t

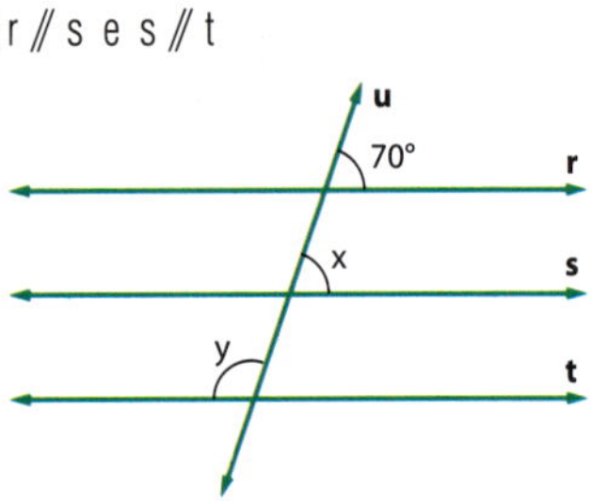

8 Sabendo que r // s, calcule o valor de **x**, em graus:

a)

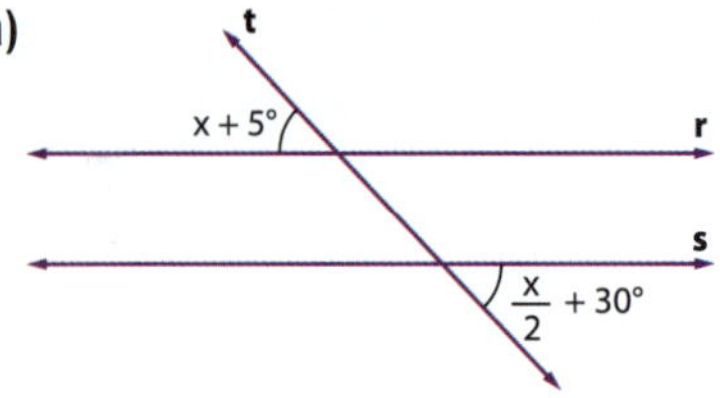

b)

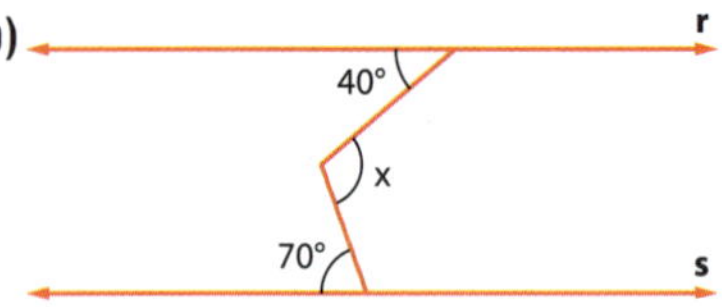

9 Determine, em graus, as medidas **x**, **y**, **w** e **z** dos ângulos:

a) r // s

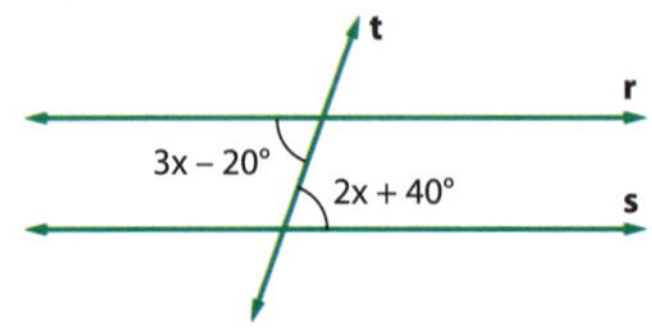

b) r // s // t

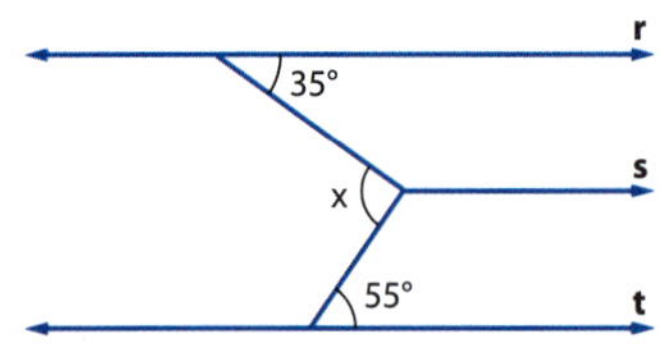

c) r // s e s // t

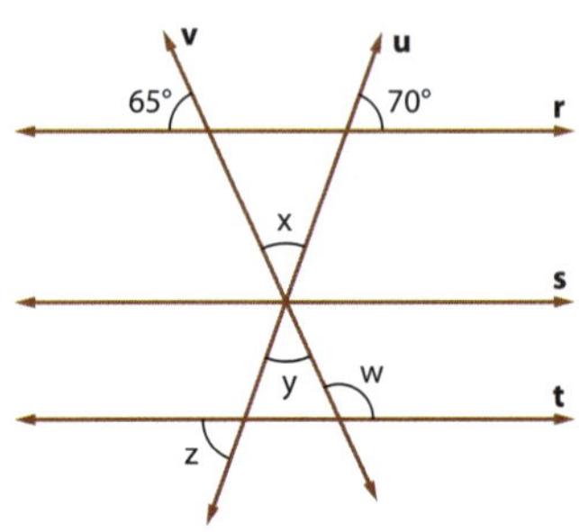

2. Polígonos

Polígono é uma linha fechada formada apenas por segmentos de reta que não se cruzam no mesmo plano.

Polígonos convexos e não convexos

O polígono ABCDE é *convexo* e o polígono PQRST é *não convexo*.

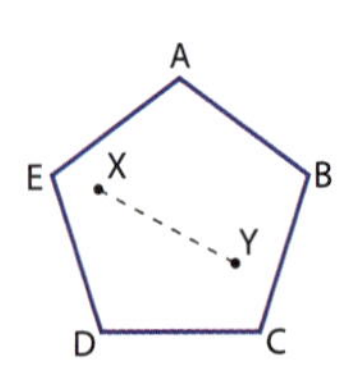

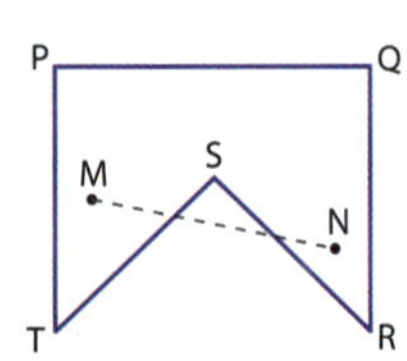

No polígono ABCDE, se tomarmos dois pontos *quaisquer* **X** e **Y** na região limitada pelo polígono, o segmento de reta que os une estará inteiramente contido nessa região. Já no polígono PQRST isso não ocorre: é possível encontrarmos dois pontos (**M** e **N**) de modo que o segmento de reta MN *não* esteja inteiramente contido na região limitada por esse polígono.

Observação: A partir de agora, quando não explicitarmos o tipo de polígono, estaremos considerando que o polígono citado é convexo.

Elementos de um polígono convexo

O polígono convexo ao lado é indicado por ABCDEF. Nele destacamos os seguintes elementos:

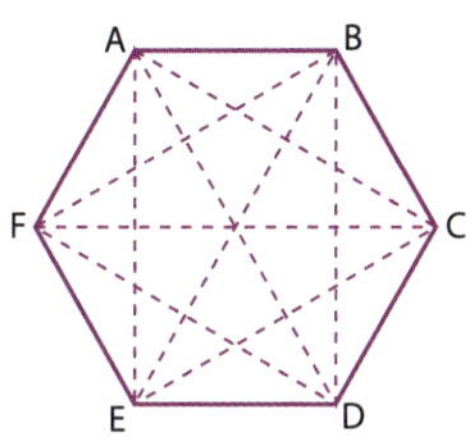

Vértices: são os pontos **A**, **B**, **C**, **D**, **E** e **F**.

Lados: são os segmentos de reta AB, BC, CD, DE, EF e FA.

Diagonais: são os segmentos de reta que ligam um vértice a outro vértice não consecutivo a ele: AC, AD, AE, BD, BE, BF, CE, CF e DF.

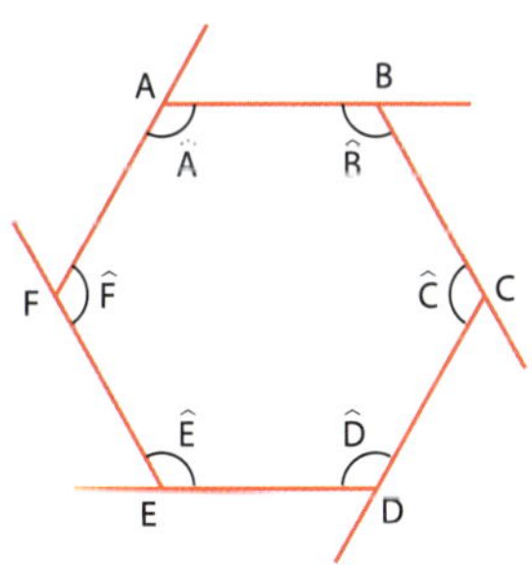

Ângulos internos: são os ângulos formados por dois lados consecutivos contidos na região interna do polígono: $A\hat{B}C$ ou $\hat{\mathbf{B}}$, $B\hat{C}D$ ou $\hat{\mathbf{C}}$, $C\hat{D}E$ ou $\hat{\mathbf{D}}$, $D\hat{E}F$ ou $\hat{\mathbf{E}}$, $E\hat{F}A$ ou $\hat{\mathbf{F}}$ e $F\hat{A}B$ ou $\hat{\mathbf{A}}$.

Ângulos externos: são os ângulos formados por um lado e pelo prolongamento do lado consecutivo a este: $P\hat{A}B$ ou $\hat{\mathbf{a}}$, $Q\hat{B}C$ ou $\hat{\mathbf{b}}$, $R\hat{C}D$ ou $\hat{\mathbf{c}}$, $S\hat{D}E$ ou $\hat{\mathbf{d}}$, $T\hat{E}F$ ou $\hat{\mathbf{e}}$, $U\hat{F}A$ ou $\hat{\mathbf{f}}$.

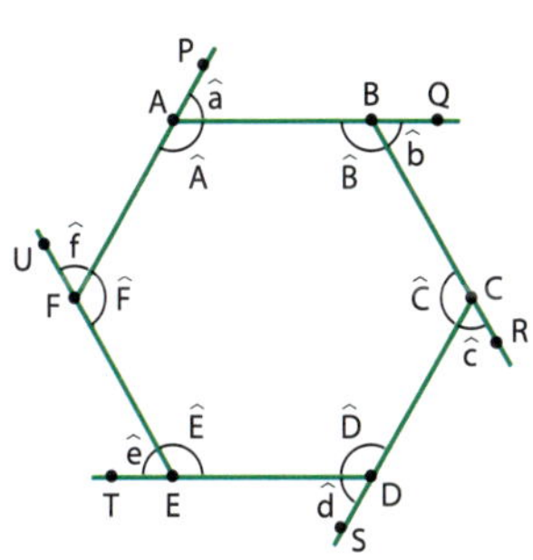

Em qualquer polígono convexo, o número de vértices, de lados, de ângulos internos e de ângulos externos é o mesmo.

Nome dos polígonos quanto ao número de lados

Vamos recordar os nomes de alguns polígonos e aprender outros:

Número de lados	Nome do polígono
3 (tri)	Triângulo
4 (quadri)	Quadrilátero
5 (penta)	Pentágono
6 (hexa)	Hexágono
7 (hepta)	Heptágono
8 (octo)	Octógono
9 (enea)	Eneágono
10 (deca)	Decágono
11 (um a mais do que dez)	Undecágono
12 (dois a mais do que dez)	Dodecágono
15 (cinco a mais do que dez)	Pentadecágono
20 (icos)	Icoságono

Polígonos regulares

Um polígono convexo é denominado *regular* quando todos os seus lados são congruentes e todos os seus ângulos internos são congruentes.

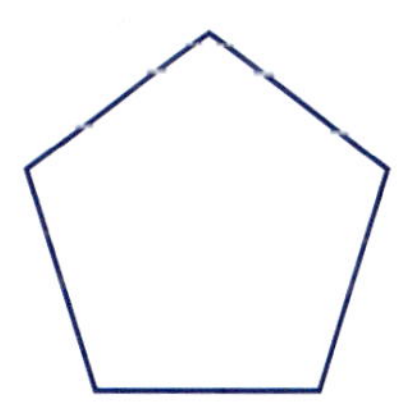

Pentágono regular.

Triângulos

Triângulo é um polígono que tem três lados (consequentemente tem três vértices e três ângulos internos).

Ângulo externo de um triângulo

É cada ângulo adjacente e suplementar a um ângulo interno do triângulo.

São três os ângulos externos em um triângulo.

Classificação dos triângulos

Quanto aos ângulos	Quanto aos lados
• Acutângulo: possui três ângulos agudos. • Retângulo: possui dois ângulos agudos e um reto. • Obtusângulo: possui dois ângulos agudos e um obtuso.	• Equilátero: três lados de mesma medida. • Isósceles: dois lados de mesma medida. • Escaleno: três lados de medidas diferentes entre si.

Propriedades dos triângulos

- Isósceles: os ângulos da base têm a mesma medida.
- Equilátero: os três ângulos internos têm a mesma medida, igual a 60°.
- Retângulo: teorema de Pitágoras (o quadrado da hipotenusa é igual à soma dos quadrados dos catetos).

» Exercícios

10 Considere um triângulo ABC, sendo BC o maior lado. Se o triângulo for retângulo, então $BC^2 = AC^2 + AB^2$ (Teorema de Pitágoras). Se o triângulo for acutângulo, então $BC^2 < AC^2 + AB^2$. E se o triângulo for obtusângulo, qual será a relação entre os três lados?

11 Aplique as relações encontradas no exercício anterior para classificar os seguintes triângulos, quanto aos ângulos:

a) ABC, de lados 20, 15 e 9.

b) DEF, de lados 28, 35 e 21.

c) GHI, de lados $4\sqrt{3}$, $2\sqrt{5}$ e $4\sqrt{2}$.

d) JKL, de lados 9, 5 e 5.

e) MNO, de lados 4, 4 e 4.

Soma das medidas dos ângulos internos de um triângulo

A soma das medidas dos ângulos internos de um triângulo é igual a 180°.

Demonstração:

Observe o esquema:

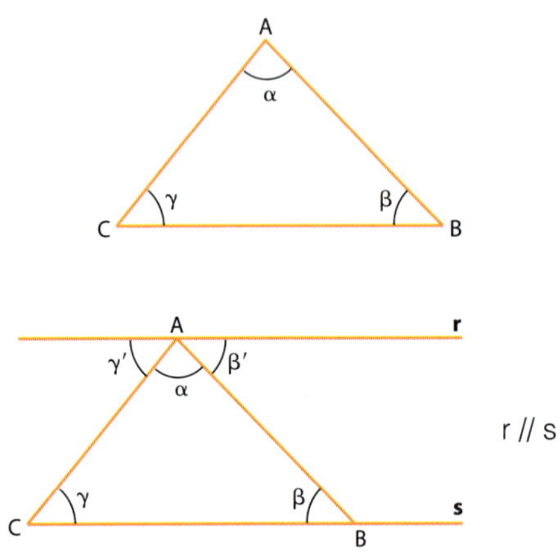

Qualquer que seja o triângulo, é possível conduzirmos por um de seus vértices uma reta (neste caso, **r**) que seja paralela à reta (**s**) que contém o lado oposto ao vértice considerado.

Assim, os outros lados do triângulo resultam transversais das paralelas **r** e **s**, determinando ângulos alternos internos: γ e γ' e β e β'. Logo, γ = γ' e β = β'.

Como α + β' + γ' = 180°, então α + β + γ = 180°.

Observe que o esquema acima é um apoio para conduzir o nosso raciocínio. Em momento algum "medimos" qualquer coisa nesse esquema. Toda a argumentação é desenvolvida de maneira genérica, ou seja, para qualquer triângulo. Isso é o que chamamos de *raciocínio dedutivo*.

> **! Fique atento**
> O postulado de Euclides, também chamado *axioma das paralelas*, afirma que "a reta que passa por um ponto dado e é paralela a uma reta dada é única".

Teorema do ângulo externo de um triângulo

Em todo triângulo, a medida de um ângulo externo é igual à soma das medidas dos ângulos internos não adjacentes a ele.

Demonstração:

Veja o esquema:

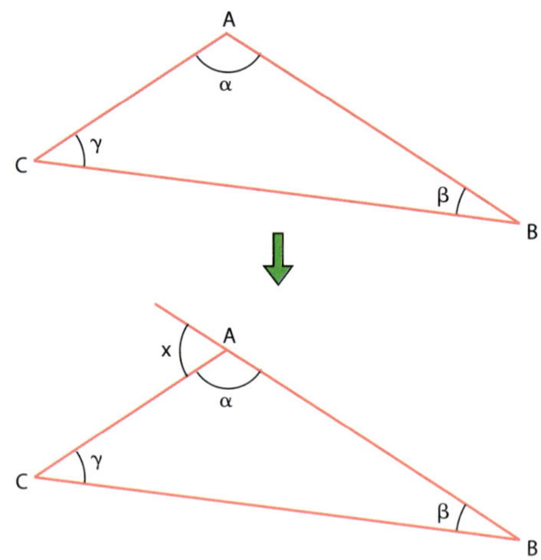

Seja ABC o triângulo e α, β e γ seus ângulos internos, como na figura acima.

Seja **x** um ângulo adjacente suplementar a α.

Por definição, **x** é ângulo externo ao triângulo ABC. Então, x + α = 180°.

Mas, por um teorema já demonstrado, β + γ + α = 180°. Logo, x = β + γ.

» Exercícios

12 O triângulo ABC é isósceles com AB ≅ AC. Calcule mentalmente o valor de **x**, em graus, sabendo que BC // PQ.

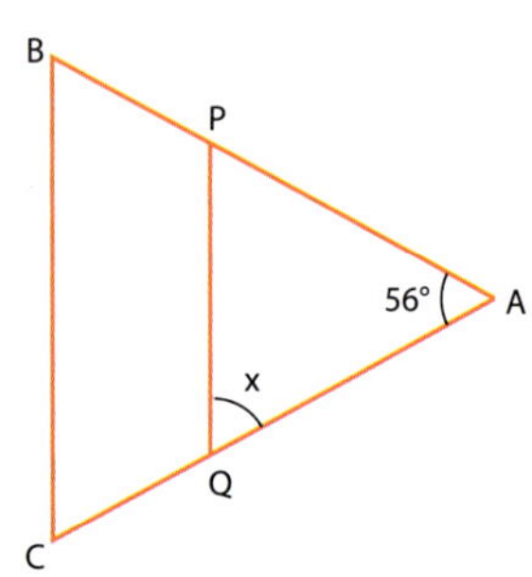

13 Determine o valor de **x** no triângulo abaixo:

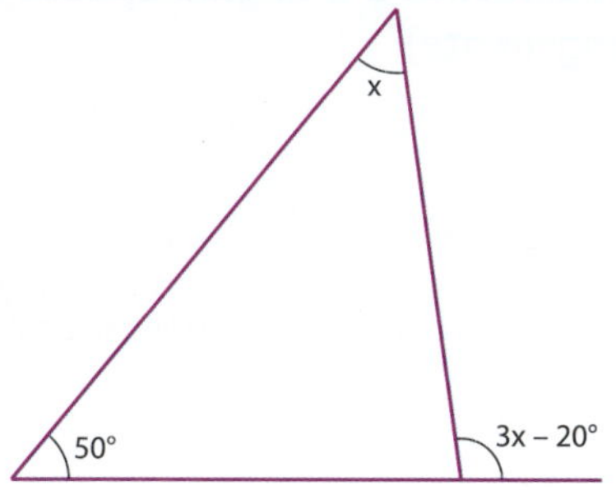

14 Em um triângulo, um ângulo externo mede 120°. Qual é a medida dos dois ângulos internos não adjacentes a ele sabendo que eles são congruentes?

15 Determine o valor de cada uma das medidas dos ângulos do triângulo abaixo.

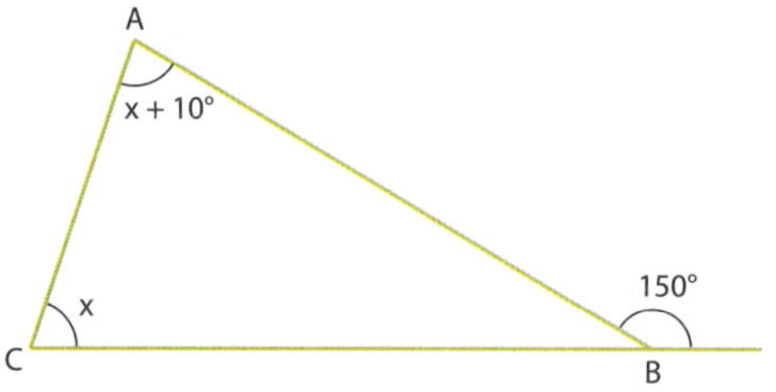

16 Observe esta figura e calcule o valor de **y**:

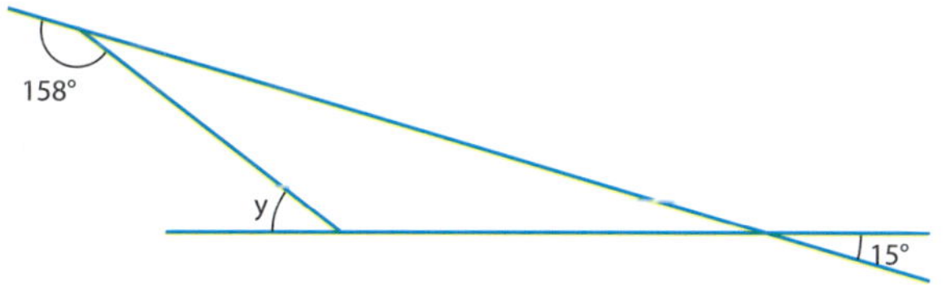

17 Em cada caso, determine o valor de **x** em função de α, β e θ.

a)

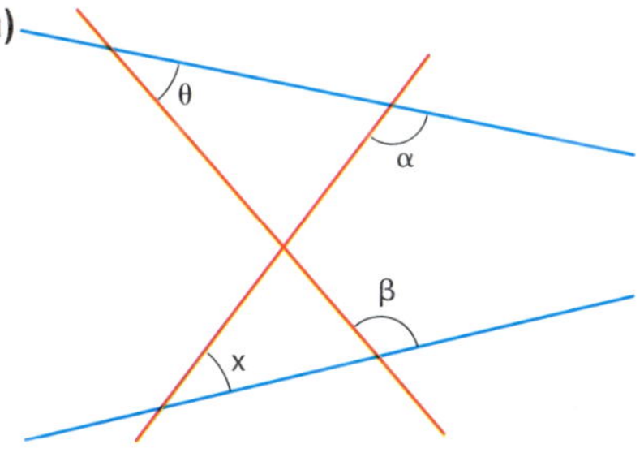

b)

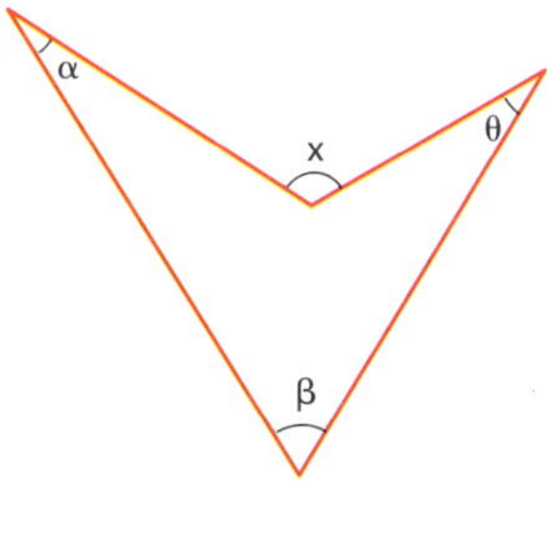

Condição de existência de um triângulo

Em que condição, dadas as medidas de três segmentos de reta, é possível construir um triângulo cujos lados tenham essas medidas?

Experimente construir um triângulo de lados medindo 2 cm, 3 cm e 4 cm. E outro de lados medindo 1,5 cm, 2 cm e 4 cm.

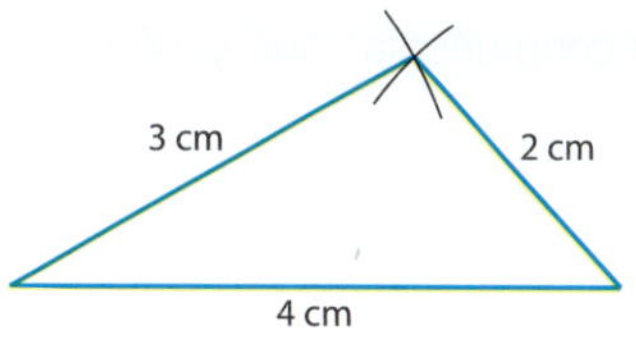

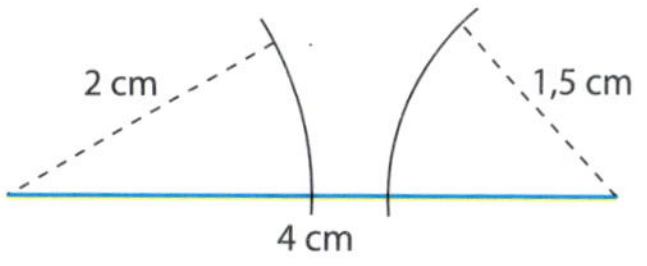

Observe que no primeiro caso qualquer um dos lados é sempre menor do que a soma dos outros dois e isso não acontece no segundo caso.

Mas essa não é uma condição necessária, embora seja suficiente para que exista o triângulo. Na verdade, basta considerarmos o maior lado e verificarmos se ele é menor que a soma dos outros dois, pois estes, sendo menores que ele, serão também menores que a soma dele com qualquer outro.

Assim, se **a**, **b** e **c** são três medidas, na mesma unidade, e **a** é a maior delas, podemos afirmar que se $a < b + c$, então existe o triângulo cujos lados tenham essas medidas.

Exercícios

18 Em cada item verifique se existe ou não o triângulo cujos lados têm as medidas dadas. Nos casos positivos, diga se o triângulo é escaleno, isósceles ou equilátero.

a) 8 cm, 14 cm e 7 cm
b) 3 cm, 6 cm e 10 cm
c) 5 cm, 5 cm e 9 cm
d) 7 cm, 7 cm e 7 cm
e) 12 cm, 7 cm e 5 cm
f) 4 cm, 2 cm e 4 cm

19 Se **x** é a medida do lado maior em um triângulo escaleno e 7 cm e 4 cm são as medidas dos outros dois lados, quais os possíveis valores de **x** em centímetros?

20 O maior lado de um triângulo mede 8 cm e um dos outros dois lados mede 4 cm. Quais as possíveis medidas inteiras que o terceiro lado deve ter?

21 Um triângulo isósceles tem dois lados de medidas 10 cm e 6 cm. Qual é o menor valor possível para a medida do terceiro lado? E se forem 10 cm e 3 cm?

Congruência de triângulos

Dois triângulos são congruentes se coincidem ao serem sobrepostos. Isso significa que seus lados, dois a dois, terão a mesma medida e o mesmo ocorrerá com os ângulos.

Mas, da mesma forma que para construirmos um triângulo é suficiente conhecermos alguns de seus elementos, também aqui não precisaremos verificar a congruência dos seis elementos (três lados e três ângulos). Assim, aparecem os "casos de congruência" que você estudou no ensino fundamental.

Para saber quais são os casos de congruência, analise a possibilidade de o triângulo ser construído, dadas:

- as medidas dos três lados;
- as medidas dos três ângulos;
- as medidas de dois de seus lados e um ângulo;
- as medidas de um lado e dois de seus ângulos.

Verifique que resultam apenas quatro possibilidades (quatro casos).

1º caso: LAL (dois lados congruentes e o ângulo formado por eles congruente)

Observe, nas figuras, que o $\hat{\mathbf{A}}$ é formado por AB e AC, e que $\hat{\mathbf{E}}$ é formado por EF e EG.

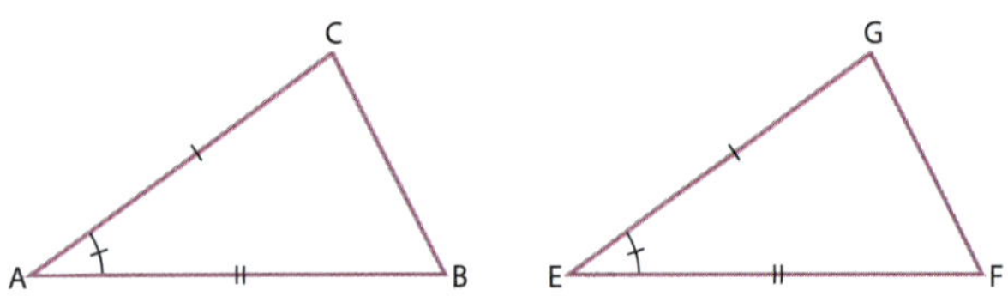

Se AB ≅ EF, $\hat{A} \cong \hat{E}$ e AC ≅ EG, então podemos garantir que △ABC ≅ △EFG.

2º caso: LLL (três lados congruentes)

Se AB ≅ EF, AC ≅ EG e BC ≅ FG, então △ABC ≅ △EFG.

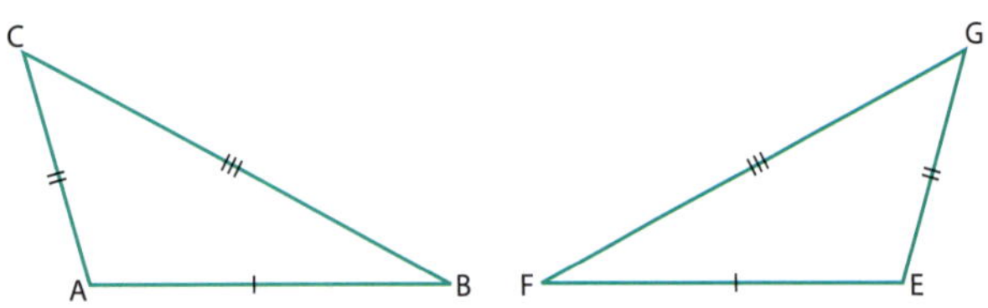

Podemos então afirmar que $\hat{A} \cong \hat{E}$, $\hat{B} \cong \hat{F}$ e $\hat{C} \cong \hat{G}$.

3º caso: ALA (dois ângulos congruentes e o lado compreendido entre eles congruente)

Se $\hat{A} \cong \hat{E}$, AB ≅ EF e $\hat{B} \cong \hat{F}$, então $\hat{C} \cong \hat{G}$, AC ≅ EG e BC ≅ FG, ou seja, △ABC ≅ △EFG.

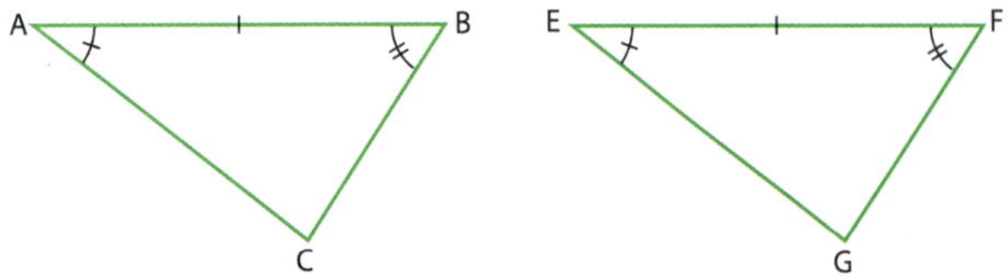

4º caso: LAA_0 (um lado congruente, um ângulo adjacente e o ângulo oposto a esse lado congruente)

Se AB ≅ EF, $\hat{A} \cong \hat{E}$ e $\hat{C} \cong \hat{G}$, então △ABC ≅ △EFG.

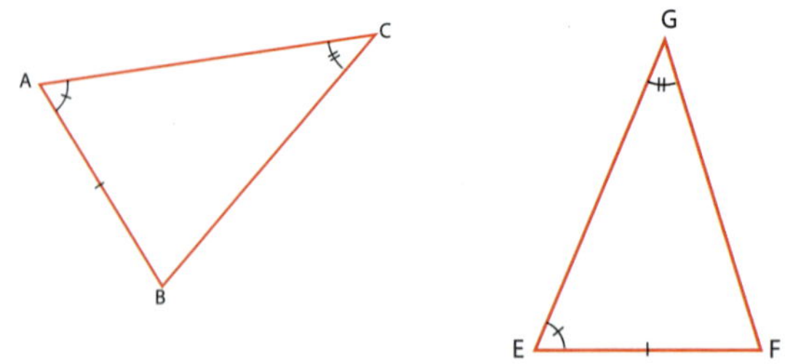

» Exercícios

22 Verifique em cada item se podemos ou não garantir que os triângulos são congruentes sem efetuar medições. Em caso positivo, indique o caso de congruência (LLL, LAL, ALA ou LAA_0).

a)

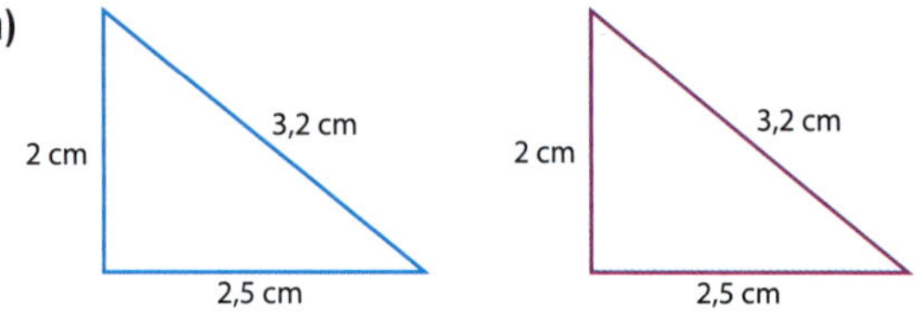

b)

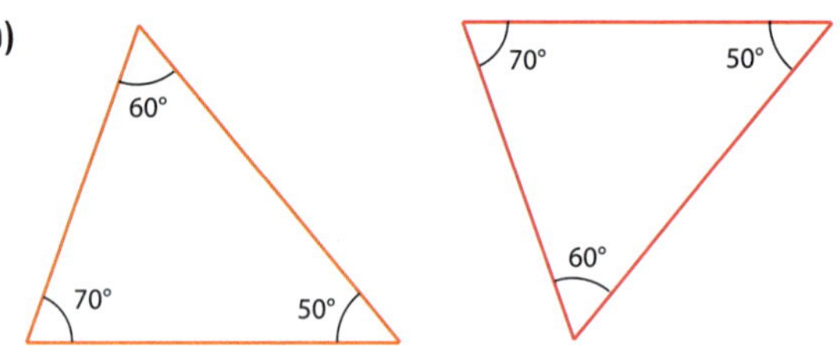

c)

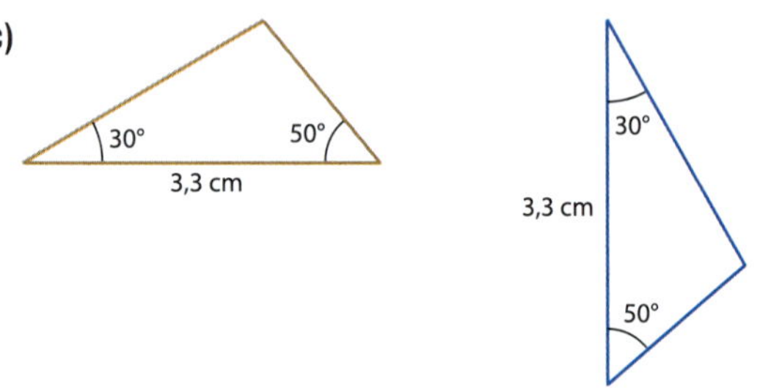

d)

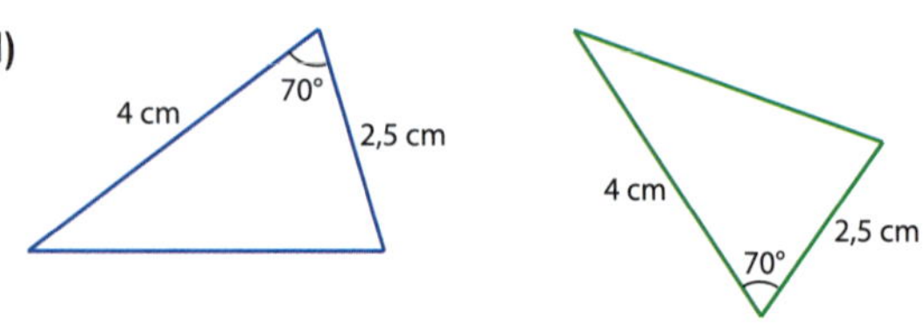

e)

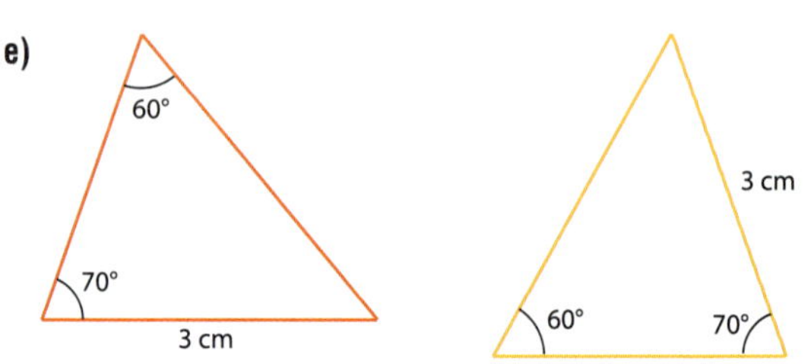

23 Verifique em cada item abaixo se é possível afirmar que os triângulos são congruentes. Em caso positivo, escreva qual o caso de congruência e quais os demais elementos congruentes.

a)

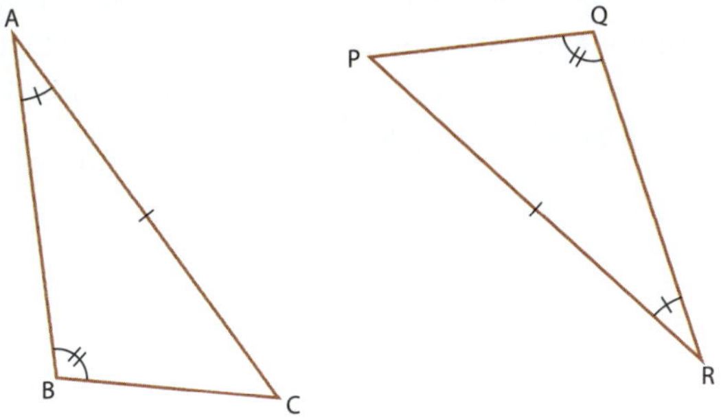

b) $\triangle FEG$ e $\triangle XYZ$ são tais que $EF \cong XY$, $EG \cong XZ$ e $\hat{F} \cong \hat{Y}$.

c) $\triangle PQR$ e $\triangle MNO$ têm $\hat{\mathbf{R}}$ reto, $\hat{\mathbf{O}}$ reto, $PR \cong MO$ e $QR \cong NO$.

d)

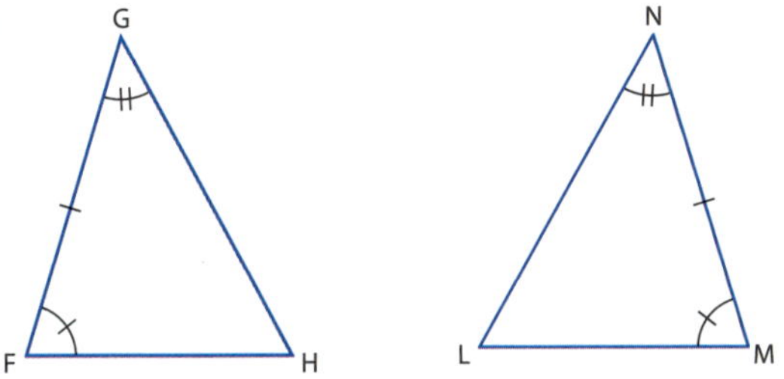

e) $\triangle ABC$ é isósceles de 20 cm de perímetro e $\triangle MNO$ é isósceles de 20 cm de perímetro.

f) $\triangle EFG$ é equilátero com 12 cm de perímetro e $\triangle PQR$ é equilátero com 12 cm de perímetro.

24 Sabendo que esses triângulos são congruentes, quais são os valores de **x**, **y** e **z**?

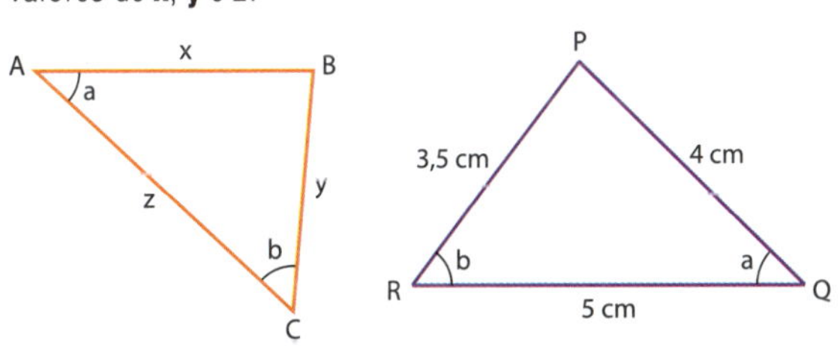

25 Prove que os triângulos são congruentes sabendo que $AB = BD = 2$ cm e que $BC = BE = 3$ cm.

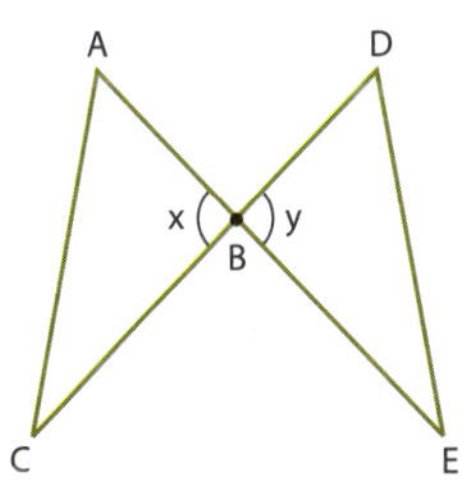

26 Demonstre que num triângulo isósceles os ângulos da base são congruentes. (*Sugestão*: Recorra à congruência de triângulos.)

Relação entre lados e ângulos de um triângulo

Em todo triângulo, ao maior ângulo opõe-se o maior lado e, reciprocamente, ao maior lado opõe-se o maior ângulo.

O exercício 26 nos dá uma pista para a demonstração dessa proposição, já que "se dois lados de um triângulo são congruentes, os ângulos opostos a eles também são congruentes".

Seja o triângulo ABC com $AB = c$, $AC = b$ e $BC = a$.

Vamos provar uma das afirmações: se $a > c$, então $\hat{A} > \hat{C}$.

Sendo $a = BC$, determinamos o ponto **D**, entre **B** e **C**, de modo que $BD = c$, formando um triângulo isósceles.

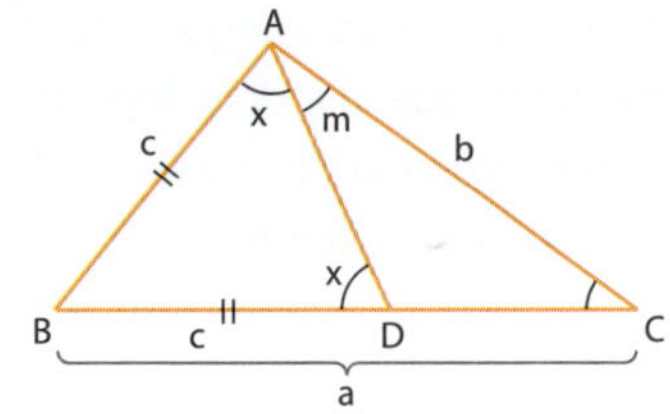

Então, $B\hat{A}D \cong B\hat{D}A$. Seja **x** esse ângulo.

Se $\hat{A} = x + m$, temos:

$x + m > x$

$x > \hat{C}$ (pois **x** é externo ao $\triangle ACD$)

Logo, $x + m > \hat{C}$. Então, $\hat{A} > \hat{C}$ (como queríamos demonstrar).

Quadriláteros

Os quadriláteros são polígonos de quatro lados e, portanto, de quatro vértices e quatro ângulos internos.

Soma das medidas dos ângulos internos de um quadrilátero convexo

Em todo quadrilátero convexo, a soma das medidas dos ângulos internos é 360°, já que ele pode ser dividido em dois triângulos, a partir de uma diagonal.

> **Fique atento**
> Quadrilátero convexo é aquele em que, unindo-se dois pontos quaisquer de dois de seus lados, obtemos um segmento contido na sua região interna.

Exercícios

27 Quais são as medidas dos ângulos de um quadrilátero sabendo que um deles mede **x** graus e os outros medem o dobro, o triplo e o quádruplo de **x**?

28 Em um quadrilátero ABCD temos que $\hat{\mathbf{A}}$ mede 20° a mais do que $\hat{\mathbf{B}}$, $\hat{\mathbf{C}}$ mede 20° a menos do que $\hat{\mathbf{B}}$ e $\hat{\mathbf{D}}$ mede o dobro de $\hat{\mathbf{C}}$. Quantos ângulos agudos tem esse quadrilátero?

29 Calcule o valor de **x** na figura abaixo:

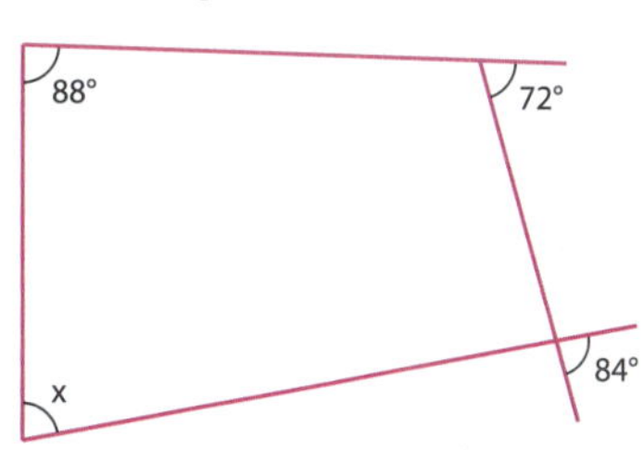

30 Os ângulos internos de um quadrilátero estão em PA de razão 20°. Determine-os.

Paralelogramos

São os quadriláteros formados por dois pares de lados paralelos.

Propriedades

1ª) Em todo paralelogramo dois ângulos opostos são congruentes (medidas iguais) e dois ângulos não opostos são suplementares (soma das medidas: 180°).

2ª) Em todo paralelogramo, os lados opostos são congruentes.

3ª) Em todo paralelogramo, as diagonais cortam-se ao meio.

Exercícios

31 Demonstre as três propriedades dos paralelogramos utilizando os conceitos já revisados neste capítulo.

32 Calcule as medidas dos quatro ângulos internos dos seguintes paralelogramos:

a)

b)

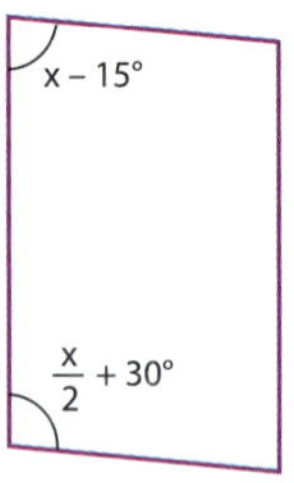

Retângulo, losango e quadrado

Como o retângulo, o losango e o quadrado são casos particulares de paralelogramos, as propriedades mencionadas também se aplicam a eles. Mas, por serem particulares, cada um deles terá alguma característica especial.

Exercícios

33 Complete o quadro abaixo com as características especiais de cada quadrilátero:

	Quanto aos ângulos	Quanto às diagonais	Quanto aos lados
Paralelogramo genérico	Ângulos opostos congruentes e ângulos adjacentes suplementares.	Encontram-se no seu ponto médio.	Lados opostos congruentes.
Retângulo			
Losango			
Quadrado			

34 Demonstre que as diagonais do losango são perpendiculares entre si.

35 Os ângulos opostos agudos de um losango medem 60°. A diagonal maior desse losango separa-o em dois triângulos congruentes. Quais são as medidas dos ângulos internos desses triângulos?

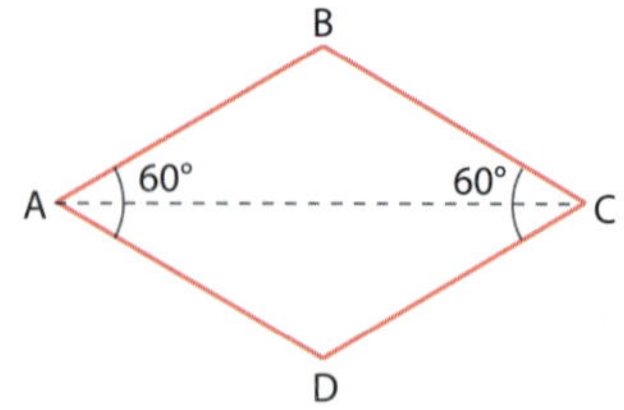

36 No quadrado PQRS, determine o valor das medidas **x** e **y** dos ângulos indicados.

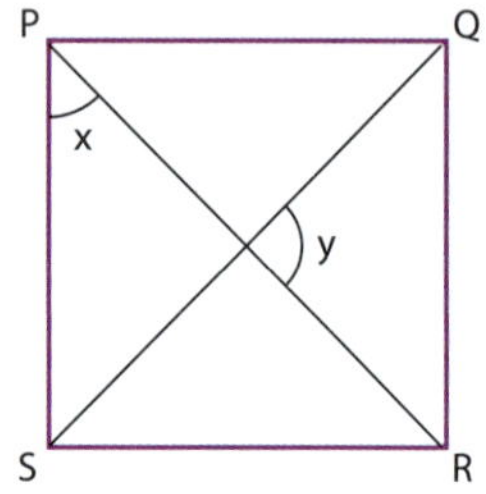

37 No losango ABCD abaixo, determine o valor das medidas de cada um dos ângulos indicados.

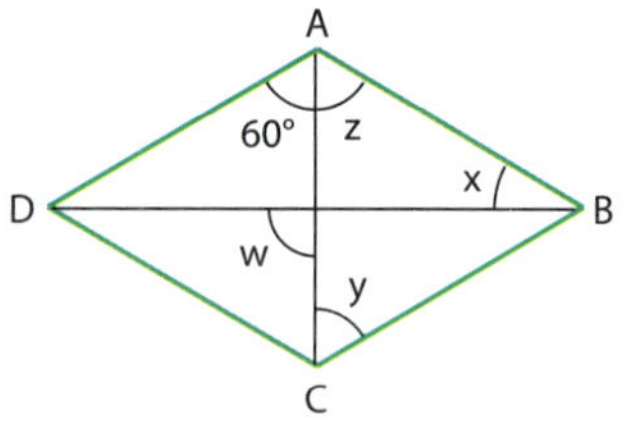

38 Calcule **x** e **y** no retângulo:

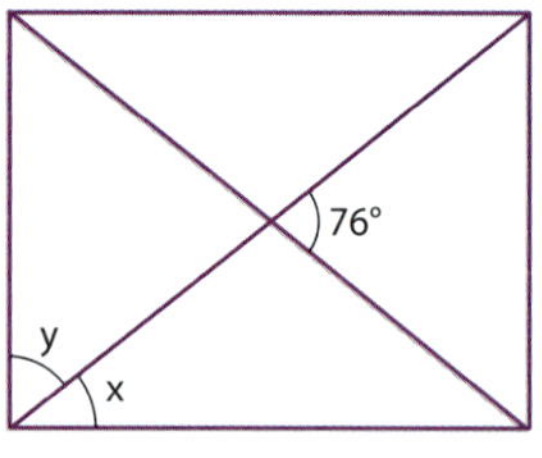

Trapézios

Os trapézios são quadriláteros que têm apenas um par de lados paralelos, chamados *base maior* e *base menor*.

Trapézio retângulo

É todo trapézio que tem dois ângulos retos. Nele, um dos lados que não é base é perpendicular às duas bases.

Trapézio isósceles

É todo trapézio que tem dois lados não paralelos congruentes.

» Exercícios

39 Determine o valor de **x**, **y**, **z** e **w** no trapézio abaixo:

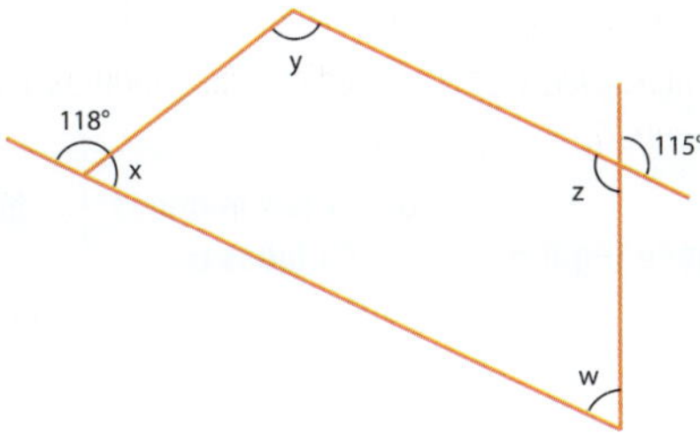

40 Determine os valores de **x** e **y** no trapézio abaixo:

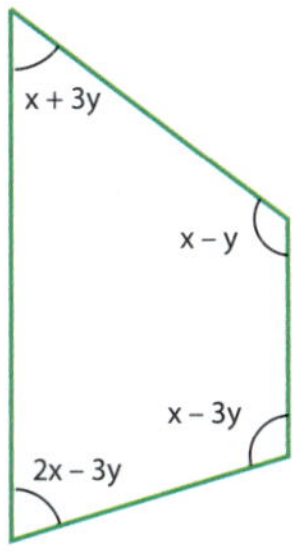

41 Demonstre que:

a) em um trapézio isósceles, os ângulos da mesma base são congruentes;

b) em um trapézio isósceles, as diagonais são congruentes.

42 Se um dos ângulos internos de um trapézio isósceles mede 66°, quanto medem os outros três?

43 Em um trapézio isósceles as bases medem 12 cm e 2 cm, e o perímetro é de 40 cm. Determine as medidas dos outros dois lados.

44 Determine o valor de **x** e as medidas dos ângulos internos do trapézio isósceles ABCD abaixo:

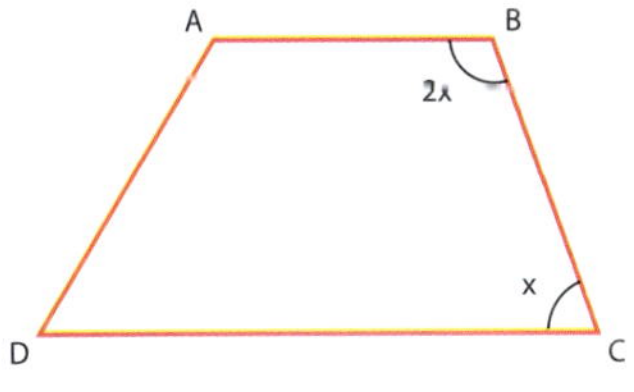

45 Um trapézio é isósceles e a medida de um dos seus ângulos agudos corresponde a $\frac{2}{3}$ da medida de um dos seus ângulos obtusos. Quais são as medidas dos quatro ângulos internos desse trapézio?

Soma das medidas dos ângulos internos de um polígono convexo

Em um polígono convexo de **n** lados, a soma das medidas dos ângulos internos ($\mathbf{S_i}$) é igual a $(n - 2) \cdot 180°$.

Assim:

$$S_i = (n - 2) \cdot 180°$$

» Exercícios

46 Deduza a fórmula citada acima. (*Sugestão*: Divida o polígono em triângulos.)

47 Calcule:

a) a soma das medidas dos ângulos internos de um heptágono;

b) o número de lados de um polígono convexo no qual $S_i = 1\,440°$.

48 Qual o valor de **x** nesta figura?

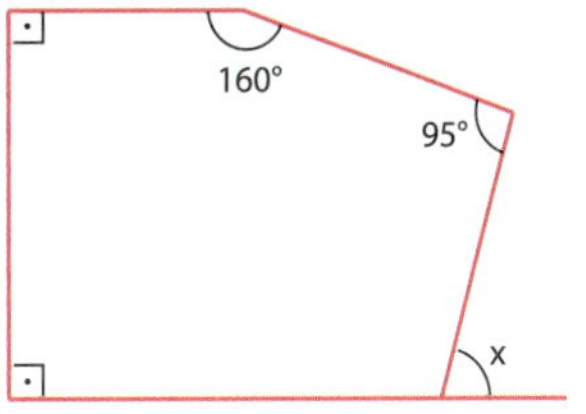

Soma das medidas dos ângulos externos de um polígono convexo

Em qualquer polígono convexo, a soma das medidas dos ângulos externos é igual a 360°.

Então:

$$S_e = 360°$$

Para provar isso, vamos considerar um polígono qualquer de **n** lados.

Já vimos que, em cada vértice, a soma das medidas dos ângulos interno e externo é 180°. Como temos **n** vértices, teremos $n \cdot 180°$ ao todo.

Assim:

$$S_i + S_e = n \cdot 180°$$

Como $S_i = (n - 2) \cdot 180°$, podemos escrever:

$$(n - 2) \cdot 180° + S_e = n \cdot 180°$$

$$180°n - 360° + S_e = 180°n$$

$$S_e = \cancel{180°n} - \cancel{180°n} + 360°$$

$$S_e = 360°$$

como queríamos provar.

Ângulos internos de um polígono regular

Lembre-se: Polígono regular é aquele que tem todos os lados com a mesma medida e todos os ângulos com a mesma medida.

Indicando por:

- $\mathbf{a_i}$: medida de cada ângulo interno de um polígono regular;
- $\mathbf{a_e}$: medida de cada ângulo externo de um polígono regular;

temos:

$$a_i = \frac{S_i}{n} = \frac{(n-2)\cdot 180°}{n} \quad \text{e} \quad a_e = \frac{S_e}{n} = \frac{360°}{n}$$

Você não precisa decorar essas fórmulas, pois facilmente se deduzem esses valores. Observe:

Todo polígono regular pode ser inscrito numa circunferência, ou seja, existe um ponto equidistante de seus vértices (o centro da circunferência que passa por eles).

Assim, os lados do polígono determinam, com o centro da circunferência, triângulos isósceles de lados congruentes de medida igual ao raio da circunferência.

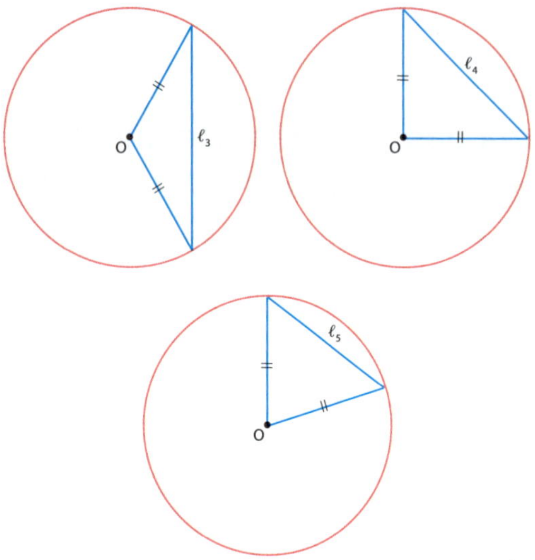

O ângulo desse triângulo que tem vértice em **O** será sempre $\frac{360°}{n}$, sendo **n** o número de lados do polígono. E, a partir desse triângulo isósceles, chegamos ao valor do ângulo interno do polígono.

Nos casos representados acima, temos:

- Triângulo equilátero:

  $\frac{360°}{3} = 120°$

  $180° - 120° = 60°$

  Portanto, $a_i = 60°$

- Quadrado:

  $\frac{360°}{4} = 90°$

  $180° - 90° = 90°$

  Portanto, $a_i = 90°$

- Pentágono:

  $\frac{360°}{5} = 72°$

  $180° - 72° = 108°$

  Portanto, $a_i = 108°$

Exercícios

49 Use um raciocínio similar para encontrar a medida do ângulo interno de um polígono regular qualquer sem usar a fórmula.

50 Complete a tabela:

Polígono regular	Soma das medidas de todos os ângulos internos	Medida de cada ângulo interno
Triângulo equilátero		
Quadrado		
Pentágono regular		
Hexágono regular		
Decágono regular		
Polígono regular de **n** lados		

51 Em um polígono regular de 20 lados (icoságono regular), qual é a medida de cada ângulo interno? E de cada ângulo externo?

52 Em um polígono regular, cada ângulo interno mede 135°. Quantos lados tem esse polígono?

53 Calcule a soma das medidas dos ângulos internos de um:

a) decágono;

b) dodecágono.

54 Determine a medida do ângulo interno de um:

a) eneágono regular;

b) pentágono regular.

55 Deduza a fórmula do número de diagonais (**d**) de um polígono convexo de **n** lados: $d = \frac{n(n-3)}{2}$.

56 Quantas diagonais tem o polígono de 24 lados?

Polígono de 24 lados com suas diagonais.

57 Há um polígono cujo número de diagonais é seis vezes o número de lados. Que polígono é esse?

58 Um polígono convexo tem 13 vértices. Quantas diagonais ele possui?

59 Qual é o número de diagonais de um polígono regular convexo cujo ângulo externo é 24°?

Cevianas particulares e pontos notáveis de um triângulo

Ceviana	Definição	Ponto notável
Mediana	É o segmento que tem como extremidades um vértice do triângulo e o ponto médio do lado oposto a esse vértice.	**Baricentro**: é o ponto de encontro das medianas do triângulo; ele divide cada mediana na razão 2 : 1, de forma que a parte da mediana que contém o vértice é o dobro da parte que contém o ponto médio do lado oposto. O baricentro é também o centro de gravidade (ponto de equilíbrio) do triângulo.
Bissetriz	É o segmento que tem uma extremidade em um vértice do triângulo, divide o ângulo ao meio e tem a outra extremidade no lado oposto a esse vértice.	**Incentro**: é o encontro das bissetrizes internas ao triângulo; é o centro da circunferência inscrita no triângulo, pois equidista dos três lados.
Altura	É o segmento com uma extremidade em um vértice e a outra extremidade no lado oposto ou no seu prolongamento, formando com ele ângulos retos.	**Ortocentro**: é o ponto de encontro das retas que contêm as alturas, podendo pertencer ao exterior do triângulo.
Mediatriz	Reta que passa pelo ponto médio de um lado do triângulo e é perpendicular a ele.	**Circuncentro**: é o ponto de encontro das mediatrizes dos lados do triângulo; é o centro da circunferência circunscrita ao triângulo, pois equidista dos três vértices.

Você sabia?
Ceviana é um segmento de reta que liga um vértice de um triângulo a um ponto qualquer do lado oposto. O nome *ceviana* é uma homenagem a Giovanni Ceva, matemático italiano (1648-1734).

Observações:

1ª) Mediana e altura referem-se apenas a triângulos, mas bissetriz de um ângulo e mediatriz de um segmento são conceitos independentes.

2ª) A mediatriz, por não passar, necessariamente, por um vértice, não satisfaz a definição de ceviana, mas é excepcionalmente incluída nesse grupo.

Lugar geométrico é o nome que se dá a um conjunto de pontos que tenham alguma propriedade comum.

Veja como bissetriz e mediatriz são definidas inicialmente:

- Bissetriz de um ângulo é o lugar geométrico dos pontos do plano equidistantes dos lados do ângulo considerado.

Como consequência dessa definição, a bissetriz acaba dividindo o ângulo dado em dois ângulos congruentes, e a demonstração dessa afirmação é feita por meio de congruência de triângulos. Faça isso como exercício.

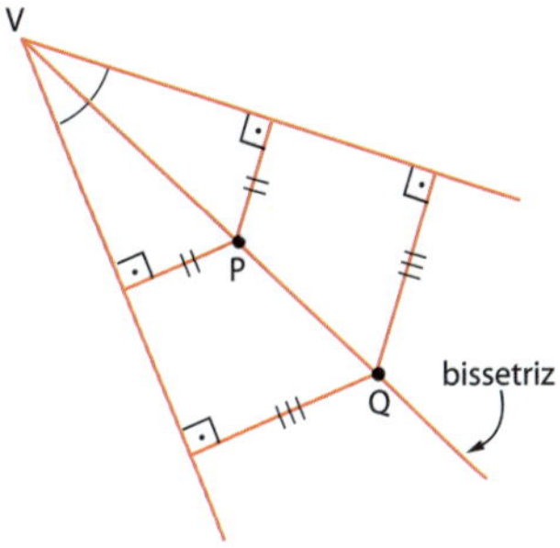

- Mediatriz de um segmento é o lugar geométrico dos pontos do plano que são equidistantes dos extremos do segmento.

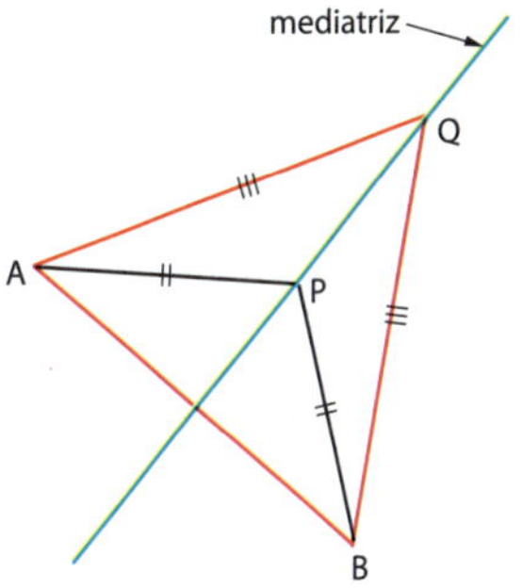

Aqui também, como consequência da definição, a mediatriz acaba por passar pelo ponto médio do segmento (já que ele é um dos pontos que satisfazem a definição) e forma um ângulo reto com ele. Mais uma vez, demonstra-se esse fato por meio de congruência de triângulos. Experimente demonstrá-lo.

Para refletir
Triângulos que apresentem alguma particularidade terão seus pontos notáveis em posições particulares.
Considere, por exemplo, um triângulo isósceles ABC, no qual AB ≅ AC.

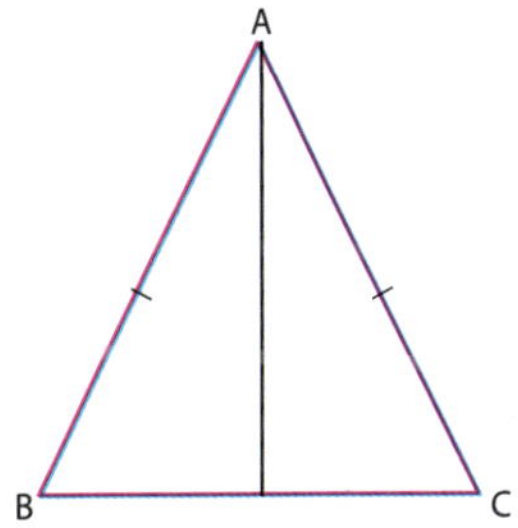

É possível provar que a mediana, a bissetriz, a altura, que partem do vértice **A**, e a mediatriz do lado BC coincidem.
E se o triângulo for equilátero? Haverá mais coincidências. Verifique isso.
Por outro lado, se o triângulo for retângulo, o que acontecerá com o ortocentro?

Exercícios

60 Calcule o valor de **x** e **y** com base nas informações dadas.

a) AN é uma bissetriz do $\triangle ABC$.

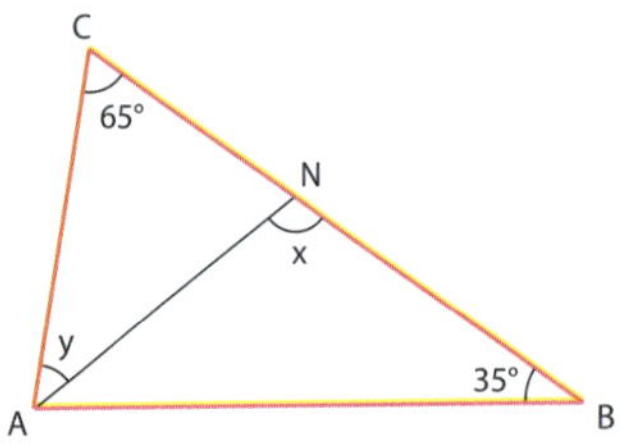

b) FP é uma altura do $\triangle EFG$.

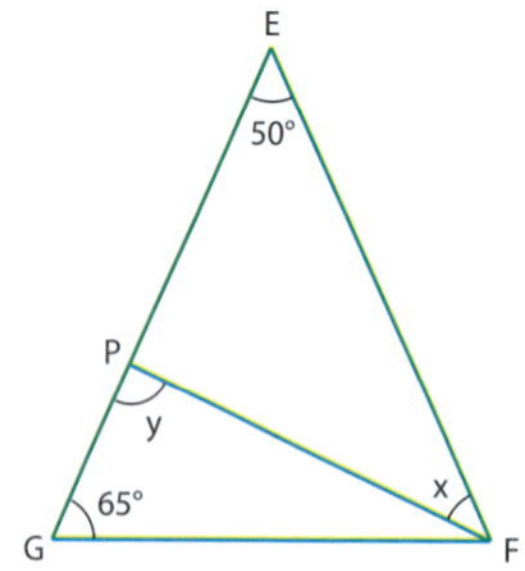

c) PH é uma altura do $\triangle PQR$. RS é uma bissetriz do $\triangle PQR$.

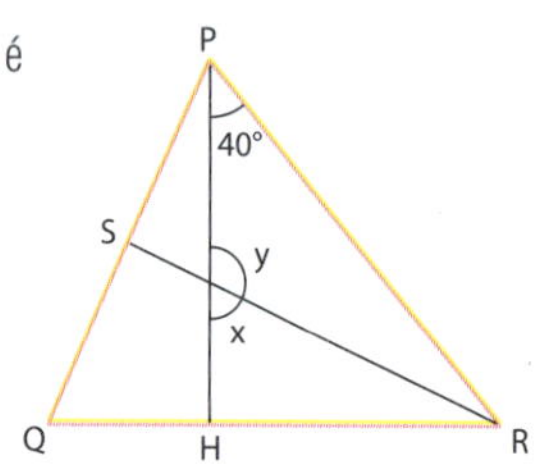

61 Considerando o triângulo FGH da figura, copie e complete as afirmações abaixo:

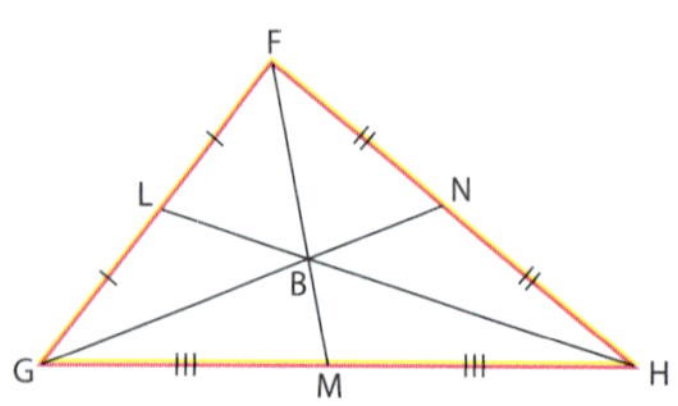

a) Se GF = 15 cm, então MN = ■.
b) Se FN = 8 mm, então FH = ■.
c) Se LB = 4 m, então BH = ■ e LH = ■.
d) Se GN = 45 cm, então NB = ■ e GB = ■.

62 Em um $\triangle EFG$, o $\hat{E}$ mede 100° e o $\hat{F}$ 20°. O ponto **O** é o encontro da altura EH com a bissetriz GS do $\triangle EFG$. Determine a medida do ângulo $E\hat{O}G$.

63 No $\triangle ABC$ abaixo o ponto **R** é o encontro da bissetriz AS com a altura CH. Sabe-se que $\hat{B}$ mede 70° e $\hat{C}$ mede 30°.

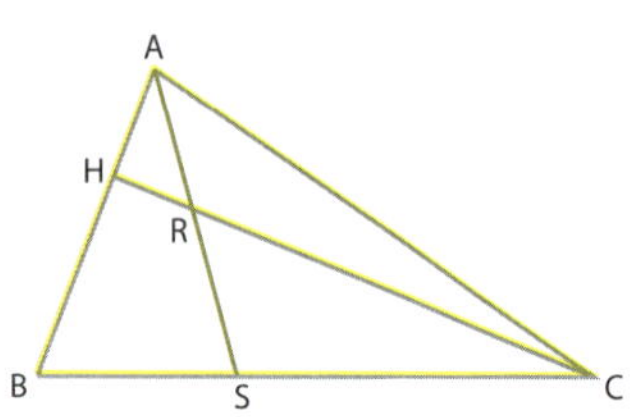

Determine as medidas dos seguintes ângulos:

a) $A\hat{H}C$
b) $S\hat{A}C$
c) $A\hat{R}C$
d) $A\hat{S}B$
e) $A\hat{C}H$
f) $B\hat{C}H$

64 Determine o valor de **x**, sabendo que **O** é o ortocentro do $\triangle ABC$.

a)

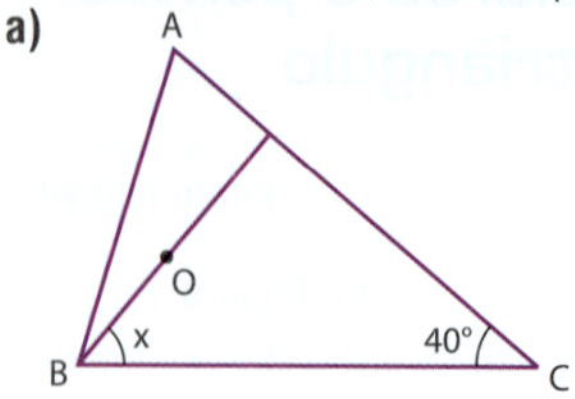

b)

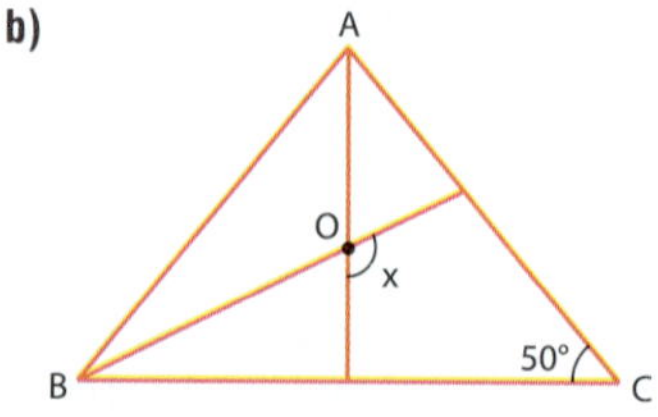

65 Na figura abaixo, **I** é o incentro. Determine o valor de **x**.

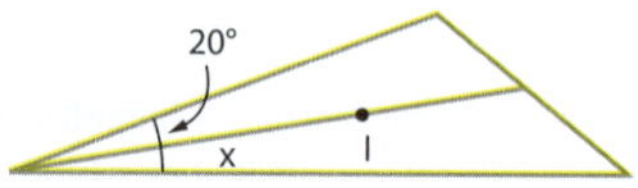

66 Determine o valor de **x** na figura abaixo:

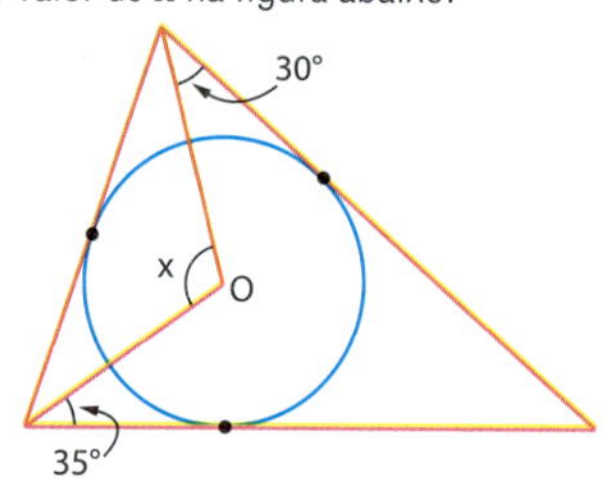

67 Determine o perímetro do $\triangle AMN$, sabendo que AB = 16 cm, AC = 18 cm, **I** é o incentro do $\triangle ABC$ e MN // BC.

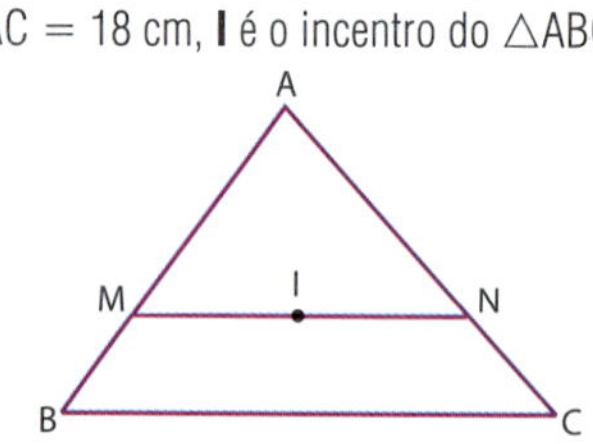

68 Se **C** é o circuncentro do $\triangle EFG$, determine **x** e **y** nas figuras abaixo.

a)

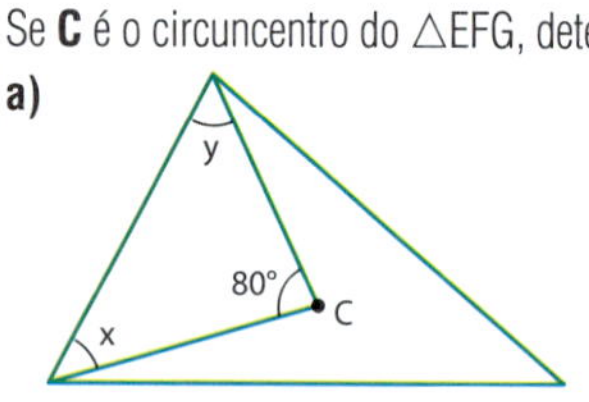

b)

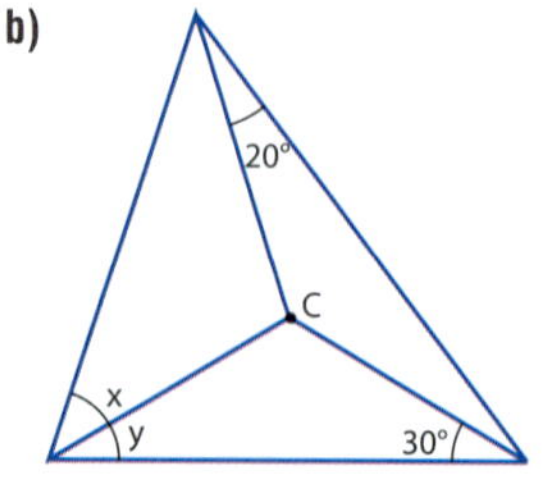

69 Num triângulo equilátero ABC, a altura AH mede 30 cm (**H** é um ponto no lado BC). Determine quanto mede:

a) a bissetriz BS (**S** é um ponto do lado AC);
b) a mediana CM (**M** é um ponto do lado AB);
c) o raio do círculo inscrito ao triângulo ABC;
d) o raio do círculo circunscrito ao triângulo ABC.

70 Se o centro da circunferência circunscrita a um triângulo é o ponto de intersecção entre as mediatrizes, prove que é sempre possível traçar uma circunferência que passe por três pontos não alinhados.

71 Considere o triângulo ABC abaixo, no qual AS é uma bissetriz interna e o ponto **P**, externo ao triângulo, é tal que AP é uma bissetriz externa. Prove que AS ⊥ AP.

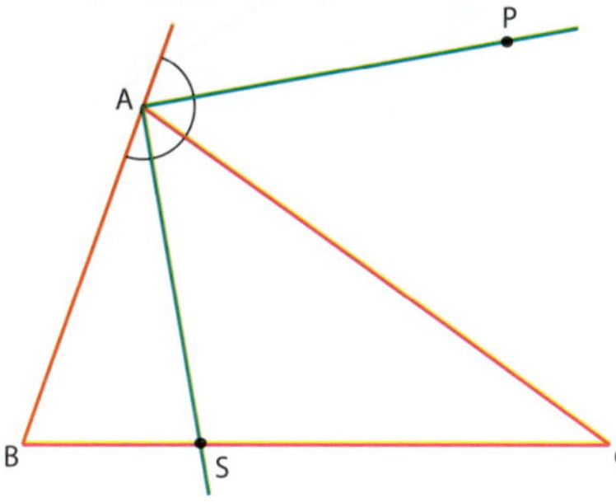

72 Se ABCD é um paralelogramo, AP é bissetriz, AB = 8 cm e PC = 4 cm, calcule o perímetro de ABCD.

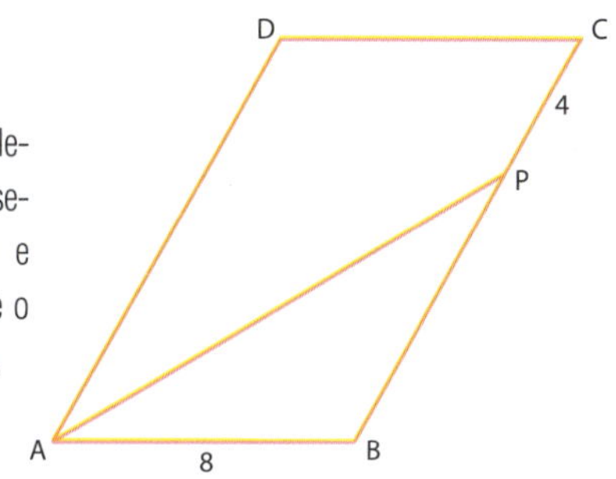

73 Se AP e BP são bissetrizes, calcule o valor de **x** na figura:

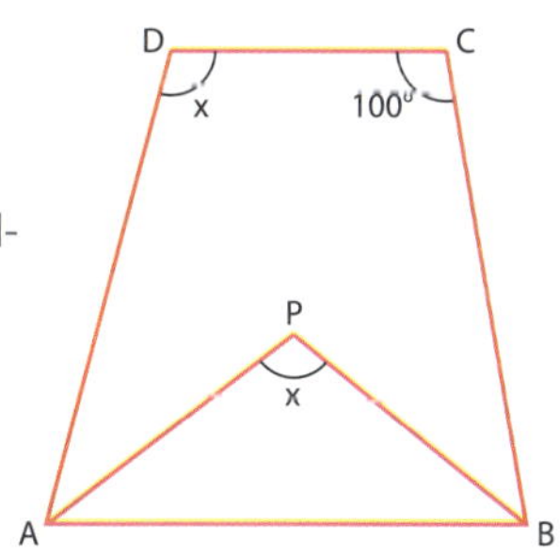

3. Teorema de Tales

Um feixe de paralelas determina, em duas transversais quaisquer, segmentos proporcionais.

Assim, dado o seguinte feixe de paralelas **r**, **s** e **t**, e as transversais **a** e **b**, temos:

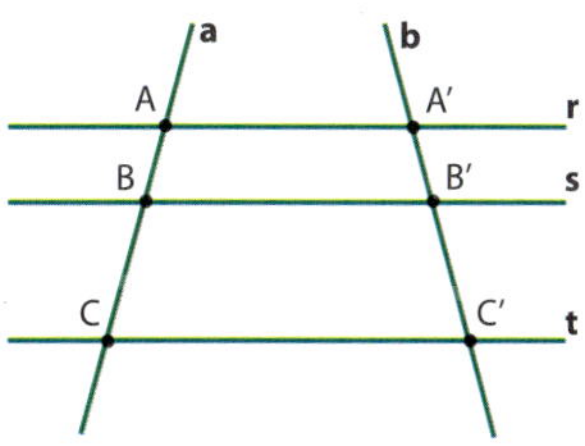

$$\frac{AB}{A'B'} = \frac{AC}{A'C'} = \frac{BC}{B'C'}$$

E em decorrência das propriedades das proporções, valem também as igualdades:

$$\frac{AC}{AB} = \frac{A'C'}{A'B'} \quad \text{ou} \quad \frac{AC}{BC} = \frac{A'C'}{B'C'}$$

Exercícios

74 Na figura, r // s // t. Determine a medida do segmento AB.

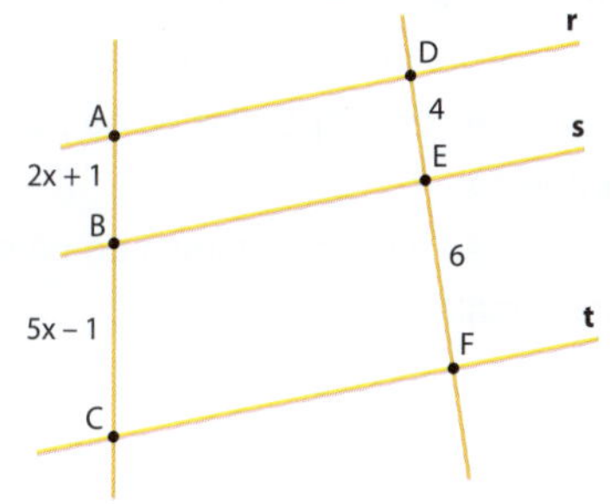

75 Três terrenos têm frente para a rua **A** e para a rua **B**, como na figura. As divisas laterais são perpendiculares à rua **A**. Qual a medida de frente para a rua **B** de cada lote sabendo que a frente total para essa rua tem 180 m?

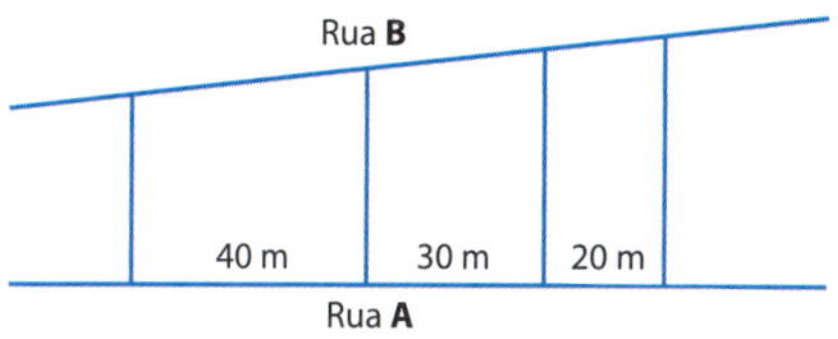

76 Na figura, o segmento de reta DE é paralelo ao lado BC do triângulo ABC. Calcule o valor de **x**.

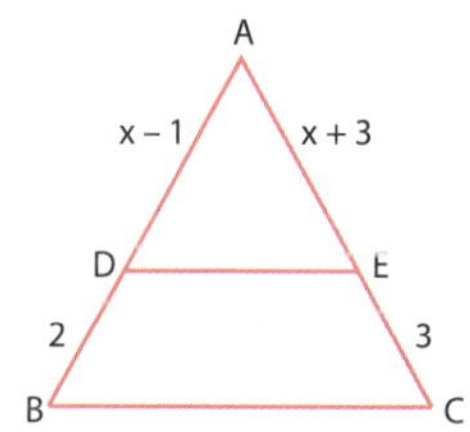

4. Teorema da bissetriz de um ângulo interno de um triângulo

Em todo triângulo, a bissetriz de qualquer ângulo interno divide o lado oposto a ele em duas partes proporcionais aos lados que formam esse ângulo.

Considere o triângulo ABC e seja AD uma bissetriz. Vamos demonstrar que $\frac{BD}{DC} = \frac{AB}{AC}$.

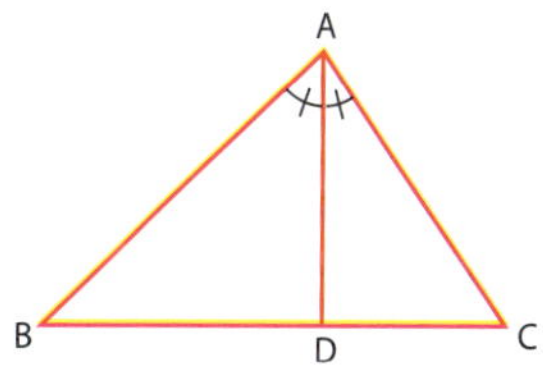

Para isso, prolongamos o lado BA e traçamos a semirreta de origem em **C** e paralela à bissetriz AD, obtendo o ponto **E**.

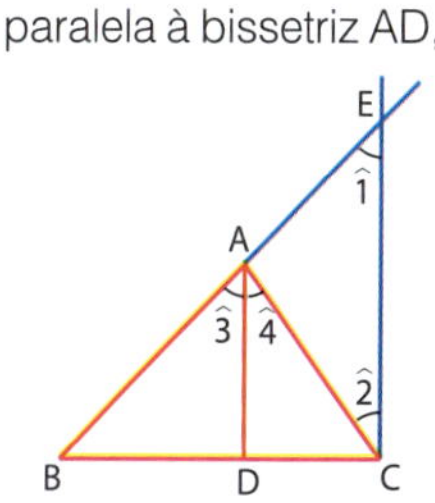

No $\triangle BEC$ temos $AD \parallel EC$, logo $\frac{BD}{DC} = \frac{AB}{AE}$. (I)

Analisando a figura vemos que:

- $\hat{3} \cong \hat{4}$, pois AD é bissetriz do $\hat{\mathbf{A}}$.
- $\hat{3} \cong \hat{1}$, pois são correspondentes de paralelas cortadas por transversal.
- $\hat{4} \cong \hat{2}$, pois são alternos internos de paralelas cortadas por transversal.

Então, $\hat{1} \cong \hat{2}$. Daí podemos afirmar que $\triangle ACE$ é isósceles de base EC. Desse modo, temos que $AE \cong AC$. (II)

Substituindo (II) em (I), chegamos à proporção que queríamos demonstrar: $\frac{BD}{DC} = \frac{AB}{AC}$.

Esse teorema nos dá subsídios para resolver o problema proposto na introdução do capítulo:

"No $\triangle EFG$, uma das bissetrizes é GM. Calcule o perímetro do $\triangle EFG$".

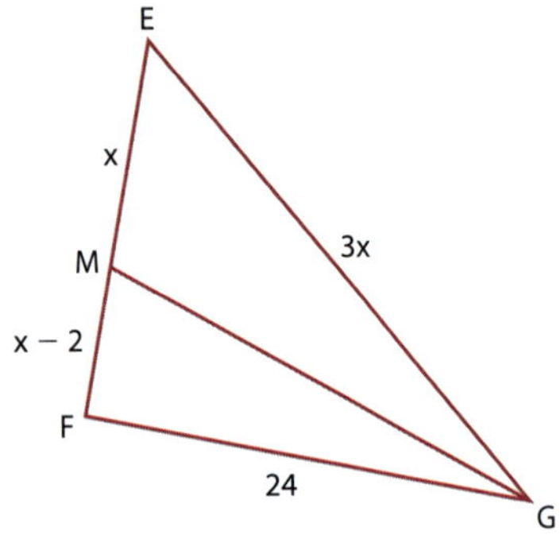

Pelo teorema da bissetriz do ângulo interno de um triângulo, temos:

$$\frac{x}{x-2} = \frac{3x}{24} \Rightarrow 24x = 3x(x-2) \Rightarrow 3x^2 - 30x = 0 \Rightarrow$$

$$\Rightarrow 3x(x-10) = 0 \begin{cases} x = 0 \text{ (não convém)} \\ x - 10 = 0 \Rightarrow x = 10 \end{cases}$$

Logo, os lados do triângulo EFG medem 30, 24 e 18 e, portanto, seu perímetro é 72.

Exercícios

77 Num triângulo ABC de perímetro igual a 75 cm, AS é bissetriz, $BS = 10$ cm e $AC = 30$ cm. Calcule a medida do lado AB.

78 Na figura abaixo AS é bissetriz do $\triangle ABC$. Calcule a medida do lado BC.

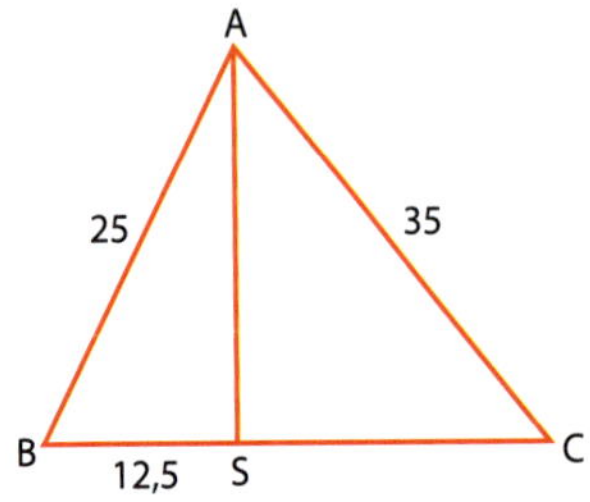

79 Use o teorema demonstrado e calcule o valor de **x** em cada item abaixo:

a) ER é bissetriz do $\triangle FEG$.
FG mede 15.

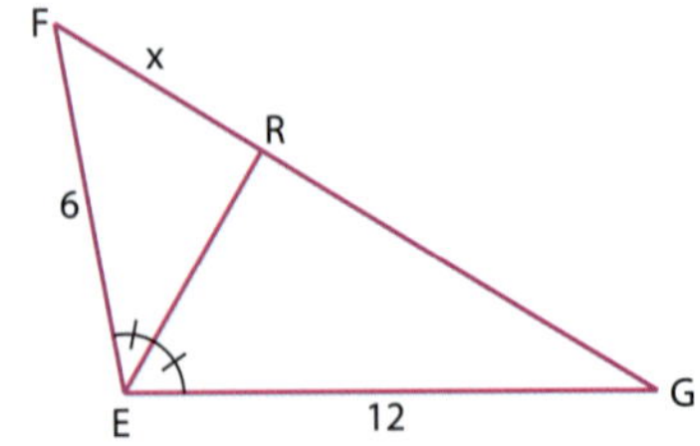

b) BS é bissetriz do $\triangle ABC$.

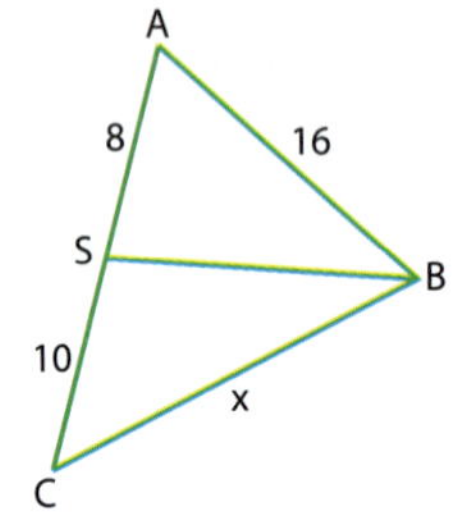

c) NA é bissetriz do $\triangle MNP$.

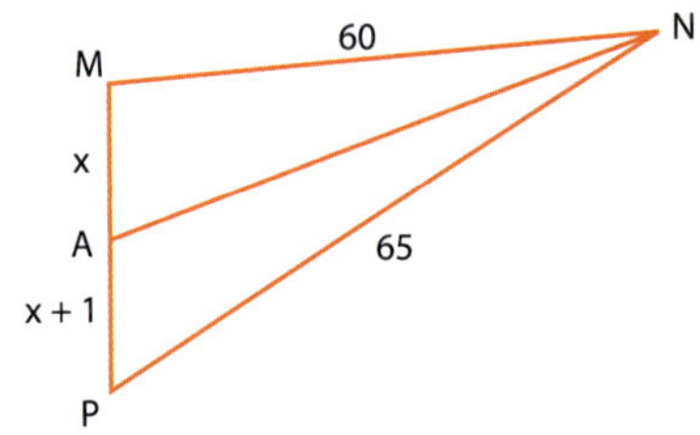

80 Em um $\triangle ABC$, temos $AB = 18$ cm, $AC = 12$ cm e $BC = 15$ cm. Se CR é bissetriz do $\triangle ABC$, quais são as medidas de AR e de RB?

5. Semelhança de triângulos

Dois triângulos são semelhantes se, e somente se, possuem os três ângulos ordenadamente congruentes e os lados homólogos proporcionais.

Observe os triângulos ABC e A'B'C':

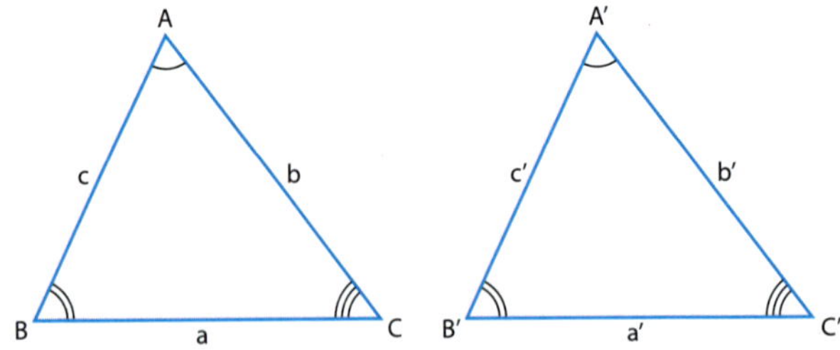

$\triangle ABC$ e $\triangle A'B'C'$ são semelhantes. Indicamos assim: $\triangle ABC \sim \triangle A'B'C'$.

$$\triangle ABC \sim \triangle A'B'C' \Leftrightarrow \begin{cases} \hat{A} \cong \hat{A}' \\ \hat{B} \cong \hat{B}' \\ \hat{C} \cong \hat{C}' \end{cases}$$

e

$$\frac{a}{a'} = \frac{b}{b'} = \frac{c}{c'} = k \text{ (constante de proporcionalidade)}$$

Da mesma forma que na congruência de triângulos, basta verificar alguns elementos para saber se dois triângulos são semelhantes.

Veja a seguir os casos de semelhança:

1º caso: AA (dois ângulos congruentes)

Observe que se dois ângulos de um triângulo são respectivamente congruentes a dois ângulos de outro, o terceiro ângulo também será congruente.

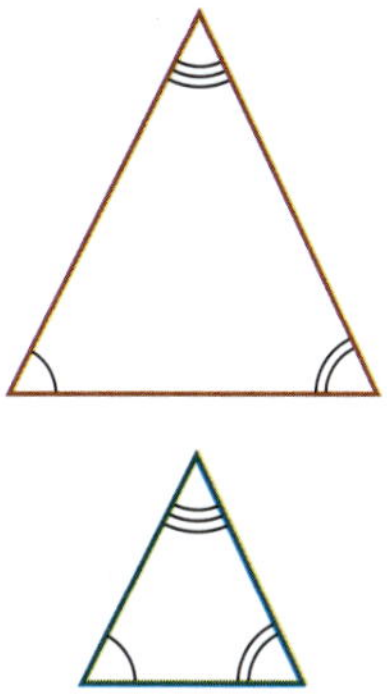

2º caso: LLL (três lados proporcionais)

Dois triângulos são semelhantes se os lados de um são proporcionais aos lados do outro.

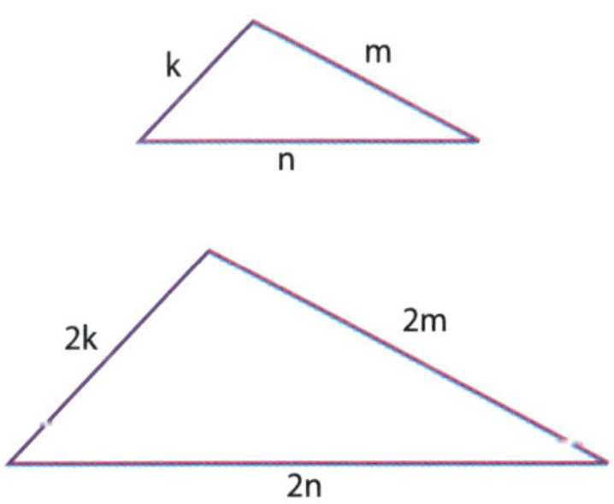

3º caso: LAL (dois lados proporcionais e o ângulo formado por eles congruente)

Dois triângulos são semelhantes se possuem um ângulo congruente compreendido entre lados proporcionais.

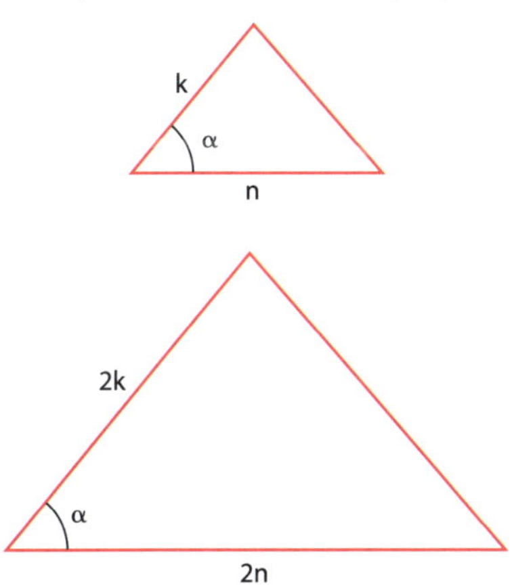

Exemplo de aplicação

Considere o triângulo ABC, retângulo em **A**, e seja **D** um ponto do segmento AC e DE perpendicular ao lado BC. Prove que $\triangle EDC \sim \triangle ABC$.

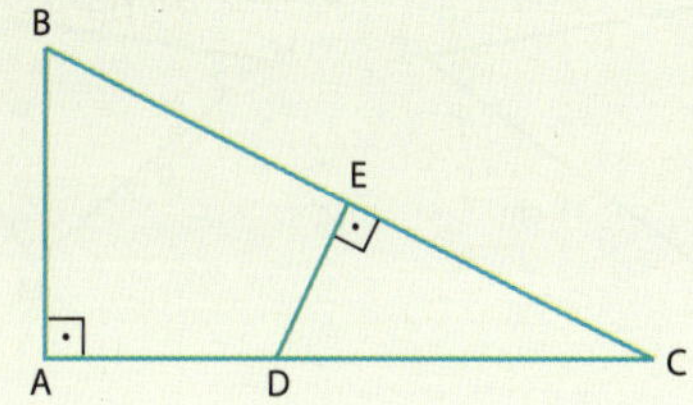

Temos:

$$\left.\begin{array}{l}\hat{E} \cong \hat{A} \text{ (retos)} \\ \hat{C} \text{ é comum}\end{array}\right\} \Rightarrow \triangle EDC \sim \triangle ABC \text{ (caso AA)}$$

Propriedade (teorema fundamental da semelhança)

Toda reta paralela a um lado de um triângulo que intersecta os outros dois lados em pontos distintos determina outro triângulo semelhante ao primeiro.

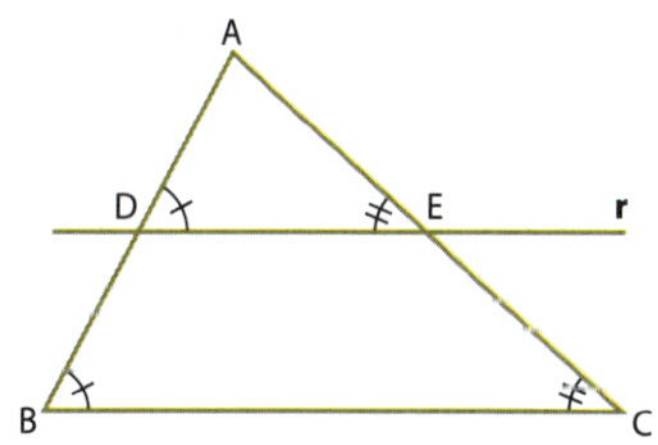

$$\left.\begin{array}{l} r \,/\!/\, BC \\ r \cap AB = \{D\} \\ r \cap AC = \{E\}\end{array}\right\} \Rightarrow \triangle ADE \sim \triangle ABC$$

Exemplo de aplicação

A figura mostr5 quadrado PQRS inscrito em um triângulo ABC. Sendo BC = 24 cm e a altura relativa a essa base igual a 16 cm, calcule a medida do lado desse quadrado.

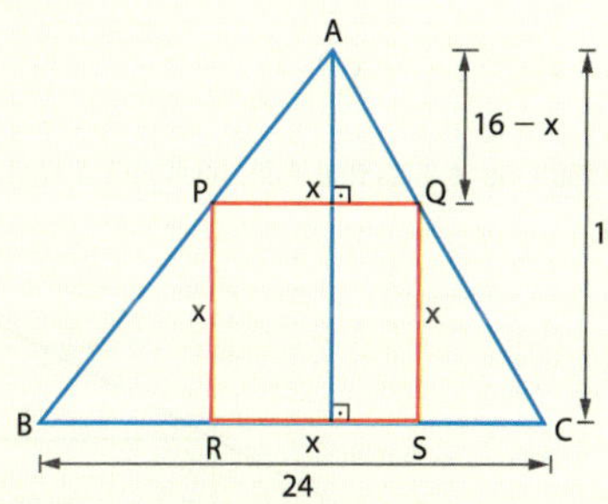

No quadrado PQRS, o lado PQ é paralelo ao lado BC do $\triangle ABC$. Como o $\triangle APQ$ é semelhante ao $\triangle ABC$, temos:

$$\frac{x}{24} = \frac{16 - x}{16} \Rightarrow x = \frac{48}{5} = 9{,}6$$

Logo, o lado do quadrado mede 9,6 cm.

» Exercícios

81 Os triângulos ABC e MNO são semelhantes. Determine as medidas **n** e **o**.

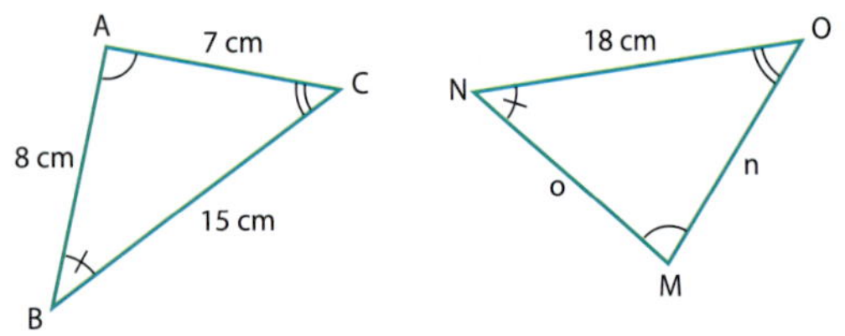

82 A maquete de um edifício tem 50 cm de altura e o edifício tem 40 m de altura. Sabendo que as janelas dos apartamentos têm 2 m de largura, qual é a largura das janelas na maquete do edifício?

83 Num triângulo ABC, AB = 4 cm, BC = 5 cm e AC = 6 cm. Calcule os lados de um triângulo semelhante ao triângulo ABC cujo perímetro seja 20 cm.

84 Determine o valor de **x**:

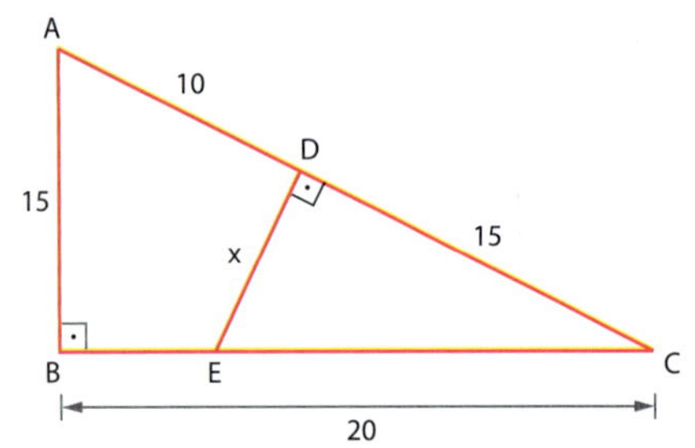

85 Dois triângulos são semelhantes. O perímetro de um dos triângulos é de 35 cm e o do outro, 105 cm. Qual é a razão de semelhança entre os triângulos?

86 Considere o quadrado inscrito no triângulo retângulo abaixo. Se o lado do quadrado mede 5 e o cateto menor do triângulo retângulo mede 6, qual é a medida do cateto maior?

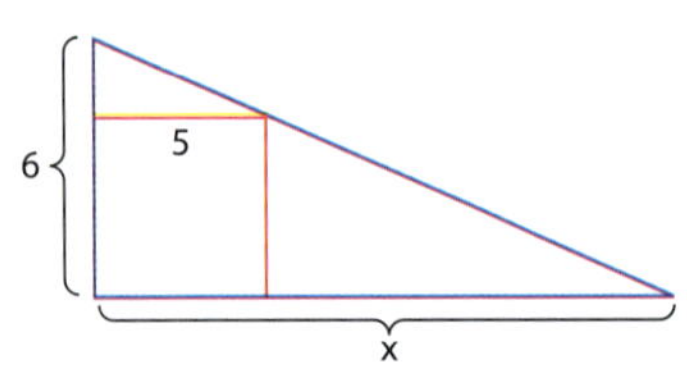

87 Calcule o valor de **x**, sabendo que, na figura a seguir, temos três quadrados.

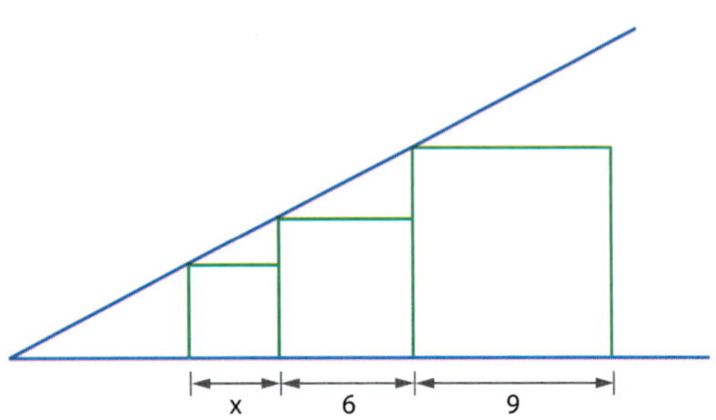

88 Justifique a semelhança dos triângulos ABC e DEC.

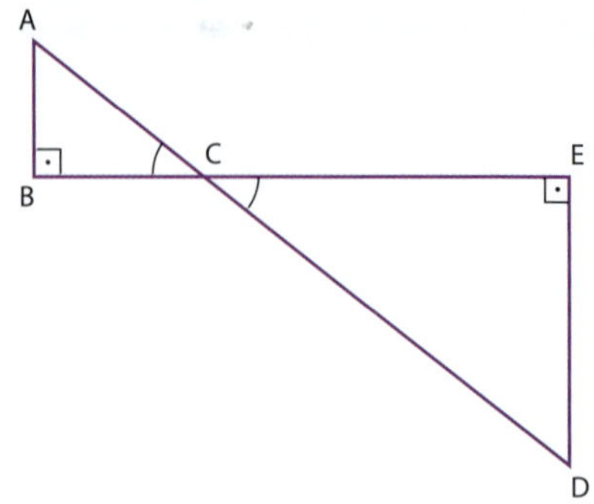

89 Dos três triângulos da figura ($\triangle ABC$, $\triangle BCD$ e $\triangle ABD$), há dois que são semelhantes. Quais são eles?

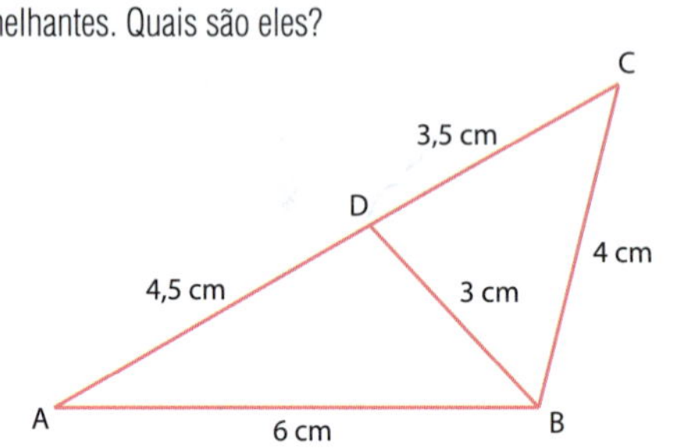

90 Na figura abaixo, temos o triângulo ABC de lados AB = 6, BC = 4 e AC = 8. Qual é a medida do segmento MC?

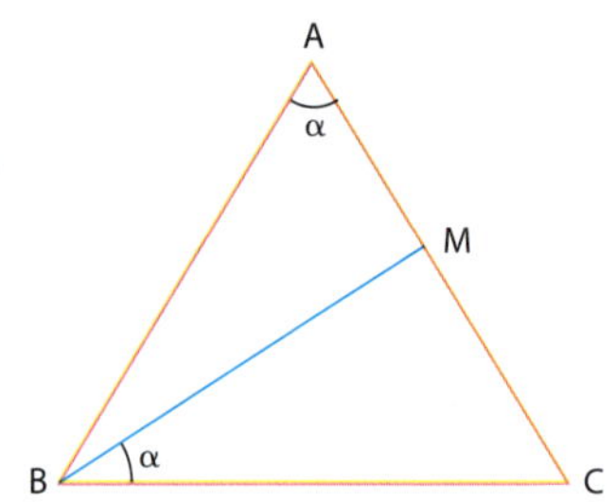

91 Na figura abaixo, temos AB // DE. Calcule o valor de **x**.

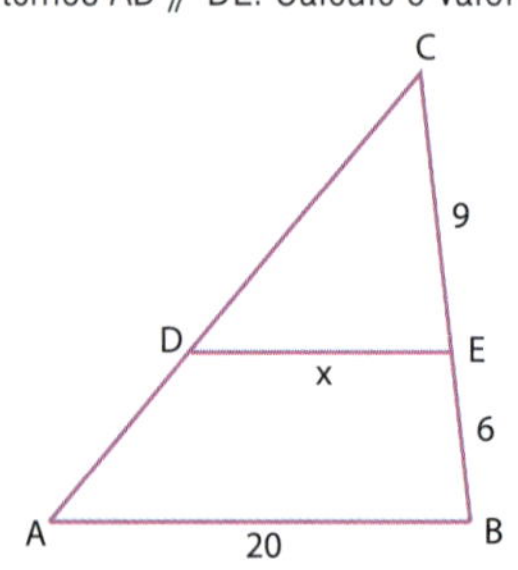

92 Determine o valor de **x** em centímetros, sabendo que $\triangle ABC \sim \triangle CDE$ e que AD = 10 cm.

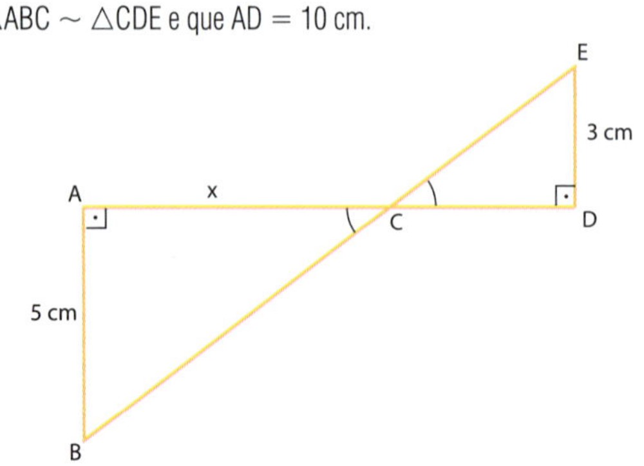

6. Relações métricas no triângulo retângulo

Consideremos um triângulo ABC, retângulo em **A**, e o segmento AD perpendicular ao lado BC, com **D** em BC.

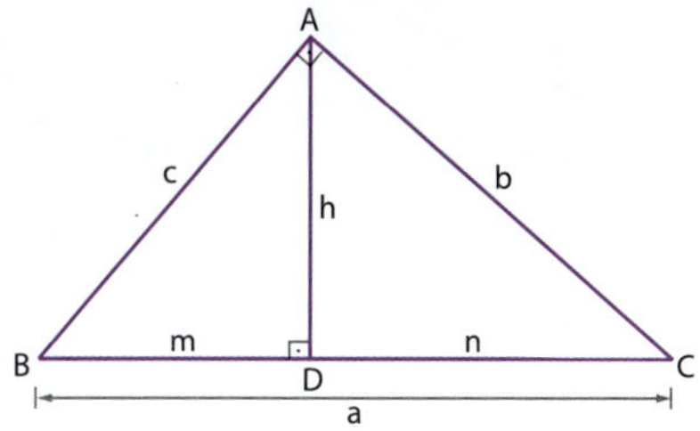

Ficam definidos os seguintes segmentos no △ABC:

- BC: hipotenusa (medida **a**)
- AC: cateto (medida **b**)
- AB: cateto (medida **c**)
- BD: projeção do cateto AB sobre a hipotenusa (medida **m**)
- CD: projeção do cateto AC sobre a hipotenusa (medida **n**)
- AD: altura relativa à hipotenusa (medida **h**)

A altura relativa à hipotenusa de um triângulo retângulo ABC o divide em dois triângulos retângulos semelhantes a ele e semelhantes entre si. Observe:

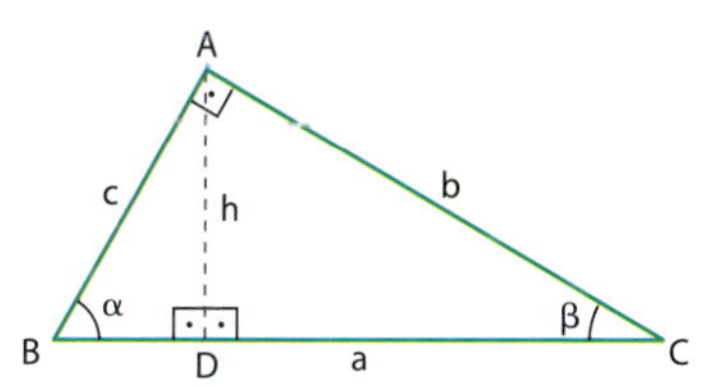

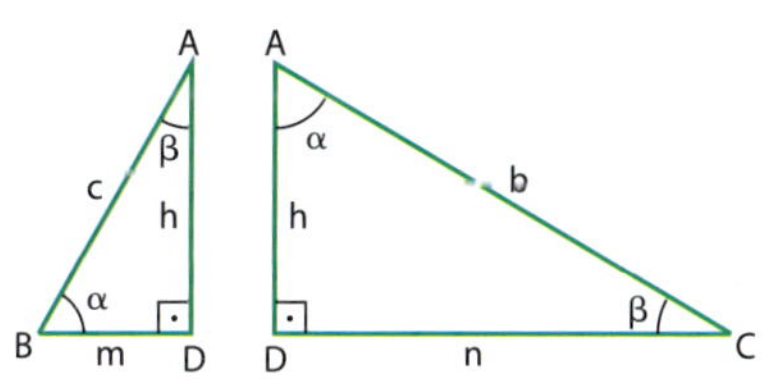

Como os três triângulos têm todos os ângulos congruentes, pelo 1º caso de semelhança, temos

△ABC ~ △DBA ~ △DAC.

Da semelhança entre △ABC e △DBA, podemos concluir que:

$$\frac{AB}{BC} = \frac{DB}{BA} \Rightarrow \frac{c}{a} = \frac{m}{c} \Rightarrow \boxed{c^2 = am} \quad \text{(I)}$$

Da semelhança entre △ABC e △DAC, temos:

$$\frac{AB}{BC} = \frac{DA}{AC} \Rightarrow \frac{c}{a} = \frac{h}{b} \Rightarrow \boxed{ah = bc} \quad \text{(II)}$$

$$\frac{AC}{BC} = \frac{DC}{AC} \Rightarrow \frac{b}{a} = \frac{n}{b} \Rightarrow \boxed{b^2 = an} \quad \text{(III)}$$

Para refletir

Você reparou que as relações (I) e (III) são as mesmas? Ambas podem ser generalizadas como: $\text{cateto}^2 = \text{hipotenusa} \cdot \text{projeção}$.

Da semelhança entre △DBA e △DAC, temos:

$$\frac{DA}{DB} = \frac{DC}{DA} \Rightarrow \frac{h}{m} = \frac{n}{h} = \boxed{h^2 = mn} \quad \text{(IV)}$$

Observe que somando membro a membro (I) e (III), temos:

$$\begin{array}{rl} & c^2 = am \\ + & b^2 = an \\ \hline \end{array}$$

$$b^2 + c^2 = am + an = b^2 + c^2 = a(m + n) \Rightarrow$$

$$\Rightarrow \boxed{b^2 + c^2 = a^2} \quad \text{(V)} \text{ (teorema de Pitágoras)}$$

As igualdades (I) a (V) são chamadas de *relações métricas no triângulo retângulo*.

objeto digital

Exercícios

93 Calcule a altura relativa à hipotenusa e as projeções dos catetos sobre a hipotenusa no triângulo retângulo de catetos 8 cm e 6 cm.

94 Calcule as medidas **b**, **c** e **h** indicadas no triângulo retângulo a seguir:

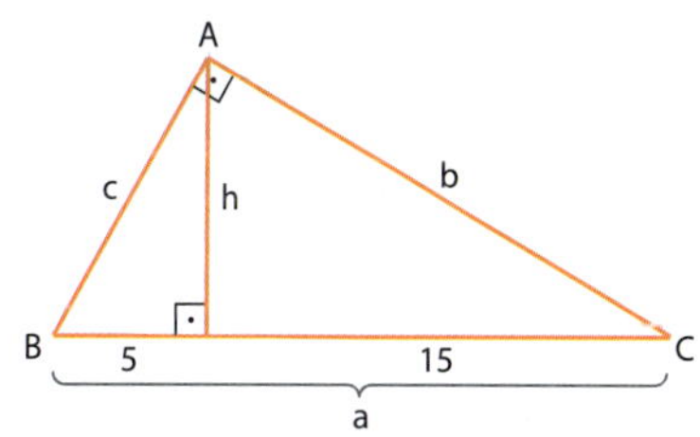

95 Dado um triângulo equilátero de lado **a**, calcule sua altura, em função de **a**.

96 Determine a medida da altura dos seguintes triângulos equiláteros. (*Dica*: use o resultado obtido no exercício anterior.)

a)

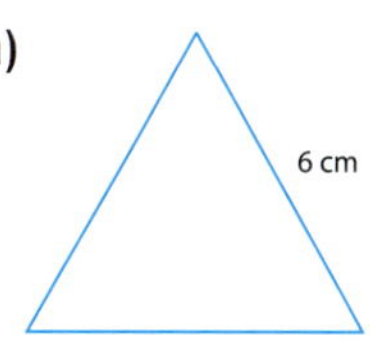

b)

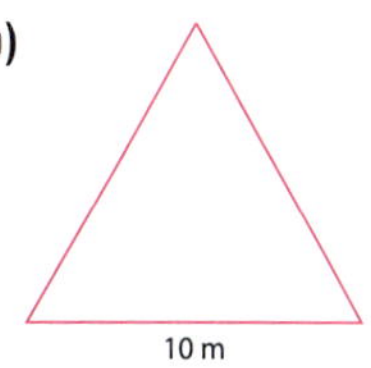

97 Dado um quadrado de lado **a**, calcule a medida das diagonais desse quadrado, em função de **a**.

98 Determine a medida da diagonal dos seguintes quadrados. (*Dica*: use o resultado obtido no exercício anterior.)

a)

b)

99 Num triângulo retângulo, a razão entre as projeções dos catetos sobre a hipotenusa é $\frac{9}{16}$. Sabendo que a hipotenusa mede 10 cm, calcule a medida dos catetos.

100 Durante um treinamento, dois maratonistas partem de uma mesma cidade em direção reta; um em sentido leste e outro em sentido norte. Determine a distância que os separa depois de 2 h sabendo que as velocidades dos atletas são de 20 km/h e 25 km/h, respectivamente.

101 Determine o valor de **x** sabendo que a reta que contém **x** é tangente às circunferências:

a) $OO' = 25$

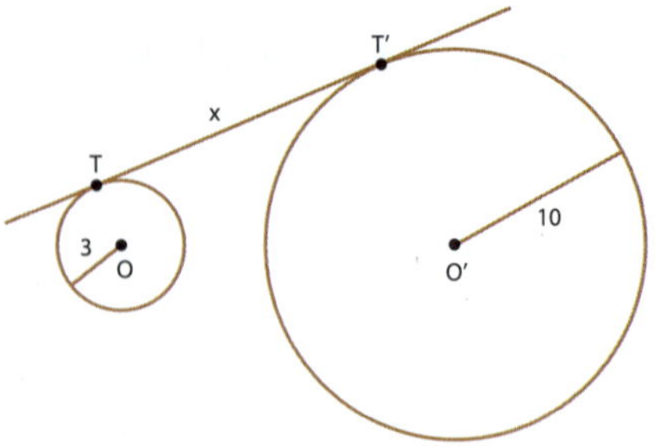

b) $OO' = 13$

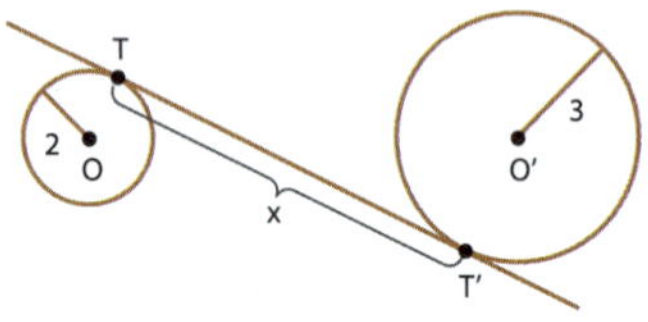

7. Circunferência

É uma figura geométrica formada por todos os pontos de um plano equidistantes de um dado ponto desse plano, chamado *centro*.

Posições relativas entre reta e circunferência

Tangentes (um único ponto comum)	Secantes (dois pontos comuns)	Externas (nenhum ponto comum)
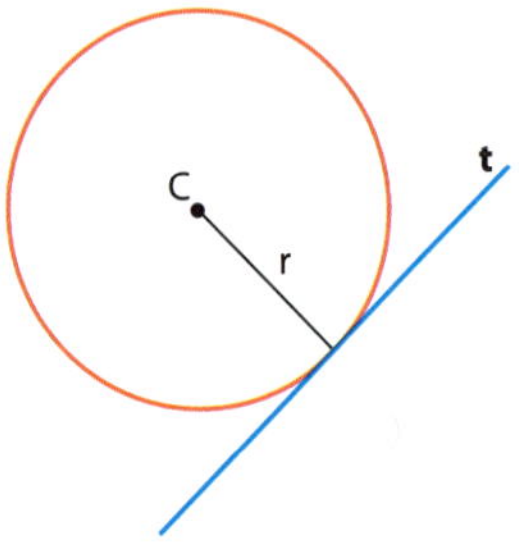 $d_{C,t} = \text{raio}$	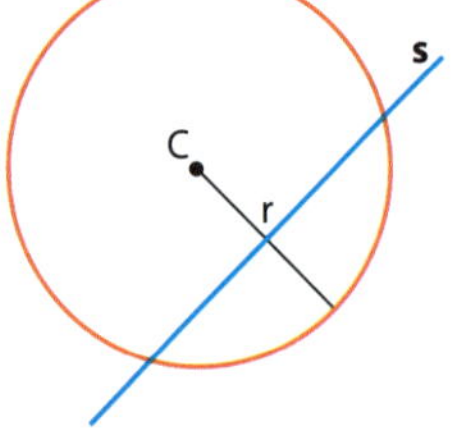 $d_{C,s} < \text{raio}$	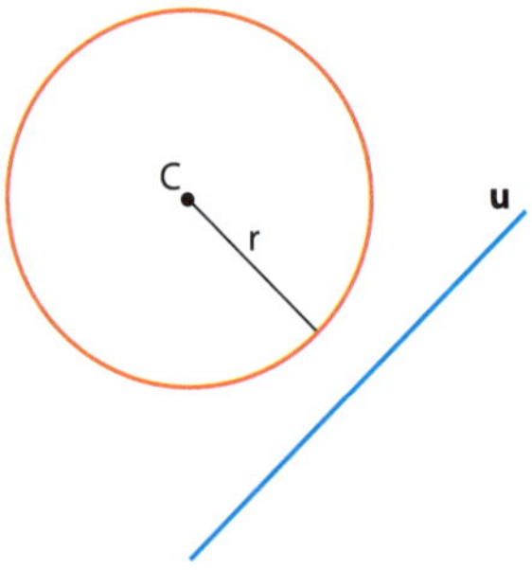 $d_{C,u} > \text{raio}$

Fique atento
Qualquer reta tangente a uma circunferência é perpendicular à reta que passa pelo centro e pelo ponto de tangência **T**.

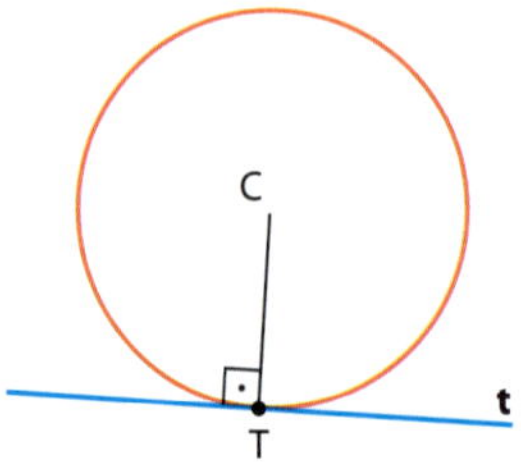

Exercícios

102 Demonstre que dada uma circunferência de centro **C** e um ponto **P** externo a ela, as retas que passam por **P** e são tangentes à circunferência determinam segmentos congruentes de extremidades **P** e os pontos de tangência.

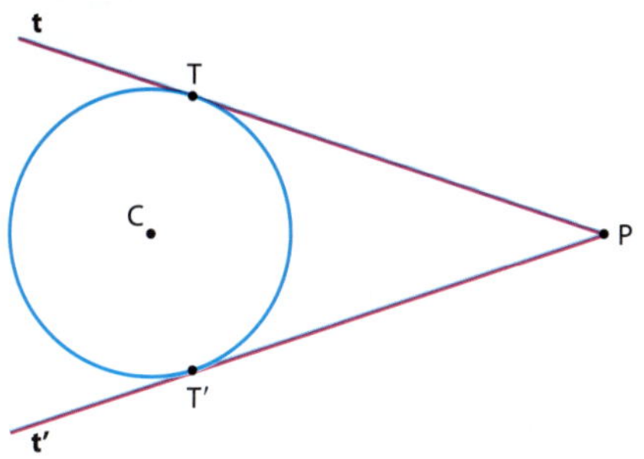

103 Determine a medida do segmento PT, tangente à circunferência, sabendo que o raio da circunferência mede 3,5 cm e que o perímetro do quadrilátero PTOQ é 28 cm.

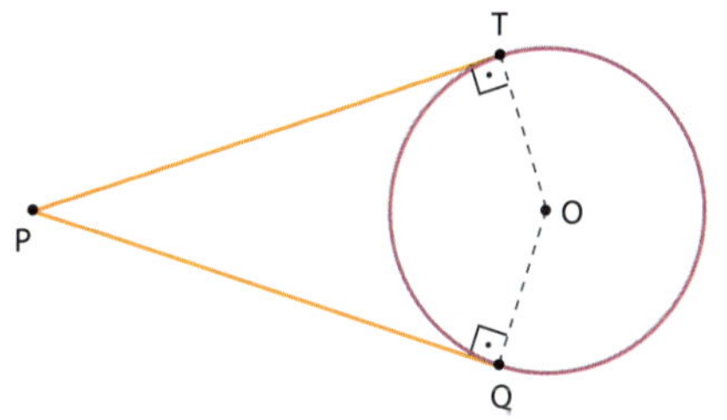

104 Se os lados de um triângulo são tangentes a uma circunferência, dizemos que a circunferência está *inscrita* neste triângulo, como mostra a figura:

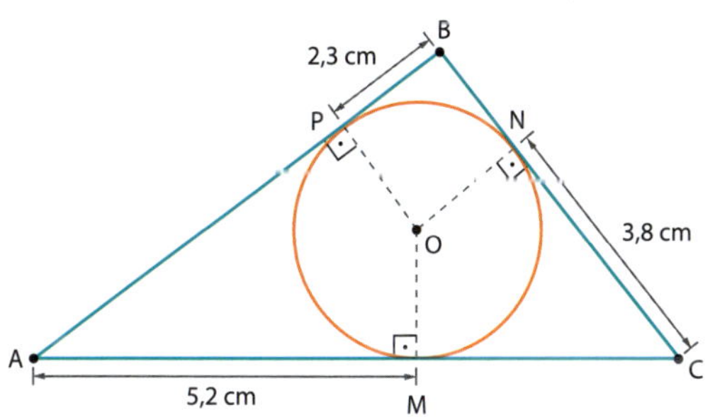

Observe as medidas e calcule o perímetro desse triângulo.

105 Na figura abaixo, a circunferência está inscrita no quadrilátero. Observe as medidas e calcule o perímetro desse quadrilátero.

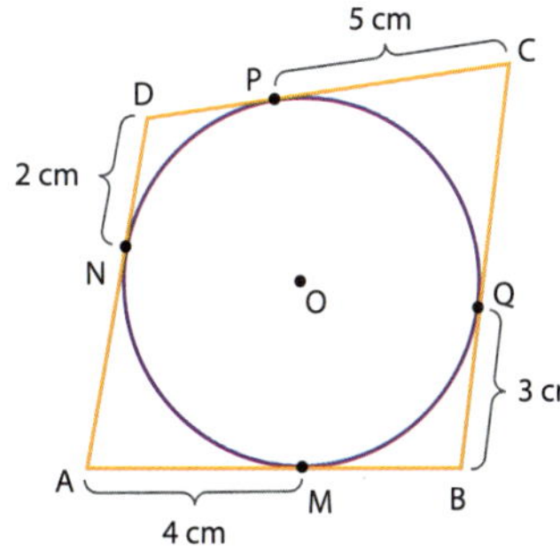

> **Fique atento**
> Se a circunferência está inscrita em um polígono, podemos dizer que o polígono está *circunscrito* à circunferência.

106 Na figura abaixo, o triângulo está circunscrito à circunferência. Calcule o valor de **x**.

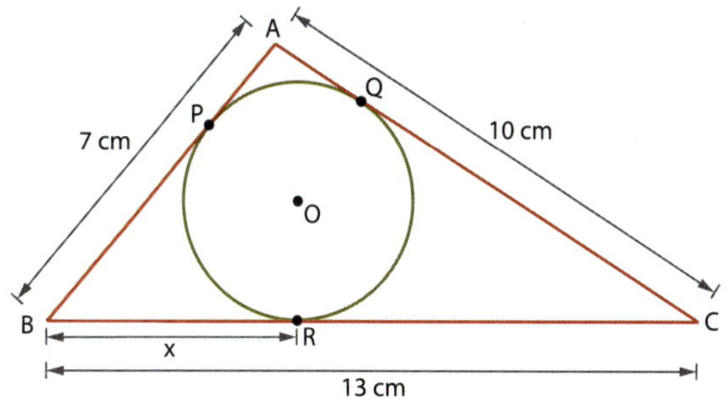

107 Calcule a altura do trapézio ABCD, sabendo que AB é diâmetro e que os outros lados são tangentes à circunferência.

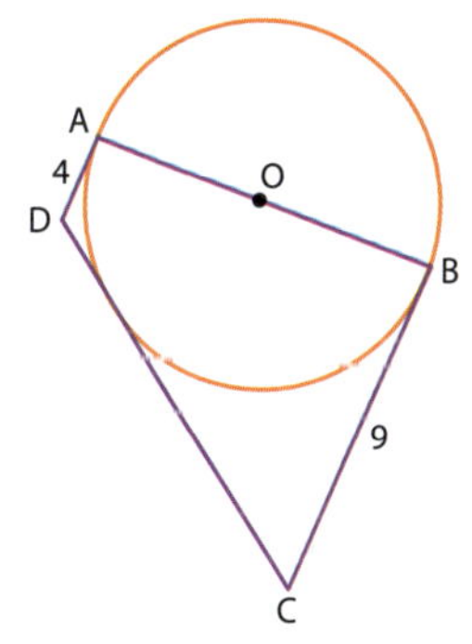

108 Na figura a seguir, **M**, **N** e **P** são pontos de tangência, e a medida de OM é 16.

Calcule o perímetro do triângulo assinalado.

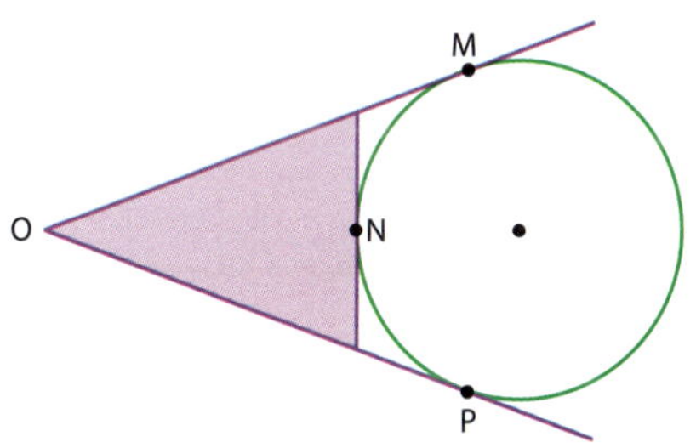

Posições relativas entre duas circunferências

São dadas em função do número de pontos comuns às circunferências.

Chamando de **d** a distância entre os centros O_1 e O_2 das circunferências de raios r_1 e r_2, com $r_1 > r_2$, obteremos:

Pontos comuns	Posição relativa	Distância entre os centros em função dos raios	Figura
2	Secantes	$r_1 - r_2 < d < r_1 + r_2$	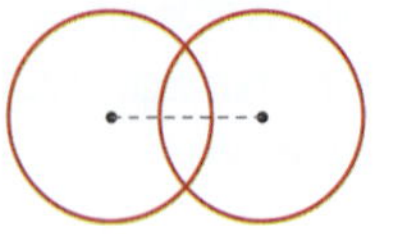
1	Tangentes internas	$d = r_1 - r_2$	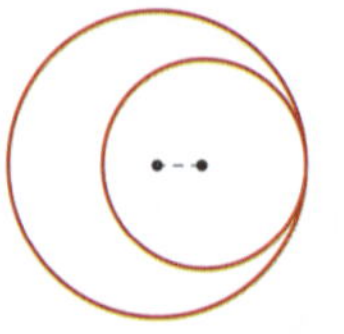
	Tangentes externas	$d = r_1 + r_2$	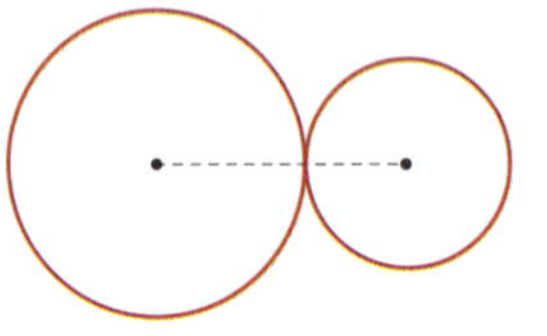
0	Internas concêntricas	$d = 0$	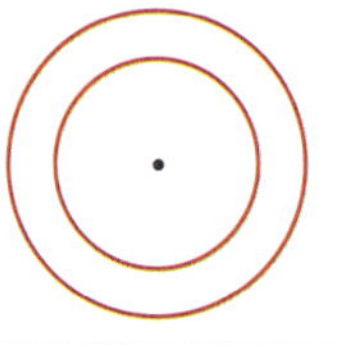
	Internas não concêntricas	$d < r_1 - r_2$	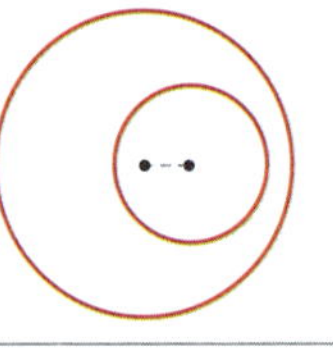
	Externas	$d > r_1 + r_2$	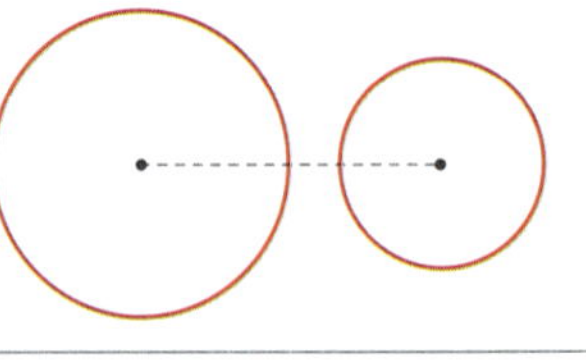

Observações:

1ª) No caso de as circunferências serem tangentes, os centros e os pontos de tangência são sempre colineares.

2ª) A posição "concêntricas" satisfaz a condição $d < r_1 - r_2$, pois é um caso particular de circunferências internas.

Exercícios

109 Duas circunferências de centros **O** e **P** são secantes e seus raios medem 4 cm e 9 cm. Determine os possíveis valores da distância entre **O** e **P**.

110 Duas circunferências tangenciam-se externamente e a distância entre os centros é de 10 cm. O raio da circunferência menor é $\frac{2}{3}$ do raio da circunferência maior. Quanto medem os raios?

Ângulos em uma circunferência

Ângulo central

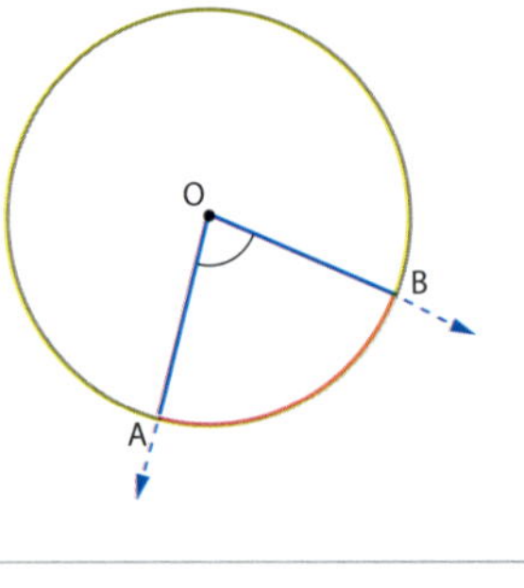

É um ângulo que tem como vértice o centro da circunferência e seus lados passam por pontos pertencentes a ela.

Observação: Um ângulo central AÔB determina na circunferência dois arcos cujas medidas somam 360°.

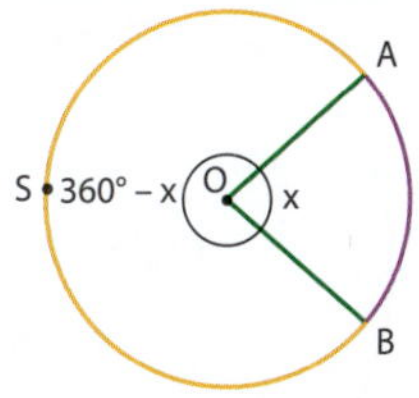

Exercícios

111 Em cada caso, calcule a medida do ângulo central determinado pelos ponteiros destes relógios que marcam horas exatas.

a)

c)

b)

d)

112 Descubra e escreva qual é a medida do ângulo central em cada polígono regular indicado:

a) Triângulo equilátero (triângulo regular)

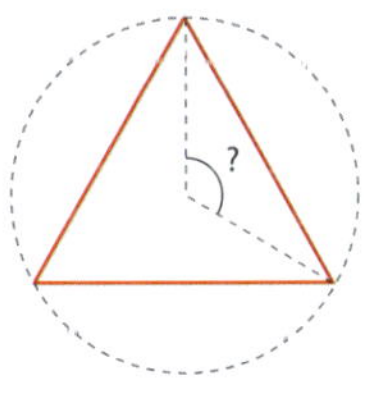

b) Quadrado (quadrilátero regular)

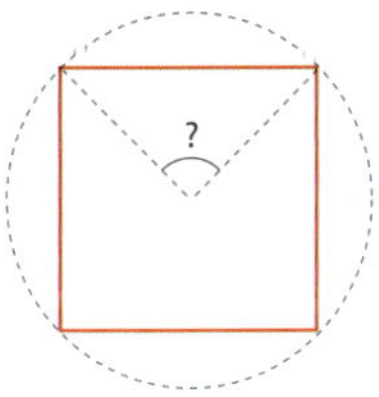

c) Decágono regular

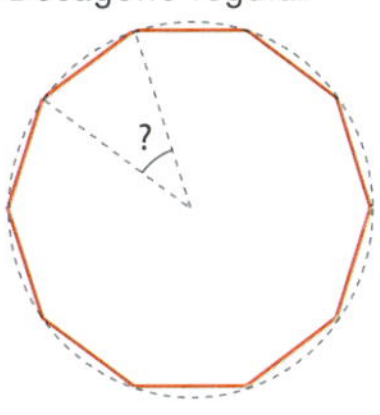

d) Octógono regular

e) Eneágono regular

f) Dodecágono regular (12 lados)

g) Icoságono regular (20 lados)

113 Quantos lados tem um polígono regular cujo ângulo central mede 24°?

Ângulo inscrito

É um ângulo que tem como vértice um ponto da circunferência e cujos lados passam por dois outros pontos da circunferência, determinando nela duas cordas.

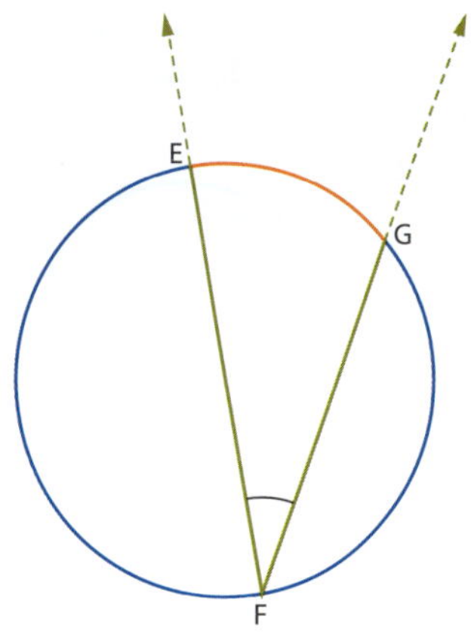

Propriedade

Se um ângulo central e um ângulo inscrito em uma circunferência têm o mesmo arco correspondente, então a medida do ângulo central é o dobro da medida do ângulo inscrito.

Podemos considerar três situações:

a)

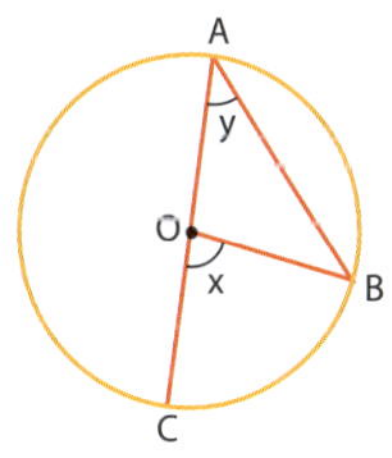

c)

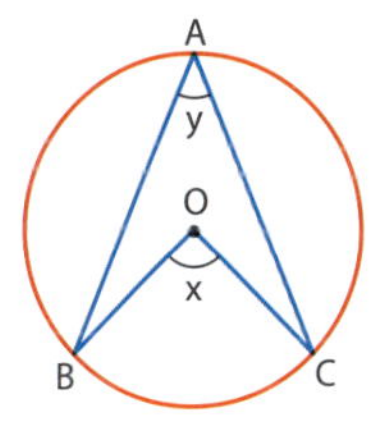

b)

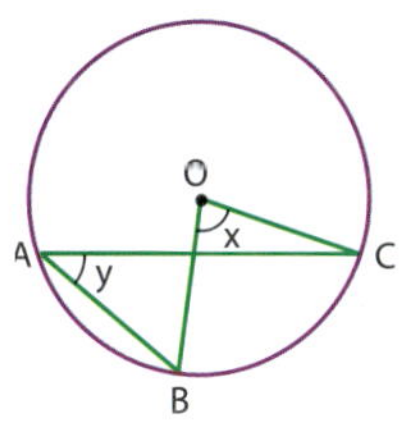

Fique atento
Em cada caso, x = 2y.

Ângulo de segmento

É um ângulo que tem como vértice um ponto da circunferência, um lado secante à circunferência e o outro tangente a ela.

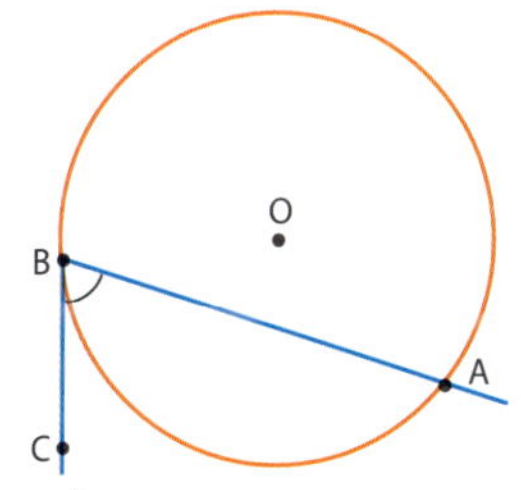

AB̂C é ângulo de segmento.

Propriedade

A medida do ângulo de segmento é a metade da medida angular do arco determinado na circunferência por um de seus lados.

» Exercícios

114 Demonstre a propriedade do ângulo inscrito, considerando cada um dos casos sugeridos.

115 Demonstre que se AB é um diâmetro e **C** um ponto qualquer da circunferência, distinto de **A** e **B**, então o $\triangle ABC$ é retângulo em **C**, isto é, $\hat{C}$ é reto.

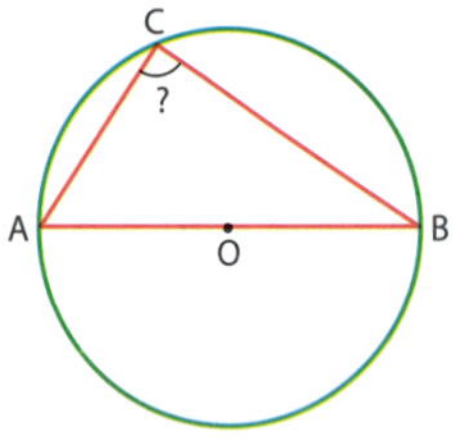

116 Justifique: Se dois ângulos inscritos têm o mesmo arco correspondente, então suas medidas são iguais.

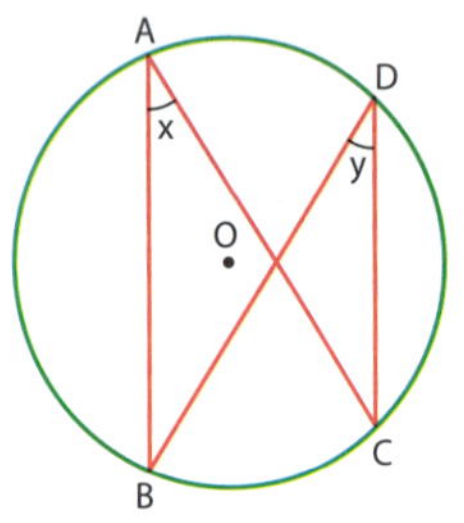

117 Calcule o valor de **x** nas figuras a seguir, sendo **O** o centro das circunferências.

a)

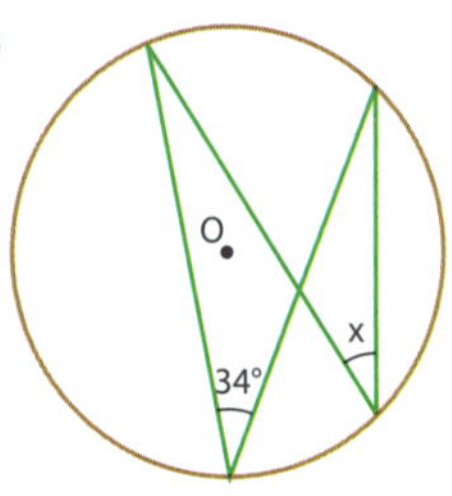

c)

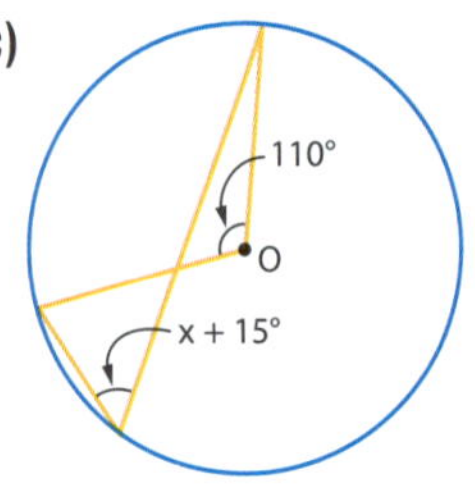

b)

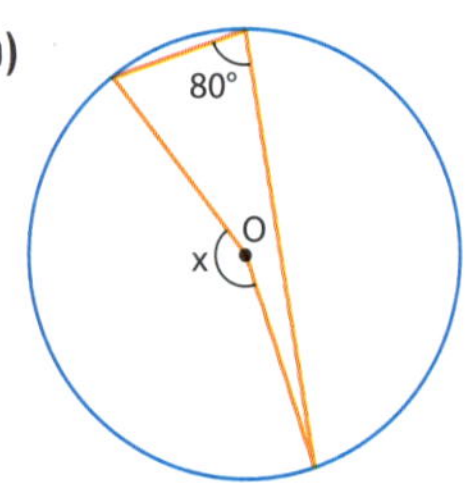

d)

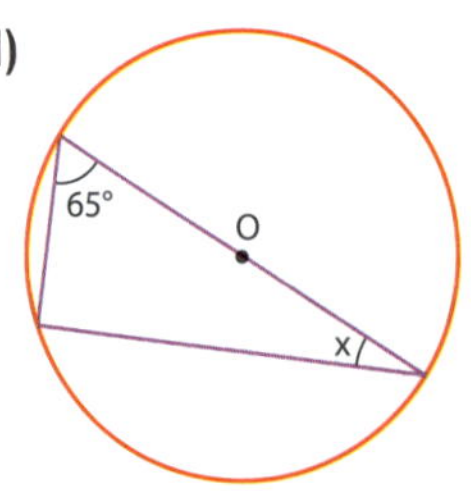

118 Calcule o valor de **x**, sabendo que **O** é o centro da circunferência.

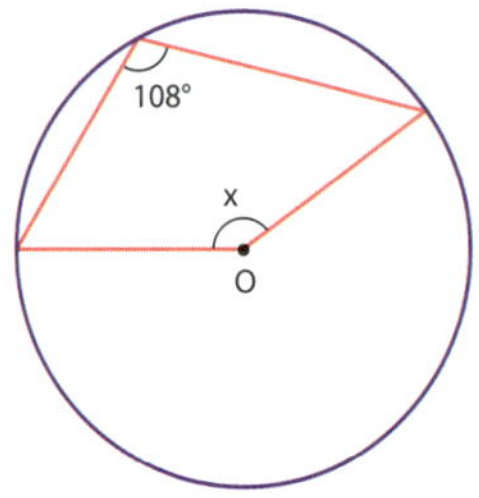

119 Determine o valor de **x** e de **y** nas figuras abaixo:

a) Não é dado o centro da circunferência.

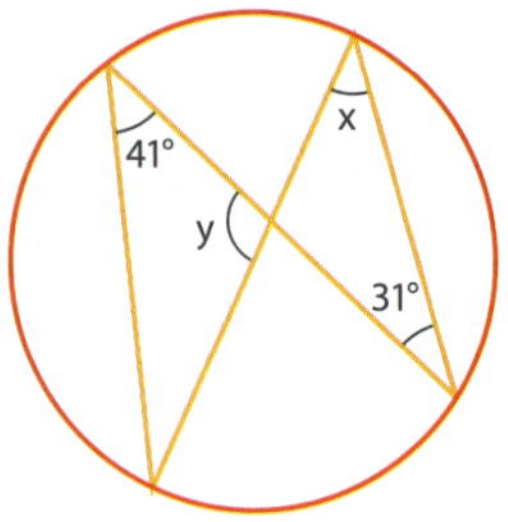

b) É dado o ponto **O**, centro da circunferência.

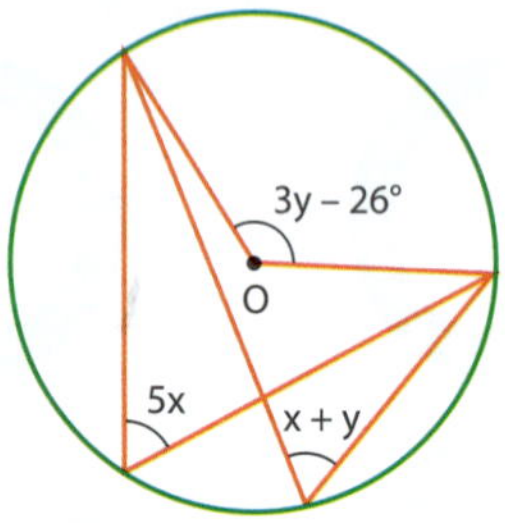

120 Demonstre a propriedade do ângulo de segmento.

121 Calcule a medida **x** do ângulo de segmento de cada figura:

a)

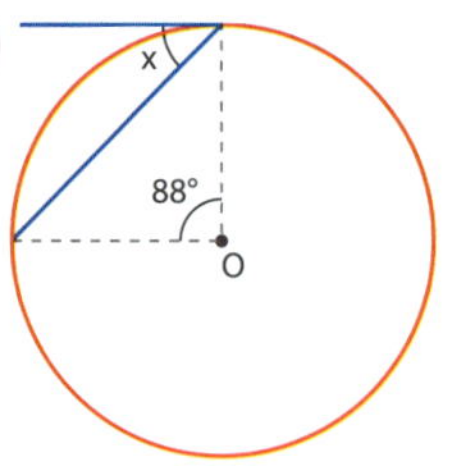

c)

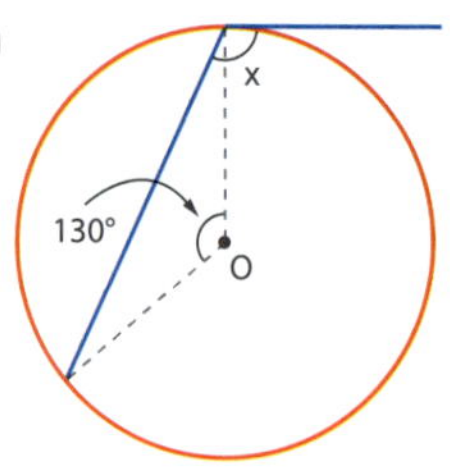

b)

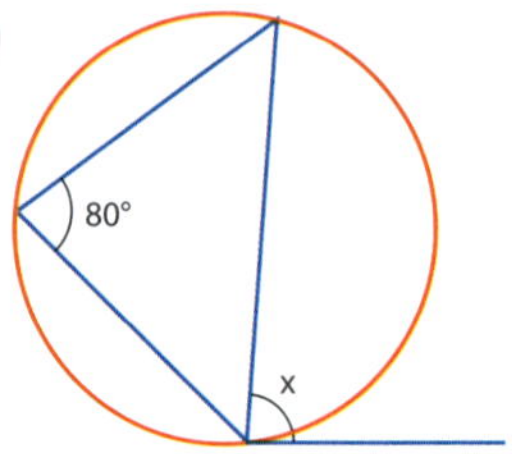

122 Observe a figura:

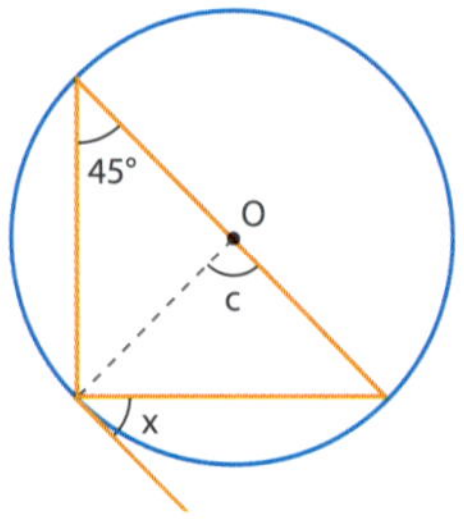

a) Qual a medida **x** do ângulo de segmento assinalado?
b) Qual a medida **c** do ângulo central?

123 Em uma circunferência de centro **O**, a reta AB é tangente em **A**, o segmento de reta AC é uma corda e $C\hat{A}B$ mede 50°. Calcule as medidas de $O\hat{A}B$ e $C\hat{O}A$.

124 Determine o valor de **x**, **y** e **z** nas figuras abaixo:

a)

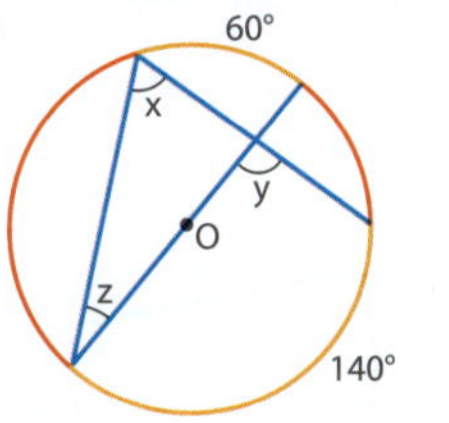

b)

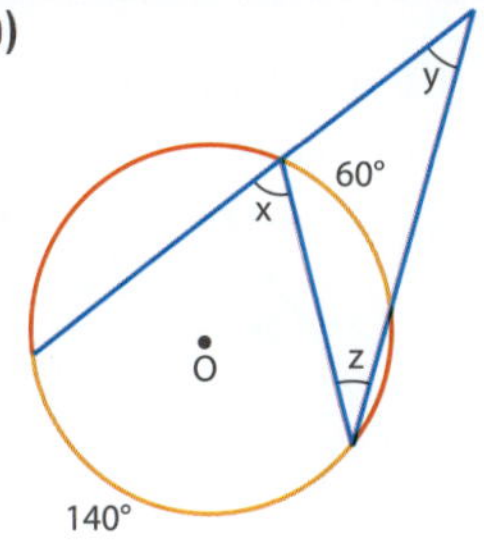

125 Determine **x** nas figuras a seguir:

a)

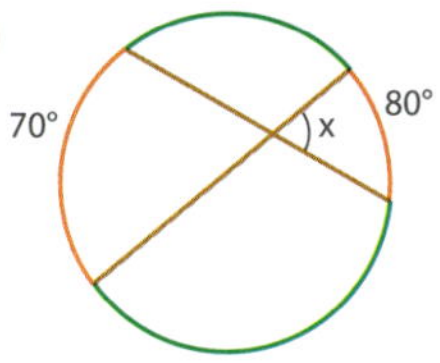

b)

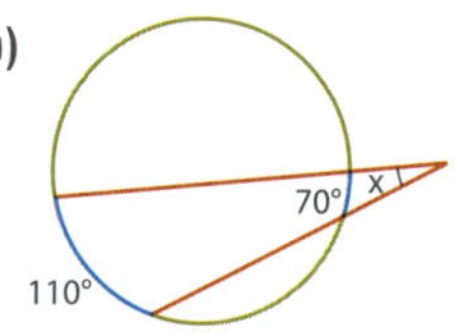

c)

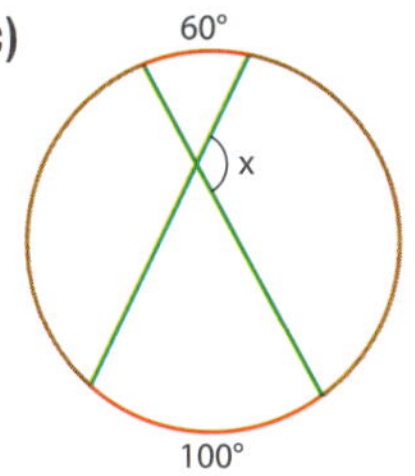

d)

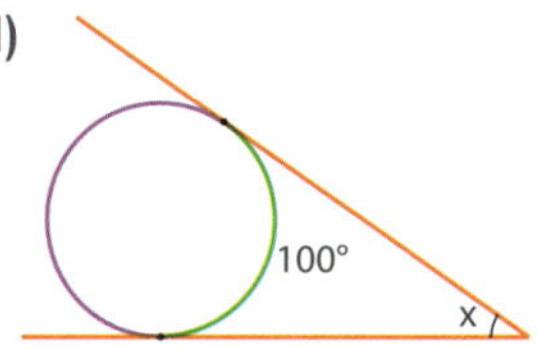

126 Determine o valor de **x** nas figuras abaixo, sabendo que os polígonos indicados são regulares e estão inscritos nas circunferências.

a) Pentágono regular

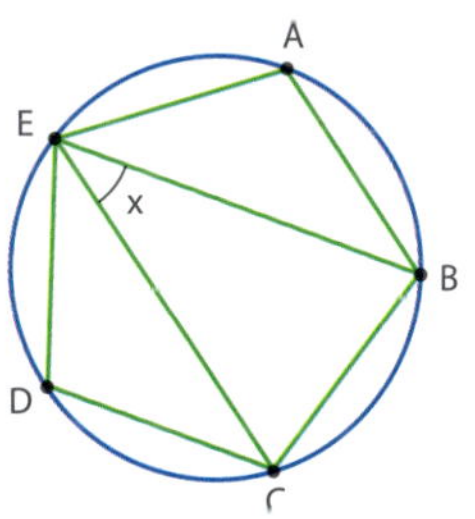

b) Octógono regular

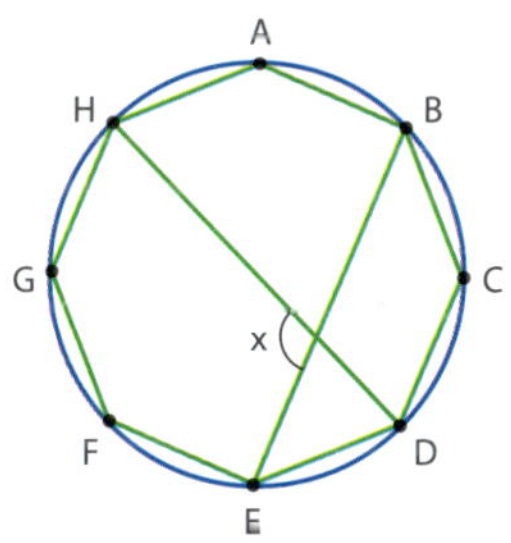

127 Calcule o ângulo $\hat{F}$ assinalado na figura:

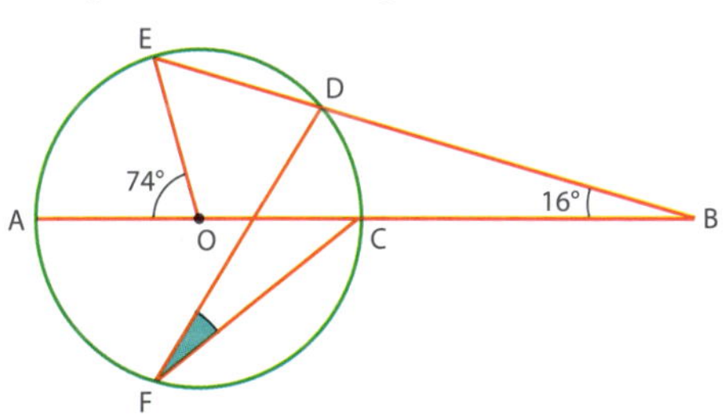

Relações métricas na circunferência

Vamos definir mais dois elementos da circunferência:

Segmento secante

Uma de suas extremidades é um ponto fora da região circular.

Esse segmento tem dois pontos comuns com a circunferência, sendo um deles a outra extremidade.

PB é um segmento secante.

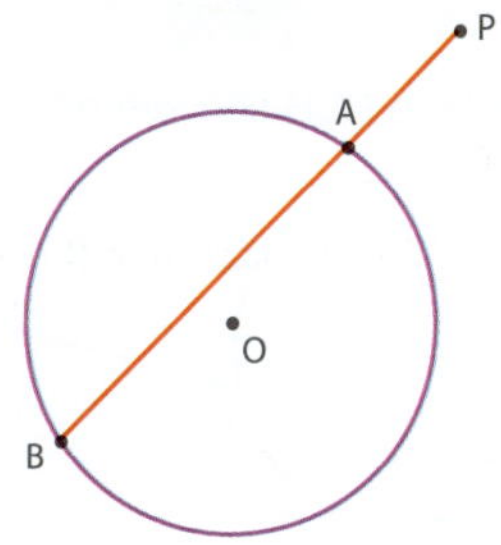

Segmento tangente

Segmento que está sobre uma reta tangente à circunferência, e o ponto de tangência é uma de suas extremidades.

PA é um segmento tangente.

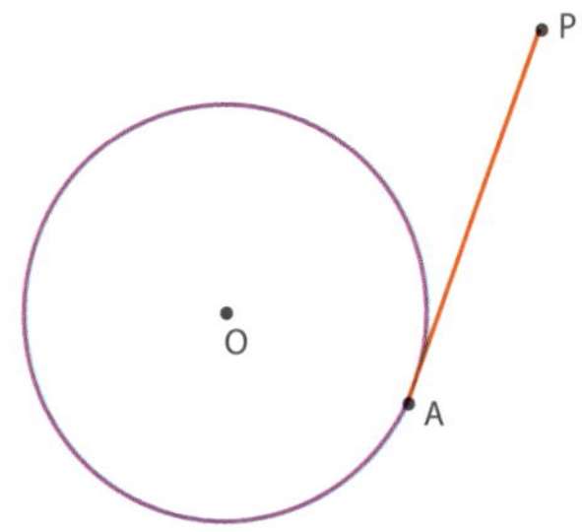

A seguir, vamos conhecer três relações: entre duas cordas, entre dois segmentos secantes e entre um segmento secante e um segmento tangente.

Cruzamento de duas cordas

Na circunferência abaixo, AB e CD são duas cordas que se cruzam no ponto **P**.

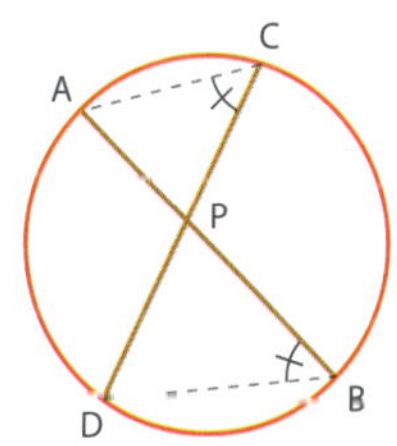

Considerando os triângulos APC e DPB, temos:

- $A\hat{C}D \cong D\hat{B}A$ (ângulos inscritos de mesmo arco)
- $A\hat{P}C \cong D\hat{P}B$ (ângulos opostos pelo vértice)

Da congruência dos dois ângulos podemos concluir que $\triangle APC$ e $\triangle DPB$ são semelhantes. Eles têm, portanto, lados homólogos proporcionais, ou seja:

$$\frac{AP}{DP} = \frac{CP}{BP} = \frac{AC}{DB}$$

Da primeira igualdade, tiramos:

$$AP \cdot BP = CP \cdot DP$$

Assim, foi demonstrada a seguinte propriedade:

Em toda circunferência, quando duas cordas se cruzam, o produto das medidas das duas partes de uma é igual ao produto das medidas das duas partes de outra.

Dois segmentos secantes a partir de um mesmo ponto

Os triângulos PAD e PCB são semelhantes, pois:

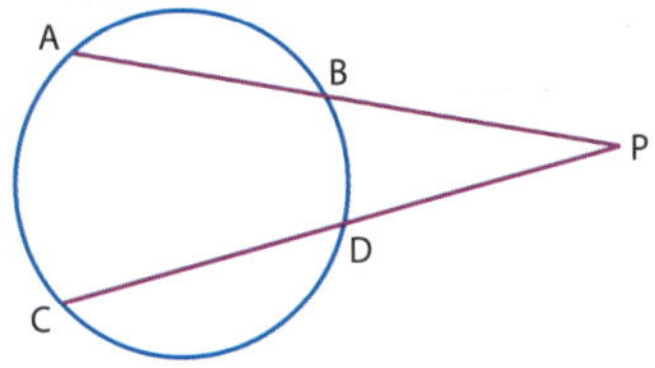

- $\hat{P}$ é comum
- $P\hat{A}D \cong P\hat{C}B$ (ângulos inscritos de mesmo arco)

o que corresponde ao caso AA de semelhança. Temos, portanto:

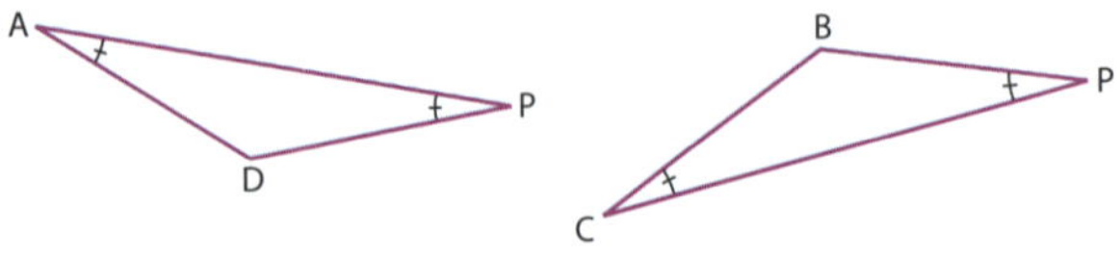

$$\frac{PA}{PC} = \frac{PD}{PB} \Rightarrow \boxed{PA \cdot PB = PC \cdot PD}$$

> Em toda circunferência, se traçamos dois segmentos secantes a partir de um mesmo ponto, o produto da medida de um deles pela medida da sua parte externa é igual ao produto da medida do outro pela medida da sua parte externa.

Segmento secante e segmento tangente a partir de um mesmo ponto

Na figura abaixo, a partir do ponto **P**, temos um segmento tangente PA e um segmento secante PB.

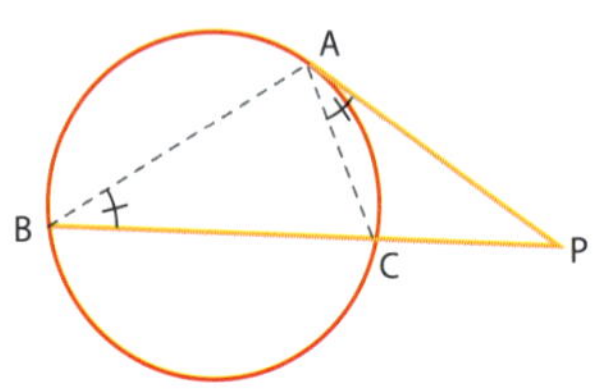

Analisando os triângulos PAC e PBA, temos:

- $\hat{P} \cong \hat{P}$ (ângulo comum)
- $P\hat{A}C \cong P\hat{B}A$ (ângulo de segmento e ângulo inscrito de mesmo arco)

Se os dois ângulos são congruentes, $\triangle PAC \sim \triangle PBA$. Portanto, os lados homólogos têm medidas proporcionais:

$$\frac{PA}{PB} = \frac{PC}{PA} = \frac{AC}{BA}$$

Da primeira igualdade, tiramos:

$$PA \cdot PA = PB \cdot PC \quad \text{ou} \quad \boxed{(PA)^2 = PB \cdot PC}$$

Fica, assim, demonstrada mais uma propriedade:

> Em toda circunferência, se traçamos a partir de um mesmo ponto um segmento tangente e um segmento secante, o quadrado da medida do segmento tangente é igual ao produto da medida do segmento secante pela medida da sua parte externa.

Exercícios

128 Use uma das propriedades que vimos e determine o valor de **x** nas figuras abaixo:

a)

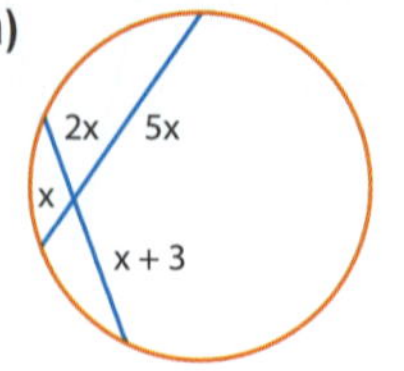

b)

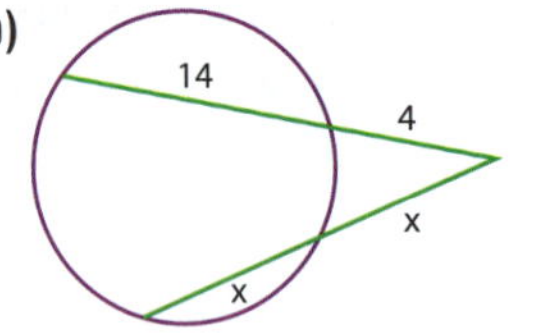

129 Com base no que acabamos de ver, determine o valor de **x** nestas figuras, que têm traçados um segmento tangente e um segmento secante a partir de um mesmo ponto.

a)

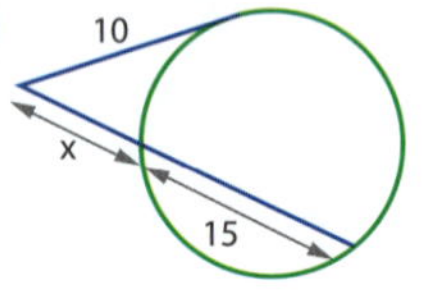

b)

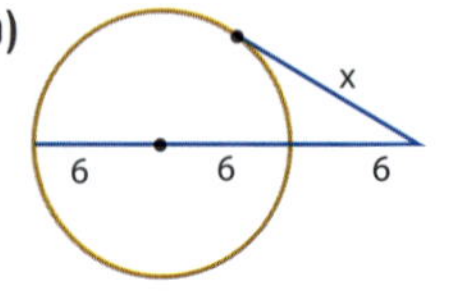

130 Determine a medida do raio **R** na figura:

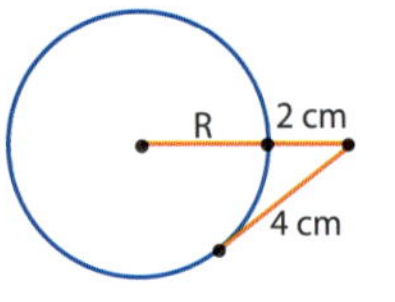

131 Sendo AB = 8 cm e AC = 6 cm, calcule o diâmetro da circunferência inscrita ao $\triangle ABC$, na figura:

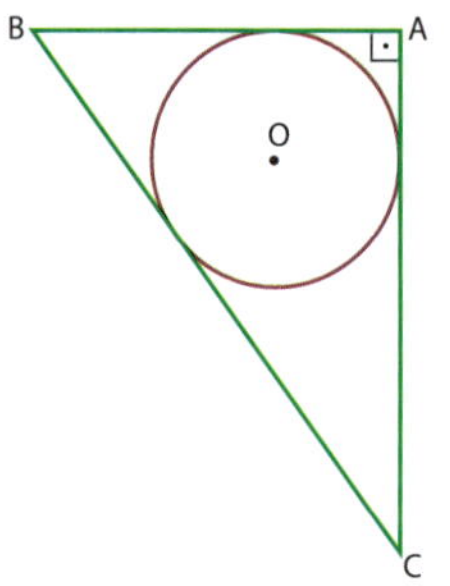

132 Considere duas circunferências de raios 4 cm e 6 cm, respectivamente. Seja **t** uma reta tangente a ambas, e $\mathbf{T_1}$ e $\mathbf{T_2}$ seus pontos de tangência. Se a distância entre as circunferências é 6 cm, calcule o comprimento do segmento T_1T_2.

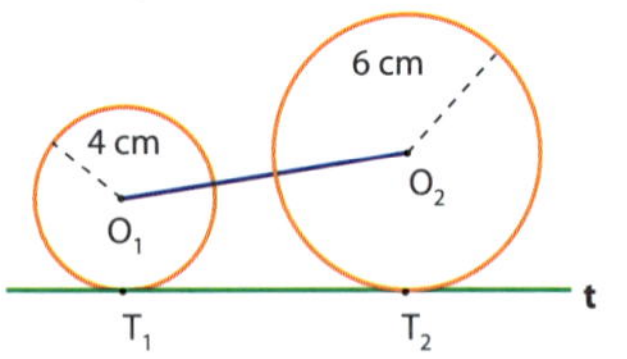

133 Considere o triângulo isósceles ABC, sendo AB e AC seus lados congruentes. Sejam $\mathbf{C_1}$ e $\mathbf{C_2}$ circunferências, como mostra a figura a seguir, de raios $r_1 = 6$ cm e $r_2 = 10$ cm, respectivamente. Calcule o comprimento da altura do triângulo ABC, referente à base BC, sabendo que a circunferência $\mathbf{C_2}$ está inscrita nele e a circunferência $\mathbf{C_1}$ é tangente à $\mathbf{C_2}$ e aos lados AB e AC.

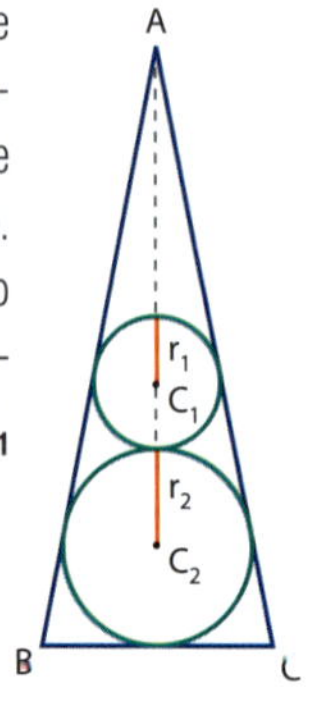

Polígonos regulares inscritos na circunferência

Sabemos que polígono regular é aquele que possui todos os lados congruentes e todos os ângulos congruentes. Assim, se dividirmos uma circunferência em partes iguais, unindo os pontos obtidos determinaremos um polígono regular. Para isso, basta dividirmos os 360° (em torno do centro) pelo número de partes que quisermos obter.

Por exemplo:

a) em 4 partes de 90°

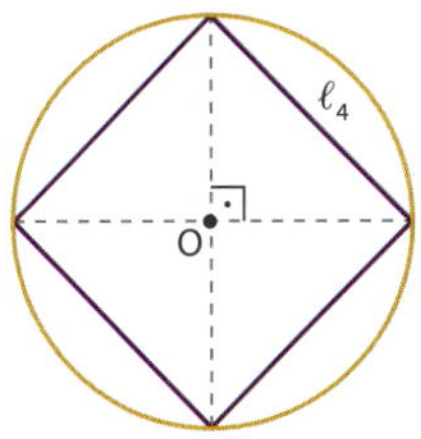

Inscrevemos um quadrado.

b) em 5 partes de 72°

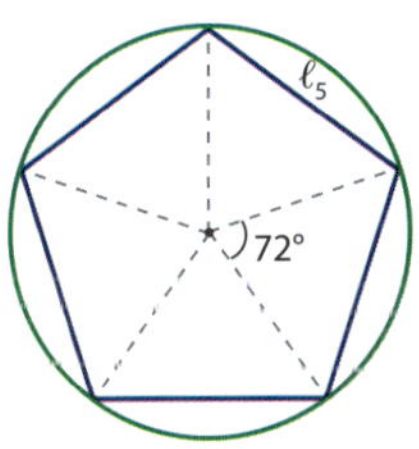

Inscrevemos um pentágono regular.

E assim por diante.

Um elemento importante do polígono regular é o *apótema*.

Apótema é um segmento com uma extremidade no centro da circunferência circunscrita e outra no ponto médio de um de seus lados.

Consequentemente, o apótema será o raio da circunferência inscrita no polígono regular. Veja:

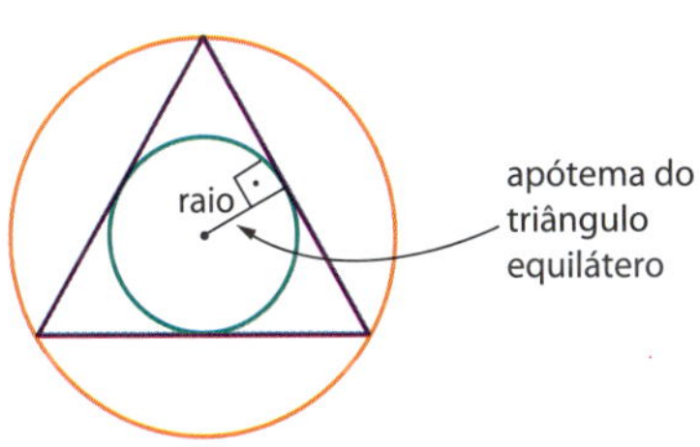

» Exercícios

134 Calcule a medida do lado e do apótema de um polígono regular em cada caso, sabendo que o raio da circunferência circunscrita mede 18 cm.

a) Quadrado

b) Hexágono regular

c) Triângulo equilátero

135 Determine o raio da circunferência em cada caso. O lado de cada polígono mede 12 cm.

a)

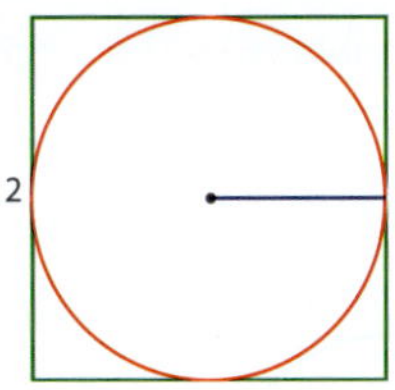

d)

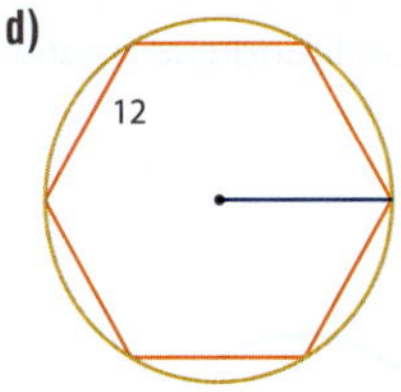

b)

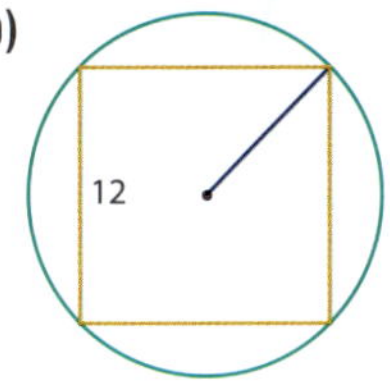

e)

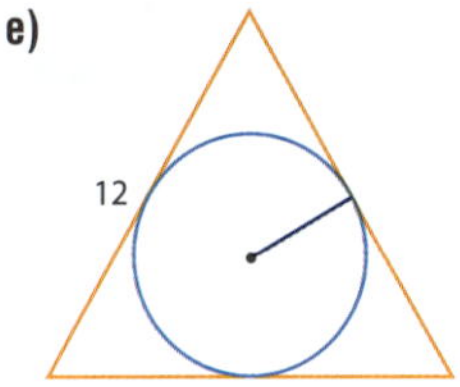

c)

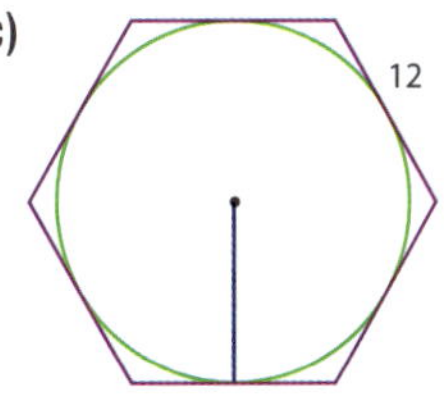

f)

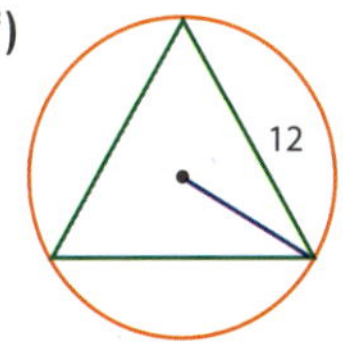

136 Numa circunferência de 10 cm de raio, calcule as medidas do lado e do apótema de um:

a) triângulo equilátero inscrito;

b) quadrado inscrito;

c) hexágono regular inscrito.

137 Um triângulo equilátero de lado 6 cm está inscrito numa circunferência de raio **r**. Qual é a medida do diâmetro dessa circunferência?

138 Determine a razão entre o apótema de um quadrado e o lado de um triângulo equilátero, ambos inscritos numa circunferência de raio igual a 6 cm.

Comprimento da circunferência

Historicamente, o cálculo do comprimento de uma circunferência sempre foi feito a partir da sua relação com o diâmetro. Há cerca de 4000 anos, os babilônios obtinham o comprimento da circunferência triplicando o diâmetro. Essa razão entre o comprimento da circunferência e o diâmetro dela é chamada de número π, ou seja, $\pi = \frac{C}{D}$. Então, para os babilônios, $\pi = 3$. Há cerca de 2000 anos, Arquimedes (287 a.C.-212 a.C.), um dos mais importantes geômetras gregos de toda a História, publicou um tratado matemático em que ele fixava para π um número entre $\frac{223}{71}$ e $\frac{22}{7}$. Isso equivalia a usar $\pi = 3,14$, valor que usamos hoje em dia nos cálculos práticos, um feito notável para a época.

Hoje sabemos que π é o número irracional 3,14159265358979323846264338327950288419716939937510..., aqui escrito com as 50 primeiras casas decimais, mas que já foi obtido com precisão de 1,2 trilhão de casas decimais por uma equipe da universidade de Tóquio em 2002. Porém, mesmo hoje em dia, usar $\pi = 3,14$ é suficiente para as nossas necessidades práticas. Em cálculos teóricos, não substituímos π pelo seu valor. Assim, usamos para o comprimento da circunferência a fórmula $C = 2\pi r$, pois:

$$\frac{C}{D} = \pi \Rightarrow \frac{C}{2r} = \pi \Rightarrow C = 2\pi r$$

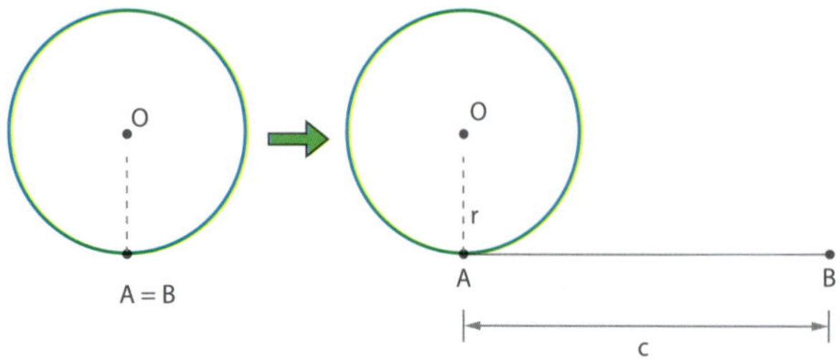

AB = c (comprimento da circunferência)

Comprimento de um arco

O comprimento de um arco pode ser calculado de forma proporcional ao comprimento da circunferência. Assim, se ℓ é o comprimento de um arco, $\ell = f \cdot C$, em que **f** é a parte da circunferência que cabe ao arco. Logo, o comprimento de uma semicircunferência é dado por $\ell = \frac{1}{2} \cdot 2\pi r = \pi r$. De modo geral, se um arco é subtendido por um ângulo central α, então $f = \frac{\alpha}{360°}$, com α medido em graus.

Exercícios

139 Uma roda tem 30 cm de raio. Para percorrer 60π m, quantas voltas completas ela precisa dar?

140 Uma roda de bicicleta tem diâmetro de 60 cm. Qual é a distância percorrida pela bicicleta depois que a roda deu 500 voltas?

141 Qual o comprimento dos arcos $\widehat{AB}$ abaixo, sendo 10 cm o raio de cada circunferência de centro **O**?

a)
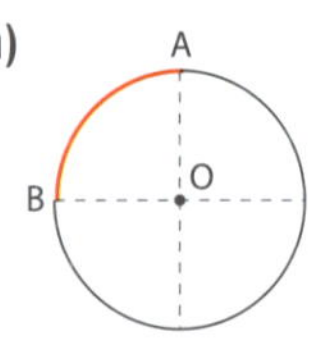

b)
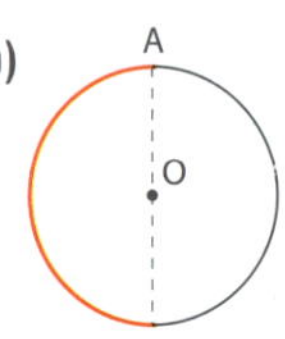

c)
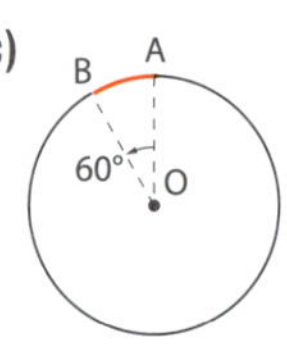

142 Qual o comprimento de cada arco $\widehat{AB}$ abaixo, considerando que em cada caso os polígonos inscritos são regulares e o raio da circunferência é 24 m?

a)
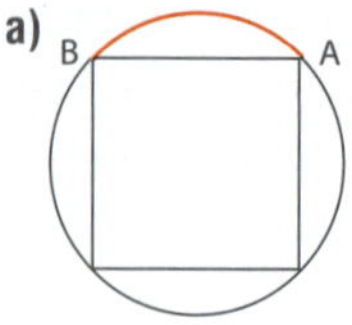

c)
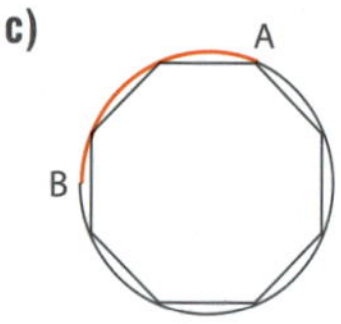

b)
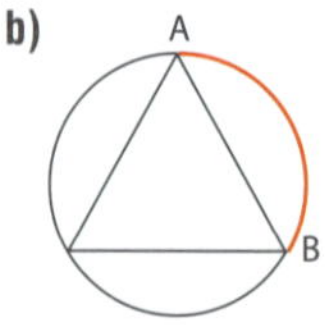

8. Áreas: medidas de superfícies – uma abordagem diferente

Você já sabe que a área do retângulo é dada pelo produto "base × altura", mas talvez não tenha se perguntado por quê. Sabe também que paralelogramos e triângulos têm sua fórmula da área derivada do retângulo. Aqui apresentaremos uma abordagem matemática minuciosa na intenção de formalizar o conceito para uma melhor compreensão.

A ideia intuitiva de área

Suponha que queiramos medir a região do plano que está indicada por **F**. Para isso, precisamos comparar **F** com uma unidade de área. O resultado dessa comparação é um número que exprime quantas vezes a região **F** contém a unidade de área **u**. Esse número assim obtido é a área de **F**.

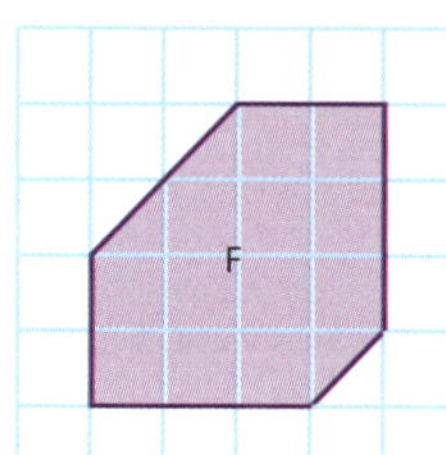

Unidade de área: u

Então, a área da região plana **F** é 13,5 u, ou seja:

área de **F** = 13,5 u

Região quadrada unitária

Vamos estabelecer como unidade de área uma região quadrada cujo lado mede uma unidade de comprimento. Ela será chamada de *região quadrada unitária*.

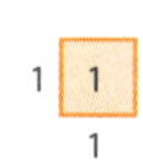

Região quadrada unitária

Qualquer região quadrada cujo lado meça 1 terá, por definição, área igual a 1.

Área da região quadrada

Consideremos uma região quadrada **Q** cujo lado mede ℓ, em que ℓ é um número natural. Ela pode ser decomposta em ℓ^2 regiões quadradas justapostas, cada uma com lado unitário e, portanto, com área 1. Logo, a região quadrada **Q** tem área ℓ^2:

área de **Q** $= \ell^2$

> **Fique atento**
> O conceito apresentado aqui se aplica aos números naturais, mas ele também se estende para os números racionais e irracionais.

Por exemplo, se n = 4:

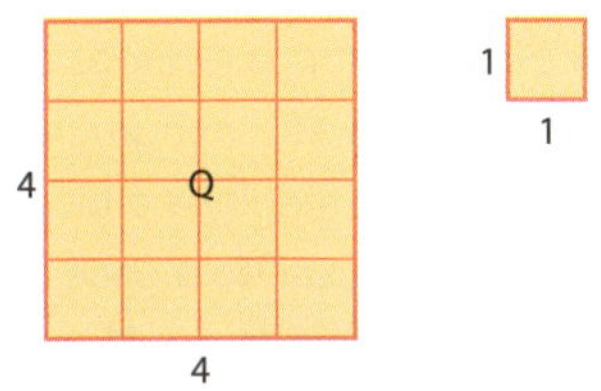

Região quadrada de lado 4, decomposta em $16 = 4^2$ regiões quadradas unitárias.

Área da região retangular

Consideramos uma região retangular **R** de comprimento **c** e largura ℓ (ou base **c** e altura ℓ), em que **c** e ℓ são números reais.

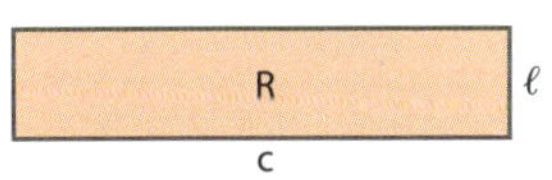

Construímos uma região quadrada cuja medida do lado é $c + \ell$, que contém duas cópias de **R** e mais duas regiões quadradas, uma cujo lado mede **c** e outra cujo lado mede ℓ.

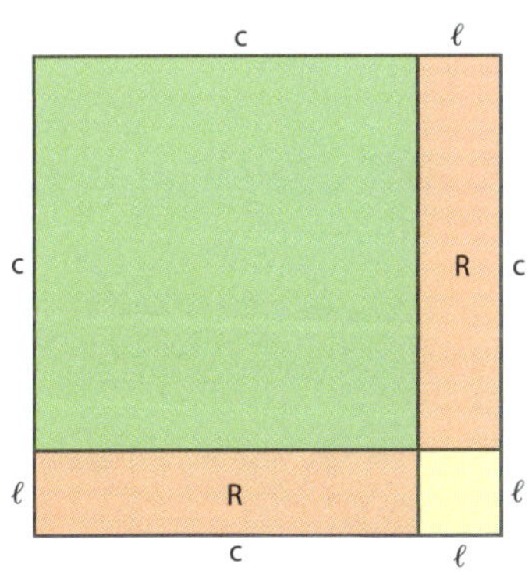

A área dessa região quadrada (**Q**) é dada pelo quadrado de uma soma:

área de **Q** $= (c + \ell)^2 = c^2 + 2c\ell + \ell^2$ (I)

Como as regiões quadradas têm áreas iguais a ℓ^2 e $\mathbf{c^2}$, concluímos que:

área de **Q** $= c^2 + \ell^2 + 2 \cdot$ (área de **R**) (II)

Comparando (I) e (II), chegamos a:

área de **R** $= c \cdot \ell$

Área da região limitada por um paralelogramo

Vamos calcular a área da região plana limitada pelo paralelogramo ABCD tomando como base AB de medida **b** e sua altura CE (perpendicular a AB) de medida **a**.

Examine a figura:

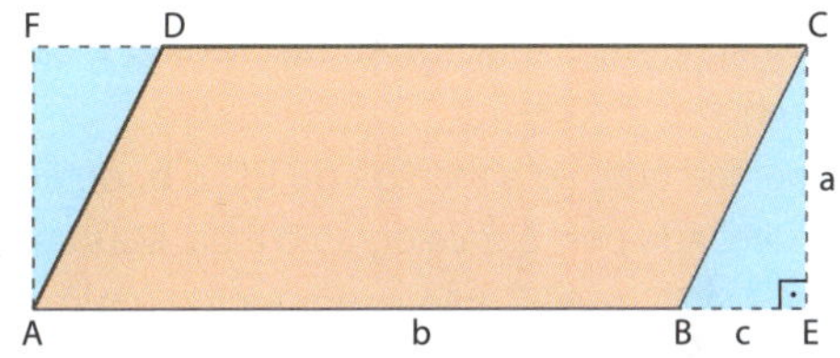

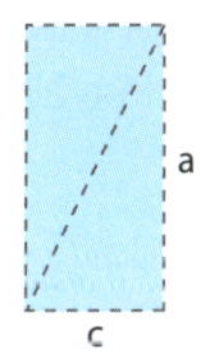

A região limitada pelo paralelogramo está contida em uma região retangular de base b + c e altura **a**. Você já sabe: a área dessa região retangular é dada por:

$$(b + c)a = ba + ca$$

Observe que a região retangular é formada pela região limitada pelo paralelogramo mais duas regiões triangulares que, juntas, formam uma região retangular de área ca.

Assim:

ba + ca = (área da região limitada pelo paralelogramo) + ca

Portanto:

área da região limitada pelo paralelogramo = ba

Isso significa que a área da região limitada por um paralelogramo é igual ao produto da medida de uma de suas bases pela medida da altura correspondente a essa base escolhida.

> **Fique atento**
> Esse resultado não depende da base escolhida. Se tivéssemos escolhido outro lado como base e tomado a altura correspondente, o resultado seria o mesmo.

Área da região triangular

Conhecendo-se a área da região limitada por um paralelogramo, fica muito simples determinar a área de uma região triangular, já que toda região triangular é metade da região limitada por um paralelogramo de mesma base e mesma altura.

Veja:

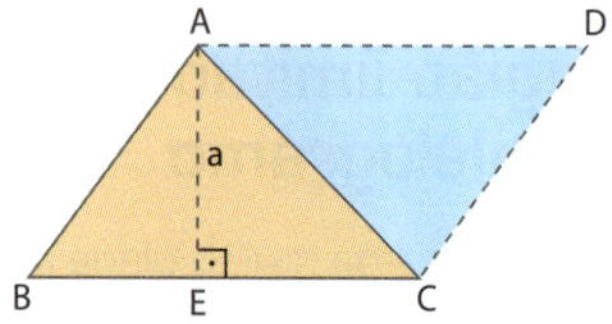

Dada a região triangular ABC, cuja área queremos determinar, traçamos paralelas aos lados AB e BC, determinando o ponto **D** e a região limitada pelo paralelogramo ABCD. Consideremos a altura AE de medida **a** desse paralelogramo.

Já sabemos que, se a medida de BC é **b**, então a área da região limitada pelo paralelogramo é ba. Mas as regiões triangulares ABC e ADC são congruentes (pelo caso de congruência de triângulos ALA: têm um lado comum compreendido entre dois ângulos de mesma medida). Logo, essas regiões triangulares têm áreas iguais.

Assim:

área da região ABCD = 2 · área da região triangular ABC

ou

ba = 2 · área da região triangular ABC

Portanto:

$$\text{área da região triangular ABC} = \frac{ba}{2} \text{ ou } \frac{1}{2}ba$$

Podemos escrever: a área de uma região triangular é a metade do produto da medida da base pela medida da altura correspondente.

Fique atento
Esse resultado não depende da base escolhida. Temos três escolhas para a base **b**, cada uma com sua altura **a** correspondente. Seja qual for a escolha, o valor de $\frac{ba}{2}$ será sempre o mesmo.

Outras expressões da área do triângulo

Área da região triangular sendo conhecidos os três lados

Conhecidos os três lados (**a**, **b** e **c**) de um triângulo, a área da região triangular pode ser calculada pela fórmula:

$$A = \sqrt{p(p - a)(p - b)(p - c)}$$

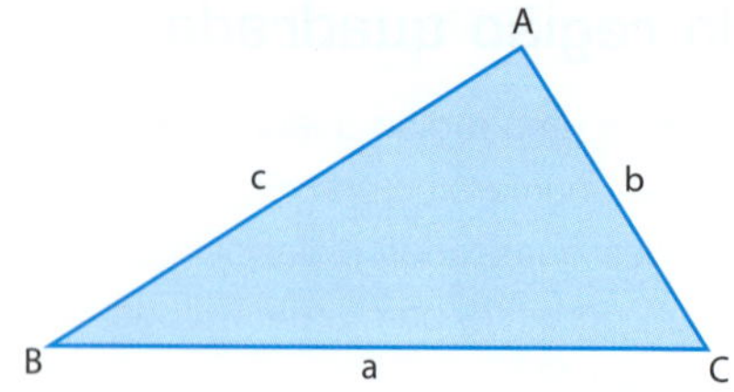

Dizemos que **a**, **b** e **c** são as medidas dos lados do triângulo e $p = \frac{a + b + c}{2}$ é o semiperímetro. Essa fórmula é chamada *fórmula de Heron* e sua demonstração, por ser bastante trabalhosa, não será feita neste momento.

Área da região limitada por um triângulo equilátero

No triângulo equilátero, todos os lados são congruentes, todos os ângulos internos são congruentes (60°) e toda altura é também mediatriz, mediana e bissetriz.

Veja o cálculo da área, usando a base (ℓ) e a altura (**h**):

O triângulo AMC é retângulo em **M** e, portanto, vale a relação de Pitágoras:

$$\ell^2 = h^2 + \left(\frac{\ell}{2}\right)^2 \Rightarrow h^2 = \frac{3\ell^2}{4} \Rightarrow h = \frac{\ell\sqrt{3}}{2}$$

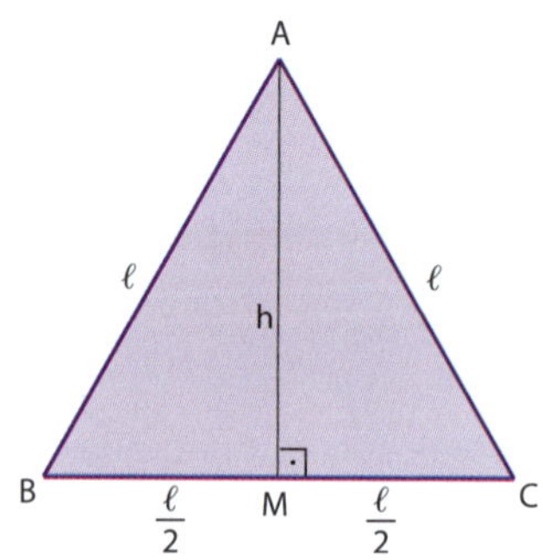

Logo, a área da região limitada pelo triângulo ABC é dada por:

$$A = \frac{\text{base} \cdot \text{altura}}{2} = \frac{BC \cdot h}{2} = \frac{\ell \cdot \frac{\ell\sqrt{3}}{2}}{2} = \frac{\ell^2\sqrt{3}}{4}$$

Portanto:

$A = \frac{\ell^2\sqrt{3}}{4}$ (área da região triangular equilátera de lado ℓ)

Para refletir
Também podemos chegar a essa expressão da área do triângulo equilátero usando a fórmula de Heron. Experimente isso.

Área da região triangular com o auxílio da Trigonometria

Este caso se aplica quando são conhecidos dois lados do triângulo e o ângulo formado por eles.

Observe que LAL é um caso de congruência de triângulos, o que significa que um triângulo fica perfeitamente determinado quando conhecemos dois de seus lados e o ângulo formado por eles.

Consideremos o triângulo ABC representado na figura abaixo.

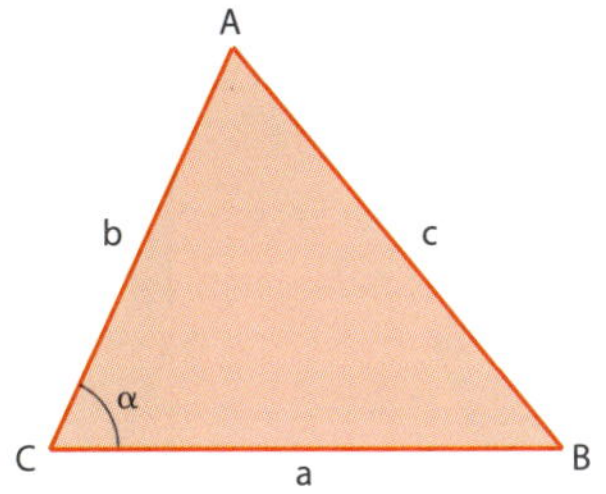

Suponhamos que sejam conhecidas as medidas dos lados AC e CB e o ângulo formado por eles, $A\hat{C}B$. Vamos indicar essas medidas assim: AC = b, CB = a e $A\hat{C}B = \alpha$, para facilitar a demonstração.

Seja **h** a altura relativa ao vértice **A**.

Sabemos que a área desse triângulo é dada por $S = \frac{ah}{2}$.

Se nós conhecemos α, podemos escrever $\text{sen}\,\alpha = \frac{h}{b}$, já que ACH é um triângulo retângulo.

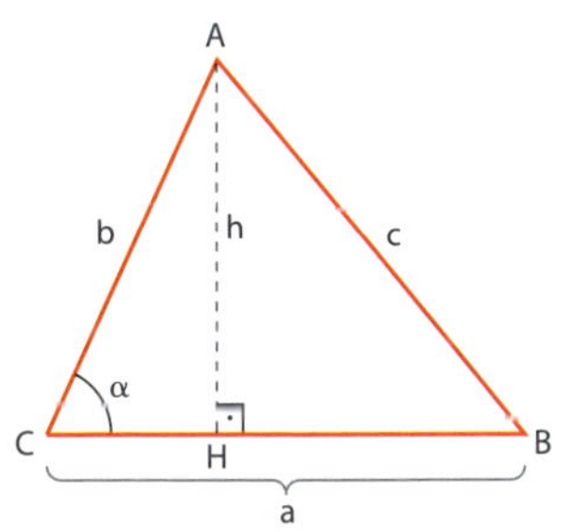

Agora podemos encontrar a altura em função de α e **b**:

$$h = b\ \text{sen}\,\alpha$$

> **Para refletir**
> Se no triângulo retângulo podemos dizer que a área vale a metade do produto das medidas dos catetos, o que se pode concluir quanto ao valor de sen 90°?

Assim, a área será dada por:

$$S = \frac{ab \cdot \text{sen}\,\alpha}{2}$$

Mas o triângulo possui três alturas, cada uma dependendo do lado que considerarmos como base. Então, suponha que sejam conhecidos outros dois lados, AB e BC, por exemplo, e o ângulo formado por eles, $A\hat{B}C$, e verifique que a igualdade acima também se verifica para eles.

Isso nos permite afirmar que:

> A área **S** de qualquer região triangular é igual à metade do produto das medidas de dois dos seus lados multiplicada pelo seno do ângulo formado por eles.

> **Fique atento**
> Essa conclusão se estende aos triângulos obtusângulos. Isso você verá no capítulo 12.

Observações:

1ª) Embora o assunto *Trigonometria* seja tratado no próximo capítulo, optamos por abordá-lo aqui, como aplicação no cálculo da área do triângulo, por acharmos mais pertinente, levando em conta o conhecimento do aluno sobre as razões trigonométricas desde o ensino fundamental.

2ª) A justificativa desta aplicação pode ser encontrada na página 231 deste livro, como *consequência* da 3ª propriedade.

Exemplos de aplicação

1 Determine a área da região triangular abaixo:

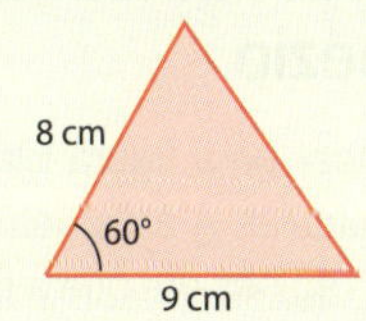

1ª maneira:

Traçamos a altura **h** relativa ao lado de 9 cm.

No triângulo retângulo encontrado, temos:

$$\text{sen}\,60° = \frac{h}{8} \Rightarrow \frac{\sqrt{3}}{2} = \frac{h}{8} \Rightarrow h = 4\sqrt{3}\ \text{cm}$$

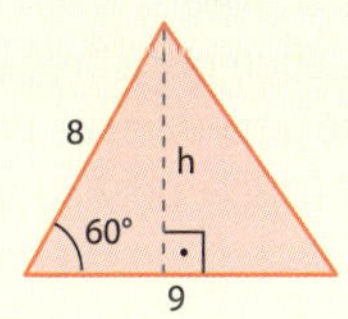

> **Fique atento**
> $\text{sen}\,30° = \frac{1}{2}$
> $\text{sen}\,45° = \frac{\sqrt{2}}{2}$
> $\text{sen}\,60° = \frac{\sqrt{3}}{2}$

Aplicando a fórmula $\frac{bh}{2}$, vem:

$$A = \frac{9 \cdot 4\sqrt{3}}{2} = 18\sqrt{3}$$

Logo, $A = 18\sqrt{3}\ \text{cm}^2$.

2ª maneira:

Aplicando diretamente a fórmula:

$$S = \frac{bc}{2} \cdot \text{sen}\,A \Rightarrow S = \frac{9 \cdot 8}{2} \cdot \text{sen}\,60° \Rightarrow$$

$$\Rightarrow S = 36 \cdot \frac{\sqrt{3}}{2} = 18\sqrt{3}$$

Logo, $A = 18\sqrt{3}\ \text{cm}^2$.

2 Considere um triângulo ABC inscrito numa circunferência de raio **r**. Demonstre que a área da região triangular correspondente é dada por $S = \frac{abc}{4r}$.

Representando a situação, temos:

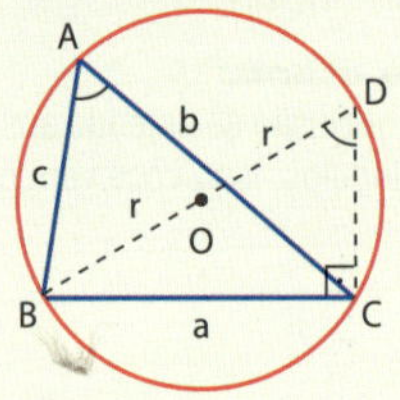

Pela figura, temos:

- $\hat{A} = \hat{D}$, pois são iguais a $\frac{\overset{\frown}{BC}}{2}$
- $\triangle BCD$ é retângulo ($\hat{C}$ é reto)

Então:

$\text{sen } \hat{D} = \frac{a}{2r} \Rightarrow \text{sen } \hat{A} = \frac{a}{2r}$

A área do $\triangle ABC$ é:

$S = \frac{bc}{2} \cdot \text{sen } \hat{A} = \frac{bc}{2} \cdot \frac{a}{2r} = \frac{abc}{4r}$

Para refletir
$\triangle BCD$ é retângulo, pois BD é diâmetro.

Área da região limitada por um trapézio

Podemos decompor uma figura plana em regiões cujas áreas já sabemos calcular. A área dessa figura plana será a soma das áreas das regiões em que a figura foi decomposta.

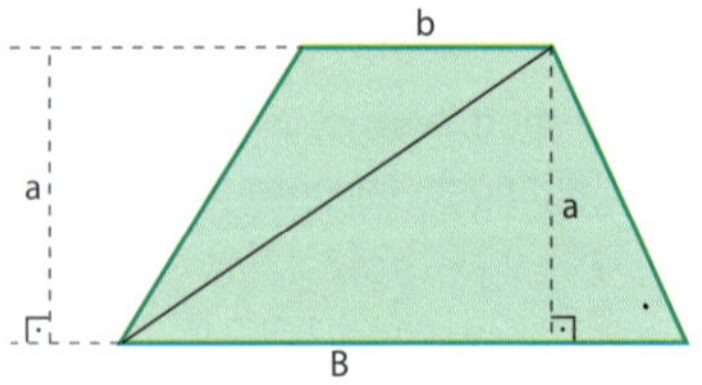

Por exemplo, vamos decompor a área da região limitada por um trapézio traçando uma de suas diagonais.

Dividimos a região limitada por um trapézio em duas regiões triangulares: uma de base **B** e altura **a** e outra de base **b** e altura **a**.

Você já aprendeu a calcular a área de uma região triangular. Portanto, a área da região trapezoidal é dada por:

$$A = \frac{Ba}{2} + \frac{ba}{2} = \frac{Ba + ba}{2} = \frac{(B + b)a}{2}$$

Então:

$$A = \frac{(B + b)a}{2}$$

ou

$$A = \frac{(\text{base maior} + \text{base menor}) \cdot \text{altura}}{2}$$

Dizemos que a área de uma região trapezoidal é igual à semissoma das medidas das bases multiplicada pela medida da altura.

Área da região limitada por um losango

Todo losango é um paralelogramo, daí a área da região limitada por ele poder ser calculada como o produto da base pela altura. Entretanto, em geral as dimensões de um losango são expressas pelas medidas de suas diagonais **D** e **d**.

Toda região limitada por um losango tem a mesma área de uma região retangular com altura **D** e base $\frac{d}{2}$, como mostram as figuras a seguir:

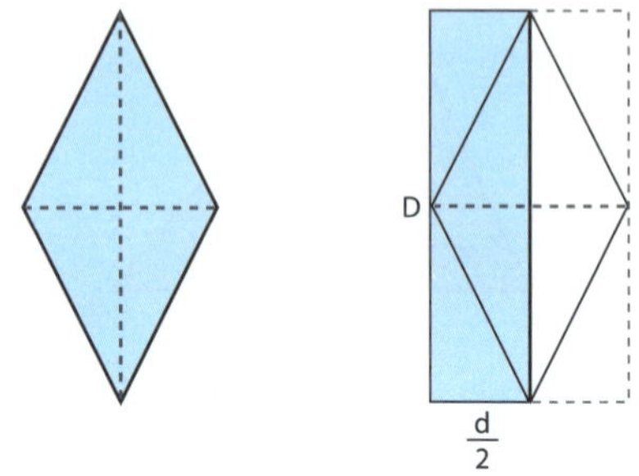

Assim, a área da região limitada por um losango é dada pela metade do produto das medidas das diagonais. Veja:

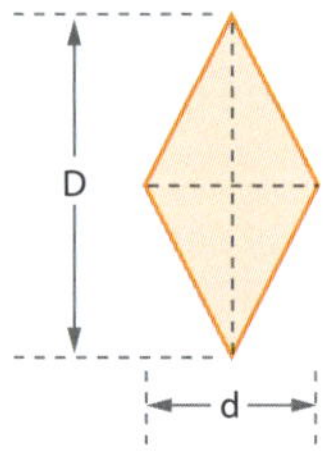

Fique atento
Como todo quadrado é um losango, às vezes é conveniente calcular a área da região quadrada em função das suas diagonais, que têm a mesma medida.

$$A = D \cdot \frac{d}{2} \quad \text{ou} \quad A = \frac{Dd}{2} \quad \text{ou}$$

$$A = \frac{\text{diagonal maior} \cdot \text{diagonal menor}}{2}$$

Área da região limitada por um hexágono regular

A região limitada por um hexágono regular é formada por seis regiões triangulares equiláteras. Como a área da região triangular equilátera é dada por:

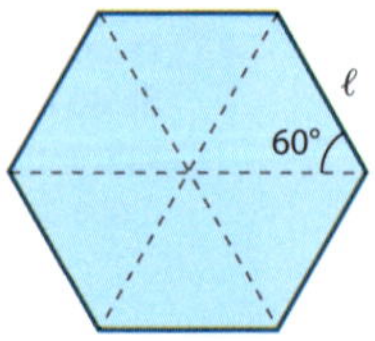

$$A = \frac{\ell^2\sqrt{3}}{4}$$

a área da região limitada por um hexágono regular é dada por:

$$A = 6 \cdot \frac{\ell^2\sqrt{3}}{4} = \frac{6\ell^2\sqrt{3}}{4} = \frac{3\ell^2\sqrt{3}}{2}$$

ou seja:

$$A = \frac{3\ell^2\sqrt{3}}{2}$$

Área de uma região limitada por um polígono regular

Observe alguns exemplos de polígonos regulares nos contornos das regiões poligonais:

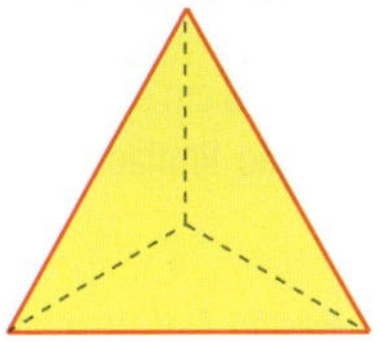

Triângulo equilátero (polígono regular de três lados).

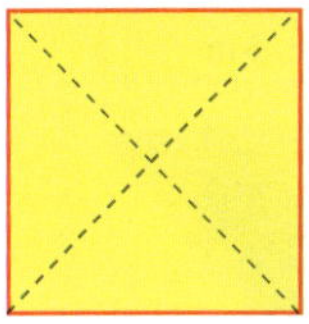

Quadrado (polígono regular de quatro lados).

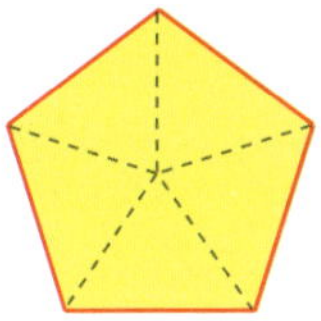

Pentágono regular (polígono regular de cinco lados).

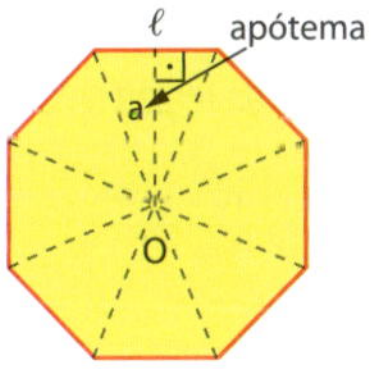

Octógono regular (polígono regular de oito lados).

Pode-se perceber que, se o polígono regular tem **n** lados, a região limitada por ele pode ser decomposta em **n** regiões limitadas por triângulos isósceles. Em cada um desses triângulos, a base é o lado (ℓ) e a altura é o apótema (**a**) do polígono regular.

A área da região limitada por um polígono regular de **n** lados pode então ser escrita assim:

$$A = n \cdot \frac{\ell a}{2} \quad \text{ou} \quad A = \frac{n\ell}{2} \cdot a \quad \text{ou} \quad A = pa$$

em que:

ℓ: lado

a: apótema

$n\ell$: perímetro (2p)

p: semiperímetro

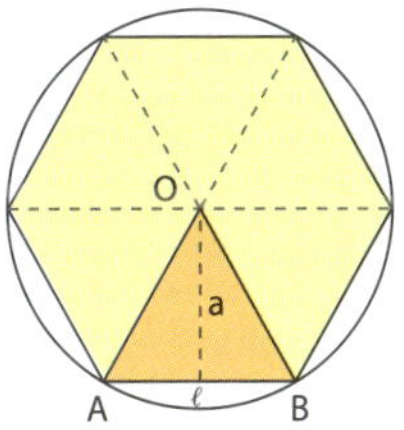

Para refletir

No pentágono regular temos $A = \frac{5}{2}\ell a$ e no octógono regular temos $A = 4\ell a$. Escreva a área de um decágono regular em função do lado e do apótema.

» Exemplo de aplicação

(Enem) O tangram é um jogo oriental antigo, uma espécie de quebra-cabeça, constituído de sete peças: 5 triângulos retângulos e isósceles, 1 paralelogramo e 1 quadrado. Essas peças são obtidas recortando-se um quadrado de acordo com o esquema da figura 1. Utilizando-se todas as sete peças, é possível representar uma grande diversidade de formas, como as exemplificadas nas figuras 2 e 3.

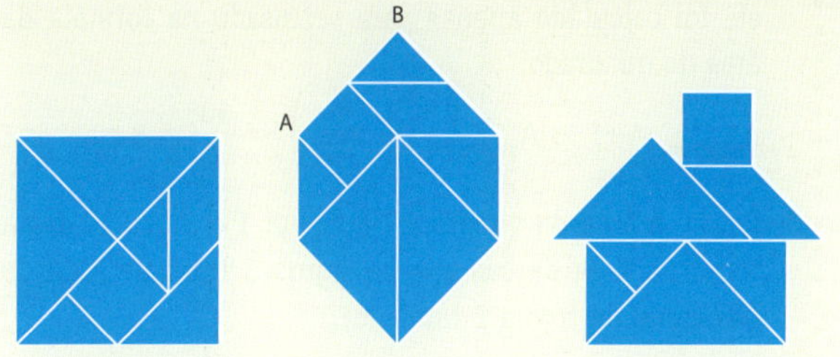

Figura 1 Figura 2 Figura 3

Se o lado AB do hexágono mostrado na figura 2 mede 2 cm, então a área da figura 3, que representa uma "casinha", é igual a:

a) 4 cm².
b) 8 cm².
c) 12 cm².
d) 14 cm².
e) 16 cm².

» Resolução passo a passo

1. Lendo e compreendendo

a) O que é dado no problema?

É dado o esquema de um tangram e duas das formas que podem ser feitas com ele — um hexágono e uma casinha. Também é fornecido o comprimento de um dos lados do hexágono (2 cm).

b) O que se pede?

A área da casinha mostrada na figura 3.

2. Planejando a solução

Primeiramente, devemos perceber que, como a casinha foi feita usando-se todas as peças do tangram, a sua área equivale à área do quadrado da figura 1 e à área do hexágono da figura 2. Dessa forma, não precisamos calcular área por área de cada peça do tangram.

A seguir, devemos perceber que o segmento $\overline{AB}$ do hexágono coincide com metade da diagonal do quadrado da figura 1, pois ambos são formados pelo lado do quadrado e por um dos catetos do triângulo pequeno.

Assim, determinaremos a área do quadrado a partir de sua diagonal, e isso pode ser feito de duas formas:

1ª maneira:

A partir da diagonal, obtemos o lado (ℓ), e assim podemos usar a fórmula da área do quadrado ($A_{quadrado} = \ell^2$).

2ª maneira:

Lembrando que todo quadrado é um losango, podemos usar a fórmula da área do losango para obter a área do quadrado a partir de suas diagonais $\left(A_{losango} = \frac{D \cdot d}{2}\right)$.

3. Executando o que foi planejado

Se AB = 2 cm equivale à metade da diagonal do quadrado da figura 1, então a diagonal do quadrado mede 4 cm. Sabemos que a diagonal **D** do quadrado de lado ℓ é dada por $D = \ell\sqrt{2}$. Assim, temos:

$$4 = \ell \cdot \sqrt{2} \Rightarrow \ell = \frac{4}{\sqrt{2}}$$

Não há necessidade de racionalizar esse resultado, pois ele foi calculado apenas para ser usado na fórmula da área do quadrado:

$$A_{\text{quadrado}} = \ell^2 \Rightarrow A_{\text{quadrado}} = \left(\frac{4}{\sqrt{2}}\right)^2 = \frac{16}{2} = 8 \text{ cm}^2$$

Então, a área do quadrado da figura 1 é 8 cm² e, desta forma, a área da casinha da figura 3 também é (e do hexágono da figura 2 também).

4. Verificando

Se conhecemos a diagonal do quadrado, podemos usar a fórmula da área de um losango, pois todo quadrado é um losango. As duas diagonais do quadrado são iguais, assim, ambas medem 4 cm.

$$A_\ell = \frac{D \cdot d}{2} \Rightarrow A_\ell = \frac{4 \cdot 4}{2} = \frac{16}{2} = 8 \text{ cm}^2$$

Esse resultado confirma o valor obtido anteriormente.

5. Respondendo

A resposta é a alternativa **b**.

6. Ampliando o problema

a) O hexágono da figura 2 é regular? Justifique.

b) Se a área do triângulo menor for **A**, qual é a área das demais peças (quadrado, paralelogramo, triângulo médio e os dois triângulos maiores)?

c) **Discussão em equipe**
Conversem sobre a utilidade de jogos e brincadeiras, como o tangram, em sala de aula com o objetivo de ajudar o ensino de Matemática. Na opinião de vocês, essa prática é útil ou não?

d) **Pesquise**
De que país é originário o tangram? Em que ano foi publicado o primeiro livro conhecido que menciona o tangram?

Exercícios

143 Determine a área da região triangular abaixo:

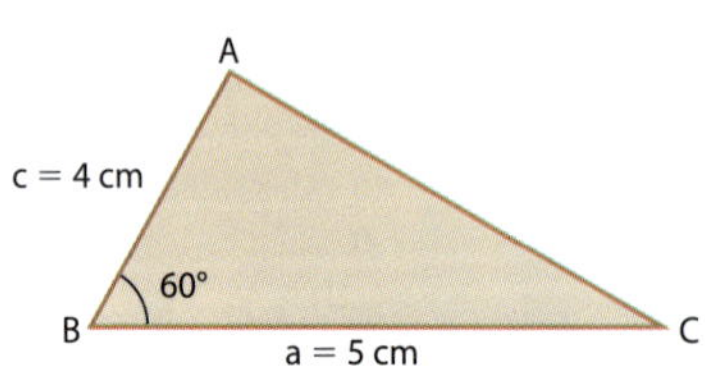

144 Num triângulo ABC, dois lados medem $6\sqrt{3}$ cm e 4 cm, e formam um ângulo de 60°. Determine a área dessa região triangular.

145 Num triângulo ABC, $b = \sqrt{3}$, $c = \sqrt{2}$ e $S = \frac{\sqrt{6}}{4}$.

Calcule a medida do ângulo $\hat{A}$.

146 Qual é a área da região limitada por um paralelogramo cujos lados medem 10 cm e 16 cm, sabendo que formam um ângulo de 30°?

147 As diagonais de um paralelogramo medem 10 cm e 8 cm e formam um ângulo de 60°. Determine a área dessa região limitada pelo paralelogramo.

148 Determine a área do terreno plano abaixo. (*Sugestão*: Construa um modelo matemático, dividindo o terreno em polígonos.)

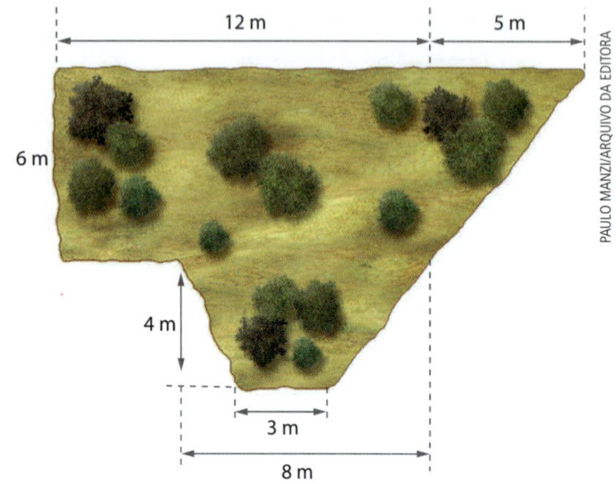

PAULO MANZI/ARQUIVO DA EDITORA

149 Na figura abaixo, DM = MN = NC. Calcule a área da região colorida dessa figura.

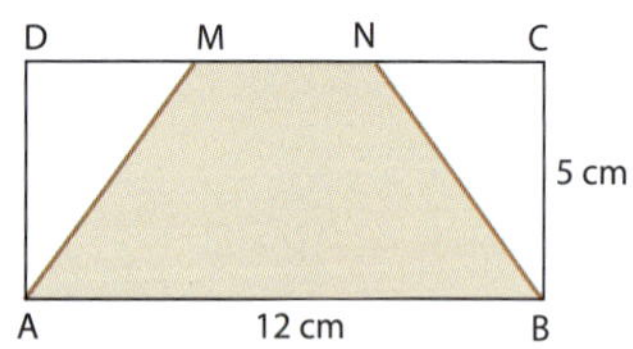

150 Qual é a área do material usado para fazer as quatro bandeirinhas a seguir?

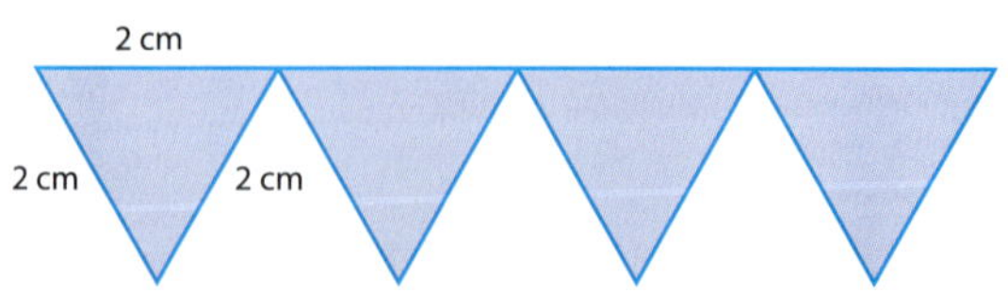

151 Qual é a área de toda a parte colorida da figura abaixo? Qual é a área da região não colorida?

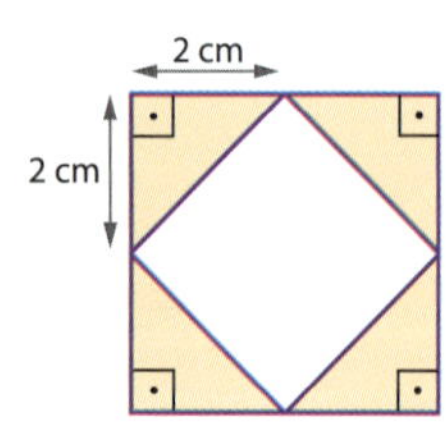

152 Um terreno tem a forma triangular e as medidas dos seus lados são 17 m, 15 m e 8 m. Qual é a área desse terreno?

153 Calcule a área da região poligonal de uma cartolina limitada por um hexágono regular de 10 cm de lado.

154 A figura a seguir mostra uma folha circular, de onde foi recortada a região triangular equilátera colorida. Calcule a área dessa região colorida.

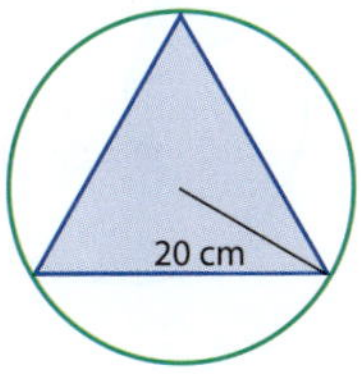

$\left(\text{Lembre-se: } \ell_3 = r\sqrt{3} \text{ e } a_3 = \frac{r}{2}.\right)$

155 Uma região quadrada tem 8 cm de lado.

a) Se cada lado aumentar 3 cm, a área aumentará quantos centímetros quadrados?

b) Se cada lado aumentar 20%, quanto por cento aumentará a área?

156 Uma cesta de lixo tem por faces laterais trapézios isósceles e por fundo um quadrado de 19 cm de lado. Desprezando a espessura da madeira, quantos metros quadrados de madeira foram necessários para fabricar essa cesta de lixo? Considere as medidas dadas na figura abaixo.

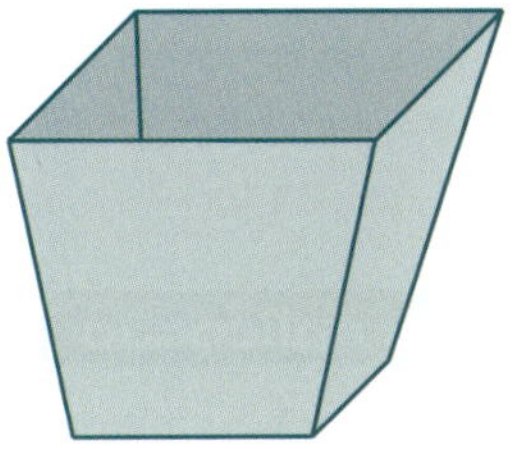

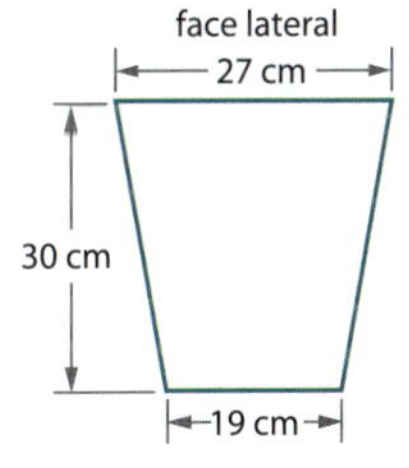

157 Guta e Felipe compraram uma pequena chácara de formato de um quadrilátero irregular, como na figura abaixo.

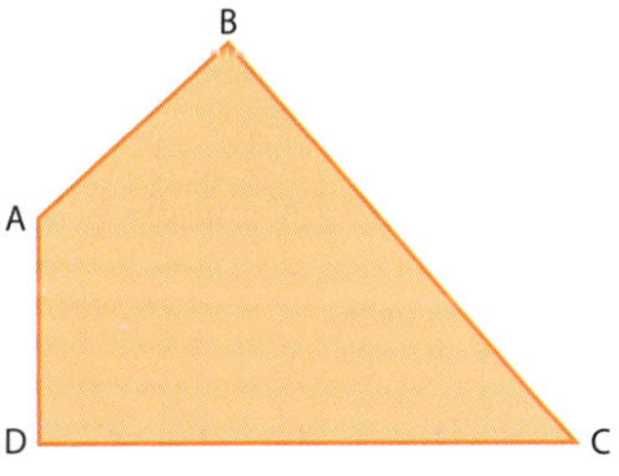

Curiosos em saber a área do terreno, eles perceberam que na planta havia somente as medidas dos lados. Uma maneira de calcular a área do terreno é:

a) multiplicar as medidas dos lados e depois extrair a raiz quadrada.

b) utilizar a fórmula $\sqrt{(p - a)(p - b)(p - c)(p - d)}$, em que **p** é a medida do semiperímetro e **a**, **b**, **c** e **d** são as medidas dos lados.

c) simplesmente multiplicar as medidas da base pela altura.

d) fazer a medição de uma das diagonais, dividindo o quadrilátero em dois triângulos. Com as medidas dos lados dos dois triângulos, calcular as suas áreas e depois adicioná-las.

e) Como todo quadrilátero é circunscritível em uma circunferência, basta calcular a medida do raio da circunferência inscrita neste quadrilátero e depois multiplicar o semiperímetro pelo raio.

Área do círculo – uma ideia intuitiva

Vamos considerar um círculo inscrito num quadrado e circunscrito a outro simultaneamente, como na figura abaixo.

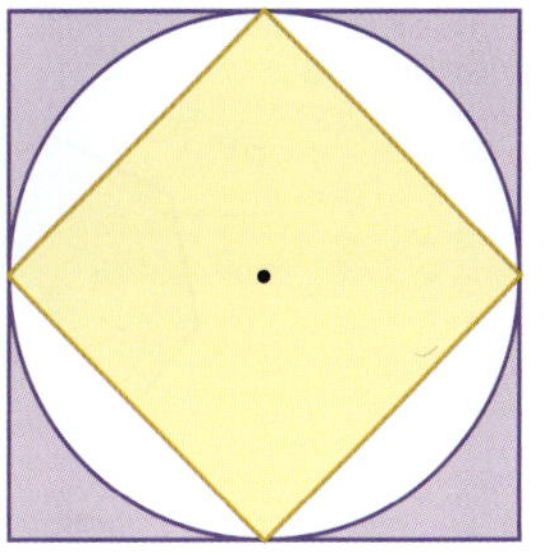

Se o raio do círculo é **r**, os lados dos quadrados medem 2r e $r\sqrt{2}$, respectivamente. Justifique isso.

É fácil perceber que a medida da área do círculo está entre as medidas das áreas dos quadrados.

Temos:

- área do quadrado maior: $4r^2$
- área do quadrado menor: $2r^2$

Logo, $2r^2 < A < 4r^2$, sendo **A** a área do círculo, ou seja, a área **A** é obtida pelo produto de um número próximo de 3 (que veremos que é o π) por $\mathbf{r^2}$.

Determinação da área do círculo

1ª maneira: usando círculo dividido em setores

O círculo a seguir foi dividido em um número par de setores circulares que formaram uma figura cujo contorno lembra um paralelogramo. Sua base mede a metade do comprimento da circunferência $\left(\frac{2\pi r}{2} = \pi r\right)$ e sua altura mede **r**.

A área dessa figura, que é também a área do círculo, é $A = (\pi r)r = \pi r^2$, isto é:

$$A = \pi r^2$$

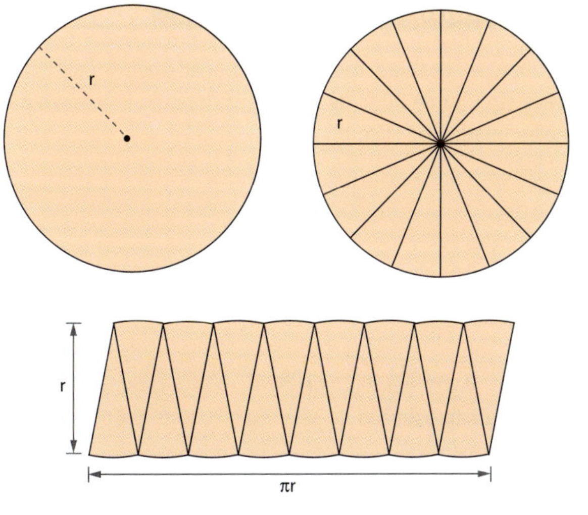

2ª maneira: usando polígonos regulares

Já vimos que a área da região determinada por um polígono regular é dada por $A = \frac{aP}{2}$ em que **a** é a medida do apótema e **P** é o perímetro.

Observe esta sequência:

a)

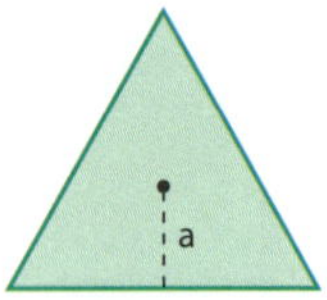

e)

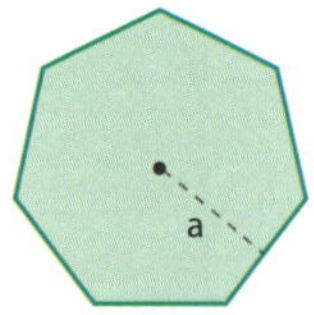

b)

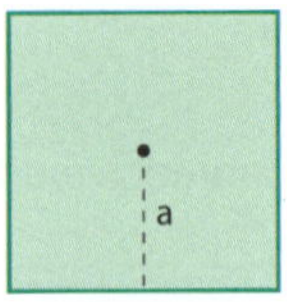

f)

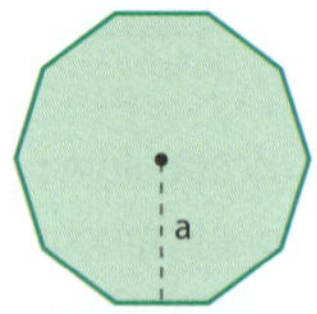

c)

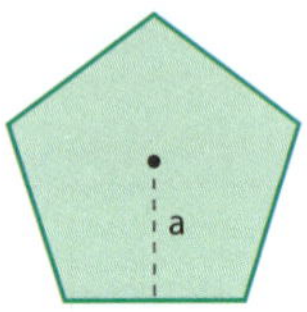

g)

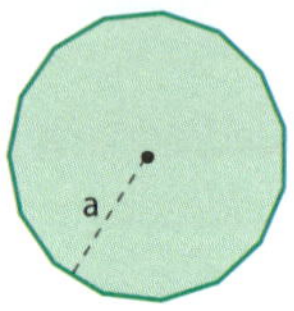

d)

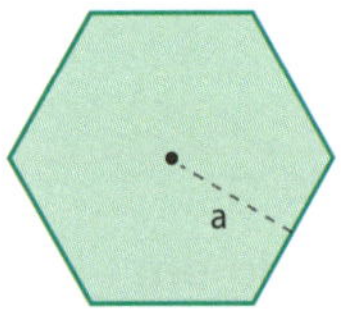

h)

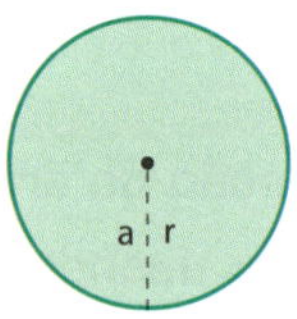

O que podemos perceber?

À medida que aumentamos o número de lados dos polígonos regulares, a figura se aproxima de um círculo, no qual o apótema passa a ser o raio (**r**) e o perímetro passa a ser o comprimento da circunferência ($2\pi r$).

Assim, a área do círculo pode ser representada por:

$$A = \frac{aP}{2} = \frac{r \cdot 2\pi r}{2} = \pi r^2\text{, ou seja, } A = \pi r^2.$$

» Exemplo de aplicação

Quantas pessoas cabem, aproximadamente, em uma praça circular de 20 m de raio, considerando 5 pessoas por metro quadrado? (Use $\pi \simeq 3$.)

Temos:

$$\begin{cases} A = \pi r^2 \\ \pi = 3{,}14 \\ r = 20 \end{cases}$$

Então:

$A = 20^2 \cdot \pi = 400\pi \text{ m}^2 \simeq 1\,200 \text{ m}^2$

Número aproximado de pessoas: $1\,200 \cdot 5 = 6\,000$

Assim, cabem aproximadamente 6 000 pessoas nessa praça.

Área do setor circular

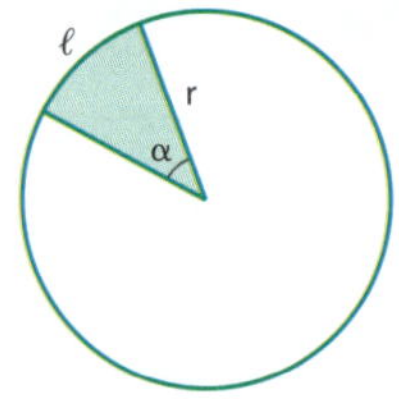

A parte pintada da figura é conhecida como setor circular de um círculo de raio **r**. Todo setor circular tem um arco correspondente (ℓ) e um ângulo (α).

O setor circular é uma fração do círculo e sua área **A** é diretamente proporcional ao ângulo central α. Um semicírculo, por exemplo, é um setor circular cujo ângulo central é 180° (metade de 360°) e sua área é metade da área do círculo.

O comprimento ℓ do arco também é proporcional ao ângulo central α. Então, podemos escrever que:

$$\frac{A_{setor}}{\pi r^2} = \frac{\alpha_{graus}}{360°} = \frac{\ell}{2\pi r}$$

Dependendo da informação conhecida (α em graus ou comprimento ℓ do arco) usamos uma das razões acima.

» Exemplo de aplicação

Calcule a área do setor circular pintado abaixo:

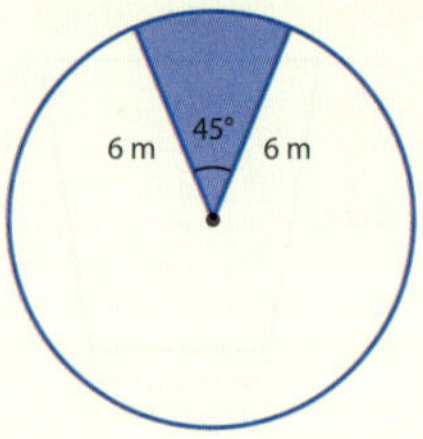

Área do setor:

$$\frac{A_{setor}}{\pi \cdot 6^2} = \frac{45°}{360°} \Rightarrow A_{setor} = \frac{1}{8} \cdot \pi \cdot 36 = \frac{9\pi}{2}$$

Logo, a área do setor circular pintado é $\frac{9\pi}{2}$ m².

Cálculo aproximado de áreas

Você saberia calcular a área desta região **R**?

Que método podemos adotar para achar a área de regiões com formas parecidas com estas?

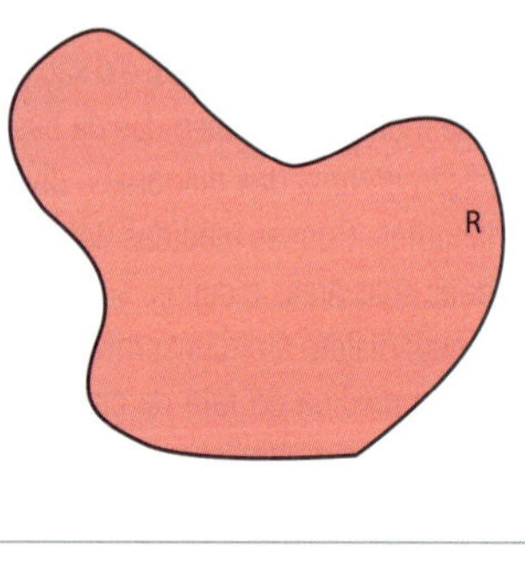

Para responder a essas perguntas usamos o seguinte procedimento:

Primeiro decalcamos essa região em uma malha quadriculada e contamos o maior número possível de regiões quadradas inteiras que cabem dentro dela.

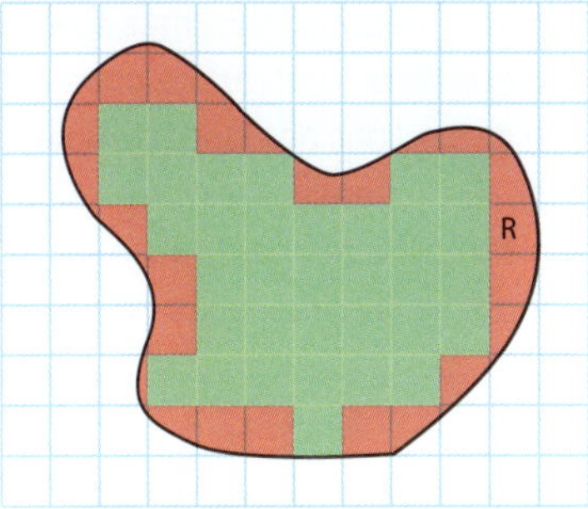

Em seguida, contamos o menor número possível de regiões quadradas inteiras que cobrem **R** totalmente:

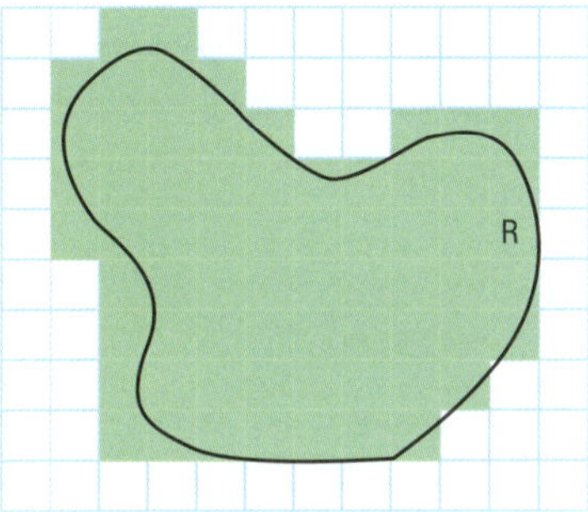

Assim, no exemplo dado:

- cabem 34 regiões quadradas inteiras dentro da região **R**. Dizemos que a *área por falta* da região **R** é de 34 ■.
- 67 regiões quadradas inteiras cobrem a região **R**. Dizemos que a *área por excesso* da região **R** é de 67 ■.

Então, a área da região **R** é maior do que 34 ■ e menor do que 67 ■.

Uma razoável aproximação para essa área é dada pela média aritmética dos dois valores encontrados:

$$\text{área aproximada} = \frac{34 + 67}{2} = 50{,}5\ ■$$

Como a área da região quadrada ■ da malha quadriculada é de $(0{,}4)^2$ cm^2 = 0,16 cm^2, então a área aproximada da região **R** é dada por $A \simeq 50{,}5 \cdot 0{,}16 \simeq 8{,}08$ cm^2.

Exercícios

158 Um disco de cobre tem 20 cm de diâmetro. Qual é a área desse disco?

159 Qual é a área da região colorida da figura abaixo?

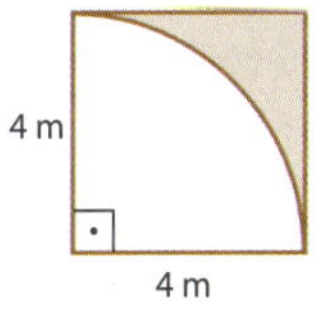

160 Um terreno tem a forma da figura abaixo. Na figura estão registrados alguns dados do terreno, que nos permitem calcular a sua área. Calcule então a área desse terreno.

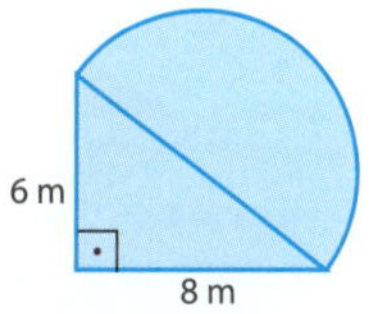

161 O perímetro do quadrado ABCD da figura é 32 cm. Calcule a área da região colorida da figura.

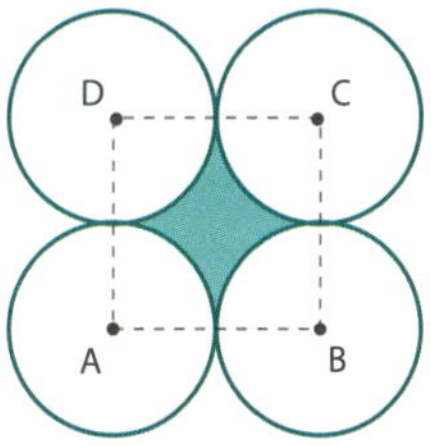

162 Quantos centímetros quadrados de alumínio são necessários para fazer uma arruela cujas dimensões estão na figura?

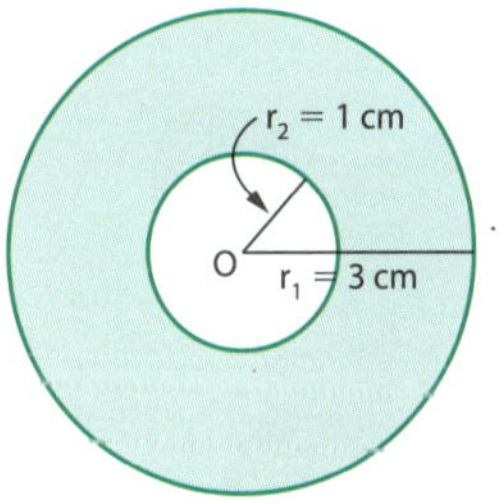

163 Na obra de Arquimedes (287 a.C.-212 a.C.) encontramos o *Livro dos Lemas*, que contém 15 proposições referentes a temas da geometria elementar. Nas de números 4, 5 e 6 aparece o "arbelos", ou faca do sapateiro, região limitada por três semicircunferências de diâmetros AB, AC e BC com **C** pertencente ao segmento AB, estando todas em um mesmo semiplano determinado por AB, conforme a figura abaixo.

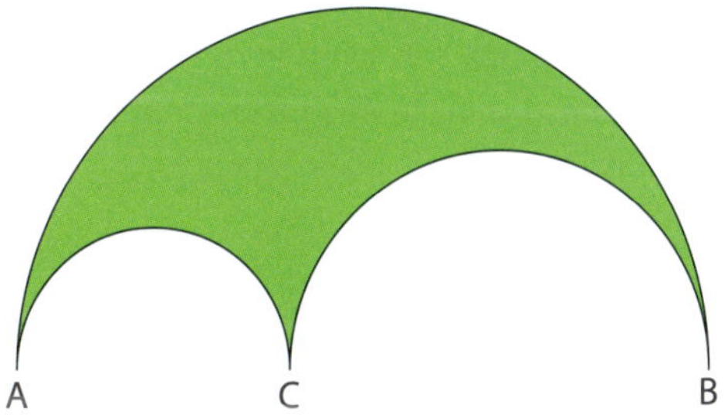

Suponha que uma empresa fabrica esse tipo de faca, feita de aço, num tamanho em que AC = 12 cm e BC = 40 cm. Considere a espessura da faca desprezível e que 90% desse custo é apenas relativo ao aço, e o custo do m^2 do aço é de R$ 250,00. Adotando $\pi = 3$, o custo de cada faca é:

a) R$ 1 000,00.
b) R$ 900,00.
c) R$ 100,00.
d) R$ 90,00.
e) R$ 10,00.

164 Calcule a área do setor circular da figura.

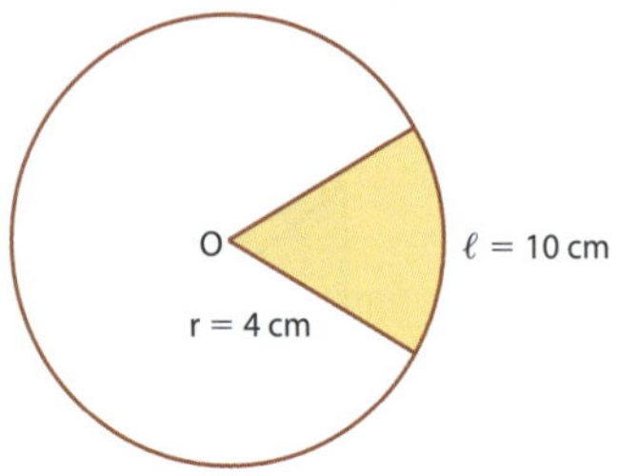

165 Calcule a área aproximada de cada uma das regiões a seguir. Use ■ como unidade de área.

a)

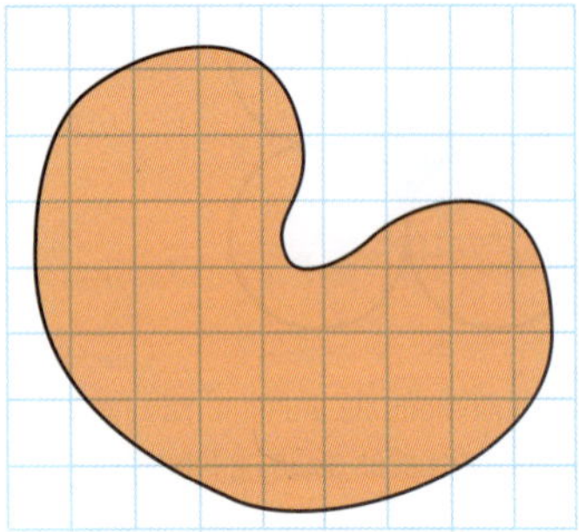

b)

Razão de semelhança para áreas

Sabemos que duas figuras geométricas semelhantes possuem lados proporcionais segundo certa razão.

Mas o que acontece com as áreas destas figuras geométricas? Será que são também proporcionais? E qual será, neste caso, a razão de proporcionalidade?

Tomemos o quadrado como exemplo.

Suponhamos dois quadrados:

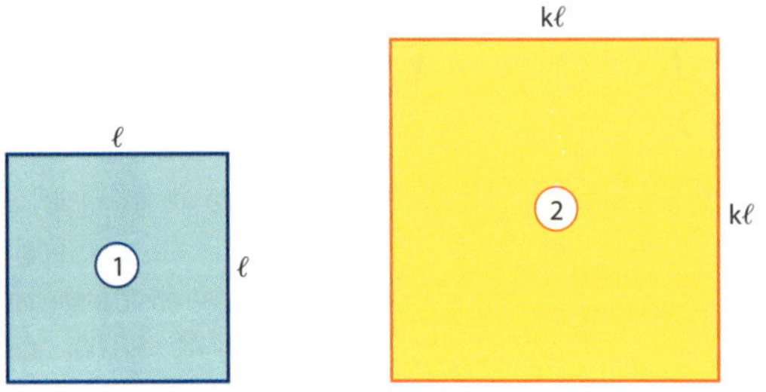

Para refletir
Todos os quadrados são semelhantes entre si. Justifique.

A razão entre as medidas dos lados desses quadrados é **k**.

Calculando suas áreas, teremos $A_1 = \ell^2$ e $A_2 = k^2\ell^2$.

Então, a razão entre elas é $\frac{A_2}{A_1} = \frac{k^2\ell^2}{\ell^2} = k^2$.

Ou seja, elas são proporcionais, mas a razão de proporcionalidade é o quadrado das razões entre os lados.

Dizemos que as medidas dos lados de uma figura geométrica são grandezas lineares. Assim, se duas figuras geométricas forem semelhantes com razão de semelhança **k** entre suas grandezas lineares, suas áreas terão razão de semelhança $\mathbf{k^2}$.

Exemplo de aplicação

A área de um triângulo retângulo é de 30 cm². A área de um triângulo retângulo semelhante ao primeiro é de 120 cm². Se a hipotenusa do primeiro triângulo mede 13 cm, quanto mede a hipotenusa do segundo triângulo?

A razão entre as hipotenusas é:

$$k = \frac{hipot_2}{hipot_1} = \frac{x}{13}$$

A razão entre as áreas é:

$$k^2 = \frac{A_2}{A_1} = \frac{120}{30} = 4 \Rightarrow k = \sqrt{4} = 2$$

Então:

$$\frac{x}{13} = 2 \Rightarrow x = 26$$

Logo, a hipotenusa mede 26 cm.

Exercícios

166 A área de um dodecágono regular é de 10 cm². Qual é a área de um dodecágono semelhante ao primeiro, cujo perímetro é o triplo do perímetro do primeiro?

objeto digital

167 Um triângulo escaleno de altura AH = 10 cm foi cortado perpendicularmente à sua altura AH de forma que os dois pedaços resultantes tivessem a mesma área. A que distância do vértice **A** foi feito o corte?

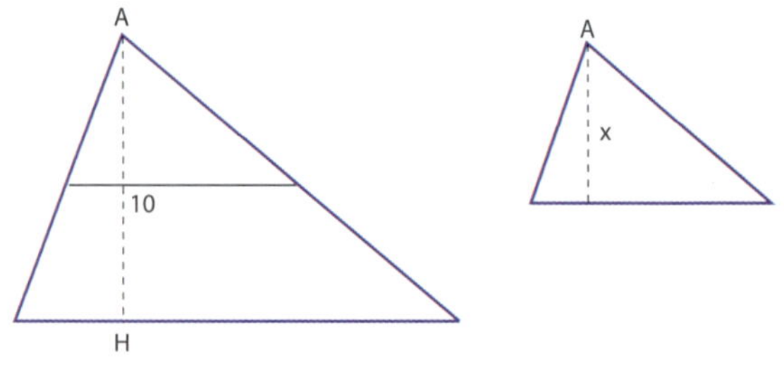

168 Se duplicarmos o raio de um círculo, a nova área será quantas vezes maior que a área original?

169 A planta de um apartamento está confeccionada na escala 1 : 50. Qual é a área real, em m², de uma sala cuja área medida na planta é de 60 cm²?

Respostas

Capítulo 1

1. a) $13 - 13x$
b) $a^2 - ab + 3a - 3b + 1$
c) $2x^2 + 14x + 9$
d) $2x^2 + 4x - 28$
e) $-2x^2 - 2x + 4$

2. a) $a^2 + 10a + 25$
b) $4x^2 + 16x + 16$
c) $y^2 - \frac{2}{3}y + \frac{1}{9}$
d) $x^2 - 4xb + 4b^2$
e) $25y^2 - 5y + \frac{1}{4}$
f) $x^4 + 2x^2b + b^2$
g) $a^2 - 6 + 9$
h) $16x^2 - 56x + 49$

3. a) $x^2 - 49$
b) $a^2 - 400$
c) $x^2 - 16y^2$
d) $25x^2 - 64$

4. a) $16x^2 - 72x + 81$
b) $25x^2 - y^2$
c) $9a^2 + 48ab + 64b^2$
d) $x^2 - \frac{4}{3}x + \frac{4}{9}$

5. a) 1
b) $5 + 2\sqrt{6}$

6. a) $x^3 + 6x^2 + 12x + 8$
b) $a^3 - 12a^2b + 48ab^2 - 64b^3$
c) $1 - 30x + 300x^2 - 1\,000x^3$
d) $x^3 + 3x^2y + 3xy^2 + y^3$

7. a) $x(a + b)$
b) $x^3(a + bx^2)$
c) $2a^2(7a + 2)$
d) $10\left(\sqrt{2} + \sqrt{3}\right)$

8. a) $3xy(2xy - 3x + 5y)$
b) $(x - 4)(x + 6)$
c) $2x(x + 2y)$
d) $7a(a^2 + 2b)$

9. a) $(x - 2)(2x + 3y)$
b) $(a - 1)(a - b)$
c) $(x + y)(x + 1)$
d) $(a + 3)(b - 7)$

10. $(3x + 5)(4x + 3)$

11. a) $(3x + 4y)(3x - 4y)$
b) $(2ab + 3xy)(2ab - 3xy)$
c) $\left(x + \frac{1}{6}\right)\left(x - \frac{1}{6}\right)$
d) $\left(\frac{1}{2} - 2ab\right)\left(\frac{1}{2} + 2ab\right)$

12. $(5x + 3)(x + 5)$

13. a) $(x + 1)^2$
b) $(m - 1)^2$
c) $(a + 3)^2$
d) $(x - 5)^2$

14. a) $3x(x - 5)$
b) $(3x + 5)(3x - 5)$
c) $(x + 20)^2$
d) $(y + 9)(y - 9)$

15. a) $6x(5x - 2 + 3y)$
b) $(5x - 2y)(5x + 2y)$
c) $(x + y)(x - 5)$
d) $(x - 8)^2$
e) $(x - y)(x + y)(x^2 + y^2)$

16. a) $x(2 + b + x)$
b) $(x + y)(a + b)$
c) $(2x + y)(2x - y)$
d) $(2 - m)(2 + m)$
e) $(x + y)^2$
f) $(a - 2)^2$

17. a) $(a + b)(x + 1)$
b) $x(a + 2) + b(a + 2) = (x + b)(a + 2)$
c) $(2b + 1)(2b - 1)$
d) $(z - 4)^2$

18. a) $a + b + 3$
b) $2(5 + x)$
c) $2 + \sqrt{2}$
d) $\frac{x - y}{2}$

19. a) $\frac{2x - 3}{5}$
b) $\frac{x - 5}{x + 5}$
c) $\frac{4x^2}{7y}$
d) $\frac{x + y}{x - 3}$
e) $\frac{5}{x}$
f) $\frac{1}{x(x - 6)}$

20. a) $x^4(1 - x^3 + 2x)$
b) $(a - 1)(m - 1)$
c) $(x + 1)(x^2 + 1)$
d) $(1 + \cos x)(\text{sen } x + 1)$
e) $(\text{sen } x - 1)(\text{sen } x + 1)$
f) $(3 - y)(3 + y)(a - b)(a + b)$
g) $(a + b - c)(a + b + c)$
h) $(\text{sen } x - \cos x)^2$
i) $(a - 3b - 4)(a - 3b + 4)$
j) $[(a + b) + (c + d)][(a + b) - (c + d)]$

21. a) $5x(3x + y)(3x - y)$
b) $(a^2 + b^2)(a + b)(a - b)$
c) $(y - 5)(x + 4)$
d) $(x + y)(x + y + 5)$

22. a) $(x - 4)(x^2 + 4x + 16)$
b) $(2a - 1)(4a^2 + 2a + 1)$
c) $(3a - 5y)(9a^2 + 15ay + 25y^2)$
d) $(4 - 2xy)(16 + 8xy + 4x^2y^2)$

23. a) $(a + 10)(a^2 - 10a + 100)$
b) $(3x + 1)(9x^2 - 3x + 1)$
c) $(2x + y)(4x^2 - 2xy + y^2)$
d) $(3 + 2ab)(9 - 6ab + 4a^2b^2)$

24. a) $S = \{8\}$
b) $S = \{12\}$
c) $S = \left\{\frac{38}{7}\right\}$
d) $S = \{2\}$
e) $S = \left\{-\frac{9}{4}\right\}$

25. a) $S = \{(12, -2)\}$
b) $S = \{(5, 4)\}$
c) $S = \{(4, -2)\}$
d) $S = \{(374, 163)\}$
e) $S = \{(1, -2)\}$
f) $S = \{(7, -3)\}$

26. a) $S = \{-3, 3\}$
b) $S = \{-5, 0\}$
c) $S = \{(1, 3)\}$
d) $S = \{-7, 2\}$
e) $S = \{2, 3\}$
f) $S = \left\{3 - \sqrt{2}, 3 + \sqrt{2}\right\}$

Capítulo 2

1. a) Espírito Santo $\in$ S
b) Bahia $\notin$ S
c) 17 $\in$ B
d) 15 $\notin$ B
e) pentágono $\notin$ C
f) losango $\in$ C

2. a) V
b) V
c) F
d) F
e) V
f) V
g) F
h) F
i) F
j) F

3. a) {0, 2, 4, 6, 8, 10, ...}
b) {0, 1, 2, 3, 4, 5, 6, 7}
c) {0, 5, 10, 15, 20, 25, 30}
d) {c, o, n, j, u, t}
e) {retângulos}

4. a) $\{-5, 5\}$
b) $\{2, 3\}$
c) $\{5\}$
d) $\{2\}$
e) $\{-1, 0, 1, 2, 3, 4, 5\}$

5. a) **x** é um número natural menor do que 10.
b) **x** é um número natural par menor do que 8.
c) **x** é um número natural ímpar maior do que 10 e menor do que 18.
d) **x** é um número natural menor do que 101.
Existem outras respostas possíveis.

6. a) **y** é um número inteiro tal que $y^2 - 9 = 0$.
b) **y** é um número natural tal que $y^2 - 3y + 2 = 0$.
c) **y** é um número natural tal que $y^2 - 25 = 0$.
d) **y** é um número natural maior do que 6.
Existem outras respostas possíveis.

7. a) Conjunto unitário.
b) Conjunto vazio.
c) Conjunto unitário.
d) Conjunto vazio.
e) Conjunto vazio.

8. a) V
b) F
c) F
d) F
e) V
f) V
g) F
h) V
i) F

9. a) V
b) F
c) F
d) V
e) F
f) F

10. a) F
b) V
c) V
d) V
e) V

11. a) V
b) F
c) V
d) F
e) V
f) V
g) F
h) V
i) F
j) V
k) V
l) F

12. a) $A \subset B$
b) $C \not\subset A$
c) $C \not\subset B$
d) $A \not\subset C$

13. a) $P(A) = \{\varnothing, \{3\}, \{7\}, \{3, 7\}\}$ b) 256

14. a) $P(A) = \{\varnothing, \{0\}, \{1\}, \{0, 1\}\}$
b) $P(B) = \{\varnothing, \{1\}, \{3\}, \{5\}, \{1, 3\}, \{1, 5\}, \{3, 5\}, \{1, 3, 5\}\}$
c) 4 elementos
d) 8 elementos

15. 6 elementos

16. Qualquer conjunto formado por quatro números naturais, por exemplo, $A = \{3, 20, 80, 124\}$.

17. a) $\{1, 2, 3, 4, 5, 6\}$
b) $\{4\}$
c) $\{1, 5, 6\}$
d) $\{2, 3\}$

18. a) $\{a, b, c, d, e, i, o, u\}$
b) $\{a, e\}$
c) $\{b, c, d\}$
d) $\{i, o, u\}$

19. a) $\{0, 2, 3, 4, 5, 6, 7, 8, 9\}$
b) $\{4, 5, 6\}$
c) $\{0, 3, 4, 5, 6, 7, 8, 9, 10\}$
d) $\{9, 10\}$
e) $\{9\}$
f) $\{0, 3, 4, 5, 6, 9, 10\}$

20. a) $\{2, 3, 5\}$ b) $\{2, 3, 5\}$

22. a) $\{1, 2, 3, 4, 5, 6, 7, 12\}$
b) $\{2\}$
c) $\varnothing$
d) $\{0, 1, 2, 3, 4, 5, 6, 7, 8, 12\}$
e) $\{2, 4, 6\}$

23. a) $(A \cup B) \cap C$ ou $(A \cap B) \cup (B \cap C)$
b) $B - (A \cup C)$
c) $A \cap B \cap C$
d) $(A \cap B) \cup C$ ou $(A \cup C) \cap (B \cup C)$
Existem outras respostas possíveis.

25. 5 alunos.

26. a) F b) F c) V

27. a) 55 alunos; na situação em que nenhum aluno acertou as duas questões e supondo que todos os alunos acertaram pelo menos uma questão.
b) 30 alunos; na situação em que 25 acertaram as duas questões e 5 acertaram apenas a primeira questão.

28. a) 45 b) 33 c) 50

29. a) 54 b) 315 c) 365

30. a) 43% b) 7% c) 57%

31. a) 6 b) 14 c) 18 d) 20

32. a) 66
b) 34
c) 4
d) 51
e) 19
f) 40

33. a) 41 b) 27

34. c

35. a) $\{1, 3, 5, 7, 9\}$
b) $\{0, 2, 4, 6, 8\}$
c) $\{0, 1, 3, 5, 6, 7, 8, 9\}$
d) $\{0, 6, 8\}$

37. a) $\{3, 4, 5\}$ b) $\{1, 2, 3, 4\}$ c) $\{2, 4, 6\}$

38. a) V
b) V
c) V
d) F
e) F
f) F

39. a) V
b) F
c) V
d) F

40. Decimais exatas: **a**, **f**; decimais infinitas periódicas: **b**, **d**; decimais infinitas não periódicas: **c**, **e**.

41. a) 0,5
b) 0,25
c) 0,75
d) 0,125
e) 0,375

42. a) $N = \frac{1}{3}$
b) $N = \frac{5}{9}$
c) $N = \frac{8}{33}$
d) $N = \frac{41}{333}$
e) $N = \frac{6}{11}$

43. a) $N = \frac{7}{3}$
b) $N = \frac{65}{9}$
c) $N = \frac{1}{6}$
d) $N = \frac{68}{165}$
e) $N = \frac{283}{2250}$

44. $0{,}25 < \frac{1}{2} < 0{,}\overline{52} < 0{,}\overline{5} < \frac{6}{10} < \frac{4}{5}$

45. $B = \{\sqrt{2}, \sqrt{6}\}$

46. 4

47. a) $3i$ b) $5i$ c) $\sqrt{7}i$ d) $2\sqrt{2}i$

48. a) $S = \{\pm 2i\}$ b) $S = \{\pm 3i\}$

49. a) $x' = 1 + \sqrt{3}i$ ou $x'' = 1 - \sqrt{3}i$
b) $x' = 2 + i$ ou $x'' = 2 - i$

50. a) $-5 - 5i$
b) $1 + 2i$
c) $14 + 22i$
d) $2i$
e) $2 - i$

51. a) $-i$ b) 1 c) $-1 + 2i$

52. a) 1
b) i
c) 2
d) $i + 1$

53. a) $\frac{17}{13} + \frac{7}{13}i$
b) $2 - i$
c) $-\frac{1}{2} + \frac{1}{2}i$
d) $\frac{6}{5} + \frac{3}{5}i$

54. a) 3
b) $1 + 2i$
c) $3 - i$
d) 3
e) $-2i$
f) $\frac{1}{2} + \frac{3}{2}i$

56. a) $[-4, 2]$
b) $]1, +\infty[$
c) $]-\infty, 1]$
d) $\left]\frac{1}{2}, 3\right]$
e) $[-\sqrt{3}, \sqrt{3}]$

57. a) V b) F c) V d) V e) V f) V g) V h) F

58. a) $A \cap B = [3, 4]$
b) $A \cup B = [2, 6]$
c) $A - B = [2, 3[$
d) $B - A =]4, 6]$

59. a) $A \cup B =]-\infty, 4[$
b) $B \cap A =]-\infty, 1[$
c) $A - B =]1, 4[$

60. a) $A \cup B = [-2, +\infty[$
b) $A \cap B = [-1, 0[$
c) $\overline{A \cap B} =]-\infty, -1] \cup]0, +\infty[$

61. a) $A \cup B = [-3, 1]$
b) $A \cap B =]-2, 0]$
c) $A - B =]0, 1]$

62. a) $A \cup B \cup C =]-\infty, 6]$
b) $A \cap B \cap C =]-5, 2]$

63. a) $\bar{A} =]3, +\infty[$
b) $\bar{B} =]-\infty, 2] \cup]5, +\infty[$
c) $\bar{A} \cup \bar{B} =]-\infty, 2] \cup]3, +\infty[$
d) $\bar{A} \cap \bar{B} =]5, +\infty[$

64. Sim

Exercícios optativos

1. **A**(3, 3); **B**(−3, 2); **C**(2, 0); **D**(−2, −4); **E**(4, −3); **F**(0, −2)

3. $x = 3$ **4.** $x = 3$ e $y = 5$

5. **P**(10, 0) **6.** **P**(0, −18)

Para refletir

Página 14
Sim; não

Página 17
Supor, levantar hipóteses.

Página 23
É o número natural que vem imediatamente antes dele.

Página 24
Não
Sim

Página 26
{3, 5} representa o conjunto dos elementos 3 e 5.
(3, 5) representa o conjunto dos números reais entre 3 e 5.
[3, 5] representa o conjunto dos números reais entre 3 e 5, incluindo o 3 e o 5.

Capítulo 3

1. a) Sim b) Sim c) Sim

2. a) A área é dada em função do lado.
b) ℓ^2
c) ℓ
d) ℓ^2
e) 144 cm²
f) 13 cm

3. a) Sim
b) O custo de produção (**c**) é dado em função do número de peças (**x**).
c) $c = 1{,}20x$
d) R$ 12,00; R$ 24,00; R$ 60,00.
e) 100 peças

4. a) $\ell\sqrt{\ell}$ b) $C = 2\pi r$ c) $d = \frac{n(n-3)}{2}$

5. **a**, **b** **6.** É função.

7. Não é função.

8. Sim

9. a) $f(x) = \sqrt{x}$ b) $f(x) = x^2$

10. a) {3, 4, 5, 6}
b) {1, 3, 5, 7}
c) {1, 3, 7}
d) 1
e) 7
f) 6
g) $x = 3$ ou $x = 4$
h) 3
i) 1
j) 5

11. b) D(g) = {1, 3, 4}; CD(g) = {3, 9, 12}; Im(g) = {3, 9, 12}
c) $g(3) = 9$
d) $x = 4$

12. a) $f(x) = x^2$
b) $f(x) = \frac{x}{3}$
c) $f(x) = 2x - 3$
d) $f(x) = x^2 - 4$
e) $f(x) = \frac{x}{2} + 3$
f) $f(x) = x^3 + x^2$

13. a) $c = 10 - \ell$
b) $\ell = 10 - c$
c) $c(4) = 6$
d) $\ell(1) = 9$

14. a) $y = 20x + 40$
b) $y = 8x$
c) $y = 14x$
d) $y = 3x$

15. $r = \frac{C}{2\pi}$ **16.** Im = {−3, −1, 1, 5}

17. $f(-3) = -4$; $f(0) = 5$

18. a) $f(1) = 2$, $f(5) = 2$, $f(80) = 2$ b) $S = 160$

19. $x = \frac{2}{3}$

20. 5 elementos

21. a) $f(5) = 10$
b) $f(4) = 9$
c) $f(0) = 5$
d) $f(31) = 62$
e) $x = 7$

22. $\frac{\sqrt{2} + 2 + \pi}{2}$

23. c

24. c

25. a) $D(f) = IR^*$
b) $D(g) = \{x \in IR \mid x \geq 0\}$
c) $D(h) = IR - \{2\}$
d) $D(y) = \{x \in IR \mid x \leq 2\}$
e) $D(f) = \{x \in IR \mid x > -3\}$

26. a) $D(f) = IR - \{6\}$
b) $D(f) = IR$
c) $D(f) = IR^*$
d) $D(f) = IR$
e) $D(f) = \{x \in IR \mid x \leq 5\}$
f) $D(f) = \{x \in IR \mid x < 8\}$
g) $D(f) = \{x \in IR \mid x \geq -2 \text{ e } x \neq 3\}$
h) $D(f) = IR$

27. a) Schumacher e Piquet.
b) Clark e Lauda (25); Fangio e Alonso (24).

28. a) Em 2011. Em 1992.
b) Em 1997, 1998 e de 2000 a 2011.
c) Queda de aproximadamente 17,62%.

31. a) $D = [-3, 1]$; $Im = [-2, 2]$
b) $D =]-3, 3[$; $Im = [1, 3]$
c) $D = [0, 4]$; $Im = [0, 2]$
d) $D = [0, 2\pi]$; $Im = [-1, 1]$

32. a) É função.
b) É função.
c) É função.
d) Não é função.

33. a) É função (não é par nem ímpar).
b) É função ímpar.
c) Não é função.
d) É função par.

34. a) Não é função par nem ímpar.
b) É função par.
c) É função ímpar.
d) É função par.

35. a) Crescente
b) Decrescente
c) Crescente

36. a) Crescente: $\{x \in IR \mid x \leq 2\}$; decrescente: $\{x \in IR \mid x \geq 2\}$; valor máximo de f(x) é 16.
b) Crescente: $\{x \in IR \mid x \leq 1\}$; decrescente: $\{x \in IR \mid x \geq 1\}$; valor máximo de f(x) é 6.
c) Crescente: $\{x \in IR \mid -\pi \leq x \leq 0\}$; decrescente: $\{x \in IR \mid 0 \leq x \leq \pi\}$; valor máximo de f(x) é 8; valor mínimo de f(x) é -8.

37. a) $D(f) = [-1, 4]$; $Im(f) = [-3, 3]$
b) Corta o eixo **x** em um ponto; corta o eixo **y** em um ponto.
c) Igual
d) Valor máximo de f(x) é 3; valor mínimo de f(x) é -1.
e) O ponto $(-1, 1)$.
f) Sim
g) $1 \leq x \leq 3$

38. a) $D(f) = [-3, 6]$; $Im(f) = [-1, 4]$
b) Corta o eixo **x** em quatro pontos e o eixo **y** em um ponto.
c) Valor máximo de **f** é 4 e valor mínimo de **f** é -1.
d) $-1 < x < 1$, $1 < x \leq 2$ e $5 \leq x \leq 6$
e) $f(-3) = 2$, $f(-2) = 0$, $f(0) = 2$, $f(3) = 1$, $f(4) = 1$
f) $x = -1$ e $x = 1$

39. $x = -2$; $x = -\frac{2}{3}$; $x = \frac{2}{3}$.

40. a) O pai ganhou a corrida; a diferença de tempo foi de 3 s.
b) Cerca de 70 m.
c) Cerca de 10 s.

41. a) Valor máximo em setembro de 2011 e valor mínimo em julho de 2011.
b) De agosto de 2011 a setembro de 2011;16,8%.
c) 1,2%

42. a) Não é injetiva, é sobrejetiva e não é bijetiva.
b) É injetiva, não é sobrejetiva e não é bijetiva.
c) É injetiva, sobrejetiva e bijetiva.
d) Não é injetiva, não é sobrejetiva e não é bijetiva.

43. a) É sobrejetiva.
b) É sobrejetiva.
c) Não é sobrejetiva.

44. a) É sobrejetiva; não é injetiva → não é bijetiva.
b) É injetiva; não é sobrejetiva → não é bijetiva.
c) Não é sobrejetiva; não é injetiva → não é bijetiva.
d) É sobrejetiva; é injetiva → é bijetiva.
e) Não é sobrejetiva; não é injetiva → não é bijetiva.
f) É injetiva; não é sobrejetiva → não é bijetiva.
g) É injetiva; não é sobrejetiva → é bijetiva.

45. a) Não é injetiva.
b) Não é injetiva.
c) É injetiva.
d) É injetiva.

46. a) Não é sobrejetiva.
b) Não é sobrejetiva.
c) É sobrejetiva.

47. a) É sobrejetiva; não é injetiva → não é bijetiva.
b) É injetiva; não é sobrejetiva → não é bijetiva.
c) É injetiva; é sobrejetiva → é bijetiva.

48. a) $f(g(5)) = 7$
b) $g(f(5)) = 13$
c) $f \circ g(3) = 1$
d) $f \circ f \circ f(2) = 67$

49. a) $f(g(1)) = 4$
b) $g(f(2)) = 3$
c) $f(f(1)) = 1$
d) $g \circ g \circ f(0) = 7$

50. a) $f(g(x)) = 5x - 7$
b) $g(f(x)) = 5x - 11$
c) $f(f(x)) = x - 2$
d) $g(g(x)) = 25x - 36$

51. a) $(f \circ g)(x) = 4x^2 + 4x - 1$
b) $(g \circ f)(x) = 2x^2 - 3$

52. $g(x) = 2x - 6$

53. a) $f \circ g(5) = 49$
b) $f(5) = 9$
c) $f(a) = a^2 - 4a + 4$
d) $f(x) = x^2 - 4x + 4$

54. $f(x) = \frac{x}{2} + 1$

55. $f(x) = \frac{x + 1}{2}$

56. $y = 2$

57. a) $f^{-1}(10) = 2$
b) $f^{-1}(1) = 3$
c) $f(7) = 5$

58. a) $f^{-1}(x) = \frac{x + 4}{3}$ b) $f^{-1}(2) = 2$

59. a) $f^{-1}(x) = x + 6$ c) $f^{-1}(x) = \frac{x - 4}{3}$
b) $f^{-1}(x) = \frac{1 - x}{2}$ d) $f^{-1}(x) = \frac{x}{3}$

60. $f^{-1}(x) = \frac{2x}{x - 1}$

61. a) $g(x) = \frac{x - 5}{2}$ b) $(f \circ g)(x) = x$; $(g \circ f)(x) = x$

62. a) $f^{-1}(x) = \frac{2 - x}{6}$ **63.** e

Exercícios optativos

1. a) PA; r = −5. d) PG; $q = \frac{1}{2}$.
b) PG; q = 2. e) PA; r = 10.
c) Não. f) Não.

2. 51 **3.** 972

4. a) 40 b) 80

Para refletir

Página 36

Porque para x = 0 não existe $\frac{1}{x}$.

Página 39

Em 2005: $\frac{59\,374}{154\,514} = 38\%$

Em 2006: $\frac{70\,797}{170\,474} = 42\%$

Página 41

Porque, no 1º exemplo, D(f) = {0, 1, 2, 3, 4}; no 2º exemplo, D(f) = [0, 4]; e no 3º exemplo, D(f) = IR.

Página 42

Pontos do eixo **x** significam que y = 0. Como $3^x \neq 0$ para qualquer $x \in$ IR, o gráfico não tem pontos no eixo **x**. Além disso, $3^x < 0$ para qualquer $x \in$ IR, pois há valor de **x** que torne 3^x negativo. Portanto, o gráfico não possui pontos dos quadrantes III e IV.

Página 44

Porque, para ser par, f(3) = f(−3), o que não acontece. Para ser ímpar, f(3) = −f(−3), o que também não acontece. Então, achamos um exemplo que já garante que a função não é par nem ímpar (ele é chamado de contraexemplo).

Página 47

Para $x \leqslant 0$.

Página 54

O domínio de f(IR − {2}) é a imagem de $\mathbf{f^{-1}}$.
A imagem de f^{-1}(IR − {1}) é o domínio de **f**.

Página 56

- Sim
- 50
- 486

Capítulo 4

1. a) f(1) = 1 c) f(0) = 4
b) $f\left(\frac{1}{3}\right) = 3$ d) f(k + 1) = −3k +1

2. a) A taxa de variação tem valor igual a 3; $f(0) = \frac{2}{3}$.
b) A taxa de variação tem valor igual a 2; $g(0) = \frac{3}{4}$.

3. Afim: todas; linear: **d**, **e**; identidade: **d**; constante: **c**; translação: **f**.

4. a) Função afim; a = 7 e b = −1.
b) Não é função afim.
c) Função afim; a = −1 e b = 9.
d) Função afim; a = −4 e b = 2.

5. a) f(x) = 3x + 2 b) f(x) = −2x + 5

6. a) f(x) = −x + 4 c) f(x) = 2x
b) f(x) = −2x + 14 d) f(x) = 2

7. a) f(x) = 3x + 1 c) f(x) = 2x + 10
b) f(x) = −2x + 9 d) f(x) = −x + 10

8. a) f(x) = x + 5 c) f(x) = −2x + 8
b) f(x) = −3x + 18 d) f(x) = 2,5x − 4

9. a) f(x) = 8 + 0,50x
b) R$ 58,00
c) a = 0,50

10. a) f(x) = 90 + 45x e g(x) = 70 + 50x
b) Corpo em Forma.

11. a) $f_1(x) = 50 + 0{,}37x$, para $x \leqslant 100$
$f_2(x) = 63 + 0{,}37x$, para $100 < x \leqslant 300$
$f_3(x) = 75 + 0{,}37x$, para $300 < x \leqslant 500$
b) $f_1 \rightarrow a = 0{,}37$
$f_2 \rightarrow a = 0{,}37$
$f_3 \rightarrow a = 0{,}37$

12. a) C(x) = 6x + 10 400 b) R$ 17 600,00

13. a) V(t) = −150t + 1 000
b) R$ 100,00
c) R$ 900,00

17. a) $f(x) = -\frac{1}{3}x + \frac{2}{3}$ b) $f(x) = -\frac{4}{3}x + 4$

18. a) m = 8 b) m = −3

19. a) f(x) = 3x + 2 c) $x = -\frac{2}{3}$

20. a) $y = \frac{2}{3}x + 2$ b) $y = -\frac{1}{2}x + 2$

21. a) f(x) = 10x
b) f(x) = −10x + 20
c) f(x) = 2x + 12

22. a) f(x) = 3x + 14
b) f(x) = −3x
c) f(x) = −x + 16

26. c

27. a) Eixo **x**: $\left(\frac{4}{3}, 0\right)$; (0, 0); (2, 0); eixo **y**: (0, 4); (0, 0); (0, −2).
b) f(x) é decrescente ⇔ o ângulo de declividade é obtuso.
g(x) é crescente ⇔ o ângulo de declividade é agudo.
h(x) é crescente ⇔ o ângulo de declividade é agudo.

28. $f(x) = \frac{x}{2} + 4$, a função é crescente.

29. a) Agudo
b) 3

30. a) $f^{-1}(x) = \frac{x + 5}{6}$
c) Os gráficos de **f** e $\mathbf{f^{-1}}$ são simétricos em relação ao da função $y = x$.

31. $P\left(-\frac{3}{2}, 1\right)$

32. a) Corta o eixo **x** no ponto (5, 0); corta o eixo **y** no ponto (0, −5).
b) Corta o eixo **x** no ponto (4, 0); corta o eixo **y** no ponto (0, 4).
c) Corta o eixo **x** em $\left(-\frac{1}{4}, 0\right)$; corta eixo **y** em (0, 1).
d) Corta o eixo **x** em $\left(\frac{8}{3}, 0\right)$; corta o eixo **y** em (0, 2).

33. a) $f(x) = 0$ para $x = -4$; $f(x) < 0$ para $x > -4$; $f(x) < 0$ para $x > -4$.
b) $f(x) = 0$ para $x = \frac{1}{2}$; $f(x) > 0$ para $x < \frac{1}{2}$; $f(x) < 0$ para $x > \frac{1}{2}$.
c) $f(x) = 0$ para $x = 2$; $f(x) > 0$ para $x > 2$; $f(x) < 0$ para $x < 2$.
d) $f(x) = 0$ para $x = \frac{1}{3}$; $f(x) > 0$ para $x < \frac{1}{3}$; $f(x) < 0$ para $x > \frac{1}{3}$.

34. a) $x < 1$
b) $x > -4$

35. Não existe valor real de **x** que satisfaça as duas condições simultaneamente.

36. $x = 17$

37. a) $S = \left\{x \in \mathbb{R} \mid x \geq \frac{4}{3}\right\}$
b) $S = \{x \in \mathbb{R} \mid x < 4\}$
c) $S = \{x \in \mathbb{R} \mid x < 2\}$
d) $S = \{x \in \mathbb{R} \mid x \geq -14\}$

38. a) $S = \{x \in \mathbb{R} \mid 3 \leq x \leq 6\}$
b) $S = \{x \in \mathbb{R} \mid 2 < x < 4\}$
c) $S = \left\{x \in \mathbb{R} \mid \frac{1}{2} \leq x < 3\right\}$

39. a) $f(x) = 5{,}00x - 230{,}00$
b) $x < 46$; o comerciante terá prejuízo se vender menos de 46 unidades.
c) $x > 109$
d) $x > 102$
e) $66 < x < 82$

40. a) $S = \left\{x \in \mathbb{R} \mid -2 \leq x \leq -\frac{1}{2}\right\}$
b) $S = \{x \in \mathbb{R} \mid x < 1 \text{ ou } 2 < x < 4\}$

41. a) $S = \left\{x \in \mathbb{R} \mid 1 < x \leq \frac{3}{2}\right\}$
b) $S = \{x \in \mathbb{R} \mid -4 < x < -1 \text{ ou } x > 2\}$
c) $S = \{x \in \mathbb{R} \mid x < -2 \text{ ou } x > 3\}$
d) $S = \{x \in \mathbb{R} \mid x < 0 \text{ ou } 2 < x < 4\}$

42. $S = \{x \in \mathbb{R} \mid x < 0 \text{ ou } x > 3\}$

43. a) $D = \left\{x \in \mathbb{R} \mid x \leq -\frac{5}{3} \text{ ou } x \geq 1\right\}$
b) $D = \{x \in \mathbb{R} \mid x < 0 \text{ ou } x \geq 3\}$
c) $D = \{x \in \mathbb{R} \mid x \leq 1 \text{ ou } x > 5\}$

44. a

45. $x = 2$

46. a) Plano **A**: $f(x) = 50x + 100$; plano **B**: $g(x) = 40x + 180$.
b) O plano **A** é mais econômico para $x < 8$, o plano **B** é mais econômico para $x > 8$ e os dois planos são equivalentes para $x = 8$.

47. a) Loja **A**: R$ 13,00; loja **B**: R$ 12,50.
b) Para a loja **A**: $y = 1{,}50x - 5{,}50$; para a loja **B**: $y = 2{,}00x - 2{,}50$.
c) Não; a partir de 6 DVDs a loja **A** é mais barata do que a loja **B**.

48. Sim

49. Não

50. Sim

51. No item **a**.

52. π

53. Medir a distância no mapa e, com a escala dada, usar regra de três.

54. Para cada unidade na planta (1 cm, por exemplo), correspondem 10 000 unidades na realidade (no caso do exemplo: 10 000 cm ou 100 m).

55. 945 km

56. a) 1 : 10000000 b) 100 km

Exercício optativo

b) $xt = 100$; $t = \frac{100}{x}$

d) Sim, inversa.

Para refletir

Página 57

Uma função afim é sempre do tipo $f(x) = ax + b$, em que **a** e **b** são números reais.

Página 60

- É a semirreta de origem no vértice que divide o ângulo ao meio.
- Porque você pode "andar" com a reta $y = x + b$ paralelamente com a reta $y = x$.

Página 61

Porque para qualquer valor de **x** o valor de f(x) é o mesmo (valor constante **b**).

Página 66

- Quando $x > \frac{5}{2}$, $f(x) > 0$; quando $x < \frac{5}{2}$, $f(x) < 0$.
- O sinal + significa $f(x) > 0$ e o sinal − significa $f(x) < 0$.

Capítulo 5

1. a, d, f

2. a) Para todos os números reais diferentes de zero.
b) Para todos os números reais.
c) Para todos os números reais, exceto t = 2.
d) Para todos os números reais diferentes de zero.
e) Para t = 2.
f) Para todos os números reais diferentes de −1.

3. a) a = 2, b = 0 e c = 0
b) a = 2, b = −12 e c = 18
c) a = 2, b = −12 e c = 23
d) a = 1, b = −1 e c = −6
e) a = 12, b = 13 e c = −14
f) a = 10, b = 13 e c = −3

4. a) 78,5 cm^2 b) 8 m

5. a) $f(10) = 100$; $f(2\sqrt{3}) = 12$
b) $\ell = 16$
c) $D(f) = \mathbb{R}_+^*$; $Im(f) = \mathbb{R}_+^*$

6. a) $f(1) = 0$ b) $f(2) = 5$ c) $f(0) = 1$ d) $f(\sqrt{2}) = 7 - 4\sqrt{2}$

7. a) $x = \frac{1}{2}$
b) $x' = 0$ e $x'' = 1$
c) $\nexists$ **x** real | $f(x) = -1$

8. $f(x) = x^2 - 2x + 3$

9. $(f \circ g)(x) = 2x^2 - 3$; $(g \circ f)(x) = 4x^2 - 4x$

10. a) $f(x) = \frac{x^2}{2} + 4x + 6$ b) $a = \frac{1}{2}$, b = 4 e c = 6

11. $A = 600 - 4x^2$

12. a) $f(6) = -2$
b) $f(-1) = 3$
c) $f(10) = -62$
d) $f(9) = -47$
e) $f(5) = -5$
f) $f(0) = 0$
g) $f(4) = 8$

13. x = 6

14. a) 3 e 0 b) Não tem zeros reais. c) −2 e 4 d) −5

15. $m \in \mathbb{R} \mid m < -3$

16. $k < 9$ e $k \neq 0$

17. $m \leq \frac{13}{6}$ e $m \neq 2$

18. $k' = 8$ e $k'' = -\frac{11}{2}$

19. a) $f(x) = -2x^2 + x - 6$
b) $f(x) = -x^2 + 4$
c) $f(x) = \frac{3}{5}x^2 - \frac{6}{5}x - 9$

20. a) 0 e 2 b) −4 e 0 c) −4 e 4 d) −11 e 11

21. a) −14 e 0 b) −3 e 0 c) −2 e 2 d) −6 e 6

22. O polígono tem 20 lados e se chama icoságono.

23. $\frac{\sqrt{5} - 1}{2}$

24. x = 1 dm

25. 3 anos

26. 40 km/h

27. 18 alunos

28. a) $f(x) = (x + 1)^2 - 4$
b) $f(x) = 2(x + 2)^2 - 13$
c) $f(x) = -(x - 3)^2 + 16$
d) $f(x) = (x + 1)^2 - 25$
e) $f(x) = -5\left(x - \frac{1}{2}\right)^2 + \frac{45}{4}$
f) $f(x) = -2\left(x - \frac{4}{5}\right)^2 + \frac{17}{8}$

29. a) −1 e 5 b) −3 e 1

30. Não existe valor real de **x**.

31. $x = -\frac{1}{6}$

32. a) $f\left(-\frac{1}{2}\right) = \frac{1}{4}$
b) $f\left(\frac{5}{2}\right) = \frac{25}{4}$
c) $f\left(-\frac{3}{2}\right) = \frac{9}{4}$

35. a) Ele é deslocado duas unidades para a direita.
b) Ele é deslocado duas unidades para a esquerda.
c) (0, 0), (2, 0) e (−2, 0)
d) (m, 0) e (−m, 0)

36. a) (0, 0), (2, 3), (−2, −3), (2, −3), (−2, 3)
b) Ele é deslocado três unidades para cima e duas unidades para a direita.
c) Ele é deslocado três unidades para baixo e duas unidades para a esquerda.
d) Ele é deslocado **k** unidades para baixo e **m** unidades para a direita, se k > 0 e m > 0.
e) (m, k)

37. a) $f(x) = x^2 - 2x + 3$
b) $f(x) = -x^2 + 3x + 4$
c) $f(x) = x^2 + 2$
d) $f(x) = -x^2 + 4x$

38. a) Eixo: $x = -\frac{1}{8}$; $\mathbf{V}\left(-\frac{1}{8}, -\frac{49}{16}\right)$; $\mathbf{F}\left(-\frac{1}{8}, -3\right)$; **d**: $y = -\frac{25}{8}$
b) Eixo: $x = \frac{5}{4}$; $\mathbf{V}\left(\frac{5}{4}, \frac{17}{8}\right)$; $\mathbf{F}\left(\frac{5}{4}, 2\right)$; **d**: $y = \frac{9}{4}$

39. b

40. a) **A**(2, 0) pertence à parábola.
b) **B**(4, 2) pertence à parábola.
c) **C**(−1, 10) não pertence à parábola.

41. $m = -\frac{1}{2}$

42. a) $x' = 6$ e $x'' = 5$
b) $x' = 3$ e $x'' = -7$
c) $x' = 6$ e $x'' = -6$
d) $x' = \frac{1}{2}$ e $x'' = \frac{1}{3}$

43. a) Eixo **x**: (5, 0) e (6, 0); eixo **y**: (0, 30).
b) Eixo **x**: (3, 0) e (−7, 0); eixo **y**: (0, −21).
c) Eixo **x**: (6, 0) e (−6, 0); eixo **y**: (0, −36).
d) Eixo **x**: $\left(\frac{1}{3}, 0\right)$ e $\left(\frac{1}{2}, 0\right)$; eixo **y**: (0, 1).

44. a) $a < 0, \Delta > 0$
b) $a > 0, \Delta > 0$
c) $a > 0, \Delta < 0$
d) $a < 0, \Delta = 0$
e) $a < 0, \Delta < 0$
f) $a = 0, \Delta = 0$

45. b

46. a) **V**(1, −4) b) $\mathbf{V}\left(\frac{3}{2}, -\frac{11}{4}\right)$ c) **V**(2, −1)

47. $k > 2$

48. $m > -\frac{1}{4}$

49. $k = 4$

50. a) $Im = \{y \in \mathbb{R} \mid y \geq -1\}$
b) $Im = \{y \in \mathbb{R} \mid y \geq 0\}$
c) $Im = \{y \in \mathbb{R} \mid y \leq 0\}$

51. Sim; (1, 2) e (3, 8).

52. $A = [2, 4]$

53. a) Para cima.
b) $x' = \frac{3}{2}$ e $x'' = -1$
c) $V\left(\frac{1}{4}, -\frac{25}{8}\right)$
d) $(-1, 0)$ e $\left(\frac{3}{2}, 0\right)$
e) $(0, -3)$
f) $x = \frac{1}{4}$
g) $Im(f) = \left\{y \in \mathbb{R} \mid y \geq -\frac{25}{8}\right\}$

54. a) 40 unidades
b) 1 400

55. a) $t_v = 2$ s
b) $h_v = 10$ m
c) 310 s

56. 10 m por 10 m.

57. e

58. c

59. a

60. a) $f(x) = 0$ para $x = -1$ ou $x = 4$
$f(x) > 0$ para $x < -1$ ou $x > 4$
$f(x) < 0$ para $-1 < x < 4$
b) $f(x) = 0$ para $x = -\frac{1}{3}$ ou $x = 1$
$f(x) > 0$ para $-\frac{1}{3} < x < 1$
$f(x) < 0$ para $x < -\frac{1}{3}$ ou $x > 1$
c) $f(x) = 0$ para $x = -2$
$f(x) > 0$ para $x \neq -2$
d) $f(x) = 0$ para $x = -2$ ou $x = 2$
$f(x) > 0$ para $x < -2$ ou $x > 2$
$f(x) < 0$ para $-2 < x < 2$
e) $f(x) < 0$ para todo **x** real.
f) $f(x) = 0$ para $x = 0$ ou $x = \frac{3}{2}$
$f(x) > 0$ para $0 < x < \frac{3}{2}$
$f(x) < 0$ para $x < 0$ ou $x > \frac{3}{2}$

61. $x < -5$ ou $x > -2$

62. $x \neq 4$

63. Nunca.

64. $S = \left\{m \in \mathbb{R} \mid m > \frac{5}{4}\right\}$

65. $S = \left\{k \in \mathbb{R} \mid k < -\frac{3}{4}\right\}$

66. a) $S = \left\{x \in \mathbb{R} \mid 1 < x < \frac{7}{3}\right\}$
b) $S = \left\{x \in \mathbb{R} \mid x \leq -1 \text{ ou } x \geq \frac{1}{2}\right\}$
c) $S = \mathbb{R} - \{5\}$

67. a) $S = \varnothing$
b) $S = \left\{x \in \mathbb{R} \mid -\frac{3}{2} \leq x \leq \frac{3}{2}\right\}$
c) $S = \mathbb{R} - \{4\}$

68. $S = \{x \in \mathbb{R} \mid -4 < x < 0\}$

69. a) $S = \left\{x \in \mathbb{R} \mid x \leq -\frac{1}{2} \text{ ou } x \geq 5\right\}$
b) $S = \left\{x \in \mathbb{R} \mid \frac{1}{2} < x < 2\right\}$
c) $S = \{x \in \mathbb{R} \mid -2 < x < 2\}$

70. 7

71. a) $S = \{x \in \mathbb{R} \mid -1 < x < 2 \text{ ou } 3 < x < 6\}$
b) $S = \{x \in \mathbb{R} \mid 2 \leq x < 3\}$
c) $S = \{x \in \mathbb{R} \mid -5 \leq x \leq -1 \text{ ou } 2 \leq x \leq 4\}$
d) $S = \{x \in \mathbb{R} \mid 0 < x < 2\}$

72. a) $S = \{x \in \mathbb{R} \mid x < -5\}$
b) $S = \{x \in \mathbb{R} \mid -1 \leq x < 0\}$
c) $S = \{x \in \mathbb{R} \mid -1 \leq x \leq 0\}$
d) $S = \{x \in \mathbb{R} \mid -2 < x \leq 2 \text{ e } x \neq 1\}$

73. a) $S = \{x \in \mathbb{R} \mid -2 < x < 3 \text{ ou } x > 5\}$
b) $S = \{x \in \mathbb{R} \mid x \leq 0 \text{ ou } 2 \leq x \leq 3\}$

74. $S = \{x \in \mathbb{R} \mid -3 \leq x \leq 0 \text{ ou } 2 \leq x \leq 4\}$

75. $S = \{x \in \mathbb{R} \mid x < -4 \text{ ou } 2 < x < 3 \text{ ou } x > 4\}$

76. 3 e 4

77. a) $S = \{x \in \mathbb{R} \mid x > 3\}$
b) $S = \{x \in \mathbb{R} \mid x \leq 1 \text{ ou } 2 \leq x < 4\}$
c) $S = \{x \in \mathbb{R} \mid x \leq -1 \text{ ou } 0 < x \leq 2\}$
d) $S = \{x \in \mathbb{R} \mid x > 1\}$

78. $S = \{x \in \mathbb{R} \mid x \leq -1 \text{ ou } 0 \leq x < 1\}$

79. $S = \{x \in \mathbb{R} \mid 2 < x < 3 \text{ ou } x > 4\}$

80. $S = \{x \in \mathbb{R} \mid x > 2\}$

81. $S = \{x \in \mathbb{R} \mid 2 \leq x \leq 4\}$

82. $S = \{x \in \mathbb{R} \mid x \leq 1 \text{ ou } 3 \leq x < 4 \text{ ou } 4 < x \leq 8\}$

83. 20 condôminos, cada um pagou R$ 180,00.

84. 15 passageiros.

85. Um deles descarregaria o trem em 40 horas e o outro em 60 horas se estivessem sozinhos.

86. Uma torneira gastaria 30 horas para encher a piscina e a outra gastaria 45 horas.

87. a) 3 500 peças.
b) Decrescente.

Para refletir

Página 75

$f(x) = 2x$ é função afim.
$f(x) = 2^x$ é função exponencial.
$f(x) = x^3 + 2x^2 + x + 1$ é função do 3º grau.

Página 76

- Em s(t): $a = 4,9$; $b = c = 0$; em p(n): $a = 1$, $b = -1$ e $c = 0$.
- Porque **x** representa o número de pontos marcados na circunferência.

Página 78

Se existirem, os números serão as raízes da equação $x^2 - 3x + 7 = 0$. Essa equação tem $\Delta < 0$, então não existe valor real para **x**.

Página 79

$x^2 - 4x + 3 = 0 \Rightarrow x = \frac{4 \pm 2}{2} \Rightarrow x' = 3$ e $x'' = 1$

Logo, $x' = 3x''$.

Página 83

$x_v = 0$ e $y_v = 0$.

Página 86

Porque é o valor da função quando **x** vale 0.

Página 88

Porque $Im(f) = [-8, +\infty[$.

Página 90

- $f(x) = -x^2 + 100x$ tem $a = -1 < 0$.
- Um retângulo é um paralelogramo que possui quatro ângulos retos. Quando os quatro lados são congruentes, o retângulo recebe um nome especial: quadrado.

Página 91

Dois pontos, um ponto ou nenhum ponto comum.

Página 92

Eles indicam os intervalos nos quais a função assume valores positivos ou negativos.

Página 94

Se ela for do tipo $f(x) < 0$, $f(x) > 0$, $f(x) \leq 0$, $f(x) \geq 0$ ou $f(x) \neq 0$, com $f(x) = ax^2 + bx + c$, em que $a \in \mathbb{R}^*$, $b \in \mathbb{R}$ e $c \in \mathbb{R}$.

Página 96

Pelo mesmo processo da multiplicação de números reais: sinais iguais, produto positivos; sinais diferentes, produtos negativos.

Página 98

As flechas indicam que a solução continua para $+\infty$ ou $-\infty$.
O símbolo ∘ representa a não inclusão do ponto na solução.
O símbolo • representa a inclusão do ponto na solução.
O traço mais forte representa todo o intervalo entre um número e outro.

Capítulo 6

1. a) 7 b) $\pi - 3$ c) $5 - \pi$ d) -15 e) 16 f) -7 g) 3 h) 11

2. a) $|x^4| = x^4$
b) $x \geq 0 \rightarrow |x^3| = x^3$
$x < 0 \rightarrow |x^3| = -x$
c) $|x + 1| = -x - 1$
d) $x \geq 2 \rightarrow |x - 2| = x - 2$
$x < 2 \rightarrow |x - 2| = -x + 2$

3. a) $|x - 2| + |x - 1| = 2x - 3$
b) $|x - 1| + |x - 4| = 3$
c) $4 < x < 5 \rightarrow |x - 2| + |x - 5| = 3$
$x \geq 5 \rightarrow |x - 2| + |x - 5| = 2x - 7$
$x > 4 \rightarrow |x - 2| + |x - 5| = 2x - 7$
d) $x < 3 \rightarrow |x - 3| - |x - 5| = -2$
$3 \leq x < 5 \rightarrow |x - 3| - |x - 5| = 2x - 8$
$x \geq 5 \rightarrow |x - 3| - |x - 5| = 2$

4. a) F b) V c) V d) V e) F f) F g) V h) V

5. a) V b) V c) F d) V e) F f) V g) F h) V

6. a) $y = 9$ ou $y = -9$
b) Não existe valor real para **y**.
c) $y = 0$
d) $y = \frac{4}{5}$ ou $y = -\frac{4}{5}$
e) $y = 1$ ou $y = -1$
f) Não existe valor real para **y**.

7. a) $x = 6$
b) Não existe valor real para **x**.
c) $x = 6$ ou $x = -6$
d) $x = 6$
e) $x = 5$
f) $x = 5$ ou $x = -5$
g) $x = 3$ ou $x = -3$
h) $x = 4$ ou $x = -4$

8. a) $AB = 6$ b) $EA = \frac{3}{2}$ c) $DE = \frac{3}{2}$ d) $DC = 4$ e) $CB = 13$ f) $DA = 3$ g) $DB = 9$ h) $CA = 7$

9. $PQ = 365$; $PM = 96$; $MQ = 269$

10. a) $f(7) = 7$ b) $f(-4) = 4$ c) $f(0) = 0$ d) $f(4) = 4$ e) $x = 8$ ou $x = -8$ f) Não existe valor real para **x**.

12. a) $D(f) = \mathbb{R}$; $Im(f) = \mathbb{R}_+$
b) $f(x)$ é crescente para $x \geq 0$; $f(x)$ é decrescente para $x \leq 0$.
c) $f(x)$ não é injetiva nem sobrejetiva.
d) $f(x)$ é função par.
e) $f(x) > 0$ para $x \neq 0$; $f(x) = 0$ para $x = 0$.

13. a) $f(x) = \begin{cases} -3x + 15, \text{ se } x < 5 \\ 3x - 15, \text{ se } x \geq 5 \end{cases}$
b) $f(2) = 9$; $f(7) = 6$; $f(-1) = 18$; $f(5) = 0$

14. a) $f(8) = 9$; $f(-1) = 8$; $f(3) = 4$; $f(0) = 7$
b) $f(x) = \begin{cases} 7 - x, \text{ se } x < 3 \\ x + 1, \text{ se } x \geq 3 \end{cases}$
d) $D(f) = \mathbb{R}$; $Im(f) = \{y \in \mathbb{R} \mid y \geq 4\}$

15. a) $D(f) = \mathbb{R}$; $Im(f) = \mathbb{R}_+$
b) $D(f) = \mathbb{R}$; $Im(f) = \{y \in \mathbb{R} \mid y \geq -1\}$
c) $D(f) = \mathbb{R}$; $Im(f) = \mathbb{R}_+$
d) $D(f) = \mathbb{R}$; $Im(f) = \{y \in \mathbb{R} \mid y \geq 1\}$

18. a

19. b

20. a) $S = \{-4, 16\}$ b) $S = \left\{-\frac{4}{3}, 2\right\}$ c) $S = \varnothing$

21. a) $S = \{-7, 9\}$ b) $S = \{-1, 5\}$ c) $S = \left\{\frac{7}{3}, 5\right\}$

22. a) $S = \{-7, -5, -1, 1\}$ b) $S = \{-1, 2, 3, 6\}$ c) $S = \varnothing$

23. a) $S = \{-2, 0, 2, 4\}$ b) $S = \{-5, 5\}$

24. a) $S = \{2, 4\}$ b) $S = \left\{-\frac{1}{2}, 2\right\}$ c) $S = \{0, 1, 2, 5\}$

25. (0, 1) e (1, 2)

26. a) $S = \left\{\frac{1}{3}, 1\right\}$

b) $S = \left\{\frac{7}{3}\right\}$

c) $S = \{1, 4\}$

d) $S = \left\{-\frac{3}{4}, -\frac{1}{2}\right\}$

27. a) $S = \{2\}$

b) $S = \left\{0, \frac{2}{3}\right\}$

c) $S = \left\{\frac{7}{2}\right\}$

d) $S = \{-1, 0, 1\}$

28. $S = \left\{-\frac{5}{4}, \frac{7}{2}\right\}$

29. a) $S = \{x \in \mathbb{R} \mid x < 1 \text{ ou } x > 4\}$

b) $S = \left\{x \in \mathbb{R} \mid -\frac{11}{3} \leqslant x \leqslant 3\right\}$

c) $S = \varnothing$

d) $S = \{x \in \mathbb{R} \mid x < 1 \text{ ou } x > 3\}$

30. $S = \{2, 3, 4\}$

31. $S = \{x \in \mathbb{R} \mid 1 < x < 4\}$

32. $S = \{x \in \mathbb{R} \mid 4 < x < 5\}$

33. a) $D = \{x \in \mathbb{R} \mid x \neq 10 \text{ e } x \neq -10\}$
b) $D = \{x \in \mathbb{R} \mid -3 \leqslant x \leqslant 1\}$
c) $D = \{x \in \mathbb{R} \mid x \leqslant 0 \text{ ou } x \geqslant 2\}$
d) $D = \{x \in \mathbb{R} \mid x < -3 \text{ ou } x > 3\}$

34. a) $f(0) = -\frac{1}{10}$

b) $f(1) = -\frac{1}{9}$

c) $f(-9) = -1$

d) $g(-2) = 1$

e) $g(11) = 3$

f) $i(1)$ = não existe

g) $i(4) = 4$

h) $x = 11$ ou $x = -9$

Para refletir

Página 101

$x = |7| \Rightarrow x = 7$

$|x| = 7 \Rightarrow x = \pm 7$

Página 103

- Em g(x) todos os pontos de f(x) se deslocaram duas unidades para cima. Em h(x) todos os pontos de f(x) se deslocaram duas unidades para baixo.
- Em r(x) todos os pontos de f(x) se deslocaram duas unidades para a direita. Em s(x) todos os pontos de f(x) se deslocaram duas unidades para a esquerda.

Página 104

- Em t(x) todos os pontos de f(x) se deslocaram três unidades para a direita e uma unidade para cima. Em u(x) todos os pontos de f(x) se deslocaram uma unidade para a esquerda e três unidades para baixo.
- $f(5) = 2$; $f(1) = 6$; $f(0) = 8$; $f\left(\frac{1}{2}\right) = 7$; $f(-4) = 16$; $f(4) = 0$

Página 106

A indicação • significa que o ponto pertence ao gráfico da função; a indicação ∘ significa que o ponto não pertence ao gráfico da função.

Página 111

- III) Todo número real tem módulo $\geqslant 0$, portanto $S = \mathbb{R}$.
  IV) Todo número real não nulo tem módulo > 0, portanto $S = \mathbb{R}^*$.
  V) Nenhum número real tem módulo < 0, portanto $S = \varnothing$.
  VI) Nenhum número real tem módulo negativo; resta, portanto, $|x| = 0 \rightarrow S = \{0\}$.

- $S = \{x \in \mathbb{R} \mid -3 \leqslant x \leqslant 3\}$; $S = \{x \in \mathbb{R} \mid x \leqslant -3 \text{ ou } x \geqslant 3\}$
- a) $S = \{-2, 4\}$
  b) $S = \{4\}$

Página 112

Porque a negação de $x = 3$ ou $x = -3$ é $x \neq 3$ e $x \neq -3$.

Capítulo 7

1. a) 81
b) −8
c) 64
d) 0
e) 1
f) 2
g) $7\sqrt{7}$
h) $\frac{1}{36}$
i) $-\frac{2}{3}$

2. a) $\frac{239}{108}$
b) −15

3. a) 1 000 000
b) 1 000 000 000
c) 0,0001
d) 0,01

4. a) 10^4 b) 10^3 c) 10^{-3} d) 10^{-6}

5. a) $\sqrt[7]{25}$
b) $\sqrt[4]{8}$
c) $\frac{\sqrt{2}}{2}$
d) $\sqrt[5]{9}$
e) 3
f) 0
g) $2\sqrt[3]{2}$
h) 4
i) $\sqrt[5]{49}$

6. a) $\sqrt{5}$
b) $\frac{1}{2}$

7. É menor que 250.

8. a) 7^6 b) 3^9 c) 5^7 d) 2^{15} e) 5^8

9. a) 2^{12}
b) 3^6
c) a^5
d) 2^{6x}
e) 7^9
f) 2^{14}

10. a) $5^x \cdot 5^y$ b) $\frac{4^x}{4^3}$ c) $(7^3)^x$ d) $5^4 \cdot x^4$

11. a) 3^7
b) 3^{-2}
c) 3^0
d) $3^{\frac{4}{5}}$
e) $3^{-\frac{1}{2}}$
f) 3^{15}

12. a) $5 \cdot 10^2$
b) $6 \cdot 10^{-4}$
c) $3,4 \cdot 10^{-2}$
d) $8 \cdot 10^{-1}$
e) $4,8 \cdot 10^4$
f) $7 \cdot 10^9$

13. a) $2,5 \cdot 10^7$
b) $2 \cdot 10^{-2}$
c) $2,039 \cdot 10^1$
d) $8 \cdot 10^{-6}$
e) $9,231 \cdot 10^2$
f) $4,04 \cdot 10^4$

14. a) 80 000
b) 0,05
c) 352 000
d) 0,0016

15. a) $2,279 \cdot 10^8$ km
b) $7,783 \cdot 10^8$ km
c) $9,11 \cdot 10^{-28}$ g

16. c

17. c

18. a) F
b) V
c) V
d) F
e) F
f) F
g) V
h) F

19. a) $2\sqrt{2}$
b) $2\sqrt[3]{2}$
c) $2\sqrt{15}$
d) $10\sqrt{2}$

20. a) $5\sqrt[4]{2}$ b) $\frac{1}{2}$

21. a) $\sqrt{10}$ d) $\sqrt[4]{12}$ g) $\sqrt[12]{128}$

b) $\sqrt{\frac{5}{2}}$ e) $\sqrt[8]{128}$ h) $\sqrt[12]{2^{13}}$

c) $\sqrt[6]{5}$ f) $\sqrt[12]{250}$

22. a) $\sqrt[60]{3^{37}}$ b) $\sqrt[12]{x^5}$

23. a) $4\sqrt{2}$ b) $6\sqrt{5}$ c) $16\sqrt{3}$

24. a) 18 c) $2\sqrt{2} - 2\sqrt{6} + 2\sqrt{3} - 6$

b) $3 + \sqrt{3}$ d) $-4 - 3\sqrt{35}$

25. a) 1 c) $3 + 2\sqrt{2}$

b) 5 d) $8 - 2\sqrt{15}$

26. a) 2 b) 5

27. $\sqrt[2]{2} < \sqrt[3]{4} < \sqrt[6]{40} < \sqrt[4]{17}$

28. 10^{-1}

29. 10^6

30. $\frac{25}{3} \cdot 3^x$

31. $a^2 + a^{-2} = k^2 + 2$

32. 4

33. $x^{\frac{1}{5}}$

34. a) x^5 b) $x^{\frac{1}{4}}$

35. **a**, **b**, **d**, **h**.

36. a) 64 b) $\frac{1}{4}$ c) 2 d) $\frac{1}{2}$ e) $m = 0$

37. a) $f(x) = 2^x$ b) $f(x) = \left(\frac{3}{2}\right)^x$ c) $f(x) = (0,7)^x$

38. a) $f(x) = 2 \cdot 3^x$ b) $f(x) = 6 \cdot \left(\frac{1}{2}\right)^x$

40. Crescentes: **a**, **b**, **d**; decrescentes: **c**, **e**, **f**, **g**, **h**.

41. a) $(0,9)^8 < (0,9)^5$ c) $\left(\frac{\sqrt{3}}{3}\right)^9 < \left(\frac{\sqrt{3}}{3}\right)^8$

b) $47^5 > 47^3$ d) $\left(\sqrt{3}\right)^{\sqrt{5}} > \left(\sqrt{3}\right)^2$

42. a) 18 d) $\frac{2}{3}$ g) $x = 5$

b) 23 e) -1 h) $x = 1$

c) 1 f) $\frac{1}{25}$

44. d

45. b

46. a) $S = \{6\}$ b) $S = \{4\}$ c) $S = \{2\}$ d) $S = \{4\}$ e) $S = \{1\}$

47. a) $S = \{5\}$ e) $S = \{1, 3\}$

b) $S = \{2\}$ f) $S = \{-2, 3\}$

c) $S = \{-25\}$ g) $S = \{-2, -1\}$

d) $S = \{-1, 3\}$

48. $a = \frac{3}{2}$ ou $a = -\frac{1}{2}$

49. -2

50. $S = \left\{\left(-\frac{5}{2}, 1\right)\right\}$

51. (2, 4)

52. a) $S = \{6\}$ c) $S = \{-3, 3\}$

b) $S = \{3\}$ d) $S = \{-3\}$

53. a) $S = \{4\}$ c) $S = \{1\}$

b) $S = \{3\}$ d) $S = \{4\}$

54. a) $S = \{1\}$ b) $S = \{0, 3\}$ c) $S = \{0, 1\}$

55. a) $S = \{2\}$ b) $S = \{2\}$ c) $S = \{0\}$ d) $S = \{0, 1\}$

56. a) $S = \{-1\}$ b) $S = \{2\}$ c) $S = \{2\}$

57. 2 187 é o 8º termo.

58. a) $S = \{x \in IR \mid x > 5\}$ c) $S = \left\{x \in IR \mid x > -\frac{1}{2}\right\}$

b) $S = \{x \in IR \mid x > 9\}$ d) $S = \{x \in IR \mid x < 0 \text{ ou } x > 2\}$

59. a) $S = \{x \in IR \mid x > 4\}$ b) $S = \{x \in IR \mid x < -6\}$

60. a) $S = \{x \in IR \mid x < 2\}$ b) $S = \{x \in IR \mid x \geq -3\}$

61. a) $S = \{x \in IR \mid x < 2\}$

b) $S = \{x \in IR \mid x < -2 \text{ ou } x > 4\}$

c) $S = \{x \in IR \mid x < -3 \text{ ou } x > 3\}$

d) $S = \{x \in IR \mid x > 3\}$

62. a) $S = \{x \in IR \mid 1 < x < 5\}$ c) $S = \{x \in IR \mid 1 \leq x \leq 2\}$

b) $S = \left\{x \in IR \mid \frac{1}{2} < x < \frac{3}{2}\right\}$ d) $S = \left\{x \in IR \mid x \geq \frac{2}{3}\right\}$

63. $S = \{x \in IR \mid x \geq 1\}$

64. a) $D = \{x \in IR \mid x \geq 4\}$ b) $D = \{x \in IR \mid x > 2\}$

65. d

66. 4 447 022 bactérias

67. 32 000 bactérias

68. a) 3,125 mg b) $f(t) = 50 \cdot 2^{-\frac{t}{3}}$

69. d

70. a

Para refletir

Página 114

- $2^0 = 1$
- Por que não existe divisão por zero.
- $2^0 = 1$; $2^{-1} = \frac{1}{2}$; $2^{-2} = \frac{1}{4}$; $2^{-3} = \frac{1}{8}$

Página 122

- O gráfico passa por (0, 1), pois, qualquer que seja o valor **a** ($a > 0$ e $a \neq 1$), temos $f(0) = a^0 > 1$.
- O gráfico não toca o eixo **x** porque $f(x) = a^x \neq 0$, $\forall\, x \in IR$, já que $a > 0$ e $a \neq 1$.
  O gráfico não tem pontos nos quadrantes III e IV porque estamos considerando $a > 0$, isto é, qualquer que seja $x \in IR$, $a^x > 0$.
- Todos os pontos do gráfico "sobem" uma unidade.

Página 124

$\sqrt[3]{4}$

Página 127

$S = \left\{x \in IR \mid x \leq -\frac{7}{3}\right\}$

Capítulo 8

1. a) $2^3 = 8 \Leftrightarrow \log_2 8 = 3$

b) $7^2 = 49 \Leftrightarrow \log_7 49 = 2$

c) $10^3 = 1000 \Leftrightarrow \log_{10} 1000 = 3$

d) $3^{-1} = \frac{1}{3} \Leftrightarrow \log_3 \frac{1}{3} = -1$

e) $7^{\frac{1}{2}} = \sqrt{7} \Leftrightarrow \log_7 \sqrt{7} = \frac{1}{2}$

2. a) $2^x = 7$ b) $p^m = r$ c) $10^{-1} = 0,1$

3. a) $\log_6 36 = 2$ c) $\log_8 8 = 1$

b) $\log_5 \frac{1}{5} = -1$ ou $\log_{\frac{1}{5}} 5 = -1$ d) $\log_2 32 = 5$

4. a) 3 c) 4 e) 0

b) 3 d) 1 f) 1

g) -5 j) -1 m) $\frac{5}{4}$
h) -2 k) -2 n) 3
i) -2 l) $\frac{3}{2}$

5. a) 2 b) 5 c) $\frac{1}{2}$ d) $\forall a \in \mathbb{R}_+^* - \{1\}$

6. a) $x = 32$ b) $x = 64$ c) $x = 99$

7. 1

8. a) $x = 6$ c) $x = \frac{1}{3}$ e) $x = 1$
b) $x = \sqrt[3]{126}$ d) $x = 25$ f) $x = \frac{3}{2}$

9. a) $\{x \in \mathbb{R} \mid x > 0\}$ c) $\left\{x \in \mathbb{R} \mid x > -\frac{1}{2}\right\}$
b) $\{x \in \mathbb{R} \mid x > 3\}$ d) $\{x \in \mathbb{R} \mid x < -4 \text{ ou } x > 4\}$

10. a) $\{x \in \mathbb{R} \mid x > 5 \text{ e } x \neq 6\}$ b) $\left\{x \in \mathbb{R} \mid x > \frac{1}{2} \text{ e } x \neq 1\right\}$

11. a) $\{x \in \mathbb{R} \mid -1 < x < 1 \text{ e } x \neq 0\}$
b) $\{x \in \mathbb{R} \mid x > 2\}$
c) $\{x \in \mathbb{R} \mid x > 3\}$
d) $\{x \in \mathbb{R} \mid x > 1 \text{ e } x \neq 2\}$

12. a) 0 b) 1 c) 1 d) 0 e) 0 f) 1

13. a) $x = 3$ b) $x = 10$ c) $x = 1$

14. a) 4 b) 6 c) 4

15. a) -4 b) 2 c) 5

16. a) 3 b) 5

17. a) 10 b) 6

18. a) $x = 8$ b) $x = \frac{4}{3}$ c) $x = 1$ d) $x = 4$

19. a) F b) F c) V d) F e) V f) V

20. a) $\log\left(\frac{\pi r^3 h}{3}\right) = \log \pi + 3 \cdot \log r + \log h - \log 3$

b) $\log_3\left(\frac{\sqrt{x}}{y^2}\right) = \frac{1}{2} \cdot \log_3 x - 2 \cdot \log_3 y$

21. a) $\log_5 66$ d) $\log_7 \sqrt[5]{2}$
b) 1 e) $\log_7 27$
c) $\log 81$ f) $\log_3\left(\frac{\sqrt[3]{7}}{2}\right)$

22. a) $\log_5 20$ b) $\log\left(\frac{x}{100}\right)$

23. a) $a + b$ d) $b - a$
b) $3a + b$ e) $4a$
c) $2 + b$ f) $\frac{a}{b}$

24. a) $1 - x$ d) $-y$
b) $\frac{y}{2}$ e) $x + y - 2$
c) $\frac{2x + y}{3}$ f) $\frac{3y}{2x}$

25. 9 **26.** $\frac{1}{2}$ **27.** $1 + K$ **28.** 100

29. a) a^2b^5 b) $\frac{a^3b}{c^2}$

30. 1 **31.** $y = \sqrt[5]{\frac{x^2}{100}}$

32. a) $\frac{\log 5}{\log 2}$ c) $\frac{\log (x - 1)}{\log 2}$
b) $\frac{\log 2}{\log x}$ d) $\frac{\log (x - 3)}{\log (x + 1)}$

33. $\frac{x}{y}$ **34.** 1 **35.** $\frac{1}{m}$, para $m \neq 0$

36. $x = \frac{4}{3}$ **37.** $\frac{1 - 2a}{a + b}$

38. a) -3 b) 4 c) 3 d) $-\frac{3}{2}$

39. $S = \frac{a^2}{b}$ **40.** $x = \frac{3}{4}$

41. a) Aproximadamente 1,808.
b) Aproximadamente $-2{,}708$.
c) Aproximadamente 22,387.
d) Aproximadamente 2,961.
e) Aproximadamente $-0{,}086$.
f) $x = 0{,}07$

42. a) Entre 2 e 3. c) Entre -2 e -1.
b) Entre 0 e 1. d) Entre 0 e 1.

43. a) 2 b) -5 c) -3 d) 7

44. a) 1,30 d) 2,70 g) 2,40
b) $-3{,}70$ e) 1,26 h) 0,10
c) $-0{,}52$ f) 1,66

45. a) 1,15 c) 0,55
b) 1,70 d) 1,85

46. a) 1,60 c) 1,07
b) 0,69 d) 0,35

47. 1717 algarismos **48.** 2,297

49. 0,982 **50.** 1,108

51. $-4{,}62$ **52.** 4,347

53. a) $S = \{2{,}33\}$ c) $S = \{0{,}61\}$
b) $S = \{1{,}12\}$ d) $S = \{1{,}81\}$

54. $x \simeq 1{,}73$ **55.** $S = \{0{,}63;\ 1\}$

56. $x = 9{,}60$ **58.** $5 = 2^{2{,}322}$

59. a) 2 e) $\mathbb{R}_+^*$ i) 4^x
b) 0 f) $\mathbb{R}$ j) 3
c) 1 g) 256 k) 5
d) -1 h) 3^x l) 1

60. a) 1 d) 2 g) 3
b) 5 e) 4 h) $\frac{9}{2}$
c) 2 f) 0

62. Crescentes: **a**, **b**, **f**; decrescentes: **c**, **d**, **e**.

64. $a = 1$ e $b = 1$ **66.** e **67.** c

68. 470 mg/mℓ; aproximadamente 10 h.

69. a) $S = \{243\}$ d) $S = \{7\}$
b) $S = \{6\}$ e) $S = \{10\}$
c) $S = \{15\}$ f) $S = \{-3, 2\}$

70. a) $S = \{6\}$ d) $S = \{82\}$
b) $S = \{3\}$ e) $S = \{-4, 2\}$
c) $S = \{16\}$ f) $S = \{3\}$

71. a) $S = \{7\}$
b) $S = \{2\}$
c) $S = \{8\}$
d) $S = \{-1, 4\}$

72. 5

73. a) $S = \left\{\frac{1}{9}, 27\right\}$
b) $S = \{2\}$
c) $S = \{2\}$
d) $S = \{0, 9\}$
e) $S = \{82\}$
f) $S = \{5, 125\}$

74. a) $S = \{3\}$
b) $S = \left\{\frac{1}{2}\right\}$
c) $S = \{2\}$
d) $S = \{5\}$
e) $S = \{5\}$
f) $S = \{3\}$

75. $x = 1$

76. $S = \{4, 5\}$

77. $x = \frac{1}{6}$

78. a) $S = \{64\}$
b) $S = \{100\}$
c) $S = \{1\}$
d) $S = \left\{\frac{1}{25}, 5\right\}$
e) $S = \{2\}$

79. $S = \{2, 16\}$

80. a) $S = \{(9, 3)\}$
b) $S = \{(10, 10)\}$

81. 2900

82. 6

83. a) $S = \{x \in IR \mid x > 2\}$
b) $S = \{x \in IR \mid -3 < x < -1\}$
c) $S = \{x \in IR \mid x < -1\}$
d) $S = \{x \in IR \mid x < -3 \text{ ou } x > 3\}$

84. $S = \{x \in IR \mid -9 < x < 11 \text{ e } x \neq 1\}$

85. a) $S = \{x \in IR \mid 1 < x < 3\}$
b) $S = \{x \in IR \mid 0 < x < 1\}$
c) $S = \{x \in IR \mid 5 < x < 6\}$
d) $S = \{x \in IR \mid x > 2\}$
e) $S = \{x \in IR \mid 1 < x < 2\}$

86. a) $S = \{x \in IR \mid x > 5\}$
b) $S = \left\{x \in IR \mid \frac{1}{10} < x < 10\right\}$

87. a) $S = \{x \in IR \mid 1 < x \leq 3\}$
b) $S = \{x \in IR \mid 1 \leq x < 2\}$

88. a) $D = \{x \in IR \mid x \geq 3\}$
b) $D = \left\{x \in IR \mid x \geq \frac{7}{3}\right\}$

89. $D = \{x \in IR \mid -1 < x < 0\}$

90. $S = \{k \in IR \mid -2 < k < 0 \text{ ou } 3 < k < 5\}$

91. $D(f) = \{x \in IR \mid x > 125\}$

Para refletir

Página 135

- $r = \log_a b$, **a** e **b** são números reais positivos e $a \neq 1$ e $b \neq 1$. Então:
  $a^r = b \neq 1 \Rightarrow r \neq 0$
- O desenvolvimento logarítmico utiliza as propriedades para expandir uma expressão de maneira que nos permita calcular o logaritmo de um produto, quociente ou potência, conhecendo apenas os logaritmos dos fatores do produto, dos termos do quociente ou da base da potência.

Página 137

$-\log_a N = -1 \cdot \log_a N = \log_a N^{-1} = \log_a \frac{1}{N}$

Página 141

- Significa que, dado $b > 0$, tem-se $\log_a x < -b$, desde que **x** seja um número positivo suficientemente pequeno.
- $a > 1$: (2, 1) e (1, 2); (4, 2) e (2, 4)
  $0 < a < 1$: (−1, 2) e (2, −1); (−2, 4) e (4, −2)

Página 143

Porque foi obtida uma sentença matemática falsa na primeira condição, não havendo necessidade de se verificar a segunda.

Página 146

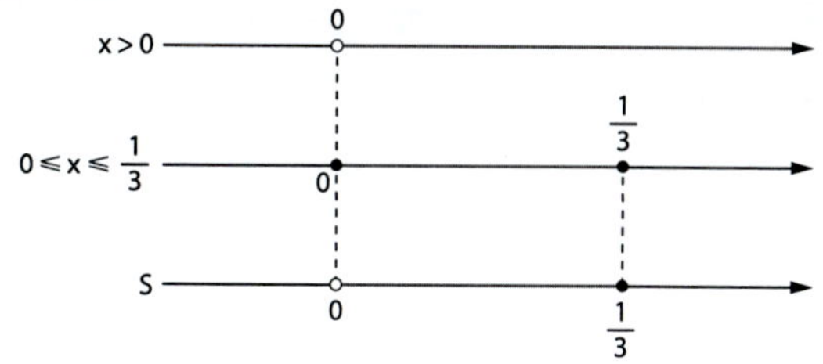

$S = \left\{x \in IR \mid 0 < x \leq \frac{1}{3}\right\}$

Capítulo 9

1. a) −1, −4, −7, −10, −13, −16, −19, ...
b) $\frac{3}{4}, \frac{6}{7}, \frac{9}{10}, \frac{12}{13}, \frac{15}{16}, \frac{18}{19}, \frac{21}{22}, \ldots$
c) $\sqrt{2}, 2, 2\sqrt{2}, 4, 4\sqrt{2}, 8, 8\sqrt{2}, \ldots$
d) 1, 4, 9, 16, 25, 36, 49, ...

2. a) $-3k + 2$ b) $\frac{3k}{3k+1}$ c) $2^{\frac{k}{2}}$ d) k^2

3. a) (5, 10, 15, 20, ...)
b) $\left(\frac{1}{3}, \frac{1}{9}, \frac{1}{27}, \frac{1}{81}, \ldots\right)$
c) $\left(\frac{1}{2}, \frac{2}{3}, \frac{3}{4}, \frac{4}{5}, \ldots\right)$
d) $\left(2, \frac{9}{4}, \frac{64}{27}, \frac{625}{256}, \ldots\right)$

4. 20
b) 12

5. a) $a_n = n$, com $n \in IN^*$
b) $a_n = n + 1$, com $n \in IN^*$
c) $a_n = 3n$, com $n \in IN^*$
d) $a_n = 3n - 1$, com $n \in IN^*$ e $1 \leq n \leq 6$

6. a) $\frac{1}{6}$
b) $\frac{205}{144}$

7. a) 41 palitos b) 155 palitos c) 20 triângulos

8. 27

9. (1, 5, 13, 29, 61, ...)

10. a) Sim; $r = 3$.
b) Sim; $r = -5$.
c) Não.
d) Sim; $r = \frac{1}{3}$.
e) Sim; $r = \sqrt{3}$.
f) Não.
g) Sim; $r = \frac{1}{2}$.
h) Sim; $r = 3y$.

11. a) $r = 7$
b) $r = 2$
c) $r = \frac{2}{3}$
d) $r = 3y$
e) $r = 4\sqrt{3}$
f) $r = -x$
g) $r = \frac{n-3}{2}$
h) $r = \pi - 1$

12. a) (7, 11, 15, 19, 23)
b) (−6, 2, 10, 18)
c) (x + 3, 2x + 3, 3x + 3, 4x + 3, 5x + 3)

13. a) $a_6 = 40$ b) $a_7 = 10$

14. $a_3 = 1 - 2\pi$

15. (1, 8, 15) ou (15, 8, 1)

16. Lados do triângulo: 15, 20 e 25

17. (2, 5, 8 ,11, 14)

18. a) $a_n = 5n - 3$ b) $a_n = 6n - 7$ c) $a_n = 2n + p - 4$

19. $a_{15} = 62$

20. $a_{26} = 137$

21. $a_n = 2n$

22. $a_{50} = 99$

23. a) $a_1 = 3$ b) $a_1 = 15$

24. $r = 4$

25. $a_1 = 2$; $r = 4$

26. 8º termo

27. 10 termos

28. a) $a_1 = 3$ e $r = 3$ b) $a_1 = -11$ e $r = 1$ c) $a_1 = -38$ e $r = 10$ d) $a_1 = 2$ e $r = 5$

29. 81 múltiplos de 11

30. 555 números inteiros

31. **a**, **b**, **d**, **e**, **g**, **i**, **j**, **k**, **l**.

32. a) $x = a$ b) $x = -1$ c) $x = -5$

33. $x = 1$; $r = 24$

34. 2, 4 e 6

35. $a_{50} = -10$

36. E = 15

37. R$ 37 500,00

38. c

40. (20, 26, 32, 44, 50, 56, 62, 68)

41. 5 meios aritméticos

42. $r = 2$

43. 38

44. (−9, −2, 5, 12, 19, 26, ...); soma = 51

45. 210

46. a) $S_{30} = 2730$ b) $S_{20} = 1100$ c) $S_{100} = 5050$ d) $S_{200} = 40200$ e) $S_{50} = 6375$ f) $S_{128} = 70336$

47. a) $S_n = n(1 + n)$ b) $S_n = n^2$ c) $S_n = 2n(n - 2)$

48. 14 662

49. $r = 2$

50. a) $a_1 = 0$ e $a_2 = 2$ b) $a_{10} + a_{11} = 44$

51. S = {38}

52. $x = 30$

53. a) 165 b) 520

54. d

55. 435 m

56. 20 fileiras

57. 60° e 80°

58. 108°

59. a) Sim b) Não c) Sim d) Sim e) Não

60. a) $a_n = n^2 - 2$ b) $a_n = n^2 + 1$ c) $a_n = 2n^2 - 1$ d) $a_n = 3n^2 + n$

61. a) Sim; $q = 3$. b) Não. c) Sim; $q = \frac{1}{2}$. d) Sim; $q = -2$. e) Sim; $q = \frac{1}{4}$.

62. a) $q = 4$ b) $q = \frac{1}{2}$ c) $q = \frac{2}{3}$ d) $q = 10^2$ e) $q = y^2$ f) $q = 1000$

63. a) (7, 21, 63, 189, 567) b) (−5, 10, −20, −40)

64. $(10^{-3}, 10^{-1}, 10, 10^3, ...)$

65. a) $a_4 = 500$ b) $a_9 = \frac{a}{b^2}$

66. a) i = 200% b) i = −20% c) i = 300% d) i = −40%

67. $B_0 \cdot (1{,}05)^n$

68. d

69. Crescentes: **a**, **h**; decrescentes: **c**, **e**, **g**; constante: **d**; alternantes: **b**, **f**.

70. (1, 5, 25) ou (25, 5, 1)

71. $q = \sqrt{\frac{1+\sqrt{5}}{2}}$

72. 2, 10 e 50 ou 50, 10 e 2

73. a) $a_n = 2^{2n-1}$ b) $a_n = 3^n$ c) $a_n = 2^{2-n}$

74. a) $a_5 = 625$ b) $a_{10} = 177147$

75. $a_8 = 16$

76. a) $a_1 = 2$ b) $a_1 = 10^{-2}$ c) $a_1 = 3$

77. $q = 3$

78. a) 19 termos b) 5 termos

79. $q = 10$

80. a) $q = 3$ b) $q = 2$ ou $q = -2$

81. $a_1 = 96$

82. a

83. $a_7 = 16$

84. $a_1 = 15$; $q = 3$

85. (3, 6, 12, 24)

86. a) $x = 6$ ou $x = -6$ b) $x = \sqrt{3}$ ou $x = -\sqrt{3}$ c) $x = 3$ d) $x = 6$

87. $x = 2$

88. Aproximadamente 1,21P.

89. 240 000 unidades

90. (6, 12, 24, 48, 96, 192)

91. $a_2 = 24$

92. $x = 486$

93. $q = \frac{1}{2}$

94. 10 240

95. a) $S_6 = 2730$ b) $S_{10} = \frac{a^{32} - a^2}{a^3 - 1}$

96. a) $S_n = 1023$ b) $S_n = 1705$ c) $S_n = 1365$

97. $q = 2$

98. 192

99. 8 termos

100. $S_5 = 242$

101. $a_1 = 4$

102. e

103. $x = \frac{63}{32}$

104. 25

105. a) 40 b) $\frac{x^2}{x - y}$

106. a) $\frac{2}{3}$ b) $\frac{8}{3}$

107. $x = 8$

108. $\frac{5}{6}$

109. S = {−2}

110. 72 cm²

111. $40 + 20\sqrt{2}$

112. $\frac{160}{3}$

113. a) $P_{10} = 2^{55}$ b) $P_{25} = 3^{300}$ c) $P_{11} = x^{66}$

114. $P_{39} = 2^{39}$

115. x = 3 e y = 18 ou y = 6

116. (4, 6, 8)

117. PA (4, 8, 12, 16); PG (1, 4, 16, 64)

118. x = 100 e y = 100

119. 26 878 328 torcedores

120. 5,12 cm

121. 6 dias

122. a) 0,037% do capital b) 4% do capital

123. b

Para refletir

Página 148

(ca, ca, ca), (ca, ca, co), (ca, co, ca), (ca, co, co), (co, ca, ca), (co, ca, co), (co, co, ca), (co, co, co)

Página 149

Porque se recorre a um ou mais termos dados da sequência para determinar os demais.

Página 155

Quando $a_1 = r$.

Página 157

Porque nas progressões aritméticas temos

$a_1 + a_n = a_p + a_{n-p+1}$

Página 162

Na PG alternante, dois termos consecutivos sempre têm sinais contrários.

Página 164

- **n** ímpar: $x^n = b \Rightarrow x = \sqrt[n]{b}$
- **n** par: $x^n = b$ e $b \geq 0 \Rightarrow x = \pm\sqrt[n]{b}$
- **n** par: $x^n = b$ e $b < 0 \Rightarrow x = \nexists\, x \in \mathbb{R}$

Página 168

- Não
- Ela tende ao infinito.

Capítulo 10

1. x = 20°; 2x + 10° = 50°; x + 30° = 50°

2. x = 35° e y = 145°

3. 3x + 20° = 110°; 5x − 40° = 110°

4. a) a = 25°; b = 155° b) x = 60°; 2x = 120°

5. x = 60°; y = 70°; z = 50°

6. x = 120°

7. a) x = 125°; y = 55° b) x = 70°; y = 110°

8. a) x = 50° b) x = 110°

9. a) x = 60°
b) x = 90°
c) x = 45°; y = 45°; z = 70°; w = 115°

10. $BC^2 > BA^2 + AC^2$

11. a) Triângulo obtusângulo
b) Triângulo retângulo
c) Triângulo acutângulo
d) Triângulo obtusângulo
e) Triângulo acutângulo

12. x = 62°

13. x = 35°

14. 60°

15. $\hat{A} = 80°$; $\hat{B} = 30°$, $\hat{C} = 70°$

16. y = 37°

17. a) $x = -\alpha + \theta + \beta$ b) $x = \alpha + \beta + \theta$

18. a) Triângulo escaleno
b) Não existe o triângulo.
c) Triângulo isósceles
d) Triângulo equilátero
e) Não existe o triângulo.
f) Triângulo isósceles

19. 7 < x < 11

20. 5 cm, 6 cm e 7 cm

21. 6; 10

22. a) Sim, LLL.
b) Não podemos garantir.
c) Sim, ALA.
d) Sim, LAL.
e) Sim, LAA_o.

23. a) Sim; LAA_o; demais elementos congruentes: $\hat{C} \cong P$, $AB \cong RQ$ e $BC \cong PQ$.
b) Não podemos garantir.
c) Sim; LAL; demais elementos congruentes: $\hat{P} \cong \hat{M}$, $\hat{Q} \cong \hat{N}$ e $PQ \cong MN$.
d) Sim, ALA; demais elementos congruentes: $\hat{H} \cong \hat{L}$, $GH \cong NL$ e $FH \cong ML$.
e) Não podemos garantir.
f) Sim, LLL; ambos têm lados de 4 cm.

24. x = 4 cm; y = 3,5 cm e z = 5 cm

27. 36°, 72°, 108° e 144°

28. 2 ângulos agudos

29. x = 80°

30. 60°, 80°, 100°, e 120°

32. a) 55°, 125°, 55° e 125° b) 85°, 95°, 85° e 95°

35. 30°, 30° e 120°

36. x = 45° e y = 90°

37. x = 60°; y = 60°; z = 60°; w = 90°

38. x = 128° e y = 52°

39. x = 62°; y = 118°; z = 115°; w = 65°

40. x = 80°; y = 10°

42. 66°, 114° e 114°

43. 13 cm e 13 cm

44. x = 60°; medidas dos ângulos: 60°, 60°, 120°, 120°.

45. 72°, 72°, 108° e 108°

47. a) $S_i = 900°$ b) 10 lados

48. x = 75°

49. $a_i = 180° - \frac{360°}{n}$

51. $a_i = 162°$; $a_e = 18°$

52. 8 lados

53. a) $S_i = 1440°$ b) $S_i = 1800°$

54. a) $a_i = 140°$ b) $a_i = 108°$

56. 252 diagonais

57. Pentadecágono

58. 65 diagonais

59. 90 diagonais

60. a) x = 105° e y = 40°
b) x = 40° e y = 90°
c) x = 65° e y = 115°

61. a) MN = 7,5 cm
b) FH = 16 mm
c) BH = 8 m; LH = 12 m
d) NB = 15 cm; GB = 30 cm

62. 120°

63. a) 90° b) 40° c) 130° d) 70° e) 10° f) 20°

64. a) x = 50° b) x = 130°

65. x = 20°

66. x = 115°

67. 34 cm

68. a) x = y = 50° b) x = 40° e y = 30°

69. a) 30 cm b) 30 cm c) 10 cm d) 20 cm

72. 40 cm

73. x = 100°

74. $\frac{7}{2}$

75. 80 m, 60 m e 40 m

76. $x = 9$ **77.** 20 cm ou 15 cm **78.** BC = 30

79. a) $x = 5$ b) $x = 20$ c) $x = 12$

80. AR = 8 cm; RB = 10 cm **81.** n = 8,4 cm e o = 9,6 cm

82. 2,5 cm **83.** $\frac{16}{3}$ cm; $\frac{20}{3}$ cm; 8 cm

84. $x = 11,25$ **85.** $\frac{1}{3}$ ou 3

86. 30 **87.** $x = 4$

89. $\triangle ABC \sim \triangle ADB$ **90.** MC = 2

91. $x = 12$ **92.** $x = 6,25$ cm

93. h = 5,625 cm; m = 6,4 cm; n = 3,6 cm

94. $b = 10\sqrt{3}; c = 10; h = 5\sqrt{3}$ **95.** $h = \frac{a\sqrt{3}}{2}$

96. a) $h = 3\sqrt{3}$ cm b) $h = 5\sqrt{3}$ m

97. $d = a\sqrt{2}$

98. a) $d = 3\sqrt{2}$ km b) $d = 40\sqrt{2}$ mm

99. 6 cm e 8 cm **100.** Aproximadamente 64 km.

101. a) $x = 24$ b) $x = 12$

103. 10,5 cm **104.** 22,6 cm **105.** 28 cm

106. $x = 5$ cm **107.** DH = 12 **108.** 32

109. Entre 5 cm e 13 cm. **110.** 6 cm e 4 cm

111. a) 150° b) 90° c) 60° d) 30°

112. a) 120° b) 90° c) 36° d) 45° e) 40° f) 30° g) 18°

113. 15 lados

117. a) $x = 34°$ b) $x = 160°$ c) $x = 40°$ d) $x = 25°$

118. $x = 144°$

119. a) $x = 41°$ e $y = 108°$ b) $x = 13°$ e $y = 52°$

121. a) $x = 44°$ b) $x = 80°$ c) $x = 115°$

122. a) $x = 45°$ b) $c = 90°$

123. $O\hat{A}B = 90°$; $C\hat{O}A = 100°$

124. a) $x = 70°$; $y = 100°$ e $z = 30°$
b) $x = 70°$; $y = 40°$ e $z = 30°$

125. a) $x = 75°$ b) $x = 20°$ c) $x = 100°$ d) $x = 80°$

126. a) $x = 36°$ b) $x = 112,5°$

127. $\hat{F} = 21°$

128. a) $x = 2$ b) $x = 6$

129. a) $x = 5$ b) $x = 6\sqrt{3}$

130. R = 6 cm **131.** 4 cm

132. $T_1T_2 = 6\sqrt{7}$ cm **133.** 50 cm

134. a) $\ell_4 = 18\sqrt{2}$ cm; $a_4 = 9\sqrt{2}$ cm
b) $\ell_6 = 18$ cm; $a_6 = 9\sqrt{3}$ cm
c) $\ell_3 = 18\sqrt{3}$ cm; $a_3 = 9$ cm

135. a) $r = 6$ cm b) $r = 6\sqrt{2}$ cm c) $r = 6\sqrt{3}$ cm d) $r = 12$ cm e) $r = 2\sqrt{3}$ cm f) $r = 4\sqrt{3}$ cm

136. a) $\ell_3 = 10\sqrt{3}$ cm; $a_3 = 5$ cm
b) $\ell_4 = 10\sqrt{2}$ cm; $a_4 = 5\sqrt{2}$ cm
c) $\ell_6 = 10$ cm; $a_6 = 5\sqrt{3}$ cm

137. $d = 4\sqrt{3}$ cm **138.** $\frac{\sqrt{6}}{6}$

139. 100 voltas **140.** 300π m

141. a) $\ell = 5\pi$ cm b) $\ell = 10\pi$ cm c) $\ell = \frac{10}{3}\pi$ cm

142. a) $\ell = 12\pi$ cm b) $\ell = 16\pi$ cm c) $\ell = 18\pi$ cm

143. $A = 5\sqrt{3}$ cm² **144.** A = 18 cm²

145. $\hat{A} = 30°$ **146.** A = 80 cm²

147. $A = 20\sqrt{3}$ cm² **148.** A = 109 m²

149. A = 40 cm² **150.** $A = 4\sqrt{3}$ cm²

151. $A_{colorida} = 8$ cm²; $A_{não\ colorida} = 8$ cm²

152. A = 60 m² **153.** $A = 150\sqrt{3}$ cm²

154. $A = 300\sqrt{3}$ cm²

155. a) 57 cm² b) 44%

156. 0,3121 m² **157.** d **158.** $A = 100\pi$ cm²

159. $A = (16 - 4\pi)$ m² **160.** $A = \left(\frac{25\pi + 48}{2}\right)$ m²

161. $A = 16(4 - \pi)$ cm² **162.** $A = 8\pi$ cm²

163. e **164.** A = 20 cm²

165. a) $S \simeq 11,5$ cm² b) $S \simeq 12$ cm²

166. A = 90 cm²

167. Aproximadamente 7,1 cm do vértice **A**.

168. 4 vezes

169. 15 m²

Para refletir

Página 183

Um triângulo isósceles possui dois lados de mesma medida; logo, a mesma demonstração será usada para o triângulo equilátero.

Em um triângulo retângulo cada cateto forma ângulo reto com o outro; logo, um é a altura relativa do outro. O ortocentro será o vértice do triângulo onde dois catetos se encontram.

Página 200

$$p = \frac{\ell + \ell + \ell}{2} = \frac{3\ell}{2}$$

$$A = \sqrt{\frac{3\ell}{2}\left(\frac{3\ell}{2} - 2\right)\left(\frac{3\ell}{2} - \ell\right)\left(\frac{3\ell}{2} - \ell\right)} = \sqrt{\frac{3\ell}{2} \cdot \frac{\ell}{2} \cdot \frac{\ell}{2} \cdot \frac{\ell}{2}} =$$

$$= \sqrt{\frac{3\ell^2 \cdot \ell^2}{4 \cdot 4}} = \frac{\ell^2\sqrt{3}}{4}$$

Página 201

sen 90° = 1

Página 203

$A = 5\ell a$

Página 208

Sendo **a** e **b** os lados de dois quadrados quaisquer, temos:

$$\frac{a}{a} = \frac{b}{b} = 1$$

PARTE 2

TRIGONOMETRIA E ÁLGEBRA

Capítulo 11

Trigonometria no triângulo retângulo

Observe uma pessoa que sobe dois tipos de rampa:

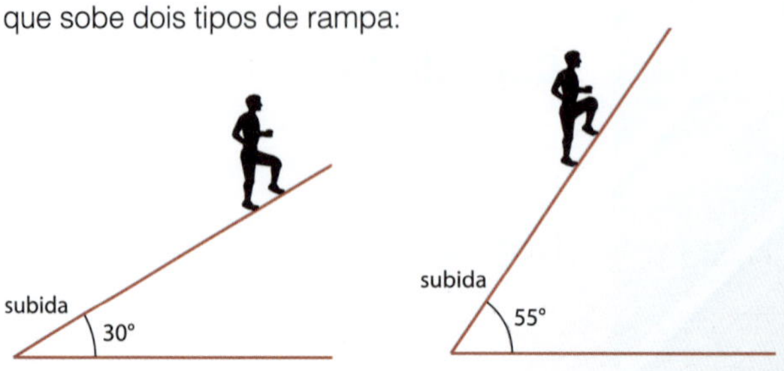

Dizemos que a segunda rampa é mais íngreme ou tem aclive maior, pois seu ângulo de subida é maior (55° > 30°).

Vejamos agora a seguinte situação-problema: Sem conhecer os ângulos de subida, como saber qual das duas rampas abaixo é a mais íngreme?

Situações como essa, que envolvem lados e ângulos de um triângulo, podem ser resolvidas com o estudo da Trigonometria.

1. Índice de subida

Para cada ponto **P** alcançado na subida, temos um percurso, um afastamento e uma altura. Exemplos:

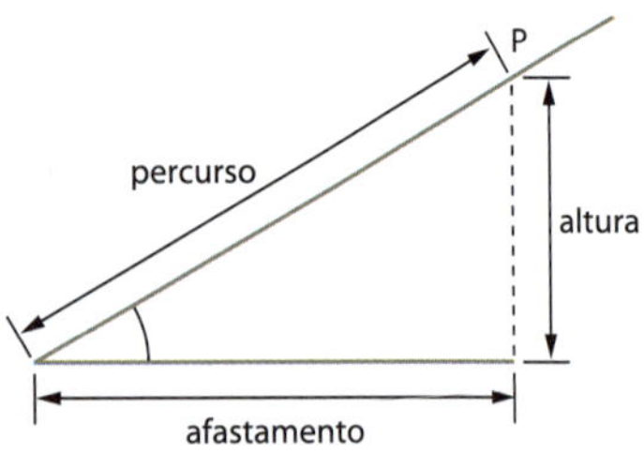

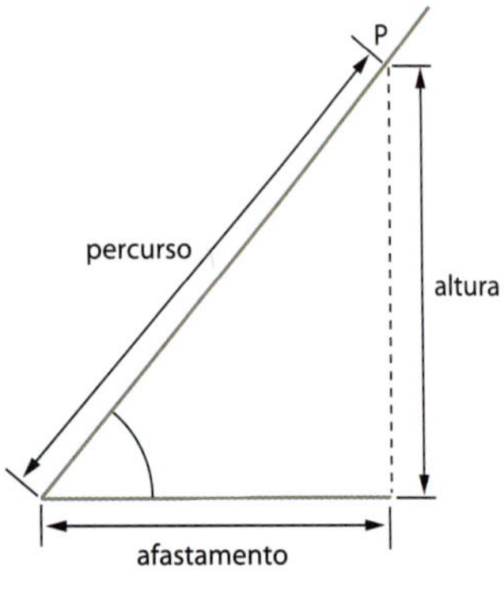

Observe a rampa e a tabela a seguir.

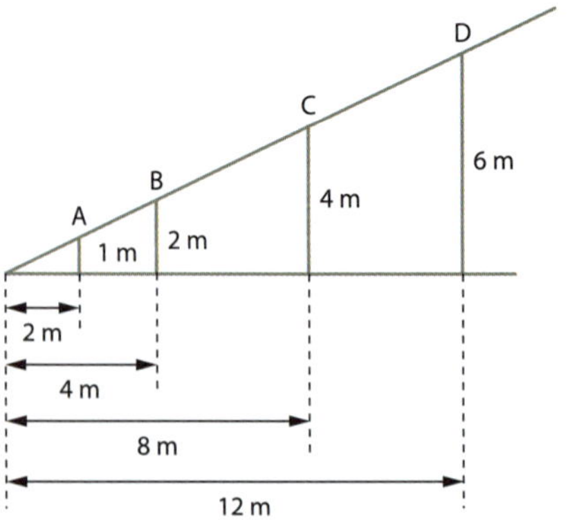

Ponto	Afastamento	Altura
A	2 m	1 m
B	4 m	2 m
C	8 m	4 m
D	12 m	6 m

Para refletir

A proporcionalidade dos valores é decorrente da semelhança dos triângulos retângulos.

Comprove construindo a figura com os valores em centímetros e conservando o ângulo de subida.

Para cada um dos pontos, a razão entre a altura e o afastamento correspondente é dada por:

ponto **A**: $\dfrac{\text{altura}}{\text{afastamento}} = \dfrac{1\text{ m}}{2\text{ m}} = \dfrac{1}{2}$

ponto **B**: $\dfrac{\text{altura}}{\text{afastamento}} = \dfrac{2\text{ m}}{4\text{ m}} = \dfrac{1}{2}$

ponto **C**: $\dfrac{\text{altura}}{\text{afastamento}} = \dfrac{4\text{ m}}{8\text{ m}} = \dfrac{1}{2}$

ponto **D**: $\dfrac{\text{altura}}{\text{afastamento}} = \dfrac{6\text{ m}}{12\text{ m}} = \dfrac{1}{2}$

Note que a razão entre a altura e o afastamento, para cada ponto de uma mesma subida, é uma constante (é sempre a mesma). No exemplo dado, essa constante é $\dfrac{1}{2}$ e a ela damos o nome de *índice de subida*.

$$\text{índice de subida} = \frac{\text{altura}}{\text{afastamento}}$$

Na figura abaixo, por exemplo, o índice de subida da rampa é $\dfrac{2}{3}$, isto é, a cada 3 unidades que nos afastamos, elevamo-nos 2 unidades.

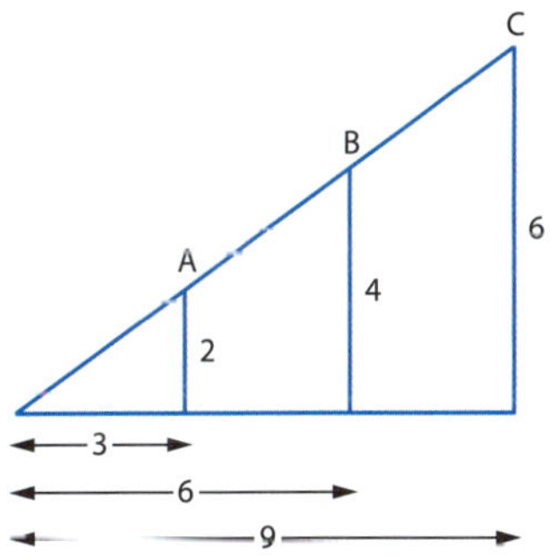

Para refletir
Como devem ser a altura e o afastamento para que o índice de subida seja 1? E maior que 1?

Exercícios

1 Que subida é mais íngreme: uma com índice 1 ou outra com índice $\dfrac{1}{3}$?

Para refletir
Dadas duas subidas, qual é a mais íngreme: a de índice de subida maior ou menor?

2 Para uma determinada rampa, temos os dados da tabela abaixo. Complete a tabela e calcule o índice de subida.

Ponto	Afastamento	Altura
A	4 m	8 m
B		4 m
C	1 m	
D		6 m
E	5 m	
F	10 m	

3 Numa subida de índice igual a $\dfrac{1}{2}$, se nos afastarmos 50 m, a quantos metros nos elevaremos do chão?

4 Em construção civil, o índice de subida é muito usado para fazer referências às inclinações de telhados, calhas, rampas, ruas e rodovias. Em vez de utilizar o termo *índice de subida*, na construção civil usa-se *inclinação*. Assim, um telhado com índice de subida de 0,15 é um telhado com inclinação de 15%; uma rampa com índice de subida $\dfrac{1}{2}$ é uma rampa com inclinação de 50%.

Considere o seguinte telhado, cuja vista frontal abaixo é um triângulo isósceles de base 8 m. Se a inclinação do telhado é de 15%, qual é a altura **h** desse telhado?

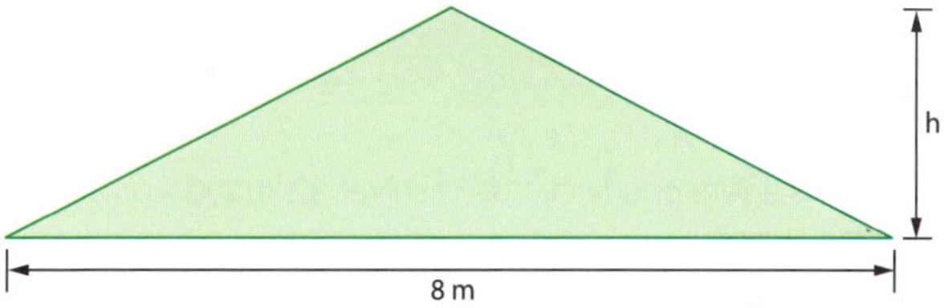

Relacionando o ângulo de subida e o índice de subida

Até agora, verificamos quanto uma subida é íngreme usando o ângulo de subida ou então o índice de subida.

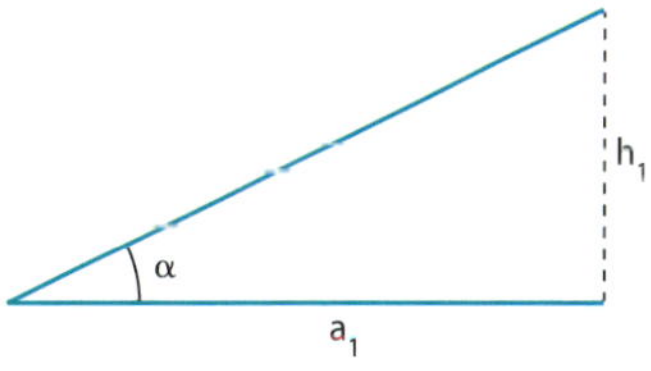

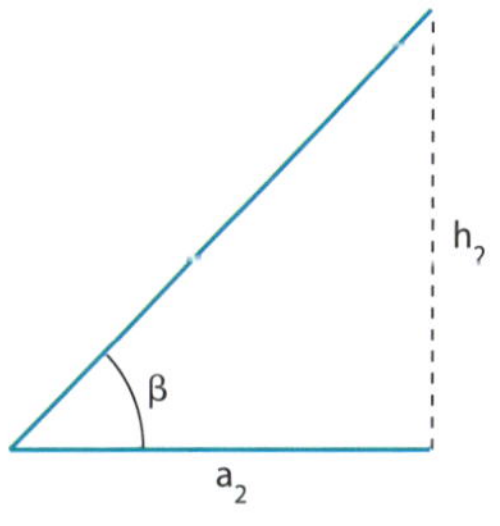

- Quanto maior o ângulo de subida, mais íngreme é a subida.
- Quanto maior o índice de subida, mais íngreme é a subida.

Será que podemos associar esses dois coeficientes numa mesma subida? É o que veremos a seguir.

Para refletir
Relacione com $>$, $<$ ou $=$ os ângulos α e β e as razões $\dfrac{h_1}{a_1}$ e $\dfrac{h_2}{a_2}$ das figuras acima.

2. A ideia de tangente

Usaremos a palavra *tangente* para associar a medida do ângulo de subida e o índice na mesma subida. A tangente do ângulo de subida é igual ao índice de subida associado, e ela será indicada por $\mathbf{k_1}$.

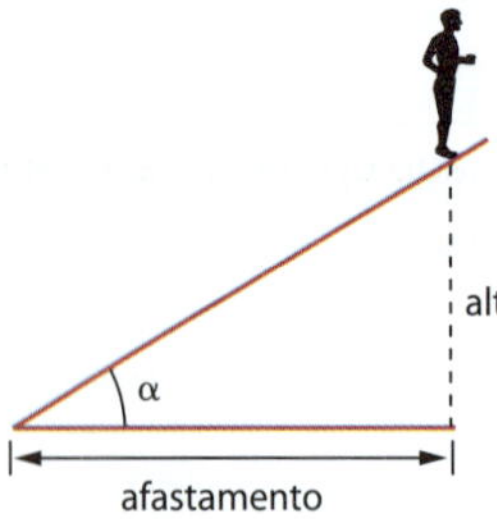

> Tangente de um ângulo de subida $= k_1$
>
> $\text{tg}\ \alpha = k_1$
>
> $\text{tg}\ \alpha = \dfrac{\text{altura}}{\text{afastamento}} = \text{índice de subida}$

Temos agora condições de resolver a situação-problema da página 226.

Vamos retomar as duas figuras e depois construir seus modelos matemáticos, que são dois triângulos retângulos.

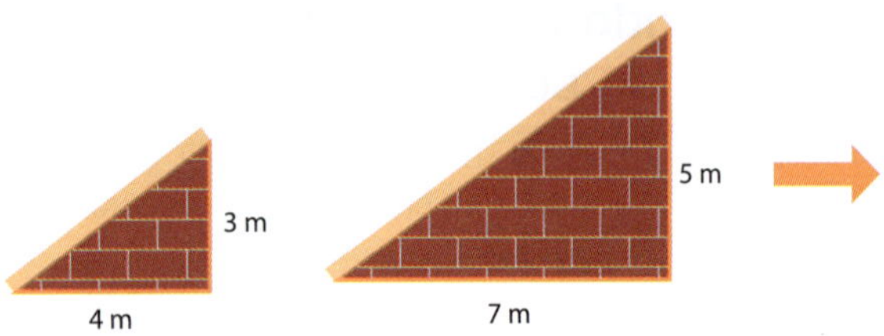

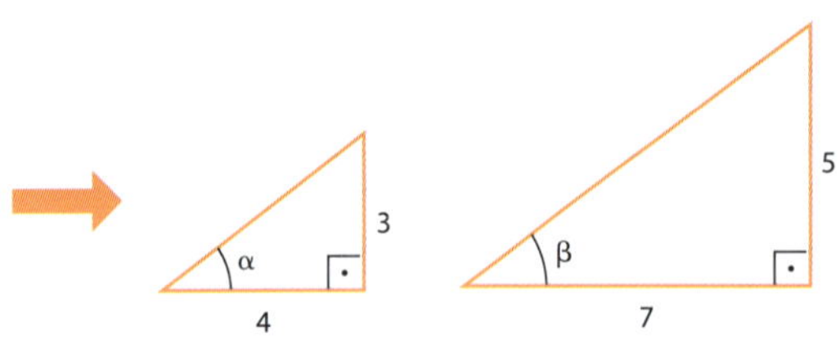

Índice de subida da primeira ou $\text{tg}\ \alpha = \dfrac{3}{4}$.

Índice de subida da segunda ou $\text{tg}\ \beta = \dfrac{5}{7}$.

Como $\dfrac{3}{4} > \dfrac{5}{7}$, a primeira subida é a mais íngreme.

> **Fique atento**
>
> Podemos concluir que $\dfrac{3}{4} > \dfrac{5}{7}$ reduzindo as duas frações ao mesmo denominador ou transformando-as em decimais.

Observação: Além da tangente do ângulo de subida, que é obtida pela razão entre a altura e o afastamento, veremos que há outras razões que envolvem também o percurso e que podem ser úteis na resolução de problemas.

3. A ideia de seno

objeto digital

Em qualquer subida podemos determinar a razão entre a altura e o percurso, que será um número indicado por $\mathbf{k_2}$, ao qual chamaremos de seno de $\widehat{\alpha}$.

$$\frac{\text{altura}}{\text{percurso}} = \text{número } \mathbf{k_2}$$

O número $\mathbf{k_2}$, da mesma forma que a medida do ângulo de subida, pode nos indicar quanto a subida é íngreme.

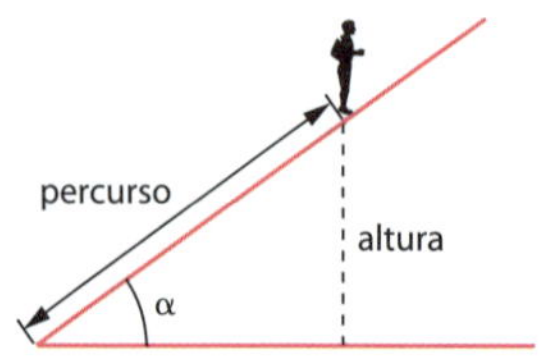

> Seno de um ângulo de subida $= k_2$
>
> $\text{sen}\ \alpha = k_2$
>
> $\text{sen}\ \alpha = \dfrac{\text{altura}}{\text{percurso}}$

> **Para refletir**
>
> Pense em duas subidas com percursos iguais e ângulos de subida $\widehat{\alpha}$ e $\widehat{\beta}$, com $\alpha > \beta$.
> Responda:
> - Qual delas terá altura maior?
> - Quem é maior: sen α ou sen β?
> - Qual das subidas é mais íngreme?
>
> Faça desenhos para conferir suas respostas.

4. A ideia de cosseno

Em qualquer subida podemos determinar a razão entre o afastamento e o percurso, número que indicaremos por $\mathbf{k_3}$, ao qual chamaremos de cosseno de $\widehat{\alpha}$.

$$\frac{\text{afastamento}}{\text{percurso}} = \text{número } \mathbf{k_3}$$

O número $\mathbf{k_3}$, da mesma forma que a medida do ângulo de subida, indica-nos quanto a subida é íngreme.

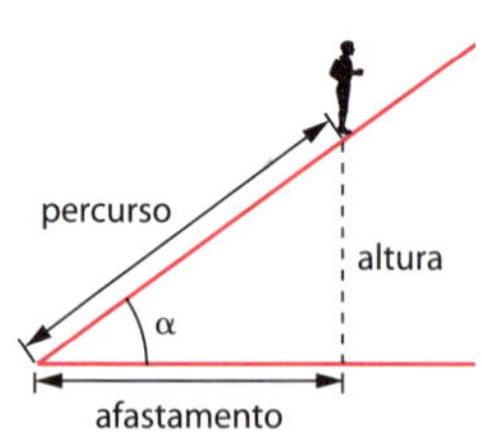

> Cosseno de um ângulo de subida $= k_3$
>
> $\cos \alpha = k_3$
>
> $\cos \alpha = \dfrac{\text{afastamento}}{\text{percurso}}$

> **Para refletir**
>
> Pense em duas subidas com percursos iguais e ângulos de subida $\widehat{\alpha}$ e $\widehat{\beta}$, com $\alpha > \beta$.
> Responda:
> - Qual delas terá afastamento maior?
> - Quem é maior: cos α ou cos β?
> - Qual das subidas é mais íngreme?
>
> Faça desenhos para comprovar suas respostas.

5. Definição de seno, cosseno e tangente por meio de semelhança de triângulos

Se ABC é um triângulo retângulo em **A**, temos:

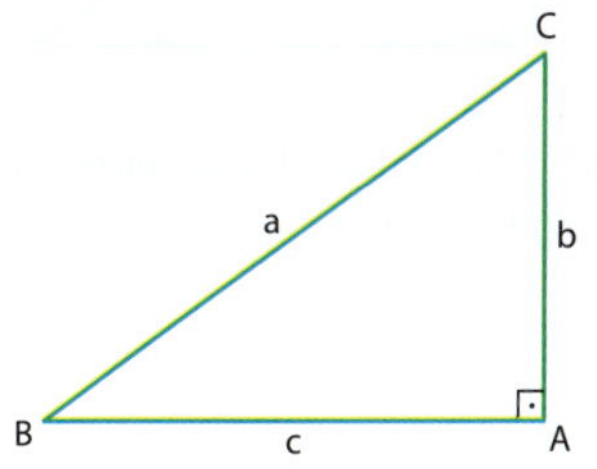

- **a** é a medida da hipotenusa (lado oposto ao ângulo reto);
- **b** e **c** são as medidas dos catetos (lados que formam o ângulo reto);
- $\hat{B}$ e $\hat{C}$ são ângulos agudos;
- $\overline{AC}$ é o cateto oposto ao ângulo **B**;
- $\overline{AB}$ é o cateto adjacente ao ângulo **B**.

Consideremos agora um ângulo $A\hat{O}B = \theta$, $0° < \theta < 90°$ e tracemos, a partir dos pontos **C**, **E**, **G**, etc. da semirreta OA, as perpendiculares CD, EF, GH, etc., à semirreta OB.

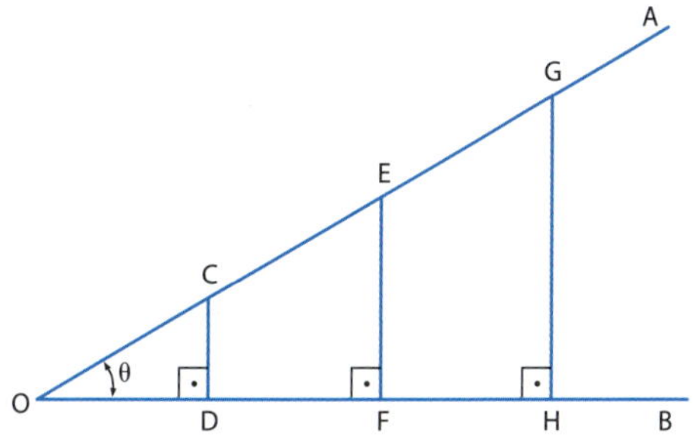

Os triângulos OCD, OEF, OGH, etc. são semelhantes por terem os mesmos ângulos. Podemos, portanto, escrever:

$$\frac{CD}{OC} = \frac{EF}{OE} = \frac{GH}{OG} = \ldots \text{ (constante)}$$

Essa relação depende apenas do ângulo θ (e não do tamanho do triângulo retângulo do qual θ é um dos ângulos agudos). Ela é chamada de *seno de* θ e escrevemos:

$$\text{sen}\ \theta = \frac{CD}{OC} = \frac{\text{medida do cateto oposto ao ângulo } \theta}{\text{medida da hipotenusa}} \quad (0° < \theta < 90°)$$

De modo análogo, da semelhança de triângulos obtemos as relações:

$$\frac{OD}{OC} = \frac{OF}{OE} = \frac{OH}{OG} = \ldots \text{ (constante)}$$

$$\frac{CD}{OD} = \frac{EF}{OF} = \frac{GH}{OH} = \ldots \text{ (constante)}$$

que também dependem apenas do ângulo θ e que definimos, respectivamente, como *cosseno do ângulo* θ e *tangente do ângulo* θ:

$$\cos \theta = \frac{OD}{OC} = \frac{\text{medida do cateto adjacente ao ângulo } \theta}{\text{medida da hipotenusa}} \quad (0° < \theta < 90°)$$

$$\text{tg}\ \theta = \frac{CD}{OD} = \frac{\text{medida do cateto oposto ao ângulo } \theta}{\text{medida do cateto adjacente ao ângulo } \theta} \quad (0° < \theta < 90°)$$

As razões $\text{sen}\ \theta = \frac{CD}{OC}$, $\cos \theta = \frac{OD}{OC}$ e $\text{tg}\ \theta = \frac{CD}{OD}$ são chamadas *razões trigonométricas* em relação ao ângulo θ.

Observação: A semelhança de triângulos é a base de toda a Trigonometria.

Para refletir

Com um colega, procure justificar as seguintes afirmações:

Se $\hat{B}$ é um dos ângulos agudos de um triângulo retângulo, então:

- $\text{sen}\ \hat{B}$ é um número entre 0 e 1;
- $\cos \hat{B}$ é um número entre 0 e 1;
- $\text{tg}\ \hat{B}$ é um número maior do que 0 e pode ser menor do que, igual a ou maior do que 1.

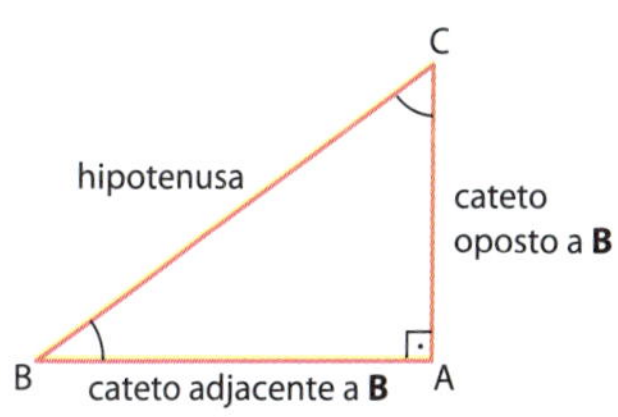

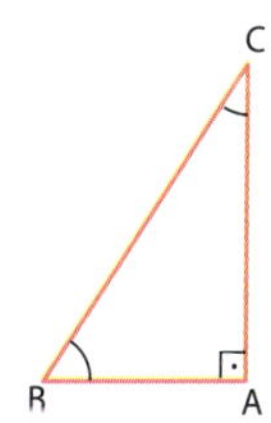

Seno, cosseno e tangente só dependem do ângulo

É importante salientar que sen $\hat{B}$, cos $\hat{B}$ e tg $\hat{B}$ dependem apenas do ângulo **B**, mas não do tamanho do triângulo retângulo do qual $\hat{\mathbf{B}}$ é um dos ângulos agudos. Vamos provar isso.

Consideremos dois triângulos retângulos, ABC e A'B'C', que tenham um ângulo agudo de mesma medida ($\hat{B} \equiv \hat{B}'$). Nesse caso, eles são semelhantes, pois têm dois ângulos correspondentes, $\hat{B} \equiv \hat{B}'$ e $\hat{A} \equiv \hat{A}'$ (retos):

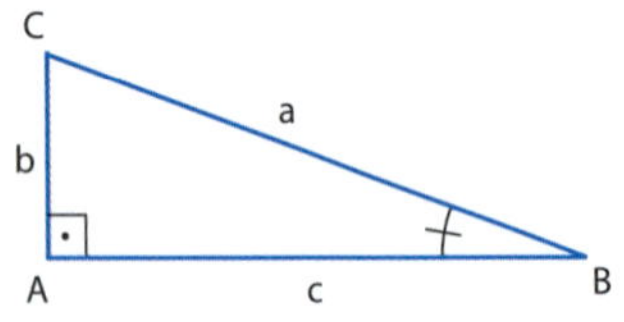

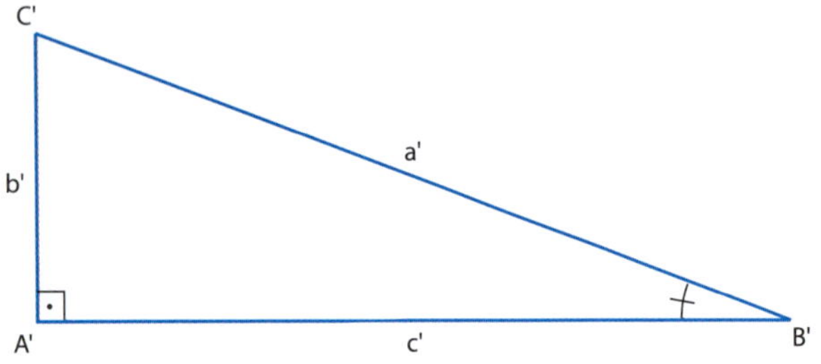

Dessa semelhança, temos:

$$\frac{b'}{a'} = \frac{b}{a} \qquad \frac{c'}{a'} = \frac{c}{a} \qquad \frac{b'}{c'} = \frac{b}{c}$$

ou seja, sen $\hat{B}'$ = sen $\hat{B}$; cos $\hat{B}'$ = cos $\hat{B}$; tg $\hat{B}'$ = tg $\hat{B}$.

Portanto, o seno, o cosseno e a tangente dizem respeito apenas ao ângulo, e não ao triângulo que os contém.

Exercícios

5 Examine o triângulo retângulo da figura abaixo e calcule o valor destas razões:

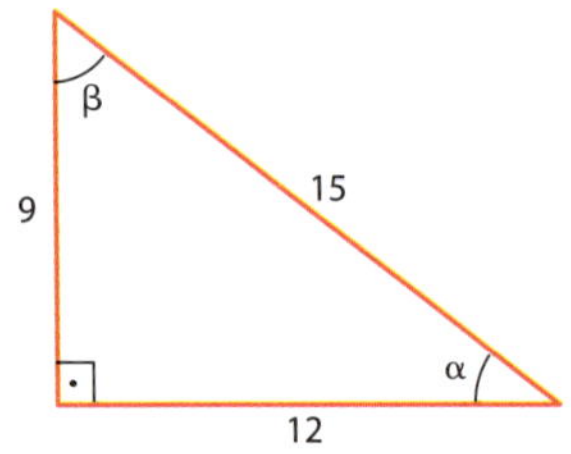

a) sen α
b) cos α
c) tg α
d) sen β
e) cos β
f) tg β

6 Os resultados do exercício 5 estão coerentes com as afirmações do "Para refletir" da página anterior?

7 Em um triângulo EFG, retângulo em **E**, temos sen $\hat{F} = \frac{3}{5}$, cos $\hat{F} = \frac{4}{5}$ e tg $\hat{F} = \frac{3}{4}$.

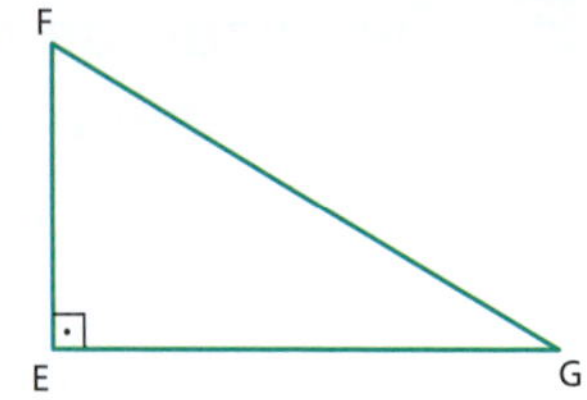

a) Desenhe um triângulo EFG com medidas dos lados coerentes com os valores de sen $\hat{F}$, cos $\hat{F}$ e tg $\hat{F}$ dados.
b) Calcule sen $\hat{G}$, cos $\hat{G}$ e tg $\hat{G}$.
c) Se a hipotenusa do △EFG mede 30 cm, quanto medem os catetos?
d) Calcule o valor das expressões:
- $(\text{sen } \hat{F})^2 + (\cos \hat{F})^2$
- $\dfrac{\text{sen } \hat{F}}{\cos \hat{F}}$
- $\text{sen}^2\, \hat{G} + \cos^2 \hat{G}$
- $\dfrac{\text{sen } \hat{G}}{\cos \hat{G}}$

Fique atento
$\text{sen}^2\, \hat{G}$ é o mesmo que $(\text{sen } \hat{G})^2$. Usa-se com mais frequência $\text{sen}^2\, \hat{G}$.

Relações entre seno, cosseno e tangente

As razões trigonométricas seno, cosseno e tangente se relacionam de várias formas, como veremos a seguir:

1ª) *Relação fundamental do triângulo retângulo*

$$\text{sen}^2\, \alpha + \cos^2 \alpha = 1 \quad (0° < \alpha < 90°)$$

Demonstração:

Consideremos um ângulo α de vértice **C** e um triângulo CAB, retângulo em **A**, como mostra a figura ao lado.

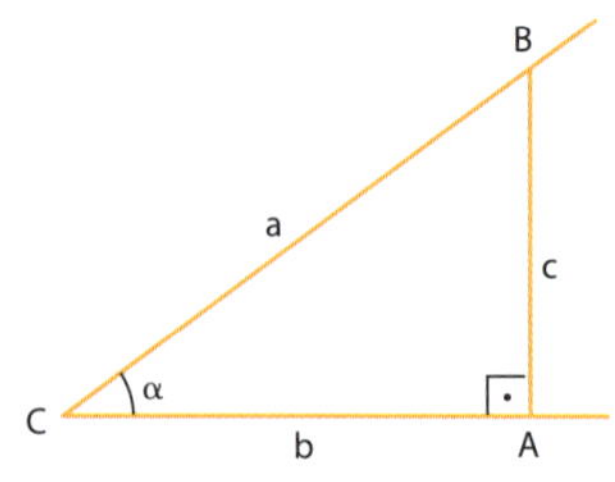

Lembrando o teorema de Pitágoras, $a^2 = b^2 + c^2$, temos:

$$\text{sen}^2\, \alpha + \cos^2 \alpha = \left(\frac{c}{a}\right)^2 + \left(\frac{b}{a}\right)^2 = \frac{c^2 + b^2}{a^2} = \frac{a^2}{a^2} = 1$$

Portanto, $\text{sen}^2\, \alpha + \cos^2 \alpha = 1$ $(0° < \alpha < 90°)$.

2ª) $\text{tg } \alpha = \dfrac{\text{sen } \alpha}{\cos \alpha}$ $(0° < \alpha < 90°)$

Demonstração:

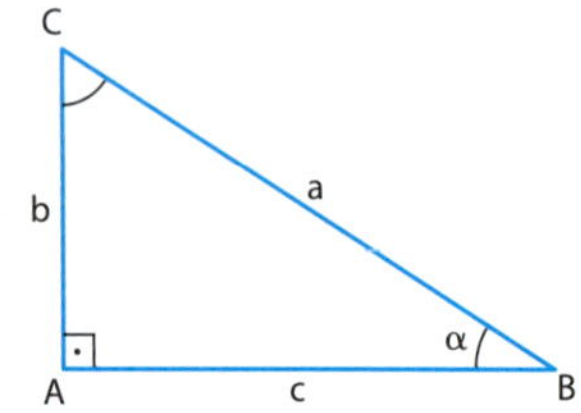

$$\frac{\text{sen } \alpha}{\cos \alpha} = \frac{\frac{b}{a}}{\frac{c}{a}} = \frac{b}{c} = \text{tg } \alpha$$

ou

$$\text{tg } \alpha = \frac{b}{c} = \frac{\frac{b}{a}}{\frac{c}{a}} = \frac{\text{sen } \alpha}{\cos \alpha}$$ (dividimos ambos os termos da razão por $a \neq 0$)

Portanto, $\text{tg } \alpha = \dfrac{\text{sen } \alpha}{\cos \alpha}$ $(0° < \alpha < 90°)$.

3ª) Se num triângulo retângulo conhecermos um ângulo agudo α e a medida **a** da hipotenusa, os catetos medirão:

$a \cdot \text{sen}\ \alpha$ (cateto oposto a α)

$a \cdot \cos \alpha$ (cateto adjacente a α)

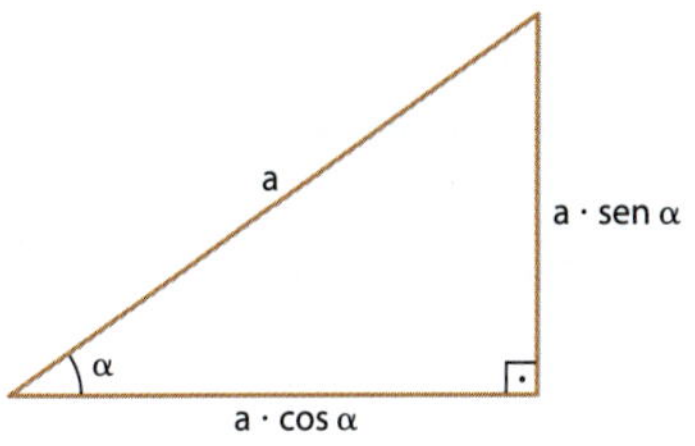

Consequência:

No triângulo abaixo está traçada a altura **h** em relação à base $\overline{AB}$.

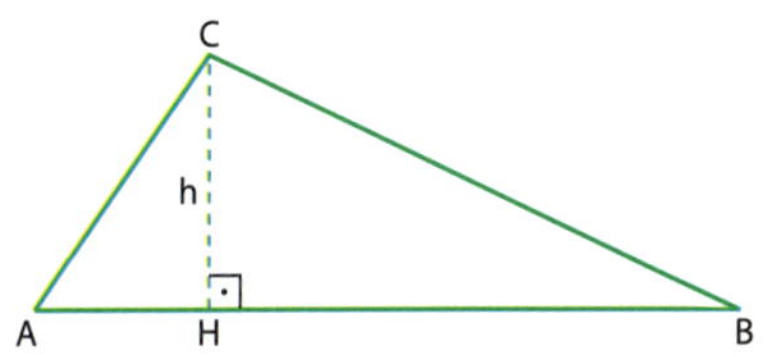

Neste caso, temos:

$$\text{sen}\ \hat{B} = \frac{h}{BC} \Rightarrow \boxed{h = BC \cdot \text{sen}\ \hat{B}}$$

Vemos, por essa fórmula, que a Trigonometria nos auxilia a relacionar ângulos com comprimentos de segmentos. Isso mostra que ela é uma importante ferramenta de cálculo na Geometria.

Exemplo de aplicação

Determine a área da região triangular abaixo.

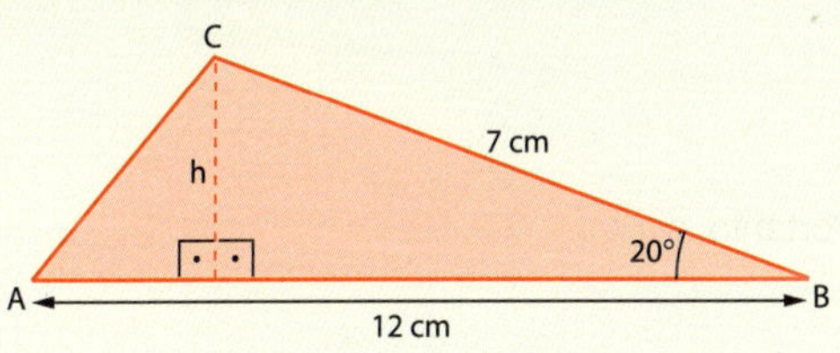

Temos:

$\text{sen}\ 20° = 0{,}342$; $BC = 7$ cm; $AB = 12$ cm

$\text{Área} = \dfrac{AB \cdot h}{2}$; $h = ?$

$h = BC \cdot \text{sen}\ \hat{B} \Rightarrow h = 7 \cdot 0{,}342 \Rightarrow h \simeq 2{,}4$ cm

Logo:

$\text{Área} \simeq \dfrac{12 \cdot 2{,}4}{2} = 14{,}4\ \text{cm}^2$

A área da região triangular é de, aproximadamente, 14,4 cm².

4ª) Se dois ângulos α e β são complementares ($\alpha + \beta = 90°$), então $\text{sen}\ \alpha = \cos \beta$ (o seno de um ângulo é igual ao cosseno do ângulo complementar e vice-versa) e $\text{tg}\ \alpha = \dfrac{1}{\text{tg}\ \beta}$.

Demonstração:

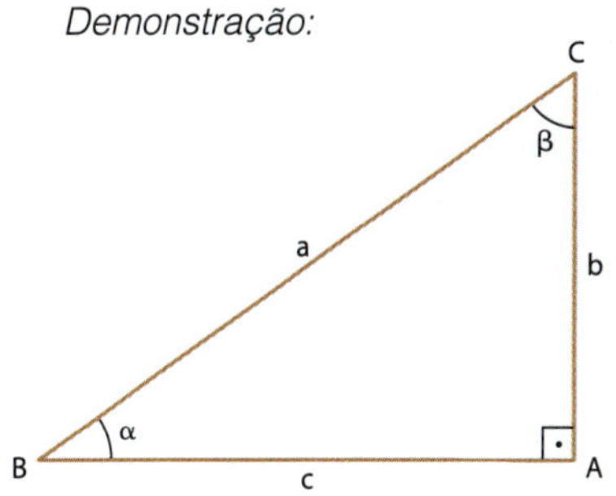

α e β são complementares

Aplicando as definições de seno, cosseno e tangente no triângulo anterior, temos:

$\text{sen}\ \alpha = \dfrac{b}{a} = \cos \beta$; portanto, $\boxed{\text{sen}\ \alpha = \cos \beta}$

$\cos \alpha = \dfrac{c}{a} = \text{sen}\ \beta$; portanto, $\boxed{\cos \alpha = \text{sen}\ \beta}$

$\text{tg}\ \alpha = \dfrac{b}{c} = \dfrac{1}{\frac{c}{b}} = \dfrac{1}{\text{tg}\,\beta}$; portanto, $\boxed{\text{tg}\ \alpha = \dfrac{1}{\text{tg}\,\beta}}$

Observações:

1ª) Dessa propriedade surgiu o nome *cosseno* — seno do complemento.

2ª) Com essa propriedade, conhecendo as razões trigonométricas de ângulos α, tal que $0° < \alpha < 45°$, passamos a conhecer imediatamente as razões trigonométricas dos ângulos complementares β, tal que $45° < \beta < 90°$, e vice-versa. Por exemplo, sabendo que $\text{sen}\ 30° = \dfrac{1}{2}$, também saberemos que $\cos 60° = \dfrac{1}{2}$, pois 30° e 60° são complementares.

Descobrindo lados e ângulos de um triângulo retângulo

Vimos na 3ª propriedade que, em um $\triangle ABC$, retângulo em $\hat{\mathbf{A}}$, como o da figura, temos:

- $\dfrac{b}{a} = \text{sen}\ \hat{B}$, ou seja, $b = a \cdot \text{sen}\ \hat{B}$
- $\dfrac{c}{a} = \cos \hat{B}$, ou seja, $c = a \cdot \cos \hat{B}$

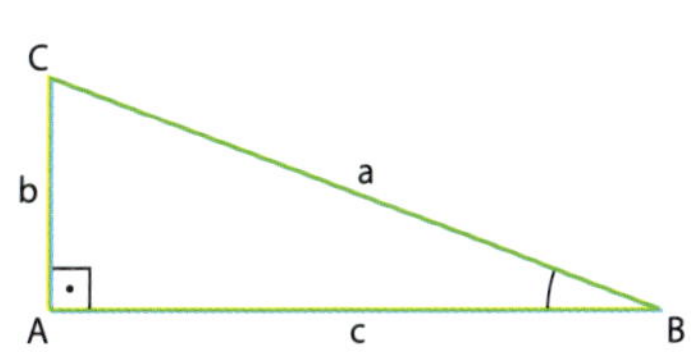

Para refletir

Se $\hat{\alpha}$ é um ângulo agudo, então $\text{tg}\ \alpha$, $\text{sen}\ \alpha$ e $\cos \alpha$ são números reais tal que:

$0 < \text{sen}\ \alpha < 1$

$0 < \cos \alpha < 1$

$\text{tg}\ \alpha > 0$

Da mesma forma, chegamos a:

- $b = a \cdot \cos \hat{C}$
- $c = a \cdot \text{sen}\, \hat{C}$
- $b = c \cdot \text{tg}\, \hat{B}$
- $c = b \cdot \text{tg}\, \hat{C}$

Sabemos também que vale a relação de Pitágoras, que envolve as medidas dos três lados ($a^2 = b^2 + c^2$), e a relação $m(\hat{B}) + m(\hat{C}) = 90°$, que envolve as medidas dos dois ângulos agudos.

Assim, por meio dessas relações e da tabela com valores de seno, cosseno e tangente de ângulos agudos (de medidas em graus), conseguimos descobrir as medidas dos lados e dos ângulos de um triângulo retângulo, bastando para isso conhecer as medidas de dois lados ou de um lado e um ângulo agudo.

» Exemplo de aplicação

Determine b e c no triângulo retângulo ao lado.

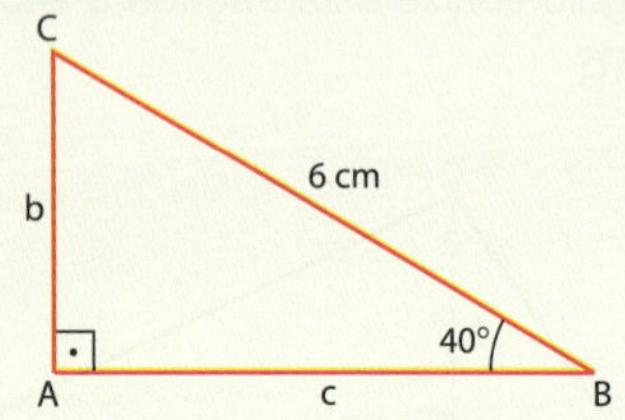

Na tabela da página 239 vemos que $\cos 40° = 0{,}766$ e $\text{sen}\, 40° = 0{,}643$. Assim:

$b = a \cdot \text{sen}\, 40° \Rightarrow b = 6 \cdot 0{,}643 \Rightarrow b \simeq 3{,}9$ cm

$c = a \cdot \cos 40° \Rightarrow c = 6 \cdot 0{,}766 \Rightarrow c \simeq 4{,}6$ cm

Logo, $b \simeq 3{,}9$ cm e $c \simeq 4{,}6$ cm.

Observação: Seno, cosseno e tangente são conhecidos há muito tempo, e os antigos tabelaram, para todos os ângulos de 1° a 90°, os valores dessas relações (este livro apresenta a tabela na página 239). Hoje em dia, as tabelas trigonométricas foram em grande parte substituídas pelas calculadoras científicas, que oferecem os valores de senos, cossenos e tangentes com precisão e maior facilidade de manipulação. Hoje em dia a maioria dos celulares e *smartphones* possui aplicativos com calculadoras científicas, o que torna mais fácil o acesso aos valores trigonométricos.

Quadro-resumo sobre triângulos retângulos

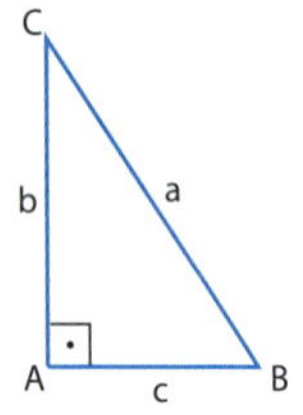

O triângulo ABC é retângulo em **A**, isto é, $\hat{A}$ é reto (90°).

a: medida da hipotenusa

b e **c**: medidas dos catetos

$\hat{A}$: reto (90°)

$\hat{B}$ e $\hat{C}$: agudos e complementares ($\hat{B} + \hat{C} = 90°$)

objeto digital

- Relação entre os lados (relação de Pitágoras): $a^2 = b^2 + c^2$
- Relação entre os ângulos: $\hat{A} + \hat{B} + \hat{C} = 180°$
- Relações entre lados e ângulos:

$\text{sen}\, \hat{B} = \dfrac{b}{a}$ $\quad \cos \hat{B} = \dfrac{c}{a}$ $\quad \text{tg}\, \hat{B} = \dfrac{b}{c}$

$\text{sen}\, \hat{C} = \dfrac{c}{a}$ $\quad \cos \hat{C} = \dfrac{b}{a}$ $\quad \text{tg}\, \hat{C} = \dfrac{c}{b}$

- Relações entre seno, cosseno e tangente dos ângulos agudos:

$\text{sen}^2\, \hat{B} + \cos^2 \hat{B} = 1$ $\quad \text{tg}\, \hat{B} = \dfrac{\text{sen}\, \hat{B}}{\cos \hat{B}}$

$\text{sen}^2\, \hat{C} + \cos^2 \hat{C} = 1$ $\quad \text{tg}\, \hat{C} = \dfrac{\text{sen}\, \hat{C}}{\cos \hat{C}}$

$\left.\begin{array}{l} \text{sen}\, \hat{B} = \cos \hat{C} \\ \text{sen}\, \hat{C} = \cos \hat{B} \end{array}\right\}$, pois $\hat{B} + \hat{C} = 90°$

Resolução de triângulos retângulos

objeto digital

"Resolver" um triângulo retângulo é determinar as medidas não conhecidas de todos os seus seis elementos (3 lados e 3 ângulos) quando se conhecem algumas delas.

» Exemplos de aplicação

1 "Resolva" o triângulo retângulo abaixo usando a tabela da página 239 ou uma calculadora científica.

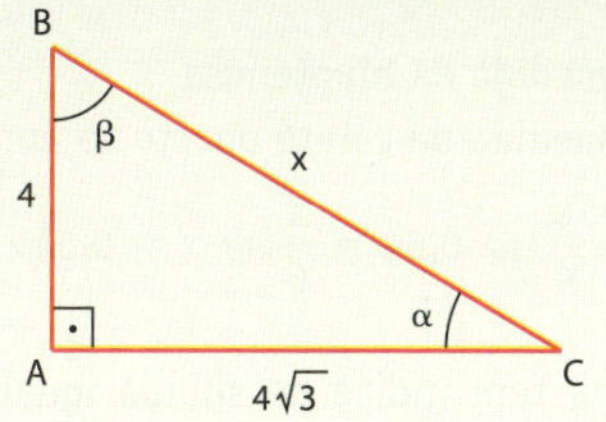

Conhecemos AB (4), AC $(4\sqrt{3})$ e $\hat{A}$ (90°). Devemos descobrir BC (x), $\hat{C}$ (α) e $\hat{B}$ (β).

- $x^2 = 4^2 + (4\sqrt{3})^2 \Rightarrow x^2 = 16 + 48 \Rightarrow x^2 = 64 \Rightarrow$ $\Rightarrow x = 8$
- $\text{sen}\ \alpha = \dfrac{4}{8} = \dfrac{1}{2} = 0{,}5 \Rightarrow \alpha = 30°$ (Usando a tabela da página 239.)
- $\hat{A} + \hat{B} + \hat{C} = 180° \Rightarrow 90° + \beta + 30° = 180° \Rightarrow$ $\Rightarrow \beta = 60°$

Portanto, BC = 8, $\hat{B} = 60°$ e $\hat{C} = 30°$.

2 (CPCAR-MG) Um avião decola de um ponto **B** sob inclinação constante de 15° com a horizontal. A 2 km de **B** se encontra a projeção vertical **C** do ponto mais alto **D** de uma serra de 600 m de altura, conforme a figura.

Dados: cos 15° ≃ 0,97
sen 15° ≃ 0,26
tg 15° ≃ 0,27

É correto afirmar que:

a) não haverá colisão do avião com a serra.
b) haverá colisão do avião com a serra antes de alcançar 540 m de altura.
c) haverá colisão do avião com a serra em **D**.
d) se o avião decolar 220 m antes de **B**, mantendo a mesma inclinação, não haverá colisão do avião com a serra.

» Resolução passo a passo:

1. Lendo e compreendendo

a) O que é dado no problema?
São dados a altura DC da serra (600 m), a distância BC do avião à projeção vertical do ponto mais alto da serra (2 km) e o ângulo de inclinação do avião durante a decolagem (15°). Também são dados seno, cosseno e tangente de 15°.

b) O que se pede?
Avaliar se o avião conseguirá ou não decolar em segurança nas condições dadas.

2. Planejando a solução

Devemos usar os conhecimentos de Trigonometria no triângulo retângulo para calcular em que altura estará o avião depois de ter percorrido a distância BC, e comparar com a altura da serra, para avaliarmos o que ocorrerá.

3. Executando o que foi planejado

O modelo matemático que obtemos com os dados do problema é:

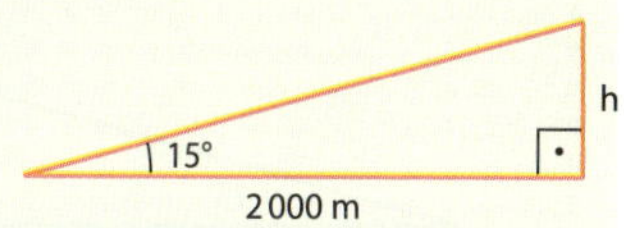

Temos o cateto adjacente e queremos o cateto oposto. Assim, o ideal é usar a tangente, que relaciona esses dois catetos:

$$\text{tangente} = \frac{\text{cateto oposto}}{\text{cateto adjacente}} \Rightarrow \text{tg}\ 15° = \frac{h}{2000} \Rightarrow$$

$\Rightarrow h = 2\,000 \cdot \text{tg}\ 15°$

Dos dados do problema, temos que tg 15° ≃ 0,27, então:
$h \simeq 2000 \cdot 0{,}27 = 540$

Isso significa que, após percorrer 2 000 m na horizontal, o avião estará a uma altura de 540 m, insuficiente para sobrevoar com segurança a serra. Haverá colisão!

Note, pelo desenho abaixo, que a colisão ocorrerá antes de o avião atingir 540 m, pois a serra não é um segmento vertical, sem espessura.

Então, haverá colisão do avião com a serra antes que ele alcance 540 m de altura.

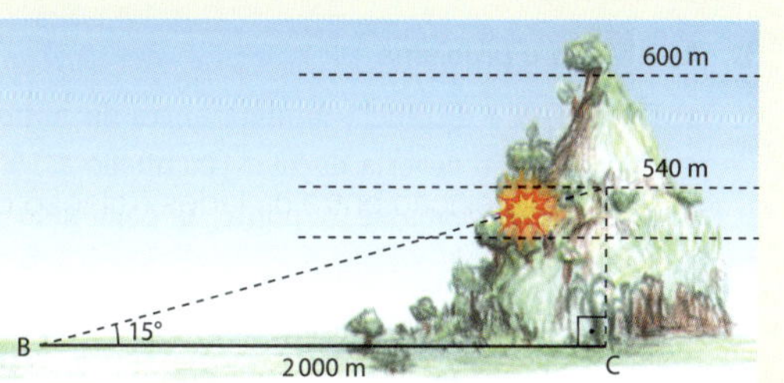

Vamos avaliar a hipótese descrita na alternativa **d**: "se o avião decolar 220 m antes de **B**, mantendo a mesma inclinação, não haverá colisão do avião com a serra".

Nessa hipótese, a distância horizontal seria de 2 220 m, e estaríamos calculando uma altura h_2 do avião após percorrer os 2 220 m na horizontal. De forma análoga ao que foi feito anteriormente, usaríamos a tangente de 15°, obtendo:

$h_2 = 2220 \cdot \text{tg}\ 15° \simeq 2220 \cdot 0{,}27 = 599{,}4$ m

Essa altura ainda não seria suficiente para uma decolagem em segurança, reforçando que a resposta correta é a alternativa **b**.

4. Verificando

Precisamos verificar que haverá colisão do avião com a serra antes de alcançar 540 m de altura, se ele decolar de um ponto **B** a 2 000 m da projeção vertical **C**, com ângulo de 15°.

Como a serra na realidade não é uma linha vertical (no caso, a linha CD), pois a serra tem alguma espessura, sabemos que o avião nunca vai colidir com a linha CD. Ele baterá em algum ponto da serra antes de chegar a CD. Portanto, saindo do ponto **B**, o avião nunca percorrerá a distância de 2 000 m na horizontal, se colidir com a montanha. Será sempre menos. Vamos supor que o avião percorra uma distância horizontal m < 2 000. Vamos calcular a altura **h** atingida ao percorrer a distância **m** na horizontal, voando com um ângulo de 15°, de acordo com o modelo abaixo.

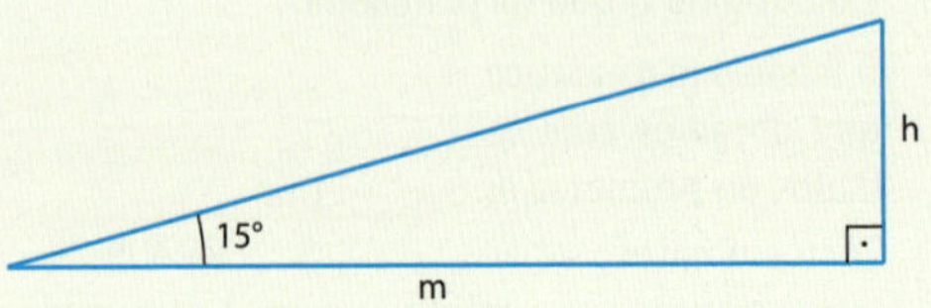

Temos o cateto adjacente e o cateto oposto. Assim, o ideal é usar a tangente, que relaciona esses dois catetos:

$$\text{tangente} = \frac{\text{cateto oposto}}{\text{cateto adjacente}} \Rightarrow \text{tg } 15° = \frac{h}{m} \Rightarrow$$

$$\Rightarrow 0{,}27 = \frac{h}{m} \Rightarrow h = 0{,}27m$$

Assim, se m = 2 000, temos h = 540. E se m < 2 000, então h < 540.

Isso é suficiente para verificar que a colisão com a serra ocorrerá antes de o avião estar a 540 m de altitude.

5. Respondendo

A resposta é a alternativa **b**.

6. Ampliando o problema

a) Qual seria a distância mínima antes do ponto **B** de onde o avião deveria decolar (inclinado a 15°) para que ele sobrevoasse o ponto **D** com pelo menos 10 m de folga?

b) Se o avião decolasse do ponto **B**, qual deveria ser a inclinação mínima de sua subida para que ele sobrevoasse o ponto **D** com pelo menos 10 m de folga? Use a tabela da página 239 ou uma calculadora científica.

c) **Discussão em equipe**

No momento de escolher o local para a construção de um aeroporto, pontos elevados (como montanhas e morros) devem ser evitados para permitir a boa circulação dos aviões. Discuta com seus colegas outros fatores que devem ser levados em consideração quando se escolhe a localização de um aeroporto.

3 No triângulo retângulo da figura abaixo, calcule a medida **x** indicada. (Dados: sen 40° = 0,64; cos 40° = 0,76 e tg 40° = 0,83.)

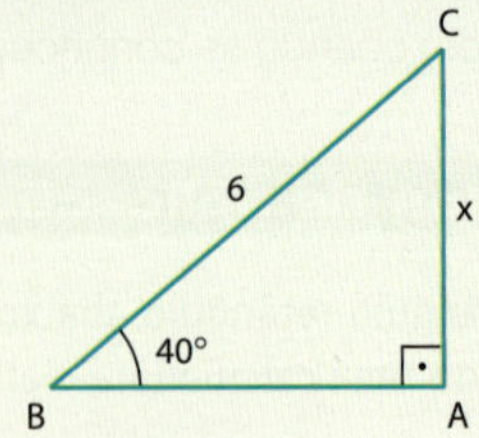

Dados $\begin{cases} 6\text{: medida da hipotenusa} \\ \mathbf{x}\text{: medida do cateto oposto ao ângulo de } 40° \end{cases}$

$$\text{sen } 40° = \frac{x}{6} \Rightarrow 0{,}64 = \frac{x}{6} \Rightarrow x = 0{,}64 \cdot 6 = 3{,}84$$

4 Uma rampa tem índice de subida igual a $\frac{1}{5}$. Qual é o ângulo de subida dessa rampa?

Vamos considerar uma rampa com altura 1 e afastamento 5, pois o índice de subida é $\frac{1}{5}$.

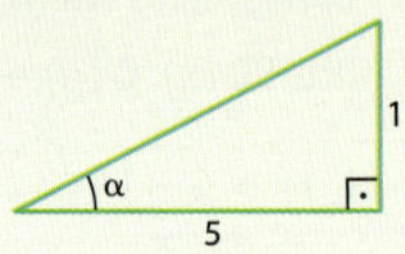

Para obter o ângulo de subida α, vamos calcular tg α:

$$\text{tg } \alpha = \frac{\text{cateto oposto}}{\text{cateto adjacente}} = \frac{1}{5} = 0{,}2$$

Procurando na tabela da página 239 o ângulo cuja tangente é 0,2, encontramos um valor entre 11° e 12°. Portanto, vamos admitir α = 11,5°.

Observação: Se utilizarmos uma calculadora científica, obteremos α = 11,3°.

5 Se α é a medida de um ângulo agudo e $\cos \alpha = \frac{2}{5}$, quanto vale tg α?

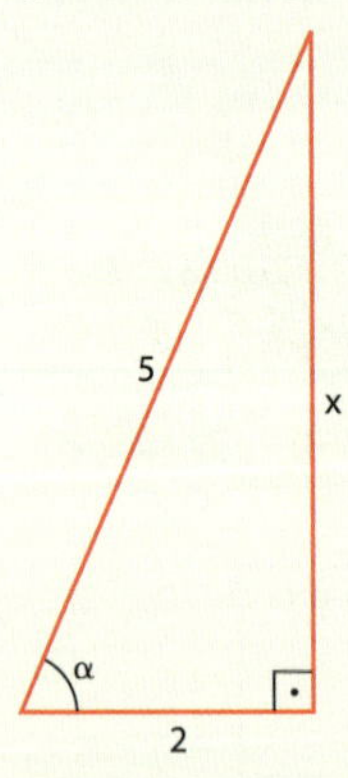

Para refletir

Este exercício também pode ser resolvido usando as relações: $\text{sen}^2 \alpha + \cos^2 \alpha = 1$ e $\text{tg } \alpha = \frac{\text{sen } \alpha}{\cos \alpha}$, para α agudo. Confira.

Consideremos um triângulo retângulo cujo cateto adjacente ao ângulo de medida α vale 2 e a hipotenusa vale 5, ou seja, $\cos x = \frac{2}{5}$.

Aplicando o teorema de Pitágoras, calculamos o valor de **x**:

$$5^2 = x^2 + 2^2 \Rightarrow x^2 = 25 - 4 = 21 \Rightarrow x = \sqrt{21}$$

Portanto:

$$\text{tg } \alpha = \frac{x}{2} = \frac{\sqrt{21}}{2}$$

Exercícios

8 Obtenha o valor de **x** em cada situação abaixo. Use uma calculadora científica ou consulte a tabela da página 239.

a)

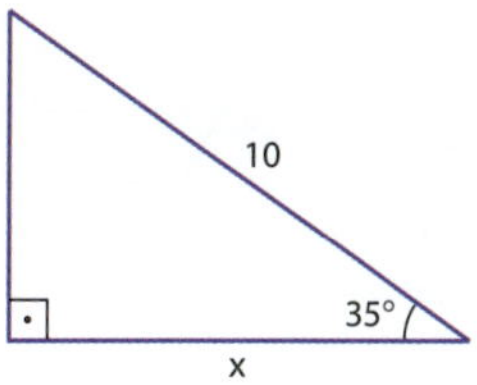

b)

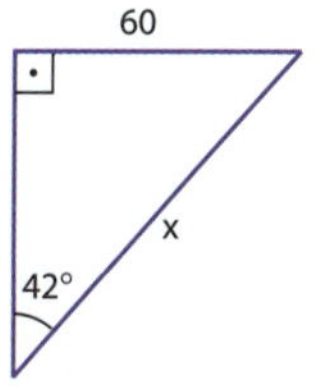

9 Resolva o triângulo retângulo ABC da figura a seguir, sabendo que $a = 12$ e $\beta = 67°$. (Use uma calculadora ou consulte a tabela para determinar os valores necessários.)

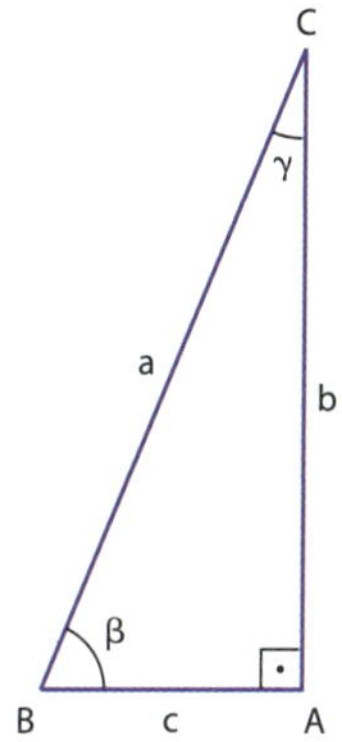

10 Use a tabela da página 239 ou uma calculadora científica e responda:

a) Se $\text{sen}\ \alpha = 0{,}53$, qual o valor de α?

b) Se $\cos \alpha = 0{,}777$, qual o valor de α?

c) Se $\text{tg}\ \alpha = 4{,}011$, qual o valor de α?

11 No triângulo retângulo ao lado, determine o seno, o cosseno e a tangente do ângulo **B**; depois, use a calculadora científica ou consulte a tabela e determine a medida aproximada de $\hat{B}$, em graus.

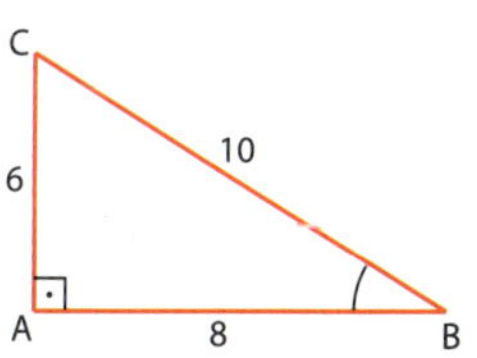

12 Obtenha o valor do ângulo α em cada situação abaixo. Use uma calculadora científica ou consulte a tabela da página 239.

a)

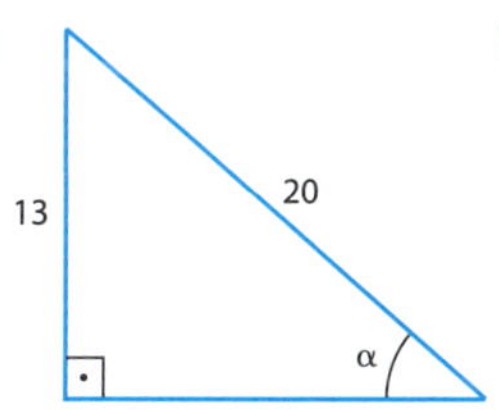

b)

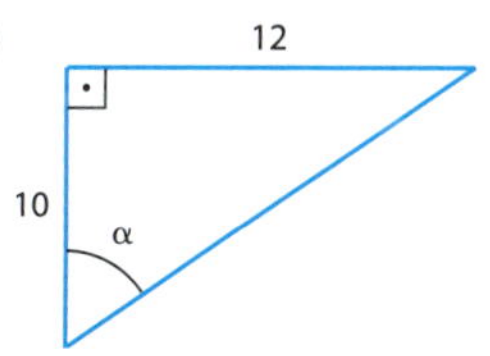

13 No triângulo retângulo da figura, temos $\cos \alpha = \dfrac{12}{13}$.

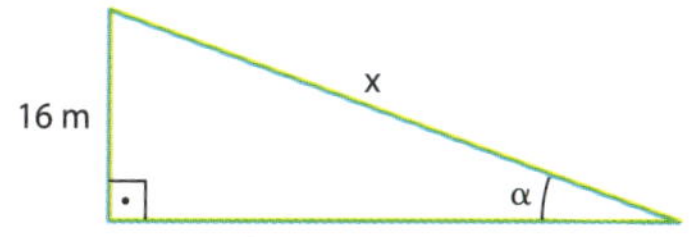

a) Determine a medida da hipotenusa.

b) Calcule $\text{sen}\ \alpha$ e $\text{tg}\ \alpha$.

14 Se $\text{tg}\ \alpha = \dfrac{1}{3}$, calcule $\text{sen}\ \alpha$ ($\hat{\alpha}$ é ângulo agudo).

15 Sabendo que $\text{sen}\ \alpha = \dfrac{4}{5}$, qual é o valor de $\cos \alpha$? ($\hat{\alpha}$ é ângulo agudo.)

16 Quanto vale $\text{tg}\ \alpha$ se $\cos \alpha = \dfrac{1}{4}$? ($\hat{\alpha}$ é ângulo agudo.)

17 Você vai construir uma tabela de valores muito importantes, que são os valores notáveis: 30°, 45° e 60°. Para isso:

a) Calcule sen 45°, cos 45° e tg 45° utilizando o triângulo retângulo destacado do quadrado abaixo:

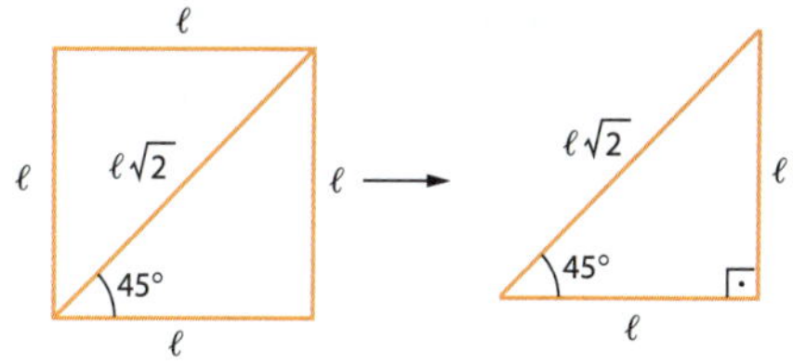

b) Calcule sen 30°, cos 30° e tg 30° utilizando o triângulo retângulo destacado do triângulo equilátero abaixo:

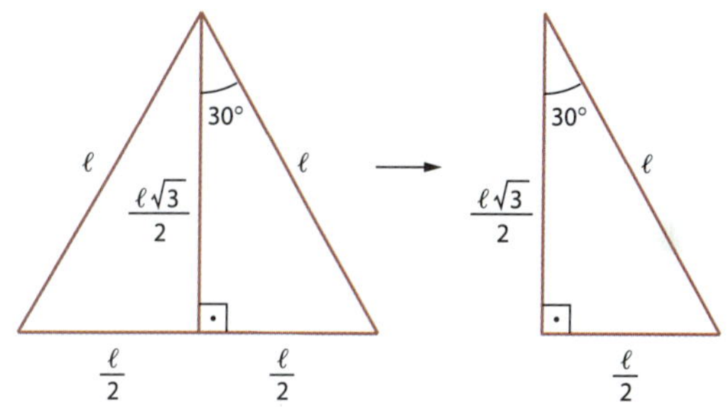

c) Calcule sen 60°, cos 60° e tg 60° utilizando o triângulo retângulo destacado do triângulo equilátero abaixo:

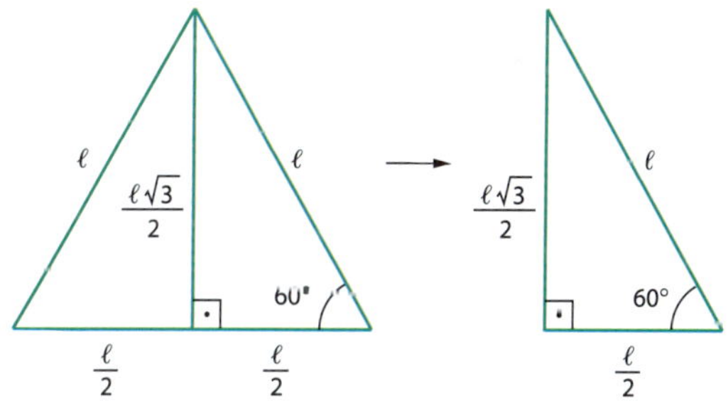

d) Com os valores que você encontrou, complete a tabela:

	45°	30°	60°
sen			
cos			
tg			

Fique atento
O ideal é que você saiba esses valores de cor.

Fique atento
- Em um triângulo retângulo com ângulos de 90°, 45° e 45°, os catetos são iguais.
- Em um triângulo retângulo com ângulos de 90°, 60° e 30°, o cateto menor, oposto ao ângulo de 30°, é a metade da hipotenusa.

18 Nos triângulos retângulos seguintes, calcule a medida **x** indicada, sem usar calculadora nem tabela. Saiba de cor os valores notáveis.

a)

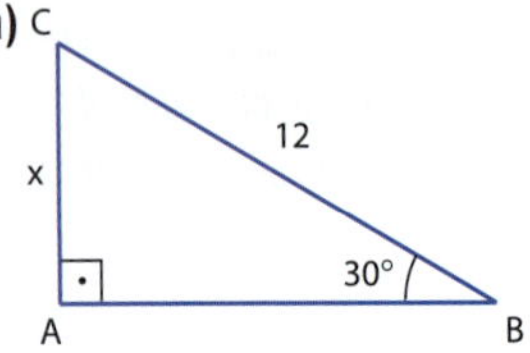

c)

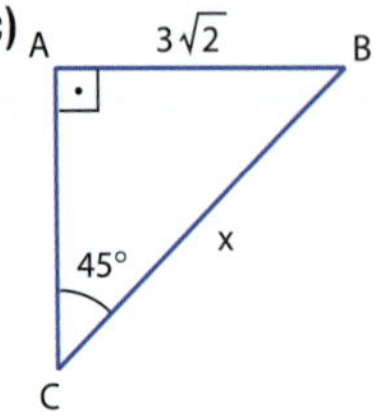

b)

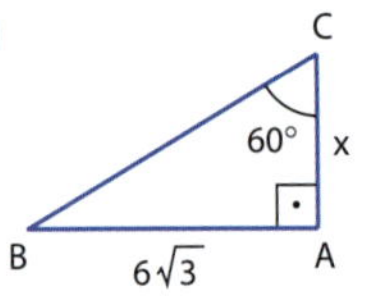

19 Obtenha o valor de **x** e **y** em cada situação abaixo, sem usar calculadora nem tabela. Saiba de cor esses valores!

a)

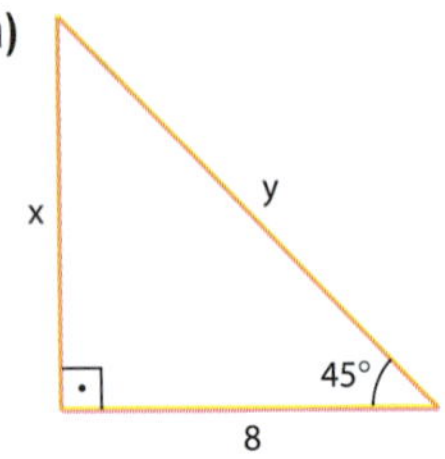

b)

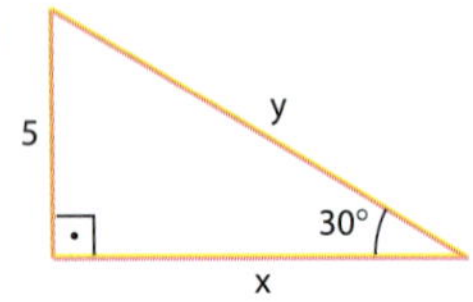

20 Obtenha o valor do ângulo α em cada situação abaixo, sem usar calculadora nem tabela. Saiba de cor esses valores!

a)

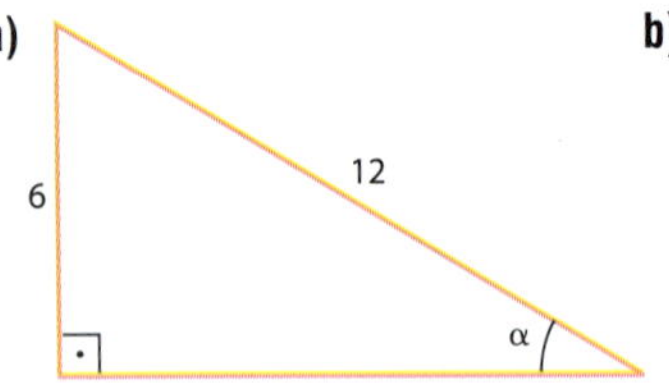

b)

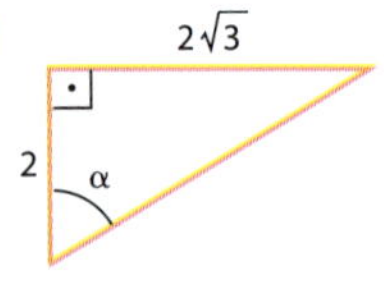

21 Calcule o valor de **x** no triângulo retângulo ABC abaixo.

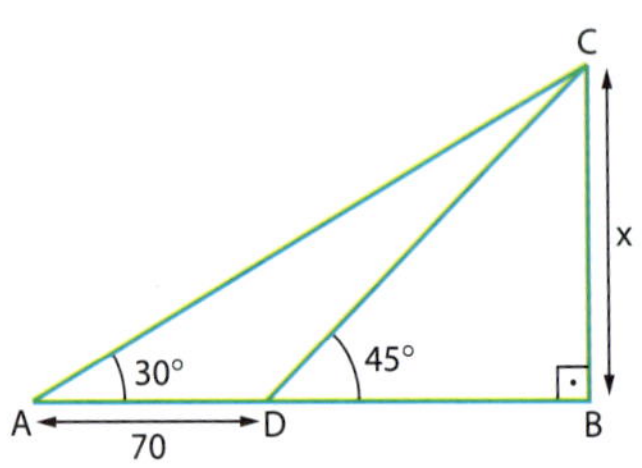

22 Na figura abaixo, $h = \sqrt{2}$, $\alpha = 30°$ e $\beta = 60°$. Calcule a medida $x + y$.

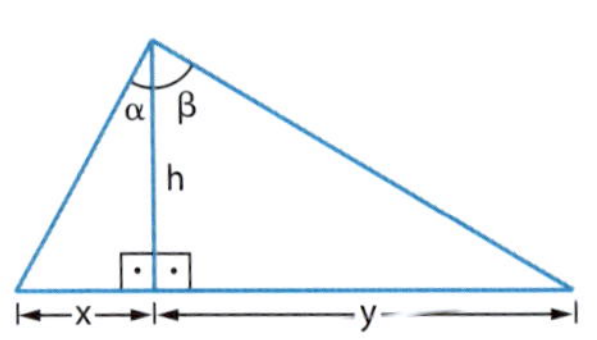

Aplicação: resolução de problemas

Vamos resolver agora alguns problemas cujas soluções exigem o conhecimento das razões trigonométricas no triângulo retângulo.

Exemplos de aplicação

1 Uma rampa lisa de 10 m de comprimento faz ângulo de 30° com o plano horizontal. Uma pessoa que sobe essa rampa inteira eleva-se quantos metros verticalmente?

Realidade

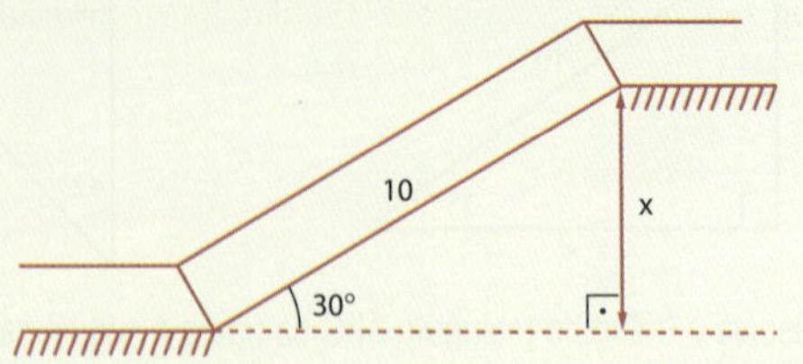

Modelo matemático

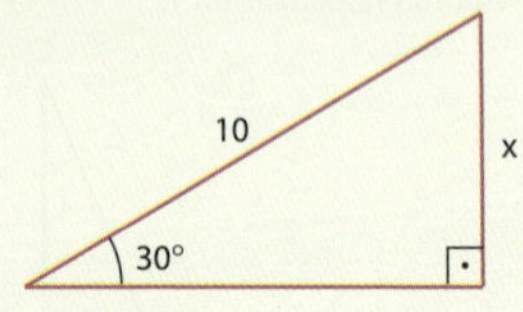

Pelo desenho, temos:

{10: medida da hipotenusa
{**x**: medida do cateto oposto ao ângulo de 30°

$$\text{sen } 30° = \frac{x}{10} \Rightarrow \frac{1}{2} = \frac{x}{10} \Rightarrow 2x = 10 \Rightarrow x = 5$$

Logo, a pessoa eleva-se 5 m verticalmente.

Observação: Chama-se *ângulo de elevação* ou *ângulo de depressão* de um ponto **A** em relação a um ponto **B** o ângulo formado pela semirreta AB com a horizontal passando por **A**.

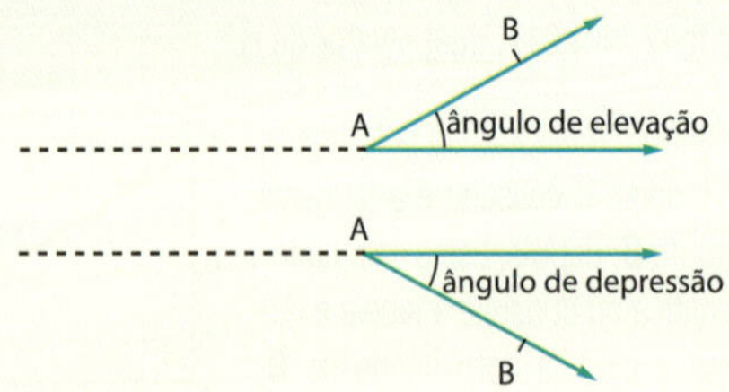

2 O ângulo de elevação do pé de uma árvore, a 50 m da base de uma encosta, ao topo da encosta é de 60°. Que medida deve ter um cabo que ligue o pé da árvore ao topo da encosta?

Realidade

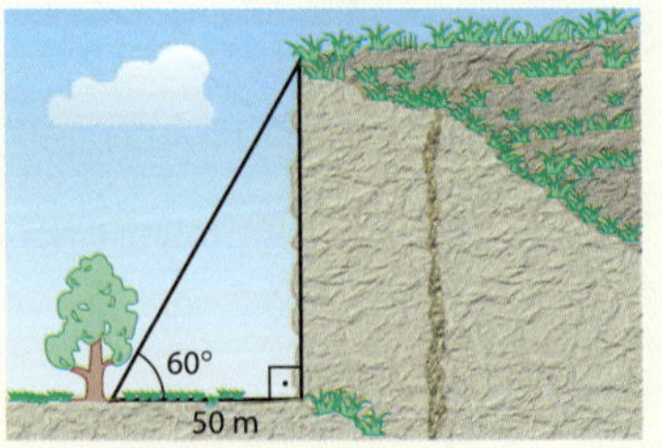

Modelo matemático

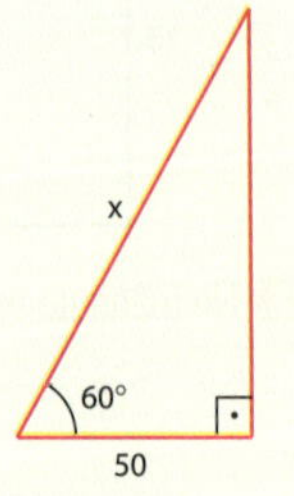

Pela figura, temos:

{50: medida do cateto adjacente ao ângulo de 60°
{**x**: medida da hipotenusa

$$\cos 60° = \frac{50}{x} \Rightarrow \frac{1}{2} = \frac{50}{x} \Rightarrow x = 100$$

Logo, a medida do cabo deve ser 100 m.

Medição de alturas inacessíveis

Medir alturas de montanhas, em geral, não é simples. Pelo fato de não ser possível obter as medidas do triângulo retângulo teórico que permite o cálculo da altura por meio do uso das relações trigonométricas (a não ser que se fizesse um túnel até o centro da montanha, o que não é prático), deve-se recorrer a outra técnica.

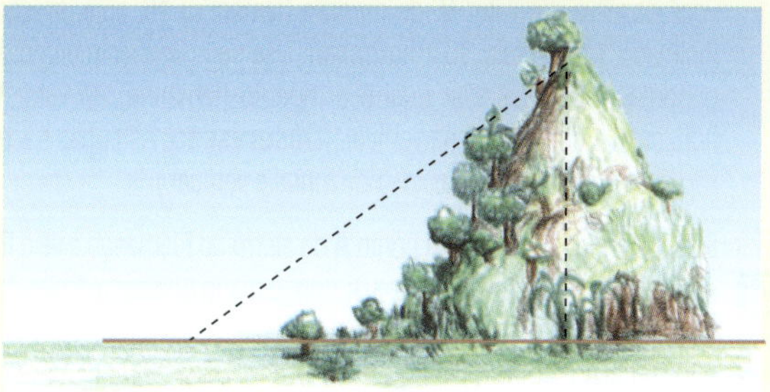

Uma técnica que permite a medição correta da altura é a seguinte: de um ponto no chão, mede-se o ângulo de elevação do chão ao topo da montanha (α); caminha-se um valor conhecido de metros para trás (**p**); mede-se novamente o ângulo de elevação do chão ao topo da montanha (β).

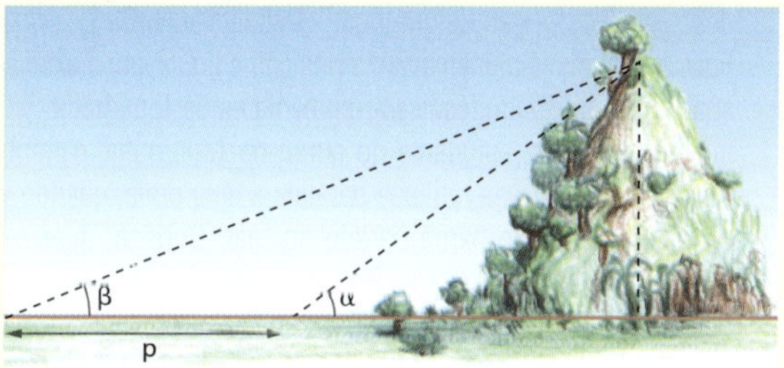

3 Calcule a altura **h** de uma montanha sabendo que $\alpha = 44°$, $\beta = 39°$ e $p = 120$ m. Use uma calculadora ou consulte a tabela trigonométrica da página 239 para obter os valores de seno, cosseno e tangente que forem necessários.

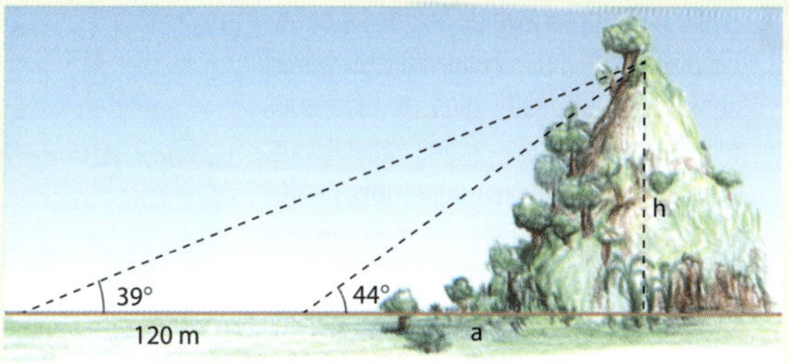

$$\text{tg } 44° = \frac{h}{a} = 0{,}966 \Rightarrow h = 0{,}966a$$

$$\text{tg } 39° = \frac{h}{120 + a} = 0{,}810 \Rightarrow$$

$$\Rightarrow h = 0{,}810(120 + a) = 0{,}966a \Rightarrow 97{,}2 + 0{,}810a = 0{,}966a \Rightarrow$$

$$\Rightarrow 0{,}156a = 97{,}2 \Rightarrow a = 623{,}08$$

Então, $h \simeq 602$ m.

A montanha tem, aproximadamente, 602 m.

Exercícios

objeto digital

23 Um navio está situado exatamente a 10 milhas a leste de um ponto **A**. Um observador, situado exatamente ao sul do navio, vê o ponto **A** sob um ângulo de 40°. Calcule a distância entre o observador e o navio. (Use uma calculadora científica ou consulte a tabela.)

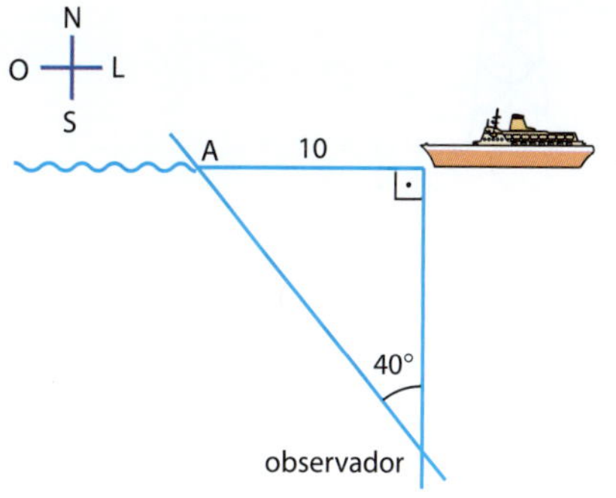

24 Um caminhão sobe uma rampa inclinada de 10° em relação ao plano horizontal. Se a rampa tem 30 m de comprimento, a quantos metros o caminhão se eleva, verticalmente, após percorrer toda a rampa? (Use uma calculadora científica ou consulte a tabela.)

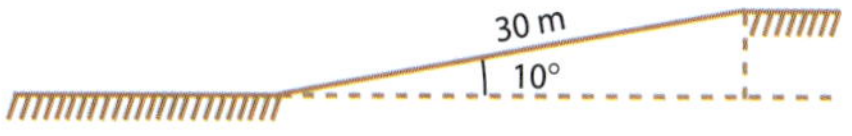

25 *Distância inacessível*

Queremos saber a largura ℓ de um rio sem atravessá-lo. Para isso, adotamos o seguinte processo:

- marcamos dois pontos, **A** (uma estaca) e **B** (uma árvore), um em cada margem;
- marcamos um ponto **C**, distante 8 m de **A**, onde fixamos o aparelho para medir ângulos (teodolito), de tal modo que o ângulo no ponto **A** seja reto;
- obtemos uma medida de 70° para o ângulo ACB.

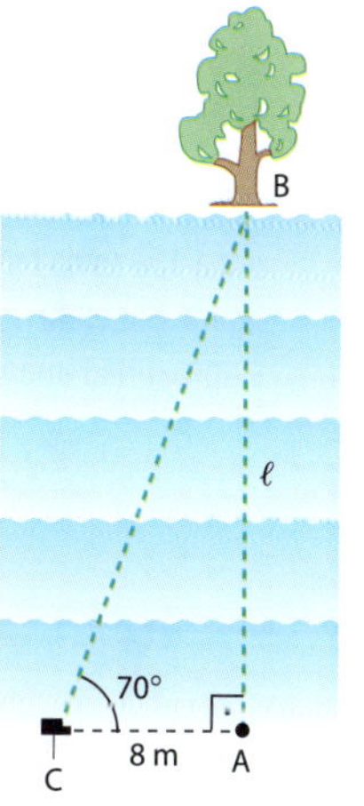

Nessas condições, qual a largura ℓ do rio? (Use uma calculadora científica ou consulte a tabela da página 239.)

26 Em um exercício de tiro esportivo, o alvo se encontra numa parede e sua base está situada a 20 m do atirador. Sabendo que o atirador vê o alvo sob um ângulo de 10° em relação à horizontal, calcule a que distância o centro do alvo se encontra do chão. (Use uma calculadora científica ou consulte a tabela da página 239.)

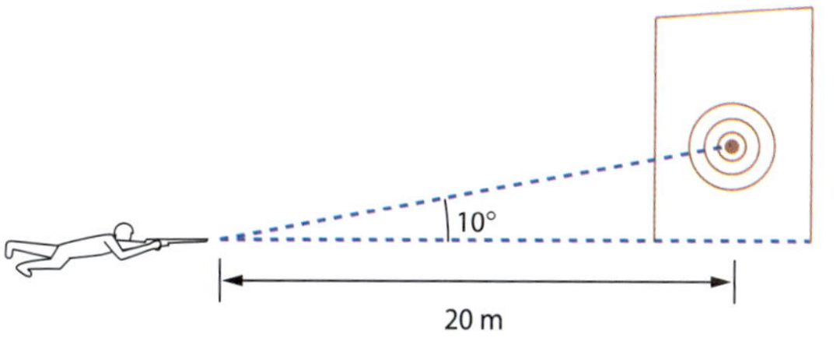

27 Do alto de uma torre de 50 m de altura, localizada em uma ilha, avista-se um ponto da praia sob um ângulo de depressão de 30°. Qual é a distância da torre até esse ponto? (Desconsidere a largura da torre.)

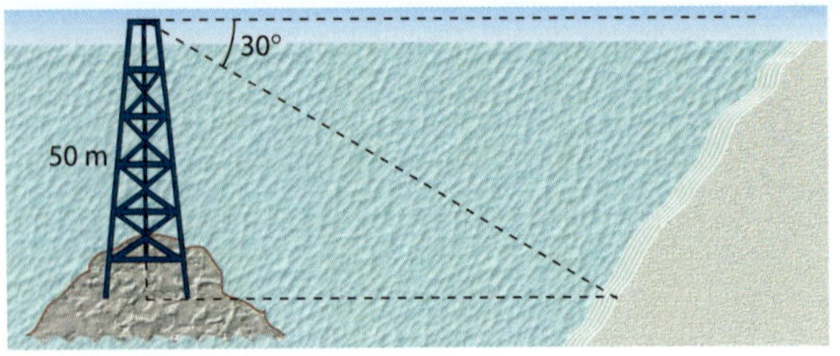

28 Na figura abaixo, qual é a altura do avião em relação ao chão?

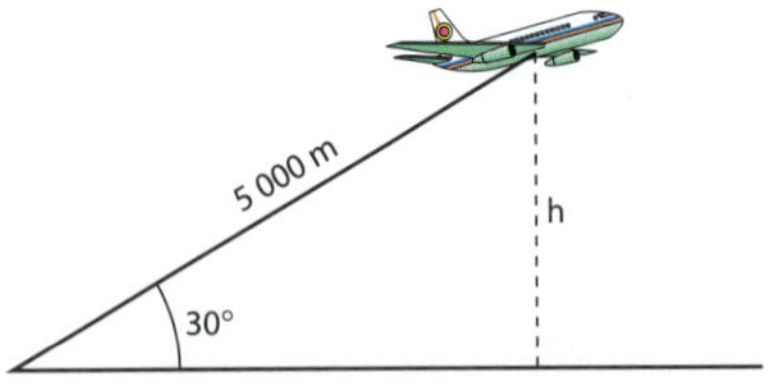

29 Observe a figura a seguir e responda:

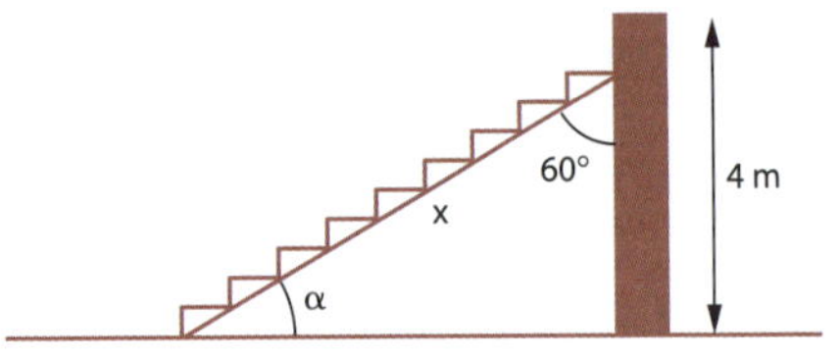

a) Qual é o comprimento da escada?

b) Qual o ângulo formado pela escada e o chão?

30 Para determinar a altura de uma torre, um topógrafo coloca o teodolito a 100 m da base e obtém um ângulo de 30°, conforme mostra a figura. Sabendo que a luneta do teodolito está a 1,70 m do solo, qual é aproximadamente a altura da torre?

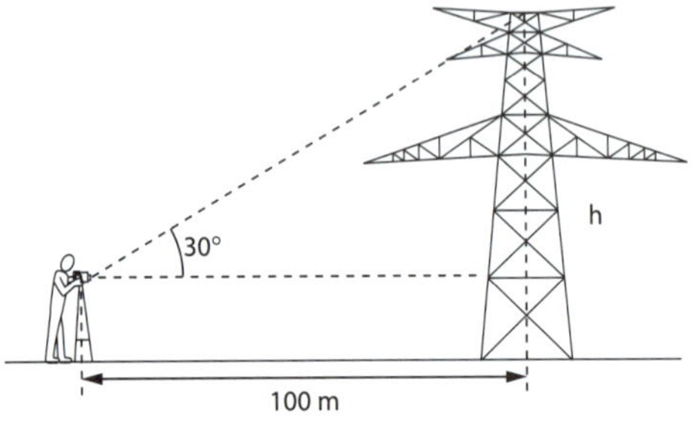

31 Na construção de um telhado foram usadas telhas francesas e o "caimento" do telhado é de 20° em relação ao plano horizontal. Sabendo que, em cada lado da casa, foram construídos 6 m de telhado e que, até a laje do teto, a casa tem 3 m de altura, determine a que altura se encontra o ponto mais alto do telhado dessa casa.

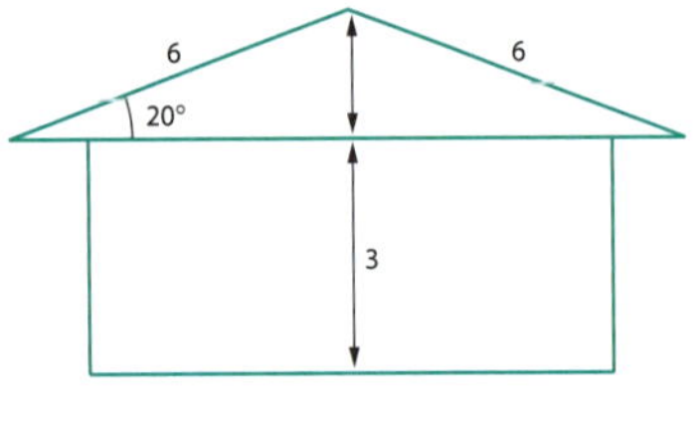

32 Em Física, muitas grandezas são representadas por vetores, que são segmentos de reta orientados que possuem um tamanho (fala-se "módulo" do vetor), uma direção e um sentido (indicado pela flecha na ponta do vetor). Quando a direção desses vetores não é nem horizontal nem vertical, eles podem ser decompostos em outros dois vetores, sendo um horizontal e outro vertical. Na figura a seguir, você observa um vetor **V**, de módulo (tamanho) 10, cuja direção está inclinada 30° em relação à horizontal. Use seus conhecimentos de Trigonometria para calcular qual é o módulo (tamanho) do vetor $\mathbf{V_x}$ na horizontal e do vetor $\mathbf{V_y}$ na vertical. (**Observação**: As linhas tracejadas são perpendiculares aos eixos horizontal e vertical.)

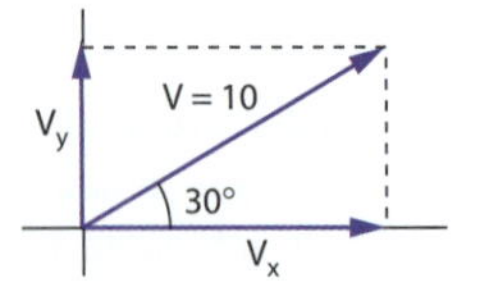

33 Um observador está em um ponto **A** do aterro do Flamengo e vê o Pão de Açúcar segundo um ângulo de 10° com o plano horizontal (medido com o teodolito). Ele anda em direção ao seu objetivo até um ponto **B** distante 650 m de **A** e agora vê o Pão de Açúcar segundo um ângulo de 14°. Qual é a altura do Pão de Açúcar em relação ao plano de observação?*

* Este exercício foi extraído de LIMA, Elon Lages e outros. *Temas e problemas*. Rio de Janeiro. SBM, 2001. p. 66 e 68. (Coleção do Professor de Matemática)

34 Topografia é a área do conhecimento que trabalha com levantamento de dados para a representação gráfica detalhada de uma região da superfície terrestre (distâncias, relevo, formas, etc.). Esse nome vem do idioma grego, em que *topos* significa lugar e *graphein* significa descrever: "descrição de um lugar". Desde as civilizações mais antigas, os povos já demarcavam a posição e limitavam a extensão de suas terras aplicando técnicas rudimentares de Topografia.

dica Enem

Imagine que Taís, estudante do curso de Topografia, caminha em uma pequena estrada retilínea paralela a uma praia, quando vê, da estrada, em grande barco parado no mar. Curiosa, quer saber a distância do barco à estrada. Pega seu teodolito no carro e verifica que a reta que une o barco ao ponto onde ela está forma 45° com a estrada. Após percorrer mais 1 350 m na estrada, Taís verifica que a reta que une o barco ao novo ponto onde ela está forma com a estrada um ângulo de 30°; com essas informações, calcula a distância desejada. Se ela usou 1,7 com aproximação para $\sqrt{3}$ e acertou todos os cálculos, a distância que encontrou foi:

a) 5 km. **b)** 2,5 km. **c)** 0,5 km. **d)** 0,25 km. **e)** 0,05 km.

35 Desde a Antiguidade, o problema de medir o raio da Terra foi alvo de estudos e de especulações de muitos matemáticos. Várias soluções apareceram, mas os resultados frequentemente não eram satisfatórios, pois exigiam a medida entre dois pontos muito afastados – tarefa difícil de executar com precisão – ou a medida de ângulos muito pequenos, o que também era difícil. Em meados do século XX já havia instrumentos que podiam medir ângulos com precisão de 1 centésimo de grau; hoje, os instrumentos eletrônicos têm precisão ainda maior.

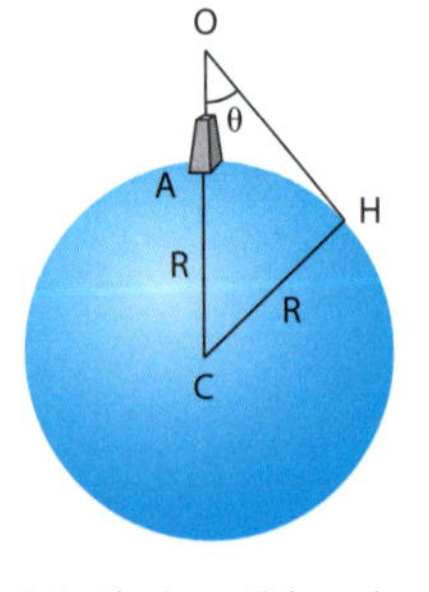

Considere a figura acima, em que OA = 200 m e θ = 76°.

Suponha que Luísa deseja medir o raio **R** de uma grande escultura de forma esférica e decidiu usar o mesmo procedimento empregado na medição do raio da Terra. Fazendo algumas medições, Luísa concluiu que θ = 60° e OA = $\sqrt{3}$ m. Com esses dados, ela encontrou o valor correto do raio **R**, que é, em metros:

a) $4\sqrt{3} + 6$. **b)** $2\sqrt{3} + 4$. **c)** $6\sqrt{3} + 4$. **d)** $3\sqrt{3} + 2$. **e)** $3\sqrt{3} + 6$.

TABELA DE RAZÕES TRIGONOMÉTRICAS

Ângulo	sen	cos	tg	Ângulo	sen	cos	tg
1°	0,017	1,000	0,017	46°	0,719	0,695	1,036
2°	0,035	0,999	0,035	47°	0,731	0,682	1,072
3°	0,052	0,999	0,052	48°	0,743	0,669	1,111
4°	0,070	0,998	0,070	49°	0,755	0,656	1,150
5°	0,087	0,996	0,087	50°	0,766	0,643	1,192
6°	0,105	0,995	0,105	51°	0,777	0,629	1,235
7°	0,122	0,993	0,123	52°	0,788	0,616	1,280
8°	0,139	0,990	0,141	53°	0,799	0,602	1,327
9°	0,156	0,988	0,158	54°	0,809	0,588	1,376
10°	0,174	0,985	0,176	55°	0,819	0,574	1,428
11°	0,191	0,982	0,194	56°	0,829	0,559	1,483
12°	0,208	0,978	0,213	57°	0,839	0,545	1,540
13°	0,225	0,974	0,231	58°	0,848	0,530	1,600
14°	0,242	0,970	0,249	59°	0,857	0,515	1,664
15°	0,259	0,966	0,268	60°	0,866	0,500	1,732
16°	0,276	0,961	0,287	61°	0,875	0,485	1,804
17°	0,292	0,956	0,306	62°	0,883	0,469	1,881
18°	0,309	0,951	0,325	63°	0,891	0,454	1,963
19°	0,326	0,946	0,344	64°	0,899	0,438	2,050
20°	0,342	0,940	0,364	65°	0,906	0,423	2,145
21°	0,358	0,934	0,384	66°	0,914	0,407	2,246
22°	0,375	0,927	0,404	67°	0,921	0,391	2,356
23°	0,391	0,921	0,424	68°	0,927	0,375	2,475
24°	0,407	0,914	0,445	69°	0,934	0,358	2,605
25°	0,423	0,906	0,466	70°	0,940	0,342	2,747
26°	0,438	0,899	0,488	71°	0,946	0,326	2,904
27°	0,454	0,891	0,510	72°	0,951	0,309	3,078
28°	0,469	0,883	0,532	73°	0,956	0,292	3,271
29°	0,485	0,875	0,554	74°	0,961	0,276	3,487
30°	0,500	0,866	0,577	75°	0,966	0,259	3,732
31°	0,515	0,857	0,601	76°	0,970	0,242	4,011
32°	0,530	0,848	0,625	77°	0,974	0,225	4,332
33°	0,545	0,839	0,649	78°	0,978	0,208	4,705
34°	0,559	0,829	0,675	79°	0,982	0,191	5,145
35°	0,574	0,819	0,700	80°	0,985	0,174	5,671
36°	0,588	0,809	0,727	81°	0,988	0,156	6,314
37°	0,602	0,799	0,754	82°	0,990	0,139	7,115
38°	0,616	0,788	0,781	83°	0,993	0,122	8,144
39°	0,629	0,777	0,810	84°	0,995	0,105	9,514
40°	0,643	0,766	0,839	85°	0,996	0,087	11,430
41°	0,656	0,755	0,869	86°	0,998	0,070	14,301
42°	0,669	0,743	0,900	87°	0,999	0,052	19,081
43°	0,682	0,731	0,933	88°	0,999	0,035	28,636
44°	0,695	0,719	0,966	89°	1,000	0,017	57,290
45°	0,707	0,707	1,000				

12 Capítulo
Resolução de triângulos quaisquer

As razões trigonométricas, definidas para o triângulo retângulo, constituem, como vimos, uma ferramenta bastante útil na resolução de problemas geométricos. Por isso, era natural que se investigasse a possibilidade de sua extensão aos triângulos não retângulos. E assim desenvolveram-se duas importantes propriedades da trigonometria, conhecidas por *lei dos senos* e *lei dos cossenos*, que serão estudadas neste capítulo.

1. Seno e cosseno de ângulos obtusos

Precisaremos, em alguns momentos, obter os valores de senos e cossenos de ângulos obtusos. Como esse assunto ainda não foi estudado — não existem ângulos obtusos nos triângulos retângulos —, aprenderemos neste momento apenas como lidar com eles na prática, e deixaremos a parte teórica, que fundamenta o que estudaremos agora, para o próximo capítulo.

Inicialmente, é necessário saber que:

- $\text{sen } 90° = 1$ e $\cos 90° = 0$
- senos de ângulos obtusos são exatamente iguais aos senos dos suplementos desses ângulos:

$$\text{sen } x = \text{sen } (180° - x)$$

- cossenos de ângulos obtusos são opostos aos cossenos dos suplementos desses ângulos:

$$\cos x = -\cos (180° - x)$$

Exemplo de aplicação

Obtenha o valor de:

a) sen 120°;
b) cos 120°.

O suplemento de 120° é 60°, portanto:

a) $\text{sen } 120° = \text{sen } 60° = \frac{\sqrt{3}}{2}$

b) $\cos 120° = -\cos 60° = -\frac{1}{2}$

Exercício

1 Obtenha o valor de:

a) sen 135°;
b) cos 135°;
c) sen 150°;
d) cos 150°.

2. Lei dos senos

Vamos analisar a seguinte situação-problema:

Uma empresa de fornecimento de energia, ao instalar a rede elétrica numa fazenda, precisou colocar dois postes em lados opostos de um lago para permitir a passagem da fiação. Com isso surgiu um pequeno problema: para fazer o projeto da rede, seria necessário saber a distância entre os postes, e a presença do lago impedia a medição direta dessa distância.

Um dos engenheiros posicionou-se em um local onde era possível visualizar os dois postes e medir a distância entre eles. Com um aparelho apropriado, ele mediu o ângulo entre a linha de visão dele e os postes, obtendo 120°. Um auxiliar mediu a distância do poste mais afastado do engenheiro e obteve 100 m; outro auxiliar mediu o ângulo entre a linha do poste mais próximo do engenheiro e a linha entre os postes, obtendo 45°. Com essas informações, o engenheiro sorriu. Ele já conseguiria calcular a distância entre os postes... Vejamos como:

Realidade

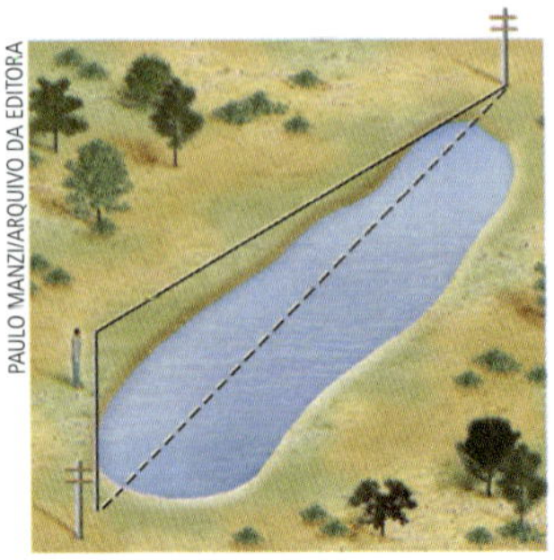

PAULO MANZI/ARQUIVO DA EDITORA

Modelo matemático

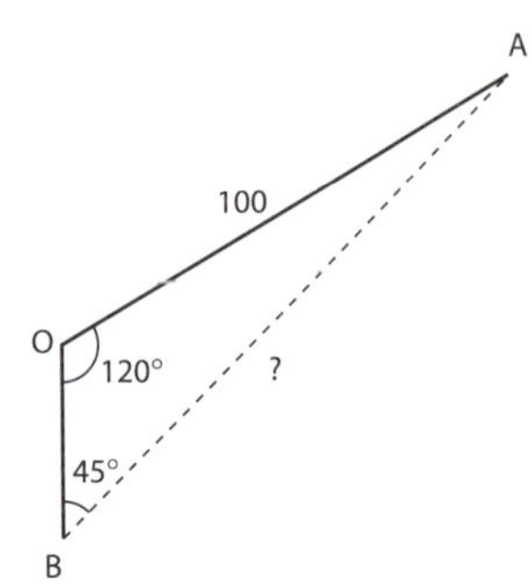

O triângulo AOB é obtusângulo e a resolução desse problema consiste em determinar a medida do lado $\overline{AB}$. Para resolvê-lo, vamos estudar a **lei dos senos**, cujo enunciado vem a seguir:

> Em qualquer triângulo ABC, as medidas dos lados são proporcionais aos senos dos ângulos opostos, ou seja:
>
> $$\frac{a}{\text{sen } \hat{A}} = \frac{b}{\text{sen } \hat{B}} = \frac{c}{\text{sen } \hat{C}}$$

Veja a seguir a demonstração da lei dos senos.

Considere o triângulo ABC inscrito numa circunferência de centro **O** e raio **R**.

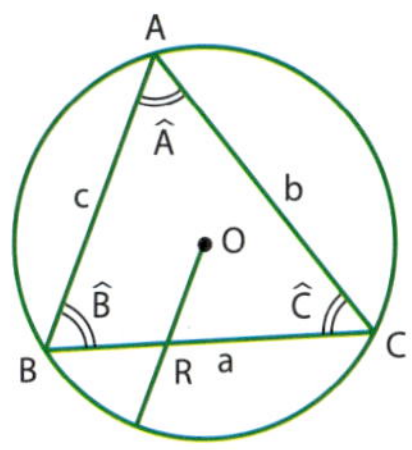

A partir de **A** vamos traçar o diâmetro AD, determinando o triângulo retângulo ACD:

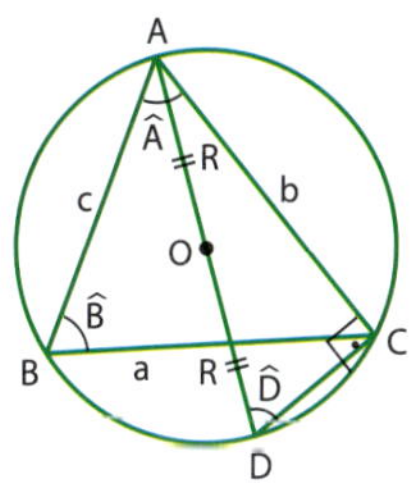

Temos:

- $\hat{B} = \hat{D}$ (ângulos inscritos subentendidos pelo mesmo arco AC)
- $AD = 2R$ (diâmetro)
- $\text{sen } \hat{B} = \text{sen } \hat{D} = \frac{AC}{AD}$

Então:

$$\text{sen } \hat{B} = \frac{b}{2R} \Rightarrow \frac{b}{\text{sen } \hat{B}} = 2R$$

De modo análogo:

$$\frac{a}{\text{sen } \hat{A}} = 2R \quad \text{e} \quad \frac{c}{\text{sen } \hat{C}} = 2R$$

Assim, os lados de um triângulo são proporcionais aos senos dos ângulos opostos, e a constante de proporcionalidade é o diâmetro (2R) da circunferência circunscrita ao triângulo.

$$\frac{a}{\text{sen } \hat{A}} = \frac{b}{\text{sen } \hat{B}} = \frac{c}{\text{sen } \hat{C}} = 2R$$

Exemplos de aplicação

1 Estamos em condições, agora, de resolver a situação-problema apresentada na página 240:

Uma empresa de fornecimento de energia, ao instalar a rede elétrica numa fazenda, precisou colocar dois postes em lados opostos de um lago para permitir a passagem da fiação. Com isso surgiu um pequeno problema: para fazer o projeto da rede, seria necessário saber a distância entre os postes, e a presença do lago impedia a medição direta dessa distância.

Um dos engenheiros posicionou-se em um local onde era possível visualizar os dois postes e medir a distância entre eles. Com um aparelho apropriado, ele mediu o ângulo entre a linha de visão dele e os postes, obtendo 120°. Um auxiliar mediu a distância do poste mais afastado do engenheiro e obteve 100 m; outro auxiliar mediu o ângulo entre a linha do poste mais próximo do engenheiro e a linha entre os postes, obtendo 45°. Com essas informações, o engenheiro sorriu. Ele já conseguiria calcular a distância entre os postes... Vejamos como:

Realidade

PAULO MANZI/ARQUIVO DA EDITORA

Modelo matemático

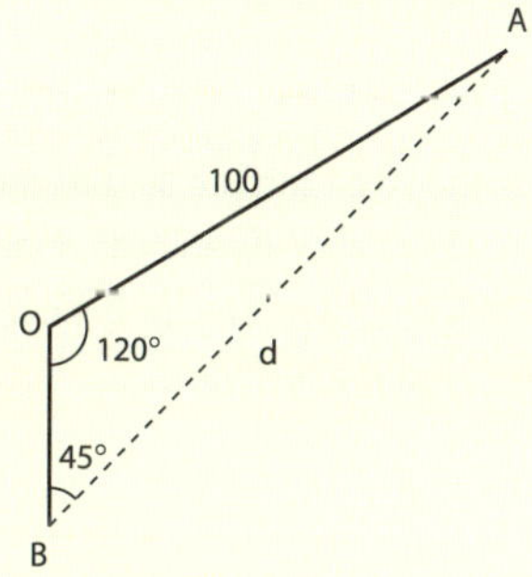

Pela lei dos senos, temos:

$$\frac{100}{\text{sen } 45°} = \frac{d}{\text{sen } 120°} \Rightarrow \frac{100}{\frac{\sqrt{2}}{2}} = \frac{d}{\frac{\sqrt{3}}{2}} \Rightarrow$$

$$\Rightarrow \sqrt{2}d = 100\sqrt{3} \Rightarrow d = \frac{100\sqrt{3}}{\sqrt{2}} = \frac{100\sqrt{3} \cdot \sqrt{2}}{\sqrt{2} \cdot \sqrt{2}} =$$

$$= \frac{100\sqrt{6}}{2} = 50\sqrt{6} \simeq 122,47 \text{ m}$$

Então, a distância entre os postes é de aproximadamente 122,47 m.

2 No triângulo ABC da figura abaixo, calcule as medidas **b** e **c**. $\left(\text{Dado: sen } 105° = \dfrac{\sqrt{6} + \sqrt{2}}{4}.\right)$

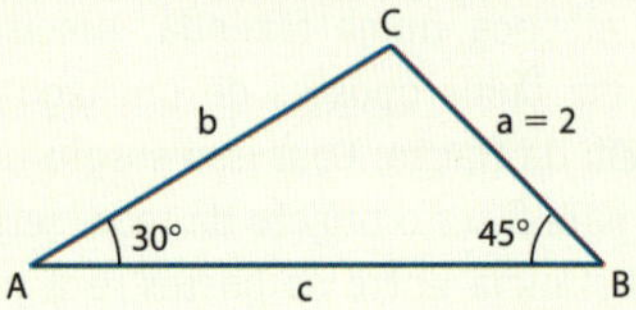

Temos:

$\hat{A} = 30°$ e $\hat{B} = 45°$. Então:

$\hat{C} = 180° - (\hat{B} + \hat{C}) = 105°$

Pela lei dos senos, temos:

$$\frac{a}{\text{sen } \hat{A}} = \frac{b}{\text{sen } \hat{B}} = \frac{c}{\text{sen } \hat{C}} \Rightarrow$$

$$\Rightarrow \frac{2}{\text{sen } 30°} = \frac{b}{\text{sen } 45°} = \frac{c}{\text{sen } 105°}$$

Daí, temos:

$$\frac{2}{\text{sen } 30°} = \frac{b}{\text{sen } 45°} \Rightarrow \frac{2}{\frac{1}{2}} = \frac{b}{\frac{\sqrt{2}}{2}} \Rightarrow \frac{b}{2} = \sqrt{2} \Rightarrow$$

$$\Rightarrow b = 2\sqrt{2}$$

$$\frac{2}{\text{sen } 30°} = \frac{c}{\text{sen } 105°} \Rightarrow \frac{2}{\frac{1}{2}} = \frac{c}{\frac{\sqrt{6} + \sqrt{2}}{4}} \Rightarrow$$

$$\Rightarrow \frac{c}{\not{2}} = \frac{\sqrt{6} + \sqrt{2}}{\not{2}} \Rightarrow c = \sqrt{6} + \sqrt{2}$$

As medidas procuradas são $b = 2\sqrt{2}$ e $c = \sqrt{6} + \sqrt{2}$.

Observação: Quando o enunciado de uma questão se refere a um triângulo ABC, temos de colocar o lado **a** oposto ao ângulo **A**, o lado **b** oposto ao ângulo **B** e o lado **c** oposto ao ângulo **C**, como na figura abaixo:

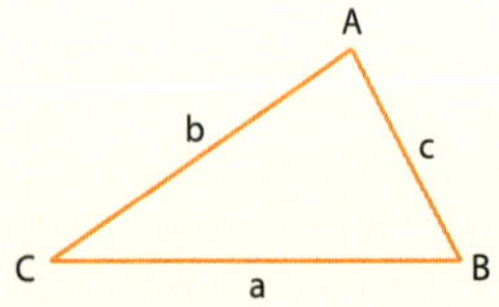

3 Em um triângulo isósceles, a base mede 6 cm e o ângulo oposto à base mede 120°. Calcule a medida dos lados congruentes do triângulo.

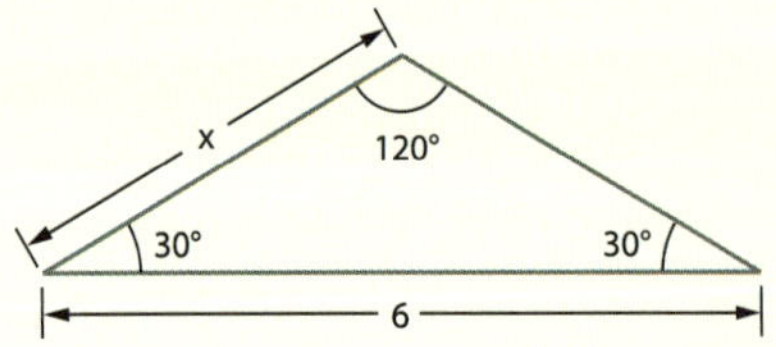

Pela lei dos senos, temos:

$$\frac{6}{\text{sen } 120°} = \frac{x}{\text{sen } 30°} \Rightarrow \frac{6}{\frac{\sqrt{3}}{\not{2}}} = \frac{x}{\frac{1}{\not{2}}} \Rightarrow$$

$$\Rightarrow \sqrt{3}x = 6 \Rightarrow x = \frac{6}{\sqrt{3}} = \frac{6\sqrt{3}}{\sqrt{3} \cdot \sqrt{3}} = \frac{6\sqrt{3}}{3} = 2\sqrt{3}$$

Cada um dos lados congruentes mede $2\sqrt{3}$ cm.

> **Para refletir**
> Em um triângulo isósceles, a altura relativa à base é também mediana e bissetriz. Use esse fato e resolva este exemplo de outra forma.

4 O triângulo ABC está inscrito numa circunferência de raio igual a 15 cm. Se $\overline{AB} = 10$ cm e $\overline{AC} = 6$ cm, determine, em centímetros, a altura do triângulo ABC relativa ao lado BC.

Observe a figura:

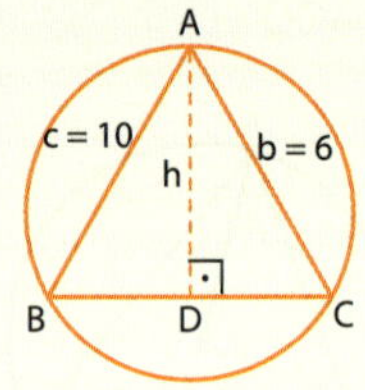

Da lei dos senos temos:

$$\text{sen } \hat{B} = \frac{b}{2r} \Rightarrow \text{sen } \hat{B} = \frac{6}{2 \cdot 15} \Rightarrow \text{sen } \hat{B} = \frac{1}{5}$$

Do triângulo ABD:

$$\text{sen } \hat{B} = \frac{h}{c} \Rightarrow \frac{1}{5} = \frac{h}{10} \Rightarrow 5h = 10 \Rightarrow h = 2$$

Portanto, a altura do triângulo ABC relativa ao lado BC é de 2 cm.

Exercícios

2 Na figura abaixo, calcule o valor da medida **x**.

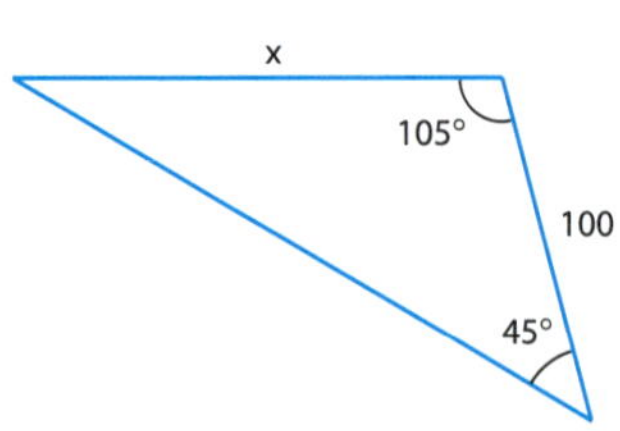

3 No triângulo abaixo, determine o valor de **x**:

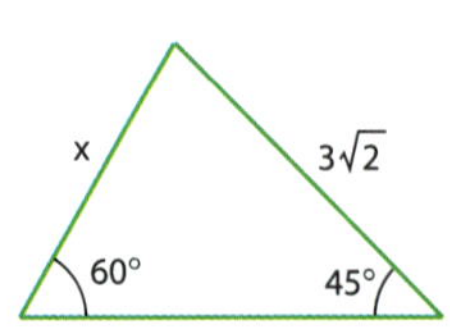

4 Determine os valores de **x** em cada caso:

a)

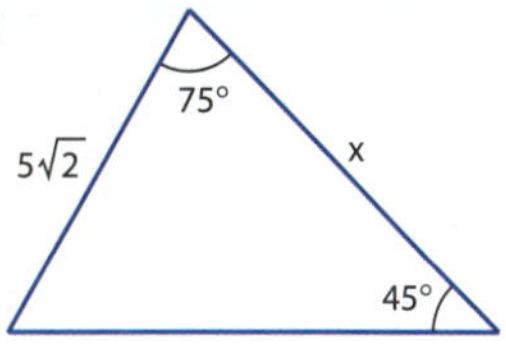

c)

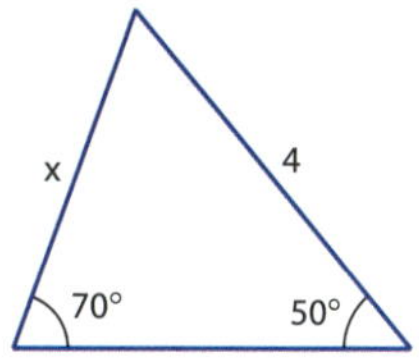

b)

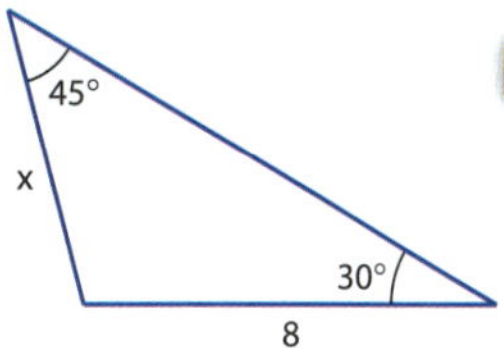

> **Fique atento**
> Nos itens **a** e **b** use os valores que você decorou para os ângulos notáveis. No item **c**, use uma calculadora científica ou a tabela da página 239.

5 Num triângulo ABC, são dados $\hat{A} = 45°$, $\hat{B} = 30°$ e $a + b = \sqrt{2} + 1$. Calcule o valor de **a**.

6 Encontre o valor do ângulo **x**:

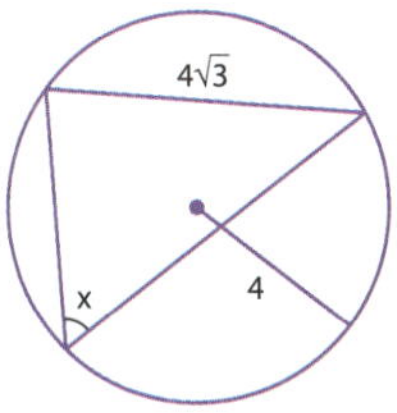

7 A figura ao lado nos mostra um triângulo isósceles de base $\overline{BC}$. Calcule a medida da base $\overline{BC}$, admitindo conhecidos **m**, α e β.

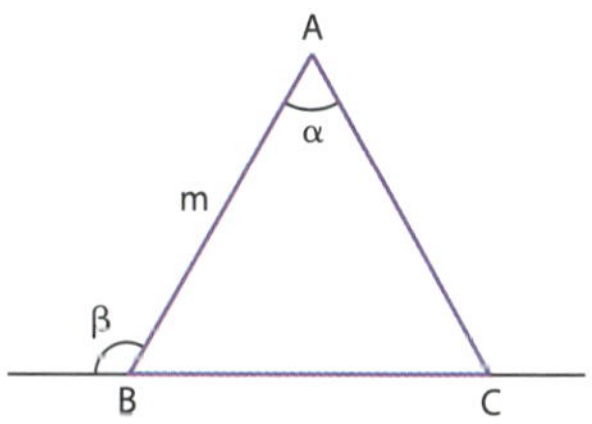

3. Lei dos cossenos

Objeto digital

Voltemos ao nosso engenheiro e seu problema em medir a distância entre os postes, sugerido no início do item 2. Se tivesse encontrado alguma dificuldade para obter o ângulo de 45°, ou mesmo que não quisesse obtê-lo, o engenheiro poderia ter pedido ao seu segundo auxiliar que medisse a distância do poste mais próximo do local onde ele estava. Assim, além do valor do ângulo (120°) que o engenheiro já havia medido e a distância (100 m) entre o poste mais afastado e ele, teria obtido a nova distância, de 36,60 m, entre o poste mais próximo e o engenheiro. Essas informações também permitiriam ao engenheiro calcular a distância desejada. Vejamos essas representações novamente.

Realidade

PAULO MANZI/ARQUIVO DA EDITORA

Modelo matemático

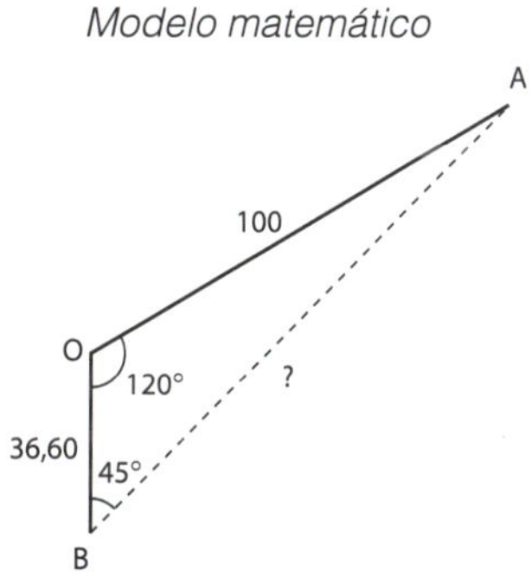

Pelo desenho, observamos que o nosso problema consiste em determinar a medida de um lado de um triângulo quando conhecemos as medidas dos outros dois e do ângulo oposto ao lado cuja medida queremos encontrar.

Para resolvê-lo, precisamos estudar a **lei dos cossenos**, enunciada a seguir:

> Em qualquer triângulo ABC, o quadrado da medida de um lado é igual à soma dos quadrados das medidas dos outros dois lados menos duas vezes o produto das medidas desses lados pelo cosseno do ângulo que eles formam, ou seja:
>
> 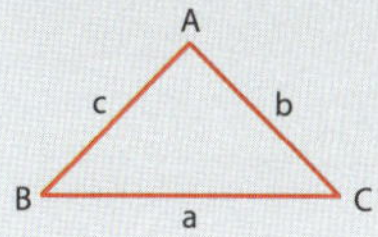
>
>
> - $a^2 = b^2 + c^2 - 2bc \cdot \cos \hat{A}$
> - $b^2 = a^2 + c^2 - 2ac \cdot \cos \hat{B}$
> - $c^2 = a^2 + b^2 - 2ab \cdot \cos \hat{C}$

Vamos provar apenas a primeira das relações acima; a demonstração das outras relações é análoga.

Há três casos a considerar:

1º caso: $\hat{A}$ é agudo

O ângulo agudo **A** pode estar em um triângulo acutângulo, retângulo ou obtusângulo.

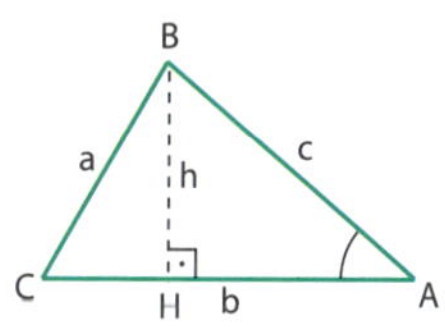

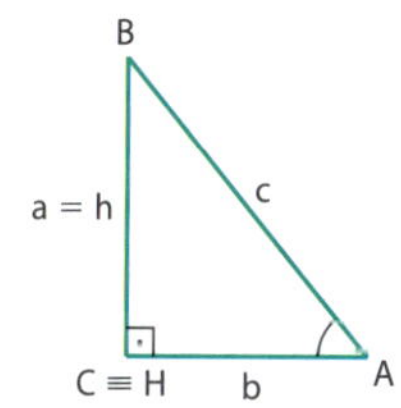

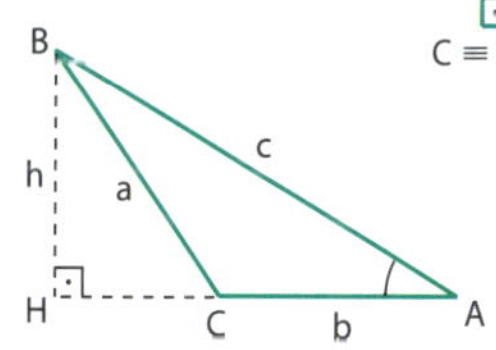

Vamos demonstrar a lei dos cossenos usando o triângulo acutângulo.

Traçando a altura $\overline{BH}$, obtemos os triângulos retângulos ABH e CBH.

> **Para refletir**
> Verifique se a relação vale para $\hat{A}$ agudo no triângulo retângulo e no triângulo obtusângulo.

- No △ABH temos:

$$\begin{cases} \cos \hat{A} = \dfrac{\overline{AH}}{c} \Rightarrow \overline{AH} = c \cdot \cos \hat{A} \\ c^2 = h^2 + \overline{AH}^2 \Rightarrow h^2 = c^2 - \overline{AH}^2 \Rightarrow \\ \Rightarrow h^2 = c^2 - (c \cdot \cos \hat{A})^2 \Rightarrow h^2 = c^2 - c^2 \cdot \cos^2 \hat{A} \quad \text{(I)} \end{cases}$$

- No △CBH temos:

$$a^2 = h^2 + \overline{CH}^2 \Rightarrow a^2 = h^2 + (b - \overline{AH})^2 \Rightarrow$$
$$\Rightarrow h^2 = a^2 - (b - c \cdot \cos \hat{A})^2 \Rightarrow$$
$$\Rightarrow h^2 = a^2 - b^2 + 2bc \cdot \cos \hat{A} - c^2 \cdot \cos^2 \hat{A} \quad \text{(II)}$$

- De (I) e (II), temos:

$$a^2 - b^2 + 2bc \cdot \cos \hat{A} - \cancel{c^2 \cdot \cos^2 \hat{A}} =$$
$$= c^2 - \cancel{c^2 \cdot \cos^2 \hat{A}} \Rightarrow a^2 = b^2 + c^2 - 2bc \cdot \cos \hat{A}$$

2º caso: $\hat{A}$ é obtuso

Nesse caso, o triângulo ABC é obtusângulo.

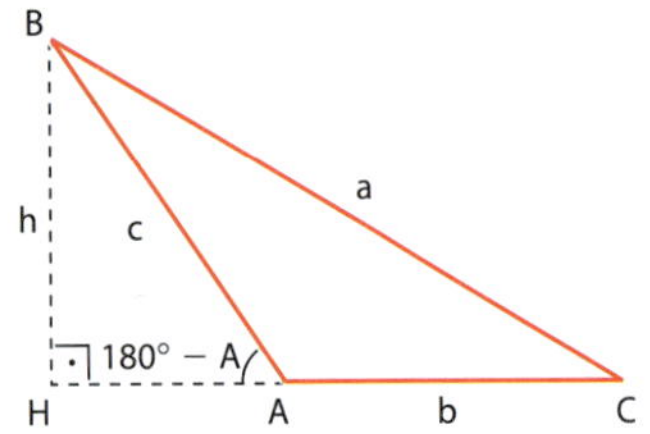

Traçando a altura $\overline{BH}$ obtemos △BHA e △BHC, retângulos.

- No △BHA temos:

$$\begin{cases} \cos(180° - \hat{A}) = \dfrac{\overline{AH}}{c} \Rightarrow -\cos\hat{A} = \dfrac{\overline{AH}}{c} \Rightarrow \\ \Rightarrow \overline{AH} = -c \cdot \cos\hat{A} \\ c^2 = h^2 + \overline{AH}^2 \Rightarrow h^2 = c^2 - \overline{AH}^2 \Rightarrow \\ \Rightarrow h^2 = c^2 - c^2 \cdot \cos^2\hat{A} \qquad \text{(I)} \end{cases}$$

- No △BHC temos:

$$a^2 = h^2 + (b + \overline{AH})^2 \Rightarrow h^2 = a^2 - (b - c \cdot \cos\hat{A})^2 \Rightarrow$$

$$\Rightarrow h^2 = a^2 - b^2 + 2bc \cdot \cos\hat{A} - c^2 \cdot \cos^2\hat{A} \qquad \text{(II)}$$

- De (I) e (II), temos:

$$a^2 - b^2 + 2bc \cdot \cos\hat{A} - \cancel{c^2 \cdot \cos^2\hat{A}} = c^2 - \cancel{c^2 \cdot \cos^2\hat{A}} \Rightarrow$$

$$\Rightarrow a^2 = b^2 + c^2 - 2bc \cdot \cos\hat{A}$$

3º caso: $\hat{A}$ é ângulo reto

Nesse caso, o triângulo ABC é retângulo.

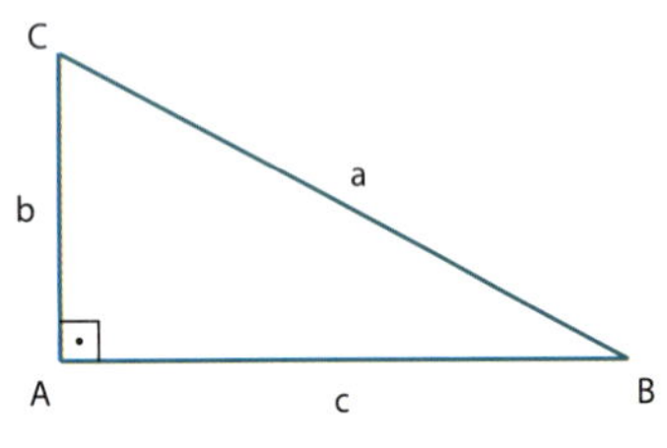

Para refletir

Podemos considerar o teorema de Pitágoras ($a^2 = b^2 + c^2$) como um caso particular da lei dos cossenos.

Sabemos que $a^2 = b^2 + c^2$ (teorema de Pitágoras) e que $\cos\hat{A} = 0$ (**$\hat{A}$** é reto).

Essa expressão pode ser escrita assim:

$$a^2 = b^2 + c^2 - 0$$

que é equivalente a:

$$a^2 = b^2 + c^2 - \overbrace{2bc \cdot \underbrace{\cos 90°}_{=0}}^{=0}$$

ou ainda:

$$a^2 = b^2 + c^2 - 2bc \cdot \cos\hat{A}$$

Exemplos de aplicação

1 Agora, estamos em condições de resolver a situação-problema colocada no início deste item:

Voltemos ao nosso engenheiro e seu problema em medir a distância entre os postes (...). Se tivesse encontrado alguma dificuldade para obter o ângulo de 45°, ou mesmo que não quisesse obtê-lo, o engenheiro poderia ter pedido ao seu segundo auxiliar que medisse a distância do poste mais próximo do local onde ele estava. Assim, além do valor do ângulo (120°) que o engenheiro já havia medido e a distância (100 m) entre o poste mais afastado e ele, teria obtido a nova distância, de 36,60 m, entre o poste mais próximo e o engenheiro. Essas informações também permitiriam ao engenheiro calcular a distância desejada.

Calcule essa distância.

Realidade

PAULO MANZI/ARQUIVO DA EDITORA

Modelo matemático

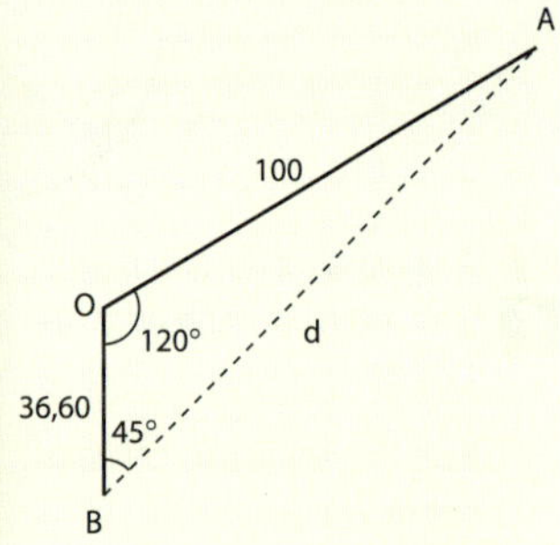

Pela lei dos cossenos, temos:

$d^2 = 100^2 + (36,6)^2 - 2 \cdot 100 \cdot 36,6 \cdot \cos 120° \Rightarrow$

$\Rightarrow d^2 = 15000 \Rightarrow d = \sqrt{15\,000} = 50\sqrt{6} \simeq 122,47$ m

Observe que esse valor é o mesmo encontrado no exemplo de aplicação 1 da página 241.

2 No triângulo da figura abaixo determine a medida **a**.

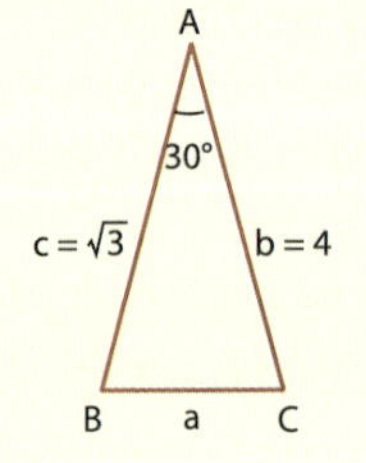

Pela lei dos cossenos, temos:

$a^2 = b^2 + c^2 - 2bc \cdot \cos\hat{A} = 4^2 + (\sqrt{3})^2 - 2 \cdot 4 \cdot \sqrt{3} \cdot$

$\cdot \cos 30° = 16 + 3 - 8\sqrt{3} \cdot \dfrac{\sqrt{3}}{2} = 19 - 12 = 7 \Rightarrow$

$\Rightarrow a = \sqrt{7}$

A medida procurada é $\sqrt{7}$.

3 O ângulo agudo de um losango mede 60° e seus lados medem 10 cm. Quais são as medidas das diagonais maior e menor do losango?

- diagonal menor

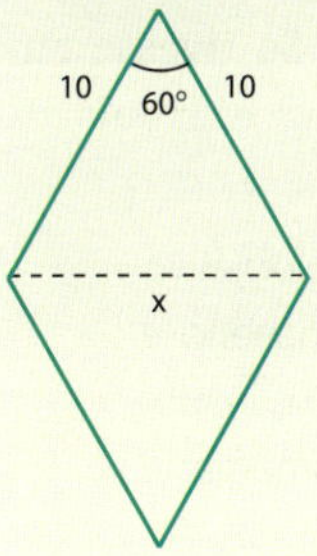

$$x^2 = \overbrace{10^2 + 10^2 - 2 \cdot 10 \cdot 10 \cdot \cos 60°}^{} = 100 + 100 - 200 \cdot \frac{1}{2} = 200 - 100 = 100 \Rightarrow x = \sqrt{100} = 10 \text{ cm}$$

(valor decorado: $\cos 60° = \frac{1}{2}$)

> **Para refletir**
> Como foi determinado o ângulo de 120°?

- diagonal maior

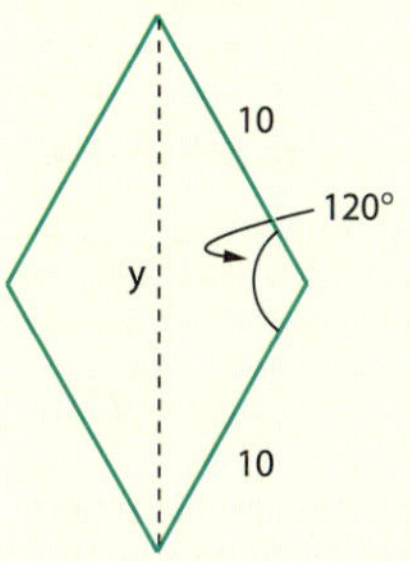

$$y^2 = 10^2 + 10^2 - 2 \cdot 10 \cdot 10 \cdot \cos 120° = 200 + 200 \cdot \left(-\frac{1}{2}\right) = 200 + 100 = 300 \Rightarrow y = \sqrt{300} \simeq 10\sqrt{3} \text{ cm}$$

($\cos 120° = -\cos 60°$)

Exercícios

objeto digital

8 No triângulo da figura abaixo, calcule a medida **x**.

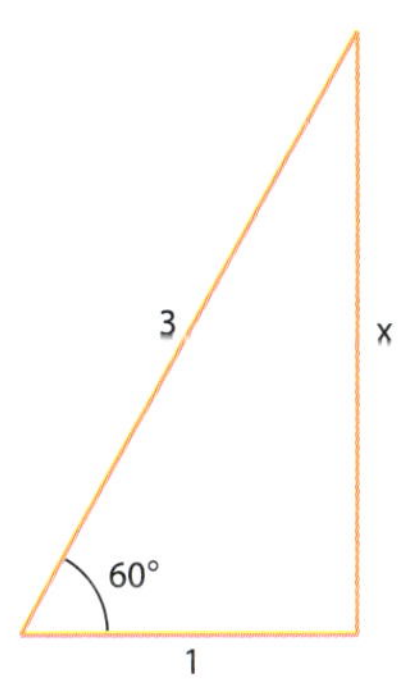

9 No triângulo da figura abaixo, determine **x**:

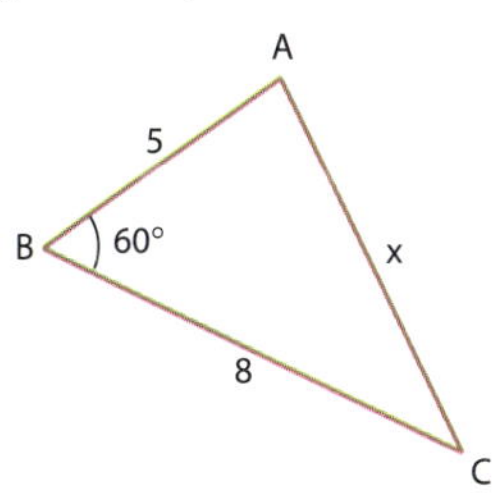

10 Num triângulo ABC são dados: $\hat{A} = 30°$, $b = 2\sqrt{3}$ e $c = 3$. Calcule a medida do terceiro lado do triângulo.

11 Considere o triângulo ADC, com $\hat{A} = 45°$, $a = 4$ e $b = 4\sqrt{2}$. Determine o lado **c**.

12 No triângulo abaixo, $\overline{AC} = 3$, $\overline{BC} = 4$, $\overline{AB} = 3$ e $B\hat{A}C = \alpha$. Determine o valor de $\cos \alpha$.

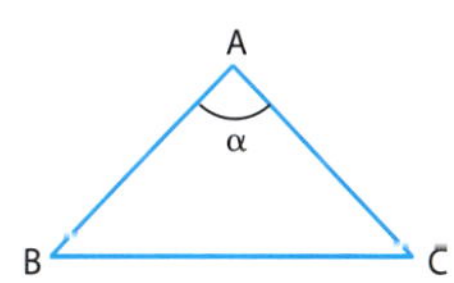

13 Dois lados consecutivos de um paralelogramo medem 14 cm e 10 cm e formam um ângulo de 60°. Calcule as medidas de suas diagonais.

14 Duas forças de intensidade $F_1 = 8$ N e $F_2 = 12$ N formam entre si um ângulo de 60°. Qual é a intensidade **R** resultante dessas duas forças?

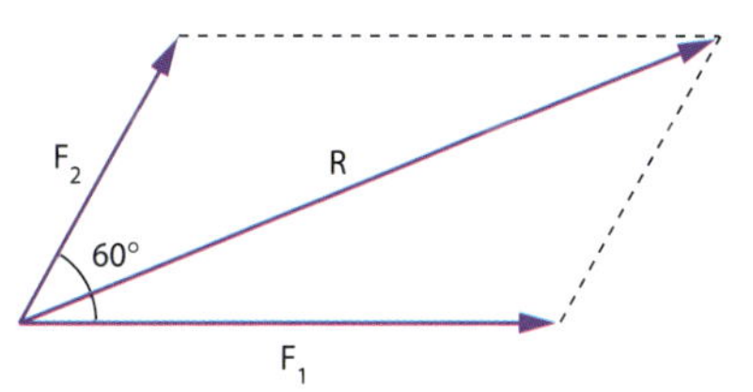

15 Considere o triângulo de lados 8, 10 e 12 cm. Encontre a medida da mediana relativa ao maior lado.

13 Capítulo — Conceitos trigonométricos básicos

No capítulo anterior estudamos a Trigonometria tal qual ela apareceu há milhares de anos, com o objetivo de resolver triângulos. Nos próximos capítulos vamos fazer um estudo mais abrangente de seno, cosseno e tangente, uma necessidade mais recente da Matemática. Nesse novo contexto, o triângulo retângulo é insuficiente para as definições necessárias e precisamos estabelecer um novo "ambiente" para a Trigonometria: a *circunferência unitária* ou o *círculo unitário* (também chamado *circunferência trigonométrica*).

Neste capítulo veremos conceitos necessários para esse novo estudo.

1. Arcos e ângulos

Vamos recordar alguns conceitos já conhecidos da Geometria plana:

- *Arco geométrico*: é uma das partes da circunferência delimitada por dois pontos, incluindo-os. Se os dois pontos coincidirem, teremos arco nulo ou arco de uma volta.

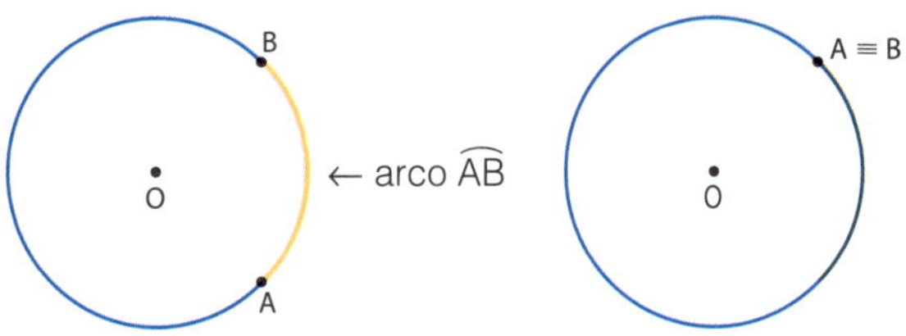

- *Arco e ângulo central*: todo arco de circunferência tem um ângulo central que o subtende.

arco: $\overset{\frown}{AB}$
ângulo central: $A\hat{O}B$

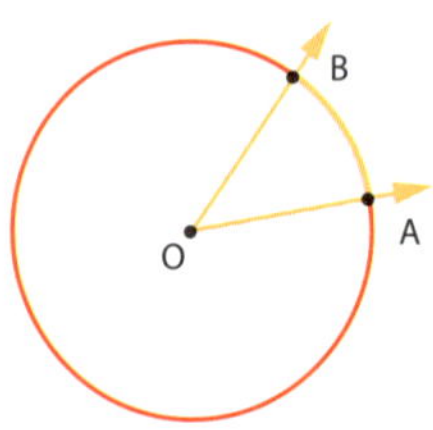

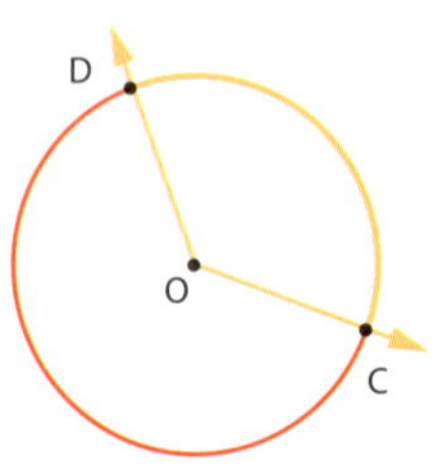

arco: $\overset{\frown}{CD}$
ângulo central: $C\hat{O}D$

- *Comprimento da circunferência de raio* **r**: $C = 2\pi r$.
- *Comprimento e medida de arco*: a medida de um arco é a medida do ângulo central que o subtende, independentemente do raio da circunferência que contém o arco. Usam-se geralmente unidades como o *grau* e o *radiano* para medir arcos. O comprimento do arco é a medida linear do arco, sendo usadas unidades como "metro", "centímetro", etc.
- *Relação entre o comprimento* ℓ *e a medida* α *(em graus) do arco*:

$$\ell = \frac{\alpha}{360} \cdot 2\pi r, \text{ pois } \frac{2\pi r}{360} = \frac{\ell}{\alpha}$$

> **Para refletir**
> Considere cinco circunferências concêntricas de raios diferentes e um mesmo ângulo central subtendendo arcos em todas elas. Os cinco arcos terão a mesma medida? E terão o mesmo comprimento?

2. Unidades para medir arcos de circunferência (ou ângulos)

As unidades mais usadas para medir arcos de circunferência (ou ângulos) são o *grau* e o *radiano*.

- **Grau**: quando dividimos uma circunferência em 360 partes congruentes, cada uma dessas partes é um arco de um grau (1°).

  Considere o arco $\overset{\frown}{AB}$, que vai de **A** para **B** no sentido anti-horário:

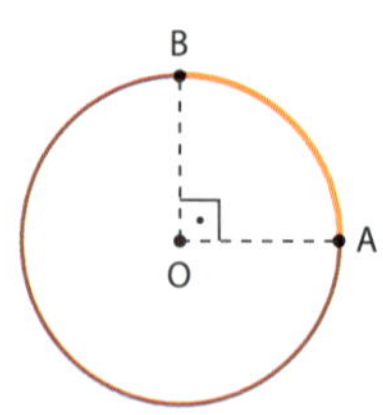

arco $\overset{\frown}{AB}$ de 90°
(um quarto de volta)

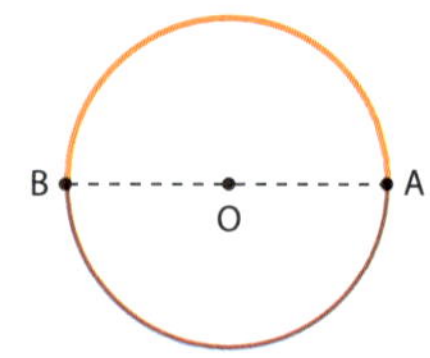

arco $\overset{\frown}{AB}$ de 180°
(meia volta)

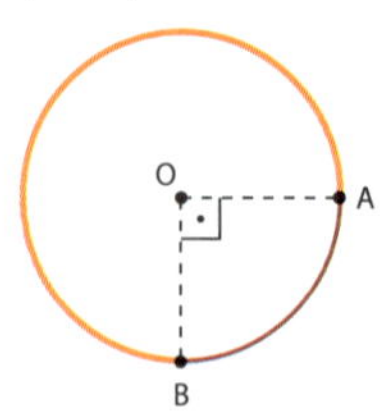

arco $\overset{\frown}{AB}$ de 270°
(três quartos de volta)

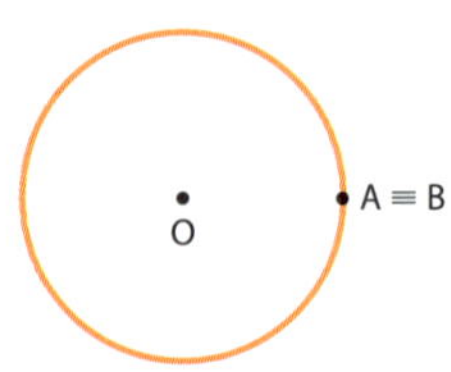

arco $\overset{\frown}{AB}$ de 360° ou 0°
(uma volta ou nulo)

- **Radiano**: um arco de um radiano (1 rad) é um arco cujo comprimento retificado é igual ao raio da circunferência. Isso deve ser interpretado da seguinte forma: se temos um ângulo central de medida 1 radiano, então ele subtende um arco de medida 1 radiano (lembre que a medida do arco é igual à medida do ângulo) e comprimento de 1 raio. Se temos um ângulo central de medida 2 radianos, então ele subtende um arco de medida 2 radianos e comprimento de 2 raios. Se temos um ângulo central de medida **x** radianos, então ele subtende um arco de medida **x** radianos e comprimento de **x** raios. Assim, $\ell = xr$ se a medida **x** do arco for dada em radianos.

> **Para refletir**
> "Esticando" o arco $\overset{\frown}{AB}$, a medida do segmento obtido será igual à do raio.
> Use o transferidor e verifique, aproximadamente, a quantos graus corresponde 1 radiano.

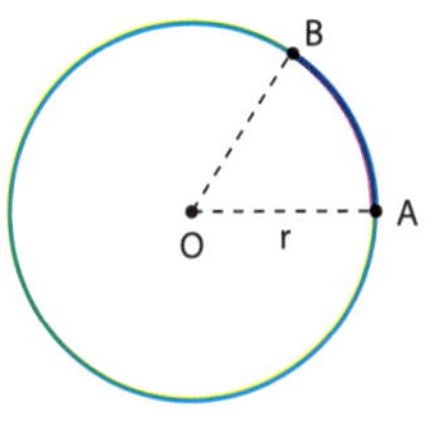

comprimento do arco
$\overset{\frown}{AB}$ = comprimento de $\overline{OA}$ (**r**)
ou
$m(\overset{\frown}{AB}) = 1$ rad

> **Para refletir**
> Que pergunta você responde mais rápido: "qual o comprimento de um arco de 2 radianos numa circunferência de raio 10 cm" ou "qual o comprimento de um arco de 30° numa circunferência de raio 10 cm"?

Relação entre as unidades para medir arcos

Como cada arco de comprimento $\ell = r$ tem medida de 1 rad, podemos afirmar que o arco correspondente à circunferência, cujo comprimento é $2\pi r$, tem medida 2π rad.

a)

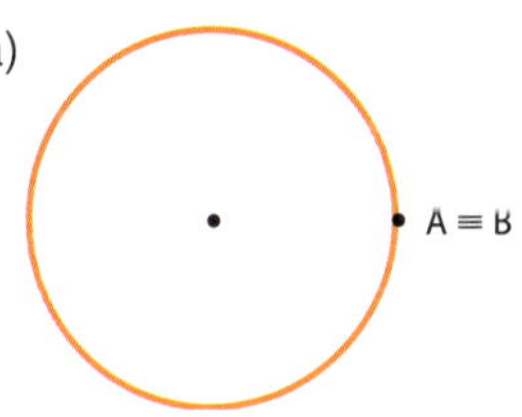

$\overset{\frown}{AB}$: arco de 360° ou arco de 2π rad

b)

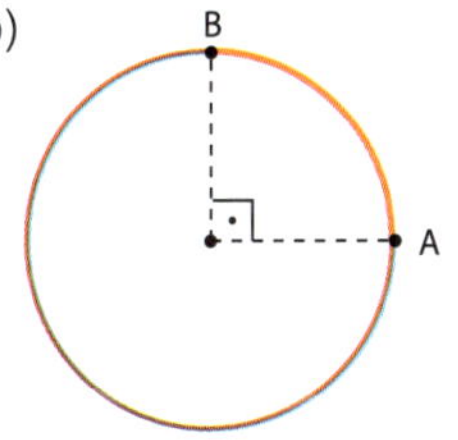

$\overset{\frown}{AB}$: arco de 90° $\left(\dfrac{360°}{4}\right)$ ou arco de $\dfrac{\pi}{2}$ rad $\left(\dfrac{2\pi}{4}\text{ rad}\right)$

c)

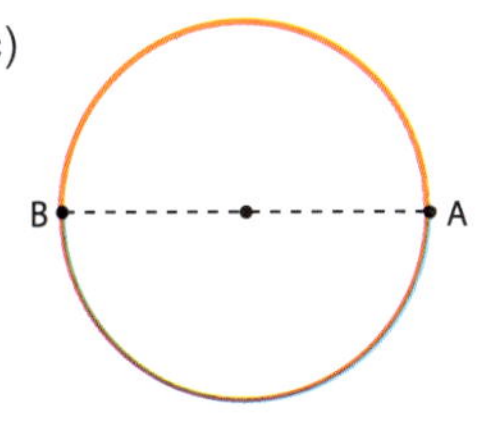

$\overset{\frown}{AB}$: arco de 180° $\left(\dfrac{360°}{2}\right)$ ou arco de π rad $\left(\dfrac{2\pi}{2}\text{ rad}\right)$

d)

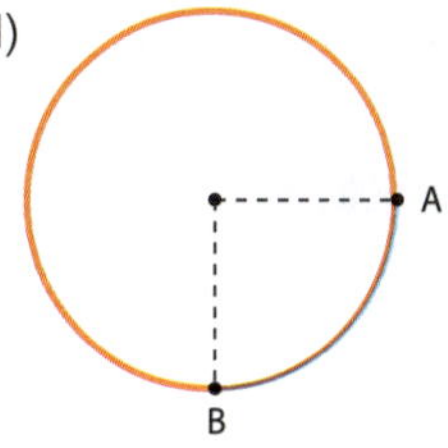

$\overset{\frown}{AB}$: arco de 270° $\left(\dfrac{3}{4}\text{ de }360°\right)$ ou arco de $\dfrac{3\pi}{2}$ rad $\left(\dfrac{3}{4}\text{ de }2\pi\text{ rad}\right)$

Observação: Considerando que um arco de 180° mede π rad, podemos fazer a conversão de unidades usando uma regra de três simples. Porém, recomendamos que você se acostume a fazer as conversões entre grau e radiano mentalmente, sem recorrer à regra de três. Esse procedimento é muito simples se for observado que:

- $90°$ é $\dfrac{1}{2}$ de 180°; logo, é $\dfrac{1}{2}$ de π rad $\rightarrow 90° = \dfrac{\pi}{2}$ rad
- $30°$ é $\dfrac{1}{6}$ de 180°; logo, é $\dfrac{1}{6}$ de π rad $\rightarrow 30° = \dfrac{\pi}{6}$ rad
- $60°$ é $\dfrac{1}{3}$ de 180°; logo, é $\dfrac{1}{3}$ de π rad $\rightarrow 60° = \dfrac{\pi}{3}$ rad
- $45°$ é $\dfrac{1}{4}$ de 180°; logo, é $\dfrac{1}{4}$ de π rad $\rightarrow 45° = \dfrac{\pi}{4}$ rad

Você pode (e deve) memorizar essas relações para agilizar as conversões.

Veja mais uma: 120° é o dobro de 60°; logo, $120° = 2 \cdot \dfrac{\pi}{3}\text{ rad} = \dfrac{2\pi}{3}$ rad.

Exemplos de aplicação

1 Converta 30° em radianos.

grau		*radiano*
180	—	π
30	—	x

$\Rightarrow \dfrac{\cancel{180}^{\,6}}{\cancel{30}_{\,1}} = \dfrac{\pi}{x} \Rightarrow 6x = \pi \Rightarrow x = \dfrac{\pi}{6}$ rad

Portanto, $30° = \dfrac{\pi}{6}$ rad.

> **Para refletir**
> Outro modo de resolver:
> $30° = \dfrac{180°}{6} = \dfrac{\pi\text{ rad}}{6} = \dfrac{\pi}{6}$ rad

2 Escreva $\dfrac{3\pi}{4}$ rad em graus.

grau		*radiano*
180	—	π
x	—	$\dfrac{3\pi}{4}$

$\Rightarrow \dfrac{180}{x} = \dfrac{\cancel{\pi}}{\dfrac{3\cancel{\pi}}{4}} \Rightarrow \dfrac{180}{x} = \dfrac{4}{3} \Rightarrow$

$\Rightarrow 4x = 540 \Rightarrow x = 135°$

Logo, $\dfrac{3\pi}{4}$ rad $= 135°$.

> **Para refletir**
> Outra resolução:
> $\dfrac{3\pi}{4}\text{ rad} = \dfrac{3 \cdot 180°}{4} = \dfrac{540°}{4} = 135°$

3 Transforme:

a) 1 rad em graus

$$\frac{180}{x} = \frac{\pi}{1} \Rightarrow \pi x = 180 \Rightarrow$$

$$\Rightarrow x = \frac{180}{\pi} \simeq \frac{180}{3,14} \simeq 57,3° \text{ ou } 57°18'$$

Portanto, 1 rad $\simeq$ 57°18'.

b) 1 grau em radianos

$$\frac{180}{1} = \frac{\pi}{x} \Rightarrow 180x = \pi \Rightarrow$$

$$\Rightarrow x = \frac{\pi}{180} \simeq \frac{3,14}{180} \simeq 0,017 \text{ rad}$$

Logo, 1° $\simeq$ 0,017 rad.

> **Para refletir**
> Como 2π rad = 360°, os valores que aparecem arredondados são:
>
> $$1 \text{ rad} = \left(\frac{180}{\pi}\right)^{\circ} \simeq 57°17'44,8''$$
>
> $$1° = \frac{\pi}{180} \text{ rad} \simeq 0,01745 \text{ rad}$$

4 Em cada item, transforme em radianos ou em graus sem usar regra de três:

a) 120°

$$120° = 2 \cdot 60° = 2 \cdot \frac{\pi}{3} = \frac{2\pi}{3}$$

b) 330°

$$330° = 11 \cdot 30° = 11 \cdot \frac{\pi}{6} = \frac{11\pi}{6}$$

c) 225°

$$225° = 5 \cdot 45° = 5 \cdot \frac{\pi}{4} = \frac{5\pi}{4}$$

d) $\frac{7\pi}{6}$

$$\frac{7\pi}{6} = 7 \cdot 30° = 210°$$

e) $\frac{7\pi}{4}$

$$\frac{7\pi}{4} = 7 \cdot 45° = 315°$$

f) $\frac{4\pi}{3}$

$$\frac{4\pi}{3} = 4 \cdot 60° = 240°$$

> **Para refletir**
> Quando a unidade não for indicada, subentende-se que é o radiano. Por exemplo:
> $\frac{7\pi}{6}$ significa $\frac{7\pi}{6}$ rad.

5 Qual é a medida, em radianos, de um arco de 20 cm de comprimento contido numa circunferência de raio 8 cm?

ℓ = 20 cm; r = 8 cm

$$\alpha = \frac{\ell}{r} = \frac{20}{8} = 2,5 \text{ rad ou}$$

$$\frac{8 \text{ cm}}{1 \text{ rad}} = \frac{20 \text{ cm}}{x \text{ rad}} \Rightarrow x = \frac{20}{8} = 2,5 \text{ rad}$$

6 Qual é o comprimento de um arco correspondente a um ângulo central de 60° contido numa circunferência de raio 1 cm?

Vamos converter 60° em rad: $60° = \frac{180°}{3} = \frac{\pi}{3}$ rad

Dados $\alpha = \frac{\pi}{3}$ e r = 1, temos:

$$\alpha = \frac{\ell}{r} \Rightarrow \ell = \alpha \cdot r = \frac{\pi}{3} \cdot 1 = \frac{\pi}{3} \text{ cm ou}$$

$$\frac{1 \text{ cm}}{1 \text{ rad}} = \frac{x \text{ cm}}{\frac{\pi}{3} \text{ rad}} \Rightarrow x = \frac{\pi}{3} \text{ cm}$$

Portanto, o comprimento do arco é $\frac{\pi}{3}$ cm, ou seja, aproximadamente 1,05 cm.

Exercícios

1 Converta em radianos:

a) 60°
b) 45°
c) 120°
d) 210°
e) 300°
f) 100°
g) 90°
h) 15°

2 Expresse em graus:

a) $\frac{\pi}{6}$ rad
b) $\frac{2\pi}{3}$ rad
c) $\frac{\pi}{4}$ rad
d) $\frac{5\pi}{6}$ rad
e) $\frac{11\pi}{6}$ rad
f) $\frac{5\pi}{4}$ rad
g) $\frac{3\pi}{2}$ rad

3 Calcule, em radianos, a medida do ângulo central correspondente a um arco de comprimento 15 cm contido numa circunferência de raio 3 cm.

4 Qual é o comprimento de um arco correspondente a um ângulo central de 45° contido numa circunferência de raio 2 cm?

5 Um pêndulo tem 15 cm de comprimento e, no seu movimento, suas posições extremas formam um ângulo de $\frac{\pi}{3}$ radianos. Qual é o comprimento do arco que a extremidade do pêndulo descreve?

dica Enem

6 A figura ao lado representa uma pista formada de arcos de circunferências. Qual a distância percorrida por um carro que vai do ponto **A** ao ponto **B**?

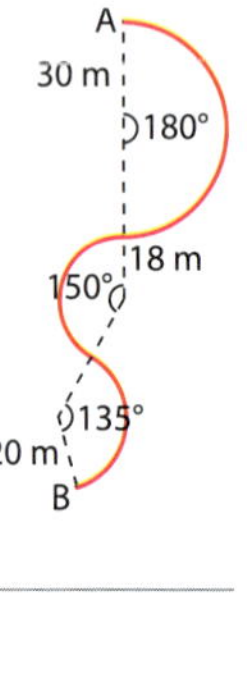

3. Circunferência unitária ou circunferência trigonométrica

Denomina-se *circunferência unitária* (ou *circunferência trigonométrica*) a circunferência orientada cujo raio tem 1 unidade de comprimento e na qual o sentido positivo é o anti-horário.

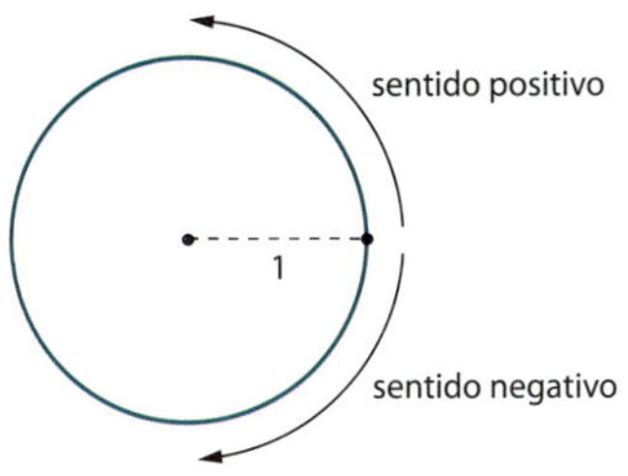

Para refletir
Por que dizemos circunferência orientada?

À circunferência unitária de centro **O** vamos associar um sistema de coordenadas cartesianas ortogonais, fixando o ponto **A** de coordenadas (1, 0) como origem dos arcos (conforme figura abaixo).

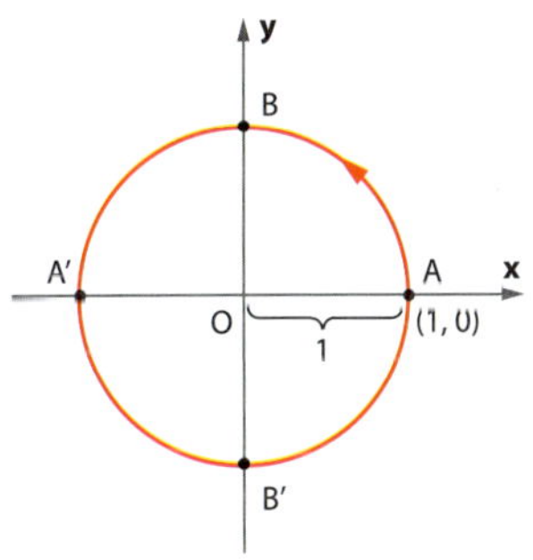

Para refletir
Os pontos **B**, **A'** e **B'** correspondem a quais pares ordenados?

4. Arcos côngruos (ou congruentes)

Toda vez que o ponto da circunferência, final do arco iniciado em (1, 0), é o mesmo para dois arcos diferentes (por exemplo, 0 e 2π), chamamos esses arcos de *arcos côngruos* ou *congruentes*. É conveniente notar que todos os arcos côngruos diferem entre si de um múltiplo de 2π, que é o comprimento de cada volta.

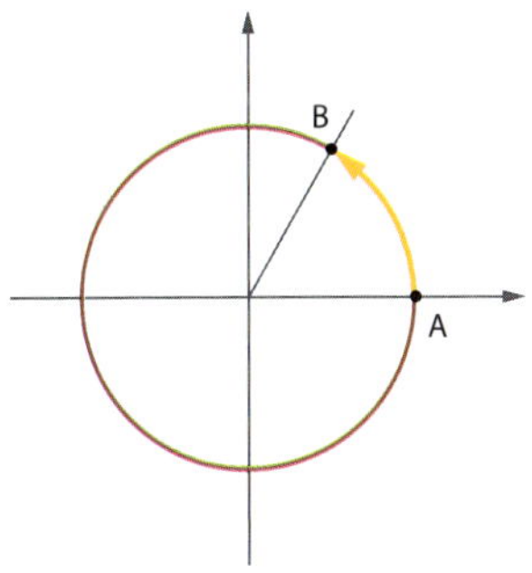

Ao número $\frac{\pi}{3}$ está associado o ponto **B**.

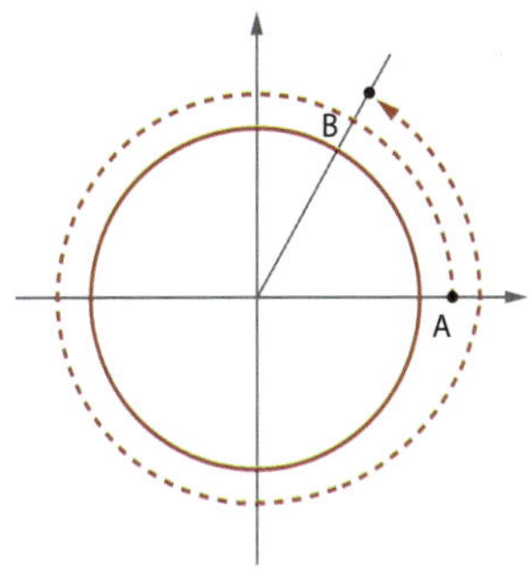

Ao número $\frac{\pi}{3} + 2\pi$ também está associado o ponto **B**.

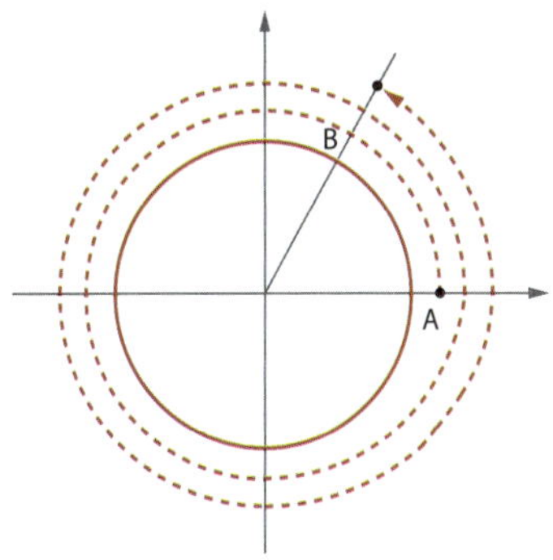

Ao número $\frac{\pi}{3} + 2 \cdot 2\pi$ está associado o mesmo ponto **B**.

Na primeira figura, o ponto deslocou-se $\frac{\pi}{3}$ ou 60° de **A** até **B**.

Na segunda figura, o ponto deslocou-se uma volta inteira (2π ou 360°) e mais $\frac{\pi}{3}$ ou 60°; ou seja, deslocou-se $\frac{7\pi}{3}$ ou 420°.

Na terceira figura, o ponto deslocou-se duas voltas inteiras ($2 \cdot 2\pi$ ou $2 \cdot 360°$) e mais $\frac{\pi}{3}$ ou 60°; ou seja, $\frac{13\pi}{3}$ ou 780°.

Supondo que o ponto se deslocasse **k** voltas inteiras, o número associado à extremidade **B** do arco $\widehat{AB}$ seria escrito assim:

$$\frac{\pi}{3} + k \cdot 2\pi \text{ ou } 60° + k \cdot 360°, \text{ com } k \in \mathbb{Z}$$

Para refletir
O que acontece quando **k** é negativo?

Podemos então definir:

Dois arcos são côngruos ou congruentes quando suas medidas diferem de um múltiplo de 2π rad ou 360°.

Exemplos:

1º) 30° e 30° + 360° ou $\frac{\pi}{6}$ e $\frac{\pi}{6} + 2\pi$ são côngruos.

2º) 45° e 45° + 2 · 360° ou $\frac{\pi}{4}$ e $\frac{\pi}{4} + 2 \cdot 2\pi$ são côngruos.

3º) 60° e 60° − 3 · 360° ou $\frac{\pi}{3}$ e $\frac{\pi}{3} - 3 \cdot 2\pi$ são côngruos.

Para refletir
Com relação ao 1º exemplo, podemos afirmar que são côngruos:
30° e 390° ou $\frac{\pi}{6}$ e $\frac{13\pi}{6}$. E com relação ao 2º e 3º exemplos?

Neste último exemplo, o sinal negativo significa que as três voltas completas foram dadas no sentido horário. Dizemos nesse caso que $60° - 3 \cdot 360° = -1\,020°$ ou $-\frac{17\pi}{3}$ são arcos negativos.

De modo geral:

- Se um arco mede $\alpha°$, os arcos côngruos a ele podem ser dados pela expressão $\alpha° + k \cdot 360°$, com $k \in \mathbb{Z}$.
- Se um arco mede **x** radianos, os arcos côngruos a ele podem ser dados pela expressão $x + k \cdot 2\pi$ ou $x + 2k\pi$, com $k \in \mathbb{Z}$.
- Como a cada ponto da circunferência podem estar associados infinitos arcos côngruos, dizemos que o arco da 1ª volta positiva (entre 0 e 2π ou 0° e 360°), associado a um ponto da circunferência, é a 1ª determinação de qualquer arco côngruo associado ao mesmo ponto.

5. Determinação de quadrantes

Os eixos **x** e **y** dividem a circunferência unitária em quatro partes congruentes chamadas *quadrantes*, numeradas de 1 a 4 e contadas a partir de **A** no sentido positivo.

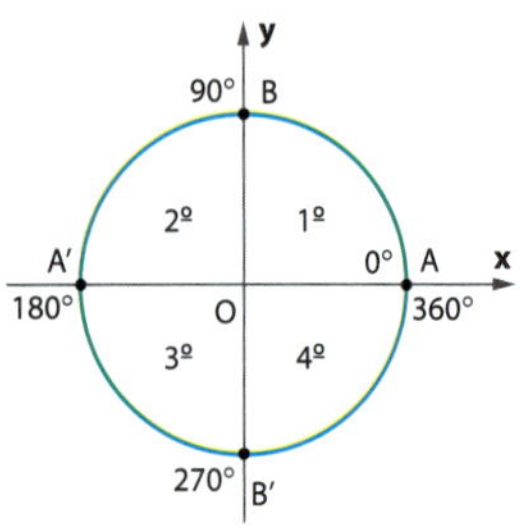

Para refletir

Os pontos **A**, **B**, **A'** e **B'** são pontos dos eixos e por isso não são considerados pontos dos quadrantes.

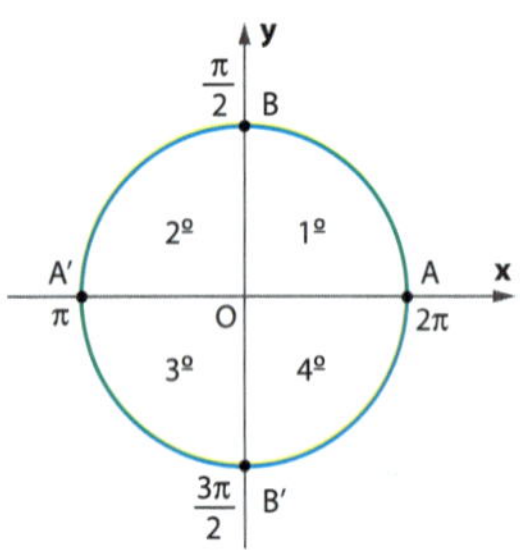

Para refletir

Para todo ponto (x, y) pertencente à circunferência unitária, temos $-1 \leq x \leq 1$ e $-1 \leq y \leq 1$.

Para determinar em que quadrante se encontra determinado arco, basta saber em que quadrante está a sua 1ª determinação. Para isso, basta reduzir cada arco à 1ª determinação e, depois, verificar o valor do arco de acordo com os pontos iniciais e finais de cada quadrante:

- 1º quadrante: 1ª determinação entre 0° e 90° ou 0 e $\frac{\pi}{2}$ rad
- 2º quadrante: 1ª determinação entre 90° e 180° ou $\frac{\pi}{2}$ e π rad
- 3º quadrante: 1ª determinação entre 180° e 270° ou π e $\frac{3\pi}{2}$ rad
- 4º quadrante: 1ª determinação entre 270° e 360° ou $\frac{3\pi}{2}$ e 2π rad

» Exemplos de aplicação

1 **Determine o menor arco não negativo côngruo ao arco de 1 320°, ou seja, a 1ª determinação do arco de 1 320°. Descubra também a que quadrante pertence o arco.**

Devemos obter o menor valor não negativo de α tal que $\alpha + k \cdot 360° = 1\,320°$, com $k \in \mathbb{Z}$.

Então:

1 320	360
240 (α)	3 (k)

$\to 1\,320° = 240° + 360° \cdot 3$

Logo, o arco pedido mede 240°.

Observe ainda que $k = 3$ representa o número de voltas completas dadas. Além disso, como $180° < 240° < 270°$, então 1 320° pertence ao 3º quadrante.

Para refletir

- Qual o significado de um número não negativo?
- Neste exercício dizemos que 240° é a 1ª determinação de 1 320° ou que 1 320° foi reduzido à 1ª volta.

2 **Determine o quadrante do arco $\frac{37\pi}{3}$ rad, além de representar a expressão geral dos arcos côngruos.**

Observação: É importante salientar que para localizar o quadrante e encontrar a expressão geral dos arcos côngruos, é necessário achar a 1ª determinação positiva.

Retirando-se um número inteiro de voltas completas, encontraremos a 1ª determinação positiva. Então:

$$\frac{37\pi}{3} = \frac{\pi + 36\pi}{3} = \frac{\pi}{3} + \frac{36\pi}{3} = \frac{\pi}{3} + 6 \cdot 2\pi$$

O número de voltas é 6 e a 1ª determinação é $\frac{\pi}{3}$ rad, então a expressão geral dos arcos côngruos é

$\frac{\pi}{3} + 2k\pi$, com $k \in \mathbb{Z}$; além disso, $0 < \frac{\pi}{3} < \frac{\pi}{2}$, portanto $\frac{\pi}{3}$ rad pertence ao 1º quadrante.

3 **Represente na circunferência unitária as extremidades dos arcos dados, em rad, pela expressão $x = \frac{\pi}{3} + k\pi$, com $k \in \mathbb{Z}$.**

Temos:

- para $k = 0 \Rightarrow x = \frac{\pi}{3}$
- para $k = 1 \Rightarrow x = \frac{\pi}{3} + \pi = \frac{4\pi}{3}$
- para $k = 2 \Rightarrow x = \frac{\pi}{3} + 2\pi$ $\left(\text{côngruos de } \frac{\pi}{3}\right)$

Para os demais valores de **k**, obteremos:

- arcos côngruos de $\frac{\pi}{3}$ (com extremidades em $\mathbf{P_1}$)
- arcos côngruos de $\frac{\pi}{3} + \pi$ (com extremidades em $\mathbf{P_2}$)

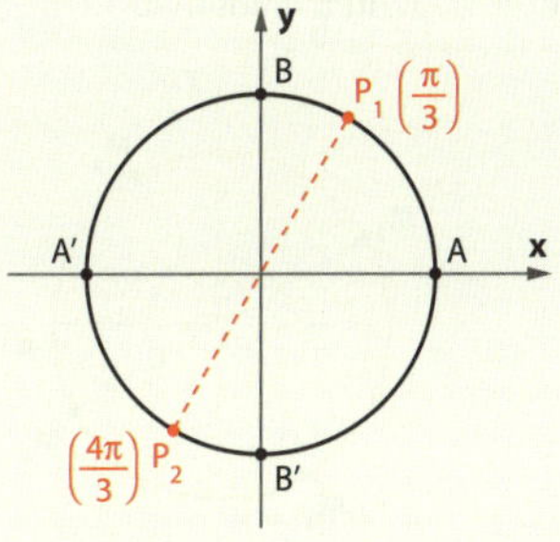

4 (Enem) Nos *X-Games Brasil*, em maio de 2004, o skatista brasileiro Sandro Dias, apelidado "Mineirinho", conseguiu realizar a manobra denominada "900", na modalidade *skate* vertical, tornando-se o segundo atleta no mundo a conseguir esse feito. A denominação "900" refere-se ao número de graus que o atleta gira no ar em torno de seu próprio corpo, que, no caso, corresponde a:

a) uma volta completa.
b) uma volta e meia.
c) duas voltas completas.
d) duas voltas e meia.
e) cinco voltas completas.

» Resolução passo a passo

1. Lendo e compreendendo

a) O que é dado no problema?

É explicado que a denominação "900", na manobra do *skate* vertical, se refere ao número de graus que o atleta gira em torno do seu próprio corpo.

b) O que se pede?

Pede-se ao aluno que determine quantas voltas o atleta gira quando faz a manobra denominada "900" no *skate* vertical.

2. Planejando a solução

Sabendo que uma volta completa equivale a um giro de 360°, basta determinarmos quantas voltas equivalem a 900°.

Isso pode ser feito de várias maneiras: descobrindo-se quantas vezes o 360° "cabe" no 900°; usando-se proporção, etc. Usaremos uma delas na obtenção da resposta e a outra na verificação.

3. Executando o que foi planejado

- Chamando de **x** o número de vezes que 360° "cabem" em 900°, temos: 900 | 360 → x

$$360x = 900 \Rightarrow x = \frac{900}{360} = 2{,}5$$

Portanto, são duas voltas e meia.

Note que isso equivale a usar a chamada "regra de três".

4. Verificando

Para verificar, vamos usar a proporção. Chamando de **x** o número de voltas que equivale a 900°, temos:

$$\frac{x}{900} = \frac{1}{360} \Rightarrow \frac{900}{360} = 2{,}5$$

Isso confirma o resultado obtido anteriormente.

Note que essa segunda estratégia equivale a usar a chamada "regra de três simples".

5. Respondendo

A resposta é a alternativa **d**.

6. Ampliando o problema

a) Muitas outras manobras do *skate* vertical (rampa em forma de **U**) têm no nome números que indicam a rotação em graus do atleta. Uma manobra como "180 *ollie frontside*" consiste num giro de meia volta no ar quando o atleta sai da rampa, voltando para ela com o *skate* já na nova posição. Considerando apenas o nome das manobras abaixo, descreva o número de voltas do giro do atleta em cada uma delas:

I) *Fakie* 360
II) 540 *McTwist*
III) 720 *McHawk*

b) A manobra que consiste em dar 3 voltas completas foi conseguida, em março de 2012, pelo skatista norte-americano Tom Schaar, de 12 anos. Qual é o nome dessa manobra, sabendo que ela foi batizada segundo o mesmo critério usado para dar nome ao "900"?

STRINGER/AGENCE FRANCE-PRESSE/GETTY IMAGES

c) **Discussão em equipe**

Skatismo é ou não é esporte? Há quem defenda uma e outra posição. Já quiseram até mesmo incluir essa atividade em olimpíadas. Alguns dos maiores nomes do skatismo mundial dizem que "skatismo não é esporte, é estilo de vida". Por outro lado, ele é considerado um "esporte radical" e participa dos *X-Games*, a "olimpíada dos esportes radicais". Converse com seus colegas e dê sua opinião.

d) **Pesquisa**

Quem foi o primeiro a executar o "900"? Quando e onde isso aconteceu?

» Exercícios

7 Divida, a partir da origem em **A**, a circunferência unitária em 8 partes iguais. A seguir, determine, em rad, a medida do menor arco não negativo associado a cada ponto de divisão.

8 Divida, a partir da origem em **A**, a circunferência unitária em 12 partes iguais. A seguir, determine, em rad, a medida do menor arco não negativo associado a cada ponto de divisão.

9 Encontre a 1ª determinação e o quadrante em que se localiza cada arco abaixo:

a) 685° **c)** $-400°$ **e)** $\frac{23\pi}{6}$ rad

b) 1 140° **d)** $\frac{10\pi}{3}$ rad **f)** $\frac{17\pi}{4}$ rad

10 Escreva a expressão geral dos arcos congruentes a:
(*Sugestão*: Determine primeiro o menor arco não negativo côngruo ao arco dado.)

a) 800°; **b)** 420°; **c)** $\frac{9\pi}{4}$ rad; **d)** $\frac{19\pi}{3}$ rad.

11 Considerando a origem em **A**, represente, na circunferência unitária, a outra extremidade dos arcos dados, em radianos, pela expressão (com $k \in \mathbb{Z}$):

a) $x = \frac{\pi}{4} + k\pi$ **d)** $x = -\frac{\pi}{3} + 2k\pi$

b) $x = \frac{\pi}{6} + k\pi$ **e)** $x = -\frac{\pi}{4} + k\pi$

c) $x = \frac{2\pi}{3} + 2k\pi$

12 Dê a expressão geral, em radianos, dos arcos de extremidades nos pontos indicados, considerando a origem em **A**:

a)

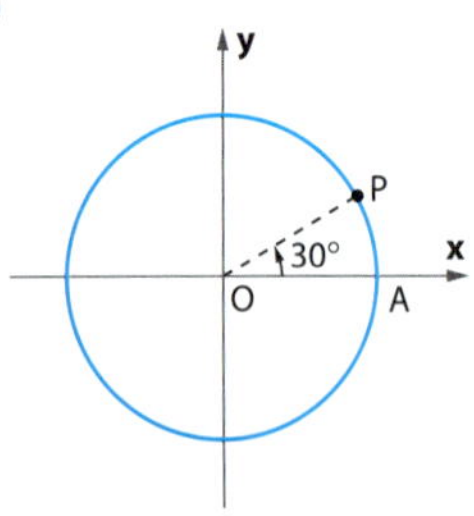

d)

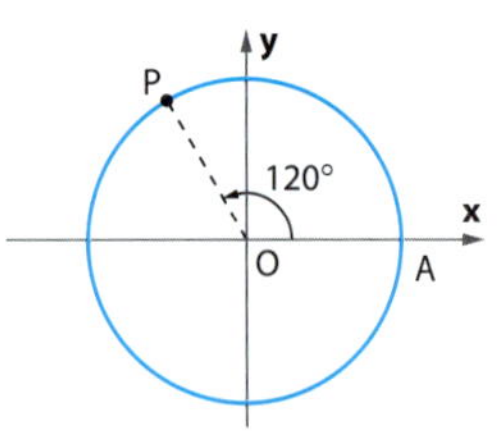

b)

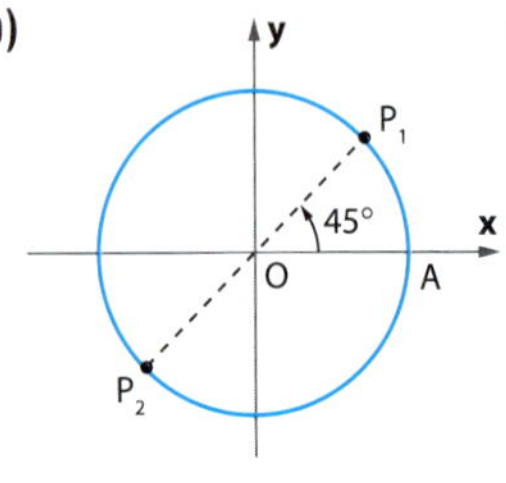

e)

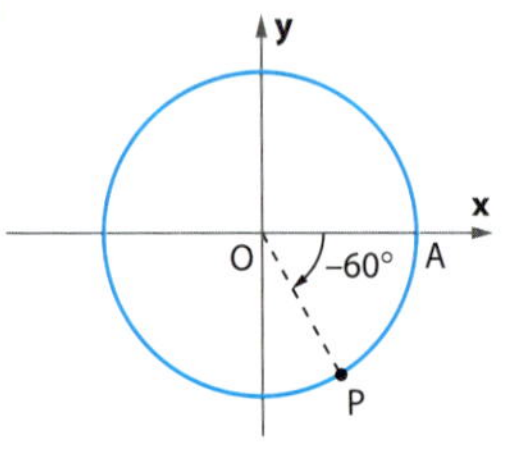

c)

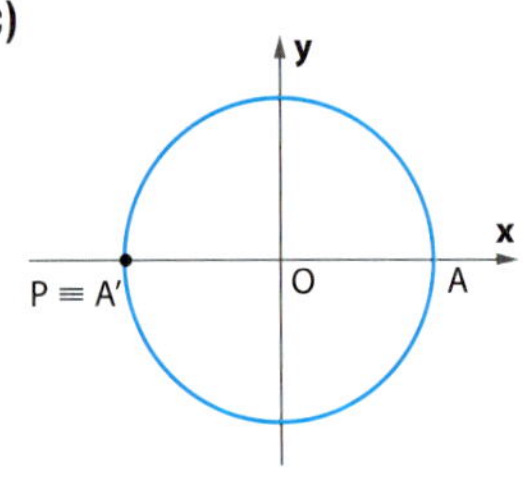

f)

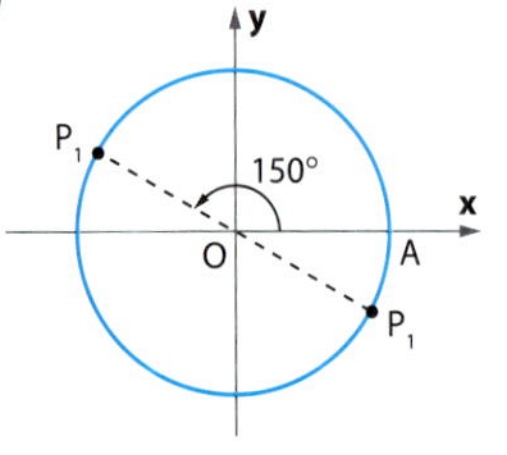

13 Na circunferência da figura abaixo estão representadas as extremidades $\mathbf{M_1}$, $\mathbf{M_2}$, $\mathbf{M_3}$ e $\mathbf{M_4}$ dos arcos dados, em radianos, pela expressão (com $k \in \mathbb{Z}$):

a) $\frac{\pi}{3} + 2k\pi$. **c)** $\frac{\pi}{6} + 2k\pi$. **e)** $\frac{\pi}{3} + k \cdot \frac{\pi}{2}$.

b) $\frac{\pi}{3} + k\pi$. **d)** $\frac{\pi}{6} + k\pi$.

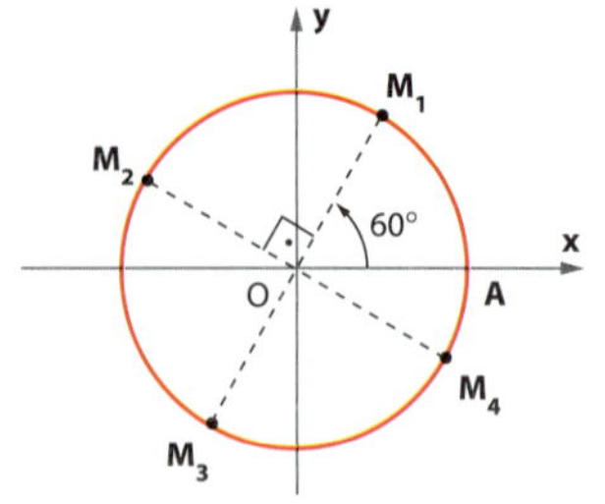

14 Em 1792, durante a Revolução Francesa, houve na França uma reforma de pesos e medidas que culminou na adoção de uma nova unidade de medida de ângulos, que dividia o ângulo reto em 100 partes iguais, chamadas *grado*. Um grado (1 gr) é então a unidade que divide o ângulo reto em 100 partes iguais, e o minuto divide o grado em 100 partes, bem como o segundo divide o minuto também em 100 partes. Tudo isso para que a unidade de medição de ângulos ficasse em conformidade com o sistema métrico. A ideia não foi muito bem-sucedida, mas até hoje encontramos na maioria das calculadoras científicas as três unidades: grau, radiano e grado.
Baseado no texto acima, responda:

a) A quantos grados equivale meia-volta? E uma volta inteira?
b) Em qual quadrante termina o arco trigonométrico de 250 gr?
c) A quantos grados equivale 1 rad?
d) A quantos graus equivale 1 gr?

6. A ideia de seno, cosseno e tangente de um número real

No capítulo 11, os valores sen α, cos α e tg α foram definidos apenas para ângulos agudos, ou seja, para $0 < \alpha < \frac{\pi}{2}$, com α indicando a medida do ângulo em radianos.

Para esses valores de α foram demonstradas duas importantes relações:

$$\text{sen}^2\,\alpha + \cos^2\alpha = 1 \quad \text{e} \quad \text{tg}\,\alpha = \frac{\text{sen}\,\alpha}{\cos\alpha}$$

No capítulo 12, os valores de sen α, cos α e tg α foram estendidos para $\alpha = 0$ (ângulo nulo), $\alpha = \frac{\pi}{2}$ (ângulo reto) e $\frac{\pi}{2} < \alpha < \pi$ (ângulos obtusos) para possibilitar a resolução de triângulos quaisquer, mas sem a justificativa desses valores.

Agora vamos estender a noção de sen α, cos α e tg α para *todos os valores reais de α*.

Consideremos **P**(x, y) um ponto da circunferência trigonométrica, ponto final do arco de medida α rad, definido a partir do número real α. Nessas condições, definimos:

sen α = ordenada de **P** cos α = abscissa de **P**

$$\text{tg}\,\alpha = \frac{\text{sen}\,\alpha}{\cos\alpha},\ \cos\alpha \neq 0$$

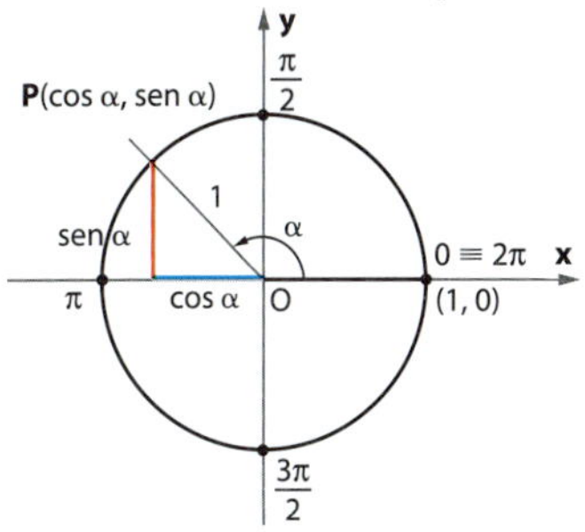

Observe que essa definição coincide com aquela dada para ângulos agudos, pois, como todos os pontos da circunferência trigonométrica estão à distância 1 da origem, pela relação de Pitágoras, temos:

$$\text{sen}^2\,\alpha + \cos^2\alpha = 1$$

Assim, essa definição, estendida agora para qualquer número real, mantém as relações fundamentais.

Observe também que tg α não é definida para alguns valores de α, como para $\alpha = \frac{\pi}{2}$ e $\alpha = \frac{3\pi}{2}$, em que $\cos\alpha = 0$.

Dessa forma, ao associar um número real α a um arco da circunferência, estamos associando o número real ao ponto **P** cuja abscissa é o cosseno de α e cuja ordenada é o seno de α.

Apesar de a definição de seno e cosseno na circunferência trigonométrica necessitar do arco em radianos — por causa da associação com os números reais (como exposto no início do capítulo) —, não há problema em se referir aos valores dos ângulos em graus. Então, agora podemos pensar em seno e cosseno de arcos (ou ângulos) maiores do que 90°, algo impensável quando se trabalhava com triângulos retângulos. Também podemos pensar em senos e cossenos de ângulos negativos.

Geometricamente, o cos x é a abscissa de **P** e o sen x é a ordenada de **P**.

Vejamos agora o significado geométrico de tg x.

Para isso, vamos considerar na circunferência trigonométrica a reta **t**, tangente à circunferência no ponto **A**, com a mesma orientação do eixo **y**.

Observe as figuras com **P** em cada um dos quadrantes:

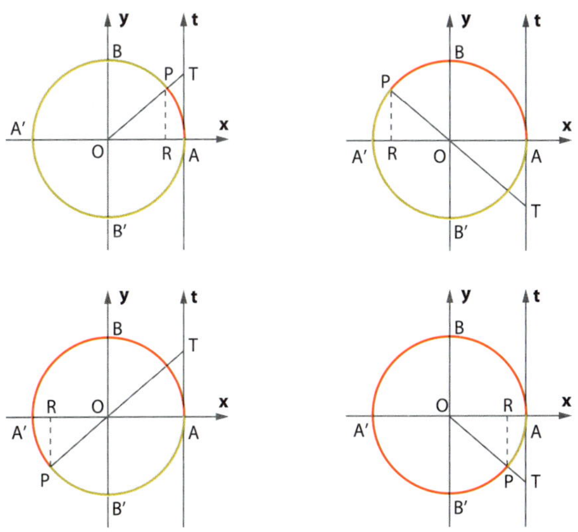

Em todos os casos, △ORP e △OAT são semelhantes. Dessa semelhança, vem:

$$\frac{\overline{PR}}{\overline{OR}} = \frac{\overline{AT}}{\overline{OA}} \quad \text{ou} \quad \frac{\text{sen } x}{\cos x} = \frac{\overline{AT}}{1}$$

Para refletir
Justifique que △ORP ~ △OAT.

Como $\frac{\text{sen } x}{\cos x} = \text{tg } x$ e $\frac{\overline{AT}}{1} = \overline{AT}$, então temos $\text{tg } x = \overline{AT}$, ou seja, geometricamente a tg x é AT, medida algébrica de $\overline{AT}$.

Se **T** é o encontro das retas $\overleftrightarrow{OP}$ e **t**, no caso de essas retas serem paralelas, não existe $\overline{AT}$ e por isso não existe tg x.

Para refletir
Medida algébrica de $\overline{AT}$ significa que ela pode ser positiva, negativa ou nula.

Por exemplo, $\text{tg}\,\frac{\pi}{2}$ e $\text{tg}\,\frac{3\pi}{2}$ não existem $\left(\text{veja que } \cos\frac{\pi}{2} = 0 \text{ e } \cos\frac{3\pi}{2} = 0\right)$.

Como a reta **t** é orientada "para cima", o ponto **T** (encontro de $\overleftrightarrow{OP}$ com **t**) é positivo quando **P** é do 1º ou do 3º quadrante; é negativo quando **P** é do 2º ou 4º quadrante. Assim, sabemos o sinal da tangente em qualquer quadrante.

7. Valores notáveis

Valores notáveis do seno

objeto digital

Considerando **x** como a medida de um arco $\overset{\frown}{AP}$, os valores de sen x são chamados *valores notáveis* quando $x = \frac{\pi}{6}$, $x = \frac{\pi}{4}$, $x = \frac{\pi}{3}$, $x = 0$, $x = \frac{\pi}{2}$, $x = \pi$, $x = \frac{3\pi}{2}$, ou $x = 2\pi$.

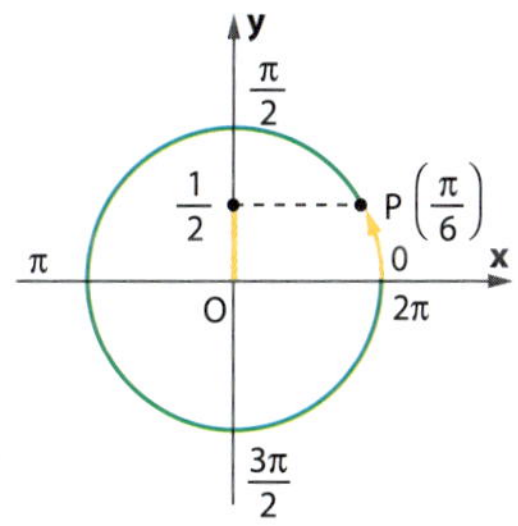

$x = \frac{\pi}{6}$ (30°)

$$\text{sen}\,\frac{\pi}{6} = \frac{1}{2}$$

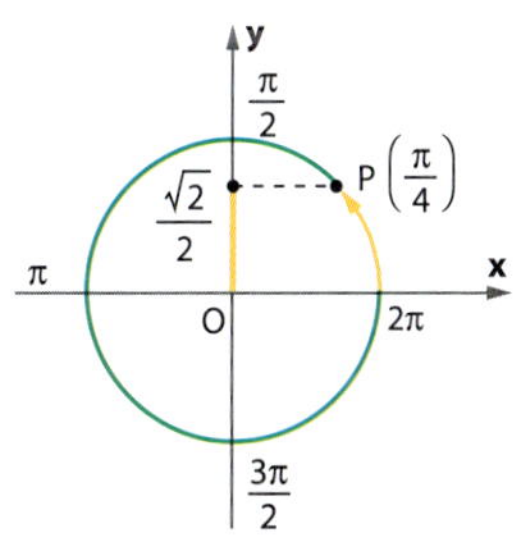

$x = \frac{\pi}{4}$ (45°)

$$\text{sen}\,\frac{\pi}{4} = \frac{\sqrt{2}}{2}$$

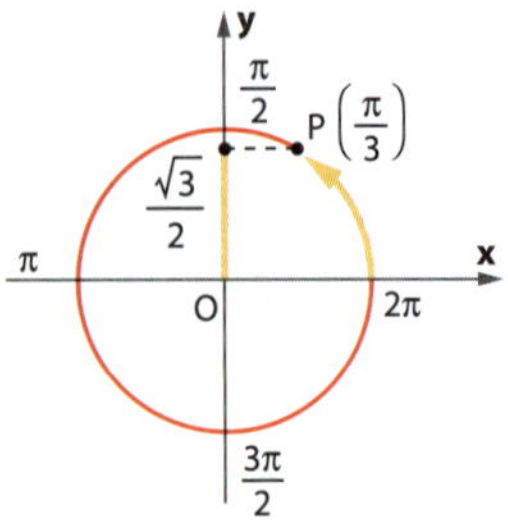

$x = \frac{\pi}{3}$ (60°)

$\text{sen } \frac{\pi}{3} = \frac{\sqrt{3}}{2}$

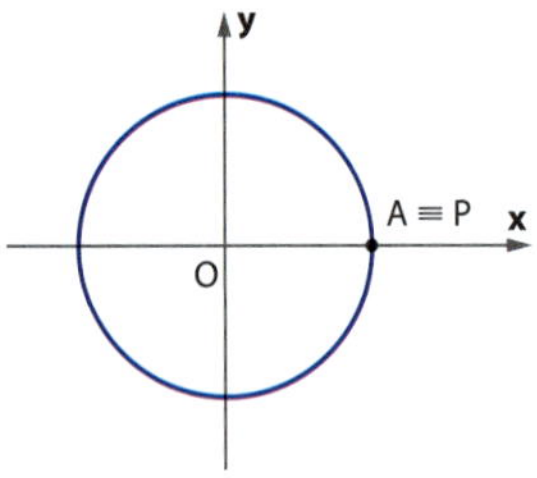

$x = 0$ (0°)

$\text{sen } 0 = 0$

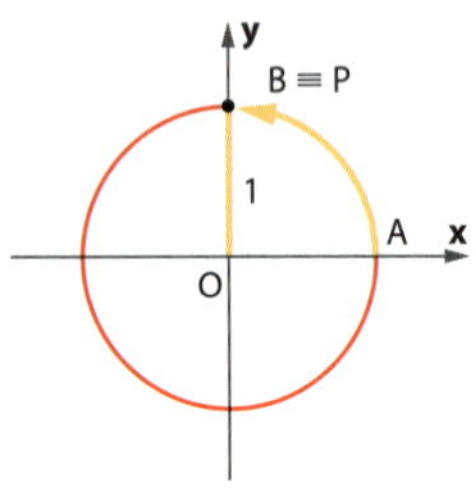

$x = \frac{\pi}{2}$ (90°)

$\text{sen } \frac{\pi}{2} = 1$

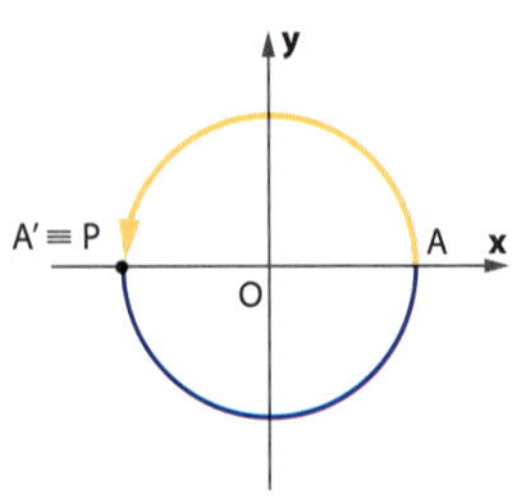

$x = \pi$ (180°)

$\text{sen } \pi = 0$

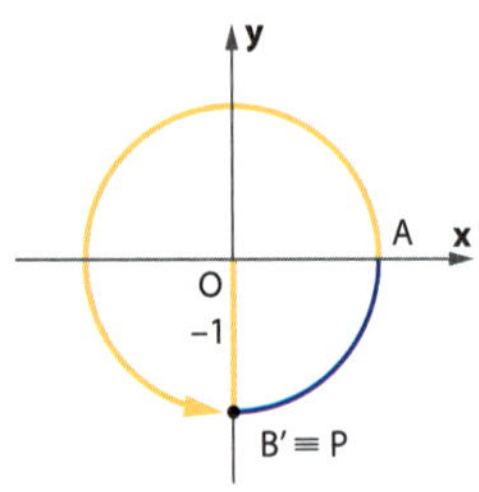

$x = \frac{3\pi}{2}$ (270°)

$\text{sen } \frac{3\pi}{2} = -1$

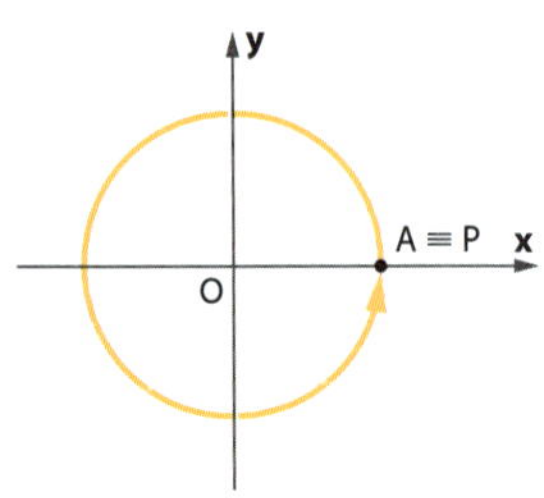

$x = 2\pi$ (360°)

$\text{sen } 2\pi = 0$

Para refletir

São iguais os valores de $\text{sen } \frac{\pi}{6}$, $\text{sen } \frac{13\pi}{6}$ e $\text{sen } \left(-\frac{5\pi}{6}\right)$.

Veja a tabela com os valores notáveis do seno:

sen x	x
0	0
$\frac{1}{2}$	$\frac{\pi}{6}$ (30°)
$\frac{\sqrt{2}}{2}$	$\frac{\pi}{4}$ (45°)
$\frac{\sqrt{3}}{2}$	$\frac{\pi}{3}$ (60°)
1	$\frac{\pi}{2}$ (90°)
0	π (180°)
−1	$\frac{3\pi}{2}$ (270°)
0	2π (360°)

Valores notáveis do cosseno

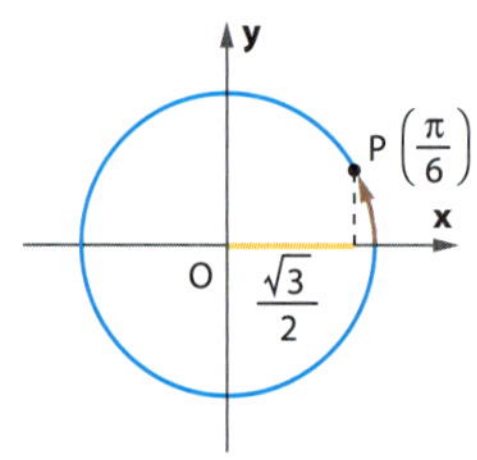

$\cos \frac{\pi}{6} = \frac{\sqrt{3}}{2}$

ou

$\cos 30° = \frac{\sqrt{3}}{2}$

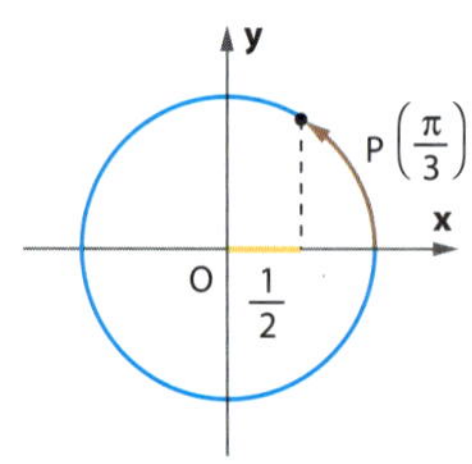

$\cos \frac{\pi}{3} = \frac{1}{2}$

ou

$\cos 60° = \frac{1}{2}$

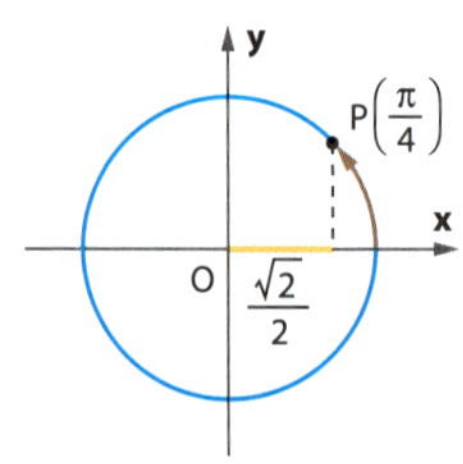

$\cos \frac{\pi}{4} = \frac{\sqrt{2}}{2}$

ou

$\cos 45° = \frac{\sqrt{2}}{2}$

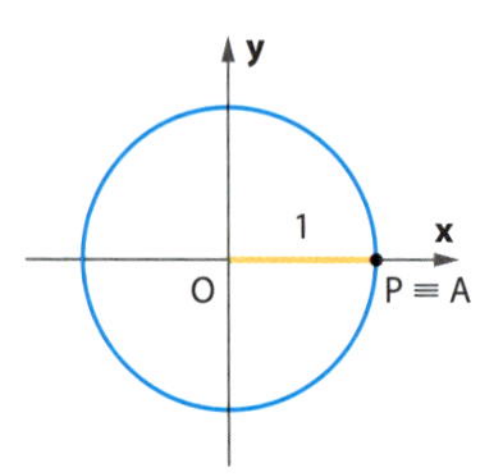

$\cos 0 = 1$

ou

$\cos 0° = 1$

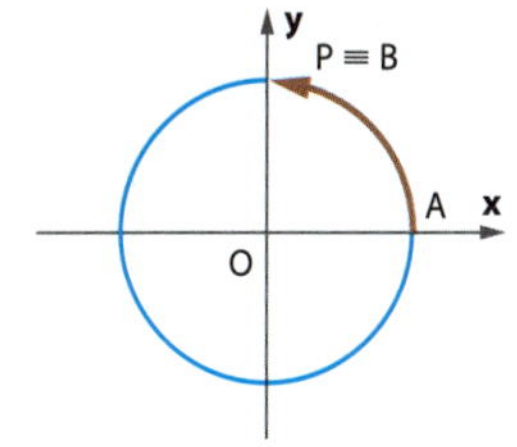

$\cos \frac{\pi}{2} = 0$

ou

$\cos 90° = 0$

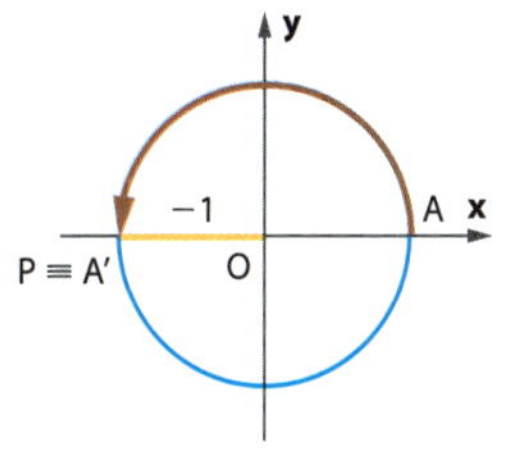

$\cos \pi = -1$

ou

$\cos 180° = -1$

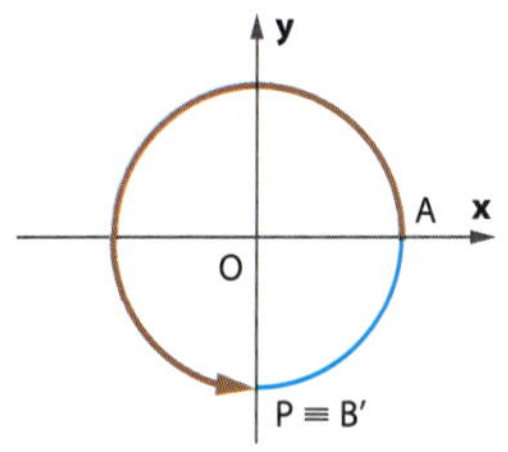

$\cos \frac{3\pi}{2} = 0$

ou

$\cos 270° = 0$

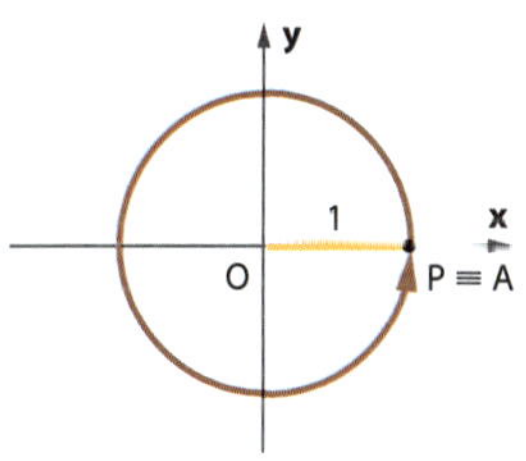

$\cos 2\pi = 1$

ou

$\cos 360° = 1$

Veja a tabela com os valores notáveis do cosseno:

cos x	x
1	0
$\frac{\sqrt{3}}{2}$	$\frac{\pi}{6}$ (30°)
$\frac{\sqrt{2}}{2}$	$\frac{\pi}{4}$ (45°)
$\frac{1}{2}$	$\frac{\pi}{3}$ (60°)
0	$\frac{\pi}{2}$ (90°)
−1	π (180°)
0	$\frac{3\pi}{2}$ (270°)
1	2π (360°)

Valores notáveis da tangente

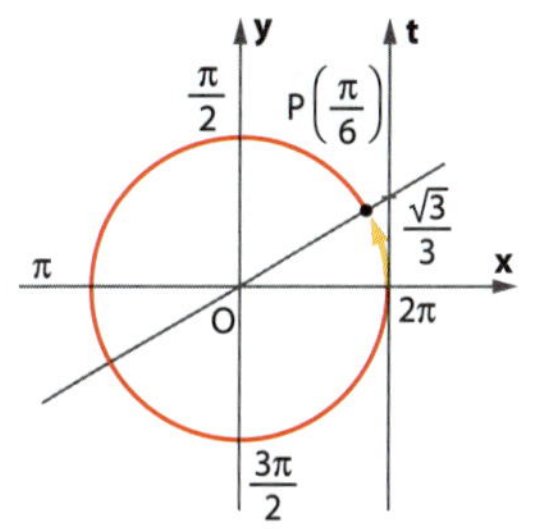

$x = \frac{\pi}{6}$ (30°)

$\text{tg}\, \frac{\pi}{6} = \frac{\sqrt{3}}{3}$

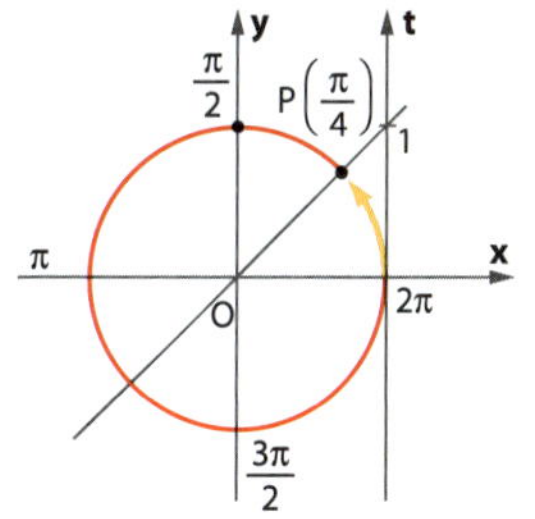

$x = \frac{\pi}{4}$ (45°)

$\text{tg}\, \frac{\pi}{4} = 1$

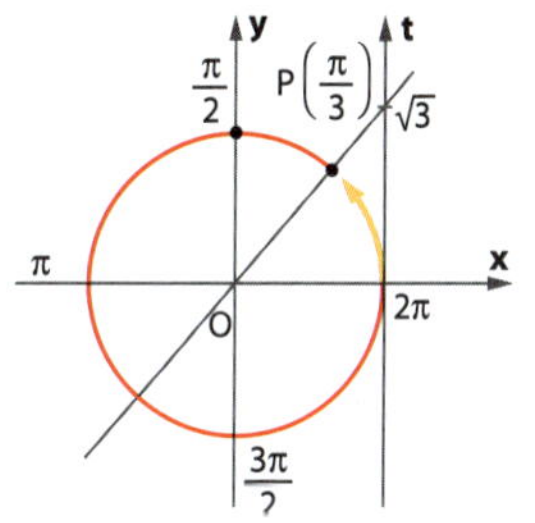

$x = \frac{\pi}{3}$ (60°)

$\text{tg}\, \frac{\pi}{3} = \sqrt{3}$

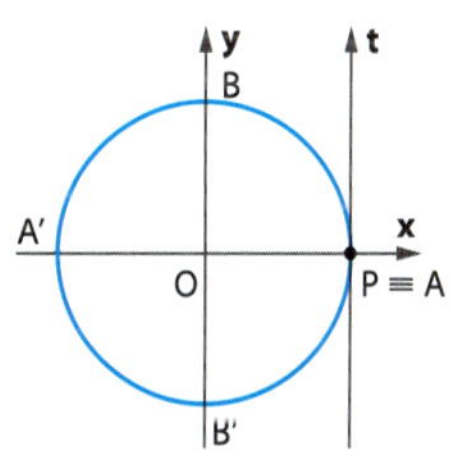

$x = 0$

$\text{tg}\, 0 = 0$

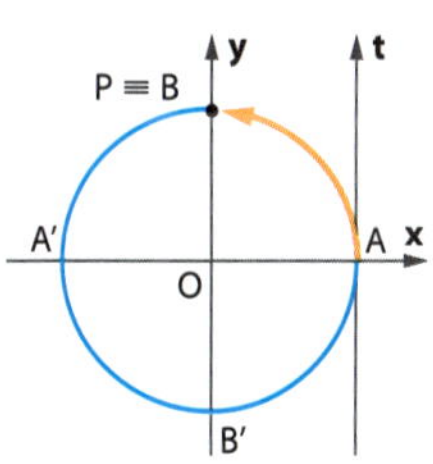

$x = \frac{\pi}{2}$

Não é definida a $\text{tg}\, \frac{\pi}{2}$.

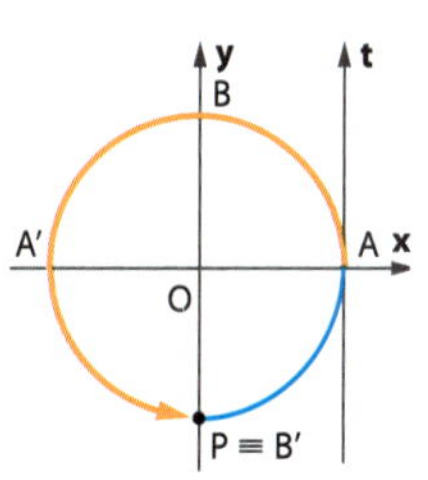

$x = \frac{3\pi}{2}$

Não é definida a $\text{tg}\, \frac{3\pi}{2}$.

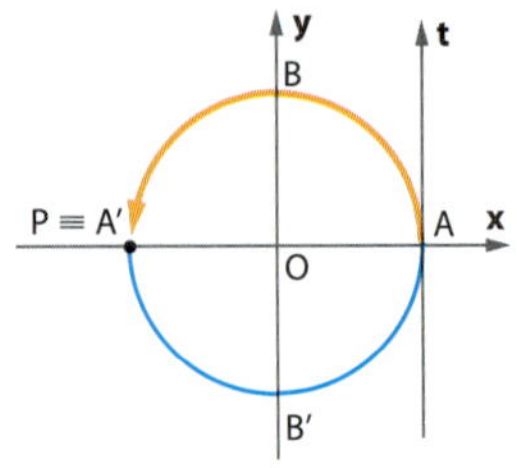

$x = \pi$

$\text{tg}\ \pi = 0$

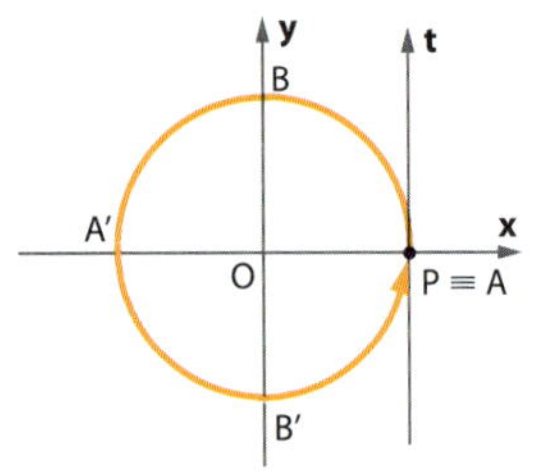

$x = 2\pi$

$\text{tg}\ 2\pi = 0$

Veja a tabela com os valores notáveis da tangente:

tg x	x
0	0
$\frac{\sqrt{3}}{3}$	$\frac{\pi}{6}$ (30°)
1	$\frac{\pi}{4}$ (45°)
$\sqrt{3}$	$\frac{\pi}{3}$ (60°)
∄	$\frac{\pi}{2}$ (90°)
0	π (180°)
∄	$\frac{3\pi}{2}$ (270°)
0	2π (360°)

8. Redução ao 1º quadrante da 1ª volta positiva

Seno e cosseno, como coordenadas de um ponto, têm sinais que dependem do quadrante em que se encontram, conforme o diagrama abaixo:

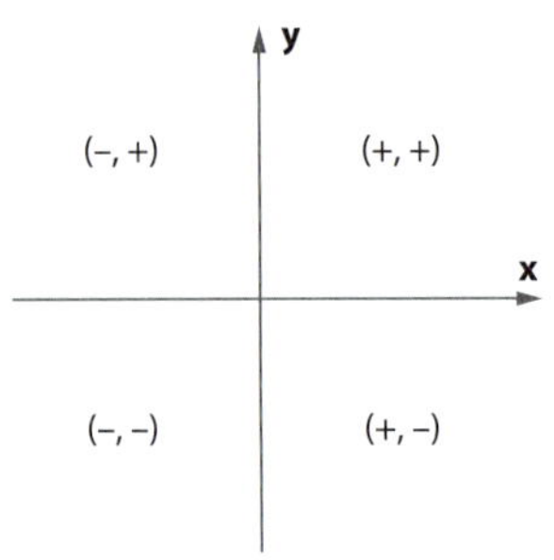

Lembre-se:
cos α: abscissa de **P**
sen α: ordenada de **P**

$$\text{tg}\ \alpha = \frac{\text{sen}\ \alpha}{\cos \alpha}$$

- Se o arco é do 1º quadrante, o cosseno é positivo, o seno é positivo e a tangente é positiva.
- Se o arco é do 2º quadrante, o cosseno é negativo, o seno é positivo e a tangente é negativa.
- Se o arco é do 3º quadrante, o cosseno é negativo, o seno é negativo e a tangente é positiva.
- Se o arco é do 4º quadrante, o cosseno é positivo, o seno é negativo e a tangente é negativa.

Vejamos agora como é possível determinar o valor do seno e do cosseno, em qualquer quadrante, conhecidos seus valores no 1º quadrante. Isso se chama redução ao 1º quadrante. Examine cada figura considerando inicialmente apenas os valores de α da 1ª volta positiva.

1º caso: α está no 2º quadrante $\left(\frac{\pi}{2} < \alpha < \pi\right)$

O ponto **P'** é o simétrico de **P** em relação ao eixo **y**.

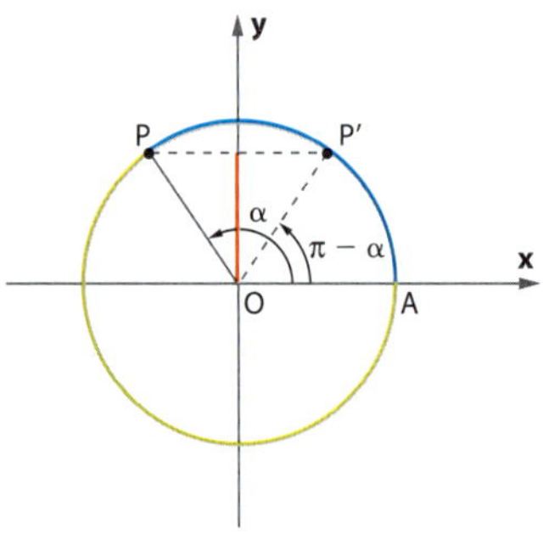

$\text{sen}\ \alpha = \text{sen}\ (\pi - \alpha)$

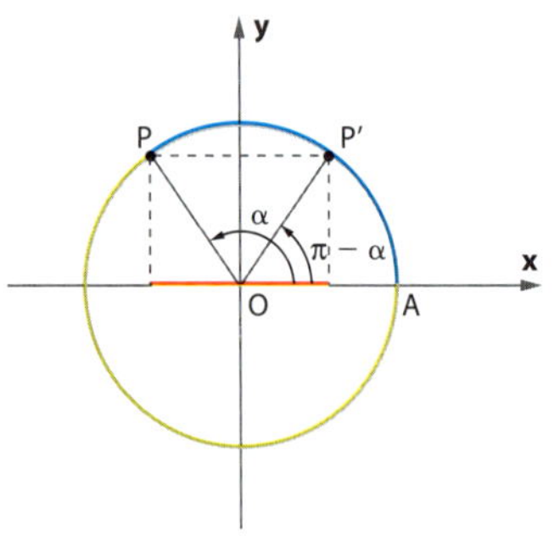

$\cos \alpha = -\cos (\pi - \alpha)$

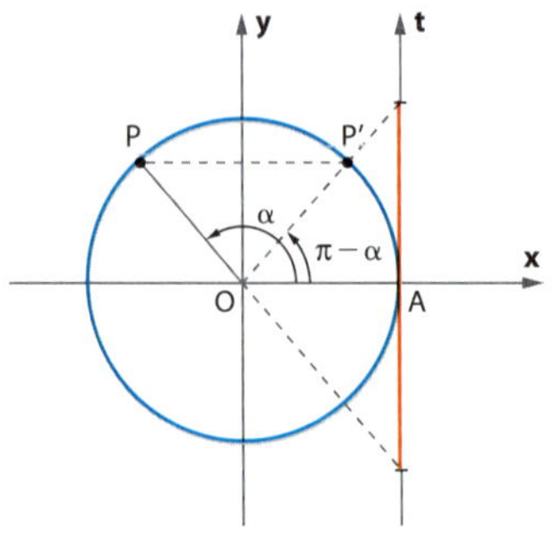

$\text{tg}\ \alpha = -\text{tg}\ (\pi - \alpha)$

2º caso: α está no 3º quadrante $\left(\pi < \alpha < \frac{3\pi}{2}\right)$

O ponto **P′** é o simétrico de **P** em relação ao ponto **O**.

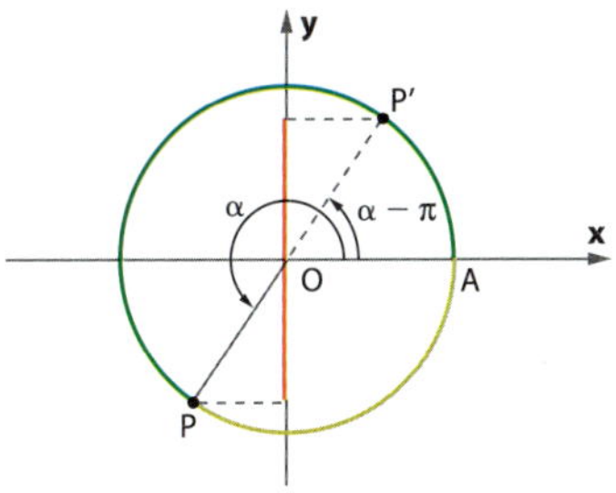

sen α = −sen (α − π)

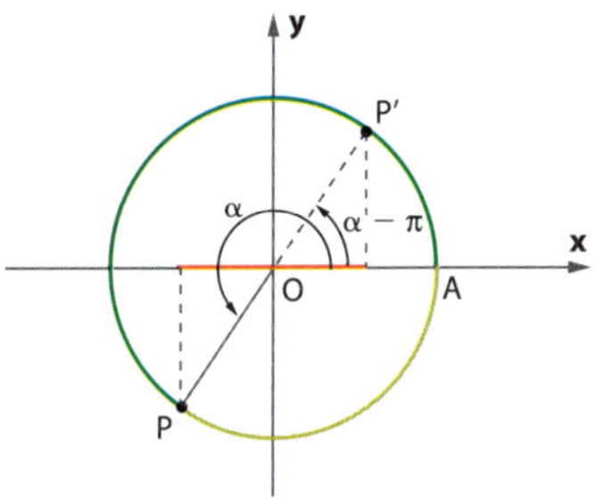

cos α = −cos (α − π)

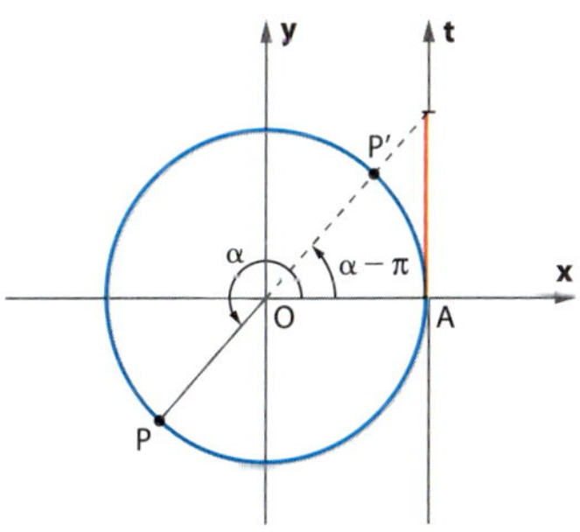

tg α = tg (α − π)

3º caso: α está no 4º quadrante $\left(\frac{3\pi}{2} < \alpha < 2\pi\right)$

O ponto **P′** é o simétrico de **P** em relação ao eixo **x**.

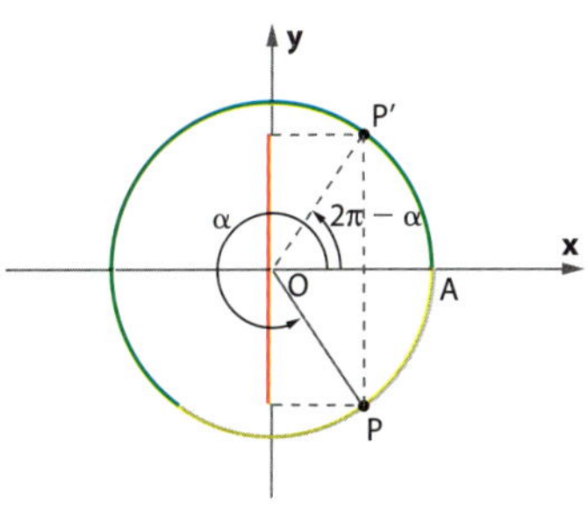

sen α = −sen (2π − α)

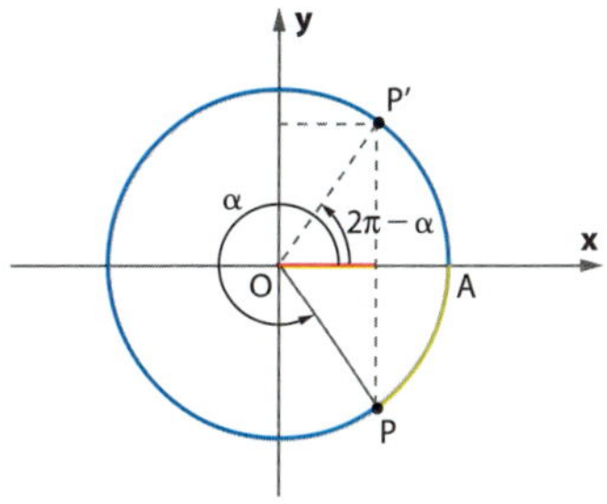

cos α = cos (2π − α)

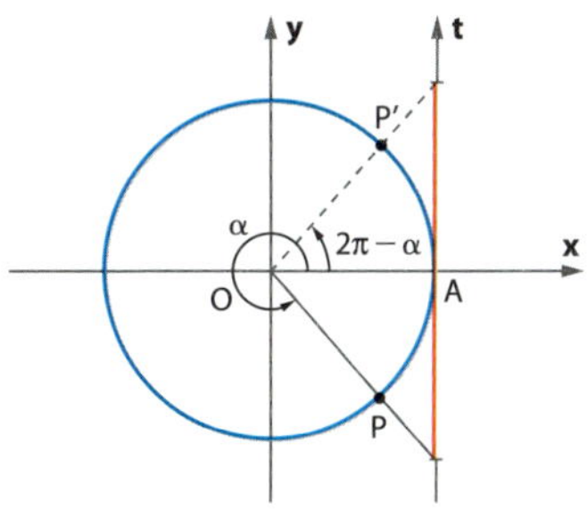

tg α = −tg (2π − α)

» Exemplos de aplicação

Vamos considerar os arcos com medidas em graus para facilitar a compreensão inicial do processo. Lembre-se de que é perfeitamente adequado o uso de graus para se referir à medida de ângulos e arcos no círculo trigonométrico.

O melhor procedimento é evitar as fórmulas e, em cada caso particular, fazer a construção que fizemos anteriormente.

1 Determine:

a) sen 120°, cos 120° e tg 120°:

$180° - 120° = 60°$

sen 120° =

$= \text{sen } 60° = \frac{\sqrt{3}}{2}$

cos 120° =

$= -\cos 60° = -\frac{1}{2}$

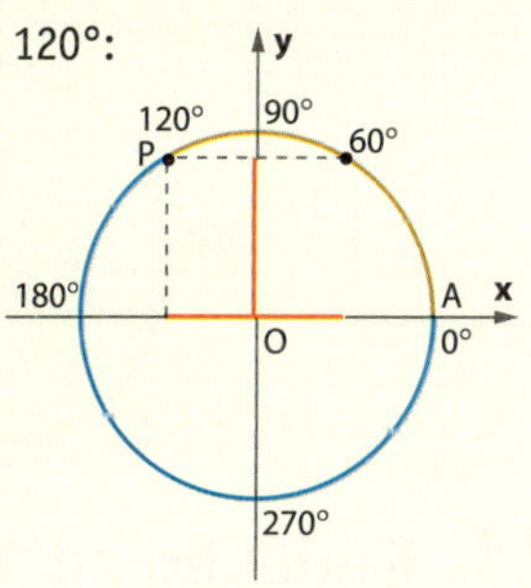

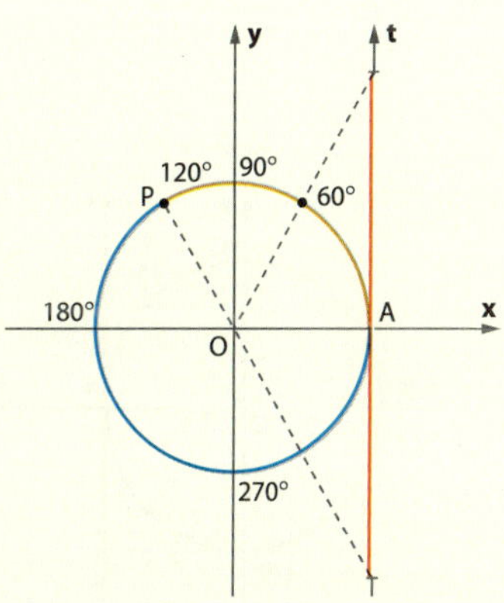

$\text{tg } 120° = -\text{tg } 60° = -\sqrt{3}$

b) sen 240°, cos 240° e tg 240°:

240° − 180° = 60°

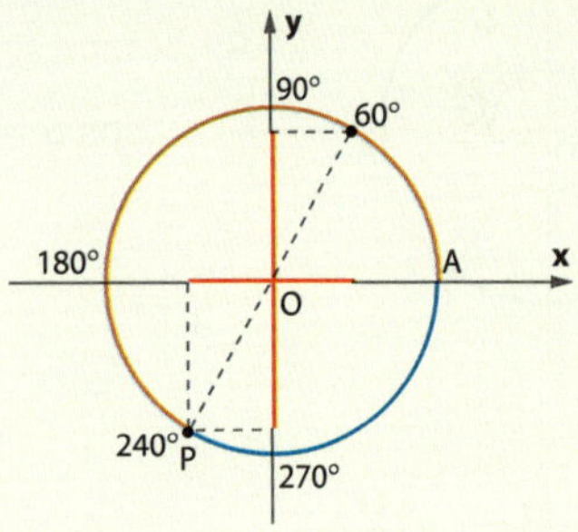

$$\text{sen } 240° = -\text{sen } 60° = -\frac{\sqrt{3}}{2}$$

$$\cos 240° = -\cos 60° = -\frac{1}{2}$$

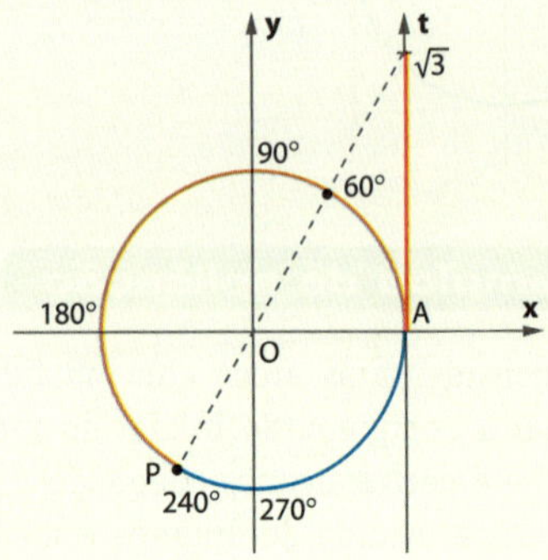

$$\text{tg } 240° = \text{tg } 60° = \sqrt{3}$$

c) sen 315°, cos 315° e tg 315°:

360° − 315° = 45°

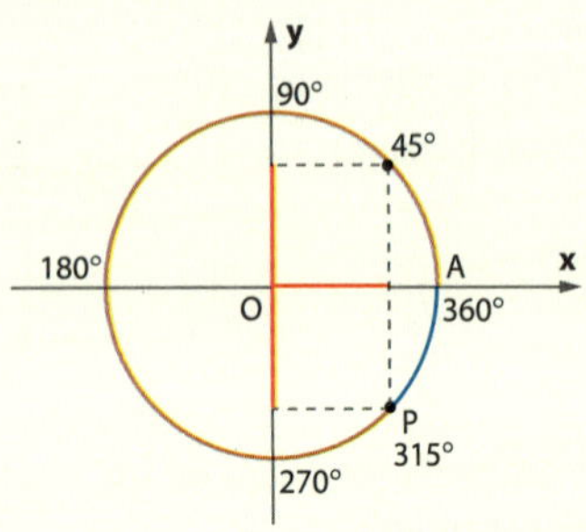

$$\text{sen } 315° = -\text{sen } 45° = -\frac{\sqrt{2}}{2}$$

$$\cos 315° = \cos 45° = \frac{\sqrt{2}}{2}$$

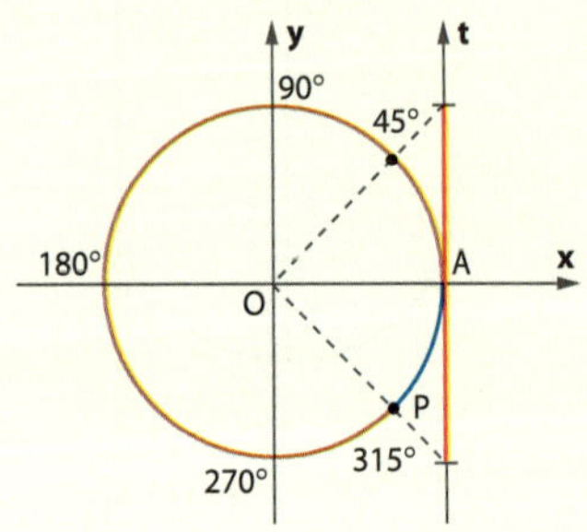

$$\text{tg } 315° = -\text{tg } 45° = -1$$

2 Agora, com os ângulos medidos em radianos, determine:

a) sen $\frac{4\pi}{3}$, cos $\frac{4\pi}{3}$ e tg $\frac{4\pi}{3}$:

> **Para refletir**
> $$\frac{4\pi}{3} = \pi + \frac{\pi}{3}$$

$$\frac{4\pi}{3} - \pi = \frac{4\pi - 3\pi}{3} = \frac{\pi}{3}$$

$$\text{sen } \frac{4\pi}{3} = -\text{sen } \frac{\pi}{3} = -\frac{\sqrt{3}}{2}$$

$$\cos \frac{4\pi}{3} = -\cos \frac{\pi}{3} = -\frac{1}{2}$$

$$\text{tg } \frac{4\pi}{3} = \text{tg } \frac{\pi}{3} = \sqrt{3}$$

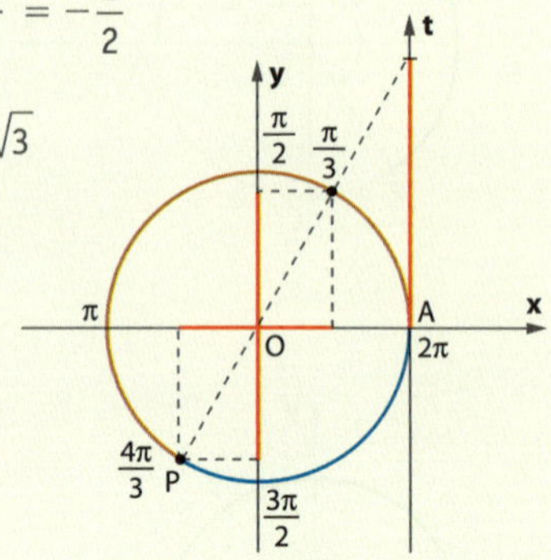

b) sen, $\frac{5\pi}{6}$, cos $\frac{5\pi}{6}$ e tg $\frac{5\pi}{6}$:

> **Para refletir**
> $$\frac{5\pi}{6} = \pi - \frac{\pi}{6}$$

$$\pi - \frac{5\pi}{6} = \frac{6\pi - 5\pi}{6} = \frac{\pi}{6}$$

$$\text{sen } \frac{5\pi}{6} = \text{sen } \frac{\pi}{6} = \frac{1}{2}$$

$$\cos \frac{5\pi}{6} = \cos \frac{\pi}{6} = \frac{\sqrt{3}}{2}$$

$$\text{tg } \frac{5\pi}{6} = -\text{tg } \frac{\pi}{6} = -\frac{\sqrt{3}}{3}$$

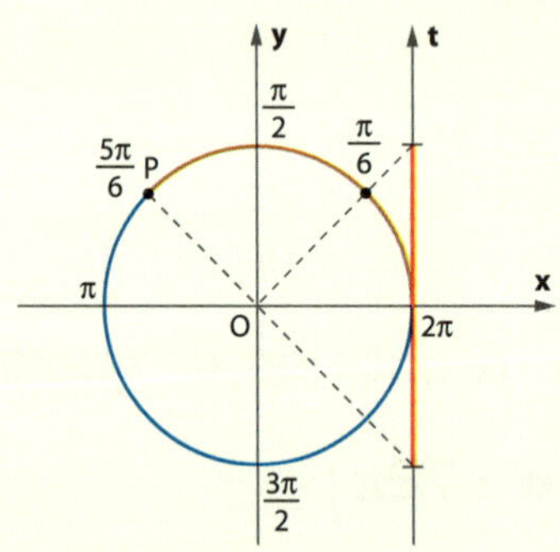

3 Determine **x** tal que: $0 \leq x < 2\pi$ e sen $x = -\frac{1}{2}$.

Sabemos que sen $\frac{\pi}{6} = \frac{1}{2}$.

Então, fazendo as simetrias necessárias descobrimos os possíveis valores de **x**, que são $\frac{7\pi}{6}$ e $\frac{11\pi}{6}$.

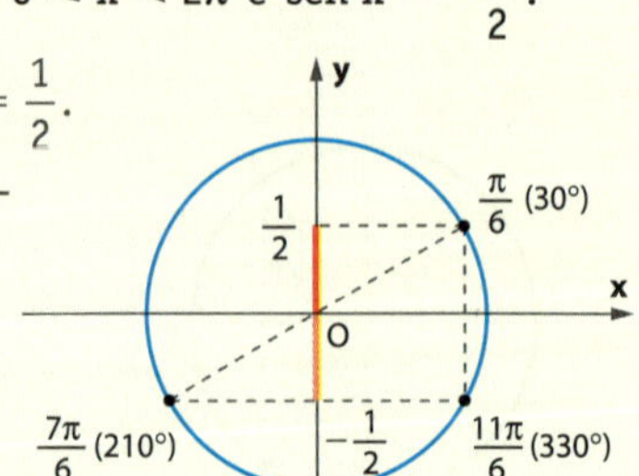

4 Simplifique:

a) $\cos(90° + x)$

No capítulo 11, vimos que, para ângulos complementares, como $90° - x$ e **x**, temos $\text{sen}(90° - x) = \cos x$ e $\cos(90° - x) = \text{sen } x$.

Vamos considerar, sem perda de generalidade, que $0 < x < \frac{\pi}{2}$; portanto:

$90° + x$ pertence ao 2º quadrante:

$180° - (90° + x) =$

$= 90° - x$

$\cos(90° + x) =$

$= -\cos(90° - x) \Rightarrow$

$\Rightarrow \cos(90° + x) = -\text{sen } x$

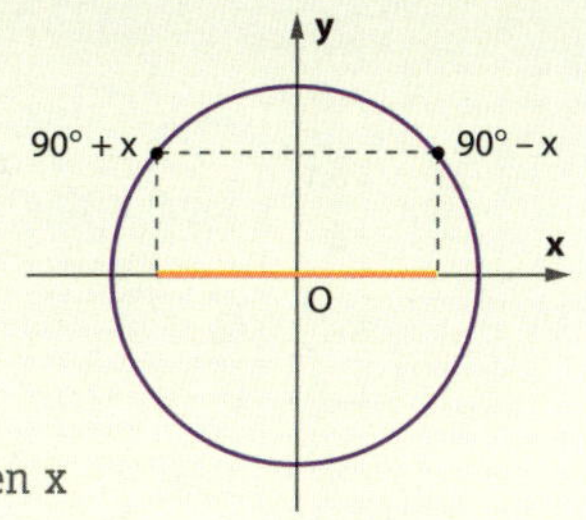

b) $\text{sen}(270° - x)$

$270° - x$ pertence ao 3º quadrante:

$(270° - x) - 180° =$

$= 90° - x$

$\text{sen}(270° - x) =$

$= -\text{sen}(90° - x) \Rightarrow$

$\Rightarrow \text{sen}(270° - x) = -\cos x$

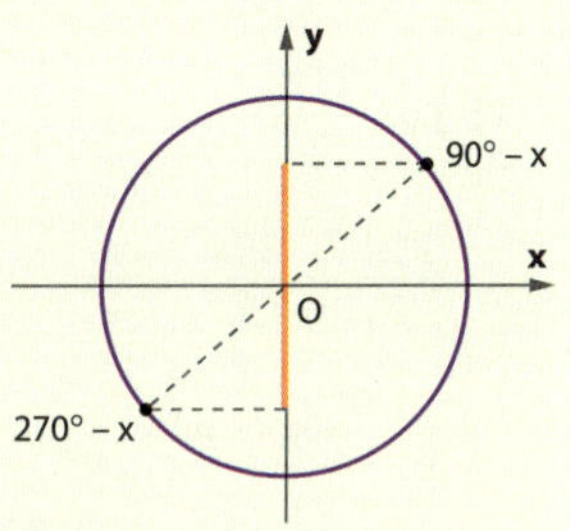

5 Determine o valor de sen x e tg x sabendo que $\pi < x < \frac{3\pi}{2}$ e $\cos x = -\frac{1}{3}$.

Aplicando a relação fundamental:

- $\text{sen}^2 x + \cos^2 x = 1 \Rightarrow \text{sen}^2 x + \left(-\frac{1}{3}\right)^2 = 1 \Rightarrow$

  $\Rightarrow \text{sen}^2 x = 1 - \frac{1}{9} \Rightarrow \text{sen}^2 x = \frac{8}{9} \Rightarrow$

  $\Rightarrow \text{sen}^2 x = \pm\sqrt{\frac{8}{9}} \Rightarrow \text{sen } x = \pm\frac{2\sqrt{2}}{3}$

  Como $\pi < x < \frac{3\pi}{2}$, então, $\text{sen } x = -\frac{2\sqrt{2}}{3}$.

- $\text{tg } x = \frac{\text{sen } x}{\cos x} \Rightarrow \text{tg } x = \frac{-\frac{2\sqrt{2}}{3}}{-\frac{1}{3}} \Rightarrow \text{tg } x = 2\sqrt{2}$

Exercícios

15 Em que quadrante temos simultaneamente:

a) $\text{sen } \alpha < 0$ e $\cos \alpha < 0$;

b) $\text{sen } \alpha > 0$ e $\cos \alpha > 0$;

c) $\text{sen } \alpha < 0$ e $\cos \alpha > 0$;

d) $\text{tg } \alpha < 0$ e $\cos \alpha > 0$;

e) $\text{sen } \alpha > 0$ e $\text{tg } \alpha > 0$.

16 A que quadrante pode pertencer α se:

a) $\text{sen } \alpha = -\frac{1}{4}$;

b) $\cos \alpha = -\frac{\sqrt{3}}{3}$;

c) $\cos \alpha = \frac{2}{5}$;

d) $\text{sen } \alpha = \frac{\sqrt{5}}{3}$;

e) $\text{tg } \alpha = -3$.

Utilize o texto a seguir como base para responder às questões 17 e 18.

O *mapa-múndi*, também conhecido como *planisfério*, representa o globo terrestre planificado. A linha equatorial divide o *mapa-múndi* em dois hemisférios (norte e sul), e o meridiano de Greenwich divide o *mapa-múndi* em outros dois hemisférios (oriental e ocidental). Juntos, a linha equatorial e o meridiano de Greenwich dividem o *mapa-múndi* em 4 quadrantes, como mostra a figura abaixo.

Mapa-múndi

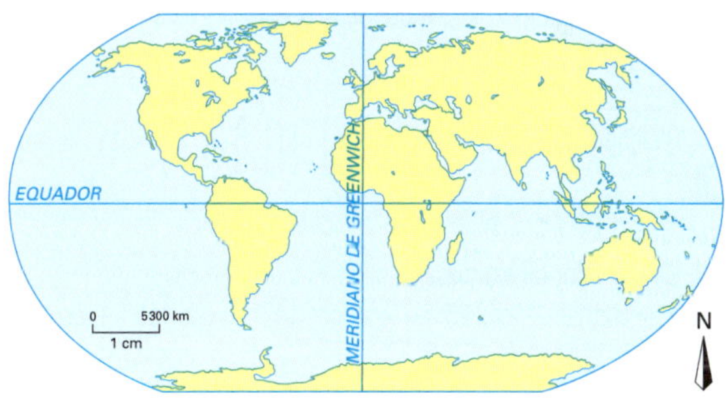

Adaptado de: IBGE. *Atlas geográfico escolar.* Rio de Janeiro, 2009.

Se fizermos uma analogia entre o *mapa-múndi* e a circunferência trigonométrica, poderemos dizer que a Ásia situa-se no 1º quadrante e a cidade de Moscou é um ponto do 1º quadrante, de modo que o "seno de Moscou" é um número positivo.

17 As cidades de Brasília, Nova York, Sydney e Tóquio estão respectivamente nos:

a) 1º, 2º, 3º e 4º quadrantes.

b) 2º, 1º, 4º e 3º quadrantes.

c) 3º, 2º, 1º e 4º quadrantes.

d) 3º, 2º, 4º e 1º quadrantes.

e) 3º, 4º, 1º e 2º quadrantes.

18 De acordo com a analogia proposta no texto, seria correto dizer que:

a) "seno de Brasília" é um número positivo.

b) "cosseno de Brasília" é um número positivo.

c) "tangente de Brasília" é um número positivo.

d) "cosseno de Nova York" é um número positivo.

e) "tangente de Nova York" é um número positivo.

19 Calcule o valor:

a) $\text{sen } \frac{5\pi}{6}$ d) cos 315° g) tg 210°

b) $\text{sen } \frac{4\pi}{3}$ e) $\cos \frac{5\pi}{4}$ h) $\text{tg } \frac{3\pi}{4}$

c) sen 330° f) $\cos \frac{2\pi}{3}$ i) $\text{tg } \frac{4\pi}{3}$

20 Use a tabela da página 239 e calcule fazendo a redução ao 1º quadrante:

a) sen 100° b) sen 205° c) cos 185° d) tg 200°

21 Determine **x** nos seguintes casos:

a) $0° \leqslant x \leqslant 360°$ e sen x = –1

b) $0 \leqslant x \leqslant 2\pi$ e $\text{sen } x = \frac{1}{2}$

c) $0 \leqslant x \leqslant 2\pi$ e $\text{sen } x = \frac{\sqrt{3}}{2}$

d) $0° \leqslant x \leqslant 360°$ e $\cos x = \frac{1}{2}$

e) $0 \leqslant x \leqslant 2\pi$ e $\cos x = -\frac{\sqrt{2}}{2}$

f) $0 \leqslant x \leqslant 2\pi$ e tg x = –1

22 Determine cos x sabendo que $\frac{\pi}{2} < x < \pi$ e $\text{sen } x = \frac{3}{5}$.

23 Sabendo que tg x = 2 e que $\pi < x < \frac{3\pi}{2}$, determine o valor de sen x e cos x.

24 Sabendo que $\text{tg } x \cdot \text{tg}\left(\frac{\pi}{3} - x\right) \cdot \text{tg}\left(\frac{\pi}{3} + x\right) = \text{tg } 3x$, qual o valor de tg 10° · tg 50° · tg 110°?

25 Qual o valor da expressão
A = cos 12° + cos 25° + ... + cos 142° + cos 155° + cos 168°?

9. Trabalhando com arcos côngruos

Conhecidos os valores de sen x e de cos x da 1ª volta positiva e usando arcos côngruos, podemos calcular sen x e cos x para qualquer **x**.

Exemplos de aplicação

1 Calcule, em cada item, o valor do seno:

a) sen 390°

$390° = 360° + 30°$ (360° ↓ 1 volta)

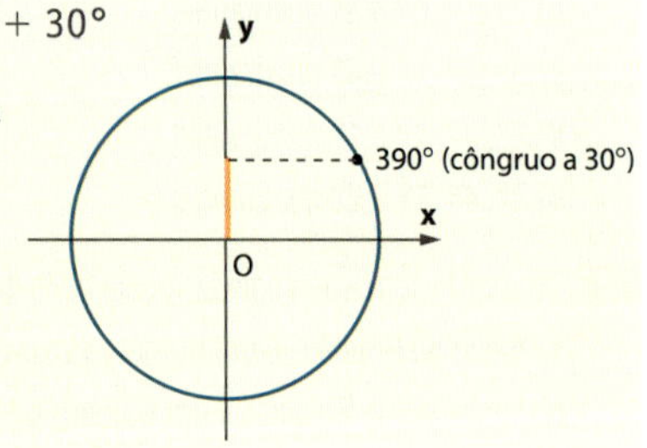

sen 390° é igual a sen 30°.

Logo, $\text{sen } 390° = \frac{1}{2}$.

b) $\text{sen } \frac{13\pi}{4}$

$\frac{13\pi}{4} = \frac{8\pi}{4} + \frac{5\pi}{4}$ ($\frac{8\pi}{4}$ ↓ 1 volta; $\frac{5\pi}{4}$: 225°)

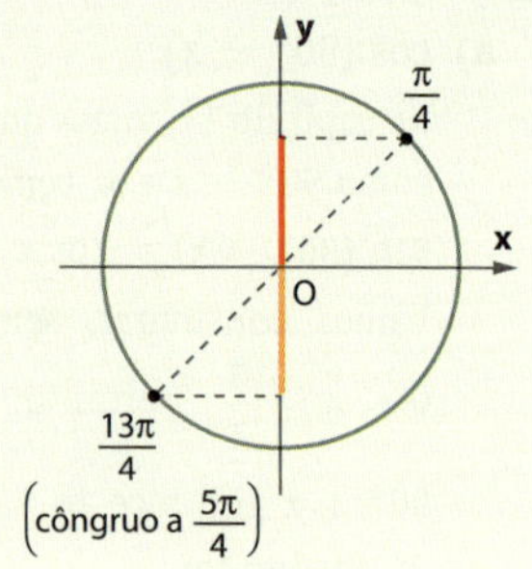

$\text{sen } \frac{13\pi}{4}$ é igual a $\text{sen } \frac{5\pi}{4}$, que é $-\frac{\sqrt{2}}{2}$, pois $\text{sen } \frac{\pi}{4} = \frac{\sqrt{2}}{2}$.

Então, $\text{sen } \frac{13\pi}{4} = -\frac{\sqrt{2}}{2}$.

c) $\cos \frac{21\pi}{2}$

$\frac{21\pi}{2} = \frac{20\pi}{2} + \frac{\pi}{2}$ ($\frac{20\pi}{2}$ ↓ 10π (5 voltas))

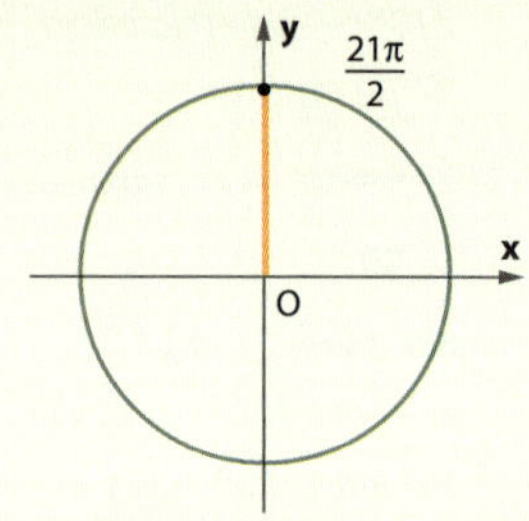

$\cos \frac{21\pi}{2} = 0$

d) $\text{tg } \frac{17\pi}{3}$

$\frac{17\pi}{3} = \frac{12\pi}{3} + \frac{5\pi}{3}$ ($\frac{12\pi}{3}$ ↓ 4π (2 voltas))

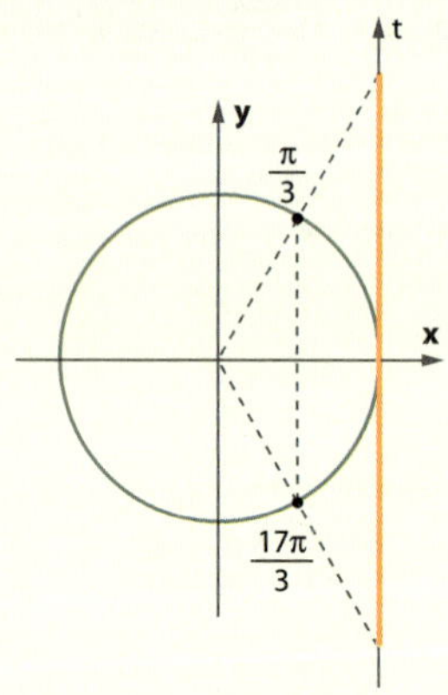

$\text{tg } \frac{17\pi}{3} = -\sqrt{3}$

e) sen (–120°)

–120° → côngruo a 240°

Fique atento
–120° + 360° = 240°

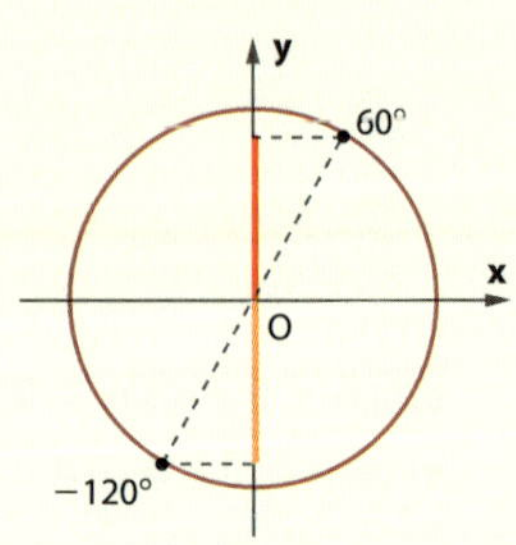

$\text{sen } (-120°) = -\frac{\sqrt{3}}{2}$

2 Determine todos os valores reais de **x** para os quais $\text{sen } x = \frac{\sqrt{3}}{2}$.

Sabemos que $\text{sen } \frac{\pi}{3} = \frac{\sqrt{3}}{2}$ e pela figura vemos que também $\text{sen } \frac{2\pi}{3} = \frac{\sqrt{3}}{2}$.

Então, os valores reais de **x** podem ser $\frac{\pi}{3}$, $\frac{2\pi}{3}$ e todos os arcos côngruos a eles, ou seja, $x = \frac{\pi}{3} + 2k\pi$ ou $x = \frac{2\pi}{3} + 2k\pi$, com $k \in \mathbb{Z}$.

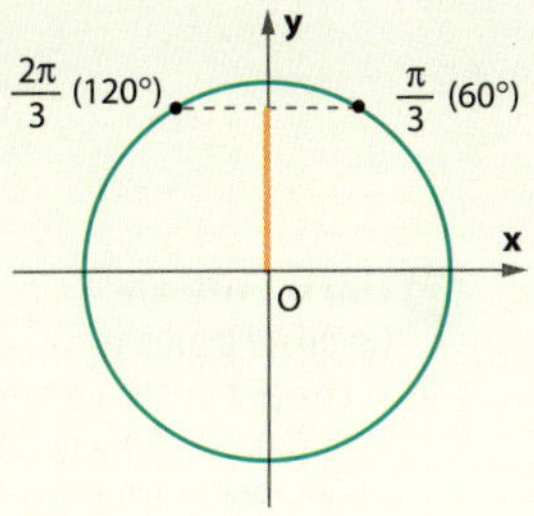

3 Calcule:

a) cos 750°

$750° = 720° + 30°$
↓
2 voltas

Então, cos 750° é igual a cos 30°, isto é,

$\cos 750° = \frac{\sqrt{3}}{2}$.

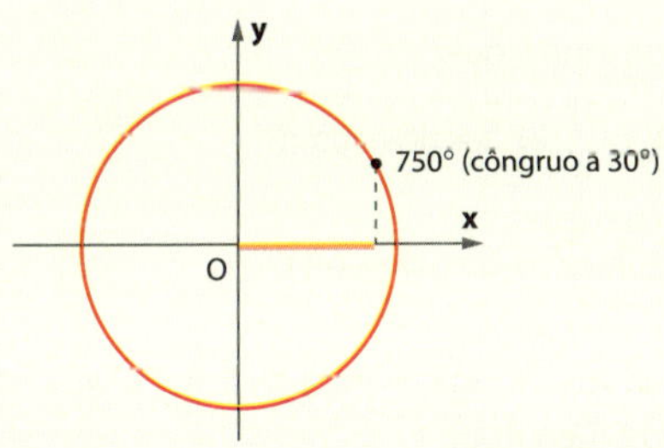

b) $\cos\left(-\frac{5\pi}{4}\right)$

$-\frac{5\pi}{4}$ (−225°)
↓
côngruo a $\frac{3\pi}{4}$

Se $\cos \frac{\pi}{4} = \frac{\sqrt{2}}{2}$, então $\cos\left(-\frac{5\pi}{4}\right) = -\frac{\sqrt{2}}{2}$.

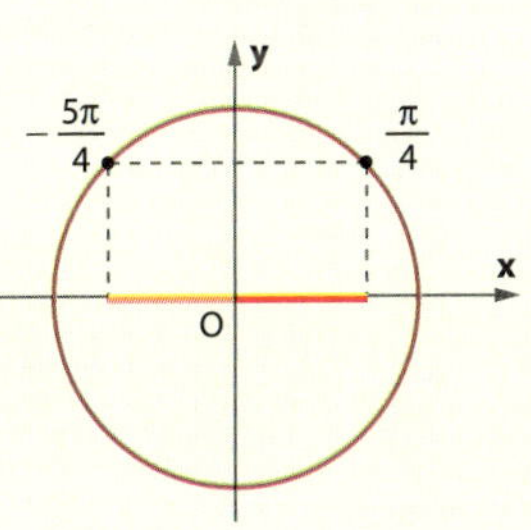

Exercícios

26 Determine o valor de cada item, usando arcos côngruos:

objeto digital

a) $\text{sen } \frac{37\pi}{6}$

b) $\text{sen } \frac{19\pi}{4}$

c) $\text{sen } \left(-\frac{\pi}{3}\right)$

d) $\cos \frac{9\pi}{4}$

e) $\cos 11\pi$

f) $\text{tg } \frac{17\pi}{3}$

g) $\text{tg } \frac{31\pi}{6}$

h) $\text{tg } \left(-\frac{7\pi}{4}\right)$

27 Determine o valor de cada item, usando arcos côngruos:

a) sen 630°

b) cos 570°

c) cos (−330°)

d) tg 870°

e) tg (−60°)

28 Use a tabela da página 239 e calcule.

a) sen 580°

b) sen (−14°)

c) cos 730°

d) cos (−83°)

e) tg 500°

f) tg (−310°)

29 Para $x \in \mathbb{R}$, determine a expressão geral de **x** em cada caso:

a) $\text{sen } x = -1$

b) $\text{sen } x = \frac{\sqrt{2}}{2}$

c) $\cos x = 0$

d) $\cos x = -\frac{\sqrt{3}}{2}$

e) $\text{tg } x = 1$

f) $\text{tg } x = \sqrt{3}$

30 Para $x \in \mathbb{R}$, determine a expressão geral de **x** em cada caso:

a) $\text{sen } x = -\frac{1}{2}$

b) $\text{sen } x = 0$

c) $\cos x = \frac{\sqrt{2}}{2}$

d) $\cos x = -1$

e) $\text{tg } x = -1$

f) $\text{tg } x = 0$

31 Qual é maior, cos 2 ou cos 2°? Justifique.

32 Qual é o sinal de sen 3?

33 Para que valores de α, $0 \leq \alpha < 2\pi$, tem-se $\cos \alpha = 2$?

34 Determine o valor de

$S = \text{sen } \frac{\pi}{3} + \text{sen } \frac{2\pi}{3} + \text{sen } \frac{3\pi}{3} + ... + \text{sen } \frac{24\pi}{3}$.

14 Capítulo
Transformações e relações trigonométricas

Vamos comparar sen (60° + 30°) e sen 60° + sen 30°:

sen (60° + 30°) = sen 90° = 1

$$\text{sen } 60° + \text{sen } 30° = \frac{\sqrt{3}}{2} + \frac{1}{2} = \frac{\sqrt{3}+1}{2}$$

Logo, sen (60° + 30°) ≠ sen 60° + sen 30°.

De modo geral, podemos verificar que:

- sen (a + b) ≠ sen a + sen b
- sen (a − b) ≠ sen a − sen b
- cos (a + b) ≠ cos a + cos b
- cos (a − b) ≠ cos a − cos b

Para refletir
Compare também:
- cos (60° + 30°) e cos 60° + cos 30°
- tg (60° − 30°) e tg 60° − tg 30°
- sen (90° + 0°) e sen 90° + sen 0°

Veremos agora como é possível expressar sen (a ± b) e cos (a ± b) em função de sen a, sen b, cos a e cos b, sendo **a** e **b** dois números reais quaisquer. Veremos também tg (a ± b) em função de tg a e tg b.

1. Fórmulas de adição e subtração

Expressão de sen (a + b)

Considere o triângulo abaixo:

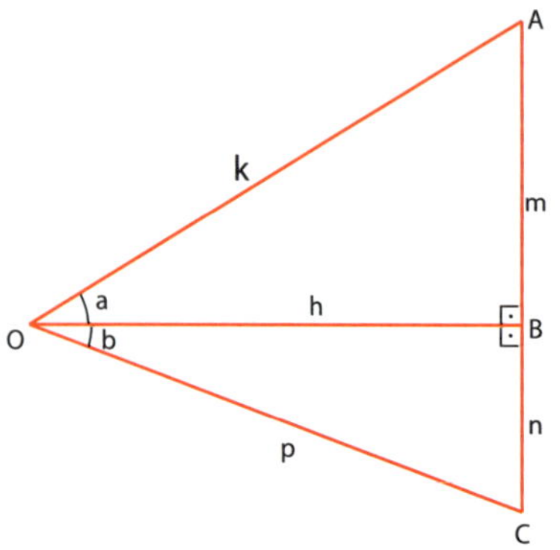

Calculando as áreas dos triângulos:

- $A_{ABO} = \dfrac{k \cdot h \text{ sen } a}{2}$
- $A_{BOC} = \dfrac{p \cdot h \text{ sen } b}{2}$
- $A_{AOC} = \dfrac{k \cdot p \text{ sen } (a+b)}{2}$

Temos ainda que:

- $\cos a = \dfrac{h}{k} \Rightarrow h = k \cdot \cos a$
- $\cos b = \dfrac{h}{p} \Rightarrow h = p \cdot \cos b$

A área do triângulo maior é igual à soma da área dos triângulos menores:

$$A_{AOC} = A_{ABO} + A_{BOC} \Rightarrow$$

$$\Rightarrow \frac{k \cdot p \text{ sen } (a+b)}{2} = \frac{k \cdot h \text{ sen } a}{2} + \frac{p \cdot h \text{ sen } b}{2} \Rightarrow$$

$$\Rightarrow \frac{\cancel{kp} \text{ sen } (a+b)}{\cancel{2}} = \frac{\cancel{kp} \cos b \text{ sen } a}{\cancel{2}} + \frac{\cancel{pk} \cos a \text{ sen } b}{\cancel{2}} \Rightarrow$$

$$\Rightarrow \text{sen } (a+b) = \text{sen } a \cdot \cos b + \text{sen } b \cdot \cos a$$

Essa fórmula, embora tenha sido demonstrada em um triângulo, pode ser utilizada para quaisquer **a** e **b** reais.

Exemplos:

1º) sen 75° = sen (45° + 30°) =

= sen 45° · cos 30° + sen 30° · cos 45° =

$$= \frac{\sqrt{2}}{2} \cdot \frac{\sqrt{3}}{2} + \frac{1}{2} \cdot \frac{\sqrt{2}}{2} = \frac{\sqrt{6}}{4} + \frac{\sqrt{2}}{4} = \frac{\sqrt{6}+\sqrt{2}}{4}$$

2º) sen (π + x) = sen π · cos x + sen x · cos π =

= 0 · cos x + sen x · (−1) = −sen x

Expressão de sen (a − b)

Considerando que: $\begin{cases} a - b = a + (-b) \\ \text{sen}(-b) = -\text{sen } b \\ \cos(-b) = \cos b \end{cases}$

Daí, temos: sen (a − b) = sen [a + (−b)].

Desenvolvendo o 2º membro, temos:

sen (a − b) = sen a · cos (−b) + sen (−b) · cos a, isto é:

$$\text{sen}(a - b) = \text{sen } a \cdot \cos b - \text{sen } b \cdot \cos a$$

para quaisquer **a** e **b** reais.

Exemplos:

1º) $\text{sen}(15°) = \text{sen}(45° - 30°) =$

$= \text{sen } 45° \cdot \cos 30° - \text{sen } 30° \cdot \cos 45° =$

$= \frac{\sqrt{2}}{2} \cdot \frac{\sqrt{3}}{2} - \frac{1}{2} \cdot \frac{\sqrt{2}}{2} = \frac{\sqrt{6}}{4} - \frac{\sqrt{2}}{4} = \frac{\sqrt{6} - \sqrt{2}}{4}$

2º) $\text{sen}(\pi - x) = \text{sen } \pi \cdot \cos x - \text{sen } x \cdot \cos \pi =$

$= 0 \cdot \cos x - \text{sen } x \cdot (-1) = \text{sen } x$

Isso demonstra que ângulos suplementares têm senos iguais.

Expressão de cos (a + b)

Sabemos que $\cos x = \text{sen}\left(\frac{\pi}{2} - x\right)$ (arcos complementares). Então:

$\cos(a + b) = \text{sen}\left[\frac{\pi}{2} - (a + b)\right] = \text{sen}\left(\frac{\pi}{2} - a - b\right) =$

$= \text{sen}\left[\left(\frac{\pi}{2} - a\right) - b\right] \Rightarrow$

$\Rightarrow \cos(a + b) = \text{sen}\left(\frac{\pi}{2} - a\right) \cdot \cos b - \cos\left(\frac{\pi}{2} - a\right) \cdot \text{sen } b$

Como $\text{sen}\left(\frac{\pi}{2} - a\right) = \cos a$ e $\cos\left(\frac{\pi}{2} - a\right) = \text{sen } a$, temos:

$$\cos(a + b) = \cos a \cdot \cos b - \text{sen } a \cdot \text{sen } b$$

para quaisquer **a** e **b** reais.

Exemplos:

1º) $\cos(75°) = \cos(45° + 30°) =$

$= \cos 45° \cdot \cos 30° - \text{sen } 45° \cdot \text{sen } 30° =$

$= \frac{\sqrt{2}}{2} \cdot \frac{\sqrt{3}}{2} - \frac{\sqrt{2}}{2} \cdot \frac{1}{2} = \frac{\sqrt{6}}{4} - \frac{\sqrt{2}}{4} = \frac{\sqrt{6} - \sqrt{2}}{4}$

2º) $\cos(\pi + x) = \cos \pi \cdot \cos x - \text{sen } \pi \cdot \text{sen } x =$

$= (-1) \cdot \cos x - 0 \cdot \text{sen } x = -\cos x$

Expressão de cos (a − b)

Sabemos que:

$\begin{cases} a - b = a + (-b) \\ \cos(-b) = \cos b \\ \text{sen}(-b) = -\text{sen } b \end{cases}$

> **Para refletir**
> Justifique:
> $\cos(-b) = \cos b$ e $\text{sen}(-b) = -\text{sen } b$.

Daí, temos cos (a − b) = cos [a + (−b)].

Desenvolvendo o 2º membro, temos:

cos (a − b) = cos a · cos (−b) − sen a · sen (−b), ou seja:

$$\cos(a - b) = \cos a \cdot \cos b + \text{sen } a \cdot \text{sen } b$$

para quaisquer **a** e **b** reais.

Exemplos:

1º) $\cos(15°) = \cos(45° - 30°) =$

$= \cos 45° \cdot \cos 30° + \text{sen } 45° \cdot \text{sen } 30° =$

$= \frac{\sqrt{2}}{2} \cdot \frac{\sqrt{3}}{2} + \frac{\sqrt{2}}{2} \cdot \frac{1}{2} = \frac{\sqrt{6}}{4} + \frac{\sqrt{2}}{4} = \frac{\sqrt{6} + \sqrt{2}}{4}$

> **Para refletir**
> Calcule cos 15°, usando cos (60° − 45°).

2º) $\cos(\pi - x) = \cos \pi \cdot \cos x +$
$+ \text{sen } \pi \cdot \text{sen } x = (-1) \cdot \cos x +$
$+ 0 \cdot \text{sen } x = -\cos x$

> **Para refletir**
> O que se pode concluir do 2º exemplo?

Expressão de tg (a + b)

Para **a**, **b** e $a + b \neq \frac{\pi}{2} + k\pi$, com $k \in \mathbb{Z}$:

$$\text{tg}(a + b) = \frac{\text{tg } a + \text{tg } b}{1 - \text{tg } a \cdot \text{tg } b}$$

Expressão de tg (a − b)

Para **a**, **b** e $a - b \neq \frac{\pi}{2} + k\pi$, com $k \in \mathbb{Z}$:

$$\text{tg}(a - b) = \frac{\text{tg } a - \text{tg } b}{1 + \text{tg } a \cdot \text{tg } b}$$

> **Para refletir**
> Procure demonstrar essas duas fórmulas.
> *Dica*: Desenvolva o numerador e o denominador de
> $\text{tg}(a \pm b) = \frac{\text{sen}(a \pm b)}{\cos(a \pm b)}$.

Quadro-resumo

$\text{sen}(a \pm b) = \text{sen } a \cdot \cos b \pm \text{sen } b \cdot \cos a$

$\cos(a \pm b) = \cos a \cdot \cos b \mp \text{sen } a \cdot \text{sen } b$

$\text{tg}(a \pm b) = \frac{\text{tg } a \pm \text{tg } b}{1 \mp \text{tg } a \cdot \text{tg } b}$

Exemplos de aplicação

1 Dado $\operatorname{sen} x = \frac{1}{3}$, com $0 < x < \frac{\pi}{2}$, calcule $\operatorname{sen}\left(\frac{\pi}{6} - x\right)$.

Inicialmente, vamos calcular o valor de cos x:

$$\operatorname{sen}^2 x + \cos^2 x = 1 \Rightarrow \frac{1}{9} + \cos^2 x = 1 \Rightarrow$$

$$\Rightarrow \cos^2 x = 1 - \frac{1}{9} = \frac{8}{9} \Rightarrow \cos x = \pm\sqrt{\frac{8}{9}} = \pm\frac{\sqrt{8}}{3}$$

Como $0 < x < \frac{\pi}{2}$, temos $\cos x = \frac{\sqrt{8}}{3}$.

Vamos aplicar a fórmula:

$$\operatorname{sen}\left(\frac{\pi}{6} - x\right) = \operatorname{sen}\frac{\pi}{6} \cdot \cos x - \operatorname{sen} x \cdot \cos\frac{\pi}{6} =$$

$$= \frac{1}{2} \cdot \frac{\sqrt{8}}{3} - \frac{1}{3} \cdot \frac{\sqrt{3}}{2} = \frac{\sqrt{8}}{6} - \frac{\sqrt{3}}{6} = \frac{\sqrt{8} - \sqrt{3}}{6}$$

2 Simplifique a expressão

$$y = \frac{\operatorname{sen}\left(\frac{\pi}{2} + x\right) \cdot \cos(\pi - x)}{\cos\left(\frac{3\pi}{2} + x\right) \cdot \operatorname{cotg}(\pi + x)}.$$

Vamos desenvolver separadamente os termos:

$$\operatorname{sen}\left(\frac{\pi}{2} + x\right) = \operatorname{sen}\frac{\pi}{2} \cdot \cos x + \operatorname{sen} x \cdot \cos\frac{\pi}{2} =$$

$$= 1 \cdot \cos x + \operatorname{sen} x \cdot 0 = \cos x$$

$$\cos(\pi - x) = \cos\pi \cdot \cos x + \operatorname{sen}\pi \cdot \operatorname{sen} x =$$

$$= -1 \cdot \cos x + 0 \cdot \operatorname{sen} x = -\cos x$$

$$\cos\left(\frac{3\pi}{2} + x\right) = \cos\frac{3\pi}{2} \cdot \cos x - \operatorname{sen}\frac{3\pi}{2} \cdot \operatorname{sen} x =$$

$$= 0 \cdot \cos x - (-1) \cdot \operatorname{sen} x = \operatorname{sen} x$$

$$\operatorname{cotg}(\pi + x) = \frac{\cos(\pi + x)}{\operatorname{sen}(\pi + x)} =$$

$$= \frac{\cos\pi \cdot \cos x - \operatorname{sen}\pi \cdot \operatorname{sen} x}{\operatorname{sen}\pi \cdot \cos x + \operatorname{sen} x \cdot \cos\pi} =$$

$$= \frac{-1 \cdot \cos x - 0 \cdot \operatorname{sen} x}{0 \cdot \cos x + \operatorname{sen} x \cdot (-1)} = \frac{-\cos x}{-\operatorname{sen} x} = \frac{\cos x}{\operatorname{sen} x}$$

Vamos fazer as substituições na expressão:

$$y = \frac{(\cos x)(-\cos x)}{\cancel{\operatorname{sen} x} \cdot \frac{\cos x}{\cancel{\operatorname{sen} x}}} = \frac{\cancel{(\cos x)}(-\cos x)}{\cancel{\cos x}} = -\cos x$$

3 Dados $\operatorname{sen} x = \frac{4}{5}$, com $0 < x < \frac{\pi}{2}$, e $x + y = \frac{\pi}{3}$, determine sen y.

Determinamos $\cos x \left(0 < x < \frac{\pi}{2}\right)$:

$$\cos x = +\sqrt{1 - \operatorname{sen}^2 x} = \sqrt{1 - \frac{16}{25}} = \sqrt{\frac{9}{25}} = \frac{3}{5}$$

Isolamos **y**:

$$x + y = \frac{\pi}{3} \Rightarrow y = \frac{\pi}{3} - x$$

Calculamos sen y:

$$\operatorname{sen} y = \operatorname{sen}\left(\frac{\pi}{3} - x\right) =$$

$$= \operatorname{sen}\frac{\pi}{3} \cdot \cos x - \operatorname{sen} x \cdot \cos\frac{\pi}{3} =$$

$$= \frac{\sqrt{3}}{2} \cdot \frac{3}{5} - \frac{4}{5} \cdot \frac{1}{2} = \frac{3\sqrt{3}}{10} - \frac{4}{10} = \frac{3\sqrt{3} - 4}{10}$$

4 *Aplicação na Geometria*

Dado o triângulo retângulo abaixo, calcule tg x.

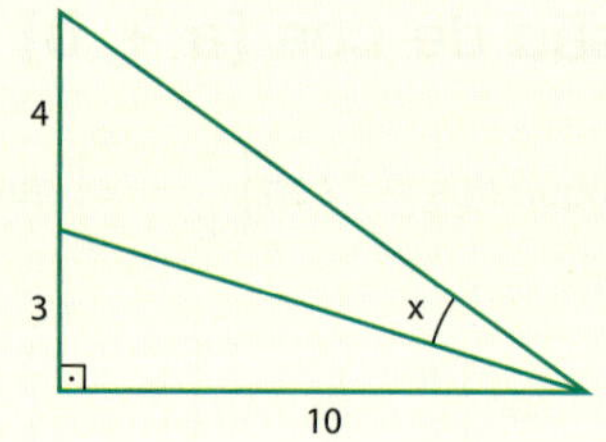

Sejam α e β, como na figura abaixo:

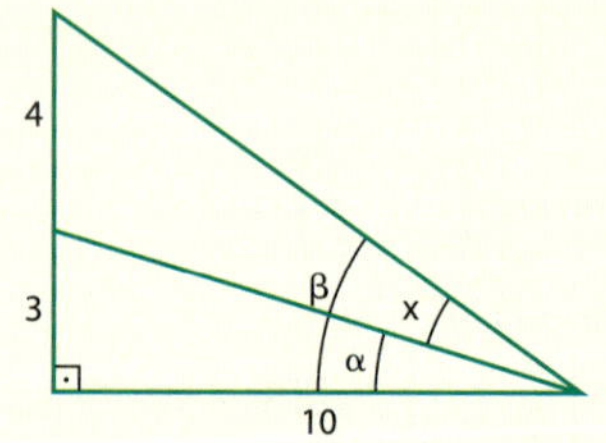

$$\operatorname{tg}\alpha = \frac{3}{10} = 0{,}3$$

$$\operatorname{tg}\beta = \frac{3 + 4}{10} = \frac{7}{10} = 0{,}7$$

Mas:

$$\beta = \alpha + x \Rightarrow x = \beta - \alpha$$

Logo:

$$\operatorname{tg} x = \operatorname{tg}(\beta - \alpha) = \frac{\operatorname{tg}\beta - \operatorname{tg}\alpha}{1 + \operatorname{tg}\beta \cdot \operatorname{tg}\alpha} =$$

$$= \frac{0{,}7 - 0{,}3}{1 + 0{,}7 \cdot 0{,}3} = \frac{0{,}4}{1 + 0{,}21} = \frac{0{,}4}{1{,}21} = \frac{40}{121}$$

> **Para refletir**
> Use a tabela da página 239 e verifique qual destes valores é o mais próximo de **x**: 18°, 20° ou 25°.

Exercícios

1 Usando as fórmulas da adição, determine:

a) sen 105°;

b) cos 105°;

c) tg 105°.

2 Demonstre, usando as fórmulas da adição, que:

a) $\text{sen}\,(\pi - x) = \text{sen}\,x$;

b) $\text{sen}\,(2\pi - x) = -\text{sen}\,x$;

c) $\text{sen}\left(\frac{\pi}{2} - x\right) = \cos x$;

d) $\text{sen}\left(\frac{3\pi}{2} - x\right) = -\cos x$;

e) $\cos\,(2\pi - x) = \cos x$;

f) $\cos\,(2\pi + x) = \cos x$;

g) $\text{tg}\,(2\pi - x) = -\text{tg}\,x$;

h) $\text{tg}\,(2\pi + x) = \text{tg}\,x$.

3 É dado $\text{sen}\,x = \frac{3}{5}$, com $0 < x < \frac{\pi}{2}$. Calcule $\text{sen}\left(x - \frac{\pi}{6}\right)$.

4 Se $\text{tg}\,x = \frac{1}{2}$ e $\text{tg}\,y = \frac{1}{4}$, determine $\text{tg}\,(x + y)$.

5 Dado $\text{tg}\,x = \frac{1}{2}$, calcule o valor de $y = \text{tg}\,(x + 45°) + \text{tg}\,(x - 45°)$.

6 Se $\text{tg}\,(x + y) = 2$ e $\text{tg}\,y = 1$, calcule tg x.

7 Sabe-se que $x + y = \frac{\pi}{4}$ e $\text{sen}\,x = \frac{5}{13}$, com $0 < x < \frac{\pi}{2}$.
Calcule sen y e cos y.

8 Simplifique a expressão $y = \dfrac{\text{sen}\left(\frac{\pi}{2} - x\right) \cdot \text{sen}\,(\pi + x)}{\cos\,(\pi - x) \cdot \cos\,(2\pi - x)}$.

9 Determine o valor de:

a) $\text{sen}\,40° \cdot \cos 20° + \text{sen}\,20° \cdot \cos 40°$;

b) $\cos 50° \cdot \cos 10° - \text{sen}\,50° \cdot \text{sen}\,10°$;

c) $\dfrac{\text{tg}\,46° + \text{tg}\,14°}{1 - \text{tg}\,46° \cdot \text{tg}\,14°}$.

10 Simplifique a expressão $\dfrac{\text{sen}\,3a \cdot \cos a + \text{sen}\,a \cdot \cos 3a}{\cos 7a \cdot \cos 3a + \text{sen}\,7a \cdot \text{sen}\,3a}$.

11 Calcule o valor de $\dfrac{\text{sen}\,20° \cdot \cos 10° + \text{sen}\,10° \cdot \cos 20°}{\cos 30°}$.

12 Dado o triângulo retângulo abaixo, determine tg x.

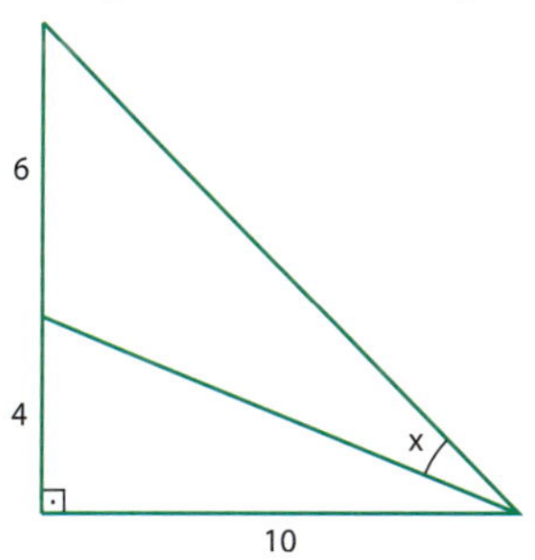

13 Em diversas situações, o estudo dos fenômenos físicos requer a presença de um plano inclinado, seja para o cálculo de um coeficiente de atrito, seja por necessidades técnicas de construção, necessidades físicas e biológicas ou mesmo para experimentos laboratoriais.
Para esse estudo pode ser adotado como referência um sistema de coordenadas, sendo o mais comum o *sistema cartesiano*, com os eixos ortogonais na horizontal e vertical. Porém, para facilitar os cálculos, pode-se fazer uma rotação desses eixos de acordo com a inclinação desejada. Veja abaixo a rotação do ponto **A**(x, y) para **A'**(x', y') em torno da origem do sistema de eixos, no sentido anti-horário:

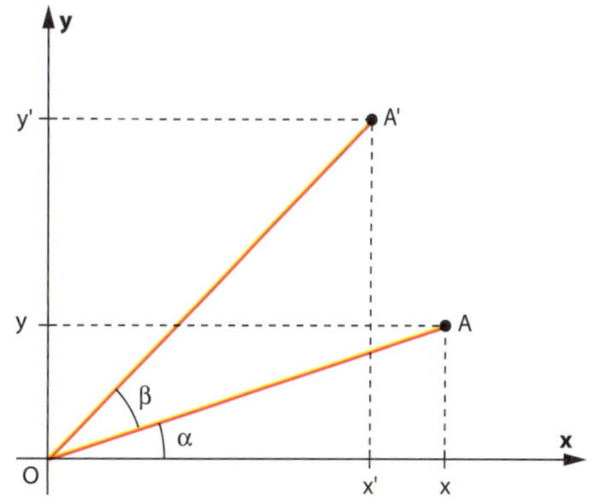

$\overrightarrow{Ox}$ e $\overline{OA}$ formam o ângulo α.
Sendo $r = AO = OA'$, temos:

$\begin{cases} x = r \cdot \cos \alpha \\ y = r \cdot \text{sen}\,\alpha \end{cases}$ $\begin{cases} x' = r \cdot \cos\,(\alpha + \beta) \\ y' = r \cdot \text{sen}\,(\alpha + \beta) \end{cases}$

Sabendo que:

- $\cos\,(\alpha + \beta) = \cos \alpha \cdot \cos \beta - \text{sen}\,\alpha \cdot \text{sen}\,\beta$ e
- $\text{sen}\,(\alpha + \beta) = \text{sen}\,\alpha \cdot \cos \beta + \text{sen}\,\beta \cdot \cos \alpha$,

então é correto afirmar que:

a) $x' = x \cdot \cos \beta + y \cdot \text{sen}\,\beta$

b) $x' = x \cdot \cos \beta - y \cdot \text{sen}\,\beta$

c) $y' = x \cdot \text{sen}\,\beta + y \cdot \text{sen}\,\beta$

d) $y' = x \cdot \text{sen}\,\beta - y \cdot \cos \beta$

e) $x' = x \cdot \cos \beta + y \cdot \cos \beta$

2. Fórmulas do arco duplo e do arco metade

objeto digital

Veremos agora as expressões das funções trigonométricas dos arcos duplos, ou seja, dos arcos de medida 2a. Trata-se de um caso particular das fórmulas de adição, sendo suficiente fazer b = a.

Retomando e desenvolvendo as fórmulas da adição, temos:

- $\text{sen}\,2a = \text{sen}\,(a + a) = \text{sen}\,a \cdot \cos a + \text{sen}\,a \cdot \cos a = 2 \cdot \text{sen}\,a \cdot \cos a \Rightarrow$ $\boxed{\text{sen}\,2a = 2 \cdot \text{sen}\,a \cdot \cos a}$
- $\cos 2a = \cos\,(a + a) = \cos a \cdot \cos a - \text{sen}\,a \cdot \text{sen}\,a = \cos^2 a - \text{sen}^2\,a \Rightarrow$ $\boxed{\cos 2a = \cos^2 a - \text{sen}^2\,a}$

Além dessa fórmula, para cos 2a podemos obter mais duas fórmulas alternativas apenas combinando a relação fundamental com ela:

$\text{sen}^2 a + \cos^2 a = 1 \Rightarrow \text{sen}^2 a = 1 - \cos^2 a$ (I)

ou

$\cos^2 a = 1 - \text{sen}^2 a$ (II)

Substituindo (I) em $\cos 2a = \cos^2 a - \text{sen}^2 a$ temos:

$\cos 2a = \cos^2 a - (1 - \cos^2 a) \Rightarrow$

$\Rightarrow \cos 2a = 2 \cdot \cos^2 a - 1$

Substituindo (II) em $\cos 2a = \cos^2 a - \text{sen}^2 a$ temos:

$\cos 2a = (1 - \text{sen}^2 a) - \text{sen}^2 a \Rightarrow$

$\Rightarrow \cos 2a = 1 - 2 \cdot \text{sen}^2 a$

Assim, podemos escrever:

$\cos 2a = \cos^2 a - \text{sen}^2 a$ $\quad$ $\cos 2a = 2 \cdot \cos^2 a - 1$

$\cos 2a = 1 - 2 \cdot \text{sen}^2 a$

- $\text{tg } 2a = \text{tg } (a + a) = \dfrac{\text{tg } a + \text{tg } a}{1 - \text{tg } a \cdot \text{tg } a} = \dfrac{2 \cdot \text{tg } a}{1 - \text{tg}^2 a}$, válida para quando existirem as tangentes envolvidas.

Portanto:

$$\text{tg } 2a = \frac{2 \cdot \text{tg } a}{1 - \text{tg}^2 a}$$

Observação: Para se obter o arco metade de senos e cossenos não é necessário memorizar novas fórmulas. Basta usar adequadamente as fórmulas alternativas de cos 2a, apenas lembrando que, se 2a é o arco duplo de **a**, então **a** é o arco metade de 2a. O arco metade de tangentes é obtido a partir da própria fórmula da tangente.

Exemplos de aplicação

1 Dado $\text{sen } x = \dfrac{\sqrt{3}}{2}$, com $0 < x < \dfrac{\pi}{2}$, determine sen 2x, cos 2x e tg 2x usando as fórmulas do arco duplo.

Vamos calcular:

- $\cos x \left(0 < x < \dfrac{\pi}{2}\right)$:

Sendo $0 < x < \dfrac{\pi}{2}$ e $\text{sen } x = \dfrac{\sqrt{3}}{2}$, temos $x = \dfrac{\pi}{3}$.

Daí, $\cos x = \cos \dfrac{\pi}{3} = \dfrac{1}{2}$.

- tg x:

Como $x = \dfrac{\pi}{3}$, então $\text{tg } x = \text{tg } \dfrac{\pi}{3} = \sqrt{3}$.

Determinamos, agora, sen 2x, cos 2x e tg 2x:

$\text{sen } 2x = 2 \cdot \text{sen } x \cdot \cos x = \cancel{2} \cdot \dfrac{\sqrt{3}}{\cancel{2}} \cdot \dfrac{1}{2} = \dfrac{\sqrt{3}}{2}$

$\cos 2x = \cos^2 x - \text{sen}^2 x = \left(\dfrac{1}{2}\right)^2 - \left(\dfrac{\sqrt{3}}{2}\right)^2 =$

$= \dfrac{1}{4} - \dfrac{3}{4} = -\dfrac{2}{4} = -\dfrac{1}{2}$

$\text{tg } 2x = \dfrac{2 \cdot \text{tg } x}{1 - \text{tg}^2 x} = \dfrac{2 \cdot \sqrt{3}}{1 - (\sqrt{3})^2} = \dfrac{2\sqrt{3}}{1 - 3} = \dfrac{\cancel{2}\sqrt{3}}{\cancel{-2}} =$

$= -\sqrt{3}$

Fique atento

Como $x = \dfrac{\pi}{3}$, podemos também determinar sen 2x, cos 2x e tg 2x calculando $\text{sen } \dfrac{2\pi}{3}$, $\cos \dfrac{2\pi}{3}$ e $\text{tg } \dfrac{2\pi}{3}$ através da circunferência trigonométrica.

2 Sabendo que sen x + cos x = 0,2, determine o valor de sen 2x.

Acompanhe o emprego de um artifício:

$(\text{sen } x + \cos x)^2 = (0{,}2)^2 \Rightarrow$

$\Rightarrow \text{sen}^2 x + 2 \cdot \text{sen } x \cdot \cos x + \cos^2 x = 0{,}04 \Rightarrow$

$\Rightarrow \underbrace{\text{sen}^2 x + \cos^2 x}_{1} + \underbrace{2 \cdot \text{sen } x \cdot \cos x}_{\text{sen } 2x} = 0{,}04 \Rightarrow$

$\Rightarrow 1 + \text{sen } 2x = 0{,}04 \Rightarrow \text{sen } 2x = 0{,}04 - 1 \Rightarrow$

$\Rightarrow \text{sen } 2x = -0{,}96$

Fique atento

Este artifício é muito utlizado em Trigonometria.

3 Demonstre a igualdade $\dfrac{\cos 2x}{1 + \text{sen } 2x} = \dfrac{1 - \text{tg } x}{1 + \text{tg } x}$.

Vamos considerar cada lado da igualdade separadamente e simplificá-los:

- $f(x) = \dfrac{\cos 2x}{1 + \text{sen } 2x} = \dfrac{\cos^2 x - \text{sen}^2 x}{1 + 2 \cdot \text{sen } x \cdot \cos x} =$

$= \dfrac{\cos^2 x - \text{sen}^2 x}{\text{sen}^2 x + \cos^2 x + 2 \cdot \text{sen } x \cdot \cos x} =$

$= \dfrac{\cancel{(\cos x + \text{sen } x)}(\cos x - \text{sen } x)}{(\cos x + \text{sen } x)^{\cancel{2}}} =$

$= \dfrac{\cos x - \text{sen } x}{\cos x + \text{sen } x}$

- $g(x) = \dfrac{1 - \text{tg } x}{1 + \text{tg } x} = \dfrac{1 - \dfrac{\text{sen } x}{\cos x}}{1 + \dfrac{\text{sen } x}{\cos x}} = \dfrac{\dfrac{\cos x - \text{sen } x}{\cos x}}{\dfrac{\cos x + \text{sen } x}{\cos x}} =$

$= \dfrac{\cos x - \text{sen } x}{\cos x + \text{sen } x}$

Como f(x) = g(x), então $\dfrac{\cos 2x}{1 + \text{sen } 2x} = \dfrac{1 - \text{tg } x}{1 + \text{tg } x}$.

4 Simplifique a expressão $k = \frac{\text{sen } 3a}{\text{sen } a} - \frac{\cos 3a}{\cos a}$.

$$k = \frac{\text{sen } 3a}{\text{sen } a} - \frac{\cos 3a}{\cos a} \Rightarrow$$

$$\Rightarrow k = \frac{\text{sen } 3a \cdot \cos a - \text{sen } a \cdot \cos 3a}{\text{sen } a \cdot \cos a} \Rightarrow$$

$$\Rightarrow k = \frac{\text{sen } (3a - a)}{\text{sen } a \cdot \cos a}$$

Sabemos que $2 \cdot \text{sen } a \cdot \cos a = \text{sen } 2a$. Então, multiplicando o numerador e o denominador por 2, teremos:

$$k = \frac{2 \cdot \text{sen } 2a}{2 \cdot \text{sen } a \cdot \cos a} \Rightarrow k = \frac{2 \cdot \text{sen } 2a}{\text{sen } 2a} \Rightarrow k = 2$$

5 Dado $\cos 45° = \frac{\sqrt{2}}{2}$, determine sen 22°30′, cos 22°30′ e tg 22°30′.

> **Fique atento**
> 22°30′ é do 1º quadrante. Logo, temos sen 22°30′ > 0, cos 22°30′ > 0 e tg 22°30′ > 0.

$$22°30' = \frac{45°}{2} \Rightarrow \begin{cases} 2a = 45° \\ a = 22°30' \end{cases}$$

Aplicando as fórmulas:

- $\cos 2a = 1 - 2 \cdot \text{sen}^2 a \Rightarrow$

$$\Rightarrow \cos 45° = 1 - 2 \cdot \text{sen}^2 22°30' \Rightarrow$$

$$\Rightarrow \frac{\sqrt{2}}{2} = 1 - 2 \cdot \text{sen}^2 22°30' \Rightarrow$$

$$\Rightarrow \frac{\frac{\sqrt{2}}{2} - 1}{2} = -\text{sen}^2 22°30' \Rightarrow$$

$$\Rightarrow \text{sen}^2 22°30' = -\frac{\frac{\sqrt{2}}{2} - 1}{2} = \frac{2 - \sqrt{2}}{4} \Rightarrow$$

$$\Rightarrow \text{sen } 22°30' = \sqrt{\frac{2 - \sqrt{2}}{4}}$$

- $\cos 2a = 2 \cdot \cos^2 a - 1 \Rightarrow$

$$\Rightarrow \cos 45° = 2 \cdot \cos^2 22°30' - 1 \Rightarrow$$

$$\Rightarrow \frac{\sqrt{2}}{2} = 2 \cdot \cos^2 22°30' - 1 \Rightarrow$$

$$\Rightarrow \frac{\sqrt{2}}{2} + 1 = 2 \cdot \cos^2 22°30' \Rightarrow$$

$$\Rightarrow \cos^2 22°30' = \frac{\frac{\sqrt{2} + 2}{2}}{2} \Rightarrow$$

$$\Rightarrow \cos^2 22°30' = \frac{\sqrt{2} + 2}{4} \Rightarrow \cos 22°30' = \sqrt{\frac{\sqrt{2} + 2}{4}}$$

- $$\text{tg } 2a = \frac{\text{sen } 22°30'}{\cos 22°30'} = \frac{\frac{\sqrt{2 - \sqrt{2}}}{2}}{\frac{\sqrt{2 + \sqrt{2}}}{2}} =$$

$$= \frac{\sqrt{2 - \sqrt{2}}}{\sqrt{2 + \sqrt{2}}} = \sqrt{\frac{2 - \sqrt{2}}{2 + \sqrt{2}}} =$$

$$= \sqrt{\frac{(2 - \sqrt{2})(2 - \sqrt{2})}{(2 + \sqrt{2})(2 - \sqrt{2})}} = \sqrt{\frac{4 - 4\sqrt{2} + 2}{4 - 2}} =$$

$$= \sqrt{\frac{6 - 4\sqrt{2}}{2}} = \sqrt{3 - 2\sqrt{2}}$$

6 (UFTM-MG) A figura ilustra recomendações dos especialistas em visão para o posicionamento correto de um indivíduo diante da tela do computador:

$60 \leqslant d \leqslant 65$ (em cm)

$10° \leqslant \alpha \leqslant 20°$

Seguindo-se tais recomendações e admitindo-se $\cos 10° = k$, todos os comprimentos possíveis da linha de visada (**v**), em cm, estão no intervalo:

a) $\frac{60}{k} \leqslant v \leqslant \frac{65}{2k^2 - 1}$.

b) $\frac{60}{k} \leqslant v \leqslant \frac{65}{2 - k^2}$.

c) $\frac{65}{2k} \leqslant v \leqslant \frac{60}{k}$.

d) $\frac{60}{k} \leqslant v \leqslant \frac{65}{k^2}$.

e) $\frac{30}{k} \leqslant v \leqslant \frac{65}{2k}$.

» Resolução passo a passo

1. Lendo e compreendendo

a) O que é dado no problema?

São dados os limites de variação de **d** e **α** e um esquema mostrando o correto posicionamento de uma pessoa em relação ao monitor do computador (relacionando **v**, **d** e **α**). Também é dado que cos 10° = k.

b) O que se pede?

Pede-se o intervalo de variação da linha de visada **v** entre o olho do usuário e a tela do computador, de acordo com os limites dados no enunciado.

2. Planejando a solução

Precisamos de duas estratégias, uma para cada parte da resolução. Primeiro, devemos conseguir estabelecer limites máximos e mínimos para o valor **v** da linha de visada. Depois, usaremos os conhecimentos trigonométricos para colocar a resposta em função de **k**.

O esquema mostrando o correto posicionamento de uma pessoa em relação ao monitor do computador é um triângulo retângulo, portanto podemos usar trigonometria básica (cosseno) para relacionar **v**, **d** e **α**. Depois, usando os limites dados para **d** e **α**, vamos determinar o intervalo de variação de **v**.

Para colocar os valores em função de **k**, precisamos usar uma das fórmulas de arco duplo para transformar o cosseno de 20° em cosseno de 10° $[\cos(2\alpha) = 2\cos^2\alpha - 1]$.

3. Executando o que foi planejado

Do esquema dado, temos que:

$$\cos\alpha = \frac{d}{v} \Rightarrow v = \frac{d}{\cos\alpha}$$

Para estabelecer os limites máximo e mínimo de **v**, precisamos obter o maior e o menor resultados possíveis para a razão $\frac{d}{\cos\alpha}$.

- A maior razão $\frac{d}{\cos\alpha}$ acontecerá com o maior **d** e o menor cos α.
- A menor razão $\frac{d}{\cos\alpha}$ acontecerá com o menor **d** e o maior cos α.

Para estabelecer qual é o maior cosseno, basta perceber que no 1º quadrante o cosseno é decrescente, ou seja, quanto maior o ângulo, menor o cosseno (lembre-se de que $\cos 0° = 1$ e $\cos 90° = 0$). Logo, como $20° > 10°$, temos que $\cos 20° < \cos 10°$.

Assim, a maior razão $\frac{d}{\cos\alpha}$ ocorrerá com $d = 65$ cm e cos 20°, e a menor razão ocorrerá com $d = 60$ cm e cos 10°.

Portanto, $\frac{60}{\cos 10°} \leqslant v \leqslant \frac{65}{\cos 20°}$.

Perceba que isso ainda não é suficiente para escolhermos a resposta correta na questão.

Agora, precisamos escrever cos 20° em função de cos 10°. Para isso, devemos perceber que 20° é o arco duplo de 10°, portanto podemos usar a fórmula

$\cos(2\alpha) = 2\cos^2\alpha - 1$, com $\alpha = 10°$.

$\cos(20°) = \cos(2 \cdot 10°) = 2 \cdot \cos^2 10° - 1 \Rightarrow$

$\Rightarrow \cos 20° = 2k^2 - 1$

Assim, $\frac{60}{\cos 10°} \leqslant v \leqslant \frac{65}{\cos 20°}$ equivale a

$\frac{60}{k} \leqslant v \leqslant \frac{65}{2k^2 - 1}$.

4. Verificando

Primeiro, usando uma calculadora científica (ou uma tabela trigonométrica), vamos descobrir o valor de cos 10° (ou seja, **k**) e verificar se $\cos 20° = 2k^2 - 1$. Da calculadora, temos $\cos 10° \simeq 0{,}985$, portanto $k \simeq 0{,}985$. Então, $2 \cdot 0{,}985^2 - 1 \simeq 0{,}940$. Vamos verificar se esse é o valor de cos 20°, novamente recorrendo a uma calculadora científica ou tabela, e obter $\cos 20° \simeq 0{,}940$. Isso verifica que $\cos 20° = 2k^2 - 1$, com $k = \cos 10°$.

Sabemos que $v = \frac{d}{\cos\alpha}$. Vamos fazer uma tabela com os valores extremos de **d** e **α** e usar uma calculadora para obter os valores de cos 10° e cos 20°:

	d = 60	d = 65
$\alpha = 10°$ ($\cos 10° \simeq 0{,}985$)	$v = \frac{60}{0{,}985} \simeq 60{,}9$	$v = \frac{65}{0{,}985} \simeq 66{,}0$
$\alpha = 20°$ ($\cos 20° \simeq 0{,}940$)	$v = \frac{60}{0{,}940} \simeq 63{,}8$	$v = \frac{65}{0{,}940} \simeq 69{,}1$

Portanto, na tabela, temos que $60{,}9 < v < 69{,}1$. Como já vimos anteriormente, 60,9 é o valor de $\frac{60}{\cos 10°}$, ou seja, $\frac{60}{k}$. E 69,1 é o valor de $\frac{65}{\cos 20°}$, ou seja, $\frac{65}{2k^2 - 1}$.

Isso confirma nossa resposta anterior, $\frac{60}{k} \leqslant v \leqslant \frac{65}{2k^2 - 1}$.

5. Respondendo

A resposta é a alternativa **a**.

6. Ampliando o problema

a) Refaça o exemplo dado para $10° \leqslant \alpha \leqslant 20°$ e $60 \leqslant v \leqslant 70$ (em cm), obtendo os limites para o valor **d**. Considere novamente $\cos 10° = k$.

b) **Discussão em equipe**

A Ergonomia visa à qualidade da adaptação de um dispositivo a seu operador e à tarefa que ele realiza. Assim, é a ciência que se preocupa, entre muitas outras coisas, em promover a melhor interação homem-computador, de modo que otimize o bem-estar humano e o desempenho geral do processo como um todo.

Converse com seus colegas e discutam se faz alguma diferença, na qualidade do trabalho do ser humano na frente de um computador, o respeito a alguns requisitos, tais como: distância correta entre a pessoa e a tela do computador; altura dos olhos em relação ao monitor; altura, tipo e posicionamento da cadeira; existência de descanso para o pulso; e uma série de outras preocupações.

Troquem ideias também sobre que tipos de problema podem ocorrer com quem trabalha muito tempo na frente de um computador, sobretudo se não forem observados os requisitos citados.

Exercícios

14 Se $\text{sen } x = \frac{3}{5}$ e $\cos x = \frac{4}{5}$, com $0 < x < \frac{\pi}{2}$, determine sen 2x, cos 2x e tg 2x.

15 Se $\text{tg } x = \frac{1}{4}$, calcule o valor de tg 2x.

16 Sendo $\cos x = -\frac{1}{3}$, com $\pi < x < \frac{3\pi}{2}$, calcule sen 2x e cos 2x.

17 Sabendo que $\text{sen } x = \frac{3}{5}$, com $0 < x < \frac{\pi}{2}$, determine $\text{tg}\left(\frac{\pi}{4} + 2x\right)$.

18 Demonstre que:

a) $\text{sen } 3a = 3 \cdot \text{sen } a - 4 \cdot \text{sen}^3 a$; (*Sugestão*: Faça 3a = 2a + a.)

b) $\cos 3a = 4 \cdot \cos^3 a - 3 \cdot \cos a$;

c) $\text{tg } 3a = \dfrac{3 \cdot \text{tg } a - \text{tg}^2 a}{1 - 3 \cdot \text{tg}^2 a}$.

19 Sabendo que $\text{sen } a - \cos a = \frac{2}{5}$, calcule sen 2a.

20 Mostre que, se $\text{sen } x + \cos x = m$, então $\text{sen } 2x = m^2 - 1$.

21 Simplifique a expressão $A = \dfrac{\text{sen } 2x}{\text{sen } x} - \dfrac{\cos 2x}{\cos x}$.

22 Determine BS = x sabendo que AS é bissetriz do ângulo **A** no triângulo retângulo ABC.

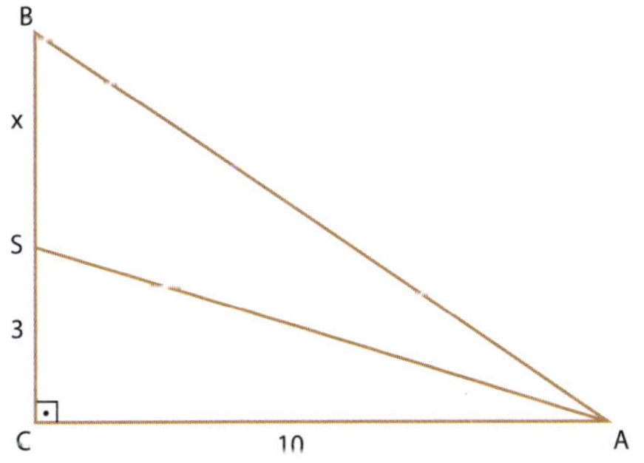

23 Calcule $y = \dfrac{1}{\text{sen } 10°} - \dfrac{\sqrt{3}}{\cos 10°}$.

24 Dado:

a) $\cos x = \frac{1}{2}$, com $0 < x < \frac{\pi}{2}$, determine $\cos \frac{x}{2}$;

b) $\cos x = \frac{2}{3}$, com $0 < x < \frac{\pi}{2}$, determine $\text{sen } \frac{x}{2}$;

25 Sabendo que $\text{sen } 4a = \frac{1}{4}$ e $0 < 4a < \pi$, determine o valor de sen 2a, cos 2a e tg 2a.

26 Sabendo que $x = \frac{x}{2} + \frac{x}{2}$, prove que:

a) $\text{sen } x = 2 \cdot \text{sen } \frac{x}{2} \cdot \cos \frac{x}{2}$;

b) $\cos x = \cos^2 \frac{x}{2} - \text{sen}^2 \frac{x}{2}$;

c) $\cos x = 2 \cdot \cos^2 \frac{x}{2} - 1$.

3. Fórmulas de transformação em produto

Forma fatorada de sen x + sen y e sen x − sen y

Sabemos que:

- $\text{sen } (a + b) = \text{sen } a \cdot \cos b + \text{sen } b \cdot \cos a$ (I)
- $\text{sen } (a - b) = \text{sen } a \cdot \cos b - \text{sen } b \cdot \cos a$ (II)

Fazendo (I) + (II) e (I) − (II), temos:

- $\text{sen } (a + b) + \text{sen } (a - b) = 2 \cdot \text{sen } a \cdot \cos b$
- $\text{sen } (a + b) - \text{sen } (a - b) = 2 \cdot \text{sen } b \cdot \cos a$

Indicando a + b = x e a − b = y, temos:

$$a = \frac{x + y}{2}$$

$$b = \frac{x - y}{2}$$

Logo:

$$\text{sen } x + \text{sen } y = 2 \cdot \text{sen } \frac{x + y}{2} \cdot \cos \frac{x - y}{2}$$

$$\text{sen } x - \text{sen } y = 2 \cdot \text{sen } \frac{x - y}{2} \cdot \cos \frac{x + y}{2}$$

Forma fatorada de cos x + cos y e cos x − cos y

Sabemos que:

- $\cos (a + b) = \cos a \cdot \cos b - \text{sen } a \cdot \text{sen } b$ (I)
- $\cos (a - b) = \cos a \cdot \cos b + \text{sen } a \cdot \text{sen } b$ (II)

Fazendo (I) + (II) e (I) − (II), temos:

- $\cos (a + b) + \cos (a - b) = 2 \cdot \cos a \cdot \cos b$
- $\cos (a + b) - \cos (a - b) = -2 \cdot \text{sen } a \cdot \text{sen } b$

Indicando a + b = x e a − b = y, temos:

$$a = \frac{x + y}{2}$$

$$b = \frac{x - y}{2}$$

Logo:

$$\cos x + \cos y = 2 \cdot \cos \frac{x + y}{2} \cdot \cos \frac{x - y}{2}$$

$$\cos x - \cos y = -2 \cdot \text{sen } \frac{x + y}{2} \cdot \text{sen } \frac{x - y}{2}$$

Exemplos de aplicação

1 Transforme em produto (ou seja, fatore) a expressão sen 60° + sen 30°.

$\text{sen } 60° + \text{sen } 30° =$

$= 2 \cdot \text{sen } \dfrac{60° + 30°}{2} \cdot \cos \dfrac{60° - 30°}{2} =$

$= 2 \cdot \text{sen } 45° \cdot \cos 15°$

2 Transforme em produto a expressão cos 5x + cos 3x.

$\cos 5x + \cos 3x = 2 \cdot \cos \dfrac{5x + 3x}{2} \cdot \cos \dfrac{5x - 3x}{2} =$

$= 2 \cdot \cos 4x \cdot \cos x$

3 Fatore (ou seja, transforme em produto) a expressão sen 2a − sen a.

$\text{sen } 2a - \text{sen } a = 2 \cdot \text{sen } \dfrac{2a - a}{2} \cdot \cos \dfrac{2a + a}{2} =$

$= 2 \cdot \text{sen } \dfrac{a}{2} \cdot \cos \dfrac{3a}{2}$

4 Demonstre que $\dfrac{\text{sen } 3x + \text{sen } x}{\cos 3x + \cos x} = \text{tg } 2x$.

Seja $f(x) = \dfrac{\text{sen } 3x + \text{sen } x}{\cos 3x + \cos x}$. Então:

$$f(x) = \frac{2 \cdot \text{sen } \frac{3x + x}{2} \cdot \cos \frac{3x - x}{2}}{2 \cdot \cos \frac{3x + x}{2} \cdot \cos \frac{3x - x}{2}} =$$

$$= \frac{\cancel{2} \cdot \text{sen } 2x \cdot \cancel{\cos x}}{\cancel{2} \cdot \cos 2x \cdot \cancel{\cos x}} = \frac{\text{sen } 2x}{\cos 2x} = \text{tg } 2x$$

Seja g(x) = tg 2x. Como f(x) = g(x), está demonstrada a identidade.

Exercícios

27 Transforme em produto as expressões:

a) sen 60° − sen 40°
b) sen 3a + sen 5a
c) cos 50° + cos 30°
d) cos 5x − cos x

28 Transforme em produto as expressões:

a) 1 + cos x
b) 1 − cos x
c) sen 60° + cos 40°
d) sen x − cos x

29 Demonstre que $\dfrac{\text{sen } 6a + \text{sen } 4a}{\cos 6a + \cos 4a} = \text{tg } 5a$.

30 Simplifique as expressões:

a) $\dfrac{\text{sen } a + \text{sen } b}{\cos a + \cos b}$

b) $\dfrac{\cos 4a + \cos 2a}{\text{sen } 4a - \text{sen } 2a}$

31 Simplifique $\dfrac{\text{sen } 30° + \text{sen } 40° + \text{sen } 50°}{\cos 30° + \cos 40° + \cos 50°}$.

Uma aplicação importante

Uma aplicação importante das fórmulas de adição é determinar as coordenadas do ponto **A**′(x′, y′) obtido do ponto **A**(x, y) por meio de uma rotação do ângulo β em torno da origem do sistema de eixos.

$\overrightarrow{Ox}$ e $\overline{OA}$ formam o ângulo α.

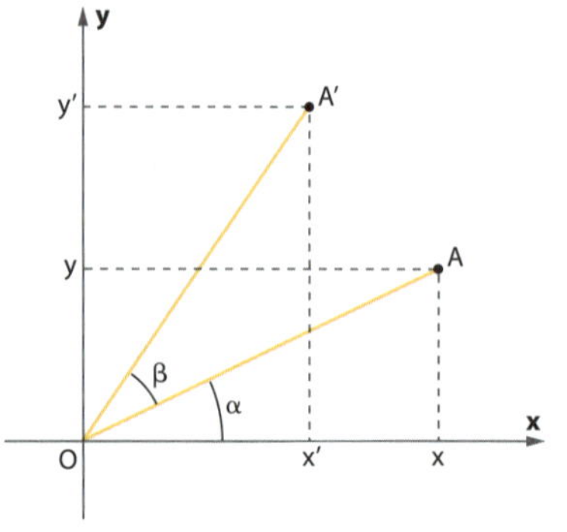

Sendo r = OA = OA′, temos:

$x = r \cdot \cos \alpha$ $\qquad x' = r \cdot \cos (\alpha + \beta)$

$y = r \cdot \text{sen } \alpha$ $\qquad y' = r \cdot \text{sen } (\alpha + \beta)$

Aplicando as fórmulas de adição, obtemos:

$x' = r \cdot \cos \alpha \cdot \cos \beta - r \cdot \text{sen } \alpha \cdot \text{sen } \beta =$
$= x \cdot \cos \beta - y \cdot \text{sen } \beta$

$y' = r \cdot \cos \alpha \cdot \text{sen } \beta + r \cdot \text{sen } \alpha \cdot \cos \beta =$
$= x \cdot \text{sen } \beta + y \cdot \cos \beta$

Assim, a rotação do ângulo β em torno da origem é a função que associa a cada par ordenado (x, y) do plano o par ordenado (x · cos β − y · sen β, x · sen β + y · cos β) desse mesmo plano.

Exercícios

32 Dado o ponto **A**(8, 6) no plano cartesiano, obtenha as coordenadas do ponto **A**′, resultado da rotação de 30° do ponto **A** em torno da origem, no sentido anti-horário.

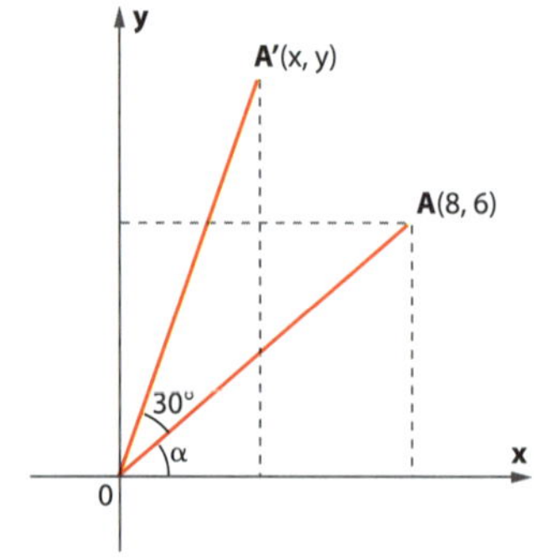

33 Em um sistema de eixos temos **A**(2, 0) e **B**(14, 5). Fazendo uma rotação de $\overline{AB}$ em torno de **A**, de 45° no sentido anti-horário, obtém-se $\overline{AB'}$. Determine **B**′. (*Dica*: observe que o ponto **A** não é a origem.)

4. Relações fundamentais

objeto digital

As relações entre os valores das funções trigonométricas de um mesmo arco são denominadas *relações trigonométricas*. Veja algumas já conhecidas:

$\text{sen}^2 x + \cos^2 x = 1$ para todo $x \in \mathbb{R}$

$\text{tg}\, x = \dfrac{\text{sen}\, x}{\cos x}$ para todo $x \neq \dfrac{\pi}{2} + k\pi$

$\text{cotg}\, x = \dfrac{\cos x}{\text{sen}\, x}$ para todo $x \neq k\pi$

$\sec x = \dfrac{1}{\cos x}$ para todo $x \neq \dfrac{\pi}{2} + k\pi$

$\text{cossec}\, x = \dfrac{1}{\text{sen}\, x}$ para todo $x \neq k\pi$

Fique atento
Para simplificar as expressões, consideramos o fator $k \in \mathbb{Z}$, sempre que não especificado.

5. Relações decorrentes das fundamentais

A partir das relações fundamentais podemos chegar a outras relações também importantes:

- $\text{sen}^2 x + \cos^2 x = 1 \Rightarrow \dfrac{\text{sen}^2 x}{\cos^2 x} + \dfrac{\cos^2 x}{\cos^2 x} = \dfrac{1}{\cos^2 x} \Rightarrow$
$\Rightarrow \text{tg}^2 x + 1 = \sec^2 x$ para $\cos x \neq 0$

  Assim:

  $\text{tg}^2 x + 1 = \sec^2 x$ para $x \neq \dfrac{\pi}{2} + k\pi,\ k \in \mathbb{Z}$

Fique atento
Não se deve confundir $\text{tg}^2 x + 1$ com $\text{tg}^2 (x + 1)$.

- $\text{sen}^2 x + \cos^2 x = 1 \Rightarrow \dfrac{\text{sen}^2 x}{\text{sen}^2 x} + \dfrac{\cos^2 x}{\text{sen}^2 x} = \dfrac{1}{\text{sen}^2 x} \Rightarrow$
$\Rightarrow 1 + \text{cotg}^2 x = \text{cossec}^2 x$ para $\text{sen}\, x \neq 0$

  Assim:

  $\text{cotg}^2 x + 1 = \text{cossec}^2 x$ para $x \neq k\pi,\ k \in \mathbb{Z}$

- Sabemos que $\text{tg}\, x = \dfrac{\text{sen}\, x}{\cos x}$ e $\text{cotg}\, x = \dfrac{\cos x}{\text{sen}\, x}$. Multiplicando essas expressões membro a membro temos:

  $\text{tg}\, x \cdot \text{cotg}\, x = \dfrac{\text{sen}\, x}{\cos x} \cdot \dfrac{\cos x}{\text{sen}\, x} = 1 \Rightarrow \text{cotg}\, x = \dfrac{1}{\text{tg}\, x}$,

  quando $\text{sen}\, x \neq 0$ e $\cos x \neq 0$.

  Assim:

  $\text{cotg}\, x = \dfrac{1}{\text{tg}\, x}$ para $x \neq \dfrac{\pi}{2} + k\pi$ e $x \neq \pi + k\pi$, ou seja,

  $x \neq \dfrac{k\pi}{2},\ k \in \mathbb{Z}$

Exemplos de aplicação

1 Sendo $\text{sen}\, x = -\dfrac{1}{4}$, com $\pi < x < \dfrac{3\pi}{2}$, determine tg x e sec x.

Aplicando as relações fundamentais:

$\text{sen}^2 x + \cos^2 x = 1 \Rightarrow \left(-\dfrac{1}{4}\right)^2 + \cos^2 x = 1 \Rightarrow$

$\Rightarrow \cos^2 x = \dfrac{15}{16} \Rightarrow \cos x = \pm\dfrac{\sqrt{15}}{4}$

Como **x** é do 3º quadrante, $\cos x = -\dfrac{\sqrt{15}}{4}$. Então:

$\text{tg}\, x = \dfrac{\text{sen}\, x}{\cos x} \Rightarrow \text{tg}\, x = \dfrac{-\frac{1}{4}}{-\frac{\sqrt{15}}{4}} \Rightarrow \text{tg}\, x = \dfrac{\sqrt{15}}{15}$

$\sec x = \dfrac{1}{\cos x} \Rightarrow \sec x = \dfrac{1}{-\frac{\sqrt{15}}{4}} \Rightarrow$

$\Rightarrow \sec x = -\dfrac{4\sqrt{15}}{15}$

2 Dado $\text{cossec}\, x = \dfrac{7}{4}$, com $\dfrac{\pi}{2} < x < \pi$, determine cos x.

Temos:

$\text{cossec}\, x = \dfrac{1}{\text{sen}\, x} \Rightarrow \dfrac{7}{4} = \dfrac{1}{\text{sen}\, x} \Rightarrow$

$\Rightarrow 7 \cdot \text{sen}\, x = 4 \Rightarrow \text{sen}\, x = \dfrac{4}{7}$

$\text{sen}^2 x + \cos^2 x = 1 \Rightarrow \left(\dfrac{4}{7}\right)^2 + \cos^2 x = 1 \Rightarrow$

$\Rightarrow \cos^2 x = \dfrac{33}{49} \Rightarrow \cos x = \pm\dfrac{\sqrt{33}}{7}$

Como **x** é do 2º quadrante, $\cos x = -\dfrac{\sqrt{33}}{7}$.

3 Determine o valor de **m** para que se tenha simultaneamente $\text{sen}\, x = \sqrt{m - 2}$ e $\cos x = m - 1$.

Usando a relação $\text{sen}^2 x + \cos^2 x = 1$ e fazendo as substituições, temos:

$\left(\sqrt{m - 2}\right)^2 + (m - 1)^2 = 1 \Rightarrow$

$\Rightarrow m - 2 + m^2 - 2m + 1 = 1 \Rightarrow m^2 - m - 2 = 0$ (equação do 2º grau em **m**)

$\Delta = 9$

$m' = 2$ e $m'' = -1$

O valor $m = -1$ não satisfaz, pois $\sqrt{m - 2} = \sqrt{-1 - 2} = \sqrt{-3} \notin \mathbb{R}$ ou porque $\cos x = -1 - 1 = -2$ não satisfaz a existência do cosseno.

Já o valor $m = 2$ serve para $\text{sen}\, x = \sqrt{2 - 2} = 0$ e $\cos x = 2 - 1 = 1$.

Logo, $m = 2$.

Para refletir
Neste exemplo, qual é o valor de **x** para $0 \leq x < 2\pi$?

4 Simplifique a expressão $y = \dfrac{\text{cotg } x + \text{cossec } x}{\text{sen } x}$, supondo $0 < x < \dfrac{\pi}{2}$.

Escrevendo todos os termos da expressão em função de sen x e cos x, temos:

Fique atento

Para $0 < x < \dfrac{\pi}{2}$ existem todas as funções trigonométricas envolvidas no exemplo.

$$y = \frac{\text{cotg } x + \text{cossec } x}{\text{sen } x} = \frac{\dfrac{\cos x}{\text{sen } x} + \dfrac{1}{\text{sen } x}}{\text{sen } x} =$$

$$= \frac{\dfrac{\cos x + 1}{\text{sen } x}}{\text{sen } x} = \frac{\cos x + 1}{\text{sen } x} : \text{sen } x =$$

$$= \frac{\cos x + 1}{\text{sen } x} \cdot \frac{1}{\text{sen } x} = \frac{\cos x + 1}{\text{sen}^2 x}$$

Como $\text{sen}^2 x + \cos^2 x = 1 \Leftrightarrow \text{sen}^2 x = 1 - \cos^2 x$, fazemos a substituição:

$$y = \frac{\cos x + 1}{1 - \cos^2 x} = \frac{\cancel{\cos x + 1}}{(\cancel{1 + \cos x})(1 - \cos x)} =$$

$$= \frac{1}{1 - \cos x}$$

Portanto, $y = \dfrac{1}{1 - \cos x}$.

5 Dado $\text{sen } x = \dfrac{\sqrt{2}}{2}$, calcule o valor da expressão

$$A = \frac{\sec^2 x - 1}{\text{tg}^2 x + 1}.$$

Vamos escrever a expressão dada em função de sen x e cos x:

$$A = \frac{\sec^2 x - 1}{\text{tg}^2 x + 1} = \frac{\left(\dfrac{1}{\cos x}\right)^2 - 1}{\left(\dfrac{\text{sen } x}{\cos x}\right)^2 + 1} = \frac{\dfrac{1}{\cos^2 x} - 1}{\dfrac{\text{sen}^2 x}{\cos^2 x} + 1} =$$

$$= \frac{\dfrac{1 - \cos^2 x}{\cos^2 x}}{\dfrac{\text{sen}^2 x + \cos^2 x}{\cos^2 x}} =$$

$$= \frac{1 - \cos^2 x}{\cancel{\cos^2 x}} \cdot \frac{\cancel{\cos^2 x}}{\text{sen}^2 x + \cos^2 x} = \frac{\text{sen}^2 x}{1} = \text{sen}^2 x$$

Como $\text{sen } x = \dfrac{\sqrt{2}}{2}$, então o valor da expressão é:

$$A = \left(\frac{\sqrt{2}}{2}\right)^2 = \frac{2}{4} = \frac{1}{2}$$

Para refletir

Como resolver este exemplo usando outra estratégia?

6 Se $\text{sen } x \cdot \cos x = 0{,}3$, então qual o valor de $\text{cotg}^2\, 2x$?

Sabemos que $\text{sen } 2x = 2 \cdot \text{sen } x \cdot \cos x$, então:

$$\text{sen } x \cdot \cos x = \frac{3}{10} \overset{(\cdot 2)}{\Longrightarrow} 2 \cdot \text{sen } x \cdot \cos x = \frac{3}{5} \Rightarrow$$

$$\Rightarrow \text{sen } 2x = \frac{3}{5} \Rightarrow \text{cossec } 2x = \frac{5}{3}$$

Mas:

$$\text{cotg}^2\, 2x + 1 = \text{cossec}^2\, 2x \Rightarrow \text{cotg}^2\, 2x = \left(\frac{5}{3}\right)^2 - 1 \Rightarrow$$

$$\Rightarrow \text{cotg}^2\, 2x = \frac{25}{9} - 1 \Rightarrow \text{cotg}^2\, 2x = \frac{16}{9}$$

Exercícios

34 Sendo $\cos x = \dfrac{4}{5}$ e $0 < x < \dfrac{\pi}{2}$, calcule o valor de $\text{sen}^2 x - 3 \cdot \text{sen } x$.

35 Sabendo que $\cos a = -\dfrac{\sqrt{5}}{5}$ e $\dfrac{\pi}{2} < a < \pi$, determine o valor de $(1 + \text{sen } a)(1 - \text{sen } a)$.

36 Dado $\cos x = \dfrac{\sqrt{2}}{2}$, com $0 < x < \dfrac{\pi}{2}$, determine o valor de $\sec x + \text{cossec } x$.

37 Sendo $\sec x = \dfrac{7}{3}$, determine o valor de cotg x.

38 Se $\cos a = \dfrac{1}{2}$ e $0 < a < \dfrac{\pi}{2}$, qual é o valor da expressão $y = \dfrac{\text{cossec } a - \text{sen } a}{\sec a - \cos a}$?

39 Simplifique as expressões:

a) $y = \dfrac{\sec x - \text{cossec } x}{1 - \text{cotg } x}$

b) $y = (\sec x - \cos x)(\text{cossec } x - \text{sen } x)(\text{tg } x + \text{cotg } x)$

40 Determine o valor de $A = \dfrac{\text{cotg } x - 1}{\text{cossec } x - \sec x}$, dado $\cos x = \dfrac{1}{2}$.

41 Sejam os números reais **m** e **x** que satisfazem simultaneamente as condições $\text{sen } x = m - 1$ e $\cos x = \sqrt{1 - m^2}$. Qual é o valor de **m**?

42 Se $\text{sen } \alpha = 3t - 1$ e $\cos \alpha = 1 - t$, então α pertence a que quadrante?

43 Calcule o valor de sen 2x, sabendo que $\text{tg } x + \text{cotg } x = 2$.

44 Se $\text{tg } x = \dfrac{\text{sen } x}{\cos x} = t$, escreva a expressão $y = \dfrac{\text{sen}^2 x + \text{sen } x \cdot \cos x}{\text{sen}^2 x - \cos^2 x}$ em função de **t**. (*Sugestão*: Use a fatoração no numerador e no denominador da fração.)

45 Escreva a expressão $k = \text{cotg } x + \text{tg } x$, em função de sen 2x.

6. Identidades trigonométricas

Toda igualdade envolvendo funções trigonométricas que se verifica para todos os valores do domínio dessas funções é uma *identidade trigonométrica*. Por exemplo, considerando o domínio das funções, a igualdade sen x · sec x = tg x é uma identidade trigonométrica, pois, independentemente do valor de **x**, ela se verifica. Para $x \neq \frac{\pi}{2} + k\pi$, temos:

$$\text{sen } x \cdot \sec x = \text{sen } x \cdot \frac{1}{\cos x} = \frac{\text{sen } x}{\cos x} = \text{tg } x$$

> **Você sabia?**
> As oito relações da página 271 são identidades trigonométricas.

Já a igualdade sen x + cos x = 1, para $x \in \mathbb{R}$, não é uma identidade, pois ela não é verdadeira para todo $x \in \mathbb{R}$. Dizemos que sen x + cos x = 1 é uma *equação trigonométrica*.

Para demonstrar que uma igualdade é uma identidade, há vários caminhos. Veja alguns nos exemplos de aplicação a seguir.

> **Para refletir**
> Verifique o que acontece com sen x + cos x = 1, para $x = \frac{\pi}{2}$ e para $x = \frac{\pi}{4}$.

Exemplos de aplicação

1 **Demonstre que $(1 - \cos^2 x)(\text{cotg}^2 x + 1) = 1$, para $x \neq k\pi$, é uma identidade.**

Vamos procurar simplificar o primeiro membro da igualdade, expressando-o em função de sen x e de cos x:

$$(1 - \cos^2 x)\left(\frac{\cos^2 x}{\text{sen}^2 x} + 1\right) = \underbrace{(1 - \cos^2 x)}\underbrace{\left(\frac{\cos^2 x + \text{sen}^2 x}{\text{sen}^2 x}\right)} = \underbrace{\cancel{\text{sen}^2 x}} \cdot \underbrace{\frac{1}{\cancel{\text{sen}^2 x}}} = 1$$

> **Fique atento**
> Partindo de f(x), chegamos a g(x). Logo, f(x) = g(x).

2 **Demonstre que $\frac{\text{tg } x}{1 + \text{tg}^2 x} = \frac{\text{sen } x}{\sec x}$ é uma identidade para $x \neq \frac{\pi}{2} + k\pi$.**

Neste problema, vamos simplificar isoladamente cada membro.

- $f(x) = \frac{\text{tg } x}{1 + \text{tg}^2 x} = \frac{\frac{\text{sen } x}{\cos x}}{\sec^2 x} = \frac{\frac{\text{sen } x}{\cos x}}{\frac{1}{\cos^2 x}} = \frac{\text{sen } x}{\cancel{\cos x}} \cdot \cancel{\cos^2 x}^{\cos x} = \text{sen } x \cdot \cos x$

- $g(x) = \frac{\text{sen } x}{\sec x} = \frac{\text{sen } x}{\frac{1}{\cos x}} = \text{sen } x \cdot \cos x$

> **Fique atento**
> Partindo separadamente de f(x) e g(x), chegamos ao mesmo valor. Logo, f(x) = g(x).

3 **Demonstre a identidade $\sec^2 x - \text{sen}^2 x = \text{tg}^2 x + \cos^2 x$.**

Considerando $\sec^2 x - \text{sen}^2 x$ como f(x) e $\text{tg}^2 x + \cos^2 x$ como g(x), podemos fazer:

$f(x) - g(x) = \sec^2 x - \text{sen}^2 x - \text{tg}^2 x - \cos^2 x =$

$= (\sec^2 x - \text{tg}^2 x) - (\text{sen}^2 x + \cos^2 x) = 1 - 1 = 0$

Se f(x) − g(x) = 0, então f(x) = g(x) ou $\sec^2 x - \text{sen}^2 x = \text{tg}^2 x + \cos^2 x$.

> **Para refletir**
> - Para que valores de **x** vale essa identidade?
> - Partindo de f(x) − g(x) chegamos a 0. Se f(x) − g(x) = 0, então f(x) = g(x).

4 **Demonstre que $\text{sen}^4 x - \cos^4 x = -\text{sen } 2x$.**

$\text{sen}^4 x - \cos^4 x = (\text{sen}^2 x - \cos^2 x)(\text{sen}^2 x + \cos^2 x) = (\text{sen}^2 x - \cos^2 x) \cdot 1 = -1(\cos^2 x - \text{sen}^2 x) = -1 \cdot \text{sen } 2x = -\text{sen } 2x$

Exercícios

46 Demonstre as seguintes identidades trigonométricas:

a) $\cos x \cdot \text{tg } x \cdot \text{cossec } x = 1$

b) $\text{tg } x \cdot \cos x = \text{sen } x$

c) $(1 + \text{sen } x)(1 - \text{sen } x) = \cos^2 x$

d) $\text{tg}^2 x \cdot \text{cossec}^2 x = 1 + \text{tg}^2 x$

e) $\text{cossec}^2 x \cdot \text{tg } x = \text{cotg } x \cdot \sec^2 x$

f) $\sec^2 x \cdot \text{cossec}^2 x = \sec^2 x + \text{cossec}^2 x$

> **Você sabia?**
> As demonstrações das identidades podem ser vistas como um exercício de quebra-cabeça trigonométrico.

47 Demonstre as seguintes identidades trigonométricas:

a) $(\text{sen } x + \text{tg } x)(\cos x + \text{cotg } x) = (1 + \text{sen } x)(1 + \cos x)$

b) $(\text{tg } x + 1)(1 - \text{tg } x) = 2 - \sec^2 x$

c) $(\text{tg } x - \text{sen } x)^2 + (1 - \cos x)^2 = (\sec x - 1)^2$

d) $(a \cdot \text{sen } x - b \cdot \cos x)^2 + (a \cdot \cos x + b \cdot \text{sen } x)^2 = a^2 + b^2$

e) $\dfrac{\sec x + \text{tg } x}{\cos x + \text{cotg } x} = \text{tg } x \cdot \sec x$

f) $\dfrac{\text{sen } x}{1 + \text{cotg } x} + \dfrac{\cos x}{1 + \text{tg } x} = \dfrac{1}{\text{sen } x + \cos x}$

g) $(\sec x - \text{tg } x)^2 = \dfrac{1 - \text{sen } x}{1 + \text{sen } x}$

48 Se $A = (\cos a + \cos b)(\cos a - \cos b) +$
$+ (\text{sen } a + \text{sen } b)(\text{sen } a - \text{sen } b)$, prove que $A = 0$.

49 Se $f(x) = \dfrac{\text{sen } x + \text{tg } x}{\text{cotg } x + \text{cossec } x}$ e $g(x) = \text{sen } x \cdot \text{tg } x$, prove que $f(x) = g(x)$.

50 Se $P = \dfrac{1}{1 + \text{sen}^2 x} + \dfrac{1}{1 + \cos^2 x} + \dfrac{1}{1 + \sec^2 x} +$
$+ \dfrac{1}{1 + \text{cossec}^2 x}$, demonstre que $P = 2$.

7. Equações trigonométricas

Observe as seguintes equações:

- $\text{sen } x = 1$
- $2 \cdot \cos x = \sqrt{3}$
- $1 + \text{tg } 2x = 0$

Essas equações são exemplos de equações trigonométricas, pois nelas a incógnita aparece nas medidas dos arcos ou dos ângulos de funções trigonométricas.

Não existe um modo único que permita resolver todas as equações trigonométricas. Entretanto, o objetivo é chegar sempre a equações básicas do tipo $\text{sen } x = a$, $\cos x = a$ ou $\text{tg } x = a$, que nos permitem obter a variável **x** a partir do conhecimento dos valores de **a**, mesmo que tenhamos que lançar mão de artifícios, transformações, identidades, etc.

Para refletir

Por que $2x = \cos \dfrac{\pi}{3}$ não é uma equação trigonométrica?

Equações da forma sen x = a, cos x = a e tg x = a

Fique atento
Quando não for explicitado o conjunto universo, devemos considerar $U = \mathbb{R}$.

Exemplos de aplicação

1 Resolva as seguintes equações:

a) $\text{sen } x = \dfrac{1}{2}$

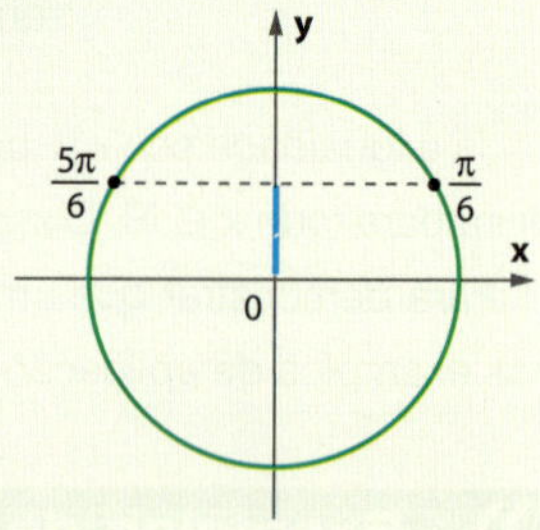

Sabemos que na 1ª determinação os arcos com seno igual a $\dfrac{1}{2}$ são $\dfrac{\pi}{6}$ e $\dfrac{5\pi}{6}$. Então, em todas as voltas temos $x = \dfrac{\pi}{6} + 2k\pi$ ou $x = \dfrac{5\pi}{6} + 2k\pi$.

$$S = \left\{x \in \mathbb{R} \mid x = \frac{\pi}{6} + 2k\pi \text{ ou } x = \frac{5\pi}{6} + 2k\pi\right\}$$

b) $\text{tg } x = 1$

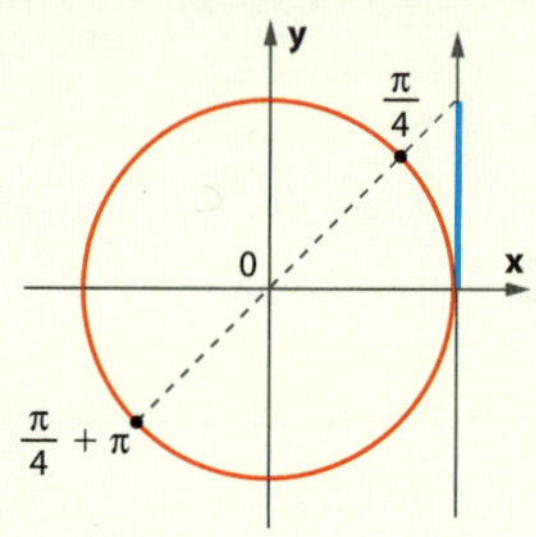

Os arcos com tangente igual a 1 na 1ª determinação são $\dfrac{\pi}{4}$ e $\dfrac{5\pi}{4}$. Então, em todas as voltas $x = \dfrac{\pi}{4} + k\pi$.

$$S = \left\{x \in \mathbb{R} \mid x = \frac{\pi}{4} + k\pi\right\}$$

c) $\text{sen } 2x = 1$

Essa equação pode ser resolvida do mesmo modo que as anteriores, embora se tenha sen 2x e não sen x.

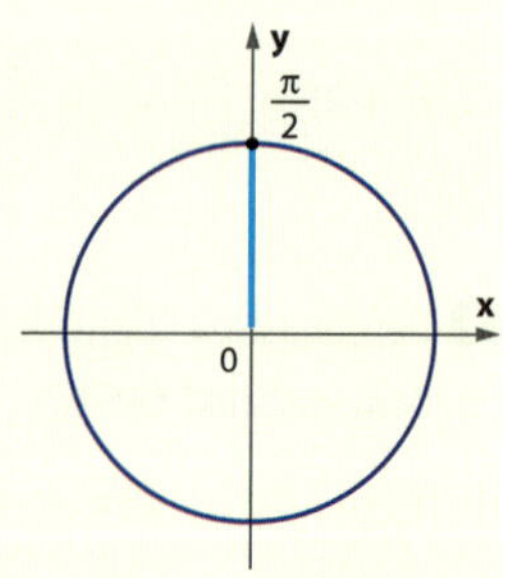

Como $\text{sen } \dfrac{\pi}{2} = 1$, temos:

$$2x = \frac{\pi}{2} + 2k\pi \Rightarrow$$

$$\Rightarrow x = \frac{\frac{\pi}{2} + 2k\pi}{2} = \frac{\pi}{4} + k\pi$$

$$S = \left\{x \in \mathbb{R} \mid x = \frac{\pi}{4} + k\pi\right\}$$

d) $\cos\left(x - \dfrac{\pi}{3}\right) = \dfrac{\sqrt{3}}{2}$

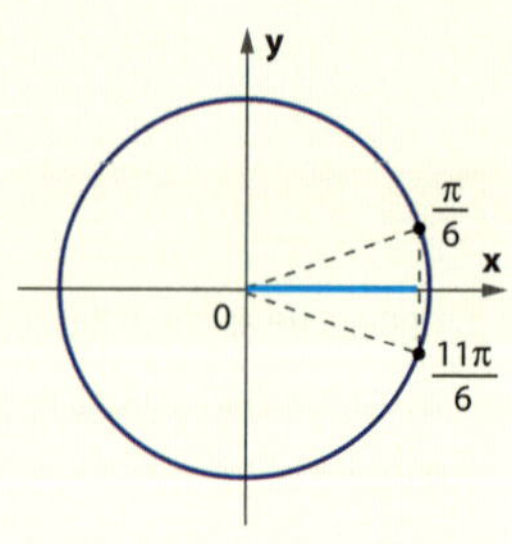

Como na 1ª determinação $\dfrac{\pi}{6}$ e $\dfrac{11\pi}{6}$ têm cosseno igual a $\dfrac{\sqrt{3}}{2}$, temos:

$$x - \frac{\pi}{3} = \frac{\pi}{6} + 2k\pi \Rightarrow x = \frac{\pi}{6} + \frac{\pi}{3} + 2k\pi \Rightarrow$$

$$\Rightarrow x = \frac{\pi}{2} + 2k\pi$$

ou

$$x - \frac{\pi}{3} = \frac{11\pi}{6} + 2k\pi \Rightarrow x = \frac{11\pi}{6} + \frac{\pi}{3} + 2k\pi \Rightarrow$$

côngruo a $\frac{\pi}{6}$ $\left(2\pi + \frac{\pi}{6}\right)$

$$\Rightarrow x = \frac{13\pi}{6} + 2k\pi = \frac{\pi}{6} + 2k\pi$$

$$S = \left\{x \in \mathbb{R} \mid x = \frac{\pi}{2} + 2k\pi \text{ ou } x = \frac{\pi}{6} + 2k\pi\right\}$$

2 Resolva a equação $\cos x + \cos 3x + \cos 2x = 0$ para $0 \leq x \leq 2\pi$.

$$\underbrace{\cos x + \cos 3x}_{} + \cos 2x = 0 \Rightarrow \underbrace{2 \cdot \cos \frac{x + 3x}{2} \cdot \cos \frac{x - 3x}{2}}_{} +$$

$$+ \cos 2x = 0 \Rightarrow 2 \cdot \cos 2x \cdot \cos(-x) + \cos 2x = 0 \Rightarrow$$

$$\Rightarrow 2 \cdot \cos 2x \cdot \cos x + \cos 2x = 0 \Rightarrow$$

$$\Rightarrow \cos 2x \cdot (2 \cdot \cos x + 1) = 0$$

Temos:

$\cos 2x = 0$ ou $2 \cdot \cos x + 1 = 0$

$\cos 2x = 0 \Rightarrow 2x = \frac{\pi}{2}$ ou $2x = \frac{3\pi}{2}$ ou $2x = \frac{5\pi}{2}$ ou $2x = \frac{7\pi}{2}$ (pois $0 \leq 2x \leq 4\pi$)

Assim, $x = \frac{\pi}{4}$ ou $x = \frac{3\pi}{4}$ ou $x = \frac{5\pi}{4}$ ou $x = \frac{7\pi}{4}$

$2 \cdot \cos x + 1 = 0 \Rightarrow \cos x = -\frac{1}{2} \Rightarrow x = \frac{2\pi}{3}$ ou $x = \frac{4\pi}{3}$

$$S = \left\{\frac{\pi}{4}, \frac{3\pi}{4}, \frac{5\pi}{4}, \frac{7\pi}{4}, \frac{2\pi}{3}, \frac{4\pi}{3}\right\}$$

3 (Vunesp/modificado) A figura abaixo mostra a órbita elíptica de um satélite **S** em torno do planeta Terra. Na elipse estão assinalados dois pontos: o ponto **A** (apogeu), que é o ponto da órbita mais afastado do centro da Terra, e o ponto **P** (perigeu), que é o ponto da órbita mais próximo do centro da Terra. O ponto **O** indica o centro da Terra e o ângulo $P\hat{O}S$ tem medida α, com $0° \leq \alpha \leq 360°$. A altura **H**, em km, do satélite à superfície da Terra, dependendo do ângulo α, é dada aproximadamente pela função: $H = \left(-64 + \frac{7\,980}{100 + 5 \cos \alpha}\right) \cdot 10^2$.

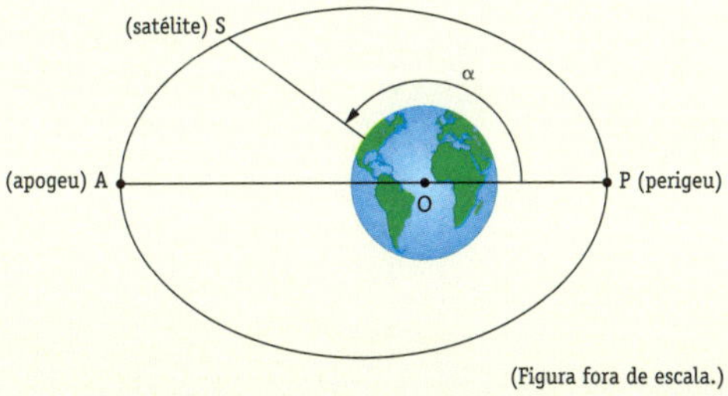

(Figura fora de escala.)

Determine os valores de α, quando a altura **H** do satélite é de 1 580 km.

» Resolução passo a passo

1. Lendo e compreendendo

a) O que é dado no problema?

São dados uma função que relaciona a altura **H** do satélite (em km) com o ângulo α e o intervalo de variação de α, $0° < \alpha < 360°$.

b) O que se pede?

Pede-se ao aluno que determine os valores do ângulo α no momento em que o satélite está a 1 580 km de altura.

2. Planejando a solução

Para obter o valor de α, vamos usar a função dada, substituindo o valor de 1 580 km em **H**, e depois resolver a equação trigonométrica resultante dessa substituição.

3. Executando o que foi planejado

Do enunciado sabemos que:

$$H = \left(-64 + \frac{7\,980}{100 + 5 \cos \alpha}\right) \cdot 10^2$$

Para H = 1 580 km, temos:

$$1\,580 = \left(-64 + \frac{7\,980}{100 + 5 \cos \alpha}\right) \cdot 10^2$$

Dividindo ambos os membros por 10^2 (ou seja, 100), temos:

$$15{,}80 = -64 + \frac{7\,980}{100 + 5 \cos \alpha}$$

Vamos agora isolar $\cos \alpha$:

$$15{,}80 + 64 = \frac{7\,980}{100 + 5 \cos \alpha} \Rightarrow$$

$$\Rightarrow 79{,}80 = \frac{7\,980}{100 + 5 \cos \alpha} \Rightarrow$$

$$\Rightarrow 79{,}80 \cdot (100 + 5 \cos \alpha) = 7\,980 \Rightarrow$$

$$\Rightarrow 100 + 5 \cos \alpha = \frac{7\,980}{79{,}80} \Rightarrow 100 + 5 \cos \alpha = 100 \Rightarrow$$

$$\Rightarrow 5 \cos \alpha = 0 \Rightarrow \cos \alpha = 0$$

Com o cosseno isolado, avaliamos que valores de α são soluções da equação $\cos \alpha = 0$. Considerando-se o intervalo dado no enunciado, $0° \leq \alpha \leq 360°$, esses valores são $\alpha = 90°$ ou $\alpha = 270°$.

4. Verificando

Para verificar, vamos substituir os valores obtidos ($\alpha = 90°$ e $\alpha = 270°$) na função:

$$H = \left(-64 + \frac{7\,980}{100 + 5 \cos \alpha}\right) \cdot 10^2.$$

Para $\alpha = 90°$:

$$H = \left(-64 + \frac{7\,980}{100 + 5 \cos 90°}\right) \cdot 10^2 =$$

$$= \left(-64 + \frac{7\,980}{100 + 5 \cdot 0}\right) \cdot 10^2 =$$

$$= \left(-64 + \frac{7\,980}{100}\right) \cdot 10^2 = (-64 + 79{,}8) \cdot 10^2 =$$

$$= 15{,}8 \cdot 100 = 1\,580 \text{ km}$$

Para $\alpha = 270°$:

$$H = \left(-64 + \frac{7\,980}{100 + 5\cos 270°}\right) \cdot 10^2 =$$

$$= \left(-64 + \frac{7\,980}{100 + 5 \cdot 0}\right) \cdot 10^2 =$$

$$= \left(-64 + \frac{7\,980}{100}\right) \cdot 10^2 = (-64 + 79{,}8) \cdot 10^2 =$$

$$= 15{,}8 \cdot 100 = 1\,580 \text{ km}$$

5. Respondendo

Quando o satélite está a 1 580 km de altura os valores de α são: $\alpha = 90°$ ou $\alpha = 270°$.

6. Ampliando o problema

a) Usando a tabela trigonométrica da página 239 ou uma calculadora científica, estime os valores do ângulo α para quando a altura do satélite for de 1 500 km.

b) (Vunesp/modificado) Determine a altura **h** do satélite quando este se encontra no perigeu e também quando se encontra no apogeu.

c) **Discussão em equipe**

Atualmente, os satélites artificiais são empregados em um grande número de atividades. Converse com seus colegas sobre algumas das utilidades dos satélites artificiais.

d) **Pesquisa**

Qual foi o primeiro satélite artificial a ser lançado no espaço, quem o lançou e quando isso ocorreu?

Exercícios

51 Resolva cada equação abaixo:

a) $\text{sen } x = \frac{1}{2}$

b) $\cos x = -\frac{\sqrt{2}}{2}$

c) $\text{tg } x = \sqrt{3}$

d) $2 \text{ sen } x = -1$

e) $1 + \cos x = 0$

f) $\text{tg } x = -\frac{\sqrt{3}}{3}$

52 Resolva as equações:

a) $\text{sen } 3x = 1$

b) $\cos 2x = 0$

c) $\text{tg } 5x = 0$

d) $3 \cdot \text{tg } 2x - \sqrt{3} = 0$

53 Resolva as equações:

a) $\sec 2x = \sqrt{2}$

b) $\cos\left(x + \frac{\pi}{6}\right) = -1$

c) $\text{sen}\left(3x - \frac{\pi}{4}\right) = \frac{\sqrt{2}}{2}$

d) $\text{cossec}\left(x + \frac{\pi}{3}\right) = \frac{1}{3}$

54 Resolva as equações para $0 \leq x \leq 2\pi$:

a) $2 \cdot \text{sen } x \cdot \cos x - \cos x = 0$

b) $\text{sen}^2 x - \text{sen } x = 0$

c) $\text{tg}^2 x = 3$

d) $2 \cdot \text{sen}^2 x + \text{sen } x - 1 = 0$

e) $2 \cdot \cos^2 x - \sqrt{3} \cdot \cos x = 0$

f) $4 \cdot \cos x + 3 \cdot \sec x = 8$

55 Resolva:

a) $\text{tg } x = 2 \text{ sen } x$

b) $\text{sen } 2x = 2 \cos x$

c) $\cos 2x = \cos^2 x$

d) $\text{tg } x + \text{cotg } x = 2$

56 Considerando $-\pi < x < \pi$, resolva a equação $\cos 2x + 3 \cos x + 2 = 0$.

57 Resolva:

a) $\text{sen } 7x + \text{sen } 5x = 0$

b) $\cos 6x + \cos 2x = 0$

c) $\text{sen } 3x - \text{sen } x = 0$

d) $\cos 3x + \text{sen } x = 0$

58 Resolva a equação $\text{sen } x + \text{sen } 3x + \text{sen } 4x + \text{sen } 6x = 0$.

59 A Biomecânica é o ramo da ciência que estuda os movimentos dos seres vivos. Durante o estudo biomecânico em um atleta de alto desempenho em movimento, o fisioterapeuta estudou a variação $\alpha(t)$ do ângulo em graus que o braço do atleta fazia com vertical, determinando a função $\alpha(t) = 90° + 10° \cdot \text{sen}(2\pi \cdot t)$, com o tempo **t** sendo dado em segundos. Nos dois primeiros segundos de movimento, em que instantes o braço do atleta estava fazendo 80° com a vertical?

a) 0,75 s e 1,75 s

b) 0,5 s, 1 s e 1,5 s

c) 0,75 s e 1,5 s

d) 0,5 s e 1,5 s

e) 0,75 s, 1 s e 1,75 s

Equações do tipo sen α = sen β, cos α = cos β, tg α = tg β

Da redução ao 1º quadrante, temos:

- $\text{sen } \alpha = \text{sen } \beta$

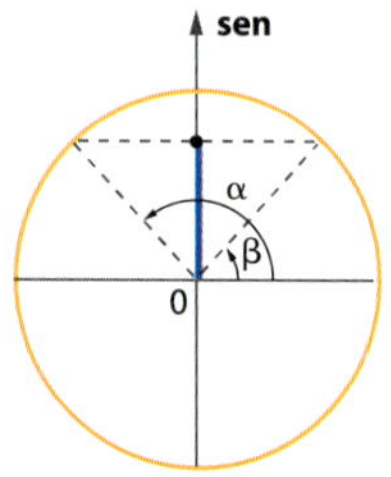

$$\text{sen } \alpha = \text{sen } \beta \Rightarrow \begin{cases} \alpha = \beta + 2k\pi \\ \alpha = \pi + \beta + 2k\pi \end{cases}$$

- $\cos\alpha = \cos\beta$

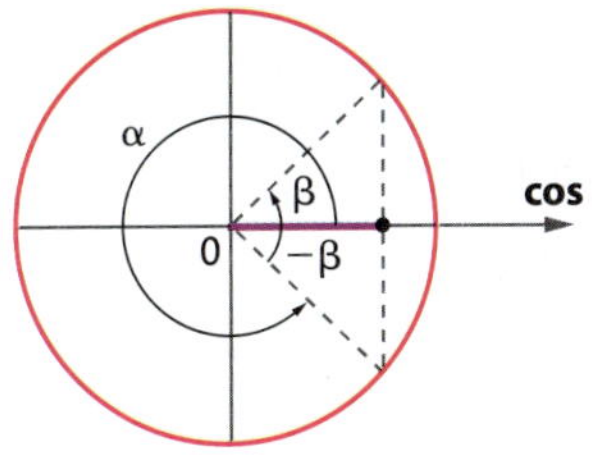

$$\cos\alpha = \cos\beta \Rightarrow \alpha = \pm\beta + 2k\pi$$

- $\text{tg}\,\alpha = \text{tg}\,\beta$

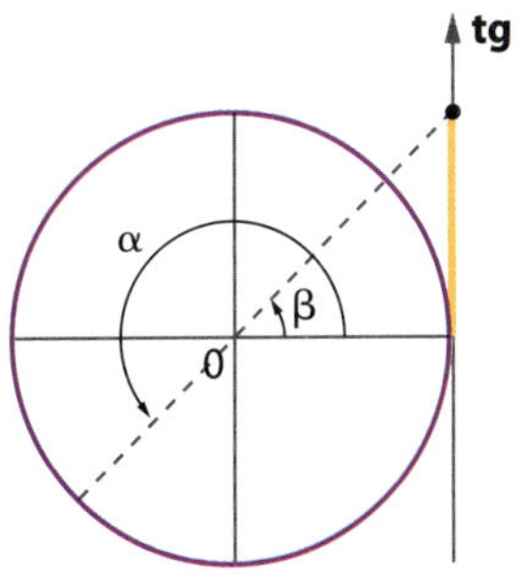

$$\text{tg}\,\alpha = \text{tg}\,\beta \Rightarrow \begin{cases} \alpha = \beta + 2k\pi \\ \alpha = \pi + \beta + 2k\pi \end{cases} \Rightarrow \alpha = \beta + k\pi$$

Exemplo de aplicação

Resolva a equação em cada item:

a) $\text{sen}\,x = \text{sen}\,\dfrac{\pi}{9}$

Como $\dfrac{\pi}{9} \in 1^{\text{o}}$ quadrante, temos:

$$\text{sen}\,x = \text{sen}\,\frac{\pi}{9} \Rightarrow x = \frac{\pi}{9} + 2k\pi \text{ ou}$$

$$x = \left(\pi - \frac{\pi}{9}\right) + 2k\pi = \frac{8\pi}{9} + 2k\pi$$

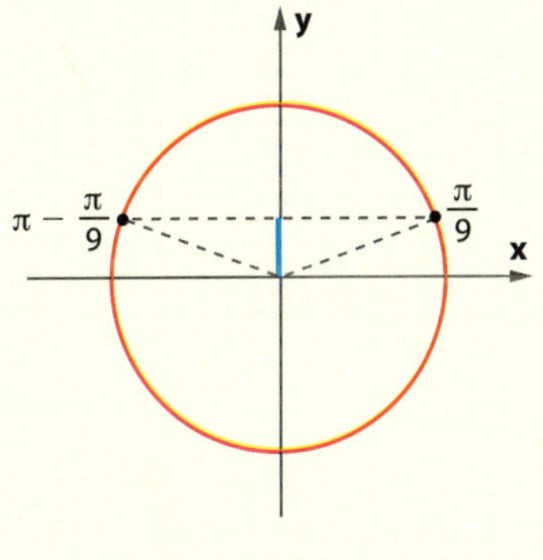

$$S = \left\{x \in \mathbb{R} \mid x = \frac{\pi}{9} + 2k\pi \text{ ou } x = \frac{8\pi}{9} + 2k\pi\right\}$$

b) $\cos x = \cos\dfrac{2\pi}{5}$

$$\cos x = \cos\frac{2\pi}{5} \Rightarrow x = \frac{2\pi}{5} + 2k\pi \text{ ou}$$

$$x = \left(2\pi - \frac{2\pi}{5}\right) + 2k\pi = \frac{8\pi}{5} + 2k\pi$$

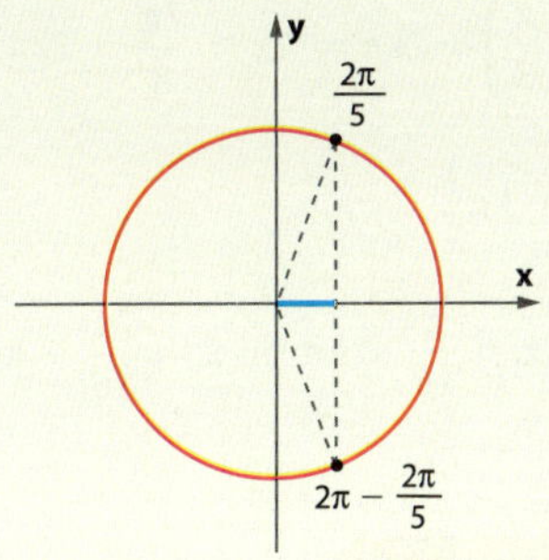

$$S = \left\{x \in \mathbb{R} \mid x = \frac{2\pi}{5} + 2k\pi \text{ ou } x = \frac{8\pi}{5} + 2k\pi\right\}$$

Outra resolução:

$$x = \frac{2\pi}{5} + 2k\pi \text{ ou } x = -\frac{2\pi}{5} + 2k\pi$$

$\downarrow$ côngruo a $\frac{8\pi}{5}$

$$S = \left\{x \in \mathbb{R} \mid x = \frac{2\pi}{5} + 2k\pi \text{ ou } x = \frac{8\pi}{5} + 2k\pi\right\}$$

c) $\text{tg}\,x = \text{tg}\,\dfrac{3\pi}{10}$

$$\text{tg}\,x = \text{tg}\,\frac{3\pi}{10} \Rightarrow$$

$$\Rightarrow x = \frac{3\pi}{10} + k\pi$$

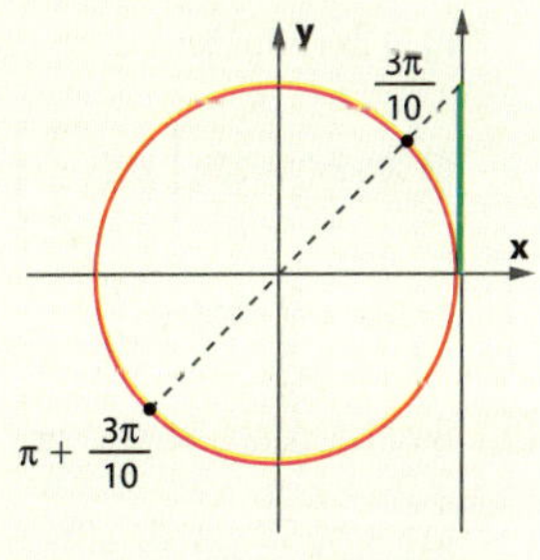

$$S = \left\{x \in \mathbb{R} \mid x = \frac{3\pi}{10} + k\pi\right\}$$

d) $\text{sen}\,x = \cos\dfrac{2\pi}{5}$

Fazemos $\cos\dfrac{2\pi}{5} = \text{sen}\left(\dfrac{\pi}{2} - \dfrac{2\pi}{5}\right) = \text{sen}\,\dfrac{\pi}{10}$ e a equação fica assim:

$\text{sen}\,x = \text{sen}\,\dfrac{\pi}{10}$, que é do tipo da do item **a**. Então:

$$\text{sen}\,x = \text{sen}\,\frac{\pi}{10} \Rightarrow x = \frac{\pi}{10} + 2k\pi \text{ ou}$$

$$x = \left(\pi - \frac{\pi}{10}\right) + 2k\pi = \frac{9\pi}{10} + 2k\pi$$

$$S = \left\{x \in \mathbb{R} \mid x = \frac{\pi}{10} + 2k\pi \text{ ou } x = \frac{9\pi}{10} + 2k\pi\right\}$$

e) $\text{sen } 2x = \text{sen } \frac{\pi}{8}$

$$\text{sen } 2x = \text{sen } \frac{\pi}{8} \Rightarrow$$

$$\Rightarrow \left[2x = \frac{\pi}{8} + 2k\pi \Rightarrow x = \frac{\pi}{16} + k\pi\right] \text{ ou}$$

$$\left[2x = \left(\pi - \frac{\pi}{8}\right) + 2k\pi \Rightarrow 2x = \frac{7\pi}{8} + 2k\pi \Rightarrow\right.$$

$$\left.\Rightarrow x = \frac{7\pi}{16} + k\pi\right]$$

$$S = \left\{x \in \mathbb{R} \mid x = \frac{\pi}{16} + k\pi \text{ ou } x = \frac{7\pi}{16} + k\pi\right\}$$

» Exercícios

60 Resolva as equações a seguir.

a) $\cos x = \cos \frac{7\pi}{12}$

b) $\text{sen } x = \text{sen } \frac{\pi}{18}$

c) $\text{tg } x = \text{tg } \frac{9\pi}{4}$

d) $\cos x = \text{sen } \frac{\pi}{9}$

61 Resolva as equações:

a) $\text{sen } x - \text{sen } \frac{7\pi}{10} = 0$

b) $\sec x \cdot \text{sen } \frac{3x}{5} = 1$

c) $\text{tg } 3x = \text{tg } 2x$

d) $\cos 2x = \text{sen}\left(x + \frac{\pi}{2}\right)$

e) $\sec x = \text{cossec } \frac{\pi}{10}$

62 Resolva, para $0 \leqslant x \leqslant 2\pi$:

a) $\cos 2x - \text{sen } \frac{\pi}{9} = 0$

b) $\text{tg } 3x = \text{tg } x$

c) $\cos\left(3x - \frac{\pi}{6}\right) = \cos 2x$

d) $\text{tg } 4x = \text{tg}\left(2x - \frac{\pi}{4}\right)$

8. Inequações trigonométricas

Uma inequação trigonométrica é uma desigualdade em que aparecem funções trigonométricas da incógnita.

Exemplos:

1º) $\text{sen } x < \frac{1}{2}$

2º) $\cos x \leqslant \frac{\sqrt{2}}{2}$

3º) $\text{tg } x \geqslant \sqrt{3}$

Como não há um padrão único para resolvê-las, exporemos sua resolução nos exemplos de aplicação a seguir:

» Exemplos de aplicação

1 Resolva a inequação em cada item:

a) $\text{sen } x \leqslant -\frac{1}{2}$, em $[0, 2\pi]$

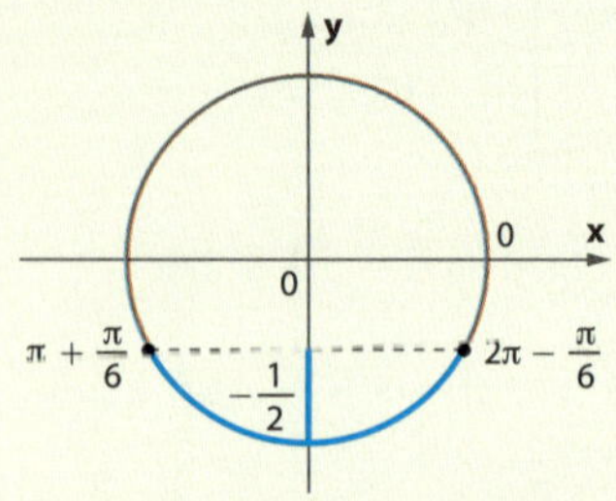

Observando o círculo trigonométrico, temos no intervalo $[0, 2\pi]$:

$$S = \left\{x \in \mathbb{R} \mid \frac{7\pi}{6} \leqslant x \leqslant \frac{11\pi}{6}\right\}$$

b) $\cos x > \frac{1}{2}$

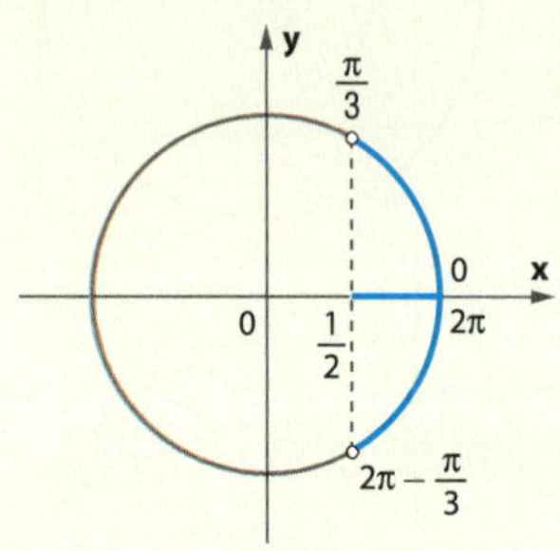

No intervalo $[0, 2\pi]$, temos:

$$\cos x > \frac{1}{2} \Rightarrow \begin{cases} 0 \leqslant x < \frac{\pi}{3} \\ \text{ou} \\ \frac{5\pi}{3} < x \leqslant 2\pi \end{cases}$$

Então, a solução geral é:

$$S = \left\{x \in \mathbb{R} \mid 2k\pi \leqslant x < \frac{\pi}{3} + 2k\pi \text{ ou } \frac{5\pi}{3} + 2k\pi < x \leqslant 2\pi + 2k\pi\right\}$$

c) $\text{tg } x > \sqrt{3}$

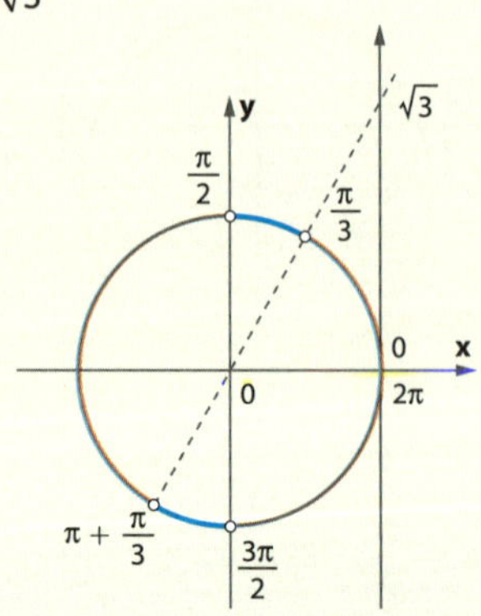

No intervalo $0 \leqslant x \leqslant 2\pi$, devemos inicialmente considerar $x \neq \frac{\pi}{2}$ e $x \neq \frac{3\pi}{2}$ (para existir tg x).

Então:

$$\text{tg } x > \sqrt{3} \Rightarrow \begin{cases} \frac{\pi}{3} < x < \frac{\pi}{2} \\ \text{ou} \\ \frac{4\pi}{3} < x < \frac{3\pi}{2} \end{cases}$$

Então, a solução geral é:

$$S = \left\{x \in \mathbb{R} \mid \frac{\pi}{3} + 2k\pi < x < \frac{\pi}{2} + 2k\pi \text{ ou } \frac{4\pi}{3} + 2k\pi < x < \frac{3\pi}{2} + 2k\pi\right\}$$

Fique atento

Neste item, podemos escrever:

$$S = \left\{x \in \mathbb{R} \mid \frac{\pi}{3} + k\pi < x < \frac{\pi}{2} + k\pi\right\}$$

2 Resolva a inequação tg 3x > 1.

Fazendo 3x = a, temos

tg a > 1.

Observando a circunferência trigonométrica, temos:

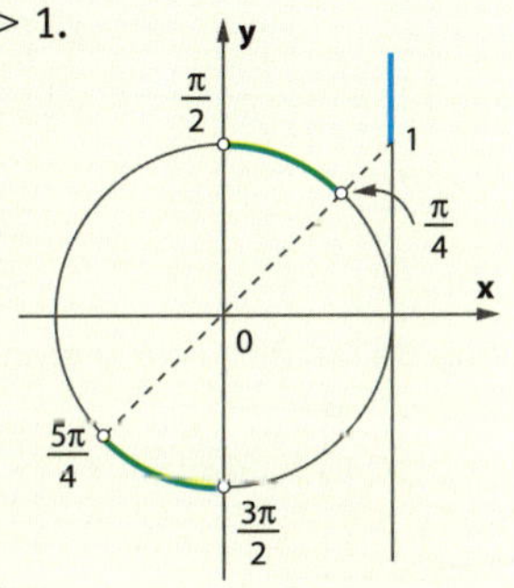

$$\frac{\pi}{4} + k\pi < a < \frac{\pi}{2} + k\pi$$

Como a = 3x, temos:

$$\frac{\pi}{4} + k\pi < 3x < \frac{\pi}{2} + k\pi \Rightarrow$$

$$\Rightarrow \frac{\pi}{12} + k \cdot \frac{\pi}{3} < x < \frac{\pi}{6} + k \cdot \frac{\pi}{3}$$

$$S = \left\{x \in \mathbb{R} \mid \frac{\pi}{12} + k \cdot \frac{\pi}{3} < x < \frac{\pi}{6} + k \cdot \frac{\pi}{3}\right\}$$

3 Resolva $|\cos x| > \frac{1}{2}$ em $[0, 2\pi]$.

Se $|\cos x| > \frac{1}{2}$, então $\cos x > \frac{1}{2}$ ou $\cos x < -\frac{1}{2}$.

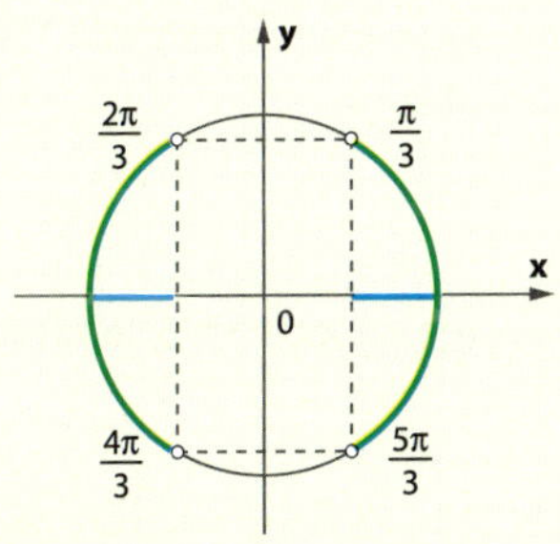

$$S = \left\{x \in \mathbb{R} \mid 0 \leqslant x < \frac{\pi}{3} \text{ ou } \frac{2\pi}{3} < x < \frac{4\pi}{3} \text{ ou } \frac{5\pi}{3} < x \leqslant 2\pi\right\}$$

4 Determine o domínio da função **f** tal que

$$f(x) = \sqrt{\text{sen}\left(x - \frac{\pi}{3}\right)}.$$

Para que $\sqrt{\text{sen}\left(x - \frac{\pi}{3}\right)}$ exista em $\mathbb{R}$, devemos ter $\text{sen}\left(x - \frac{\pi}{3}\right) \geqslant 0$, que é uma inequação trigonométrica.

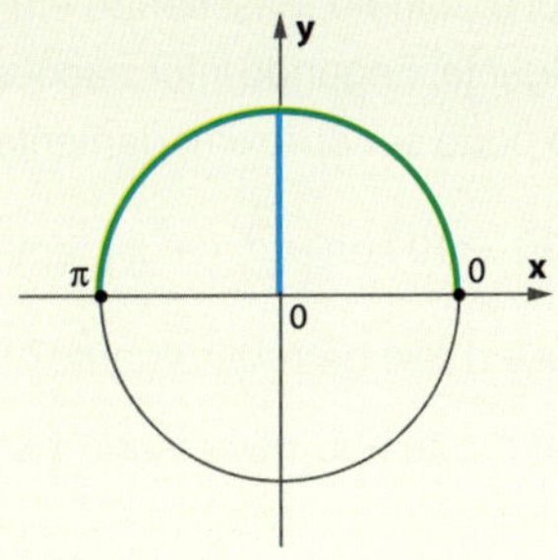

Observando a figura, temos:

$$\text{sen}\left(x - \frac{\pi}{3}\right) \geqslant 0 \Rightarrow$$

$$\Rightarrow 0 + 2k\pi \leqslant x - \frac{\pi}{3} \leqslant \pi + 2k\pi \Rightarrow$$

$$\Rightarrow \frac{\pi}{3} + 2k\pi \leqslant x \leqslant \pi + \frac{\pi}{3} + 2k\pi$$

$$D(f) = \left\{x \in \mathbb{R} \mid \frac{\pi}{3} + 2k\pi \leqslant x \leqslant \frac{4\pi}{3} + 2k\pi\right\}$$

Exercícios

objeto digital

63 Resolva as seguintes inequações trigonométricas no intervalo $0 \leqslant x \leqslant 2\pi$:

a) $\text{sen } x > \frac{\sqrt{2}}{2}$

b) $\cos x > \frac{\sqrt{2}}{2}$

c) $\text{tg } x + 1 < 0$

64 Resolva as seguintes inequações trigonométricas no intervalo $0 \leqslant x \leqslant 2\pi$:

a) $0 \leqslant \text{sen } x \leqslant \frac{1}{2}$

b) $0 \leqslant \cos x \leqslant \frac{1}{2}$

c) $0 < \text{tg } x < \sqrt{3}$

65 Explicite o domínio da função **f** definida por $f(x) = \sqrt{\sec x}$.

66 Resolva as seguintes inequações:

a) $\text{sen } 2x < 0$

b) $\cos\left(2x - \frac{\pi}{4}\right) > 0$

67 Resolva as inequações:

a) $|\text{sen } x| \leqslant \frac{\sqrt{2}}{2}$ para $0 \leqslant x \leqslant 2\pi$

b) $2 \cdot \cos^2 x + \cos x - 1 < 0$ para $x \in [0, 2\pi]$

68 Resolva o sistema $\begin{cases} \cos x > 0 \\ \text{sen } x \geqslant \frac{1}{2} \end{cases}$, com $x \in [0, 2\pi]$.

15 Capítulo
Funções trigonométricas

Carol e Cláudio, passeando em um parque de diversões, resolvem andar na roda-gigante. Segundo informações que leram, a altura que estariam em relação ao solo pode ser aproximadamente descrita pela função

$h(t) = 20 + 19\ \text{sen}\left(\frac{\pi}{24}t + \pi\right)$, em que **t** é dado em segundos e **h** em metros.

a) Qual é o raio da roda-gigante?

b) Qual é o tempo necessário para eles darem uma volta completa na roda--gigante?

Para responder a essas perguntas precisamos aprender a interpretar as senoides. Isso será visto neste capítulo, em que estudaremos as funções trigonométricas.

BICZÓ ZSOLT/SHUTTERSTOCK/GLOW IMAGES

A roda-gigante London Eye, em Londres, tem 135 m de diâmetro.

1. Estudo da função seno

Dado um número real **x**, podemos associar a ele o valor do seno de um ângulo (ou arco) de **x** radianos:

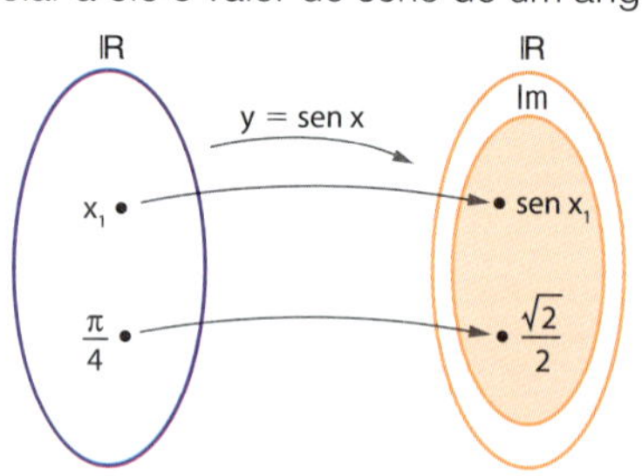

Fique atento
Para cada valor real de **x** existe sempre um único valor real para sen x.

Assim, definimos a *função seno* como a função real de variáveis reais que associa a cada número real **x** o valor real *sen x*, ou seja,

$$f: \mathbb{R} \to \mathbb{R}$$
$$x \to f(x) = \text{sen}\ x$$

Já estudamos o processo que permite associar um número real **x** à medida **x** de um ângulo (ou arco) para posterior obtenção do valor sen x. Estudamos também como obter os valores sen x para quaisquer valores **x** de medidas de ângulos (ou arcos). Lembramos que **x**, medida de ângulo (ou arco), é expresso em radianos.

Gráfico da função seno

Para construir o gráfico da função seno vamos construir uma tabela com valores de **x** da 1ª volta positiva. O seno, em alguns casos, será usado com valores aproximados.

x	0	$\frac{\pi}{6}$	$\frac{\pi}{4}$	$\frac{\pi}{3}$	$\frac{\pi}{2}$	$\frac{2\pi}{3}$	$\frac{3\pi}{4}$	$\frac{5\pi}{6}$	π
sen x	0	$\frac{1}{2}$	$\frac{\sqrt{2}}{2}$	$\frac{\sqrt{3}}{2}$	1	$\frac{\sqrt{3}}{2}$	$\frac{\sqrt{2}}{2}$	$\frac{1}{2}$	0
sen x	0	0,5	0,7	0,9	1	0,9	0,7	0,5	0

x	$\frac{7\pi}{6}$	$\frac{5\pi}{4}$	$\frac{4\pi}{3}$	$\frac{3\pi}{2}$	$\frac{5\pi}{3}$	$\frac{7\pi}{4}$	$\frac{11\pi}{6}$	2π
sen x	$-\frac{1}{2}$	$-\frac{\sqrt{2}}{2}$	$-\frac{\sqrt{3}}{2}$	-1	$-\frac{\sqrt{3}}{2}$	$-\frac{\sqrt{2}}{2}$	$-\frac{1}{2}$	0
sen x	−0,5	−0,7	−0,9	−1	−0,9	−0,7	−0,5	0

Veja o gráfico inicialmente para $x \in [0, 2\pi]$ e depois para $x \in \mathbb{R}$:

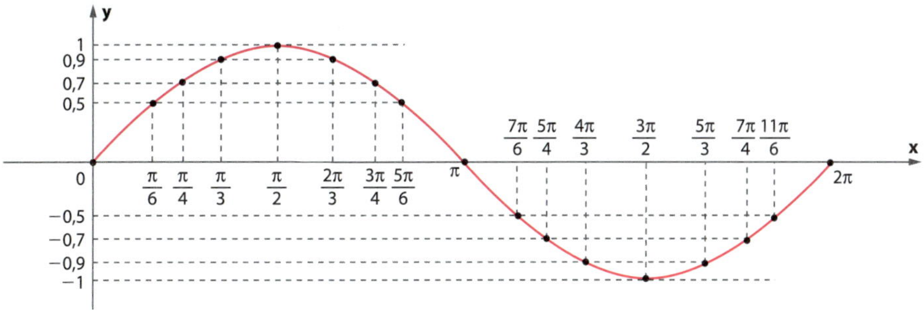

Como a função f(x) = sen x é definida no conjunto dos números reais, ou seja, seu domínio é $\mathbb{R}$, a curva pode ser estendida para valores de **x** menores do que zero e maiores do que 2π. Assim, o gráfico da função $f: \mathbb{R} \rightarrow \mathbb{R}$, definida por f(x) = sen x, é a curva chamada *senoide*, que tem o seguinte aspecto:

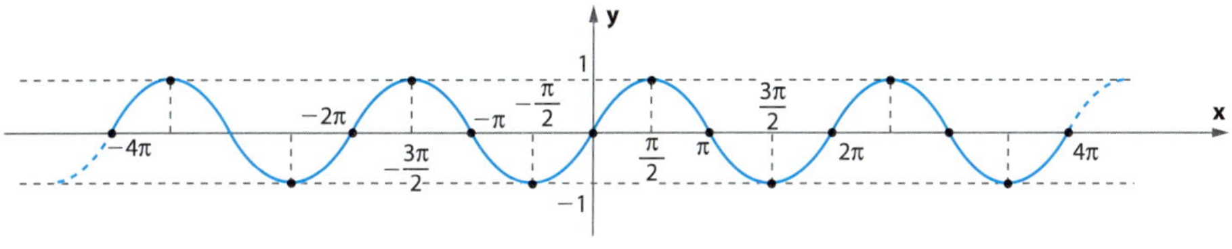

Observações sobre a função seno:

1ª) O domínio de f(x) = sen x é $\mathbb{R}$, pois para qualquer valor real de **x** existe um e apenas um valor para sen x.

2ª) O conjunto imagem de f(x) = sen x é o intervalo [−1, 1].

3ª) A função seno não é sobrejetiva, pois $[-1, 1] \neq \mathbb{R}$, isto é, sua imagem não é igual ao contradomínio.

4ª) A função seno não é injetiva, pois para valores diferentes de **x** temos o mesmo f(x). Por exemplo,

$\text{sen}\,\frac{\pi}{2} = \text{sen}\,\frac{5\pi}{2} = \text{sen}\left(-\frac{3\pi}{2}\right) = \ldots = 1.$

5ª) A função seno é função ímpar, isto é, qualquer que seja $x \in D(f) = \mathbb{R}$ temos sen x = −sen (−x). Por exemplo, $\text{sen}\,\frac{\pi}{6} = \frac{1}{2}$ e $\text{sen}\left(-\frac{\pi}{6}\right) = -\frac{1}{2}$.

Periodicidade da função seno

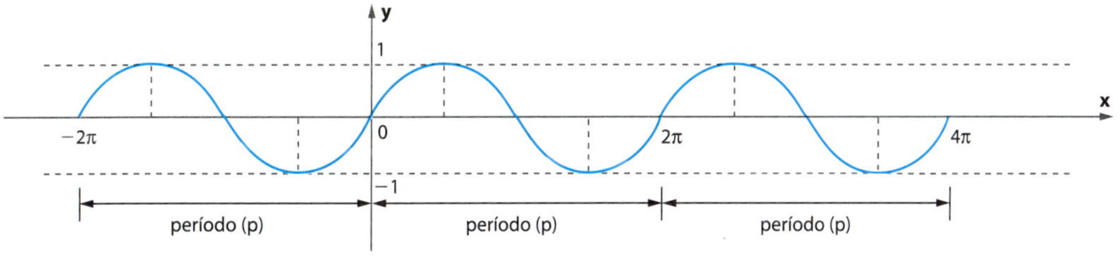

Observando o gráfico da função seno, vemos que a função repete periodicamente seus valores nos intervalos ..., [−2π, 0], [0, 2π], [2π, 4π], ... Daí dizermos que a função seno é *periódica*.

Observe no gráfico que sen x = sen (x + 2π) = sen (x + 4π) = ... para todo $x \in \mathbb{R}$.

Dizemos então que o período da função seno é 2π e indicamos assim: p = 2π.

Para encontrar o período basta observar no gráfico o deslocamento horizontal necessário para que ele comece a se repetir.

Sinal da função seno

Observando o sinal da função seno, vemos que a função é *positiva* para valores do 1º e 2º quadrantes e *negativa* para valores do 3º e 4º quadrantes.

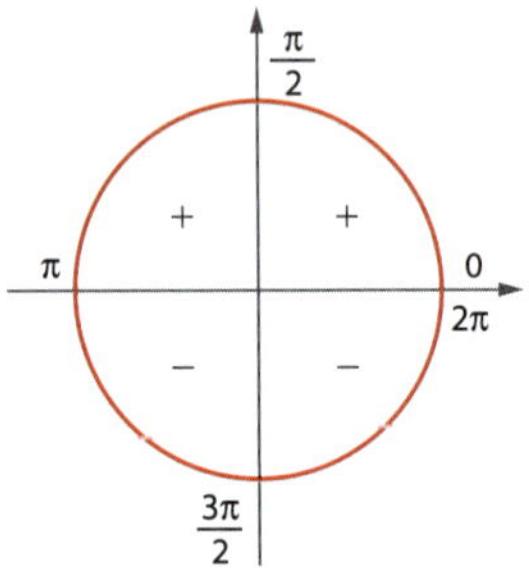

Para refletir
Quais os valores de sen x para $x = 0$, $x = \frac{\pi}{2}$, $x = \pi$ e $x = \frac{3\pi}{2}$ e seus arcos côngruos?

Variação da função seno

Considerando valores de $x \in [0, 2\pi]$, observe o que acontece com sen x_1 e sen x_2, para $x_1 > x_2$ nos quatro quadrantes:

1º quadrante

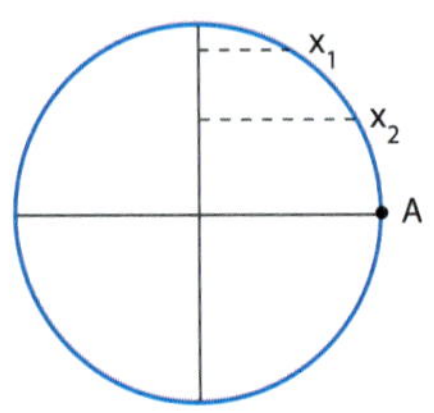

$x_1 > x_2$

sen x_1 > sen x_2

2º quadrante

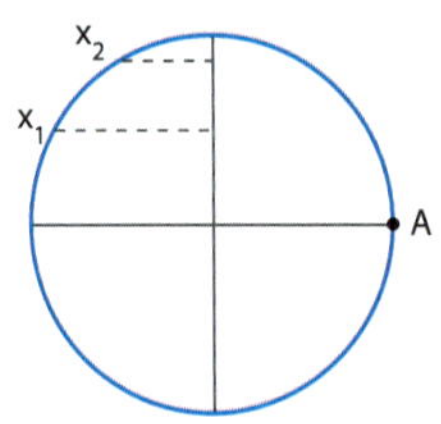

$x_1 > x_2$

sen x_1 < sen x_2

3º quadrante

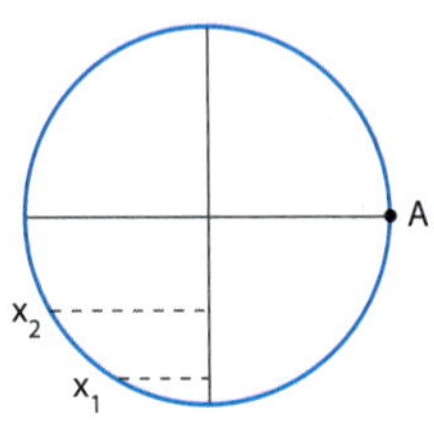

$x_1 > x_2$

sen x_1 < sen x_2

4º quadrante

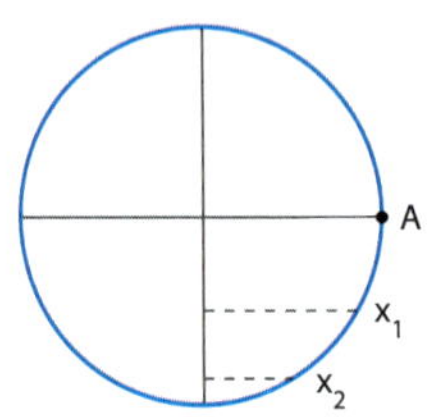

$x_1 > x_2$

sen x_1 > sen x_2

No gráfico:

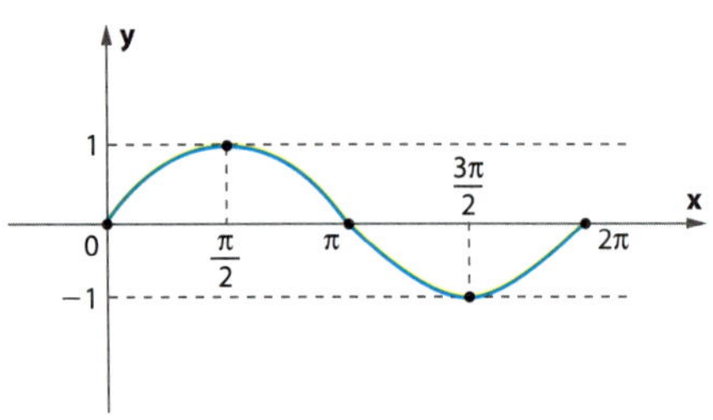

Analisando a variação em cada quadrante, temos o seguinte quadro:

1º quadrante: Quando **x** cresce de 0 a $\frac{\pi}{2}$, sen x cresce de 0 a 1.

2º quadrante: Quando **x** cresce de $\frac{\pi}{2}$ a π, sen x decresce de 1 a 0.

3º quadrante: Quando. **x** cresce de π a $\frac{3\pi}{2}$, sen x decresce de 0 a -1.

4º quadrante: Quando **x** cresce de $\frac{3\pi}{2}$ a 2π, sen x cresce de -1 a 0.

Quadro-resumo sobre a função seno

1º) Função seno é a função de IR em IR definida por $f(x) = \text{sen } x$.

2º) A função seno tem $D = \mathbb{R}$ e $Im = [-1, 1]$.

Fique atento
x é a medida do arco em radianos.

3º) A função seno não é injetiva nem sobrejetiva.

4º) A função seno é função ímpar, isto é, $\text{sen } x = -\text{sen }(-x)$, $\forall x \in \mathbb{R}$.

5º) A função seno é periódica de período $p = 2\pi$.

6º) • $\text{sen } x = 0$, para $x = k\pi$, com $k \in \mathbb{Z}$.

• $\text{sen } x > 0$, para **x** do 1º e 2º quadrantes e para $x = \frac{\pi}{2} + 2k\pi$, com $k \in \mathbb{Z}$.

• $\text{sen } x < 0$, para **x** do 3º e 4º quadrantes e para $x = \frac{3\pi}{2} + 2k\pi$, com $k \in \mathbb{Z}$.

» Exemplos de aplicação

1 **Determine os valores reais que m pode assumir para que exista um número real x que satisfaça a igualdade sen x = 2m − 3.**

Condição: $-1 \leq \text{sen } x \leq 1 \Rightarrow -1 \leq 2m - 3 \leq 1$

Resolvendo a dupla desigualdade, temos:

$-1 \leq 2m - 3 \leq 1 \Rightarrow -1 + 3 \leq 2m \leq 1 + 3 \Rightarrow$

$\Rightarrow 2 \leq 2m \leq 4 \Rightarrow 1 \leq m \leq 2$

Logo, os valores de **m** são dados pelo conjunto $\{m \in \mathbb{R} \mid 1 \leq m \leq 2\}$.

2 **Determine os valores máximo e mínimo da função y = 2 + 3 sen x.**

Para -1, que é o valor mínimo de sen **x**, temos:

$y = 2 + 3(-1) = -1$

Para 1, que é o valor máximo de sen **x**, temos:

$y = 2 + 3 \cdot 1 = 5$

Logo, $y_{mín} = -1$ e $y_{máx} = 5$.

Observação: Dessa forma, também podemos afirmar que a imagem dessa função é $[-1, 5]$.

2. Estudo da função cosseno

Dado um número real **x**, podemos associar a ele o valor do cosseno de um ângulo (ou arco) de **x** radianos:

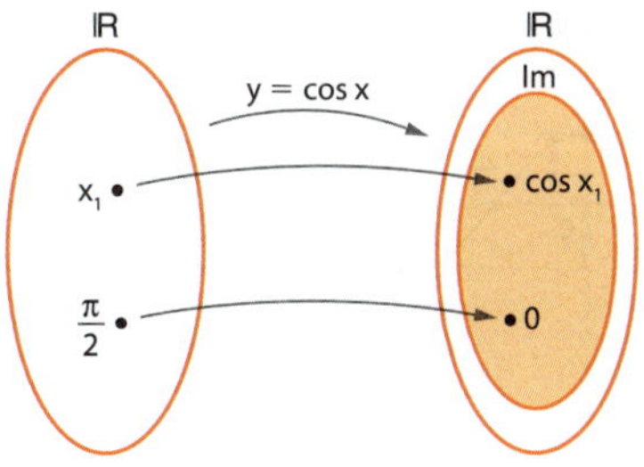

> **Fique atento**
> Para cada valor real de **x** existe sempre um único valor real para cos x.

Assim, definimos a *função cosseno* como a função real de variáveis reais que associa a cada número real **x** o valor real *cosseno x*, ou seja,

$$f: \mathbb{R} \to \mathbb{R}$$
$$x \to f(x) = \cos x$$

Já estudamos o processo que permite associar um número real **x** à medida **x** de um ângulo (ou arco) para posterior obtenção do valor cos x. Estudamos também como obter os valores cos x para quaisquer valores **x** de medidas de ângulos (ou arcos). Lembramos que **x**, medida de ângulo (ou arco), é expresso em radianos.

Gráfico da função cosseno

Vamos construir o gráfico da função f(x) = cos x, inicialmente para $x \in [0, 2\pi]$ e depois para $x \in \mathbb{R}$. Alguns valores de cos x serão aproximados.

x	0	$\frac{\pi}{6}$	$\frac{\pi}{4}$	$\frac{\pi}{3}$	$\frac{\pi}{2}$	$\frac{2\pi}{3}$	$\frac{3\pi}{4}$	$\frac{5\pi}{6}$	π
cos x	1	$\frac{\sqrt{3}}{2}$	$\frac{\sqrt{2}}{2}$	$\frac{1}{2}$	0	$-\frac{1}{2}$	$-\frac{\sqrt{2}}{2}$	$-\frac{\sqrt{3}}{2}$	−1
cos x	1	0,9	0,7	0,5	0	−0,5	−0,7	−0,9	−1

x	$\frac{7\pi}{6}$	$\frac{5\pi}{4}$	$\frac{4\pi}{3}$	$\frac{3\pi}{2}$	$\frac{5\pi}{3}$	$\frac{7\pi}{4}$	$\frac{11\pi}{6}$	2π
cos x	$-\frac{\sqrt{3}}{2}$	$-\frac{\sqrt{2}}{2}$	$-\frac{1}{2}$	0	$\frac{1}{2}$	$\frac{\sqrt{2}}{2}$	$\frac{\sqrt{3}}{2}$	1
cos x	−0,9	−0,7	−0,5	0	0,5	0,7	0,9	1

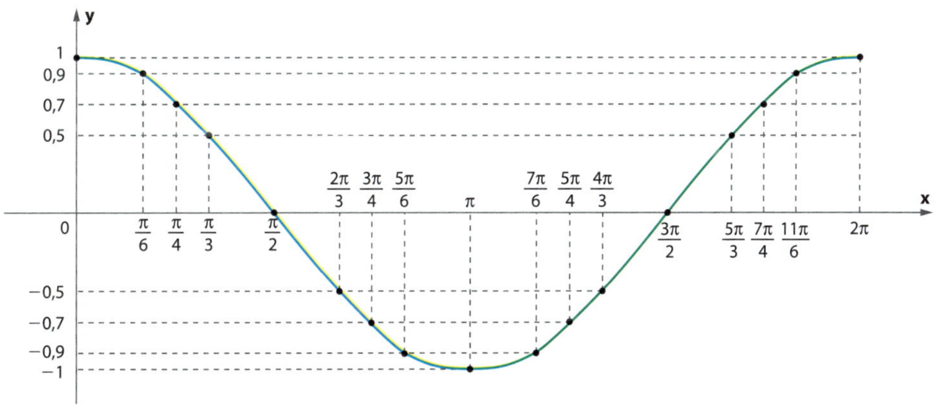

Como a função f(x) = cos x é definida no conjunto dos números reais, ou seja, seu domínio é IR, a curva pode ser estendida para valores menores do que zero e maiores do que 2π. Assim, o gráfico da função f: IR → IR definida por f(x) = cos x é a curva chamada *cossenoide*, que tem o seguinte aspecto:

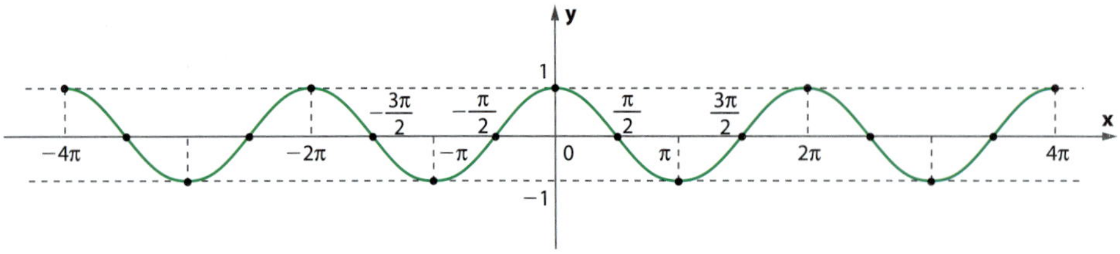

Fique atento
O gráfico de f(x) = cos x é simétrico em relação ao eixo **y**.

Observações sobre a função cosseno:

1ª) A cossenoide *não* é uma nova curva, e sim uma senoide transladada $\frac{\pi}{2}$ unidades para a esquerda. Observe na senoide da página 281 que, se colocarmos o eixo **y** no ponto de abscissa $x = \frac{\pi}{2}$, teremos exatamente o gráfico da cossenoide (acima). Isso faz com que a maioria dos aspectos relevantes da função cosseno seja a mesma da função seno, razão pela qual usaremos o termo senoide para ambas.

2ª) O domínio é o mesmo: f: IR → IR tal que f(x) = cos x tem D = IR.

3ª) A imagem é a mesma: f: IR → IR tal que f(x) = cos x tem Im = [−1, 1].

4ª) O período é o mesmo: a função cosseno é periódica de período $p = 2\pi$.

5ª) A função cosseno não é nem injetiva nem sobrejetiva.

As diferenças entre a função cosseno e a função seno ficam por conta dos aspectos que dependem dos valores das imagens associados aos domínios, que transladam $\frac{\pi}{2}$ unidades para a esquerda. Por exemplo, a função seno é ímpar e a função cosseno é par, pois $\cos x = \cos(-x)$, $\forall x \in D(f) = IR$.

Sinal da função cosseno

Observando o sinal da função f(x) = cos x, vemos que a função cosseno é *positiva* para valores do 1º e 4º quadrantes e *negativa* para valores do 2º e 3º quadrantes.

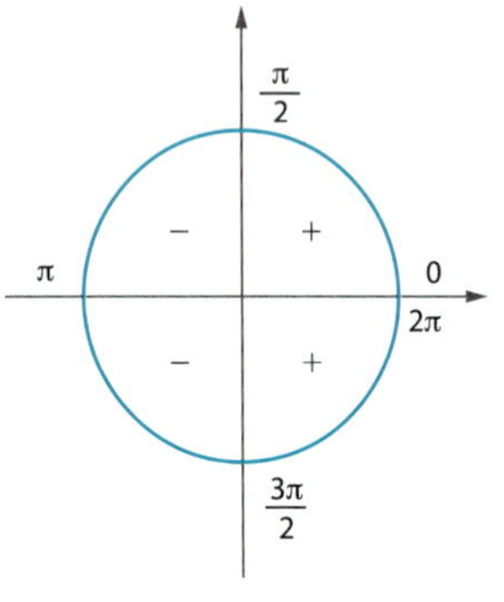

Para refletir
Qual é o valor do cos x para $x = 0$, $x = \frac{\pi}{2}$, $x = \pi$, $x = \frac{3\pi}{2}$ e seus arcos côngruos?

Variação da função cosseno

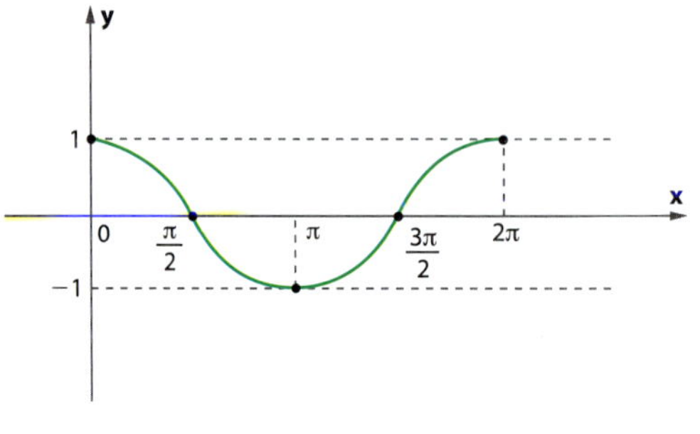

Analisando a variação no intervalo $[0, 2\pi]$, temos o seguinte quadro:

1º quadrante: Quando **x** cresce de 0 a $\frac{\pi}{2}$, cos x decresce de 1 a 0.

2º quadrante: Quando **x** cresce de $\frac{\pi}{2}$ a π, cos x decresce de 0 a −1.

3º quadrante: Quando **x** cresce de π a $\frac{3\pi}{2}$, cos x cresce de −1 a 0.

4º quadrante: Quando **x** cresce de $\frac{3\pi}{2}$ a 2π, cos x cresce de 0 a 1.

Fique atento
Como a função cosseno é periódica de período 2π, essa variação se repete em outros intervalos, como $[2\pi, 4\pi]$, $[-2\pi, 0]$, etc.

Exemplo de aplicação

Calcule o valor de $\text{sen}\left(-\frac{\pi}{6}\right) + \cos\left(-\frac{\pi}{4}\right)$.

Como a função seno é ímpar, então $\text{sen}(-x) = -\text{sen}\ x$.

Portanto, $\text{sen}\left(-\frac{\pi}{6}\right) = -\text{sen}\frac{\pi}{6} = -\frac{1}{2}$.

Como a função cosseno é par, então $\cos(-x) = \cos x$.

Logo, $\cos\left(-\frac{\pi}{4}\right) = \cos\frac{\pi}{4} = \frac{\sqrt{2}}{2}$.

Assim, $\text{sen}\left(-\frac{\pi}{6}\right) + \cos\left(-\frac{\pi}{4}\right) = -\frac{1}{2} + \frac{\sqrt{2}}{2} = \frac{\sqrt{2}-1}{2}$.

Exercícios

objeto digital

1 Determine os valores reais de **m** para os quais as seguintes equações tenham solução:

a) $\text{sen}\ x = 2m - 7$
b) $\text{sen}\ x = m - 5$
c) $\cos x = m - 3$
d) $\cos x = 3m + 4$

2 Considerando **f** e **g** funções de IR em IR tal que $f(x) = \text{sen}\ x$ e $g(x) = \cos x$:

a) calcule $f(\pi)$, $g(\pi)$, $f\left(-\frac{3\pi}{4}\right)$ e $g\left(-\frac{3\pi}{4}\right)$;

b) determine $x \in [0, 2\pi]$ tal que $f(x) = g(x)$;

c) determine se existe $x \in \mathbb{R}$ tal que $\frac{\pi}{2} < x < \pi$ e $f(x) = g(x)$ (Justifique sua resposta.);

d) determine **x** tal que $0 \leq x \leq 2\pi$, $f(x) < 0$ e $g(x) \geq 0$.

3 Quais os valores mínimos e máximos das funções em cada item?

a) $y = \text{sen}\ x - 10$
b) $y = 4 \cdot \text{sen}\ x - 1$
c) $y = 3 \cdot \cos^2 x + 1$
d) $y = 6 - 10 \cdot \cos x$

4 Seja $f(x) = \text{sen}\ x + \cos x$. Calcule o valor de $\sqrt{6} \cdot f\left(\frac{\pi}{12}\right)$.

3. Estudo da função tangente

objeto digital

Definimos *função tangente* como a função real de variáveis reais que associa a cada número real **x** o valor *tg x*, desde que **x** não seja $\frac{\pi}{2}$ nem $\frac{3\pi}{2}$ e nenhum de seus respectivos arcos côngruos, isto é:

$$f: D \to \mathbb{R}$$
$$x \to f(x) = \text{tg}\ x$$

em que $D = \left\{x \in \mathbb{R} \mid x \neq \frac{\pi}{2} + k\pi, k \in \mathbb{Z}\right\}$.

Já estudamos o processo que permite associar um número real **x** à medida **x** de um ângulo (ou arco) para posterior obtenção do valor tg x. Estudamos também como obter os valores tg x para quaisquer valores de **x** $\left\{x \neq \frac{\pi}{2} + k\pi, k \in \mathbb{Z}\right\}$ de medidas de ângulos (ou arcos). Lembramos que **x**, medida do ângulo (ou arco), é expresso em radianos.

Gráfico da função tangente

Vamos construir o gráfico da função $f(x) = \text{tg}\ x$ inicialmente no intervalo $[0, 2\pi]$.

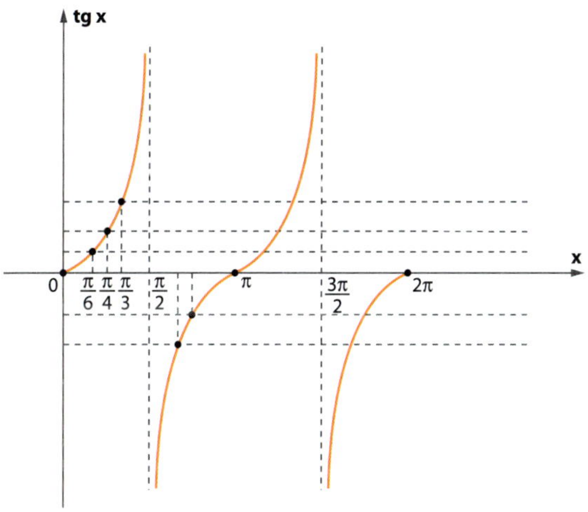

Note que, à medida que **x** tende aos valores em que tg x não existe $\left(\frac{\pi}{2}, \frac{3\pi}{2}\right.$ e seus respectivos arcos côngruos, como $\left.\frac{5\pi}{2}, \frac{7\pi}{2}, \text{etc.}\right)$, o gráfico da tangente tende ao infinito (positivo ou negativo). Essas retas verticais tracejadas nesses valores são chamadas de *assíntotas*, ou seja, retas cujo ponto de intersecção com o gráfico tende ao infinito.

Como a função f(x) = tg x tem o seu domínio $D = \mathbb{R} - \left\{x \in \mathbb{R} \mid x \neq \frac{\pi}{2} + k\pi, k \in \mathbb{Z}\right\}$, a curva pode ser estendida para valores menores do que zero e maiores do que 2π. Assim, o gráfico da função f: $D \to \mathbb{R}$ definida por f(x) = tg x é a curva chamada *tangentoide*, que tem o seguinte aspecto:

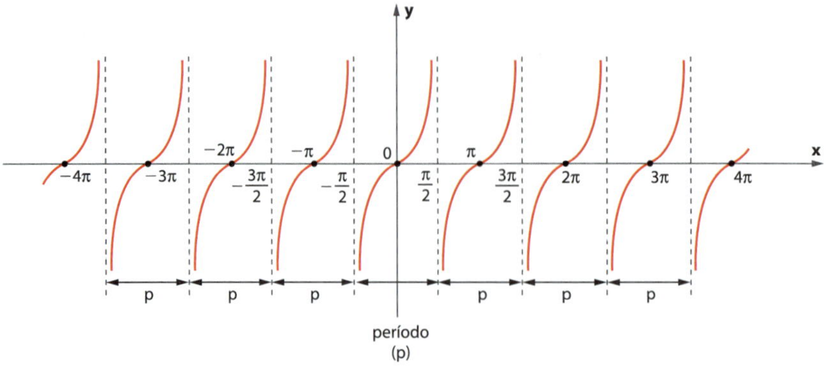

A partir do gráfico é possível fazer algumas afirmações sobre a função tangente:

- Tem $D(f) = \left\{x \in \mathbb{R} \mid x \neq \frac{\pi}{2} + k\pi, \text{com } k \in \mathbb{Z}\right\}$ e $Im(f) = \mathbb{R}$.
- A função tangente não é injetiva, mas é sobrejetiva.
- A função tangente é função ímpar, isto é, $tg\ x = -tg\ (-x)$, $\forall\ x \in D(f)$.
- A função tangente é periódica de período $p = \pi$, isto é, $tg\ x = tg\ (x + k\pi)$, com $k \in \mathbb{Z}$ e $x \in D(f)$.

Para refletir
Justifique cada uma das afirmações.

Sinal da função tangente

Observando o sinal da função tangente, vemos que a função é *positiva* para valores do 1º e do 3º quadrante e *negativa* para valores do 2º e do 4º quadrante.

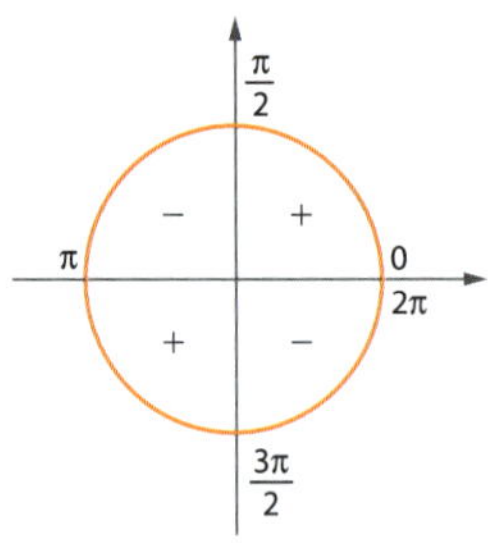

Para refletir
Qual é o valor da tg x quando temos $x = 0$, $x = \frac{\pi}{2}$, $x = \pi$ e $x = \frac{3\pi}{2}$ e seus arcos côngruos?

Variação da função tangente

Analisando o gráfico da função f(x) = tg x, vemos que:

1º quadrante: Quando **x** cresce de 0 a $\frac{\pi}{2}$, tg x cresce de 0 a $+\infty$.

2º quadrante: Quando **x** cresce de $\frac{\pi}{2}$ a π, tg x cresce de $-\infty$ a 0.

3º quadrante: Quando **x** cresce de π a $\frac{3\pi}{2}$, tg x cresce de 0 a $+\infty$.

4º quadrante: Quando **x** cresce de $\frac{3\pi}{2}$ a 2π, tg x cresce de $-\infty$ a 0.

Fique atento
Como a função tangente é periódica de período π, a variação ocorrida em $[0, \pi]$ se repete em $[\pi, 2\pi]$, $[2\pi, 3\pi]$, $[-\pi, 0]$, etc.

Exercício

5 Se **f** é a função tangente definida por f(x) = tg x, responda:

a) Qual é D(f) e Im(f)?

b) Qual o valor de $f\left(\frac{\pi}{4}\right)$, $f(\pi)$, $f\left(-\frac{\pi}{3}\right)$, $f\left(\frac{7\pi}{6}\right)$, $f(7\pi)$ e $f\left(\frac{20\pi}{3}\right)$?

c) Qual o valor de **x** tal que $x \in [0, 2\pi]$ e $f(x) = -1$?

objeto digital

4. Senoides

Além das funções trigonométricas estudadas existem outras que envolvem seno e cosseno, que chamaremos *senoides*. Por exemplo, as funções **f** e **g** tal que:

- $f(x) = 2 + \cos x$, com $x \in \mathbb{R}$.
- $g(x) = \text{sen } 2x$, com $x \in \mathbb{R}$.

Gráfico das senoides

Para aprender a traçar os gráficos das senoides, vamos acompanhar os exemplos de aplicação a seguir, prestando atenção ao comentário após cada gráfico que for desenhado.

Exemplos de aplicação

1 Trace os gráficos das funções abaixo:

a) $f(x) = 2 + \text{sen } x$

Devemos atribuir valores a **x** e calcular **y**, marcar os pontos e traçar o gráfico por esses pontos. Para que o gráfico fique bem definido vamos fazer com que o ângulo seja igual a 0, $\frac{\pi}{2}$, π, $\frac{3\pi}{2}$ e 2π:

$f(x) = y = 2 + \text{sen } x$

$x = 0 \rightarrow y = 2 + \text{sen } 0 = 2 + 0 = 2$

$x = \frac{\pi}{2} \rightarrow y = 2 + \text{sen } \frac{\pi}{2} = 2 + 1 = 3$

$x = \pi \rightarrow y = 2 + \text{sen } \pi = 2 + 0 = 2$

$x = \frac{3\pi}{2} \rightarrow y = 2 + \text{sen } \frac{3\pi}{2} = 2 - 1 = 1$

$x = 2\pi \rightarrow y = 2 + \text{sen } 2\pi = 2 + 0 = 2$

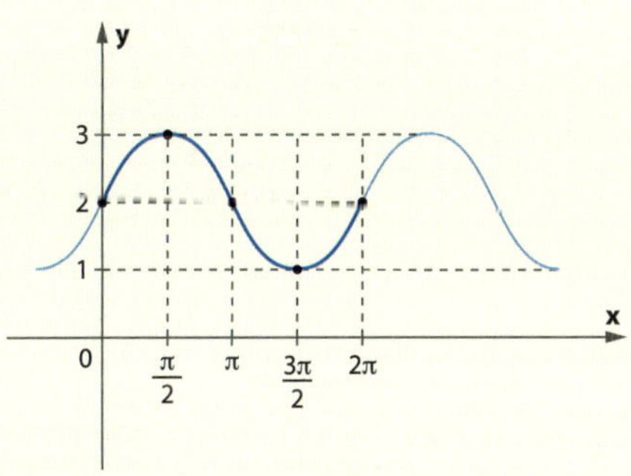

Período $= 2\pi$ Imagem $= [1, 3]$

Observação: Se compararmos o gráfico da função $f(x) = \text{sen } x$ com $f(x) = 2 + \text{sen } x$, veremos que ele sofreu um deslocamento (translação) de duas unidades para cima.

- $f(x) = \text{sen } x$

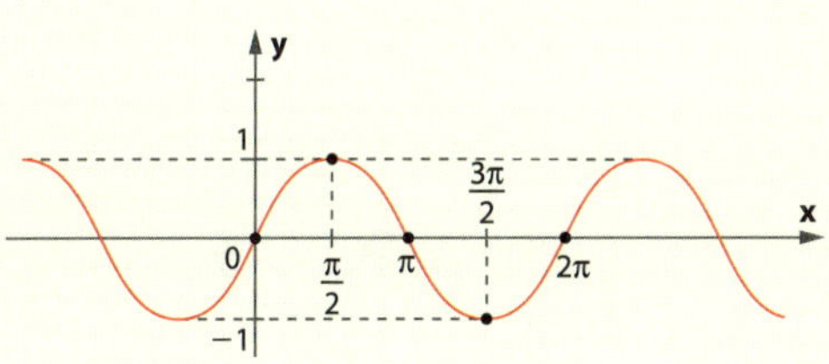

- $f(x) = 2 + \text{sen } x$

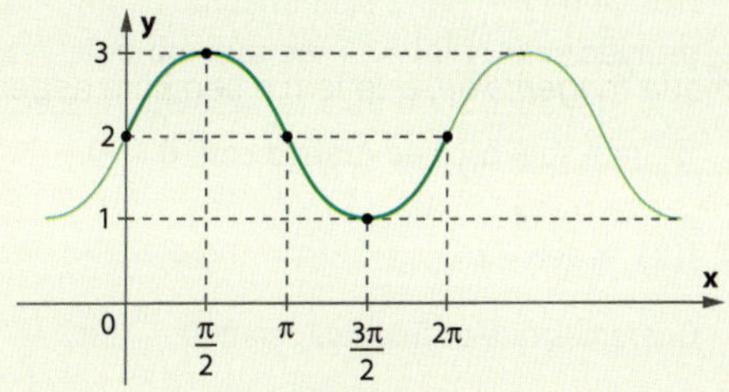

De modo geral, ao considerarmos a função do tipo $f(x) = a + \text{sen } x$, o gráfico de $f(x) = \text{sen } x$ será transladado para cima ($a > 0$) ou para baixo ($a < 0$) em **a** unidades.

b) $f(x) = 2 \cdot \text{sen } x$

$x = 0 \rightarrow y = 2 \cdot \text{sen } 0 = 2 \cdot 0 = 0$

$x = \frac{\pi}{2} \rightarrow y = 2 \cdot \text{sen } \frac{\pi}{2} = 2 \cdot 1 = 2$

$x = \pi \rightarrow y = 2 \cdot \text{sen } \pi = 2 \cdot 0 = 0$

$x = \frac{3\pi}{2} \rightarrow y = 2 \cdot \text{sen } \frac{3\pi}{2} = 2 \cdot (-1) = -2$

$x = 2\pi \rightarrow y = 2 \cdot \text{sen } 2\pi = 2 \cdot 0 = 0$

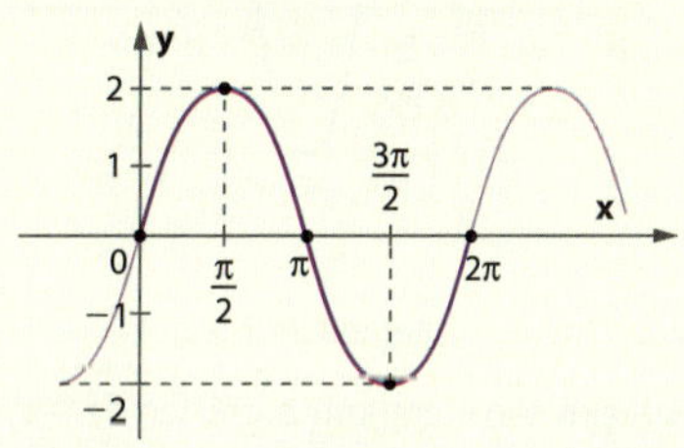

Período $= 2\pi$ Imagem $= [-2, 2]$

Observação: Se compararmos o gráfico da função $f(x) = \text{sen } x$ com $f(x) = 2 \cdot \text{sen } x$, veremos que ele sofreu uma dilatação vertical (esticou) duas vezes.

- $f(x) = \text{sen } x$

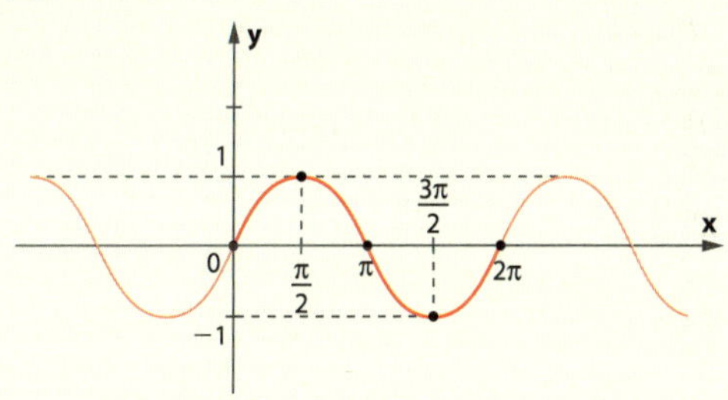

- $f(x) = 2 \cdot \text{sen } x$

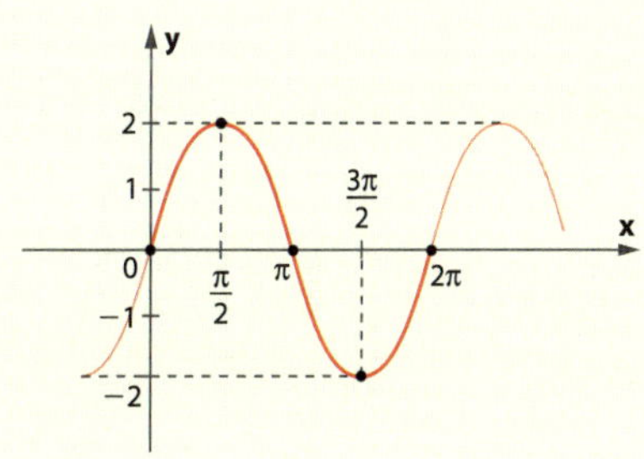

Considerando a função do tipo f(x) = b · sen x, o gráfico de f(x) = sen x será dilatado se $|b| > 1$, ou comprimido se $0 < |b| < 1$ um número **b** de vezes. Caso $b < 0$, o gráfico sofre uma rotação em relação ao eixo **x**, ficando simétrico ao gráfico com $b > 0$.

c) $f(x) = \text{sen } 2x$

Queremos que os ângulos sejam $0, \frac{\pi}{2}, \pi, \frac{3\pi}{2}$ e 2π; para isso devemos atribuir a **x** metade desses valores:

$x = 0 \rightarrow y = \text{sen } 2 \cdot 0 = \text{sen } 0 = 0$

$x = \frac{\pi}{4} \rightarrow y = \text{sen } 2 \cdot \frac{\pi}{4} = \text{sen } \frac{\pi}{2} = 1$

$x = \frac{\pi}{2} \rightarrow y = \text{sen } 2 \cdot \frac{\pi}{2} = \text{sen } \pi = 0$

$x = \frac{3\pi}{4} \rightarrow y = \text{sen } 2 \cdot \frac{3\pi}{4} = \text{sen } \frac{3\pi}{2} = -1$

$x = \pi \rightarrow y = \text{sen } 2\pi = 0$

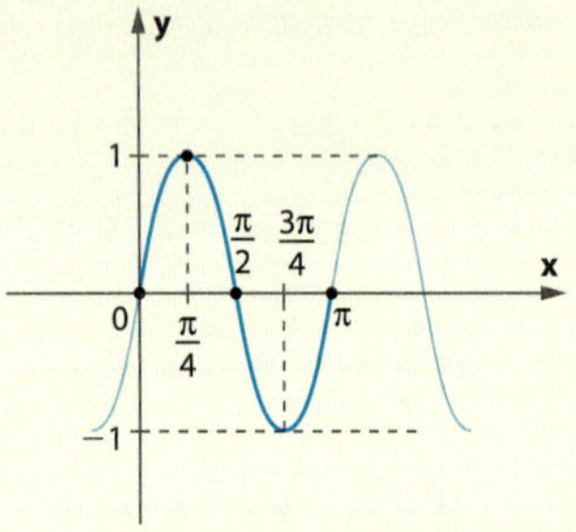

Período = π Imagem = [−1, 1]

Observação: Ao comparar o gráfico de f(x) = sen x com o gráfico de f(x) = sen 2x, vemos que ele sofreu uma compressão horizontal de duas unidades, enquanto o período foi alterado para $\frac{2\pi}{2}$.

- f(x) = sen x

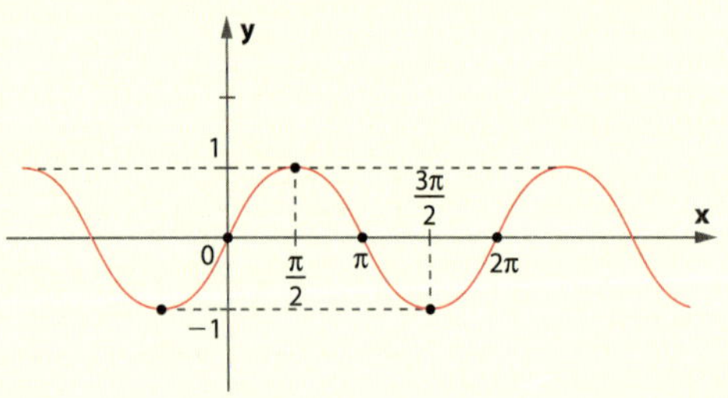

- f(x) = sen 2x

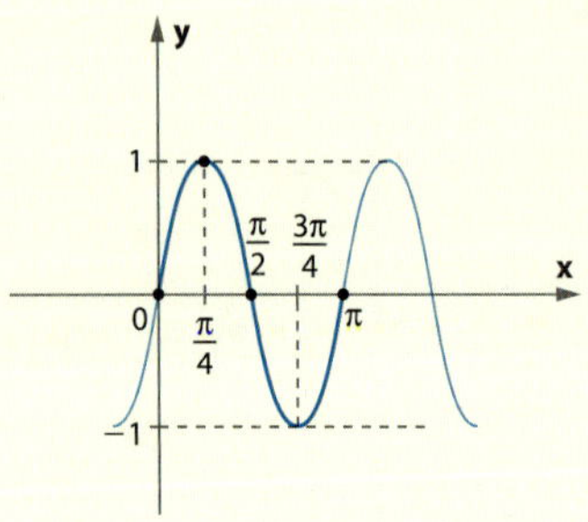

Considerando o gráfico do tipo f(x) = sen c · x, concluímos que o gráfico de f(x) = sen x será comprimido horizontalmente em **c** unidades se $|c| > 1$, porém sofrerá dilatação horizontal se $0 < |c| < 1$. Além disso, temos que o período é igual a $\frac{2\pi}{|c|}$.

d) $f(x) = \text{sen}\left(x - \frac{\pi}{3}\right)$

Queremos que os ângulos sejam $0, \frac{\pi}{2}, \pi, \frac{3\pi}{2}$ e 2π; para isso devemos atribuir a **x** esses valores aumentados em $\frac{\pi}{3}$:

$x = \frac{\pi}{3} \rightarrow y = \text{sen}\left(\frac{\pi}{3} - \frac{\pi}{3}\right) = \text{sen } 0 = 0$

$x = \frac{5\pi}{6} \rightarrow y = \text{sen}\left(\frac{5\pi}{6} - \frac{\pi}{3}\right) = \text{sen } \frac{\pi}{2} = 1$

$x = \frac{4\pi}{3} \rightarrow y = \text{sen}\left(\frac{4\pi}{3} - \frac{\pi}{3}\right) = \text{sen } \pi = 0$

$x = \frac{11\pi}{6} \rightarrow y = \text{sen}\left(\frac{11\pi}{6} - \frac{\pi}{3}\right) = \text{sen } \frac{3\pi}{2} = -1$

$x = \frac{7\pi}{3} \rightarrow y = \text{sen}\left(\frac{7\pi}{3} - \frac{\pi}{3}\right) = \text{sen } 2\pi = 0$

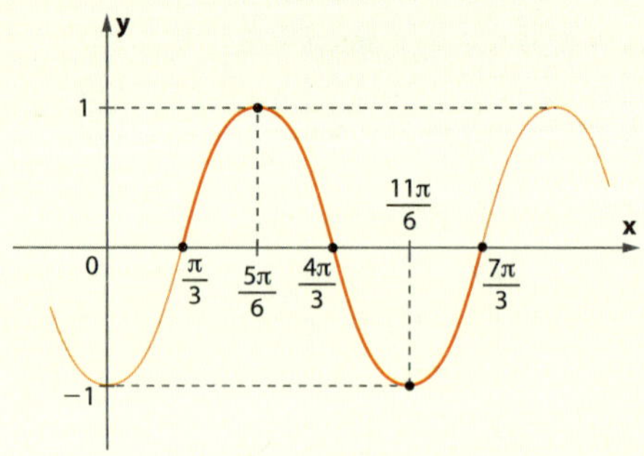

Período = 2π Imagem = [−1, 1]

Observação: Comparando o gráfico de f(x) = sen x com o gráfico de $f(x) = \text{sen}\left(x - \frac{\pi}{3}\right)$, podemos ver que ele sofreu um deslocamento (translação) horizontal para a direita de $\frac{\frac{\pi}{3}}{1}$ unidade.

- f(x) = sen x

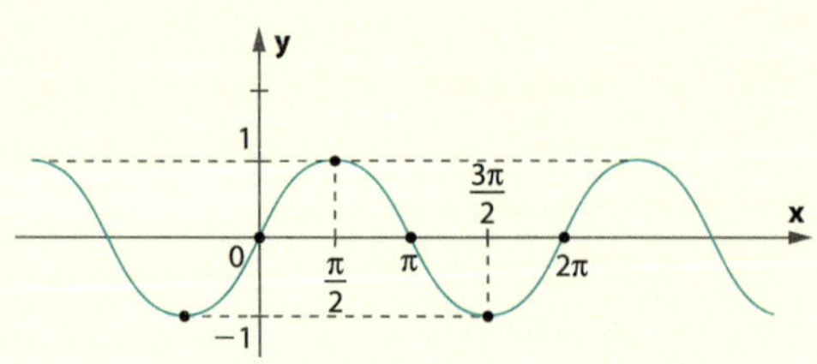

- $f(x) = \text{sen}\left(x - \dfrac{\pi}{3}\right)$

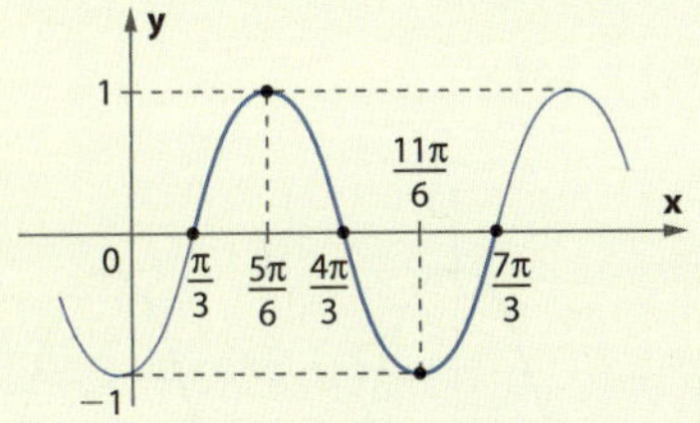

Considerando o gráfico do tipo $f(x) = \text{sen}\ (cx - d)$, concluímos que o gráfico de $f(x) = \text{sen}\ x$ será deslocado horizontalmente em $\left|\dfrac{d}{c}\right|$ unidades para a direita se $d > 0$, ou para a esquerda se $d < 0$.

As conclusões feitas com relação à translação, dilatação e compressão das funções do tipo

$f(x) = a + b \cdot \text{sen}\ (cx + d)$ são válidas para as demais funções.

2 Trace os gráficos das funções abaixo:

a) $f(x) = y = 3 + 2 \cdot \cos x$

$x = 0 \rightarrow y = 3 + 2 \cdot \cos 0 = 3 + 2 \cdot 1 = 5$

$x = \dfrac{\pi}{2} \rightarrow y = 3 + 2 \cdot \cos \dfrac{\pi}{2} = 3 + 2 \cdot 0 = 3$

$x = \pi \rightarrow y = 3 + 2 \cdot \cos \pi = 3 + 2 \cdot (-1) = 1$

$x = \dfrac{3\pi}{2} \rightarrow y = 3 + 2 \cdot \cos \dfrac{3\pi}{2} = 3 + 2 \cdot 0 = 3$

$x = 2\pi \rightarrow y = 3 + 2 \cdot \cos 2\pi = 3 + 2 \cdot 1 = 5$

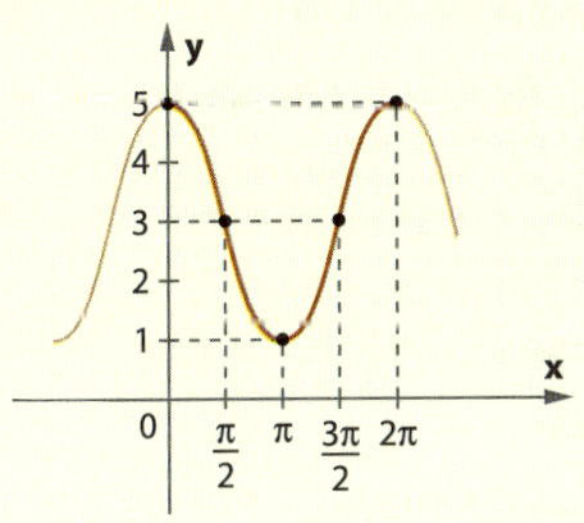

Período $= 2\pi$ Imagem $= [1, 5]$

Observação: Comparando o gráfico obtido com o gráfico de $f(x) = \cos x$, podemos observar que ele foi deslocado 3 unidades para cima ($a = 3$) e dilatado verticalmente 2 vezes ($b = 2$).

- $f(x) = \cos x$

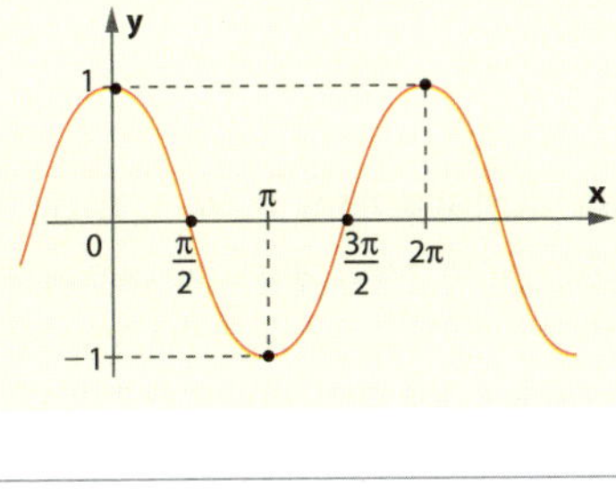

- $f(x) = 3 + 2 \cos x$

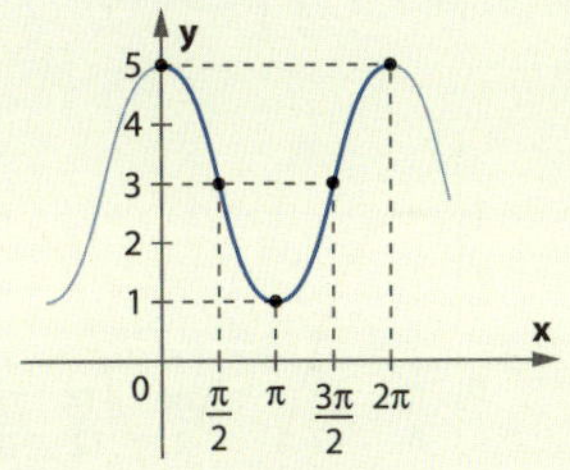

b) $f(x) = \cos\left(2x - \dfrac{\pi}{3}\right)$

Queremos que os ângulos sejam $0, \dfrac{\pi}{2}, \pi, \dfrac{3\pi}{2}$ e 2π; para isso devemos atribuir esses valores aumentados em $\dfrac{\pi}{3}$ e divididos por 2:

$x = \dfrac{\pi}{6} \rightarrow y = \cos\left(2 \cdot \dfrac{\pi}{6} - \dfrac{\pi}{3}\right) = \cos 0 = 1$

$x = \dfrac{5\pi}{12} \rightarrow y = \cos\left(2 \cdot \dfrac{5\pi}{12} - \dfrac{\pi}{3}\right) = \cos \dfrac{\pi}{2} = 0$

$x = \dfrac{2\pi}{3} \rightarrow y = \cos\left(2 \cdot \dfrac{2\pi}{3} - \dfrac{\pi}{3}\right) = \cos \pi = -1$

$x = \dfrac{11\pi}{12} \rightarrow y = \cos\left(2 \cdot \dfrac{11\pi}{12} - \dfrac{\pi}{3}\right) = \cos \dfrac{3\pi}{2} = 0$

$x = \dfrac{7\pi}{6} \rightarrow y = \cos\left(2 \cdot \dfrac{7\pi}{6} - \dfrac{\pi}{3}\right) = \cos 2\pi = 1$

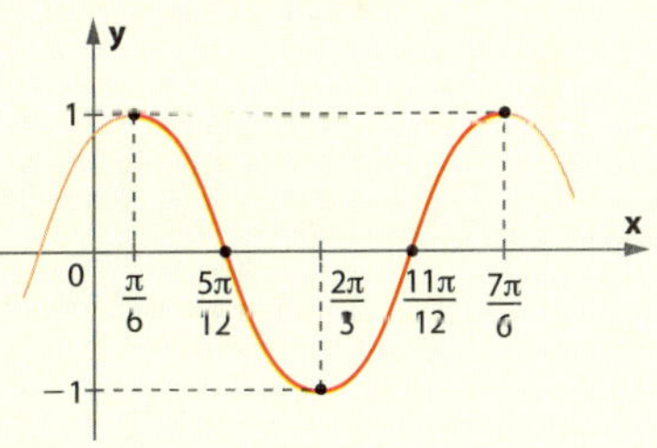

Observação: Comparando o gráfico obtido com o gráfico de $f(x) = \cos x$, podemos observar que ele foi dilatado horizontalmente 2 vezes ($c = 2$) e deslocado para a direita $\dfrac{\pi}{6}$ rad $\left(\left|\dfrac{d}{c}\right|\right)$.

- $f(x) = \cos x$

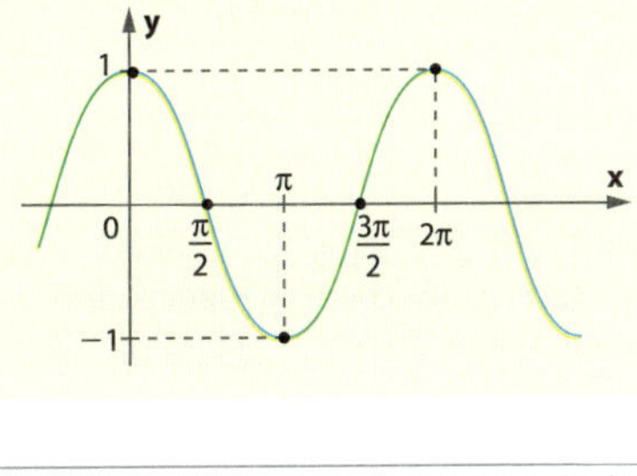

- $f(x) = \cos\left(2x - \frac{\pi}{3}\right)$

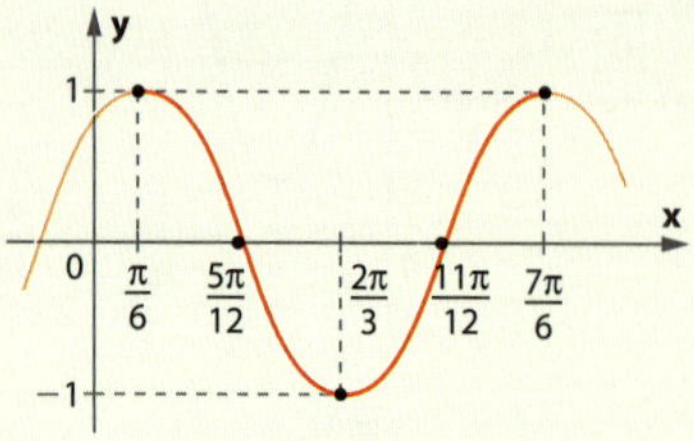

c) $f(x) = 2 + 3\cos\left(3x + \frac{\pi}{2}\right)$

Queremos que os ângulos sejam 0, $\frac{\pi}{2}$, π, $\frac{3\pi}{2}$ e 2π; para isso devemos atribuir a **x** esses valores diminuídos em $\frac{\pi}{2}$ e divididos por 3:

$$x = -\frac{\pi}{6} \rightarrow y = 2 + 3\cos\left[3 \cdot \left(-\frac{\pi}{6}\right) + \frac{\pi}{2}\right] =$$

$$= 2 + 3\cos 0 = 2 + 3 \cdot 1 = 5$$

$$x = 0 \rightarrow y = 2 + 3\cos\left(3 \cdot 0 + \frac{\pi}{2}\right) =$$

$$= 2 + 3\cos\frac{\pi}{2} = 2 + 3 \cdot 0 = 2$$

$$x = \frac{\pi}{6} \rightarrow y = 2 + 3\cos\left(3 \cdot \frac{\pi}{6} + \frac{\pi}{2}\right) =$$

$$= 2 + 3\cos\pi = 2 + 3 \cdot (-1) = -1$$

$$x = \frac{\pi}{3} \rightarrow y = 2 + 3\cos\left(3 \cdot \frac{\pi}{3} + \frac{\pi}{2}\right) =$$

$$= 2 + 3\cos\frac{3\pi}{2} = 2 + 3 \cdot 0 = 2$$

$$x = \frac{\pi}{2} \rightarrow y = 2 + 3\cos\left[3 \cdot \frac{\pi}{2} + \frac{\pi}{2}\right] =$$

$$= 2 + 3\cos 2\pi = 2 + 3 \cdot 1 = 5$$

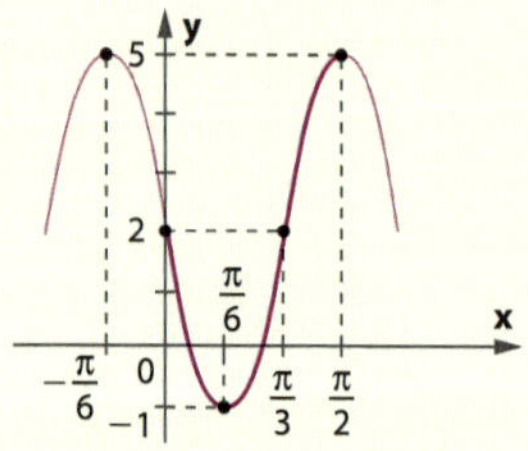

Observação: Comparando o gráfico obtido com o gráfico de $f(x) = \cos x$, podemos observar que ele foi deslocado para cima 2 unidades ($a = 2$), dilatado verticalmente 3 vezes, comprimido horizontalmente 3 vezes ($c = 3$) e deslocado para a esquerda $-\frac{\pi}{6}$ rad $\left(\left|\frac{d}{c}\right|\right)$.

- $f(x) = \cos x$

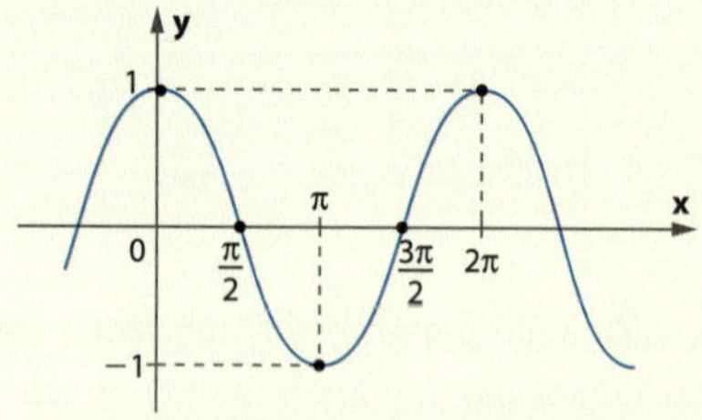

- $f(x) = 2 + 3\cos\left(3x + \frac{\pi}{2}\right)$

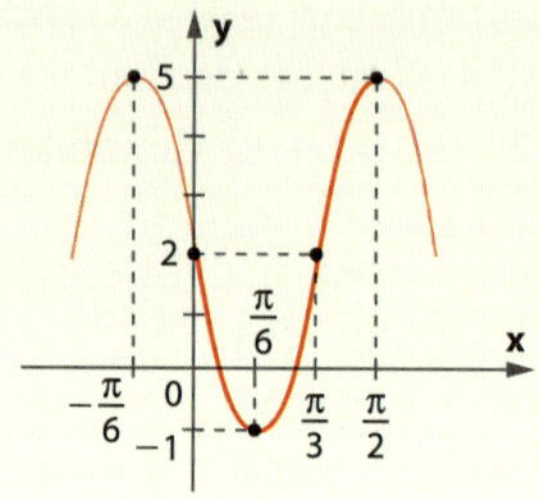

Generalização

De modo geral as senoides são escritas na forma

$$f(x) = a + b \cdot \text{sen}\,(cx - d) \text{ ou}$$
$$f(x) = a + b \cdot \cos\,(cx - d)$$

em que **a**, **b**, **c**, **d** são constantes ($b \neq 0$ e $c \neq 0$).

Por exemplo:

- $f(x) = 3 \cdot \text{sen}\, x$;
- $f(x) = 1 + \cos x$;
- $f(x) = \cos 3x$;
- $f(x) = 1 + \text{sen}\left(2x - \frac{\pi}{3}\right)$;

são senoides.

Em $f(x) = 3 \cdot \text{sen}\, x$ temos $a = 0$, $b = 3$, $c = 1$ e $d = 0$.

Em $f(x) = 1 + \cos x$ temos $a = 1$, $b = 1$, $c = 1$ e $d = 0$.

Em $f(x) = \cos 3x$ temos $a = 0$, $b = 1$, $c = 3$ e $d = 0$.

Em $f(x) = 1 + \text{sen}\left(2x - \frac{\pi}{3}\right)$ temos $a = 1$, $b = 1$, $c = 2$ e $d = -\frac{\pi}{3}$.

Papel das constantes *a*, *b*, *c* e *d*

As senoides têm características que podem ser relacionadas com as funções trigonométricas e seus gráficos padrões, estudados nos itens anteriores deste capítulo.

As constantes **a** e **b** alteram a imagem da função (valores de **y**), e as constantes **c** e **d** alteram as características relacionadas aos valores de **x** da seguinte forma:

- A constante **a** *translada* o gráfico padrão em **a** unidades verticais. Se $a > 0$, então o gráfico "sobe" **a** unidades, e, se $a < 0$, então o gráfico "desce" $|a|$ unidades. No 1º exemplo de aplicação, item **a**, na página 287, podemos ver o gráfico de $f(x) = 2 + \text{sen } x$ em relação ao de $y = \text{sen } x$.
- A constante **b** *comprime* ou *dilata* o gráfico verticalmente. Se $|b| > 1$, então o gráfico dilata, e, se $0 < |b| < 1$, o gráfico comprime. No 1º exemplo de aplicação, item **b**, na página 287, podemos ver o gráfico de $f(x) = 2 \cdot \text{sen } x$ em relação ao de $y = \text{sen } x$. Se $b = -1$, o gráfico fica invertido. Se $b < 0$, o gráfico fica simétrico (em relação ao eixo **x**) ao original com $b > 0$. O valor de **b** é, muitas vezes, chamado de *amplitude do gráfico*.
- A constante **c** altera o período padrão (2π) da senoide, ou seja, comprime ou dilata o gráfico padrão na horizontal.
  Se $|c| > 1$, f(x) será comprimido horizontalmente em $|c|$ unidades.
  Se $0 < |c| < 1$, f(x) será dilatado horizontalmente em $|c|$ unidades.
  O novo período é dado por $p_y = \dfrac{2\pi}{|c|}$.
- A constante **d** translada o gráfico padrão em $\left|\dfrac{d}{c}\right|$ unidades horizontais. Se $d > 0$, o gráfico translada $\left|\dfrac{d}{c}\right|$ unidades para a direita, e, se $d < 0$, o gráfico translada $\left|\dfrac{d}{c}\right|$ unidades para a esquerda.

Observação: Desde o início do estudo de Trigonometria sabemos que, para um ângulo agudo, cosseno **x** é igual ao seno do complementar de **x**. Exprimindo essa igualdade em radianos, temos que $\cos x = \text{sen}\left(\dfrac{\pi}{2} - x\right)$, ou seja, a função cosseno é uma função seno com $a = 0$, $b = 1$, $c = -1$ e $d = \dfrac{\pi}{2}$. Isso nos permite estabelecer que a imagem da função cosseno é igual à da função seno; que o período da função cosseno é $p_y = \dfrac{2\pi}{|-1|} = 2\pi$, o mesmo da função seno; e que o início de um período da função cosseno é $x = -\dfrac{d}{c} = -\dfrac{\frac{\pi}{2}}{-1} = \dfrac{\pi}{2}$. Isso comprova a afirmação da página 284 de que o gráfico da função cosseno também é uma senoide transladada $\dfrac{\pi}{2}$ unidades para a esquerda.

Leitura optativa

objeto digital

Vamos entender o motivo pelo qual o novo período é dado por $\dfrac{2\pi}{|c|}$.

Tomemos a função $y = a + b \cdot \text{sen}(cx - d)$ e analisemos o comportamento de $(cx - d)$ variando um período completo, de 0 a 2π:

- $cx - d = 0 \Rightarrow x = \dfrac{d}{c}$
  $x = \dfrac{d}{c}$ é o valor em que se inicia um período do gráfico padrão.
- $cx - d = 2\pi \Rightarrow x = \dfrac{d}{c} + \dfrac{2\pi}{|c|}$
  $x = \dfrac{d}{c} + \dfrac{2\pi}{|c|}$ é o final do período iniciado em $x = \dfrac{d}{c}$, portanto o período de **y** é $\dfrac{2\pi}{|c|}$.

Exemplos de aplicação

1 Qual o valor máximo da função $f(x) = 2\cos^2 x - 4\,\text{sen}^2 x$?

Substituindo $\text{sen}^2 x$ por $1 - \cos^2 x$:

$f(x) = 2\cos^2 x - 4(1 - \cos^2 x) \Rightarrow f(x) = 6\cos^2 x - 4 \Rightarrow$

$\Rightarrow f(x) = 6\cos^2 x - 3 - 1 \Rightarrow$

$\Rightarrow f(x) = 3(2\cos^2 x - 1) - 1 \Rightarrow f(x) = 3\cos 2x - 1$

O valor máximo da função se dá quando cos 2x for igual a 1; dessa maneira podemos afirmar que o valor máximo é $3 \cdot 1 - 1 = 2$.

2 Determine o período da função $f(x) = \cos\left(\dfrac{x}{2} - \dfrac{\pi}{3}\right)$.

Como o período padrão da função cosseno é $p = 2\pi$, então:

$$p_y = \frac{2\pi}{\left|\frac{1}{2}\right|} = 4\pi$$

3 Obtenha o conjunto imagem e o período da função $y = 2 + 4 \cdot \cos 3x$.

O valor mínimo de **y** é $2 + 4(-1) = -2$ e o valor máximo é $2 + 4 \cdot 1 = 6$. Portanto, $\text{Im}(y) = [-2, 6]$.

Como o período padrão da função cosseno é $p = 2\pi$, então o período da função **y** é $p_y = \dfrac{2\pi}{|3|} = \dfrac{2\pi}{3}$.

4 Em cada item, construa e analise o gráfico da função, dando o seu domínio, sua imagem e seu período. (Construa apenas um período completo.)

a) $f(x) = 3 \cdot \text{sen } x$

Calculando a imagem, o período e o valor da translação horizontal do gráfico, podemos desenhá-lo facilmente.

Imagem: $f(x)_{máx} = 3 \cdot 1 = 3$

$f(x)_{mín} = 3(-1) = -3$

Logo, Im(f) = [−3, 3] (dilatou verticalmente, mas não transladou).

Período: $p_y = \dfrac{2\pi}{|1|} = 2\pi$ (não mudou)

Translação horizontal: $x_i = \dfrac{d}{c} = \dfrac{0}{1} = 0$ (não transladou)

Agora, basta esboçar o gráfico abaixo:

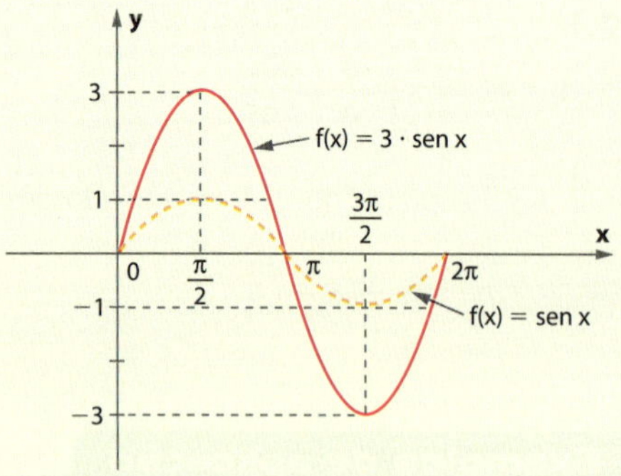

D = IR, Im = [−3, 3], p = 2π

b) y = f(x) = 1 + cos x

Imagem: $f(x)_{máx} = 1 + 1 = 2$

$f(x)_{mín} = 1 + (-1) = 0$

Logo, Im(f) = [0, 2] (só transladou verticalmente; não dilatou).

Período: $p_y = \dfrac{2\pi}{|1|} = 2\pi$ (não mudou)

Translação horizontal: $x_i = \dfrac{d}{c} = \dfrac{0}{1} = 0$ (não transladou)

Agora, basta esboçar o gráfico abaixo:

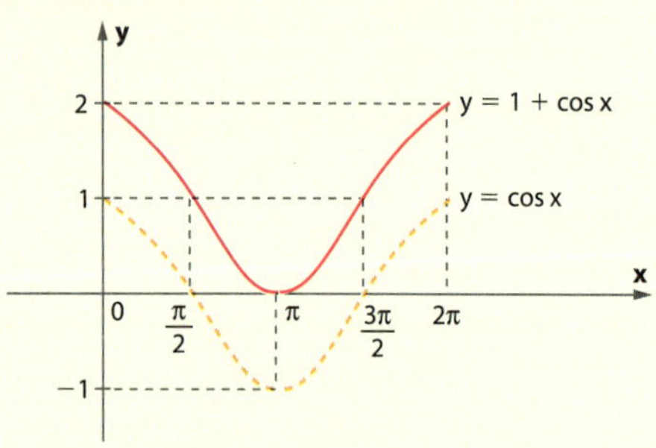

D = IR, Im = [0, 2], p = 2π

5 Qual o período da função f(x) = sen 2x · cos 2x?

Multiplicando f(x) = sen 2x · cos 2x por 2, obtemos:

2f(x) = 2 sen 2x · cos 2x

Como sen (2 · 2x) = 2 sen 2x · cos 2x, então:

$2f(x) = \text{sen}(2 \cdot 2x) \Rightarrow f(x) = \dfrac{\text{sen } 4x}{2} = \dfrac{1}{2} \cdot \text{sen } 4x$

O período é $\dfrac{2\pi}{4} = \dfrac{\pi}{2}$.

6 Qual o valor máximo da função f(x) = 3 · sen x + 4 · cos x?

Para encontrarmos o valor máximo, dividiremos a expressão por **k** (k > 0):

$\dfrac{f(x)}{k} = \dfrac{3}{k} \text{ sen } x + \dfrac{4}{k} \cos x$

Agora vamos considerar um ângulo α, tal que $\cos \alpha = \dfrac{3}{k}$ e $\text{sen } \alpha = \dfrac{4}{k}$; portanto:

$\text{sen}^2 \alpha + \cos^2 \alpha = \left(\dfrac{4}{k}\right)^2 + \left(\dfrac{3}{k}\right)^2 \Rightarrow 1 = \dfrac{16}{k^2} + \dfrac{9}{k^2} \Rightarrow 1 = \dfrac{25}{k^2} \Rightarrow k^2 = 25 \Rightarrow k = 5$

Dessa maneira, a expressão se torna:

$\dfrac{f(x)}{5} = \cos \alpha \text{ sen } x + \text{sen } \alpha \cos x \Rightarrow$

$\Rightarrow \dfrac{f(x)}{5} = \text{sen}(x + \alpha) \Rightarrow f(x) = 5 \text{ sen}(x + \alpha)$

O valor máximo de f(x) se dá quando sen (x + α) = 1, ou seja, $f(x)_{máx} = 5 \cdot 1 = 5$.

» Exercícios

6 Determine o período das seguintes funções:

a) f(x) = sen 7x

b) $f(x) = \cos \dfrac{x}{4}$

c) $f(x) = \text{sen}\left(2x - \dfrac{\pi}{4}\right)$

d) $f(x) = 2 \cdot \cos\left(2x + \dfrac{\pi}{3}\right)$

e) $f(x) = 3 - 2 \cdot \cos \dfrac{x}{4}$

f) $f(x) = -1 + \text{sen } 2\left(\dfrac{x}{2} - \pi\right)$

g) f(x) = 1 + sen (πx − 3)

7 Obtenha a imagem de cada item da questão anterior.

8 Determine:

a) o valor de **m**, sabendo que o período da função f(x) = 1 + cos mx é igual a 3π;

b) o valor de **a**, sabendo que o período da função $f(x) = \text{sen } \dfrac{2x}{a}$ é igual a $\dfrac{5\pi}{2}$;

c) o valor de **m** para que a função $f(x) = \cos\left(mx - \dfrac{\pi}{2}\right)$ tenha como período p = π;

9 Determine a imagem e o período da função dada por $f(x) = \text{sen} \dfrac{3x}{8} \cdot \cos \dfrac{3x}{8}$.

10 Considerando as funções abaixo, obtidas a partir de $f(x) = a + b \cdot \text{sen}\,(cx)$, determine os valores de **a**, **b** e **c**:

a)

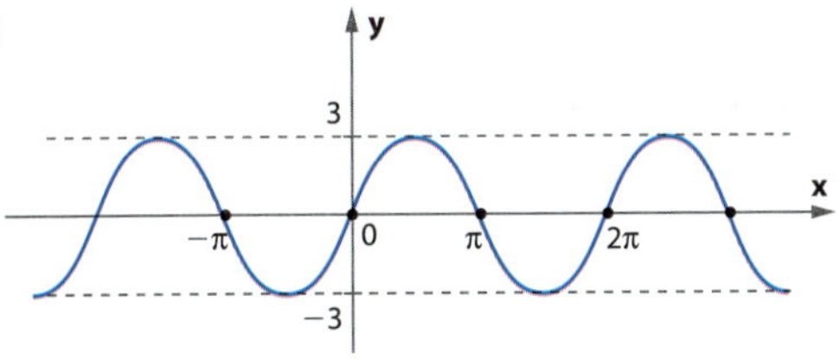

b)

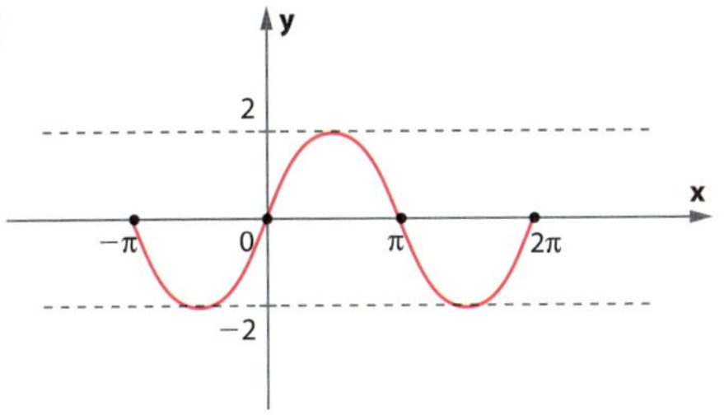

c)

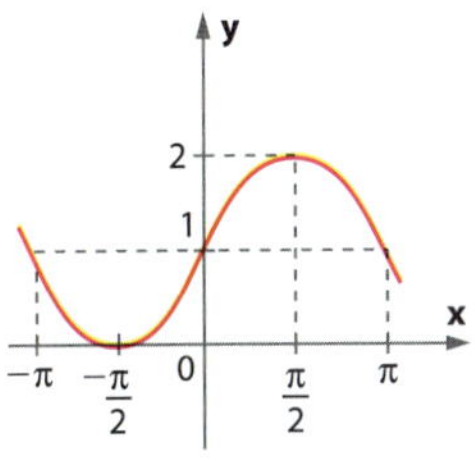

11 Considerando as funções abaixo, obtidas a partir de $f(x) = a + b \cdot \cos\,(cx)$, determine os valores de **a**, **b** e **c**:

a)

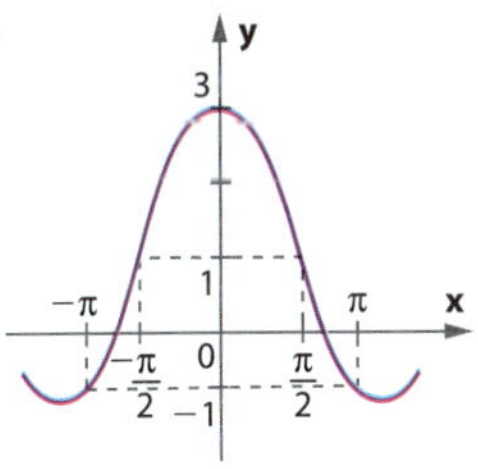

b)

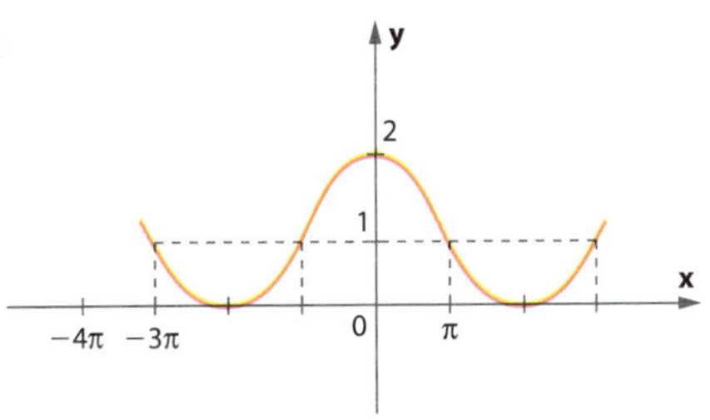

12 Trace os gráficos das funções abaixo, determinando o período, o domínio e a imagem.

a) $f(x) = 4 + \text{sen}\, x$

b) $f(x) = -2 + \text{sen}\, x$

c) $f(x) = 3 \cdot \text{sen}\, x$

d) $f(x) = -3 \cdot \text{sen}\, x$

e) $f(x) = \text{sen}\,(3x)$

f) $f(x) = \text{sen}\left(x - \frac{\pi}{4}\right)$

g) $f(x) = \text{sen}\left(3x - \frac{\pi}{4}\right)$

> **Fique atento**
> Para traçar os gráficos, você pode atribuir valores para **x** ou usar translações, dilatações, etc., conforme sua preferência.

13 Compare cada item do exercício anterior com a função $f(x) = \text{sen}\, x$ e analise o tipo de transformação que ocorreu no gráfico.

14 Trace os gráficos das funções abaixo, determinando o período, o domínio e a imagem.

a) $f(x) = 3 + \cos x$

b) $f(x) = -1 + \cos x$

c) $f(x) = 2 \cdot \cos x$

d) $f(x) = -3 \cdot \cos x$

e) $f(x) = \cos\,(2x)$

f) $f(x) = \cos\left(x + \frac{\pi}{4}\right)$

g) $f(x) = 4 + 2 \cdot \cos\left(3x - \frac{\pi}{4}\right)$

15 Compare cada item do exercício anterior com a função $f(x) = \cos x$ e analise o tipo de transformação que ocorreu no gráfico.

16 Qual o período e a imagem das funções abaixo?

a) $y = 8\,\text{sen}\, x \cdot \cos x$

b) $y = \text{sen}\, x \cdot \cos x$

17 Qual o valor mínimo de $f(x) = 3\cos^2 x$?

Aplicações das senoides

» Exemplos de aplicação

1 (FGV-SP) Um supermercado, que fica aberto 24 horas por dia, faz a contagem do número de clientes na loja a cada 3 horas. Com base nos dados observados, estima-se que o número de clientes possa ser calculado pela função trigonométrica $f(x) = 900 - 800\,\text{sen}\left(\frac{x \cdot \pi}{12}\right)$, em que $f(x)$ é o número de clientes e **x**, a hora da observação (**x** é um inteiro tal que $0 \leqslant x \leqslant 24$). Utilizando essa função, a estimativa da diferença entre o número máximo e o número mínimo de clientes dentro do supermercado, em um dia completo, é igual a:

a) 600.
b) 800.
c) 900.
d) 1500.
e) 1600.

» Resolução passo a passo

1. Lendo e compreendendo

a) O que é dado no problema?

É dada uma função senoide para que o aluno obtenha as informações de que precisa a partir da interpretação dessa função.

b) O que se pede?

Pede-se a estimativa da máxima quantidade de pessoas no supermercado, durante as 24 horas em que ele fica aberto, e também a estimativa da mínima quantidade. Feito isso, pede-se a diferença entre esses dois valores.

2. Planejando a solução

Precisamos do valor máximo e do mínimo da função, para depois obter a diferença. Lembrando que $-1 \leqslant \text{sen}\,\alpha \leqslant 1$, para obter os valores máximo e mínimo de uma senoide basta calcular o valor de f(x) para quando o seno valer 1 e -1. Depois, comparamos os dois valores para estabelecer qual é o mínimo e qual é o máximo.

3. Executando o que foi planejado

Quando tivermos $\text{sen}\left(\frac{x \cdot \pi}{12}\right) = 1$, f(x) valerá

$900 - 800 \cdot 1 = 100$, portanto a estimativa é a de que teremos 100 pessoas no supermercado.

Quando tivermos $\text{sen}\left(\frac{x \cdot \pi}{12}\right) = -1$, f(x) valerá

$900 - 800 \cdot (-1) = 1700$, portanto a estimativa é a de que teremos 1700 pessoas no supermercado.

Logo, o mínimo estimado são 100 pessoas e o máximo são 1700 pessoas. A diferença procurada é 1600 pessoas.

4. Verificando

Vamos usar outra estratégia para obter o que é perguntado, ou seja, a diferença entre o máximo e o mínimo número estimado de pessoas. De acordo com a teoria, essa diferença equivale a duas amplitudes.

Como sabemos, nas senoides $y = a + b \cdot \text{sen}\,(cx + d)$ a amplitude é dada pelo módulo do parâmetro **b**, ou seja, em $f(x) = 900 - 800 \cdot \text{sen}\left(\frac{x \cdot \pi}{12}\right)$ a amplitude é 800. Assim, a diferença pedida é $2 \cdot 800 = 1600$, valor que verifica o que havia sido obtido anteriormente.

5. Respondendo

A resposta é a alternativa **e**.

6. Ampliando o problema

Nos itens **a**, **b** e **c** abaixo, considere que o valor de **x** seja exatamente o horário durante o dia, contado desde 0h (meia-noite de um dia) até 24h (meia-noite do dia seguinte).

a) Nesse supermercado, em que horário do dia estima-se ter o maior número de clientes?

b) E em que horário do dia a estimativa do número de clientes é menor?

c) Em que horário do dia a estimativa é de ter 1300 clientes?

d) **Discussão em equipe**

Troque ideias com os colegas sobre o fluxo de clientes em supermercados, bancos, lojas, restaurantes. Vocês acham que existem horários do dia em que é possível prever que haverá mais gente, e que isso aconteça regularmente todos os dias? Ou isso muda de dia para dia? Comparem suas conclusões com os valores obtidos nos itens **a** e **b** e analisem se a função dada no enunciado é coerente com a visão que a equipe tem da realidade.

2 *Situação-problema da introdução do capítulo*

Carol e Cláudio, passeando em um parque de diversões, resolvem andar na roda-gigante. Segundo informações que leram, a altura que estariam em relação ao solo pode ser aproximadamente descrita pela função $h(t) = 20 + 19\,\text{sen}\left(\frac{\pi}{24}t + \pi\right)$, em que **t** é dado em segundos e **h** em metros.

a) Qual é o raio da roda-gigante?

O raio é a amplitude. Portanto, b = 19 m.

b) Qual é o tempo necessário para eles darem uma volta completa na roda-gigante?

$$p = \frac{2\pi}{\frac{\pi}{24}} = 2\not{\pi} \cdot \frac{24}{\not{\pi}} = 48$$

O tempo necessário é de 48 segundos.

BICZÓ ZSOLT/SHUTTERSTOCK/GLOW IMAGES

A roda-gigante London Eye, em Londres, tem 135 m de diâmetro.

Exercícios

18 A fim de determinar os custos máximo e mínimo da produção de uma peça, a fábrica montou a seguinte função:

$C(t) = 300 + 80 \cdot \text{sen}\left(\frac{\pi}{t} + \pi\right)$, em que C(t) representa o custo em reais e **t** ($t > 0$) representa o tempo medido em horas. Qual é o custo mínimo e o máximo dessa peça?

19 O fenômeno das marés pode ser aproximadamente modelado por uma função matemática da forma $h(t) = a \cdot \text{sen}\,(b \cdot t)$, em que **a** é medido em metros e **t** em horas. Se no dia 12 de dezembro de 2010, em uma praia de João Pessoa, PB, onde está a Ponta Seixas, ponto mais oriental das Américas, a função que representava a altura da maré era $h(t) = 1 + 0{,}8 \cdot \text{sen}\left(\frac{\pi}{2}t\right)$, qual foi a diferença, em metros, entre a maré alta (maior maré do dia) e a maré baixa (menor maré do dia)?

20 O gráfico representa, num dado instante, a velocidade transversal dos pontos de uma corda na qual se propaga uma onda senoidal na direção do eixo dos **x**.

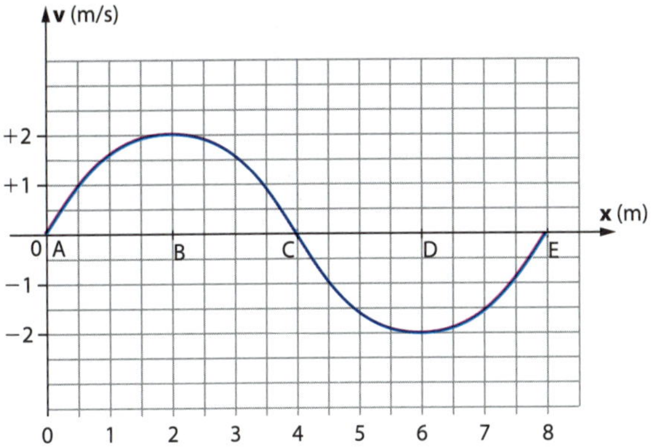

Por esse instante, determine uma senoide que relaciona a velocidade **v** com a posição **x** dos pontos da corda.

21 Os alvéolos pulmonares são pequenas estruturas encontradas nos sacos alveolares, ductos alveolares e bronquíolos respiratórios, constituindo a última porção da árvore brônquica. [...] O oxigênio do ar alveolar passa para o sangue capilar através de um conjunto de membranas; o gás carbônico irá se difundir em direção contrária. Estima-se que os pulmões contenham aproximadamente 300 milhões de alvéolos, aumentando de forma considerável a superfície de trocas gasosas.

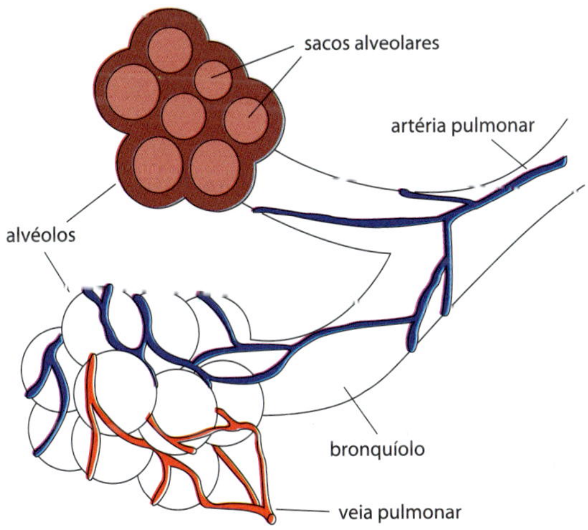

Esquema de pequena parte do pulmão; sem escala; as cores não são reais.

Fonte: <www.infoescola.com/sistema-respiratorio/alveolos-pulmonares>. Acesso em: 26 jan. 2011.

Considere que o volume total de ar (em litros) nos pulmões de um adulto sadio em função do tempo (em segundos) seja dado pela expressão $V(t) = 4 + 2 \cdot \cos\left(\frac{\pi}{3}t\right)$. Se todos os alvéolos forem considerados esferas de mesmo tamanho, cuja soma dos volumes equivale ao volume máximo de ar que cabe nos pulmões, então o volume de cada alvéolo é:

(Dados: $1\,000\ cm^3 = 1$ litro.)

a) $0{,}1\ mm^3$.

b) $0{,}2\ mm^3$.

c) $0{,}01\ mm^3$

d) $0{,}02\ mm^3$.

e) $0{,}001\ mm^3$.

22 Uma equipe de agrônomos coletou dados da temperatura (em °C) do solo em uma determinada região, durante uma semana, a intervalos de 1 hora. A medição da temperatura começou a ser feita às 4 horas da manhã do primeiro dia ($t = 0$) e terminou 168 horas depois ($t = 168$). Os dados puderam ser aproximados pela função $H(t) = 15 + 5 \cdot \text{sen}\left(\frac{\pi}{12}t + \frac{3\pi}{2}\right)$, em que **t** indica o tempo (em horas) decorrido após o início da observação e H(t) a temperatura (em °C) no instante **t**.

Determine:

a) o horário em que essa temperatura máxima ocorreu no primeiro dia de observação;

b) a temperatura máxima e a mínima observada pela equipe de agrônomos;

c) o intervalo de tempo necessário para que a equipe observasse a próxima temperatura máxima, contado a partir da observação anterior.

23 Um sistema de bombeamento de água é responsável por aspirar e expirar água em um poço subterrâneo. Sabe-se que um ciclo completo de "aspirar-expirar" dura exatamente 8 s e que os níveis máximo e mínimo de água no poço são respectivamente 140 ℓ e 80 ℓ. Se no instante $t = 0$ o tanque está no seu volume máximo, a senoide que melhor representa a quantidade de água no poço ao longo do tempo é:

a) $y(t) = 110 + 30 \cdot \cos\left(\frac{\pi t}{4}\right)$.

b) $y(t) = 110 + 30 \cdot \text{sen}\left(\frac{\pi t}{4}\right)$.

c) $y(t) = 100 + 40 \cdot \cos\left(\frac{\pi x}{4}\right)$.

d) $y(t) = 140 + 80 \cdot \text{sen}\left(\frac{\pi t}{2}\right)$.

e) $y(t) = 110 + 30 \cdot \cos\left(\frac{\pi t}{2}\right)$.

24 A produção de cana de uma certa indústria do interior paulista pode ser descrita pela função $P(x) = 400 - 100 \cdot \text{sen}\left(\pi \cdot \frac{x}{4} + \pi\right)$, em que **x** representa o mês do ano (1 para janeiro, 2 para fevereiro, ..., 12 para dezembro) e P(x) é o número de toneladas produzidas no mês **x**.

Determine:

a) a produção máxima dessa indústria, em toneladas;

b) o(s) mês(meses) do ano em que a produção foi máxima;

c) o(s) mês(meses) do ano em que a produção foi de 450 toneladas.

16 Capítulo
Matrizes

Em uma editora, a venda de livros de Matemática, Física e Química no primeiro trimestre de um ano pode ser expressa pela tabela a seguir.

	Janeiro	Fevereiro	Março
Matemática	20 000	32 000	45 000
Física	15 000	18 000	25 000
Química	16 000	17 000	23 000

Se quisermos saber:

- quantos livros de Matemática foram vendidos em fevereiro, basta olharmos o número que está na *primeira linha* e na *segunda coluna*;
- quantos livros de Física foram vendidos em janeiro, basta olharmos o número que está na *segunda linha* e na *primeira coluna*;
- quantos livros de Química foram vendidos em março, basta olharmos o número que está na *terceira linha* e na *terceira coluna*.

Uma tabela desse tipo, em que os números estão dispostos em 3 linhas e 3 colunas, denomina-se matriz 3 × 3 (lê-se três por três) e podemos representá-la por:

$$\begin{bmatrix} 20\,000 & 32\,000 & 45\,000 \\ 15\,000 & 18\,000 & 25\,000 \\ 16\,000 & 17\,000 & 23\,000 \end{bmatrix} \text{ ou } \begin{pmatrix} 20\,000 & 32\,000 & 45\,000 \\ 15\,000 & 18\,000 & 25\,000 \\ 16\,000 & 17\,000 & 23\,000 \end{pmatrix} \text{ ou } \begin{Vmatrix} 20\,000 & 32\,000 & 45\,000 \\ 15\,000 & 18\,000 & 25\,000 \\ 16\,000 & 17\,000 & 23\,000 \end{Vmatrix}$$

Neste capítulo, estudaremos as matrizes e suas operações básicas, aprendendo a utilizá-las como instrumento. É muito importante que se domine um instrumento matemático antes de poder utilizá-lo como ferramenta nas diversas aplicações possíveis.

1. Definição

Sejam **m** e **n** dois números inteiros maiores ou iguais a 1.

Fique atento
No Brasil, o mais comum é usar "tipo m × n".

Denomina-se matriz m × n (lê-se **m** por **n**) uma tabela retangular formada por m · n números reais, dispostos em **m** linhas e **n** colunas.

Dizemos que a matriz é do tipo m × n ou de ordem m × n.

Exemplos:

1º) $\begin{bmatrix} 2 & 3 \\ 5 & 1 \end{bmatrix}$ é uma matriz do tipo 2 × 2 (dois por dois).

2º) $\begin{pmatrix} \frac{1}{2} & -5 & 1 \\ 2 & \sqrt{3} & 0 \end{pmatrix}$ é uma matriz do tipo 2 × 3 (dois por três).

3º) Quando m = 1, a matriz é chamada matriz linha. Por exemplo, $(1 \quad 3 \quad -2)$ é uma matriz linha do tipo 1 × 3.

4º) Quando n = 1, a matriz é chamada matriz coluna. Por exemplo, $\begin{pmatrix} \sqrt{5} \\ 2 \\ -1 \\ 0 \end{pmatrix}$ é uma matriz coluna do tipo 4 × 1.

Quando tivermos matrizes linha ou matrizes coluna, também poderemos chamá-las de *vetores*. Embora essa não seja uma denominação comum no ensino médio, é largamente utilizada no ensino superior, principalmente em Computação e Álgebra linear. É muito comum uma matriz linha como $[2 \quad 0 \quad 5]$ ser escrita como (2, 0, 5) quando se trabalha com vetores.

Exercícios

1 Escreva a matriz correspondente às tabelas a seguir.

a) Tabela de notas de três alunos no primeiro bimestre:

	Matemática	Física	Química	Biologia
Ana	6	4	5	8
Antônio	5	7	5	5
Beatriz	5	6	7	4

b) Tabela que mostra, em porcentagem, a localização da população brasileira de 1940 a 1990:

	População urbana	População rural
1940	31	69
1950	36	64
1960	45	55
1970	56	44
1980	64	36
1990	72	28

2 Identifique o tipo das seguintes matrizes:

a) $\begin{bmatrix} 4 & 6 \\ 1 & 5 \end{bmatrix}$

b) $\begin{pmatrix} \frac{1}{2} \\ 5 \\ -\sqrt{6} \end{pmatrix}$

c) $\begin{bmatrix} 1 & 3 & 0 \\ 2 & -6 & 2 \\ 5 & 4 & 1 \\ 10 & -1 & -3 \\ 0 & 0 & -1 \end{bmatrix}$

Para refletir
Entre as matrizes deste exercício, qual é a matriz coluna?

3 Observe a matriz seguinte e responda:

$$\begin{bmatrix} 10 & 0 & 1 \\ \sqrt{2} & -3 & \frac{1}{5} \\ 1 & 6 & \sqrt{5} \end{bmatrix}$$

a) De que tipo é a matriz dada?

b) Quais são os números da 1ª linha?

c) E os da 3ª coluna?

d) Qual é o número que está na 2ª linha e na 2ª coluna?

e) E na 3ª linha e na 1ª coluna?

f) E na 1ª linha e na 3ª coluna?

2. Representação genérica de uma matriz

Os números que aparecem na matriz são chamados de *elementos* ou *termos* da matriz.

Analisemos, por exemplo, a seguinte matriz:

$$\begin{pmatrix} 3 & 2 & 5 & -1 \\ -5 & 4 & 10 & 0 \\ 6 & -2 & 1 & \sqrt{2} \end{pmatrix}$$

Podemos observar que:

- o elemento 3 está na *1ª linha* e na *1ª coluna*; indica-se: a_{11} (lê-se **a** um um) = 3.
- o elemento −5 está na *2ª linha* e na *1ª coluna*; indica-se: a_{21} (lê-se **a** dois um) = −5.
- o elemento 6 está na *3ª linha* e na *1ª coluna*; indica-se: a_{31} (lê-se **a** três um) = 6.
- o elemento 2 está na *1ª linha* e na *2ª coluna*; indica-se: a_{12} (lê-se **a** um dois) = 2.
- o elemento $\sqrt{2}$ está na *3ª linha* e na *4ª coluna*; indica-se: a_{34} (lê-se **a** três quatro) = $\sqrt{2}$.

Assim:

- para representar o elemento de uma matriz, usamos uma letra com dois índices: o primeiro indica em que *linha* o elemento se encontra, e o segundo, em que *coluna*; por exemplo, $\mathbf{a_{23}}$ é o elemento que está na 2ª linha e na 3ª coluna;
- o elemento genérico de uma matriz **A** será indicado por $\mathbf{a_{ij}}$, em que **i** representa a linha e **j** representa a coluna na qual o elemento se encontra; ele é chamado de ij-ésimo elemento da matriz;
- a matriz **A**, do tipo m × n, será escrita, genericamente, do seguinte modo:

$$\begin{bmatrix} a_{11} & a_{12} & a_{13} & \cdots & a_{1n} \\ a_{21} & a_{22} & a_{23} & \cdots & a_{2n} \\ a_{31} & a_{32} & a_{33} & \cdots & a_{3n} \\ \vdots & \vdots & \vdots & & \vdots \\ a_{m1} & a_{m2} & a_{m3} & \cdots & a_{mn} \end{bmatrix} \text{ ou } \begin{pmatrix} a_{11} & a_{12} & a_{13} & \cdots & a_{1n} \\ a_{21} & a_{22} & a_{23} & \cdots & a_{2n} \\ a_{31} & a_{32} & a_{33} & \cdots & a_{3n} \\ \vdots & \vdots & \vdots & & \vdots \\ a_{m1} & a_{m2} & a_{m3} & \cdots & a_{mn} \end{pmatrix}$$

$$\text{ou } \begin{Vmatrix} a_{11} & a_{12} & a_{13} & \cdots & a_{1n} \\ a_{21} & a_{22} & a_{23} & \cdots & a_{2n} \\ a_{31} & a_{32} & a_{33} & \cdots & a_{3n} \\ \vdots & \vdots & \vdots & & \vdots \\ a_{m1} & a_{m2} & a_{m3} & \cdots & a_{mn} \end{Vmatrix}$$

A lista ordenada $(a_{i1}, a_{i2}, \ldots, a_{in})$ chama-se a i-ésima linha ou o i-ésimo vetor linha da matriz, enquanto $(a_{1j}, a_{2j}, \ldots, a_{mj})$ a j-ésima coluna ou o j-ésimo vetor coluna da matriz.

De maneira abreviada, podemos escrever a matriz **A** na forma:

$A = (a_{ij})_{m \times n}$, com $1 \leq i \leq m$, $1 \leq j \leq n$ e $i, j \in \mathbb{N}$

Lê-se matriz **A**, dos elementos $\mathbf{a_{ij}}$, do tipo $m \times n$.

> **Fique atento**
> Podemos também escrever:
> $A = [a_{ij}]_{m \times n}$ ou $\|a_{ij}\|_{m \times n}$

Exemplos de aplicação

1 Escreva a matriz $A = (a_{ij})_{3 \times 2}$ tal que $a_{ij} = 3i - 2j + 4$.

Pelos dados do problema, a matriz deve ter 3 linhas e 2 colunas.

$$A = \begin{pmatrix} a_{11} & a_{12} \\ a_{21} & a_{22} \\ a_{31} & a_{32} \end{pmatrix}$$

$a_{ij} = 3i - 2j + 4$ é a "lei de formação" da matriz. Cada termo da matriz é definido substituindo-se **i** e **j** pelos valores correspondentes.

$a_{11} = 3 \cdot 1 - 2 \cdot 1 + 4 = 5$
$a_{12} = 3 \cdot 1 - 2 \cdot 2 + 4 = 3$
$a_{21} = 3 \cdot 2 - 2 \cdot 1 + 4 = 8$
$a_{22} = 3 \cdot 2 - 2 \cdot 2 + 4 = 6$
$a_{31} = 3 \cdot 3 - 2 \cdot 1 + 4 = 11$
$a_{32} = 3 \cdot 3 - 2 \cdot 2 + 4 = 9$

Portanto, a matriz pedida é $A = \begin{pmatrix} 5 & 3 \\ 8 & 6 \\ 11 & 9 \end{pmatrix}$.

2 Escreva a matriz $X = (a_{ij})$, com $1 \leq i \leq 3$ e $1 \leq j \leq 3$, tal que $\begin{cases} a_{ij} = 1 \text{ para } i = j \\ a_{ij} = 0 \text{ para } i \neq j \end{cases}$.

A matriz deve ter 3 linhas e 3 colunas tal que:

$a_{11} = a_{22} = a_{33} = 1$
$a_{12} = a_{13} = a_{21} = a_{23} = a_{31} = a_{32} = 0$

Assim, $X = \begin{bmatrix} 1 & 0 & 0 \\ 0 & 1 & 0 \\ 0 & 0 & 1 \end{bmatrix}$.

Exercícios

4 Identifique:

a) os elementos a_{11}, a_{22} e a_{13} na matriz $\begin{pmatrix} 2 & 6 & 10 \\ 4 & -5 & -1 \end{pmatrix}$;

b) os elementos a_{31}, a_{23} e a_{33} na matriz $\begin{bmatrix} 1 & 3 & 0 \\ -4 & 10 & 2 \\ 6 & \sqrt{3} & \sqrt{2} \end{bmatrix}$.

5 Escreva as matrizes:

a) $A = (a_{ij})_{2 \times 3}$ tal que $a_{ij} = i^2 + j^2$

b) $M = (a_{ij})$, com $1 \leq i \leq 3$ e $1 \leq j \leq 3$, tal que $a_{ij} = 3i + 2j - 5$

c) $X = (a_{ij})_{4 \times 2}$ de modo que $a_{ij} = 2i^2 - j$

Dependendo de certas características, algumas matrizes recebem nomes especiais, como a matriz linha e a matriz coluna, já vistas.

A seguir, veremos mais algumas dessas matrizes.

3. Matriz quadrada

Consideremos uma matriz $m \times n$.

Quando $m = n$ (o número de linhas é igual ao número de colunas), diz-se que a matriz é *quadrada* do tipo $n \times n$ ou simplesmente de ordem **n**.

Exemplos:

1º) $\begin{bmatrix} 3 & 5 \\ 2 & 6 \end{bmatrix}$ é uma matriz quadrada de *ordem 2* ($m = n = 2$).

2º) $\begin{pmatrix} 5 & 3 & 10 \\ -1 & -4 & 6 \\ \sqrt{2} & 0 & -\frac{1}{2} \end{pmatrix}$ é uma matriz quadrada de *ordem 3* ($m = n = 3$).

Numa matriz quadrada de ordem **n**, os elementos a_{11}, a_{22}, a_{33}, ..., a_{nn} formam a *diagonal principal* da matriz (são os elementos a_{ij} com $i = j$).

$\begin{pmatrix} 3 & 2 \\ -1 & 6 \end{pmatrix}$ diagonal principal

$\begin{pmatrix} 1 & 3 & 10 \\ -3 & 0 & 8 \\ 5 & -1 & 6 \end{pmatrix}$ diagonal principal

> **Fique atento**
> Se $i = j$, então $\mathbf{a_{ij}}$ está na diagonal principal.
> Se $i > j$, então $\mathbf{a_{ij}}$ está abaixo da diagonal principal.
> Se $i < j$, então $\mathbf{a_{ij}}$ está acima da diagonal principal.

A outra diagonal da matriz quadrada denomina-se *diagonal secundária* (são os elementos a_{ij} com $i + j = n + 1$).

diagonal secundária $\begin{pmatrix} 3 & 2 \\ -1 & 6 \end{pmatrix}$

diagonal secundária $\begin{pmatrix} 1 & 3 & 10 \\ -3 & 0 & 8 \\ 5 & -1 & 6 \end{pmatrix}$

4. Matriz triangular

Vamos considerar uma matriz quadrada de ordem **n**. Quando os elementos acima **ou** abaixo da diagonal principal são todos nulos, dizemos que a matriz é *triangular*.

Exemplos:

$$\begin{pmatrix} 2 & 0 & 0 \\ 8 & 3 & 0 \\ 7 & 9 & -5 \end{pmatrix}$$

matriz triangular inferior

$$\begin{pmatrix} 1 & 5 & 7 & -9 \\ 0 & 3 & 8 & -\frac{2}{3} \\ 0 & 0 & 0 & -1 \\ 0 & 0 & 0 & 4 \end{pmatrix}$$

matriz triangular superior

$$\begin{bmatrix} 3 & 0 \\ 2 & 5 \end{bmatrix}$$

matriz triangular inferior

> **Fique atento**
> Toda matriz triangular é quadrada, mas nem toda matriz quadrada é triangular.

Em uma matriz triangular, $a_{ij} = 0$ para $i > j$ ou $a_{ij} = 0$ para $i < j$.

5. Matriz diagonal

A matriz quadrada de ordem **n** em que todos os elementos acima **e** abaixo da diagonal principal são nulos é chamada de *matriz diagonal*.

Exemplos:

$$\begin{bmatrix} 2 & 0 & 0 \\ 0 & 3 & 0 \\ 0 & 0 & -5 \end{bmatrix} \qquad \begin{pmatrix} 1 & 0 & 0 & 0 \\ 0 & -1 & 0 & 0 \\ 0 & 0 & 3 & 0 \\ 0 & 0 & 0 & 4 \end{pmatrix} \qquad \begin{pmatrix} 2 & 0 \\ 0 & -\frac{1}{3} \end{pmatrix}$$

Em uma matriz diagonal, $a_{ij} = 0$ para $i \neq j$.

> **Para refletir**
> Qual é a diferença entre "acima *ou* abaixo" e "acima *e* abaixo" da diagonal principal?

6. Matriz identidade

A matriz quadrada de ordem **n** em que todos os elementos da diagonal principal são iguais a 1 e os outros elementos são iguais a zero é chamada de *matriz identidade* e seu símbolo é $\mathbf{I_n}$.

Exemplos:

$$I_3 = \begin{bmatrix} 1 & 0 & 0 \\ 0 & 1 & 0 \\ 0 & 0 & 1 \end{bmatrix} \qquad I_2 = \begin{bmatrix} 1 & 0 \\ 0 & 1 \end{bmatrix}$$

$$I_5 = \begin{bmatrix} 1 & 0 & 0 & 0 & 0 \\ 0 & 1 & 0 & 0 & 0 \\ 0 & 0 & 1 & 0 & 0 \\ 0 & 0 & 0 & 1 & 0 \\ 0 & 0 & 0 & 0 & 1 \end{bmatrix} \qquad I_1 = [1]$$

Em uma matriz identidade, temos $\begin{cases} a_{ij} = 1, \text{ para } i = j \\ a_{ij} = 0, \text{ para } i \neq j \end{cases}$.

> **Fique atento**
> Uma matriz identidade é matriz quadrada, matriz triangular e matriz diagonal.

7. Matriz nula

No conjunto das matrizes, a matriz que tem todos os elementos iguais a zero denomina-se *matriz nula*. Vamos simbolizar a matriz nula do tipo $m \times n$ por $0_{m \times n}$ e a matriz nula de ordem **n** por $\mathbf{0_n}$.

São exemplos de matriz nula:

$$0_{3 \times 2} = \begin{pmatrix} 0 & 0 \\ 0 & 0 \\ 0 & 0 \end{pmatrix} \qquad 0_2 = \begin{bmatrix} 0 & 0 \\ 0 & 0 \end{bmatrix}$$

$$0_3 = \begin{pmatrix} 0 & 0 & 0 \\ 0 & 0 & 0 \\ 0 & 0 & 0 \end{pmatrix} \qquad 0_{1 \times 4} = [0 \quad 0 \quad 0 \quad 0]$$

Na matriz nula do tipo $m \times n$ temos $a_{ij} = 0$, $\forall$ i, j, com $1 \leqslant i \leqslant m$ e $1 \leqslant j \leqslant n$.

Exercícios

6 Qual é a ordem da matriz quadrada $\begin{pmatrix} 2 & 6 & 1 & 0 \\ 3 & -2 & 7 & 5 \\ -1 & 0 & 2 & -4 \\ 0 & 3 & -1 & 3 \end{pmatrix}$?

7 Quais são os números que formam a diagonal principal da matriz quadrada $\begin{pmatrix} 2 & 10 & 1 \\ 3 & -5 & 6 \\ 8 & -1 & 4 \end{pmatrix}$?

8 Calcule o produto dos elementos da diagonal principal da matriz $\begin{bmatrix} 2 & 5 \\ -1 & -4 \end{bmatrix}$.

9 Seja a matriz quadrada $\begin{pmatrix} 3 & 6 \\ 2 & 10 \end{pmatrix}$. Calcule a diferença entre o produto dos elementos da diagonal principal e o produto dos elementos da diagonal secundária.

10 Escreva a matriz quadrada de ordem 2, cujo elemento genérico é $a_{ij} = 4i - 2j + 3$.

11 Escreva a matriz diagonal de ordem 3, em que $a_{ij} = i + j$ para $i = j$.

12 Escreva a matriz triangular de ordem 4, em que

$$\begin{cases} a_{ij} = 0, \text{ para } i > j \\ a_{ij} = (i + j)^2, \text{ para } i = j. \\ a_{ij} = -2, \text{ para } i < j \end{cases}$$

13 Considere três lanchonetes, $\mathbf{L_1}$, $\mathbf{L_2}$ e $\mathbf{L_3}$, e três tipos de produtos, $\mathbf{P_1}$, $\mathbf{P_2}$ e $\mathbf{P_3}$. A matriz a seguir descreve a quantidade de cada produto vendido por lanchonete em um determinado mês. Cada elemento $\mathbf{a_{ij}}$ da matriz indica a quantidade do produto $\mathbf{P_i}$ vendido pela lanchonete $\mathbf{L_j}$,com **i** e **j** variando de 1 a 3.

$$\begin{array}{c} \\ P_1 \\ P_2 \\ P_3 \end{array} \begin{array}{c} \begin{array}{ccc} L_1 & L_2 & L_3 \end{array} \\ \begin{bmatrix} 150 & 90 & 105 \\ 81 & 50 & 42 \\ 59 & 80 & 53 \end{bmatrix} \end{array}$$

Analisando a matriz, podemos afirmar que, nesse determinado mês:

a) A lanchonete $\mathbf{L_2}$ vendeu 150 produtos do tipo $\mathbf{P_1}$.

b) A lanchonete $\mathbf{L_3}$ vendeu 50 produtos do tipo $\mathbf{P_2}$.

c) As 3 lanchonetes juntas venderam 200 produtos $\mathbf{P_3}$.

d) A soma dos 3 tipos de produtos vendidos pela lanchonete $\mathbf{L_1}$ deu 290.

e) A soma das quantidades dos produtos dos tipos $\mathbf{P_1}$ e $\mathbf{P_2}$ vendidos pela lanchonete $\mathbf{L_3}$ deu 140.

8. Igualdade de matrizes

Vamos considerar duas matrizes **A** e **B**, de mesmo tipo m × n, no caso 3 × 2:

$$A = \begin{pmatrix} a_{11} & a_{12} \\ a_{21} & a_{22} \\ a_{31} & a_{32} \end{pmatrix} \quad B = \begin{pmatrix} b_{11} & b_{12} \\ b_{21} & b_{22} \\ b_{31} & b_{32} \end{pmatrix}$$

Em matrizes de mesmo tipo, os elementos que ocupam a mesma posição são denominados *elementos correspondentes*.

Então, nas matrizes **A** e **B** consideradas, são elementos correspondentes:

a_{11} e b_{11} $\quad$ a_{12} e b_{12}

a_{21} e b_{21} $\quad$ a_{22} e b_{22}

a_{31} e b_{31} $\quad$ a_{32} e b_{32}

Definimos:

> Duas matrizes **A** e **B** são iguais se, e somente se, têm o mesmo tipo e seus elementos correspondentes são iguais.
> Dadas as matrizes $A = (a_{ij})_{m \times n}$ e $B = (b_{ij})_{m \times n}$, temos simbolicamente:
> $$A = B \Leftrightarrow a_{ij} = b_{ij}, \text{ com } 1 \leqslant i \leqslant m \text{ e } 1 \leqslant j \leqslant n$$

Exemplos:

1º) $\begin{pmatrix} 3 & 1 \\ 5 & 6 \end{pmatrix} = \begin{pmatrix} 6:2 & 2-1 \\ 5 \cdot 1 & 4+2 \end{pmatrix}$ → as matrizes são quadradas de ordem 2 e os elementos correspondentes são iguais.

2º) $\begin{bmatrix} 3 \cdot 4 & 8:4 \\ 1-1 & 3+1 \\ 5+2 & 2-3 \end{bmatrix} = \begin{bmatrix} 12 & 2 \\ 0 & 4 \\ 7 & -1 \end{bmatrix}$ → as matrizes são do mesmo tipo 3 × 2 e os elementos correspondentes são iguais.

3º) Se $A = \begin{bmatrix} 1 & 3 & 2 \\ -1 & 0 & 4 \end{bmatrix}$ e $B = \begin{bmatrix} 1 & 3 \\ -1 & 0 \\ 2 & 4 \end{bmatrix}$, então $A \neq B$, pois **A** e **B** não têm o mesmo tipo.

4º) Vamos determinar **x** e **y** para que sejam iguais as matrizes $\begin{pmatrix} 3x + 2y & 2 \\ 2 & 3x - 3y \end{pmatrix}$ e $\begin{pmatrix} 7 & 2 \\ 2 & -3 \end{pmatrix}$.

As duas matrizes têm a mesma ordem (2).

Para que as matrizes sejam iguais devemos ter ainda:

$$\begin{cases} 3x + 2y = 7 \\ 3x - 3y = -3 \end{cases}$$

Resolvendo esse sistema de equações do 1º grau, temos:

$$\begin{array}{r} \cancel{3x} + 2y = 7 \\ -\ \cancel{3x} + 3y = 3 \\ \hline 5y = 10 \Rightarrow y = 2 \end{array}$$

$3x + 2y = 7 \Rightarrow 3x + 2(2) = 7 \Rightarrow 3x + 4 = 7 \Rightarrow$

$\Rightarrow 3x = 3 \Rightarrow x = 1$

Portanto, x = 1 e y = 2.

Exercícios

14 Sabendo que $\begin{bmatrix} a+b & b+c \\ 2b & 2a-3d \end{bmatrix} = \begin{bmatrix} 9 & -1 \\ 6 & 18 \end{bmatrix}$, determine **a**, **b**, **c** e **d**.

15 Determine **a**, **b**, **x** e **y** para que as matrizes $\begin{pmatrix} x+y & 2a+b \\ 2x-y & a-b \end{pmatrix}$ e $\begin{pmatrix} 3 & -1 \\ 0 & 7 \end{pmatrix}$ sejam iguais.

16 Determine **m** e **n** para que se tenha $\begin{pmatrix} m+n & m \\ 0 & n \end{pmatrix} = I_2$.

17 Determine **a**, **b** e **c** para que se tenha $\begin{pmatrix} a+b-1 & 0 \\ a-3c & b \\ 2b & 0 \end{pmatrix} = 0_{3 \times 2}$.

9. Adição de matrizes

Consideremos duas matrizes **A** e **B** do tipo 2 × 3:

$$A = \begin{pmatrix} 3 & 5 & -2 \\ 2 & 8 & -6 \end{pmatrix} \qquad B = \begin{pmatrix} 1 & -4 & -1 \\ 7 & 0 & 2 \end{pmatrix}$$

Vamos determinar uma matriz **C** tal que $c_{ij} = a_{ij} + b_{ij}$:

$c_{11} = a_{11} + b_{11} = 3 + 1 = 4$

$c_{22} = a_{22} + b_{22} = 8 + 0 = 8$

$c_{21} = a_{21} + b_{21} = 2 + 7 = 9$

$c_{13} = a_{13} + b_{13} = (-2) + (-1) = -3$

$c_{12} = a_{12} + b_{12} = 5 + (-4) = 1$

$c_{23} = a_{23} + b_{23} = (-6) + 2 = -4$

Ou seja:

$$\underset{A}{\begin{pmatrix} 3 & 5 & -2 \\ 2 & 8 & -6 \end{pmatrix}} + \underset{b}{\begin{pmatrix} 1 & -4 & -1 \\ 7 & 0 & 2 \end{pmatrix}} = \begin{pmatrix} 3+1 & 5+(-4) & (-2)+(-1) \\ 2+7 & 8+0 & (-6)+2 \end{pmatrix} = \underset{C}{\begin{pmatrix} 4 & 1 & -3 \\ 9 & 8 & -4 \end{pmatrix}}$$

A matriz **C** assim obtida denomina-se *soma da matriz **A** com a matriz **B*** ou *soma das matrizes **A** e **B***.

Assim:

> Dadas duas matrizes **A** e **B** do mesmo tipo m × n, denomina-se soma da matriz **A** com a matriz **B**, que representamos por A + B, a matriz **C** do tipo m × n na qual cada elemento é obtido adicionando-se os elementos correspondentes de **A** e **B**.
> Se $A = (a_{ij})$ e $B = (b_{ij})$ são matrizes do tipo m × n, a soma A + B é a matriz $C = (c_{ij})$ do tipo m × n tal que:
> $$c_{ij} = a_{ij} + b_{ij}, \text{ com } 1 \leqslant i \leqslant m \text{ e } 1 \leqslant j \leqslant n$$

Exercícios

18 Dadas as matrizes $A = \begin{pmatrix} -2 & 4 \\ 0 & -1 \end{pmatrix}$, $B = \begin{pmatrix} 4 & 2 \\ -6 & 0 \end{pmatrix}$ e $C = \begin{pmatrix} 3 & 0 \\ -5 & 2 \end{pmatrix}$, calcule:

a) A + B

b) A + C

c) B + C

d) A + B + C

19 Seja a matriz $A = (a_{ij})$ do tipo 3 × 2 dada por $a_{ij} = 3i - j$, calcule:

a) A + A

b) $A + 0_{3 \times 2}$

20 Dadas as seguintes matrizes quadradas de ordem 2: **A** com $a_{ij} = \begin{cases} i + 2j, \text{ para } i \geqslant j \\ 0, \text{ para } i < j \end{cases}$ e **B** com $b_{ij} = \begin{cases} i^3, \text{ para } i \geqslant j \\ 0, \text{ para } i < j \end{cases}$, calcule A + B e B + A.

Propriedades da adição de matrizes

Já foram estudadas no Ensino Fundamental as propriedades da adição de números reais.

Com a definição dada para adição de matrizes, é possível verificar que essas propriedades são válidas para a adição de matrizes.

Fique atento
Se $A = (a_{ij})_{m \times n}$, então $-A = (-a_{ij})_{m \times n}$.

	Números reais	Matrizes m × n
Comutativa	a + b = b + a	A + B = B + A
Associativa	(a + b) + c = a + (b + c)	(A + B) + C = A + (B + C)
Elemento neutro	a + 0 = 0 + a = a	A + 0 = 0 + A = A
Elemento oposto	a + (−a) = (−a) + a = 0	A + (−A) = (−A) + A = 0
Cancelamento	a = b ⇔ a + c = b + c	A = B ⇔ A + C = B + C

Para refletir
Escolha matrizes **A**, **B** e **C** de mesmo tipo e verifique com elas as propriedades da adição indicadas.

Matriz oposta de uma matriz *A*

Denomina-se *matriz oposta* de uma matriz **A** (representa-se **−A**) a matriz que, somada com **A**, dá como resultado uma matriz nula.

Exemplos:

1º) Se $A = \begin{pmatrix} 3 & 6 \\ -2 & 1 \end{pmatrix}$, então a matriz oposta de **A** é $\begin{pmatrix} -3 & -6 \\ 2 & -1 \end{pmatrix}$,

pois:

$$\underbrace{\begin{pmatrix} 3 & 6 \\ -2 & 1 \end{pmatrix}}_{A} + \underbrace{\begin{pmatrix} -3 & -6 \\ 2 & -1 \end{pmatrix}}_{-A} = \underbrace{\begin{pmatrix} 0 & 0 \\ 0 & 0 \end{pmatrix}}_{\text{matriz nula}}$$

> **Fique atento**
> Os elementos correspondentes de **A** e **−A** são números opostos. Obtemos **−A** mudando os sinais de todos os elementos de **A**.

2º) Se $B = \begin{bmatrix} -3 & 8 & 0 \\ 6 & -4 & 1 \end{bmatrix}$, então a matriz oposta de **B** é

$\begin{bmatrix} 3 & -8 & 0 \\ -6 & 4 & -1 \end{bmatrix}$, pois:

$$\underbrace{\begin{bmatrix} -3 & 8 & 0 \\ 6 & -4 & 1 \end{bmatrix}}_{B} + \underbrace{\begin{bmatrix} 3 & -8 & 0 \\ -6 & 4 & -1 \end{bmatrix}}_{-B} = \underbrace{\begin{bmatrix} 0 & 0 & 0 \\ 0 & 0 & 0 \end{bmatrix}}_{\text{matriz nula}}$$

Exercícios

21 Escreva a matriz oposta de $A = \begin{pmatrix} 3 & 0 \\ 10 & -5 \\ -4 & 2 \end{pmatrix}$.

22 Se $A = (a_{ij})$ é uma matriz quadrada de ordem 2 tal que $a_{ij} = 2i + 3j - 5$, escreva a matriz oposta de **A**.

23 Se $X + \begin{bmatrix} -3 & 2 & -1 \\ 6 & -10 & 7 \end{bmatrix} = 0$, escreva a matriz **X** sabendo que 0 é a matriz nula do tipo 2 × 3.

10. Subtração de matrizes

Sendo **A** e **B** duas matrizes do tipo m × n, denomina-se *diferença* entre **A** e **B** (representada por A − B) a soma da matriz **A** com a matriz oposta de **B**.

$$A - B = A + (-B)$$

Por exemplo, $\begin{pmatrix} 3 & -2 & 5 \\ 10 & 0 & -1 \end{pmatrix} - \begin{pmatrix} 2 & -3 & 6 \\ -4 & 5 & 1 \end{pmatrix} =$

$= \begin{pmatrix} 3 & -2 & 5 \\ 10 & 0 & -1 \end{pmatrix} + \begin{pmatrix} -2 & 3 & -6 \\ 4 & -5 & -1 \end{pmatrix} = \begin{pmatrix} 1 & 1 & -1 \\ 14 & -5 & -2 \end{pmatrix}$.

Podemos também definir A − B assim:

> Dadas as matrizes $A = (a_{ij})_{m \times n}$ e $B = (b_{ij})_{m \times n}$, $A - B = (c_{ij})_{m \times n}$ tal que $c_{ij} = a_{ij} - b_{ij}$, para $1 \leq i \leq m$ e $1 \leq j \leq n$.

Exercício

24 Dadas as matrizes $A = \begin{pmatrix} 2 \\ 6 \\ 3 \end{pmatrix}$, $B = \begin{pmatrix} 1 \\ 6 \\ 2 \end{pmatrix}$ e $C = \begin{pmatrix} 0 \\ 4 \\ -2 \end{pmatrix}$, calcule:

a) A + B − C; **b)** A − B + C; **c)** A − B − C.

11. Multiplicação de um número real por uma matriz

Dada a matriz $A = \begin{pmatrix} 5 & 8 & -1 \\ -4 & 3 & 6 \end{pmatrix}$, vamos determinar A + A.

$$A + A = \begin{pmatrix} 5 & 8 & -1 \\ -4 & 3 & 6 \end{pmatrix} + \begin{pmatrix} 5 & 8 & -1 \\ -4 & 3 & 6 \end{pmatrix} = \begin{pmatrix} 10 & 16 & -2 \\ -8 & 6 & 12 \end{pmatrix}$$

Considerando que A + A = 2A, temos:

$$2A = 2\begin{pmatrix} 5 & 8 & -1 \\ -4 & 3 & 6 \end{pmatrix} = \begin{pmatrix} 2 \cdot 5 & 2 \cdot 8 & 2(-1) \\ 2(-4) & 2 \cdot 3 & 2 \cdot 6 \end{pmatrix} =$$

$$= \begin{pmatrix} 10 & 16 & -2 \\ -8 & 6 & 12 \end{pmatrix}$$

Observamos, então, que o produto de um número real pela matriz **A** é uma matriz que se obtém multiplicando-se o número real pelos elementos de **A**.

Então:

> Se **A** é uma matriz m × n, de elementos a_{ij}, e α é um número real, então α**A** é uma matriz m × n cujos elementos são $b_{ij} = \alpha \cdot a_{ij}$.

Exemplos:

1º) Se $A = \begin{bmatrix} 5 & -4 \\ 2 & 10 \end{bmatrix}$, então:

$$3A = \begin{bmatrix} 3 \cdot 5 & 3(-4) \\ 3 \cdot 2 & 3 \cdot 10 \end{bmatrix} = \begin{bmatrix} 15 & -12 \\ 6 & 30 \end{bmatrix}$$

2º) Se $A = \begin{pmatrix} 1 & -2 & 0 \\ -3 & 6 & 5 \end{pmatrix}$, então:

$$\frac{1}{2}A = \begin{pmatrix} -\frac{1}{2} \cdot 1 & -\frac{1}{2}(-2) & -\frac{1}{2} \cdot 0 \\ -\frac{1}{2}(-3) & -\frac{1}{2} \cdot 6 & -\frac{1}{2} \cdot 5 \end{pmatrix} =$$

$$= \begin{pmatrix} -\frac{1}{2} & 1 & 0 \\ \frac{3}{2} & -3 & -\frac{5}{2} \end{pmatrix}$$

Propriedades

Sendo α e β números reais e **A** e **B** matrizes de mesmo tipo, demonstra-se que:

$(\alpha + \beta)A = \alpha \cdot A + \beta \cdot A$ $\quad$ $\alpha(\beta \cdot A) = (\alpha \cdot \beta)A$

$\alpha(A + B) = \alpha \cdot A + \alpha \cdot B$ $\quad$ $1 \cdot A = A$

Exercício

25 Use $\alpha = 2$ e $\beta = 3$, $A = \begin{pmatrix} 1 & -1 \\ 0 & 4 \\ 3 & -2 \end{pmatrix}$ e $B = \begin{pmatrix} 0 & 2 \\ -2 & 3 \\ 1 & 5 \end{pmatrix}$ e verifique essas quatro propriedades.

objeto digital

12. Matriz transposta de uma matriz dada

Seja **A** uma matriz $m \times n$.

Denomina-se *matriz transposta* de **A** (indica-se por $\mathbf{A^t}$) a matriz $n \times m$ cujas linhas são, ordenadamente, as colunas de **A**.

Para refletir
Qual o significado da palavra *ordenadamente* nessa definição?

Exemplos:

1º) $A = \begin{pmatrix} 6 & -2 \\ 4 & 5 \end{pmatrix} \Rightarrow A^t = \begin{pmatrix} 6 & 4 \\ -2 & 5 \end{pmatrix}$

2º) $A = \begin{pmatrix} 3 & 10 & -1 \\ 0 & -2 & 6 \end{pmatrix} \Rightarrow A^t = \begin{pmatrix} 3 & 0 \\ 10 & -2 \\ -1 & 6 \end{pmatrix}$

3º) $A = \begin{bmatrix} 4 & 2 & 1 \\ 0 & 5 & 8 \\ -3 & 2 & 10 \end{bmatrix} \Rightarrow A^t = \begin{bmatrix} 4 & 0 & -3 \\ 2 & 5 & 2 \\ 1 & 8 & 10 \end{bmatrix}$

Notamos que, se $A = (a_{ij})$ é do tipo $m \times n$, então $A^t = (b_{ji})$ é do tipo $n \times m$ e $b_{ji} = a_{ij}$.

Exercício

26 Escreva a matriz transposta das seguintes matrizes:

a) $A = (5\ \ 2\ \ 6)$

b) $B = \begin{pmatrix} 2 & 5 \\ -1 & 4 \\ 0 & 6 \end{pmatrix}$

c) $C = \begin{pmatrix} -4 & 2 \\ 5 & -1 \end{pmatrix}$

d) $D = \begin{pmatrix} 1 & 3 & 2 \\ 0 & 0 & 5 \\ -1 & 4 & 3 \end{pmatrix}$

Propriedades da matriz transposta

Veja as propriedades com matriz transposta:

$(A^t)^t = A$ $\quad (\alpha A)^t = \alpha A^t$ $\quad (A + B)^t = A^t + B^t$

Crie exemplos para as matrizes **A** e **B** e constate essas propriedades com elas.

Matriz simétrica

Observe a matriz **A** seguinte e sua transposta $\mathbf{A^t}$:

$$A = \begin{pmatrix} 2 & 3 & 5 \\ 3 & 4 & 8 \\ 5 & 8 & -9 \end{pmatrix} \quad A^t = \begin{pmatrix} 2 & 3 & 5 \\ 3 & 4 & 8 \\ 5 & 8 & -9 \end{pmatrix}$$

Para refletir
Por que a matriz simétrica deve ser quadrada?

Comparando, vemos que $A = A^t$. Quando isso acontece, dizemos que **A** é matriz simétrica.

Dada uma matriz quadrada $A = (a_{ij})_n$, dizemos que **A** é matriz simétrica se, e somente se, $a_{ij} = a_{ji}$, para todo $1 \leqslant i \leqslant n$ e $1 \leqslant j \leqslant n$.

Observando **A** e $\mathbf{A^t}$ acima, note que os elementos da matriz simétrica são simétricos em relação à diagonal principal.

Matriz antissimétrica

Observe as matrizes quadradas

$$A = \begin{pmatrix} 0 & 4 & -5 \\ -4 & 0 & 8 \\ 5 & -8 & 0 \end{pmatrix} \text{ e } A^t = \begin{pmatrix} 0 & -4 & 5 \\ 4 & 0 & -8 \\ -5 & 8 & 0 \end{pmatrix}$$

Fique atento
Na matriz antissimétrica a diagonal principal tem todos os elementos nulos.

Comparando, vemos que $A = -A^t$. Quando isso acontece, dizemos que **A** é matriz antissimétrica. Note que cada elemento $\mathbf{a_{ij}}$ é o oposto de $\mathbf{a_{ji}}$.

Assim, definimos:

Dada a matriz quadrada $A = (a_{ij})_n$, dizemos que **A** é matriz antissimétrica se, e somente se, $a_{ij} = -a_{ji}$, para todo $1 \leqslant i \leqslant n$ e $1 \leqslant j \leqslant n$.

Exercícios

27 Calcule $\begin{pmatrix} 3 & 5 \\ 2 & 8 \end{pmatrix} + \begin{pmatrix} 1 & 6 \\ 4 & 5 \end{pmatrix}$.

28 Dada a matriz $A = \begin{bmatrix} 4 & 1 \\ 3 & -4 \end{bmatrix}$, calcule:

a) $A + A$

b) $A + A + A$

c) $\underbrace{A + A + ... + A}_{\text{6 parcelas}}$

29 **A** e **B** são duas matrizes quadradas de ordem 2, cujos elementos são dados por $b_{ij} = (a_{ij})^2$ e $a_{ij} = 3i - 2j$. Calcule A – B.

30 Sendo $A = \begin{pmatrix} 2 & 1 \\ 3 & 2 \end{pmatrix}$ e $B = \begin{pmatrix} 1 & 5 \\ 2 & -2 \end{pmatrix}$, determine:

a) $A^t + B$ **b)** $(5A - B)^t$

31 Calcule **a**, **b** e **c** sabendo que a matriz dada é simétrica.

$$\begin{pmatrix} 2 & 3 & a \\ 3 & b & c+1 \\ -4 & 5 & 8 \end{pmatrix}$$

32 Calcule **x**, **y** e **z** para que a matriz abaixo seja antissimétrica.

$$\begin{pmatrix} x+1 & 4 & 5 \\ -4 & 0 & 10 \\ 2y & z & 0 \end{pmatrix}$$

13. Multiplicação de matrizes

objeto digital

A multiplicação de matrizes não é uma operação tão simples como as outras já estudadas até aqui; não basta multiplicar os elementos correspondentes.

Vamos introduzi-la por meio da seguinte situação: durante a primeira fase da Copa do Mundo de Futebol, realizada na África do Sul em 2010, o grupo **G** era formado por quatro países: Brasil, Coreia do Norte, Costa do Marfim e Portugal. Observe os resultados (número de vitórias, empates e derrotas) de cada um, registrados em uma tabela e em uma matriz **A**, do tipo 4 × 3:

	Vitórias	Empates	Derrotas
Brasil	2	1	0
Coreia do Norte	0	0	3
Costa do Marfim	1	1	1
Portugal	1	2	0

$$A = \begin{bmatrix} 2 & 1 & 0 \\ 0 & 0 & 3 \\ 1 & 1 & 1 \\ 1 & 2 & 0 \end{bmatrix}$$

Pelo regulamento da Copa, cada resultado (vitória, empate ou derrota) tem pontuação correspondente (3 pontos, 1 ponto ou 0 ponto). Veja esse fato registrado em uma tabela e em uma matriz **B**, do tipo 3 × 1:

Número de pontos	
Vitória	3
Empate	1
Derrota	0

$$B = \begin{bmatrix} 3 \\ 1 \\ 0 \end{bmatrix}$$

Terminada a primeira fase, foi verificado o total de pontos dos países participantes. Essa pontuação pode ser registrada numa matriz que é representada por AB (produto de **A** por **B**). Veja como é obtida a matriz da pontuação dos países de cada grupo:

Brasil: $2 \cdot 3 + 1 \cdot 1 + 0 \cdot 0 = 7$

Coreia do Norte: $0 \cdot 3 + 0 \cdot 1 + 3 \cdot 0 = 0$

Costa do Marfim: $1 \cdot 3 + 1 \cdot 1 + 1 \cdot 0 = 4$

Portugal: $1 \cdot 3 + 2 \cdot 1 + 0 \cdot 0 = 5$

$$AB = \begin{bmatrix} 7 \\ 0 \\ 4 \\ 5 \end{bmatrix}$$

Esse exemplo sugere como deve ser feita a multiplicação de matrizes. Observe a relação que existe entre as ordens das matrizes:

$$A_{4 \times 3} \cdot B_{3 \times 1} = AB_{4 \times 1}$$

igual

Para refletir
Como é determinado cada elemento de AB?

Veja agora a definição matemática da multiplicação de matrizes:

> Dada uma matriz $A = (a_{ij})$ do tipo $m \times n$ e uma matriz $B = (b_{ij})$ do tipo $n \times p$, o produto da matriz **A** pela matriz **B** é a matriz $C = (c_{ij})$ do tipo $m \times p$ tal que o elemento c_{ij} é calculado multiplicando-se ordenadamente os elementos da linha **i**, da matriz **A**, pelos elementos da coluna **j**, da matriz **B**, e somando-se os produtos obtidos.
> Para dizer que a matriz **C** é o produto de **A** por **B**, vamos indicá-la por AB.

Observe que só definimos o produto AB de duas matrizes quando o número de colunas de **A** for igual ao número de linhas de **B**; além disso, notamos que o produto AB possui o número de linhas de **A** e o número de colunas de **B**:

$$A_{ⓜ \times n} \cdot B_{n \times ⓟ} = AB_{ⓜ \times ⓟ}$$

» Exemplos de aplicação

1 Dados $A = \begin{pmatrix} 3 & 2 \\ 5 & 0 \\ 1 & 4 \end{pmatrix}$ e $B = \begin{pmatrix} 3 & 1 \\ 6 & 2 \end{pmatrix}$, determine AB.

Como **A** é uma matriz 3 × 2 e **B** é uma matriz 2 × 2, o número de colunas de **A** é igual ao número de linhas de **B**; assim, está definido o produto AB, que será uma matriz 3 × 2, isto é:

$$AB = \begin{pmatrix} c_{11} & c_{12} \\ c_{21} & c_{22} \\ c_{31} & c_{32} \end{pmatrix} =$$

$$= \begin{pmatrix} 3 & 2 \\ 5 & 0 \\ 1 & 4 \end{pmatrix} \begin{pmatrix} 3 & 1 \\ 6 & 2 \end{pmatrix} = \begin{pmatrix} 3 \cdot 3 + 2 \cdot 6 & 3 \cdot 1 + 2 \cdot 2 \\ 5 \cdot 3 + 0 \cdot 6 & 5 \cdot 1 + 0 \cdot 2 \\ 1 \cdot 3 + 4 \cdot 6 & 1 \cdot 1 + 4 \cdot 2 \end{pmatrix} = \begin{pmatrix} 21 & 7 \\ 15 & 5 \\ 27 & 9 \end{pmatrix}$$

3 ×② ②× 2 → 3 × 2

2 Dados $A = \begin{bmatrix} 1 & 3 & 2 \\ 0 & 5 & -1 \end{bmatrix}$ e $B = \begin{bmatrix} 3 & 0 \\ 4 & -2 \\ 1 & 6 \end{bmatrix}$ determine o elemento c_{21} da matriz C = AB.

A é uma matriz 2 × 3
B é uma matriz 3 × 2 } AB será uma matriz 2 × 2.

$$AB = \begin{bmatrix} c_{11} & c_{12} \\ c_{21} & c_{22} \end{bmatrix}$$

c_{21}: usa-se a 2ª linha de **A** e a 1ª coluna de **B**:

$0 \cdot 3 + 5 \cdot 4 + (-1)1 = 19$

Portanto, $c_{21} = 19$.

3 (FGV-SP) Seja a matriz $A = \begin{pmatrix} 1 & 1 \\ 0 & 1 \end{pmatrix}$.

A soma dos elementos da matriz A^{100} é:

a) 102.
b) 118.
c) 150.
d) 175.
e) 300.

Calculando algumas potências de **A**, podemos perceber um padrão:

$$A^2 = \begin{pmatrix} 1 & 1 \\ 0 & 1 \end{pmatrix} \cdot \begin{pmatrix} 1 & 1 \\ 0 & 1 \end{pmatrix} = \begin{pmatrix} 1 & 2 \\ 0 & 1 \end{pmatrix}$$

$$A^3 = \begin{pmatrix} 1 & 2 \\ 0 & 1 \end{pmatrix} \cdot \begin{pmatrix} 1 & 1 \\ 0 & 1 \end{pmatrix} = \begin{pmatrix} 1 & 3 \\ 0 & 1 \end{pmatrix}$$

$\vdots \qquad \vdots$

$$A^{100} = \begin{pmatrix} 1 & 100 \\ 0 & 1 \end{pmatrix}$$

> **Fique atento**
> O expoente da matriz **A** equivale ao elemento a_{12}.

Logo, a soma de seus elementos é:

1 + 100 + 0 + 1 = 102

Resposta: alternativa **a**.

4 (UEL-PR) Uma nutricionista recomendou aos atletas de um time de futebol a ingestão de uma quantidade mínima de certos alimentos (fruta, leite e cereais) necessária para uma alimentação sadia. A matriz **D** fornece a quantidade diária mínima (em gramas) daqueles alimentos. A matriz **M** fornece a quantidade (em gramas) de proteínas, gorduras e carboidratos fornecida por cada grama ingerido dos alimentos citados.

$$D = \begin{bmatrix} 200 \\ 300 \\ 600 \end{bmatrix} \begin{matrix} \text{fruta} \\ \text{leite} \\ \text{cereais} \end{matrix}$$

$$M = \overset{\begin{matrix} \text{fruta} & \text{leite} & \text{cereais} \end{matrix}}{\begin{bmatrix} 0{,}006 & 0{,}033 & 0{,}108 \\ 0{,}001 & 0{,}035 & 0{,}018 \\ 0{,}084 & 0{,}052 & 0{,}631 \end{bmatrix}} \begin{matrix} \text{proteínas} \\ \text{gorduras} \\ \text{carboidratos} \end{matrix}$$

A matriz que mostra a quantidade diária mínima (em gramas) de proteínas, gorduras e carboidratos fornecida pela ingestão daqueles alimentos é:

a) $\begin{bmatrix} 18{,}20 \\ 36{,}30 \\ 454{,}20 \end{bmatrix}$.

b) $\begin{bmatrix} 29{,}70 \\ 16{,}20 \\ 460{,}20 \end{bmatrix}$.

c) $\begin{bmatrix} 48{,}30 \\ 36{,}00 \\ 432{,}40 \end{bmatrix}$.

d) $\begin{bmatrix} 51{,}90 \\ 48{,}30 \\ 405{,}60 \end{bmatrix}$.

e) $\begin{bmatrix} 75{,}90 \\ 21{,}50 \\ 411{,}00 \end{bmatrix}$.

» Resolução passo a passo

1. Lendo e compreendendo

a) O que é dado no problema?
São dadas duas matrizes, uma delas com a quantidade mínima de frutas, leite e cereais necessária para uma alimentação sadia dos atletas de um time de futebol; e a outra com a quantidade de proteínas, gorduras e carboidratos obtida pela ingestão de cada grama de frutas, leite e cereais.

b) O que se pede?
Pede-se a matriz que contém como elementos a quantidade mínima diária de proteínas, gorduras e carboidratos fornecida pela ingestão dos alimentos recomendados pela nutricionista do enunciado.

2. Planejando a solução

Podemos adotar duas estratégias:

- na primeira, usando as matrizes apenas como fonte de informação e interpretando corretamente o texto, podemos determinar as quantidades pedidas, para posteriormente montar uma matriz com essas quantidades;
- a segunda estratégia, mais teórica, faz uso do conceito de multiplicação de matrizes. A matriz resposta desejada será o produto da matriz **M** pela matriz **D**, *nessa ordem*, pois sabemos que na matriz resposta teremos as linhas sendo quantidade de proteínas, gorduras e carboidratos, como na matriz **M**. Assim, chamando de **X** a matriz resposta, teremos que X = M · D.

Usaremos a 2ª estratégia para obter a solução e a 1ª, que é mais trabalhosa, para fazer a verificação.

3. Executando o que foi planejado

Se a matriz resposta será dada por X = M · D, então:

$$X = \begin{bmatrix} 0{,}006 & 0{,}033 & 0{,}108 \\ 0{,}001 & 0{,}035 & 0{,}018 \\ 0{,}084 & 0{,}052 & 0{,}631 \end{bmatrix} \cdot \begin{bmatrix} 200 \\ 300 \\ 600 \end{bmatrix} =$$

$$= \begin{bmatrix} 0{,}006 \cdot 200 + 0{,}033 \cdot 300 + 0{,}108 \cdot 600 \\ 0{,}001 \cdot 200 + 0{,}035 \cdot 300 + 0{,}018 \cdot 600 \\ 0{,}084 \cdot 200 + 0{,}052 \cdot 300 + 0{,}631 \cdot 600 \end{bmatrix} =$$

$$= \begin{bmatrix} 75{,}90 \\ 21{,}50 \\ 411{,}00 \end{bmatrix}$$

Portanto, a alternativa correta é a **e**.

Usar a 2ª estratégia, em vez da primeira (que será usada na verificação), exige o saber teórico necessário para que se perceba que o problema pode ser resolvido pelo produto de matrizes. De forma geral, quanto mais conhecimento teórico reunimos sobre determinado assunto, menos trabalho "braçal" será empregado na resolução dos problemas, pois será possível avaliar a melhor estratégia na hora da resolução. Observe como a estratégia que usaremos na verificação é bem mais trabalhosa.

4. Verificando

Para fazer a verificação, usaremos a primeira estratégia, e para isso basta interpretar adequadamente o conteúdo de cada matriz dada.

Assim, para obter a quantidade de proteína ingerida, basta sabermos a quantidade de cada alimento e quanto cada grama desse alimento contém de proteína.

- Da matriz **D** sabemos que são 200 g de frutas; da matriz **M** sabemos que cada grama de fruta nos dá 0,006 g de proteína. Assim, o total de proteína obtido com a ingestão de frutas é 200 · 0,006 = 1,2 g.
- Da matriz **D** sabemos que são 300 g de leite; da matriz **M** sabemos que cada grama de leite nos dá 0,033 g de proteína. Assim, o total de proteína obtido com a ingestão de leite é 300 · 0,033 = 9,9 g.
- Da matriz **D** sabemos que são 600 g de cereais; da matriz **M** sabemos que cada grama de cereais nos dá 0,108 g de proteína. Assim, o total de proteína obtido com a ingestão de cereais é 600 · 0,108 = 64,8 g.

Assim, o total de proteína ingerido é
1,2 + 9,9 + 64,8 = 75,9 g.

É interessante notar que esse resultado já é suficiente para que possamos verificar que a resposta obtida estava correta, pois a alternativa **e** é a única que contém 75,9 g de proteínas na matriz resposta.

Outra coisa a ressaltar é que essa estratégia, também correta, é mais trabalhosa que a estratégia escolhida para obter a solução (2ª estratégia), pois para obter a matriz resposta toda ainda faltaria fazer os cálculos para gorduras e carboidratos, de forma análoga ao que fizemos para o cálculo das proteínas.

5. Respondendo

A resposta é a alternativa **e**.

6. Ampliando o problema

a) Suponha que os atletas dessa equipe necessitem também de certa quantidade de vitamina C, que é fornecida por frutas, leite e cereais em determinadas quantidades. Com essa introdução da necessidade de vitamina C, o que mudaria nas matrizes **D** e **M** para que a matriz resposta contivesse também a quantidade de vitamina C, além de proteínas, gorduras e carboidratos?

b) **Discussão em equipe**

A profissão de nutricionista está cada vez mais presente nos vários setores da vida cotidiana, seja preparando uma dieta para pessoas que precisam controlar seu "peso" ou têm problemas de saúde, seja estabelecendo cardápios adequados para atletas de várias modalidades esportivas. Converse com seus colegas e discutam se uma alimentação adequada influi na prática de esportes.

Exercícios

33 Só definimos o produto AB de duas matrizes quando o número de colunas de **A** for igual ao número de linhas de **B**. Então, associe **V** ou **F** a cada uma das seguintes afirmações:

a) Se **A** é uma matriz 3 × 1 e **B** é uma matriz 1 × 2, existe o produto AB.

b) Se $A = \begin{pmatrix} 1 \\ 3 \\ 5 \end{pmatrix}$ e $B = (1 \quad 5 \quad 2)$, existe o produto AB.

c) Se **A** é uma matriz 4 × 3 e **B** é uma matriz 1 × 4, existe o produto AB.

d) Se **A** e **B** são matrizes quadradas de ordem 2, então o produto AB será, também, uma matriz quadrada de ordem 2.

34 Responda, pensando na definição:

a) Dadas duas matrizes quaisquer, é sempre possível determinar o seu produto?

b) Pela definição, se **A** é uma matriz m × n e **B** é uma matriz n × p, existe o produto AB? Se existe, de que tipo é a matriz AB?

c) Se **A** é uma matriz 2 × 3 e **B** é uma matriz 3 × 4, existe o produto AB? Existindo o produto, de que tipo é a matriz AB?

d) Dadas duas matrizes quadradas de ordem **n**, seu produto sempre existe? Se existir, de que tipo é a matriz produto?

35 Seja a equação matricial $A \cdot B + X = C^t$. Se **A** e **B** são matrizes de tipos 3 × 4 e 4 × 2, respectivamente, então para que exista uma matriz **X**, solução da equação, a matriz **C** deve ser do tipo:

a) 2 × 3.
b) 2 × 4.
c) 3 × 2.
d) 3 × 3.
e) 3 × 4.

36 Determine os produtos:

a) $\begin{pmatrix} 6 & 5 \\ 1 & 0 \end{pmatrix}\begin{pmatrix} 2 & 4 \\ 1 & 3 \end{pmatrix}$

b) $\begin{pmatrix} 1 \\ 3 \\ 6 \end{pmatrix}\begin{pmatrix} 2 & 5 & 0 \end{pmatrix}$

c) $\begin{bmatrix} 1 & 3 & 6 \\ 2 & 5 & 1 \\ 4 & 0 & 2 \end{bmatrix}\begin{bmatrix} 5 & 0 \\ 2 & 4 \\ 3 & 2 \end{bmatrix}$

d) $\begin{bmatrix} 5 & 1 \\ 3 & 2 \end{bmatrix}\begin{bmatrix} 0 & 5 & 1 & 6 \\ 2 & -1 & 4 & -3 \end{bmatrix}$

e) $\begin{pmatrix} 1 & 6 \\ -2 & 1 \\ 4 & 3 \end{pmatrix}\begin{pmatrix} 3 & 5 \\ -1 & 2 \end{pmatrix}$

f) $\begin{pmatrix} 5 & -4 \\ 2 & 1 \end{pmatrix}\begin{pmatrix} 7 & 4 \\ -6 & 2 \end{pmatrix}$

37 Considere as matrizes:

$A = (a_{ij})_{3 \times 4}$, em que $a_{ij} = i + j$;

$B = (b_{ij})_{4 \times 5}$, em que $b_{ij} = ij$;

$C = A \cdot B$.

Determine o valor do elemento c_{32}.

38 Dadas as matrizes $A = \begin{pmatrix} 2 & 3 \\ 5 & 1 \end{pmatrix}$ e $B = \begin{pmatrix} 3 & 1 \\ 2 & 1 \end{pmatrix}$, determine:

a) A^2, em que $A^2 = AA$;

b) B^2, em que $B^2 = BB$;

c) $(A + B)(A - B)$;

d) $A^2 - B^2$.

Fique atento
Só podemos calcular A^2 quando **A** é matriz quadrada.

39 Observando os resultados obtidos no exercício anterior, responda: Para essas matrizes **A** e **B** vale a igualdade $(A + B)(A - B) = A^2 - B^2$?

40 Sejam as matrizes $A = \begin{pmatrix} 2 & 3 \\ 1 & 4 \end{pmatrix}$ e $B = \begin{pmatrix} 1 & -1 \\ 2 & 5 \end{pmatrix}$.

Determine:

a) A^2;

b) B^2;

c) AB;

d) $2AB$;

e) $(A + B)^2$;

f) $A^2 + 2AB + B^2$.

41 Observando os resultados obtidos no exercício anterior, responda: Para essas matrizes **A** e **B** vale a igualdade $(A + B)^2 = A^2 + 2AB + B^2$?

42 Para a fabricação de caminhões, uma indústria montadora precisa de eixos e rodas para seus três modelos de caminhões, com a seguinte especificação:

COMPONENTES \ MODELO	A	B	C
Eixos	2	3	4
Rodas	4	6	8

Para os dois primeiros meses do ano, a produção da fábrica deverá seguir a tabela abaixo:

MODELO \ MESES	Janeiro	Fevereiro
A	30	20
B	25	18
C	20	15

Nessas condições, o número de eixos necessários para a produção de fevereiro desta indústria é:

a) 215.
b) 430.
c) 154.
d) 308.
e) 451.

43 Determine o produto AB quando:

a) $A = \begin{pmatrix} 4 & 1 \\ 8 & 2 \end{pmatrix}$ e $B = \begin{pmatrix} -3 & 5 \\ 12 & -20 \end{pmatrix}$;

b) $A = \begin{pmatrix} 5 & 1 \\ 10 & 2 \end{pmatrix}$ e $B = \begin{pmatrix} 3 & -2 \\ -15 & 10 \end{pmatrix}$.

44 Observando os resultados obtidos no exercício anterior, responda: O produto de duas matrizes não nulas pode resultar numa matriz nula?

45 Sendo $A = \begin{pmatrix} 3 & -1 \\ 0 & 1 \end{pmatrix}$ e $B = \begin{pmatrix} 0 & 2 \\ -2 & -1 \end{pmatrix}$, determine:

a) A^tB;
b) AB^t;
c) A^tB^t;
d) B^tA^t;
e) $(AB)^t$.

46 Dois supermercados, o "Compre e Coma" (CC) e o "Tudo no Atacado" (TA), têm em seus interiores restaurantes para melhor servir os clientes. Cada um deles disponibiliza três pratos distintos: **A**, **B** e **C**, os quais são compostos de arroz, feijão, macarrão, carne e salada. Em cada dia, as vendas desses restaurantes são estimadas conforme a tabela **M** de venda diária abaixo:

dica Enem

Restaurante	Prato A	Prato B	Prato C
CC	100	40	20
TA	60	60	30

A composição desses pratos segue a quantidade em gramas de acordo com a tabela **N** a seguir:

Prato	Arroz	Feijão	Macarrão	Carne	Saladas
A	200 g	150 g	100 g	100 g	30 g
B	180 g	180 g	80 g	120 g	20 g
C	190 g	150 g	120 g	80 g	20 g

As gerências desses supermercados, para melhor atender e para que nada falte em relação à matéria-prima utilizada na composição dos tipos de pratos, quer saber qual quantidade deverá estocar semanalmente de cada um dos cinco itens utilizados. Escreva a matriz correspondente a cada uma das tabelas e analise estas afirmações, indicando qual é a verdadeira:

a) O restaurante TA deverá estocar semanalmente mais arroz do que o CC.

b) O restaurante TA deverá estocar semanalmente a mesma quantidade de macarrão que o CC.

c) O restaurante TA deverá estocar pelo menos 171 kg de feijão semanalmente.

d) O restaurante CC deverá estocar no mínimo 35 kg de salada semanalmente.

e) O restaurante TA utiliza diariamente 1,7 kg de carne a menos que o CC.

Adaptado de: *Coleção do Professor de Matemática*, vol. 3, p. 132.

Propriedades da multiplicação de matrizes

Já conhecemos as propriedades da multiplicação dos números reais; veremos agora que apenas algumas delas são válidas para a multiplicação de matrizes.

A multiplicação de matrizes não é comutativa

Observe os seguintes exemplos:

1º) Dadas as matrizes $A = \begin{pmatrix} 2 & 5 \\ -1 & 3 \end{pmatrix}$ e $B = \begin{pmatrix} -3 & 2 \\ 4 & 6 \end{pmatrix}$ vamos calcular AB e BA.

$$\left.\begin{array}{l}\mathbf{A} \text{ é matriz } 2 \times 2 \\ \mathbf{B} \text{ é matriz } 2 \times 2\end{array}\right\} \Rightarrow \text{AB existe, sendo uma matriz } 2 \times 2$$

$$AB = \begin{pmatrix} 2 & 5 \\ -1 & 3 \end{pmatrix}\begin{pmatrix} -3 & 2 \\ 4 & 6 \end{pmatrix} = \begin{pmatrix} 14 & 34 \\ 15 & 16 \end{pmatrix}$$

$$\left.\begin{array}{l}\mathbf{B} \text{ é matriz } 2 \times 2 \\ \mathbf{A} \text{ é matriz } 2 \times 2\end{array}\right\} \Rightarrow \text{BA existe, sendo uma matriz } 2 \times 2$$

$$BA = \begin{pmatrix} -3 & 2 \\ 4 & 6 \end{pmatrix}\begin{pmatrix} 2 & 5 \\ -1 & 3 \end{pmatrix} = \begin{pmatrix} -8 & -9 \\ 2 & 38 \end{pmatrix}$$

Notamos que $AB \neq BA$.

2º) Se **A** é uma matriz do tipo 2×3 e **B** uma matriz do tipo 3×4, podemos calcular AB, mas não podemos calcular BA.

Temos então mais um caso em que $AB \neq BA$.

3º) Vejamos agora para $A = \begin{bmatrix} 1 & 0 \\ -1 & 1 \end{bmatrix}$ e $B = \begin{bmatrix} 2 & 0 \\ 1 & 2 \end{bmatrix}$.

A é de ordem 2 e **B** é de ordem 2. Logo podemos calcular AB e também BA.

$$AB = \begin{bmatrix} 1 & 0 \\ -1 & 1 \end{bmatrix}\begin{bmatrix} 2 & 0 \\ 1 & 2 \end{bmatrix} = \begin{bmatrix} 2 & 0 \\ -1 & 2 \end{bmatrix}$$

$$BA = \begin{bmatrix} 2 & 0 \\ 1 & 2 \end{bmatrix}\begin{bmatrix} 1 & 0 \\ -1 & 1 \end{bmatrix} = \begin{bmatrix} 2 & 0 \\ -1 & 2 \end{bmatrix}$$

Neste caso $AB = BA$. Quando isso acontece, dizemos que as matrizes **A** e **B** comutam, ou **A** comuta com **B**, ou **A** e **B** são comutáveis.

Fique atento

- Com números reais: $a \cdot b = b \cdot a$, $\forall\, a, b \in \mathbb{R}$.
- Com matrizes: AB e BA podem ou não ter resultados iguais.

Concluindo:

Em um produto de duas matrizes **A** e **B**, a ordem em que os fatores aparecem é importante, pois a multiplicação de matrizes não é comutativa, ou seja, AB nem sempre é igual a BA.

Observação: Sempre que forem possíveis as multiplicações envolvidas, são válidas as deduções seguintes:

- $A = B \Rightarrow AC = BC$ (multiplicar a mesma matriz à direita)
- $A = B \Rightarrow CA = CB$ (multiplicar a mesma matriz à esquerda)

Atenção: Não é válida a dedução $A = B \Rightarrow AC = CB$, pois a multiplicação de matrizes não é comutativa.

Na multiplicação de matrizes não vale a propriedade do cancelamento

Dadas as matrizes $A = \begin{pmatrix} 1 & 2 \\ 1 & 2 \end{pmatrix}$, $B = \begin{pmatrix} 3 & 0 \\ 4 & 7 \end{pmatrix}$, $C = \begin{pmatrix} 11 & 2 \\ 0 & 6 \end{pmatrix}$, vamos calcular AB e AC.

$$AB = \begin{pmatrix} 1 & 2 \\ 1 & 2 \end{pmatrix}\begin{pmatrix} 3 & 0 \\ 4 & 7 \end{pmatrix} = \begin{pmatrix} 11 & 14 \\ 11 & 14 \end{pmatrix}$$

$$AC = \begin{pmatrix} 1 & 2 \\ 1 & 2 \end{pmatrix}\begin{pmatrix} 11 & 2 \\ 0 & 6 \end{pmatrix} = \begin{pmatrix} 11 & 14 \\ 11 & 14 \end{pmatrix}$$

Note que podemos ter $AB = AC$, com $B \neq C$.

Se **A**, **B** e **C** são matrizes tal que AB = AC, não podemos garantir que **B** e **C** sejam iguais.

Fique atento
Com números reais, se ab = ac, com a $\neq$ 0, então b = c.

Na multiplicação de matrizes não vale a propriedade do anulamento

Dadas as matrizes $A = \begin{pmatrix} 1 & -1 \\ -2 & 2 \end{pmatrix}$ e $B = \begin{pmatrix} 5 & 5 \\ 5 & 5 \end{pmatrix}$, não nulas, vamos calcular AB.

$$AB = \begin{pmatrix} 1 & -1 \\ -2 & 2 \end{pmatrix}\begin{pmatrix} 5 & 5 \\ 5 & 5 \end{pmatrix} = \begin{pmatrix} 0 & 0 \\ 0 & 0 \end{pmatrix} = 0$$

Notamos que AB = 0, mas A $\neq$ 0 e B $\neq$ 0.

Fique atento
Com números reais, ab = 0 $\Rightarrow$ a = 0 ou b = 0.

Se **A** e **B** são matrizes tal que AB = 0 (matriz nula), não podemos garantir que uma delas seja nula.

Observação: A definição de multiplicação de matrizes e o fato de ela não ser comutativa nos levam a analisar com cuidado a propriedade do elemento neutro.

Seja **A** uma matriz quadrada, por exemplo, de ordem 3:

$$A = \begin{bmatrix} 2 & -1 & 0 \\ 3 & 4 & 2 \\ -1 & -2 & 5 \end{bmatrix}$$

Veja o que acontece fazendo AI_3 e I_3A:

$$AI_3 = \begin{bmatrix} 2 & -1 & 0 \\ 3 & 4 & 2 \\ -1 & -2 & 5 \end{bmatrix}\begin{bmatrix} 1 & 0 & 0 \\ 0 & 1 & 0 \\ 0 & 0 & 1 \end{bmatrix} = \begin{bmatrix} 2 & -1 & 0 \\ 3 & 4 & 2 \\ -1 & -2 & 5 \end{bmatrix} = A$$

$$I_3A = \begin{bmatrix} 1 & 0 & 0 \\ 0 & 1 & 0 \\ 0 & 0 & 1 \end{bmatrix}\begin{bmatrix} 2 & -1 & 0 \\ 3 & 4 & 2 \\ -1 & -2 & 5 \end{bmatrix} = \begin{bmatrix} 2 & -1 & 0 \\ 3 & 4 & 2 \\ -1 & -2 & 5 \end{bmatrix} = A$$

Agora, seja **A** uma matriz não quadrada, por exemplo, do tipo 2 × 3: $A = \begin{bmatrix} 5 & 3 & 1 \\ -1 & 0 & 2 \end{bmatrix}$.

Podemos fazer: $\underset{2\times 3}{A} \cdot \underset{3\times 3}{I_3} = \begin{bmatrix} 5 & 3 & 1 \\ -1 & 0 & 2 \end{bmatrix}\begin{bmatrix} 1 & 0 & 0 \\ 0 & 1 & 0 \\ 0 & 0 & 1 \end{bmatrix} =$

$$= \begin{bmatrix} 5 & 3 & 1 \\ -1 & 0 & 2 \end{bmatrix} = A$$

Fique atento
Com números reais, $1 \cdot a = a \cdot 1 = a, \forall a \in \mathbb{R}$.

$$\underset{2\times 2}{I_2} \cdot \underset{2\times 3}{A_3} = \begin{bmatrix} 1 & 0 \\ 0 & 1 \end{bmatrix}\begin{bmatrix} 5 & 3 & 1 \\ -1 & 0 & 2 \end{bmatrix} = \begin{bmatrix} 5 & 3 & 1 \\ -1 & 0 & 2 \end{bmatrix} = A$$

Podemos escrever:

- Se **A** é uma matriz quadrada de ordem **n**, então $AI_n = I_nA = A$.
- Se **A** é uma matriz do tipo m × n, com m $\neq$ n, então $AI_n = I_mA = A$.

As propriedades associativa e distributiva valem para a multiplicação de matrizes

Pode-se demonstrar que, na multiplicação de matrizes, sempre que for possível efetuar as multiplicações envolvidas, temos:

A(BC) = (AB)C

(A + B)C = AC + BC

A(B + C) = AB + AC

Escolha três matrizes, **A**, **B** e **C**, e verifique essas propriedades.

Para refletir
É preciso ter cuidado com a posição das matrizes envolvidas. Não se pode garantir, por exemplo, que A(BC) e (BA)C sejam iguais. Justifique.

Uma propriedade envolvendo transposta de matriz produto

No caso de existirem os produtos envolvidos temos mais uma propriedade da multiplicação de matrizes:

$$(AB)^t = B^tA^t$$

Para refletir
Use $A = \begin{pmatrix} 3 & -1 \\ 0 & 2 \end{pmatrix}$ e $B = \begin{pmatrix} 4 & 0 \\ -2 & -1 \end{pmatrix}$ e calcule $(AB)^t$, A^tB^t e B^tA^t.

Exemplos de aplicação

1 As matrizes $A = \begin{pmatrix} 1 & 2 \\ 3 & 0 \end{pmatrix}$ e $B = \begin{pmatrix} x & y \\ 3 & 5 \end{pmatrix}$ comutam, isto é, são tais que AB = BA. Calcule **x** e **y**.

$$AB = \begin{pmatrix} 1 & 2 \\ 3 & 0 \end{pmatrix}\begin{pmatrix} x & y \\ 3 & 5 \end{pmatrix} = \begin{pmatrix} 1x + 2 \cdot 3 & 1y + 2 \cdot 5 \\ 3x + 0 \cdot 3 & 3y + 0 \end{pmatrix} =$$

$$= \begin{pmatrix} x + 6 & y + 10 \\ 3x & 3y \end{pmatrix}$$

$$BA = \begin{pmatrix} x & y \\ 3 & 5 \end{pmatrix}\begin{pmatrix} 1 & 2 \\ 3 & 0 \end{pmatrix} =$$

$$= \begin{pmatrix} x \cdot 1 + 3y & x \cdot 2 + y \cdot 0 \\ 3 \cdot 1 + 5 \cdot 3 & 3 \cdot 2 + 5 \cdot 0 \end{pmatrix} = \begin{pmatrix} x + 3y & 2x \\ 18 & 6 \end{pmatrix}$$

Como AB = BA, pela igualdade de matrizes, temos:

$$\begin{cases} x + 6 = x + 3y \\ y + 10 = 2x \\ 3x = 18 \\ 3y = 6 \end{cases}$$

> **Para refletir**
> Verifique que $x = 6$ e $y = 2$ satisfazem as equações $y + 10 = 2x$ e $x + 6 = x + 3y$.

Resolvendo o sistema:

$3x = 18 \Rightarrow x = 6$

$3y = 6 \Rightarrow y = 2$

Esses valores satisfazem também as outras duas equações.

2 Sendo $A = \begin{pmatrix} 2 & 1 \\ 0 & 3 \end{pmatrix}$, determine a matriz **X** tal que $AX = I_2$.

X é uma matriz quadrada de ordem 2, ou seja,

$X = \begin{pmatrix} a & b \\ c & d \end{pmatrix}$.

Então:

$$\begin{pmatrix} 2 & 1 \\ 0 & 3 \end{pmatrix}\begin{pmatrix} a & b \\ c & d \end{pmatrix} = \begin{pmatrix} 1 & 0 \\ 0 & 1 \end{pmatrix} \Rightarrow$$

$$\Rightarrow \begin{pmatrix} 2a + c & 2b + d \\ 0a + 3c & 0b + 3d \end{pmatrix} = \begin{pmatrix} 1 & 0 \\ 0 & 1 \end{pmatrix}$$

Pela igualdade de matrizes, temos o sistema de equações:

$\begin{cases} 2a + c = 1 \\ 2b + d = 0 \\ 3c = 0 \\ 3d = 1 \end{cases}$, que resolvido nos dá $a = \frac{1}{2}$, $b = -\frac{1}{6}$, $c = 0$ e $d = \frac{1}{3}$.

Logo, a matriz pedida é $X = \begin{pmatrix} \frac{1}{2} & -\frac{1}{6} \\ 0 & \frac{1}{3} \end{pmatrix}$.

Exercícios

47 Sendo $A = \begin{pmatrix} 5 & 2 \\ -1 & 6 \end{pmatrix}$, determine a matriz **X** tal que AX = A.

48 Dado $A = \begin{pmatrix} 6 & 4 \\ 1 & 3 \end{pmatrix}$, determine o produto AI_2.

49 Se $A = \begin{pmatrix} mn & -m^2 \\ n^2 & -mn \end{pmatrix}$, prove que $A^2 = 0$, quaisquer que sejam **m** e **n**.

50 Sendo $A = \begin{pmatrix} 2 & 3 \\ 1 & 2 \end{pmatrix}$ e $B = \begin{pmatrix} 0 & 3 \\ 1 & 0 \end{pmatrix}$, mostre que $A^2 - 4B - 7I_2 = 0$.

51 Calcule a matriz **X** sabendo que:

a) $A = \begin{pmatrix} 4 & 1 \\ 2 & -1 \end{pmatrix}$, $B = \begin{pmatrix} 24 \\ 6 \end{pmatrix}$ e AX = B

b) $X\begin{pmatrix} 2 & 4 \\ 2 & 5 \end{pmatrix} = I_2$

52 Se $A = \begin{pmatrix} a & 0 \\ 0 & b \end{pmatrix}$, calcule **a** e **b** para que $A^2 = I_2$.

53 Encontre o valor de **k** para que as matrizes $A = \begin{pmatrix} 1 & -1 \\ 0 & 2 \end{pmatrix}$ e $B = \begin{pmatrix} 1 & k \\ 0 & 3 \end{pmatrix}$ comutem.

54 Sendo $A = \begin{bmatrix} 1 & 0 & 0 \\ 0 & -4 & 0 \\ 0 & 0 & 3 \end{bmatrix}$ e $B = \begin{bmatrix} 2 & 0 & 0 \\ 0 & 4 & 0 \\ x & 0 & 2 \end{bmatrix}$, calcule o valor de **x** para que **A** e **B** comutem.

55 Escreva o sistema de equações cuja representação matricial é $\begin{pmatrix} 3 & -2 \\ 1 & 4 \end{pmatrix}\begin{pmatrix} x \\ y \end{pmatrix} = \begin{pmatrix} 20 \\ -8 \end{pmatrix}$.

56 Escreva a representação matricial do sistema $\begin{cases} x + 3y = 10 \\ 2x - 5y = 4 \end{cases}$.

14. Matriz inversa de uma matriz dada

Dada uma matriz quadrada **A**, de ordem **n**, se **X** é uma matriz tal que $AX = I_n$ e $XA = I_n$, então **X** é denominada *matriz inversa* de **A** e é indicada por $\mathbf{A^{-1}}$.

> **Fique atento**
> Todo número real **a** diferente de zero possui o inverso multiplicativo a^{-1}, pois $aa^{-1} = a^{-1}a = 1$.
> Dada uma matriz quadrada $n \times n$, nem sempre existe uma matriz **B**, do tipo $n \times n$, tal que $AB = BA = I_n$.

Quando existe a matriz inversa de **A**, dizemos que **A** é uma matriz invertível ou não singular.

Exemplo:

A matriz $A = \begin{pmatrix} 1 & -1 \\ 2 & 0 \end{pmatrix}$ é invertível e sua matriz inversa é

$A^{-1} = \begin{pmatrix} 0 & \frac{1}{2} \\ -1 & \frac{1}{2} \end{pmatrix}$.

Note que:

$$\begin{pmatrix} 1 & -1 \\ 2 & 0 \end{pmatrix}\begin{pmatrix} 0 & \frac{1}{2} \\ -1 & \frac{1}{2} \end{pmatrix} = \underbrace{\begin{pmatrix} 1 & 0 \\ 0 & 1 \end{pmatrix}}_{I_2} \text{ e}$$

$$\begin{pmatrix} 0 & \frac{1}{2} \\ -1 & \frac{1}{2} \end{pmatrix}\begin{pmatrix} 1 & -1 \\ 2 & 0 \end{pmatrix} = \underbrace{\begin{pmatrix} 1 & 0 \\ 0 & 1 \end{pmatrix}}_{I_2}.$$

Para refletir
Verifique as multiplicações efetuadas.

Observação: A existência ou não da matriz inversa e sua determinação, quando existir, serão analisadas nos exemplos de aplicação a seguir. Optaremos pela obtenção da matriz inversa a partir da resolução de sistemas lineares, método que se mostra não muito prático com matrizes de ordens maiores do que 2. Existem outros métodos de determinação da matriz inversa, usando determinantes (os determinantes serão estudados no capítulo 17). Entretanto, mesmo esses outros métodos não são práticos. A noção teórica da matriz inversa é muito mais importante que a sua determinação prática.

Exemplos de aplicação

1 Verifique se existe e, em caso afirmativo, determine a matriz inversa de $A = \begin{pmatrix} 5 & 8 \\ 2 & 3 \end{pmatrix}$.

Seja **X** a matriz quadrada de ordem 2 procurada, isto é, $X = \begin{pmatrix} a & b \\ c & d \end{pmatrix}$.

Pela definição, inicialmente devemos ter:

$$\begin{pmatrix} 5 & 8 \\ 2 & 3 \end{pmatrix}\begin{pmatrix} a & b \\ c & d \end{pmatrix} = \begin{pmatrix} 1 & 0 \\ 0 & 1 \end{pmatrix} \Rightarrow$$

$$\Rightarrow \begin{pmatrix} 5a + 8c & 5b + 8d \\ 2a + 3c & 2b + 3d \end{pmatrix} = \begin{pmatrix} 1 & 0 \\ 0 & 1 \end{pmatrix}$$

Pela igualdade de matrizes, temos os sistemas:

(I) $\begin{cases} 5a + 8c = 1 \\ 2a + 3c = 0 \end{cases}$, que resolvido nos dá $a = -3$ e $c = 2$.

(II) $\begin{cases} 5b + 8d = 0 \\ 2b + 3d = 1 \end{cases}$, que resolvido nos dá $b = 8$ e $d = -5$.

Daí, temos $X = \begin{pmatrix} a & b \\ c & d \end{pmatrix} = \begin{pmatrix} -3 & 8 \\ 2 & -5 \end{pmatrix}$, para a qual $AX = I_2$.

A seguir, verificamos se $XA = I_2$:

$$\begin{pmatrix} -3 & 8 \\ 2 & -5 \end{pmatrix}\begin{pmatrix} 5 & 8 \\ 2 & 3 \end{pmatrix} = \begin{pmatrix} 1 & 0 \\ 0 & 1 \end{pmatrix}$$

Então, podemos dizer que $\begin{pmatrix} -3 & 8 \\ 2 & -5 \end{pmatrix}$ é a matriz inversa de $\begin{pmatrix} 5 & 8 \\ 2 & 3 \end{pmatrix}$, ou seja, $A^{-1} = \begin{pmatrix} -3 & 8 \\ 2 & -5 \end{pmatrix}$.

2 Determine a matriz inversa de $A = \begin{pmatrix} 3 & 2 \\ 6 & 4 \end{pmatrix}$, se existir.

Seja **X** a matriz quadrada de ordem 2 procurada tal que $X = \begin{pmatrix} a & b \\ c & d \end{pmatrix}$.

Pela definição, devemos ter inicialmente:

$$\begin{pmatrix} 3 & 2 \\ 6 & 4 \end{pmatrix}\begin{pmatrix} a & b \\ c & d \end{pmatrix} = \begin{pmatrix} 1 & 0 \\ 0 & 1 \end{pmatrix} \Rightarrow$$

$$\Rightarrow \begin{pmatrix} 3a + 2c & 6a + 4c \\ 3b + 2d & 6b + 4d \end{pmatrix} = \begin{pmatrix} 1 & 0 \\ 0 & 1 \end{pmatrix}$$

Pela igualdade de matrizes, temos os sistemas:

(I) $\begin{cases} 3a + 2c = 1 \quad \cdot(-2) \\ 6a + 4c = 0 \end{cases} \Rightarrow$

$$\Rightarrow \begin{cases} \cancel{-6a} - \cancel{4c} = -2 \\ \cancel{6a} + \cancel{4c} = 0 \end{cases}$$
$0 = -2$ (impossível)

(II) $\begin{cases} 3b + 2d = 0 \\ 6b + 4d = 1 \end{cases}$

Se o sistema (I) é impossível, não há necessidade da resolução do sistema (II).

Podemos afirmar que a matriz **A** não admite inversa ou que a matriz **A** não é invertível ou que é singular.

Exercícios

57 Determine, se existir, a inversa de cada uma das seguintes matrizes:

a) $A = \begin{pmatrix} 1 & 3 \\ 0 & 2 \end{pmatrix}$

b) $A = \begin{pmatrix} 5 & 10 \\ 2 & 4 \end{pmatrix}$

c) $A = \begin{pmatrix} 2 & 3 \\ 4 & 5 \end{pmatrix}$

58 Sejam $A = \begin{pmatrix} 1 & 2 \\ 1 & 4 \end{pmatrix}$ e $B = \begin{pmatrix} 2 & -1 \\ x & y \end{pmatrix}$ duas matrizes quadradas de ordem 2. Se **B** é a inversa de **A**, determine o valor de $x + y$.

59 $A = \begin{pmatrix} 1 & 0 \\ 0 & 1 \end{pmatrix}$ é uma matriz quadrada de ordem 2. Determine $(A + A^{-1})^2$.

15. Equações matriciais

objeto digital

Definidas as operações de adição, subtração e multiplicação de matrizes e multiplicação de um número real por uma matriz, já é possível resolver equações cujas incógnitas são matrizes.

Essas equações são chamadas de *equações matriciais*.

Exemplos de aplicação

1 Sendo $A = \begin{pmatrix} 3 \\ 2 \\ -1 \end{pmatrix}$ e $B = \begin{pmatrix} 7 \\ 4 \\ -3 \end{pmatrix}$, resolva a equação matricial $2X + A = 3B$.

$2X + A = 3B \Rightarrow 2X = 3B - A \Rightarrow$

$\Rightarrow \frac{1}{2}(2X) = \frac{1}{2}(3B - A) \Rightarrow X = \frac{1}{2}(3B - A)$

- Vamos determinar, inicialmente, $3B - A$:

$$3B - A = 3\begin{pmatrix} 7 \\ 4 \\ -3 \end{pmatrix} - \begin{pmatrix} 3 \\ 2 \\ -1 \end{pmatrix} = \begin{pmatrix} 21 \\ 12 \\ -9 \end{pmatrix} + \begin{pmatrix} -3 \\ -2 \\ 1 \end{pmatrix} =$$

$$= \begin{pmatrix} 18 \\ 10 \\ -8 \end{pmatrix}$$

Para refletir

$\frac{1}{2}(2X) = \left(\frac{1}{2} \cdot 2\right)X = 1X = X$

- Vamos determinar a matriz **X**:

$$X = \frac{1}{2}\begin{pmatrix} 18 \\ 10 \\ -8 \end{pmatrix} = \begin{pmatrix} 9 \\ 5 \\ -4 \end{pmatrix}$$

Logo, a matriz procurada é $X = \begin{pmatrix} 9 \\ 5 \\ -4 \end{pmatrix}$.

2 Dadas as matrizes $A = \begin{pmatrix} 2 & 3 \\ -1 & 0 \end{pmatrix}$ e $B = \begin{pmatrix} 4 & 3 \\ -7 & -3 \end{pmatrix}$, resolva a equação matricial $XA = B$.

A ordem de **X** é 2×2, pois $X_{2 \times 2} \cdot A_{2 \times 2} = B_{2 \times 2}$.

Representando **X** por $\begin{pmatrix} a & b \\ c & d \end{pmatrix}$, temos:

$$\begin{pmatrix} a & b \\ c & d \end{pmatrix} \cdot \begin{pmatrix} 2 & 3 \\ -1 & 0 \end{pmatrix} = \begin{pmatrix} 4 & 3 \\ -7 & -3 \end{pmatrix} \Rightarrow$$

$$\Rightarrow \begin{cases} 2a - b = 4 \\ 3a = 3 \end{cases} \text{ e } \begin{cases} 2c - d = -7 \\ 3c = -3 \end{cases} \Rightarrow a = 1, b = -2,$$

$c = -1, d = 5$

Logo, $X = \begin{pmatrix} 1 & -2 \\ -1 & 5 \end{pmatrix}$.

3 Dadas as matrizes quadradas de mesma ordem **A** e **B**, sendo **A** e **B** invertíveis, resolva as equações a seguir para obter a matriz **X**, em função de **A** e **B** ou suas inversas.

a) $AX = B$

b) $XA = B$

Precisamos isolar a matriz **X**. Como a multiplicação de matrizes não é comutativa, existe diferença em multiplicar pela esquerda ou pela direita. No caso da equação do item **a**, precisamos multiplicar a equação por A^{-1} pela esquerda, e no caso da equação do item **b**, pela direita:

a) $AX = B$

$AX = B \Rightarrow A^{-1}AX = A^{-1}B \Rightarrow IX = A^{-1}B \Rightarrow$
$\Rightarrow X = A^{-1}B$

b) $XA = B$

$XA = B \Rightarrow XAA^{-1} = BA^{-1} \Rightarrow XI = BA^{-1} \Rightarrow X = BA^{-1}$

Exercícios

objeto digital

60 Determine a matriz **X** tal que $X - A + B = 0$, sendo dados $A = \begin{pmatrix} 3 \\ -2 \\ 5 \end{pmatrix}$ e $B = \begin{pmatrix} 1 \\ -2 \\ 4 \end{pmatrix}$.

61 Qual é a matriz **X** solução da equação $\begin{pmatrix} 0 & 1 \\ 1 & 0 \end{pmatrix} + X = \begin{pmatrix} 1 & 0 \\ 0 & 1 \end{pmatrix}$?

62 Sabe-se que $A = \begin{pmatrix} 1 & 2 \\ 0 & 1 \end{pmatrix}$ e $B = \begin{pmatrix} 1 & 2 \\ 1 & 1 \end{pmatrix}$. Calcule as matrizes **X** e **Y** que verificam as condições $\begin{cases} 2X + Y = 3A + B \\ X - Y = 2A - 3B \end{cases}$.

63 Sabendo que $A = \begin{pmatrix} 1 & 0 \\ -1 & 1 \end{pmatrix}$ e $B = \begin{pmatrix} 2 & 5 \\ 3 & -1 \end{pmatrix}$, determine **X** tal que $AX = B$.

64 Determine a matriz **X** na equação $AX = B$, em que $A = \begin{pmatrix} \frac{1}{2} & 3 \\ 0 & 1 \end{pmatrix}$ e $B = \begin{pmatrix} 1 & -1 \\ 0 & -2 \end{pmatrix}$.

65 Sendo **A**, **B** e **C** matrizes invertíveis, determine, em cada caso, a matriz **X** em função das demais.

a) $AXC = B$

b) $AX + C = B$

c) $ABXC = D$

d) $AXB - C = D$

Capítulo 17

Determinantes

Toda matriz quadrada tem, associada a ela, um número chamado de *determinante da matriz*, obtido por meio de operações que envolvem todos os elementos da matriz. Os determinantes apareceram há cerca de 300 anos (apesar de já existirem "esboços" do que seriam determinantes na Matemática chinesa de 2 mil anos atrás) associados à resolução de equações lineares. Hoje em dia, junto com as matrizes, são uma importante ferramenta matemática, com aplicações diversas.

Há um detalhe sobre esse assunto que deve ser lembrado sempre: *Não existe determinante de matriz que não seja quadrada.*

1. Determinante de matriz quadrada de ordem 1

Seja a matriz quadrada de ordem 1, indicada por $A = [a_{11}]$.

Por definição, o determinante de **A** é igual ao número a_{11}.

Indicamos assim: $\det A = a_{11}$.

Por exemplo, dadas as matrizes $A = [4]$ e $B = [-2]$, escrevemos $\det A = 4$; $\det B = -2$; $\det A + \det B = 4 + (-2) = 2$.

2. Determinante de matriz quadrada de ordem 2

Se **A** é uma matriz quadrada de ordem 2, calculamos seu determinante fazendo o produto dos elementos da diagonal principal menos o produto dos elementos da diagonal secundária.

Dada a matriz $A = \begin{bmatrix} a_{11} & a_{12} \\ a_{21} & a_{22} \end{bmatrix}$, indicamos seu determinante assim:

$$\det A = a_{11} \cdot a_{22} - a_{12} \cdot a_{21}$$

ou

$$\begin{vmatrix} a_{11} & a_{12} \\ a_{21} & a_{22} \end{vmatrix} = a_{11} \cdot a_{22} - a_{12} \cdot a_{21}$$

Por exemplo, o determinante da matriz **A** (det A), sendo $A = \begin{pmatrix} 6 & 3 \\ 2 & -4 \end{pmatrix}$, é dado por:

$$\det A = \begin{vmatrix} 6 & 3 \\ 2 & -4 \end{vmatrix} = 6 \cdot (-4) - 2 \cdot 3 = -24 - 6 = -30$$

Fique atento
Não é correto escrever $\begin{bmatrix} 6 & 3 \\ 2 & -4 \end{bmatrix} = -30$, pois não é a matriz, e sim seu determinante, que é -30. Então, $\det A = -30$ ou $\begin{vmatrix} 6 & 3 \\ 2 & -4 \end{vmatrix} = -30$.

3. Determinante de matriz quadrada de ordem 3

Consideremos a matriz genérica de ordem 3:

$$A = \begin{bmatrix} a_{11} & a_{12} & a_{13} \\ a_{21} & a_{22} & a_{23} \\ a_{31} & a_{32} & a_{33} \end{bmatrix}$$

Fique atento
Quando se diz determinante de ordem **n**, deve-se entender determinante de uma matriz de ordem **n**.

Define-se o determinante da matriz de ordem 3 ao número:

$$\det A = \begin{vmatrix} a_{11} & a_{12} & a_{13} \\ a_{21} & a_{22} & a_{23} \\ a_{31} & a_{32} & a_{33} \end{vmatrix} = a_{11}a_{22}a_{33} + a_{12}a_{23}a_{31} +$$

$$+ a_{13}a_{32}a_{21} - a_{13}a_{22}a_{31} - a_{12}a_{21}a_{33} - a_{11}a_{32}a_{23}$$

Podemos obter esses seis produtos de uma forma prática, conhecida como regra de Sarrus, fazendo o seguinte:

- repetimos as duas primeiras colunas à direita da matriz e efetuamos as seis multiplicações como indicado:

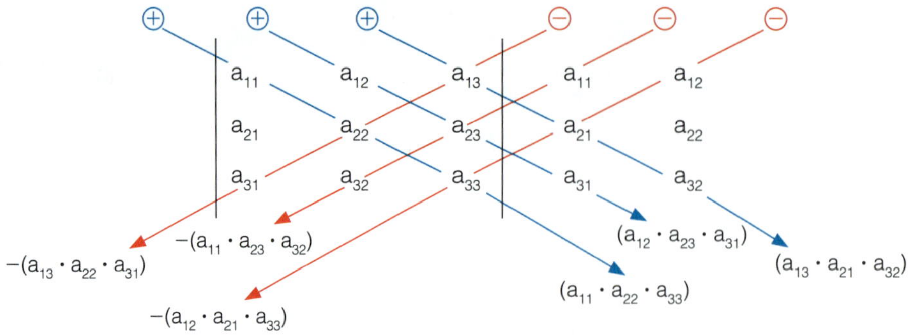

- os produtos obtidos na direção da diagonal principal permanecem com o mesmo sinal;
- os produtos obtidos na direção da diagonal secundária mudam de sinal;
- o determinante é a soma dos valores assim obtidos.

Exemplo:

$$A = \begin{bmatrix} 3 & 1 & 5 \\ 2 & 0 & -2 \\ -1 & 4 & -3 \end{bmatrix}$$

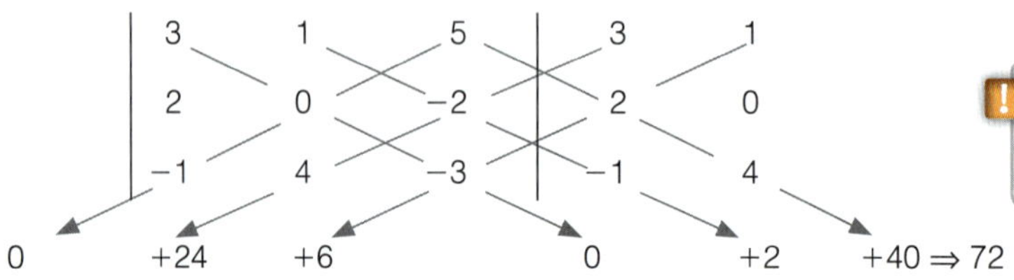

Fique atento
Os três produtos da esquerda já estão com o sinal trocado.

det A = 72

Exemplos de aplicação

1 Calcule o determinante $\begin{vmatrix} \sqrt{2} & -1 \\ 3 & 5\sqrt{2} \end{vmatrix}$.

$$\begin{vmatrix} \sqrt{2} & -1 \\ 3 & 5\sqrt{2} \end{vmatrix} = (\sqrt{2})(5\sqrt{2}) - 3 \cdot (-1) = 10 + 3 = 13$$

2 Resolva a equação $\begin{vmatrix} 5 & 2 \\ x - 1 & x + 3 \end{vmatrix} = -1$.

Vamos calcular o determinante:

$$\begin{vmatrix} 5 & 2 \\ x - 1 & x + 3 \end{vmatrix} = 5(x + 3) - 2(x - 1) =$$

$= 5x + 15 - 2x + 2 = 3x + 17$

A equação a ser resolvida é:

$3x + 17 = -1 \Rightarrow 3x = -1 - 17 \Rightarrow 3x = -18 \Rightarrow x = -6$

$S = \{-6\}$

3 Usando a regra de Sarrus, calcule o determinante da matriz $A = \begin{pmatrix} 2 & 3 & -1 \\ 5 & 2 & 0 \\ 1 & 4 & -3 \end{pmatrix}$.

"Imaginando" a repetição das duas 1ªs colunas, obtemos:

$\det A = 2 \cdot 2 \cdot (-3) + 3 \cdot 0 \cdot 1 + 5 \cdot 4 \cdot (-1) -$
$- (-1) \cdot 2 \cdot 1 - 3 \cdot 5 \cdot (-3) - 0 \cdot 4 \cdot 2 =$
$= -12 - 20 + 2 + 45 = 15$

4 Dadas as matrizes $A = \begin{bmatrix} 2 & x \\ 3 & 9 \end{bmatrix}$ e $B = \begin{bmatrix} 1 & -1 & 0 \\ 2 & 3 & x \\ -1 & 2 & 1 \end{bmatrix}$, determine o valor de **x** para que se tenha det A = det B.

- **A** é matriz de ordem 2:
  $\det A = 2 \cdot 9 - 3x = 18 - 3x$
- **B** é matriz de ordem 3; usamos a regra de Sarrus:
  $\det B = 3 + x + 0 - 0 - (-2) - 2x = -x + 5$

  $\det A = \det B \Rightarrow 18 - 3x = -x + 5 \Rightarrow x = \frac{13}{2}$

Logo, $x = \frac{13}{2}$.

Para refletir
Podemos ter $A \neq B$ com det A = det B.

5 (Vunesp/modificado) Foi realizada uma pesquisa, num bairro de determinada cidade, com um grupo de 500 crianças de 3 a 12 anos de idade. Para esse grupo, em função da idade **x** da criança, concluiu-se que o "peso" médio p(x), em quilogramas, era dado pelo determinante da matriz **A**, em que $A = \begin{vmatrix} 1 & -1 & 1 \\ 3 & 0 & -x \\ 0 & 2 & \frac{2}{3} \end{vmatrix}$.

Com base na fórmula p(x) = det A, determine o "peso" médio de uma criança de 5 anos.

» Resolução passo a passo

1. Lendo e compreendendo

a) O que é dado no problema?

É dada uma matriz **A** cujo determinante é o "peso" médio de uma criança de idade **x** anos.

b) O que se pede?

Pede-se o "peso" médio de uma criança de 5 anos com base na fórmula dada no enunciado.

2. Planejando a solução

Primeiramente, devemos calcular o determinante da matriz **A** para obter a lei da função que relaciona o "peso" médio com a idade **x** da criança.

Em seguida, devemos atribuir para **x** o valor pedido (5 anos) e calcular o "peso" médio referente a essa idade.

3. Executando o que foi planejado

Usando a regra de Sarrus, temos:

$$\begin{vmatrix} 1 & -1 & 1 \\ 3 & 0 & -x \\ 0 & 2 & \frac{2}{3} \end{vmatrix} \begin{matrix} 1 & -1 \\ 3 & 0 \\ 0 & 2 \end{matrix} \Rightarrow \det A = 2x + 8$$

$0 \quad 2x \quad 2 \qquad 0 \quad 0 \quad 6$

Portanto, $p(x) = 2x + 8$. Para $x = 5$, temos $p(5) = 2 \cdot 5 + 8 = 18$ kg.

4. Verificando

Vamos substituir o valor $x = 5$ na matriz e calcular o determinante.

Usando a regra de Sarrus, temos:

$$\begin{vmatrix} 1 & -1 & 1 \\ 3 & 0 & -5 \\ 0 & 2 & \frac{2}{3} \end{vmatrix} \begin{matrix} 1 & -1 \\ 3 & 0 \\ 0 & 2 \end{matrix} \Rightarrow \det A = 10 + 2 + 6 = 18$$

$0 \quad -10 \quad -2 \qquad 0 \quad 0 \quad 6$

Portanto, a resposta está verificada.

5. Respondendo

O "peso" médio de uma criança de 5 anos é 18 kg.

6. Ampliando o problema

a) Ainda com base na fórmula $p(x) = \det A$, determine a idade mais provável de uma criança cujo "peso" é 30 kg.

b) **Discussão em equipe**

Um estudo publicado pela Sociedade Brasileira de Endocrinologia e Metabologia, SBEM, indica que 15% das crianças no Brasil são obesas ou têm sobrepeso, e essa característica não faz distinção de nível socioeconômico, atingindo crianças de todas as classes sociais. Essas crianças e adolescentes acabam tendo uma maior predisposição para doenças crônicas, como doenças cardíacas, hipertensão arterial, diabetes e problemas emocionais na adolescência e idade adulta.

Troque ideias com seus colegas sobre o problema da obesidade infantil. Discutam estas questões:

- Quais seriam as suas causas?
- E as suas soluções?

» Exercícios

1 Calcule os determinantes:

a) $|-6|$

b) $\begin{vmatrix} 6 & 2 \\ 4 & 3 \end{vmatrix}$

c) $\begin{vmatrix} -3 & -8 \\ 1 & 2 \end{vmatrix}$

d) $\begin{vmatrix} a & a+1 \\ b & b+1 \end{vmatrix}$

e) $\begin{vmatrix} \text{sen } x & \cos x \\ -\text{sen } y & \cos y \end{vmatrix}$

2 Dadas as matrizes $B = \begin{bmatrix} -1 & 2 \\ 3 & -5 \end{bmatrix}$ e $C = \begin{bmatrix} 2 & -2 \\ 3 & 0 \end{bmatrix}$, calcule:

a) det B

b) det C

c) det B − det C

d) det (B − C)

e) 2 · det B

f) det (2B)

3 Resolva as equações:

a) $\begin{vmatrix} x-2 & 6 \\ 3 & 5 \end{vmatrix} = 2$

b) $\begin{vmatrix} x+3 & 5 \\ 1 & x-1 \end{vmatrix} = 0$

4 Determine os valores de **x** que anulam o determinante $\begin{vmatrix} x & 2 \\ 3x & x \end{vmatrix}$.

5 Se $A = \begin{pmatrix} 2 & 1 \\ 3 & 4 \end{pmatrix}$ e $B = \begin{pmatrix} 4 & 2 \\ 3 & -1 \end{pmatrix}$, determine o número real **x** tal que $\det (A - xB) = 0$.

6 Aplicando a regra de Sarrus, calcule os determinantes:

a) $\begin{vmatrix} 3 & 2 & -1 \\ 5 & 0 & 4 \\ 2 & -3 & 1 \end{vmatrix}$

b) $\begin{vmatrix} 2 & 1 & -2 \\ 3 & -1 & 0 \\ 4 & 1 & -3 \end{vmatrix}$

c) $\begin{vmatrix} a & 0 & 0 \\ 0 & b & a \\ 0 & 1 & 1 \end{vmatrix}$

7 Aplicando a regra de Sarrus, calcule os determinantes:

a) $\begin{vmatrix} 1 & 0 & a \\ 0 & 1 & a \\ a & a & 1 \end{vmatrix}$

b) $\begin{vmatrix} 3 & 5 & -1 \\ 0 & 4 & 2 \\ 0 & 0 & -2 \end{vmatrix}$

c) $\begin{vmatrix} 1 & 2 & 0 \\ 1 & 4 & 4 \\ 1 & 8 & 0 \end{vmatrix}$

8 Resolva a equação $\begin{vmatrix} 2 & 3 & -2 \\ 0 & 1 & x \\ 2 & x & -3 \end{vmatrix} = 2$.

9 Para que valores de **x** o determinante $\begin{vmatrix} 2 & 4 & 1 \\ 2 & 4 & x \\ 3 & 1 & 2 \end{vmatrix}$ é positivo?

10 Lembrando que $\text{sen}^2 x + \cos^2 x = 1$, calcule o determinante associado à matriz quadrada $A = \begin{pmatrix} \text{sen } x & \cos^2 x & 1 \\ \text{sen } x & \cos x & 0 \\ \text{sen } x & 1 & 1 \end{pmatrix}$.

4. Determinante de matriz quadrada de ordem maior que 3

Apesar de existir uma definição geral para o cálculo de determinantes de matrizes quadradas de qualquer ordem, priorizamos aqui as regras práticas, já que este assunto tem um forte caráter de aplicação, principalmente no Ensino Médio.

Sendo assim, a regra prática que agora enunciaremos terá o objetivo de agilizar a resolução de um determinante, independentemente de sua ordem, podendo até substituir as regras já definidas para matrizes de ordens 2 ou 3.

Essa regra, conhecida como *regra de Chió*, consiste no "rebaixamento" da ordem da matriz, matendo-se constante o valor de seu determinante. Ou seja, a partir de determinadas operações, encontramos uma nova matriz, de ordem um grau a menos que a anterior, cujo valor do determinante é igual ao da matriz anterior. E, aplicando-se a regra sucessivamente, podemos encontrar outras matrizes, de ordens cada vez menores, mantendo o valor do determinante, até chegarmos a uma matriz de ordem 3 ou 2, cujas regras práticas já conhecemos, ou, se quisermos, até chegarmos ao valor do determinante, uma vez que essa regra se aplica a matrizes quadradas de qualquer ordem. A conveniência de continuarmos ou não o processo veremos ao longo dos exercícios.

Inicialmente temos que impor a condição de que o elemento que fica na 1ª linha e na 1ª coluna, ou seja, $\mathbf{a_{11}}$, seja igual a 1. Mais adiante veremos como conseguir isso se esse elemento possuir qualquer outro valor real.

Assim:

- sendo $a_{11} = 1$, "isolam-se" a 1ª linha e a 1ª coluna da matriz;
- de cada elemento restante, subtrai-se o produto dos dois elementos isolados, pertencentes à linha e à coluna desse elemento restante;
- com o resultado das subtrações referidas acima, obtém-se uma matriz de ordem menor que a anterior, porém com mesmo determinante.

Começaremos aplicando a regra a uma matriz de ordem 3, já que podemos verificar, por meio da regra de Sarrus, o resultado obtido.

Seja $M = \begin{bmatrix} 1 & 6 & 10 \\ -7 & 2 & 4 \\ 6 & 3 & -6 \end{bmatrix}$. Vamos calcular det M.

- Usando a regra de Chió:

$$\begin{vmatrix} 1 & 6 & 10 \\ -7 & 2 & 4 \\ 6 & 3 & -6 \end{vmatrix} = \begin{vmatrix} 2-(-7)\cdot 6 & 4-(-7)\cdot 10 \\ 3-6\cdot 6 & -6-6\cdot 10 \end{vmatrix} =$$

$$= \begin{vmatrix} 44 & 74 \\ -33 & -66 \end{vmatrix} = 44(-66) - 74(-33) = -2904 + 2442 =$$

$$= -462$$

- Usando a regra de Sarrus:

$$\begin{vmatrix} 1 & 6 & 10 \\ -7 & 2 & 4 \\ 6 & 3 & -6 \end{vmatrix} = -12 + 144 - 210 - 120 - 252 - 12 =$$

$$= -462$$

Vamos então tomar a seguinte matriz de ordem 4: $\begin{bmatrix} 1 & 2 & 0 & -1 \\ 1 & 3 & 6 & 9 \\ 4 & 1 & 2 & 0 \\ -2 & 2 & 3 & -4 \end{bmatrix}$ e aplicar a regra de Chió.

$$\begin{vmatrix} 1 & 2 & 0 & -1 \\ 1 & 3 & 6 & 9 \\ 4 & 1 & 2 & 0 \\ -2 & 2 & 3 & -4 \end{vmatrix} =$$

$$= \begin{vmatrix} 3-2\cdot 1 & 6-0\cdot 1 & 9-(-1)\cdot 1 \\ 1-2\cdot 4 & 2-0\cdot 4 & 0-(-1)\cdot 4 \\ 2-(-2)2 & 3-0\cdot(-2) & -4-(-1)(-2) \end{vmatrix} =$$

$$= \begin{vmatrix} 1 & 6 & 10 \\ -7 & 2 & 4 \\ 6 & 3 & -6 \end{vmatrix}$$

Fique atento

Observe que, se a matriz de ordem inferior resultar em $a_{11} = 1$, o processo pode ser prolongado até se chegar ao valor do determinante.

O valor desse determinante é -462, pois a matriz associada a ele é a própria matriz **M**, dada anteriormente.

Agora veja o que acontece com o cálculo do determinante de uma matriz de ordem 2, se o seu elemento $\mathbf{a_{11}}$ for igual a 1.

- Pela regra de Chió:

$$\begin{vmatrix} 1 & 3 \\ 4 & 2 \end{vmatrix} = |2 - 12| = |-10| = -10$$

- Pela regra prática:

$$\begin{vmatrix} 1 & 3 \\ 4 & 2 \end{vmatrix} = 1\cdot 2 - 3\cdot 4 = 2 - 12 = -10$$

Fique atento

Atenção, aqui as barras indicam determinante de uma matriz de ordem 1, e não módulo!

Ou seja, as regras se confundem, quer dizer, são as mesmas.

» Exemplo de aplicação

Encontre o valor do determinante $\begin{vmatrix} 1 & 3 & 2 & 1 \\ 0 & 1 & 2 & 3 \\ 3 & 4 & -1 & -2 \\ -1 & 0 & 4 & 5 \end{vmatrix}$.

Como o elemento $\mathbf{a_{11}}$ é igual a 1 aplicamos a regra de Chió:

$$\begin{vmatrix} 1 & 3 & 2 & 1 \\ 0 & 1 & 2 & 3 \\ 3 & 4 & -1 & -2 \\ -1 & 0 & 4 & 5 \end{vmatrix} =$$

$$= \begin{vmatrix} 1 - 0 \cdot 3 & 2 - 0 \cdot 2 & 3 - 0 \cdot 1 \\ 4 - 3 \cdot 3 & -1 - 3 \cdot 2 & -2 - 3 \cdot 1 \\ 0 - (-1)3 & 4 - (-1) \cdot 2 & 5 - (-1) \cdot 1 \end{vmatrix} =$$

$$= \begin{vmatrix} 1 & 2 & 3 \\ -5 & -7 & -5 \\ 3 & 6 & 6 \end{vmatrix}$$

Continuando a aplicar a regra de Chió:

$$\begin{vmatrix} 1 & 2 & 3 \\ -5 & -7 & -5 \\ 3 & 6 & 6 \end{vmatrix} = \begin{vmatrix} -7 - (-5) \cdot 2 & -5 - (-5) \cdot 3 \\ 6 - 3 \cdot 2 & 6 - 3 \cdot 3 \end{vmatrix} =$$

$$= \begin{vmatrix} 3 & 10 \\ 0 & -3 \end{vmatrix} = -9$$

ou, a partir deste ponto pela regra de Sarrus:

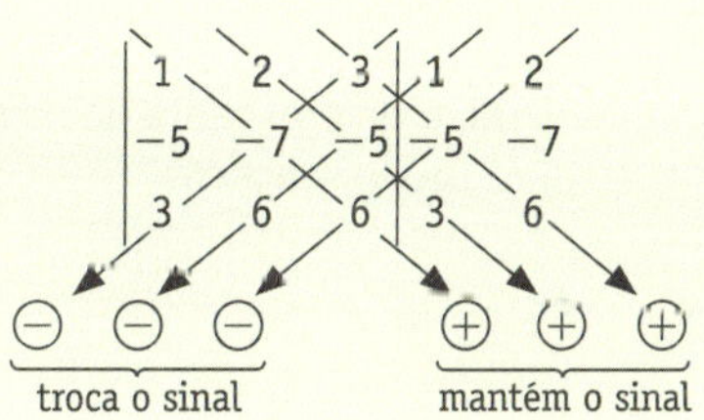

$$= -42 - 30 - 90 + 63 + 30 + 60 = -90$$

» Exercícios

11 Encontre o valor de cada determinante:

a) $\begin{vmatrix} 1 & 1 & 1 & 1 \\ 1 & 2 & 2 & 2 \\ 1 & 2 & 3 & 3 \\ 1 & 2 & 3 & 4 \end{vmatrix}$

b) $\begin{vmatrix} 1 & 2 & 0 & 0 \\ 2 & 3 & 0 & 0 \\ 0 & 0 & 3 & 1 \\ 0 & 0 & 1 & 1 \end{vmatrix}$

c) $\begin{vmatrix} 1 & 1 & 1 & 1 \\ 2 & 3 & 4 & 1 \\ 4 & 9 & 16 & 1 \\ 8 & 27 & 64 & 1 \end{vmatrix}$

d) $\begin{vmatrix} 1 & 0 & -4 & -1 & 0 \\ 0 & 1 & 1 & 1 & 1 \\ 3 & 2 & -10 & -2 & 4 \\ 0 & 0 & 1 & 6 & -1 \\ 2 & 1 & -5 & 0 & 5 \end{vmatrix}$

12 Uma matriz quadrada **A**, de ordem $n \geqslant 2$, é chamada de matriz de Vandermonde quando tem a seguinte forma:

$$A = \begin{bmatrix} 1 & 1 & 1 & \dots & 1 \\ a_1 & a_2 & a_3 & \dots & a_n \\ a_1^2 & a_2^2 & a_3^2 & \dots & a_n^2 \\ \vdots & \vdots & \vdots & \vdots & \vdots \\ a_1^{n-1} & a_2^{n-1} & a_3^{n-1} & \dots & a_n^{n-1} \end{bmatrix}$$

Você sabia?
Na matriz de Vandermonde cada coluna é uma PG, com $a_1 = 1$.

Nesse caso, é possível encontrar o determinante fazendo:

$\det A = (a_2 - a_1)(a_3 - a_1)(a_3 - a_2) \cdot \ldots \cdot$

$\cdot (a_n - a_1)(a_n - a_2)(a_n - a_3) \cdot \ldots \cdot (a_n - a_{n-1})$

Dentre as matrizes seguintes, determine qual é a de Vandermonde e, com ela, calcule o determinante pela regra de Sarrus ou de Chió e depois pela regra indicada anteriormente:

$$A = \begin{bmatrix} 1 & 1 & 1 \\ 3 & 5 & -2 \\ 6 & 10 & -4 \end{bmatrix}; B = \begin{bmatrix} 1 & 1 & 1 \\ 1 & 0 & -1 \\ 2 & 0 & 1 \end{bmatrix}; C = \begin{bmatrix} 1 & 1 & 1 \\ -2 & 3 & 5 \\ 4 & 9 & 25 \end{bmatrix}.$$

13 Encontre o valor de **x** para que o determinante

$$\begin{vmatrix} 1 & 1 & 1 & 1 \\ x & 3 & 4 & 5 \\ x^2 & 9 & 16 & 25 \\ x^3 & 27 & 64 & 125 \end{vmatrix}$$ seja nulo.

5. Propriedades dos determinantes

O estudo dos determinantes despertou o interesse de vários matemáticos ao longo da História, e isso fez com que se descobrissem muitas propriedades.

Algumas são facilmente justificadas, chegando a ser até intuitivas, à medida que resolvemos os exercícios. Outras, um pouco mais complexas, requerem justificativas específicas. Mais uma vez, priorizando a aplicação prática do conceito, recorreremos a exemplos e, em alguns casos, quando for necessário, a matrizes de ordens 2 ou 3, genéricas, para justificar as propriedades. Um dos nossos objetivos, agora, é dar condições para que se obtenha 1 na posição $\mathbf{a_{11}}$, para que seja possível aplicar a regra de Chió e, assim, resolver determinantes de qualquer ordem. Apresentaremos as propriedades numa ordem considerada, por nós, conveniente.

1ª propriedade: fila de zeros

Se todos os elementos de uma linha ou coluna de uma matriz quadrada **M** forem iguais a zero, seu determinante será nulo, isto é, det M = 0.

Esta propriedade é facilmente verificada a partir de exemplos, uma vez que todas as parcelas, resultantes da aplicação de qualquer regra de resolução de determinantes, contêm sempre um elemento de cada linha e de cada coluna da matriz. Assim, se uma linha (ou coluna) for formada por zeros, cada parcela conterá pelo menos um fator igual a zero. Logo, o determinante será nulo. Observe o exemplo ao lado.

$$\left|\begin{matrix} -1 & -4 & 9 \\ 2 & 8 & 3 \\ 0 & 0 & 0 \end{matrix}\right|\begin{matrix} -1 & -4 \\ 2 & 8 \\ 0 & 0 \end{matrix} = 0$$

$$0 \quad 0 \quad 0 \qquad\qquad 0 \quad 0 \quad 0$$

2ª propriedade: filas paralelas proporcionais ou iguais

Se uma matriz quadrada **M** possui duas linhas (ou duas colunas) proporcionais ou iguais, seu determinante será nulo, isto é, det M = 0.

Seja $A = \begin{bmatrix} a & b \\ ka & kb \end{bmatrix}$. Então:

$$\det A = \begin{vmatrix} a & b \\ ka & kb \end{vmatrix} = kab - kab = 0$$

Fique atento
Se k = 1, teremos duas linhas (ou duas colunas) iguais. Logo, filas iguais também acarretam determinante nulo!

ou, por um exemplo (observe que os elementos da 2ª coluna são o triplo dos elementos correspondentes na 1ª coluna):

$$\begin{vmatrix} 1 & 3 & 2 \\ 4 & 12 & 7 \\ -5 & -15 & 1 \end{vmatrix} \xrightarrow{\text{por Chió}} \begin{vmatrix} 12-12 & 7-8 \\ -15+15 & 1+10 \end{vmatrix} = \begin{vmatrix} 0 & -1 \\ 0 & 11 \end{vmatrix} = 0$$

3ª propriedade: troca de filas paralelas

Se trocarmos entre si a posição de duas linhas (ou duas colunas) de uma matriz quadrada **M**, o determinante da nova matriz obtida é o oposto do determinante da matriz anterior.

Exemplo:

$$A = \begin{bmatrix} 1 & -2 & 3 \\ 4 & 5 & 6 \\ 7 & 8 & -9 \end{bmatrix} \text{ e } B = \begin{bmatrix} -2 & 1 & 3 \\ 5 & 4 & 6 \\ 8 & 7 & -9 \end{bmatrix}$$

A matriz **B** foi obtida a partir de **A**, trocando a 1ª e a 2ª colunas.

$$\det A = -45 - 84 + 96 - 105 - 72 - 48 = 96 - 354 = -258$$
$$\det B = 72 + 48 + 105 - 96 + 84 + 45 = -96 + 354 = 258$$

números opostos

Observação: Quando se quiser usar a regra de Chió, mas o elemento $\mathbf{a_{11}}$ não for 1, porém existir algum elemento igual a 1 em algum lugar da matriz, é possível obter uma matriz com determinante equivalente usando no máximo duas vezes a 3ª propriedade, ou seja, trocando-se a posição de linhas e colunas. Por exemplo:

$$\begin{vmatrix} 3 & 2 & 0 & -1 \\ 2 & 3 & 6 & 9 \\ 4 & 1 & 2 & 0 \\ -2 & 2 & 3 & -4 \end{vmatrix} = -\begin{vmatrix} 4 & 1 & 2 & 0 \\ 2 & 3 & 6 & 9 \\ 3 & 2 & 0 & -1 \\ -2 & 2 & 3 & -4 \end{vmatrix} = \begin{vmatrix} 1 & 4 & 2 & 0 \\ 3 & 2 & 6 & 9 \\ 2 & 3 & 0 & -1 \\ 2 & -2 & 3 & -4 \end{vmatrix}$$

Primeiro troca-se a 1ª linha com a 3ª linha; depois troca-se a “nova” 2ª coluna com a “nova” 1ª coluna.

4ª propriedade: multiplicação de uma fila por uma constante

> Se todos os elementos de uma linha (ou de uma coluna) de uma matriz quadrada são multiplicados por um mesmo número real **k**, então seu determinante fica multiplicado por **k**.

Exemplos:

1º) $\begin{vmatrix} 21 & -35 \\ 4 & 9 \end{vmatrix} \overset{:7}{=} 7\begin{vmatrix} 3 & -5 \\ 4 & 9 \end{vmatrix}$, pois $\begin{vmatrix} 21 & -35 \\ 4 & 9 \end{vmatrix} =$

$= 189 + 140 = 329$; e $\begin{vmatrix} 3 & -5 \\ 4 & 9 \end{vmatrix} = 27 + 20 = 47$, e

$7 \cdot 47 = 329$.

2º) Se $A = \begin{bmatrix} 3 & -6 & 7 \\ 9 & 8 & -5 \\ 4 & 2 & -9 \end{bmatrix}$ e $B = \begin{bmatrix} 3 & -3 & 7 \\ 9 & 4 & -5 \\ 4 & 1 & -9 \end{bmatrix}$, então

$\det B = \frac{1}{2} \det A$ ou $\det A = 2 \cdot \det B$, pois a 2ª coluna de **A** é o dobro da 2ª coluna de **B**.

Observação: Essa propriedade pode ser usada para criar o elemento "1" na matriz, para usar a regra de Chió.

Por exemplo:

$$\begin{vmatrix} x & x & x & x \\ x & a & a & a \\ x & a & b & b \\ x & a & b & c \end{vmatrix} = x \cdot \begin{vmatrix} 1 & 1 & 1 & 1 \\ x & a & a & a \\ x & a & b & b \\ x & a & b & c \end{vmatrix}$$

4ª propriedade

Consequência: multiplicação da matriz por uma constante

> Se uma matriz quadrada **M** de ordem **n** é multiplicada por um número real **k**, o seu determinante fica multiplicado por $\mathbf{k^n}$, isto é:
>
> $$\det (kM_n) = k^n \cdot \det M_n$$

Vimos, no capítulo 16, que multiplicar uma matriz por um número real significa multiplicar todos os seus elementos por esse número. Desse modo, se uma matriz quadrada tiver todos os seus elementos múltiplos de um certo número real **k**, ao calcularmos seu determinante poderemos aplicar a 4ª propriedade para cada uma de suas linhas (ou cada uma de suas colunas).

Exemplos:

1º) $A = \begin{bmatrix} 3 & 4 \\ 2 & 5 \end{bmatrix} \Rightarrow \det A = 15 - 8 = 7$

$5A = \begin{bmatrix} 15 & 20 \\ 10 & 25 \end{bmatrix} \Rightarrow \det (5A) = 375 - 200 = 175 = 5^2 \cdot 7$

Logo, $\det 5A = 5^2 \cdot \det A$.

2º) $B = \begin{bmatrix} 1 & 2 & -1 \\ 5 & 3 & 0 \\ 2 & -2 & 5 \end{bmatrix} \Rightarrow \det B = 15 + 0 + 10 + 6 - 50 + 0 =$

$= -19$

$2B = \begin{bmatrix} 2 & 4 & -2 \\ 10 & 6 & 0 \\ 4 & -4 & 10 \end{bmatrix} \Rightarrow \det (2B) =$

$= 120 + 0 + 80 + 48 - 400 + 0 = -152 = 2^3(-19)$

Logo, $\det 2B = 2^3 \cdot \det B$.

> **Para refletir**
>
> Não devemos confundir $3\begin{bmatrix} 5 & 4 \\ -1 & 2 \end{bmatrix}$ com $3\begin{vmatrix} 5 & 4 \\ -1 & 2 \end{vmatrix}$.
>
> Observe para $A = \begin{bmatrix} 5 & 4 \\ -1 & 2 \end{bmatrix}$.
>
> $3\begin{bmatrix} 5 & 4 \\ -1 & 2 \end{bmatrix} = \begin{bmatrix} 15 & 12 \\ -3 & 6 \end{bmatrix} \rightarrow$ 3A é uma matriz
>
> $3\begin{vmatrix} 5 & 4 \\ -1 & 2 \end{vmatrix} = 3(10 + 4) = 42$ ou
>
> $3\begin{vmatrix} 5 & 4 \\ -1 & 2 \end{vmatrix} = \begin{vmatrix} 15 & 12 \\ -1 & 2 \end{vmatrix} = 30 + 12 = 42$
>
> $\downarrow$ $3 \cdot \det A$ é um número

5ª propriedade: determinante da transposta

> O determinante de uma matriz quadrada **M** é igual ao determinante de sua transposta, isto é, $\det M = \det (M^t)$.

Mais uma vez, temos a possibilidade de reordenar os elementos da matriz, por conveniência, sem alterar o valor do determinante.

Na ordem 2, essa propriedade é quase intuitiva, veja:

$$\begin{vmatrix} a & b \\ c & d \end{vmatrix} = ad - bc$$

$$\begin{vmatrix} a & c \\ b & d \end{vmatrix} = ad - bc$$

Ou seja, se $A = \begin{vmatrix} a & b \\ c & d \end{vmatrix}$, então $A^t = \begin{vmatrix} a & c \\ b & d \end{vmatrix}$ e

$\det A = \det A^t$.

Observe que a aplicação da regra de Chió é exatamente a mesma, se considerarmos uma matriz ou sua transposta:

$$\det A = \begin{vmatrix} 1 & 3 & -1 \\ 6 & 2 & 3 \\ -2 & 4 & 5 \end{vmatrix} = \begin{vmatrix} 2 - 6 \cdot 3 & 3 - 6 \cdot (-1) \\ 4 - (-2) \cdot 3 & 5 - (-2) \cdot (-1) \end{vmatrix} =$$

$$= \begin{vmatrix} -16 & 9 \\ 10 & 3 \end{vmatrix} = -48 - 90 = -138$$

$$\det A^t = \begin{vmatrix} 1 & 6 & -2 \\ 3 & 2 & 4 \\ -1 & 3 & 5 \end{vmatrix} = \begin{vmatrix} 2 - 3 \cdot 6 & 4 - 3 \cdot (-2) \\ 3 - (-1) \cdot 6 & 5 - (-1) \cdot (-2) \end{vmatrix} =$$

$$= \begin{vmatrix} -16 & 10 \\ 9 & 3 \end{vmatrix} = -48 - 90 = -138$$

6ª propriedade: determinante da matriz triangular

O determinante de uma matriz triangular é igual ao produto dos elementos da diagonal principal.

Exemplos:

1º) $A = \begin{bmatrix} 5 & 3 \\ 0 & 2 \end{bmatrix} \Rightarrow \det A = 5 \cdot 2 + 0 \cdot 3 = \underset{5 \cdot 2}{\underset{\downarrow}{10}}$

2º) $B = \begin{bmatrix} 5 & 0 & 0 \\ -1 & 2 & 0 \\ 3 & 1 & 4 \end{bmatrix} \Rightarrow \det B = 5 \cdot 2 \cdot 4 + 0 \cdot 0 \cdot 3 +$

$+ 0 \cdot (-1) \cdot 1 - 0 \cdot 2 \cdot 3 - 0 \cdot 1 \cdot 5 - 0 \cdot (-1) \cdot 4 =$

$= \underset{5 \cdot 2 \cdot 4}{\underset{\downarrow}{40}}$

Como consequência dessa propriedade, podemos ainda afirmar:

- o determinante de uma matriz diagonal é igual ao produto dos elementos da diagonal principal;
- se $\mathbf{I_n}$ é a matriz identidade, então $\det I_n = 1$, para qualquer **n**.

> **Fique atento**
> Toda matriz diagonal é matriz triangular.

Exemplos:

1º) $\begin{vmatrix} 2 & 0 & 0 \\ 0 & -1 & 0 \\ 0 & 0 & 5 \end{vmatrix} = 2(-1)5 = -10$

2º) $I_3 = \begin{bmatrix} 1 & 0 & 0 \\ 0 & 1 & 0 \\ 0 & 0 & 1 \end{bmatrix} \Rightarrow \det I_3 = \begin{vmatrix} 1 & 0 & 0 \\ 0 & 1 & 0 \\ 0 & 0 & 1 \end{vmatrix} = 1$

7ª propriedade: teorema de Binet

Sendo **A** e **B** duas matrizes quadradas de mesma ordem e **AB** a matriz produto, então det (AB) = (det A)(det B).

Sejam:

$$A = \begin{bmatrix} a & b \\ c & d \end{bmatrix}, B = \begin{bmatrix} x & y \\ z & w \end{bmatrix} \text{ e } AB = \begin{bmatrix} ax + bz & ay + bw \\ cx + dz & cy + dw \end{bmatrix}.$$

Temos:

- $\det A = ad - bc$
- $\det B = xw - yz$
- $\det A \cdot \det B = (ad - bc)(xw - yz) =$
  $= adxw - adyz - bcxw + bcyz$
- $\det (AB) = (ax + bz)(cy + dw) - (cx + dz)(ay + bw) =$
  $= \cancel{acxy} + adxw + bcyz + \cancel{bdzw} - \cancel{acxy} - bcxw -$
  $- adyz - \cancel{bdzw} = adxw + bcyz - bcxw - adyz$

Comparando, vemos que det (AB) = det A · det B.

> **Para refletir**
> Como det A e det B são números reais,
> det A · det B = det B · det A, pois vale a propriedade comutativa na multiplicação de números reais. Logo, existindo AB = BA, podemos concluir que det (AB) = det (BA), mesmo que AB ≠ BA (ou seja, mesmo que **A** e **B** não sejam comutáveis). Verifique isso com exemplos.

8ª propriedade: teorema de Jacobi

Seja **A** uma matriz quadrada. Se multiplicarmos todos os elementos de uma linha (ou coluna) pelo mesmo número e somarmos os resultados aos elementos correspondentes de outra linha (ou coluna), formando a matriz **B**, então det A = det B.

Exemplos:

1º) $A = \begin{bmatrix} 1 & 5 \\ 4 & 9 \end{bmatrix} \Rightarrow \det A = 9 - 20 = -11$

Multiplicando a 1ª linha por −2 e somando os resultados à 2ª linha, obtemos:

$B = \begin{bmatrix} 1 & 5 \\ 2 & -1 \end{bmatrix} \Rightarrow \det B = -1 - 10 = -11$, ou seja, det A = det B

Vamos indicar assim:

$$\cdot(-2) \begin{vmatrix} 1 & 5 \\ 4 & 9 \end{vmatrix} = \begin{vmatrix} 1 & 5 \\ 2 & -1 \end{vmatrix} = -11$$

Para refletir
A partir de **A** do 1º exemplo, multiplique a 2ª coluna por 5 e some à 1ª coluna, obtendo **B**. Calcule det A e det B para confirmar a propriedade.

2º) $A = \begin{bmatrix} 1 & -2 & 5 \\ -1 & 4 & -10 \\ 3 & 3 & -4 \end{bmatrix}$

Vamos obter a matriz **B**, multiplicando a 2ª coluna por 3 e somando os resultados à 3ª coluna:

$B = \begin{bmatrix} 1 & -2 & -1 \\ -1 & 4 & 2 \\ 3 & 3 & 5 \end{bmatrix}$

Usando a regra de Sarrus, verificamos:

$$\left.\begin{array}{l} \det A = -16 + 60 - 15 - 60 + 8 + 30 = 7 \\ \det B = 20 - 12 + 3 + 12 - 10 - 6 = 7 \end{array}\right\} \det A = \det B$$

Veja como podemos indicar:

$$\begin{vmatrix} 1 & -2 & 5 \\ -1 & 4 & -10 \\ 3 & 3 & -4 \end{vmatrix} = \begin{vmatrix} 1 & -2 & -1 \\ -1 & 4 & 2 \\ 3 & 3 & 5 \end{vmatrix} = 7$$

(· 3, 2ª coluna + 3ª coluna)

Para refletir
A partir de **A** do 2º exemplo, faça o mesmo com outra linha ou coluna e obtenha **B**. Depois confirme que det A = det B.

Observações:

1ª) Podemos usar o teorema de Jacobi (8ª propriedade) para possibilitar o uso da regra de Chió. Por exemplo, se o elemento $\mathbf{a_{11}}$ não for 1 e não houver nenhum elemento igual a 1 na matriz, pode-se usar a 8ª propriedade (teorema de Jacobi) para criar elementos iguais a 1 na matriz.

$$\begin{vmatrix} 3 & 2 & 0 & -1 \\ 2 & 3 & 6 & 9 \\ 4 & 5 & 2 & 0 \\ -2 & 2 & 3 & -4 \end{vmatrix} \cdot(-1) = \begin{vmatrix} 1 & -1 & -6 & -10 \\ 2 & 3 & 6 & 9 \\ 4 & 5 & 2 & 0 \\ -2 & 2 & 3 & -4 \end{vmatrix}$$

Existem muitas maneiras de criar "1" nessa matriz. Por exemplo, multiplicando a 2ª linha por (−1) e somando esse resultado à 1ª linha.

2ª) Também podemos criar zeros na matriz, usando a regra de Jacobi, facilitando, assim, os cálculos:

$$\begin{vmatrix} 1 & -1 & -6 & -10 \\ 2 & 3 & 6 & 9 \\ 4 & 5 & 2 & 0 \\ -2 & 2 & 3 & -4 \end{vmatrix} = \begin{vmatrix} 1 & 0 & -6 & -10 \\ 2 & 5 & 6 & 9 \\ 4 & 9 & 2 & 0 \\ -2 & 0 & 3 & -4 \end{vmatrix} = \begin{vmatrix} 1 & 0 & -6 & -10 \\ 3 & 5 & 0 & -1 \\ 4 & 9 & 2 & 0 \\ -2 & 0 & 3 & -4 \end{vmatrix}$$

Chió ↓ (em cada caso):

$$\begin{vmatrix} 5 & 18 & 29 \\ 9 & 26 & 40 \\ 0 & -9 & -24 \end{vmatrix} \qquad \begin{vmatrix} 5 & 18 & 29 \\ 9 & 26 & 40 \\ 0 & -9 & -24 \end{vmatrix} \qquad \begin{vmatrix} 5 & 18 & 29 \\ 9 & 26 & 40 \\ 0 & -9 & -24 \end{vmatrix}$$

9ª propriedade: determinante da inversa

> Seja **A** uma matriz quadrada invertível e $\mathbf{A^{-1}}$ sua inversa.
> Então, $\det A^{-1} = \dfrac{1}{\det A}$.

Esta propriedade é uma consequência do teorema de Binet, mas quisemos, aqui, dar um destaque especial a ela, dada a sua importância.

Se **A** é invertível, então existe $\mathbf{A^{-1}}$ e, por definição, $A \cdot A^{-1} = I$.

Logo:

$$\det (A \cdot A^{-1}) = \det I \xrightarrow[\text{de Binet}]{\text{Teorema}} \det A \cdot \det A^{-1} = 1 \Rightarrow$$

$$\Rightarrow \det A^{-1} = \frac{1}{\det A}$$

Essa propriedade sugere um fato importante: **A** é invertível se e somente se $\det A \neq 0$.

Para refletir
Justifique a afirmação de que uma matriz é invertível se e somente se seu determinante não for nulo.

Exemplos de aplicação

1 Encontre o valor do determinante

$$\begin{vmatrix} 2 & -1 & 0 & 3 & 2 \\ -2 & 3 & 2 & 0 & -2 \\ -3 & 2 & -1 & -5 & 4 \\ -1 & 3 & 2 & -2 & 0 \\ 0 & 4 & -2 & -1 & 3 \end{vmatrix}.$$

Usando o teorema de Jacobi (8ª propriedade), podemos multiplicar a 2ª coluna por 1 e somar o resultado à 1ª coluna. Depois, podemos usar a regra de Chió:

$$\begin{vmatrix} 2 & -1 & 0 & 3 & 2 \\ -2 & 3 & 2 & 0 & -2 \\ -3 & 2 & -1 & -5 & 4 \\ -1 & 3 & 2 & -2 & 0 \\ 0 & 4 & -2 & -1 & 3 \end{vmatrix} \xrightarrow{\text{Jacobi}}$$

(× 1)

$$\xrightarrow{\text{Jacobi}} \begin{vmatrix} 1 & -1 & 0 & 3 & 2 \\ 1 & 3 & 2 & 0 & -2 \\ -1 & 2 & -1 & -5 & 4 \\ 2 & 3 & 2 & -2 & 0 \\ 4 & 4 & -2 & -1 & 3 \end{vmatrix} \xrightarrow{\text{Chió}}$$

$$\xrightarrow{\text{Chió}} \begin{vmatrix} 4 & 2 & -3 & -4 \\ 1 & -1 & -2 & 6 \\ 5 & 2 & -8 & -4 \\ 8 & -2 & -13 & -5 \end{vmatrix}$$

Agora, trocando as posições da linha 1 com a linha 2 (3ª propriedade), podemos novamente aplicar Chió:

$$-\begin{vmatrix} 1 & -1 & -2 & 6 \\ 4 & 2 & -3 & -4 \\ 5 & 2 & -8 & -4 \\ 8 & -2 & -13 & -5 \end{vmatrix} \text{ (trocou) } \xrightarrow{\text{Chió}}$$

$$\xrightarrow{\text{Chió}} -\begin{vmatrix} 6 & 5 & -28 \\ 7 & 2 & -34 \\ 6 & 3 & -53 \end{vmatrix} \xrightarrow{\text{Sarrus}} \det = -559$$

2 Resolva a equação $\begin{vmatrix} x & x & x & x \\ x & 3 & 3 & 3 \\ x & 3 & 2 & 2 \\ x & 3 & 2 & 1 \end{vmatrix} = 0.$

Usando a 4ª propriedade, colocamos **x** em evidência na 1ª linha e usamos a regra de Chió:

$$x\begin{vmatrix} 1 & 1 & 1 & 1 \\ x & 3 & 3 & 3 \\ x & 3 & 2 & 2 \\ x & 3 & 2 & 1 \end{vmatrix} \xrightarrow{\text{Chió}} x\begin{vmatrix} 3-x & 3-x & 3-x \\ 3-x & 2-x & 2-x \\ 3-x & 2-x & 1-x \end{vmatrix}$$

Usando novamente a 4ª propriedade, colocamos $(3 - x)$ em evidência na 1ª linha e usamos a regra de Chió:

$$x(3-x)\begin{vmatrix} 1 & 1 & 1 \\ 3-x & 2-x & 2-x \\ 3-x & 2-x & 1-x \end{vmatrix} \xrightarrow{\text{Chió}}$$

$$\xrightarrow{\text{Chió}} x(3-x)\begin{vmatrix} -1 & -1 \\ -1 & -2 \end{vmatrix} = x(3-x)(2-1) = x(3-x)$$

Assim:

$x(3 - x) = 0 \Rightarrow x = 0$ ou $x = 3$

Logo, $S = \{0, 3\}$.

Exercícios

14 Entre as seis matrizes seguintes, cinco têm o determinante igual a zero. Descubra quais são elas sem calcular o determinante, apenas tente reconhecer a ocorrência das propriedades estudadas. Justifique.

$$A = \begin{pmatrix} 5 & -4 & 10 & -1 \\ 3 & 9 & 6 & 6 \\ 1 & 5 & 2 & -3 \\ 2 & 3 & 4 & 2 \end{pmatrix} \qquad D = \begin{pmatrix} 3 & 0 & 2 & 4 \\ 2 & 0 & 6 & 8 \\ -1 & 0 & -3 & 6 \\ 4 & 0 & 1 & 5 \end{pmatrix}$$

$$B = \begin{pmatrix} 3 & -2 & 9 & 6 \\ 2 & 9 & -1 & 8 \\ 6 & 7 & 4 & 0 \\ 6 & 7 & 4 & 0 \end{pmatrix} \qquad E = \begin{pmatrix} 2 & 9 & -3 & 4 \\ 0 & 5 & -2 & 2 \\ 0 & 0 & 0 & 3 \\ 0 & 0 & 0 & 7 \end{pmatrix}$$

$$C = \begin{pmatrix} 8 & 0 & 0 & 0 \\ 1 & 4 & 0 & 0 \\ -2 & 1 & 3 & 0 \\ 3 & 2 & 1 & 5 \end{pmatrix} \qquad F = \begin{pmatrix} -4 & 5 & 0 & 2 \\ 3 & -1 & 2 & 5 \\ 4 & -5 & 0 & -2 \\ 6 & 8 & 3 & -5 \end{pmatrix}$$

15 As matrizes **A** e **B** têm ordem 3. Se det A = 4 e det B = 10, determine:

a) det (A · B)
b) det (B^2)
c) det (A^{-1})
d) det (10A)
e) det (B^t)
f) det ($2 \cdot A^t \cdot B^{-1}$)

16 Dada a matriz $A = \begin{pmatrix} 1 & 2 & a \\ 3 & 2 & 2 \\ 0 & 1 & 1 \end{pmatrix}$, calcule **a** para que **A** seja invertível.

(Lembre-se: **A** é invertível se det A ≠ 0.)

17 Se det A = 10, qual é o determinante de $\mathbf{A^{-1}}$?

18 Seja a equação $\begin{vmatrix} x & 0 & 0 & 0 \\ 1 & x & 1 & 2 \\ 2 & 0 & x & 3 \\ 0 & 0 & 0 & 2 \end{vmatrix} = 16$. Determine o valor de **x**.

19 Se det A = 20, calcule det (A^t).

20 Se $\det A = \begin{vmatrix} a & b \\ c & d \end{vmatrix} = 10$, calcule:

a) $\det B = \begin{vmatrix} b & a \\ d & c \end{vmatrix}$
b) $\det B = \begin{vmatrix} 4a & 4b \\ c & d \end{vmatrix}$

21 Seja **A** uma matriz quadrada de ordem 3 tal que det A = m. Calcule det (2A) em função de **m**.

22 Sendo $A = \begin{vmatrix} 2 & 5 & -1 & 3 \\ 0 & 3 & 0 & 1 \\ 0 & 0 & 5 & -1 \\ 0 & 0 & 0 & 10 \end{vmatrix}$, calcule det A.

23 Sejam **A** e **B** duas matrizes quadradas de mesma ordem. Sabendo que det A = 6 e det B = 4, calcule det (AB).

24 Sabendo que $A = \begin{pmatrix} 3 & -1 & 0 \\ 0 & 1 & 2 \\ -1 & 1 & 3 \end{pmatrix}$, calcule det A^{-1}, se existir $\mathbf{A^{-1}}$.

25 Calcule os determinantes abaixo:

a) $\begin{vmatrix} 2 & 1 & 3 & 1 \\ -1 & 2 & 5 & 1 \\ 4 & 1 & 3 & 4 \\ 0 & 0 & -2 & -1 \end{vmatrix}$

b) $\begin{vmatrix} 2 & 1 & -3 & 2 \\ 3 & 0 & 0 & 0 \\ 4 & 1 & 5 & 1 \\ 10 & 3 & -2 & 2 \end{vmatrix}$

c) $\begin{vmatrix} 0 & a & 1 & 0 \\ 1 & b & -1 & 1 \\ 2 & c & 0 & -1 \\ 0 & d & 1 & 0 \end{vmatrix}$

6. Teorema de Laplace

O teorema de Laplace permite o cálculo de determinantes de ordens quaisquer a partir de uma linha ou coluna da matriz. Para enunciá-lo, precisaremos de algumas definições preliminares.

Menor complementar

Sendo **A** uma matriz quadrada de ordem n ⩾ 2, denomina-se *menor complementar* de **A** pelo elemento $\mathbf{a_{ij}}$ o determinante $\mathbf{D_{ij}}$ associado à matriz quadrada que se obtém de **A** ao se suprimir a linha e a coluna que contêm o elemento $\mathbf{a_{ij}}$ considerado. Esse determinante é indicado por $\mathbf{D_{ij}}$.

Exemplo:

Se $A = \begin{pmatrix} 2 & 5 & 3 \\ 1 & 6 & -4 \\ 0 & -1 & 10 \end{pmatrix}$, temos:

> **Fique atento**
> $A = (a_{ij})$ é uma matriz.
> $\mathbf{a_{ij}}$ é um elemento da matriz **A**.
> $\mathbf{D_{ij}}$ é um número, pois é um determinante.

- menor complementar de **A** pelo elemento $\mathbf{a_{21}}$:

$D_{21} = \begin{vmatrix} 5 & 3 \\ -1 & 10 \end{vmatrix} = 50 + 3 = 53$ (foram suprimidas a 2ª linha e a 1ª coluna de **A**)

- menor complementar de **A** pelo elemento $\mathbf{a_{33}}$:

$D_{33} = \begin{vmatrix} 2 & 5 \\ 1 & 6 \end{vmatrix} = 12 - 5 = 7$ (foram suprimidas a 3ª linha e a 3ª coluna de **A**)

Cofator

Sendo **A** uma matriz quadrada de ordem n ⩾ 2, denomina-se *cofator do elemento* $\mathbf{a_{ij}}$ de **A** o número real $A_{ij} = (-1)^{i+j} \cdot D_{ij}$, em que $\mathbf{D_{ij}}$ é o menor complementar de **A** pelo elemento $\mathbf{a_{ij}}$.

Exemplo:

Se $A = \begin{pmatrix} 3 & -5 & 2 \\ 0 & 1 & 4 \\ -1 & 6 & -2 \end{pmatrix}$, temos:

- cofator de $\mathbf{a_{21}}$:

$A_{21} = (-1)^{2+1} \cdot D_{21} = (-1)^3 \cdot \begin{vmatrix} -5 & 2 \\ 6 & -2 \end{vmatrix} = (-1)(-2) = 2$

- cofator de $\mathbf{a_{13}}$:

$A_{13} = (-1)^{1+3} \cdot D_{13} = (-1)^4 \cdot \begin{vmatrix} 0 & 1 \\ -1 & 6 \end{vmatrix} = (+1)(+1) = 1$

Observação: Note que $A_{ij} = D_{ij}$ quando i + j é par; $A_{ij} = -D_{ij}$ quando i + j é ímpar.

Exercícios

26 Sendo $A = \begin{pmatrix} 6 & 2 & 4 \\ 0 & -1 & 5 \\ -3 & 8 & 3 \end{pmatrix}$, determine o valor dos menores complementares abaixo:

a) D_{11} **b)** D_{21} **c)** D_{32} **d)** D_{12} **e)** D_{13} **f)** D_{23}

27 Sendo $A = \begin{pmatrix} 2 & 4 & 5 \\ 3 & 0 & 2 \\ 2 & 8 & 1 \end{pmatrix}$, determine o valor dos cofatores abaixo:

a) A_{11} **b)** A_{31} **c)** A_{33} **d)** A_{22} **e)** A_{12} **f)** A_{32}

Enunciado do teorema de Laplace

O determinante associado a uma matriz quadrada **A** de ordem $n \geq 2$ é o número que se obtém pela soma dos produtos dos elementos de uma linha (ou de uma coluna) qualquer pelos respectivos cofatores.

Exemplo:

Sendo $A = \begin{pmatrix} 2 & 3 & -1 \\ 5 & 2 & 0 \\ 1 & 4 & -3 \end{pmatrix}$ uma matriz de ordem 3, podemos calcular det A a partir de determinantes de ordem 2 e do teorema de Laplace. Veja:

- Escolhendo os elementos da 1ª linha, temos:

$\det A = a_{11} \cdot A_{11} + a_{12} \cdot A_{12} + a_{13} \cdot A_{13} =$

$= 2(-1)^{1+1} \cdot \begin{vmatrix} 2 & 0 \\ 4 & -3 \end{vmatrix} + 3(-1)^{1+2} \cdot \begin{vmatrix} 5 & 0 \\ 1 & -3 \end{vmatrix} +$

$+ (-1)(-1)^{1+3} \cdot \begin{vmatrix} 5 & 2 \\ 1 & 4 \end{vmatrix} = 2(-6) - 3(-15) - 1(18) =$

$= -12 + 45 - 18 = 15$

Logo, $\det A = \begin{vmatrix} 2 & 3 & -1 \\ 5 & 2 & 0 \\ 1 & 4 & -3 \end{vmatrix} = 15.$

Vamos mostrar que obtemos o mesmo resultado escolhendo uma coluna:

- Escolhendo os elementos da 3ª coluna, temos:

$\det A = a_{13} \cdot A_{13} + a_{23} \cdot A_{23} + a_{33} \cdot A_{33} =$

$= (-1)(-1)^{1+3} \cdot \begin{vmatrix} 5 & 2 \\ 1 & 4 \end{vmatrix} + 0(-1)^{2+3} \cdot \begin{vmatrix} 2 & 3 \\ 1 & 4 \end{vmatrix} +$

$+ (-3)(-1)^{3+3} \cdot \begin{vmatrix} 2 & 3 \\ 5 & 2 \end{vmatrix} = -1(18) + 0 - 3(-11) =$

$= -18 + 33 = 15$

Logo, det A = 15.

Para refletir
Calcule det A usando outra linha ou então outra coluna de **A**.

Observação: Note que, se a linha escolhida para o cálculo do determinante tiver elementos iguais a zero, os cofatores que forem multiplicados pelos zeros não precisam ser calculados, pois seu produto dará zero independentemente do valor do cofator. Diante disso, as melhores linhas ou colunas para o cálculo do determinante usando o teorema de Laplace serão as que tiverem maior quantidade de zeros. E, não tendo zeros, podemos criá-los (se quisermos) usando a 8ª propriedade dos determinantes (teorema de Jacobi).

Exemplo de aplicação

Calcule o determinante da matriz **A** usando o teorema de Laplace:

$$A = \begin{pmatrix} 2 & 3 & -1 & 0 \\ 4 & -2 & 1 & 3 \\ 1 & -5 & 2 & 1 \\ 0 & 3 & -2 & 6 \end{pmatrix}$$

Vamos aplicar o teorema de Laplace e obter determinantes de 3ª ordem, que podem ser calculados pela regra de Sarrus.

Escolhendo a 1ª linha, temos:

$\det A = a_{11} \cdot A_{11} + a_{12} \cdot A_{12} + a_{13} \cdot A_{13} + a_{14} \cdot A_{14}$

$A_{11} = (-1)^{1+1} \cdot \begin{vmatrix} -2 & 1 & 3 \\ -5 & 2 & 1 \\ 3 & -2 & 6 \end{vmatrix} =$

$= 1(-24 + 3 + 30 - 18 + 30 - 4) = 17$

$A_{12} = (-1)^{1+2} \cdot \begin{vmatrix} 4 & 1 & 3 \\ 1 & 2 & 1 \\ 0 & -2 & 6 \end{vmatrix} = -44$

$A_{13} = (-1)^{1+3} \cdot \begin{vmatrix} 4 & -2 & 3 \\ 1 & -5 & 1 \\ 0 & 3 & 6 \end{vmatrix} = -111$

Observe que não há necessidade de calcular $\mathbf{A_{14}}$, pois será multiplicado por zero. Daí:

$\det A = 2(17) + 3(-44) + (-1)(-111) + 0 =$

$= 34 - 132 + 111 + 0 = 13$

Exercícios

28 Sendo $A = \begin{pmatrix} 3 & 4 \\ 5 & -1 \end{pmatrix}$, calcule o valor de:

a) $a_{11}A_{11} + a_{12}A_{12}$

b) $a_{12}A_{12} + a_{22}A_{22}$

c) det A

29 Aplicando o teorema de Laplace, calcule os determinantes: (*Dica*: usar a 1ª linha.)

a) $\det A = \begin{vmatrix} 3 & 2 & -1 \\ 6 & 0 & 0 \\ 2 & -3 & 5 \end{vmatrix}$

b) $\det A = \begin{vmatrix} 3 & 1 & 0 & 4 \\ 0 & 0 & 2 & 0 \\ 1 & 3 & 0 & 1 \\ -1 & 0 & 4 & 0 \end{vmatrix}$

c) $\det A = \begin{vmatrix} x & y & 1 \\ 3 & 1 & 1 \\ 2 & -3 & 1 \end{vmatrix}$

18
Capítulo

Sistemas lineares

Vejamos os seguintes problemas:

objeto digital

1º) Em uma partida de basquete, dois jogadores marcaram juntos 42 pontos. Quantos pontos marcou cada um?

Sendo **x** e **y**, respectivamente, o número de pontos que cada jogador marcou, temos uma equação com duas incógnitas:

$$x + y = 42$$

Nessa equação:

- se $x = 21$, então $21 + y = 42 \Rightarrow y = 21$.
  Logo, $x = 21$ e $y = 21$ constituem uma solução da equação, que indicamos por (21, 21).
- se $x = 30$, então $30 + y = 42 \Rightarrow y = 12$.
  Logo, $x = 30$ e $y = 12$ constituem outra solução da equação, que indicamos por (30, 12).
- se $x = 16$, então $16 + y = 42 \Rightarrow y = 26$.
  Logo, $x = 16$ e $y = 26$ constituem uma outra solução da equação, que indicamos por (16, 26).

Na verdade, essa equação admite *várias soluções*: **x** pode assumir um valor qualquer natural de 0 a 42, e **y** será igual à diferença entre 42 e o valor atribuído a **x**.

Verificamos assim que os dados do problema não são suficientes para determinar o número de pontos marcados por jogador.

Você sabia?
No 1º problema, se $\alpha \in \mathbb{N}$ e $42 - \alpha \in \mathbb{N}$, dizemos que $(\alpha, 42 - \alpha)$ é a solução geral da equação $x + y = 42$.

2º) Um terreno de 8 000 m^2 deve ser dividido em dois lotes. O lote maior deverá ter 1 000 m^2 a mais que o lote menor. Calcule a área que cada um deverá ter.

Sendo **x** e **y**, respectivamente, as áreas destinadas ao lote maior e ao lote menor do terreno, teremos um sistema de duas equações com duas incógnitas:

$$\begin{cases} x + y = 8\,000 \\ x = y + 1\,000 \end{cases}$$

Resolvendo esse sistema por qualquer dos métodos já estudados, obtemos $x = 4500$ e $y = 3500$, que é a *única solução* do sistema e que indicamos por (4 500, 3 500).

Logo, o maior lote terá uma área de 4 500 m^2 e o menor terá uma área de 3 500 m^2.

Esses dois problemas mostram que seus dados podem resultar em mais de uma solução e uma única solução. Veremos também que há casos em que não há nenhuma solução.

1. Equações lineares

Dizemos que:

- $3x + 2y = 7$ é uma *equação linear* nas incógnitas **x** e **y**;
- $2x + 3y - 2z = 10$ é uma *equação linear* nas incógnitas **x**, **y** e **z**;
- $x - 5y + z - 4t = 0$ é uma *equação linear* nas incógnitas **x**, **y**, **z** e **t**;
- $4x - 3y = x + y + 1$ é uma *equação linear* nas incógnitas **x** e **y**.

De modo geral, denomina-se equação linear toda equação que pode ser escrita na forma:

$a_1x_1 + a_2x_2 + a_3x_3 + ... + a_nx_n = b$

na qual:

- $x_1, x_2, x_3, ..., x_n$ são as incógnitas;
- $a_1, a_2, a_3, ..., a_n$ são números reais chamados coeficientes das incógnitas;
- **b** é o termo independente.

Fique atento
As incógnitas $x_1, x_2, x_3, \ldots$ geralmente aparecem como $x, y, z, \ldots$

Pela definição, não são equações lineares:

$$xy = 10$$
$$x^2 + y = 6$$
$$x^2 - xy - yz + z^2 = 1$$

Para refletir
Por que as equações acima não são lineares?

Observe, agora, as seguintes equações lineares:

1ª) $3x + 2y = 18$

Dizemos que:

- o par (4, 3) é uma solução da equação, pois $3 \cdot 4 + 2 \cdot 3 = 18$;
- o par (6, 0) é uma solução da equação, pois $3 \cdot 6 + 2 \cdot 0 = 18$;
- o par (5, 1) não é solução da equação, pois $3 \cdot 5 + 2 \cdot 1 \neq 18$.

Fique atento
O par $\left(\alpha, \dfrac{18 - 3\alpha}{2}\right)$, com $\alpha \in \mathbb{R}$, é a solução geral da 1ª equação.

2ª) $3x + y - 2z = 8$

Dizemos que:

- o terno (2, 4, 1) é uma solução da equação, pois $3 \cdot 2 + 4 - 2 \cdot 1 = 8$;
- o terno (0, 6, −1) é uma solução da equação, pois $3 \cdot 0 + 6 - 2 \cdot (-1) = 8$;
- o terno (5, −2, 3) não é solução da equação, pois $3 \cdot 5 + (-2) - 2 \cdot 3 \neq 8$.

Você sabia?
Geometricamente:
a) cada par (x, y) de números reais representa um ponto do plano;
b) cada terno (x, y, z) de números reais representa um ponto no espaço.

Generalizando, dada a equação linear:

$$a_1x_1 + a_2x_2 + a_3x_3 + \ldots + a_nx_n = b$$

dizemos que a ênupla de números reais $(\alpha_1, \alpha_2, \alpha_3, \ldots, \alpha_n)$ é solução da equação se, e somente se:

$$a_1\alpha_1 + a_2\alpha_2 + a_3\alpha_3 + \ldots + a_n\alpha_n = b$$

Fique atento
Para $\alpha \in \mathbb{R}$ e $\beta \in \mathbb{R}$, o terno $\left(\alpha, \beta, \dfrac{-8 + 3\alpha + \beta}{2}\right)$ é a solução geral da 2ª equação.

2. Sistemas de equações lineares

Denomina-se *sistema linear* $m \times n$ o conjunto **S** de **m** equações lineares em **n** incógnitas, que pode ser representado assim:

$$S = \begin{cases} a_{11}x_1 + a_{12}x_2 + a_{13}x_3 + \ldots + a_{1n}x_n = b_1 \\ a_{21}x_1 + a_{22}x_2 + a_{23}x_3 + \ldots + a_{2n}x_n = b_2 \\ \ldots\ldots\ldots\ldots\ldots\ldots\ldots\ldots\ldots\ldots \\ a_{m1}x_1 + a_{m2}x_2 + a_{m3}x_3 + \ldots + a_{mn}x_n = b_m \end{cases}$$

Para refletir
$m \times n$ se lê "**m** por **n**".

Exemplos:

1º) $\begin{cases} 3x - 2y = 6 \\ x + 3y = 10 \end{cases}$ é um sistema linear 2×2 nas incógnitas **x** e **y**.

2º) $\begin{cases} x - y = 3 - 2x \\ 2x + y = 12 + y \end{cases}$ é um sistema linear 2×2 nas incógnitas **x** e **y**, pois equivale a $\begin{cases} 3x - y = 3 \\ 2x + 0y = 12 \end{cases}$.

3º) $\begin{cases} x - 2y - z = 0 \\ 2x - y - z = -1 \\ x - y + z = 8 \end{cases}$ é um sistema linear 3×3 nas incógnitas **x**, **y** e **z**.

4º) $\begin{cases} x + 4y - 2z = 1 \\ 3x - y + z = 6 \end{cases}$ é um sistema linear 2×3 nas incógnitas **x**, **y** e **z**.

Solução de um sistema linear

Dizemos que $(\alpha_1, \alpha_2, \alpha_3, \ldots, \alpha_n)$ é solução de um sistema linear quando $(\alpha_1, \alpha_2, \alpha_3, \ldots, \alpha_n)$ é solução de cada uma das equações do sistema, ou seja, satisfaz simultaneamente todas as equações do sistema.

Veja:

1º) (5, 1) é solução do sistema $\begin{cases} 2x + 3y = 13 \\ 3x - 5y = 10 \end{cases}$, pois $\begin{cases} 2 \cdot 5 + 3 \cdot 1 = 13 \\ 3 \cdot 5 - 5 \cdot 1 = 10 \end{cases}$

2º) (2, 3) não é solução do sistema $\begin{cases} 2x + 3y = 13 \\ 3x - 5y = 10 \end{cases}$, pois $\begin{cases} 2 \cdot 2 + 3 \cdot 3 = 13 \\ 3 \cdot 2 - 5 \cdot 3 \neq 10 \end{cases}$

3º) (1, 3, −2) é solução do sistema $\begin{cases} x + 2y + 3z = 1 \\ 4x - y - z = 3 \\ x + y - z = 6 \end{cases}$.

Verifique.

4º) (0, 2, 5) não é solução do sistema $\begin{cases} x + 2y - 3z = 1 \\ 4x - y - z = 3 \\ x + y - z = 6 \end{cases}$.

Verifique.

Você sabia?
Geometricamente:
a) cada equação do primeiro sistema representa os pontos de uma reta no plano;
b) cada equação do terceiro sistema representa os pontos de um plano no espaço.

Exercícios

1 Identifique com a letra **A** as equações lineares e com a letra **B** as equações que não são lineares:

a) $5x - 2y = 6$
b) $x + 4y - z = 0$
c) $x + y - z - t = 0$
d) $x^2 + y = 10$
e) $3xy = 10$

2 Verifique se o par:
a) (6, 2) é uma solução da equação linear $4x - 3y = 18$.
b) (3, −5) é uma solução da equação linear $2x + 3y = 21$.

3 Verifique se o terno:
a) (1, 3, 2) é uma solução da equação linear $2x + y + 5z = 15$.
b) (0, 0, 0) é uma solução da equação linear $2x + 7y - 3z = 0$.

4 Calcule o valor de **k** para que o par (3, k) seja uma solução da equação linear $3x - 2y = 5$.

5 Dada a equação $2x - y = -1$, fazendo $x = \alpha$, com $\alpha \in \mathbb{R}$, escreva a solução geral dessa equação.

6 Verifique se:
a) (3, −1) é uma solução do sistema $\begin{cases} 2x - 5y = 11 \\ 3x + 6y = 3 \end{cases}$.
b) (4, 1, 3) é uma solução do sistema $\begin{cases} 2x + y - z = 6 \\ x + 3y + 2z = 13 \end{cases}$.
c) (5, 2) é uma solução do sistema $\begin{cases} 2x + 3y = 18 \\ x - 2y = 1 \end{cases}$.

3. A igualdade ax = b, com incógnita real *x*, a ∈ IR e b ∈ IR

Observe igualdades desse tipo nos exemplos:

1º) Em $2x = 6$, temos $x = \frac{6}{2} = 3$ como o único valor real possível para **x**.

2º) Em $0x = 7$, não temos valor real para **x**, pois não existe número real que multiplicado por 0 dê 7.

3º) Em $0x = 0$, **x** pode assumir qualquer valor real, pois todo número real multiplicado por 0 dá 0.

De modo geral:

- $ax = b$, com $a \neq 0 \Rightarrow x = \frac{b}{a}$ é o valor único de **x**
- $ax = b$, com $a = 0$ e $b \neq 0 \Rightarrow$ não existe valor real para **x**
- $ax = b$, com $a = 0$ e $b = 0 \Rightarrow$ **x** pode assumir qualquer valor real

Veremos sua aplicação nas resoluções de sistemas lineares.

4. Sistemas lineares 2 × 2

Resolver um sistema linear significa descobrir o seu conjunto solução **S**, formado por todas as soluções do sistema.

A resolução dos sistemas lineares 2 × 2, em IR × IR, já foi vista no Ensino Fundamental por meio de alguns métodos como *adição*, *substituição*, *comparação* e outros.

Fique atento
IR × IR: conjunto de todos os pares ordenados de números reais.

Vamos ver alguns exemplos.

Usaremos o método da adição, mas isso não é importante aqui. Você pode usar outros métodos se preferir. Concentre-se nos resultados obtidos em cada exemplo abaixo:

1º) $\begin{cases} 3x - y = 10 \quad \cdot(5) \\ 2x + 5y = 1 \end{cases} \Rightarrow$

$\Rightarrow \begin{cases} 15x - \cancel{5y} = 50 \\ 2x + \cancel{5y} = 1 \end{cases}$

$17x = 51 \Rightarrow x = \frac{51}{17} = 3$ (valor único de **x**)

$\begin{cases} 3x - y = 10 \quad \cdot(-2) \\ 2x + 5y = 1 \quad \cdot(3) \end{cases} \Rightarrow$

$\Rightarrow \begin{cases} \cancel{-6x} + 2y = -20 \\ \cancel{6x} + 15y = 3 \end{cases}$

$17y = -17 \Rightarrow y = \frac{-17}{17} = -1$ (valor único de **y**)

Então, (3, −1) é o único par de IR × IR que é solução do sistema.

Dizemos então que o sistema tem $S = \{(3, -1)\}$ e que ele é um *sistema possível e determinado* (tem uma única solução, ou seja, o conjunto solução é unitário).

Para refletir
Faça a verificação do par (3, −1) no sistema dado.

2º) $\begin{cases} x - 2y = 5 \quad \cdot(-2) \\ 2x - 4y = 2 \end{cases} \Rightarrow \begin{cases} -2x + 4y = -10 \\ 2x - 4y = 2 \end{cases}$

$$0y = -8$$

Se em $0y = -8$ não existe valor real para **y**, então não existe par de números reais que seja solução do sistema. Dizemos que o sistema tem $S = \varnothing$ e que ele é um *sistema impossível* (não tem nenhuma solução, ou seja, o conjunto solução é vazio).

3º) $\begin{cases} 2x - 6y = 8 \quad \cdot(3) \\ 3x - 9y = 12 \quad \cdot(-2) \end{cases} \Rightarrow \begin{cases} 6x - 18y = 24 \\ -6x + 18y = -24 \end{cases}$

$$0y = 0$$

Se $0y = 0$, a incógnita **y** pode assumir qualquer valor real. Fazendo $y = \alpha$, com $\alpha \in \mathbb{R}$, e substituindo em uma das equações do sistema, temos:

$2x - 6y = 8 \Rightarrow 2x - 6\alpha = 8 \Rightarrow 2x = 8 + 6\alpha \Rightarrow$

$\Rightarrow x = \dfrac{8 + 6\alpha}{2} = 4 + 3\alpha$

O par $(4 + 3\alpha, \alpha)$, com $\alpha \in \mathbb{R}$, é a solução geral do sistema. Para cada valor de α, temos uma solução para o sistema, como por exemplo: (7, 1), (4, 0), (1, −1), conforme α seja respectivamente 1, 0 ou −1.

Dizemos que o sistema tem $S = \{(4 + 3\alpha, \alpha) \mid \alpha \in \mathbb{R}\}$ e que ele é um *sistema possível e indeterminado* (tem infinitas soluções, ou seja, o conjunto solução é infinito).

Interpretação geométrica dos sistemas lineares 2 × 2

Os pares de números reais que são soluções de uma equação linear com duas incógnitas determinam, no gráfico, uma reta. A intersecção das duas retas das equações do sistema determina sua solução, se existir.

Veja a representação gráfica dos três sistemas resolvidos por adição:

1º) $\begin{cases} 3x - y = 10 \rightarrow (4, 2), (2, -4), \ldots \\ 2x + 5y = 1 \rightarrow (-2, 1), (3, -1), \ldots \end{cases}$

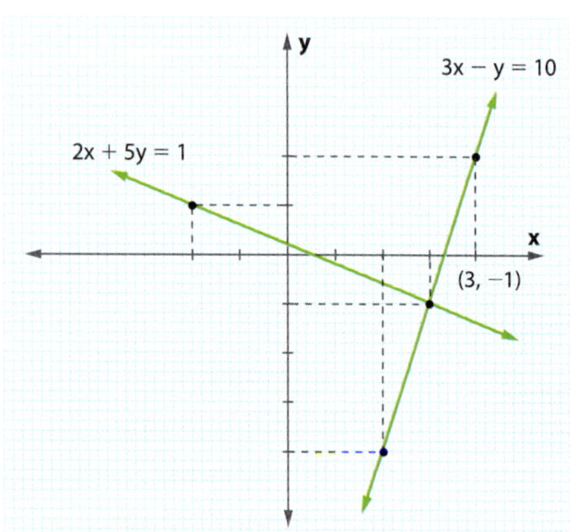

As retas concorrentes indicam que existe um único par que é solução do sistema (sistema possível e determinado).

2º) $\begin{cases} x - 2y = 5 \rightarrow (1, -2), (-1, -3), \ldots \\ 2x - 4y = 2 \rightarrow (1, 0), (3, 1), \ldots \end{cases}$

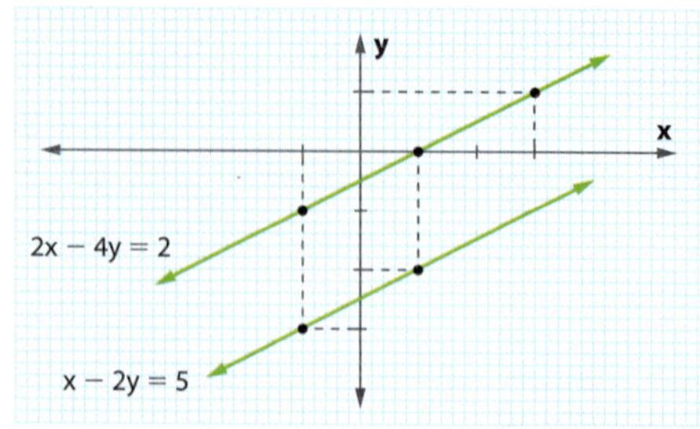

As retas paralelas e distintas indicam que não existe par que seja solução do sistema (sistema impossível).

3º) $\begin{cases} 2x - 6y = 8 \rightarrow (4, 0), (1, -1), \ldots \\ 3x - 9y = 12 \rightarrow (1, -1), (-2, -2), \ldots \end{cases}$

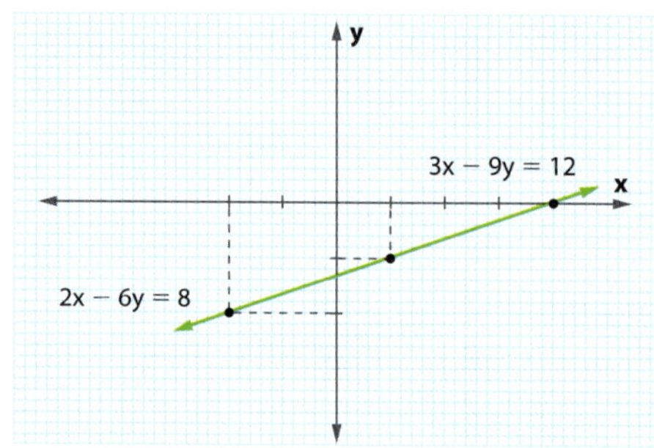

As retas coincidentes indicam que existem infinitos pares que são soluções do sistema (sistema possível e indeterminado).

Exercícios

7 Resolva cada sistema linear 2 × 2 como preferir e classifique-os quanto ao número de soluções.

a) $\begin{cases} 4x + 2y = 4 \\ 2x + y = 5 \end{cases}$

b) $\begin{cases} 3x - 2y = -12 \\ 5x + 6y = 8 \end{cases}$

c) $\begin{cases} 5x - 10y = 15 \\ 2x - 4y = 6 \end{cases}$

8 Faça a representação gráfica de cada sistema do exercício anterior.

9 Resolva os sistemas abaixo. $\left(\textit{Dica}\text{: faça } \dfrac{1}{x} = u \text{ e } \dfrac{1}{y} = v.\right)$

a) $\begin{cases} \dfrac{1}{x} + \dfrac{1}{y} = 4 \\ \dfrac{3}{x} + \dfrac{2}{y} = 9 \end{cases}$

b) $\begin{cases} \dfrac{3}{x} - \dfrac{2}{y} = -3 \\ \dfrac{6}{x} + \dfrac{3}{y} = 8 \end{cases}$

Classificação de um sistema linear 2 × 2

Sabemos que os sistemas podem ser classificados de acordo com a sua solução da seguinte maneira:

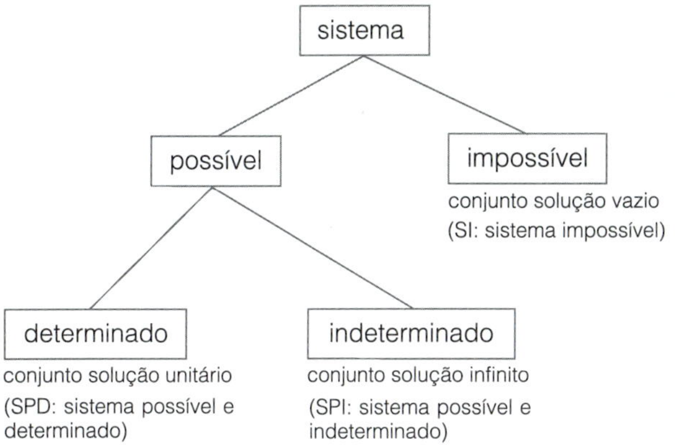

Em um sistema linear 2 × 2, é simples fazer essa classificação apenas observando suas equações. Vejamos algumas condições:

- Se há proporcionalidade entre os coeficientes das mesmas incógnitas e essa proporcionalidade se mantém nos termos independentes, o sistema é possível e indeterminado (SPI). Equações assim são chamadas *equivalentes*.
- Se há proporcionalidade entre os coeficientes das mesmas incógnitas e essa proporcionalidade **não** se mantém nos termos independentes, o sistema é impossível (SI). Dizemos que equações assim são *incompatíveis*.
- Se **não** há proporcionalidade entre os coeficientes das mesmas incógnitas, o sistema é possível e determinado (SPD).

Resumindo:

$$\begin{cases} a_1x + b_1y = k_1 \\ a_2x + b_2y = k_2 \end{cases} \Rightarrow \begin{array}{l} \dfrac{a_1}{a_2} = \dfrac{b_1}{b_2} = \dfrac{k_1}{k_2} \Rightarrow \text{SPI} \\ \dfrac{a_1}{a_2} = \dfrac{b_1}{b_2} \neq \dfrac{k_1}{k_2} \Rightarrow \text{SI} \\ \dfrac{a_1}{a_2} \neq \dfrac{b_1}{b_2} \Rightarrow \text{SPD} \end{array}$$

Exemplos de classificação de sistemas:

1º) $\begin{cases} 3x - 2y = 4 \\ x - 4y = 2 \end{cases}$

Os coeficientes das mesmas incógnitas nas duas equações não são proporcionais: 3 é o triplo de 1 e −2 é metade de −4. Então, o sistema é possível e determinado $\left(\dfrac{3}{1} \neq \dfrac{-2}{-4} \text{ ou } 3(-4) \neq 1(-2)\right)$.

2º) $\begin{cases} 2x - 6y = 5 \\ 3x - 9y = 1 \end{cases}$

Nesse sistema, os coeficientes das mesmas incógnitas nas duas equações são proporcionais, porém essa proporcionalidade não se mantém nos termos independentes: 2 está para 3 assim como −6 está para −9, porém não como 5 está para 1. Então, o sistema é impossível $\left(\dfrac{2}{3} = \dfrac{-6}{-9} \neq \dfrac{5}{1}\right)$.

3º) $\begin{cases} 3x + y = -2 \\ -6x - 2y = 4 \end{cases}$

Nesse caso, há proporcionalidade entre os coeficientes das mesmas incógnitas e essa proporcionalidade se mantém nos termos independentes: −6 está para 3 assim como −2 está para 1, assim como 4 está para −2 (ou, ainda, a 2ª equação é o oposto do dobro da 1ª). Então, o sistema é possível e indeterminado $\left(\dfrac{3}{-6} = \dfrac{1}{-2} = \dfrac{-2}{4}\right)$.

Observação: O sistema linear $\begin{cases} a_1x + b_1y = k_1 \\ a_2x + b_2y = k_2 \end{cases}$ pode ser escrito na forma matricial $\begin{bmatrix} a_1 & b_1 \\ a_2 & b_2 \end{bmatrix} \cdot \begin{bmatrix} x \\ y \end{bmatrix} = \begin{bmatrix} k_1 \\ k_2 \end{bmatrix}$.

> **Para refletir**
> Verifique que o produto de matrizes apresentado na *Observação* resulta no sistema dado.

A partir da forma matricial, podemos usar o determinante da matriz dos coeficientes para saber se o sistema é determinado ou não.

No sistema $\begin{cases} a_1x + b_1y = k_1 \\ a_2x + b_2y = k_2 \end{cases}$, a matriz dos coeficientes é

$\begin{bmatrix} a_1 & b_1 \\ a_2 & b_2 \end{bmatrix}$, cujo determinante é $D = a_1b_2 - a_2b_1$. É fácil notar que, se $\dfrac{a_1}{a_2} \neq \dfrac{b_1}{b_2}$, então $D = a_1b_2 - a_2b_1 \neq 0$. Assim, basta o determinante da matriz dos coeficientes não ser nulo para o sistema ser determinado.

Entretanto, note que, se o determinante for nulo, não poderemos fazer nenhuma afirmação, pois restarão duas possibilidades, SPI e SI. Saberemos que o sistema não é determinado, mas não saberemos classificá-lo sem examinar os valores $\mathbf{k_1}$ e $\mathbf{k_2}$.

» Exercício

10 Classifique os seguintes sistemas lineares:

a) $\begin{cases} x + y = 6 \\ x - y = 8 \end{cases}$

b) $\begin{cases} x + 2y = 4 \\ 2x - y = 3 \end{cases}$

c) $\begin{cases} 4x - 6y = 2 \\ 6x - 9y = 3 \end{cases}$

d) $\begin{cases} x + y = 10 \\ 2x + 2y = 30 \end{cases}$

Discussão de um sistema linear 2 × 2

Observe o sistema $\begin{cases} 3x + y = b \\ ax + 2y = 4 \end{cases}$.

Nesse sistema de incógnitas **x** e **y**, o coeficiente **a** e o termo independente **b** são chamados de parâmetros; seus valores não estão estabelecidos.

Discutir um sistema significa descobrir para que valores dos parâmetros ele é possível e determinado, possível e indeterminado ou impossível.

Para saber em que condições o sistema é SPD, podemos calcular o determinante da matriz dos coeficientes do sistema. No sistema dado acima, temos:

$$D = \begin{vmatrix} 3 & 1 \\ a & 2 \end{vmatrix} = 6 - a$$

Quando $a \neq 6$, teremos $D \neq 0$, e poderemos garantir que o sistema é possível e determinado, independentemente do valor de **b**.

Quando $a = 6$, teremos $D = 0$, portanto não poderemos classificar o sistema sem observar as duas equações. Substituindo $a = 6$ no sistema, teremos:

$$\begin{cases} 3x + 1y = b \\ 6x + 2y = 4 \end{cases}$$

Nesse caso, já temos proporcionalidade entre os coeficientes das mesmas incógnitas. Para que ela se mantenha nos termos independentes, precisamos ter $b = 2$. Então, nessas condições, as equações serão equivalentes e teremos um sistema indeterminado. E, se $b \neq 2$, as equações serão incompatíveis e o sistema será impossível.

Assim:

- para $a \neq 6$, o sistema é possível e determinado (SPD) (para qualquer $b \in \mathbb{R}$);
- para $a = 6$ e $b = 2$, o sistema é possível e indeterminado (SPI);
- para $a = 6$ e $b \neq 2$, o sistema é impossível (SI).

Exemplos de aplicação

1 Discuta o sistema linear $\begin{cases} x + ky = 1 \\ x + 2y = 3 \end{cases}$.

Calculamos o determinante dos coeficientes das incógnitas, em função de **k**:

$$D = \begin{vmatrix} 1 & k \\ 1 & 2 \end{vmatrix} = 2 - k$$

- $D \neq 0$, ou seja, $2 - k \neq 0 \Rightarrow k \neq 2$, o sistema é possível e determinado.
- $D = 0$, ou seja, $2 - k = 0 \Rightarrow k = 2$, devemos substituir $k = 2$ no sistema e observar as equações:

$$\begin{cases} x + 2y = 1 \\ x + 2y = 3 \end{cases}$$

Nessas condições, com $k = 2$, o sistema terá conjunto solução vazio, pois as duas equações são incompatíveis.

Portanto:

$$\begin{cases} \text{para } k \neq 2\text{, o sistema é possível e determinado} \\ \text{para } k = 2\text{, o sistema é impossível} \end{cases}$$

2 Para que valores de **a** e **b** o sistema $\begin{cases} ax + 2y = 2 \\ x + y = b \end{cases}$ é possível e indeterminado?

Para que o sistema seja possível e indeterminado, deve-se ter inicialmente:

$$D = 0 \Rightarrow \begin{vmatrix} a & 2 \\ 1 & 1 \end{vmatrix} = 0 \Rightarrow a - 2 = 0 \Rightarrow a = 2$$

No entanto, apenas $D = 0$ não garante que o sistema seja possível e indeterminado; ele poderia ser também impossível (que não é o caso desejado).

Devemos substituir $a = 2$ no sistema e observar as equações:

$$\begin{cases} 2x + 2y = 2 \\ x + y = b \end{cases}$$

Para que as duas equações sejam equivalentes, precisamos de $b = 1$ (assim a 1ª equação passa a valer o dobro da 2ª).

Logo, o sistema é possível e indeterminado para $a = 2$ e $b = 1$.

3 Determine os valores de **a** para que o sistema linear $\begin{cases} a + 3y = a \\ 3x + ay = -a \end{cases}$ seja possível e determinado.

Para que o sistema seja possível e determinado, deve-se ter:

$$D \neq 0 \Rightarrow \begin{vmatrix} a & 3 \\ 3 & a \end{vmatrix} \neq 0 \Rightarrow a^2 - 9 \neq 0 \Rightarrow a \neq 3 \text{ e } a \neq -3$$

Logo, o sistema será possível e determinado sempre que $a \neq 3$ e $a \neq -3$.

Exercícios

11 Discuta o sistema linear $\begin{cases} mx + y = 2 \\ x - y = 1 \end{cases}$.

12 Calcule os valores de **a** para que o sistema $\begin{cases} 3x + 2y = 1 \\ ax - 6y = 0 \end{cases}$ seja possível e determinado.

13 Calcule o valor de **k** para que o sistema $\begin{cases} x + y = 1 \\ 3x + 3y = k + 1 \end{cases}$ seja possível e indeterminado.

objeto digital

5. Sistemas lineares 3 × 3

Consideremos o sistema:

$$\begin{cases} a_1x + b_1y + c_1z = d_1 \\ a_2x + b_2y + c_2z = d_2 \\ a_3x + b_3y + c_3z = d_3 \end{cases}$$

de três equações com três incógnitas. Geometricamente, cada uma das equações, nessa ordem, define os planos π_1, π_2 e π_3, respectivamente. O terno (x, y, z) é solução desse sistema quando o ponto **P**(x, y, z) pertence à intersecção $\pi_1 \cap \pi_2 \cap \pi_3$, ou seja, quando **P** está simultaneamente nos três planos.

> **Para refletir**
> Nos sistemas de duas equações com duas incógnitas tínhamos duas retas no plano. Agora, temos três planos no espaço.

Associadas a esse sistema há duas matrizes: a incompleta (I) e a completa (II).

$$\begin{bmatrix} a_1 & b_1 & c_1 \\ a_2 & b_2 & c_2 \\ a_3 & b_3 & c_3 \end{bmatrix}_{3 \times 3} \text{ (I) e } \begin{bmatrix} a_1 & b_1 & c_1 & d_1 \\ a_2 & b_2 & c_2 & d_2 \\ a_3 & b_3 & c_3 & d_3 \end{bmatrix}_{3 \times 4} \text{ (II)}$$

Os vetores linha da matriz incompleta são $\ell_1 = (a_1, b_1, c_1)$, $\ell_2 = (a_2, b_2, c_2)$ e $\ell_3 = (a_3, b_3, c_3)$, e os vetores linha da matriz completa são $L_1 = (a_1, b_1, c_1, d_1)$, $L_2 = (a_2, b_2, c_2, d_2)$ e $L_3 = (a_3, b_3, c_3, d_3)$, todos não nulos.

6. Escalonamento de sistemas lineares

Veremos agora um método para classificar, resolver e discutir sistemas lineares de quaisquer ordens, chamado *método do escalonamento*.

Inicialmente é necessário saber o que é um sistema linear escalonado.

Considerando um sistema genérico m × n, dizemos que ele está escalonado quando a matriz dos coeficientes tiver, em cada uma de suas linhas, o primeiro elemento não nulo situado à esquerda do primeiro elemento não nulo da linha seguinte. Além disso, linhas com todos os elementos nulos devem estar abaixo de todas as outras. Observando as equações do sistema escalonado, percebe-se que, em cada linha considerada, a primeira incógnita com coeficiente não nulo está sempre à esquerda da primeira incógnita com coeficiente não nulo da linha seguinte.

São exemplos de sistemas escalonados:

- $\begin{cases} x - 2y + 5z = 7 \\ 3y + 2z = 1 \\ 4z = 8 \end{cases}$

- $\begin{cases} 3x_1 + 2x_2 + 7x_3 = 11 \\ 4x_2 + 5x_3 = -4 \end{cases}$ ou $\begin{cases} 3x_1 + 2x_2 + 7x_3 = 11 \\ 4x_2 + 5x_3 = -4 \\ 0x_3 = 0 \end{cases}$

- $\begin{cases} x + 2y + z + t = 9 \\ 4z + 5t = 10 \end{cases}$ ou $\begin{cases} x + 2y + z + t = 9 \\ 0y + 4z + 5t = 10 \\ 0z + 0t = 0 \\ 0t = 0 \end{cases}$

Classificação e resolução de sistemas lineares escalonados

Para classificar um sistema escalonado, basta observar a última linha. Mas é preciso estar atento, pois a última linha num sistema de **n** incógnitas é a n-ésima linha, que, se não existir, deve ser considerada totalmente nula (0x + 0y + 0z + ... = 0, que equivale a 0 = 0), como mostram o segundo e o terceiro exemplos acima.

Na última linha, podemos ter:

- uma equação do 1º grau com uma incógnita (exemplo: 2z = 4; 5w = 0; z = −1, ...): o sistema é SPD;
- uma igualdade sem incógnitas que é verdadeira (exemplo: 0 = 0; 2 = 2; 5 = 5; ...): o sistema é SPI;
- uma igualdade sem incógnitas que é falsa (exemplo: 0 = 9; 0 = 2; 0 = −4; ...): o sistema é SI.

Exemplos:

1º) $\begin{cases} 3x - 2y + z = -6 \\ 4y - 2z = 0 \\ 5z = 10 \end{cases}$

Sistema 3 × 3 já escalonado
(número de equações = número de incógnitas).
Da 3ª equação tiramos z = 2.
Da 2ª equação, fazendo z = 2, temos $4y - 2 \cdot 2 = 0$ e daí y = 1.
Fazendo y = 1 e z = 2 na 1ª equação, temos
$3x - 2(1) + 2 = -6$ e daí x = −2.
Podemos concluir que o sistema é possível e determinado, com $S = \{(-2, 1, 2)\}$.

2º) $\begin{cases} 9x - 2y + 3z - w = 1 \\ y - 2z + 4w = 6 \\ 5z + 2w = 3 \\ 0w = 9 \end{cases}$

Sistema 4 × 4 já escalonado.
A 4ª equação permite dizer que o sistema é impossível, logo $S = \varnothing$.

3º) $\begin{cases} x + y + z = 0 \\ 3y - 6z = 0 \end{cases}$

Sistema 2 × 3 já escalonado (número de equações < número de variáveis).

Quando um sistema escalonado tem mais incógnitas que equações e pelo menos um coeficiente não nulo em cada equação, ele é possível e indeterminado, pois as equações que faltam podem ser consideradas todas 0 = 0. A incógnita que não aparece no começo das equações é chamada incógnita livre. Nesse exemplo, **z** é a incógnita livre. Fazemos $z = k$, com $k \in \mathbb{R}$, para descobrir a solução geral do sistema.

Da 2ª equação, temos $3y - 6k = 0 \Rightarrow y = 2k$.

Usando $z = k$ e $y = 2k$, temos
$x + 2k + k = 0 \Rightarrow x = -3k$.

Portanto, o sistema é possível e indeterminado e sua solução geral é $(-3k, 2k, k)$.

> **Para refletir**
> No 3º exemplo dizemos que o grau de indeterminação é 1 (3 − 2) e que temos uma variável livre.
> - para $k = 0$, a solução é (0, 0, 0);
> - para $k \neq 0$, as soluções são (−3, 2, 1), (−15, 10, 5) e outras.

4º) $\begin{cases} 2x - y + z - t = 2 \\ 2z + 3t = 1 \end{cases}$

Aqui o sistema é possível e indeterminado (está escalonado e tem duas equações e quatro incógnitas) e são duas as incógnitas livres (**y** e **t**).

Fazemos $y = \alpha$ e $t = \beta$, com $\alpha \in \mathbb{R}$ e $\beta \in \mathbb{R}$.

Substituindo nas equações:

$$2z + 3\beta = 1 \Rightarrow 2z = 1 - 3\beta \Rightarrow z = \frac{1 - 3\beta}{2}$$

$$2x - \alpha + \frac{1 - 3\beta}{2} - \beta = 2 \Rightarrow$$

$$\Rightarrow 4x = 2\alpha - 1 + 3\beta + 2\beta + 4 \Rightarrow$$

$$\Rightarrow 4x = 2\alpha + 5\beta + 3 \Rightarrow x = \frac{2\alpha + 5\beta + 3}{4}$$

Solução geral: $\left(\frac{2\alpha + 5\beta + 3}{4}, \alpha, \frac{1 - 3\beta}{2}, \beta\right)$.

> **Para refletir**
> No 4º exemplo o grau de indeterminação é 2 (4 −2) e são duas as variáveis livres. O sistema tem infinitas soluções e duas delas são (2, 0, −1, 1) e $\left(\frac{11}{2}, 2, -4, 3\right)$.

Exercício

14 Classifique e resolva os sistemas lineares escalonados.

a) $\begin{cases} 2x - y + 3z = 0 \\ 2y - z = 1 \\ 2z = -6 \end{cases}$

b) $\begin{cases} 5x - 2y + z = 3 \\ 4y - z = 5 \\ 0z = 8 \end{cases}$

c) $\begin{cases} 3x_1 - 2x_2 + x_3 = 2 \\ x_2 - x_3 = 0 \end{cases}$

d) $\begin{cases} a + 2b - c + d = 2 \\ c - d = 0 \end{cases}$

7. Determinante da matriz incompleta

Da mesma forma que ocorre com sistemas 2 × 2, também podemos usar um determinante para separar sistemas SPD dos demais (SPI e SI).

Isso serve para sistemas 3 × 3 e mesmo sistemas n × n quaisquer. Num sistema 3 × 3 genérico, teríamos

$\begin{cases} a_1x + b_1y + c_1z = k_1 \\ a_2x + b_2y + c_2z = k_2 \\ a_3x + b_3y + c_3z = k_3 \end{cases}$, e o determinante da

matriz incompleta é $D = \begin{vmatrix} a_1 & b_1 & c_1 \\ a_2 & b_2 & c_2 \\ a_3 & b_3 & c_3 \end{vmatrix}$.

> **Fique atento**
> Matriz incompleta é a matriz dos coeficientes.

Se $D \neq 0$, então o sistema (3 × 3 ou n × n) é SPD.

Se $D = 0$, então o sistema (3 × 3 ou n × n) não é SPD (portanto, ou é SPI ou é SI).

É possível entender por que o determinante dos coeficientes de um sistema n × n não é nulo se o sistema for determinado: basta lembrar que o determinante de uma matriz com uma fila de zeros é sempre nulo (propriedade).

Note que um sistema *escalonado* só não tem os coeficientes da última linha nulos *se ele for determinado*.

Observação: Conhecida a classificação do sistema, saberemos sempre como será o determinante **D**:

SPD → $D \neq 0$ SPI → $D = 0$ SI → $D = 0$

> **Fique atento**
> A classificação de um sistema, usando-se determinantes, só é possível se o determinante for diferente de zero, a exemplo do que ocorre com sistemas 2 × 2. Se o determinante for nulo, terá de ser escalonado, e o tempo gasto no determinante será perdido. Assim, é preferível partir logo para o escalonamento.

Exercícios

15 Quais são os valores de **a** para que o sistema linear
$\begin{cases} ax + y - z = 4 \\ x + ay + z = 0 \\ x - z = 2 \end{cases}$ seja possível e determinado?

16 Para quais valores de **a** o sistema $\begin{cases} 2x - ay + z = -7 \\ 4x + y + 2z = 13 \\ x - y + az = 3 \end{cases}$ é impossível?

17 Encontre o valor de **k** para que o sistema $\begin{cases} x + y + z = 0 \\ kx + 2y + 3z = 0 \\ k^2x + 4y + 9z = 0 \end{cases}$ seja possível e indeterminado.

8. Sistemas lineares equivalentes

Dois sistemas lineares são equivalentes quando possuem o mesmo conjunto solução.

Por exemplo, os sistemas $\begin{cases} x + y = 10 \\ x - y = 2 \end{cases}$ e $\begin{cases} 3x + 2y = 26 \\ 2x - 5y = -8 \end{cases}$ são equivalentes, pois resolvidos ambos apresentam $S = \{(6, 4)\}$.

Exemplo de aplicação

Calcule **a** e **b** para que os sistemas $\begin{cases} x - y = 9 \\ x + y = 5 \end{cases}$ e $\begin{cases} ax + y = 12 \\ 2x - by = 20 \end{cases}$ sejam equivalentes.

Vamos resolver o sistema $\begin{cases} x - y = 9 \\ x + y = 5 \end{cases}$.

$$\begin{array}{l} x - y = 9 \\ \underline{x + y = 5} \\ 2x = 14 \Rightarrow x = 7 \end{array}$$

$7 - y = 9 \Rightarrow y = 7 - 9 \Rightarrow y = -2$

Para que os sistemas sejam equivalentes, $S = \{(7, -2)\}$ também deve ser o conjunto solução do outro sistema dado; então:

$ax + y = 12 \Rightarrow a(7) + (-2) = 12 \Rightarrow 7a - 2 = 12 \Rightarrow$
$\Rightarrow 7a = 14 \Rightarrow a = 2$
$2x - by = 20 \Rightarrow 2(7) - b(-2) = 20 \Rightarrow 14 + 2b = 20 \Rightarrow$
$\Rightarrow 2b = 6 \Rightarrow b = 3$

Portanto, $a = 2$ e $b = 3$.

Exercício

18 Os sistemas $\begin{cases} x + y = 20 \\ x - y = 4 \end{cases}$ e $\begin{cases} ax + 2y = 32 \\ 3x - by = 20 \end{cases}$ são equivalentes.

Calcule **a** e **b**.

Processo para escalonamento de um sistema linear

Quando o sistema linear não está escalonado, podemos obter um sistema equivalente a ele, que esteja escalonado, por meio de algumas operações elementares. Para transformar um sistema não escalonado num sistema equivalente escalonado, alguns procedimentos podem ser feitos:

- Podemos trocar a posição das equações. Exemplo:
$\begin{cases} 3x - 2y = 6 \\ x + 4y = 1 \end{cases} \Rightarrow \begin{cases} x + 4y = 1 \\ 3x - 2y = 6 \end{cases}$

- Podemos multiplicar todos os termos de uma equação pelo mesmo número real diferente de zero:
$3x - y + z = 5 \Rightarrow 6x - 2y + 2z = 10$

- Podemos multiplicar os dois membros de uma equação por um mesmo número real diferente de zero e somar o resultado aos membros correspondentes da outra equação. Exemplo:
$\begin{cases} x - 2y + 4z = 7 \quad \cdot(-3) \\ 3x - 5y + 9z = 25 \leftarrow + \end{cases} \Rightarrow \begin{cases} x - 2y + 4z = 7 \\ y - 3z = 4 \end{cases}$

- Se no processo de escalonamento obtivermos uma equação com todos os coeficientes nulos e o termo independente diferente de zero, essa equação será suficiente para afirmar que o sistema é impossível, isto é, tem $S = \varnothing$.
$0x + 0y + 0z = 7 \Rightarrow S = \varnothing$

Vejamos agora alguns exemplos nos quais os sistemas são escalonados e depois classificados e resolvidos.

1º) $\begin{cases} x + 2y + z = 7 \quad \cdot(-2) \quad \cdot 3 \\ 2x + 7y + z = 21 \leftarrow + \\ -3x - 5y + 2z = -8 \leftarrow + \end{cases}$

Para anular os coeficientes de **x** na 2ª e na 3ª equação podemos:

- multiplicar a 1ª por −2 e somar com a 2ª;
- multiplicar a 1ª por 3 e somar com a 3ª.

Depois, podemos trocar as posições das duas últimas equações para que o coeficiente de **y** seja 1 na 2ª equação.

$\begin{cases} x + 2y + z = 7 \\ 3y - z = 7 \\ y + 5z = 13 \end{cases} \Rightarrow \begin{cases} x + 2y + z = 7 \\ y + 5z = 13 \quad \cdot(-3) \Rightarrow \\ 3y - z = 7 \leftarrow + \end{cases}$

$\Rightarrow \begin{cases} x + 2y + z = 7 \\ y + 5z = 13 \\ -16z = -32 \end{cases}$

! Fique atento
É conveniente que o 1º coeficiente da equação que vai ser multiplicada seja 1.

O sistema obtido está escalonado e é equivalente ao sistema dado. Podemos agora resolver:

- $z = \dfrac{-32}{-16} = 2$
- $y + 5 \cdot 2 = 13 \Rightarrow y = 13 - 10 = 3$
- $x + 2 \cdot 3 + 2 = 7 \Rightarrow x = 7 - 6 - 2 = -1$

Sistema possível e determinado, com $S = \{(-1, 3, 2)\}$.

2º) $\begin{cases} x + 2y - z = 3 & \cdot(-3) \quad \cdot(-2) \\ 3x - y + z = 1 & \leftarrow + \\ 2x + 4y - 2z = 6 & \leftarrow + \end{cases} \Rightarrow$

$$\Rightarrow \begin{cases} x + 2y - z = 3 \\ -7y + 4z = -8 \\ 0x + 0y + 0z = 0 \end{cases} \Rightarrow \begin{cases} x + 2y - z = 3 \\ -7y + 4z = \\ 0z = 0 \end{cases}$$

Sistema possível e indeterminado (escalonado é 2×3).

Dizemos que **z** é uma incógnita livre, ou seja, o valor de **z** pode ser qualquer número real.

$z = \alpha \Rightarrow -7y + 4\alpha = -8 \Rightarrow -7y = -8 - 4\alpha \Rightarrow$

$y = \dfrac{8 + 4\alpha}{7}$

> **Fique atento**
> **y** também poderia ser a incógnita livre.

$x + 2 \cdot \dfrac{8 + 4\alpha}{7} - \alpha = 3 \Rightarrow 7x + 16 + 8\alpha - 7\alpha = 21 \Rightarrow$

$\Rightarrow 7x = 5 - \alpha \Rightarrow x = \dfrac{5 - \alpha}{7}$

Solução geral: $\left(\dfrac{5 - \alpha}{7}, \dfrac{8 + 4\alpha}{7}, \alpha\right)$.

> **Fique atento**
> Dividir todos os termos por 2 equivale a multiplicar por $\dfrac{1}{2}$.

3º) $\begin{cases} 2x - 4y + 10z = 6 & :(2) \\ 3x - 6y + 15z = 11 \end{cases} \Rightarrow$

$$\Rightarrow \begin{cases} x - 2y + 5z = 3 & \cdot(-3) \\ 3x - 6y + 15z = 11 & \leftarrow + \end{cases} \Rightarrow$$

$$\Rightarrow \begin{cases} x - 2y + 5z = 3 \\ 0x + 0y + 0z = 2 \end{cases}$$

Sistema impossível, portanto $S = \varnothing$.

4º) $\begin{cases} 3x - 2y = -5 \\ x + 3y = 2 \\ -x + 4y = 5 \end{cases} \Rightarrow \begin{cases} x + 3y = 2 & \cdot(-3) \quad \cdot 1 \\ 3x - 2y = -5 & \leftarrow + \\ -x + 4y = 5 & \leftarrow + \end{cases} \Rightarrow$

$$\Rightarrow \begin{cases} x + 3y = 2 \\ -11y = -11 \\ 7y = 7 \end{cases}$$

Esse sistema tem o número de equações maior que o número de variáveis (3×2).

Analise com atenção cada passagem e justifique.

As duas primeiras equações obtidas formam um sistema escalonado, que resolvido nos dá $y = \dfrac{-11}{-11} = 1$ e $x = 2 - 3 \cdot 1 = -1$.

O valor $y = 1$ satisfaz também a 3ª equação ($7y = 7$).

Logo, o sistema dado é possível e determinado e tem $S = \{(-1, 1)\}$.

$$5^{\underline{o}})\ \begin{cases} x - 2y = 4 & \cdot(-4) \quad \cdot(-6) \\ 4x - 6y = 10 & \leftarrow + \\ 6x + 9y = 0 & \leftarrow + \end{cases} \Rightarrow \begin{cases} x - 2y = 4 \\ 2y = -6 \\ 3y = -24 \end{cases}$$

De $2y = -6$ obtemos $y = -3$, e de $3y = -24$ obtemos $y = -8$.

Logo, o sistema é impossível, pois não podemos ter, simultaneamente, $y = -3$ e $y = -8$. Portanto, $S = \varnothing$.

$$6^{\underline{o}})\ \begin{cases} 3x - 9y = 6 & :(3) \\ 5x - 15y = 10 \\ -2x + 6y = -4 \end{cases} \Rightarrow \begin{cases} x - 3y = 2 & \cdot(-5) \quad \cdot(+2) \\ 5x - 15y = 10 & \leftarrow + \\ -2x + 6y = -4 & \leftarrow + \end{cases}$$

$$\Rightarrow \begin{cases} x - 3y = 2 \\ 0x + 0y = 0 \\ 0x - 0y = 0 \end{cases} \Rightarrow \begin{cases} x - 3y = 2 \\ 0y = 0 \end{cases}$$

A incógnita **y** é livre.

Para $y = \alpha$, com $\alpha \in \mathbb{R}$, temos: $x - 3\alpha = 2$, e daí $x = 2 + 3\alpha$.

Logo, o sistema é possível e indeterminado, com solução geral $(2 + 3\alpha, \alpha)$.

» Exemplo de aplicação

(FGV-SP/modificado) As livrarias **A**, **B**, **C** e **D** de uma cidade vendem livros de Matemática de 6º ao 9º anos do Ensino Fundamental, de uma mesma coleção, com preço comum estabelecido pela editora. Os dados das vendas diárias são os seguintes:

Livrarias	Número de livros vendidos				Valor total recebido (R$)
	6º ano	7º ano	8º ano	9º ano	
A	2	2	3	2	563,10
B	2	1	2	4	566,10
C	0	5	0	0	304,50
D	3	2	5	1	687,90

Qual o preço de venda de cada um dos livros da coleção?

» Resolução passo a passo

1. Lendo e compreendendo

a) O que é dado no problema?

É dada uma tabela contendo o valor total recebido por 4 livrarias na venda de certas quantidades diárias de livros de uma coleção. Por exemplo, segundo a tabela, a livraria **A** recebeu R$ 563,10 pela venda de 2 livros do 6º ano, 2 do 7º ano, 3 do 8º ano e 2 do 9º ano.

b) O que se pede?

Pede-se o preço de venda de cada um dos livros da coleção: do livro do 6º ano, do livro do 7º ano, do livro do 8º ano e do livro do 9º ano.

2. Planejando a solução

Devemos montar um sistema de equações com os dados da tabela e resolvê-lo. O sistema terá 4 equações e 4 incógnitas, e o ideal será resolvê-lo por escalonamento. Convém notar que a terceira linha terá apenas uma incógnita, que pode ser obtida imediatamente e, se substituída no sistema, o reduz para um sistema de três equações e três incógnitas.

3. Executando o que foi planejado

Vamos chamar de **x**, **y**, **z** e **w** os valores do livro do 6º ano, 7º ano, 8º ano e 9º ano, respectivamente. Assim, montando o sistema, temos:

$$\begin{cases} 2x + 2y + 3z + 2w = 563{,}10 \\ 2x + y + 2z + 4w = 566{,}10 \\ 5y = 304{,}50 \\ 3x + 2y + 5z + w = 687{,}90 \end{cases}$$

Da terceira linha temos que $5y = 304{,}50 \Rightarrow y = 60{,}90$. Substituindo esse valor nas outras três linhas, temos o seguinte sistema:

$$\begin{cases} 2x + 3z + 2w = 441{,}30 \\ 2x + 2z + 4w = 505{,}20 \\ 3x + 5z + w = 566{,}10 \end{cases}$$

Dividimos a segunda linha por 2 e invertemos a posição da segunda linha com a primeira linha:

$$\begin{cases} 2x + 3z + 2w = 441{,}30 \\ x + z + 2w = 252{,}60 \\ 3x + 5z + w = 566{,}10 \end{cases} \Rightarrow \begin{cases} x + z + 2w = 252{,}60 \\ 2x + 3z + 2w = 441{,}30 \\ 3x + 5z + w = 566{,}10 \end{cases}$$

Multiplicamos a primeira linha por -2 e somamos na segunda linha; também multiplicamos a primeira linha por -3 e somamos na terceira linha, eliminando a incógnita **x** dessas linhas:

$$\begin{cases} x + z + 2w = 252{,}60 \\ z - 2w = -63{,}90 \\ 2z - 5w = -191{,}70 \end{cases}$$

Agora multiplicamos a segunda linha por -2 e somamos na terceira linha, eliminando a incógnita **z** da terceira linha:

$$\begin{cases} x + z + 2w = 252{,}60 \\ z - 2w = -63{,}90 \\ -w = -63{,}90 \end{cases}$$

Da terceira linha temos que $w = 63{,}90$. Substituindo esse valor na segunda linha, temos:

$z - 2 \cdot 63{,}90 = -63{,}90 \Rightarrow z = 63{,}90$

Substituindo **z** e **w** na primeira linha, temos $x + 63{,}90 + 2 \cdot 63{,}90 = 252{,}60 \Rightarrow x = 60{,}90$

Portanto, $x = y = 60{,}90$ e $z = w = 63{,}90$.

4. Verificando

Vamos substituir os valores $x = 60{,}90$; $y = 60{,}90$; $z = 63{,}90$ e $w = 63{,}90$ nas equações formuladas a partir do enunciado:

$$\begin{cases} 2x + 2y + 3z + 2w = 563{,}10 \\ 2x + y + 2z + 4w = 566{,}10 \\ 5y = 304{,}50 \\ 3x + 2y + 5z + w = 687{,}90 \end{cases}$$

$2 \cdot 60{,}90 + 2 \cdot 60{,}90 + 3 \cdot 63{,}90 + 2 \cdot 63{,}90 = 563{,}10$ (OK)

$2 \cdot 60{,}90 + 60{,}90 + 2 \cdot 63{,}90 + 4 \cdot 63{,}90 = 566{,}10$ (OK)

$5 \cdot 60{,}90 = 304{,}50$ (OK)

$3 \cdot 60{,}90 + 2 \cdot 60{,}90 + 5 \cdot 63{,}90 + 63{,}90 = 687{,}90$ (OK)

Então, a resposta foi verificada.

5. Respondendo

Os preços de venda dos livros são: 6º e 7º anos, R$ 60,90 cada; 8º e 9º anos, R$ 63,90 cada.

6. Ampliando o problema

a) (FGV-SP/modificado) Quantas coleções completas (do 6º ao 9º ano) são vendidas diariamente em cada uma das livrarias?

b) (FGV-SP/modificado) Quando uma livraria compra 100 coleções completas (do 6º ao 9º ano), a editora emite uma fatura no valor de R$ 22963,20. Qual a porcentagem de desconto que a livraria recebe nesse caso?

c) **Discussão em equipe**

Em 2006, uma influente revista britânica, *The Economist*, causou polêmica com o artigo "Brasil, um país de não leitores", em que afirmava que a situação precária das bibliotecas públicas e o baixo índice de leitura dos brasileiros constituíam "motivo para vergonha nacional". Pense a respeito disso: Você é um dos brasileiros que leem pouco? E seus familiares? Deveríamos ler mais? Converse com seus colegas e exponha sua opinião.

» Exercícios

19 Escalone, classifique e resolva os sistemas lineares abaixo:

a) $\begin{cases} x + 3y + z = 0 \\ 3x - 3y + z = 8 \\ 2y + z = 0 \end{cases}$

b) $\begin{cases} x + 2y + 4z = 0 \\ 2x + 3y - z = 0 \\ x - 14z = 0 \end{cases}$

c) $\begin{cases} x + y + z = 4 \\ 2x + y - z = 10 \\ x - 2y = 1 \end{cases}$

20 Classifique e resolva o sistema $\begin{cases} x + y = 3 \\ 2x + 2y = 6 \\ 3x + 3y = 8 \end{cases}$.

21 Determine a solução do sistema $\begin{cases} x + 2y + z = 1 \\ 4x + 3y + 5z = 5 \\ 3x + y + 4z = 4 \end{cases}$.

22 Classifique o sistema linear $\begin{cases} 2x - y + z = 3 \\ x - 2y - z = 0 \\ 3x - y + 2z = 1 \end{cases}$.

23 Se (a, b, c) é solução do sistema $\begin{cases} x - y = 3 \\ x + z = 4 \\ y + 4z = 10 \end{cases}$, calcule o valor de abc.

24 Resolva o sistema $\begin{cases} x + y + z = -1 \\ x + z + w = 5 \\ y + z + w = 7 \\ x + y + w = 4 \end{cases}$.

25 Resolva a equação matricial $\begin{pmatrix} 1 & 4 & 7 \\ 2 & 3 & 6 \\ 5 & 1 & -1 \end{pmatrix} \begin{pmatrix} x \\ y \\ z \end{pmatrix} = \begin{pmatrix} 2 \\ 2 \\ 8 \end{pmatrix}$.

26 Determine o valor de **w** no sistema a seguir:

$$\begin{cases} x + y + z + w = 0 \\ 2x - y + w = 1 \\ y + z - 2w = 0 \\ 4y + 3z = 7 \end{cases}$$

27 *Preferência na fila ou fila preferencial?*

Há alguns anos, o modo de atender os clientes nos bancos era muito diferente do atual. Por exemplo, cada caixa atendia a uma fila formada diante de seu guichê de trabalho. A tabela abaixo simula uma situação de atendimento ao público para cada um dos caixas: caixa 1, caixa 2 e caixa 3, de acordo com a experiência e habilidade no trabalho de cada profissional, referente à quantidade total de clientes que devem ser atendidos por ele em sua jornada de trabalho.

Caixa	**Classificação** (cliente/hora)			**Total** (clientes/dia)
	Geral	**Idosos**	**PNE/Gestantes**	
1	10	8	5	51
2	6	6	4	34
3	8	7	5	43

(PNE é a sigla de Pessoa com Necessidades Especiais.)

Com base na tabela acima, e sabendo que as quantidades de horas por dia que cada caixa gasta com cada uma das classes de clientes são **x**, **y** e **z**, para as classes Geral, Idosos e PNE/Gestantes, respectivamente, determine o número de clientes idosos atendidos por dia pelos três caixas.

28 Tenho 156 moedas que pesam ao todo meio quilo e totalizam R$ 34,00. Sabendo que dentre elas há as de 1 real, que pesam 10 g cada, as de 50 centavos, que pesam 8 g cada, e as de 10 centavos, que pesam 2 g cada, quantas são as moedas de cada tipo?

29 Uma nutricionista vai preparar um suco a partir de três espécies de alimento: laranja, couve e gengibre. Ao pesquisar, obteve o seguinte resultado para a composição de cada um deles, em função de três componentes nutricionais, **A**, **B** e **C**:

	A	**B**	**C**
Laranja	1	3	4
Couve	2	3	5
Gengibre	3	0	3

Sabendo que para a elaboração de 1 copo de suco ela quer obter 11 unidades de **A**, 9 unidades de **B** e 20 unidades de **C**, e que 1 laranja custa R$ 0,60, 1 folha de couve, R$ 0,10 e 1 ramo de gengibre, R$ 0,10, calcule:

a) a quantidade de laranjas, folhas de couve e ramos de gengibre (tomados necessariamente inteiros) necessária para a elaboração de 1 copo de suco;

b) o custo de cada copo de suco.

30 Num campeonato, a vitória vale 2 pontos, o empate 1 ponto e a derrota zero. Uma equipe já acumula 7 pontos nos 10 primeiros jogos e ainda vai participar de mais 5 jogos. Quais são as possibilidades de resultados para essa equipe, se para ser vencedora precisa completar 12 pontos? É possível, nessas condições, que essa equipe não empate em nenhum jogo? E quanto às derrotas, é possível não haver alguma? Justifique.

31 O exercício anterior é representado por um sistema linear possível e indeterminado, mas o conjunto solução não é infinito. Ao contrário, possui um número finito de elementos maior que 1. Por quê?

Ainda analisando esse problema, responda:

a) Quantas são as possibilidades de resultados (número de vitórias, empates e derrotas), levando-se em conta as duas etapas mencionadas no enunciado?

b) Quantas são as possibilidades de resultados se não forem consideradas as duas etapas, ou seja, se a equipe participar de 15 jogos e precisar somar 12 pontos?

9. Discussão de um sistema linear

O processo de escalonamento pode também ser utilizado na discussão de sistemas lineares, caso seja conveniente.

Veja um exemplo.

Vamos discutir o sistema $\begin{cases} x + y = 0 \\ 4x + 3y = 5 \\ x + by = b \end{cases}$ usando escalonamento:

$$\begin{cases} x + y = 0 & \cdot(-4) \quad \cdot(-1) \\ 4x + 3y = 5 & \leftarrow + \\ x + by = b & \leftarrow + \end{cases} \Rightarrow$$

$$\Rightarrow \begin{cases} x + y = 0 \\ -y = 5 & \cdot(b-1) \\ (b-1)y = b & \leftarrow + \end{cases} \Rightarrow \begin{cases} x + y = 0 \\ -y = 5 \\ 0y = 6b - 5 \end{cases}$$

Se $6b - 5 = 0$, temos $b = \frac{5}{6}$, a 3ª equação é eliminada ($0y = 0$) e o sistema fica escalonado com duas equações e duas incógnitas: SPD com $S = \{(5, -5)\}$.

Se $6b - 5 \neq 0$, temos $b \neq \frac{5}{6}$, a 3ª equação fica impossível ($0y = 6b - 5 \neq 0$) e o sistema será impossível (SI).

Para discutir um sistema qualquer $n \times n$, é conveniente utilizar o cálculo do determinante da matriz dos coeficientes aliado ao escalonamento.

Primeiramente calcula-se o determinante de modo que seu valor não seja nulo, obtendo então as condições dos parâmetros para que o sistema seja SPD.

Depois, com o mesmo determinante, impõe-se que seu valor seja nulo para então substituirmos no sistema os valores obtidos a partir dessa condição (se houver mais de um valor para o mesmo parâmetro, teremos mais de um sistema a ser considerado).

Em seguida, escalona(m)-se o(s) sistema(s) obtido(s) até a última linha e, a partir dela, pode ser concluída a discussão do sistema de acordo com as classificações possíveis dos sistemas lineares escalonados.

Exemplo de aplicação

Discuta o sistema $\begin{cases} x - 2y + az = 1 \\ x - y - z = 2 \\ -x + 2y - 2z = b \end{cases}$ em função dos parâmetros **a** e **b**.

$$D = \begin{vmatrix} 1 & -2 & a \\ 1 & -1 & -1 \\ -1 & 2 & -2 \end{vmatrix} = a - 2$$

Para $D \neq 0 \Rightarrow a \neq 2$ (SPD).

Com $a = 2$, temos $D = 0$.

$$\begin{cases} x - 2y + 2z = 1 \\ x - y - z = 2 \\ -x + 2y - 2z = b \end{cases} \longrightarrow \text{escalonando} \longrightarrow$$

$$\longrightarrow \begin{cases} x - 2y + 2z = 1 \\ y - 3z = 1 \\ 0 = b + 1 \end{cases}$$

Observando a última linha, teremos uma igualdade verdadeira se $b + 1 = 0$, portanto, $b = -1$ (SPI).

A igualdade será falsa para $b + 1 \neq 0$ ou $b \neq -1$ (SI).

Portanto:

- $a \neq 2 \longrightarrow$ SPD
- $a = 2$ e $b = -1 \longrightarrow$ SPI
- $a = 2$ e $b \neq -1 \longrightarrow$ SI

Exercícios

32 Discuta os seguintes sistemas lineares:

a) $\begin{cases} x + y + z = 3 \\ x + 2y + 3z = 6 \\ 2x + 3y + 4z = a \end{cases}$

b) $\begin{cases} x + 2y + z = 0 \\ 2x + y + \lambda z = 0 \\ 3x + 3y + \lambda z = 0 \end{cases}$

33 Determine **a** para que o sistema $\begin{cases} -y + az = -2 \\ ax - 2y + 4z = -5 \\ x + y + z = a \end{cases}$ admita uma única solução.

34 Seja o sistema linear $\begin{cases} 2x + 3y - 4z = 1 \\ 3x + 4y + 3z = b \\ 5x + 7y + az = 8 \end{cases}$. Calcule os valores de **a** e **b** para que o sistema seja impossível.

10. Resolução de sistemas pela regra de Cramer

A regra de Cramer, uma das regras mais tradicionais para resolver sistemas de equações lineares, apresenta vantagens e desvantagens sobre outros métodos. A grande vantagem é que ela fornece os valores das incógnitas diretamente como quociente de dois determinantes. Mas, em comparação com o método do escalonamento, ela apresenta duas desvantagens. A primeira delas é que a *regra de Cramer só se aplica quando o determinante da matriz do sistema é diferente de zero*. A segunda é que geralmente é mais trabalhosa; por exemplo, dá mais trabalho calcular quatro determinantes do que escalonar um único sistema 3 × 3.

Consideremos o sistema de três equações lineares com três incógnitas:

$$\begin{cases} a_1x + b_1y + c_1z = d_1 \\ a_2x + b_2y + c_2z = d_2 \\ a_3x + b_3y + c_3z = d_3 \end{cases}$$

- Inicialmente, calcula-se **D**, o determinante da matriz dos coeficientes do sistema (matriz incompleta).

$$D = \begin{vmatrix} a_1 & b_1 & c_1 \\ a_2 & b_2 & c_2 \\ a_3 & b_3 & c_3 \end{vmatrix}$$

Se $D \neq 0$, podemos prosseguir, pois o sistema é possível e determinado (SPD).

Se $D = 0$, *não se aplica a regra de Cramer.*

- Em seguida, para cada incógnita que se quer determinar, calcula-se um novo determinante, que é o determinante da matriz obtida, substituindo-se, na matriz dos coeficientes, a coluna dos coeficientes da incógnita a ser determinada pela coluna dos termos independentes:

$$D_x \text{ (para determinar } \mathbf{x}) = \begin{vmatrix} d_1 & b_1 & c_1 \\ d_2 & b_2 & c_2 \\ d_3 & b_3 & c_3 \end{vmatrix}$$

$$D_y \text{ (para determinar } \mathbf{y}) = \begin{vmatrix} a_1 & d_1 & c_1 \\ a_2 & d_2 & c_2 \\ a_3 & d_3 & c_3 \end{vmatrix}$$

$$D_z \text{ (para determinar } \mathbf{z}) = \begin{vmatrix} a_1 & b_1 & d_1 \\ a_2 & b_2 & d_2 \\ a_3 & b_3 & d_3 \end{vmatrix}$$

- O valor de cada incógnita é o quociente de cada um desses determinantes por **D**, ou seja:

$$x = \frac{D_x}{D} \qquad y = \frac{D_y}{D} \qquad z = \frac{D_z}{D}$$

A regra de Cramer pode ser usada para qualquer sistema n × n, com $D \neq 0$.

Vamos demonstrá-la para um sistema 2 × 2:

Consideremos um sistema linear genérico 2 × 2 que seja determinado: $\begin{cases} a_1x + b_1y + c_1 \\ a_2x + b_2y = c_2 \end{cases}$ com $\frac{a_1}{a_2} \neq \frac{b_1}{b_2}$, ou seja, $a_1b_2 \neq a_2b_1$, ou, ainda, $a_1b_2 - a_2b_1 \neq 0$.

Observe sua resolução por adição:

$$\begin{cases} a_1x + b_1y = c_1 & \cdot (b_2) \\ a_2x + b_2y = c_2 & \cdot (-b_1) \end{cases} \Rightarrow \begin{cases} a_1b_2x + \cancel{b_1b_2y} = b_2c_1 \\ -a_2b_1x - \cancel{b_1b_2y} = -b_1c_2 \end{cases}$$

$$(a_1b_2 - a_2b_1)x = b_2c_1 - b_1c_2 \quad \text{(I)}$$

$$\begin{cases} a_1x + b_1y = c_1 & \cdot (-a_2) \\ a_2x + b_2y = c_2 & \cdot (a_1) \end{cases} \Rightarrow \begin{cases} \cancel{-a_1a_2x} + a_2b_1y = -a_2c_1 \\ \cancel{a_1a_2x} - a_1b_2y = a_1c_2 \end{cases}$$

$$(a_1b_2 - a_2b_1)y = a_1c_2 - a_2c_1 \quad \text{(II)}$$

Observe agora os determinantes de matrizes obtidas a partir do sistema:

$$D = \begin{vmatrix} a_1 & b_1 \\ a_2 & b_2 \end{vmatrix} = a_1b_2 - a_2b_1 \neq 0$$

$$D_x = \begin{vmatrix} c_1 & b_1 \\ c_2 & b_2 \end{vmatrix} = b_2c_1 - b_1c_2$$

$$D_y = \begin{vmatrix} a_1 & c_1 \\ a_2 & c_2 \end{vmatrix} = a_1c_2 - a_2c_1$$

Comparando as igualdades (I) e (II) com os valores de **D**, $\mathbf{D_x}$ e $\mathbf{D_y}$, podemos escrever $D \cdot x = D_x$ e $D \cdot y = D_y$.

Como $D \neq 0$, temos uma única solução para o sistema, dada por:

$$x = \frac{D_x}{D} \text{ e } y = \frac{D_y}{D}$$

Exemplos de aplicação

1 Resolva o sistema $\begin{cases} 2x - 5y = -2 \\ 3x + 2y = 16 \end{cases}$ pela regra de Cramer.

$$D = \begin{vmatrix} 2 & -5 \\ 3 & 2 \end{vmatrix} = 19 \neq 0 \qquad D_y = \begin{vmatrix} 2 & -2 \\ 3 & 16 \end{vmatrix} = 38$$

$$D_x = \begin{vmatrix} -2 & -5 \\ 16 & 2 \end{vmatrix} = 76$$

$$x = \frac{D_x}{D} = \frac{76}{19} = 4 \qquad y = \frac{D_y}{D} = \frac{38}{19} = 2$$

$S = \{(4, 2)\}$

2 Resolva o sistema $\begin{cases} 2x - y + z = 3 \\ x + y + z = 6 \\ x - y + 2z = 3 \end{cases}$.

$$D = \begin{vmatrix} 2 & -1 & 1 \\ 1 & 1 & 1 \\ 1 & -1 & 2 \end{vmatrix} = 5$$

Como $D = 5 \neq 0$, o sistema é SPD; então podemos prosseguir.

$$D_x = \begin{vmatrix} 3 & -1 & 1 \\ 6 & 1 & 1 \\ 3 & -1 & 2 \end{vmatrix} = 9 \qquad D_z = \begin{vmatrix} 2 & -1 & 3 \\ 1 & 1 & 6 \\ 1 & -1 & 3 \end{vmatrix} = 9$$

$$D_y = \begin{vmatrix} 2 & 3 & 1 \\ 1 & 6 & 1 \\ 1 & 3 & 2 \end{vmatrix} = 12$$

$$x = \frac{D_x}{D} = \frac{9}{5} \qquad z = \frac{D_z}{D} = \frac{9}{5}$$

$$y = \frac{D_y}{D} = \frac{12}{5}$$

A solução do sistema é dada pelo terno $\left(\frac{9}{5}, \frac{12}{5}, \frac{9}{5}\right)$.

Exercícios

35 Resolva os sistemas lineares abaixo usando a regra de Cramer:

a) $\begin{cases} 3x - 4y = 1 \\ x + 3y = 9 \end{cases}$ b) $\begin{cases} 2x + y = 4 \\ 3x - 2y = -1 \end{cases}$

36 O sistema linear $\begin{cases} x - 2y - 2z = -1 \\ x - y + z = -2 \\ 2x + y + 3z = 1 \end{cases}$ admite uma única solução; determine essa solução aplicando a regra de Cramer.

37 Resolva o sistema $\begin{cases} \cos a \cdot x + \text{sen } a \cdot y = \text{sen } a \\ -\text{sen } a \cdot x + \cos a \cdot y = \cos a \end{cases}$.

11. Sistemas lineares homogêneos

objeto digital

Se num sistema linear todos os termos independentes são nulos, o sistema é denominado *sistema linear homogêneo*.

Assim, são sistemas lineares homogêneos:

$$\begin{cases} 2x - y = 0 \\ x + y = 0 \end{cases} \qquad \begin{cases} x + 2y - z = 0 \\ 3x - 2y + z = 0 \\ x - 4y + 2z = 0 \end{cases}$$

Convém notar que um sistema linear homogêneo $n \times n$ (com $n \geq 2$) é sempre possível, pois admite pelo menos a solução (0, 0, 0), denominada *solução trivial*, *nula* ou *imprópria*.

Esses sistemas homogêneos, como são sempre possíveis, são os únicos que podem ser classificados apenas a partir do cálculo do determinante. Como não há chance de o sistema homogêneo ser SI, se o determinante for nulo, o sistema homogêneo será SPI. Mesmo assim, para resolver o sistema quando $D = 0$, teremos que escaloná-lo.

Exemplos de aplicação

1 Verifique se o sistema $\begin{cases} 2x + 5y = 0 \\ x - 3y = 0 \end{cases}$ é determinado ou indeterminado.

Podemos fazer de dois modos:

- Usando determinante:

$$D = \begin{vmatrix} 2 & 5 \\ 1 & -3 \end{vmatrix} = -11 \neq 0 \rightarrow \text{SPD}$$

- Usando escalonamento:

$$\begin{cases} x - 3y = 0 \quad \cdot(-2) \\ 2x + 5y = 0 \end{cases} \Rightarrow \begin{cases} x - 3y = 0 \\ 11y = 0 \end{cases} \rightarrow \text{SPD}$$

O sistema é determinado; logo, $S = \{(0, 0)\}$.

2 Determine **a** para que o sistema

$$\begin{cases} x + y - az = 0 \\ x + ay - z = 0 \\ x + (a + 1)y + z = 0 \end{cases}$$ admita outras soluções além da solução trivial (0, 0, 0).

Para que um sistema homogêneo 3×3 admita outras soluções além da trivial, devemos ter $D = 0$, ou seja:

$$\begin{vmatrix} 1 & 1 & -a \\ 1 & a & -1 \\ 1 & a+1 & 1 \end{vmatrix} = 0 \Rightarrow a - 1 = 0 \Rightarrow a = 1$$

Logo, $a = 1$.

Exercícios

objeto digital

38 Verifique se o sistema linear homogêneo

$\begin{cases} x + y + z = 0 \\ 2x + 2y + 4z = 0 \\ x + y + 3z = 0 \end{cases}$ é determinado ou indeterminado.

39 Para quais valores de **k** o sistema linear $\begin{cases} kx + 2y = 0 \\ kx + ky = 0 \end{cases}$ admite apenas a solução trivial?

40 Classifique quanto ao número de soluções o sistema linear

$$\begin{cases} x + y + 2z = 0 \\ x + 4y = 0 \\ x - y - 3z = 0 \end{cases}.$$

19
Capítulo

Análise combinatória

Analise a seguinte situação-problema:

Usando as 26 letras e os 10 algarismos conhecidos, quantas placas diferentes de automóvel podem ser feitas de modo que em cada uma existam três letras (não repetidas) seguidas de quatro algarismos (repetidos ou não)?

Problemas como esse envolvem o cálculo do número de agrupamentos que podem ser feitos com os elementos de um ou mais conjuntos, submetidos a certas condições.

Esses problemas constituem o que chamamos de *problemas de contagem*, pois interessa-nos, aqui, calcular *quantos* e não necessariamente *quais*.

1. Fatorial

Inicialmente, vamos estudar o conceito de *fatorial*, que será bastante útil ao longo do capítulo.

Considerando-se **n** números naturais, chamamos fatorial de **n** ou **n** fatorial o número n!, tal que:

- para n = 0: 0! = 1
- para n = 1: 1! = 1
- para $n \geq 2$: $n! = n \cdot (n-1) \cdot (n-2) \cdot ... \cdot 2 \cdot 1$ (produto dos **n** fatores, de **n** até 1)

Exemplos:

1º) $5! = 5 \cdot 4 \cdot 3 \cdot 2 \cdot 1 = 120$

2º) $4! = 4 \cdot 3 \cdot 2 \cdot 1 = 24$

3º) $2! = 2 \cdot 1 = 2$

Fique atento
Podemos escrever:
$n! = n(n-1)!$
$15! = 15 \cdot 14 \cdot 13!$

Exemplos de aplicação

1 Simplifique as expressões:

a) $\frac{20!}{18!}$ b) $\frac{48! + 49!}{50!}$ c) $\frac{n!}{(n+1)!}$

Podemos desenvolver o fatorial até um ponto conveniente, suficiente para que a expressão seja simplificada:

a) $\frac{20!}{18!} = \frac{20 \cdot 19 \cdot \cancel{18!}}{\cancel{18!}} = 380$

b) $\frac{\cancel{48!}\,(1 + 49)}{50 \cdot 49 \cdot \cancel{48!}} = \frac{\cancel{50}}{\cancel{50} \cdot 49} = \frac{1}{49}$

c) $\frac{n!}{(n+1)!} = \frac{\cancel{n!}}{(n+1)\cancel{n!}} = \frac{1}{n+1}$

Para refletir
Observe que esse desenvolvimento sempre é feito a partir do maior termo, indo em direção a 1.

2 (FEI-SP) Se $(n+4)! + (n+3)! = 15(n+2)!$, então:

a) n = 4.
b) n = 3.
c) n = 2.
d) n = 1.
e) n = 0.

Desenvolvendo cada fatorial da equação até chegar a um fator comum, temos:

$(n+4)! + (n+3)! = 15(n+2)! \Rightarrow$
$\Rightarrow (n+4)(n+3)(n+2)! + (n+3)(n+2)! =$
$= 15(n+2)! \Rightarrow (n+4)(n+3) + (n+3) = 15 \Rightarrow$
$\Rightarrow n^2 + 8n + 15 = 15 \Rightarrow n = 0$ ou
$n = -8$ (não convém)

Resposta: alternativa **e**.

Exercícios

1 Calcule o valor:

a) 6!
b) $\frac{7!}{4!}$
c) $\frac{500!}{499!}$
d) $\frac{5!}{3!2!}$
e) $\frac{20!}{18!2!}$
f) $\frac{10! + 9!}{8!}$

2 Simplifique:

a) $\frac{n!}{(n-2)!}$
b) $\frac{(n+1)!}{(n+2)!}$
c) $\frac{(n+3)!}{(n-2)!} \cdot \frac{(n-1)!}{(n+2)!}$

3 Determine o valor de **n** na equação $\frac{n!}{(n-2)!} = 56$.

4 Determine o valor de **n** na equação $(n+2)! + (n+1)! = 15 \cdot n!$.

5 Encontre o valor de **n**: $(n!)^2 - 25n! + 24 = 0$.

2. Princípio da multiplicação ou princípio fundamental da contagem

Acompanhe a seguir a resolução de alguns problemas.

1º) Uma pessoa quer viajar de Recife a Porto Alegre passando por São Paulo. Sabendo que há 5 roteiros diferentes para chegar a São Paulo partindo de Recife e 4 roteiros diferentes para chegar a Porto Alegre partindo de São Paulo, de quantas maneiras possíveis essa pessoa poderá viajar de Recife a Porto Alegre?

> **Para refletir**
> Dizemos que a viagem de Recife a Porto Alegre é um evento composto de duas etapas sucessivas e independentes. Quais são elas?

Para facilitar a compreensão vamos utilizar os esquemas seguintes:

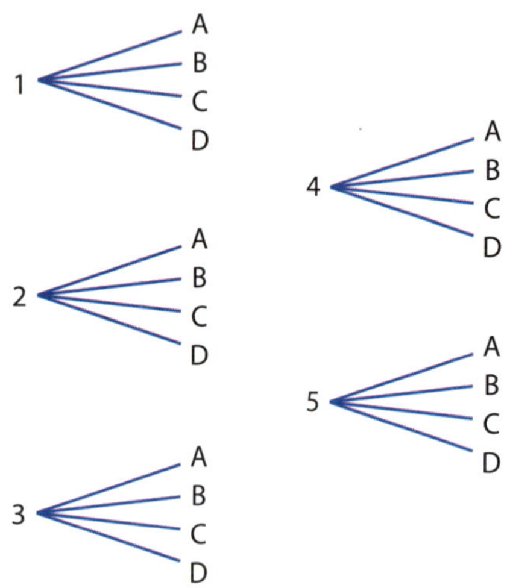

ou

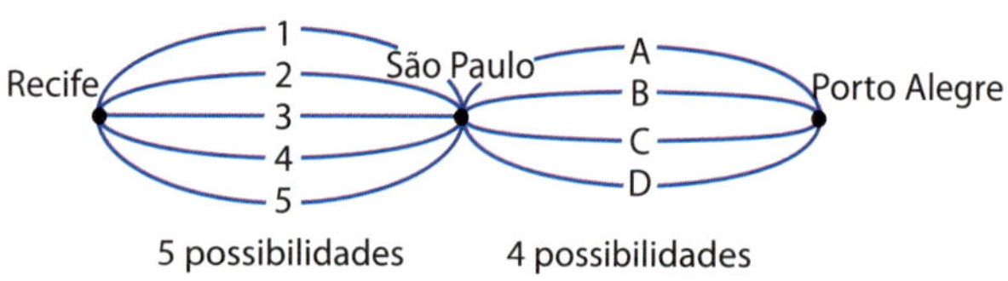

$5 \cdot 4 = 20$ possibilidades: 1A 1B 1C 1D 2A 2B 2C 2D 3A 3B 3C 3D 4A 4B 4C 4D 5A 5B 5C 5D

> **Você sabia?**
> Ao 1º esquema damos o nome de *árvore de possibilidades* ou *diagrama de árvore*.

Portanto, nas condições do problema, há 20 maneiras possíveis de viajar de Recife a Porto Alegre, passando por São Paulo.

2º) Ao lançarmos uma moeda e um dado, temos as seguintes possibilidades para o resultado (sendo **C**: cara e $\bar{C}$: coroa):

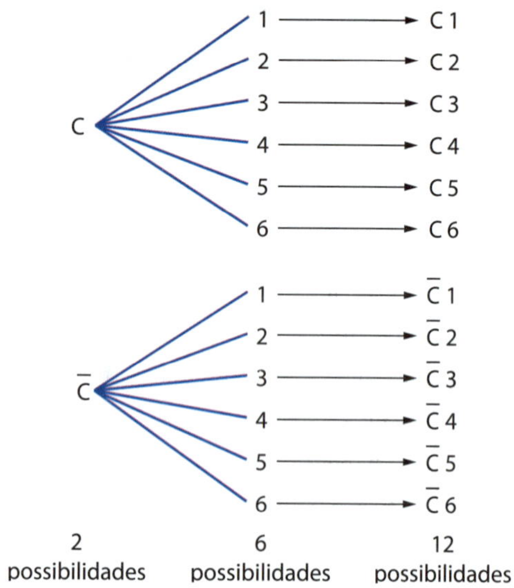

Observe que o evento tem duas etapas, com 2 possibilidades em uma e 6 possibilidades em outra, totalizando $2 \cdot 6 = 12$ possibilidades.

3º) Quantos números de 3 algarismos podem ser escritos nas seguintes condições: o algarismo das centenas corresponde a um múltiplo de 3, o das dezenas é 4 ou 7 e o das unidades corresponde a um múltiplo de 5? Neste caso, o número (evento) é composto de 3 etapas (algarismos):

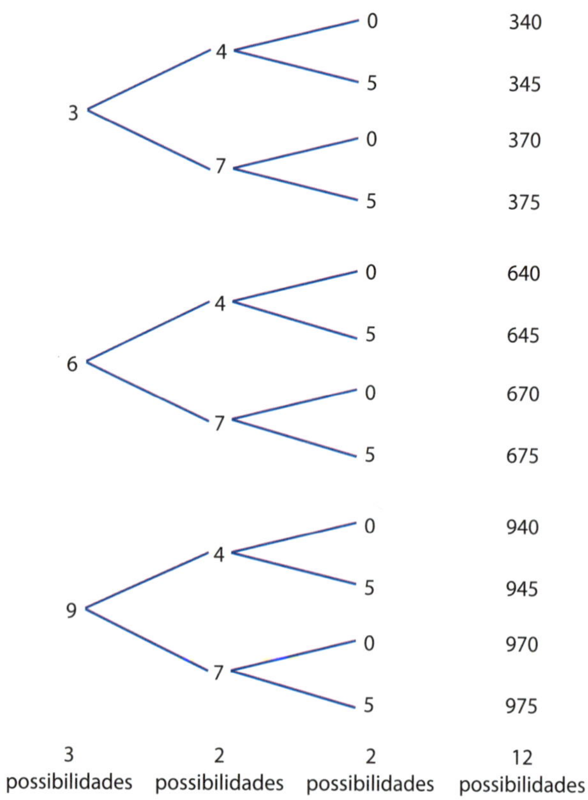

> **Para refletir**
> Mesmo sendo múltiplo de 3, o zero é excluído do algarismo das centenas, pois o número considerado deve ter 3 algarismos. Justifique.

Há 3 possibilidades para o algarismo das centenas, 2 possibilidades para o algarismo das dezenas e 2 possibilidades para o algarismo das unidades, totalizando $3 \cdot 2 \cdot 2 = 12$ possibilidades. Portanto, podemos escrever 12 números nas condições dadas.

De modo geral, podemos dizer:

> Se um evento é composto de duas etapas sucessivas e independentes de tal maneira que o número de possibilidades na 1ª etapa é **m** e para cada possibilidade da 1ª etapa o número de possibilidades na 2ª etapa é **n**, então o número de possibilidades de o evento ocorrer é dado pelo produto m · n.

Observação: O produto dos números de possibilidades vale para qualquer número de etapas independentes.

Exemplos de aplicação

1 Num restaurante há 2 tipos de salada, 3 tipos de pratos quentes e 3 tipos de sobremesa. Quais e quantas possibilidades temos para fazer uma refeição com uma salada, um prato quente e uma sobremesa?

Representando por $\mathbf{S_1}$ e $\mathbf{S_2}$ os dois tipos de salada; por $\mathbf{P_1}$, $\mathbf{P_2}$ e $\mathbf{P_3}$ os três tipos de pratos quentes; e por $\mathbf{s_1}$, $\mathbf{s_2}$ e $\mathbf{s_3}$ os três tipos de sobremesa, temos:

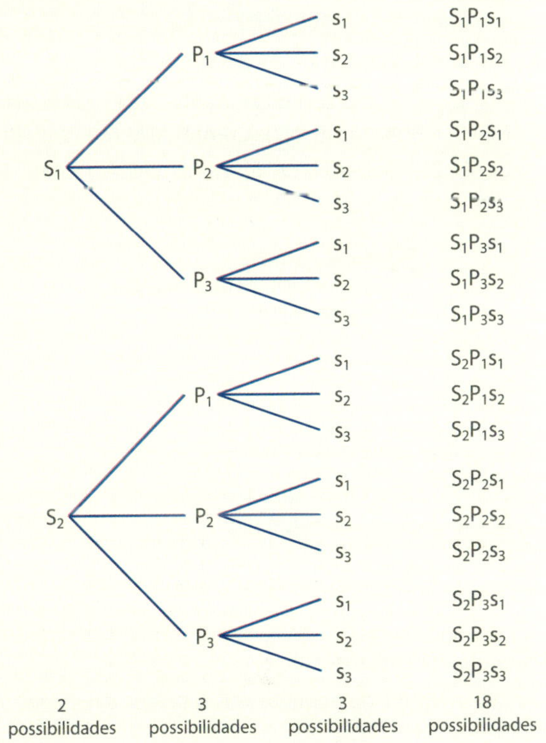

Portanto, o número total de possibilidades é $2 \cdot 3 \cdot 3 = 18$.

2 Quantos números de 3 algarismos podemos formar com os algarismos 1, 2, 3, 4, 5 e 6?

____ ____ ____
centena dezena unidade

Há 6 possibilidades para preencher a lacuna das centenas, 6 possibilidades para preencher a lacuna das dezenas e outras 6 possibilidades para preencher a lacuna das unidades, pois um algarismo pode aparecer mais de uma vez no mesmo número.

Portanto, temos $6 \cdot 6 \cdot 6 = 6^3$ possibilidades no total, o que indica que podemos escrever $6^3 = 216$ números de três algarismos com os algarismos 1, 2, 3, 4, 5 e 6.

3 Quantos números de 3 algarismos *distintos* podemos formar com os algarismos 1, 2, 3, 4, 5 e 6?

____ ____ ____
centena dezena unidade

Há 6 possibilidades para a centena, 5 possibilidades para a dezena e 4 possibilidades para a unidade, já que o exercício pede números de 3 algarismos distintos.

Então temos $6 \cdot 5 \cdot 4 = 120$ possibilidades, ou seja, podemos formar 120 números.

4 Com os algarismos 0, 1, 2, 3, 4, 5, 6 e 7:

a) quantos números de 3 algarismos podemos formar?

b) quantos números de 3 algarismos distintos podemos formar?

Neste caso, o zero apresenta uma restrição. Veja:

a) ____ ____ ____
centena dezena unidade

Há 7 possibilidades para a centena (0 não é permitido), 8 para a dezena e 8 para a unidade. Portanto, podemos formar $7 \cdot 8 \cdot 8 = 448$ números.

b) ____ ____ ____
centena dezena unidade

Com 3 algarismos distintos, há 7 possibilidades para a centena, 7 para a dezena e 6 para a unidade. Portanto, podemos formar $7 \cdot 7 \cdot 6 = 294$ números de 3 algarismos distintos com os algarismos 0, 1, 2, 3, 4, 5, 6 e 7.

Exercícios

6 Existem 2 vias de locomoção de uma cidade **A** para uma cidade **B** e 3 vias de locomoção da cidade **B** a uma cidade **C**. De quantas maneiras pode-se ir de **A** a **C**, passando por **B**?

7 De quantas maneiras diferentes pode-se vestir uma pessoa que tenha 5 camisas, 3 calças, 2 pares de meia e 2 pares de sapato?

8 Ao lançarmos sucessivamente 3 moedas diferentes, quantas e quais são as possibilidades de resultado?

9 Numa lanchonete há 5 tipos de sanduíche, 4 tipos de refrigerante e 3 tipos de sorvete. De quantas maneiras podemos tomar um lanche composto por 1 sanduíche, 1 refrigerante e 1 sorvete?

10 Quantos números de dois algarismos podemos formar sabendo que o algarismo das dezenas corresponde a um múltiplo de 2 (diferente de zero) e o algarismo das unidades a um múltiplo de 3?

11 Usando somente os algarismos 1, 2, 3, 4, 5 e 6:

a) quantos números de 2 algarismos podemos formar?

b) quantos números pares de 2 algarismos podemos formar?

c) quantos números ímpares de 2 algarismos podemos formar?

d) quantos números de 2 algarismos distintos podemos formar?

e) quantos números de 2 algarismos pares podemos formar?

12 Com os algarismos 0, 1, 2, 3, 4, e 5:

a) quantos números de 3 algarismos podemos formar?

b) quantos números de 3 algarismos distintos podemos formar?

c) quantos números ímpares de 3 algarismos distintos podemos formar?

d) quantos números pares de 3 algarismos podemos formar?

e) quantos números pares de 3 algarismos distintos podemos formar?

13 Uma prova de 7 questões do tipo "Verdadeiro ou Falso". De quantas maneiras um aluno pode responder essa prova aleatoriamente, ou seja, "chutando" as respostas?

14 Uma prova de vestibular consta de 90 questões do tipo teste, cada uma com 5 alternativas. O aluno deve preencher um cartão de respostas, assinalando em cada questão um quadradinho correspondente à resposta.

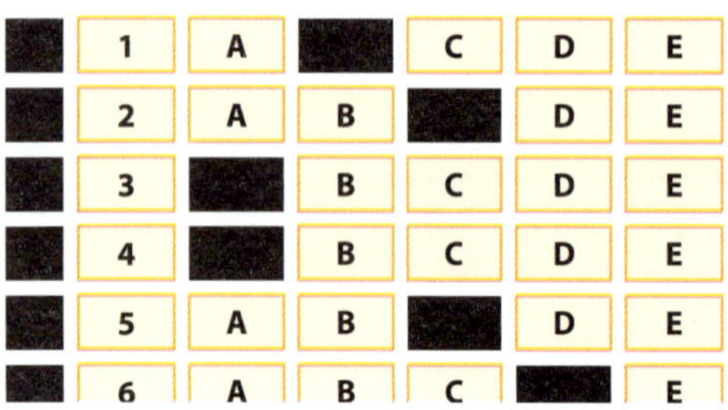

De quantas maneiras diferentes o cartão de respostas com as 90 questões dessa prova poderá ser preenchido aleatoriamente? (suponha que todas as 90 questões foram respondidas no cartão).

15 Um salão de festas possui 6 janelas. De quantas maneiras podemos escolher quais janelas estarão abertas ou fechadas, de modo que pelo menos uma das janelas esteja aberta?

3. Permutações simples

Permutar é sinônimo de trocar. Intuitivamente, nos problemas de contagem, devemos associar a permutação à noção de embaralhar, de trocar objetos de posição.

Vejamos agora quantos agrupamentos é possível formar quando temos **n** elementos e todos serão usados em cada agrupamento. Observe os exemplos:

1º) Quantos números de 3 algarismos (sem repeti-los num mesmo número) podemos formar com os algarismos 1, 2 e 3?

Podemos resolver por tentativa. Assim temos: 123, 132, 213, 231, 312 e 321. Concluímos então que são seis os números procurados. Podemos também fazer uma árvore de possibilidades:

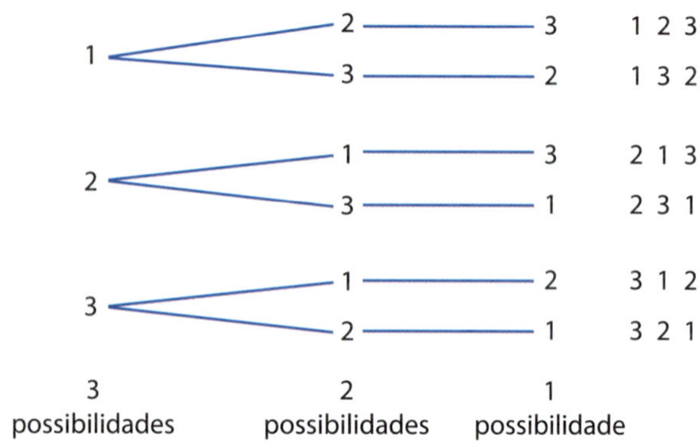

Pelo princípio fundamental da contagem temos $3 \cdot 2 \cdot 1 = 6$ possibilidades.

Observe que a *ordem dos algarismos* é muito importante. Todos os números diferem entre si pela ordem de seus algarismos.

2º) Quantos são os anagramas (diferentes disposições das letras de uma palavra) da palavra ANEL?

Pelo princípio fundamental da contagem temos $4 \cdot 3 \cdot 2 \cdot 1 = 24$ possibilidades, ou seja, são 24 anagramas.

A árvore de possibilidades ainda permite saber quais são os 24 anagramas da palavra ANEL:

ANEL, ANLE, AENL, AELN, ALEN, ALNE, NAEL, NALE, NEAL, NELA, NLAE, NLEA, EANL, EALN, ENAL, ENLA, ELAN, ELNA, LAEN, LANE, LNAE, LNEA, LEAN, LENA.

Para refletir
Construa, em seu caderno, a árvore de possibilidades.

Concluímos:

Se temos **n** elementos distintos, então o número de agrupamentos ordenados que podemos obter com todos esses **n** elementos é dado por:

$$n(n-1)(n-2) \cdot ... \cdot 3 \cdot 2 \cdot 1 = n!$$

Esses agrupamentos ordenados (diferem pela ordem) recebem o nome de *permutações simples*. Indicamos por $\mathbf{P_n}$ o número de permutações simples de **n** elementos:

$$P_n = n(n-1)(n-2) \cdot ... \cdot 3 \cdot 2 \cdot 1 = n!$$

Exemplos de aplicação

1 De quantas maneiras podem ser arrumados de forma horizontal três selos: 1 da Argentina, 1 do Brasil e 1 do Chile?

Podemos calcular diretamente o número de permutações simples de 3 elementos:

$P_3 = 3! = 3 \cdot 2 \cdot 1 = 6$

Logo, é possível arrumar os três selos de 6 maneiras diferentes.

2 Quantos anagramas tem a palavra DEUS?

Permutamos todas as letras da palavra DEUS.

Logo, $P_4 = 4! = 4 \cdot 3 \cdot 2 \cdot 1 = 24$. Temos, então, 24 anagramas.

3 Responda:

a) Quantos são os anagramas da palavra PERDÃO?

Basta calcular $P_6 = 6! = 6 \cdot 5 \cdot 4 \cdot 3 \cdot 2 \cdot 1 = 720$.

b) Quantos são os anagramas da palavra PERDÃO que iniciam com **P** e terminam em **O**?

Anagramas iniciados por **P** e terminados em **O**:

P _ _ _ _ O

Devemos permutar as 4 letras não fixas, ou seja, calcular P_4:

$P_4 = 4 \cdot 3 \cdot 2 \cdot 1 = 24$

Portanto, há 24 anagramas da palavra PERDÃO iniciados com **P** e terminados em **O**.

c) Quantos são os anagramas da palavra PERDÃO em que as letras **A** e **O** aparecem juntas e nessa ordem (ÃO)?

É como se a expressão ÃO fosse uma só letra: PERD(ÃO); assim, temos que calcular P_5:

$P_5 = 5 \cdot 4 \cdot 3 \cdot 2 \cdot 1 = 120$

d) Quantos são os anagramas da palavra PERDÃO em que **P** e **O** aparecem nos extremos?

P _ _ _ _ O

O _ _ _ _ P

Temos então $2P_4 = 2 \cdot 4! = 48$ anagramas

e) Quantos são os anagramas da palavra PERDÃO em que as letras PER aparecem juntas, em qualquer ordem?

Considerando PER como uma só letra, (PER)DÃO, temos que calcular P_4:

$P_4 = 4! = 24$

Como as 3 letras de PER podem aparecer em qualquer ordem, temos $P_3 = 3! = 6$ possibilidades de escrevê-las juntas.

Assim, o número total de anagramas pedido é:

$P_4 \cdot P_3 = 24 \cdot 6 = 144$ anagramas.

Exercícios

16 Quantas palavras (com significado ou não) de 3 letras podemos formar com as letras **A**, **L** e **I**? Quais são essas palavras?

17 Quantos números de 4 algarismos podemos escrever com os algarismos 2, 4, 6 e 8? E de 4 algarismos distintos?

18 De quantas maneiras uma família de 5 pessoas pode sentar-se num banco de 5 lugares para tirar uma foto?

19 De quantas maneiras uma família de 5 pessoas pode sentar-se num banco de 5 lugares, ficando duas delas (por exemplo, pai e mãe) sempre juntas, em qualquer ordem?

20 Quantos são os anagramas da palavra AMOR?

21 Quantos números naturais de algarismos distintos entre 5 000 e 10 000 podemos formar com os algarismos 1, 2, 4 e 6?

22 Considere todos os anagramas da palavra TEORIA.

a) Quantos são?

b) Quantos começam por TEO?

c) Quantos têm as letras TEO juntas nessa ordem?

d) Quantos têm as letras TEO juntas em qualquer ordem?

e) Quantos têm as vogais juntas, em ordem alfabética, e as consoantes juntas, em qualquer ordem?

23 Colocando-se todos os anagramas da palavra AMIGO listados em ordem alfabética (como em um dicionário):

a) qual será a 1ª palavra?

b) qual será a 2ª palavra?

c) qual será a 25ª palavra?

d) qual será a penúltima palavra?

e) qual será a 55ª palavra?

24 Colocando-se todos os anagramas da palavra ÂNGULO listados em ordem alfabética (como em um dicionário), em que posição da lista estará a palavra:

a) ÂGLNOU. **b)** UONLGÂ. **c)** ÂNGULO.

4. Permutações com repetição

Consideremos os exemplos:

1º) Quantos são os anagramas da palavra BATATA?

Se os **As** fossem diferentes e os **Ts** também, teríamos as letras **B**, A_1, A_2, A_3, T_1, T_2 e o total de anagramas seria $P_6 = 6!$.

Mas as permutações entre os 3 **As** não produzirão novo anagrama. Então precisamos dividir P_6 por P_3. O mesmo ocorre com os dois **Ts**: precisamos dividir também por P_2.

Portanto, o número de anagramas da palavra BATATA é:

$$\frac{P_6}{P_3 \cdot P_2} = \frac{6!}{3!2!} = \frac{6 \cdot 5 \cdot 4 \cdot \cancel{3!}}{\cancel{3!}2!} = 60$$

2º) Quantos anagramas tem a palavra PAPA?

Se a palavra tivesse as 4 letras distintas, teríamos

$P_4 = 4! = 4 \cdot 3 \cdot 2 = 24.$

Como a letra **A** e a letra **P** aparecem 2 vezes, devemos então fazer:

$$\frac{P_4}{P_2 \cdot P_2} = \frac{4!}{2!2!} = \frac{\not{4} \cdot 3 \cdot 2}{\not{2} \cdot \not{2}} = 6$$

Logo, a palavra PAPA tem 6 anagramas.

Para refletir
Quais são os 6 anagramas da palavra PAPA?

Generalizando:

A permutação de **n** elementos dos quais α é um tipo, β é outro e γ é outro ainda, com $\alpha + \beta + \gamma = n$, é dada por:

$$P_n^{\alpha, \beta, \gamma} = \frac{n!}{\alpha!\beta!\gamma!}$$

Exemplos de aplicação

1 **Quantos são os anagramas da palavra ARARA?**

Nesse caso, há 3 três letras **A**, 2 letras **R** e um total de 5 letras. Então:

$$P_5^{3, 2} = \frac{5!}{3!2!} = \frac{5 \cdot 4 \cdot \not{3!}}{\not{3!}2!} = 10$$

Logo, são 10 os anagramas da palavra ARARA.

2 **Quantos são os anagramas da palavra DEZESSETE?**

Nesse caso, há 4 letras **E** e 2 letras **S**, num total de 9 letras. Então, temos:

$$P_9^{4, 2} = \frac{9!}{4!2!} = \frac{9 \cdot 8 \cdot 7 \cdot 6 \cdot 5 \cdot \not{4!}}{\not{4!}2!} = 7560$$

3 **Quantos anagramas da palavra CAMARADA começam pela letra C?**

Fixamos a letra **C** como 1ª letra e fazemos:

$$P_7^{4, 1, 1, 1} = \frac{7!}{4!} = 7 \cdot 6 \cdot 5 = 210$$

Portanto, são 210 os anagramas de CAMARADA que começam por **C**.

4 **Quantos anagramas de CAMARADA começam com A?**

$\underbrace{\text{ACAMARAD}}$

$$P_7^{3, 1, 1, 1, 1} = \frac{7!}{3!} = 7 \cdot 6 \cdot 5 \cdot 4 = 840 \text{ anagramas}$$

5 **Determine quantas soluções naturais possui a equação $x + y + z = 6$.**

Como a soma dos valores de **x**, **y** e **z** é 6, consideraremos que precisamos separar 6 elementos em 3 partes. Cada modo de separarmos 6 elementos em 3 partes é uma solução da equação. Por exemplo:

•• | •• | •• equivale a $x = 2$, $y = 2$ e $z = 2$

• | ••••• equivale a $x = 1$, $y = 5$ e $z = 0$

|| •••••• equivale a $x = 0$, $y = 0$ e $z = 6$

Dessa forma, permutando as 6 bolinhas e os 2 separadores (2 separadores para separar em 3 partes) temos a quantidade de soluções naturais da equação dada:

$$P_8^{2, 6} = \frac{8!}{6!2!} = \frac{8 \cdot 7 \cdot \not{6!}}{\not{6!} \cdot 2 \cdot 1} = 28 \text{ soluções naturais}$$

Exercícios

25 Determine quantos são os anagramas das palavras:

a) MISSISSIPPI;
b) ARARAQUARA;
c) ABÓBORA;
d) BISCOITO;
e) ARARAQUARA que começam e terminam com **A**.

Para refletir
Por convenção não se considera a acentuação nos anagramas. Na palavra *abóbora*, por exemplo, a letra **o** com acento ou sem tem o mesmo significado.

26 Uma matriz quadrada 3×3 deve ser preenchida com 4 "zeros", 3 "cincos" e 2 "setes". De quantas maneiras podemos preencher essa matriz?

27 Um casal pretende ter 4 filhos, sendo 2 meninas e 2 meninos, em qualquer ordem de nascimento. Quantas são as ordens possíveis em que podem ocorrer esses 4 nascimentos?

28 Uma prova tem 10 questões do tipo teste, cada uma valendo 1 ponto. De quantos modos é possível tirar nota 7 nessa prova?

29 Quantas soluções inteiras e não negativas possui a equação $x + y + z = 10$?

30 Dez balas idênticas deverão ser distribuídas aleatoriamente entre 3 crianças. De quantos modos podemos fazer isso se cada criança deverá receber pelo menos duas balas?

31 Seguindo as linhas do diagrama abaixo, caminhando apenas para a direita e para cima, de quantas maneiras podemos ir do ponto **A** ao ponto **B**?

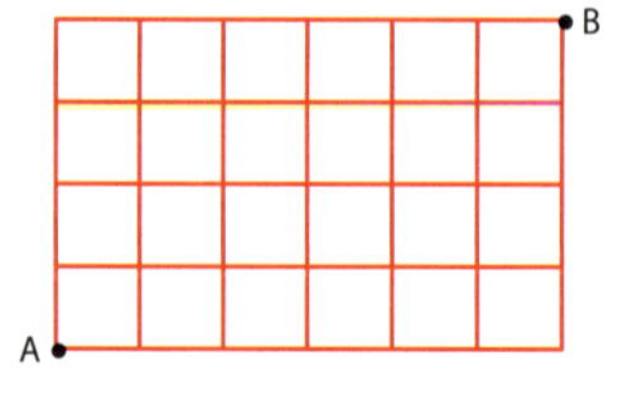

5. Arranjos simples

Vimos que permutação simples de **n** elementos é qualquer agrupamento ordenado desses **n** elementos. Agora, tendo **n** elementos, vamos estudar os *agrupamentos ordenados* de 1 elemento, 2 elementos, 3 elementos, ..., de **p** elementos, com $p \leq n$.

Observe os exemplos:

1º) Consideremos as letras **a**, **b**, **c** e **d**. Quais e quantos agrupamentos ordenados diferentes de 2 letras distintas é possível formar com elas?

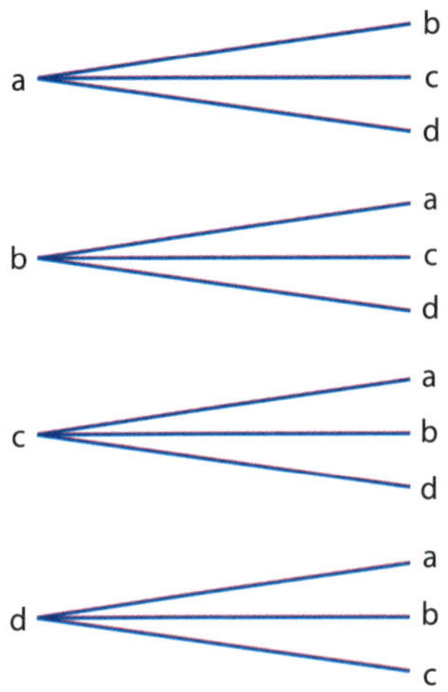

1ª posição
4 possibilidades

2ª posição
3 possibilidades

Na primeira posição temos 4 possibilidades (pois temos 4 elementos disponíveis). Na segunda posição, para cada uma das anteriores, temos 3 possibilidades (pois temos 3 elementos disponíveis).

Pelo princípio fundamental da contagem, há, no total, $4 \cdot 3 = 12$ possibilidades.

Os 12 agrupamentos ordenados diferentes são:

ab	ba	ca	da
ac	bc	cb	db
ad	bd	cd	dc

Esses agrupamentos são chamados de *arranjos simples*. Arranjamos 4 elementos 2 a 2 e o número desses arranjos foi 12. Escrevemos então:

$A_{4,\,2} = 4 \cdot 3 = 12$ (arranjo de 4 elementos tomados 2 a 2 é igual a 12)

2º) Usando os algarismos 2, 3, 5, 7 e 9, quantos números naturais de 3 algarismos distintos podemos formar?

___ centena ___ dezena ___ unidade

Há 5 possibilidades para o 1º algarismo, 4 para o 2º e 3 para o 3º.

No total podemos então formar $5 \cdot 4 \cdot 3 = 60$ números. Dizemos, neste exemplo, que fizemos arranjos de 5 elementos tomados 3 a 3, e o número desses arranjos é 60. Indicamos assim: $A_{5,\,3} = 5 \cdot 4 \cdot 3 = 60$.

Vejamos como calcular o número total desses agrupamentos no caso geral de **n** elementos arranjados **p** a **p**, com $n \geq p$, ou seja, como calcular $A_{n,\,p}$.

Para $n = p$ temos $A_{n,\,n} = P_n = n!$, já estudado.

Para $n > p$, temos **n** elementos distintos e vamos arranjá-los **p** a **p**. Construindo a árvore de possibilidades, temos:

na primeira posição: **n** possibilidades

(pois temos **n** elementos disponíveis)

na segunda posição: $(n - 1)$ possibilidades

(pois temos $(n - 1)$ elementos disponíveis)

na terceira posição: $(n - 2)$ possibilidades

⋮

(temos $(n - 2)$ elementos disponíveis)

na p-ésima posição: $n - (p - 1)$ possibilidades

(temos $n - (p - 1)$ elementos disponíveis)

Aplicando o princípio fundamental da contagem, temos que o número total de possibilidades é dado por:

$$A_{n,\,p} = \underbrace{n(n-1)(n-2) \cdot \ldots \cdot [n-(p-1)]}_{p \text{ fatores}}$$

Fique atento
$n - (p - 1)$ é o mesmo que $n - p + 1$.

Podemos ainda indicar $A_{n,\,p}$ por meio de fatoriais. Observe:

$$A_{n,\,p} = n(n-1)(n-2) \cdot \ldots \cdot (n-p+1)$$

Multiplicando esse número por $\dfrac{(n-p)!}{(n-p)!}$, temos:

$$A_{n,\,p} = n(n-1)(n-2) \cdot \ldots \cdot (n-p+1) \cdot \frac{(n-p)!}{(n-p)!} =$$

$$= \frac{n(n-1)(n-2) \cdot \ldots \cdot (n-p+1)(n-p)!}{(n-p)!} = \frac{n!}{(n-p)!}$$

Portanto:

$$A_{n,\,p} = \frac{n!}{(n-p)!}$$

Fique atento
Como $n > p$, multiplicar um número por $\dfrac{(n-p)!}{(n-p)!}$ significa multiplicá-lo por 1; logo, seu valor não se altera.

Resumindo:

Arranjos simples de **n** elementos tomados **p** a **p** ($p \leq n$) são os agrupamentos ordenados diferentes que se podem formar com **p** dos **n** elementos dados.

Indica-se por $A_{n,\,p}$ ou A_n^p total desses agrupamentos, que calculamos assim:

$$A_{n,\,p} = n(n-1)(n-2) \cdot \ldots \cdot (n-p+1)$$

ou

$$A_{n,\,p} = \frac{n!}{(n-p)!}$$

Fique atento

Usando a 2ª fórmula, podemos comprovar que:

$$A_{n,\,n} = \frac{n!}{(n-n)!} = \frac{n!}{0!} = \frac{n!}{1} = n!$$

Exemplos:

1º) $A_{10,\,4} = 10 \cdot 9 \cdot 8 \cdot \underset{(10-4+1)}{7} = 5040$ *ou*

$$A_{10,\,4} = \frac{10!}{6!} = \frac{10 \cdot 9 \cdot 8 \cdot 7 \cdot \cancel{6!}}{\cancel{6!}} = 5040$$

2º) $A_{8,\,2} = 8 \cdot \underset{(8-2+1)}{7}$ *ou* $A_{8,\,2} = \frac{8 \cdot 7 \cdot \cancel{6!}}{\cancel{6!}} = 56$

Observação: Você pode usar o conceito de *arranjo* ou o princípio fundamental da contagem para resolver problemas, como veremos nos exemplos de aplicação a seguir. Só compreendendo o que está sendo feito é que você saberá aplicar a fórmula. Por isso, pouco adianta apenas decorá-la.

Exemplos de aplicação

1 Quantos números de dois algarismos diferentes podemos escrever com os algarismos 1, 2, 3, 4, 5, 6, 7, 8 e 9?

1ª maneira: usando a fórmula

Procuramos agrupamentos de 2 elementos em que a ordem é importante, pois, por exemplo, $12 \neq 21$. Temos 9 elementos para serem arranjados 2 a 2. Assim, temos que calcular:

$$A_{9,\,2} = \frac{9!}{(9-2)!} = \frac{9!}{7!} = \frac{9 \cdot 8 \cdot \cancel{7!}}{\cancel{7!}} = 72$$

Portanto, existem 72 números de dois algarismos diferentes que podem ser escritos com os algarismos de 1 a 9.

2ª maneira: sem usar a fórmula

Para o algarismo das dezenas temos 9 opções e, para o algarismo das unidades, apenas 8 opções, pois não podemos repetir algarismos. Assim temos $9 \cdot 8 = 72$ possibilidades. Portanto, são 72 números.

2 Responda às seguintes questões:

a) Quantos anagramas podemos formar com as letras da palavra CONTAGEM?

$P_8 = 8! = 8 \cdot 7 \cdot 6 \cdot 5 \cdot 4 \cdot 3 \cdot 2 \cdot 1 = 40320$

b) Quantas "palavras" de 4 letras distintas podemos formar com as letras da palavra CONTAGEM?

1ª maneira: sem usar a fórmula

Temos 8 possibilidades para a 1ª letra, 7 para a 2ª, 6 para a 3ª e 5 para a 4ª letra. Assim, temos $8 \cdot 7 \cdot 6 \cdot 5 = 1680$ palavras.

2ª maneira: usando a fórmula

$A_{8,\,4} = 8 \cdot 7 \cdot 6 \cdot 5 = 1680$

c) Quantas dessas "palavras" começam com **E**?

1ª maneira: sem usar a fórmula

Fixando **E** como 1ª letra, restam 7 possibilidades para a 2ª letra, 6 para a 3ª e 5 para a 4ª letra. Assim, temos $7 \cdot 6 \cdot 5 = 210$.

2ª maneira: usando a fórmula

Fixando **E** como 1ª letra, temos que arranjar as 3 restantes das 7 que sobraram. Assim:

$A_{7,\,3} = 7 \cdot 6 \cdot 5 = 210$

d) Quantas terminam com TA?

1ª maneira: sem usar a fórmula

Fixando TA como 3ª e 4ª letras, restam 6 possibilidades para a 1ª letra e 5 para a 2ª. Assim, temos $6 \cdot 5 = 30$ palavras.

2ª maneira: usando a fórmula

Fixando as duas últimas como sendo TA, temos que arranjar as 2 iniciais das 6 que sobraram. Assim:

$A_{6,\,2} = 6 \cdot 5 = 30$

e) Quantas contêm a letra **M**?

1ª maneira: sem usar a fórmula

Fixando **M** como 1ª letra, restam 7 possibilidades para a 2ª letra, 6 para a 3ª e 5 para a 4ª letra. Assim, temos $7 \cdot 6 \cdot 5 = 210$ palavras com o **M** na 1ª posição. Da mesma forma, teremos 210 possibilidades para o **M** na 2ª posição, na 3ª posição e na 4ª posição. Assim, temos $4 \cdot 210 = 840$ palavras.

2ª maneira: usando a fórmula

Colocado o **M** temos $A_{7,\,3} = 7 \cdot 6 \cdot 5 = 210$ possibilidades para as outras letras. Como podemos colocar o **M** de quatro maneiras diferentes:

M _ _ _; _ M _ _; _ _ M _

e _ _ _ M, temos:

$4 \cdot 210 = 840$

f) Quantas não contêm a letra **M**?

1ª maneira: sem usar a fórmula

Sem o **M** teremos 7 letras para compor a palavra: 7 possibilidades para a 1ª letra, 6 para a 2ª, 5 para a 3ª e 4 para a 4ª letra. Assim, temos

$7 \cdot 6 \cdot 5 \cdot 4 = 840$ palavras.

2ª maneira: usando a fórmula

Retirando o **M**, passamos a ter 7 letras. Como os anagramas devem conter 4 letras, temos:

$A_{7,\,4} = 7 \cdot 6 \cdot 5 \cdot 4 = 840$

Observação: Também poderíamos ter feito 1 680 − 840 para obter 840, subtraindo o número de palavras obtido em **e** do número total obtido em **b**.

3 De quantas maneiras 5 meninos podem sentar-se num banco que tem apenas 3 lugares?

1ª maneira: usando a fórmula

Estamos interessados nos agrupamentos ordenados de 3 elementos, retirados de 5 elementos, ou seja:

$A_{5,\,3} = \dfrac{5!}{2!} = 5 \cdot 4 \cdot 3 = 60$

Portanto, há 60 maneiras possíveis.

2ª maneira: sem usar a fórmula

5 meninos são possíveis para o 1º lugar do banco, 4 para o 2º e 3 para o 3º. Então, são $5 \cdot 4 \cdot 3 = 60$ possibilidades.

4 Quantas frações diferentes (e não iguais a 1) podemos escrever usando os números 2, 3, 5, 7, 11 e 13?

1ª maneira: usando a fórmula

Nesse caso estamos procurando agrupamentos de dois elementos nos quais a ordem deles é $\left(\dfrac{2}{3} \neq \dfrac{3}{2}\right)$ e nos quais um mesmo número não pode ser repetido na mesma fração $\left(\dfrac{3}{3} = 1\right)$.

Esses agrupamentos de 2 elementos devem ser formados com os 6 elementos: 2, 3, 5, 7, 11 e 13. Logo, temos:

$A_{6,\,2} = \dfrac{6!}{4!} = 6 \cdot 5 = 30$

Portanto, podemos formar 30 frações nessas condições.

2ª maneira: sem usar a fórmula

Para o denominador temos 6 opções e, para o numerador, 5 opções. Então, $6 \cdot 5 = 30$ frações.

5 Um estudante tem 5 lápis de cores diferentes. De quantas maneiras diferentes ele poderá pintar os estados da região Sul do Brasil, cada um de uma cor?

1ª maneira: sem usar a fórmula

São 3 estados: Rio Grande do Sul, Paraná e Santa Catarina. Para pintar o Rio Grande do Sul há 5 possibilidades, para o Paraná, 4 possibilidades e para Santa Catarina, 3 possibilidades. Logo, $5 \cdot 4 \cdot 3 = 60$ possibilidades.

2ª maneira: usando a fórmula

Os estados do Sul do Brasil são 3: Paraná, Santa Catarina e Rio Grande do Sul. Logo, devemos calcular $A_{5,\,3}$.

$A_{5,\,3} = \dfrac{5!}{2!} = 5 \cdot 4 \cdot 3 = 60$

Portanto, há 60 maneiras diferentes de pintar os estados do Sul usando 5 cores.

6 Com os algarismos 1, 2, 3, 4, 5 e 6, quantos números de 3 algarismos distintos maiores que 300 podemos formar?

1ª maneira: sem usar a fórmula

Para algarismos maiores do que 300 é necessário que o algarismo da centena seja 3, 4, 5 ou 6. Assim, temos 4 possibilidades para a centena. Para a dezena, 5 possibilidades, pois não podemos repetir a centena, e para a unidade, 4 possibilidades. Assim, $4 \cdot 5 \cdot 4 = 80$ números.

2ª maneira: usando a fórmula

Temos as possibilidades:

- 3 __ __
- 4 __ __
- 5 __ __
- 6 __ __

Para preencher cada uma das lacunas temos $A_{5,\,2}$ possibilidades. Portanto, podemos formar:

$4A_{5,\,2} = 4(5 \cdot 4) = 80$ números

7 Com os algarismos 3, 5, 7 e 9 foram formados todos os números naturais possíveis de 3 algarismos e colocados em ordem crescente. Qual a posição do número 739?

Temos as possibilidades:

$\left.\begin{array}{l} \bullet\ 3\ \_\ \_ \rightarrow A_{3,2} = 6 \\ \bullet\ 5\ \_\ \_ \rightarrow A_{3,2} = 6 \end{array}\right\} 6 + 6 = 12$

- 7 3 5 → 13º número
- 7 3 9 → 14º número

Portanto, 739 é o 14º número.

8 Com os dígitos 3, 4 e 5, quantos números naturais de algarismos distintos podemos formar?

- de 1 algarismo: 3
- de 2 algarismos: $A_{3,\,2} = 3 \cdot 2 = 6$
- de 3 algarismos: $P_3 = 6$

total: 3 + 6 + 6 = 15 números

Exercícios

32 Calcule:

a) $A_{4,\,2}$

b) $A_{6,\,3}$

c) $A_{8,\,2}$

d) $A_{4,\,4}$

e) $A_{5,\,1}$

f) $A_{7,\,0}$

33 Determine a expressão correspondente a:

a) $A_{x,\,2}$

b) $A_{x\,-\,3,\,2}$

c) $A_{2x\,+\,1,\,3}$

34 Determine o valor de **x** nas equações:

a) $A_{x-1,2} = 30$

b) $A_{x,3} = x^3 - 40$

> **Para refletir**
> Procure resolver os exercícios 35 a 37 sem usar a fórmula e usando a fórmula.

dica Enem

35 Um clube tem 30 membros. A diretoria é formada por um presidente, um vice-presidente, um secretário e um tesoureiro. Se uma pessoa pode ocupar apenas um desses cargos, de quantas maneiras é possível formar uma diretoria?

36 Responda às questões:

a) Quantos números de 4 algarismos distintos podem ser formados pelos dígitos 4, 5, 6, 7 e 8?

b) Quantos desses números formados são ímpares?

37 De quantas maneiras podemos escolher um pivô e um ala num grupo de 12 jogadores de basquete?

38 Considere os algarismos 1, 2, 3, 4, 5, 6, 7, 8 e 9.

a) Quantos números de três algarismos distintos podemos escrever?

b) Quantos números de quatro algarismos distintos que terminem com 7 podemos escrever?

c) Quantos números de sete algarismos distintos que iniciem com 3 e terminem com 8 podemos escrever?

d) Quantos números de sete algarismos distintos podemos escrever com os algarismos 5 e 6 sempre juntos e nessa ordem?

39 Num sofá há lugares para 4 pessoas. De quantas maneiras diferentes podem sentar-se 6 pessoas?

40 Um estudante tem 6 lápis de cores diferentes. De quantas maneiras ele poderá pintar os estados da região Sudeste do Brasil (São Paulo, Rio de Janeiro, Minas Gerais e Espírito Santo), cada um de uma cor?

6. Combinações simples

Nos problemas de contagem, o conceito de combinação está intuitivamente associado à noção de escolher subconjuntos.

Observe com atenção estes dois exemplos:

1º) Ane, Elisa, Rosana, Felipe e Gustavo formam uma equipe. Dois deles precisam representar a equipe em uma apresentação. Quais e quantas são as possibilidades?

Representemos por **A**: Ane; **E**: Elisa; **R**: Rosana; **F**: Felipe e **G**: Gustavo. Precisamos determinar todos os subconjuntos de 2 elementos do conjunto de 5 elementos {A, E, R, F, G}. A ordem em que os elementos aparecem nesses subconjuntos não importa, pois Ane-Elisa, por exemplo, é a mesma dupla que Elisa-Ane.

Então, os subconjuntos de 2 elementos são: {A, E}, {A, R}, {A, F}, {A, G}, {E, R}, {E, F}, {E, G}, {R, F}, {R, G}, {F, G}.

A esses subconjuntos chamamos de combinações simples de 5 elementos tomados com 2 elementos, ou tomados 2 a 2, e escrevemos: $C_{5,2}$.

Como o número total dessas combinações é 10, escrevemos $C_{5,2} = 10$.

2º) Consideremos um conjunto com 5 elementos e calculemos o número de combinações simples de 3 elementos, ou seja, o número de subconjuntos com 3 elementos.

Conjunto com 5 elementos: {a, b, c, d, e}.

Combinações simples de 3 elementos: {a, b, c}, {a, b, d}, {a, b, e}, {a, c, d}, {a, c, e}, {a, d, e}, {b, c, d}, {b, c, e}, {b, d, e}, {c, d, e}.

Cada combinação dessas dá origem a 6 arranjos, permutando de todos os modos possíveis seus 3 elementos. Por exemplo: ao permutar todos os elementos da combinação {a, b, c} encontramos os arranjos: (a, b, c), (a, c, b), (b, a, c), (b, c, a), (c, a, b), (c, b, a). Isso significa que o número de arranjos de 5 elementos tomados 3 a 3 é seis vezes o número de combinações de 5 elementos tomados 3 a 3, ou seja:

$$A_{5,3} = 6C_{5,3}$$

Como o 6 foi obtido fazendo permutações dos 3 elementos de, por exemplo, {a, b, c}, temos $P_3 = 6$. Logo:

$$A_{5,3} = P_3 \cdot C_{5,3}$$

ou

$$C_{5,3} = \frac{A_{5,3}}{P_3} = \frac{\frac{5!}{(5-3)!}}{3!} = \frac{5!}{3!(5-3)!} = \frac{5 \cdot 4 \cdot 3!}{3!2!} =$$

$$= \frac{20}{2} = 10$$

A cada combinação de **n** elementos tomados **p** a **p** correspondem p! arranjos que são obtidos permutando-se os elementos da combinação, ou seja:

$$C_{n,p} = \frac{A_{n,p}}{p!} = \frac{\frac{n!}{(n-p)!}}{p!} = \frac{n!}{p!(n-p)!}$$

Então:

$$C_{n,p} = \frac{A_{n,p}}{p!} \text{ ou } C_{n,p} = \frac{n!}{p!(n-p)!}$$

> Combinações simples de **n** elementos tomados **p** a **p** ($p \leq n$) são os subconjuntos com exatamente **p** elementos que se podem formar com os **n** elementos dados.
>
> Indica-se por $C_{n,p}$, C_n^p ou $\binom{n}{p}$ o número total de combinações de **n** elementos tomados **p** a **p** e calcula-se por $C_{n,p} = \dfrac{n!}{p!(n-p)!}$ ou $C_{n,p} = \dfrac{A_{n,p}}{p!}$.

Observações:

1ª) Como são subconjuntos de um conjunto, *a ordem dos elementos não importa*. Só consideramos subconjuntos distintos os que diferem pela natureza dos seus elementos.

2ª) Como foi observado acima, do mesmo modo que se obtém a fórmula da combinação por meio da divisão de um arranjo pela permutação, podemos obter a combinação sem usar a fórmula, calculando o arranjo e dividindo o resultado pela permutação dos elementos escolhidos.

Uma propriedade importante das combinações

Observemos que:

$C_{3,2} = C_{3,1}$, pois $C_{3,2} = 3$ e $C_{3,1} = 3$

$2 + 1 = 3$

$C_{5,3} = C_{5,2}$, pois $C_{5,3} = \frac{A_{5,3}}{3!} = \frac{5 \cdot 4 \cdot 3}{3 \cdot 2 \cdot 1} = 10$ e

$3 + 2 = 5$

$$C_{5,2} = \frac{A_{5,2}}{2!} = \frac{5 \cdot 4}{2 \cdot 1} = 10$$

Fique atento
Dado um conjunto de 5 elementos, para cada subconjunto de 3 elementos sobra um de 2 elementos.
Daí $C_{5,3} = C_{5,2}$.

De modo geral, vale a propriedade:

$$C_{n,p} = C_{n,n-p}$$

pois:

$$C_{n,p} = \frac{n!}{p!(n-p)!} = \frac{n!}{(n-p)!p!} = \frac{n!}{(n-p)!\,(n-(n-p))!} =$$

$$= C_{n,n-p}$$

Essa propriedade é muito útil para simplificar os cálculos e é conhecida por igualdade de combinações complementares.

Exemplos:

1º) $C_{100,98} = C_{100,2} = \frac{100 \cdot 99}{2 \cdot 1} = 4950$

2º) $C_{43,42} = C_{43,1} = 43$

Para refletir
Para p = n, temos $C_{n,n}$. Qual é seu valor?

» Exemplos de aplicação

1 Calcule o valor da combinação simples em cada item:

a) $C_{6,3}$

$$C_{6,3} = \frac{6!}{3!(6-3)!} = \frac{6!}{3!3!} = \frac{6 \cdot 5 \cdot 4 \cdot \cancel{3!}}{3!\cancel{3!}} =$$

$$= \frac{6 \cdot 5 \cdot 4}{3 \cdot 2 \cdot 1} = 20$$

ou

$$C_{6,3} = \frac{A_{6,3}}{3!} = \frac{\cancel{6} \cdot 5 \cdot 4}{\cancel{3} \cdot \cancel{2} \cdot 1} = 20$$

b) $C_{5,2}$

$$C_{5,2} = \frac{5!}{2!(5-2)!} = \frac{5!}{2!3!} = \frac{5 \cdot 4 \cdot \cancel{3!}}{2!\cancel{3!}} = 10 \text{ ou}$$

$$C_{5,2} = \frac{5 \cdot 4}{2 \cdot 1} = 10$$

c) C_4^3

$$C_4^3 = \frac{4!}{3!(4-3)!} = \frac{4!}{3!1!} = \frac{4 \cdot \cancel{3!}}{\cancel{3!}1!} = 4$$

ou

$$C_4^3 = \frac{4 \cdot 3 \cdot 2}{3 \cdot 2 \cdot 1} = 4$$

d) $\binom{4}{2}$

$$\binom{4}{2} = \frac{4!}{2!(4-2)!} = \frac{4!}{2!2!} = \frac{4 \cdot 3}{2} = 6$$

ou

$$\binom{4}{2} = \frac{4 \cdot 3}{2 \cdot 1} = 6$$

e) $C_{21,19}$

$$C_{21,19} = C_{21,2} = \frac{21 \cdot 20}{2 \cdot 1} = 210$$

2 No primeiro dia de aula de Matemática do 2º ano, 30 alunos estavam presentes na sala de aula. Para se conhecerem melhor, o professor sugeriu que cada aluno cumprimentasse o outro com um aperto de mão e uma breve apresentação. Qual foi o total de apertos de mão?

» Resolução passo a passo

1. Lendo e compreendendo

a) O que é dado no problema?

O problema informa que há 30 alunos numa sala de aula. Eles vão se cumprimentar com um aperto de mão e uma pequena apresentação.

b) O que se pede?

Pede-se o número total de cumprimentos (apertos de mão) entre os alunos.

c) Entendendo melhor o enunciado

Se apenas 2 alunos estivessem na sala, teríamos 1 cumprimento. Por exemplo, se Pedro cumprimenta Maria, Maria cumprimentará Pedro, e isso conta apenas 1 cumprimento, e não 2.

2. Planejando a solução

Há várias estratégias para resolver este problema. Vejamos três delas:

- *1ª estratégia* – Elaborando diagramas e analisando casos mais simples.
- *2ª estratégia* – Elaborando uma tabela, descobrindo regularidades e usando progressão aritmética (PA).
- *3ª estratégia* – Usando raciocínio combinatório, isto é, usando a ideia de combinação.

Vamos obter a solução pela 3ª estratégia.

3. Executando o que foi planejado

De acordo com a 3ª estratégia, usaremos a ideia de combinação para obter a solução. São 30 alunos que vão se cumprimentar. Já vimos que não importa a ordem no cumprimento, ou seja, quando **A** cumprimenta **B**, **B** já cumprimentou **A** (não conta duas vezes, conta uma vez só). Assim, estamos combinando 30 alunos, dois a dois. Para encontrar o número total de combinações, fazemos:

$$C_{30,\,2} = \frac{30!}{2!(30-2)!} = \frac{30 \cdot 29 \cdot \cancel{28!}}{2!\,\cancel{28!}} = \frac{30 \cdot 29}{2} = \frac{870}{2} = 435$$

Assim, temos 435 cumprimentos.

4. Verificando

Para verificar o resultado, usaremos a 2ª estratégia:

Elaborando uma tabela, descobrindo regularidades e usando PA. Observe os diagramas e a tabela a seguir:

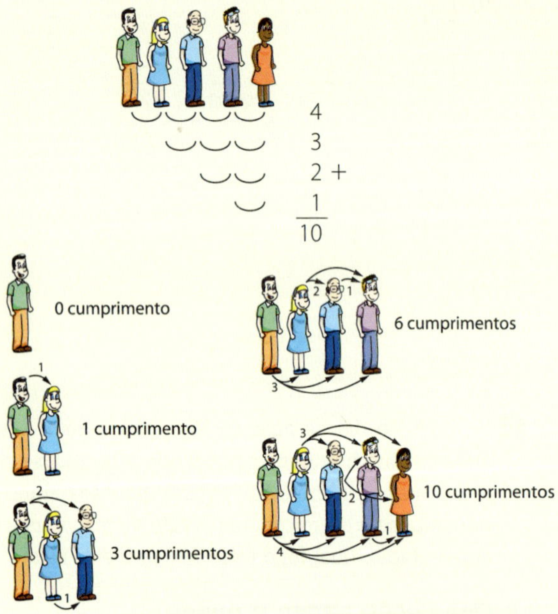

Número de pessoas	Número de cumprimentos
1	0
2	1
3	3 = 1 + 2
4	6 = 1 + 2 + 3
5	10 = 1 + 2 + 3 + 4
⋮	⋮
10	1 + 2 + 3 + 4 + 5 + 6 + 7 + 8 + 9
⋮	⋮
30	1 + 2 + 3 + ... + 28 + 29

Observe a regularidade:

a) para 4 pessoas, temos 1 + 2 + 3 = 6 cumprimentos

b) para 5 pessoas, temos 1 + 2 + 3 + 4 = 10 cumprimentos

c) o último número da expressão 1 + 2 + 3 + 4 é igual ao número de pessoas menos 1

Seguindo esse padrão, para 30 pessoas teremos: 1 + 2 + 3 + 4 + ... + 28 + 29 cumprimentos.

A sequência 1, 2, 3, 4, ..., 28, 29 é uma PA de razão igual a 1, na qual o primeiro termo é 1, o último termo é 29 e o número de termos é 29.

Já estudamos que a soma de uma PA finita é dada por $S_n = \frac{(a_1 + a_n)n}{2}$. Nesse caso, $a_1 = 1$, $a_n = 29$ e $n = 29$.

Assim:

$$S_{29} = \frac{(1+29)29}{2} = \frac{30 \cdot 29}{2} = \frac{870}{2} = 435$$

Portanto, teremos 435 cumprimentos.

Desta forma, o resultado foi verificado.

Também poderíamos ter usado a 1ª estratégia para verificar, observe:

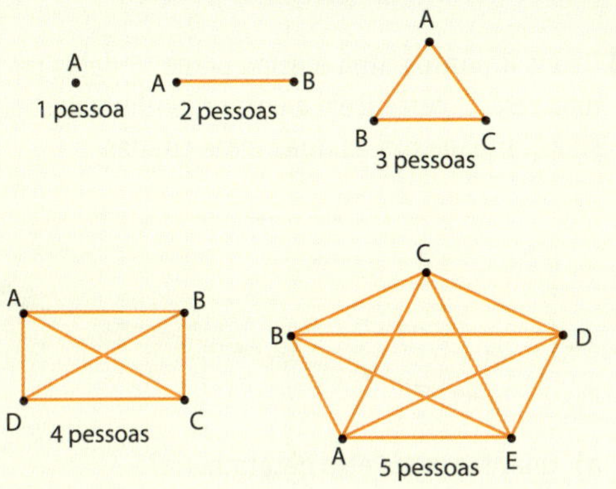

Os diagramas acima representam os cumprimentos para 1, 2, 3, 4 e 5 pessoas.

Observe que o problema dos cumprimentos se reduz à contagem do número de segmentos necessários para conectar vários números de pontos.

Vamos ver o caso de 4 pessoas. **A** cumprimenta 3 pessoas: **B**, **C** e **D** (3 cumprimentos). **B** também cumprimenta 3 pessoas: **A**, **C** e **D** (3 cumprimentos), e assim por diante. Cada pessoa cumprimenta outras 3 pessoas. Parece então que teremos $4 \cdot 3$ ou 12 cumprimentos. Mas note que os cumprimentos entre **A** e **B** foram contados duas (2) vezes. Isso ocorre com cada uma das 4 pessoas. Consequentemente, cada cumprimento foi contado duas vezes. Assim, para obter a resposta, precisamos dividir 12 por 2, ou seja, fazer $\frac{4 \cdot 3}{2}$ ou 6, que é igual ao número de segmentos de reta traçados na figura ($\overline{AB}$, $\overline{AC}$, $\overline{AD}$, $\overline{BC}$, $\overline{BD}$, $\overline{CD}$).

Faça esse mesmo raciocínio para o caso de haver 5 pessoas. Você descobrirá que serão $\frac{5 \cdot 4}{2}$ ou 10 cumprimentos ou 10 segmentos de reta ligando 5 pontos não alinhados do plano. Podemos generalizar esse raciocínio para um número qualquer de pessoas. Usando a estratégia acima, nosso problema fica resolvido fazendo $\frac{30 \cdot 29}{2} = \frac{870}{2}$ ou 435 cumprimentos.

5. Respondendo

Quando 30 alunos se cumprimentam com um aperto de mão, há 435 cumprimentos no total.

6. Ampliando o problema

a) E se fossem 20 alunos, qual seria o total de cumprimentos? Escolha uma das maneiras e resolva.

b) **Discussão em equipe**

Troque ideias com seus colegas sobre qual maneira de resolver o problema foi a mais criativa, qual foi a mais fácil, qual foi a mais rápida. Justifiquem suas escolhas.

3 De quantas maneiras diferentes um técnico pode escalar seu time de basquete tendo 12 atletas à sua disposição?

1ª maneira: usando a fórmula

Procuramos o número total de subconjuntos (ou combinações) de um conjunto de 12 elementos. A ordem não importa; cada subconjunto difere um do outro apenas pela natureza dos seus elementos. Assim, procuramos:

$$C_{12,5} = \frac{A_{12,5}}{5!} = \frac{\cancel{12} \cdot 11 \cdot \cancel{10} \cdot 9 \cdot 8}{\cancel{5} \cdot \cancel{4} \cdot \cancel{3} \cdot \cancel{2} \cdot 1} = 11 \cdot 9 \cdot 8 = 792$$

Portanto, podemos formar 792 times de basquete diferentes com 12 atletas.

2ª maneira: sem usar a fórmula

São 5 jogadores a serem escolhidos entre 12. Então, teríamos $12 \cdot 11 \cdot 10 \cdot 9 \cdot 8 = 95\,040$ possibilidades se estivéssemos calculando um arranjo. Como é uma combinação, então devemos dividir o resultado pelo fatorial dos elementos escolhidos (5 elementos):

$$\frac{12 \cdot 11 \cdot 10 \cdot 9 \cdot 8}{5!} = 792 \text{ possibilidades}$$

4 Em um plano marcamos 6 pontos distintos, dos quais 3 nunca estão em linha reta.

a) Quantos segmentos de reta podemos traçar ligando-os 2 a 2?

Marcamos 6 pontos num plano, no qual não existem 3 alinhados.

Como em cada segmento temos 2 extremos e, por exemplo, o segmento $\overline{AD}$ é o mesmo que o segmento $\overline{DA}$, o número de segmentos é $C_{6,2} = \frac{6 \cdot 5}{2} = 15$.

Portanto, podemos traçar 15 segmentos de retas.

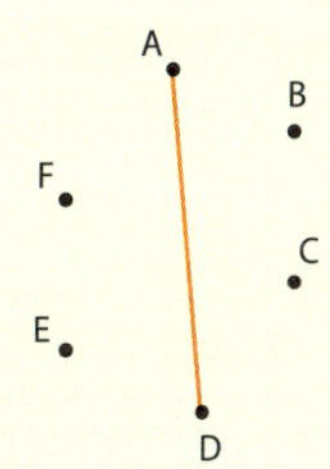

b) Quantos triângulos podemos formar tendo sempre 3 deles como vértices?

Como cada triângulo fica determinado por 3 pontos não colineares, temos, independentemente da ordem deles:

$$C_{6,3} = \frac{\cancel{6} \cdot 5 \cdot 4}{\cancel{3} \cdot \cancel{2} \cdot 1} = 5 \cdot 4 = 20$$

Logo, podemos formar 20 triângulos.

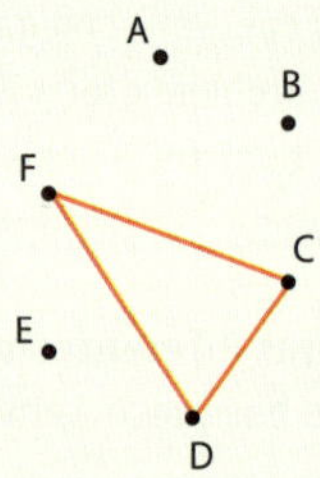

5 O conselho desportivo de uma escola é formado por 2 professores e 3 alunos. Candidataram-se 5 professores e 30 alunos. De quantas maneiras diferentes esse conselho pode ser eleito?

Se escolhermos os professores de **x** maneiras e os alunos de **y** maneiras, pelo princípio fundamental da contagem escolheremos os professores e alunos de xy maneiras. Assim:

- escolha dos professores:

$$C_{5,2} = \frac{5!}{2!3!} = \frac{5 \cdot 4 \cdot \cancel{3!}}{2!\cancel{3!}} = \frac{5 \cdot 4}{2 \cdot 1} = 10$$

- escolha dos alunos:

$$C_{30,3} = \frac{30!}{3!27!} = \frac{30 \cdot 29 \cdot 28 \cdot \cancel{27!}}{3!\cancel{27!}} =$$

$$= \frac{30 \cdot 29 \cdot 28}{3 \cdot 2} = 4060$$

Logo:

$C_{5,2} \cdot C_{30,3} = 10 \cdot 4060 = 40\,600$

Portanto, o conselho pode ser eleito de 40 600 maneiras diferentes.

6 Num voo da ponte aérea Rio-São Paulo, há apenas 7 lugares disponíveis e um grupo de 10 pessoas pretende embarcar nesse voo. De quantas maneiras é possível lotar o avião?

Estamos procurando todos os subconjuntos (combinações) de 7 pessoas formados de um grupo de 10 pessoas. Daí:

$$C_{10,7} = C_{10,3} = \frac{10 \cdot 9 \cdot 8}{3 \cdot 2} = 120$$

Logo, há 120 maneiras possíveis de lotar o avião.

7 Após uma reunião de negócios, foram trocados um total de 15 apertos de mão. Sabendo que cada executivo cumprimentou todos os outros, qual o número de executivos que estavam presentes nessa reunião?

Aqui temos um problema inverso. Sabemos que $C_{n,2} = 15$ e procuramos o valor de **n**:

$$\frac{n!}{2!(n-2)!} = \frac{n(n-1)\cancel{(n-2)!}}{2!\cancel{(n-2)!}} = \frac{n(n-1)}{2} = 15 \Rightarrow$$

$\Rightarrow n^2 - n - 30 = 0 \Rightarrow n = 6$ ou $n = -5$

Portanto, o número de executivos era 6 (**n** não pode ser negativo).

Para conferir, verifique que $C_{6,2} = 15$.

8 Dados 8 pontos num mesmo plano, 5 deles pertencem a uma reta, 3 pertencem a outra e nenhum destes pertence simultaneamente às duas retas citadas.

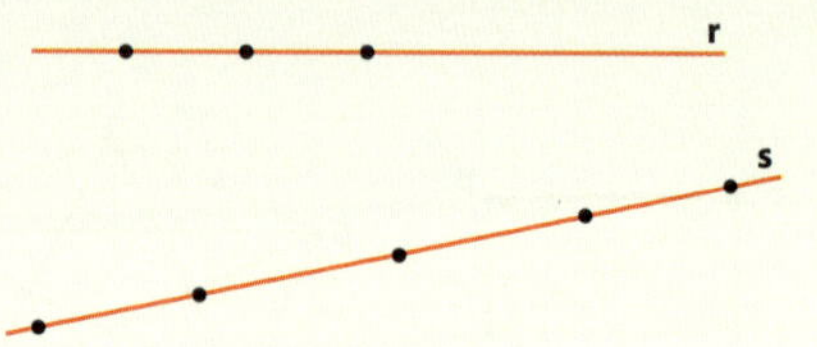

a) Quantas retas eles determinam?

Para cada ponto de **r** com um dos 5 pontos de **s** temos $C_{5,1}$ retas. Como são 3 pontos em **r**, temos $3C_{5,1}$. Considerando ainda as retas **r** e **s**, temos o total de $3C_{5,1} + 2$ retas, ou seja:

$$3 \cdot \frac{5!}{1!4!} + 2 = 3 \cdot 5 + 2 = 17$$

Portanto, ficam determinadas 17 retas.

Outra resolução:

$5C_{3,1} + 2 = 17$

> **Fique atento**
> A resolução do item **a** pode ser feita, diretamente, também assim:
> $3 \cdot 5 + 2 = 17$

b) Quantos triângulos eles determinam?

Um triângulo fica determinado quando temos:

I) um ponto em **r** e dois em **s**;

II) um ponto em **s** e dois em **r**.

Calculemos essas duas possibilidades e somemos:

I) Temos 5 pontos em **s** e precisamos de 2. Vamos combiná-los 2 a 2:

$$C_{5,2} = \frac{5!}{2!3!} = 10$$

Como em **r** há 3 pontos e podemos considerar qualquer um deles, temos:

$3C_{5,2} = 3 \cdot 10 = 30$ possibilidades

II) Da mesma forma, temos 3 pontos em **r** e precisamos de 2. Combinando-os 2 a 2, temos:

$$C_{3,\,2} = \frac{3!}{2!1!} = 3.$$

Como em **s** há 5 pontos e podemos considerar qualquer um deles, temos:

$$5C_{3,\,2} = 5 \cdot 3 = 15 \text{ possibilidades}$$

Juntando as possibilidades, temos:

$$3C_{5,\,2} + 5C_{3,\,2} = 30 + 15 = 45$$

Portanto, são determinados 45 triângulos com esses 8 pontos.

***Outra resolução*:**

Os 8 pontos agrupados 3 a 3 formam

$$C_{8,\,3} = \frac{8 \cdot 7 \cdot 6}{3 \cdot 2} = 56.$$

Os 3 pontos de **r** agrupados 3 a 3 formam $C_{3,\,3} = 1$ (não é triângulo).

Os 5 pontos de **s** agrupados 3 a 3 formam

$$C_{5,\,3} = \frac{5 \cdot 4 \cdot 3}{3 \cdot 2} = 10 \text{ (não são triângulos).}$$

Portanto, o total de triângulos é:

$$56 - 1 - 10 = 45$$

9 **De quantas maneiras podemos colocar 10 bolas em 3 urnas, de modo que fiquem 2 bolas na primeira urna, 3 bolas na segunda urna e 5 bolas na terceira?**

Há $C_{10,\,2}$ maneiras de escolher as 2 bolas que ficarão na primeira urna. Para cada maneira há $C_{8,\,3}$ possibilidades de escolher as 3 bolas que ficarão na segunda urna. Pelo princípio fundamental da contagem há, então, $C_{10,\,2} \cdot C_{8,\,3}$ maneiras de distribuir as 2 bolas na primeira urna e as 3 bolas na segunda urna. Para cada uma dessas possibilidades, há $C_{5,\,5}$ maneiras de colocar as 5 bolas na terceira urna. Portanto, novamente pelo princípio fundamental da contagem, há $C_{10,\,2} \cdot C_{8,\,3} \cdot C_{5,\,5}$ maneiras diferentes de colocar 2 bolas na primeira urna, 3 bolas na segunda urna e 5 bolas na terceira urna.

1ª urna		2ª urna		3ª urna
2 bolas em 10		3 bolas em 8		5 bolas em 5
$C_{10,\,2}$	$\cdot$	$C_{8,\,3}$	$\cdot$	$C_{5,\,5} =$

$$= \frac{10!}{2!8!} \cdot \frac{8!}{3!5!} \cdot \frac{5!}{5!0!} =$$

$$= \frac{\overset{5}{\cancel{10}} \cdot 8 \cdot \cancel{8!}}{{}_1\cancel{2} \cdot 1 \cdot \cancel{8!}} \cdot \frac{8 \cdot 7 \cdot \cancel{6} \cdot \cancel{5!}}{\cancel{3} \cdot \cancel{5!}} \cdot \frac{1!}{1!} = 45 \cdot 56 \cdot 1 =$$

$$= 2\,520$$

Portanto, existem 2 520 possibilidades para fazer essa distribuição.

Exercícios

41 Calcule o valor de:

a) $C_{6,\,4}$

b) $C_{4,\,1}$

c) C_7^5

d) $C_{45,\,44}$

42 Quantas equipes de 3 astronautas podem ser formadas com 20 astronautas?

43 Um rapaz tem 5 bermudas e 6 camisetas. De quantas formas ele pode escolher:

a) uma bermuda e uma camiseta?

b) duas bermudas e duas camisetas?

c) 4 peças quaisquer de roupas, entre as bermudas e camisetas.

44 Uma classe tem 24 alunos, sendo 10 meninas e 14 meninos. De quantos modos podemos escolher:

a) 3 meninos e 2 meninas?

b) 5 alunos quaisquer?

c) um menino e uma menina?

45 Numa prova de 10 questões, o aluno deve resolver apenas 6. De quantas maneiras diferentes ele poderá escolher essas 6 questões?

46 Em um grupo de 10 pessoas estão Anderson e Eduardo. Quantas comissões de 5 pessoas podemos formar:

a) em que ambos estejam presentes?

b) em que nenhum deles esteja presente?

c) em que apenas um deles esteja presente?

47 Em um grupo existem 5 homens e 6 mulheres. De quantas maneiras podemos escolher uma comissão de 4 pessoas com:

a) exatamente 3 homens?

b) pelo menos 3 homens?

c) no máximo 1 homem?

48 Uma associação tem uma diretoria formada por 10 pessoas: 6 homens e 4 mulheres. De quantas maneiras podemos formar uma comissão dessa diretoria que tenha 3 homens e 2 mulheres?

49 Quantas comissões de 5 elementos podemos formar com os 30 alunos de uma classe?

50 De quantos modos podemos formar triângulos com 3 dos vértices de um heptágono regular?

51 Considere 10 pontos, sendo 6 na reta **r** e 4 na reta **s**. De quantos modos podemos formar triângulos com vértices nesses pontos?

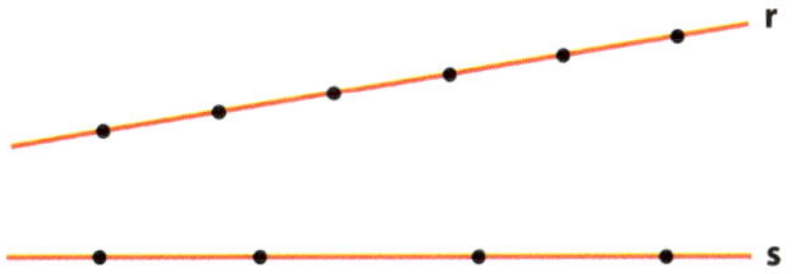

52 Quantos quadriláteros, de qualquer tamanho, existem na figura abaixo?

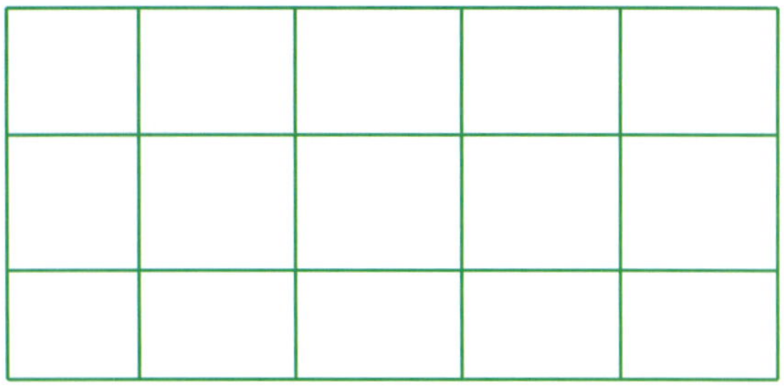

53 Determine o valor de **x** em:

a) $5 + C_{x,2} = x + 14$

b) $C_{x+3,2} = 15$

7. Problemas que envolvem os vários tipos de agrupamento

Os exercícios a seguir são exemplos de aplicação dos vários tipos de agrupamentos estudados e as formas de calcular o número de agrupamentos; o último exercício é a resolução do problema da introdução deste capítulo.

Exemplos de aplicação

1 Usando os algarismos 5, 6 e 8, quantos números de 3 algarismos distintos podemos formar?

$P_3 = 3! = 3 \cdot 2 \cdot 1 = 6$ números

2 Usando os algarismos 1, 3, 4, 6 e 9, quantos números de 3 algarismos distintos podemos formar?

$$A_{5,3} = \frac{5!}{2!} = \frac{5 \cdot 4 \cdot 3 \cdot \cancel{2} \cdot \cancel{1}}{\cancel{2} \cdot \cancel{1}} = 60 \text{ ou}$$

$A_{5,3} = 5 \cdot 4 \cdot 3 = 60$ números

3 Quantas comissões diferentes de 3 pessoas podemos formar para representar um grupo de 10 pessoas?

$$C_{10,3} = \frac{10!}{3!7!} = \frac{10 \cdot 9 \cdot 8 \cdot \cancel{7!}}{3 \cdot 2 \cdot 1 \cdot \cancel{7!}} = 120 \text{ ou}$$

$$C_{10,3} = \frac{A_{10,3}}{3!} = \frac{10 \cdot 9 \cdot 8}{3 \cdot 2 \cdot 1} = 120 \text{ comissões}$$

4 Quantos anagramas tem a palavra BANANA?

$$P_6^{3,2,1} = \frac{6!}{3!2!1!} = \frac{\cancel{6} \cdot 5 \cdot 4 \cdot 3 \cdot \cancel{2} \cdot 1}{\cancel{3} \cdot \cancel{2} \cdot 1 \cdot \cancel{2} \cdot 1 \cdot 1} =$$

$= 60$ anagramas

5 Quantos números naturais de 2 algarismos (distintos ou não) podemos formar com os algarismos 4, 7, 8 e 9?

4 possibilidades para o 1º algarismo e 4 para o 2º:

$4 \cdot 4 = 16$ números.

6 *Situação-problema da introdução do capítulo*

Usando as 26 letras e os 10 algarismos conhecidos, quantas placas diferentes de automóvel podem ser feitas de modo que, em cada uma, existam três letras (não repetidas) seguidas de quatro algarismos (repetidos ou não)?

As 26 letras serão agrupadas de 3 em 3 sem repetição:

$26 \cdot 25 \cdot 24 = 15\,600$ agrupamentos de letras

Os 10 algarismos serão agrupados de 4 em 4, com repetição:

$10 \cdot 10 \cdot 10 \cdot 10 = 10\,000$ agrupamentos de algarismos

Para cada agrupamento de letras podemos usar todos os agrupamentos de algarismos. Então, o total de placas é:

$15\,600 \cdot 10\,000 = 156\,000\,000$ placas

Para refletir

Qual será o número de placas se as letras também puderem ser repetidas?

Resolva esse problema usando uma calculadora.

Exercícios

54 Determine o valor de **x**, sabendo que:

a) $A_{x,3} = 24C_{x-2,2}$

b) $C_{x,24} = C_{x,6}$

c) $\dfrac{A_{x,3}}{C_{x,4}} = 12$

55 Determine o valor de **n** em $\dfrac{A_{n,4}}{A_{n,3}} = 4$;

56 Uma menina tem 5 blusas e 4 saias. De quantos modos distintos ela pode se vestir?

57 Uma sorveteria oferece 10 sabores de sorvete. Se uma pessoa vai tomar 3 bolas, do mesmo sabor ou não, quantas opções diferentes ela tem?

58 Quantos números de 4 algarismos podemos escrever com os algarismos 1, 2, 3, 4, 5, 6, 7, 8 e 9?

59 Quantos triângulos podemos formar unindo os vértices de um octógono?

60 A diretoria de um clube é composta de 10 membros, que podem ocupar a função de presidente, secretário ou tesoureiro. De quantas maneiras podemos formar, com os 10 membros, chapas que contenham presidente, secretário e tesoureiro?

61 Num ônibus há 5 lugares. Duas pessoas entram no ônibus. De quantas maneiras diferentes elas podem se sentar?

62 Numa competição com 10 países, de quantas maneiras podem ser distribuídas as medalhas de ouro, prata e bronze?

63 Quantos são os anagramas da palavra MATEMÁTICA?

64 Sobre uma circunferência são marcados 6 pontos distintos. Quantos quadriláteros podemos traçar com vértices nesses pontos?

65 Quantos subconjuntos de exatamente 4 elementos podemos formar com um conjunto de 7 elementos?

66 Considere a palavra LÓGICA:

a) Quantas permutações (anagramas) podemos formar?

b) Quantos anagramas começam com **L**?

c) Quantos começam com LO?

d) Quantos começam e terminam com vogal?

e) Quantos começam com consoante e terminam com vogal?

f) Em quantos anagramas as letras **L**, **O**, **G** estão juntas, nessa ordem?

g) Em quantos as letras **L**, **O**, **G** estão juntas?

67 Quantos números de 4 algarismos distintos maiores que 2 000 podemos formar com os algarismos 1, 2, 3, 4, 5 e 6?

68 As placas dos automóveis são formadas por três letras seguidas de quatro algarismos. Quantas placas podemos criar com as letras **A** e **B** e os algarismos pares, podendo repetir a letra e não podendo repetir o algarismo?

69 As máquinas automáticas de venda foram construídas inicialmente para a venda de refrigerantes e tornaram-se populares em todo o mundo. A maior diversidade dessas máquinas é encontrada no Japão, onde elas são empregadas na venda não somente de refrigerantes, mas de numerosos produtos, de ovos a comida para peixe.

SANCHOME/FLICK

Esta máquina de venda de refrigerantes vira-se para chamar a atenção do cliente. Ela fica na estação de Shibuya, próximo a Tóquio.

Suponha que o preço do refrigerante em uma dessas máquinas custe R$ 3,50, e a máquina aceite apenas moedas de R$ 1,00 e R$ 0,50. Se você tiver na carteira R$ 5,00 em moedas idênticas de R$ 1,00 e R$ 4,00 em moedas idênticas de R$ 0,50, quantas sequências de moedas podem ser usadas para comprar o refrigerante?

Considere diferentes as sequências (R$ 0,50; R$ 1,00; R$ 1,00; R$ 1,00) e (R$ 1,00; R$ 0,50; R$ 1,00; R$ 1,00).

a) 20

b) 10

c) 6

d) 16

e) 21

70 Quantas duplas diferentes podemos formar com um grupo de 8 tenistas?

71 Quantos números existem inferiores a 1 000 com algarismos distintos?

72 Num grupo de 20 pessoas há 6 mulheres. Quantas comissões de 4 pessoas podem ser formadas, de modo que nelas haja pelo menos uma mulher?

73 Quantos números de 6 algarismos maiores que 540 000 podemos formar com os algarismos 1, 2, 3, 4, 5 e 6?

74 Quantos anagramas da palavra ESCOLA têm as vogais e as consoantes alternadas?

75 Na despedida de um grupo de amigos, 36 abraços foram trocados. Sabendo que cada um abraçou todos os outros, quantos amigos estavam reunidos?

76 Tenho 6 livros diferentes de Português e 6 diferentes de Matemática. Quero colocar 4 livros de Português e 3 de Matemática na prateleira de uma estante. De quantas maneiras posso fazer isso, de modo que livros da mesma matéria fiquem juntos?

77 Com os algarismos 1, 2, 3, 4, 5, 6 e 7, quantos números de 3 algarismos distintos maiores que 340 podemos formar?

78 Quantas comissões de 3 pessoas podem ser formadas com 10 pessoas, com uma determinada pessoa em todas as comissões?

79 Num plano estão marcados 12 pontos, dos quais 5 estão sobre uma mesma reta e, dos 7 que estão fora dela, não há 3 colineares. Quantas retas distintas podemos traçar ligando esses pontos 2 a 2?

80 Com os dígitos 1, 2, 3, 4 e 5, quantos números de 4 algarismos distintos menores que 4 000 podemos formar?

81 De quantas maneiras diferentes podemos colocar 8 livros em 3 gavetas de modo que fiquem 2 na primeira gaveta, 3 na segunda e 3 na terceira gaveta?

82 De quantas maneiras podemos extrair 5 cartas de um baralho de 52 cartas, de modo que em cada extração haja pelo menos 1 ás?

83 Quantas diagonais (não das faces) tem um cubo?

84 De quantas maneiras é possível colocar 6 pessoas em fila de modo que duas dessas pessoas, Sérgio e Valdir, não fiquem juntas?

85 Permutam-se de todas as formas possíveis os algarismos 1, 3, 5, 7, 9 e escrevem-se os números formados em ordem crescente. Determine:

a) que lugar ocupa o número 53 179.

b) qual a soma dos números assim formados.

86 Um chaveiro foi contratado para fazer cópias das chaves de 10 salas; ele, entretanto, não as etiquetou, e viu-se obrigado a repor as chaves por tentativas. Quantas tentativas, no máximo, deverá fazer?

20 Capítulo

Triângulo de Pascal e binômio de Newton

No Ensino Fundamental você estudou os produtos notáveis, conceito de grande aplicação na resolução de equações do 2º grau. Com eles, uma expressão passava da forma fatorada à forma parcelada e vice-versa.

Assim, a expressão $(a + b)^2$, desenvolvida, resultava $a^2 + 2ab + b^2$, sua forma parcelada, e desta para a anterior correspondia à fatoração.

O cubo da soma $(a + b)^3$ também pode ter sido trabalhado por você, mas potências iguais a 4 ou mais certamente não foram abordadas ainda.

Este capítulo se propõe a estudar o desenvolvimento de expressões como essas para qualquer valor natural do expoente.

Considere a seguinte questão:

(Univali-SC) Desenvolvendo o binômio $(x^2 - 2)^5$, temos $(x^2 - 2)^5 = x^{10} + mx^8 + 40x^6 - 80x^4 + 80x^2 + n$; portanto, m + n é:

a) 48. b) 42. c) −9. d) −42. e) −48.

Para resolvê-la não precisaremos efetuar a potência indicada, pois há um padrão de comportamento em desenvolvimento, como esse que nos permitirá calcular apenas os termos solicitados.

Vejamos como fazer isso ao longo deste capítulo.

1. Números binomiais

Chama-se *número binomial* o número $\binom{n}{p}$, com **n** e **p** naturais, $n \geqslant p$, tal que $\binom{n}{p} = \frac{n!}{p!(n-p)!}$ (**n** é o numerador e **p** é a classe do número binomial).

Exemplo:

$$\binom{5}{2} = \frac{5!}{2!(5-2)!} = \frac{5!}{2! \cdot 3!} = \frac{5 \cdot 4 \cdot \cancel{3!}}{2 \cdot 1 \cdot \cancel{3!}} = 10$$

Para refletir

Verifique que:

$$\binom{n}{0} = 1; \binom{n}{1} = n; \binom{n}{n} = 1.$$

Propriedade

Dois números binomiais são iguais se tiverem o mesmo numerador e:

- suas classes forem iguais, ou
- a soma de suas classes for igual ao numerador (binomiais complementares).

Exemplo de aplicação

Obtenha o valor de **x** sabendo que $\binom{7}{3} = \binom{7}{x}$.

Sabemos que a igualdade acontece nestas situações: x = 3 ou 3 + x = 7. Se 3 + x = 7, então x = 4.

Logo, os valores de **x** são x = 3 ou x = 4.

Exercícios

1 Calcule o valor de:

a) $\binom{7}{6}$

b) $\binom{6}{2}$

c) $\binom{7}{3}$

d) $\binom{6}{0}$

e) $\binom{20}{18}$

f) $\binom{30}{30}$

2 Se $\binom{18}{13} = \binom{18}{x}$, determine **x**.

3 Se $\binom{m}{9} = \binom{m}{8}$, calcule $\binom{m}{17}$.

4 Determine o valor de **x**, sabendo que:

a) $\binom{20}{2x} = \binom{20}{x+1}$

b) $\binom{30}{2x} = \binom{30}{x+6}$

5 Simplifique a fração $\dfrac{\binom{12}{4}}{\binom{12}{5}}$.

6 Determine inteiros **n** e **p** de modo que:

$$\frac{\binom{n}{p}}{1} = \frac{\binom{n}{p+1}}{2} = \frac{\binom{n}{p+2}}{3}$$

2. Triângulo de Pascal

objeto digital

Podemos dispor os números binomiais em formações triangulares, como abaixo:

$$\begin{array}{c} \binom{0}{0} \\ \binom{1}{0}\ \binom{1}{1} \\ \binom{2}{0}\ \binom{2}{1}\ \binom{2}{2} \\ \binom{3}{0}\ \binom{3}{1}\ \binom{3}{2}\ \binom{3}{3} \\ \binom{4}{0}\ \binom{4}{1}\ \binom{4}{2}\ \binom{4}{3}\ \binom{4}{4} \\ \dots\ \dots\ \dots\ \dots\ \dots\ \dots \\ \binom{n}{0}\ \binom{n}{1}\ \binom{n}{2}\ \binom{n}{3}\ \dots\ \binom{n}{n} \end{array}$$

ou

$$\begin{array}{llllll} \binom{0}{0} \\ \binom{1}{0} & \binom{1}{1} \\ \binom{2}{0} & \binom{2}{1} & \binom{2}{2} \\ \binom{3}{0} & \binom{3}{1} & \binom{3}{2} & \binom{3}{3} \\ \binom{4}{0} & \binom{4}{1} & \binom{4}{2} & \binom{4}{3} & \binom{4}{4} \\ \dots & \dots & \dots & \dots & \dots & \dots \\ \binom{n}{0} & \binom{n}{1} & \binom{n}{2} & \binom{n}{3} & \dots & \binom{n}{n} \end{array}$$

Calculando cada número binomial, temos:

$$\begin{array}{c} 1 \\ 1\quad 1 \\ 1\quad 2\quad 1 \\ 1\quad 3\quad 3\quad 1 \\ 1\quad 4\quad 6\quad 4\quad 1 \\ 1\quad 5\quad 10\quad 10\quad 5\quad 1 \\ \dots \end{array}$$

ou

$$\begin{array}{llllll} 1 \\ 1 & 1 \\ 1 & 2 & 1 \\ 1 & 3 & 3 & 1 \\ 1 & 4 & 6 & 4 & 1 \\ 1 & 5 & 10 & 10 & 5 & 1 \end{array}$$

Essa maneira de dispor tais números é conhecida por *triângulo de Pascal*.

Propriedades dos números binomiais

Observando o triângulo de Pascal podemos tirar as seguintes propriedades:

1ª) Por exemplo: $\binom{3}{1} = \binom{3}{2} \rightarrow 1 + 2 = 3$

$\binom{4}{1} = \binom{4}{3} \rightarrow 1 + 3 = 4$

$\binom{5}{2} = \binom{5}{3} \rightarrow 2 + 3 = 5$

De modo geral, como já foi visto no item anterior:

$\binom{n}{a} = \binom{n}{b}$, pois $a + b = n$ (binomiais complementares)

2ª) Observe:

$\binom{3}{1} + \binom{3}{2} = \binom{4}{2}$

$\binom{3}{2} + \binom{3}{3} = \binom{4}{3}$

$\binom{4}{2} + \binom{4}{3} = \binom{5}{3}$

$$\begin{array}{c} 1 \\ 1\quad 1 \\ 1\quad 2\quad 1 \\ 1\quad \underbrace{3 + 3}\ \underbrace{+\ 1} \\ 1\quad 4\quad \underbrace{6 + 4}\quad 1 \\ 1\quad 5\quad 10\quad 10\quad 5\quad 1 \\ \dots \end{array}$$

De modo geral:

$$\binom{n-1}{p-1}+\binom{n-1}{p}=\binom{n}{p} \quad \text{(relação de Stifel)}$$

3ª) Observe a soma dos elementos de uma mesma linha no triângulo de Pascal:

$$\binom{0}{0}=1=2^0$$

$$\binom{1}{0}+\binom{1}{1}=1+1=2=2^1$$

$$\binom{2}{0}+\binom{2}{1}+\binom{2}{2}=1+2+1=4=2^2$$

$$\binom{3}{0}+\binom{3}{1}+\binom{3}{2}+\binom{3}{3}=1+3+3+1=8=2^3$$

$$\binom{4}{0}+\binom{4}{1}+\binom{4}{2}+\binom{4}{3}+\binom{4}{4}=1+4+6+4+1=16=2^4$$

Qual seria o valor de

$$\binom{6}{0}+\binom{6}{1}+\binom{6}{2}+\binom{6}{3}+\binom{6}{4}+\binom{6}{5}+\binom{6}{6}?$$

De modo geral, temos:

$$\binom{n}{0}+\binom{n}{1}+\binom{n}{2}+\binom{n}{3}+\ldots+\binom{n}{n-1}+\binom{n}{n}=2^n$$

Para refletir

Veja que 2^n é o mesmo que $(1+1)^n$.

4ª) Existem outras propriedades, menos importantes que as anteriores, que citaremos rapidamente abaixo:

- A soma dos **n** primeiros elementos de uma coluna é igual ao binomial situado imediatamente à direita e abaixo do último elemento considerado.

  De modo geral, temos:

$$\binom{p}{p}+\binom{p+1}{p}+\binom{p+2}{p}+\cdots+\binom{n}{p}=\binom{n+1}{p+1}$$

- A soma dos **n** primeiros elementos de uma diagonal é igual ao binomial situado imediatamente abaixo do último elemento considerado.

  De modo geral, temos:

$$\binom{n}{0}+\binom{n+1}{1}+\binom{n+2}{2}+\cdots+\binom{n+p}{p}=\binom{n+p+1}{p}$$

Exercícios

7 Calcule o valor das expressões usando as propriedades do triângulo de Pascal:

a) $\binom{5}{0}+\binom{5}{1}+\binom{5}{2}+\binom{5}{3}+\binom{5}{4}+\binom{5}{5}$

b) $\binom{6}{1}+\binom{6}{2}+\ldots+\binom{6}{5}+\binom{6}{6}$

c) $\binom{5}{3}+\binom{5}{4}$

d) $\binom{4}{3}+\binom{4}{4}$

e) $\binom{9}{5}+\binom{9}{4}$

f) $\binom{8}{0}+\binom{8}{1}+\binom{8}{2}+\binom{8}{3}$

8 Um salão tem 6 janelas. De quantas maneiras podemos abrir essas janelas para que o salão nunca fique com todas as janelas fechadas?

9 Dez pontos estão distribuídos em uma circunferência. Quantos polígonos podemos fazer usando quaisquer desses pontos como vértices?

10 Em uma sorveteria, o cliente pode escolher quantos e quais desejar entre 8 tipos de coberturas para colocar no seu sorvete, podendo também não colocar nenhuma cobertura. De quantos modos o cliente pode fazer sua escolha?

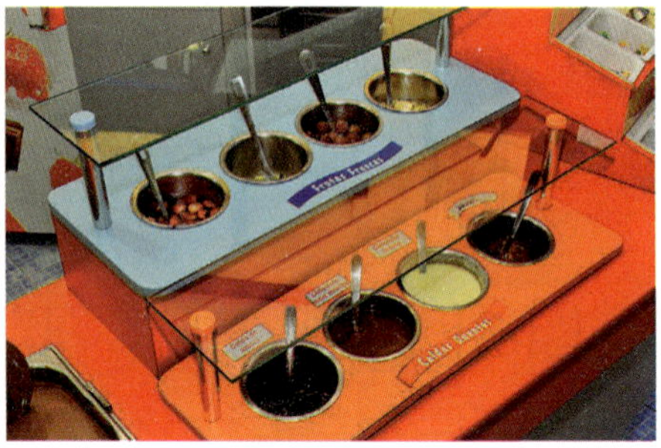

A. PARRAMON/AP PHOTO

3. Binômio de Newton

Toda potência da forma $(x+y)^n$, com $x \in \mathbb{R}$, $y \in \mathbb{R}$ e $n \in \mathbb{N}$, é conhecida como binômio de Newton.

O desenvolvimento do binômio de Newton é simples em casos como os seguintes:

- $(x+y)^0=1$
- $(x+y)^1=x+y$
- $(x+y)^2=(x+y)(x+y)=x^2+2xy+y^2$
- $(x+y)^3=(x+y)^2(x+y)=x^3+3x^2y+3xy^2+y^3$

Em casos como $(x+y)^7$, $(2x-y)^5$, $(x+2)^{10}$ e outros, vamos recorrer aos conhecimentos adquiridos na análise combinatória.

Observe nos exemplos seguintes os binômios de Newton desenvolvidos e veja como são os coeficientes de cada termo:

1º) $(x + y)^2 = x^2 + 2xy + y^2 = \mathbf{1}x^2y^0 + \mathbf{2}x^1y^1 + \mathbf{1}x^0y^2 =$

$= \binom{2}{0}x^2y^0 + \binom{2}{1}x^1y^1 + \binom{2}{2}x^0y^2$

2º) $(x + y)^3 = x^3 + 3x^2y + 3xy^2 + y^3 =$

$= \mathbf{1}x^3y^0 + \mathbf{3}x^2y^1 + \mathbf{3}x^1y^2 + \mathbf{1}x^0y^3 =$

$= \binom{3}{0}x^3y^0 + \binom{3}{1}x^2y^1 + \binom{3}{2}x^1y^2 + \binom{3}{3}x^0y^3$

Note que os coeficientes dos desenvolvimentos são as linhas do triângulo de Pascal. Será que isso também acontece para $(x + y)^4$?

De fato:

$(x + y)^4 = x^4 + 4x^3y + 6x^2y^2 + 4xy^3 + y^4 =$

$= \mathbf{1}x^4y^0 + \mathbf{4}x^3y^1 + \mathbf{6}x^2y^2 + \mathbf{4}x^1y^3 + \mathbf{1}x^0y^4 =$

$= \binom{4}{0}x^4y^0 + \binom{4}{1}x^3y^1 + \binom{4}{2}x^2y^2 + \binom{4}{3}x^1y^3 + \binom{4}{4}x^0y^4$

Generalizando, podemos escrever, para x e $y \in \mathbb{R}$ e $n \in \mathbb{N}$:

$$(x + y)^n = \binom{n}{0}x^n + \binom{n}{1}x^{n-1}y + \binom{n}{2}x^{n-2}y^2 + \ldots + \binom{n}{k}x^{n-k}y^k + \ldots + \binom{n}{n}y^n$$

Observe que os expoentes de **x** começam em **n** e decrescem de 1 em 1 até 0, enquanto os expoentes de **y** começam em 0 e crescem de 1 em 1 até **n**.

Observação: Dados os números naturais **n** e **p**, com $n \geq p$, o número $\binom{n}{p}$ é chamado de número binomial **n** sobre **p**.

Lembre que:

$$C_{n,\,p} = \binom{n}{p} = \frac{n!}{p!(n - p)!}$$

Exemplos de aplicação

1 Efetue o desenvolvimento do binômio em cada item:

a) $(x + a)^5$

$(x + a)^5 = \binom{5}{0}x^5 + \binom{5}{1}x^4a + \binom{5}{2}x^3a^2 + \binom{5}{3}x^2a^3 + \binom{5}{4}xa^4 + \binom{5}{5}a^5$

(coeficientes: $\binom{5}{0} \to 1$; $\binom{5}{1} \to 5$; $\binom{5}{2} \to 10$; $\binom{5}{3} \to 10$; $\binom{5}{4} \to 5$; $\binom{5}{5} \to 1$)

Portanto:

$(x + a)^5 = x^5 + 5x^4a + 10x^3a^2 + 10x^2a^3 + 5xa^4 + a^5$

b) $(2x - a)^4$

$(2x - a)^4 = [2x + (-a)]^4 = \binom{4}{0}(2x)^4 + \binom{4}{1}(2x)^3(-a) + \binom{4}{2}(2x)^2(-a)^2 + \binom{4}{3}(2x)^1(-a)^3 + \binom{4}{4}(-a)^4 = 1 \cdot 16x^4 +$

(coeficientes: $\binom{4}{0} \to 1$; $\binom{4}{1} \to 4$; $\binom{4}{2} \to 6$; $\binom{4}{3} \to 4$; $\binom{4}{4} \to 1$)

$+ 4 \cdot 8x^3(-a) + 6 \cdot 4x^2a^2 + 4 \cdot 2x(-a)^3 + 1a^4 =$

$= 16x^4 - 32x^3a + 24x^2a^2 - 8xa^3 + a^4$

2 Qual o valor da soma dos coeficientes do desenvolvimento de $(3x - y)^{10}$?

Para obter apenas a soma dos coeficientes, basta fazer $x = y = 1$. Assim:

$S = (3 \cdot 1 - 1)^{10} = 2^{10} = 1024$

3 Qual o valor de

$$S = \binom{10}{0} + \binom{10}{1} \cdot 3 + \binom{10}{2} \cdot 3^2 + \ldots + \binom{10}{9} \cdot 3^9 + \binom{10}{10} \cdot 3^{10}?$$

Note que **S** pode ser reescrito como:

$$S = \binom{10}{0} \cdot 1^{10} \cdot 3^0 + \binom{10}{1} \cdot 1^9 \cdot 3^1 + \binom{10}{2} \cdot 1^8 \cdot 3^2 + \ldots + \binom{10}{10} \cdot 1^0 \cdot 3^{10} \Rightarrow S = (1 + 3)^{10} = 4^{10}$$

Exercícios

objeto digital

11 Efetue os seguintes desenvolvimentos:

a) $(x + 2)^5$

b) $(a - 3)^4$

c) $(x^2 - 1)^7$

12 Qual o valor da soma dos coeficientes obtidos no desenvolvimento de $(3x - 2y)^{23}$?

13 O valor numérico da expressão

$x^n + \binom{n}{1}x^{n-1}y + \binom{n}{2}x^{n-2}y^2 + \ldots + y^n$, para $x = y = 2$, é:

a) 2^{n-1}. **b)** 2^n. **c)** 2^{n+1}. **d)** 2^{2n}. **e)** 4^{n-1}.

Termo geral do binômio

No desenvolvimento de $(x + y)^n$ vimos que:

$$(x + y)^n = \underbrace{\binom{n}{0}x^n}_{T_1} + \underbrace{\binom{n}{1}x^{n-1}y}_{T_2} + \underbrace{\binom{n}{2}x^{n-2}y^2}_{T_3} + \ldots +$$

$$+ \underbrace{\binom{n}{k}x^{n-k}y^k}_{T_{k+1}} + \ldots + \underbrace{\binom{n}{n}y^n}_{T_{n+1}}$$

Assim, o *termo geral* é dado por: $T_{k+1} = \binom{n}{k}x^{n-k}y^k$

Observe que o desenvolvimento tem (n + 1) termos.

Exemplos de aplicação

1 Qual é o 5º termo do desenvolvimento de $(x + 3)^5$ de acordo com as potências decrescentes de **x**?

Procuramos o valor de $\mathbf{T_5}$. Como $5 = k + 1 \Rightarrow k = 4$, temos:

$$T_5 = \binom{5}{4}x^{5-4} \cdot 3^4 = \frac{5!}{4!1!}x \cdot 81 = 405x$$

Portanto, o 5º termo de $(x + 3)^5$ é 405x.

2 Qual é o 6º termo do desenvolvimento de $(x - 2)^7$?

Procuramos o valor de $\mathbf{T_6}$. Como $6 = k + 1 \Rightarrow k = 5$, temos:

$$T_6 = \binom{7}{5}x^{7-5}(-2)^5 = -\binom{7}{5}2^5x^2 = -\frac{7!}{5!2!} \cdot 32x^2 =$$

$$= -672x^2$$

Portanto, o 6º termo do desenvolvimento de $(x - 2)^7$ é $-672x^2$.

3 Calcule o termo independente de **x** no desenvolvimento de $\left(x + \frac{1}{x}\right)^6$.

$$T_{k+1} = \binom{6}{k}x^{6-k}\left(\frac{1}{x}\right)^k = \binom{6}{k}x^{6-k} \cdot x^{-k} =$$

$$= \binom{6}{k}x^{6-2k}$$

O termo independente de **x** é o de $\mathbf{x^0}$, ou seja, quando $6 - 2k = 0 \Rightarrow k = 3$.

Logo, o termo independente de **x** é:

$$T_4 = \binom{6}{3} = \frac{6!}{3!3!} = \frac{6 \cdot 5 \cdot 4 \cdot \cancel{3!}}{3!\cancel{3!}} = 20$$

4 Qual é o termo médio (ou central) no desenvolvimento de $(x - 3)^6$?

Como o binômio está elevado à 6ª potência, o desenvolvimento tem 7 termos. Procuramos então o 4º termo, que é o termo central:

$k + 1 = 4 \Rightarrow k = 3$

$$T_4 = \binom{6}{3}x^{6-3}(-3)^3 = -\binom{6}{3}27x^3 = -20 \cdot 27x^3 = -540x^3$$

> **Para refletir**
> No desenvolvimento de $(x + y)^n$, se **n** é par, existe termo central, que é o termo T_{k+1}, em que $k = \frac{n}{2}$.

5 Qual é o termo em $\mathbf{x^5}$ no desenvolvimento $(x + 3)^8$?

O termo geral é dado por $T_{k+1} = \binom{8}{k}x^{8-k} \cdot 3^k$

O termo em $\mathbf{x^5}$ ocorre quando $8 - k = 5$, ou seja, quando $k = 3$.

Assim, o termo em $\mathbf{x^5}$ é dado por:

$$T_4 = \binom{8}{3}x^{8-3} \cdot 3^3 = 56 \cdot 27x^5 = 1512x^5$$

6 Exercício apresentado na introdução deste capítulo:

(Univali-SC) Desenvolvendo o binômio $(x^2 - 2)^5$, temos $(x^2 - 2)^5 = x^{10} + mx^8 + 40x^6 - 80x^4 + 80x^2 + n$; portanto, m + n é:

a) +48. **b)** 42. **c)** −9. **d)** −42. **e)** −48.

Queremos determinar o 2º e o 6º termo.

Para isso, consideramos o termo geral:

$$T_{k+1} = \binom{5}{k}(x^2)^{5-k}(-2)^k = \binom{5}{k}x^{10-2k} \cdot (-2)^k$$

Então:

$$T_2 = \binom{5}{1}x^8(-2) = -10x^8$$

$$T_6 = \binom{5}{5}x^0(-2)^5 = -32$$

Assim, m = −10 e n = −32 e, portanto, m + n = −42.

Resposta: alternativa **d**.

Exercícios

14 Determine:

a) o 7º termo do desenvolvimento de $(x - 1)^9$;

b) o 6º termo do desenvolvimento de $(x - 2a)^{10}$;

c) o 2º e o penúltimo termo do desenvolvimento de $(x - 1)^{20}$.

15 Determine, quando existir, o termo independente de **x**:

a) $\left(x^5 + \frac{2}{x}\right)^8$ **b)** $\left(x + \frac{2}{x}\right)^5$ **c)** $\left(x - \frac{1}{x}\right)^6$

16 Qual é o termo em $\mathbf{x^6}$ no desenvolvimento de $(x - 1)^9$?

17 Determine o termo central no desenvolvimento de:

a) $(x - 2)^8$ **b)** $\left(x + \frac{1}{3}\right)^{10}$

18 Qual é o valor do produto dos coeficientes do 2º e do penúltimo termo do desenvolvimento de $(x - 1)^{80}$?

19 Qual é o valor do quociente entre os quintos termos dos desenvolvimentos de $(x + 2)^8$ e $(x - 2)^8$?

20 Qual é o termo independente do desenvolvimento de $(x - 3)^8$?

21 Capítulo
Probabilidade

Há certos fenômenos (ou experimentos) que, embora sejam repetidos muitas vezes e sob condições idênticas, não apresentam os mesmos resultados. Por exemplo, no lançamento de uma moeda perfeita, o resultado é imprevisível; não se pode determiná-lo antes de ser realizado. Não sabemos se sairá cara ou coroa. Aos fenômenos (ou experimentos) desse tipo damos o nome de *fenômenos aleatórios* (ou *casuais*).

MONKEY BUSINESS IMAGES/GETTY IMAGES

Por exemplo, são aleatórios os fenômenos:

- lançamento de um dado "não viciado";
- número de peças defeituosas fabricadas por uma máquina;
- resultado de um jogo de roleta;
- número de pessoas que ganharão na mega-sena;
- número de chamadas telefônicas que serão efetuadas numa cidade no dia das mães.

Para refletir
Qual o significado de expressões como "moeda perfeita" ou dado "não viciado"?

Pelo fato de não sabermos o resultado exato de um fenômeno aleatório é que buscamos os resultados prováveis, as chances, as *probabilidades* de um determinado resultado ocorrer.

Vamos considerar a seguinte situação:

Uma família planeja ter 3 crianças. Qual é a probabilidade de que a família tenha exatamente 2 meninas, dado que a primeira criança que nasceu é menina?

A *teoria das probabilidades* é um ramo da Matemática que cria, elabora e pesquisa modelos para estudar experimentos ou fenômenos aleatórios.

Neste capítulo aprenderemos a resolver esse e outros problemas de probabilidade.

1. Experimento ou fenômeno aleatório

Em um experimento (ou fenômeno) aleatório, o conjunto formado por todos os resultados possíveis é chamado *espaço amostral* (Ω). Qualquer subconjunto do espaço amostral é chamado de *evento*.

Vamos analisar a seguir alguns exemplos de fenômenos (ou experimentos) *aleatórios*:

1º) Lançamento de um dado e registro do resultado.

Conjunto de todos os resultados possíveis: {1, 2, 3, 4, 5, 6}

Um *subconjunto* dele é {1, 3, 5}, que pode ser identificado por "ocorrer número ímpar no lançamento de um dado".

- *espaço amostral*: $\Omega = \{1, 2, 3, 4, 5, 6\}$
- *evento* **A**: "ocorrer número ímpar no lançamento de um dado" $\rightarrow A = \{1, 3, 5\}$

2º) Retirar uma carta de um baralho de 52 cartas e registrar o seu naipe.

Considerando C = copas, E = espadas, O = ouros e P = paus, temos:

Conjunto de todos os resultados possíveis: {C, E, O, P}

Um *subconjunto* dele é {O}, que pode ser identificado por "retirar uma carta cujo naipe seja ouros".

- *espaço amostral*: $\Omega = \{C, E, O, P\}$
- *evento* **A**: "retirar uma carta cujo naipe seja ouros" $\rightarrow A = \{O\}$

Observação: Quando um evento é formado apenas por um elemento do espaço amostral, ele é chamado *evento elementar*.

» Exemplos de aplicação

1 No lançamento de uma moeda, determine o espaço amostral e o evento "sair cara".

Denotamos "cara" por **C** e "coroa" po $\overline{C}$. Logo:

espaço amostral: $\Omega = \{C, \overline{C}\}$

evento **A**: "sair cara" $\rightarrow A = \{C\}$

2 No lançamento simultâneo de dois dados, um branco e um vermelho, determine o espaço amostral e os eventos **A**: "sair o mesmo número em ambos os dados"; **B**: "sair soma 7"; **C**: "sair soma maior do que 10"; **D**: "sair soma menor do que 5"; **E**: "sair soma maior do que 12" e **F**: "sair soma maior do que 1 e menor do que 13".

Nesse caso, podemos representar o espaço amostral por um diagrama:

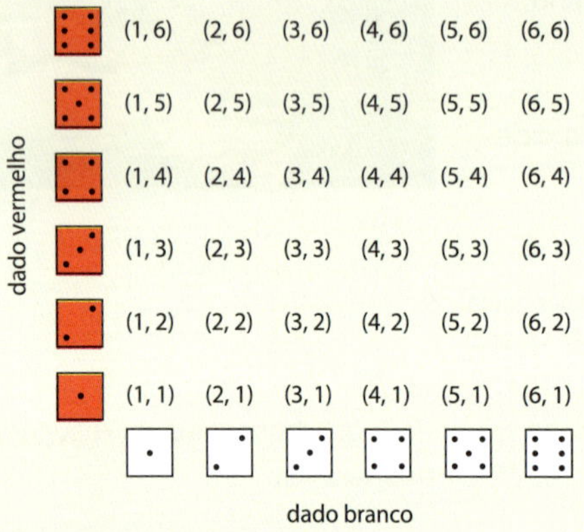

> **Fique atento**
> O espaço amostral depende do experimento. Veja a diferença quando se tem o lançamento de um dado e de dois dados.

O espaço amostral é formado por 36 elementos e é:

$\Omega = \{(1, 1), (1, 2), (1, 3), (1, 4), (1, 5), (1, 6), (2, 1), (2, 2), (2, 3), (2, 4), (2, 5), (2, 6), (3, 1), (3, 2), (3, 3), (3, 4), (3, 5), (3, 6), (4, 1), (4, 2), (4, 3), (4, 4), (4, 5), (4, 6), (5, 1), (5, 2), (5, 3), (5, 4), (5, 5), (5, 6), (6, 1), (6, 2), (6, 3), (6, 4), (6, 5), (6, 6)\}$

Evento **A**: "sair o mesmo número em ambos os dados"

$A = \{(1, 1), (2, 2), (3, 3), (4, 4), (5, 5), (6, 6)\}$

Evento **B**: "sair soma 7"

$B = \{(1, 6), (2, 5), (3, 4), (4, 3), (5, 2), (6, 1)\}$

Evento **C**: "sair soma maior do que 10"

$C = \{(5, 6), (6, 5), (6,6)\}$

Evento **D**: "sair soma menor do que 5"

$D = \{(1, 1), (1, 2), (1, 3), (2, 1), (2, 2), (3,1)\}$

Evento **E**: "sair soma maior do que 12"

$E = \varnothing$

Evento **F**: "sair soma maior do que 1 e menor do que 13"

$F = \{(1,1), (1, 2), (1, 3), ..., (6, 5), (6, 6)\} = \Omega$

3 No lançamento simultâneo de 3 moedas distinguíveis (ou no lançamento de uma moeda três vezes), determine o espaço amostral e os eventos **A**: "sair 3 caras"; **B**: "sair mais do que 1 cara"; **C**: "sair exatamente 2 coroas".

Nesse caso, um diagrama que auxilia a determinação do espaço amostral é o diagrama de árvore:

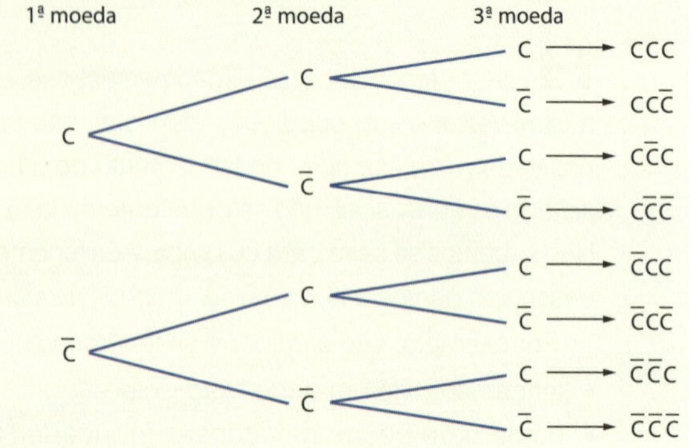

Portanto:

espaço amostral: $\Omega = \{(C, C, C), (C, C, \overline{C})\ (C, \overline{C}, C), (C, \overline{C}, \overline{C}), (\overline{C}, C, C), (\overline{C}, C, \overline{C}), (\overline{C}, \overline{C}, C), (\overline{C}, \overline{C}, \overline{C})\}$.

evento **A**: "sair 3 caras" $\rightarrow A = \{(C, C, C)\}$

evento **B**: "sair mais do que 1 cara" $\rightarrow B = \{(C, C, C), (C, C, \overline{C})\ (C, \overline{C}, C), (\overline{C}, C, C)\}$

evento **C**: "sair exatamente 2 coroas" $\rightarrow C = \{(C, \overline{C}, \overline{C}), (\overline{C}, C, \overline{C}), (\overline{C}, \overline{C}, C)\}$

» Exercícios

1 No lançamento de um dado, defina o espaço amostral e os eventos **A**: ocorrência de número par; **B**: ocorrência de um número menor do que 4; **C**: ocorrência de múltiplo de 3; **D**: ocorrência de um número menor do que 1; **E**: ocorrência de um número maior do que zero e menor do que 7.

2 Ao girar a "roleta" ao lado, defina o espaço amostral e os eventos **A**: ocorrência do número 2; **B**: ocorrência de número ímpar.

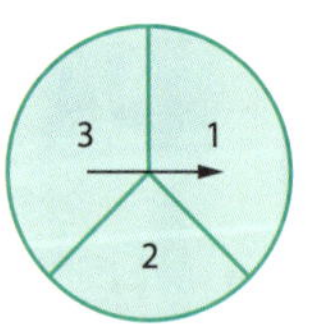

3 No lançamento simultâneo de duas moedas distinguíveis, defina o espaço amostral e os eventos **A**: ocorrência de exatamente uma cara; **B**: ocorrência de coroa em ambas; **C**: ocorrência de pelo menos uma cara.

4 Defina o espaço amostral do experimento "retirar uma carta, ao acaso, de um baralho de 52 cartas" e os eventos **A**: ocorrência de ás; **B**: ocorrência de ás de ouros; **C**: ocorrência do número 2.

5 Usando um diagrama de árvore e chamando de **M**: filho do sexo masculino e **F**: filho do sexo feminino, defina o espaço amostral mostrando todos os arranjos possíveis de meninos e meninas numa família com, exatamente, 3 crianças. Determine os eventos **A**: todas as crianças são meninos; **B**: nenhuma criança é menino; **C**: todas as crianças são do mesmo sexo.

2. Eventos certos, impossíveis e mutuamente exclusivos

No experimento aleatório "lançar um dado e registrar o resultado", temos:

- espaço amostral: $\Omega = \{1, 2, 3, 4, 5, 6\}$
- evento **A**: "ocorrência de um número menor do que 7" $\rightarrow A = \{1, 2, 3, 4, 5, 6\}$
  Portanto, $A = \Omega$.
- evento **B**: "ocorrência de número maior do que 6" $\rightarrow$ no dado não existe número maior do que 6
  Portanto, $B = \varnothing$.

Dizemos que:

> Quando um evento coincide com o espaço amostral, ele é chamado **evento certo**. Quando um evento é vazio, ele é chamado **evento impossível**.

O evento **A** acima é um evento certo e o evento **B**, um evento impossível.

União de eventos, intersecção de eventos e complementar de um evento

Consideremos, no exemplo do lançamento de um dado, os eventos:

- **C**: ocorrência de número par $\rightarrow C = \{2, 4, 6\}$
- **D**: ocorrência de múltiplo de 3 $\rightarrow D = \{3, 6\}$
- **E**: ocorrência de número par **ou** número múltiplo de 3 $\rightarrow E = C \cup D = \{2, 4, 6\} \cup \{3, 6\} = \{2, 3, 4, 6\}$ (união de eventos)
- **F**: ocorrência de número par **e** múltiplo de 3 $\rightarrow F = C \cap D = \{2, 4, 6\} \cap \{3, 6\} = \{6\}$ (intersecção de eventos)
- **H**: ocorrência de número ímpar $\rightarrow H = \{1, 3, 5\}$

Indicamos assim: $H = \overline{C} = \complement_{\Omega}^{C}$ (complementar de **C** em relação a Ω)

C e **H** são chamados *eventos complementares*. Observe que $C \cap H = \varnothing$ e $C \cup H = \Omega$.

Quando a intersecção de dois eventos é o conjunto vazio, eles são chamados *eventos mutuamente exclusivos*.

3. Cálculo de probabilidades

Quando num fenômeno (ou experimento) aleatório, com espaço amostral finito, consideramos que todo evento elementar tem a mesma "chance" de ocorrer (o espaço é equiprovável), a *probabilidade* de ocorrer um evento **A**, indicada por p(A), é um número que mede essa chance e é dado por:

$$p(A) = \frac{\text{número de elementos de } \mathbf{A}}{\text{número de elementos de } \Omega} = \frac{n(A)}{n(\Omega)} \text{ ou}$$

$$p(A) = \frac{\text{número de resultados favoráveis}}{\text{número total de resultados possíveis}}$$

Nesse caso, os eventos elementares são chamados de eventos equiprováveis, pois todos têm a mesma chance de ocorrer.

> **Fique atento**
> Lembre-se: evento elementar é aquele formado por apenas um elemento do espaço amostral.

Exemplos de aplicação

1 Consideremos o experimento aleatório do lançamento de uma moeda perfeita. Qual é a probabilidade de sair cara?

Tanto "sair cara" como "sair coroa" (que são os eventos elementares) têm a mesma "chance" de ocorrer. Assim, temos:

espaço amostral: $\Omega = \{C, \overline{C}\} \rightarrow n(\Omega) = 2$

evento **A**: ocorrência de cara $\rightarrow A = \{C\} \rightarrow n(A) = 1$

Portanto, $p(A) = \frac{n(A)}{n(\Omega)} = \frac{1}{2}$.

Como $\frac{1}{2} = \frac{50}{100} = 50\%$, temos que, no lançamento de uma moeda, a probabilidade de sair cara é $\frac{1}{2}$ ou 50%. Isso não significa que, se jogarmos duas vezes a moeda, numa das jogadas sairá cara e, na outra, sairá coroa. Significa *sim* que, *após um grande número de jogadas*, em aproximadamente 50% (metade) delas sairá cara.

2 No lançamento de um dado perfeito, qual é a probabilidade de sair número maior do que 4?

Nesse caso, temos:

espaço amostral: $\Omega = \{1, 2, 3, 4, 5, 6\} \rightarrow n(\Omega) = 6$

evento **A**: ocorrência de número maior do que $4 \rightarrow A = \{5, 6\} \rightarrow n(A) = 2$

Logo, $p(A) = \frac{n(A)}{n(\Omega)} = \frac{2}{6} = \frac{1}{3}$.

Como $\frac{1}{3} = 1 : 3 \simeq 0,33$, então $\frac{1}{3} \simeq 33\%$. Portanto, a probabilidade de obtermos número maior do que 4 no lançamento de um dado é de $\frac{1}{3}$ ou 33%, aproximadamente.

3 Qual é a probabilidade de sair um "dois" ao retirar, ao acaso, uma carta de um baralho de 52 cartas?

Num baralho, há 4 "dois" (copas, espadas, ouros e paus). Como há um total de 52 cartas, temos:

$n(\Omega) = 52$ e $n(A) = 4$

$$p(A) = \frac{n(A)}{n(\Omega)} = \frac{4}{52} = \frac{1}{13} \simeq 7\% \text{ (pois } 1 : 13 \simeq 0,07)$$

Portanto, a probabilidade de sair um "dois" é de $\frac{1}{13}$ ou, aproximadamente, 7%.

4 Considere o lançamento simultâneo de 3 moedas perfeitas distinguíveis.

Neste caso, é conveniente usar o diagrama de árvore:

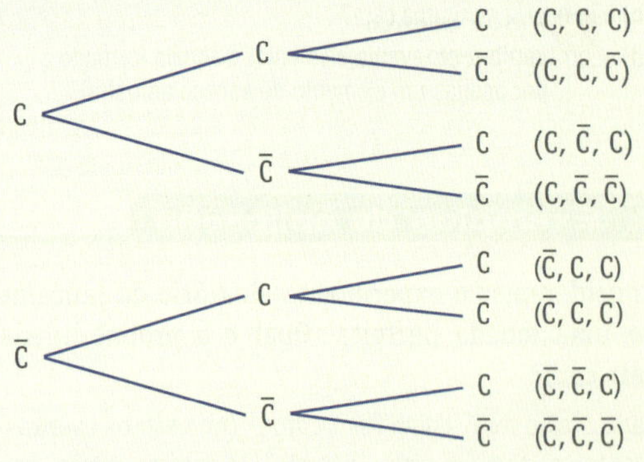

$\Omega = \{(C, C, C), (C, C, \bar{C}), (C, \bar{C}, C), (C, \bar{C}, \bar{C}), (\bar{C}, C, C), (\bar{C}, C, \bar{C}), (\bar{C}, \bar{C}, C), (\bar{C}, \bar{C}, \bar{C})\} \to n(\Omega) = 8$

Para refletir
Qual a diferença em se dizer "pelo menos duas" e "exatamente duas"?

a) Qual é a probabilidade de serem obtidas *pelo menos* 2 caras?

evento **A**: obter pelo menos 2 caras $\to$

$\to A = \{(C, C, C), (C, C, \bar{C}), (C, \bar{C}, C), (\bar{C}, C, C)\} \to$

$\to n(A) = 4$

$$p(A) = \frac{n(A)}{n(\Omega)} = \frac{4}{8} = \frac{1}{2} = 50\%$$

b) Qual é a probabilidade de serem obtidas *exatamente 2 caras*?

evento **B**: obter exatamente 2 caras $\to$

$\to B = \{(C, C, \bar{C}), (C, \bar{C}, C), (\bar{C}, C, C)\} \to n(B) = 3$

$$p(B) = \frac{n(B)}{n(\Omega)} = \frac{3}{8} = 37{,}5\%, \text{ pois } 3 : 8 = 0{,}375$$

5 Num grupo de 75 jovens, 16 gostam de música, esporte e leitura; 24 gostam de música e esporte; 30 gostam de música e leitura; 22 gostam de esporte e leitura; 6 gostam somente de música; 9 gostam somente de esporte; e 5 jovens gostam somente de leitura.

a) Qual é a probabilidade de, ao apontar ao acaso um desses jovens, ele gostar de música?

Neste caso, elaboramos o diagrama de Venn ao lado, considerando M = música, E = esporte e L = leitura.

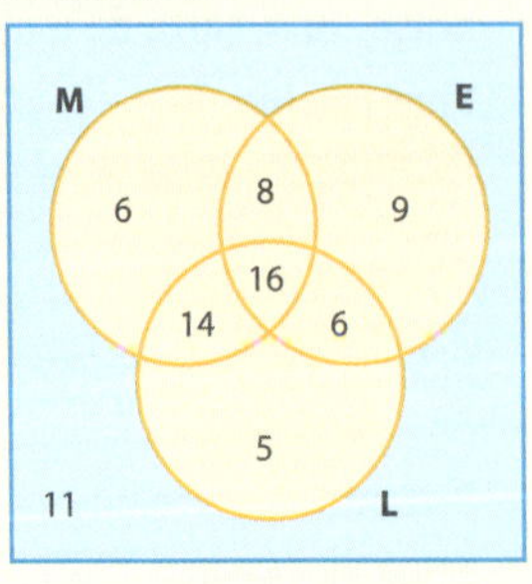

Observamos que:

- $6 + 8 + 16 + 14 = 44$ gostam de música.
- $75 - (6 + 9 + 5 + 8 + 6 + 14 + 16) =$
  $= 75 - 64 = 11$ não gostam de nenhuma dessas atividades.

Então $n(\Omega) = 75$. Logo:

$$p(A) = \frac{n(A)}{n(\Omega)} = \frac{44}{75} \simeq 58\%$$

b) Qual é a probabilidade de, ao apontar ao acaso um desses jovens, ele não gostar de nenhuma dessas atividades?

$$p(B) = \frac{n(B)}{n(\Omega)} = \frac{11}{75} \simeq 14\%$$

Logo, ao apontar ao acaso um desses jovens, a probabilidade de ele gostar de música é $\frac{44}{75} \simeq 58\%$, e a probabilidade de ele não gostar de nenhuma dessas atividades é de $\frac{11}{75} \simeq 14\%$.

6 Forme todos os números de 3 algarismos distintos, permutando os dígitos 7, 8 e 9. Qual é a probabilidade de, escolhendo um número desses ao acaso, ele ser:

a) ímpar?

$\Omega = \{789, 798, 879, 897, 978, 987\} \to n(\Omega) = 6$

evento **A**: ser ímpar $\to A = \{789, 879, 897, 987\} \to$

$\to n(A) = 4$

$$p(A) = \frac{n(A)}{n(\Omega)} = \frac{4}{6} = \frac{2}{3} \simeq 66\% \text{ (pois } 2 : 3 \simeq 0{,}66\text{)}$$

b) múltiplo de 4?

evento **B**: ser múltiplo de 4 $\to D = \varnothing$ (nenhum desses números é múltiplo de 4) $\to n(D) = 0$

$$p(D) = \frac{n(D)}{n(\Omega)} = \frac{0}{6} = 0 \text{ (0\%)}$$

c) maior do que 780?

evento **C**: ser maior do que 780 $\to E = \Omega \to n(E) = 6$

$$p(E) = \frac{n(E)}{n(\Omega)} = \frac{6}{6} = 1 \text{ (100\%)}$$

Observação: Para determinar $n(\Omega)$ e $n(A)$ e depois calcular $p(A) = \frac{n(A)}{n(\Omega)}$ não se deve necessariamente determinar Ω e **A**. Veja o exemplo a seguir.

7 Considere todos os números naturais de 4 algarismos distintos que é possível formar com os algarismos 1, 3, 4, 7, 8 e 9. Escolhendo um deles ao acaso, qual é a probabilidade de sair um número que comece por 3 e termine em 7?

$\underline{?}\ \underline{?}\ \underline{?}\ \underline{?} \to n(\Omega) = A_{6,\,4} = 6 \cdot 5 \cdot 4 \cdot 3 = 360$

$\underline{3}\ \underline{?}\ \underline{?}\ \underline{7} \to n(A) = A_{4,\,2} = 4 \cdot 3 = 12$

Então:

$$p(A) = \frac{12}{360} = \frac{1}{30}$$

Certeza e impossibilidade

Vamos agora relacionar a probabilidade do evento impossível e do evento certo com os demais eventos.

Os conjuntos $\emptyset$, A e Ω estão sempre relacionados por:

$$\emptyset \subset A \subset \Omega$$

Relacionando o número de elementos desses conjuntos, temos:

$$n(\emptyset) \leqslant n(A) \leqslant n(\Omega)$$

Dividindo esses três números por $n(\Omega) > 0$, encontramos:

$$\frac{n(\emptyset)}{n(\Omega)} \leqslant \frac{n(A)}{n(\Omega)} \leqslant \frac{n(\Omega)}{n(\Omega)}$$

Como $n(\emptyset) = 0$, $\frac{n(A)}{n(\Omega)} = p(A)$ e $\frac{n(\Omega)}{n(\Omega)} = 1$, concluímos:

$$0 \leqslant p(A) \leqslant 1$$

Isso significa que a probabilidade pode assumir valores de 0 a 1.

Quando $p(A) = 0$, o evento **A** é o *evento impossível*; não há possibilidade de que ele venha a ocorrer.

Quando $p(A) = 1$, o evento **A** é o *evento certo*, e há *certeza* de que ele ocorrerá.

Exercícios

6 No lançamento de um dado perfeito, qual é a probabilidade de que o resultado seja:

a) um número par?
b) um número primo?
c) o número 3?
d) um número menor do que 3?
e) um número menor do que 1?
f) um número menor do que 7?

7 Numa caixa há 6 bolas brancas e 4 bolas vermelhas. Qual é a probabilidade de, ao acaso, retirar:

a) uma bola vermelha?
b) uma bola branca?

(**Observação**: Para indicar o evento "sair bola vermelha" use índices assim: $A = \{V_1, V_2, V_3, V_4\}$.)

8 Escreva em pedaços iguais de papel os nomes dos dias da semana. Dobre-os igualmente, de modo que qualquer um deles tenha a mesma "chance" de ser retirado de uma caixa. Qual é a probabilidade de que o nome do dia retirado comece com a letra **S**?

9 Qual é a probabilidade de, ao retirar ao acaso uma carta de um baralho de 52 cartas, obter:

a) uma carta de copas?
b) um ás?
c) um ás de copas?
d) uma carta com naipe vermelho?
e) um "três" vermelho?

10 No lançamento simultâneo de duas moedas perfeitas e distinguíveis, qual é a probabilidade de que:

a) em ambas ocorra cara?
b) em uma ocorra cara e na outra coroa?
c) não ocorra nenhuma cara?
d) ocorra exatamente uma coroa?

11 No lançamento simultâneo de dois dados perfeitos e distinguíveis, um branco e outro vermelho, qual é a probabilidade de que:

a) a soma seja 7?
b) a soma seja par?
c) a soma seja um número primo?
d) a soma seja maior do que 1 e menor do que 8?
e) ambos os números sejam pares?
f) ambos os números sejam iguais?
g) o primeiro número seja múltiplo do segundo?

12 Um casal planeja ter exatamente 3 crianças. Use o diagrama de árvore que você construiu no exercício 5 e responda: qual é a probabilidade de que:

a) duas crianças sejam meninos e a outra, menina?
b) todas as crianças sejam meninas?
c) pelo menos uma criança seja menino?
d) todas as crianças sejam do mesmo sexo?
e) nenhuma criança seja menina?

13 Um famoso jogo do sistema operacional *Windows* é o Campo minado, em que o jogador precisa descobrir em que posições (delimitadas pelos quadrados) estão colocadas 10 minas (bombas). As regras do jogo são as seguintes:

- A área do jogo contém o campo de jogo, um contador de minas no lado esquerdo (são 10 ao todo) e um cronômetro do lado direito.
- Você pode revelar um quadrado clicando nele com o *mouse*. Se você revelar uma mina, perderá o jogo.

- O número que aparece no quadrado indica quantas minas existem nos oito quadrados que o cercam. No exemplo ao lado, o número 2 indica que existem 2 minas espalhadas nos 8 quadrados que cercam o número 2.
- Para marcar um quadrado que você acha que contém uma mina, clique nele com o botão direito do *mouse*. Ele ficará marcado com uma bandeirinha.

Baseado nessas informações, verifique qual das opções abaixo é a mais indicada para dar o próximo clique, considerando que o objetivo é não revelar acidentalmente nenhuma mina. Justifique sua escolha.

Opção 1: Qualquer um dos 8 quadrados que cercam o número 2 já revelado.

Opção 2: Qualquer um dos 8 quadrados que cercam o número 1 já revelado.

Opção 3: Qualquer um dos quadrados restantes não incluídos nas opções anteriores.

14 Numa enquete foram entrevistados 100 estudantes. Setenta deles responderam que frequentavam um curso de microcomputadores, 28 responderam que frequentavam um curso de inglês e 10 responderam que frequentavam ambos, microcomputadores e inglês. Qual é a probabilidade de um desses estudantes, selecionado ao acaso:

a) estar frequentando somente o curso de microcomputadores?

b) não estar frequentando nenhum desses cursos?

15 Numa enquete foram entrevistadas 80 pessoas sobre os meios de transporte que utilizavam para ir ao trabalho e/ou à escola. Quarenta e duas responderam ônibus, 28 responderam carro e 30 responderam moto. Doze utilizavam-se de ônibus e carro, 14 de carro e moto e 18 de ônibus e moto. Cinco utilizavam-se dos três: carro, ônibus e moto. Qual é a probabilidade de que uma dessas pessoas, selecionada ao acaso, utilize:

a) somente ônibus?

b) somente carro?

c) carro e ônibus, mas não moto?

d) nenhum dos três veículos?

e) apenas um desses veículos?

4. Definição teórica de probabilidade e consequências

objeto digital

Vamos analisar o fenômeno aleatório *lançamento de uma moeda perfeita*.

Nesse caso, temos:

- $\Omega = \{C, \overline{C}\} \rightarrow p(\Omega) = 1$
- Os subconjuntos de Ω são: $\varnothing$, $\{C\}$, $\{\overline{C}\}$ e $\{C, \overline{C}\}$.

Assim:

$p(\varnothing) = 0 \qquad p(\{\overline{C}\}) = \frac{1}{2}$

$p(\{C\}) = \frac{1}{2} \qquad p(\{C, \overline{C}\}) = 1$

Vemos que $p(A) \geqslant 0$, para todo $A \subset \Omega$.

- Considerando $A = \{C\}$ e $B = \{\overline{C}\}$, vemos que $A \cap B = \varnothing$ e $p(A \cup B) = p(\{C\} \cup \{\overline{C}\}) = p\{(C, \overline{C})\} = p(\Omega) = 1 = \frac{1}{2} + \frac{1}{2} = p(\{C\}) + p(\{\overline{C}\}) = p(A) + p(B)$.

Assim, podemos teoricamente considerar probabilidade como uma função definida nas partes de um conjunto (espaço amostral Ω) com valores reais, satisfazendo as seguintes propriedades:

$\mathbf{P_1}$: $p(A) \geqslant 0$, para qualquer $A \subset \Omega$

$\mathbf{P_2}$: $p(\Omega) = 1$

$\mathbf{P_3}$: $p(A \cup B) = p(A) + p(B)$, quando $A \cap B = \varnothing$ (eventos mutuamente exclusivos)

Observe que essas três propriedades são satisfeitas no exemplo anterior.

Consequências da definição

Como consequências da definição teórica de probabilidade, temos as seguintes propriedades:

1ª propriedade: Impossibilidade ou $p(\varnothing) = 0$

Como um evento qualquer **A** (**A** subconjunto de Ω) pode ser escrito como $A \cup \varnothing$ e como $A \cap \varnothing = \varnothing$, podemos aplicar a propriedade $\mathbf{P_3}$ e temos:

$$p(A) = p(A \cup \varnothing) \overset{P_3}{=} p(A) + p(\varnothing) \Rightarrow p(\varnothing) = 0$$

$$p(\varnothing) = 0$$

2ª propriedade: Probabilidade do evento complementar

Observe que, sendo $\overline{A}$ a notação para "complementar de **A**", temos: $A \cup \overline{A} = \Omega$ e $A \cap \overline{A} = \varnothing$. Logo:

$$p(\Omega) = p(A \cup \overline{A})$$

Aplicando $\mathbf{P_2}$ e $\mathbf{P_3}$, temos:

$1 = p(A) + p(\overline{A})$ ou, equivalentemente,

$$p(\overline{A}) = 1 - p(A)$$

3ª propriedade: Probabilidade da união de dois eventos

Conhecemos as probabilidades de ocorrência de dois eventos quaisquer **A** e **B** e procuramos a probabilidade de ocorrer o evento $A \cup B$. Ou seja, conhecemos p(A) e p(B) e procuramos uma expressão que nos dê $p(A \cup B)$. Vejamos qual é essa expressão.

Já sabemos, pela propriedade $\mathbf{P_3}$, que, se $A \cap B = \varnothing$, então $p(A \cup B) = p(A) + p(B)$.

Sabemos também que, se **A** e **B** são conjuntos quaisquer, temos:

$A \cup B = (A \cap \overline{B}) \cup (A \cap B) \cup (\overline{A} \cap B)$ (I)

$A = (A \cap B) \cup (A \cap \overline{B})$
$B = (A \cap B) \cup (\overline{A} \cap B)$ (II)

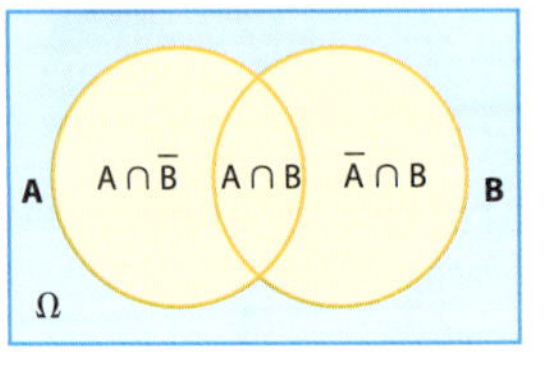

Como $(A \cap \overline{B})$, $(A \cap B)$ e $(\overline{A} \cap B)$ são dois a dois disjuntos, podemos aplicar $\mathbf{P_3}$ e obtemos:

$p(A \cup B) = p(A \cap \overline{B}) + p(A \cap B) + p(\overline{A} \cap B)$ (III)

Considerando as probabilidades dos eventos **A** e **B** em (II), temos:

$p(A) = p(A \cap B) + p(A \cap \overline{B}) \Leftrightarrow$

$\Leftrightarrow p(A \cap \overline{B}) = p(A) - p(A \cap B)$ (IV)

$p(B) = p(A \cap B) + p(\overline{A} \cap B) \Leftrightarrow$

$\Leftrightarrow p(\overline{A} \cap B) = p(B) - p(A \cap B)$ (V)

Substituindo (IV) e (V) em (III), concluímos que:

$p(A \cup B) + p(A) + p(B) - p(A \cap B)$ → probabilidade da união de dois eventos

» Exemplos de aplicação

1 No lançamento simultâneo de dois dados perfeitos distinguíveis, qual é a probabilidade de se obter soma par ou soma múltipla de 3?

> **Fique atento**
> A soma de dois números naturais é par nos seguintes casos: par + par; ímpar + ímpar.

O quadro mostra o espaço amostral de 36 elementos: $n(\Omega) = 36$

No quadro, marcamos com **X** o evento **A** "sair soma par" e com **O** o evento **B** "sair soma múltipla de 3". Assim, foram marcados 18 **X** e 12 **O**, ou seja, $n(A) = 18$ e $n(B) = 12$. É também possível observar que $n(A \cap B) = 6$.

	1	2	3	4	5	6
1	X	O	X		(X)	
2	O	X		(X)		X
3	X		(X)		X	O
4		(X)		X	O	X
5	(X)		X	O	X	
6		X	O	X		(X)

Logo:

$p(A) = \dfrac{18}{36} = \dfrac{1}{2}$

$p(B) = \dfrac{12}{36} = \dfrac{1}{3}$

$p(A \cap B) = \dfrac{6}{36} = \dfrac{1}{6}$

Assim, a probabilidade de se obter "soma par ou soma múltipla de 3" é dada por:

$$p(A \cup B) = p(A) + p(B) - p(A \cap B) = \frac{1}{2} + \frac{1}{3} - \frac{1}{6} =$$

($\frac{1}{2}$: probabilidade de se obter soma par; $\frac{1}{3}$: probabilidade de se obter soma múltipla de 3; $\frac{1}{6}$: probabilidade de se obter soma par e múltipla de 3)

$$= \frac{3}{6} + \frac{2}{6} - \frac{1}{6} = \frac{4}{6} = \frac{2}{3}$$

2 Ao retirar uma carta de um baralho de 52 cartas, qual é a probabilidade de que essa carta seja vermelha ou um ás?

Temos:

evento **V**: "a carta é vermelha"; evento **A**: "a carta é ás"

evento $(V \cup A)$: "a carta é vermelha ou ás"

$p(V \cup A) = p(V) + p(A) - p(V \cap A)$

Num baralho de 52 cartas, há 26 cartas vermelhas e 26 cartas pretas. Há também 4 ases, dos quais 2 são vermelhos.

Logo:

$p(V) = \dfrac{26}{52} = \dfrac{1}{2}$

$p(A) = \dfrac{4}{52} = \dfrac{1}{13}$

$p(V \cap A) = \dfrac{2}{52} = \dfrac{1}{26}$

Assim:

$p(V \cup A) = \dfrac{1}{2} + \dfrac{1}{13} - \dfrac{1}{26} = \dfrac{14}{26} = \dfrac{7}{13}$

A probabilidade de a carta retirada ser vermelha ou ás é de $\dfrac{7}{13}$.

3 Se **A** e **B** são eventos *mutuamente exclusivos* e $p(A) = 0,25$ e $p(B) = 0,5$, determine:

a) $p(\overline{A \cup B})$

$p(\overline{A \cup B}) = 1 - p(A \cup B) =$

$= 1 - [p(A) + p(B) - p(A \cap B)]$

Temos:

$p(A) = 0,25$

$p(B) = 0,5$

$p(A \cap B) = 0$ $(A \cap B) = \varnothing$ (mutuamente exclusivos)

Logo, $p(\overline{A \cup B}) = 1 - (0,25 + 0,5) = 0,25$.

b) $p(A \cup B)$

$p(A \cup B) = p(A) + p(B) - p(A \cap B) =$

$= 0,25 + 0,5 - 0 = 0,75$

c) $p(\overline{A})$

$p(\overline{A}) = 1 - p(A) = 1 - 0,25 = 0,75$

d) $p(\overline{B})$

$p(\overline{B}) = 1 - p(B) = 1 - 0,5 = 0,5$

e) a probabilidade do evento "**A** mas não **B**"

"**A** mas não **B**" é equivalente a "**A** e não **B**": $A \cap B$.

Como $A \cap \overline{B} = A - (A \cap B)$, temos:

$p(A \cap B) = p(A) - p(A \cap B) = 0,25 - 0 = 0,25$

4 Em uma moeda viciada, a probabilidade de sair cara é o dobro da probabilidade de sair coroa. Qual é a probabilidade de sair cara?

Quando a moeda é viciada, os eventos elementares não são equiprováveis. Porém sabemos que $P(\Omega) = 1$. Assim:

$P(C) + P(\overline{C}) = 1$ (propriedade)

$P(C) = 2 \cdot P(\overline{C})$ (enunciado)

Logo, $3 \cdot P(\overline{C}) = 1$ e $P(\overline{C}) = \dfrac{1}{3}$. Portanto:

$P(C) = 1 - P(\overline{C}) = \dfrac{2}{3}$

> **Fique atento**
> Quando um experimento é dito "viciado" ou "não honesto", os eventos elementares do espaço amostral não são equiprováveis.

5 (Enem) Um time de futebol amador ganhou uma taça ao vencer um campeonato. Os jogadores decidiram que o prêmio seria guardado na casa de um deles. Todos quiseram guardar a taça em suas casas. Na discussão para se decidir com quem ficaria o troféu, travou-se o seguinte diálogo:

Pedro, camisa 6: — Tive uma ideia. Nós somos 11 jogadores e nossas camisas estão numeradas de 2 a 12. Tenho dois dados com as faces numeradas de 1 a 6. Se eu jogar os dois dados, a soma dos números das faces que ficarem para cima pode variar de 2 (1 + 1) até 12 (6 + 6). Vamos jogar os dados, e quem tiver a camisa com o número do resultado vai guardar a taça.

Tadeu, camisa 2: — Não sei não... Pedro sempre foi muito esperto... Acho que ele está levando alguma vantagem nessa proposta...

Ricardo, camisa 12: — Pensando bem... Você pode estar certo, pois, conhecendo o Pedro, é capaz que ele tenha mais chances de ganhar que nós dois juntos...

Desse diálogo conclui-se que:

a) Tadeu e Ricardo estavam equivocados, pois a probabilidade de ganhar a guarda da taça era a mesma para todos.

b) Tadeu tinha razão e Ricardo estava equivocado, pois, juntos, tinham mais chances de ganhar a guarda da taça do que Pedro.

c) Tadeu tinha razão e Ricardo estava equivocado, pois, juntos, tinham a mesma chance que Pedro de ganhar a guarda da taça.

d) Tadeu e Ricardo tinham razão, pois os dois juntos tinham menos chances de ganhar a guarda da taça do que Pedro.

e) Não é possível saber qual dos jogadores tinha razão, por se tratar de um resultado probabilístico, que depende exclusivamente da sorte.

» Resolução passo a passo

1. Lendo e compreendendo

a) O que é dado no problema?

É explicado o modo como Pedro sugere que seja feito o sorteio do jogador que guardará a taça, e é mostrada a opinião de Tadeu e Ricardo.

b) O que se pede?

Pede-se que se conclua se Tadeu e Ricardo têm razão ou não.

2. Planejando a solução

De acordo com o texto, vamos calcular a probabilidade de Pedro, Tadeu e Ricardo serem sorteados para ficar com a taça. Com os resultados, veremos quem tem razão.

3. Executando o que foi planejado

Jogando dois dados, o espaço amostral é composto por 36 elementos, uma vez que cada dado apresenta 6 resultados possíveis. Cada elemento do espaço amostral é do tipo ($dado_1$, $dado_2$). Assim:

$\Omega = \{(1, 1), (1, 2), (1, 3), (1, 4), (1, 5), (1, 6), (2, 1), (2, 2), (2, 3), (2, 4), (2, 5), (2, 6), (3, 1), (3, 2), (3, 3), (3, 4), (3, 5), (3, 6), (4, 1), (4, 2), (4, 3), (4, 4), (4, 5), (4, 6), (5, 1), (5, 2), (5, 3), (5, 4), (5, 5), (5, 6), (6, 1), (6, 2), (6, 3), (6, 4), (6, 5), (6, 6)\}$

- Para Pedro ser sorteado, a soma dos resultados deve ser 6. Assim, temos 5 elementos do espaço amostral compondo o evento $A = \{(1, 5), (2, 4), (3, 3), (4, 2), (5, 1)\}$. Dessa forma, a probabilidade de Pedro ser sorteado é $PA = \frac{n(A)}{n(\Omega)} = \frac{5}{36}$.
- Para Tadeu ser sorteado, a soma dos resultados deve ser 2. Assim, temos um único elemento do espaço amostral compondo o evento $B = \{(1, 1)\}$. Dessa forma, a probabilidade de Tadeu ser sorteado é $P_B = \frac{n(B)}{n(\Omega)} = \frac{1}{36}$.
- Para Ricardo ser sorteado, a soma dos resultados deve ser 12. Assim, também temos um único elemento do espaço amostral compondo o evento $C = \{(6, 6)\}$. Dessa forma,a probabilidade de Ricardo ser sorteado é $P_C = \frac{n(C)}{n(\Omega)} = \frac{1}{36}$.

Com esses resultados, podemos concluir o seguinte:

a) Tadeu não estava equivocado; Pedro estava levando vantagem, pois $P_A > P_B$ e $P_A > P_C$.

b) Ricardo não estava equivocado; a probabilidade de Pedro ganhar é maior do que a probabilidade de Ricardo e Tadeu juntos, pois $P_A > P_B + P_C$.

4. Verificando

Ao jogar 2 dados, o espaço amostral será o mesmo para todos. Então, verificando os eventos favoráveis a cada um, podemos comparar as chances de cada um.

Como a camisa de Pedro é a 6, então os eventos favoráveis são: (1, 5), (2, 4), (3, 3), (4, 2), (5, 1), totalizando 5 eventos. A camisa de Tadeu é a 2, portanto apenas 1 evento é favorável: (1, 1). A camisa de Ricardo é a 12, então também temos apenas 1 evento favorável: (6, 6). Como a soma dos eventos favoráveis a Tadeu e Ricardo (2 eventos) é menor que os 5 eventos favoráveis a Pedro, Tadeu e Ricardo tinham razão. Isso confirma o resultado anteriormente obtido.

5. Respondendo

A resposta é a alternativa **d**.

6. Ampliando o problema

a) Pedro era o jogador com maior chance de levar a taça para casa, dentre todos os 11 jogadores do time?

b) Alguém sugeriu usarem um dado e uma moeda, da seguinte forma: atribui-se o valor 1 para cara e o valor 7 para coroa; jogam-se simultaneamente a moeda e o dado, e somam-se os resultados. Por exemplo, saindo cara e "5" ganha Pedro, pois a soma seria 6. No caso de sair coroa e "6", joga-se novamente, pois a soma seria 13 e ninguém tem essa camisa. Nessa nova maneira de sortear, Pedro continuaria levando vantagem?

c) **Discussão em equipe**

O futebol amador é praticado em todo o Brasil, por todo tipo de brasileiro. Você conhece algum time de futebol amador da sua cidade ou região? Conhece alguém que joga ou já jogou? Troque ideias com seus colegas sobre futebol amador, discutindo a importância dessa modalidade esportiva.

Resumo das probabilidades calculadas

Evento	Probabilidade
A	$p(A) = \dfrac{n(A)}{n(\Omega)}$
$\overline{A}$	$1 - p(A)$
$A \cup B$	$p(A) + p(B) - p(A \cap B)$
$\overline{A} \cap \overline{B}$	$p(\overline{A \cup B})$
$\overline{A} \cup \overline{B}$	$p(\overline{A \cap B})$
$A \cap \overline{B}$	$p(A) - p(A \cap B)$

Exercícios

16 Numa urna existem bolas numeradas de 1 a 17. Qualquer uma delas tem a mesma chance de ser retirada. Qual é a probabilidade de se retirar uma bola cujo número seja:

a) par?
b) primo?
c) par ou primo?
d) par e primo?
e) nem par nem primo?
f) par mas não primo?
g) primo mas não par?

17 No lançamento de uma moeda viciada, a probabilidade de sair coroa é o triplo da probabilidade de sair cara. Qual é a probabilidade de sair coroa?

18 No lançamento de um dado viciado, a probabilidade de sair um número **n** é representada por $p(n) = n \cdot p(1)$, sendo $n \in \{1, 2, 3, 4, 5, 6\}$. Calcule a probabilidade de sair:

a) o número 3.
b) o número 2 ou 4.
c) um número par.

19 Em determinada região, a chance de uma grávida ter um filho do sexo masculino é 50% maior que a chance de ter um filho do sexo feminino. Qual é a probabilidade de uma grávida dar à luz uma menina, nessa região?

20 No lançamento de um dado perfeito, qual é a probabilidade de não sair o 6?

21 No lançamento de dois dados perfeitos, qual é a probabilidade de se obter soma 8 ou números iguais nas faces superiores?

22 Uma carta é retirada ao acaso de um baralho de 52 cartas e, ao mesmo tempo, uma moeda é lançada. Qual é a probabilidade de se obter:

a) carta vermelha e cara?
b) carta vermelha ou cara?
c) carta de figura (dama, valete, rei) e coroa?
d) carta de figura ou coroa?

23 No jogo da Quina, mantido pela Caixa Econômica Federal, são sorteadas cinco dezenas de um total de 80. O apostador deve marcar um mínimo de 5 e um máximo de 7 dezenas em um volante. O valor da aposta varia de acordo com o número de dezenas marcadas, segundo a tabela abaixo:

dica Enem

Aposta (dezenas)	5	6	7
Preço (R$)	0,50	1,00	2,00

Carlos encontrou 2 reais no bolso e decidiu apostar na sorte. Diante da porta da lotérica, olhando a tabela de preços, veio-lhe a dúvida: o que seria preferível?

Opção 1: gastar 2 reais fazendo um volante com 7 dezenas marcadas.

Opção 2: gastar 2 reais fazendo dois volantes distintos com 6 dezenas marcadas.

Opção 3: gastar 2 reais fazendo quatro volantes distintos com 5 dezenas marcadas.

Ajude Carlos a tomar a decisão correta.

24 Suponhamos que **A** e **B** sejam eventos de um mesmo espaço amostral e que $p(A) = 0{,}4$, $p(B) = 0{,}3$ e $p(A \cap B) = 0{,}1$. Determine a probabilidade de cada um dos eventos.

a) $A \cup B$
b) $\overline{A \cup B}$
c) $\overline{A}$
d) $\overline{B}$
e) $\overline{A \cap B}$
f) **A** mas não **B**
g) **B** mas não **A**
h) nem **A** nem **B**

Probabilidade condicional

Analisemos a seguinte situação:

Uma moeda é lançada três vezes. Já vimos que nesse caso o espaço amostral é:

$$\Omega = \{CCC, CC\overline{C}, C\overline{C}C, C\overline{C}\overline{C}, \overline{C}CC, \overline{C}C\overline{C}, \overline{C}\overline{C}C, \overline{C}\overline{C}\overline{C}\}$$

Consideremos o evento **A**: sair cara exatamente duas vezes.

Então:

$$A = \{CC\overline{C}, C\overline{C}C, \overline{C}CC\} \rightarrow p(A) = \frac{3}{8}$$

Agora, consideremos que, ao ser lançada a moeda três vezes, "o resultado do primeiro lançamento foi cara". Qual é a probabilidade de sair cara exatamente duas vezes?

O espaço amostral passa a ser **B** com:

$$B = \{CCC, CC\overline{C}, C\overline{C}C, C\overline{C}\overline{C}\} \quad \text{e} \quad A' = \{CC\overline{C}, C\overline{C}C\}$$

em que $A' = A \cap B$ e a probabilidade pedida é:

$$p(A') = \frac{n(A')}{n(B)} = \frac{2}{4} = \frac{1}{2}$$

Observe que a probabilidade do evento "sair cara em ambos os lançamentos" foi modificada pela presença do evento condicionante "o resultado do primeiro lançamento foi cara".

Definimos:

- evento **A**: exatamente dois dos três lançamentos dão cara → A = {CC$\overline{C}$, C$\overline{C}$C, $\overline{C}$CC}
- evento **B**: o primeiro lançamento dá cara → B = {CCC, CC$\overline{C}$, C$\overline{C}$C, C$\overline{C}\overline{C}$}

e denotamos por A/B o "evento **A** condicionado ao fato de que o evento **B** já ocorreu" e por p(A/B) a *probabilidade condicional de ocorrer **A**, tendo ocorrido **B**.*

No exemplo dado, p(A/B) é a probabilidade de sair cara exatamente duas vezes, tendo saído cara no primeiro lançamento.

Vimos que:

$$p(A/B) = p(A') = \frac{1}{2}$$

Então:

$$p(A/B) = \frac{n(A')}{n(B)} = \frac{n(A \cap B)}{n(B)}$$

Dividindo ambos os termos da fração por $n(\Omega) \neq 0$, temos:

$$p(A/B) = \frac{\frac{n(A \cap B)}{n(\Omega)}}{\frac{n(B)}{n(\Omega)}} = \frac{p(A \cap B)}{p(B)}$$

Logo:

$$p(A/B) = \frac{p(A \cap B)}{p(B)} \quad \text{ou} \quad p(A \cap B) = p(A/B) \cdot p(B)$$

» Exemplos de aplicação

1 **Ao retirar uma carta de um baralho de 52 cartas, qual é a probabilidade de sair um ás vermelho sabendo que ela é de copas?**

- *1º modo:*

Neste caso temos $n(\Omega) = 52$.

evento **A**: sair ás vermelho

evento **B**: sair copas

O que o problema pede é p(A/B), ou seja, a probabilidade de sair ás vermelho tendo saído copas.

evento **A**: {ás de copas, ás de ouros}

evento **B**: {cartas de copas} ⇒ n(B) = 13

$A \cap B$ = {ás de copas} ⇒ $n(A \cap B) = 1$

Logo, $p(A \cap B) = \frac{1}{52}$ e $p(B) = \frac{13}{52}$. Portanto:

$$p(A/B) = \frac{p(A \cap B)}{p(B)} = \frac{\frac{1}{52}}{\frac{13}{52}} = \frac{1}{13}$$

Assim, ao retirar uma carta de um baralho de 52 cartas, a probabilidade de sair ás vermelho sabendo que ela é de copas é de $\frac{1}{13}$.

- *2º modo:*

Se a carta que saiu é de copas, então o espaço amostral é de 13 cartas. Dentre as 13 cartas de copas, uma delas é um ás vermelho.

Assim, a probabilidade de sair ás vermelho sabendo que a carta é de copas é de $P(A/B) = \frac{1}{13}$.

2 **Uma família planejou ter 3 crianças. Qual é a probabilidade de que a família tenha 3 homens, já que a primeira criança que nasceu é homem?**

- *1º modo:*

Neste caso, chamando **M**: mulher e **H**: homem, temos:

Ω = {HHH, HHM, HMM, MMM, MMH, MHH, HMH, MHM} → → $n(\Omega) = 8$

evento **A**: a família tem 3 homens → A = {HHH}

evento **B**: a primeira criança é homem → → B = {HHH, HHM, HMH, HMM}

$A \cap B$ = {HHH}; $p(A \cap B) = \frac{1}{8}$; $p(B) = \frac{4}{8} = \frac{1}{2}$

$$p(A/B) \text{ 5 } \frac{p(A \cap B)}{p(B)} = \frac{\frac{1}{8}}{\frac{1}{2}} = \frac{1}{4}$$

- *2º modo:*

Se a primeira criança já é um homem, então o espaço amostral para os próximos dois filhos é {HH, HM, MH, MM}. Nesse espaço amostral, o evento desejado é {HH}.

Assim, a probabilidade de nascerem 3 filhos homens sabendo que o primeiro que nasceu é homem é de $P(A/B) = \frac{1}{4}$.

3 **Dois dados perfeitos são lançados. Qual é a probabilidade de sair soma 8 se ocorreu o 3 no primeiro dado?**

- *1º modo:*

$\Omega = \{(1, 1), (1, 2), ..., (6, 5), (6, 6)\} \rightarrow n(\Omega) = 36$

evento **A**: sair soma 8 → → A = {(2, 6), (3, 5), (4, 4), (5, 3), (6, 2)}

evento **B**: sair 3 no primeiro dado → → B = {(3, 1), (3, 2), (3, 3), (3, 4), (3, 5), (3, 6)}

$A \cap B = \{(3, 5)\}$; $p(A \cap B) = \frac{1}{36}$; $p(B) = \frac{6}{36} = \frac{1}{6}$

$$p(A/B) = \frac{p(A \cap B)}{p(B)} = \frac{\frac{1}{36}}{\frac{1}{6}} = \frac{1}{6}$$

- *2º modo:*

Se quisermos somar 8 e no primeiro dado saiu um 3, então o espaço amostral para o próximo dado é {1, 2, 3, 4, 5, 6}. Nesse espaço amostral, o evento desejado é {5}.

Assim, a probabilidade de jogar dois dados e sair soma 8 sabendo que no primeiro dado saiu um 3 é de $P(A/B) = \frac{1}{6}$.

4 Numa população de 500 pessoas, 280 são mulheres e 60 exercem a profissão de advogado, sendo 20 do sexo feminino. Tomando ao acaso uma dessas pessoas, qual é a probabilidade de que, sendo mulher, seja advogada?

- *1º modo:*
  Consideremos:
  evento **A**: a pessoa exerce advocacia
  evento **B**: a pessoa é do sexo feminino
  Procuramos p(A/B).

$$\left.\begin{array}{l} p(B) = \frac{280}{500} = \frac{14}{25} \\ n(A \cap B) = 20 \\ p(A \cap B) = \frac{20}{500} = \frac{1}{25} \end{array}\right\} \Rightarrow p(A/B) = \frac{\frac{1}{25}}{\frac{14}{25}} = \frac{1}{14}$$

- *2º modo:*
  Em lugar de estudar a população toda, poderíamos nos restringir às mulheres e perguntar qual é a probabilidade de ser advogada uma mulher tomada ao acaso. Teríamos:

$$p(A/B) = \frac{20}{280} = \frac{1}{14}$$

5 *Situação-problema da introdução do capítulo*

Uma família planeja ter 3 crianças. Qual é a probabilidade de que a família tenha exatamente 2 meninas, dado que a primeira criança que nasceu é menina?

- *1º modo:*
  Ω = {(M, M, M), (M, M, F), (M, F, M), (M, F, F),(F, M, M), (F, M, F),(F, F, M),(F, F, F)}
  $n(\Omega) = 8$

Evento **A**: o casal tem 2 meninas $\rightarrow p(A) = \frac{3}{8}$

Evento **B**: a primeira criança é menina $\rightarrow p(B) = \frac{4}{8}$

$A \cap B$: 2 crianças, sendo a primeira uma menina $\rightarrow$

$\rightarrow p(A \cap B) = \frac{1}{4}$

Logo:

$$p(A/B) = \frac{p(A \cap B)}{p(B)} = \frac{\frac{1}{4}}{\frac{4}{8}} = \frac{1}{2}$$

- *2º modo:*
  Se o primeira criança é uma menina, o espaço amostral para as outras duas crianças é {(H, H), (H, M), (M, H), (M, M)}. Entre esses, o evento desejado é {(H, M), (M, H)}. Assim, a probabilidade de nascerem 3 filhos, sendo 2 mulheres, sabendo que o primeiro filho é mulher, é de:

$$p(A/B) = \frac{2}{4} = \frac{1}{2}$$

» Exercícios

25 Jogam-se dois dados. Qual é a probabilidade de se obter o 4 no primeiro dado, se a soma dos resultados é 9?

26 Ao jogar um dado, descubra a probabilidade de ter saído número ímpar, sabendo que não saiu o número 4.

27 Um grupo de pessoas está classificado da seguinte maneira:

	Professor	Advogado	Dentista
Homens	60	80	50
Mulheres	90	40	30

Definindo que **H**: homem; **M**: mulher; **P**: professor; **A**: advogado; **D**: dentista; determine cada probabilidade pedida abaixo, supondo que cada pessoa tenha uma única profissão.

a) p(A/H) **c)** p(D/H) **e)** $p(\overline{A}/\overline{M})$ **g)** $p(\overline{P}/\overline{H})$
b) p(P/M) **d)** p(A/M) **f)** $p(\overline{D}/\overline{H})$

28 Uma moeda é lançada três vezes. Determine a probabilidade de se obter:
a) 3 caras.
b) 3 caras, dado que a primeira foi cara.
c) exatamente 2 caras.
d) 2 caras, dado que a primeira foi coroa.
e) cara no 2º lançamento, dado que 2 coroas e 1 cara foram obtidas.
f) cara no 2º lançamento, dado que 3 caras foram obtidas.
g) cara no 2º lançamento, dado que pelo menos 1 cara foi obtida.

29 Numa cidade, 20% da população são mulheres que não podem votar (menores de 16 anos). Se 60% da população são mulheres, qual é a probabilidade de que uma mulher selecionada ao acaso não possa votar?

30 Em um município foi feita uma pesquisa sobre as intenções de voto para a eleição de prefeito. Existem 4 candidatos a prefeitura. Foram entrevistadas 2 000 pessoas e as intenções de voto estão dispostas na tabela abaixo:

Intenção de voto	Porcentagem
Candidato **A**	35%
Candidato **B**	20%
Candidato **C**	15%
Candidato **D**	5%
Nulos	10%
Brancos	15%

Escolhendo aleatoriamente um entrevistado e sabendo que ele não votará nos candidatos **B** e **C**, qual a probabilidade de esse entrevistado votar no candidato **A**?
a) 35% **b)** 53% **c)** 37% **d)** 42%

31 Se **A** e **B** são eventos com p(A) = 0,4, p(B) = 0,2 e $p(A \cap B) = 0,1$, calcule:
a) p(A/B); **b)** p(B/A); **c)** $p(A/A \cup B)$.

32 Se **A** e **B** são eventos com $p(A) = \frac{3}{5}$, $p(B) = \frac{1}{2}$ e $p(A \cap B) = \frac{3}{10}$, determine a probabilidade de:
a) **A** dado **B**. **c)** **A** dado $A \cup B$.
b) **B** dado **A**. **d)** $A \cup B$ dado **A**.

Eventos independentes

O conceito de independência de eventos é muito importante em probabilidade. Após analisar um exemplo, definiremos o que são *eventos independentes*.

Consideremos o experimento "lançar dois dados perfeitos de cores diferentes". Seja **A** o evento "sair o 6 no 1º dado" e **B**, "sair o 3 no 2º dado". Observemos que:

- $n(\Omega) = 36$
- $A = \{(6, 1), (6, 2), (6, 3), (6, 4), (6, 5), (6, 6)\}$
- $B = \{(1, 3), (2, 3), (3, 3), (4, 3), (5, 3), (6, 3)\}$
- $p(A) = \dfrac{6}{36} = \dfrac{1}{6}$
- $p(B) = \dfrac{6}{36} = \dfrac{1}{6}$
- $A \cap B = \{(6, 3)\} \Rightarrow p(A \cap B) = \dfrac{1}{36}$
- $p(B/A) = \dfrac{p(B \cap A)}{p(A)} = \dfrac{\frac{1}{36}}{\frac{1}{6}} = \dfrac{1}{6}$

Assim, $p(B) = p(B/A) = \dfrac{1}{6}$, ou seja, a probabilidade de "sair 3" no 2º dado não foi afetada pelo fato de "sair 6" no 1º dado, ou, ainda, a probabilidade de ocorrer **B** *não dependeu* da ocorrência de **A**.

Nesse caso dizemos que **A** e **B** são *eventos independentes*. A probabilidade de ocorrer um deles não depende do fato de ter ou não ocorrido o outro.

Dessa forma, também é verdade que $p(A) = p(A/B)$.

Assim, como $p(A/B) = \dfrac{p(A \cap B)}{p(B)}$, temos:

$$p(A \cap B) = \underbrace{p(A/B)}_{p(A)} \cdot p(B) = p(A) \cdot p(B)$$

Logo, o fato de **A** e **B** serem eventos independentes é equivalente a dizer que $p(A \cap B) = p(A) \cdot p(B)$. Podemos, então, dar a definição:

> Dois eventos **A** e **B** de um espaço amostral Ω (com $p(A) \neq 0$ e $p(B) \neq 0$) são independentes se e somente se $p(A/B) = p(A)$, ou de modo equivalente:
>
> $$p(A \cap B) = p(A) \cdot p(B)$$

Com isso, podemos afirmar que dois eventos **A** e **B** são *dependentes* quando $p(A \cap B) \neq p(A) \cdot p(B)$.

Exemplos de aplicação

1 Consideremos uma cria de cachorros com 3 filhotes. Sejam os eventos **A:** obtenção de pelo menos dois machos e **B:** obtenção de pelo menos um de cada sexo. Os eventos **A** e **B** são independentes? Por quê?

m: macho; **f:** fêmea

$\Omega = \{mmm, mmf, mfm, fmm, mff, fmf, ffm, fff\}$

$A = \{mmm, mmf, mfm, fmm\} \Rightarrow p(A) = \dfrac{1}{2}$

$B = \{mmf, mfm, fmm, mff, fmf, ffm\} \Rightarrow p(B) = \dfrac{3}{4}$

$A \cap B = \{mmf, mfm, fmm\} \Rightarrow p(A \cap B) = \dfrac{3}{8}$

Vemos que $\dfrac{3}{8} = \dfrac{1}{2} \cdot \dfrac{3}{4}$.

Como $p(A \cap B) = p(A) \cdot p(B)$, temos que **A** e **B** são independentes.

2 Uma fábrica produz três produtos, **A**, **B** e **C**. Qual é a probabilidade de se selecionar, ao acaso, um produto defeituoso **A**, se é sabido que 30% dos produtos produzidos pela fábrica são produtos **A** e 5% dos produtos **A** são defeituosos?

D: selecionar produto defeituoso

$D \cap A$: selecionar produto defeituoso **A**

- $p(A) = \dfrac{30}{100} = \dfrac{3}{10}$
- $p(D/A) = \dfrac{5}{100} = \dfrac{1}{20}$
- $p(D \cap A) = p(D/A) \cdot p(A) = \dfrac{1}{20} \cdot \dfrac{3}{10} = \dfrac{3}{200} = 1{,}5\%$

Portanto, $p(D \cap A) = 1{,}5\%$.

3 São realizados dois lançamentos sucessivos de um dado perfeito. Qual é a probabilidade de ocorrer, nos dois casos, o número 5?

A: ocorrência de 5 no 1º lançamento $\Rightarrow p(A) = \dfrac{1}{6}$

B: ocorrência de 5 no 2º lançamento $\Rightarrow p(B) = \dfrac{1}{6}$

A e **B** são independentes. Procuramos $p(A \cap B)$.

$p(A \cap B) = p(A) \cdot p(B) = \dfrac{1}{6} \cdot \dfrac{1}{6} = \dfrac{1}{36}$

Exercícios

33 Se **A** e **B** são eventos independentes com $p(A) = 0{,}2$ e $p(B) = 0{,}4$, determine:

a) $p(A \cap B)$ **b)** $p(A \cup B)$

34 Se **A** e **B** são eventos independentes com $p(A) = 0{,}5$ e $p(A \cap B) = 0{,}3$, determine $p(B)$.

35 Se $p(A) = 0{,}3$, $p(B) = 0{,}2$ e $p(A \cup B) = 0{,}4$, determine $p(A/B)$. **A** e **B** são independentes?

36 Uma carta é retirada de um baralho de 52 cartas e, em seguida, reposta no baralho. Daí uma segunda carta é retirada. Qual é a probabilidade de que:

a) a primeira carta seja copas?
b) a segunda carta seja paus, dado que a primeira é uma carta de copas?
c) a primeira carta seja copas e a segunda seja paus?

37 Duas cartas são retiradas aleatoriamente de um baralho de 52 cartas. Qual é a probabilidade de que:

a) ambas sejam ouros?

b) uma seja copas e outra ouros?

c) pelo menos uma seja ouros?

38 Num conjunto de 100 parafusos, 90 deles estão em boas condições. Dois deles são retirados, sucessivamente, ao acaso, sem reposição. Qual é a probabilidade de que o primeiro parafuso defeituoso seja encontrado na segunda retirada?

39 Trinta por cento (30%) de uma população tem deficiência de uma certa vitamina devido a uma alimentação não equilibrada. Dez por cento (10%) das pessoas com essa deficiência de vitamina têm uma certa doença. Qual é a probabilidade de que uma pessoa selecionada ao acaso tenha a doença e a deficiência de vitamina?

40 No campeonato amador de futebol de uma cidade, 22 times são divididos em dois grupos de 11 times cada. Qual é a probabilidade de dois desses times ficarem no mesmo grupo?

41 Um pescador tem 80% de chance de conseguir pescar algum peixe se não chover, e 30% se chover. Suponha que em determinado dia, a chance de chover é de 40%.

a) Qual é a chance do pescador não pescar nenhum peixe?

b) Sabendo que o pescador não pescou nenhum peixe, qual é a chance de ter chovido?

5. O método binomial

O método do produto de probabilidades é usado, por exemplo, quando se quer saber qual a probabilidade de, numa família, todas as crianças serem meninos ou todas serem meninas. Se um casal planejou ter 4 filhos, a probabilidade de que todos sejam meninos é:

$$\frac{1}{2} \cdot \frac{1}{2} \cdot \frac{1}{2} \cdot \frac{1}{2} = \frac{1}{16}$$

Quando há mistura de sexos, por exemplo, 3 meninos e 1 menina, 2 meninos e 2 meninas, etc., e não se especifica a ordem de ocorrência, podemos usar o *método binomial*. Para isso, vamos inicialmente retomar as potências do binômio $(a + b)^n$, conhecidas como binômio de Newton:

$(a + b)^1 = 1a + 1b$

$(a + b)^2 = (a + b)(a + b) = a^2 + ab + ba + b^2 =$
$= 1a^2 + 2ab + 1b^2$

$(a + b)^3 = (a + b)^2(a + b) = 1a^3 + 3a^2b + 3ab^2 + 1b^3$

$(a + b)^4 = (a + b)^3(a + b) =$
$= 1a^4 + 4a^3b + 6a^2b^2 + 4ab^3 + 1b^4$

$(a + b)^5 = (a + b)^4(a + b) =$
$= 1a^5 + 5a^4b + 10a^3b^2 + 10a^2b^3 + 5ab^4 + 1b^5$

Os coeficientes são os elementos do triângulo de Pascal, conhecidos como números binomiais:

$$\begin{array}{ccccccccccc} & & & & & 1 & & & & & \\ & & & & 1 & & 1 & & & & \\ & & & 1 & & 2 & & 1 & & & \\ & & 1 & & 3 & & 3 & & 1 & & \\ & 1 & & 4 & & 6 & & 4 & & 1 & \\ 1 & & 5 & & 10 & & 10 & & 5 & & 1 \end{array}$$

...

que pode ser escrito assim:

$$\begin{array}{ccccccccccc} & & & & & \binom{0}{0} & & & & & \\ & & & & \binom{1}{0} & & \binom{1}{1} & & & & \\ & & & \binom{2}{0} & & \binom{2}{1} & & \binom{2}{2} & & & \\ & & \binom{3}{0} & & \binom{3}{1} & & \binom{3}{2} & & \binom{3}{3} & & \\ & \binom{4}{0} & & \binom{4}{1} & & \binom{4}{2} & & \binom{4}{3} & & \binom{4}{4} & \\ \binom{5}{0} & & \binom{5}{1} & & \binom{5}{2} & & \binom{5}{3} & & \binom{5}{4} & & \binom{5}{5} \end{array}$$

...

em que, como já sabemos:

$$\binom{n}{k} = \frac{n!}{k!(n-k)!} \quad \text{ou} \quad \binom{n}{k} = \frac{A_{n,\,k}}{k!}$$

é o número total de combinações de **n** objetos tomados **k** a **k**, ou seja, é o número de subconjuntos de **k** elementos tomados de um conjunto com **n** elementos.

Vejamos agora, por meio de exemplos, no que consiste o método binomial e quando podemos usá-lo.

1º) Consideremos uma família com duas crianças. Se representamos o nascimento de um menino por **M** e o nascimento de uma menina por **F**, temos:

- $p(M) = p = \frac{1}{2}$
- $p(F) = q = \frac{1}{2}$

$\left.\right\}\ p + q = 1$

- $\Omega = \{MM, MF, FM, FF\}$

Como experimentalmente sabemos que cada nascimento é independente de nascimentos anteriores, temos:

- $p(MM) = p(M) \cdot p(M) = p \cdot p = p^2 = \frac{1}{4}$
- $p(MF) = p(M) \cdot p(F) = p \cdot q = \frac{1}{2} \cdot \frac{1}{2} = \frac{1}{4}$
- $p(FM) = p(F) \cdot p(M) = q \cdot p = \frac{1}{2} \cdot \frac{1}{2} = \frac{1}{4}$
- $p(FF) = p(F) \cdot p(F) = q \cdot q = q^2 = \frac{1}{2} \cdot \frac{1}{2} = \frac{1}{4}$

Observe que a probabilidade total é igual a 1:

$$\frac{1}{4} + \frac{1}{4} + \frac{1}{4} + \frac{1}{4} = 1$$

Se não consideramos a ordem em que ocorreram os nascimentos, podemos escrever:

p^2	+	$2pq$	+	q^2	= 1
probabilidade de nascerem dois meninos MM		probabilidade de nascerem 1 menino e 1 menina MF; FM		probabilidade de nascerem duas meninas FF	

Assim:

- a probabilidade de nascerem dois meninos é $\mathbf{p^2}$, ou seja:

$$\frac{1}{2} \cdot \frac{1}{2} = \frac{1}{4}$$

- a probabilidade de nascerem um menino e uma menina (sem considerar a ordem) é 2pq, ou seja:

$$2 \cdot \frac{1}{2} \cdot \frac{1}{2} = \frac{1}{2}$$

- a probabilidade de nascerem duas meninas é $\mathbf{q^2}$, ou seja:

$$\frac{1}{2} \cdot \frac{1}{2} = \frac{1}{4}$$

Observemos que:

$$1p^2 + 2pq + 1q^2 = \binom{2}{0}p^2 + \binom{2}{1}pq + \binom{2}{2}q^2 =$$
$$= (p + q)^2 = 1^2 = 1$$

2º) Consideremos o nascimento de três crianças e as mesmas representações do exemplo anterior.

Agora, as possibilidades de nascimento são dadas por:

Ω = {MMM, MMF, MFM, FMM, MFF, FMF, FFM, FFF}

Assim:

- $p(MMM) = p(M) \cdot p(M) \cdot p(M) = p \cdot p \cdot p = p^3$
- $p(MMF) = ppq = p^2q$
- $p(MFM) = pqp = p^2q$
- $p(FMM) = qpp = p^2q$
- $p(MFF) = pqq = pq^2$
- $p(FMF) = qpq = pq^2$
- $p(FFM) = qqp = pq^2$
- $p(FFF) = qqq = q^3$

Se não consideramos a ordem dos nascimentos, as possibilidades se reduzem a MMM, MMF, MFF e FFF, e as probabilidades correspondentes a:

- $p(MMM) = p^3$
- $p(MMF) = 3p^2q$
- $p(MFF) = 3pq^2$
- $p(FFF) = q^3$

e escrevemos:

$$p^3 + 3p^2q + 3pq^2 + q^3 = 1$$

que é a expressão do binômio $(p + q)^3 = 1$

Portanto, podemos dizer que:

- a probabilidade de que as 3 crianças sejam meninos é:

$$p^3 = p \cdot p \cdot p = \frac{1}{2} \cdot \frac{1}{2} \cdot \frac{1}{2} = \frac{1}{8}$$

- a probabilidade de que nasçam 2 meninos e 1 menina é:

$$3p^2q = 3ppq = 3 \cdot \frac{1}{2} \cdot \frac{1}{2} \cdot \frac{1}{2} = \frac{3}{8}$$

- a probabilidade de que nasçam 1 menino e 2 meninas é:

$$3pq^2 = 3pqq = 3 \cdot \frac{1}{2} \cdot \frac{1}{2} \cdot \frac{1}{2} = \frac{3}{8}$$

- a probabilidade de que nasçam 3 meninas é:

$$q^3 = qqq = \frac{1}{2} \cdot \frac{1}{2} \cdot \frac{1}{2} = \frac{1}{8}$$

e notamos que:

$$\frac{1}{8} + \frac{3}{8} + \frac{3}{8} + \frac{1}{8} = \frac{8}{8} = 1$$

Observamos ainda que:

$$1p^3 + 3p^2q + 3pq^2 + 1q^3 =$$
$$= \binom{3}{0}p^3 + \binom{3}{1}p^2q + \binom{3}{2}pq^2 + \binom{3}{3}q^3$$

Generalizando:

Em uma família, a probabilidade de nascerem **n** crianças, das quais **k** sejam meninos e n − k sejam meninas, é dada por:

$$p(\mathbf{k} \text{ meninos, } n - k \text{ meninas}) = \binom{n}{k}p^kq^{n-k}$$

Quando usamos essa fórmula, dizemos que estamos aplicando o método binomial.

Essa probabilidade é um termo da expansão binomial $(p + q)^n$.

» Exemplo de aplicação

Um casal pretende ter 4 filhos e quer saber qual é a probabilidade de nascerem:

a) 4 meninos;
b) 3 meninos e 1 menina;
c) 2 meninos e 2 meninas;
d) 1 menino e 3 meninas;
e) 4 meninas.

Neste caso, n = 4. Há duas maneiras de resolver este problema:

- *1ª maneira:*

Desenvolver $(p + q)^4$, obtendo

$p^4 + 4p^3q + 6p^2q^2 + 4pq^3 + q^4$, e efetuar os cálculos.

Vejamos:

a) 4 meninos. A probabilidade é dada por p^4.

Como $p = \frac{1}{2}$, temos $\left(\frac{1}{2}\right)^4 = \frac{1}{16}$.

b) 3 meninos e 1 menina. A probabilidade é dada por $4p^3q$. Observe a correspondência:

3 meninos ↓ o expoente do **p** é 3 e 1 menina ↓ o expoente do **q** é 1

Como $p = q = \frac{1}{2}$, temos $4p^3q = 4\left(\frac{1}{2}\right)^3 \cdot \frac{1}{2} = \frac{1}{4}$.

c) 2 meninos e 2 meninas. A probabilidade é dada por $6p^2q^2$.

Observe a correspondência outra vez. *Isso sempre ocorre.*

Como $p = q = \frac{1}{2}$, temos $6p^2q^2 = 6\left(\frac{1}{2}\right)^2\left(\frac{1}{2}\right)^2 = \frac{3}{8}$.

d) 1 menino e 3 meninas. A probabilidade é dada por

$$4pq^3 = 4\left(\frac{1}{2}\right)\left(\frac{1}{2}\right)^3 = \frac{1}{4}.$$

e) 4 meninas. A probabilidade é dada por

$$q^4 = \left(\frac{1}{2}\right)^4 = \frac{1}{16}.$$

Observe que:

$$\frac{1}{16} + \frac{1}{4} + \frac{3}{8} + \frac{1}{4} + \frac{1}{16} = 1$$

- *2ª maneira:*

Fazemos as devidas substituições na fórmula geral e os cálculos.
Para exemplificar, vamos resolver apenas o item **b**: qual é a probabilidade de nascerem 3 meninos e 1 menina?
Neste caso, $n = 4$, $k = 3$, $n - k = 4 - 3 = 1$ e

$p = q = \frac{1}{2}$. Assim:

$$p(3M, 1F) = \binom{4}{3}\left(\frac{1}{2}\right)^3\left(\frac{1}{2}\right) = \frac{4!}{3!(4-3)!} \cdot \frac{1}{8} \cdot \frac{1}{2} =$$

$$= \frac{1}{4}$$

Outras aplicações do método binomial

O método binomial pode ser usado em outros assuntos, nos quais os problemas tenham estrutura análoga à dos exemplos dados a seguir.

1º) Um dado é jogado 7 vezes. Qual é a probabilidade de sair o número 5 quatro vezes?

Probabilidade de sair o 5 em cada jogada: $p = \frac{1}{6}$

Probabilidade de não sair o 5 em cada jogada:

$q = 1 - p = \frac{5}{6}$

Probabilidade de sair o 5 em 4 das 7 jogadas:

$$\binom{7}{4}\left(\frac{1}{6}\right)^4\left(\frac{5}{6}\right)^3 = \frac{7!}{4!3!} \cdot \left(\frac{1}{6}\right)^4 \cdot \left(\frac{5}{6}\right)^3$$

2º) Uma prova é constituída de 10 exercícios em forma de teste com 5 alternativas em cada teste. Se um aluno "chutar" todas as respostas, qual é a probabilidade de ele acertar 6 exercícios?

Probabilidade de acertar, em cada questão: $p = \frac{1}{5}$

Probabilidade de errar (não acertar), em cada questão:

$q = 1 - p = \frac{4}{5}$

Probabilidade de acertar em 6 das 10 questões:

$$\binom{10}{6}\left(\frac{1}{5}\right)^6\left(\frac{4}{5}\right)^4 = \frac{10!}{6!4!} \cdot \left(\frac{1}{5}\right)^6 \cdot \left(\frac{4}{5}\right)^4$$

Generalizando:

- Uma experiência é realizada **n** vezes independentemente.
- Em cada uma das **n** vezes, um evento **A** tem probabilidade **p** de ocorrer.
- A probabilidade de **A** não ocorrer em cada vez é $q = 1 - p$.
- A probabilidade de **A** ocorrer em **k** das **n** vezes é dada por $\binom{n}{k}p^kq^{n-k}$.

Exemplo de aplicação

Uma moeda é lançada 8 vezes. Qual é a probabilidade de sair cara 5 vezes?

Fique atento
Não sair cara equivale a sair coroa.

Em cada lançamento:

- a probabilidade de sair cara é $p = \frac{1}{2}$;
- a probabilidade de não sair cara é $q = 1 - \frac{1}{2} = \frac{1}{2}$.

Então, a probabilidade de sair cara 5 vezes é:

$$\binom{8}{5}\left(\frac{1}{2}\right)^5\left(\frac{1}{2}\right)^3 = \frac{8 \cdot 7 \cdot 6 \cdot 5 \cdot 4}{5 \cdot 4 \cdot 3 \cdot 2 \cdot 1} \cdot \frac{1}{32} \cdot \frac{1}{8} = \frac{7}{32} =$$

$= 0{,}21875 = 21{,}875\%$

Portanto, ao lançar-se uma moeda 8 vezes, a probabilidade de sair cara 5 vezes é de $\frac{7}{32}$ (aproximadamente 22%).

Exercícios

42 Um casal pretende ter 5 filhos e deseja saber qual é a probabilidade de ter:
a) 5 meninos;
b) 2 meninos e 3 meninas;
c) 1 menino e 4 meninas;
d) o 1º homem, o 2º mulher, o 3º mulher, o 4º homem e o 5º mulher. (Cuidado, neste caso a ordem importa.)

43 Um casal pretende ter 6 filhos. Determine a probabilidade de ter:
a) 3 meninos e 3 meninas; **b)** 4 meninos e 2 meninas.

44 Se uma moeda é lançada 6 vezes, qual é a probabilidade de sair coroa 4 vezes?

45 Em uma moeda viciada, a probabilidade de sair coroa é o dobro da probabilidade de sair cara. Lançando essa moeda 4 vezes, qual é a probabilidade de saírem:
a) 4 coroas?
b) 4 caras?
c) exatamente 3 caras?
d) pelo menos 3 caras?

46 Um dado é lançado 5 vezes. Calcule a probabilidade de a face 6 sair 2 vezes.

Respostas

Capítulo 11

1. A de índice 1.

3. 25 m

4. 60 m

5. a) 0,6
b) 0,8
c) 0,75
d) 0,8
e) 0,6
f) $\frac{4}{3}$

6. Sim.

7. b) $\text{sen}\,\hat{G} = \frac{4}{5}$; $\cos\hat{G} = \frac{3}{5}$; $\text{tg}\,\hat{G} = \frac{4}{3}$
c) 18 cm e 24 cm
d) • $(\text{sen}\,\hat{F})^2 + (\cos\hat{F})^2 = 1$
• $\frac{\text{sen}\,\hat{F}}{\cos\hat{F}} = \frac{3}{4}$
• $(\text{sen}\,\hat{G})^2 + (\cos\hat{G})^2 = 1$
• $\frac{\text{sen}\,\hat{G}}{\cos\hat{G}} = \frac{4}{3}$

8. a) $x = 8{,}19$
b) $x = 89{,}69$

9. $\gamma = 23°$; $b \simeq 11{,}05$; $c \simeq 4{,}69$

10. a) $\alpha = 32°$
b) $\alpha = 39°$
c) $\alpha = 76°$

11. $\text{sen}\,\hat{B} = 0{,}6$; $\cos\hat{B} = 0{,}8$; $\text{tg}\,\hat{B} = 0{,}75$; $\hat{B} \simeq 37°$

12. a) $\alpha = 41°$
b) $\alpha = 50°$

13. a) $x = \frac{208}{5}$
b) $\text{sen}\,\alpha = \frac{5}{13}$, $\text{tg}\,\alpha = \frac{5}{12}$

14. $\text{sen}\,\alpha = \frac{\sqrt{10}}{10}$

15. $\cos\alpha = \frac{3}{5}$

16. $\text{tg}\,\alpha = \sqrt{15}$

17. a) $\text{sen}\,45° = \frac{\sqrt{2}}{2}$; $\cos 45° = \frac{\sqrt{2}}{2}$; $\text{tg}\,45° = 1$
b) $\text{sen}\,30° = \frac{1}{2}$; $\cos 30° = \frac{\sqrt{3}}{2}$; $\text{tg}\,30° = \frac{\sqrt{3}}{3}$
c) $\text{sen}\,60° = \frac{\sqrt{3}}{2}$; $\cos 60° = \frac{1}{2}$; $\text{tg}\,60° = \sqrt{3}$

18. a) $x = 6$
b) $x = 6$
c) $x = 6$

19. a) $x = 4\sqrt{2}$ e $y = 8\sqrt{2}$
b) $x = 5\sqrt{3}$ e $y = 10$

20. a) $\alpha = 30°$
b) $\alpha = 60°$

21. $x = 35\sqrt{3} + 35$

22. $\frac{4\sqrt{6}}{3}$

23. Aproximadamente 11,919 milhas.

24. 5,1 m

25. 22 m

26. 3,6 m

27. $50\sqrt{3}$ m

28. 2 500 m

29. a) 8 m
b) 30°

30. 59,7 m

31. 5,04 m

32. $V_x = 5\sqrt{3}$; $V_y = 5$

33. 391,40 m

34. c

35. e

Para refletir

Página 227

- Para que o índice de subida seja 1, a altura e o afastamento devem ser iguais.
  Para que o índice seja maior que 1, a altura deve ser maior que o afastamento.
- Maior.
- $\alpha < \beta$; $\frac{h_1}{a_1} < \frac{h_2}{a_2}$

Página 228

- A que tem ângulo de subida α.
  sen α
  A que tem ângulo de subida maior (α), ou seja, de seno maior.

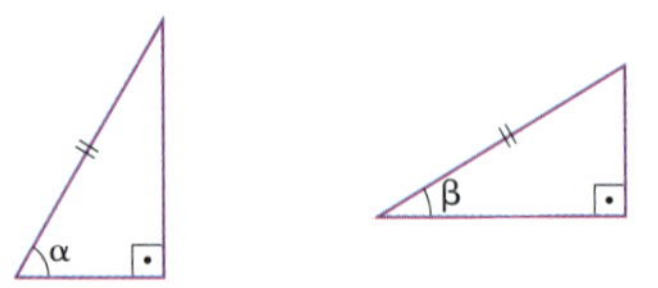

- A que tem ângulo de subida menor (β).
  cos β
  A que tem ângulo de subida maior (α), ou seja, de cosseno menor.

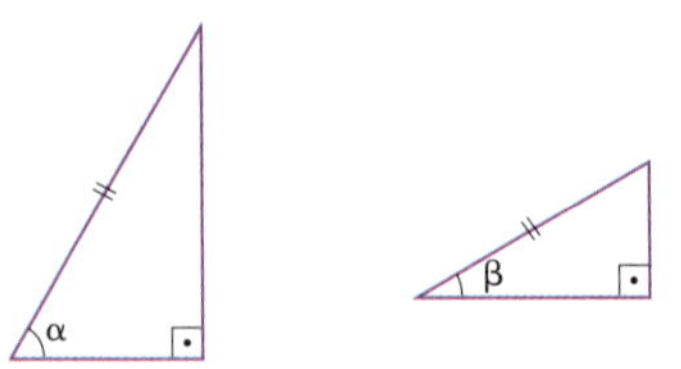

Página 234

$$\text{sen}^2\,\alpha + \frac{4}{25} = 1 \Rightarrow \text{sen}^2\,\alpha = 1 - \frac{4}{25} = \frac{21}{25} \Rightarrow \text{sen}^2\,\alpha = \frac{\sqrt{21}}{5}$$

$$\text{tg}\,\alpha\ \frac{\sqrt{21}}{5} : \frac{2}{5} = \frac{\sqrt{21}}{\not{5}} \cdot \frac{\not{5}}{2} = \frac{\sqrt{21}}{2}$$

Capítulo 12

1. a) $\frac{\sqrt{2}}{2}$

b) $-\frac{\sqrt{2}}{2}$

c) $\frac{1}{2}$

d) $-\frac{\sqrt{3}}{2}$

2. $x = 100\sqrt{2}$

3. $x = \frac{2\sqrt{3}}{3}$

4. a) $x = 5\sqrt{3}$

b) $x = 4\sqrt{2}$

c) $x \simeq 3{,}2$

5. $a = \sqrt{2}$

6. $x = 60°$

7. $BC = \frac{m \cdot \text{sen}\,\alpha}{\text{sen}\,\beta}$

8. $x = \sqrt{7}$

9. $x = 7$

10. $a = \sqrt{3}$

11. $c = 4$

12. $\cos \alpha = \frac{1}{9}$

13. $BD = 2\sqrt{39}$ cm; $AC = 2\sqrt{109}$ cm

14. $R = 4\sqrt{19}$ N

15. $m = \sqrt{46}$

Para refletir

Página 242

$x = 2\sqrt{3}$ cm

Página 243

Usando o triângulo obtusângulo da página 243, temos:

- no $\triangle ABH$:

$$\begin{cases} \cos A = \frac{AH}{c} \Rightarrow AH = c \cdot \cos A \\ c^2 = h^2 + AH^2 \Rightarrow h^2 = c^2 - AH^2 \end{cases}$$

$$h^2 = c^2 - (c \cdot \cos A)^2 = c^2 - c^2 \cdot \cos^2 A$$

- no $\triangle CBH$:

$$a^2 = h^2 + CH^2 \Rightarrow a^2 = h^2 + (AH - b)^2 \Rightarrow$$

$$\Rightarrow a^2 = h^2 + (c \cdot \cos A - b)^2 \Rightarrow$$

$$\Rightarrow h^2 = a^2 - (c \cdot \cos A - b)^2 \Rightarrow$$

$$\Rightarrow h^2 = a^2 - (c^2 \cdot \cos^2 A - 2bc \cdot \cos A + b^2) \Rightarrow$$

$$\Rightarrow c^2 - \cancel{c^2 \cdot \cos^2 A} = a^2 - \cancel{c^2 \cdot \cos^2 A} + 2bc \cdot \cos A - b^2 \Rightarrow$$

$$\Rightarrow A^2 = b^2 + c^2 - 2bc \cdot \cos A \text{ (lei de cossenos)}$$

Usando o triângulo retângulo abaixo:

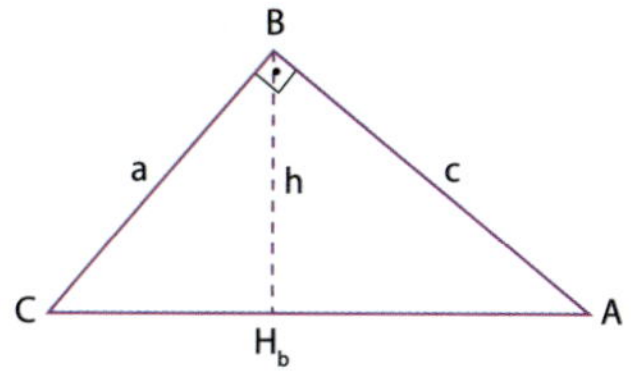

Observa-se que, para $\hat{A}$ agudo no $\triangle ABC$ retângulo em $\hat{B}$, a demonstração é a mesma já realizada para o triângulo acutângulo. Portanto, vale ainda a relação $a^2 = b^2 + c^2 - 2bc \cdot \cos A$ (lei dos cossenos).

Página 245

No losango dado, cada ângulo agudo mede 20°. Como a soma dos ângulos internos de qualquer quadrilátero é 360°, temos:

$x + x + 60° + 60° = 360° \Rightarrow 2x = 360° - 120° = 240° \Rightarrow$

$\Rightarrow x = 120°$

Capítulo 13

1. a) $\frac{\pi}{3}$ rad

b) $\frac{\pi}{4}$ rad

c) $\frac{2\pi}{3}$ rad

d) $\frac{7\pi}{3}$ rad

e) $\frac{5\pi}{3}$ rad

f) $\frac{5\pi}{9}$ rad

g) $\frac{\pi}{2}$ rad

h) $\frac{\pi}{12}$ rad

2. a) 30°

b) 120°

c) 45°

d) 150°

e) 330°

f) 225°

g) 270°

3. 5 rad

4. Aproximadamente 1,57 cm.

5. Aproximadamente 15,7 cm.

6. 60π m

9. a) $\alpha = 325°$; 4º quadrante

b) $\alpha = 60°$; 1º quadrante

c) $\alpha = 320°$; 4º quadrante

d) $\alpha = \frac{4\pi}{3}$ rad; 3º quadrante

e) $\alpha = \frac{11\pi}{6}$ rad; 4º quadrante

f) $\alpha = \frac{\pi}{4}$ rad; 1º quadrante

10. a) $\alpha = 80° + k \cdot 360°$, com $k \in \mathbb{Z}$

b) $\alpha = 60° + k \cdot 360°$, com $k \in \mathbb{Z}$

c) $\alpha = \frac{\pi}{4} + 2k\pi$, com $k \in \mathbb{Z}$

d) $\alpha = \frac{\pi}{3} + 2k\pi$, com $k \in \mathbb{Z}$

12. a) $x = \frac{\pi}{6} + 2k\pi$, com $k \in \mathbb{Z}$

b) $x = \frac{\pi}{4} + k\pi$, com $k \in \mathbb{Z}$

c) $x = \pi + 2k\pi$, com $k \in \mathbb{Z}$ ou $x = (2k + 1)\pi$, com $k \in \mathbb{Z}$

d) $x = \frac{2\pi}{3} + 2k\pi$, com $k \in \mathbb{Z}$

e) $x = -\frac{\pi}{3} + 2k\pi$, com $k \in \mathbb{Z}$

f) $x = \frac{5\pi}{6} + k\pi$, com $k \in \mathbb{Z}$

13. e

14. a) Meia-volta: 200 gr; volta inteira: 400 gr.

b) 3º quadrante

c) 63,66 gr

d) 0,9° = 54′

15. a) 3º quadrante

b) 1º quadrante

c) 4º quadrante

d) 4º quadrante

e) 1º quadrante

16. a) 3º ou 4º quadrante

b) 2º ou 3º quadrante

c) 1º ou 4º quadrante

d) 1º ou 2º quadrante

e) 2º ou 3º quadrante

17. d

18. c

19. a) $\frac{1}{2}$

b) $-\frac{\sqrt{3}}{2}$

c) $-\frac{1}{2}$

d) $\frac{\sqrt{2}}{2}$

e) $-\frac{\sqrt{2}}{2}$

f) $-\frac{1}{2}$

g) $\frac{\sqrt{3}}{3}$

h) -1

i) $\sqrt{3}$

20. a) 0,985

b) −0,423

c) −0,996

d) 0,364

21. a) x = 270°

b) $x = \frac{\pi}{6}$ ou $x = \frac{5\pi}{6}$

c) $x = \frac{\pi}{3}$ ou $x = \frac{2\pi}{3}$

d) x = 300°

e) $x = \frac{3\pi}{4}$ ou $x = \frac{5\pi}{4}$

f) $x = \frac{3\pi}{4}$ ou $x = \frac{7\pi}{4}$

22. $\cos x = -\frac{4}{5}$

23. $\text{sen } x = -\frac{2\sqrt{5}}{5}$ e $\cos x = -\frac{\sqrt{5}}{5}$

24. $-\frac{\sqrt{3}}{3}$

25. A = 0

26. a) $\frac{1}{2}$

b) $\frac{\sqrt{2}}{2}$

c) $-\frac{\sqrt{3}}{2}$

d) $\frac{\sqrt{2}}{2}$

e) -1

f) $-\sqrt{3}$

g) $\frac{\sqrt{3}}{3}$

h) 1

27. a) -1

b) $-\frac{\sqrt{3}}{2}$

c) $\frac{\sqrt{3}}{2}$

d) $-\frac{\sqrt{3}}{3}$

e) $-\sqrt{3}$

28. a) Aproximadamente –0,64.

b) −0,242

c) 0,985

d) 0,122

e) −0,831

f) 1,192

29. a) $x = \frac{3\pi}{2} + 2k\pi$, com $k \in \mathbb{Z}$

b) $x = \frac{\pi}{4} + 2k\pi$ ou $x = \frac{3\pi}{4} + 2k\pi$, com $k \in \mathbb{Z}$

c) $x = \frac{\pi}{2} + 2k\pi$ ou $x = \frac{3\pi}{2} + 2k\pi$, com $k \in \mathbb{Z}$

d) $x = \frac{2\pi}{3} + 2k\pi$ ou $x = \frac{4\pi}{3} + 2k\pi$, com $k \in \mathbb{Z}$

e) $x = \frac{\pi}{4} + k\pi$ ou $x = \frac{5\pi}{4} + k\pi$, com $k \in \mathbb{Z}$

f) $x = \frac{\pi}{3} + k\pi$ ou $x = \frac{4\pi}{3} + k\pi$, com $k \in \mathbb{Z}$

30. a) $x = \frac{7\pi}{6} + 2k\pi$ ou $x = \frac{11\pi}{6} + 2k\pi$, com $k \in \mathbb{Z}$

b) $x = 2k\pi$ ou $x = \pi + 2k\pi$ ou $x = 2\pi + 2k\pi$, com $k \in \mathbb{Z}$

c) $x = \frac{\pi}{4} + 2k\pi$ ou $x = \frac{7\pi}{4} + 2k\pi$, com $k \in \mathbb{Z}$

d) $x = \pi + 2k\pi$, com $k \in \mathbb{Z}$

e) $x = \frac{3\pi}{4} + k\pi$ ou $x = \frac{7\pi}{4} + k\pi$, com $k \in \mathbb{Z}$

f) $x = k\pi$ ou $x = \pi + k\pi$ ou $x = 2\pi + k\pi$, com $k \in \mathbb{Z}$

31. cos 2°

32. Negativo.

33. Nenhum.

34. S = 0

Para refletir

Página 246

Terão a mesma medida, mas não terão o mesmo comprimento.

Página 247

58°

Página 249

- Porque os arcos são considerados com medidas positivas, negativas ou nulas.
- **B**(0, 1); **A**'(−1, 0) e **B**'(0, −1)
- Estamos percorrendo a circunferência no sentido horário.
- Do 2º exemplo, são côngruos 45° e 765° ou $\frac{\pi}{4}$ e $-\frac{17\pi}{4}$.

  Do 3º exemplo, são côngruos 60° e 1 020° ou $\frac{\pi}{3}$ e $-\frac{17\pi}{3}$.

Página 250

Um número positivo ou zero.

Página 253

$O\hat{R}P \cong O\hat{A}T$ (retos)

$P\hat{O}R \cong T\hat{O}R$ (comum ou opostos pelo vértice)

Capítulo 14

1. a) $\frac{\sqrt{6} + \sqrt{2}}{4}$

b) $\frac{\sqrt{2} - \sqrt{6}}{4}$

c) $-2 - \sqrt{3}$

3. $\frac{3\sqrt{3} - 4}{10}$

4. $\frac{6}{7}$

5. $\frac{8}{3}$

6. $\frac{1}{3}$

7. $\text{sen } y = \frac{7\sqrt{2}}{26}$ e $\cos y = \frac{17\sqrt{2}}{26}$

8. y = tg x

9. a) $\frac{\sqrt{3}}{2}$

b) $\frac{1}{2}$

c) $\sqrt{3}$

10. tg 4a

11. $\frac{\sqrt{3}}{3}$

12. $\frac{3}{7}$

13. b

14. $\text{sen } 2x = \frac{24}{25}$; $\cos 2x = \frac{7}{25}$; $\text{tg } 2x = \frac{24}{7}$

15. $\frac{8}{15}$

16. $\text{sen } 2x = \frac{4\sqrt{2}}{9}$; $\cos 2x = -\frac{7}{9}$

17. $-\frac{31}{17}$

19. $\frac{21}{25}$

21. A = sec x

22. $x \simeq 3{,}6$

23. y = 4

24. a) $\frac{\sqrt{3}}{2}$

b) $\frac{\sqrt{6}}{6}$

25. $\text{sen } 2a = \frac{\sqrt{15}}{8}$; $\cos 2a = \frac{7}{8}$; $\text{tg } 2a = \frac{\sqrt{15}}{7}$

27. a) 2 · sen 10° · cos 50°

b) 2 · sen 4a · cos a

c) 2 · sen 40° · cos 10°

d) −2 · sen 3x · cos 2x

28. a) $2 \cdot \cos^2 \frac{x}{2}$

b) $2 \cdot \text{sen}^2 \frac{x}{2}$

c) 2 · sen 55° · cos 5°

d) $\sqrt{2} \cdot \text{sen}\left(x - \frac{\pi}{4}\right)$

30. a) $\text{tg } \frac{a + b}{2}$

b) cotg a

31. tg 40°

32. $\mathbf{A}'\left(4\sqrt{3} - 3, 3\sqrt{3} + 4\right)$

33. $\mathbf{B}'\left(\frac{4 + 7\sqrt{2}}{2}, \frac{19\sqrt{2}}{2}\right)$

34. $-\frac{36}{25}$

35. $\frac{1}{5}$

36. $2\sqrt{2}$

37. $\pm\frac{3\sqrt{10}}{20}$

38. $y = \frac{\sqrt{3}}{9}$

39. a) y = sec x

b) y = 1

40. $A = \frac{1}{2}$

41. $m = \frac{1}{2}$

42. 1º quadrante

43. 1

44. $y = \frac{t}{t - 1}$

45. $k = \frac{2}{\text{sen } 2x}$

51. a) $S = \left\{x \in \mathbb{R} \mid x = \frac{\pi}{6} + 2k\pi \text{ ou } x = \frac{5\pi}{6} + 2k\pi, k \in \mathbb{Z}\right\}$

b) $S = \left\{x \in \mathbb{R} \mid x = \frac{3\pi}{4} + 2k\pi \text{ ou } x = \frac{5\pi}{4} + 2k\pi, k \in \mathbb{Z}\right\}$

c) $S = \left\{x \in \mathbb{R} \mid x = \frac{\pi}{3} + k\pi, k \in \mathbb{Z}\right\}$

d) $S = \left\{x \in \mathbb{R} \mid x = \frac{7\pi}{6} + 2k\pi \text{ ou } x = \frac{11\pi}{6} + 2k\pi, k \in \mathbb{Z}\right\}$

e) $S = \left\{x \in \mathbb{R} \mid x = \pi + 2k\pi, k \in \mathbb{Z}\right\}$

f) $S = \left\{x \in \mathbb{R} \mid x = \frac{5\pi}{6} + k\pi, k \in \mathbb{Z}\right\}$

52. a) $S = \left\{x \in \mathbb{R} \mid x = \frac{\pi}{6} + k \cdot \frac{2\pi}{3}, k \in \mathbb{Z}\right\}$

b) $S = \left\{x \in \mathbb{R} \mid x = \frac{\pi}{4} + k \cdot \frac{\pi}{2}, k \in \mathbb{Z}\right\}$

c) $S = \left\{x \in \mathbb{R} \mid x = k \cdot \frac{\pi}{5}, k \in \mathbb{Z}\right\}$

d) $S = \left\{\frac{\pi}{12}, \frac{7\pi}{12}, \frac{13\pi}{12}, \frac{19\pi}{12}, \frac{25\pi}{12}, \frac{31\pi}{12}\right\}$

53. a) $S = \left\{x \in \mathbb{R} \mid x = \frac{\pi}{8} + k\pi \text{ ou } x = \frac{7\pi}{8} + k\pi, k \in \mathbb{Z}\right\}$

b) $S = \left\{x \in \mathbb{R} \mid x = \frac{5\pi}{6} + 2k\pi, k \in \mathbb{Z}\right\}$

c) $S = \left\{x \in \mathbb{R} \mid x = \frac{\pi}{6} + k \cdot \frac{2\pi}{3} \text{ ou } x = \frac{\pi}{3} + k \cdot \frac{2\pi}{3}, k \in \mathbb{Z}\right\}$

d) $S = \varnothing$

54. a) $S = \left\{x \in \mathbb{R} \mid x = \frac{\pi}{2} + k\pi \text{ ou } x = \frac{\pi}{6} + 2k\pi \text{ ou } x = \frac{5\pi}{6} + 2k\pi, k \in \mathbb{Z}\right\}$

b) $S = \left\{x \in \mathbb{R} \mid x = k\pi \text{ ou } x = \frac{\pi}{2} + 2k\pi, k \in \mathbb{Z}\right\}$

c) $S = \left\{x \in \mathbb{R} \mid x = \frac{\pi}{3} + k\pi \text{ ou } x = \frac{2\pi}{3} + k\pi, k \in \mathbb{Z}\right\}$

d) $S = \left\{x \in \mathbb{R} \mid x = \frac{\pi}{6} + 2k\pi \text{ ou } x = \frac{5\pi}{6} + 2k\pi \text{ ou } x = \frac{3\pi}{2} + 2k\pi, k \in \mathbb{Z}\right\}$

e) $S = \left\{x \in \mathbb{R} \mid x = \frac{\pi}{2} + k\pi \text{ ou } x = \frac{\pi}{6} + 2k\pi \text{ ou } x = \frac{11\pi}{2} + 2k\pi, k \in \mathbb{Z}\right\}$

f) $S = \left\{x \in \mathbb{R} \mid x = \frac{\pi}{3} + 2k\pi \text{ ou } x = \frac{5\pi}{3} + 2k\pi, k \in \mathbb{Z}\right\}$

55. a) $S = \left\{x \in \mathbb{R} \mid x = k\pi \text{ ou } x = \pm\frac{\pi}{3} + 2k\pi, k \in \mathbb{Z}\right\}$

b) $S = \left\{x \in \mathbb{R} \mid x = \frac{\pi}{2} + k\pi, k \in \mathbb{Z}\right\}$

c) $S = \{x \in \mathbb{R} \mid x = k\pi, k \in \mathbb{Z}\}$

d) $S = \left\{x \in \mathbb{R} \mid x = \frac{\pi}{4} + k\pi, k \in \mathbb{Z}\right\}$

56. $S = \left\{\frac{2\pi}{3}, -\frac{2\pi}{3}\right\}$

57. a) $S = \left\{x \in \mathbb{R} \mid x = \frac{k\pi}{6} \text{ ou } x = \frac{\pi}{2} + k\pi, k \in \mathbb{Z}\right\}$

b) $S = \left\{x \in \mathbb{R} \mid x = \frac{\pi}{8} + \frac{k\pi}{4} \text{ ou } x = \frac{\pi}{4} + \frac{k\pi}{2}, k \in \mathbb{Z}\right\}$

c) $S = \left\{x \in \mathbb{R} \mid x = k\pi \text{ ou } x = \frac{\pi}{4} + \frac{k\pi}{2}, k \in \mathbb{Z}\right\}$

d) $S = \left\{x \in \mathbb{R} \mid x = \frac{\pi}{4} + k\pi \text{ ou } x = \frac{3\pi}{8} + \frac{k\pi}{2}, k \in \mathbb{Z}\right\}$

58. $S = \left\{x \in \mathbb{R} \mid x = \frac{\pi}{2} + k\pi \text{ ou } x = \frac{2k\pi}{7} \text{ ou } x = \frac{\pi}{3} + \frac{2k\pi}{3}, k \in \mathbb{Z}\right\}$

59. b

60. a) $S = \left\{x \in \mathbb{R} \mid x = \frac{7\pi}{12} + 2k\pi \text{ ou } x = \frac{17\pi}{12} + 2k\pi, k \in \mathbb{Z}\right\}$

b) $S = \left\{x \in \mathbb{R} \mid x = \frac{\pi}{18} + 2k\pi \text{ ou } x = \frac{17\pi}{18} + 2k\pi, k \in \mathbb{Z}\right\}$

c) $S = \left\{x \in \mathbb{R} \mid x = \frac{9\pi}{4} + k\pi, k \in \mathbb{Z}\right\}$

d) $S = \left\{x \in \mathbb{R} \mid x = \frac{7\pi}{18} + 2k\pi \text{ ou } x = \frac{29\pi}{18} + 2k\pi, k \in \mathbb{Z}\right\}$

61. a) $S = \left\{x \in \mathbb{R} \mid x = \frac{7\pi}{10} + 2k\pi \text{ ou } x = \frac{3\pi}{10} + 2k\pi, k \in \mathbb{Z}\right\}$

b) $S = \left\{x \in \mathbb{R} \mid x = \frac{5\pi}{16} + k \cdot \frac{5\pi}{4} \text{ ou } x = \frac{3\pi}{4} + 5k\pi, k \in \mathbb{Z}\right\}$

c) $S = \{x \in \mathbb{R} \mid x = k\pi, k \in \mathbb{Z}\}$

d) $S = \left\{x \in \mathbb{R} \mid x = k \cdot \frac{4\pi}{3} \text{ ou } x = 2k\pi, k \in \mathbb{Z}\right\}$

e) $S = \left\{x \in \mathbb{R} \mid x = \frac{2\pi}{5} + 2k\pi \text{ ou } x = \frac{8\pi}{5} + 2k\pi, k \in \mathbb{Z}\right\}$

62. a) $S = \left\{x \in \mathbb{R} \mid x = \pm\frac{7\pi}{36} + k\pi, k \in \mathbb{Z}\right\}$

b) $S = \left\{x \in \mathbb{R} \mid x = \frac{k\pi}{2}, \textbf{k} \text{ é inteiro par}\right\}$

c) $S = \left\{x \in \mathbb{R} \mid x = \frac{\pi}{6} + 2k\pi \text{ ou } x = \frac{\pi}{30} + \frac{2k\pi}{5}, k \in \mathbb{Z}\right\}$

d) $S = \varnothing$

63. a) $S = \left\{x \in \mathbb{R} \mid \frac{\pi}{4} < x < \frac{3\pi}{4}\right\}$

b) $S = \left\{x \in \mathbb{R} \mid 0 \leqslant x < \frac{\pi}{4} \text{ ou } \frac{7\pi}{4} < x \leqslant 2\pi\right\}$

c) $S = \left\{x \in \mathbb{R} \mid \frac{\pi}{2} < x < \frac{3\pi}{4} \text{ ou } \frac{3\pi}{2} < x < \frac{7\pi}{4}\right\}$

64. a) $S = \left\{x \in \mathbb{R} \mid 0 \leqslant x \leqslant \frac{\pi}{6} \text{ ou } \frac{5\pi}{6} \leqslant x \leqslant \pi\right\}$

b) $S = \left\{x \in \mathbb{R} \mid \frac{\pi}{3} \leqslant x \leqslant \frac{\pi}{2} \text{ ou } \frac{3\pi}{2} \leqslant x \leqslant \frac{5\pi}{3}\right\}$

c) $S = \left\{x \in \mathbb{R} \mid 0 < x < \frac{\pi}{3} \text{ ou } \pi < x < \frac{4\pi}{3}\right\}$

65. $D(f) = \left\{x \in \mathbb{R} \mid 2k\pi \leqslant x < \frac{\pi}{2} + 2k\pi \text{ ou } \frac{3\pi}{2} + 2k\pi < x \leqslant 2\pi + 2k\pi, k \in \mathbb{Z}\right\}$

66. a) $S = \left\{x \in \mathbb{R} \mid \frac{\pi}{2} + k\pi < x < \pi + k\pi\right\}$

b) $S = \left\{x \in \mathbb{R} \mid \frac{\pi}{8} + k\pi \leqslant x < \frac{3\pi}{8} + k\pi \text{ ou } \frac{7\pi}{8} + k\pi < x \leqslant \frac{9\pi}{8} + k\pi\right\}$

67. a) $S = \left\{x \in \mathbb{R} \mid 0 \leqslant x \leqslant \frac{\pi}{4} \text{ ou } \frac{3\pi}{4} \leqslant x \leqslant \frac{5\pi}{4} \text{ ou } \frac{7\pi}{4} \leqslant x \leqslant 2\pi\right\}$

b) $S = \left\{x \in \mathbb{R} \mid \frac{\pi}{3} < x < \frac{5\pi}{3} \text{ e } x \neq \pi\right\}$

68. $S = \left\{x \in \mathbb{R} \mid \frac{\pi}{6} \leqslant x < \frac{\pi}{2}\right\}$

Para refletir

Página 262

- $\cos(60° + 30°) \neq \cos 60° + \cos 30°$
- $\text{tg}(60° - 30°) \neq \text{tg } 60° - \text{tg } 30°$
- $\text{sen}(90° + 0°) = \text{sen } 90° + \text{sen } 0°$

Página 263

- $\cos(-b) = \cos(2\pi - b) = \cos 2\pi \cdot \cos b - \text{sen } 2\pi \cdot \text{sen } b = \cos 2\pi \cdot \cos b = \cos b$

  $\text{sen}(-b) = \text{sen}(2\pi - b) = \text{sen } 2\pi \cdot \cos b - \text{sen } b \cdot \cos 2\pi = -\text{sen } b \cdot \cos 2\pi = -\text{sen } b$
- 0,966
- Que o cosseno do ângulo suplementar é o oposto ao cosseno do ângulo.
- $\text{tg}(a + b) = \dfrac{\text{sen}(a+b)}{\cos(a+b)} = \dfrac{\frac{\text{sen}(a+b)}{\cos a \cdot \cos b}}{\frac{\cos(a+b)}{\cos a \cdot \cos b}} =$

$$= \frac{\frac{\text{sen } a \cdot \cancel{\cos b}}{\cos a \cdot \cancel{\cos b}} + \frac{\text{sen } b \cdot \cancel{\cos a}}{\cancel{\cos a} \cdot \cos b}}{\frac{\cos a \cdot \cos b}{\cos a \cdot \cos b} - \frac{\text{sen } a \cdot \text{sen } b}{\cos a \cdot \cos b}} =$$

$$= \frac{\text{tg } a + \text{tg } b}{1 - \text{tg } a \cdot \text{tg } b}$$

$$\text{tg}(a - b) = \text{tg}[a + (-b)] = \frac{\text{tg } a + \text{tg}(-b)}{1 - \text{tg } a \cdot \text{tg}(-b)} =$$

$$= \frac{\text{tg } a + (-\text{tg } b)}{1 - \text{tg } a \cdot (-\text{tg } b)} = \frac{\text{tg } a - \text{tg } b}{1 + \text{tg } a \cdot \text{tg } b}$$

Página 264

$x = 18°$

Página 271

$x = 0$

Página 272

$A = \frac{1}{2}$

Página 273

- $x = \frac{\pi}{2}$: $\text{sen } x + \cos x = 1$; $x = \frac{\pi}{4}$: $\text{sen } x + \cos x = \sqrt{2}$
- $x \neq \frac{\pi}{2} + k\pi, k \in \mathbb{Z}$

Página 274

Porque a variável não está na medida do arco ou do ângulo.

Capítulo 15

1. a) $S = \{m \in \mathbb{R} \mid 3 \leqslant m \leqslant 4\}$

b) $S = \{m \in \mathbb{R} \mid 4 \leqslant m \leqslant 6\}$

c) $S = \{m \in \mathbb{R} \mid 2 \leqslant m \leqslant 4\}$

d) $S = \left\{m \in \mathbb{R} \mid -\frac{5}{3} \leqslant m \leqslant -1\right\}$

2. a) $f(\pi) = 0$; $g(\pi) = -1$; $f\left(-\frac{3\pi}{4}\right) = -\frac{\sqrt{2}}{2}$; $g\left(-\frac{3\pi}{4}\right) = -\frac{\sqrt{2}}{2}$

b) $x = \frac{\pi}{4}$ ou $x = \frac{5\pi}{4}$

c) Não existe.

d) $\frac{3\pi}{2} \leqslant x < 2\pi$

3. a) valor mínimo: $y = -11$, valor máximo: $y = -9$

b) valor mínimo: $y = -5$; valor máximo: $y = 3$

c) valor mínimo: $y = 4$; valor máximo: $y = 4$

d) valor mínimo: $y = -4$; valor máximo: $y = 16$

4. 3

5. a) $D(f) = \left\{x \in \mathbb{R} \mid x \neq \frac{\pi}{2} + k\pi, \text{ com } k \in \mathbb{Z}\right\}$; $Im(f) = \mathbb{R}$

b) $f\left(\frac{\pi}{4}\right) = 1$; $f(\pi) = 0$; $f\left(-\frac{\pi}{3}\right) = -\sqrt{3}$; $f\left(\frac{7\pi}{6}\right) = \frac{\sqrt{3}}{3}$; $f(7\pi) = 0$; $f\left(\frac{20\pi}{3}\right) = -\sqrt{3}$

c) $x = \frac{3\pi}{4}$ ou $x = \frac{7\pi}{4}$

6. a) $p = \frac{2\pi}{7}$

b) $p = 8\pi$

c) $p = \pi$

d) $p = \pi$

e) $p = 8\pi$

f) $p = 2\pi$

g) $p = 2$

7. a) $Im(f) = \{y \in IR \mid -1 \leq y \leq 1\}$
b) $Im(f) = \{y \in IR \mid -1 \leq y \leq 1\}$
c) $Im(f) = \{y \in IR \mid -1 \leq y \leq 1\}$
d) $Im(f) = \{y \in IR \mid -2 \leq y \leq 2\}$
e) $Im(f) = \{y \in IR \mid 1 \leq y \leq 5\}$
f) $Im(f) = \{y \in IR \mid -2 \leq y \leq 0\}$
g) $Im(f) = \{y \in IR \mid 0 \leq y \leq 2\}$

8. a) $m = \pm\frac{2}{3}$
b) $a = \pm\frac{5}{2}$
c) $m = \pm 2$

9. $Im(f) = \left\{y \in IR \mid -\frac{1}{2} \leq y \leq \frac{1}{2}\right\}$ e $p = \frac{8\pi}{3}$

10. a) $a = 0, b = 3, c = 1$
b) $a = 0, b = 2, c = 1$
c) $a = 1, b = -1, c = 1$

11. a) $a = 1, b = -2, c = 1$
b) $a = 1, b = 1, c = \frac{1}{2}$

12. a) $p = 2\pi$; $D(f) = IR$; $Im(f) = [3, 5]$.
b) $p = 2\pi$; $D(f) = IR$; $Im(f) = [-3, -1]$.
c) $p = 2\pi$; $D(f) = IR$; $Im(f) = [-3, 3]$.
d) $p = 2\pi$; $D(f) = IR$; $Im(f) = [-3, 3]$.
e) $p = \frac{2\pi}{3}$; $D(f) = IR$; $Im(f) = [-1, 1]$.
f) $p = 2\pi$; $D(f) = IR$; $Im(f) = [-1, 1]$.
g) $p = \frac{2\pi}{3}$; $D(f) = IR$; $Im(f) = [-1, 1]$.

13. a) O gráfico "subiu" 4 unidades.
b) O gráfico "desceu" 2 unidades.
c) O gráfico "dilatou" verticalmente 3 unidades.
d) O gráfico ficou "invertido" em relação ao eixo **x** e "dilatou" verticalmente 3 unidades.
e) O gráfico "comprimiu" horizontalmente 3 vezes.
f) O gráfico ficou "transladado" horizontalmente $\frac{\pi}{4}$ unidades para a direita.
g) O gráfico ficou "comprimido" horizontalmente e "transladado" horizontalmente para a direita.

14. a) $p = 2\pi$; $D(f) = IR$; $Im(f) = [2, 4]$.
b) $p = 2\pi$; $D(f) = IR$; $Im(f) = [2, 4]$.
c) $p = 2\pi$; $D(f) = IR$; $Im(f) = [-2, 2]$.
d) $p = 2\pi$; $D(f) = IR$; $Im(f) = [-3, 3]$.
e) $p = \pi$; $D(f) = IR$; $Im(f) = [-1, 1]$.
f) $p = 2\pi$; $D(f) = IR$; $Im(f) = [-1, 1]$.
g) $p = \frac{2\pi}{3}$; $D(f) = IR$; $Im(f) = [2, 6]$.

15. a) O gráfico "subiu" 3 unidades.
b) O gráfico "desceu" 1 unidade.
c) O gráfico "dilatou" verticalmente 2 unidades.
d) O gráfico ficou "invertido" em relação ao eixo **x** e "dilatou" verticalmente 3 unidades.
e) O gráfico "comprimiu" horizontalmente 2 vezes.
f) O gráfico ficou "transladado" horizontalmente $\frac{\pi}{4}$ unidades para a esquerda.
g) O gráfico "subiu" 4 unidades, "dilatou" verticalmente 2 unidades, "comprimiu" horizontalmente 3 vezes e "transladou" $\frac{\pi}{4}$ unidades para a direita.

16. a) $p = \pi$, $Im(f) = [-4, 4]$
b) $p = \pi$, $Im(f) = \left[-\frac{1}{2}, \frac{1}{2}\right]$

17. 0

18. Custo mínimo: 220 reais; custo máximo: 380 reais.

19. 1,6 m

20. $v(x) = 2 \cdot sen\left(\frac{\pi}{4}x\right)$

21. d

22. a) 12 h
b) Temperatura máxima: 20 °C; temperatura mínima: 10 °C.
c) 48 horas

23. a

24. a) 500 toneladas
b) Fevereiro
c) Janeiro e março.

Para refletir

Página 282

$x = 0 + 2k\pi \rightarrow sen\ x = 0$; $x = \frac{\pi}{2} + 2k\pi \rightarrow sen\ x = 1$;

$x = \pi + 2k\pi \rightarrow sen\ x = 0$; $x = \frac{3\pi}{2} + 2k\pi \rightarrow sen\ x = -1$

Página 284

$x = 0 + 2k\pi \rightarrow cos\ x = 1$; $x = \frac{\pi}{2} + 2k\pi \rightarrow cos\ x = 0$;

$x = \pi + 2k\pi \rightarrow cos\ x = -1$; $x = \frac{3\pi}{2} + 2k\pi \rightarrow cos\ x = 0$

Página 286

- – $f(x) = tg\ x$ não se define para $\frac{\pi}{2} + k\pi$ porque, para esses arcos, a reta $\overleftrightarrow{OP}$ é paralela ao eixo das tangentes.

Observando o gráfico $f(x) = tg\ x$, notamos que **y** assume valores do intervalo $]-\infty, \infty[$.
Portanto, $Im(f) = IR$.
– A função tangente não é injetiva, pois, para dois valores diferentes de **x**, há um mesmo valor de f(x). Mas é sobrejetiva porque $CD(f) = Im(f) = IR$.

– Exemplificando: $f\left(\frac{\pi}{4}\right) = tg\left(\frac{\pi}{4}\right) = 1$ e $f\left(-\frac{\pi}{4}\right) = tg\left(-\frac{\pi}{4}\right) = -1$.

Logo, $f\left(-\frac{\pi}{4}\right) = -f\left(\frac{\pi}{4}\right)$.

– Observando o gráfico, notamos que a função repete os valores obtidos em $[0, \pi]$ para $[\pi, 2\pi]$, $[-\pi, 0]$, etc. Portanto, período $p = \pi$.

- $x = 0 \rightarrow tg\ x = 0$; $x = \frac{\pi}{2} \rightarrow tg\ \frac{\pi}{2}$ não existe; $x = \pi \rightarrow tg\ x = 0$; $x = \frac{3\pi}{2} \rightarrow tg\ \frac{3\pi}{2}$ não existe.

Capítulo 16

1. a) $\begin{bmatrix} 6 & 4 & 5 & 8 \\ 5 & 7 & 5 & 5 \\ 5 & 6 & 7 & 4 \end{bmatrix}$ b) $\begin{bmatrix} 31 & 69 \\ 36 & 64 \\ 45 & 55 \\ 56 & 44 \\ 64 & 36 \\ 72 & 28 \end{bmatrix}$

2. a) 2×2
b) Matriz coluna 3×1.
c) 5×3

3. a) 3×3
b) 10, 0 e 1
c) 1, $\frac{1}{5}$ e $\sqrt{5}$
d) −3
e) 1
f) 1

4. a) $a_{11} = 2$; $a_{22} = -5$; $a_{13} = 10$
b) $a_{31} = 6$; $a_{23} = 2$; $a_{33} = \sqrt{2}$

5. a) $A = \begin{bmatrix} 2 & 5 & 10 \\ 5 & 8 & 13 \end{bmatrix}$

b) $M = \begin{bmatrix} 0 & 2 & 4 \\ 3 & 5 & 7 \\ 6 & 8 & 10 \end{bmatrix}$

c) $X = \begin{bmatrix} 1 & 0 \\ 7 & 6 \\ 17 & 16 \\ 31 & 30 \end{bmatrix}$

6. Ordem 4.

7. 2, −5 e 4

8. −8

9. 18

10. $\begin{bmatrix} 5 & 3 \\ 9 & 7 \end{bmatrix}$

11. $\begin{bmatrix} 2 & 0 & 0 \\ 0 & 4 & 0 \\ 0 & 0 & 6 \end{bmatrix}$

12. $\begin{bmatrix} 4 & -2 & -2 & -2 \\ 0 & 16 & -2 & -2 \\ 0 & 0 & 36 & -2 \\ 0 & 0 & 0 & 64 \end{bmatrix}$

13. d

14. $a = 6$, $b = 3$, $c = -4$ e $d = -2$

15. $a = 2$, $b = -5$, $x = 1$ e $y = 2$

16. $m = 0$ e $n = 1$

17. $a = 1$, $b = 0$ e $c = \frac{1}{3}$

18. a) $\begin{pmatrix} 2 & 6 \\ -6 & -1 \end{pmatrix}$

b) $\begin{pmatrix} 1 & 4 \\ -5 & 1 \end{pmatrix}$

c) $\begin{pmatrix} 7 & 2 \\ -11 & 2 \end{pmatrix}$

d) $\begin{pmatrix} 5 & 6 \\ -11 & 1 \end{pmatrix}$

19. a) $\begin{bmatrix} 4 & 2 \\ 10 & 8 \\ 16 & 14 \end{bmatrix}$

b) $\begin{bmatrix} 2 & 1 \\ 5 & 4 \\ 8 & 7 \end{bmatrix}$

20. $A + B = \begin{bmatrix} 4 & 0 \\ 12 & 14 \end{bmatrix}$; $B + A = \begin{bmatrix} 4 & 0 \\ 12 & 14 \end{bmatrix}$

21. $\begin{pmatrix} -3 & 0 \\ -10 & 5 \\ 4 & -2 \end{pmatrix}$

22. $\begin{bmatrix} 0 & -3 \\ -2 & -5 \end{bmatrix}$

23. $\begin{bmatrix} 3 & -2 & 1 \\ -6 & 10 & -7 \end{bmatrix}$

24. a) $\begin{pmatrix} 3 \\ 8 \\ 7 \end{pmatrix}$ c) $\begin{pmatrix} 1 \\ -4 \\ 3 \end{pmatrix}$

b) $\begin{pmatrix} 1 \\ 4 \\ -1 \end{pmatrix}$

26. a) $A^t = \begin{pmatrix} 5 \\ 2 \\ 6 \end{pmatrix}$

b) $B^t = \begin{pmatrix} 2 & -1 & 0 \\ 5 & 4 & 6 \end{pmatrix}$

c) $C^t = \begin{pmatrix} -4 & 5 \\ 2 & -1 \end{pmatrix}$

d) $D^t = \begin{pmatrix} 1 & 0 & -1 \\ 3 & 0 & 4 \\ 2 & 5 & 3 \end{pmatrix}$

27. $\begin{pmatrix} 4 & 11 \\ 6 & 13 \end{pmatrix}$

28. a) $\begin{bmatrix} 8 & 2 \\ 6 & -8 \end{bmatrix}$

b) $\begin{bmatrix} 12 & 3 \\ 9 & -12 \end{bmatrix}$

c) $\begin{bmatrix} 24 & 8 \\ 18 & -24 \end{bmatrix}$

29. $\begin{bmatrix} 0 & -2 \\ -12 & -2 \end{bmatrix}$

30. a) $\begin{pmatrix} 3 & 8 \\ 3 & 0 \end{pmatrix}$ b) $\begin{pmatrix} 9 & 13 \\ 0 & 12 \end{pmatrix}$

31. $a = -4$, **b** real qualquer e $c = 4$

32. $x = -1$, $y = -\frac{5}{2}$ e $z = -10$

33. a) V b) V c) F d) V

34. a) Não
b) Sim; $m \times p$.
c) Sim; 2×4.
d) Sim; quadrada de ordem **n**.

35. a

36. a) $\begin{pmatrix} 17 & 39 \\ 2 & 4 \end{pmatrix}$

b) $\begin{pmatrix} 2 & 5 & 0 \\ 6 & 15 & 0 \\ 12 & 30 & 0 \end{pmatrix}$

c) $\begin{bmatrix} 29 & 24 \\ 23 & 22 \\ 26 & 4 \end{bmatrix}$

d) $\begin{bmatrix} 2 & 24 & 9 & 27 \\ 4 & 13 & 11 & 12 \end{bmatrix}$

e) $\begin{pmatrix} -3 & 17 \\ -7 & -8 \\ 9 & 26 \end{pmatrix}$

f) $\begin{pmatrix} 59 & 12 \\ 8 & 10 \end{pmatrix}$

37. 120

38. a) $\begin{pmatrix} 19 & 9 \\ 15 & 16 \end{pmatrix}$

b) $\begin{pmatrix} 11 & 4 \\ 8 & 3 \end{pmatrix}$

c) $\begin{pmatrix} 7 & 10 \\ -1 & 14 \end{pmatrix}$

d) $\begin{pmatrix} 8 & 5 \\ 7 & 13 \end{pmatrix}$

39. Não

40. a) $\begin{pmatrix} 7 & 18 \\ 6 & 19 \end{pmatrix}$

b) $\begin{pmatrix} -1 & -6 \\ 12 & 23 \end{pmatrix}$

c) $\begin{pmatrix} 8 & 13 \\ 9 & 19 \end{pmatrix}$

d) $\begin{pmatrix} 16 & 26 \\ 18 & 38 \end{pmatrix}$

e) $\begin{pmatrix} 15 & 24 \\ 36 & 87 \end{pmatrix}$

f) $\begin{pmatrix} 22 & 38 \\ 36 & 80 \end{pmatrix}$

41. Não

42. c

43. a) $\begin{pmatrix} 0 & 0 \\ 0 & 0 \end{pmatrix}$ b) $\begin{pmatrix} 0 & 0 \\ 0 & 0 \end{pmatrix}$

44. Sim

45. a) $\begin{pmatrix} 0 & 6 \\ -2 & -3 \end{pmatrix}$

b) $\begin{pmatrix} -2 & -5 \\ 2 & -1 \end{pmatrix}$

c) $\begin{pmatrix} 0 & -6 \\ 2 & 1 \end{pmatrix}$

d) $\begin{pmatrix} 2 & -2 \\ 7 & -1 \end{pmatrix}$

e) $\begin{pmatrix} 2 & -2 \\ 7 & -1 \end{pmatrix}$

46. c

47. $X = \begin{pmatrix} 1 & 0 \\ 0 & 1 \end{pmatrix}$

48. $\begin{pmatrix} 6 & 4 \\ 1 & 3 \end{pmatrix}$

51. a) $X = \begin{pmatrix} 5 \\ 4 \end{pmatrix}$

b) $X = \begin{pmatrix} \frac{5}{2} & -2 \\ -1 & 1 \end{pmatrix}$

52. a = 1 e b = 1 ou a = 1 e b = −1 ou a = −1 e b = 1 ou a = −1 e b = −1

53. k = −2

54. x = 0

55. $\begin{cases} 3x - 2y = 20 \\ x + 4y = -8 \end{cases}$

56. $\begin{pmatrix} 1 & 3 \\ 2 & -5 \end{pmatrix}\begin{pmatrix} x \\ y \end{pmatrix} = \begin{pmatrix} 10 \\ 4 \end{pmatrix}$

57. a) $\begin{pmatrix} 1 & -\frac{3}{2} \\ 0 & \frac{1}{2} \end{pmatrix}$

b) Não existe.

c) $\begin{pmatrix} -\frac{5}{2} & \frac{3}{2} \\ 2 & -1 \end{pmatrix}$

58. 0

59. $\begin{pmatrix} 4 & 0 \\ 0 & 4 \end{pmatrix}$

60. $X = \begin{pmatrix} 2 \\ 0 \\ 1 \end{pmatrix}$

61. $X = \begin{pmatrix} 1 & -1 \\ -1 & 1 \end{pmatrix}$

62. $X = \begin{pmatrix} 1 & 2 \\ -\frac{2}{3} & 1 \end{pmatrix}$ e $Y = \begin{pmatrix} 2 & 4 \\ \frac{7}{3} & 2 \end{pmatrix}$

63. $X = \begin{pmatrix} 2 & 5 \\ 5 & 4 \end{pmatrix}$

64. $X = \begin{pmatrix} 2 & 10 \\ 0 & -2 \end{pmatrix}$

65. a) $X = A^{-1}BC^{-1}$

b) $X = A^{-1}(B - C)$

c) $X = B^{-1}A^{-1}DC^{-1}$

d) $X = A^{-1}(D + C)B^{-1}$

Para refletir

Página 297

A do item **b**.

Página 299

Acima *e* abaixo: as duas coisas devem ocorrer; acima *ou* abaixo: pelo menos uma das duas deve ocorrer.

Página 303

- Significa "em ordem", da primeira à última.
- Para que uma matriz seja simétrica, devemos ter $a_{ij} = a_{ji}$. Se **i** e **j** não variarem da mesma maneira, não será possível obter todos os elementos.

Página 304

Multiplicando-se ordenadamente os elementos da linha **i** da matriz **A** pelos elementos da coluna **j** da matriz **B** e somando-se os produtos obtidos.

Página 309

- A(BC) = (AB)C

Entretanto, (AB)C = (BA)C somente quando **A** e **B** comutam, isto é, quando AB = BA.

- $(AB)^t = \begin{pmatrix} 14 & -4 \\ 1 & -2 \end{pmatrix}$; $A^tB^t = \begin{pmatrix} 12 & -6 \\ -4 & 0 \end{pmatrix}$; $B^tA^t = \begin{pmatrix} 14 & -4 \\ 1 & -2 \end{pmatrix}$

Página 310

$y + 10 = 2x \Rightarrow 2 + 10 = 2 \cdot 6 \Rightarrow 12 = 12$ (V)
$x + 6 = x + 3y \Rightarrow 6 + 6 = 6 + 3 \cdot 2 \Rightarrow 12 = 12$ (V)

Capítulo 17

1. a) −6
b) 10
c) 2
d) a − b
e) sen (x + y)

2. a) 1
b) 6
c) −7
d) 15
e) −2
f) −4

3. a) S = {6}
b) S = {−4, 2}

4. x = 0 ou x = 6

5. $x = \frac{1}{2}$ ou x = −1

6. a) 57 b) 1 c) $ab - a^2$

7. a) $1 - 2a^2$ b) −24 c) −24

8. S = {1, 2}

9. x > 1

10. $sen^3 x$

11. a) 1
b) −2
c) −12
d) −16

12. Matriz **C**; det C = 70

13. x = 3, x = 4 ou x = 5

14. **A**, **B**, **D**, **E**, **F**

15. a) 40
b) 100
c) $\frac{1}{4}$
d) 4 000
e) 10
f) 3,2

16. a ≠ 2

17. 0,1

18. $x = 2$

19. 20

20. a) -10

b) 40

21. 8m

22. 300

23. 24

24. $\frac{1}{5}$

25. a) 28 b) -75 c) $3d - 3a$

26. a) -43
b) -26
c) 30
d) 15
e) -3
f) 54

27. a) -16
b) 8
c) -12
d) -8
e) 1
f) 11

28. a) -23 b) -23 c) -23

29. a) -42 b) -22 c) $4x - y - 11$

Para refletir

Página 321

- $\det A = -11$; $\det B = -11$
  Logo, $\det A = \det B$.
- $\det A = 7$; $\det B = 7$
  Logo, $\det A = \det B$.

Página 322

$A \cdot A^{-1} = I \Rightarrow \det(A \cdot A^{-1}) = \det I$

Mas $\det I = 1$, então:

$\det(A \cdot A^{-1}) = \det A \cdot \det A^{-1} = 1$

Se:

$\det A \neq 0 \rightarrow \exists A^{-1}$

$\det A = 0 \rightarrow \nexists A^{-1}$

Página 324

15

Capítulo 18

1. **A**:a, b, c; **B**: d, e.

2. a) Sim b) Não

3. a) Sim b) Sim

4. $k = 2$

5. $(\alpha, 2\alpha + 1)$

6. a) Sim b) Sim c) Não

7. a) Sistema impossível, $S = \varnothing$.
b) Sistema possível e determinado, $S = \{(-2, 3)\}$.
c) Sistema possível e indeterminado e a solução geral é $\left(\alpha, \frac{\alpha - 3}{2}\right)$.

9. a) $S = \left\{\left(1, \frac{1}{3}\right)\right\}$ b) $S = \left\{\left(3, \frac{1}{2}\right)\right\}$

10. a) Sistema possível e determinado
b) Sistema possível e determinado
c) Sistema possível e indeterminado
d) Sistema impossível

11. Para $m \neq -1$, o sistema é possível e determinado; para $m = -1$, o sistema é impossível.

12. $a \neq -9$

13. $k = 2$

14. a) Sistema possível e determinado; $S = \{(4, -1, -3)\}$.
b) Sistema impossível, $S = \varnothing$
c) Sistema possível e indeterminado e a solução geral é $\left(\frac{k + 2}{3}, k, k\right)$.
d) Sistema possível e indeterminado e a solução geral é $(2 - 2\alpha, \alpha, \beta, \beta)$.

15. $\forall a \in \mathbb{R}$, com $a \neq 2$ ou $a \neq -1$

16. $a = \frac{1}{2}$ ou $a = -\frac{1}{2}$

17. $k = 3$ ou $k = 2$

18. $a = \frac{4}{3}$ e $b = 2$

19. a) Sistema possível e determinado; $S = \{(1, -1, 2)\}$.
b) Sistema possível e indeterminado e a solução geral é $(14k, -9k, k)$.
c) $S = \left\{\left(\frac{15}{4}, \frac{11}{8}, -\frac{9}{8}\right)\right\}$

20. Sistema impossível, $S = \varnothing$.

21. $\left(\frac{7 - 7\alpha}{5}, \frac{\alpha - 1}{5}, \alpha\right)$, com $\alpha \in \mathbb{R}$

22. Sistema impossível.

23. -6

24. $S = \{(-2, 0, 1, 6)\}$

25. $\begin{pmatrix} 1 \\ 2 \\ -1 \end{pmatrix}$

26. $w = 8$

27. 42 clientes idosos

28. 16 moedas de 1 real, 10 moedas de 50 centavos e 130 moedas de 10 centavos.

29. a) Uma laranja, duas folhas de couve e dois ramos de gengibre.
b) R$ 1,00

30. Possibilidades de resultados: 5 empates; 1 vitória, 1 derrota e 3 empates; 2 vitórias, 2 derrotas e 1 empate.

31. Porque se trata de valores naturais, que são número de jogos.
a) 6 possibilidades
b) 7 possibilidades

32. a) Para $a = 9$, o sistema é possível e indeterminado e para $a \neq 9$, o sistema é impossível.
b) O sistema é possível e determinado para qualquer valor de λ, admitindo apenas a solução trivial.

33. $a \neq -4$ e $a \neq 1$

34. $a = -1$ e $b \neq 7$

35. a) $S = \{(3, 2)\}$ b) $S = \{(1, 2)\}$

36. $S = \{(1, 2, -1)\}$

37. $S = \{(0, 1)\}$

38. Sim

39. $k \neq 0$ e $k \neq 2$

40. Uma única solução.

Para refletir

Página 326

Porque seus termos não são todos do primeiro grau.

Página 327

$$\begin{cases} 3 \cdot 3 - (-1) = 10 \\ 2 \cdot 3 + 5(-1) = 1 \end{cases} \Rightarrow \begin{cases} 9 + 1 = 10 \text{ (V)} \\ 6 - 5 = 1 \text{ (V)} \end{cases}$$

Página 329

$$\begin{bmatrix} a_1 & b_1 \\ a_2 & b_2 \end{bmatrix} \cdot \begin{bmatrix} x \\ y \end{bmatrix} = \begin{bmatrix} k_1 \\ k_2 \end{bmatrix} \Rightarrow \begin{bmatrix} a_1x + b_1y \\ a_2x + b_2y \end{bmatrix} = \begin{bmatrix} k_1 \\ k_2 \end{bmatrix} \Rightarrow$$

$$\Rightarrow \begin{cases} a_1x + b_1y = k_1 \\ a_2x + b_2y = k_2 \end{cases}$$

Capítulo 19

1. a) 720 b) 210 c) 500 d) 10 e) 190 f) 99

2. a) $n^2 - n$ b) $\frac{1}{n + 2}$ c) $n^2 + 2n - 3$

3. $n = 8$

4. $n = 2$

5. $n = 4$ ou $n = 1$

6. 6 maneiras

7. 60 maneiras diferentes

8. 8 possibilidades; utilizando **A** para cara e **B** para coroa: A−A−A; A−A−B; A−B−A; A−B−B; B−A−A, B−A−B; B−B−A; B−B−B.

9. 60 maneiras

10. 16 números

11. a) 36 números
b) 18 números pares
c) 18 números ímpares
d) 30 números
e) 9 números

12. a) 180 números
b) 100 números
c) 48 números
d) 90 números
e) 48 números

13. 35 maneiras

14. 450 maneiras

15. 63 maneiras

16. 6 palavras: ALI, AIL, LAI, LIA, IAL, ILA.

17. 256 números de 4 algarismos; 24 números de 4 algarismos distintos.

18. 120 maneiras

19. 48 maneiras

20. 24 anagramas

21. 6 números

22. a) 720 b) 6 c) 24 d) 144 e) 4

23. a) AGIMO b) AGIOM c) GAIMO d) OMIAG e) IGAMO

24. a) 1ª posição
b) 720ª posição (última)
c) 30ª posição

25. a) 34 650 anagramas
b) 5 040 anagramas
c) 630 anagramas
d) 10 080 anagramas
e) 1 120 anagramas

26. 1 260 maneiras

27. 24 ordens

28. 120 modos

29. 66 soluções inteiras e positivas

30. 90 modos

31. 210 maneiras

32. a) 12 b) 120 c) 56 d) 24 e) 5 f) 1

33. a) $x^2 - x$
b) $x^2 - 7x + 12$
c) $8x^3 - 2x$

34. a) $x = 7$ b) $x = 4$

35. 657 720 maneiras

36. a) 120 números b) 48 números

37. 132 maneiras

38. a) 504 números
b) 336 números
c) 2 520 números
d) 15 120 números

39. 360 maneiras diferentes

40. 360 maneiras diferentes

41. a) 15
b) 4
c) 21
d) 45

42. 1 140 equipes

43. a) 30 formas b) 150 formas c) 330 formas

44. a) 16380 modos b) 42504 modos c) 140 modos

45. 210 maneiras diferentes

46. a) 56 comissões
b) 56 comissões
c) 140 comissões

47. a) 60 maneiras b) 65 maneiras c) 100 maneiras

48. 120 maneiras

49. 142506 comissões

50. 35 modos

51. 106 modos

52. 10536 quadriláteros

53. a) $x = 6$ b) $x = 3$

54. a) $x = 9$ ou $x = 4$
b) $x = 30$
c) $x = 5$

55. $n = 7$

56. 20 modos

57. 1 000 opções

58. 6561 números

59. 56 triângulos

60. 720 maneiras

61. 20 maneiras

62. 720 maneiras

63. 151 200 anagramas

64. 15 quadriláteros

65. 35 subconjuntos

66. a) 720 anagramas
b) 120 anagramas
c) 24 anagramas
d) 144 anagramas
e) 216 anagramas
f) 24 anagramas
g) 144 anagramas

67. 300 números

68. 960 placas

69. c

70. 28 duplas

71. 739 números

72. 3844 comissões

73. 11664 números

74. 72 anagramas

75. 9 amigos

76. 86400 maneiras

77. 140 números

78. 36 comissões

79. 57 retas

80. 72 números

81. 560 maneiras

82. 886656 maneiras

83. 4 diagonais

84. 480 maneiras

85. a) 55º lugar b) 6666600

86. 45 tentativas

Para refletir

Página 342

1ª etapa: Recife-São Paulo; 2ª etapa: São Paulo-Porto Alegre

Página 343

Se tivermos o zero nas centenas, significa que não há centenas nesse número.

Página 344

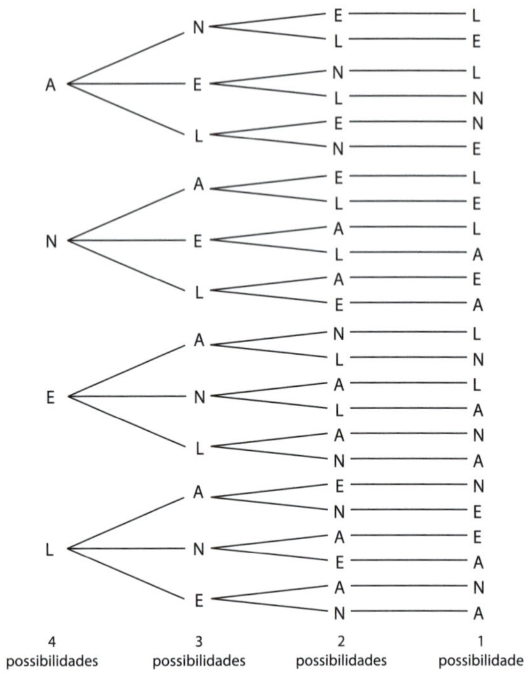

Página 346

AAPP, APAP, APPA, PPAA, PAAP

Página 351

1

Página 356

175760000 placas

Capítulo 20

1. a) 7
b) 15
c) 35
d) 1
e) 190
f) 1

2. $x = 5$ ou $x = 13$

3. 1

4. a) $x = 1$ b) $x = 6$ ou $x = 8$

5. $\frac{5}{8}$

6. $n = 14$ e $p = 4$

7. a) 32
b) 7
c) 15
d) 5
e) 252
f) 93

8. 63 maneiras

9. 968 polígonos

10. 256 modos

11. a) $x^5 + 10x^4 + 40x^3 + 80x^2 + 80x + 32$
b) $a^4 - 12a^3 + 54a^2 - 108a + 81$
c) $x^{14} - 7x^{12} + 21x^{10} - 35x^8 + 35x^6 - 21x^4 + 7x^2 - 1$

12. 1

13. d

14. a) $84x^3$
b) $-8\,064x^5a^5$
c) $T_2 = -20x^{19}$ e $T_{20} = -20x$

15. a) Não existe.
b) Não existe.
c) -20

16. $-84x^6$

17. a) $1\,120x^4$
b) $\frac{28}{27}x^5$

18. 6400

19. 1

20. 6561

Capítulo 21

1. $\Omega = \{1, 2, 3, 4, 5, 6\}$; $A = \{2, 4, 6\}$; $B = \{1, 2, 3\}$; $C = \{3, 6\}$; $D = \{\ \}$; $E = \{1, 2, 3, 4, 5, 6\}$

2. $\Omega = \{1, 2, 3\}$; $A = \{2\}$; $B = \{1, 3\}$

3. $\Omega = \{(C_1, C_2), (C_1, \overline{C_2}), (\overline{C_1}, C_2), (\overline{C_1}, \overline{C_2})\}$ em que $\mathbf{C_1}$ e $\mathbf{C_2}$ são as caras e $\overline{\mathbf{C_1}}$ e $\overline{\mathbf{C_2}}$ são as coroas; $A = \{(C_1, \overline{C_2}), (\overline{C_1}, C_2)\}$; $B = \{(\overline{C_2}, \overline{C_1})\}$; $C = \{(C_1, C_2), (C_1, \overline{C_2}), (\overline{C_1}, C_2)\}$

4. Ω = {2c, 2o, 2e, 2p, 3c, 3o, 3e, 3p, ..., Ac, Ao, Ae, Ap}, em que **c**, **o**, **e**, **p** significam, respectivamente, copas, ouros, espadas e paus; A = {Ac, Ao, Ae, Ap)}; B = {Ao}; C = {2c, 2o, 2e, 2p}.

5. A = {(M, M, M)}; B = {(F, F, F)}; C = {(M, M, M), (F, F, F)}

6. a) 50%
b) 50%
c) Aproximadamente 16,7%.
d) Aproximadamente 33,3%.
e) 0%
f) 100%

7. a) 40%
b) 60%

8. Aproximadamente 42,8%.

9. a) 25%
b) Aproximadamente 7,7%.
c) Aproximadamente 1,9%.
d) 50%
e) Aproximadamente 3,8%.

10. a) 25%
b) 50%
c) 25%
d) 50%

11. a) Aproximadamente 16,7%.
b) 50%
c) Aproximadamente 41,7%.
d) Aproximadamente 58,3%.
e) 25%
f) Aproximadamente 16,7%.
g) Aproximadamente 38,9%.

12. a) 37,5%
b) 12,5%
c) 87,5%
d) 25%
e) 12,5%

13. Opção 2.

14. a) 60%
b) 12%

15. a) 21,25%
b) 8,75%
c) 8,75%
d) 23,75%
e) 33,75%

16. a) $\frac{8}{17}$
b) $\frac{7}{17}$
c) $\frac{14}{17}$
d) $\frac{1}{17}$
e) $\frac{3}{17}$
f) $\frac{7}{17}$
g) $\frac{6}{17}$

17. $\frac{3}{4}$

18. a) $\frac{1}{7}$ b) $\frac{6}{21}$ c) $\frac{12}{21}$

19. 40%

20. $\frac{5}{6}$

21. Aproximadamente 27,78%.

22. a) 25%
b) 75%
c) Aproximadamente 11,5%.
d) Aproximadamente 61,5%.

23. Opção 1.

24. a) 0,6
b) 0,4
c) 0,6
d) 0,7
e) 0,9
f) 0,3
g) 0,2
h) 0,6

25. $\frac{1}{4}$

26. 60%

27. a) Probabilidade de ser advogado dado que é um homem.
b) Probabilidade de ser professor dado que é uma mulher.
c) Probabilidade de ser dentista dado que é um homem.
d) Probabilidade de ser advogado dado que é mulher.
e) Probabilidade de não ser advogado dado que não é mulher.
f) Probabilidade de não ser dentista dado que é homem.
g) Probabilidade de ser professor dado que não é homem.

28. a) $\frac{1}{8}$
b) $\frac{1}{4}$
c) $\frac{3}{8}$
d) $\frac{1}{4}$
e) $\frac{1}{3}$
f) 1
g) $\frac{4}{7}$

29. Aproximadamente 33,3%.

30. b

31. a) 50%
b) 25%
c) 80%

32. a) $\frac{3}{5}$
b) $\frac{1}{2}$
c) $\frac{3}{4}$
d) $\frac{4}{5}$

33. a) 0,08
b) 0,52

34. 0,6

35. $\frac{1}{2}$; não

36. a) $\frac{1}{4}$
b) $\frac{1}{4}$
c) $\frac{1}{16}$

37. a) Aproximadamente 5,9%.
b) Aproximadamente 12,7%.
c) Aproximadamente 44,1%.

38. $\frac{1}{11}$

39. 3%

40. $\frac{10}{21}$

41. a) 50%
b) 20%

42. a) $\frac{1}{32}$
b) $\frac{5}{16}$
c) $\frac{5}{32}$
d) $\frac{1}{32}$

43. a) $\frac{5}{16}$
b) $\frac{15}{64}$

44. $\frac{15}{64}$

45. a) $\frac{16}{81}$
b) $\frac{1}{81}$
c) $\frac{8}{81}$
d) $\frac{1}{9}$

46. Aproximadamente 16%.

Para refletir

Página 363

Isso significa que os dois lados da moeda ou as seis faces do dado têm a mesma "chance" de sair.

Página 366

Quando se diz "pelo menos duas", admite-se que aconteçam duas ou mais situações. Quando se diz "exatamente duas", há somente duas situações.

PARTE 3

ÁLGEBRA, GEOMETRIA ESPACIAL E GEOMETRIA ANALÍTICA

22
Capítulo

Matemática financeira

Entre as inúmeras aplicações da Matemática está a de auxiliar na resolução de problemas de ordem financeira, como cálculo do valor de prestações, pagamento de impostos, rendimento de poupança e outros.

Veja um destes problemas:

Uma pessoa vai fazer uma compra no valor de R$ 4000,00, usando o dinheiro que está depositado em uma caderneta de poupança, que está rendendo 1% ao mês. Ela quer saber, do ponto de vista financeiro, qual destes planos de pagamento é mais vantajoso:

- pagar à vista;

ou

- pagar em duas prestações iguais de R$ 2005,00, uma delas como entrada e a segunda depois de 1 mês.

DAVID IIZUKA/ARQUIVO DA EDITORA

Este problema e outros, que envolvem assuntos de Matemática financeira, serão estudados e resolvidos neste capítulo.

1. Revisão de proporção

Foram apresentadas no capítulo 4 algumas aplicações da ideia de proporcionalidade, que você já estudou no Ensino Fundamental. Vamos, agora, rever as noções de proporção.

Proporção

Em uma maratona, Marina já completou $\frac{15}{20}$ do trajeto, e Zuleide completou $\frac{12}{16}$. Observe que essas duas razões são equivalentes. Em casos como esse, as duas razões formam uma *proporção*.

Indicamos essa proporção assim: $\frac{15}{20} = \frac{12}{16}$, e lemos: "15 está para 20 assim como 12 está para 16".

De modo geral, podemos escrever:

> Razões iguais formam uma proporção. Assim, se a razão entre os números **a** e **b** é igual à razão entre os números **c** e **d**, dizemos que $\frac{a}{b} = \frac{c}{d}$ é uma proporção.

Os termos **a** e **d** são denominados *extremos* da proporção, e os termos **b** e **c** são os *meios* da proporção.

Propriedade fundamental das proporções

Em toda proporção, o produto dos extremos é igual ao produto dos meios.

A representação simbólica é $\frac{a}{b} = \frac{c}{d} \Rightarrow a \cdot d = b \cdot c$.

Outras propriedades das proporções

1ª) A partir de uma proporção, podemos obter outras trocando a posição de alguns termos. Para isso, basta preservar a propriedade fundamental.

Veja, por exemplo, a proporção $\frac{4}{6} = \frac{10}{15}$, na qual $4 \cdot 15 = 6 \cdot 10$, e algumas transformações que podemos fazer a partir dela.

- Trocar os extremos: $\frac{15}{6} = \frac{10}{4}$ $(6 \cdot 10 = 4 \cdot 15)$
- Inverter as duas razões: $\frac{6}{4} = \frac{15}{10}$ $(6 \cdot 10 = 4 \cdot 15)$

2ª) Analise com atenção mais uma importante propriedade das proporções.

> a) Se $\frac{a}{b} = \frac{c}{d}$, então $\frac{a+b}{b+d} = \frac{a}{b}$ e $\frac{a+c}{b+d} = \frac{c}{d}$.
>
> b) Se $\frac{a}{b} = \frac{c}{d}$, então $\frac{a-c}{b-d} = \frac{a}{b}$ e $\frac{a-c}{b-d} = \frac{c}{d}$.

Grandezas proporcionais

Duas grandezas são *proporcionais* quando, ao multiplicarmos uma delas por um número, a outra fica *multiplicada* ou *dividida* pelo mesmo número.

Grandezas diretamente proporcionais

Um artesão borda seis camisetas em duas horas. Para produzir o *dobro* desse número de camisetas, ele deverá trabalhar o *dobro* do tempo; para produzir a *metade* desse número de camisetas, deverá trabalhar a *metade* do tempo.

Veja a representação dessa situação de duas maneiras:

- $\frac{6}{2} = \frac{12}{4}$ (× 2 no numerador e × 2 no denominador)
- $\frac{6}{2} = \frac{3}{1}$ (÷ 2 no numerador e ÷ 2 no denominador)

Número de camisetas	Tempo (h)
3	1
6	2
12	4

(÷ 2 / × 2 em ambas as colunas)

As grandezas "número de camisetas" e "horas de trabalho" são *diretamente proporcionais*, pois, se uma das grandezas for *multiplicada* ou *dividida* por um número, a outra grandeza também ficará *multiplicada* ou *dividida* pelo mesmo número.

Grandezas inversamente proporcionais

Quatro operários gastam 10 dias para construir um muro. Se *dobrarmos* o número de operários, o tempo necessário para a construção de um muro idêntico será reduzido à *metade*; se *dividirmos por dois* o número de operários, o tempo de construção do muro *dobrará*. Desse modo, temos:

- $\frac{4}{8} = \frac{5}{10}$
- $\frac{4}{2} = \frac{20}{10}$

Número de operários	Tempo (dias)
2	20
4	10
8	5

(÷ 2 / × 2 no número de operários; × 2 / ÷ 2 no tempo)

As grandezas "número de operários" e "dias trabalhados" são *inversamente proporcionais*, pois, ao *multiplicarmos* uma das grandezas por um número, a outra grandeza fica *dividida* por esse número.

Observação: Quando se investiga a proporcionalidade entre duas grandezas, todas as demais grandezas que poderiam influenciar são consideradas constantes. Observe que no exemplo anterior, da construção do muro, a quantidade de horas trabalhadas por dia, as condições de saúde e a produtividade de cada trabalhador, as condições do tempo, como a chuva, e outros fatores que poderiam influenciar na produção dos operários foram desconsiderados.

Coeficiente de proporcionalidade

O que o número 3 representa em relação ao 6? Representa a metade de 6. Isso vale para o 10, que representa a metade de 20, e o 8, que representa a metade de 16.

Dizemos então que os números 3, 10 e 8 são *diretamente proporcionais* aos números 6, 20 e 16, nessa ordem.

Veja:

$$\frac{3}{6} = \frac{10}{20} = \frac{8}{16}$$

$$\downarrow \quad \downarrow \quad \downarrow$$

$$\frac{1}{2} \quad \frac{1}{2} \quad \frac{1}{2}$$

Fique atento

$$\frac{3 + 10 + 8}{6 + 20 + 16} = \frac{21}{42} = \frac{1}{2}$$

Nesse caso, $\frac{1}{2}$ é considerado o *coeficiente de proporcionalidade*.

Podemos então dizer que os números reais não nulos **a**, **b**, **c**, **d**, ..., **n** são *diretamente proporcionais* aos números **a'**, **b'**, **c'**, **d'**, ..., **n'**, nessa ordem, se e somente se:

$$\frac{a}{a'} = \frac{a}{b'} = \frac{a}{c'} = \frac{d}{d'} = ... = \frac{n}{n'}$$

Além disso, lembre-se de que:

- a fração irredutível equivalente a $\frac{n}{n'} = k$ é chamada de coeficiente de proporcionalidade ou constante de proporcionalidade.
- a fração $\frac{a + b + c + ... + n}{a' + b' + c' + ... + n'} = k$

Dizemos que os números reais não nulos **a**, **b**, **c**, ..., **n** são *inversamente proporcionais* aos números reais **a'**, **b'**, **c'**, ..., **n'**, nessa ordem, quando são *diretamente proporcionais* aos números $\frac{1}{a'}, \frac{1}{b'}, \frac{1}{c'}, ..., \frac{1}{n'}$. Ou seja:

$$\frac{a}{\frac{1}{a'}} = \frac{b}{\frac{1}{b'}} = \frac{c}{\frac{1}{c'}} = ... = \frac{n}{\frac{1}{n'}} \quad \text{ou}$$

$$a \cdot a' = b \cdot b' = c \cdot c' = ... = n \cdot n'$$

Exemplos de aplicação

1 Verifique se os números 15, 20 e 35 são proporcionais (diretamente proporcionais) aos números 12, 16 e 21, nessa ordem.

$$\frac{15}{12} = \frac{20}{16} \neq \frac{35}{21}$$

$$\downarrow \quad \downarrow \quad \downarrow$$

$$\frac{5}{4} \quad \frac{5}{4} \quad \frac{5}{3}$$

Logo, 15, 20 e 35 não são proporcionais a 12, 16 e 21.

2 Os números 35, 14 e **x** são proporcionais aos números **y**, 16 e 24, nessa ordem. Determine **x** e **y**.

$$\frac{35}{y} = \frac{14}{16} = \frac{x}{24}$$

$$\frac{14}{16} \rightarrow \frac{7}{8}$$

$$\frac{35}{y} = \frac{7}{8} \Rightarrow 7y = 280 \Rightarrow y = 40$$

$$\frac{x}{24} = \frac{7}{8} \Rightarrow 8x = 168 \Rightarrow x = 21$$

Portanto, $x = 21$ e $y = 40$.

3 Calcule o valor de **x** e **y**, sabendo que os números 9, **x** e 2 são inversamente proporcionais aos números 4, 6 e **y**, nessa ordem.

$$\frac{9}{\frac{1}{4}} = \frac{x}{\frac{1}{6}} = \frac{2}{\frac{1}{y}} \Rightarrow 36 = 6x = 2y$$

$6x = 36 \Rightarrow x = 6$

$2y = 36 \Rightarrow y = 18$

Logo, $x = 6$ e $y = 18$.

Exercícios

1 Verifique se os números são diretamente proporcionais, inversamente proporcionais ou não são proporcionais, na ordem em que aparecem:

a) os números 4, 6 e 14 e os números 6, 9 e 21;

b) os números 10 e 4 e os números 2 e 5;

c) os números 12, 15 e 9 e os números 16, 20 e 12;

d) os números 5 e 8 e os números 6 e 4.

2 Calcule **x**, **y** e **z** sabendo que eles são diretamente proporcionais aos números 4, 10 e 12, nessa ordem, e que $x + y + z = 91$.

3 Se a quantia de R$ 1200,00 rendeu R$ 175,00, quanto rendeu, proporcionalmente, a quantia de R$ 1008,00 no mesmo período?

Divisão de uma quantia em partes proporcionais

Analise a situação a seguir.

Três sócios tiveram a seguinte participação em um negócio: o primeiro investiu R$ 5000,00; o segundo, R$ 4000,00; e o terceiro, R$ 2000,00.

No final de um certo período foi apurado um lucro de R$ 3300,00. Como deve ser repartido esse lucro?

Em casos assim, o lucro deve ser repartido de forma proporcional à quantia que cada um investiu.

Então:

$$\frac{x}{5000} = \frac{y}{4000} = \frac{z}{2000} =$$

$$= \frac{x + y + z}{5000 + 4000 + 2000} = \frac{3300}{11000} = \frac{3}{10}$$

$$\frac{x}{5000} = \frac{3}{10} \Rightarrow 10x = 15000 \Rightarrow x = 1500$$

$$\frac{y}{4000} = \frac{3}{10} \Rightarrow 10y = 12000 \Rightarrow y = 1200$$

$$\frac{z}{2000} = \frac{3}{10} \Rightarrow 10z = 6000 \Rightarrow z = 600$$

Fique atento
O segundo sócio investiu o dobro do terceiro e por isso deve receber o dobro do terceiro.

O primeiro sócio receberá R$ 1500,00, o segundo, R$ 1200,00 e o terceiro, R$ 600,00.

Outra maneira de resolver esse problema é escrevendo:

$x = 5000k$

$y = 4000k$

$z = 2000k$

desse modo:

$$5000k + 4000k + 2000k = 3300 \Rightarrow 11000k = 3300 \Rightarrow$$

$$\Rightarrow k = \frac{3}{10}$$

Com isso, temos:

$$x = 5000k = 5000 \cdot \frac{3}{10} \Rightarrow x = 1500$$

$$y = 4000k = 4000 \cdot \frac{3}{10} \Rightarrow y = 1200$$

$$z = 2000k = 2000 \cdot \frac{3}{10} \Rightarrow z = 600$$

Exemplo de aplicação

Um fazendeiro vendeu sua propriedade por R$ 74000,00 e pretende distribuir esse valor entre seus três filhos, Pedro, Maria e Ana, na razão inversa da idade de cada filho e na razão direta do número de dependentes que cada filho possui:

- Pedro tem 64 anos e 8 dependentes;
- Maria tem 60 anos e 6 dependentes;
- Ana tem 48 anos e 4 dependentes.

Nessas condições, o maior quinhão distribuído foi de:

a) R$ 28000,00.
b) R$ 29000,00.
c) R$ 30000,00.
d) R$ 26000,00.
e) R$ 27000,00.

A expressão "na razão inversa" significa "em partes inversamente proporcionais" e, analogamente, "na razão direta" significa "em partes diretamente proporcionais". Assim, esse problema envolve, simultaneamente, divisões em partes direta e inversamente proporcionais. Vamos resolvê-lo utilizando a constante de proporcionalidade **k**.

Se um número é diretamente proporcional a 8, podemos escrevê-lo como 8k, e se é inversamente proporcional a 64, podemos escrevê-lo como $\frac{k}{64}$.

Logo, quando dizemos que um número é tanto diretamente proporcional a 8 quanto inversamente proporcional a 64, podemos escrevê-lo como $\frac{8k}{64}$.

Desse modo, a parte referente a cada filho será:

- Pedro: $\frac{8}{64}k = \frac{k}{8}$
- Maria: $\frac{6}{60}k = \frac{k}{10}$
- Ana: $\frac{4}{48}k = \frac{k}{12}$

Como a soma de todas as parcelas resulta em R$ 74 000,00, temos:

$\frac{k}{8} + \frac{k}{10} + \frac{k}{12} = 74\,000 \Rightarrow$

$\Rightarrow \frac{15k + 12k + 10k}{120} = \frac{8\,880\,000}{120} \Rightarrow$

$\Rightarrow 37k = 8\,880\,000 \Rightarrow k = 240\,000$

O problema pede a maior das partes, que é a parte de Pedro e vale:

$\frac{k}{8} = \frac{240\,000}{8} = 30\,000$

Portanto, está correta a alternativa **c**.

Exercícios

4 Reparta o número 364 em parcelas proporcionais aos números 16, 40, 32 e 24.

5 Uma pessoa aplicou R$ 840,00 em uma caderneta de poupança e R$ 560,00 em outra, ambas durante o mesmo período, no mesmo banco. Se no final desse período as duas juntas renderam R$ 490,00, qual foi o rendimento de cada uma?

6 Reparta a quantia de R$ 945,00 em partes inversamente proporcionais aos números 6 e 8.

dica Enem

7 Dois sócios, Paulo e Rafael, repartiram o lucro final de um negócio, que foi de R$ 4 900,00, de forma proporcional à quantia que cada um investiu. Sabe-se que Rafael investiu R$ 2 000,00 a mais que Paulo e seu lucro foi de R$ 700,00 a mais que o de Paulo. Qual foi o investimento de cada um nesse negócio?

Regra de três

Quando a resolução de um problema envolve a comparação de duas ou mais grandezas proporcionais, podemos usar uma técnica conhecida como *regra de três*, pois, a partir de três números conhecidos de uma proporção, calculamos o quarto número.

Regra de três simples

Se o problema envolve apenas duas grandezas, aplicamos a *regra de três simples*.

Observe estas duas situações:

1ª) Com 1 000 kg de ração, uma certa quantidade de vacas pode ser alimentada por 50 dias. A mesma quantidade de vacas, com 800 kg de ração, pode ser alimentada por quantos dias?

Ração (kg)	**Tempo** (dias)
1 000	50
800	x

Grandezas diretamente proporcionais:

$\frac{1\,000}{800} = \frac{50}{x} \Rightarrow x = 40$

Por 40 dias.

2ª) Com um estoque de ração é possível alimentar 30 vacas durante 20 dias. Se fossem 40 vacas, esse estoque de ração daria para quantos dias?

Quantidade de vacas	**Tempo** (dias)
30	20
40	x

Grandezas inversamente proporcionais:

$\frac{40}{30} = \frac{20}{x} \Rightarrow x = 15$

Daria para 15 dias.

Regra de três composta

Quando um problema envolve mais de duas grandezas que, tomadas duas a duas, são direta ou inversamente proporcionais, aplicamos na resolução a *regra de três composta*.

Analise a seguinte situação:

Com 600 kg de ração é possível alimentar 20 vacas durante 30 dias. Com 800 kg de ração é possível alimentar 25 vacas durante quantos dias?

Você viu nos exemplos anteriores que:

- "Quantidade de ração" e "número de dias" são *diretamente* proporcionais (considerando o mesmo número de vacas).
- "Número de vacas" e "número de dias" são *inversamente* proporcionais (considerando a mesma quantidade de ração).

Ração (kg)	**Número de vacas**	**Tempo** (dias)
600	20	30
800	25	x

Analise como é "montada" a proporção:

$\frac{30}{x} = \frac{600}{800} \cdot \frac{25}{20} \Rightarrow \frac{30}{x} =$

$= \frac{15\,000}{16\,000} = 15\,000x = 480\,000 \Rightarrow$

$\Rightarrow x = 32$

Então, com 800 kg de ração é possível alimentar as 25 vacas por 32 dias.

Fique atento
Como a *quantidade de ração* e o *número de vacas* são inversamente proporcionais, invertemos numerador e denominador na razão de um deles.

» Exemplo de aplicação

Felipe montou o cronograma da construção de uma casa estipulando o prazo de 45 dias para a conclusão da obra, considerando que 30 operários trabalhariam durante 8 horas por dia. No entanto, o proprietário da obra pediu que a casa ficasse pronta em 30 dias. Para isso, Felipe pretende contratar mais 6 operários. Quantas horas por dia deverão trabalhar todos os operários, para a obra ficar pronta em 30 dias?

RGERHARDT/SHUTTERSTOCK

Organizamos as grandezas e respectivos valores em colunas, "montando" as proporções.

Número de operários	Número de horas por dia	Número de dias de trabalho
30	8	45
36	x	30

Em seguida, investigamos a proporcionalidade entre as grandezas, duas a duas.

- "Número de operários" e "Número de horas por dia" são *inversamente* proporcionais (considerando a grandeza "Número de dias de trabalho" constante).
- "Número de horas por dia" e "Número de dias de trabalho" são *inversamente* proporcionais (considerando a grandeza "Número de operários" constante).

Agora, montamos a proporção e calculamos:

$$\frac{8}{x} = \frac{36}{30} \cdot \frac{30}{45} \Rightarrow \frac{8}{x} = \frac{6}{5} \cdot \frac{2}{3} \Rightarrow \frac{8}{x} = \frac{12}{15} \Rightarrow x = 10$$

A casa ficará pronta em 30 dias se cada um dos 36 operários trabalhar 10 horas por dia, ou seja, oito horas da jornada normal de trabalho mais duas horas extras.

» Exercícios

8 Uma refinaria de petróleo produz 500 litros de gasolina a cada período de 10 minutos. Quantos litros essa refinaria produzirá ao fim de 24 horas?

9 Certa máquina produz 90 peças trabalhando durante 50 minutos. Quantas peças ela produzirá em 1 hora e 20 minutos?

10 Há 40 dias, a torneira do banheiro de Denise vem apresentando um vazamento de 45 gotas por minuto. Sabe-se que um vazamento de 20 gotas por minuto, apresentado pela mesma torneira, desperdiça 100 litros de água em 30 dias. Dessa forma, quantos litros de água já foram desperdiçados pela torneira do banheiro de Denise?

11 Uma torneira com defeito desperdiça 200 litros de água em 30 dias. Quantos litros de água serão desperdiçados em 100 dias?

12 Se 8 homens, trabalhando 8 horas por dia, levam 8 dias para fabricar 8 unidades de um artigo, então o número de unidades do mesmo artigo fabricado em 12 dias, por 12 homens que trabalham 12 horas por dia, é:

a) 12.
b) 24.
c) 27.
d) 32.
e) 35.

2. Porcentagem

A porcentagem é uma forma usada para indicar uma fração de denominador 100 ou qualquer representação equivalente a ela. Veja os exemplos:

1º) 50% é o mesmo que $\frac{50}{100}$ ou $\frac{1}{2}$ ou 0,50 ou 0,5 (metade)

2º) 75% é o mesmo que $\frac{75}{100}$ ou $\frac{3}{4}$ ou 0,75

3º) 9% é o mesmo que $\frac{9}{100}$ ou 0,09

4º) 0,4 é o mesmo que 0,40 ou $\frac{40}{100}$ ou 40%

5º) $\frac{6}{40}$ é o mesmo que $\frac{3}{20}$ ou $\frac{15}{100}$ ou 15%

6º) 8 pessoas em um grupo de 10 correspondem a $\frac{8}{10}$ ou $\frac{80}{100}$ ou 80% do grupo

7º) Num total de R$ 300,00, a quantia de R$ 21,00 equivale a $\frac{21}{300}$ ou $\frac{7}{100}$ ou 7% do total.

Algumas porcentagens, de uso mais constante, devem ter seus valores bem conhecidos. Observe e procure justificar cada uma delas:

- 100%: total
- 20%: $\frac{1}{5}$ ou 0,2
- 25%: $\frac{1}{4}$ ou 0,25 (quarta parte)
- 75%: $\frac{3}{4}$ ou 0,75
- 1%: $\frac{1}{100}$ ou 0,01
- 50%: $\frac{1}{2}$ ou 0,5 (metade)
- 200%: o dobro
- 10%: $\frac{1}{10}$ ou 0,1

Porcentagem de uma quantia

Se uma mercadoria que custa R$ 450,00 está sendo vendida com desconto de 8%, veja como calcular de quanto é o desconto e por quanto ela está sendo vendida.

Devemos calcular 8% $\left(\frac{8}{100} = \frac{2}{25}\right)$ de 450, ou seja:

$\frac{2}{25}$ de 450 $= \frac{2}{25} \cdot 450 = 36$

$450 - 36 = 414$

Logo, o desconto é de R$ 36,00 e a mercadoria está sendo vendida por R$ 414,00.

Na sentença 8% de R$ 450,00 = R$ 36,00, temos:

8%: porcentagem

R$ 450,00: total (corresponde a 100%)

R$ 36,00: valor correspondente a 8%

Basicamente, as situações com porcentagem são resolvidas usando-se os três problemas exemplificados a seguir. Cada um deles pode ser resolvido de várias formas.

Procure entender cada uma delas.

1º) Qual é o valor de 45% de 60?

- 45% de 60 = ?
  $\downarrow$
  $\frac{45}{100} = \frac{9}{20}$
  $\frac{9}{20} \cdot 60 = 27$
- 45% de 60 = ?
  $\downarrow$
  0,45
  $0{,}45 \cdot 60 = 27$
- $\frac{45}{100} = \frac{x}{60} \Rightarrow 100x = 2700 \Rightarrow x = \frac{2\,700}{100} = 27$

Logo, 45% de 60 = 27.

2º) 80% do quanto dá 28?

- 80% de ? = 28
  $\downarrow$
  $\frac{80}{100} = \frac{4}{5}$
  $28 : 4 = 7$
  $7 \cdot 5 = 35$
- 80% de ? = 28
  $\downarrow$
  $0{,}80 = 0{,}8$
  $28 : 0{,}8 = 35$
- $\frac{80}{100} = \frac{28}{x} \Rightarrow 80x = 2800 \Rightarrow x = 35$

Portanto, 80% de 35 = 28.

3º) A quantia de R$ 36,00 corresponde a quanto por cento de R$ 120,00?

- ?% de 120 = 36
  $\frac{36}{120} = \frac{6}{20} = \frac{30}{100} \rightarrow 30\%$
- ?% de 120 = 36
  $36 : 120 = 0{,}3$
  $0{,}3 = 0{,}30 \rightarrow 30\%$
- $\frac{x}{100} = \frac{36}{120} \Rightarrow 120x = 3600 \Rightarrow x = \frac{3600}{120} = 30$

Logo, 30% de R$ 120,00 = R$ 36,00.

> **Fique atento**
> É importante escolher em cada problema a forma mais conveniente de resolução.

Observação: Para calcular 10% $\left(\frac{1}{10}\right)$ ou 1% $\left(\frac{1}{100}\right)$ de um número, basta "andar com a vírgula" uma ou duas casas para a esquerda, respectivamente.

Exemplos:

1º) 10% de 450 = 45,0 ou 45

2º) 10% de R$ 38,00 = R$ 3,80

3º) 1% de 450 = 4,50 ou 4,5

4º) 1% de R$ 2000,00 = R$ 20,00

> **Para refletir**
> Qual é o valor de 10% de R$ 8,00 e 1% de R$ 8,00?

Exercícios

13 Represente:

a) 65% em forma de fração irredutível;

b) 4% na forma decimal;

c) $\frac{48}{75}$ em forma de porcentagem;

d) 0,7 em forma de porcentagem;

e) 2,3 em forma de porcentagem.

f) $1\frac{4}{5}$ em forma de porcentagem.

14 Desenhe um círculo e pinte 75% dele.

15 Calcule e responda:

a) Qual é o valor de 60% de 95?

b) Quanto por cento de 70 é igual a 56?

c) 6 são 15% de que número?

d) Quanto valem 3,5% de R$ 650,00?

e) R$ 75,20 correspondem a 20% de que quantia?

f) Em relação a um total de R$ 300,00, a quantia de R$ 171,00 corresponde a quanto por cento?

g) 2% de R$ 85,00 dá um valor maior, igual ou menor do que 1% de R$ 170,00?

> **Para refletir**
> Se **x** indica uma certa quantia, podemos representar 60% de **x** por $\frac{60x}{100}$ ou $\frac{3x}{5}$ ou 0,6x.
> Como se representa 75% de x + 9?

16 Represente 40% de 30% numa única porcentagem.

Fator de atualização*

O fator de atualização (**f**) é a razão entre dois valores de uma grandeza em tempos diferentes (passado, presente ou futuro). O fator de atualização é a ferramenta mais indicada para quem quer trabalhar com Matemática financeira, seja na preparação para os vestibulares, seja na vida cotidiana.

Na divisão de dois valores quaisquer, só existem três resultados possíveis. Ou resulta 1, ou maior que 1 ou menor que 1. Quando o resultado da divisão é 1 significa que os dois valores são iguais, portanto, nenhum é maior nem menor que o outro. Um valor é 100% do outro. Por isso diz-se que f = 1 é o fator neutro.

No caso de a divisão resultar em número maior que 1, como por exemplo $\frac{A}{B} = 1{,}05$, podemos entender o resultado de duas formas diferentes:

1ª) **A** é 5% maior que **B** ou

2ª) **A** é 105% de **B** (portanto 5% maior)

Ambas as interpretações são corretas e seu uso depende do melhor contexto. No caso de a divisão resultar em número menor do que 1, como por exemplo $\frac{A}{B} = 0{,}90$, também podemos entender o resultado de duas formas diferentes:

1ª) **A** é 10% menor que **B** ou

2ª) **A** é 90% de **B** (portanto 10% menor)

Também aqui a escolha sobre qual interpretação é melhor depende do contexto.

Na prática, se a opção for pela primeira interpretação, então precisamos aprender a obter a taxa percentual a partir do valor do fator de atualização.

- Se $f > 1$, $f = 1 + i$; portanto a taxa é $i = f - 1$, em números decimais.
- Se $f < 1$, $f = 1 - i$; portanto a taxa é $i = 1 - f$, em números decimais.

Assim:

- $f = 1{,}05 \Rightarrow i = f - 1 = 0{,}05 \Rightarrow$ taxa $= 0{,}05 \cdot 100 = 5\%$ (maior do que...)
- $f = 0{,}90 \Rightarrow i = 1 - f = 0{,}10 \Rightarrow$ taxa $= 0{,}10 \cdot 100 = 10\%$ (menor do que...)

Aumentos e descontos

Na comparação de dois valores diferentes de uma mesma grandeza, $f > 1$ significa aumento (ou acréscimo de valor) e $f < 1$ significa desconto (ou perda de valor), pois o valor da grandeza variou no tempo e o valor mais antigo é a base de comparação. O fator f = 1 significa que não houve variação:

$$f = \frac{\text{valor novo}}{\text{valor velho}}$$

$f > 1 \rightarrow$ aumento, ganho, acréscimo

$f < 1 \rightarrow$ desconto, queda, perda, decréscimo

$f = 1 \rightarrow$ não houve variação

Aumentos e descontos sucessivos

Para compor vários aumentos e/ou descontos basta multiplicar os vários fatores individuais e assim obter o fator "acumulado", que nada mais é que o fator de atualização entre o primeiro e o último valor considerado, independentemente dos valores intermediários.

$$f_{acumulado} = f_1 \cdot f_2 \cdot f_3 \cdot f_4 \cdot \ldots$$

O fator acumulado é também um fator de atualização e deve ser interpretado como tal.

» Exemplos de aplicação

1 (Vunesp) Se a taxa de inflação de janeiro é de 6% e a de fevereiro é de 5%, então a taxa de inflação no bimestre janeiro/fevereiro é de:

a) 11%.
b) 11,1%.
c) 11,2%.
d) 11,3%.
e) 11,4%.

$f_1 = 1 + 0{,}06 = 1{,}06$

$f_2 = 1 + 0{,}05 = 1{,}05$

$f_{acumulado} = f_1 \cdot f_2 \Rightarrow$

$\Rightarrow f_{acumulado} = 1{,}06 \cdot 1{,}05 = 1{,}113 = 11{,}3\%$

Resposta: alternativa **d**.

2 (UEL-PR) Em uma liquidação os preços dos artigos de uma loja são reduzidos em 20% de seu valor. Terminada a liquidação e pretendendo voltar aos preços originais, de que porcentagem devem ser acrescidos os preços da liquidação?

a) 27,5%
b) 25%
c) 22,5%
d) 21%
e) 20%

$f_1 = 1 - 0{,}20 = 0{,}80$

$f_2 = ?$

$f_{acumulado} = f_1 \cdot f_2 = 1$ (f = 1 significa que não houve alteração: voltou aos valores originais)

Assim:

$f_{acumulado} = 0{,}80f_2 = 1 \Rightarrow f_2 = \frac{1}{0{,}8} = 1{,}25$

Como $f_2 > 1$, então:

$f_2 = 1 + i = 1{,}25 \Rightarrow i = 0{,}25 = 25\%$

Resposta: alternativa **b**.

* Sugestões dadas pelo Prof. Eloy F. Machado Neto.

3 A tabela a seguir mostra a variação do preço do dólar em uma semana qualquer, em termos percentuais. No valor acumulado desses 5 dias, o que aconteceu com o preço do dólar? (Subiu? Caiu? Quanto por cento?)

Dia	Variação
Segunda-feira	−2,35%
Terça-feira	1,37%
Quarta-feira	1,05%
Quinta-feira	−0,13%
Sexta-feira	0,21%

Temos de compor as cinco variações para poder emitir um julgamento. Para isso, precisamos dos fatores de atualização de cada variação:

$f_1 = 1 - 0,0235 = 0,9765$

$f_2 = 1 + 0,0137 = 1,0137$

$f_3 = 1 + 0,0105 = 1,0105$

$f_4 = 1 - 0,0013 = 0,9987$

$f_5 = 1 + 0,0021 = 1,0021$

Assim:

$f_{acumulado} = f_1 \cdot f_2 \cdot f_3 \cdot f_4 \cdot f_5 =$

$= 0,9765 \cdot 1,0137 \cdot 1,0105 \cdot 0,9987 \cdot 1,0021 \simeq 1,00107$

Como o fator $f_{acumulado} > 1$, então:

$f = 1 + i \Rightarrow i = 0,00107 = 0,107\%$

Ou seja, o dólar teve uma pequena alta de 0,107%.

4 O preço de uma camisa passou de R$ 50,00 para R$ 59,00. Qual foi o aumento percentual desse preço?

Preço velho: 50,00

Preço novo: 59,00

$$f = \frac{\text{preço novo}}{\text{preço velho}} = \frac{59,00}{50,00} = 1,18$$

Como f > 1, então:

$f = 1 + i = 1,18 \Rightarrow i = 0,18 = 18\%$

Logo, o aumento percentual foi de 18%.

Exercícios

17 Escreva o fator de atualização correspondente a cada situação:

a) 3% de aumento

b) 3% de desconto

c) 15% de aumento

d) 15% de desconto

e) 230% de aumento

f) 3 000% de aumento

18 Interprete cada fator de atualização definindo se é aumento ou desconto, e qual o valor da taxa.

a) f = 1,13

b) f = 0,70

c) f = 2

d) f = 0,95

e) f = 30

19 Avalie o efeito acumulado de cada situação a seguir, definindo qual é o aumento ou desconto equivalente.

a) Aumento de 3% e aumento de 5%.

b) Aumento de 10% e desconto de 20%.

c) Três aumentos de 10%.

d) Dois aumentos de 6% e três descontos de 4%.

20 Em uma promoção, o preço de um celular passou de R$ 499,00 para R$ 399,00. Qual foi o desconto dado nessa promoção?

21 João tinha 30 amigos no Facebook. Em duas semanas, esse número de amigos de aumentou 240%. Quantos amigos João tem agora?

22 Investi R$ 11 000,00 num fundo de aplicação de um banco e hoje, após 3 meses, tenho R$ 11 440,00. Qual foi o rendimento percentual obtido nesse período de 3 meses?

23 O Índice da Bolsa de Valores de São Paulo (Ibovespa) é um indicador do desempenho médio das cotações do mercado de ações brasileiro; ele indica o retorno financeiro (valorização e lucro) de um valor de 100 pontos teoricamente aplicado em ações em 2/1/1968. A tabela abaixo mostra a variação percentual desse índice em 4 anos. Se o Ibovespa fechou o ano de 2010 com 69 304 pontos, com quantos pontos ele estava no fim de 2006 (ou seja, antes de 2007)?

Ano	2010	2009	2008	2007
Variação	1,04%	82,66%	−41,22%	43,65%

Disponível em: <www.bmfbovespa.com.br>. Acesso em: 10 jan. 2011.

24 Qual é o desconto que deve ser dado para anular um aumento de 25%?

Resolução de problemas com porcentagem

Problemas que envolvem porcentagem estão a toda hora presentes em nosso cotidiano. Com os conceitos trabalhados até agora, podemos resolver uma série deles.

Exemplos de aplicação

1 Uma geladeira, cujo preço à vista é de R$ 680,00, tem um acréscimo de 5% no seu preço se for paga em 3 prestações iguais. Qual é o valor de cada prestação?

- *1º modo:*

  5% de 680 = 0,05 · 680 = 34 (acréscimo)

  680 + 34 = 714 (preço em 3 prestações iguais)

  714 : 3 = 238 (valor de cada prestação)

- *2º modo:*

$t = 5\% = 0,05$

$f = 1 + 0,05 = 1,05$

$680 \cdot 1,05 = 714$

$714 : 3 = 238$

Então, o valor de cada prestação é de R$ 238,00.

2 O salário de um trabalhador era de R$ 840,00 e passou a ser de R$ 966,00. Qual foi a porcentagem de aumento?

- *1º modo:*

$966 - 840 = 126$ (aumento em reais)

?% de 840 = 126

$$\frac{126}{840} = \frac{18}{120} = \frac{3}{20} = \frac{15}{100} \rightarrow 15\%$$

↓ aumento em porcentagem

- *2º modo:*

$$f = \frac{966}{840} = 1,15$$

$f > 1 \Rightarrow$ aumento

$f = 1 + i = 1,15 \Rightarrow i = 0,15 = 15\%$

Logo, a porcentagem de aumento foi de 15%.

Exercícios

25 Um televisor cujo preço é R$ 685,00 está sendo vendido, em uma promoção, com desconto de 12%. Por quanto ele está sendo vendido?

26 Um objeto que custava R$ 70,00 teve seu preço aumentado em R$ 10,50. De quanto por cento foi o aumento?

27 Uma mercadoria custava R$ 80,00 e seu preço foi reajustado (aumentado) em 5%. Se ao novo preço for dado um desconto de 5% ela voltará a custar R$ 80,00? Justifique a resposta. Calcule os preços após o aumento e após o desconto.

28 O mesmo modelo de uma geladeira está sendo vendido em 2 lojas do seguinte modo:

- na 1ª loja, sobre o preço de R$ 800,00 há um desconto de 8%;
- na 2ª loja, sobre o preço de R$ 820,00 há um desconto de 10%.

Qual dessas ofertas é a mais conveniente para o cliente?

29 Uma certa mercadoria é vendida nas lojas **A** e **B**, sendo R$ 20,00 mais cara em **B**. Se a loja **B** oferecesse um desconto de 10% o preço nas duas lojas seria o mesmo. Qual é o preço na loja **A**?

30 A quantia de R$ 1 890,00 foi repartida entre 3 pessoas da seguinte forma: Marta recebeu 80% da quantia de Luís e Sérgio recebeu 90% da quantia de Marta. Quanto recebeu cada pessoa?

31 Uma camisa custava R$ 36,00. Após um aumento de 6%, qual será seu preço?

32 Uma calça teve um aumento de 7% e passou a custar R$ 59,00. Qual era o preço antes do aumento?

33 Um posto de gasolina aumentou seus preços em 5% em fevereiro e 3% em janeiro. Se a gasolina custa agora R$ 2,59, quanto custava antes dos aumentos?

34 O fluxo de veículos em determinada rua passou de 3 por hora para 3 por minuto depois que ela foi asfaltada. Qual foi o aumento percentual do fluxo de veículos nessa rua?

35 O que você acha que seria mais vantajoso ao efetuar uma compra: receber um único desconto de 55% ou dois descontos sucessivos de 30%? Justifique do ponto de vista financeiro.

36 Se eu tiver um aumento de 9% em meu salário, passarei a receber R$ 1 569,60. Porém, isso não acontecerá, e eu só terei 5% de aumento. Qual será o meu salário com esse aumento?

37 O dólar caiu 3% em janeiro. Em fevereiro caiu mais x%. Se no bimestre a queda acumulada foi de 5%, de quanto por cento foi a queda do dólar em fevereiro?

38 Tio João comprou um lote de 100 ações da Petrobras, pagando R$ 40,00 por ação. Além desse gasto, pagou 2% do total em taxas de corretagem. Quanto tio João gastou no total?

3. Termos importantes de Matemática financeira

objeto digital

Vamos supor que uma pessoa aplique certa quantia (**capital**) em uma caderneta de poupança por um determinado período (**tempo**). A aplicação é como se ela estivesse fazendo um *empréstimo* ao banco. Então, no fim desse período, essa pessoa recebe uma quantia (**juros**) como compensação. O valor dessa quantia é estabelecido por uma porcentagem (**taxa de juros**).

Ao final da aplicação, a pessoa terá em sua conta a quantia correspondente a capital + juros (**montante**).

Veja o exemplo:

Um banco oferece rendimento de 1,2% ao mês. Se uma quantia de R$ 600,00 for aplicada nesse banco, vejamos que quantia o cliente terá em sua conta no fim de 1 mês:

$1,2\%$ de $600 = 0,012 \cdot 600 = 7,2$

$600,00 + 7,20 = 607,20$

No fim de 1 mês de aplicação a quantia em depósito será de R$ 607,20.

Nesse problema, temos:

R$ 600,00: *capital* (**C**) ou *principal*

1 mês: *tempo* (**t**)

1,2% ao mês: *taxa de juros* (**i**)

R$ 7,20: *juros* (**j**)

R$ 607,20: *montante* (**M**)

Observação: Na internet, pode-se acessar uma calculadora financeira *on-line* em <http://www.webcalc.com.br/financas/calc_fin.html>.

Juros simples

Um capital aplicado à taxa de 2% de juros simples ao mês, durante 5 meses, rende 10% do capital no final desses 5 meses, ou seja, 5 · 2%.

Vejamos agora alguns problemas sobre juros simples. Lembre-se de que a taxa e o tempo devem se referir à mesma unidade de tempo (% ao mês e meses, % ao dia e dias, % ao ano e anos, e assim por diante).

» Exemplos de aplicação

1 **O capital de R$ 530,00 foi aplicado à taxa de juros simples de 3% ao mês. Qual o valor do montante após 5 meses?**

3% de R$ 530,00 = 0,03 · 530 = R$ 15,90 (juros em 1 mês)

5 · R$ 15,90 = R$ 79,50 (rendimento em juros simples ao fim de 5 meses)

R$ 530,00 + R$ 79,50 = R$ 609,50 (montante)

Após 5 meses o montante será de R$ 609,50.

2 **Um capital de R$ 600,00, aplicado à taxa de juros simples de 20% ao ano, gerou um montante de R$ 1 080,00 depois de certo tempo. Qual foi esse tempo?**

1080 − 600 = 480 (juros obtidos após todo o período de aplicação)

?% de 600 = 480

$\frac{480}{600} = \frac{80}{100} = 80\%$ (porcentagem do rendimento)

Como 80 : 20 = 4, temos:

4 · 20% = 80%

Logo, o tempo de aplicação foi de 4 anos.

Generalização:

Podemos escrever um problema de juros simples assim:

Se um capital **C**, aplicado à taxa de i% ao período, no sistema de juros simples, rende juros **j** no fim de **t** períodos, então:

i · C = juros obtidos no fim de 1 período

(i · C)t = juros obtidos no fim de **t** períodos → j = C · i · t

Os exemplos acima podem ser resolvidos usando as fórmulas:

$$j = C \cdot i \cdot t \quad \text{e} \quad M = C + j$$

Experimente resolvê-los com a aplicação das fórmulas.

» Exercícios

Use sua calculadora, se desejar.

39 Quanto rendeu a quantia de R$ 600,00, aplicada a juros simples, com a taxa de 2,5% ao mês, no final de 1 ano e 3 meses?

40 Um capital de R$ 800,00, aplicado a juros simples com uma taxa de 2% ao mês, resultou no montante de R$ 880,00 após um certo tempo. Qual foi o tempo da aplicação?

41 Uma dívida de R$ 750,00 foi paga 8 meses depois de contraída e os juros pagos foram de R$ 60,00. Sabendo que o cálculo foi feito usando juros simples, qual foi a taxa de juros?

42 Um capital aplicado a juros simples rendeu, à taxa de 25% ao ano, juros de R$ 110,00 depois de 24 meses. Qual foi esse capital?

43 Se uma mercadoria cujo preço é de R$ 200,00 for paga em 6 meses, com a taxa de 20% ao ano, quanto será pago de juros, no sistema de juros simples?

Juros compostos

Vejamos o seguinte problema:

Um capital de R$ 40 000,00 foi aplicado à taxa de 2% ao mês, durante 3 meses. Qual foi o montante no fim dos 3 meses?

- Vimos que, no sistema de juros simples, calculamos:

  2% de 40 000 = 0,02 · 40 000 = 800 (juros produzidos em 1 mês)

  800 · 3 = 2 400 (juros produzidos em 3 meses)

  40 000 + 2 400 = 42 400 (montante ao final de 3 meses)

- No sistema de juros compostos, temos:

  No primeiro mês: 2% de 40 000 = 800 (juros produzidos no 1º mês)

  40 000 + 800 = 40 800 (montante no fim do 1º mês)

  No segundo mês: 2% de 40 800 = 816 (juros produzidos no 2º mês)

  40 800 + 816 = 41 616 (montante no fim do 2º mês)

  No terceiro mês: 2% de 41 616 = 832,32 (juros produzidos no 3º mês)

  41 616 + 832,32 = 42 448,32

  Logo, no fim dos três meses o montante é de R$ 42 448,32.

No sistema de juros simples os juros foram de R$ 2 400,00 e no de juros compostos foram de R$ 2 448,32. O que gerou essa diferença?

Note que, no sistema de juros compostos, deve-se calcular os juros no fim de cada período, formando um montante sobre o qual se calculam os juros do período seguinte, até esgotar o tempo da aplicação (é o que se chama de "juros sobre juros").

Além disso, é possível perceber que esse processo usado na resolução (cálculo mês a mês) não é conveniente para um prazo longo. Vamos então determinar um processo mais prático de resolução.

Fórmulas

Vamos calcular, no sistema de juros compostos, qual será o montante (**M**), produzido por um capital (**C**), aplicado à taxa **i** ao período, no fim de **t** períodos:

	Início	Juros	Montante no fim do período
1º período	C	iC	$M_1 = C + iC = C(1 + i)$
2º período	M_1	iM_1	$M_2 = M_1 + iM_1 =$ $= M_1(1 + i) = C(1 + i)(1 + i)$ $M_2 = C(1 + i)^2$
3º período	M_2	iM_2	$M_3 = M_2 + iM_2 =$ $= M_2(1 + i) = C(1 + i)^2(1 + i)$ $M_3 = C(1 + i)^3$
...			

No fim de **t** períodos o montante será:

$$M = C(1 + i)^t$$

Fique atento
Usando fator de atualização, podemos escrever o montante $M = C \cdot f^t$, em que $f = 1 + i$.

Podemos então escrever que, no sistema de juros compostos, o capital **C**, aplicado à taxa **i** ao período, produz juros **j** e gera um montante **M** no fim de **t** períodos.

$$M = C(1 + i)^t \quad \text{e} \quad j = M - C$$

Fique atento
No regime de juros compostos de taxa **i**, um capital C_0 transforma-se, em **n** períodos de tempo, em um montante $C_n = C_0(1 + i)^n$. Note que isso equivale ao termo geral de uma PG.

Veja como fica o exemplo dado, que foi resolvido mês a mês, usando-se agora as fórmulas acima:

C: R$ 40 000,00

i: 2% ao mês (0,02)

t: 3 meses

$M = C(1 + i)^t = 40\,000(1,02)^3 = 40\,000 \cdot 1,061208 =$

$=$ R$ 42 448,32 (montante no fim de 3 meses)

$j = 42\,448,32 - 40\,000 =$ R$ 2 448,32 (juros produzidos nos 3 meses)

Fique atento
A sequência $(C, M_1, M_2, \ldots)$ é uma PG de razão $1 + i$.

Exemplos de aplicação

1 Quanto receberá de juros, no fim de um semestre, uma pessoa que investiu, a juros compostos, a quantia de R$ 6 000,00 à taxa de 1% ao mês?

C: 6 000

t: 1 semestre = 6 meses

i: 1% (0,01) ao mês

$M = 6\,000(1,01)^6 = 6\,369,120904$

(1,01) → $1 + 0,01$

Fique atento
$(1,01)^6 = 1,0615$ é o fator acumulado em 6 meses.

Consideramos M = R$ 6 369,12 e

$j = 6\,369,12 - 6\,000,00 = 369,12$.

Logo, a pessoa receberá R$ 369,12 de juros.

2 O capital de R$ 2 000,00, aplicado a juros compostos, rendeu, após 4 meses, juros de R$ 165,00. Qual foi a taxa de juros mensal?

C: 2 000

t: 4 meses

j: 165

M: $2\,165 = 2\,000 + 165$

i: ?

$M = C(1 + i)^t \Rightarrow 2\,165 = 2\,000(1 + i)^4 \Rightarrow$

$\Rightarrow (1 + i)^4 = \dfrac{2\,165}{2\,000} \Rightarrow (1 + i)^4 = 1,0825 \Rightarrow$

$\Rightarrow 1 + i = \sqrt[4]{1,0825} \Rightarrow 1 + i = 1,020015981 \Rightarrow$

$\Rightarrow i = 0,020015981 \rightarrow 2,0015981\%$

Portanto, a taxa de juros foi de aproximadamente 2% ao mês.

3 Qual deve ser o tempo para que a quantia de R$ 30 000,00 gere o montante de R$ 32 781,81, quando aplicada à taxa de 3% ao mês, no sistema de juros compostos?

C: 30 000

M: 32 781,81

i: 3% ao mês (0,03)

t: ?

$M = C(1 + i)^t \Rightarrow (1 + i)^t = \dfrac{M}{C} \Rightarrow$

$\Rightarrow (1,03)^t = \dfrac{32\,781,81}{30\,000} \Rightarrow (1,03)^t = 1,092727 \Rightarrow$

$\Rightarrow t = \log_{1,03} 1,092727 = \dfrac{\log 1,092727}{\log 1,03} = 3$

O tempo deve ser de 3 meses.

4 (Enem) João deseja comprar um carro cujo preço à vista, com todos os descontos possíveis, é de R$ 21 000,00, e esse valor não será reajustado nos próximos meses. Ele tem R$ 20 000,00, que podem ser aplicados a uma taxa de juros compostos de 2% ao mês, e escolhe deixar todo o seu dinheiro aplicado até que o montante atinja o valor do carro. Para ter o carro, João deverá esperar:

a) dois meses, e terá a quantia exata.

b) três meses, e terá a quantia exata.

c) três meses, e ainda sobrarão, aproximadamente, R$ 225,00.

d) quatro meses, e terá a quantia exata.

e) quatro meses, e ainda sobrarão, aproximadamente, R$ 430,00.

» Resolução passo a passo

1. Lendo e compreendendo

a) O que é dado no problema?

É dado o preço do carro à vista (21 mil reais), o capital que João tem para investir (20 mil reais) e a taxa de juros que João obterá nesse investimento (2% ao mês).

b) O que se pede?

O tempo que João deverá esperar para comprar o carro pretendido, e se haverá ou não sobra de dinheiro.

2. Planejando a solução

Deveremos calcular o montante do investimento de João para 2, 3 e 4 meses, e comparar com o valor à vista do carro para saber quando João conseguirá comprar o carro.

3. Executando o que foi planejado

O montante pode ser obtido pela fórmula $M = C \cdot (1 + i)^t$, com $C = 20000$ (capital), $i = 0{,}02$ (taxa) e **t** assumindo os valores 2, 3 e 4.

Assim:

$M_1 = 20000 \cdot (1 + 0{,}02)^2 = 20808{,}00$

$M_2 = 20000 \cdot (1 + 0{,}02)^3 = 21224{,}16$

$M_3 = 20000 \cdot (1 + 0{,}02)^4 = 21648{,}64$

Como $M_1 < 21000$ (preço à vista), concluímos que investir por 2 meses apenas é insuficiente para comprar o carro.

Como $M_2 > 21000$, concluímos que 3 meses é suficiente, e ainda sobram 224,16 reais.

Também percebemos que esperar 4 meses é desnecessário, porém, se assim ocorresse, sobrariam 648,64 reais.

Diante desses resultados, João deverá esperar três meses e ainda sobrarão, aproximadamente, 225 reais.

4. Verificando

Vamos acompanhar a evolução do dinheiro aplicado mês a mês até o 3º mês após a aplicação inicial:

No dia da aplicação, temos $C = 20000$.

- Após o 1º mês, temos
  $M_1 = 20000{,}00 \cdot 1{,}02 = 20400{,}00$.
- Após o 2º mês temos
  $M_2 = 20400{,}00 \cdot 1{,}02 = 20808{,}00$.
- Após o 3º mês temos
  $M_3 = 20808{,}00 \cdot 1{,}02 = 21224{,}16$.

Esse valor é suficiente para comprar o carro e sobram quase R$ 225,00. Isso confirma o resultado obtido anteriormente.

5. Respondendo

A resposta é a alternativa **c**.

6. Ampliando o problema

a) Qual deveria ser a taxa para que, em apenas 1 mês de investimento, João conseguisse comprar o carro à vista sem sobra de dinheiro?

b) **Discussão em equipe**

Converse com seus colegas sobre a importância de uma boa educação financeira para a população, ou seja, a importância de ensinar as pessoas, de qualquer idade e nível social, a planejar os gastos futuros, economizando dinheiro quando for possível para que ele seja usado mais tarde sem atrapalhar as finanças da família.

5 *Situação-problema da introdução do capítulo*

Uma pessoa vai fazer uma compra no valor de R$ 4 000,00 usando o que tem depositado na caderneta de poupança, que está rendendo 1% ao mês. Ela quer saber, do ponto de vista financeiro, qual plano de pagamento é mais vantajoso:

- pagar à vista;

ou

- pagar em duas prestações iguais de R$ 2 005,00 cada uma, com entrada.

Pagando à vista: toda quantia de R$ 4 000,00 será gasta (sobrará 0).

Pagando em duas prestações de R$ 2 005,00: como a caderneta de poupança utiliza o sistema de juros compostos, após o pagamento da primeira prestação sobrará a quantia de R$ 1 995,00, que renderá juros de 1% até o pagamento da segunda prestação. Veja:

1% de 1 995 = 19,95

M = 1 995 + 19,95 = 2 014,95

2 014,95 − 2 005 = 9,95

Logo, o segundo plano de pagamento é o melhor, pois ainda sobrará a quantia de R$ 9,95.

» Exercícios

Use sua calculadora para resolver os exercícios desta seção.

44 Calcule o montante produzido por R$ 5 000,00 aplicado à taxa de 6% ao bimestre, após um ano, no sistema de juros compostos.

45 Um capital de R$ 900,00 foi aplicado a juros de 18% ao ano, durante 2 anos. Quanto rendeu de juros:

a) em porcentagem?

b) em reais?

46 Uma dívida de R$ 700,00 foi contraída a juros compostos de 2% ao mês, para ser quitada em 4 meses.

a) Quanto deverá ser pago para quitar a dívida?

b) Qual a taxa de juro acumulado nesse período de 4 meses?

47 Carlos deixou R$ 800,00 aplicados por 3 anos em um fundo de investimento. Se o rendimento médio desse fundo foi de 1% ao mês, quanto Carlos tinha ao final desse período?

48 Guto precisará de R\$ 400,00 daqui a 8 meses. Sabendo que o banco está pagando 1,5% de juros ao mês, quanto ele deve aplicar hoje para ter essa quantia?

49 Afonso depositará R\$ 1 000,00 hoje na poupança, que rende, em média, 0,7% ao mês. Daqui a 6 meses, depositará mais R\$ 1 000,00. Daqui a 1 ano, quanto ele terá na poupança?

50 Quando Luísa nasceu, seu pai investiu para ela R\$ 600,00 num fundo de investimento que rende, em média, 1,2% ao mês. Em quanto tempo Luísa terá mais de R\$ 650,00?

51 Após quanto tempo, à taxa de 4% ao mês, a aplicação de R\$ 1 000,00 renderá juros de R\$ 170,00, no sistema de juros compostos?

52 Muitas vezes o comprador possui o dinheiro para pagar à vista, mas prefere pagar a prazo, dando uma quantia de entrada no ato da compra e o restante em prestações, que serão pagas nos meses seguintes. Nesses casos, são cobrados juros sobre o saldo devedor (diferença entre o valor à vista e a entrada).

Acompanhe a situação de Cícero, que decidiu comprar um berço para seu filho João. A loja oferece dois planos de pagamento:

1º) À vista por R\$ 500,00.

2º) Duas parcelas iguais de R\$ 300,00, sendo a primeira no ato da compra e a segunda um mês após a compra.

Se Cícero optar pelo pagamento a prazo, qual a taxa mensal de juros que ele pagará?

a) 20%.
b) 25%.
c) 35%.
d) 40%.
e) 50%.

53 Investindo um capital a juros mensais de 4%, em quanto tempo você triplicará o seu capital inicial?

54 Uma pessoa deseja aplicar R\$ 10 000,00 a juros compostos e no fim de 3 meses obter R\$ 11 248,64. Qual deve ser a taxa de juros?

55 Uma pessoa deposita uma quantia em caderneta de poupança à taxa de 2% ao mês. Em quantos meses a quantia depositada triplica?

56 Uma pessoa coloca R\$ 1 000,00 num fundo de aplicação que rende, em média, 1,5% a.m. Em quantos meses essa pessoa terá no mínimo R\$ 1 300,00? Use uma calculadora para fazer os cálculos.

57 Um cartão de crédito cobra juros de 9% a.m. sobre o saldo devedor. Um usuário desse cartão tem um saldo devedor de R\$ 505,00. Em quanto tempo essa dívida chegará a R\$ 600,00 se não for paga? (Dados: $\log 2 = 0{,}3$; $\log 3 = 0{,}48$; $\log 1{,}01 = 0{,}004$; $\log 1{,}09 = 0{,}038$.)

4. Juros e funções

Suponhamos o capital de R\$ 800,00 aplicado à taxa de 40% ao ano.

1º) No sistema de juros simples, o montante é obtido em função do tempo e a equação dessa função é $M = 800 + 320t$ ou $M = 320t + 800$, que é do tipo da *função afim*.

$g: \mathbb{R}_+ \to \mathbb{R}$

$M = g(t) = 320t + 800$

t	M = g(t)
0	800
1	1 120
2	1 440

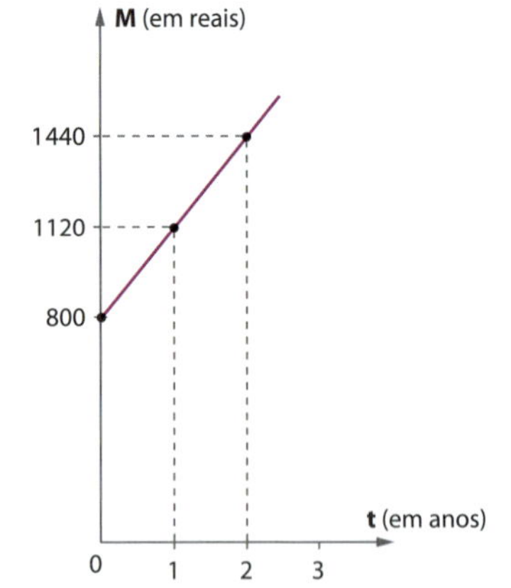

2º) Já no sistema de juros compostos, o montante é obtido em função do tempo por meio da equação $M = 800 \cdot 1{,}4^t$, que envolve uma variação do tipo *exponencial*.

Veja o gráfico a seguir:

$h: \mathbb{R}_+ \to \mathbb{R}$

$M = h(t) = 800 \cdot 1{,}4^t$

t	M = h(t)
0	800
1	1 120
2	1 568
3	2 195,20

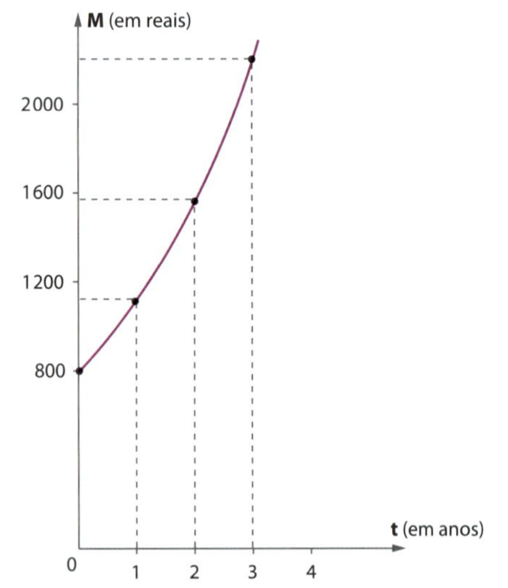

5. Equivalência de taxas

Considere a seguinte situação-problema:

Se um investimento rende 3% ao ano, quanto renderá em 10 anos?

$i = 3\% = 0{,}03$

Capital inicial: C_0

Montante após 1 ano: $C_0(1 + 0,03)$

Montante após 2 anos: $C_0(1 + 0,03)^2$

...

Montante após 10 anos: $C_0(1 + 0,03)^{10}$

Se **I** é a taxa de juros acumulada em 10 anos e **i** é a taxa de juros relativa a 1 ano, temos:

$$1 + I = (1 + i)^{10}$$

pois 10 anos equivalem a 10 períodos iguais a 1 ano.

No problema, temos:

$1 + I = (1 + 0,03)^{10} \Rightarrow 1 + I = (1,03)^{10} \Rightarrow$

$\Rightarrow 1 + I \simeq 1,3439 \Rightarrow I \simeq 0,3439 = 34,39\%$

Portanto, o investimento renderá aproximadamente 34,39% em 10 anos.

É possível provar que, se **I** é a taxa de crescimento de uma grandeza relativa ao período de tempo **T** e **i** é a taxa de crescimento relativa ao período **t**, e se $T = nt$, então $1 + I = (1 + i)^n$.

Visto de outro modo, equivale a calcular e interpretar o fator acumulado ($\mathbf{f_{acumulado}}$) no tempo **T** gerado pelos fatores **f** de cada período **t**:

$$f_{acumulado} = f^n$$

Fique atento
Taxa de juros é uma taxa de crescimento.

Exemplos de aplicação

1 **Uma bomba retira, em cada sucção, 3% da água de um poço. Depois de 20 sucções, quanto restará da água inicialmente existente no poço?**

- *1º modo:*

  $i = -3\% = -0,03$

  $1 + i = (1 - 0,03)^{20} \Rightarrow 1 + i = (0,97)^{20} \Rightarrow$

  $\Rightarrow 1 + i \simeq 0,5437 \Rightarrow i \simeq -0,4563 = -45,63\%$

  Portanto, a quantidade de água, após 20 sucções, diminuirá aproximadamente 45,63% e restarão cerca de 54,37% da água existente inicialmente no poço.

- *2º modo:*

  retira 3% $\Rightarrow f = 0,97$

  $f_{acumulado} = f^{20} = (0,97)^{20} = 0,5437$

  Restará 54,37% da água no poço.

2 **Qual é a taxa de juros anual equivalente a uma taxa mensal de 2%?**

- *1º modo:*

  $i = 2\% = 0,02$

  $1 + i = (1 + 0,02)^{12} \Rightarrow 1 + i \simeq 1,268 \Rightarrow$

  $\Rightarrow i \simeq 0,268 = 26,8\%$

  Portanto, a taxa anual é de 26,8%.

- *2º modo:*

  Juros mensais de 2% $\Rightarrow f = 1,02$

  Em um ano, temos 12 meses, então:

  $f_{acumulado} = f^{12} = (1,02)^{12} = 1,268$

  $1 + i = 1,268 \Rightarrow i = 0,268 \Rightarrow$ juros anuais de 26,8%

3 **Qual é a taxa de juros mensal equivalente a uma taxa anual de 50%?**

- *1º modo:*

  $i = 50\% = 0,5$

  $1 + 0,5 = (1 + i)^{12} \Rightarrow 1,5 = (1 + i)^{12} \Rightarrow$

  $\Rightarrow 1 + i = \sqrt[12]{1,5} = 1,034 \Rightarrow$

  $\Rightarrow i = 0,034 = 3,4\%$

  Portanto, a taxa mensal é de 3,4%.

- *2º modo:*

  Juros anuais de 50% $\Rightarrow f_{acumulado} = 1,5$

  Em um ano, temos 12 meses, então:

  $f_{acumulado} = f^{12} \Rightarrow 1,5 = f^{12}$

  $f = \sqrt[12]{1,5} = 1,034 \Rightarrow 1 + i = 1,034 \Rightarrow i = 0,034 \Rightarrow$ juros mensais de 3,4%

Fique atento
Use uma calculadora científica para extrair a raiz de índice 12.

Exercícios

objeto digital

58 Numa cultura de bactérias, o número delas aumenta à taxa de 20% por minuto. Quanto crescerá esse número em 8 minutos?

59 Uma seringa retira, de cada vez, 2% do remédio de um frasco. Depois de 10 vezes, quanto restará do remédio inicialmente existente no frasco?

60 O número de torcedores de um time de futebol diminui 6% ao ano. Depois de 12 anos, quanto restará dos torcedores inicialmente existentes?

61 Se a população do Brasil continuar crescendo à taxa de 1,4%* ao ano, qual será o seu crescimento na próxima década?

62 Qual é a taxa de juros anual equivalente a uma taxa mensal de 1%?

63 Qual é a taxa de juros anual equivalente a uma taxa bimestral de 3%?

64 Qual é a taxa de juros mensal equivalente a uma taxa de juros anual de 130%?

65 A renda *per capita* é definida como o quociente do produto interno bruto (PIB) pela população economicamente ativa. Se nos próximos dez anos a população crescer 1,4% ao ano, quanto deverá crescer anualmente o PIB para que a renda *per capita* aumente 10% na próxima década?

* Dado fornecido pelo IBGE, 2007.

23 Capítulo

Geometria espacial – uma introdução intuitiva

No Ensino Fundamental foi feito o estudo das posições relativas de pontos e retas de um mesmo plano (Geometria de posição no plano).

Por exemplo:

- **Relação entre um ponto e uma reta**

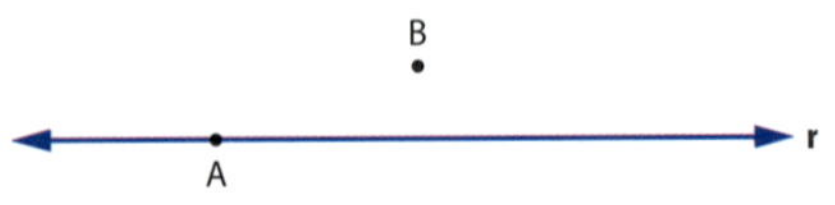

O ponto **A** pertence à reta **r** ($A \in r$).

O ponto **B** não pertence à reta **r** ($B \notin r$).

- **Relação entre pontos**

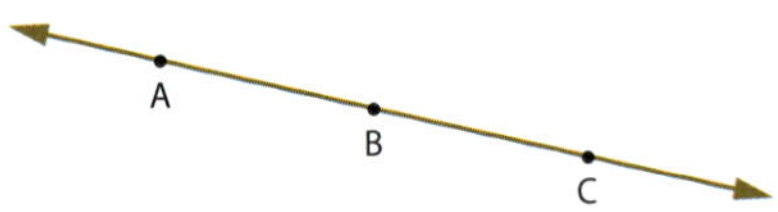

> **Fique atento**
> Dois pontos são sempre colineares.

Os pontos **A**, **B** e **C** são *colineares* (existe uma reta que passa pelos três).

Os pontos **D**, **E** e **F** não são colineares (não existe reta que passa pelos três simultaneamente).

- **Relação entre duas retas de um plano**

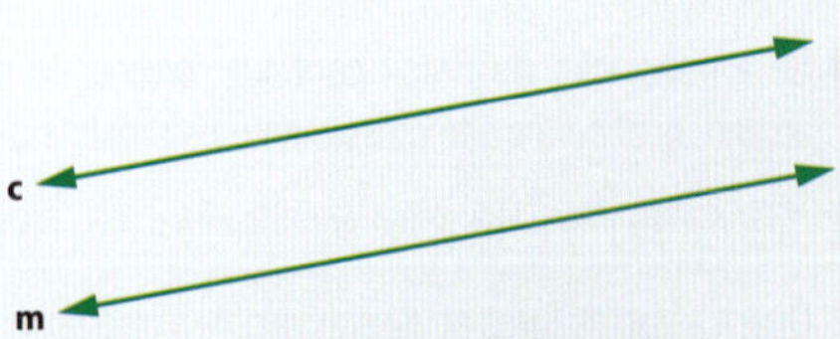

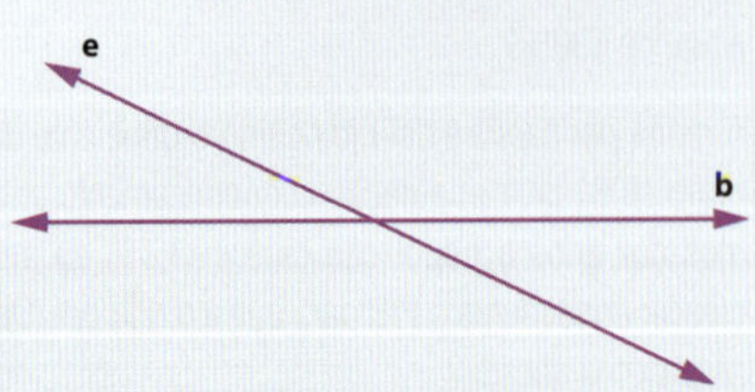

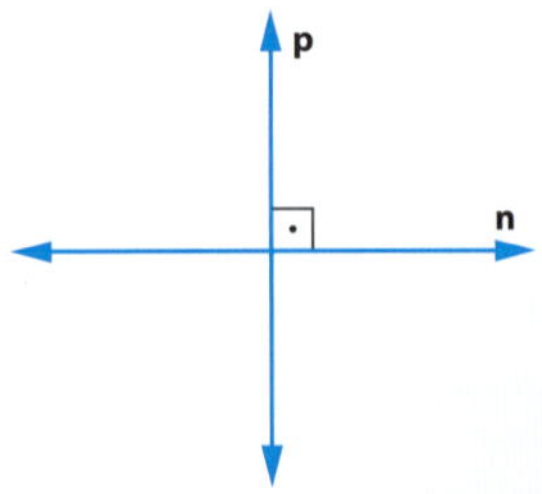

As retas **c** e **m** são distintas e paralelas.

As retas **b** e **e** são concorrentes e oblíquas.

As retas **a** e **r** são coincidentes (paralelas iguais).

As retas **p** e **n** são concorrentes e perpendiculares.

> **Fique atento**
> Ao se considerar a reta um conjunto infinito de pontos, o termo ideal seria *paralelas iguais*, já que dois conjuntos com os mesmos elementos são ditos *iguais*.

Agora, no Ensino Médio, será feito o estudo das posições relativas de pontos, retas e planos no espaço (Geometria espacial de posição).

Com isso, surgirão novas relações, como por exemplo entre reta e plano ou entre planos.

Neste capítulo, o estudo da Geometria de posição no espaço será feito de maneira intuitiva, apoiado essencialmente na observação de modelos, figuras e objetos (podemos usar um lápis ou uma régua para sugerir uma reta e a folha do caderno ou a parede para sugerir um plano).

1. Introdução

Observe como as figuras serão representadas:

Ponto (**A**, **B**, **C**, ...)

Reta (**r**, **s**, **p**, ...)

Plano (α, β, γ, ...)

Você já deve ter notado que conceitos como ponto, reta, plano e espaço nunca foram definidos porque são intuitivos, estão na nossa mente de forma natural e os distinguimos espontaneamente. Basta observar que tanto reta como plano e espaço são considerados conjuntos infinitos de pontos, sem que seja necessário dizer como são dispostos.

Eles são chamados conceitos primitivos e serão os elementos iniciais da teoria que vamos desenvolver agora. Outros conceitos serão definidos a partir deles e as propriedades da Geometria resultarão de suas relações.

No início, algumas afirmações serão admitidas sem que seja necessário demonstrá-las – elas se chamam *axiomas* ou *postulados* – e as conclusões que puderem ser tiradas a partir delas serão os *teoremas*, que só são aceitos mediante uma demonstração, uma argumentação lógica.

Para sua melhor compreensão e identificação, neste capítulo, os enunciados considerados axiomas ou postulados estarão emoldurados com um retângulo de fundo azul ; os teoremas, emoldurados por um retângulo de fundo laranja ; e as definições, emolduradas por um retângulo de fundo rosa .

Além disso, como se trata de um enfoque intuitivo da Geometria espacial, os teoremas não serão demonstrados ao longo do capítulo. Apenas no final faremos algumas demonstrações a título de ilustração.

Usaremos a simbologia da teoria dos conjuntos vista no capítulo 2.

2. Posições relativas: ponto e reta e ponto e plano

Como ponto é elemento da reta e do plano, dizemos que ele pertence ou não a eles. Assim:

- dado um ponto **P** e uma reta **r**, temos $P \in r$ ou $P \notin r$.
- dado um ponto **P** e um plano α, temos $P \in \alpha$ ou $P \notin \alpha$.

Veja alguns exemplos:

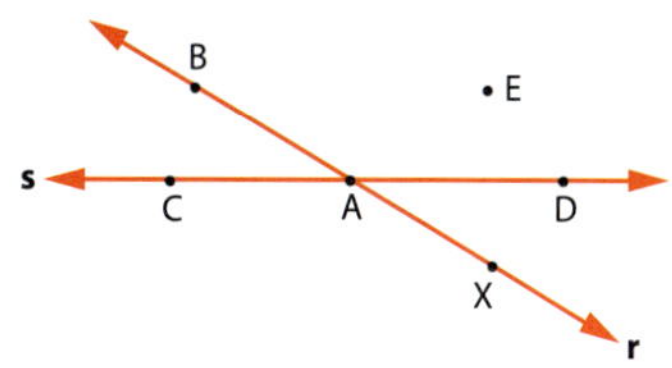

$B \in r$; $B \notin s$; $D \in s$; $D \notin r$; $A \in r$; $A \in s$; $E \notin r$; $E \notin s$

Para refletir
Qual é a posição do ponto **X** em relação às retas **r** e **s**? E dos pontos **M** e **G** em relação aos planos α e β?

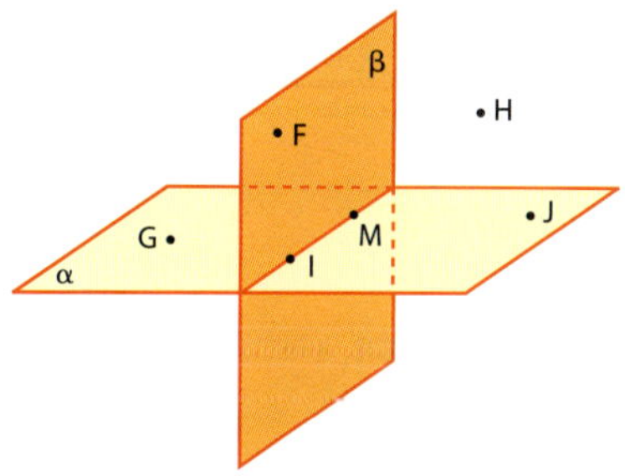

$F \in \beta$; $F \notin \alpha$; $J \in \alpha$; $J \notin \beta$; $I \in \alpha$; $I \in \beta$; $H \notin \alpha$; $H \notin \beta$

3. Posições de pontos no espaço

Dois pontos distintos determinam uma reta.

Pontos colineares são pontos tais que existe uma reta à qual eles pertençam simultaneamente.

Para refletir
Qual é o número mínimo de pontos que devemos ter para que sejam não colineares?

Fique atento
Se três pontos são não colineares, então eles são dois a dois distintos.

Três pontos não colineares determinam um plano.

Pontos coplanares são pontos tais que existe um plano que os contém simultaneamente.

Para refletir
Qual é o número mínimo de pontos que devemos ter para que sejam não colineares?

Fique atento
Dois pontos *sempre* serão colineares e três pontos *sempre* serão coplanares

Veja as figuras:

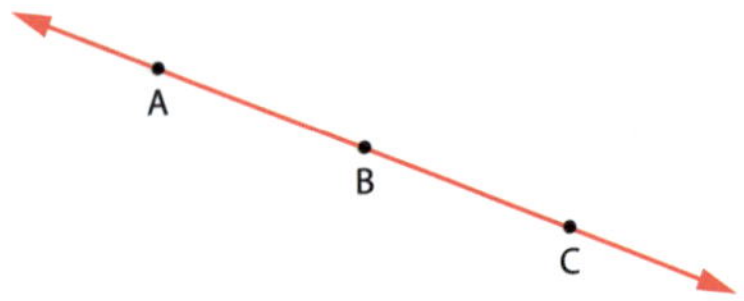

A, **B** e **C** são pontos colineares.

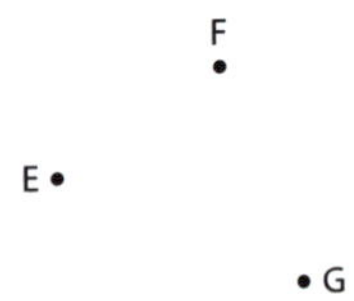

E, **F** e **G** não são colineares.

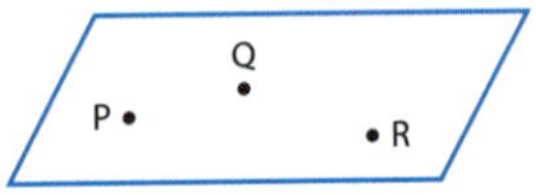

P, **Q** e **R** são três pontos coplanares.

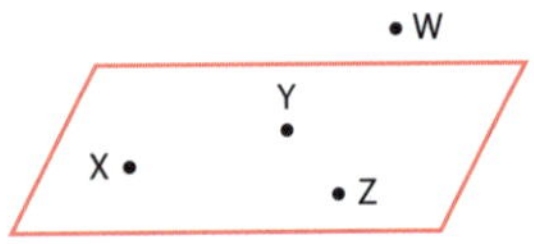

X, **Y**, **Z** e **W** são pontos não coplanares.

Exercícios

1 Defina:

a) pontos não colineares;

b) pontos não coplanares.

2 Observe os pontos de **A** a **L** nos vértices, arestas e faces do cubo abaixo.

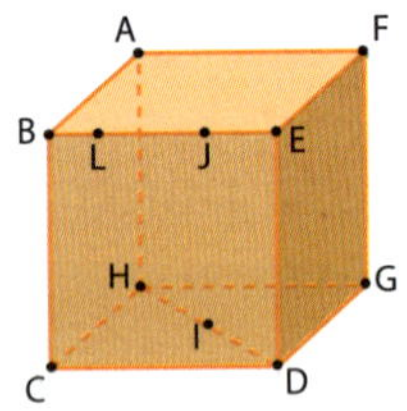

Verifique se os pontos indicados em cada item são ou não colineares e coplanares.

a) A e D

b) A, F e E

c) H, I e D

d) B, C e D

e) E, J e L

f) B, E, L e J

g) C, H, F e E

h) B, C, H e I

i) H, D, I e E

3 Considere que os pontos, as retas e os planos citados são distintos e verifique se cada afirmação é verdadeira (**V**) ou falsa (**F**):

a) Por 2 pontos passa uma única reta.

b) 3 pontos são sempre colineares.

c) 3 pontos nunca são colineares.

d) 3 pontos podem ser colineares.

e) Existem 5 pontos coplanares.

f) Existem 5 pontos não coplanares.

g) Existem 3 pontos não coplanares.

h) Pontos colineares são coplanares.

i) Pontos coplanares são colineares.

j) Pontos coplanares podem ser colineares.

4. Posições relativas de duas retas no espaço

Observe a figura na qual temos um paralelepípedo:

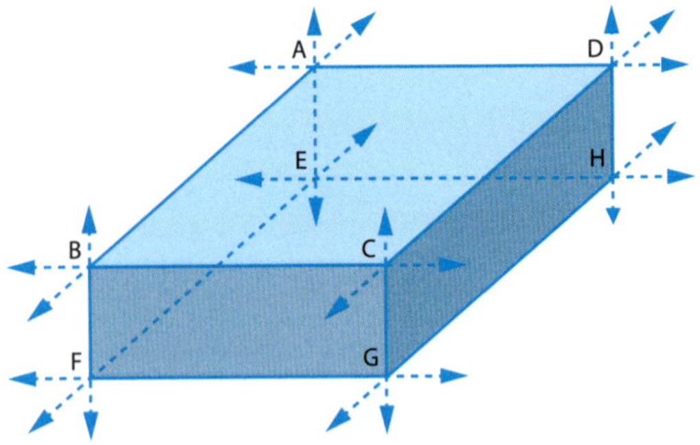

> **Para refletir**
> Em cada plano há infinitas retas. No plano da face ABCD, por exemplo, além das retas indicadas temos $\overleftrightarrow{AC}$, $\overleftrightarrow{BD}$ e outras. No espaço há infinitas retas. Localize na figura dada as retas $\overleftrightarrow{AG}$, $\overleftrightarrow{BE}$, $\overleftrightarrow{BG}$ e $\overleftrightarrow{DF}$.

São 12 as arestas do paralelepípedo: $\overline{AB}$, $\overline{BC}$, $\overline{CD}$, $\overline{AD}$, $\overline{EF}$, $\overline{FG}$, $\overline{GH}$, $\overline{EH}$, $\overline{BF}$, $\overline{CG}$, $\overline{AE}$ e $\overline{DH}$.

São 6 as suas faces, determinadas por: ABCD, FGHE, CDHG, BFGC, ADHE e ABFE.

Nesse modelo:

- As arestas serão "representações" das retas que as contêm. Por exemplo:

  $\overleftrightarrow{AB}$: reta do espaço que contém a aresta $\overline{AB}$.

  $\overleftrightarrow{BC}$: reta do espaço que contém a aresta $\overline{BC}$.

> **Fique atento**
> $\overleftrightarrow{AB}$ e $\overleftrightarrow{GH}$ são retas coplanares.
> $\overleftrightarrow{BC}$ e $\overleftrightarrow{EF}$ não são retas coplanares.

- As faces serão "representações" dos planos que as contêm.

  Por exemplo:

  p(ABCD): plano do espaço que contém a face determinada por ABCD.

  p(BCFG): plano do espaço que contém a face determinada por BCGF.

- Os vértices serão representações dos pontos do espaço: **A**, **B**, **C**, etc.

> **Para refletir**
> No espaço há infinitos planos. Além dos 6 planos determinados pelas faces do paralelepípedo, procure imaginar outros, como p(ADGF), p(ABGH), p(AEGC), etc.

Usando esse modelo, podemos estudar as posições relativas de retas distintas no espaço:

> Duas ou mais retas são coplanares quando existe um plano que contém todas elas.

$\overleftrightarrow{AB}$, $\overleftrightarrow{BC}$, $\overleftrightarrow{CD}$, $\overleftrightarrow{DA}$ e $\overleftrightarrow{AC}$ são retas coplanares porque o plano p(ABCD) as contém. Também são retas coplanares as retas $\overleftrightarrow{AE}$, $\overleftrightarrow{EH}$ e $\overleftrightarrow{DH}$ porque o plano p(AEHD) contém essas três retas.

Observe que as retas coplanares $\overleftrightarrow{AB}$ e $\overleftrightarrow{CD}$ não têm ponto em comum. O mesmo acontece com as retas coplanares $\overleftrightarrow{BC}$ e $\overleftrightarrow{AD}$.

Retas coplanares que não têm ponto comum são chamadas de *retas paralelas distintas*.

Para refletir
$\overleftrightarrow{AD}$ e $\overleftrightarrow{FG}$ são retas paralelas. Justifique.

Outros pares de retas paralelas distintas são: $\overleftrightarrow{CD}$ e $\overleftrightarrow{GH}$, $\overleftrightarrow{AD}$ e $\overleftrightarrow{EH}$, $\overleftrightarrow{CG}$ e $\overleftrightarrow{DH}$, etc.

O par de retas $\overleftrightarrow{AB}$ e $\overleftrightarrow{AD}$ tem um único ponto comum, isto é, as retas intersectam-se num ponto. O mesmo acontece com $\overleftrightarrow{BC}$ e $\overleftrightarrow{CD}$.

Retas que têm um único ponto comum são chamadas *retas concorrentes*.

Para refletir
$\overleftrightarrow{CH}$ e $\overleftrightarrow{GD}$ são retas concorrentes. Justifique.

Outros pares de retas concorrentes são: $\overleftrightarrow{FG}$ e $\overleftrightarrow{GH}$, $\overleftrightarrow{CG}$ e $\overleftrightarrow{FG}$, $\overleftrightarrow{AD}$ e $\overleftrightarrow{DH}$, etc.

Duas retas concorrentes são sempre coplanares.

Dadas as retas $\overleftrightarrow{AB}$ e $\overleftrightarrow{FG}$, não existe um plano que contém as duas; o mesmo ocorre com os pares de retas $\overleftrightarrow{GH}$ e $\overleftrightarrow{AD}$, $\overleftrightarrow{BC}$ e $\overleftrightarrow{EF}$ e outros.

Dadas duas retas, quando não existe um plano que contém as duas, elas são chamadas de *retas reversas* (ou não coplanares).

Para refletir
$\overleftrightarrow{AC}$ e $\overleftrightarrow{FH}$ são retas reversas. Justifique.

Resumindo:

Posições relativas de duas retas no espaço

- Duas retas no espaço
  - coplanares
    - concorrentes
    - paralelas
      - distintas
      - coincidentes (iguais)
  - não coplanares (reversas)

Observação: No espaço, o fato de duas retas não serem paralelas não significa necessariamente que elas sejam concorrentes, como acontece no plano. Duas retas reversas, por exemplo, não são paralelas nem concorrentes.

Para refletir
Considere o "encontro" de duas paredes como representação de uma reta.
Localize na sua sala duas retas paralelas, duas retas concorrentes e duas retas reversas.

Exercício

4 Observe a pirâmide de base quadrada e verifique se as retas indicadas em cada item são paralelas, concorrentes ou reversas.

a) $\overleftrightarrow{AC}$ e $\overleftrightarrow{AD}$
b) $\overleftrightarrow{AB}$ e $\overleftrightarrow{ED}$
c) $\overleftrightarrow{BC}$ e $\overleftrightarrow{ED}$
d) $\overleftrightarrow{EC}$ e $\overleftrightarrow{BD}$
e) $\overleftrightarrow{BE}$ e $\overleftrightarrow{AE}$
f) $\overleftrightarrow{CD}$ e $\overleftrightarrow{BE}$
g) $\overleftrightarrow{BC}$ e $\overleftrightarrow{AE}$
h) $\overleftrightarrow{AE}$ e $\overleftrightarrow{AC}$
i) $\overleftrightarrow{CD}$ e $\overleftrightarrow{BC}$

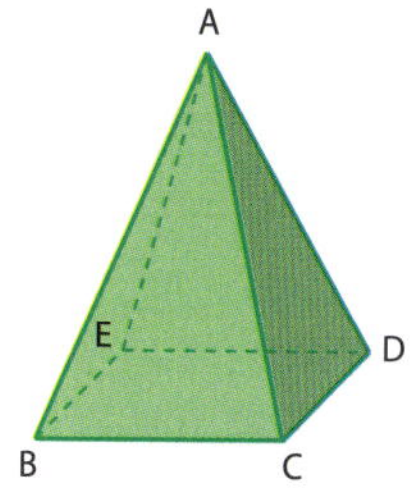

5. Determinação de um plano

Já vimos que: quando temos três pontos não colineares, existe um único plano que passa pelos três.

Isso equivale a dizer que: três pontos não colineares determinam um plano.

O mesmo ocorre quando temos *duas retas paralelas distintas*, *duas retas concorrentes* ou *uma reta e um ponto que não pertence a ela*, só que neste caso essas afirmações constituem teoremas e suas demonstrações estão no final do capítulo.

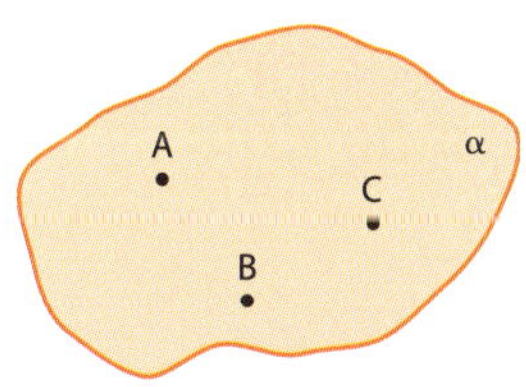

α: p(A, B, C)
Três pontos não colineares determinam um plano.

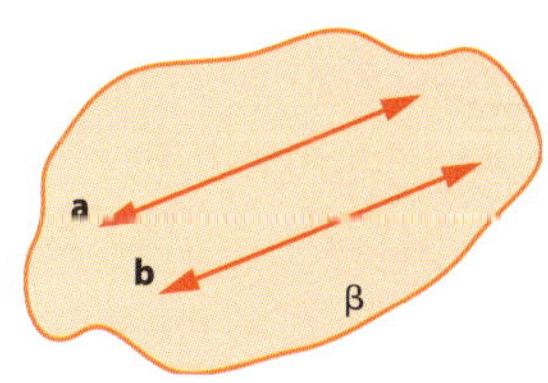

β: p(a, b)
Duas retas paralelas distintas determinam um plano.

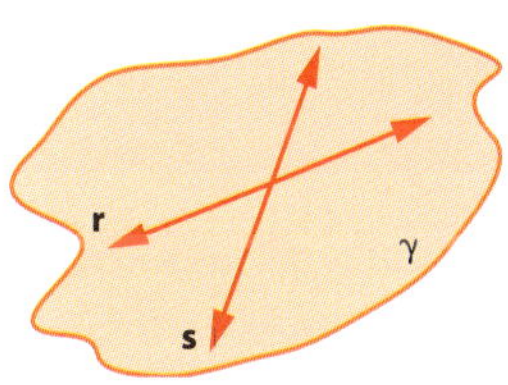

γ : p(r, s)
Duas retas concorrentes determinam um plano.

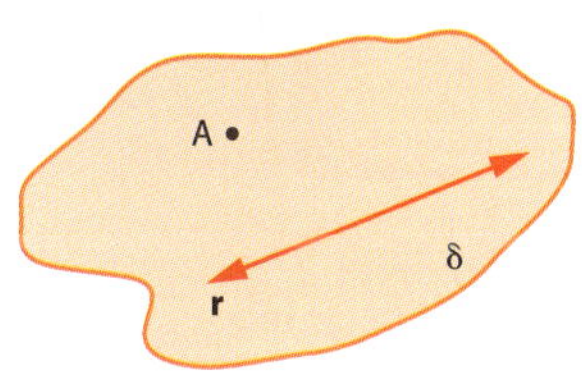

δ: p(A, r)
Uma reta e um ponto fora dela determinam um plano.

Para refletir
Por que não podemos dizer que três pontos colineares determinam um plano?

Resumindo:

Um plano fica determinado por

$\begin{cases} \text{3 pontos não colineares} \\ \text{2 retas paralelas distintas} \\ \text{2 retas concorrentes} \\ \text{1 reta e 1 ponto fora dela} \end{cases}$

> **Para refletir**
> Por que duas retas reversas não determinam um plano?

Exercício

5 Observe as figuras e considere:

α: plano determinado pela reta $\overleftrightarrow{ED}$ e o ponto $F \notin \overleftrightarrow{ED}$

β: plano determinado pelas retas paralelas $\overleftrightarrow{AF}$ e $\overleftrightarrow{CD}$

γ: plano determinado pelas retas concorrentes $\overleftrightarrow{AB}$ e $\overleftrightarrow{BC}$

δ: plano determinado pelos pontos não colineares **B**, **A** e **E**

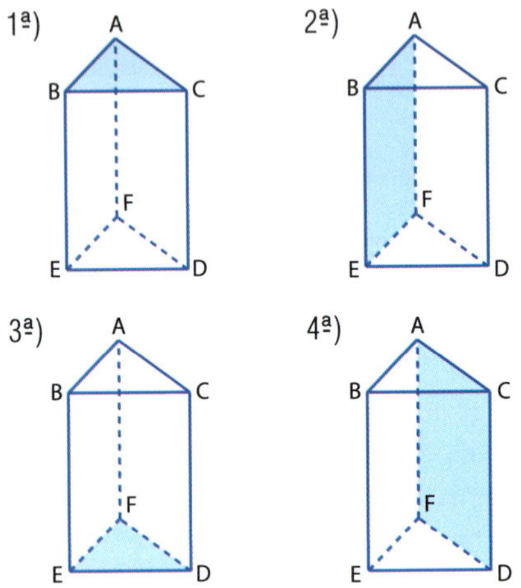

Identifique em cada figura (1ª, 2ª, 3ª ou 4ª) qual é o plano correspondente à face pintada (α, β, γ ou δ).

6. Posições relativas de dois planos no espaço

Observe o paralelepípedo:

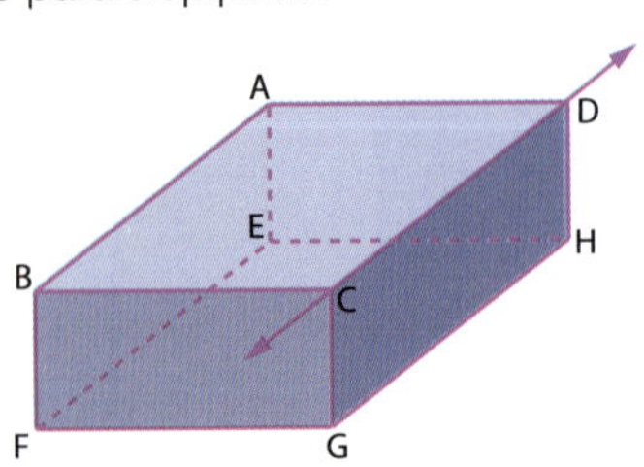

Como vimos, suas faces representam os planos que as contêm. Alguns desses planos têm pontos comuns, outros não.

Por exemplo, p(ABCD) e p(EFGH) não têm ponto comum; p(ABCD) e p(CDHG) têm todos os pontos da reta $\overleftrightarrow{CD}$ em comum.

> Dois planos que não têm ponto comum são chamados *planos paralelos distintos.*

p(ABCD) // p(EFGH) p(ADHE) // p(BCGF)

Podemos representar dois planos α e β distintos e paralelos do seguinte modo:

$\alpha \neq \beta$

$\alpha \parallel \beta$

$\alpha \cap \beta = \varnothing$

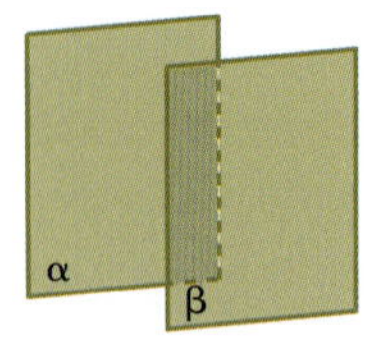

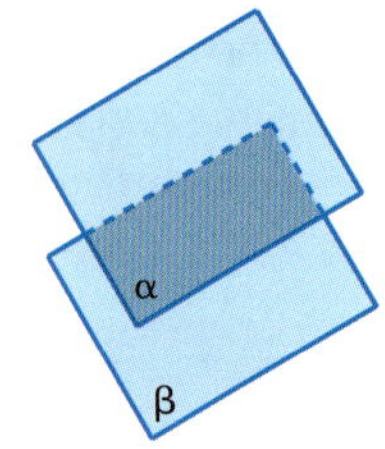

> **Para refletir**
> Dados dois planos distintos, ou eles não têm ponto comum ou têm uma única reta em comum. Não existem dois planos, por exemplo, com um único ponto comum.

Observação: Se dois planos têm todos os pontos comuns dizemos que eles são coincidentes (paralelos e iguais).

Dois planos distintos que têm uma reta em comum são chamados *planos secantes* (ou concorrentes) e essa reta comum é a intersecção dos dois planos. Ou seja:

p(ABCD) e p(CDHG) são secantes e a reta intersecção deles é $\overleftrightarrow{CD}$.

p(EFGH) e p(ABFE) são secantes e a intersecção deles é a reta $\overleftrightarrow{EF}$.

Podemos representar dois planos α e β secantes assim:

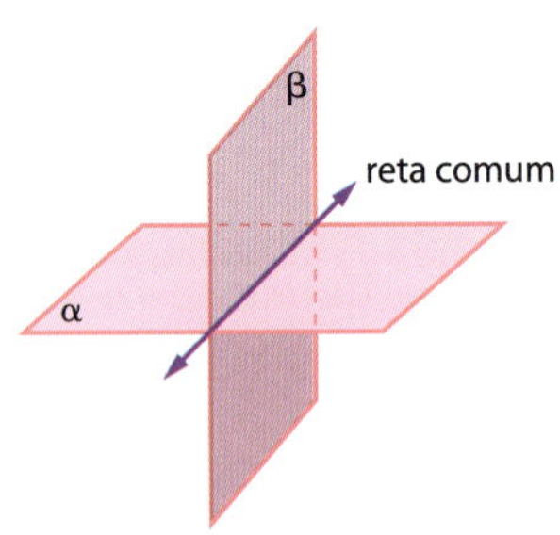

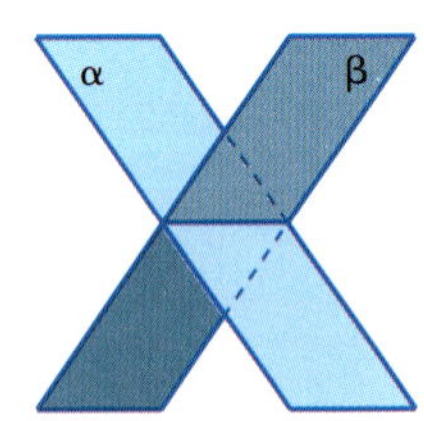

Resumindo:

Posições relativas de dois planos no espaço

Dois planos no espaço $\begin{cases} \text{secantes} \rightarrow \alpha \cap \beta = r \\ \text{paralelos} \begin{cases} \text{distintos} \rightarrow \alpha \cap \beta = \varnothing \\ \text{coincidentes (iguais)} \rightarrow \alpha \cap \beta = \alpha \end{cases} \end{cases}$

Observação: Estamos considerando duas retas coincidentes como retas paralelas iguais e dois planos coincidentes como planos paralelos iguais. Devemos por isso ficar atentos com afirmações que envolvem retas ou planos paralelos. Por exemplo:

- a afirmação "se α e β são planos paralelos, então $\alpha \cap \beta = \varnothing$" é falsa;
- a afirmação "se α e β são planos paralelos e distintos, então $\alpha \cap \beta = \varnothing$" é verdadeira.

Exercícios

6 Observando o cubo da figura seguinte, responda:

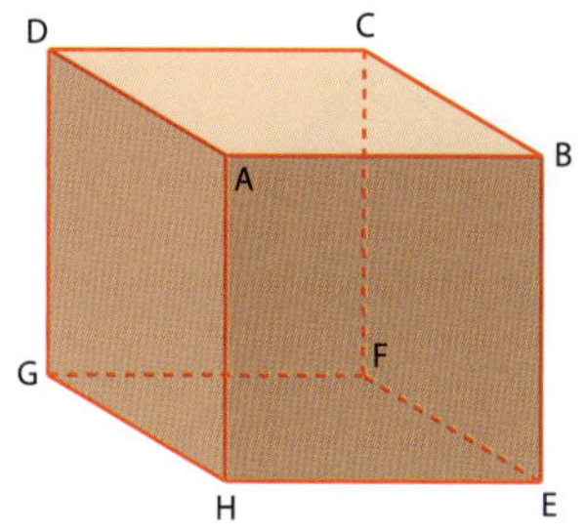

a) Dos planos determinados pelas faces, quais são os pares de planos distintos e paralelos?

b) Cite três pares de planos secantes.

c) Os planos determinados pelas faces CDGF e EFGH são secantes? Em caso afirmativo, qual é a reta intersecção?

d) A reta $\overleftrightarrow{AD}$ é intersecção dos planos determinados por quais faces?

7 Verifique se são verdadeiras ou falsas as afirmações:

a) Se **r** e **s** são retas tais que $r \cap s = \varnothing$, então **r** e **s** são paralelas.

b) Se α e β são dois planos distintos e **r** é a reta tal que $\alpha \cap \beta = r$, então α e β são concorrentes.

c) Uma reta e um ponto determinam um plano.

d) Uma reta e um ponto fora dela determinam um plano.

e) Dois planos podem ter um único ponto comum.

8 Observando a figura espacial abaixo, responda usando planos determinados por faces:

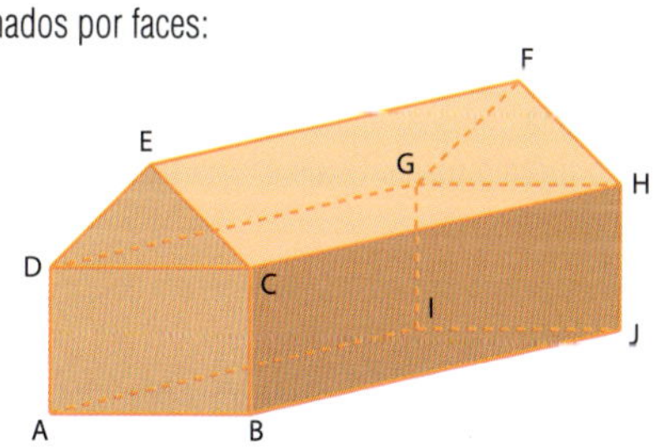

a) Qual é a posição relativa dos planos determinados pelas faces EFHC e DEFG?

b) A reta $\overleftrightarrow{AI}$ é intersecção de quais planos?

c) Qual é o plano paralelo ao determinado pela face ADGI?

d) Qual é a reta de intersecção dos planos secantes determinados por BCHJ e ECHF?

e) Há algum plano paralelo ao plano determinado pela face ABJI? Em caso afirmativo, qual é esse plano?

9 Observando a figura espacial seguinte, responda:

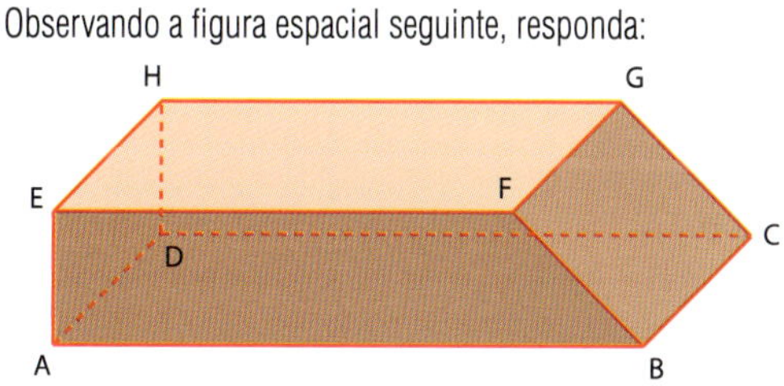

a) Qual a posição relativa dos planos determinados pelas faces ABCD e ADHE?

b) Os planos BCGF e EFGH são secantes? Em caso afirmativo, qual é a reta de intersecção?

c) Há algum plano paralelo e distinto do plano determinado por EFGH? Qual?

10 Quando um plano intercepta um cubo, sobre ele podem ser geradas várias figuras planas, por exemplo, um hexágono, como mostra a figura a seguir.

Assinale a alternativa que contém um polígono que não pode ser obtido na intersecção de um plano e um cubo.

a) Triângulo
b) Quadrado
c) Pentágono
d) Hexágono
e) Heptágono

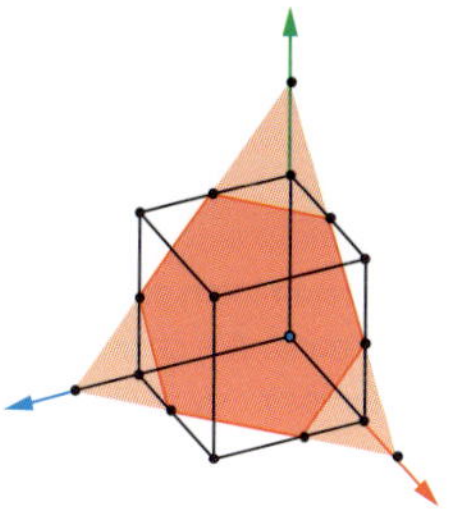

7. Posições relativas de uma reta e um plano

Considerando o paralelepípedo da figura abaixo, observamos que:

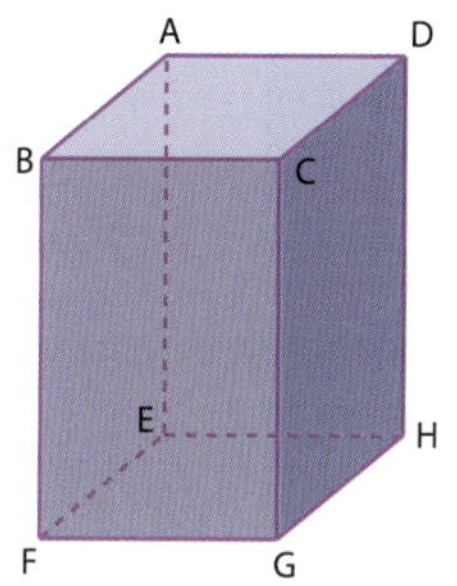

> **Para refletir**
> $\overleftrightarrow{BD} \subset p(ABCD)$
> $\overleftrightarrow{AG}$ intersecta p(EFGH)
> $\overleftrightarrow{AF} \cap p(CDHG) = \varnothing$
> $\overleftrightarrow{DF}$ intersecta p(ACGE)

- o plano determinado pela face EFGH contém as retas $\overleftrightarrow{EH}$, $\overleftrightarrow{HG}$, $\overleftrightarrow{FG}$ e $\overleftrightarrow{EF}$;
- as retas $\overleftrightarrow{BF}$, $\overleftrightarrow{CG}$, $\overleftrightarrow{AE}$ e $\overleftrightarrow{DH}$ intersectam o plano determinado pela face EFGH, furando-o;
- as retas $\overleftrightarrow{BC}$, $\overleftrightarrow{CD}$, $\overleftrightarrow{AD}$ e $\overleftrightarrow{AB}$ são paralelas ao plano determinado pela face EFGH.

Estas são as duas posições possíveis, no espaço, de uma reta em relação a um plano:

r é paralela ao plano α:

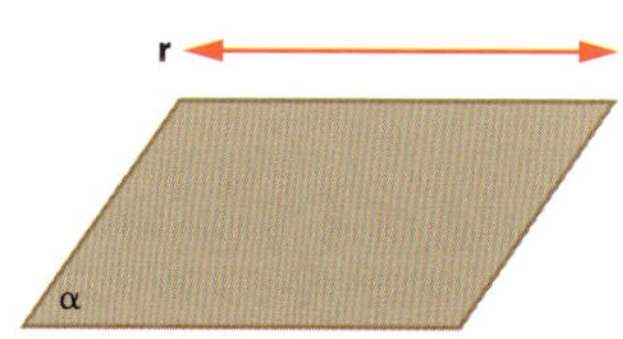

r e α não têm ponto comum, ou seja, $r \cap \alpha = \varnothing$.

A reta **r** está contida no plano β (β e **r** têm em comum todos os pontos de **r**, ou seja, $r \cap \beta = r$).

▶ **r** é concorrente com o plano γ:

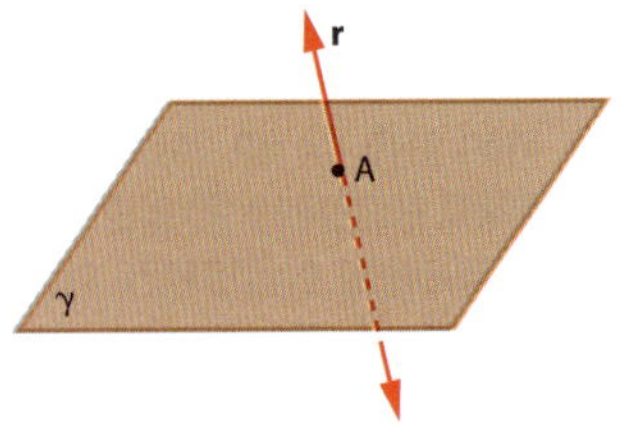

A reta **r** intersecta ("fura") o plano γ no ponto **A**.
O ponto **A** é chamado de traço de **r** em γ.
Temos $r \cap \gamma = \{A\}$.

Concluindo:

Posições relativas de uma reta (**r**) e um plano α no espaço:

- **r** é paralela a α $\begin{cases} r \cap \alpha = \varnothing \\ r \subset \alpha \text{ (ou } r \cap \alpha = r) \end{cases}$
- **r** intersecta α (ou **r** é concorrente com α)

Para refletir
Use o lápis e a capa do livro para representar uma reta e um plano. Verifique as posições possíveis da reta em relação ao plano.

Observação: Ao considerarmos retas iguais como paralelas devemos, por coerência, considerar a reta contida no plano como paralela a ele.

Exercícios

11 Observando o cubo, cite:

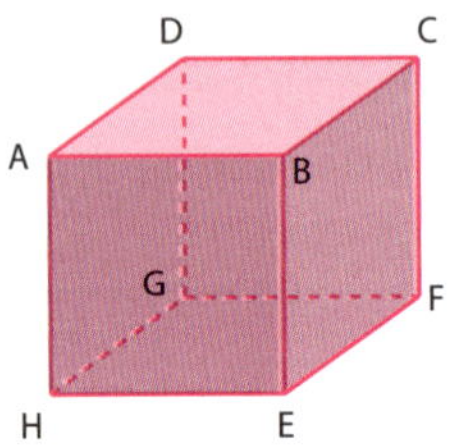

a) cinco retas paralelas ao plano determinado pela face ADGH;
b) cinco retas que estejam contidas no plano determinado pela face CDGF;
c) cinco retas que intersectem o plano determinado pela face ABCD.

12 Observando a figura abaixo e sua representação matemática, verifique se a reta está contida, é paralela ou intersecta o plano em cada item.

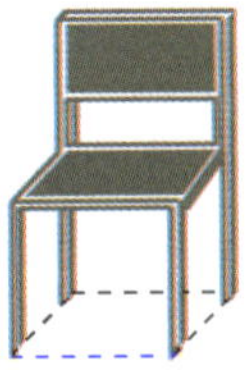

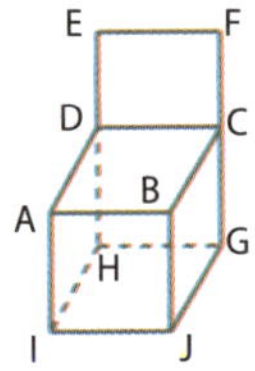

a) $\overleftrightarrow{EF}$ e p(IJGH)
b) $\overleftrightarrow{DE}$ e p(EFGH)
c) $\overleftrightarrow{HI}$ e p(EFCD)
d) $\overleftrightarrow{GH}$ e p(EFCD)
e) $\overleftrightarrow{BD}$ e p(HIJG)
f) $\overleftrightarrow{HJ}$ e p($\overleftrightarrow{IJ}$,G)
g) $\overleftrightarrow{IC}$ e p($\overleftrightarrow{ED}$, $\overleftrightarrow{CF}$)
h) $\overleftrightarrow{EC}$ e p($\overleftrightarrow{DG}$, $\overleftrightarrow{CH}$)

13 Na figura dada, **A**, **B**, **C**, **D**, **E**, **F**, **G** e **H** são os vértices de um paralelepípedo e **C**, **D**, **E**, **F**, **J** e **I** são vértices de um prisma reto de base triangular.

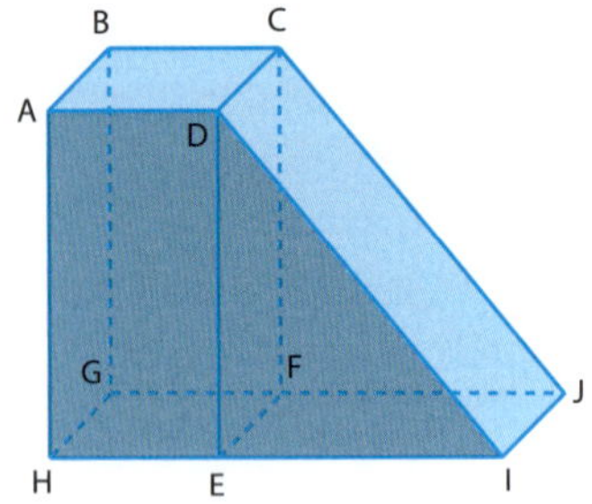

Dê a posição relativa dos pares de figuras em cada item.

a) $\overleftrightarrow{DE}$ e p(EFGH)
b) $\overleftrightarrow{AB}$ e $\overleftrightarrow{GF}$
c) p(A, D, H) e p($\overleftrightarrow{BC}$, $\overleftrightarrow{CJ}$)
d) D e p(A, $\overleftrightarrow{HI}$)
e) $\overleftrightarrow{AC}$ e p(A, B, D)
f) $\overleftrightarrow{CD}$ e $\overleftrightarrow{IJ}$
g) p(CDIJ) e p(EFCD)
h) $\overleftrightarrow{HE}$ e $\overleftrightarrow{IE}$

14 Considere a figura espacial a seguir, chamada prisma reto de base triangular, e os pontos, planos e retas determinados por seus vértices, arestas e faces.

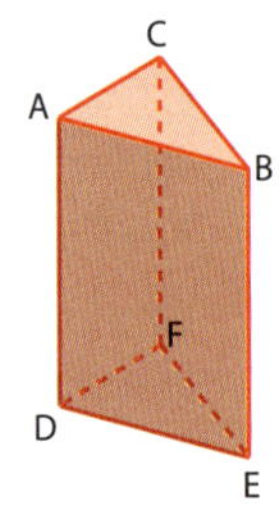

a) Qual é a posição da reta $\overleftrightarrow{AB}$ em relação ao plano determinado pela face EFD?
b) Qual é a posição da reta $\overleftrightarrow{AB}$ em relação ao plano determinado pela face ABC?
c) Qual é a posição da reta $\overleftrightarrow{AB}$ em relação ao plano determinado pela face ACFD?
d) Cite duas retas, nessa figura, que estejam furando o mesmo plano. Quais são as retas e qual é o plano?
e) A reta $\overleftrightarrow{DF}$ está contida simultaneamente em dois planos. Quais são esses planos?
f) Qual é a posição relativa das retas $\overleftrightarrow{BC}$ e $\overleftrightarrow{FE}$?
g) Qual é a posição relativa das retas $\overleftrightarrow{DF}$ e $\overleftrightarrow{EF}$?
h) Qual é a posição relativa das retas $\overleftrightarrow{CF}$ e $\overleftrightarrow{DE}$?

15 Observe a figura seguinte e sua representação matemática:

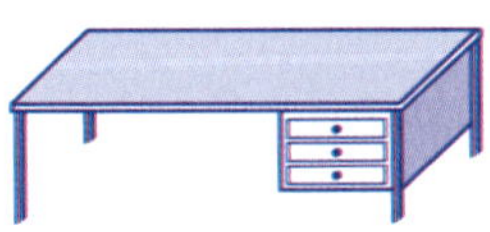

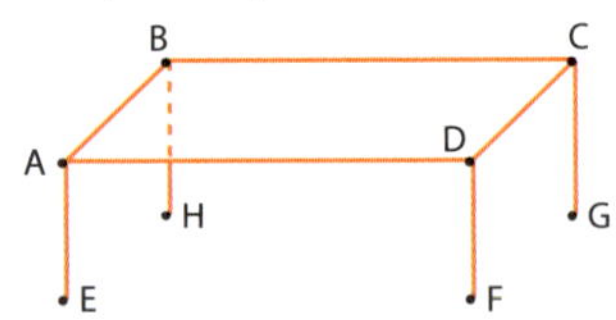

a) Qual é a posição da reta $\overleftrightarrow{AB}$ em relação ao plano determinado por ABCD?
b) Cite duas retas que estejam furando o plano determinado por ABCD.
c) A reta $\overleftrightarrow{CD}$ é a intersecção de infinitos planos. Cite dois desses planos.
d) Qual é a posição relativa das retas $\overleftrightarrow{AB}$ e $\overleftrightarrow{BH}$?
e) Cite uma reta que seja reversa à reta $\overleftrightarrow{AD}$.
f) Cite um plano paralelo ao plano determinado por ABCD.
g) A reta $\overleftrightarrow{DF}$ está simultaneamente em vários planos. Cite dois desses planos.
h) Cite duas retas paralelas ao plano determinado por ABCD.

8. Paralelismo no espaço

Retomando o que vimos até agora sobre paralelismo no espaço:

- Duas retas distintas são paralelas quando, e somente quando, são coplanares e não têm ponto comum.
- Dois planos distintos são paralelos quando, e somente quando, não têm ponto comum.
- Uma reta e um plano que não a contenha são paralelos quando, e somente quando, não têm ponto comum.

É preciso estar atento a alguns fatos relativos ao paralelismo. Veja alguns:

1. Podemos ter, em dois planos paralelos, retas que não sejam paralelas

Para refletir
- Que posições relativas podem ter duas retas distintas que não são paralelas?
- O que acontece com dois planos distintos quando não são paralelos?
- Que posições relativas podem ter uma reta e um plano quando não são paralelos?

Por exemplo, os planos ABCD e EFGH são paralelos; entretanto, as retas $\overleftrightarrow{AB}$ e $\overleftrightarrow{FH}$ pertencentes a eles não são paralelas e sim reversas. Veja a figura abaixo:

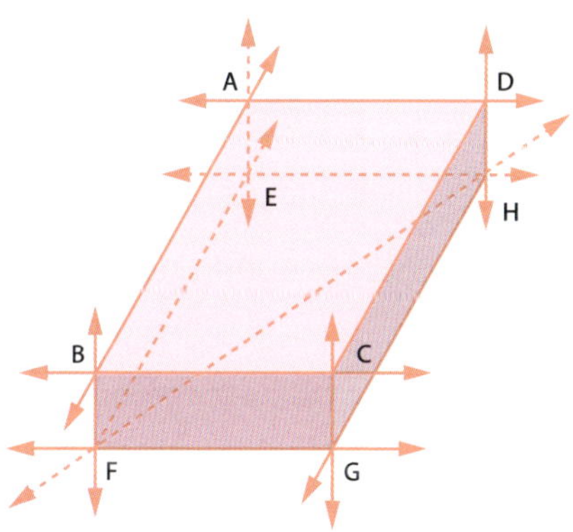

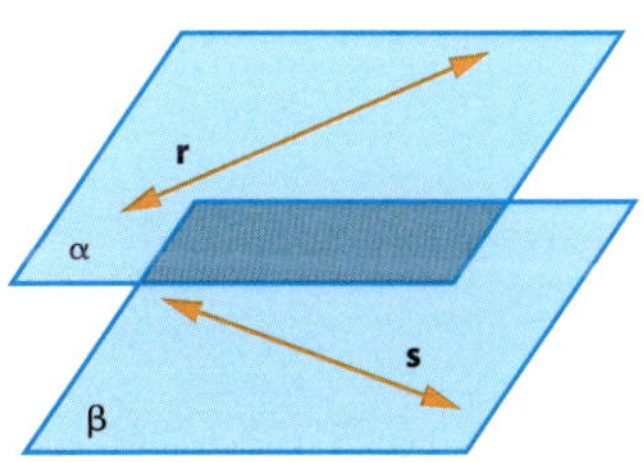

$\alpha \mathbin{/\!/} \beta$, **r** está em α
s está em β

r e **s** não são paralelas
r e **s** são reversas

2. Podemos ter retas paralelas contidas em dois planos que não sejam paralelos.

Por exemplo, no paralelepípedo, as retas $\overleftrightarrow{AB}$ e $\overleftrightarrow{GH}$ são paralelas. A reta $\overleftrightarrow{AB}$ está no plano ABCD e a reta $\overleftrightarrow{GH}$ está no plano CDGH, que se intersectam segundo a reta $\overleftrightarrow{CD}$.

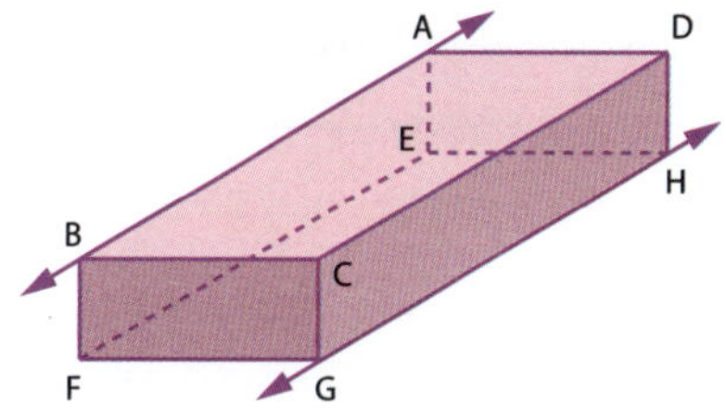

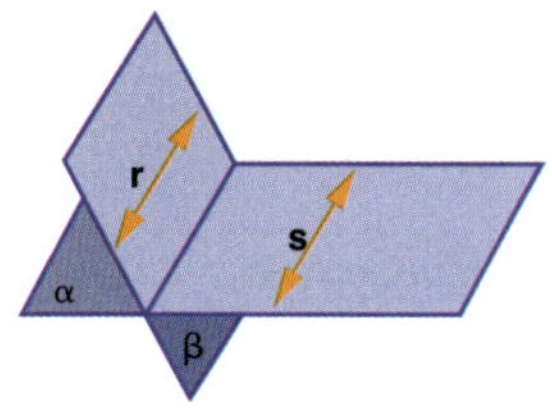

$r \mathbin{/\!/} s$, **r** está em β
s está em α
α e β não são paralelos

Algumas propriedades do paralelismo

As seguintes propriedades referem-se a paralelismo no espaço.

Para visualizá-las e entendê-las, use as figuras dadas, construa outras e crie modelos com objetos.

1ª propriedade:

Quando dois planos distintos são paralelos, qualquer reta de um deles é paralela ao outro.

Simbolicamente:

$$\alpha \cap \beta = \varnothing \text{ e } r \subset \alpha \Rightarrow r \mathbin{/\!/} \beta$$

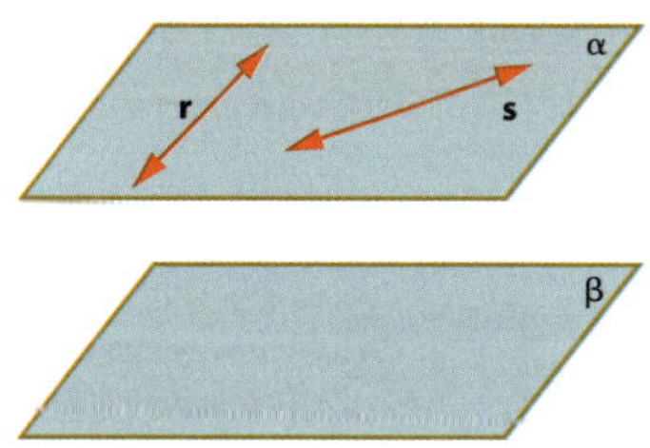

2ª propriedade:

Quando uma reta é paralela a um plano, ela é paralela a pelo menos uma reta desse plano.

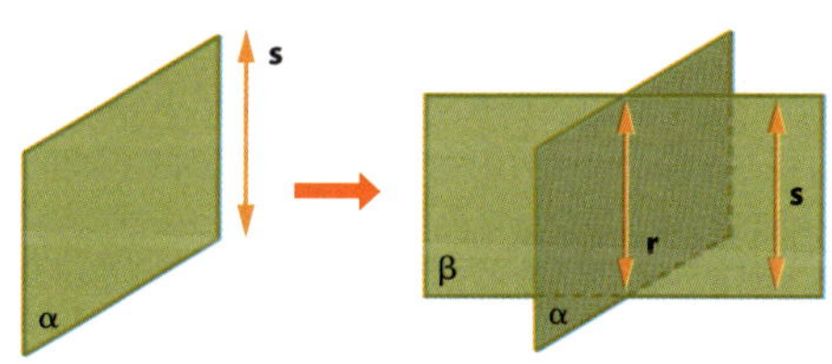

Para refletir
Todo plano β, que contém **s** e é secante com α, determina, em α, a reta **r**, paralela a **s**.

Simbolicamente:

$$s \mathbin{/\!/} \alpha \Rightarrow \exists\, r \subset \alpha \mid r \mathbin{/\!/} s$$

3ª propriedade:

Quando uma reta não está contida num plano e é paralela a uma reta do plano, ela é paralela ao plano.

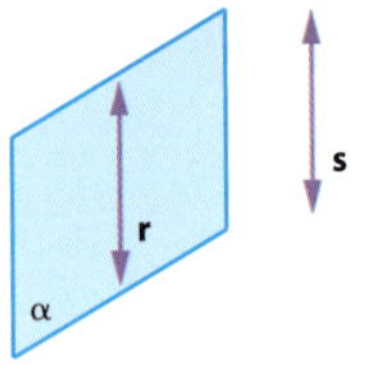

Simbolicamente:

$s \not\subset \alpha, r \subset \alpha \text{ e } s \,/\!/\, r \Rightarrow s \,/\!/\, \alpha$

4ª propriedade:

Se um plano intersecta dois planos paralelos, as intersecções são duas retas paralelas.

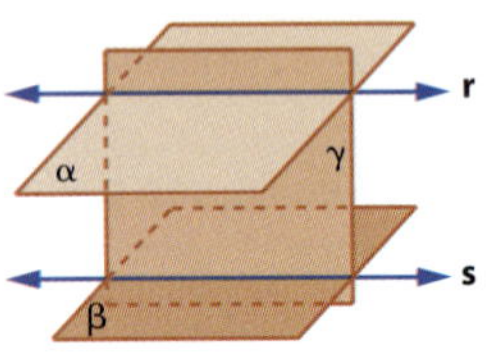

Simbolicamente:

$\alpha \,/\!/\, \beta, \gamma \cap \alpha = r \text{ e } \gamma \cap \beta = s \Rightarrow r \,/\!/\, s$

5ª propriedade:

Quando um plano contém duas retas concorrentes, paralelas a um outro plano, então os planos considerados são paralelos.

Simbolicamente:

$r \subset \beta, s \subset \beta, r \cap s = \{O\}, r \,/\!/\, \alpha \text{ e } s \,/\!/\, \alpha \Rightarrow \alpha \,/\!/\, \beta$

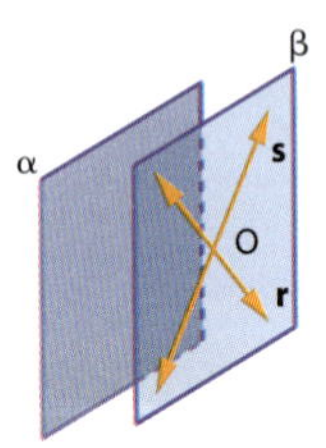

Para refletir
Use objetos para verificar que não se pode tirar essa conclusão quando $r \,/\!/\, s$.

Exercícios

16 Diga se são verdadeiras (**V**) ou falsas (**F**) as afirmações:

a) Se dois planos são paralelos, qualquer reta de um deles é paralela a qualquer reta do outro.

b) Se dois planos são paralelos, qualquer reta que intersecta um deles intersecta o outro.

c) Se dois planos distintos são paralelos, qualquer reta de um deles é paralela ao outro.

d) Dois planos paralelos a uma reta são paralelos entre si.

e) Uma reta **r** não está contida num plano α e é tal que $r \,/\!/\, \alpha$. Então, existe uma reta **s**, contida em α, tal que $s \,/\!/\, r$.

f) Se um plano intersecta dois planos paralelos, então as intersecções são retas paralelas.

17 Diga se são verdadeiras (**V**) ou falsas (**F**) as afirmações:

a) Se dois planos são paralelos, então toda reta que é paralela a um deles é paralela ou está contida no outro.

b) Por um ponto **P** fora de um plano α podemos passar um único plano β tal que $\alpha \,/\!/\, \beta$.

c) Se uma reta **r** é paralela a cada um de dois planos secantes, então **r** é paralela à reta de intersecção dos planos.

d) Se dois planos distintos são paralelos, uma reta de um deles pode ser reversa a uma reta do outro.

e) Se uma reta é paralela a dois planos, então esses planos são paralelos.

f) Se dois planos são paralelos, toda reta paralela a um deles é paralela ao outro.

9. Perpendicularismo no espaço

Retas perpendiculares

Sabemos que duas retas distintas no espaço podem ser paralelas, concorrentes ou reversas.

Quando são concorrentes e formam quatro ângulos retos (90°), essas retas são perpendiculares.

Pelo cubo, podemos visualizar:

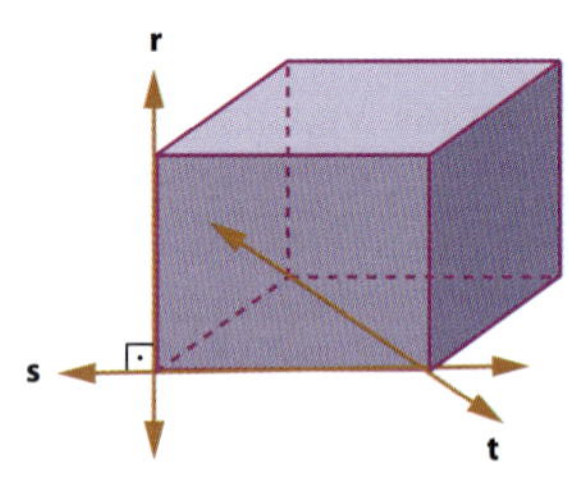

- **r** e **s** são retas concorrentes e perpendiculares ($r \perp s$).
- **s** e **t** são retas concorrentes, mas não são perpendiculares. Dizemos que **s** e **t** são retas oblíquas ($s \angle t$).

Para refletir
Na figura acima, quais são as medidas dos quatros ângulos formados por **s** e **t**?

Retas ortogonais são retas que determinam quatro ângulos congruentes.

Se forem concorrentes, serão perpendiculares.

Símbolos: $\perp$ → perpendiculares

$\underline{|}$ → ortogonais

Se **a** e **b** são retas reversas e **c** é uma reta paralela à reta **a** e perpendicular à reta **b**, então **a** e **b** são ortogonais.

Observe as retas reversas **a** e **b**, visualizadas no cubo, e a reta **c**, paralela à reta **a** e concorrente com **b**.

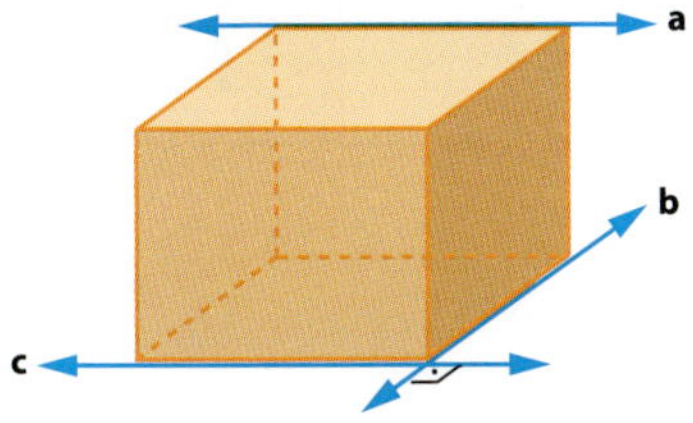

a e **b** são retas reversas e ortogonais.

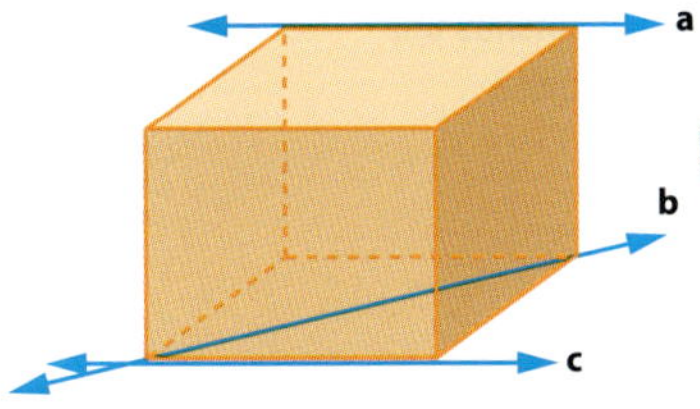

Para refletir
Justifique as duas afirmações ao lado.

a e **b** são reversas, mas não são ortogonais.

Resumindo:

- Duas retas no espaço
  - coplanares
    - paralelas
      - distintas
      - coincidentes (iguais)
    - concorrentes
      - perpendiculares
      - oblíquas
  - não coplanares (reversas)
    - ortogonais
    - não ortogonais

Reta e plano perpendiculares

Vimos que, dada uma reta **r** e um plano α, podem ocorrer três situações: a reta é paralela ao plano e não está contida nele ($r \mathbin{/\!/} \alpha$); a reta está contida no plano ($r \subset \alpha$) ou a reta intersecta o plano em um ponto **P**, isto é, $r \cap \alpha = \{P\}$.

Veremos agora que, quando a reta intersecta o plano, ela pode ou não ser perpendicular a ele, conforme a definição:

> Uma reta que intersecta um plano é perpendicular a ele se ela é perpendicular a todas as retas desse plano que passam pelo ponto de intersecção.

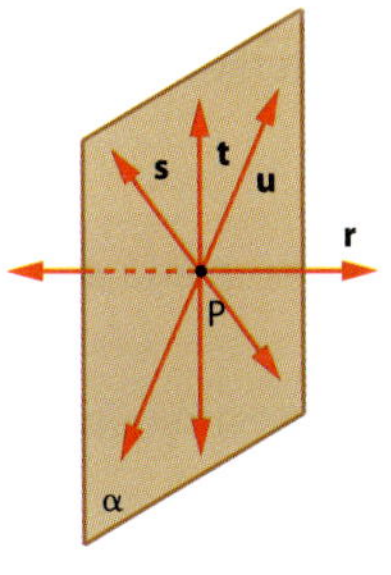

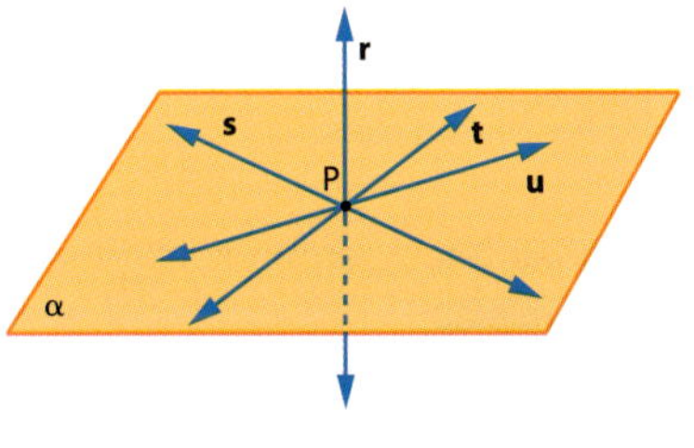

Observe que:

- dizer que uma reta **r** intersecta um plano α no ponto **P** e é perpendicular a todas as retas de α que passam por **P** implica dizer que a reta **r** é perpendicular ao plano α;
- dizer que uma reta **r** é perpendicular a um plano α implica dizer que **r** intersecta α em um ponto e é perpendicular a todas as retas de α que passam por esse ponto;
- dizer que uma reta **r** é perpendicular a um plano α implica dizer que **r** é ortogonal a todas as retas contidas em α.

> O ponto **P**, nesse caso, é chamado "pé da perpendicular".

> Se uma reta intersecta um plano e não é perpendicular a ele, dizemos que ela é oblíqua ao plano.

Para refletir
Se $r \perp \alpha$ no ponto **P**, qual é a posição de **r** em relação às retas de α que não passam por **P**?

Veja a figura e os símbolos correspondentes.

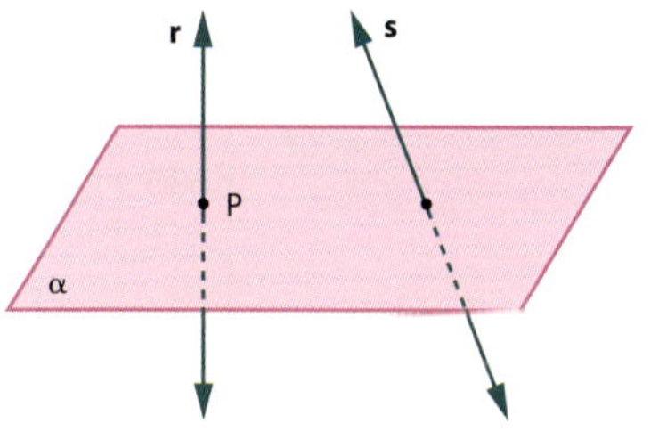

r é perpendicular a α ($r \perp \alpha$)
s é oblíqua a α ($s \angle \alpha$)

Ainda sobre perpendicularismo entre reta e plano

1ª propriedade:

> Para que uma reta seja perpendicular a um plano, é necessário e suficiente que ela seja perpendicular a duas retas concorrentes contidas nesse plano.

Simbolicamente:

$\exists\, r, s \text{ e } t \mid s \subset \alpha, t \subset \alpha, s \cap t = \{P\}, r \perp s \text{ e } r \perp t \Leftrightarrow r \perp \alpha$

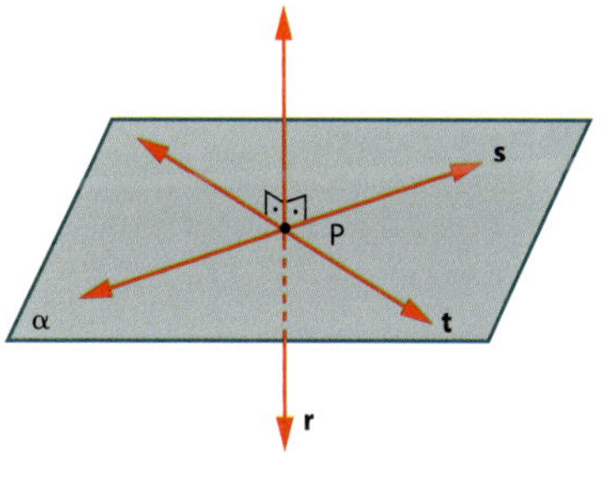

Fique atento
São equivalentes as expressões "quando e somente quando", "se e somente se", "é necessário e suficiente".

Observação: Na verdade, basta que a reta **r** seja ortogonal a duas retas concorrentes contidas em α para que ela seja perpendicular a α, pois haverá, por definição, um par de retas concorrentes, paralelas às retas ortogonais, passando pelo ponto de intersecção de **r** e α.

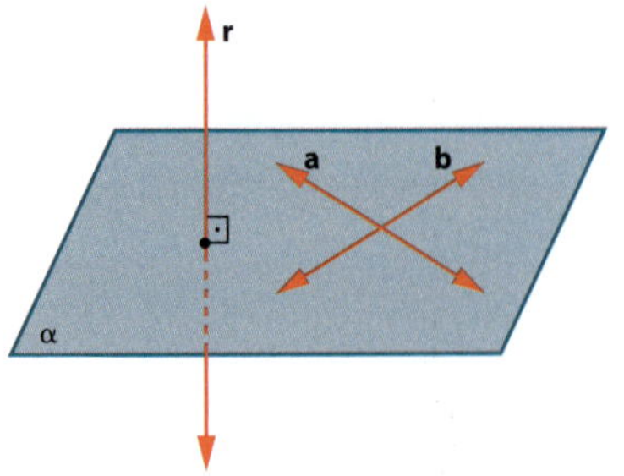

Se **r** for ortogonal às retas **a** e **b** e se estas forem concorrentes e estiverem contidas em α, **r** será perpendicular a α.

Observe que uma reta pode ser perpendicular a uma reta do plano e não ser perpendicular ao plano:

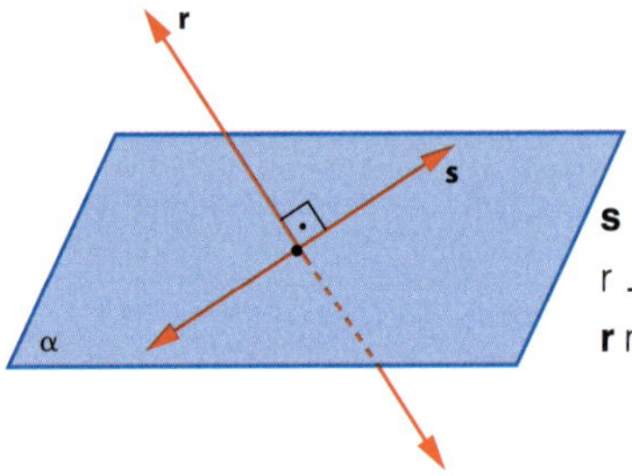

s está contida em α
$r \perp s$
r não é perpendicular a α

Assim, para uma reta ser perpendicular a um plano α é preciso ser perpendicular a duas retas concorrentes contidas em α, ou seja, são necessárias duas retas porque uma reta não é suficiente para garantir o perpendicularismo. Por outro lado, bastam duas retas concorrentes, ou seja, elas são suficientes, pois essas duas concorrentes já determinam o plano α.

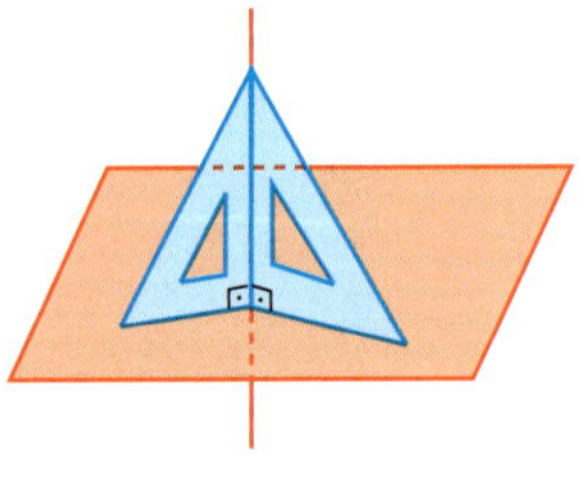

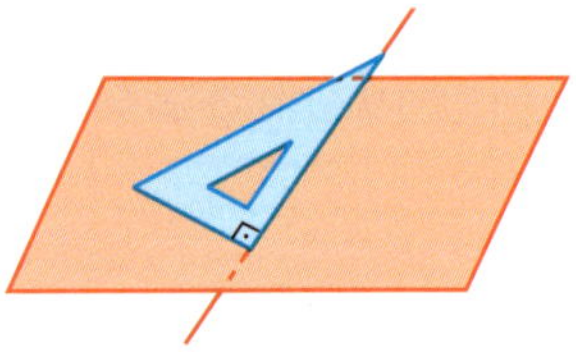

Para refletir
Reproduza concretamente essas figuras e comprove as afirmações feitas.

2ª propriedade:

Dados um ponto **P** e uma reta **r**, existe um único plano que passa por **P** e é perpendicular a **r**.

Simbolicamente:

$$P \text{ e } r \Rightarrow \exists| \, \alpha \mid P \in \alpha \text{ e } r \perp \alpha$$

1º caso: $P \in r$

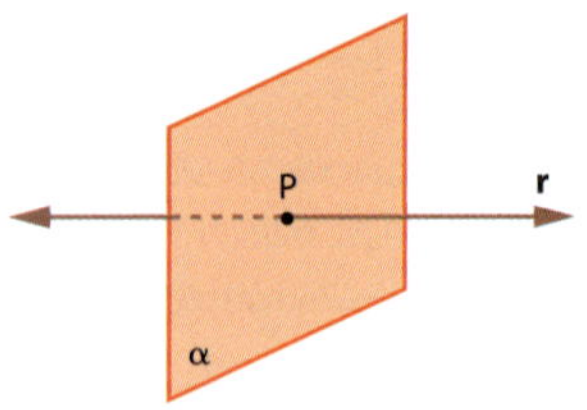

2º caso: $P \notin r$

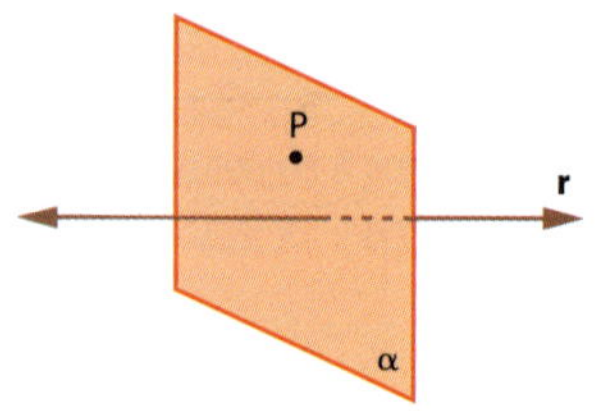

Para refletir
$\exists$ e $\exists|$ têm os seguintes significados:
$\exists$: existe pelo menos um
$\exists|$: existe um único

3ª propriedade:

Se uma reta é perpendicular a um plano, qualquer reta paralela a ela é também perpendicular ao plano.

Simbolicamente:

$$r \perp \alpha \text{ e } s \,/\!/\, r \Rightarrow s \perp \alpha$$

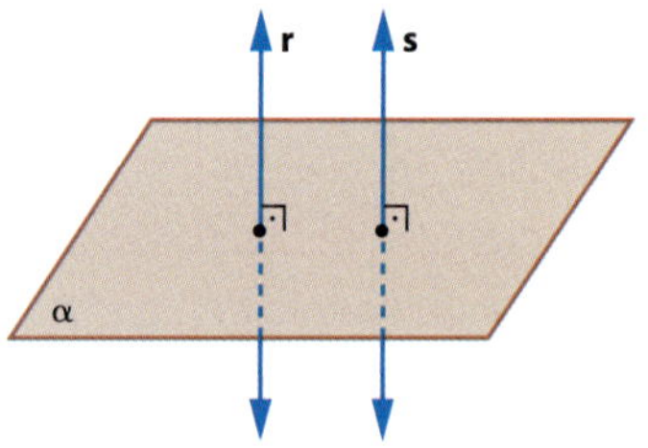

4ª propriedade:

Se dois planos são paralelos, toda reta perpendicular a um deles é também perpendicular ao outro.

Simbolicamente:

$$\alpha \,/\!/\, \beta \text{ e } r \perp \alpha \Rightarrow r \perp \beta$$

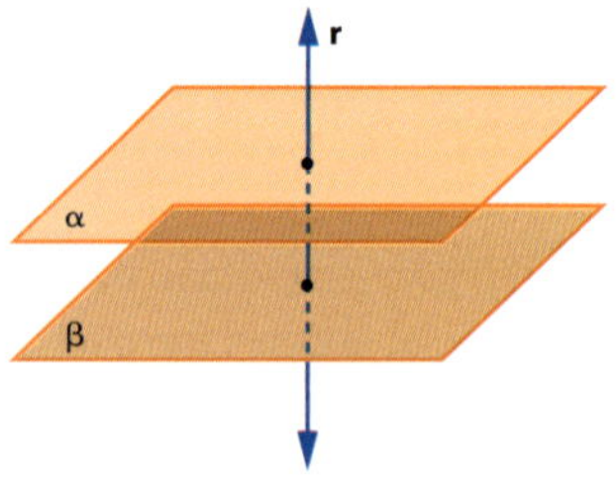

Observação: As duas últimas propriedades levam às seguintes afirmações:

- duas retas perpendiculares a um mesmo plano são paralelas;
- dois planos perpendiculares a uma mesma reta são paralelos.

Resumindo:

Uma reta **r** e um plano α no espaço:
- a reta é paralela ao plano ($r \parallel \alpha$): $r \cap \alpha = \varnothing$ ou $r \subset \alpha$
- a reta intersecta o plano ($r \cap \alpha = \{P\}$):
  - a reta é perpendicular ao plano ($r \perp \alpha$)
  - a reta é oblíqua ao plano ($r \not\perp \alpha$)

» Exemplo de aplicação

(Fuvest-SP) Uma formiga resolveu andar de um vértice a outro do prisma reto de bases triangulares ABC e DEG, seguindo um trajeto especial. Ela partiu do vértice **G**, percorreu toda a aresta perpendicular à base ABC, para em seguida caminhar toda a diagonal da face ADGC e, finalmente, completou seu passeio percorrendo a aresta reversa a CG.

A formiga chegou ao vértice:

a) A.
b) B.
c) C.
d) D.
e) E.

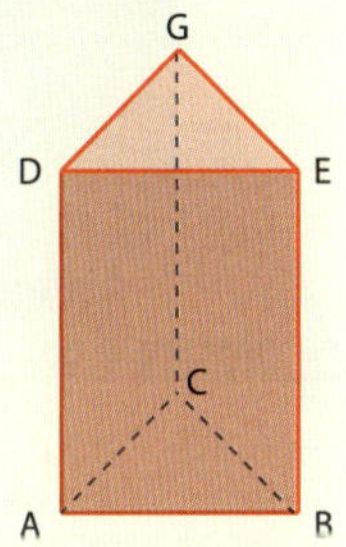

» Resolução passo a passo

1. Lendo e compreendendo

a) O que é dado no problema?

São dados a figura de um prisma triangular com os 6 vértices assinalados de **A** a **G** e o trajeto da formiga ao longo do prisma.

b) O que se pede?

Pede-se o vértice ao qual a formiga chegou após percorrer os caminhos descritos no texto.

2. Planejando a solução

Precisamos ler o trajeto descrito seguindo-o como se fôssemos a formiga e executando cada etapa do percurso. Assim, ao final da descrição do trajeto, estaremos no vértice pedido.

3. Executando o que foi planejado

Vamos percorrer cada etapa do percurso descrito como se estivéssemos seguindo um mapa.

a) A formiga partiu do vértice **G** e percorreu toda a aresta perpendicular à base ABC.

Das três arestas perpendiculares à base ABC, a única que contém o ponto **G** é a aresta CG. Assim, essa foi a aresta percorrida pela formiga na primeira etapa, chegando ao vértice **C**.

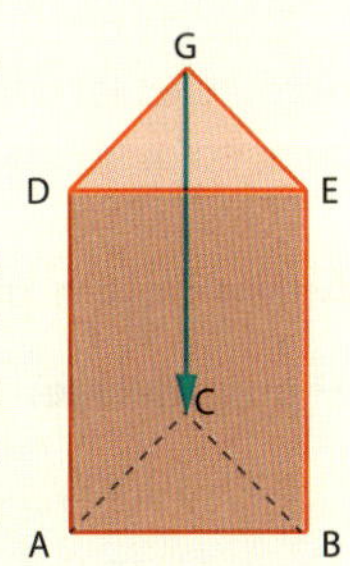

b) Em seguida, a formiga caminhou toda a diagonal da face ADGC. Como ela estava no vértice **C**, das duas diagonais da face ADGC, a única que contém o vértice **C** é a diagonal CD. Assim, o caminho percorrido na segunda etapa levou ao vértice **D**.

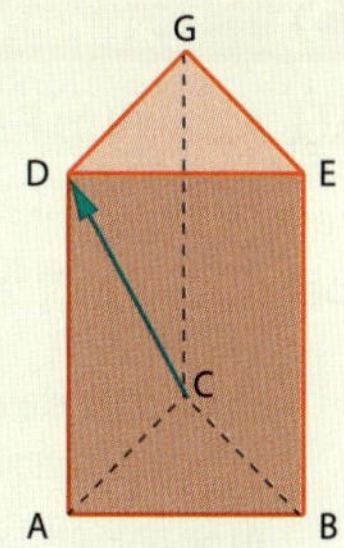

c) Finalmente, a formiga completou seu passeio percorrendo a aresta reversa a CG.

Existem duas arestas reversas a CG: a aresta AB e a aresta DE. Como a formiga estava em **D**, a aresta que ela percorreu nessa etapa foi DE, chegando ao vértice **E**.

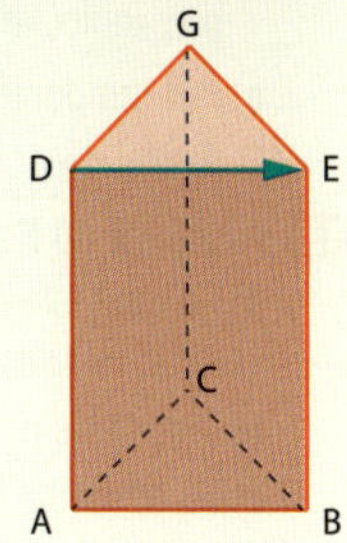

4. Verificando

Vamos partir de **E**, seguindo os caminhos na ordem inversa do proposto, e verificar se chegaremos ao vértice **G**, que é o ponto de partida original. Os caminhos a serem percorridos, em ordem inversa, são:

- percorrer a aresta reversa a CG;
- caminhar toda a diagonal da face ADGC;
- percorrer toda a aresta perpendicular à base ABC.

Assim, partindo de **E** e percorrendo a aresta reversa a CG chegamos a **D**; de **D**, caminhando pela diagonal da face ADGC, chegamos a **C**; e de **C**, percorrendo a aresta perpendicular à base ABC, chegamos a **G**. Isso verifica o resultado obtido, de que o caminho normal leva de **G** até **E**.

5. Respondendo

A resposta é a alternativa **e**.

6. Ampliando o problema

a) Se as bases desse prisma são triângulos equiláteros de lado 6 cm, e os três retângulos da lateral têm dimensões 6 cm × 8 cm, qual terá sido o total percorrido pela formiga?

b) **Discussão em equipe**

Estudos mostram que grupos de formigas são capazes de apresentar comportamento coletivo muito mais eficaz do que o de uma formiga sozinha. Em grupo, as formigas são capazes de achar sempre o melhor caminho entre o formigueiro e uma fonte de comida. Imagine que, no prisma considerado no problema, o formigueiro esteja no ponto médio da aresta AB, e a fonte de comida esteja no vértice **G**. Converse com seus colegas e tentem descobrir qual seria o caminho mais curto conectando a fonte de alimento e o formigueiro. Para facilitar, considerem que o prisma seja formado por triângulos de lados 4 cm e retângulos de lados 4 cm e 8 cm. Vale fazer um modelo de papel, recortar e montar, para descobrir qual é o menor caminho. (**Dica**: com essas dimensões, o caminho mais curto tem exatos 10 cm.)

» Exercícios

18 Associe **V** ou **F** a cada uma das afirmações:

a) Duas retas perpendiculares a um mesmo plano são coplanares.

b) Por um ponto passa uma única reta perpendicular a um plano dado.

c) Se uma reta está contida num plano, toda perpendicular a ela será perpendicular ao plano.

d) Se dois planos distintos, α e β, são paralelos, então toda reta **r** perpendicular a um deles é perpendicular ao outro.

e) Por um ponto passa um único plano perpendicular a uma reta dada.

19 Associe **V** ou **F** a cada uma das afirmações:

a) Se uma reta é perpendicular a um plano, ela é perpendicular a todas as retas desse plano.

b) Duas retas perpendiculares a um mesmo plano são paralelas.

c) Se uma reta é perpendicular a uma reta do plano, então ela é perpendicular a esse plano.

d) Se uma reta e um plano são paralelos, toda reta perpendicular à reta dada é perpendicular ao plano.

20 A figura ao lado é um paralelepípedo.

a) Cite duas retas que sejam perpendiculares ao plano EFGH.

b) A reta $\overleftrightarrow{AB}$ é perpendicular ao plano determinado por BCGF. Cite um outro plano perpendicular à reta $\overleftrightarrow{AB}$.

c) A reta $\overleftrightarrow{AF}$ é perpendicular à reta $\overleftrightarrow{FG}$? Justifique a resposta.

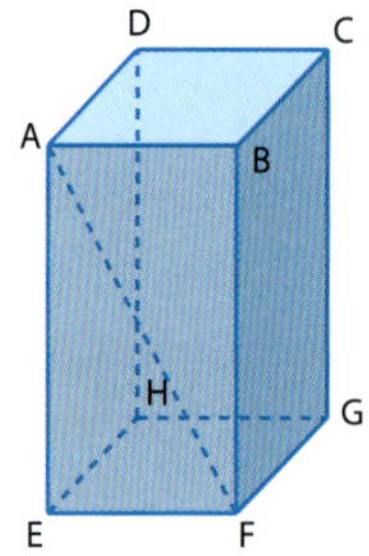

Planos perpendiculares

Estudamos neste capítulo que, dados dois planos distintos (α e β), podemos ter as duas situações abaixo:

- os planos são paralelos ($\alpha \,/\!/\, \beta$), distintos ($\alpha \cap \beta = \varnothing$) ou iguais ($\alpha \cap \beta = \alpha$);
- os planos são concorrentes, ou seja, têm uma reta comum ($\alpha \cap \beta = r$).

Veremos agora que, quando dois planos são concorrentes, eles podem ser ou não perpendiculares, de acordo com a definição:

Um plano é perpendicular a outro quando e somente quando existe uma reta contida em um deles e perpendicular ao outro.

Simbolicamente:

$\beta \perp \alpha \Leftrightarrow \exists\, r \subset \beta \mid r \perp \alpha$

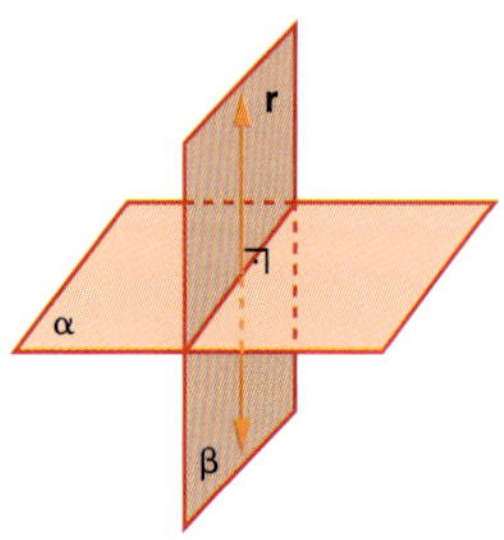

Se dois planos concorrentes não são perpendiculares, dizemos que são oblíquos.

Para refletir
Use seu caderno e um esquadro para representar planos perpendiculares e oblíquos.

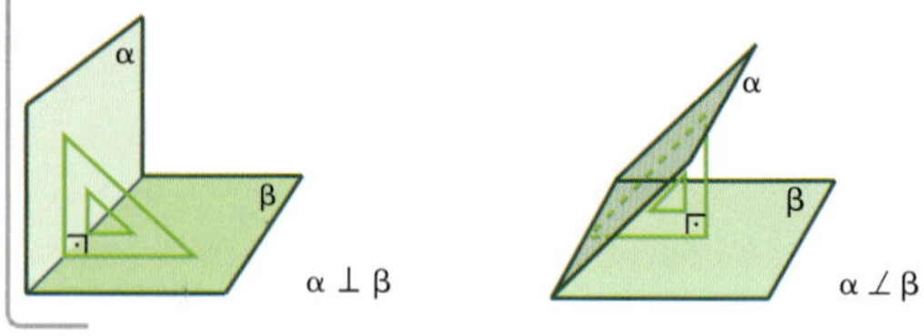

Consequências:

Quando uma reta é perpendicular a um plano, todos os planos que a contêm são perpendiculares ao plano inicial.

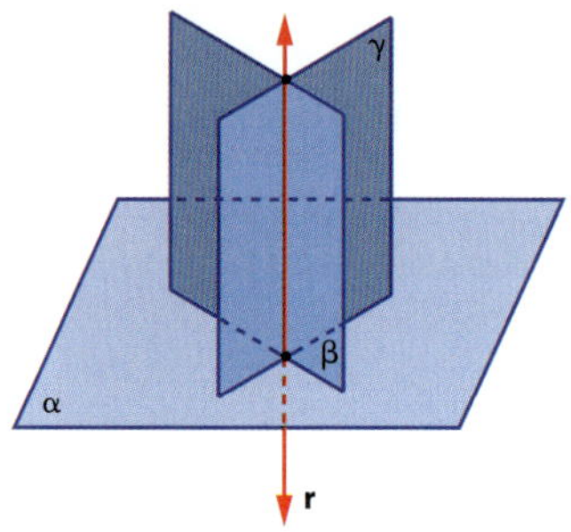

$r \perp \alpha$

Os planos β e γ, que contêm **r**, são perpendiculares a α.

Em dois planos oblíquos (que se intersectam e não são perpendiculares), nenhuma reta de um é perpendicular ao outro plano. Em outras palavras:

Se dois planos α e β são oblíquos e a reta **r** está contida em α, então **r** não é perpendicular a β.

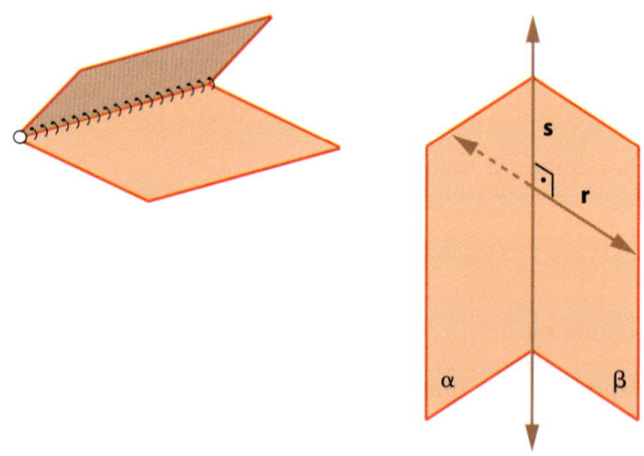

Quando α e β são oblíquos, uma reta (**r**) de um pode ser perpendicular à reta (**s**) de intersecção, mas não perpendicular ao outro plano.

Ainda sobre planos perpendiculares

1ª propriedade:

Se uma reta **r** e um plano α são ambos perpendiculares a um plano β, a reta **r** é paralela ao plano α.

1º caso: $r \subset \alpha$

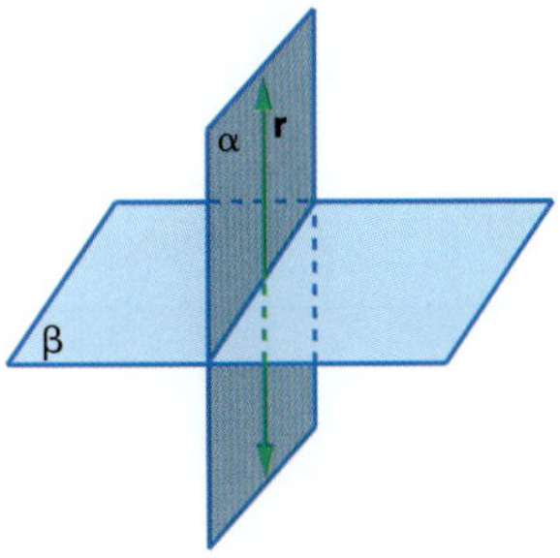

2º caso: $r \cap \alpha = \varnothing$

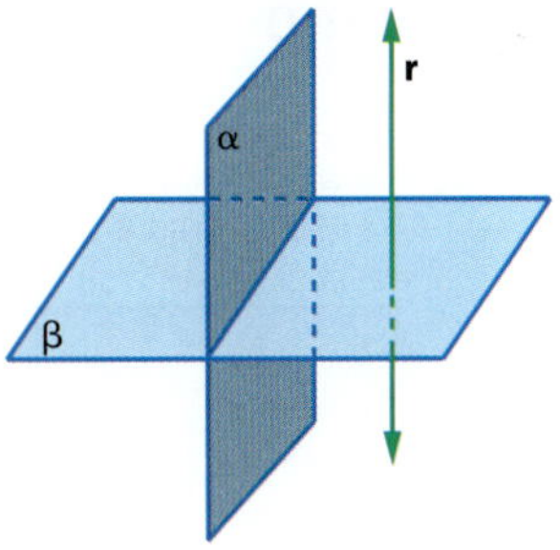

2ª propriedade:

Se dois planos α e β se intersectam segundo uma reta **r** e se γ é um outro plano perpendicular a cada um dos planos α e β, então γ é perpendicular à reta **r**.

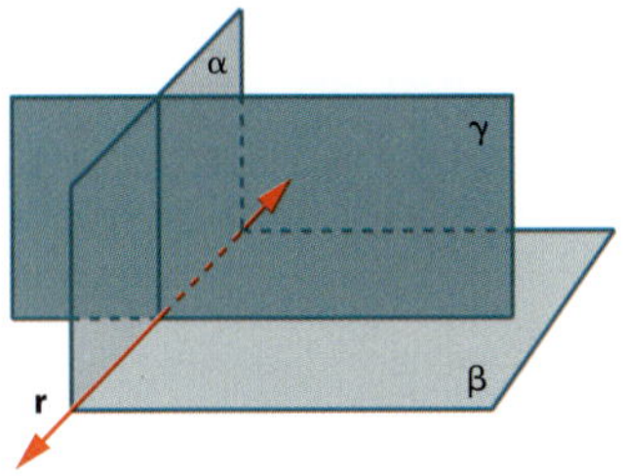

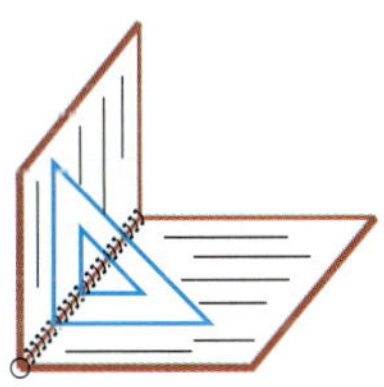

Para refletir
Como podemos escrever estas duas propriedades simbolicamente?

Resumindo:

- Dois planos no espaço
  - paralelos
    - distintos
    - iguais
  - secantes
    - perpendiculares
    - oblíquos

Teorema das três perpendiculares

Dados: uma reta **r** perpendicular a um plano α no ponto **P**; uma reta **s**, contida em α, que não passa por **P**; uma reta **t**, contida em α, que passa por **P** e é perpendicular a **s** no ponto **A**.
Então, se **B** é um ponto de **r**, a reta $\overleftrightarrow{AB}$ é perpendicular à reta **s**.

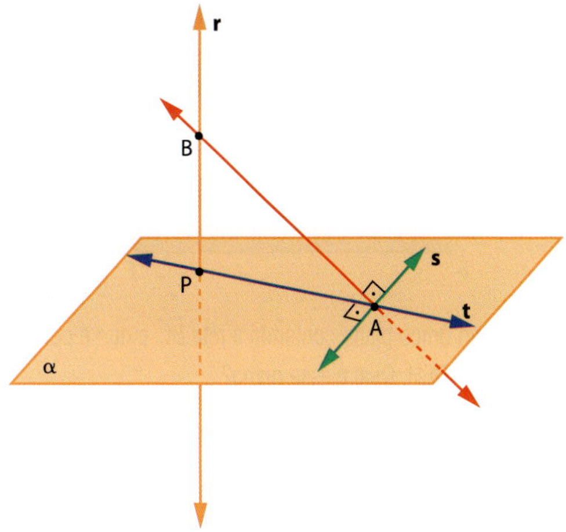

Simbolicamente:

$$\left.\begin{array}{l} r \perp \alpha,\ r \cap \alpha = \{P\} \\ s \subset \alpha,\ P \notin s \\ t \subset \alpha,\ P \in t,\ t \perp s,\ t \cap s = \{A\} \\ B \in r \end{array}\right\} \Rightarrow \overleftrightarrow{AB} \perp s$$

Exercícios

21 Considerando o paralelepípedo abaixo e os planos determinados pelas faces, resolva as questões:

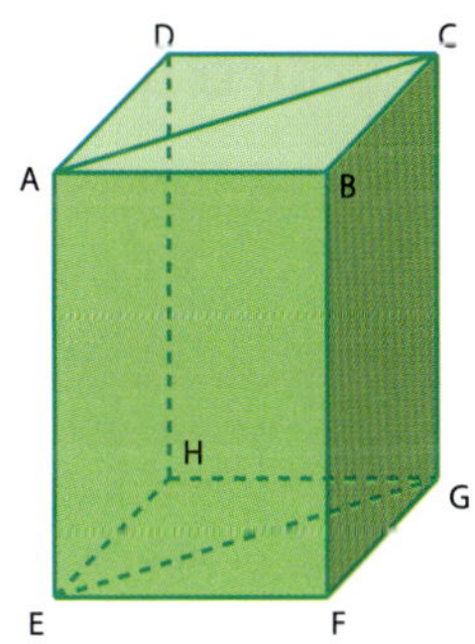

a) Cite todos os planos perpendiculares a p(ABFE).

b) Quais são os dois planos que contêm a reta $\overleftrightarrow{DH}$ e são perpendiculares ao plano EFGH?

c) O plano diagonal ACEG é perpendicular ao plano EFGH? Por quê?

d) A reta $\overleftrightarrow{CG}$ é perpendicular ao plano EFGH. Qual é a posição dos planos CDGH, ACEG e BCFG em relação ao plano EFGH?

22 Associe **V** ou **F** a cada uma das afirmações:

a) Se dois planos são perpendiculares, toda reta de um deles que for perpendicular à intersecção será perpendicular ao outro.

b) Se dois planos forem perpendiculares, toda reta paralela a um deles será perpendicular ao outro.

c) Dados um plano α e uma reta **r**, existe um plano β que contém **r** e é perpendicular a α.

23 Observando o paralelepípedo da figura, responda:

a) Existe um único plano contendo a reta $\overleftrightarrow{BC}$ e que é perpendicular ao plano ADEH. Qual é esse plano?

b) Cite uma reta e um plano que são perpendiculares ao plano ABEF, de tal forma que a reta considerada esteja contida no plano citado.

c) Existe um único plano contendo a reta $\overleftrightarrow{CG}$ e que é perpendicular ao plano ADEH. Qual é esse plano?

d) Os planos ADEH e EFGH se intersectam segundo a reta $\overleftrightarrow{EH}$. Cite um plano que seja perpendicular a cada um dos planos dados e perpendicular à reta $\overleftrightarrow{EH}$.

e) Qual a posição da reta $\overleftrightarrow{EH}$ em relação ao plano BCFG?

f) Qual é o único plano perpendicular ao plano ABCD e que contém a reta $\overleftrightarrow{GH}$?

g) Cite uma reta contida no plano BCFG e que seja perpendicular ao plano ABCD.

10. Projeção ortogonal

De um ponto sobre um plano

Traçamos a reta perpendicular ao plano α pelo ponto **P** e encontramos **P′**. O ponto **P′** é chamado projeção ortogonal do ponto **P** sobre o plano α.

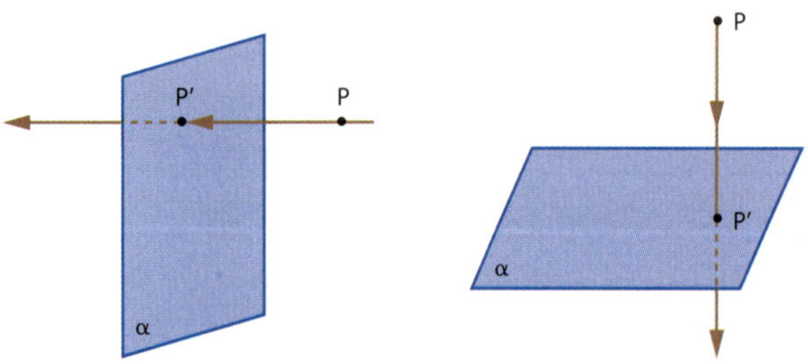

Para refletir
A projeção ortogonal do ponto **P** sobre o plano α é o "pé da perpendicular" traçada de **P** a α.

Observação: Quando $P \in \alpha$, os pontos **P** e **P′** coincidem ($P \equiv P'$).

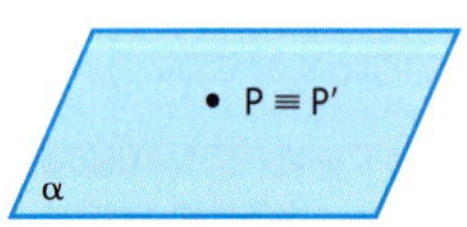

De uma figura qualquer sobre um plano

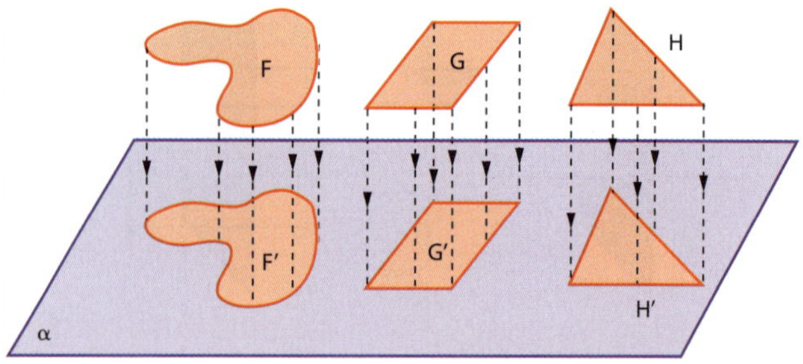

As figuras **F′**, **G′** e **H′** são as projeções ortogonais das figuras **F**, **G** e **H**, respectivamente, sobre o plano α. Elas são formadas pelas projeções ortogonais de todos os pontos das figuras **F**, **G** e **H** sobre α.

Casos particulares

1ª) Projeção ortogonal de uma reta sobre um plano: pode ser uma reta ou um ponto.

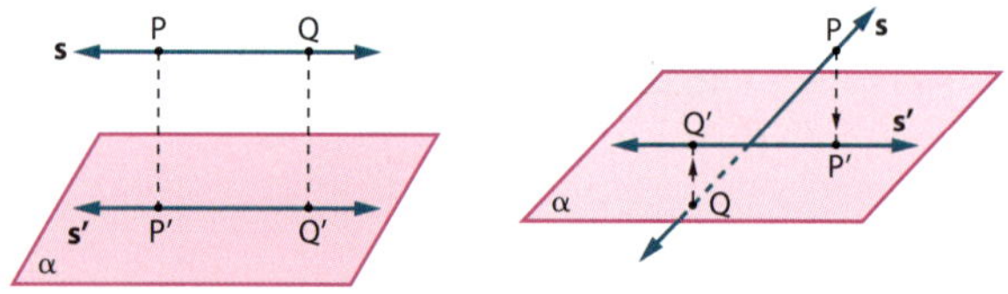

A reta **s** é paralela ou oblíqua ao plano α. Então, a projeção ortogonal de **s** sobre α é a reta **s′**, determinada pelos pontos **P′** e **Q′**, que são projeções ortogonais dos pontos **P** e **Q** pertencentes à reta **s**.

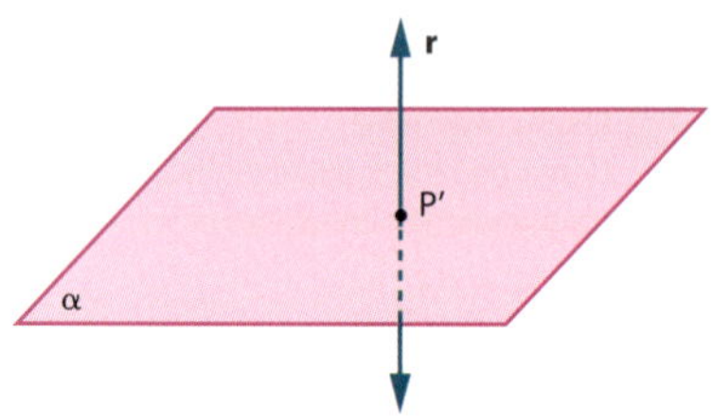

A reta **r** é perpendicular ao plano α. Então, a projeção ortogonal de **r** sobre α é o ponto **P′**, intersecção de **r** e α.

Para refletir
Qual é a projeção ortogonal da reta **r** sobre o plano α quando $r \subset \alpha$?

2ª) Projeção ortogonal de um segmento sobre um plano: pode ser um segmento ou um ponto.

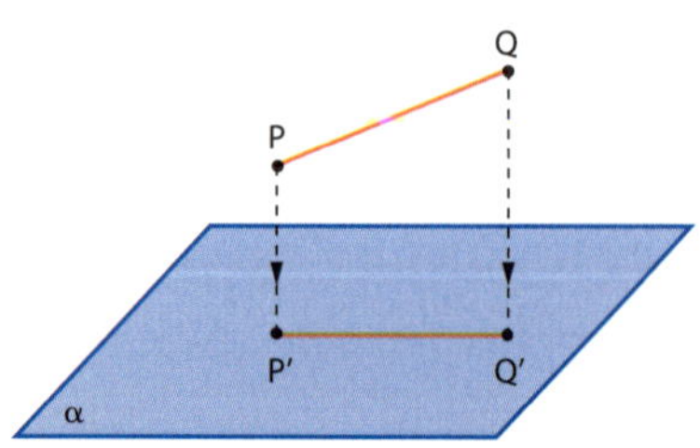

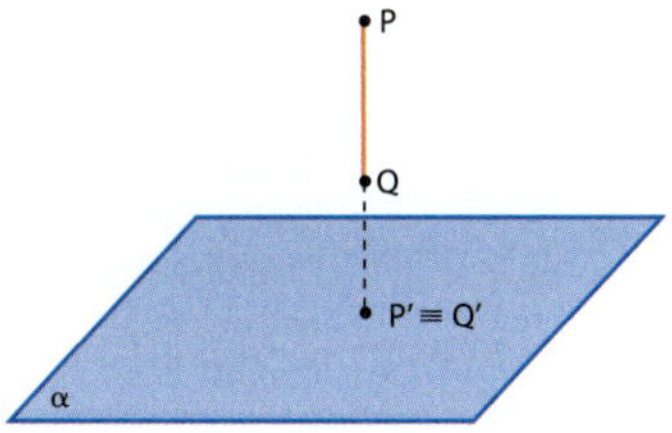

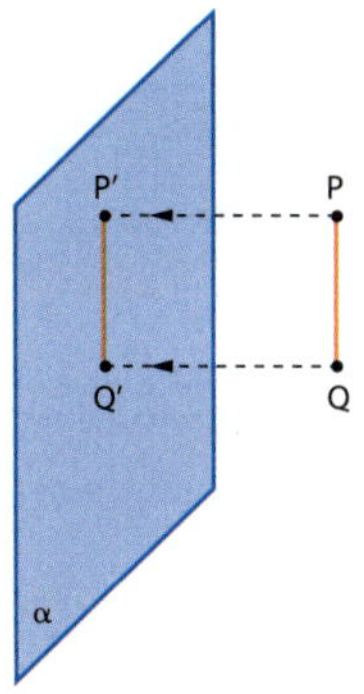

» Exercícios

24 Observe as figuras:

a)

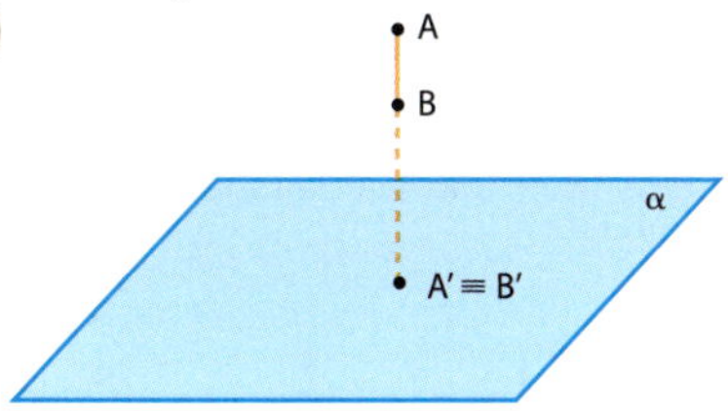

b)

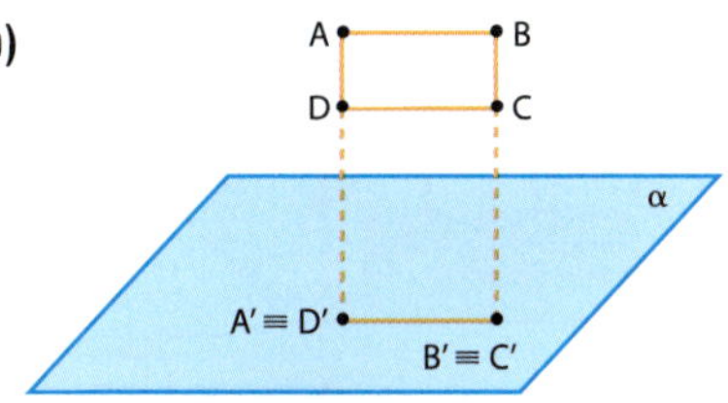

c)

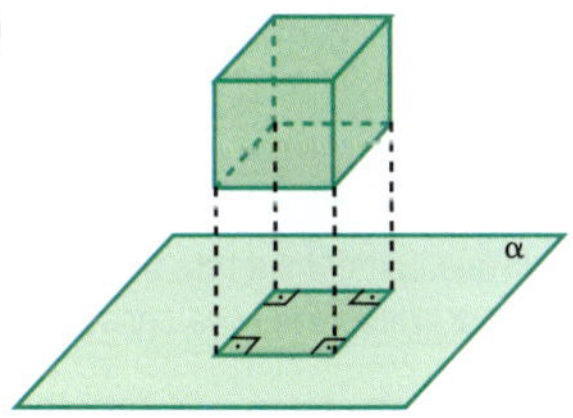

d)

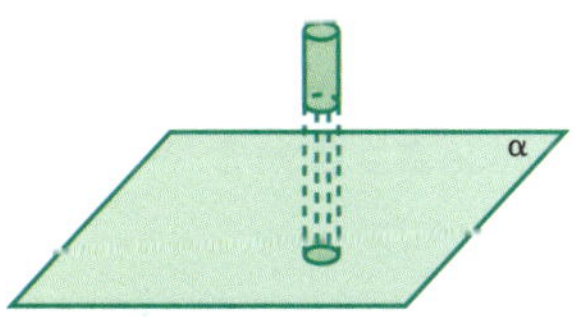

Do item **a** podemos afirmar: A projeção ortogonal de um segmento sobre um plano pode ser um ponto.

O que podemos afirmar dos itens **b**, **c** e **d**?

25 Verifique se cada afirmação é verdadeira ou falsa.

a) A projeção ortogonal de um triângulo sobre um plano pode ser um segmento.

b) A projeção ortogonal de uma circunferência sobre um plano pode ser um ponto.

c) Se a projeção ortogonal de $\overline{AB}$ sobre α é $\overline{A'B'}$, então a medida de $\overline{A'B'}$ é menor que a de $\overline{AB}$.

d) Se a projeção ortogonal do $\triangle ABC$ sobre um plano α é o $\triangle A'B'C'$ e $\triangle ABC \cong \triangle A'B'C'$, então o $\triangle ABC$ está contido em α ou está contido em um plano distinto e paralelo a α.

e) A projeção ortogonal de uma esfera sobre um plano é sempre um círculo.

f) As projeções de três pontos não colineares sobre um plano podem ser três pontos colineares.

26 Considere um plano α, uma reta **r** e um ponto **P** tais que $r \not\subset \alpha$, $P \notin \alpha$ e $P \notin r$.

Assinale todas as possibilidades quando se faz a projeção ortogonal respectivamente de **r** e **P** sobre α.

a) Uma reta e um ponto fora dela.
b) Um único ponto.
c) Dois pontos.
d) Uma reta.
e) Duas retas.

11. Distâncias

Distância entre dois pontos

Dados dois pontos distintos **A** e **B**, a distância entre **A** e **B** é a medida do segmento AB.

Se **A** e **B** coincidem, dizemos que a distância entre **A** e **B** é zero.

Para refletir
Quando se diz que a distância entre **A** e **B** é $\overline{AB}$, subentende-se que é a medida de $\overline{AB}$.

Distância de um ponto a uma reta

Dados um ponto **P** e uma reta **r**, podemos traçar uma reta que passa por **P** e é perpendicular a **r** no ponto **A**.
A distância do ponto **P** à reta **r** é a distância entre os pontos **P** e **A**.

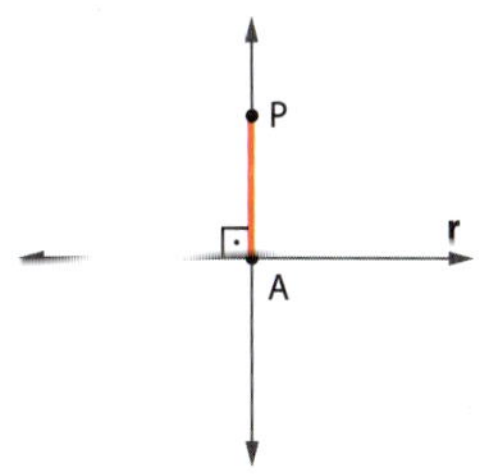

Para refletir
Em que condições a distância entre **P** e **r** é igual a zero?

Distância de um ponto a um plano

Dados um ponto **P** e um plano α, podemos determinar **P′**, que é a projeção ortogonal de **P** sobre α.
A distância do ponto **P** ao plano α é a distância entre os pontos **P** e **P′**.

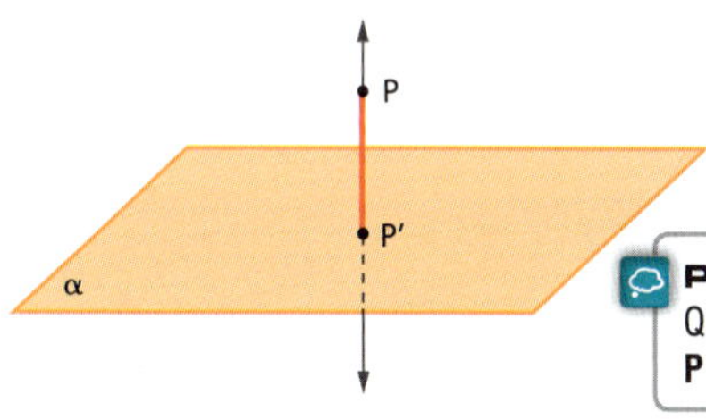

Para refletir
Qual é a distância entre **P** e α, quando $P \in \alpha$?

Distância entre duas retas distintas e paralelas

Dadas as retas **r** e **s**, distintas e paralelas, a distância entre **r** e **s** é a distância de qualquer ponto de uma delas à outra reta.

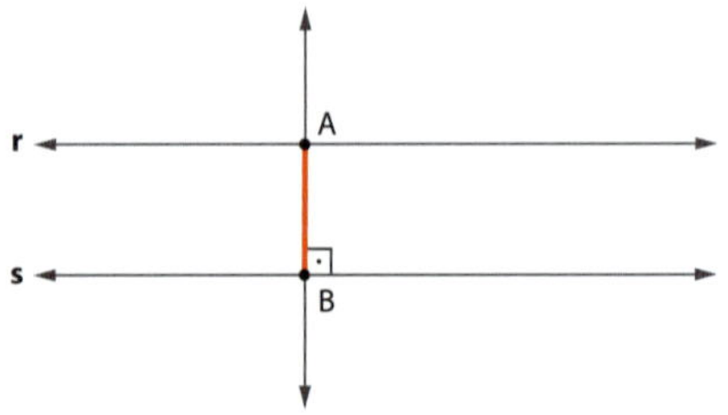

Para refletir
Não se pode definir distância entre duas retas concorrentes.

Se duas retas são coincidentes (paralelas iguais), a distância entre elas é zero.

Distância de uma reta a um plano (quando a reta é paralela ao plano e não está contida nele)

Dados a reta **r** e o plano α tais que $r \cap \alpha = \varnothing$, a distância da reta **r** ao plano α é a distância de qualquer ponto de **r** ao plano α.

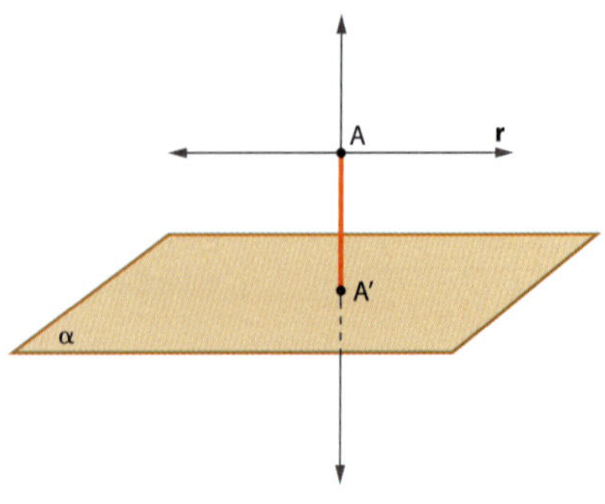

Para refletir
Não se pode falar em distância de uma reta a um plano quando ela é oblíqua a ele. Se uma reta está contida num plano, qual é a distância da reta ao plano?

Distância entre dois planos distintos e paralelos

Dados dois planos distintos α e β tal que $\alpha \,/\!/\, \beta$, a distância entre esses dois planos é a distância de qualquer ponto de um deles ao outro plano.

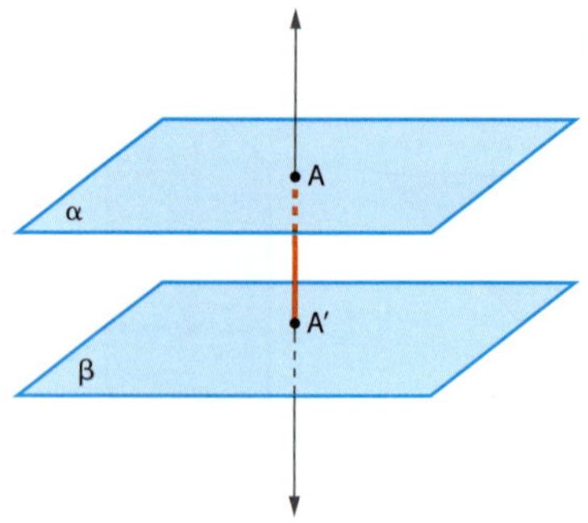

Para refletir
Não se pode falar em distância entre dois planos concorrentes. Quando a distância entre dois planos é zero?

Distância entre duas retas reversas

Dadas duas retas reversas **r** e **s**, vamos considerar um ponto qualquer de **r** e o plano que contém **s** e é paralelo a **r**. A distância entre **r** e **s** é a distância desse ponto a esse plano.

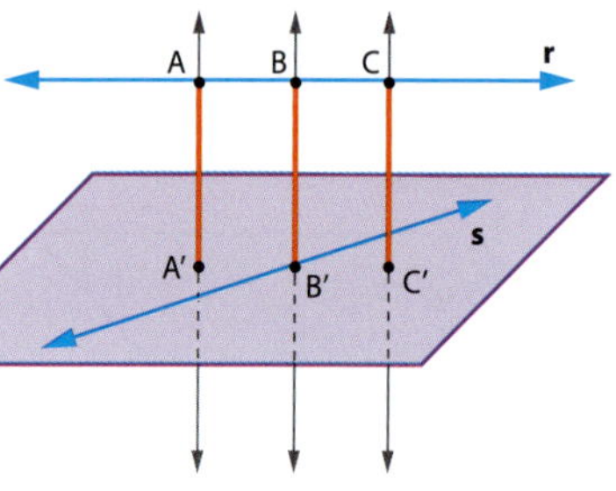

Para refletir
É possível a distância entre duas retas reversas ser zero?

Para refletir
Como é possível traçarmos um plano que contenha a reta **s** e seja paralelo a **r**? Descreva essa construção.

Veja um exemplo que usa um cubo com arestas de medida 3 no qual são calculados os vários tipos de medidas.

a) distância entre os pontos **B** e **G** $\rightarrow 3$

b) distância entre **F** e **H** $\rightarrow 3\sqrt{2}$

c) distância entre **E** e **B** $\rightarrow 3\sqrt{3}$

d) distância de **H** a $\overleftrightarrow{AB} \rightarrow 3$

e) distância entre $\overleftrightarrow{DE}$ e $\overleftrightarrow{BG} \rightarrow 3\sqrt{2}$

f) distância entre $\overleftrightarrow{BD}$ e $\overleftrightarrow{EF} \rightarrow 3$

g) distância de $\overleftrightarrow{EF}$ a p(A, B, C) $\rightarrow 3$

h) distância de $\overleftrightarrow{FC}$ a p(E, D, B) $\rightarrow \dfrac{3\sqrt{2}}{2}$

i) distância entre p(A, B, G) e p(E, F, C) $\rightarrow 3$

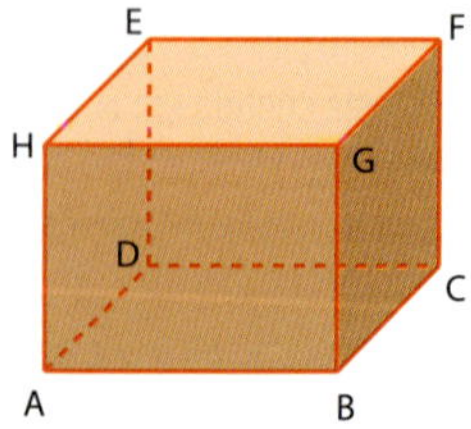

Para refletir
Como foi feito o cálculo nos itens **b** e **c**?

Exercícios

27 Observando o paralelepípedo da figura seguinte, indique um segmento que determina a distância:

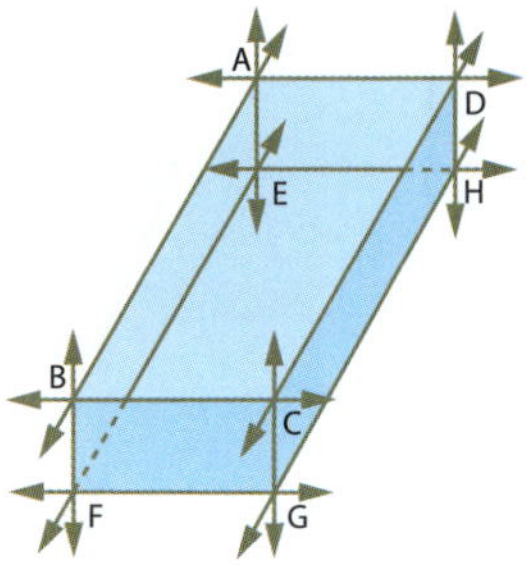

a) entre os pontos **C** e **D**.

b) do ponto **A** à reta $\overleftrightarrow{EF}$.

c) do ponto **D** ao plano EFGH.

d) das retas paralelas $\overleftrightarrow{BG}$ e $\overleftrightarrow{AH}$.

e) do ponto **D** ao plano BCFG.

f) da reta $\overleftrightarrow{AB}$ ao plano DCGH.

g) da reta $\overleftrightarrow{BC}$ ao plano ADEH.

h) da reta $\overleftrightarrow{AF}$ ao plano CDHG.

i) entre os planos ABCD e EFGH.

j) entre os planos ABEF e CDGH.

k) entre as retas $\overleftrightarrow{AB}$ e $\overleftrightarrow{FG}$.

l) entre as retas $\overleftrightarrow{GH}$ e $\overleftrightarrow{AD}$.

28 Observando a figura abaixo, indique um segmento que determina a distância:

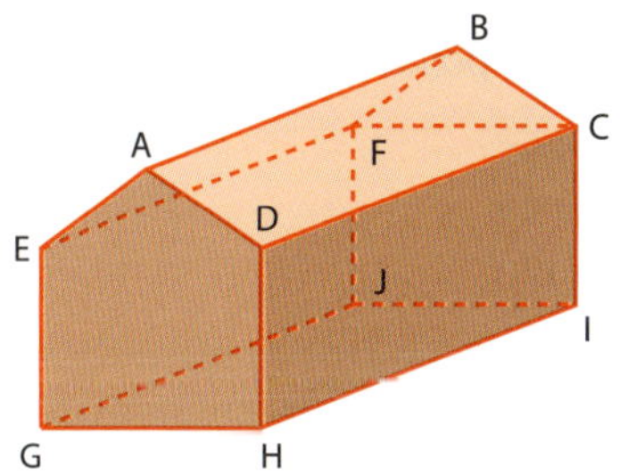

a) da parede da frente à parede dos fundos da casa.

b) entre as paredes laterais.

c) da cumeeira ao piso (ponto **A** ao plano GHIJ).

29 Considere um paralelepípedo com as medidas indicadas na figura ao lado.

Determine as distâncias:

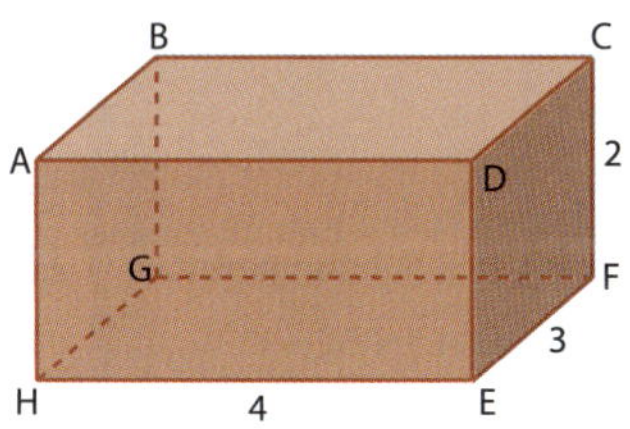

a) entre os pontos **A** e **B**.

b) entre os pontos **H** e **F**.

c) entre os pontos **C** e **E**.

d) entre os pontos **D** e **H**.

e) do ponto médio de $\overline{AB}$ à reta $\overleftrightarrow{CD}$.

f) do ponto médio de $\overline{BC}$ à reta $\overleftrightarrow{HE}$.

g) do ponto **F** ao plano p(A, B, G).

h) entre as retas $\overleftrightarrow{HE}$ e $\overleftrightarrow{AD}$.

i) entre as retas $\overleftrightarrow{CE}$ e $\overleftrightarrow{BH}$.

j) da reta $\overleftrightarrow{BD}$ ao plano p(E, F, H).

k) entre os planos p(A, D, E) e q(B, G, F).

l) entre as retas $\overleftrightarrow{GH}$ e $\overleftrightarrow{BD}$.

m) entre os pontos **B** e **E**.

12. O método dedutivo: algumas demonstrações

Na Geometria espacial as noções primitivas, que aceitamos sem definição, são: ponto, reta, plano e espaço.

Os *postulados* ou *axiomas* são propriedades aceitas como verdadeiras sem demonstração.

São exemplos de postulados:

- Dados dois pontos distintos do espaço, existe uma, e somente uma, reta que os contém.
- Dados três pontos não colineares do espaço, existe um, e somente um, plano que os contém.
- Se uma reta possui dois de seus pontos em um plano, ela está contida no plano.

Os *teoremas* são demonstrados a partir dos postulados e de outros teoremas já demonstrados, usando argumentação lógica.

Vamos demonstrar alguns teoremas:

Existe um único plano α que contém uma reta **r** e um ponto não pertencente a ela.

Demonstração:

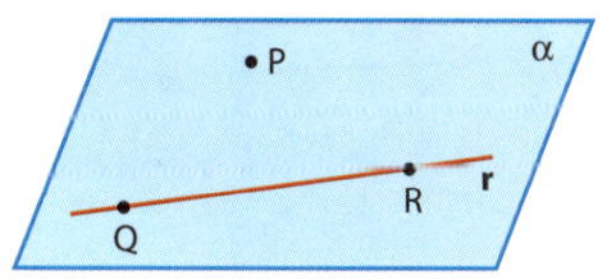

Para refletir

A Geometria assim desenvolvida usa o *método dedutivo*. Partimos de algumas noções para as quais não é apresentada definição (entes primitivos) e algumas propriedades aceitas como verdadeiras sem demonstração (postulados ou axiomas). Esse método é próprio da Matemática.

I) Existência

Considere **P** um ponto não pertencente à reta **r**.

Sejam **Q** e **R** dois pontos distintos pertencentes a **r**.

Os pontos **P**, **Q** e **R** não são colineares, pois **r** é a única reta que passa por **Q** e **R** (postulado) e, por hipótese, $P \notin r$.

Como, por um postulado, existe um único plano a contendo **P**, **Q** e **R**, e como a reta **r** tem dois de seus pontos (**Q** e **R**) em α, **r** está contida em α. Assim, de fato existe um plano contendo **r** e **P**.

II) Unicidade

Todo plano que contiver **r** e **P** conterá **P**, **Q** e **R**. Logo, será o próprio plano α.

Dados uma reta **r** e um ponto **A** não pertencente a **r**, existe uma reta que passa por **A** e é paralela a **r**.

Demonstração:

Seja α o plano determinado por **r** e **A** (esse plano existe, por um teorema já demonstrado).

Seja **B** um ponto qualquer pertencente a **r**.

Seja $t = \overleftrightarrow{AB}$ (**t** existe, pois $A \neq B$).

Seja **s** a reta que passa por **A**, está contida em α e forma com **t** o mesmo ângulo que forma com **r**.

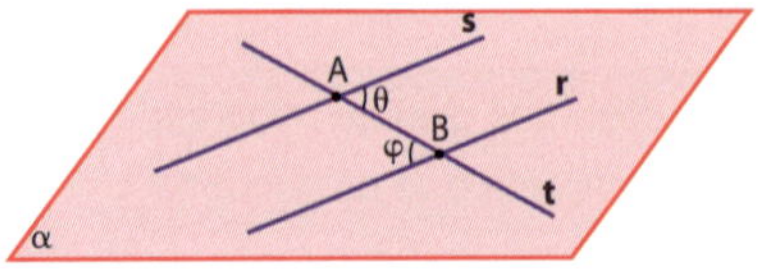

Vamos demonstrar que não existe ponto comum entre **s** e **r**.

Se existisse um ponto comum a **r** e a **s**, ocorreria um dos seguintes casos:

1º caso:

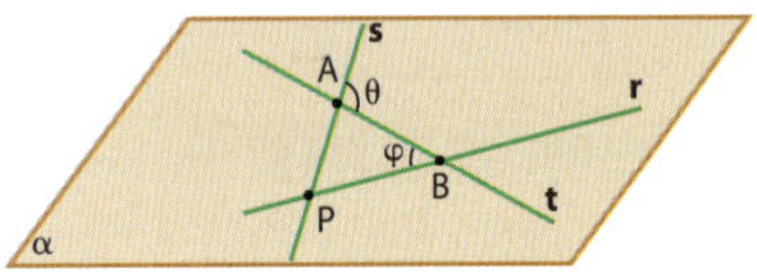

Nesse caso, o ângulo θ é externo ao triângulo ABP e, portanto, não pode ser congruente ao ângulo φ, que é interno.

2º caso:

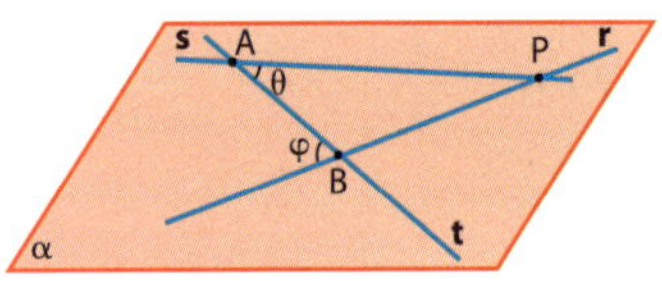

Nesse caso, o ângulo φ é externo ao triângulo ABP. Logo, não pode ser congruente ao ângulo θ.

Portanto, os dois casos acabam contradizendo a hipótese.

Logo, se **r** e **s** são coplanares e não possuem ponto comum, então **r** e **s** são paralelas.

Ao demonstrarmos o teorema anterior, mostramos que dados uma reta e um ponto fora dela, existe uma reta paralela a ela que passa pelo ponto dado. Entretanto, a unicidade dessa paralela nunca foi demonstrada (ou seja, o fato de essa paralela ser única). Ela constitui o *postulado de Euclides* (também conhecido como *axioma das paralelas*), que pode ser enunciado da seguinte forma:

> Dados uma reta **r** e um ponto **A**, a reta que passa por **A** e é paralela a **r** é única.

Esse postulado intrigou vários matemáticos durante séculos. Muitos deles tentaram demonstrá-lo, sem obter êxito. E isso levou alguns a desenvolverem outras geometrias, chamadas não euclidianas.

> Se dois planos distintos possuem mais de um ponto em comum, sua intersecção é uma reta.

Demonstração:

Sejam α e β tais que $\alpha \neq \beta$

Considere os pontos **P** e **Q** comuns a α e β.

Por um postulado, a reta **r** definida por **P** e **Q** está contida, ao mesmo tempo, em α e β e, portanto, em sua intersecção.

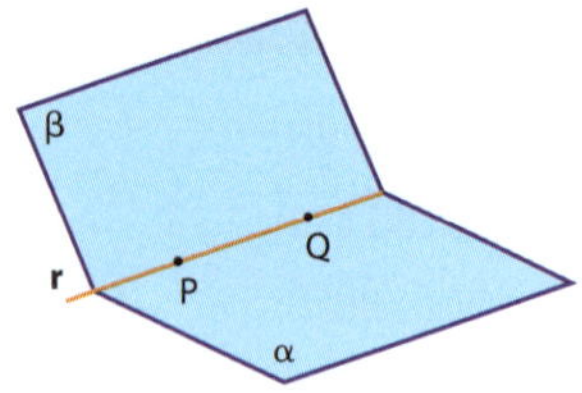

Se houvesse um ponto **R** comum a α e β que não pertencesse a **r**, os planos α e β seriam iguais, uma vez que, por um teorema já demonstrado, **r** e **R** determinam um plano. Portanto, **r** é a intersecção de α e β.

Vamos agora demonstrar o teorema das três perpendiculares citado na página 421.

> Dados: uma reta **r** perpendicular a um plano α no ponto **P**; uma reta **s**, contida em α, que não passa por **P**; uma reta **t**, contida em α, que passa por **P** e é perpendicular a **s** no ponto **A**.
> Então, se **B** é um ponto de **r**, a reta $\overleftrightarrow{AB}$ é perpendicular à reta **s**.

Simbolicamente:

$$\begin{cases} r \perp \alpha, r \cap \alpha = \{P\} \\ s \subset \alpha, P \notin s \\ t \subset \alpha, P \in t, t \perp s, t \cap s = \{A\} \\ B \in r \end{cases}$$

Nestas condições, $\overleftrightarrow{AB} \perp s$.

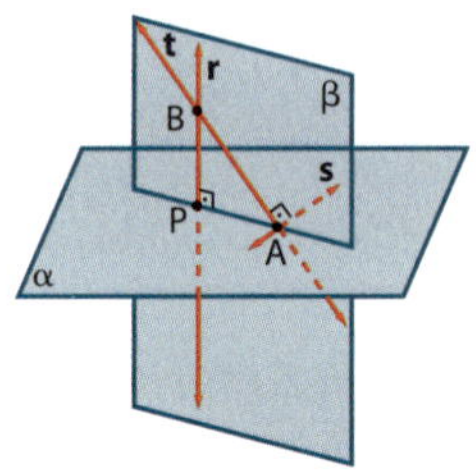

Demonstração:

- **r** e **t** são concorrentes, logo, determinam um plano. Seja β esse plano.
- $r \subset \beta$ e $r \perp \alpha \Rightarrow \beta \perp \alpha$ (teorema já demonstrado)
- $s \subset \alpha$ e $s \perp t$ e $\alpha \cap \beta = t \Rightarrow s \perp \beta$ (teorema já demonstrado)
  Logo, **s** é ortogonal a todas as retas contidas em β.
- $B \in r$, $A \in t$, $r \subset \beta$ e $t \subset \beta \Rightarrow \overleftrightarrow{AB} \subset \beta$
  Então, **s** é ortogonal a $\overleftrightarrow{AB}$, e como $A \in s$, essas retas são concorrentes. Logo, são perpendiculares.

Exercício

30 Demonstre os teoremas:

a) Duas retas paralelas distintas determinam um único plano.

b) Duas retas concorrentes determinam um único plano.

24 Capítulo

Poliedros: prismas e pirâmides

Duas caixas de madeira serão construídas com as formas e medidas indicadas nas figuras.

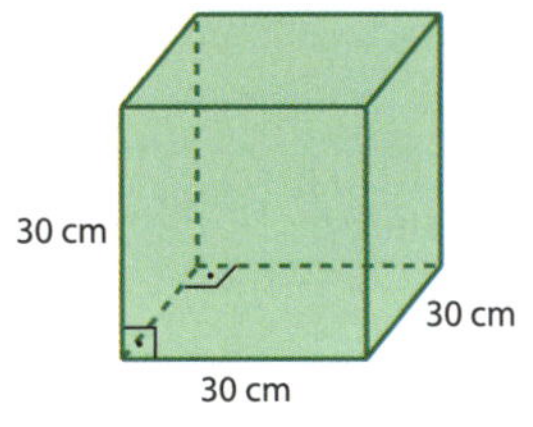

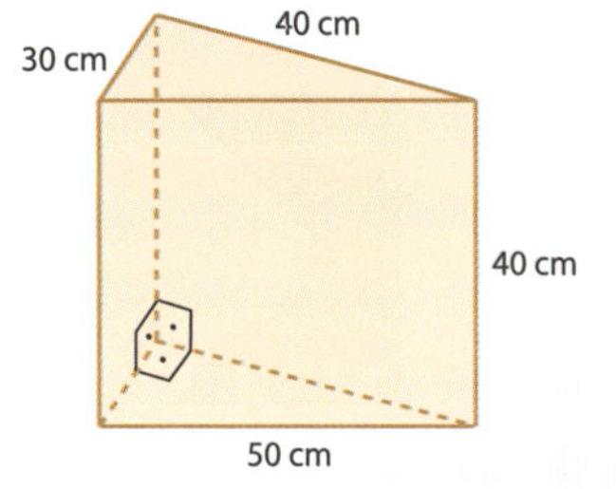

Deseja-se saber:

Em qual delas será usada maior quantidade de madeira?

Qual delas terá espaço interno maior?

A resolução desse e de outros problemas é possível com o estudo de assuntos que veremos neste capítulo, como a noção de poliedro, o cálculo da área total e do volume de um prisma e de uma pirâmide, etc.

1. A noção de poliedro

As figuras espaciais abaixo são exemplos de poliedros.

Cada poliedro é formado pela reunião de um número finito de regiões poligonais planas chamadas *faces* e a região do espaço limitada por elas. Cada lado de uma dessas regiões poligonais é também lado de uma única outra região poligonal. A intersecção de duas faces quaisquer ou é um lado comum, ou é um vértice, ou é vazia.

Cada lado de uma região poligonal, comum a exatamente duas faces, é chamado *aresta* do poliedro. E cada vértice de uma face é um *vértice* do poliedro.

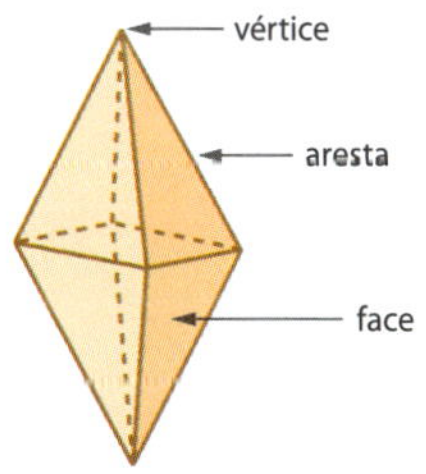

Fique atento
Cada vértice do poliedro é um ponto comum a três ou mais arestas.

Exercício

1 Analise o poliedro da figura abaixo e responda:

a) Qual é o número de faces, de arestas e de vértices?

b) Qual é a forma de cada face?

c) O vértice **C** é comum a quantas arestas?

d) O vértice **A** é comum a quantas arestas?

e) Qual é a posição relativa das retas determinadas pelas arestas $\overline{AE}$ e $\overline{BC}$?

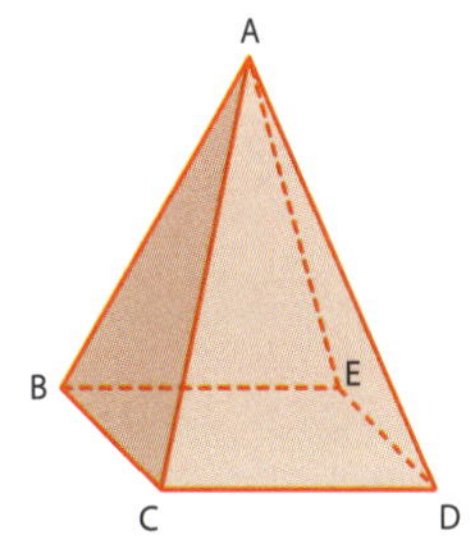

Para refletir
Qual é o número mínimo de faces que pode ter um poliedro?

2. Poliedro convexo e poliedro não convexo

Vamos recordar o que é uma região convexa do plano.

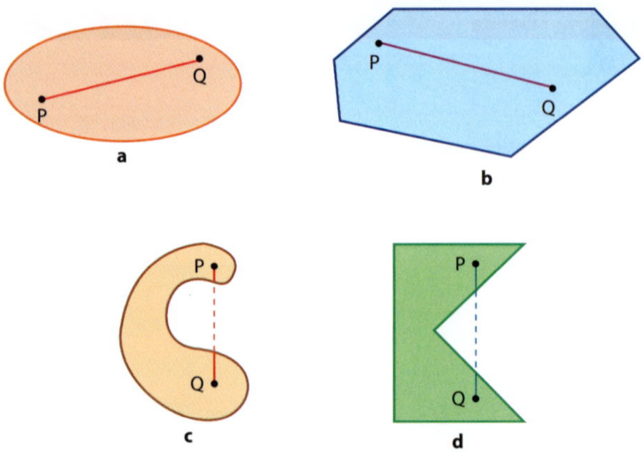

Uma região do plano é *convexa* quando o segmento de reta que liga dois pontos quaisquer dessa região está inteiramente contido nela. Nas figuras acima, **a** e **b** são regiões convexas e **c** e **d** são regiões não convexas do plano. De modo equivalente podemos dizer também que uma região plana é convexa se qualquer reta **r** desse plano intersecta seu contorno em, no máximo, dois pontos:

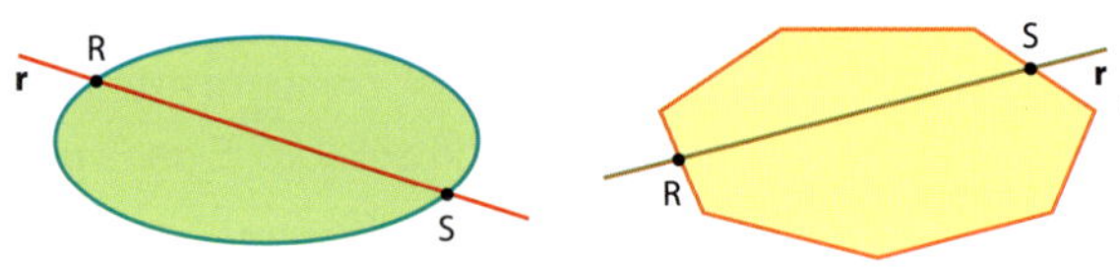

Regiões planas convexas

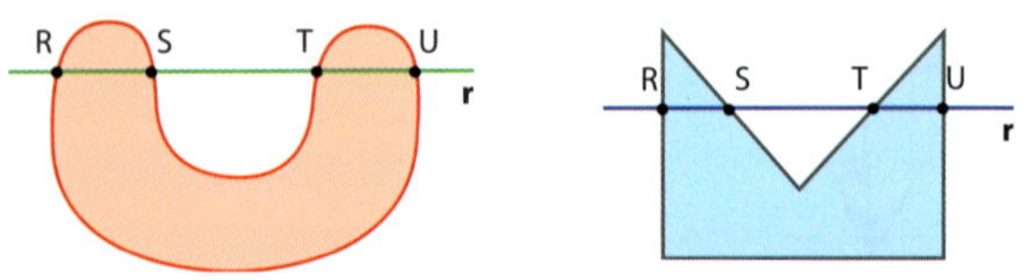

Regiões planas não convexas

Um poliedro é convexo quando o segmento que liga dois de seus pontos está sempre contido nele.

De modo equivalente, podemos dizer que um poliedro é convexo se qualquer reta não paralela a nenhuma das faces intersecta suas faces em, no máximo, dois pontos.

Poliedros convexos

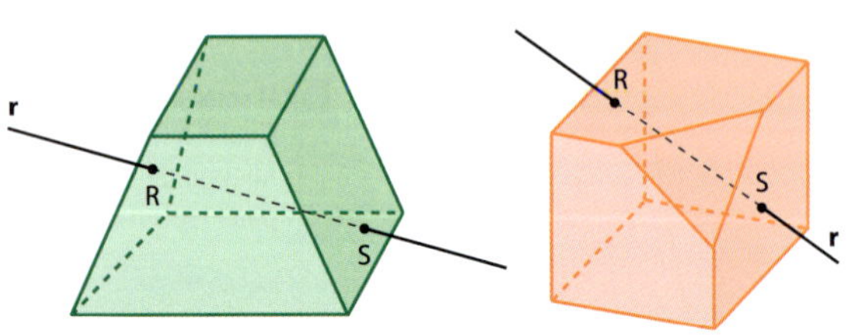

Poliedros não convexos

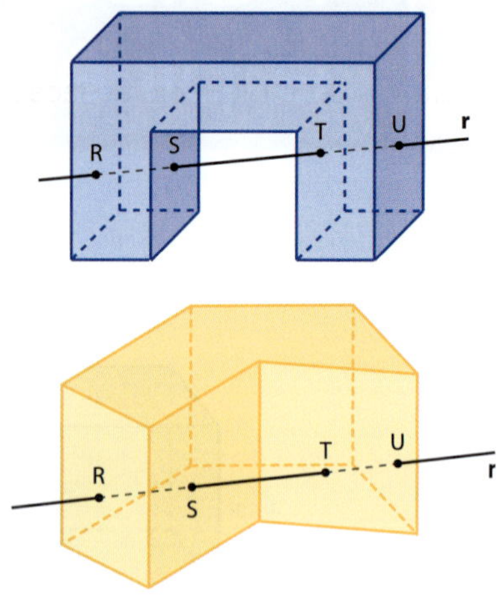

Para refletir

Pode-se dizer também que um poliedro é convexo quando se situa do mesmo lado de qualquer plano que contenha uma de suas faces. Constate isso nos poliedros convexos anteriores.

Exercício

2 Classifique cada um dos poliedros em convexo ou não convexo.

a)

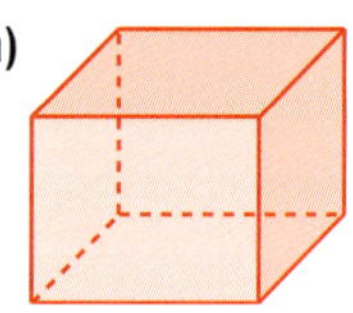

b)

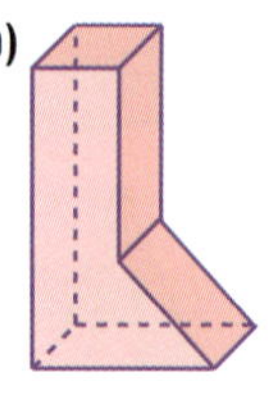

c)

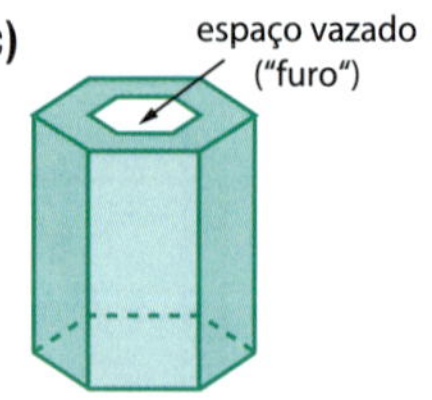

d)

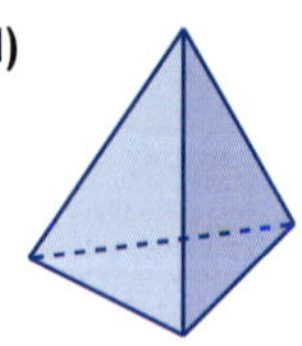

Observação: O estudo que será feito a partir daqui vai considerar apenas os poliedros convexos. Por isso, sempre que aparecer a palavra *poliedro*, deve-se subentender que ele é convexo.

3. A relação de Euler*

O matemático suíço Leonhard Euler (1707-1783) descobriu uma importante relação entre o número de vértices (**V**), o número de arestas (**A**) e o número de faces (**F**) de um poliedro convexo.

Observe estes exemplos:

Cubo

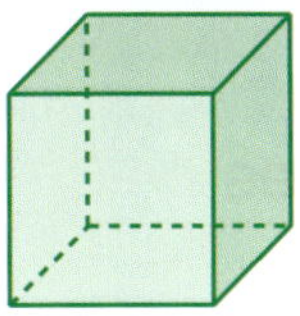

F = 6
V = 8
A = 12

Tetraedro

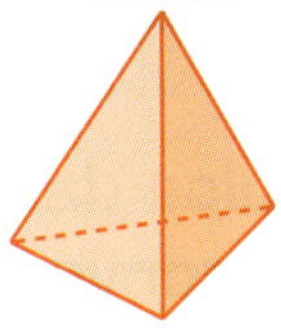

F = 4
V = 4
A = 6

Dodecaedro

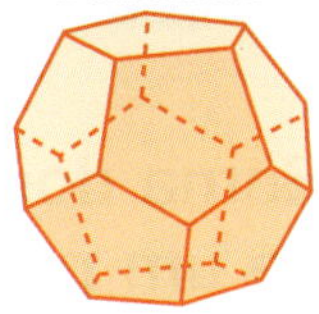

F = 12
V = 20
A = 30

Prisma de base pentagonal

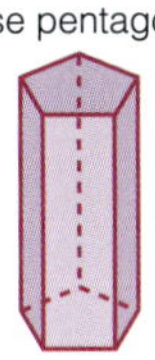

F = 7
V = 10
A = 15

Pirâmide de base triangular

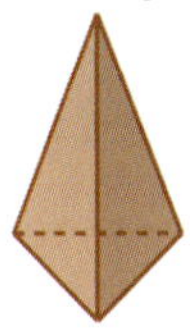

F = 4
V = 4
A = 6

Tronco de pirâmide de base retangular

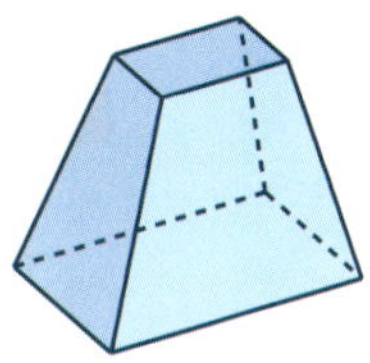

F = 6
V = 8
A = 12

Observe que, para cada um dos poliedros, o número de arestas é exatamente 2 unidades menos que a soma do número de faces com o número de vértices.

Essa relação pode ser escrita assim:

$$V - A + F = 2 \quad \text{(relação de Euler)}$$

Para refletir
No cubo, temos 8 − 12 + 6 = 2.
Escreva a relação de Euler para as outras figuras.

O valor 2 dessa expressão é uma característica de todos os poliedros convexos.

Note a relação de Euler em mais um poliedro convexo:

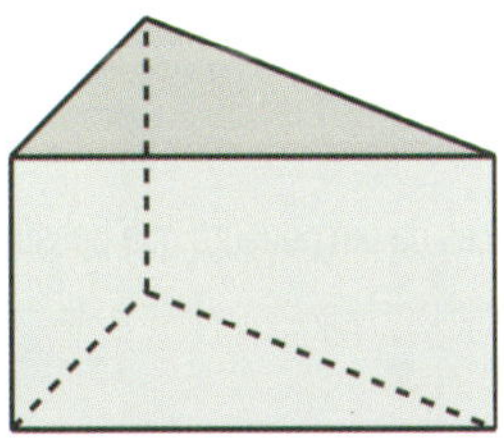

V = 6
F = 5
A = 9

$$V - A + F = 2$$
$$\downarrow \quad \downarrow \quad \downarrow$$
$$6 - 9 + 5 = 2$$

* Aprofunde seu conhecimento sobre a relação de Euler lendo o livro *Meu professor de Matemática*. Elon Lages Lima. Rio de Janeiro, SBM, 1991, p. 68-83.

Observações:

1ª) Em alguns poliedros (não em todos) não convexos vale também a relação de Euler.
Examine um exemplo dessa afirmação no poliedro não convexo abaixo:

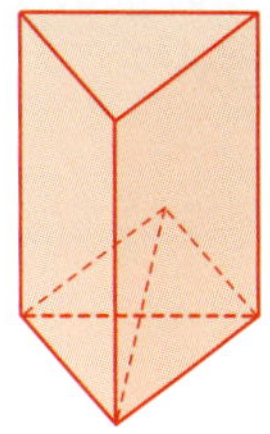

V = 7
F = 7
A = 12

V − A + F = 2
7 − 12 + 7 = 2

2ª) A expressão V − A + F pode assumir valores diferentes de 2 quando o poliedro não é convexo.
Examine o poliedro abaixo, que é um exemplo dessa situação. Neste caso:

$$V - A + F \neq 2$$
$$\downarrow \quad \downarrow \quad \downarrow$$
$$16 - 32 + 16 = 0$$

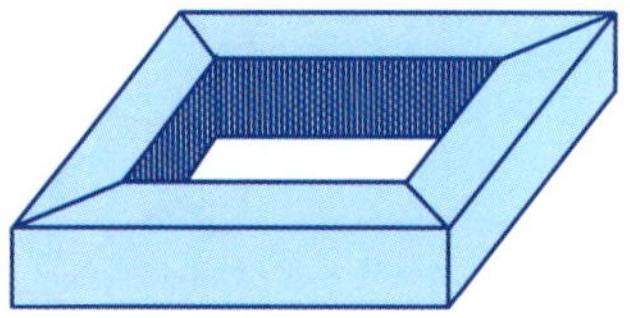

Poliedro não convexo

Fique atento
Todo poliedro convexo satisfaz a relação de Euler, mas nem todo poliedro que satisfaz a relação de Euler é convexo.

3ª) Dados três números **V**, **A** e **F** tal que V − A + F = 2, nem sempre existe um poliedro que tenha **V** vértices, **A** arestas e **F** faces. Por exemplo, V = 1, A = 3 e F = 4.

4ª) Em uma superfície poliédrica aberta, vale a relação V − A + F = 1.

Você sabia?
Em uma definição informal, uma superfície poliédrica aberta pode ser entendida como um poliedro onde faltam uma ou mais faces adjacentes. Uma caixa de sapatos sem a tampa é uma superfície poliédrica aberta.

Exemplos de aplicação

1 **Determine o número de arestas e o número de vértices de um poliedro convexo com seis faces quadrangulares e quatro faces triangulares.**

Como o poliedro tem 6 faces quadrangulares, temos:
6 · 4 = 24 arestas
O poliedro tem 4 faces triangulares:
4 · 3 = 12 arestas
Como cada aresta foi contada duas vezes, o número total de arestas é:

$$A = \frac{24 + 12}{2} = 18$$

Temos então F = 10, A = 18.
Aplicando a relação de Euler:
$V - A + F = 2 \Rightarrow V - 18 + 10 = 2 \Rightarrow V = 10$
Logo, o poliedro tem 18 arestas e 10 vértices.

2 Arquimedes descobriu um poliedro convexo formado por 12 faces pentagonais e 20 faces hexagonais, todas regulares. Esse poliedro inspirou a fabricação da bola de futebol que apareceu pela primeira vez na Copa do Mundo de 1970. Quantos vértices possui esse poliedro?

Como o poliedro tem 12 faces pentagonais, então:

$12 \cdot 5 = 60$ arestas

O poliedro tem 20 faces hexagonais, assim:

$20 \cdot 6 = 120$ arestas

Logo:

$F = 12 + 20 = 32$

Cada aresta foi contada duas vezes, portanto, temos:

$2A = 60 + 120 \Rightarrow 2A = 180 \Rightarrow A = 90$

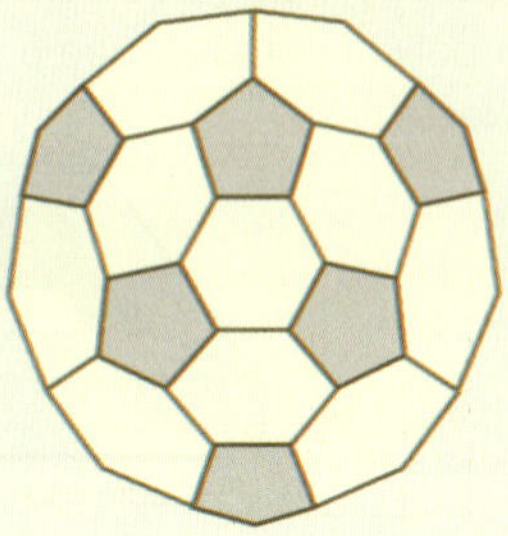

Como o poliedro é convexo, vale a relação de Euler, $V - A + F = 2$:

$V - 90 + 32 = 2 \Rightarrow V = 2 + 90 - 32 \Rightarrow V = 60$

Assim, o número de vértices é 60.

Exercícios

3 Num poliedro convexo, o número de vértices é 5 e o de arestas é 10. Qual é o número de faces?

4 Em um poliedro convexo de 20 arestas, o número de faces é igual ao número de vértices. Quantas faces tem esse poliedro?

5 Um poliedro convexo apresenta uma face hexagonal e seis faces triangulares. Quantos vértices tem esse poliedro?

dica Enem

6 Uma bola de futebol pode ser representada por um poliedro formado por 12 faces pentagonais e 20 faces hexagonais, todas com lados congruentes entre si. Sabe-se que, para costurar essas faces lado a lado, formando a superfície da bola, usa-se 20 cm de linha em cada aresta do poliedro.

ALEXANDER FEDIACHOV/ SHUTTERSTOCK/GLOW IMAGES

O comprimento total de linha que será gasta para costurar toda a bola, em **m**, é:

a) 1,8.
b) 3,6.
c) 9,0.
d) 18,0.
e) 36,0.

7 Qual é o número de faces de um poliedro convexo de 20 vértices tal que em cada vértice concorrem 5 arestas?

8 Determine o número de vértices de um poliedro convexo que tem três faces triangulares, uma face quadrangular, uma face pentagonal e duas faces hexagonais.

9 Um poliedro convexo de 20 arestas e 10 vértices só possui faces triangulares e quadrangulares. Determine quantas faces triangulares e quantas faces quadrangulares ele possui.

Soma dos ângulos das faces de um poliedro convexo

Em todo poliedro convexo, a soma dos ângulos das faces é dada por:

$$S = (V - 2) \cdot 360°$$

em que **V** é o número de vértices do poliedro.

> **Fique atento**
> Em um polígono, a soma dos ângulos internos é $S_i = (n - 2) \cdot 180°$, em que **n** é o número de lados do polígono.

Demonstração:

Seja $n_1, n_2, n_3, ..., n_F$ o número de lados de cada uma das **F** faces do poliedro.

Assim, a soma dos ângulos das faces é:

$$S = (n_1 - 2) \cdot 180° + (n_2 - 2) \cdot 180° + ... + (n_F - 2) \cdot 180° \Rightarrow$$

$$\Rightarrow S = 180° \underbrace{(n_1 + n_2 + \cdots + n_F)}_{2A} - 180° \underbrace{(2 + 2 + 2 + \cdots + 2)}_{\textbf{F} \text{ parcelas}} \Rightarrow$$

$$\Rightarrow S = 180° \cdot 2A - 180° \cdot 2F \Rightarrow S = 360°(A - F)$$

Da relação de Euler, $V - 2 = A - F$, temos $S = (V - 2) \cdot 360°$.

> **Fique atento**
> $n_1 + n_2 + ... + n_F = 2A$, pois, quando juntamos os polígonos para formar o poliedro, cada dois lados tornam-se uma aresta.

Exercícios

10 Determine a soma dos ângulos das faces de um poliedro que possui:

a) 5 vértices;

b) 12 arestas e 6 faces.

11 A soma dos ângulos das faces de um poliedro convexo é 5 760° e as faces são apenas triângulos e heptágonos. Quantas são as faces heptagonais, sabendo que há um total de 28 arestas no poliedro?

4. Poliedros regulares

Um poliedro convexo é regular quando todas as faces são regiões poligonais regulares e congruentes e em todos os vértices concorre o mesmo número de arestas.

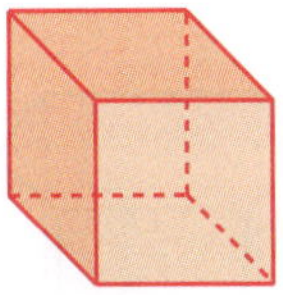

Poliedro regular

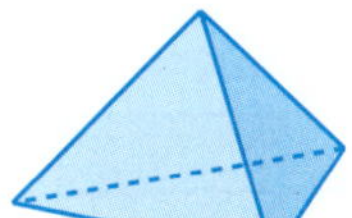

Poliedro regular

> **Para refletir**
> Uma região poligonal regular é limitada por um polígono regular, ou seja, por um polígono que tem todos os lados e ângulos internos congruentes.

Observe agora:

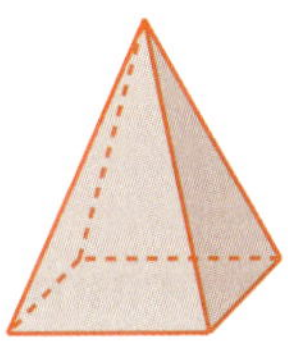

Poliedro não regular: as faces não têm o mesmo número de lados.

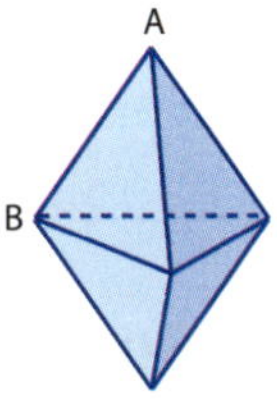

Poliedro não regular: as faces são regulares e congruentes, mas para o vértice **A** convergem 3 arestas e para **B** convergem 4 arestas.

Propriedade: existem apenas cinco poliedros regulares convexos

Vamos demonstrar essa propriedade.

Consideremos um poliedro regular sendo **n** o número de lados de cada face e **p** o número de arestas que concorrem em cada vértice.

Assim, temos:

$$2A = nF = pV$$

o que acarreta:

$$A = \frac{nF}{2} \quad \text{e} \quad V = \frac{nF}{p}$$

> **Para refletir**
> O cubo é um poliedro regular. Verifique nele que $2A = nF = pV$.

Substituindo esses valores na relação de Euler, $V - A + F = 2$, temos:

$$\frac{nF}{p} - \frac{nF}{2} + F = 2 \Rightarrow \frac{2nF - npF + 2pF}{2p} = \frac{4p}{2p} \Rightarrow$$

$$\Rightarrow F(2n + 2p - np) = 4p \Rightarrow F = \frac{4p}{2n + 2p - np}$$

Precisamos ter $2n + 2p - np > 0$, isto é:

$$2n > np - 2p \Rightarrow$$

$$\Rightarrow 2n > p(n - 2) \Rightarrow$$

$$\Rightarrow \frac{2n}{n - 2} > p$$

> **Fique atento**
> $2A = nF$, pois cada aresta está contida em 2 faces.
> $2A = pV$, pois cada aresta contém 2 vértices.

Como $p \geqslant 3$, temos que:

$$\frac{2n}{n - 2} > p \geqslant 3 \Rightarrow$$

$$\Rightarrow 2n > 3n - 6 \Rightarrow -n > -6 \Rightarrow n < 6$$

> **Para refletir**
> $n \geqslant 3$ e $p \geqslant 3$. Por quê?

Portanto, temos as seguintes possibilidades: $n = 3$, $n = 4$ e $n = 5$.

- Para $n = 3$:

$$F = \frac{4p}{6 - p} \rightarrow \begin{cases} p = 3 \rightarrow F = 4 \text{ (tetraedro)} \\ p = 4 \rightarrow F = 8 \text{ (octaedro)} \\ p = 5 \rightarrow F = 20 \text{ (icosaedro)} \end{cases}$$

- Para $n = 4$:

$$F = \frac{4p}{8 - 2p} = \frac{2p}{4 - p} \rightarrow p = 3 \rightarrow F = 6 \text{ (cubo)}$$

- Para $n = 5$:

$$F = \frac{4p}{10 - 3p} \rightarrow p = 3 \rightarrow F = 12 \text{ (dodecaedro)}$$

Examine estes desenhos:

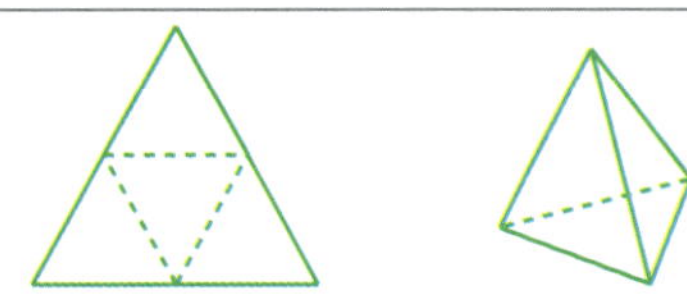

Tetraedro: 4 faces triangulares equiláteras e 3 arestas que concorrem em cada vértice.

Octaedro: 8 faces triangulares equiláteras e 4 arestas que concorrem em cada vértice.

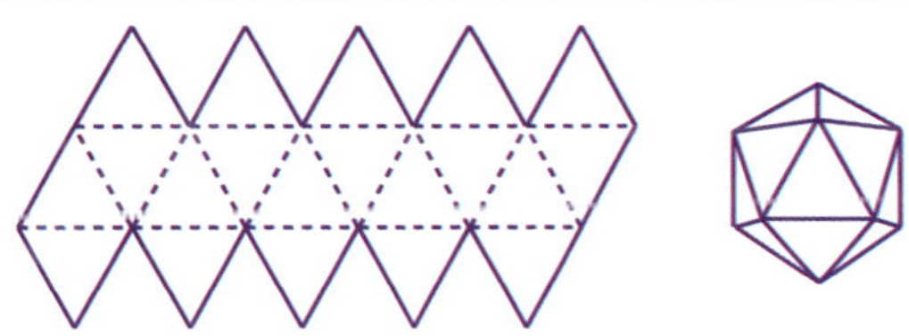

Icosaedro: 20 faces triangulares equiláteras e 5 arestas que concorrem em cada vértice.

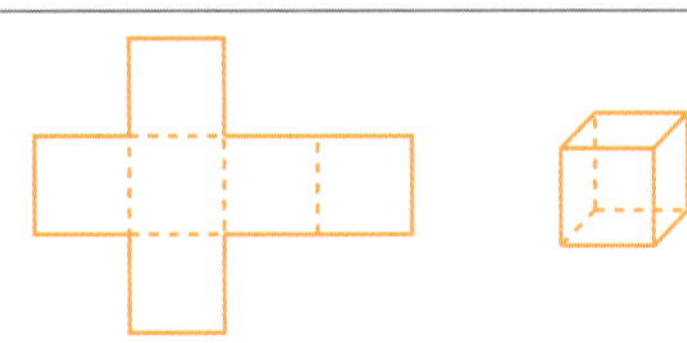

Cubo: 6 faces quadradas e 3 arestas que concorrem em cada vértice.

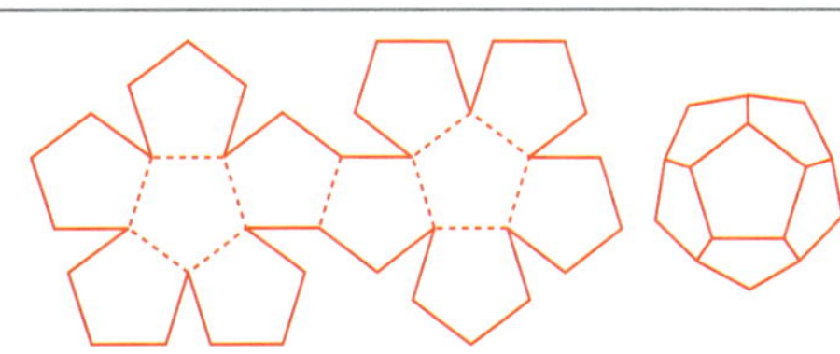

Dodecaedro: 12 faces pentagonais regulares congruentes e 3 arestas que concorrem em cada vértice.

Exercício

12 Complete a tabela com os nomes, o número de faces, de vértices e de arestas dos poliedros convexos regulares. Coloque também a forma das faces e verifique em cada um a relação de Euler.

Poliedros regulares	tetraedro			
Número de faces	4			
Número de vértices	4			
Número de arestas	6			
Forma das faces	triangular			
Relação de Euler	$4 - 6 + 4 = 2$			

Poliedros de Platão

objeto digital

Um poliedro é denominado *poliedro de Platão* se, e somente se, forem verificadas as seguintes condições:

- Todas as faces têm o mesmo número de arestas.
- Em todos os vértices concorrem o mesmo número de arestas.
- Vale a relação de Euler: $V - A + F = 2$.

Fique atento
Num poliedro de Platão as faces não precisam ser polígonos regulares.

Dessa forma, todos os poliedros regulares convexos são poliedros de Platão.

E, da mesma maneira que foi demonstrado que só existem cinco poliedros regulares convexos, podemos demonstrar que só existem cinco classes de poliedros de Platão: tetraedros, hexaedros, octaedros, dodecaedros e icosaedros.

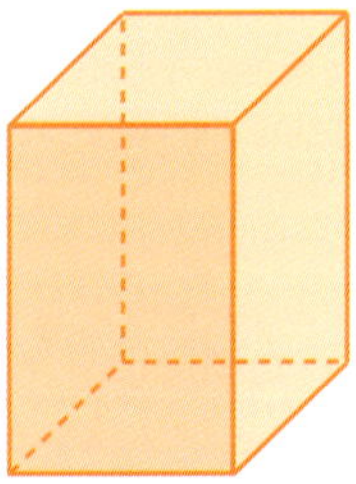

Este hexaedro é poliedro de Platão, mas não é regular, pois não é o cubo.

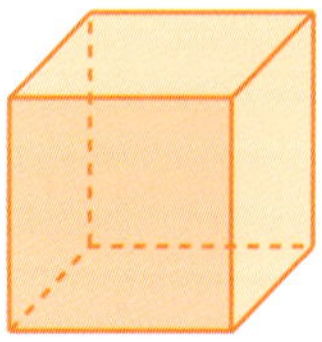

O cubo é poliedro regular e é poliedro de Platão.

5. Prismas

Entre os poliedros mais conhecidos, destacamos os prismas, que vamos estudar com mais detalhes. Veja alguns exemplos e procure perceber suas características.

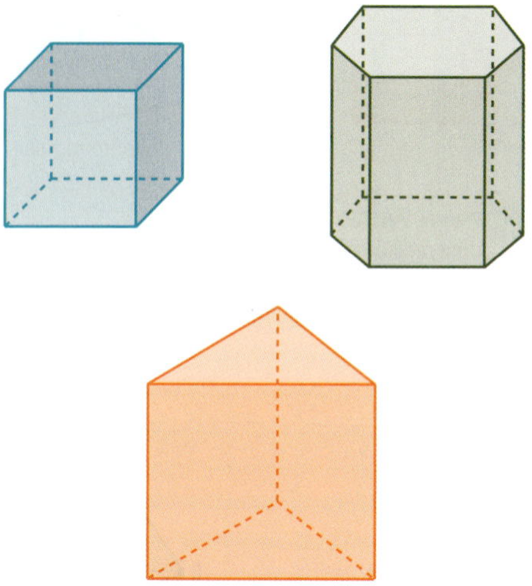

Construção e definição de prisma

Considere uma região poligonal, por exemplo, ABCDE, contida em um plano α. Escolha um ponto **A**′ qualquer, não pertencente a α. Por **A**′ trace o plano β paralelo a α. Pelos demais pontos **B**, **C**, **D**, **E** trace retas paralelas a AA′ que cortam β nos pontos **B**′, **C**′, **D**′, **E**′. Essas retas são paralelas entre si.

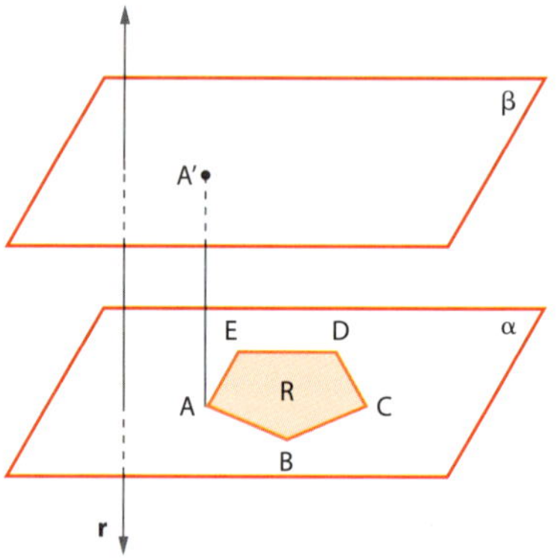

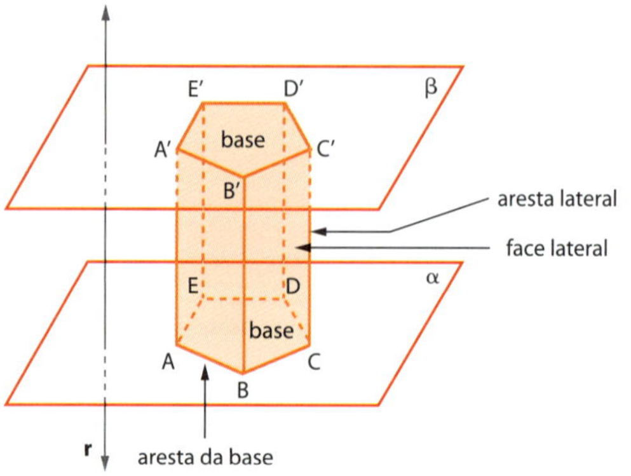

Tome dois segmentos consecutivos assim determinados, por exemplo, $\overline{AA'}$ e $\overline{BB'}$. O quadrilátero AA′B′B é plano, pois seus lados AA′ e BB′ são paralelos. Isso acarreta que $\overline{AB}$ e $\overline{A'B'}$ também são paralelos (pois estão contidos em retas coplanares que não se intersectam por estarem contidas em planos paralelos). Logo, o quadrilátero AA′B′B é um paralelogramo. As regiões limitadas por paralelogramos assim determinados, juntamente com as regiões poligonais ABCDE e A′B′C′D′E′, determinam um poliedro chamado *prisma* de bases ABCDE e A′B′C′D′E′.

A região do espaço ocupada por um prisma é formada pelos pontos dos segmentos nos quais cada extremidade está em uma das bases.

As arestas AA′, BB′, CC′, DD′ e EE′ são chamadas de *arestas laterais*. Todas as arestas laterais são paralelas e de mesmo comprimento.

Arestas laterais consecutivas determinam regiões que têm a forma de paralelogramos e são chamadas de *faces laterais* do prisma.

As bases ABCDE e A′B′C′D′E′ são congruentes. A *altura* do prisma é a distância entre as bases.

Observação: Quando nos exercícios relacionados a esse assunto as bases forem polígonos, devemos entendê-las como regiões poligonais (por exemplo, a expressão *prisma cuja base é um quadrado* deve ser entendida como prisma cuja base é uma região quadrada).

Caso particular: o paralelepípedo

Quando a base é uma região em forma de paralelogramo, temos um prisma particular chamado *paralelepípedo*.

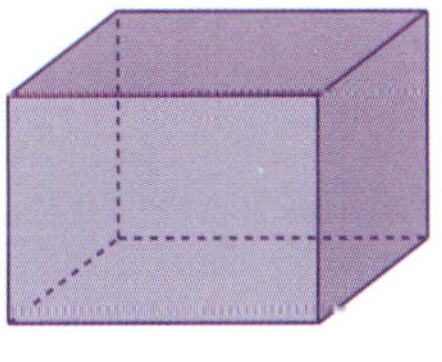

Paralelepípedos são prismas cuja particularidade é que qualquer de suas faces pode ser tomada como base, pois duas faces opostas quaisquer estão situadas em planos paralelos e são ligadas por arestas paralelas entre si.

Prismas retos

objeto digital

O prisma é reto quando as arestas laterais são perpendiculares às bases, e oblíquo quando não o são.

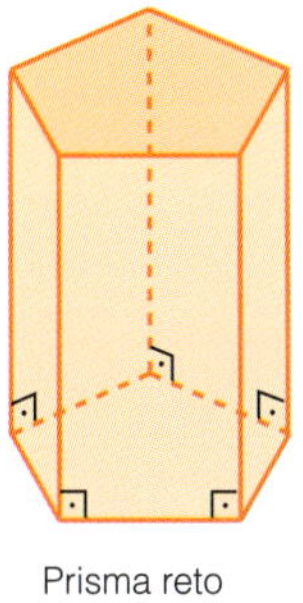

Prisma reto

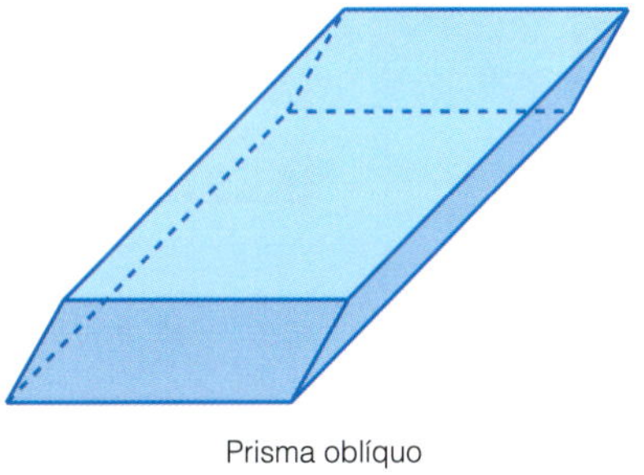

Prisma oblíquo

Assim, num prisma reto, as faces laterais são regiões retangulares.

De acordo com a região poligonal das bases, o prisma recebe nomes especiais. Veja alguns exemplos:

> **Fique atento**
> Retângulo é um caso particular de paralelogramo.

1º) Prisma reto de base triangular ou prisma reto triangular.

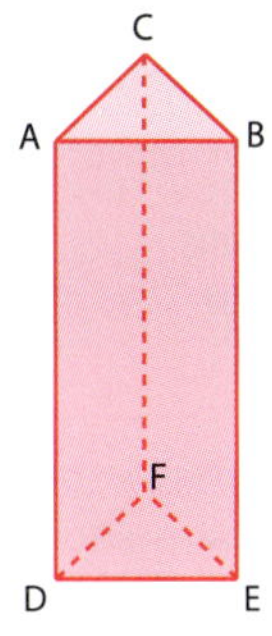

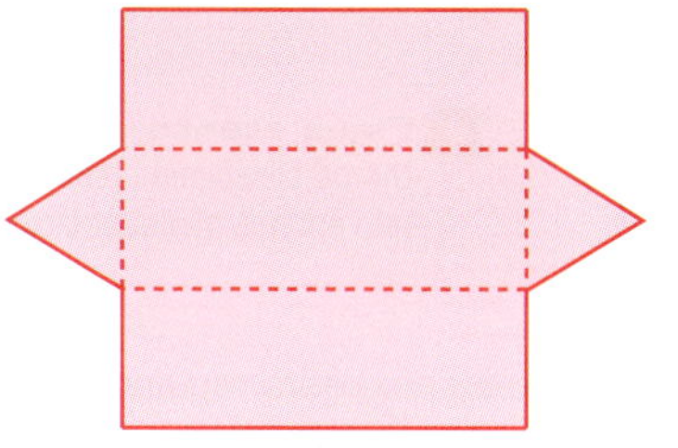

Planificado

> **Fique atento**
> As faces laterais são limitadas por paralelogramos particulares, ou seja, por retângulos.

Bases: regiões ABC e DEF

Faces laterais: regiões ABED, ACFD, BCFE

Arestas laterais: AD, CF e BE

2º) Prisma reto de base pentagonal ou prisma reto pentagonal.

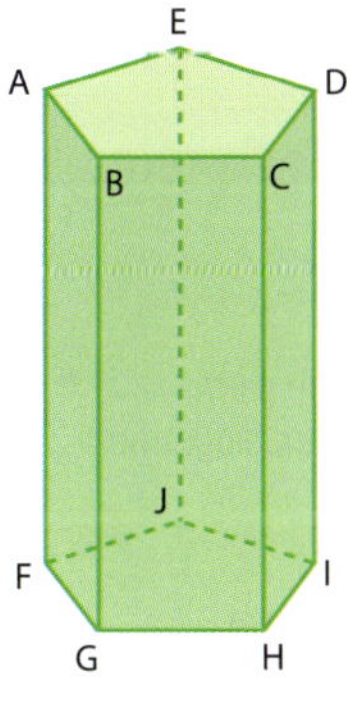

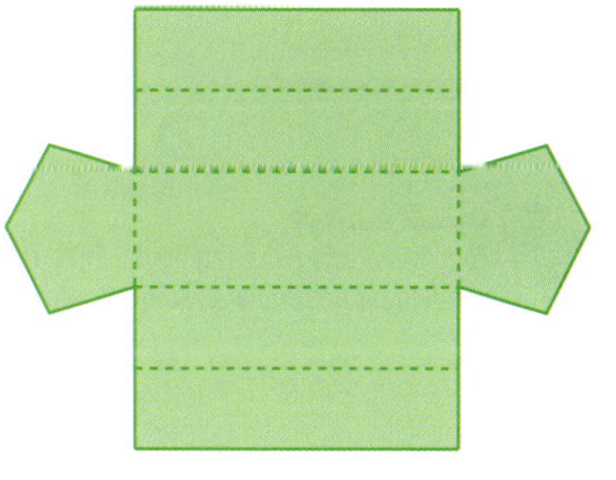

Planificado

Bases: regiões ABCDE e FGHIJ

Faces laterais: regiões BCHG, CDIH, DEJI, AEJF e ABGF (retangulares)

Arestas laterais: AF, BG, EJ, CH e DI

3º) Prisma reto de base retangular ou paralelepípedo retângulo ou bloco retangular.

Quando a base é uma região retangular obtemos um *paralelepípedo retângulo* ou *bloco retangular*, no qual cada face é uma região retangular.

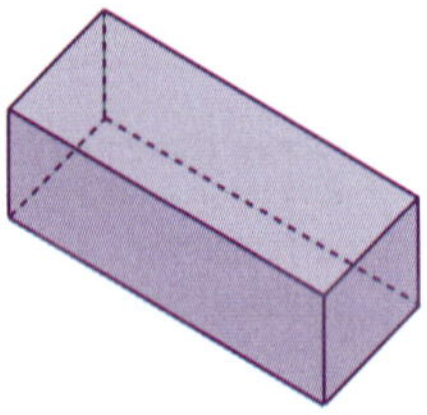

Paralelepípedo retângulo
ou bloco retangular

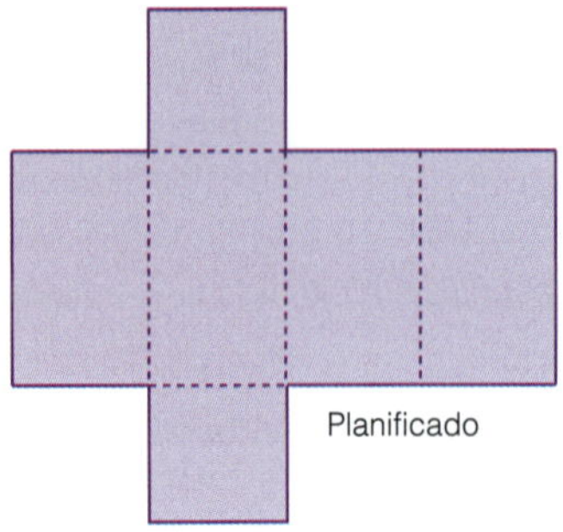

Planificado

> **Fique atento**
> Um paralelepípedo retângulo é um prisma reto em que qualquer face serve de base.

4º) Cubo ou hexaedro regular.

Quando, em um prisma reto, a base é uma região poligonal regular, temos um *prisma regular*. Um exemplo é o cubo ou hexaedro regular, que é um caso particular de paralelepípedo retângulo, no qual cada face é uma região quadrada. Assim:

> Prisma regular é um prisma reto cuja base é uma região poligonal regular.

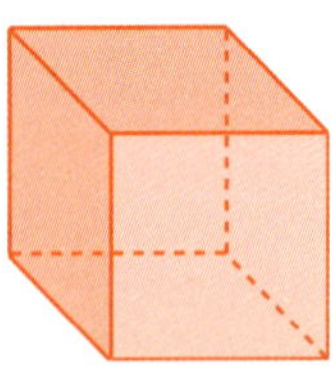

Cubo ou hexaedro regular

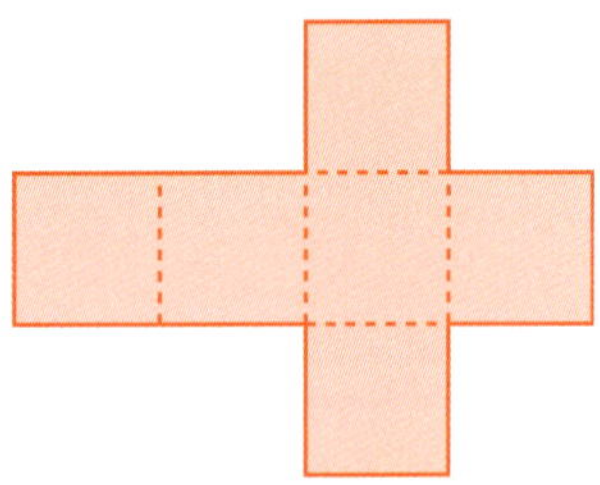

Planificado

> **Você sabia?**
> Todo quadrado é um retângulo. Todo retângulo é um paralelogramo. Então, todo quadrado é um paralelogramo.

Examine essa classificação em um diagrama:

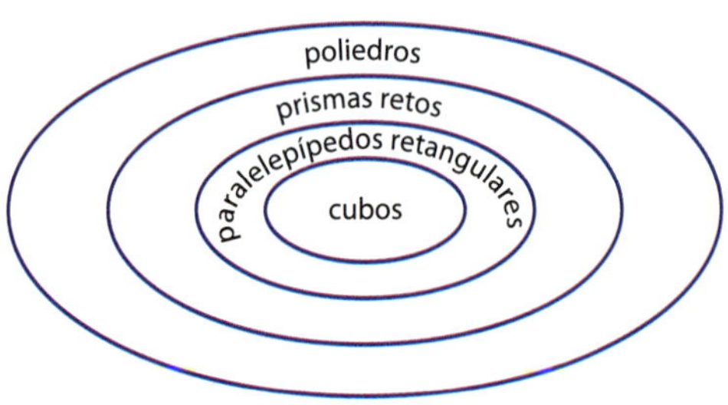

> **Fique atento**
> Todo cubo é um paralelepípedo retangular, mas nem todo paralelepípedo retangular é cubo.

Cálculo da diagonal de um paralelepípedo retângulo e de um cubo

No paralelepípedo de dimensões **a**, **b** e **c**, temos:

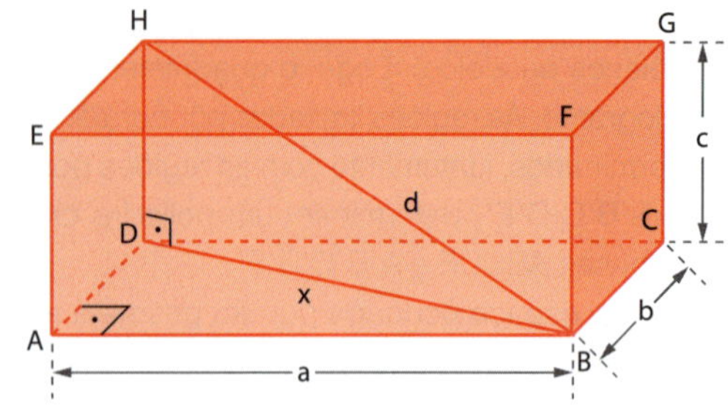

d = medida da diagonal do paralelepípedo

x = medida da diagonal da base

Na figura podemos localizar dois triângulos retângulos:

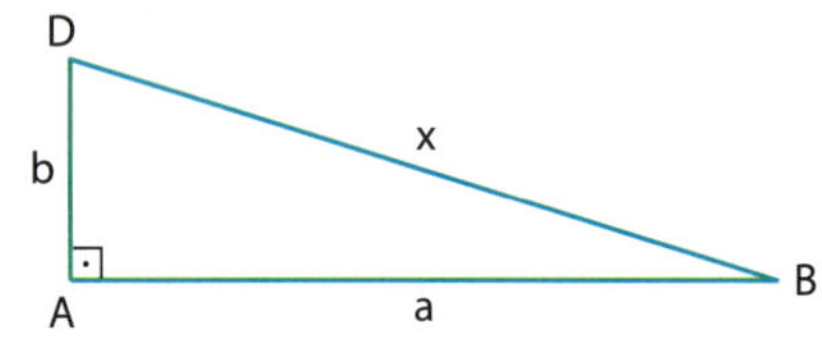

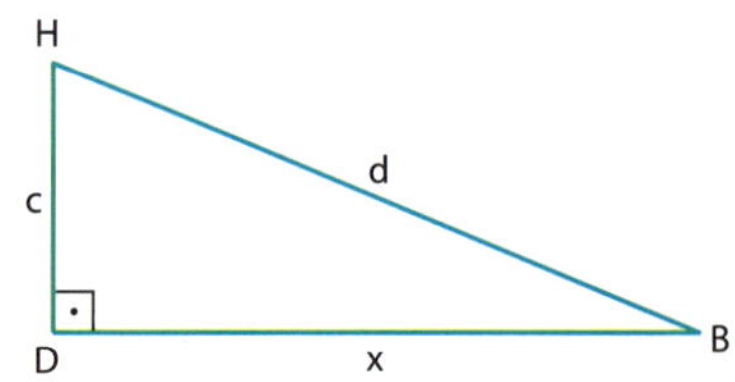

- Como o triângulo ABD é retângulo em **A**, temos, pela relação de Pitágoras:

  $x^2 = a^2 + b^2$ (I)

- Como o triângulo DBH é retângulo em **D**, temos, pela relação de Pitágoras:

  $d^2 = x^2 + c^2$ (II)

- Substituindo (I) em (II), vem:

  $d^2 = x^2 + c^2 = a^2 + b^2 + c^2 \Rightarrow d = \sqrt{a^2 + b^2 + c^2}$

No cubo, como ele é um caso particular de paralelepípedo retângulo, temos:

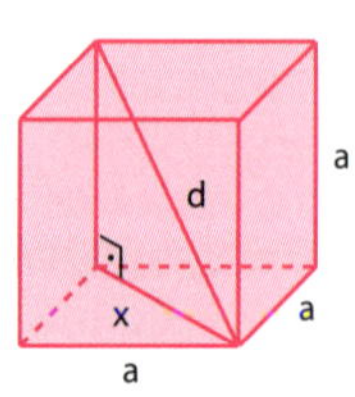

$$d = \sqrt{a^2 + a^2 + a^2} = \sqrt{3a^2} = a\sqrt{3}$$

$$d = a\sqrt{3}$$

» Exercícios

13 Quanto mede a diagonal de um paralelepípedo retângulo no qual as dimensões são 10 cm, 6 cm e 8 cm?

14 Um cubo tem $10\sqrt{3}$ cm de aresta. Calcule a medida de sua diagonal.

15 Num cubo, a soma das medidas de todas as arestas é 48 cm. Calcule a medida da diagonal do cubo.

16 A diagonal de um paralelepípedo retângulo mede $20\sqrt{2}$ cm. As dimensões desse paralelepípedo são proporcionais aos números 5, 4 e 3, respectivamente. Calcule as dimensões desse paralelepípedo.

$\left(\text{Faça } \frac{a}{5} = \frac{b}{4} = \frac{c}{3} = k \Rightarrow a = 5k, b = 4k, c = 3k.\right)$

Área da superfície de um prisma

Em todo prisma, consideramos:

- *superfície lateral*: é formada pelas faces laterais;
- *superfície total*: é formada pelas faces laterais e pelas bases;
- *área lateral* (A_ℓ): é a área da superfície lateral;
- *área total* (A_t): é a área da superfície total.

» Exemplos de aplicação

1 Em um prisma hexagonal regular, a aresta da base mede 3 cm e a aresta da face lateral mede 6 cm. Calcule a área total.

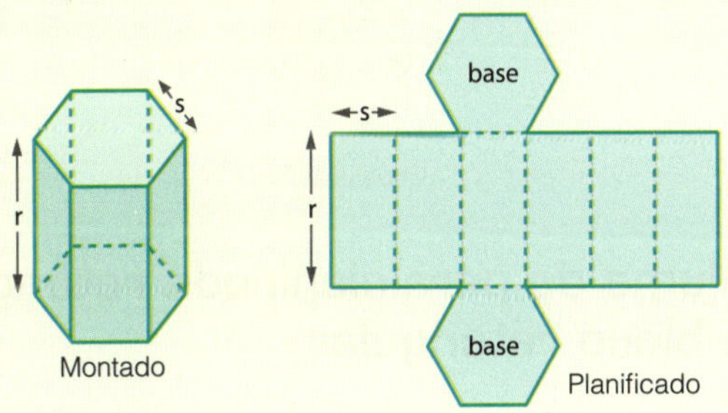

Na figura, temos:
r = medida da aresta lateral = 6 cm
s = medida da aresta da base = 3 cm
Então:
área lateral $= A_\ell = 6(r \cdot s) = 6(6 \cdot 3) = 108$ cm²
área da base = área da região limitada pelo hexágono regular
A região hexagonal é formada por 6 regiões triangulares equiláteras.
Já vimos que a área de uma região triangular equilátera de lado ℓ é dada por $A = \frac{\ell^2\sqrt{3}}{4}$.

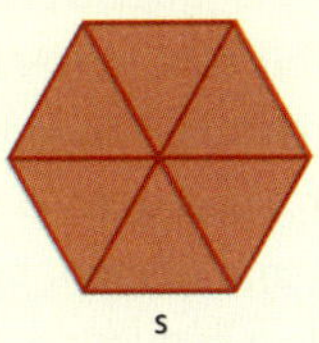

Nesse caso, temos:

$$A_b = 6 \cdot \frac{s^2\sqrt{3}}{4} = 6 \cdot \frac{3^2\sqrt{3}}{4} = \frac{27\sqrt{3}}{2} \text{ cm}^2$$

Como são duas bases, temos:

$$2A_b = 2 \cdot \frac{27\sqrt{3}}{2} = 27\sqrt{3} \text{ cm}^2$$

área total = área lateral + área das bases
Nesse caso, a área total é dada por:

$$A_t = A_\ell + 2A_b = (108 + 27\sqrt{3})\text{cm}^2$$

Como $\sqrt{3} \simeq 1{,}7$, temos $A_t \simeq 153{,}9$ cm².

2 Uma indústria precisa fabricar 10 000 caixas de sabão com as medidas da figura abaixo. Desprezando as abas, calcule, aproximadamente, quantos metros quadrados de papelão serão necessários.

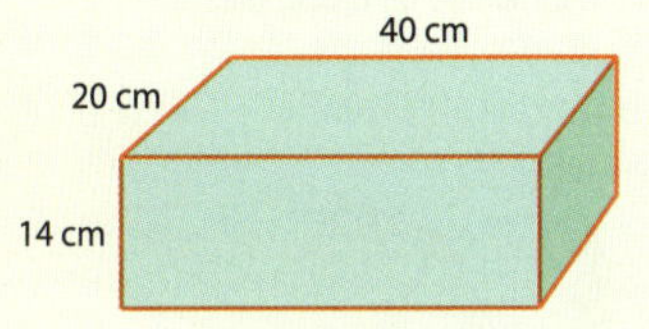

A caixa tem a forma de um paralelepípedo retângulo:

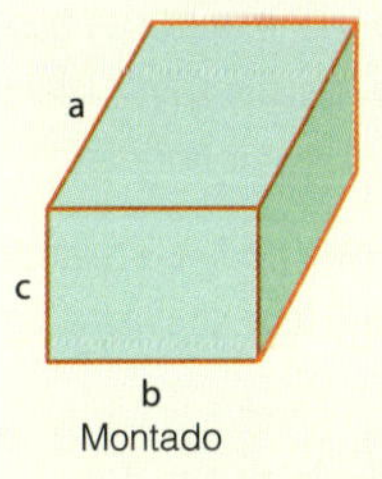

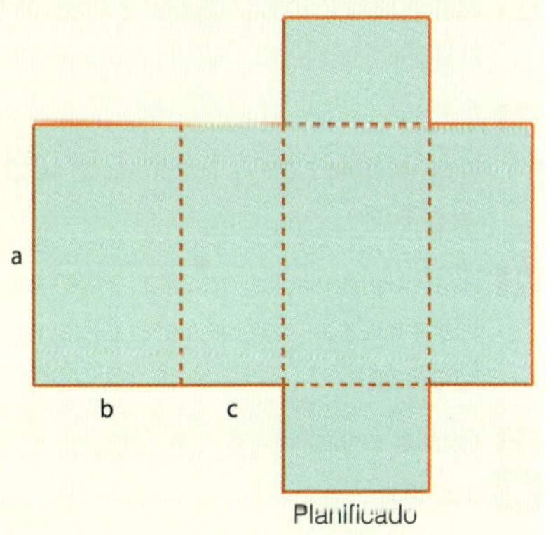

Todo paralelepípedo retângulo é formado por 6 faces:

- duas regiões retangulares de medidas **a** e **b**;
- duas regiões retangulares de medidas **a** e **c**;
- duas regiões retangulares de medidas **b** e **c**.

> **Para refletir**
> Se 1 m = 100 cm, então 1 m² = 10 000 cm².

Daí, temos:
área total $= A_t = 2ab + 2ac + 2bc = 2(ab + ac + bc)$
No exercício dado:
área de cada caixa $= A_t = 2(14 \cdot 20 + 20 \cdot 40 + 14 \cdot 40) =$
$= 2(280 + 800 + 560) = 3\,280$ cm²
Como são 10 000 caixas, temos:
$A = 3\,280 \cdot 10\,000 = 32\,800\,000$ cm² $= 3\,280$ m²
Serão necessários pelo menos 3 280 m² de papelão.

Exercícios

17 Um cubo tem área total de 96 m². Qual é a medida da aresta do cubo?

18 Quantos metros quadrados de madeira são necessários para fazer a prateleira abaixo, que apresenta fundo de madeira?

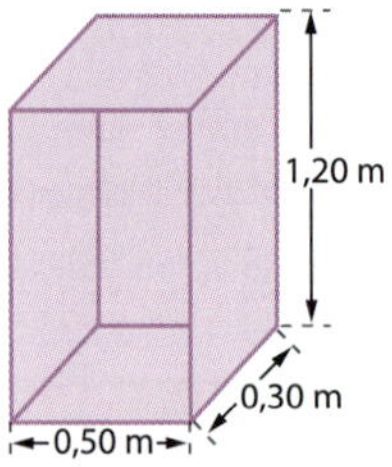

19 As bases de um prisma são triângulos equiláteros e as faces laterais são regiões retangulares.
Determine a área total do prisma sendo 6 cm a medida da aresta da base e 10 cm a medida da aresta lateral.

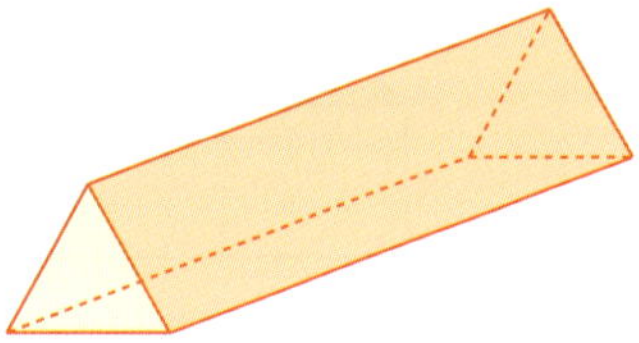

20 Num prisma triangular regular, a aresta da base mede 4 cm e a aresta lateral mede 9 cm. Calcule a área lateral e a área total do prisma.

21 É dado um prisma pentagonal regular no qual a aresta da base mede 5 cm e a aresta lateral mede 10 cm. Calcule a área lateral do prisma.

22 Num prisma regular triangular, a aresta da base mede **a** e a aresta lateral mede 3a. Calcule a área lateral e a área total do prisma, em função de **a**.

23 Escreva a área total de um cubo em função da medida **d** da sua diagonal.

24 A diagonal de um cubo mede $10\sqrt{3}$ m. Qual é a área total do cubo?

25 Quanto de papelão se gasta (em centímetros quadrados) para fazer uma caixa de bombons, cuja forma e medidas estão na figura abaixo?

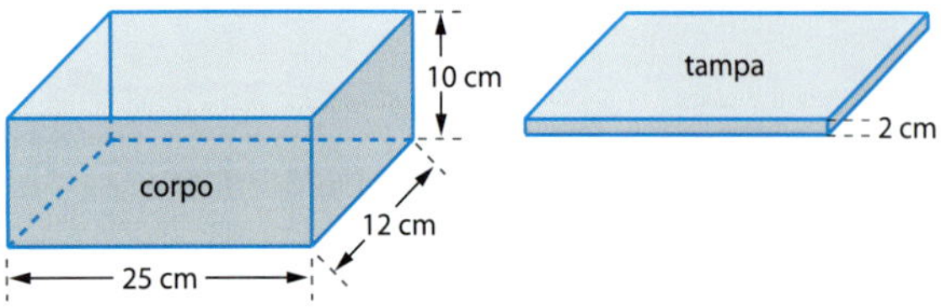

26 Qual é a área total do sólido representado pela figura abaixo?

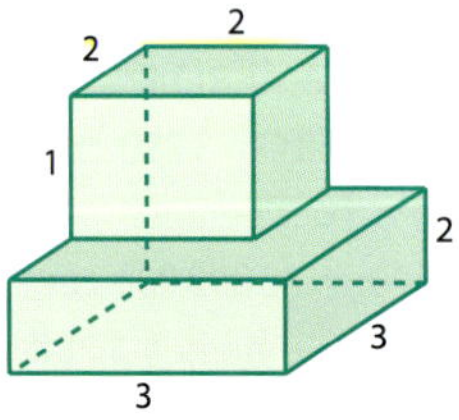

6. A ideia intuitiva de volume

Suponha que queiramos medir a quantidade de espaço ocupado por um sólido **S**. Para isso, precisamos comparar **S** com uma unidade de volume. O resultado dessa comparação é um número que exprime quantas vezes o sólido **S** contém a unidade de volume. Esse número assim obtido é o volume de **S**.

Por exemplo, o volume do sólido **S** abaixo é de 12 unidades de volume: 12 U, ou seja:

volume de **S** = 12 U

Sólido **S** Unidade de volume: **U**

Cubo unitário

Vamos estabelecer como *unidade de volume* um cubo cuja aresta mede uma unidade de comprimento. Ele será chamado de *cubo unitário*.

Qualquer cubo cuja aresta meça 1 terá, por definição, volume igual a 1.

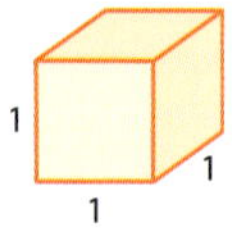

Cubo unitário

Volume do paralelepípedo retângulo ou bloco retangular

O bloco retangular é um poliedro formado por 6 faces retangulares. Ele fica determinado por três medidas: o seu comprimento (**a**), a sua largura (**b**) e a sua altura (**c**). Indicaremos o volume desse bloco retangular por V(a, b, c) e o do cubo unitário por V(1, 1, 1) = 1.

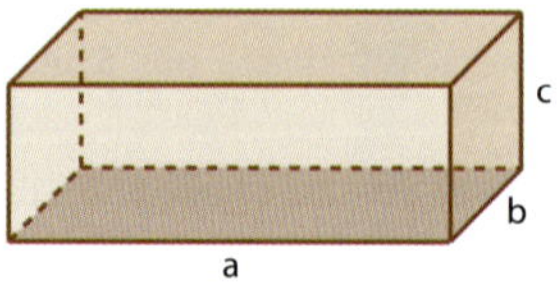

O volume do bloco retangular é proporcional a cada uma de suas dimensões, ou seja, se mantivermos constantes duas das dimensões e multiplicarmos a terceira dimensão por um número natural qualquer, o volume também será multiplicado pelo mesmo número natural. Isso pode ser observado no exemplo a seguir:

V(a, b, 3c) = V(a, 3b, c) = V(3a, b, c) = 3V(a, b, c)

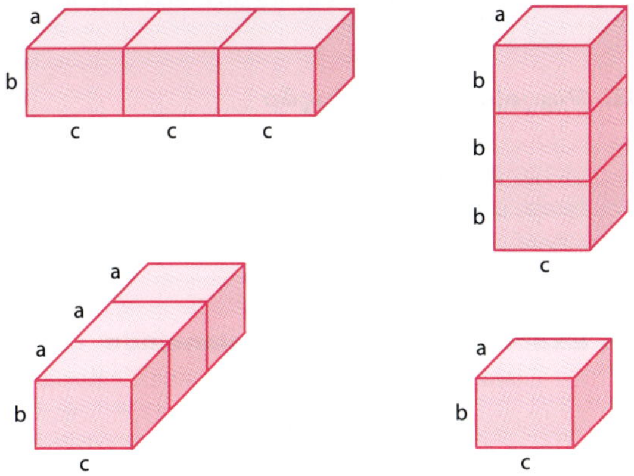

É possível provar que esse fato, constatado com um número natural, vale para qualquer número real positivo. Ou seja, mantidas constantes duas dimensões do bloco retangular, seu volume é proporcional à terceira dimensão. Assim, temos:

V(a, b, c) = a · V(1, b, c) = ab · V(1, 1, c) =
= abc · V(1, 1, 1) = abc · 1 = abc

Logo:

V(a, b, c) = abc

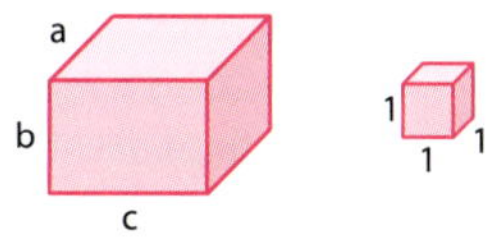

Portanto, o volume de um paralelepípedo retângulo é dado pelo produto das suas dimensões.

Observações:

1ª) Como **ab** indica a área da base e **c** indica a altura, é possível também indicar o volume do paralelepípedo retângulo assim:

$$V = A_b h$$

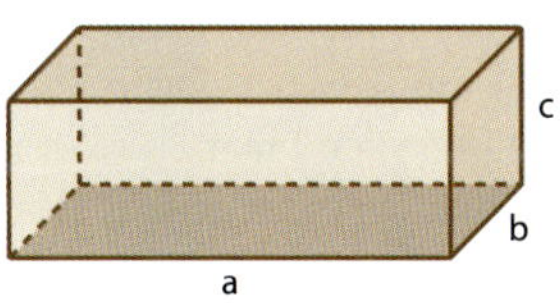

em que A_b = ab (área da base); h = c (altura correspondente).

Assim, pode-se dizer que o volume de um paralelepípedo retângulo é o produto da área da base pela altura.

2ª) Como o cubo é um caso particular de paralelepípedo retângulo com todas as arestas de medidas iguais, seu volume é dado por:

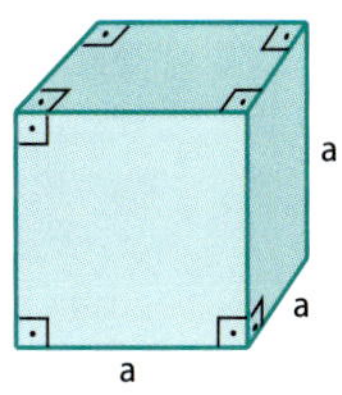

V = a · a · a ou $V = a^3$

3ª) Agora podemos provar o fato de figuras geométricas semelhantes de razão **k** entre suas grandezas lineares terem volumes com razão $\mathbf{k^3}$. De fato, se V(x, y, z) é o volume de um sólido qualquer e V(kx, ky, kz) é o volume do sólido semelhante, então:

$V(kx, ky, kz) = kV(x, ky, kz) = k^2V(x, y, kz) = k^3V(x, y, z)$

Ou seja:

$$V(kx, ky, kz) = k^3V(x, y, z)$$

Exemplos de aplicação

1 Calcule o volume de um paralelepípedo retângulo cujas dimensões são: 3 cm; 2,8 cm e $3\sqrt{2}$ cm. (Dado: $\sqrt{2} \simeq 1{,}41$.)

Temos:
$V = abc = 3 \cdot 2{,}8 \cdot 3\sqrt{2} = 25{,}2\sqrt{2} \simeq 35{,}532 \text{ cm}^3$
Portanto, o volume é aproximadamente 35,532 cm³.

2 Determine, em cada item, as medidas das arestas dos cubos cujos volumes são dados:

a) 125 dm³;

$V = 125 \text{ dm}^3 \Rightarrow a^3 = 125 \Rightarrow a = \sqrt[3]{125} = \sqrt[3]{5^3} = 5 \text{ dm}$

b) $3\sqrt{3}$ cm³.

$V = 3\sqrt{3} \text{ cm}^3 \Rightarrow a^3 = 3\sqrt{3} \Rightarrow$

$\Rightarrow a = \sqrt[3]{3\sqrt{3}} = \sqrt[3]{\sqrt{3^2 \cdot 3}} = \sqrt[6]{3^3} = \sqrt{3}$

3 Sabendo que foram gastos 0,96 m² de material para montar a caixa cúbica cuja figura está abaixo, calcule o volume dessa caixa.

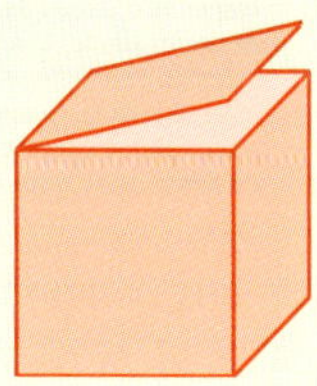

Neste caso, temos que a área total do cubo é:
$0{,}96 \text{ m}^2 = 96 \text{ dm}^2 = 9\,600 \text{ cm}^2$
Sabendo que $A_t = 6a^2$, temos:
$9\,600 = 6a^2 \Rightarrow a^2 = 1\,600 \Rightarrow a = 40 \text{ cm}$
Como $V = a^3$, temos:
$V = (40 \text{ cm})^3 = 64\,000 \text{ cm}^3 = 64 \text{ dm}^3 = 0{,}064 \text{ m}^3$

4 Na caixa cúbica da figura abaixo, a ripa transversal mede 8 dm. Qual é o volume da caixa?

Vamos, inicialmente, estabelecer o modelo matemático:

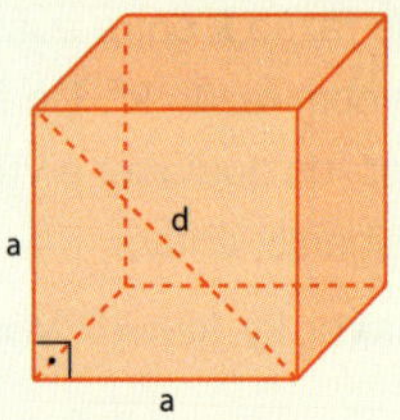

Pela figura, precisamos determinar a aresta **a**, conhecendo a diagonal **d** de uma face:

$d^2 = a^2 + a^2 \Rightarrow d = a\sqrt{2}$

Como d = 8 dm, temos:

$$8 = a\sqrt{2} \Rightarrow a = \frac{8}{\sqrt{2}} = \frac{8\sqrt{2}}{2} = 4\sqrt{2}$$

Vamos calcular o volume:

$V = a^3 = (4\sqrt{2}\ \text{dm})^3 = 4^3\sqrt{2^3}\ \text{dm}^3 = 128\sqrt{2}\ \text{dm}^3$

O volume da caixa é $128\sqrt{2}\ \text{dm}^3$.

5 (Enem) Eclusa é um canal que, construído em águas de um rio com grande desnível, possibilita a navegabilidade, subida ou descida de embarcações. No esquema abaixo, está representada a descida de uma embarcação, pela eclusa do Porto Primavera, do nível mais alto do rio Paraná até o nível da jusante.

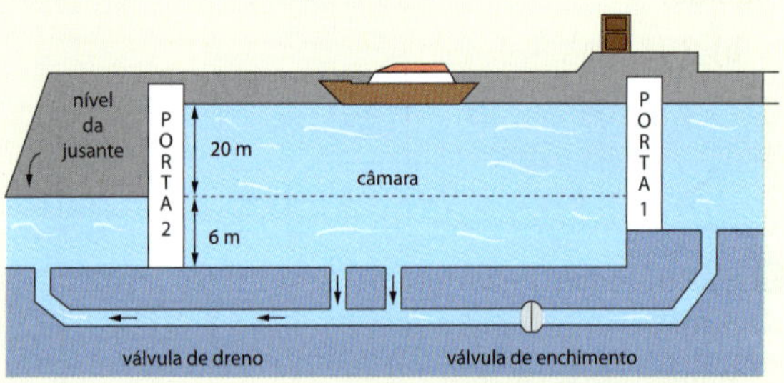

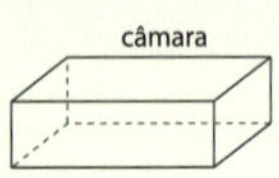

Enquanto a válvula de enchimento está fechada e a de dreno, aberta, o fluxo de água ocorre no sentido indicado pelas setas, esvaziando a câmara até o nível da jusante. Quando, no interior da câmara, a água atinge o nível da jusante, a porta 2 é aberta, e a embarcação pode continuar navegando rio abaixo.

A câmara dessa eclusa tem comprimento aproximado de 200 m e largura igual a 17 m. A vazão aproximada da água durante o esvaziamento da câmara é de 4 200 m^3 por minuto. Assim, para descer do nível mais alto até o nível da jusante, uma embarcação leva cerca de:

a) 2 minutos.
b) 5 minutos.
c) 11 minutos.
d) 16 minutos.
e) 21 minutos.

» Resolução passo a passo

1. Lendo e compreendendo

a) O que é dado no problema?

São dados o esquema de funcionamento da eclusa do Porto Primavera, as dimensões da câmara da eclusa (200 m × 17 m), a diferença de nível de água entre as duas partes do rio Paraná (20 m) e a vazão de água quando a câmara é esvaziada (4 200 m^3/min).

b) O que se pede?

Pede-se o tempo que uma embarcação leva para descer pela eclusa.

2. Planejando a solução

O tempo que a embarcação leva para descer equivale ao tempo que a câmara leva para ser esvaziada. Dessa forma, sabendo o volume de água que precisa ser retirado da câmara e a vazão de saída da água, podemos calcular esse tempo.

3. Executando o que foi planejado

A câmara de água equivale a um paralelepípedo reto retângulo, de dimensões 200 × 20 × 17 m. Assim, seu volume é dado por V = 200 × 20 × 17 = 68 000 m^3 de água.

Uma vazão de 4 200 m^3 de água por minuto significa que, a cada minuto, saem da câmara 4 200 m^3 de água. Logo, o tempo necessário para escoar toda a água é de $\frac{68\,000}{4\,200} \simeq 16{,}20$ min.

4. Verificando

Vamos verificar qual é o volume de água que é escoado em 16 minutos:

$16 \cdot 4200 = 67\,200\ \text{m}^3$

Como o total de água da câmara é

$200 \cdot 20 \cdot 17 = 68\,000\ \text{m}^3$, então o tempo necessário é aproximadamente 16 min.

5. Respondendo

A resposta é a alternativa **d**.

6. Ampliando o problema

a) Suponha que se deseje que o tempo de descida da embarcação não supere 10 min. Nesse caso, qual teria de ser a vazão mínima de água?

b) **Discussão em equipe**

Eclusa é uma obra de engenharia que permite que barcos subam ou desçam os rios ou mares em locais onde há desníveis (barragem, quedas-d'água ou corredeiras), permitindo assim a navegação em trechos que de outro modo não seriam navegáveis. São "elevadores", que levam o navio de um "andar" para outro em um rio ou mar.

Troque ideias com seus colegas sobre estas questões:

- O transporte fluvial (pelos rios) é importante?
- Ele é necessário?
- Vale a pena gastar dinheiro fazendo eclusas?

Para ajudar a formação de opinião, leiam o texto abaixo sobre o Canal do Panamá:

"O Canal do Panamá é um canal com 82 quilômetros de extensão que corta o istmo do Panamá, ligando assim o Oceano Atlântico e o Oceano Pacífico. O canal possui dois grupos de eclusas no lado do Pacífico e um no do Atlântico. Neste último, as portas maciças de aço das eclusas triplas de Gatún têm 21 metros de altura e pesam 745 toneladas cada uma, mas são tão bem contrabalançadas que um motor de 30 kW é suficiente para abri-las e fechá-las. O lago Gatún, que fica a 26 metros acima do nível do mar, é alimentado pelo rio Chagres, onde foi construída uma barragem para a formação do lago. Do lago Gatún, o canal passa pela falha de Gaillard e desce em direção ao Pacífico, primeiro através de um conjunto de eclusas em Pedro Miguel, no lago Miraflores, a 16,5 metros acima do nível do mar, e, depois, através de um conjunto duplo de eclusas em Miraflores. Todas as eclusas do canal são duplas, de modo que os barcos possam passar nas duas direções. Os navios são dirigidos ao interior das eclusas por pequenos aparelhos ferroviários. O lado do Pacífico é 24 centímetros mais alto do que o lado do Atlântico e tem marés muito mais altas". <http://pt.wikipedia.org/wiki/Canal_do_Panama>. Acesso em: 25 abr. 2012.

c) **Pesquisa**
- Quando o Canal do Panamá entrou em atividade?
- Que grande acontecimento mundial teve início no mesmo ano da inauguração do Canal do Panamá?

Exercícios

27 Num paralelepípedo, as dimensões da base são 4 cm e 7 cm. Sendo a altura do paralelepípedo 5 cm, determine o seu volume.

28 Quantos litros de água são necessários para encher uma caixa-d'água cujas dimensões são: 1,20 m por 0,90 m por 1 m? (Lembre-se: 1 dm^3 corresponde a 1 ℓ.)

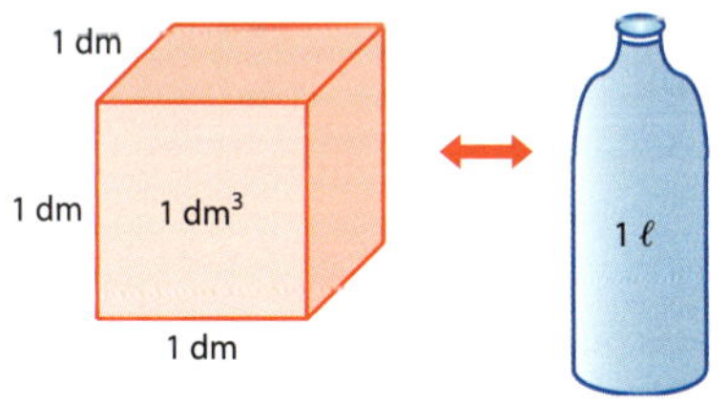

29 Certos lingotes de metal são fundidos na forma de paralelepípedo. Suas dimensões são 40 cm por 16 cm por 20 cm. Qual é o volume desse lingote de metal?

30 Qual é o volume de um cubo de aresta $5\sqrt{3}$ cm?

31 Qual deve ser a medida da aresta de uma caixa-d'água cúbica para que ela possa conter 8 000 ℓ de água?

32 Qual é o volume de um sólido cuja forma e medidas estão na figura abaixo?

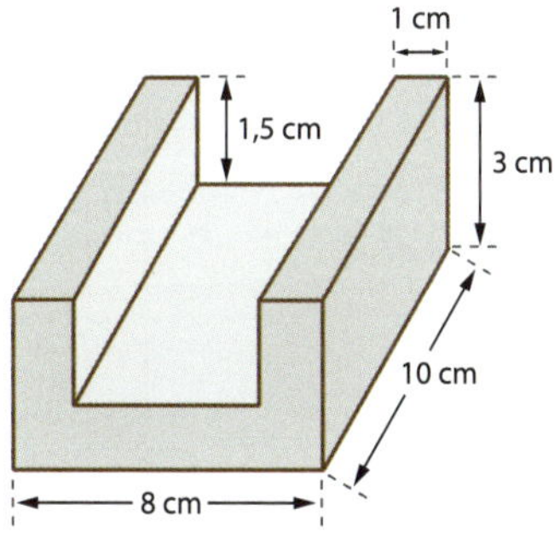

33 Três cubos de chumbo, com arestas de 6 cm, 8 cm e 10 cm, respectivamente, são fundidos em uma só peça cúbica. Qual o volume da peça cúbica obtida?

34 Para fabricar uma caixa cúbica de papelão são gastos 600 cm^2 de material. Qual é o volume dessa caixa?

35 A diagonal de um cubo mede $10\sqrt{3}$ cm. Qual é o volume desse cubo?

36 Uma piscina tem o formato e as medidas da figura abaixo. Qual é o volume máximo de água que essa piscina pode conter?

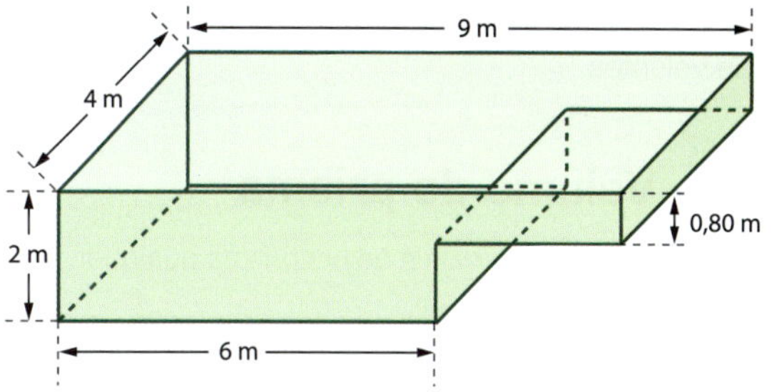

7. Princípio de Cavalieri

Imagine três pilhas com o mesmo número de folhas de papel, arrumadas de formas diferentes, como indicam as figuras:

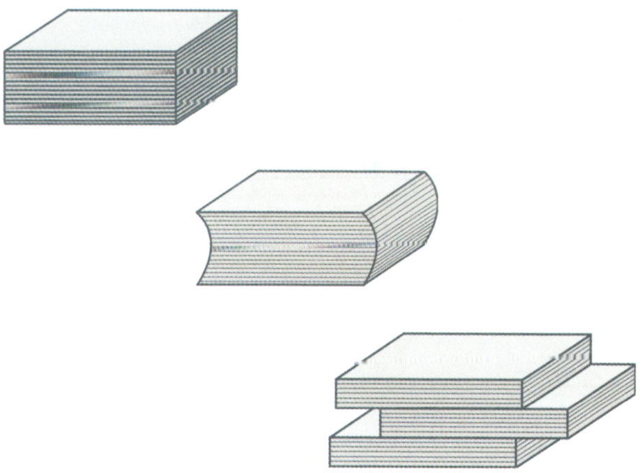

Note que qualquer plano horizontal que seccione as três pilhas terá intersecções de mesma área (uma folha); note também que as três pilhas têm volumes iguais (só mudam as formas).

Essa situação serve para ilustrar o *princípio de Cavalieri*, que veremos em seguida.

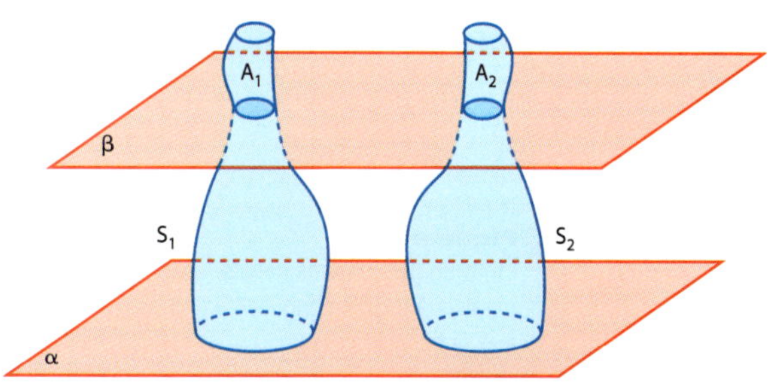

Vamos considerar os sólidos S_1 e S_2 apoiados em um plano horizontal α. Consideremos também o plano β, paralelo a α, que, ao seccionar S_1, também secciona S_2, determinando duas regiões planas de áreas A_1 e A_2.

Nessas condições, podemos afirmar que, *se para todo plano β temos $A_1 = A_2$*, então:

$$\textit{volume } S_1 = \textit{volume } S_2$$

É possível demonstrar o princípio de Cavalieri, mas aqui vamos considerá-lo verdadeiro sem fazer a sua demonstração. Veremos que esse princípio simplifica muito o cálculo de volumes.

objeto digital

8. Volume do prisma

Para calcular o volume de um prisma qualquer, aplicamos o princípio de Cavalieri.

Inicialmente, observamos que, num prisma qualquer com a base contida num plano α, se π é paralelo a α, a secção determinada por π no prisma será sempre congruente à base, e por isso essa secção e a base terão sempre áreas iguais.

Para refletir
Justifique essa afirmação.

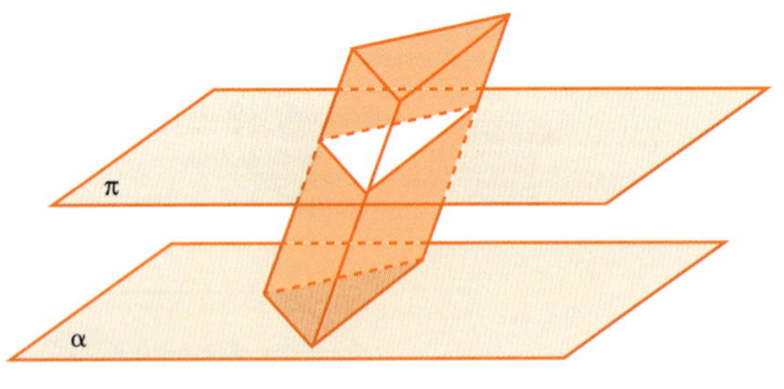

Podemos agora calcular o volume de um prisma qualquer utilizando o paralelepípedo retângulo como auxílio.

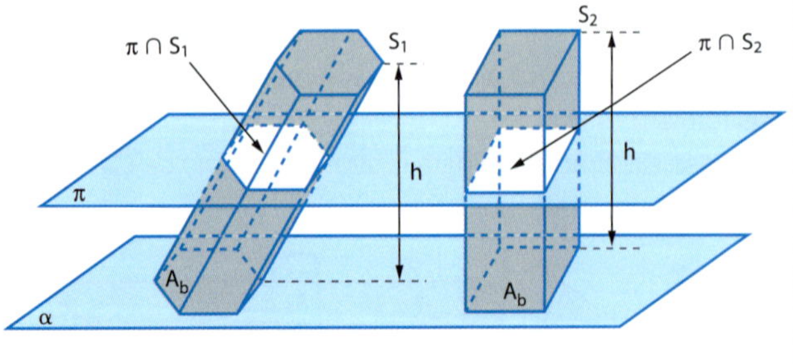

Fique atento
Em todo prisma uma secção paralela à base é congruente a essa base.

Vamos considerar um prisma S_1, cuja área da base é A_b e a altura é **h**, e também um paralelepípedo retângulo S_2 cuja área da base é A_b e a altura **h**. O plano α que contém as bases é horizontal. Qualquer plano horizontal π que secciona os dois sólidos determina no prisma S_1 a secção $\pi \cap S_1$, cuja área é igual a A_b, e no paralelepípedo retângulo S_2 determina a secção $\pi \cap S_2$, cuja área é igual a A_b.

Como área $(\pi \cap S_1) = A_b$ e área $(\pi \cap S_2) = A_b$, para qualquer plano horizontal π temos:

$$\text{área } (\pi \cap S_1) = \text{área } (\pi \cap S_2)$$

Pelo princípio de Cavalieri, concluímos que:

volume do prisma = volume do paralelepípedo retângulo

Como volume do paralelepípedo retângulo = área da base · altura, segue que:

$$\text{Volume do prisma} = \text{área da base} \cdot \text{altura}$$
$$V = A_b h$$

Exemplos de aplicação

1 Calcule o volume do prisma reto indicado na figura abaixo, cuja base é um triângulo retângulo.

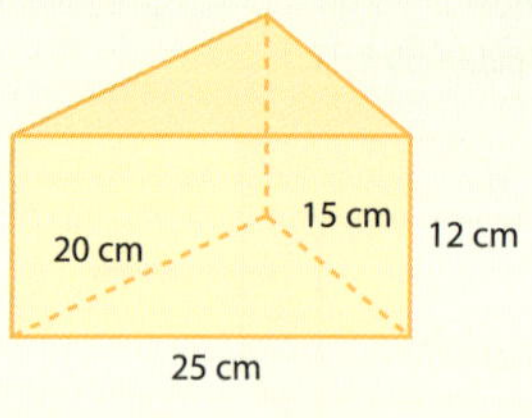

A base desse prisma é um triângulo do qual são conhecidos os três lados.

A área da base é:

$$A_b = \frac{20 \cdot 15}{2} = 150$$

A altura do prisma é de 12 cm. Seu volume é:

$V = A_b h = 150 \cdot 12 = 1800 \text{ cm}^3$

Logo, o volume do prisma é de 1 800 cm^3.

2 Queremos encher de areia a caixa indicada na figura seguinte. Qual é o volume de areia que cabe nessa caixa?

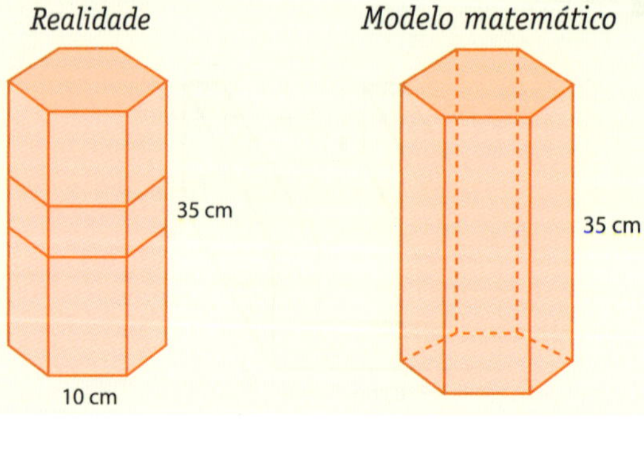

A área da base é a área de um hexágono regular cujo lado mede 10 cm.

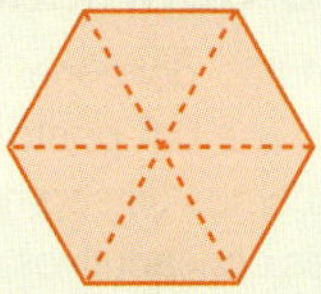

Sabemos que o hexágono regular é formado por 6 triângulos equiláteros e que a área de um triângulo equilátero de lado ℓ é dada por $\frac{\ell^2\sqrt{3}}{4}$.

Logo, a área da base é dada por:

$$A_b = 6 \cdot \frac{10^2\sqrt{3}}{4} = 150\sqrt{3}\ \text{cm}^2$$

O volume do prisma é dado por $V = A_b h$, sendo $A_b = 150\sqrt{3}$ cm² e h = 35 cm.

$V = 150\sqrt{3}\ \text{cm}^2 \cdot 35\ \text{cm} = 5250\sqrt{3}\ \text{cm}^3$.

O volume de areia que cabe nessa caixa é $5250\sqrt{3}$ cm³.

3 **Calcule o volume de uma porca de parafuso cuja forma e medidas estão na figura abaixo.**

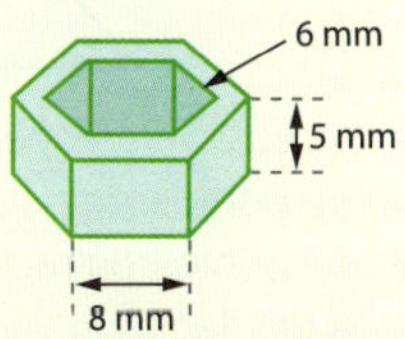

Indicando por:

V_1: o volume do prisma maior

V_2: o volume do prisma menor

$V = V_1 - V_2$: volume da porca

- Vamos calcular **V_1**:

$$A_{b_1} = 6 \cdot \frac{\ell^2\sqrt{3}}{4} = 6 \cdot \frac{8^2\sqrt{3}}{4} = 96\sqrt{3}\ \text{mm}^3$$

$$V_1 = A_{b_1}h = 96\sqrt{3}\ \text{mm}^2 \cdot 5\ \text{mm} = 480\sqrt{3}\ \text{mm}^3$$

- Vamos calcular **V_2**:

$$A_{b_2} = 6 \cdot \frac{\ell^2\sqrt{3}}{4} = 6 \cdot \frac{6^2\sqrt{3}}{4} = 54\sqrt{3}\ \text{mm}^2$$

$$V_2 = A_{b_2}h = 54\sqrt{3}\ \text{mm}^2 \cdot 5\,\text{mm} = 270\sqrt{3}\ \text{mm}^3$$

- Vamos calcular **V**:

$$V = V_1 - V_2 = 480\sqrt{3} - 270\sqrt{3} = 210\sqrt{3}\ \text{mm}^3$$

O volume da porca de parafuso é $210\sqrt{3}$ mm³.

4 **A área total de um prisma hexagonal regular é $(96 + 12\sqrt{3})$ m². A aresta da base do prisma mede 2 m. Calcule a altura e o volume do prisma.**

Calculamos primeiro a área da base, em que a = 2:

$$A_b = 6 \cdot \frac{a^2\sqrt{3}}{4} = 6 \cdot \frac{\cancel{4}\sqrt{3}}{\cancel{4}} = 6\sqrt{3}$$

Vamos agora calcular a área lateral, sabendo que cada face é uma região retangular de dimensões 2 e **h**:

$A_\ell = 6 \cdot 2h = 12h$

Como $A_t = A_\ell + 2A_b$, temos:

$$96 + \cancel{12\sqrt{3}} = 12h + \cancel{12\sqrt{3}} \Rightarrow 12h = 96 \Rightarrow h = 8$$

Vamos calcular o volume do prisma:

$V = A_b h = 6\sqrt{3} \cdot 8 = 48\sqrt{3}\ \text{m}^3$

Portanto, a altura mede 8 m e o volume é $48\sqrt{3}$ m³.

5 **Aumentando em 1 cm a aresta de um cubo, sua área lateral aumenta em 164 cm². Qual é o volume do cubo original?**

Seja **a** a aresta do cubo original e (a + 1) a aresta do novo cubo.

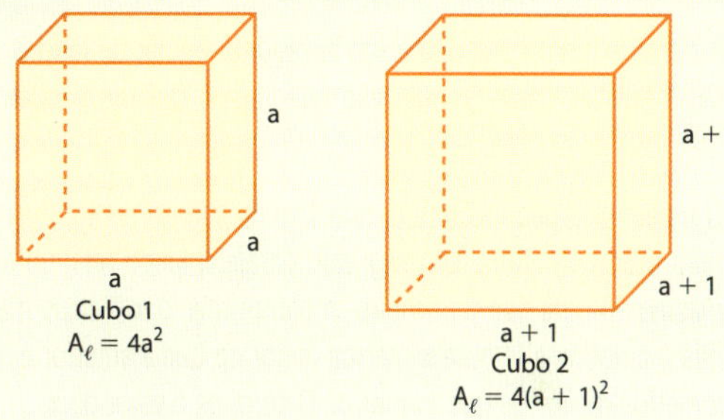

Pelos dados do problema, temos:

$4(a + 1)^2 = 4a^2 + 164 \Rightarrow$

$\Rightarrow \cancel{4a^2} + 8a + 4 - \cancel{4a^2} = 164 \Rightarrow 8a = 160 \Rightarrow a = 20$

Portanto, a aresta do cubo original é a = 20 cm e seu volume é:

$V = a^3 = (20\ \text{cm})^3 = 8\,000\ \text{cm}^3$

Exercícios

37 Determine o volume de um prisma triangular regular no qual a aresta da base mede 4 cm e a altura mede $10\sqrt{3}$ cm.

38 Uma barra de ouro é fundida na forma de um prisma cuja base é um trapézio (figura abaixo). As bases desse trapézio medem 8 cm e 12 cm e a altura da barra é 5 cm. O comprimento da barra é 30 cm; qual é seu volume?

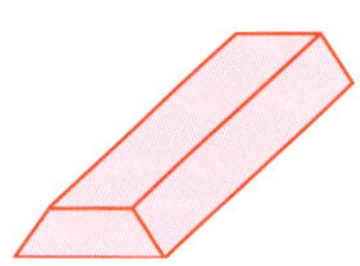

39 Calcule o volume de uma peça de metal cuja forma e medidas estão na figura abaixo.

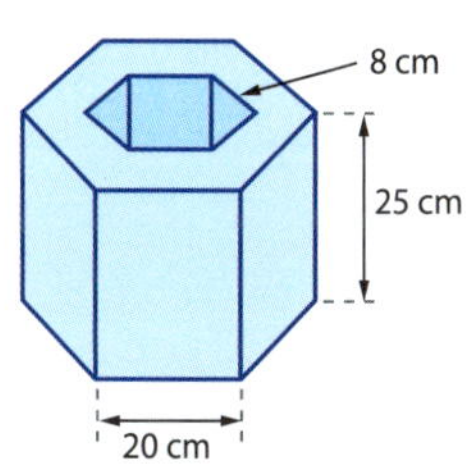

40 *Situação-problema da introdução do capítulo.*

Duas caixas de madeira serão construídas com as formas e medidas indicadas nas figuras.

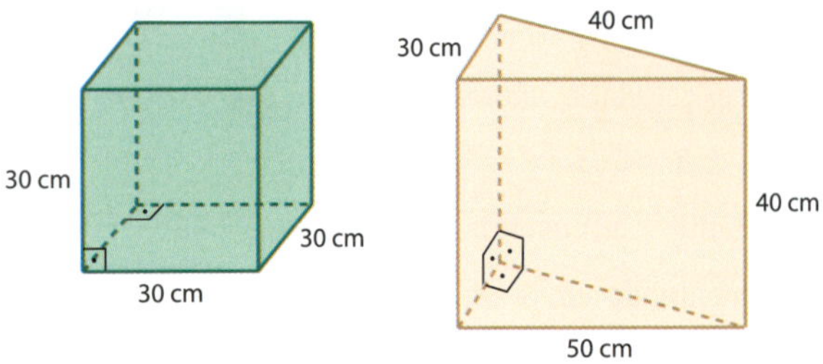

Deseja-se saber:

Em qual delas será usada maior quantidade de madeira?

Qual delas terá espaço interno maior?

41 A base de um prisma reto é um hexágono regular de lado 8 cm. As faces laterais desse prisma são quadradas. Calcule o volume e a área total do prisma.

42 Um paralelepípedo retângulo tem 1 m de comprimento, 2 m de largura e 3 m de altura. Um segundo paralelepípedo retângulo tem o mesmo volume que o primeiro, o comprimento **x** metros maior do que o anterior, a largura **x** metros maior do que a anterior e a altura **x** metros menor do que a anterior. Determine o valor de **x**.

43 As dimensões de um paralelepípedo retângulo são 9 m, 6 m e 4 m. Calcule a medida da aresta de um cubo cujo volume é igual ao volume do paralelepípedo.

44 Em um paralelepípedo retângulo, o volume é 600 cm^3. Uma das dimensões da base é igual ao dobro da outra, enquanto a altura é 12 cm. Calcule a área total do paralelepípedo.

45 Um cubo tem 96 m^2 de área total. Aumentando-se em **x** metros a sua aresta, o volume do cubo se torna igual a 216 m^3. Calcule o valor de **x**.

46 Antônio é proprietário de uma chácara e decidiu fazer uma piscina para seus filhos. Para isso quer utilizar uma área de 5,0 m de largura por 10,0 m de comprimento. Antônio quer que sua piscina tenha uma profundidade de 1,0 m em um lado e uma profundidade de 1,90 m em outro lado, como mostra a figura:

dica Enem

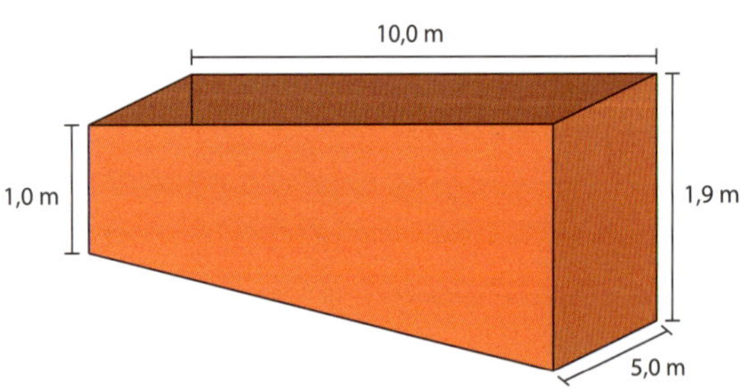

Quantos metros cúbicos serão necessários para que Antônio encha essa piscina de modo que falte 0,4 metro, na altura, para enchê-la totalmente?

a) 52,5 m^3
b) 72,5 m^3
c) 95 m^3
d) 9,5 m^3
e) 57 m^3

9. As pirâmides

Construção e definição

Considere uma região poligonal, por exemplo, ABCDE, contida em um plano α e um ponto **V** exterior ao plano da região poligonal. Traçamos os segmentos VA, VB, VC, VD e VE. Cada dois vértices consecutivos de ABCDE determinam com **V** uma região triangular. Essas regiões triangulares, juntamente com a região poligonal ABCDE, determinam um poliedro chamado *pirâmide* de base ABCDE e vértice **V**.

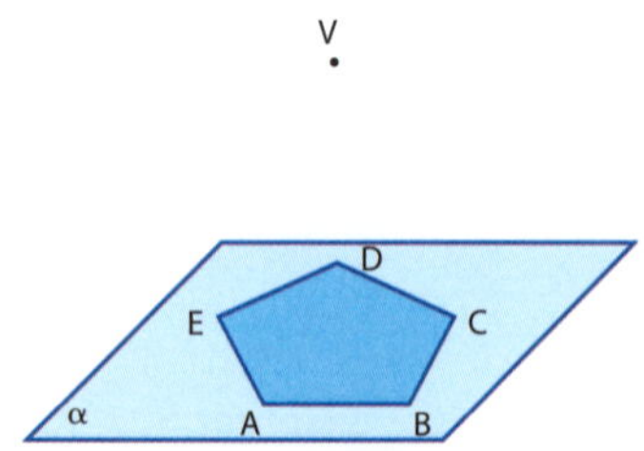

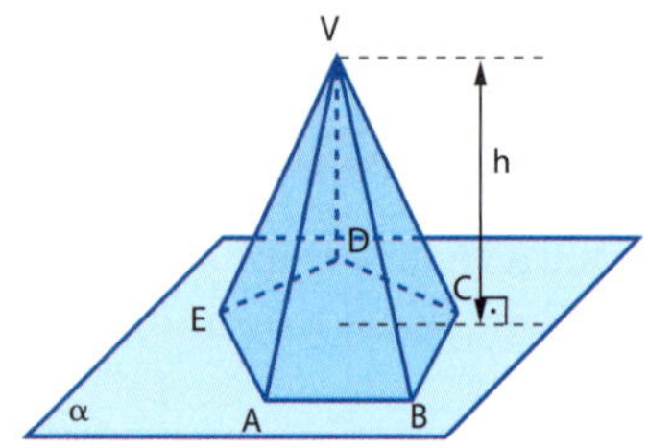

A região do espaço ocupada pela pirâmide é formada pelos pontos dos segmentos de reta que ligam o vértice **V** aos pontos da região poligonal (base).

A distância do vértice ao plano da base, que indicamos por **h**, é chamada *altura da pirâmide*.

Os segmentos VA, VB, VC, VD e VE são chamados de *arestas laterais*, e as regiões triangulares VAB, VBC, VCD, VDE e VEA, de *faces laterais* da pirâmide.

Veja a seguir alguns exemplos de pirâmides:

1º)

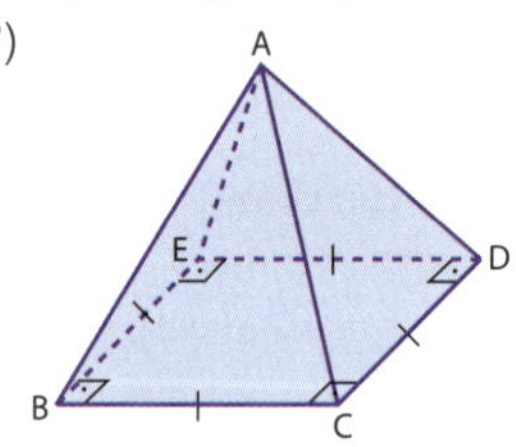

2º)

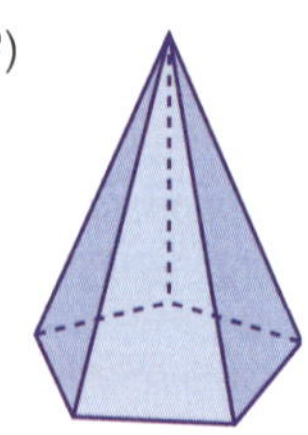

3º)

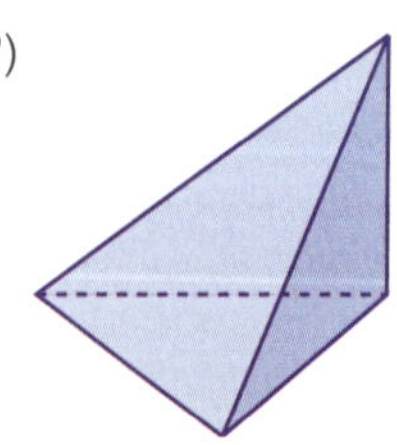

A 1ª pirâmide, ABCDE, tem base quadrada (pirâmide quadrada); a região poligonal BCDE é sua base, $\overline{AC}$ é uma aresta lateral, $\overline{BC}$ é uma aresta da base e a região triangular ACD é uma das faces laterais.

A 2ª pirâmide tem base pentagonal (pirâmide pentagonal) e a 3ª tem base triangular (tetraedro).

Observação: Se todas as arestas laterais são congruentes, a *pirâmide é reta*; caso contrário, ela é oblíqua. Nos exemplos dados a 1ª e a 2ª são pirâmides retas e a 3ª é oblíqua.

objeto digital

Pirâmide regular

Pirâmide regular é uma pirâmide reta cuja base é uma região poligonal limitada por um polígono regular.

Vamos considerar uma pirâmide cuja base é uma região quadrada e com arestas laterais congruentes:

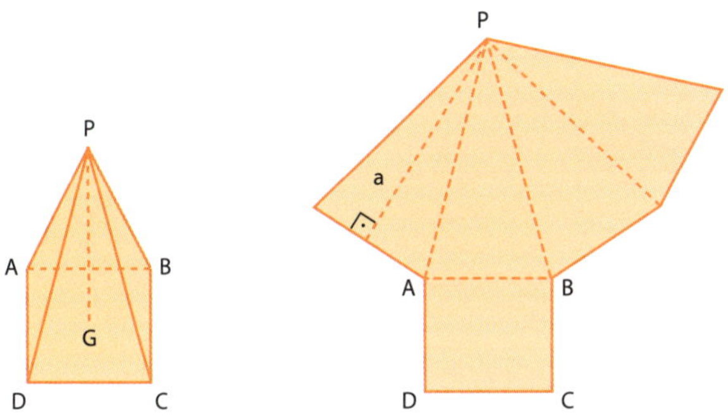

Planificada

> **Para refletir**
> Polígono regular é o que tem todos os lados e todos os ângulos internos congruentes. Ele pode sempre ser inscrito numa circunferência, cujo centro é considerado também centro do polígono regular.

Essa pirâmide é regular, pois sua base é uma região poligonal regular (quadrada) e suas arestas são congruentes (pirâmide reta).

Nesse caso, podemos ainda afirmar que:

- o segmento ($\overline{PG}$) que liga o vértice ao centro da base é a altura da pirâmide;
- as faces laterais são regiões triangulares isósceles e congruentes;
- a altura de cada face lateral é conhecida por apótema da pirâmide regular (**a**).

Observação: Em toda pirâmide regular devemos destacar quatro importantes triângulos retângulos nos quais aparecem: a aresta da base (ℓ), a aresta lateral (ℓ_1), o raio da base (**r**), o apótema da pirâmide (**a**), o apótema da base (**a_1**) e a altura da pirâmide (**h**).

Veja, em uma pirâmide regular pentagonal, a aplicação da relação de Pitágoras nesses triângulos:

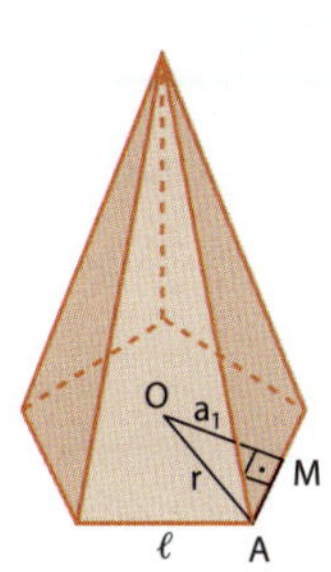

$\triangle$OMA

$$r^2 = a_1^2 + \left(\frac{\ell}{2}\right)^2$$

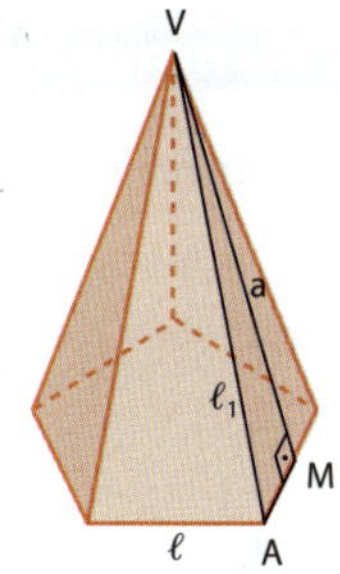

$\triangle$VMA

$$\ell_1^2 = a^2 + \left(\frac{\ell}{2}\right)^2$$

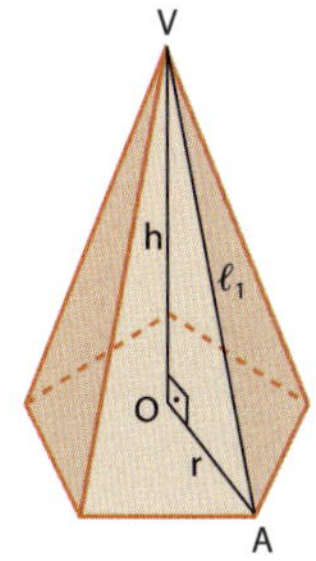

$\triangle$VOA

$$\ell_1^2 = h^2 + r^2$$

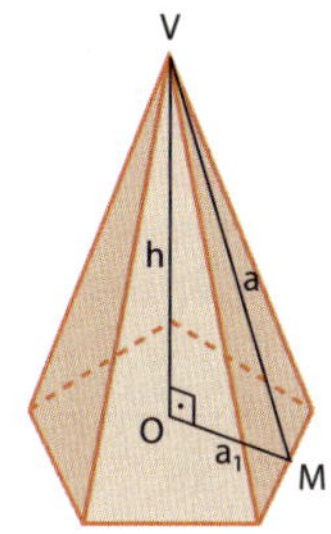

$\triangle$VOM

$$a^2 = h^2 + a_1^2$$

Área da superfície de uma pirâmide

Do mesmo modo que foi visto nos prismas, nas pirâmides também temos:

- *superfície lateral*: é formada pelas faces laterais (triangulares);
- *área lateral*: é a área da superfície lateral;
- *superfície total*: é formada pelas faces laterais e pela base;
- *área total*: é a área da superfície total.

Caso particular importante: o tetraedro regular

Uma pirâmide particular formada por quatro regiões triangulares congruentes e equiláteras é o *tetraedro regular* (tetra: quatro; edro: face).

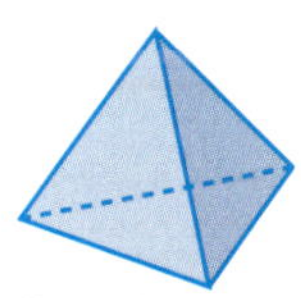
Tetraedro regular

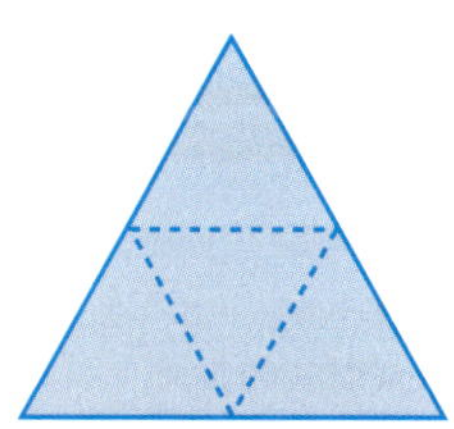
Planificado

Nele, qualquer uma das faces pode ser considerada base. O tetraedro regular é um caso particular de pirâmide regular.

» Exemplo de aplicação

Uma pirâmide regular hexagonal tem 8 cm de altura e a aresta da sua base mede $4\sqrt{3}$ cm. Calcule a área total.

Sabemos que:

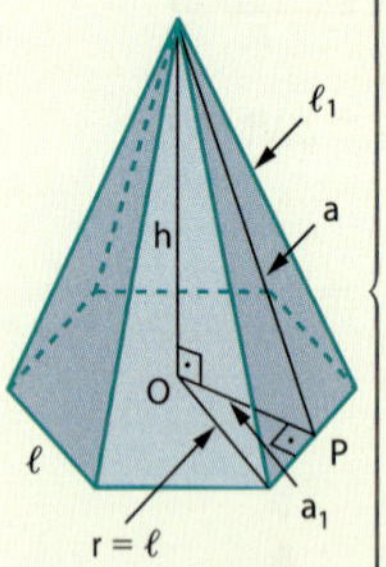

$$\begin{cases} A_{total} = A_{base} + A_{lateral}\ (A_t = A_b + A_\ell) \\ a_1 = \dfrac{\ell\sqrt{3}}{2} \\ A_b = 6 \cdot \dfrac{\ell^2\sqrt{3}}{4} \\ r = \ell \\ r^2 = \ell^2 = a_1^2 + \left(\dfrac{\ell}{2}\right)^2 \\ a^2 = h^2 + a_1^2 \\ \ell = 4\sqrt{3} \\ h = 8 \end{cases}$$

- Cálculo de $\mathbf{A_b}$ (área da base):

$$A_b = 6 \cdot \frac{(4\sqrt{3})^2\ \sqrt{3}}{4} = \frac{6 \cdot 16 \cdot 3\sqrt{3}}{4} = 72\sqrt{3}$$

- Cálculo de $\mathbf{a_1}$ (apótema da base):

$$a_1 = \frac{4\sqrt{3} \cdot \sqrt{3}}{2} = 6$$

ou

$$(4\sqrt{3})^2 = a_1^2 + \left(\frac{4\sqrt{3}}{2}\right)^2 \Rightarrow$$

$$\Rightarrow a_1^2 = 48 - 12 = 36 \Rightarrow a_1 = 6$$

- Cálculo de **a** (apótema da pirâmide):

$$a^2 = 8^2 + 6^2 = 64 + 36 = 100 \Rightarrow$$

$$\Rightarrow a = \sqrt{100} = 10$$

- Cálculo de $\mathbf{A_\ell}$ (área lateral):

$$A_\ell = 6 \cdot \frac{\ell a}{2} = 3 \cdot 4\sqrt{3} \cdot 10 = 120\sqrt{3}$$

- Cálculo de $\mathbf{A_t}$ (área total):

$$A_t = A_b + A_\ell = 72\sqrt{3} + 120\sqrt{3} = 192\sqrt{3}\ \text{cm}^2$$

» Exercícios

objeto digital

47 Uma pirâmide regular hexagonal tem 10 cm de altura e a aresta da sua base mede 4 cm. Calcule:

a) o apótema da base
b) o apótema da pirâmide
c) a aresta lateral
d) a área da base
e) a área lateral
f) a área total

48 Num tetraedro regular, a aresta mede $2\sqrt{3}$ cm. Calcule:

a) a altura do tetraedro
b) a área total

49 Determine a área total de uma pirâmide regular cuja altura é 15 cm e cuja base é um quadrado de 16 cm de lado.

50 Calcule a área lateral de uma pirâmide regular triangular cuja aresta lateral mede 13 cm e o apótema da pirâmide mede 12 cm.

51 Determine a área total de uma pirâmide regular hexagonal, sabendo que a aresta da base mede 8 cm e a altura da pirâmide mede 12 cm.

Volume da pirâmide

Observe a figura abaixo:

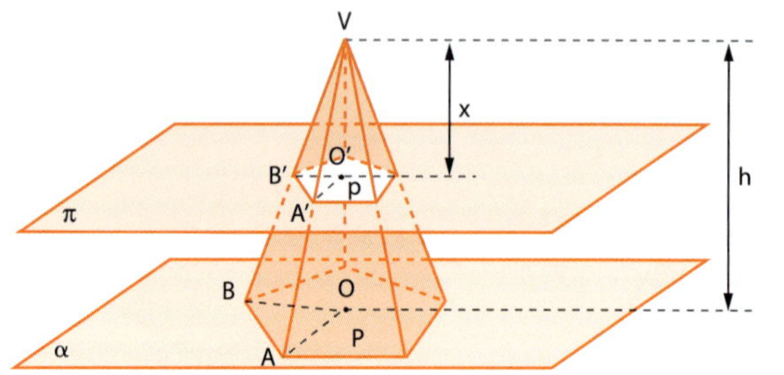

A pirâmide tem a base **P** contida no plano α e está sendo seccionada pelo plano horizontal π, paralelo a α.

A secção da pirâmide pelo plano π é uma região poligonal **p** semelhante à base **P**. É interessante notar que a secção de uma pirâmide por um plano paralelo à base destaca uma pirâmide menor que é semelhante à original. A pirâmide miniatura tem base **p** e altura **x** (distâncias do ponto **V** ao plano π), e a pirâmide original tem base **P** e altura **h**.

Se duas figuras geométricas são semelhantes, com razão **k** entre suas dimensões lineares, então suas áreas têm razão $\mathbf{k^2}$. No caso, **k** é a razão entre as alturas **h** e **x** das pirâmides semelhantes.

$$k = \frac{h}{x} \Rightarrow k^2 = \left(\frac{h}{x}\right)^2$$

Assim, se **p** e **P** são semelhantes, então:

$$\frac{\text{área de } \mathbf{P}}{\text{área de } \mathbf{p}} = \left(\frac{h}{x}\right)^2$$

Fique atento

Regiões poligonais semelhantes têm ângulos congruentes e segmentos correspondentes proporcionais. Se $\frac{a}{b}$ é a razão constante entre seus segmentos correspondentes, então $\left(\frac{a}{b}\right)^2$ é a razão entre suas áreas.

Vamos agora considerar duas pirâmides cujas áreas das bases são iguais e têm a mesma altura. Vejamos o que acontece com as áreas das secções transversais situadas a uma mesma distância do vértice da pirâmide.

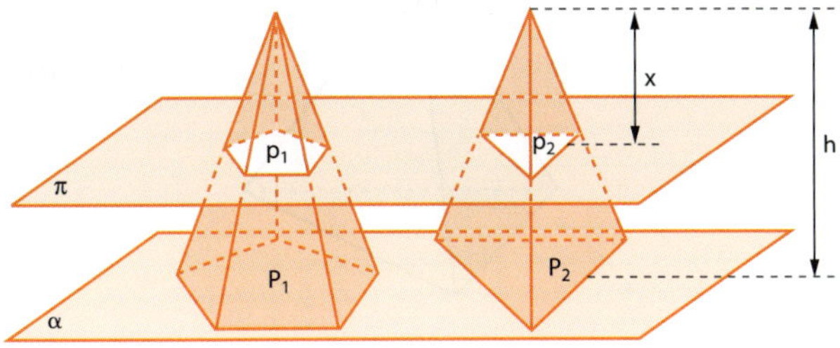

Já vimos que $\dfrac{\text{área de } \mathbf{P_1}}{\text{área de } \mathbf{p_1}} = \left(\dfrac{h}{x}\right)^2$ e $\dfrac{\text{área de } \mathbf{P_2}}{\text{área de } \mathbf{p_2}} = \left(\dfrac{h}{x}\right)^2$.

Daí tiramos $\dfrac{\text{área de } \mathbf{P_1}}{\text{área de } \mathbf{p_1}} = \dfrac{\text{área de } \mathbf{P_2}}{\text{área de } \mathbf{p_2}}$.

Como consideramos inicialmente que área de $\mathbf{P_1}$ = área de $\mathbf{P_2}$, concluímos que:

área de $\mathbf{p_1}$ = área de $\mathbf{p_2}$ para qualquer plano horizontal π

Então, pelo princípio de Cavalieri, os volumes das pirâmides são iguais, ou seja:

Pirâmides com áreas das bases iguais e com mesma altura têm volumes iguais.

Cálculo do volume da pirâmide triangular

objeto digital

Vamos agora decompor um prisma triangular em três pirâmides, como indicam as figuras:

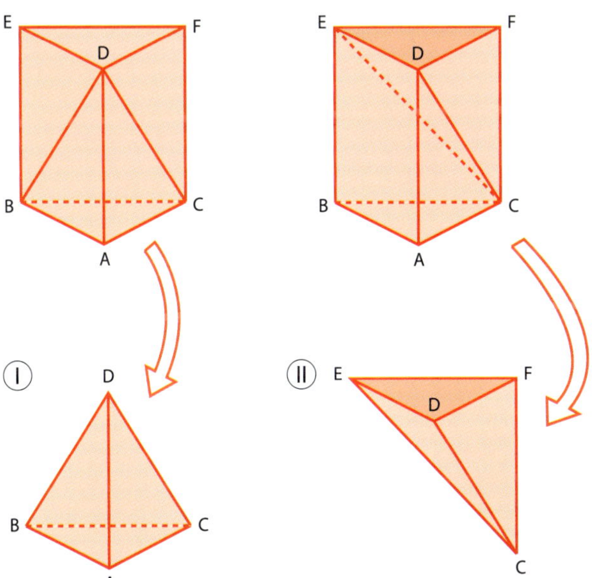

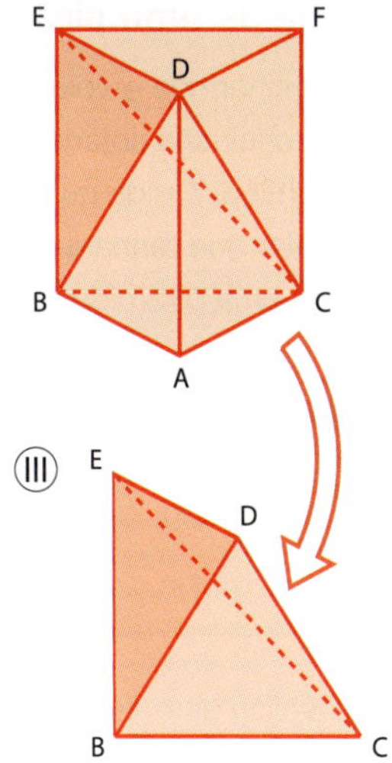

Observações:

1ª) As pirâmides **I** e **II** têm bases congruentes e alturas iguais. De fato, os triângulos ABC e DEF são congruentes e a distância de **D** ao plano (ABC) é igual à distância de **C** ao plano (DEF) – altura do prisma original. Logo, **I** e **II** têm mesmo volume.

2ª) As pirâmides **II** e **III** também têm bases congruentes e alturas iguais. De fato, o triângulo CEF é congruente ao triângulo BCE, pois cada um deles é a metade do paralelogramo BCFE, e a altura de cada uma dessas pirâmides é a distância de **D** ao plano (BCFE). Logo, II e III têm o mesmo volume. Assim, $V_I = V_{II}$ e $V_{II} = V_{III}$ e, portanto, os três volumes são iguais.
Lembrando que $V_{prisma} = V_I + V_{II} + V_{III}$ e fazendo $V_I = V_{II} = V_{III} = V$, temos que:

$$V_{prisma} = 3V \Rightarrow V = \frac{V_{prisma}}{3}$$

Como V_{prisma} = área da base · altura, temos:

$$V \text{ ou } V_{\text{pirâmide triangular}} = \frac{\text{área da base} \cdot \text{altura}}{3}$$

Observação: Essa propriedade citada pode ser verificada experimentalmente. Se quiséssemos encher de água uma vasilha em forma de prisma usando um recipiente em forma de pirâmide, com mesma base e mesma altura, seria necessário usá-lo três vezes para encher a vasilha.

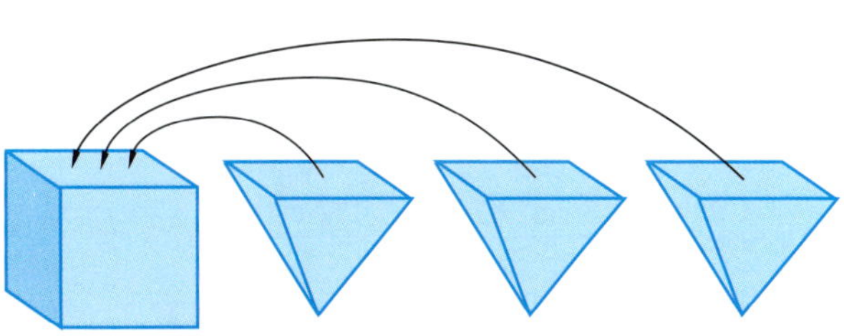

Cálculo do volume de uma pirâmide qualquer

Agora, para determinarmos o volume de uma *pirâmide qualquer*, usamos a conclusão anterior e o princípio de Cavalieri. Assim, dada uma pirâmide qualquer, consideramos uma pirâmide triangular que tenha a mesma área da base e a mesma altura que uma pirâmide qualquer.

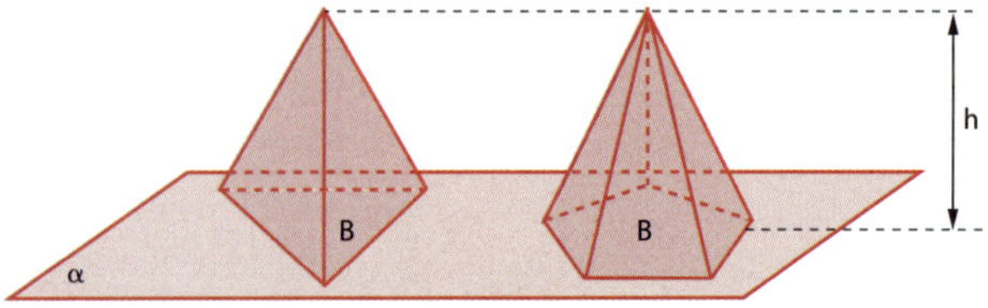

O princípio de Cavalieri garante que duas pirâmides com áreas das bases iguais e com a mesma altura têm volumes iguais. Então:

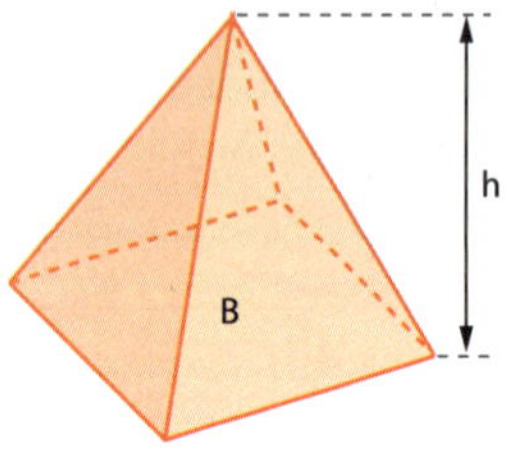

volume da pirâmide triangular = volume de uma pirâmide qualquer (de mesma área da base e mesma altura)

Como o volume da pirâmide triangular =

$= \frac{\text{área da base} \cdot \text{altura}}{3}$, concluímos que:

volume de uma pirâmide qualquer $= \frac{\text{área da base} \cdot \text{altura}}{3}$

ou seja:

$$V = \frac{A_b h}{3}$$

» Exemplos de aplicação

1 **Calcule o volume de uma pirâmide quadrada cuja aresta da base mede 4 cm e a altura, 7 cm.**

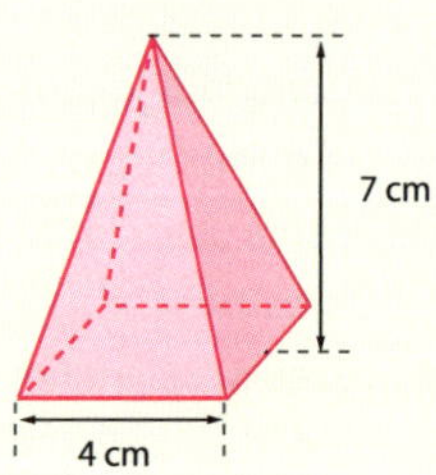

$A_b = 4\text{ cm} \cdot 4\text{ cm} = 16\text{ cm}^2$

$h = 7\text{ cm}$

$V = \frac{A_b h}{3} = \frac{16\text{ cm}^2 \cdot 7\text{ cm}}{3} = \frac{112\text{ cm}^3}{3} \simeq 37{,}3\text{ cm}^3$

O volume da pirâmide é de aproximadamente 37,3 cm^3

2 **Qual é o volume de um tetraedro regular de aresta a?**

Sabemos que, num tetraedro regular (figura abaixo), as quatro faces são triângulos equiláteros.

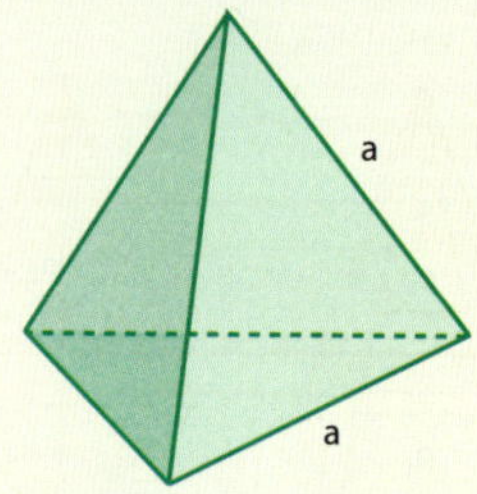

Logo, a área da base é:

$A_b = \frac{a^2\sqrt{3}}{4}$ (área de um triângulo equilátero de lado **a**)

Calculamos, agora, a altura do tetraedro:

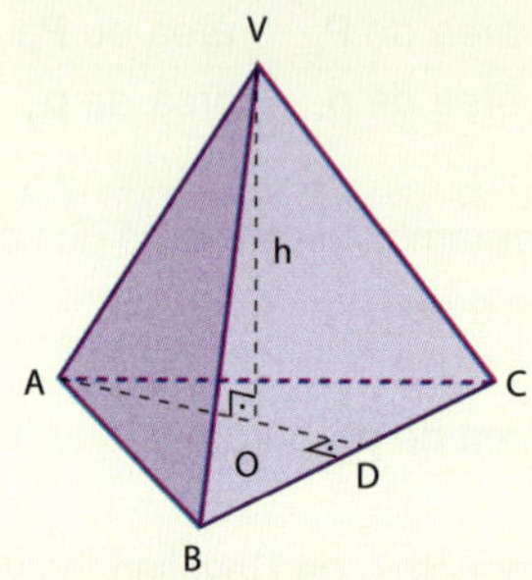

- **O** é o centro do triângulo equilátero ABC
- $\overline{AD}$ é a mediana relativa do lado $\overline{BC}$
- $\overline{AO} = \frac{2}{3}\overline{AD}$
- $\overline{AD}$ é a altura do $\triangle ABC$ relativa ao lado $\overline{BC}$
- $\overline{AD} = \frac{a\sqrt{3}}{2}$

Das observações feitas, podemos tirar que:

$$\overline{AO} = \frac{\cancel{2}}{3} \cdot \frac{a\sqrt{3}}{\cancel{2}} = \frac{a\sqrt{3}}{3}$$

Considerando o triângulo retângulo AOV ($\hat{O}$ é reto), temos:

$$\overline{AV}^2 = \overline{AO}^2 + \overline{OV}^2 \Rightarrow a^2 = \left(\frac{a\sqrt{3}}{3}\right)^2 + h^2 \Rightarrow$$

$$\Rightarrow h^2 = a^2 - \frac{a^2}{3} = \frac{2a^2}{3} \Rightarrow h = \frac{a\sqrt{2}}{\sqrt{3}} = \frac{a\sqrt{6}}{3}$$

Calculando o volume, temos:

$$V = \frac{A_b h}{3} = \frac{\frac{a^2\sqrt{3}}{4} \cdot \frac{a\sqrt{6}}{3}}{3} = \frac{3a^3\sqrt{2}}{36} = \frac{a^3\sqrt{2}}{12}$$

Então, o volume do tetraedro regular é $\frac{a^3\sqrt{2}}{12}$.

3 Quando duas pirâmides regulares de bases quadradas e cujas faces laterais são triângulos equiláteros são colocadas base a base, o sólido resultante (figura abaixo) é chamado octaedro regular. Calcule o volume do octaedro regular de aresta 5 cm.

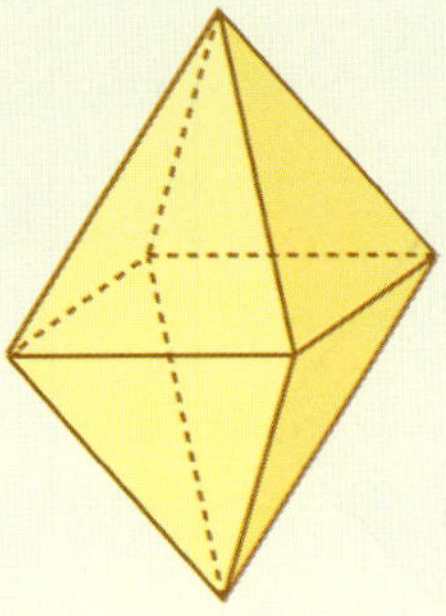

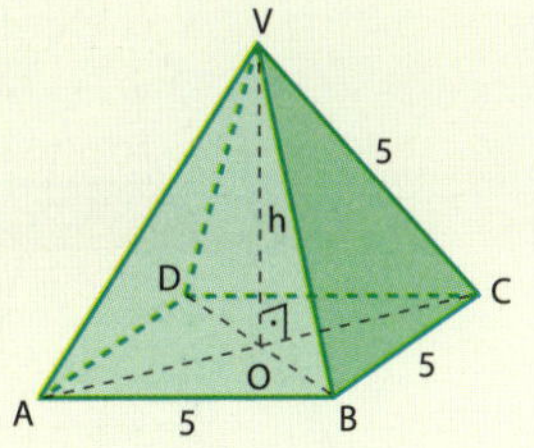

Vamos calcular a altura de cada pirâmide:

- $\overline{AC}$ = diagonal do quadrado = $5\sqrt{2}$
- $\overline{VO}$ = altura da pirâmide (**h**)
- $\overline{OC}$ = metade da diagonal do quadrado = $\frac{5\sqrt{2}}{2}$

No triângulo retângulo VOC ($\hat{O}$ é reto) temos:

$$5^2 = h^2 + \left(\frac{5\sqrt{2}}{2}\right)^2 \Rightarrow h^2 = 25 - \frac{50}{4} = \frac{50}{4} \Rightarrow$$

$$\Rightarrow h = \frac{5\sqrt{2}}{2}$$

Vamos calcular o volume:

$$A_b = 5 \cdot 5 = 25$$

$$V = \frac{A_b h}{3} = \frac{25 \cdot \frac{5\sqrt{2}}{2}}{3} = \frac{125\sqrt{2}}{3}$$

Como são duas pirâmides, temos:

$$V \simeq 2 \cdot \frac{125\sqrt{2}}{6} = \frac{125\sqrt{2}}{3}$$

Portanto, o volume do octaedro regular é de aproximadamente $\frac{125\sqrt{2}}{3}$ cm^3.

Exercícios

52 A aresta da base de uma pirâmide quadrada mede 10 cm e a altura da pirâmide mede 12 cm. Determine o volume da pirâmide.

53 A parte mais alta da torre de uma igreja é uma pirâmide quadrada (figura abaixo). A aresta da base tem 6 m e a aresta lateral tem $\sqrt{34}$ m. Qual é o volume dessa parte da torre?

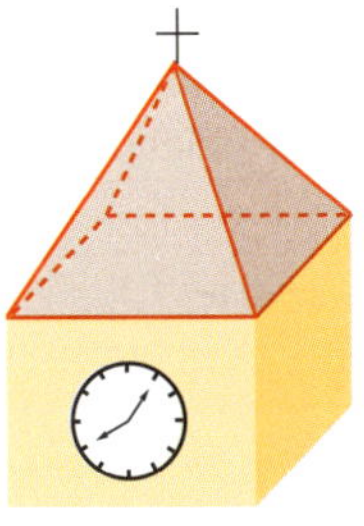

54 A pirâmide de Quéops é conhecida como a Grande Pirâmide do Egito. Sua base quadrada tem aproximadamente 230 m de aresta e sua altura é de 137 m. Qual o volume dessa pirâmide?

NIELS ANDREAS/FOLHA IMAGEM

55 Uma barraca piramidal é sustentada por seis hastes metálicas cujas extremidades são o vértice da pirâmide e os seis vértices da base. A base é um polígono cujos lados têm todos o mesmo comprimento, que é de 3 m. Se a altura da barraca é de 3 m, qual é o volume de ar nessa barraca?

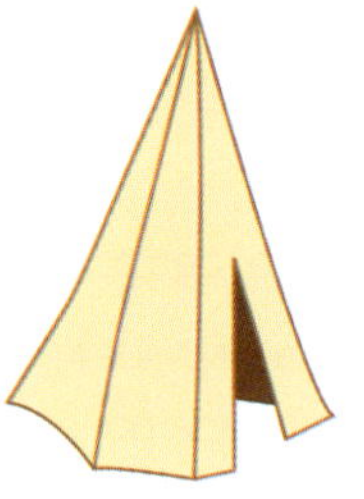

56 Uma peça maciça de cristal tem o formato de um tetraedro (figura abaixo). Sabendo que cada aresta da peça mede 10 cm, qual o volume de cristal usado para fazer essa peça?

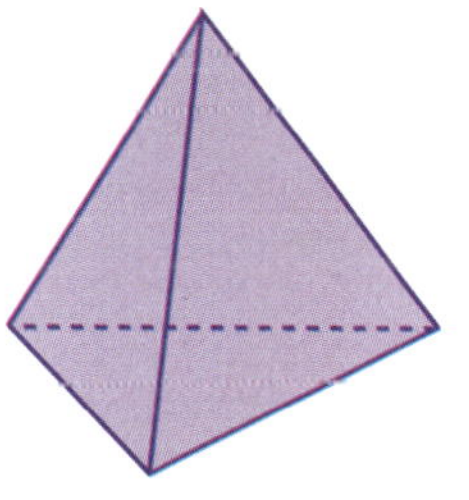

57 Uma pedra preciosa tem a forma da figura abaixo. Sabendo que a pedra tem 6 mm em todas as arestas, calcule o volume da pedra.

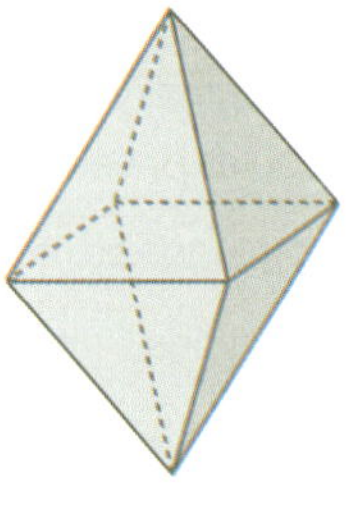

58 Uma peça de vidro tem o formato e as medidas da figura abaixo. Supondo-a maciça, qual o volume de vidro usado para fazer essa peça?

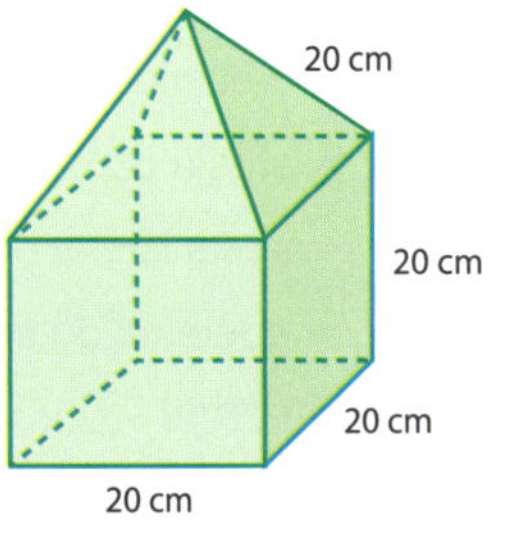

Tronco de pirâmide

Vamos considerar uma pirâmide de vértice **V** e altura **h**. Traçando um plano π paralelo à base, que secciona a pirâmide a uma distância **d** do vértice, obtemos dois poliedros: uma pirâmide de vértice **V** e altura **d** e um poliedro que é chamado tronco da pirâmide inicial.

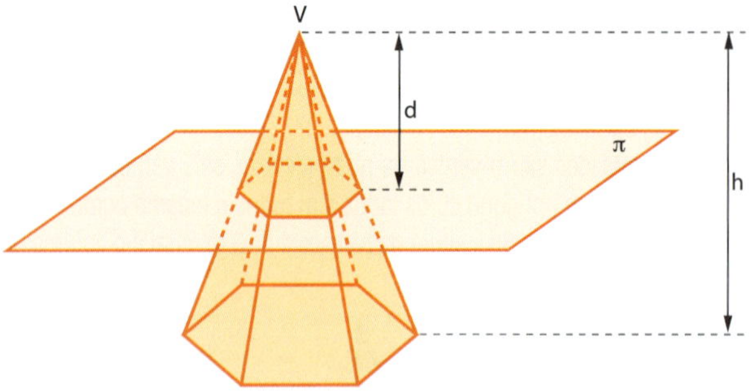

No tronco da pirâmide, destacamos:

- duas bases: a base da pirâmide inicial (base maior do tronco) e a secção determinada por π (base menor do tronco);
- as faces laterais, que são regiões limitadas por trapézios;
- a distância entre as bases do tronco, que se chama altura do tronco; sua medida é expressa por $h_1 = h - d$.

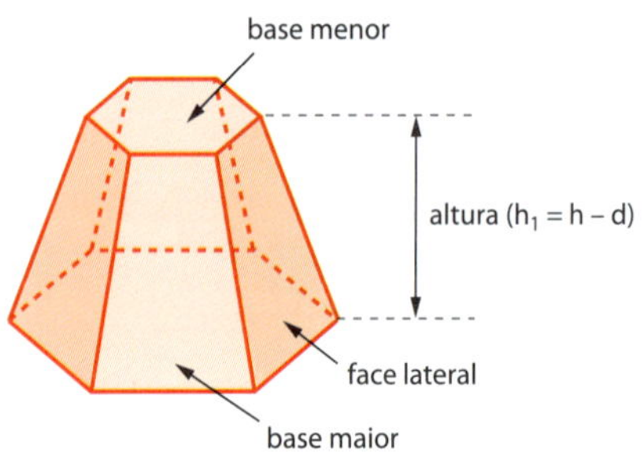

Quando a pirâmide original é regular, o tronco de pirâmide é chamado de regular e, nesse caso:

- as bases são regiões poligonais regulares e semelhantes;
- as faces laterais são regiões limitadas por trapézios isósceles;
- a altura de um desses trapézios é chamada *apótema* do tronco.

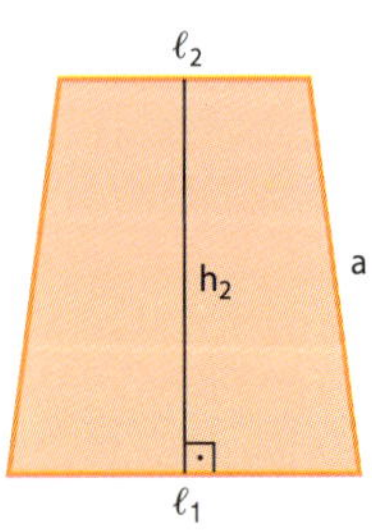

ℓ_1 = aresta da base maior do tronco

ℓ_2 = aresta da base menor do tronco

a = aresta lateral do tronco

h_2 = apótema do tronco (ou altura da face lateral)

Volume do tronco de pirâmide

Consideremos o tronco de pirâmide representado pela figura abaixo.

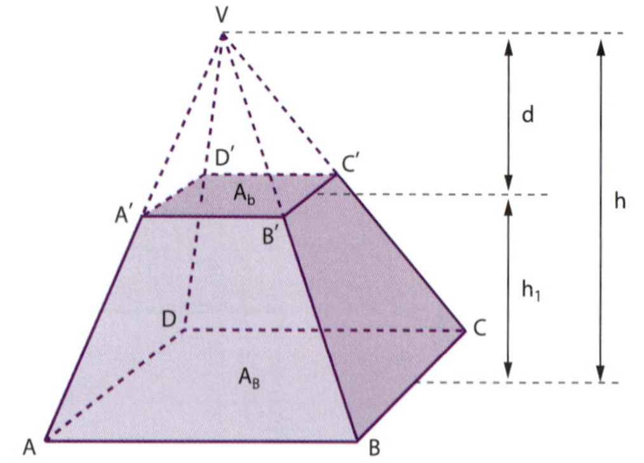

A_B = área da base maior

A_b = área da base menor

h = altura da pirâmide VABCD

d = altura da pirâmide VA'B'C'D'

h_1 = altura do tronco

V = volume do tronco

Pela figura acima, podemos observar que:

volume do tronco = volume da pirâmide VABCD − volume da pirâmide VA'B'C'D'

volume da pirâmide VABCD = $\frac{1}{3}A_Bh$

volume da pirâmide VA'B'C'D' = $\frac{1}{3}A_bd = \frac{1}{3}A_b(h - h_1)$

Então:

$$V = \frac{1}{3}A_Bh - \frac{1}{3}A_b(h - h_1) = \frac{1}{3}[A_Bh - A_bh + A_bh_1] =$$

$$= \frac{1}{3}[(A_B - A_b)h + A_bh_1]$$

Calculando **h** em função de $\mathbf{A_B}$, $\mathbf{A_b}$ e $\mathbf{h_1}$ do tronco da pirâmide, substituindo na igualdade acima e simplicando, obtemos:

$$V = \frac{h_1}{3}\left(A_B + \sqrt{A_BA_b} + A_b\right)$$

Assim, você pode calcular o volume do tronco por meio da subtração dos volumes das pirâmides semelhantes (a original e a miniatura) ou aplicando a fórmula acima.

Para refletir
Use a propriedade da secção transversal (p. 444) para calcular **h** e deduza esta fórmula em função de $\mathbf{h_1}$.

» Exemplos de aplicação

1 A área da base de uma pirâmide é 36 cm². Uma secção transversal feita a 3 cm da base tem 9 cm² de área. Calcule a altura da pirâmide.

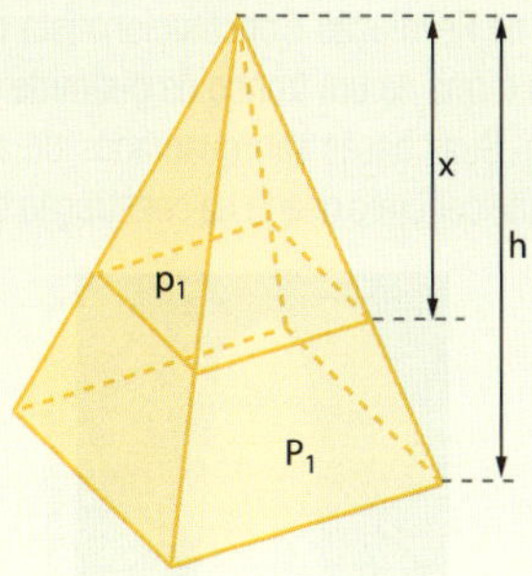

Na figura, temos:

$P_1 = 36$ cm²

$p_1 = 9$ cm²

$h - x = 3 \text{ cm} \Rightarrow x = h - 3$

$$\frac{P_1}{p_1} = \frac{h^2}{x^2} \Rightarrow \frac{36}{9} = \frac{h^2}{(h-3)^2} \Rightarrow 4 = \frac{h^2}{(h-3)^2} \Rightarrow$$

$$\Rightarrow 2 = \frac{h}{h-3} \Rightarrow 2h - 6 = h \Rightarrow h = 6$$

A altura da pirâmide é 6 cm.

2 Um tronco de pirâmide tem como bases duas regiões quadradas de lados 5 cm e 12 cm. A altura do tronco é 8 cm. Calcule o volume desse tronco.

1ª maneira: usando a fórmula

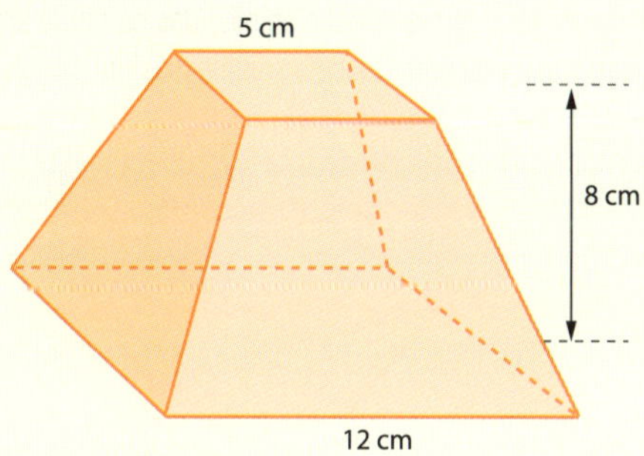

$A_B = 12 \text{ cm} \cdot 12 \text{ cm} = 144 \text{ cm}^2$

$A_b = 5 \text{ cm} \cdot 5 \text{ cm} = 25 \text{ cm}^2$

$h_1 = 8$ cm

$$V = \frac{h_1}{3}\left(A_B + \sqrt{A_B A_b} + A_b\right) = \frac{8}{3}(144 + 60 + 25) =$$

$$= \frac{8}{3} \cdot 229 = \frac{1\,832}{3} \simeq 610{,}6 \text{ cm}^3$$

O volume do tronco é de 610,6 cm³, aproximadamente.

2ª maneira: sem usar a fórmula

A partir do tronco, consideremos as pirâmides original e miniatura, com suas alturas **h** e **x**. Temos que $h = x + 8$ e que a razão de semelhança entre as duas pirâmides semelhantes é:

$$k = \frac{5}{12} = \frac{x}{h} \Rightarrow 5h = 12x \Rightarrow 5(x + 8) = 12x \Rightarrow$$

$$\Rightarrow x = \frac{40}{7} \text{ cm e } h = \frac{96}{7} \text{ cm}$$

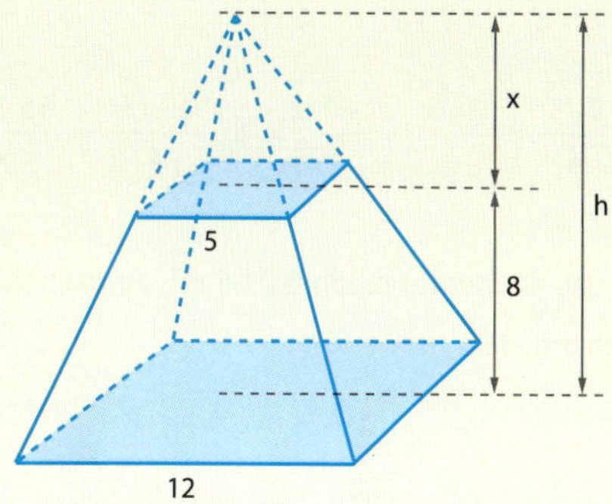

O volume da pirâmide original é igual a:

$$\frac{1}{3} \cdot 12^2 \cdot \frac{96}{7} = \frac{4\,608}{7} \text{ cm}^3$$

O volume da pirâmide miniatura é igual a:

$$\frac{1}{3} \cdot 5^2 \cdot \frac{40}{7} = \frac{1\,000}{21} \text{ cm}^3$$

Então, o volume do tronco é:

$$\frac{4\,608}{7} - \frac{1\,000}{21} = \frac{1\,832}{3} \simeq 610{,}6 \text{ cm}^3$$

3 Um obelisco de granito tem a forma de um tronco de pirâmide de base triangular regular. Os lados das bases têm 3 m e 1 m. A altura do obelisco é de 15 m. Calcule o volume de granito usado para a construção do obelisco.

RUBENS CHAVES/ACERVO DO FOTÓGRAFO

1ª maneira: usando a fórmula

Sendo 3 m o lado da base maior, temos:

$$A_B = \frac{3^2\sqrt{3}}{4} = \frac{9\sqrt{3}}{4} \text{ m}^2$$

Sendo 1 m o lado da base menor, temos:

$$A_b = \frac{1^2\sqrt{3}}{4} = \frac{\sqrt{3}}{4} \text{ m}^2$$

Sendo h = 15 m, temos:

$$V = \frac{h_1}{3}(A_B + \sqrt{A_B A_b} + A_b) =$$

$$= \frac{15}{3}\left(\frac{9\sqrt{3}}{4} + \sqrt{\frac{27}{16}} + \frac{\sqrt{3}}{4}\right) =$$

$$= 5\left(\frac{9\sqrt{3}}{4} + \frac{3\sqrt{3}}{4} + \frac{\sqrt{3}}{4}\right) = 5 \cdot \frac{13\sqrt{3}}{4} \simeq \frac{65 \cdot 1,7}{4} =$$

$$= 27,6 \text{ m}^3$$

O volume de granito usado é 27,6 m^3, aproximadamente.

2ª maneira: sem usar a fórmula

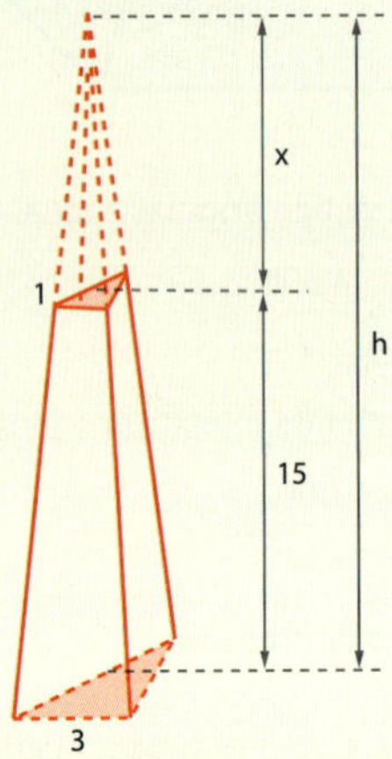

A partir do tronco, consideremos as pirâmides original e miniatura, com suas alturas **h** e **x**. Temos que h = x + 15 e que a razão de semelhança entre as duas pirâmides semelhantes é:

$$k = \frac{1}{3} = \frac{x}{h} \Rightarrow h = 3x \Rightarrow x + 15 = 3x \Rightarrow$$

$$\Rightarrow x = \frac{15}{2} = 7,5 \text{ m e } h = \frac{45}{2} = 22,5 \text{ m}$$

O volume da pirâmide original é:

$$\frac{1}{3} \cdot \frac{3^2\sqrt{3}}{4} \cdot \frac{45}{2} = \frac{135\sqrt{3}}{8} \text{ m}^3$$

O volume da pirâmide miniatura é:

$$\frac{1}{3} \cdot \frac{1^2\sqrt{3}}{4} \cdot \frac{15}{2} = \frac{5\sqrt{3}}{8} \text{ m}^3.$$

Então, o volume do granito é:

$$\frac{135\sqrt{3}}{8} - \frac{5\sqrt{3}}{8} = \frac{65\sqrt{3}}{4} \simeq 27,6 \text{ m}^3$$

Exercícios

objeto digital

59 Uma pirâmide tem por base um quadrado de lado 8 cm. A altura da pirâmide é 20 cm. Calcule a área da secção transversal feita a 12 cm do vértice.

60 Uma secção transversal é feita a 4 cm do vértice de uma pirâmide. A área da secção transversal é igual a $\frac{4}{9}$ da área da base da pirâmide. Calcule a altura da pirâmide.

61 Um tronco de pirâmide tem como bases dois quadrados de lados 8 cm e 12 cm, respectivamente. A altura do tronco é 10 cm. Calcule o volume do tronco.

62 Em São Paulo, no Parque do Ibirapuera, há um monumento de concreto chamado Obelisco aos Heróis de 1932, uma homenagem aos que morreram na Revolução Constitucionalista de 1932. Esse monumento tem a forma de um tronco de pirâmide (foto abaixo) e tem 72 m de altura. Suas bases são quadrados de arestas 9 m e 7 m. Qual o volume de concreto usado na construção desse monumento?

HEUDES REGIS/ARQUIVO DA EDITORA

63 Uma pirâmide de base quadrada é cortada por um plano π, paralelo à base. Sabe-se que a área da secção plana é igual a um terço da área da base. Sendo V_1 o volume da pirâmide maior e V_2 o volume da pirâmide menor, calcule $\frac{V_1}{V_2}$.

64 Um reservatório tem a forma e as medidas da figura abaixo. A sua profundidade é de 6 m. Qual é o volume máximo de água, em litros, que esse reservatório pode conter? (1 dm^3 = 1 ℓ)

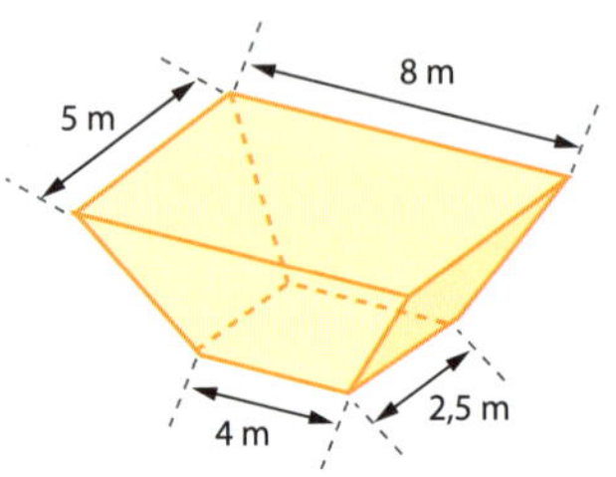

65 Consideremos uma pirâmide regular de base quadrada.
Um plano π, paralelo à base, intercepta a altura da pirâmide em um ponto situado a $\frac{3}{4}$ da distância do vértice à base, a partir do vértice.

A altura da pirâmide é 16 cm e a aresta da base é 24 cm. Qual é o volume do tronco?

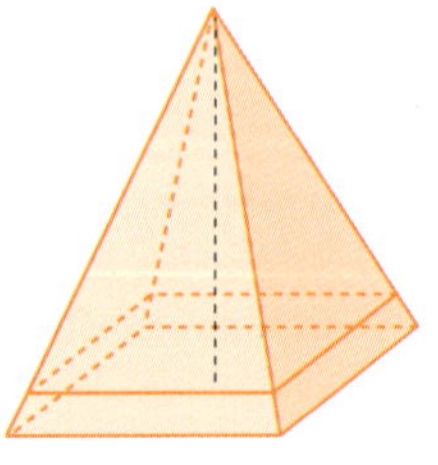

25
Capítulo

Corpos redondos: cilindro, cone e esfera

Você sabia que:

- três quartos da superfície da Terra são cobertos de água?
- a linha do Equador mede, aproximadamente, 40 000 km?

Pense agora nas seguintes questões, relativas ao planeta Terra:
Qual é o seu volume e qual a área de sua superfície?
Qual é a área coberta de água (em km^2) em sua superfície?

As respostas a essas questões são possíveis com o estudo dos corpos redondos, que faremos neste capítulo.

Veja exemplos de corpos redondos:

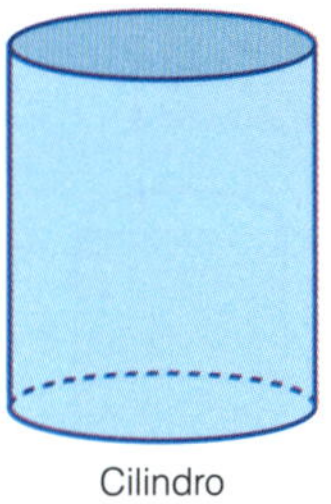
Cilindro

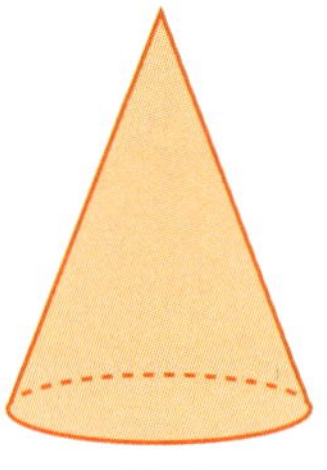
Cone

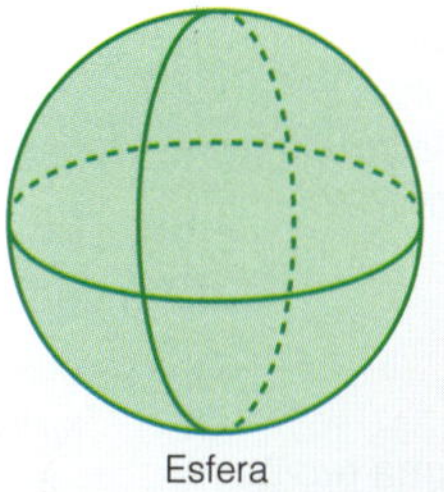
Esfera

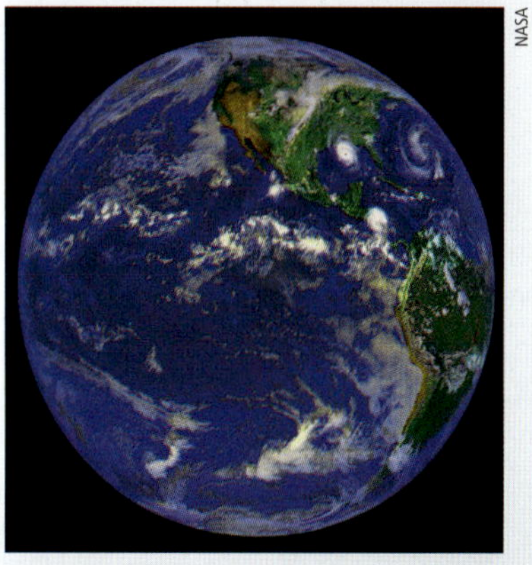
NASA
Fotografia composta a partir de imagens de satélite enfocando o planeta Terra.

Para refletir
Por que esses sólidos são chamados de corpos redondos?

1. O cilindro

Considere dois planos α e β, distintos e paralelos, e um segmento de reta MN com **M** pertencente a α e **N** pertencente a β. Dado um círculo **C** de centro **O** e raio **r**, contido em α, chamamos *cilindro circular* (ou simplesmente *cilindro*) à reunião de todos os segmentos de reta, paralelos e congruentes ao segmento MN, que unem um ponto do círculo **C** a um ponto de β. No caso de $\overline{MN}$ ser perpendicular a α, o cilindro é reto.

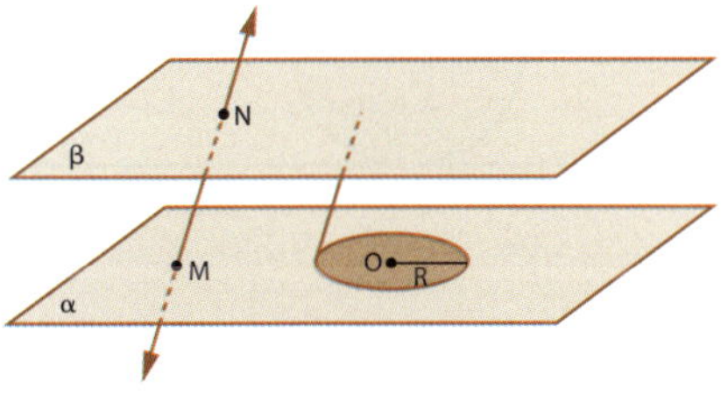

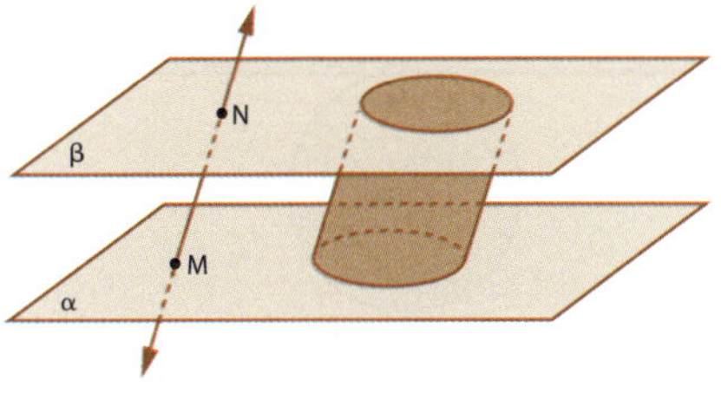

Podemos intuitivamente imaginar um cilindro como o conjunto de pontos gerado por uma translação de um círculo.

Cilindro reto

A superfície do cilindro é formada por duas partes planas, que são as bases, e uma parte curva, "arredondada", que é a superfície lateral.

A altura do cilindro é a distância entre os planos das bases.

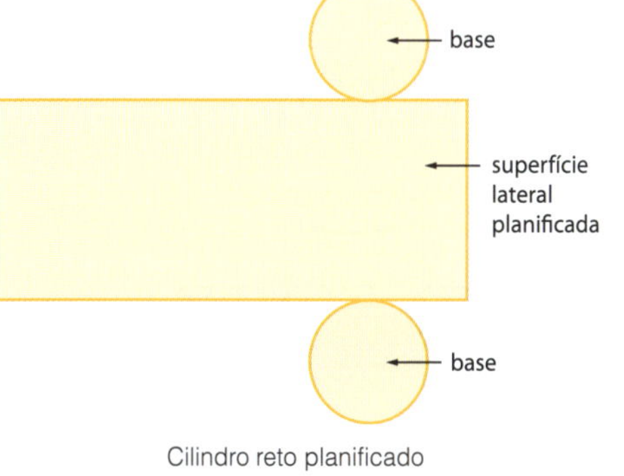

Cilindro reto planificado

A reta que passa pelos centros das bases de um cilindro é chamada *eixo* do cilindro.

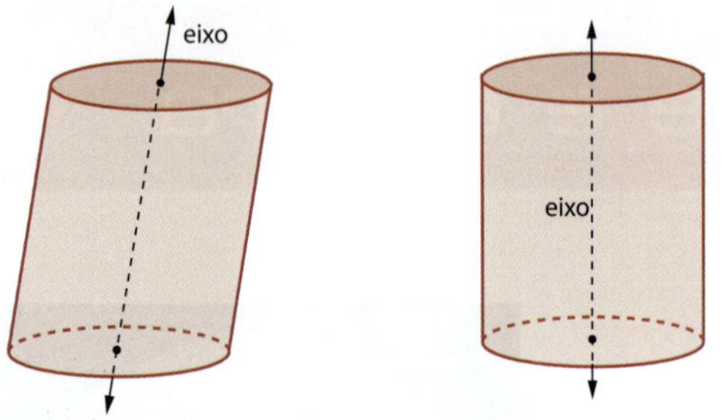

No cilindro reto o eixo é perpendicular aos planos das bases.

Os segmentos paralelos ao eixo, cujas extremidades são pontos das circunferências das bases, são chamados *geratrizes* do cilindro.

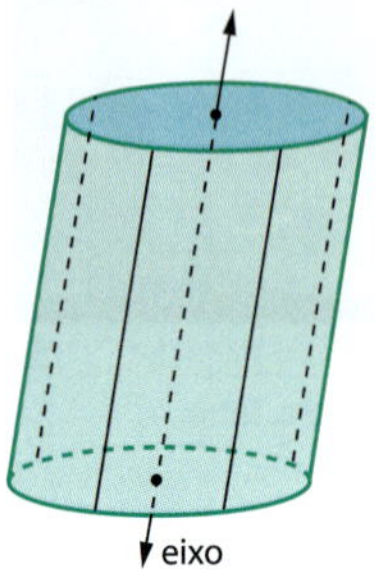

Geratrizes do cilindro

Para refletir
Em que caso a altura e a geratriz do cilindro têm a mesma medida?

Um cilindro reto pode ser obtido girando-se uma região retangular em torno de uma reta que contém um de seus lados. Por isso, o cilindro circular reto pode ser chamado também de *cilindro de revolução*, uma vez que é o sólido gerado quando uma região retangular faz um giro completo em torno do eixo determinado por um de seus lados.

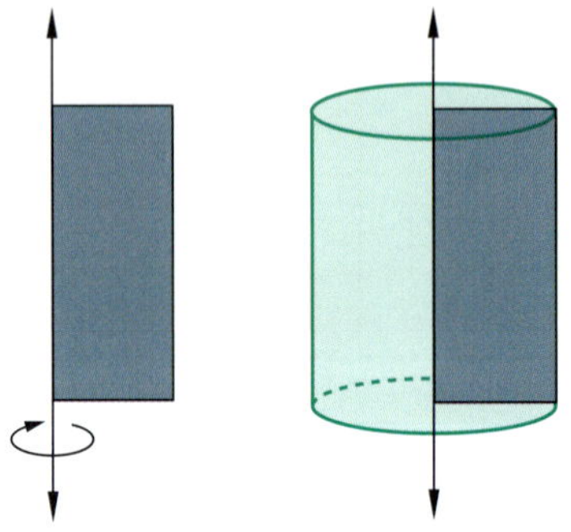

Secções de um cilindro

Secção transversal

É a intersecção do cilindro com um plano paralelo às suas bases.

A secção transversal é um círculo congruente às bases.

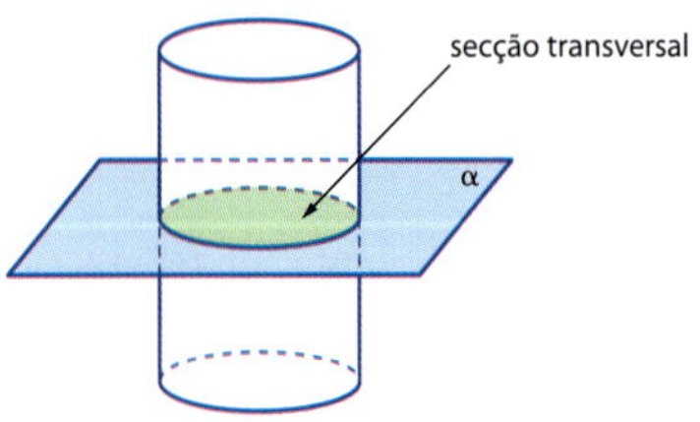

Secção meridiana

É a intersecção do cilindro com um plano que contém o seu eixo.

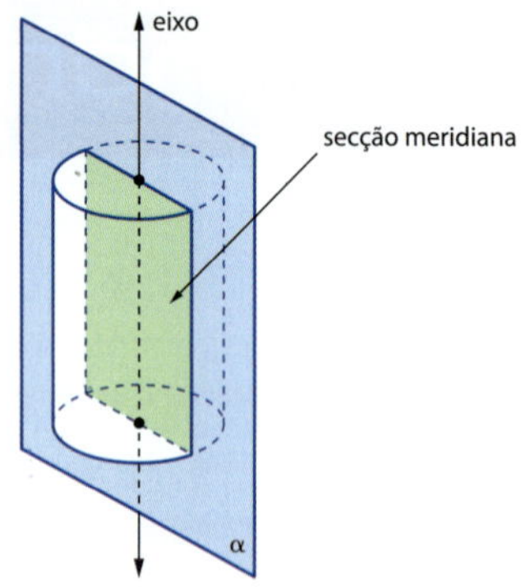

A secção meridiana de um cilindro reto é um retângulo.

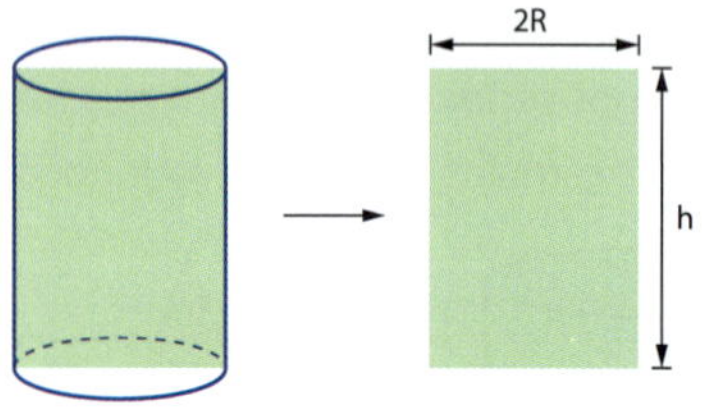

Em particular, se a secção meridiana for um quadrado, dizemos que o cilindro é *equilátero*.

Nesse caso, $h = 2R$.

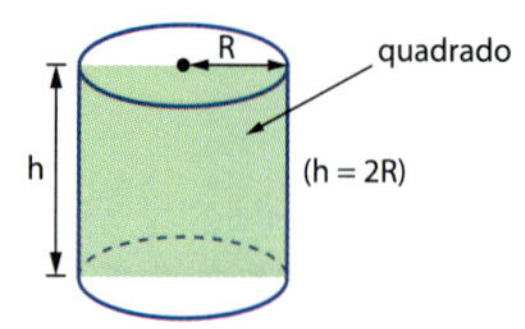

Cilindro equilátero

Área da superfície de um cilindro reto

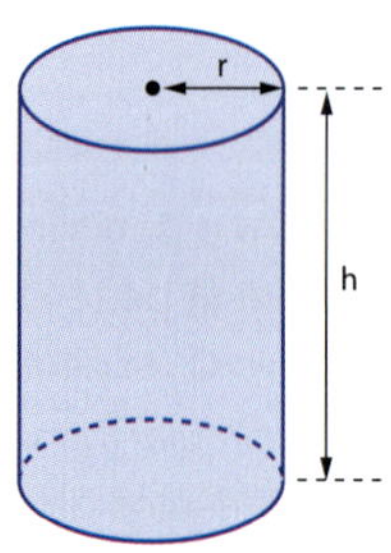

Montado

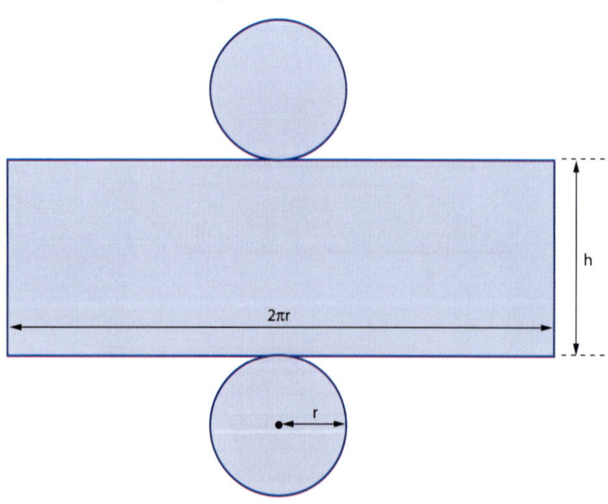

Planificado

A superfície total do cilindro é formada pela superfície lateral mais as superfícies das duas bases.

Assim:

área lateral = $A_\ell = (2\pi r)h = 2\pi rh \Rightarrow$ $A_\ell = 2\pi rh$

área das bases = $2A_b = 2\pi r^2$

área total = $A_t = A_\ell + 2A_b = 2\pi rh + 2\pi r^2 = 2\pi r(h + r) \Rightarrow$

$\Rightarrow$ $A_t = 2\pi r(h + r)$

> **Fique atento**
> A superfície lateral planificada do cilindro reto é uma região retangular cujas dimensões são: a altura do cilindro (**h**) e o comprimento da circunferência da base ($2\pi r$). Cada base do cilindro é um círculo com área πr^2.

Exemplos de aplicação

1 Quantos centímetros quadrados de material são usados, aproximadamente, para fabricar a lata de óleo indicada abaixo?

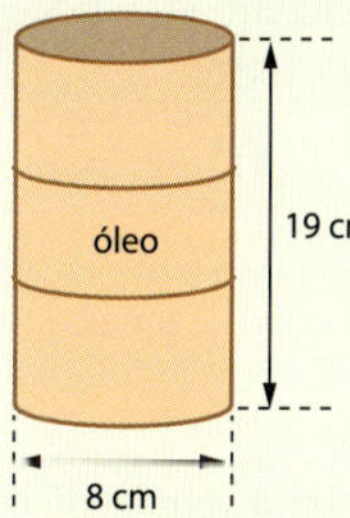

diâmetro = 8 cm; r = 4 cm;

h = 19 cm

Logo, temos:

$A_\ell = 2\pi rh = 2 \cdot \pi \cdot 4 \cdot 19 = 152\pi$ cm²

$2A_b = 2\pi r^2 = 2 \cdot \pi \cdot 4^2 = 32\pi$ cm²

$A_t = 152\,\pi + 32\,\pi = 184\pi$ cm²

São necessários, aproximadamente, 184π cm² de material.

2 Qual deve ser a altura de um tubo, de forma cilíndrica, se a sua superfície total pode ser coberta com $8{,}32\,\pi$ cm² de plástico e o diâmetro de cada base tem 8 mm?

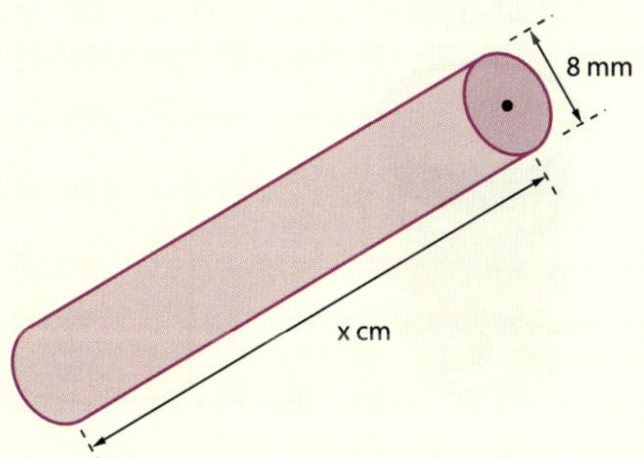

O diâmetro da base é 8 mm = 0,8 cm. Logo, r = 0,4 cm.

$2A_b = 2\pi r^2 = 2 \cdot \pi \cdot 0{,}4^2 = 0{,}32\pi$

$A_\ell = 2\pi rh = 2 \cdot \pi \cdot 0{,}4x = 0{,}8\pi\, x$

$A_t = 2A_b + A_\ell = 8{,}32\pi \Rightarrow 0{,}32\pi + 0{,}8\pi\, x = 8{,}32\pi \Rightarrow$

$\Rightarrow 0{,}8\pi\, x = 8 \Rightarrow x = 10$

Portanto, a altura do tubo deve ser de 10 cm.

Exercícios

1 A base de um cilindro reto tem 4 cm de diâmetro. A altura do cilindro é, também, 4 cm. Calcule:

a) a área das bases;

b) a área lateral;

c) a área total.

> **Fique atento**
> Este cilindro reto é um exemplo de *cilindro equilátero*, pois nele o diâmetro da base tem a mesma medida que a altura.

2 Um tanque cilíndrico tem 3 m de profundidade. Sua base superior é aberta e tem 4 m de diâmetro. Quantos galões de tinta são necessários para pintar o interior desse tanque, se para cada metro quadrado gasta-se $\frac{1}{4}$ de galão?

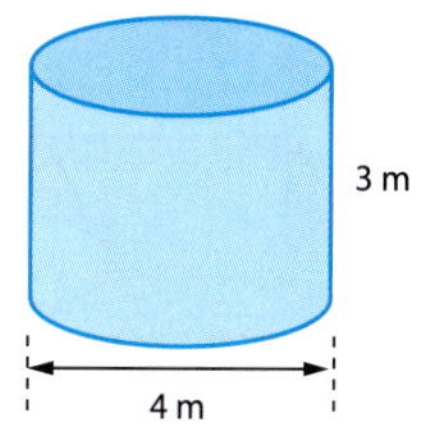

3 Num cilindro de raio **r** e altura **h**, a área lateral é igual à área de uma base. Determine o valor de **h** em função de **r**.

4 Sabe-se que a área lateral de um cilindro é 20π cm². Se o raio da base é 5 cm, calcule a medida **h** da altura e a área total do cilindro.

5 Duas latas têm forma cilíndrica. A lata mais alta tem o dobro da altura da outra, mas seu diâmetro é a metade do diâmetro da lata mais baixa.

dica Enem

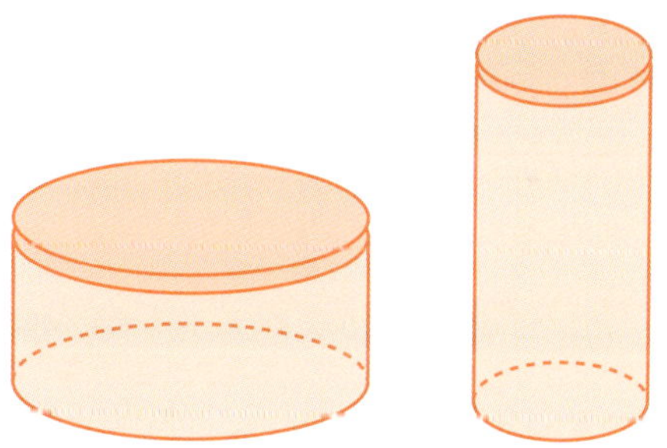

Em qual das duas latas se utiliza menos material?

6 Qual é a razão entre a área total e a área lateral do cilindro equilátero?

7 Calcule a área total de um cilindro reto que tem altura de 6 cm e área lateral de 48π cm².

8 Quanto de material (em metros quadrados) se gasta para fazer um depósito tampado de combustível com a forma e as medidas da figura abaixo?

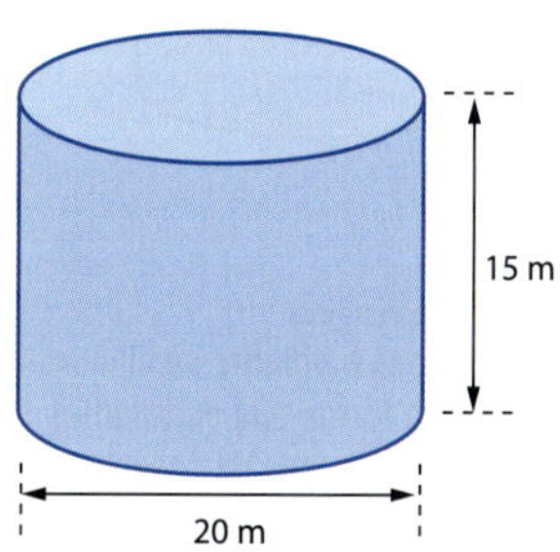

Volume do cilindro

objeto digital

Vamos novamente usar o princípio de Cavalieri, agora para determinar o volume do cilindro.

Dado um cilindro com a base contida em um plano α, vamos considerar um paralelepípedo retângulo, também com a base contida em α, que tem a área da base igual à da base do cilindro e altura igual à do cilindro.

Cada plano β, paralelo a α, que secciona um dos sólidos também secciona o outro, e as secções determinadas por β em cada um deles têm a mesma área de suas bases.

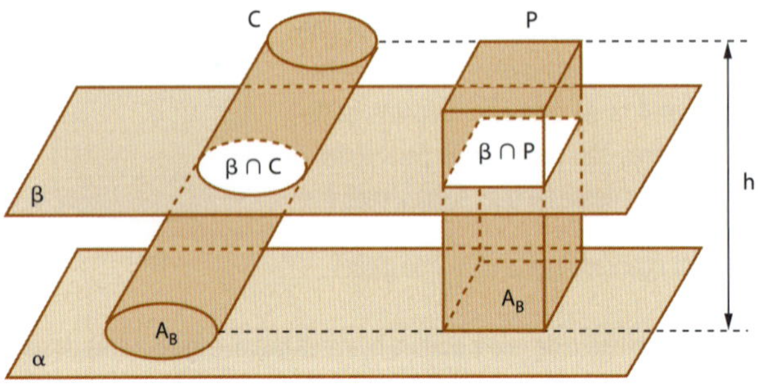

Como área $(\beta \cap C) = A_B$ e área $(\beta \cap P) = A_B$, temos:

$$\text{área } (\beta \cap C) = \text{área } (\beta \cap P)$$

para qualquer plano horizontal β. Pelo princípio de Cavalieri concluímos que:

volume do cilindro = volume do paralelepípedo retângulo

Como volume do paralelepípedo retângulo = área da base · altura, segue que:

volume do cilindro = área da base · altura

Sendo a base do cilindro um círculo de raio **r** e área πr^2, temos:

$$\text{volume do cilindro} = V = \pi r^2 h$$

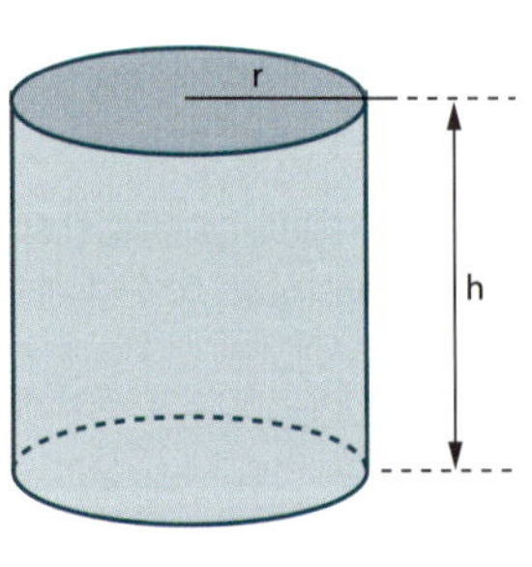

Fique atento
Observe que o volume do cilindro é calculado da mesma forma que calculamos o volume de um prisma: área da base · altura.

Exemplos de aplicação

1 Um cilindro circular reto tem 10 cm de altura e sua base tem 12 cm de diâmetro. Calcule a área lateral, a área total e o volume do cilindro.

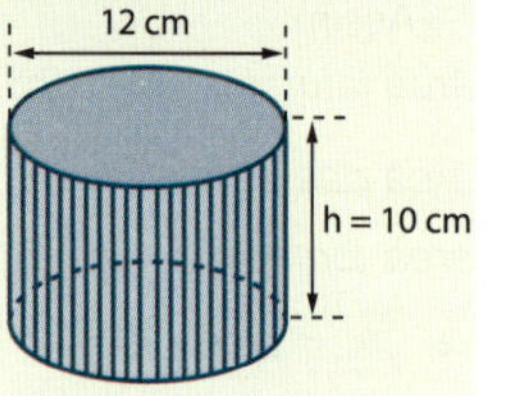

Se o diâmetro é igual a 12 cm, então r = 6 cm.

área da base = $A_b = \pi r^2 = \pi \cdot 6^2 = 36\pi$ cm²

área lateral = $A_\ell = 2\pi r h = 2\pi \cdot 6 \cdot 10 = 120\pi$ cm²

área total = $A_t = A_\ell + 2A_b = 120\pi + 2(36\pi) = 192\pi$ cm²

volume = $V = A_b h = \pi r^2 h = \pi \cdot 6^2 \cdot 10 = 360\pi$ cm³

Portanto, a área lateral é 120π cm², a área total é 192π cm² e o volume é 360π cm³.

2 A figura ao lado mostra um cilindro inscrito num cubo. O volume do cilindro é 64π cm³. Calcule o volume do cubo.

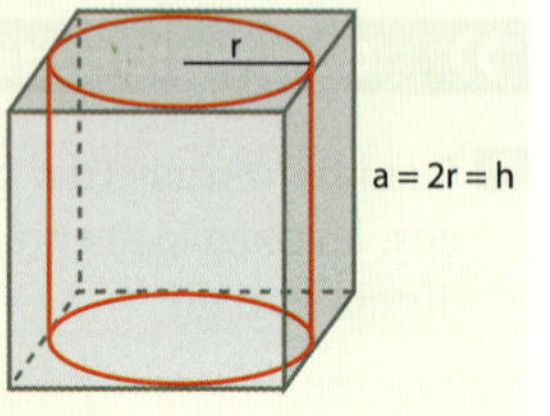

Como a altura do cilindro é igual ao seu diâmetro, temos:

$V = \pi r^2 h \Rightarrow 64\not\pi = \not\pi r^2 \cdot 2r \Rightarrow 2r^3 = 64 \Rightarrow r^3 = 32 \Rightarrow$

$\Rightarrow r = 2\sqrt[3]{4}$ cm

Como a aresta do cubo é igual ao diâmetro do cilindro, temos:

$a = 2r = 4\sqrt[3]{4}$ cm

Vamos então calcular o volume do cubo:

$V = a^3 = \left(4\sqrt[3]{4}\right)^3 = 256$ cm³

Portanto, o volume do cubo é 256 cm³.

Fique atento
Todo cilindro inscrito num cubo é um cilindro equilátero: o diâmetro da base e a altura são iguais à aresta do cubo.

3 Qual é a capacidade de uma lata de molho de tomate que tem a forma cilíndrica, com 8 cm de diâmetro e 11 cm de altura? (Use $\pi = 3$.)

Realidade *Modelo matemático*

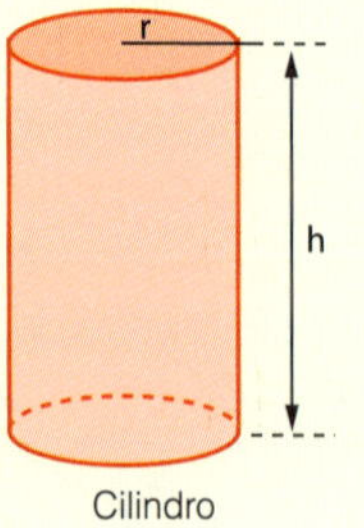

Cilindro

Se o diâmetro é de 8 cm, então r = 4 cm.

h = 11 cm

$V = \pi r^2 h = \pi \cdot 4^2 \cdot 11 = 176\pi$ cm³

Considerando $\pi \simeq 3$ e sabendo que 1 dm³ = 1ℓ e 1 cm³ = 1 mℓ, temos:

176 · 3 = 528 mℓ

Logo, a capacidade da lata é de 528 mℓ.

4 (Enem) Uma artesã confecciona dois diferentes tipos de vela ornamental a partir de moldes feitos com cartões de papel retangulares de 20 cm × 10 cm (conforme ilustram as figuras a seguir). Unindo dois lados opostos do cartão, de duas maneiras, a artesã forma cilindros e, em seguida, os preenche completamente com parafina.

Tipo I

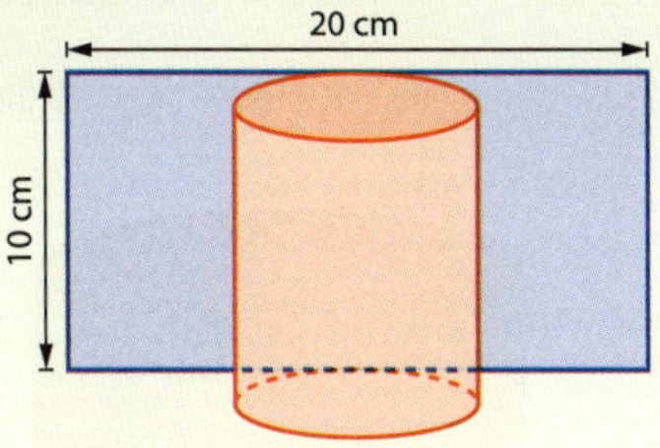

Tipo II

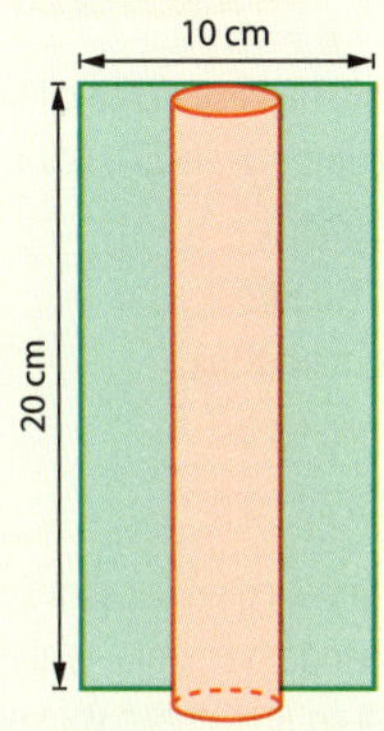

Supondo-se que o custo da vela seja diretamente proporcional ao volume de parafina empregado, o custo da vela do tipo I, em relação ao custo da vela do tipo II, será:

a) o triplo.
b) o dobro.
c) igual.
d) a metade.
e) a terça parte.

» Resolução passo a passo

1. Lendo e compreendendo

a) O que é dado no problema?

São dadas as dimensões de dois moldes usados por uma artesã na confecção de velas; é explicado como esses moldes são feitos a partir do papel-cartão.

b) O que se pede?

Pede-se a relação entre os custos dos dois tipos de velas fabricados pela artesã.

2. Planejando a solução

De acordo com as instruções de montagem dos dois tipos de molde, vamos obter as dimensões necessárias para o cálculo do volume do cilindro (raio e altura). Com as dimensões para os dois casos, calcularemos o volume e, como o custo das velas é proporcional ao volume, poderemos determinar a relação pedida entre os custos.

3. Executando o que foi planejado

Vamos determinar as dimensões da altura (**h**) e do raio (**r**) para cada um dos moldes:

Tipo I

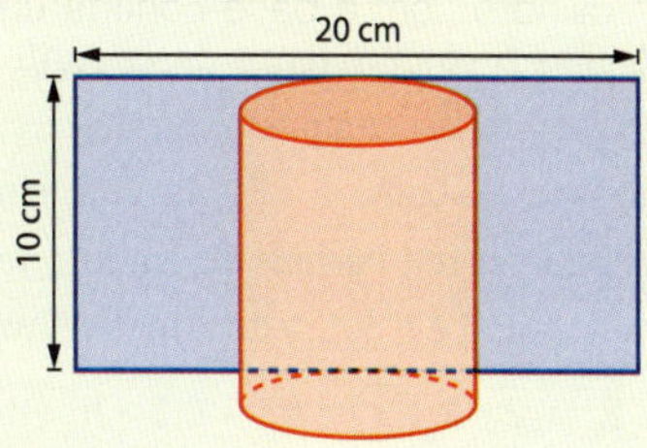

No tipo I, a altura é h = 10 cm e o comprimento da circunferência da base é 20 cm. Como o comprimento de uma circunferência é dado por $2\pi r$, temos:

$$2\pi r = 20 \Rightarrow r = \frac{10}{\pi}$$

Tipo II

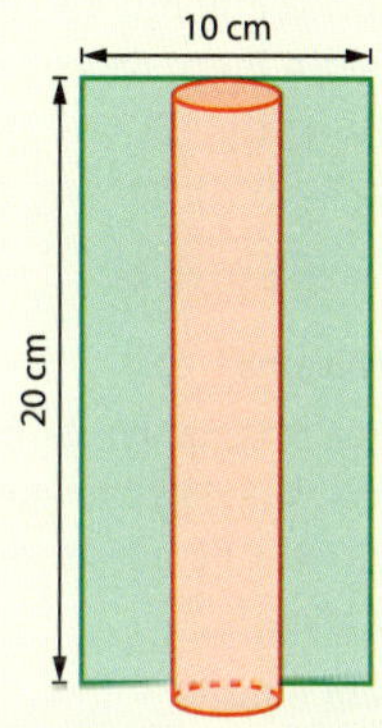

No tipo II, a altura é h = 20 cm e o comprimento da circunferência da base é 10 cm. Então, temos:

$$2\pi r = 10 \Rightarrow r = \frac{5}{\pi}$$

Vamos calcular o volume de parafina empregado em cada molde. Para isso, devemos lembrar que o volume de um cilindro é dado por $V = \pi r^2 h$.

Volume no molde do tipo I: $V_I = \pi\left(\frac{10}{\pi}\right)^2 \cdot 10 \Rightarrow$

$$\Rightarrow V_I = \pi \cdot \frac{100}{\pi^2} \cdot 10 = \frac{1000}{\pi}\ \text{cm}^3$$

Volume no molde do tipo II: $V_{II} = \pi\left(\frac{5}{\pi}\right)^2 \cdot 20 \Rightarrow$

$$\Rightarrow V_{II} = \pi \cdot \frac{25}{\pi^2} \cdot 20 = \frac{500}{\pi}\ \text{cm}^3$$

A relação entre os volumes é a relação entre os custos. Assim:

$$\frac{V_I}{V_{II}} = \frac{\frac{1000}{\pi}}{\frac{500}{\pi}} = \frac{1000}{\pi} \cdot \frac{\pi}{500} = 2$$

Ou seja, o volume de parafina empregado no molde do tipo I é o dobro do volume de parafina empregado no molde do tipo II. Assim, o custo da vela I é o dobro do custo da vela II.

4. Verificando

Podemos verificar o resultado usando uma segunda estratégia para obter a razão dos volumes. Pelas figuras, o cilindro do tipo I tem a metade da altura do cilindro do tipo II, mas o comprimento da circunferência de sua base é o dobro do comprimento da circunferência da base do tipo II. Como o raio de uma circunferência é proporcional ao seu perímetro, então o raio da base do cilindro do tipo I é o dobro do raio do cilindro do tipo II.

Assim, $R_I = 2 \cdot R_{II}$ (I) e $h_I = 0{,}5 \cdot h_{II}$ (II).

Se $V_I = \pi \cdot R_I^2 \cdot h_I$ (III) e $V_{II} = \pi \cdot R_{II}^2 \cdot h_{II}$, então, substituindo os valores de (I) e (II) em (III), temos:

$V_I = \pi \cdot (2 \cdot R_{II})^2 \cdot 0{,}5 \cdot h_{II} = \pi \cdot 4 \cdot R_{II}^2 \cdot 0{,}5 \cdot h_{II} =$
$= 2 \cdot \pi \cdot R_{II}^2 \cdot h_{II} = 2 \cdot V_{II}$

Dessa forma, verificamos que realmente o volume do cilindro do tipo I é o dobro do volume do cilindro do tipo II, o que leva o preço da vela do tipo I ser o dobro do preço da vela do tipo II.

5. Respondendo

A resposta é a alternativa **b**.

6. Ampliando o problema

a) Qual deve ser o tamanho de um cartão retangular para que uma vela de 20 cm de altura custe o mesmo que uma vela de 10 cm feita com o molde do tipo I do enunciado?

b) **Discussão em equipe**

"Além das belezas naturais, o Brasil se destaca pela produção cultural concebida pela nossa gente. O artesanato brasileiro retrata os costumes dos mais de cinco séculos de história de um povo rico e miscigenado, cheio de histórias e emoções para registrar. Com produtos fabricados através de técnicas transmitidas de pai para filho, o artesanato brasileiro é a forma de expressão mais usual de uma população que lida diariamente com matérias-primas simples e as transforma em verdadeiras obras de arte" (<www.artesanato.com>, acesso em: 17 ago. 2009). Troque ideias com seus colegas sobre o texto acima. Vocês acham que o artesanato reflete a história do povo? Ou é apenas um passatempo para relaxar?

» Exercícios

9 Um reservatório tem as dimensões e a forma da figura abaixo. Quantos litros de combustível ele pode armazenar?

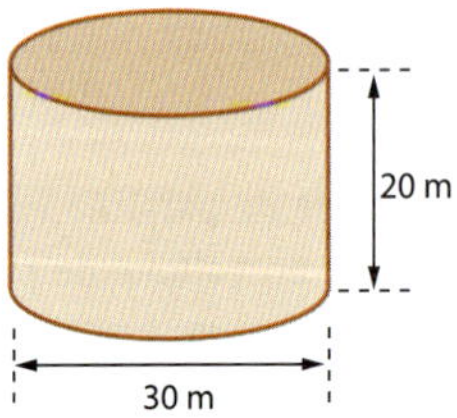

10 A caixa-d'água é um tanque destinado a armazenar água para consumo humano ou agrícola e podem ser construídas abaixo ou acima do solo. Uma caixa-d'água possui um dispositivo que pode funcionar por gravidade ou com uma bomba, que extrai água da rua ou de outro reservatório, uma boia (que regula o nível em determinada altura), uma saída na parte de baixo para o imóvel e outra saída, na parte de cima, o vertedouro, (chamado popularmente de ladrão), por onde sai o excesso para evitar o transbordamento.

Texto disponível em: <http://pt.wikipedia.org/wiki/Caixa-d'%C3%A1gua>. Acesso em: 30 out. 2011.

Existem caixas-d'água que têm a forma de um cilindro como a figura abaixo:

Se calcularmos a área da base desse cilindro e multiplicarmos por sua altura teremos como resultado o valor:

a) da área total do cilindro.
b) da área lateral do cilindro.
c) da área da secção meridiana.
d) do volume do semicilindro.
e) do volume total do cilindro.

11 Uma seringa tem a forma cilíndrica com 2 cm de diâmetro por 8 cm de comprimento. Quando o êmbolo se afastar 5 cm da extremidade da seringa próxima à agulha, qual o volume, em mililitros, de remédio líquido que a seringa pode conter? (Use $\pi = 3{,}14$.)

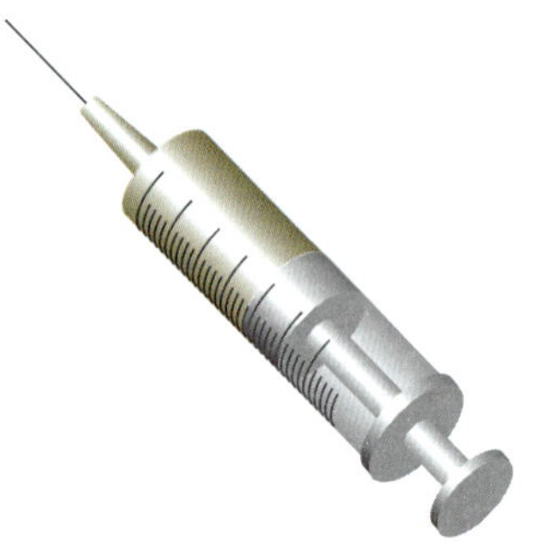

12 Um cilindro reto tem 48π m² de área total. A altura do cilindro mede 5 m. Determine o volume do cilindro.

13 O volume de um cilindro é 225π cm³ e a altura é 9 cm. Calcule a área lateral desse cilindro.

14 A figura abaixo mostra um cilindro inscrito em um cubo. Sendo $\mathbf{V_1}$ o volume do cilindro e $\mathbf{V_2}$ o volume do cubo, calcule a razão $\frac{V_1}{V_2}$.

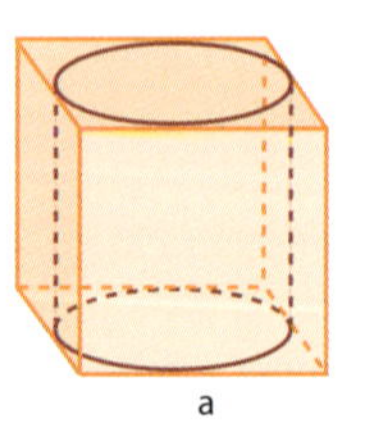
a

15 Uma peça de madeira tem as dimensões e a forma da figura abaixo. Qual é o volume de madeira empregado para fabricar esta peça?

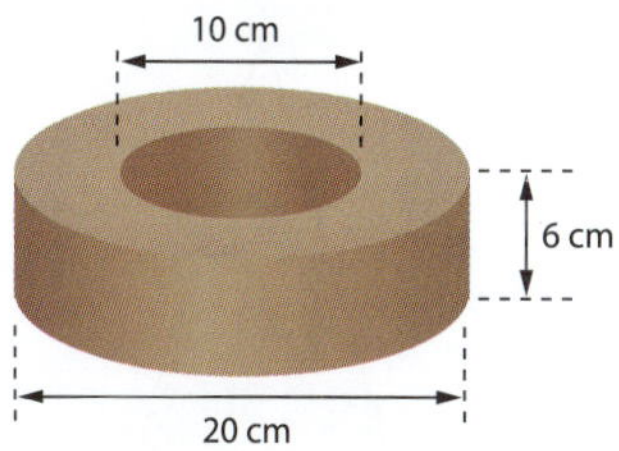

dica Enem

16 Uma ponte de concreto tem a forma da figura a seguir. Suas dimensões estão assinaladas na figura. Qual é o volume de concreto usado para construir a ponte? Considere que o arco do túnel é uma semicircunferência. (Use $\pi = 3{,}14$.)

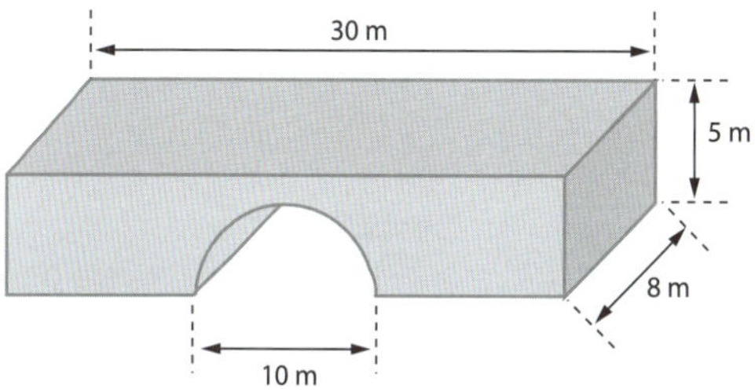

17 Em um cilindro equilátero, a área da base é 900π cm^2. Calcule o volume desse cilindro.

18 Uma indústria produz latas com a forma de paralelepípedo cujas medidas estão na figura I. Deseja-se modificar a forma das latas, passando-se a fabricar latas cilíndricas cujas medidas estão na figura II. Qual das duas embalagens utiliza menos material? Qual delas tem maior capacidade? (Use $\pi = 3$.)

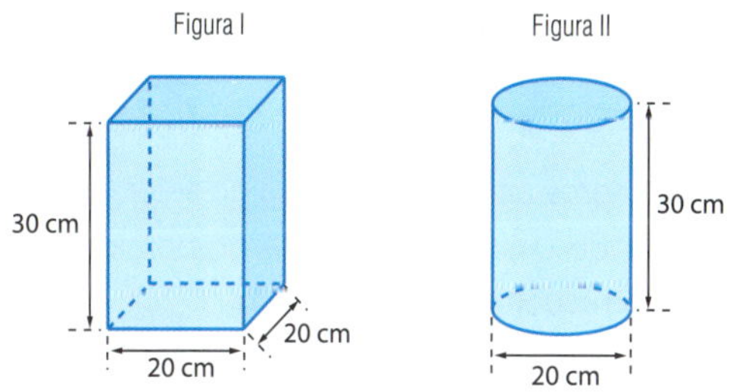

2. O cone

Vamos considerar um plano α, uma região circular **R** nesse plano e um ponto **P** não pertencente a α.

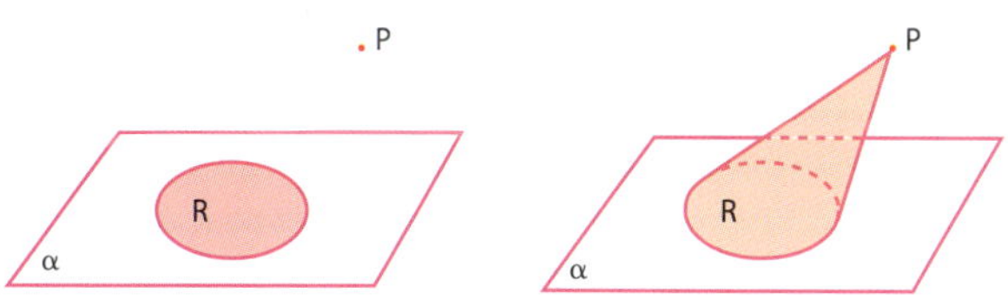

A reunião de todos os segmentos que ligam cada ponto de **R** ao ponto **P** é um sólido chamado *cone circular.*

A superfície do cone é formada por uma parte plana, a região circular, que é a sua base, e uma parte curva, "arredondada", que é a sua superfície lateral.

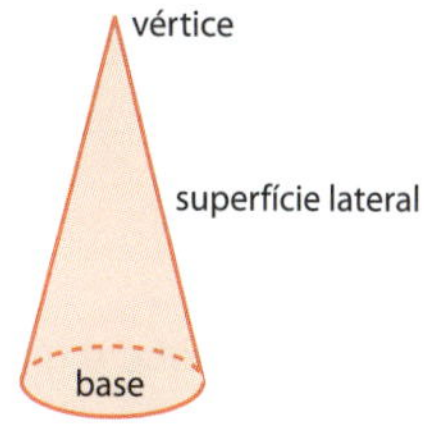

O eixo do cone é o segmento de reta que liga o vértice ao centro da base.

Se o eixo é perpendicular à base, o cone denomina-se *cone reto.*

Se o eixo é oblíquo à base, o cone é chamado *cone oblíquo.*

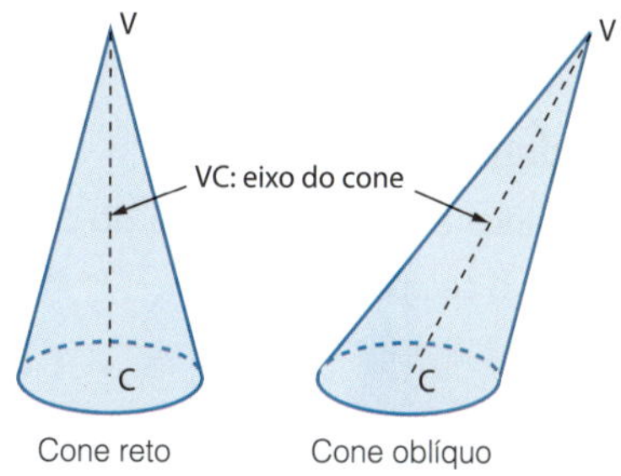

Cone reto Cone oblíquo

A altura **h** do cone é o segmento de reta perpendicular traçado do vértice ao plano da base. No caso do cone reto, a medida do eixo coincide com a da altura **h**.

No cone reto, cada segmento que liga o vértice a um ponto da circunferência da base é chamado *geratriz do cone.*

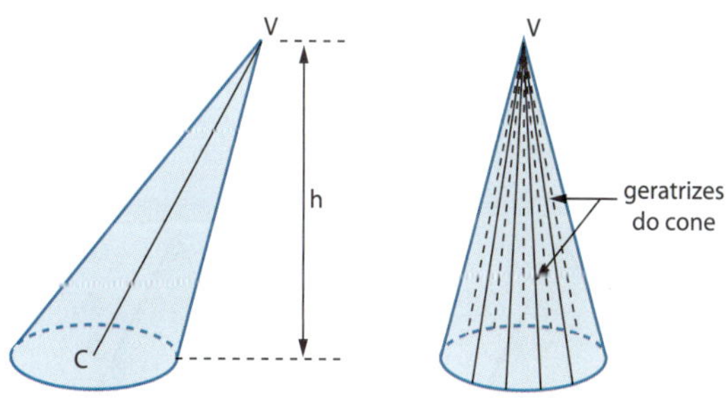

Um cone reto pode ser obtido girando-se uma região triangular cujo contorno é um triângulo retângulo em torno de uma reta que contém um dos catetos.

Por esse motivo, o cone reto é considerado um *sólido* ou *corpo de revolução* e é chamado *cone de revolução.*

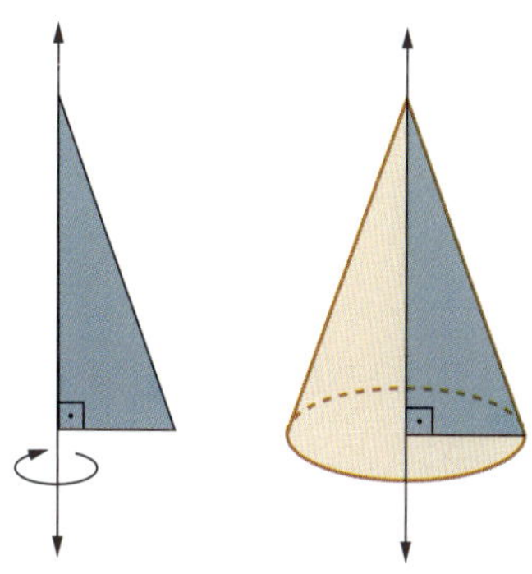

Para refletir
O que indicam o outro cateto e a hipotenusa?

Secções do cone

Secção transversal

A secção transversal é a intersecção do cone com um plano paralelo à sua base.

A secção transversal do cone é um círculo.

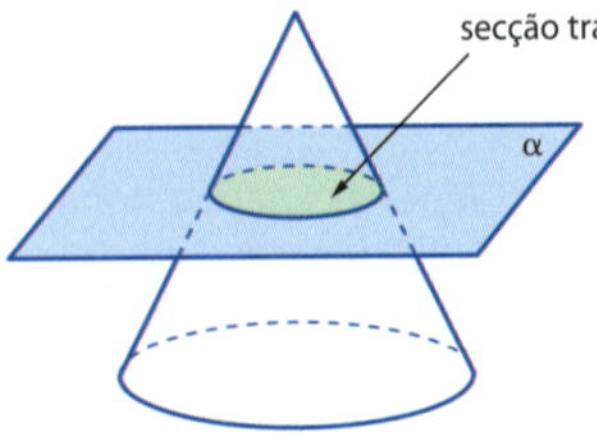

Secção meridiana

A secção meridiana é a intersecção do cone com um plano que contém o seu eixo.

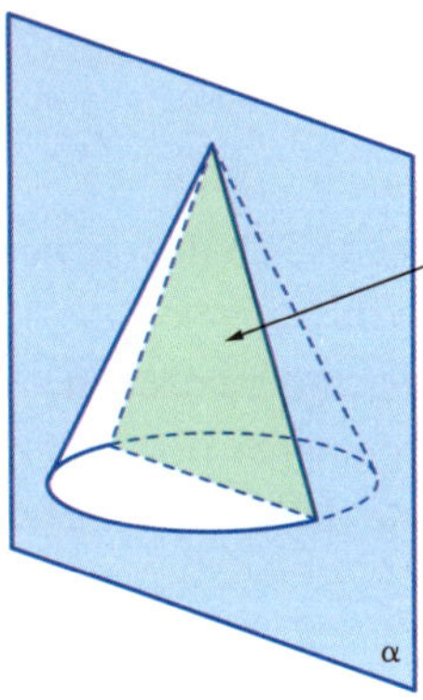

A secção meridiana de um cone reto é um triângulo isósceles.

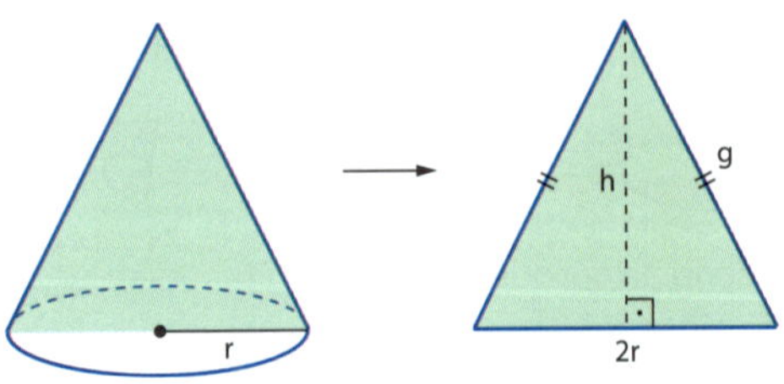

Em particular, se a secção meridiana for um triângulo equilátero, diremos que o cone é *equilátero*. Nesse caso, $g = 2r$ e $h = r\sqrt{3}$.

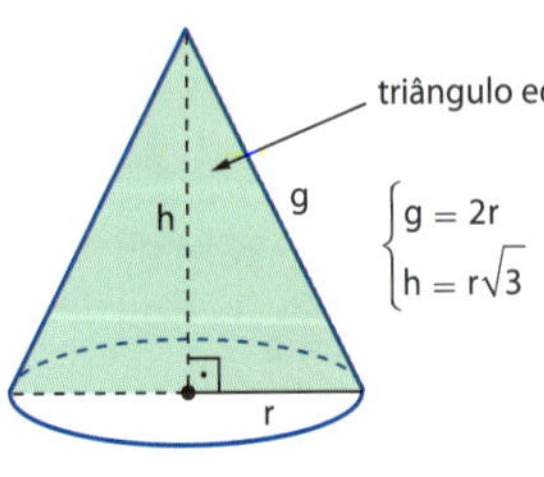

Cone equilátero

Área da superfície de um cone reto

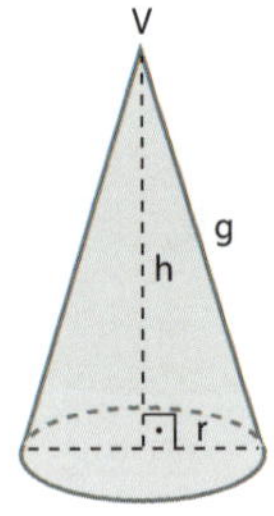

Montado

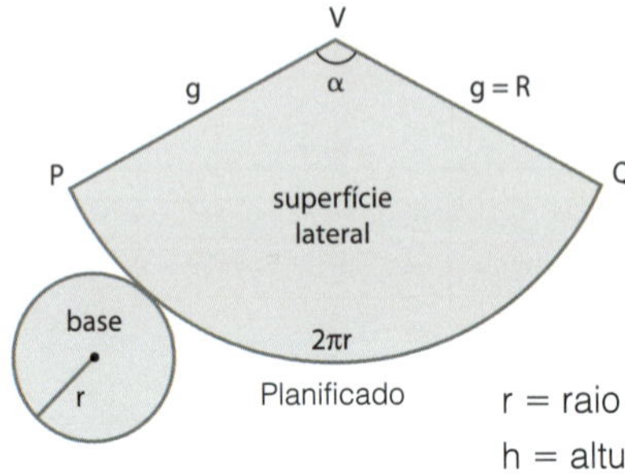

Planificado

r = raio da base
h = altura
g = geratriz

> **Fique atento**
> - A geratriz (**g**) do cone reto é o raio do setor circular ($g = R$).
> - Não se deve confundir o raio da base (**r**) com o raio do setor (**R**).

A superfície total do cone reto é formada pela superfície lateral (um setor circular) mais a superfície da base (um círculo), isto é, $A_t = A_\ell + A_b$.

Inicialmente calculamos a área do setor ($\mathbf{A}_\ell$).

A área de um setor circular é proporcional à área do círculo correspondente, de forma que:

$$\frac{A_{setor}}{\pi R^2} = \frac{\alpha_{graus}}{360°} = \frac{\alpha_{rad}}{2\pi} = \frac{\ell}{2\pi R}$$

Assim, podemos calcular a área do setor como $A_{setor} = \frac{\ell}{2\pi R} \cdot \pi R^2$.

No caso do cone temos $\ell = 2\pi r$ e $R = g$. Logo:

$$A_\ell = \frac{2\pi r}{2\pi g} \cdot \pi g^2 = \pi r g$$

A área da base é a área do círculo de raio **r**: $A_b = \pi r^2$.

Logo, a área total do cone reto é

$A_t = \pi r g + \pi r^2 = \pi r(g + r)$.

Resumindo, para um cone reto de geratriz **g** e raio da base **r**, temos:

$A_\ell = \pi r g$ $\quad$ $A_b = \pi r^2$ $\quad$ $A_t = \pi r(g + r)$

» Exemplos de aplicação

1 Um cone reto tem 8 cm de altura e raio da base igual a 6 cm.
Calcule a:

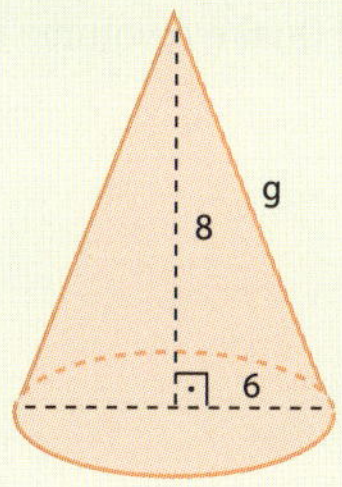

a) medida da sua geratriz;
b) área lateral;
c) área total;
d) medida do ângulo do setor circular.

Aplicando as fórmulas, temos:

a) $g^2 = 8^2 + 6^2 \Rightarrow g = \sqrt{100} = 10$ cm

b) $A_\ell = \pi r g = \pi \cdot 6 \cdot 10 = 60\pi$ cm²

c) $A_b = \pi r^2 = \pi \cdot 6^2 = 36\pi$ cm²

$A_t = A_\ell + A_b = 60\pi + 36\pi = 96\pi$ cm²

d) Nesse caso, $R = g = 10$ cm e $\ell = 2\pi \cdot 6 = 12$:

$$\frac{\alpha}{360°} = \frac{\ell}{2\pi R} \Rightarrow \frac{\alpha}{360°} = \frac{12\pi}{2\pi \cdot 10} \Rightarrow$$

$$\Rightarrow \alpha = \frac{12\pi \cdot 360°}{2\pi \cdot 10} = 216°$$

Logo, $\alpha = 216°$.

2 A geratriz de um cone reto mede 5 cm e o ângulo central do setor circular mede 72°. Calcule a área lateral do cone.

De acordo com os dados do problema, temos
$\alpha = 72°$ (ângulo central) e $g = R =$ raio do setor circular $=$ $= 5$ cm. Então:

$$\frac{A_\ell}{\pi \cdot 5^2} = \frac{72}{360} \Rightarrow A_\ell = \pi(5)^2 \cdot \frac{\overset{1}{\cancel{72}}}{\underset{5}{\cancel{360}}} = \pi \cdot \overset{5}{\cancel{25}} \cdot \frac{1}{\underset{1}{\cancel{5}}} =$$
$$= 5\pi \text{ cm}^2$$

> **! Fique atento**
> Nesse exemplo, a superfície lateral é um setor circular cuja área é $\frac{1}{5}$ do círculo de raio 5.
>
> Logo, $A_\ell = \frac{25\pi}{5} = 5\pi$.

» Exercícios

19 Quantos centímetros quadrados de cartolina serão gastos para fazer o chapéu de palhaço cujas medidas estão na figura abaixo?

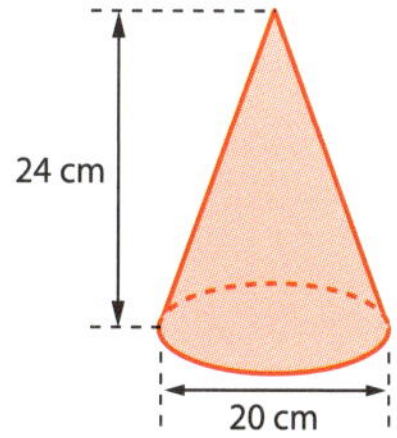

20 Mariana foi convidada para uma festa à fantasia e decidiu ir fantasiada de bruxa. Ela quis confeccionar a própria fantasia, e para fazer o chapéu optou pela forma de um cone, como mostra a figura ao lado:

Para fazer o chapéu ela usou uma folha de cartolina e desenhou a planificação do cone para depois cortar, montar e colar. Qual dos itens abaixo foi o desenho que Mariana fez na folha para montar seu chapéu?

a) 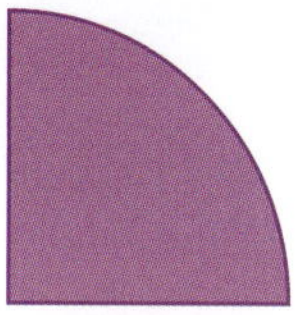

d) 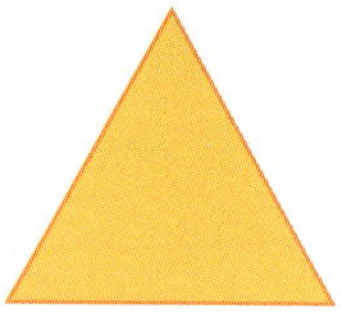

b) 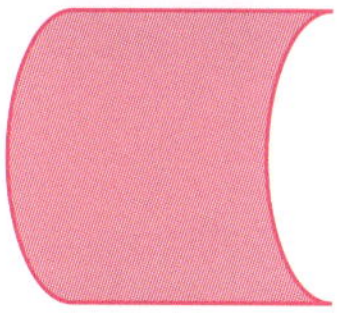

e) 

c) 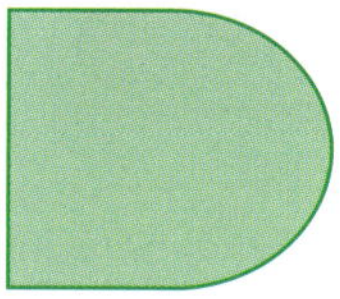

21 Um cone reto tem 24 cm de altura e o raio da base é igual a 18 cm. Calcule:

a) a medida de sua geratriz;
b) a área lateral;
c) a área total.

22 Desenvolvendo a superfície lateral de um cone reto, obtemos um setor circular de raio 6 cm e ângulo central de 60°. Calcule a área lateral do cone.

23 Considere um cone equilátero cuja base é um círculo de raio **r**. Determine a área lateral e a área total em função de **r**.

Volume do cone

objeto digital

Mais uma vez usaremos o princípio de Cavalieri.

Consideramos um cone de altura **H** e base de área **A** contida em um plano horizontal α.

Consideramos também uma pirâmide de altura **H**, base de área **A**, também contida em α.

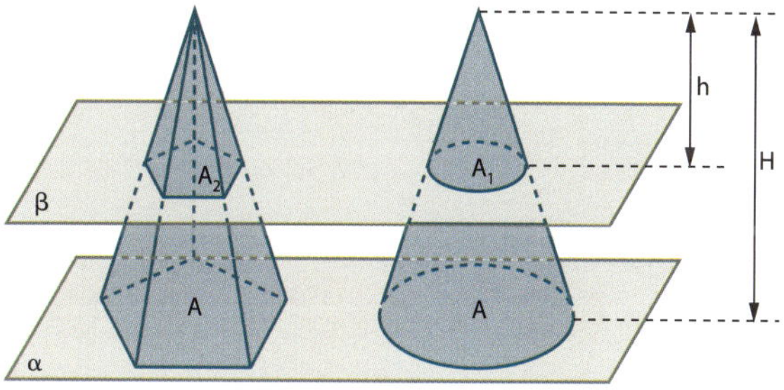

Se um plano horizontal β com distância **h** dos vértices secciona os dois sólidos, determinando regiões planas de áreas $\mathbf{A_1}$ e $\mathbf{A_2}$, temos:

$$\frac{A_1}{A} = \frac{h^2}{H^2} \text{ e } \frac{A_2}{A} = \frac{h^2}{H^2} \Rightarrow \frac{A_2}{A} = \frac{A_1}{A} \Rightarrow A_1 = A_2$$

Pelo princípio de Cavalieri podemos afirmar que o cone e a pirâmide iniciais têm o mesmo volume. Como já sabemos o volume da pirâmide $\left(V = \frac{AH}{3}\right)$, o volume do cone também é o mesmo.

$$V_{cone} = \frac{\text{área da base} \cdot \text{altura}}{3}$$

Então, para um cone circular de raio **r** e altura **h**, podemos dizer que:

$$V = \frac{1}{3}A_b h$$

$$V = \frac{1}{3}\pi r^2 h$$

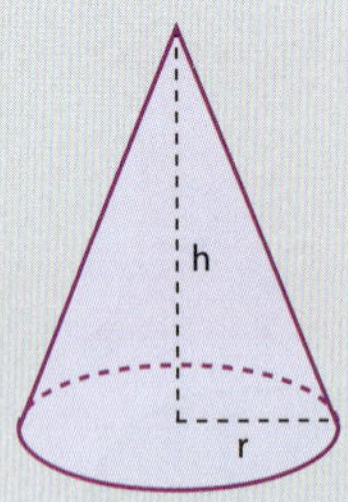

Observação: Lembrando a relação entre os volumes do prisma e da pirâmide de mesma altura e mesma área da base e usando o princípio de Cavalieri, podemos concluir: O volume de um cone de mesma área da base e mesma altura de um cilindro é igual a $\frac{1}{3}$ do volume do cilindro.

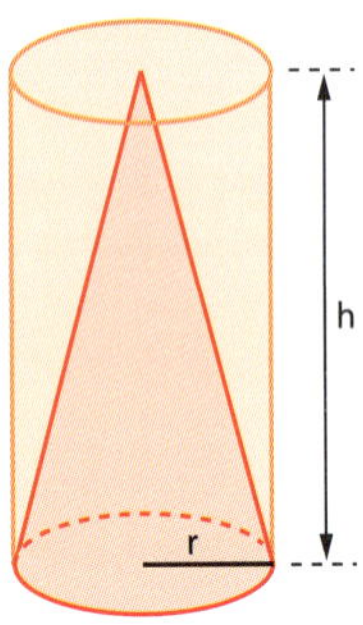

$$V_{cilindro} = \pi r^2 h$$

$$V_{cone} = \frac{1}{3}\pi r^2 h$$

Podemos comprovar isso experimentalmente: para encher de água uma vasilha em forma de cilindro usando como medida um recipiente em forma de cone, de mesma área da base e mesma altura do cilindro, será necessário usar o recipiente 3 vezes.

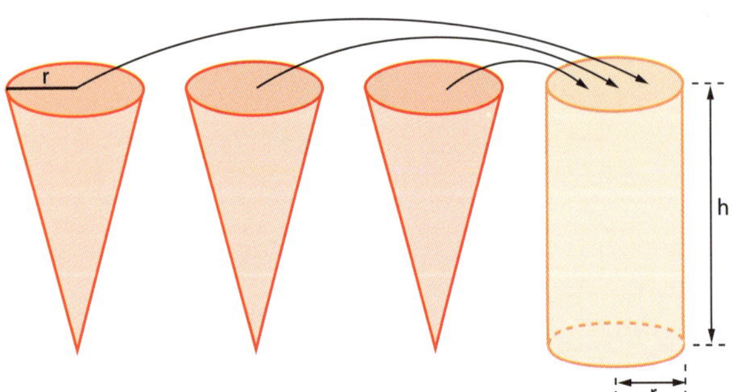

» Exemplos de aplicação

1 Qual é o volume de um cone de raio 7 cm e altura 12 cm?

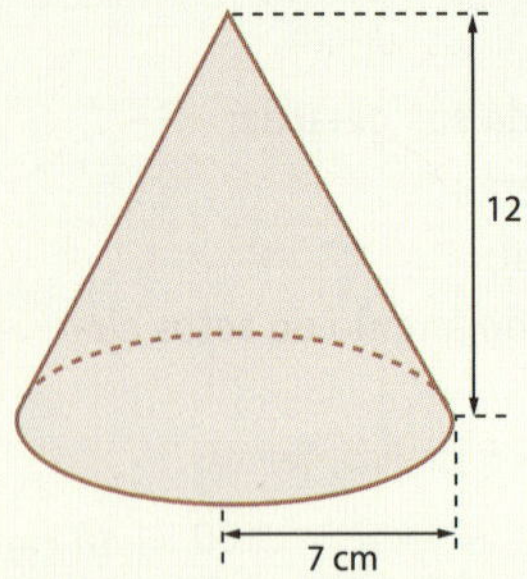

$$V = \frac{1}{3}\pi r^2 h = \frac{1}{3}\pi \cdot 7^2 \cdot 12 = 196\pi \text{ cm}^3$$

O volume do cone é 196π cm³.

2 Em um cone reto, a geratriz mede 15 cm e o raio da base mede 9 cm. Calcule a altura e o volume do cone.

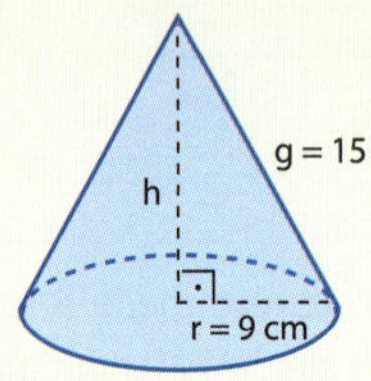

Pela figura, temos:

$g^2 = h^2 + r^2 \Rightarrow 15^2 = h^2 + 9^2 \Rightarrow$

$\Rightarrow h^2 = 225 - 81 = 144 \Rightarrow h = 12$ cm

Vamos calcular o volume:

$$V = \frac{1}{3}\pi r^2 h = \frac{1}{3}\pi(9)^2 \cdot 12 = 324\pi \text{ cm}^3$$

A altura do cone é 12 cm e o volume é 324π cm³.

3 Qual é a capacidade de uma casquinha de sorvete de forma cônica cujo diâmetro é 6 cm e cuja altura é 10 cm? (Use $\pi = 3,14$.)

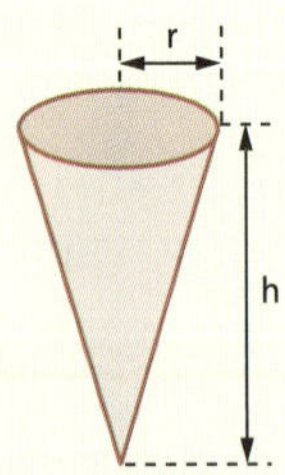

Cone

Temos:

diâmetro = 6 cm; raio = 3 cm; h = 10 cm

$$V = \frac{1}{3}\pi r^2 h = \frac{1}{3}\pi \cdot 3^2 \cdot 10 = 30\pi = 94,20 \text{ cm}^3$$

Como 1 cm³ = 1 mℓ, a capacidade do copinho é de 94,20 mℓ.

Exercícios

24 Um tanque cônico tem 4 m de profundidade e seu topo circular tem 6 m de diâmetro. Qual é o volume máximo, em litros, que esse tanque pode conter de líquido?

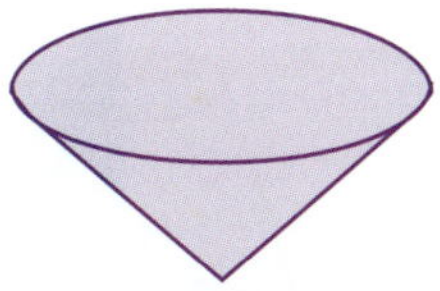

25 Um silo para armazenar cereais tem a forma da figura. O raio do cilindro e do cone tem 4 m. A altura total do silo é 10 m e a altura do cone é 3 m. Quantos metros cúbicos de cereais podem ser armazenados nesse silo?

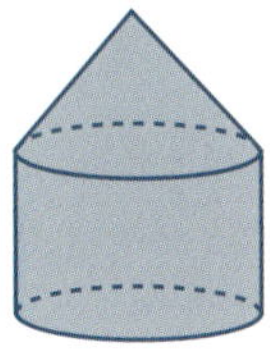

26 Há um chocolate em forma de guarda-chuvinha, com 7 cm de altura e 2 cm de diâmetro. Qual é o volume desse chocolate? (Use $\pi = 3$.)

dica Enem

27 Uma sorveteria utiliza copos de forma cônica para colocar sorvete. O copo tem 10 cm de profundidade por 4 cm de diâmetro na abertura. Num copo, foram colocadas duas colheradas de sorvete, cada uma delas com um volume de $\frac{16\pi}{3}$ cm^3. Se o sorvete colocado no copo derreter, ele transbordará?

28 Um cone reto tem 13 cm de geratriz e 12 cm de altura. Calcule o raio da base, a área lateral e o volume desse cone.

29 O volume de um cone equilátero é igual a $9\pi\sqrt{3}$ cm^3. Calcule a altura do cone.

30 Observe a ampulheta cujas dimensões estão indicadas na figura. Qual é o volume de areia necessário para encher completamente um dos cones dessa ampulheta?

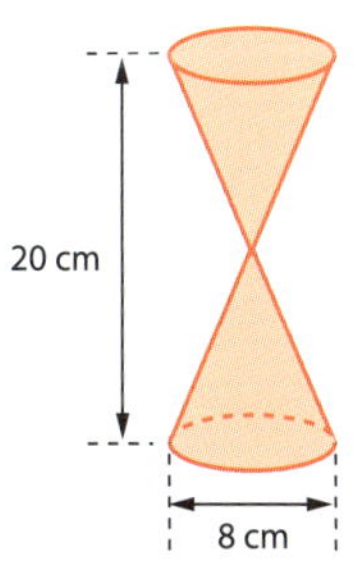

Tronco de cone reto

Vamos considerar um cone circular reto de vértice **V** e altura **h** e um plano α paralelo à base que secciona o cone, conforme a figura:

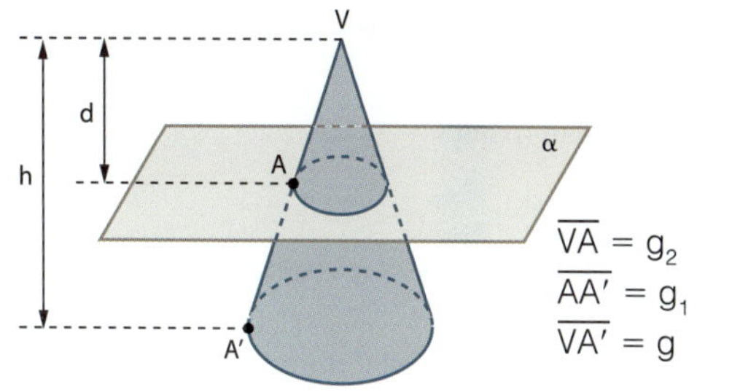

Nesse caso, obtemos dois sólidos; um cone de vértice **V** e altura **d** e outro sólido, chamado tronco do cone inicial:

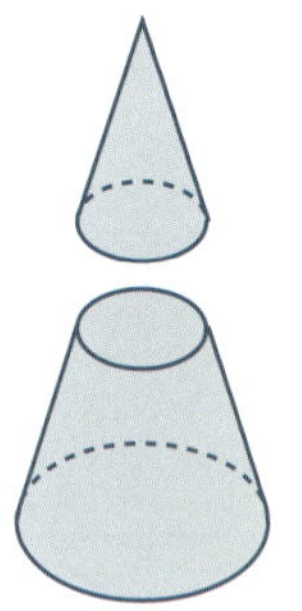

No tronco do cone, destacamos:

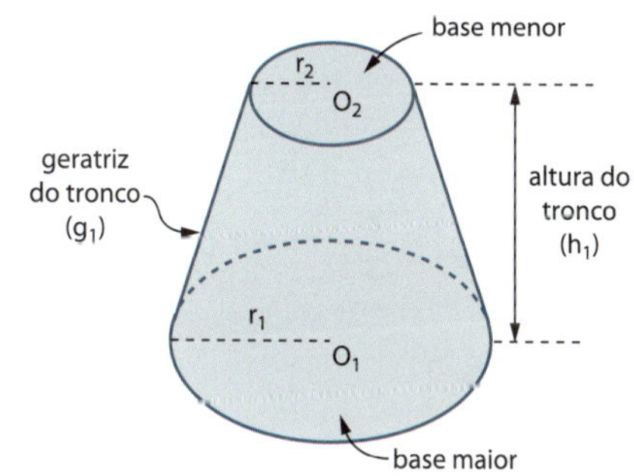

- duas bases: a base maior (base do cone inicial) e a base menor (secção determinada por α);
- a altura (**h_1**), que é a distância entre as bases ($h_1 = h - d$);
- a geratriz, cuja medida (**g_1**) é obtida pela diferença das medidas das geratrizes dos dois cones:
  $g_1 = g - g_2$, em que **g**: geratriz do cone inicial e **g_2**: geratriz do cone determinado por α.

Observação: O tronco de cone pode ser considerado de forma análoga ao tronco de pirâmide. Assim como acontece com as pirâmides, um plano paralelo à base que secciona o cone origina um tronco e um cone miniatura semelhante ao cone original, de forma que para os dois cones podem ser usadas todas as relações de semelhança: lineares, de área e de volume.

Assim:

$$\frac{h}{d} = \frac{r_1}{r_2} = \frac{g}{g_2}$$

$\left(\frac{h}{d}\right)^2 = \frac{A_b}{A_B}$, em que $\mathbf{A_b}$ é a área da base menor e $\mathbf{A_B}$ é a área da base maior

$\left(\frac{h}{d}\right)^3 = \frac{v}{v_2}$, em que **v** é o volume do cone inicial e $\mathbf{v_2}$ é o volume do cone determinado por α

Volume do tronco de cone reto

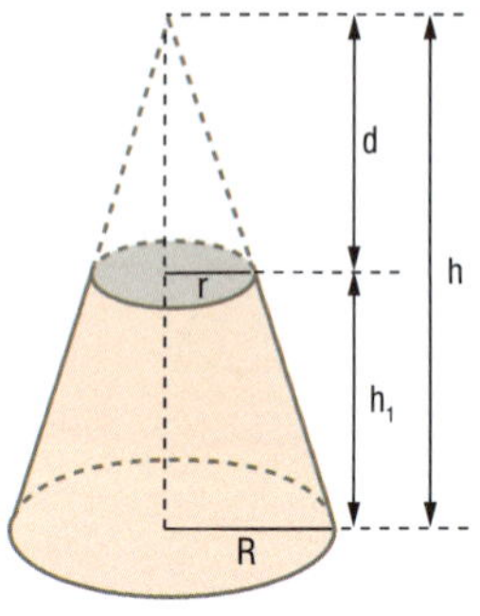

$$V_{tronco} = V_{cone\ maior} - V_{cone\ menor} \Rightarrow$$

$$\Rightarrow V_{tronco} = \frac{1}{3}\pi R^2 h - \frac{1}{3}\pi r^2 d = \frac{\pi}{3}(R^2 h - r^2 d) =$$

$$= \frac{\pi}{3}\left[R^2 h - r^2(h - h_1)\right] = \frac{\pi}{3}\left[R^2 h - r^2 h + r^2 h_1\right] =$$

$$= \frac{\pi}{3}\left[(R^2 - r^2)h + r^2 h_1\right] \quad \text{(I)}$$

Analogamente ao tronco de pirâmide, calculando **h** em função de $\mathbf{h_1}$, substituindo na fórmula (I) e simplificando, temos:

$$V_{tronco} = \frac{\pi h}{3}(R^2 + Rr + r^2)$$

Para refletir

Podemos calcular **h** em função de $\mathbf{h_1}$ por meio de semelhança de triângulos. Experimente fazer isso e deduza esta fórmula.

Assim como no caso do tronco de pirâmide, você poderá escolher entre calcular o volume do tronco do cone pela fórmula ou subtrair os volumes dos cones semelhantes (o original e a miniatura).

Exemplo de aplicação

Os raios das bases de um tronco de cone são 3 m e 2 m. A altura do tronco é 6 m. Calcule o seu volume.

1º método: usando a fórmula

R = 3 m
r = 2 m
h = 6 m

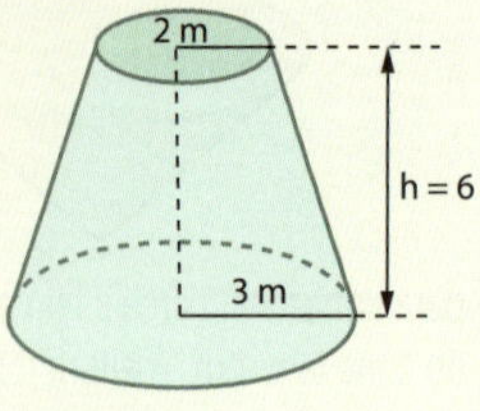

$$V = \frac{\pi h}{3}(R^2 + Rr + r^2) = \frac{6\pi}{3}(3^2 + 3 \cdot 2 + 2^2) =$$

$$= 38\pi \text{ cm}^3$$

2º método: sem o uso da fórmula

Seja x + 6 a altura do cone que deu origem ao tronco de cone do exercício:

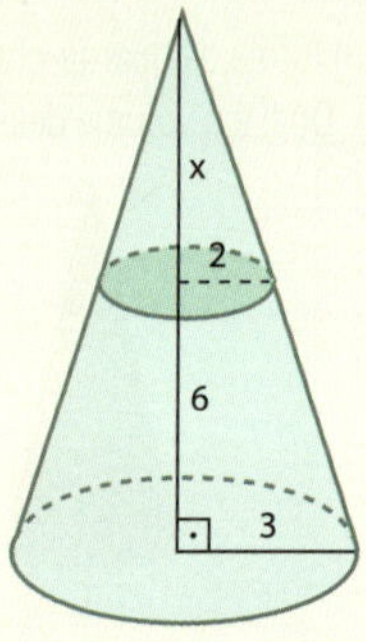

Usando semelhança, podemos escrever:

$$\frac{x}{x+6} = \frac{2}{3} \Rightarrow 3x = 2x + 12 \Rightarrow x = 12$$

Podemos calcular o volume do tronco assim:

$$V_{tronco} = V_{cone\ maior} - V_{cone\ menor} =$$

$$= \frac{1}{3}\pi \cdot 9 \cdot 18 - \frac{1}{3}\pi \cdot 4 \cdot 12 = 54\pi - 16\pi = 38\pi$$

O volume do tronco de cone é de 38π cm³.

Exercícios

31 O copo da figura tem as seguintes medidas internas: 6 cm e 8 cm de diâmetro nas bases e 9 cm de altura. Qual é o volume máximo de água que esse copo pode conter em mℓ?

32 Um depósito de combustível tem a forma de um tronco de cone. Suas dimensões são dadas na figura a seguir. Se apenas 30% de sua capacidade estão ocupados por combustível, qual é a quantidade, em litros, de combustível existente no depósito? ($1\ dm^3 = 1\ \ell$)

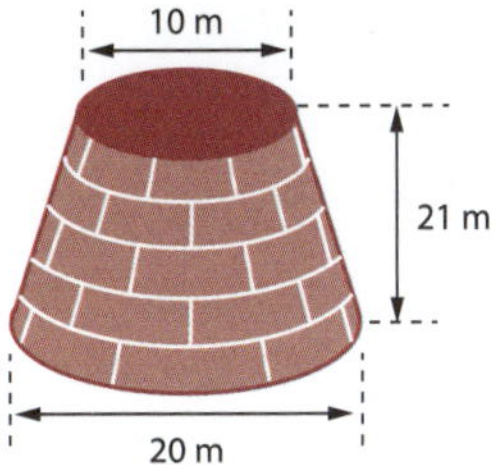

33 Em um cone, a altura é 9 cm. Um plano π, paralelo ao plano da base, intersecta o cone, determinando um cone menor na parte superior. Sabendo que a distância entre os planos é 6 cm, pede-se o volume do cone menor, o volume do cone maior e o volume do tronco de cone obtido.

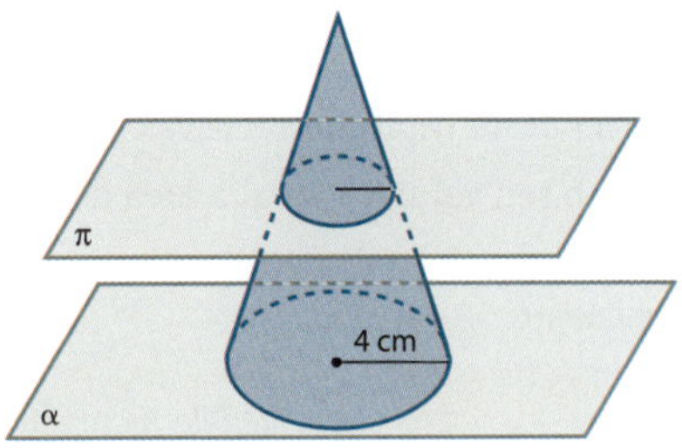

34 Na figura abaixo, o eixo da cavidade cilíndrica coincide com o eixo do tronco de cone. Qual é o volume do sólido resultante, sabendo que a cavidade cilíndrica é oca?

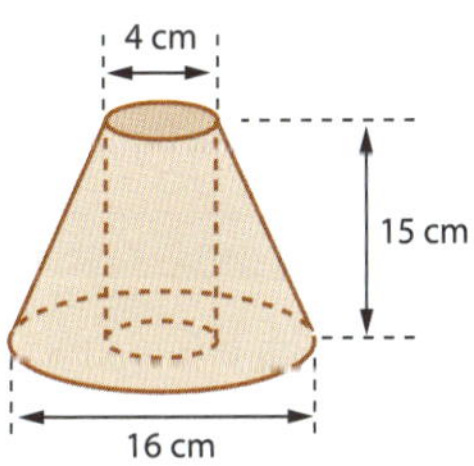

3. A esfera

Consideremos um ponto **C** e um número real positivo **R** qualquer.

A esfera de centro **C** e raio **R** é o conjunto de todos os pontos do espaço que estão a uma distância menor ou igual a **R** do ponto **C**.

A "casquinha" ou a fronteira da esfera chama-se *superfície esférica*.

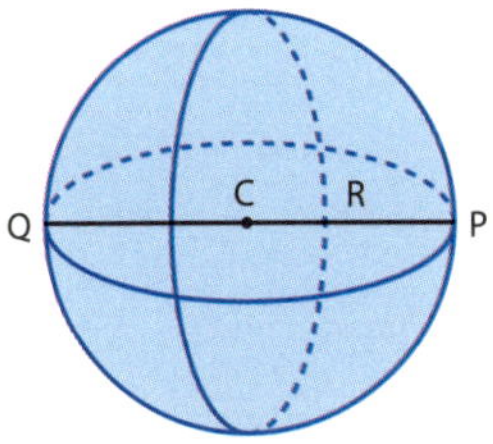

C = centro da esfera
$\overline{CP}$ = raio da esfera
$\overline{PQ}$ = diâmetro da esfera
R = medida do raio da esfera

Área da superfície esférica

Na figura abaixo estão desenhados três círculos máximos. A área da superfície esférica é dada pelo quádruplo da área de um dos círculos máximos, ou seja:

$$A = 4\pi R^2$$

Por exemplo, se o raio de uma esfera é 9 cm, a área da superfície esférica será dada por:

$$A = 4\pi R^2 = 4 \cdot 3{,}14 \cdot 9^2 = 1017{,}36\ cm^2$$

Essa fórmula será justificada depois de aprendermos a calcular o volume da esfera.

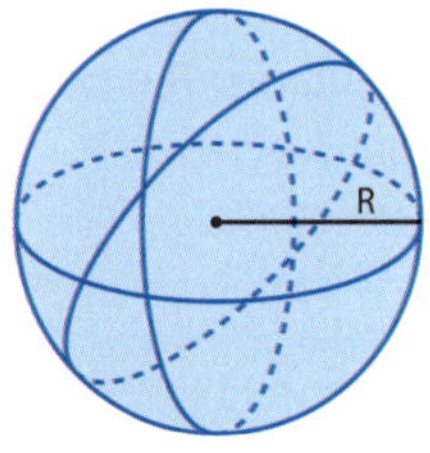

Exercícios

35 Determine a área da superfície esférica cujo raio é 6 cm.

36 Na figura abaixo está representado um hemisfério. Qual é a área da superfície desse hemisfério?

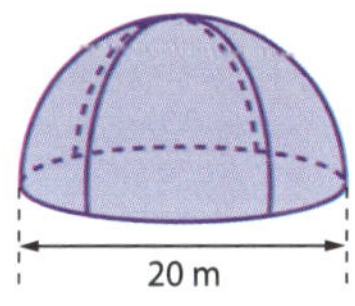

37 Quanto de borracha (em centímetros quadrados) se gasta para fazer a bola cuja medida está na figura?

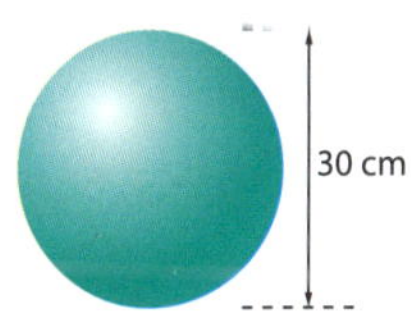

38 O diâmetro de uma esfera é igual ao raio de outra esfera. Qual é a razão entre as áreas das superfícies esféricas?

Volume da esfera

objeto digital

Observe a figura abaixo, em que aparece a secção determinada em uma esfera de raio **R** por um plano β.

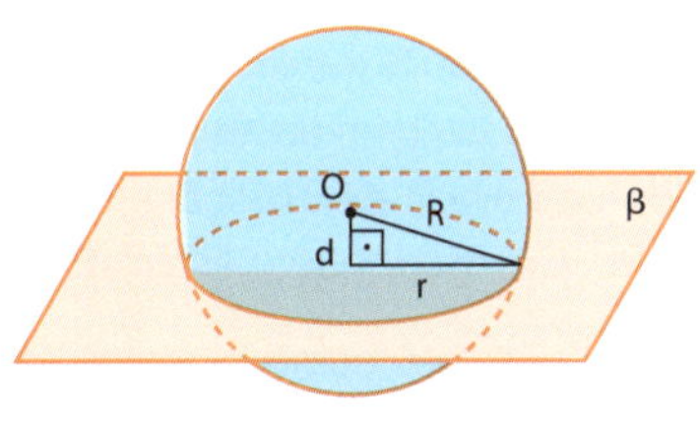

A intersecção do plano β com a esfera é um círculo de raio **r**. Se **d** é a distância de **O** (centro da esfera) ao plano β, temos:

$$R^2 = d^2 + r^2 \Rightarrow r^2 = R^2 - d^2$$

Portanto, a área da secção é dada por:

$$\pi(R^2 - d^2)$$

> **Fique atento**
> Se um plano secciona uma esfera, a secção é sempre um círculo.

O volume da esfera será determinado utilizando-se o princípio de Cavalieri. Para isso, vamos considerar inicialmente um sólido **S** que será obtido da seguinte maneira: de um cilindro equilátero de raio **R** e altura 2R retiramos dois cones de raio **R**, altura **R** e vértice **P**.

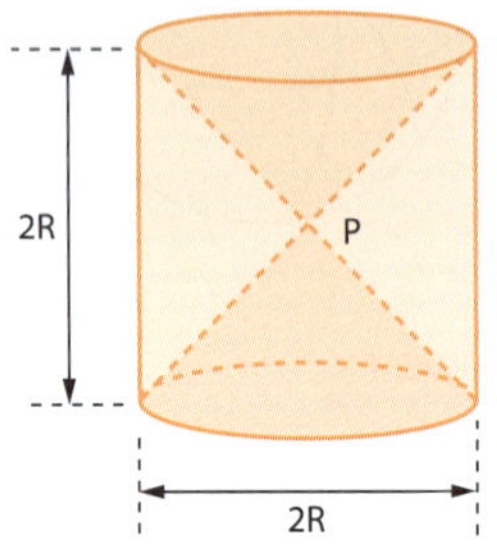

O volume do sólido **S** é tal que:

$$\text{volume de S} = \underbrace{\pi R^2 \cdot 2R}_{\text{cilindro}} - \underbrace{2 \cdot \frac{1}{3}\pi R^2 \cdot R}_{\text{2 cones}} =$$

$$= 2\pi R^3 - \frac{2}{3}\pi R^3 = \frac{4}{3}\pi R^3$$

Agora podemos considerar, apoiados em um plano α, esse sólido **S** e uma esfera **E** de raio **R**, conforme mostra a figura:

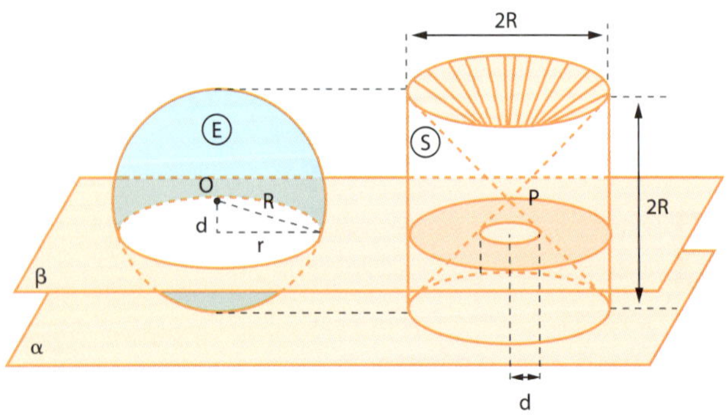

Se um plano β, paralelo a α, seccionar a esfera **E**, a área da secção será $\pi(R^2 - d^2)$ conforme foi visto. Além disso, β também secciona o sólido **S** e a secção será uma coroa circular de raios **R** e **d**, e também de área igual a $\pi(R^2 - d^2)$.

A igualdade das áreas das secções permite concluir, pelo princípio de Cavalieri, que a esfera **E** tem o mesmo volume que o sólido **S**, que como sabemos é $\frac{4}{3}\pi R^3$.

Podemos então concluir que, se uma esfera tem raio R, seu volume é:

$$V = \frac{4}{3}\pi R^3$$

> **Fique atento**
> A reta $\overleftrightarrow{OP}$ é paralela ao plano α.
> O raio do círculo menor da coroa é **d**, pois o △PXY indicado abaixo é retângulo e isósceles, para qualquer plano β.

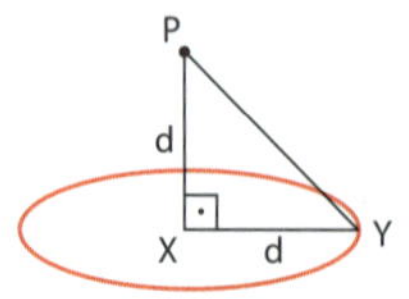

» Exemplos de aplicação

1 Responda nos itens seguintes às questões propostas na introdução deste capítulo, relativas ao planeta Terra:

a) Qual é o seu volume e qual a área de sua superfície?

Sabe-se que a linha do Equador tem 40 000 km, aproximadamente.

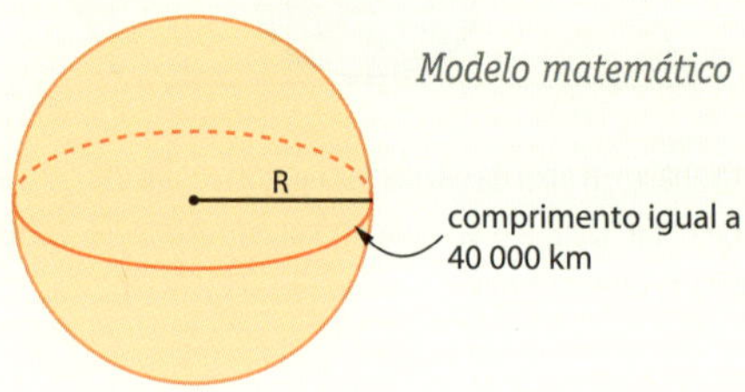

Considerando a Terra uma figura de forma esférica, temos $V = \frac{4}{3}\pi R^3$.

Como C = 40 000 km e C = 2πR, vamos determinar **R**, considerando π = 3,14:

$$40\,000 = 2\pi R \Rightarrow R = \frac{40\,000}{2\pi} \simeq 6\,369 \text{ km}$$

$$V = \frac{4}{3}\pi R^3 = \frac{4}{3} \cdot 3{,}14 \cdot 6\,369^3 \simeq 1{,}08 \cdot 10^{12} \text{ km}^3$$

A área da superfície da esfera é dada por $A = 4\pi R^2$. No caso do planeta Terra, como R ≃ 6 369 km, temos:

$$A \simeq 4 \cdot 3{,}14 \cdot 6\,369^2 = 509\,485\,862{,}1 \text{ km}^2$$

Portanto, o volume aproximado da Terra é $1{,}08 \cdot 10^{12}$ km³ e sua área aproximada é $5{,}09 \cdot 10^8$ km².

b) Qual é a área coberta de água (em km²) em sua superfície?

A área coberta de água é:

$$\frac{3}{4}A \simeq \frac{3}{4} \cdot 5{,}09 \cdot 10^8 \simeq 3{,}82 \cdot 10^8 \text{ km}^2$$

A área coberta de água é de aproximadamente $3{,}82 \cdot 10^8$ km².

2 **Uma esfera é seccionada por um plano α distante 12 cm de seu centro. O raio da secção obtida é 9 cm. Calcule o volume da esfera.**

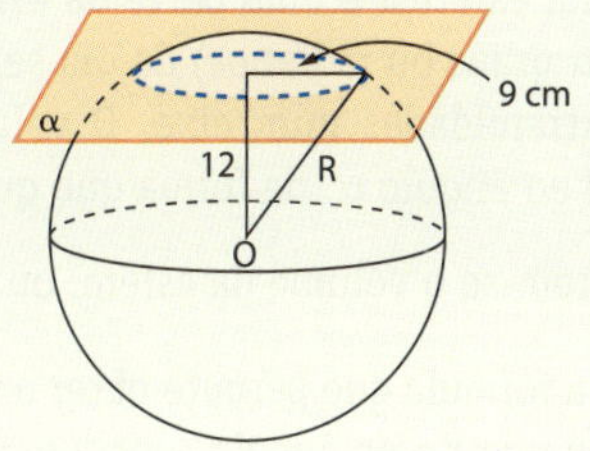

Cálculo do raio **R** da esfera:

$R^2 = 12^2 + 9^2 = 144 + 81 = 225 \Rightarrow R = 15$ cm

Cálculo do volume:

$$V = \frac{4}{3}\pi R^3 = \frac{4}{3}\pi(15)^3 = \frac{4}{3}\pi \cdot 3375 \text{ cm}^3 = 4500\pi \text{ cm}^3$$

Portanto, o volume da esfera é 4500π cm^3.

3 **Um cone equilátero está inscrito em uma esfera. O raio da base do cone é 2 cm. Calcule o volume da esfera.**

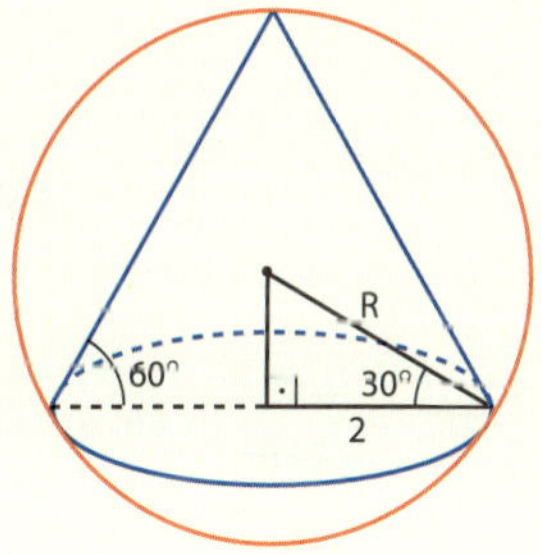

$$\cos 30° = \frac{2}{R} \Rightarrow \frac{\sqrt{3}}{2} = \frac{2}{R} \Rightarrow R = \frac{4}{\sqrt{3}} = \frac{4\sqrt{3}}{3}$$

Vamos calcular o volume da esfera:

$$V = \frac{4}{3}\pi R^3 = \frac{4}{3}\pi\left(\frac{4\sqrt{3}}{3}\right)^3 = \frac{4}{3}\pi \cdot \frac{192\sqrt{3}}{27} =$$

$$= \frac{256\pi\sqrt{3}}{27} \text{ cm}^3$$

Logo, o volume da esfera é $\frac{256\pi\sqrt{3}}{27}$ cm^3.

Exercícios

39 Qual é o volume de uma bola de basquete cujo diâmetro mede 24 cm?

40 Um reservatório tem a forma de um hemisfério (figura ao lado). Qual é o volume máximo de líquido que cabe nesse reservatório, em litros?

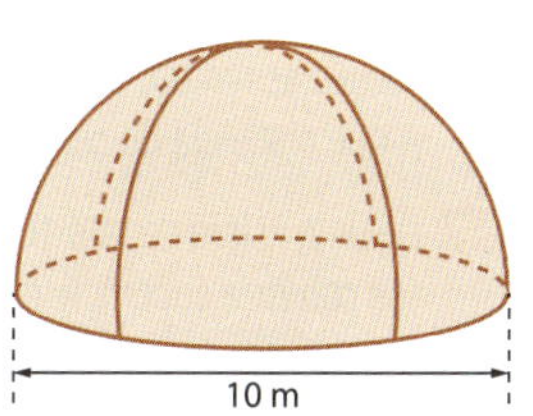

41 Considere uma laranja como uma esfera composta de 12 gomos exatamente iguais. Se a laranja tem 8 cm de diâmetro, qual é o volume de cada gomo?

42 O volume de uma esfera é $\frac{256\pi}{3}$ cm^3. Calcule o raio e a área da superfície esférica.

43 Sabemos que uma boia (figura abaixo) serve para orientar os navios na entrada de um porto. Essa boia é formada por um hemisfério de 2 m de diâmetro e por um cone que tem 80 cm de altura. Qual é o volume da boia?

44 A figura ao lado mostra uma peça formada por um cilindro que tem 3 cm de comprimento por 2 cm de diâmetro e um hemisfério que tem 2 cm de raio. Sendo maciça, qual é o volume dessa peça?

45 A aresta de um cubo mede 6 cm. Uma esfera está inscrita nesse cubo (figura abaixo). Qual é o volume da superfície dessa esfera?

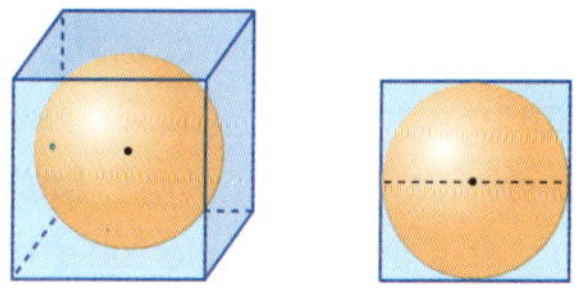

46 Duas esferas são concêntricas e seus raios medem 3 m e 2 m. Qual é o volume do sólido compreendido entre as superfícies esféricas?

47 Numa esfera de raio 3 circunscrevemos um cone reto cuja geratriz é igual ao diâmetro da base. O raio da base do cone é **r**. Calcule o volume do cone.

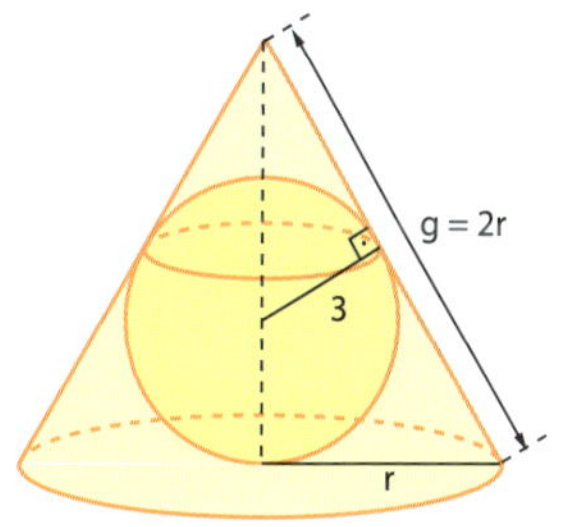

48 Em uma esfera de raio 2R está inscrito um cilindro. A base do cilindro tem raio **R**. Calcule o volume do cilindro.

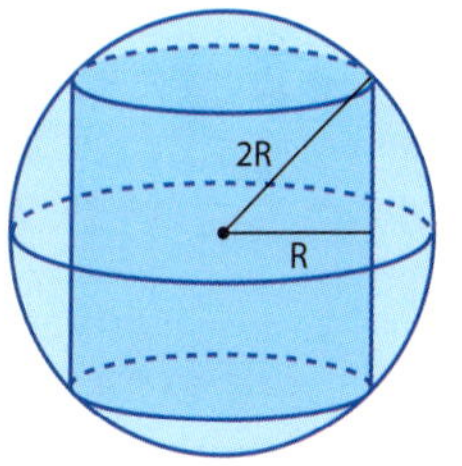

49 A razão entre o volume e a área de uma esfera é igual a 3 m. Calcule o volume da esfera.

50 Na figura abaixo, a esfera está inscrita em um cilindro reto. Sejam $\mathbf{V_1}$ o volume da esfera e $\mathbf{V_2}$ o volume do cilindro. Demonstre que, nesse caso, o volume $\mathbf{V_1}$ é igual a $\frac{2}{3}$ do volume $\mathbf{V_2}$.

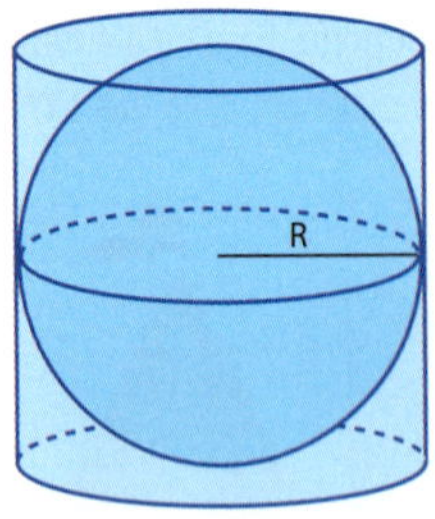

Outras aplicações

Fuso esférico

objeto digital

Exemplo de aplicação

Um fuso esférico é uma parte da superfície esférica, gerada pela rotação (de α graus ou radianos) de uma semicircunferência de raio **r** com as extremidades num eixo. A área do fuso é proporcional ao ângulo α, de forma que quando α for 360° (ou 2π rad) tem-se a área da superfície esférica, ou seja, $4\pi r^2$. Encontre a fórmula que permite obter a área do fuso em função do raio **r** e do ângulo α para graus e para radianos.

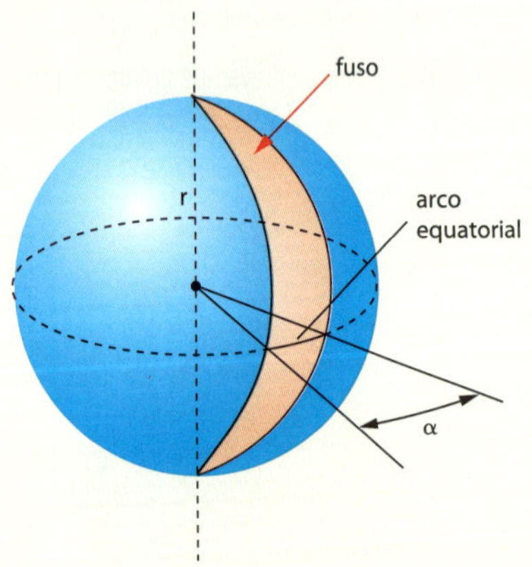

Pelo enunciado, temos que $\frac{A_{fuso}}{4\pi R^2} = \frac{\alpha_{graus}}{360°} = \frac{\alpha_{rad.}}{2\pi}$.

Então:

$$A_{fuso} = \frac{\alpha_{graus}}{360°} \cdot 4\pi R^2 = \frac{\alpha\pi R^2}{90°} \text{ (}\alpha\text{ em graus)}$$

$$A_{fuso} = \frac{\alpha_{rad}}{2\pi} \cdot 4\pi R^2 = 2\alpha R^2 \text{ (}\alpha\text{ em radianos)}$$

Cunha esférica

Exemplo de aplicação

Uma cunha esférica é uma parte da esfera, gerada pela rotação (de α graus ou radianos) de um semicírculo de raio **r** com as extremidades num eixo. O volume da cunha é proporcional ao ângulo α, de forma que quando α for 360° (ou 2π rad) tem-se o volume da esfera, ou seja, $\frac{4}{3}\pi r^3$.

Encontre a fórmula que permite obter o volume da cunha em função do raio **r** e do ângulo α para graus e radianos.

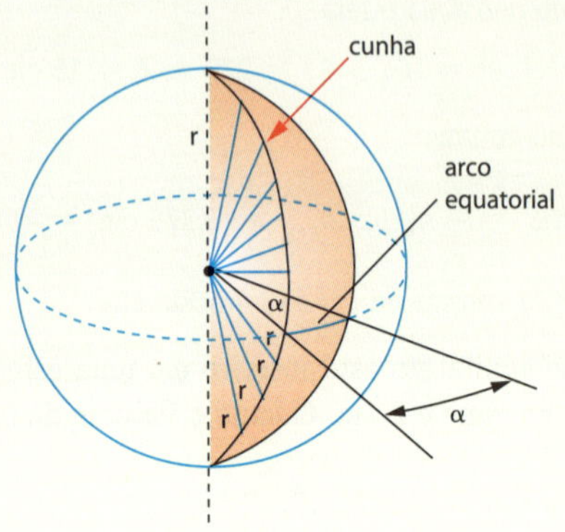

Pelo enunciado, temos que $\frac{V_{cunha}}{\frac{4}{3}\pi R^3} = \frac{\alpha_{graus}}{360°} = \frac{\alpha_{rad}}{2\pi}$.

Então:

$$V_{cunha} = \frac{\alpha_{graus}}{360°} \cdot \frac{4}{3}\pi R^3 = \frac{\alpha\pi R^3}{270°} \text{ (}\alpha\text{ em graus)}$$

$$V_{cunha} = \frac{\alpha_{rad}}{2\pi} \cdot \frac{4}{3}\pi R^3 = \frac{2\alpha R^3}{3} \text{ (}\alpha\text{ em radianos)}$$

Para refletir
A área total da superfície de uma cunha equivale à área do fuso acrescida da área de um círculo de raio **R**.

Exercícios

51 Uma cunha esférica correspondente a um ângulo de 72° tem volume igual a 6,4 m³. Calcule a área do fuso esférico determinado por essa cunha na esfera. Considere $\pi = 3$.

52 Supondo que uma laranja seja esférica, cada um de seus gomos corresponde a uma cunha e a cada cunha corresponde um fuso. Se o fuso de um gomo dessa laranja tem área 5π cm² e a laranja tem área 100π cm², calcule o ângulo do fuso. E, se todos os gomos fossem de mesmo ângulo, quantos gomos teria essa laranja?

53 Uma esfera de 2 cm de raio é seccionada por um plano. A área da secção assim obtida é igual à área de um fuso de 36° dessa esfera. A que distância do centro da esfera está situado o plano?

54 De uma esfera de raio 10 cm retira-se uma cunha de 30°. Pretende-se colorir a superfície total dessa cunha. Calcule o volume de tinta necessário, em litros, sabendo que se gasta 1 cm³ por cm² de superfície. Considere $\pi = 3$.

Capítulo 26 Estatística

objeto digital

O uso da pesquisa é bastante comum nas várias atividades humanas.

Exemplos:

1º) As indústrias costumam realizar pesquisas entre os consumidores antes do lançamento de um novo produto no mercado.

2º) As pesquisas eleitorais fornecem elementos para que os candidatos direcionem a campanha.

3º) A pesquisa do desempenho dos atletas, ou das equipes em uma partida, ou em um campeonato interfere no planejamento dos treinamentos.

4º) Emissoras de tevê utilizam pesquisas que mostram a preferência dos espectadores para organizar sua programação.

A realização de uma pesquisa envolve muitas etapas, como a escolha da amostra, a coleta e organização dos dados (informações), o resumo desses dados (em tabelas, gráficos, etc.) e a interpretação dos resultados.

A parte da Matemática que trata desses assuntos é a *Estatística*. Neste capítulo, vamos estudar noções de Estatística, como a construção e a interpretação de gráficos como os que seguem.

Intenção de voto por escolaridade do eleitor (em %)

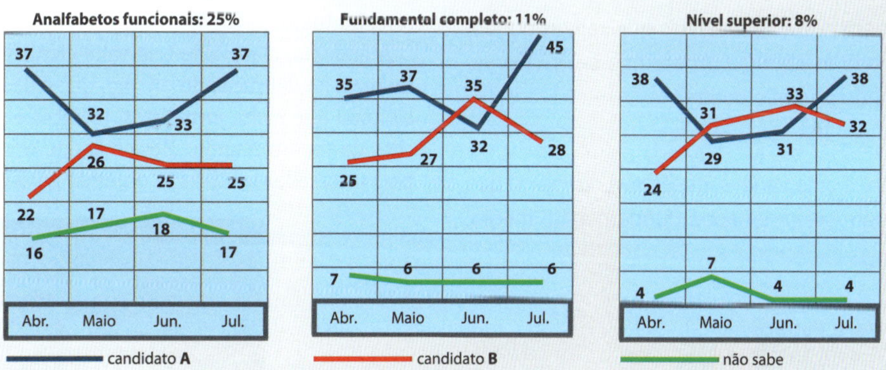

1. Termos de uma pesquisa estatística

População e amostra

Se quisermos saber, por exemplo, qual a matéria favorita entre os alunos de uma classe, podemos consultar todos os alunos da classe.

No entanto, isso não é possível quando queremos pesquisar sobre a intenção de voto dos eleitores do estado de São Paulo, pois não podemos consultar todos os eleitores que constituem a *população* ou o *universo estatístico*.

Recorremos, então, ao que se chama de *amostra*, ou seja, um grupo de eleitores que, consultados, permitem que se chegue ao resultado mais próximo possível da realidade.

É comum aparecer na publicação das pesquisas quantos eleitores foram consultados, pois a escolha da amostra (quantos e quais eleitores) é fundamental para o resultado.

Chamando de **U** o universo estatístico e de **A** uma amostra, temos:

$$A \subset U$$

Para refletir
Em que situação temos $A = U$?

Indivíduo ou objeto

Cada elemento que compõe a amostra é um *indivíduo* ou *objeto*. No exemplo da intenção de voto, os indivíduos da pesquisa são pessoas. Quando se consideram algumas marcas de lâmpada para testar a durabilidade, cada marca é um objeto da pesquisa.

Variável

Uma indústria automobilística que pretende lançar um novo modelo de carro faz uma pesquisa para sondar a preferência dos consumidores sobre tipo de combustível, número de portas, potência do motor, preço, cor, tamanho, etc. Cada uma dessas características é uma *variável* da pesquisa.

Na variável "tipo de combustível", a escolha pode ser, por exemplo, entre álcool e gasolina. Dizemos que esses são *valores* ou *realizações* da variável "tipo de combustível".

Variável qualitativa

Em uma pesquisa que envolve pessoas, por exemplo, as variáveis consideradas podem ser sexo, cor de cabelo, esporte favorito e grau de instrução. Nesse caso dizemos que as variáveis são *qualitativas*, pois apresentam como possíveis valores uma qualidade (ou atributo) dos indivíduos pesquisados.

Além disso, dizemos que as variáveis qualitativas podem ser *ordinais*, quando existe uma ordem nos seus valores, ou *nominais*, quando isso não ocorre.

Exemplo:

"Grau de instrução" é uma *variável qualitativa ordinal*, já que seus valores podem ser ordenados (fundamental, médio, superior, etc.).

Para refletir
"Esporte favorito" é uma *variável qualitativa nominal*. Justifique.

Variável quantitativa

Quando as variáveis de uma pesquisa são, por exemplo, altura, peso, idade em anos e número de irmãos, dizemos que elas são *quantitativas*, pois seus possíveis valores são números.

As variáveis quantitativas podem ser *discretas*, quando se trata de contagem (números inteiros), ou *contínuas*, quando se trata de medida (números reais).

Exemplos:

1º) "Número de irmãos" é uma *variável quantitativa discreta*, pois podemos contar (0, 1, 2, etc.).

2º) "Altura" é uma *variável quantitativa contínua*, uma vez que pode ser medida (1,55 m, 1,80 m, 1,73 m, etc.).

Quadro-resumo dos tipos de variável de uma pesquisa:

Variável
- qualitativa
  - nominal
  - ordinal
- quantitativa
  - discreta
  - contínua

Fique atento
A idade em anos exatos pode ser considerada variável quantitativa discreta (8, 10, 17, etc.).

» Exemplo de aplicação

Observe a reportagem abaixo:

Com propaganda santista, Neymar lidera enquete com três vezes mais votos que Messi

Neymar está vencendo a enquete oficial para melhor jogador do mundo, realizada no *site* da revista *France Football*, parceira da FIFA na entrega do prêmio, com quase o triplo de votos que Lionel Messi, o segundo colocado.

Para isso, porém, o jovem craque, único entre os 23 candidatos ao prêmio que joga no futebol brasileiro, ganhou um empurrãozinho oficial: o Santos colocou no *Twitter* o endereço da enquete, com uma "sugestão" para que seus torcedores votassem.

Por volta das 16h (de Brasília) desta terça-feira (1º), o craque santista tinha quase 40% dos votos, contra 13,7% de Messi e quase 11% de Cristiano Ronaldo, que estava em terceiro lugar.

A enquete, claro, não tem valor científico e nem terá influência na definição do prêmio, que é dado por um colégio eleitoral que inclui jornalistas, técnicos e capitães das seleções de todo o mundo. Mesmo assim, é um motivo a mais para o torcedor santista se orgulhar de seu jovem ídolo.

Fonte: <http://forum.esporte.uol.com.br/com-propaganda-santista-neymar-lidera-enquete-com-tres-vezes-mais-votos-que-messi_t_1765038>. Acesso em: 14 dez. 2011.

Por que a reportagem deixa claro que essa enquete não tem valor científico?

Porque a pesquisa não foi feita com um universo estatístico que possa ser generalizado. O universo dos votantes se reduz apenas aos frequentadores desse *site*, que decidiram votar. Além disso, a "propaganda" feita pelo Santos aparentemente fez com que a maioria dos votantes fossem santistas, portanto, o resultado é tendencioso mesmo dentro do universo dos frequentadores habituais do *site*. Não seria adequado dizer que Neymar é o melhor jogador do mundo para 39,9% da população mundial ou mesmo brasileira.

Exercício

1 Uma concessionária de automóveis tem cadastrados 3 500 clientes e fez uma pesquisa sobre a preferência de compra em relação a "cor" (branco, vermelho ou azul), "preço", "número de portas" (duas ou quatro) e "estado de conservação" (novo ou usado). Foram consultados 210 clientes. Diante dessas informações, responda:

a) Qual é o universo estatístico e qual é a amostra dessa pesquisa?

b) Quais são as variáveis e qual é o tipo de cada uma?

c) Quais os possíveis valores da variável "cor" nessa pesquisa?

Frequência absoluta e frequência relativa

Suponha que entre um grupo de turistas, participantes de uma excursão, tenha sido feita uma pesquisa sobre a nacionalidade de cada um e que o resultado dela tenha sido o seguinte:

Pedro: brasileiro; Ana: brasileira; Ramón: espanhol; Laura: espanhola; Cláudia: brasileira; Sérgio: brasileiro; Raúl: argentino; Nélson: brasileiro; Sílvia: brasileira; Pablo: espanhol.

O número de vezes que um valor da variável é citado representa a *frequência absoluta* daquele valor.

Nesse exemplo, a variável é "nacionalidade" e a frequência absoluta de cada um de seus valores é: brasileira, 6; espanhola, 3; e argentina, 1.

Existe também a *frequência relativa*, que registra a frequência absoluta em relação ao total de citações.

Nesse exemplo, temos:

- frequência relativa da nacionalidade brasileira: 6 em 10 ou $\frac{6}{10}$ ou $\frac{3}{5}$ ou 0,6 ou 60%;
- frequência relativa da nacionalidade espanhola: 3 em 10 ou $\frac{3}{10}$ ou 0,3 ou 30%;
- frequência relativa da nacionalidade argentina: 1 em 10 ou $\frac{1}{10}$ ou 0,1 ou 10%.

> **Para refletir**
> A frequência relativa pode ser expressa em fração, decimal ou porcentagem.

Podemos associar a frequência relativa de um evento à probabilidade de que ele ocorra. Se o número total de citações for suficientemente grande, a frequência relativa se estabiliza em torno de um número que expressa a probabilidade de ocorrência desse evento.

Tabela de frequências

A tabela que mostra a variável e suas realizações (valores), com as frequências absoluta (FA) e relativa (FR), é chamada de *tabela de frequências.*

Assim, usando o mesmo exemplo, temos:

Nacionalidade	FA	FR
brasileira	6	60%
espanhola	3	30%
argentina	1	10%
total	10	100%

Exercício

2 Um grupo de alunos foi consultado sobre o time paulista de sua preferência, e os votos foram registrados assim: Santos ; Palmeiras ; Corinthians ; São Paulo 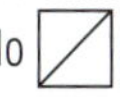. Construa a tabela de frequências correspondente a essa pesquisa.

Tabelas de frequências das variáveis quantitativas

Já sabemos que a variável quantitativa tem seus possíveis valores indicados por números. Veremos agora que, na elaboração de suas tabelas de frequências, podemos deparar com duas situações.

Para isso, vamos tomar como exemplo um grupo de alunos dos quais foram registrados a idade (em anos), o "peso" (em quilogramas) e a altura (em metros).

Alberto: 14 a, 49,0 kg e 1,73 m;
Alexandre: 14 a, 46,5 kg e 1,66 m;
Carlos: 16 a, 53,0 kg e 1,78 m;
Cláudio: 15 a, 50,0 kg e 1,75 m;
Eduardo: 14 a, 51,0 kg e 1,68 m;
Flávio: 15 a, 49,0 kg e 1,70 m;
Geraldo: 14 a, 44,0 kg e 1,62 m;
Gilberto: 15 a, 51,0 kg e 1,76 m;
Hélio: 14 a, 48,3 kg e 1,68 m;
José Carlos: 16 a, 52,0 kg e 1,79 m;
José Luís: 14 a, 49,0 kg e 1,74 m;
Lúcio: 14 a, 46,5 kg e 1,65 m;
Marcos: 15 a, 48,0 kg e 1,63 m;
Mário: 14 a, 48,5 kg e 1,69 m;
Maurício: 16 a, 50,0 kg e 1,70 m;
Mílton: 14 a, 52,0 kg e 1,75 m;
Renato: 14 a, 46,0 kg e 1,72 m;
Roberto: 15 a, 47,0 kg e 1,69 m;
Saul: 14 a, 51,0 kg e 1,73 m;
Sérgio: 14 a, 49,0 kg e 1,66 m.

Primeira situação:

Ao elaborar a tabela de frequências da variável "idade", notamos que aparecem como possíveis valores 14 anos, 15 anos e 16 anos:

Idade (anos)	**Contagem**	**FA**	**FR** (fração)	**FR** (%)
14		12	$\frac{12}{20}=\frac{3}{5}$	60
15		5	$\frac{5}{20}=\frac{1}{4}$	25
16		3	$\frac{3}{20}$	15
total		20	1	100

Segunda situação:

Para a variável "altura" aparecem muitos valores diferentes, o que torna inviável colocar na tabela uma linha para cada valor. Em casos como esse, agrupamos os valores em intervalos (ou classes), como veremos a seguir:

1º) Calculamos a diferença entre a maior e a menor altura registrada, obtendo a amplitude total (1,79 m − 1,62 m = 0,17 m).

2º) Escolhemos o número de intervalos (geralmente superior a quatro), consideramos um número conveniente (um pouco acima da amplitude total) e determinamos a amplitude de cada intervalo (classe). No exemplo, para 6 intervalos, fazemos 0,18 m : 6 = 0,03 m.

3º) Elaboramos a tabela de frequências:

Altura (em classes)	**Contagem**	**FA**	**FR** (decimal)	**FR** (%)
1,62 ⊢—— 1,65 m	∟	2	0,10	10
1,65 ⊢—— 1,68 m	⊔	3	0,15	15
1,68 ⊢—— 1,71 m	☒|	6	0,30	30
1,71 ⊢—— 1,74 m	⊔	3	0,15	15
1,74 ⊢—— 1,77 m	□	4	0,20	20
1,77 ⊢—— 1,80 m	∟	2	0,10	10
total		20	1,00	100

Observações:

1ª) As classes (intervalos) foram obtidas a partir de 1,62 m, fazendo a adição de 0,03 (1,62 + 0,03 = 1,65; 1,65 + 0,03 = 1,68; e assim por diante).

2ª) O símbolo ⊢—— indica intervalo fechado à esquerda e aberto à direita. Assim, a altura 1,68 m não foi registrada em 1,65 ⊢—— 1,68 m, mas no intervalo 1,68 ⊢—— 1,71 m.

» Exercício

3 Usando os dados da mesma pesquisa (página anterior), elabore a tabela de frequências da variável "peso" com seus valores agrupados em 5 classes.

Vamos agora retomar os termos de Estatística vistos até aqui, por meio da seguinte situação:

Em uma escola com 5 classes de 1ª série do ensino médio, cada uma com 45 alunos, foi feita uma pesquisa para traçar o perfil da 1ª série. Para tanto, foram selecionados 5 alunos de cada classe, que responderam a um questionário, a partir do qual foi elaborada a seguinte tabela:

Nome	**Sexo**	**Idade** (anos/meses)	**Altura** (cm)	**Peso** (kg)	**Número de irmãos**	**Cor de cabelo**	***Hobby***	**Número do sapato**	**Manequim**	**Desempenho em Matemática**
Antônio	M	15 a 4 m	156	49	2	castanho	esporte	36	38	ótimo
Artur	M	14 a 7 m	166	48	0	castanho	esporte	39	38	bom
Áurea	F	15 a 2 m	165	66	1	castanho	música	36	42	insuficiente
Bruno	M	14 a 8 m	175	63	0	castanho	patinação	40	42	regular
Carla	F	14 a 5 m	165	57	2	loiro	música	36	40	regular
Cláudia	F	15 a 3 m	164	50	2	loiro	dança	36	38	bom
Domingos	M	14 a 6 m	163	51	1	castanho	esporte	36	38	bom
Edite	F	14 a 7 m	160	60	3	castanho	música	36	40	ótimo
Flávia	F	14 a 7 m	175	65	1	castanho	esporte	37	42	bom
Fúlvio	M	14 a 5 m	150	38	1	ruivo	esporte	34	36	insuficiente
Geraldo	M	15 a 11 m	146	38	0	castanho	aeromodelismo	34	36	regular
José	M	14 a 10 m	165	52	1	castanho	dança	38	38	regular
Laura	F	14 a 0 m	165	53	2	castanho	dança	36	38	bom
Lúcia	F	14 a 8 m	167	65	2	castanho	música	37	42	bom
Mário	M	15 a 4 m	165	50	3	loiro	patinação	36	38	insuficiente
Mauro	M	14 a 11 m	163	54	4	castanho	esporte	38	40	ótimo
Nívea	F	15 a 2 m	164	63	1	loiro	esporte	38	42	bom
Orlando	M	14 a 8 m	159	64	2	castanho	música	37	42	regular
Patrícia	F	15 a 1 m	158	43	1	loiro	dança	36	36	insuficiente
Paula	F	14 a 11 m	163	53	1	castanho	dança	36	38	bom
Renata	F	14 a 3 m	162	52	1	castanho	dança	36	38	ótimo
Roberto	M	14 a 2 m	167	53	0	castanho	esporte	40	38	ótimo
Sandra	F	14 a 10 m	167	58	1	loiro	dança	40	40	ótimo
Teresa	F	15 a 9 m	155	49	0	castanho	patinação	35	36	ótimo
Vânia	F	15 a 2 m	152	41	3	castanho	música	34	36	bom

A partir da tabela dada, podemos afirmar:

1º) O universo estatístico é constituído de 225 alunos.

2º) A amostra dessa pesquisa é constituída de 25 alunos.

3º) "Cor de cabelo" é uma variável qualitativa nominal.

4º) "Número de irmãos" é uma variável quantitativa discreta.

5º) "Desempenho em Matemática" é uma variável qualitativa ordinal.

6º) "Altura" é uma variável quantitativa contínua.

7º) "Dança" é um valor da variável *hobby*, cuja frequência absoluta é 7 e cuja frequência relativa é $\frac{7}{25}$ ou 0,28 ou 28%.

8º) A tabela de frequências da variável "número de irmãos" é a seguinte:

Número de irmãos	Contagem	FA	FR	FR
0	⧄	5	$\frac{5}{25} = 0{,}2$	20%
1	⧄⧄	10	$\frac{10}{25} = 0{,}4$	40%
2	⧄|	6	$\frac{6}{25} = 0{,}24$	24%
3	⊔	3	$\frac{3}{25} = 0{,}12$	12%
4	|	1	$\frac{1}{25} = 0{,}04$	4%
total		25	1	100%

9º) A tabela de frequências da variável "peso" (em quilograma), com os valores em classes:

Amplitude total: 66 − 38 = 28

Número de intervalos: 5

Amplitude relativa: 30 : 5 = 6

Peso (kg)	Contagem	FA	FR
38 ⊢—— 44	□	4	16%
44 ⊢—— 50	⊔	3	12%
50 ⊢—— 56	⧄□	9	36%
56 ⊢—— 62	⊔	3	12%
62 ⊢—— 68	⧄|	6	24%
total		25	100%

Exercícios

Para os exercícios 4, 5 e 6, utilize o quadro da página anterior.

4 Responda:

a) Das variáveis do quadro quais são qualitativas nominais?

b) Quais são os valores da variável "sexo"?

c) Qual é a frequência absoluta do valor 38 da variável "manequim"? E a frequência relativa (em fração, decimal e porcentagem)?

d) Qual é o valor da variável "cor de cabelo", cuja frequência relativa é 72%?

5 Elabore a tabela de frequências da variável "desempenho em Matemática".

6 Construa a tabela de frequências da variável "altura" (em centímetros), com os valores em 6 intervalos (classes).

7 A tabela a seguir é resultante de uma pesquisa sobre os "gêneros musicais" mais vendidos em uma loja de CDs durante um dia. Complete os espaços.

Gênero musical	FA	FR	FR	FR
sertanejo				30%
MPB		$\frac{6}{25}$		
rock				
clássico			0,14	
total	50			

8 Foi feito o levantamento dos "salários" dos funcionários de uma empresa e, em seguida, foi elaborada a tabela de frequências, com os valores da variável em classes. Complete a tabela.

Salário (R$)	FA	FR
⊢——		10%
⊢——	15	
⊢——	30	50%
⊢——	6	
960 ⊢—— 1050		
total		

9 Na Copa do Mundo da África do Sul (2010), o Brasil disputou os seguintes jogos: Brasil 2 × 1 Coreia do Norte; Brasil 3 × 1 Costa do Marfim; Brasil 0 × 0 Portugal; Brasil 3 × 1 Chile; Brasil 1 × 2 Holanda.

a) Construa a tabela de frequências da variável "resultados", considerando como valores as vitórias, os empates e as derrotas do Brasil.

b) Elabore a tabela de frequências da variável "gols marcados pelo Brasil por partida", usando como valores 0 gol, 1 gol, 2 gols e 3 gols.

10 Uma professora de Matemática fez uma tabela com as notas finais de uma turma para ver quantos alunos ficarão para recuperação e quantos já passaram de ano. A nota média utilizada nessa escola é 7, ou seja, quem teve nota superior a 7 passou de ano e quem teve nota inferior a 7 ficou para recuperação. A professora dividiu todos os alunos em cinco blocos de nota **N** que variam conforme a tabela:

Número de alunos por nota

	$N \leq 3$	$3 < N \leq 5$	$5 < N < 7$	$7 \leq N \leq 8$	$8 < N \leq 10$
Alunos	3	4	6	12	5

Podemos observar que 3 alunos tiveram notas finais menores ou iguais a 3 e que 5 alunos tiveram notas entre 8 e 10.

A professora observou a tabela e descobriu que o número de alunos que ficarão para recuperação é:

a) 10. **b)** 15. **c)** 12. **d)** 13. **e)** 7.

2. Representação gráfica

A representação gráfica fornece uma visão de conjunto mais rápida que a observação direta dos dados numéricos. Por isso, os meios de comunicação com frequência oferecem a informação estatística por meio de gráficos.

Consideremos uma situação em que, na votação para representante e vice-representante da 1ª série do ensino médio, um aluno anota os votos com um "×" ao lado do nome do candidato, enquanto seus colegas votam. Ao terminar a votação, podemos observar o "desenho" a seguir.

Adriano	× × × × × × × × × × × × ×
Letícia	× × × × × × ×
Luciana	× × × × × × × × × ×
Marino	× × × × × ×
Magda	× × × ×

Não precisamos contar os votos para saber quem foi eleito. Pelos "xis", notamos que Adriano foi o escolhido para representante e Luciana para vice.

Com uma simples olhada, obtemos a informação de que necessitamos. Essa é uma característica importante dos gráficos estatísticos.

Gráfico de segmentos

A tabela que segue mostra a venda de livros em uma livraria no segundo semestre de determinado ano.

Meses do segundo semestre	Número de livros vendidos
julho	350
agosto	300
setembro	400
outubro	400
novembro	450
dezembro	500

A situação do exemplo estabelece uma correspondência que pode ser expressa por pares ordenados (julho, 350), (agosto, 300), etc. Usando eixos cartesianos, localizamos os seis pares ordenados e construímos um gráfico de segmentos.

Os gráficos de segmentos são utilizados principalmente para mostrar a evolução das frequências dos valores de uma variável durante certo período.

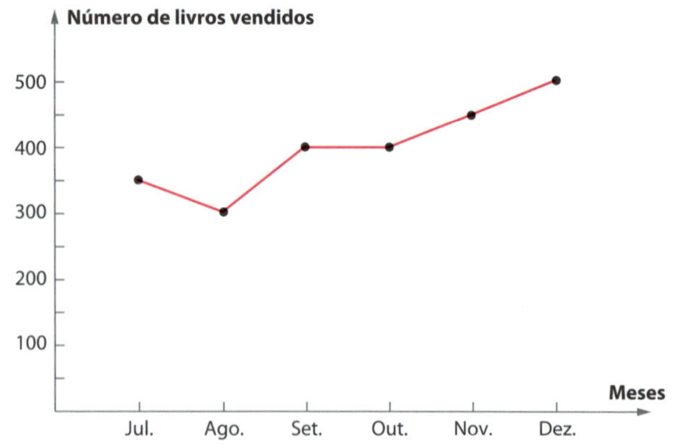

A posição de cada segmento indica crescimento, decréscimo ou estabilidade. Já a inclinação do segmento sinaliza a intensidade do crescimento ou do decréscimo.

Para refletir
O gráfico de segmentos é chamado também de gráfico de linhas.

Pelo gráfico anterior, vemos que:

- de julho para agosto as vendas caíram;
- de setembro para outubro as vendas permaneceram estáveis;
- o crescimento de agosto para setembro foi maior que o de outubro para novembro;
- o mês com maior número de vendas foi dezembro;
- no mês de outubro foram vendidos 400 livros.

Exemplos:

1º) **População brasileira de 1940 a 2010**

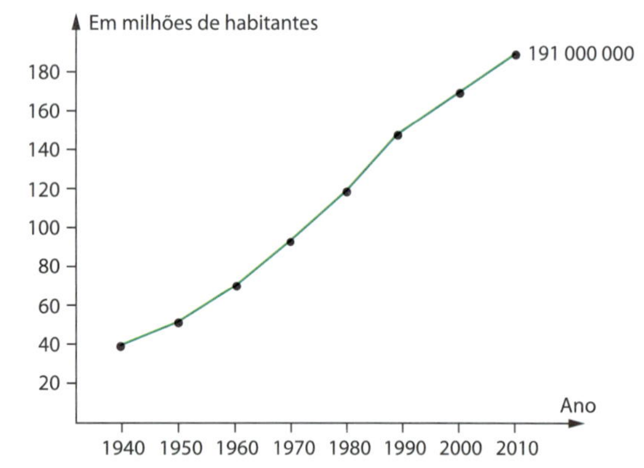

2º)

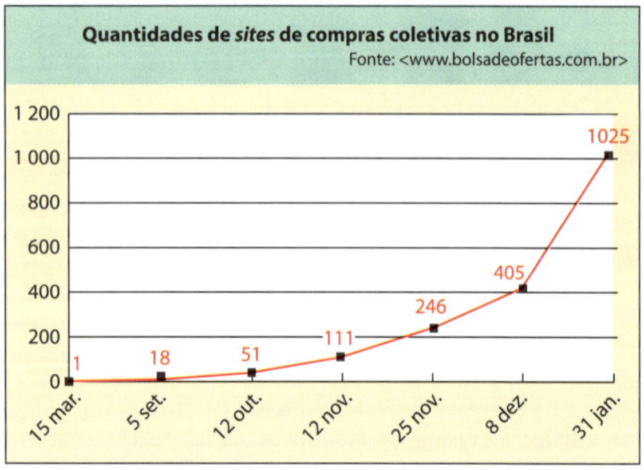

Disponível em: <comunikadu.com.br/2011/02/20/compras-coletivas-para-todos-os-gostos>. Acesso em: 2 mar. 2011.

Exercícios

11 Utilize o gráfico de segmentos do exemplo dado (venda de livros) e responda:

a) Em que períodos do segundo semestre as vendas subiram?

b) Em qual destes dois meses as vendas foram maiores: julho ou outubro?

c) Em que mês do semestre as vendas foram menores?

d) Em que mês foram vendidos 450 livros?

12 Um aluno apresentou durante o ano letivo o seguinte aproveitamento: Primeiro bimestre: nota 7; segundo bimestre: nota 6; terceiro bimestre: nota 8; e quarto bimestre: nota 8. Construa um gráfico de segmentos correspondente a essa situação e, a partir dele, tire algumas conclusões.

13 Analise os gráficos da introdução do capítulo (página 467) e responda:

Intenção de voto por escolaridade do eleitor (em %)

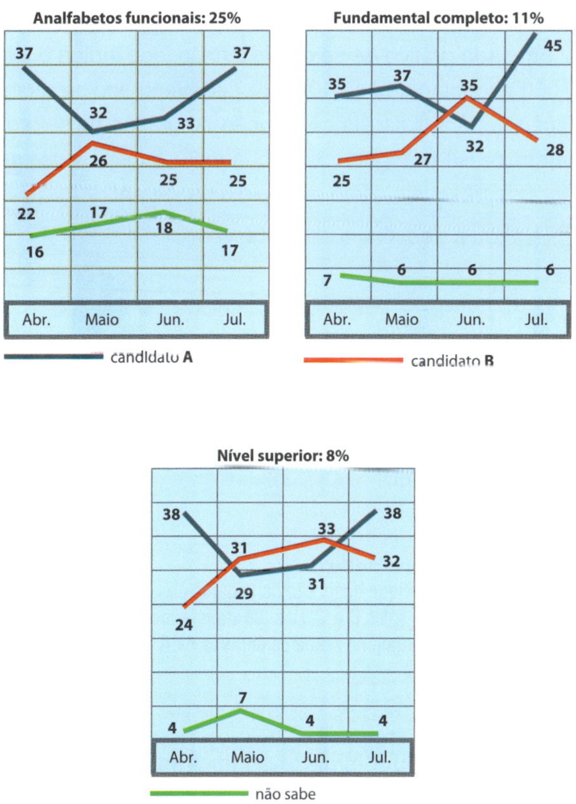

a) Em junho, qual o candidato preferido entre os eleitores com Ensino Fundamental completo?

b) Em abril, qual a porcentagem do candidato **A** entre os eleitores de nível superior?

c) Em que mês a porcentagem dos que não sabem em quem votar atingiu 16% entre os analfabetos?

Gráfico de barras

A partir do "desempenho em Química" demonstrado pelos alunos de uma classe, um professor elaborou a seguinte tabela:

Desempenho em Química	FA	FR
insuficiente	6	15%
regular	10	25%
bom	14	35%
ótimo	10	25%
total	40	100%

Com os dados da tabela é possível construir o gráfico de barras:

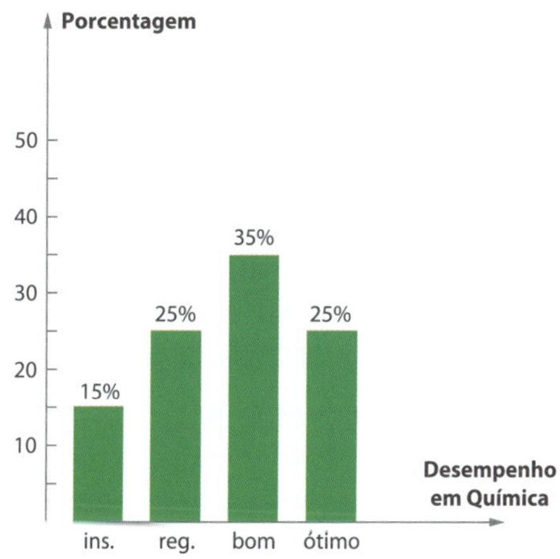

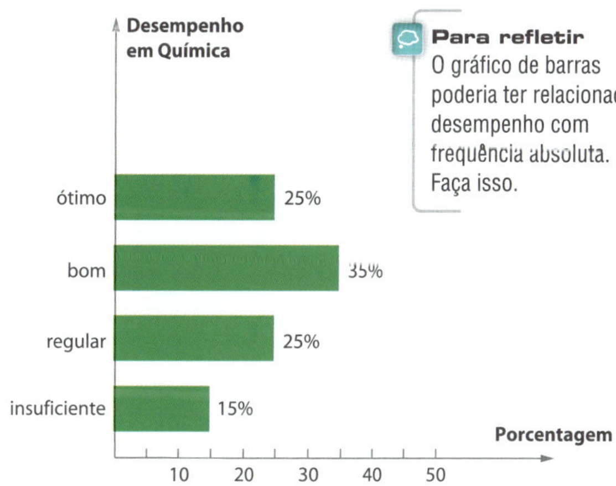

Para refletir
O gráfico de barras poderia ter relacionado desempenho com frequência absoluta. Faça isso.

Exemplos:

1º) Consumo de energia elétrica em uma residência (em 2011).

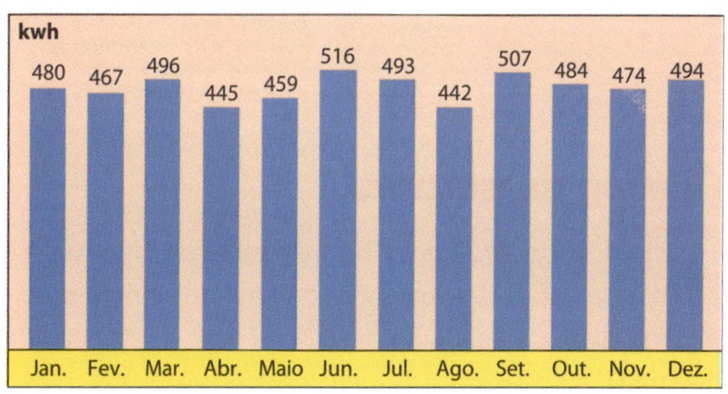

2º) Pesquisa sobre a média de idade da população.

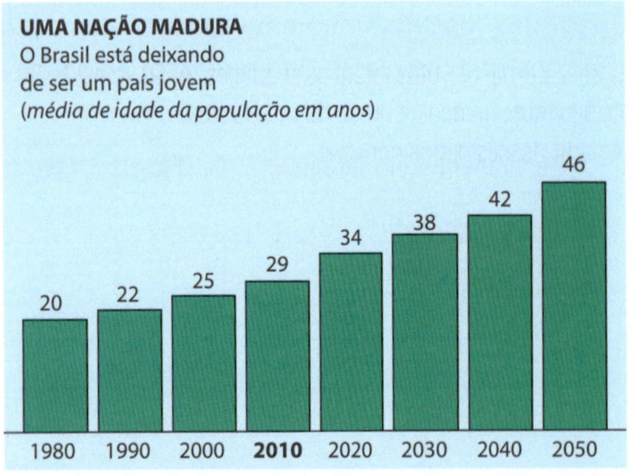

Fonte: Revista *Exame*. São Paulo: Abril, 17 nov. 2010.

Exercícios

14 A partir da variável "número de irmãos" na tabela da página 471, construa um gráfico de barras.

15 As áreas das superfícies dos estados da região Sudeste do Brasil são, em valores aproximados: São Paulo: 250 000 km²; Espírito Santo: 46 000 km²; Rio de Janeiro: 44 000 km²; Minas Gerais: 590 000 km². Construa um gráfico de barras registrando essa distribuição.

16 Em uma eleição para representante de classe, os candidatos foram Ricardo, Paula e Fausto. Observe o resultado da votação no gráfico de barras, em que estão especificados os votos das mulheres e dos homens, e, em seguida, responda:

a) Quantos alunos votaram? Desses, quantas mulheres e quantos homens?

b) Quantos votos obteve a candidata Paula?

c) Quantas mulheres votaram em Ricardo?

d) Qual a porcentagem de votos recebidos por Fausto?

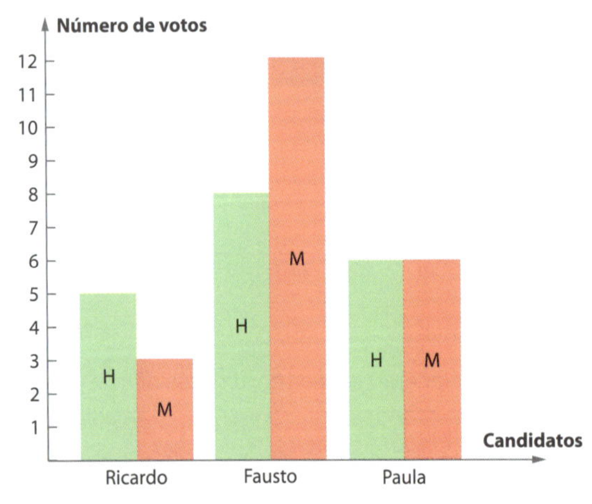

Gráfico de setores

Em um *shopping center* há três salas de cinema, e o número de espectadores em cada uma delas num determinado dia da semana foi de 300 na sala **A**, 200 na **B** e 500 na **C**.

Veja essa situação representada em uma tabela de frequências e depois em gráficos de setores:

Sala	FA	FR	
A	300	$\frac{300}{1\,000} = \frac{3}{10}$	30%
B	200	$\frac{2}{10} = \frac{1}{5}$	20%
C	500	$\frac{5}{10} = \frac{1}{2}$	50%

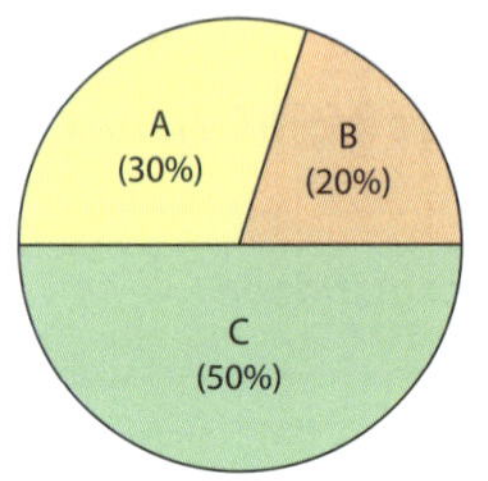

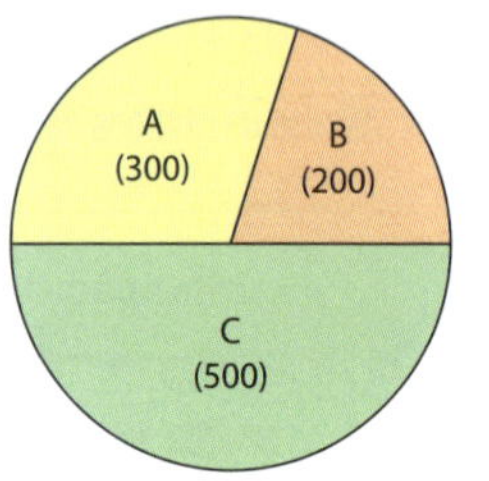

Em cada gráfico de setores o círculo todo indica o total (1 000 espectadores ou 100%) e cada setor indica a ocupação de uma sala. Na construção do gráfico de setores, determina-se o ângulo correspondente a cada setor por regra de três. Veja como exemplo o da sala **A**:

Usando a frequência absoluta, vem:

$$\frac{300}{1\,000} = \frac{x}{360°} \Rightarrow 1\,000x = 108\,000° \Rightarrow x = 108°$$

Usando a frequência relativa (em %), temos:

$$\frac{30}{100} = \frac{x}{360°} \Rightarrow 100x = 10\,800 \Rightarrow x = 108°$$

Para refletir
Verifique quais são os ângulos dos setores das salas **B** e **C**. Use um transferidor e constate na figura os ângulos de **A**, **B** e **C**.

Exemplos:

1º) Leitores de um jornal avaliam a manchete do dia anterior:

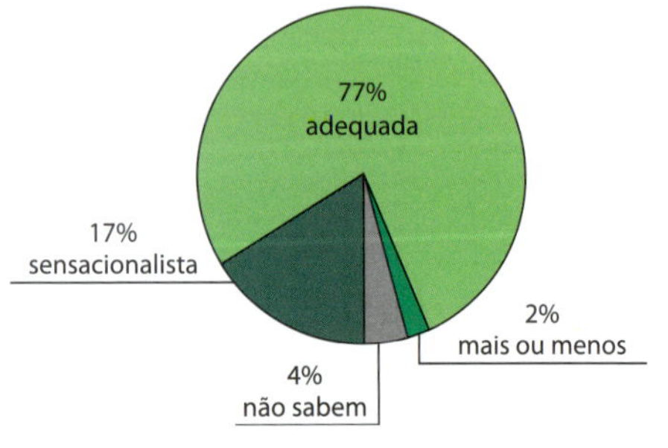

2º) Frequência de acesso à internet (pesquisa com 8561 entrevistas de pessoas com 10 anos ou mais, em 11 regiões metropolitanas do Brasil).

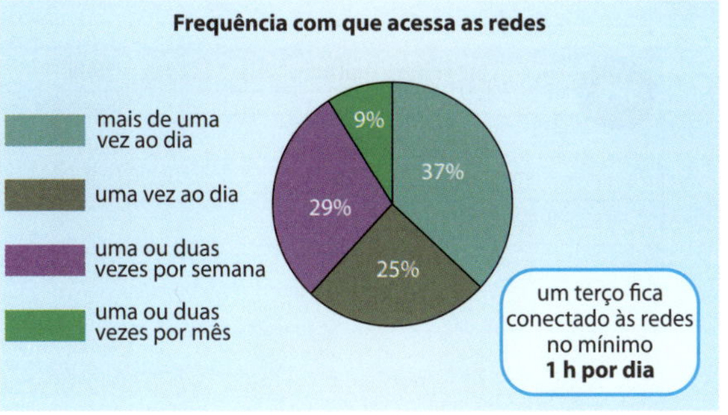

Fonte: Ibope Nielsen. Disponível em: <www.midiassociais.net/2010/11/o-fenomeno-das-redes-sociais-no-brasil>. Acesso em: 13 mar. 2010.

3º) Fontes de energia utilizadas no Japão

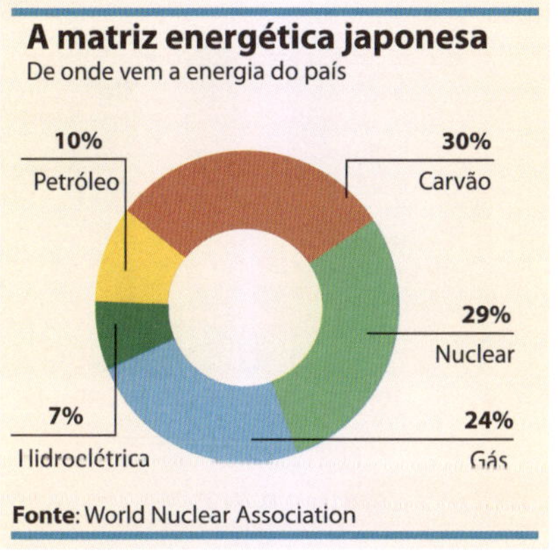

Fonte: *Jornal Valor*, 14 mar. 2011. p. A10.

Exemplo de aplicação

O gráfico abaixo mostra a distribuição da população brasileira por regiões de acordo com o Pnad 2007.

Considerando que a população total do Brasil registrada foi de aproximadamente 184 milhões de habitantes e que no gráfico o ângulo da região Centro-Oeste é de 25°, calcule a população da região Centro-Oeste em porcentagem e em número de habitantes.

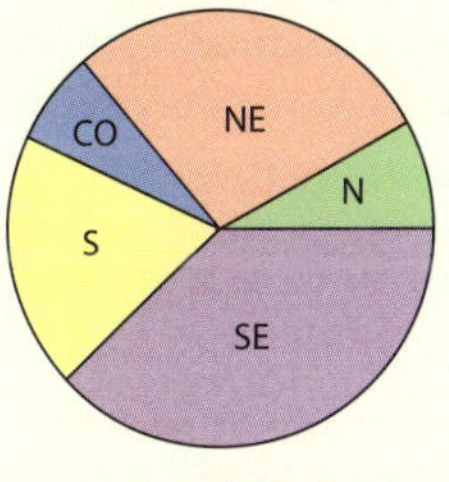

$360° — 100\%$ $\quad$ $x \simeq 7\%$

$25° — x$ $\quad$ 7% de $184\,000\,000 = 13\,000\,000$

Logo, a população da região Centro-Oeste para 2007 corresponde a aproximadamente 7% da população do Brasil, ou seja, 13 000 000 habitantes.

Exercícios

17 Em uma eleição concorreram os candidatos **A**, **B** e **C** e, apurada a primeira urna, os votos foram os seguintes: **A**: 50 votos; **B**: 80 votos; **C**: 60 votos; brancos e nulos (BN): 10 votos.

A partir desses dados construa:

a) a tabela de frequências dessa variável;

b) o gráfico de barras, relacionando os valores da variável com as respectivas frequências absolutas;

c) o gráfico de setores, relacionando os valores da variável com suas porcentagens.

Fique atento
Neste exercício, a variável é quantitativa discreta.

18 Luísa é muito organizada e para mostrar quanto tempo gasta com suas atividades construiu um gráfico de setores. Observe o gráfico e responda:

a) Quantas horas por dia Luísa estuda em casa?

b) Que porcentagem do dia ela gasta para dormir?

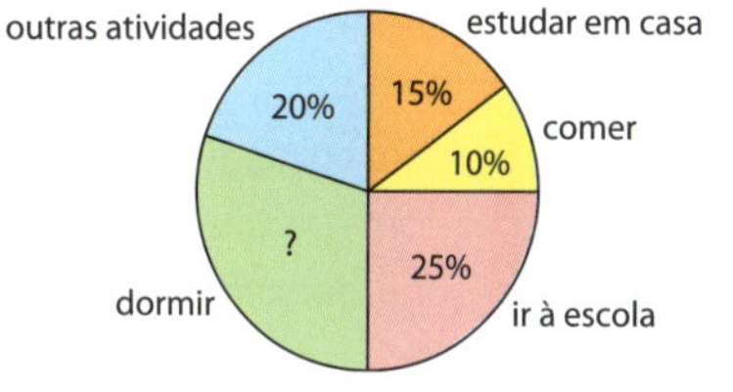

Construa também o gráfico de barras correspondente.

Histograma

Quando uma variável tem seus valores indicados por classes (intervalos), é comum o uso de um tipo de gráfico conhecido por *histograma*.

Exemplo:

Consideremos a "altura" (em centímetros) dos alunos de uma classe, agrupada em intervalos, e a seguir os histogramas correspondentes às frequências absolutas e relativas:

Altura (cm)	**FA**	**FR**
140 ⊢ 150	6	15%
150 ⊢ 160	10	25%
160 ⊢ 170	12	30%
170 ⊢ 180	8	20%
180 ⊢ 190	4	10%

- histograma com as classes (intervalos) relacionadas às frequências absolutas:

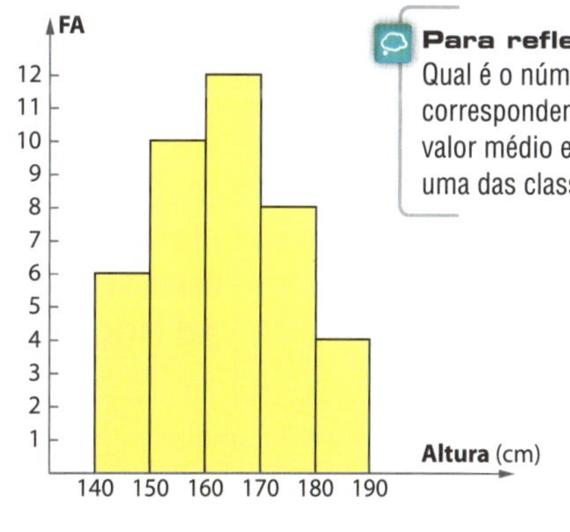

Para refletir
Qual é o número correspondente ao valor médio em cada uma das classes?

- histograma com as classes relacionadas às frequências relativas (em porcentagem):

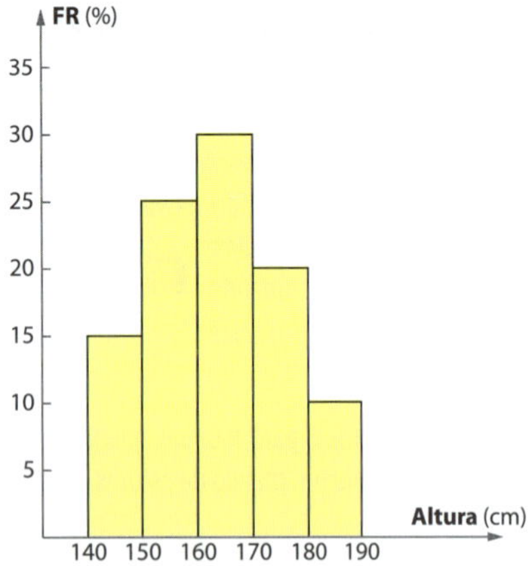

Às vezes usamos como representante de cada classe o valor médio correspondente (por exemplo, 155 representa a classe 150 ⊢—— 160).

Os segmentos que ligam em sequência os pontos médios das bases superiores formam um gráfico de segmentos conhecido como *polígono de histograma*, que será usado em assuntos posteriores.

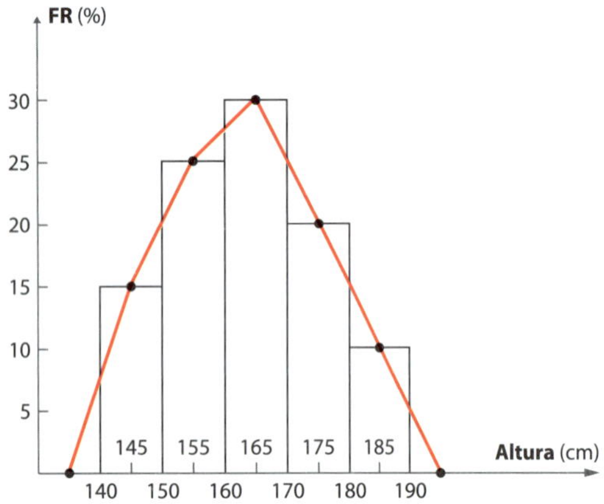

Exemplo:

Gols marcados em vários momentos de uma partida, nas quatro primeiras rodadas de um campeonato brasileiro de futebol.

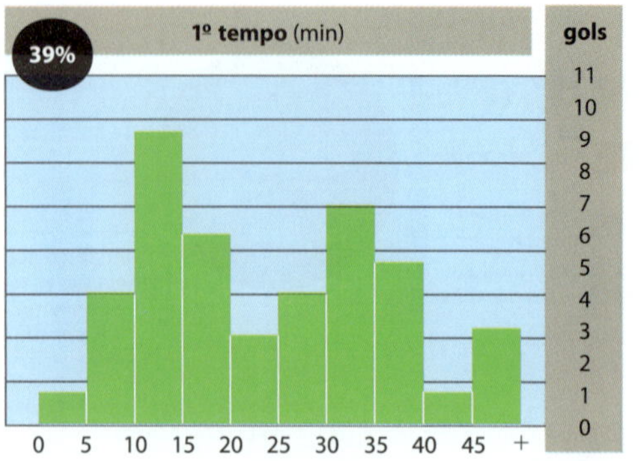

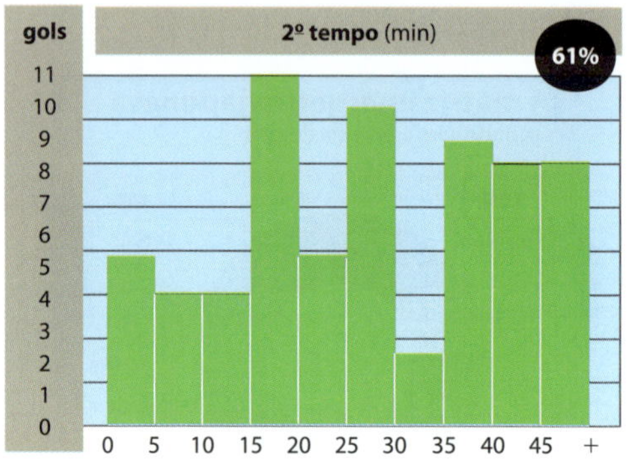

Exercício

19 Fazendo o levantamento dos salários dos vinte funcionários de um escritório, foram obtidos os seguintes valores em reais: 650, 800, 720, 620, 700, 750, 780, 680, 720, 600, 846, 770, 630, 740, 680, 640, 710, 750, 680 e 690. A partir deles, construa:

a) a tabela de frequências com 5 classes;

b) o histograma correspondente relacionando faixa salarial e frequência absoluta.

Vimos os vários tipos de gráficos utilizados para representar e interpretar dados estatísticos. É importante que se escolha sempre qual deles é o mais adequado à situação analisada.

É comum, em publicações como revistas e jornais, ilustrar os vários tipos de gráficos com figuras relacionadas ao assunto, tornando-os mais atraentes. Esses são os *gráficos pictóricos* (ou *pictogramas*). Veja um exemplo:

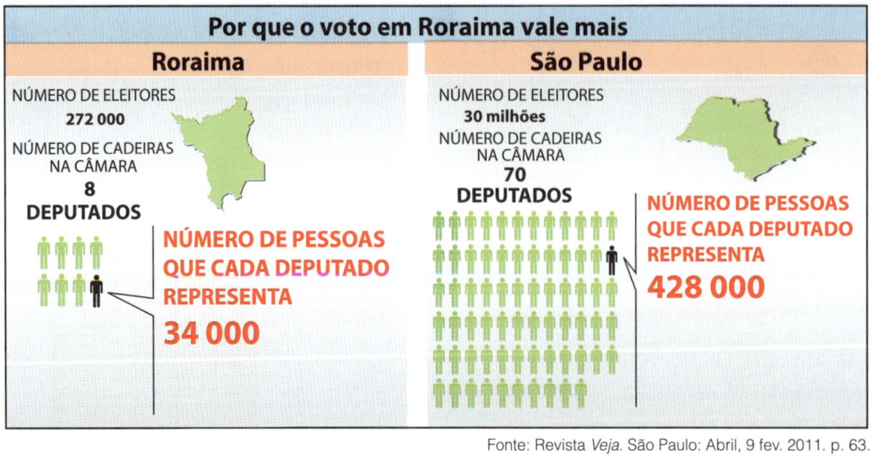

Fonte: Revista *Veja*. São Paulo: Abril, 9 fev. 2011. p. 63.

Exemplos de aplicação

1 Construa a tabela de frequências e os gráficos de barras e de setores para a variável *hobby* da tabela da página 471.

Hobby	Contagem	FA	FR	
esporte (E)	⊠⊔	8	$\frac{8}{25} = 0{,}32$	32%
música (M)	⊠|	6	$\frac{6}{25} = 0{,}24$	24%
patinação (P)	⊔	3	$\frac{3}{25} = 0{,}12$	12%
dança (D)	⊠∟	7	$\frac{7}{25} = 0{,}28$	28%
aeromodelismo (A)	|	1	$\frac{1}{25} = 0{,}04$	4%
total		25	1	100%

$\frac{4}{100} = \frac{x}{360°} \Rightarrow 100x = 1440° \Rightarrow x = 14{,}4°$

A cada 4% corresponde um setor de 14,4°.

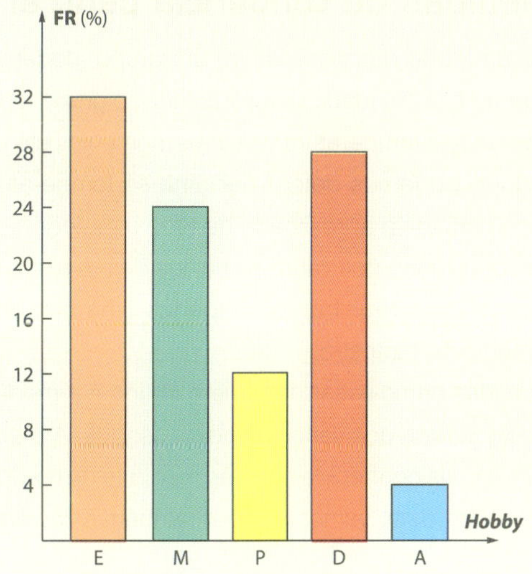

E: 32% (8 · 4%) ⟶ 8 · 14,4° = 115,2°

M: 24% (6 · 4%) ⟶ 6 · 14,4° = 86,4°

P: 12% (3 · 4%) ⟶ 3 · 14,4° = 43,2°

D: 28% (7 · 4%) ⟶ 7 · 14,4° = 100,8°

A: 4% ⟶ 14,4°

Então:

115,2 + 86,4 + 43,2 + 100,8 + 14,4 = 360,0°

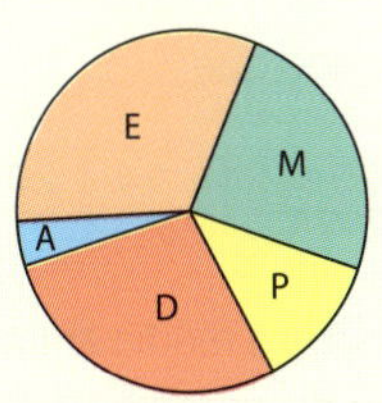

2 Na realização de uma prova foi anotado o tempo que cada aluno gastou para concluí-la (em minutos): 56; 51; 57; 49; 51; 51; 46; 50; 50; 47; 44; 57; 53; 50; 43; 55; 48; 56; 49; 51; 47; 46; 54; 52; 55; 45; 49; 50; 48; 51. A partir desses dados construa o que se pede em cada item.

a) Tabela de frequências com os valores em 5 classes

Subtraindo o menor valor do maior valor, a amplitude total será:

57 − 43 = 14

Sabendo que são 5 classes e escolhendo o número 15, a amplitude de cada classe será:

15 : 5 = 3

Tempo (min)	Contagem	FA	FR
43 ⊢—— 46	⊔	3	10%
46 ⊢—— 49	⊠|	6	20%
49 ⊢—— 52	⊠⊠∟	12	40%
52 ⊢—— 55	⊔	3	10%
55 ⊢—— 58	⊠|	6	20%
total		30	100%

b) Histograma relacionando as classes e suas frequências absolutas

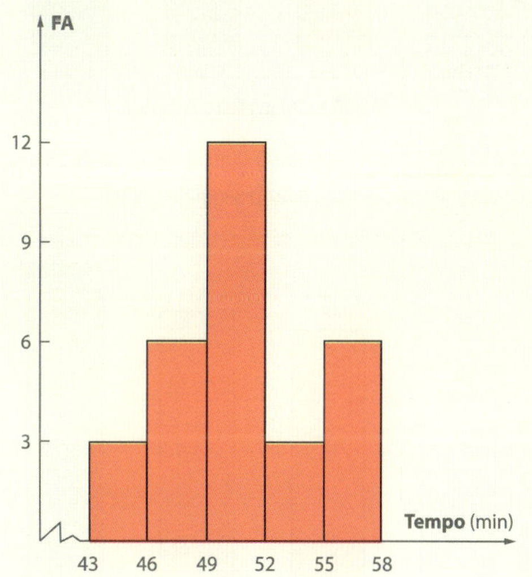

Exercícios

20 A temperatura máxima do dia em uma cidade foi anotada durante vinte dias e apresentou os seguintes dados:

30 °C; 32 °C; 31 °C; 31 °C; 33 °C; 28,5 °C; 33,5 °C; 27 °C; 30 °C; 34 °C; 30,5 °C; 28 °C; 30,5 °C; 29,5 °C; 26 °C; 31 °C; 31 °C; 29 °C; 32 °C; 31,5 °C.

Construa o histograma correspondente com os valores da variável em 5 intervalos.

21 Os quarenta alunos de uma classe optaram pelo estudo de uma língua estrangeira, entre espanhol, francês, inglês ou italiano. Veja o gráfico de barras abaixo, que registra a escolha, e, a partir dele, construa a tabela de frequências e o gráfico de setores.

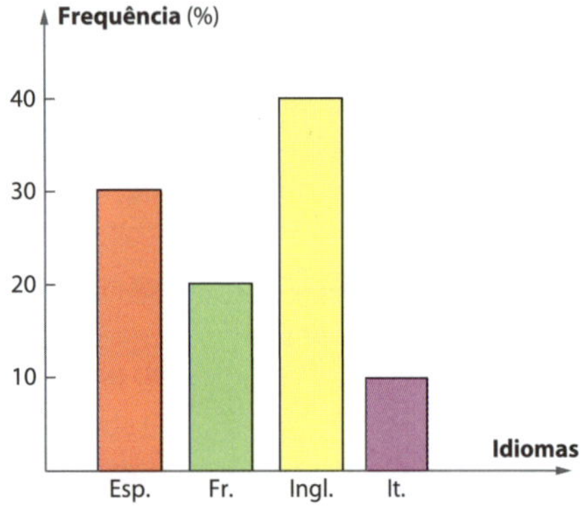

22 Um prefeito recém-eleito decidiu investir nos pontos turísticos de sua cidade após ver um gráfico do número de turistas nos anos do mandato do prefeito anterior.

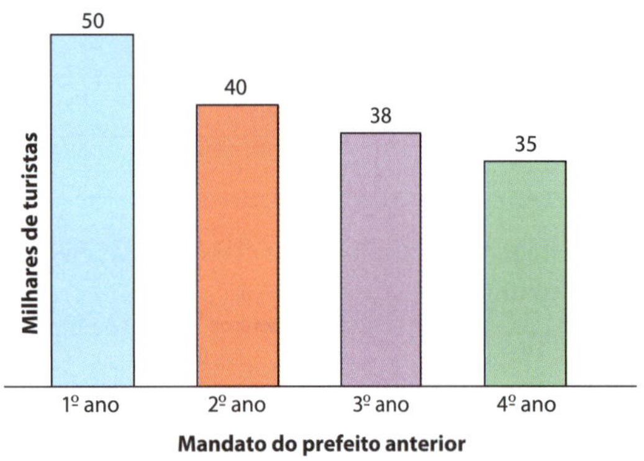

O prefeito fez uma estimativa do número de turistas para os próximos anos de seu mandato e fez o seguinte gráfico:

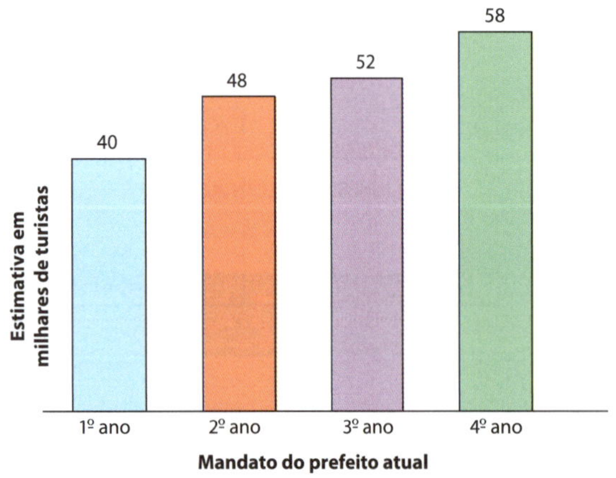

Considerando o número total de turistas nos quatros anos do mandato do prefeito anterior e o número total de turistas estimado para os quatros anos do mandato do atual prefeito, concluímos que o acréscimo esperado é de, aproximadamente:

a) 73%.
b) 53%.
c) 42%.
d) 30%.
e) 21%.

23 Um empresário trabalha no ramo de vendas de tratores há 6 anos e resolveu analisar o gráfico de vendas dos últimos anos.

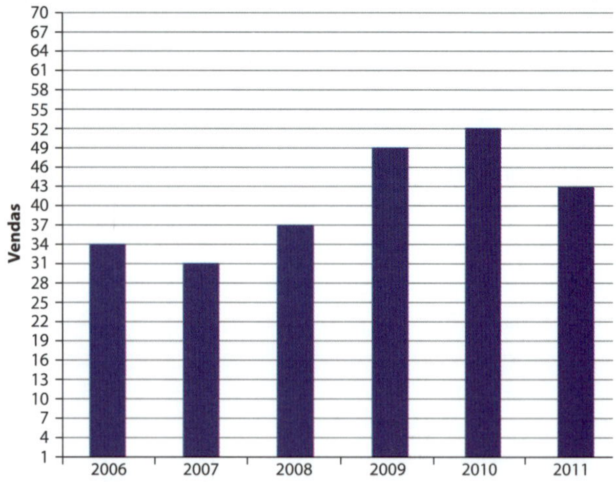

dica Enem

Quantos tratores devem ser vendidos para que em 2012 esse empresário venda o dobro de tratores do pior ano de vendas da empresa?

a) 68
b) 62
c) 72
d) 53
e) 58

3. Medidas de tendência central

A partir da idade das pessoas de um grupo, podemos estabelecer uma única idade que caracteriza o grupo todo.

Considerando a temperatura de vários momentos em um mês qualquer, podemos determinar uma só temperatura que fornece uma ideia aproximada de todo o período.

Avaliando as notas dos vários trabalhos de um aluno no bimestre, podemos registrar com apenas uma nota seu aproveitamento no bimestre.

Em situações como essas, o número obtido é a *medida da tendência central* dos vários números usados. A *média aritmética* é a mais conhecida entre as medidas de tendência central. Além dela, vamos estudar também a *mediana* e a *moda*.

> **Fique atento**
> O uso da média, da moda ou da mediana é mais ou menos conveniente conforme a situação.

Média aritmética (MA)

Considerando um grupo de pessoas com 22, 20, 21, 24 e 20 anos, observamos que:

$$MA = \frac{22 + 20 + 21 + 24 + 20}{5} = \frac{107}{5} = 21,4$$

Dizemos, então, que a média aritmética ou simplesmente a média de idade do grupo é 21,4 anos.

Se, ao medir de hora em hora a temperatura em determinado local, se registraram 14 °C às 6h, 15 °C às 7h, 15 °C às 8h, 18 °C às 9h, 20 °C às 10h e 23 °C às 11h, observamos que:

$$MA = \frac{14 + 15 + 15 + 18 + 20 + 23}{6} = \frac{105}{6} = 17{,}5$$

Dizemos, então, que no período das 6h às 11h a temperatura média foi 17,5 °C.

No caso de um aluno que realizou diversos trabalhos durante o bimestre e obteve as notas 7,5; 8,5; 10,0 e 7,0, observamos que:

$$MA = \frac{7{,}5 + 8{,}5 + 10{,}0 + 7{,}0}{4} = \frac{33}{4} = 8{,}25$$

Dizemos, então, que nesse bimestre o aluno teve média 8,25.

Assim, generalizando, podemos afirmar que, dados os **n** valores $x_1, x_2, x_3, ..., x_n$ de uma variável, a média aritmética é o número obtido da seguinte forma:

$$MA = \frac{x_1 + x_2 + x_3 + ... + x_n}{n} = \frac{\sum_{i=1}^{n} x_i}{n}$$

Fique atento

O símbolo $\sum_{i=1}^{n} x_i$ significa o somatório dos números $\mathbf{x_i}$, sabendo que **i** varia de 1 a **n**.

Média aritmética ponderada

Vejamos, agora, o caso de um aluno que realiza vários trabalhos com pesos diferentes, isto é, com graus de importância diferentes. Se no decorrer do bimestre ele obteve 6,5 na prova (peso 2), 7,0 na pesquisa (peso 3), 6,0 no debate (peso 1) e 7,0 no trabalho de equipe (peso 2), a sua média, que neste caso é chamada *média aritmética ponderada*, será:

$$MP = \frac{2 \cdot 6{,}5 + 3 \cdot 7{,}0 + 1 \cdot 6{,}0 + 2 \cdot 7{,}0}{2 + 3 + 1 + 2} =$$

$$= \frac{13 + 21 + 6 + 14}{8} = \frac{54}{8} = 6{,}75$$

Quando calculamos a média aritmética de números que se repetem, podemos simplificar. Dessa maneira, para obter a média aritmética de 7, 7, 7, 9, 9, 9, 9, 9, 11 e 11, observamos que:

$$MA = \frac{3 \cdot 7 + 5 \cdot 9 + 2 \cdot 11}{3 + 5 + 2} = \frac{21 + 45 + 22}{10} = \frac{88}{10} = 8{,}8$$

Dizemos, então, que 8,8 é a média aritmética dos números 7, 9 e 11, com frequências 3, 5 e 2, respectivamente.

Observe que esse também é um exemplo de média ponderada, com os pesos sendo as frequências 3, 5 e 2.

A média aritmética é usada como medida de tendência central, ou seja, como forma de, por meio de um único número, dar uma ideia das características de determinado grupo de números. No entanto, é importante ressaltar que em algumas situações a presença de um valor bem maior ou bem menor que os demais faz com que a média aritmética não consiga traçar o perfil correto do grupo.

Consideremos, por exemplo, um grupo de pessoas com idades de 2, 3, 2, 1, 2 e 50 anos. A média de idade, que é de 10 anos, não demonstra as características desse grupo em termos de idade. Em casos como esse são usadas outras medidas de tendência central, como a *moda* e a *mediana*.

Exemplo de aplicação

(Ufscar-SP) Em uma pesquisa, foram consultados 600 consumidores sobre sua satisfação em relação a uma certa marca de sabão em pó. Cada consumidor deu uma nota de 0 a 10 para o produto, e a média final das notas foi 8,5. O número mínimo de consumidores que devem ser consultados, além dos que já foram, para que essa média passe para 9, é igual a:

a) 250. **b)** 300. **c)** 350. **d)** 400. **e)** 450.

Resolução passo a passo

1. Lendo e compreendendo

a) O que é dado no problema?

É dado que 600 consumidores já foram pesquisados e que a média final das notas ao produto é 8,5.

b) O que se pede?

Pede-se o número mínimo de consumidores que devem ser consultados a mais para que a média aumente de 8,5 para 9.

2. Planejando a solução

A pergunta do problema contém uma informação implícita: todos os novos pesquisados deverão dar nota 10 para o produto, a fim de que a quantidade de novos pesquisados seja mínima. Apesar de ser uma hipótese não razoável na vida real (todos darem nota máxima é altamente improvável, apesar de não ser impossível), em termos teóricos essa hipótese permite que calculemos a quantidade mínima de novos pesquisados.

Assim, adicionaremos **n** novos pesquisados, todos dando média 10 ao produto, e faremos a média dos 600 + n pesquisados (no total) passar a ser 9.

3. Executando o que foi planejado

Se a média de 600 pesquisados é 8,5, então o somatório das notas desses 600 pesquisados é $600 \cdot 8{,}5 = 5\,100$.

Com a adição de **n** novos pesquisados, cada qual por hipótese dando 10 para o produto, teríamos mais 10n a serem somados nos 5 100 anteriores. Neste caso, a soma total das notas passa a ser $5100 + 10n$, para um total de $600 + n$ pesquisados.

A nova média é, então, dada por $\frac{5100 + 10n}{600 + n}$ e ela deverá valer 9, segundo o enunciado.

Assim:

$5100 + 10n = (600 + n) \cdot 9 \Rightarrow$

$\Rightarrow 5100 + 10n = 5400 + 9n \Rightarrow n = 300$

4. Verificando

Com os novos 300 pesquisados, teremos 900 entrevistados no total, e 600 deles deram notas cuja média é 8,5 e 300 deles deram nota 10,0. Assim, a nova média será:

$$\frac{600 \cdot 8{,}5 + 300 \cdot 10}{900} = \frac{5100 + 3000}{900} = \frac{8100}{900} = 9{,}0$$

Isso verifica o resultado encontrado.

5. Respondendo

A resposta é a alternativa **b**.

6. Ampliando o problema

a) A hipótese de todos os novos entrevistados darem nota 10, usada no cálculo do número mínimo de entrevistados, é razoável num contexto cotidiano?

b) Se a média das notas dos novos entrevistados for 9,1, quantos novos entrevistados serão necessários para elevar a nota de 8,5 para 9?

c) **Discussão em equipe**

O que vocês acham das pesquisas de opinião? Alguns pontos para debater:

- Elas são confiáveis?
- O que os institutos de pesquisa procuram fazer para tentar obter resultados confiáveis em suas pesquisas?
- Vocês já viram alguma pesquisa de opinião dar resultados muito diferentes da realidade a que ela se propôs pesquisar?

» Exercícios

24 Um time de futebol realizou algumas partidas e os resultados foram 3 a 1, 4 a 2, 1 a 1, 0 a 0, 3 a 2, 2 a 1 e 1 a 0. Sabendo que o time não perdeu nenhuma partida, calcule a média aritmética dos gols:

a) marcados;

b) sofridos.

25 Se um aluno já fez dois trabalhos e obteve 8,5 e 5,0, qual deve ser a nota do terceiro trabalho para que a média aritmética dos três seja 7,0?

26 Qual é a média de idade de um grupo em que há 6 pessoas de 14 anos, 9 pessoas de 20 anos e 5 pessoas de 16 anos?

27 Calcule a média aritmética ponderada de um aluno que obteve no bimestre 8,0 na prova (peso 2), 7,0 na pesquisa (peso 3), 9,0 no debate (peso 1) e 5,0 no trabalho de equipe (peso 2).

28 A média das idades dos 11 funcionários de uma empresa era de 40 anos. Um dos funcionários se aposentou com 60 anos, saindo da empresa. A média de idade dos 10 funcionários restantes passou a ser:

a) 40 anos.
b) 39,8 anos.
c) 38,9 anos.
d) 38 anos.
e) 37,8 anos.

Moda (Mo)

Em Estatística, moda é a medida de tendência central definida como o valor mais frequente de um grupo de valores observados.

No exemplo do grupo de pessoas com idades de 2, 3, 2, 1, 2 e 50 anos, a moda é 2 anos (Mo = 2) e demonstra mais eficiência para caracterizar o grupo que a média aritmética.

Se a temperatura medida de hora em hora, das 6h às 11h, apresentou os resultados 14 °C, 15 °C, 15 °C, 18 °C, 20 °C e 25 °C, então dizemos que nesse período a moda foi 15 °C, ou seja, Mo = 15 °C.

No caso de um aluno que anotou, durante dez dias, o tempo gasto em minutos para ir de sua casa à escola e cujos registros foram 15 min, 14 min, 18 min, 15 min, 14 min, 25 min, 16 min, 15 min, 15 min e 16 min, a moda é 15 min, ou seja, Mo = 15 min.

Se as notas obtidas por um aluno foram 6,0; 7,5; 7,5; 5,0; e 6,0, dizemos que a moda é 6,0 e 7,5 e que a distribuição é bimodal.

Observação: Quando não há repetição de números, como para os números 7, 9, 4, 5 e 8, por exemplo, não há moda.

Para refletir
Como é uma distribuição trimodal de números?

» Exercício

29 Considere os números 126, 130, 126 e 102 e calcule:

a) a média aritmética (MA);

b) a média aritmética ponderada (MP), com pesos 2, 3, 1 e 2, respectivamente;

c) a moda (Mo).

Mediana (Me)

A mediana é outra medida de tendência central.

Assim, dados **n** números em ordem crescente ou decrescente, a mediana será:

- o número que ocupar a posição central se **n** for ímpar;
- a média aritmética dos dois números que estiverem no centro se **n** for par.

Numa classe, foram anotadas as faltas durante um período de 15 dias: 3, 5, 2, 0, 2, 1, 3, 4, 5, 7, 0, 2, 3, 4 e 7.

Em ordem crescente, temos:

$$\underbrace{0, 0, 1, 2, 2, 2, 3,}_{7 \text{ valores}}\ \underset{\text{Me}}{\underset{\downarrow}{3,}}\ \underbrace{3, 4, 4, 5, 5, 7, 7}_{7 \text{ valores}}$$

Como 15 é ímpar, o termo médio é o 8º.

Logo, a mediana é 3. Simbolicamente, Me = 3.

As idades dos alunos de uma equipe são 12, 16, 14, 12, 13, 16, 16 e 17 anos.

Para determinar a mediana desses valores, colocamos inicialmente na ordem crescente (ou decrescente):

$$12, 12, 13, \underbrace{14, 16,}_{\text{As duas posições centrais}} 16, 16, 17$$

Como temos um número par de valores (8), fazemos a média aritmética entre os dois centrais, que são o 4º e o 5º termos.

Logo, a mediana é dada por:

$$\text{Me} = \frac{14 + 16}{2} = \frac{30}{2} = 15$$

Simbolicamente, Me = 15 anos.

Exercícios

30 Durante os sete primeiros jogos de um campeonato, um time marcou, respectivamente, 3, 2, 1, 1, 4, 3 e 2 gols. Determine:

a) a média de gols por partida (MA);

b) a moda (Mo);

c) a mediana (Me).

31 De segunda-feira a sábado, os gastos com alimentação de uma pessoa foram 15, 13, 12, 10, 14 e 14 reais. Determine:

a) a média diária do gastos (MA);

b) a moda (Mo);

c) a mediana (Me).

Média aritmética, moda e mediana a partir das tabelas de frequências

Utilizando os valores (números ou intervalos) e as frequências absolutas das tabelas de frequências das variáveis quantitativas, podemos calcular a MA, a Mo e a Me de seus valores.

Exemplos:

1º) Pesquisa sobre "número de irmãos" de cada aluno de uma classe:

Média aritmética:

$$\text{MA} = \frac{8 \cdot 0 + 15 \cdot 1 + 12 \cdot 2 + 5 \cdot 3}{40} =$$

$$= \frac{0 + 15 + 24 + 15}{40} = \frac{54}{40} = 1{,}35 \text{ irmão}$$

Número de irmãos	FA
0	8
1	15
2	12
3	5
total	40

Observação: Embora 1,35 irmão aparentemente seja um absurdo, é correto um valor desse tipo, assim como 3,5 gols por partida, 7,2 medalhas por Olimpíada, etc., pois a média aritmética é uma medida de tendência.

> **Fique atento**
> O cálculo da média de números inteiros inclui uma divisão que pode não ser exata.

Moda:

A maior frequência é 15, que corresponde ao valor 1 irmão. Logo, Mo = 1 irmão.

Mediana:

Como o total de frequências é 40 (número par), os valores centrais são o 20º e o 21º $\left(\frac{40}{2} = 20 \text{ e } 20 + 1 = 21\right)$.

Se colocados na ordem crescente, virão os 8 valores correspondentes a 0 irmão, seguidos dos 15 valores de 1 irmão e assim por diante. Então, o 20º e o 21º valores serão, ambos, 1 irmão. Logo, $\text{Me} = \frac{1 + 1}{2} = 1$ irmão.

2º) Pesquisa sobre "peso" (em quilograma) de um grupo de pessoas.

Peso (kg)	FA
40 ⊢ 44	1
44 ⊢ 48	3
48 ⊢ 52	7
52 ⊢ 56	6
56 ⊢ 60	3
total	20

A partir da tabela em que os pesos estão agrupados em classes, consideramos, em cada classe, o seu valor médio (VM) e anexamos uma nova coluna à tabela. Assim, temos:

$44 - 40 = 48 - 44 = 52 - 48 = 56 - 52 = 60 - 56 = 4$

$\frac{4}{2} = 2$

40 + 2 = 42 (frequência 1)

44 + 2 = 46 (frequência 3)

48 + 2 = 50 (frequência 7)

52 + 2 = 54 (frequência 6)

56 + 2 = 58 (frequência 3)

Peso (kg)	**FA**	**VM**
40 ⊢—— 44	1	42
44 ⊢—— 48	3	46
48 ⊢—— 52	7	50
52 ⊢—— 56	6	54
56 ⊢—— 60	3	58
total	20	

Agora, podemos calcular MA, Mo e Me usando valores médios e suas frequências.

Média aritmética:

$$MA = \frac{1 \cdot 42 + 3 \cdot 46 + 7 \cdot 50 + 6 \cdot 54 + 3 \cdot 58}{20} =$$

$$= \frac{42 + 138 + 350 + 324 + 174}{20} = \frac{1028}{20} = 51{,}4 \text{ kg}$$

Moda:

A frequência maior, 7, indica o intervalo 48 ⊢—— 52, representado por 50, que é o ponto médio.
Logo, Mo = 50 kg.

Mediana:

Como o total das frequências é 20 (número par), os dois valores centrais são o 10º e o 11º. Colocados os valores médios em ordem crescente e de acordo com suas frequências, o 10º é 50 kg e o 11º também. Logo, $Me = \frac{50 + 50}{2} = 50$ kg.

Exercícios

32 Determine a MA, a Mo e a Me a partir das tabelas de frequências.

a) "Idade" (em anos) em um grupo de 10 pessoas:

Idade (em anos)	**FA**
13	3
14	2
15	4
16	1

b) "Altura" (em metros) em um grupo de 21 pessoas:

Altura (m)	**FA**
1,61 ⊢—— 1,65	3
1,65 ⊢—— 1,69	6
1,69 ⊢—— 1,73	5
1,73 ⊢—— 1,77	4
1,77 ⊢—— 1,81	3

33

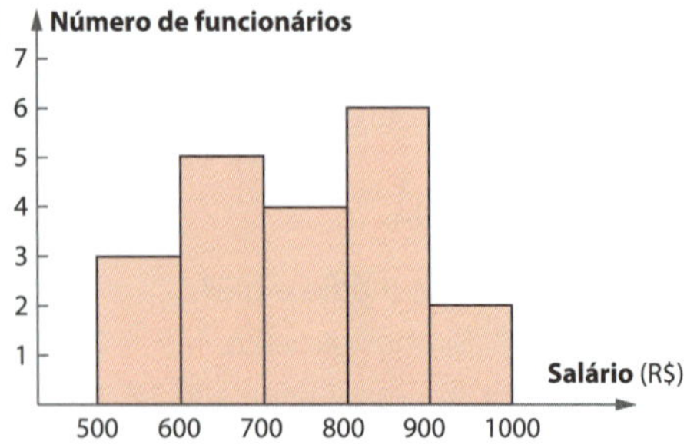

O histograma mostra a distribuição salarial (em reais) dos funcionários de uma empresa. Usando os valores médios dos intervalos, construa o polígono do histograma e, depois, calcule a MA, a Mo e a Me.

34 Em 2010, a seleção brasileira de vôlei conquistou o mundial masculino pela terceira vez consecutiva. O feito tem um sabor especial, já que o time de Bernardinho se igualou à rival Itália em número de conquistas, e ainda por cima fez isso na casa dos italianos, passando por eles na semifinal.

Disponível em: <http://www.esporteinterativo.com.br/brasil-de-ouro/conheca-os-jogadores-campeoes-do-mundial-masculino-de-volei-na-italia/>. Acesso em: 12 nov. 2011.

A média das alturas dos jogadores brasileiros está entre as mais altas das seleções participantes do mundial. Veja na tabela a seguir as alturas dos jogadores que foram campeões mundiais em 2010:

Jogadores	**Altura**
Alan	1,89 m
Bruno	1,90 m
Giba	1,92 m
João Paulo Bravo	1,96 m
João Paulo Tavares	2,04 m
Leandro Vissotto	2,11 m
Lucas	2,09 m
Mario Jr.	1,92 m
Marlon	1,90 m
Murilo	1,90 m
Rodrigão	2,05 m
Sidão	2,03 m
Théo	1,99 m

Qual é a alternativa correta?

a) A média dessa seleção é de 2,10 m.

b) Se os jogadores Alan, Giba, Marlon, Rodrigão, Theo e Murilo fossem retirados dessa lista, a média das alturas seria de 2,10 m.

c) A moda das alturas sem os jogadores Giba, Sidão e Leandro Vissoto seria 1,90 m.

d) A mediana das alturas é menor que a média se tirarmos os jogadores Alan e Bruno.

e) A média dos cinco jogadores mais altos é de 2,02 m.

35 Em uma escola, um teste de Matemática foi aplicado para 120 alunos a fim de avaliar seu nível de aprendizagem. O teste era composto de 5 questões, e a distribuição de acertos está exibida no gráfico abaixo:

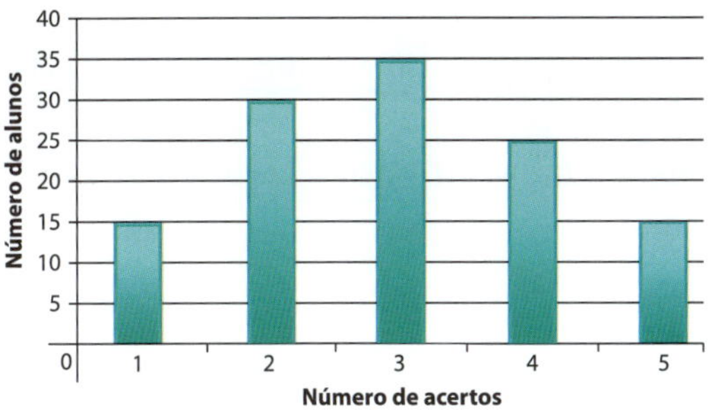

Com base nos dados do gráfico, a média (**x**) e a moda (**y**) são respectivamente:

a) x = 2,95 e y = 3.
b) x = 2 e y = 4.
c) x = 4,3 e y = 5.
d) x = 2,4 e y = 3.
e) x = 1,7 e y = 4.

36 O produto interno bruto (PIB) representa a soma (em valores monetários) de todos os bens e serviços finais produzidos numa determinada região (quer seja, países, estados, cidades), durante um período determinado (mês, trimestre, ano, etc). O PIB é um dos indicadores mais utilizados na macroeconomia com o objetivo de mensurar a atividade econômica de uma região.

Texto disponível em:< http://pt.wikipedia.org/wiki/Produto_interno_bruto>. Acesso em: 12 nov. 2011.

A tabela abaixo mostra o PIB do Brasil nos últimos anos:

Ano	**PIB** (em dólares)
2000	1,2 trilhão
2001	1,2 trilhão
2002	1,2 trilhão
2003	1,2 trilhão
2004	1,3 trilhão
2005	1,4 trilhão
2006	1,4 trilhão
2007	1,5 trilhão
2008	1,6 trilhão
2009	1,6 trilhão

Dados disponíveis em:<http://veja.abril.com.br/infograficos/economia_brasileira/>. Acesso em: 12 nov. 2011.

Levando em consideração os dados apresentados na tabela, podemos concluir que:

a) a média dos PIBs entre os anos 2000 e 2003 foi de 1,2 bilhão de dólares.
b) a moda dos PIBs entre os anos 2000 e 2009 foi de 1,2 trilhão de dólares.
c) a média dos PIBs entre os anos 2005 e 2009 foi de 1,6 trilhão de dólares.
d) a média dos PIBs entre os anos 2000 e 2005 foi maior que a média dos PIBs entre os anos 2006 e 2009.
e) o PIB decresceu entre os anos 2006 e 2008.

37 Uma prova com 5 testes foi aplicada em uma classe. O levantamento estatístico dos acertos foi registrado no seguinte gráfico:

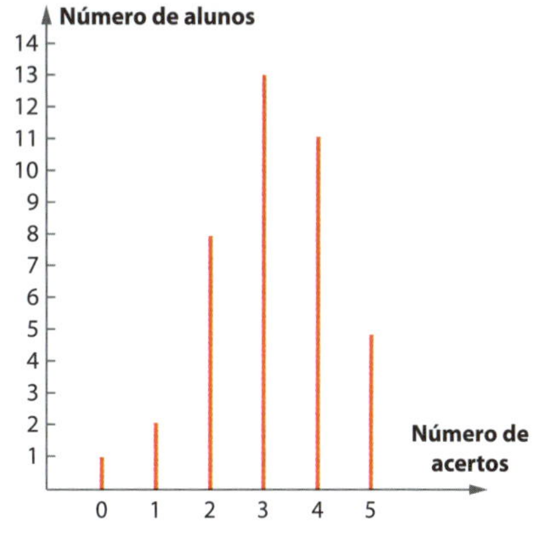

Determine a partir do gráfico:

a) o número de alunos da classe;
b) a porcentagem da classe que acertou os 5 testes;
c) a porcentagem da classe que acertou 3 ou mais testes;
d) a MA, a Mo e a Me de acertos por pessoa.

4. Medidas de dispersão

Já estudamos as medidas de tendência central mais usadas, como a média aritmética, a moda e a mediana. Elas têm como objetivo concentrar em um único número os diversos valores de uma variável quantitativa.

Neste item estudaremos casos em que elas são insuficientes.

Vejamos a seguinte situação:

O critério de aprovação em um concurso estabelece que o candidato deve realizar 3 provas e obter, com suas notas, média igual ou maior que 6,0. Nesse caso, a informação de que o candidato obteve média 7,5 é suficiente para concluir que ele está aprovado.

Consideremos agora outra situação:

Uma pessoa é encarregada de organizar atividades de lazer para um grupo de 6 pessoas e recebe a informação de que a média de idade do grupo é 20 anos. Nesse caso, apenas a informação da média não é suficiente para planejar as atividades, pois podemos ter grupos com média de idade de 20 anos e características totalmente diferentes.

Observemos alguns grupos possíveis:

- Grupo **A**: 20 anos; 20 anos; 20 anos; 20 anos; 20 anos; 20 anos.

$$MA = \frac{20 + 20 + 20 + 20 + 20 + 20}{6} = \frac{120}{6} = 20 \text{ anos}$$

- Grupo **B**: 22 anos; 23 anos; 18 anos; 19 anos; 20 anos; 18 anos.

$$MA = \frac{22 + 23 + 18 + 19 + 20 + 18}{6} = \frac{120}{6} = 20 \text{ anos}$$

- Grupo **C**: 6 anos; 62 anos; 39 anos; 4 anos; 8 anos; 1 ano.

$$MA = \frac{6 + 62 + 39 + 4 + 8 + 1}{6} = \frac{120}{6} = 20 \text{ anos}$$

Como a medida de tendência central não é suficiente para caracterizar o grupo **C**, é conveniente utilizar medidas que expressem o grau de dispersão de um conjunto de dados. As mais usadas são a *variância* e o *desvio padrão*.

Fique atento
- No grupo **A** não houve dispersão.
- A dispersão no grupo **B** é menor que no grupo **C**.
- Dizemos que o grupo **B** é mais homogêneo que o **C** ou que o grupo **C** é mais heterogêneo que o **B**.

Variância (V)

A ideia básica de variância é tomar os desvios dos valores $\mathbf{x_i}$ em relação à média aritmética (x_i − MA). Mas a soma desses desvios é igual a 0 (por uma propriedade da média). Uma opção possível, então, é considerar o total dos quadrados dos desvios $\sum_{i=1}^{n}(x_i - MA)^2$ e expressar a variância (**V**) como a média dos quadrados dos desvios, ou seja:

$$V = \frac{\sum_{i=1}^{n}(x_i - MA)^2}{n}$$

Para refletir
Por que $\sum_{i=1}^{n}(x - MA) = 0$?

Exemplo:

Vamos descobrir a variância nos grupos **A**, **B** e **C** citados anteriormente:

- Grupo **A** (20; 20; 20; 20; 20; 20)
  MA = 20
  Desvios: 20 − 20 = 0; todos iguais a 0.
  V = 0
  Quando todos os valores são iguais, dizemos que não houve dispersão e, por isso, a variância é 0.

- Grupo **B** (22; 23; 18; 19; 20; 18)
  MA = 20
  Desvios: 22 − 20 = 2; 23 − 20 = 3;
  18 − 20 = −2; 19 − 20 = −1;
  20 − 20 = 0; 18 − 20 = −2

$$V = \frac{2^2 + 3^2 + (-2)^2 + (-1)^2 + 0^2 + (-2)^2}{6} =$$

$$= \frac{4 + 9 + 4 + 1 + 0 + 4}{6} = \frac{22}{6} \simeq 3{,}6$$

- Grupo **C** (6; 62; 39; 4; 8; 1)
  MA = 20
  Desvios: 6 − 20 = −14; 62 − 20 = 42; 39 − 20 = 19; 4 − 20 = −16; 8 − 20 = −12; 1 − 20 = −19

$$V = \frac{(-14)^2 + 42^2 + 19^2 + (-16)^2 + (-12)^2 + (-19)^2}{6} =$$

$$= \frac{196 + 1\,764 + 361 + 256 + 144 + 361}{6} =$$

$$= \frac{3\,082}{6} \simeq 513{,}6$$

A variância é suficiente para diferenciar a dispersão dos grupos: o grupo **A** não tem dispersão (V = 0) e o grupo **C** tem uma dispersão maior que a do grupo **B** (513,6 > 3,6).

Porém, não é possível expressar a variância na mesma unidade dos valores da variável, uma vez que os desvios são elevados ao quadrado. Então, definiu-se a medida de dispersão chamada *desvio padrão*.

objeto digital

Desvio padrão (DP)

O desvio padrão (DP) é a raiz quadrada da variância. Ele facilita a interpretação dos dados, pois é expresso na mesma unidade dos valores observados (do conjunto de dados).

No exemplo que estamos analisando, temos:

- Grupo **A**: DP = $\sqrt{0}$ = 0 ano
- Grupo **B**: DP = $\sqrt{3{,}6} \simeq$ 1,9 ano
- Grupo **C**: DP = $\sqrt{513{,}6} \simeq$ 22,6 anos

Fique atento
A variância e o desvio padrão são números positivos ou nulos.

Resumindo, se $x_1, x_2, x_3, ..., x_n$ são os **n** valores de uma variável quantitativa **x**, temos:

- A média aritmética dos valores de **x**: $MA = \frac{\sum_{i=1}^{n} x_i}{n}$
- a variância de **x**: $V = \frac{\sum_{i=1}^{n}(x_i - MA)^2}{n}$
- o desvio padrão de **x**: $DP = \sqrt{V}$

Observações:

1ª) Quando todos os valores da variável são iguais, o desvio padrão é 0.

2ª) Quanto mais próximo de 0 é o desvio padrão, mais homogênea é a distribuição dos valores da variável.

3ª) O desvio padrão é expresso na mesma unidade da variável.

Exemplos de aplicação

1 Em um treinamento de salto em altura, os atletas realizaram 4 saltos cada um. Veja as marcas obtidas por três atletas:

- atleta **A**: 148 cm, 170 cm, 155 cm e 131 cm;
- atleta **B**: 145 cm, 151 cm, 150 cm e 152 cm;
- atleta **C**: 146 cm, 151 cm, 143 cm e 160 cm.

Com base nos dados, responda aos seguintes itens:

a) Qual deles obteve melhor média?

Calculando a média de cada atleta, obtemos:

Atleta **A**:

$$MA = \frac{148 + 170 + 155 + 131}{4} = \frac{604}{4} = 151 \text{ cm}$$

Atleta **B**:

$$MA = \frac{145 + 151 + 150 + 152}{4} = \frac{598}{4} = 149{,}5 \text{ cm}$$

Atleta **C**:

$$MA = \frac{146 + 151 + 143 + 160}{4} = \frac{600}{4} = 150 \text{ cm}$$

Logo, o atleta **A** obteve a maior média, 151 cm.

b) Qual deles foi o mais regular?

A maior regularidade será verificada a partir do desvio padrão. Assim, temos:

Atleta **A**:

$$V = \frac{(148 - 151)^2 + (170 - 151)^2 + (155 - 151)^2 + (131 - 151)^2}{4} =$$

$$= \frac{9 + 361 + 16 + 400}{4} = \frac{786}{4} = 196{,}5$$

$$DP = \sqrt{196{,}5} \simeq 14 \text{ cm}$$

Atleta **B**:

$$V = \frac{(-4{,}5)^2 + (1{,}5)^2 + (0{,}5)^2 + (2{,}5)^2}{4} =$$

$$= \frac{20{,}25 + 2{,}25 + 0{,}25 + 6{,}25}{4} = \frac{29}{4} = 7{,}25$$

$$DP = \sqrt{7{,}25} \simeq 2{,}7 \text{ cm}$$

Atleta **C**:

$$V = \frac{(-4)^2 + 1^2 + (-7)^2 + 10^2}{4} =$$

$$= \frac{16 + 1 + 49 + 100}{4} = \frac{166}{4} = 41{,}5$$

$$DP = \sqrt{41{,}5} \simeq 6{,}4 \text{ cm}$$

Logo, o atleta **B** foi o mais regular, pois seu desvio padrão é o menor, aproximadamente 2,7 cm.

2 O histograma mostra o resultado de uma pesquisa sobre altura (em centímetros) entre os alunos de uma classe. Calcule o desvio padrão dessa variável.

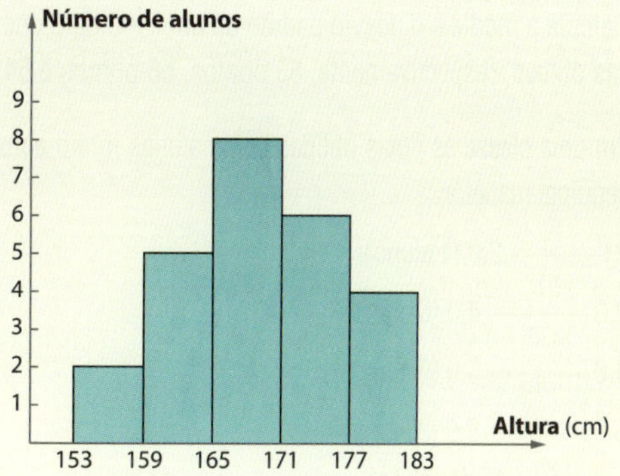

No histograma, os valores da variável são intervalos e, por isso, vamos usar os seus pontos médios:

153 ⊢ 159 → 156 (frequência 2)

159 ⊢ 165 → 162 (frequência 5)

165 ⊢ 171 → 168 (frequência 8)

171 ⊢ 177 → 174 (frequência 6)

177 ⊢ 183 → 180 (frequência 4)

Média aritmética:

$$MA = \frac{2 \cdot 156 + 5 \cdot 162 + 8 \cdot 168 + 6 \cdot 174 + 4 \cdot 180}{2 + 5 + 8 + 6 + 4} =$$

$$= \frac{312 + 810 + 1\,344 + 1\,044 + 720}{25} = \frac{4\,230}{25} =$$

$$= 169{,}2 \text{ cm}$$

Desvios (x_i − MA):

$156 - 169{,}2 = -13{,}2$; $162 - 169{,}2 = -7{,}2$;

$168 - 169{,}2 = -1{,}2$; $174 - 169{,}2 = 4{,}8$;

$180 - 169{,}2 = 10{,}8$

Variância:

$$V = \frac{2(-13{,}2)^2 + 5(-7{,}2)^2 + 8(-1{,}2)^2 + 6(4{,}8)^2 + 4(10{,}8)^2}{25} =$$

$$= \frac{348{,}48 + 259{,}2 + 11{,}52 + 138{,}24 + 466{,}56}{25} =$$

$$= \frac{1\,224}{25} = 48{,}96$$

Desvio padrão:

$$DP = \sqrt{48{,}96} \simeq 6{,}99 \text{ cm}$$

> **Fique atento**
> No cálculo da variância foram usadas as frequências.

Exercícios

38 Em um concurso o critério de aprovação leva em conta a média e o desvio padrão após a realização de 3 provas.

Calcule a média e o desvio padrão de um candidato que nas provas obteve, respectivamente, 63 pontos, 56 pontos e 64 pontos.

39 Em uma classe as notas obtidas pelos alunos foram agrupadas da seguinte maneira:

0 ⊢—— 2,0 (1 aluno);

2,0 ⊢—— 4,0 (6 alunos);

4,0 ⊢—— 6,0 (9 alunos);

6,0 ⊢—— 8,0 (8 alunos);

8,0 ⊢—— 10,0 (6 alunos).

A partir desses dados:

a) construa o histograma;

b) construa o polígono do histograma;

c) calcule a média, a moda, a mediana e o desvio padrão.

5. Estatística e probabilidade

A estatística também é usada para estimar a probabilidade de ocorrência de um evento, principalmente quando ela não pode ser calculada teoricamente pela razão $P = \frac{\text{evento}}{\text{espaço amostral}}$. Quando se diz que a probabilidade de um avião cair é de uma em um milhão, é porque a frequência relativa de ocorrência de acidentes é de um acidente a cada um milhão de decolagens. Ao longo dos anos, ocorrerão mais decolagens, e essa probabilidade pode mudar. Dos anos 1960 para cá, a frequência relativa de acidentes aéreos no mundo diminuiu cerca de 15 vezes. Isso significa que a probabilidade de ocorrer um acidente nos anos 1960 era 15 vezes maior do que agora.

Quanto maior for a quantidade de experimentos, melhor será a estimativa da probabilidade usando-se a frequência relativa. Ao jogar uma moeda duas vezes, é possível que ocorra duas vezes cara. Seria absurdo afirmar que a probabilidade de ocorrer cara é de 100%, pois a quantidade de experimentos é muito pequena e não pode ser utilizada para tal afirmação. Entretanto, ao jogar uma moeda 200 vezes, é possível observar algo como, por exemplo, 94 caras e 106 coroas; jogando 2000 vezes, 1034 caras e 966 coroas; 20000 vezes, 10091 caras e 9909 coroas.

Pela tabela a seguir, portanto, percebe-se que a frequência relativa tende ao valor teórico de 50% para a probabilidade de ocorrer cara e coroa. Isso é chamado de *lei dos grandes números*.

Número de jogadas	**FA** (cara)	**FR** (cara)
2	2	100%
200	94	47%
2000	1034	51,7%
20000	10091	50,45%

Previsões do tempo, resultados eleitorais, mortalidade causada por doenças, entre outras, são probabilidades calculadas usando-se frequências relativas de pesquisas estatísticas. Nesses casos, quanto maior for o histórico de dados a ser analisado, melhor será a previsão.

Exemplos de aplicação

1 Um dado foi lançado 1200 vezes, obtendo-se o seguinte resultado:

Face	Número de vezes
1	248
2	355
3	175
4	180
5	126
6	116

a) Faça uma tabela de frequências relativas expressando os resultados em porcentagem.

Face	Número de vezes	Frequência relativa
1	248	20,7%
2	355	29,6%
3	175	14,6%
4	180	15,0%
5	126	10,5%
6	116	9,7%

b) Na sua opinião, o dado jogado é honesto? Justifique a resposta.

Aparentemente há uma tendência maior em sair as faces "1" e "2" do que as outras faces. Como 1200 é um número razoavelmente grande, a frequência relativa deveria ser aproximadamente igual ao valor teórico da probabilidade (que é de 16,6%). Com 1200 jogadas o resultado teórico esperado seria o de sair cerca de 200 vezes cada face. Assim, podemos afirmar que o dado aparenta não ser honesto.

2 O número de acidentes aéreos na aviação civil brasileira, entre 2009 e 2010, caiu de 111 para 91. No mesmo período, o número de pousos e decolagens nos aeroportos aumentou 15%.

Fontes: <http://www.infraero.gov.br/images/stories/Estatistica/anuario/final.pdf> e <http://www.cenipa.aer.mil.br/cenipa/Anexos/article/18/aviacao_civil%2015%2012%2010.pdf>. Acesso em: 28 mar. 2011.

Segundo o texto acima, se a probabilidade de ocorrer um acidente aéreo em 2009 era P_1, qual seria essa probabilidade em 2010?

Supondo que em 2009 o número de decolagens tenha sido igual a **x**, então em 2010 ele é igual a 1,15x. Assim:

$$P_1 = \frac{111}{x} \Rightarrow \frac{111}{P_1} = x$$

Em 2010, a probabilidade P_2 é:

$$P_2 = \frac{91}{1{,}15x} = \frac{91}{1{,}15x \cdot \frac{111}{P_1}} = \frac{91 \cdot P_1}{1{,}15 \cdot 111} \simeq$$

$\simeq 0{,}71 \cdot P_1$ (cerca de 30% menor)

3 Em uma garrafa opaca fechada existem 20 bolinhas, distribuídas entre três cores: preta, vermelha e amarela. Não é possível ver as bolinhas dentro da garrafa, exceto se virarmos a garrafa de ponta-cabeça, quando uma das bolinhas vai para o gargalo e é possível ver sua cor. Ao longo de vários dias, repetiu-se 2 000 vezes a seguinte operação: chacoalhava-se e tombava-se a garrafa para então anotar a cor da bolinha que aparecia no gargalo. Os resultados obtidos foram os seguintes:

Cor da bolinha	Número de vezes
preta	396
vermelha	910
amarela	694

Qual deve ser a quantidade de cada bolinha dentro da garrafa?

Como a quantidade de experimentos é grande, podemos esperar que a frequência relativa seja aproximadamente igual à probabilidade teórica. A tabela de frequências relativas é:

Cor da bolinha	Número de vezes	Frequência relativa
preta	396	0,198
vermelha	910	0,455
amarela	694	0,347

Assim, se tivermos **x** bolinhas pretas, **y** bolinhas vermelhas e **z** bolinhas amarelas, as probabilidades teóricas serão:

$$P(\text{preta}) = \frac{x}{20}$$

$$P(\text{vermelha}) = \frac{y}{20}$$

$$P(\text{amarela}) = \frac{z}{20}$$

Igualando-se as probabilidades teóricas com as respectivas frequências relativas, temos:

$$\frac{x}{20} = 0{,}198 \Rightarrow x = 3{,}96$$

$$\frac{y}{20} = 0{,}455 \Rightarrow y = 9{,}10$$

$$\frac{z}{20} = 0{,}347 \Rightarrow z = 6{,}94$$

Como as quantidades **x**, **y** e **z** de bolinhas são números inteiros, então x = 4, y = 9 e z = 7.

Exercícios

objeto digital

40 Um dado foi lançado 1 000 vezes, obtendo-se o seguinte resultado:

Face	Número de vezes
1	157
2	171
3	160
4	166
5	171
6	175

a) Faça uma tabela de frequências relativas expressando os resultados em porcentagem.

b) Na sua opinião, o dado jogado é honesto? Justifique.

dica Enem

41 "O Brasil tem um dos menores índices de acidentes aéreos. Aqui a frequência é de 0,85 acidente por milhão de decolagens. Essa média é mais baixa que a de outros países latinos (5,7), asiáticos (3,8) e africanos (13). A Europa (0,5) e a Oceania (0,2) têm os menores percentuais." Com base no texto, calcule a probabilidade de ocorrência de um acidente aéreo no Brasil.

42 Em uma garrafa opaca fechada existem 10 bolinhas, distribuídas entre as cores azul e branca. Não é possível ver as bolinhas dentro da garrafa, exceto se virarmos a garrafa de ponta-cabeça, quando uma das bolinhas vai para o gargalo e é possível ver sua cor. Ao longo de vários dias, repetiu-se 2 000 vezes a seguinte operação: chacoalhava-se e tombava-se a garrafa para então anotar a cor da bolinha que aparecia no gargalo. Os resultados obtidos foram os seguintes:

Cor da bolinha	Número de vezes
azul	624
branca	1 376

Na próxima vez em que for repetida essa operação, qual a probabilidade de que a cor da bolinha do gargalo seja azul?

27 Capítulo

Ponto e reta

Como o próprio nome sugere, a Geometria analítica é uma parte da Matemática que associa elementos geométricos a expressões algébricas, imprimindo uma exatidão nas medidas geralmente não alcançada em resoluções geométricas. Veja, por exemplo, o problema a seguir.

Determine o centro de gravidade do triângulo ABC:

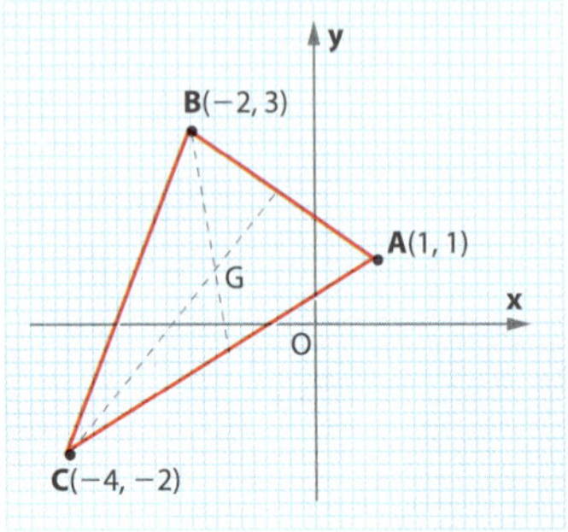

Sabemos da Geometria plana que o centro de gravidade de um triângulo, denominado *baricentro*, é o ponto de intersecção das medidas do triângulo, e que ele pode ser obtido geometricamente com o uso de régua e compasso.

O campo da Matemática que se inicia agora proporá um outro recurso de resolução desse problema, o algébrico, segundo o qual, situando-se os vértices do triângulo num sistema de referência, chamado *sistema cartesiano ortogonal*, e aplicando-se as propriedades já deduzidas na Geometria plana, obteremos o ponto procurado, representado por suas coordenadas.

Vejamos, então, as definições dos conceitos necessários para esta aplicação.

1. Sistema cartesiano ortogonal

Existe uma correspondência biunívoca entre os pontos de um plano e o conjunto dos pares ordenados de números reais, isto é, a cada ponto do plano corresponde um único par ordenado (x, y) e a cada par ordenado (x, y) está associado um único ponto do plano. A relação biunívoca não é única, pois depende do sistema de eixos ortogonais adotado.

Para estabelecer uma dessas correspondências biunívocas são usados dois eixos ortogonais (eixo **x** e eixo **y**) que formam o *sistema cartesiano ortogonal*. A intersecção dos eixos **x** e **y** é o ponto **O**, chamado de origem do sistema.

Exemplo:

Ao par ordenado de números reais:

- (0, 0) está associado o ponto **O** (origem);
- (3, 2) está associado o ponto **A**;
- (−1, 4) está associado o ponto **B**;
- (−2, −3) está associado o ponto **C**;
- (2, −1) está associado o ponto **D**.

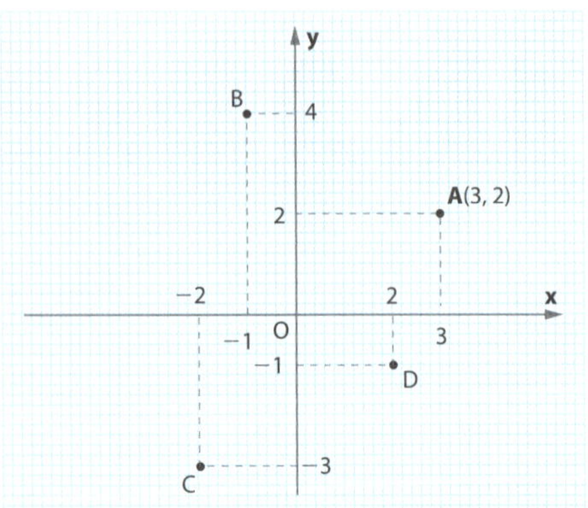

Considerando o ponto **A**(3, 2), dizemos que o número 3 é a coordenada **x** ou a abscissa do ponto **A** e o número 2 é a coordenada **y** ou a ordenada do ponto **A**.

Observações:

1ª) Os eixos **x** e **y** chamam-se *eixos coordenados* e dividem o plano em quatro regiões chamadas *quadrantes*, cuja identificação é feita conforme a figura.

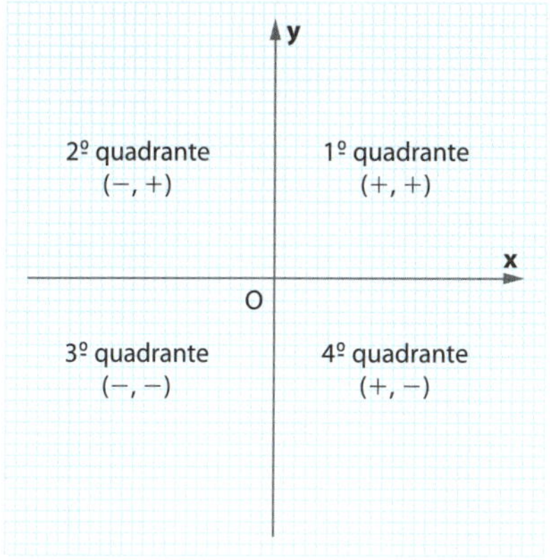

O sinal positivo ou negativo da abscissa e da ordenada varia de acordo com o quadrante.

2ª) Se o ponto **P** pertence ao eixo **x**, suas coordenadas são (a, 0), com $a \in \mathbb{R}$.

3ª) Se o ponto **P** pertence ao eixo **y**, suas coordenadas são (0, b), com $b \in \mathbb{R}$.

Para refletir
O ponto **O**(0, 0) pertence aos dois eixos.

4ª) Se o ponto **P** pertence à bissetriz dos quadrantes ímpares, suas coordenadas têm ordenada igual à abscissa, ou seja, são do tipo (a, a) com $a \in \mathbb{R}$.

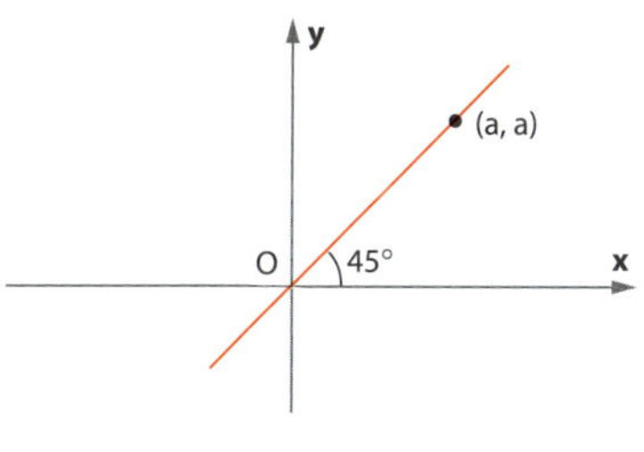

5ª) Se o ponto **P** pertence à bissetriz dos quadrantes pares, suas coordenadas têm abscissa e ordenada opostas, ou seja, são do tipo (a, −a) com $a \in \mathbb{R}$.

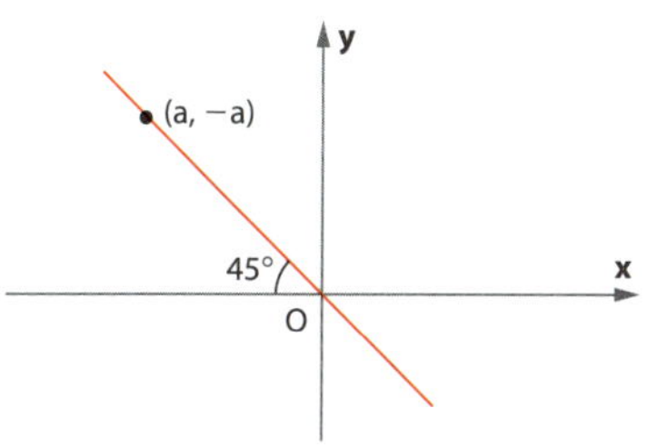

Exercícios

1 Observe a figura a seguir e determine os pontos, ou seja, dê suas coordenadas:

a) A **b)** B **c)** C **d)** D **e)** E

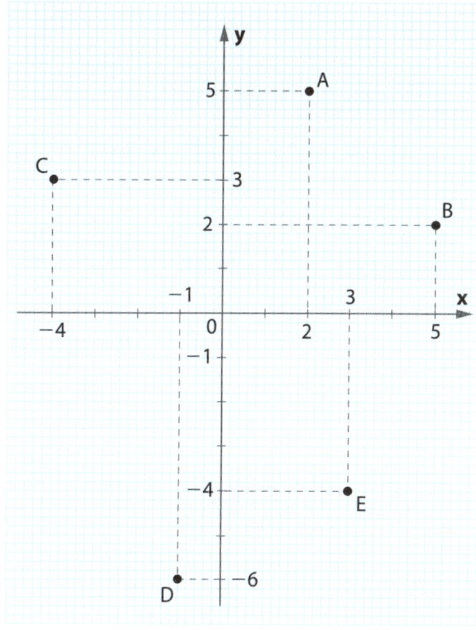

2 Marque num sistema de coordenadas cartesianas ortogonais os pontos:

a) **A**(1, −2) **d)** **B**(−3, 3) **g)** **C**(4, 4)
b) **D**(0, 3) **e)** **P**(−1, −5) **h)** **M**(−4, 0)
c) **Q**(3, −2) **f)** **N**(0, −4) **i)** **R**(3, 0)

3 No retângulo da figura, $\overline{AB} = 5$ e $\overline{BC} = 3$. Dê as coordenadas dos vértices do retângulo.

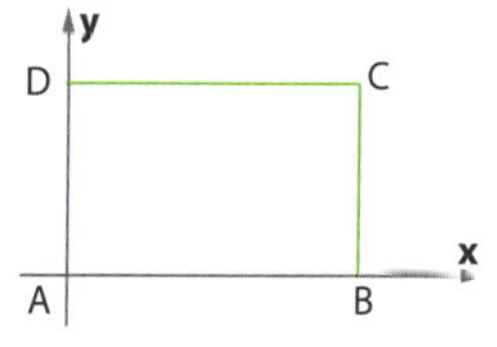

4 O valor de $\mathbf{k^2}$, sabendo que o ponto **P**(k − 1, 2k) pertence à bissetriz dos quadrantes ímpares, é:

a) −1. **b)** 1. **c)** $-\frac{1}{3}$. **d)** $\frac{1}{3}$. **e)** $\frac{1}{9}$.

5 O raio da circunferência da figura mede 2 unidades. Quais são as coordenadas dos pontos **A**, **B**, **C** e **D**?

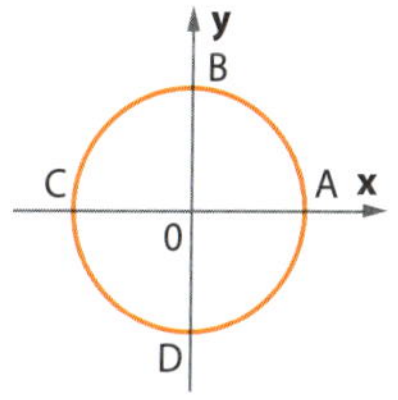

6 Em que quadrante se encontra o ponto **P**(a, b), se ab > 0?

7 Sabendo que **P**(2m + 1, −3m − 4) pertence ao terceiro quadrante, determine os possíveis valores reais de **m**.

2. Distância entre dois pontos

Dados dois pontos, **A** e **B**, a distância entre eles, que será indicada por d(A, B), é a medida do segmento de extremidades **A** e **B**.

Exemplos:

1º) 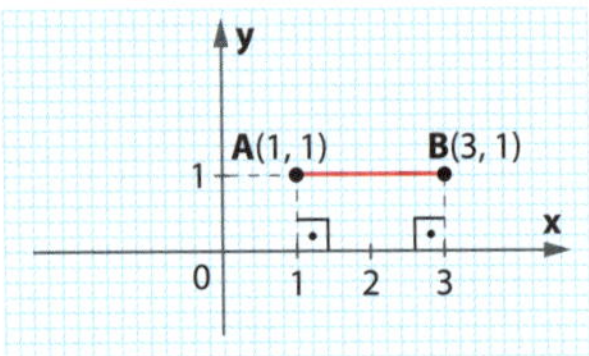

d(A, B) = 3 − 1 = 2

2º) 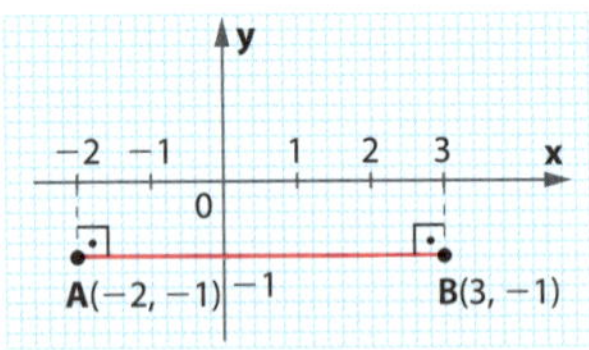

d(A, B) = 3 + 2 = 5

3º) 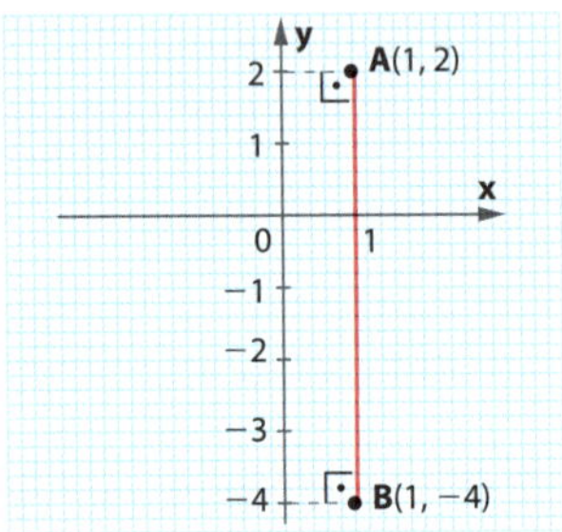

d(A, B) = 2 + 4 = 6

4º) 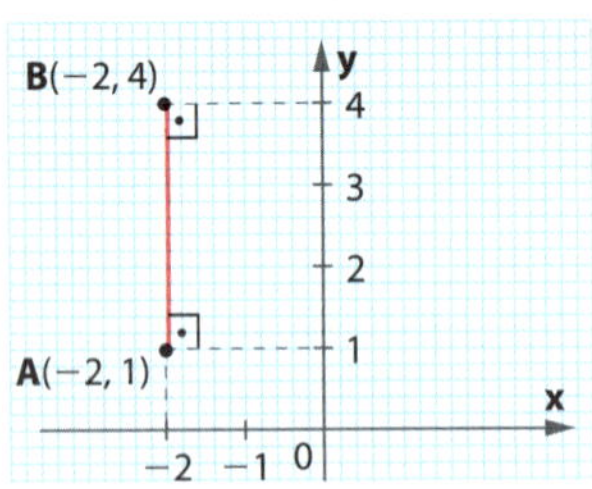

d(A, B) = 4 − 1 = 3

5º) 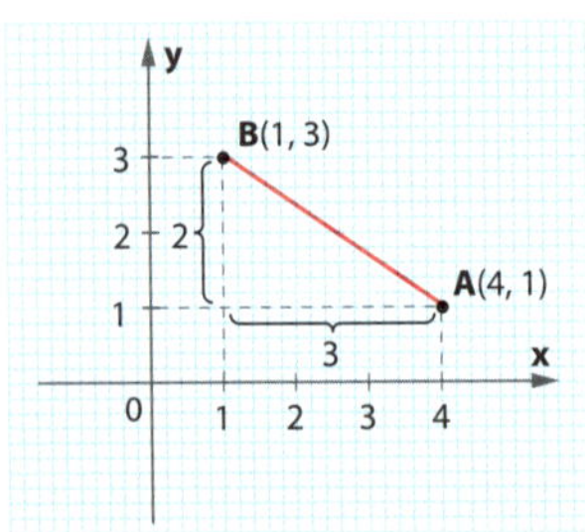

$[d(A, B)]^2 = 3^2 + 2^2 \Rightarrow d(A, B) = \sqrt{13}$

6º) 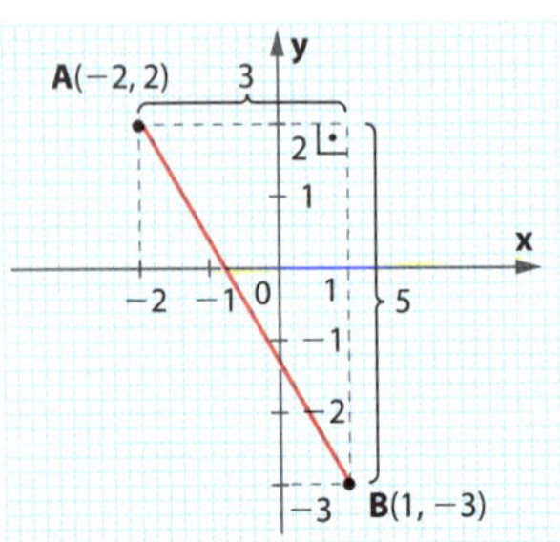

$[d(A, B)]^2 = 3^2 + 5^2 \Rightarrow d(A, B) = \sqrt{34}$

Para refletir
No 5º e no 6º exemplos foi usada a *relação de Pitágoras*.

Podemos determinar uma expressão que indica a distância entre **A** e **B**, quaisquer que sejam **A**(x_A, y_A) e **B**(x_B, y_B).

O triângulo ABC é retângulo em **C**, logo podemos usar a relação de Pitágoras:

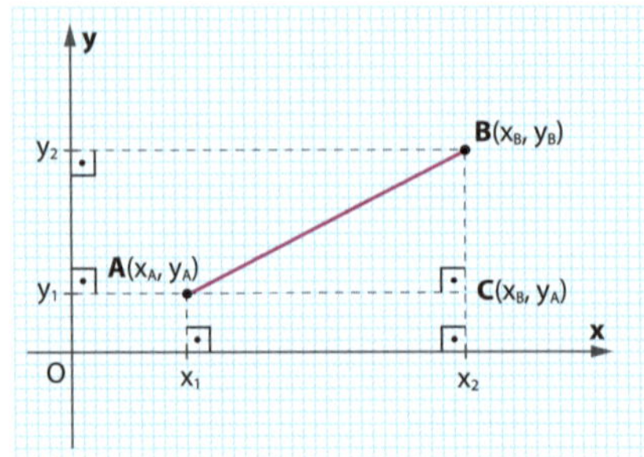

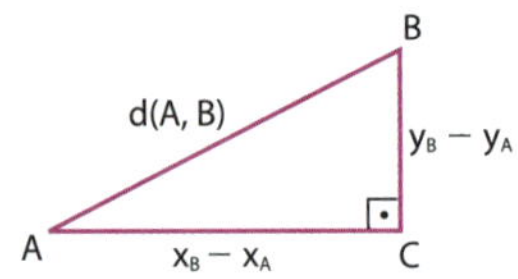

$$[d(A, B)]^2 = (x_B - x_A)^2 + (y_B - y_A)^2 \Rightarrow$$

$$\Rightarrow d(A, B) = \sqrt{(x_B - x_A)^2 + (y_B - y_A)^2}$$

Observação: A expressão obtida para a distância entre dois pontos **A** e **B** independe da localização de **A** e **B**, ou seja, vale para **A** e **B** quaisquer. Vejamos no 2º, 4º e 6º exemplos analisados anteriormente:

2º) **A**(−2, −1) e **B**(3, −1) ⇒

$$\Rightarrow d(A, B) = \sqrt{[3 - (-2)]^2 + [(-1) - (-1)]^2} =$$

$$= \sqrt{5^2 + 0^2} = \sqrt{25} = 5$$

4º) **A**(−2, 1) e **B**(−2, 4) ⇒

$$\Rightarrow d(A, B) = \sqrt{[-2 - (-2)]^2 + (4 - 1)^2} = \sqrt{0^2 + 3^2} = \sqrt{9} = 3$$

6º) **A**(−2, 2) e **B**(1, −3) ⇒

$$\Rightarrow d(A, B) = \sqrt{[1 - (-2)]^2 + [(-3) - 2)]^2} = \sqrt{3^2 + (-5)^2} = \sqrt{34}$$

Concluímos, então, que a distância entre dois pontos **A** e **B** quaisquer do plano, tal que **A**(x_A, y_A) e **B**(x_B, y_B), é:

$$d(A, B) = \sqrt{(x_B - x_A)^2 + (y_B - y_A)^2}$$

Para refletir
Verifique para os três outros exemplos.

Exemplos de aplicação

1 Um ponto **P**(a, 2) é equidistante dos pontos **A**(3, 1) e **B**(2, 4). Calcule a abscissa do ponto **P**.

Como **P** é equidistante de **A** e **B**, devemos ter:

$d(P, A) = d(P, B) \Rightarrow$

$\Rightarrow \sqrt{(3-a)^2 + (1-2)^2} = \sqrt{(2-a)^2 + (4-2)^2} \Rightarrow$

$\Rightarrow \sqrt{(3-a)^2 + 1} = \sqrt{(2-a)^2 + 4} \Rightarrow$

$\Rightarrow (3-a)^2 + 1 = (2-a)^2 + 4 \Rightarrow$

$\Rightarrow 9 - 6a + \cancel{a^2} + 1 = 4 - 4a + \cancel{a^2} + 4 \Rightarrow$

$\Rightarrow -6a + 4a = 4 + 4 - 9 - 1 \Rightarrow$

$\Rightarrow -2a = -2 \Rightarrow 2a = 2 \Rightarrow a = 1$

Verificando:

$$a = 1 \Rightarrow \begin{cases} d(P, A) = \sqrt{(3-1)^2 + (1-2)^2} = \sqrt{5} \\ d(P, B) = \sqrt{(2-1)^2 + (4-2)^2} = \sqrt{5} \end{cases}$$

Então, a abscissa do ponto **P** é 1.

2 Demonstre que o triângulo com vértices **A**(−2, 4), **B**(−5, 1) e **C**(−6, 5) é isósceles.

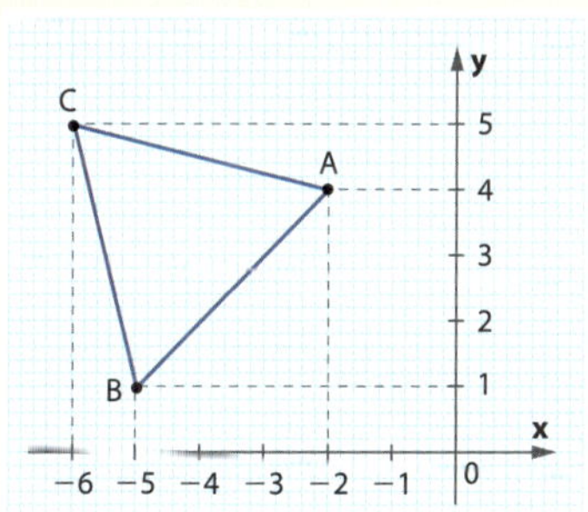

Para refletir
A figura apenas ilustra o exercício. Ela é dispensável na resolução.

Um triângulo é isósceles quando tem dois lados congruentes (medidas iguais). Vamos calcular, então, as medidas dos lados do triângulo ABC:

$d(A, B) = \sqrt{(-5+2)^2 + (1-4)^2} = \sqrt{9+9} =$

$= \sqrt{18} = 3\sqrt{2}$

$d(A, C) = \sqrt{(-6+2)^2 + (5-4)^2} = \sqrt{16+1} = \sqrt{17}$

$d(B, C) = \sqrt{(-6+5)^2 + (5-1)^2} = \sqrt{1+16} = \sqrt{17}$

Como d(A, C) = d(B, C), o triângulo ABC é isósceles.

Exercícios

8 Calcule a distância entre os pontos dados:

a) **A**(3, 7) e **B**(1, 4)

b) **E**(3, −1) e **F**(3, 5)

c) **H**(−2, −5) e **O**(0, 0)

9 Calcule a distância entre os pontos dados:

a) **M**(0, −2) e **N**$\left(\sqrt{5}, -2\right)$

b) **P**(3, −3) e **Q**(−3, 3)

c) **C**(−4, 0) e **D**(0, 3)

10 A distância do ponto **A**(a, 1) ao ponto **B**(0, 2) é igual a 3. Calcule o valor da abscissa **a**.

11 Um ponto **P** pertence ao eixo das abscissas e é equidistante dos pontos **A**(−1, 2) e **B**(1, 4). Quais são as coordenadas do ponto **P**?

12 A abscissa de um ponto **P** é −6 e sua distância ao ponto **Q**(1, 3) é $\sqrt{74}$. Determine a ordenada do ponto.

13 Demonstre que um triângulo com vértices **A**(0, 5), **B**(3, −2) e **C**(−3, −2) é isósceles e calcule o seu perímetro.

14 Qual é a distância do ponto **A**(cos a, sen a) ao ponto **B**(sen a, −cos a)?

15 Considere um ponto **P**(x, y) cuja distância ao ponto **A**(5, 3) é sempre duas vezes a distância de **P** ao ponto **B**(−4, −2). Nessas condições, escreva uma equação que deve ser satisfeita com as coordenadas do ponto **P**.

3. Ponto divisor

objeto digital

Sejam **A**, **B** e **P** três pontos do plano cartesiano, tais que **P** divide o segmento $\overline{AB}$ numa razão $r = \frac{\overline{AP}}{\overline{PB}}$ denominada razão de seção. Observe na figura abaixo que os triângulos APC e PBD são semelhantes.

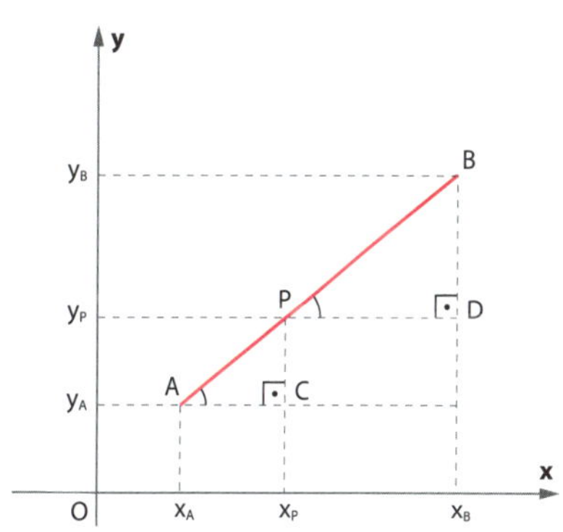

Então, temos:

$$r = \frac{\overline{AP}}{\overline{PB}} = \frac{x_A - x_P}{x_P - x_B} = \frac{y_A - y_P}{y_P - y_B}$$

Coordenadas do ponto médio de um segmento de reta

Dado um segmento de reta AB tal que $\mathbf{A}(x_A, y_A)$ e $\mathbf{B}(x_B, y_B)$, vamos determinar as coordenadas de **M**, o ponto médio de $\overline{AB}$.

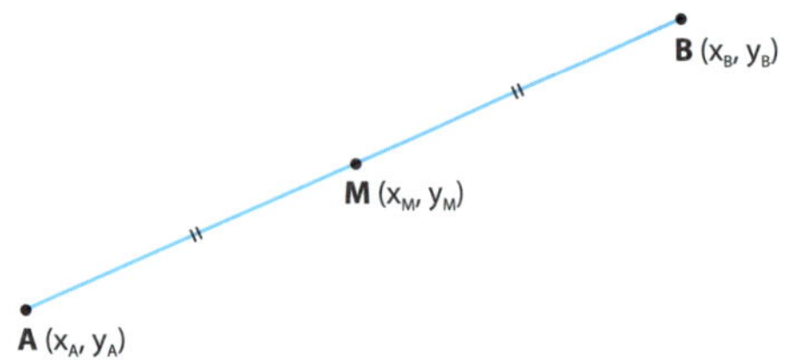

O ponto médio é o ponto divisor que divide o segmento em duas partes iguais. Sendo **A** e **B** os pontos extremos do segmento $\overline{AB}$, com ponto médio **M**, teremos $\frac{\overline{AM}}{\overline{MB}} = 1$. Portanto:

- $\frac{\overline{AM}}{\overline{MB}} = \frac{x_A - x_M}{x_M - x_B} \Rightarrow 1 = \frac{x_A - x_M}{x_M - x_B} \Rightarrow$

$\Rightarrow x_M - x_B = x_A - x_M \Rightarrow 2x_M = x_A + x_B \Rightarrow$

$$\Rightarrow x_M = \frac{x_A + x_B}{2}$$

- $\frac{\overline{AM}}{\overline{MB}} = \frac{y_A - y_M}{y_M - y_B} \Rightarrow 1 = \frac{y_A - y_M}{y_M - y_B} \Rightarrow$

$\Rightarrow y_M - y_B = y_A - y_M \Rightarrow 2y_M = y_A + y_B \Rightarrow$

$$\Rightarrow y_M = \frac{y_A + y_B}{2}$$

Coordenadas do baricentro de um triângulo

Dado um triângulo ABC de vértices $\mathbf{A}(x_A, y_A)$, $\mathbf{B}(x_B, y_B)$ e $\mathbf{C}(x_C, y_C)$, vamos determinar as coordenadas de **G**, baricentro do triângulo ABC.

Seja **M** o ponto médio do lado BC. Então $x_M = \frac{x_A + x_B}{2}$ e $y_M = \frac{y_A + y_B}{2}$.

Seja **G** o baricentro do triângulo que divide a mediana AM em duas partes, em que uma é o dobro da outra. Nesse caso, $\frac{\overline{AG}}{\overline{GM}} = 2$.

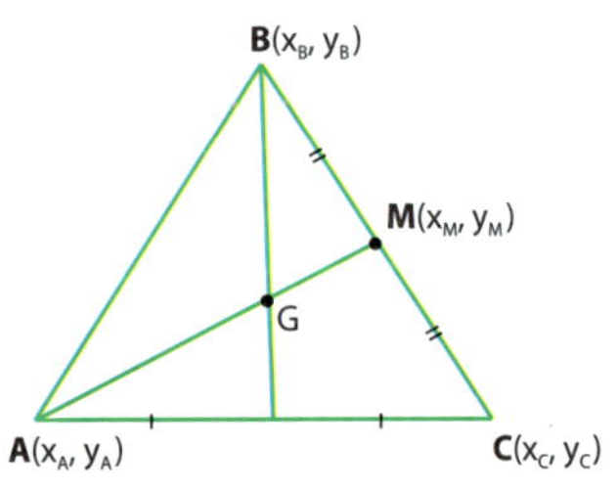

Portanto:

- $\frac{\overline{AG}}{\overline{GM}} = \frac{x_A - x_G}{x_G - x_M} \Rightarrow 2 = \frac{x_A - x_G}{x_G - x_M} \Rightarrow$

$2x_G - 2x_M = x_A - x_G \Rightarrow 3x_G = x_A + 2x_M \Rightarrow$

$\Rightarrow 3x_G = x_A + 2\frac{x_B + x_C}{2} \Rightarrow$

$$\Rightarrow 3x_G = x_A + x_B + x_C \Rightarrow x_G = \frac{x_A + x_B + x_C}{3}$$

- $\frac{\overline{AG}}{\overline{GM}} = \frac{y_A - y_G}{y_G - y_M} \Rightarrow 2 = \frac{y_A - y_G}{y_G - y_M} \Rightarrow$

$\Rightarrow 2y_G - 2y_M = y_A - y_G \Rightarrow 3y_G = y_A + 2y_M \Rightarrow$

$\Rightarrow 3y_G = y_A + 2\frac{y_B + y_C}{2} \Rightarrow 3y_G = y_A + y_B + y_C \Rightarrow$

$$\Rightarrow y_G = \frac{y_A + y_B + y_C}{3}$$

Exemplos de aplicação

1 Determine **M**, ponto médio de $\overline{AB}$, nos seguintes casos:

a) $\mathbf{A}(3, -2)$ e $\mathbf{B}(-1, -6)$

Considerando $\mathbf{M}(x_M, y_M)$, temos:

$$x_M = \frac{3 + (-1)}{2} = \frac{2}{2} = 1$$

$$y_M = \frac{-2 + (-6)}{2} = \frac{-8}{2} = -4$$

$\mathbf{M}(1, -4)$

b) $\mathbf{A}(0, 7)$ e $\mathbf{B}(6, 0)$

$$x_M = \frac{0 + 6}{2} = \frac{6}{2} = 3$$

$$y_M = \frac{7 + 0}{2} = \frac{7}{2}$$

$\mathbf{M}\left(3, \frac{7}{2}\right)$

> **Para refletir**
> A resposta do item **b** pode ser **M**(3; 3,5).

2 Uma das extremidades de um segmento é o ponto $\mathbf{A}(7, 13)$ e a outra é o ponto $\mathbf{B}(x, y)$. Sendo $\mathbf{M}(-3, 24)$ o ponto médio, determine as coordenadas da extremidade **B** do segmento.

Como $\mathbf{M}\left(\frac{x_1 + x_2}{2}, \frac{y_1 + y_2}{2}\right)$, então:

$$-3 = \frac{7 + x}{2} \Rightarrow 7 + x = -6 \Rightarrow x = -13$$

$$24 = \frac{13 + y}{2} \Rightarrow 13 + y = 48 \Rightarrow y = 35$$

Logo, $\mathbf{B}(-13, 35)$.

3 Calcule os comprimentos da mediana relativa ao lado AB de um triângulo de vértices **A**(2, −6), **B**(−4, 2) e **C**(0, 4).

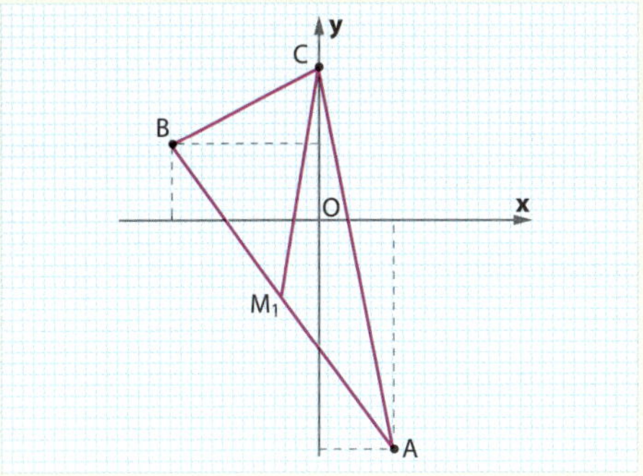

Observando a figura, temos que $\mathbf{M_1}$ é o ponto médio do lado $\overline{AB}$.

Cálculo das coordenadas de $\mathbf{M_1}$:

$$x = \frac{-4 + 2}{2} = -1$$

$$y = \frac{2 - 6}{2} = -2$$

Mediana $\overline{CM_1}$, sendo **C**(0, 4) e $\mathbf{M_1}(-1, -2)$:

$$d(C, M_1) = \sqrt{(-1 - 0)^2 + (-2 - 4)^2} = \sqrt{1 + 36} = \sqrt{37}$$

Para refletir
- A *mediana* de um triângulo é o segmento que tem como extremidades um vértice e o ponto médio do lado oposto.
- Todo triângulo possui três medianas que se cruzam num ponto chamado *baricentro* do triângulo.

4 Dados os pontos **A**(5, 12) e **B**(15, −3), determine o ponto **P** do segmento AB tal que a razão entre as medidas de $\overline{AP}$ e $\overline{PB}$ seja igual a $\frac{2}{3}$.

Temos:

$$\frac{\overline{AP}}{\overline{PB}} = \frac{2}{3}$$

Fazendo **P**(x, y), temos:

- $\frac{2}{3} = \frac{x_A - x_P}{x_P - x_B} = \frac{5 - x}{x - 15} \Rightarrow$

  $\Rightarrow 2(x - 15) = 3(5 - x) \Rightarrow 2x - 30 = 15 - 3x \Rightarrow$

  $\Rightarrow 5x = 45 \Rightarrow x = 9$

- $\frac{2}{3} = \frac{y_A - y_P}{y_P - y_B} = \frac{12 - x}{y - (-3)} \Rightarrow$

  $\Rightarrow 2(4 + 3) = 3(12 - y) \Rightarrow 2y + 6 = 36 - 3y \Rightarrow$

  $\Rightarrow 5y = 30 \Rightarrow y = 6$

Logo, **P**(9, 6).

5 Voltando à questão proposta na introdução deste capítulo:

Se os vértices de um triângulo são os pontos **A**(1, 1), **B**(−2, 3) e **C**(−4, −2), determine as coordenadas do baricentro desse triângulo.

Os pontos A, B, e C estão representados no sistema cartesiano ortogonal do esquema abaixo:

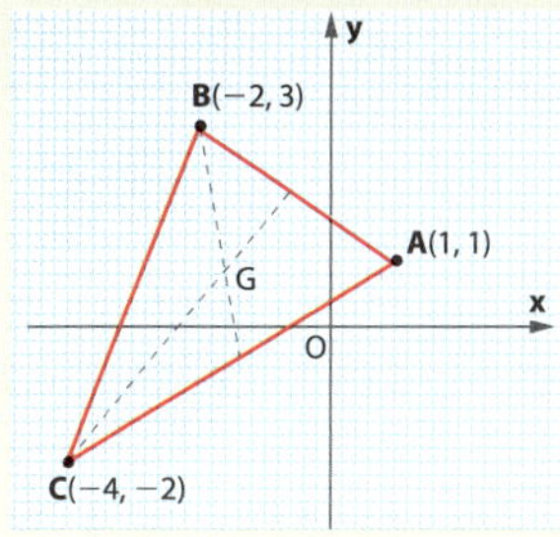

Para refletir
Resolva este exercício geometricamente e compare os resultados.

G: baricentro (ponto de encontro das medianas)

Sabemos que $x_G = \frac{x_A + x_B + x_C}{3}$ e

$y_G = \frac{y_A + y_B + y_C}{3}$. Assim:

$$x_G = \frac{1 + (-2) + (-4)}{3} = \frac{-5}{3}$$

$$y_G = \frac{1 + 3 + (-2)}{3} = \frac{2}{3}$$

Logo, as coordenadas do baricentro são $-\frac{5}{3}$ e $\frac{2}{3}$. Ou seja, $\mathbf{G}\left(-\frac{5}{3}, \frac{2}{3}\right)$.

Exercícios

16 Determine o ponto médio do segmento de extremidades:

a) **A**(−1, 6) e **B**(−5, 4)
b) **A**(1, −7) e **B**(3, −5)
c) **A**(−1, 5) e **B**(5, −2)
d) **A**(−4, −2) e **B**(−2, −4)

17 Uma das extremidades de um segmento é o ponto **A**(−2, −2). Sabendo que **M**(3, −2) é o ponto médio desse segmento, calcule as coordenadas do ponto **B**(x, y), que é a outra extremidade do segmento.

18 Calcule os comprimentos das medianas do triângulo cujos vértices são os pontos **A**(0, 0), **B**(4, 2) e **C**(2, 4).

19 Num triângulo isósceles, a altura e a mediana relativas à base são segmentos coincidentes. Calcule a medida da altura relativa à base BC de um triângulo isósceles de vértices **A**(5, 8), **B**(2, 2) e **C**(8, 2).

20 Determine o baricentro do triângulo de vértices (2, 3), (4, 5) e (6, 10).

21 Num paralelogramo ABCD, **M**(1, −2) é o ponto de encontro das diagonais AC e BD. Sabe-se que **A**(2, 3) e **B**(6, 4) são dois vértices consecutivos. Uma vez que as diagonais se cortam mutuamente ao meio, determine as coordenadas dos vértices **C** e **D**.

22 Determine as coordenadas dos pontos que dividem o segmento de extremidades (3, 1) e (18, 7) em três partes iguais.

23 Determine as coordenadas do ponto **P**(x, y) que divide o segmento **A**(2, 0) e **B**(17, 20) na razão $\frac{\overline{AP}}{\overline{PB}} = \frac{1}{4}$.

4. Condição de alinhamento de três pontos

Dizemos que três pontos distintos estão alinhados, ou que três pontos são *colineares*, quando existe uma reta que passa pelos três.

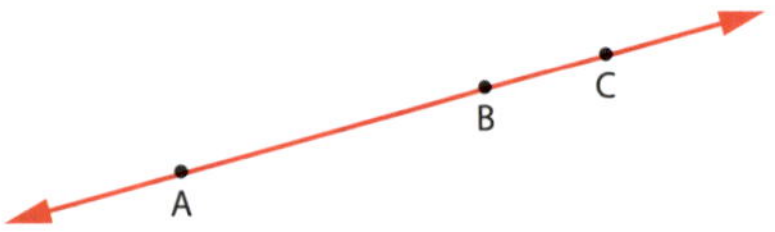

A, **B** e **C** são três pontos alinhados.

Vejamos o que ocorre quando três pontos **A**, **B** e **C** estão alinhados:

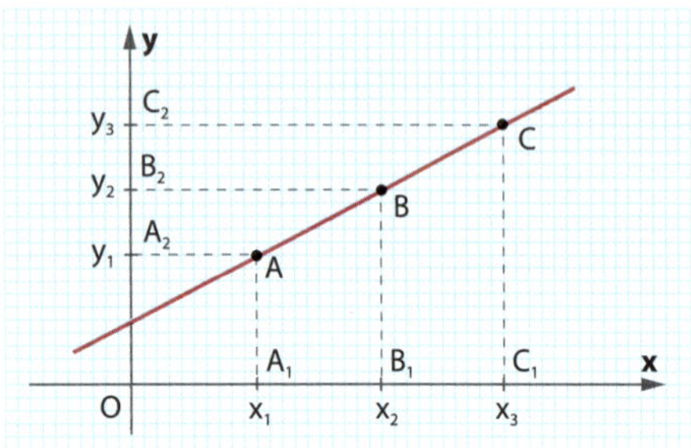

Pelo teorema de Tales:

$$\frac{AB}{AC} = \frac{A_1B_1}{A_1C_1} \Rightarrow \frac{AB}{AC} = \frac{x_2 - x_1}{x_3 - x_1} \quad \text{(I)}$$

$$\frac{AB}{AC} = \frac{A_2B_2}{A_2C_2} \Rightarrow \frac{AB}{AC} = \frac{y_2 - y_1}{y_3 - y_1} \quad \text{(II)}$$

Comparando (I) e (II), temos:

$$\frac{x_2 - x_1}{x_3 - x_1} = \frac{y_2 - y_1}{y_3 - y_1} \Rightarrow \frac{y_2 - y_1}{x_2 - x_1} = \frac{y_3 - y_1}{x_3 - x_1} \Rightarrow$$

$$\Rightarrow \frac{y_2 - y_1}{x_2 - x_1} - \frac{y_3 - y_1}{x_3 - x_1} = 0 \Rightarrow$$

$$\Rightarrow (x_3 - x_1)(y_2 - y_1) - (x_2 - x_1)(y_3 - y_1) = 0 \Rightarrow$$

$$\Rightarrow x_3y_2 - x_3y_1 - x_1y_2 + \cancel{x_1y_1} - x_2y_3 + x_2y_1 + x_1y_3 - \cancel{x_1y_1} = 0 \Rightarrow$$

$$\Rightarrow x_1y_2 - x_1y_3 + x_2y_3 - x_2y_1 + x_3y_1 - x_3y_2 = 0$$

O primeiro termo da igualdade corresponde ao determinante $\begin{vmatrix} x_1 & y_1 & 1 \\ x_2 & y_2 & 1 \\ x_3 & y_3 & 1 \end{vmatrix}$.

> **Para refletir**
> Verifique que o primeiro termo da igualdade realmente corresponde ao determinante apresentado.

Daí, podemos dizer que:

Se três pontos $\mathbf{A}(x_1, y_1)$, $\mathbf{B}(x_2, y_2)$ e $\mathbf{C}(x_3, y_3)$ estão alinhados, então:

$$D = \begin{vmatrix} x_1 & y_1 & 1 \\ x_2 & y_2 & 1 \\ x_3 & y_3 & 1 \end{vmatrix} = 0$$

(primeira coluna: coluna das abscissas dos pontos; segunda coluna: coluna das ordenadas dos pontos.)

Observação: Fazendo o caminho inverso, podemos verificar também que:

Se $D = \begin{vmatrix} x_1 & y_1 & 1 \\ x_2 & y_2 & 1 \\ x_3 & y_3 & 1 \end{vmatrix} = 0$, então $\mathbf{A}(x_1, y_1)$, $\mathbf{B}(x_2, y_2)$ e $\mathbf{C}(x_3, y_3)$ são pontos colineares (recíproca da propriedade anterior).

Exemplos de aplicação

1 **Verifique se os pontos A(−3, 5), B(1, 1) e C(3, −1) estão alinhados.**

Usando as coordenadas, calculamos o determinante:

$$D = \begin{vmatrix} -3 & 5 & 1 \\ 1 & 1 & 1 \\ 3 & -1 & 1 \end{vmatrix} = -3 + 15 - 1 - 3 - 5 - 3 =$$

$= +15 - 15 = 0$

Como $D = 0$, os pontos dados estão alinhados.

Observação:

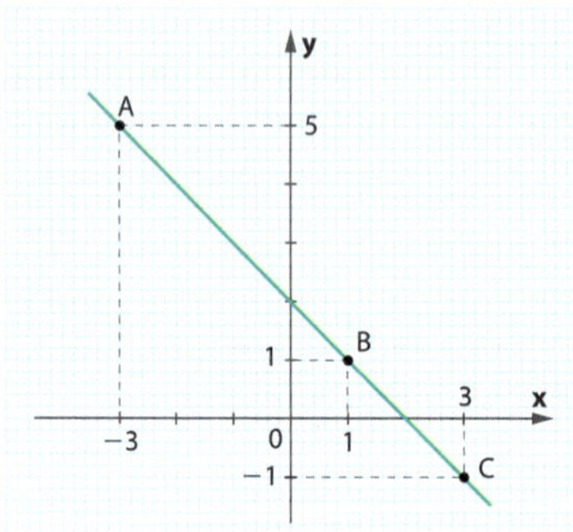

A figura acima ilustra, geometricamente, que os pontos dados estão numa mesma reta, ou seja, estão alinhados, mas é o processo analítico que garante a propriedade.

2 **Determine o valor de x de modo que os pontos A(−3, 1), B(x, 2) e C(−3, −1) sejam os vértices de um mesmo triângulo.**

Para que **A**, **B** e **C** sejam os vértices de um triângulo, eles não devem estar alinhados.

Então:

$$\begin{vmatrix} -3 & 1 & 1 \\ x & 2 & 1 \\ -3 & -1 & 1 \end{vmatrix} \neq 0 \Rightarrow -\cancel{6} - 3 - x + \cancel{6} - x - 3 \neq 0 \Rightarrow$$

$\Rightarrow -x - x \neq 3 + 3 \Rightarrow 2x \neq -6 \Rightarrow x \neq -3$

Logo, $x \neq -3$.

Exercícios

24 Verifique se os pontos:

a) **A**(0, 2), **B**(−3, 1) e **C**(4, 5) estão alinhados;

b) **A**(−1, 3), **B**(2, 4) e **C**(−4, 10) podem ser os vértices de um mesmo triângulo.

25 Determine **x** de maneira que os pontos **A**(3, 5), **B**(1, 3) e **C**(x, 1) sejam os vértices de um triângulo.

26 Considerando uma reta **r** que passa pelos pontos **A**(−1, −2) e **B**(4, 2) e intersecta o eixo **y** no ponto **P**, determine as coordenadas do ponto **P**.

5. Inclinação de uma reta

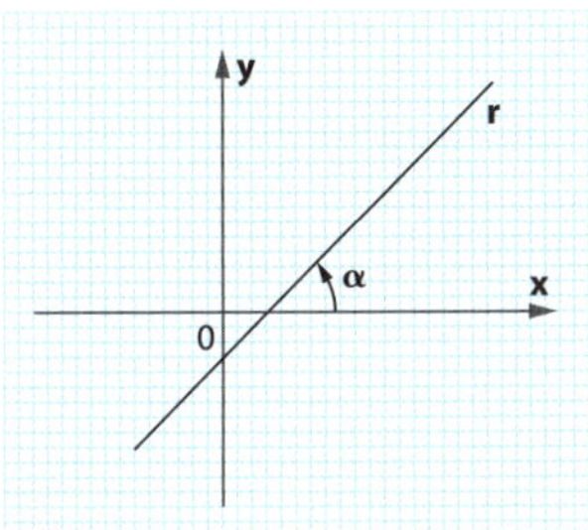

Seja α a medida do ângulo que a reta **r** forma com o eixo **x**. A medida α do ângulo é considerada do eixo **x** para a reta **r**, no sentido anti-horário, e denomina-se *inclinação* da reta **r**.

Quanto à inclinação de retas não-paralelas ao eixo **x**, podemos ter:

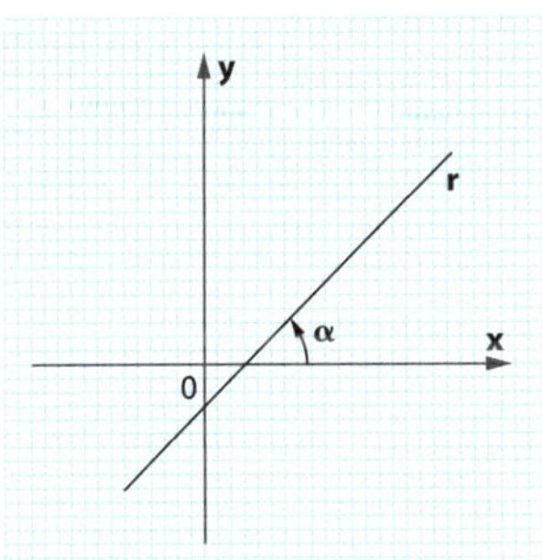

$0° < \alpha < 90°$

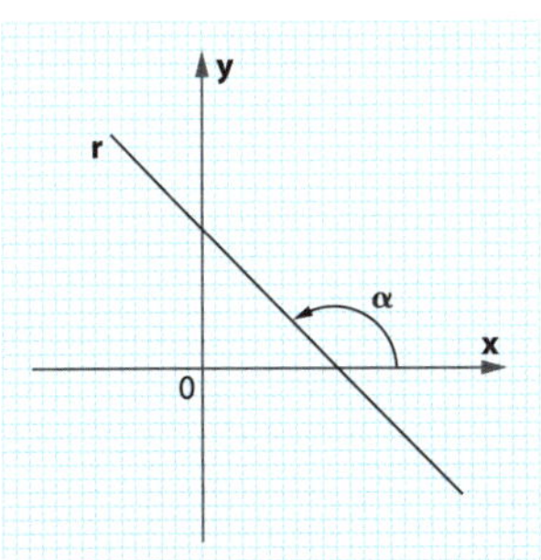

$90° < \alpha < 180°$

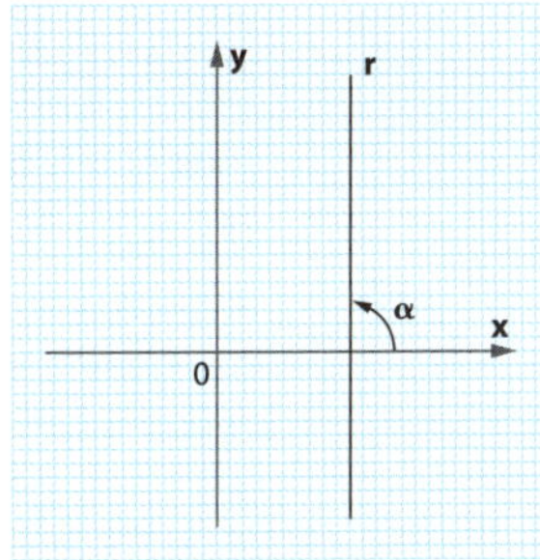

$\alpha = 90°$

Se a reta **r** é paralela ao eixo **x**, dizemos que sua inclinação é zero, ou seja, $\alpha = 0°$.

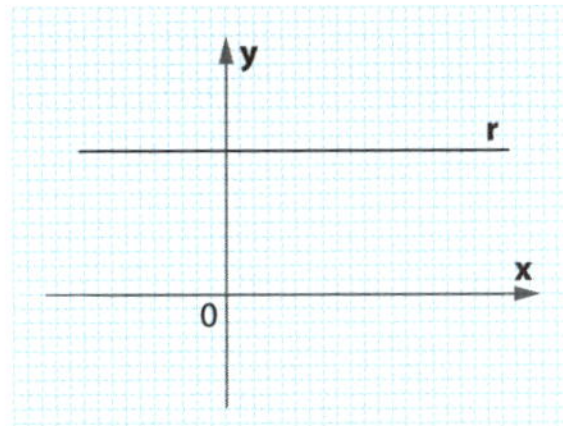

Para refletir
Entre as retas de inclinação zero, inclui-se o eixo **x**.

Então, podemos dizer que, para cada reta **r**, o ângulo α é único e tal que $0° \leqslant \alpha < 180°$.

6. Coeficiente angular de uma reta

Consideremos uma reta **r** de inclinação α em relação ao eixo **x**.

O coeficiente angular ou a declividade dessa reta **r** é o número real **M** que expressa a tangente trigonométrica de sua inclinação α, ou seja:

$$m = \text{tg}\,\alpha$$

Vamos observar os vários casos, considerando $0° \leqslant \alpha < 180°$:

1º)

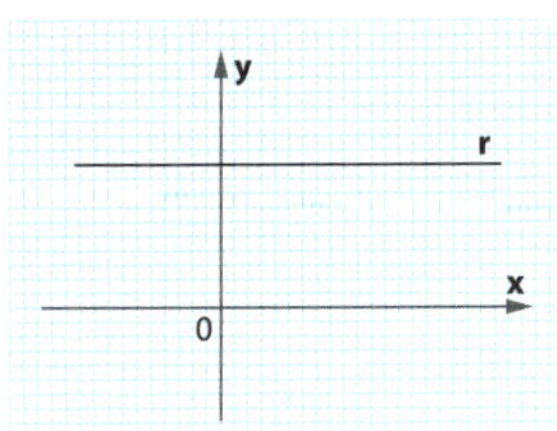

Para $\alpha = 0°$, temos $m = \text{tg}\,\alpha = \text{tg}\,0° = 0$.

2º)

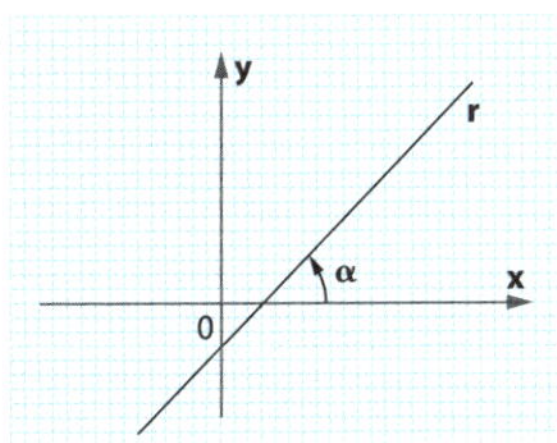

Para $0° < \alpha < 90°$, temos $\text{tg}\,\alpha > 0 \Rightarrow$ $\Rightarrow m > 0$.

3º)

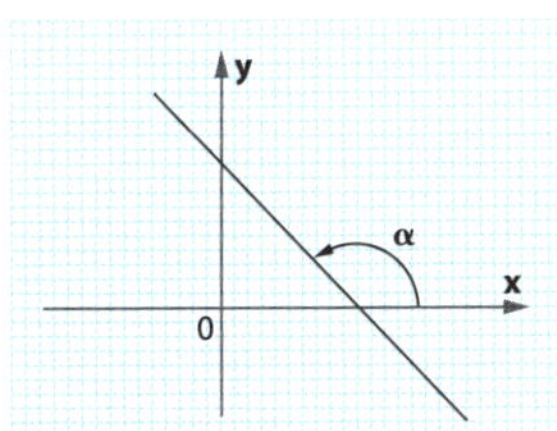

Para $90° < \alpha < 180°$, temos $\text{tg}\,\alpha < 0 \Rightarrow$ $\Rightarrow m < 0$.

4º) 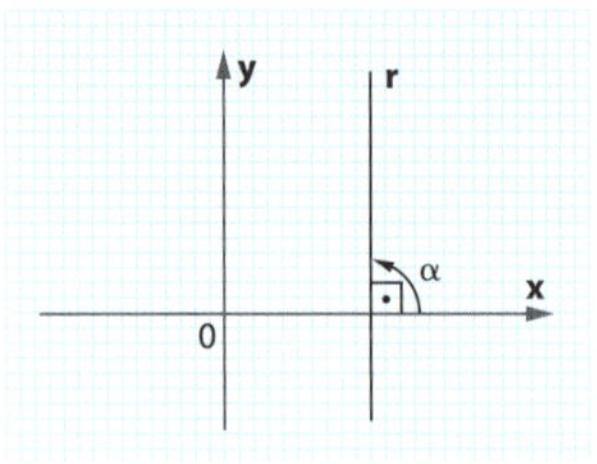

Para $\alpha = 90°$, a tg α não é definida. Dizemos então que, quando $\alpha = 90°$, isto é, quando a reta é vertical, ela não tem declividade.

Vejamos agora que é possível calcular o coeficiente angular de uma reta a partir das coordenadas de dois de seus pontos.

Como para $\alpha = 0°$ (reta horizontal) a declividade é 0 e para $\alpha = 90°$ (reta vertical) não há declividade, vamos analisar os casos de $0° < \alpha < 90°$ e $90° < \alpha < 180°$:

1º) $0° < \alpha < 90°$

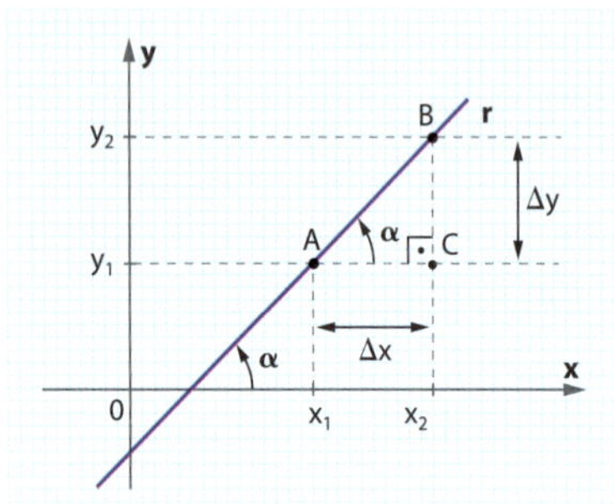

Seja **r** a reta determinada por **A**(x_1, y_1) e **B**(x_2, y_2) e seja **C**(x_2, y_1).

No triângulo retângulo ABC ($\hat{C}$ é reto), temos:

$$\text{tg } \alpha = \frac{d(C, B)}{d(A, C)} = \frac{\Delta y}{\Delta x} = \frac{y_2 - y_1}{x_2 - x_1}$$

Então:

$$m = \frac{y_2 - y_1}{x_2 - x_1}$$

2º) $90° < \alpha < 180°$

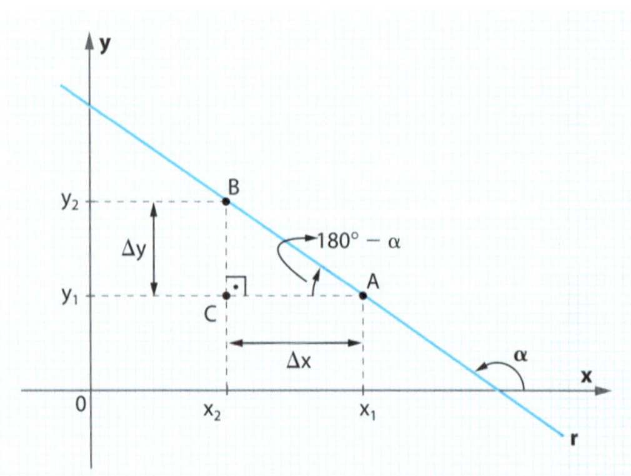

A(x_1, y_1), **B**(x_2, y_2) e **C**(x_2, y_1)

No triângulo retângulo ABC ($\hat{C}$ é reto), temos:

$$\text{tg } (180° - \alpha) = \frac{d(C, B)}{d(A, C)} = \frac{\Delta y}{\Delta x} = \frac{y_2 - y_1}{x_1 - x_2}$$

Como tg $(180° - \alpha) = -$tg α, vem:

$$-\text{tg } \alpha = \frac{y_2 - y_1}{x_1 - x_2} \Rightarrow m = \text{tg } \alpha = \frac{\Delta y}{\Delta x} = \frac{y_2 - y_1}{x_2 - x_1}$$

Então:

$$m = \frac{y_2 - y_1}{x_2 - x_1}$$

Observe que $x_2 \neq x_1$, já que **r** não é paralela ao eixo **y**.

Podemos concluir que, se **A**(x_1, y_1) e **B**(x_2, y_2) são dois pontos distintos quaisquer na reta **r**, que não é paralela ao eixo **y** $(x_1 \neq x_2)$, a declividade ou o coeficiente angular de **r**, que indicaremos por **M**, é dada por:

$$m = \frac{\Delta y}{\Delta x} = \frac{y_2 - y_1}{x_2 - x_1}$$

Para refletir
Dois pontos distintos determinam uma única reta.

Assim, temos duas maneiras de obter o coeficiente angular de uma reta, quando ele existir:

- conhecendo a inclinação α da reta, calculamos $m = \text{tg } \alpha$;
- conhecendo dois pontos **A**(x_1, y_1) e **B**(x_2, y_2) da reta, calculamos $m = \dfrac{y_2 - y_1}{x_2 - x_1}$.

Na prática, é mais difícil obter a informação sobre a inclinação da reta, por isso é importante nunca esquecer que

$m = \dfrac{y_2 - y_1}{x_2 - x_1}$ ou $m = \dfrac{y_1 - y_2}{x_1 - x_2}$.

Para refletir
Podemos usar $y_1 - y_2$ no numerador desde que, no denominador, usemos $x_1 - x_2$.

Observação: Agora você pode utilizar outro método para verificar o alinhamento de três pontos, comparando os coeficientes angulares das retas que passam pelos pontos dois a dois. Por exemplo, na verificação do alinhamento de três pontos **A**(x1, y1), **B**(x2, y2) e **C**(x3, y3) podemos verificar se ocorre $\dfrac{y_2 - y_1}{x_2 - x_1} = \dfrac{y_3 - y_2}{x_3 - x_2}$. Fica a seu critério usar esse método ou continuar utilizando o determinante para verificar o alinhamento ou não de três pontos.

Exemplo de aplicação

Calcule o coeficiente angular da reta que passa pelos pontos **A**(2, 3) e **B**(4, 7).

$$m = \frac{7 - 3}{4 - 2} = \frac{4}{2} = 2 \text{ ou } m = \frac{3 - 7}{2 - 4} = \frac{-4}{-2} = 2$$

Para refletir
O ângulo α é agudo $(0° < \alpha < 90°)$, pois $m > 0$.
Confirme construindo a figura com **A** e **B**.

Exercícios

27 Determine o coeficiente angular (ou declividade) da reta que passa pelos pontos:

a) **A**(3, 2) e **B**(−3, −1)

b) **A**(2, −3) e **B**(−4, 3)

c) $\mathbf{P_1}$(3, 2) e $\mathbf{P_2}$(3, −2)

d) $\mathbf{P_1}$(−1, 4) e $\mathbf{P_2}$(3, 2)

e) **P**(5, 2) e **Q**(−2, −3)

f) **A**(200, 100) e **B**(300, 80)

28 Se α é a medida da inclinação de uma reta e **m** é a sua declividade (ou coeficiente angular), complete a tabela:

α	0°	30°	45°	60°	90°	120°	135°	150°
m								

Para refletir

Use régua e transferidor para traçar a reta **r** que passa por (0, 5) e tem coeficiente angular $-\sqrt{3}$.

7. Equação da reta quando são conhecidos um ponto $A(x_0, y_0)$ e a declividade *m* da reta

Já vimos que dois pontos distintos determinam uma reta, ou seja, dados dois pontos distintos, existe uma única reta que passa pelos dois pontos.

Da mesma forma, um ponto $\mathbf{A}(x_0, y_0)$ e a declividade **m** determinam uma reta **r**. Considerando **P**(x, y) um ponto genérico dessa reta, veremos que se pode chegar a uma equação, de variáveis **x** e **y**, a partir dos números $\mathbf{x_0}$, $\mathbf{y_0}$ e **m**, que será chamada *equação da reta* ***r***.

Vamos obter a equação da reta que passa por um ponto $\mathbf{A}(x_0, y_0)$ e tem um coeficiente angular **m**:

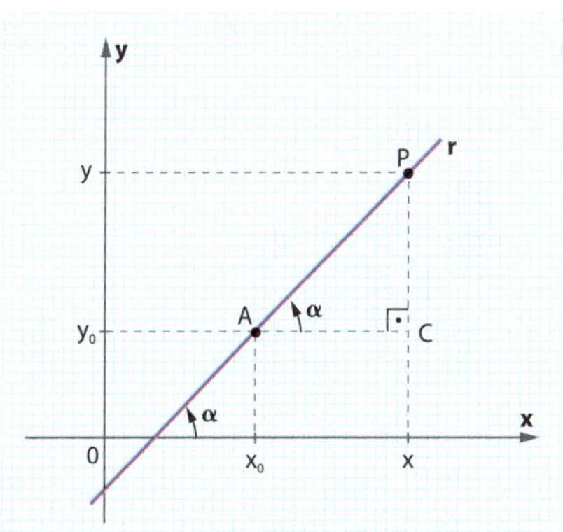

Considerando um ponto **P**(x, y) qualquer sobre a reta, temos:

$$m = \frac{y - y_0}{x - x_0} \Rightarrow y - y_0 = m(x - x_0)$$

Observações:

1ª) A equação $y - y_0 = m(x - x_0)$ independe de **m** ser positivo ou negativo e da localização do ponto **A**.

2ª) Se a reta é paralela ao eixo **x**, temos m = 0 e a equação da reta será dada por $y = y_0$.

3ª) Se a reta é paralela ao eixo **y**, todos os pontos da reta têm a mesma abscissa e a equação será dada por $x = x_0$.

Exemplos de aplicação

1 **Determine a equação da reta que passa pelo ponto A(−1, 4) e tem coeficiente angular 2.**

Usando a equação $(y - y_0) = m(x - x_0)$, temos:

$y - 4 = 2(x - (-1)) \Rightarrow y - 4 = 2(x + 1) \Rightarrow$

$\Rightarrow y - 4 = 2x + 2 \Rightarrow -2x + y - 6 = 0 \Rightarrow$

$\Rightarrow 2x - y + 6 = 0$

A equação procurada é $2x - y + 6 = 0$.

2 **Determine a equação da reta que passa pelos pontos A(−1, −2) e B(5, 2).**

Já sabemos como calcular o coeficiente angular da reta determinada pelos pontos **A**(−1, −2) e **B**(5, 2):

$$m = \frac{y_B - y_A}{x_B - x_A} = \frac{2 + 2}{5 + 1} = \frac{4}{6} = \frac{2}{3}$$

Usando o ponto **A**(−1, −2), temos:

$$y - (-2) = \frac{2}{3}(x - (-1)) \Rightarrow y + 2 = \frac{2}{3}(x + 1) \Rightarrow$$

$\Rightarrow 3y + 6 = 2x + 2 \Rightarrow 2x - 3y - 4 = 0$

A equação da reta AB é $2x - 3y - 4 = 0$.

Outra maneira de resolver:

Chamando de **P**(x, y) um ponto genérico da reta AB, podemos afirmar que **P**, **A** e **B** estão alinhados. Logo:

$$\begin{vmatrix} x & y & 1 \\ -1 & -2 & 1 \\ 5 & 2 & 1 \end{vmatrix} = 0 \Rightarrow$$

$\Rightarrow -2x + 5y - 2 + 10 + y - 2x = 0 \Rightarrow$

$\Rightarrow -4x + 6y + 8 = 0 \Rightarrow 4x - 6y - 8 = 0 \Rightarrow$

$\Rightarrow 2x - 3y - 4 = 0$

A equação da reta AB é $2x - 3y - 4 = 0$.

3 Determine a equação da reta nos seguintes casos:

a) **r** passa por (4, 7) e é paralela ao eixo **x**.

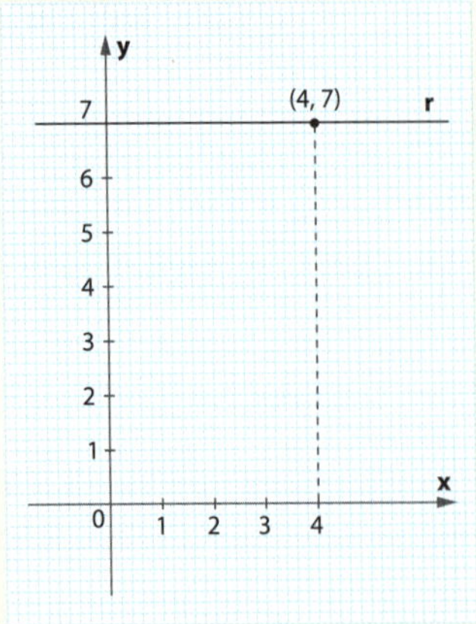

Os pontos de **r** têm ordenada 7, qualquer que seja a abscissa.

Logo, a equação de **r** é y = 7.

Podemos também justificar assim: se **r** é paralela ao eixo **x**, tem coeficiente angular m = 0.

Logo, $y - 7 = 0(x - 4) \Rightarrow y - 7 = 0 \Rightarrow y = 7$.

b) **r** passa por (4, 7) e é paralela ao eixo **y**.

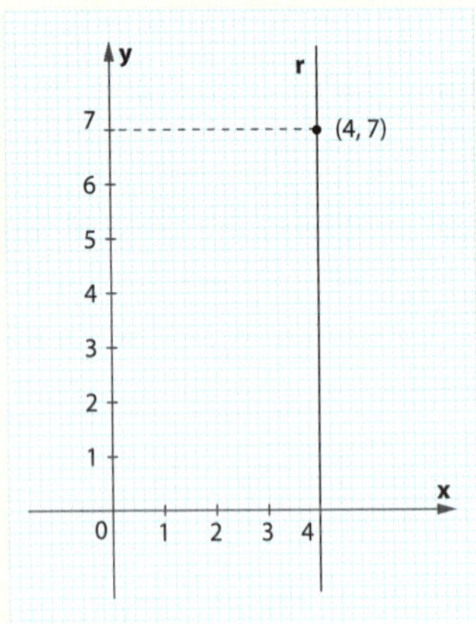

Se **r** é paralela ao eixo **y**, seus pontos têm abscissa 4, qualquer que seja a ordenada.

Logo, a equação da reta **r** é x = 4.

Exercícios

29 Determine a equação da reta que satisfaz as seguintes condições:

a) A declividade é 4 e passa pelo ponto **A**(2, −3).

b) A inclinação é de 45° e passa pelo ponto **P**(4, 1).

c) Passa pelo ponto **M**(−2, −5) e tem coeficiente angular 0.

d) Passa pelos pontos **A**(3, 1) e **B**(−5, 4).

e) Passa pelo ponto **P**(−3, −4) e é paralela ao eixo **y**.

30 Determine a equação da reta que passa pelos pontos dados em cada item.

a) **A**(0, 0) e **B**(3, 6)

b) **D**(2, −1) e **E**(3, −2)

c) **A**(0, 4) e **B**(3, 0)

d) **A**(−1, 1) e **B**(2, 4)

31 Verifique se o ponto **P**(2, 3) pertence à reta **r** que passa pelos pontos **A**(1, 1) e **B**(0, −3).

8. Formas da equação da reta

Forma reduzida da equação da reta

Vimos que a equação da reta que passa por um ponto $\mathbf{A}(x_0, y_0)$ com declividade **M** é dada por:

$$y - y_0 = m(x - x_0)$$

Se escolhermos o ponto particular (0, n), isto é, o ponto em que a reta intersecta o eixo **y**, para o ponto (x_0, y_0), teremos:

$$y - n = m(x - 0) \Rightarrow y - n = mx \Rightarrow y = mx + n$$

O número real **n**, que é a ordenada do ponto em que a reta intersecta o eixo **y**, é chamado *coeficiente linear da reta*.

$$y = mx + n$$

(m: coeficiente angular; n: coeficiente linear)

Essa forma é especialmente importante porque permite obter o coeficiente angular de uma reta a partir de uma equação, além de expressar claramente a coordenada **y** em função de **x**.

É conhecida como *forma reduzida* da equação da reta.

Para refletir

A equação reduzida de uma reta que passa pela origem é da forma y = mx.

Exemplos de aplicação

1 Determine o coeficiente angular e o coeficiente linear da reta de equação 2x + 3y = 1.

$$2x + 3y = 1 \Rightarrow 3y = -2x + 1 \Rightarrow y = -\frac{2}{3}x + \frac{1}{3}$$

Logo, o coeficiente angular é $m = -\frac{2}{3}$ e o coeficiente linear é $n = \frac{1}{3}$.

2 Determine a forma reduzida da equação da reta que passa pelos pontos **A**(−1, 5) e **B**(−3, −1).

Vamos, inicialmente, calcular o coeficiente angular da reta:

$$m = \frac{y_2 - y_1}{x_2 - x_1} = \frac{-1 - 5}{-3 + 1} = \frac{-6}{-2} = 3$$

Usando o ponto **A**(−1, 5), temos:

$$y - y_1 = m(x - x_1) \Rightarrow y - 5 = 3(x + 1) \Rightarrow$$

$$\Rightarrow y - 5 = 3x + 3 \Rightarrow y = 3x + 8$$

Logo, a equação procurada é y = 3x + 8.

Outra maneira de resolver:

A equação reduzida da reta é da forma y = mx + n.

Como ela passa por (−1, 5), temos:

$5 = m(-1) + n$

Como ela também passa por (−3, −1), vem:

$-1 = m(-3) + n$

Os valores de **m** e **n** serão calculados pela resolução do sistema:

$$\begin{cases} m - n = -5 \\ 3m - n = 1 \end{cases} \Rightarrow \begin{cases} -m + \cancel{n} = 5 \\ 3m - \cancel{n} = 1 \end{cases} +$$

$$2m = 6 \Rightarrow m = 3$$

Substituindo m = 3 na primeira equação, temos:

$3 - n = -5 \Rightarrow -n = -8 \Rightarrow n = 8$

Logo, a equação correspondente é $y = 3x + 8$.

Para refletir
Faça o 2º exemplo de aplicação de uma terceira maneira, usando o determinante
$\begin{vmatrix} x & y & 1 \\ -1 & 5 & 1 \\ -3 & -1 & 1 \end{vmatrix}$ e explique o que ele significa.

Exercícios

32 Dada a reta que tem a equação $3x + 4y = 7$, determine seu coeficiente angular.

33 Determine a equação da reta de coeficiente angular $m = -2$ e que intersecta o eixo **y** no ponto **A**(0, −3).

34 Uma reta passa pelo ponto **P**(−1, −5) e tem coeficiente angular $m = \frac{1}{2}$. Escreva a equação da reta na forma reduzida.

Forma segmentária da equação da reta

Consideremos uma reta **r** que não passa por (0, 0), intersecta o eixo **x** no ponto **A**(a, 0) e intersecta o eixo **y** no ponto **B**(0, b).

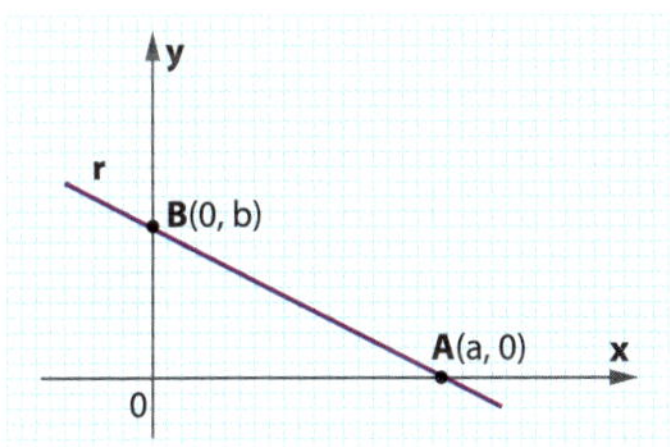

Calculando o coeficiente angular, temos:

$$m = \frac{0 - b}{a - 0} \Rightarrow m = -\frac{b}{a}$$

Usando a forma reduzida $y = mx + n$, em que $m = -\frac{b}{a}$ e $n = b$, vem:

$$y = -\frac{b}{a}x + b \Rightarrow ay = -bx + ab \Rightarrow bx + ay = ab$$

Dividindo os dois membros por ab ($a \neq 0$ e $b \neq 0$), temos:

$$\frac{bx}{ab} + \frac{ay}{ab} = \frac{ab}{ab} \Rightarrow \boxed{\frac{x}{a} + \frac{y}{b} = 1}$$

Para refletir
Podemos chegar ao mesmo resultado considerando um ponto genérico **P**(x, y) e fazendo $\begin{vmatrix} x & y & 1 \\ a & 0 & 1 \\ 0 & b & 1 \end{vmatrix} = 0$, que é o alinhamento dos três pontos.

Esta é a *forma segmentária* da equação da reta que não passa por (0, 0) e intersecta os eixos nos pontos (a, 0) e (0, b).

Exemplos:

1º) A forma segmentária da equação da reta que corta os eixos em (5, 0) e (0, −2) é $\frac{x}{5} + \frac{y}{-2} = 1$.

2º) A reta cuja equação na forma segmentária é $\frac{x}{5} + \frac{y}{2} = 1$ corta os eixos em (5, 0) e (0, 2).

3º) Se $y = 2x - 5$ é a equação de uma reta na forma reduzida, podemos chegar à forma segmentária:

$$y = 2x - 5 \Rightarrow 2x - y = 5 \Rightarrow \frac{2x}{5} - \frac{y}{5} = 1 \Rightarrow$$

$$\Rightarrow \frac{x}{\frac{5}{2}} + \frac{y}{-5} = 1$$

Essa reta corta os eixos em $\left(\frac{5}{2}, 0\right)$ e (0, −5).

Exemplo de aplicação

Escreva na forma segmentária a equação da reta que passa pelos pontos (3, −1) e (−2, −4).

Determinamos o coeficiente angular:

$$m = \frac{-4 + 1}{-2 - 3} = \frac{-3}{-5} = \frac{3}{5}$$

Usando o ponto (3, −1), temos:

$$y + 1 = \frac{3}{5}(x - 3)$$

Agora vamos obter a equação na forma segmentária:

$$y + 1 = \frac{3}{5}(x - 3) \Rightarrow 5y + 5 = 3x - 9 \Rightarrow 3x - 5y =$$

$$= 14 \Rightarrow \frac{3x}{14} - \frac{5y}{14} = 1 \Rightarrow \frac{x}{\frac{14}{3}} + \frac{y}{\frac{-14}{5}} = 1$$

Outra maneira de resolver:

Consideramos o ponto genérico **P**(x, y) e fazemos:

$$\begin{vmatrix} x & y & 1 \\ 3 & -1 & 1 \\ -2 & -4 & 1 \end{vmatrix} = 0 \Rightarrow -x - 2y - 12 - 2 - 3y + 4x = 0 \Rightarrow$$

$$\Rightarrow 3x - 5y = 14 \Rightarrow \frac{x}{\frac{14}{3}} + \frac{y}{\frac{-14}{5}} = 1$$

Exercícios

35 Escreva na forma segmentária a equação da reta que satisfaz as seguintes condições:

a) Passa pelos pontos **A**(3, 0) e **B**(0, 2);

b) Sua equação reduzida é $y = -x + 5$.

36 Na figura dada, o ponto **O** é a origem do sistema de coordenadas ortogonais e OABC é um quadrado de lado 3. Escreva a equação da reta-suporte da diagonal AC.

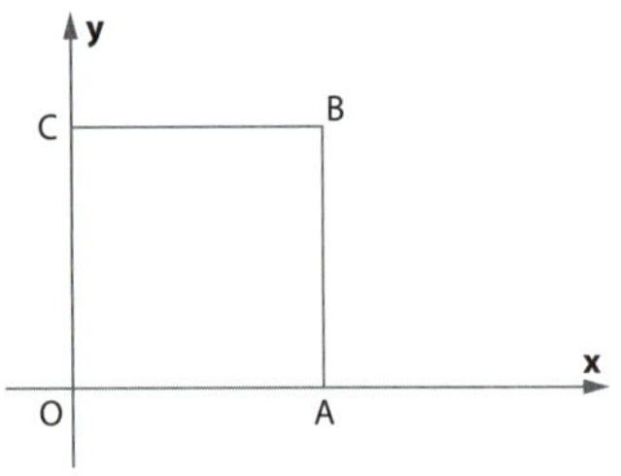

Forma geral da equação da reta

Toda reta do plano possui uma equação de forma:

$$ax + by + c = 0$$

na qual **a**, **b** e **c** são constantes e **a** e **b** não são simultaneamente nulos. Ela é denominada *equação da reta na forma geral*.

Exemplo:

A reta:

- $y = -\frac{3}{4}x + 1$ pode ser escrita na forma geral por $3x + 4y - 4 = 0$.
- $\frac{x}{2} + \frac{y}{5} = 1$ pode ser dada na forma geral por $5x + 2y - 10 = 0$.
- $y = 5$, que é paralela ao eixo **x**, pode ser dada por $0x + 1y - 5 = 0$.
- $x = 2$, que é uma reta vertical, pode ser dada por $1x + 0y - 2 = 0$.
- $y - 3 = 5(x - 1)$ pode ser dada por $5x - 1y - 2 = 0$.

Observações:

1ª) Vimos que a equação da reta pode ser escrita de várias formas. Na resolução de exercícios devemos escolher a mais conveniente em relação aos dados e à proposta do problema.

Assim:

- na forma $y - y_0 = m(x - x_0)$, identificamos a inclinação α da reta ($m = \text{tg}\ \alpha$) e um ponto da reta (x_0, y_0);
- na forma reduzida $y = mx + n$, identificamos a inclinação α ($m = \text{tg}\ \alpha$), o ponto de intersecção da reta com o eixo **y** (0, n) e ainda o ponto (1, m + n);
- na forma segmentária $\frac{x}{a} + \frac{y}{b} = 1$, identificamos os pontos de intersecção da reta com os eixos: (a, 0) e (0, b);
- quando fazemos $\begin{vmatrix} x & y & 1 \\ x_1 & y_1 & 1 \\ x_2 & y_2 & 1 \end{vmatrix} = 0$, impomos o alinhamento de dois pontos dados com um ponto genérico. Nesta forma, identificamos, sem calcular o determinante, dois pontos da reta (x_1, y_1) e (x_2, y_2);
- a forma geral $ax + by + c = 0$ pode ser obtida a partir de qualquer uma das anteriores e ela não apresenta, explicitamente, nenhum ponto da reta nem os coeficientes linear e angular.

2ª) A mesma reta pode ter diversas representações na forma geral, ou seja, $x + 2y - 1 = 0$, $2x + 4y - 2 = 0$, $-x - 2y + 1 = 0$ e infinitas equações equivalentes a essas. Por essa razão, é preferível escrever "obter *uma* equação da reta na forma geral" a "obter *a* equação da reta na forma geral", como no segundo exemplo de aplicação a seguir.

3ª) Dada uma equação de uma reta na forma geral **r**: $ax + by + c = 0$, seu coeficiente angular pode ser obtido rapidamente usando $m_r = \frac{-a}{b}$.

4ª) A reta **r** tal que $ax + by + c = 0$ intersecta os eixos nos pontos $\left(-\frac{c}{a}, 0\right)$ e $\left(0, -\frac{c}{b}\right)$.

Para refletir
Justifique a 3ª e a 4ª observação.

Exemplos de aplicação

1 **Escreva nas formas reduzida, segmentária e geral a equação da reta que passa pelo ponto (1, −6) e tem inclinação de 135°.**

Pelos dados do problema é mais conveniente escrever inicialmente a equação na forma $(y - y_1) = m(x - x_1)$.

Como $\alpha = 135°$, então:

$m = \text{tg}\ \alpha = \text{tg}\ 135° = -1$

E, como a reta passa por $(1, -6)$, temos:

$y + 6 = -1(x - 1)$

Daí vem:

- forma reduzida:

$y + 6 = -x + 1 \Rightarrow y = -x + 1 - 6 \Rightarrow y = -x - 5$

- forma segmentária:

$$y + 6 = -x + 1 \Rightarrow x + y = -5 \Rightarrow \frac{x}{-5} + \frac{y}{-5} = 1$$

- forma geral:

$y + 6 = -x + 1 \Rightarrow x + y - 1 + 6 = 0 \Rightarrow$

$\Rightarrow x + y + 5 = 0$

Para refletir

- Essa reta tem inclinação de 135°, passa pelo ponto $(1, -6)$ e corta eixos em $(-5, 0)$ e $(0, -5)$.
- O triângulo que ela determina com os eixos é um triângulo retângulo isósceles. Calcule a medida da hipotenusa.

2 Determine uma equação da reta na forma geral que passa pelos pontos **A**$(1, 4)$ e **B**$(3, -3)$.

Vamos calcular a declividade da reta:

$$m = \frac{-3 - 4}{3 - 1} = \frac{-7}{2}$$

Considerando o ponto **A**$(1, 4)$, temos:

$$y - y_1 = m(x - x_1) \Rightarrow y - 4 = -\frac{7}{2}(x - 1) \Rightarrow$$

$$\Rightarrow y - 4 = -\frac{7}{2}x + \frac{7}{2} \Rightarrow 2y - 8 = -7x + 7 \Rightarrow$$

$\Rightarrow 7x + 2y - 15 = 0$

Outra maneira de resolver:

Consideramos um ponto **P**(x, y) qualquer da reta que passa pelos pontos **A** e **B**.

Como **A**, **B** e **P** estão alinhados, devemos ter:

$$\begin{vmatrix} x & y & 1 \\ 1 & 4 & 1 \\ 3 & -3 & 1 \end{vmatrix} = 0 \Rightarrow 4x + 3y - 3 - 12 - y + 3x = 0 \Rightarrow$$

$\Rightarrow 7x + 2y - 15 = 0$

3 Determine os pontos de intersecção da reta de equação $3x - 2y - 12 = 0$ com os eixos **x** e **y**.

O ponto de intersecção com o eixo **x** tem ordenada 0. Logo, fazendo $y = 0$, temos:

$3x - 2 \cdot 0 - 12 = 0 \Rightarrow 3x - 12 = 0 \Rightarrow 3x = 12 \Rightarrow$

$\Rightarrow x = 4$

Então, a reta corta o eixo **x** no ponto $(4, 0)$.

O ponto de intersecção com o eixo **y** tem abscissa 0. Logo, fazendo $x = 0$, temos:

$3 \cdot 0 - 2y - 12 = 0 \Rightarrow -2y = 12 \Rightarrow y = -6$

Então, ela corta o eixo **y** no ponto $(0, -6)$.

Forma paramétrica da equação da reta

Vimos que a equação de uma reta pode aparecer nas formas geral, reduzida e segmentária.

Existe mais uma, conhecida como *forma paramétrica*. Nesse caso, as coordenadas **x** e **y** dos pontos da reta são dadas em função de uma terceira variável, **t**, por meio de expressões do 1º grau. A variável **t** é chamada de *parâmetro*.

Exemplo:

A reta **r** é definida na forma paramétrica por $\begin{cases} x = t + 1 \\ y = 2t \end{cases}$.

Para $t = 5$, temos $\begin{cases} x = 5 + 1 = 6 \\ y = 2 \cdot 5 = 10 \end{cases}$.

Logo, $(6, 10)$ é um ponto dessa reta. Generalizando, podemos concluir que qualquer ponto **P** da forma $(t + 1, 2t)$ será um ponto dessa reta **r**.

Observação: Para determinar uma equação geral de **r**, podemos obter **t** em uma das equações paramétricas e substituí-lo na outra:

$x = t + 1 \Rightarrow t = x - 1$

$y = 2(x - 1) \Rightarrow y = 2x - 2 \Rightarrow 2x - y - 2 = 0$ (equação geral de **r**)

Para refletir

Substitua $(6, 10)$ na equação geral de **r**.

Exemplo de aplicação

Dadas as equações de **r** na forma paramétrica

$\begin{cases} x = 2t - 1 \\ y = t + 2 \end{cases}$, determine o que se pede em cada item:

a) a equação reduzida de **r**;

Determinamos **t** na segunda equação:

$y = t + 2 \Rightarrow t = y - 2$

Substituindo na outra equação:

$x = 2t - 1 \Rightarrow x = 2(y - 2) - 1 \Rightarrow 2y - 4 - 1 = x \Rightarrow$

$$\Rightarrow y = \frac{1}{2}x + \frac{5}{2} \text{ (equação reduzida de r)}$$

b) a intersecção de **r** com o eixo **x**.

Fazendo $y = 0$, temos:

$$\frac{1}{2}x + \frac{5}{2} = 0 \Rightarrow x + 5 = 0 \Rightarrow x = -5$$

Logo, **r** corta o eixo **x** em $(-5, 0)$.

» Exercícios

37 Em cada caso, escreva uma equação geral da reta definida pelos pontos **A** e **B**:

a) **A**(−1, 6) e **B**(2, −3)
b) **A**(−1, 8) e **B**(−5, −1)
c) **A**(5, 0) e **B**(−1, −4)
d) **A**(3, 3) e **B**(1, −5)

38 Se os pontos **A**(3, 5) e **B**(−3, 8) determinam uma reta, calcule o valor de **a** para que o ponto **C**(4, a) pertença a essa reta.

39 Se um triângulo tem como vértices os pontos **A**(2, 3), **B**(4, 1) e **C**(6, 7), determine uma equação geral da reta-suporte da mediana relativa ao lado BC.

40 Na figura dada, ABCD é um paralelogramo. Determine uma equação geral das retas-suportes das suas diagonais AC e BD.

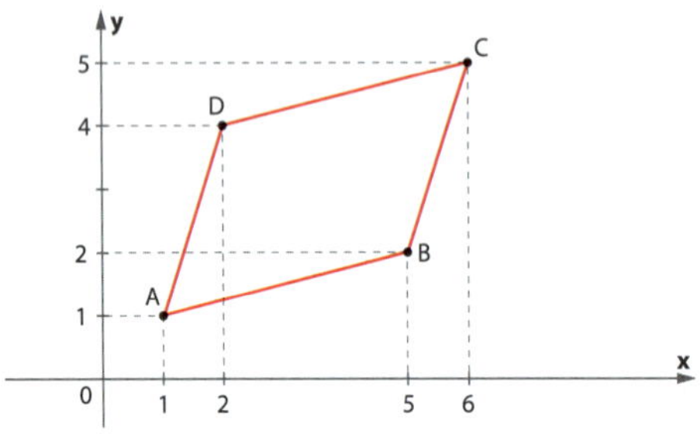

41 Escreva na forma reduzida a equação da reta que passa pelos pontos $P_1(2, 7)$ e $P_2(-1, -5)$.

> **Para refletir**
> Resolva o exercício 41 de três formas diferentes.

42 Escreva a equação:

a) da reta bissetriz dos quadrantes ímpares;
b) da reta bissetriz dos quadrantes pares;
c) do eixo **x**;
d) do eixo **y**.

43 Na figura dada, o ponto **O** é a origem do sistema de coordenadas ortogonais e OABC é um quadrado de lado 4. Sabendo que **M** é o ponto médio de $\overline{OA}$ e **N**, o ponto médio de $\overline{OC}$, escreva a equação da reta que passa por **C** e **M** e a equação da reta que passa por **A** e **N**.

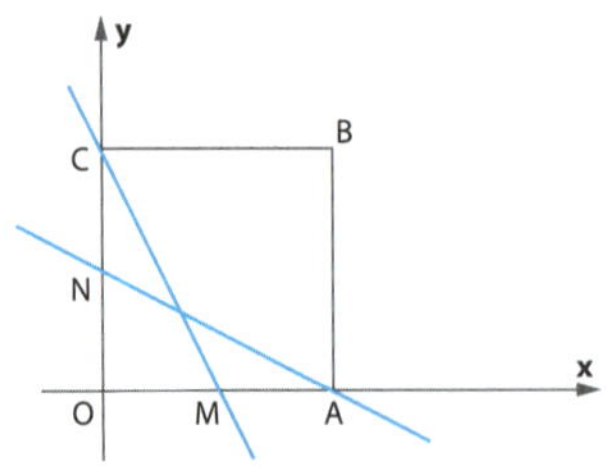

44 Determine a equação geral e a equação reduzida das retas dadas em cada item abaixo.

a) $\begin{cases} x = 2t \\ y = t + 1 \end{cases}$
b) $\begin{cases} x = t + 2 \\ y = 3t - 1 \end{cases}$

9. Posições relativas de duas retas no plano

Duas retas **r** e **s** contidas no mesmo plano são paralelas ou concorrentes. Veja:

Paralelas
- iguais (coincidentes), $r \cap s = r$.
- distintas, se $r \cap s = \varnothing$.

Concorrentes
- perpendiculares, se **r** e **s** determinam quatro ângulos retos;
- oblíquas, se **r** e **s** determinam dois ângulos agudos e dois obtusos

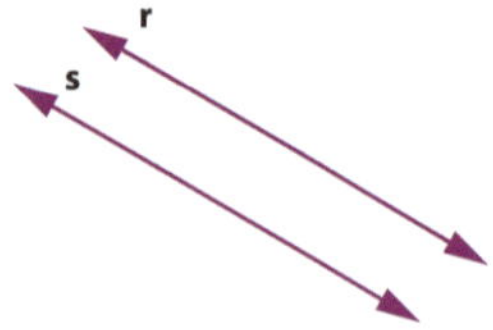

r e **s**: paralelas distintas
$r \parallel s$, com $r \cap s = \varnothing$

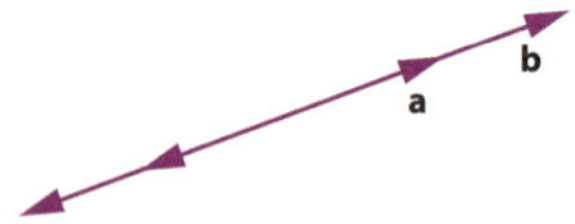

a e **b**: paralelas iguais ou coincidentes
$a \parallel b$, com $a \cap b = a = b$

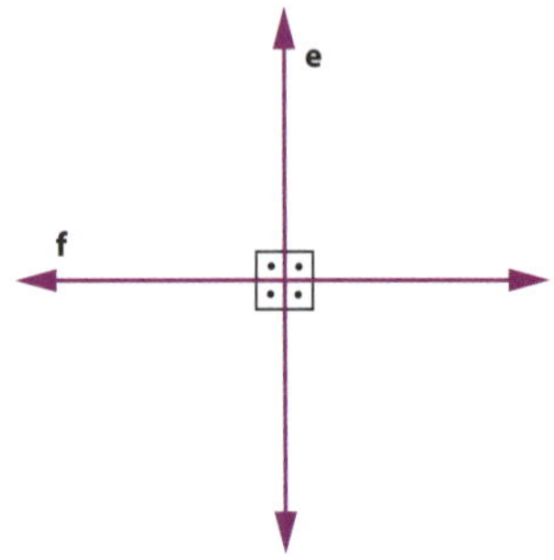

e e **f**: concorrentes perpendiculares $e \perp f$

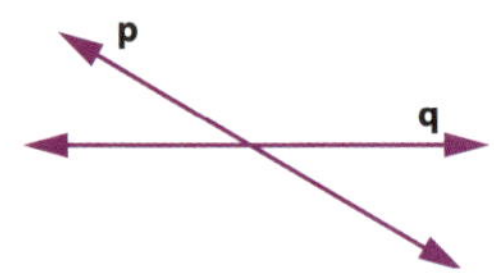

p e **q**: concorrentes oblíquas $p \angle q$

Veremos a seguir como determinar as posições relativas de duas retas do mesmo plano a partir de suas equações.

Paralelismo de duas retas

Se considerarmos, por exemplo, uma reta **r** de equação $2x - 3y + 5 = 0$ e uma reta **s** de equação $4x - 6y - 1 = 0$, qual será a posição da reta **r** em relação à reta **s**?

Note que a primeira equação equivale a $4x - 6y + 10 = 0$. Comparando com $4x - 6y - 1 = 0$ percebe-se que não existe um ponto (x, y) que pertença a **r** e **s** simultaneamente. Logo, **r** e **s** são retas paralelas distintas.

Vejamos agora como esse fato se caracteriza, analisando os coeficientes angulares das duas retas:

- Coeficiente angular $\mathbf{m_1}$ da reta **r**:

$2x - 3y + 5 = 0 \Rightarrow -3y = -2x - 5 \Rightarrow 3y = 2x + 5 \Rightarrow$
$\Rightarrow y = \frac{2}{3}x + \frac{5}{3}$

Então, $m_1 = \frac{2}{3}$ (I).

- Coeficiente angular $\mathbf{m_2}$ da reta **s**:

$4x - 6y - 1 = 0 \Rightarrow -6y = -4x + 1 \Rightarrow 6y = 4x - 1 \Rightarrow$
$\Rightarrow y = \frac{4}{6}x - \frac{1}{6} \Rightarrow y = \frac{2}{3}x - \frac{1}{6}$

Então, $m_2 = \frac{2}{3}$ (II).

Comparando (I) e (II), podemos verificar que $m_1 = m_2$.

Sendo α_1 a inclinação da reta **r** e α_2 a inclinação da reta **s**, temos:

$$m_1 = m_2 \Rightarrow \text{tg } \alpha_1 = \text{tg } \alpha_2 \Rightarrow \alpha_1 = \alpha_2$$
$$(\alpha_1 \text{ e } \alpha_2 \text{ estão entre } 0° \text{ e } 180°)$$

Se as inclinações são iguais, as retas são paralelas (r // s) e, como $\frac{5}{3} \neq -\frac{1}{6}$, são distintas.

Veja as figuras, que mostram duas retas distintas e não verticais, que são paralelas:

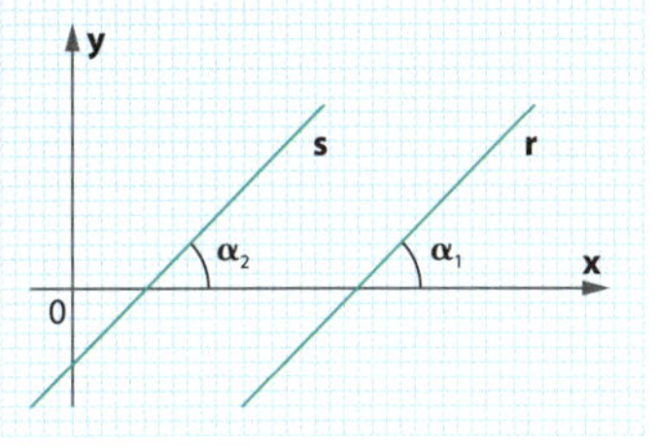

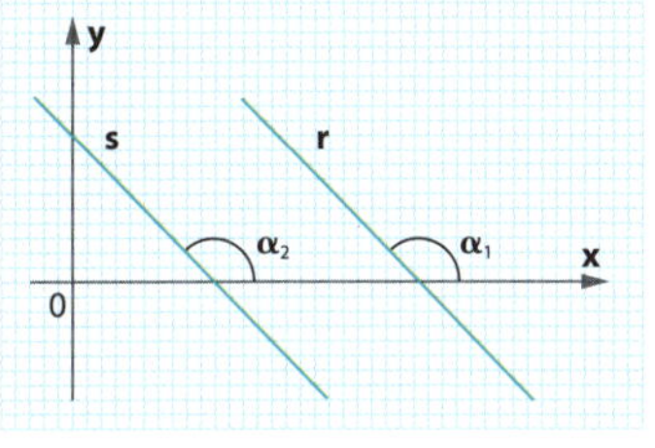

$$\alpha_1 = \alpha_2 \Leftrightarrow \text{tg } \alpha_1 = \text{tg } \alpha_2 \Leftrightarrow m_1 = m_2 \Leftrightarrow r \,//\, s$$

Duas retas não verticais **r** e **s** são paralelas se, e somente se, seus coeficientes angulares são iguais $(m_1 = m_2)$.

Para refletir
Se, além do mesmo coeficiente angular, elas têm também o mesmo coeficiente linear, as retas são coincidentes (paralelas iguais).

Observações:

1ª) Se as duas retas são paralelas ao mesmo eixo, elas são paralelas entre si. Nesse caso, não há necessidade de recorrer ao coeficiente **m**.

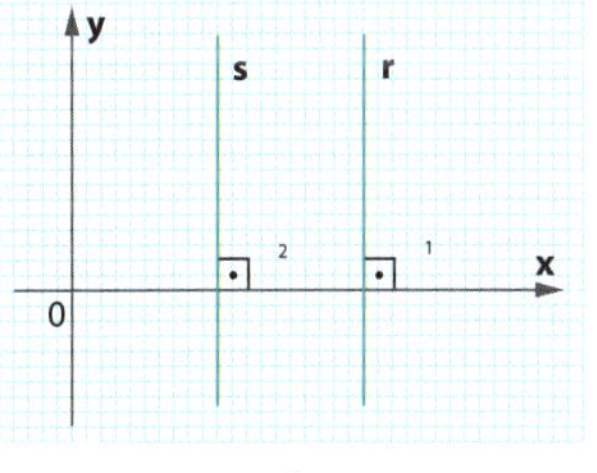

r // s

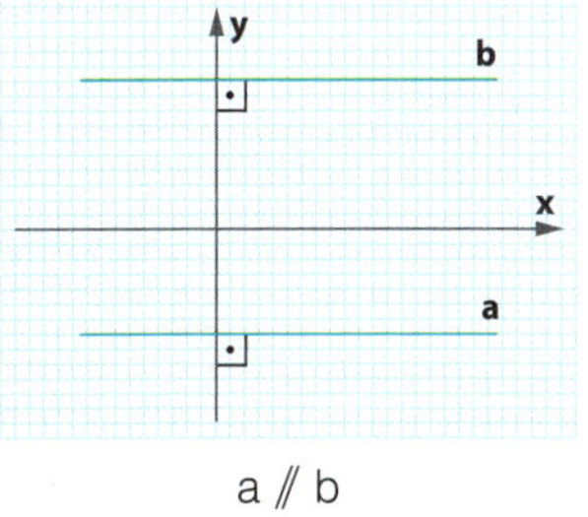

a // b

Exemplos:

- As retas de equações x = 4 e x = −1 são paralelas.
- As retas de equações y = 2 e y = 7 são paralelas.

Para refletir
As retas de equações x = 4 e y = 2 são concorrentes e perpendiculares.

2ª) Uma maneira prática de verificar o paralelismo de duas retas é comparar suas equações gerais.
Dadas duas retas, **r** e **s**, tal que **r**: ax + by + c = 0 e **s**: a'x + b'x + c' = 0, basta compararmos as razões seguintes: $\frac{a}{a'}$, $\frac{b}{b'}$ e $\frac{c}{c'}$.

- Se $\frac{a}{a'} = \frac{b}{b'} = \frac{c}{c'}$, então temos duas retas paralelas coincidentes (r = s), ou seja, a mesma reta representada de duas formas diferentes.
- Se $\frac{a}{a'} = \frac{b}{b'} \neq \frac{c}{c'}$, então temos duas retas paralelas distintas.
- Se $\frac{a}{a'} \neq \frac{b}{b'}$, então temos duas retas concorrentes.

3ª) Assim, podemos dizer que se duas retas **r**: ax + by + c = 0 e **s**: a'x + b'y + c' = 0 são tais que $\frac{a}{a'} = \frac{b}{b'}$, ou seja, ab' = a'b, então elas são paralelas e vice-versa.
É muito importante compreender que, se duas retas são ditas "paralelas iguais" ou "paralelas coincidentes", significa que elas são na realidade uma só reta, que pode ser representada de duas formas diferentes.

4ª) Duas retas do mesmo plano com coeficientes angulares diferentes não são paralelas; logo, são concorrentes.

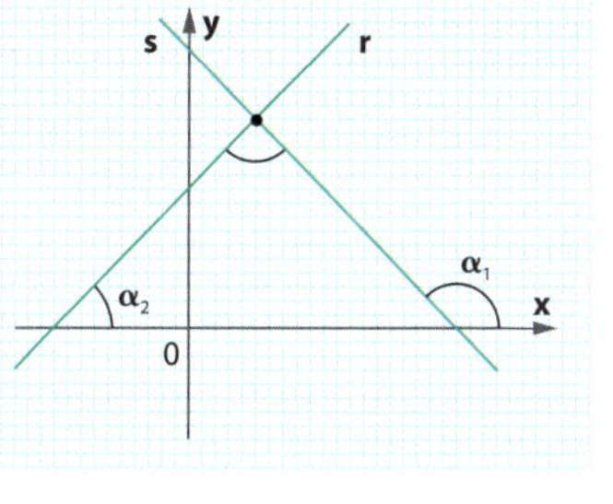

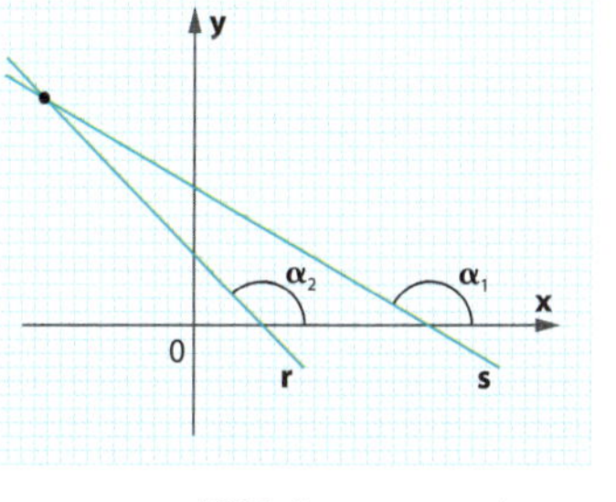

Como $0° < \alpha_1, \alpha_2 < 180°$, temos: $\alpha_1 \neq \alpha_2 \Leftrightarrow$
$\Leftrightarrow \text{tg } \alpha_1 \neq \text{tg } \alpha_2 \Leftrightarrow m_1 \neq m_2 \Leftrightarrow$ **r** e **s**: concorrentes.

Exemplos de aplicação

1 Verifique, em cada item, a posição relativa das retas dadas por suas equações:

a) **r**: $3x - y + 2 = 0$

s: $\frac{x}{4} + \frac{y}{10} = 1$

Vamos determinar o coeficiente angular de **r** e **s**, usando a equação na forma reduzida:

r: $3x - y + 2 = 0 \Rightarrow -y = -3x - 2 \Rightarrow y = 3x + 2 \Rightarrow$

$\Rightarrow m_1 = 3$

s: $\frac{x}{4} + \frac{y}{10} = 1 \Rightarrow 5x + 2y = 20 \Rightarrow$

$\Rightarrow 2y = -5x + 20 \Rightarrow y = \frac{-5}{2}x + 10 \Rightarrow$

$\Rightarrow m_2 = -\frac{5}{2}$

Se $m_1 \neq m_2$, então **r** e **s** são concorrentes.

b) **r**: $y = \frac{2}{3}x - 1$

s: $4x - 6y + 5 = 0$

r: $y = \frac{2}{3}x - 1 \Rightarrow m_1 = \frac{2}{3}$

s: $4x - 6y + 5 = 0 \Rightarrow 6y = 4x + 5 \Rightarrow$

$\Rightarrow y = \frac{4}{6}x + \frac{5}{6} \Rightarrow y = \frac{2}{3}x + \frac{5}{6} \Rightarrow m_2 = \frac{2}{3}$

Se $m_1 = m_2$, então **r** e **s** são paralelas. Como $-1 \neq \frac{5}{6}$, elas são paralelas e distintas.

c) **r**: $x = 8$

s: $y - 5 = 3(x - 4)$

r: $x = 8$ (**r** é paralela ao eixo **y**)

s: $y - 5 = 3(x - 4) \Rightarrow m = 3$ (**s** não é paralela a nenhum dos eixos)

Logo, **r** e **s** são concorrentes.

2 Determine uma equação da reta na forma geral que passa pelo ponto **P**(2, −3) e é paralela à reta de equação $5x - 2y + 1 = 0$.

Vamos calcular o coeficiente angular **m** da reta cuja equação é dada:

$5x - 2y + 1 = 0 \Rightarrow -2y = -5x - 1 \Rightarrow$

$\Rightarrow 2y = 5x + 1 \Rightarrow y = \frac{5}{2}x + \frac{1}{2} \Rightarrow m = \frac{5}{2}$

De acordo com o problema, a reta procurada deve passar pelo ponto **P**(2, −3) e ter o mesmo coeficiente angular da reta dada, ou seja, $m = \frac{5}{2}$.

Daí, temos:

$y - y_1 = m(x - x_1) \Rightarrow y + 3 = \frac{5}{2}(x - 2) \Rightarrow$

$\Rightarrow y + 3 = \frac{5}{2}x = \frac{10}{2} \Rightarrow 2y + 6 = 5x - 10 \Rightarrow$

$\Rightarrow 5x - 2y - 16 = 0$

Logo, a equação procurada pode ser $5x - 2y - 16 = 0$.

Outra maneira de resolver:

Queremos determinar uma reta paralela à reta $5x - 2y + 1 = 0$. Então, a reta procurada é da forma $5x - 2y + c = 0$.

Como **P**(2, −3) pertence a ela, temos:

$5(2) - 2(-3) + c = 0 \Rightarrow 10 + 6 + c = 0 \Rightarrow c = -16$

Logo, a equação procurada é $5x - 2y - 16 = 0$.

Exercícios

45 Qual é a posição da reta **r**, de equação $15x + 10y - 3 = 0$, em relação à reta **s**, de equação $9x + 6y - 1 = 0$?

46 Se as retas de equações $(a + 3)x + 4y - 5 = 0$ e $x + ay + 1 = 0$ são paralelas, calcule o valor de **a**.

47 Em cada caso, determine a equação da reta que passa pelo ponto **P** e é paralela à reta da equação dada:

a) **P**(1, 2) e $8x + 2y - 1 = 0$

b) **P**(2, 5) e $\frac{x}{2} + \frac{y}{3} = 1$

c) **P**(2, −5) e $x = 2$

48 A figura mostra um trapézio ABCD. Determine a equação da reta-suporte da base menor do trapézio.

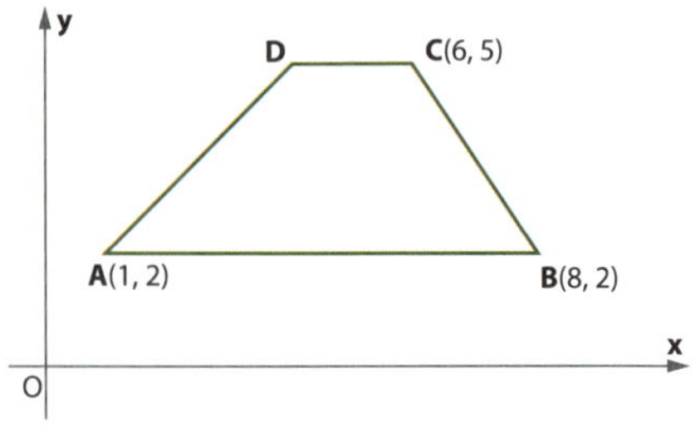

Intersecção de duas retas

A figura abaixo mostra duas retas, **r** e **s**, que se intersectam no ponto **P**(a, b).

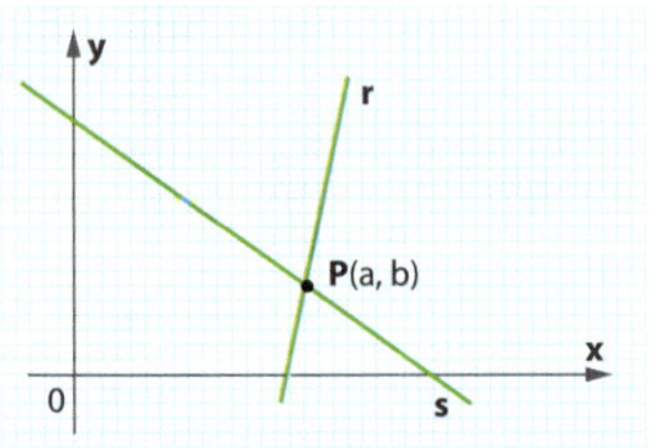

Como **P** pertence às duas retas, suas coordenadas devem satisfazer, simultaneamente, as equações dessas duas retas.

Logo, para determiná-las, basta resolver o sistema formado pelas equações das duas retas.

Observação: Pela resolução de sistemas podemos verificar a posição relativa de duas retas de um mesmo plano. Assim, temos:

- sistema possível e determinado (um único ponto comum): retas concorrentes;
- sistema possível e indeterminado (infinitos pontos comuns): retas coincidentes;
- sistema impossível (nenhum ponto comum): retas paralelas distintas.

» Exemplo de aplicação

Determine as coordenadas do ponto P de intersecção das retas r e s, de equações $3x + 2y - 7 = 0$ e $x - 2y - 9 = 0$, respectivamente.

O nosso problema consiste em resolver o sistema formado pelas equações das duas retas:

$$\begin{cases} 3x + 2y - 7 = 0 \\ x - 2y - 9 = 0 \end{cases} +$$

$$4x - 16 = 0 \Rightarrow 4x = 16 \Rightarrow x = 4$$

Substituindo na segunda equação, por exemplo, temos:

$$4 - 2y - 9 = 0 \Rightarrow -2y = 5 \Rightarrow 2y = -5 \Rightarrow y = -\frac{5}{2}$$

Logo, as coordenadas do ponto de intersecção são 4 e $-\frac{5}{2}$. Ou seja, $P\left(4, -\frac{5}{2}\right)$.

» Exercícios

49 Determine o ponto de encontro das retas cujas equações são:

a) $x + 2y - 3 = 0$ e $x - 2y + 7 = 0$

b) $2x + y - 1 = 0$ e $3x + 2y - 4 = 0$

c) $2x + 3y - 8 = 0$ e $2x - 4y + 13 = 0$

50 Quais são as coordenadas dos vértices de um triângulo, sabendo que as equações das retas-suportes de seus lados são $x + 2y - 1 = 0$, $x - 2y - 7 = 0$ e $y - 5 = 0$?

51 A figura dada mostra um trapézio ABCD. Sendo **M** o ponto de encontro das diagonais do trapézio, determine as coordenadas do ponto **M**.

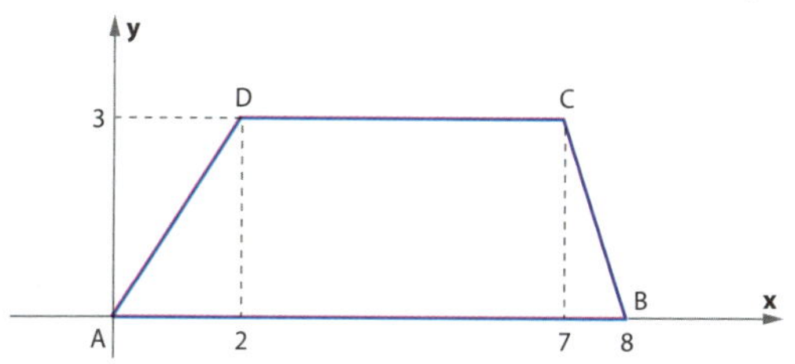

52 Qual é a equação da reta **r** que passa pelo ponto de encontro das retas t_1 e t_2 de equações $x - y + 2 = 0$ e $3x - y + 6 = 0$, respectivamente, e é paralela à reta **s**, cuja equação é $y = \frac{1}{2}x - 1$?

Perpendicularismo de duas retas

A figura mostra a reta **r**, de inclinação α_1, e a reta **s**, de inclinação α_2, tal que **r** e **s** são perpendiculares.

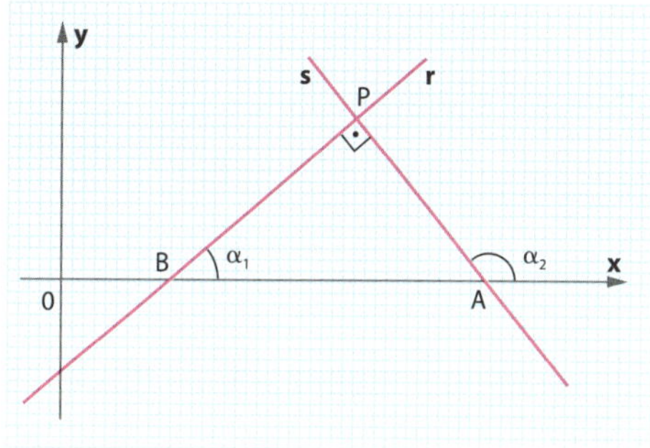

Pela Geometria plana, no triângulo APB temos:

$$\alpha_2 = \alpha_1 + 90° \Rightarrow \text{tg}\ \alpha_2 = \text{tg}\ (\alpha_1 + 90°) \Rightarrow \text{tg}\ \alpha_2 =$$

$$= \frac{\text{sen}\ (\alpha_1 + 90°)}{\cos\ (\alpha_1 + 90°)} = \frac{\cos \alpha_1}{-\text{sen}\ \alpha_1} = -\text{cotg}\ \alpha_1 = -\frac{1}{\text{tg}\ \alpha_1}$$

Sabendo que $\text{tg}\ \alpha_2 = m_2$ e $\text{tg}\ \alpha_1 = m_1$, temos:

$$m_2 = -\frac{1}{m_1}, \text{ com } m_1, m_2 \neq 0$$

> **Para refletir**
>
> Justifique a passagem $\frac{\text{sen}\ (\alpha_1 + 90°)}{\cos\ (\alpha_1 + 90°)} = \frac{\cos \alpha_1}{-\text{sen}\ \alpha_1}$.

Então, se uma reta **s**, com coeficiente angular $\mathbf{m_2}$, é perpendicular a uma reta **r**, com coeficiente angular $\mathbf{m_1}$, temos:

$$m_2 = -\frac{1}{m_1} \quad (\text{com } m_1, m_2 \neq 0)$$

Reciprocamente, como a perpendicular a uma reta por um ponto é única, então uma reta que passa pelo ponto **P** da reta **r** e que tem coeficiente angular $m_2 = -\frac{1}{m_1}$ coincide com a reta **s** e é perpendicular a **r**.

Podemos concluir, então, que dadas as retas **r** e **s**, de coeficientes angulares $\mathbf{m_1}$ e $\mathbf{m_2}$, temos:

$$r \perp s \Leftrightarrow m_2 = -\frac{1}{m_1} \quad \text{ou} \quad r \perp s \Leftrightarrow m_1 m_2 = -1$$

Observação: Uma maneira prática de verificar o perpendicularismo de duas retas **r** e **s**, dadas por suas equações gerais, tal que **r**: $ax + by + c = 0$ e **s**: $a'x + b'y + c' = 0$, é verificar se $a \cdot a' + b \cdot b' = 0$. Se isso ocorrer, elas serão perpendiculares.

> **Para refletir**
>
> Verifique que $aa' + bb' = 0$, a partir de $m_2 = -\frac{1}{m_1}$.

» Exemplos de aplicação

1 Dadas as retas de equações $2x + 3y - 5 = 0$ e $3x - 2y + 9 = 0$, mostre que elas são perpendiculares.

Cálculo do coeficiente angular $\mathbf{m_1}$ da reta de equação $2x + 3y - 5 = 0$:

$$2x + 3y - 5 = 0 \Rightarrow 3y = -2x + 5 \Rightarrow$$

$$\Rightarrow y = -\frac{2}{3}x + \frac{5}{3}$$

$$m_1 = -\frac{2}{3}$$

Cálculo do coeficiente angular $\mathbf{m_2}$ da reta de equação $3x - 2y + 9 = 0$:

$$3x - 2y + 9 = 0 \Rightarrow -2y = -3x - 9 \Rightarrow$$

$$\Rightarrow 2y = 3x + 9 \Rightarrow y = \frac{3}{2}x + \frac{9}{2}$$

$$m_2 = \frac{3}{2}$$

Usando a condição de perpendicularismo:

$$m_1m_2 = \left(-\frac{2}{3}\right)\left(\frac{3}{2}\right) = -1$$

Logo, as retas são perpendiculares.

2 Dada a reta **r** com equação $3x - 2y + 4 = 0$ e o ponto **P**$(1, -3)$, determine uma equação da reta **s** que passa pelo ponto **P** e é perpendicular à reta **r**.

Cálculo do coeficiente angular $\mathbf{m_1}$ da reta **r**:

$$3x - 2y + 4 = 0 \Rightarrow -2y = -3x - 4 \Rightarrow$$

$$\Rightarrow 2y = 3x + 4 \Rightarrow y = \frac{3}{2}x + 2$$

$$m_1 = \frac{3}{2}$$

Cálculo do coeficiente angular $\mathbf{m_2}$ da reta **s**, sendo $s \perp r$:

$$m_2 = -\frac{1}{m_1} \Rightarrow m_2 = -\frac{1}{\frac{3}{2}} \Rightarrow m_2 = -\frac{2}{3}$$

Equação da reta **s**:

$$y - y_1 = m_2(x - x_1) \Rightarrow y + 3 = -\frac{2}{3}(x - 1) \Rightarrow$$

$$\Rightarrow y + 3 = -\frac{2}{3}x + \frac{2}{3} \Rightarrow 3y + 9 = -2x + 2 \Rightarrow$$

$$\Rightarrow 2x + 3y + 7 = 0$$

Logo, uma equação da reta procurada é $2x + 3y + 7 = 0$.

Outra maneira de resolver:

Se $s \perp r$ e **r**: $3x - 2y + 4 = 0$, então **s**: $2x + 3y + k = 0$.

Para refletir
Verifique esta conclusão a partir da condição de perpendicularismo entre retas.

E, como **P**$(1, -3)$ pertence à reta **s**, temos:

$2 - 9 + k = 0 \Rightarrow k = 7$

Assim, uma equação da reta **s** é $2x + 3y + 7 = 0$.

3 Determine a equação da mediatriz do segmento cujas extremidades são os pontos $A(3, 2)$ e $B(-2, -4)$.

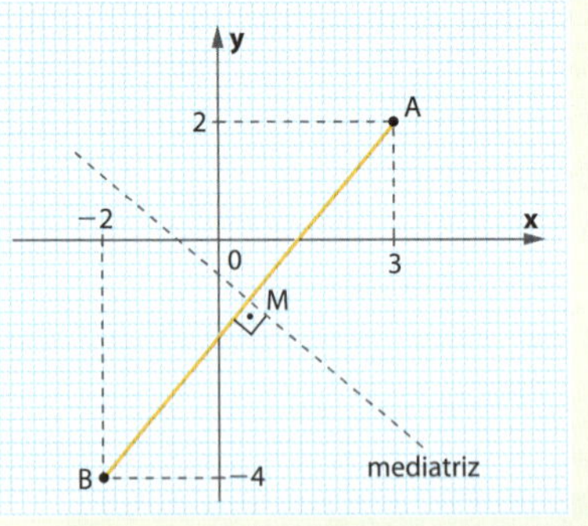

Pela Geometria plana, sabemos que a mediatriz de um segmento é uma reta perpendicular ao segmento no seu ponto médio. Na figura, **M** é o ponto médio de $\overline{AB}$.

$$M\left(\frac{3-2}{2}, \frac{2-4}{2}\right) \Rightarrow M\left(\frac{1}{2}, -1\right)$$

Equação da reta AB (reta-suporte do segmento AB):

$$\begin{vmatrix} 1 & 3 & 2 \\ 1 & -2 & -4 \\ 1 & x & y \end{vmatrix} = 0 \Rightarrow 6x - 5y - 8 = 0$$

Equação da mediatriz ($\perp \overleftrightarrow{AB}$):

$$5x + 6y + k = 0$$

$M \in$ mediatriz:

$$5\left(\frac{1}{2}\right) + 6(-1) + k = 0 \Rightarrow k = \frac{7}{2}$$

Logo, uma equação da mediatriz é $5x + 6y + \frac{7}{2} = 0$ ou $10x + 12y + 7 = 0$.

Para refletir
A mediatriz de $\overline{AB}$ é o lugar geométrico dos pontos **P**(x, y) tal que d(P, A) = d(P, B), isto é, dos pontos equidistantes de **A** e **B**. Resolva este exercício com base nessa definição.

4 Considerando o ponto **P**$(4, 6)$ e a reta **r** de equação $x + y - 1 = 0$, determine as coordenadas da projeção ortogonal de **P** sobre a reta **r**.

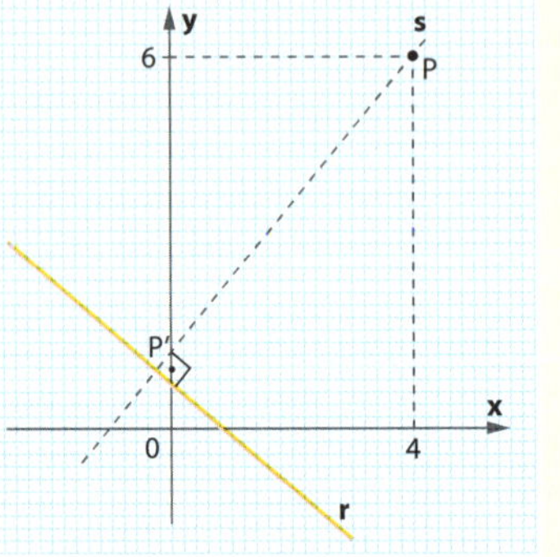

A figura mostra o ponto **P'**, projeção ortogonal de **P** sobre a reta **r**. **P'** é o ponto de encontro da reta **r** com a reta **s**, perpendicular a **r** pelo ponto **P**.

Cálculo do coeficiente angular $\mathbf{m_1}$ da reta **r**:

$x + y - 1 = 0 \Rightarrow y = -x + 1$

$m_1 = -1$

Cálculo do coeficiente angular $\mathbf{m_2}$ da reta **s**:

$$m_2 = -\frac{1}{m_1} = -\frac{1}{-1} = 1$$

Equação da reta que passa por **P**(4, 6) e tem coeficiente angular 1:

$y - y_1 = m_2(x - x_1) \Rightarrow y - 6 = 1(x - 4) \Rightarrow$

$\Rightarrow y - 6 = x - 4 \Rightarrow x - y + 2 = 0$

Cálculo das coordenadas do ponto **P'** (intersecção de **s** com **r**):

$$\begin{cases} x + y - 1 = 0 \\ x - y + 2 = 0 \end{cases} +$$

$$2x + 1 = 0 \Rightarrow x = -\frac{1}{2}$$

$$-\frac{1}{2} + y - 1 = 0 \Rightarrow y = 1 + \frac{1}{2} = \frac{3}{2}$$

Logo, as coordenadas do ponto **P'** são $-\frac{1}{2}$ e $\frac{3}{2}$, ou seja, $\mathbf{P}\left(-\frac{1}{2}, \frac{3}{2}\right)$.

Para refletir
A projeção ortogonal **P'** de **P** sobre **r** é conhecida como pé da perpendicular a **r** que passa por **P**.

Exercícios

53 Determine a equação da reta que passa pelo ponto **P** e é perpendicular à reta **r** em cada um dos seguintes casos.

a) **P**(−3, 2) e equação de **r**: $3x + 4y - 4 = 0$;

b) **P**(2, 6) e equação de **r**: $2x - y + 3 = 0$;

c) **P**(1, 4) e equação de **r**: $x - y - 1 = 0$;

d) **P**(3, 5) e equação de **r**: $y - 4 = 0$.

54 Qual deve ser o valor de **k** para que as retas **r** e **s**, de equações $kx + y + 5 = 0$ e $3x + (k + 1)y - 9 = 0$, respectivamente, sejam perpendiculares?

55 Dados a reta **r**, de equação $x - y + 1 = 0$, e o ponto **P**(3, 2), quais são as coordenadas da projeção ortogonal de **P** sobre a reta **r**?

56 Se um triângulo tem como vértices os pontos **A**(2, 1), **B**(−2, −4) e **C**(0, 2), determine a equação da reta-suporte da altura relativa ao lado AB do triângulo.

10. Distância de um ponto a uma reta

objeto digital

Devemos recordar, da Geometria plana, que a distância de um ponto **A** a uma reta **r** é a medida do segmento de extremidades em **A** e na sua projeção ortogonal sobre **r**.

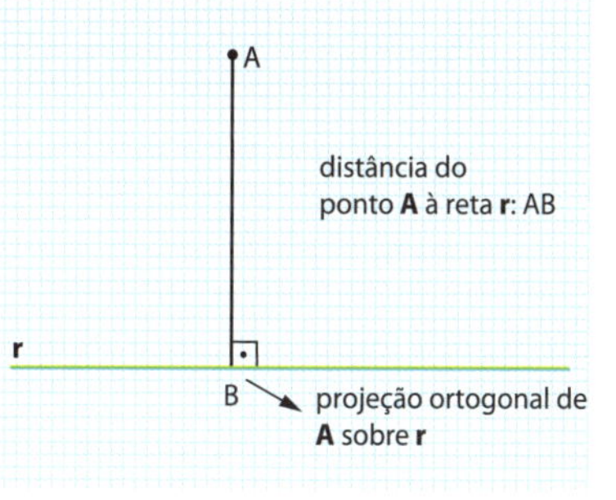

Portanto, para calculá-la podemos recorrer a uma aplicação de perpendicularismo entre retas, como no exemplo de aplicação 4, e depois calcular a distância entre dois pontos.

Se o processo for aplicado para o caso genérico de um ponto $\mathbf{P}(x_P, y_P)$ e uma reta **r** de equação $ax + by + c = 0$, chegaremos a uma fórmula para o cálculo da distância **d** de **P** a **r**:

$$d = \frac{|ax_p + by_p + c|}{\sqrt{a^2 + b^2}}$$

Para refletir
Quando temos d = 0?

Exemplo:

Veja a distância do ponto **A**(3, 5) à reta **r** de equação $x + 2y - 8 = 0$, calculada no exemplo acima:

$$d = \frac{|1 \cdot 3 + 2 \cdot 5 - 8|}{\sqrt{1^2 + 2^2}} = \frac{|3 + 10 - 8|}{\sqrt{5}} = \frac{5}{\sqrt{5}} = \frac{5\sqrt{5}}{5} = \sqrt{5}$$

Exemplos de aplicação

1 Calcule a distância do ponto **A** à reta **r** nos seguintes itens:

a) **A**(−1, 5) e **r**: $\frac{x}{4} + \frac{y}{3} = 1$

A equação de **r** deve ser colocada na forma geral:

$$\frac{x}{4} + \frac{y}{3} = 1 \Rightarrow 3x + 4y = 12 \Rightarrow 3x + 4y - 12 = 0$$

A distância de **A**(−1, 5) a **r** é:

$$d = \frac{|3(-1) + 4 \cdot 5 - 12|}{\sqrt{3^2 + 4^2}} = \frac{|-3 + 20 - 12|}{\sqrt{25}} =$$

$$= \frac{5}{5} = 1$$

b) $A(0, 0)$ e **r**: $y - 4 = -\frac{2}{3}(x + 1)$

$$r: y - 4 = -\frac{2}{3}(x + 1) \Rightarrow 3y - 12 = -2x - 2 \Rightarrow$$
$$\Rightarrow 2x + 3y - 10 = 0$$

$A(0, 0)$

$$d(A, r) = \frac{|2 \cdot 0 + 3 \cdot 0 - 10|}{\sqrt{2^2 + 3^2}} = \frac{|-10|}{\sqrt{13}} =$$
$$= \frac{10}{\sqrt{13}} = \frac{10\sqrt{13}}{13}$$

2 Um triângulo tem os vértices nos pontos **A**(1, 2), **B**(−3, −1) e **C**(2, −5). Calcule a medida da altura do triângulo relativa ao lado BC.

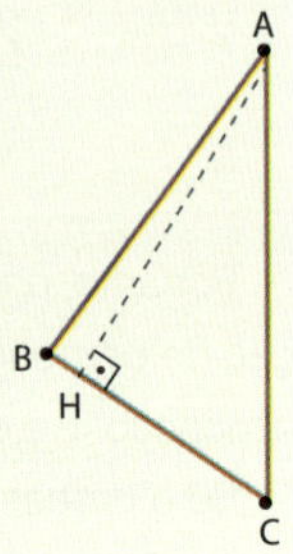

Pela figura, vemos que a medida da altura relativa ao lado BC é igual à distância entre o ponto **A** e a reta-suporte do lado BC.

Equação da reta-suporte do lado BC:

$$\begin{vmatrix} x & y & 1 \\ -3 & -1 & 1 \\ 2 & -5 & 1 \end{vmatrix} = 0 \Rightarrow$$

$$\Rightarrow -x + 2y + 15 + 2 + 3y + 5x = 0 \Rightarrow 4x + 5y + 17 = 0$$

Cálculo da medida da altura:

$$d = \frac{|ax_A + by_A + c|}{\sqrt{a^2 + b^2}} = \frac{|4 \cdot 1 + 5 \cdot 2 + 17|}{\sqrt{4^2 + 5^2}} =$$
$$= \frac{|31|}{\sqrt{41}} = \frac{31}{\sqrt{41}} = \frac{31\sqrt{41}}{41}$$

Logo, a medida da altura é $\frac{31\sqrt{41}}{41}$.

3 São dadas as retas **r** e **s**, de equações $2x + 3y - 10 = 0$ e $2x + 3y - 6 = 0$, respectivamente. Sabendo que essas retas são paralelas, calcule a distância entre elas.

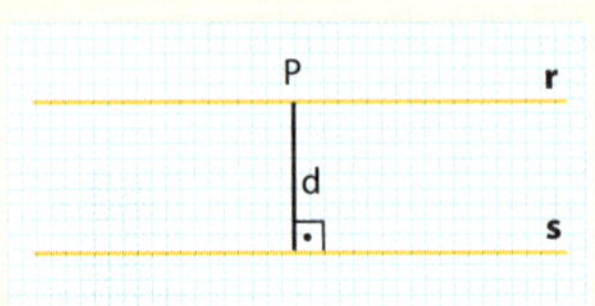

Da Geometria plana, sabemos que a distância entre duas retas paralelas é igual à distância de um ponto **P** qualquer de uma delas a outra reta.

Cálculo das coordenadas de um ponto **P** qualquer da reta **r**:
$2x + 3y - 10 = 0$

Fazendo, arbitrariamente, $x = -1$, temos:
$$2(-1) + 3y - 10 = 0 \Rightarrow -2 + 3y - 10 = 0 \Rightarrow$$
$$\Rightarrow 3y = 12 \Rightarrow y = 4$$
Portanto, **P**(−1, 4).

Cálculo da distância de **P** à reta **s**:
P(−1, 4) e **s**: $2x + 3y - 6 = 0$

$$d = \frac{|ax_P + by_P + c|}{\sqrt{a^2 + b^2}} = \frac{|2(-1) + 3 \cdot 4 - 6|}{\sqrt{2^2 + 3^2}} =$$
$$= \frac{|4|}{\sqrt{13}} = \frac{4}{\sqrt{13}} = \frac{4\sqrt{13}}{13}$$

Logo, a distância entre as retas é $\frac{4\sqrt{13}}{13}$.

Para refletir
É possível demonstrar que, se duas retas **r**: $ax + by + c_1 = 0$ e **s**: $ax + by + c_2 = 0$ são paralelas, então a distância entre elas é dada por $d(r, s) = \frac{|c_1 - c_2|}{\sqrt{a^2 + b^2}}$.
Verifique no 3º exemplo de aplicação.

Exercícios

57 Nos seguintes casos, calcule a distância do ponto **P** à reta **r**:
a) **P**(0, 3) e $4x + 3y + 1 = 0$
b) **P**(1, −5) e $3x - 4y - 2 = 0$
c) **P**(3, −2) e $2x + y + 6 = 0$
d) **P**(6, 4) e $y - 2 = 0$

58 Sabendo que as retas de equações $4x - 3y + 9 = 0$ e $4x - 3y - 6 = 0$ são paralelas, determine a distância entre as duas retas.

59 Se a distância do ponto **P**(0, p) à reta **r**, de equação $4x + 3y - 2 = 0$, é igual a 2 unidades, determine a coordenada **p**.

60 Calcule a medida da altura relativa ao lado BC do triângulo ABC da figura.

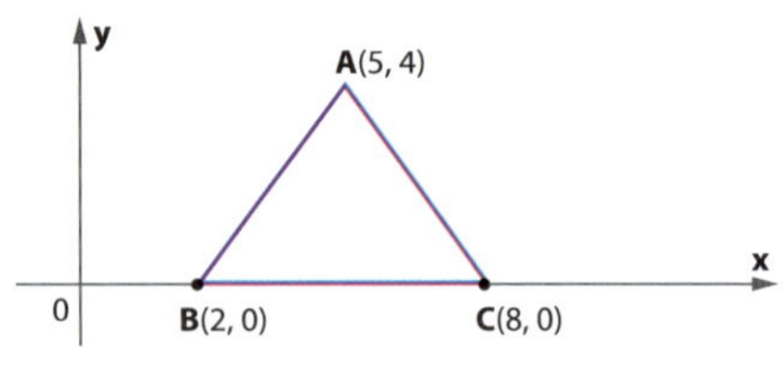

11. Ângulo formado por duas retas

Lembremos que duas retas concorrentes determinam quatro ângulos e que, conhecido um deles, determinamos os demais:

Observemos que:

- **r** e **s** são concorrentes e determinam os ângulos de medidas α, β, γ e δ
- $\alpha + \beta + \gamma + \delta = 360°$
- $\alpha = \gamma$ e $\beta = \delta$ (opostos pelo vértice)

- $\alpha + \beta = \beta + \gamma = \gamma + \delta = \delta + \alpha = 180°$

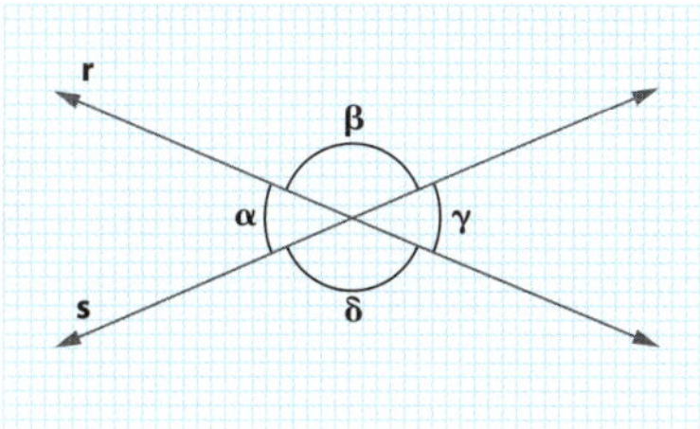

Para refletir
Se **r** e **s** são perpendiculares, os quatro ângulos são retos. Se **r** e **s** são oblíquas, dois ângulos são agudos e dois, obtusos.

Vamos considerar duas retas concorrentes **r** e **s** oblíquas aos eixos coordenados e não perpendiculares entre si, de coeficientes angulares $\mathbf{m_1}$ e $\mathbf{m_2}$, respectivamente. Elas formam entre si o ângulo agudo θ. Então:

$$\theta + \beta = \alpha \Rightarrow \theta = \alpha - \beta \Rightarrow \text{tg}\,\theta = \text{tg}(\alpha - \beta) =$$

$$= \frac{\text{tg}\,\alpha - \text{tg}\,\beta}{1 + \text{tg}\,\alpha \cdot \text{tg}\,\beta} = \frac{m_1 - m_2}{1 + m_1 m_2}$$

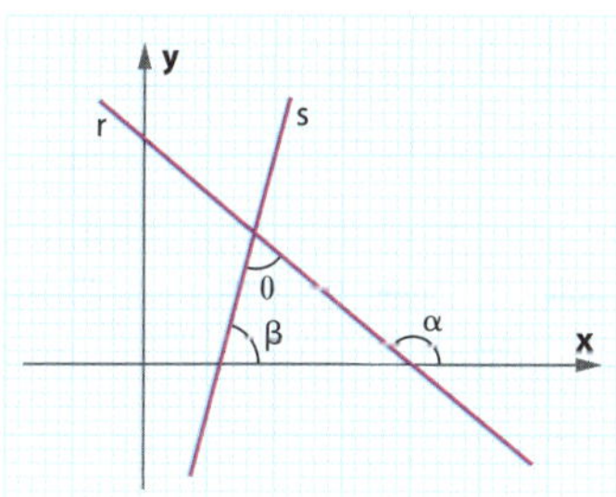

Para θ agudo, temos:

$$\text{tg}\,\theta = \left|\frac{m_1 - m_2}{1 + m_1 m_2}\right|$$

- Se **r** e **s** forem paralelas, $m_1 = m_2$ e $\theta = 0°$.
- Se **r** e **s** forem perpendiculares, $m_1 m_2 = -1$ e $\theta = 90°$.
- Se uma das retas for vertical, temos:

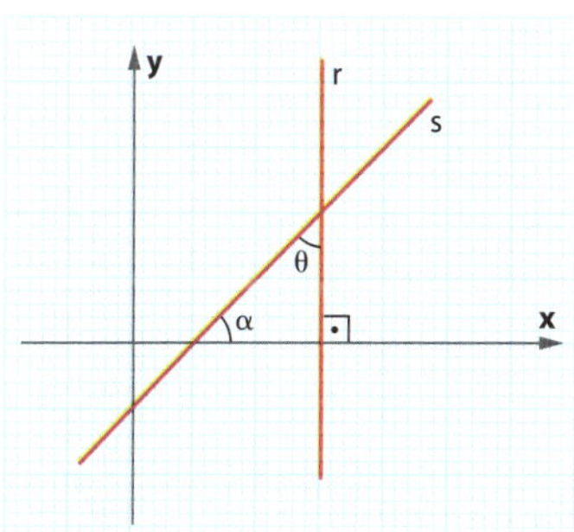

$$\theta + \alpha = 90° \Rightarrow \theta = 90° - \alpha \Rightarrow$$

$$\Rightarrow \text{tg}\,\theta = \text{tg}\,(90° - \alpha) = \text{cotg}\,\alpha = \frac{1}{\text{tg}\,\alpha} = \frac{1}{m}$$

Considerando θ agudo, temos $\text{tg}\,\theta = \left|\frac{1}{m}\right|$.

Exemplos de aplicação

1 Determine o valor do ângulo agudo formado pelas retas **r:** $y - 4 = 3(x - 5)$ e **s:** $2x + y - 7 = 0$.

- $y - 4 = 3(x - 5) \Rightarrow m_1 = 3$
- $2x + y - 7 = 0 \Rightarrow y = -2x + 7 \Rightarrow m_2 = -2$

Logo:

$$\text{tg}\,\theta = \left|\frac{3 - (-2)}{1 + 3(-2)}\right| = \left|\frac{5}{-5}\right| = |-1| = 1 \Rightarrow \theta = 45°$$

Fique atento
As retas **r** e **s** do exemplo formam dois ângulos de 45° e dois ângulos de 135°.

2 Determine o valor do ângulo agudo formado pelas retas: **r:** $x = 4$ e **s:** $2x + 6y - 1 = 0$.

- $x = 4 \Rightarrow$ **r** é paralela ao eixo Oy
- $2x + 6y - 1 = 0 \Rightarrow y = -\frac{1}{3} + \frac{1}{6} \Rightarrow m = -\frac{1}{3}$

O ângulo agudo θ formado por **r** e **s** é tal que:

$$\text{tg}\,\theta = \left|\frac{1}{-\frac{1}{3}}\right| = 3 \Rightarrow \theta \simeq 72°$$

Exercícios

61 Dadas as equações de **r** e **s**, determine tg θ, um dos ângulos formados por elas:

a) **r**: $y = 7$
s: $2x - 3y + 5 = 0$

b) **r**: $5x + y - 1 = 0$
s: $3x - y + 7 = 0$

objeto digital

62 Determine a equação da reta que passa pelo ponto **P**(2, 1) e forma um ângulo de 45° com a reta de equação $y = 5x + 3$.

12. Área de uma região triangular

objeto digital

Vejamos como determinar a área de uma região triangular ABC a partir dos pontos **A**, **B** e **C**.

Pela Geometria plana, sabemos que a área da região triangular da figura é dada por:

$$S = \frac{1}{2}(BC) \cdot (AH)$$

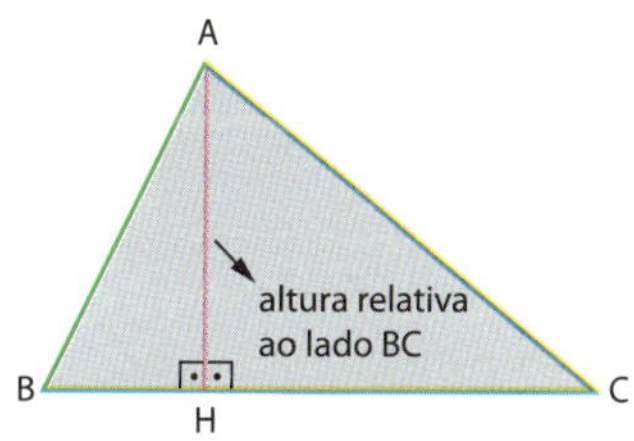

Em Geometria analítica, temos:

- d(B, C), que expressa a medida do lado BC;
- a distância de **A** à reta-suporte do lado BC, que expressa a medida da altura AH.

Exemplo de aplicação

Se um triângulo ABC tem como vértices os pontos **A**(1, 2), **B**(−3, 1) e **C**(0, −1), calcule a área da região triangular.

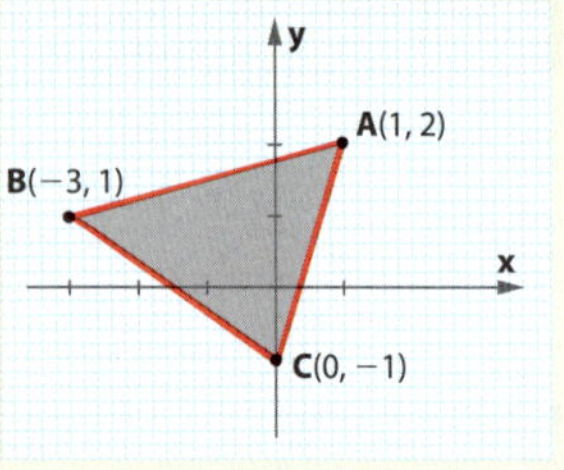

Cálculo da medida do lado BC:

$d(B, C) = \sqrt{(0 + 3)^2 + (-1 - 1)^2} = \sqrt{9 + 4} = \sqrt{13}$

Cálculo da distância entre o vértice **A** e a reta-suporte do lado BC:

$$\begin{vmatrix} x & y & 1 \\ -3 & 1 & 1 \\ 0 & -1 & 1 \end{vmatrix} = 0 \Rightarrow x + 3 + 3y + x = 0 \Rightarrow$$

$$\Rightarrow 2x + 3y + 3 = 0$$

$$d = \frac{|ax_A + by_A + c|}{\sqrt{a^2 + b^2}} = \frac{|2 \cdot 1 + 3 \cdot 2 + 3|}{\sqrt{2^2 + 3^2}} =$$

$$= \frac{|11|}{\sqrt{13}} = \frac{11}{\sqrt{13}}$$

Cálculo da área da região triangular:

$$S = \frac{1}{2} \cdot \sqrt{13} \cdot \frac{11}{\sqrt{13}} = \frac{11}{2} \text{ ou } 5,5$$

Logo, a área da região triangular é $\frac{11}{2}$ ou 5,5 unidades de área.

Considerando os pontos não alinhados **A**(x_1, y_1), **B**(x_2, y_2) e **C**(x_3, y_3) e seguindo a sequência do exemplo acima, chegamos a uma igualdade que facilita o cálculo da área da região triangular ABC.

Se os vértices de um triângulo são os pontos **A**(x_1, y_1), **B**(x_2, y_2) e **C**(x_3, y_3), então a área dessa região triangular é dada por:

$$S = \frac{1}{2}|D|$$

em que $D = \begin{vmatrix} x_1 & y_1 & 1 \\ x_2 & y_2 & 1 \\ x_3 & y_3 & 1 \end{vmatrix}$.

↑ coluna das ordenadas (2ª coluna)
↑ coluna das abscissas (1ª coluna)

Para refletir
O símbolo |D| indica módulo do determinante **D**.

Note que esse determinante é o mesmo que foi estudado no item 4 (p. 494) para verificar o alinhamento de três pontos. A conexão entre os dois assuntos está no fato de que, se três pontos que seriam os vértices de um triângulo estiverem alinhados, o triângulo se degenera num segmento de reta; nesse caso, é natural que sua área seja zero.

Exemplo:

Vejamos como fica o cálculo da área da região triangular ABC com **A**(1, 2), **B**(−3, 1) e **C**(0, −1), já feito no exemplo de aplicação ao lado:

$$D = \begin{vmatrix} 1 & 2 & 1 \\ -3 & 1 & 1 \\ 0 & -1 & 1 \end{vmatrix} = 1 + 3 + 6 + 1 = 11$$

$$S = \frac{1}{2}|D| = \frac{1}{2}|11| = \frac{1}{2} \cdot 11 = \frac{11}{2} = 5,5$$

Logo, a área da região triangular é $\frac{11}{2}$ ou 5,5 unidades de área.

Exercícios

objeto digital

63 Determine a área da região triangular que tem como vértices os pontos **A**(4, 0), **B**(−1, 1) e **C**(−3, 3).

64 Um triângulo tem como vértices os pontos **A**(5, 3), **B**(4, 2) e **C**(2, k). A área da região triangular ABC mede 8 unidades. Nessas condições, calcule o valor de **k**.

65 Na figura, a reta **r** tem equação $x + 2y - 4 = 0$. Determine a área da região triangular AOB.

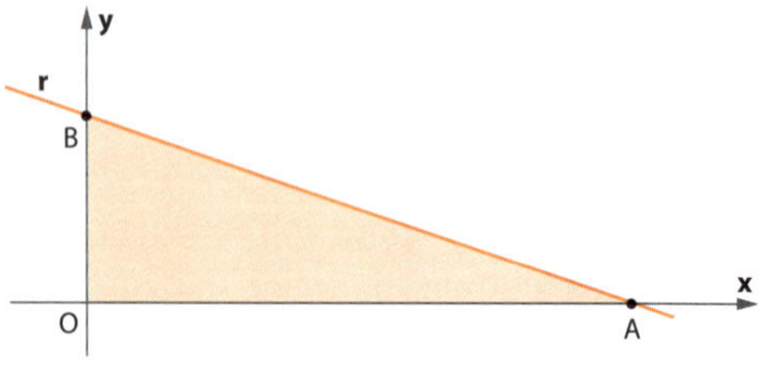

66 Calcule a área do quadrilátero de vértices **A**(4, 0), **B**(6, 2), **C**(2, 4) e **D**(0, 2).

67 A área da figura colorida no diagrama abaixo vale:

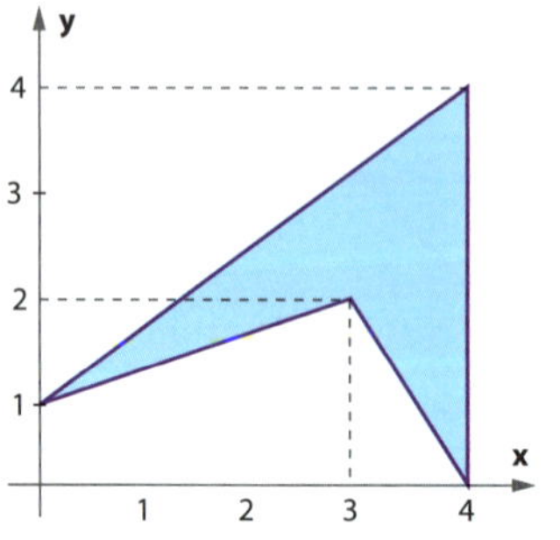

a) 4.
b) 3,5.
c) 3.
d) 5.
e) 4,5.

28 Capítulo
Circunferência

Vimos, no capítulo anterior, como se representa uma reta por meio de uma equação algébrica e a conveniência de se recorrer a essa representação na resolução de problemas geométricos.

A circunferência, também um ente geométrico, será agora estudada de maneira análoga, ou seja, por meio de sua representação algébrica.

Sua definição, diretamente associada ao conceito de *distância entre dois pontos*, é nosso ponto de partida.

Sabemos, da Geometria plana euclidiana, que assim como dois pontos distintos determinam uma reta, três pontos não colineares determinam uma circunferência. Então, podemos propor o seguinte problema: "Dados os pontos **A**(1, 2), **B**(0,3) e **C**(−7, −4), determine a circunferência que passa por eles, geométrica e algebricamente".

Posicionando-os num sistema de eixos ortogonais, teremos:

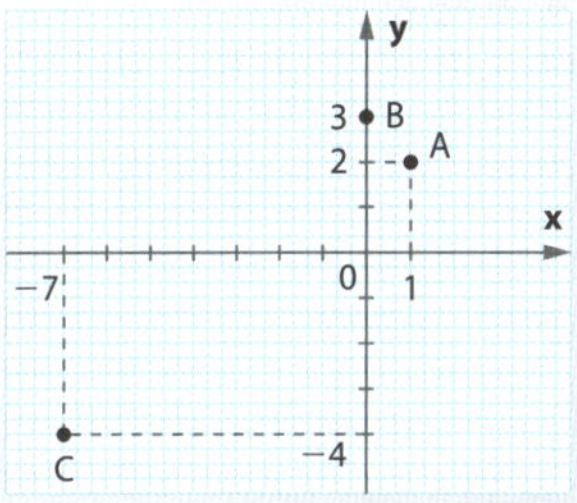

E desde já você tem condições de resolvê-lo geometricamente, necessitando, para isso, relembrar as propriedades da Geometria plana. Faça-o em seu caderno.

Veremos, a seguir, como resolver o problema algebricamente, isto é, como encontrar uma equação da circunferência que passa por esses pontos.

1. Definição

Sabemos, pela Geometria plana, que *circunferência* é o conjunto de todos os pontos de um plano equidistantes de um ponto fixo.

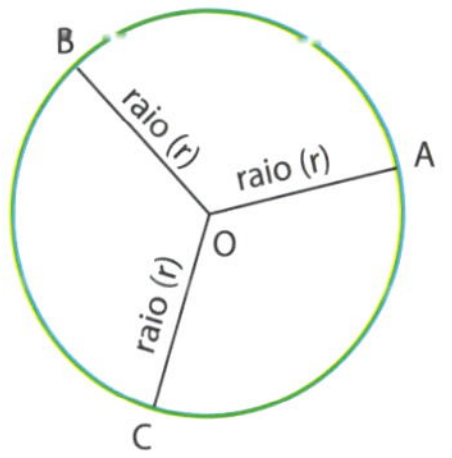

Fique atento
Às vezes refere-se ao raio como sendo o segmento de reta e às vezes a sua medida.

O ponto fixo chama-se *centro* da circunferência (na figura, o ponto **O**), e a distância constante é denominada *raio* da circunferência (na figura, OA = OB = OC = r).

2. Equação da circunferência

Considerando determinada situação em que a distância entre os pontos **P**(x, y) e **A**(5, 3) é igual a 2, qual será a relação que se pode estabelecer entre **x** e **y**?

Pela fórmula da distância, temos:

$$d(P, A) = \sqrt{(x - 5)^2 + (y - 3)^2}$$

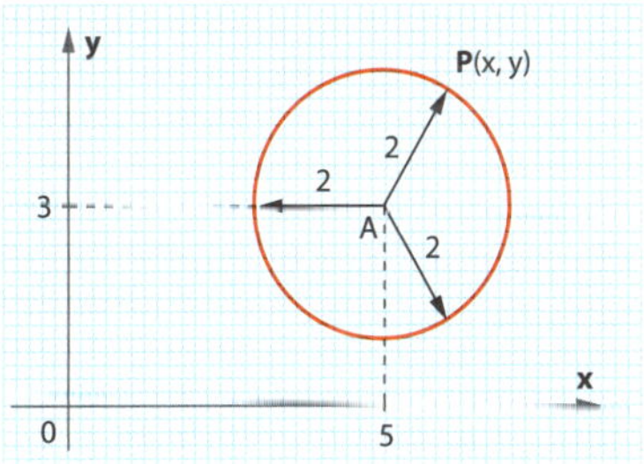

Como d(P, A) = 2, vem:

$$\sqrt{(x - 5)^2 + (y - 3)^2} = 2 \Rightarrow (x - 5)^2 + (y - 3)^2 = 4 \Rightarrow$$
$$\Rightarrow x^2 + y^2 - 10x - 6y + 30 = 0$$

Logo, a relação estabelecida é $(x - 5)^2 + (y - 3)^2 = 4$ ou $x^2 + y^2 - 10x - 6y + 30 = 0$.

O conjunto dos pontos **P**(x, y) que estão situados a uma distância 2 do ponto **A**(5, 3) é a circunferência de centro **A**(5, 3) e raio 2. Assim, a relação $(x - 5)^2 + (y - 3)^2 = 4$ é satisfeita por todos os pontos **P**(x, y) da circunferência de centro **A**(5, 3) e raio 2. Dizemos então que $(x - 5)^2 + (y - 3)^2 = 4$ é a equação dessa circunferência.

Agora, genericamente, considerando **O**(a, b) o centro, **r** o raio e **P**(x, y) um ponto da circunferência, temos:

$$d(P, O) = \sqrt{(x - a)^2 + (y - b)^2} = r \Rightarrow (x - a)^2 + (y - b)^2 = r^2$$

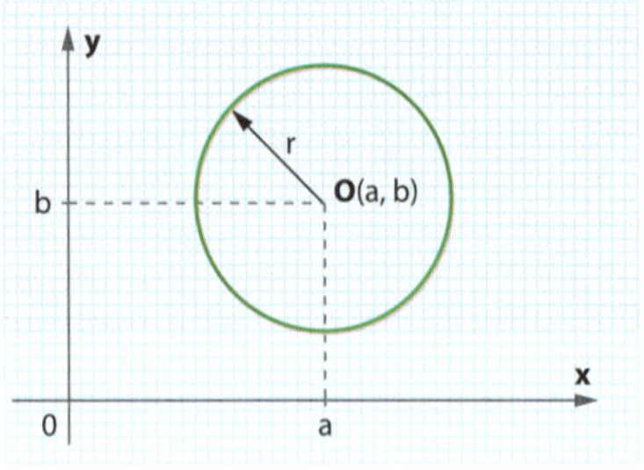

Daí podemos escrever que uma circunferência de centro **O**(a, b) e raio **r** tem equação:

$$(x - a)^2 + (y - b)^2 = r^2$$

Observação: No caso particular de o centro da circunferência estar na origem, ou seja, a = b = 0, a equação da circunferência é $x^2 + y^2 = r^2$.

Equação normal da circunferência

Ao desenvolver a equação da circunferência $(x - a)^2 + (y - b)^2 = r^2$ obtemos o que se chama de equação *normal* ou *geral* da circunferência:

$$x^2 - 2ax + a^2 + y^2 - 2by + b^2 - r^2 = 0 \Rightarrow$$
$$\Rightarrow x^2 + y^2 - 2ax - 2by + (a^2 + b^2 - r^2) = 0$$

É muito comum na prática que as circunferências sejam representadas por sua equação normal, como, por exemplo, a circunferência $x^2 + y^2 - 2x + 4y - 4 = 0$. À primeira vista, essa equação não nos permite identificar nem o centro nem o raio da circunferência em questão. Precisamos, portanto, aprender a obter o raio e o centro de uma circunferência a partir de sua equação normal. Temos dois métodos que podem ser utilizados:

1º) Método de completar os quadrados

Nesse método, o objetivo é obter os quadrados perfeitos $(x - a)^2$ e $(y - b)^2$ a partir das informações apresentadas na equação geral. Vejamos como ele funciona com a equação normal $x^2 + y^2 - 2x + 4y - 4 = 0$:

- agrupam-se na equação normal os termos em **x** e os termos em **y**, isolando no outro membro o termo independente. É interessante deixar um espaço depois dos termos em **x** e dos termos em **y**, e dois espaços no outro termo:

$$x^2 - 2x + \_\_\_\_ + y^2 + 4y + \_\_\_\_ = 4 + \_\_\_\_ + \_\_\_\_$$

- somam-se a ambos os termos da equação valores convenientes, de modo que os termos em **x** e os termos em **y** se transformem, cada qual, em um quadrado perfeito. Na prática, usamos os espaços vagos para escrever esses números. O número que completa o quadrado perfeito em **x** é o quadrado da metade do coeficiente de **x**, se o coeficiente de $\mathbf{x^2}$ for 1. Assim, como o coeficiente de **x** é −2, metade de −2 é −1 e o quadrado de −1 é 1, somamos 1 em ambos os membros:

$$x^2 - 2x + \mathbf{1} + y^2 + 4y + \_\_\_\_ = 4 + \mathbf{1} + \_\_\_\_$$

Da mesma forma, o número que completa o quadrado perfeito em **y** é o quadrado da metade do coeficiente de **y**, se o coeficiente de y^2 for 1. Assim, como o coeficiente de **y** é 4, metade de 4 é 2 e o quadrado de 2 é 4, somamos 4 em ambos os membros:

$$x^2 - 2x + 1 + y^2 + 4y + \mathbf{4} = 4 + 1 + \mathbf{4}$$

Assim, temos os seguintes quadrados perfeitos:

$$\underbrace{x^2 - 2x + 1}_{(x-1)^2} + \underbrace{y^2 + 4y + 4}_{(y+2)^2} = \underbrace{4 + 1 + 4}_{3^2}$$

Portanto, a equação $x^2 + y^2 - 2x + 4y - 4 = 0$ representa uma circunferência de centro (1, −2) e raio 3.

Observação: Se os coeficientes de $\mathbf{x^2}$ e $\mathbf{y^2}$ não forem 1, basta dividir toda a equação normal por um número conveniente de forma a torná-los 1.

2º) Método da comparação

Nesse método, devemos comparar os coeficientes dos termos das duas equações, a equação dada e a teórica:

$$x^2 + y^2 - 2ax - 2by + (a^2 + b^2 - r^2) = x^2 + y^2 - 2x + 4y - 4$$

Desta forma:

$-2a = -2 \Rightarrow a = 1$

$-2b = 4 \Rightarrow b = -2$

$a^2 + b^2 - r^2 = -4 \Rightarrow 1^2 + (-2)^2 - r^2 = -4 \Rightarrow$

$\Rightarrow 1 + 4 - r^2 = -4 \Rightarrow r^2 = 9 \Rightarrow r = 3$ (não existe raio negativo)

Então, o centro da circunferência é (1, −2) e o raio é 3.

O método de completar quadrados é o melhor dos dois, pois não envolve a memorização da forma teórica da equação normal e oferece a possibilidade de trabalhar da mesma forma com outras equações (não só a da circunferência). Mas fica a seu critério a escolha do método para resolver os exercícios.

Condições de existência

Consideremos a equação genérica $Ax^2 + By^2 + Cxy + Dx + Ey + F = 0$. Para que ela represente uma circunferência é necessário que sejam atendidas três condições:

- *1ª condição*: $A = B \neq 0$, ou seja, o coeficiente de $\mathbf{x^2}$ tem de ser igual ao coeficiente de $\mathbf{y^2}$.
- *2ª condição*: $C = 0$, ou seja, não pode existir o produto xy.
- *3ª condição*: $D^2 + E^2 - 4AF > 0$, ou seja, garantimos que o raio é raiz de um número positivo e portanto um número real.

» Exemplos de aplicação

1 Determine a equação de uma circunferência com centro no ponto **O**$(-3, 1)$ e raio 3.

Pelo problema, temos $a = -3$, $b = 1$ e $r = 3$.

Usando a equação, vem:

$(x - a)^2 + (y - b)^2 = r^2 \Rightarrow (x + 3)^2 + (y - 1)^2 = 3^2 \Rightarrow$

$\Rightarrow x^2 + y^2 + 6x - 2y + 1 = 0$

Logo, a equação é $(x + 3)^2 + (y - 1)^2 = 9$ ou $x^2 + y^2 + 6x - 2y + 1 = 0$.

> **! Fique atento**
> $(x + 3)^2 + (y - 1)^2 = 9$ é a equação da circunferência na forma reduzida e $x^2 + y^2 + 6x - 2y + 1 = 0$ é a equação na forma geral.

2 Determine a equação da circunferência com centro no ponto **A**$(1, -2)$ e que passa pelo ponto **P**$(2, 3)$.

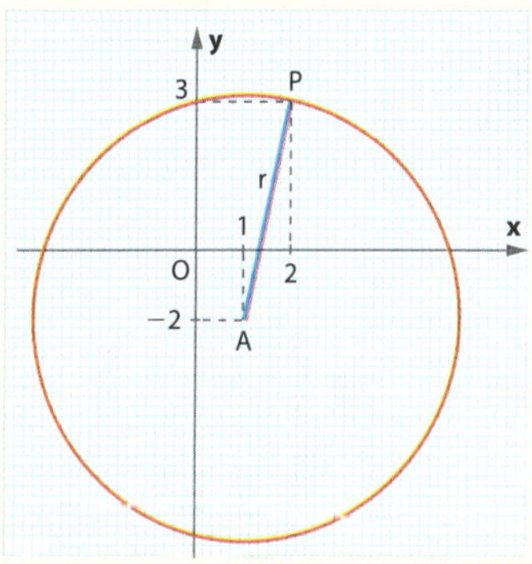

Pela figura, $r = d(P, A)$. Então:

$d(P, A) = \sqrt{(2 - 1)^2 + (3 + 2)^2} = \sqrt{1 + 25} =$

$= \sqrt{26} \Rightarrow r = \sqrt{26}$

Pela equação $(x - a)^2 + (y - b)^2 = r^2$, temos:

$(x - 1)^2 + (y + 2)^2 = \left(\sqrt{26}\right)^2 \Rightarrow$

$\Rightarrow (x - 1)^2 + (y + 2)^2 = 26 \Rightarrow$

$\Rightarrow x^2 + y^2 - 2x + 4y - 21 = 0$

Logo, a equação é $(x - 1)^2 + (y + 2)^2 = 26$ ou $x^2 + y^2 - 2x + 4y - 21 = 0$.

Generalizando: Em uma circunferência de centro **C**(a, b) e raio **r** seus pontos satisfazem a equação $(x - a)^2 + (y - b)^2 = r^2$. Reciprocamente, uma equação de variáveis **x** e **y** escrita nessa forma representa uma circunferência de centro **C**(a, b) e raio $r > 0$.

3 Verifique se a equação $x^2 + y^2 - 4x - 8y + 19 = 0$ representa uma circunferência.

Usando o processo conhecido como "completamento de quadrados" e lembrando que $x^2 - 2ax + a^2 = (x - a)^2$, temos:

$x^2 + y^2 - 4x - 8y + 19 = 0 \Rightarrow$

$\Rightarrow x^2 - 4x + \_\_\_\_ + y^2 - 8y + \_\_\_\_ =$

$= -19 + \_\_\_\_ + \_\_\_\_ \Rightarrow$

$\Rightarrow \underbrace{x^2 - 4x + 4} + \underbrace{y^2 - 8y + 16} = \underbrace{-19 + 4 + 16} \Rightarrow$

$\Rightarrow (x - 2)^2 + (y - 4)^2 = 1 \Rightarrow (x - 2)^2 + (y - 4)^2 = 1^2$

Logo, a equação inicial representa uma circunferência de centro **C**$(2, 4)$ e raio 1.

Outra resolução:

Em $x^2 + y^2 - 4x - 8y + 19 = 0$ temos $A = B = 1$, $C = 0$, $D = -4$, $E = -8$ e $F = 19$.

Assim, atendemos às três condições de existência:

1ª) $A = B \neq 0$, pois $A = B = 1$

2ª) $C = 0$

3ª) $D^2 + E^2 - 4AF > 0$,
pois $(-4)^2 + (-8)^2 - 4 \cdot 1 \cdot 19 = 4$

Logo, a equação inicial representa uma circunferência.

4 Obtenha o raio e o centro da circunferência $x^2 + y^2 + 6x - 4y - 12 = 0$.

Método de completar quadrados

$x^2 + 6x + \_\_\_\_ + y^2 - 4y + \_\_\_\_ =$

$= 12 + \_\_\_\_ + \_\_\_\_$

$$\underbrace{x^2 + 6x + 9}_{(x + 3)^2} + \underbrace{y^2 - 4y + 4}_{(y - 2)^2} = \underbrace{12 + 9 + 4}_{5^2}$$

Portanto, a equação $x^2 + y^2 + 6x - 4y - 12 = 0$ representa uma circunferência de centro $(-3, 2)$ e raio 5.

Método da comparação

$x^2 + y^2 - 2ax - 2by + (a^2 + b^2 - r^2) =$

$= x^2 + y^2 + 6x - 4y - 12 = 0$ [circunferência de centro (a, b) e raio **r**]

$-2a = 6 \Rightarrow a = -3$

$-2b = -4 \Rightarrow b = 2$

$a^2 + b^2 - r^2 = -12 \Rightarrow (-3)^2 + 2^2 - r^2 = -12 \Rightarrow$

$\Rightarrow 9 + 4 - r^2 = -12 \Rightarrow r^2 = 25 \Rightarrow r = 5$ (não existe raio negativo)

Então, o centro da circunferência é $(-3, 2)$ e o raio é 5.

5 (UEL-PR - Adaptada) Na decoração de uma escola infantil são usadas placas com formas de figuras geométricas. Uma dessas placas é formada por uma figura que pode ser definida por $x^2 + y^2 - 8x - 8y + 28 \leq 0$ quando projetada em um plano cartesiano xy, onde **x** e **y** são dados em metros. Essa placa vai ser pintada usando duas cores, cuja separação é definida pela reta $y = x$ no plano xy. Considerando o plano cartesiano xy como referência, a região acima da reta será pintada de vermelho e a região abaixo da reta, de verde. Sabendo que a escola vai fazer 12 dessas placas e que é necessária uma lata de tinta para pintar 3 m^2 de placa, serão necessárias, no mínimo, quantas latas de tinta vermelha?

a) 12 **b)** 24 **c)** 26 **d)** 32 **e)** 48

» Resolução passo a passo

1. Lendo e compreendendo

a) O que é dado no problema?

É dado o formato da placa pela equação $x^2 + y^2 - 8x - 8y + 28 \leq 0$; é dada a reta $(y = x)$, que delimita a parte vermelha da placa; é dada a quantidade de placas (12); é dada a área que uma lata de tinta cobre (3 m^2).

b) O que se pede?

O número necessário de latas de tinta vermelha para pintar as 12 placas, conforme mencionado no texto.

2. Planejando a solução

Inicialmente devemos usar a equação dada e descobrir qual é o formato da placa, bem como os elementos que definem sua localização e tamanho. Em seguida, devemos fazer a intersecção da curva que define a placa com a reta para descobrir que parte será vermelha.

Sabendo que parte de cada placa será vermelha, descobrimos o total multiplicando por 12 placas e fazemos a conversão para o número de latas de tinta.

3. Executando o que foi planejado

A equação $x^2 + y^2 - 8x - 8y + 28 = 0$ define uma circunferência. Assim, é importante determinarmos seu centro e raio. Faremos isso pelo método de completar quadrados:

Agrupam-se na equação normal os termos em **x** e os termos em **y**, isolando no outro membro o termo independente. É interessante deixar um espaço depois dos termos em **x** e dos termos em **y**, e dois espaços no outro termo:

$x^2 - 8x + \_\_\_\_ + y^2 - 8y + \_\_\_\_ =$

$= -28 + \_\_\_\_ + \_\_\_\_$

Somam-se a ambos os termos da equação valores convenientes de modo que os termos em **x** e os termos em **y** se transformem, cada qual, em um quadrado perfeito. O número que completa o quadrado perfeito em **x** é o quadrado da metade do coeficiente de **x**, pois o coeficiente de $\mathbf{x^2}$ é 1. Assim, como o coeficiente de **x** é -8, a metade de -8 é -4 e o quadrado de -4 é 16, somamos 16 a ambos os membros:

$x^2 - 8x + \mathbf{16} + y^2 - 8y + \_\_\_\_ =$

$= -28 + \mathbf{16} + \_\_\_\_$

Da mesma forma, o número que completa o quadrado perfeito em **y** é o quadrado da metade do coeficiente de **y**, pois o coeficiente de $\mathbf{y^2}$ é 1. Assim, como o coeficiente de **y** é -8, a metade de -8 é -4 e o quadrado de -4 é 16, somamos 16 a ambos os membros:

$x^2 - 8x + \mathbf{16} + y^2 - 8y + \mathbf{16} = -28 + \mathbf{16} + \mathbf{16}$

Assim, temos os seguintes quadrados perfeitos:

$$\underbrace{x^2 - 8x + 16}_{(x-4)^2} + \underbrace{y^2 - 8y + 16}_{(y-4)^2} = \underbrace{-28 + 16 + 16}_{2^2}$$

Portanto, a equação $x^2 + y^2 - 8x - 8y + 28 = 0$ representa uma circunferência de centro (4, 4) e raio 2. E a equação $x^2 + y^2 - 8x - 8y + 28 \leqslant 0$ representa toda a região interna à circunferência de centro (4, 4) e raio 2, incluindo a própria circunferência.

Devemos notar que o centro da circunferência pertence à reta $y = x$, pois, no centro, $x = 4$ e $y = 4$, respeitando a equação $y = x$. E, se o centro pertence à reta dada, essa reta passa por um diâmetro da placa, dividindo-a em duas semicircunferências exatas, uma cuja área interna será vermelha e outra verde.

Dessa forma, teremos 12 semicírculos vermelhos, equivalentes a 6 círculos. A área de cada círculo é $A = \pi r^2$, de forma que a área total a ser pintada de vermelho será $A = 6(\pi \cdot 2^2) = 24\pi\ m^2$.

Como cada lata de tinta cobre 3 m², então para pintar os $24\pi\ m^2$ precisamos de $\frac{24\pi}{3} = 8\pi$ latas.

Usando $\pi = 3,14$, obtemos o valor de 25,12 latas. Assim, serão necessárias, no mínimo, 26 latas.

4. Verificando

Precisamos fazer várias verificações. Inicialmente, vamos verificar se o raio de cada placa é mesmo $r = 2$, usando outro método para obter o raio. O método alternativo para obter o centro e o raio é a comparação da equação normal dada com a equação normal genérica.

$-2a = -8 \Rightarrow a = 4$ e $-2b = -8 \Rightarrow b = 4$

$a^2 + b^2 - r^2 = 28 \Rightarrow 4^2 + 4^2 - r^2 = 28 \Rightarrow$

$\Rightarrow 16 + 16 - r^2 = 28 \Rightarrow r^2 = 4 \Rightarrow r = 2$

Então, o centro da circunferência é (4, 4) e o raio é realmente 2.

Para verificar se a reta dada é um diâmetro, vamos substituir as coordenadas do centro na reta e ver se o centro (4, 4) verifica a equação $y = x$. Como $4 = 4$, então (4, 4) pertence à reta $y = x$ e assim verificamos que a reta divide cada placa na metade.

Finalmente, com 26 latas é possível pintar $26 \cdot 3 = 78\ m^2$ de placas com tinta vermelha. Como são 12 placas e metade de cada placa será pintada de vermelho, então a área que pode ser pintada de vermelho em cada placa com o que se tem de tinta é $\frac{78}{12} = 6,5\ m^2$. Essa área é suficiente, pois metade de uma placa de raio 2 tem área $\frac{\pi \cdot 2^2}{2} = 2\pi$ (ou seja, 6,28, portanto, menor que 6,5).

Isso verifica o resultado obtido.

5. Respondendo

A resposta é a alternativa **c**.

6. Ampliando o problema

a) Suponha que entre a parte vermelha e a verde será pintada uma faixa branca de 1 cm de largura. Qual será a área total de tinta branca nas 12 placas, em m²?

b) **Discussão em equipe**

Ao falar em decoração de ambientes, é difícil não nos lembrarmos de obras de arte, especialmente pinturas. Lembre-se de quadros de pintura abstrata (ou com formas geométricas nítidas) que tenha visto. Se não se lembrar, procure em livros de arte da biblioteca ou na internet em obras de artistas como Tarsila do Amaral (1886-1973), Joan Miró (1893-1983) e Wassily Kandinsky (1866-1944). Depois, em debate com os colegas, expresse suas opiniões sobre a estética dessas obras: Você gosta desse tipo de arte? Que tipos de forma geométrica plana você mais aprecia nos quadros?

Exercícios

1 Dê as coordenadas do centro e o raio das circunferências representadas pelas equações:

a) $(x - 5)^2 + (y - 4)^2 = 1$

b) $(x + 3)^2 + (y - 1)^2 = 16$

c) $(x - 2)^2 + y^2 = 4$

d) $x^2 + y^2 = 10$

2 Determine uma equação da circunferência que tem:

a) centro em **C**(2, 5) e raio 3

b) centro em **M**(−1, −4) e raio $\sqrt{2}$

c) centro em **Q**(0, −2) e raio 4

d) centro em **D**(4, 0) e raio 5

3 Obtenha o raio e o centro das circunferências a seguir.
(Para resolver este exercício, use o método de completar quadrados e o da comparação.)

a) $2x^2 + 2y^2 - 8x + 12y - 6 = 0$

b) $x^2 + y^2 - 6x - 2y - 6 = 0$

4 As seguintes equações representam circunferências; determine as coordenadas do centro e o raio em cada caso:

a) $x^2 + y^2 - 4x - 8y + 16 = 0$

b) $x^2 + y^2 + 12x - 4y - 9 = 0$

c) $x^2 + y^2 + 8x + 11 = 0$

5 Verifique quais das equações abaixo representam circunferência:

a) $x^2 + y^2 - 8x + 6y + 1 = 0$

b) $x^2 + y^2 + xy + 4x + 6y - 3 = 0$

c) $2x^2 + y^2 + 4x - 2y + 1 = 0$

d) $3x^2 + 3y^2 - 12x - 15y - 6 = 0$

e) $4x^2 - 4y^2 = 0$

6 Verifique entre os pontos **A**(0, 3), **B**(7, 2) e **C**(−1, 3) quais pertencem à circunferência de equação $(x - 3)^2 + (y + 1)^2 = 25$.

7 Os pontos **A**(4, −2) e **B**(2, 0) são as extremidades do diâmetro de uma circunferência de centro **C**(a, b) e raio **r**. Determine uma equação dessa circunferência.

8 Quais são os valores que **k** pode assumir para que a equação $x^2 + y^2 - 2x + 10y + 13k = 0$ represente uma circunferência?

3. Posições relativas de um ponto e uma circunferência

Quando temos um ponto $\mathbf{P}(x_1, y_1)$ e uma circunferência λ, de centro **C**(a, b) e raio **r**, as possíveis posições relativas de **P** e λ são:

1ª) O ponto pertence à circunferência:

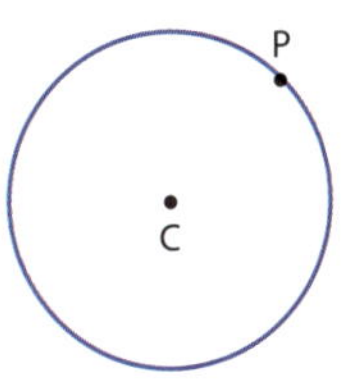

Nesse caso, as coordenadas do ponto devem satisfazer a equação da circunferência, e a distância entre **P** e **C** é igual a **r**.

2ª) O ponto é interno à circunferência:

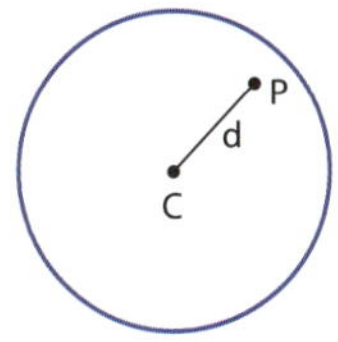

Nesse caso, a distância do ponto ao centro é menor que o raio.

3ª) O ponto é externo à circunferência:

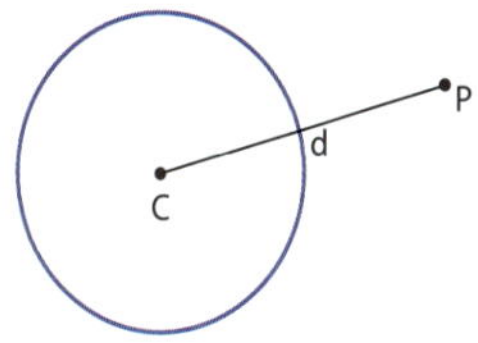

Nesse caso, a distância do ponto ao centro é maior que o raio.

Considerando que a equação da circunferência (reduzida ou geral) é obtida a partir da condição d(P, C) = r, podemos escrever:

- $d(P, C) = r \Leftrightarrow (x_1 - a)^2 + (y_1 - b)^2 = r^2 \Leftrightarrow$
  $\Leftrightarrow (x_1 - a)^2 + (y_1 - b)^2 - r^2 = 0 \Leftrightarrow P \in \lambda$
- $d(P, C) < r \Leftrightarrow (x_1 - a)^2 + (y_1 - b)^2 < r^2 \Leftrightarrow$
  $\Leftrightarrow (x_1 - a)^2 + (y_1 - b)^2 - r^2 < 0 \Leftrightarrow$ **P** é interno a λ
- $d(P, C) > r \Leftrightarrow (x_1 - a)^2 + (y_1 - b)^2 > r^2 \Leftrightarrow$
  $\Leftrightarrow (x_1 - a)^2 + (y_1 - b)^2 - r^2 > 0 \Leftrightarrow$ **P** é externo a λ

Exemplos de aplicação

1 **Dê a posição do ponto P relativa à circunferência λ em cada item:**

a) $\mathbf{P(3, 2)}$ e $\lambda: x^2 + y^2 - 6x + 5 = 0$

Substituindo:

$3^2 + 2^2 - 6 \cdot 3 + 5 = 9 + 4 - 18 + 5 = 18 - 18 = 0$

Então, $P \in \lambda$.

b) $\mathbf{P(5, -1)}$ e $\lambda: x^2 + y^2 - 6x - 2y + 8 = 0$

Substituindo:

$5^2 + (-1)^2 - 6 \cdot 5 - 2(-1) + 8 =$
$= 25 + 1 - 30 + 2 + 8 = 36 - 30 = 6 > 0$

Então, **P** é externo a λ.

c) $\mathbf{P(4, 3)}$ e $\lambda: x^2 + y^2 = 36$

Substituindo:

$4^2 + 3^2 - 36 = 16 + 9 - 36 = -11 < 0$

Então, **P** é interno a λ.

2 **Neste exemplo resolveremos o problema proposto na introdução do capítulo, algebricamente.**
Determine uma equação da circunferência circunscrita ao triângulo de vértices A(1, 2), B(0, 3) e C(−7, −4).

A equação da circunferência é λ:
$(x - a)^2 + (y - b)^2 = r^2$.

- $A(1, 2) \in \lambda: (1 - a)^2 + (2 - b)^2 = r^2$ (I)
- $B(0, 3) \in \lambda: (0 - a)^2 + (3 - b)^2 = r^2$ (II)
- $C(-7, -4) \in \lambda: (-7 - a)^2 + (-4 - b)^2 = r^2$ (III)

Igualando (I) e (II), temos:

$1 - 2a + a^2 + 4 - 4b + b^2 = a^2 + 9 - 6b + b^2 \Rightarrow$
$\Rightarrow -2a + 2b = 4 \Rightarrow -a + b = 2$

Igualando (II) e (III), temos:

$a^2 + 9 - 6b + b^2 = 49 + 14a + a^2 + 16 + 8b + b^2 \Rightarrow$

$\Rightarrow -14a - 14b = 56 \Rightarrow a + b = -4$

Resolvendo o sistema $\begin{cases} -a + b = 2 \\ a + b = -4 \end{cases}$, encontramos

$a = -3$ e $b = -1$.

Assim, λ: $(x + 3)^2 + (y + 1)^2 = r^2$.

Para encontrar o valor de r usamos, por exemplo, a equação (I):

$(1 - a)^2 + (2 - b)^2 = r^2 \Rightarrow$

$\Rightarrow (1 + 3)^2 + (2 + 1)^2 = r^2 \Rightarrow r^2 = 25$

Portanto, a equação procurada é

$(x + 3)^2 + (y + 1)^2 = 25$.

Outra maneira de resolver:

Da Geometria plana, lembramos que o centro da circunferência circunscrita a um triângulo é o circuncentro, ou seja, é o encontro das mediatrizes do triângulo. Então, vamos obter a equação de duas mediatrizes e o ponto de intersecção delas. O centro da circunferência será esse ponto e o raio será a distância do centro a um dos três vértices.

Mediatriz do lado AB:

$m_1 = \dfrac{3 - 2}{0 - 1} = -1 \qquad m_2 = -\dfrac{1}{m_1} = \dfrac{-1}{-1} = 1$

Ponto médio de AB: $\mathbf{M}\left(\dfrac{1}{2}, \dfrac{5}{2}\right)$

Então, a reta que passa por **M** com coeficiente angular $m_2 = 1$ é:

$y - \dfrac{5}{2} = 1\left(x - \dfrac{1}{2}\right) \Rightarrow 2y - 5 = 2x - 1 \Rightarrow$

$\Rightarrow 2x - 2y + 4 = 0 \Rightarrow x - y + 2 = 0$

Mediatriz do lado BC:

$m_3 = \dfrac{-4 - 3}{-7 - 0} = 1 \qquad m_4 = -\dfrac{1}{m_3} = -\dfrac{1}{1} = -1$

Ponto médio de BC: $\mathbf{N}\left(-\dfrac{7}{2}, -\dfrac{1}{2}\right)$

Então, a reta que passa por **N** com coeficiente angular $m_4 = -1$ é:

$y + \dfrac{1}{2} = -1\left(x + \dfrac{7}{2}\right) \Rightarrow 2y + 1 = -2x - 7 \Rightarrow$

$\Rightarrow 2x + 2y + 8 = 0 \Rightarrow x + y + 4 = 0$

Centro **O** da circunferência:

A intersecção das duas mediatrizes (que são retas concorrentes) é obtida pela resolução do sistema

$\begin{cases} x - y + 2 = 0 \\ x + y + 4 = 0 \end{cases}$.

Resolvendo esse sistema, encontramos $x = -3$ e $y = -1$.

Logo, **O**$(-3, -1)$.

Raio da circunferência:

Distância do centro ao vértice **B** (poderia ser qualquer um dos três vértices):

$d(O, B) = \sqrt{(-3 - 0)^2 + (-1 - 3)^2} = \sqrt{9 + 16} = 5$

Portanto, raio = 5.

Então, a equação procurada é $(x + 3)^2 + (y + 1)^2 = 25$.

Exercícios

9 Dados o ponto **P** e a circunferência λ, determine a posição de **P** em relação a λ.

a) **P**$(-1, 2)$ e λ: $(x - 3)^2 + (y + 1)^2 = 5^2$

b) **P**$(2, 2)$ e λ: $x^2 + y^2 - 10x + 8y - 1 = 0$

c) **P**$(3, 1)$ e λ: $x^2 + y^2 - 8x - 5 = 0$

10 Dada a circunferência de equação $x^2 + y^2 - 2x + 4y - 3 = 0$, qual é a posição do ponto **P**$(3, -4)$ em relação a essa circunferência?

11 Encontre a equação da circunferência que passa pelos pontos **P**$(0, 0)$, **Q**$(3, 3)$ e **R**$(0, 8)$.

12 Lembrando que todo triângulo retângulo é inscritível em um semicírculo (e o diâmetro sempre coincide com a hipotenusa), encontre a equação da circunferência que passa pelos pontos **P**$(0, 0)$, **Q**$(6, 0)$ e **R**$(0, 8)$.

13 Encontre a equação da circunferência que passa pelos pontos **P**$(5, 5)$, **Q**$(1, 5)$ e **R**$(5, 3)$.

4. Posições relativas de uma reta e uma circunferência

Consideremos as três possíveis posições de uma reta em relação a uma circunferência:

1ª) A reta **t** é secante à circunferência:

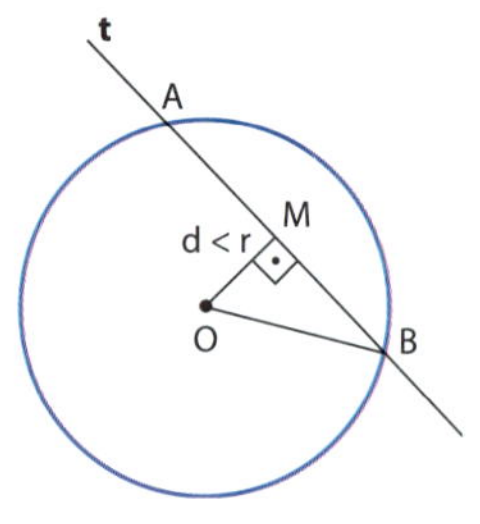

Nesse caso, a distância do centro da circunferência à reta é menor que o raio. A reta e a circunferência têm dois pontos comuns.

Para refletir

Propriedades de reta e da circunferência secantes:

- $\overline{OM} \perp \overline{AB}$
- M é ponto médio de $\overline{AB}$ (AB = 2AM)
- Teorema de Pitágoras: $(OM)^2 + (BM)^2 = (BO)^2$

2ª) A reta **t** é tangente à circunferência:

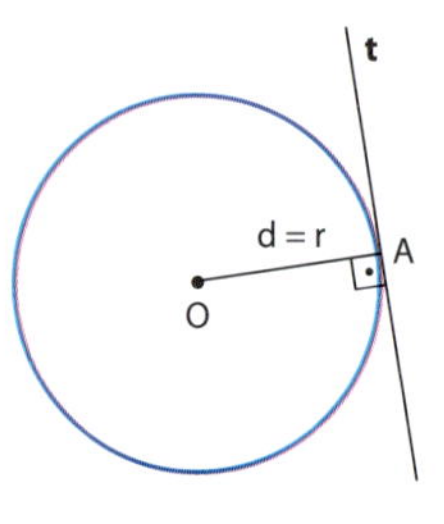

Para refletir

Note que $t \perp \overleftrightarrow{OA}$.

Nesse caso, a distância do centro da circunferência à reta é igual ao raio. A reta e a circunferência têm um único ponto comum.

3ª) A reta **t** é exterior à circunferência:

Nesse caso, a distância do centro da circunferência à reta é maior que o raio. A reta e a circunferência não têm ponto comum.

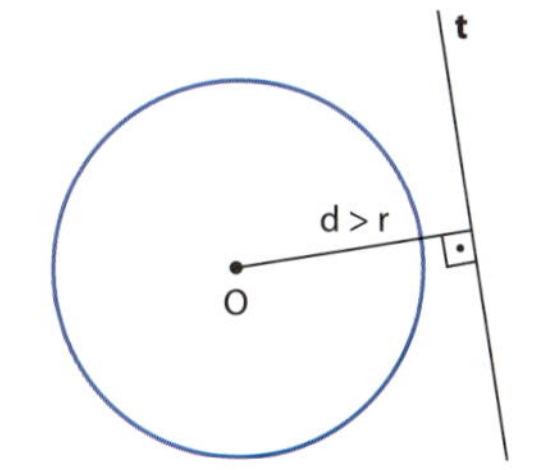

Vejamos, a partir das equações, como identificar qual desses casos se verifica.

» Exemplos de aplicação

1 **São dadas a reta r, de equação $2x + y - 1 = 0$, e a circunferência de equação $x^2 + y^2 + 6x - 8y = 0$. Qual é a posição da reta r em relação à circunferência?**

Vamos calcular, inicialmente, as coordenadas do centro e o raio da circunferência:

$x^2 + y^2 + 6x - 8y = 0 \Rightarrow x^2 + 6x + y^2 - 8y = 0 \Rightarrow$

$\Rightarrow x^2 + 6x + 9 + y^2 - 8y + 16 = 9 + 16 \Rightarrow$

$\Rightarrow (x + 3)^2 + (y - 4)^2 = 25$

Então, **C**$(-3, 4)$ e $r = 5$.

Agora vamos determinar a distância do centro à reta:

$$d = \frac{|2(-3) + 1(4) - 1|}{\sqrt{2^2 + 1^2}} = \frac{|-3|}{\sqrt{5}} = \frac{3}{\sqrt{5}} \simeq 1,3$$

Comparando **d** e **r**, temos $d < r$ $(1,3 < 5)$.

Logo, a reta **r** é secante à circunferência.

Outra maneira de resolver:

Os pontos comuns à reta e à circunferência, se houver, são as soluções do sistema formado por suas equações:

$$\begin{cases} 2x + y - 1 = 0 \Rightarrow y = 1 - 2x \\ x^2 + y^2 + 6x - 8y = 0 \end{cases}$$

Substituindo **y** na segunda equação, temos:

$x^2 + y^2 + 6x - 8y = 0 \Rightarrow$

$\Rightarrow x^2 + (1 - 2x)^2 + 6x - 8(1 - 2x) = 0 \Rightarrow$

$\Rightarrow x^2 + 1 - 4x + 4x^2 + 6x - 8 + 16x = 0 \Rightarrow$

$\Rightarrow 5x^2 + 18x - 7 = 0$

O cálculo de Δ será suficiente para determinar quantos pontos comuns têm a reta e a circunferência e daí a posição relativa. Então:

$\Delta = 18^2 + 140 = 324 + 140 = 464 > 0$

O valor de $\Delta > 0$ indica a existência de dois valores reais e distintos de **x** e, consequentemente, dois pontos comuns à reta e à circunferência.

Logo, a reta é secante à circunferência.

> **! Fique atento**
> Para $\Delta = 0$, há um só ponto comum (reta tangente à circunferência).
> Para $\Delta < 0$, não há ponto comum (reta exterior à circunferência).

Observação: A resolução completa do sistema permite descobrir quais são os dois pontos comuns à reta e à circunferência.

2 **O ponto P(5, 2) pertence à circunferência de equação $x^2 + y^2 + 2x - 6y - 27 = 0$. Determine a equação da reta t tangente a essa circunferência em P.**

Lembre-se de que, se uma reta **t** tangencia uma circunferência de centro **C** e raio **r** em **P**, então **t** é perpendicular à reta suporte de $\overleftrightarrow{CP}$.

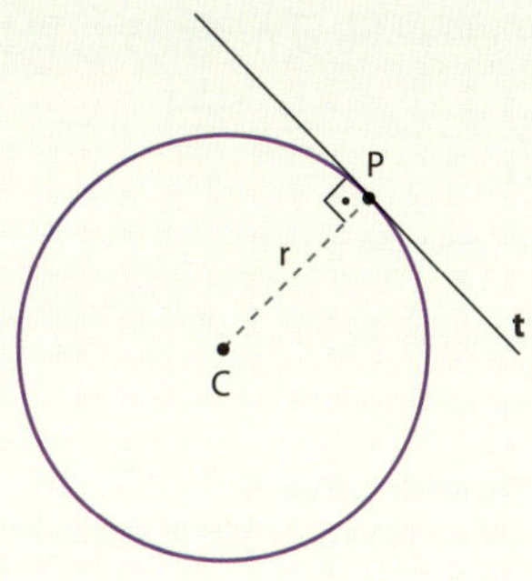

Calculando as coordenadas do centro **C** e o raio **r**, temos:

$x^2 + y^2 + 2x - 6y - 27 = 0 \Rightarrow$

$\Rightarrow x^2 + 2x + y^2 - 6y = 27 \Rightarrow$

$\Rightarrow x^2 + 2x + 1 + y^2 - 6y + 9 = 27 + 1 + 9 \Rightarrow$

$\Rightarrow (x + 1)^2 + (y - 3)^2 = 37$

Então, **C**$(-1, 3)$ e $r = \sqrt{37}$.

Vamos determinar o coeficiente angular $\mathbf{m_1}$ da reta que passa pelos pontos **C**$(-1, 3)$ e **P**$(5, 2)$:

$$m_1 = \frac{2 - 3}{5 + 1} = -\frac{1}{6}$$

Vamos determinar o coeficiente angular $\mathbf{m_1}$ da reta **t** perpendicular à reta que passa pelos pontos **C** e **P**:

$$m_2 = -\frac{1}{m_1} = -\frac{1}{-\frac{1}{6}} = 6$$

Calculamos agora a equação da reta **t** que passa pelo ponto **P**$(5, 2)$ e tem declividade 6:

$y - 2 = 6(x - 5) \Rightarrow y - 2 = 6x - 30 \Rightarrow$

$\Rightarrow 6x - y - 28 = 0$

Logo, a equação pedida é $6x - y - 28 = 0$.

Outra maneira de resolver:

Obtemos o centro **C**$(-1, 3)$ como na *primeira resolução*.

Determinamos a equação reduzida da reta CP e dela tiramos o coeficiente angular $(\mathbf{m_1})$:

$$\begin{vmatrix} x & y & 1 \\ -1 & 3 & 1 \\ 5 & 2 & 1 \end{vmatrix} = 0 \Rightarrow 3x + 5y - 2 - 15 + y - 2x = 0 \Rightarrow$$

$$\Rightarrow 6y = -x + 17 \Rightarrow y = -\frac{1}{6}x + \frac{17}{6} \Rightarrow m_1 = -\frac{1}{6}$$

A reta **t** procurada passa por **P**$(5, 2)$ e é perpendicular à reta CP. Logo, seu coeficiente angular é 6, pois

$\left(-\frac{1}{6}\right)6 = -1.$

Então, a equação de **t** é $y - 2 = 6(x - 5)$ ou $6x - y - 28 = 0$.

3 A reta de equação $x - y + k = 0$ é tangente à circunferência de equação $x^2 + y^2 = 9$. Calcule o valor de **k**.

Se a reta é tangente à circunferência, a distância do centro até a reta é igual ao raio.

Centro e raio da circunferência:

$x^2 + y^2 = 9 \Rightarrow (x - 0)^2 + (y - 0)^2 = 3^2$

Então, $C(0, 0)$ e $r = 3$.

Distância do centro (0, 0) à reta $1x - 1y + k = 0$:

$$d = \frac{|1 \cdot 0 - 1 \cdot 0 + k|}{\sqrt{1^2 + 1^2}} = \frac{|k|}{\sqrt{2}}$$

Cálculo de **k**, sabendo que $d = r$:

$$\frac{|k|}{\sqrt{2}} = 3 \Rightarrow |k| = 3\sqrt{2} \Rightarrow k = \pm 3\sqrt{2}$$

> **Fique atento**
> Se há dois valores para **k**, existem duas retas, $x - y + 3\sqrt{2} = 0$ e $x - y - 3\sqrt{2} = 0$, que satisfazem à condição imposta.

Outra resolução:

Se a reta é tangente à circunferência, então o sistema formado pelas duas equações tem uma única solução:

$$\begin{cases} x - y + k = 0 \Rightarrow x = y - k \\ x^2 + y^2 = 9 \end{cases}$$

Substituindo **x** na segunda equação, temos:

$x^2 + y^2 = 9 \Rightarrow (y - k)^2 + y^2 = 9 \Rightarrow$

$\Rightarrow y^2 - 2ky + k^2 + y^2 - 9 = 0 \Rightarrow$

$\Rightarrow 2y^2 - 2ky + k^2 - 9 = 0$

Para que a solução seja única devemos ter $\Delta = 0$:

$\Delta = 4k^2 - 8(k^2 - 9) = 0 \Rightarrow 4k^2 - 8k^2 + 72 = 0 \Rightarrow$

$\Rightarrow -4k^2 + 72 = 0 \Rightarrow k^2 = \frac{72}{4} = 18 \Rightarrow$

$\Rightarrow k = \pm\sqrt{18} = \pm 3\sqrt{2}$

4 O ponto $P(1, -2)$ é externo à circunferência de equação $(x - 1)^2 + (y - 2)^2 = 8$. Determine as equações das retas tangentes à circunferência e que passam por **P**.

Pela equação dada, temos $C(1, 2)$ e $r = \sqrt{8}$.

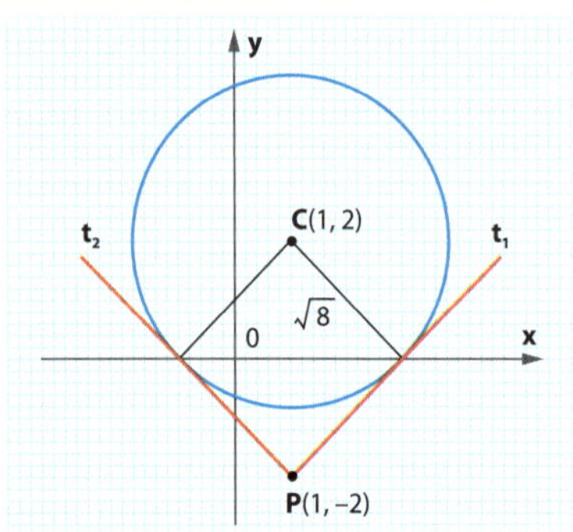

Considerando o coeficiente angular **m** das retas t_1 e t_2, podemos escrever a equação geral dessas retas, lembrando que passam por $P(1, -2)$.

$y + 2 = m(x - 1) \Rightarrow y + 2 = mx - m \Rightarrow$

$\Rightarrow mx - y - 2 - m = 0$

> **Fique atento**
> - Se **P** pertence à circunferência, existe uma só reta que passa por **P** e é tangente à circunferência.
>
> 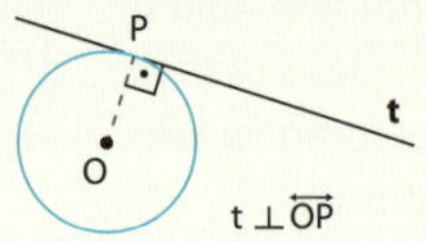
>
>
> - Se **P** é externo, há duas tangentes.
>
> 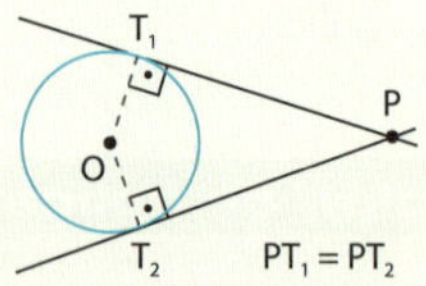
>
>
> - Se **P** é interno, não existe tangente.

Como a distância entre o centro $C(1, 2)$ e a reta de equação $mx - y - 2 - m = 0$ deve ser igual ao raio **r**, temos:

$$\frac{|m(1) - 1(2) - 2 - m|}{\sqrt{m^2 + 1}} = \sqrt{8} \Rightarrow$$

$$\Rightarrow \frac{|m - 2 - 2 - m|}{\sqrt{m^2 + 1}} = \sqrt{8} \Rightarrow$$

$$\Rightarrow \frac{|-4|}{\sqrt{m^2 + 1}} = \sqrt{8} \Rightarrow \frac{4}{\sqrt{m^2 + 1}} = \sqrt{8} \Rightarrow$$

$$\Rightarrow \frac{16}{m^2 + 1} = 8 \Rightarrow 8m^2 + 8 = 16 \Rightarrow$$

$\Rightarrow 8m^2 - 8 = 0 \Rightarrow m^2 - 1 = 0 \Rightarrow m^2 = 1 \Rightarrow$

$\Rightarrow m' = 1$ e $m'' = -1$

Vamos calcular, agora, as equações das retas t_1 e t_2, substituindo o valor de **m** na equação geral

$mx - y - 2 - m = 0$.

Para $m' = 1$, temos:

$(1)x - y - 2 - 1 = 0 \Rightarrow x - y - 3 = 0$

Para $m'' = -1$, vem:

$(-1)x - y - 2 - (-1) = 0 \Rightarrow -x - y - 1 = 0 \Rightarrow$

$\Rightarrow x + y + 1 = 0$

Logo, as equações das retas tangentes t_1 e t_2 são $x - y - 3 = 0$ e $x + y + 1 = 0$.

> **Fique atento**
> Se houver duas retas tangentes e se chegar a um único valor para **m**, significa que uma das retas é vertical.

5 Determine a equação da circunferência com centro no ponto $C(1, 3)$ e que é tangente à reta **t** de equação $x + y + 2 = 0$.

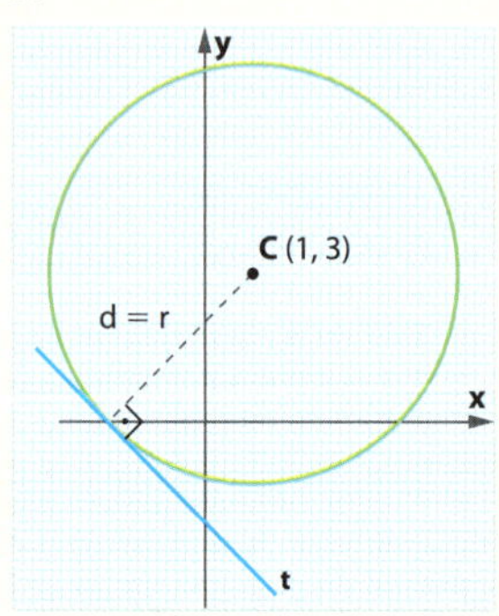

Pela figura, observamos que o raio da circunferência pedida é igual à distância entre o centro **C** e a reta **t**. Então:

$$r = \frac{|1(1) + 1(3) + 2|}{\sqrt{1^2 + 1^2}} = \frac{|1 + 3 + 2|}{\sqrt{2}} = \frac{|6|}{\sqrt{2}} =$$

$$= \frac{6}{\sqrt{2}} = \frac{6\sqrt{2}}{2} = 3\sqrt{2}$$

A equação da circunferência pedida, sabendo que $a = 1$, $b = 3$ e $r = 3\sqrt{2}$, é:

$$(x - a)^2 + (y - b)^2 = r^2 \Rightarrow$$
$$\Rightarrow (x - 1)^2 + (y - 3)^2 = \left(3\sqrt{2}\right)^2 \Rightarrow$$
$$\Rightarrow (x - 1)^2 + (y - 3)^2 = 18 \Rightarrow$$
$$\Rightarrow x^2 + y^2 - 2x - 6y - 8 = 0$$

Exercícios

14 Dadas uma reta **r** e uma circunferência λ, verifique a posição relativa de **r** e λ. Se houver pontos comuns (tangente ou secante), determine esses pontos:

a) **r**: $2x - y + 1 = 0$ e λ: $x^2 + y^2 - 2x = 0$

b) **r**: $y = x$ e λ: $x^2 + y^2 + 2x - 4y - 4 = 0$

c) **r**: $x + y + 2 = 0$ e λ: $x^2 + y^2 - 2x - 6y - 8 = 0$

15 A reta **r**, de equação $x + y - 3 = 0$, e a circunferência de equação $(x + 2)^2 + (y - 1)^2 = 10$ são secantes nos pontos **A** e **B**. Determine a área do triângulo cujos vértices são o centro da circunferência e os pontos **A** e **B**.

16 Sabendo que a reta $y = mx$ é tangente à circunferência de equação $x^2 + y^2 - 10x + 16 = 0$, calcule os valores de **m**.

17 O ponto **A**(2, 3) pertence à circunferência de equação $x^2 + y^2 - 2x - 2y - 3 = 0$. Determine a equação da reta tangente à circunferência no ponto **A**.

18 Pelo ponto **P**(0, 3), exterior à circunferência de equação $(x - 1)^2 + (y - 1)^2 = 4$, passam as retas $\mathbf{t_1}$ e $\mathbf{t_2}$, que são tangentes à circunferência dada. Determine as equações das retas $\mathbf{t_1}$ e $\mathbf{t_2}$.

19 A circunferência com centro **C**(1, 1) é tangente à reta **t** de equação $x + y - 10 = 0$. Determine a equação da circunferência.

20 Determine o raio das circunferências em cada item, de acordo com as informações dadas.

a) Centro em (3, 4) e tangente ao eixo das abscissas.

b) Centro em (3, 4) e tangente ao eixo das ordenadas.

21 Determine o raio das circunferências em cada item, de acordo com as informações dadas.

a) Centro em (−2, 1) e tangente ao eixo das abscissas.

b) Centro em (3, −7) e tangente ao eixo das ordenadas.

22 Qual é a equação da circunferência de centro no ponto **C**(4, −4) e que é tangente aos dois eixos de coordenadas?

23 Determine a equação de uma circunferência tangente ao eixo **y** e à reta de equação $x = 4$, e que tem o centro no eixo **x**.

5. Posições relativas de duas circunferências

Duas circunferências distintas podem ter dois, um ou nenhum ponto comum.

A partir das equações das duas circunferências podemos descobrir quantos e quais são os pontos comuns resolvendo o sistema formado por elas. Além disso, podemos identificar a posição relativa usando os dois raios e a distância entre os centros.

Considere uma circunferência de centro $\mathbf{C_1}$ e raio $\mathbf{r_1}$ e outra de centro $\mathbf{C_2}$ e raio $\mathbf{r_2}$. A distância entre os centros será $d(C_1, C_2)$.

Veja as possíveis posições relativas das duas circunferências:

1ª) Dois pontos comuns:

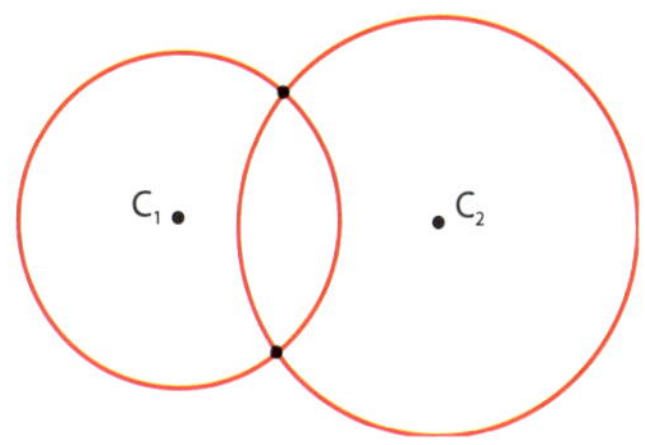

secantes
$|r_1 - r_2| < d(C_1, C_2) < r_1 + r_2$

2ª) Um ponto comum:

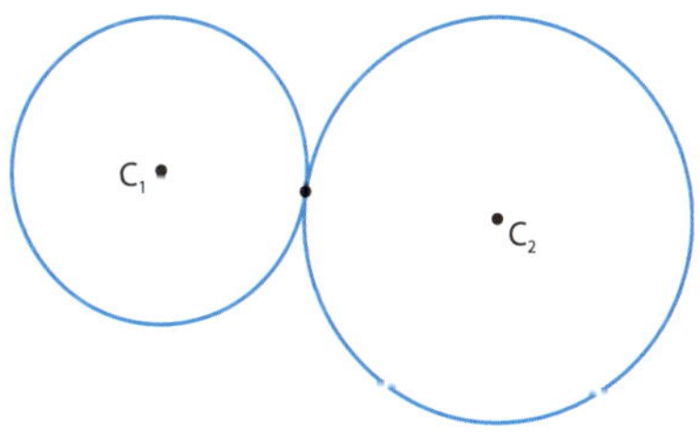

tangentes exteriormente
$d(C_1, C_2) = r_1 + r_2$

ou

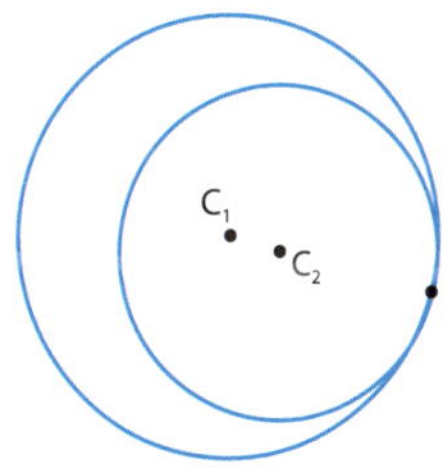

tangentes interiormente
$d(C_1, C_2) = |r_1 - r_2|$

Para refletir
Nesses dois casos, os dois centros e o ponto de tangência são colineares.

3ª) Nenhum ponto comum:

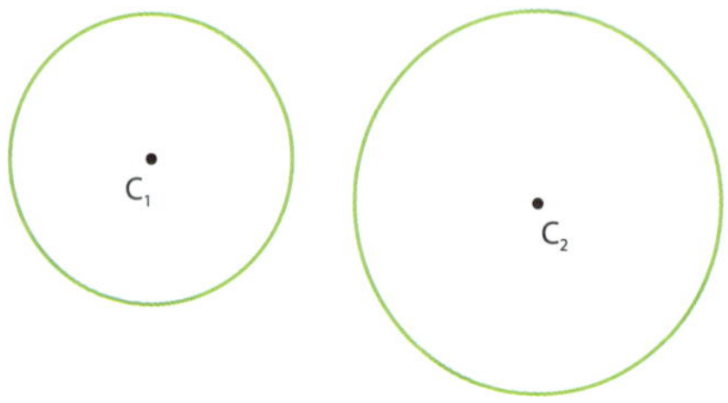

circunferências externas
$d(C_1, C_2) > r_1 + r_2$

ou

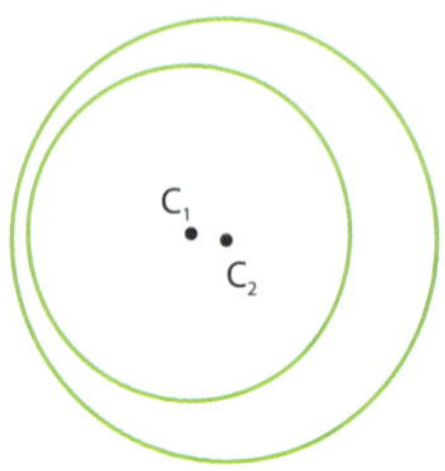

uma circunferência interna à outra
$d(C_1, C_2) < |r_1 - r_2|$

Fique atento
No caso particular de as duas circunferências serem concêntricas, então $C_1 \equiv C_2$, $d(C_1, C_2) = 0$.

» Exemplos de aplicação

1 Verifique nos itens seguintes a posição relativa das duas circunferências dadas. Se forem secantes ou tangentes, determine os pontos comuns:

a) $x^2 + y^2 = 30$ e $(x - 3)^2 + y^2 = 9$

Resolvendo o sistema formado pelas duas equações, temos:

$x^2 + y^2 = 30$

$(x - 3)^2 + y^2 = 9 \Rightarrow x^2 + y^2 - 6x = 0 \Rightarrow$

$\Rightarrow 30 - 6x = 0 \Rightarrow 6x = 30 \Rightarrow x = 5$

Substituindo **x** na primeira equação, vem:

$x^2 + y^2 = 30 \Rightarrow 25 + y^2 = 30 \Rightarrow y^2 = 5 \Rightarrow y = \pm\sqrt{5}$

Logo, as duas circunferências são secantes e seus pontos comuns são $(5, \sqrt{5})$ e $(5, -\sqrt{5})$.

b) $x^2 + y^2 - 20x - 2y + 100 = 0$ e $x^2 + y^2 - 2x - 2y - 98 = 0$

Resolvendo o sistema, temos:

$$\begin{cases} x^2 + y^2 - 20x - 2y + 100 = 0 \\ x^2 + y^2 - 2x - 2y - 98 = 0 \end{cases} \cdot (-1) \Rightarrow$$

$$\Rightarrow \begin{cases} \cancel{x^2} + \cancel{y^2} - 20x - \cancel{2y} + 100 = 0 \\ -\cancel{x^2} - \cancel{y^2} + 2x + \cancel{2y} + 98 = 0 \end{cases} +$$

$$-18x + 198 = 0 \Rightarrow 18x = 198 \Rightarrow$$

$$\Rightarrow x = \frac{198}{18} \Rightarrow x = 11$$

Substituindo **x** na primeira equação, vem:

$x^2 + y^2 - 20x - 2y + 100 = 0 \Rightarrow$

$\Rightarrow 11^2 + y^2 - 20 \cdot 11 - 2y + 100 = 0 \Rightarrow$

$\Rightarrow y^2 - 2y + 121 - 220 + 100 = 0 \Rightarrow$

$\Rightarrow y^2 - 2y + 1 = 0$

$\Delta = 0$

$$y = \frac{2 \pm 0}{2} = 1$$

(11, 1) é o único ponto comum às duas circunferências, portanto elas são tangentes.

Como já vimos, as circunferências tangentes podem ser externas ou internas. Podemos determinar a sua posição relativa por meio da distância entre os centros das circunferências e por meio de seus raios (lembrando que os centros das circunferências e o ponto de tangência estão sempre alinhados).

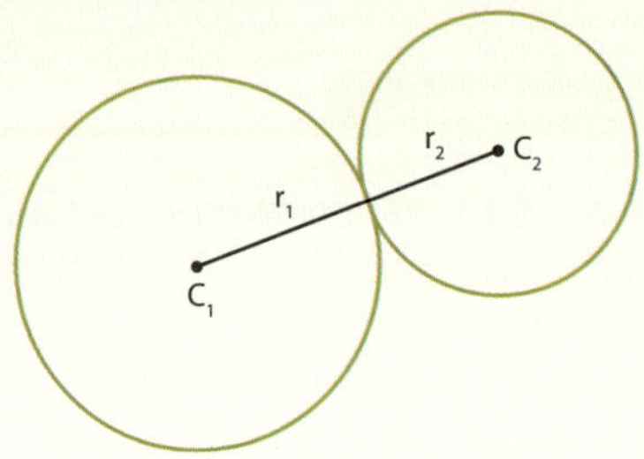

circunferências tangentes externamente
$d(C_1, C_2) = r_1 + r_2$

ou

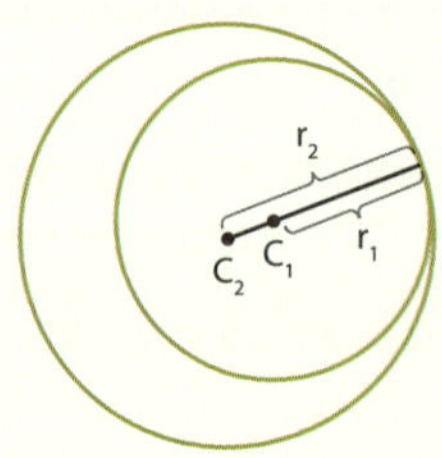

circunferências tangentes internamente
$d(C_1, C_2) = |r_1 - r_2|$

Considerando a primeira equação, temos:

$x^2 + y^2 - 20x - 2y + 100 = 0 \Rightarrow$

$\Rightarrow x^2 - 20x + 100 + y^2 - 2y + 1 =$

$= -100 + 100 + 1 \Rightarrow (x - 10)^2 + (y - 1)^2 = 1^2$

Então, $\mathbf{C_1}(10, 1)$ e $r_1 = 1$.

Agora, pela segunda, vem:

$x^2 + y^2 - 2x - 2y - 98 = 0 \Rightarrow$

$\Rightarrow x^2 - 2x + 1 + y^2 - 2y + 1 = 98 + 1 + 1 \Rightarrow$

$\Rightarrow (x - 1)^2 + (y - 1) = 100 = 10^2$

Então, $\mathbf{C_2}(1, 1)$ e $r_2 = 10$.

Calculamos, então, a distância entre os centros $\mathbf{C_1}$ e $\mathbf{C_2}$:

$d(C_1, C_2) = \sqrt{(10 - 1)^2 + (1 - 1)^2} = \sqrt{81} = 9$

Como os raios medem $r_1 = 1$ e $r_2 = 10$ e $9 = |1 - 10|$, temos $d(C_1, C_2) = |r_1 - r_2|$.

Logo, as circunferências são tangentes internamente e o ponto comum é (11, 1).

c) $(x + 2)^2 + (y - 2)^2 = 1$ e $x^2 + y^2 = 1$

Na circunferência $(x + 2)^2 + (y - 2)^2 = 1$, temos $\mathbf{C}(-2, 2)$ e $r = 1$.

Na circunferência $x^2 + y^2 = 1$, temos $\mathbf{C}(0, 0)$ e $r = 1$.

Esboçando o gráfico, podemos ver que as circunferências não têm ponto comum e são externas:

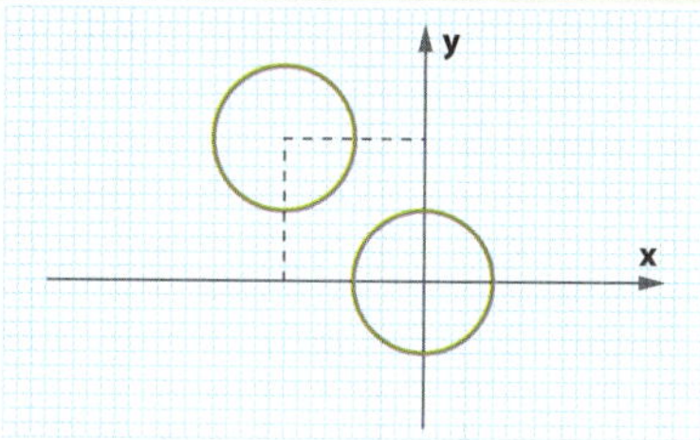

Agora, vamos resolver analiticamente.

Pelo sistema, temos:

$$\begin{cases} (x + 2)^2 + (y - 2)^2 = 1 \Rightarrow \\ \Rightarrow \underbrace{x^2 + y^2}_{1} + 4x - 4y + 4 + 4 - 1 = 0 \Rightarrow \\ \Rightarrow 4x - 4y = -8 \Rightarrow x - y = -2 \Rightarrow x = y - 2 \\ x^2 + y^2 = 1 \end{cases}$$

Substituindo **x** na segunda equação:

$x^2 + y^2 = 1 \Rightarrow (y - 2)^2 + y^2 = 1 \Rightarrow$

$\Rightarrow y^2 - 4y + 4 + y^2 - 1 = 0 \Rightarrow 2y^2 - 4y + 3 = 0$

$\Delta = 16 - 24 = -8 < 0$

Se $\Delta < 0$, não existe solução para o sistema, então as circunferências não têm ponto comum. Vejamos qual das duas situações se verifica:

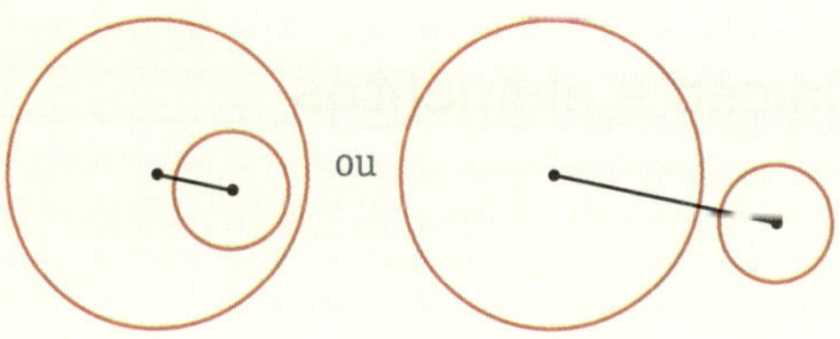

$d < r_1 + r_2$ $\quad$ $d > r_1 + r_2$

Calculando a distância entre os centros $\mathbf{C}_1(-2, 2)$ e $\mathbf{C}_2(0, 0)$, vem:

$d(C_1, C_2) = \sqrt{(-2 - 0)^2 + (2 - 0)^2} = \sqrt{8}$

Como os raios medem $r_1 = 1$ e $r_2 = 1$ e $\sqrt{8} > 1 + 1$, temos $d > r_1 + r_2$.

Logo, as circunferências são externas.

d) $(x - 3)^2 + (y - 2)^2 = 9$ e $x^2 + y^2 - 6x - 4y + 12 = 0$

A circunferência $(x - 3)^2 + (y - 2)^2 = 9$ tem $\mathbf{C}(3, 2)$ e $r = 3$.

$x^2 + y^2 - 6x - 4y + 12 = 0 \Rightarrow$

$\Rightarrow x^2 - 6x + 9 + y^2 - 4y + 4 = -12 + 9 + 4 \Rightarrow$

$\Rightarrow (x - 3)^2 + (y - 2)^2 = 1$

Então, a circunferência $(x - 3)^2 + (y - 2)^2 = 1$ tem $\mathbf{C}(3, 2)$ e $r = 1$.

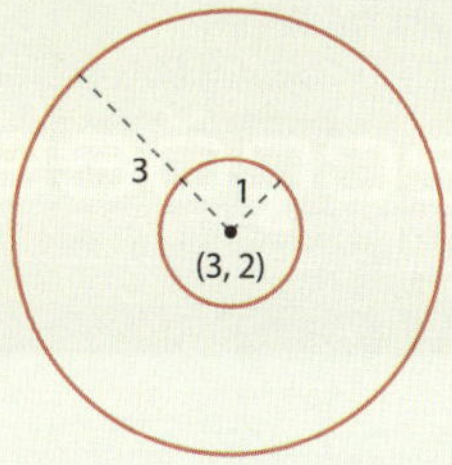

Para refletir
Resolva este item usando sistema.

Como as duas circunferências têm o mesmo centro (concêntricas) e raios diferentes, podemos afirmar que elas não têm ponto comum e uma é interna à outra.

2 **Determine a equação da circunferência de centro em (8, 4) e que tangencia exteriormente a circunferência $x^2 + y^2 - 4x + 8y - 16 = 0$.**

Nesse caso, a distância entre os centros é igual à soma dos raios:

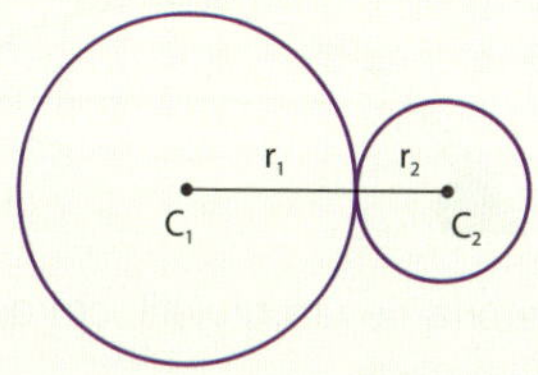

$d(C_1, C_2) = r_1 + r_2$

Inicialmente, calculamos o centro ($\mathbf{C}_1$) e o raio ($\mathbf{r}_1$) da circunferência dada:

$x^2 - 4x + 4 + y^2 + 8y + 16 = 16 + 4 + 16 \Rightarrow$

$\Rightarrow (x - 2)^2 + (y + 4)^2 = 36$

Então, $\mathbf{C}_1(2, -4)$ e $r_1 = 6$.

Agora, calculamos a distância entre os centros $\mathbf{C}_1(2, -4)$ e $\mathbf{C}_2(8, 4)$:

$d = \sqrt{6^2 + 8^2} = \sqrt{100} = 10$

Como $d = r_1 + r_2$, podemos calcular o raio $\mathbf{r}_2$:

$d = r_1 + r_2 \Rightarrow 10 = 6 + r_2 \Rightarrow r_2 = 4$

A equação procurada é a da circunferência de raio 4 e centro (8, 4):

$(x - 8)^2 + (y - 4)^2 = 4^2$ ou

$x^2 + y^2 - 16x - 8y + 64 = 0$

» Exercícios

objeto digital

24 Dadas as circunferências λ_1 e λ_2, descubra suas posições relativas e seus pontos comuns (se houver):

a) λ_1: $x^2 + y^2 - 4x - 8y - 5 = 0$
λ_2: $x^2 + y^2 - 2x - 6y + 1 = 0$

b) λ_1: $(x - 2)^2 + (y - 1)^2 = 4$
λ_2: $(x - 2)^2 + (y + 2)^2 = 1$

25 Qual é equação da circunferência de raio 4 e concêntrica com a circunferência de equação $x^2 + y^2 + 2x - 6y + 9 = 0$?

26 Sejam $\mathbf{S}_1$ e $\mathbf{S}_2$ duas circunferências tangentes externamente, tais que $\mathbf{S}_1$ tem como equação $x^2 + y^2 - 2x - 4y + 4 = 0$ e $\mathbf{S}_2$ tem centro no ponto $\mathbf{C}(5, -1)$. Calcule o raio da circunferência $\mathbf{S}_2$.

27 λ_1 e λ_2 são duas circunferências concêntricas, com λ_1 interna à λ_2. Sabendo que a equação de λ_1 é $x^2 + y^2 - 6x - 8y = 0$ e que a área do anel circular formado por λ_1 e λ_2 é igual a 24π, determine a equação de λ_2 na forma geral.

29 Capítulo Secções cônicas

Considere as seguintes situações:

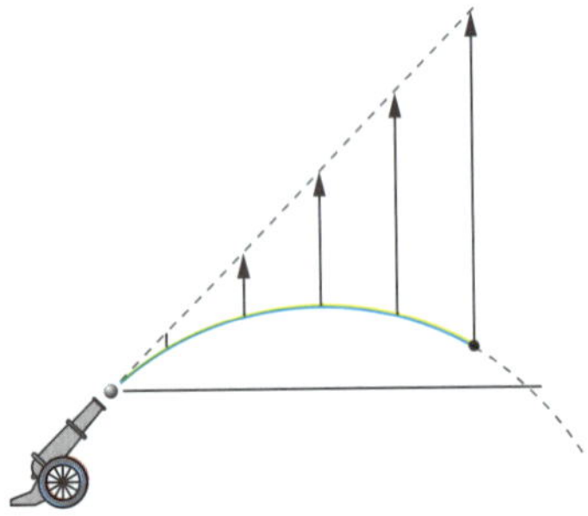

A trajetória de um projétil, em queda livre, é um arco de *parábola*.

Os planetas giram em torno do Sol numa trajetória cuja forma é uma *elipse*.

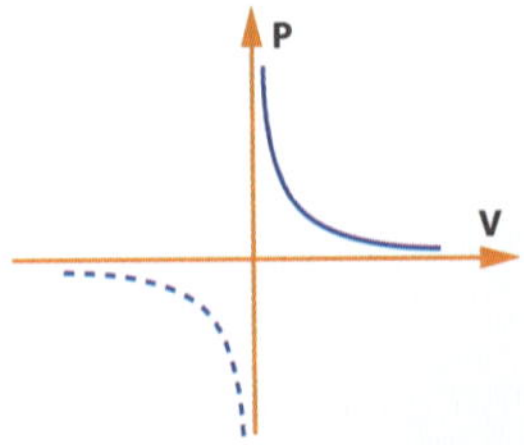

O gráfico que relaciona pressão e volume de um gás a temperatura constante, como o da figura, é uma *hipérbole*.

Veja mais algumas situações em que aparecem a parábola, a elipse e a hipérbole:

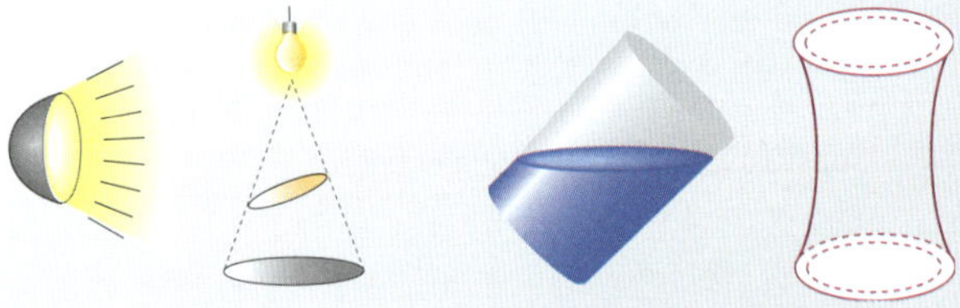

1. Parábola

Origem

Vamos considerar um cone circular reto seccionado por um plano paralelo à geratriz, como mostram os desenhos seguintes:

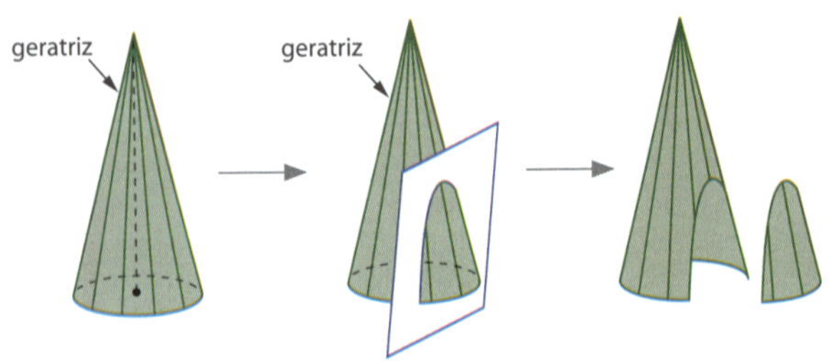

Nesse caso, dizemos que foi obtida uma secção cônica chamada *parábola*.

Definição e elementos

Inicialmente consideremos, no plano do papel, uma reta **d** e um ponto **F** que não pertence a ela.

Vamos marcar, agora, uma série de pontos que estão a uma mesma distância do ponto fixado **F** e da reta **d**. Na prática, isso pode ser feito com o auxílio de uma régua, um esquadro, lápis, alfinete e barbante.

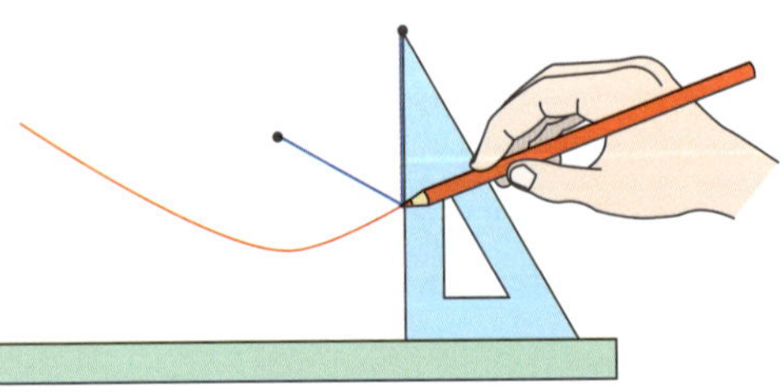

Construindo o gráfico ponto a ponto teremos:

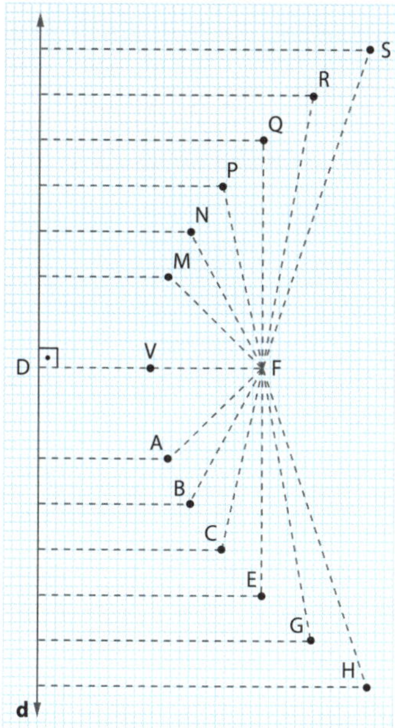

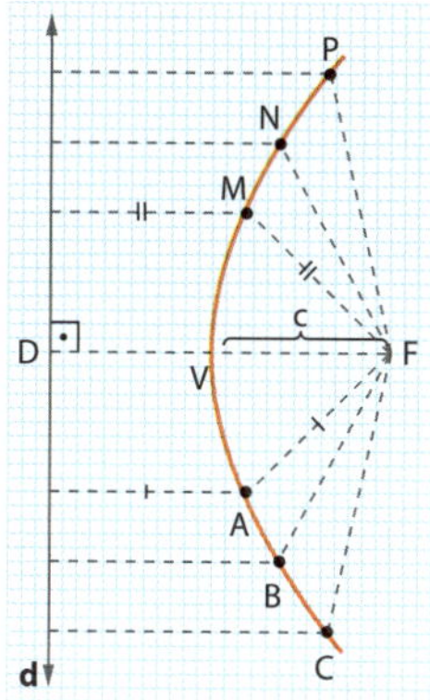

A parábola é o conjunto de todos os pontos do plano que estão à mesma distância de **F** e **d**.

> **Fique atento**
>
> - $VF = \frac{FD}{2} = \frac{p}{2} = c$
> - Todo ponto da parábola tem essa propriedade e todo ponto do plano que possui essa propriedade pertence à parábola.

Na figura devemos destacar:

- o ponto **F**, foco da parábola;
- a reta **d**, diretriz da parábola;
- o ponto **V**, vértice da parábola (ponto médio de $\overline{FD}$, distância de **F** até **d**);
- a reta que passa por **F**, perpendicular à diretriz **d**, que se chama eixo de simetria da parábola;
- a medida de $\overline{FD}$, parâmetro (**p**) da parábola.

Assim, definimos que parábola é o lugar geométrico dos pontos do plano que distam igualmente de uma reta fixa **d**, chamada *diretriz*, e de um ponto fixo **F**, não pertencente à diretriz, chamado *foco*.

Equação da parábola

A partir do foco (**F**) e da diretriz (**d**), podemos chegar à equação da parábola formada por todos os pontos **P**(x, y) do plano tal que d(P, F) = d(P, d).

Vamos determinar, por exemplo, a equação da parábola que tem como diretriz a reta de equação x = −4 e como foco o ponto **F**(6, 2):

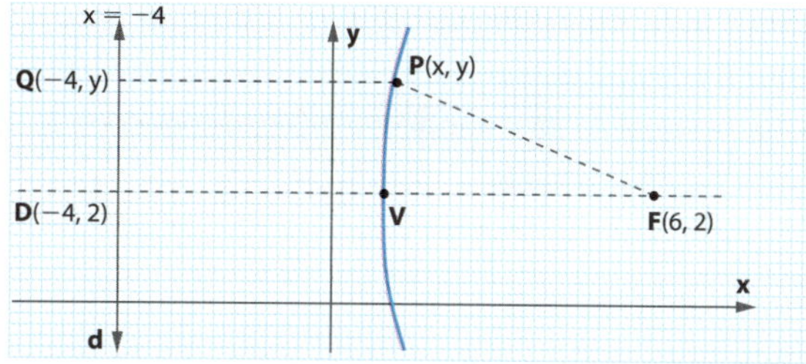

Nesse caso, o vértice é o ponto médio do segmento FD, no qual **F**(6, 2) e **D**(−4, 2):

$$\mathbf{V}\left(\frac{6-4}{2}, \frac{2+2}{2}\right) \Rightarrow \mathbf{V}(1, 2)$$

Pela distância de **V** até **F** encontramos o valor de **c**:

$$c = \sqrt{(6-1)^2 + (2-2)^2} = 5$$

Os pontos **P**(x, y) da parábola são tal que d(P, F) = d(P, Q), em que **Q**(−4, y):

$$d(P, F) = d(P, Q) \Rightarrow \sqrt{(x-6)^2 + (y-2)^2} =$$

$$= \sqrt{(x+4)^2 + (y-y)^2} \Rightarrow (x-6)^2 + (y-2)^2 = (x+4)^2 \Rightarrow$$

$$\Rightarrow (y-2)^2 = (x+4)^2 - (x-6)^2 =$$

$$= \cancel{x^2} + 8x + 16 - \cancel{x^2} + 12x - 36 = 20x - 20 \Rightarrow$$

$$\Rightarrow (y-2)^2 = 20(x-1)$$

Observemos que na equação obtida aparecem as coordenadas do vértice $x_V = 1$ e $y_V = 2$ e também o valor c = 5:

$$(y - 2)^2 = 20(x - 1)$$

(2 → y_V; 20 → $4 \cdot 5$ → c; 1 → x_V)

Reciprocamente, a partir da equação da parábola, $(y-2)^2 = 20(x-1)$, podemos chegar ao vértice e ao valor de **c** (distância de **V** a **F** ou de **V** à diretriz **d**) e, daí, ao foco e à diretriz:

$$(y-2)^2 = 20(x-1) = 4 \cdot 5(x-1)$$

em que **V**(1, 2) e c = 5.

Esboçando o gráfico, vem:

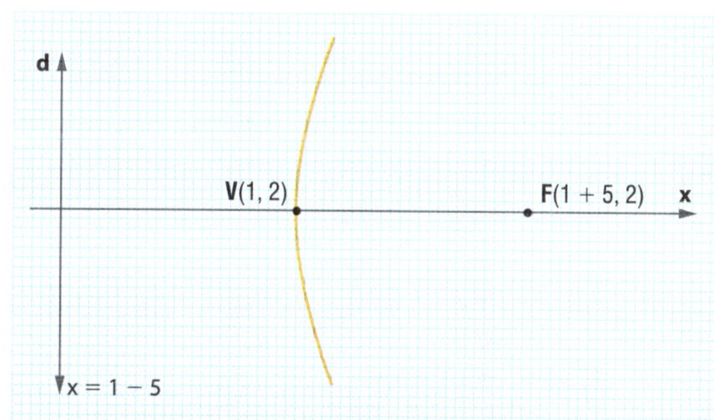

Logo, **F**(6, 2) e diretriz x = −4.

Generalizando, podemos dizer que a partir do foco e da diretriz é possível determinar o vértice $\mathbf{V}(x_V, y_V)$ e o valor de **c** e, daí, a equação da parábola e a posição correspondente. Veja os casos possíveis:

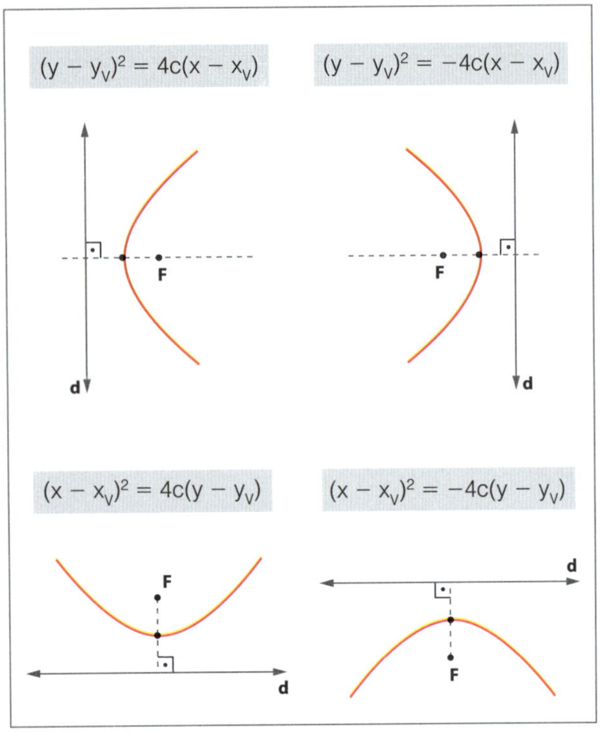

Para refletir
Quando estudamos a parábola como gráfico de uma função quadrática, não havia possibilidade de o eixo de simetria ser horizontal. Por quê?

Devemos lembrar que vale a recíproca: a partir da equação da parábola podemos chegar ao vértice e ao valor de **c** e, daí, ao foco e à diretriz.

Observação: No capítulo 5, estudamos as funções quadráticas $y = ax^2 + bx + c$, cujos gráficos foram chamados de parábolas. Na verdade aquelas parábolas e as estudadas neste capítulo são as mesmas, pois quando usamos a técnica de completar quadrados podemos transformar qualquer equação do tipo $y = ax^2 + bx + c$ em uma do tipo $(x - x_V)^2 = \pm 4c(y - y_V)$.

Fique atento
Cuidado, o **c** de $y = ax^2 + bx + \mathbf{c}$ não é o mesmo **c** de $y - y_V = \pm 4\mathbf{c}(x - x_V)^2$.

Exemplos de aplicação

1 Determine a equação da parábola de foco $\mathbf{F}(0, -5)$ e diretriz $y = 5$.

1ª maneira:

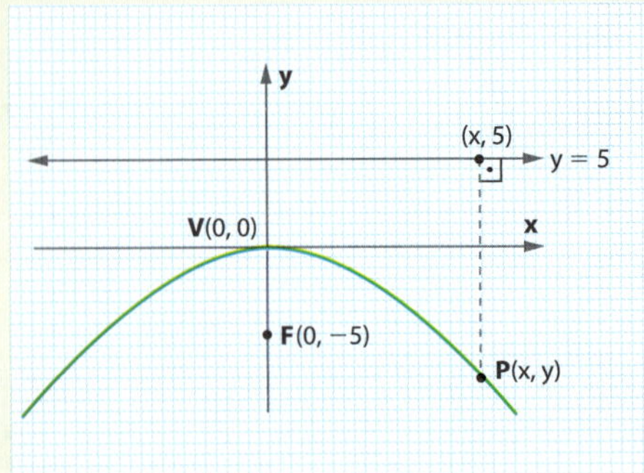

Usando a propriedade de todo ponto $\mathbf{P}(x, y)$ da parábola, temos:

$d(P, F) = \sqrt{(x - 0)^2 + (y + 5)^2} = \sqrt{x^2 + (y + 5)^2}$

A distância de **P** à reta $y = 5$ é igual a distância de **P** até $(x, 5)$, que é igual a $\sqrt{(x - x)^2 + (y - 5)^2}$.

Como as distâncias são iguais, temos:

$x^2 + (y + 5)^2 = 0^2 + (y - 5)^2 \Rightarrow$

$\Rightarrow x^2 + \cancel{y^2} + 10y + \cancel{25} = \cancel{y^2} - 10y + \cancel{25} \Rightarrow$

$\Rightarrow x^2 = -20y$

2ª maneira:

$\mathbf{F}(0, -5)$ está no eixo **y**, $y = 5$ é paralela ao eixo **x** e $\mathbf{V}(0, 0)$.

A distância de **F** a **V** é:

$c = \sqrt{0^2 + (-5)^2} = 5$

Usando diretamente a fórmula, temos:

$(x - x_V)^2 = -4c(y - y_V) \Rightarrow$

$\Rightarrow (x - 0)^2 = -4 \cdot 5(y - 0) \Rightarrow x^2 = -20y$

Logo, a equação é $x^2 = -20y$.

2 **Determine o foco e a diretriz da parábola de equação $y^2 = 5x$.**

Podemos escrever $y^2 = 5x$ como

$(y - 0)^2 = 4 \cdot \frac{5}{4}(x - 0)$.

A distância do vértice $(0, 0)$ ao foco é $c = \frac{5}{4}$.

Logo, $\mathbf{F}\left(\frac{5}{4}, 0\right)$ e a diretriz é $x = -\frac{5}{4}$.

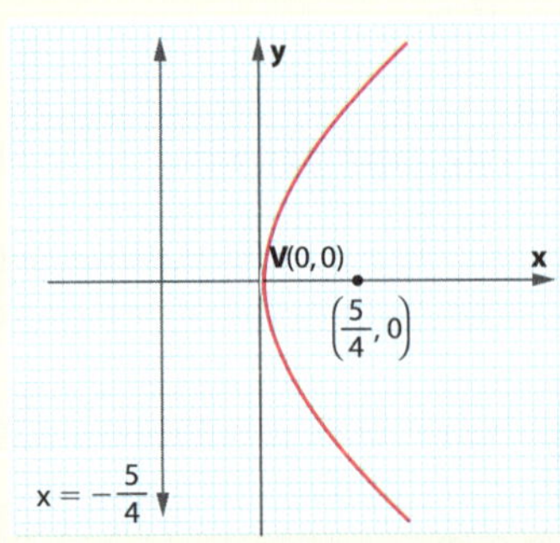

3 **Se uma parábola tem como equação $x^2 - 4x - 12y - 8 = 0$, determine as coordenadas do vértice, as coordenadas do foco, a equação da reta diretriz da parábola e a equação do eixo de simetria.**

Completando os quadrados perfeitos, temos:

$x^2 - 4x - 12y - 8 = 0 \Rightarrow x^2 - 4x = 12y + 8 \Rightarrow$

$\Rightarrow x^2 - 4x + \ldots 4 \ldots = 12y + 8 + \ldots 4 \ldots \Rightarrow$

$\Rightarrow \underbrace{x^2 - 4x + 4} = \underbrace{12y + 12} \Rightarrow$

$\Rightarrow \quad (x - 2)^2 \quad = 12(y + 1) \Rightarrow (x - 2)^2 = 4 \cdot 3(y + 1)$

em que $x_V = 2$, $y_V = -1$ e $c = 3$

Fazendo um esboço do gráfico, vem:

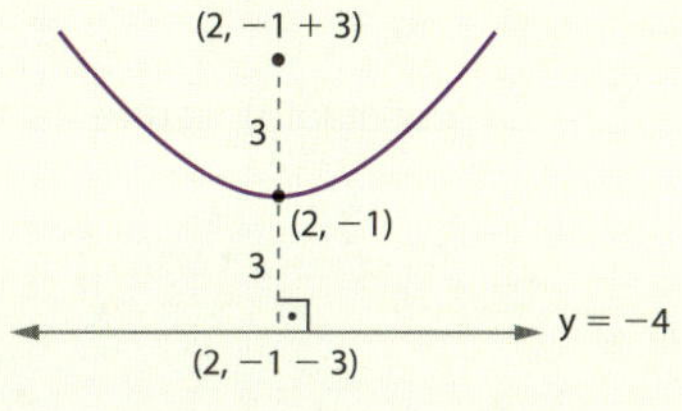

Logo, **V**(2, −1), **F**(2, 2), a diretriz é $y = -4$ e o eixo de simetria é $x = 2$.

4 **Determine a equação, o foco F e a diretriz d da parábola com vértice V(−2, −3), sabendo que o foco está no quarto quadrante, d é paralela ao eixo y e o parâmetro, p, é 8.** Temos:

$p = 8$ indica que $c = 4$, pois $c = \dfrac{p}{2}$.

As informações do problema levam a um esboço do gráfico:

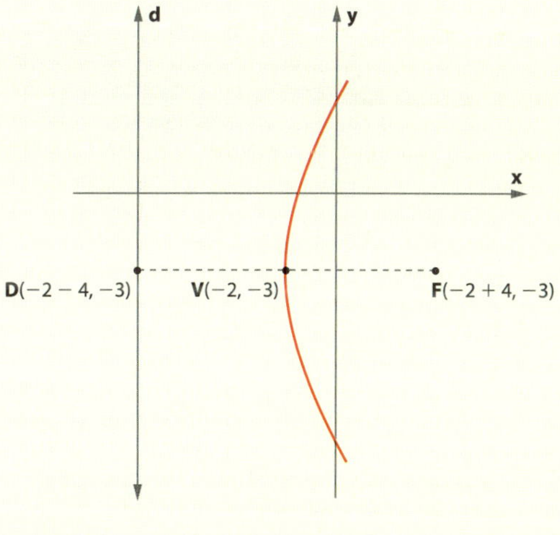

A posição da parábola indica que a equação é da forma $(y - y_V)^2 = 4c(x - x_V)$.

Daí, vem:

V(−2, −3)

$c = 4$

F(−2 + 4, −3) ⇒ **F**(2, −3)

D(−2 − 4, −3) ⇒ **D**(−6, −3)

diretriz $x = -6$

Substituindo as informações na fórmula, temos:

$(y - y_V)^2 = 4c(x - x_V) \Rightarrow (y + 3)^2 = 4 \cdot 4(x + 2) \Rightarrow$

$\Rightarrow (y + 3)^2 = 16(x + 2)$

Logo, a parábola tem equação $(y + 3)^2 = 16(x + 2)$, **F**(2, −3) e diretriz $x = -6$.

5 **Determine a equação da parábola com eixo de simetria perpendicular ao eixo x, vértice no ponto V(0, 4) e que passa pelo ponto P(2, 1).**

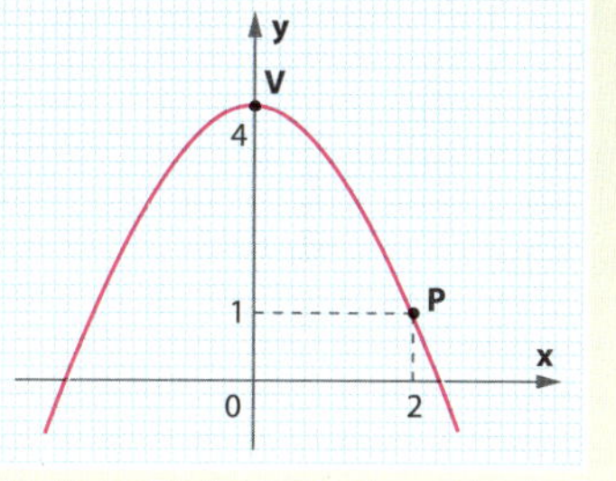

$(x - x_V)^2 = -4c(y - y_V)$

Substituindo $x_V = 0$ e $y_V = 4$ na equação, temos:

$(x - 0)^2 = -4c(y - 4) \Rightarrow x^2 = -4c(y - 4)$

Como a parábola passa por **P**(2, 1), vem:

$2^2 = -4c(1 - 4) \Rightarrow 12c = 4 \Rightarrow c = \dfrac{1}{3}$

Logo, a equação da parábola é $x^2 = -\dfrac{4}{3}(y - 4)$.

Exercícios

1 Determine a equação da parábola de foco **F** e diretriz **d** nos seguintes casos:

a) **F**(9, 0) e **d**: $x = -9$
b) **F**(0, −6) e **d**: $y = 6$
c) **F**(0, 7) e **d**: $y = -7$
d) **F**(−5, 0) e **d**: $x = 5$

2 Determine o foco, o vértice e a diretriz da parábola, a partir das equações:

a) $y^2 = 28x$
b) $x^2 = -4y$
c) $x^2 = 10y$
d) $y^2 = -16x$

3 Encontre as coordenadas do vértice, as coordenadas do foco, a equação da reta diretriz e a equação do eixo de simetria das parábolas de equações:

a) $y^2 - 6y - 12x + 21 = 0$
b) $x^2 - 2x - y + 4 = 0$

4 A parábola de equação $x^2 - 6x + y + 8 = 0$ intersecta o eixo **x** nos pontos **A** e **B**. Sendo **V** o vértice da parábola, determine a área do triângulo VAB.

5 Determine a equação das parábolas:

a) de vértice **V**(−1, 4), eixo paralelo ao eixo **y** e que passa pelo ponto **A**(3, 0);
b) de vértice **V**(4, 2) e foco **F**(4, 5).

2. Elipse

objeto digital

Origem

Vamos considerar um cone circular reto.

Utilizando um plano inclinado em relação ao eixo e que intersecte todas as geratrizes do cone, faremos um corte como mostram os desenhos seguintes:

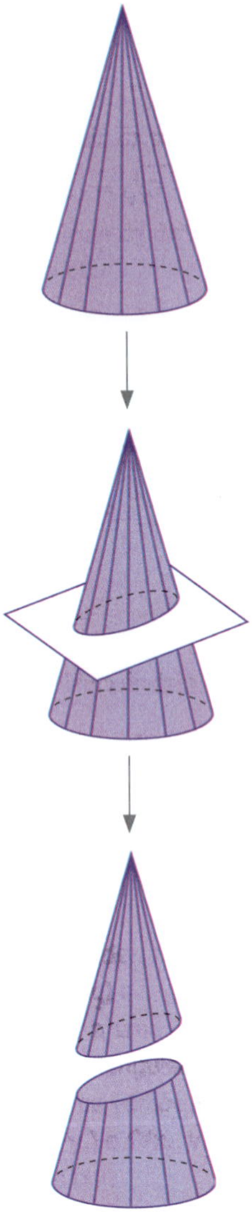

Você sabia?
Se o plano for paralelo ao plano da base, obtemos uma circunferência, que também é uma secção cônica.

Nesse caso, a secção cônica obtida é chamada *elipse*.

Definição e elementos

Consideremos, inicialmente, no plano do papel, dois pontos fixos $\mathbf{F_1}$ e $\mathbf{F_2}$ tal que a distância entre eles seja 2c.

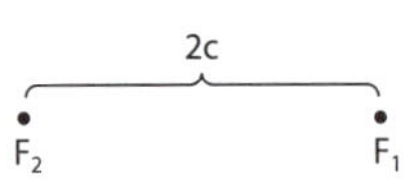

Imagine que vamos marcar uma série de pontos tal que a soma de suas distâncias aos pontos fixos $\mathbf{F_1}$ e $\mathbf{F_2}$ seja sempre constante e maior do que 2c. Na prática, isso pode ser feito com o auxílio de um lápis, dois alfinetes e barbante.

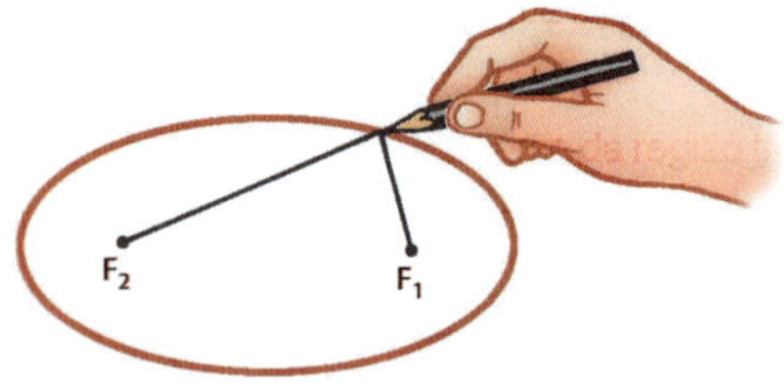

Construindo o gráfico ponto a ponto teremos:

$AF_1 + AF_2 = BF_1 + BF_2 = CF_1 + CF_2 = ... = JF_1 + JF_2 = ... =$
$= LF_1 + LF_2 = ... = 2a$ (constante), sendo $2a > 2c$

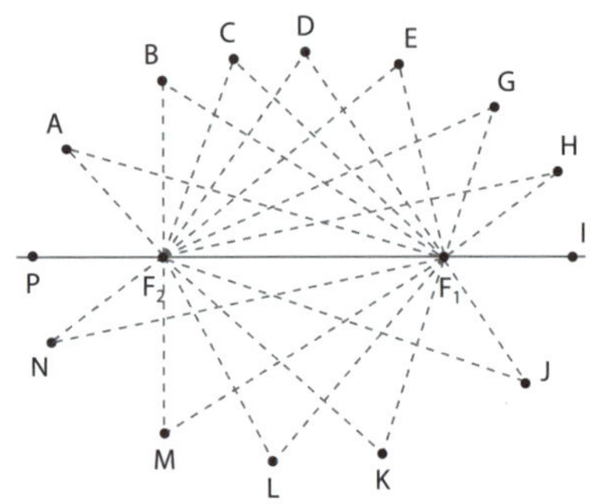

A elipse é o conjunto de todos os pontos do plano que satisfazem essa propriedade.

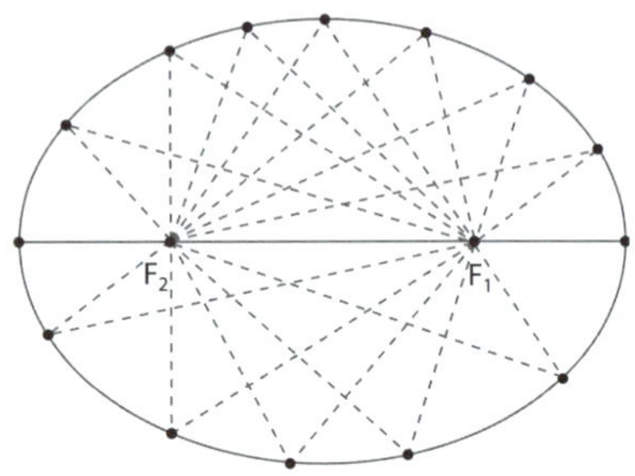

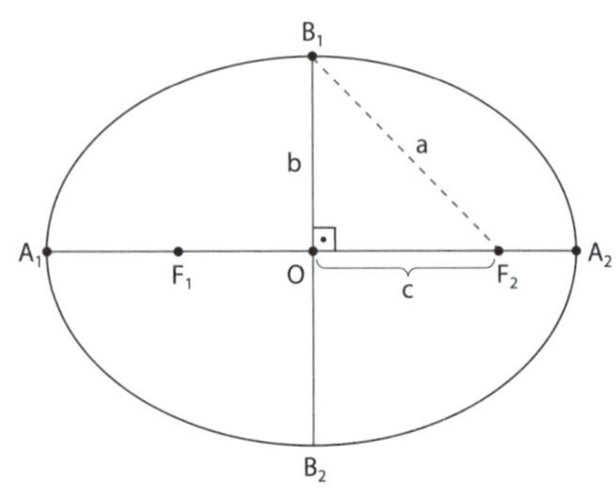

Assim, definimos que elipse é o lugar geométrico dos pontos de um plano tal que a soma de suas distâncias a dois pontos fixos, denominados focos, $\mathbf{F_1}$ e $\mathbf{F_2}$, seja constante, igual a 2a e maior que a distância entre os focos ($2a > 2c$).

Na figura, temos:

- F_1 e F_2 são focos da elipse e a distância entre eles é a distância focal (2c);
- $\overline{A_1A_2}$ é o eixo maior da elipse e sua medida é a soma que consta da definição (2a);
- $\overline{B_1B_2}$ é o eixo menor da elipse cuja medida é 2b;
- **O** é o centro da elipse (intersecção dos eixos da elipse e ponto médio de $\overline{F_1F_2}$, $\overline{A_1A_2}$ e $\overline{B_1B_2}$);
- o número $e = \frac{c}{a}$ chama-se *excentricidade* da elipse ($0 < e < 1$).

Observações:

1ª) $\overline{B_1F_2} \cong \overline{OA_2}$, pois ambos têm medida **a**.

2ª) No $\triangle B_1OF_2$ podemos notar que $b^2 + c^2 = a^2$. Essa relação é fundamental na determinação dos elementos da elipse.

Você sabia?
A excentricidade indica quanto a elipse se aproxima de um segmento ou de uma circunferência, conforme seu valor se aproxima de 1 ou de 0, respectivamente.

Equação da elipse

Vamos inicialmente considerar a elipse com as extremidades do eixo maior nos pontos $A_1(-a, 0)$ e $A_2(a, 0)$, do eixo menor em $B_1(0, b)$ e $B_2(0, -b)$ e, consequentemente, o centro em $O(0, 0)$.

Consideremos um ponto $P(x, y)$ qualquer da curva. Pela definição observamos que:

$$PF_1 + PF_2 = A_1F_1 + A_1F_2 = A_1A_2 = 2a$$

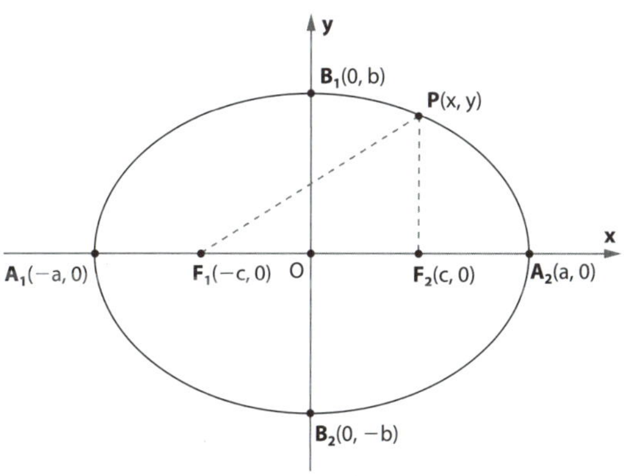

Daí, temos:

$PF_2 + PF_1 = 2a \Rightarrow$

$$\Rightarrow \sqrt{(x-c)^2 + (y-0)^2} + \sqrt{(x+c)^2 + (y-0)^2} = 2a$$

E, desenvolvendo essa igualdade e substituindo $a^2 - c^2$ por $\mathbf{b^2}$ (relação fundamental da elipse), obtemos:

$$\frac{x^2}{a^2} + \frac{y^2}{b^2} = 1$$

Para refletir
Experimente desenvolver essa igualdade.

em que $a = OA_1 = OA_2$, $c = OF_1 = OF_2$ e **b** é tal que $b^2 = a^2 - c^2$. Essa equação é denominada *equação reduzida da elipse* de focos no eixo **x** e centro na origem.

Vejamos agora:

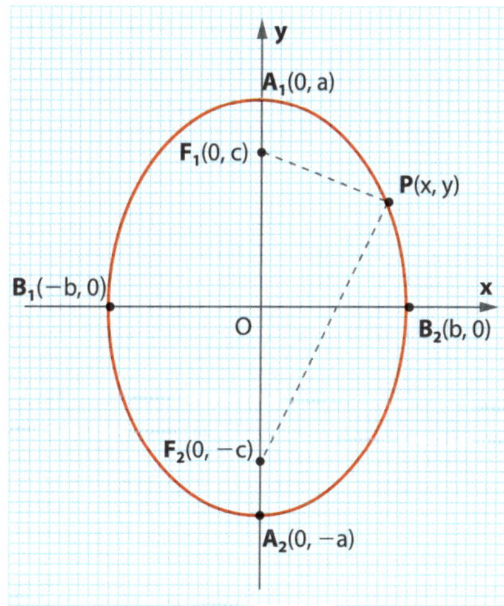

Se os focos da elipse estão sobre o eixo **y** e o centro na origem, conforme a figura, a equação reduzida da elipse é dada por:

$$\frac{x^2}{b^2} + \frac{y^2}{a^2} = 1$$

Fique atento
A recíproca é verdadeira: equações da forma $\frac{x^2}{a^2} + \frac{y^2}{b^2} = 1$, com $a \neq b$, representam elipses, ou seja, apenas os pontos de uma elipse satisfazem essa equação.

Analogamente, chegamos às equações da elipse com centro qualquer. Assim, temos as seguintes equações, considerando o centro um ponto qualquer, $O(x_0, y_0)$, e os eixos paralelos aos eixos **x** e **y**:

1ª) $\overline{F_1F_2}$ é paralelo ao eixo **x**, $a = OA_1$, $b = OB_1$ e $a > b$.

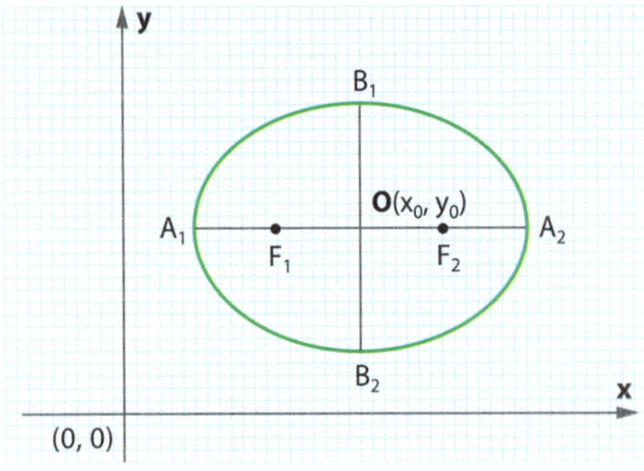

$$\frac{(x - x_0)^2}{a^2} + \frac{(y - y_0)^2}{b^2} = 1$$

2ª) $\overline{F_1F_2}$ é paralelo ao eixo **x**, $a = OA_1$, $b = OB_1$ e $a > b$.

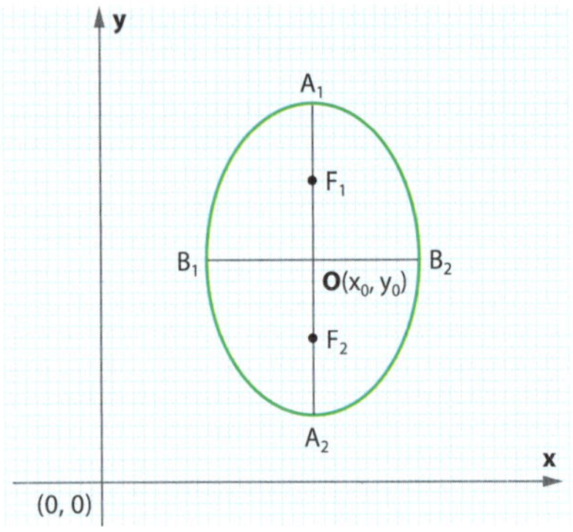

$$\frac{(x - x_0)^2}{b^2} + \frac{(y - y_0)^2}{a^2} = 1$$

Exemplos de aplicação

1 Determine a equação da elipse de focos $F_1(3, 0)$ e $F_2(-3, 0)$ e vértices, que são as extremidades do eixo maior, $A_1(5, 0)$ e $A_2(-5, 0)$.

Pelos dados do problema, os focos estão no eixo **x** e temos $a = 5$ e $c = 3$.

$a^2 = b^2 + c^2 \Rightarrow 25 = b^2 + 9 \Rightarrow b^2 = 16$

Nesse caso, a equação reduzida é:

$$\frac{x^2}{a^2} + \frac{y^2}{b^2} = 1 \Rightarrow \frac{x^2}{25} + \frac{y^2}{16} = 1$$

Logo, a equação procurada é $\frac{x^2}{25} + \frac{y^2}{16} = 1$.

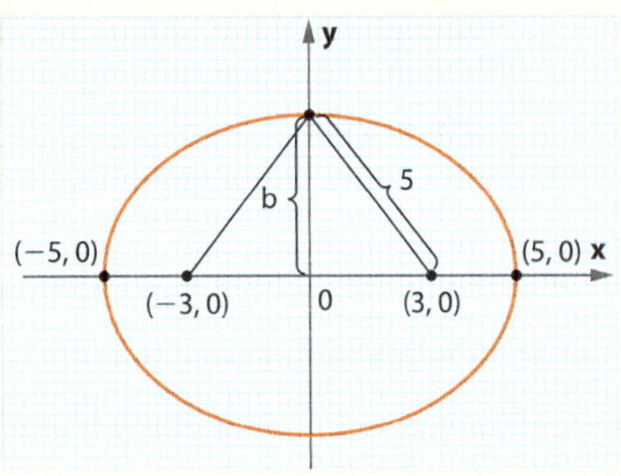

2 Conhecendo os focos $F_1(0, \sqrt{3})$ e $F_2(0, -\sqrt{3})$ e a excentricidade $e = \frac{1}{2}$, determine a equação da elipse.

De acordo com os dados do problema, temos:

$c = \sqrt{3}$

$e = \frac{c}{a} = \frac{1}{2} \Rightarrow a = 2c = 2\sqrt{3}$

$a^2 = b^2 + c^2 \Rightarrow (2\sqrt{3})^2 = b^2 + (\sqrt{3})^2 \Rightarrow 12 = b^2 + 3 \Rightarrow$

$\Rightarrow b^2 = 9$

Segundo os dados do problema, os focos estão localizados no eixo **y**. Assim, vem:

$$\frac{x^2}{b^2} + \frac{y^2}{a^2} = 1 \Rightarrow \frac{x^2}{9} + \frac{y^2}{12} = 1 \Rightarrow 4x^2 + 3y^2 = 36$$

Logo, a equação procurada é $\frac{x^2}{9} + \frac{y^2}{12} = 1$ ou

$4x^2 + 3y^2 = 36$.

3 Numa elipse, as extremidades do eixo maior são os pontos $A_1(6, 0)$ e $A_2(-6, 0)$. Sabendo que a elipse passa pelo ponto $P(3, 2)$, determine sua equação.

Pelos dados do problema temos $a = 6$.

Como o eixo maior está sobre o eixo **x**, temos:

$$\frac{x^2}{a^2} + \frac{y^2}{b^2} = 1 \Rightarrow \frac{x^2}{36} + \frac{y^2}{b^2} = 1$$

Como a elipse passa pelo ponto $P(3, 2)$, temos:

$$\frac{9}{36} + \frac{4}{b^2} = 1 \Rightarrow \frac{1}{4} + \frac{4}{b^2} = 1 \Rightarrow \frac{4}{b^2} = 1 - \frac{1}{4} \Rightarrow$$

$$\Rightarrow \frac{4}{b^2} = \frac{3}{4} \Rightarrow b^2 = \frac{16}{3}$$

Substituindo na equação original, vem:

$$\frac{x^2}{36} + \frac{y^2}{\frac{16}{3}} = 1 \Rightarrow \frac{x^2}{36} + \frac{3y^2}{16} = 1 \Rightarrow 4x^2 + 27y^2 = 144$$

Logo, a equação procurada é $\frac{x^2}{36} + \frac{3y^2}{16} = 1$ ou

$4x^2 + 27y^2 = 144$.

4 A equação $5x^2 + 9y^2 - 20x - 18y - 16 = 0$ representa uma elipse de eixo maior paralelo ao eixo **x**. Determine o centro e os focos dessa elipse.

Como $\overline{A_1A_2}$ é paralelo ao eixo **x**, devemos escrever a equação na forma:

$$\frac{(x - x_0)^2}{a^2} + \frac{(y - y_0)^2}{b^2} = 1$$

Desenvolvendo a equação dada, temos:

$5x^2 + 9y^2 - 20x - 18y - 16 = 0 \Rightarrow$

$\Rightarrow 5x^2 - 20x + 9y^2 - 18y = 16 \Rightarrow$

$\Rightarrow 5(x^2 - 4x) + 9(y^2 - 2y) = 16 \Rightarrow$

$$\Rightarrow 5(x^2 - 4x + 4) + 9(y^2 - 2y + 1) = 16 + 20 + 9 \Rightarrow$$

$$\Rightarrow 5(x - 2)^2 + 9(y - 1)^2 = 45 \Rightarrow$$

$$\Rightarrow \frac{(x - 2)^2}{9} + \frac{(y - 1)^2}{5} = 1$$

Da equação, concluímos que:

centro: **O**(2, 1)

$a^2 = 9 \Rightarrow a = 3$

$b^2 = 5 = b = \sqrt{5}$

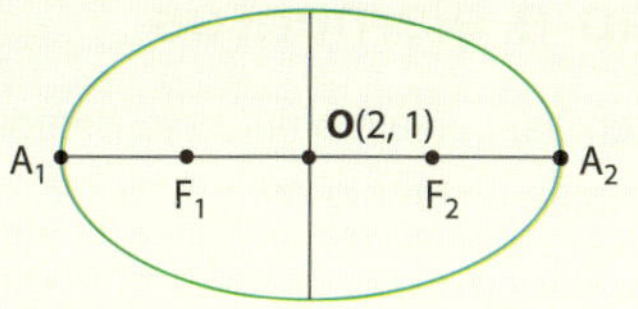

Fazendo $c^2 = a^2 - b^2$, vem:

$c^2 = 9 - 5 = 4 \Rightarrow c = 2$

Daí, temos:

$\mathbf{F_1}(2 - 2, 1) \Rightarrow \mathbf{F_1}(0, 1)$

$\mathbf{F_2}(2 + 2, 1) \Rightarrow \mathbf{F_2}(4, 1)$

Logo, essa elipse tem centro **O**(2, 1) e focos $\mathbf{F_1}(0, 1)$ e $\mathbf{F_2}(4, 1)$.

5 (UEL-PR) Em uma praça dispõe-se de uma região retangular de 20 m de comprimento por 16 m de largura para construir um jardim. A exemplo de outros canteiros, este deverá ter a forma elíptica e estar inscrito nessa região retangular. Para aguá-lo, serão colocados dois aspersores nos pontos que correspondem aos focos da elipse. Qual será a distância entre os aspersores?

a) 4 m

b) 6 m

c) 8 m

d) 10 m

e) 12 m

» Resolução passo a passo

1. Lendo e compreendendo

a) O que é dado no problema?

São dadas as dimensões de um retângulo (20 m × 16 m) no qual será inscrito um canteiro de forma elíptica. É dito que os aspersores ocupam o lugar dos focos da elipse.

b) O que se pede?

A distância entre os dois aspersores de água do canteiro descrito no enunciado.

2. Planejando a solução

Com as dimensões do retângulo, vamos obter os elementos da elipse que permitirão calcular a distância entre os focos.

3. Executando o que foi planejado

Se a elipse está inscrita em um retângulo de dimensões 20 m × 16 m, então o eixo maior da elipse mede 20 m e o eixo menor mede 16 m. Assim, 2a = 20 e 2b = 16, ou seja, a = 10 e b = 8.

Nas elipses, a distância focal é dada por 2c.

De $a^2 = b^2 + c^2$, obtemos o valor de **c**.

Assim:

$10^2 = 8^2 + c^2 \Rightarrow 100 = 64 + c^2 \Rightarrow c^2 = 36 \Rightarrow c = 6$

Então, a distância focal é 2c = 12 m.

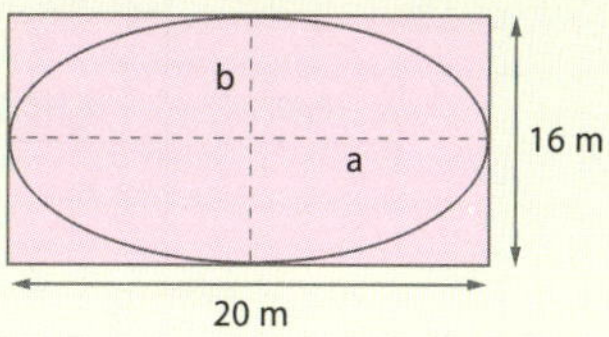

4. Verificando

Se a distância focal for 12 m, então c = 6. Se uma elipse está inscrita num retângulo de 16 m × 20 m, então a = 10 e b = 8. Como $10^2 = 8^2 + 6^2$, então essa distância focal é coerente com a elipse dada. Isso verifica o resultado.

5. Respondendo

A resposta é a alternativa **e**.

6. Ampliando o problema

a) A área de uma elipse é dada pela fórmula $A = \pi \cdot a \cdot b$, em que **a** e **b** são os semieixos maior e menor. Estime a área total desse canteiro em m².

b) **Discussão em equipe**

Qual a importância de uma cidade ter parques, ruas arborizadas, praças bem cuidadas e canteiros de flores?

» Exercícios

objeto digital

6 Determine a equação da elipse conhecendo:

a) os focos $\mathbf{F_1}(3, 0)$ e $\mathbf{F_2}(-3, 0)$ e o comprimento do eixo maior, 8;

b) os vértices $\mathbf{A_1}(5, 0)$ e $\mathbf{A_2}(-5, 0)$ e a excentricidade $e = \frac{\sqrt{5}}{5}$.

7 Determine as coordenadas dos focos, as coordenadas das extremidades do eixo maior e a excentricidade das elipses de equação:

a) $\frac{x^2}{144} + \frac{y^2}{81} = 1$

b) $\frac{x^2}{25} + \frac{y^2}{9} = 1$

8 O eixo maior de uma elipse está contido no eixo **x**. Sabendo que o centro é (0, 0), o comprimento do eixo menor é 6 e a distância focal é 10, determine a equação da elipse.

9 Qual é a medida do eixo maior de uma elipse de equação

$\frac{x^2}{36} + \frac{y^2}{25} = 1$?

10 Quais são as extremidades do eixo menor da elipse de equação $x^2 + 4y^2 - 4x - 8y + 4 = 0$?

11 Dadas as elipses $\frac{x^2}{9} + \frac{y^2}{4} = 1$ e $\frac{(x+3)^2}{8} + \frac{(y-1)^2}{3} = 1$, qual delas tem maior excentricidade?

12 Encontre a equação da elipse abaixo:

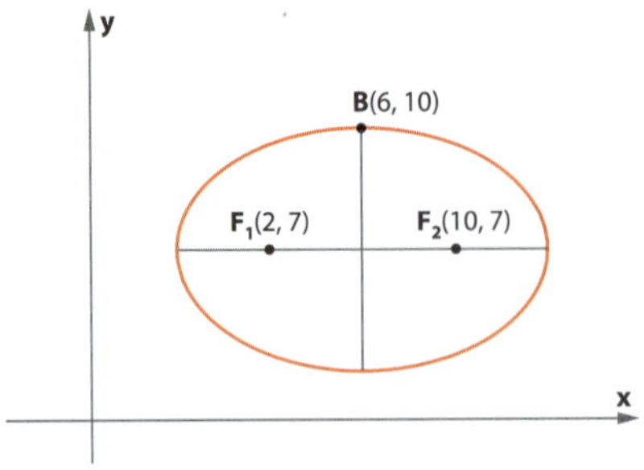

13 A reta $y = ax + 1$ intercepta a elipse $x^2 + 4y^2 = 1$ somente num ponto. Calcule $8a^2$.

objeto digital

3. Hipérbole

Origem

Vamos considerar um cone duplo e um plano qualquer que seccione as duas folhas do cone conforme mostram as figuras:

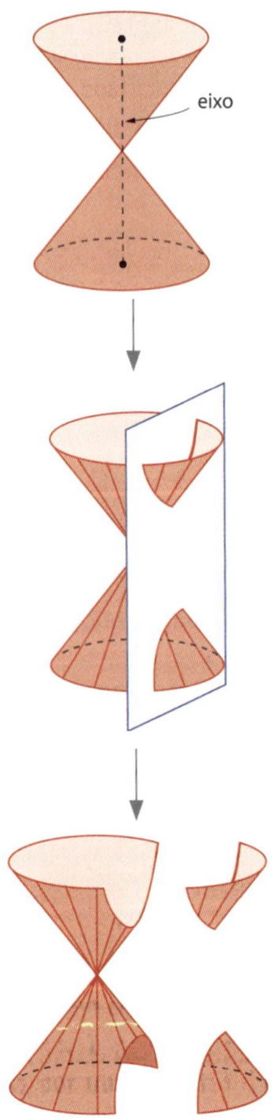

Nesse caso, a secção cônica obtida é denominada *hipérbole*.

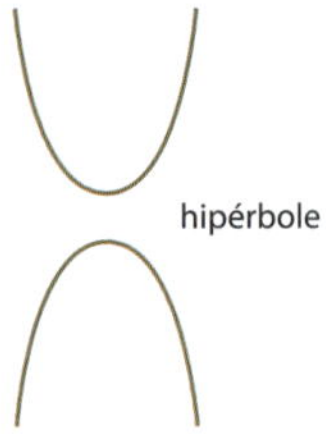

Definição e elementos

Consideremos, inicialmente, dois pontos fixos, $\mathbf{F_1}$ e $\mathbf{F_2}$, de um plano cuja distância $d(F_1, F_2) = 2c$.

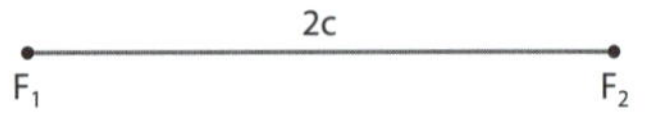

Imagine que vamos marcar uma série de pontos no plano tal que a diferença (em módulo) de suas distâncias aos pontos fixos $\mathbf{F_1}$ e $\mathbf{F_2}$ seja sempre constante e menor que 2c. Na prática, isso pode ser feito com o auxílio de régua, lápis, alfinetes e barbante.

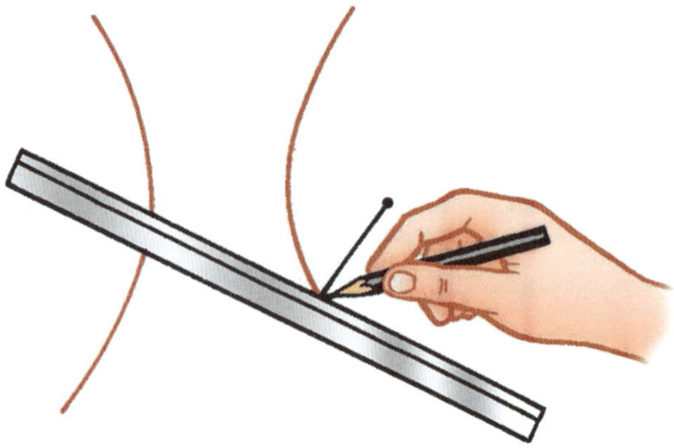

Construindo o gráfico ponto a ponto, teremos:

$|AF_1 - AF_2| = |BF_1 - BF_2| = |CF_1 - CF_2| = ... =$
$= |TF_1 - TF_2| = 2a$ (constante), com $2a < 2c$

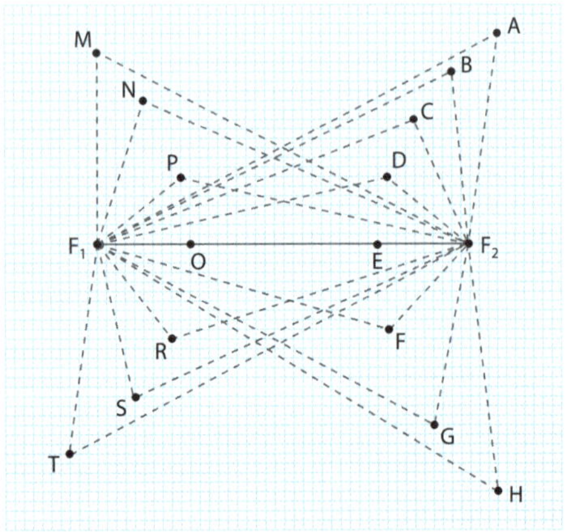

O conjunto de todos os pontos do plano com essa propriedade chama-se *hipérbole*.

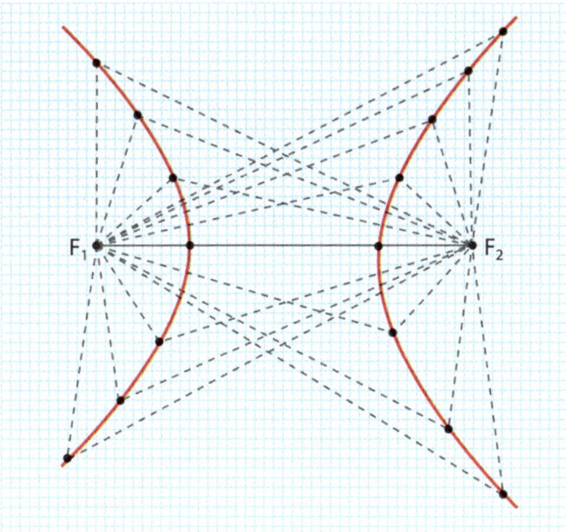

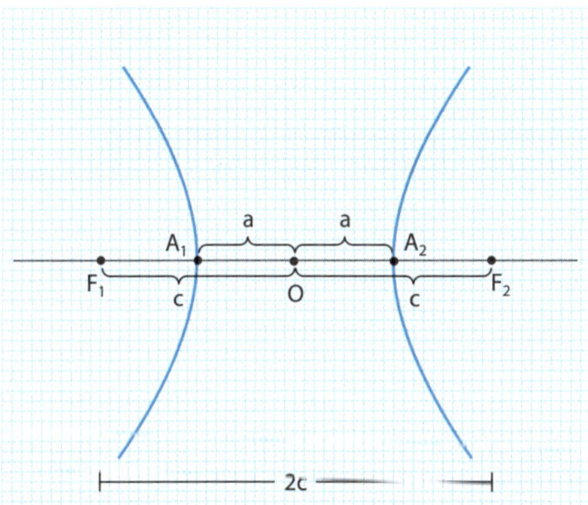

Assim, definimos que hipérbole é o lugar geométrico dos pontos **P**(x, y) de um plano tal que a diferença (em módulo) de suas distâncias a dois pontos fixos $\mathbf{F_1}$ e $\mathbf{F_2}$ é constante ($2a < 2c$), com $F_1F_2 = 2c$.

Na figura, temos:

- $\mathbf{F_1}$ e $\mathbf{F_2}$, os focos da hipérbole, sendo $F_1F_2 = 2c$ a distância focal;
- $\mathbf{A_1}$ e $\mathbf{A_2}$, os vértices da hipérbole, sendo $A_1A_2 = A_1F_2 - A_1F_1 = 2a$ (constante da definição);
- **O**, o centro da hipérbole (ponto médio de $\overline{F_1F_2}$ e de $\overline{A_1A_2}$);
- o número $e = \dfrac{c}{a}$, que é a excentricidade da hipérbole (note que $e > 1$, pois $c > a$).

Observação: Considerando uma hipérbole de focos $\mathbf{F_1}$ e $\mathbf{F_2}$ e vértices $\mathbf{A_1}$ e $\mathbf{A_2}$, vimos que $F_1F_2 = 2c$ e $A_1A_2 = 2a$. Então, $OF_2 = c$ e $OA_2 = a$.

Fique atento
Quanto mais próximo de 1 for a excentricidade, mais a hipérbole se aproxima de duas retas paralelas (perpendiculares ao eixo real). E se a excentricidade for cada vez maior, tendendo ao infinito, a hipérbole se aproxima de duas semirretas opostas (com origem em $\mathbf{A_1}$ e $\mathbf{A_2}$).

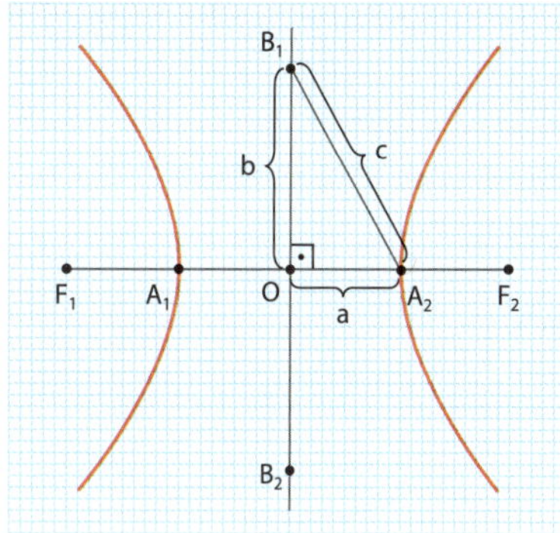

Seja $\mathbf{B_1}$ um ponto da mediatriz de $\overline{A_1A_2}$ tal que o triângulo B_1OA_2 seja retângulo em **O**, com o cateto $\overline{OA_2}$ medindo **a** e a hipotenusa $\overline{B_1A_2}$ medindo **c**. Assim, chamando de **b** a medida do cateto $\overline{OB_1}$, temos $a^2 + b^2 = c^2$ ou $b^2 = c^2 - a^2$.

Você sabia?

- Nas mesmas condições de $\mathbf{B_1}$ existe $\mathbf{B_2}$, sobre a mediatriz de $\overline{A_1A_2}$, tal que $B_1B_2 = 2b$.
- $\overline{A_1A_2}$ é chamado *eixo real* e $\overline{B_1B_2}$, *eixo imaginário* da hipérbole.

Equação da hipérbole

objeto digital

Consideremos inicialmente a hipérbole da figura, na qual os focos pertencem ao eixo **x** e o centro é a origem **O**(0, 0).

Um ponto **P**(x, y) qualquer da curva deve satisfazer, de acordo com a definição, a seguinte condição:

$$|PF_2 - PF_1| = 2a$$

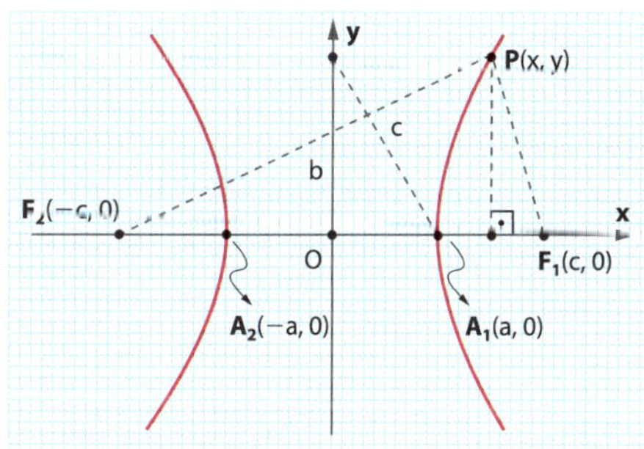

Como $PF_2 = \sqrt{(x + c)^2 + (y - 0)^2}$ e

$PF_1 = \sqrt{(x - c)^2 + (y - 0)^2}$, temos:

$$\left|\sqrt{(x + c)^2 + y^2} - \sqrt{(x - c)^2 + y^2}\right| = 2a \Rightarrow$$

$$\Rightarrow \sqrt{(x + c)^2 + y^2} - \sqrt{(x - c)^2 + y^2} = \pm\, 2a \Rightarrow$$

$$\Rightarrow \sqrt{(x + c)^2 + y^2} = \sqrt{(x - c)^2 + y^2} \pm 2a$$

E, desenvolvendo esta igualdade (começando por elevar os dois lados da igualdade ao quadrado), obtemos:

$$\frac{x^2}{a^2} - \frac{y^2}{b^2} = 1$$

Para refletir
Experimente desenvolvê-la.

em que $a = OA_1 = OA_2$, $c = OF_1 = OF_2$ e **b** é tal que $b^2 = c^2 - a^2$.

Essa fórmula é denominada *equação reduzida da hipérbole*, quando os focos estão sobre o eixo **x** e são equidistantes da origem.

Veja agora:

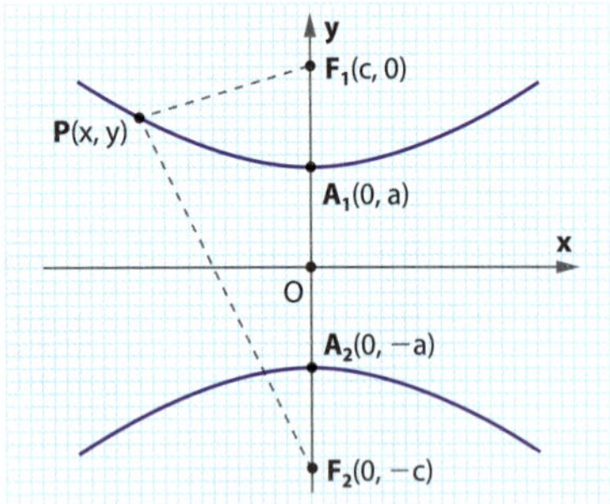

Caso os focos estejam sobre o eixo **y**, a equação reduzida da hipérbole será:

$$\frac{y^2}{a^2} - \frac{x^2}{b^2} = 1$$

Fique atento

A recíproca é verdadeira: equações dessa forma representam hipérboles, ou seja, apenas pontos de uma hipérbole satisfazem essa equação.

Analogamente, podemos generalizar essa equação para um centro qualquer.

Considerando o centro da hipérbole $\mathbf{O}(x_0, y_0)$ e os eixos (real e imaginário) paralelos aos eixos **x** e **y**, temos:

1º) Eixo real paralelo ao eixo **x**:

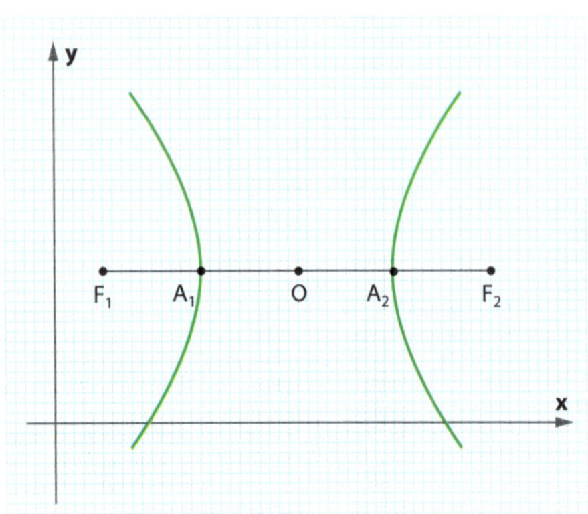

$$\frac{(x - x_0)^2}{a^2} - \frac{(y - y_0)^2}{b^2} = 1$$

2º) Eixo real paralelo ao eixo **y**:

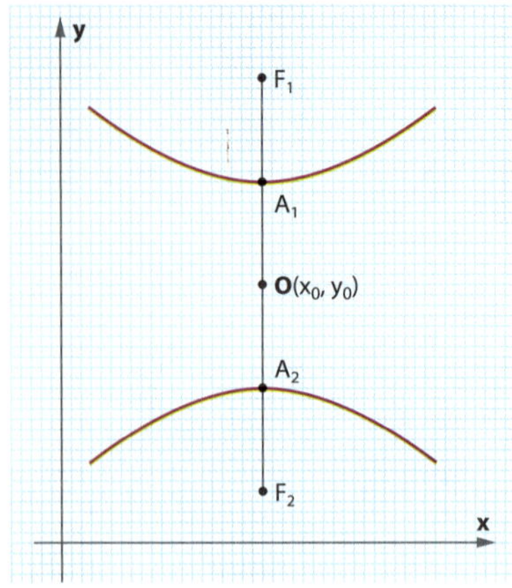

$$\frac{(y - y_0)^2}{a^2} - \frac{(x - x_0)^2}{b^2} = 1$$

Exemplos de aplicação

1 **Determine uma equação da hipérbole de focos $F_1(5, 0)$ e $F_2(-5, 0)$ e de vértices $A_1(3, 0)$ e $A_2(-3, 0)$.**

Pelos dados do problema, temos:

$c = 5$

$a = 3$

$c^2 = a^2 + b^2 \Rightarrow 25 = 9 + b^2 \Rightarrow b^2 = 16$

Como os focos estão sobre o eixo **x**, vem:

$$\frac{x^2}{a^2} - \frac{y^2}{b^2} = 1 \Rightarrow \frac{x^2}{9} - \frac{y^2}{16} = 1 \Rightarrow 16x^2 - 9y^2 = 144$$

Logo, uma equação da hipérbole é $\frac{x^2}{9} - \frac{y^2}{16} = 1$ ou $16x^2 - 9y^2 = 144$.

2 **Determine uma equação da hipérbole de focos $F_1(6, 0)$ e $F_2(-6, 0)$ e de excentricidade igual a $\frac{3}{2}$.**

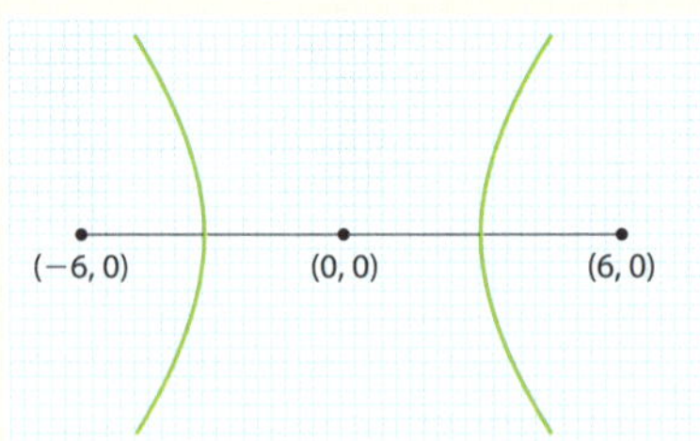

Pelos dados do problema, temos:

$c = 6$

$$e = \frac{3}{2} \Rightarrow \frac{c}{a} = \frac{3}{2} \Rightarrow a = \frac{2c}{3} = \frac{2 \cdot 6}{3} = 4$$

$c^2 = a^2 + b^2 \Rightarrow 36 = 16 + b^2 \Rightarrow b^2 = 20$

Como os focos estão sobre o eixo **x** e $\mathbf{O}(0, 0)$, vem:

$$\frac{x^2}{a^2} - \frac{y^2}{b^2} = 1 \Rightarrow \frac{x^2}{16} - \frac{y^2}{20} = 1 \Rightarrow 5x^2 - 4y^2 = 80$$

Logo, uma equação da hipérbole é $\frac{x^2}{16} - \frac{y^2}{20} = 1$ ou $5x^2 - 4y^2 = 80$.

3 **Determine o centro, os focos e os vértices da hipérbole de equação $3x^2 - y^2 + 18x + 8y + 38 = 0$.**

Transformando inicialmente a equação, temos:

$3x^2 - y^2 + 18x + 8y + 38 = 0 \Rightarrow$

$\Rightarrow 3(x^2 + 6x) - (y^2 - 8y) = -38 \Rightarrow$

$\Rightarrow 3(x^2 + 6x + 9) - (y^2 - 8y + 16) = -38 + 27 - 16 \Rightarrow$

$\Rightarrow 3(x + 3)^2 - 1(y - 4)^2 = -27 \Rightarrow$

$\Rightarrow 1(y - 4)^2 - 3(x + 3)^2 = 27 \Rightarrow$

$\Rightarrow \dfrac{(y - 4)^2}{27} - \dfrac{(x + 3)^2}{9} = 1$

Da equação obtida, vem:

centro: **O**$(-3, 4)$

$a^2 = 27 \Rightarrow a = \sqrt{27} = 3\sqrt{3}$

$b^2 = 9 \Rightarrow b = \sqrt{9} = 3$

$c^2 = a^2 + b^2 = 27 + 9 = 36 \Rightarrow c = 6$

Esboçando o gráfico, temos:

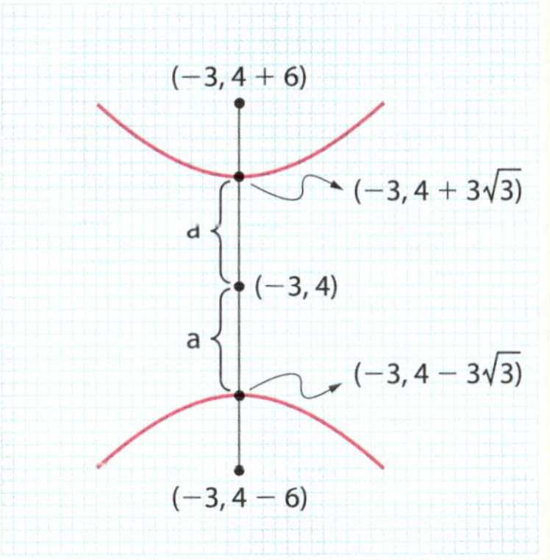

Logo, a hipérbole tem centro **O**$(-3, 4)$, vértices $(-3, 4 + 3\sqrt{3})$ e $(-3, 4 - 3\sqrt{3})$ e focos $(-3, 10)$ e $(-3, -2)$.

4 **Em uma hipérbole de centro O(5, 5), a distância focal é $2c = 6$ e o eixo real $2a = 2$ é paralelo ao eixo x. Determine a equação dessa hipérbole.**

Do enunciado, vem:

Centro: **O**$(5, 5)$

$2c = 6 \Rightarrow c = 3$

$2a = 2 \Rightarrow a = 1$

$b^2 = c^2 - a^2 = 3^2 - 1^2 = 8$

Se o eixo real é paralelo ao eixo **x**, a equação é do tipo:

$\dfrac{(x - x_0)^2}{a^2} - \dfrac{(y - y_0)^2}{b^2} = 1$

Logo, a equação é $\dfrac{(x - 5)^2}{1} - \dfrac{(y - 5)^2}{8} = 1$.

Exercícios

14 Determine a equação da hipérbole, dados:

a) os focos $F_1(8, 0)$ e $F_2(-8, 0)$ e os vértices $A_1(5, 0)$ e $A_2(-5, 0)$;

b) os vértices $A_1(3, 0)$ e $A_2(-3, 0)$ e a distância entre os focos igual a 8;

c) os vértices $A_1(3, 0)$ e $A_2(-3, 0)$ e a excentricidade igual a 2.

15 Determine as coordenadas dos focos, as coordenadas dos vértices e a excentricidade das hipérboles da equações:

a) $4x^2 - 25y^2 = 100$

b) $\dfrac{x^2}{16} - \dfrac{y^2}{25} = 1$

16 Calcule o comprimento do segmento A_1A_2 (os pontos A_1 e A_2 são os vértices) numa hipérbole de equação $4x^2 - 25y^2 = 100$.

17 Calcule o valor de **m** para que a hipérbole de equação $\dfrac{x^2}{m^2} - \dfrac{y^2}{4} = 1$ passe pelo ponto $P(\sqrt{15}, 4)$.

18 Determine a equação da hipérbole cujos focos são $F_1(3, 6)$ e $F_2(3, -6)$ e o eixo imaginário é $2b = 6$.

19 Qual é a distância focal na hipérbole cuja equação é $4x^2 - 25y^2 - 32x - 100y - 136 = 0$?

20 Considere que uma praça foi construída de forma que os gramados são separados do caminho de passeio por dois ramos de uma hipérbole, conforme o esquema abaixo:

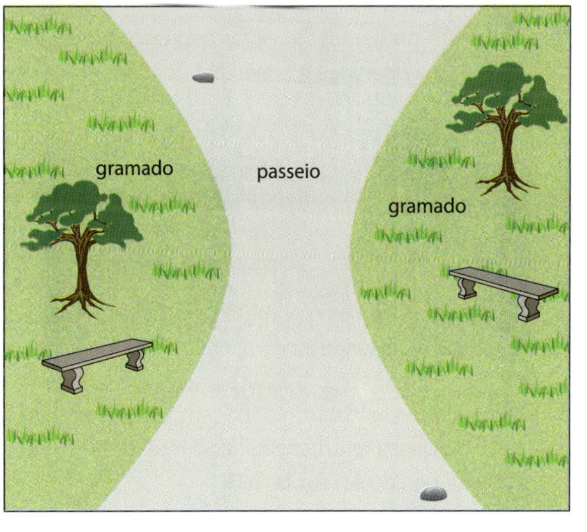

Considere ainda que, de acordo com a origem do sistema de coordenadas adotado pelo arquiteto responsável pela obra, a equação dessa hipérbole seja $\dfrac{(x - 50)^2}{400} - \dfrac{(y - 30)^2}{225} = 1$. A menor largura do passeio dessa praça, em metros, é:

a) 20.

b) 25.

c) 30.

d) 35.

e) 40.

Assíntotas da hipérbole

Vamos considerar a hipérbole $\frac{x^2}{a^2} - \frac{y^2}{b^2} = 1$, de centro na origem e eixo real horizontal.

Isolando **y** nessa equação, obtemos:

$$\frac{y^2}{b^2} = \frac{x^2}{a^2} - 1 \Rightarrow y^2 = \frac{b^2}{a^2}(x^2 - a^2) \Rightarrow y = \pm\frac{b}{a}\sqrt{x^2 - a^2}$$

Vamos observar agora o termo $x^2 - a^2$ que está na raiz quadrada. Nele, **a** é constante, pois é um valor fixo na hipérbole, mas **x** é variável, ou seja, para cada ponto pertencente à hipérbole, **x** assumirá um valor real diferente.

Então, vamos imaginar **x** assumindo valores muito afastados do centro da hipérbole. Esses valores corresponderiam a pontos das curvas mais e mais distantes de A_1 e A_2.

À medida que **x** assume valores cada vez maiores (no sentido positivo do eixo das abscissas) ou cada vez menores (no sentido negativo), a diferença $x^2 - a^2$ vai se aproximando cada vez mais do próprio x^2, já que a^2, sendo constante, fica quase desprezível perto de x^2.

Por exemplo, se a = 1, teremos:

x	x^2	$x^2 - a^2$
2	4	3
20	400	399
2000	4000000	3999999

e assim por diante.

Então, podemos considerar que, para valores muito grandes, ou muito pequenos (se **x** for negativo, ao quadrado fica positivo e a diferença é a mesma), a equação da hipérbole $y = \pm\frac{b}{a}\sqrt{x^2 - a^2}$ se aproxima de $y = \pm\frac{b}{a}\sqrt{x^2}$ e, portanto, de $y = \pm\frac{b}{a}x$, que são retas que passam pela origem e têm, respectivamente, declividades $\frac{-b}{a}$ e $\frac{+b}{a}$.

A essas retas damos o nome de *assíntotas*, que são as retas para as quais tende a curva, embora nunca as toquem (pois o pequeno a^2 sempre estará presente).

No gráfico dessa hipérbole, podemos facilmente determinar pontos dessa reta, construindo o retângulo MNPQ que passa pelos pontos A_1, A_2, B_1 e B_2:

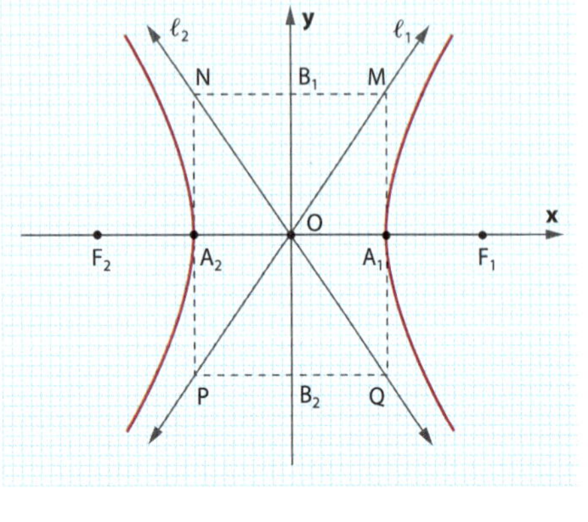

Observe que as diagonais desse retângulo são retas de declividades $\frac{-b}{a}$ e $\frac{b}{a}$, respectivamente.

De agora em diante, para traçarmos o gráfico de uma hipérbole podemos começar traçando as assíntotas (basta ter os valores de **a**, **b** e as coordenadas do centro) e depois, à mão livre, conduzirmos as duas curvas que compõem a hipérbole, sem chegar a tocar essas retas, mas aproximando-as cada vez mais delas.

Generalizando, as equações das assíntotas serão:

$$y - y_C = \pm\frac{b}{a}(x - x_C)$$ (se o eixo real for horizontal)

e

$$y - y_C = \pm\frac{a}{b}(x - x_C)$$ (se o eixo real for vertical)

Exemplo de aplicação

Determine as equações das retas assíntotas da hipérbole de equação $\frac{(x - 5)^2}{64} - \frac{(y - 2)^2}{36} = 1$.

Da equação, vem:

$$\begin{cases} \text{centro: } \mathbf{O}(5, 2) \\ a^2 = 64 \Rightarrow a = 8 \\ b^2 = 36 \Rightarrow b = 6 \\ \text{eixo real horizontal} \end{cases}$$

Equações das assíntotas:

$$y - 2 = \pm\frac{6}{8}(x - 5) \begin{cases} 4y - 8 = 3x - 15 \Rightarrow \\ \Rightarrow 3x - 4y - 7 = 0 \\ 4y - 8 = -3x + 15 \Rightarrow \\ \Rightarrow 3x + 4y - 23 = 0 \end{cases}$$

Logo, as equações das retas assíntotas são $3x - 4y - 7 = 0$ e $3x + 4y - 23 = 0$.

Exercícios

21 Determine as equações das assíntotas da hipérbole de equação:

a) $9x^2 - 16y^2 = 144$

b) $\frac{(x - 3)^2}{16} - \frac{(y - 2)^2}{9} = 1$

22 As equações das assíntotas de uma hipérbole são $y = 2x$ e $y = -2x$. Se a hipérbole tem vértices $A_1(3, 0)$ e $A_2(-3, 0)$, determine a equação da hipérbole.

4. Outras aplicações

» Exemplos de aplicação

1 Dada a função quadrática $y = x^2 + 6x + 5$, obtenha as coordenadas do foco da parábola que representa o gráfico dessa função.

Completando quadrados:

$y = x^2 + 6x + 5 \Rightarrow y - 5 + \_\_\_ = x^2 + 6x + \_\_\_ \Rightarrow$

$\Rightarrow y - 5 + 9 = x^2 + 6x + 9 \Rightarrow$

$\Rightarrow y + 4 = (x + 3)^2 \Rightarrow (x + 3)^2 = y + 4$

Comparando com $(x - x_V)^2 = \pm 4c(y - y_V)$, temos que as coordenadas do vértice são $(-3, -4)$ e o parâmetro **c** é igual a $\frac{1}{4}$. Então as coordenadas do foco são -3 e $-4 + \frac{1}{4}$, ou seja, $F\left(-3, -\frac{15}{4}\right)$.

2 Um arquiteto projetou no salão central de um espaço cultural duas paredes parabólicas, opostas uma à outra, de forma que duas pessoas, com suas cabeças posicionadas cada uma no respectivo foco da parábola de sua parede, poderiam conversar normalmente, sem precisar gritar. Sua obra virou um sucesso, com todos os visitantes do espaço cultural querendo experimentar o tal "telefone de parede". Entretanto, alguns visitantes têm dificuldade de encontrar o ponto correto onde a conversação é perfeita (no foco da parábola) e ficam mexendo a cabeça até conseguir.

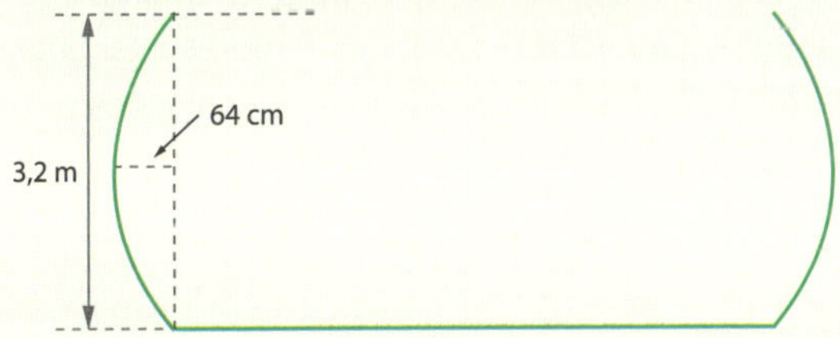

O pé-direito do salão (distância entre o chão e o teto) tem 3,2 m. Considerando uma linha vertical pelos pontos no chão e no teto onde a parede parabólica começa e acaba, o ponto da parede mais afastado dessa vertical está a 64 cm. Além disso, as duas paredes parabólicas são iguais e têm eixo de simetria horizontal passando a 1,60 m do chão. Qual é o melhor lugar para se posicionar a cabeça para uma conversação perfeita em relação a essa vertical?

Precisamos obter a equação da parábola. Escolheremos um sistema de coordenadas adequado que simplifique o processo analítico. Portanto, o eixo **y** coincidirá com a vertical citada no enunciado e o eixo **x** coincidirá com o eixo de simetria. A escala será em centímetros.

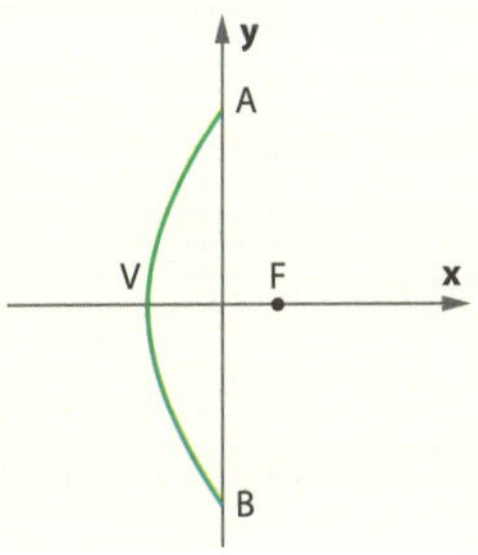

Assim, as coordenadas do vértice serão $\mathbf{V}(-64, 0)$, e dos pontos, $\mathbf{A}(0, 160)$ e $\mathbf{B}(0, -160)$. A equação da parábola é, então:

$(y - 0)^2 = 4c(x + 64) \Rightarrow y^2 = 4c(x + 64)$

Substituindo o ponto **A** na equação, temos:

$160^2 = 4c(0 + 64) \Rightarrow 4c = \frac{160 \cdot 160}{64} \Rightarrow c = 100$

Portanto, as coordenadas do foco neste sistema de coordenadas são $(-64 + 100, 0) = (36, 0)$.

O melhor lugar para posicionar a cabeça é a 1,60 m do chão (onde passa o eixo de simetria da parábola) e a 36 cm da linha vertical do pé da parede, que é o ponto do foco da parábola.

» Exercícios

objeto digital

23 A tabela abaixo mostra a excentricidade da órbita elíptica ao redor do Sol dos oito planetas do Sistema Solar. Qual dos planetas tem a órbita mais parecida com uma circunferência? Para esse planeta, calcule a diferença percentual entre o tamanho do semieixo menor e do maior.

Planeta	Excentricidade da órbita
Mercúrio	0,206
Vênus	0,007
Terra	0,017
Marte	0,093
Júpiter	0,048
Saturno	0,056
Urano	0,046
Netuno	0,009

STOYANH/SHUTTERSTOCK/GLOW IMAGES

24 Dada a função quadrática $y = -4x^2 + 8x + 12$, obtenha as coordenadas do foco da parábola que representa o gráfico dessa função.

25 Sabendo que a órbita de Mercúrio em torno do Sol tem excentricidade de 0,206; que o Sol é sempre um dos focos da elipse das órbitas planetárias; que a unidade astronômica (UA) vale 1 para a distância média entre o Sol e a Terra; que o ponto da órbita em que o planeta está mais afastado do Sol chama-se afélio e, no afélio, Mercúrio está a 0,47 UA do Sol; e que o ponto da órbita em que o planeta está mais próximo do Sol chama-se periélio, obtenha, em unidades astronômicas, a distância de Mercúrio ao Sol no periélio. Use sua calculadora se desejar.

Assuntos optativos

Hipérbole equilátera

Observemos a figura:

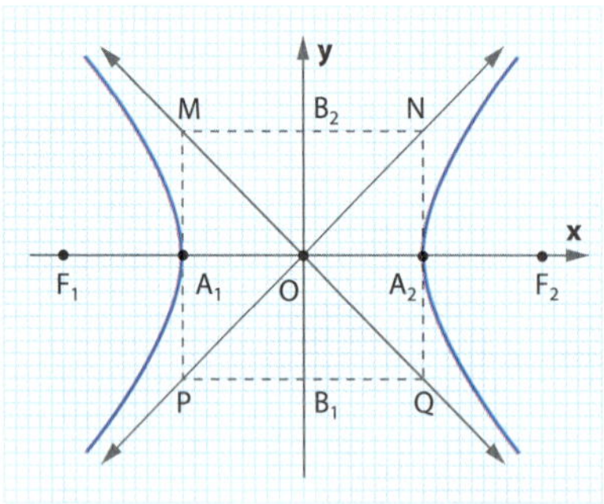

Quando temos b = a, o retângulo MNPQ se transforma num quadrado. Nesse caso, as assíntotas tornam-se perpendiculares e a hipérbole é denominada *hipérbole equilátera*.

A equação dessa hipérbole equilátera de centro **O**(x_0, y_0) é:

$$\frac{(x - x_0)^2}{a^2} - \frac{(y - y_0)^2}{a^2} = 1$$

Para refletir
Se o centro dessa hipérbole é **O**(0, 0), sua equação é: $\frac{x^2}{a^2} - \frac{y^2}{a^2} = 1$ ou $x^2 - y^2 = a^2$.

Observação: Uma das hipérboles equiláteras mais famosas é a que descreve a relação entre a pressão e o volume de um gás perfeito a temperatura constante, conhecida como lei de Boyle, segundo a qual o produto da pressão pelo volume é sempre constante em condições isotérmicas: PV = k. Entretanto, a equação xy = k não se parece nada com as hipérboles estudadas até aqui. O detalhe é que todas as hipérboles estudadas têm os eixos real e imaginário paralelos aos eixos **x** e **y**. Se os eixos real e imaginário não forem paralelos aos eixos **x** e **y**, aparecerá o termo xy na equação da hipérbole e, mais particularmente, se as assíntotas de uma hipérbole equilátera forem os eixos **x** e **y** (e portanto os eixos real e imaginário estão sobre as retas y = x e y = −x), então a equação da hipérbole se reduz à forma $xy = \frac{a^2}{2}$.

Dessa forma, o gráfico da lei de Boyle é realmente uma hipérbole equilátera tal como as estudadas neste capítulo, com a diferença de ter um sistema de coordenadas rotacionado de 45° em relação ao sistema de coordenadas mais adequado, que é o paralelo aos eixos real e imaginário e adotado neste capítulo.

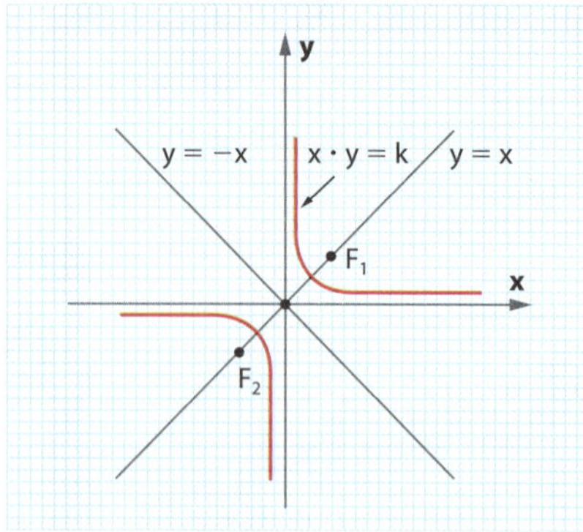

Exercícios optativos

1 Determine a equação da hipérbole equilátera:

a) de focos $\mathbf{F_1}(6, 0)$ e $\mathbf{F_2}(-6, 0)$;

b) de centro (2, 4) e um dos vértices em (2, 2).

2 Determine as coordenadas dos focos e as coordenadas dos vértices da hipérbole equilátera de equação $x^2 - y^2 = 25$.

Reconhecimento de cônicas

No capítulo 28, vimos que para a equação geral $Ax^2 + By^2 + Cxy + Dx + Ey + F = 0$ representar uma circunferência, precisamos atender a três condições:

1ª) $A = B \neq 0$

2ª) $C = 0$

3ª) $D^2 + E^2 - 4AF > 0$

Agora, vamos ver quais condições precisamos ter para que a equação geral $Ax^2 + By^2 + Cxy + Dx + Ey + F = 0$ represente uma parábola, uma elipse ou uma hipérbole.

Para refletir
Embora C = 0 não seja condição necessária para termos parábolas, elipses ou hipérboles, aqui estamos sempre considerando que seja. Assim, todas essas condições valem se C = 0.

Parábola

1ª) $A = 0$ e $B \neq 0$ ou $A \neq 0$ e $B = 0$ (ou seja, entre **A** e **B**, apenas um pode existir)

2ª) $BD \neq 0$ ou $AE \neq 0$ (a equação geral precisa ter duas variáveis, **x** e **y**)

Observação: Se a equação geral tiver apenas uma variável (ou **x** ou **y**), então ela representará um par de retas ou o conjunto vazio.

Elipse

1ª) $AB > 0$ e $A \neq B$ (ou seja, **A** e **B** precisam ser diferentes e ter o mesmo sinal)

2ª) $BD^2 + AE^2 - 4ABF > 0$ $\left(\text{ou, alternativamente, } \frac{D^2}{A} + \frac{E^2}{B} > 4F\right)$

Hipérbole

1ª) $AB < 0$ (ou seja, **A** e **B** precisam ter sinais diferentes)

2ª) $BD^2 + AE^2 - 4ABF \neq 0$ $\left(\text{ou, alternativamente, } \frac{D^2}{A} + \frac{E^2}{B} \neq 4F\right)$

Observação: Se $BD^2 + AE^2 - 4ABF = 0$, a equação geral representará um par de retas.

Uma maneira alternativa de se reconhecer a cônica é escrever as equações na forma reduzida usando completamento de quadrados.

» Exemplo de aplicação

No sistema de coordenadas cartesianas, o que é representado em cada equação abaixo?

a) $4x^2 + 9y^2 - 16x - 54y + 61 = 0$

Como $A = 4$ e $B = 9$ são diferentes e têm o mesmo sinal, temos uma provável elipse.

Sendo $D = -16$, $E = -54$ e $F = 61$, temos:

$$\begin{cases} \frac{D^2}{A} + \frac{E^2}{B} = \frac{(-16)^2}{4} + \frac{(-54)^2}{9} = 64 + 324 = 388 \\ 4F = 244 \end{cases}$$

Como $388 > 244$, temos uma elipse.

Logo, a equação dada representa uma elipse.

Outra maneira de resolver:

Vamos obter a equação reduzida:

$4x^2 - 16x + \_\_\_ + 9y^2 - 54y + \_\_ =$

$= -61 + \_\_ + \_\_ \Rightarrow 4(x^2 - 4x + \_\_) +$

$+ 9(y^2 - 6y + \_\_) = -61 + \_\_ + \_\_ \Rightarrow$

$\Rightarrow 4(x^2 - 4x + 4) + 9(y^2 - 6y + 9) = -61 + 16 + 81 \Rightarrow$

$\Rightarrow 4(x - 2)^2 + 9(y - 3)^2 = 36 \Rightarrow$

$\Rightarrow \frac{(x-2)^2}{9} + \frac{(y-3)^2}{2} = 1$ (equação reduzida de uma elipse)

Logo, a equação representa uma elipse.

b) $3x^2 - 2y^2 + 4y - 2 = 0$

Como os sinais de $A = 3$ e $B = -2$ são diferentes, temos uma provável hipérbole.

Sendo $D = 0$, $E = 4$ e $F = -2$, temos:

$$\begin{cases} \frac{D^2}{A} + \frac{E^2}{B} = \frac{0^2}{3} + \frac{4^2}{-2} = 0 - 8 = -8 \\ 4F = -8 \end{cases}$$

Como $-8 = -8$, então *não* é uma hipérbole.

Logo, a equação dada representa um par de retas.

Outra maneira de resolver:

Vamos obter a equação reduzida:

$3x^2 - 2y^2 + 4y + \_\_\_ = 2 + \_\_\_ \Rightarrow$

$\Rightarrow 3x^2 - 2(y^2 - 2y + \_\_\_) = 2 + \_\_\_ \Rightarrow$

$\Rightarrow 3x^2 - 2(y^2 - 2y + 1) = 2 + (-2) \Rightarrow$

$\Rightarrow 3x^2 - 2(y - 1)^2 = 0$ (*não* é uma equação reduzida de hipérbole)

Então:

$(\sqrt{3}x)^2 - [\sqrt{2}(y - 1)]^2 = 0 \Rightarrow$

$\Rightarrow [\sqrt{3}x + \sqrt{2}(y - 1)][\sqrt{3}x - \sqrt{2}(y - 1)] = 0 \Rightarrow$

$\Rightarrow (\sqrt{3}x + \sqrt{2}y - \sqrt{2})(\sqrt{3}x - \sqrt{2}y + \sqrt{2}) = 0 \Rightarrow$

$$\Rightarrow \begin{cases} \sqrt{3}x + \sqrt{2}y - \sqrt{2} = 0 \\ \sqrt{3}x - \sqrt{2}y + \sqrt{2} = 0 \end{cases}$$

Logo, a equação representa um par de retas.

» Exercícios optativos

3 Reconheça o que representa cada equação no plano cartesiano:

a) $3x^2 + 2y^2 - 12x + 4y + 2 = 0$

b) $9x^2 - 16y^2 - 36x - 32y - 124 = 0$

c) $x^2 - 2x - y + 4 = 0$

d) $x^2 + y^2 + 2x - 4y - 11 = 0$

e) $4x^2 - 9y^2 + 8x + 18y - 5 = 0$

4 No sistema de coordenadas cartesianas, a equação $4x^2 - 9y^2 - 8x + 4 = 0$ é representada por um(a):

a) elipse.

b) hipérbole.

c) circunferência.

d) parábola.

e) par de retas.

30 Capítulo Números complexos

Entre os conjuntos numéricos já conhecidos tínhamos inicialmente o conjunto dos números naturais:

$$\mathbb{N} = \{0, 1, 2, 3, ..., n, ...\}$$

Para que a subtração fosse sempre possível, ele foi estendido e obtivemos o conjunto dos números inteiros:

$$\mathbb{Z} = \{..., -n, ..., -2, -1, 0, 1, 2, ..., n, ...\}$$

Para que também a divisão fosse possível, estendemos este último e obtivemos o conjunto dos números racionais, que podem ser escritos na forma de fração, com numerador e denominador inteiros:

$$\mathbb{Q} = \left\{x = \frac{a}{b}, \text{ com } a \in \mathbb{Z}, b \in \mathbb{Z} \text{ e } b \neq 0\right\}$$

Fique atento

Em $\mathbb{Q}$, a única divisão impossível é a divisão por 0.

Em $\mathbb{Q}$, a equação $x^2 = 2$ não pode ser resolvida, ou seja, as soluções $x = \sqrt{2}$ e $x = -\sqrt{2}$ não podem ser representadas por uma fração $\frac{a}{b}$, com $b \neq 0$ e **a** e **b** pertencentes a $\mathbb{Z}$. $\sqrt{2}$ e $-\sqrt{2}$ são exemplos dos números chamados de irracionais ($\mathbb{I}r$).

Da união dos racionais com os irracionais surgem os números reais ($\mathbb{R}$):

$$\mathbb{R} = \mathbb{Q} \cup \mathbb{I}r$$

Portanto, podemos identificar $\mathbb{N}$ como uma parte de $\mathbb{Z}$, $\mathbb{Z}$ como uma parte de $\mathbb{Q}$, e $\mathbb{Q}$ como uma parte de $\mathbb{R}$ e escrever:

$$\mathbb{N} \subset \mathbb{Z} \subset \mathbb{Q} \subset \mathbb{R}$$

Sabemos que, se $x \in \mathbb{R}$, então $x^2 \geqslant 0$. Assim, a equação $x^2 + 1 = 0$ não tem solução em $\mathbb{R}$, pois:

$$x^2 + 1 = 0 \Rightarrow x^2 = -1 \Rightarrow x = \pm\sqrt{-1}$$

e não existe um número real **x** que elevado ao quadrado resulte -1. Por isso, temos de estender o conjunto dos números reais para obter um novo conjunto chamado de conjunto dos *números complexos*.

1. O conjunto dos números complexos

O conjunto $\mathbb{C}$ é um conjunto cujos elementos — os números complexos — devem ser tais que possam ser somados e multiplicados, e também possibilitem a extração da raiz quadrada de um número negativo. Logicamente, os números reais precisam ser elementos desse conjunto $\mathbb{C}$, e as operações de adição e multiplicação feitas sobre os números reais no conjunto $\mathbb{C}$ devem ser as mesmas já conhecidas. Note que, se isso não fosse observado, o conjunto $\mathbb{R}$ não seria um subconjunto de $\mathbb{C}$.

Ao longo do tempo, os elementos do conjunto $\mathbb{C}$, os números complexos, foram definidos de várias formas. Gauss, por exemplo, definiu os complexos como pares ordenados de números reais.

Hoje, a notação preferida para definir os elementos do conjunto complexo é a forma algébrica.

A forma algébrica

Todo número complexo **z** pode ser escrito de maneira única na forma:

$$z = a + bi \quad (a \in \mathbb{R},\ b \in \mathbb{R} \text{ e } i^2 = -1)$$

Essa é a *forma algébrica* ou *forma binomial* de escrever um número complexo. Observemos que um número complexo escrito nessa forma tem duas partes:

$$z = \underbrace{a}_{\substack{\text{parte real}\\ \text{de } \mathbf{z}}} + \underbrace{b}_{\substack{\text{parte}\\ \text{imaginária}\\ \text{de } \mathbf{z}}} i$$

parte real de **z** ⟶ $Re(z) = a$

parte imaginária de **z** ⟶ $Im(z) = b$

i é a unidade imaginária, tal que $i^2 = -1$.

> **Fique atento**
>
> Como $i^2 = -1$, é comum encontrar quem defina $i = \sqrt{-1}$.
>
> Neste livro preferimos continuar usando $i^2 = -1$.

A existência do **i** é que permite que no conjunto $\mathbb{C}$ exista raiz de índice par de números negativos, não definida no conjunto $\mathbb{R}$.

Por exemplo, se $x \in \mathbb{C}$ e $x^2 = -25$, então $x = \pm 5i$, pois:

$$-25 = (i^2) \cdot 25 = i^2 5^2 = (5i)^2$$

Se o número complexo possui a unidade imaginária (ou seja, se $b \neq 0$) ele é chamado de imaginário.

Devemos observar também que, se $b = 0$, temos $z = a$ (número real); e se $a = 0$ e $b \neq 0$, temos $z = bi$, que é um número imaginário puro.

Exemplos:

1º) Em $z = 2 + 3i$, temos $Re(z) = 2$ e $Im(z) = 3$.

2º) Em $z = 3$, temos $Re(z) = 3$ e $Im(z) = 0$. Portanto, **z** é real.

3º) Em $z = -2i$, temos $Re(z) = 0$ e $Im(z) = -2$. Portanto, **z** é um número imaginário puro.

Usando a forma algébrica, as operações de adição, subtração e multiplicação são intuitivas. Na multiplicação, por exemplo, basta aplicar a mesma propriedade distributiva usada na multiplicação de binômios, porém observando que $\mathbf{i^2}$ é um número real e vale -1. Não há necessidade alguma de decorar fórmulas.

Exemplos:

1º) $(2 + 3i) + (-3 + 4i) = (2 - 3) + (3 + 4)i = -1 + 7i$

2º) $(1 + 2i)(2 - 3i) = 1 \cdot 2 + 1(-3i) + (2i)^2 + (2i)(-3i) =$
$= 2 - 3i + 4i - 6i^2 = 2 + i - 6(-1) = 2 + i + 6 = 8 + i$

3º) $(1 + i) - (3 + 2i) = (1 - 3) + (1 - 2)i = -2 - 1i =$
$= -2 - i$

» Exemplos de aplicação

1 Dados os números complexos $z_1 = 1 + 3i$ e $z_2 = -2 + i$, calcule as operações indicadas nos itens abaixo:

a) $z_1 + z_2$

$z_1 + z_2 = (1 + 3i) + (-2 + i) =$
$= (1 - 2) + (3 + 1)i = -1 + 4i$

b) $z_1 z_2$

$z_1 z_2 = (1 + 3i)(-2 + i) =$
$= 1(-2) + 1 \cdot i + 3i(-2) + 3i \cdot i =$
$= -2 + i - 6i + 3i^2 = -2 - 5i + 3(-1) =$
$= -5 - 5i$

c) z_1^2

$z_1^2 = (1 + 3i)^2 = 1^2 + 2 \cdot 1 \cdot 3i + (3i)^2 =$
$= 1 + 6i + 9i^2 = 1 + 6i + 9(-1) = -8 + 6i$

d) $z_1 + z_2^2$

$z_1 + z_2^2 = (1 + 3i) + (-2 + i)^2 =$
$= (1 + 3i) + [4 - 4i + i^2] =$
$= (1 + 3i) + [4 - 4i + (-1)] =$
$= (1 + 3i) + (3 - 4i) = 1 + 3i + 3 - 4i = 4 - i$

2 Determine o valor real de **x** para que o número complexo:

a) $z = (1 - 2x) + 3i$ seja um número imaginário puro.

Para que **z** seja um número imaginário puro é necessário que $Re(z) = 0$, pois $Im(z) = 3 \neq 0$.

Então:

$Re(z) = 1 - 2x = 0 \Rightarrow x = \frac{1}{2}$

Verificando, vem:

$z = (1 - 2x) + 3i = \left(1 - 2 \cdot \frac{1}{2}\right) + 3i =$

$= (1 - 1) + 3i = 0 + 3i = 3i$ (número imaginário puro)

Logo, $x = \frac{1}{2}$.

b) $z = 6 - (3x - 5)i$ seja um número real.

Para que **z** seja real é necessário que $Im(z) = 0$:

$Im(z) = -(3x - 5) = 0 \Rightarrow -3x + 5 = 0 \Rightarrow x = \frac{5}{3}$

Verificando, para $x = \frac{5}{3}$:

$z = 6 - \left(3 \cdot \frac{5}{3} - 5\right)i = 6 - (5 - 5)i =$

$= 6 - 0i = 6$ (número real)

Logo, $x = \frac{5}{3}$.

3 Efetue as operações indicadas nos itens abaixo:

a) $(1 + i)(1 - i)$

$(1 + i)(1 - i) = 1 \cdot 1 - \cancel{1i} + \cancel{1i} - i^2 = 1 - i^2 =$
$= 1 - (-1) = 1 + 1 = 2$

b) $i^1, i^2, i^3, i^4, i^5, i^6, i^7, i^8$

$i^1 = i$

$i^2 = -1$

$i^3 = i^2 i = (-1)i = -i$

$i^4 = (i^2)^2 = (-1)^2 = 1$

$i^5 = i^4 i = 1i = i$

$i^6 = i^4 i^2 = 1(-1) = -1$

$i^7 = i^4 i^3 = 1(-i) = -i$

$i^8 = i^4 i^4 = 1 \cdot 1 = 1$

Observe que as potências de **i** começam a se repetir depois de $\mathbf{i^4}$. De modo geral, temos:

$i^{4n} = (i^4)^n = 1$

$i^{4n+1} = (i^4)^n i = 1 \cdot i = i$

$i^{4n+2} = (i^4)^n i^2 = 1 \cdot (-1) = -1$

$i^{4n+3} = (i^4)^n i^3 = 1 \cdot i^2 \cdot i = 1 \cdot (-1) \cdot i = -i$

Ou seja:

$i^{4n+p} = i^p$

c) $(2 - 3i)^2 - (3 - i)2i$

$(2 - 3i)^2 - (3 - i)2i =$

$= 2^2 - 2 \cdot 2 \cdot 3i + (3i)^2 - (6i - 2i^2) =$

$= 4 - 12i + 9i^2 - 6i + 2i^2 = 4 - 18i - 11 =$

$= -7 - 18i$

4 Calcule o valor de:

a) i^{49}

$i^{49} = i^{48} \cdot i = (i^4)^{12} \cdot i = i$

Ou, de outra maneira:

$i^{49} = i^{48} \cdot i = (i^2)^{24} i = (-1)^{24} i = 1i = i$

Portanto, $i^{49} = i$.

b) i^{100}

$i^{100} = (1^2)^{50} = (-1)^{50} = 1$

Ou, de outra maneira:

$i^{100} = (i^4)^{25} \cdot i^0 = i^0 = 1$

Portanto, $i^{100} = 1$.

c) $3i^{15} - i^{16}$

$i^{15} = i^{14} \cdot i = (i^2)^7 i = (-1)^7 i = -1i = -i$

$i^{16} = (i^2)^8 = (-1)^8 = 1$

Então, temos:

$3i^{15} - i^{16} = 3(-i) - 1 = -3i - 1$

Portanto, $3i^{15} - i^{16} = -1 - 3i$.

Fique atento

$i^{49} = i^1 = i$ — 49 ÷ 4: 49 | 4; 09 | 12; resto 1

$i^{100} = i^0 = 1$ — 100 ÷ 4: 100 | 4; 20 | 25; resto 0

$i^{15} = i^3 = -i$ — 15 ÷ 4: 15 | 4; resto 3 | 3

$i^{74} = i^2 = -1$ — 74 ÷ 4: 74 | 4; 34 | 18; resto 2

5 Resolva a equação $x^2 + 4x + 5 = 0$.

$$x = \frac{-4 \pm \sqrt{16 - 20}}{2} = \frac{-4 \pm \sqrt{-4}}{2}$$

(impossível em $\mathbb{R}$)

Em $\mathbb{C}$ podemos resolvê-la. Assim, temos:

$$x = \frac{-4 \pm \sqrt{(-1)4}}{2} = \frac{-4 \pm \sqrt{i^2 \cdot 4}}{2} = \frac{-4 \pm 2i}{2} \Rightarrow$$

$$\Rightarrow x' = \frac{-4 + 2i}{2} = -2 + i \text{ e } x'' = \frac{-4 - 2i}{2} = -2 - i$$

Verificando, vem:

$S = x' + x'' = (-2 + i) + (-2 - i) = -4$

$P = x'x'' = (-2 + i)(-2 - i) = 4 + 2i - 2i - i^2 =$

$= 4 - (-1) = 5$

Satisfazendo então $x^2 - Sx + P = 0$, ou seja, $x^2 + 4x + 5 = 0$.

6 Encontre em cada item o número complexo **z** indicado.

a) $4z = z - (-9 + 6i)$

$4z = z - (-9 + 6i) \Rightarrow 4z - z = -(-9 + 6i) \Rightarrow$

$\Rightarrow 3z = 9 - 6i \Rightarrow z = 3 - 2i$

Logo, $z = 3 - 2i$.

b) $z - i^{36} = i^{43} - z$

$z - i^{36} = i^{43} - z \Rightarrow z + z = i^{43} + i^{36} \Rightarrow$

$\Rightarrow 2z = -i + 1 \Rightarrow z = \frac{1}{2} - \frac{i}{2}$

Logo, $z = \frac{1}{2} - \frac{i}{2}$.

c) $iz = z - 1 + 5i$

Como $z = a + bi$, temos:

$i(a + bi) = a + bi - 1 + 5i \Rightarrow$

$\Rightarrow -b + ai = (a - 1) + (b + 5)i \Rightarrow \begin{cases} -b = a - 1 \\ a = b + 5 \end{cases}$

Então:

$-b = b + 5 - 1 \Rightarrow -2b = 4 \Rightarrow b = -2$

$a = -2 + 5 = 3$

Logo, $z = 3 - 2i$.

7 Calcule o valor de:

a) $(1 + i)^2$;

$(1 + i)^2 = 1^2 + 2i + i^2 = 1 + 2i + (-1) = 2i$

b) $(1 + i)^{20}$;

$(1 + i)^{20} = [(1 + i)^2]^{10} = [2i]^{10} =$

$= 2^{10} \cdot i^{10} = 1024 \cdot i^2 = -1024$

c) $(1 + i)^{21}$.

$(1 + i)^{21} = (1 + i)^{20} \cdot (1 + i) =$

$= -1024 \cdot (1 + i) = -1024 - 1024i$

Exercícios

1 Dados os números complexos $z_1 = 1 + 2i$, $z_2 = -1 + 3i$ e $z_3 = 2 - 2i$, calcule:

a) $z_1 + z_2$ **c)** $z_1 z_2$ **e)** $(z_1 + z_2) + z_3$
b) $z_1 - z_2$ **d)** $(z_1 + z_2)z_3$

2 Determine o número **z** em cada caso:

a) $3z + 4i = z - 6i^{20}$ **b)** $3zi = z + i$

3 Efetue:

a) i^9 **b)** i^{14} **c)** i^{60} **d)** i^{99} **e)** i^{1035} **f)** $(-i)^{16}$

4 Resolva em $\mathbb{C}$ cada equação:

a) $x^2 + 25 = 0$ **c)** $x^2 - 2x + 2 = 0$
b) $2x^2 + 98 = 0$ **d)** $x^2 - 10x + 40 = 0$

5 Sendo $z = 2 - 2i$, calcule:

a) z^2 **b)** z^8 **c)** z^9

6 Resolva o sistema $\begin{cases} 3z_1 - z_2 = 1 - i \\ 5z_1 - 2z_2 = 1 + 3i \end{cases}$ de variáveis $\mathbf{z_1}$ e $\mathbf{z_2}$.

7 Determine o valor de **x**, real, para que o número complexo:

a) $(x^2 - x) + 3i$ seja um número imaginário puro;
b) $(x^2 - 1) + i$ seja um número imaginário puro;
c) $x + (x^2 - 4)i$ seja um número real;
d) $x + xi$ seja o número real 0;
e) $(x^2 - 4x + 3) + (x - 2)i$ seja um número imaginário puro;
f) $x + (x^2 - 7x + 12)i$ seja um número real;
g) $(1 - xi)(x + i)$ seja um número real.

8 Mostre que os números complexos $z_1 = 1 + i$ e $z_2 = 1 - i$ são as soluções da equação $z^2 - 2z + 2 = 0$.

9 Prove que, se **z** é um número complexo, então $(1 + z)^2 = 1 + 2z + z^2$. (*Dica*: faça $z = x + yi$.)

2. Conjugado de um número complexo

A propriedade do inverso multiplicativo pode ser escrita da seguinte maneira: se $z \neq 0$, existe um único número complexo $\frac{1}{z}$ tal que $z \cdot \frac{1}{z} = 1$.

Como podemos determinar o número $\frac{1}{z}$ na forma algébrica?

Para isso, precisamos definir o que vem a ser o conjugado de um número complexo.

O conjugado de um número complexo $z = a + bi$ é o número complexo $\bar{z} = a - bi$.

Exemplos:

1º) Se $z = 2 + 3i$, então $\bar{z} = 2 - 3i$.
2º) Se $z = -3 - 4i$, então $\bar{z} = -3 + 4i$.
3º) Se $z = 2$, então $\bar{z} = 2$.
4º) Se $z = 5i$, então $\bar{z} = -5i$.
5º) Se $z = i$, então $\bar{z} = -i$.
6º) Se $z = 0$, então $\bar{z} = 0$.

Para refletir
Em que casos temos $z = \bar{z}$?

Exemplo de aplicação

Determine o número complexo z tal que $2z - 1 = \bar{z} + i$.

Consideremos $z = a + bi$.

Então:

$2z - 1 = \bar{z} + i \Leftrightarrow 2(a + bi) - 1 = (a - bi) + i \Leftrightarrow$
$\Leftrightarrow 2a + 2bi - 1 = a - bi + i \Leftrightarrow$
$\Leftrightarrow (2a - 1) + 2bi = a + (-b + 1)i$

Igualando as partes reais e imaginárias, temos:

$2a - 1 = a \Rightarrow a = 1$

$2b = -b + 1 \Rightarrow 3b = 1 \Rightarrow b = \frac{1}{3}$

Logo, $z = 1 + \frac{1}{3}i$.

Propriedades do conjugado

1ª) Se $z = a + bi$, então:

$z\bar{z} = a^2 + b^2$ (que é real, positivo ou nulo)

Dados ou hipóteses $\begin{cases} z = a + bi \\ \bar{z} = a - bi \end{cases}$

Tese $\{z\bar{z} = a^2 + b^2$

Demonstração:

Efetuando o produto $z\bar{z}$, temos:

$z\bar{z} = (a + bi)(a - bi) = a^2 - (bi)^2 = a^2 - (-1)b^2 =$
$= a^2 + b^2$

2ª) Para o número complexo **z**, temos que:

$z = \bar{z} \Leftrightarrow$ **z** é número real

Demonstração:

Se $z = a + bi$, temos:

$z = \bar{z} \Leftrightarrow a + bi = a - bi \Leftrightarrow bi = -bi \Leftrightarrow b = 0 \Leftrightarrow$ **z** é real

3ª) Se $\mathbf{z_1}$ e $\mathbf{z_2}$ são números complexos, então:

$\overline{z_1 + z_2} = \bar{z}_1 + \bar{z}_2$ (o conjugado da soma é igual à soma dos conjugados)

Demonstração:

Se $z_1 = a + bi$ e $z_2 = c + di$, temos:

$\overline{z_1 + z_2} = \overline{(a + bi) + (c + di)} = \overline{(a + c) + (b + d)i} =$
$= (a + c) - (b + d)i = a + c - bi - di =$
$= (a - bi) + (c - di) = \bar{z}_1 + \bar{z}_2$

4ª) Se $\mathbf{z_1}$ e $\mathbf{z_2}$ são números complexos, então:

$\overline{z_1 z_2} = \bar{z}_1 \cdot \bar{z}_2$ (o conjugado de um produto indicado é igual ao produto dos conjugados)

Demonstração:

Se $z_1 = a + bi$ e $z_2 = c + di$, temos:

$z_1 z_2 = (ac - bd) + (bc + ad)i \Rightarrow$
$\Rightarrow \overline{z_1 z_2} = (ac - bd) - (bc + ad)i$ (I)

Sabemos também que:

$\bar{z}_1 = a - bi$ e $\bar{z}_2 = c - di$

Portanto:

$\bar{z}_1\bar{z}_2 = (a - bi)(c - di) = (ac - bd) - (bc + ad)i$ (II)

Comparando (I) e (II), concluímos que:

$\overline{z_1 z_2} = \bar{z}_1\bar{z}_2$

Exemplos de aplicação

1 Dado $z \neq 0$, determine $\frac{1}{z}$ na forma $a + bi$ de tal modo que $z \cdot \frac{1}{z} = 1$ (questão proposta na página anterior).

Basta multiplicar numerador e denominador por $\overline{z}$, ou seja, pelo conjugado de z, que é diferente de 0, pois $z \neq 0$. Assim:

$$\frac{1}{z} = \frac{\overline{z}}{z\overline{z}} \Rightarrow \frac{1}{a+bi} = \frac{a-bi}{(a+bi)(a-bi)} = \frac{a-bi}{a^2+b^2} =$$

$$= \frac{a}{a^2+b^2} - \frac{b}{a^2+b^2}i$$

Logo:

$$\frac{1}{z} = \frac{a}{a^2+b^2} - \frac{b}{a^2+b^2}i = \frac{\overline{z}}{a^2+b^2}$$

Fique atento

Se $z \neq 0$, $\frac{1}{z}$ é o inverso multiplicativo de z e pode ser indicado também por z^{-1}.

2 Dado $z = 1 + 2i$, encontre o inverso multiplicativo de $z\left(\frac{1}{z} \text{ ou } z^{-1}\right)$.

1ª maneira:

$$\frac{1}{z} = \frac{1}{1+2i} = \frac{1-2i}{(1+2i)(1-2i)} = \frac{1-2i}{1^2-(2i)^2} =$$

$$= \frac{1-2i}{1+4} = \frac{1-2i}{5} = \frac{1}{5} - \frac{2}{5}i$$

Logo, $\frac{1}{z} = \frac{1}{5} - \frac{2}{5}i$.

2ª maneira:

$$\frac{1}{z} = \frac{\overline{z}}{a^2+b^2} = \frac{1-2i}{1+4} = \frac{1}{5} - \frac{2}{5}i$$

3. Divisão de números complexos

O quociente $\frac{z_1}{z_2}$ entre dois números complexos, com $z_2 \neq 0$, é dado por $\frac{z_1}{z_2} = \frac{z_1\overline{z}_2}{z_2\overline{z}_2}$.

Exemplos de aplicação

1 Escreva na forma $a + bi$ o número complexo $\frac{1}{3-i}$.

$$\frac{1}{3-i} = \frac{1(3+i)}{(3-i)(3+i)} = \frac{3+i}{9+1} = \frac{3}{10} + \frac{1}{10}i$$

2 Efetue $\frac{z_1}{z_2}$ sabendo que $z_1 = 1 + 2i$ e $z_2 = 2 + 5i$.

$$\frac{z_1}{z_2} = \frac{1+2i}{2+5i} = \frac{(1+2i)(2-5i)}{(2+5i)(2-5i)} =$$

$$= \frac{2-5i+4i-10i^2}{2^2+5^2} = \frac{12-i}{29} = \frac{12}{29} - \frac{1}{29}i$$

Logo, $\frac{z_1}{z_2} = \frac{12}{29} - \frac{1}{29}i$.

Exercícios

10 Determine $\overline{z}$ para:

a) $z = 1 + 5i$;
b) $z = 2i$;
c) $z = 0$;
d) $z = -4 + 2i$;
e) $z = 5$;
f) $z = 3 + 3i$;
g) $z = -1 - i$;
h) $z = \sqrt{2} - 2i$.

11 Calcule $z\overline{z}$ nos casos:

a) $z = 3 - 4i$
b) $z = 7i$
c) $z = -1 - i$

12 Encontre **z** tal que $\overline{z} + 2zi - 1 = 2$.

13 Determine o inverso multiplicativo de **z**, sabendo que:

a) $z = 2 + 4i$
b) $z = -1 - 2i$

14 Efetue as divisões indicadas:

a) $\frac{2+3i}{1+2i}$
b) $\frac{1}{3+2i}$
c) $\frac{1+3i}{1-i}$
d) $\frac{1+i}{i}$
e) $\frac{1-i}{1+i}$

15 Escreva na forma $z = a + bi$ os números complexos:

a) $z = \frac{1}{1+i}$
b) $z = \frac{(3-4i)(4-3i)}{3-2i}$

4. Representação geométrica dos números complexos

Conforme foi dito anteriormente, os números complexos podem ser representados de várias formas. Até agora vimos a forma algébrica $a + bi$. Outra maneira de representar um complexo **z** é através de um par ordenado de números reais. Assim, se $z = a + bi$, podemos escrever que $z = (a, b)$. (Gauss só usava essa notação.)

Por outro lado, sabemos que a cada par de números reais (a, b) está associado um único ponto do plano. Logo, podemos associar a cada número complexo $z = a + bi$ o ponto **P** do plano de coordenadas **a** e **b**, isto é, **P**(a, b).

O plano cartesiano no qual estão representados os números complexos é denominado *plano complexo* ou *plano de Argand-Gauss*. Dizemos que o ponto **P**(a, b) é a imagem do número complexo a + bi, e o complexo a + bi é o afixo do ponto **P**(a, b).

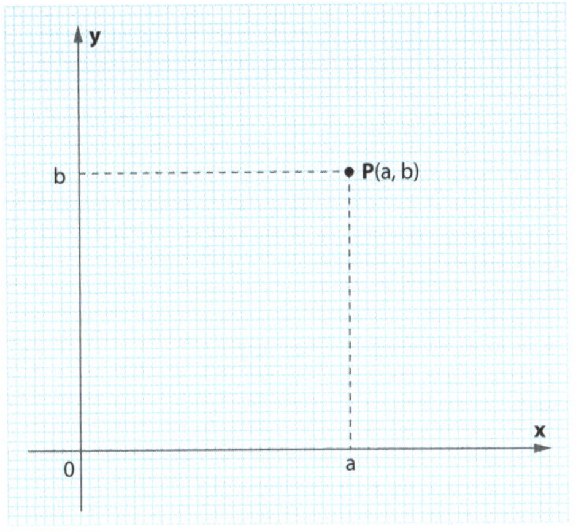

Exemplo:

Vamos representar geometricamente os seguintes números complexos:

$z_1 = 3 - 2i$, $z_2 = 5$, $z_3 = -2i$, $z_4 = 2 + i$ e $z_5 = -2 + i$.

$z_1 = 3 - 2i \Rightarrow (3, -2)$

$z_2 = 5 \Rightarrow (5, 0)$

$z_3 = -2i \Rightarrow (0, -2)$

$z_4 = 2 + i \Rightarrow (2, 1)$

$z_5 = -2 + i \Rightarrow (-2, 1)$

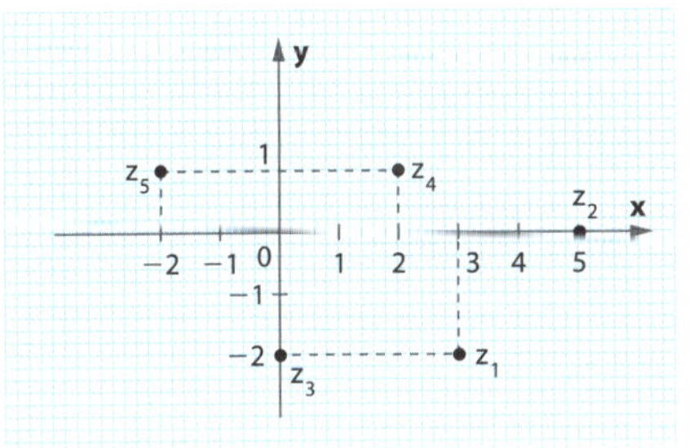

Observações:

1ª) Os números complexos reais pertencem ao eixo **x**, mantendo a correspondência segundo a qual para cada número real existe um ponto da reta.

2ª) Os números imaginários puros pertencem ao eixo **y**.

3ª) Os demais números complexos (a + bi, com $a \neq 0$ e $b \neq 0$) pertencem aos vários quadrantes, de acordo com os sinais de **a** e **b**.

4ª) Para cada número complexo existe um único ponto do plano e vice-versa.

5ª) Podemos associar a cada complexo z = a + bi um único vetor com extremidades no ponto **O**, origem do sistema de coordenadas cartesianas, e no ponto **P**(a, b).

Nesse plano complexo, além do número complexo z = a + bi, estão representados outros dois números complexos, $\mathbf{z_1}$ e $\mathbf{z_2}$, e a soma deles, $z_1 + z_2$ (diagonal do paralelogramo formado por $\mathbf{z_1}$ e $\mathbf{z_2}$).

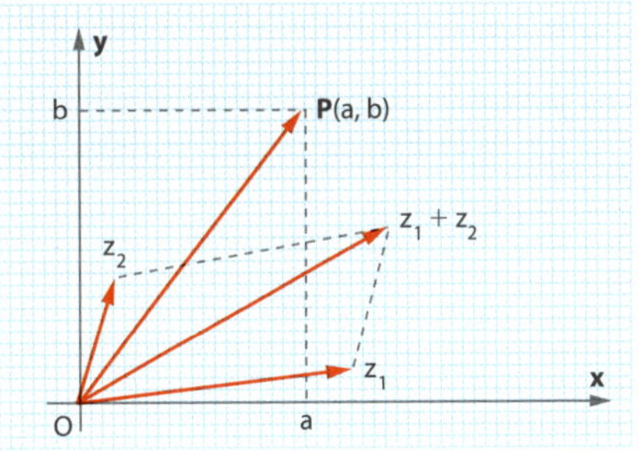

6ª) A associação dos números complexos z = a + bi aos vetores permite o uso dos números complexos em diversos campos nos quais as grandezas são vetoriais. Um exemplo disso é o estudo da eletricidade em nível superior; o aluno que optar por um curso superior na área de exatas descobrirá que corrente elétrica, voltagem, impedância, etc. são todos números complexos.

Exemplos de aplicação

1 **Dados os números complexos $z_1 = -4 + 2i$, $z_2 = -3i$ e $z_3 = 4$, localize, no plano complexo, os pontos correspondentes a cada número.**

$z_1 = -4 + 2i \Rightarrow (-4, 2)$

$z_2 = -3i \Rightarrow (0, -3)$

$z_3 = 4 \Rightarrow (4, 0)$

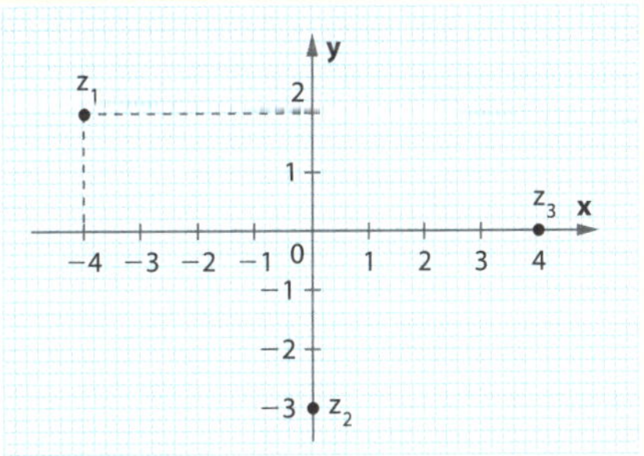

2 **Determine os números complexos correspondentes aos pontos A, B, C, D e E na figura abaixo.**

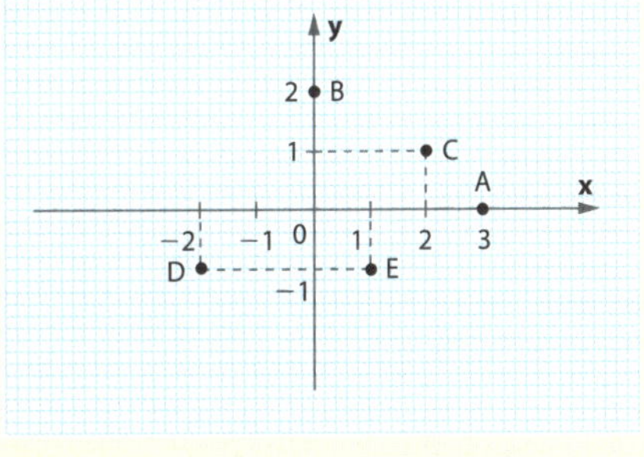

$A(3, 0) \Rightarrow z = 3$

$B(0, 2) \Rightarrow z = 2i$

$C(2, 1) \Rightarrow z = 2 + i$

$D(-2, -1) \Rightarrow z = -2 - i$

$E(1, -1) \Rightarrow z = 1 - i$

3 Dados os pontos correspondentes aos números complexos $\mathbf{z_1}$ e $\mathbf{z_2}$, descubra os pontos correspondentes aos números $-\mathbf{z_1}$ e $-\mathbf{z_2}$.

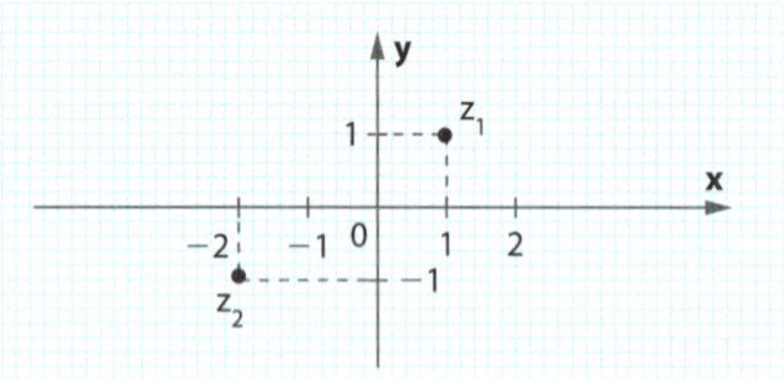

$P(1, 1) \Rightarrow z_1 = 1 + i \Rightarrow -z_1 = -1 - i \Rightarrow P'(-1, -1)$

$Q(-2, -1) \Rightarrow z_2 = -2 - i \Rightarrow -z_2 = 2 + i \Rightarrow Q'(2, 1)$

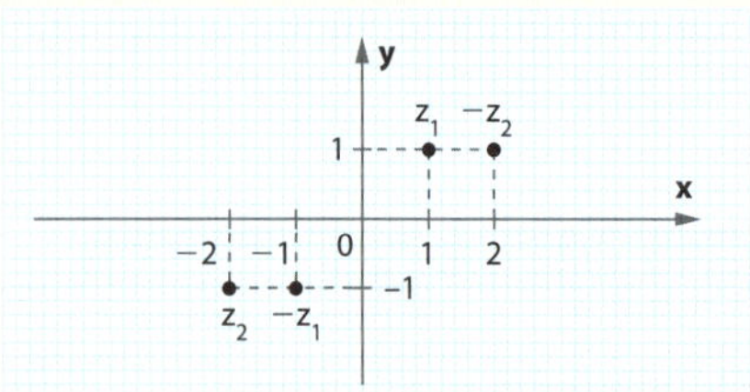

4 Efetue algébrica e geometricamente a adição dos números complexos $z_1 = 1 + 2i$ e $z_2 = 4 + i$.

Algebricamente, temos:

$z_1 + z_2 = (1 + 2i) + (4 + i) = 5 + 3i = z_3$

Geometricamente, vem:

Observe que $\mathbf{z_3}$ corresponde ao ponto (5, 3), ou seja, ao número complexo $z_3 = 5 + 3i$.

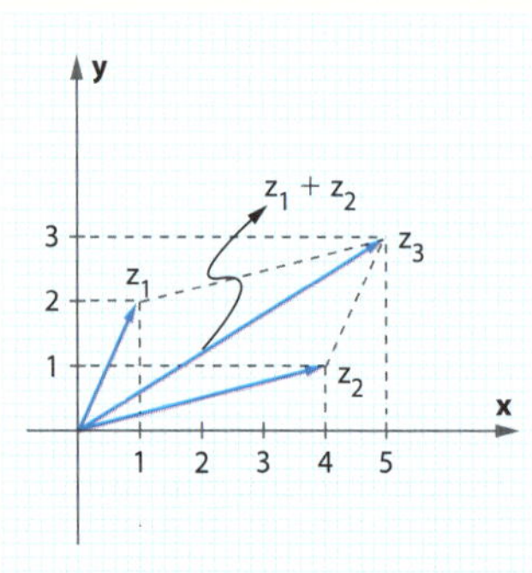

» Exercícios

16 Num mesmo plano complexo, localize os pontos correspondentes aos seguintes números complexos:

$z_1 = -3 + 3i$; $z_2 = 1 + 4i$; $z_3 = 2i$; $z_4 = -4i$;
$z_5 = 2 - 3i$; $z_6 = 3$; $z_7 = -4$.

17 Escreva os números complexos correspondentes aos pontos **A**, **B**, **C**, **D**, **E** e **F** do plano:

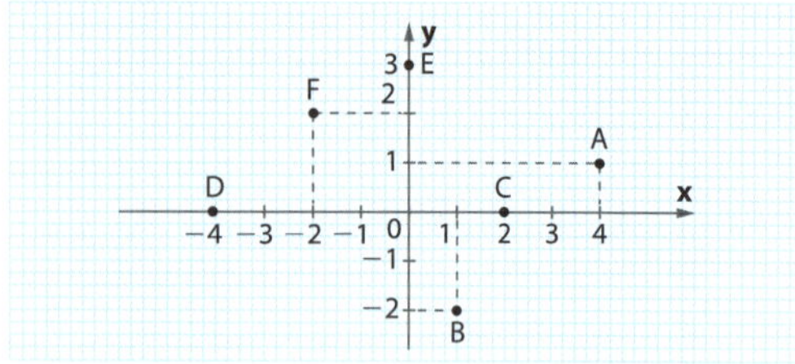

18 Dados os pontos correspondentes aos números complexos $\mathbf{z_1}$, $\mathbf{z_2}$ e $\mathbf{z_3}$, descubra os pontos correspondentes aos números complexos $-\mathbf{z_1}$, $-\mathbf{z_2}$ e $-\mathbf{z_3}$.

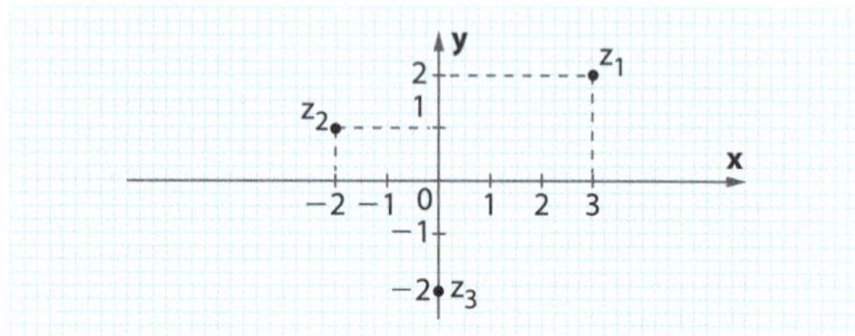

Interpretação geométrica do conjugado

Geometricamente, o conjugado $\bar{\mathbf{z}}$ de $\mathbf{z}$ é representado pelo simétrico de $\mathbf{z}$ em relação ao eixo **x**.

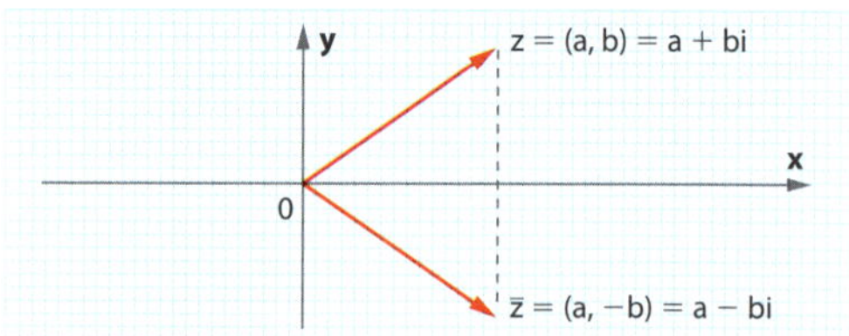

» Exercícios

19 Localize no plano complexo os números complexos dados abaixo e seus respectivos conjugados:

a) $z_1 = 1 + 3i$

b) $z_2 = -1 - i$

c) $z_3 = 3i$

d) $z_4 = 3$

e) $z_5 = 3 - 2i$

f) $z_6 = -5 + 4i$

g) $z_7 = -2i$

h) $z_8 = -5$

20 Dada a figura, localize nela os números complexos $-\mathbf{z}$, $\bar{\mathbf{z}}$ e $-\bar{\mathbf{z}}$.

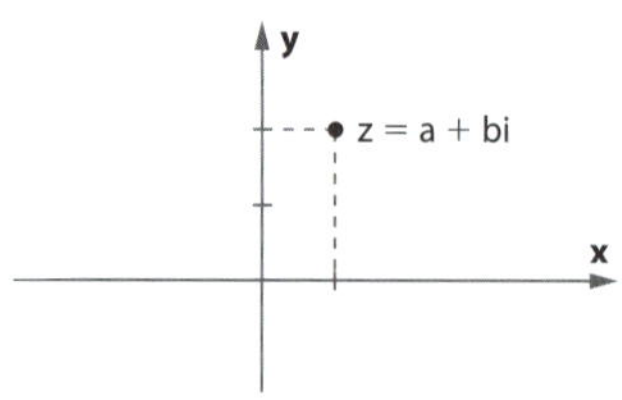

objeto digital

5. Módulo de um número complexo

Geometricamente, o módulo de um número complexo é a distância da origem do sistema de coordenadas **O** ao afixo de **z**.

Aplicando o teorema de Pitágoras no triângulo OAP, temos:

$$|z|^2 = a^2 + b^2 \Rightarrow |z| = \sqrt{a^2 + b^2}$$

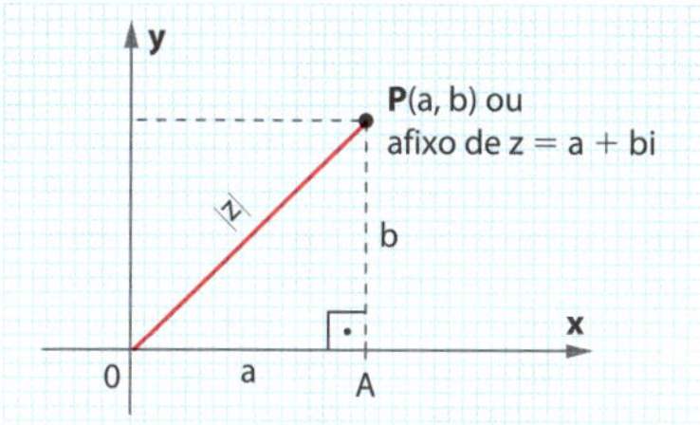

Observemos que essa igualdade vale também para os pontos situados nos eixos e nos demais quadrantes.

Então podemos dizer que, dado um número complexo $z = a + bi$, chama-se *módulo* de **z** e indica-se por $|z|$ o número real positivo ou nulo dado por:

$$|z| = \sqrt{a^2 + b^2}$$

Observação: Uma conexão interessante com a Geometria analítica é que, pensando nos complexos **z** e **w** como pontos no plano, o módulo da diferença é a distância entre os dois pontos: $|z - w| = d(z, w)$.

Exemplos de aplicação

1 Determine o módulo dos seguintes números complexos:

a) $z = 2 + 3i$

Se $z = 2 + 3i$, então:

$|z| = |2 + 3i| = \sqrt{4 + 9} = \sqrt{13}$

b) $z = 3i$

Se $z = 3i$, então:

$|z| = |3i| = \sqrt{9} = 3$

c) $z = -1 - 2i$

Se $z = -1 - 2i$, então:

$|z| = |-1 - 2i| = \sqrt{(-1)^2 + (-2)^2} = \sqrt{1 + 4} = \sqrt{5}$

d) $z = \dfrac{1}{2}$

Se $z = \dfrac{1}{2}$, então:

$|z| = \left|\dfrac{1}{2}\right| = \dfrac{1}{2}$

e) $z = -3$

Se $z = -3$, então:

$|z| = |-3| = 3$

f) $z = 0$

Se $z = 0$, então:

$|z| = |0| = 0$

2 Descubra a distância do ponto **A**(1, 2) ao ponto **B**(5, −1).

1º processo:

$d(A, B) = \sqrt{(1 - 5)^2 + (2 + 1)^2} = \sqrt{25} = 5$

2º processo:

$z = 1 + 2i$ e $w = 5 - i$

$z - w = -4 + 3i$

$d(A, B) = |z - w| = |-4 + 3i| = \sqrt{16 + 9} = 5$

Propriedades envolvendo módulo

1ª) Se **z** é um número complexo, então:

$z\bar{z} = |z|^2$

Demonstração:

Sabemos que:

$z\bar{z} = (a + bi)(a - bi) = a^2 + b^2$

$|z| = \sqrt{a^2 + b^2}$

Logo:

$|z|^2 = (\sqrt{a^2 + b^2})^2 = a^2 + b^2 = z\bar{z}$

Portanto, $z\bar{z} = |z|^2$.

2ª) Se **z** é um número complexo, entao:

$|z| = |\bar{z}|$

Demonstração:

Dado $z = a + bi$, temos:

$\bar{z} = a - bi$

$|z| = \sqrt{a^2 + b^2}$

$|\bar{z}| = \sqrt{a^2 + (-b)^2} = \sqrt{a^2 + b^2}$

Portanto, $|z| = |\bar{z}|$.

3ª) Se $\mathbf{z_1}$ e $\mathbf{z_2}$ são números complexos, então:

$|z_1z_2| = |z_1||z_2|$

Demonstração:

Usando a primeira propriedade, temos:

$|z_1z_2|^2 = (z_1z_2)(\overline{z_1z_2})$ (I)

Mas sabemos que:

$\overline{z_1z_2} = \bar{z}_1\bar{z}_2$ (II)

Então, substituindo (II) em (I), vem:

$|z_1z_2|^2 = z_1z_2\bar{z}_1\bar{z}_2 = (z_1\bar{z}_1)(z_2\bar{z}_2) = |z_1|^2|z_2|^2 = (|z_1||z_2|)^2$

Como o módulo é um número positivo ou nulo, podemos extrair a raiz quadrada em ambos os membros e chegamos ao que queríamos demonstrar:

$|z_1z_2| = |z_1||z_2|$

Para refletir

Quando $|z| = 1$, o que ocorre com $\mathbf{z}^{-1}$?

» Exercícios

21 Determine o módulo de cada um dos seguintes números complexos:

a) $z = 1 + i$
b) $z = -3 - 2i$
c) $z = -7$
d) $z = \sqrt{3} - \sqrt{2}i$
e) $z = 3 + 4i$
f) $z = 3i$
g) $z = 3 + 4\sqrt{2}i$
h) $z = -\sqrt{2} - i\sqrt{2}$

22 Se $z_1 = 1 - 3i$ e $z_2 = 2 + 5i$, determine:

a) $|z_1| + |z_2|$
b) $|z_1z_2|$
c) $|z_1 + z_2|$
d) $|z_1||z_2|$

23 Localize graficamente os números complexos **z** tal que:

a) $|z| = 4$
b) $|z| > 4$
c) **z** é um imaginário puro e $|z| \geq 4$
d) $|z| \leq 2$
e) **z** é um imaginário puro e $|z| < 3$

6. Forma trigonométrica dos números complexos

Sabemos que um número complexo $z = a + bi$ é representado por um ponto do plano, de coordenadas (a, b). Essas são as coordenadas cartesianas do ponto **z**. Veremos agora que esse mesmo ponto pode ser representado por suas *coordenadas polares*, que são:

1ª) o módulo do vetor $\overrightarrow{Oz}$, indicado por $|z|$ ou ρ, representando a distância do ponto **P** à origem do plano (supondo $|z| \neq 0$);

2ª) o ângulo θ, em que $0 \leq \theta < 2\pi$, que o vetor $\overrightarrow{Oz}$ forma com o eixo **x**. Esse ângulo θ é chamado *argumento* de **z** (ou *argumento principal* de **z**) e indicado por arg(z).

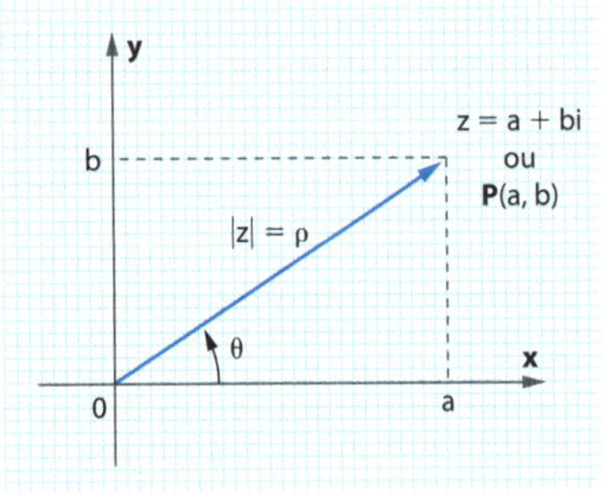

$z = a + bi, z \neq 0$

$|z| = \rho = \sqrt{a^2 + b^2}$

$\arg(z) = \theta$

Fique atento
Devemos considerar θ a partir do eixo **x**, no sentido anti-horário.

Já vimos em Trigonometria que:

$$\cos\theta = \frac{a}{|z|}$$

$$\text{sen}\,\theta = \frac{b}{|z|} \quad (\text{com } 0 \leq \theta < 2\pi)$$

Essas igualdades levam a:

$$\cos\theta = \frac{a}{|z|} \Rightarrow a = |z| \cdot \cos\theta$$

$$\text{sen}\,\theta = \frac{b}{|z|} \Rightarrow b = |z| \cdot \text{sen}\,\theta$$

Substituindo esses valores em $z = a + bi$, temos:

$z = a + bi = |z| \cdot \cos\theta + |z| \cdot \text{sen}\,\theta i =$
$= |z|(\cos\theta + i \cdot \text{sen}\,\theta)$

Portanto:

$$z = |z|(\cos\theta + i \cdot \text{sen}\,\theta)$$

que é chamada *forma trigonométrica* ou *forma polar* de **z**.

» Exemplos de aplicação

1 Determine a representação geométrica e a forma trigonométrica do número complexo dado em cada item:

a) $z = 1 + i\sqrt{3}$

$a = 1$

$b = \sqrt{3}$

Então:

$$|z| = \left|1 + i\sqrt{3}\right| = \sqrt{1^2 + (\sqrt{3})^2} = \sqrt{4} = 2$$

$$\left.\begin{array}{l} \cos\theta = \dfrac{a}{|z|} = \dfrac{1}{2} \\ \text{sen}\,\theta = \dfrac{b}{|z|} = \dfrac{\sqrt{3}}{2} \\ 0 \leq \theta < 2\pi \end{array}\right\} \Rightarrow \theta = \arg(z) = \frac{\pi}{3}$$

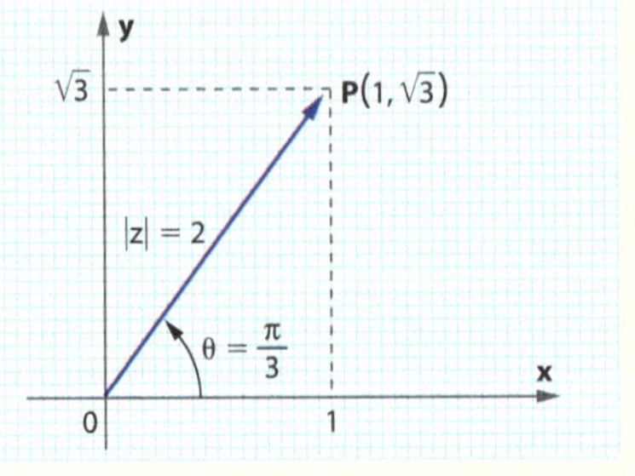

Portanto, a forma trigonométrica é dada por:

$$z = |z|(\cos\theta + i \cdot \text{sen}\,\theta) = 2\left(\cos\frac{\pi}{3} + i \cdot \text{sen}\,\frac{\pi}{3}\right)$$

b) $z = -1 + i$

$a = -1$

$b = 1$

Então:

$|z| = |-1 + i| = \sqrt{(-1)^2 + 1^2} = \sqrt{2}$

$$\left.\begin{array}{l} \cos\theta = \dfrac{a}{|z|} = \dfrac{-1}{\sqrt{2}} = -\dfrac{\sqrt{2}}{2} \\ \text{sen}\,\theta = \dfrac{b}{|z|} = \dfrac{1}{\sqrt{2}} = \dfrac{\sqrt{2}}{2} \\ 0 \leqslant \theta < 2\pi \end{array}\right\} \Rightarrow \theta = \arg(z) = \dfrac{3\pi}{4}$$

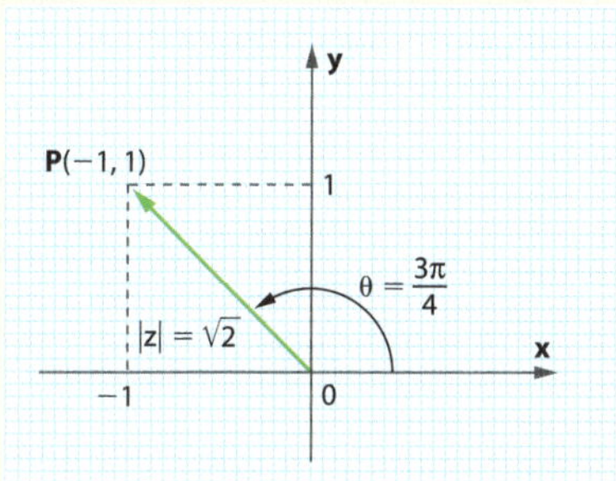

Logo, a forma trigonométrica é dada por:

$z = |z|(\cos\theta + i \cdot \text{sen}\,\theta) =$

$= \sqrt{2}\left(\cos\dfrac{3\pi}{4} + i \cdot \text{sen}\dfrac{3\pi}{4}\right)$

c) $z = 2i$

$a = 0$

$b = 2$

Então:

$|z| = |2i| = \sqrt{0^2 + 2^2} = \sqrt{4} = 2$

$$\left.\begin{array}{l} \cos\theta = \dfrac{a}{|z|} = \dfrac{0}{2} = 0 \\ \text{sen}\,\theta = \dfrac{b}{|z|} = \dfrac{2}{2} = 1 \\ 0 \leqslant \theta < 2\pi \end{array}\right\} \Rightarrow \theta = \arg(z) = \dfrac{\pi}{2}$$

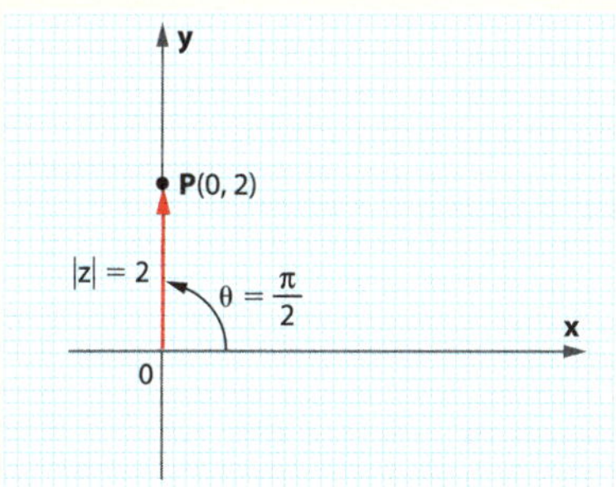

Logo, a forma trigonométrica é dada por:

$z = |z|(\cos\theta + i \cdot \text{sen}\,\theta) = 2\left(\cos\dfrac{\pi}{2} + i \cdot \text{sen}\dfrac{\pi}{2}\right)$

d) $z = -3$

$a = -3$

$b = 0$

Então:

$|z| = |-3| = 3$

$$\left.\begin{array}{l} \cos\theta = \dfrac{a}{|z|} = \dfrac{-3}{3} = -1 \\ \text{sen}\,\theta = \dfrac{b}{|z|} = \dfrac{0}{3} = 0 \\ 0 \leqslant \theta < 2\pi \end{array}\right\} \Rightarrow \theta = \arg(z) = \pi$$

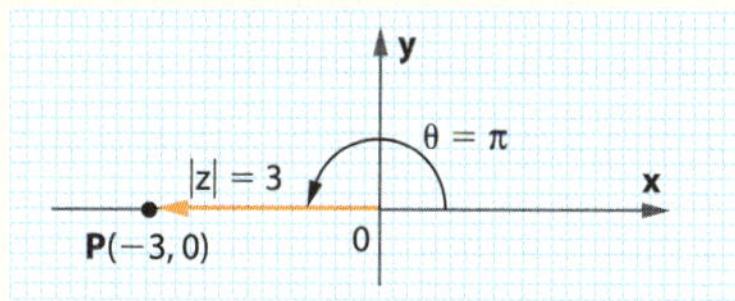

Logo, a forma trigonométrica é dada por:

$z = 3(\cos\pi + i \cdot \text{sen}\,\pi)$

2 Escreva na forma algébrica os seguintes números complexos:

a) $z = 2\left(\cos\dfrac{\pi}{4} + i \cdot \text{sen}\dfrac{\pi}{4}\right)$

$z = 2\left(\dfrac{\sqrt{2}}{2} + i \cdot \dfrac{\sqrt{2}}{2}\right) = \dfrac{2\sqrt{2}}{2} + i \cdot \dfrac{2\sqrt{2}}{2} =$

$= \sqrt{2} + i\sqrt{2}$

Logo, $z = \sqrt{2} + i\sqrt{2}$.

b) $z = 8\left(\cos\dfrac{7\pi}{6} + i \cdot \text{sen}\dfrac{7\pi}{6}\right)$

$z = 8\left[-\cos\dfrac{\pi}{6} + i\left(-\text{sen}\dfrac{\pi}{6}\right)\right] =$

$= 8\left[-\dfrac{\sqrt{3}}{2} + i\left(-\dfrac{1}{2}\right)\right] = -4\sqrt{3} - 4i$

Logo, $z = -4\sqrt{3} - 4i$.

Exercícios

24 Dê a representação geométrica e a forma trigonométrica dos seguintes números complexos:

a) $\sqrt{3} + i$

b) $-\sqrt{3} + i$

c) $\sqrt{3} - i$

d) $-\sqrt{3} - i$

25 Escreva na forma trigonométrica os seguintes números complexos:

a) $6i$

b) $2 + 2i$

c) $-8\sqrt{3} + 8i$

d) 4

e) $2 - 2i$

f) -3

g) i

26 Escreva na forma algébrica os seguintes números complexos:

a) $2\left(\cos\frac{\pi}{6} + i \cdot \text{sen}\frac{\pi}{6}\right)$

b) $5(\cos 0 + i \cdot \text{sen } 0)$

c) $\cos\frac{3\pi}{2} + i \cdot \text{sen}\frac{3\pi}{2}$

d) $4(\cos \pi + i \cdot \text{sen } \pi)$

e) $2\left(\cos\frac{\pi}{4} + i \cdot \text{sen}\frac{\pi}{4}\right)$

Multiplicação de números complexos na forma trigonométrica

Consideremos os números complexos $\mathbf{z_1}$ e $\mathbf{z_2}$, dados na forma trigonométrica:

$$z_1 = |z_1|(\cos \theta_1 + i \cdot \text{sen } \theta_1)$$

$$z_2 = |z_2|(\cos \theta_2 + i \cdot \text{sen } \theta_2)$$

O produto z_1z_2 é dado por:

$$z_1z_2 = |z_1|(\cos \theta_1 + i \cdot \text{sen } \theta_1)|z_2|(\cos \theta_2 + i \cdot \text{sen } \theta_2) =$$
$$= |z_1||z_2|(\cos \theta_1 + i \cdot \text{sen } \theta_1)(\cos \theta_2 + i \cdot \text{sen } \theta_2) =$$
$$= |z_1||z_2|[(\cos \theta_1 \cdot \cos \theta_2 - \text{sen } \theta_1 \cdot \text{sen } \theta_2) +$$
$$+ i(\text{sen } \theta_1 \cdot \cos \theta_2 + \text{sen } \theta_2 \cdot \cos \theta_1)] =$$
$$= |z_1||z_2|[\cos (\theta_1 + \theta_2) + i \cdot \text{sen } (\theta_1 + \theta_2)]$$

Portanto:

$$z_1z_2 = |z_1||z_2|[\cos (\theta_1 + \theta_2) + i \cdot \text{sen } (\theta_1 + \theta_2)]$$

Assim, o produto de dois números complexos escritos na forma trigonométrica é o número complexo cujo módulo é igual ao produto dos módulos dos fatores e cujo argumento é igual à soma dos argumentos dos fatores, reduzida à 1ª volta ($0 \leq \arg(z_1z_2) < 2\pi$).

Exemplo de aplicação

Calcule o produto z_1z_2 com $z_1 = 2\left(\cos\frac{\pi}{4} + i \cdot \text{sen}\frac{\pi}{4}\right)$ e $z_2 = 3\left(\cos\frac{\pi}{2} + i \cdot \text{sen}\frac{\pi}{2}\right)$.

Substituindo os dados do problema na fórmula, temos:

$$z_1z_2 = 2 \cdot 3\left[\cos\left(\frac{\pi}{4} + \frac{\pi}{2}\right) + i \cdot \text{sen}\left(\frac{\pi}{4} + \frac{\pi}{2}\right)\right] =$$

$$= 6\left(\cos\frac{3\pi}{4} + i \cdot \text{sen}\frac{3\pi}{4}\right)$$

Fazendo a interpretação geométrica desse problema, obtemos:

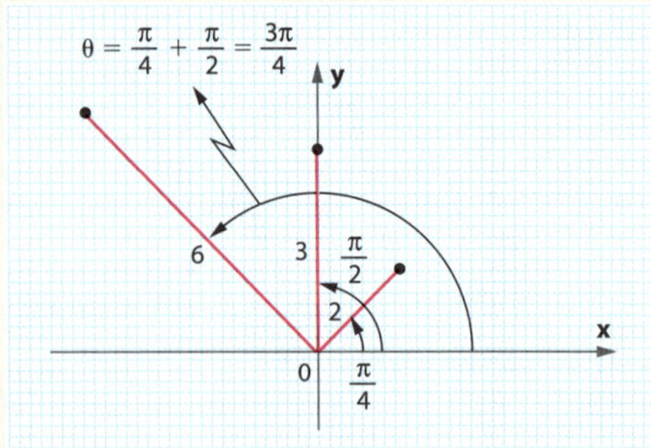

Em z_1z_2 houve uma rotação positiva a $\mathbf{z_1}$ de um ângulo igual ao ângulo de $\mathbf{z_2}$. Ou seja, nesse caso, houve uma rotação de $\frac{\pi}{2}$ a $\mathbf{z_1}$. Como o argumento de $\mathbf{z_1}$ era $\frac{\pi}{4}$ e $\mathbf{z_1}$ recebeu uma rotação de $\frac{\pi}{2}$, o produto $\mathbf{z_1}$ e $\mathbf{z_2}$ passa a ter argumento igual a $\frac{\pi}{4} + \frac{\pi}{2} = \frac{3\pi}{4}$. Já o módulo z_1z_2 é 6, que corresponde a $2 \cdot 3$ ou $|z_1||z_2|$.

Observação: A fórmula da multiplicação de dois números complexos, segundo a qual *basta multiplicar os módulos e somar seus argumentos*, é válida para um número qualquer finito de valores. Isso nos levará à potenciação de números complexos.

Divisão de números complexos na forma trigonométrica

Dados os números complexos $\mathbf{z_1}$ e $\mathbf{z_2}$ na forma trigonométrica:

$z_1 = |z_1|(\cos \theta_1 + i \cdot \text{sen } \theta_1)$

$z_2 = |z_2|(\cos \theta_2 + i \cdot \text{sen } \theta_2)$

podemos obter o quociente $\frac{z_1}{z_2}$, para $z_2 \neq 0$, assim:

$$\frac{z_1}{z_2} = \frac{|z_1|}{|z_2|}[\cos (\theta_1 - \theta_2) + i \cdot \text{sen } (\theta_1 - \theta_2)]$$

A demonstração dessa relação pode ser feita mostrando que o produto de $\frac{|z_1|}{|z_2|}[\cos (\theta_1 - \theta_2) + i \cdot \text{sen } (\theta_1 - \theta_2)]$ por $\mathbf{z_2}$ é igual a $\mathbf{z_1}$.

Para refletir
Faça a demonstração mencionada.

Assim, o quociente de dois números complexos na forma trigonométrica, com o segundo número diferente de 0, é o número complexo cujo módulo é o quociente dos módulos e cujo argumento é a diferença dos argumentos dos dois números na ordem dada, reduzida à 1ª volta $\left(0 \leq \arg\left(\frac{z_1}{z_2}\right) < 2\pi\right)$.

Exemplo de aplicação

Calcule o quociente $\frac{z_1}{z_2}$ para

$$z_1 = 2\left(\cos\frac{\pi}{4} + i \cdot \text{sen}\,\frac{\pi}{4}\right) \text{ e}$$

$$z_2 = 3\left(\cos\frac{\pi}{2} + i \cdot \text{sen}\,\frac{\pi}{2}\right)$$

Substituindo z_1 e z_2 na fórmula dada, temos:

$$\frac{z_1}{z_2} = \frac{2}{3}\left[\cos\left(\frac{\pi}{4} - \frac{\pi}{2}\right) + i \cdot \text{sen}\left(\frac{\pi}{4} - \frac{\pi}{2}\right)\right] =$$

$$= \frac{2}{3}\left[\cos\left(-\frac{\pi}{4}\right) + i \cdot \text{sen}\left(-\frac{\pi}{4}\right)\right] =$$

$$= \frac{2}{3}\left(\cos\frac{7\pi}{4} + i \cdot \text{sen}\,\frac{7\pi}{4}\right)$$

Logo, $\frac{z_1}{z_2} = \frac{2}{3}\left(\cos\frac{7\pi}{4} + i \cdot \text{sen}\,\frac{7\pi}{4}\right)$

Você sabia?

$\frac{7\pi}{4}$ é o ângulo côngruo de $-\frac{\pi}{4}$ tal que $0 \leq \frac{7\pi}{4} < 2\pi$.

Exercícios

27 Dados os números complexos $z = 6(\cos 150° + i \cdot \text{sen}\,150°)$ e $w = 3(\cos 45° + i \cdot \text{sen}\,45°)$, calcule zw, $\mathbf{w^2}$, $\frac{z}{w}$ e $\frac{w}{z}$.

28 Determine o número complexo $\mathbf{z_1}$, sabendo que $z_2 = 10(\cos 20° + i \cdot \text{sen}\,20°)$ e $z_1z_2 = 20\sqrt{3}(\cos 170° + i \cdot \text{sen}\,170°)$.

Fique atento
Os números obtidos devem ter seus argumentos tal que $0 \leq \theta < 2\pi$ $(0° \leq \theta < 360°)$.

Potenciação de números complexos na forma trigonométrica — a primeira fórmula de De Moivre*

A potência $\mathbf{z^n}$, $n \in \mathbb{N}^*$, é dada por $z^n = \underbrace{z \cdot z \cdot ... \cdot z}_{\textbf{n} \text{ fatores}}$.

Assim, se um número complexo **z** está escrito na forma trigonométrica $z = |z|(\cos\theta + i \cdot \text{sen}\,\theta)$, temos:

$$z^n = \underbrace{z \cdot z \cdot ... \cdot z}_{\text{multiplicação de } \textbf{n} \text{ fatores}} = \underbrace{|z| \cdot |z| \cdot ... \cdot |z|}_{\text{produto de } \textbf{n} \text{ módulos}}\,[\cos\underbrace{(\theta + \theta + ... + \theta)}_{\text{soma de } \textbf{n} \text{ argumentos}} +$$

$$+ i \cdot \text{sen}\,\underbrace{(\theta + \theta + ... + \theta)}_{\text{soma de } \textbf{n} \text{ argumentos}}] \Rightarrow$$

$$\Rightarrow z^n = |z|^n[\cos(n\theta) + i \cdot \text{sen}\,(n\theta)] \text{ (fórmula de De Moivre)}$$

Para $n = 0$, temos:

$$z^0 = |z|^0[\cos(0 \cdot \theta) + i \cdot \text{sen}\,(0 \cdot \theta)] =$$

$$= 1(\cos 0 + i \cdot \text{sen}\,0) = 1(1 + 0) = 1$$

Assim, podemos dizer que a potência de ordem **n** de um número complexo escrito na forma trigonométrica é o número complexo cujo módulo é igual ao módulo do número elevado a **n** e cujo argumento é igual ao argumento do número multiplicado por **n**, reduzido à primeira volta $(0 \leq \arg(z^n) < 2\pi)$.

Exemplos de aplicação

1 Dado o número $z = 2\left(\cos\frac{\pi}{4} + i \cdot \text{sen}\,\frac{\pi}{4}\right)$, determine $\mathbf{z^7}$.

Na forma trigonométrica, temos:

$$z^7 = \left[2\left(\cos\frac{\pi}{4} + i \cdot \text{sen}\,\frac{\pi}{4}\right)\right]^7 =$$

$$= 2^7\left(\cos 7 \cdot \frac{\pi}{4} + i \cdot \text{sen}\,7 \cdot \frac{\pi}{4}\right) =$$

$$= 128\left(\cos\frac{7\pi}{4} + i \cdot \text{sen}\,\frac{7\pi}{4}\right)$$

Logo, $z^7 = 128\left(\cos\frac{7\pi}{4} + i \cdot \text{sen}\,\frac{7\pi}{4}\right)$.

Na forma algébrica, vem:

$$z = 2\left(\cos\frac{\pi}{4} + i \cdot \text{sen}\,\frac{\pi}{4}\right) =$$

$$= 2\left(\frac{\sqrt{2}}{2} + i \cdot \frac{\sqrt{2}}{2}\right) = \sqrt{2} + i\sqrt{2}$$

*Abraham de Moivre (1667-1754), matemático francês.

$$z^7 = 128\left(\cos\frac{7\pi}{4} + i \cdot \text{sen}\,\frac{7\pi}{4}\right) = 128\left(\frac{\sqrt{2}}{2} - \frac{\sqrt{2}i}{2}\right) =$$

$$= 64\sqrt{2} - 64\sqrt{2}i$$

Logo, $z^7 = 64\sqrt{2} - 64\sqrt{2}i$.

2 Calcule a potência $(1 - i)^{10}$.

Uma das maneiras é multiplicar $(1 - i)$ por ele mesmo, usando dez fatores. Outra é desenvolver a expressão $(1 - i)^{10}$ usando o binômio de Newton. Uma terceira maneira é escrever o número complexo $(1 - i)$ na forma trigonométrica e usar a fórmula de De Moivre. Assim, temos:

$z = 1 - i$

$a = 1$

$b = -1$

Então:

$$|z| = \sqrt{(1)^2 + (-1)^2} = \sqrt{2}$$

$$\left.\begin{array}{l} \cos\theta = \dfrac{a}{|z|} = \dfrac{1}{\sqrt{2}} = \dfrac{\sqrt{2}}{2} \\ \text{sen}\,\theta = \dfrac{b}{|z|} = \dfrac{-1}{\sqrt{2}} = \dfrac{-\sqrt{2}}{2} \\ 0 \leq \theta < 2\pi \end{array}\right\} \Rightarrow \theta = \arg(z) = \frac{7\pi}{4}$$

Assim:

$$z = 1 - i = \sqrt{2}\left(\cos\frac{7\pi}{4} + i \cdot \text{sen}\,\frac{7\pi}{4}\right)$$

Logo:

$$z^{10} = (1 - i)^{10} =$$

$$= \left(\sqrt{2}\right)^{10}\left[\cos\left(10 \cdot \frac{7\pi}{4}\right) + i \cdot \text{sen}\left(10 \cdot \frac{7\pi}{4}\right)\right]$$

Mas:

$$\left(\sqrt{2}\right)^{10} = \left(2^{\frac{1}{2}}\right)^{10} = 2^{\frac{10}{2}} = 2^5$$

$$10 \cdot \frac{7\pi}{4} = \frac{70\pi}{4} = \frac{35\pi}{2}$$

$\frac{35\pi}{2}$ corresponde a oito voltas mais $\frac{3\pi}{2}$, isto é:

$$\frac{35\pi}{2} = \frac{32\pi}{2} + \frac{3\pi}{2} = 16\pi + \frac{3\pi}{2} = 8 \cdot 2\pi + \frac{3\pi}{2}$$

Ou seja, $\frac{35\pi}{2}$ é côngruo de $\frac{3\pi}{2}$.

Portanto:

$$z^{10} = (1 - i)^{10} = 2^5\left(\cos\frac{3\pi}{2} + i \cdot \text{sen}\,\frac{3\pi}{2}\right)$$

Na forma algébrica, temos:

$$z^{10} = (1 - i)^{10} = 32[0 + i(-1)] = 32 \cdot 0 - 32i = -32i$$

Logo, $z^{10} = -32i$.

3 Determine o menor valor de $n \in \mathbb{N}^*$, para o qual $(2\sqrt{3}\,i + 2)^n$ é real e positivo.

Passando o número $z = 2 + 2\sqrt{3}\,i$ para a forma trigonométrica:

$$|z| = \sqrt{2^2 + (2\sqrt{3})^2} = \sqrt{4 + 12} = 4$$

$$\left.\begin{array}{l} \cos\theta = \dfrac{a}{|z|} = \dfrac{2}{4} = \dfrac{1}{2} \\ \text{sen}\,\theta = \dfrac{b}{|z|} = \dfrac{2\sqrt{3}}{4} = \dfrac{\sqrt{3}}{2} \end{array}\right\} \Rightarrow \theta = \frac{\pi}{3}\ (60°)$$

Usando a fórmula de De Moivre, temos:

$$z^n = |z|^n(\cos n\theta + i \cdot \text{sen}\,n\theta) =$$

$$= 4^n\left(\cos\frac{n\pi}{3} + i \cdot \text{sen}\,\frac{n\pi}{3}\right)$$

Para que z^n seja real e positivo, devemos ter:

$$\text{sen}\,\frac{n\pi}{3} = 0$$

$$\cos\frac{n\pi}{3} > 0$$

Como $n \in \mathbb{N}^*$, fazemos:

$$n = 1 \Rightarrow \text{sen}\,\frac{1\pi}{3} = \frac{\sqrt{3}}{2} \neq 0$$

$$n = 2 \Rightarrow \text{sen}\,\frac{2\pi}{3} = \frac{\sqrt{3}}{2} \neq 0$$

$$n = 3 \Rightarrow \text{sen}\,\frac{3\pi}{3} = \text{sen}\,\pi = 0 \text{ e } \cos\frac{3\pi}{3} = \cos\pi = -1 < 0$$

⋮

⋮

$$n = 6 \Rightarrow \text{sen}\,\frac{6\pi}{3} = \text{sen}\,2\pi = 0 \text{ e } \cos\frac{6\pi}{3} = \cos 2\pi = 1 > 0$$

Logo, o menor valor de $n \in \mathbb{N}^*$ é 6.

Nesse caso, temos:

$\left(2\sqrt{3}i + 2\right)^6 = 4^6(\cos 2\pi + i \cdot \text{sen}\,2\pi) = 4\,096$ (real positivo)

Para refletir
Verifique para $n = 4$ e $n = 5$.

4 (UFRJ) Um jantar secreto é marcado para a hora em que as extremidades dos ponteiros do relógio forem representadas pelos números complexos **z** e **w** a seguir: $z = \alpha\left[\cos\left(\frac{\pi}{2}\right) + i \cdot \text{sen}\left(\frac{\pi}{2}\right)\right]$, $w = z^2$, sendo α um número real fixo, $0 < \alpha < 1$. Determine a hora do jantar.

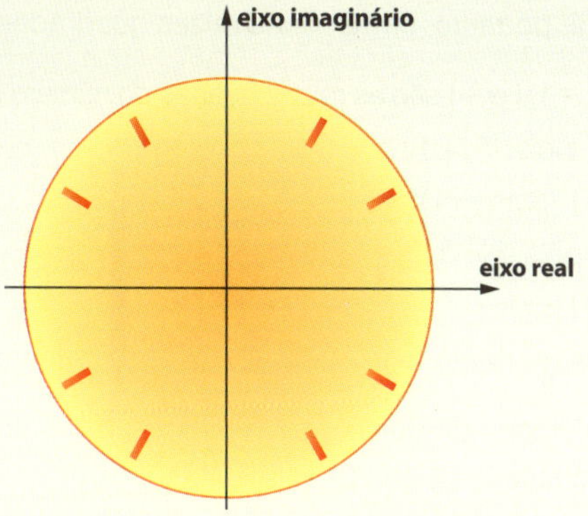

» Resolução passo a passo

1. Lendo e compreendendo

a) O que é dado no problema?

São dados dois números complexos, **z** e **w**, e se diz que a representação deles no plano equivale à extremidade dos ponteiros das horas e dos minutos (não necessariamente nessa ordem).

b) O que se pede?

Pede-se a hora marcada para o jantar secreto por meio da interpretação dos números complexos **z** e **w** dados.

2. Planejando a solução

Vamos obter a forma algébrica dos dois números complexos para representá-los no plano e, com isso, descobrir que horas os ponteiros marcam.

3. Executando o que foi planejado

• $z = \alpha\left[\cos\left(\frac{\pi}{2}\right) + i \cdot \text{sen}\left(\frac{\pi}{2}\right)\right]$

Como $\cos\left(\frac{\pi}{2}\right) = 0$ e $\text{sen}\left(\frac{\pi}{2}\right) = 1$, então

$z = \alpha\,[0 + i] = \alpha i$.

• $w = z^2$

Para obter **w** vamos usar o valor algébrico de **z**:

$w = z^2 = (\alpha i)^2 = \alpha^2 \cdot i^2$. Como $i^2 = -1$, então $w = -\alpha^2$.

O afixo de $z = \alpha i$ é o ponto $(0, \alpha)$ e o afixo de **w** é o ponto $(-\alpha^2, 0)$. E como $0 < \alpha < 1$, podemos afirmar que $\alpha^2 < \alpha$, de forma que o módulo de **w** é menor que o módulo de **z**. Assim, a representação obtida é:

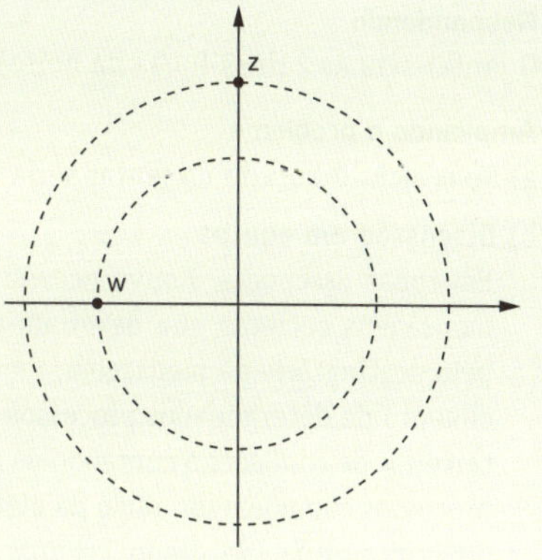

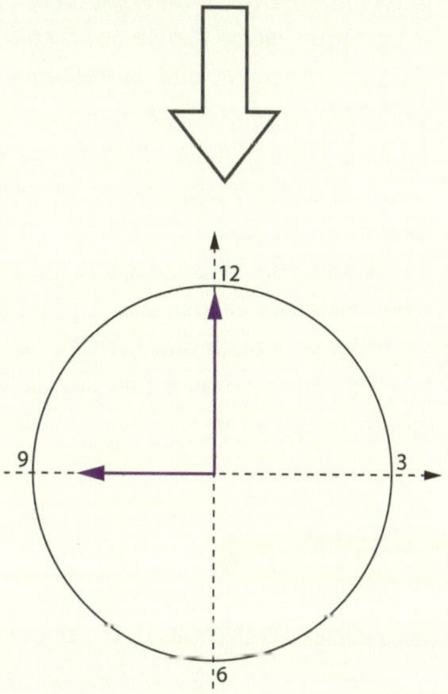

Como o ponteiro das horas é sempre o ponteiro menor, deduzimos que ele é **w**, e o ponteiro dos minutos é **z**. Assim, o relógio marca 9h (ou 21h, já que se trata de um jantar).

4. Verificando

Se o horário secreto é 21h (9h), então o menor ponteiro deve estar no 9 (e portanto deve ser um número complexo de argumento π) e o maior ponteiro deve estar no 12 (e portanto deve ser um número complexo de argumento $\frac{\pi}{2}$, além de ter módulo maior que o outro número complexo). Analisando **z** e **w**, temos que:

$z = \alpha\left[\cos\left(\frac{\pi}{2}\right) + i \cdot \text{sen}\left(\frac{\pi}{2}\right)\right]$, ou seja, tem módulo α e argumento $\frac{\pi}{2}$.

Usando a 1ª fórmula de De Moivre, temos que:

$w = z^2 = \alpha^2\left[\cos\left(2 \cdot \frac{\pi}{2}\right) + i \cdot \text{sen}\left(2 \cdot \frac{\pi}{2}\right)\right] =$

$= \alpha^2\,[\cos \pi + i \cdot \text{sen}\, \pi]$

Assim, $w = \alpha^2\,[\cos \pi + i \cdot \text{sen}\, \pi]$, ou seja, tem módulo α^2 e argumento π. Como $\alpha < 1$, então $\alpha^2 < \alpha$. Isso verifica todas as condições necessárias para que **z** e **w** indiquem o horário secreto das 21h.

5. **Respondendo**

O jantar será às 21h (9 horas da noite).

6. **Ampliando o problema**

a) Se $\alpha > 1$, o horário do jantar seria diferente?

b) **Discussão em equipe**

Em todas as épocas, houve necessidade de mandar mensagens secretas que deveriam ser lidas apenas pelo destinatário da mensagem, motivando o aparecimento de determinados processos que impedissem terceiros de conhecer o conteúdo da mensagem. Esses processos compõem um ramo da matemática chamado *criptografia* (do grego *kryptós*, "escondido", e *gráphein*, "escrita"). Hoje, a criptografia está presente em vários momentos do nosso cotidiano, na maioria das vezes sem que percebamos. Por exemplo, quando você se cadastra em um *site* da internet, a senha é criptografada antes de ser armazenada no banco de dados. Assim, se um *hacker* roubar o banco de dados com as senhas, ele não conseguirá lê-las. Conversem com seus colegas e opinem sobre outras possíveis situações em que a criptografia está presente na vida moderna. Reflitam sobre quais informações são restritas e não devem ser de conhecimento de terceiros.

Exercícios

objeto digital

29 Calcule os valores das potências z^2, z^3 e z^9, sabendo que $z = 2\left(\cos\dfrac{\pi}{3} + i \cdot \text{sen}\dfrac{\pi}{3}\right)$.

30 Usando a fórmula de De Moivre, calcule as potências:

a) $(1 - i)^3$ **b)** $\left(1 + \sqrt{3}i\right)^4$

31 Sabendo que $z_1 = 2(\cos 30° + i \cdot \text{sen } 30°)$ e $z_2 = 3(\cos 150° + i \cdot \text{sen } 150°)$, determine:

a) z_1z_2 **b)** $\dfrac{z_1}{z_2}$ **c)** z_1^3 **d)** z_2^{99}

Radiciação — raízes enésimas de números complexos

objeto digital

Dado um número complexo **z** e um número natural **n**, $n > 1$, definimos em $\mathbb{C}$:

Raiz enésima de **z** é um número complexo ω tal que $\omega^n = z$.

Exemplos:

1º) 2, -2, $2i$ e $-2i$ são as raízes quartas do número complexo 16.

2, pois $2^4 = 16$

-2, pois $(-2)^4 = 16$

$2i$, pois $(2i)^4 = 16$

$-2i$, pois $(-2i)^4 = 16$

Há, portanto, em $\mathbb{C}$, quatro raízes quartas de 16.

2º) **i** e **−i** são as raízes quadradas do número complexo -1.

i, pois $i^2 = -1$

−i, pois $(-i)^2 = -1$

Há, portanto, em $\mathbb{C}$, duas raízes quadradas de -1.

3º) 3 e -3 são as raízes quadradas do número complexo 9.

3, pois $3^2 = 9$

-3, pois $(-3)^2 = 9$

Há, portanto, em $\mathbb{C}$, duas raízes quadradas de 9.

4º) 1, -1, **i** e **−i** são as raízes quartas do número complexo 1.

1, pois $1^4 = 1$

-1, pois $(-1)^4 = 1$

i, pois $i^4 = 1$

−i, pois $(-i)^4 = 1$

Há, portanto, em $\mathbb{C}$, quatro raízes quartas de 1.

5º) A única raiz quinta de 0 é 0, pois 0 é o único número complexo tal que $0^5 = 0$.

A pergunta então é: Quantas são as raízes enésimas de um número complexo $z \neq 0$ e como podemos determiná-las? Veremos isso com a *segunda fórmula de De Moivre*.

A segunda fórmula de De Moivre

objeto digital

Consideremos o número complexo $z \neq 0$ tal que $z = |z|(\cos\theta + i \cdot \text{sen }\theta)$. Encontrar as raízes enésimas de **z** significa determinar todos os números complexos distintos do tipo:

$$\omega = |\omega|(\cos\alpha + i \cdot \text{sen }\alpha)$$

de modo que $\omega^n = z$, para $n > 1$, ou seja, procurar números ω tal que:

$$[|\omega|(\cos\alpha + i \cdot \text{sen }\alpha)]^n = |z|(\cos\theta + i \cdot \text{sen }\theta)$$

Aplicando a primeira fórmula de De Moivre, temos:

$$|\omega|^n(\cos n\alpha + i \cdot \text{sen } n\alpha) = |z|(\cos\theta + i \cdot \text{sen }\theta)$$

Da igualdade:

$$\omega^n = |\omega|^n(\cos n\alpha + i \cdot \text{sen } n\alpha) = z = |z|(\cos\theta + i \cdot \text{sen }\theta)$$

vem $|\omega|^n = |z|$, $\cos n\alpha = \cos\theta$ e $\text{sen } n\alpha = \text{sen }\theta$.

De $|\omega|^n = |z|$, temos $|\omega| = \sqrt[n]{|z|}$ (sempre real e positivo).

De $\cos n\alpha = \cos\theta$ e $\text{sen } n\alpha = \text{sen }\theta$, temos:

$$n\alpha = \theta + 2k\pi \Rightarrow \alpha = \frac{\theta + 2k\pi}{n} \text{ (com } k \in \mathbb{Z})$$

Mas, para que $0 \leqslant \alpha < 2\pi$, é necessário que $0 \leqslant k \leqslant n - 1$.

Assim, concluímos que:

$$\omega_k = \sqrt[n]{|z|}\left(\cos\frac{\theta + 2k\pi}{n} + i \cdot \text{sen}\frac{\theta + 2k\pi}{n}\right)$$ (segunda fórmula de De Moivre para $k = 0, 1, 2, ..., (n - 1)$)

Após k = n − 1, os valores começam a se repetir. Então, de 0 a n − 1, temos **n** raízes distintas.

Observemos que essa fórmula também pode ser escrita assim:

$$\omega_k = \sqrt[n]{|z|}\left[\cos\left(\frac{\theta}{n} + k \cdot \frac{2\pi}{n}\right) + i \cdot \text{sen}\left(\frac{\theta}{n} + k \cdot \frac{2\pi}{n}\right)\right]$$

Assim, qualquer número complexo **z**, não nulo, admite **n** raízes enésimas distintas. Todas elas têm módulo igual a $\sqrt[n]{|z|}$ e seus argumentos formam uma progressão aritmética de primeiro termo $\frac{\theta}{n}$ e razão $\frac{2\pi}{n}$.

Geometricamente, as **n** raízes são vértices de um polígono regular de **n** lados.

Logo, sabendo uma delas e sabendo quantas são no total, é possível obter as n − 1 raízes desconhecidas.

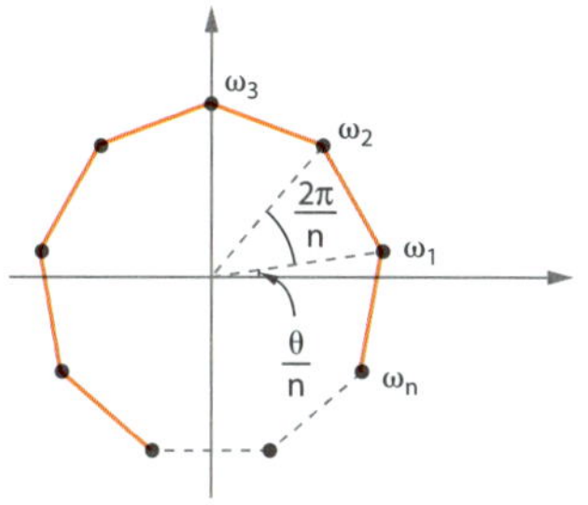

Exemplos de aplicação

1 **Determine as raízes cúbicas de −i e interprete-as geometricamente.**

Escrevendo **z** na forma trigonométrica, temos:

$z = -i$

$a = 0$

$b = -1$

$$|z| = \sqrt{0^2 + (-1)^2} = \sqrt{1} = 1$$

$$\left.\begin{array}{l} \cos\theta = \frac{0}{1} = 0 \\ \text{sen}\,\theta = \frac{-1}{1} = -1 \\ 0 \leq \theta < 2\pi \end{array}\right\} \Rightarrow \theta = \arg(z) = \frac{3\pi}{2}$$

Para refletir

Números complexos da forma z = ai têm argumento $\frac{\pi}{2}$ para a > 0 e $\frac{3\pi}{2}$ para a < 0.

Portanto:

$$z = 1\left(\cos\frac{3\pi}{2} + i \cdot \text{sen}\,\frac{3\pi}{2}\right)$$

Usando a segunda fórmula de De Moivre, vem:

$$\omega_k = \sqrt[n]{|z|}\left(\cos\frac{\theta + 2k\pi}{n} + i \cdot \text{sen}\,\frac{\theta + 2k\pi}{n}\right) =$$

$$= \sqrt[3]{1}\left(\cos\frac{\frac{3\pi}{2} + 2k\pi}{3} + i \cdot \text{sen}\,\frac{\frac{3\pi}{2} + 2k\pi}{3}\right)$$

$\sqrt[3]{1} = 1$ (real positivo)

Como n = 3, então **k** poderá ser 0, 1 ou 2. Assim, temos:

- para k = 0:

$$\frac{\frac{3\pi}{2} + 2k\pi}{3} = \frac{\frac{3\pi}{2}}{3} = \frac{3\pi}{6} = \frac{\pi}{2}$$

- para k = 1:

$$\frac{\frac{3\pi}{2} + 2k\pi}{3} = \frac{\frac{3\pi}{2} + 2\pi}{3} = \frac{\frac{7\pi}{2}}{3} = \frac{7\pi}{6}$$

- para k = 2:

$$\frac{\frac{3\pi}{2} + 2k\pi}{3} = \frac{\frac{3\pi}{2} + 4\pi}{3} = \frac{\frac{11\pi}{2}}{3} = \frac{11\pi}{6}$$

Observe que $\frac{\pi}{2} = \frac{3\pi}{6}, \frac{7\pi}{6}, \frac{11\pi}{6}$ é uma PA de razão $\frac{4\pi}{6}$.

Assim, as raízes cúbicas de **−i** são:

$$\omega_0 = 1\left(\cos\frac{\pi}{2} + i \cdot \text{sen}\,\frac{\pi}{2}\right) = \cos\frac{\pi}{2} + i \cdot \text{sen}\,\frac{\pi}{2} =$$

$$= 0 + i \cdot 1 = i$$

$$\omega_1 = 1\left(\cos\frac{7\pi}{6} + i \cdot \text{sen}\,\frac{7\pi}{6}\right) =$$

$$= \cos\frac{7\pi}{6} + i \cdot \text{sen}\,\frac{7\pi}{6} = -\frac{\sqrt{3}}{2} + i\left(-\frac{1}{2}\right) =$$

$$= -\frac{\sqrt{3}}{2} - \frac{1}{2}i$$

$$\omega_2 = 1\left(\cos\frac{11\pi}{6} + i \cdot \text{sen}\,\frac{11\pi}{6}\right) =$$

$$= \cos\frac{11\pi}{6} + i \cdot \text{sen}\,\frac{11\pi}{6} = \frac{\sqrt{3}}{2} + i\left(-\frac{1}{2}\right) =$$

$$= \frac{\sqrt{3}}{2} - \frac{1}{2}i$$

Interpretando geometricamente, as três raízes cúbicas estão sobre uma circunferência de raio $|\omega| = 1$ e dividem a circunferência em três arcos congruentes de $\frac{4\pi}{6}$ rad, formando um triângulo equilátero de vértices $\mathbf{P_0}$, $\mathbf{P_1}$ e $\mathbf{P_2}$. Se calculássemos ω_3, encontraríamos $\omega_3 = \omega_0$ e $\mathbf{P_3}$ coincidiria com $\mathbf{P_0}$. E assim por diante: $P_4 \equiv P_1$, $P_5 \equiv P_2$, etc.

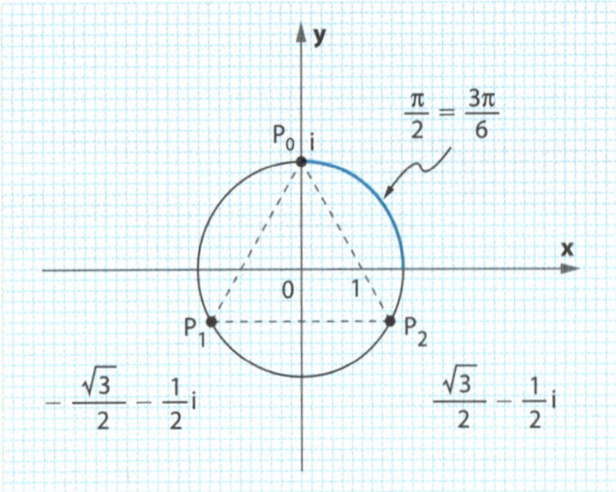

2 Encontre as raízes quartas do número complexo $1 + i$.

$z = 1 + i$

$a = 1$

$b = 1$

$|z| = \sqrt{1^2 + 1^2} = \sqrt{2}$

$$\left.\begin{array}{l} \cos\theta = \dfrac{1}{\sqrt{2}} = \dfrac{\sqrt{2}}{2} \\ \text{sen}\ \theta = \dfrac{1}{\sqrt{2}} = \dfrac{\sqrt{2}}{2} \\ 0 \leqslant \theta < 2\pi \end{array}\right\} \Rightarrow \theta = \arg(z) = \frac{\pi}{4}$$

Fique atento

Para $a > 0$, temos:

$a + ai \Leftrightarrow$ argumento $\frac{\pi}{4}$; $-a + ai \Leftrightarrow$ argumento $\frac{3\pi}{4}$;

$-a - ai \Leftrightarrow$ argumento $\frac{5\pi}{4}$; $a - ai \Leftrightarrow$ argumento $\frac{7\pi}{4}$.

Portanto:

$$z = \sqrt{2}\left(\cos\frac{\pi}{4} + i \cdot \text{sen}\ \frac{\pi}{4}\right)$$

Aplicando a segunda fórmula de De Moivre, temos:

$$\omega_k = \sqrt[n]{|z|}\left(\cos\frac{\theta + 2k\pi}{n} + i \cdot \text{sen}\ \frac{\theta + 2k\pi}{n}\right) \Rightarrow$$

$$\Rightarrow \omega_k = \sqrt[4]{\sqrt{2}}\left(\cos\frac{\frac{\pi}{4} + 2k\pi}{4} + i \cdot \text{sen}\ \frac{\frac{\pi}{4} + 2k\pi}{4}\right)$$

$$\sqrt[4]{\sqrt{2}} = \sqrt[8]{2}$$

Como $n = 4$, então **k** poderá ser 0, 1, 2 e 3. Assim:

- para $k = 0$:

$$\frac{\frac{\pi}{4} + 0}{4} = \frac{\frac{\pi}{4}}{4} = \frac{\pi}{16}$$

- para $k = 1$:

$$\frac{\frac{\pi}{4} + 2\pi}{4} = \frac{\frac{9\pi}{4}}{4} = \frac{9\pi}{16}$$

- para $k = 2$:

$$\frac{\frac{\pi}{4} + 4\pi}{4} = \frac{\frac{17\pi}{4}}{4} = \frac{17\pi}{16}$$

- para $k = 3$:

$$\frac{\frac{\pi}{4} + 6\pi}{4} = \frac{\frac{25\pi}{4}}{4} = \frac{25\pi}{16}$$

Observe que os argumentos $\frac{\pi}{16}, \frac{9\pi}{16}, \frac{17\pi}{16}, \frac{25\pi}{16}$ formam uma PA de razão $\frac{8\pi}{16}$. As raízes quartas de **z** são dadas por:

$$\omega_0 = \sqrt[8]{2}\left(\cos\frac{\pi}{16} + i \cdot \text{sen}\ \frac{\pi}{16}\right)$$

$$\omega_1 = \sqrt[8]{2}\left(\cos\frac{9\pi}{16} + i \cdot \text{sen}\ \frac{9\pi}{16}\right)$$

$$\omega_2 = \sqrt[8]{2}\left(\cos\frac{17\pi}{16} + i \cdot \text{sen}\ \frac{17\pi}{16}\right)$$

$$\omega_3 = \sqrt[8]{2}\left(\cos\frac{25\pi}{16} + i \cdot \text{sen}\ \frac{25\pi}{16}\right)$$

Geometricamente, as quatro raízes quartas estão sobre uma circunferência de raio $\sqrt[8]{2}$ e dividem a circunferência em quatro arcos congruentes a $\frac{8\pi}{16}$ rad, formando um quadrado de vértices P_0, P_1, P_2 e P_3.

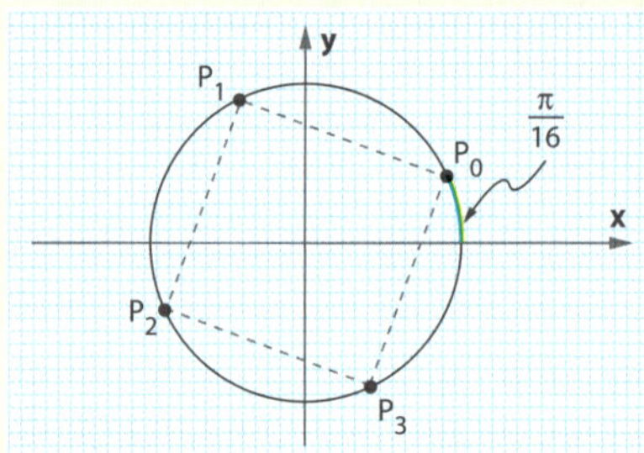

Exercícios

32 Determine as raízes quadradas dos seguintes números complexos e dê sua representação geométrica:

a) -4 **b)** $1 - i$

33 Determine as raízes quartas dos seguintes números complexos e dê sua representação geométrica:

a) -1 **b)** $\sqrt{3} + i$

34 Calcule as raízes sextas de 729.

35 Encontre as raízes cúbicas do número complexo 125 e dê sua representação geométrica.

36 Um hexágono regular está inscrito na circunferência de equação $x^2 + y^2 = 4$ e um de seus vértices é a imagem de $z = 2i$. Determine os outros cinco vértices.

31 Capítulo

Polinômios

Na resolução de problemas, é muito comum ocorrerem situações em que a leitura e a compreensão do enunciado nos levam a formular expressões que permitem depois a resolução do problema por meio de uma equação oriunda das expressões obtidas. Imagine por exemplo que, em determinados problemas, os enunciados nos levem às seguintes figuras e suas dimensões:

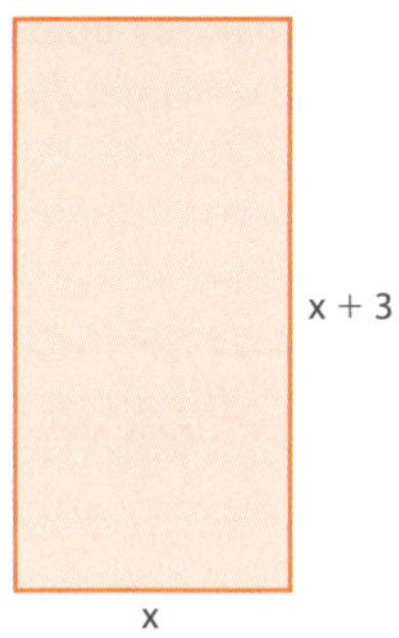

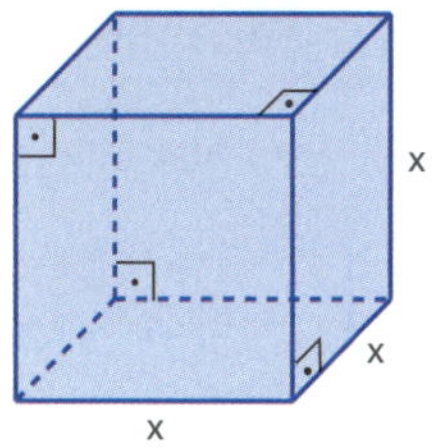

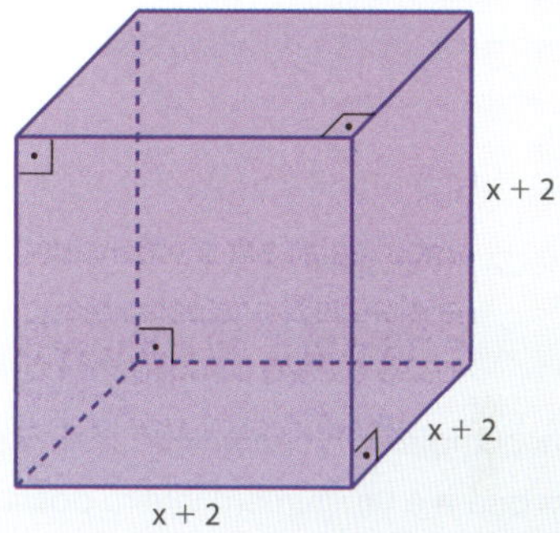

A primeira figura é uma região retangular de dimensões **x** e **x + 3**, cujo perímetro é indicado pela expressão: $2x + 2(x + 3)$ ou $4x + 6$
e cuja área é indicada por: $x(x + 3)$ ou $x^2 + 3x$.

A segunda figura é um cubo com arestas de medida **x**, cuja área total é indicada por: $6x^2$ e cujo volume é expresso por: x^3.

A terceira figura é outro cubo com arestas **x + 2**, cuja área total é: $6(x + 2)^2$ ou $6(x^2 + 4x + 4)$ ou $6x^2 + 24x + 24$ e cujo volume é expresso por: $(x + 2)^3$ ou $x^3 + 6x^2 + 12x + 8$.

Todas essas expressões são chamadas *expressões polinomiais* ou *polinômios* e serão objeto de estudo neste capítulo.

1. Definição

Chamamos expressão polinomial ou polinômio na variável complexa **x** toda expressão da forma:

$$a_nx^n + a_{n-1}x^{n-1} + a_{n-2}x^{n-2} + \dots + a_2x^2 + a_1x + a_0$$

em que:

- $a_n, a_{n-1}, a_{n-2}, \dots, a_2, a_1, a_0$ são números complexos denominados coeficientes;
- **n** é um número inteiro positivo ou nulo;
- o maior expoente de **x**, com coeficiente não nulo, é o grau da expressão.

Veja, por exemplo, as expressões polinomiais:

1ª) $4x + 6$: expressão polinomial do 1º grau (grau 1).

2ª) $x^2 + 3x$: expressão polinomial do 2º grau (grau 2).

3ª) x^3: expressão polinomial do 3º grau (grau 3).

4ª) $6x^2 + (1 - i)x + 5$: expressão polinomial do 2º grau (grau 2).

Para refletir
Que nome se dá às expressões seguintes?
a) $6x^5$
b) $x^4 + 6x^2 + 6x + 8$

Pela definição não são expressões polinomiais:

- $x^{-2} + 3x^{-1} + 1$, pois o expoente da variável **x** não pode ser negativo.
- $x^3 + \frac{1}{x^2} + \frac{1}{x}$, pois a variável **x** não pode aparecer em denominador.

- $x^{\frac{2}{3}} + 5x^{\frac{1}{2}} + 6$, pois o expoente da variável **x** não pode ser fracionário.
- $\sqrt[3]{x} + 6\sqrt{x} + 2$, pois a variável **x** não pode aparecer sob radical.

2. Função polinomial

As funções complexas f: $\mathbb{C} \to \mathbb{C}$ definidas por expressões polinomiais são denominadas *funções polinomiais*. Assim:

- $f(x) = 2x - 1$ é uma função polinomial de grau 1.
- $g(x) = 3x^2 - 2x - 1$ é uma função polinomial de grau 2.
- $h(x) = x^3 - 6x^2 + x - 1$ é uma função polinomial de grau 3.
- $p(x) = x^4 - ix^2$ é uma função polinomial de grau 4.

Então, toda função definida por:

$$f(x) = a_n x^n + a_{n-1}x^{n-1} + ... + a_2x^2 + a_1x + a_0$$

para todo **x** complexo, é denominada função polinomial de grau **n**, em que **n** é um número inteiro positivo ou nulo e $\mathbf{a_n}$ é diferente de 0.

Se o grau de uma função polinomial for 0, então a função é definida por $f(x) = a_0$, com $a_0 \neq 0$.

Exemplos:

1º) $f(x) = 5$

2º) $p(x) = -2$

Polinômio

A cada função polinomial associa-se um único polinômio (ou expressão polinomial) e vice-versa, de forma que não há confusão em nos referirmos indistintamente às funções polinomiais ou aos polinômios.

Exemplos:

1º) $p(x) = 5$ é um polinômio de grau 0 ou polinômio constante.

2º) $p(x) = 2x + 1$ é um polinômio do 1º grau.

3º) $p(x) = x^2 - 5x + 6$ é um polinômio do 2º grau.

Polinômio identicamente nulo

Define-se o polinômio identicamente nulo (Pin) como o polinômio cujos coeficientes são todos nulos. Assim, $p(x) = a_nx^n + a_{n-1}x^{n-1} + ... + a_1x + a_0$ é polinômio nulo se, e somente se, $a_n = a_{n-1} = ... = a_1 = a_0 = 0$.

Fique atento
Como o Pin não tem coeficiente não nulo, não se define grau para ele.

Exemplos de aplicação

1 Dado o polinômio $p(x) = (m^2 - 1)x^3 + (m + 1)x^2 - x + 4$, com $m \in \mathbb{R}$, discuta o grau de p(x).

Fazendo os coeficientes de $\mathbf{x^3}$ e $\mathbf{x^2}$ iguais a 0, temos:

$m^2 - 1 = 0 \Rightarrow m^2 = 1 \Rightarrow m = \pm 1$

$m + 1 = 0 \Rightarrow m = -1$

Analisando, vem:

- se $m \neq 1$ e $m \neq -1$, o polinômio será do 3º grau.
- se $m = 1$, o polinômio será do 2º grau.
- se $m = -1$, o polinômio será do 1º grau.

2 Calcule os valores de **a**, **b** e **c** para os quais o polinômio $p(x) = (a + b)x^2 + (a - b - 4)x + (b + 2c - 6)$ seja nulo.

$$\text{Se } p(x) = 0 \Rightarrow \begin{cases} a + b = 0 \quad \text{(I)} \\ a - b - 4 = 0 \quad \text{(II)} \\ b + 2c - 6 = 0 \quad \text{(III)} \end{cases}$$

Reunindo (I) e (II), temos:

$$\begin{cases} a + b = 0 \\ a - b = 4 \end{cases}$$

Resolvendo o sistema, obtemos $a = 2$ e $b = -2$.

Substituindo **b** em (III), vem:

$b + 2c - 6 = 0 \Rightarrow -2 + 2c - 6 = 0 \Rightarrow 2c = 8 \Rightarrow c = 4$

Logo, $a = 2$, $b = -2$ e $c = 4$.

Exercícios

1 Verifique se são polinômios:

a) $p(x) = 2x^3 + x + 4$

b) $s(x) = \sqrt{x^3} + 2\sqrt{x} - 1$

c) $r(x) = x^{-2} + 3x^{-1} + 4$

d) $h(x) = x^5 - 1$

e) $q(x) = 4x^5 - 1$

f) $p(x) = 2$

g) $g(x) = \dfrac{1}{x^2} - 3x$

h) $q(x) = x^3 - x^2 + 2x - 2$

2 Em que condições o grau do polinômio $p(x) = (a + 2)x^2 + (b - 3)x + (c - 1)$ é 0?

3 Discuta, para $m \in \mathbb{R}$, o grau dos polinômios:

a) $p(x) = (m - 4)x^3 + (m + 2)x^2 + x + 1$.

b) $p(x) = (m^2 - 4)x^4 + (m - 2)x + m$.

c) $p(x) = (m^2 - 1)x^4 + (m + 1)x^3 + x^2 + 3$.

3. Valor numérico de um polinômio

Considere um polinômio p(x) e um número real α.

O valor numérico do polinômio p(x) para $x = \alpha$ é o número que se obtém substituindo **x** por α e efetuando os cálculos necessários. Indica-se por $p(\alpha)$.

Então, $p(\alpha)$ é o valor numérico de p(x) para $x = \alpha$.

Exemplos:

1º) O valor numérico de $p(x) = 2x^2 - 3x + 5$ para $x = 4$ é:
$p(4) = 2(4)^2 - 3(4) + 5 = 32 - 12 + 5 = 25$
Logo, $p(4) = 25$.

2º) Dado $p(x) = 4x^3 - 3x^2 + 5x - 10$, o valor de p(x) para $x = 3$ é:
$p(3) = 4(3)^3 - 3(3)^2 + 5(3) - 10 =$
$= 108 - 27 + 15 - 10 = 86$
Logo, $p(3) = 86$.

3º) Se $p(x) = 3x^2 - 7$, então, para $x = i$, o valor numérico de p(x) é $p(i) = -3 - 7 = -10$.

> **Fique atento**
> O valor numérico do polinômio nulo é 0 para qualquer valor de **x**.

Assim, de modo geral, dado o polinômio:

$$p(x) = a_n x^n + a_{n-1}x^{n-1} + a_{n-2}x^{n-2} + \ldots + a_1 x + a_0$$

o valor numérico de p(x) para $x = \alpha$ é:

$$p(\alpha) = a_n \alpha^n + a_{n-1}\alpha^{n-1} + a_{n-2}\alpha^{n-2} + \ldots + a_1 \alpha + a_0$$

Observações:

1ª) Se $\alpha = 1$, o valor numérico de p(x) é a soma de seus coeficientes:
$p(1) = a_n \cdot 1^n + a_{n-1} \cdot 1^{n-1} + a_{n-2} \cdot 1^{n-2} + \ldots +$
$+ a_1 \cdot 1 + a_0 \Rightarrow p(1) = a_n + a_{n-1} + a_{n-2} + \ldots + a_1 + a_0$

2ª) Se $\alpha = 0$, o valor numérico de p(x) é o termo independente:
$p(0) = a_n \cdot 0^n + a_{n-1} \cdot 0^{n-1} + a_{n-2} \cdot 0^{n-2} + \ldots +$
$+ a_1 \cdot 0 + a_0 \Rightarrow p(0) = a_0$

Exemplos de aplicação

1 Dado o polinômio $p(x) = 2x^3 - x^2 + x + 5$, calcule $p(2) - p(-1)$.

Calculando p(2) e p(−1) separadamente, temos:
$p(2) = 2(2)^3 - (2)^2 + 2 + 5 = 16 - 4 + 2 + 5 = 19$
$p(-1) = 2(-1)^3 - (-1)^2 + (-1) + 5 = -2 - 1 - 1 + 5 = 1$

Assim:
$p(2) - p(-1) = 19 - 1 = 18$

2 Dado o polinômio, na forma fatorada, $p(x) = (x^2 + 2)^2(x^3 - 2)^5$, determine o que se pede em cada item:

a) a soma dos seus coeficientes;
Para obter a soma dos coeficientes, basta fazer:
$p(1) = (1^2 + 2)^2(1^3 - 2)^5 = 3^2 \cdot (-1)^5 = -9$

b) o termo independente.
Para obter o termo independente, basta fazer:
$p(0) = (0^2 + 2)^2(0^3 - 2)^5 = 2^2 \cdot (-2)^5 = 4(-32) =$
$= -128$

3 Um polinômio p(x) é do 2º grau. Sabendo que $p(2) = 0$, $p(-1) = 12$ e $p(0) = 6$, escreva o polinômio e determine p(5).

Se p(x) é um polinômio do 2º grau, sua forma é:
$p(x) = ax^2 + bx + c$.
Então:
$p(2) = 0 \Rightarrow a(2)^2 + b(2) + c = 0 \Rightarrow 4a + 2b + c = 0$ (I)
$p(-1) = 12 \Rightarrow a(-1)^2 + b(-1) + c = 12 \Rightarrow$
$\Rightarrow a - b + c = 12$ (II)
$p(0) = 6 \Rightarrow a(0)^2 + b(0) + c = 6 \Rightarrow c = 6$ (III)
Substituindo (III) em (I) e (II), temos:

$$\begin{cases} 4a + 2b = -6 \\ a - b = 6 \end{cases} \Rightarrow \begin{cases} 2a + b = -3 \\ a - b = 6 \end{cases}$$

Resolvendo o sistema, obtemos $a = 1$ e $b = -5$.
Sabendo que $a = 1$, $b = -5$ e $c = 6$, vamos escrever:
$p(x) = ax^2 + bx + c = x^2 - 5x + 6$
Agora, vamos calcular p(5):
$p(5) = (5)^2 - 5(5) + 6 = 25 - 25 + 6 = 6$
Logo, $p(x) = x^2 - 5x + 6$ e $p(5) = 6$.

Exercícios

4 Dado $p(x) = x^4 - x - 3$, calcule $p(-2)$.

5 Sabendo que $p(-1) = 0$, calcule o valor de **a** em $p(x) = -2x^3 - 4x^2 - 3x + 2a$.

6 Consideremos o polinômio $p(x) = 2x^3 - 6x^2 + mx + n$. Se $p(2) = 0$ e $p(-1) = -6$, calcule os valores de **m** e **n**.

7 Calcule a soma dos coeficientes do polinômio $p(x) = (x - 2)^{13}(x^6 - x + 2)^5$.

8 Calcule o termo independente do polinômio p(x) obtido desenvolvendo-se a expressão $(x^2 - 3x + 2)^4(8x^4 - 8x^2 - 1)^8$.

9 Considere o polinômio $p(x) = ax^8 + bx^5 + cx^2 + d$. Se $p(1) = 7$ e $p(0) = 2$, qual o valor de $a + b + c$?

4. Igualdade de polinômios

Dizemos que dois polinômios são iguais ou idênticos se, e somente se, seus valores numéricos são iguais para todo $\alpha \in \mathbb{C}$. Assim:

$$p(x) = q(x) \Leftrightarrow p(\alpha) = q(\alpha) \quad (\forall \alpha \in \mathbb{C})$$

Para que isso aconteça, sua diferença p(x) − q(x) deve ser o Pin. Assim, dois polinômios p(x) e q(x) são iguais se, e somente se, têm coeficientes respectivamente iguais (os coeficientes dos termos de mesmo grau são todos iguais).

Você sabia?
Polinômios de graus diferentes nunca são iguais.

Exemplo:

Dados os polinômios $p(x) = ax^3 + bx^2 + cx + d$ e $q(x) = 2x^3 + 5x^2 - 4x + 3$, temos:

$$p(x) = q(x) \Leftrightarrow a = 2,\ b = 5,\ c = -4 \text{ e } d = 3.$$

5. Raiz de um polinômio

Já sabemos que $p(\alpha)$ é o valor numérico do polinômio p(x) para $x = \alpha$.

Se um número complexo (real ou imaginário) α é tal que $p(\alpha) = 0$, então esse número α é chamado de *raiz* do polinômio p(x).

Exemplos:

1º) Dado o polinômio $p(x) = x^2 - 7x + 10$, temos:

$p(5) = 0 \Rightarrow 5$ é raiz de p(x)

$p(3) = -2 \Rightarrow 3$ não é raiz de p(x)

2º) Dado o polinômio $p(x) = x^3 - 3x^2 + 2$, temos:

$p(1) = 0 \Rightarrow 1$ é raiz de p(x)

$p(3) = 2 \Rightarrow 3$ não é raiz de p(x)

3º) O número **i** é raiz do polinômio $p(x) = x^2 + 1$, pois $p(i) = -1 + 1 = 0$.

Exemplos de aplicação

1 Sabendo que −3 é raiz de $p(x) = x^3 - 4x^2 - ax + 48$, calcule o valor de **a**.

Se −3 é raiz de p(x), então $p(-3) = 0$.

Daí:

$p(-3) = (-3)^3 - 4(-3)^2 - a(-3) + 48 = 0 \Rightarrow$

$\Rightarrow -27 - 36 + 3a + 48 = 0 \Rightarrow 3a = 15 \Rightarrow a = 5$

Logo, a = 5.

2 O polinômio $p(x) = x^3 + ax^2 + bx$ admite as raízes 6 e 1. Calcule os coeficientes **a** e **b**.

Se p(x) admite a raiz 6, então $p(6) = 0$.

$p(6) = 6^3 + a(6)^2 + b(6) = 0 \Rightarrow$

$\Rightarrow 216 + 36a + 6b = 0 \Rightarrow 36 + 6a + b = 0$

Se p(x) admite a raiz 1, então $p(1) = 0$.

$p(1) = 1^3 + a(1)^2 + b(1) = 0 \Rightarrow 1 + a + b = 0$

Vamos formar, então, o sistema:

$$\begin{cases} 6a + b = -36 \\ a + b = -1 \end{cases}$$

Resolvendo o sistema, obtemos a = −7 e b = 6.

Logo, a = −7 e b = 6.

Exercícios

10 Determine os valores de **a** e **b** para que sejam iguais os polinômios $p(x) = 3x + 2$ e $q(x) = (a + b)x^2 + (a + 3)x + (2 - b)$.

11 Verifique se o número 3 é raiz do polinômio $p(x) = x^3 - 3x^2 + 2x - 6$.

12 Determine o valor de **k** no polinômio:

a) $p(x) = x^3 + 7x^2 - kx + 3$, sabendo que $x = -1$ é raiz do polinômio;

b) $p(x) = 4x^4 - 8x^3 - (k + 5)x^2 + (3k - 2)x + 5 - k$, sabendo que $x = 2$ é raiz do polinômio.

13 Determine o valor de **a** para que o número $1 - i$ seja raiz do polinômio $p(x) = x^2 - 2x + a$.

6. Operações com polinômios

objeto digital

Por meio de exemplos, vamos retomar operações conhecidas no estudo de expressões algébricas, como adição, subtração e multiplicação de polinômios, além da multiplicação de um número real por um polinômio. Em seguida, estudaremos mais detalhadamente a divisão de polinômios.

1º) Se $p(x) = 3x^2 + 2x - 1$ e $q(x) = -x^3 + 4x^2 - 2x - 5$, temos:

$p(x) + q(x) = -x^3 + (3 + 4)x^2 + (2 - 2)x + (-1 - 5) =$
$= -x^3 + 7x^2 - 6$

2º) Se $p(x) = 3x^2 - 4x + 1$ e $q(x) = 5x^2 - 3x + 4$, temos:

$p(x) - q(x) = 3x^2 - 4x + 1 - 5x^2 + 3x - 4 =$
$= -2x^2 - x - 3$

3º) Dado $p(x) = 2x^3 - 4x^2 + 5x - 3$, temos:

$7 \cdot p(x) = 7(2x^3 - 4x^2 + 5x - 3) =$
$= 14x^3 - 28x^2 + 35x - 21$

4º) Dados $p(x) = 3x - 4$ e $q(x) = -2x + 5$, temos:

$p(x) \cdot q(x) = (3x - 4)(-2x + 5) =$
$= -6x^2 + 15x + 8x - 20 = -6x^2 + 23x - 20$

Fique atento
Sejam:
gr(p) = grau de p(x);
gr(q) = grau de q(x).
Então:
- $gr(p \pm q) \leq$ maior valor entre gr(p) e gr(q);
- $gr(p \cdot q) = gr(p) + gr(q)$.

Exemplos de aplicação

1 Sabendo que $\dfrac{a}{x+2} + \dfrac{b}{x-1} = \dfrac{7x+8}{x^2+x-2}$, determine os valores de **a** e **b**.

Como $(x+2)(x-1) = x^2 + x - 2$, temos:

$$\frac{a(x-1)+b(x+2)}{(x+2)(x-1)} = \frac{7x+8}{x^2+x-2} \Rightarrow$$

$$\Rightarrow \frac{ax - a + bx + 2b}{(x+2)(x-1)} = \frac{7x+8}{x^2+x-2} \Rightarrow$$

$$\Rightarrow \frac{(a+b)x + (-a+2b)}{(x+2)(x-1)} = \frac{7x+8}{x^2+x-2}$$

Para que a igualdade se verifique, devemos ter:

$$\begin{cases} a + b = 7 \\ -a + 2b = 8 \end{cases}$$

Resolvendo o sistema, obtemos $a = 2$ e $b = 5$.

2 Se os polinômios **p**, **q** e **r** têm, respectivamente, graus 3, 5 e 1, determine o grau de:

a) $p + q$

Na soma de um polinômio de grau 3 com um de grau 5 prevalece o maior grau. Logo, o grau de $(p + q)$ é 5.

b) $p \cdot q$

No produto de um polinômio de grau 3 com um de grau 5 o resultado terá grau $3 + 5 = 8$.

c) $p \cdot r - q$

O grau do produto $p \cdot r$ é $3 + 1 = 4$. Na subtração $p \cdot r - q$ prevalece o maior grau, entre o grau 4 de $p \cdot r$ e o grau 5 de **q**. Assim, o grau de $(p \cdot r - q)$ é 5.

Exercícios

14 Dados os polinômios $p(x) = x^2 - 4x + 3$, $q(x) = -2x + 4$ e $r(x) = 2x^3 - 4x + 5$, calcule:

a) $p(x) + r(x)$.
b) $q(x) - p(x)$.
c) $-4 \cdot r(x)$.
d) $p(x) \cdot q(x)$.
e) $[q(x)]^2$.

15 Dados os polinômios $p(x) = ax^2 - 8x + b$ e $q(x) = 3x^2 - bx + a - c$, determine **a**, **b** e **c** para os quais $p(x) + q(x)$ é um polinômio nulo.

16 Dado $\dfrac{a}{x} + \dfrac{bx + c}{x - 3} = \dfrac{1}{x^2 - 3x}$, com $x \neq 0$ e $x \neq 3$, calcule os valores de **a**, **b** e **c**.

17 Sabendo que $p(x) = \begin{vmatrix} a & b & c \\ -1 & x & 0 \\ 0 & -1 & x \end{vmatrix}$ e $g(x) = \dfrac{1}{4}(x-3)(x+5)$, determine os valores de **a** e **b** para que $p(x) = g(x)$.

18 Se os polinômios **p**, **q** e **r** têm graus 2, 3 e 4, respectivamente, então qual é o grau do polinômio $p \cdot q + r$?

Divisão de polinômios

Dados dois polinômios $p(x)$ e $h(x)$, com $h(x)$ não nulo, dividir $p(x)$ por $h(x)$ significa encontrar dois polinômios $q(x)$ e $r(x)$ que satisfaçam as seguintes condições:

1ª) $p(x) = h(x) \cdot q(x) + r(x)$

2ª) o grau de $r(x)$ não pode ser igual nem maior que o grau de $h(x)$ ou então $r(x) = 0$.

Assim, dizemos que:

- $p(x)$ é o dividendo;
- $h(x)$ é o divisor;
- $q(x)$ é o quociente;
- $r(x)$ é o resto.

Para efetuar a divisão de polinômios usaremos o método da chave, semelhante ao empregado para números inteiros.

Método da chave

Consideremos a seguinte divisão de números inteiros:

1º) $\overset{\frown}{33}7 \;\; \lvert\; 8$ quociente: 4 $33 : 8 \to 4$	3º) $\overset{\frown}{33}7 \;\; \lvert\; 8$ -32 42 17 $17 : 8 \to 2$
2º) $\overset{\frown}{33}7 \;\; \lvert\; 8$ -32 4 1 $4 \cdot 8 = 32$ Subtraindo (ou somando com o sinal trocado): $33 - 32 = 1$	4º) $\overset{\frown}{33}7 \;\; \lvert\; 8$ -32 42 17 -16 1 $2 \cdot 8 = 16$ $17 - 16 = 1$

Observemos que:

$$337 = 8 \cdot 42 + 1$$

337 → dividendo; 8 → divisor; 42 → quociente; 1 → resto

Vamos utilizar a mesma técnica para a divisão de polinômios:

1º)
$$\begin{array}{l|l} x^2 - 5x + 6 & x - 3 \\ \hline & x \end{array}$$

$x^2 : x = x$

2º)
$$\begin{array}{r|l} x^2 - 5x + 6 & x - 3 \\ \hline -x^2 + 3x & x \\ \hline -2x + 6 & \end{array}$$

$x(x - 3) = x^2 - 3x$

Trocando o sinal: $-x^2 + 3x$

3º) $$\begin{array}{r|l} x^2 - 5x + 6 & x - 3 \\ \hline -x^2 + 3x & x - 2 \\ \hline -2x + 6 & \end{array}$$

$-2x : x = -2$

4º) $$\begin{array}{r|l} x^2 - 5x + 6 & x - 3 \\ \hline -x^2 + 3x & x - 2 \\ \hline -2x + 6 & \\ 2x - 6 & \\ \hline 0 & \end{array}$$

$-2(x - 3) = -2x + 6$

Trocando o sinal: $2x - 6$

> **Você sabia?**
> Quando $r(x) = 0$, dizemos que a divisão é exata e o polinômio $p(x)$ é divisível pelos polinômios $h(x)$ e $q(x)$.

Verificamos que:

$$\begin{array}{ccccccc} p(x) & = & h(x) & \cdot & q(x) & + & r(x) \\ \underbrace{x^2 - 5x + 6}_{\text{dividendo}} & = & \underbrace{(x - 3)}_{\text{divisor}} & & \underbrace{(x - 2)}_{\text{quociente}} & + & \underbrace{0}_{\text{resto}} \end{array}$$

> **Fique atento**
> O grau de $q(x)$ é a diferença entre os graus de $p(x)$ e $h(x)$.

Exemplos de aplicação

1 Efetue a divisão de $p(x) = 2x^4 - 2x^3 - 13x^2 + 10x - 1$ por $h(x) = 2x^2 + 4x - 3$ e faça a verificação.

$$\begin{array}{r|l} 2x^4 - 2x^3 - 13x^2 + 10x - 1 & 2x^2 + 4x - 3 \\ \hline -2x^4 - 4x^3 + 3x^2 \qquad\qquad & x^2 - 3x + 1 \\ \hline -6x^3 - 10x^2 + 10x - 1 & \\ 6x^3 + 12x^2 - 9x \quad & \\ \hline 2x^2 + x - 1 & \\ -2x^2 - 4x + 3 & \\ \hline -3x + 2 & \end{array}$$

Fazendo a verificação, vem:

$q(x) \cdot h(x) + r(x) = (x^2 - 3x + 1)(2x^2 + 4x - 3) +$
$+ (-3x + 2) = (2x^4 - 2x^3 - 13x^2 + 13x - 3) +$
$+ (-3x + 2) = 2x^4 - 2x^3 - 13x^2 + 10x - 1 = p(x)$

2 O polinômio $p(x) = x^3 - 4x^2 - x + 4$ é divisível por $h(x) = x^2 - 3x - 4$. Nessas condições, resolva a equação $x^3 - 4x^2 - x + 4 = 0$.

$$\begin{array}{r|l} x^3 - 4x^2 - x + 4 & x^2 - 3x - 4 \\ \hline -x^3 + 3x^2 + 4x \quad & x - 1 \\ \hline -x^2 + 3x + 4 & \\ +x^2 - 3x - 4 & \\ \hline 0 & \end{array}$$

Então:
$x^3 - 4x^2 - x + 4 = (x^2 - 3x - 4)(x - 1)$
Como $x^3 - 4x^2 - x + 4 = 0$, vem:
$(x^2 - 3x - 4)(x - 1) = 0$.

Portanto, a resolução da equação dada recai na resolução de equações de graus menores, que já sabemos fazer:
$(x^2 - 3x - 4)(x - 1) = 0 \Rightarrow x^2 - 3x - 4 = 0$ ou $x - 1 = 0$

Resolvendo a primeira equação, temos:
$x^2 - 3x - 4 = 0 \Rightarrow x' = 4$ e $x'' = -1$

Resolvendo a segunda, vem:
$x - 1 = 0 \Rightarrow x = 1$

Logo, $S = \{-1, 1, 4\}$.

Exercícios

19 Usando o método da chave, efetue a divisão de $p(x)$ por $h(x)$ quando:
a) $p(x) = x^2 + 4x + 3$ e $h(x) = x + 1$.
b) $p(x) = 2x^3 + x - 1$ e $h(x) = x - 1$.
c) $p(x) = 7x^3 + 30x^2 - 40x + 15$ e $h(x) = x^2 + 5x - 6$.

20 Calcule os valores de **m** e **n** para que seja exata a divisão do polinômio $p(x) = 2x^3 + mx^2 + nx - 1$ por $h(x) = 2x^2 - x - 1$.

21 Dividindo $p(x) = x^3 - 4x^2 + 7x - 3$ por certo polinômio $h(x)$, obtemos o quociente $q(x) = x - 1$ e o resto $r(x) = 2x - 1$. Determine o polinômio $h(x)$.

22 Sabendo que o polinômio $p(x) = x^3 - 6x^2 + 3x + 10$ é divisível por $h(x) = x - 2$, resolva a equação $x^3 - 6x^2 + 3x + 10 = 0$.

Divisão por x – a (dispositivo prático de Briot-Ruffini)

Usando o método da chave, vamos efetuar a divisão de $p(x) = 3x^3 - 5x^2 + x - 2$ por $h(x) = x - 2$.

$$\begin{array}{r|l} 3x^3 - 5x^2 + x - 2 & x - 2 \\ \hline -3x^3 + 6x^2 \qquad\quad & 3x^2 + x + 3 \\ \hline x^2 + x - 2 & \\ -x^2 + 2x \quad & \\ \hline 3x - 2 & \\ -3x + 6 & \\ \hline 4 & \end{array}$$

Assim, temos:

$q(x) = 3x^2 + x + 3$
$r(x) = 4$

Há, porém, um dispositivo que permite efetuar as divisões por polinômios do tipo $x - a$ de uma maneira mais simples e rápida: é o chamado *dispositivo prático* ou *algoritmo de Briot-Ruffini*.

termo constante do divisor, com sinal trocado	coeficientes de **x** do dividendo p(x)	termo constante do dividendo p(x)
	coeficientes do quociente	resto

Vejamos o roteiro desse dispositivo prático, efetuando a divisão de $p(x) = 3x^3 - 5x^2 + x - 2$ por $h(x) = x - 2$.

1º)

2	3	−5	1	−2

2º)

2	3	−5	1	−2
	↓ 3			

Repetimos (ou “abaixamos”) o primeiro coeficiente do dividendo.

3º)

2	3	−5	1	−2
		6 + (−5)		
	3	1		

$3 \cdot 2 = 6$ e $6 + (-5) = 1$

Multiplicamos o termo repetido pelo divisor e somamos o produto com o próximo termo do dividendo.

4º)

2	3	−5	1	−2
		6 + (−5)	2 + 1	
	3	1	3	

$1 \cdot 2 = 2$ e $2 + 1 = 3$

Repetimos o processo para obter o novo termo do quociente.

5º)

2	3	−5	1	−2
		6 + (−5)	2 + 1	6 + (−2)
	3	1	3	4

$3 \cdot 2 = 6$ e $6 + (-2) = 4$

Pelo quadro, temos:

$q(x) = 3x^2 + x + 3$

$r(x) = 4$

o mesmo resultado obtido pelo método da chave.

Logo:

$$3x^3 - 5x^2 + x - 2 = (x - 2)(3x^2 + x + 3) + 4$$

Fique atento
Na divisão por $x - a$, o resto é sempre uma constante, pois $x - a$ é um polinômio do 1º grau.

Exemplos de aplicação

1 Divida $p(x) = 2x^4 + 7x^3 - 4x + 5$ por $h(x) = x + 3$.

−3	2	7	0	−4	5
		−6 + 7	−3 + 0	9 + (−4)	−15 + 5
	2	1	−3	5	−10

Quociente: $q(x) = 2x^3 + x^2 - 3x + 5$

Resto: $r(x) = -10$

Logo, $2x^4 + 7x^3 - 4x + 5 =$

$= (x + 3)(2x^3 + x^2 - 3x + 5) - 10.$

2 Calcule o valor de **m** de modo que o polinômio $p(x) = 2x^3 + 5x^2 + mx + 12$ seja divisível por $h(x) = x + 3$.

−3	2	5	m	12
	2	−1	m + 3	−3m + 3

Para que p(x) seja divisível por h(x) devemos ter resto nulo, ou seja:

$-3m + 3 = 0 \Rightarrow 3m = 3 \Rightarrow m = 1$

Logo, $m = 1$.

3 Efetue a divisão de p(x) por q(x) para $p(x) = x^3 - (4 + 2i)x^2 + 9ix + 2$ e $q(x) = x - 2i$.

2i	1	−4 − 2i	9i	2
	1	−4	i	0

Logo, $p(x) : q(x) = x^2 - 4x + i$.

4 Determine o quociente e o resto da divisão de $p(x) = 2x^2 - 5x + 2$ por $h(x) = 2x - 1$.

Observe que, neste caso, o coeficiente de **x** no binômio não é igual a 1; para obter o quociente e o resto pedidos, devemos dividir todos os coeficientes de p(x) e de h(x) por 2. Assim obtemos o quociente procurado q(x), enquanto o resto também ficará dividido por 2 $\left(\frac{r(x)}{2}\right)$.

Então, temos:

$$\frac{p(x)}{2} = x^2 - \frac{5}{2}x + 1$$

$$\frac{h(x)}{2} = x - \frac{1}{2}$$

Aplicando o dispositivo prático, vem:

$\frac{1}{2}$	1	$-\frac{5}{2}$	1
		$\frac{1}{2} + \left(-\frac{5}{2}\right)$	$-1 + 1$
	1	−2	0

Quociente: $q(x) = x - 2$

Resto: $\frac{r(x)}{2} = 0 \Rightarrow r(x) = 0$

Logo, $2x^2 - 5x + 2 = (x - 2)(2x - 1)$.

Fique atento

$p(x) = \overbrace{(ax - b)}^{h(x)}q(x) + r(x)$ dividido por $a \neq 0$:

$$\frac{p(x)}{a} = \frac{(ax - b)q(x)}{a} + \frac{r(x)}{a} \Rightarrow \frac{p(x)}{a} = \overbrace{\left(x - \frac{b}{a}\right)}^{\frac{h(x)}{a}}q(x) + \frac{r(x)}{a}$$

Exercícios

23 Aplicando o dispositivo prático de Briot-Ruffini, calcule o quociente e o resto da divisão de:

a) $p(x) = 5x^2 - 3x + 2$ por $h(x) = x + 3$.

b) $p(x) = 2x^3 - 10x^2 + 8x - 3$ por $h(x) = x - 5$.

c) $p(x) = 2x^3 - 3x^2 + x + 2$ por $h(x) = 2x - 1$.

d) $p(x) = x^2 - 2x + 1$ por $h(x) = 3x + 1$.

24 Nos esquemas seguintes foi aplicado o dispositivo prático de Briot--Ruffini; calcule, então, o dividendo p(x), o divisor h(x), o quociente q(x) e o resto r(x).

a)

2	a	b	c	d
	1	3	−2	1

b)

3	m	n	p	q	r
	2	−1	1	−2	1

25 Calcule o valor de **a**, sabendo que $p(x) = 2x^3 + 4x^2 - 5x + a$ é divisível por $h(x) = x - 1$.

26 Efetue a divisão do polinômio $p(x) = 3x^3 - 2x^2 + ix - 3i$ por $(x + i)$.

27 Determine o resto da divisão do polinômio $p(x) = 6x^3 - 2x^2 + x + 1$ por $q(x) = 3x - 6$.

Teorema de D'Alembert

Este teorema diz que o resto da divisão de um polinômio p(x) por x − a é p(a).

Antes de fazer a demonstração, vamos verificar o teorema por meio de um exercício.

Vamos determinar o resto da divisão de $p(x) = x^3 - x^2 - 2x + 3$ por $x + 2$ e compará-lo com $p(-2)$.

- Usando o método da chave:

$$\begin{array}{r|l} x^3 - x^2 - 2x + 3 & x + 2 \\ \cline{2-2} -x^3 + 2x^2 & x^2 - 3x + 4 \\ \cline{1-1} -3x^2 - 2x + 3 & \\ 3x^2 + 6x & \\ \cline{1-1} 4x + 3 & \\ -4x - 8 & \\ \cline{1-1} \text{resto} \longrightarrow -5 & \end{array}$$

- Utilizando o dispositivo prático de Briot-Ruffini:

−2	1	−1	−2	3
	1	−3	4	−5 ← resto

- Verificando o teorema de D'Alembert:

$p(-2) = (-2)^3 - (-2)^2 - 2(-2) + 3 =$

$= -8 - \cancel{4} + \cancel{4} + 3 = -5$

Agora, faremos a demonstração.

Considerando que a divisão de p(x) por x − a resulta um quociente q(x) e um resto **r**, temos:

$$p(x) = (x - a)q(x) + r$$

Fazendo x = a, vem:

$p(a) = (a - a)q(a) + r = 0 \cdot q(a) + r = r \Rightarrow \boxed{r = p(a)}$

> **Fique atento**
> Na substituição de **x** por **a**, o resto **r** não muda, pois é um valor constante.

Exemplos de aplicação

1 Calcule o resto da divisão de $p(x) = 2x^3 - x^2 + 5x - 3$ por $h(x) = x - 4$.

De acordo com o teorema de D'Alembert, o resto é igual a:

$p(4) = 2(4)^3 - (4)^2 + 5(4) - 3 =$

$= 128 - 16 + 20 - 3 = 129$

Logo, o resto desta divisão é 129.

2 Determine o valor de **a** de modo que o polinômio $p(x) = 2x^3 + 5x^2 - ax + 2$ seja divisível por $h(x) = x - 2$.

Se p(x) é divisível por h(x), o resto da divisão é 0. Então, pelo teorema de D'Alembert, temos:

$p(2) = 0 \Rightarrow 2(2)^3 + 5(2)^2 - a(2) + 2 = 0 \Rightarrow$

$\Rightarrow 16 + 20 - 2a + 2 = 0 \Rightarrow 2a = 38 \Rightarrow a = 19$

Logo, a = 19.

Exercícios

28 Numere cada item do 1º bloco relacionando-o com o item correspondente no 2º bloco.

( ) O resto da divisão de p(x) por (x + 3) é −1.

( ) O resto da divisão de p(x) por (x − 2) é 1.

( ) 3 é raiz de p(x).

( ) A soma dos coeficientes de p(x) é 2.

( ) O resto da divisão de p(x) por (x + 2) é 3.

( ) p(x) é divisível por x − 2.

(1) p(3) = 0

(2) p(1) = 2

(3) p(2) = 1

(4) p(−2) = 3

(5) p(2) = 0

(6) p(−3) = −1

29 Calcule o resto da divisão de:

a) $p(x) = 2x^3 - 4x^2 + x - 1$ por $h(x) = x - 1$;

b) $p(x) = x^4 + 2x^2 - x - 5$ por $h(x) = x + 3$.

30 Verifique se o polinômio $p(x) = x^2 - 3x + 2$ é divisível por $x + 3$.

31 Calcule o valor de **a** a fim de que o polinômio $p(x) = x^2 - ax + 2$ seja divisível por $h(x) = x - 2$.

32 Determine **b** e **c** de modo que o polinômio $p(x) = x^4 + x^2 + bx + c$ seja divisível por $h(x) = x - 2$, mas, quando dividido por $g(x) = x + 2$, deixe resto igual a 4.

Teorema do fator

Se **c** é uma raiz de um polinômio p(x), de grau $n > 0$, então $x - c$ é um fator de p(x).

Pelo teorema de D'Alembert, a divisão de p(x) por $x - c$ resulta um quociente q(x) e um resto p(c) tal que:

$$p(x) = (x - c)q(x) + p(c)$$

Se **c** é uma raiz de p(x), então $p(c) = 0$ e temos:

$$p(x) = (x - c)q(x)$$

Portanto, $x - c$ é um fator de p(x).

Para refletir
Demonstre a recíproca: se $x - c$ é um fator de p(x), então **c** é raiz de p(x).

Como consequência, podemos dizer que p(x) é divisível por $(x - a)$ e por $(x - b)$, com $a \neq b$, se, e somente se, p(x) for divisível por $(x - a)(x - b)$.

Exemplos de aplicação

1 **Dado $p(x) = x^3 + x^2 - 10x + 8$, determine p(x) para $x = 3$, $x = 2$ e $x = 0$. A seguir, escreva p(x) como produto de dois fatores.**

$p(3) = (3)^3 + (3)^2 - 10(3) + 8 = 27 + 9 - 30 + 8 = 14$

$p(2) = (2)^3 + (2)^2 - 10(2) + 8 = 8 + 4 - 20 + 8 = 0$

$p(0) = (0)^3 + (0)^2 - 10(0) + 8 = 8$

Como $p(2) = 0$, então $x - 2$ é um fator de p(x).

Então, vamos aplicar Briot-Ruffini:

2	1	1	−10	8
	1	3	−4	0

Logo, $q(x) = x^2 + 3x - 4$.

$p(x) = (x - 2)(x^2 + 3x - 4)$

2 **Determine os valores de a e b para que o polinômio $p(x) = x^3 + ax^2 + bx + 20$ seja divisível por $(x + 1)(x - 4)$.**

Para que p(x) seja divisível por $(x + 1)(x - 4)$, ele deve ser divisível por $(x + 1)$ e por $(x - 4)$.

Se p(x) é divisível por $x + 1$, temos:

$p(-1) = 0 \Rightarrow (-1)^3 + a(-1)^2 + b(-1) + 20 = 0 \Rightarrow$
$\Rightarrow -1 + a - b + 20 = 0 \Rightarrow a - b = -19$

Se p(x) é divisível por $x - 4$, vem:

$p(4) = 0 \Rightarrow (4)^3 + a(4)^2 + b(4) + 20 = 0 \Rightarrow$
$\Rightarrow 64 + 16a + 4b + 20 = 0 \Rightarrow 4a + b = -21$

Então, temos:

$$\begin{cases} a - b = -19 \\ 4a + b = -21 \end{cases}$$

Resolvendo o sistema, obtemos $a = -8$ e $b = 11$.

Exercícios

33 Mostre que $x + 4$ é fator do polinômio $p(x) = x^3 - x^2 - 18x + 8$ e calcule o quociente de p(x) por $x + 4$.

34 Dado $p(x) = 2x^3 + x^2 - 5x + 2$, determine p(x) para $x = -2$, $x = -1$, $x = 0$, $x = 1$ e $x = 2$. A seguir, escreva os fatores de p(x).

7. Equações polinomiais ou algébricas

Denomina-se *equação polinomial* ou *algébrica* toda equação que pode ser escrita na forma:

$$a_nx^n + a_{n-1}x^{n-1} + ... + a_2x^2 + a_1x + a_0 = 0 \text{ (com } a_n \neq 0)$$

em que os $\mathbf{a_i}$ ($a_n, a_{n-1}, ..., a_2, a_1, a_0$) são elementos do conjunto dos números complexos, $n \in \mathbb{N}^*$ e **n** é o grau da equação.

Exemplos:

1º) $3x + 1 = 0$ é uma equação algébrica do 1º grau.

2º) $x^2 - 3x - 4 = 0$ é uma equação algébrica do 2º grau.

3º) $x^3 - 2x^2 + x - 2 = 0$ é uma equação algébrica do 3º grau.

4º) $x^4 - 2x^3 + x^2 + 2x - 2 = 0$ é uma equação algébrica do 4º grau.

5º) $3x^2 - 2ix + 1 = 0$ é uma equação algébrica do 2º grau.

Raiz ou zero de uma equação polinomial ou algébrica

Denomina-se *raiz* ou *zero* da equação algébrica

$$a_nx^n + a_{n-1}x^{n-1} + ... + a_2x^2 + a_1x + a_0 = 0$$

o valor α de **x** que satisfaz a igualdade, ou seja, o valor tal que:

$$a_n\alpha^n + a_{n-1}\alpha^{n-1} + ... + a_1\alpha + a_0 = 0$$

Exemplos:

1º) $x^2 - 7x + 10 = 0$ admite $x = 5$ como raiz:
$(5)^2 - 7(5) + 10 = 25 - 35 + 10 = 0$

2º) $x^3 - 3x^2 + 2 = 0$ admite $x = 1$ como raiz:
$(1)^3 - 3(1)^2 + 2 = 1 - 3 + 2 = 0$

Fique atento
Se a soma dos coeficientes do polinômio for nula, então 1 é a raiz do polinômio.

3º) $x^4 + x^3 - x^2 - 4 = 0$ admite $x = -2$ como raiz:
$(-2)^4 + (-2)^3 - (-2)^2 - 4 = 16 - 8 - 4 - 4 = 0$

4º) $x^2 + 1 = 0$ admite $x = i$ como raiz:
$i^2 + 1 = -1 + 1 = 0$

Conjunto solução de uma equação algébrica

Denomina-se conjunto solução de uma equação algébrica o conjunto das raízes da equação:

Exemplos:

1º) $x^2 - 7x + 10 = 0$

$S = \{2, 5\}$

2º) $3x - 5 = 0$

$S = \left\{\frac{5}{3}\right\}$

3º) $x^3 + x^2 - 4x - 4 = 0$

$S = \{-2, -1, 2\}$

4º) $x^2 + 1 = 0$

$S = \{-i, i\}$

Determinação das raízes de uma equação algébrica

Nosso objetivo é determinar o conjunto solução formado pelas raízes de uma equação algébrica, ou seja, resolver equações da forma $p(x) = 0$, em que $p(x)$ é um polinômio.

Já sabemos resolver equações do 1º e do 2º grau por meio de fórmulas simples, além de algumas de grau maior do que 2 por meio de fatoração ou outro artifício:

- $ax + b = 0$ (com $a \neq 0$) $\Rightarrow x = -\frac{b}{a}$ (raiz da equação de 1º grau);
- $ax^2 + bx + c = 0$ (com $a \neq 0$) $\Rightarrow x = \frac{-b \pm \sqrt{\Delta}}{2a}$ (raízes da equação do 2º grau), em que $\Delta = b^2 - 4ac$.

Durante muito tempo, esforços foram feitos para encontrar fórmulas que permitissem resolver qualquer equação algébrica de grau maior do que 2, como, por exemplo:

- $x^3 - 6x^2 - 7x + 60 = 0$
- $x^4 - 8x^3 - 25x^2 + 44x + 60 = 0$

Verificou-se, por fim, que o melhor meio de resolver essas equações polinomiais seria fazer estimativas de possíveis soluções.

Neste tópico, nosso objetivo é examinar alguns métodos que nos permitam estimar uma ou mais raízes de uma equação polinomial e, assim, determinar todas elas.

Exercícios

35 Verifique se o **x** indicado é raiz da equação dada:

a) $x = 2$; equação $x^3 - 2x^2 - x + 2 = 0$

b) $x = 1$; equação $x^3 - 6x^2 + 11x - 6 = 0$

c) $x = -1$; equação $x^4 - x^3 + 2x^2 - 1 = 0$

d) $x = 2 + 3i$; equação $x^2 - 4x + 13 = 0$

36 Encontre o conjunto solução da equação $x^3 - 7x^2 + 14x - 8 = 0$, sabendo que ele é um subconjunto de $A = \{0, 1, 2, 3, 4\}$.

37 Calcule as raízes das seguintes equações algébricas:

a) $3x - 12 = 0$.

b) $\sqrt{2}x - 1 = 0$.

c) $x^2 - 6x + 10 = 0$.

38 Utilizando a fatoração, calcule as raízes das equações algébricas:

a) $x^3 - 4x^2 + 3x = 0$.

b) $x^3 + 2x^2 + x + 2 = 0$.

Fique atento
Se o produto é nulo, pelo menos um dos fatores é nulo.
Exemplo: $(x + 2)(x^2 - 1) = 0 \Rightarrow x + 2 = 0$ ou $x^2 - 1 = 0$.

39 Quando um reservatório está parcialmente cheio, uma torneira é aberta para enchê-lo. Depois de aberta a torneira, o volume de água que ainda falta para encher o reservatório, em metros cúbicos, é dado pela função $V(t) = t^3 - 2t^2 - 4t + 8$, com **t** dado em horas. Sendo assim, o volume, em m^3, da água contida no reservatório no momento em que a torneira foi aberta e o tempo (em horas) necessário para que o reservatório fique completamente cheio são, respectivamente, iguais a:

a) 8 e 2.

b) 2 e 8.

c) 4 e 6.

d) 3 e 6.

e) 6 e 3.

40 Resolva as equações algébricas em IR:

a) $x^4 - 5x^2 + 4 = 0$

b) $x^6 - 3x^3 + 2 = 0$

(*Sugestões*: No item **a**, chame $\mathbf{x^2}$ de **p**; no item **b**, chame $\mathbf{x^3}$ de **p**.)

Decomposição em fatores de primeiro grau

Em 1799, Gauss demonstrou o *teorema fundamental da Álgebra*, que admitiremos sem demonstração:

> Toda equação algébrica $p(x) = 0$ de grau **n** ($n \geq 1$) possui pelo menos uma raiz complexa (real ou não).

Utilizando esse teorema podemos mostrar que os polinômios de grau $n > 1$ podem ser decompostos num produto de fatores do 1º grau.

Exemplos:

1º) 2 é raiz de $p(x) = x^2 + 3x - 10$, pois $p(2) = 0$.

Então, pelo teorema de D'Alembert, $p(x)$ é divisível por $x - 2$ e temos:

2	1	3	−10
	1	5	0

coeficientes de $q_1(x)$

$q_1(x) = x + 5$

Daí, vem:

$p(x) = (x - 2)q_1(x) = (x - 2)(x + 5)$

2º) −1 é raiz de $p(x) = x^3 - 2x^2 - x + 2$, pois $p(-1) = 0$.

Então, pelo teorema de D'Alembert, p(x) é divisível por x + 1 e temos:

−1	1	−2	−1	2
	1	−3	2	0

$$q(x) = x^2 - 3x + 2$$

Daí, vem:

$$p(x) = (x + 1)q(x) = (x + 1)(x^2 - 3x + 2)$$

Resolvendo $x^2 - 3x + 2 = 0$, usando a fórmula de Bhaskara, obtemos as raízes 1 e 2, ou seja:

$$q(x) = x^2 - 3x + 2 = (x - 1)(x - 2)$$

Desse modo, podemos escrever:

$$p(x) = (x + 1)(x - 2)(x - 1)$$

Generalização:

Dado o polinômio de grau **n**, sendo $n \geqslant 1$:

$$p(x) = a_n x^n + a_{n-1}x^{n-1} + ... + a_2x^2 + a_1x + a_0$$

se $x_1, x_2, ..., x_n$ são raízes de p(x), então podemos escrevê-lo da seguinte forma:

$$p(x) = (x - x_1)(x - x_2)(x - x_3) ... (x - x_n) \cdot q_n(x), \text{ com } q_n = a_n$$

> **Fique atento**
> O teorema de D'Alembert garante a existência dessas raízes.

Então, temos:

$$p(x) = a_n(x - x_1)(x - x_2)(x - x_3) \cdot ... \cdot (x - x_n)$$

em que $\mathbf{x_i}$ são as raízes de p(x) e $\mathbf{a_n}$ é o coeficiente de $\mathbf{x^n}$.

Exemplos de aplicação

1 **Uma das raízes da equação $2x^3 - 4x^2 - 2x + 4 = 0$ é 1. Resolva a equação.**

> **Fique atento**
> Lembre-se de que resolver a equação significa determinar seu conjunto solução, que neste caso é formado pelo número 1 e pelas demais raízes.

Se 1 é raiz de $p(x) = 0$, temos:

$p(x) = (x - 1)q_1(x) = 0 \Rightarrow x - 1 = 0$ ou $q_1(x) = 0$

Observando que o grau de $q_1(x)$ é 2 e sabendo resolver uma equação do 2º grau, podemos dizer que $q_1(x) = 0$ fornece as outras raízes.

Determinando $q_1(x)$, temos:

1	2	−4	−2	4
	2	−2	−4	0

$q_1(x) = 2x^2 - 2x - 4$

Determinando as raízes de $q_1(x) = 0$, vem:

$2x^2 - 2x - 4 = 0$

$\Delta = 4 + 32 = 36$

$x = \dfrac{2 \pm 6}{4} \Rightarrow x' = 2$ e $x'' = -1$

Logo, as outras raízes são 2 e −1 e o conjunto solução da equação é $S = \{-1, 1, 2\}$.

> **Fique atento**
> O polinômio $2x^3 - 4x^2 - 2x + 4$ pode ser decomposto assim: $2(x + 1)(x - 1)(x - 2)$.

2 **Resolva a equação $x^4 - x^3 - 7x^2 + x + 6 = 0$, sabendo que −2 e 1 são raízes da equação.**

Se −2 e 1 são raízes de p(x), temos:

$p(x) = (x + 2)(x - 1)q_1(x) = 0$.

Dividindo p(x) por x + 2 e, em seguida, o quociente dessa divisão por x − 1, vem:

−2	1	−1	−7	1	6
1	1	−3	−1	3	0
	1	−2	−3	0	

$q_1(x) = x^2 - 2x - 3$

Determinando as raízes de $q_1(x) = 0$, obtemos:

$x^2 - 2x - 3 = 0$

$\Delta = 16$

$x = \dfrac{2 \pm 4}{2} \Rightarrow x' = 3$ e $x'' = -1$

Logo, $S = \{-2, -1, 1, 3\}$.

3 **Determine os valores de a, b e c, sabendo que as raízes da equação $3x^3 + ax^2 + bx + c = 0$ são 1, −1 e 5.**

Se 1, −1 e 5 são raízes da equação $p(x) = 0$, então p(x) é divisível por x − 1, x + 1 e x − 5.

Assim, temos:

1	3	a	b	c
−1	3	3 + a	3 + a + b	3 + a + b + c
5	3	a	3 + b	
	3	15 + a		

Como os restos devem ser iguais a zero, vem:

$$\begin{cases} 3 + a + b + c = 0 \\ 3 + b = 0 \Rightarrow b = -3 \\ 15 + a = 0 \Rightarrow a = -15 \end{cases}$$

Substituindo os valores de **a** e **b** na primeira equação, obtemos:

$\not{3} + (-15) + (-\not{3}) + c = 0 \Rightarrow c = 15$

Logo, a = −15, b = −3 e c = 15.

> **Para refletir**
> Substitua os valores de **a**, **b** e **c** encontrados e escreva o polinômio do 1º membro como um produto de quatro fatores.

Exercícios

41 Sabendo que 2 é raiz da equação $x^3 + 2x^2 - 5x + c = 0$, calcule o valor de **c** e o conjunto solução da equação.

42 Resolva as equações abaixo:

a) $x^4 - 2x^3 + x^2 + 2x - 2 = 0$, sabendo que duas de suas raízes são -1 e 1;

b) $x^3 - 7x^2 + 36 = 0$, sabendo que -2 é uma de suas raízes.

43 Determine o conjunto solução das equações:

a) $x^4 - 8x^3 - 25x^2 + 44x + 60 = 0$, sabendo que -1 e 2 são duas de suas raízes.

b) $x^3 - ix^2 + 4x - 4i = 0$, sabendo que **i** é uma de suas raízes.

Multiplicidade da raiz

Na decomposição de um polinômio p(x) de grau $n > 0$ em um produto de **n** fatores do 1º grau, podemos encontrar dois ou mais fatores idênticos.

Então em uma equação algébrica de grau **n**, obtemos **n** raízes, das quais algumas podem ser iguais, ou seja, toda equação algébrica de grau $n > 0$ tem, no máximo, **n** raízes distintas.

> **Fique atento**
> De cada fator do 1º grau, obtemos uma raiz.

O número de vezes que uma mesma raiz aparece indica a multiplicidade da raiz.

Exemplos:

1º) No polinômio $p(x) = x^2 - 6x + 9 = (x - 3)^2 =$
$= (x - 3)(x - 3)$, há dois fatores idênticos a $x - 3$. Nesse caso, dizemos que 3 é *raiz dupla* ou de *multiplicidade 2*.

2º) No polinômio $p(x) = x^3 - 3x - 2 =$
$= (x + 1)(x + 1)(x - 2) = (x + 1)^2(x - 2)$, há dois fatores idênticos a $(x + 1)$ e um fator $(x - 2)$. Nesse caso, dizemos que -1 é *raiz dupla* ou de *multiplicidade 2*, e 2 é *raiz simples* ou de *multiplicidade 1*.

3º) No polinômio $p(x) = x^5 - 7x^4 + 10x^3 + 18x^2 - 27x - 27 =$
$= (x - 3)^3(x + 1)^2 =$
$= (x - 3)(x - 3)(x - 3)(x + 1)(x + 1)$, há três fatores idênticos a $(x - 3)$ e dois fatores idênticos a $(x + 1)$. Nesse caso, dizemos que 3 é *raiz tripla* ou de *multiplicidade 3* e -1 é *raiz dupla* ou de *multiplicidade 2*.

Exemplos de aplicação

1 **Qual é a multiplicidade da raiz 2 do polinômio $p(x) = x^4 - 5x^3 + 6x^2 + 4x - 8$?**

Vamos eliminar a raiz 2 do polinômio sucessivas vezes, até que isso não seja mais possível.

sim →	2	1	−5	6	4	−8
sim →	2	1	−3	0	4	0
sim →	2	1	−1	−2	0	
não →	2	1	1	0		
		1	$3 \neq 0$			

Então:
$p(x) = (x - 2)^3(x + 1)$
Logo, 2 é raiz tripla ou de multiplicidade 3.

2 **Resolva a equação $x^4 - 3x^3 - 3x^2 + 7x + 6 = 0$, sabendo que -1 é raiz dupla.**

Se -1 é raiz dupla da equação, esta pode ser escrita na forma $(x + 1)^2q(x) = 0$.
Para determinar q(x), devemos eliminar da equação a raiz -1 duas vezes sucessivas:

−1	1	−3	−3	7	6
−1	1	−4	1	6	0
	1	−5	6	0	

coeficientes de q(x)

$q(x) = x^2 - 5x + 6$
Caímos na equação $x^2 - 5x + 6 = 0$.
Resolvendo-a, temos $x' = 3$ e $x'' = 2$.
Logo, $S = \{-1, 2, 3\}$.

3 **Dada a equação $x^3 + ax^2 - 8x + b = 0$, calcule os valores de a e b de forma que 2 seja raiz dupla da equação.**

Eliminando a raiz 2 duas vezes sucessivas, temos:

2	1	a	−8	b
2	1	2 + a	2a − 4	4a − 8 + b
	1	4 + a	4a + 4	

Fazendo os restos iguais a zero, vem:

$$\begin{cases} 4a + 4 = 0 & \text{(I)} \\ 4a - 8 + b = 0 & \text{(II)} \end{cases}$$

Da equação (I), vem:
$4a + 4 = 0 \Rightarrow 4a = -4 \Rightarrow a = -1$
Substituindo $a = -1$ na equação (II), temos:
$-4 - 8 + b = 0 \Rightarrow b = 12$
Logo, $a = -1$ e $b = 12$.

4 **Determine uma equação algébrica do 4º grau que tenha -1 como raiz de multiplicidade 3 e 2 como outra raiz.**

Pelos dados do problema, temos:
$(x + 1)(x + 1)(x + 1)(x - 2) = 0 \Rightarrow$
$\Rightarrow (x + 1)^3(x - 2) = 0 \Rightarrow$
$\Rightarrow (x^3 + 3x^2 + 3x + 1)(x - 2) = 0 \Rightarrow$
$\Rightarrow x^4 + x^3 - 3x^2 - 5x - 2 = 0$
Logo, a equação procurada é $x^4 + x^3 - 3x^2 - 5x - 2 = 0$, ou qualquer outra equivalente a ela, como por exemplo $2x^4 + 2x^3 - 6x^2 - 10x - 4 = 0$.

Exercícios

44 Na equação $(x - 3)^3(x + 4)^2(x - 1)^5 = 0$, quais são as multiplicidades de suas raízes?

45 Qual é a multiplicidade da raiz -1 na equação $x^3 + x^2 - 3x - 3 = 0$?

46 Resolva a equação polinomial $x^5 + 5x^4 + 6x^3 - 2x^2 - 7x - 3 = 0$, sabendo que -1 é raiz tripla da equação.

47 O número 3 é raiz dupla da equação $x^4 - 7x^3 + 13x^2 + 3x - 18 = 0$. Determine as outras duas raízes da equação.

48 Sabendo que 1 é raiz dupla da equação $x^3 + ax^2 - 2x + b = 0$, determine o valor de $a + b$.

Observação: Quando resolvemos a equação $ax^2 + bx + c = 0$ $(a \neq 0)$:

- em IR, isto é, com variáveis e coeficientes reais, podemos ter:
  $\Delta > 0 \Rightarrow$ duas raízes reais distintas;
  $\Delta = 0 \Rightarrow$ duas raízes reais iguais, ou seja, uma raiz real de multiplicidade 2;
  $\Delta < 0 \Rightarrow$ nenhuma raiz real.
- em $\mathbb{C}$, isto é, com variável e coeficientes complexos, podemos ter:
  $\Delta = 0 \Rightarrow$ uma raiz complexa de multiplicidade 2;
  $\Delta \neq 0 \Rightarrow$ duas raízes complexas distintas.

> **Fique atento**
> Quando dizemos raiz complexa significa número real ou não, pois $IR \subset \mathbb{C}$.

Relações de Girard

Consideremos a equação algébrica do 2º grau $ax^2 + bx + c = 0$ $(a \neq 0)$ e sejam $\mathbf{x_1}$ e $\mathbf{x_2}$ as suas raízes.

A decomposição do primeiro membro em fatores do 1º grau é:

$$ax^2 + bx + c = a(x - x_1)(x - x_2)$$

> **Fique atento**
> $\mathbf{x_1}$ e $\mathbf{x_2}$ podem ser distintas ou não.

Desenvolvendo o produto, temos:

$$ax^2 + bx + c = a[x^2 - (x_1 + x_2)x + x_1x_2]$$

Dividindo todos os termos por **a**, vem:

$$x^2 + \frac{b}{a}x + \frac{c}{a} = x^2 - (x_1 + x_2)x + x_1x_2$$

Pela igualdade de polinômios, temos:

$$-(x_1 + x_2) = \frac{b}{a} \Rightarrow x_1 + x_2 = -\frac{b}{a}$$

$$x_1x_2 = \frac{c}{a}$$

Conhecidas de estudos anteriores, essas relações se estabelecem entre os coeficientes e as raízes de uma equação algébrica do 2º grau. Veremos em seguida para equações algébricas de grau maior do que 2.

Consideremos a equação algébrica do 3º grau $ax^3 + bx^2 + cx + d = 0$ $(a \neq 0)$ e sejam $\mathbf{x_1}$, $\mathbf{x_2}$ e $\mathbf{x_3}$ as suas raízes.

A sua decomposição em fatores do 1º grau é:

$$ax^3 + bx^2 + cx + d = a(x - x_1)(x - x_2)(x - x_3)$$

Desenvolvendo o produto, temos:

$$ax^3 + bx^2 + cx + d = a[x^3 - (x_1 + x_2 + x_3)x^2 + (x_1x_2 + x_1x_3 + x_2x_3)x - x_1x_2x_3]$$

Dividindo todos os termos por **a**, vem:

$$x^3 + \frac{b}{a}x^2 + \frac{c}{a}x + \frac{d}{a} = x^3 - (x_1 + x_2 + x_3)x^2 + (x_1x_2 + x_1x_3 + x_2x_3)x - x_1x_2x_3$$

Pela igualdade de polinômios, temos:

$$-(x_1 + x_2 + x_3) = \frac{b}{a} \Rightarrow x_1 + x_2 + x_3 = -\frac{b}{a}$$

$$x_1x_2 + x_1x_3 + x_2x_3 = \frac{c}{a}$$

$$x_1x_2x_3 = -\frac{d}{a}$$

De forma análoga, considerando a equação algébrica de grau **n**:

$$a_nx^n + a_{n-1}x^{n-1} + a_{n-2}x^{n-2} + ... + a_2x^2 + a_1x + a_0 = 0$$

de raízes $\mathbf{x_1}$, $\mathbf{x_2}$, $\mathbf{x_3}$, $\mathbf{x_4}$, ..., $\mathbf{x_n}$, são válidas as seguintes relações entre as raízes e os coeficientes:

1ª) A soma das raízes é:

$$x_1 + x_2 + x_3 + ... + x_n = -\frac{a_{n-1}}{a_n}$$

2ª) O produto das **n** raízes é:

$$x_1x_2x_3 \cdot ... \cdot x_n = (-1)^n \frac{a_0}{a_n}$$

3ª) A soma dos produtos das raízes, quando tomadas:

a) duas a duas, é:

$$x_1x_2 + x_1x_3 + ... + x_{n-1}x_n = \frac{a_{n-2}}{a_n}$$

b) três a três, é:

$$x_1x_2x_3 + x_1x_2x_4 + ... + x_{n-2}x_{n-1}x_n = -\frac{a_{n-3}}{a_n}$$

c) quatro a quatro, é:

$$x_1x_2x_3x_4 + x_1x_2x_3x_5 + \dots + x_{n-3}x_{n-2}x_{n-1}x_n = \frac{a_{n-4}}{a_n}$$

Essas relações entre as raízes e os coeficientes de uma equação algébrica são denominadas *relações de Girard*.

Exemplos de aplicação

1 **Escreva as relações de Girard para a equação algébrica $x^3 + 7x^2 - 3x + 5 = 0$, considerando x_1, x_2 e x_3 as raízes da equação.**

Pela equação, temos:

$a_3 = 1$; $a_2 = 7$; $a_1 = -3$; $a_0 = 5$

Então, obtemos:

$$x_1 + x_2 + x_3 = -\left(\frac{7}{1}\right) = -7$$

$$x_1x_2 + x_1x_3 + x_2x_3 = +\left(\frac{-3}{1}\right) = -3$$

$$x_1x_2x_3 = -\left(\frac{5}{1}\right) = -5$$

Fique atento

Partindo de $-\left(\frac{b}{a}\right)$, alternamos os sinais de $-$ e $+$ para $\frac{b}{a}, \frac{c}{a}, \frac{d}{a}, \frac{e}{a}, \frac{f}{a}$, e assim por diante, de acordo com o grau da equação.

2 **Uma equação algébrica do 3º grau tem raízes -1, 1 e 2. Sabendo que o coeficiente do termo de 3º grau é 2, determine os outros coeficientes e escreva a equação.**

Se a equação é do 3º grau, tem a forma

$ax^3 + bx^2 + cx + d = 0$, com $a = 2$. Então, temos:

$2x^3 + bx^2 + cx + d = 0$

Daí, vem:

$$x_1 + x_2 + x_3 = -1 + 1 + 2 = 2 = -\left(\frac{b}{2}\right) \Rightarrow$$

$$\Rightarrow b = -4$$

$$x_1x_2 + x_1x_3 + x_2x_3 = -1 - 2 + 2 = -1 = +\left(\frac{c}{2}\right) \Rightarrow$$

$$\Rightarrow c = -2$$

$$x_1x_2x_3 = (-1)1 \cdot 2 = -2 = -\left(\frac{d}{2}\right) \Rightarrow d = 4$$

Logo, os outros coeficientes são $b = -4$, $c = -2$ e $d = 4$ e a equação pedida é $2x^3 - 4x^2 - 2x + 4 = 0$.

Para refletir

Podemos escrever a equação com $a = 1$ e depois multiplicar todos os seus termos por 2. Faça isso e confira.

3 **Sendo x_1, x_2 e x_3 as raízes da equação $x^3 - 2x^2 - 4x + 1 = 0$, calcule $x_1^2 + x_2^2 + x_3^2$.**

Pelas relações de Girard, sabemos que:

$x_1 + x_2 + x_3 = 2$ (I)

$x_1x_2 + x_1x_3 + x_2x_3 = -4$ (II)

$x_1x_2x_3 = -1$ (III)

Considerando a relação (I), vamos elevar ambos os membros ao quadrado:

$(x_1 + x_2 + x_3)^2 = 2^2 \Rightarrow$

$\Rightarrow x_1^2 + x_2^2 + x_3^2 + 2x_1x_2 + 2x_1x_3 + 2x_2x_3 = 4 \Rightarrow$

$\Rightarrow x_1^2 + x_2^2 + x_3^2 + 2(x_1x_2 + x_1x_3 + x_2x_3) = 4$

Como $x_1x_2 + x_1x_3 + x_2x_3 = -4$, temos:

$x_1^2 + x_2^2 + x_3^2 + 2(-4) = 4 \Rightarrow$

$\Rightarrow x_1^2 + x_2^2 + x_3^2 - 8 = 4 \Rightarrow x_1^2 + x_2^2 + x_3^2 = 12$

Logo, $x_1^2 + x_2^2 + x_3^2 = 12$.

4 **As raízes da equação $x^3 - 9x^2 + 23x - 15 = 0$ estão em PA. Nessa condição, resolva a equação.**

Sendo x_1, x_2 e x_3 as raízes da equação, vamos representá-las por:

$x_1 = \alpha - r$

$x_2 = \alpha$

$x_3 = \alpha + r$

Pela relação de Girard, temos:

$x_1 + x_2 + x_3 = 9 \Rightarrow \alpha - \not{r} + \alpha + \alpha + \not{r} = 9 \Rightarrow$

$\Rightarrow 3\alpha = 9 \Rightarrow \alpha = 3$

Como $x_2 = \alpha = 3$ é uma das raízes, temos:

$p(x) = (x - 3)q(x) = 0$

3	1	−9	23	−15
	1	−6	5	0

$q(x) = x^2 - 6x + 5 = 0$

Resolvendo a equação, obtemos $x' = 5$ e $x'' = 1$.

Logo, $S = \{1, 3, 5\}$.

Exercícios

49 A equação $3x^3 + 2x^2 - x - 3 = 0$ admite raízes x_1, x_2 e x_3. Escreva as relações de Girard para essa equação.

50 Consideremos a equação polinomial $x^3 - 2x^2 + ax + b = 0$. Sabendo que os números 1 e -3 são raízes da equação, calcule a terceira raiz e escreva a equação.

51 As raízes da equação polinomial $x^3 - 15x^2 + 71x - 105 = 0$ estão em PA. Calcule essas raízes.

52 Resolva a equação algébrica $x^3 - 3x^2 - 6x + 8 = 0$, sabendo que a soma de duas de suas raízes é igual a 5.

53 Sendo **a**, **b** e **c** as raízes da equação $2x^3 + 13x^2 - 5x + 1 = 0$, determine o valor de $a^2 + b^2 + c^2$.

54 Os números **a**, **b** e **c** são as raízes da equação $2x^3 - 4x^2 + 3x - 1 = 0$. Nessas condições, qual é o valor da expressão $\frac{1}{ab} + \frac{1}{ac} + \frac{1}{bc}$?

55 Qual é o valor de **k** na equação algébrica $x^3 - 3x^2 - 6x + k = 0$ para que as raízes da equação estejam em PA?

56 Os números -2 e 3 são duas raízes da equação $2x^3 - x^2 + mx + n = 0$, em que $m \in \mathbb{R}$, $n \in \mathbb{R}$. Determine a terceira raiz da equação e os valores de **m** e **n**.

57 Calcule o determinante da matriz $\begin{bmatrix} a & a & -c \\ 0 & b & c \\ 1 & 0 & 1 \end{bmatrix}$, sabendo que **a**, **b** e **c** são as raízes da equação $x^3 - 5x^2 + 4 = 0$.

Pesquisa de raízes racionais de uma equação algébrica de coeficientes inteiros

Vimos que as equações polinomiais de grau maior do que 2 não têm um processo determinado de resolução por meio de fórmulas. Devemos procurar, então, uma ou mais raízes para com elas encontrar todas as raízes.

É possível demonstrar uma propriedade que auxilia na pesquisa das raízes racionais de uma equação algébrica de coeficientes inteiros.

Se o número racional $\frac{p}{q}$, com **p** e **q** primos entre si, é raiz de uma equação algébrica de coeficientes inteiros:

$$a_nx^n + a_{n-1}x^{n-1} + a_{n-2}x^{n-2} + ... + a_2x^2 + a_1x + a_0 = 0$$

então **p** é divisor de $\mathbf{a_0}$ e **q** é divisor de $\mathbf{a_n}$.

Você sabia?
Dizer que o número racional $\frac{p}{q}$ tem **p** e **q** inteiros e primos entre si equivale a dizer que $\frac{p}{q}$ é uma fração irredutível.

Exemplos de aplicação

1 Pesquise as raízes racionais da equação $3x^3 + 2x^2 - 7x + 2 = 0$.

Na equação dada, temos $a_0 = 2$ e $a_n = 3$.

p é divisor de $2 \Rightarrow p \in \{-1, 1, -2, 2\}$

q é divisor de $3 \Rightarrow q \in \{-1, 1, -3, 3\}$

Pela propriedade, as prováveis raízes racionais são:

$$\frac{p}{q} \in \left\{-1, 1, -2, 2, -\frac{1}{3}, \frac{1}{3}, -\frac{2}{3}, \frac{2}{3}\right\}$$

Fazendo a verificação, temos:

$p(-1) = 8 \Rightarrow -1$ (não é raiz)

$p(1) = 0 \Rightarrow 1$ é raiz

A partir da raiz descoberta, vem:

1	3	2	−7	2
	3	5	−2	0

$3x^2 + 5x - 2 = 0$

$\Delta = 25 + 24 = 49$

$$x = \frac{-5 \pm 7}{6} \Rightarrow x' = \frac{2}{6} = \frac{1}{3} \text{ e } x'' = \frac{-12}{6} = -2$$

Logo, $S = \left\{-2, \frac{1}{3}, 1\right\}$.

Observação: Como as outras duas raízes, além de 1, também são números racionais, elas seriam descobertas se a pesquisa das raízes racionais prosseguisse:

$p(-2) = 0 \Rightarrow -2$ é raiz

$p(2) = 20 \Rightarrow 2$ não é raiz

$p\left(-\frac{1}{3}\right) = \frac{40}{9} \Rightarrow -\frac{1}{3}$ não é raiz

$p\left(\frac{1}{3}\right) = 0 \Rightarrow \frac{1}{3}$ é raiz

$p\left(-\frac{2}{3}\right) = \frac{20}{3} \Rightarrow -\frac{2}{3}$ não é raiz

$p\left(\frac{2}{3}\right) = -\frac{8}{9} \Rightarrow \frac{2}{3}$ não é raiz

Fique atento

- Nem todo número $\frac{p}{q}$ obtido é raiz da equação;
- Essa pesquisa de raízes racionais só pode ser feita om equações com todos os coeficientes inteiros.

2 Resolva a equação $x^4 + x^3 - 7x^2 - x + 6 = 0$.

Pela equação dada, temos $a_0 = 6$ e $a_n = 1$.

p é divisor de $6 \Rightarrow p \in \{-1, 1, -2, 2, -3, 3, -6, 6\}$

q é divisor de $1 \Rightarrow q \in \{-1, 1\}$

Pela propriedade, as possíveis raízes racionais são:

$$\frac{p}{q} \in \{-1, 1, -2, 2, -3, 3, -6, 6\}$$

Fazendo a pesquisa, temos:

$p(-1) = 0 \Rightarrow -1$ é raiz

$p(1) = 0 \Rightarrow 1$ é raiz

Observando que -1 e 1 são raízes da equação, vamos obter as outras duas raízes:

−1	1	1	−7	−1	6
1	1	0	−7	6	0
	1	1	−6	0	

Daí, temos:

$p(x) = (x + 1)(x - 1)q(x) = 0$ e $q(x) = x^2 + x - 6$

Fazendo $x^2 + x - 6 = 0$ e resolvendo a equação, obtemos $x' = 2$ e $x'' = -3$.

Logo, $S = \{-1, -3, 1, 2\}$.

Fique atento

- Se a soma dos coeficientes do polinômio for nula, então 1 é raiz do polinômio.
- Se o termo independente for nulo, então 0 é raiz.

3 (FGV-SP) Durante o último jogo da seleção brasileira, brinquei com meu primo, apostando quem conseguiria colocar mais pipocas na boca. Comecei colocando 2 na boca e fui aumentando **r** pipocas por vez, como em uma PA. Ele começou colocando 1 na boca e foi multiplicando por **r**, como numa PG. Na quarta vez em que colocamos pipocas na boca, descobrimos que a quantidade colocada por nós dois foi a mesma. Nessa nossa brincadeira, o valor de **r** é:

a) um número quadrado perfeito.
b) um número maior que 3.
c) um divisor de 15.
d) um múltiplo de 3.
e) um número primo.

» Resolução passo a passo

1. Lendo e compreendendo

a) O que é dado no problema?

São dadas uma PA, cujo primeiro termo é 2, e uma PG de primeiro termo 1, ambas de razão **r**. É informado que o 4º termo de ambas é igual.

b) O que se pede?

O valor de **r**, que, segundo o enunciado, é a razão das sequências descritas no texto.

2. Planejando a solução

Vamos obter o 4º termo de cada sequência, igualá-los e resolver a equação cúbica resultante. Para tal, precisaremos obter uma raiz.

3. Executando o que foi planejado

Vamos construir a PA e a PG de acordo com o enunciado:

PA $(2, 2 + r, 2 + 2r, 2 + 3r, ...)$

PG $(1, r, r^2, r^3, ...)$

Como o 4º termo das duas sequências é igual, então temos que $r^3 = 2 + 3r$.

Para obter o valor de **r**, precisamos resolver a equação $r^3 - 3r - 2 = 0$. Vamos então pesquisar as prováveis raízes racionais dessa equação:

p é divisor de $2 \Rightarrow p \in \{-1, 1, -2, 2\}$

q é divisor de $1 \Rightarrow q \in \{-1, 1\}$

Então, $\frac{p}{q} \in \{-1, 1, -2, 2\}$

Fazendo a verificação:

$p(-1) = (-1)^3 - 3(-1) - 2 \Rightarrow$

$\Rightarrow p(-1) = -1 + 3 - 2 = 0$

Como $p(-1) = 0$, então -1 é raiz.

Vamos eliminar a raiz -1 utilizando o dispositivo de Briot-Ruffini e obter as raízes restantes:

−1	1	0	−3	−2
	1	−1	−2	0

Portanto, as duas raízes restantes são as raízes da equação $r^2 - r - 2 = 0$:

$\Delta = (-1)^2 - 4 \cdot 1 \cdot (-2) = 9$

$$r = \frac{-(-1) \pm \sqrt{9}}{2 \cdot 1} = \frac{1 \pm 3}{2} \Rightarrow r = 2 \text{ ou } r = -1$$

Assim, o conjunto solução dessa equação é $S = \{-1, 2\}$. Porém, para haver coerência com o enunciado, somente a raiz positiva pode ser a razão das sequências apresentadas (não há "pipocas negativas"). Desse modo, $r = 2$; portanto, **r** é um número primo.

4. Verificando

Se $r = 2$ é solução, então as sequências da PA e da PG do enunciado são:

PA (2, 4, 6, 8, ...)

PG (1, 2, 4, 8, ...)

Como o 4º elemento de cada sequência é o mesmo, isso verifica que 2 é o valor procurado.

5. Respondendo

A resposta é a alternativa **e**.

6. Ampliando o problema

a) Quantas pipocas o narrador colocou na boca até o momento relatado no texto? E o primo?

b) Se os rapazes continuarem a brincadeira, seguindo as mesmas regras, qual dos dois (o narrador ou o primo) conseguirá continuar pondo pipoca na boca?

» Exercícios

58 Pesquise as raízes racionais das equações algébricas:

a) $2x^3 - x^2 - 2x + 1 = 0$
b) $4x^4 - 4x^3 - 3x^2 + 4x - 1 = 0$
c) $4x^3 - 5x + 1 = 0$
d) $2x^3 - 7x^2 + 7x - 2 = 0$

59 Determine as raízes da equação $x^4 + 2x^3 - 2x^2 + 2x - 3 = 0$.

Raízes complexas não reais numa equação algébrica de coeficientes reais

Consideremos a equação algébrica $x^2 - 2x + 2 = 0$, que tem todos os coeficientes reais e pode ser resolvida pela chamada fórmula de Bhaskara:

$$x = \frac{2 \pm \sqrt{-4}}{2} = \frac{2 \pm 2i}{2} \Rightarrow x' = 1 + i \text{ e } x'' = 1 - i$$

$S = \{1 + i, 1 - i\}$

Observemos que a raiz $1 + i$ é um número complexo não real e a outra raiz, $1 - i$, é o seu conjugado.

Podemos demonstrar que, se uma equação polinomial de coeficientes reais admite como raiz o número complexo $a + bi$, com $b \neq 0$, então o complexo conjugado $a - bi$ também é raiz da equação.

Para fazer a demonstração, vamos lembrar antes as propriedades do conjugado de um número complexo vistas no capítulo anterior.

Dados os números complexos $\mathbf{z_1}$ e $\mathbf{z_2}$ e sendo $\overline{\mathbf{z_1}}$ e $\overline{\mathbf{z_2}}$ os seus respectivos conjugados, temos:

$$z_1 = z_2 \Leftrightarrow \overline{z_1} = \overline{z_2}$$

$$\overline{z_1 + z_2} = \overline{z_1} + \overline{z_2}$$

$$z_1 = \overline{z_1} \Leftrightarrow \mathbf{z_1} \text{ é número real}$$

$$\overline{z_1 z_2} = \overline{z_1}\,\overline{z_2}$$

$$\overline{z_1^n} = (\overline{z_1})^n$$

Consideremos, agora, a equação algébrica de grau $n > 1$, com todos os coeficientes reais:

$$a_n x^n + a_{n-1} x^{n-1} + ... + a_1 x + a_0 = 0$$

Vamos supor que o número complexo não real $\mathbf{z}$ seja raiz dessa equação e demonstrar que $\overline{\mathbf{z}}$ também é. Procure justificar cada passagem.

$\mathbf{z}$ é raiz $\Rightarrow a_n z^n + a_{n-1} z^{n-1} + ... + a_1 z + a_0 = 0 \Rightarrow$

$\Rightarrow \overline{a_n z^n + a_{n-1} z^{n-1} + ... + a_1 z + a_0} = \overline{0} \Rightarrow$

$\Rightarrow \overline{a_n z^n} + \overline{a_{n-1} z^{n-1}} + ... + \overline{a_1 z} + \overline{a_0} = 0 \Rightarrow$

$\Rightarrow a_n \overline{z^n} + a_{n-1} \overline{z^{n-1}} + ... + a_1 \overline{z} + a_0 = 0 \Rightarrow$

$\Rightarrow a_n (\overline{z})^n + a_{n-1} (\overline{z})^{n-1} + ... + a_1 \overline{z} + a_0 = 0 \Rightarrow \overline{\mathbf{z}}$ é raiz

> **Fique atento**
> Em uma equação algébrica de coeficientes reais, se $\mathbf{z}$ é raiz de multiplicidade $\mathbf{m}$, $\overline{\mathbf{z}}$ também é raiz de multiplicidade $\mathbf{m}$.

Exemplo de aplicação

Resolva as equações a seguir:

a) $x^4 - 9x^3 + 30x^2 - 42x + 20 = 0$**, sabendo que $3 + i$ é uma raiz da equação;**

Se $3 + i$ é raiz da equação dada, então seu conjugado $3 - i$ é também raiz da equação. Logo:

$p(x) = [x - (3 + i)][x - (3 - i)]q(x) =$
$= [(x - 3) - i][(x - 3) + i]q(x) = [(x - 3)^2 - i^2]q(x) =$
$= (x^2 - 6x + 10)q(x)$

Vamos calcular $q(x)$, dividindo $p(x)$ por $x^2 - 6x + 10$:

$$\begin{array}{rrrrr|l}
x^4 & -9x^3 & +30x^2 & -42x & +20 & x^2 - 6x + 10 \\
-x^4 & -6x^3 & +10x^2 & & & x^2 - 3x + 2 \\
\hline
 & -3x^3 & +20x^2 & -42x & +20 & \\
 & +3x^3 & -18x^2 & +30x & & \\
\hline
 & & 2x^2 & -12x & +20 & \\
 & & -2x^2 & +12x & -20 & \\
\hline
 & & & & 0 &
\end{array}$$

Então, $q(x) = x^2 - 3x + 2$.

Fazendo $x^2 - 3x + 2 = 0$ e resolvendo a equação, obtemos $x' = 2$ e $x'' = 1$.

Logo, $S = \{3 + i, 3 - i, 2, 1\}$.

b) $x^5 - 3x^4 + 5x^3 - 15x^2 + 4x - 12 = 0$**, sabendo que i e $2i$ são raízes.**

Se **i** e 2i são raízes, como todos os coeficientes são números reais, podemos garantir que seus conjugados **−i** e −2i também são raízes. Resta descobrir a quinta raiz, que é um número real:

i	1	−3	5	−15	4	−12
$-i$	1	$-3 + i$	$4 - 3i$	$-12 + 4i$	$-12i$	0
$2i$	1	−3	4	−12	0	
$-2i$	1	$-3 + 2i$	$-6i$	0		
	1	−3	0			

$x - 3 = 0 \Rightarrow x = 3$

Logo, $S = \{i, -i, 2i, -2i, 3\}$.

> **Para refletir**
> O que garante ser a quinta raiz um número real?

Exercícios

60 Determine as raízes das equações:

a) $x^4 - x^3 - 11x^2 - x - 12 = 0$, sabendo que **i** é uma das raízes;

b) $x^4 - 4x^3 + 6x^2 - 4x + 5 = 0$, sabendo que **i** é uma das raízes.

61 Qual deve ser o valor de **a** para que 2i seja uma das raízes da equação $x^4 - 3x^3 + 6x^2 + ax + 8 = 0$?

62 Os números 1 e $2 + i$ são raízes da equação algébrica $x^3 + ax^2 + bx - c = 0$, em que **a**, **b** e **c** são coeficientes reais. Calcule o valor do coeficiente **c**.

63 O número $2 + i$ é uma das raízes da equação $3x^3 - 14x^2 + mx - 10 = 0$. Nessas condições, calcule o valor de **m** e a raiz real da equação.

Capítulo 22

1. a) Diretamente proporcionais.
   b) Inversamente proporcionais.
   c) Diretamente proporcionais.
   d) Não são diretamente nem inversamente proporcionais.
2. x = 14; y = 35; z = 42
3. R$ 147,00
4. 52; 130; 104; 78
5. R$ 294,00 e R$ 196,00
6. R$ 540,00 e R$ 405,00
7. Rafael: R$ 8000,00; Paulo: R$ 6000,00.
8. 72000 litros
9. 144 peças
10. 300 litros
11. Aproximadamente 667 litros.
12. c
13. a) $\frac{13}{20}$
    b) 0,04
    c) 64%
    d) 70%
    e) 230%
    f) 180%
15. a) 57
    b) 80%
    c) 40
    d) R$ 22,75
    e) R$ 376,00
    f) 57%
    g) Igual.
16. 12%
17. a) 1,03
    b) 0,97
    c) 1,15
    d) 0,85
    e) 3,3
    f) 31
18. a) Aumento de 13%.
    b) Desconto de 30%.
    c) Aumento de 100%.
    d) Desconto de 5%.
    e) Aumento de 2900%.
19. a) Aumento de 8,15%.
    b) Desconto de 12%.
    c) Aumento de 33,1%.
    d) Desconto de 0,6%.
20. 20%
21. 102 amigos
22. 4%
23. 44472 pontos
24. 20%
25. R$ 602,80
26. 15%
27. Preço após o aumento: R$ 84,00; preço após o desconto: R$ 79,80.
28. A oferta da 1ª loja.
29. R$ 180,00
30. Luís: R$ 750,00; Marta: R$ 600,00; Sérgio: R$ 540,00.
31. R$ 38,16
32. R$ 55,14
33. R$ 2,39
34. 5900%
35. Receber um desconto de 55%.
36. R$ 1512,00
37. 2,06%
38. R$ 4080,00
39. R$ 225,00
40. 5 meses
41. 1% ao mês
42. R$ 220,00
43. R$ 20,00
44. R$ 7092,59
45. a) 39,24%
    b) R$ 353,16
46. a) R$ 757,70
    b) 8,24%
47. R$ 1144,62
48. R$ 355,08
49. R$ 2130,05
50. 7 meses
51. 4 meses
52. e
53. Aproximadamente 28 meses.
54. 4% ao mês
55. 56 meses
56. 18 meses
57. 2 meses
58. 329,98%
59. 81,71%
60. 47,59%
61. 14,92%
62. 12,68%
63. 19,4%
64. 7,2%
65. 2,4%

Para refletir

Página 399
R$ 0,80; R$ 0,08

Página 399
0,75x + 6,75

Capítulo 23

2. a) Colineares e coplanares.
   b) Coplanares, mas não colineares.
   c) Colineares e coplanares.
   d) Coplanares, mas não colineares.

e) Colineares e coplanares.
f) Colineares e coplanares.
g) Coplanares, mas não colineares.
h) Não são colineares nem coplanares.
i) Coplanares, mas não colineares.

3. Verdadeiras: **a**, **d**, **e**, **f**, **j**; Falsas: **b**, **c**, **g**, **i**.

4. Paralelas: **c**, **f**; concorrentes: **a**, **d**, **e**, **h**, **i**; reversas: **b**, **g**.

5. 1ª: γ, 2ª δ; 3ª: α, 4ª β

6. a) p(ABCD) // p(EFGH); p(ADGH) // p(BCFE); p(ABEH) // p(CDFG)
b) Por exemplo: p(ABCD) e p(ADGH); p(CDGF) e p(ACFH); p(CBEF) e p(ABEH).
c) Sim; $\overline{FG}$.
d) ADGH e ABCD.

7. Verdadeiras: **b**, **d**; falsas: **a**, **c**, **e**.

8. a) Planos secantes.
b) p(ABJI) e p(ADGI)
c) p(BCHJ)
d) $\overline{CH}$
e) Não.

9. a) Planos secantes perpendiculares.
b) Sim; $\overline{FG}$.
c) Sim; p(ABCD).

10. e

11. a) $\overleftrightarrow{BC}$, $\overleftrightarrow{CF}$, $\overleftrightarrow{EF}$, $\overleftrightarrow{BE}$, $\overleftrightarrow{BF}$, $\overleftrightarrow{CE}$
b) $\overleftrightarrow{CD}$, $\overleftrightarrow{DG}$, $\overleftrightarrow{FG}$, $\overleftrightarrow{CF}$, $\overleftrightarrow{DF}$, $\overleftrightarrow{CG}$
c) Algumas soluções possíveis: $\overleftrightarrow{AH}$, $\overleftrightarrow{AE}$, $\overleftrightarrow{BG}$, $\overleftrightarrow{FC}$, $\overleftrightarrow{BE}$.

12. A reta está contida em **b**, **d**, **f**, **h**.
A reta é paralela em **a**, **e**.
A reta intersecta em **c**, **g**.

13. a) Intersecta.
b) Retas reversas.
c) Paralelos.
d) Pertence.
e) Está contida.
f) Paralelas.
g) Concorrentes.
h) Coincidentes.

14. a) Paralela.
b) Está contida no plano.
c) É oblíqua ao plano.
d) $\overleftrightarrow{AC}$ e $\overleftrightarrow{BC}$ estão furando o plano ABED.
e) p(ACFD) e p(DEF).
f) Paralelas.
g) Concorrentes.
h) Reversas.

15. a) Está contida no plano.
b) $\overleftrightarrow{AE}$, $\overleftrightarrow{BF}$, $\overleftrightarrow{HC}$, $\overleftrightarrow{FD}$
c) p(ABCD) e p(CDFG)
d) Perpendiculares.
e) $\overleftrightarrow{BH}$, $\overleftrightarrow{CG}$, $\overleftrightarrow{BF}$
f) p(EFGH)
g) p(ADFE), p(CDFG) e p(BDFH)
h) $\overleftrightarrow{EH}$, $\overleftrightarrow{EG}$, $\overleftrightarrow{EF}$, $\overleftrightarrow{HG}$, $\overleftrightarrow{FG}$, $\overleftrightarrow{FH}$

16. Verdadeiras: **b**, **c**, **e**, **f**; falsas: **a**, **d**.

17. Verdadeiras: **a**, **b**, **c**, **d**, **f**; falsa: **e**.

18. Verdadeiras: **a**, **b**, **d**, **e**; falsa: **c**.

19. Verdadeira: **a**; falsas: **b**, **c**, **d**.

20. a) $\overleftrightarrow{AE}$, $\overleftrightarrow{DH}$, $\overleftrightarrow{BF}$.
b) p(ADHE)
c) Sim. A figura é um paralelepípedo, então AFGD é um retângulo. Logo, $A\hat{F}G$ é reto e, portanto, $\overleftrightarrow{AF} \perp \overleftrightarrow{FG}$.

21. a) p(ABFE) $\perp$ p(ABCD); p(ABFE) $\perp$ p(EFGH); p(ABFE) $\perp$ p(ADHE); p(ABFE) $\perp$ p(BCGF).
b) p(ADHE) e p(CDHG)
c) Sim. $\overleftrightarrow{AE}$ é perpendicular ao p(EFGH).
Como $\overleftrightarrow{AE} \subset$ p(ACGE), então p(ACGE) é perpendicular ao p(EFGH).
d) Os três são perpendiculares ao p(EFGH).

22. a) V b) F c) V

23. a) p(ABCD)
b) Algumas soluções possíveis: p(ABCD) e $\overleftrightarrow{AD}$; p(EFGH) e $\overleftrightarrow{FG}$; p(ADHE) e $\overleftrightarrow{EH}$.
c) p(CDHG)
d) p(ABFE) ou p(DCGH)
e) Paralela.
f) p(CDHG)
g) $\overleftrightarrow{BF}$ ou $\overleftrightarrow{CG}$

24. **b**: A projeção ortogonal do um polígono sobre um plano pode ser um segmento.
c: A projeção ortogonal de um prisma de base retangular em um plano pode ser uma região retangular.
d: A projeção de um cilindro sobre um plano pode ser um círculo.

25. Verdadeiras: **a**, **d**, **e**, **f**; falsas: **b**, **c**.

26. **a**, **c** e **d**.

27. a) $\overline{CD}$
b) $\overline{AE}$
c) $\overline{DH}$
d) $\overline{AB}$
e) $\overline{CD}$
f) $\overline{AD}$
g) $\overline{AB}$
h) $\overline{FG}$
i) $\overline{DH}$
j) $\overline{FG}$
k) $\overline{BF}$
l) $\overline{DH}$

28. a) $\overline{HI}$
b) $\overline{GH}$
c) $\overline{AM}$ em que **M** é o ponto médio de $\overline{GH}$.

29. a) 3
b) 5
c) $\sqrt{13}$
d) $2\sqrt{5}$
e) 4
f) $\sqrt{13}$
g) 4
h) 2
i) 4
j) 2
k) 3
l) 2
m) $\sqrt{29}$

Para refletir

Página 409

- $X \in r$; $X \notin s$
  $M \in \alpha$; $M \in \beta$; $G \in \alpha$; $G \notin \beta$
- 3 pontos
- 4 pontos

Página 411

- 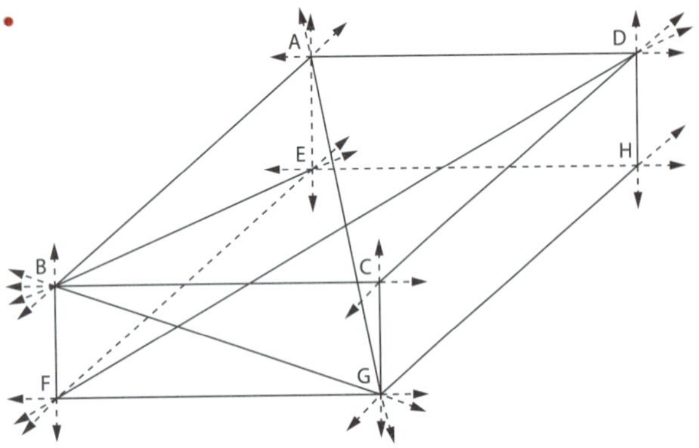

- $\overleftrightarrow{AD}$ e $\overleftrightarrow{FG}$ são retas coplanares porque estão contidas no plano ADGF.
  Como essas retas não têm ponto em comum, elas são paralelas.
- $\overleftrightarrow{CH}$ e $\overleftrightarrow{GD}$ são retas coplanares porque estão contidas no plano CDHG.
  $\overleftrightarrow{CH}$ e $\overleftrightarrow{GD}$ intersectam-se num ponto; portanto, são concorrentes.
- Não existe um plano que contém $\overleftrightarrow{AC}$ e $\overleftrightarrow{FH}$. Portanto, elas são reversas.

Página 411

Três pontos colineares pertencem a uma única reta e, por essa reta, passam infinitos planos. Por isso não podemos dizer que três pontos colineares determinam um plano.

Página 412

Porque não há um plano que passe pelas duas simultaneamente.

Página 415

- Se forem coplanares, as retas podem ser concorrentes (perpendiculares ou não). Se não forem coplanares, serão retas reversas (ortogonais ou não).
- São planos secantes (concorrentes).
- A reta está contida no plano ou a reta intersecta o plano num ponto.

Página 416

As retas **s** e **t** formam dois ângulos de 45° e dois de 135°.

Página 417

- **a** e **b** são reversas, pois não há um plano que passe pelas duas retas.
  a e **b** são ortogonais porque existe reta paralela a **a** que é perpendicular a **b** (**c**, por exemplo).
  a e **b** são reversas porque não há um plano que passe pelas duas retas. $c \parallel a$, mas $c \not\perp b$. Logo, **a** e **b** não são ortogonais.
- A reta **r** é reversa ortogonal às retas de α que não passam por **P**.

Página 421

1ª propriedade: $\left.\begin{matrix} r \perp \beta \\ \alpha \perp \beta \end{matrix}\right\} r \subset \alpha \text{ ou } r \parallel \alpha$

2ª propriedade: $\left.\begin{matrix} \alpha \cap \beta = r \\ \gamma \perp \alpha \text{ e } \gamma \perp \beta \end{matrix}\right\} \Rightarrow \gamma \perp r$

Página 422

É a própria reta **r**.

Página 423

- Quando $P \in r$.
- 0

Página 424

- 0
- Quando os planos são coincidentes.
- Não.
- Por um ponto **P** qualquer de **s** traçamos $r' \parallel r$ (essa reta existe, por um teorema já demonstrado).
  $r' \parallel s$, pois **s** não é paralela a **r**, logo **r'** e **s** são concorrentes e, portanto, determinam um plano. Seja α esse plano.
  $\alpha \parallel r$, pois contém **r'**, que é paralela a **r** (condição necessária e suficiente de paralelismo entre reta e plano).
  Logo, α é a solução.
- No item **b** a distância entre **F** e **H** é a diagonal de um quadrado de lado 3. Logo, mede $3\sqrt{2}$.
  No item **c** a distância entre **E** e **B** é a hipotenusa do triângulo EBG, cujos catetos medem $3\sqrt{2}$ e 3. Logo, mede $3\sqrt{3}$.

Capítulo 24

1. a) 5 faces, 8 arestas e 5 vértices.
b) 4 faces triangulares e 1 face quadrangular.
c) 3 arestas
d) 4 arestas
e) Retas reversas

2. Poliedros convexos: **a**, **d**; poliedros não convexos: **b** e **c**.

3. 7 faces

4. 11 faces

5. 7 vértices

6. d

7. 32 faces

8. 10 vértices

9. 8 faces triangulares e 4 faces quadrangulares.

10. a) 1 080° b) 2 160°

11. 5 faces heptagonais

13. $10\sqrt{2}$ cm

14. 30 cm

15. $4\sqrt{3}$ cm

16. 20 cm por 16 cm por 12 cm

17. 4 m

18. 1,62 m^2

19. $18(10 + \sqrt{3})$ cm²

20. $A_\ell = 108$ cm²; $A_t = 4(27 + 2\sqrt{3})$ cm²

21. 250 cm²

22. $A_\ell = 9a^2$; $A_t = \frac{a^2}{2}(18 + \sqrt{3})$

23. $2d^2$

24. 600 m²

25. 1 488 cm²

26. 50

27. 140 cm³

28. 1 080 ℓ

29. 12 800 cm³

30. $375\sqrt{3}$ cm³

31. 2 m

32. 150 cm³

33. 1 728 cm³

34. 1 000 cm³

35. 1 000 cm³

36. 57 600 ℓ

37. 120 cm³

38. 1 500 cm³

39. $12\,600\sqrt{3}$ cm³

40. Maior quantidade de madeira: segunda caixa; espaço interno maior: primeira caixa.

41. $V = 768\sqrt{3}$ cm³; $A_t = 192(2 + \sqrt{3})$ cm²

42. $x = \sqrt{7}$ m

43. a = 6 m

44. $A_t = 460$ cm²

45. x = 2 m

46. a

47. a) $2\sqrt{3}$ cm
b) $4\sqrt{7}$ cm
c) $2\sqrt{29}$ cm
d) $24\sqrt{3}$ cm²
e) $48\sqrt{7}$ cm²
f) $24(\sqrt{3} + 2\sqrt{7})$ cm²

48. a) $2\sqrt{2}$ cm
b) $12\sqrt{3}$ cm²

49. 800 cm²

50. 180 cm²

51. $208\sqrt{3}$ cm²

52. 400 cm³

53. 48 m³

54. Aproximadamente 2 415 766,7 m³.

55. $\frac{27\sqrt{3}}{2}$ m³

56. $\frac{250\sqrt{2}}{3}$ cm³

57. Aproximadamente 100,8 mm³.

58. $\frac{4000(6 + \sqrt{2})}{3}$ cm³

59. 23,04 cm²

60. 6 cm

61. Aproximadamente 1 013,3 cm³.

62. 4 632 m³

63. $3\sqrt{3}$

64. 140 000 ℓ

65. 1 775 cm³

Para refletir

Página 427

4 faces

Página 429

Tetraedro: 4 − 6 + 4 = 2; dodecaedro: 20 − 30 + 12 = 2; prisma de base pentagonal: 10 − 15 + 7 = 2; prisma de base triangular: 4 − 6 + 4 = 2; tronco de pirâmide de base retangular: 8 − 12 + 6 = 2.

Página 431

$n \geqslant 3$, pois o menor número possível de lados em cada face é 3 (face triangular).

$p \geqslant 3$, pois o menor número possível de arestas que concorrem para o mesmo vértice é 3 (o cubo, por exemplo).

Página 448

Como o volume deve ser dado em função dos elementos $\mathbf{A_B}$, $\mathbf{A_b}$ e $\mathbf{h_1}$ do tronco de pirâmide, vamos calcular **h** em função desses elementos. Para isso, usaremos a propriedade da secção transversal:

$$\frac{A_b}{A_B} = \frac{d^2}{h^2} \Rightarrow \frac{A_b}{A_B} = \frac{(h - h_1)^2}{h^2} \Rightarrow \frac{\sqrt{A_b}}{\sqrt{A_B}} = \frac{(h - h_1)}{h}$$

Pois $\sqrt{A_b}$, $\sqrt{A_B}$, $h - h_1$ e **h** são todos positivos.

$$h\sqrt{A_b} - h\sqrt{A_B} = -h_1\sqrt{A_B} \Rightarrow h(\sqrt{A_B} - \sqrt{A_b}) = h_1\sqrt{A_B} \Rightarrow$$

$$\Rightarrow h = \frac{h_1\sqrt{A_B}}{\sqrt{A_B} - \sqrt{A_b}}$$

Substituindo na fórmula do volume, temos:

$$V = \frac{1}{3}\left[(A_B - A_b) \cdot \frac{h_1\sqrt{A_B}}{\sqrt{A_B} - \sqrt{A_b}} + A_b h_1\right] =$$

$$\frac{1}{3}\left[h_1\sqrt{A_B} \cdot \frac{A_B - A_b}{\sqrt{A_B} - \sqrt{A_b}} + A_b h_1\right]$$

Observamos que:

$$\frac{A_B - A_b}{\sqrt{A_B} - \sqrt{A_b}} = \frac{(A_B - A_b)(\sqrt{A_B} + \sqrt{A_b})}{(\sqrt{A_B} - \sqrt{A_b})(\sqrt{A_B} + \sqrt{A_b})} =$$

$$= \frac{\cancel{(A_B - A_b)}(\sqrt{A_B} + \sqrt{A_b})}{\cancel{(A_B - A_b)}} = \sqrt{A_B} + \sqrt{A_b}$$

Daí, temos:

$$V = \frac{1}{3}\left[h_1\sqrt{A_B}(\sqrt{A_B} + \sqrt{A_b}) + h_1 A_b\right] =$$

$$= \frac{1}{3}\left[h_1 A_B + h_1\sqrt{A_B}\sqrt{A_b} + h_1 A_b\right] \Rightarrow V = \frac{h_1}{3}\left(A_B + \sqrt{A_B \cdot A_b} + A_b\right)$$

Capítulo 25

1. a) 25,12 cm²
b) 50,24 cm²
c) 75,36 cm²

2. 12,56 galões de tinta

3. $h = \frac{r}{2}$

4. h = 2 cm; $A_t = 219,8$ cm²

5. Na lata mais alta.

6. $\frac{3}{2}$

7. 251,2 cm²

8. Aproximadamente 1570 m².

9. 14130000 ℓ

10. e

11. Aproximadamente 15,7 mℓ.

12. 141,3 m³

13. 282,6 cm²

14. $\frac{\pi}{4}$

15. Aproximadamente 1413 cm³.

16. 886 m³

17. Aproximadamente 169560 cm³.

18. A embalagem da figura II utiliza menos material e a embalagem da figura I tem maior capacidade.

19. Aproximadamente 816,4 cm².

20. a

21. a) 30 cm
 b) Aproximadamente 1695,6 cm².
 c) Aproximadamente 2712,96 cm².

22. Aproximadamente 18,84 cm².

23. $A_\ell = 2\pi r^2$; $A_t = 3\pi r^2$

24. Aproximadamente 37680 ℓ.

25. Aproximadamente 401, 92 m³.

26. 7 mℓ

27. Não.

28. r = 5 cm; $A_\ell \simeq 204{,}1$ cm²; $V \simeq 314$ mℓ

29. $3\sqrt{3}$ cm

30. Aproximadamente 167,47 cm³.

31. Aproximadamente 348,54 mℓ.

32. Aproximadamente 1153950 ℓ.

33. $V_{\text{cone menor}} \simeq 13{,}23$ cm³; $V_{\text{cone maior}} \simeq 150{,}72$ cm³;
 V = 137,49 cm³

34. Aproximadamente 1130,4 cm³.

35. Aproximadamente 452,16 cm².

36. Aproximadamente 628 m².

37. Aproximadamente 2826 cm².

38. $\frac{1}{4}$

39. Aproximadamente 602,88 cm³.

40. Aproximadamente 261670 ℓ.

41. Aproximadamente 22,33 cm³.

42. R = 8 cm; A = 256π cm²

43. Aproximadamente 2,93 m³.

44. Aproximadamente 26,17 cm³.

45. Aproximadamente 14,13 cm³.

46. Aproximadamente 79,55 m³.

47. V = 81π

48. $V = 2\pi R^3\sqrt{3}$

49. Aproximadamente 3052,08 m³.

51. 9,6 m²

52. 18°; 20 gomos

53. $\frac{2\sqrt{15}}{5}$ cm

54. 0,4 ℓ

Para refletir

Página 451

Porque cada um deles possui, pelo menos, uma "superfície curva".

Página 452

Quando o cilindro for reto.

Página 457

O outro cateto indica que o raio da base e a hipotenusa indica a geratriz do cone.

Página 462

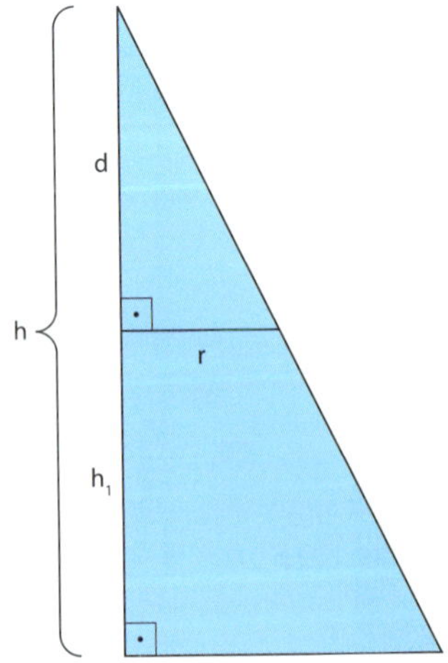

Da semelhança de triângulos, temos:

$$\frac{R}{r} = \frac{h}{d} \Rightarrow Rd = rh \Rightarrow R(h - h_1) = rh \Rightarrow Rh - Rh_1 = rh \Rightarrow$$

$$\Rightarrow Rh - rh = Rh_1 \Rightarrow h(R - r) = Rh_1 \Rightarrow h = \frac{Rh_1}{R - r}$$

Substituindo $h = \frac{Rh_1}{R - r}$ em $V_{troco} = \frac{\pi}{3}[(R^2 - r^2)h + r^2h_1]$, temos:

$$V_{troco} = \frac{\pi}{3}\left[(R^2 - r^2) \cdot \frac{Rh_1}{R - r} + r^2h_1\right] =$$

$$= \frac{\pi}{3}\left[\frac{(R + r)\cancel{(R - r)}Rh_1}{\cancel{R - r}} + r^2h_1\right] = \frac{\pi}{3}[(R + r)Rh_1 + r^2h_1] =$$

$$= \frac{\pi}{3}(R^2h_1 + rRh_1 + r^2h_1) = \frac{\pi h_1}{3}(R^2 + Rr + r^2)$$

Capítulo 26

1. a) Universo estatístico: conjunto formado pela totalidade dos clientes, ou seja, 3500 clientes.
Amostra: conjunto formado pelos clientes consultados, ou seja, 250 clientes.

b) Cor: qualitativa nominal; preço: quantitativa contínua; número de portas: quantitativa discreta; estado de conservação: qualitativa ordinal.

c) Branca, vermelha e azul.

4. a) Sexo, cor de cabelo, *hobby*.

b) **M** (masculino) e **F** (feminino).

c) 10; $\frac{10}{25}$; 0,4 e 40%.

d) Castanho.

10. d

11. a) De agosto a setembro e de outubro a dezembro

b) Outubro

c) Agosto

d) Novembro

13. a) Candidato **B**.

b) 38%

c) Abril

16. a) 40 alunos, sendo 19 homens e 21 mulheres.

b) 12 votos.

c) 3 mulheres.

d) 50%

18. a) 3 h 36 min b) 30%

22. e

23. b

24. a) 2 gols b) 1 gol

25. 7,5

26. 17,2 anos

27. 7,0

28. d

29. a) 121

b) 121,5

c) 126

30. a) Aproximadamente 2,3 gols.

b) 1, 2 e 3

c) 2

31. a) 13 reais

b) 14

c) 13,5

32. a) MA = 14,3; Mo = 15; Me = 14,5

b) MA ≃ 1,71; Mo = 1,67; Me = 1,71

33. MA = 745; Mo = 850; Me = 750

34. c

35. a

36. b

37. a) 40 alunos

b) 12,5%

c) 72,5%

d) MA = 3,15; Mo = 3; Me = 3

38. MA = 61; DP ≃ 3,56

39. c) MA = 5,8; Mo = 5,0; Me = 5,0; DP ≃ 2,4

40. b) Sim.

41. 0,000085%

42. 30%

Para refletir

Página 467

Quando todos os elementos do universo são pesquisados.

Página 468

"Esporte favorito" é variável qualitativa, pois seus valores são qualidades dos indivíduos, gostar ou não de um esporte. É nominal, pois não existe graduações em seus valores.

Página 473

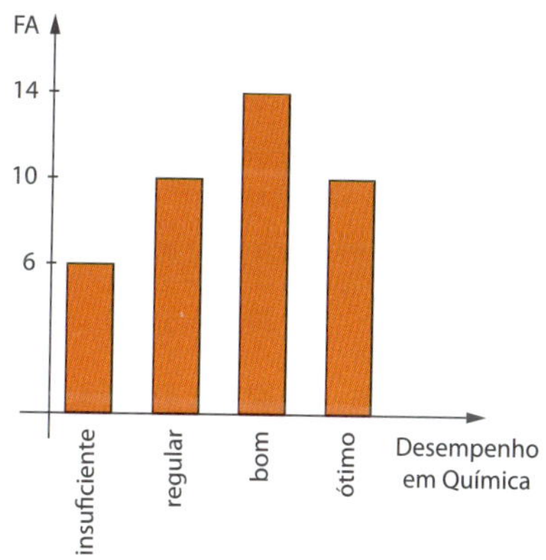

Página 474

Sala **B**: 72°; Sala **C**: 180°

Página 475

Altura	140 ⊢ 150	150 ⊢ 160	160 ⊢ 170	170 ⊢ 180	180 ⊢ 190
x	145	155	165	175	185

Página 480

É uma distribuição em que a moda se repete três vezes.

Página 484

Por ser uma propriedade das médias aritméticas.

Capítulo 27

1. a) **A**(2, 5)
b) **B**(5, 2)
c) **C**(−4, 3)
d) **D**(−1, −6)
e) **E**(3, −4)

3. **A**(0, 0); **B**(5, 0); **C**(5, 3); **D**(0, 3)

4. a

5. **A**(2, 0); **B**(0, 2); **C**(−2, 0); **D**(0, −2)

6. P ∈ 1º quadrante ou P ∈ 3º quadrante.

7. $\left\{m \in \mathbb{R} \mid -\frac{4}{3} < m < -\frac{1}{2}\right\}$

8. a) $\sqrt{13}$
b) 6
c) $\sqrt{29}$

9. a) $\sqrt{5}$
b) $6\sqrt{2}$
c) 5

10. $a = \pm 2\sqrt{2}$

11. 3 e 0

12. −2 ou 8

13. $2\sqrt{58} + 6$

14. $\sqrt{2}$

15. $3x^2 + 3y^2 + 42x + 22y + 46 = 0$

16. a) **M**(−3, 5)
b) **M**(2, −6)
c) $\mathbf{M}\left(2, \frac{3}{2}\right)$
d) **M**(−3, −3)

17. **B**(8, −2)

18. Mediana AM_3: $3\sqrt{2}$; mediana BM_2: 3; mediana CM_1: 3

19. 6

20. (4, 6)

21. **C**(0, −7) e **D**(−4, −8)

22. (8, 3) e (13, 5)

23. **P**(5, 4)

24. a) Não
b) Sim

25. $x \neq -1$

26. $\mathbf{P}\left(0, -\frac{6}{5}\right)$

27. a) $\frac{1}{2}$
b) −1
c) Não existe.
d) $-\frac{1}{2}$
e) $\frac{5}{7}$
f) $-\frac{1}{5}$

29. a) $4x - y - 11 = 0$
b) $x - y - 3 = 0$
c) $y = -5$
d) $3x + 8y - 17 = 0$
e) $x = -3$

30. a) $y = 2x$
b) $y = -x + 1$
c) $y = -\frac{4}{3}x + 4$
d) $y = x + 2$

31. Não pertence.

32. $-\frac{3}{4}$

33. $y = -2x - 3$

34. $y = \frac{1}{2}x - \frac{9}{2}$

35. a) $\frac{x}{3} + \frac{y}{2} = 1$
b) $\frac{x}{5} + \frac{y}{5} = 1$

36. $\frac{x}{3} + \frac{y}{3} = 1$

37. a) $3x + y - 3 = 0$
b) $9x - 4y + 41 = 0$
c) $2x - 3y - 10 = 0$
d) $4x - y - 9 = 0$

38. $a = \frac{9}{2}$

39. $x - 3y + 7 = 0$

40. Reta-suporte da diagonal AC: $4x - 5y + 1 = 0$; reta-suporte da diagonal BD: $2x + 3y - 16 = 0$.

41. $y = 4x - 1$

42. a) $y = x$ ou $x - y = 0$
b) $y = -x$ ou $x + y = 0$
c) $y = 0$
d) $x = 0$

43. Reta CM: $\frac{x}{2} + \frac{y}{4} = 1$; reta AN: $\frac{x}{4} + \frac{y}{2} = 1$

44. a) $x - 2y + 2 = 0$; $y = \frac{x}{2} + 1$
b) $3x - y - 7 = 0$; $y = 3x - 7$

45. Paralelas

46. $a = -4$ ou $a = 1$

47. a) $y = -4x + 6$
b) $y = -\frac{3x}{2} + 8$
c) $x = 2$

48. $y = 5$

49. a) $\mathbf{P}\left(-2, \frac{5}{2}\right)$
b) **P**(−2, 5)
c) $\mathbf{P}\left(-\frac{1}{2}, 3\right)$

50. (−9, 5); (17, 5) e $\left(4, -\frac{3}{2}\right)$

51. $\mathbf{M}\left(\frac{56}{13}, \frac{24}{13}\right)$

52. $y = \frac{x}{2} + 1$

53. a) $4x - 3y + 18 = 0$
b) $x + 2y - 14 = 0$
c) $x + y - 5 = 0$
d) $x = 3$

54. $k = -\frac{1}{4}$

55. (2, 3)

56. $4x + 5y - 10 = 0$

57. a) 2 c) $2\sqrt{5}$

b) $\frac{21}{5}$ d) 2

58. 3

59. $p = 4$ ou $p = -\frac{8}{3}$

60. 4

61. a) $tg\ \theta = \frac{2}{3}$ b) $tg\ \theta = \frac{4}{7}$

62. $y = -\frac{3x}{2} + 4$ e $y = \frac{2x}{3} - \frac{1}{3}$

63. 4

64. $k = -16$ ou $k = 16$

65. 4

66. 12

67. e

Para refletir

Página 490

1º) **A**(1, 1) e **B**(3, 1)

$d(A, B) = \sqrt{(3-1)^2 + (1-1)^2} = \sqrt{2^2 + 0^2} = 2$

3º) **A**(1, 2) e **B**(1, −4)

$d(A, B) = \sqrt{(1-1)^2 + (-4-2)^2} = \sqrt{0^2 + (-6)^2} = 6$

5º) **A**(4, 1) e **B**(1, 3)

$d(A, B) = \sqrt{(1-4)^2 + (3-1)^2} = \sqrt{3^2 + 2^2} = \sqrt{13}$

Página 496

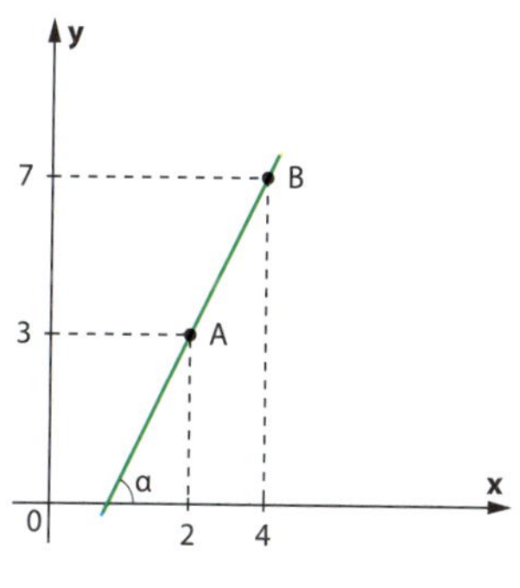

Página 497

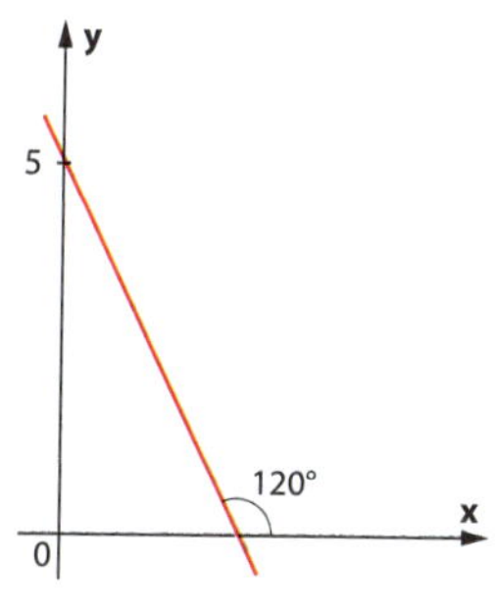

Página 499

- $y = 3x + 8$
- $y = 4x - 1$

Página 500

Observação 3:

Basta transformar a equação geral em reduzida, isolando **y**:

$ax + by + c = 0 \Rightarrow by = -ax - c \Rightarrow y = \frac{-a}{b}x - \frac{c}{b} \Rightarrow$

$m_r = \frac{-a}{b}$

Observação 4:

Em $ax + by + c = 0$, se $y = 0$, temos:

$ax + c = 0 \Rightarrow x = \frac{-c}{a}$

Logo, a reta intersecta o eixo **x** em $\left(-\frac{c}{a}, 0\right)$.

Em $ax + by + c = 0$, se $x = 0$, temos:

$by + c = 0 \Rightarrow y = \frac{-c}{b}$

Logo, a reta intersecta o eixo **y** em $\left(0, -\frac{c}{b}\right)$

Página 501

- $5\sqrt{2}$
- Substituindo (6, 10) em **r**, obtemos $2 \cdot 6 - 10 - 2 = 0$, porque $(6, 10) \in r$.

Página 505

- $\frac{sen(\alpha_1 + 90°)}{cos(\alpha_1 + 90°)} = \frac{sen\ \alpha_1 \cdot cos\ 90° + sen\ 90° \cdot cos\ \alpha_1}{cos\ \alpha_1 \cdot cos\ 90° - sen\ \alpha_1 \cdot sen\ 90°} =$

$= \frac{sen\ \alpha_1 \cdot 0 + 1 \cdot cos\ \alpha_1}{cos\ \alpha_1 \cdot 0 - sen\ \alpha_1 \cdot 1} = \frac{0 + cos\ \alpha_1}{0 - sen\ \alpha_1} = \frac{cos\ \alpha_1}{-sen\ \alpha_1}$

- $m_2 = -\frac{1}{m_1} \Rightarrow \frac{-a'}{b'} = -\frac{1}{-\frac{a}{b}} \Rightarrow \frac{-a'}{b'} = \frac{b}{a} \Rightarrow aa' + bb' = 0$

Página 507

Quando $P \in r$.

Página 508

Se para que $s \perp r$ devemos ter $m_s = \frac{-1}{m_r}$, então, dada **r**:

$ax + by + c = 0$, na qual $m_r = -\frac{a}{b}$, obtemos $m_s = \frac{b}{a}$. Assim,

s: $y = \frac{b}{a}x + n$ ou $bx - ay + na = 0$, na qual **an** é uma constante (e não depende da constante **c** da equação de **r**).

Logo, toda reta que for paralela a **r**: $ax + by + c = 0$, terá equação $bx - ay + c' = 0$, e esta pode ser considerada uma regra prática para a determinação de retas perpendiculares.

Capítulo 28

1. a) **C**(5, 4) e r = 1
b) **C**(2, 0) e r = 2
c) **C**(−3, 1) e r = 4
d) **C**(0, 0) e r = $\sqrt{10}$

2. a) $(x - 2)^2 + (y - 5)^2 = 9$
b) $(x + 1)^2 + (y + 4)^2 = 2$
c) $x^2 + (y + 2)^2 = 16$
d) $(x - 4)^2 + y^2 = 25$

3. a) **C**(2, −3) e r = 4
b) **C**(3, 1) e r = 4

4. a) **C**(2, 4) e r = 2
b) **C**(−6, 2) e r = 7
c) **C**(−4, 0) e r = $\sqrt{5}$

5. a) Sim
b) Não
c) Não
d) Sim
e) Não

6. **A** e **B**

7. $(x - 3)^2 + (y + 1)^2 = 2$

8. $\{k \in \mathbb{R} \mid k < 2\}$

9. a) **P** pertence a λ.
b) **P** é externo a λ.
c) **P** é interno a λ.

10. **P** pertence à circunferência.

11. $(x + 1)^2 + (y - 4)^2 = 17$

12. $x^2 + y^2 - 6x - 8y = 0$

13. $x^2 + y^2 - 6x - 8y + 20 = 0$

14. a) Não há ponto comum e a reta é exterior à circunferência.
b) Os pontos (2, 2) e (−1, 1) são comuns à reta e à circunferência, ou seja, a reta é secante à circunferência.
c) A reta é tangente à circunferência.

15. 4

16. $m = \pm\frac{3}{4}$

17. $x + 2y - 8 = 0$

18. y = 3 e $3y - 4x - 9 = 0$

19. $(x - 1)^2 + (y - 1)^2 = 32$

20. a) r = 4
b) r = 3

21. a) r = 1
b) r = 3

22. $(x - 4)^2 + (y + 4)^2 = 16$

23. $(x - 2)^2 + y^2 = 4$

24. a) A conferência λ_2 é interna a λ_1.
b) Ponto comum: (2, −1); as circunferências são tangentes externas.

25. $x^2 + y^2 + 2x - 6y - 6 = 0$

26. 4

27. $(x - 3)^2 + (y - 4)^2 = 49\pi$

Para refletir

Página 521

Não existem pontos em comum.

Capítulo 29

1. a) $y^2 = 36x$
b) $x^2 = -24y$
c) $x^2 = 28y$
d) $y^2 = -20x$

2. a) **F**(7, 0); **V**(0, 0); **d**: x = −7
b) **F**(0, −1); **V**(0, 0); **d**: y = 1
c) **F**$\left(0, \frac{5}{2}\right)$; **V**(0, 0); **d**: $y = -\frac{5}{2}$
d) **F**(−4, 0); **V**(0, 0); **d**: x = 4

3. a) **V**(1, 3); **F**(4, 3); **d**: x = −2; y = 3
b) **V**(1, 3); **F**$\left(1, \frac{13}{4}\right)$ d: $y = \frac{11}{4}$; x = 1

4. 1

5. a) $(x + 1)^2 = -4(y - 4)$
b) $(x - 4)^2 = 12(y - 2)$

6. a) $\frac{x^2}{16} + \frac{y^2}{7} = 1$
b) $\frac{x^2}{25} + \frac{y^2}{20} = 1$

7. a) $\mathbf{F_1}(\sqrt{63}, 0)$; $\mathbf{F_2}(-\sqrt{63}, 0)$; $\mathbf{A_1}(12, 0)$; $\mathbf{A_2}(-12, 0)$; $e = \frac{\sqrt{7}}{4}$
b) $\mathbf{F_1}(4, 0)$; $\mathbf{F_2}(-4, 0)$; $\mathbf{A_1}(5, 0)$; $\mathbf{A_2}(-5, 0)$; $e = \frac{4}{5}$

8. $\frac{x^2}{34} + \frac{y^2}{9} = 1$

9. 12

10. $\mathbf{B_1}(2, 2)$; $\mathbf{B_2}(2, 0)$

11. A segunda elipse.

12. $\frac{(x-6)^2}{25} + \frac{(y-7)^2}{9} = 1$

13. 6

14. a) $\frac{x^2}{25} - \frac{y^2}{39} = 1$

b) $\frac{x^2}{9} - \frac{y^2}{7} = 1$

c) $\frac{x^2}{9} - \frac{y^2}{27} = 1$

15. a) $\mathbf{F_1}(\sqrt{29}, 0)$; $\mathbf{F_2}(-\sqrt{29}, 0)$; $\mathbf{A_1}(5, 0)$; $\mathbf{A_2}(-5, 0)$; $e = \frac{\sqrt{29}}{5}$

b) $\mathbf{F_1}(\sqrt{41}, 0)$; $\mathbf{F_2}(-\sqrt{41}, 0)$; $\mathbf{A_1}(4, 0)$; $\mathbf{A_2}(-4, 0)$; $e = \frac{\sqrt{41}}{4}$

16. 10

17. $m = \sqrt{3}$

18. $\frac{y^2}{27} + \frac{(x-3)^2}{9} = 1$

19. $2\sqrt{29}$

20. e

21. a) ℓ_1: $y = \frac{3}{4}x$; ℓ_2: $y = -\frac{3}{4}x$

b) ℓ_1: $3x - 4y - 1 = 0$; ℓ_2: $3x + 4y - 17 = 0$.

22. $\frac{x^2}{9} - \frac{y^2}{36} = 1$

23. Vênus

24. $\mathbf{F}\left(1, \frac{63}{8}\right)$

25. 0,31 UA

Exercícios optativos

1. a) $\frac{x^2}{18} - \frac{y^2}{18} = 1$

b) $\frac{(y-4)^2}{4} - \frac{(x-2)^2}{4} = 1$

2. $\mathbf{F_1}\left(5\sqrt{2}, 0\right)$ e $\mathbf{F_2}\left(-5\sqrt{2}, 0\right)$; $\mathbf{A_1}(5, 0)$ e $\mathbf{A_2}(-5, 0)$

3. a) Elipse

b) Hipérbole

c) Parábola

d) Circunferência

e) Par de retas

4. e

Para refletir

Página 524

Porque, se o eixo de simetria fosse horizontal, a parábola representaria uma relação em que teríamos duas imagens para um mesmo elemento do domínio, o que contradiz a definição de função.

Capítulo 30

1. a) $5i$

b) $2 - i$

c) $-7 + i$

d) $10 + 10i$

e) $2 + 3i$

2. a) $z = -3 - 2i$

b) $z = \frac{3}{10} - \frac{1}{10}i$

3. a) i

b) -1

c) 1

d) $-i$

e) $-i$

f) 1

4. a) $x = \pm 5i$

b) $x = \pm 7i$

c) $x' = 1 - i$ e $x'' = 1 + i$

d) $x' = 5 - \sqrt{15}\,i$ e $x'' = 5 + \sqrt{15}\,i$

5. a) $-8i$

b) 4096

c) $8192 - 8192i$

6. $z_1 = 1 - 5i$; $z_2 = 2 - 14i$

7. a) $x = 0$ ou $x = 1$

b) $x = \pm 1$

c) $x = \pm 2$

d) $x = 0$

e) $x = 3$ ou $x = 1$

f) $x = 4$ ou $x = 3$

g) $x = \pm 1$

10. a) $\bar{z} = 1 - 5i$

b) $\bar{z} = -2i$

c) $\bar{z} = 0$

d) $\bar{z} = -4 - 2i$

e) $\bar{z} = 5$

f) $\bar{z} = 3 - 3i$

g) $\bar{z} = -1 + i$

h) $\bar{z} = \sqrt{2} + 2i$

11. a) 25

b) 49

c) 2

12. $z = -1 - 2i$

13. a) $\frac{1}{10} - \frac{1}{5}i$

b) $-\frac{1}{5} + \frac{2}{5}i$

14. a) $\frac{8}{5} - \frac{1}{5}i$

b) $\frac{3}{13} - \frac{2}{13}i$

c) $-1 + 2i$

d) $1 - i$

e) $-i$

15. a) $\frac{1}{2} - \frac{1}{2}i$

b) $\frac{50}{13} - \frac{75}{13}i$

17. $z_1 = 4 + i$; $z_2 = 1 - 2i$; $z_3 = 2$; $z_4 = -4$; $z_5 = 3i$; $z_6 = -2 + 2i$

18. $-z_1 = (-3, -2)$; $-z_2 = (2, -1)$; $-z_3 = (0, 2)$

21. a) $\sqrt{2}$

b) $\sqrt{13}$

c) 7

d) $\sqrt{5}$

e) 5

f) 3

g) $\sqrt{41}$

h) 2

22. a) $\sqrt{10} + \sqrt{29}$

b) $\sqrt{290}$

c) $\sqrt{13}$

d) $\sqrt{290}$

24. a) $z = 2\left(\cos\frac{\pi}{6} + i \cdot \text{sen}\,\frac{\pi}{6}\right)$

b) $z = 2\left(\cos\frac{5\pi}{6} + i \cdot \text{sen}\,\frac{5}{6}\right)$

c) $z = 2\left(\cos\frac{11\pi}{6} + i \cdot \text{sen}\,\frac{11\pi}{6}\right)$

d) $z = 2\left(\cos\frac{7}{6} + i \cdot \text{sen}\,\frac{7\pi}{6}\right)$

25. a) $z = 6\left(\cos\frac{\pi}{2} + i \cdot \text{sen}\,\frac{\pi}{2}\right)$

b) $z = 2\sqrt{2}\left(\cos\frac{\pi}{4} + i \cdot \text{sen}\,\frac{\pi}{4}\right)$

c) $z = 16\left(\cos\frac{5\pi}{6} + i \cdot \text{sen}\,\frac{5\pi}{6}\right)$

d) $z = 4(\cos 0 + i \cdot \text{sen}\,0)$

e) $z = 2\sqrt{2}\left(\cos\frac{7\pi}{4} + i \cdot \text{sen}\,\frac{7\pi}{4}\right)$

f) $z = 3(\cos \pi + i \cdot \text{sen}\,\pi)$

g) $z = 1\left(\cos\frac{\pi}{2} + i \cdot \text{sen}\,\frac{\pi}{2}\right)$

26. a) $z = \sqrt{3} + i$

b) $z = 5$

c) $z = -i$

d) $z = -4$

e) $z = \sqrt{2} + \sqrt{2}i$

27. $zw = 18(\cos 195° + i \cdot \text{sen}\,195°)$;

$w^2 = 36(\cos 300° + i \cdot \text{sen}\,300°)$;

$\frac{z}{w} = 2(\cos 105° + i \cdot \text{sen}\,105°)$

$\frac{w}{z} = \frac{1}{2}(\cos 255° + i \cdot \text{sen}\,255°)$

28. $z_1 = 2\sqrt{3}\left(\cos\frac{5\pi}{6} + i \cdot \text{sen}\,\frac{5\pi}{6}\right)$

29. $z^2 = -2 + 2\sqrt{3}i$, $z^3 = -8$, $z^9 = -512$

30. a) $-2 - 2i$

b) $-8 - 8\sqrt{3}i$

31. a) -6

b) $-\frac{1}{3} - \frac{\sqrt{3}}{3}i$

c) $8i$

d) $3^{99}i$

32. a) $w_0 = 2i$; $w_1 = -2i$

b) $w_0 = \sqrt[4]{2}\left(\cos\frac{7\pi}{8} + i \cdot \text{sen}\,\frac{7\pi}{8}\right)$;

$w_1 = \sqrt[4]{2}\left(\cos\frac{15\pi}{8} + i \cdot \text{sen}\,\frac{15\pi}{8}\right)$

33. a) $w_0 = \frac{\sqrt{2}}{2} + \frac{\sqrt{2}}{2}i$; $w_1 = -\frac{\sqrt{2}}{2} + \frac{\sqrt{2}}{2}i$;

$w_2 = -\frac{\sqrt{2}}{2} - \frac{\sqrt{2}}{2}i$; $w_3 = -\frac{\sqrt{2}}{2} - \frac{\sqrt{2}}{2}i$

b) $w_0 = \sqrt[4]{2}\left(\cos\frac{\pi}{24} + i \cdot \text{sen}\,\frac{\pi}{24}\right)$;

$w_1 = \sqrt[4]{2}\left(\cos\frac{13\pi}{24} + i \cdot \text{sen}\,\frac{13\pi}{24}\right)$;

$w_2 = \sqrt[4]{2}\left(\cos\frac{25\pi}{24} + i \cdot \text{sen}\,\frac{25\pi}{24}\right)$;

$w_3 = \sqrt[4]{2}\left(\cos\frac{37\pi}{24} + i \cdot \text{sen}\,\frac{37\pi}{24}\right)$

34. $3, -3, \frac{3}{2} \pm \frac{3\sqrt{3}}{2}i, -\frac{3}{2} \pm \frac{3\sqrt{3}}{2}i$

35. $w_0 = 5$; $w_1 = -\frac{5}{2} + \frac{5\sqrt{3}}{2}i$; $w_2 = -\frac{5}{2} - \frac{5\sqrt{3}}{2}i$

36. $(0, 2)$; $(-\sqrt{3}, 1)$; $(-\sqrt{3}, -1)$; $(0, -2)$; $(\sqrt{3}, -1)$; $(\sqrt{3}, 1)$

Para refletir

Página 541

Quando **z** for real.

Página 545

$z^{-1} = \overline{z}$

Página 548

$z_1 = |z_1|(\cos \theta_1 + i \cdot \text{sen } \theta_1)$

$z_2 = |z_2|(\cos \theta_2 + i \cdot \text{sen } \theta_2)$

Então:

$$\frac{z_1}{z_2} = \frac{|z_1|(\cos \theta_1 + i \cdot \text{sen } \theta_1)}{|z_2|(\cos \theta_2 + i \cdot \text{sen } \theta_2)} =$$

$$= \frac{|z_1|(\cos \theta_1 + i \cdot \text{sen } \theta_1)}{|z_2|(\cos \theta_2 + i \cdot \text{sen } \theta_2)} \cdot \frac{\cos \theta_2 - i \cdot \text{sen } \theta_2}{\cos \theta_2 - i \cdot \text{sen } \theta_2} =$$

$$= \frac{|z_1|(\cos \theta_1 \cdot \cos \theta_2 - i \cdot \cos \theta_1 \cdot \text{sen } \theta_2 + i \cdot \text{sen } \theta_1 \cdot \cos \theta_2 - i^2 \cdot \text{sen } \theta_1 \cdot \text{sen } \theta_2)}{|z_2|(\cos^2 \theta_2 - i^2 \cdot \text{sen}^2 \theta_2)} =$$

$$= \frac{|z_1|\overbrace{(\cos \theta_1 \cdot \cos \theta_2 + \text{sen } \theta_2 \cdot \text{sen } \theta_2)}^{\cos(\theta_1 - \theta_2)} + \overbrace{i(\text{sen } \theta_1 \cdot \cos \theta_2 - \text{sen } \theta_2 \cdot \text{sen } \theta_1)}^{\text{sen}(\theta_1 - \theta_2)}}{|z_2|(\cos^2 \theta_2 + \text{sen}^2 \theta_2)}$$

Como $\cos^2 \theta_2 + \text{sen}^2 \theta_2 = 1$, temos:

$$\frac{z_1}{z_2} = \left|\frac{z_1}{z_2}\right|\left[\cos(\theta_1 - \theta_2) + i \cdot \text{sen}(\theta_1 - \theta_2)\right]$$

Página 550

$n = 4$: $\text{sen } \frac{4\pi}{3} = -\frac{\sqrt{3}}{2} \neq 0$

$\cos \frac{4\pi}{3} = -\frac{1}{2} < 0$

$n = 5$: $\text{sen } \frac{5\pi}{3} = -\frac{\sqrt{3}}{2} \neq 0$

$\cos \frac{5\pi}{3} = \frac{1}{2} > 0$

Capítulo 31

1. a) Sim
b) Não
c) Não
d) Sim
e) Sim
f) Sim
g) Não
h) Sim

2. $a = -2$, $b = 3$ e $c \neq 1$

3. a) Para $m = 4$, o polinômio será do 2º grau; para $m \neq 4$, o polinômio será do 3º grau.
b) Para $m \neq \pm 2$, o grau do polinômio será 4; para $m = 2$, o grau do polinômio será 0; $m = -2$, o grau do polinômio será 1.
c) Para $m \neq \pm 1$, o grau do polinômio será 4; para $m = 1$, o grau do polinômio será 3; para $m = -1$, o grau do polinômio será 2.

4. 15

5. $a = -\frac{1}{2}$

6. $m = 2$ e $n = 4$

7. -32

8. -16

9. 5

10. $a = 0$ e $b = 0$

11. Sim

12. a) $k = -9$
b) $k = 19$

13. $a = 2$

14. a) $2x^3 + x^2 - 8x + 8$
b) $-x^2 + 2x + 1$
c) $-8x^3 + 16x - 20$
d) $-2x^3 + 12x^2 - 22x + 12$
e) $4x^2 - 16x + 16$

15. $a = -3$, $b = -8$ e $c = -11$

16. $a = -\frac{1}{3}$, $b = 0$ e $c = \frac{1}{3}$

17. $a = \frac{1}{4}$ e $b = \frac{1}{2}$

18. 5

19. a) $q(x) = x + 3$; $r(x) = 0$
b) $q(x) = 2x^2 + 2x + 3$; $r(x) = 2$
c) $q(x) = 7x - 5$; $r(x) = 27x - 15$

20. $m = 1$ e $n = -2$

21. $h(x) = x^2 - 3x + 2$

22. $S = \{-1, 2, 5\}$

23. a) $q(x) = 5x - 18$; $r(x) = 56$
b) $q(x) = 2x^2 + 8$; $r(x) = 37$
c) $q(x) = x^2 - x$; $r(x) = 2$
d) $q(x) = \frac{x}{3} - \frac{7}{9}$; $r(x) = \frac{16}{9}$

24. a) $p(x) = x^3 + x^2 - 8x + 5$; $h(x) = x - 2$; $q(x) = x^2 + 3x - 2$; $r(x) = 1$
b) $p(x) = 2x^4 - 7x^3 + 4x^2 - 5x + 7$; $h(x) = x - 3$; $q(x) = 2x^3 - x^2 + x - 2$; $r(x) = 1$

25. $a = -1$

26. $q(x) = 3x^2 + (-2 - 3i)x + (-3 + 3i)$; $r(x) = 3$

27. $r(x) = 43$

28. 6, 2, 1, 3, 4, 5

29. a) $r(x) = -2$
b) $r(x) = 97$

30. Não

31. $a = 3$

32. $b = -1$ e $c = -18$

33. $q(x) = x^2 - 5x + 2$

34. $p(-2) = 0$; $p(-1) = 6$; $p(0) = 2$; $p(1) = 0$; $p(2) = 12$
Fatores: $x + 2$; $x - 1$; $2x - 1$

35. a) Sim
b) Sim
c) Não
d) Sim

36. $S = \{1, 2, 4\}$

37. a) $x = 4$
b) $x = \frac{\sqrt{2}}{2}$
c) $x' = 3 + i$ e $x'' = 3 - i$

38. a) $x = 0$ ou $x = 1$ ou $x = 3$
b) $x = -2$ ou $x = \pm i$

39. a

40. a) $S = \{1, -1, 2, -2\}$
b) $S = \{1, \sqrt[3]{2}\}$

41. $c = -6$; $S = \{-3, -1, 2\}$

42. a) $S = \{-1, 1, 1 + i, 1 - i\}$
b) $S = \{-2, 3, 6\}$

43. a) $S = \{-1, 2, 10, -3\}$
b) $S = \{i, 2i, -2i\}$

44. 3 tem multiplicidade 3; −4 tem multiplicidade 2 e 1 tem multiplicidade 5.

45. Raiz simples

46. $S = \{-1, 1, -3\}$

47. $x' = 2$ e $x'' = -1$

48. 1

49. $x_1 + x_2 + x_3 = -\frac{2}{3}$; $x_1x_2 + x_1x_3 + x_2x_3 = -\frac{1}{3}$; $x_1x_2x_3 = 1$

50. $x_3 = 4$; $x^3 - 2x^2 - 11x + 12 = 0$

51. Raízes: 3, 5 e 7.

52. $S = \{1, -2, 4\}$

53. $\frac{189}{4}$

54. 4

55. $k = 8$

56. $m = -13$ e $n = -6$

57. 0

58. a) 1, −1 e $\frac{1}{2}$
b) 1, −1 e $\frac{1}{2}$
c) 1
d) 1, 2 e $\frac{1}{2}$

59. 1, −3, i e −i

60. a) i, −i, −3 e 4
b) i, −i, 2 + i e 2 − i

61. $a = -12$

62. $c = 5$

63. $m = 23$; raiz real: $\frac{2}{3}$

Para refletir

Página 555

a) Expressão polinomial de grau 5.

b) Expressão polinomial de grau 4.

Página 563

Se $(x - c)$ é fator de $p(x)$, então $p(x) = (x - x)q(x)$, com $r(x) = 0$.
Sendo $x = c$, vem:
$p(c) = (c - c)q(c) = 0$
Logo, **c** é raiz de $p(x) = 0$.

Página 565

$3(x - 1)(x + 1)(x - 5)$

Página 568

$2x^3 - 4x^2 - 2x + 4 = 0$

Página 571

Como o grau é ímpar e igual a 5, temos cinco raízes. Se a quinta raiz fosse complexa, então o conjunto desta raiz seria também raiz da equação e teríamos uma equação do 5º grau com seis raízes, o que é impossível. Logo, a última raiz é real.

BIBLIOGRAFIA

Ávila, G. *Cálculo 1*; funções de uma variável. Rio de Janeiro: Livros Técnicos e Científicos, 1982.

Boyer, Carl B. *História da Matemática*. São Paulo: Edgard Blücher/Edusp, 1974.

Coleção do Professor de Matemática. Rio de Janeiro: SBM, 1993. 14 v.

Dante, L. R. *Didática da resolução de problemas de Matemática*. 12. ed. São Paulo: Ática, 1997.

Davis, P. J. & Hersh, R. *A experiência matemática*. Rio de Janeiro: Francisco Alves, 1989.

Lima E. L. et alii. *A Matemática do Ensino Médio*. Rio de Janeiro: SBM, 1997. (Coleção do Professor de Matemática, v. 1 e 2.)

Morettin, P. A. & Bussab, W. O. *Estatística básica*. São Paulo: Atual, 1981.

Polya, G. *A arte de resolver problemas*. Rio de Janeiro: Interciência, 1986.

_________. *Mathematical discovery*. New York: John Wiley & Sons, 1981. 2 v.

Revista do Professor de Matemática. São Paulo: SBM, 1982/1998. v. 1 a 36.

volume único

caderno de **revisão&exercícios**

MATEMÁTICA

Luiz Roberto Dante

Luiz Roberto Dante
Livre-docente em Educação Matemática
pela Universidade Estadual Paulista
(Unesp – Rio Claro, SP)
Doutor em Psicologia da Educação: Ensino
da Matemática pela Pontifícia Universidade Católica
de São Paulo (PUC–SP)
Mestre em Matemática pela Universidade
de São Paulo (USP)
Pesquisador em ensino e aprendizagem
da Matemática pela Unesp – Rio Claro, SP
Ex-professor na rede estadual de Ensino
Fundamental e Médio

Autor de vários livros, entre os quais: ***Formulação e resolução de problemas de Matemática* – *Teoria e prática; Didática da Matemática na pré-escola*; *Projeto Ápis - Matemática*** (1º ao 5º ano)***; Projeto Teláris - Matemática*** (6º ao 9º ano); Coleção ***Matemática - Contexto & Aplicações*** (Ensino Médio, três volumes); todos por esta editora.

Voaz **é um nome criado a partir da palavra "voar" mais o sufixo "az" e expressa a ideia de alguém capaz de voar – o aluno alçando voo rumo ao conhecimento e à aprendizagem.**

PROJETO
VOAZ

editora ática

editora ática

Gerente Editorial e de Conteúdos Didáticos: Elizabeth Soares
Responsável Editorial: Cármen Matricardi
Editores: Alterson Cação;
Felipe Fatichi, Luiz Cesar e Marcela Pontes (Estagiários)
Colaborador: João Paulo Fordeloni
Gerente de Arte e Criação: Marisa Iniesta Martin
Supervisor de Arte: Sérgio Yutaka Suwaki
Editores de Arte: Didier D. C. Dias de Moraes (Coord. Programação Visual)
e André Vitale (Produção de arte)
Editoração Eletrônica: Bertolucci Estúdio Gráfico
Gerente de Revisão: Hélia de Jesus Gonsaga
Equipe de Revisão: Ana Carolina Nitto, Ana Curci, Ana Paula Chabaribery,
Célia da Silva Carvalho, Claudia Virgilio, Gloria Cunha,
Maiza Prande Bernardello, Patrícia Travanca, Rosângela Muricy,
Sandra Regina de Souza, Tatiana Martins Santana
e Vanessa de Paula Santos
Supervisor de Iconografia: Sílvio Kligin
Equipe de Iconografia: Josiane Camacho Laurentino (Pesquisa)
e Claudia Cristina Balista (Assistência)
Tratamento de Imagem: Cesar Wolf e Fernanda Crevin
Programação Visual de Capa e Miolo: Aeroestúdio
Fotos de capa: Michelle Gilders/SuperStock/Getty Images, Alexandru/
Shutterstock/Glow Images e Jaggat/Shutterstock/Glow Images
Ilustrações: Bertolucci Estúdio Gráfico

Direitos desta edição cedidos à Editora Ática S.A.
Av. Otaviano Alves de Lima, 4400
6º andar e andar intermediário ala "A"
Freguesia do Ó – CEP 02909-900 – São Paulo – SP
Tel.: 4003-3061
www.atica.com.br / editora@atica.com.br

Dados Internacionais de Catalogação na Publicação (CIP)
(Câmara Brasileira do Livro, SP, Brasil)

Dante, Luiz Roberto
Projeto VOAZ Matemática / Luiz Roberto Dante. –
1. ed. – São Paulo: Ática, 2012. – (Coleção Projeto
VOAZ)

1. Matemática (Ensino Médio) I. Título. II. Série.

12–06030 CDD–510.7

Índice para catálogo sistemático:
1. Matemática : Ensino Médio 510.7

2018
ISBN 978 85 08 15924 6 (AL)
ISBN 978 85 08 15925 3 (PR)
Cód. da obra CL 738169
CAE: 269072 (AL)
CAE: 269073 (PR)
1ª edição
8ª impressão

Impressão e acabamento: Bercrom Gráfica e Editora

Uma publicação SOMOS EDUCAÇÃO

APRESENTAÇÃO

Prezado aluno,

Neste *Caderno de Revisão e Exercícios*, procuramos criar uma proposta de síntese que se baseia em analisar os conceitos básicos da Matemática e dar ênfase às suas principais funções, leis e particularidades, indicando um suplemento de revisão em forma de tabela.
Acreditamos que, com isso, estamos tornando as principais ideias e conceitos acessíveis num formato de visualização rápida e clara, podendo fornecer um caminho a mais para recordá-los e fixá-los.
Os exercícios são extraídos do Enem e dos principais exames para o ingresso em universidades do país, coletando assim a diversidade tanto em dificuldade como em conteúdo. Nesse aspecto tivemos o cuidado de organizar, sempre que possível, os exercícios em nível de dificuldade, iniciando com os fáceis e aumentando a dificuldade gradativamente.
Esperamos que com este caderno a revisão e a fixação dos principais conteúdos possam ser simples e objetivas.
Siga a orientação de seu professor e desfrute deste novo material.
As sugestões e críticas que visem aprimorar este material serão sempre bem-vindas.

Luiz Roberto Dante

SUMÁRIO

<table>
<tr><th>Assunto</th><th>Resumo</th></tr>
<tr><td>Produtos notáveis</td><td>$(a + b)(a - b) = a^2 - b^2$
$(a + b)^2 = a^2 + 2ab + b^2$
$(a - b)^2 = a^2 - 2ab + b^2$
$(a + b + c)^2 = a^2 + b^2 + c^2 + 2ab + 2ac + 2bc$
$(a + b)^3 = a^3 + 3a^2b + 3ab^2 + b^3$
$(a - b)^3 = a^3 - 3a^2b + 3ab^2 - b^3$</td></tr>
<tr><td rowspan="6">Fatoração de expressões algébricas</td><td>Fator comum em evidência
$ax + ay + az = a(x + y + z)$</td></tr>
<tr><td>Agrupamento
$ax + ay + bx + by = a(x + y) + b(x + y) = (x + y)(a + b)$</td></tr>
<tr><td>Diferença de quadrados
$a^2 - b^2 = (a + b)(a - b)$</td></tr>
<tr><td>Trinômio quadrado perfeito
$a^2 + 2ab + b^2 = (a + b)^2$
$a^2 - 2ab + b^2 = (a - b)^2$</td></tr>
<tr><td>Trinômio do 2º grau
$ax^2 + bx + c = a(x - x_1)(x - x_2)$
em que $\mathbf{x_1}$ e $\mathbf{x_2}$ são raízes do trinômio.</td></tr>
<tr><td>Cubos
$a^3 + b^3 = (a + b)(a^2 - ab + b^2)$
$a^3 - b^3 = (a - b)(a^2 + ab + b^2)$
$a^3 + 3a^2b + 3ab^2 + b^3 = (a + b)^3$
$a^3 - 3a^2b + 3ab^2 - b^3 = (a - b)^3$</td></tr>
<tr><td>Raízes da equação de 2º grau</td><td>$ax^2 + bx + c = 0 \Rightarrow x = \dfrac{-b \pm \sqrt{b^2 - 4ac}}{2a}$</td></tr>
</table>

Exercícios

1 (Enem) Para cada indivíduo, a sua inscrição no Cadastro de Pessoas Físicas (CPF) é composto de um número de 9 algarismos e outro número de 2 algarismos, na forma $\mathbf{d_1d_2}$, em que os dígitos $\mathbf{d_1}$ e $\mathbf{d_2}$ são denominados dígitos verificadores. Os dígitos verificadores são calculados, a partir da esquerda, da seguinte maneira: os 9 primeiros algarismos são multiplicados pela sequência 10, 9, 8, 7, 6, 5, 4, 3, 2 (o primeiro por 10, o segundo por 9, e assim sucessivamente); em seguida, calcula-se o resto **r** da divisão da soma dos resultados das multiplicações por 11, e se esse resto **r** for 0 ou 1, $\mathbf{d_1}$ é zero, caso contrário, $d_1 = (11 - r)$. O dígito $\mathbf{d_2}$ é calculado pela mesma regra, na qual os números a serem multiplicados pela sequência dada são contados a partir do segundo algarismo, sendo $\mathbf{d_1}$ o último algarismo, isto é, $\mathbf{d_2}$ é zero se o resto **s** da divisão por 11 das somas das multiplicações for 0 ou 1, caso contrário, $d_2 = (11 - s)$.

Suponha que João tenha perdido seus documentos, inclusive o cartão de CPF, e, ao dar queixa da perda na delegacia, não conseguisse lembrar quais eram os dígitos verificadores, recordando-se apenas que os nove primeiros algarismos eram 123.456.789. Neste caso, os dígitos verificadores $\mathbf{d_1}$ e $\mathbf{d_2}$ esquecidos são, respectivamente:

a) 0 e 9. b) 1 e 4. c) 1 e 7. d) 9 e 1. e) 0 e 1.

---

2 (UFG–GO) Problemas matemáticos encontrados em diversas tábuas da Antiga Babilônia, sobretudo as registradas no texto cuneiforme intitulado *Plimpton 322* (por volta de 1800 a.C.), mostram que essa civilização já conhecia o Teorema de Pitágoras e o utilizava para estudar os lados **a** e **b** de um retângulo, a sua área, **A**, e sua diagonal, **d**.

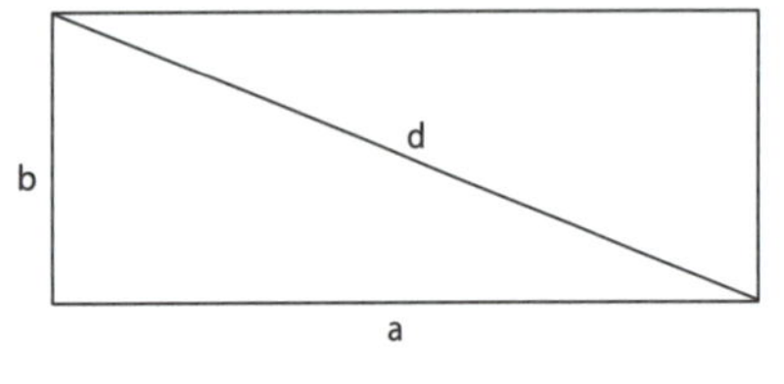

Uma instrução encontrada nesse texto cuneiforme é a seguinte:

I) Multiplique a área por dois.

II) Eleve ao quadrado a diagonal.

III) Subtraia, do valor encontrado em II, o encontrado em I.

IV) Extraia a raiz quadrada desse resultado e divida-o por dois.

V) Ache a quarta parte do valor encontrado em III, adicione a área e extraia a raiz quadrada do resultado.

VI) Some o valor encontrado em IV com o encontrado em V.

Efetuando o processo descrito acima, encontra-se uma expressão que pode ser escrita, em função de **a** e **b**, como:

a) a.

b) ab.

c) $a^2 + b^2$.

d) $\dfrac{3a - b}{2}$.

e) $\sqrt{6ab - a^2 - b^2}$.

3 (Uece) Para valores diferentes de -1, 0 e 1, a expressão $\left(\frac{1}{a^2} - 1\right) \cdot \left(\frac{1-a}{a+1} - \frac{1+a}{1-a}\right) \cdot \left(1 - \frac{a}{4}\right)$ é igual a:

a) $1 - 4a$.

b) $1 - 4a^{-1}$.

c) $a - 1$.

d) $a^{-1} - 1$.

4 (PUC–MG) Se **a** e **b** são números reais inteiros positivos tais que $a - b = 7$ e $a^2b - ab^2 = 210$, o valor de **ab** é:

a) 7. b) 10. c) 30. d) 37.

5 (UFPB) Se **x** é um número real não nulo, $a = 2^x + 2^{-x}$, $b = 2^x - 2^{-x}$ e $c = 4^x - 4^{-x}$, então o valor da expressão $\frac{2ab}{c}$ é igual a:

a) 4^x. b) -2^x. c) -2. d) 2. e) 4.

6 (UFT–TO) Se $F = \cfrac{1}{1 - \cfrac{1}{1 - \cfrac{1}{1 - \cfrac{1}{1 - \cfrac{1}{5}}}}}$, então o valor de **F** é:

a) 1. b) 0,75. c) 2. d) 1,25. e) 2,25.

7 (PUC–RJ) O produto $(x + 1)(x^2 - x + 1)$ é igual a:

a) $x^3 - 1$.

b) $x^3 + 3x^2 - 3x + 1$.

c) $x^3 + 1$.

d) $x^3 - 3x^2 + 3x - 1$.

e) $x^2 + 2$.

8 (ESPM–SP) Sabendo-se que $x + y^{-1} = 7$ e que $x = 4y$, o valor da expressão $x^2 + y^{-2}$ é igual a:

a) 49. b) 47. c) 45. d) 43. e) 41.

9 (Ufam) Se $x - \frac{1}{x} = 3$, então o valor de

$x^2 - \frac{1}{x^3} + x^3 + \frac{1}{x^2}$ é:

a) 27.
b) 47.
c) 36.
d) 11.
e) 63.

10 (Unifor–CE) Se **a** e **b** são números reais, tais que $|a| \neq |b|$ e $ab = \frac{1}{2}$, o valor da expressão $\frac{a^3 + b^3}{a + b} - \frac{a^3 - b^3}{a - b}$ é:

a) 2. b) 1. c) 0. d) −1. e) −2.

11 (Unit–SE) Se **x** é um número real estritamente positivo, a expressão $\sqrt{x^2 + x^{-2} + 2} - 2$ é equivalente a:

a) $x^2 - 1$.
b) $\frac{(x - 1)^2}{x}$.
c) $\frac{x^2 - 1}{x}$.
d) $\frac{(x + 1)^2}{x}$.
e) $(x - 1)^2 - \sqrt{2}$.

12 (Uece) Considerando os números $a = \frac{5 + \sqrt{3}}{2}$ e $b = \frac{5 - \sqrt{3}}{2}$, o valor de $a^2 - b^2$ é:

a) $5\sqrt{3}$. b) $2\sqrt{3}$. c) $\frac{3}{2}$. d) $\frac{3}{4}$.

13 (UFMG) Sejam **x** e **y** números reais e não nulos tais que $\frac{x}{y^2} + \frac{y^2}{x} = -2$. Então, é correto afirmar que:

a) $x^2 - y = 0$.

b) $x + y^2 = 0$.

c) $x^2 + y = 0$.

d) $x - y^2 = 0$.

14 (UFG–GO) Em um estádio, são colocados à venda ingressos para arquibancada e cadeira. Em um jogo de futebol, o público total que pagou ingresso foi de 5 715 pessoas. Desse total, 40% pagaram meia-entrada, sendo que $\frac{2}{3}$ dos que compraram ingresso para arquibancada pagaram meia-entrada e $\frac{1}{6}$ dos que compraram ingresso para cadeira pagou meia-entrada. Considerando que o preço do ingresso de arquibancada era R$ 20,00 e o de cadeira, R$ 30,00, calcule o valor total arrecadado com a venda de ingressos para esse jogo.

15 (UFF–RJ) Calcule o valor numérico de $\frac{1}{M}$ sendo $M = -2 + \sqrt{\frac{a^2}{b^2} + \frac{b^2}{a^2} + 2}$, $a = 0{,}998$ e $b = 1$.

16 (UFC–CE) O valor exato de $\sqrt{32 + 10\sqrt{7}} + \sqrt{32 - 10\sqrt{7}}$ é:

a) 12.
b) 11.
c) 10.
d) 9.
e) 8.

17 (Unifor–CE) Sejam **a**, **b** e **X** números reais tais que $X = \frac{(a^{-1} - b^{-1})^{-1} \cdot (a^2 - b^2)}{a^2 + ab}$. Se $b > 1$, então:

a) $X < -1$.

b) $\frac{1}{2} < X < 1$.

c) $\frac{1}{2} < X < 2$.

d) $X < 1$.

e) $X = -\frac{1}{2}$.

18 (Cefet–CE) Sabendo-se que $p + q = 4$ e $pq = 5$, então o valor de $E = p^3 + q^3 + p^2q + pq^2$ é:

a) 24. b) 26. c) 30. d) 34. e) 36.

19 (IFCE) Se $x + y = 2$ e $x^2 + y^2 = 3$, então $x^3 = y^3$ vale:

a) 4. b) 5. c) 6. d) 7. e) 8.

20 (FGV–SP) Sendo **x** um número positivo tal que $x^2 + \frac{1}{x^2} = 14$, o valor de $x^3 + \frac{1}{x^3}$ é:

a) 52. b) 54. c) 56. d) 58. e) 60.

21 (UFG–GO) Todos os funcionários de uma empresa irão contribuir igualmente para fazer um bolão da Mega Sena, cujo valor é R$ 2 700,00. Na hora de recolher o dinheiro para fazer o bolão, dois funcionários da empresa desistiram de participar e, com isso, a cota que cada participante deveria pagar sofreu um aumento de R$ 8,00, para manter o valor total do bolão. Dessa forma, calcule o número total de funcionários dessa empresa.

22 (UEL–PR) Para todo **x** real, a expressão

$3^x + 3^{x+1} + 3^{x+2} + 3^{x+3} + 3^{x+4} + 3^{x+5}$ é equivalente a:

a) 3^{6x+15}.
b) $5 \cdot 3^x$.
c) $6 \cdot 3^x$.
d) 243^x.
e) $364 \cdot 3^x$.

23 (ESPM–SP) O valor da expressão algébrica $\dfrac{x^{-2} - y^{-2}}{\dfrac{1}{x} + \dfrac{1}{y}}$ para $x = 1{,}6$ e $y = 6{,}25$ é:

a) 0,0654.
b) 0,465.
c) 4,56.
d) 54,6.
e) 456.

24 (Epcar–MG) Sabendo que

$y = (2\,010)^2 \times 2\,000 - 2\,000 \times (1\,990)^2$, o valor de

$\dfrac{y}{10^7}$ é igual a:

a) 8.
b) 16.
c) 20.
d) 32.

25 (UFRGS–RS) O quadrado do número

$\sqrt{2+\sqrt{3}} + \sqrt{2-\sqrt{3}}$ é:

a) 4.
b) 5.
c) 6.
d) 7.
e) 8.

26 (Unicamp–SP) Sejam **a** e **b** números reais inteiros e seja N(a, b) a soma do quadrado da diferença entre **a** e **b** com o dobro do produto de **a** por **b**.

a) Calcule N(3, 9).
b) Calcule N(a, 3a) e diga qual é o algarismo final de N(a, 3a) para qualquer $a \in \mathbb{Z}$.

Assunto	Resumo
Conjuntos	Número de subconjuntos de um conjunto **A** com **n** elementos: $p(A) = 2^n$
Operações	União (∪) 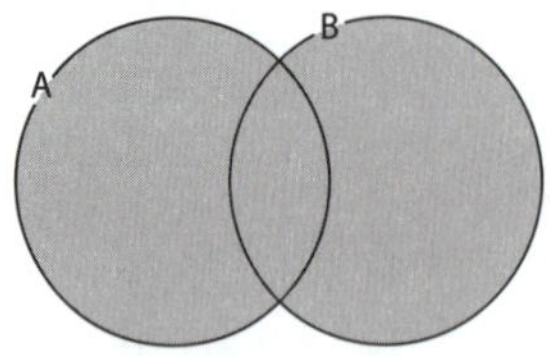 Notação: $A \cup B$ Intersecção (∩) 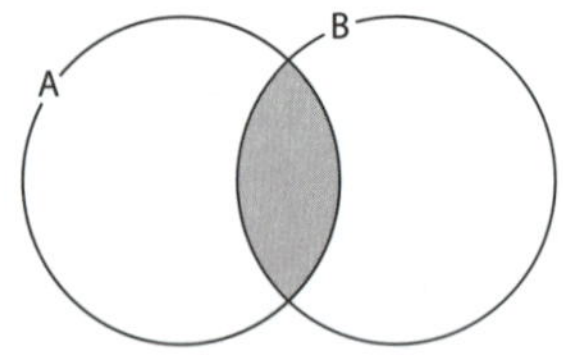 Notação: $A \cap B$
	Diferença (–) 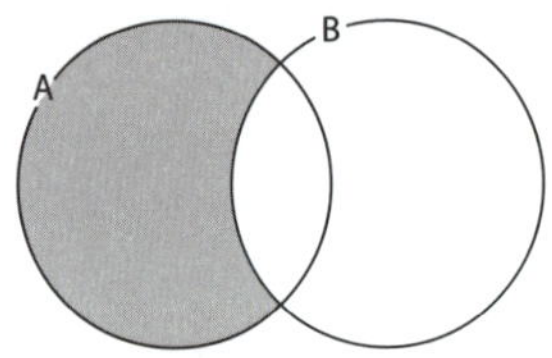 Notação: $A - B$ Notação: $A - B$ 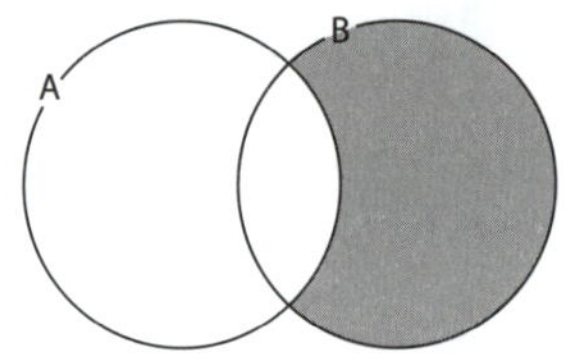 Notação: $B - A$
	Complementar em relação ao universo 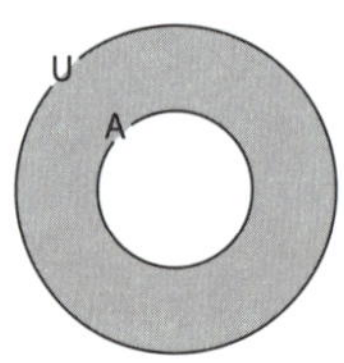 Notação: $\overline{A}$ ou A^C ou $\complement_U^A$
Número de elementos da união	$n(A \cup B) = n(A) + n(B) - n(A \cap B)$
Conjuntos numéricos	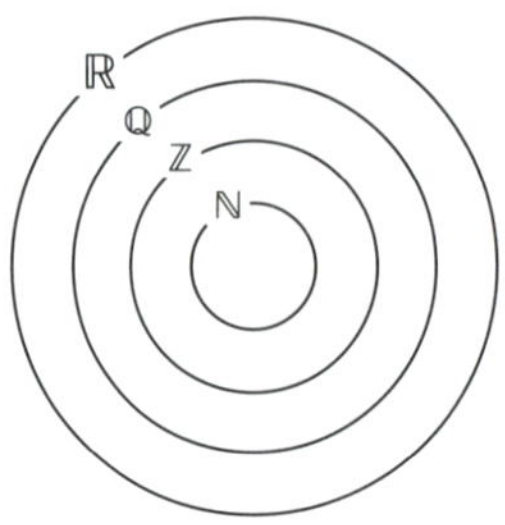 $\mathbb{N} \subset \mathbb{Z} \subset \mathbb{Q} \subset \mathbb{R}$

Assunto	Resumo
Conjunto vazio	Conjunto que não possui elementos. Notação: ∅ ou { }
Conjunto unitário	Conjunto que possui um único elemento.
Conjunto universo	Conjunto formado por todos os elementos com os quais estamos trabalhando em um determinado assunto. Notação: U
Subconjuntos	Se todos os elementos de um conjunto **A** também forem elementos de um conjunto **B**, dizemos que o conjunto **A** é um subconjunto de **B**.
Relação de inclusão	Se **A** é subconjunto de **B**, então **A** está contido em **B**. Notação: $\subset$ (contido) e $\not\subset$ (não contido)
Relação de pertinência	Se **x** é elemento de **B**, então **x** pertence a **B**. Notação: $\in$ (pertence) e $\notin$(não pertence)
Intervalos reais	a)  $(a, b) =]a, b[= \{x \in \mathbb{R} \mid a < x < b\}$ b)  $[a, b] = \{x \in \mathbb{R} \mid a \leqslant x \leqslant b\}$ c)  $[a, b) = [a, b[= \{x \in \mathbb{R} \mid a \leqslant x < b\}$ d)  $(a, b] =]a, b] = \{x \in \mathbb{R} \mid a < x \leqslant b\}$ e)  $(-\infty, b] =]-\infty, b] = \{x \in \mathbb{R} \mid x \leqslant b\}$ f)  $(-\infty, b) =]-\infty, b[= \{x \in \mathbb{R} \mid x < b\}$ g)  $[a, +\infty) = [a, +\infty[= \{x \in \mathbb{R} \mid x \geqslant a\}$ h)  $(a, +\infty) =]a, +\infty[= \{x \in \mathbb{R} \mid x > a\}$ i)  $(-\infty, +\infty) =]-\infty, +\infty[= \mathbb{R}$

Exercícios

1 (UFS–SE) Considere os conjuntos

$A = \{x \in \mathbb{R} \mid 1 < x \leqslant 3 \text{ ou } 4 \leqslant x \leqslant 6\}$

$B = \{x \in \mathbb{R} \mid 1 \leqslant x < 5 \text{ e } x \neq 3\}$

$C = \{x \in \mathbb{R} \mid 2 < x \leqslant 4\}$

para analisar as afirmações que se seguem.

0–0) $B \supset C$

1–1) $A \cup B = [1, 6]$

2–2) $A \cap C =]2, 3]$

3–3) $B - C = \{x \in \mathbb{R} \mid 1 \leqslant x \leqslant 2 \text{ ou } 4 < x < 5\}$

4–4) Se $\bar{\mathbf{A}}$ é o complementar de **A** em relação ao universo $\mathbb{R}$, então $\frac{5}{3} \in \bar{\mathbf{A}}$.

2 (Uece) Se $P = \{1, 2, 5, 7, 8\}$, então o número de elementos do conjunto $W = \{(x, y) \in P^2 \mid x < y\}$ é:

a) 8.
b) 9.
c) 10.
d) 11.

3 (Uece) Os subconjuntos **X**, **Y** e **Z** do conjunto dos números inteiros positivos são constituídos pelos múltiplos de 6, 10 e 15, respectivamente. O conjunto $X \cap Y \cap Z$ é constituído pelos múltiplos inteiros positivos de:

a) 30.
b) 31.
c) 60.
d) 62.

4 (UFMG) Considere o conjunto de números racionais $M = \left\{\frac{5}{9}, \frac{3}{7}, \frac{5}{11}, \frac{4}{7}\right\}$. Sejam **x** o menor elemento de **M** e **y** o maior elemento de **M**. Então, é correto afirmar que:

a) $x = \frac{5}{11}$ e $y = \frac{4}{7}$.
b) $x = \frac{3}{7}$ e $y = \frac{5}{9}$.
c) $x = \frac{3}{7}$ e $y = \frac{4}{7}$.
d) $x = \frac{5}{11}$ e $y = \frac{5}{9}$.

5 (UEG–GO) Dividir um número por 0,0025 equivale a multiplicá-lo por:

a) 250.
b) 500.
c) 400.
d) 350.

6 (UFRJ) Se $x = \sqrt{3 - \sqrt{8}} - \sqrt{3 + \sqrt{8}}$, mostre que **x** é inteiro e negativo. (Sugestão: calcule $\mathbf{x^2}$.)

7 (ITA–SP) Considere as seguintes afirmações sobre o conjunto $U = \{0, 1, 2, 3, 4, 5, 6, 7, 8, 9\}$:

I) $\varnothing \in U$ e $n(U) = 10$.

II) $\varnothing \subset U$ e $n(U) = 10$.

III) $5 \in U$ e $\{5\} \subset U$.

IV) $\{0, 1, 2, 5\} \cap \{5\} = 5$.

Pode-se dizer, então, que é (são) verdadeira(s):

a) apenas I e III.
b) apenas II e IV.
c) apenas II e III.
d) apenas IV.
e) todas as afirmações.

8 (UFC–CE) Um banco de sangue catalogou 60 doadores assim distribuídos:

- 29 com sangue tipo O;
- 30 com fator Rh negativo;
- 14 com fator Rh positivo e tipo sanguíneo diferente de O.

Determine quantos doadores possuem tipo sanguíneo diferente de O e fator Rh negativo.

9 (UEPG–PR) Indica-se por n(X) o número de elementos do conjunto **X**. Se **A** e **B** são conjuntos tais que $n(A) = 20$, $n(B - A) = 15$ e $n(A \cap B) = 8$, assinale o que for correto.

a) $n(A - B) = 12$
b) $n(B) = 23$
c) $n(A \cup B) = 35$
d) $n(A \cup B) - n(A \cap B) = 27$
e) $n(A) - n(B) = n(A - B)$

10 (UFC–CE) Em uma classe com 55 alunos, 5 alunos foram reprovados em Português e em Matemática, 10 alunos foram aprovados em Matemática e reprovados em Português, 30 alunos foram reprovados em Matemática e aprovados em Português. Então, o número de alunos aprovados nas duas disciplinas foi de:

a) 10 alunos.
b) 12 alunos.
c) 14 alunos.
d) 16 alunos.
e) 18 alunos.

11 (UFG–GO) Sejam conjuntos $A = \{2n; n \in \mathbb{Z}\}$ e $B = \{2n - 1; n \in \mathbb{Z}\}$. Sobre esses conjuntos, pode-se afirmar:

I) $A \cap B = \varnothing$

II) **A** é o conjunto dos números pares.

III) $B \cup A = \mathbb{Z}$

Está correto o que se afirma em:

a) I e II, apenas.

b) II, apenas.

c) II e III, apenas.

d) III, apenas.

e) I, II e II.

12 (PUC–RJ) Sejam **x** e **y** números tais que os conjuntos {1, 4, 5} e {x, y, 1} sejam iguais. Então, podemos afirmar que:

a) $x = 4$ e $y = 5$.

b) $x \neq 4$.

c) $y \neq 4$.

d) $x + y = 9$.

e) $x < y$.

13 (Ufal/PSS) No universo $\mathbb{N}$, sejam **A** o conjunto dos números pares, **B** o conjunto dos números múltiplos de 3 e **C** o conjunto dos números múltiplos de 5. Determine os 10 menores números que pertencem ao conjunto $B - (A \cup C)$.

14 (ESPM–SP) Numa empresa multinacional, sabe-se que 60% dos funcionários falam inglês, 45% falam espanhol e 30% deles não falam nenhuma dessas línguas. Se exatamente 49 funcionários falam inglês e espanhol, podemos concluir que o número de funcionários dessa empresa é igual a:

a) 180. b) 140. c) 210. d) 165. e) 127.

15 (UFPE) Numa pesquisa de mercado, foram entrevistados consumidores sobre suas preferências em relação aos produtos **A** e **B**. Os resultados da pesquisa indicaram que:

- 310 pessoas compram o produto **A**;
- 220 pessoas compram o produto **B**;
- 110 pessoas compram os produtos **A** e **B**;
- 510 pessoas não compram nenhum dos dois produtos.

Indique o número de consumidores entrevistados, dividido por 10.

16 (Vunesp) Um estudo de grupos sanguíneos humanos realizado com 1 000 pessoas (sendo 600 homens e 400 mulheres) constatou que 470 pessoas tinham o antígeno **A**, 230 pessoas tinham o antígeno **B** e 450 pessoas não tinham nenhum dos dois. Determine o número de pessoas que têm os antígenos **A** e **B** simultaneamente.

17 (UFT–TO) Foi aplicado um teste contendo três questões para um grupo de 80 alunos. O gráfico abaixo representa a porcentagem de acerto dos alunos por questão.

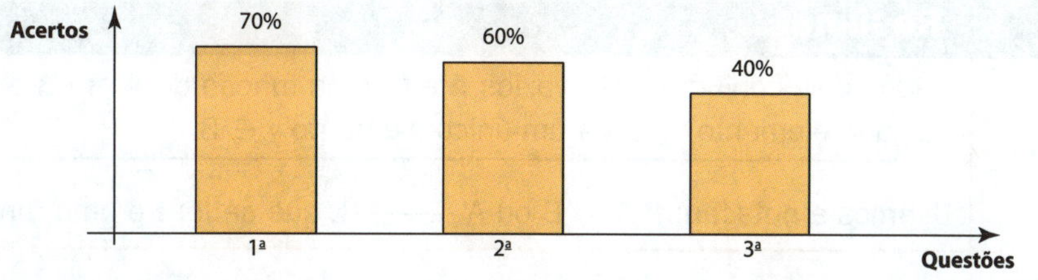

Suponha que 52 alunos acertaram pelo menos duas questões e 8 alunos não acertaram nenhuma. O número de alunos que acertaram as três questões é:

a) 44. b) 40. c) 12. d) 20. e) 30.

18 (UnB–DF) Dois números positivos, **a** e **b**, têm produto igual a 525. Sabendo que a divisão de **a** por **x** tem quociente 4 e resto 1 e que a divisão de **b** por x + 1 tem também quociente 4 e resto 1, calcule o valor de a + b.

19 (Unifor–CE) Na figura abaixo tem-se uma escalar linear onde aparecem destacados os números $\sqrt{3} - \sqrt{2}$, **X** e $\sqrt{3} + \sqrt{2}$.

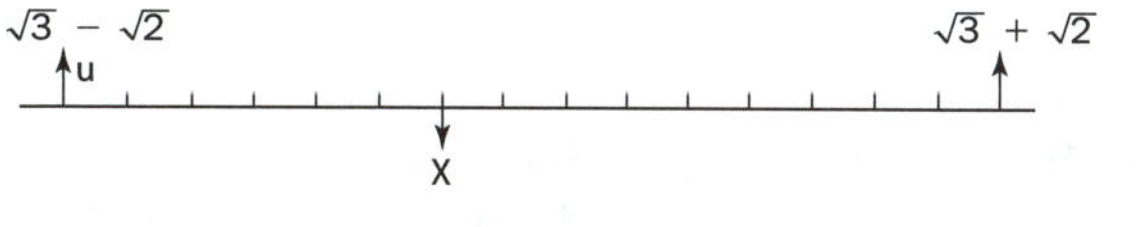

Se a distância entre $\sqrt{3} - \sqrt{2}$ e $\sqrt{3} + \sqrt{2}$ é igual a 15u, então o número **X** é:

a) $5\sqrt{3} - \sqrt{2}$.

b) $5\sqrt{3} - 5\sqrt{2}$.

c) $\dfrac{5\sqrt{3} - \sqrt{2}}{5}$.

d) $\dfrac{\sqrt{3} - 5\sqrt{2}}{5}$.

e) $\dfrac{5\sqrt{3} - 5\sqrt{2}}{5}$.

Assunto	Resumo
Funções	Dados dois conjuntos não vazios **A** e **B**, uma função de **A** em **B** é uma associação de cada elemento $x \in A$ a um único elemento $y \in B$. Usamos a notação: $f: A \to B$ ou $A \xrightarrow{f} B$, que se lê: **f** é uma função de **A** em **B**.
Domínio, imagem e contradomínio	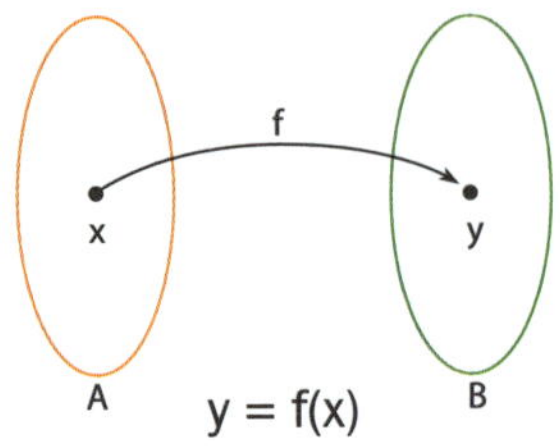 • **A**: domínio de **f**: D(f) • **B**: contradomínio de **f**: CD(f) • O conjunto dos **y** obtidos é a imagem de **f**: Im(f) 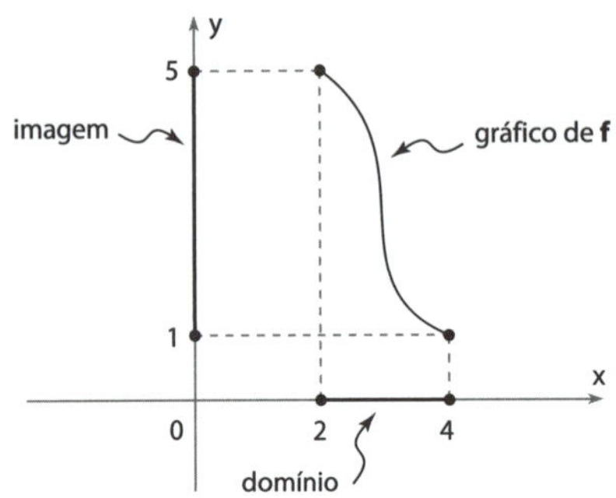 $D(f) = \{x \in \mathbb{R} \mid 2 \leq x \leq 4\} = [2, 4]$ $Im(f) = \{y \in \mathbb{R} \mid 1 \leq y \leq 5\} = [1, 5]$
Função injetiva	$f: A \to B$ tal que $x_1 \neq x_2$ em **A** $\Rightarrow f(x_1) \neq f(x_2)$ em **B**.
Função sobrejetiva	$f: A \to B$ tal que $Im(f) = B$.
Função bijetiva	$f: A \to B$ tal que **f** é injetiva e sobrejetiva simultaneamente.
Função composta	Dadas as funções $f: A \to B$ e $g: B \to C$, denominamos função composta de **g** e **f** a função $g \circ f: A \to C$, que é definida por $(g \circ f)(x) = g(f(x))$, $x \in A$.
Função inversa	Dada uma função $f: A \to B$, bijetiva, denomina-se função inversa de **f** a função $g: B \to A$ tal que, se $f(a) = b$, $g(b) = a$, com $a \in A$ e $b \in B$. 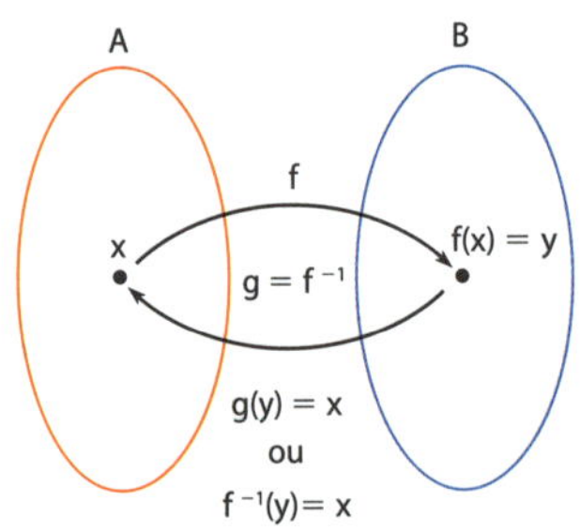 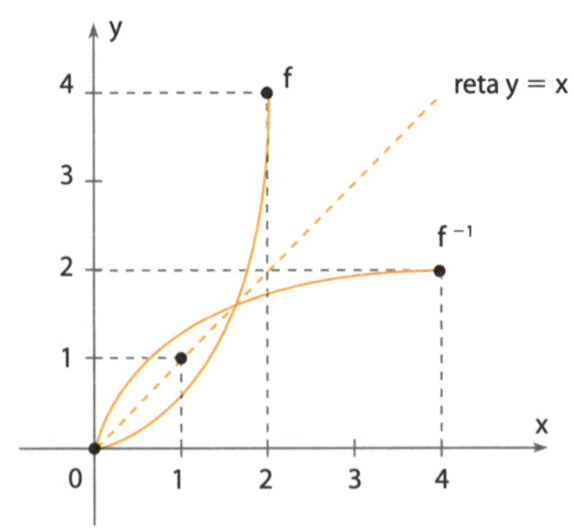 Só existe função inversa de uma função bijetiva.
Função par	$f: A \to B$ tal que $f(-x) = f(x)$
Função ímpar	$f: A \to B$ tal que $f(-x) = -f(x)$
Função crescente	$f: A \to B$ tal que $x_1 < x_2$ em **A** $\Rightarrow f(x_1) < f(x_2)$ em **B**
Função decrescente	$f: A \to B$ tal que $x_1 < x_2$ em **A** $\Rightarrow f(x_1) > f(x_2)$ em **B**

Exercícios

1 (UFT–TO) Cada um dos gráficos representa uma função $y = f(x)$ tal que $f: D_f \rightarrow [-3, 4]$; $D_f \subset [-3, 4]$. Qual deles representa uma função bijetora no seu domínio?

a)

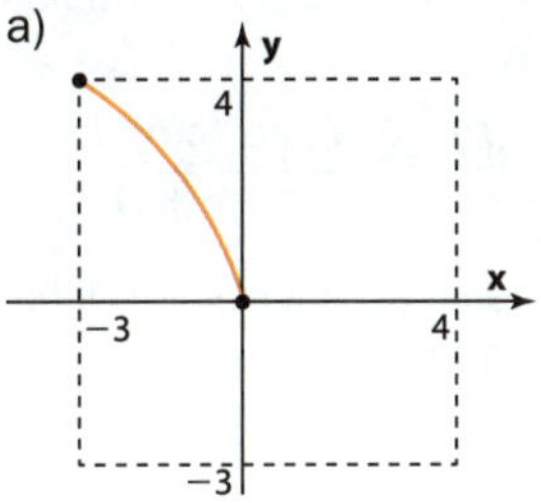

b)

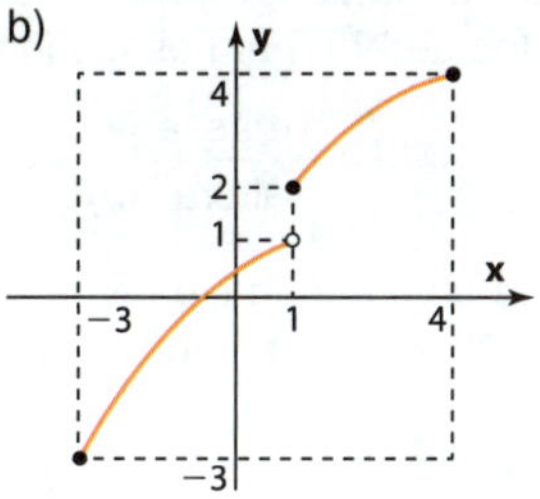

c)

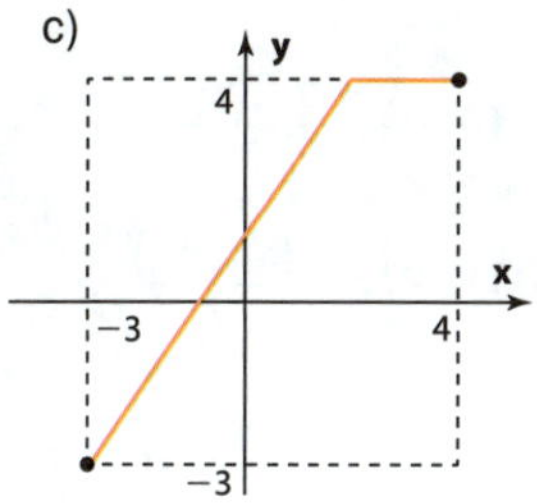

d)

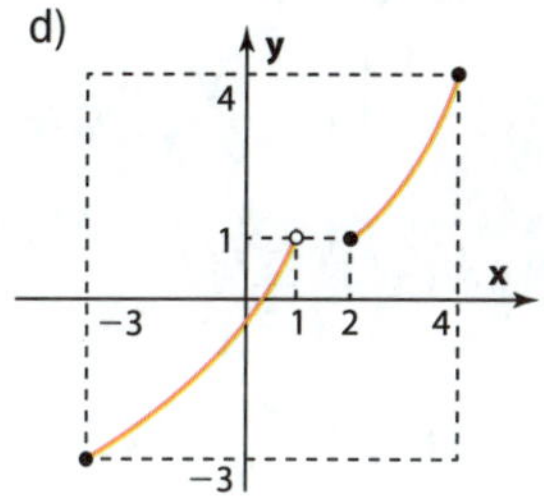

2 (Unit–SE) Seja **f** a função de **A** em $\mathbb{R}$ definida por $f(x) = 1 - 2x$. Se o conjunto imagem de **f** é o intervalo $[-3, 11[$, o conjunto **A** é:

a) $]-5, 2]$.
b) $[-2, 5[$.
c) $]-5, 1]$.
d) $[1, -5[$.
e) $[1, 5[$.

4 (UFC–CE) Sejam as funções $f, g: \mathbb{R} \rightarrow \mathbb{R}$. Se **g** é função inversa de **f**, então $f(g(2)) + g(f(3))$ é igual a:

a) 5.
b) 6.
c) $\frac{2}{3}$.
d) $\frac{3}{2}$.

3 (UFMG) O gráfico da função $f(x) = x^3 + (a + 3)x^2 - 5x + b$ contém os pontos $(-1, 0)$ e $(2, 0)$. Assim sendo, o valor de $f(0)$ é:

a) 1.
b) −6.
c) −1.
d) 6.

5 (Uece) Seja $f: \mathbb{R} \rightarrow \mathbb{R}$ a função tal que $f(1) = 4$ e $f(x + 1) = 4 \cdot f(x)$ para todo **x** real. Nestas condições, $f(10)$ é igual a:

a) 2^{-10}.
b) 4^{-10}.
c) 2^{10}.
d) 4^{10}.

6 (Unirio-RJ) Sob pressão constante, conclui-se que o volume **V**, em litros, de um gás e a temperatura em graus Celsius estão relacionados por meio da equação $V = V_0 + \frac{V_0T}{273}$, onde V_0 denota o volume do gás a 0 °C. Assim, a expressão que define a temperatura como função volume **V** é:

a) $T = \left[V - \frac{V_0}{273}\right]V_0$.

b) $T = \frac{V - V_0}{273V_0}$.

c) $T = \frac{273V - V_0}{V_0}$.

d) $T = \frac{V - 273V_0}{V_0}$.

e) $T = 273 \cdot \frac{(V - V_0)}{V_0}$.

7 (Enem) Embora o Índice de Massa Corporal (IMC) seja amplamente utilizado, existem ainda inúmeras restrições teóricas ao uso e às faixas de normalidade preconizadas. O Recíproco do Índice Ponderal (RIP), de acordo com o modelo alométrico, possui uma melhor fundamentação matemática, já que a massa é uma variável de dimensões cúbicas, e a altura, uma variável de dimensões lineares. As fórmulas que determinam esses índices são:

$$IMC = \frac{\text{massa (kg)}}{[\text{altura (m)}]^2} \qquad RIP = \frac{\text{altura (cm)}}{\sqrt[3]{\text{massa (kg)}}}$$

Se uma menina, com 64 kg de massa, apresenta IMC igual a 25 kg/m², então ela possui RIP igual a:

a) $0{,}4\ cm/kg^{\frac{1}{3}}$.

b) $2{,}5\ cm/kg^{\frac{1}{3}}$.

c) $8\ cm/kg^{\frac{1}{3}}$.

d) $20\ cm/kg^{\frac{1}{3}}$.

e) $40\ cm/kg^{\frac{1}{3}}$.

8 (UFMT) A figura abaixo apresenta o gráfico de uma funcão y = f(x).

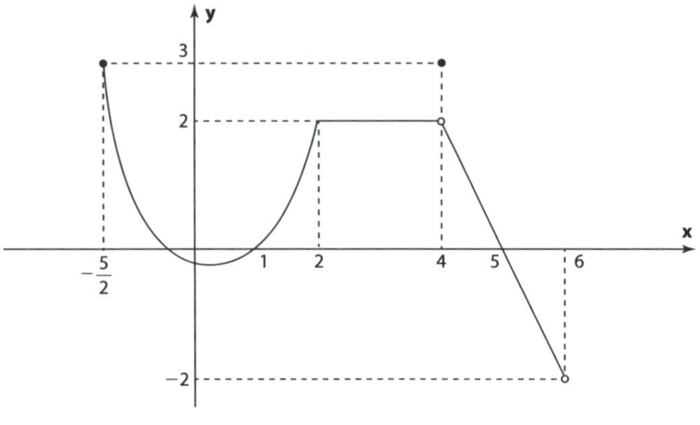

A partir das informações contidas no gráfico, marque **V** para as afirmativas verdadeiras e **F** para as falsas.

( ) f(x) é uma função injetora.

( ) f(x) = 2, para todo $2 \leqslant x \leqslant 4$.

( ) O domínio de f(x) é o intervalo]−2, 3].

( ) $f(x) \geqslant 0$, para $\forall\ x \in \left[-\frac{5}{2}, 0\right] \cup [1, 5]$.

Assinale a sequência correta.

a) F, F, F, V

b) F, V, V, F

c) V, F, V, V

d) V, V, V, F

e) F, V, F, F

9 (Ufes) Dada a função $f(x) = \dfrac{x \cdot (x-1)}{2}$, pode-se afirmar que, para todo $x \neq -2$ e $x \neq 0$, $f(x + 2)$ é igual a:

a) $\dfrac{f(x) + f(2)}{x}$.

b) $\dfrac{f(x+1)}{x \cdot (x+2)}$.

c) $\dfrac{f(x)}{x \cdot (x+2)}$.

d) $\dfrac{(x+2) + f(x)}{x}$.

e) $\dfrac{(x+2) \cdot f(x+1)}{x}$.

10 (Enem) Uma pousada oferece pacotes promocionais para atrair casais a se hospedarem por até oito dias. A hospedagem seria em apartamento de luxo e, nos três primeiros dias, a diária custaria R$ 150,00, preço da diária fora da promoção. Nos três dias seguintes, seria aplicada uma redução no valor da diária, cuja taxa média de variação, a cada dia, seria de R$ 20,00. Nos dois dias restantes, seria mantido o preço do sexto dia. Nessas condições, um modelo para a promoção idealizada é apresentado no gráfico a seguir, no qual o valor da diária é função do tempo medido em número de dias.

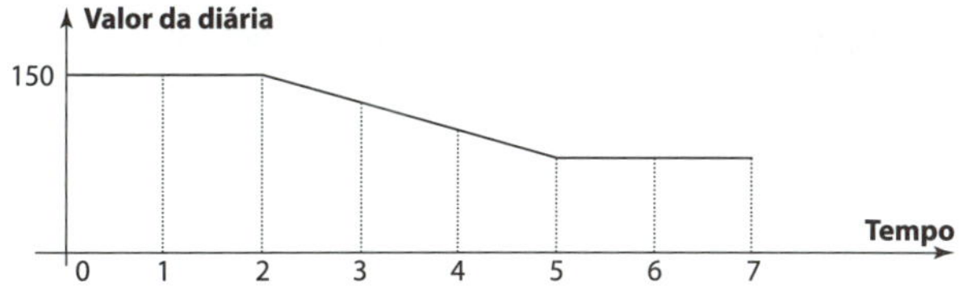

De acordo com os dados e com o modelo, comparando o preço que um casal pagaria pela hospedagem por sete dias fora da promoção, um casal que adquirir o pacote promocional por oito dias fará uma economia de:

a) R$ 90,00.
b) R$ 110,00.
c) R$ 130,00.
d) R$ 150,00.
e) R$ 170,00.

11 (Uneb–BA) Considerando a função real $f(x) = \dfrac{1}{x}$, assinale com **V** as afirmativas verdadeiras e com **F** as falsas:

( ) $x = 0$ pertence ao conjunto imagem **f**.

( ) Se **x** é um número real não nulo, então $f^{-1}(x) = \dfrac{1}{x}$.

( ) Existe um único número real **x** tal que $f\left(\dfrac{1}{x}\right) = f(x)$.

A alternativa que indica a sequência correta, de cima para baixo, é a:

01) V F F.
02) F V F.
03) F V V.
04) V F V.
05) V V V.

12 (Fuvest–SP) Sejam $f(x) = 2x - 9$ e $g(x) = x^2 + 5x + 3$. A soma dos valores absolutos das raízes da equação $f(g(x)) = g(x)$ é igual a:

a) 4.
b) 5.
c) 6.
d) 7.
e) 8.

13 (IME–RJ) Dada a função $f(x) = \frac{(156^x + 156^{-x})}{2}$, demonstre que $f(x + y) + f(x - y) = 2f(x) \cdot f(y)$.

14 (ITA–SP) Mostre que toda função f: $\mathbb{R} - \{0\}$ $\mathbb{R}$, satisfazendo $f(xy) = f(x) + f(y)$ em todo seu domínio, é par.

15 (PUC–PR) Sejam $f(x) = x^2 - 2x$ e $g(x) = x - 1$ duas funções definidas em $\mathbb{R}$. Qual dos gráficos melhor representa $f(g(x))$?

a)

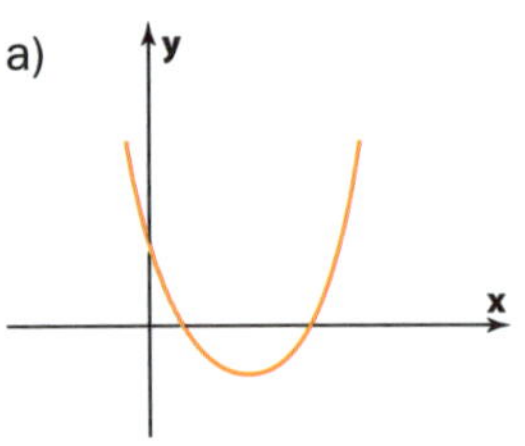

d)

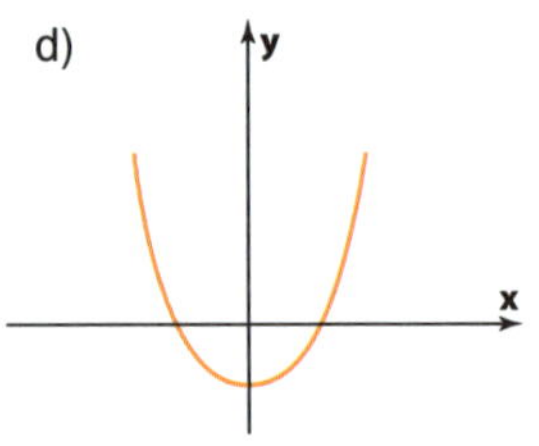

b)

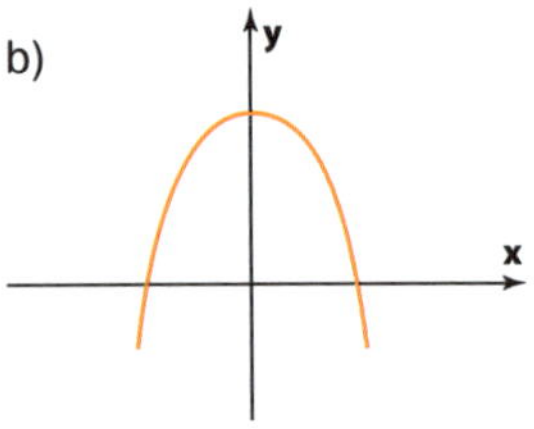

e)

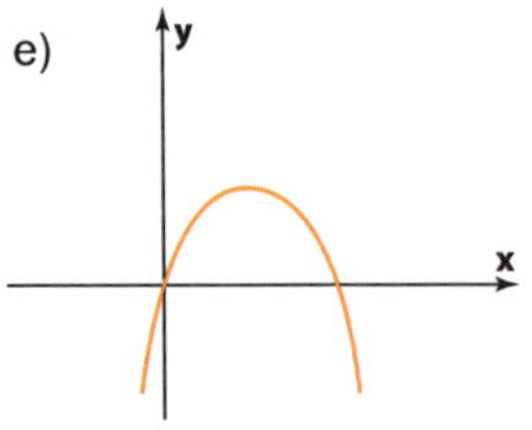

c)

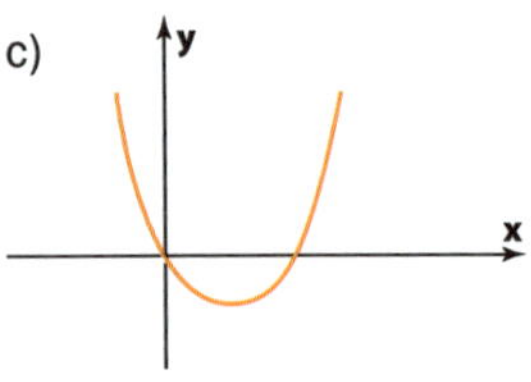

16 (IME–RJ) Seja f: $\mathbb{R} \to \mathbb{R}$, onde $\mathbb{R}$ é o conjunto dos números reais, tal que $\begin{cases} f(4) = 5 \\ f(x + 4) = f(x) \cdot f(4) \end{cases}$. O valor de $f(-4)$ é:

a) $-\frac{4}{5}$. b) $-\frac{1}{4}$. c) $-\frac{1}{5}$. d) $\frac{1}{5}$. e) $\frac{4}{5}$.

17 (UFV–MG) Seja **f** a função real tal que $f(2x - 9) = x$, para todo **x** real. A igualdade $f(c) = f^{-1}(c)$ se verifica para **c** igual a:

a) 9. b) 1. c) 5. d) 3. e) 7.

18 (ITA–SP) Seja $D = \mathbb{R} - \{1\}$ e f: $D \to D$ uma função dada por $f(x) = \frac{x + 1}{x - 1}$. Considere as afirmações:

I) **f** é injetiva e sobrejetiva.

II) **f** é injetiva, mas não sobrejetiva.

III) $f(x) + f\left(\frac{1}{x}\right) = 0$, para todo $x \in D$, $x \neq 0$.

IV) $f(x) \cdot f(-x) = 1$, para todo $x \in D$.

Então, são verdadeiras:

a) apenas I e III.
b) apenas I e IV.
c) apenas II e III.
d) apenas I, III e IV.
e) apenas II, III e IV.

19 (Ufam) Dada a função f: $\mathbb{R} \to \mathbb{R}$ definida por $f(x) = \dfrac{5x - 3}{6}$. Então $f^{-1}\left(-\dfrac{3}{2}\right)$ é igual a:

a) $\dfrac{6}{5}$. b) $-\dfrac{6}{5}$. c) $-\dfrac{12}{5}$. d) $\dfrac{12}{5}$. e) $\dfrac{9}{5}$.

20 (Ufal) Os tamanhos de chapéus masculinos na Inglaterra, França e Estados Unidos são diferentes. A função $f(x) = \dfrac{(x - 1)}{8}$ converte os tamanhos franceses para os ingleses, e a função $g(x) = 8x$ converte os tamanhos norte-americanos para os franceses. Qual das funções a seguir converte o tamanho **x** dos norte-americanos para o tamanho h(x) dos ingleses?

a) $h(x) = x - \dfrac{1}{8}$

b) $h(x) = \dfrac{x - 1}{8}$

c) $h(x) = \dfrac{x + 1}{8}$

d) $h(x) = \dfrac{x + 1}{8}$

e) $h(x) = 8x + 1$

21 (ITA-SP) Sejam f, g: $\mathbb{R} \to \mathbb{R}$ tais que **f** é par e **g** é ímpar. Das seguintes afirmações:

I) $f \cdot g$ é ímpar II) $f \circ g$ é par III) $g \circ f$ é ímpar

é (são) verdadeira(s):

a) apenas I.
b) apenas II.
c) apenas III.
d) apenas I e II.
e) todas.

22 (UFG-GO) A distância que um automóvel percorre até parar, após ter os freios acionados, depende de inúmeros fatores. Essa distância em metros pode ser calculada aproximadamente pela expressão $D = \dfrac{V^2}{250\mu}$, onde **V** é a velocidade em km/h no momento inicial da frenagem e μ é um coeficiente adimensional que depende das características dos pneus e do asfalto.

Considere que o tempo de reação de um condutor é de um segundo, do instante em que vê um obstáculo até acionar os freios. Com base nessas informações, e considerando $\mu = 0,8$, qual é a distância aproximada percorrida por um automóvel do instante em que o condutor vê um obstáculo até parar completamente, se estiver trafegando com velocidade constante de 90 km/h?

a) 25,0 m
b) 40,5 m
c) 65,5 m
d) 72,0 m
e) 105,5 m

23 (UFBA) O gráfico representa uma projeção do valor de mercado, v(t), de um imóvel, em função do tempo **t**, contado a partir da data de conclusão de sua construção, considerada como a data inicial t = 0. O valor v(t) é expresso em milhares de reais, e o tempo **t**, em anos.

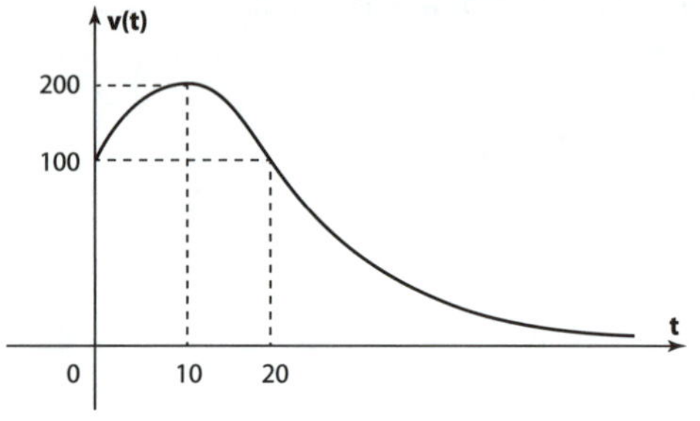

Com base nesse gráfico, sobre o valor de mercado projetado v(t), pode-se afirmar:

a) Aos dez anos de construído, o imóvel terá valor máximo.
b) No vigésimo quinto ano de construído, o imóvel terá um valor maior que o inicial.
c) Em alguma data, o valor do imóvel corresponderá a 37,5% do seu valor inicial.
d) Ao completar vinte anos de construído, o imóvel voltará a ter o mesmo valor inicial.
e) Se $v(t) = 200 \cdot 2 - \frac{(t-10)^2}{100}$, então, ao completar trinta anos de construído, o valor do imóvel será igual a um oitavo do seu valor inicial.

24 (UEL–PR) Seja $h(x) = [f \circ g](x) \cdot [g \circ f](x)$, onde $f(x) = (x + 0{,}5) \cdot (x - 0{,}5)$ e $g(x) = \frac{1}{x^2 + 0{,}25}$.

Qual o valor de h(0,5)?

a) 15
b) $\frac{15}{8}$
c) 16
d) $-\frac{3}{4}$
e) $-\frac{15}{4}$

25 (UFPR) Dadas as funções f: $\mathbb{R} \to \mathbb{R}$ e g: $\mathbb{R} \to \mathbb{R}$ definidas por $f(x) = ax + b$ e $g(x) = x^2$, considere as seguintes afirmativas:

I) $(g \circ f)(1) = (a + b)^2$.
II) $(f \circ g)(-x) = (f \circ g)(x)$, para qualquer $x \in \mathbb{R}$.
III) $(g \circ f)(x) = (f \circ g)(x)$, para qualquer $x \in \mathbb{R}$.

Assinale a alternativa correta:

a) Somente a afirmativa I é verdadeira.
b) Somente as afirmativas II e III são verdadeiras.
c) Somente as afirmativas I e II são verdadeiras.
d) Somente as afirmativas I e III são verdadeiras.
e) As afirmativas I, II e III são verdadeiras.

FUNÇÃO AFIM

Assunto	Resumo
Função afim	Uma função f: $\mathbb{R} \rightarrow \mathbb{R}$ chama-se *função afim* quando existem dois números reais **a** e **b** tal que $f(x) = ax + b$, para todo $x \in \mathbb{R}$.
Tipos especiais	• Se $a = 0$, $f(x) = b$ é função constante. 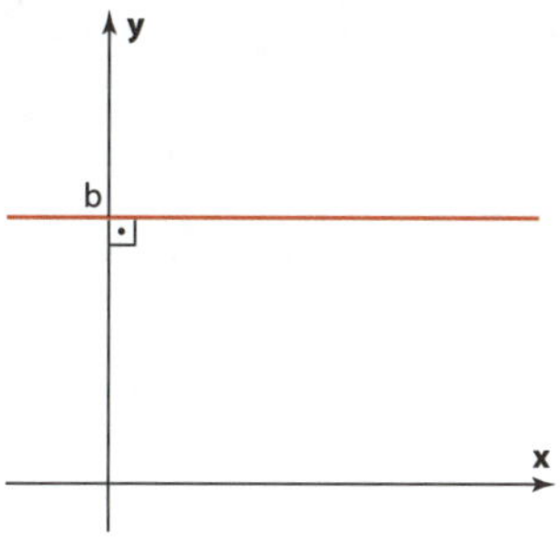 • Se $b = 0$, $f(x) = ax$ é função linear. 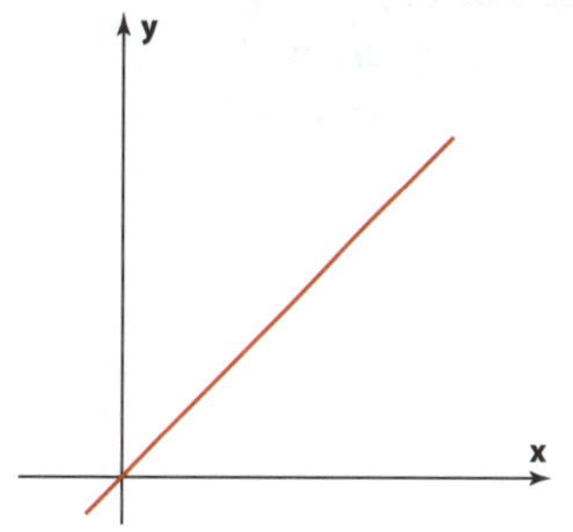
Gráfico da função afim	Geometricamente, **b** é a ordenada do ponto onde a reta, que é o gráfico da função $f(x) = ax + b$, intersecta o eixo Oy, pois para $x = 0$ temos $f(0) = a \cdot 0 + b = b$. 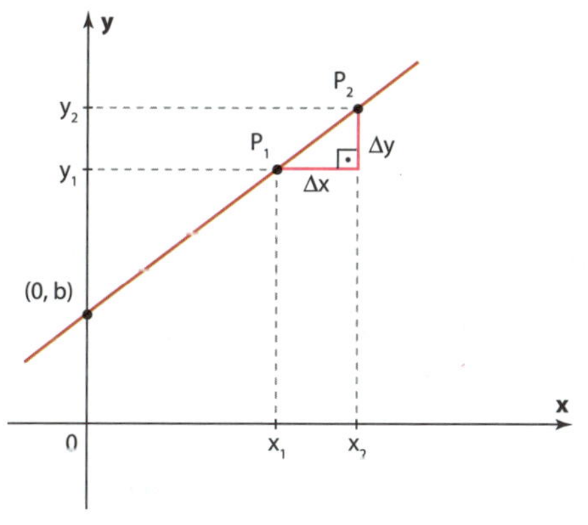 $\mathbf{P_1}(x_1, y_1)$ e $\mathbf{P_2}(x_2, y_2)$ $a = \frac{\Delta y}{\Delta x} = \frac{y_2 - y_1}{x_2 - x_1}$ O número **a** chama-se *taxa de variação ou coeficiente angular.*
Função afim crescente, decrescente e zero da função	• $a > 0 \rightarrow$ função crescente 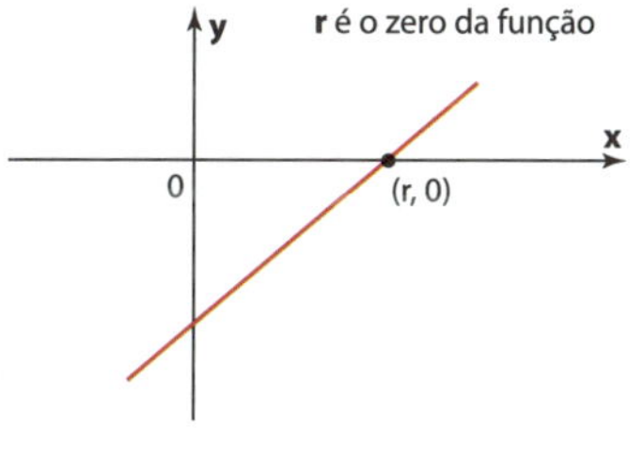 $x = r \Rightarrow f(x) = 0$ $x > r \Rightarrow f(x) > 0$ $x < r \Rightarrow f(x) < 0$ • $a < 0 \rightarrow$ função decrescente 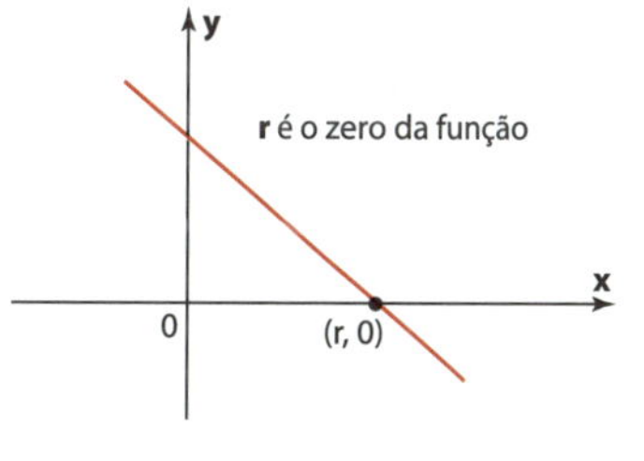 $x = r \Rightarrow f(x) = 0$ $x > r \Rightarrow f(x) < 0$ $x < r \Rightarrow f(x) > 0$

Exercícios

1 (Ufes) O banco Mutreta & Cambalacho cobra uma tarifa para manutenção de conta (TMC) da seguinte forma: uma taxa de R$ 10,00 mensais e mais uma taxa de R$ 0,15 por cheque emitido. O banco Dakah Tom Malah cobra de TMC uma taxa de R$ 20,00 mensais e mais uma taxa de R$ 0,12 por cheque emitido. O sr. Zé Doular é correntista dos dois bancos e emite, mensalmente, 20 cheques de cada banco. A soma das TMCs, em reais, pagas mensalmente por ele aos bancos é:

a) 10,15.
b) 20,12.
c) 30,27.
d) 35,40.
e) 50,27.

2 (PUC–MG) Para se tornar rentável, uma granja deve enviar para o abate **x** frangos por dia, de modo que seja satisfeita a desigualdade $1{,}5 + 80 \leq 2{,}5x - 20$. Nessas condições, pode-se afirmar que o menor valor de **x** é:

a) 100. b) 200. c) 300. d) 400.

3 (Uece) Se $f: \mathbb{R} \to \mathbb{R}$ é a função dada por $f(x) = 100x - 5$, então o valor de $\dfrac{f(10^{-5}) - f(10^{5})}{10^{-5} - 10^{5}}$ é:

a) 10^{-1}. b) 1. c) 10. d) 10^{2}.

4 (Ufam) A função **f**, definida por $f(x) = -3x + m$, está representada abaixo:

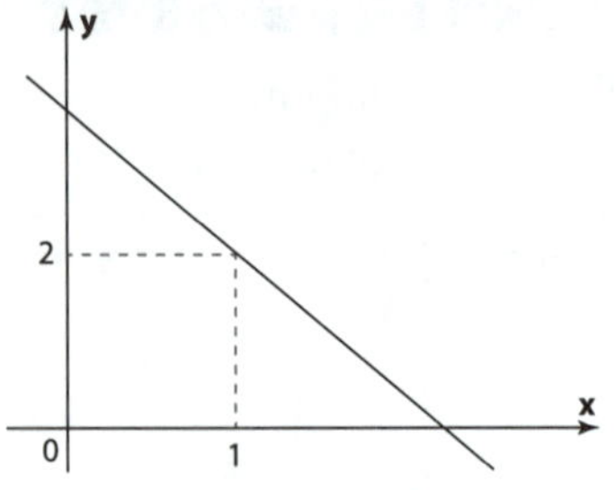

Então o valor de $\dfrac{f(2) + f(-1)}{f(0)}$ é:

a) -1. b) 0. c) 1. d) $\dfrac{7}{5}$. e) $-\dfrac{5}{7}$.

5 (UFC–CE) Uma cidade é servida por duas empresas de telefonia. A empresa **X** cobra, por mês, uma assinatura de R$ 35,00 mais R$ 0,50 por minuto utilizado. A empresa **Y** cobra, por mês, uma assinatura de R$ 26,00 mais R$ 0,65 por minuto utilizado. A partir de quantos minutos de utilização o plano da empresa **X** passa a ser mais vantajoso para os clientes do que o plano da empresa **Y**?

6 (EEM–SP) Uma empresa produz trufas de chocolate, cujo custo de fabricação pode ser dividido em duas partes: uma, independente da quantia vendida, de R$ 1 500,00 mensais; outra, dependente da quantia fabricada, de R$ 0,50 por unidade.

Escreva a(s) expressão(ões) que permita(m) determinar o número de trufas que devem ser vendidas num mês para que a empresa não tenha prejuízo nesse mês, sabendo-se que o preço de venda de cada unidade é de R$ 1,50.

7 (UFPE) Um provedor de acesso à internet oferece dois planos para seus assinantes:

Plano **A** – Assinatura mensal de R$ 8,00 mais R$ 0,03 por cada minuto de conexão durante o mês.

Plano **B** – Assinatura mensal de R$ 10,00 mais R$ 0,02 por cada minuto de conexão durante o mês.

Acima de quantos minutos de conexão por mês é mais econômico optar pelo plano **B**?

a) 160 b) 180 c) 200 d) 220 e) 240

8 (UFG–GO) Para fazer traduções de textos para o inglês, um tradutor **A** cobra um valor inicial de R$ 16,00 mais R$ 0,78 por linha traduzida e um outro tradutor, **B**, cobra um valor inicial de R$ 28,00 mais R$ 0,48 por linha traduzida. A quantidade mínima de linhas de um texto a ser traduzido para o inglês, de modo que o custo seja menor se for realizado pelo tradutor **B**, é:

a) 16. b) 28. c) 41. d) 48. e) 78.

9 (Unemat–MT) Dado o gráfico da figura abaixo:

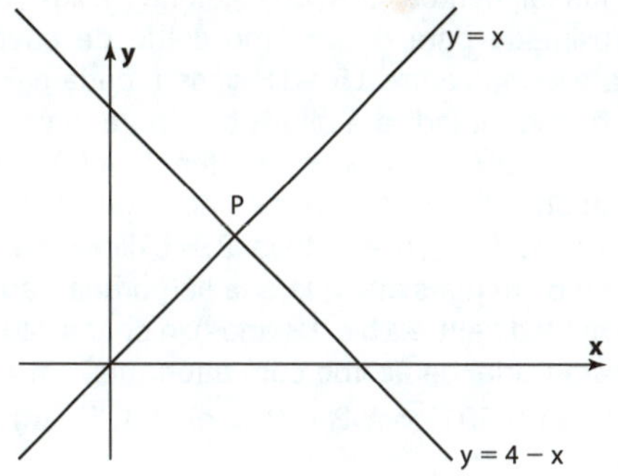

Seja o ponto **P** intersecção das duas retas, seu par ordenado será dado por:

a) **P**(1, 3).
b) **P**(2, 2).
c) **P**(2, 3).
d) **P**$\left(\frac{2}{3}, 2\right)$.
e) **P**(2, 4).

10 (UFG–GO) Duas empresas financeiras, $\mathbf{E_1}$ e $\mathbf{E_2}$, operam emprestando um capital **C**, a ser pago numa única parcela após um mês. A empresa $\mathbf{E_1}$ cobra uma taxa fixa de R$ 60,00 mais 4% de juros sobre o capital emprestado, enquanto a empresa $\mathbf{E_2}$ cobra uma taxa fixa de R$ 150,00 mais juros de 3% sobre o capital emprestado. Dessa forma:

a) determine as expressões que representam o valor a ser pago em função do capital emprestado, nas duas empresas, e esboce os respectivos gráficos;

b) calcule o valor de **C**, de modo que o valor a ser pago seja o mesmo nas duas empresas.

11 (Vunesp) A unidade usual de medida para a energia contida nos alimentos é a quilocaloria (kcal). Uma fórmula aproximada para o consumo diário de energia (em kcal) para meninos entre 15 e 18 anos é dada pela função $f(h) = 17h$, onde **h** indica a altura em cm, e, para meninas nessa mesma faixa de idade, pela função $g(h) = (15,3)h$. Paulo, usando a fórmula para meninos, calculou seu consumo diário de energia e obteve 2975 kcal. Sabendo-se que Paulo é 5 cm mais alto que sua namorada Carla (e que ambos têm idade entre 15 e 18 anos), o consumo diário de energia para Carla, de acordo com a fórmula, em kcal, é:

a) 2 501. b) 2 601. c) 2 770. d) 2 875. e) 2 970.

12 (UFSM–RS) O gráfico a seguir mostra a evolução das notas em Matemática de dois grupos de estudantes, denominados grupo I e grupo II.

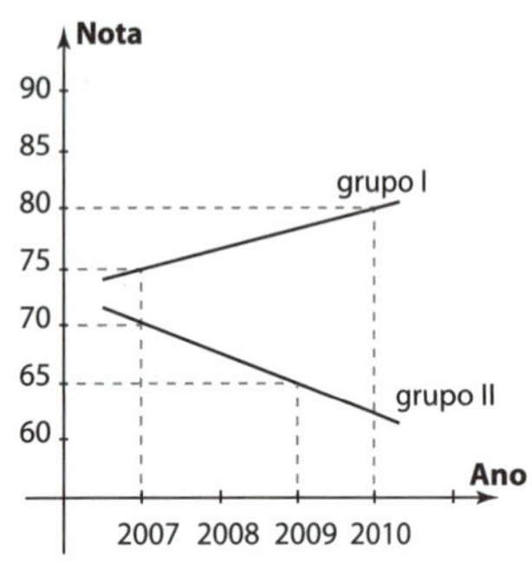

Analisando o gráfico e considerando o período de 2007 a 2010, é possível afirmar:

a) Os dois grupos melhoraram as notas.
b) A nota do grupo I, em 2008, foi 80.
c) A nota do grupo I aumentou de 2008 a 2009 e diminuiu de 2009 a 2010.
d) A nota do grupo II não sofreu alteração.
e) A nota do grupo I aumentou, enquanto a nota do grupo II diminuiu.

13 (UFSM–RS) Em relação ao gráfico da questão anterior, considerando 2007 como $x = 1$, 2008 como $x = 2$ e assim sucessivamente, a função afim $y = ax + b$ que melhor expressa a evolução das notas em Matemática do grupo II é:

a) $y = \frac{5}{2}x + \frac{145}{2}$.
b) $y = -\frac{5}{2}x + \frac{145}{2}$.
c) $y = -\frac{2}{5}x - \frac{145}{5}$.
d) $y = \frac{2}{5}x + \frac{145}{2}$.
e) $y = -5x - 145$.

14 (UEL–PR) Os produtos farmacêuticos devem especificar as dosagens recomendadas para uso de adultos e de crianças. As fórmulas a seguir são utilizadas para modificar a dosagem de uso dos adultos para a dosagem de uso por crianças (**y**).

Fórmula **A**: $y = \left(\frac{1}{24}\right)(t + 1) \cdot a$

Fórmula **B**: $y = \left(\frac{1}{21}\right)t \cdot a$

Onde **a** denota a dosagem de adulto em miligramas e **t** a idade da criança em anos.

Assinale a alternativa que apresenta a idade da criança na qual as duas fórmulas especificam a mesma dosagem.

a) 2 anos.
b) 6 anos.
c) 7 anos.
d) 8 anos.
e) 10 anos.

15 (ESPM–SP) O gráfico abaixo mostra o número de pessoas comprovadamente infectadas pelo vírus H1N1 numa certa cidade do Brasil, entre os meses de maio e setembro de 2009. Na hipótese de um crescimento linear desse surto, representado pela reta **r**, pode-se prever que o número de pessoas infectadas em dezembro de 2009 será igual a:

a) 30.
b) 36.
c) 40.
d) 44.
e) 48.

Pessoas infectadas pelo H1N1

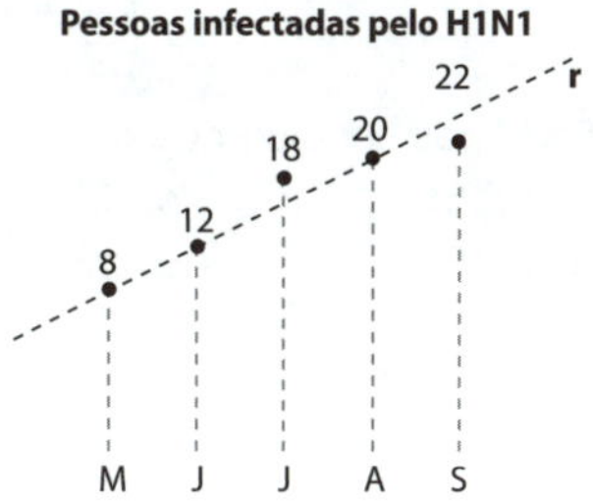

16 (Enem) O gráfico mostra o número de favelas no município do Rio de Janeiro entre 1980 e 2004, considerando que a variação nesse número entre os anos considerados é linear.

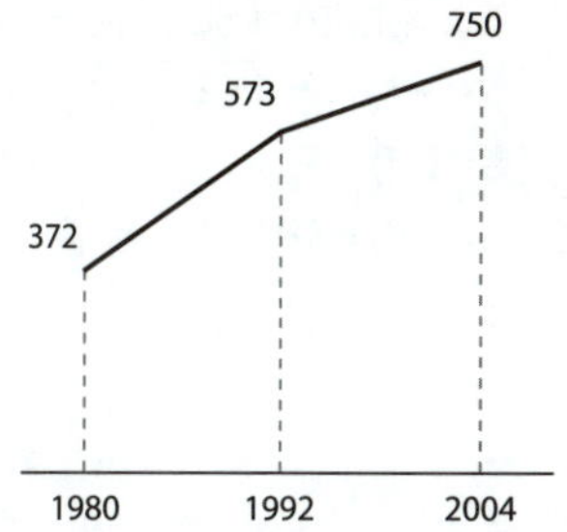

Favela tem Memória. **Época.** Nº 621, 12 abr. 2010 (adaptado).

Se o padrão na variação do período 2004/2010 se mantiver nos próximos 6 anos, e sabendo que o número de favelas em 2010 é 968, então o número de favelas em 2016 será:

a) menor que 1150.
b) 218 unidades maior que em 2004.
c) maior que 1150 e menor que 1200.
d) 177 unidades maior que 2010.
e) maior que 1200.

17 (Enem) Um experimento consiste em colocar certa quantidade de bolas de vidro idênticas em um copo com água até certo nível da água, conforme ilustrado na figura a seguir. Como resultado do experimento, concluiu-se que o nível da água é função do número de bolas de vidro que são colocadas dentro do copo.

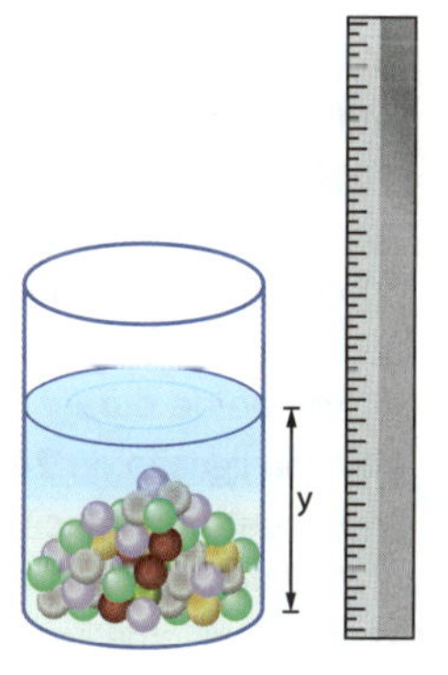

O quadro a seguir mostra alguns resultados do experimento realizado.

Número de bolas (x)	Nível de água (y)
5	6,35 cm
10	6,70 cm
15	7,05 cm

Disponível em: www.penta.ufrgs.br. Acesso em: 13 jan. 2009 (adaptado).

Qual a expressão algébrica que permite calcular o nível da água (**y**) em função do número de bolas (**x**)?

a) $y = 30x$
b) $y = 25x + 20,2$
c) $y = 1,27x$
d) $y = 0,7x$
e) $y = 0,07x + 6$

18 (UEPB) O domínio da função real

$f(x) = \sqrt{(x-1)(2-x)^5}$ é dado por:

a) $D(f) = \mathbb{R}$.

b) $D(f) = \mathbb{R}_+$.

c) $D(f) = [1, 2]$.

d) $D(f) =]1, 2[$.

e) $D(f) =]-\infty < 1] \cup [2, +\infty[$.

19 (FGV–SP) O gráfico de uma função polinomial do primeiro grau passa pelos pontos de coordenadas (x, y) dados abaixo.

x	y
0	5
m	8
6	14
7	k

Podemos concluir que o valor de k + m é:

a) 15,5.

b) 16,5.

c) 17,5.

d) 18,5.

e) 19,5.

20 (UEL–PR) Um consumidor adquiriu um aparelho de telefonia celular que possibilita utilizar os serviços das operadoras de telefonia **M** e **N**. A operadora **M** cobra um valor fixo de R$ 0,06 quando iniciada a ligação e mais R$ 0,115 por minuto da mesma ligação. De modo análogo, a operadora **N** cobra um valor fixo de R$ 0,08 e mais R$ 0,11 por minuto na ligação.

Considere as afirmativas a seguir:

I) O custo de uma ligação de exatos 4 minutos é o mesmo, qualquer que seja a operadora.

II) O custo da ligação pela operadora **M** será menor do que o custo da ligação pela operadora **N**, independentemente do tempo de duração da ligação.

III) Uma ligação de 24 minutos efetuada pela operadora **M** custará R$ 0,10 a mais do que se efetuada pela operadora **N**.

IV) O custo da ligação pela operadora **N** será menor do que o custo da ligação pela operadora **M**, independentemente do tempo de duração da ligação.

Assinale a alternativa que contém todas as afirmativas corretas.

a) I e II.

b) I e III.

c) III e IV.

d) I, II e IV.

e) II, III e IV.

21 (UFMS) Numa grande loja de eletrodoméstico, cada funcionário tem seu salário mensal calculado somando-se ao valor do salário-base fixo de R$ 600,00 uma comissão de 4% sobre o total das suas vendas no mês.

Para premiar seus funcionários, o empregador resolveu oferecer a eles três opções de aumento:

- Opção 1: aumento de 25% apenas sobre o valor do salário-base fixo.
- Opção 2: aumento de 25% apenas sobre a porcentagem da comissão.
- Opção 3: aumento de 15% sobre o valor do salário-base fixo e um aumento de 15% sobre a porcentagem de comissão.

Analisando as três opções, é correto afirmar que:

a) todas as três opções determinam um mesmo salário para o funcionário, independentemente do total de vendas mensal.

b) a opção 1 determina um salário menor, em relação às outras opções, para qualquer total de vendas mensal acima de R$ 10 000,00.

c) a opção 3 determina um salário maior, em relação às outras opções, para qualquer total de vendas mensal acima de R$ 15 000,00.

d) a opção 2 determina um salário menor, em relação às outras opções, para qualquer total de vendas mensal abaixo de R$ 15 000,00.

e) as opções 1 e 2 determinam um mesmo salário para funcionário, independentemente do total de vendas mensal.

22 (Uesc-BA)

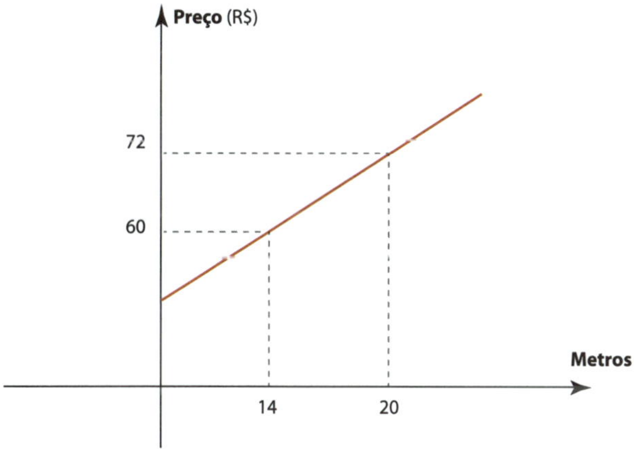

O valor total cobrado por uma empresa de TV a cabo para instalar um equipamento em uma residência inclui uma parte fixa correspondente à visita do técnico e outra variável, correspondente à quantidade de fio requerida pelo serviço. O gráfico representa o valor do serviço efetuado em função da metragem de fio usada no serviço.

Se uma pessoa contratar os serviços dessa empresa e durante a instalação do equipamento forem utilizados 35 metros de fio, essa pessoa deverá pagar, pelo serviço, a quantia de:

01) R$ 98,00.
02) R$ 102,00.
03) R$ 105,00.
04) R$ 108,00.
05) R$ 110,00.

23 (UFPB) Em uma certa cidade, acontece anualmente uma corrida, como parte dos eventos comemorativos pela sua emancipação política. Em 2000, o comitê organizador da corrida permitiu a participação de 1500 pessoas e, em 2005, a participação de 1800 pessoas. Devido às condições de infraestrutura da cidade, o comitê decidiu limitar o número de participantes na corrida. Nesse sentido, estudos feitos concluíram que o número máximo n(t) de participantes, no ano **t**, seria dado pela função afim $n(t) = at + b$, onde **a** e **b** são constantes. Com base nessas informações, conclui-se que, no ano de 2010, o número máximo de participantes na corrida será de:

a) 1900.
b) 2100.
c) 2300.
d) 2500.
e) 2700.

24 (Unicamp–SP) Três planos de telefonia celular são apresentados na tabela abaixo:

Plano	Custo fixo mensal	Custo adicional por minuto
A	R$ 35,00	R$ 0,50
B	R$ 20,00	R$ 0,80
C	0	R$ 1,20

a) Qual é o plano mais vantajoso para alguém que utiliza 25 minutos por mês?
b) A partir de quantos minutos de uso mensal o plano **A** é mais vantajoso que os outros?

25 (Unir–RO) Duas empresas, **A** e **B**, locadoras de veículos de passeio, apresentam o valor da locação de um mesmo carro pelos gráficos abaixo. Considere **y** o valor pago, em reais, pela locação desse veículo e **x** a quantidade de quilômetros rodados.

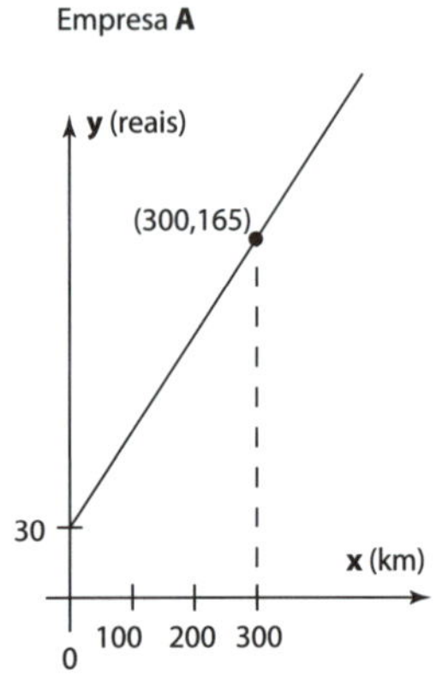

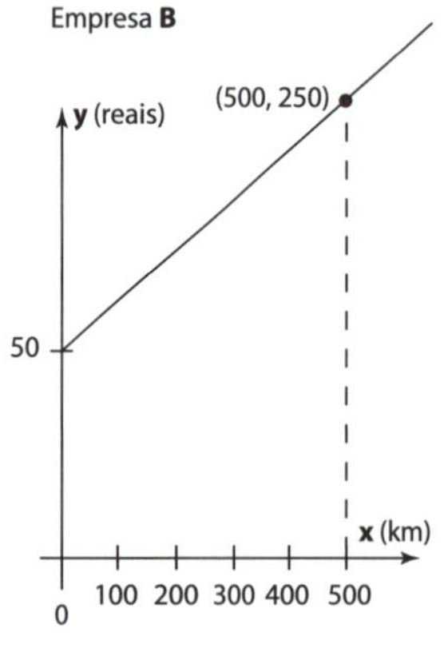

A partir dessas informações, é correto afirmar:

a) A empresa **A** cobra 0,50 centavos por quilômetro rodado de uma taxa fixa de 50 reais.
b) A empresa **B** cobra somente a quilometragem rodada.
c) Para rodar 400 km, o valor cobrado pela empresa **A** é igual ao cobrado pela **B**.
d) Para rodar uma distância de 300 km é mais vantajoso alugar o carro da empresa **B**.
e) Para rodar uma distância de 500 km é mais vantajoso alugar o carro da empresa **A**.

26 (UEPA) O ponto $\mathbf{P}(x_0, y_0)$ é a intersecção das retas desenhadas abaixo.

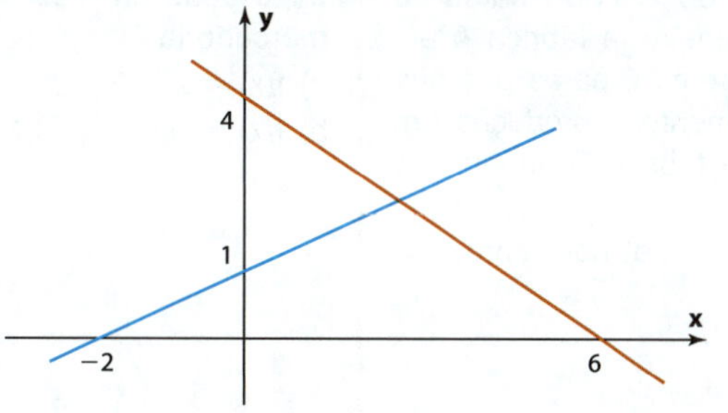

O valor da coordenada $\mathbf{x_0}$ é:

a) $\frac{8}{3}$. b) $\frac{16}{6}$. c) $\frac{13}{5}$. d) $\frac{18}{7}$. e) $\frac{9}{4}$.

27 (UFPA) Em uma viagem terrestre, um motorista verifica que, ao passar pelo quilômetro 300 da rodovia, o tanque de seu carro contém 45 litros de combustível e que, ao passar pelo quilômetro 396, o marcador de combustível assinala 37 litros. Como o motorista realiza o trajeto em velocidade aproximadamente constante, o nível de combustível varia linearmente em função da sua localização na rodovia, podendo, portanto, ser modelado por uma função do tipo $C(x) = ax + b$, sendo $C(x)$ o nível de combustível quando o automóvel se encontra no quilômetro **x** da rodovia. Baseado nessas informações, é correto afirmar que, com o combustível que possui, o automóvel chegará, no máximo, até o quilômetro:

a) 800. b) 840. c) 890. d) 950. e) 99.

28 (Vunesp) Duas pequenas fábricas de calçados, **A** e **B**, têm fabricado, respectivamente, 3000 e 1000 pares de sapatos por mês. Se, a partir de janeiro, a fábrica **A** aumentar sucessivamente a produção em 70 pares por mês e a fábrica **B** aumentar sucessivamente a produção em 290 pares por mês, a produção da fábrica **B** superará a produção de **A** a partir de:

a) março.
b) maio.
c) julho.
d) setembro.
e) novembro.

29 (UEG–GO) Em uma fábrica, o custo de produção de 500 unidades de camisetas é de R$ 2700,00, enquanto o custo para produzir 1 000 unidades é de R$ 3000,00. Sabendo que o custo das camisetas é dado em função do número produzido através da expressão $c(x) = qx + b$, em que **x** é a quantidade produzida e **b** é o custo fixo, determine:

a) os valores de **b** e de **q**;
b) o custo de produção de 800 camisetas.

30 (Fatec–SP) Se uma função do primeiro grau é tal que $f(100) = 180$ e $f(-50) = 480$, então é verdade que:

a) $f(-100) = 280$.
b) $f(0) = 380$.
c) $f(120) = 820$.
d) $f(150) = 850$.
e) $f(200) = 1\,560$.

31 (Fuvest–SP) A função que representa o valor a ser pago após um desconto de 3% sobre o valor **x** de uma mercadoria é:

a) $f(x) = x - 3$.
b) $f(x) = 0{,}97x$.
c) $f(x) = 1{,}3x$.
d) $f(x) = -3x$.
e) $f(x) = 1{,}03x$.

32 (Vunesp) Carlos trabalha como disc-jóquei (dj) e cobra taxa fixa de R$ 100,00, mais R$ 20,00 por hora, para animar uma festa. Daniel, na mesma função, cobra uma taxa fixa de R$ 55,00, mais R$ 35,00 por hora. O tempo máximo de duração de uma festa para que a contratação de Daniel não fique mais cara que a de Carlos, é:

a) 6 horas.
b) 5 horas.
c) 4 horas.
d) 3 horas.
e) 2 horas.

33 (UFC–CE) O conjunto solução, nos números reais, da inequação $\frac{1-x}{1+x} > -1$ é igual a:

a) $\{x \in \mathbb{R};\ x > -1\}$.
b) $\{x \in \mathbb{R};\ x > 0\}$.
c) $\{x \in \mathbb{R};\ x > 1\}$.
d) $\{x \in \mathbb{R};\ x > 2\}$.
e) $\{x \in \mathbb{R};\ x > 3\}$.

34 (UFPB/PSS) Considere a função invertível f: $\mathbb{R} \rightarrow \mathbb{R}$ definida por $f(x) = 2x + b$, onde **b** é uma função constante. Sendo $\mathbf{f^{-1}}$ a sua inversa, qual o valor de **b**, sabendo que o gráfico de $\mathbf{f^{-1}}$ passa pelo ponto **A**(1, −2)?

a) −2
b) −1
c) 2
d) 3
e) 5

35 (Unicamp–SP) O custo de uma corrida de táxi é constituído por um valor inicial Q_0, fixo, mais um valor que varia proporcionalmente à distância **D** percorrida nessa corrida. Sabe-se que, em uma corrida na qual foram percorridos 3,6 km, a quantia cobrada foi de R$ 8,25, e que em outra corrida, de 2,8 km, a quantia cobrada foi de R$ 7,25.

a) Calcule o valor inicial Q_0.
b) Se, em um dia de trabalho, um taxista arrecadou R$ 75,00 em 10 corridas, quantos quilômetros seu carro percorreu naquele dia?

36 (UFMG) Em 2000, a porcentagem de indivíduos brancos na população dos Estados Unidos era de 70% e outras etnias – latinos, negros, asiáticos e outros – constituíam os 30% restantes. Projeções do órgão do governo norte-americano encarregado do censo indicam que, em 2020, a porcentagem de brancos deverá ser de 62%. Admite-se que essas porcentagens variam linearmente com o tempo. Com base nessas informações, é correto afirmar que os brancos serão minoria na população norte-americana a partir de:

a) 2050.
b) 2060.
c) 2070.
d) 2040.

37 (FGV–SP) Os gastos de consumo (**C**) de uma família e sua renda (**x**) são tais que $C = 2\,000 + 0{,}8x$. Podemos então afirmar que:

a) se a renda aumenta em 500, o consumo aumenta em 500.
b) se a renda diminui em 500, o consumo diminui em 500.
c) se a renda aumenta em 1 000, o consumo aumenta em 800.
d) se a renda diminui em 1 000, o consumo diminui em 2 800.
e) se a renda dobra, o consumo dobra.

38 (Unifor-CE) Seja $\left\{x \in \mathbb{R} \mid x \leq \dfrac{5}{2}\right\}$ o conjunto solução da inequação $3(x - 1) - 3(2 - x) \leq k\left(x + \dfrac{1}{2}\right)$, na qual **x** é uma variável real. Nessas condições, a constante **k** é igual a:

a) −2. b) −1. c) 0. d) 1. e) 2.

39 (PUC-SP) Um grupo de amigos "criou" uma nova unidade de medida para temperaturas: o grau Patota. Estabeleceram, então, uma correspondência entre as medidas de temperaturas em graus Celsius (°C), já conhecida, e em graus Patota (°P), mostrada abaixo:

°C	°P
20	40
60	48

Lembrando que a água ferve a 100 °C, então, na unidade Patota ela ferverá a:

a) 96°. b) 88°. c) 78°. d) 64°. e) 56°.

40 (Uerj) No gráfico ao lado, **x** representa a quantidade de batatas, em quilogramas, vendidas na barraca do Custódio, em um dia de feira, e **y** representa o valor, em reais, arrecadado com essa venda. A partir das 12 horas, o movimento diminui e o preço do quilograma de batatas também diminui.

a) Calcule a redução percentual do preço do quilograma das batatas a partir das 12 horas.

b) Se o preço não diminuísse, teria sido arrecadado um valor **V** na venda de 80 kg. Determine o percentual de **V** que corresponde à perda causada pela redução do preço.

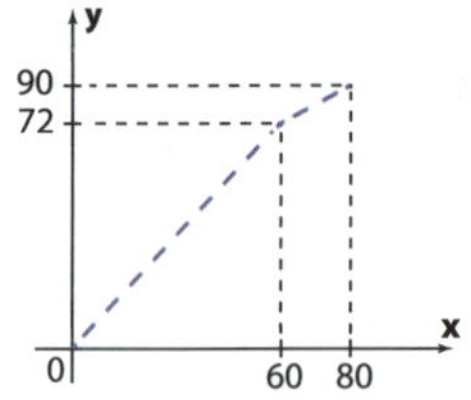

41 (UFSC) Dois líquidos diferentes encontram-se em recipientes idênticos e têm taxas de evaporação constantes. O líquido I encontra-se inicialmente em um nível de 100 mm e evapora-se completamente no quadragésimo dia. O líquido II, inicialmente com nível 80 mm, evapora-se completamente no quadragésimo oitavo dia. Determine, antes da evaporação completa de ambos, ao final de qual dia os líquidos terão o mesmo nível (em mm) nesses mesmos recipientes.

42 (UEL–PR) Um camponês adquire um moinho ao preço de R$ 860,00. Com o passar do tempo, ocorre uma depreciação linear no preço desse equipamento. Considere que, em 6 anos, o preço do moinho será de R$ 500,00. Com base nessas informações é correto afirmar que:

a) Em três anos, o moinho valerá 50% do preço da compra.
b) Em nove anos, o preço do moinho será múltiplo de 9.
c) É necessário um investimento maior que R$ 450,00 para comprar esse equipamento após sete anos.
d) Serão necessários dez anos para que o valor desse equipamento seja inferior a R$ 200,00.
e) O moinho terá o valor de venda ainda que tenham decorrido treze anos.

43 (Unicamp–SP) A troposfera, que é a primeira camada da atmosfera, estende-se do nível do mar até a altitude de 40 000 pés; nela, a temperatura diminui 2 °C a cada aumento de 1000 pés na altitude. Suponha que em um ponto **A**, situado ao nível do mar, a temperatura seja 20 °C. Pergunta-se:

a) Em que altitude, acima do ponto **A**, a temperatura é de 0 °C?
b) Qual é a temperatura a 35000 pés acima do mesmo ponto **A**?

44 (FGV–SP) Uma pequena empresa fabrica camisas de um único modelo e as vende por R$ 80,00 a unidade. Devido ao aluguel e a outras despesas fixas que não dependem da quantidade produzida, a empresa tem um custo fixo anual de R$ 96000,00. Além do custo fixo, a empresa tem de arcar com custos que dependem da quantidade produzida, chamados custos variáveis, tais como matéria-prima, por exemplo; o custo variável por camisa é R$ 40,00. Em 2009, a empresa lucrou R$ 60 000,00. Para dobrar o lucro em 2010, em relação ao lucro de 2009, a quantidade vendida em 2010 terá de ser **x**% maior que a de 2009. O valor mais próximo de **x** é:

a) 120. b) 100. c) 80. d) 60. e) 40.

Assunto	Resumo
Função quadrática	Uma função f: $\mathbb{R} \to \mathbb{R}$ chama-se *quadrática* quando existem números reais **a**, **b** e **c**, com $a \neq 0$, tal que $f(x) = ax^2 + bx + c$ para todo $x \in \mathbb{R}$. $$f: \mathbb{R} \to \mathbb{R}$$ $$x \to ax^2 + bx + c$$
Zeros da função quadrática	$x = \dfrac{-b \pm \sqrt{b^2 - 4ac}}{2a}$ (fórmula que fornece as raízes da equação do 2º grau $ax^2 + bx + c = 0$) **Observações:** 1ª) O número $\Delta = b^2 - 4ac$ é chamado *discriminante* da função quadrática $f(x) = ax^2 + bx + c$. 2ª) Quando $\Delta > 0$, a função $f(x) = ax^2 + bx + c$ tem dois zeros reais diferentes. Quando $\Delta = 0$, a função $f(x) = ax^2 + bx + c$ tem um zero duplo. Quando $\Delta < 0$, a função $f(x) = ax^2 + bx + c$ não tem zeros reais.
Relações entre coeficientes e raízes da equação quadrática $ax^2 + bx + c = 0$ $(a \neq 0)$	Existindo zeros reais tal que $x' = \dfrac{-b + \sqrt{b^2 - 4ac}}{2a}$ e $x'' = \dfrac{-b - \sqrt{b^2 - 4ac}}{2a}$, obtemos: $$S = x' + x'' = -\frac{b}{a}$$ $$P = x' \cdot x'' = \frac{c}{a}$$
Gráfico da função quadrática	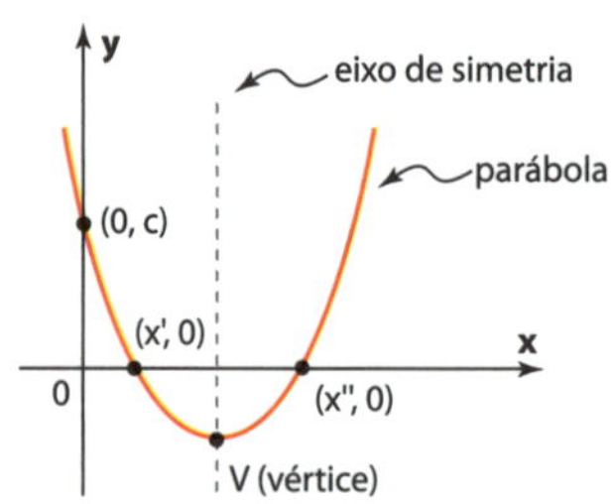 O gráfico da função quadrática é uma parábola.
Vértice	O vértice de uma parábola dada por $f(x) = ax^2 + bx + c$, $a \neq 0$, é o ponto $V\left(-\dfrac{b}{2a}, -\dfrac{\Delta}{4a}\right)$. $$x_v = -\frac{b}{2a}$$ $$y_v = -\frac{\Delta}{4a} = f(x_v)$$

<table>
<tr><th>Assunto</th><th>Resumo</th></tr>
<tr><td>Forma canônica</td><td>$f(x) = a(x - x_v)^2 + y_v$, em que $x_v = -\dfrac{b}{2a}$ e $y_v = f(x_v) = -\dfrac{\Delta}{4a}$.</td></tr>
<tr><td>Forma fatorada</td><td>$ax^2 + bx + c = a(x - x')(x - x'') = a(x^2 - Sx + P)$</td></tr>
<tr><td>Concavidade da parábola</td><td>$a > 0$
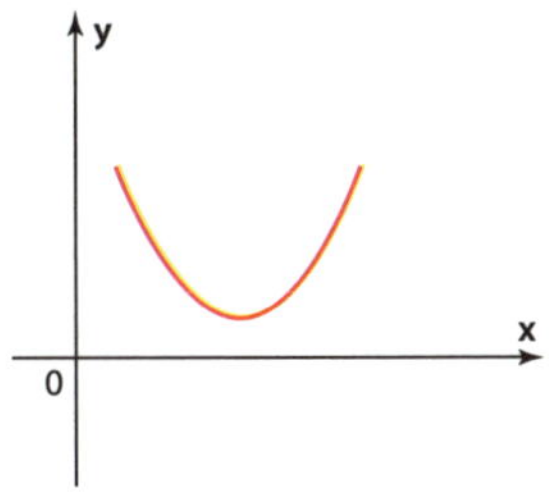
$a < 0$
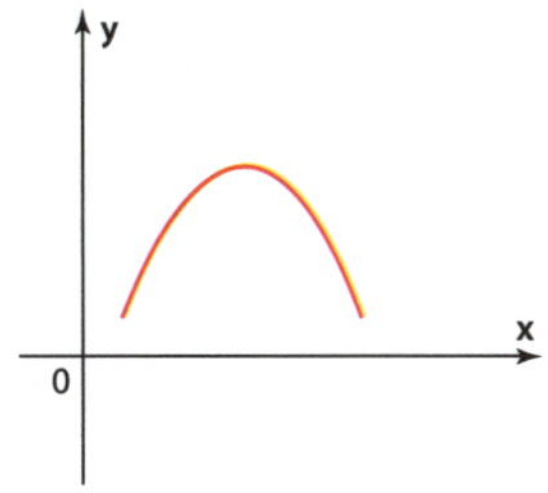</td></tr>
<tr><td>Máximos e mínimos</td><td>Valor máximo: $a < 0$
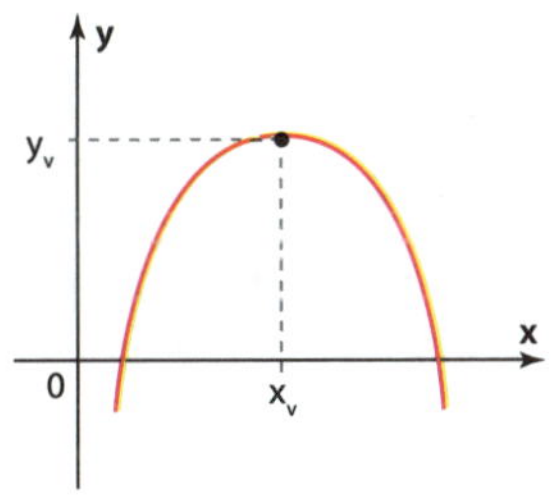
Valor mínimo: $a > 0$
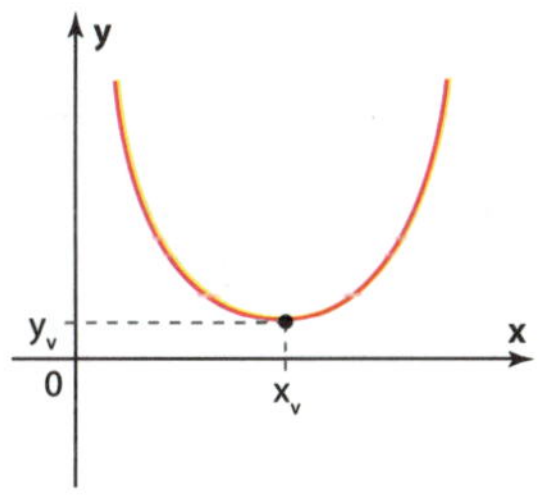</td></tr>
<tr><td>Número de zeros e concavidade</td><td>
<table>
<tr><th></th><th>$\Delta < 0$</th><th>$\Delta = 0$</th><th>$\Delta > 0$</th></tr>
<tr><td>$a > 0$</td><td>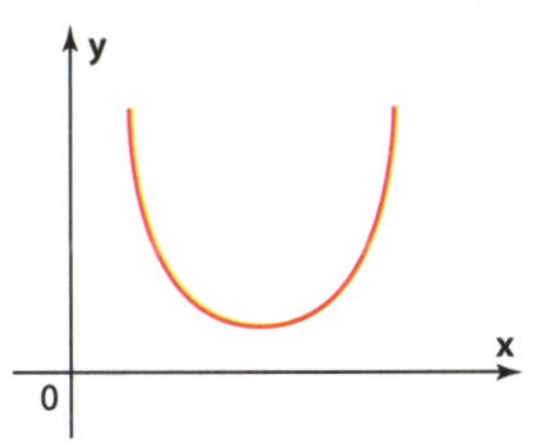</td><td>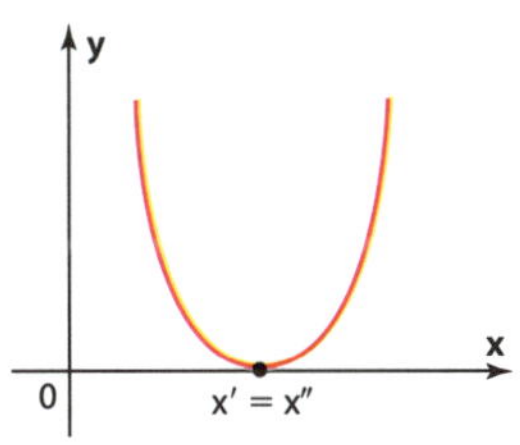</td><td>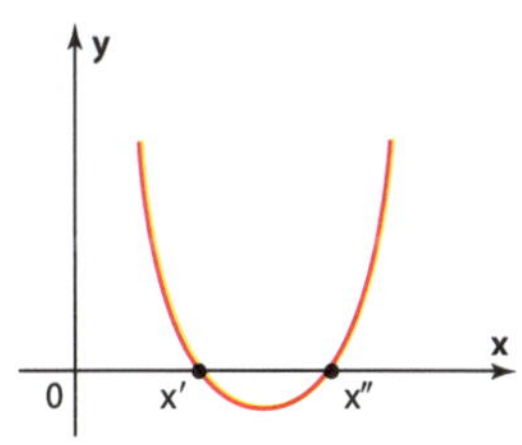</td></tr>
<tr><td>$a < 0$</td><td>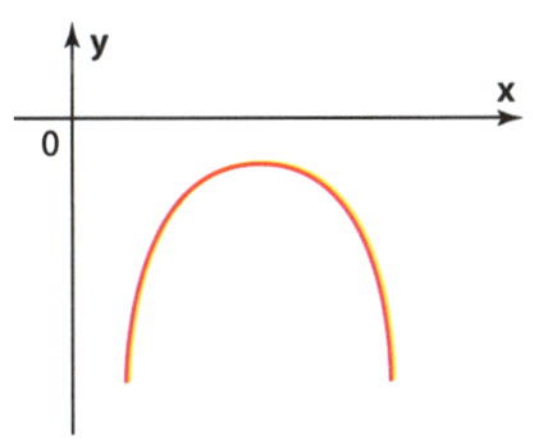</td><td>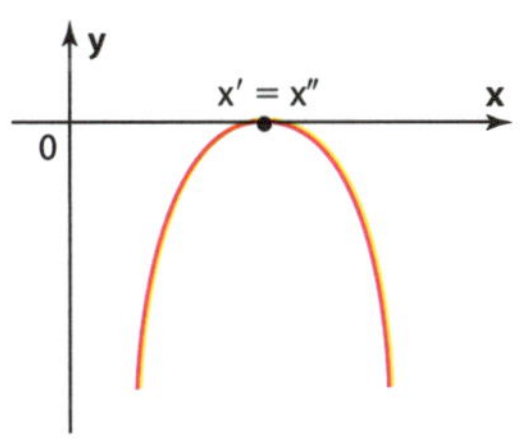</td><td>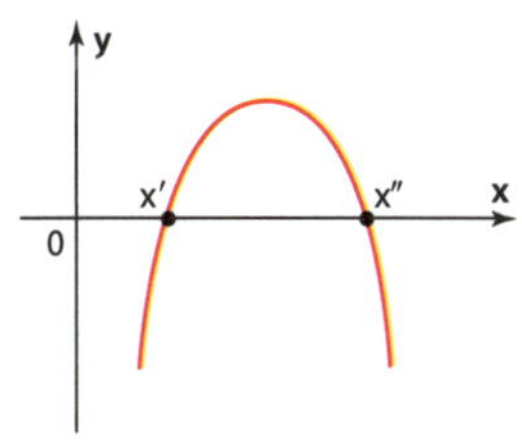</td></tr>
</table>
</td></tr>
</table>

Exercícios

1 (UVA–RJ) Se a função f: $\mathbb{R} \rightarrow A$ definida por $f(x) = x^2 - 4x + 6$ é sobrejetora, então:

a) $A = \{y \in \mathbb{R} \mid y \geqslant 2\}$.

b) $A = \{y \in \mathbb{R} \mid y > 2\}$.

c) $A = \{y \in \mathbb{R} \mid y \leqslant 2\}$.

d) $A = \{y \in \mathbb{R} \mid y < 2\}$.

2 (PUC–SP) Sendo $f(x) = x^2 - 3x + 8$, calcule o conjunto solução da inequação $f(x) > 2f(1)$.

3 (Faap–SP) Resolva a inequação $(2x - 5)(x - 4) - 7 \geqslant (x - 2)(x - 3)$.

4 (Unip–SP) Seja **A** o conjunto solução da inequação $x^2 - 5x + 4 < 0$ e $\mathbb{N} = \{0, 1, 2, 3, ...\}$ o conjunto dos números naturais. Determine o conjunto $A \cap \mathbb{N}$.

5 (Ufal) Determine o menor número inteiro tal que $x^2 - 4x - 5 < 0$.

6 (UFT–TO) Seja **a** um número real e f: $]-\infty, \infty[\rightarrow [a, \infty[$ uma função definida por $f(x) = m^2x^2 + 4mx + 1$, com $m \neq 0$. O valor de **a** para que a função **f** seja sobrejetora é:

a) -4. b) -3. c) 3. d) 0. e) 2.

7 (Ufam) Um goleiro chuta a bola cuja trajetória descreve a parábola $y = -4x^2 + 24x$, onde **x** e **y** são medidas em metros.

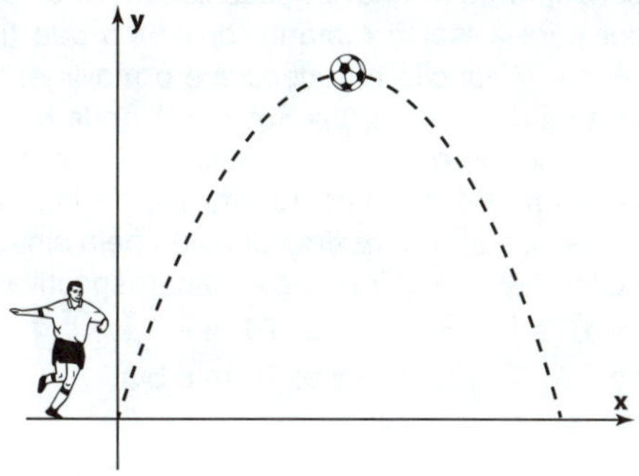

Nestas condições a altura máxima, em metros, atingida pela bola é:

a) 36. b) 34. c) 30. d) 28. e) 24.

8 (UFG-GO) A temperatura (medida em graus Celsius) na cidade de Gramado, no período de 24 horas, satisfaz à seguinte função quadrática: $f(t) = -\frac{1}{30}t^2 + \frac{4}{5}t + 6$, em que **t** é o tempo (medido em horas) a partir de $t = 0$. Considerando o exposto, calcule:

a) a temperatura atingida às três horas da manhã;

b) a hora na qual a temperatura atinge o valor máximo;

c) o valor máximo da temperatura.

9 (Uece) A idade de Paulo, em anos, é um número inteiro par que satisfaz à desigualdade $x^2 - 32x + 252 < 0$. O número que representa a idade de Paulo pertence ao conjunto:

a) {12, 13, 14}.

b) {15, 16, 17}.

c) {18, 19, 20}.

d) {21, 22, 23}.

10 (UEMS)

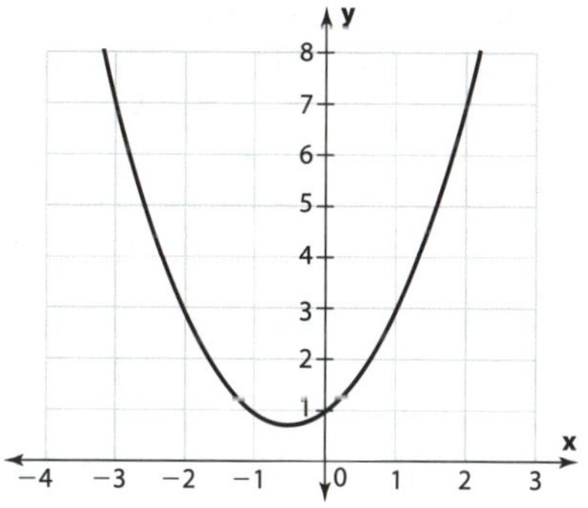

As informações apresentadas no gráfico estão expressas em linguagem matemática por:

a) f(x) é crescente.

b) Se $x \in [0, 2]$, então $1 \leq f(x) \leq 7$.

c) $f(x) < 0$.

d) f(x) é decrescente.

e) f(x) é uma função de primeiro grau.

11 (UEPG–PR) Em relação à função real de variável real definida por $f(x) = kx^2 - 2kx + k - 1$, assinale o que for correto.

a) Se $k < 0$, a função não tem raízes reais.

b) Para qualquer valor real de **k** a função é quadrática.

c) Se $k > 0$, a parábola representativa da função tem concavidade voltada para baixo.

d) Se $k = -1$, a função tem ponto de mínimo.

e) Se $k = 2$, a função tem valor máximo em $x = -1$.

12 (Furg–RS) Um número muito grande de pessoas procurou, no fim de semana, o Hospital Universitário "Dr. Miguel Riet Corrêa Júnior", da Furg, em busca de informações e atendimento relativo à gripe A (H1N1). A direção do HU solicita primeiramente atendimento nos postos de saúde. Assim, somente as pessoas realmente doentes serão encaminhadas pelos médicos dos postos ao hospital. (Jornal *Agora*, 21 jul. 2009, p. 5.)

Um vírus se espalha em uma cidade com determinada rapidez. Em geral, essa rapidez é diretamente proporcional ao número de pessoas infectadas e, também, ao número de pessoas não infectadas. Sendo **R** a rapidez de propagação desse vírus e **x** o número de pessoas infectadas, tem-se $R(x) = 2x(250\,000 - x)$. A máxima rapidez de propagação do vírus ocorrerá quando o número de pessoas infectadas for igual a:

a) 312 000.
b) 31 250.
c) 62 500.
d) 250 000.
e) 125 000.

13 (UFSM–RS) Durante um passeio noturno de barco, diversão preferida de um grupo de jovens, surgiu uma situação de perigo, em que houve necessidade de disparar um sinalizador para avisar o restante do grupo que ficara no acampamento. A função que descreve o movimento do sinal luminoso é dada por $h(t) = 30t - 3t^2$, onde **h** é a altura do sinal em metros e **t**, o tempo decorrido em segundos, desde o disparo até o momento em que o sinalizador cai na água. Assim, a altura máxima atingida pelo sinalizador e o tempo decorrido até cair na água são, respectivamente:

a) 75 m e 10 s.
b) 75 m e 5 s.
c) 74 m e 10 s.
d) 74 m e 5 s.
e) 70 m e 5 s.

14 (Ufpel–RS) Uma parábola passa pelos pontos **A**(0, 5), **B**(2, −3) e **C**(3, −4). A soma das coordenadas do vértice é:

a) 2.
b) −2.
c) 1.
d) −1.

15 (UFBA) Uma empresa observou que a quantidade **Q**, em toneladas, de carne que ela exporta em uma semana é dada por $Q(x) = ax^2 + bx + c$, sendo **a, b** e **c** constantes, e **x** o preço do produto, em reais, por quilograma, praticado na referida semana, sendo $3 \leqslant x \leqslant 8$. Sabe-se que, para o preço de R$ 3,00, a quantidade é de 7,5 toneladas, que para R$ 4,00, a quantidade é máxima e que, para R$ 8,00, a quantidade é zero.

Com base nessas informações, pode-se afirmar:

01) A quantidade Q(x) diminui à medida que o preço **x** aumenta.

02) Para o preço de R$ 5,00, a quantidade é de 7,5 toneladas.

04) A constante $\frac{b}{a}$ é igual a -8.

08) Existe um único preço **x**, $3 \leqslant x \leqslant 8$, tal que $Q(x) = 3{,}5$.

16) Para cada preço **x**, $3 \leqslant x \leqslant 8$, tem-se $Q(x) = -x^2 + 8x$.

16 (Ibmec–RJ) A soma dos quadrados dos números naturais que pertencem ao conjunto solução de $\frac{(3-x)\cdot(x^2-1)}{x+2} \geqslant 0$ é igual a:

a) 13. b) 14. c) 15. d) 19. e) 20.

17 (UFPA) O faturamento de uma empresa na venda de certo produto pode ser modelado por uma função quadrática do tipo $F(p) = a \cdot p^2 + b \cdot p + c$, sendo **p** preço de venda praticado. A figura abaixo apresenta os faturamentos obtidos em função do preço e o gráfico da função quadrática que se aproxima desse faturamento.

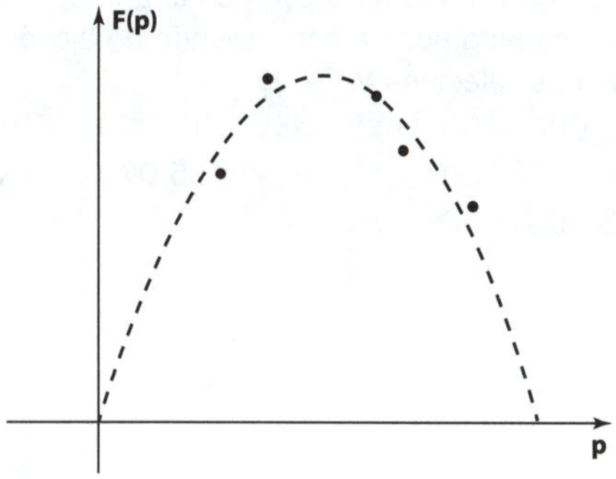

Sobre os coeficientes da função quadrática, é correto afirmar que:

a) $a > 0, b < 0, c > 0$.

b) $a < 0, b > 0, c < 0$.

c) $a > 0, b < 0, c > 0$.

d) $a < 0, b < 0, c = 0$.

e) $a < 0, b > 0, c = 0$.

18 (UFBA) Sabendo que os gráficos das funções quadráticas $f(x) = x^2 - 4x + 3$ e $g(x) = -x^2 - bx + c$ se intersectam em um ponto do eixo **x** e em um ponto do eixo **y**, determine o valor de b^4c.

19 (Enem) Um posto de combustível vende 10 000 litros de álcool por dia a R$ 1,50 cada litro. Seu proprietário percebeu que, para cada centavo de desconto que concedia por litro, eram vendidos 100 litros a mais por dia. Por exemplo, no dia em que o preço do álcool foi R$ 1,48, foram vendidos 10 200 litros. Considerando **x** o valor, em centavos, do desconto dado no preço de cada litro, e **V** o valor, em R$, arrecadado por dia com a venda do álcool, então a expressão que relaciona **V** e **x** é:

a) $V = 10\,000 + 50x - x^2$.
b) $V = 10\,000 + 50x + x^2$.
c) $V = 15\,000 - 50x - x^2$.
d) $V = 15\,000 + 50x - x^2$.
e) $V = 15\,000 - 50x + x^2$.

20 (UEG-GO) A equação da reta que representa o eixo do gráfico da função quadrática dada por $f(x) = x^2 + 6x + 12$ é:

a) $x = -3$.
b) $x = 6$.
c) $y = -3$.
d) $y = 6$.

21 (UFC-CE) Sejam [0, 2] e [a, b] intervalos fechados de números reais, $f: [0, 2] \rightarrow \mathbb{R}$ e $g: \mathbb{R} \rightarrow [a, b]$ funções definidas por $f(x) = x^2 + 1$ e $g(x) = x + 1$. Se a função composta $g \circ f$ é sobrejetiva, calcule a soma dos extremos [a, b].

22 (PUCC-SP) Um projétil de origem **O**(0, 0), segundo um referencial dado, percorre uma trajetória parabólica que atinge sua altura máxima no ponto (2, 4). Escreva a equação dessa trajetória.

23 (FEI-SP) Ache os valores reais de **p** para os quais a função $f(x) = (p - 1)x^2 + (2p - 2)x + p + 1$ é positiva, qualquer que seja **x**.

24 (PUC-RS) Se **x** e **y** são números reais tais que $x - y = 2$, então o valor mínimo de $z = x^2 + y^2$ é:

a) -1. b) 0. c) 1. d) 2. e) 4.

25 (FGV–SP) Determine os valores reais de **x** para os quais $(x^2 - 8x + 12)(x^2 - 5x) < 0$.

27 (Insper–SP) Uma função do 2º grau **f** é tal que, para todo $x \in \mathbb{R}$, tem-se $f(x) = f(1 - x)$. Assim, o gráfico de **f** é uma parábola cujo vértice é um ponto de abscissa:

a) $\frac{1}{4}$.
b) $\frac{1}{2}$.
c) 1.
d) 2.
e) 4.

26 (EEM–SP) Resolva a inequação $(x + 4) < -\frac{2}{x + 1}$ em $\mathbb{R}$.

28 (UFRJ) Cíntia, Paulo e Paula leram a seguinte informação numa revista:

"Conhece-se, há mais de um século, uma fórmula para expressar o peso ideal do corpo humano adulto em função da altura: $P = (a - 100) - \frac{a - 150}{k}$, onde **P** é o peso, em quilos, **a** é a altura, em centímetros, $k = 4$, para homens, e $k = 2$, para mulheres."

a) Cíntia, que pesa 54 quilos, fez rapidamente as contas com $k = 2$ e constatou que, segundo a fórmula, estava 3 quilos abaixo do seu peso ideal. Calcule a altura de Cíntia.

b) Paulo e Paula têm a mesma altura e ficaram felizes em saber que estavam ambos exatamente com seu peso ideal, segundo a informação da revista. Sabendo que Paulo pesa 2 quilos a mais do que Paula, determine o peso de cada um deles.

29 (UEL–PR) Um terreno retangular tem 84 m de perímetro. O gráfico que descreve a área **y** do terreno com função de um lado **x** é:

a)

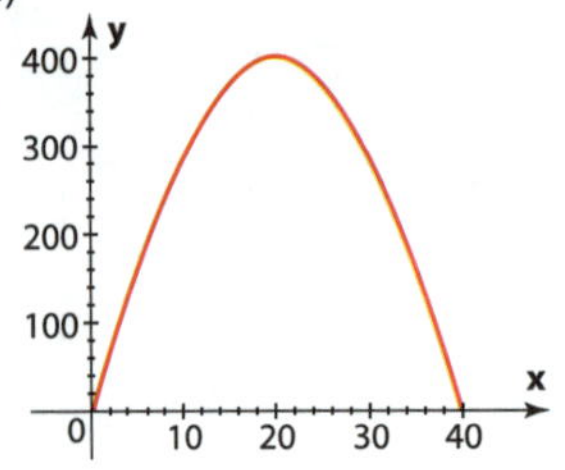

b)

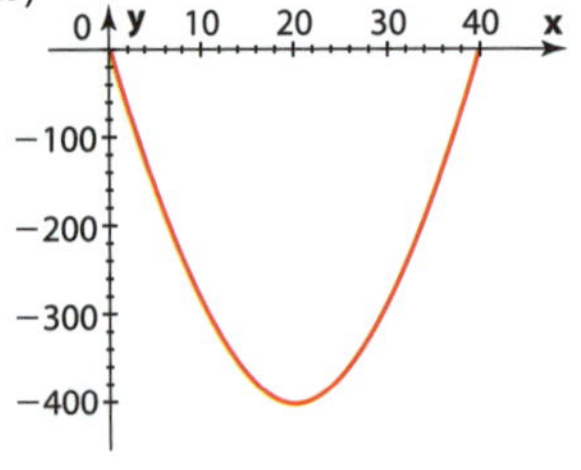

c)

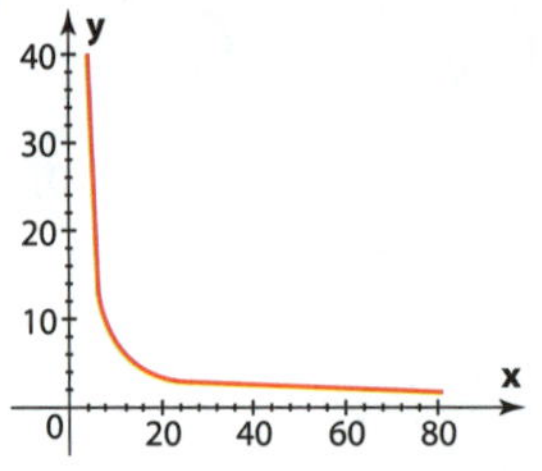

d)

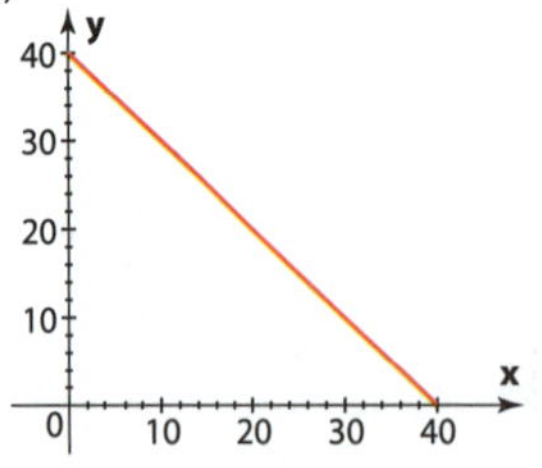

e)

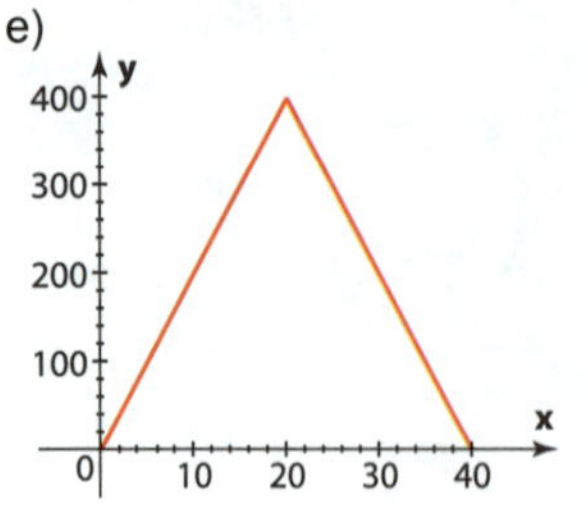

30 (UFPR) O lucro diário **L** é a receita gerada **R** menos o custo de produção **C**. Suponha que, em certa fábrica, a receita gerada e o custo de produção sejam dados, em reais, pelas funções $R(x) = 60x - x^2$ e $C(x) = 10(x + 40)$, sendo **x** o número de itens produzidos no dia. Sabendo que a fábrica tem capacidade de produzir até 50 itens por dia, considere as seguintes afirmativas:

I) O número mínimo de itens **x** que devem ser produzidos por dia, para que a fábrica não tenha prejuízo, é 10.

II) A função lucro L(x) é crescente no intervalo [0, 25].

III) Para que a fábrica tenha maior lucro possível, deve produzir 30 itens por dia.

IV) Se a fábrica produzir 50 itens num único dia, terá prejuízo.

Assinale a alternativa correta.

a) Somente as afirmativas II e IV são verdadeiras.

b) Somente as afirmativas I, III e IV são verdadeiras.

c) Somente as afirmativas I, II e IV são verdadeiras.

d) Somente as afirmativas I e II são verdadeiras.

e) Somente as afirmativas II e III são verdadeiras.

31 (FGV–SP) Sejam **f** e **g** funções quadráticas, com $f(x) = ax^2 + bx + c$. Sabe-se que o gráfico de **g** é simétrico ao de **f** em relação ao eixo **y**, como mostra a figura:

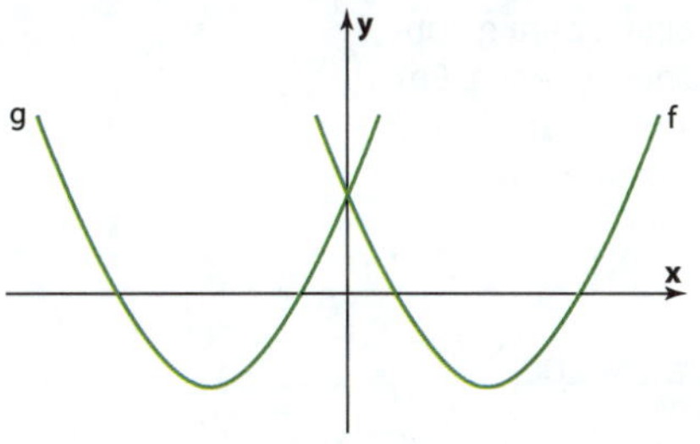

Os pontos **P** e **Q** localizam-se nos maiores zeros das funções **f** e **g**, e o ponto **R** é o interceptor de **f** e **g** com o eixo **y**. Portanto, a área do triângulo PQR, em função dos parâmetros **a**, **b** e **c** da função **f**, é:

a) $\dfrac{(a-b)c}{2}$. b) $\dfrac{(a+b)c}{2}$. c) $-\dfrac{abc}{2}$. d) $-\dfrac{bc}{2a}$. e) $\dfrac{c^2}{2a}$.

32 (Unifesp) A porcentagem **p** de bactérias em uma certa cultura sempre decresce em função do número **t** de segundos em que ela fica exposta à radiação ultravioleta, segundo a relação $p(t) = 100 - 15t + 0{,}5t^2$.

a) Considerando que **p** deve ser uma função decrescente variando de 0 a 100, determine a variação correspondente do tempo **t** (domínio da função).

b) A cultura não é segura para ser usada se tiver mais de 28% de bactérias. Obtenha o tempo mínimo de exposição que resulta em uma cultura segura.

33 (Ufscar–SP) A figura representa, em sistemas coordenados com a mesma escala, os gráficos das funções reais **f** e **g**, com $f(x) = x^2$ e $g(x) = x$.

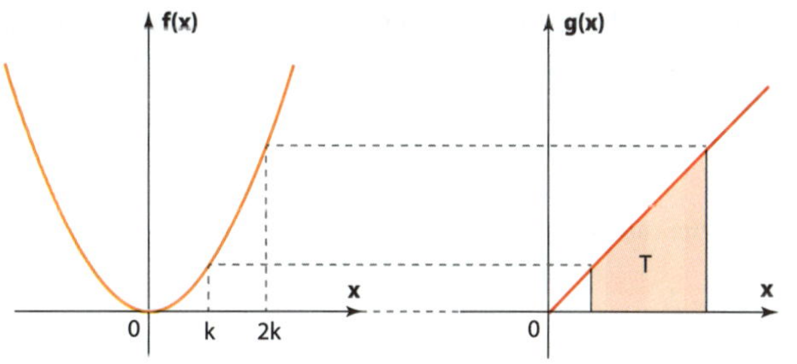

Sabendo que a região poligonal **T** demarca um trapézio de área igual a 120, o número real **k** é:

a) 0,5. b) 1. c) $\sqrt{2}$. d) 1,5. e) 2.

34 (Enem) Nos processos industriais, como na indústria de cerâmica, é necessário o uso de fornos capazes de produzir elevadas temperaturas e, em muitas situações, o tempo de elevação dessa temperatura deve ser controlado, para garantir a qualidade do produto final e a economia no processo. Em uma indústria de cerâmica, o forno é programado para elevar a temperatura ao longo do tempo de acordo com a função

$$T(t) = \begin{cases} \dfrac{7}{5}t + 20, \text{ para } 0 \leqslant t < 100 \\ \dfrac{2}{125}t^2 - \dfrac{16}{5}t + 320, \text{ para } t \geqslant 100 \end{cases}$$

em que **T** é o valor da temperatura atingida pelo forno em graus Celsius, e **t** é o tempo, em minutos, decorrido desde o instante em que o forno é ligado.

Uma peça deve ser colocada nesse forno quando a temperatura for 48 °C e retirada quando a temperatura for 200 °C. O tempo de permanência dessa peça no forno é, em minutos, igual a:

a) 100. b) 108. c) 128. d) 130. e) 150.

35 (Vunesp) O gráfico representa uma função **f** que descreve, aproximadamente, o movimento (em função do tempo **t** em segundos) por um certo período, de um golfinho que salta e retorna à água, tendo o eixo das abscissas coincidente com a superfície da água.

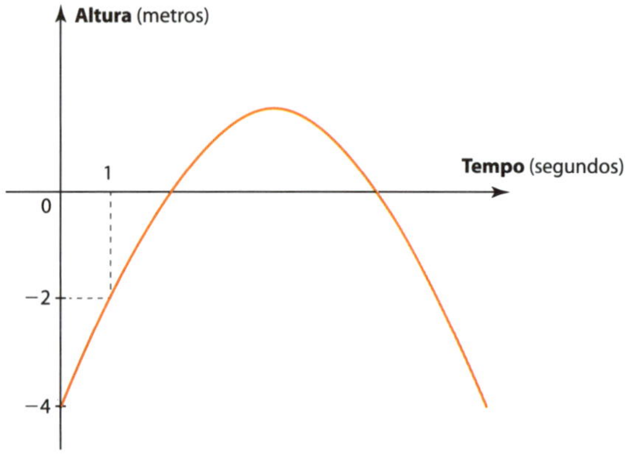

a) Sabendo que a parte negativa do gráfico de **f** é constituída por segmentos de reta, determine a expressão matemática de **f** nos instantes anteriores à saída do golfinho da água. Em que instante o golfinho saiu da água?

b) A parte positiva do gráfico de **f** é formada por parte de uma parábola, dada por $f(t) = -\dfrac{3}{4}t^2 + 6t - 9$. Determine quantos segundos o golfinho ficou fora da água e a altura máxima, em metros, atingida no salto.

36 (UnB–DF) Os bancos **A** e **B** oferecem, cada um, duas opções de investimentos: **X** e **Y**. Designado por **D** uma quantia a ser investida, então **pD** e **qD** – em que $0 \leq p, q \leq 1$ e $p + q = 1$ – representam as quantias a serem investidas nas opções **X** e **Y**, respectivamente. Tendo em vista o risco de perdas resultantes de incertezas do mercado financeiro, um analista de investimentos propôs, para cada banco, uma função f(x), definida por $0 < x \leq 1$, tal que f(p) mede o risco de investir a quantia **pD** na opção **X** e f(q) mede o risco de se investir a quantia **qD** na opção **Y**. Nessa situação, o risco total do investimento, i.e., o risco de se investir a quantia **D**, é calculado pela soma f(p) + f(q). Segundo o analista, quanto menor for o valor de f(p) + f(q), menor será o risco.

O quadro abaixo apresenta as funções de risco f(x) para cada banco.

Banco	f(x)
A	$0{,}3x^2 - 0{,}6x + 0{,}40$
B	$0{,}5x^2 - 0{,}5x + 0{,}25$

De acordo com as informações acima, julgue os itens que se seguem.

1) Para os bancos **A** e **B**, existe um valor **p** para o qual os riscos de se investir a quantia **pD** na opção **X** de cada banco são iguais.
2) Os investimentos na opção **X** realizados no banco **A** estão sujeitos a maiores riscos que aqueles realizados na mesma opção no banco **B**.
3) No banco **A**, o risco total de um investimento em que se aplica **pD** na opção **X** e (1 − p)D na opção **Y** igual a $0{,}6p^2 - 0{,}6p + 0{,}5$.
4) No banco **B**, para que determinada quantia sofra o menor risco total possível, metade deve ser investida na opção **X** e a outra metade, na opção **Y**.

37 (Fuvest–SP) Seja $f(x) = ax^2 + (1 - a)x + 1$, onde **a** é um número real diferente de zero. Determine os valores de **a** para os quais as raízes da equação f(x) = 0 são reais e o número x = 3 pertence ao intervalo fechado compreendido entre as raízes.

38 (FGV–SP) O gráfico de uma função quadrática f(x) tem as seguintes características:

- O vértice é o ponto (4, −1).
- Intercepta o eixo das abscissas no ponto (5, 0).

O ponto de intersecção do gráfico com o eixo das ordenadas é:

a) (0, 14).
b) (0, 15).
c) (0, 16).
d) (0, 17).
e) (0, 18).

FUNÇÃO MODULAR

Assunto	Resumo
Módulo de um número real	O módulo ou valor absoluto de um número real **r**, que representamos por $\|r\|$, é igual a **r** se $r \geq 0$ e igual a **−r** se $r < 0$. $\|r\| = r$, se $r \geq 0$ e $\|r\| = -r$, se $r < 0$ **Observação**: Para todo $x \in \mathbb{R}$, temos $\sqrt{x^2} = \|x\|$.
Propriedades	1ª) Para todo $r \in \mathbb{R}$, temos $\|r\| = \|-r\|$. 2ª) Para todo $x \in \mathbb{R}$, temos $\|x^2\| = \|x^2\| = x^2$.
Função modular	Denomina-se *função modular* a função **f**, de $\mathbb{R}$ em $\mathbb{R}$, tal que $f(x) = \|x\|$, ou seja: $f(x) = \begin{cases} x, \text{ para } x \geq 0 \\ -x, \text{ para } x < 0 \end{cases}$
Gráfico da função modular	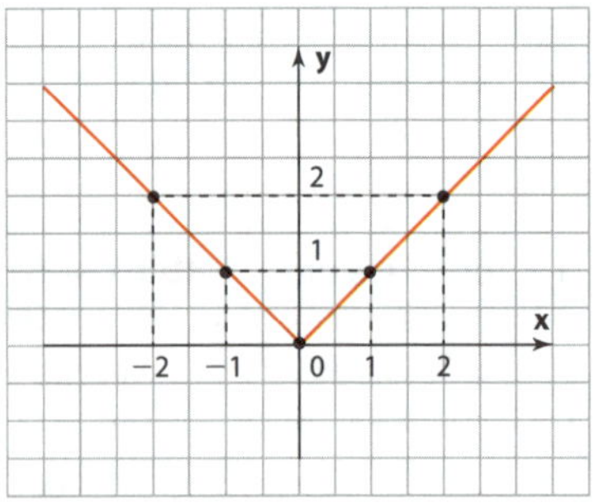 $D(f) = \mathbb{R}$ $Im(f) = \mathbb{R}_+$

Exercícios

1 (Cesesp–PE) **A** e **B** são subconjuntos definidos por $A = \{x \in \mathbb{R} \mid |x-1| > 4\}$ e $B = \{x \in \mathbb{R} \mid |x+2| < 3\}$. Determine $A \cap B$.

2 (FGV–SP) A soma dos valores inteiros de **x** que satisfazem simultaneamente as desigualdades $|x-5| < 3$ e $|x-4| \geq 1$ é:

a) 25. b) 13. c) 16. d) 18. e) 21.

3 (PUC–MG) O gráfico da função $f(x) = |x| + 2$ é constituído por:

a) duas semirretas de mesma origem.

b) duas retas concorrentes.

c) duas retas paralelas.

d) uma única reta que passa pelo ponto (0, 2).

4 (UFPB) Para todos $x, y \in \mathbb{R}$, é verdade que:

a) $\sqrt{(xy)^2} = xy$.

b) $\sqrt{|x| + |y|} - \sqrt{|x|} + \sqrt{|y|}$.

c) $\sqrt{x^2 + y^2} = |x| + |y|$.

d) $\sqrt{(x - y)^2} = |x| - |y|$.

e) $\sqrt{(x - y)^2} = |x - y|$.

5 (Ufam) Seja a função f: $\mathbb{R}^*$ em $\mathbb{R}$ dada por $f(x) = \frac{|x|}{x}$. Então, a Im(f) é igual a:

a) $\{x \in \mathbb{R};\ x > 0\}$.

b) $\mathbb{R}$.

c) $\mathbb{R}^*$.

d) $\{-1, 1\}$.

e) $\{x \in \mathbb{R};\ x < 0\}$.

6 (UFSC) Em cada item a seguir, f(x) e g(x) representam leis de formação de funções reais **f** e **g**, respectivamente. O domínio de **f** deve ser considerado como o conjunto de todos os valores de **x** para os quais f(x) é real. Da mesma forma, no caso de **g** considera-se o seu domínio todos os valores de **x** para os quais g(x) é real.

Verifique a seguir o(s) caso(s) em que **f** e **g** são iguais e assinale a(s) proposição(ões) correta(s).

01) $f(x) = \frac{\sqrt{x}}{\sqrt{x-1}}$ e $g(x) = \sqrt{\frac{x}{x-1}}$

02) $f(x) = \sqrt{x^2}$ e $g(x) = x$

04) $f(x) = \frac{\sqrt{x}}{x}$ e $g(x) = \frac{1}{\sqrt{x}}$

08) $f(x) = (\sqrt{x})^2$ e $g(x) = x$

16) $f(x) = \sqrt{x^2}$ e $g(x) = |x|$

7 (Unifor–CE) Seja **f** a função de $\mathbb{R}$ em $\mathbb{R}$ definida por $f(x) = |x - 1| - 1$. Os números reais que satisfazem a sentença $f(x) < 0$ pertencem ao intervalo:

a) $]2, +\infty[$.

b) $]-\infty, 0[$.

c) $]-1, 1[$.

d) $]0, 2[$.

e) $]1, 3[$.

8 (UFPI) Sobre o domínio da função f: $D \subset \mathbb{R} \to \mathbb{R}$, definida pela lei $f(x) = \sqrt{3 - |x + 2|}$, pode-se afirmar que:

a) contém somente seis números inteiros.

b) possui dois inteiros positivos.

c) é um intervalo de comprimento igual a seis unidades.

d) não possui números racionais.

e) é um conjunto finito.

9 (UFG–GO) Uma empresa de ônibus observou que os tempos de viagem de seus ônibus entre Goiânia e São Paulo, em condições normais, satisfazem à desigualdade $|t - 12| \leq 2$, em que **t** é o tempo (medido em horas).

Com base no exposto, responda:

a) Os tempos $t = 9$, $t = 12$ e $t = 14$ horas são tempos possíveis de viagens no trajeto Goiânia–São Paulo?

b) Quais são o menor e o maior tempo de viagem possíveis entre as duas cidades?

12 (PUC–PR) Sendo **x** e **y** números reais, quais das afirmações são sempre verdadeiras?

I) Se $x > y$, então $-x > -y$.

II) Se $|x| = -x$, então $x < 0$.

III) Se $0 < x < y$, então $\frac{1}{x} > \frac{1}{y}$.

IV) Se $x^2 \geq 9$, então $x \geq 3$.

V) $x^2 - 2x + y^2 > 0$.

a) Somente I e II.
b) Somente II e IV.
c) Somente II e III.
d) Todas.
e) Somente I e III.

10 (EEM–SP) No plano cartesiano, esboce o gráfico, no intervalo $-1 \leq x \leq 1$, da função $f(x) = x \cdot |x|$.

13 (UFPE) Sejam **x** e **y** números reais tais que $x > y$ e $x(x - y) = 0$. Analise a veracidade das afirmações abaixo.

( ) $x = 0$
( ) $x - y < 0$
( ) $|x - y| > 0$
( ) $y < 0$
( ) $|x| > |y|$

11 (Fuvest–SP) Resolva a inequação $x|x| > x$.

14 (Mack–SP) A soma dos valores de **x** que satisfazem a igualdade $|x^2 - x - 2| = 2x + 2$ é:

a) 1.
b) 3.
c) -2.
d) 2.
e) -3.

15 (PUC-RS) Considerando a função **f** definida por $f(x) = x^2 - 1$, a representação gráfica da função **g** dada por $g(x) = |-f(x)| - 2$ é:

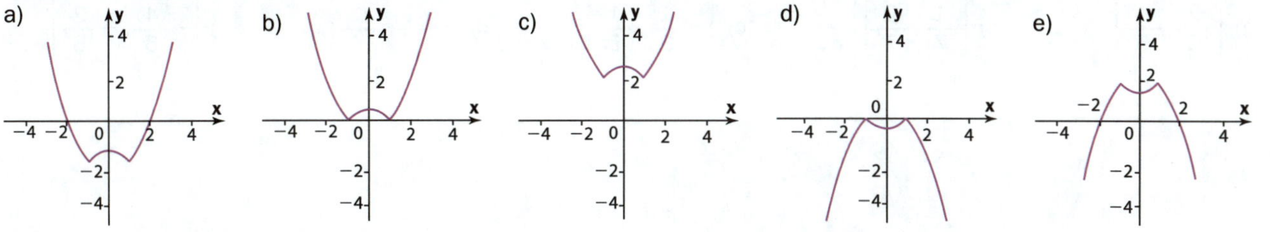

---

16 (EEM SP) Determine os valores reais de **x** para os quais $1 < |x - 1| < 2$.

17 (Ufam) O número de raízes da aplicação $f: \mathbb{R} \to \mathbb{R}$ definida por $f(x) = |x - 1|^2 - 6|x - 1| + 8$ é:

a) 4. b) 3. c) 2. d) 1. e) 5.

18 (UFT–TO) Resolva a equação $|x - 2| + |x + 1| - 5x = 0$, no conjunto dos números reais. O intervalo que contém a solução desta equação é:

a) $\left[\frac{2}{5}, \frac{4}{5}\right]$.
b) $\left[\frac{1}{7}, \frac{2}{7}\right]$.
c) $\left[-\frac{1}{3}, \frac{1}{5}\right]$.
d) $\left[-\frac{1}{3}, \frac{1}{7}\right]$.
e) $\left[-\frac{4}{5}, -\frac{2}{5}\right]$.

19 (UEMS) A melhor representação gráfica da função $f(x) = |x| + |x - 1|$ é:

a)
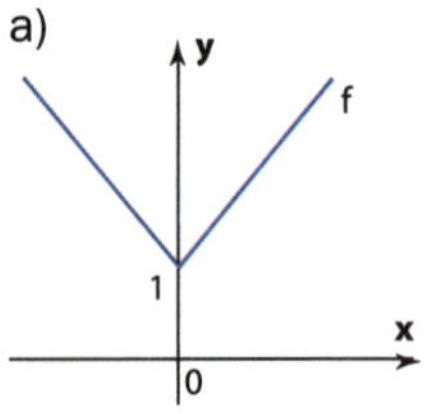

b)
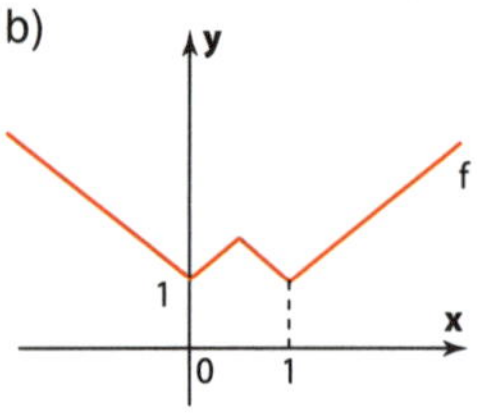

c)
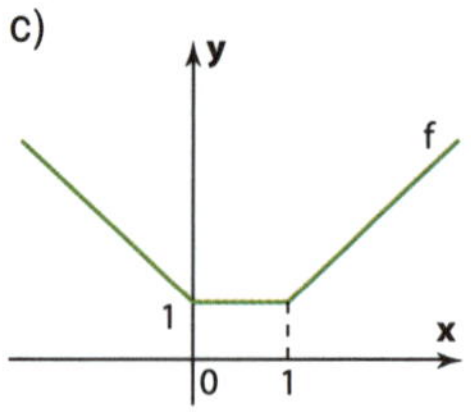

d)
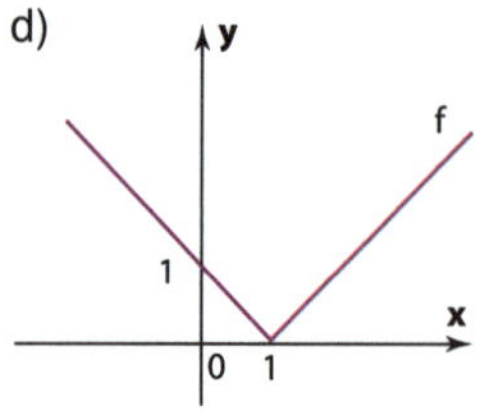

e)
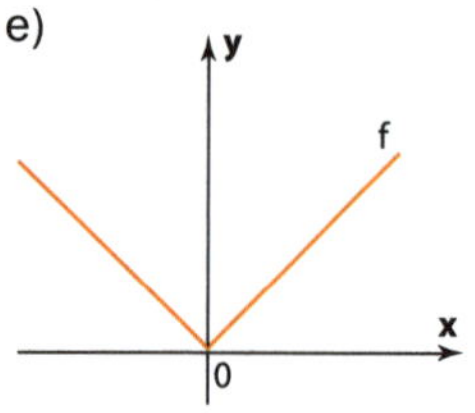

20 (UEG-GO) Dada a função $f(x) = |x - 1| + 1, x \in [-1, 2]$:

a) esboce o gráfico da função **f**;

b) calcule a área da região delimitada pelo gráfico da função **f**, pelo eixo das abscissas e pelas retas $x = -1$ e $x = 2$.

21 (ITA-SP) O produto das raízes reais da equação $|x^2 - 3x + 2| = |2x - 3|$ é igual a:

a) -5. b) -1. c) 1. d) 2. e) 5.

22 (UFMG) Considere a função $f(x) = x|x - 1|$.

Assinale a alternativa em que o gráfico dessa função está correto.

a) 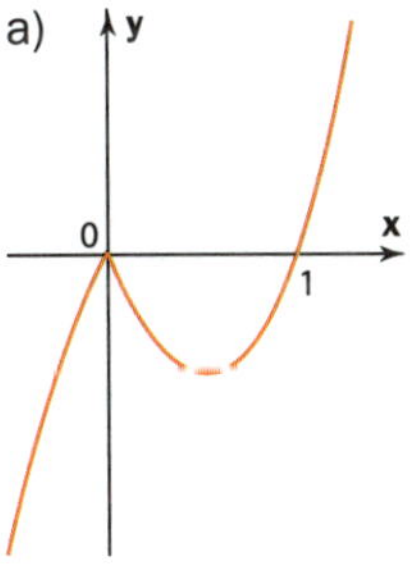

b) 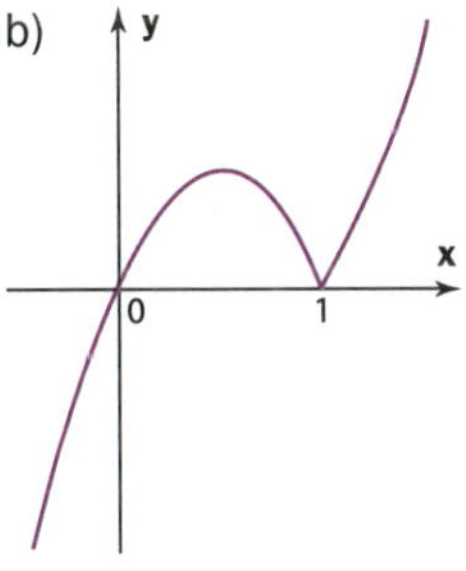

c) 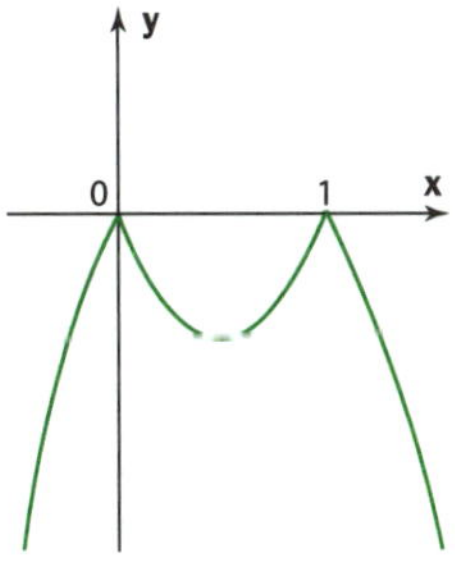

d) 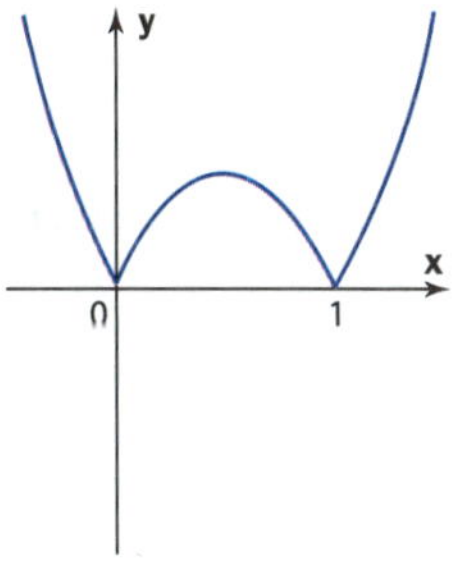

23 (Uesc–BA) Para fazer um estudo sobre certo polinômio P(x), um estudante recorreu ao gráfico da função polinomial y = P(x), gerado por um *software* matemático. Na figura, é possível visualizar-se a parte da curva obtida para valores de **x**, de −5 até 2,7.

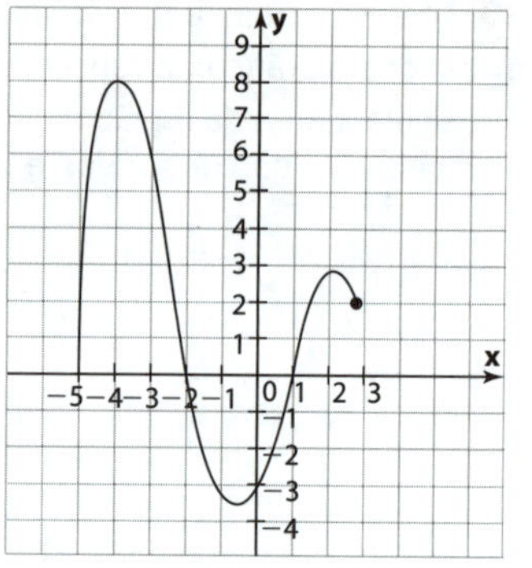

O número de raízes da equação |P(x)| = 1, no intervalo [−5; 2,7], é igual a:

a) 2.
b) 3.
c) 4.
d) 5.
e) 6.

---

24 (Udesc) A alternativa que representa o gráfico da função f(x) = |x + 1| + 2 é:

a)

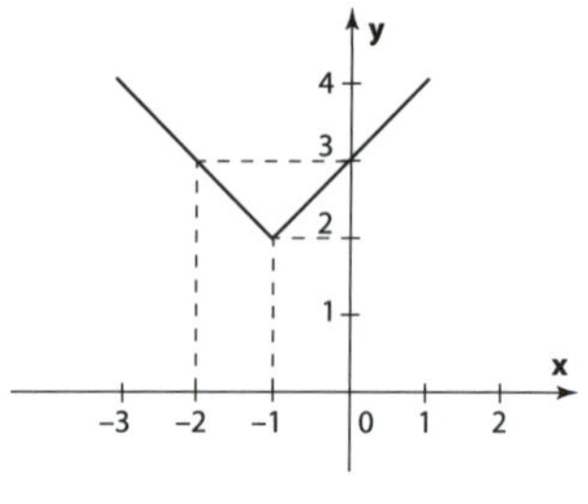

b)

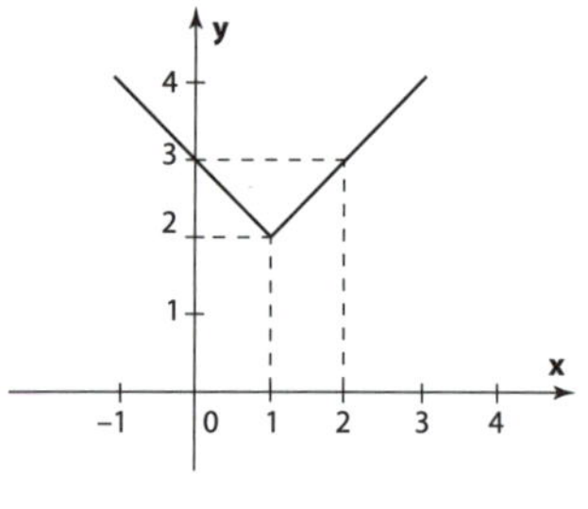

c)

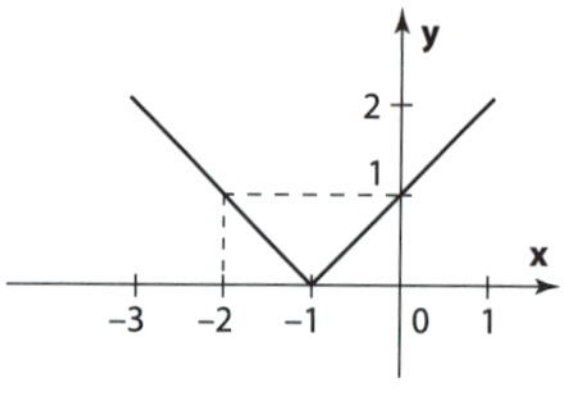

d)

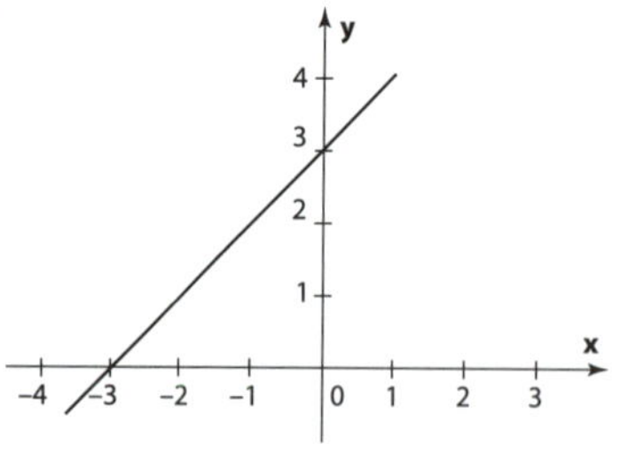

e)

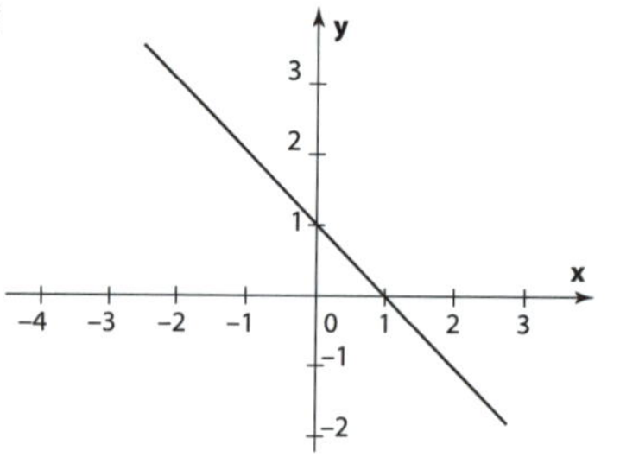

FUNÇÃO EXPONENCIAL

Assunto	Resumo
Potenciação	**Propriedades** 1ª) $a^0 = 1$ (para $a \neq 0$) 2ª) $a^{-n} = \left(\frac{1}{a}\right)^n$ (para $a \neq 0$) 3ª) $a^n \cdot a^m = a^{n+m}$ 4ª) $\frac{a^n}{a^m} = a^{n-m}$ 5ª) $(a^n)^m = a^{nm} = (a^m)^n$ 6ª) $(a \cdot b)^n = a^n \cdot a^m$ 7ª) $\left(\frac{a}{b}\right)^n = \frac{a^n}{b^n}$
	Potência de expoente racional $a^{\frac{n}{m}} = \sqrt[m]{a^n}$
	Notação científica **x** está em notação científica se $x = \alpha \cdot 10^n$, com $1 \leqslant \alpha \leqslant 10$
Função exponencial	Dado um número real **a** ($a > 0$ e $a \neq 1$), denominamos *função exponencial de base* **a** uma função **f** de $\mathbb{R}$ em $\mathbb{R}^*$ definida por $f(x) = a^x$ ou $y = a^x$.
Gráficos da função exponencial	$a > 1$ 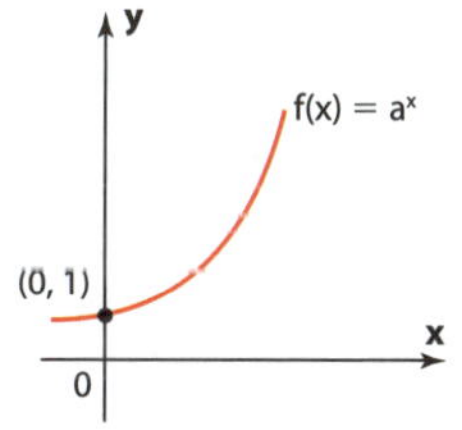 $0 < a < 1$ 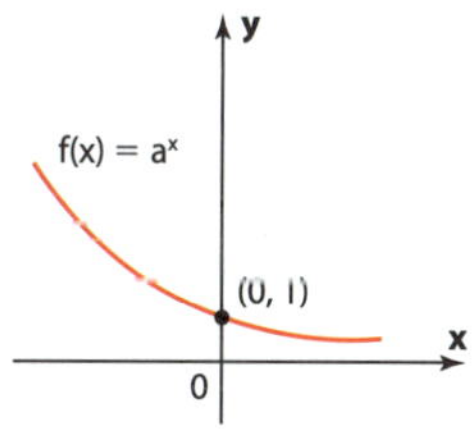
Equação exponencial	$a^x = a^y \Leftrightarrow x = y$
Inequação exponencial	$a^x > a^y \Rightarrow \begin{cases} x > y, \text{ se } a > 1 \\ x < y, \text{ se } 0 < a < 1 \end{cases}$

Exercícios

1 (UFC–CE) Dentre as alternativas a seguir, marque aquela que contém o maior número.

a) $\sqrt{\sqrt[3]{5 \cdot 6}}$

b) $\sqrt{6\sqrt[3]{5}}$

c) $\sqrt{5\sqrt[3]{6}}$

d) $\sqrt[3]{5\sqrt{6}}$

e) $\sqrt[3]{6\sqrt{5}}$

2 (Vunesp) Calcule o valor de **m**, sabendo que

$$m = \frac{0{,}00001 \cdot (0{,}01)^2 \cdot 100}{0{,}001}.$$

3 (Enem) A população mundial está ficando mais velha, os índices de natalidade diminuíram e a expectativa de vida aumentou. No gráfico ao lado, são apresentados dados obtidos por pesquisa realizada pela Organização das Nações Unidas (ONU), a respeito da quantidade de pessoas com 60 anos ou mais em todo o mundo. Os números da coluna da direita representam as faixas percentuais. Por exemplo, em 1950 havia 95 milhões de pessoas com 60 anos ou mais nos países desenvolvidos, número entre 10% e 15% da população total nos países desenvolvidos.

Suponha que o modelo exponencial $y = 363e^{0,03x}$, em que $x = 0$ corresponde ao ano 2000, $x = 1$ corresponde ao ano 2001, e assim sucessivamente, e que **y** é a população em milhões de habitantes no ano **x**, seja usado para estimar essa população com 60 anos ou mais de idade nos países em desenvolvimento entre 2010 e 2050. Desse modo, considerando $e^{0,3} = 1,35$, estima-se que a população com 60 anos ou mais estará, em 2030, entre:

a) 490 e 510 milhões.
b) 550 e 620 milhões.
c) 780 e 800 milhões.
d) 810 e 860 milhões.
e) 870 e 910 milhões.

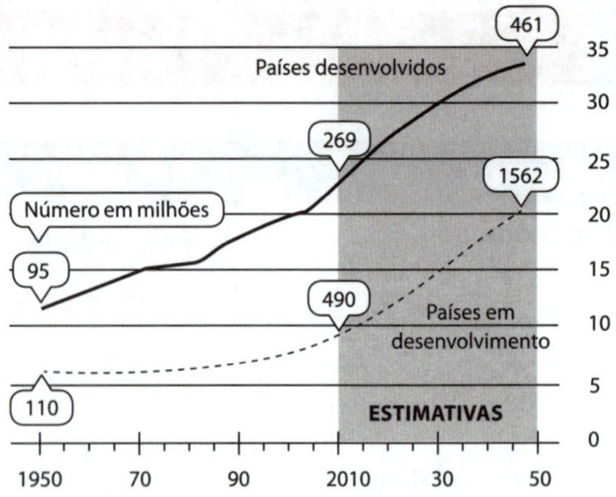

Fonte: *Perspectivas da População Mundial*, ONU, 2009. Disponível em: www.economist.com. Acesso em: 9 jul. 2009 (adaptado).

4 (Fuvest-SP) Sendo $x = (2^2)^3$, $y = 2^{3^2}$ e $z = 2^{2^3}$, calcule $x \cdot y \cdot z$.

5 (FGV-SP) Qual é o valor da expressão $\dfrac{a \cdot b^{-2} \cdot (a^{-1} \cdot b^2)^4 \cdot (a \cdot b^{-1})^2}{a^{-3} \cdot b \cdot (a^2 \cdot b^{-1})(a^{-1} \cdot b)}$ quando $a = 10^{-3}$ e $b = 10^{-2}$?

6 (Ufal) Transforme numa só potência a expressão $\left[(\sqrt{2})^3\right]^{\frac{1}{6}}$.

7 (Uece) Calcule o valor da expressão $12\left[(\sqrt{2})^{-2} - (\sqrt{3})^{-2}\right]$.

8 (UnB–DF) Escreva na forma de potência a expressão $\sqrt{\dfrac{x}{\sqrt[5]{x^4}}}$.

9 (UFMG) Qual é o valor de $4(0{,}5)^4 + \sqrt{0{,}25} + 8^{-\frac{2}{3}}$?

10 (FCMSC–SP) Calcule o valor de $\sqrt[3]{\dfrac{343 \cdot 10^{-3}}{0{,}125}}$.

11 (FEI–SP) Resolva a equação $(0{,}25)^x = 16$.

12 (Vunesp) Seja **a**, $0 < a < 1$, um número real dado. Resolva a inequação exponencial $a^{2x+1} > \left(\dfrac{1}{a}\right)^{x-3}$.

13 (PUC–RJ) Determine uma das soluções da equação $10^{x^2} - 4 = \dfrac{1}{1000}$.

14 (UEG–GO) Certa substância radioativa desintegra-se de modo que, decorrido o tempo **t**, em anos, a quantidade ainda não desintegrada da substância é $S = S_0 \cdot 2^{-0{,}25t}$, em que S_0 representa a quantidade de substância que havia no início. Qual o valor de **t** para que a metade da quantidade inicial desintegre-se?

15 (UEA–AM) $\left[-\dfrac{1}{27}\right]^{-\frac{2}{3}}$ é igual a:

a) -9. b) -6. c) $\dfrac{1}{9}$. d) 6. e) 9.

16 (UFC–CE) O expoente do número 3 na decomposição por fatores primos positivos do número natural $10^{63} - 10^{61}$ é igual a:

a) 6. b) 5. c) 4. d) 3. e) 2.

17 (Unemat–MT) Sejam **x**, **m** e **n** números reais tais que $x^m = 5$ e $5^n = x$, o produto de **m** e **n** vale:

a) 1. b) 5. c) 10. d) 25. e) 50.

18 (UFMS) Seja a função exponencial real dada por $f(x) = 8^{\frac{-x}{2}}$, então o conjunto de todas as soluções da inequação $f(x) < 0{,}25$ é o intervalo:

a) $\left]\frac{8}{5}, +\infty\right[$.

b) $\left]-\infty, \frac{8}{5}\right[$.

c) $\left]\frac{4}{3}, +\infty\right[$.

d) $\left]-\infty, \frac{4}{3}\right[$.

e) $\left]\frac{4}{3}, \frac{8}{5}\right[$.

19 (Mack–SP) Calcule o valor da expressão

$$\frac{2^{n+4} + 2^{n+2} + 2^{n-1}}{2^{n-2} + 2^{n-1}}.$$

20 (Mack–SP) Se $2^x = a$ e $2^y = b$, com **x** e **y** reais, determine o valor de $(0{,}25)^{-3x+y}$ em função de **a** e **b**.

21 (ESPM–SP) O valor de **y** no sistema $\begin{cases}(0{,}2)^{5x+y} = 5\\(0{,}5)^{2x-y} = 2\end{cases}$ é igual a:

a) $\frac{-5}{2}$.

b) $\frac{2}{7}$.

c) $\frac{-2}{5}$.

d) $\frac{3}{5}$.

e) $\frac{3}{7}$.

22 (UFRGS–RS) A distância que a luz percorre em um ano, chamada ano-luz, é de aproximadamente $38 \cdot 4^5 \cdot 5^{12}$ quilômetros. A notação científica desse número é:

a) $9{,}5 \cdot 10^{10}$.
b) $0{,}95 \cdot 10^{12}$.
c) $9{,}5 \cdot 10^{12}$.
d) $95 \cdot 10^{12}$.
e) $9{,}5 \cdot 10^{14}$.

23 (Ufam) Seja α o menor número que é solução da equação $\frac{5^{x^2-2}}{125} = \left(\frac{1}{25}\right)^{-2x}$. Então, $\sqrt{\alpha}$ é um número:

a) par.
b) primo.
c) não real.
d) divisível por 5.
e) irracional.

24 (PUC–SP) Escreva a expressão

$$\frac{(2^{n-1} + 2^n + 2^{n+1})(3^{n-1} + 3^n + 3^{n+1})}{6^n + 6^{n+1}},$$ em que $n \in \mathbb{Z}$ em sua forma mais simples.

25 (Mack–SP) Considere a equação $2^{x^2} \cdot 4^{x-2} = \frac{1}{2^{ax-1}}$, $a \in \mathbb{R}$, cujas raízes têm soma e produto iguais. O valor de **a** é:

a) −3.
b) −2.
c) 1.
d) −1.
e) 3.

26 (Fuvest–SP) Seja $f(x) = a + 2^{bx + c}$, em que **a**, **b** e **c** são números reais. A imagem de **f** é a semirreta $]-1, \infty[$ e o gráfico de **f** intercepta os eixos coordenados nos pontos $(1, 0)$ e $\left(0, -\frac{3}{4}\right)$. Então, o produto **abc** vale:

a) 4.
b) 2.
c) 0.
d) −2.
e) −4

27 (Ufop–MG) Se $\frac{2^x}{3} - \frac{2^{2-x}}{3} = 1$, então determine quanto vale $4^{\frac{x}{2}} - x^2$.

28 (PUC–SP) Na função exponencial $y = 2^{2x-4}$, determine os valores de **x** para os quais $1 < y < 32$.

29 (Vunesp) Uma substância se decompõe aproximadamente segundo a lei $Q(t) = K \cdot 2^{-0,5t}$, em que **K** é uma constante, **t** indica o tempo (em minutos) e Q(t) indica a quantidade de substância (em gramas) no instante **t**.

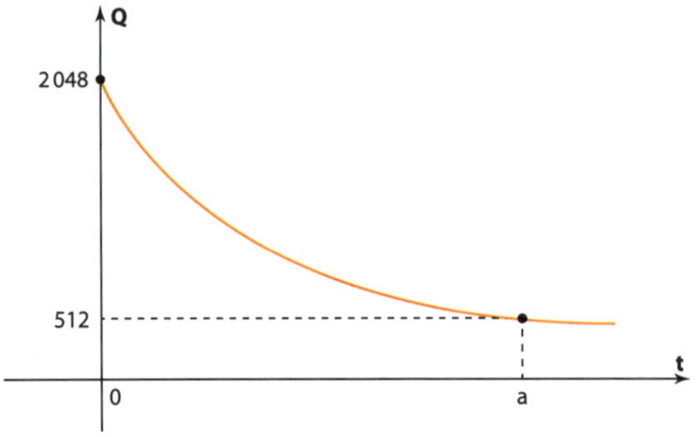

Considerando os dados desse processo de decomposição mostrado no gráfico, determine os valores de **K** e de **a**.

30 (FGV–SP) Seja **a** um número maior que 1. Nessas condições, qual é o conjunto solução da inequação $a^{x^3-1} \leqslant a^{x^2-1}$?

31 (FGV–SP) A posição de um objeto **A** num eixo numerado é descrita pela lei $\frac{1}{8} - \frac{7}{8} \cdot 2^{-0,5t}$, onde **t** é o tempo em segundos. No mesmo eixo, move-se o objeto **B**, de acordo com a lei 2^{-t}. Os objetos **A** e **B** se encontrarão num certo instante t_{AB}. O valor de t_{AB}, em segundos, é um divisor de:

a) 28. b) 26. c) 24. d) 22. e) 20.

32 (Ufam) Sendo **a** e **b** raízes distintas da equação $2 \cdot 4^x + 4^2 = 3 \cdot 2^{x+2}$. Então, $a^5 + b^5$:

a) 64. b) 33. c) 32. d) 31. e) 0.

33 (Ufam) Influenza A (H1N1) é uma doença respiratória causada pelo vírus A. O vírus sofre mutações e a transmissão ocorre de pessoa a pessoa, principalmente por meio de tosse, espirro ou de secreções respiratórias de pessoas infectadas. Supondo que a quantidade de pessoas infectadas atualmente pelo vírus A seja $\mathbf{P_0}$ e cresce 2% ao ano, a quantidade de pessoas daqui a **n** anos será:

a) $P_0(1{,}02)^{n-1}$.
b) $P_0(1{,}02)^n$.
c) $P_0(n)^{1{,}02}$.
d) $P_0 + (n - 1) \times 1{,}02$.
e) $P_0 + (n - 1) \times 0{,}02$.

34 (UFPA) A quantidade **x** de nicotina no sangue diminuiu com o tempo **t** de acordo com a função $x = x_0 \cdot e^{\frac{kt}{2}}$. Se a quantidade inicial $\mathbf{x_0}$ se reduz à metade em 2 horas, em 5 horas existirá no sangue:

a) 17,4% de $\mathbf{x_0}$.
b) 17,7% de $\mathbf{x_0}$.
c) 20,0% de $\mathbf{x_0}$.
d) 20,3% de $\mathbf{x_0}$.
e) 20,6% de $\mathbf{x_0}$.

35 (Uece) Sejam **a** e **b** números reais, com $a > 0$. A interseção do gráfico da função $f: \mathbb{R} \to \mathbb{R}$, definida por $f(x) = a^x + b$, com os eixos coordenados são os pontos **P** e **Q**. Se as coordenadas não nulas de **P** e **Q** são os números 2 e -3, então o valor de $f(3)$ é:

a) 0. b) 4. c) 8. d) 12.

36 (Ufal) A população de uma ilha está decrescendo 3% a cada ano, em relação ao ano anterior. Hoje, a população da ilha é de 1,2 milhão de habitantes. Seja P(t) a população da ilha, em milhões de habitantes, passando **t** anos, contados a partir de hoje.

Considerando estas informações, assinale a alternativa incorreta, referente a P(t).

Dados: use aproximadamente $0{,}97^{20} \simeq 0{,}54$; $0{,}97^{40} \simeq 0{,}30$; $0{,}97^{60} \simeq 0{,}16$; $0{,}97^{80} \simeq 0{,}09$ e $0{,}97^{100} \simeq 0{,}05$.

a) $P(t) = 1{,}2 \cdot 0{,}97^t$

b) O gráfico de **P**, em função do tempo, em ano, é:

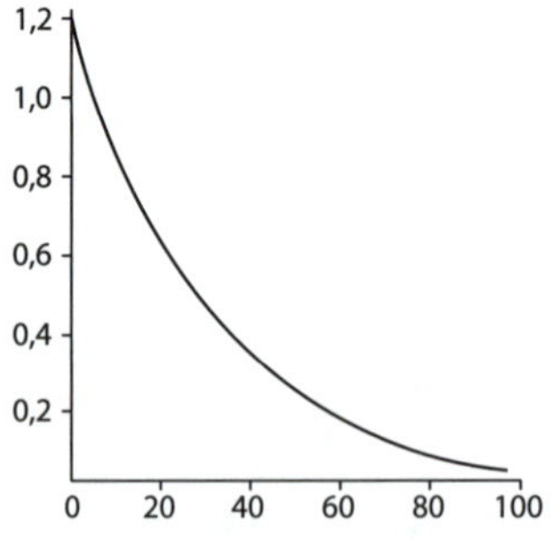

c) $P(t + 40) = 0{,}3P(t)$.

d) Passados 100 anos, a partir de hoje, a população da ilha será de 60 mil habitantes.

e) $P(t + 20) = 0{,}64P(t)$.

37 (UEPG–PR) Em relação à função de $\mathbb{R}$ em $\mathbb{R}$ definida por $f(x) = 3^x + 2$, assinale o que for correto.

a) $f(f(0)) = 29$

b) Sua imagem é o conjunto $]2, +\infty[$.

c) $f(a + b) = f(a) + f(b)$

d) A função é decrescente.

e) $f(x + 1) - f(x) = 2 \cdot 3^x$

38 (UFG–GO) A teoria da cronologia do carbono, utilizada para determinar a idade de fósseis, baseia-se no fato de que o isótopo do carbono 14 (C-14) é produzido na atmosfera pela ação de radiações cósmicas no nitrogênio e que a quantidade de C-14 na atmosfera é a mesma que está presente nos organismos vivos. Quando um organismo morre, a absorção de C-14, através da respiração ou alimentação, cessa, e a quantidade de C-14 presente no fóssil é dada pela função $C(t) = C_0 \cdot 10^{kt}$, onde **t** é dado em anos a partir da morte do organismo, $\mathbf{C_0}$ é a quantidade de C-14 para todo $t = 0$ e **k** é uma constante. Sabe-se que 5 600 anos após a morte, a quantidade de C-14 presente no organismo é a metade da quantidade inicial (quando $t = 0$).

No momento em que um fóssil foi descoberto, a quantidade de C-14 medida foi de $\frac{C_0}{32}$. Tendo em vista estas informações, calcule a idade do fóssil no momento em que ele foi descoberto.

39 (Vunesp) O acidente do reator nuclear de Chernobyl, em 1986, lançou na atmosfera grande quantidade de ${}^{90}_{38}Sr$ radioativo, cuja meia-vida é de 28 anos. Supondo ser este isótopo a única contaminação radioativa e sabendo que o local poderá ser considerado seguro quando a quantidade de ${}^{90}_{38}Sr$ se reduzir, por desintegração, a $\frac{1}{16}$ da quantidade inicialmente presente, o local poderá ser habitado novamente a partir do ano de:

a) 2014.
b) 2098.
c) 2266.
d) 2986.
e) 3000.

40 (UEG-GO) As desintegrações radioativas podem ser consideradas, em termos de cinética química, como exemplos de reações de primeira ordem. Um modelo matemático usado para estudar a decomposição de um isótopo radioativo é $m(t) = m_0 \cdot 2^{-kt}$, onde $\mathbf{m_0}$ é a massa inicial, m(t) é a massa em cada instante (**t**) e **k** é uma constante de proporcionalidade característica de cada elemento. Uma determinada amostra, no início do processo de observação, possuía massa de $4 \cdot 10^6$ g e, após 10 minutos, essa massa caiu pela metade. O tempo necessário para que a quantidade inicial da amostra se reduza a $\frac{10^6}{2\,048}$ g é de:

a) 2 horas e 10 minutos.
b) 2 horas e 20 minutos.
c) 1 hora e 56 minutos.
d) 1 hora e 48 minutos.

41 (UFU-MG) Na elaboração de políticas públicas que estejam em conformidade com a legislação urbanística de uso e ocupação do solo em regiões metropolitanas, é fundamental o conhecimento de leis descritivas do crescimento populacional urbano.

Suponha que a lei dada pela função $p(t) = 0{,}5 \cdot (2^{kt})$ expresse um modelo representativo da população de uma cidade (em milhões de habitantes) ao longo do tempo **t** (em anos), contados a partir de 1970, isto é, t = 0 corresponde ao ano de 1970, sendo **k** uma constante real.

Sabendo que a população dessa cidade em 2000 era de 1 milhão de habitantes:

a) extraia do texto dado uma relação de forma a obter o valor de **k**.
b) segundo o modelo de evolução populacional dado, descreva e execute um plano de resolução que possibilite estimar em qual ano a população desta cidade atingirá 16 milhões de habitantes.

42 (Udesc) O conjunto solução da inequação $\left[\sqrt[3]{(2^{x-2})}\right]^{x+3} > 4^x$ é:

a) $S = \{x \in \mathbb{R} \mid -1 < x < 6\}$.
b) $S = \{x \in \mathbb{R} \mid x < -6 \text{ ou } x > 1\}$.
c) $S = \{x \in \mathbb{R} \mid x < -1 \text{ ou } x > 6\}$.
d) $S = \{x \in \mathbb{R} \mid -6 < x < 1\}$.
e) $S = \{x \in \mathbb{R} \mid x < -\sqrt{6} \text{ ou } x > \sqrt{6}\}$.

43 (UEL–PR) Considere as afirmativas a seguir:

I) $\sqrt{3+2\sqrt{2}} = \sqrt{2}+1$

II) $\sqrt{2+\sqrt{2}} = \sqrt{\frac{2+\sqrt{2}}{2}} + \sqrt{\frac{2-\sqrt{2}}{2}}$

III) $\sqrt{3+\sqrt{5}} = \frac{\sqrt{5}}{2} + \frac{1}{2}$

IV) $\sqrt{1+\sqrt[3]{2}}$ é mais uma das soluções de $(x^2 - 1)^3 = 2$.

Assinale a alternativa correta.

a) Somente as afirmativas I e IV são corretas.
b) Somente as afirmativas II e III são corretas.
c) Somente as afirmativas III e IV são corretas.
d) Somente as afirmativas I, II e III são corretas.
e) Somente as afirmativas I, II e IV são corretas.

---

44 (UFRN) No programa de rádio hora nacional, o locutor informa:

"Atenção, senhores ouvintes. Acabamos de receber uma notificação da defesa civil do País alertando para a chegada de um furacão de grandes proporções nas próximas 24 horas. Pede-se que mantenham a calma, uma vez que os órgãos do governo já estão tomando todas as providências cabíveis".

Para atender às solicitações que seguem, suponha que o número de pessoas que tenha acesso a essa informação, quando transcorridas **t** horas após a divulgação da notícia, seja dado pela expressão

$f(t) = \dfrac{P}{1 + 9\left(2^{-\frac{Pt}{3}}\right)}$, sendo $t \geq 0$ e **P** a população do País.

a) Calcule o percentual da população que tomou conhecimento da notícia no instante de sua divulgação.
b) Calcule em quantas horas 90% da população tem acesso à notícia, considerando que, em 1 hora após a notícia, 50% da população do país já conhecia a informação.

Assunto	Resumo

Logaritmo de um número

Dados os números reais positivos **a** e **b**, com $a \neq 0$, se $b = a^c$, então o expoente **c** chama-se *logaritmo de **b** na base **a***, ou seja:

$\log_a b = c \Leftrightarrow a^c = b$, com **a** e **b** positivos e $a \neq 1$

Nessa equivalência, temos:

Forma logarítmica	Forma exponencial
$\log_a b = c$ **c**: logaritmo **a**: base do logaritmo **b**: logaritmando	$a^c = b$ **b**: potência **a**: base da potência **c**: expoente

Condição de existência

$\log_a b$ existe quando e somente quando $\begin{cases} b > 0 \\ a > 0 \text{ e } a \neq 1 \end{cases}$.

Consequências da definição de logaritmo

Considerando as condições de existência, temos:

1ª) $\log_a 1 = 0$

2ª) $\log_a a = 1$

3ª) $a^{\log_a N} = N$

4ª) $\log_a a_n = N$

5ª) $\log_a x = \log_a y \Leftrightarrow x = y$

Propriedades

Considerando as condições de existência, temos:

1ª) $\log_a (M \cdot N) = \log_a M + \log_a N$

2ª) $\log_a \dfrac{M}{N} = \log_a M - \log_a N$

3ª) $\log_a M^N = N \cdot \log_a M$

4ª) $\log_b N = \dfrac{\log_a N}{\log_a b}$ (mudança de base)

Função logarítmica

Dado um número real **a** ($a > 0$ e $a \neq 1$), denomina-se função logarítmica de base **a** uma função **f** de $\mathbb{R}_+^*$ em $\mathbb{R}$ definida por $f(x) = \log_a x$ ou $y = \log_a x$.

Observação: A função logarítmica é a inversa da função exponencial.

Gráficos da função logarítmica

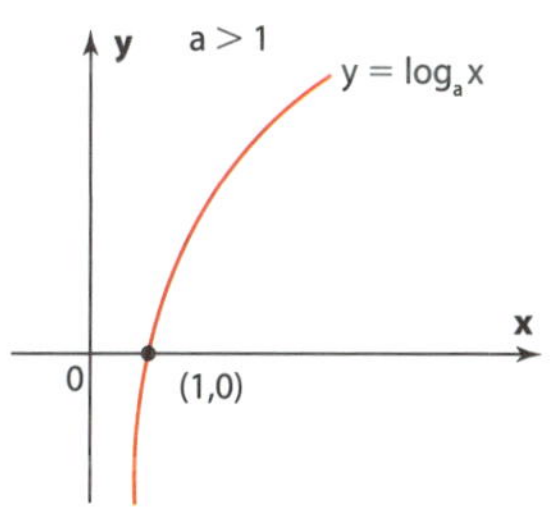

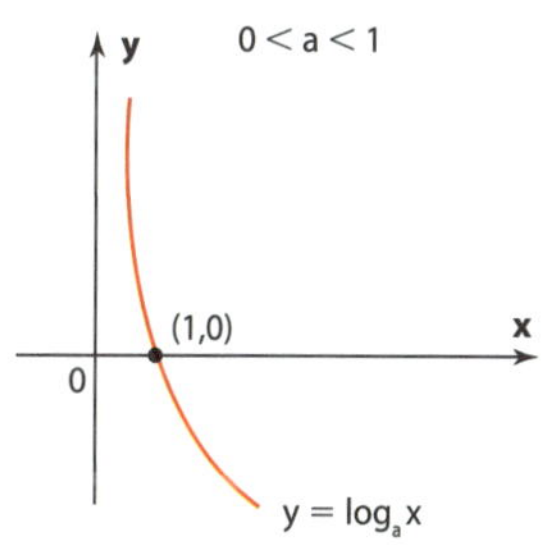

Equação logarítmica

$\log_a x = \log_a y \Leftrightarrow x = y$

Inequação logarítmica

$\log_a x > \log_a y \Leftrightarrow \begin{cases} x > y, \text{ se } a > 1 \\ x < y, \text{ se } 0 < a < 1 \end{cases}$

Exercícios

1 (UFC–CE) Calcule o valor de $[5 \log_{10} (5 \log_{10} 100)]^2$.

2 (Fuvest–SP) Determine o valor de $\dfrac{-(-2)^2 - \sqrt[3]{-27}}{(-3+5) - \log_2 4}$.

3 (Mack–SP) Dados log 4 = 0,60206 e log 6 = 0,77815, calcule $\log \sqrt[5]{\dfrac{6\,000 \cdot 0,64}{216}}$.

4 (Mack–SP) Se $\log_{10} m = 2 - \log_{10} 4$, determine o valor de **m** (lembrar: $2 = \log_{10} 10^2$).

5 (FEI–SP) Qual é o logaritmo decimal de $\sqrt[10]{3\,200}$, dado log 2 = 0,301?

6 (UFMG) Dados log 2 = 0,301 e log 3 = 0,477, calcule $\log \sqrt[3]{a^2b}$ quando a = 2 e b = 3.

7 (UFT–TO) Considere a equação $\log_2 x \cdot \log_2 x - 3\log_2 x = 0$, $x > 0$ no conjunto dos números reais. A soma dos valores de **x** que satisfazem esta equação é:

a) 0. b) 2. c) 8. d) 9. e) $\frac{2}{3}$.

8 (Uepa) Os números reais positivos **m**, **n** são tais que $\log_5 m + 2\log_5 \sqrt{n} = 2$. O valor $m \cdot n$ é:

a) 5^2. b) 2^5. c) 5^4. d) 5^3. e) 5.

9 (Enem) A Escala de Magnitude de Momento (abreviada como MMS e denotada com $\mathbf{M_w}$), introduzida em 1979 por Thomas Haks e Hiroo Kanamori, substituiu a Escala de Richter para medir magnitude dos terremotos em termos de energia liberada. Menos conhecida pelo público, a MMS é, no entanto, a escala usada para estimar as magnitudes de todos os grandes terremotos da atualidade. Assim como a escala Richter, a MMS é uma escala logarítmica. $\mathbf{M_w}$ e $\mathbf{M_0}$ se relacionam pela fórmula $M_w = -10{,}7 + \frac{2}{3}\log_{10}(M_0)$, onde $\mathbf{M_0}$ é o momento sísmico (usualmente estimado a partir dos registros de movimento da superfície, através dos sismogramas), cuja unidade é o dina · cm.

O terremoto de Kobe, acontecido no dia 17 de janeiro de 1995, foi um dos terremotos que causaram maior impacto no Japão e na comunidade científica internacional. Teve magnitude $M_w = 7{,}3$.

Mostrando que é possível determinar a medida por meio de conhecimentos matemáticos, qual foi o momento sísmico $\mathbf{M_0}$ do terremoto Kobe (em dina · cm)?

a) $10^{-5,10}$ b) $10^{-0,73}$ c) $10^{12,00}$ d) $10^{21,65}$ e) $10^{27,00}$

10 (Unemat–MT) Se $\log_2 (a + b) = 2$ e $(a - b) = 4$, então, $\log_2 (a^2 - b^2)$ é igual a:

a) $\frac{1}{2}$. b) 2. c) 4. d) 6. e) 8.

11 (Uece) Se **u** é o número real positivo e diferente de 1, tal que $\log_u 7 = -\frac{1}{3}$, então $\log_{\frac{1}{u}} 117\,649$ é igual a:

a) 2. b) 3. c) $\frac{1}{2}$. d) $\frac{1}{3}$.

12 (Uepa) O pH de uma solução química mede a acidez da mesma e é definido como $pH = \log\left(\frac{1}{[H^+]}\right)$, onde $[H^+]$, representa a concentração de íons $\mathbf{H^+}$.

Devido às secas registradas na região nordeste do país, a escassez de água tornou-se uma calamidade pública em algumas cidades. Como atendimentos de urgência, caminhões pipas distribuíram águas retiradas diretamente de açudes entre as famílias atingidas, como pH baixíssimo, tornando-se vulneráveis à contaminação com determinadas bactérias prejudiciais à saúde humana. Numa amostra dessas águas foi detectado que $[H^+] = 2{,}5 \cdot 10^{-9}$.

De acordo com o texto acima, e considerando $\log 5 = 0{,}70$, o pH dessa água foi de:

a) 9,70. b) 9,68. c) 9,23. d) 8,87. e) 8,60.

13 (Ufal) A fórmula para medir a intensidade de um dado terremoto na escala Richter é $R = \log_{10}\left(\frac{I}{I_0}\right)$, com $\mathbf{I_0}$ sendo a intensidade de uma abalo quase imperceptível e **I** a intensidade de um terremoto dada em termos de um múltiplo de $\mathbf{I_0}$. Se um sismógrafo detecta um terremoto com intensidade $I = 32\,000I_0$, qual a intensidade do terremoto na escala Richter? Indique o valor mais próximo. Dado: use a aproximação $\log_{10}2 \approx 0{,}30$.

a) 3,0 b) 3,5 c) 4,0 d) 4,5 e) 5,0

14 (UEL–PR) O valor de $10^{\log\left(\frac{10}{\sqrt{6}}\right)}$ é:

a) $\frac{\sqrt{6}}{10}$.

b) $\frac{5\sqrt{6}}{3}$.

c) 100.

d) $100\sqrt{10}$.

e) $1\,000\sqrt{10}$.

15 (Unicamp–SP) Calcule o valor da expressão $\log_n\left(\log_n \sqrt[n]{\sqrt[n]{n}}\right)$, em que **n** é um número inteiro, $n \geqslant 2$. Ao fazer o cálculo, você verá que esse valor é um número que não depende de **n**.

16 (UFC–CE) Suponha que o nível sonoro β e a intensidade **I** de um som estejam relacionados pela equação logarítmica $\beta = 120 + 10 \cdot \log_{10} I$, em que β é medido em decibéis e **I** em watts por metros quadrados. Seja $\mathbf{I_1}$ a intensidade sonora de 80 decibéis em um cruzamento de duas avenidas movimentadas e $\mathbf{I_2}$ a intensidade correspondente ao nível sonoro de 60 decibéis do interior de um automóvel com ar-condicionado. A razão $\frac{I_1}{I_2}$ é igual a:

a) $\frac{1}{10}$.

b) 1.

c) 10.

d) 100.

e) 1 000.

17 (Ufop–MG) Resolva a equação $3^x + 3^{x+1} = 8$ sabendo que $\log 2 = 0{,}3010$ e $\log 3 = 0{,}4771$.

18 (Vunesp) Se a equação $x^2 - bx + 100 = 0$ tem duas raízes **r** e **s**, $r > 0$ e $s > 0$, prove que

$\log_{10}(r \cdot s)^r + \log_{10}(r \cdot s)^s = 2b$.

19 (PUC–SP) A representação

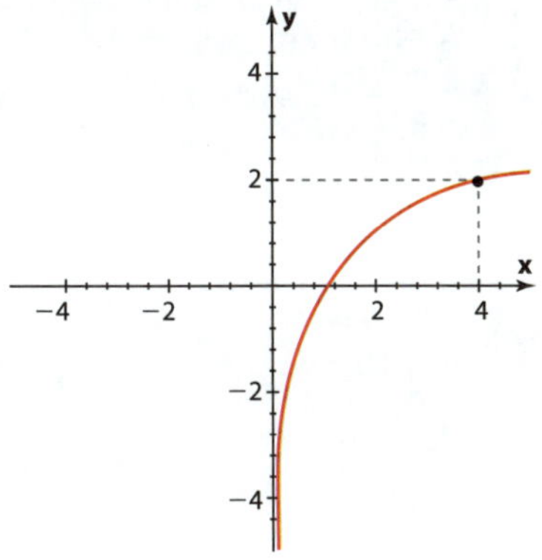

é da função dada por $y = f(x) = \log_a (x)$. O valor de $\log_a (a^3 + 8)$ é:

a) 2. b) 4. c) 6. d) 8. e) 10.

20 (UFC–CE) Se $\log_7 875 = a$, então $\log_{35} 245$ é igual a:

a) $\frac{a+2}{a+7}$.

b) $\frac{a+2}{a+5}$.

c) $\frac{a+5}{a+2}$.

d) $\frac{a+7}{a+2}$.

e) $\frac{a+5}{a+7}$.

21 (Fuvest–SP) A intensidade **I** de um terremoto, medida na escala Richter, é um número que varia de I = 0 até I = 8,9 para o maior terremoto conhecido. **I** é dado pela fórmula $I = \frac{2}{3} \log_{10} \frac{E}{E_0}$, na qual **E** é a energia liberada no terremoto em quilowatt-hora e $E_0 = 7 \cdot 10^{-3}$ kWh.

a) Qual a energia liberada num terremoto de intensidade 8 na escala Richter?

b) Aumentando de uma unidade a intensidade do terremoto, por quanto fica multiplicada a energia liberada?

22 (Vunesp) Suponha que uma represa de área igual a 128 km² tenha sido infestada por uma vegetação aquática. Suponha também que, por ocasião de um estudo sobre o problema, a área tomada pela vegetação fosse de 8 km² e que esse estudo tivesse concluído que a taxa de aumento da área cumulativamente infestada era de 50% ao ano. Nessas condições:

a) Qual seria a área infestada **n** anos depois do estudo, caso não se tomasse nenhuma providência?

b) Com as mesmas hipóteses, em quantos anos a vegetação tomaria conta de toda a represa? (Use os valores aproximados $\log_{10} 2 = 0,30$ e $\log_{10} 3 = 0,48$.)

23 (Ufop–MG) Resolva o sistema de equações

$$\begin{cases} 8^{-x} \cdot 8 \cdot 2^{-4} = 2 \\ \log_{10}(x + y + 2) = 0 \end{cases}$$

24 (Mack–SP) Quais os valores reais de **x** que verificam a equação $\log_{\frac{1}{2}}(x^2 - 8) \geqslant 0$?

25 (Faap–SP) Resolva a equação $\log_x 2 \cdot \log_{\frac{x}{16}} 2 = \log_{\frac{x}{64}} 2$.

26 (EEM–SP) Qual é o conjunto solução da inequação $\log_{\frac{1}{2}}(x-1) - \log_{\frac{1}{2}}(x+1) < \log_{\frac{1}{2}}(x-2) + 1$?

27 (Faap–SP) Determine os valores de **a** para que a equação $x^2 - 2x - \log_{10} a = 0$ admita raízes reais.

28 (UFRN) Se $\log_5 x + \log_5 y = 3$, com **x** e **y** inteiros maiores que 1, então:

a) $x \cdot y = 15$.

b) $x + y = 20$.

c) $x \cdot y = 25$.

d) $x + y = 30$.

29 (Ufal) Considere que uma determinada xícara de café contém cerca de 100 mg de cafeína. O nível **Q** de cafeína no corpo decresce a uma taxa de 19% por hora, a partir do instante em que o café foi tomado. Classifique cada afirmativa em verdadeira ou falsa:

0-0) Ao fim de **t** horas, a quantidade de cafeína restante no organismo é tal que $Q(t) = -100 \cdot (1{,}19)^t$.

1-1) A função Q(t) é crescente se $0 < t < 1$, e decrescente se $t \geqslant 1$, t em horas.

2-2) Depois de 2 horas, a quantidade de cafeína remanescente no corpo é 65,61 mg.

3-3) O tempo para que o nível de cafeína no corpo atinja 72,9 mg é de 1 hora e meia.

4-4) Se $\log 2 = 0{,}30$ e $\log 9 = 0{,}95$, então a meia-vida da cafeína no corpo é de 3 horas.

30 (UnB–DF) A disseminação de uma doença infecciosa em uma determinada população de 30000 frangos em uma granja pode ser descrita pela equação $P(t) = \dfrac{11\,480}{1 + 3^{4-t}}$, em que **t** é o número de dias decorridos desde a detecção da doença, que é definido como o momento do aparecimento dos primeiros casos (t = 0) e **P(t)** é a quantidade total de frangos infectados após **t** dias. Com base nessas informações, julgue os itens a seguir:

1) A quantidade de frangos infectados no momento em que a doença foi detectada é superior a 150.
2) Caso a doença não seja controlada, toda a população de frangos da granja será infectada.
3) 4100 frangos serão infectados decorridos $2 + \log_3 5$ dias do momento da detecção da doença.
4) O número de frangos infectados somente no terceiro dia é inferior a 1200.

31 (Fac. Med. ABC–SP) Qual é o numero de soluções reais da equação $\log_{10}(x+1) + \log_{10}(x+3) = \log_{10} 3$?

32 (Fuvest-SP) Se **x** é um número real, $x > 2$ e $\log_2 (x - 2) - \log_4 x = 1$, então o valor de **x** é:

a) $4 - 2\sqrt{3}$.

b) $4 - \sqrt{3}$.

c) $2 + 2\sqrt{3}$.

d) $4 + 2\sqrt{3}$.

e) $2 + 4\sqrt{3}$.

33 (FGV-SP) O conjunto solução da equação $x \cdot \left(\log_2 7^x + \log_2 \frac{7}{3}\right) + \log_2 21^x = 0$, sendo $\log_2 N$ o logaritmo do número **N** na base 2, é:

a) $\varnothing$.

b) {0}.

c) {1}.

d) {0, −2}.

e) {0, 2}.

34 (Ufam) Considere a equação em **x**, $a^{x-1} = b^{\frac{1}{x}}$, onde **a** e **b** são números reais positivos, tais que $\ln b = 6 \ln a > 0$ (ln = logaritmo natural).

A soma das soluções da equação é:

a) 3. b) −2. c) 1. d) −6. e) 6.

35 (Ufam) Na figura a seguir a curva representa o gráfico da função $f(x) = \log_3 x$.

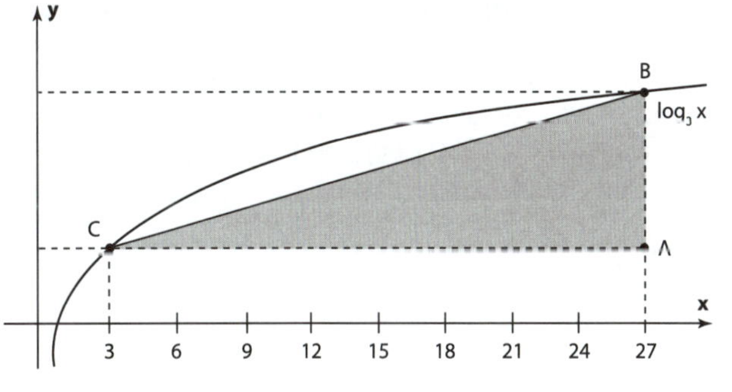

A área do triângulo ABC é igual a:

a) 25 unidades de área.

b) 24 unidades de área.

c) 23 unidades de área.

d) 21 unidades de área.

e) 20 unidades de área.

36 (Unir–RO) Considere as funções **f** e **g** dadas por $f(x) = \log_2 x$, para todo **x** real positivo e $g(x) = \frac{x}{x+1}$, para todo **x** natural diferente de zero. O valor de **x** que torna verdadeira a igualdade $f(x) = f(g(1)) + f(g(2)) + f(g(3)) + f(g(4)) + \dots + f(g(98)) + f(g(99))$ é:

a) 10^{-3}. b) 10^{-4}. c) 10^{-2}. d) 10^{-5}. e) 10^{-1}.

37 (UFPB) Uma amostra contendo 10^{12} bactérias é submetida a um choque térmico. Estudos experimentais mostram que, **t** segundos após o início do choque, morrem **x** bactérias e que as variáveis **t** e **x** relacionam-se de acordo com a expressão $t = 50 \ln\left(\frac{10^{12}}{10^{12} - x}\right)$.

Com base nessas informações, é correto afirmar que o tempo necessário para que morram 20% das bactérias inicialmente presentes na amostra é:

(Use $\ln 2 = 0{,}7$ e $\ln 5 = 1{,}6$.)

a) 6 s. b) 7 s. c) 8 s. d) 9 s. e) 10 s.

38 (UFG–GO) A fórmula a seguir é frequentemente utilizada na modelagem do crescimento de animais (fórmula de Gompertz):

$$P(t) = A \cdot 10^{\left(-B \cdot 10^{-Kt}\right)}$$

Nessa fórmula, P(t) será o peso do animal (massa corporal) em kg quando ele estiver com idade **t**, sendo a idade dada em meses. Os valores das constantes **A**, **B** e **k** dependem da espécie e do animal.

Para aplicar esse modelo ao crescimento de certa raça de bovinos, usa-se $B = 1{,}1$ e $k = 0{,}04$. Considerando que o peso ao nascer, P(0), de um determinado animal é de 40 kg, qual será, aproximadamente, a idade, em meses, que esse animal terá quando atingir 250 kg de peso? Use $\log 2 = 0{,}30$, $\log 3 = 0{,}48$ e $\log 11 = 1{,}04$.

39 (UFMS) Dado o sistema a seguir, e considerando log o logaritmo na base 10, assinale a(s) afirmação(ões) correta(s).

$$\begin{cases} 3^{(8y-x)} = 0{,}111111... \\ \log x - \log y = 1 \end{cases}$$

01) $\log(x - 9y) = 0$

02) $\log(x + 9y) = 1$

04) $(x + 1) = 10$

08) $(x \cdot y) = 10$

16) $(x \div y) = 10$

40 (UFMS) Resolvendo, no conjunto dos reais, a equação exponencial dada por: $2^{3x} \cdot 3^{4x} = 0{,}012$, e considerando, se necessário, que $\log 2 = 0{,}30$ e $\log 3 = 0{,}47$ (onde log 2 e log 3 são, respectivamente, os logaritmos de 2 e 3 na base 10), temos que o valor de **x** encontrado é tal que:

a) $-\frac{3}{4} < x < -\frac{5}{7}$.

b) $-\frac{5}{7} < x < -\frac{2}{3}$.

c) $-\frac{2}{3} < x < -\frac{3}{5}$.

d) $x > -\frac{3}{5}$.

e) $x < -\frac{3}{4}$.

41 (UFG–GO) Dados dois números reais positivos **a** e **n**, com $n \neq 1$, o número **y** tal que $n^y = a$ é denominado logaritmo de **a** na base **n**, e é representado por $\log_n a$. Faça o que se pede:

a) Faça um esboço do gráfico da função $f(x) = \log_{\frac{1}{2}} 2x$, com $x > 0$.

b) Mostre que $\log_2 \left(\frac{1}{2}\right) = \log_{\frac{1}{2}} 2$.

42 (Uerj) Considere a equação: $(\log_2 x)^2 - \log_{\sqrt[3]{2}} x = 0$, com $x > 0$. Um aluno apresentou o seguinte desenvolvimento para a solução dessa equação:

$(\log_2 x)^2 = \log_{\sqrt[3]{2}} x \Rightarrow (\log_2 x)^2 = 3(\log_2 x) \Rightarrow$

$\Rightarrow (\log_2 x) = 3 \Rightarrow x = 2^3 \Rightarrow x = 8$

$S = \{8\}$

O conjunto solução encontrado pelo aluno está incompleto. Resolva a equação e determine corretamente o seu conjunto solução.

44 (ESPM–SP) Sendo log 2 = a e log 3 = b, o valor do $\log_9 160$ é igual a:

a) $\dfrac{4a + b}{2}$.

b) $\dfrac{4a + 1}{2b}$.

c) $\dfrac{2a + 3b}{2}$.

d) $\dfrac{4b + 2}{a}$.

e) $\dfrac{a + 1}{3b}$.

43 (Fuvest–SP) O número real **a** é o menor dentre os valores de **x** que satisfazem a equação

$2 \log_2 (1 + \sqrt{2}\,x) - \log_2 (\sqrt{2}\,x) = 3$. Então, $\log_2 \left(\dfrac{2a + 4}{3}\right)$ é igual a:

a) $\dfrac{1}{4}$. b) $\dfrac{1}{2}$. c) 1. d) $\dfrac{3}{2}$. e) 2.

45 (Mack–SP) Considerando a solução (x, y) do sistema

$\begin{cases} \log_4 x + \log_2 y = 5 \\ \log_2 x - \log_4 y = 0 \end{cases}$, com $x \neq 1$, o valor de $\log_x \left(\dfrac{x}{y}\right)$ é:

a) 1. b) 4. c) −1. d) $\dfrac{1}{2}$. e) $\dfrac{1}{4}$.

46 (Fuvest–SP) Tendo em vista as aproximações $\log_{10} 2 \simeq 0,30$, $\log_{10} 3 \simeq 0,48$, então o maior número inteiro **n**, satisfazendo $10^n \leqslant 12^{418}$, é igual a:

a) 424. b) 437. c) 443. d) 451. e) 460.

47 (UFRGS-RS) Aproximando log 2 por 0,301, verificamos que o número 16^{10} está entre:

a) 10^9 e 10^{10}.
b) 10^{10} e 10^{11}.
c) 10^{11} e 10^{12}.
d) 10^{12} e 10^{13}.
e) 10^{13} e 10^{14}.

48 (FGV–SP) Em um certo país com população **A** (em milhões de habitantes), é notificada pela tevê a implantação de um novo plano econômico pelo governo. O número de pessoas que já sabiam da notícia após $t \geqslant 0$ hora é dado por $f(t) = \dfrac{A}{1 + 4e^{-\frac{A}{2}t}}$.

Sabe-se também que, decorrida 1 hora da divulgação do plano, 50% da população já estava ciente da notícia.

a) Qual a porcentagem da população que tomou conhecimento do plano no instante em que foi notificado?
b) Qual a população do país?
c) Após quanto tempo 80% da população estava ciente do plano?

(Dados do problema: ln 3 = 1,09; ln 2 = 0,69.)

49 (PUC–SP) Uma calculadora eletrônica possui teclas das quatro operações fundamentais e as teclas 10^x, $\log_{10}$ e $\log_e$. Como se pode obter o valor de **e** usando as funções da calculadora?

50 (Ufpel–RS) Tendo-se **a** e **b** como números reais positivos, e sendo $b \neq 1$, se $\log_2 a + \dfrac{1}{\log_b 2} = 6$, então $a \cdot b$ é igual a:

a) 12. b) 16. c) 32. d) 64.

51 (UFPR) Uma determinada substância radioativa desintegra-se com o tempo, segundo a função $M(t) = M_0 \cdot e^{-k \cdot t}$ sendo $\mathbf{M_0}$ a massa inicial, k uma constante característica da substância e **t** o tempo dado em anos. Sabendo que a quantidade inicial de 100 g dessa substância radioativa diminui para 50 g em 28 anos, calcule quanto tempo será necessário para que 100 g dessa substância se reduzam a 25 g. (Considere $\log_e 2 = 0,7$.)

a) 56 anos
b) 48 anos
c) 72 anos
d) 42 anos
e) 64 anos

52 (UFPB) O movimento de uma bola de golfe é influenciado tanto pela força gravitacional como também pela resistência do ar. Essa força retardadora atua no sentido oposto ao da velocidade da bola. Em um estudo realizado durante uma partida de golfe, observou-se que, quando foi considerada a força de resistência do ar, a distância horizontal **d**(**t**), em metros, percorrida por uma bola em função do tempo **t**, em segundos, a partir do instante em que a bola foi lançada ($t = 0$), era dada por $d(t) = 50(1 - e^{-0,1t})$. Use $\ln 2 = 0,7$.

A partir dessas informações, conclui-se que, para que a bola percorra uma distância na horizontal de 25 m, o tempo gasto, a partir do instante do lançamento, é de:

a) 5,0 s.
b) 6,6 s.
c) 7,0 s.
d) 8,5 s.
e) 10 s.

53 (Unicamp–SP) A função $L(x) = ae^{bx}$ fornece o nível de iluminação, em luxes, de um objeto situado a **x** metros de uma lâmpada.

a) Calcule os valores numéricos das constantes **a** e **b**, sabendo que um objeto a 1 metro de distância da lâmpada recebe 60 luxes e que um objeto a 2 metros de distância recebe 30 luxes.

b) Considerando que um objeto recebe 15 luxes, calcule a distância entre a lâmpada e esse objeto.

54 (Vunesp) A função a seguir expressa, em função do tempo **t** (em anos), aproximadamente, a população, em milhões de habitantes, de um pequeno país, a partir de 1950 ($t = 0$). Um esboço do gráfico dessa função, para $0 \leq t \leq 80$, é dado na figura.

a) De acordo com esse modelo matemático, calcule em que ano a população atingiu 12 milhões de habitantes. (Use as aproximações $\log_3 2 = 0,6$ e $\log_3 5 = 1,4$.)

b) Determine aproximadamente quantos habitantes tinha o país em 1950. Com base no gráfico, para $0 \leq t \leq 80$, admitindo que $p(80) = 17$, dê o conjunto solução da inequação $p(t) \geq 15$ e responda, justificando sua resposta, para quais valores de **k** a equação $p(t) = k$ tem soluções reais.

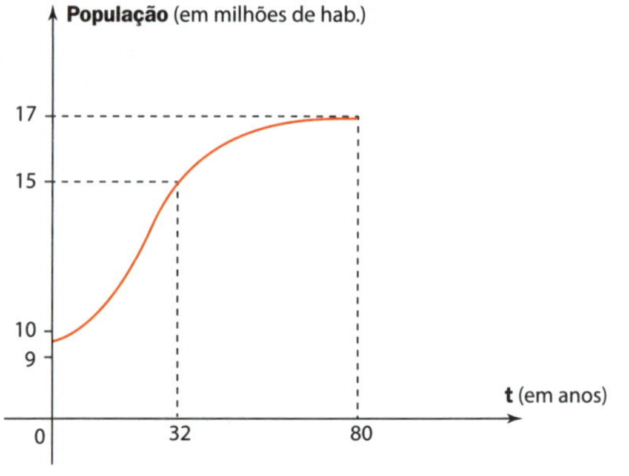

$$p(t) = 9 + \frac{8}{1 + 12 \cdot 3^{(-0,1)t}}$$

PROGRESSÕES

Assunto	Resumo
Progressão aritmética (PA)	**Razão** $r = a_n - a_{n-1}$
	Termo geral $a_n = a_1 + (n - 1)r$ ou $a_n = a_p + (n - p)r$
	Três termos consecutivos na PA (..., a, b, c, ...) $2b = a + c$
	Notação especial de PA de três termos PA $(x - r, x, x + r)$
	Equidistância de termos $a_x + a_y = a_p + a_q \Leftrightarrow x + y = p + q$
	Soma dos n primeiros termos $S_n = \dfrac{(a_1 + a_2)n}{2}$ **Observação:** $S_1 = a_1$ e $S_n - S_{n-1} = a_n$
Progressão geométrica (PG)	**Razão** $q = \dfrac{a_n}{a_{n-1}}$
	Termo geral $a_n = a_1 q^{n-1}$ ou $a_n = a_p q^{n-p}$
	Três termos consecutivos na PG (..., a, b, c, ...) $b^2 = ac$
	Notação especial de PG de três termos PG $\left(\dfrac{x}{q}, x, xq\right)$
	Equidistância de termos $a_x \cdot a_y = a_p \cdot a_q \Leftrightarrow x + y = p + q$
	Soma dos n primeiros termos $S_n = a_1 \cdot \dfrac{q^n - 1}{q - 1}$
	Limite da soma (para $\lvert q \rvert < 1$) $S_\infty = \dfrac{a_1}{1 - q}$

Exercícios

1 (UFRRJ) Numa sala de aula, cada um dos 100 alunos recebe um número que faz parte de uma sequência que está em progressão aritmética. Sabendo que a soma de todos os números é 15 050 e que a diferença entre o 46º e o 1º é de 135, determine o 100º número.

2 (UFMG) Uma criação de coelhos foi iniciada há exatamente um ano e, durante esse período, o número de coelhos duplicou a cada quatro meses. Hoje, parte dessa criação deverá ser vendida para se ficar com a quantidade inicial de coelhos. Para que isso ocorra, a porcentagem da população atual dessa criação de coelhos a ser vendida é:

a) 75%. b) 80%. c) 83,33%. d) 87,5%.

3 (UFRR) Um trem partiu da primeira estação com 100 (cem) passageiros, a cada estação entraram outros 12 (doze) passageiros e ninguém saiu. Ao sair de que estação o trem estava com 268 (duzentos e sessenta e oito) passageiros?

a) 16ª estação
b) 14ª estação
c) 15ª estação
d) 17ª estação
e) 13ª estação

4 (UPE) Em uma progressão geométrica estritamente crescente, com razão igual ao triplo do primeiro termo, na qual o quarto termo é igual a 16 875, é correto afirmar que:

a) o terceiro termo é igual a nove vezes o primeiro termo.
b) a soma dos três primeiros termos é igual a 241 vezes o primeiro termo.
c) o segundo termo é igual a 9 vezes o quadrado do primeiro termo.
d) a soma do primeiro e do terceiro termo é igual a 25 vezes o segundo termo.
e) os termos também estão em progressão aritmética.

5 (Unemat–MT) Dada uma PA cujo $\mathbf{a_1}$ é quádruplo de sua razão e $\mathbf{a_{20}}$ é igual a 69, sua razão será:

a) 2. b) 6. c) 4. d) 5. e) 3.

6 (Vunesp) Considere as sequências $(\mathbf{O_n})$ e $(\mathbf{t_n})$, $n = 1, 2, 3, \ldots$, cujos termos gerais são, respectivamente,

$O_n = n(n+1)$ e $t_n = \dfrac{n(n+1)}{2}$. Demonstre que, para todo $n \geqslant 1$, $t_{2n} = O_n + n^2$.

7 (FCMSCSP) Numa progressão aritmética de 7 termos, a soma dos dois primeiros é 14 e a dos dois últimos é 54. Calcule a razão e o último termo dessa PA.

8 (FGV–SP) A soma do 4º e do 8º termos de uma PA é 20 e o 31º termo é igual ao dobro do 16º termo. Determine o 1º termo dessa PA.

9 (Faap–SP) Quantos números inteiros compreendidos entre 1 e 5000 são divisíveis por 3 e por 7 ao mesmo tempo?

10 (UFSC) Uma função **f** é definida recursivamente como

$f(n+1) = \dfrac{5f(n)+2}{5}$. Sendo $f(1) = 5$, o valor de $f(101)$ é:

a) 45. b) 50. c) 55. d) 60. e) 65.

11 (Fuvest–SP) Resolva a equação

$\log_2 x + \log_2 x^2 + \log_2 x^3 + ... + \log_2 x^{100} = 15150.$

12 (UEG–GO) Sabendo que o lado, a diagonal e a área de um quadrado estão em progressão aritmética, calcule a medida do lado do quadrado.

13 (UFC–CE) Seja $\mathbf{P_n}$, $\mathbf{P_{2n}}$ e $\mathbf{P_{3n}}$ os produtos dos **n**, **2n** e **3n** primeiros termos, respectivamente, de uma progressão geométrica cujo primeiro termo $\mathbf{a_1}$ e razão **q** são números reais não nulos. Então, o quociente $\frac{P_{3n}}{P_n \cdot P_{2n}}$ depende:

a) apenas de **n**.

b) apenas de $\mathbf{a_1}$ e **n**.

c) apenas de **q** e **n**.

d) de **q**, $\mathbf{a_1}$ e **n**.

e) nem de **q**, nem de $\mathbf{a_1}$, nem de **n**.

14 (UFPE) Suponha que o preço de um automóvel se desvalorize 10% ao ano nos seus cinco primeiros anos de uso. Se esse automóvel novo custou R$ 10 000,00, qual será o seu valor em reais após os cincos anos de uso?

a) 5 550,00

b) 5 804,00

c) 6 204,30

d) 5 904,90

e) 5 745,20

15 (UFSC) Na progressão geométrica

$\left(10, 2, \frac{2}{5}, \frac{2}{25}, ...\right)$, qual é a posição do termo $\frac{2}{625}$?

16 (UFC–CE) Considere a função real de variável real definida por $f(x) = 2^{-x}$. Calcule o valor de $f(0) - f(1) + f(2) - f(3) + f(4) - f(5) + ...$

17 (FGV–SP) Os números 1, 3, 6, 10, 15, ... são chamados de números triangulares, nomenclatura esta justificada pela sequência de triângulos.

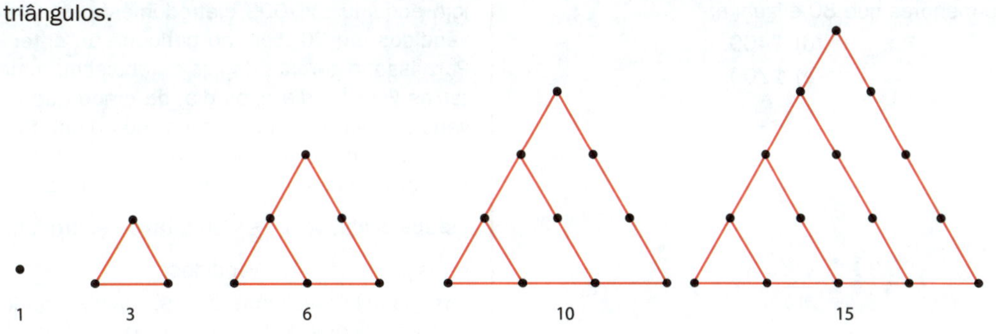

a) Determine uma expressão algébrica para o enésimo número triangular.

b) Prove que o quadrado de todo número inteiro maior que 1 é a soma de dois números triangulares consecutivos.

18 (UFRRJ) Uma forte chuva começa a cair na UFRRJ formando uma goteira no teto de uma das salas de aula. Uma primeira gota cai e 30 segundos depois cai uma segunda gota. A chuva se intensifica de tal forma que uma terceira gota cai 15 segundos após a queda da segunda gota. Assim, o intervalo de tempo entre duas quedas de duas gotas consecutivas reduz-se à metade na medida em que a chuva aumenta de intensidade. Se a situação se mantiver, em quanto tempo, aproximadamente, desde a queda da primeira gota, a goteira se transformará em um fio contínuo de água?

19 (Ufam) Dada a progressão aritmética 2, 5, 8, 11. Então a soma dos termos da PA desde o 21º até o 41º termo, inclusive, é igual a:

a) 1954.
b) 1666.
c) 1932.
d) 1656.
e) 1931.

20 (UEA–AM) A soma de todos os números ímpares maiores que 20 e menores que 80 é igual a:

a) 1300.
b) 1500.
c) 1600.
d) 1400.
e) 1700.

21 (UFC–CE) A progressão geométrica infinita $(a_1, a_2, ..., a_n, ...)$ tem razão $q = \frac{1}{2}$ e $a_1 = 1$. Determine o menor inteiro positivo **n** tal que S_n, a soma dos **n** primeiros termos da progressão, satisfaz a desigualdade $S_n > \frac{8191}{4096}$.

22 (UFG–GO) Preparando-se para as vendas de Natal, uma loja adquiriu 120000 eletrodomésticos para serem todos vendidos em 20 dias, no período que antecede o festejo. Para isso, o gerente da loja estabeleceu a meta de aumentar as vendas, dia após dia, de modo que as quantidades vendidas ao final de cada um dos dias, do 1º ao 20º dia, estejam em progressão aritmética. Ao final do décimo dia de venda, o gerente percebeu que estava atingindo a meta estabelecida, pois $\frac{1}{3}$ do total de eletrodomésticos adquiridos já tinham sido vendidos.

Com base nestas informações, calcule a quantidade de eletrodomésticos que foram vendidos ao final do primeiro dia de venda.

23 (UEG–GO) Para um *show* musical, foram vendidos 6200 ingressos para pessoas que serão dispostas em filas a partir do palco. A primeira fila será formada por 120 pessoas, a segunda por 140, a terceira por 160 e, nas filas seguintes, esse número será aumentado em 20. O número total dessas filas é:

a) 25.
b) 23.
c) 20.
d) 17.

24 (FGV–SP) A soma dos 100 primeiros termos de uma progressão aritmética é 100, e a soma dos 100 termos seguintes dessa progressão é 200. A diferença entre o segundo e o primeiro termo dessa progressão, nessa ordem, é:

a) 10^{-4}.
b) 10^{-3}.
c) 10^{-2}.
d) 10^{-1}.
e) 1.

25 (ESPM–SP) As progressões aritméticas (2, 9, 16, ..., k) e (382, 370, 358, ..., k) são finitas e têm o mesmo número de termos. O valor de **k** é igual a:

a) 156. b) 170. c) 135. d) 142. e) 128.

26 (Udesc) Sejam **x**, **y**, **z** números reais tais que a sequência $\left(x,\ 1,\ y,\ \frac{1}{4},\ z\right)$ forma, nessa ordem, uma progressão aritmética, então o valor da soma x + y + z é:

a) $-\frac{3}{8}$.
b) $\frac{21}{8}$.
c) $\frac{15}{8}$.
d) 2.
e) $-\frac{19}{8}$.

27 (UEL–PR) A solução logarítmica
$\log_3 x + \log_3 x^2 + ... + \log_3 x^{49} + \log_3 x^{50} = 200$ é:

a) x = 1.
b) x = 3.
c) x = 9.
d) $x = \log_3 2550$.
e) $x = \log_3 1275$.

28 (UEL–PR) Pontes de treliças são formadas por estruturas de barras, geralmente em forma triangular, com o objetivo de melhor suportar cargas concentradas, conforme a figura ao lado.

Nas figuras a seguir, há uma sequência com 1, 2 e 3 setores triangulares com as respectivas quantidades de barras do mesmo comprimento.

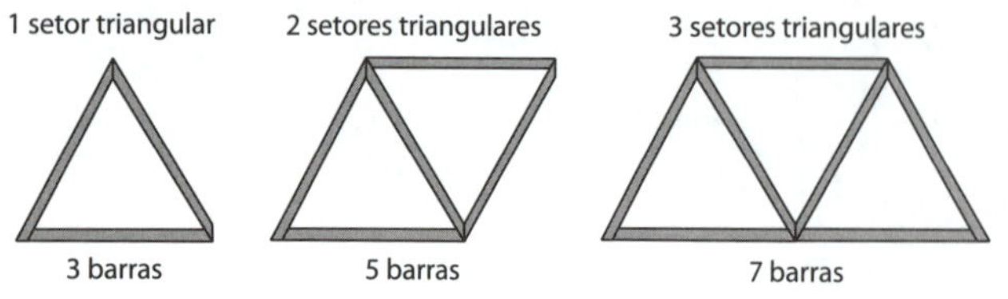

Observando nas figuras que o número de barras é função do número de setores triangulares, qual é o número **N** de barras para **n** setores triangulares?

a) $N = 3 + 2^{n-1}$, para $n \geqslant 1$

b) $N = 3n$, para $n \geqslant 1$

c) $N = 3n^2 + 2n$, para $n \geqslant 1$

d) $N = 3 + 2(n^2 - 1)$, para $n \geqslant 1$

e) $N = 1 + 2n$, para $n \geqslant 1$

29 (Fuvest–SP) Seja **A** o conjunto dos 1993 primeiros números inteiros estritamente positivos.

a) Quantos múltiplos inteiros de 15 pertencem ao conjunto **A**?

b) Quantos números de **A** não são múltiplos inteiros nem de 3 nem de 5?

30 (ITA–SP) Quantos números inteiros existem de 1000 a 10000 que não são divisíveis nem por 5 nem por 7?

31 (Ufes) Três polígonos têm o número de seus lados em progressão aritmética de razão 3. Se a soma dos ângulos internos nos três polígonos vale 3240°, então o número de diagonais do polígono de maior número de lados é:

a) 77.
b) 44.
c) 65.
d) 54.
e) 35.

32 (Vunesp) Sejam **a**, **b** e **c** três números reais estritamente positivos e tais que $a < b + c$. Se **a**, **b** e **c** formam, nessa ordem, uma progressão geométrica de razão **q**, prove que:

a) $q^2 + q - 1 > 0$;

b) $q > \frac{-1 + \sqrt{5}}{2}$.

33 (Fuvest-SP) 500 moedas são distribuídas entre três pessoas, **A**, **B** e **C**, sentadas em círculo, da seguinte maneira: **A** recebe uma moeda, **B** duas, **C** três, **A** quatro, **B** cinco, **C** seis, **A** sete, e assim por diante, até que não haja mais moedas suficientes para continuar o processo. A pessoa seguinte, então, receberá as moedas restantes.

a) Quantas foram as moedas restantes e quem as recebeu? (Deixe explícito como você obteve a resposta.)

b) Quantas moedas recebeu cada uma das três pessoas?

34 (UFBA) Sabendo-se que o vértice da parábola de equação $y = a_1x^2 + a_1x + a_3$ é o ponto de intersecção das curvas de equações $y = \log_{\frac{1}{2}}(2^x - 4)$ e $y = -2$ e que $\mathbf{a_1}$, $\mathbf{a_2}$ e $\mathbf{a_3}$ são elementos da progressão geométrica $\mathbf{a_1}, \mathbf{a_2}, \mathbf{a_3}, \ldots$, calcule $\mathbf{a_6}$.

---

35 (Uerj) Um soldado fez **n** séries de flexões de braço, cada uma delas com 20 repetições. No entanto, como consequência das alterações da contração muscular devidas ao acúmulo de ácido lático, o tempo de duração de cada série, a partir da segunda, foi sempre 28% maior do que o tempo gasto para fazer a série imediatamente anterior. A primeira foi realizada em 25 segundos e a última em 1 minuto e 40 segundos. Considerando $\log 2 = 0{,}3$, a soma do número de repetições realizadas nas **n** séries é igual a:

a) 100.

b) 120.

c) 140.

d) 160.

Assunto	Resumo
Ângulo	Figura plana formada por duas semirretas de mesma origem.
	Ângulo raso: ângulo de medida 180°.
	Ângulo reto: ângulo de medida 90°.
	Ângulo agudo: ângulo cuja medida está entre 0° e 90°.
	Ângulo obtuso: ângulo cuja medida está entre 90° e 180°.
	Ângulos congruentes: ângulos que têm a mesma medida (símbolo: ≅).
	Ângulos complementares: par de ângulos cuja soma das medidas é 90°.
	Ângulos suplementares: par de ângulos cuja soma das medidas é 180°.
	Ângulos adjacentes: ângulos que possuem um lado comum, cujas regiões determinadas por eles não têm mais pontos comuns.
	Ângulos formados por duas retas paralelas cortadas por uma transversal

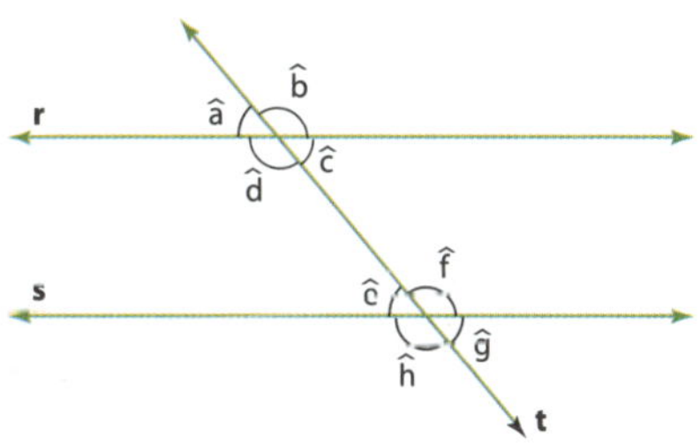

r e **s**: retas paralelas

t: reta transversal

â e **ĉ**: ângulos opostos pelo vértice

â e **ê**: ângulos correspondentes

â e **ĝ**: ângulos alternos externos

ĉ e **ê**: ângulos alternos internos

ĉ e **f̂**: ângulos colaterais internos

â e **ĥ**: ângulos colaterais externos

Assunto	Resumo
Triângulo	Polígono que tem três lados (consequentemente tem três vértices e três ângulos internos).

Classificação de triângulos

Quanto aos ângulos	Quanto aos lados
• *Acutângulo*: possui três ângulos agudos.	• *Equilátero*: três lados de mesma medida
• *Retângulo*: possui dois ângulos agudos e um reto.	• *Isósceles*: dois lados de mesma medida.
• *Obtusângulo*: possui dois ângulos agudos e um obtuso.	• *Escaleno*: três lados de medidas diferentes entre si.

Propriedades dos triângulos

Isósceles

Os ângulos da base têm a mesma medida.

Equilátero

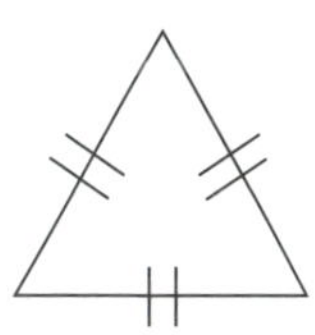

Os três ângulos internos têm a mesma medida, igual a 60°.

Retângulo

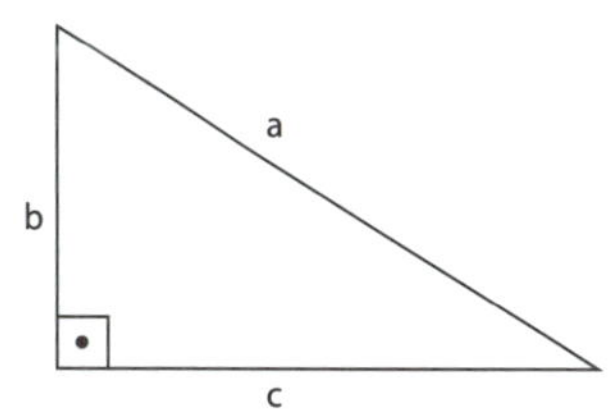

Teorema de Pitágoras ($a^2 = b^2 + c^2$).

Assunto	Resumo
Triângulo	**Soma dos ângulos internos** 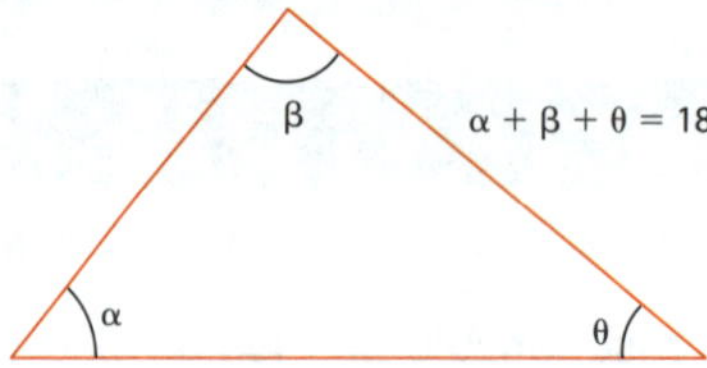 $\alpha + \beta + \theta = 180°$
	Ângulo externo 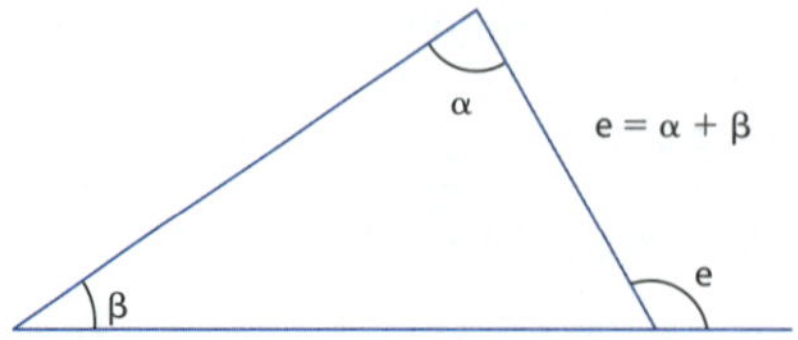 $e = \alpha + \beta$
	Congruência de triângulos 1º caso: LAL 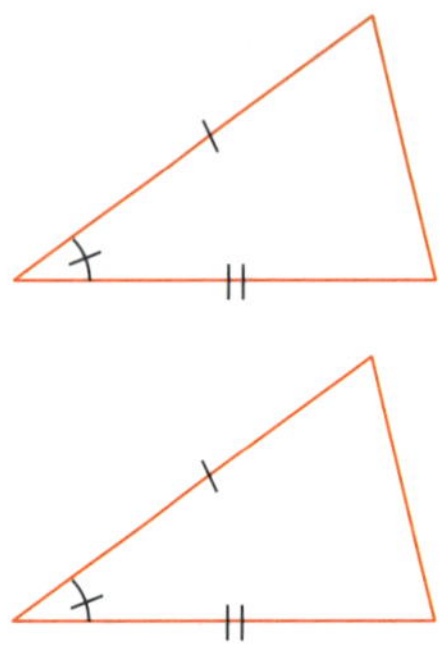 3º caso: LLL 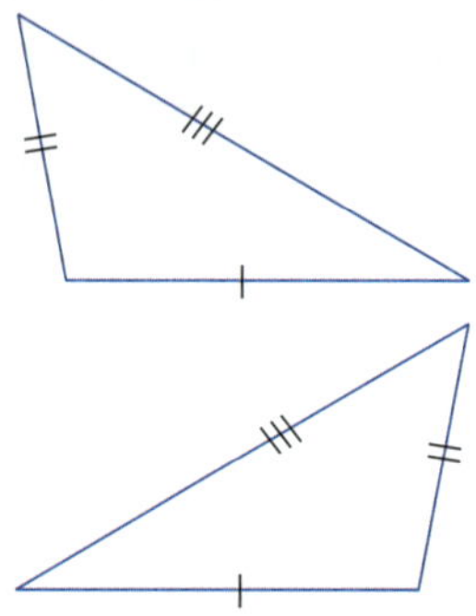 2º caso: ALA 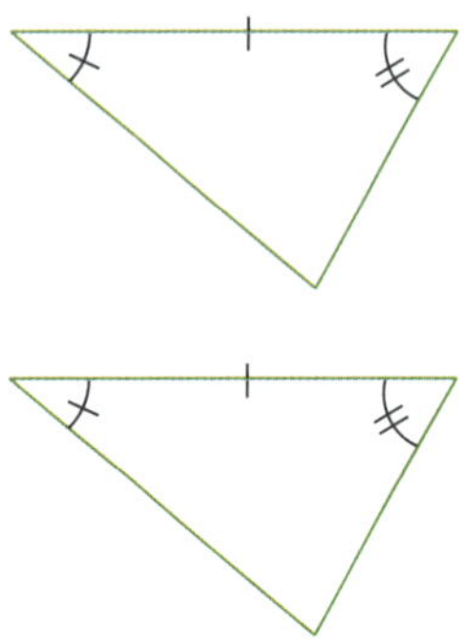 4º caso: LAA 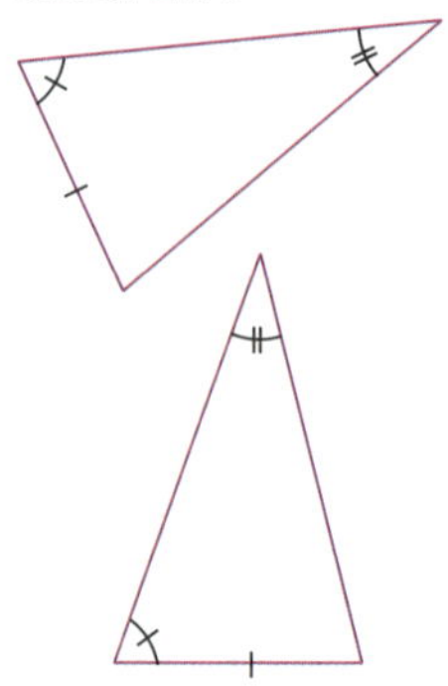
	Desigualdade triangular • Ao maior ângulo opõe-se o maior lado e, reciprocamente, ao maior lado opõe-se o maior ângulo. • A medida de cada lado de um triângulo deve ser menor do que a soma das medidas dos outros dois lados.
Quadrilátero	Polígono de quatro lados e, portanto, de quatro vértices e quatro ângulos internos.
	Quadrilátero qualquer • Soma dos ângulos internos: 360°. • Duas diagonais.

Assunto	Resumo
Quadrilátero	**Paralelogramo** Quadrilátero formado por dois pares de lados paralelos.  *Propriedades* 1ª) Em todo paralelogramo, dois ângulos opostos são congruentes e dois ângulos não opostos são suplementares (soma das medidas: 180°). 2ª) Em todo paralelogramo, os lados opostos são congruentes. 3ª) Em todo paralelogramo, as diagonais cortam-se ao meio.
	Retângulo Quadrilátero cujos quatro lados são congruentes.  *Propriedades* 1ª) Todo losango é paralelogramo. 2ª) As diagonais são perpendiculares. 3ª) As diagonais são bissetrizes dos ângulos internos.
	Losango Quadrilátero cujos quatro lados são congruentes. 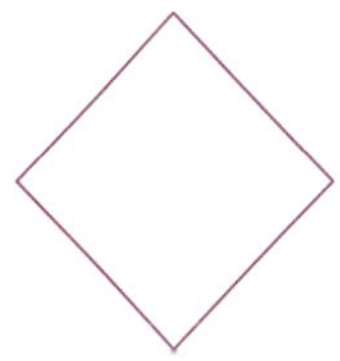 *Propriedades* 1ª) Todo losango é paralelogramo. 2ª) As diagonais são perpendiculares. 3ª) As diagonais são bissetrizes dos ângulos internos.
	Quadrado Quadrilátero cujos quatro lados são congruentes e os quatro ângulos são retos.  *Propriedade* Todo quadrado é paralelogramo, retângulo e losango.
	Trapézio Quadrilátero que tem apenas um par de lados paralelos: base maior e base menor. 
	Trapézio retângulo Todo trapézio que tem dois ângulos retos. Nele, um dos lados que não é base é perpendicular às duas bases. 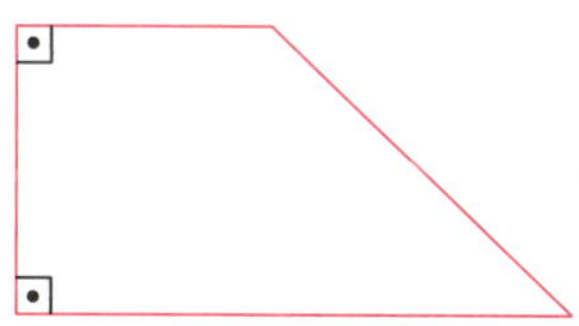
	Trapézio isósceles Todo trapézio que tem dois lados não paralelos congruentes. 

Assunto	Resumo

Polígonos convexos

Diagonais

$$d = \frac{n(n-3)}{2}$$

Soma dos ângulos internos

$$S_i = (n - 2) \cdot 180°$$

Soma dos ângulos externos

$$S_e = 360°$$

Polígonos regulares

Ângulo interno

$$a_i = \frac{S_i}{n} = \frac{(n-2) \cdot 180°}{n}$$

Ângulo externo

$$a_e = \frac{S_e}{n} = \frac{360°}{n}$$

$a_e + a_i = 180°$

Pontos notáveis de um triângulo

	Definição	Ponto notável
Mediana	Segmento que tem como extremidades um vértice do triângulo e o ponto médio do lado oposto a esse vértice.	*Baricentro*: encontro das medianas do triângulo; centro de gravidade (ponto de equilíbrio) do triângulo.
Bissetriz	Segmento que tem uma extremidade em um vértice do triângulo, divide o ângulo ao meio e tem a outra extremidade no lado oposto a esse vértice.	*Incentro*: encontro das bissetrizes internas ao triângulo; centro da circunferência inscrita no triângulo, pois equidista dos três lados.
Altura	Segmento com uma extremidade em um vértice e a outra extremidade no lado oposto ou no seu prolongamento formando com ele ângulos retos.	*Ortocentro*: ponto de encontro das retas que contêm as alturas, podendo pertencer ao exterior do triângulo.
Mediatriz	Reta que passa pelo ponto médio de um lado do triângulo e é perpendicular a ele.	*Circuncentro*: ponto de encontro das mediatrizes dos lados do triângulo; centro da circunferência circunscrita ao triângulo, pois equidista dos três vértices.

Teorema de Tales

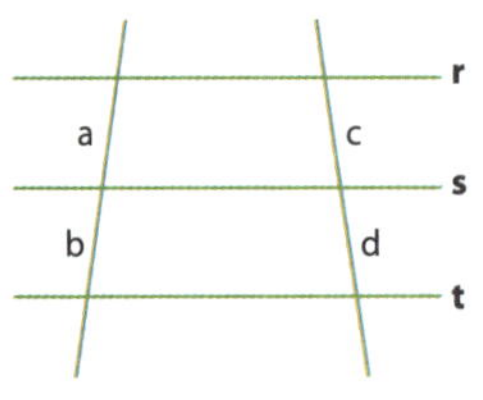

r // s // t

$$\frac{a}{b} = \frac{c}{d} \text{ ou } \frac{a}{c} = \frac{b}{d}$$

Teorema da bissetriz de um ângulo interno e um triângulo

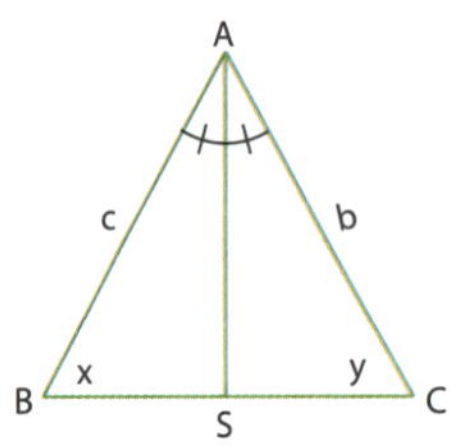

$\overline{AS}$: bissetriz

$$\frac{x}{c} = \frac{y}{b}$$

Assunto	Resumo
Semelhança de triângulos	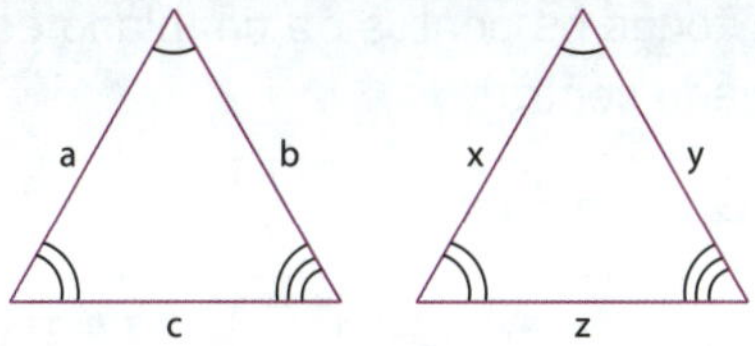 $\frac{a}{x} = \frac{b}{y} = \frac{c}{z} = k$ (razão de semelhança)
	Casos de semelhança 1º caso: AA 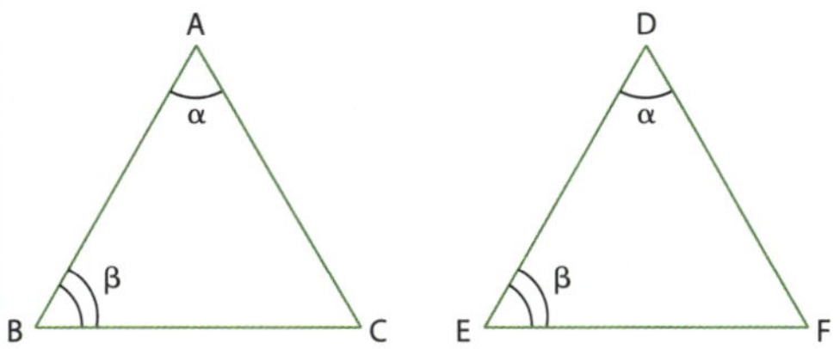 $\left.\begin{matrix}\hat{A} \cong \hat{D} \\ \hat{B} \cong \hat{E}\end{matrix}\right\} \triangle ABC \sim \triangle DEF$
	2º caso: LLL 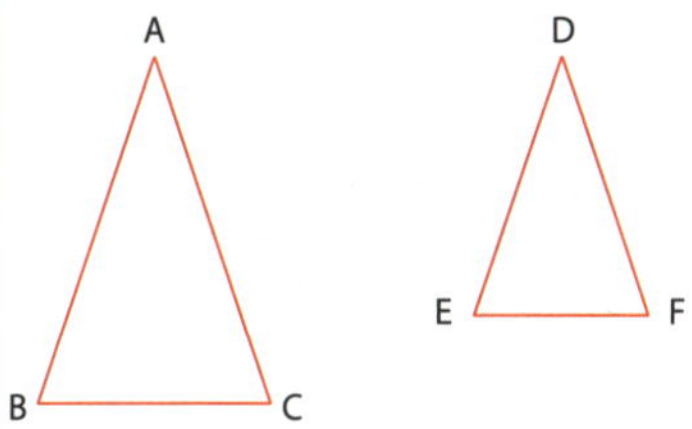 $\left.\frac{AB}{DE} = \frac{BC}{EF} = \frac{AC}{DF}\right\} \triangle ABC \sim \triangle DEF$
	3º caso: LAL 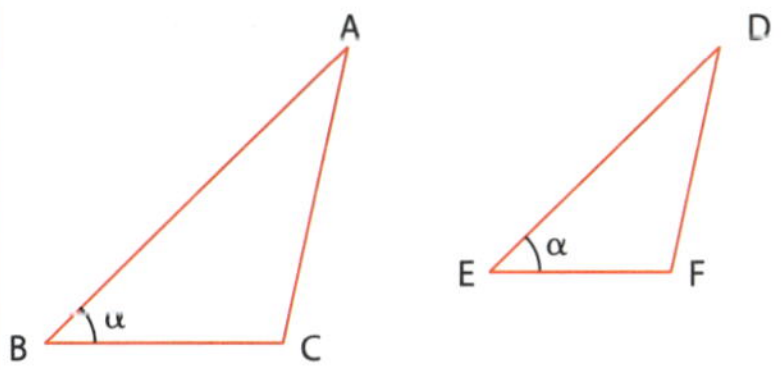 $\left.\begin{matrix}\frac{AB}{DE} = \frac{BC}{EF} \\ \hat{B} \cong \hat{E}\end{matrix}\right\} \triangle ABC \sim \triangle DEF$
	Teorema fundamental da semelhança 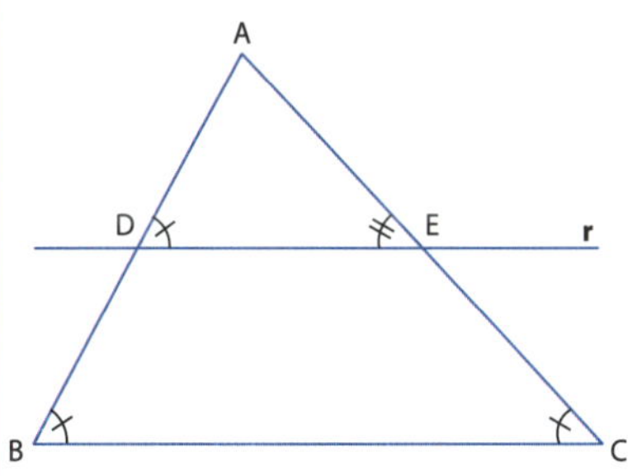 $r \,//\, \overline{BC} \rightarrow \triangle ADE \sim \triangle ABC$
Relações métricas nos triângulos retângulos	Teorema de Pitágoras: $a^2 = b^2 + c^2$ Relações métricas: $\begin{cases} b^2 = an \\ c^2 = am \\ h^2 = mn \\ ah = bc \end{cases}$ 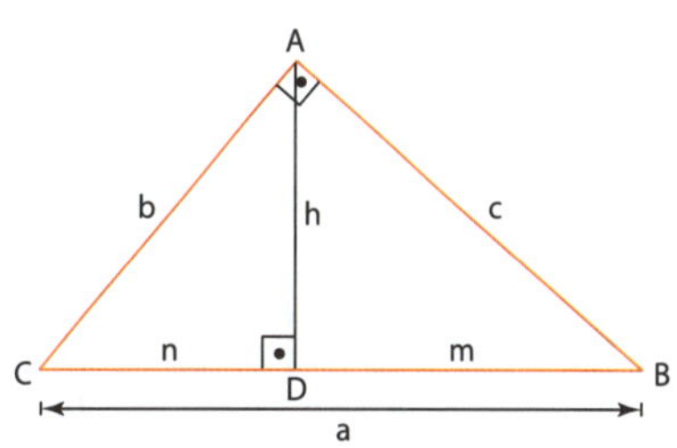

Assunto	Resumo
Circunferência	Figura geométrica formada por todos os pontos de um plano equidistante de um dado ponto desse plano, chamado centro.

Posições relativas entre reta e circunferência

Tangentes (um único ponto comum)	Secantes (dois pontos comuns)	Externas (nenhum ponto comum)
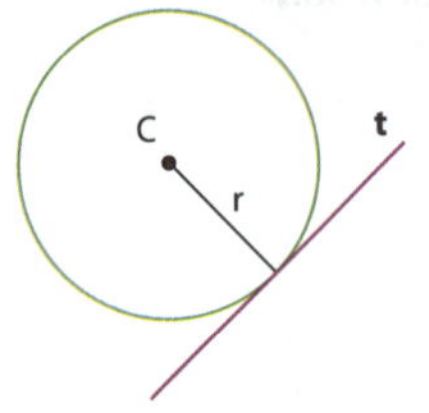 $d_{c,t} = \text{raio}$	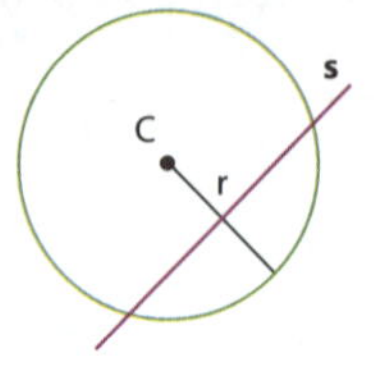 $d_{c,s} < \text{raio}$	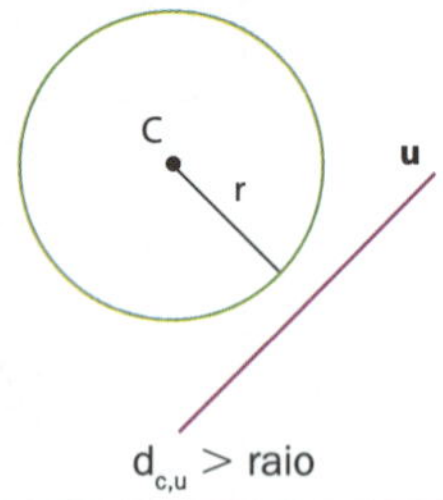 $d_{c,u} > \text{raio}$

Posições relativas entre duas circunferências

São dadas em função do número de pontos comuns às circunferências.

Chamando de $\mathbf{O_1}$ e $\mathbf{O_2}$ os centros de $\mathbf{r_1}$ e $\mathbf{r_2}$ os respectivos raios, sendo $r_1 > r_2$, obteremos:

Pontos comuns	Posição relativa	Distância entre os centros em função dos raios	Figura
2	Secantes	$r_1 - r_2 < d < r_1 + r_2$	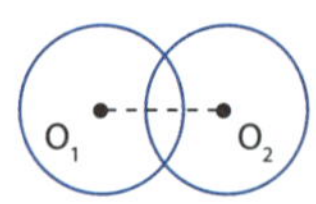
1	Tangentes internas	$d = r_1 - r_2$	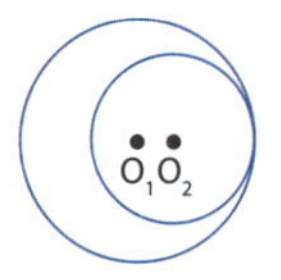
	Tangentes externas	$d = r_1 + r_2$	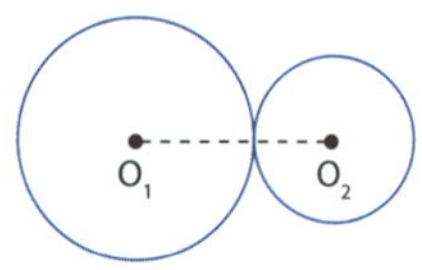
0	Internas concêntricas	$d = 0$	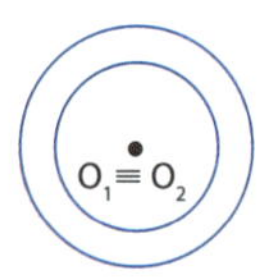
	Internas não concêntricas	$d < r_1 - r_2$	
	Externas	$d > r_1 + r_2$	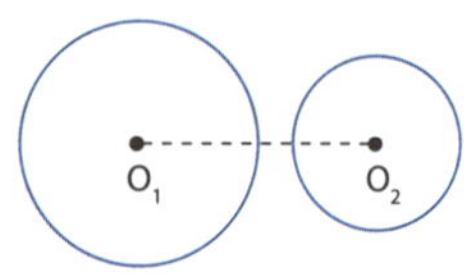

Assunto	Resumo
Ângulos em uma circunferência	**Ângulo central** 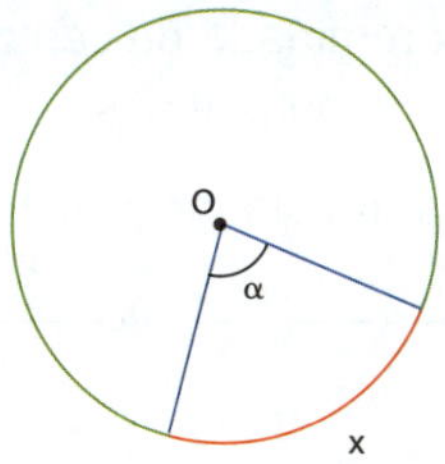 $\alpha = x$
	Ângulo inscrito 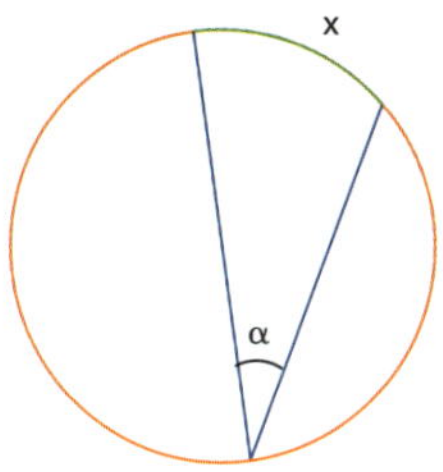 $\alpha = \frac{x}{2}$ 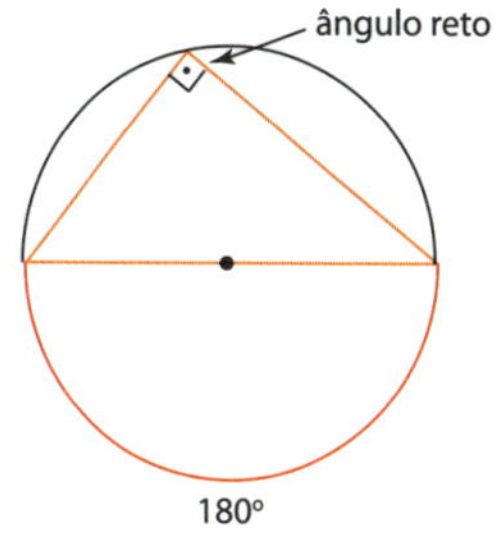
	Ângulo de segmento 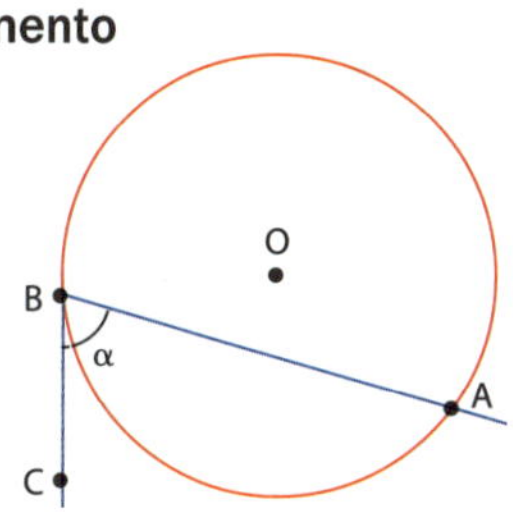 $\alpha = \frac{x}{2}$
Relações métricas na circunferência	**Cruzamento de duas cordas** 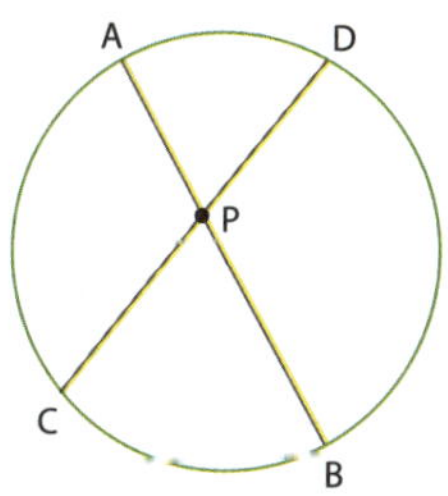 $PA \cdot PB = PC \cdot PD$
	Dois segmentos secantes a partir de um mesmo ponto 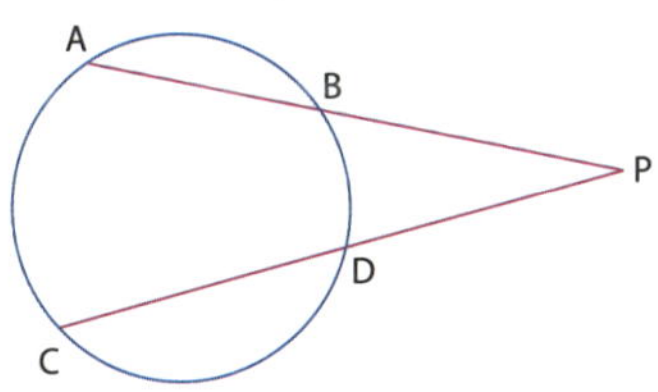 $PA \cdot PB = PC \cdot PD$
	Segmento secante e segmento tangente a partir de um mesmo ponto 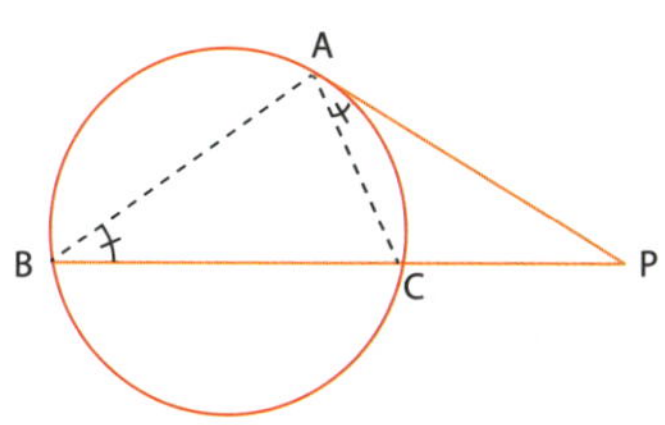 $(PA)^2 = PB \cdot PC$

Assunto	Resumo
Polígonos regulares na circunferência	**Apótema** É um segmento com uma extremidade no centro da circunferência circunscrita e outra no ponto médio de um de seus lados. Se desenharmos uma circunferência inscrita ao polígono regular, o apótema coincidirá com seu raio.
	Quadrado inscrito 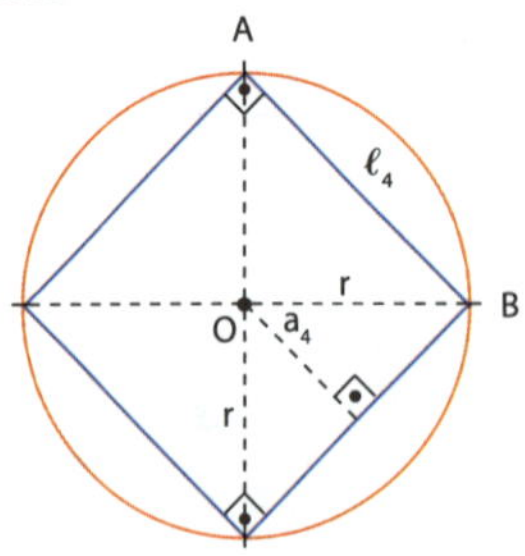 $\ell_4 = r\sqrt{2}$ $a_4 = \frac{r\sqrt{2}}{2}$
	Hexágono inscrito 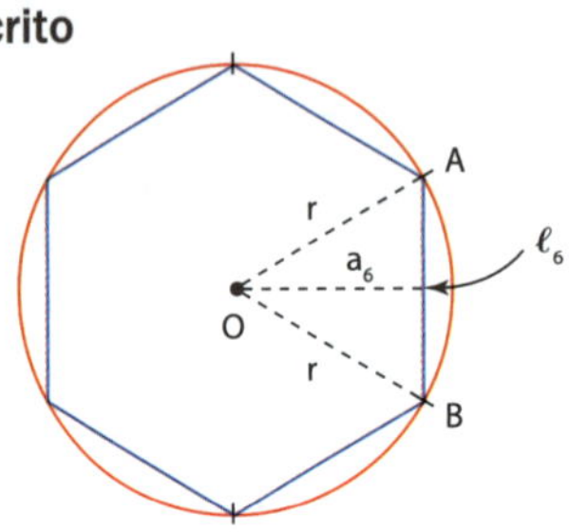 $\ell_6 = r$ $a_6 = \frac{r\sqrt{3}}{2}$
	Triângulo equilátero inscrito 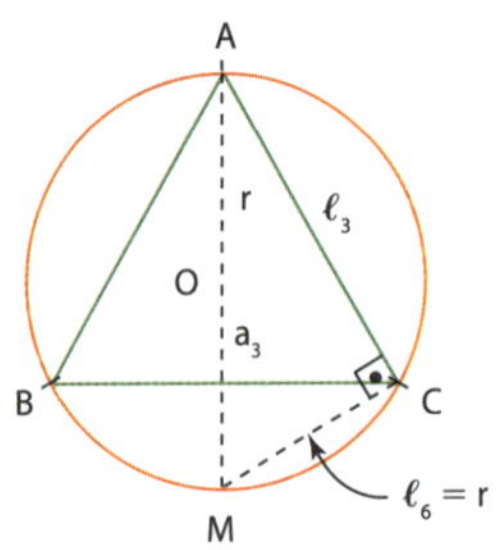 $\ell_3 = r\sqrt{3}$ $a_3 = \frac{r}{2}$
Comprimento da circunferência	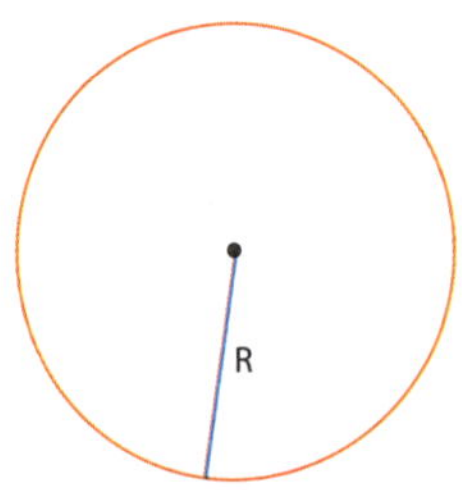 $C = 2\pi R$
Áreas	**Área da região quadrada** 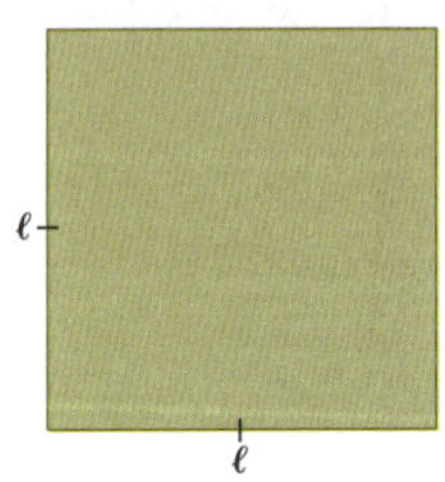 $A = \ell^2$

Assunto	Resumo
Áreas	**Área da região retangular** 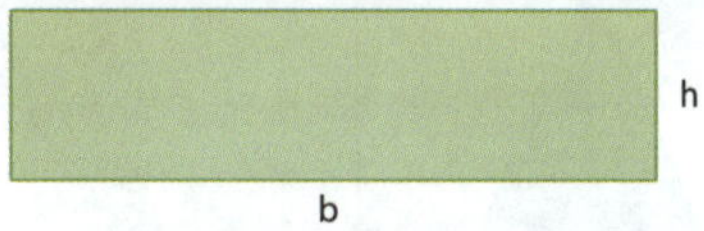 $A = bh$
	Área da região limitada por um paralelogramo 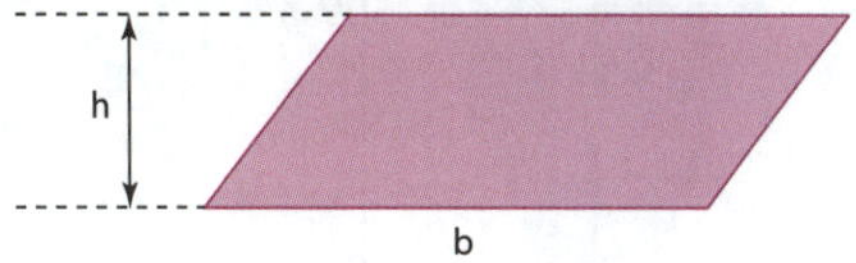 $A = bh$
	Área da região triangular 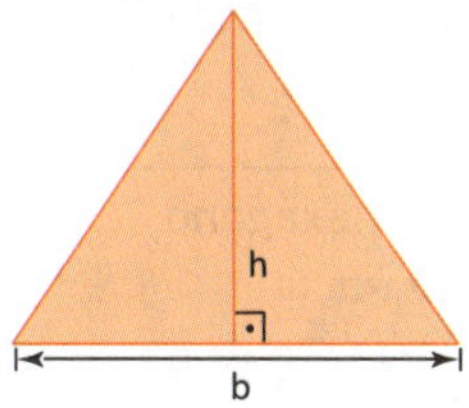 $A = \frac{bh}{2}$
	Área da região triangular sendo conhecidos os três lados (fórmula de Heron) 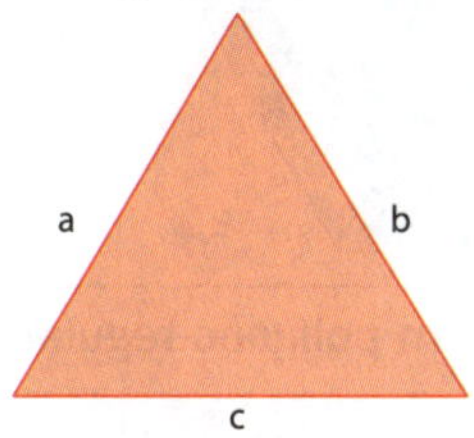 $p = \frac{a+b+c}{2}$ (semiperímetro) $A = \sqrt{p(p-a)(p-b)(p-c)}$
	Área da região limitada por um triângulo equilátero 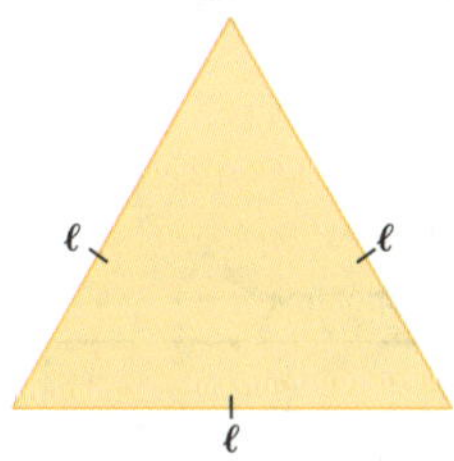 $A = \frac{\ell^2\sqrt{3}}{4}$
	Área de uma região triangular sendo conhecidos dois lados e o ângulo entre eles 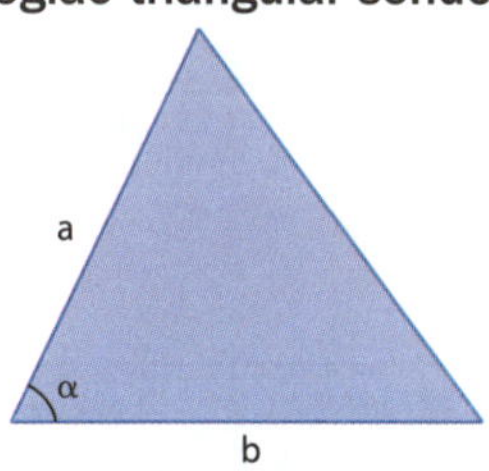 $A = \frac{1}{2} ab \text{ sen } \alpha$
	Área da região limitada por um trapézio 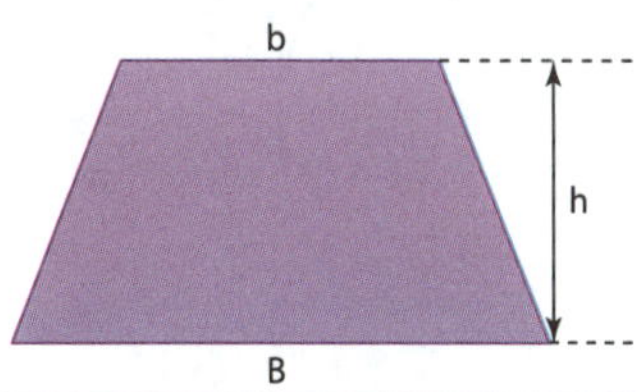 $A = \frac{(B+b)h}{2}$

Assunto	Resumo
Áreas	**Área da região limitada por um losango** 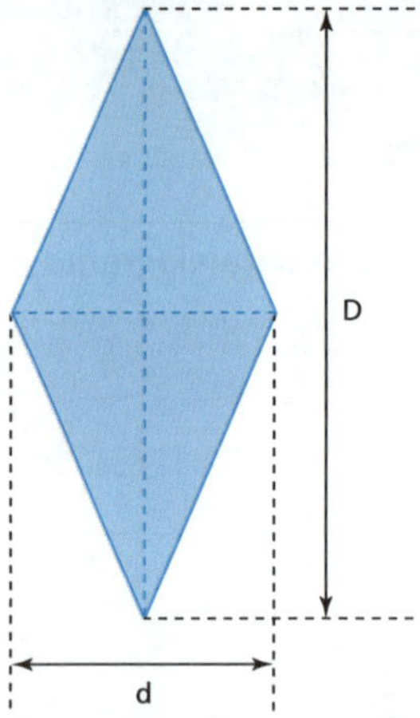 $A = \frac{D \cdot d}{2}$
	Área da região limitada por um hexágono 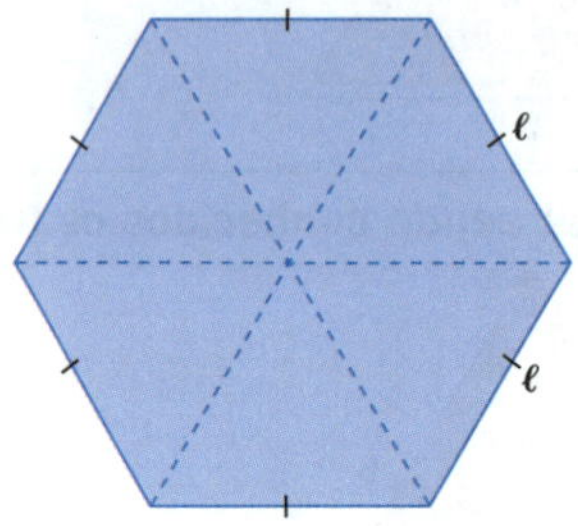 $A = \frac{3\ell^2\sqrt{3}}{2}$
	Área da região limitada por um polígono regular 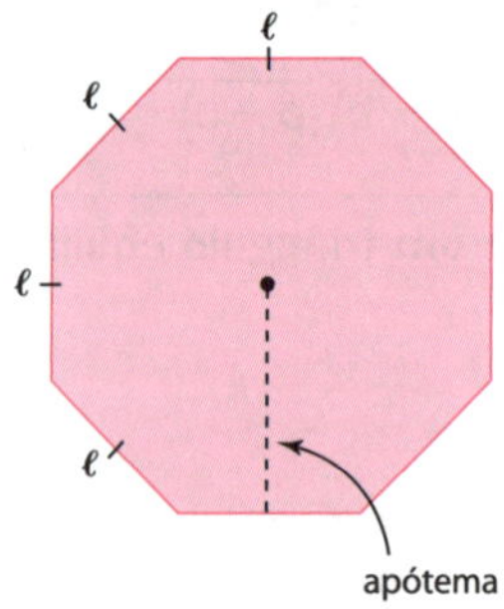 **n**: lados **p**: semiperímetro $A = \frac{n\ell a}{2}$ $A = pa$
	Área do círculo 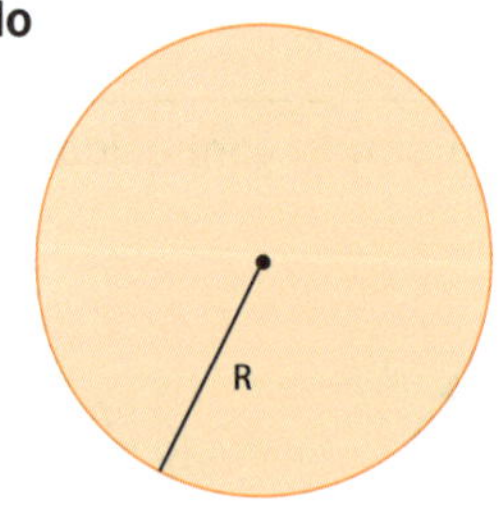 $A = \pi R^2$
	Área do setor circular 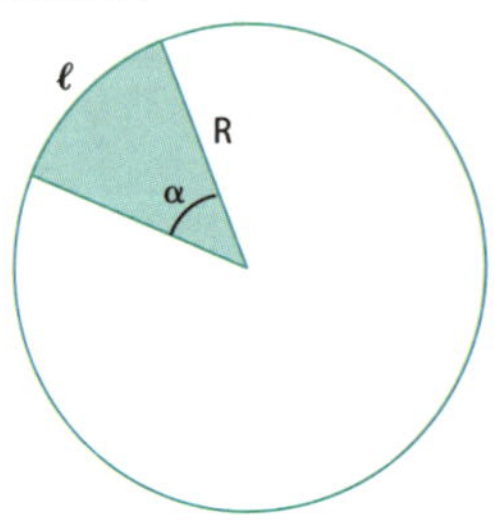 $\frac{A_{setor}}{\pi R^2} = \frac{\alpha_{graus}}{360°} = \frac{\alpha_{rad}}{2\pi} = \frac{\ell}{2\pi R}$

Exercícios

1 (Fuvest–SP) Os pontos **A**, **B** e **C** pertencem a uma circunferência λ e AC é o lado do polígono regular inscrito em λ.

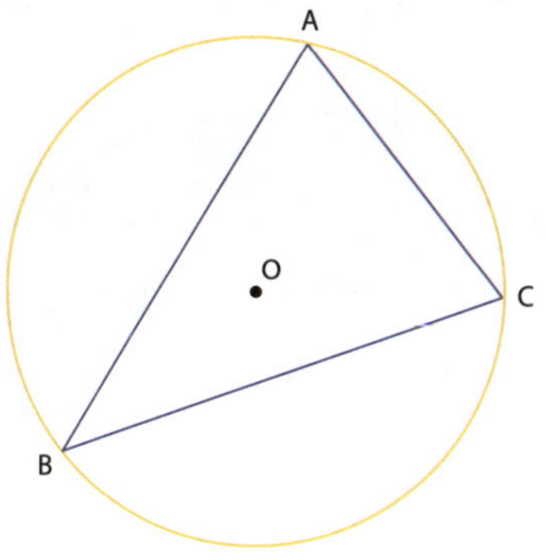

Sabendo que o ângulo $A\hat{B}C$ mede 18°, podemos concluir que o número de lados do polígono é igual a:

a) 5. b) 6. c) 7. d) 10. e) 12.

2 (UFS–SE) A medida do suplemento de um ângulo é o triplo da medida do ângulo. Nessas condições:

a) o maior desses ângulos mede 140°.
b) o maior desses ângulos mede 135°.
c) o maior desses ângulos mede 120°.
d) o maior desses ângulos mede 50°.
e) o maior desses ângulos mede 40°.

3 (Fuvest–SP) A sombra de um poste vertical, projetada pelo sol sobre um chão plano, mede 12 m. Nesse mesmo instante, a sombra de um bastão vertical de 1 m de altura mede 0,6 m. A altura do poste é:

a) 6 m. b) 7,2 m. c) 12 m. d) 20 m. e) 72 m.

4 (FGV–SP) Considere as retas **r**, **s**, **t**, **u**, todas num mesmo plano, com r // u.

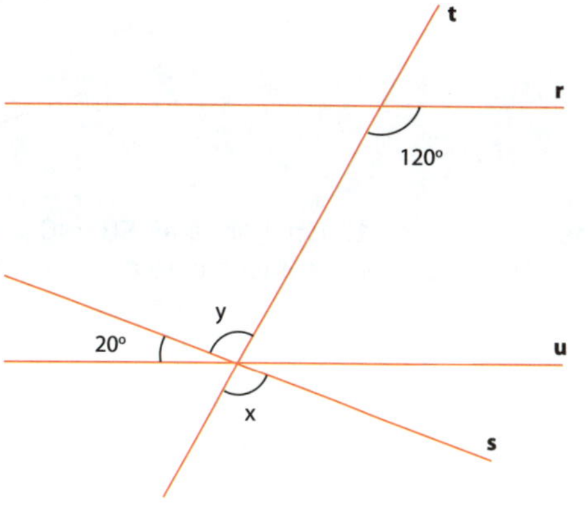

O valor em graus de (2x + 3y) é:

a) 64°. b) 500°. c) 520°. d) 660°. e) 580°.

5 (UFRN) A diferença entre os ângulos agudos de um triângulo retângulo é 50°. Qual é a medida do menor ângulo desse triângulo?

a) 10° b) 20° c) 25° d) 40° e) 70°

6 (Uece) Se as medidas, em graus, dos ângulos internos de um triângulo são respectivamente 3x, x + 15 e 75 − x, então este triângulo é:

a) escaleno.
b) retângulo, e não isósceles.
c) retângulo e isósceles.
d) isósceles, e não retângulo.

7 (Unicamp–SP) A figura mostra um segmento AD dividido em três partes: $\overline{AB} = 2$ cm, $\overline{BC} = 3$ cm e $\overline{CD} = 5$ cm.

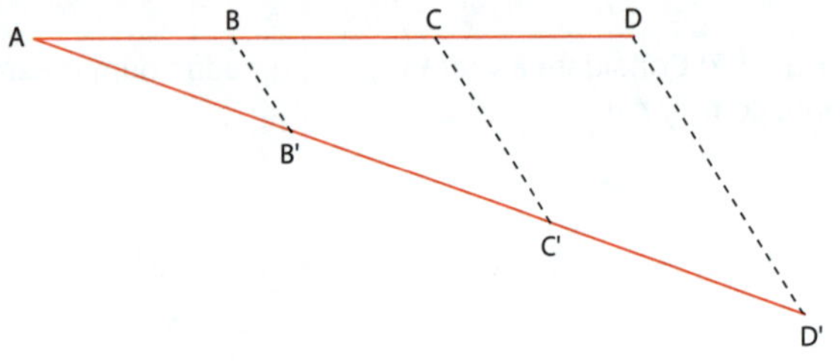

O segmento AD' mede 13 cm e as retas BB' e CC' são paralelas a DD'. Determine o comprimento do segmento AB'.

a) 2,6 b) 2,7 c) 2,8 d) 2,9 e) 3,0

9 (FGV–SP) Na figura abaixo, o triângulo AHC é retângulo em **H** e **s** é a reta suporte da bissetriz do ângulo $C\hat{A}H$.

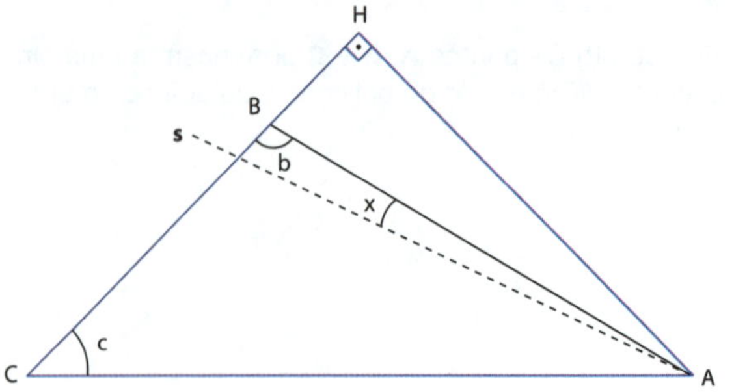

Se $c = 30°$ e $b = 110°$, então:

a) $x = 15°$.
b) $x = 30°$.
c) $x = 20°$.
d) $x = 10°$.
e) $x = 5°$.

8 (Unir–RO) No triângulo abaixo, as medidas estão indicadas em metros.

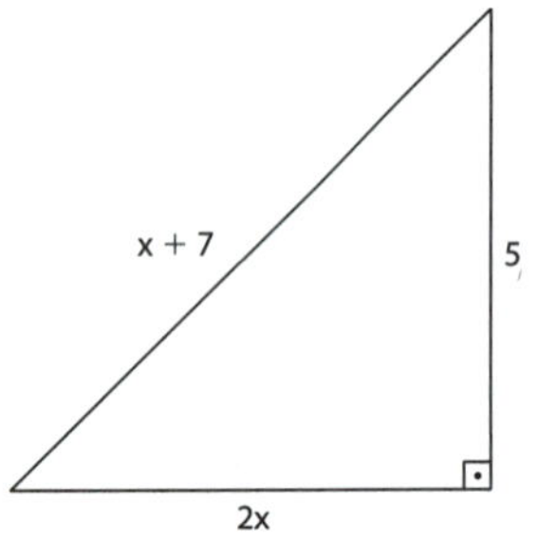

De acordo com essas indicações, a hipotenusa mede:

a) 13 m. b) 6 m. c) 9 m. d) 10 m. e) 12 m.

10 (UFMS) Um ângulo interno de um polígono regular mede 160°; então, qual é o número de diagonais desse polígono?

11 (Uneb–BA) Na figura a seguir são dados $\frac{\overline{AE}}{\overline{EC}} = \frac{1}{3}$, $\overline{BE} = 8$ cm e $\overline{ED} = 6$ cm. O comprimento de $\overline{AC}$, em cm, é:

a) 10. b) 12. c) 16. d) 18. e) 20.

12 (Ufam) Um carro de corrida percorre várias vezes uma pista de 2 km de raio até parar por falta de gasolina. Se, no início da corrida, o carro continha 100 litros de gasolina e consome 1 litro de gasolina para cada 9 quilômetros percorridos, então o número de voltas completas percorridas pelo carro foi:

Obs.: Considerando-se $\pi = 3{,}1416$.

a) 55. b) 63. c) 81. d) 95.

13 (PUC–MG) A menor distância de um ponto a uma circunferência é 3 m, e o segmento da tangente à circunferência é 5 m. O raio da circunferência, em metros, mede:

a) $\frac{5}{2}$. b) $\frac{8}{3}$. c) $\frac{9}{4}$. d) $\frac{14}{5}$. e) $\frac{17}{8}$.

14 (Enem) A loja Telas & Molduras cobra 20 reais por metro quadrado de tela, 15 reais por metro linear de moldura, mais uma taxa fixa de entrega de 10 reais. Uma artista plástica precisa encomendar telas e molduras a essa loja, suficientes para 8 quadros retangulares (25 cm × 50 cm). Em seguida fez outra encomenda, mas agora para 8 quadros retangulares (50 cm × 100 cm). O valor da segunda encomenda será:

a) o dobro do valor da primeira encomenda, porque a altura e a largura dos quadros dobram.
b) maior que o valor da primeira, mas não o dobro.
c) a metade do valor da primeira encomenda, porque a altura e a largura dos quadros dobraram.
d) menos que o valor da primeira encomenda, mas não a metade.
e) igual ao valor da primeira encomenda, porque o custo de entrega será o mesmo.

15 (UFGD–MS) Se uma bola de basquete, com circunferência máxima de 78 cm, for centralizada no aro de uma cesta com 45 cm de diâmetro, de quanto será a folga **x** entre a bola e o aro em toda a volta? (Considere: $\pi = 3{,}14$)

a) 16,29 b) 20 c) 5,04 d) 10,08 e) 1,17

17 (Enem) O jornal de certa cidade publicou em uma página inteira a seguinte divulgação de seu caderno de classificados:

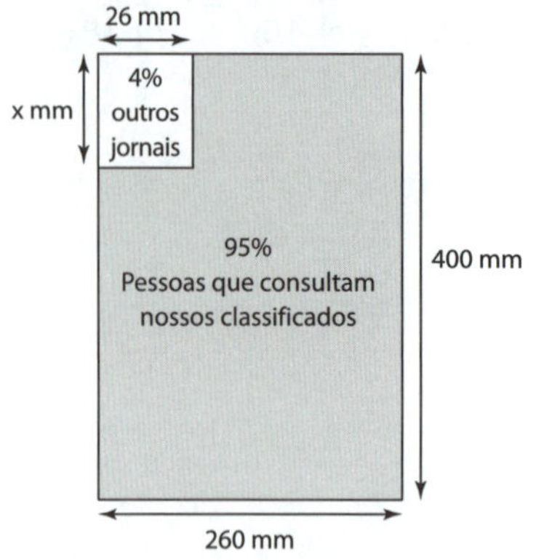

Para que a propaganda seja bem fidedigna à porcentagem da área que aparece na divulgação, a medida do lado do triângulo que representa 4% deve ser de, aproximadamente:

a) 1 mm.
b) 10 mm.
c) 17 mm.
d) 160 mm.
e) 167 mm.

16 (Fuvest–SP) O triângulo ABC está inscrito em uma circunferência de raio 5 cm. Sabe-se que **A** e **B** são extremidades de um diâmetro e que a corda BC mede 6 cm. Então, a área do triângulo ABC, em cm^2, vale:

a) 24.
b) 12.
c) $\frac{5\sqrt{3}}{2}$.
d) $6\sqrt{2}$.
e) $2\sqrt{3}$.

18 (FEI–SP) Uma chapa metálica de formato triangular (triângulo retângulo) tem inicialmente suas medidas indicadas e deverá sofrer um corte reto (paralelo ao lado que corresponde à hipotenusa do triângulo retângulo) representado pela linha tracejada, de modo que sua área seja reduzida à metade. Quais serão as novas medidas **x** e **y**?

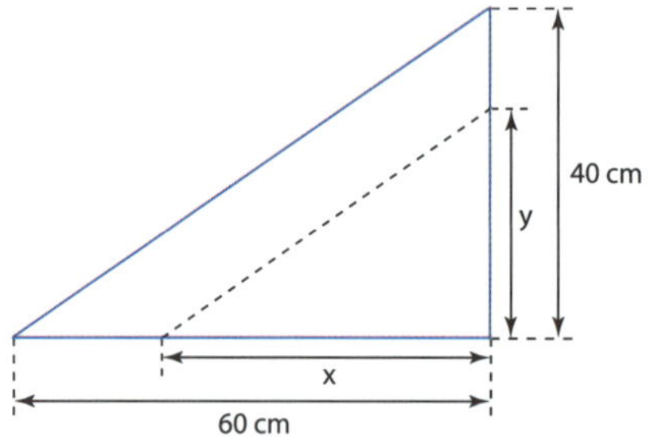

a) x = 30 cm, y = 20 cm
b) x = 40 cm, y = 30 cm
c) $x = 30\sqrt{2}$ cm, $y = 20\sqrt{2}$ cm
d) $x = 20\sqrt{2}$ cm, $y = 30\sqrt{2}$ cm
e) $x = 90\sqrt{2}$ cm, $y = 60\sqrt{2}$ cm

19 (Mack–SP) Na figura, se MN // AC, a medida de α é:

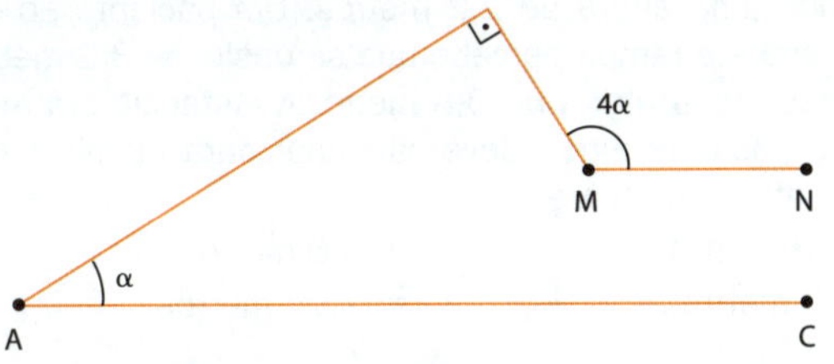

a) 28°. b) 30°. c) 32°. d) 34°. e) 36°.

20 (Unicamp–SP) Alguns jornais calculam o número de pessoas em atos públicos considerando que cada metro quadrado é ocupado por 4 pessoas. Qual é a estimativa do número de pessoas presentes numa praça de 4 000 m^2 que tenha ficado lotada para um comício, segundo essa avaliação?

21. (FEI–SP) Na figura, **x** mede:

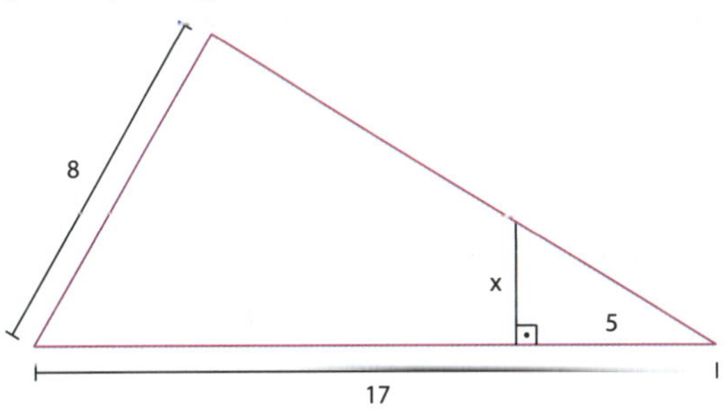

a) 3.

b) $2\frac{10}{15}$.

c) Faltam dados para calcular **x**.

d) $3 + 2\frac{10}{15}$.

e) Nra.

22 (Unicamp–SP) Em uma fotografia aérea, um trecho retilíneo de uma estrada que mede 12,5 km aparece medindo 5 cm e, na mesma fotografia, uma área queimada aparece com 9 cm^2. Calcule:

a) o comprimento que corresponde a 1 cm na mesma fotografia;

b) a área da superfície queimada.

23 (FGV–SP) Uma pizzaria vende pizzas com preços promocionais às suas áreas. Se a pizza média tiver raio igual a 80% do raio da gigante, seu preço será:

a) 59% do preço da grande.

b) 64% do preço da grande.

c) 69% do preço da grande.

d) 74% do preço da grande.

e) 80% do preço da grande.

24 (Mack–SP) Na figura abaixo, MNPQ é um losango. Se $\overline{MT} = 12$ e $\overline{MS} = 6$, quanto mede cada lado do losango?

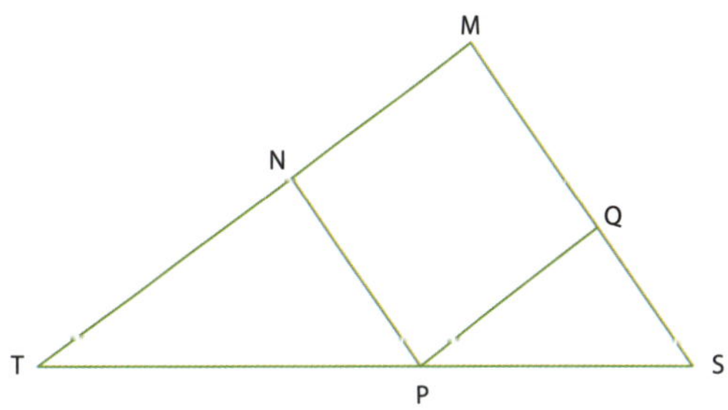

25 (UFT–TO) Considerando a circunferência da figura com centro no ponto **O** e o diâmetro igual a 4 cm:

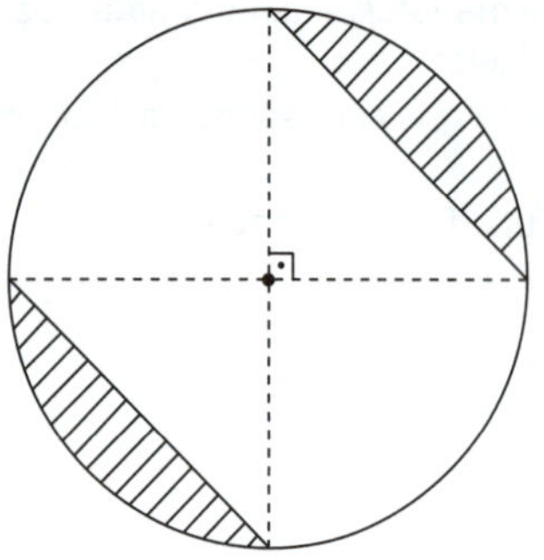

pode-se afirmar que o valor da área da região hachurada é:

a) $(\sqrt{8}\,\pi - 4)$ cm²
b) 2π cm²
c) $(2\pi - 4)$ cm²
d) $(\pi - 1)$ cm²
e) $(4\pi - 2)$ cm²

26 (UFPR) A soma das áreas dos três quadrados abaixo é igual a 83 cm².

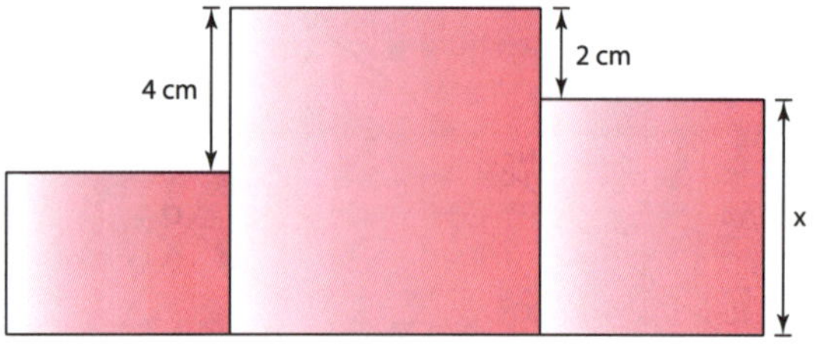

Qual a área do maior quadrado?

a) 36 cm² b) 20 cm² c) 49 cm² d) 42 cm² e) 64 cm²

27 (Enem) A rampa de um hospital tem na sua parte mais elevada uma altura de 2,2 metros. Um paciente ao caminhar sobre a rampa percebe que se deslocou 3,2 metros e alcançou uma altura de 0,8 metro. A distância em metros que o paciente ainda deve caminhar para atingir o ponto mais alto da rampa é:

a) 1,16 metros.
b) 3,0 metros.
c) 5,4 metros.
d) 5,6 metros.
e) 7,04 metros.

28 (Cesgranrio–RJ) Uma folha quadrada de papel ABCD é dobrada de modo que o vértice **C** coincide com o ponto **M**, médio de $\overline{AB}$.

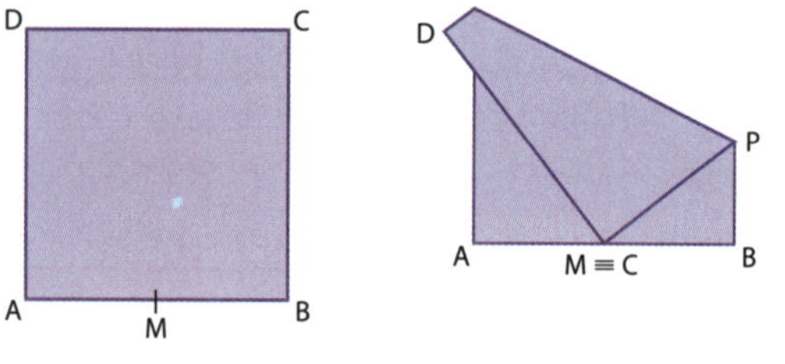

Se o lado de ABCD é 1, o comprimento de BP é:

a) 0,300.
b) 0,325.
c) 0,375.
d) 0,450.
e) 0,500.

29 (UEL–PR) Embora o desenho a seguir pareça representar uma figura em três dimensões, ele foi feito no plano usando-se apenas losangos congruentes entre si.

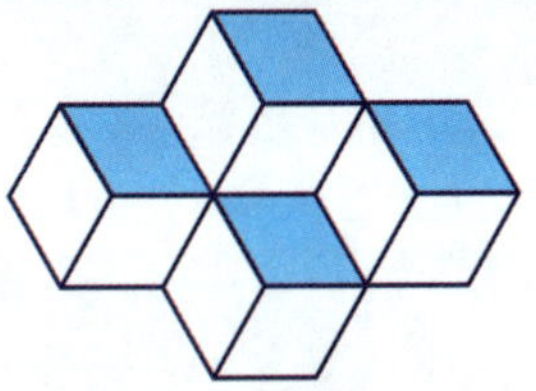

Os ângulos internos desses losangos medem:
a) 30° e 150°. c) 36° e 144°. e) 60° e 120°.
b) 36° e 72°. d) 45° e 135°.

31 (Fuvest–SP) No retângulo a seguir, o valor, em graus, de $\alpha + \beta$ é:

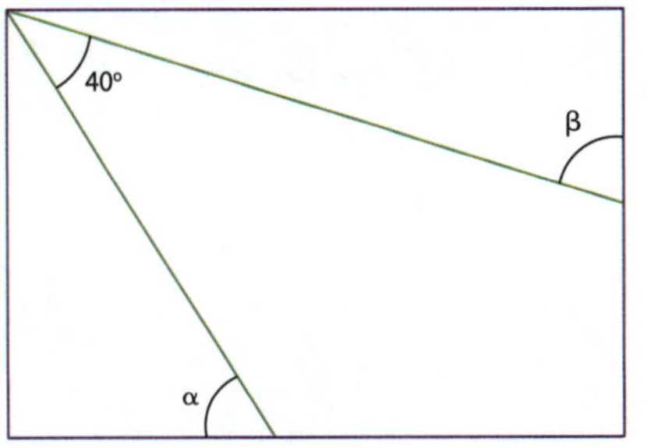

a) 50. b) 90. c) 120. d) 130. e) 220.

30 (UEL–PR) Na figura a seguir, as medidas **x**, **y** e **z** são diretamente proporcionais aos números 5, 20 e 25, respectivamente.

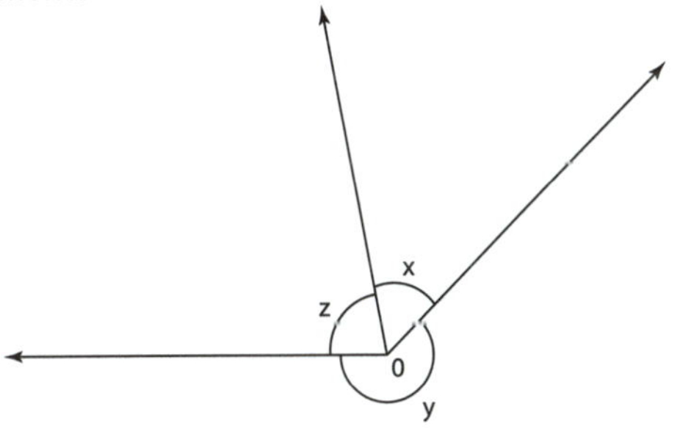

O suplemento do ângulo de medida **x** tem medida igual a:
a) 144°. b) 128°. c) 116°. d) 82°. e) 54°.

32 (Fuvest–SP) As retas **t** e **s** são paralelas.

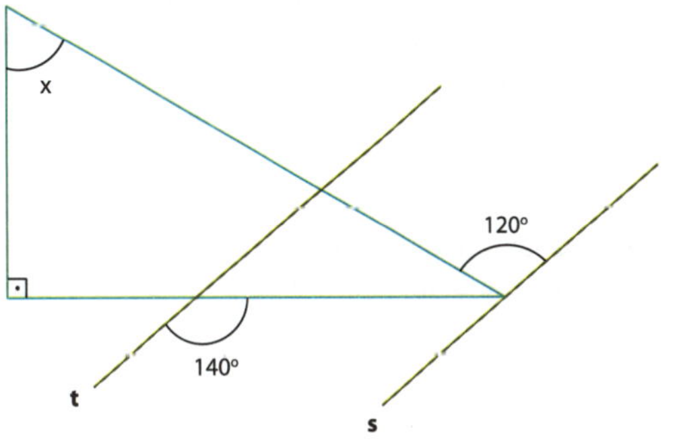

A medida do ângulo **x**, em graus, é:
a) 30. b) 90. c) 50. d) 60. e) 70.

33 (UFRGS–RS) Na figura 1, BC é paralelo a DE e, na figura 2, GH é paralelo a IJ.

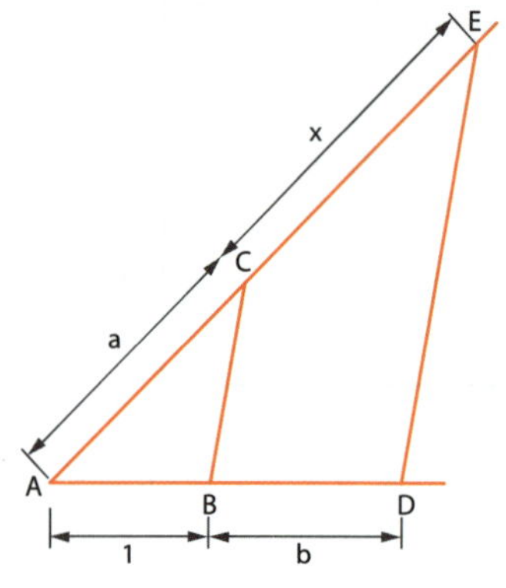

Figura 1

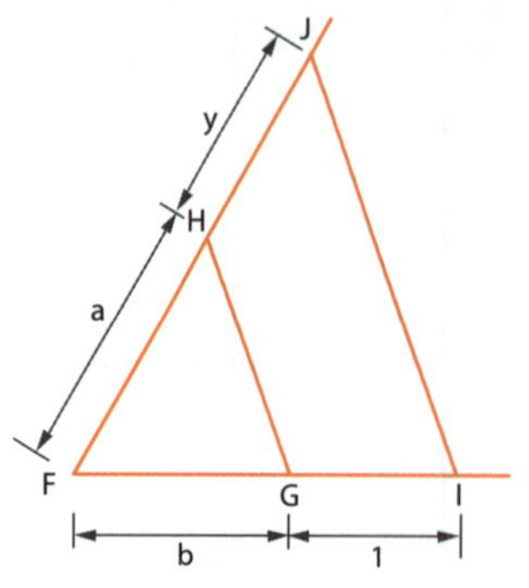

Figura 2

Então, **x** e **y** valem, respectivamente:

a) ab e $\frac{a}{b}$.

b) ab e $\frac{b}{a}$.

c) $\frac{a}{b}$ e ab.

d) $\frac{b}{a}$ e ab.

e) $\frac{a}{b}$ e $\frac{1}{b}$.

34 (UFPB) Duas vilas da zona rural de um município localizam-se na mesma margem de um trecho retilíneo de um rio. Devido a problemas de abastecimento de água, os moradores fizeram várias reivindicações à prefeitura, solicitando a construção de uma estação de bombeamento de água para sanar esses problemas. Um desenho do projeto, proposto pela prefeitura para a construção da estação, está mostrado na figura ao lado. No projeto, estão destacados:

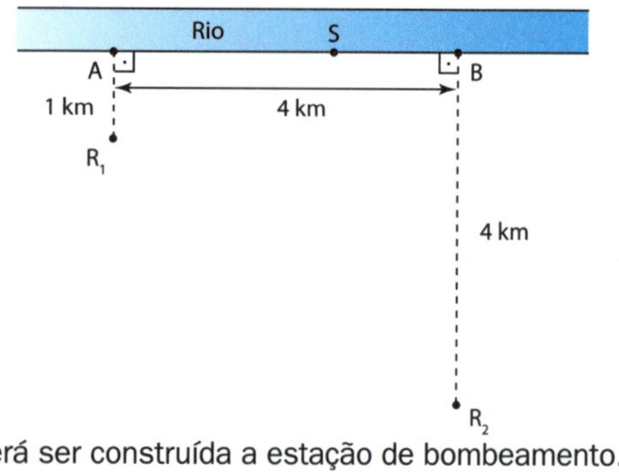

- Os pontos $\mathbf{R_1}$ e $\mathbf{R_2}$, representando os reservatórios de água de cada vila, e as distâncias desses reservatórios ao rio.
- Os pontos **A** e **B**, localizados na margem do rio, respectivamente, mais próximos dos reservatórios $\mathbf{R_1}$ e $\mathbf{R_2}$.
- O ponto **S**, localizado na margem do rio, entre os pontos **A** e **B**, onde deverá ser construída a estação de bombeamento.

Com base nesses dados, para que a estação de bombeamento fique a uma mesma distância dos dois reservatórios de água das vilas, a distância entre os pontos **A** e **S** deverá ser de:

a) 3 775 m.
b) 3 825 m.
c) 3 875 m.
d) 3 925 m.
e) 3 975 m.

35 (UFT–TO) Um polígono convexo de 6 lados tem as medidas de seus ângulos internos formando uma progressão aritmética de razão igual 6°. Logo, podemos afirmar que seu menor ângulo mede:

a) 90°. b) 105°. c) 115°. d) 118°. e) 120°.

36 (UFGD–MS) Três pontos **A**, **B** e **C** são vértices de um triângulo equilátero de 30 m de lado. Deseja-se encontrar um ponto **O** que seja ao mesmo tempo equidistante de **A**, **B** e **C**. Portanto, o ponto **O** deverá estar a:

a) $5\sqrt{3}$ m do ponto **A**.

b) $10\sqrt{3}$ m do ponto **B**.

c) $30\sqrt{2}$ m do ponto **C**.

d) $15\sqrt{3}$ m do ponto **A**.

e) $7{,}5\sqrt{3}$ m do ponto **A**.

37 (UFT–TO) Na figura abaixo $\hat{A} = 30°$, $\alpha = \dfrac{\hat{B}}{3}$ e $\beta = \dfrac{\hat{C}}{3}$.

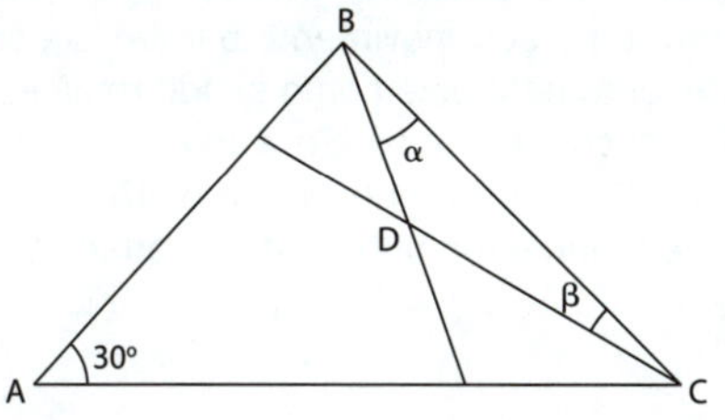

No triângulo BDC, o ângulo é:

a) 90°. b) 130°. c) 150°. d) 120°.

38 (ITA–SP) Seja ΛBC um triângulo cujos catetos $\overline{AB}$ e $\overline{BC}$ medem 8 cm e 6 cm, respectivamente. Se **D** é um ponto sobre $\overline{AB}$ e o triângulo ADC é isósceles, a medida do segmento $\overline{AD}$, em cm, é igual a:

a) $\dfrac{3}{4}$. b) $\dfrac{15}{6}$. c) $\dfrac{15}{4}$. d) $\dfrac{25}{4}$. e) $\dfrac{25}{2}$.

39 (Vunesp) Uma bola de tênis é sacada de uma altura de 21 dm, com alta velocidade inicial, e passa rente à rede, a uma altura de 9 dm. Desprezando-se os efeitos do atrito da bola com o ar e do seu movimento parabólico, considere a trajetória descrita pela bola como sendo retilínea e contida num plano ortogonal à rede. Se a bola foi sacada a uma distância de 120 dm da rede, a que distância da mesma, em metros, ela atingirá o outro lado da quadra?

41 (UFPR) Um telhado inclinado reto foi construído sobre três suportes verticais de aço, colocados nos ponto **A**, **B** e **C**, como mostra a figura a seguir. Os suportes nas extremidades **A** e **C** medem, respectivamente, 4 metros e 6 metros de altura.

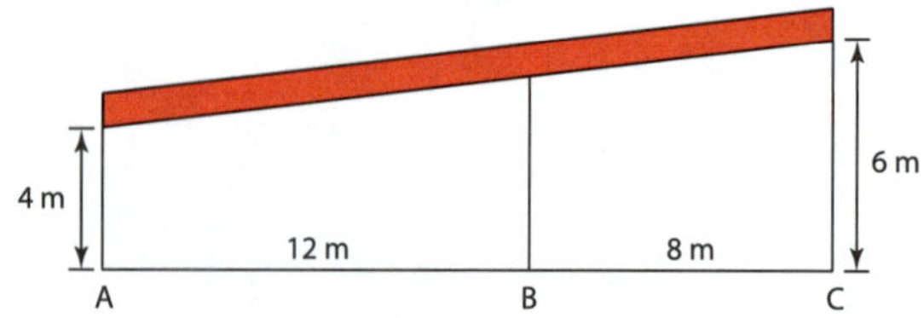

A altura do suporte em **B** é, então, de:

a) 4,2 metros.
b) 4,5 metros.
c) 5 metros.
d) 5,2 metros.
e) 5,5 metros.

40 (UFPR) Uma corda de 3,9 m de comprimento conecta um ponto na base de um bloco de madeira a uma polia localizada no alto de uma elevação, conforme o esquema abaixo. Observe que o ponto mais alto dessa polia está 1,5 m acima do plano que esse bloco desliza. Caso a corda seja puxada 1,4 m na direção indicada a seguir, a distância **x** que o bloco deslizará será de:

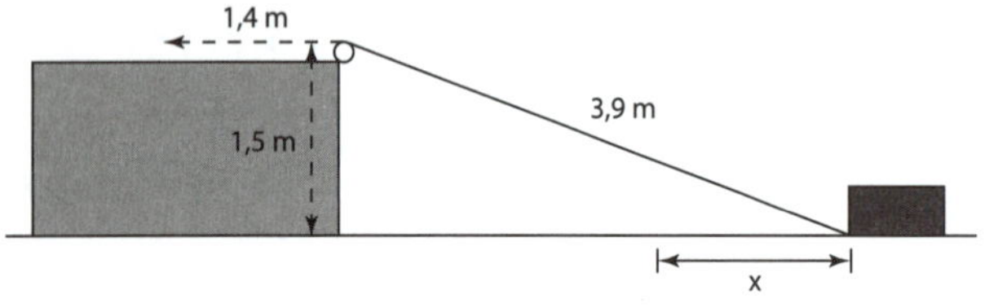

a) 1,0 m. b) 1,3 m. c) 1,6 m. d) 1,9 m. e) 2,1 m.

42 (PUC–MG) Na figura, $\overline{AB}$ é perpendicular ao diâmetro $\overline{EC}$ do círculo de centro **O**, CD = 4 cm e ED = 9 cm.

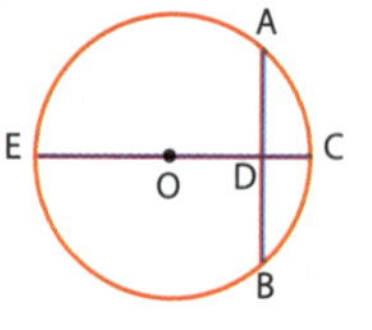

A medida da corda AB, em centímetros, é:

a) 8.
b) 10.
c) 12.
d) $12\sqrt{13}$.
e) $2\sqrt{7}$.

43 (Udesc) No paralelogramo ABCD, conforme mostra a figura a seguir, o segmento $\overline{CE}$ é a bissetriz do ângulo $D\hat{C}E$.

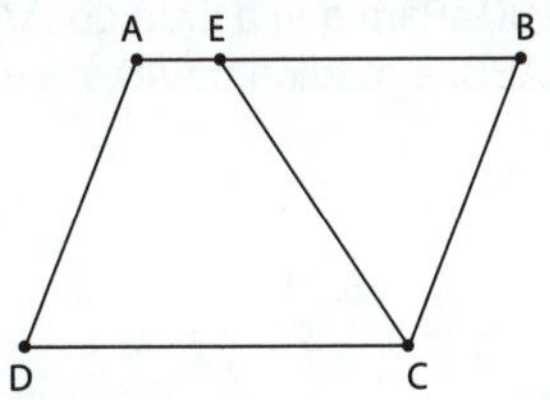

Sabendo que $\overline{AE} = 2$ e $\overline{AD} = 5$, então o valor do perímetro do paralelogramo ABCD é:

a) 26. b) 16. c) 20. d) 22. e) 24.

45 (Mack–SP) Na figura, **O** é o centro da circunferência, $\overline{AB} = a$, $\overline{AC} = b$ e $\overline{OA} = x$.

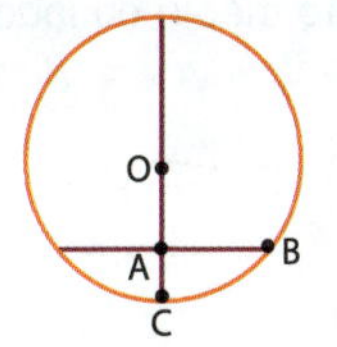

O valor de **x**, em função de **a** e **b**, é:

a) $\frac{a+b}{2}$.

b) $a - b$.

c) $2\sqrt{a^2 - b^2}$.

d) $\frac{a^2}{2b} - \frac{b}{2}$.

e) impossível de ser calculado por falta de dados.

44 (Unifor–CE) Duas circunferências de raios **R** e **r**, com $R > r$, são tangentes externas (como mostra a figura a seguir).

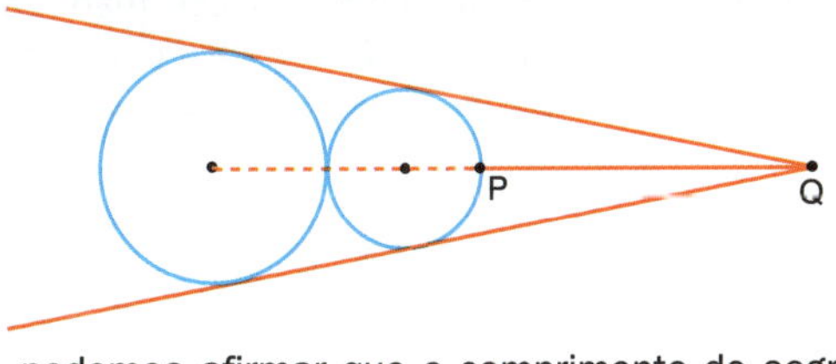

Então, podemos afirmar que o comprimento do segmento PQ é:

a) $\frac{R^2}{R^2 + r}$.

b) $(R + r)(R - r)$.

c) $\frac{2r^2}{R - r}$.

d) $\frac{R + r}{R - r}$.

46 (Uece) Se $\mathbf{E_1}$ e $\mathbf{E_2}$ são duas circunferências concêntricas cujas medidas dos raios são, respectivamente, 3 m e 5 m, e se uma reta tangente a $\mathbf{E_1}$ intercepta $\mathbf{E_2}$ nos pontos **X** e **Y**, então a medida, em metros, do segmento de reta **XY** é:

a) 4. b) 6. c) 8. d) 10.

47 (UFF–RJ) Seja MNPQ um quadrado de lado igual a 2 cm. Considere **C** o círculo que contém os vértices **P** e **Q** do quadrado e o ponto médio do lado MN (ponto **T**). Determine o raio do círculo **C**.

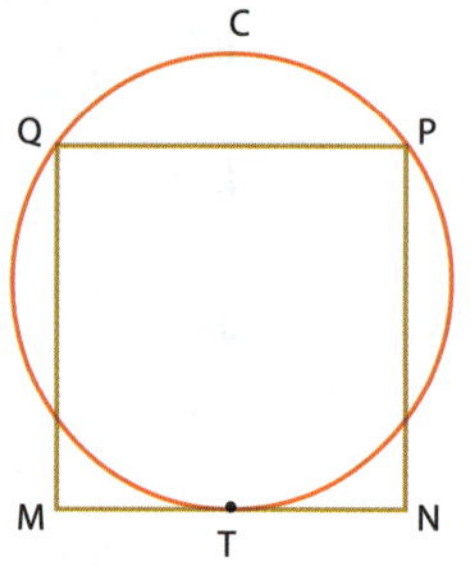

48 (FGV–SP) Na figura abaixo, AD é perpendicular a AB, $A\hat{D}B = 30°$, $A\hat{C}B = 60°$ e DC = 10 cm. Calcule a área do triângulo DCB.

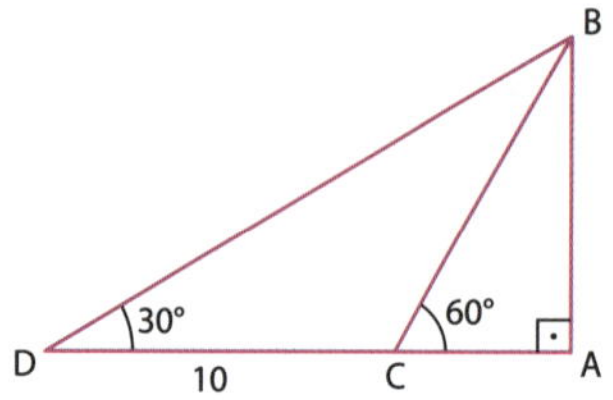

49 (Fuvest–SP) No papel quadriculado da figura, adota-se como unidade de comprimento o lado do quadrado pintado. $\overline{DE}$ é paralelo a $\overline{BC}$. Para que a área do △ADE seja a metade da área do △ABC, a medida de AD, na unidade adotada, é:

a) $4\sqrt{2}$.

b) 4.

c) $3\sqrt{3}$.

d) $\dfrac{8\sqrt{3}}{3}$.

e) $\dfrac{3\sqrt{3}}{2}$.

50 (PUC–SP) Um mapa é feito em uma escala de 1 cm para cada 200 km. O município onde se encontra a capital de certo estado está representado, nesse mapa, por um losango que tem um ângulo de 120° e cuja diagonal menor mede 0,2 cm. Determine a área desse município.

51 (Vunesp) Certos registros históricos babilônicos indicam o uso de uma regra para o cálculo da área do círculo equivalente à fórmula (em notação atual) $A = \frac{C^2}{12}$, em que **C** representa o comprimento da circunferência correspondente. Determine o valor de π oculto nesses registros.

52 (Unicamp-SP) Um fio de 48 cm de comprimento é cortado em duas partes para formar dois quadrados, de modo que a área de um deles seja quatro vezes a área do outro.

a) Qual deve ser o comprimento de cada uma das partes do fio?

b) Qual será a área de cada um dos quadrados formados?

53 (Enem) O governo cedeu terrenos para que famílias construíssem suas residências com a condição de que, no mínimo, 94% da área do terreno fosse mantida como área de preservação ambiental. Ao receber o terreno retangular ABCD, em que $AB = \frac{BC}{2}$, Antônio demarcou uma área quadrada no vértice **A**, para a construção de sua residência, de acordo com o desenho, no qual $AE = \frac{AB}{5}$ é lado do quadrado.

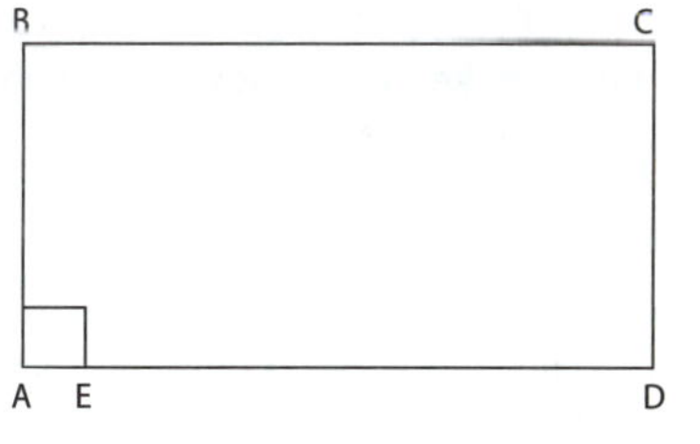

Nesse caso, a área definida com Antônio atingiria exatamente o limite determinado pela condição se ele:

a) duplicasse a medida do lado do quadrado.

b) triplicasse a medida do lado do quadrado.

c) triplicasse a área do quadrado.

d) ampliasse a medida do lado do quadrado em 4%.

e) ampliasse a área do quadrado em 4%.

54 (Unicamp–SP) Um triângulo escaleno ABC tem área igual a 96 m². Sejam **M** e **N** os pontos médios dos lados AB e AC, respectivamente. Qual é a área do quadrilátero BMNC?

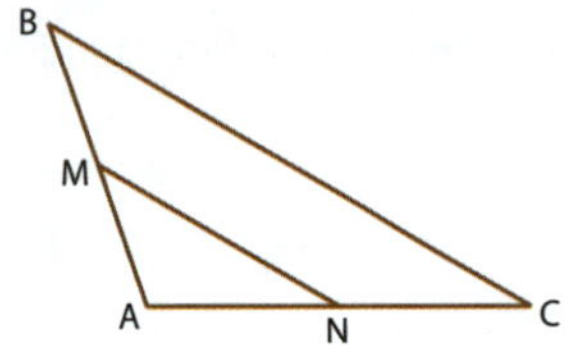

55 (UFV–MG) De um piso quadrado de 34 cm de lado recortam-se pequenos triângulos retângulos isósceles de cateto **x**, de modo a obter um piso em forma de octógono regular, conforme ilustra a figura abaixo. Considere $\sqrt{2} = 1,4$.

a) Determine o valor de **x**.

b) Calcule a área de um dos triângulos recortados.

c) Calcule a área do octógono.

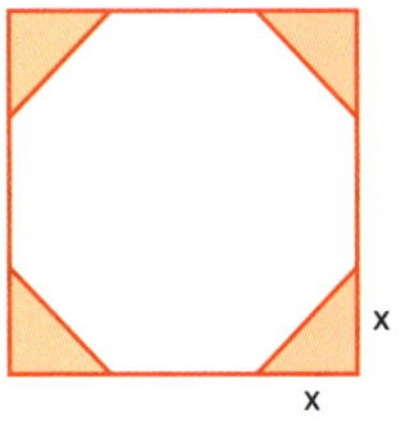

56 (ITA–SP) Considere um losango ABCD cujo perímetro mede 100 cm e cuja maior diagonal mede 40 cm. Calcule a área, em cm², do círculo inscrito neste losango.

57 (Fuvest–SP) Na figura, ABCD e CDE são triângulos retângulos, AB = 1, BC = $\sqrt{3}$ e BE = 2DE.

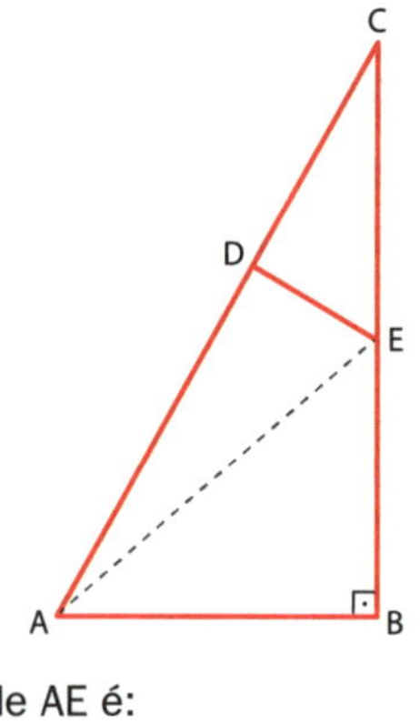

Logo, a medida de AE é:

a) $\frac{\sqrt{3}}{2}$.

b) $\frac{\sqrt{5}}{2}$.

c) $\frac{\sqrt{7}}{2}$

d) $\frac{\sqrt{11}}{2}$.

e) $\frac{\sqrt{13}}{2}$.

58 (UFRRJ) Considere a região mais escura, no interior do semicírculo de centro **O**, limitada por semicircunferências, conforme mostra a figura a seguir.

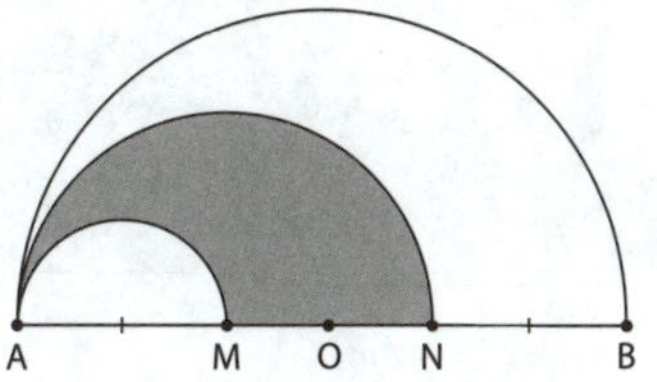

Se a área dessa região é 24π cm² e AM = MN = NB, então a medida AB, em centímetros, é:

a) 9. b) 12. c) 16. d) 18. e) 24.

59 (UFPB) Para estimular a prática de atletismo entre os jovens, a prefeitura de uma cidade lançou um projeto de construção de ambientes destinados à prática de esportes. O projeto contempla a construção de uma pista de atletismo com 10 m de largura em torno de um campo de futebol retangular medindo 100 m × 50 m. A construção será feita da seguinte maneira: duas partes da pista serão paralelas às laterais do campo; as outras duas partes estarão, cada uma, entre duas semicircunferências, conforme a figura a seguir.

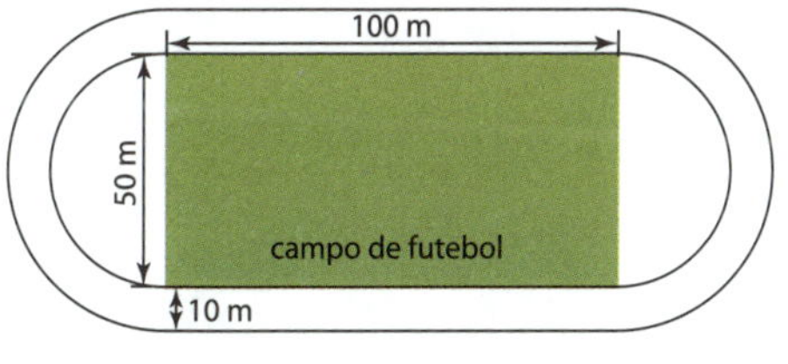

A partir desses dados, é correto afirmar que a pista de atletismo terá uma área de: (Use $\pi = 3{,}14$.)

a) 2 184 m². c) 3 948 m². e) 4 846 m².
b) 3 884 m². d) 4 284 m².

60 (Unemat-MT) No triângulo equilátero ABC, os pontos **M** e **N** são, respectivamente, pontos médios dos lados $\overline{AB}$ e $\overline{AC}$. O segmento $\overline{MN}$ mede 6 cm.

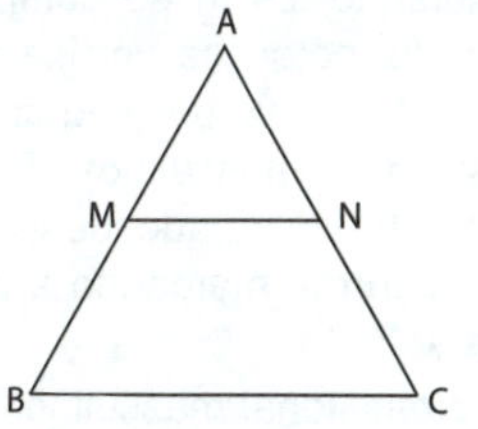

A área do triângulo ABC mede:

a) $18\sqrt{3}$ cm². c) $30\sqrt{2}$ cm². e) $36\sqrt{3}$ cm².
b) $24\sqrt{2}$ cm². d) $30\sqrt{3}$ cm².

61 (UEL-PR) Sabendo-se que o terreno de um sítio é composto de um setor circular, de uma região retangular e de outra triangular, com medidas indicadas na figura abaixo, qual é a área aproximada do terreno?

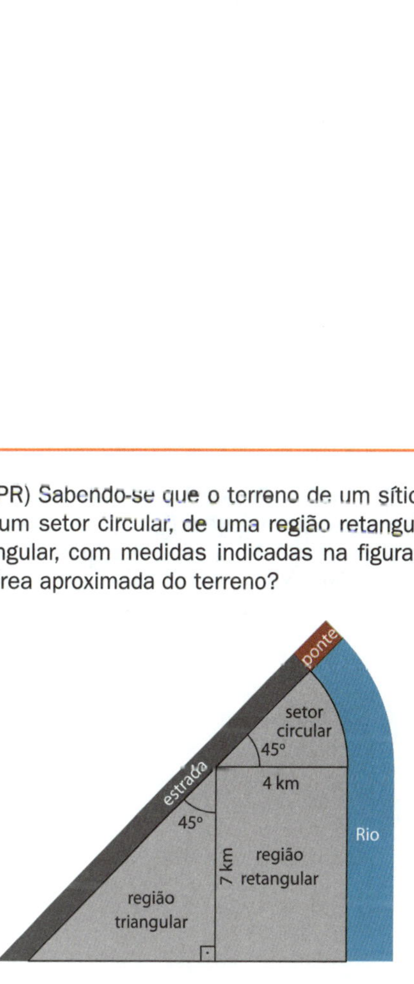

a) 38,25 km² c) 56,37 km² e) 60,35 km²
b) 45,33 km² d) 58,78 km²

62 (UFG–GO) As "Regras Oficiais de Voleibol", aprovadas pela Federação Internacional de Voleibol (FIVB), definem que a quadra para a prática desse esporte deve ser retangular, medindo 18 m de comprimento por 9 m de largura. A rede, colocada verticalmente sobre a linha central da quadra, deve ter uma altura de 2,43 m para jogos profissionais masculinos. Em cada campo da quadra há uma linha de ataque, desenhada a 3 m de distância da linha central, marcando a zona de frente, conforme a figura ao lado.

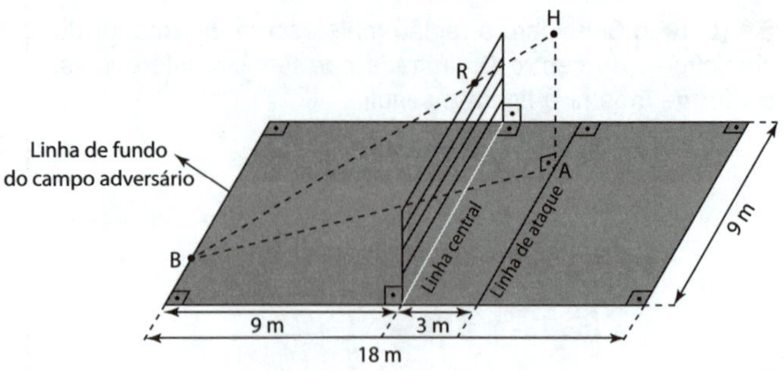

Durante um jogo profissional masculino, um jogador fez um ponto do seguinte modo: estando sobre a linha de ataque de seu campo, saltou verticalmente batendo na bola no ponto **H**, fazendo-a descrever uma trajetória retilínea, passando rente ao topo da rede, no ponto **R**, tocando a quadra exatamente num ponto **B**, pertencendo à linha de fundo do campo adversário.

Segundo as condições descritas, calcule a altura, AH, que o jogador alcançou para conseguir fazer o ponto.

---

63 (UFMG) Uma folha de papel quadrada, ABCD, que mede 12 cm de lado, é dobrada na reta **r**, como mostra a figura. Feita essa dobra, o ponto **D** sobrepõe-se ao ponto **N**, e o ponto **A**, ao ponto médio **M**, do lado BC. É correto afirmar que, nessas condições, o segmento CE mede:

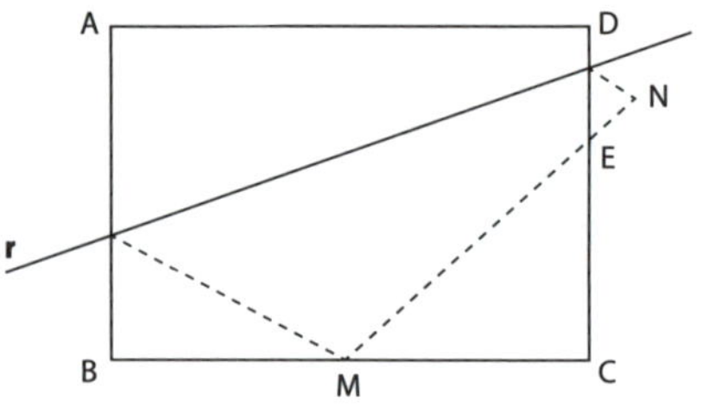

a) 7,2 cm. b) 7,5 cm. c) 8,0 cm. d) 9,0 cm.

64 (Unifor–CE) Na figura ao lado têm-se um quadrado ABCD e uma circunferência de centro **O**, que se intersectam nos pontos **A**, **B** e **E**. Se o lado do quadrado mede 10 cm, então o raio da circunferência mede, em centímetros:

a) 5. b) 6,25. c) 6,5. d) 6,75. e) 7.

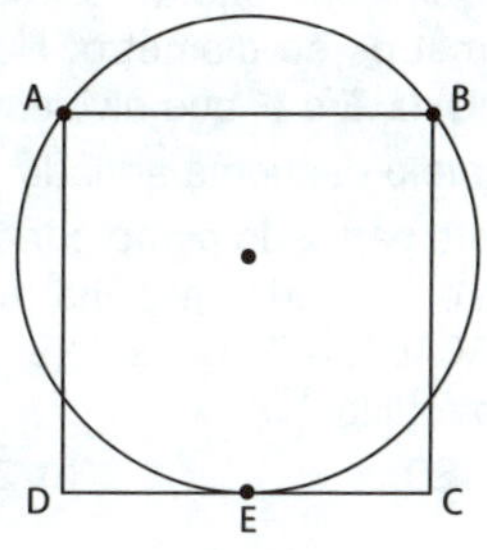

65 (UFRJ) Na figura ao lado, o círculo de raio 1 cm rola da posição **I** para a posição **F**, sempre tangenciando o cateto AC do triângulo retângulo ABC.

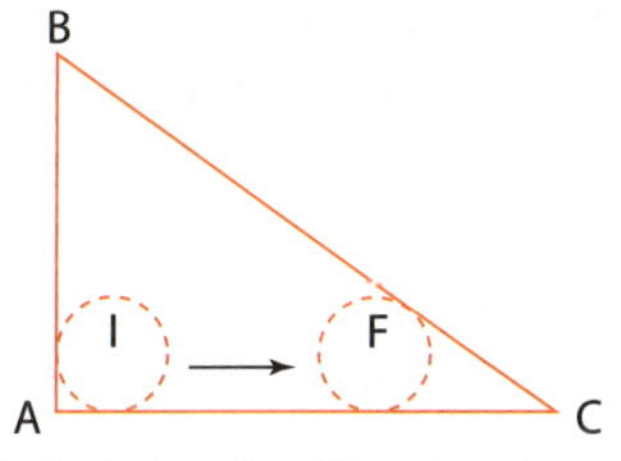

Na posição **I** o círculo também tangencia AB, e na posição **F** ele é tangenciado a BC. Os lados do triângulo valem AB = 6 cm, AC = 8 cm e BC = 10 cm. Determine a distância percorrida pelo centro do círculo.

66 (UFG–GO/adaptado) Considere uma circunferência de raio **R** e quatro circunferências de raio **r**, todas tangentes entre si, conforme a figura ao lado. Obtenha uma expressão que relacione os raios **r** e **R**.

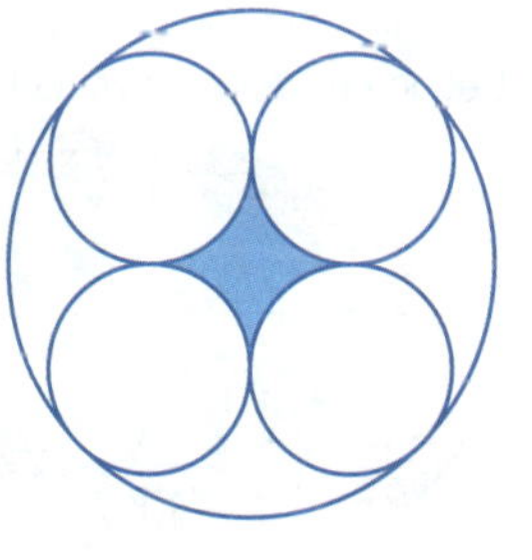

67 (Uerj) Um atleta faz seu treinamento de corrida em uma pista circular que tem 400 metros de diâmetro. Nessa pista, há seis cones de marcação indicados pelas letras **A**, **B**, **C**, **D**, **E** e **F**, que dividem a circunferência em seis arcos, cada um medindo 60 graus. Observe o esquema ao lado.

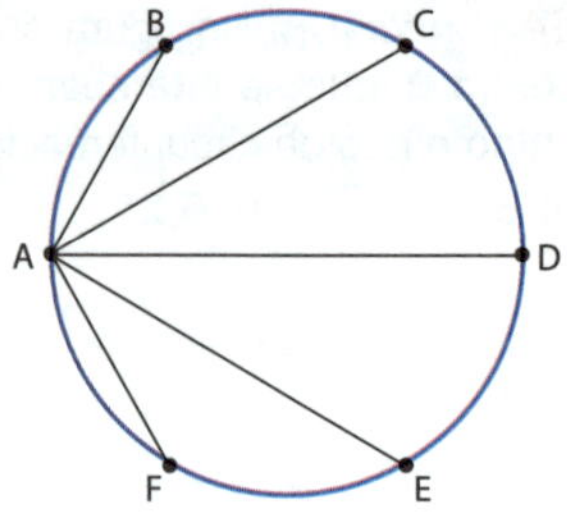

O atleta partiu do ponto correspondente ao cone **A** em direção a cada um dos outros cones, sempre correndo em linha reta e retornando ao cone **A**. Assim, seu percurso correspondeu a ABACADAEAFA. Considerando $\sqrt{3} = 1,7$, o total de metros percorridos pelo atleta nesse treino foi igual a:

a) 1 480. b) 2 960. c) 3 080. d) 3 120.

68 (UEL–PR) Uma pista de corrida de 400 m é construída por trechos retos e semicirculares, conforme a figura a seguir:

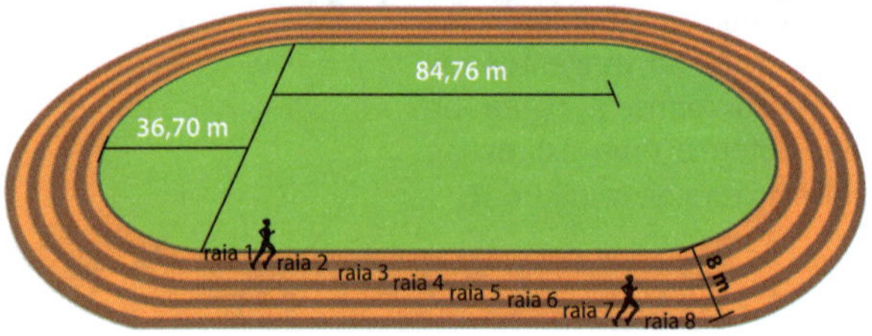

Suponha que dois atletas, nas curvas, sempre se mantenham na parte mais interna de suas raias, de modo a percorrerem a menor distância nas curvas, e que a distância medida a partir da parte interna da raia 1 até a parte interna da raia 8 seja de 8 m. Para que ambos percorram 400 m, quantos metros o atleta da raia mais externa deve partir à frente do atleta da raia mais interna? (Dado: $\pi = 3,14$.)

a) 10,00 m
b) 25,12 m
c) 32,46 m
d) 50,24 m
e) 100,48 m

69 (ITA–SP) Duas circunferências concêntricas, C_1 e C_2, têm raios de 6 cm e $6\sqrt{2}$ cm, respectivamente. Seja $\overline{AB}$ uma corda de C_2, tangente à C_1. A área da menor região delimitada pela corda $\overline{AB}$ e pelo arco $\widehat{AB}$ mede, em cm²:

a) $9(\pi - 3)$.
b) $18(\pi + 3)$.
c) $18(\pi - 2)$.
d) $18(\pi + 2)$.
e) $16(\pi + 3)$.

70 (Fuvest–SP) As circunferências $\mathbf{C_1}$ e $\mathbf{C_2}$ estão centradas em $\mathbf{O_1}$ e $\mathbf{O_2}$, têm raios $r_1 = 3$ e $r_2 = 12$, respectivamente, e tangenciam-se externamente. Uma reta **t** é tangente a $\mathbf{C_1}$ no ponto $\mathbf{P_1}$, tangente a $\mathbf{C_2}$ no ponto $\mathbf{P_2}$ e intercepta a reta $\overline{O_1O_2}$ no ponto **Q**. Sendo assim, determine:

a) o comprimento P_1P_2; b) a área do quadrilátero $O_1O_2\,P_2P_1$; c) a área do triângulo QO_2P_2.

---

71 (ITA–SP) Seja ABCD um quadrado e **E** um ponto sobre $\overline{AB}$. Considere as áreas do quadrado ABCD, do trapézio BEDC e do triângulo ADE. Sabendo qual estas áreas definem, na ordem em que estão apresentadas, uma progressão aritmética cuja a soma é 200 cm², a medida do segmento $\overline{AE}$, em cm, é igual a:

a) $\frac{10}{3}$. b) 5. c) $\frac{20}{3}$. d) $\frac{25}{3}$. e) 10.

TRIGONOMETRIA NO TRIÂNGULO RETÂNGULO

Assunto	Resumo
Trigonometria no triângulo retângulo	**Teorema de Pitágoras** $a^2 = b^2 + c^2$
	Razões trigonométricas

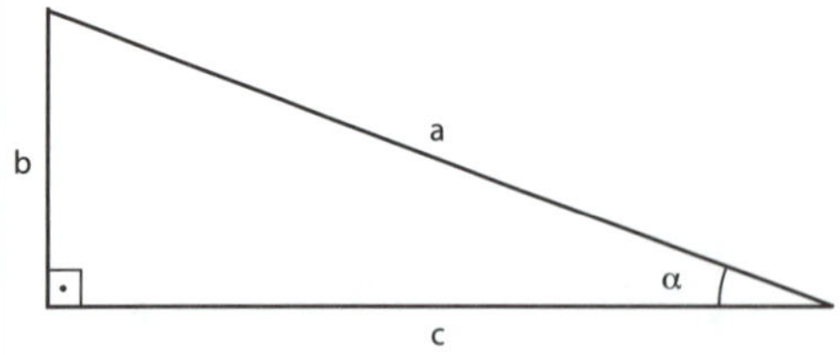

$$\cos \alpha = \frac{c}{a}$$

$$\text{tg}\, \alpha = \frac{b}{c}$$

$$\text{sen}\, \alpha = \frac{b}{a}$$

Ângulos notáveis

	30°	45°	60°
sen	$\frac{1}{2}$	$\frac{\sqrt{2}}{2}$	$\frac{\sqrt{3}}{2}$
cos	$\frac{\sqrt{3}}{2}$	$\frac{\sqrt{2}}{2}$	$\frac{1}{2}$
tg	$\frac{\sqrt{3}}{3}$	1	$\sqrt{3}$

Ângulos complementares

Se $\alpha + \beta = 90°$ (ou seja, complementares), então sen α = cos β e sen β = cos α.

Exercícios

1 (Cesesp–PE) Do alto de uma torre de 50 m de altura, localizada numa ilha, avista-se a praia sob ângulo de 45° em relação ao plano horizontal. Para transportar material da praia até a ilha, um barqueiro cobra R$ 0,20 por metro navegado. Quanto ele recebe em cada transporte que faz?

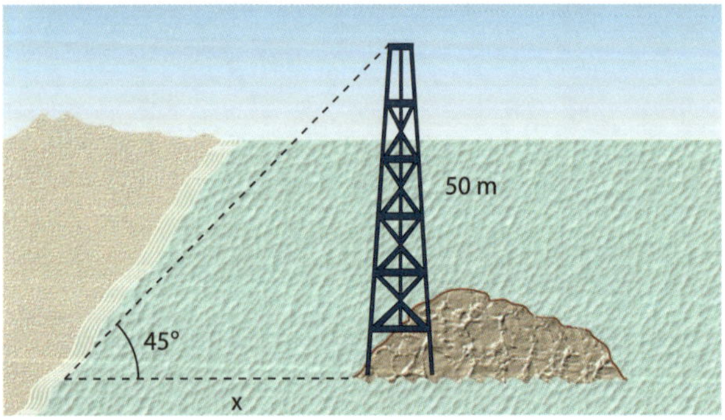

2 (Unit–SE) Do topo de um mastro vertical é esticado um fio de arame até o plano do chão, conforme mostra a figura a seguir:

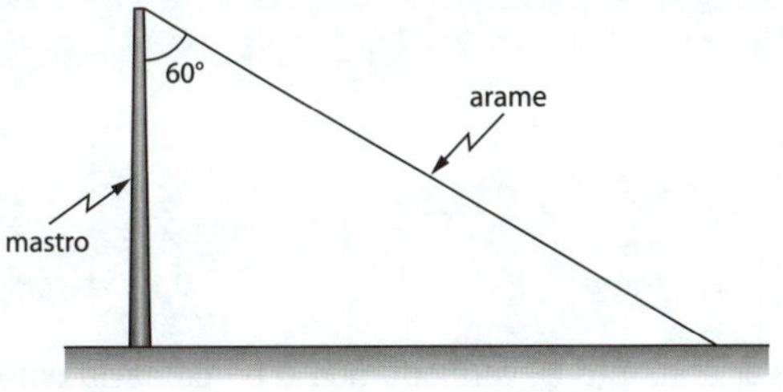

Se o fio tem 16,4 m de comprimento, a altura do mastro, em metros, é:

a) 7,2. b) 7,6. c) 7,8. d) 8,2. e) 8,8.

4 (UEA–AM) Pretende-se obter a altura aproximada de uma árvore.

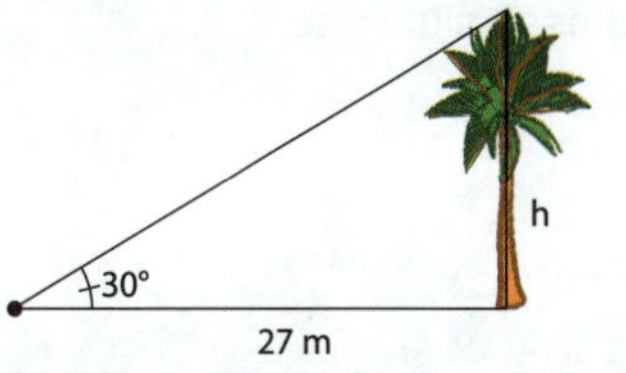

Com base nos dados apresentados na figura, podemos afirmar que a altura **h** da árvore, em metros, é:

a) $\frac{27}{2}$.

b) $9\sqrt{3}$.

c) $\frac{27\sqrt{3}}{2}$.

d) $27\sqrt{2}$.

e) $27\sqrt{3}$.

3 (UFSC) Uma escada com 10 m de comprimento foi apoiada em uma parede que é perpendicular ao solo. Sabendo que o pé da escada está afastado 6 m da base da parede, determine a altura, em metros, alcançada pela escada.

5 (Ufop–MG) Sabendo que em um triângulo retângulo os ângulos agudos são $\hat{\alpha}$ e $\hat{\beta}$, a hipotenusa mede 5 cm e sen $\beta = 2 \cdot$ sen α, encontre as medidas dos catetos.

6 (Enem) Para determinar a distância de um barco até a praia, um navegante utilizou o seguinte procedimento: a partir de um ponto **A**, mediu o ângulo visual α fazendo mira em um ponto fixo **P** da praia. Mantendo o barco no mesmo sentido, ele seguiu até um ponto **B**, de modo que fosse possível ver o mesmo ponto **P** da praia, no entanto sob um ângulo visual 2α. A figura ilustra essa situação:

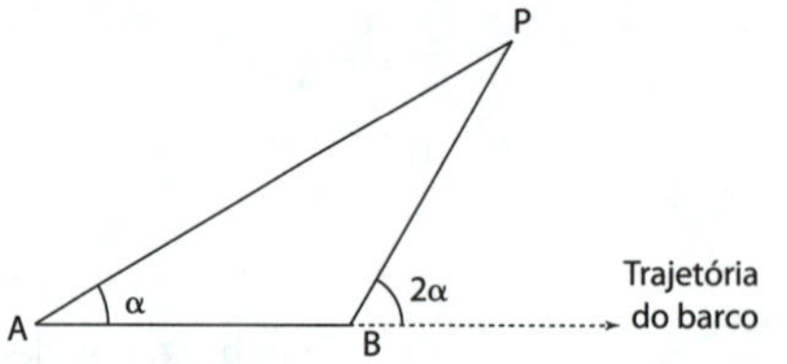

Suponha que o navegante tenha medido o ângulo $\alpha = 30°$ e, ao chegar ao ponto **B**, verificou que o barco havia percorrido a distância AB = 2 000 m. Com base nesses dados e mantendo a mesma trajetória, a menor distância do barco até o ponto fixo **P** será:

a) 1 000 m.
b) $1\,000\sqrt{3}$ m.
c) $2\,000\frac{\sqrt{3}}{3}$ m.
d) 2 000 m.
e) $2\,000\sqrt{3}$ m.

7 (Fuvest-SP) Calcule a medida **x** indicada na figura abaixo:

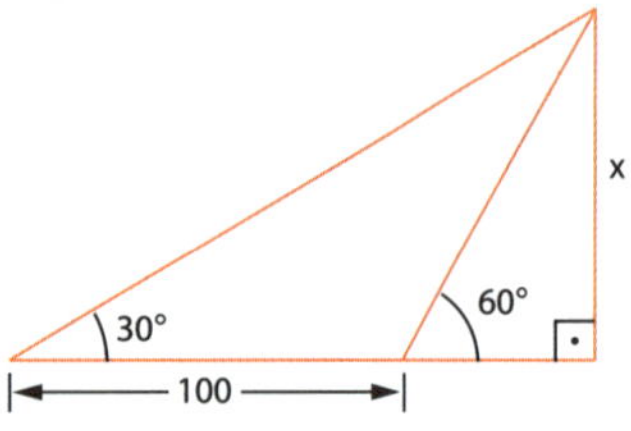

8 (Unicamp-SP) Para medir a largura $\overline{AC}$ de um rio, um homem usou o seguinte procedimento: marcou um ponto **B** de onde podia ver na margem oposta o coqueiro **C**, de modo que o ângulo $A\hat{B}C$ fosse de 60°; determinou o ponto **D** no prolongamento de $\overline{CA}$, de forma que o ângulo $C\hat{B}D$ fosse 90°. Medindo AD = 40 m, calculou a largura do rio. Determine essa largura e explique o raciocínio.

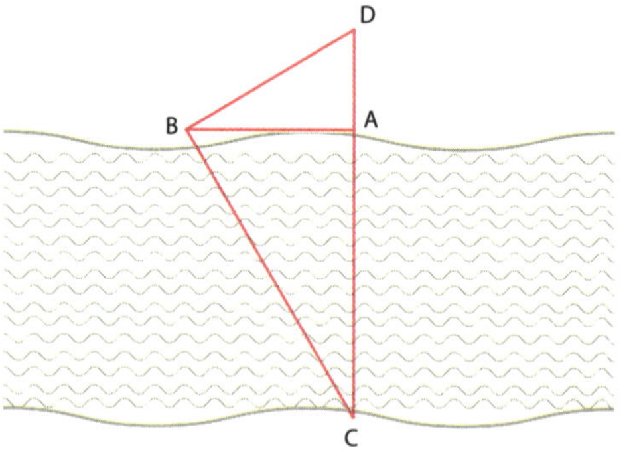

9 (Mack–SP) Calcule a medida do segmento AB na figura abaixo, sabendo que BCDE é um retângulo:

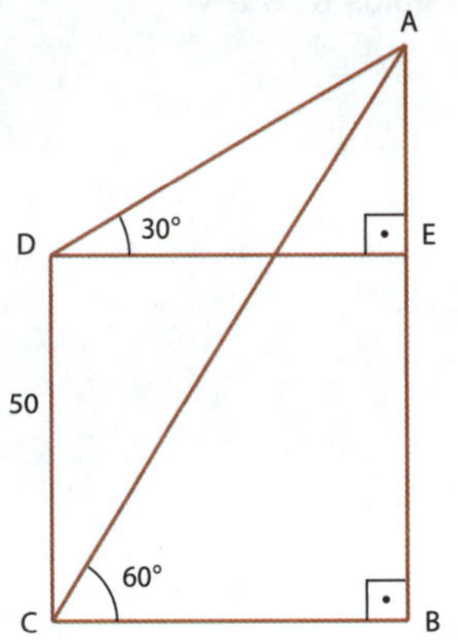

10 (Unicamp–SP) Caminhando em linha reta ao longo de uma praia, um banhista vai de um ponto **A** a um ponto **B**, cobrindo a distância AB = 1 200 m. Quando em **A**, ele avista um navio parado em **N**, de tal maneira que o ângulo $N\hat{A}B$ é de 60°; quando em **B**, verifica que o ângulo $N\hat{B}A$ é de 45°.

a) Faça um figura ilustrativa da situação descrita.

b) Calcule a que distância da praia se encontra o navio.

11 (Vunesp) Um obelisco de 12 m de altura projeta, num certo momento, uma sombra de 4,8 m de extensão. Calcule a distância máxima que uma pessoa de 1,80 m de altura poderá se afastar do centro da base do obelisco, ao longo da sombra, para, em pé, continuar totalmente na sombra.

12 (UEM–PR) Para obter a altura CD de uma torre, um matemático, utilizando um aparelho, estabeleceu a horizontal AB e determinou as medidas dos ângulos $\alpha = 30°$ e $\beta = 60°$ e a medida do segmento BC = 5 m, conforme especificado na figura. Nessas condições, qual é a altura da torre, em metros?

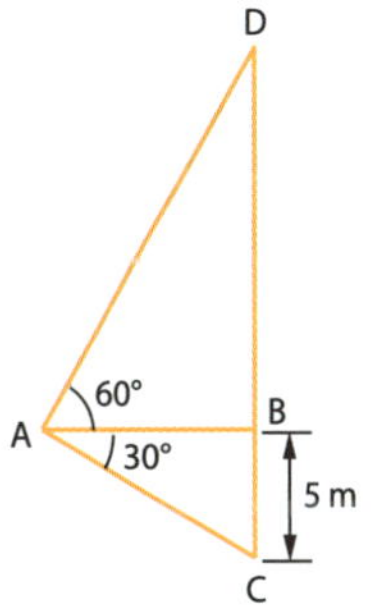

13 (UFRN) A figura ao lado é formada por três triângulos retângulos. As medidas dos catetos do primeiro triângulo são iguais a 1. Nos demais triângulos, um dos catetos é igual à hipotenusa do triângulo anterior e o outro cateto tem medida igual a 1. Considerando os ângulos α, β e γ na figura ao lado, atenda às seguintes solicitações:

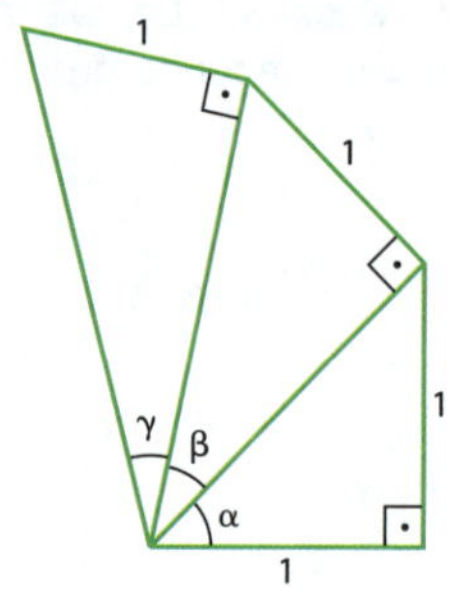

a) Calcule a tg α, tg β e tg γ.

b) Calcule os valores de α e γ.

c) Justifique por que $105° < \alpha + \beta + \gamma < 120°$.

14 (UFRRJ) Milena, diante da configuração representada a seguir, pede ajuda aos vestibulandos para calcular o comprimento da sombra **x** do poste; mas, para isso, ela informa que o sen $\alpha = 0{,}6$. Calcule o comprimento da sombra **x**.

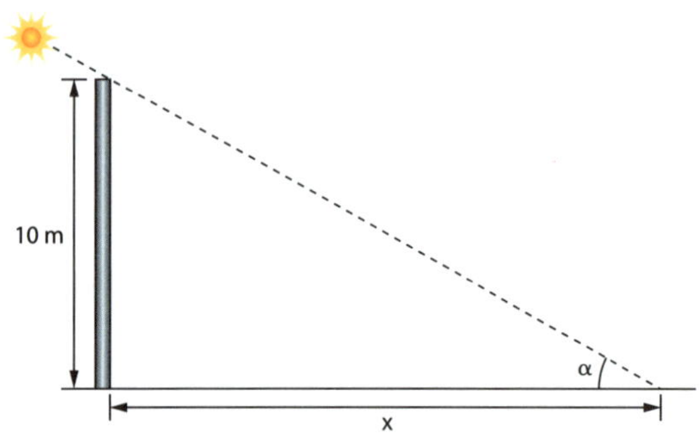

15 (Unifor–CE) Na figura abaixo tem-se um observador **O**, que vê o topo de um prédio sob o ângulo de 45°. A partir desse ponto, afastando-se do prédio 8 m, ele atinge o ponto **A**, de onde passa a ver o topo do mesmo prédio sob um ângulo θ tal que tg $\theta = \dfrac{6}{7}$.

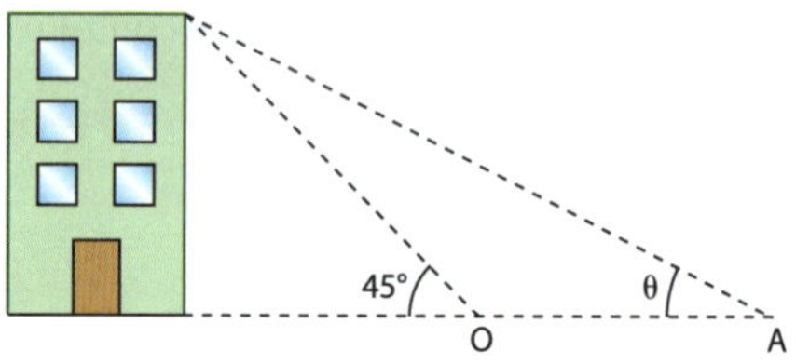

A altura do prédio, em metros, é:

a) $10\sqrt{3}$.
b) $30\sqrt{3}$.
c) 48.
d) $20\sqrt{3}$.
e) 24.

16 (Unifesp) Os triângulos que aparecem na figura da esquerda são retângulos e os catetos OA_1, A_1A_2, A_2A_3, A_3A_4, A_4A_5, ..., A_9A_{10} têm comprimento igual a 1.

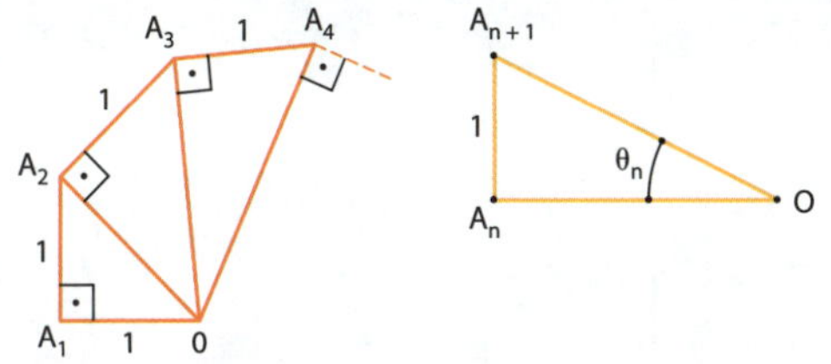

a) Calcule os comprimentos das hipotenusas OA_2, OA_3, OA_4 e OA_{10}.

b) Denotando por θ_n o ângulo $(A_n\hat{O}A_{n+1})$, conforme a figura da direita, descreva os elementos $\mathbf{a_1}$, $\mathbf{a_2}$, $\mathbf{a_3}$ e $\mathbf{a_9}$ da sequência $(a_1, a_2, a_3, ..., a_8, a_9)$, sendo $a_n = \text{sen}\ (\theta_n)$.

17 (Ufam) Um prédio projeta uma sombra de 52 m, conforme a figura a seguir.

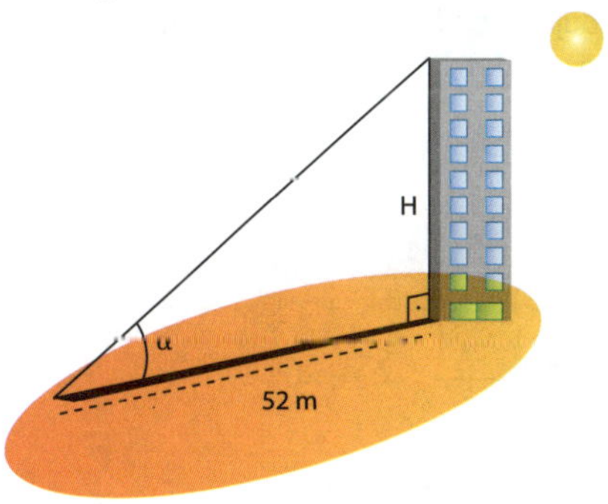

Sabendo que $\cos \alpha = \dfrac{4}{5}$, a altura **H** do prédio, em metros, é:

a) 31,2. b) 38,6. c) 39,0. d) 40,0. e) 41,6.

18 (Uepa) Na Amazônia, está sendo construído um observatório no alto de uma torre, com a finalidade de compreender e modelar as trocas gasosas que ocorrem na atmosfera. Um engenheiro de 1,80 m de altura, responsável pela execução do projeto, observa o topo dessa torre segundo um ângulo de 30°. Se o engenheiro está posicionado a 120 m de distância da torre, então a altura dessa torre é, em metros, de: (dado $\sqrt{3} = 1,73$).

a) 86. b) 83. c) 71. d) 44. e) 32.

19 (UEL–PR) Um indivíduo em férias na praia observa, a partir da posição $\mathbf{P_1}$, um barco ancorado no horizonte norte na posição **B**. Nessa posição $\mathbf{P_1}$, o ângulo de visão do barco, em relação à praia, é de 90°, como mostrado na figura abaixo.

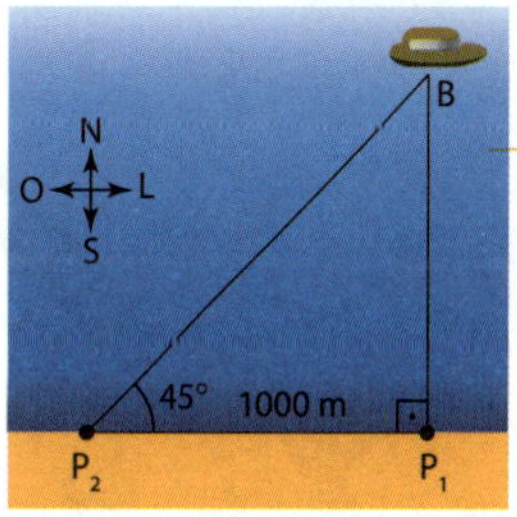

Ele corre aproximadamente 1 000 metros na direção oeste e observa novamente o barco a partir da posição $\mathbf{P_2}$. Nesse novo ponto de observação $\mathbf{P_2}$, o ângulo de visão do barco, em relação à praia, é de 45°. Qual é a distância $\mathbf{P_2B}$, aproximadamente?

a) 1 000 metros
b) 1 014 metros
c) 1 414 metros
d) 1 714 metros
e) 2 414 metros

20 (UFG–GO) Uma empresa de engenharia deseja construir uma estrada ligando os pontos **A** e **B**, que estão situados em lados opostos de uma reserva florestal, como mostra a figura a seguir.

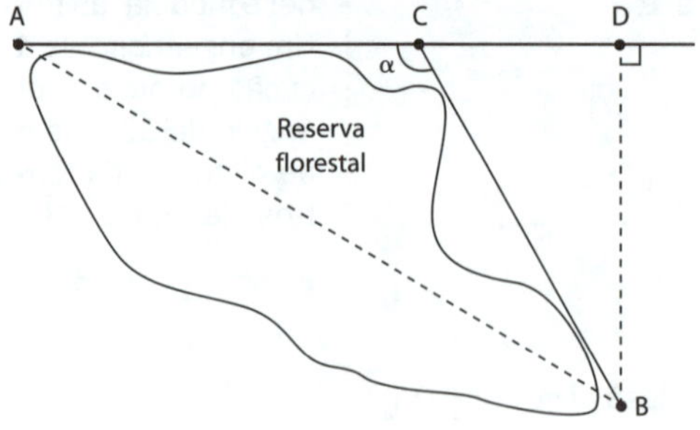

A empresa optou por construir dois trechos retilíneos, denotados pelos segmentos AC e CB, ambos com o mesmo comprimento. Considerando que a distância de **A** até **B**, em linha reta, é igual ao dobro da distância de **B** a **D**, o ângulo α, formado pelos dois trechos retilíneos da estrada, mede:

a) 110°.
b) 120°.
c) 130°.
d) 140°.
e) 150°.

---

21 (UFPB) Em parques infantis, é comum encontrar um brinquedo chamado escorregador, constituído de uma superfície plana inclinada e lisa (rampa), por onde as crianças deslizam, e de uma escada que dá acesso à rampa. No parque de certa praça, há um escorregador, apoiado em um piso plano e horizontal, cuja escada tem 2 m de comprimento e forma um ângulo de 45° com o piso; e a rampa forma um ângulo de 30° com o piso, conforme ilustrado na figura a seguir.

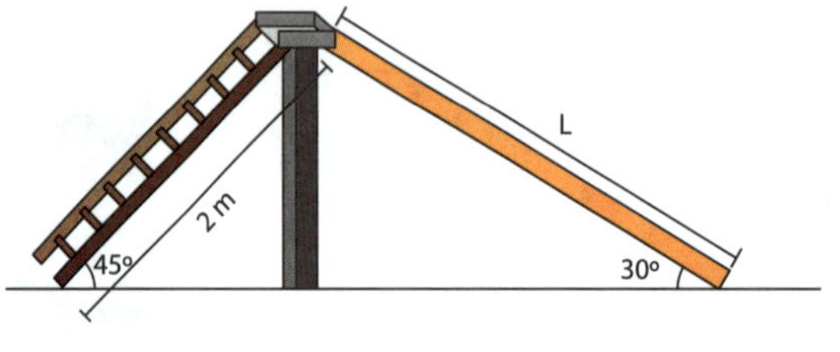

De acordo com essas informações, é correto afirmar que o comprimento (**L**) da rampa é de:

a) $\sqrt{2}$ m.
b) $2\sqrt{2}$ m.
c) $3\sqrt{2}$ m.
d) $4\sqrt{2}$ m.
e) $5\sqrt{2}$ m.

22 (UFMS) Dois projéteis são lançados em linha reta de um mesmo ponto no solo, um para a direita, numa direção que forma 30° com a horizontal, e o outro para a esquerda, com trajetória formando 45° com a horizontal. Sabendo-se que os dois têm velocidades iguais a 80 metros por minuto, qual é a diferença, em centímetros, entre as alturas, em relação ao solo, atingidas pelos projéteis 7,5 segundos após os lançamentos?

(Use $\sqrt{2} = 1{,}41$ e $\sqrt{3} = 1{,}73$.)

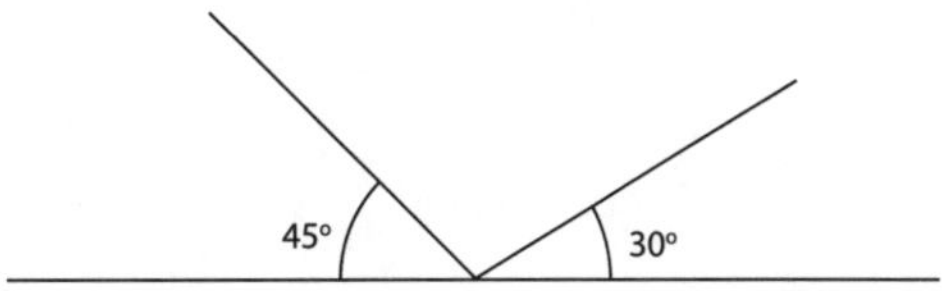

a) 320 cm b) 205 cm c) 114 cm d) 73 cm e) 41 cm

---

23 (UFG–GO) Um avião em procedimento de pouso encontrava-se a 700 m de altitude no momento em que a linha que liga o trem de pouso ao ponto de toque formava um ângulo θ com a pista de pouso, conforme a ilustração a seguir.

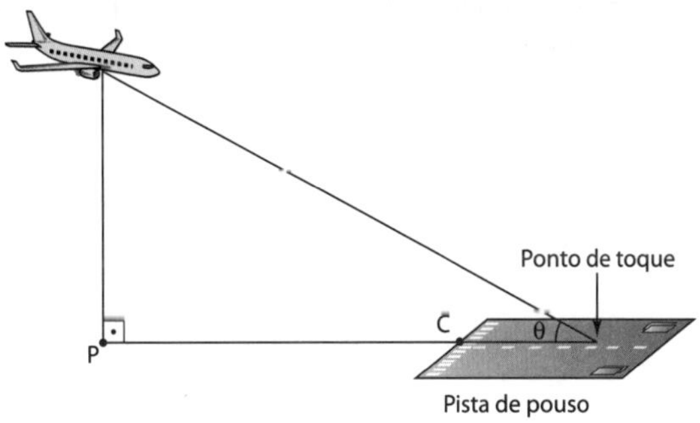

Para a aterrissagem, o piloto programou o ponto de toque do trem de pouso com solo para 300 m após a cabeceira da pista, indicada por **C** na figura. Sabendo que sen $\theta = 0{,}28$ e que o ponto **P** é a projeção vertical do trem de pouso no solo, a distância, em metros, do ponto **P** ao ponto **C** corresponde a:

a) 1 700. b) 2 100. c) 2 200. d) 2 500. e) 2 700.

24 (Fatec–SP) No sistema cartesiano ortogonal xOy, considere a circunferência de centro **O** e pontos **A**(2, 0) e **Q**($\sqrt{3}$, 0).

Sabendo-se que **P** é um ponto dessa circunferência e que a reta $\overleftrightarrow{AT}$ é tangente à circunferência no ponto **A**, tal que $\overleftrightarrow{AT}$ é paralela a $\overleftrightarrow{PQ}$, então a medida do segmento $\overline{AT}$ é:

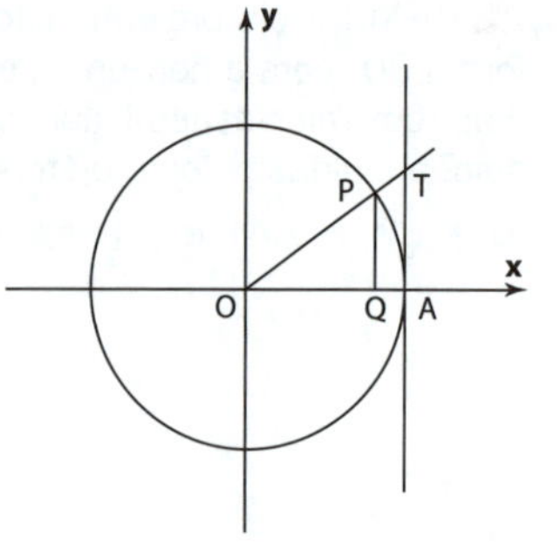

a) $\frac{2\sqrt{3}}{3}$.

b) $\sqrt{3}$.

c) $\frac{4\sqrt{3}}{3}$.

d) $\frac{5\sqrt{3}}{3}$.

e) $2\sqrt{3}$.

---

25 (Unesp–SP) Dois edifícios, **X** e **Y**, estão um em frente ao outro, num terreno plano. Um observador, no pé do edifício **X** (ponto **P**), mede um ângulo α em relação ao topo do edifício **Y** (ponto **Q**). Depois disso, no topo do edifício **X**, num ponto **R**, de forma que RPTS formem um retângulo e QT seja perpendicular a PT, esse observador mede um ângulo β em relação ao ponto **Q** no edifício **Y**.

Sabendo que a altura do edifício **X** é 10 m e que 3 tg α = 4 tg β, a altura **h** do edifício **Y**, em metros, é:

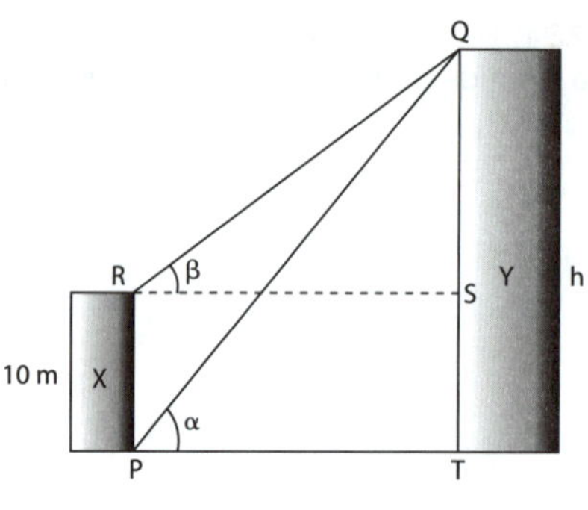

a) $\frac{40}{3}$.

b) $\frac{50}{4}$.

c) 30.

d) 40.

e) 50.

26 (Udesc) Sobre um plano inclinado deverá ser construída uma escadaria.

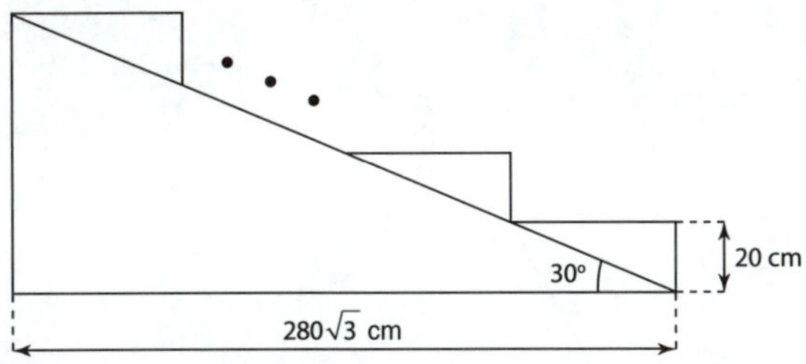

Sabendo que cada degrau da escada deverá ter uma altura de 20 cm e que a base do plano inclinado mede $280\sqrt{3}$ cm, conforme mostra a figura, então a escada deverá ter:

a) 10 degraus.
b) 28 degraus.
c) 14 degraus.
d) 54 degraus.
e) 16 degraus.

27 (Fuvest–SP) Na figura a seguir, a reta **s** passa pelo ponto **P** e pelo centro da circunferência de raio **R**, interceptando-a no ponto **Q**, entre **P** e o centro. Além disso, a reta **t** passa por **P**, é tangente à circunferência e forma um ângulo α com a reta **s**.

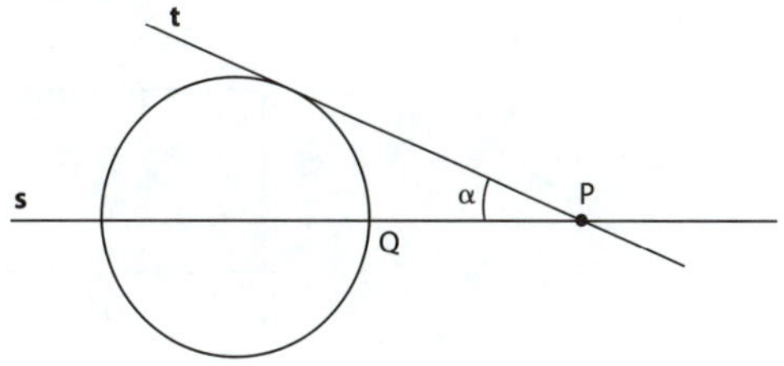

Se PQ = 2R, então cos α vale:

a) $\frac{\sqrt{2}}{6}$.
b) $\frac{\sqrt{2}}{3}$.
c) $\frac{\sqrt{2}}{2}$.
d) $\frac{2\sqrt{2}}{3}$.
e) $\frac{3\sqrt{2}}{5}$.

28 (Unicentro–PR) O circuito "Sol, Serra, História e Mar", através da centenária ferrovia Curitiba-Paranaguá, que atravessa a serra do Mar, passa por inúmeros viadutos e túneis, atingindo uma altitude de 955 m, e oferece ricos e belos espetáculos naturais, como a cachoeira do Véu da Noiva, o pico do Marumbi, o monumento a N. S. do Cadeado, além de uma visão deslumbrante da serra.

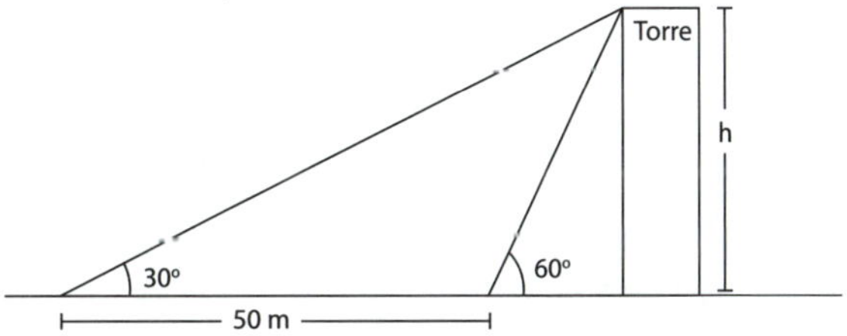

Da estação do monumento a N. S. do Cadeado, uma pessoa, deitada ao nível do solo, observa o alto de uma torre sob um ângulo de 30°. Ao se deslocar 50 metros em direção à torre, passa a observá-la sob um ângulo de 60°. Nessas condições, pode-se afirmar que a altura **h** da torre, em metros, é:

a) 25.
b) $25\sqrt{3}$.
c) 75.
d) $75\sqrt{3}$.
e) $75 + 25\frac{\sqrt{3}}{2}$.

29 (UFPE) Na ilustração a seguir, temos dois retângulos congruentes com base medindo 12 cm e altura 5 cm. Qual o inteiro mais próximo da distância, em centímetros, do ponto **A** até a horizontal? Dado: use aproximação $\sqrt{3} \simeq 1,73$.

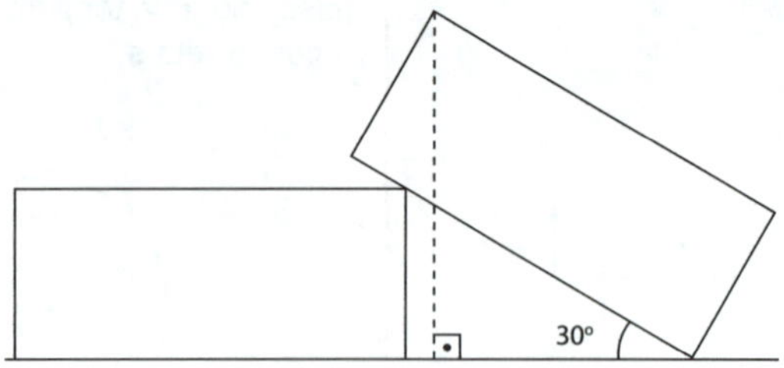

30 (Ufla–MG) Um aparelho é construído para medir alturas e consiste de um esquadro com uma régua de 10 cm e outra régua deslizante que permite medir tangentes do ângulo visada α, conforme o esquema da figura 1. Uma pessoa, utilizando o aparelho a 1,5 m do solo, toma duas medidas, com distância entre elas de 10 m, conforme esquema da figura 2. Sendo $\ell_1 = 30$ cm e $\ell_2 = 20$ cm, calcule a altura da árvore.

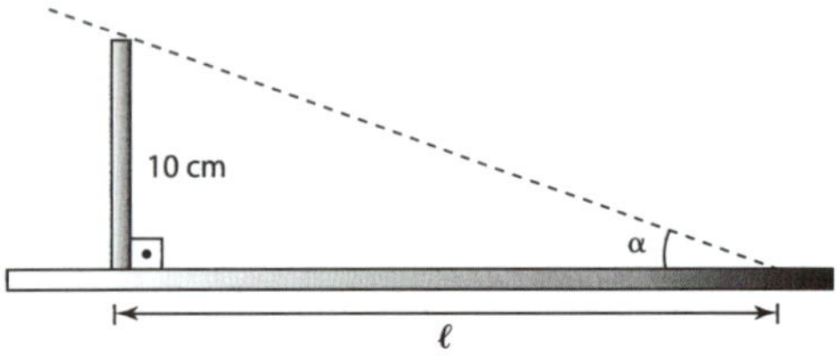

figura 1

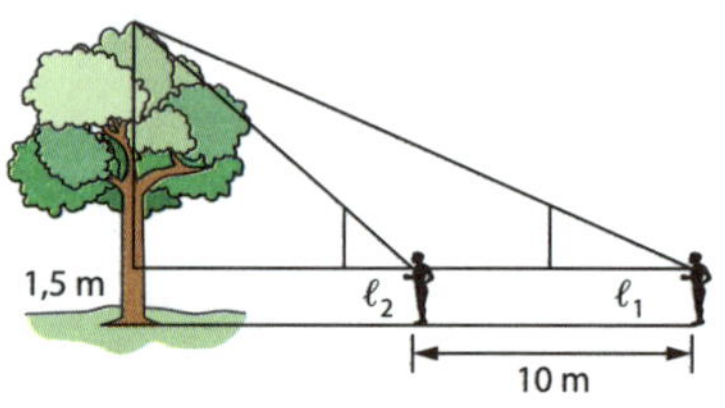

figura 2

31 (UFG–GO) Em um jogo de sinuca, uma bola é lançada do ponto **O** para atingir o ponto **C**, passando pelos pontos **A** e **B**, seguindo a trajetória indicada na figura a seguir.

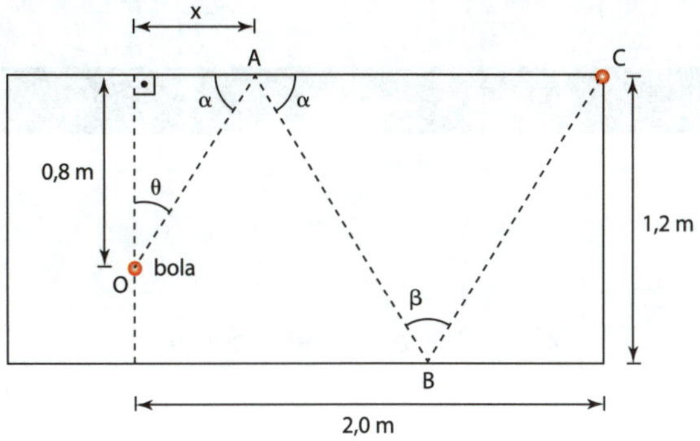

Nessas condições, calcule:

a) o ângulo β em função do ângulo θ;

b) o valor de **x** indicado na figura.

---

32 (UFRN) A figura a seguir representa uma torre de altura **H** equilibrada por dois cabos de comprimentos $\mathbf{L_1}$ e $\mathbf{L_2}$, fixados nos pontos **C** e **D**, respectivamente.

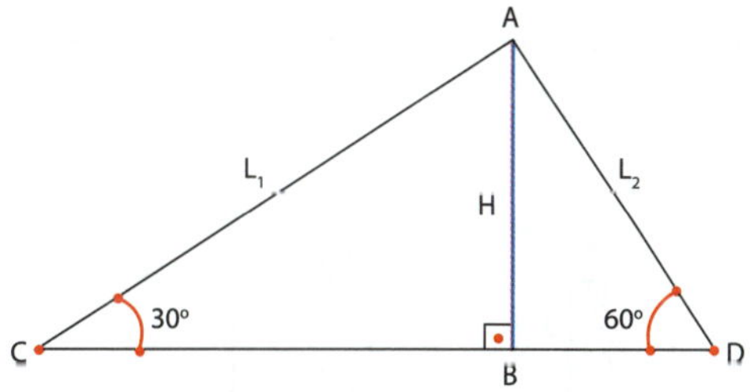

Entre os pontos **B** e **C** passa um rio, dificultando a medição das distâncias entre os pontos. Apenas com as medidas dos ângulos **C** e **D** e a distância entre **B** e **D**, um engenheiro calculou a quantidade de cabo ($L_1 + L_2$) que usou para fixar a torre. O valor encontrado, usando $\sqrt{3} = 1{,}73$ e $\overline{BD} = 10$ m, é:

a) 54,6 m.
b) 44,8 m.
c) 62,5 m.
d) 48,6 m.

Assunto	Resumo
Lei dos cossenos	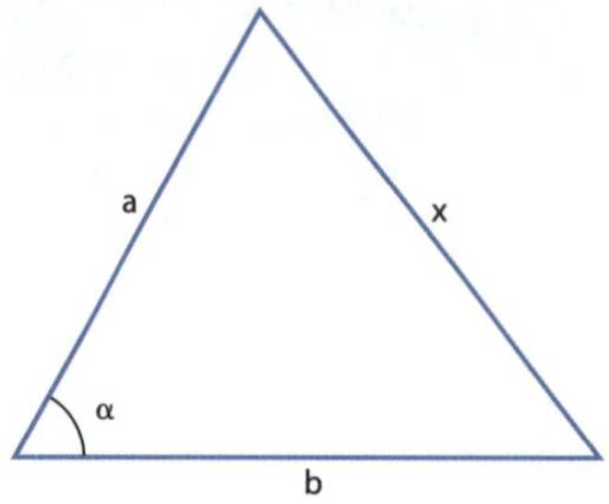 $x^2 = a^2 + b^2 - 2ab \cdot \cos \alpha$
Lei dos senos	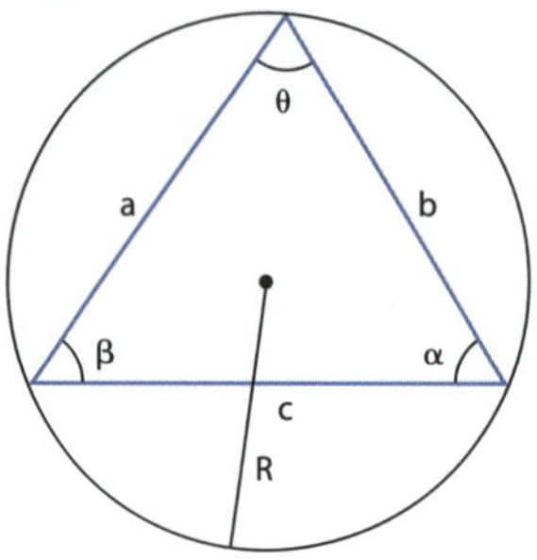 $\dfrac{a}{\text{sen } \alpha} = \dfrac{b}{\text{sen } \beta} = \dfrac{c}{\text{sen } \theta} = 2R$

Exercícios

1 (Mack–SP) Determine qual é o triângulo retângulo cujos dados estão compatíveis.

a)

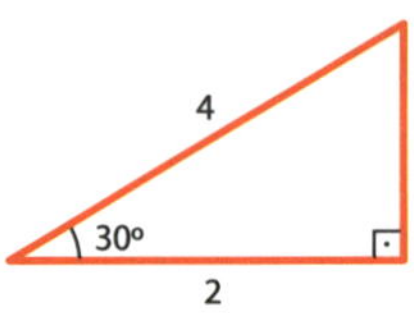

b)

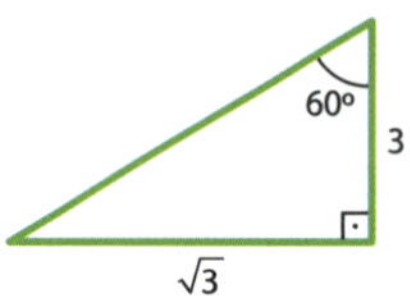

c)

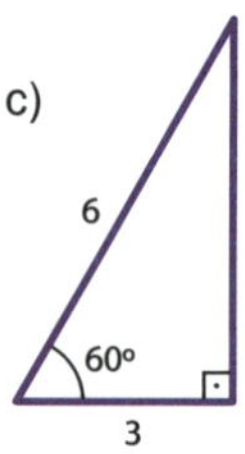

d)

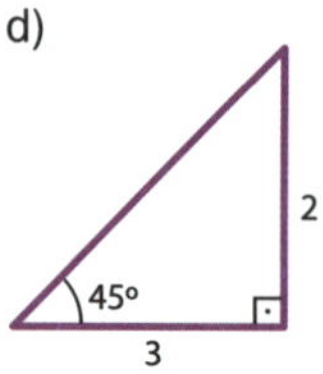

e)

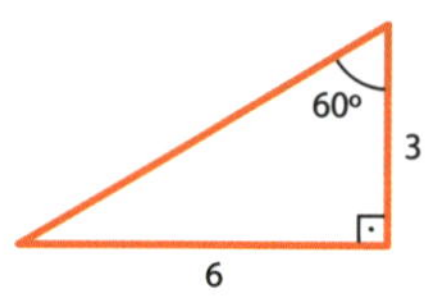

2 (Vunesp) Duas rodovias **A** e **B** se cruzam formando um ângulo de 45°. Um posto de gasolina se encontra na rodovia **A**, a 4 km do cruzamento. Pelo posto passa uma rodovia retilínea **C**, perpendicular à rodovia **B**. A distância do posto de gasolina à rodovia **B**, indo através de **C**, em quilômetros, é:

a) $\frac{\sqrt{2}}{2}$. b) $\frac{\sqrt{2}}{4}$. c) $\frac{\sqrt{3}}{2}$. d) $\sqrt{2}$. e) $2\sqrt{2}$.

3 (Ufep) Uma ponte deve ser construída sobre um rio, unindo os pontos **A** e **B**, como ilustrado na figura a seguir. Para calcular o comprimento de AB, escolhe-se um ponto **C**, na mesma margem em que **B** está, e medem-se os ângulos $C\hat{B}A = 57°$ e $A\hat{C}B = 59°$. Sabendo que BC mede 30 m, indique, em metros, a distância AB. (Dado: use as aproximações sen 59° ≃ 0,87 e sen 64° ≃ 0,90.)

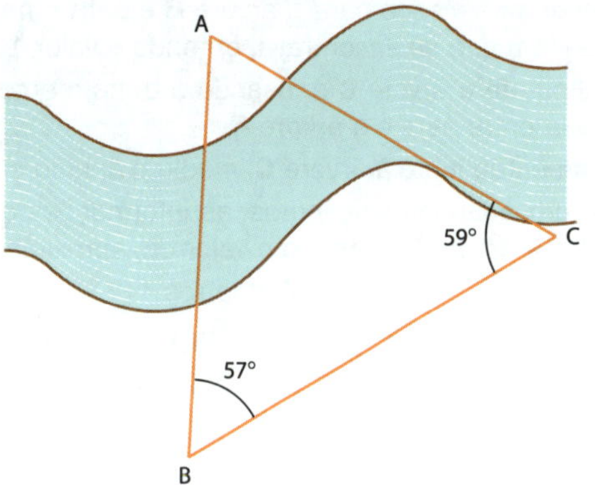

4 (Uepa) Três cidades **A**, **B** e **C** precisam ser interligadas para que seus moradores possam comercializar os produtos por eles produzidos. Já existem duas estradas, em linha reta, que ligam as cidades **A** a **B** e **B** a **C**, sendo que as prefeituras das cidades **A** e **C** desejam construir uma nova estrada para ligá-las. A figura abaixo mostra um levantamento topográfico feito por uma empresa de engenharia.

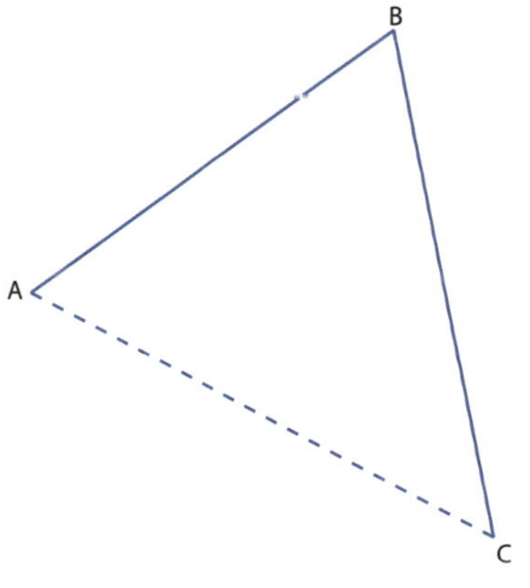

Sabendo-se que as medidas determinadas pela empresa de engenharia foram AB = 100 km; $m(A\hat{B}C) = 60°$ e $m(B\hat{A}C) = 75°$, a distância entre as cidades **A** e **C** que deve ser considerada para a construção de uma estrada, em linha reta, para ligar estas cidades é:

a) $100\sqrt{6}$ km.
b) $100\sqrt{3}$ km.
c) $75\sqrt{3}$ km.
d) $50\sqrt{3}$ km.
e) $50\sqrt{6}$ km.

5 (UFPA) Após o naufrágio, um sobrevivente se vê na situação de ter que atravessar um rio de águas calmas. Prudente, decide só atravessá-lo depois de ter estimado a largura do rio. Improvisou então uma trena métrica e um transferidor rústico e, para calcular a distância entre duas árvores, digamos uma árvore **A**, situada na margem em que se encontrava, e uma árvore **B**, situada na margem oposta, percebeu da seguinte forma:

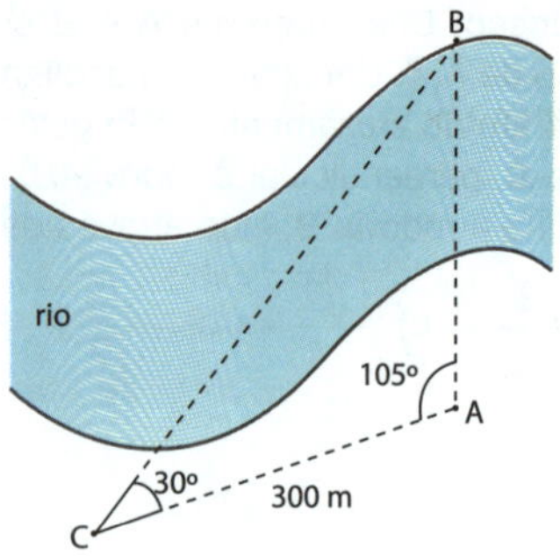

- postando-se ao lado da árvore **A** e usando o transferidor construído, aferiu o ângulo entre a visada para a árvore **B** e para uma árvore **C**, situada na mesma margem em que se encontrava, obtendo o valor 105°;
- caminhou até a árvore **C** e, usando a trena métrica, estimou em 300 metros a distância entre esta e a árvore **A**;
- estando então junto à árvore **C**, mediu o ângulo entre as visadas para a árvore **A** e a árvore **B**, obtendo o valor 30°.

Após os procedimentos descritos, as informações obtidas foram reunidas e foi estimada corretamente a distância entre a árvore **A** e a árvore **B**, obtendo o valor de, aproximadamente:

a) 105 metros. b) 175 metros. c) 189 metros. d) 212 metros. e) 250 metros.

(Considerar $\sqrt{2} = 1{,}41$ e $\sqrt{3} = 1{,}73$.)

6 (USF–SE) Se os raios solares formam um ângulo α com o solo, qual é, aproximadamente, o comprimento da sombra de um edifício com 10 m de altura?

a) 16,6 m b) 15,5 m c) 14,4 m d) 13,3 m e) 12,2 m

$\left(\text{Dado: sen } \alpha = \frac{3}{5}.\right)$

7 (PUCC–SP) A figura a seguir é um corte vertical de uma peça usada em certo tipo de máquina. No corte aparecem dois círculos, com raios de 3 cm e 4 cm, um suporte vertical e um apoio horizontal.

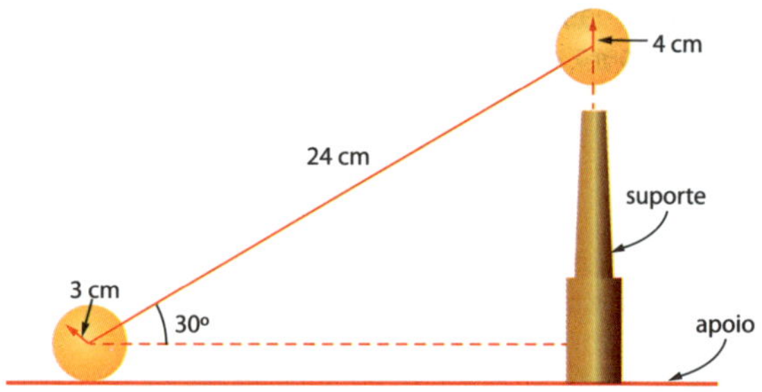

A partir das medidas indicadas na figura, conclui-se que a altura do suporte é:

a) 7 cm. b) 11 cm. c) 12 cm. d) 14 cm. e) 16 cm.

8 (UFPB) A prefeitura de certa cidade vai construir, sobre um rio que corta essa cidade, uma ponte que deve ser reta e ligará dois pontos, **A** e **B**, localizados nas margens opostas do rio. Para medir a distância entre esses pontos, um topógrafo localizou um terceiro ponto, **C**, distante 200 m do ponto **A** e na mesma margem do rio onde se encontra o ponto **A**. Usando um teodolito (instrumento de precisão para medir ângulos horizontais e ângulos verticais, muito empregado em trabalhos topográficos), o topógrafo observou que os ângulos $A\hat{C}B$ e $B\hat{A}C$ mediam, respectivamente, 30° e 105°, conforme ilustrado na figura ao lado.

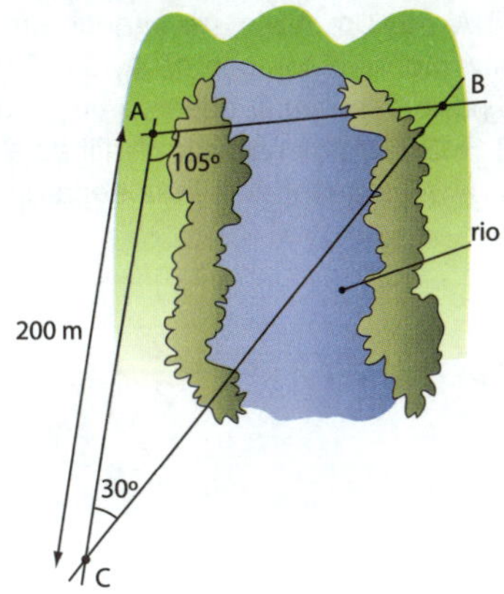

Com base nessas informações, é correto afirmar que a distância, em metros, do ponto **A** ao ponto **B** é de:

a) $200\sqrt{2}$.
b) $180\sqrt{2}$.
c) $150\sqrt{2}$.
d) $100\sqrt{2}$.
e) $50\sqrt{2}$.

9 (UFSM–RS) A figura ao lado apresenta o delta do rio Jacuí, situado na região metropolitana de Porto Alegre. Nele se encontra o parque estadual Delta do Jacuí, importante parque de preservação ambiental. Sua proximidade com a região metropolitana torna-o suscetível aos impactos ambientais causados pela atividade humana.

A distância do ponto **B** ao ponto **C** é de 8 km, o ângulo **Â** mede 45° e o ângulo **Ĉ** mede 75°. Uma maneira de estimar quanto do delta do Jacuí está sob influência do meio urbano é dada pela distância do ponto **A** ao ponto **C**. Essa distância, em km, é:

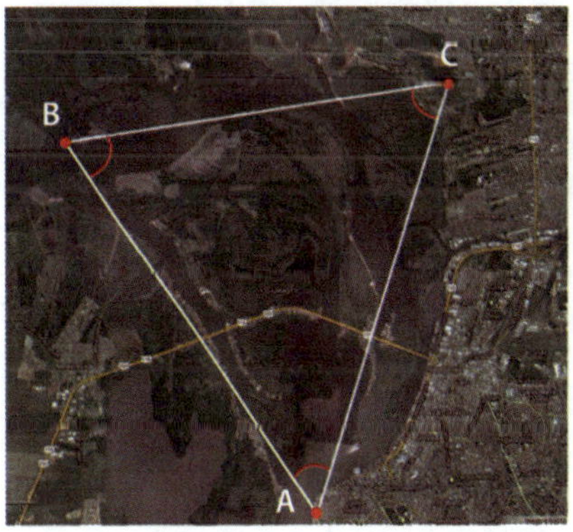

a) $\dfrac{8\sqrt{6}}{3}$.
b) $4\sqrt{6}$.
c) $8\sqrt{2} + \sqrt{3}$.
d) $8(\sqrt{2} + \sqrt{3})$.
e) $\dfrac{2\sqrt{6}}{3}$.

10 (ITA–SP) Um navio, navegando em linha reta, passa sucessivamente pelos pontos **A**, **B** e **C**. O comandante, quando o navio está em **A**, observa um farol **L** e calcula o ângulo $L\hat{A}C = 30°$. Após navegar 4 milhas até **B**, verifica o ângulo $L\hat{B}C = 75°$. Quantas milhas separam o farol do ponto **B**?

a) 4

b) $2\sqrt{2}$

c) $\frac{8}{3}$

d) $\frac{\sqrt{2}}{2}$

e) 1

11 (Unifor–CE) Em um paralelogramo ABCD, os lados $\overline{AB}$ e $\overline{AD}$ medem, respectivamente, 4 cm e 7 cm, e θ é o ângulo agudo formado por esses lados. Se a diagonal maior mede $\sqrt{93}$ cm, então o ângulo θ é tal que:

a) $\text{tg } \theta = 2$.

b) $\text{tg } \theta = 1$.

c) $\cos \theta = \frac{1}{2}$.

d) $\text{sen } \theta = \frac{\sqrt{2}}{2}$.

e) $\cos \theta = \frac{\sqrt{3}}{2}$.

12 (UnB–DF) Um observador, situado no ponto **A**, distante 30 m do ponto **B**, vê um edifício sob um ângulo de 30°, conforme a figura. Baseado nos dados da figura, determine a altura do edifício em metros e divida por $\sqrt{2}$.

(Dados: AB = 30 m; $\text{med}(C\hat{A}D) = 30°$; $\text{med}(C\hat{A}B) = 75°$; $\text{med}(A\hat{B}C) = 60°$; $\text{med}(D\hat{C}A) = 90°$.)

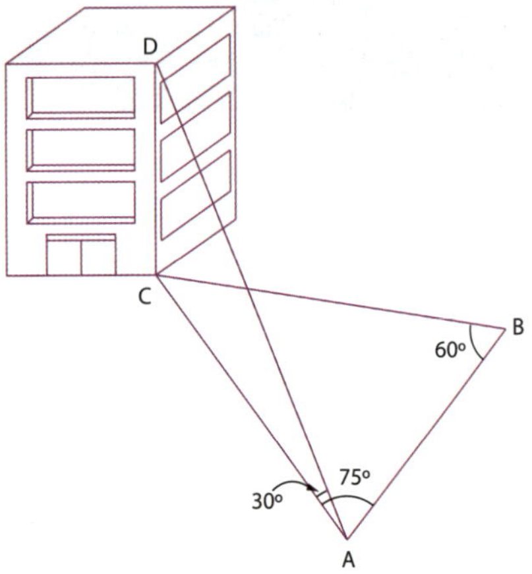

a) 10 m b) 11 m c) 12 m d) 14 m e) 15 m

13 (Vunesp) Para calcular a distância entre duas árvores situadas nas margens opostas de um rio, nos pontos **A** e **B**, um observador que se encontra junto a **A** afasta-se 20 m da margem, na direção da reta AB, até o ponto **C** e depois caminha em linha reta até o ponto **D**, a 40 m de **C**, do qual ainda pode ver as árvores.

Tendo verificado que os ângulos $D\hat{C}B$ e $B\hat{D}C$ medem, respectivamente, cerca de 15° e 120°, que valor ele encontrou para a distância entre as árvores, se usou a aproximação $\sqrt{6} \simeq 2{,}4$?

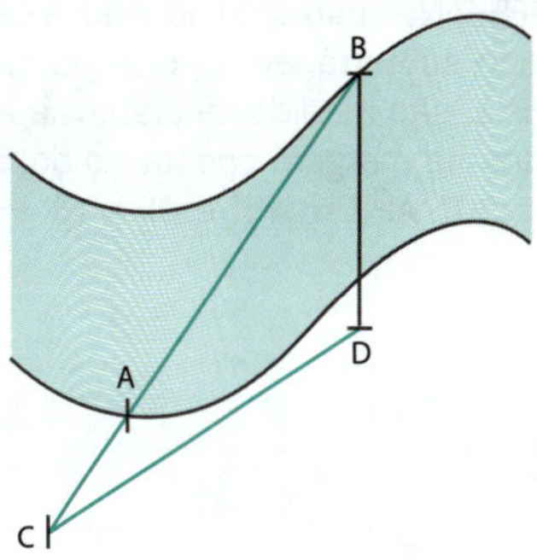

14 (Unir–RO) Qual é o perímetro de um triângulo cujos ângulos internos medem 45°, 60° e 75°, inscrito em uma circunferência de raio 1?

a) $\frac{1}{2}\left(3\sqrt{2} + 2\sqrt{3} + \sqrt{6}\right)$

b) $\frac{1}{4}\left(5\sqrt{2} + \sqrt{6}\right) + \sqrt{3}$

c) $2\sqrt{2} + 3\sqrt{3} + \sqrt{6}$

d) $\sqrt{2} + \sqrt{3} + \sqrt{6}$

e) $\frac{1}{2}\left(\sqrt{2} + \sqrt{3}\right) + \sqrt{6}$

15 (UFPE) Na ilustração ao lado, a casa situada no ponto **B** deve ser ligada com um cabo subterrâneo de energia elétrica, saindo do ponto **A**. Para calcular a distância, são medidos a distância e os ângulos a partir de dois pontos, **O** e **P**, situados na margem oposta do rio, sendo **O**, **A** e **B** colineares. Se $O\hat{P}A = 30°$, $P\hat{O}A = 30°$, $A\hat{P}B = 45°$ e $OP = (3 + \sqrt{3})$ km, calcule AB em hectômetros.

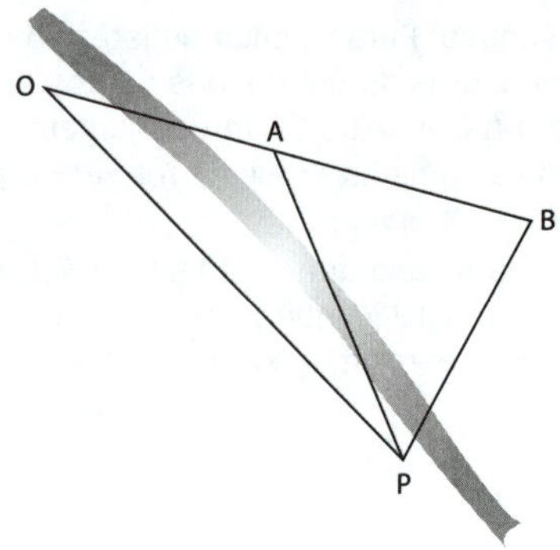

16 (UFGD–MS) Em um triângulo, os lados são 4, 5 e $\sqrt{61}$; então o valor do maior ângulo é:

a) 135°. b) 90°. c) 60°. d) 150°. e) 120°.

17 (UFPR) A figura ao lado mostra um quadrado ABCD no qual os segmentos BC e EC medem 4 cm e 1 cm, respectivamente.

a) Calcule o perímetro do triângulo de vértices **A**, **E** e **C**.

b) Calcule o seno e o cosseno do ângulo α.

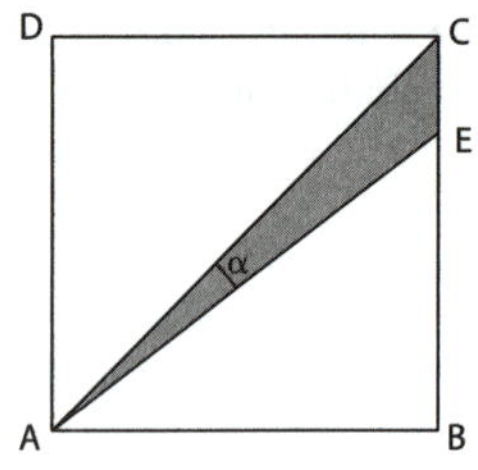

18 (UFG–GO) Uma empresa de vigilância irá instalar um sistema de segurança em um condomínio fechado, representado pelo polígono da figura ao lado.

A empresa pretende colocar uma torre de comunicação, localizada no ponto **A**, indicado na figura, que seja equidistante dos vértices do polígono, indicados por **P**, **Q**, **R**, **S** e **T**, onde serão instalados os equipamentos de segurança. Sabe-se que o lado RQ desse polígono mede 3 000 m e as medidas dos outros lados são todas iguais à distância do ponto **A** aos vértices do polígono. Calcule a distância do ponto **A**, onde será instalada a torre, aos vértices do polígono.

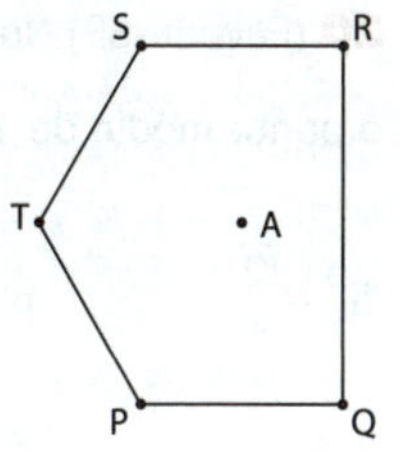

19 (Vunesp) Uma pessoa se encontra no ponto **A** de uma planície, às margens de um rio, e vê, do outro lado do rio, o topo do mastro de uma bandeira, no ponto **B**. Com o objetivo de determinar a altura **h** do mastro, ela anda, em linha reta, 50 m para a direita do ponto em que se encontrava e marca o ponto **C**. Sendo **D** o pé do mastro, avalia que os ângulos $B\hat{A}C$ e $B\hat{C}D$ valem 30°, e o ângulo $A\hat{C}B$ vale 105°, como mostra a figura. A altura **h** do mastro da bandeira, em metros, é:

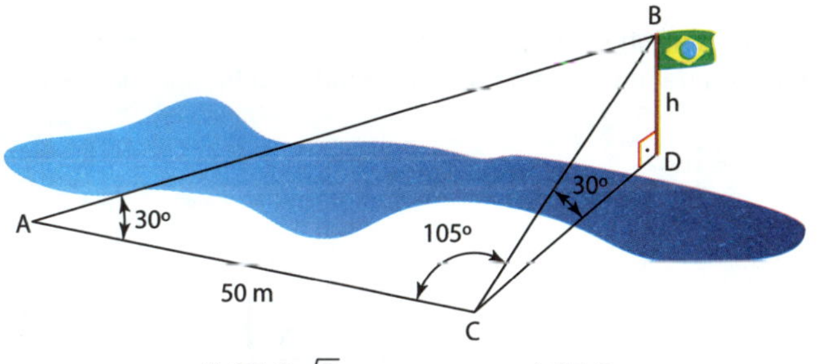

a) 12,5.
b) $12,5\sqrt{2}$.
c) 25,0.
d) $25,0\sqrt{2}$.
e) 35,0.

20 (Fuvest–SP) No losango ABCD de lado 1, representado na figura, tem-se que **M** é o ponto médio de $\overline{AB}$, **N** é o ponto médio de $\overline{BC}$ e $MN = \frac{\sqrt{14}}{4}$. Então, DM é igual a:

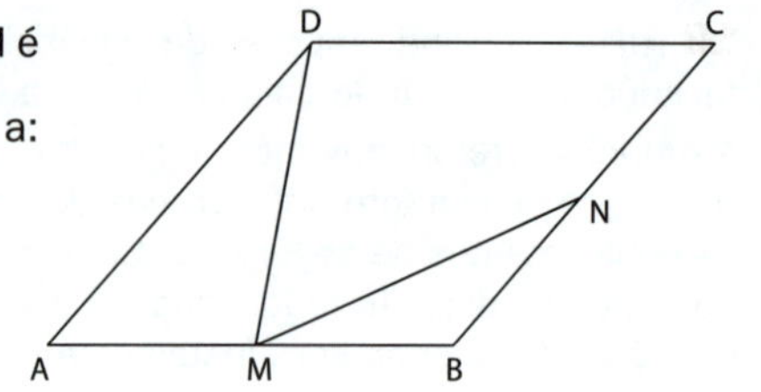

a) $\frac{\sqrt{2}}{4}$.
b) $\frac{\sqrt{2}}{2}$.
c) $\sqrt{2}$.
d) $\frac{3\sqrt{2}}{2}$.
e) $\frac{5\sqrt{2}}{2}$.

---

21 (Unirio–RJ) Dois homens, H_1 e H_2, com 2 m e 1,5 m de altura, respectivamente, estão em pé numa calçada, em lados opostos de um poste de 5 m de comprimento, iluminados por uma lâmpada desse poste, como mostra a figura abaixo.

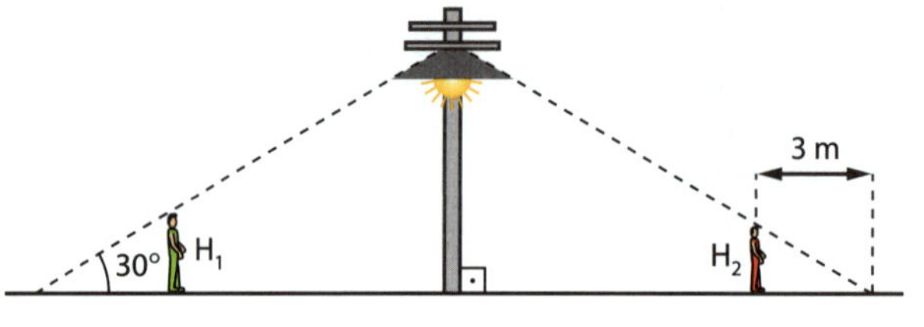

A distância entre os dois homens, em metros, é igual a:

a) $5\sqrt{3} + 10$.
b) 14.
c) $3\sqrt{3} + 7$.
d) $8\sqrt{3} - 3$.
e) $6\sqrt{3}$.

22 (ITA–SP) Os lados de um triângulo medem **a**, **b** e **c** centímetros. Qual o valor do ângulo interno desse triângulo, oposto ao lado que mede **a** centímetros, se forem satisfeitas as relações: $3a = 7c$ e $3b = 8c$?

a) 30° b) 60° c) 45° d) 120° e) 135°

23 (PUC–MG) Uma porta retangular de 2 m de altura por 1 m de largura gira 30°, conforme a figura.

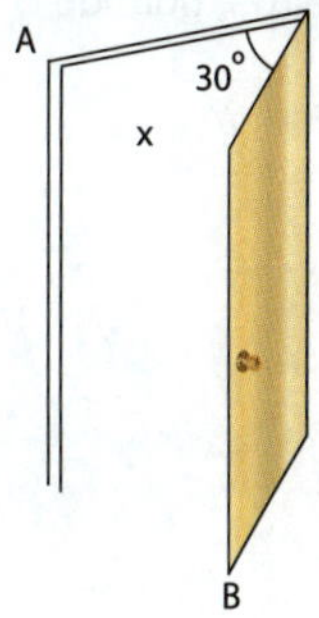

A distância entre os pontos **A** e **B**, em metros, é:

a) $\sqrt{5}$.

b) $\sqrt{3}$.

c) $\sqrt{2+\sqrt{3}}$.

d) $\sqrt{4+\sqrt{3}}$.

e) $\sqrt{6-\sqrt{3}}$.

24 (UFC–CE) Na figura abaixo, temos dois triângulos equiláteros ABC e A'B'C' que possuem o mesmo baricentro, tais que $\overline{AB} \parallel \overline{A'B'}$, $\overline{AC} \parallel \overline{A'C'}$ e $\overline{BC} \parallel \overline{B'C'}$.

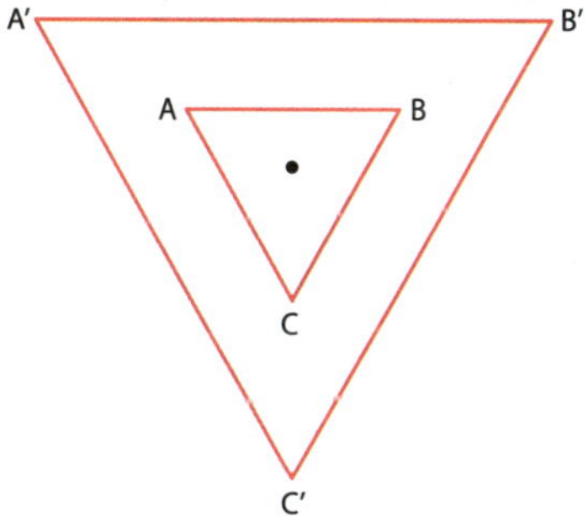

Se a medida dos lados ABC é igual a $3\sqrt{3}$ m e a distância entre os lados mede 2 m, então a medida das alturas de A'B'C' é igual a:

a) 11,5 m. b) 10,5 m. c) 9,5 m. d) 8,5 m. e) 7,5 m.

25 (UFG-GO) O mostrador de um relógio de uma torre é dividido em 12 partes iguais (horas), cada uma das quais é subdividida em outras 5 partes iguais (minutos). Se o ponteiro das horas (OB) mede 70 cm e o ponteiro dos minutos (AO) mede 1 m, qual será a distância AB, em função do ângulo entre os ponteiros, quando o relógio marca 1 hora e 12 minutos?

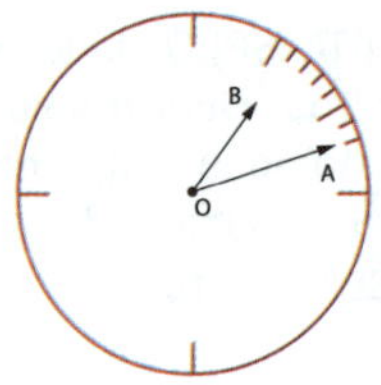

---

26 (Vunesp) Dois terrenos, $\mathbf{T_1}$ e $\mathbf{T_2}$, têm frentes para a rua **R** e fundos para a rua **S**, como mostra a figura. O lado BC do terreno $\mathbf{T_1}$ mede 30 m e é paralelo ao lado DE do terreno $\mathbf{T_2}$. A frente AC do terreno $\mathbf{T_1}$ mede 50 m e o fundo do terreno $\mathbf{T_2}$ mede 35 m. Ao lado do terreno $\mathbf{T_2}$ há um outro terreno, $\mathbf{T_3}$, com frente para a rua **Z**, na forma de um setor circular de centro **E** e raio ED.

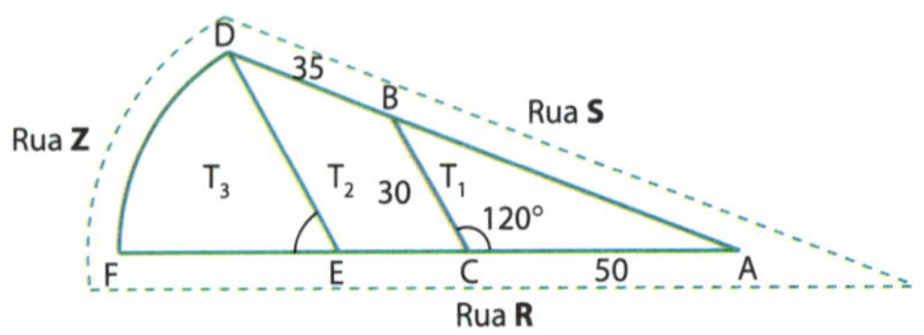

Determine:

a) as medidas do fundo AB do terreno $\mathbf{T_1}$ e da frente CE do terreno $\mathbf{T_2}$;

b) a medida do lado DE do terreno $\mathbf{T_2}$ e o perímetro do terreno $\mathbf{T_3}$.

27 (UFPB) Para explorar o potencial turístico de uma cidade, conhecida por suas belas paisagens montanhosas, o governo pretende construir um teleférico, ligando o terminal de transportes coletivos ao pico de um morro, conforme a figura a seguir:

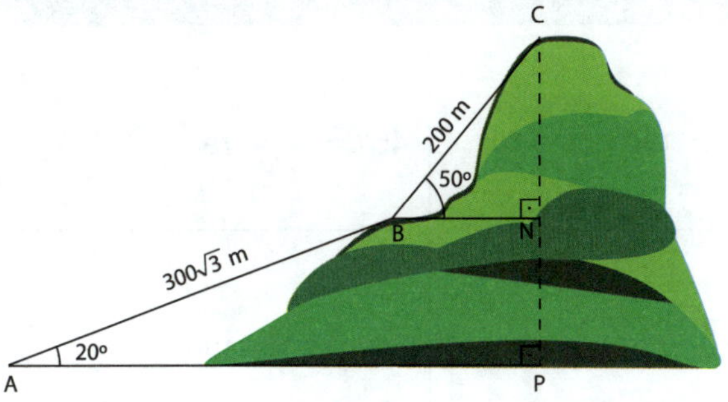

Para a construção do teleférico, há duas possibilidades:

- o ponto de partida ficar localizado no terminal de transportes coletivos (ponto **A**), com uma parada intermediária (ponto **B**), e o ponto de chegada localizado no pico do morro (ponto **C**);
- o ponto de partida ficar localizado no ponto **A** e o de chegada, localizado no ponto **C**, sem parada intermediária.

Supondo que $\overline{AB} = 300\sqrt{3}$ m, $\overline{BC} = 200$ m, $B\hat{A}P = 20°$ e $C\hat{B}N = 50°$, é correto afirmar que a distância entre os pontos **A** e **C** é de:

a) 700 m. b) 702 m. c) 704 m. d) 706 m. e) 708 m.

---

28 (Fuvest-SP) No triângulo ABC da figura ao lado, a mediana $\overline{AM}$, relativa ao lado $\overline{BC}$, é perpendicular ao lado $\overline{AB}$. Sabe-se também que BC = 4 e AM = 1. Se α é a medida do ângulo $A\hat{B}C$, determine:

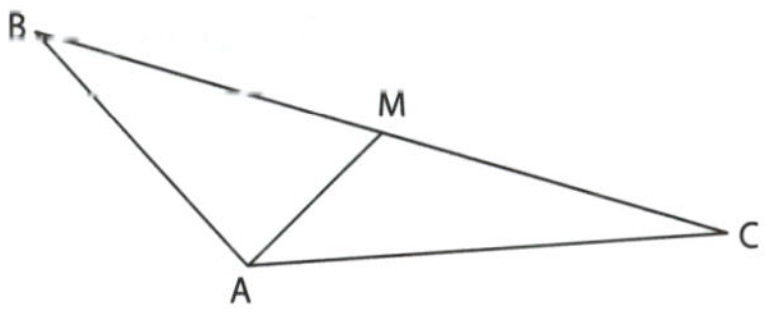

a) sen α;
b) o comprimento AC;
c) a altura do triângulo ABC relativa ao lado $\overline{AB}$;
d) a área do triângulo AMC.

<table>
<tr><th>Assunto</th><th colspan="3">Resumo</th></tr>
<tr><td rowspan="2">Graus e radianos</td><td>$360° = 2\pi$ rad</td><td>$90° = \frac{\pi}{2}$ rad</td><td>$45° = \frac{\pi}{4}$ rad</td></tr>
<tr><td>$180° = \pi$ rad</td><td>$60° = \frac{\pi}{3}$ rad</td><td>$30° = \frac{\pi}{6}$ rad</td></tr>
<tr><td rowspan="3">Seno, cosseno e tangente</td><td colspan="3">
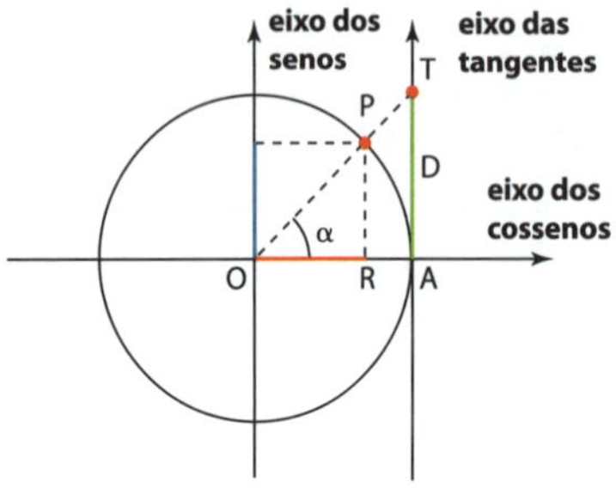

$\overline{OS} = \text{sen}\ \alpha$
$\overline{OR} = \cos\alpha$
$\overline{AT} = \text{tg}\ \alpha$
P $(\cos\alpha, \text{sen}\ \alpha)$
T $(1, \text{tg}\ \alpha)$
$\text{sen}^2 x + \cos^2 x = 1$
$\text{tg}\ x = \frac{\text{sen}\ x}{\cos x}$
</td></tr>
<tr><td colspan="3">Simetria
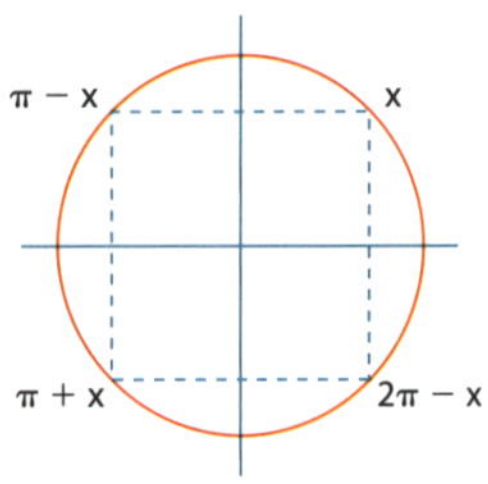

</td></tr>
<tr><td colspan="3">Sinais
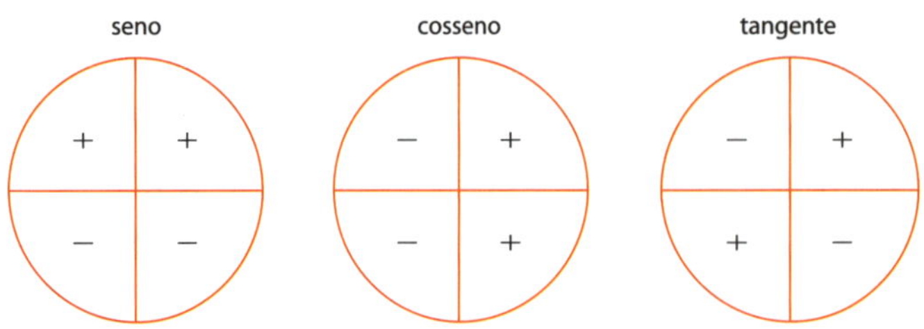

</td></tr>
</table>

Exercícios

1 (Uepa) Os desfiles de moda parecem impor implicitamente tanto o "vestir-se bem" quanto o "ser bela" definindo desse modo padrões de perfeição. Nesses desfiles de moda, a rotação pélvica do andar feminino é exagerada quando comparada ao marchar masculino, em passos de igual amplitude. Esse movimento oscilatório do andar feminino pode ser avaliado a partir da variação do ângulo θ, conforme ilustrado na figura ao lado, ao caminhar uniformemente no decorrer do tempo (**t**).

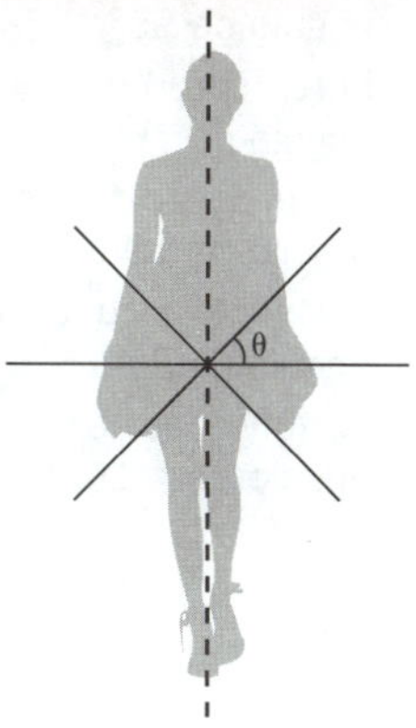

Um modelo matemático que pode representar esse movimento oscilatório do andar feminino é dado por: $\theta(t) = \frac{\pi}{10}\cos\left(\frac{4\pi}{3}t\right)$. Nestas condições, o valor de $\theta\left(\frac{3}{2}\right)$ é:

a) $\frac{\pi}{8}$.

b) $\frac{\pi}{10}$.

c) $\frac{\pi}{12}$.

d) $\frac{\pi}{18}$.

e) $\frac{\pi}{20}$.

---

2 (Unifor–CE) O dispositivo de segurança de um cofre tem o formato da figura ao lado, onde 12 letras A, B, ..., L estão igualmente espaçadas (o ângulo central entre as duas letras vizinhas é o mesmo) e a posição inicial da seta, quando o cofre se encontra fechado, é a indicada.

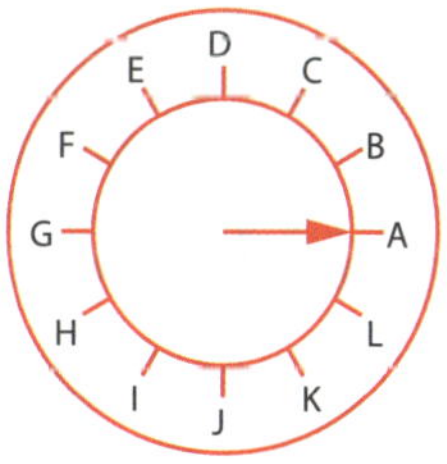

Para abrir o cofre, são necessárias três operações (o segredo), girando o disco menor (onde a seta está gravada), de acordo com as seguintes instruções, a partir da posição indicada:

1) $\frac{2}{3}\pi$ no sentido anti-horário;

2) $\frac{3}{2}\pi$ no sentido horário;

3) $\frac{3}{4}\pi$ no sentido anti-horário.

Pode-se, então, afirmar corretamente que o cofre será aberto quando a seta estiver:

a) no ponto médio entre **L** e **A**.

b) na posição **B**.

c) na posição **K**.

d) em algum ponto entre **J** e **K**.

e) na posição **H**.

3 (Unemat–MT) Quanto ao arco 4 555°, é correto afirmar:

a) Pertence ao segundo quadrante e tem como côngruo o ângulo de 55°.

b) Pertence ao primeiro quadrante e tem como côngruo o ângulo de 75°.

c) Pertence ao terceiro quadrante e tem como côngruo o ângulo de 195°.

d) Pertence ao quarto quadrante e tem como côngruo o ângulo de 3 115°.

e) Pertence ao terceiro quadrante e tem como côngruo o ângulo de 4 195°.

5 (UFRGS–RS) Dentre os desenhos abaixo, aquele que representa o ângulo que tem medida mais próxima de 1 radiano é:

a)

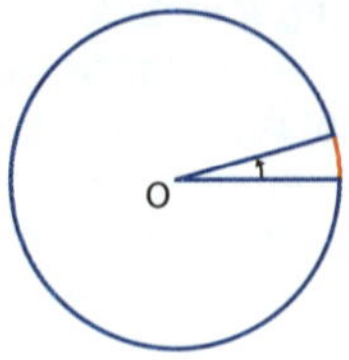

b)

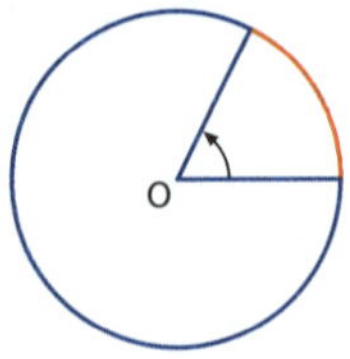

c)

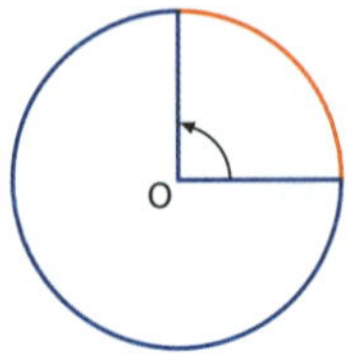

d)

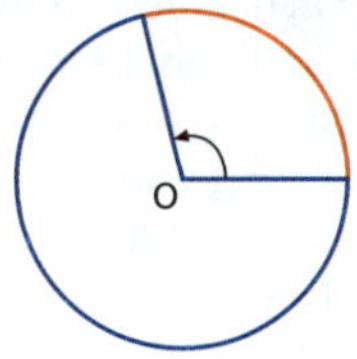

e)

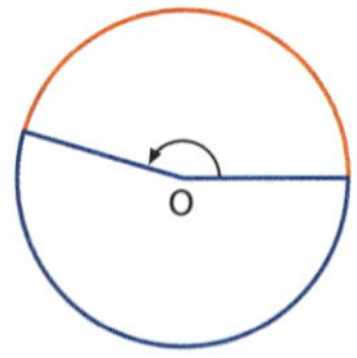

4 (PUC–MG) Ao projetar prédios muito altos, os engenheiros devem ter em mente o movimento de oscilação, que é típico de estruturas de arranha-céus. Se o ponto mais alto de um edifício de 400 m descreve um arco de $\left(\frac{1}{2}\right)^{\circ}$, a medida do arco descrito por esse ponto, em metros, é:

a) π.

b) $\frac{3\pi}{4}$.

c) $\frac{4\pi}{3}$.

d) $\frac{10\pi}{9}$.

e) $\frac{11\pi}{10}$.

6 (Vunesp) Em um jogo eletrônico, o "monstro" tem a forma de um setor circular de raio 1 cm, como mostra a figura. A parte que falta no círculo é a boca do "monstro", e o ângulo de abertura mede 1 radiano.

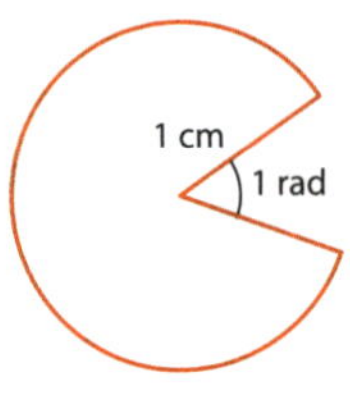

O perímetro do "monstro", em cm, é:

a) $\pi - 1$.

b) $\pi + 1$.

c) $2\pi - 1$.

d) 2π.

e) $2\pi + 1$.

7 (Unit–SE) A soma sen 3 720° + $\cos\frac{29\pi}{6}$ é igual a:

a) −2.

b) $-\sqrt{3}$.

c) 0.

d) $\frac{\sqrt{3}-1}{2}$.

e) $\frac{\sqrt{3}+1}{2}$.

8 (Unifor–CE) Reduzindo-se ao primeiro quadrante um arco de medida 7 344°, obtém-se um arco, cuja medida, em radianos, é:

a) $\frac{9\pi}{10}$.

b) $\frac{\pi}{3}$.

c) $\frac{\pi}{2}$.

d) $\frac{2\pi}{3}$.

e) $\frac{\pi}{5}$.

9 (FEI–SP) Se f(x) = (Ax + B) cos 2x, f(0) = 1 e $f\left(\frac{\pi}{2}\right)=1$, então os valores de **A** e **B** são:

a) $A=-\frac{1}{\pi}$ e $B=1$.

b) $A=-\frac{\pi}{2}$ e $B=0$.

c) $A=-\pi$ e $B=-1$.

d) $A=-\frac{1}{\pi}$ e $B=0$.

e) $A=-\frac{4}{\pi}$ e $B=1$.

10 (Unifor–CE) O valor da expressão

$$\cos\left(\frac{\pi}{3}+\frac{\pi}{6}+\frac{\pi}{12}+...\right)+\text{sen}\left(\frac{\pi}{3}+\frac{\pi}{9}+\frac{\pi}{27}+...\right)$$

é igual a:

a) −1.

b) $-\frac{1}{2}$.

c) $\frac{1}{2}$.

d) 1.

e) 0.

11 (PUC–SP) Na figura, tem-se 3 circunferências de centros **A**, **B** e **C**, tangentes duas a duas. As retas $\overline{QC}$ e $\overline{PT}$ são perpendiculares. Sendo 4 m o raio da circunferência maior, quantos metros devemos percorrer pra ir de **P** a **Q**, seguindo as flechas?

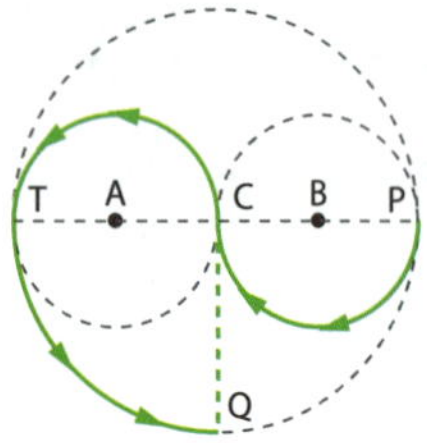

a) 2π b) 3π c) 4π d) 6π e) 12π

12 (Mack–SP) **A**, **B**, **C**, **D**, **E** e **F** são vértices de um hexágono regular inscrito na circunferência de raio 5.

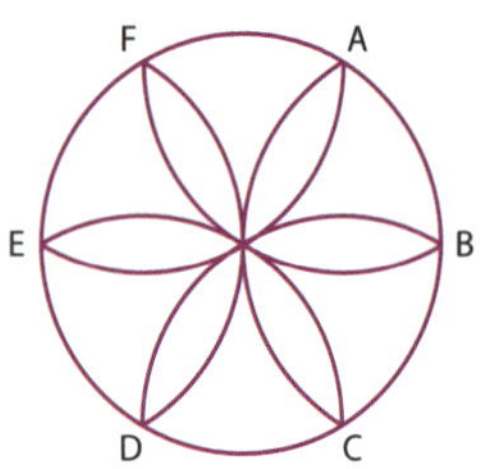

Então, a soma dos comprimentos de todos os arcos na figura é:

a) 30. b) 30π. c) 15. d) 15π. e) 6π.

13 (Mack–SP) O valor da expressão $\dfrac{-\cos(385° + x + y)}{\text{sen}(425° - x - y)}$ é:

a) 1.
b) $\dfrac{1}{2}$.
c) -1.
d) $-\dfrac{1}{2}$.
e) 0.

14 (PUC–RS) O limite da soma $\text{sen}^2\, a + \text{sen}^4\, a + \dots + \text{sen}^{2n}\, a + \dots$, onde $a \neq k\pi + \dfrac{\pi}{2}, k \in \mathbb{Z}$, é:

a) $\cos^2 a$.
b) $n \cdot \text{sen}^2\, a$.
c) $2n \cdot \text{sen}\, a$.
d) $\text{tg}\, a$.
e) $\text{tg}^2\, a$.

15 (EEAR–SP) O $\text{sen}\,\dfrac{122\pi}{9}$ é igual a:

a) $\text{sen}\dfrac{5\pi}{9}$.

b) $\text{sen}\dfrac{4\pi}{9}$.

c) $-\cos\dfrac{5\pi}{9}$.

d) $-\text{sen}\dfrac{4\pi}{9}$.

16 (Cesgranrio–RJ) O valor de $\cos\dfrac{99\pi}{4} + \text{tg}\left(-\dfrac{16\pi}{3}\right)$ é:

a) $\dfrac{\sqrt{3} - \sqrt{2}}{2}$.

b) $\dfrac{3\sqrt{2} + 2\sqrt{3}}{6}$.

c) $\dfrac{-3\sqrt{2} + 2\sqrt{3}}{6}$.

d) $-\dfrac{\sqrt{3} + \sqrt{2}}{2}$.

e) $-\left(\sqrt{3} + \dfrac{\sqrt{2}}{2}\right)$.

17 (Aman–RJ) Seja **x** um número real tal que x = cos 2° + + cos 4° + cos 6° + ... + cos 176° + cos 178° + cos 180°. Então $(0{,}125)^x$ é igual a:

a) $\dfrac{1}{8}$.

b) 8.

c) $\dfrac{1}{125}$.

d) 125.

e) 1.

18 (Cesgranrio–RJ) Sendo $A = \dfrac{7\cos(5\pi - x) - 3\cos(3\pi + x)}{8\,\text{sen}\left(\dfrac{\pi}{2} - x\right)}$

com $x \neq 0 + k\pi, k \in \mathbb{Z}$, então:

a) A = −1.

b) 2A = 1.

c) 2A + 1 = 0.

d) 4A + 5 = 0.

e) 5A − 4 = 0.

19 (Esan–SP) Simplificando a expressão

$y = \dfrac{\cos(2\pi - x)\cdot\cos(\pi - x)}{\text{sen}(\pi + 1)\cdot\text{sen}\left(\dfrac{\pi}{2} - x\right)}$, temos:

a) y = tg x.

b) y = cotg x.

c) y = sen x · cos x.

d) y = −sen x.

e) y = −cos x.

20 (UEPB) O valor da expressão $\text{tg}\,\dfrac{5\pi}{3} - 3\,\text{tg}\,(-210°)$ é:

a) $\sqrt{3}$.

b) $-2\sqrt{3}$.

c) 0.

d) $-\sqrt{3}$.

e) 3.

21 (UFF–RJ) Considere os ângulos α, β, γ conforme representados no círculo. Pode-se afirmar que:

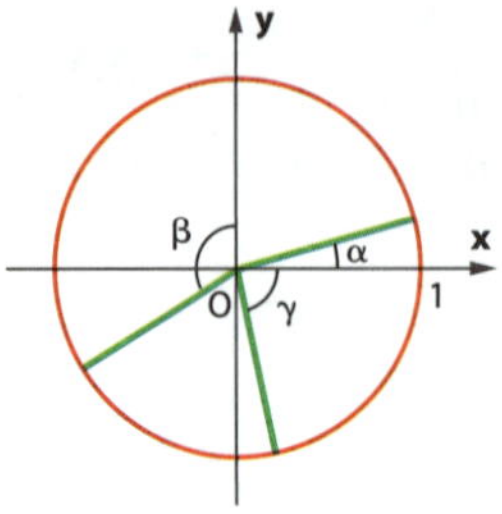

a) $\cos \alpha < \cos \beta$.

b) $\cos \gamma > \cos \alpha$

c) $\text{sen } \alpha > \text{sen } \beta$.

d) $\text{sen } \beta < \cos \gamma$.

e) $\cos \beta < \cos \gamma$.

22 (PUC–SP) Ao descrever o tipo de salto de uma ginasta, um entendido a ele referiu: "Era como se seus dedos dos pés descrevessem no espaço um arco de circunferência de 124 cm de comprimento". Considerando que cada perna dessa ginasta, juntamente com seu pé esticado, estejam em linha reta e perfazem 60 cm, o cosseno do ângulo de abertura de suas pernas era: (Use $\pi = 3{,}1$.)

a) -1.

b) $-\frac{\sqrt{3}}{2}$.

c) $-\frac{\sqrt{2}}{2}$.

d) $-\frac{1}{2}$.

e) $\frac{1}{2}$.

23 (UFPR) Maria e seus colegas trabalham em uma empresa localizada em uma praça circular. Essa praça é circundada por uma calçada e dividida em partes iguais a 12 caminhos retos que vão da borda ao centro da praça, conforme o esquema ao lado. A empresa fica no ponto **E**, há um restaurante no ponto **R**, uma agência de correio no ponto **C** e uma lanchonete no ponto **L**. Quando saem para almoçar, as pessoas fazem caminhos diferentes: Maria sempre se desloca pela calçada que circunda a praça; Carmen sempre passa pelo centro da praça, vai olhar o cardápio do restaurante e, se este não estiver do seu agrado, vai almoçar na lanchonete, caminhando pela calçada; Sérgio sempre passa pelo centro da praça e pelo correio, daí seguindo pela calçada para a lanchonete ou para o restaurante.

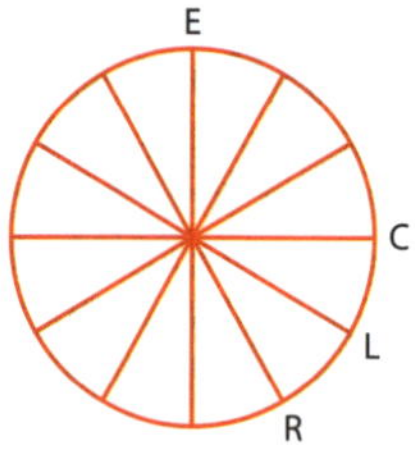

Sabendo que as pessoas sempre percorrem o menor arco possível quando caminham na calçada que circunda a praça, avalie as afirmativas a seguir:

I) Quando Carmen e Sérgio vão almoçar na lanchonete, ambos percorrem a mesma distância.

II) Quando Maria e Sérgio vão almoçar na lanchonete, quem percorre a menor distância é Maria.

III) Quando os três vão almoçar no restaurante, Carmen percorre a menor distância.

Assinale a alternativa correta.

a) Somente a afirmativa I é verdadeira.

b) As afirmativas I, II e III são verdadeiras.

c) Somente as afirmativas II e III são verdadeiras.

d) Somente as afirmativas I e III são verdadeiras.

e) Somente as afirmativas I e II são verdadeiras.

24 (Ufscar-SP) Uma *pizza* circular será fatiada, a partir do seu centro, em setores circulares. Se o arco de cada setor medir 0,8 radiano, obtém-se um número máximo **N** de fatias idênticas, sobrando, no final, uma fatia menor, que é indicada na figura por fatia N + 1.

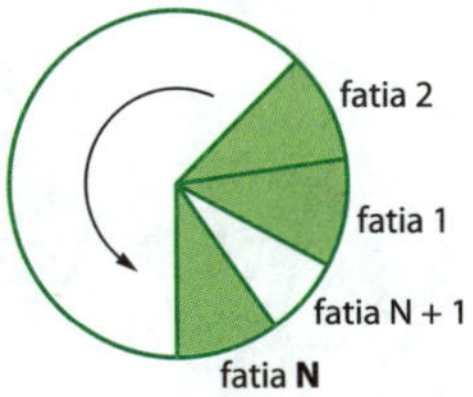

Considerando $\pi = 3{,}14$, o arco da fatia N + 1, em radianos, é:

a) 0,74. b) 0,72. c) 0,68. d) 0,56. e) 0,34.

26 (Furg-RS) Na figura abaixo está sombreada a região compreendida entre o segmento OP, a circunferência de raio 1, centrada na origem, e o quadrado circunscrito a essa circunferência. Os lados do quadrado são paralelos aos eixos Ox e Oy. Considere que o segmento OP forma um ângulo θ com o eixo Ox. Quando $0 \leq \theta \leq \frac{\pi}{4}$, a área $A(\theta)$ está representada na figura ao lado. A área $A(\theta)$ da região sombreada em função do ângulo θ é dada por:

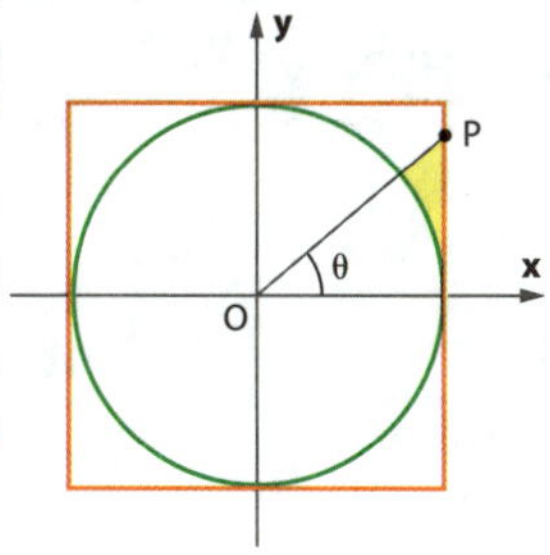

a) $A(\theta) = \frac{\text{tg}\ \theta}{2} - \frac{\theta}{2}$.

b) $A(\theta) = 1 - \frac{\theta}{2}$.

c) $A(\theta) = \frac{\text{tg}\ \theta}{2} - \theta$.

d) $A(\theta) = \frac{2\theta}{\pi}\left(1 - \frac{\theta}{2}\right)$.

e) $A(\theta) = \theta(4 - \pi)$.

25 (UFPB/PSS) No estudo de trigonometria, Maria e João se deparam com as seguintes desigualdades:

I) $\cos(-20°) < \cos(35°)$

II) $\text{sen}(20°) < \text{sen}(35°)$

III) $\cos(-20°) < \text{sen}(-35°)$

Está(ão) correta(s) apenas:

a) I. b) II. c) III. d) I e II. e) I e III.

27 (Unifor-CE) Qual das identidades seguintes é verdadeira para todo número real **x**?

a) $\cos\left(\frac{\pi}{2} + x\right) = -\text{sen}\ x$

b) $\cos(\pi - x) = \cos x$

c) $\text{sen}(\pi - x) = -\text{sen}\ x$

d) $\cos(\pi + x) = \cos x$

e) $\text{sen}\left(\frac{\pi}{2} + x\right) = -\cos x$

28 (Unifor–CE) O número real **m** que satisfaz a sentença $\frac{m+1}{m-2} = \cos 3\,015°$ é:

a) $3\sqrt{2} + 4$.
b) $4 - 3\sqrt{2}$.
c) $3\sqrt{2} - 4$.
d) $3 - 4\sqrt{2}$.
e) $4\sqrt{2} + 3$.

29 (Uece) O valor de $\log_2 (\cos 315°)$ é:

a) $-0{,}65$. b) $-0{,}60$. c) $-0{,}55$. d) $-0{,}50$.

30 (UFC–CE) Sabendo que $\cos \theta = \frac{\sqrt{3}}{2}$ e que $\operatorname{sen} \theta = -\frac{1}{2}$, podemos afirmar que $\cos\left(\theta + \frac{\pi}{2}\right) + \operatorname{sen}\left(\theta + \frac{\pi}{2}\right)$ é igual a:

a) 0.
b) $-\frac{\sqrt{3}}{2} - \frac{1}{2}$.
c) $\frac{\sqrt{3}}{2} + \frac{1}{2}$.
d) $\frac{\sqrt{3}}{2} - \frac{1}{2}$.
e) $-\frac{\sqrt{3}}{2} + \frac{1}{2}$.

31 (Ufam) O *Big Ben*, ao contrário do que muitos pensam, não é o famoso relógio do Parlamento Inglês, nem tão pouco sua torre. É o nome do sino, que pesa 13 toneladas.

HTTP://EMUNDO.FILES.WORDPRESS.COM/2009/01/BIG-BEN2.JPG ACESSO EM: 21 OUT. 2009

O nome do relógio é *Tower Clock*, e é muito conhecido pela sua precisão e tamanho. O ponteiro dos minutos mede 3,4 m (medido do centro do relógio até a extremidade do ponteiro).

Ao se deslocar 42 minutos, a distância percorrida pela extremidade do ponteiro dos minutos deste relógio é aproximadamente (considere $\pi = 3{,}14$):

a) 11 m. b) 19 m. c) 12 m. d) 21 m. e) 15 m.

32 (Insper-SP) Considere dois ângulos cujas medidas **a** e **b**, em graus, são tais que a + b = 90° e 4 sen a − 10 sen b = 0. Nessas condições, é correto concluir que:

a) tg a = 1 e tg b = 1.

b) tg a = 4 e tg b = $\frac{1}{4}$.

c) tg a = $\frac{1}{4}$ e tg b = 4.

d) tg a = $\frac{2}{5}$ e tg b = $\frac{5}{2}$.

e) tg a = $\frac{5}{2}$ e tg b = $\frac{2}{5}$.

33 (UEL-PR) Um relógio marca que faltam 20 minutos para o meio dia. Então, o menor ângulo formado pelos ponteiros das horas e dos minutos é:

a) 90°. b) 100°. c) 110°. d) 115°. e) 125°.

34 (UEPB) O menor ângulo entre os ponteiros de um relógio que marca 13 horas e 38 minutos vale:

a) 168°.
b) 175°.
c) 149°.
d) 179°.
e) 150°.

35 (Unicentro-PR) Analise as assertivas e assinale a alternativa que aponta a(s) correta(s).

I) $\text{sen}\ \frac{\pi}{6} = \cos\left(\frac{\pi}{2} - \frac{\pi}{6}\right)$

II) $\cos 3\,210° = \frac{\sqrt{3}}{2}$

III) $\text{tg}\ \frac{\pi}{6} = \text{tg}\left(\frac{\pi}{2} + \frac{\pi}{6}\right)$

a) Apenas I.
b) Apenas I e II.
c) Apenas I e III.
d) Apenas II e III.
e) I, II e III.

36 (Uerj) Observe a curva AEFB desenhada ao lado.

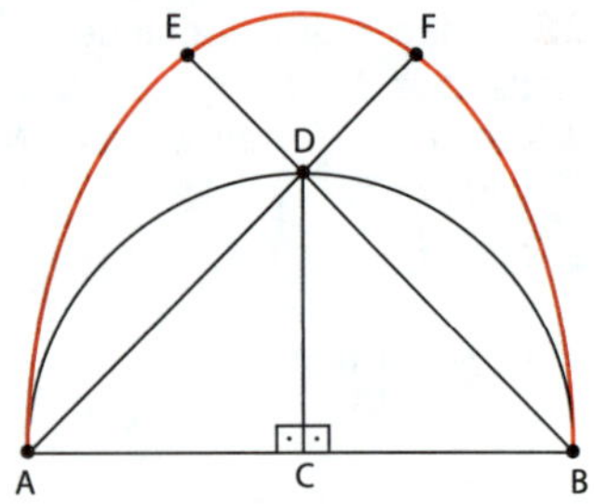

Analise os passos seguidos em sua construção:

1º) traçar um semicírculo de diâmetro $\overline{AB}$ com centro **C** e raio 2 cm;

2º) traçar o segmento $\overline{CD}$, perpendicular a $\overline{AB}$, partindo do ponto **C** e encontrando o ponto **D**, pertencente ao arco AB;

3º) construir o arco circular AE, de raio $\overline{AB}$ e centro **B**, sendo **E** a intersecção com prolongamento do segmento $\overline{BD}$, no sentido **B** para **D**;

4º) construir o arco circular BF, de raio $\overline{AB}$ e centro **A**, sendo **F** a intersecção com prolongamento do segmento $\overline{AD}$, no sentido **A** para **D**;

5º) desenhar o arco circular EF com centro **D** e raio $\overline{DE}$.

Determine o comprimento, em centímetros, da curva AEFB.

---

37 (FGV–SP) A soma $\cos^2 0° + \cos^2 2° + \cos^2 4° + \cos^2 6° + ... + \cos^2 358° + \cos^2 360°$ é igual a:

a) 316. b) 270. c) 181. d) 180. e) 91.

38 (Uerj) A extremidade **A** de uma planta aquática encontra-se 10 cm acima da superfície da água de um lago (fig. 1). Quando a brisa a faz balançar, essa extremidade toca a superfície da água no ponto **B**, situado a $10\sqrt{3}$ cm do local em que sua projeção ortogonal **C**, sobre a água, se encontrava inicialmente (fig. 2). Considere $\overline{OA}$, $\overline{OB}$ e $\overline{BC}$ segmentos de retas e o arco $\widehat{AB}$ uma trajetória do movimento da planta. Determine:

a) a profundidade do lago no ponto **O** em que se encontra a raiz da planta;

b) o comprimento, em cm, do arco $\widehat{AB}$.

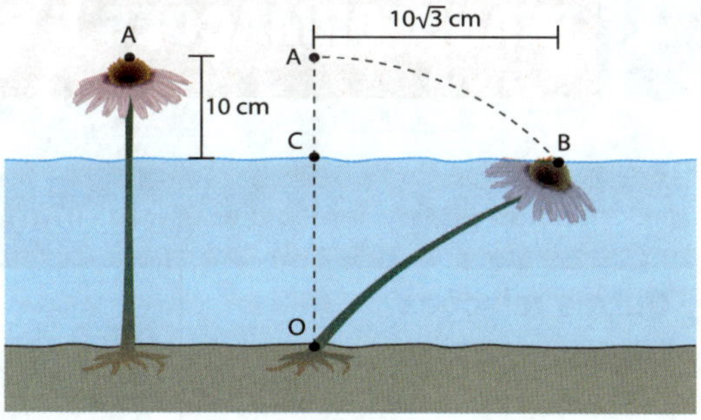

Fig. 1 Fig. 2

39 (UFPB/PSS) Na figura ao lado, α e β são as medidas dos ângulos AOD e AOC, respectivamente, e **r** é a reta tangente à circunferência de centro **O** e raio unitário, no ponto **A**.

Se $\overline{CD}$ é paralelo a $\overline{OA}$ e $0 < \alpha < \frac{\pi}{4}$, então β é igual a:

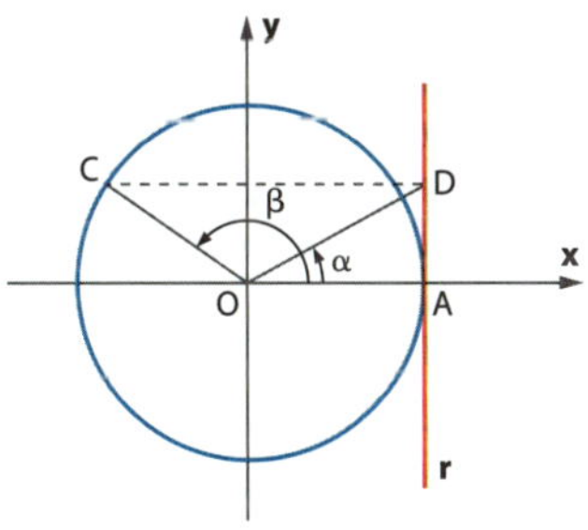

a) sen α.
b) tg β.
c) cos β.
d) cos α.
e) tg α.

40 (UFG–GO) O horário do nascer e do pôr do Sol depende de diversos fatores, especialmente da latitude do observador e do dia do ano (posição da Terra ao longo de sua órbita em torno do Sol). No início do verão do hemisfério sul, o tempo em horas, **T**, entre o nascer e o pôr do Sol, para latitudes entre zero e 40 graus sul, pode ser calculado aproximadamente, com erro de alguns minutos, pela função $T = 12 + 3{,}31\ \text{tg}\ (\theta)$, em que θ é a latitude do local.

Tendo em vista estas informações, no dia que marca o início do verão, qual é, aproximadamente, a diferença entre o total de horas de sol na cidade de Porto Alegre, cuja latitude é de 30 graus sul, e na cidade de Macapá, que está sobre a linha do equador?

a) 1 hora e 24 minutos
b) 1 hora e 40 minutos
c) 1 hora e 54 minutos
d) 3 horas e 20 minutos
e) 3 horas e 31 minutos

Assunto	Resumo
Outras relações trigonométricas	$\text{cotg } x = \frac{1}{\text{tg } x} = \frac{\cos x}{\text{sen } x}$
	$\sec x = \frac{1}{\cos x}$
	$\text{cossec } x = \frac{1}{\text{sen } x}$
	$\sec^2 x = 1 + \text{tg}^2 x$
	$\text{cossec}^2 x = 1 + \text{cotg}^2 x$
Adição e subtração de arcos	$\text{sen } (a + b) = \text{sen } a \cdot \cos b + \text{sen } b \cdot \cos a$
	$\text{sen } (a - b) = \text{sen } a \cdot \cos b - \text{sen } b \cdot \cos a$
	$\cos (a + b) = \cos a \cdot \cos b - \text{sen } a \cdot \text{sen } b$
	$\cos (a - b) = \cos a \cdot \cos b + \text{sen } a \cdot \text{sen } b$
	$\text{tg } (a + b) = \frac{\text{tg } a + \text{tg } b}{1 - \text{tg } a \cdot \text{tg } b}$ (para os arcos em que a tangente for definida)
	$\text{tg } (a - b) = \frac{\text{tg } a - \text{tg } b}{1 + \text{tg } a \cdot \text{tg } b}$
Arco duplo e arco metade	$\text{sen } 2a = 2 \cdot \text{sen } a \cdot \cos a$
	$\cos 2a = \cos^2 a - \text{sen}^2 a$
	$\cos 2a = 2 \cdot \cos^2 a - 1$
	$\cos 2a = 1 - 2 \cdot \text{sen}^2 a$
	$\text{tg } 2a = \frac{2 \text{ tg } a}{1 - \text{tg}^2 a}$
Transformação em produto	$\text{sen } x + \text{sen } y = 2 \cdot \text{sen } \frac{x + y}{2} \cdot \cos \frac{x - y}{2}$
	$\text{sen } x - \text{sen } y = 2 \cdot \text{sen } \frac{x - y}{2} \cdot \cos \frac{x + y}{2}$
	$\cos x + \cos y = 2 \cdot \cos \frac{x + y}{2} \cdot \cos \frac{x - y}{2}$
	$\cos x - \cos y = -2 \cdot \text{sen } \frac{x + y}{2} \cdot \text{sen } \frac{x - y}{2}$

Exercícios

1 (ESPCEX–SP) O valor de

$$\frac{\text{sen } 80° \cdot \cos 40° + \text{sen } 40° \cdot \cos 80°}{\cos 72° \cdot \cos 27° + \text{sen } 72° \cdot \text{sen } 27°} \text{ é:}$$

a) $\frac{\sqrt{6}}{2}$. b) $\frac{\sqrt{3}}{2}$. c) $\frac{\sqrt{3}}{4}$. d) $\frac{\sqrt{6}}{3}$. e) $\frac{2\sqrt{3}}{5}$.

2 (Ufam) Se sen x − cos x = $\frac{1}{2}$, então sen 2x é:

a) $\frac{1}{4}$. b) $-\frac{3}{4}$. c) $\frac{3}{4}$. d) $\frac{1}{2}$. e) $\frac{\sqrt{3}}{4}$.

3 (Aman–RJ) Os valores de **x** que satisfazem a inequação $\cos 5x \leqslant \frac{1}{2}$ são:

a) $x \geqslant 2k\pi - \frac{\pi}{3}$.

b) $x > 2k\pi + \frac{\pi}{6}$.

c) $\frac{2k\pi}{5} + \frac{\pi}{3} \leqslant x \leqslant \frac{2k\pi}{5} + \frac{\pi}{15}$.

d) $\frac{2k\pi}{5} + \frac{\pi}{15} \leqslant x \leqslant \frac{2k\pi}{5} + \frac{\pi}{3}$.

e) nda.

4 (PUC–RJ) Os ângulos (em grau) θ entre 0° e 360°, para os quais $\text{sen } \theta = \cos \theta$, são:

a) 45° e 90°.

b) 45° e 225°.

c) 180° e 360°.

d) 45°, 90° e 180°.

e) 90°, 180° e 270°.

5 (Ibmec-RJ) O valor de **m** para que exista um ângulo **x** com $\cos(x) = \dfrac{2}{m-1}$ e $\text{tg}(x) = \sqrt{m-2}$ é dado por:

a) um número par.
b) um número ímpar.
c) um número negativo.
d) um número natural maior que 10.
e) um número irracional.

6 (Ufam) A solução da equação trigonométrica $2\cos x - 5\sec x = 9$ é igual a:

a) $S = \left\{x = k\pi \pm \dfrac{\pi}{4};\ \mathbf{k} \text{ inteiro}\right\}$.
b) $S = \left\{x = k\pi \pm \dfrac{\pi}{6};\ \mathbf{k} \text{ inteiro}\right\}$.
c) $S = \left\{x = 2k\pi \pm \dfrac{2\pi}{3};\ \mathbf{k} \text{ inteiro}\right\}$.
d) $S = \left\{x = 2k\pi \pm \dfrac{\pi}{4};\ \mathbf{k} \text{ inteiro}\right\}$.
e) $S = \left\{x = 2k\pi \pm \dfrac{\pi}{6};\ \mathbf{k} \text{ inteiro}\right\}$.

7 (UFBA) Sendo **x** a medida de um arco, em radianos, determine as soluções da equação

$4\cos^2\left(\dfrac{\pi}{4}\right) \cdot \cos x \cdot \text{sen}\left(\dfrac{\pi}{2} - x\right) - \cos(x + 7\pi) + \text{sen}\left(\dfrac{11\pi}{2}\right) = 0$ que pertencem ao intervalo $[-6, 8]$.

8 (FGV–SP) A solução da inequação $\sqrt{2} \cdot \cos^2 x > \cos x$ no intervalo $[0, \pi]$ é:

a) $0 \leq x < \frac{\pi}{4}$ ou $\frac{\pi}{2} < x \leq \pi$.

b) $0 \leq x < \frac{\pi}{3}$ ou $\frac{2\pi}{3} < x \leq \pi$.

c) $0 < x < \frac{\pi}{6}$ ou $\frac{2\pi}{3} < x < \pi$.

d) $\frac{\pi}{4} < x < \frac{2\pi}{3}$.

e) nda.

9 (Uece) A expressão $\cos^4 \frac{\pi}{17} - \text{sen}^4 \frac{\pi}{17}$ é igual a:

a) -1.

b) $4 \text{ sen } \frac{\pi}{17} \cdot \cos \frac{\pi}{17}$.

c) $\text{tg } \frac{4\pi}{17}$.

d) $\cos \frac{2\pi}{17}$.

10 (FGV–SP) A expressão $\frac{\text{sen}(a - x) + \text{sen}(2a - 3x)}{\cos(a - x) + \cos(2a - 3x)}$ é o mesmo que:

a) $-\text{tg}\left(a - \frac{3}{2}x\right)$.

b) $\text{cotg}\left(a - \frac{3}{2}x\right)$.

c) $-\text{tg}\left(\frac{3}{2}a - 2x\right)$.

d) $\text{cotg}\left(\frac{3}{2}a - 2x\right)$.

e) $\text{tg}\left(\frac{2}{3}a - 2x\right)$.

11 (UFT–TO) Se sen $\theta = \frac{5}{13}$ e $\theta \in \left[\frac{3\pi}{4}, \pi\right]$, então o valor de tg (2θ) é:

a) $-\frac{12}{13}$. b) $-\frac{120}{119}$. c) $\frac{120}{119}$. d) 1. e) $\frac{\sqrt{3}}{3}$.

13 (Fatec–SP) Da trigonometria sabe-se que quaisquer que sejam os números reais **p** e **q**,

$$\text{sen } p + \text{sen } q = 2 \cdot \text{sen}\left(\frac{p+q}{2}\right) \cdot \cos\left(\frac{p+q}{2}\right).$$

Logo, a expressão cos x · sen 9x é idêntica a:

a) sen 10x + sen 8x.
b) 2 · (sen 6x + sen 2x).
c) 2 · (sen 10x + sen 8x).
d) $\frac{1}{2}$ · (sen 6x + sen 2x).
e) $\frac{1}{2}$ · (sen 10x + sen 8x).

12 (UPE) Sabendo-se que sen x + sen 2x + sen 3x = 0, sobre o número de soluções desta equação, é correto afirmar que existe um número:

a) par de soluções desta equação no intervalo $0 < x < 2\pi$ e um número par de soluções no intervalo $0 < x < \pi$.
b) par de soluções desta equação no intervalo $0 < x < 2\pi$ e um número ímpar de soluções no intervalo $0 < x < \pi$.
c) ímpar de soluções desta equação no intervalo $0 < x < 2\pi$ e um número par de soluções no intervalo $0 < x < \pi$.
d) ímpar de soluções desta equação no intervalo $0 < x < 2\pi$ e um número ímpar de soluções no intervalo $0 < x < \pi$.
e) par de soluções desta equação no intervalo $0 < x < 2\pi$ e nenhum no intervalo $0 < x < 2\pi$.

14 (Mack–SP) Na figura, tg β é igual a:

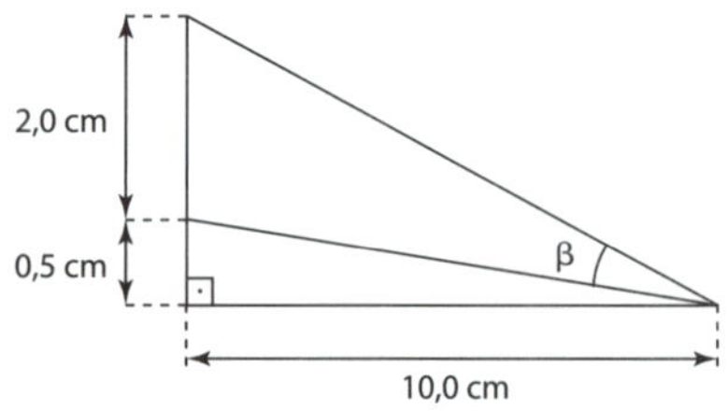

a) $\frac{16}{81}$. b) $\frac{8}{27}$. c) $\frac{19}{63}$. d) $\frac{2}{3}$. e) $\frac{1}{4}$.

15 (Ufscar–SP) Suponha que o planeta Terra seja uma esfera de centro **C** e raio **R**. Na figura, estão representados o planeta Terra e uma nave espacial **N**. A fração visível da superfície da Terra por um astronauta na nave **N** é dada em função do ângulo θ, mostrado na figura, pela expressão: $f(\theta) = \dfrac{1 - \text{sen}\,\theta}{2}$.

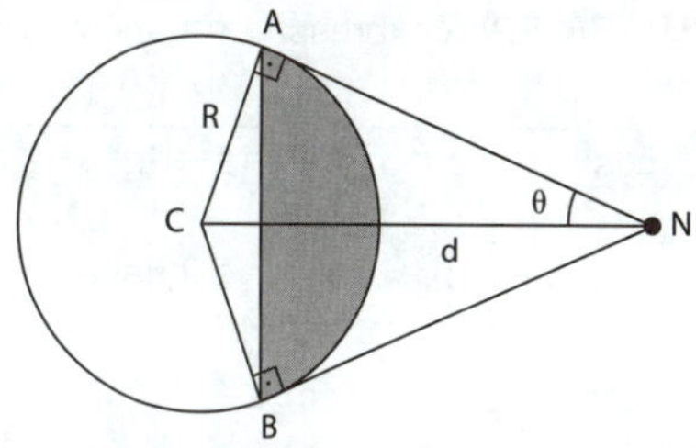

a) Determine o ângulo θ, em graus, para o qual é visível da nave a quarta parte da superfície da Terra e a distância da nave à superfície da Terra neste caso. (Use a aproximação $R = 6\,400$ km.)

b) Se um astronauta numa nave, a uma distância **d** da Terra, avista a superfície da Terra com ângulo $\theta = 15°$, determine a fração visível da Terra pelo astronauta. (Use as aproximações $\sqrt{2} = 1{,}4$ e $\sqrt{6} = 2{,}4$.)

16 (Uerj) Considere o teorema e os dados a seguir para a solução desta questão.

Se α, β e $\alpha + \beta$ são três ângulos diferentes de $\dfrac{\pi}{2} + k\pi$, $k \in \mathbb{Z}$, então $\text{tg}\,(\alpha + \beta) = \dfrac{\text{tg}\,\alpha + \text{tg}\,\beta}{1 - (\text{tg}\,\alpha)(\text{tg}\,\beta)}$.

a, **b** e **c** são três ângulos agudos, sendo tg b = 2 e $\text{tg}\,(a + b + c) = \dfrac{4}{5}$. Calcule tg (a − b + c).

17 (Fuvest–SP) O número real **x**, com $0 < x < \pi$, satisfaz a equação $\log_3 (1 - \cos x) + \log_3 (1 + \cos x) = -2$.

Então, cos 2x + sen x vale:

a) $\dfrac{1}{3}$. b) $\dfrac{2}{3}$. c) $\dfrac{7}{9}$. d) $\dfrac{8}{9}$. e) $\dfrac{10}{9}$.

18 (ITA–SP) A expressão trigonométrica

$$\frac{1}{(\cos^2 x - \text{sen}^2 x)^2} - \frac{4\,\text{tg}^2 x}{(1 - \text{tg}^2 x)^2} \text{ para}$$

$x \in \left]0, \frac{\pi}{2}\right[$, $x \neq \frac{\pi}{4}$, é igual a:

a) sen 2x.
b) cos 2x.
c) 1.
d) 0.
e) sec x.

19 (Unifor–CE) A soma de todas as raízes da equação $2 \cdot 2^{\text{sen}\,x} = \sqrt{2}$, no intervalo $[0, 2\pi]$, é:

a) π.
b) 2π.
c) 3π.
d) 4π.
e) 5π.

20 (UFC–CE) Encontre as soluções da equação $9 - 2\cos^2 x = 15\,\text{sen}\,x$, no intervalo $\left[-\frac{\pi}{2}, \frac{\pi}{2}\right]$.

21 (Unifor–CE) A soma das raízes da equação

$\text{sen}\,x + \cos x = \sqrt{1 + \frac{\sqrt{3}}{2}}$ no intervalo $[0, \pi]$ é igual a:

a) 2π.
b) π.
c) $\frac{\pi}{2}$.
d) $\frac{\pi}{3}$.
e) $\frac{\pi}{4}$.

22 (Uerj) Um holofote está situado no ponto **A**, a 30 metros de altura, no alto de uma torre perpendicular ao plano do chão. Ele ilumina, em movimento de vaivém, uma parte desse chão, do ponto **C** ao ponto **D**, alinhados à base **B**, conforme demonstra a figura abaixo:

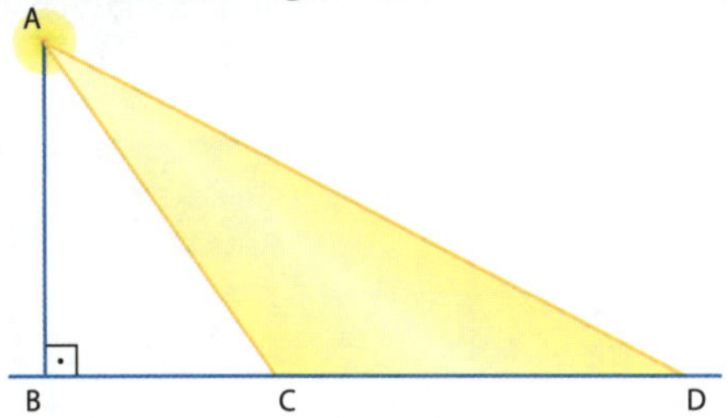

Se o ponto **B** dista 20 metros de **C** e 150 metros de **D**, a medida do ângulo $C\hat{A}D$ corresponde a:

a) 60°. b) 45°. c) 30°. d) 15°.

23 (UFRJ) A equação $x^2 - 2x \cdot \cos\theta + \text{sen}^2\,\theta = 0$ possui raízes reais iguais. Determine θ, $0 \leqslant \theta \leqslant 2\pi$.

24 (Mack-SP) Quando resolvida no intervalo $[0, 2\pi]$, o número de quadrantes nos quais a desigualdade $2\cos x < \sqrt{3}$ apresenta soluções é:

a) 0. b) 1. c) 2. d) 3. e) 4.

25 (PUC-RS) A solução da equação $\cos\left(3x - \frac{\pi}{4}\right) = 0$, quando $0 \leqslant x \leqslant \frac{\pi}{2}$, é:

a) $\frac{\pi}{4}$. b) $-\frac{\pi}{4}$. c) $\frac{7\pi}{12}$. d) $\frac{\pi}{2}$. e) 0.

26 (UFPE) Sabendo que

$sen^2 x - 3 sen x \cdot cos x + 2 cos^2 x = 0$, temos que os possíveis valores para tg x são:

a) 0 e −1.
b) 0 e 1.
c) 1 e 2.
d) −1 e −2.
e) −2 e 0.

28 (UFJF–MG) O valor de $y = sen^2 10° + sen^2 20° + sen^2 30° + sen^2 40° + sen^2 50° + sen^2 60° + sen^2 70° + sen^2 80° + sen^2 90°$ é:

a) −1.
b) 1.
c) 2.
d) 4.
e) 5.

27 (Cefet–CE) Sabendo que sec x + tg x = 3, o valor de sec x − tg x é:

a) 3^{-1}.
b) 3^{-2}.
c) 3^{-3}.
d) 3^{-4}.
e) 3^{-5}.

29 (Uneb–BA) Se $(sen x - cos x)^2 - y \cdot sen 2x = 1$, $\forall x \in \mathbb{R}$, então **y** é igual a:

01) −2.
02) −1.
03) 0.
04) 1.
05) 2.

30 (ITA–SP) Se os números reais α e β, com $\alpha + \beta = \frac{4\pi}{3}$, $0 \leq \alpha \leq \beta$, maximizam a soma sen α + sen β, α é igual a:

a) $\frac{\pi\sqrt{3}}{3}$.
b) $\frac{2\pi}{3}$.
c) $\frac{3\pi}{5}$.
d) $\frac{5\pi}{8}$.
e) $\frac{7\pi}{8}$.

31 (FGV–SP) No intervalo $[0, \pi]$, a equação

$8^{\text{sen}^2 x} = 4^{\text{sen}\, x - \frac{1}{8}}$ admite o seguinte número de raízes:

a) 5. b) 4. c) 3. d) 2. e) 1.

33 (Uece) O número de soluções da equação $3\,\text{sen}^2 x - 3|\text{sen}\, x| + \cos^2 x = 0$ que estão no intervalo $[0, 2\pi]$ é:

a) 2. b) 8. c) 4. d) 6.

32 (UFBA) Dadas as funções reais

$$f(x) = \begin{cases} \text{sen}\, x \leqslant 0 < x < \dfrac{\pi}{2} \\ 1 + \cos x, \dfrac{\pi}{2} \leqslant x \leqslant \pi \end{cases} \quad \text{e } g(x) = \begin{cases} f\left(x + \dfrac{\pi}{2}\right), -\dfrac{\pi}{2} \leqslant x < 0 \\ 1 + f\left(x + \dfrac{\pi}{2}\right), 0 \leqslant x \leqslant \dfrac{\pi}{2} \end{cases}$$

determine **x**, pertencente ao intervalo, $\left[0, \dfrac{\pi}{2}\right[$, tal que $[f(x)]^2 + g(x) - \dfrac{7}{4} = 0$.

34 (FGV–SP) Resolvendo a equação $\log_2 (\text{sen}\, x) = \log_4 (\cos x)$ no intervalo $0° < x < 90°$, o valor de **x** é tal que:

a) $45° < x < 60°$.
b) $30° < x < 45°$.
c) $0° < x < 30°$.
d) $75° < x < 30°$.
e) $60° < x < 75°$.

35 (UFPE) Quantas soluções a equação trigonométrica $\text{sen } x = \sqrt{1 - \cos x}$ admite, no intervalo $[0, 80\pi]$?

36 (Escola Naval–RJ) Sabendo que $\text{sen } x \cdot \cos x = \frac{1}{\sqrt{6}}$, o valor de **E** na expressão $E = \text{sen}^6 x + \cos^6 x$ é igual a:

a) 1. b) −1. c) $\frac{1}{2}$. d) $-\frac{1}{2}$. e) 0.

37 (Aman–RJ) A expressão sen 7x + 2 sen 3x + sen x, transformada em produto, é:

a) $4 \cos^2 2x \cdot \text{sen } 3x$.
b) $4 \cos^2 2x \cdot \text{sen } 2x$.
c) $2 \text{ sen}^2 2x \cdot \cos 3x$.
d) $2 \text{ sen}^2 2x \cdot \cos 2x$.
e) nda.

38 (Mack–SP) Se $\text{tg}(x - y) = \frac{a - b}{a + b}$ e $\text{tg}(y - z) = \frac{b - a}{a + b}$, $a + b \neq 0$, então tg (x − z) vale:

a) ab. b) $\frac{a}{b}$. c) $\frac{b}{a}$. d) 1. e) 0.

39 (PUC–SP) $\text{sen } \alpha + 2 \text{ sen } 2\alpha + \text{sen } 3\alpha$ é igual a:

a) $2 \cos 2\alpha \cdot \text{sen}^2 \frac{\alpha}{2}$.
b) $4 \text{ sen } 2\alpha \cdot \cos^2 \frac{\alpha}{2}$.
c) $\text{sen } 2\alpha \cdot \cos 2\alpha$.
d) $3 \text{ sen } 2\alpha \cdot \cos 2\alpha$.
e) $3 \text{ sen } 2 \cdot \cos 2\alpha$.

40 (Uece) Para valores de **x** tais que $\cos x \neq 0$, a expressão $\sec^2 x - \text{tg}^2 x$ é igual a:

a) 0. b) 1. c) $\text{sen}^2 x$. d) $\cos^2 x$.

41 (ITA–SP) O valor **x** que satisfaz a equação $\sqrt{x} = \text{tg}\,\frac{\pi}{12}$ é:

a) $x = 4\sqrt{3}$.

b) $x = 5 - 4\sqrt{3}$.

c) $x = 7 - \sqrt{3}$.

d) $x = 7 - 4\sqrt{3}$.

e) $x = 9 - 4\sqrt{3}$.

42 (Fuvest–SP) Sejam **x** e **y** números reais positivos tais que $x + y = \frac{\pi}{2}$. Sabendo-se que $\text{sen}\,(y - x) = \frac{1}{3}$, o valor de $\text{tg}^2\,y - \text{tg}^2\,x$ é igual a:

a) $\frac{3}{2}$. b) $\frac{5}{4}$. c) $\frac{1}{2}$. d) $\frac{1}{8}$. e) $\frac{1}{4}$.

43 (ITA–SP) Num triângulo ABC o lado $\overline{AB}$ mede 2 cm, a altura relativa $\overline{AB}$ mede 1 cm, o ângulo $A\hat{B}C$ mede 135° e **M** é o ponto médio de $\overline{AB}$. Então a medida de $B\hat{A}C + B\hat{M}C$, em radianos, é igual a:

a) $\frac{1}{5}\pi$. b) $\frac{1}{4}\pi$. c) $\frac{1}{3}\pi$. d) $\frac{3}{8}\pi$. e) $\frac{2}{5}\pi$.

44 (ITA–SP) O conjunto solução de

$(\text{tg}^2\,x - 1)(1 - \text{cotg}^2\,x) = 4$, $x \neq \frac{k\pi}{2}$, $k \in \mathbb{Z}$, é:

a) $\left\{\frac{\pi}{3} + \frac{k\pi}{4}, k \in \mathbb{Z}\right\}$.

b) $\left\{\frac{\pi}{4} + \frac{k\pi}{4}, k \in \mathbb{Z}\right\}$.

c) $\left\{\frac{\pi}{6} + \frac{k\pi}{4}, k \in \mathbb{Z}\right\}$.

d) $\left\{\frac{\pi}{8} + \frac{k\pi}{4}, k \in \mathbb{Z}\right\}$.

e) $\left\{\frac{\pi}{12} + \frac{k\pi}{4}, k \in \mathbb{Z}\right\}$.

45 (FGV–SP)

a) Construa o gráfico das funções $f(x) = 2 + \text{sen } x$ e $g(x) = 2 + \cos 2x$ para $0 \leqslant x \leqslant 2\pi$.

b) Admita que f(x) e g(x) indiquem as cotações das ações das empresas **F** e **G** na bolsa de valores de São Paulo no intervalo de horas $0 \leqslant x \leqslant 2\pi$ ($x = 0$ indica 12h00, e $x = 2\pi \simeq 6{,}28$ indica, aproximadamente, 18h17). Determine algebricamente (equações e/ou inequações) o intervalo de horas, com $0 \leqslant x \leqslant 2\pi$, em que a cotação das ações da empresa **F** foi maior ou igual à cotação das ações da empresa **G**.

46 (Fuvest–SP) Seja **x** no intervalo $\left]0, \frac{\pi}{2}\right[$ satisfazendo a equação $\text{tg } x + \frac{2}{\sqrt{5}} \sec x = \frac{3}{2}$. Assim, calcule o valor de:

a) sec x.

b) $\text{sen}\left(x + \frac{\pi}{4}\right)$.

Assunto	Resumo
Função seno	**Gráfico** 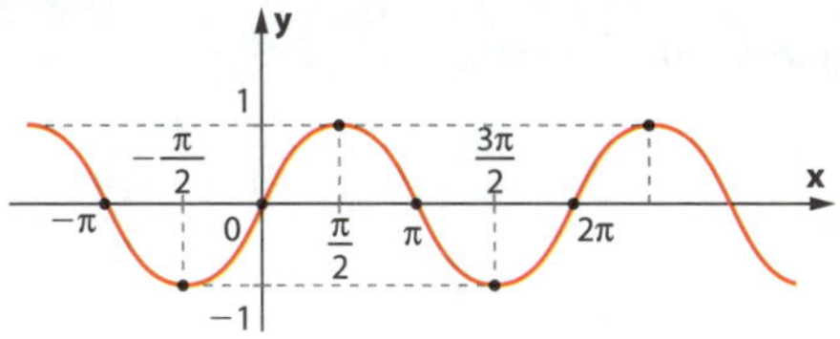 **Característica** 1ª) Função seno é a função de $\mathbb{R}$ em $\mathbb{R}$ definida por $f(x) = \text{sen } x$. 2ª) A função seno tem $D = \mathbb{R}$ e $Im = [-1, 1]$. 3ª) A função seno não é injetiva nem sobrejetiva. 4ª) A função seno é função ímpar, isto é, $\text{sen } x = -\text{sen } (-x)$, $\forall x \in \mathbb{R}$. 5ª) A função seno é periódica de período $p = 2\pi$.
Função cosseno	**Gráfico** 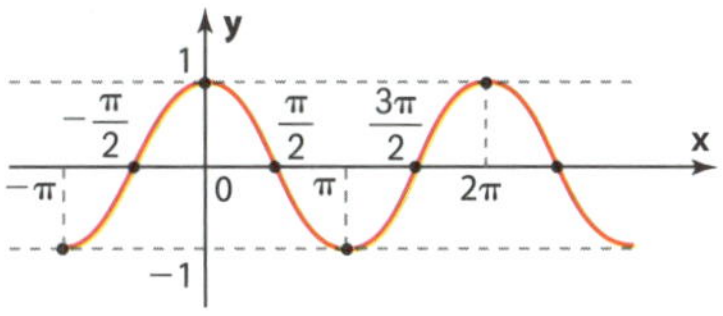 **Característica** 1ª) O domínio é o mesmo: $f: \mathbb{R} \to \mathbb{R}$ tal que $f(x) = \cos x$ tem $D = \mathbb{R}$. 2ª) A imagem é a mesma: $f: \mathbb{R} \to \mathbb{R}$ tal que $f(x) = \cos x$ tem $Im = [-1, 1]$. 3ª) O período é o mesmo: a função cosseno é periódica de período $p = 2\pi$. 4ª) A função cosseno também não é injetiva nem sobrejetiva. 5ª) A função cosseno é par, isto é, $\cos x = \cos (-x)$, $\forall x \in \mathbb{R}$.
Senoides	São funções do tipo $y = a + b \cdot \text{sen } (cx - d)$ ou $y = a + b \cdot \cos (cx - d)$. O domínio de qualquer senoide é sempre $D = \mathbb{R}$. O que varia é a imagem e o período. Para obter a imagem, basta lembrar que $-1 \leqslant \text{sen } \alpha \leqslant 1$ e $-1 \leqslant \cos \alpha \leqslant 1$ e substituir nas funções. Para obter o período, basta fazer $p = \dfrac{2\pi}{\vert c \vert}$. **Observações** 1ª) Se $b < 0$, o gráfico fica simétrico ao gráfico com $b > 0$ (simetria em relação ao eixo **x**). 2ª) Antes de desenhar o gráfico, é importante deixar o parâmetro **c** positivo. Para isso, usamos a paridade de seno e cosseno: $\text{sen } (-cx) = -\text{sen } (cx)$ e $\cos (-cx) = \cos (cx)$. 3ª) Se $d \neq 0$, o gráfico translada $\dfrac{d}{c}$ unidades. **d** positivo: o gráfico translada para a direita. **d** negativo: o gráfico translada para a esquerda.

Exercícios

1 (FGV–SP) A previsão de vendas mensais de uma empresa para 2011, em toneladas de um produto, é dada por $f(x) = 100 + 0{,}5x + 3\ \text{sen}\dfrac{\pi x}{6}$, em que x = 1 corresponde a janeiro de 2011, x = 2 corresponde a fevereiro de 2011 e assim por diante.

A previsão de vendas (em toneladas) para o primeiro trimestre de 2011 é:

(Use aproximação decimal $\sqrt{3} = 1{,}7$.)

a) 308,55.
b) 309,05.
c) 309,55.
d) 310,05.
e) 310,55.

4 (Mack–SP) Considerando o esboço do gráfico da função f(x) = cos x, entre 0 e 2π a reta que passa pelos pontos **P** e **Q** define com os eixos coordenados um triângulo de área:

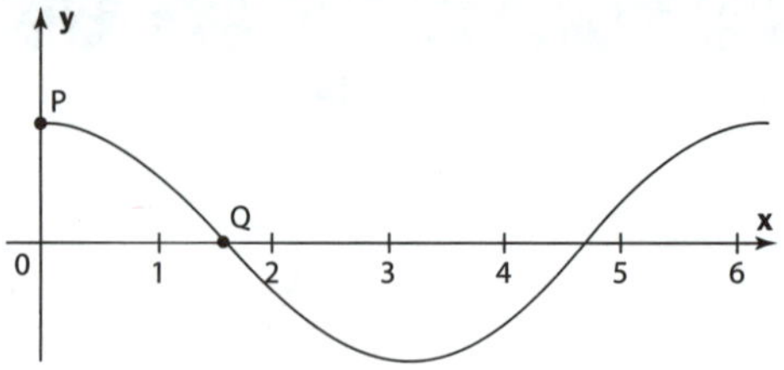

a) $\dfrac{\pi}{2}$.
b) $\dfrac{\pi}{4}$.
c) π.
d) $\dfrac{\pi}{8}$.
e) $\dfrac{\pi}{6}$.

2 (UFRGS–RS) O período da função definida por $f(x) = \text{sen}\left(3x - \dfrac{\pi}{2}\right)$ é:

a) $\dfrac{\pi}{2}$.
b) $\dfrac{2\pi}{3}$.
c) $\dfrac{5\pi}{6}$.
d) π.
e) 2π.

5 (UFPB/PSS) Qual o maior valor da constante real **k**, para que a equação 3 sen x + 13 = 4k possua solução?

a) $\dfrac{5}{2}$
b) 3
c) $\dfrac{7}{2}$
d) $\dfrac{11}{2}$
e) 4

3 (PUC–RS) O conjunto imagem da função **f** definida por f(x) = sen (x) + h é [−2, 0]. O valor de **h** é:

a) π.
b) −2.
c) −1.
d) 0.
e) 1.

6 (Insper–SP) Se a sequência (3, x, cos θ) é uma progressão aritmética, sendo **x** e θ números reais, então:

a) $-1{,}5 \leq x \leq 0$.
b) $-1 \leq x \leq 1$.
c) $0{,}5 \leq x \leq 1{,}5$.
d) $1 \leq x \leq 2$.
e) $2 \leq x \leq 4$.

7 (Ucsal–BA) Na figura abaixo tem-se um esboço gráfico da função definida por $f(x) = a \cdot \cos bx$.

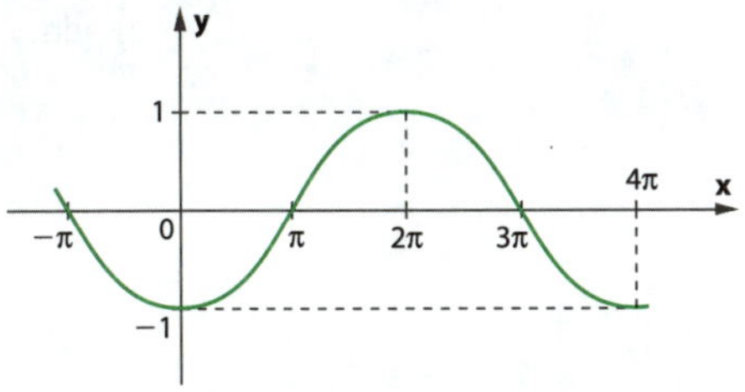

Os valores de **a** e **b** são, respectivamente:

a) 1 e 2.
b) 1 e $\frac{1}{2}$.
c) −1 e $\frac{1}{2}$.
d) −1 e 1.
e) −1 e 2.

8 (Cesgranrio–RJ) Seja f: $(0, 2\pi) \to \mathbb{R}$ definida por $f(x) = -3\cos\left(x - \frac{2\pi}{3}\right)$. O valor de **x** que torna f(x) máximo é:

a) 0.
b) $\frac{\pi}{3}$.
c) $\frac{4\pi}{3}$.
d) $\frac{5\pi}{3}$.
e) $\frac{3\pi}{2}$.

9 (UFRN) Para que valores de α existe **x** tal que $\text{tg}\, x = \sqrt{\alpha^2 - 5\alpha + 4}$?

a) $\alpha \leqslant 1$ ou $\alpha \geqslant 4$
b) $1 \leqslant \alpha \leqslant 4$
c) $\alpha \in \mathbb{R}$
d) $\alpha \geqslant 1$
e) $\alpha \leqslant -1$

10 (Ufes) O período e a imagem da função $f(x) = 5 - 3\cos\left(\frac{x-2}{\pi}\right)$, $x \in \mathbb{R}$, são, respectivamente:

a) 2π e $[-1, 1]$.
b) 2π e $[2, 8]$.
c) $2\pi^2$ e $[2, 8]$.
d) 2π e $[-3, 3]$.
e) $2\pi^2$ e $[-3, 3]$.

11 (FGV–SP) O período da função $f(x) = 4 \cdot \text{tg}\left(\frac{x}{3} - \frac{\pi}{2}\right)$ é igual a:

a) π.
b) 2π.
c) 3π.
d) $\frac{2\pi}{3}$.
e) 6π.

12 (PUC–PR) O conjunto domínio de $f(x) = \text{arcsen}\,(2x - 3)$ está contido no intervalo:

a) $\left[\frac{2}{3}, \frac{3}{4}\right]$.
b) $[-1, 1]$.
c) $[0, 1]$.
d) $[1, 2]$.
e) $\left[-\frac{1}{2}, \frac{3}{2}\right]$.

13 (Fatec–SP) O gráfico que melhor representa a função $f(x) = tg\left(x - \frac{\pi}{4}\right)$ é igual a:

a)

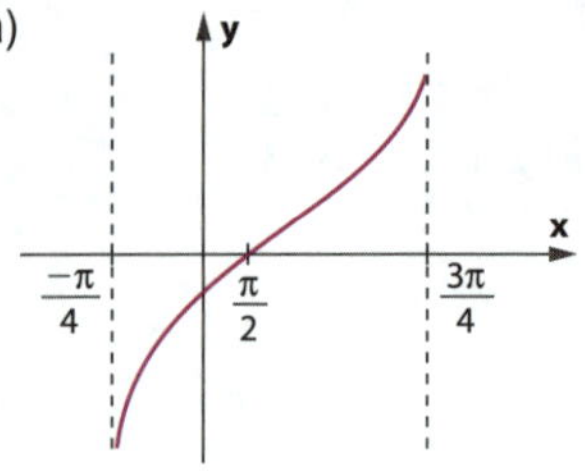

b)

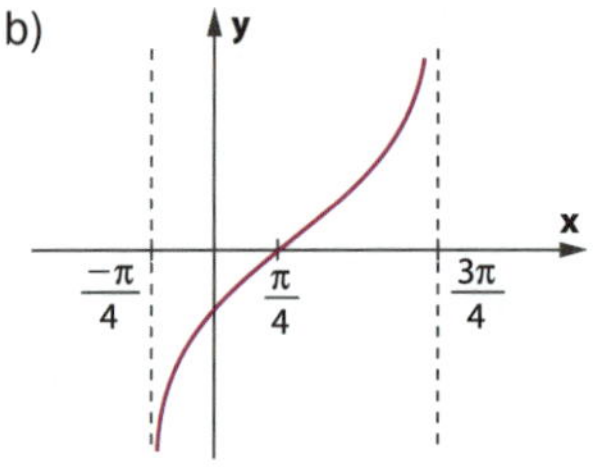

c)

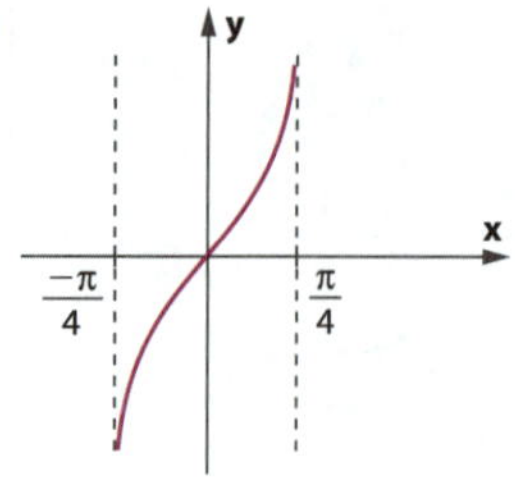

d)

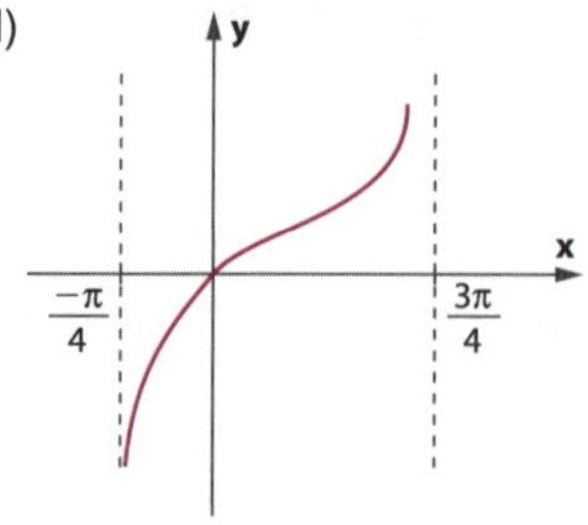

e) nda.

14 (UFC–CE) Seja **M** o conjunto cujos elementos são os pontos de intersecção dos gráficos da função $f(x) = \text{sen } x$, $-2\pi \leqslant x \leqslant 2\pi$, e da função constante $g(x) = \frac{1}{7}$.

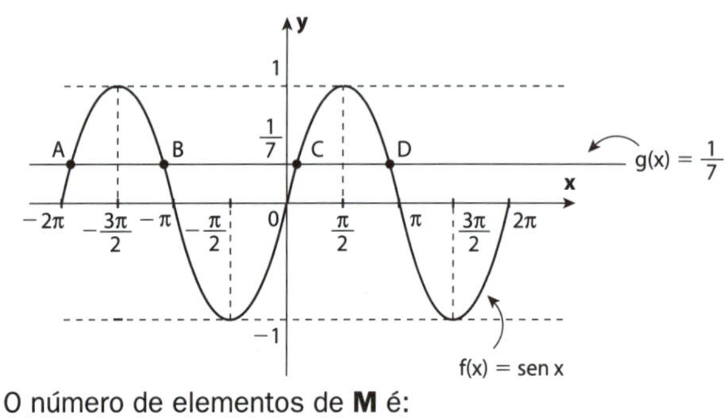

O número de elementos de **M** é:

a) 0.　　b) 2.　　c) 4.　　d) 5.

15 (UFRGS–RS) O gráfico da figura é o da função $F: [0, 4\pi] \rightarrow \mathbb{R}$ definida por:

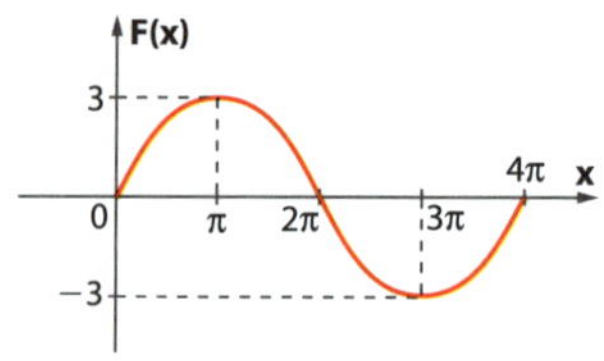

a) $F(x) = 2 \text{ sen } 3x$.

b) $F(x) = 2 \text{ sen } \frac{x}{3}$.

c) $F(x) = 3 \text{ sen } \frac{x}{2}$.

d) $F(x) = 2 \text{ sen } 2x$.

e) $F(x) = 4 \text{ sen } 3x$.

16 (UFRRJ) Observe o gráfico da função trigonométrica $y = 1 + 2\ \text{sen}\ x$ a seguir.

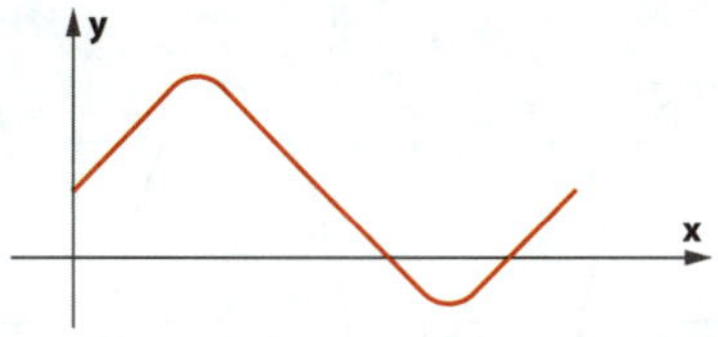

Pode-se afirmar que o seu conjunto imagem é o intervalo:

a) $[-2, 1]$.
b) $[-2, 2]$.
c) $[-1, 2]$.
d) $[-1, 3]$.
e) $[-1, 4]$.

17 (UEL–PR) Uma bomba de água aspira e expira água a cada três segundos. O volume de água da bomba varia entre um mínimo de 2 litros e um máximo de 4 litros. Dentre as alternativas a seguir, assinale a expressão algébrica para o volume (**y**) de água na bomba, em função do tempo (**t**).

a) $y = 2 + 2\ \text{sen}\left(\frac{\pi}{3} \cdot t\right)$

b) $y = 2 + 2\ \text{sen}\left(\frac{2\pi}{3} \cdot t\right)$

c) $y = 3 + \text{sen}\left(\frac{\pi}{3} \cdot t\right)$

d) $y = 3 + \text{sen}\left(\frac{2\pi}{3} \cdot t\right)$

e) $y = -3 + 2\ \text{sen}\left(\frac{\pi}{3} \cdot t\right)$

18 (UFS–SE) A função cujo gráfico está representado na figura abaixo é definida por:

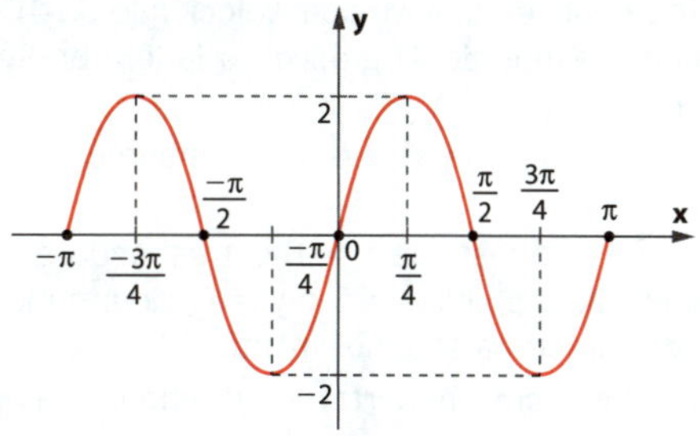

a) $y = \text{sen}\ 2x$.

b) $y = \cos \frac{x}{2}$.

c) $y = 2 \cdot \text{sen}\ \frac{x}{2}$.

d) $y = 2 \cdot \cos \frac{x}{2}$.

e) $y = 2 \cdot \text{sen}\ 2x$.

19 (UFRGS–RS) Traçando os gráficos das funções **f** e **g** definidas por $f(x) = |\text{sen}\ x|$ e $g(x) = |\cos x|$, com **x** variando no conjunto dos números reais de -2π e 2π, no mesmo sistema de coordenadas, o número de intersecções é:

a) 7.
b) 8.
c) 9.
d) 10.
e) 12.

20 (Fuvest–SP) Uma caneta move-se ao longo do eixo **y** com movimento harmônico simples. Ela registra uma linha sobre uma fita de papel e se move com velocidade de 10 cm/s da direita para a esquerda. O gráfico ao lado representa esse movimento.

a) Determine a função y(x) que representa a curva mostrada no gráfico.

b) Supondo que o instante t = 0 corresponda à passagem da caneta pelo ponto x = 0 e y = 0, determine a função y(t) que representa seu movimento.

c) Qual a frequência, em hertz, do movimento da caneta?

Observação: Lembre-se de que frequência é o inverso de período.

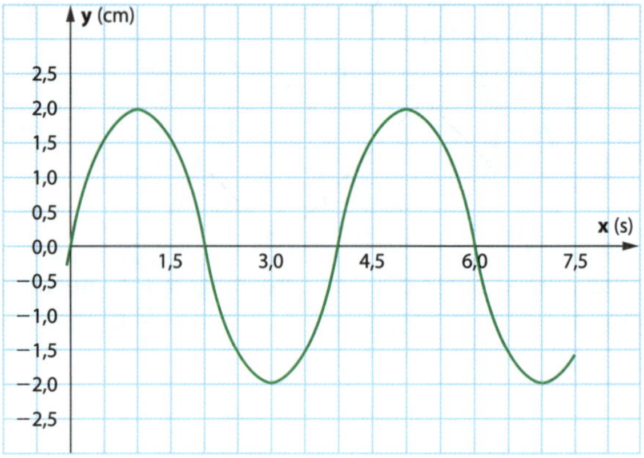

---

21 (FGV–SP) O gráfico de y = sen x − cos x, para $0 \leq x \leq \pi$, é:

a) 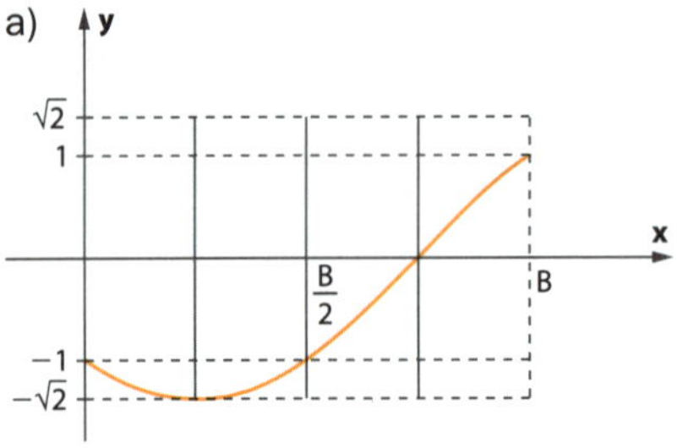

b) 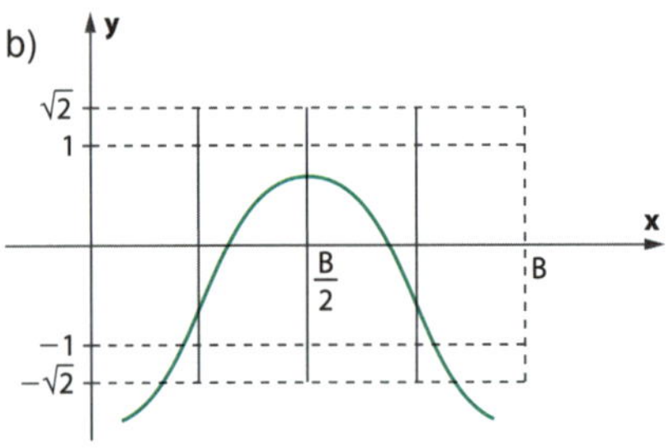

c) 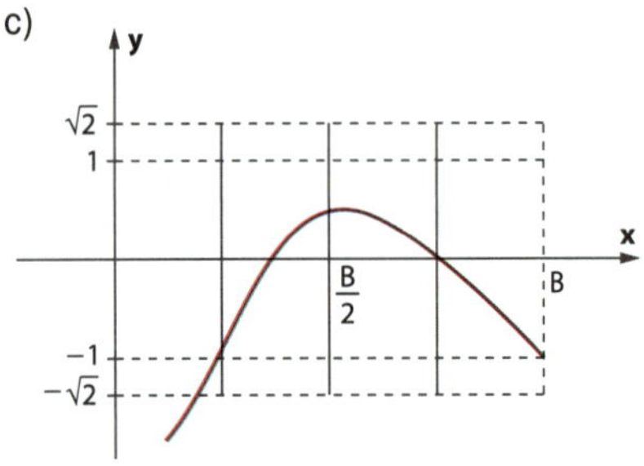

d) 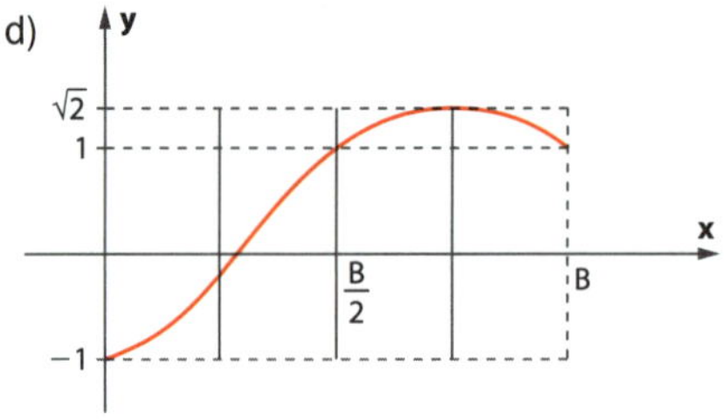

e) 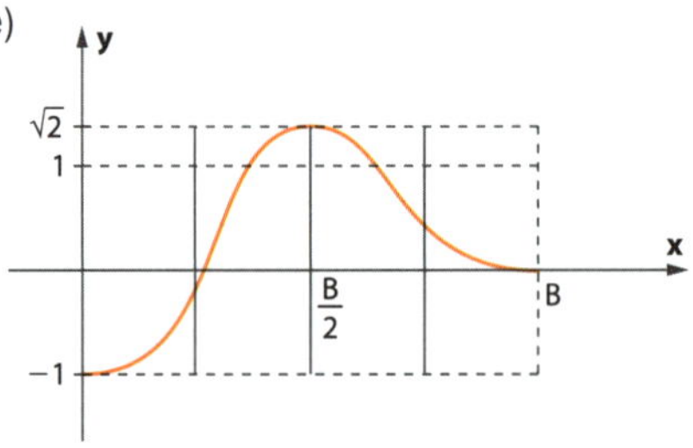

22 (Vunesp) Do solo, você observa um amigo numa roda-gigante. A altura **h** em metros de seu amigo em relação ao solo é dada pela expressão $h(t) = 11,5 + 10\,\text{sen}\left[\left(\frac{\pi}{12}\right) \cdot (t - 26)\right]$, onde o tempo **t** é dado em segundos e a medida angular em radianos.

a) Determine a altura em que seu amigo estava quando a roda começou a girar (t = 0).

b) Determine as alturas mínima e máxima que seu amigo alcança e o tempo gasto em uma volta completa (período).

24 (PUC–SP) Na figura a seguir tem-se o gráfico da função **f**, de $\mathbb{R}$ em $\mathbb{R}$, definida por $f(x) = k \cdot \text{sen}\, mx$, em que **k** e **m** são reais, e cujo período é $\frac{8\pi}{3}$.

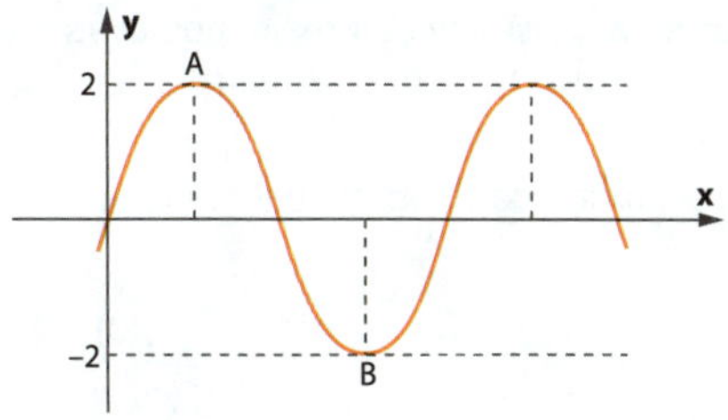

O valor de $f\left(\frac{29\pi}{3}\right)$ é:

a) $-\sqrt{3}$. b) $-\sqrt{2}$. c) -1. d) $\sqrt{2}$. e) $\sqrt{3}$.

23 (PUC–SP) O subir e descer das marés é regulado por vários fatores, sendo o principal deles a atração gravitacional entre Terra e Lua. Se desprezássemos os demais fatores, teríamos sempre o intervalo de 12,4 horas entre duas marés altas consecutivas, e também sempre a mesma altura máxima de maré, por exemplo, 1,5 metro. Nessa situação, o gráfico da função que relacionaria tempo **t** e altura de maré **A** seria semelhante a este:

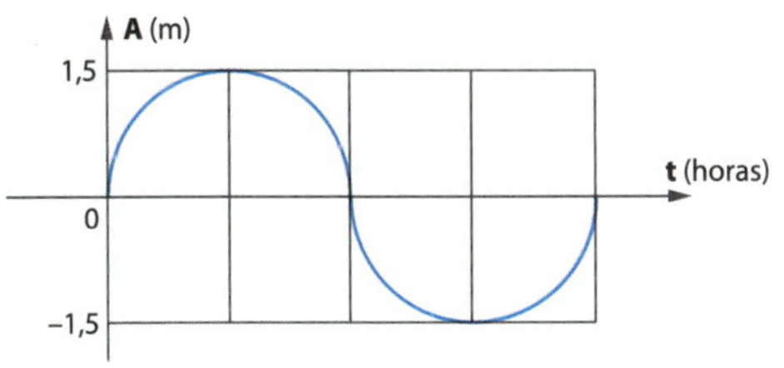

O fenômeno das marés pode ser descrito por uma função da forma $f(t) = a \cdot \text{sen}\,(bt)$, em que **a** é medido em metros e **t** em horas. Se o intervalo entre duas marés altas sucessivas é 12,4 horas, tendo sempre a mesma altura máxima de 1,5 metro, então:

a) $b = \frac{5\pi}{31}$.
b) $a + b = 13,9$.
c) $a - b = \frac{\pi}{1,5}$.
d) $a \cdot b = 0,12$.
e) $b = \frac{4\pi}{3}$.

25 (FGV–SP) Um supermercado, que fica aberto 24 horas por dia, faz a contagem do número de clientes na loja a cada 3 horas. Com base nos dados observados, estima-se que o número de clientes possa ser calculado pela função trigonométrica $f(x) = 900 - 800\,\text{sen}\left(\frac{x \cdot \pi}{12}\right)$, onde f(x) é o número de clientes e **x**, a hora da observação (**x** é um inteiro tal que $0 \leqslant x \leqslant 24$). Utilizando essa função, a estimativa da diferença entre o número máximo e o número mínimo de clientes dentro do supermercado, em um dia completo, é igual a:

a) 600. b) 800. c) 900. d) 1500. e) 1600.

26 (UFF–RJ) No processo de respiração do ser humano, o fluxo de ar através da traqueia, durante a inspiração ou expiração, pode ser modelado pela função **F**, definida, em cada instante **t**, por F(t) = M sen wt.

A pressão interpleural (pressão existente na caixa torácica), também durante o processo de respiração, pode ser modelada pela função **P**, definida, em cada instante **t**, por P(t) = L − F(t + a).

As constantes **a**, **L**, **M** e **w** são reais, positivas e dependentes das condições fisiológicas de cada indivíduo.

(Adaptado de: AGUIAR, A. F. A., XAVIER, A. F. S. e RODRIGUES, J. E. M. *Cálculo para Ciências Médicas e Biológicas*, Harbra Ltda. 1988.)

Um possível gráfico de **P**, em função de **t**, é:

a) 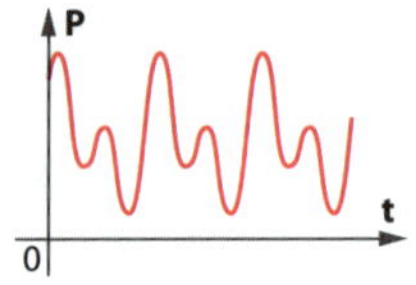

b) 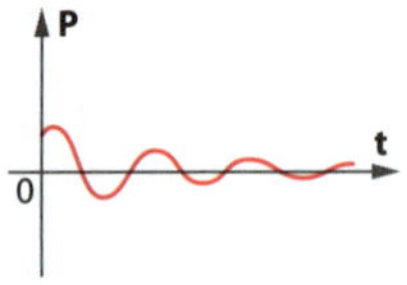

c) 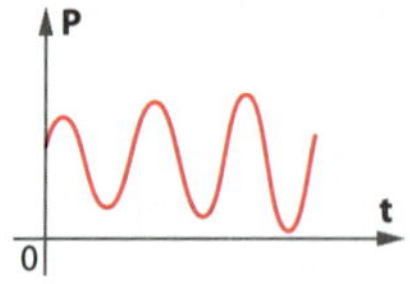

d) 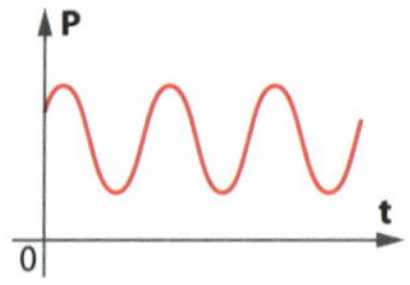

e) 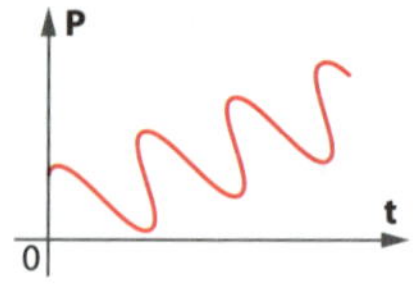

---

27 (UFMS) Seja uma função trigonométrica definida por $F(x) = 2\cos\left(2x + \frac{\pi}{4}\right)$ onde $x \in \mathbb{R}$ (conjunto dos números reais).

Assinale a(s) afirmação(ões) correta(s).

01) O ponto $\left(0, \sqrt{2}\right)$ pertence ao gráfico da função **F**.

02) A imagem da função **F** é o intervalo fechado $[-1, 1]$.

04) A função **F** tem duas raízes no intervalo fechado $[0, \pi]$.

08) Os valores mínimos de **F** são assumidos em $x = \frac{3\pi}{8} + k \cdot \pi$, com **k** inteiro.

16) Os valores máximos de **F** são assumidos em $x = \frac{\pi}{4} + k \cdot \pi$, com **k** inteiro.

28 (UEM–PR) Considere um ponto **P**(x, y) sobre a circunferência trigonométrica e que não esteja sobre nenhum dos eixos coordenados. Seja α o ângulo determinado pelo eixo Ox e pela semirreta OP, onde **O** é a origem do sistema. Nessas condições, assinale o que for correto.

01) A abscissa de **P** é menor do que cos α.

02) A ordenada de **P** é igual a $\text{sen}\left(\alpha + \frac{\pi}{2}\right)$.

04) A tangente de α é determinada pela razão entre a ordenada e a abscissa de **P**.

08) As coordenadas de **P** satisfazem à equação $x^2 + y^2 = 1$.

16) Se x = y, então cotg $\alpha = -1$.

32) $\alpha = \frac{\pi}{4}$ é o menor arco positivo para o qual a equação $\cos^2 (\alpha + \pi) + \text{sen}^2\left(\alpha + \frac{\pi}{2}\right) = \cos^2\left(\alpha + \frac{\pi}{2}\right) + \text{sen}^2(\alpha + \pi)$.

64) sen $(2\alpha) = 2y$.

29 (UFPA) Se $y = a + \cos (x + b)$ tem como gráfico:

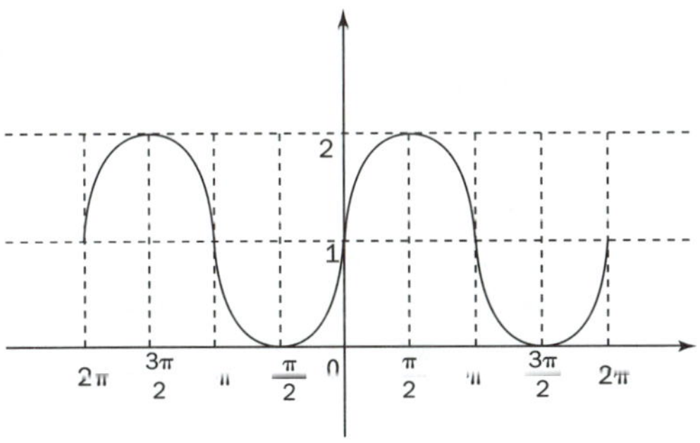

podemos afirmar que:

a) $a = 2, b = \frac{\pi}{2}$.

b) $a = 1, b = -\frac{\pi}{2}$.

c) $a = 2, b = -\frac{\pi}{2}$.

d) $a = 1, b = \frac{\pi}{2}$.

e) $a = 0, b = 0$.

30 (UFC–CE) Considere as funções definidas f: $\mathbb{R} \rightarrow \mathbb{R}$ e g: $\mathbb{R} \rightarrow \mathbb{R}$, respectivamente, por $f(x) = x^2 + 1$ e $g(x) = \cos x - \text{sen } x$.

a) Explicite a função composta $h(x) = f(g(x))$.

b) Determine o valor máximo da função composta $h(x) = f(g(x))$.

31 (ITA–SP) Num triângulo ABC, o lado oposto ao ângulo **Â** mede 5 cm. Sabendo que $\hat{A} = \text{arccos}\,\frac{3}{5}$ e $\hat{C} = \text{arcsen}\,\frac{2}{\sqrt{5}}$, então a área do triângulo ABC é igual a:

a) $\frac{5}{2}$ cm².
b) 12 cm².
c) 15 cm².
d) $2\sqrt{5}$ cm².
e) $\frac{25}{2}$ cm².

32 (UFPR) Suponha que a expressão $P = 100 + 20\,\text{sen}\,(2\pi)$ descreve de maneira aproximada a pressão sanguínea **P**, em milímetros de mercúrio, de uma certa pessoa durante um teste. Nessa expressão, **t** representa o tempo em segundos. A pressão oscila entre 20 milímetros de mercúrio acima e abaixo dos 100 milímetros de mercúrio, indicando que a pressão sanguínea da pessoa é 120 por 80. Como essa função tem um período de 1 segundo, o coração da pessoa bate 60 vezes por minuto durante o teste.

a) Dê o valor da pressão sanguínea dessa pessoa em $t = 0$ s; $t = 0,75$ s.
b) Em que momento, durante o primeiro segundo, a pressão sanguínea atingiu seu mínimo?

33 (Enem) Um satélite de telecomunicações, **t** minutos após ter atingido sua órbita, está a **r** quilômetros de distância do centro da Terra. Quando **r** assume seus valores máximo e mínimo, diz-se que o satélite atingiu o apogeu e o perigeu, respectivamente. Suponha que, para esse satélite, o valor de **r** em função de **t** seja dado por $r(t) = \frac{5865}{1 + 0,15 \cdot \cos(0,06t)}$.

Um cientista monitora o movimento desse satélite para controlar o seu afastamento do centro da Terra. Para isso, ele precisa calcular a soma dos valores de **r**, no apogeu e no perigeu, representada por **S**. O cientista deveria concluir que, periodicamente, **S** atinge o valor de:

a) 12 765 km.
b) 12 000 km.
c) 11 730 km.
d) 10 965 km.
e) 5 865 km.

34 (UFPB) Com o objetivo de aumentar a produção de alimentos em certa região, uma Secretaria de Agricultura encomendou a uma equipe de agrônomos um estudo sobre as potencialidades do solo dessa região. Na análise da temperatura do solo, a equipe efetuou medições diárias, durante quatro dias consecutivos, em intervalos de uma hora. As medições tiveram início às 6 horas da manhã do primeiro dia ($t = 0$). Os estudos indicaram que a temperatura **T**, medida em graus Celsius, e o tempo **t**, representando o número de horas decorridas após o início das observações, relacionavam-se através da expressão $T(t) = 26 + 5\cos\left(\frac{\pi}{12}t + \frac{4\pi}{3}\right)$.

Com base nessas afirmações, identifique as afirmativas corretas:

I) A temperatura do solo, às 6 horas da manhã do primeiro dia, foi de 23,5 °C.

II) A função T(t) é periódica e tem período igual a 24 h.

III) A função T(t) atinge valor máximo igual a 30 °C.

IV) A temperatura do solo atingiu o valor máximo, no primeiro dia, às 14h.

V) A função T(t) é crescente no intervalo [0, 8].

---

35 (UFPR) Suponha que o horário do pôr do sol na cidade de Curitiba, durante o ano de 2009, possa ser descrito pela função $f(t) = 18{,}8 - 1{,}3\ \text{sen}\left(\frac{2\pi}{365}t\right)$ sendo **t** o tempo dado em dias e $t = 0$ o dia 1º de janeiro. Com base nessas informações, considere as seguintes afirmativas:

1. O período da função acima é 2π.
2. Foi no mês de abril o dia em que o pôr do sol ocorreu mais cedo.
3. O horário em que o pôr do sol ocorreu mais cedo foi 17h30.

Assinale a alternativa correta.

a) Somente a afirmativa 3 é verdadeira.

b) Somente as afirmativas 1 e 2 são verdadeiras.

c) Somente as afirmativas 1 e 3 são verdadeiras.

d) Somente as afirmativas 2 e 3 são verdadeiras.

e) As afirmativas 1, 2 e 3 são verdadeiras.

36 (UFF–RJ) Nos itens abaixo, arccos denota a função inversa da função cosseno restrita ao intervalo $[0, \pi]$ e arctg denota a função inversa da função tangente restrita ao intervalo $\left(-\frac{\pi}{2}, \frac{\pi}{2}\right)$.

a) Calcule arccos $\left(\cos \frac{\pi}{5}\right)$.

b) Calcule sen (arctg (-1)).

c) Verifique que sen (arccos x) $= \sqrt{1 - x^2}$ para todo $x \in [-1, 1]$.

37 (FGV–SP) Considere a função $f(x) = 2 - \left(\frac{3\cos^4 x}{4}\right)$.

Os valores máximo e mínimo de f(x) são, respectivamente:

a) 1 e -1.

b) 1 e 0.

c) 2 e $-\frac{3}{4}$.

d) 2 e 0.

e) 2 e $\frac{5}{4}$.

38 (Epcar–MG) No sistema cartesiano abaixo estão sobrepostos os gráficos de três funções: $y_1 = k_1$ cotg x, $y_2 = k_2$ cotg x e $y_3 = k_3$ cotg x.

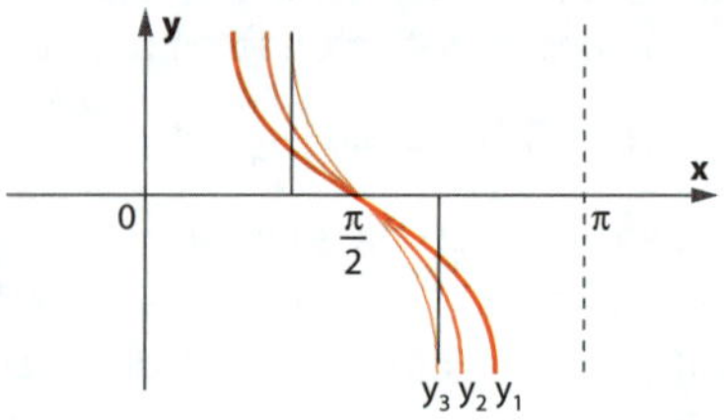

Tem-se, necessariamente, que:

a) $k_1 < k_2 < k_3$.

b) $k_1 = k_2 = k_3$.

c) $k_3 < k_2 < k_1$.

d) $k_2 < k_3 < k_1$.

39 (UFPE) Considere a função **f**, com domínio e contradomínio o conjunto dos números reais, dada por $f(x) = \sqrt{3}\cos x - \text{sen } x$, que tem parte de seu gráfico esboçada ao lado.

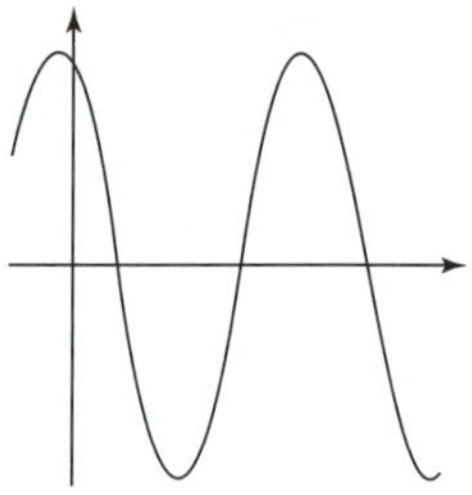

Analise a veracidade das afirmações seguintes acerca de **f**:

0-0) $f(x) = 2 \cdot \text{sen}\left(x + \frac{\pi}{6}\right)$, para todo **x** real.

1-1) **f** é periódica com período 2π.

2-2) As raízes de f(x) são $-\frac{\pi}{6} + 2k\pi$, com **k** inteiro.

3-3) $f(x) \geq -\sqrt{3}$, para todo **x** real.

4-4) $f(x) \leq 2$, para todo **x** real.

40 (UFC–CE) Considerando a função definida por $f(x) = \text{sen}^2\, x + \text{sen}\, x + 1$, podemos afirmar:

( ) O maior valor que **f** assume é igual a 3 e ocorre quando $x = \frac{\pi}{2}$.

( ) O menor valor que **f** assume é igual a -1 e ocorre quando $x = \frac{3\pi}{2}$.

( ) A equação $f(x) = 0$ tem apenas duas raízes reais no intervalo $[0, 2\pi]$.

( ) A reta $y = 1$ intercepta o gráfico de **f** infinitas vezes.

( ) A reta $2y = -1$ intercepta o gráfico de **f** infinitas vezes.

A sequência correta de cima para baixo é:

a) VVFVF. b) VFFVF. c) FVVFV. d) VVVFF. e) VFVFV.

41 (UEL–PR) O jogador representado adiante vai cobrar pênalti e decidiu chutar a bola na direção da linha central do gol. Se a altura da trave é de 2,4 m, o diâmetro da bola é de 22 cm e a distância a que esta está da linha do gol é de 11 m, de quanto deve ser, no máximo, o ângulo α de elevação da bola, mostrado na figura a seguir, para que o jogador tenha a possibilidade de fazer o gol?

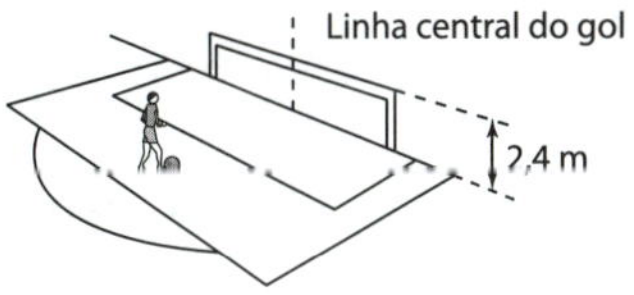

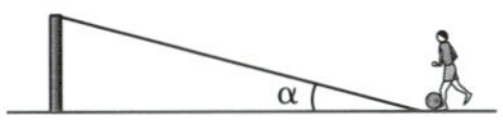

a) $\alpha = \text{arctg}\left(\frac{2,18}{11}\right)$

b) $\alpha = \text{arctg}\left(\frac{11}{2,18}\right)$

c) $\alpha = \text{arctg}\left(\frac{2,4}{11}\right)$

d) $\alpha = \text{tg}\left(\frac{2,18}{11}\right)$

e) $\alpha = \text{tg}\left(\frac{11}{2,4}\right)$

42 (Ufal) Qual o menor valor assumido pela função $f(x) = 2\sec x \cdot \text{sen}\, x \cdot \text{tg}\, x$, se **x** varia no intervalo $\left[0, \frac{\pi}{2}\right[$?

Parte do gráfico **f** está esboçada a seguir:

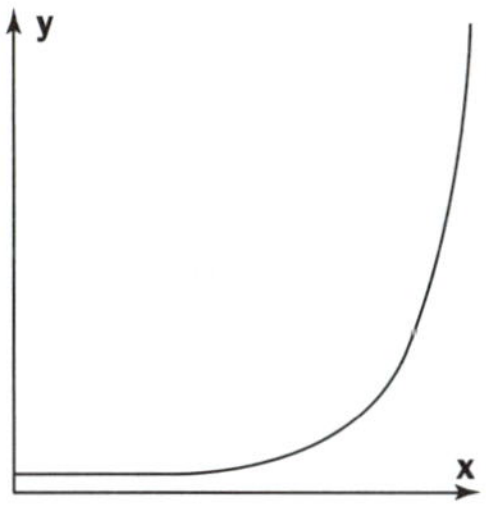

a) 2,0

b) 2,1

c) 2,2

d) 2,3

e) 2,4

Assunto	Resumo
Matrizes	Matriz é uma tabela. Matriz $m \times n \begin{cases} \textbf{m} \text{ linhas} \\ \textbf{n} \text{ colunas} \end{cases}$ Elemento: $\mathbf{a_{ij}}$: está na linha **i** e na coluna **j**.
Matriz quadrada	$m = n$ (ordem **n**) $\begin{bmatrix} a & b \\ c & d \end{bmatrix}$ diagonal principal
Matriz identidade ($\mathbf{I_n}$)	$I_2 = \begin{bmatrix} 1 & 0 \\ 0 & 1 \end{bmatrix}; I_3 = \begin{bmatrix} 1 & 0 & 0 \\ 0 & 1 & 0 \\ 0 & 0 & 1 \end{bmatrix}$
Matriz nula **($\mathbf{0_{m \times n}}$ ou $\mathbf{0_n}$)**	$0_{2 \times 3} = \begin{bmatrix} 0 & 0 & 0 \\ 0 & 0 & 0 \end{bmatrix}; 0_2 = \begin{bmatrix} 0 & 0 \\ 0 & 0 \end{bmatrix}$
Matriz transposta	A matriz transposta de **A** é a matriz $\mathbf{A^t}$ cujas linhas são ordenadamente as colunas de **A**.
Multiplicação de matrizes	$A_{m \times n} \cdot B_{n \times p} = AB_{m \times p}$ igual **Propriedades da multiplicação de matrizes** 1ª) A multiplicação de matrizes não é comutativa (em geral, $AB \neq BA$). 2ª) Não vale a propriedade do cancelamento (se $AC = BC$ não podemos afirmar que $A = B$). 3ª) Não vale a propriedade do anulamento (se $AB = 0$ não podemos afirmar que $A = 0$ ou $B = 0$). 4ª) Vale a propriedade distributiva: $A(B + C) = AB + AC$ e $(B + C) \cdot A = BA + CA$. 5ª) Vale a propriedade associativa: $A(B \cdot C) = (AB) \cdot C$. 6ª) $I \cdot A = A$ (a matriz identidade é o elemento neutro da multiplicação de matrizes).
Matriz inversa	**A** e $\mathbf{A^{-1}}$ são inversas se $A \cdot A^{-1} = I = A^{-1} \cdot A$.

Exercícios

1 (Ufop–MG) Observe a matriz $\begin{bmatrix} 1 & 2 & 3 \\ 0 & x & 4 \\ 0 & 0 & y \end{bmatrix}$. Chama-se de traço de uma matriz quadrada a soma dos elementos de sua diagonal principal. Determine **x** e **y** na matriz acima de tal forma que seu traço valha 9 e **x** seja o triplo de **y**.

2 (Uerj) A temperatura corporal de um paciente foi medida, em graus Celsius, três vezes ao dia, durante cinco dias. Cada elemento $\mathbf{a_{ij}}$ da matriz abaixo corresponde à temperatura observada no instante **i** do dia **j**.

$$\begin{bmatrix} 35{,}6 & 36{,}4 & 38{,}6 & 38{,}0 & 36{,}0 \\ 36{,}1 & 37{,}0 & 37{,}2 & 40{,}5 & 40{,}4 \\ 35{,}5 & 35{,}7 & 36{,}1 & 37{,}0 & 39{,}2 \end{bmatrix}$$

Determine:

a) o instante e o dia em que o paciente apresentou a maior temperatura;

b) a temperatura média do paciente no terceiro dia de observação.

3 (PUC–MG) Seja **A** a matriz $A = (a_{ij})_{2 \times 3}$, cuja lei de formação é dada abaixo:

$$a_{ij} = \begin{cases} 3i + j, \text{ se } i \neq j \\ 2i - 3j, \text{ se } i = j \end{cases}$$

É correto afirmar que:

a) $A = \begin{pmatrix} -1 & -5 \\ 6 & 7 \\ 2 & 9 \end{pmatrix}$.

b) $A = \begin{pmatrix} -1 & -7 \\ -5 & 2 \\ 6 & -9 \end{pmatrix}$.

c) $A = \begin{pmatrix} -1 & 7 & 5 \\ 6 & 2 & 9 \end{pmatrix}$.

d) $A = \begin{pmatrix} -1 & 5 & 6 \\ 7 & -2 & 9 \end{pmatrix}$.

4 (UFG–GO) Seja $M = [a_{ij}]_{n \times n}$ uma matriz quadrada de ordem **n**, onde $a_{ij} = i + j$. Nessas condições, a soma dos elementos da diagonal principal dessa matriz é:

a) n^2.

b) $2n + 2n^2$.

c) $2n + n^2$.

d) $n^2 + n$.

e) $n + 2n^2$.

5 (Ufam) Determine a matriz real $X = (x_{ij})_{2\times 2}$, tal que $2A + 3X = X + 4A^t$, onde $A = (a_{ij})_{2\times 2}$ é uma matriz real, definida por $a_{ij} = \begin{cases} i - j, \text{ se } i > j \\ -1, \text{ se } i = j \\ j + i, \text{ se } i < j \end{cases}$.

a) $\begin{pmatrix} -1 & -1 \\ -5 & -1 \end{pmatrix}$.
b) $\begin{pmatrix} -1 & -1 \\ 5 & -1 \end{pmatrix}$.
c) $\begin{pmatrix} -1 & 1 \\ 5 & -1 \end{pmatrix}$.
d) $\begin{pmatrix} -1 & -1 \\ 5 & 1 \end{pmatrix}$.
e) $\begin{pmatrix} 1 & 1 \\ 5 & 1 \end{pmatrix}$.

6 (Ufam) Sendo $A = \begin{pmatrix} 1 & 3 \\ 2 & -5 \end{pmatrix}$, $B = \begin{pmatrix} 5 \\ 2 \end{pmatrix}$ e $AX = 2B$, então, a matriz **X** é igual a:

a) $\begin{pmatrix} 16 \\ 62 \end{pmatrix}$.
b) $\begin{pmatrix} \frac{16}{11} \\ \frac{62}{11} \end{pmatrix}$.
c) $\begin{pmatrix} \frac{62}{11} \\ \frac{16}{11} \end{pmatrix}$.
d) $\begin{pmatrix} 62 \\ 16 \end{pmatrix}$.
e) $\begin{pmatrix} \frac{62}{10} \\ \frac{16}{10} \end{pmatrix}$.

7 (UFC–CE) O valor de $2A^2 + 4B^2$ quando $A = \begin{bmatrix} 2 & 0 \\ 0 & -2 \end{bmatrix}$ e $B = \begin{bmatrix} 0 & -1 \\ 1 & 0 \end{bmatrix}$ é igual a:

a) $\begin{bmatrix} 4 & 4 \\ 4 & 4 \end{bmatrix}$.
b) $\begin{bmatrix} 4 & 0 \\ 0 & 4 \end{bmatrix}$.
c) $\begin{bmatrix} 0 & 0 \\ 0 & 0 \end{bmatrix}$.
d) $\begin{bmatrix} 0 & 4 \\ 4 & 0 \end{bmatrix}$.
e) $\begin{bmatrix} 6 & 0 \\ 0 & 6 \end{bmatrix}$.

8 (UEL–PR) Uma indústria utiliza borracha, couro e tecido para fazer três modelos de sapatos. A matriz **Q** fornece a quantidade de cada componente na fabricação dos modelos de sapatos, enquanto a matriz **C** fornece o custo unitário, em reais, desses componentes.

Dados:

$$Q = \begin{pmatrix} 2 & 1 & 1 \\ 1 & 2 & 0 \\ 2 & 0 & 2 \end{pmatrix} \begin{matrix} \text{modelo 1} \\ \text{modelo 2} \\ \text{modelo 3} \end{matrix} \quad (\text{colunas: borracha, couro, tecido}) \qquad C = \begin{pmatrix} 10 \\ 50 \\ 30 \end{pmatrix} \begin{matrix} \text{borracha} \\ \text{couro} \\ \text{tecido} \end{matrix}$$

A matriz **V** que fornece o custo final, em reais, dos três modelos de sapatos é dada por:

a) $V = \begin{pmatrix} 110 \\ 120 \\ 80 \end{pmatrix}$.
b) $V = \begin{pmatrix} 90 \\ 100 \\ 60 \end{pmatrix}$.
c) $V = \begin{pmatrix} 80 \\ 110 \\ 80 \end{pmatrix}$.
d) $V = \begin{pmatrix} 120 \\ 110 \\ 100 \end{pmatrix}$.
e) $V = \begin{pmatrix} 100 \\ 110 \\ 80 \end{pmatrix}$.

9 (UFPB) A prefeitura de certo município planeja solicitar ao governo federal uma verba especial para a construção de casas populares nos setores $\mathbf{S_1}$, $\mathbf{S_2}$ e $\mathbf{S_3}$ desse município. Serão construídas casas dos tipos 1, 2 e 3, que terão custos de construção de 20 000 reais, 30 000 reais e 40 000 reais, respectivamente. Realizado, em cada setor, cadastramento de famílias que necessitam de moradia, foram obtidos os dados da matriz a seguir, onde $\mathbf{A_{ij}}$ representa o número de famílias que pleiteiam uma casa do tipo **i** e moram no setor $\mathbf{S_j}$.

$$A = \begin{bmatrix} 30 & 50 & 40 \\ 25 & 30 & 35 \\ 25 & 10 & 15 \end{bmatrix}$$

Com base nos dados apresentados e considerando que cada família cadastrada será contemplada com uma casa, identifique as afirmativas corretas:

I) O número total de casas que serão construídas, nos três setores, será de 270.

II) O custo total previsto para a construção de todas as casas, nos três setores, será maior que 7 milhões de reais.

III) O setor 1 é o setor onde será construído o maior número de casas.

IV) O número de casas do tipo 1 a serem construídas nos três setores será maior que o número de casas do tipo 2 que serão construídas nos mesmos setores.

V) A prefeitura gastará mais com a construção das casas do tipo 2 do que com as casas do tipo 3.

10 (UFC-CE) Considere a matriz $A = \begin{bmatrix} 1 & 1 \\ 0 & 1 \end{bmatrix}$ de ordem 2×2. Pode-se afirmar que a soma $A + A^2 + ... + A^n$ é igual a:

a) $\begin{bmatrix} 1 & n \\ 0 & 1 \end{bmatrix}$.

b) $\begin{bmatrix} 1 & n^2 \\ 0 & 1 \end{bmatrix}$.

c) $\begin{bmatrix} 1 & \frac{n(n+1)}{2} \\ 0 & 1 \end{bmatrix}$.

d) $\begin{bmatrix} 1 & \frac{n^2+n}{2} \\ 0 & 1 \end{bmatrix}$.

e) $\begin{bmatrix} n & n \\ 0 & n \end{bmatrix}$.

11 (Vunesp) Determine os valores de **x**, **y** e **z** na igualdade abaixo, envolvendo matrizes reais 2×2:

$$\begin{bmatrix} 0 & 0 \\ x & 0 \end{bmatrix} \cdot \begin{bmatrix} 0 & x \\ 0 & 0 \end{bmatrix} = \begin{bmatrix} x-y & 0 \\ x & y \end{bmatrix} + \begin{bmatrix} z-4 & 0 \\ y-4 & 0 \end{bmatrix}$$

12 (Uerj) Três barracas de frutas, B_1, B_2 e B_3, são propriedade de uma mesma empresa. Suas vendas são controladas por meio de uma matriz, na qual cada elemento b_{ij} representa a soma dos valores arrecadados pelas barracas B_i e B_j em milhares de reais, ao final de um determinado dia de feira.

$$B = \begin{bmatrix} x & 1{,}8 & 3{,}0 \\ a & y & 2{,}0 \\ d & c & z \end{bmatrix}$$

Calcule, para esse dia, o valor, em reais:

a) arrecadado a mais pela barraca B_3 em relação à barraca B_2;

b) arrecadado em conjunto pelas três barracas.

13 (FGV–SP) **A** e **B** são matrizes e A^t é a matriz transposta de **A**. Se $A = \begin{bmatrix} 2 & -3 \\ 1 & y \\ x & 2 \end{bmatrix}$ e $B = \begin{bmatrix} 1 \\ 2 \\ 1 \end{bmatrix}$, então a matriz $A^t \cdot B$ será nula para:

a) $x + y = -3$.

b) $x \cdot y = 2$.

c) $\frac{x}{y} = -4$.

d) $x \cdot y^2 = -1$.

e) $\frac{y}{x} = -8$.

14 (ITA–SP) Sejam **A** e **B** matrizes 2×2 tais que $AB = BA$ e que satisfazem à equação matricial $A^2 + 2AB - B = 0$. Se **B** é inversível, mostre que:

a) $AB^{-1} = B^{-1}A$;

b) **A** é inversível.

15 (UEL–PR) Dadas as matrizes $A = (a_{ij})_{3 \times 2}$, definida por $a_{ij} = i - j$; $B = (b_{ij})_{2 \times 3}$, definida por $b_{ij} = j$; $C = (c_{ij})$, definida por $C = A \cdot B$, é correto afirmar que o elemento c_{23} é:

a) igual ao elemento c_{12}.

b) igual ao produto c_{23} por b_{12}.

c) o inverso do elemento c_{32}.

d) igual à soma de a_{12} com b_{12}.

e) igual ao produto de a_{21} por b_{13}.

16 (UFF–RJ) Um dispositivo eletrônico, usado em segurança, modifica a senha escolhida por um usuário, de acordo com o procedimento descrito abaixo.

A senha escolhida $S_1\, S_2\, S_3\, S_4$ deve conter quatro dígitos, representados por $\mathbf{S_1}$, $\mathbf{S_2}$, $\mathbf{S_3}$ e $\mathbf{S_4}$. Esses dígitos são, então, transformados nos dígitos $\mathbf{M_1}$, $\mathbf{M_2}$, $\mathbf{M_3}$ e $\mathbf{M_4}$, da seguinte forma:

$$\begin{pmatrix} M_1 \\ M_2 \end{pmatrix} = P\begin{pmatrix} S_1 \\ S_2 \end{pmatrix} \text{ e } \begin{pmatrix} M_3 \\ M_4 \end{pmatrix} = P\begin{pmatrix} S_3 \\ S_4 \end{pmatrix}$$

onde **P** é a matriz $\begin{pmatrix} 0 & 1 \\ 1 & 0 \end{pmatrix}$.

Se a senha de um usuário, já modificada, é 0110, isto é, $M_1 = 0$, $M_2 = 1$, $M_3 = 1$ e $M_4 = 0$, pode-se afirmar que a senha escolhida pelo usuário foi:

a) 0011. b) 0101. c) 1001. d) 1010. e) 1100.

17 (UFC–CE) O valor de **a** para que a igualdade matricial $\begin{bmatrix} 2 & 1 \\ 1 & 1 \end{bmatrix}\begin{bmatrix} 1 & -1 \\ -1 & a \end{bmatrix} = \begin{bmatrix} 1 & 0 \\ 0 & 1 \end{bmatrix}$ seja verdadeira é:

a) 1. b) 2. c) 0. d) −2. e) −1.

18 (Fuvest–SP) Considere a matriz $A = \begin{bmatrix} a & 2a+1 \\ a-1 & a+1 \end{bmatrix}$, em que **a** é um número real. Sabendo que **A** admite inversa $\mathbf{A^{-1}}$ cuja primeira coluna é $\begin{bmatrix} 2a-1 \\ -1 \end{bmatrix}$, a soma dos elementos da diagonal principal de $\mathbf{A^{-1}}$ é igual a:

a) 5. b) 6. c) 7. d) 8. e) 9.

19 (UFPB) Foi feito um estudo envolvendo três cidades, $\mathbf{C_1}$, $\mathbf{C_2}$ e $\mathbf{C_3}$, a fim de verificar o fluxo entre seus habitantes, com vistas a possíveis melhorias nas rodovias que ligam essas cidades. Para isso, foi observada, durante um ano, a quantidade de deslocamentos entre essas cidades. O resultado dessa observação, em certo mês, está mostrado na matriz abaixo, onde o elemento presente na linha **i** e na coluna **j** representa a quantidade de deslocamento da cidade $\mathbf{C_i}$ para a cidade $\mathbf{C_j}$, nesse mês.

$$\begin{bmatrix} 0 & 300 & 800 \\ 430 & 0 & 970 \\ 350 & 370 & 0 \end{bmatrix}$$

Nesse contexto, identifique as afirmativas corretas relativas aos deslocamentos no mês da observação:

I) Os deslocamentos partindo da cidade $\mathbf{C_3}$ tiveram como destino, em sua maioria, a cidade $\mathbf{C_2}$.

II) Os deslocamentos partindo da cidade $\mathbf{C_1}$ totalizaram 1 110.

III) Os deslocamentos com destino à cidade $\mathbf{C_3}$ totalizaram 1 770.

IV) Os deslocamentos com destino à cidade $\mathbf{C_1}$ totalizaram um número menor do que o total de deslocamentos com destino a qualquer uma das outras duas cidades.

V) Os deslocamentos partindo da cidade $\mathbf{C_2}$ totalizaram um número maior do que o total de deslocamentos partindo de qualquer uma das outras duas cidades.

20 (Fuvest–SP) Diz-se que a matriz quadrada **A** tem posto 1 se a sua linha é não nula e as outras são múltiplas dessa linha. Determine os valores de **a**, **b** e **c** para os quais a matriz $A = \begin{bmatrix} 2 & \frac{1}{2} & 3 \\ 3a - b + 2c & 1 & 6 \\ b + c - 3a & \frac{1}{2} & c - 2a + b \end{bmatrix}$, 3 × 3, tem posto 1.

21 (ITA–SP) Sejam as matrizes $A = \begin{bmatrix} 1 & 0 & \frac{1}{2} & -1 \\ -2 & 5 & 2 & -3 \\ 1 & -1 & 2 & 1 \\ -5 & 1 & \frac{3}{2} & 0 \end{bmatrix}$ e $B = \begin{bmatrix} 1 & 3 & -\frac{1}{2} & 1 \\ 1 & -2 & -2 & 3 \\ -1 & 1 & 1 & 1 \\ 5 & -1 & \frac{1}{2} & 5 \end{bmatrix}$. Determine o elemento $\mathbf{c_{34}}$ da matriz $C = (A + B)^{-1}$.

22 (UEL–PR) Uma das formas de se enviar uma mensagem secreta é por meio de códigos matemáticos, seguindo os passos:

1) Tanto o destinatário quando o remetente possuem uma matriz chave **C**.
2) O destinatário recebe do remetente uma matriz **P**, tal que MC = P, onde **M** é a matriz mensagem a ser decodificada.
3) Cada número da matriz **M** corresponde a uma letra do alfabeto: 1 = a, 2 = b, 3 = c, ..., 23 = z.
4) Deve-se considerar o alfabeto com 23 letras, excluindo as letras **k**, **w** e **y**.
5) O número zero corresponde ao ponto de exclamação.
6) A mensagem é lida, encontrando a matriz **M**, fazendo a correspondência número/letra e ordenando as letras por linhas da matriz conforme segue: $m_{11}\ m_{12}\ m_{13}\ m_{21}\ m_{22}\ m_{23}\ m_{31}\ m_{32}\ m_{33}$.

Considere as matrizes $C = \begin{bmatrix} 1 & 1 & 0 \\ 0 & -1 & 0 \\ 0 & 2 & 1 \end{bmatrix}$ e $P = \begin{bmatrix} 2 & -10 & 1 \\ 18 & 38 & 17 \\ 19 & 14 & 0 \end{bmatrix}$.

Com base nos conhecimentos e nas informações descritas, assinale a alternativa que apresenta a mensagem que foi enviada por meio da matriz **M**.

a) Boa sorte!
b) Boa prova!
c) Boa tarde!
d) Ajude-me!
e) Socorro!

23 (FGV–SP) Sendo $A = \begin{bmatrix} 1 & 1 \\ 0 & 1 \end{bmatrix}$ e $B = \begin{bmatrix} 170 \\ 10 \end{bmatrix}$, a matriz $X = \begin{bmatrix} x \\ y \end{bmatrix}$ na equação $A^{16} \cdot X = B$ será:

a) $\begin{bmatrix} 5 \\ 5 \end{bmatrix}$.
b) $\begin{bmatrix} 0 \\ 10 \end{bmatrix}$.
c) $\begin{bmatrix} 10 \\ 5 \end{bmatrix}$.
d) $\begin{bmatrix} 10 \\ 10 \end{bmatrix}$.
e) $\begin{bmatrix} 5 \\ 10 \end{bmatrix}$.

24 (Fuvest–SP) Uma matriz real **A** é ortogonal se $AA^t = I$, onde **I** indica a matriz identidade e $\mathbf{A^t}$ indica a transposta **A**. Se $A = \begin{bmatrix} \frac{1}{2} & x \\ y & z \end{bmatrix}$ é ortogonal, então $x^2 + y^2$ é igual a:

a) $\frac{1}{4}$.
b) $\frac{\sqrt{3}}{4}$.
c) $\frac{1}{2}$.
d) $\frac{\sqrt{3}}{2}$.
e) $\frac{3}{2}$.

25 (UFG–GO) Uma técnica para criptografar mensagens utiliza a multiplicação de matrizes. Um codificador transforma sua mensagem numa matriz **M**, com duas linhas, substituindo cada letra pelo número correspondente à sua ordem no alfabeto, conforme modelo apresentado ao lado.

Por exemplo, a palavra **SENHAS** ficaria assim:

$$M = \begin{bmatrix} S & E & N \\ H & A & S \end{bmatrix} = \begin{bmatrix} 19 & 5 & 14 \\ 8 & 1 & 19 \end{bmatrix}$$

Para codificar, uma matriz 2×2, **A**, é multiplicada pela matriz **M**, resultando na matriz $E = A \times M$, que é a mensagem codificada a ser enviada.

Ao receber a mensagem, o decodificador precisa reobter **M** para descobrir a mensagem original. Para isso, utiliza uma matriz 2×2, **B**, tal que $B \times A = I$, onde **I** é a matriz identidade (2×2). Assim, multiplicando **B** por **E**, obtém-se $B \times E = B \times A \times M = M$.

Uma palavra codificada, segundo esse processo, por uma matriz $A = \begin{bmatrix} 2 & 1 \\ 1 & 1 \end{bmatrix}$ resultou na matriz $E = \begin{bmatrix} 47 & 30 & 29 \\ 28 & 21 & 22 \end{bmatrix}$. Calcule a matriz **B**, decodifique a mensagem e identifique a palavra original.

Letra	Número
A	1
B	2
C	3
D	4
E	5
F	6
G	7
H	8
I	9
J	10
K	11
L	12
M	13
N	14
O	15
P	16
Q	17
R	18
S	19
T	20
U	21
V	22
W	23
X	24
Y	25
Z	26
–	27

26 (UFC–CE) A matriz **M**, de ordem $n > 1$, satisfaz a equação $M^2 = M - I$, onde **I** é a matriz identidade de ordem $n > 1$. Determine, em termos de **M** e **I**, a matriz $\mathbf{M^{2003}}$.

27 (UFC–CE) As matrizes **A** e **B** são quadradas de ordem 4 e tais que $AB = \begin{bmatrix} 9 & 0 & 0 & 0 \\ 0 & 9 & 0 & 0 \\ 0 & 0 & 9 & 0 \\ 0 & 0 & 0 & 9 \end{bmatrix}$. Determine a matriz BA.

DETERMINANTES

Assunto	Resumo
Determinantes	Determinante é um número associado a uma matriz quadrada.
Determinante de ordem 1	$\lvert x \rvert = x$
Determinante de ordem 2	$\begin{vmatrix} a & b \\ c & d \end{vmatrix} = ad - bc$
Determinante de ordem 3	$\begin{vmatrix} a & b & c \\ d & e & f \\ g & h & i \end{vmatrix} = aei + bfg + cdh - ceg - bdi - afh$
Determinantes de ordens maiores que 3	Devemos aplicar a Regra de Chió ou o teorema de Laplace até que se tenha determinantes de ordem 3 ou menor que possam ser calculados pelas regras práticas.
Propriedades principais	1ª) $\det A^t = \det A$. 2ª) $\det A^{-1} = \dfrac{1}{\det A}$. 3ª) $\det (AB) = \det A \cdot \det B$. 4ª) $\det (kA) = k^n \cdot \det A$ (**k** é um numero real e **n** é a ordem de **A**). 5ª) Troca de posição de filas paralelas: para cada troca o novo determinante fica multiplicado por -1. 6ª) O determinante é nulo nas seguintes condições: fila de zeros, filas paralelas iguais ou filas paralelas proporcionais.

Exercícios

1 (Cefet–PR) Se $\begin{vmatrix} 4 & 3 & 1 \\ x & y & z \\ 1 & 3 & 4 \end{vmatrix} = -5$, então $\begin{vmatrix} x & y & z \\ 4 & 3 & 1 \\ 1 & 3 & 4 \end{vmatrix}$ vale:

a) 7. b) 6. c) 5. d) 4. e) 3.

2 (Uece) Considere as matrizes $A = \begin{bmatrix} 1 & 2 & 3 \\ 2 & 0 & 2 \\ 3 & 2 & 1 \end{bmatrix}$ e $B = \begin{bmatrix} 1 & 2 & 3 \\ 0 & 1 & 2 \\ 0 & 0 & 1 \end{bmatrix}$. O valor do determinante da matriz $C = A \cdot B$ é:

a) 6. b) 16. c) 26. d) -26.

3 (Ufam) Seja **A** uma matriz quadrada de ordem **n**, tal que det A = k, com $k \neq 0$. Sendo $\mathbf{A^{-1}}$, a matriz inversa de **A**, o valor do det A^{-1} é:

a) 2k.
b) 3k.
c) $\frac{k}{3}$.
d) $\frac{k}{2}$.
e) $\frac{1}{k}$.

7 (UEL–PR) Se o determinante da matriz

$$A = \begin{bmatrix} x & 2 & 1 \\ 1 & -1 & 1 \\ 2x & -1 & 3 \end{bmatrix}$$ é nulo, então:

a) $x = -3$.
b) $x = -\frac{7}{4}$.
c) $x = -1$.
d) $x = 0$.
e) $x = \frac{7}{4}$.

4 (Cefet–PR) Dada a matriz quadrada **A**, na ordem **n**, com det $A \neq 0$, o valor de det $A \cdot$ det A^{-1} é:

a) 1. b) 2. c) 3. d) 4. e) 5.

8 (UFC–CE) Sejam **A** e **B** matrizes 3 × 3 tais que det A = 3 e det B = 4. Então det $(A \cdot B)$ é igual a:

a) 32. b) 48. c) 64. d) 80. e) 96.

5 (PUC–RS) Se a matriz $A = \begin{bmatrix} a & b \\ c & d \end{bmatrix}$ tem inversa, então det A^{-1} é:

a) bc − bd.
b) $\left(\frac{1}{ad}\right) - \left(\frac{1}{bc}\right)$.
c) det A.
d) $\frac{1}{ad - bc}$.
e) $\frac{1}{(\det A^2)}$.

9 (Unicentro–PR) Considerando-se as matrizes

$M = \begin{pmatrix} a & b \\ c & d \end{pmatrix}$, $N = \begin{pmatrix} 1 & 2 \\ 1 & 1 \end{pmatrix}$, $P = \begin{pmatrix} 4 & 5 \\ 36 & 45 \end{pmatrix}$ e MN = P,

pode-se afirmar que o valor do determinante de **M** é:

a) −3. b) −1. c) 0. d) 1. e) 3.

6 (UEG–GO) Sendo **x** e **y**, respectivamente, os determinantes das matrizes $\begin{bmatrix} a & b \\ c & d \end{bmatrix}$ e $\begin{bmatrix} -4a & -4c \\ 5b & 5d \end{bmatrix}$, é verdade que $\frac{y}{x}$ é igual a:

a) $\frac{1}{20}$.
b) $-\frac{1}{20}$.
c) 20.
d) −20.
e) $\frac{3}{20}$.

10 (Cefet–PR) Uma matriz **A** quadrada, de ordem 3, possui determinante igual a 2. O valor de det $(2 \cdot A^{-1})$ é:

a) 1. b) 2. c) 3. d) 4. e) 5.

11 (Ufam) Sendo $A = \begin{pmatrix} 1 & 0 & 0 & 0 & 0 \\ -5 & 0 & 1 & 3 & 2 \\ 6 & 3 & 0 & 2 & 1 \\ 9 & 1 & 0 & 2 & 0 \\ -1 & -1 & 0 & 1 & 0 \end{pmatrix}$ uma matriz real, então det A é:

a) −3. b) 3. c) 10. d) −10. e) 24.

12 (UFG-GO) Considere a matriz $A_{2\times 2} = \begin{bmatrix} 2 & 2 \\ \log x & \log(1-x) \end{bmatrix}$ e a função definida por f(x) = det A. Determine o valor de $x \in$ Dom(f), tal que f(x) = log 2.

13 (UFPR) Considere a função **f** definida pela expressão

$$f(x) = \det \begin{bmatrix} \cos(2x) & \text{sen}\, x & 0 \\ \cos x & \frac{1}{2} & 0 \\ 1 & 0 & 2 \end{bmatrix}.$$

a) Calcule f(0) e $f\left(\frac{\pi}{4}\right)$.

b) Para que valores de **x** se tem f(x) = 0?

14 (Uerj) Considere a matriz $A_{3\times 3}$ abaixo:

$$A = \begin{pmatrix} \frac{1}{2} & a_{12} & a_{13} \\ a_{21} & 1 & 1 \\ a_{31} & 1 & 1 \end{pmatrix}$$

Cada elemento desta matriz é expresso pela seguinte relação:

$a_{ij} = 2 \times (\text{sen}\, \theta_i) \times (\cos \theta_j), \forall\ i, j \in \{1, 2, 3\}$

Nessa relação, os arcos θ_1, θ_2 e θ_3 são positivos e menores que $\frac{\pi}{3}$ radianos.

Calcule o valor numérico do determinante da matriz **A**.

15 (Vunesp) Determine os valores de $\theta, 0 \leqslant \theta \leqslant 2\pi$ de maneira que o det $\begin{vmatrix} \cos\theta & 0 & \text{sen}\,\theta \\ \text{sen}\,\theta & 1 & \cos\theta \\ \cos\theta & \text{sen}\,\theta & \text{sen}\,\theta \end{vmatrix}$ seja nulo.

16 (Mack–SP) Considerando $0 < x < \dfrac{3\pi}{4}$, o número de soluções da equação $\det\begin{pmatrix} \log(\text{tg}(x)) & \log(\text{cotg}(x)) \\ 1 & 1 \end{pmatrix} = 0$ é:

a) 2. b) 3. c) 0. d) 1. e) 4.

17 (UFC–CE) Determine a soma das raízes da equação

$$\begin{vmatrix} 1 & 1 & 1 & 1 \\ 1 & x & 1 & 1 \\ 1 & 1 & x+2 & 1 \\ 1 & 1 & 1 & x-4 \end{vmatrix} = 0.$$

18 (Insper–SP) Dado um número real **a**, com $a > 1$, define-se a seguinte sequência de matrizes quadradas:

$$A_1 = [1],\ A_2 = \begin{bmatrix} a & 1 \\ 0 & a \end{bmatrix},\ A_3 = \begin{bmatrix} a^2 & a & 1 \\ 0 & a^2 & a \\ 0 & 0 & a^2 \end{bmatrix},$$

$$A_4 = \begin{bmatrix} a^3 & a^2 & a & 1 \\ 0 & a^3 & a^2 & a \\ 0 & 0 & a^3 & a^2 \\ 0 & 0 & 0 & a^3 \end{bmatrix}, \ldots$$

Representando o determinante de uma matriz quadrada **M** por det (M), considere agora a sequência numérica (det (A_1), det (A_2), det (A_3), det (A_4), ...).

Essa sequência numérica:

a) é uma progressão aritmética de razão 2.
b) é uma progressão aritmética de razão $\mathbf{a^2}$.
c) é uma progressão geométrica de razão **a**.
d) é uma progressão geométrica de razão $\mathbf{a^2}$.
e) não é uma progressão aritmética nem uma progressão geométrica.

19 (PUC–PR) Sendo $0 \leqslant x \leqslant \dfrac{\pi}{2}$, o valor de **x** para que o determinante da matriz $\begin{bmatrix} \cos x & \cos x & 1 \\ \text{tg } x & \text{sen } x & 1 \\ \text{sen } x & \cos x & 1 \end{bmatrix}$ seja nulo:

a) $\dfrac{\pi}{2}$. b) $\dfrac{\pi}{3}$. c) $\dfrac{\pi}{6}$. d) $\dfrac{\pi}{4}$.

21 (Vunesp) Foi realizada uma pesquisa, num bairro de determinada cidade, com um grupo de 500 crianças de 3 a 12 anos de idade. Para esse grupo, em função da idade **x** da criança, concluiu-se que o peso médio p(x), em quilogramas, era dado pelo determinante da matriz **A**, em que $A = \begin{bmatrix} 1 & -1 & 1 \\ 3 & 0 & -x \\ 0 & 2 & \dfrac{2}{3} \end{bmatrix}$. Com base na fórmula p(x) = det A, determine:

a) o peso médio de uma criança de 5 anos;

b) a idade mais provável de uma criança cujo peso é 30 kg.

20 (Ufscar–SP) Sejam as matrizes $A = \begin{bmatrix} 3 & 2 \\ \log 0{,}1 & 5 \end{bmatrix}$ e $B = \begin{bmatrix} \log 0{,}1 & 0 \\ 4 & -3 \end{bmatrix}$. Calcule:

a) o determinante da matriz (B − A);

b) a matriz inversa da matriz (B − A).

22 (PUC–SP; adaptado) Considerando-se que $f(p) = 12p - p^2$ e $g(p) = p^3 - 24p^2 + 144p$, o valor do determinante da matriz $M = \begin{bmatrix} f(2) & f(1) & f(0) \\ g(2) & g(1) & g(0) \\ 1 & 1 & 1 \end{bmatrix}$ é igual a:

a) 4 620. b) 2 420. c) 2 200. d) 400. e) 220.

23 (PUC–RS) O determinante da matriz

$$\begin{bmatrix} \text{sen } x & \text{sen } x & \text{cotg } x \\ \cos x & \cos x & -1 \\ 0 & \text{sen } x & \text{tg } x \end{bmatrix} \text{ é:}$$

a) 0.
b) 1.
c) sen x + cos x.
d) $\text{sen}^2 x$.
e) $(\text{sen } x + \cos x)^2$.

24 (PUC–PR) Calcule o valor de **x** no determinante a seguir

$$\begin{bmatrix} \log_6 x & \log_4 x & \log_{16} x \\ 1 & 1 & 1 \\ 1 & 2 & 2 \end{bmatrix} = -\frac{3}{2}.$$

a) 28
b) 64
c) 32
d) 16
e) 256

25 (Epcar–MG) Sendo $\begin{vmatrix} 2 & 3 & 4 & a \\ 0 & 0 & 2 & 0 \\ 3 & -1 & 1 & b \\ -1 & 0 & 2 & c \end{vmatrix} = 70$, o valor de

$$\begin{vmatrix} 4 & 3 & 2 & a \\ 2 & 0 & 0 & 0 \\ 1 & -1 & 3 & b \\ 7 & -1 & 0 & b+3c \end{vmatrix} \text{ é:}$$

a) 280.
b) 0.
c) −70.
d) −210.

26 (ITA–SP) Considere a matriz

$$A = \begin{bmatrix} a_1 & a_2 & a_3 \\ 0 & a_4 & a_5 \\ 0 & 0 & a_6 \end{bmatrix} \in M_{3\times3}(\mathbb{R}), \text{ em que } a_4 = 10,$$

det A = −1 000 e a_1, a_2, a_3, a_4, a_5 e a_6 formam, nesta ordem, uma progressão aritmética de razão $d > 0$. Pode-se afirmar que $\frac{a_1}{d}$ é igual a:

a) −4.
b) −3.
c) −2.
d) −1.
e) 1.

SISTEMAS LINEARES

Assunto	Resumo

Classificação	Sistema
	• possível (tem solução)
	  – determinado (SPD: sistema possível e determinado) (a solução é única)
	  – indeterminado (SPI: sistema possível e indeterminado) (tem infinitas soluções)
	• impossível (SI: sistema impossível) (não tem solução)

Determinante de matriz incompleta	$\begin{cases} a_1x + b_1y + ... + n_1z = k_1 \\ a_2x + b_2y + ... + n_2z = k_2 \\ \vdots \quad \vdots \quad \vdots \quad \vdots \\ a_mx + b_my + ... + n_mz = k_m \end{cases} \Rightarrow \begin{vmatrix} a_1 & b_1 & ... & n_1 \\ a_2 & b_2 & ... & n_2 \\ \vdots & \vdots & & \vdots \\ a_m & b_m & ... & n_m \end{vmatrix}$ (determinante da matriz incompleta) De acordo com cada tipo de sistema, temos: • SPD $\rightarrow D \neq 0$ • SPI $\rightarrow D = 0$ • SI $\rightarrow D = 0$
Sistema homogêneo (SH)	Quando todos os termos independentes são nulos: $\begin{cases} ax + by = 0 \\ cx + dy = 0 \end{cases}$

Exercícios

1 (UPE) Considerando o sistema $\begin{cases} 5x + 3y + 4z = 3 \\ 15x + 3y + 8z = 6 \\ 20x + 12y + 16z = 12 \end{cases}$, analise as afirmativas abaixo e conclua.

0	0	O sistema é impossível.
1	1	O sistema é possível e indeterminado.
2	2	O sistema é possível e determinado.
3	3	O sistema admite como solução única $x = 4$, $y = 8$ e $z = -11$.
4	4	O sistema admite como solução, para qualquer valor de **x**, a terna (x, x, 5x).

2 (Uece) Se o sistema linear em **x**, **y** e **z**, $\begin{cases} px + y + z = 1 \\ x + qy + z = 2 \\ x + y + rz = 3 \end{cases}$

tem solução única, a relação entre **p**, **q** e **r** é:

a) $p \cdot q \cdot r \neq p + q + r - 2$.
b) $p \cdot q \cdot r \neq p - q - r + 2$.
c) $p \cdot q \cdot r = 1$.
d) $p \cdot q + q \cdot r + p \cdot r = 0$

3 (FGV–SP) O sistema linear $\begin{cases} x + \alpha x - 2z = 0 \\ x + y + z = 0 \\ x - y - z = 0 \end{cases}$ admite solução não trivial se:

a) $\alpha = -2$.
b) $\alpha \neq -2$.
c) $\alpha = 2$.
d) $\alpha \neq 2$.
e) $\alpha \in \mathbb{R}$, sendo $\mathbb{R}$ o conjunto dos números reais.

4 (UEL–PR) Um comerciante varejista comprou 80 calças de dois tamanhos diferentes, pequeno e médio, gastando R$ 4 300,00. Cada calça de tamanho pequeno custou R$ 50,00 e cada calça de tamanho médio custou R$ 60,00. Quantas calças de tamanho pequeno e médio, respectivamente, ele comprou?

a) 30 e 50
b) 37 e 43
c) 40 e 40
d) 43 e 37
e) 50 e 30

5 (UFG–GO) Um sistema linear tem a seguinte matriz de coeficientes: $\begin{bmatrix} 3 & 4 & 5 \\ 2 & k & 4 \\ 1 & -2 & 2 \end{bmatrix}$. Uma condição necessária e suficiente sobre **k** para que o sistema tenha uma única solução é:

a) $k \neq 4$.
b) $k \neq \frac{12}{11}$.
c) $k \neq 0$.
d) $k \neq -\frac{12}{11}$.
e) $k \neq -4$.

6 (UFPR) Uma bolsa contém 20 moedas, distribuídas entre as de 5, 10 e 25 centavos, totalizando R$ 3,25. Sabendo que a quantidade de moedas de 5 centavos é a mesma das moedas de 10 centavos, quantas moedas de 25 centavos há nessa bolsa?

a) 6 b) 8 c) 9 d) 10 e) 12

7 (UFRGS–RS) Rasgou-se uma das fichas onde foram registrados o consumo e a despesa correspondente de três mesas de uma lanchonete, como indicado abaixo.

Mesa 1	Mesa 2	Mesa 3
2 sucos	4 sucos	1 suco
3 sanduíches	5 sanduíches	1 sanduíche
R$ 14,00	R$ 25,00	R$

Nessa lanchonete, os sucos têm um preço único, e os sanduíches também. O valor da despesa da mesa 3 é:

a) R$ 5,50.
b) R$ 6,00.
c) R$ 6,40.
d) R$ 7,00.
e) R$ 7,20.

8 (Uniube–MG) Ao descontar um cheque, recebi somente notas de R$ 10,00 e R$ 50,00, em um total de 14 notas. Quando fui conferir, descobri que o caixa havia se enganado, pois recebi tantas notas de R$ 50,00 quanto as de R$ 10,00 que deveria ter recebido e vice-versa. Percebido o erro, verifiquei que, se gastasse R$ 240,00 da importância recebida, ainda ficaria com o valor do meu cheque. Qual era o valor do meu cheque?

a) R$ 540,00
b) R$ 300,00
c) R$ 480,00
d) R$ 240,00

9 (Unicamp–SP) Uma empresa deve enlatar uma mistura de amendoim, castanha-de-caju e castanha-do-pará. Sabe-se que o quilo de amendoim custa R$ 5,00, o quilo de castanha-de-caju R$ 20,00 e o quilo de castanha-do-pará R$ 16,00. Cada lata deve conter meio quilo da mistura e o custo total dos ingredientes de cada lata deve ser de R$ 5,75. Além disso, a quantidade de castanha-de-caju em cada lata deve ser igual a um terço da soma das outras duas.

a) Escreva o sistema linear que representa a situação descrita acima.
b) Resolva o referido sistema, determinando as quantidades, em gramas, de cada ingrediente.

10 (PUC–RJ) Ache todas as soluções do sistema $\begin{cases} x + y - z = 1 \\ -x + y + z = 1 \end{cases}$. Interprete sua resposta geometricamente.

Verifique se o sistema tem uma solução do tipo $x = a + 1$, $y = 2a$ e $z = a$.

11 (Uerj–adaptado) João contou os coelhos, os patos e os bois que havia em sua fazenda, obtendo um total de 340 animais. A seguir, verificou que o número de coelhos era o triplo do de patos e que o número de bois excedia em 20 unidades o total de coelhos e patos. Determine o número de patos que há na fazenda.

12 (Unicamp–SP) Em uma sala há uma lâmpada, uma televisão (TV) e um aparelho de ar condicionado (AC). O consumo da lâmpada equivale a $\frac{2}{3}$ do consumo da TV e o consumo do AC equivale a 10 vezes o consumo da TV. Se a lâmpada, a TV e o AC forem ligados simultaneamente, o consumo total de energia será de 1,05 quilowatt por hora (kWh). Pergunta-se:

a) Se 1 kWh custa R$ 0,40, qual será o custo para manter a lâmpada, a TV e o AC ligados por 4 horas por dia durante 30 dias?

b) Qual é o consumo, em kWh, da TV?

13 (UFPB) O sistema $\begin{cases} y - x = -1 \\ y + x = 1 \\ y - 2x = 1 \end{cases}$ tem conjunto solução:

a) vazio.

b) unitário.

c) formado por dois elementos.

d) formado por três elementos.

e) infinito.

14 (ITA–SP) O sistema linear $\begin{cases} bx + y = 1 \\ by + z = 1 \\ x + bz = 1 \end{cases}$ não admite solução se e somente se o número **b** for igual a:

a) -1. b) 0. c) 1. d) 2. e) -2.

15 (UnB–DF) Em uma competição, participaram caminhões (seis rodas), motocicletas (duas rodas) e jipes (quatro rodas). Devido ao desgaste, todos os pneus foram substituídos uma única vez durante a prova. Ao final desta, foram contabilizadas as quantidades de pneus trocados e constatou-se que, no total, para caminhões e motocicletas, foram substituídos 132 pneus e, para caminhões e jipes, 212 pneus. Ao todo, foram trocados 260 pneus. Calcule a quantidade total de veículos que participaram da competição.

16 (Ufam) Determine o valor de **x**, **y** e **z** respectivamente, tais que $\begin{cases} \frac{2}{x} - \frac{1}{y} - \frac{1}{z} = -1 \\ \frac{1}{x} + \frac{1}{y} + \frac{1}{z} = 0 \\ \frac{3}{x} - \frac{2}{y} + \frac{1}{y} = 4 \end{cases}$.

a) $-3, \frac{9}{14}$ e $-\frac{9}{17}$

b) $-3, \frac{9}{14}$ e $\frac{9}{17}$

c) $3, -\frac{9}{14}$ e $\frac{9}{17}$

d) $-3, -\frac{9}{14}$ e $\frac{9}{17}$

e) $3, \frac{9}{14}$ e $\frac{9}{17}$

17 (Unemat–MT) A professora Ana Maria precisa comprar 80 unidades de material para a sala de aula, entre eles, lápis, canetas e cadernos. Espera comprar os lápis a R$ 1,00 cada, as canetas R$ 2,00 e os cadernos a R$ 4,00. Arrecadou dos alunos R$ 230,00 para esta compra.

Se o número de cadernos deve ser igual ao número de lápis e canetas juntos, a solução para esta compra será:

a) 40 lápis, 35 canetas e 5 cadernos.

b) 5 lápis, 35 canetas e 40 cadernos.

c) 10 lápis, 30 canetas e 40 cadernos.

d) 20 lápis, 20 canetas e 40 cadernos.

e) 15 lápis, 25 canetas e 40 cadernos.

18 (Uece) Se **x**, **y** e **z** constitui a solução do sistema linear $\begin{cases} x + y + z = 1 \\ x + 2y + 3z = -2 \\ x + 4y + 5z = -4 \end{cases}$ então o produto $x \cdot y \cdot z$ é igual a:

a) −4. b) −8. c) −2. d) −6.

19 (UFPA) Uma indústria de cerâmica produz tijolo, telha e lajota, com produção diária de 90 mil peças. Sabe-se que o número de telhas produzidas é igual à metade da soma do número de tijolos com o de lajotas, que os custos de produção do milheiro do tijolo, da telha e da lajota são respectivamente 100, 200 e 300 reais e que o custo diário total da produção é de R$ 16 000,00. Com base nesses dados, é correto afirmar que a industria produz por dia:

a) mais de 30 milheiros de tijolos e menos de 29 milheiros de lajotas.

b) menos de 29 milheiros de tijolos e menos de 29 milheiros de lajotas.

c) mais de 50 milheiros de tijolos e menos de 30 milheiros de lajotas.

d) 30 milheiros de tijolos e 30 milheiros de telhas.

e) 29 milheiros de tijolos e 39 milheiros de lajotas.

20 (Fuvest–SP) Em uma festa com **n** pessoas, em um dado instante, 31 mulheres se retiram e restam convidados na razão de 2 homens para cada mulher. Um pouco mais tarde, 55 homens se retiram e restam, a seguir, convidados na razão de 3 mulheres para casa homem. O número **n** de pessoas presentes inicialmente na festa era igual a:

a) 100. b) 105. c) 115. d) 130. e) 135.

21 (Uerj) Uma família comprou água mineral em embalagens de 20 L, de 10 L e 2 L. Ao todo, foram comprados 97 L de água, com o custo total de R$ 65,00.

Veja na tabela os preços da água por embalagem:

Volume da embalagem (ℓ)	**Preço** (R$)
20	10,00
10	6,00
2	3,00

Nessa compra, o número de embalagens de 10 L corresponde ao dobro do número de embalagens de 20 L, e a quantidade de embalagens de 2 L corresponde a **n**.

O valor de **n** é um divisor de:

a) 32. b) 65. c) 77. d) 81.

22 (Vunesp) Uma família fez uma pesquisa de mercado, nas lojas de eletrodomésticos, à procura de três produtos que desejava adquirir: uma TV, um *freezer* e uma churrasqueira. Em três das lojas pesquisadas, os preços de cada um dos produtos eram coincidentes entre si, mas nenhuma das lojas tinha os três produtos simultaneamente para a venda. A loja **A** vendia a churrasqueira e o freezer por R$ 1 288,00. A loja **B** vendia a TV e o freezer por R$ 3 698,00 e a loja **C** vendia a churrasqueira e a TV por R$ 2 588,00.

A família acabou comprando a TV, o freezer e a churrasqueira nestas três lojas. O valor total pago, em reais, pelos três produtos foi de:

a) 3 767,00. c) 3 787,00. e) 3 807,00.
b) 3 777,00. d) 3 797,00.

23 (Ibemc–RJ) Seja o sistema linear nas incógnitas **x**, **y** e **z**

$$\begin{cases} x + y + kz = 1 \\ 2x + k^2z = -1 \\ x + y + 2z = 0 \end{cases}.$$

Assinale a afirmativa correta:

a) para k = 1, possui mais de uma solução.
b) para k = 3, não possui solução.
c) para k = 2, possui infinitas soluções.
d) para k = 2, não possui solução.
e) para k = 2, possui uma única solução.

24 (FGV–SP) Considere o sistema linear $\begin{cases} kx - y + z = 3 \\ x + ky + z = k \\ x + y + kz = 1 \end{cases}$ de incógnitas **x**, **y** e **z**. Sendo que **k** um parâmetro real, então:

a) o sistema será impossível se $k = -1$ ou $k = 1$.

b) o sistema será determinado se $k = 1$.

c) o sistema será impossível de $k = 0$ ou $k = -1$.

d) o sistema será indeterminado se $k = 0$ ou $k = -1$.

e) o sistema será determinado se $k = 0$ ou $k = -1$.

---

25 (Fuvest–SP) Dado um número real **a**, considere o seguinte problema: "Achar números reais $x_1, x_2, ..., x_6$ não nulos, que satisfaçam o sistema linear: $(r - 2) \cdot (r - 3)x_{r-1} + ((r - 1) \cdot (r - 3) \cdot (r - 4) \cdot (r - 6)a + (-1)^r)x_r + (r - 3)x_{r-1} = 0$, para $r = 1, 2, ..., 6$, onde $x_0 = x_7 = 0$".

a) Escreva o sistema linear acima em forma matricial.

b) Para que os valores de **a** o problema acima tem solução?

c) Existe, para algum valor de **a**, uma solução do problema com $x_1 = 1$? Se existir, determine tal solução.

26 (UEL–PR) Em uma rodada de um campeonato de futebol de salão, o time "Bola na Rede" ganhou do time "Malukos por bola" por 8 a 0 (oito a zero). O repórter de um jornal foi ao vestiário do time vencedor e perguntou quantos gols cada jogador havia marcado, anotando os nomes dos jogadores que fizeram gols. Escreveu em suas anotações:

1) Fizeram gols: Esquerdinha, Teco, Azeitona e Dentinho.

2) Teco fez dois gols a mais que Esquerdinha.

3) Azeitona fez tantos gols quanto a diferença entre os gols feitos por Teco e Esquerdinha.

Sobre as contagens de gols da partida, considere as afirmativas a seguir:

I) O jogador que marcou mais gols foi Teco.

II) Azeitona e Dentinho marcaram a mesma quantidade de gols.

III) A soma do número de gols feitos por Azeitona e Dentinho é igual ao número de gols feito por Teco.

IV) Teco fez três vezes mais gols que Esquerdinha.

Estão corretas apenas as afirmativas:

a) I e II. b) I e III. c) III e IV. d) I, II e IV. e) II, III e IV.

27 (ITA–SP) Em uma mesa de lanchonete, o consumo de 3 sanduíches, 7 xícaras de café e 1 pedaço de torta totalizou R$ 31,50. Em outra mesa, o consumo de 4 sanduíches, 10 xícaras de café e 1 pedaço de torta totalizou R$ 42,00. Então, o consumo de 1 sanduíche, 1 xícara de café e 1 pedaço de torta totaliza o valor de:

a) R$ 17,50.
b) R$ 16,50.
c) R$ 12,50.
d) R$ 10,50.
e) R$ 9,50.

28 (Fuvest–SP) Um senhor feudal construiu um fosso, circundado por muros, em volta do seu castelo, conforme a planta a seguir, e uma ponte para atravessá-lo. Em certo dia, ele deu uma volta completa no muro externo, atravessou a ponte e deu uma volta completa no muro interno. Esse trajeto foi completado em 5 320 passos. No dia seguinte, ele deu duas voltas completas no muro externo, atravessou a ponte e deu uma volta completa no muro interno, completando esse novo trajeto em 8 120 passos.

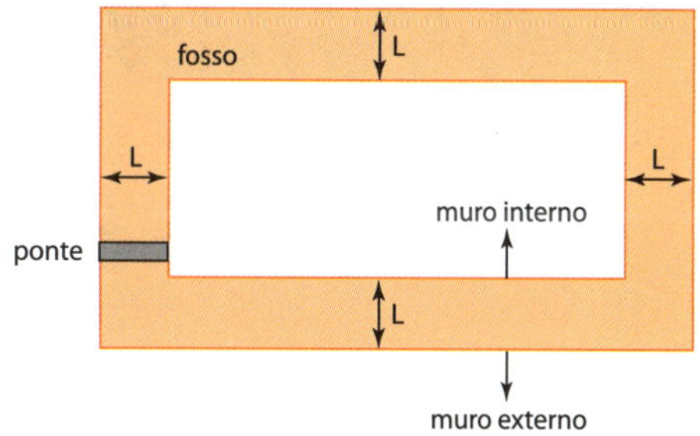

Pode-se concluir que a largura **L** do fosso, em passos, é:

a) 36. b) 40. c) 44. d) 48. e) 50.

29 (UFBA) Um quadrado mágico é a matriz quadrada de ordem maior ou igual a 3, cujas somas dos termos de cada linha, de cada coluna, da diagonal principal e da diagonal secundária têm o mesmo valor, que é chamado de constante mágica.
Estabeleça um sistema de equações que permita determinar os valores de **x**, **y** e **z** que tornam a matriz

$$A = \begin{pmatrix} -2x+3 & z+9 & x+2y+1 \\ x+y+2 & -y+8 & -x+8 \\ -4z+5 & y-z+4 & -x+z+4 \end{pmatrix}$$ um quadrado mágico e calcule esses valores.

---

30 (Enem) O indicador do CadÚnico (ICadÚnico), que compõe o cálculo do Índice de Gestão Descentralizada do Programa Bolsa Família (IGD), é obtido por meio da média aritmética entre a taxa de cobertura qualificada de cadastros (TC) e a taxa de atualização de cadastros (TA), em que $TC = \frac{NV}{NF}$, $TA = \frac{NA}{NV}$, NV é o número de cadastros domiciliares válidos no perfil do CadÚnico, NF é o número de famílias estimadas como público alvo do CadÚnico e NA é o número de cadastros domiciliares atualizados no perfil do CadÚnico.
Suponha que o ICadÚnico de um munição específico é 0,6. Porém, dobrando NF o ICadÚnico cairá para 0,5. Se BA + NV = 3 600, então NF é igual a:
a) 10 000. b) 7 500. c) 5 000. d) 4 500. e) 3 000.

Assunto	Resumo
Fatorial	(**n** inteiro positivo) $0! = 0$ $1! = 1$ $n! = n\,(n - 1)(n = 2) \cdot \ldots \cdot 2 \cdot 1\ (n \geqslant 2)$
Permutação simples de *n* elementos	$P_n = n!$
Arranjo simples	Arranjos simples de **n** elementos tomados **p** a **p** ($p \leqslant n$) são os agrupamentos ordenados diferentes que se podem formar com **p** dos **n** elementos dados. $A_{n,\,p} = \dfrac{n!}{(n-p)!}$
Combinação simples	Combinações simples de **n** elementos tomados **p** a **p** ($p \leqslant n$) são os subconjuntos com exatamente **p** elementos que se podem formar com os **n** elementos dados. $C_{n,\,p} = \dfrac{n!}{p!(n-p)!}$
Permutação de *n* elementos	A permutação de **n** elementos dos quais α são de um tipo, β de outro e γ de outro, com $\alpha + \beta + \gamma = n$, é dada por: $P_n^{\alpha,\,\beta,\,\gamma} = \dfrac{n!}{\alpha!\beta!\gamma!}$

Exercícios

1 (Ufam) As cidades **A**, **X**, **Y**, **Z** e **B** estão interligadas por rodovias indicadas conforme a figura a seguir. De quantos modos uma pessoa pode sair da cidade **A** e chegar na cidade **B**, passando apenas uma vez em cada cidade do caminho escolhido?

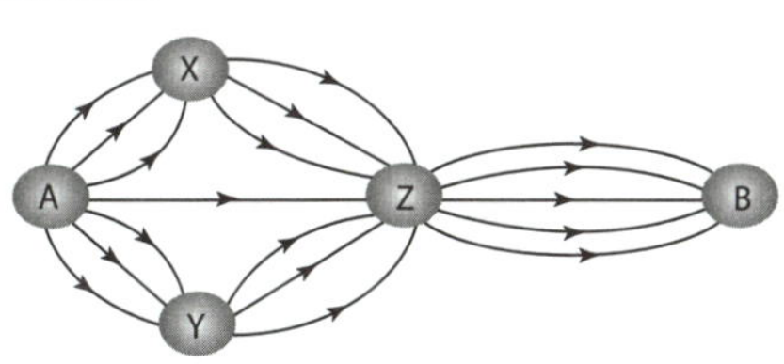

a) 90 b) 92 c) 94 d) 95 e) 102

2 (Uece) A senha de um cartão eletrônico possui sete caracteres, todos distintos, sendo quatro algarismos e três letras maiúsculas, intercalando algarismos e letras (por exemplo, 5C7X2P8). Sabendo que são disponibilizados 26 letras e 10 algarismos, o número de senhas distintas que podem ser confeccionadas é:

a) 66 888 000.
b) 72 624 000.
c) 78 624 000.
d) 84 888 000.

3 (Enem) Doze times se inscreveram em um torneio de futebol amador. O jogo de abertura do torneio foi escolhido da seguinte forma: primeiro foram sorteados 4 times para compor o Grupo **A**. Em seguida, entre os times do Grupo **A**, foram sorteados 2 times para realizar o jogo de abertura do torneio, sendo que o primeiro deles jogaria em seu próprio campo, e o segundo seria o time visitante.

A quantidade total de escolhas possíveis para o Grupo **A** e a quantidade total de escolhas dos times do jogo de abertura podem ser calculadas através de:

a) uma combinação e um arranjo, respectivamente.

b) um arranjo e uma combinação, respectivamente.

c) um arranjo e uma permutação, respectivamente.

d) duas combinações.

e) dois arranjos.

4 (Unemat–MT) Com os algarismos 1, 2, 3, 4, 5 e 6 são formados números de 5 algarismos distintos. Entre eles, são divisíveis por 5:

a) 120 números. c) 60 números. e) 180 números.

b) 30 números. d) 20 números.

5 (Unaerp–SP) Se $\frac{x!(x+1)!}{(x-1)!x!} = 20$, então **x** vale:

a) −6. b) −5. c) 4. d) 5. e) 6.

6 (Vunesp) Um certo tipo de código usa apenas dois símbolos, o número zero (0) e o número um (1) e, considerando esses símbolos como letras, podem-se formar palavras. Por exemplo: 0, 01, 00, 001 e 110 são algumas palavras de uma, duas e três letras desse código. O número máximo de palavras, com cinco letras ou menos, que podem ser formadas com esse código é:

a) 120. b) 62. c) 60. d) 20. e) 10.

7 (Unitau–SP) Sendo $n \neq 0$, o(s) valor(es) de **n** tal que $\frac{(n+1)! - n!}{(n-1)!} = 7n$ é (são):

a) 7. c) 0 e 10. e) 0 e 2.

b) 0 e 7. d) 1.

8 (Ufop–MG) Para compor a tripulação de um avião, dispomos de 20 pilotos, 4 copilotos, 3 comissárias e 5 comissários de bordo. Sabendo que em cada voo vão 2 comissárias, 2 comissários, 1 piloto e 2 copilotos, de quantos modos pode ser escolhida a tripulação?

9 (Unicamp–SP) De quantas maneiras podem ser escolhidos 3 números naturais distintos de 1 a 30 de modo que sua soma seja par? Justifique sua resposta.

10 (UFSC) Sobre uma reta são marcados 7 pontos, e sobre uma outra reta, paralela à primeira, 3 pontos. Qual é o número de triângulos com vértices em três desses pontos?

11 (UEL–PR) Um grupo de 6 alunos decide escrever todos os anagramas da palavra PERGUNTA. Essa tarefa será feita em vários turnos de trabalho. Em cada turno 3 alunos escrevem e os outros descansam. Para serem justos, decidiram escrever o mesmo número de anagramas em cada turno.

Qual deve ser o número mínimo de anagramas, escrito por turno, de modo que não se repitam grupos de trabalho?

a) 23
b) 720
c) 2 016
d) 5 040
e) 35 000

12 (PUC–SP) O novo sistema de placas de veículos utiliza um grupo de 3 letras (dentre 26 letras) e um grupo de 4 algarismos (por exemplo: ABC-1023). Uma placa dessas será "palíndroma" se os dois grupos que a constituem forem "palíndromos". O grupo ABA é "palíndromo" pois as leituras da esquerda para a direita e da direita para esquerda sai iguais; da mesma forma, o grupo 1331 é "palíndromo". Quantas placas "palíndromas" distintas poderão ser construídas?

13 (Vunesp) Determine quantos são os números de três algarismos múltiplos de 5, cujos algarismos das centenas pertencem a {1, 2, 3, 4} e os demais algarismos a {0, 5, 6, 7, 8, 9}.

14 (Unifor–CE) Considere todos os anagramas da palavra FORTAL. Supondo que cada anagrama seja uma palavra, então, colocando todas as palavras obtidas em ordem alfabética, a que ocupará a 244ª posição é:

a) ATLORF.
b) FALTOR.
c) LAFRTO.
d) LAFROT.
e) LFAORT.

15 (Uece) Numa Academia Regional de Folclore, 12 acadêmicos são mulheres e 18 são homens. O número de comissões constituídas com 3 acadêmicos, sempre com a presença dos dois sexos, é:

a) 3024. b) 2750. c) 1275. d) 1024.

16 (PUC–RJ) Se $\frac{n!}{(n+2)! + (n+1)!} = \frac{1}{48}$, então:

a) n = 2.
b) n = 12.
c) n = 5.
d) n = 7.
e) n = 10.

17 (UEL–PR) Um professor entrega 8 questões aos alunos para que, em uma prova, escolham 5 questões para resolver, sendo que duas dessas questões são obrigatórias. Ao analisar as provas, o professor percebeu que não havia provas com as mesmas 5 questões. Assim, é correto afirmar que o número máximo de alunos que entregou a prova é:

a) 6. b) 20. c) 56. d) 120. e) 336.

18 (UFC–CE) Uma comissão de 5 membros será formada escolhendo-se parlamentares de um conjunto com 5 senadores e 3 deputados. Determine o número de comissões distintas que podem ser formadas obedecendo à regra: a presidência da comissão deve ser ocupada por um senador, e a vice-presidência, por um deputado (duas comissões com as mesmas pessoas, mas que a presidência ou a vice-presidência sejam ocupadas por pessoas diferentes, são consideradas distintas).

19 (Ufam) Um time de futsal é constituído de 5 jogadores, sendo 1 no gol, 2 na defesa e 2 na frente. Se o treinador dispõe de 2 goleiros, 4 defensores e 5 jogadores de frente, então, o número de maneiras possíveis de formar esse time é igual a:

a) 120. b) 80. c) 320. d) 90. e) 480.

20 (Unicamp–SP) O grêmio estudantil do Colégio Alvorada é composto por 6 alunos e 8 alunas. Na ultima reunião do grêmio, decidiu-se formar uma comissão de 3 rapazes e 5 moças para a organização das olimpíadas do colégio. De quantos modos diferentes pode-se formar essa comissão?

a) 6720. b) 1120. c) 100800. d) 806400.

21 (UFPB) A prefeitura de certo município solicitou ao Governo Federal uma verba para a execução das seguintes obras:

- saneamento básico;
- calçamento de ruas;
- construção de uma escola;
- construção de uma creche;
- construção de casas populares.

O Governo Federal aprovou a concessão da verba solicitada, na condição de que fosse estabelecida uma ordem na execução das obras, de modo que, tendo sido liberada a verba para a primeira obra, a verba para a segunda só seria liberada após a conclusão da primeira, e assim sucessivamente até a execução da última obra. Nesse contexto, considere o planejamento feito pela prefeitura:

- a primeira obra escolhida foi a construção das casas populares;
- o calçamento das ruas só poderá ser executado com o saneamento básico concluído.

Atendendo às condições estabelecidas pelo Governo Federal e ao planejamento da prefeitura, é correto afirmar que o número de maneiras possíveis e distintas para a realização dessas 5 obras é:

a) 8. b) 10. c) 12. d) 14. e) 16.

22 (UEG-GO) Na cantina "Canto Feliz", surgiram as seguintes vagas de trabalho: duas para serviços de limpeza, cinco para serviços de balcão, quatro para serviços de entregador e uma para serviços gerais. Para preencher essas vagas, candidataram-se 23 pessoas: oito para a função de limpeza, sete para a de balconista, seis para a de entregador e duas para serviços gerais. Considerando todas as possibilidades de seleção desses candidatos, determine o número total dessas possibilidades.

23 (UEL-PR) O jogo da Mega-Sena consiste no sorteio de 6 números distintos entre 1 e 60. Um apostador escolhe 20 números distintos e faz todos os $C_{20,6}$ jogos possíveis de serem realizados com os 20 números. Se ele acertar os seis números sorteados, entre os vinte escolhidos, além da aposta sorteada com a sena, quantas apostas premiadas com a quina (cinco números corretos) ele conseguirá?

a) 75 apostas
b) 84 apostas
c) $C_{20,5}$ apostas
d) $C_{6,5}$ apostas
e) 70 apostas

24 (Fuvest-SP)

a) Quantos são os números inteiros positivos de quatro algarismos, escolhidos sem repetição, entre 1, 3, 5, 6, 8, 9?

b) Dentre os números inteiros positivos de quatro algarismos citados no item **a**, quantos são divisíveis por 5?

c) Dentre os números inteiros positivos de quatro algarismos citados no item **a**, quantos são divisíveis por 4?

25 (Ibmec-RJ) O número de anagramas que podem ser formados com as letras de PAPAGAIO, começando por consoante e terminando por **O**, é igual a:

a) 120. b) 180. c) 240. d) 300. e) 320.

26 (Uniube-MG) Considere os seguintes números naturais 4, 6, 8, ..., 100. Efetuando-se a soma

$4! + 6! + 8! + \ldots + 100!$, o algarismo que ocupa a ordem das unidades dessa soma é igual a:

a) 4. b) 2. c) 6. d) 8.

27 (Enem) O setor de recursos humanos de uma empresa vai realizar uma entrevista com 120 candidatos a uma vaga de contador. Por sorteio, eles pretendem atribuir a cada candidato um número, colocar a lista de números em ordem crescente e usá-la pra convocar os interessados. Acontece que, por um defeito do computador, foram gerados números com 5 algarismos distintos e, em nenhum deles, aparecem dígitos pares. Em razão disso, a ordem de chamada do candidato que tiver recebido o numero 75 913 é:

a) 24. b) 31. c) 32. d) 88. e) 89.

28 (Ufop-MG) Sejam dadas 10 caixas, numeradas de 1 a 10, e 10 bolas, sendo 3 verdes, 4 vermelhas e 3 azuis. Colocando uma bola em cada caixa, de quantas maneiras é possível guardar as bolas na caixa?

29 (Fuvest-SP) Três empresas devem ser contratadas para realizar quatro trabalhos distintos em um condomínio. Cada trabalho será atribuído a uma única empresa e todas elas devem ser contratadas. De quantas maneiras distintas podem ser distribuídos os trabalhos?

a) 12 b) 18 c) 36 d) 72 e) 108

30 (Vunesp) Em todos os 25 finais de semana do primeiro semestre de certo ano, Maira irá convidar duas de suas amigas para ir à sua casa de praia, sendo que nunca o mesmo par de amigas se repetirá durante esse período. Respeitados essas condições, determine o menor número possível de amigas que ela poderá convidar.

Dado: $\sqrt{201} \cong 14,2$.

32 (Fuvest–SP) Maria deve criar um senha de 4 dígitos para sua conta bancária. Nessa senha, somente os algarismos 1, 2, 3, 4, 5 podem ser usados e um mesmo algarismo pode aparecer mais de uma vez. Contudo, supersticiosa, Maria não quer que sua senha contenha o número 13, isto é, o algarismo 1 seguido imediatamente pelo algarismo 3. De quantas maneiras distintas Maria pode escolher sua senha?

a) 551 b) 552 c) 553 d) 554 e) 555

31 (ESPCEX–SP) Os alunos de uma escola realizam experiências no laboratório de Química utilizando 8 substâncias diferentes. O experimento consiste em misturar quantidades iguais de duas dessas substâncias e observar o produto obtido.

O professor recomenda, entretanto, que as substâncias $\mathbf{S_1}$, $\mathbf{S_2}$ e $\mathbf{S_3}$ não devem ser misturadas entre si, pois produzem como resultado o gás metano, de odor muito ruim. Assim, o número possível de misturas diferentes que se pode obter, sem produzir o gás metano é:

a) 16. b) 24. c) 25. d) 28. e) 56.

33 (Uece) O produto dos algarismos do número 3 115 é 15. A quantidade de números existentes entre 2 003 e 9 009, cujo produto de seus algarismos é 15, é:

a) 6. b) 9. c) 12. d) 15.

34 (Vunesp) O conselho administrativo de um sindicato é constituído por doze pessoas, das quais uma é o presidente deste conselho. A diretoria do sindicato tem quatro cargos a serem preenchidos por membros do conselho, sendo que o presidente da diretoria e o do conselho não devem ser a mesma pessoa. De quantas maneiras diferentes esta diretoria poderá ser formada?

a) 40 b) 7 920 c) 10 890 d) 11! e) 12!

35 (Vunesp) Uma prova consta de 3 partes, cada uma com 5 questões. Cada questão, independentemente da parte a que pertença, vale 1 ponto, sendo o critério de correção "certo ou errado". De quantas maneiras diferentes podemos alcançar 10 pontos nessa prova, se devem ser resolvidas pelo menos 3 de cada parte e 10 questões no total?

36 (UFC–CE) A quantidade de números inteiros positivos de 8 algarismos, formados somente pelos algarismos 1, 2 e 3 nos quais cada um desses algarismos aparece pelo menos uma vez, é:

a) $3^8 + 3 \cdot 2^8$.
b) $3^8 - 3 \cdot 2^8$.
c) $3^8 + 3 \cdot 2^8 - 3$.
d) $3^8 + 3 \cdot 2^8 + 3$.
e) $3^8 - 3 \cdot 2^8 + 3$.

TRIÂNGULO DE PASCAL E BINÔMIO DE NEWTON

Assunto	Resumo
Números binomiais	$\binom{n}{p} = C_{n,p} = \dfrac{n!}{p!(n-p)!}$ (para $n \geqslant p$ e $n, p \in \mathbb{N}$) $\binom{n}{a} = \binom{n}{b} \Leftrightarrow \begin{cases} a = b \\ a + b = n \end{cases}$
Triângulo de Pascal	$1 \quad = \binom{0}{0}$ $1 \quad 1 \quad = \binom{1}{0}\binom{1}{1}$ $1 \quad 2 \quad 1 \quad = \binom{2}{0}\binom{2}{1}\binom{2}{2}$ $1 \quad 3 \quad 3 \quad 1 \quad = \binom{3}{0}\binom{3}{1}\binom{3}{2}\binom{3}{3}$ $1 \quad 4 \quad 6 \quad 4 \quad 1 \quad = \binom{4}{0}\binom{4}{1}\binom{4}{2}\binom{4}{3}\binom{4}{4}$ $1 \quad 5 \quad 10 \quad 10 \quad 5 \quad 1 = \binom{5}{0}\binom{5}{1}\binom{5}{2}\binom{5}{3}\binom{5}{4}\binom{5}{5}$ $\vdots \qquad \vdots$ $1 \ldots n \quad = \binom{n}{0}\binom{n}{1}\ldots \quad \binom{n}{n}$ **Observações:** 1ª) Relação de Stifel: $\binom{n}{p} + \binom{n}{p+1} = \binom{n+1}{p+1}$ 2ª) $\binom{n}{0} + \binom{n}{1} + \binom{n}{2} + \ldots + \binom{n}{n-1} + \binom{n}{n} = 2^n$
Binômio de Newton	$(x + y)^n = \binom{n}{0}x^n + \binom{n}{1}n^{n-1} + \binom{n}{2}x^{n-2}y^2 + \ldots + \binom{n}{n-1}xy^{n-1} + \binom{n}{n}y^n$ Termo geral de $(x + y)^n$: $T_{k+1} = \binom{n}{k} \cdot x^{n-k} \cdot y^k$

Exercícios

1 (UFPA) A arte de mosaico teve seu início aproximadamente em 3500 a.C. e seu apogeu no século VI d.C., durante o império Bizantino. O mosaico consiste na formação de uma figura com pequenas peças (pedras, vidros, etc.) colocadas sobre o cimento fresco de uma parede ou de um piso. No Brasil o mosaico foi utilizado, entre outros, por Candido Portinari, Di Cavalcanti e Tomie Ohtake em diversas obras. Ele ainda é utilizado, principalmente na construção civil em imensos painéis, na decoração de piscinas e em pisos e paredes dos mais diversos ambientes.

FOTOS: CEPS (CENTRO DE PROCESSOS SELETIVOS)/UFPA

Admirador desta arte, um famoso milionário contratou um renomado artista para decorar o piso de sua casa de campo com mosaicos. Inspirado nos trabalhos de Escher, o artista decidiu construir o mosaico colorindo os números do triângulo de Pascal (veja as figuras abaixo) que são múltiplos de dois. O triângulo de Pascal é constituído pelos termos binomiais $\binom{n}{p} = C_{n,p} = \dfrac{n!}{p!(n-p)!}$.

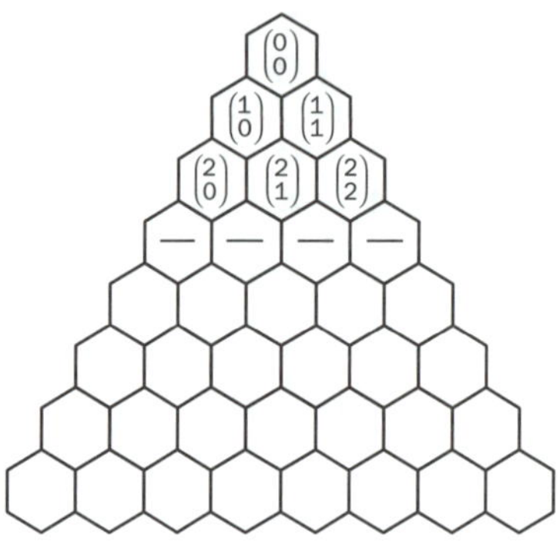

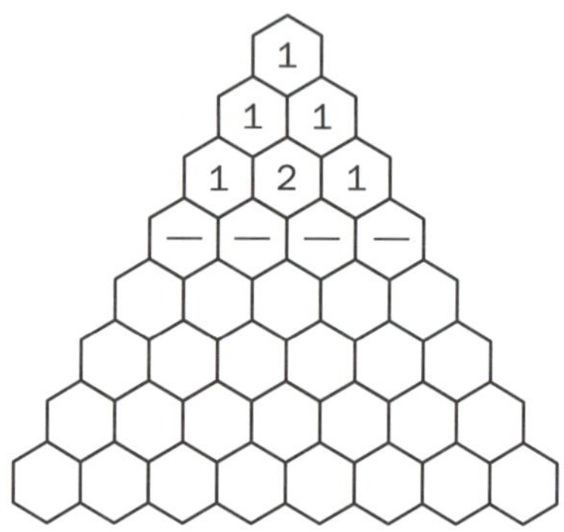

Completando o triângulo de Pascal acima e colorindo os múltiplos de 2, obtém-se a figura idealizada pelo artista, representada na alternativa:

a)

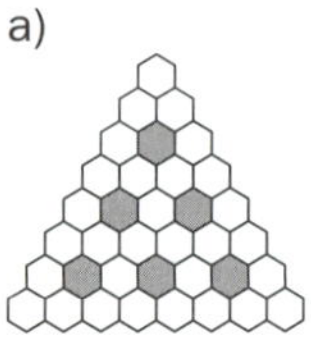

b)

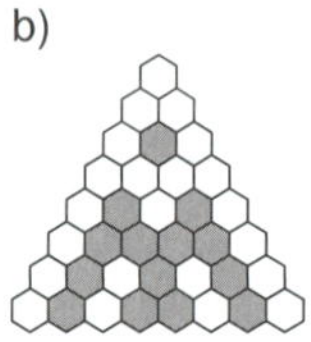

c)

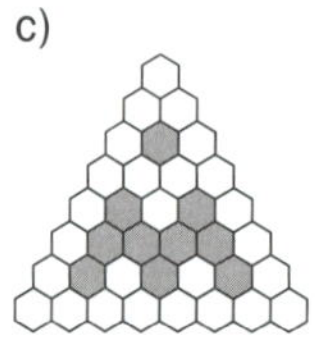

d)

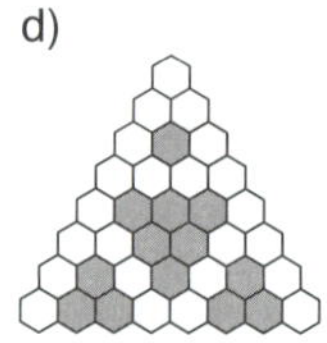

e)

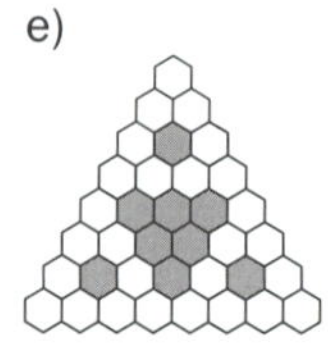

2 (UFC–CE) Sabendo que a soma dos coeficientes dos termos do desenvolvimento de $(x + y)^n$ é 4 096, determine o valor de **n**.

3 (FGV–SP) O valor de $\sum_{x=0}^{n} \binom{n}{x} (2)^x (3)^{n-x}$ é:

a) 6^n.
b) 5^n.
c) 1.
d) 2^n.
e) impossível de calcular por vias elementares.

4 (Mack–SP) Se $\binom{n}{2} = 28$, então **n** vale:

a) 7. b) 8. c) 14. d) 26. e) 56.

5 (Faap–SP) Os valores de **x** que satisfazem a igualdade $\binom{12}{3x-1} = \binom{12}{x+1}$ são:

a) 1 e 4. b) 1 e 3. c) 3 e 4. d) 2 e 3.

6 (Uece) A soma das soluções da equação $\binom{18}{6} = \binom{18}{4x-1}$ é:

a) 8. b) 5. c) 6. d) 7.

7 (ITA–SP) Resolva a equação $\binom{15}{x-1} = \binom{15}{2x+1}$.

8 (Unifor–CE) Por uma das propriedades do triângulo de Pascal, o valor da soma $\binom{50}{20} + \binom{50}{21} + \binom{51}{22} + \binom{52}{23}$ vale:

a) $\binom{53}{23}$. b) $\binom{52}{21}$. c) $\binom{52}{22}$. d) $\binom{51}{22}$. e) $\binom{51}{21}$.

9 (Unifor–CE) A soma $\binom{30}{8} + 2 \cdot \binom{30}{9} + \binom{30}{10}$ é igual a:

a) $\binom{30}{11}$. b) $\binom{32}{11}$. c) $\binom{32}{10}$. d) $\binom{32}{9}$. e) $\binom{31}{10}$.

10 (Ufop–MG) No desenvolvimento de $\left(x + \frac{1}{\sqrt[3]{x}}\right)^6$, calcule a ordem e o coeficiente do termo em $\mathbf{x^2}$.

11 (FEI–SP) Sendo $S = \binom{20}{0} + \binom{20}{1}2 + \binom{20}{2}2^2 + \ldots + \binom{20}{19}2^{19} + \binom{20}{20}2^{20}$, tem-se:

a) $S = 2^{40}$.
b) $S = 9^{10}$.
c) $S = 20^{20}$.
d) $S = 20!$.
e) nda.

12 (ITA–SP) Sabendo que é 1 024 a soma dos coeficientes do polinômio em **x** e **y**, obtido no desenvolvimento do binômio $(x + y)^m$, temos que o número de arranjos sem repetição de **m** elementos, tomados 2 a 2, é:

a) 80.
b) 90.
c) 70.
d) 100.
e) 60.

13 (Mack–SP) $S = (x - 1)^5 + 5(x - 1)^4 + 10(x - 1)^3 + 10(x - 1)^2 + 5(x - 1) + 1$. Lembrando apenas que $(a + 1)^5 = a^5 + 5a^4 + 10a^3 + 10a^2 + 5a + 1$, o valor de **S** é:

a) $x^5 + x^4 + x^3 + x^2 + x + 1$.
b) $x^5 + 5x^4 + 10x^3 + 10x^2 + 5x + 1$.
c) $x^5 + 5x^4 + 10x^3 + 10x^2 + 5x$.
d) $x^5 + 1$.
e) x^5.

14 (Unifor–CE) A soma $\binom{3}{0} + \binom{4}{1} + \binom{5}{2} + \ldots + \binom{12}{9}$ é igual a:

a) $\binom{65}{10}$.
b) $\binom{15}{9}$.
c) $\binom{13}{10}$.
d) $\binom{13}{9}$.
e) $\binom{12}{10}$.

15 (ITA–SP) É falsa ou verdadeira a afirmação:

"Se $\binom{m}{p} = \binom{m}{p-1}$, então **m** é necessariamente ímpar"?

16 (UFC–CE) O valor da expressão $(1 + \text{sen } 2)^5 - 5(1 + \text{sen } 2)^4 + 10(1 + \text{sen } 2)^3 - 10(1 + \text{sen } 2)^2 + 5(1 + \text{sen } 2) - 1$ é igual a:

a) $(\text{sen } 2)^5$.
b) $(1 + \text{sen } 2)^5 - 1$.
c) -1.
d) 0.
e) $(\text{sen } 2)^5 + 1$.

17 (UFC–CE) Determine o coeficiente de $\mathbf{x^7}$ no desenvolvimento de $\left(\dfrac{x^2}{2} - \dfrac{2}{x}\right)^8$.

18 (UEL–PR) No cálculo de $(x^2 + xy)^{15}$, o termo em que o grau de **x** é 21 vale:

a) $484x^{21}y^{21}$.
b) $1\,001x^{21}y^9$.
c) $1\,008x^{21}y^8$.
d) $1\,264x^{21}y^9$.
e) $5\,005x^{21}y^9$.

19 (UFF–RJ) Povos diferentes com escrita e símbolos diferentes podem descobrir um mesmo resultado matemático. Por exemplo, a figura abaixo ilustra o triângulo de Yang Yui, publicado na China em 1303, que é equivalente ao triângulo de Pascal, proposto por Blaise Pascal 352 anos depois.

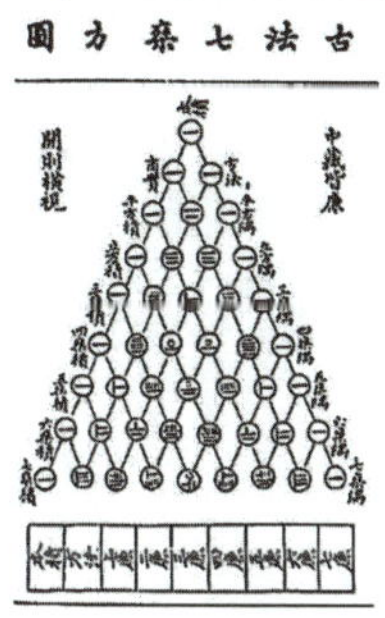

UNIVERSIDADE FEDERAL FLUMINENSE, 2010.

Na expressão algébrica $(x + 1)^{100} = a_0 + a_1 \cdot x + a_2 \cdot x^2 + \ldots + a_{99} \cdot x^{99} + a_{100} \cdot x^{100} = \sum_{n=0}^{100} a_n \cdot x^n$ o coeficiente $\mathbf{a_2}$ de $\mathbf{x^2}$ é igual a:

a) 2.
b) 100.
c) 4 950.
d) 9 900.
e) 2^{100}.

20 (ITA–SP) A expressão $(2\sqrt{3}+\sqrt{5})^5-(2\sqrt{3}-\sqrt{5})^5$ é igual a:

a) $2\,630\sqrt{5}$.
c) $2\,690\sqrt{5}$.
e) $2\,712\sqrt{5}$.
b) $1\,584\sqrt{15}$.
d) $1\,604\sqrt{15}$.

21 (UFC–CE) O símbolo $\binom{n}{k}$ indica a combinação de **n** objetos **k** a **k**. O valor de x^2-y^2 quando $x=4^{20}\sum_{k=0}^{20}\binom{20}{k}\cdot\left(\frac{3}{4}\right)^k$ e $y=5^{20}\sum_{k=0}^{20}\binom{20}{k}\cdot\left(\frac{2}{5}\right)^k$ é igual a:

a) 0.
b) −1.
c) −5.
d) −25.
e) −125.

22 (UFC–CE) Poupêncio investiu R$ 1 000,00 numa aplicação bancária que rendeu juros compostos de 1% ao mês, por cem meses seguidos. Decorrido esse prazo, ele resgatou integralmente a aplicação. O montante resgatado é suficiente para que Poupêncio compre um computador de R$ 2 490,00 à vista? Explique sua resposta.

23 (UFRJ) "O binômio de Newton é tão belo como a Vênus de Milo.
O que há é pouca gente para dar isso.
Óóóó–óóóóóó óóó–óóóóóóó óóóóóóó
(O vento lá fora)"

(Álvaro de Campos)

Um capital é aplicado por doze anos e seis meses a juros compostos de meio por cento ao mês.
Ao final desse período, o rendimento acumulado será igual, inferior ou superior a 100%? Justifique sua resposta.

PROBABILIDADE

Assunto	Resumo
Probabilidade	$p = \dfrac{\text{número de resultados favoráveis}}{\text{número total de resultados possíveis}}$ $0 \leq p \leq 1$
	Probabilidade do evento complementar **A** e $\bar{\mathbf{A}}$: eventos complementares $p(\bar{A}) = 1 - p(A)$
	Probabilidade da união de dois eventos $p(A \cup B) = p(A) + p(B) - p(A \cap B)$
	Probabilidade condicional $p(A/B) = \dfrac{p(A \cap B)}{p(B)} \Leftrightarrow p(A \cap B) = p(A/B) \cdot p(B)$
	Eventos independentes Se **A** e **B** forem eventos independentes, então $p(A \cap B) = p(A) \cdot p(B)$.

Exercícios

1 (Enem) Todo o país passa pela primeira fase de campanha de vacinação contra a gripe suína (H1N1). Segundo um médico infectologista do Instituto Emilio Ribas, de São Paulo, a imunização "deve mudar", no país, a história da epidemia. Com a vacina, de acordo com ele, o Brasil tem a chance de barrar uma tendência do crescimento da doença, que já matou 17 mil no mundo. A tabela apresenta dados específicos de um único posto de vacinação.

Campanha de vacinação contra a gripe suína		
Datas da vacinação	**Público-alvo**	**Quantidade de pessoas vacinadas**
8 a 19 de março	Trabalhadores da saúde e indígenas	42
22 de março a 2 de abril	Portadores de doenças crônicas	22
5 a 23 de abril	Adultos saudáveis entre 20 e 29 anos	56
24 de abril a 7 de maio	População com mais de 60 anos	30
10 a 21 de maio	Adultos saudáveis entre 30 e 39 anos	50

Disponível em: http:\\img.terra.com.br. Acesso em: 26 abr. 2010 (adaptado).

Escolhendo-se aleatoriamente uma pessoa atendida nesse posto de vacinação, a probabilidade de ela ser portadora de doença crônica é:

a) 8%. b) 9%. c) 11%. d) 12%. e) 22%.

2 (Enem) O diretor de um colégio leu numa revista que os pés das mulheres estavam aumentando. Há alguns anos, a média do tamanho dos calçados das mulheres era de 35,5 e, hoje, é de 37,0. Embora não fosse uma informação científica, ele ficou curioso e fez uma pesquisa com as funcionárias do seu colégio, obtendo o quadro a seguir:

Tamanho dos calçados	Número de funcionárias
39,0	1
38,0	10
37,0	3
36,0	5
35,0	6

Escolhendo uma funcionária ao acaso e sabendo que ela tem calçado maior que 36,0, a probabilidade de ela calçar 38,0 é:

a) $\frac{1}{3}$. b) $\frac{1}{5}$. c) $\frac{2}{5}$. d) $\frac{5}{7}$. e) $\frac{5}{14}$.

3 (UFPE) Em um grupo de cinco torcedores, três torcem pelo time **A**, e dois pelo time **B**. Escolhendo aleatoriamente três torcedores do grupo, qual a probabilidade percentual de serem selecionados os dois torcedores do time **B**?

4 (Cefet-CE) A probabilidade de um casal ter quatro filhos, todos do sexo feminino, é:

a) $\frac{1}{2}$. b) $\frac{1}{4}$. c) $\frac{1}{8}$. d) $\frac{1}{16}$. e) $\frac{1}{32}$.

5 (UFG-GO) Segundo uma pesquisa realizada no Brasil sobre a preferência de cor de carros, a cor prata domina a frota de carros brasileiros, representando 31%, seguida pela cor preta, com 25%, depois a cinza, com 16% e a branca, com 12%. Com base nestas informações, tomando um carro ao acaso, dentre todos os carros brasileiros de uma dessas quatro cores citadas, qual a probabilidade de ele não ser cinza?

a) $\frac{4}{25}$ b) $\frac{4}{17}$ c) $\frac{17}{25}$ d) $\frac{37}{50}$ e) $\frac{17}{21}$

6 (Vunesp) Num grupo de 100 pessoas da zona rural, 25 estão afetadas por uma parasitose intestinal **A** e 11 por uma parasitose intestinal **B**, não se verificando nenhum caso de incidência conjunta de **A** e **B**. Duas pessoas desse grupo são escolhidas, aleatoriamente, uma após a outra. Determine a probabilidade de que, dessa dupla, a primeira pessoa esteja afetada por **A** e a segunda por **B**.

7 (UFPR) Em uma população de aves, a probabilidade de um animal estar doente é $\frac{1}{25}$. Quando uma ave está doente, a probabilidade de ser devorada por predadores é $\frac{1}{4}$, quando não está doente, a probabilidade de ser devorada por predadores é $\frac{1}{40}$. Portanto, a probabilidade de uma ave dessa população, escolhida aleatoriamente, ser devorada por predadores é de:

a) 1,0%. b) 2,4%. c) 4,0%. d) 3,4%. e) 2,5%.

8 (Vunesp) Numa comunidade formada de 1 000 pessoas, foi feito um teste para detectar a presença de uma doença. Como o teste não é totalmente eficaz existem pessoas doentes cujo resultado do teste foi negativo e existem pessoas saudáveis com resultado do teste positivo. Sabe-se que 200 pessoas da comunidade são portadoras dessa doença. Esta informação e alguns dos dados obtidos com o teste foram colocados na tabela seguinte:

	Resultado do exame		
Situação	Positivo (P)	Negativo (N)	Total
Saudável (S)	80		800
Doente (D)		40	200
Total			1 000

a) Complete a tabela com os dados que estão faltando.

b) Uma pessoa da comunidade é escolhida ao acaso e verifica-se que o resultado do teste foi positivo. Determine a probabilidade de essa pessoa ser saudável.

10 (UEL–PR) No diagrama a seguir, o espaço amostral **S** representa um grupo de amigos que farão uma viagem. O conjunto **A** indica a quantidade de pessoas que já foram a Maceió e o conjunto **B**, a quantidade de pessoas que já foram a Fortaleza.

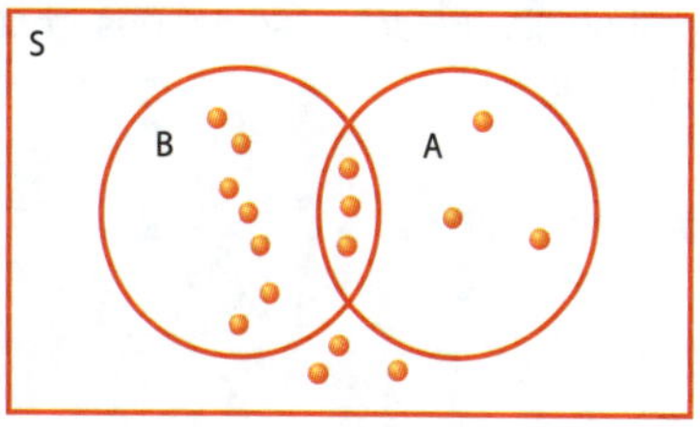

A empresa de turismo que está organizando a viagem fará o sorteio de uma passagem gratuita. Considerando que a pessoa sorteada já tenha ido a Fortaleza, assinale a alternativa que indica a probabilidade de que ela também tenha ido para Maceió.

a) 18,75% b) 30% c) 33,33% d) 50% e) 60%

9 (FGV–SP) Uma fatia de pão com manteiga pode cair no chão de duas maneiras apenas:

- com a manteiga para cima (evento **A**);
- com a manteiga para baixo (evento **B**).

Uma possível distribuição de probabilidades para esses eventos é:

a) $P(A) = P(B) = \frac{3}{7}$.

b) $P(A) = 0$ e $P(B) = \frac{5}{7}$.

c) $P(A) = 0{,}3$ e $P(B) = 1{,}3$.

d) $P(A) = 0{,}4$ e $P(B) = 0{,}6$.

e) $P(A) = \frac{6}{7}$ e $P(B) = 0$.

11 (Fuvest–SP) Uma urna contém 20 bolas numeradas de 1 a 20. Seja o experimento: retirada de uma bola. Considere os eventos: A = {a bola retirada possui um número múltiplo de 2}; B = {a bola retirada possui um número múltiplo de 5}. Então a probabilidade do evento $A \cup B$ é:

a) $\frac{13}{20}$. b) $\frac{4}{5}$. c) $\frac{7}{10}$. d) $\frac{3}{5}$. e) $\frac{11}{20}$.

12 (Unicamp–SP) Um dado é jogado três vezes, uma após a outra.

Pergunta-se:

a) Quantos são os resultados possíveis em que os três números obtidos são diferentes?

b) Qual a probabilidade de a soma dos resultados ser maior ou igual a 16?

13 (ITA–SP) Uma caixa branca contém 5 bolas verdes e 3 azuis, e uma caixa preta contém 3 bolas verdes e 2 azuis. Pretende-se retirar uma bola de uma das caixas. Para tanto, 2 dados são atirados. Se a soma resultante dos 2 dados for menor que 4, retira-se uma bola da caixa branca. Nos demais casos, retira-se uma bola da caixa preta. Qual é a probabilidade de se retirar uma bola verde?

14 (Fuvest–SP) Considere o experimento que consiste no lançamento de um dado perfeito (todas as seis faces têm probabilidades iguais). Com relação a esse experimento considere os seguintes eventos:

I) O resultado do lançamento é par.

II) O resultado do lançamento é estritamente maior que 4.

III) O resultado é múltiplo de 3.

a) I e II são eventos independentes?

b) II e III são eventos independentes?

Justifique sua resposta.

15 (Mack–SP) Numa emergência, suponha que você precise ligar para a polícia, sabendo que o número a ser ligado tem 3 dígitos. Você sabe que o primeiro dígito é 1 e o terceiro é 0 ou 2, mas você não sabe qual é o dígito do meio. A probabilidade de você acertar o número da polícia, em até duas tentativas, é:

a) $\frac{19}{49}$. b) $\frac{1}{10}$. c) $\frac{2}{5}$. d) $\frac{19}{20}$. e) $\frac{1}{19}$.

16 (UFPA) De um refrigerador que tem em seu interior 3 refrigerantes da marca **A**, 4 refrigerantes da marca **B** e 5 refrigerantes da marca **C**, retiram-se dois refrigerantes sem observar a marca. A probabilidade de que os dois retirados sejam da mesma marca é:

a) $\frac{1}{6}$. b) $\frac{1}{33}$. c) $\frac{19}{66}$. d) $\frac{7}{22}$. e) $\frac{3}{11}$.

17 (Ufam) Um estudante escreveu todos os anagramas da sigla UFAM, cada um em um pedacinho de papel, do mesmo tamanho, e colocou-os em uma caixa vazia. Retirando-se um desses papéis da caixa, ao acaso, a probabilidade de que o anagrama nele escrito tenha as duas vogais juntas é:

a) 25%. b) 30%. c) 40%. d) 50%. e) 60%.

18 (Ufla–MG) Em um programa de auditório, utiliza-se uma roleta, como na figura:

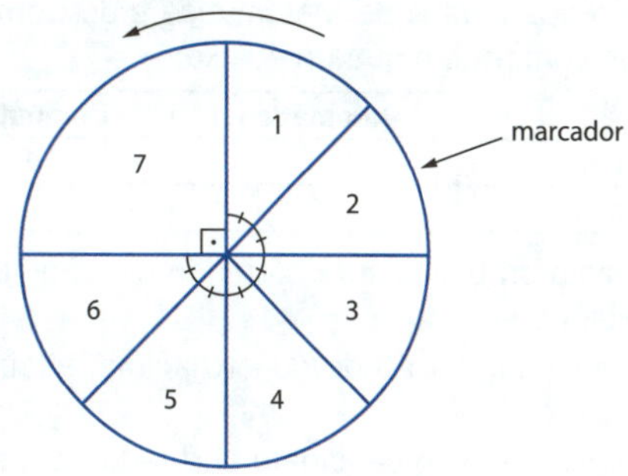

a) A roleta é girada três vezes. Calcule a probabilidade de os números obtidos no primeiro giro, no segundo giro e no terceiro giro serem, respectivamente, 1, 2 e 3.

b) A roleta é girada duas vezes. Calcule a probabilidade de a soma do número obtido no primeiro giro mais o número obtido no segundo giro ser menor que 13.

19 (Fatec–SP) O Centro Paula Souza administra Escolas Técnicas (Etecs) e Faculdades de Tecnologia (Fatecs) estaduais em 149 municípios, no Estado de São Paulo. Para participar de um simpósio sobre educação a distância, a Fatec São Paulo enviou cinco alunos, sendo dois homens; a Fatec Sorocaba enviou três alunos, sendo uma mulher; a Fatec da Baixada Santista enviou quatro alunos, sendo dois homens. Para a abertura desse simpósio, será selecionada, ao acaso, uma dessas Fatecs e dela se escolherá, também ao acaso, um aluno para representar o Centro Paula Souza. A probabilidade de que o aluno escolhido seja uma mulher é:

a) $\frac{16}{45}$. b) $\frac{37}{90}$. c) $\frac{19}{45}$. d) $\frac{43}{90}$. e) $\frac{28}{45}$.

20 (Unemat–MT) Numa das salas do concurso de vestibular, há 40 candidatos do sexo masculino e feminino, concorrendo aos cursos de Matemática e de Computação, distribuídos conforme o quadro abaixo:

	Matemática	**Computação**
Masculino	15	10
Feminino	10	05

Antes do início da prova, será sorteado um candidato para abrir o envelope lacrado.

Com base na distribuição do quadro acima, assinale a alternativa correta.

a) A probabilidade de o candidato sorteado ser da Computação e Feminino é de $\frac{2}{8}$.

b) A probabilidade de o candidato sorteado ser da Matemática ou Feminino é de $\frac{1}{4}$.

c) A probabilidade de o candidato sorteado ser da Matemática ou Feminino é de $\frac{3}{4}$.

d) A probabilidade de o candidato sorteado ser da Matemática é de $\frac{5}{4}$.

e) A probabilidade de o candidato sorteado ser da Computação ou Feminino é de $\frac{3}{8}$.

22 (UPE) Um dado jogo consiste no lançamento de dois dados não viciados de seis faces cada, numeradas de um a seis. Sempre que o primeiro dado lançado tiver um valor (face para cima) estritamente maior que o valor do segundo dado, o jogador **A** vence. Se o valor do primeiro dado for estritamente menor que o do segundo dado, vence o jogador **B**. Em caso de valores iguais, o lançamento é considerado inválido, e os dados são lançados novamente. Nestas condições, em seis partidas cálidas, a probabilidade de que o jogador **A** vença, pelo menos, uma das partidas é igual a:

a) $\frac{1}{36}$. b) $\frac{35}{36}$. c) $\frac{1}{64}$. d) $\frac{63}{64}$. e) $\frac{1}{6}$.

21 (UFPE) Um teste para uma DST dá o resultado correto em 98% dos casos; ou seja, se uma pessoa tem a doença e faz o teste, este terá 98% de probabilidade de ser positivo; e, se uma pessoa não tem a doença e faz o teste, este terá 98% de probabilidade de ser negativo. Admita que, da população de uma grande cidade, 0,5% tem a DST. Se uma pessoa da cidade se submete ao teste e o resultado foi positivo, qual a probabilidade percentual de ela ter a DST? Indique o valor inteiro mais próximo.

23 (FGV–SP) Em um grupo de 300 pessoas sabe-se que:

- 50% aplicam dinheiro em caderneta de poupança;
- 30% aplicam dinheiro em fundos de investimento;
- 15% aplicam dinheiro em caderneta de poupança e fundos de investimentos simultaneamente.

Sorteando uma pessoa desse grupo, a probabilidade de que ela não aplique em caderneta de poupança nem em fundos de investimentos é:

a) 0,05. b) 0,20. c) 0,35. d) 0,50. e) 0,65.

24 (UFPR) Considere três caixas contendo bolas brancas e pretas, conforme ilustra a figura.

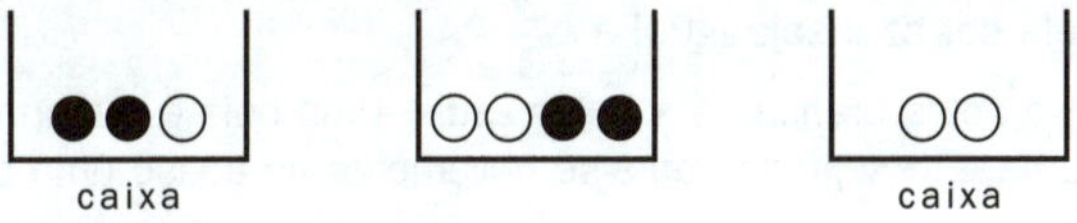

Uma bola é retirada aleatoriamente da caixa 1 e colocada na caixa 2. Então, uma bola é retirada aleatoriamente da caixa 2 e colocada na caixa 3. Finalmente, uma bola é retirada aleatoriamente da caixa 3. Calcule a probabilidade de que essa última bola retirada seja branca.

25 (Fuvest–SP) Considere todos os pares ordenados de números naturais (a, b) em que $11 \leqslant a \leqslant 22$ e $43 \leqslant b \leqslant 51$. Cada um desses pares ordenados está escrito em um cartão diferente. Sorteando-se um desses cartões ao acaso, qual é a probabilidade de que se obtenha um par ordenado (a, b) de tal forma que a fração $\frac{a}{b}$ seja irredutível e com denominador par?

a) $\frac{7}{27}$ b) $\frac{13}{54}$ c) $\frac{6}{27}$ d) $\frac{11}{54}$ e) $\frac{5}{27}$

26 (UFRGS–RS) Uma pessoa nascida em 06/01/92 permutou a sequência dos dígitos 0, 6, 0, 1, 9, 2 para compor uma senha de 6 dígitos para um cartão bancário. A probabilidade de que na senha escolhida o algarismo 9 apareça antes do algarismo 2 é:

a) 0,2. b) 0,25. c) 0,3. d) 0,4. e) 0,5.

27 (Fuvest–SP)

a) Uma urna contém três bolas pretas e cinco bolas brancas. Quantas bolas azuis devem ser colocadas nessa urna de modo que, retirando-se uma bola ao acaso, a probabilidade de ela ser azul seja igual a $\frac{2}{3}$?

b) Considere agora uma outra urna que contém uma bola preta, quatro bolas brancas e **x** bolas azuis. Uma bola é retirada ao acaso dessa urna, a sua cor é observada e a bola é devolvida à urna. Em seguida, retira-se novamente ao acaso uma bola dessa urna. Para que valores de **x** a probabilidade de que as duas bolas sejam da mesma cor vale $\frac{1}{2}$?

---

28 (Fuvest–SP) Numa urna há:

- uma bola numerada com o número 1;
- duas bolas com o número 2;
- três bolas com o número 3, e assim por diante, até **n** bolas com o número **n**.

Uma bola é retirada ao acaso dessa urna. Admitindo-se que todas as bolas têm a mesma probabilidade de serem escolhidas, qual é, em função de **n**, a probabilidade de que o número da bola retirada seja par?

29 (PUC–SP) Para ter acesso às informações de sua conta bancária, um usuário utiliza um terminal de computador, no qual ele deverá digitar seu código secreto, formado por quatro dígitos, numa determinada ordem. O usuário não se lembra exatamente do código secreto, mas lembra que o código não tem dígitos repetidos, os dígitos estão em ordem crescente e o número formado pelos dígitos é maior do que 4 000.

a) Qual é a probabilidade de ele digitar o código corretamente na primeira tentativa?

b) Tendo errado em duas tentativas, qual é a probabilidade de ele acertar o código na terceira tentativa?

30 (Unicamp–SP) Em Matemática, um número natural **a** é chamado *palíndromo* se seus algarismos, escritos em ordem inversa, produzem o mesmo número. Por exemplo, 8, 22 e 373 são palíndromos.

Pergunta-se:

a) Quantos números naturais palíndromos existem entre 1 e 9 999?

b) Escolhendo-se ao acaso um número natural de 1 a 9 999, qual é a probabilidade de que esse número seja palíndromo? Tal probabilidade é maior ou menor que 2%? Justifique sua resposta.

31 (Fuvest–SP) Um tabuleiro tem 4 linhas e 4 colunas. O objetivo de um jogo é levar uma peça da casa inferior esquerda (casa (1, 1)) para a casa superior direita (casa (4, 4)), sendo que esta peça deve mover-se, de cada vez, para a casa imediatamente acima ou imediatamente à direita. Se apenas uma destas casas existir, a peça irá mover-se necessariamente para ela. Por exemplo, dois caminhos possíveis para completar o trajeto são:

$(1, 1) \rightarrow (1, 2) \rightarrow (2, 2) \rightarrow (2, 3) \rightarrow (3, 3) \rightarrow (3, 4) \rightarrow (4, 4)$ e

$(1, 1) \rightarrow (2, 1) \rightarrow (2, 2) \rightarrow (3, 2) \rightarrow (4, 2) \rightarrow (4, 3) \rightarrow (4, 4)$.

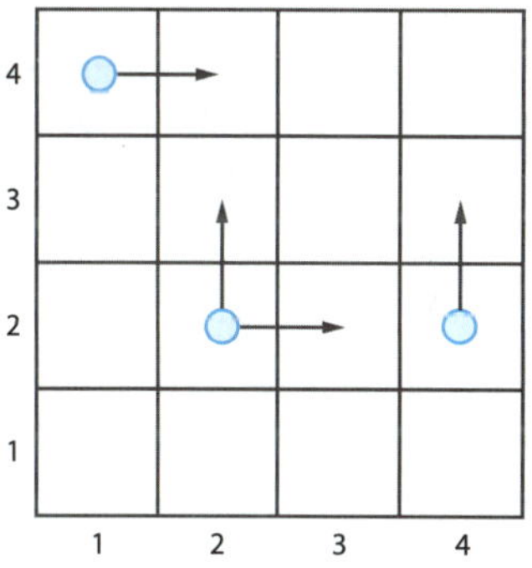

a) Por quantos caminhos distintos pode-se completar esse trajeto?

b) Suponha que o caminho a ser percorrido seja escolhido da seguinte forma: sempre que houver duas opções de movimento, lança-se uma moeda não viciada; se der cara, a peça move-se para a casa à direita, se der coroa, ela se move para a casa acima. Desta forma, cada caminho contado no item **a** terá uma certa probabilidade de ser percorrido. Descreva os caminhos que têm maior probabilidade de serem percorridos e calcule essa probabilidade.

32 (UnB–DF) O acesso a uma página na internet nem sempre ocorre na primeira tentativa. Por isso, os computadores são programados para repetir as tentativas até que haja o primeiro sucesso. Considere que a probabilidade de o acesso a uma determinada página na internet ocorrer com sucesso na n-ésima tentativa seja igual a $3 \times (0,25)^n$, em que $n \geqslant 1$. Com base nessas informações, julgue os itens subsequentes.

a) A probabilidade de haver sucesso na segunda tentativa de acesso a uma página na internet é inferior a 0,2.

b) A probabilidade de o acesso a uma página da internet ocorrer com sucesso até a décima tentativa é igual a $1 - \frac{1}{4^{10}}$.

c) Considere que um usuário tenha conseguido acesso a uma página da internet em quatro diferentes ocasiões. Considere também que as quatro ocasiões tenham sido independentes. Nessa situação, a probabilidade de ele ter conseguido acesso logo na primeira tentativa em três dessas quatro ocasiões é inferior a 0,30.

33 (Fatec–SP) Suponha que, na região em que ocorreu a passagem do furacão Katrina, somente ocorrem três grandes fenômenos destrutivos da natureza, dois a dois mutuamente exclusivos:

- os hidrometeorológicos (**A**),
- os geofísicos (**B**) e
- os biológicos (**C**).

Se a probabilidade de ocorrer **A** é cinco vezes a de ocorrer **B**, e esta corresponde a 50% da probabilidade de ocorrência de **C**, então a probabilidade de ocorrer:

a) **A** é igual a duas vezes a de ocorrer **C**.

b) **C** é igual à metade da de ocorrer **B**.

c) **B** ou **C** é igual a 42,5%.

d) **A** ou **B** é igual a 75%.

e) **A** ou **C** é igual a 92,5%.

34 (Uepe) O vírus **X** aparece nas variantes $\mathbf{X_1}$ e $\mathbf{X_2}$. Se um indivíduo tem esse vírus, a probabilidade de ser a variante $\mathbf{X_1}$ é de $\frac{3}{5}$. Se o indivíduo tem o vírus $\mathbf{X_1}$, a probabilidade de esse indivíduo sobreviver é de $\frac{2}{3}$; mas, se o indivíduo tem o vírus $\mathbf{X_2}$, a probabilidade de ele sobreviver é de $\frac{5}{6}$.

Nessas condições, qual a probabilidade de o indivíduo portador do vírus **X** sobreviver?

a) $\frac{1}{3}$ b) $\frac{7}{15}$ c) $\frac{3}{5}$ d) $\frac{2}{3}$ e) $\frac{11}{15}$

Assunto	Resumo
Noções de Matemática financeira	**Porcentagem** de uma quantia **x** é a% de **P**: $x = \frac{a}{100} \cdot P$
	Fator de atualização (f) $f = \frac{\text{valor novo}}{\text{valor velho}}$ $f > 1$: aumento $\rightarrow f = 1 + \text{taxa}$ $f < 1$: desconto $\rightarrow f = 1 - \text{taxa}$ $f = 1$: não variou
	Aumentos e descontos sucessivos $f_{acumulado} = f_1 \cdot f_2 \cdot ... \cdot f_n$
	Juros simples **M**: montante **C**: capital **j**: juros do período total **i**: taxa de juros **t**: número de períodos $j = Cit$ e $M = C + j$
	Juros compostos $M = C(1 + i)^t$ $j = M - C$ $f = 1 + i$ $f_{acumulado} = (1 + i)^t = f^t$
	Valor futuro $VF = VP \cdot (1 + i)^n = VP \cdot f^n$ **Valor presente** $VP = \frac{VF}{(1 + i)^n} = \frac{VF}{f^n}$

Exercícios

1 (Unir–RO) Uma pesquisa, realizada com um grupo de 4 200 fumantes, procurou verificar a idade com que eles iniciaram a fumar. Obteve-se o seguinte resultado:

I) 32,5% começaram entre 10 e 15 anos de idade;

II) 819 homens começaram a fumar entre 10 e 15 anos de idade.

A partir dessas informações, é correto afirmar que, em relação ao grupo de fumantes, o número de mulheres que começam a fumar entre 10 e 15 anos de idade é:

a) 15%. b) 23%. c) 25%. d) 13%. e) 28%.

2 (Uece) Renato contratou um empréstimo de R$ 1 400,00, para pagar um mês depois, com juros de 15% ao mês. Ao final do mês, não podendo pagar o total, deu por conta apenas R$ 750,00 e, para o restante, firmou um novo contrato nas mesmas bases do anterior, o qual foi pago integralmente um mês depois. O valor do último pagamento foi:

a) R$ 889,00.
b) R$ 939,00.
c) R$ 989,00.
d) R$ 1 009,00.

3 (UFRGS–RS) A renda *per capita* de um país é a razão entre seu PIB (Produto Interno Bruto) e sua população. A população chinesa, em 2009, representava 19,7% da população mundial. Nesse ano, o PIB chinês foi de 4,9 trilhões de dólares e a renda per capita chinesa de 3620 dólares.

Com base nesses dados, é correto afirmar que, dentre os números abaixo, o mais próximo da população mundial, em 2009, é:

a) $5{,}6 \cdot 10^9$.
b) $6{,}8 \cdot 10^9$.
c) $7{,}2 \cdot 10^9$.
d) $5{,}6 \cdot 10^{12}$.
e) $6{,}8 \cdot 10^{12}$.

4 (Uesc–BA) Um automóvel foi comprado e revendido sucessivamente por três pessoas. Cada uma das duas primeiras pessoas obteve, por ocasião da revenda, um lucro de 10%, e a terceira teve um prejuízo de 10% sobre o respectivo preço da compra. Se a terceira pessoa vendeu o automóvel por R$ 13 068,00, então a primeira o adquiriu por:

a) R$ 12 000,00.
b) R$ 12 124,00.
c) R$ 12 260,00.
d) R$ 12 389,00.
e) R$ 12 500,00.

5 (Unicamp–SP) A quantia de R$ 1280,00 deverá ser dividida entre 3 pessoas. Quanto receberá cada uma se:

a) a divisão for feita em partes diretamente proporcionais a 8, 5 e 7?

b) a divisão for feita em partes inversamente proporcionais a 5, 2 e 10?

---

6 (Enem) Um professor dividiu a lousa da sala de aula em quatro partes iguais. Em seguida, preencheu 75% dela com conceitos e explicações, conforme a figura seguinte.

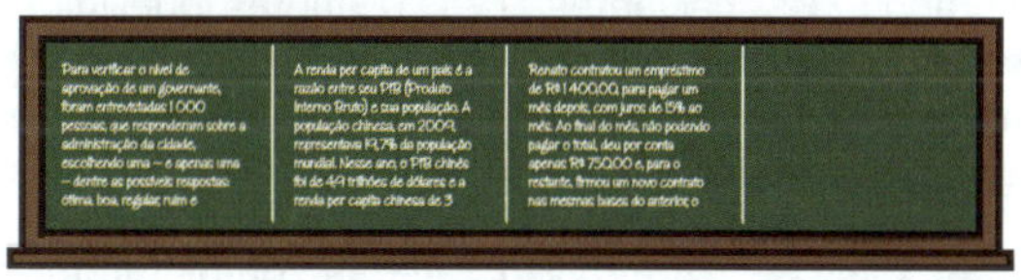

Algum tempo depois, o professor apagou a lousa por completo e, adotando um procedimento semelhante ao anterior, voltou a preenchê-la, mas, dessa vez, utilizando 40% do espaço dela.

Uma representação possível para essa segunda situação é.

a) 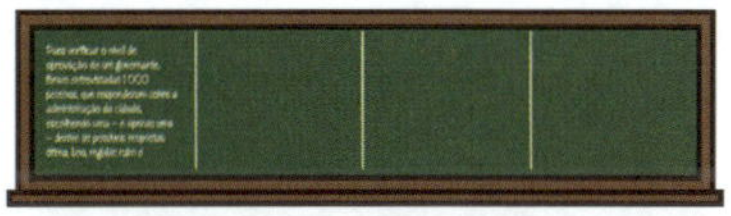

b) 

c) 

d) 

e) 

7 (Enem) Uma resolução do Conselho Nacional de Política Energética (CNPE) estabeleceu a obrigatoriedade de adição de biodiesel ao óleo *diesel* comercializado nos postos. A exigência é que, a partir de 1º de julho de 2009, 4% do volume da mistura final seja formada por biodiesel. Até junho de 2009, esse percentual era de 3%. Essa medida estimula a demanda de biodiesel, bem como possibilita a redução da importação de *diesel* de petróleo.

Disponível em: http//www1.folha.uol.com.br.
Acesso em: 12 jul. 2009 (adaptado)

Estimativas indicam que, com a adição de 4% de biodiesel ao *diesel*, serão consumidos 925 milhões de litros de biodiesel no segundo semestre de 2009. Considerando-se essa estimativa, para o mesmo volume da mistura final *diesel*/biodiesel consumida no segundo semestre de 2009, qual seria o consumo de biodiesel com a adição de 3%?

a) 27,75 milhões de litros
b) 37,00 milhões de litros
c) 231,25 milhões de litros
d) 693,75 milhões de litros
e) 888,00 milhões de litros

8 (Enem) Um grupo de pacientes com Hepatite C foi submetido a um tratamento tradicional em que 40% desses pacientes foram completamente curados. Os pacientes que não obtiveram cura foram distribuídos em dois grupos de mesma quantia e submetidos a dois tratamentos inovadores. No primeiro tratamento inovador, 35% dos pacientes foram curados e, no segundo, 45%. Em relação aos pacientes submetidos inicialmente, os tratamentos inovadores proporcionaram cura de:

a) 16%. b) 24%. c) 32%. d) 48%. e) 64%.

9 (UFRN) Numa pesquisa de opinião, feita para verificar o nível de aprovação de um governante, foram entrevistadas 1000 pessoas, que responderam sobre a administração da cidade, escolhendo uma – e apenas uma – dentre as possíveis respostas: ótima, boa, regular, ruim e indiferente. O gráfico abaixo mostra o resultado da pesquisa:

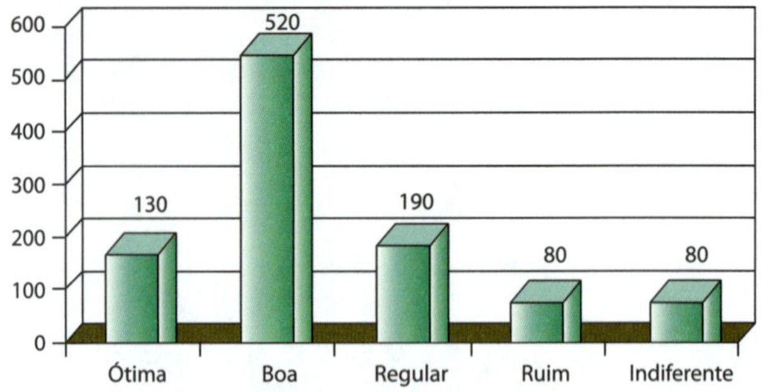

De acordo com o gráfico, pode-se afirmar que o percentual de pessoas que consideram a administração ótima, boa ou regular é de:

a) 28%. b) 65%. c) 71%. d) 84%.

10 (UFMG) Um prova de triatlo compreende três etapas: natação, ciclismo e corrida. Em uma dessas provas, dos 170 atletas que iniciaram a competição, 10 a abandonaram na etapa da natação; dos que continuaram, $\frac{1}{4}$ desistiu ao longo da etapa de ciclismo; e, dos que começaram a terceira etapa, 20% abandonaram a corrida. Apenas **N** atletas completaram a prova. Então, é correto afirmar que a soma dos algarismos do número **N** é:

a) 16. b) 13. c) 14. d) 15.

11 (Unicamp–SP) Um capital de R$ 12 000,00 é aplicado a uma taxa anual de 8%, com juros capitalizados anualmente. Considerando que não foram feitas novas aplicações ou retiradas, encontre:

a) o capital acumulado após 2 anos;

b) o número inteiro mínimo de anos necessários para que o capital acumulado seja maior que o dobro do capital inicial. (Se necessário, use $\log_{10} 2 = 0{,}301$ e $\log_{10} 3 = 0{,}477$.)

12 (FGV–SP) A rede Corcovado de hipermercados promove a venda de uma máquina fotográfica digital pela seguinte oferta: "Leve agora e pague daqui a 3 meses". Caso o pagamento seja feito à vista, Corcovado oferece ao consumidor um desconto de 20%. Caso um consumidor prefira aproveitar a oferta, pagando no final do 3º mês após a compra, a taxa anual de juros simples que estará sendo aplicada no financiamento é de:

a) 20%. b) 50%. c) 100%. d) 80%. e) 120%.

13 (UEG–GO) Um fogão custou R$ 600,00 para um comerciante. O comerciante anunciou o preço para venda do fogão de modo que, se sobre esse preço anunciado fosse aplicado 25% de desconto, ao vender fogão, o comerciante ainda teria um lucro de 25% sobre o preço de custo. O preço anunciado foi de:

a) R$ 1 020,00. c) R$ 960,00. e) R$ 900,00.
b) R$ 1 000,00. d) R$ 940,00.

14 (UFPE) A população de pobres de um certo país, em 1981, era de 4 400 000, correspondendo a 22% da população total. Em 2001, este número aumentou para 5 400 000, correspondendo a 20% da população total. Indique a variação percentual da população do país no período.

15 (UEG–GO) Uma pessoa aplicou uma parte de um capital a 4% ao ano e outra parte a 5%, também ao ano. No final de um ano, ela recebeu de juros um total de R$ 220,00. Se os montantes aplicados tivessem sido invertidos, o que foi aplicado a 4% fosse aplicado a 5% e vice-versa, os juros recebidos teriam sofrido acréscimo de R$ 10,00. Qual foi o capital total aplicado por essa pessoa?

16 (Ufla–MG) Um motorista escolhe um trajeto que sabe ser 20% maior que o trajeto que usualmente toma, pois nesse novo trajeto poderá desenvolver uma velocidade média 100% maior que a do trajeto usual. O tempo de viagem diminuirá:

a) 40%. b) 50%. c) 100%. d) 9%. e) 20%.

17 (Ufam) Duas irmãs, Júlia e Beatriz, têm uma conta poupança conjunta. Do total do saldo, Júlia tem 60% e Beatriz 40%. A mãe das meninas recebeu uma quantia extra em dinheiro e resolveu realizar um depósito exatamente igual ao saldo da caderneta. Por uma questão de justiça, a mãe disse as meninas que o depósito será dividido igualmente entre as duas. Nessas condições, a participação de Beatriz no novo saldo:

a) aumentou para 50%.
b) aumentou para 45%.
c) permaneceu 40%.
d) diminuiu para 35%.
e) diminuiu para 30%.

18 (UFPB) Num supermercado, um produto foi posto em promoção com 20% de desconto sobre o seu preço de tabela, por um período de 5 dias. Concluído esse período, o preço promocional foi elevado em 10%. Com esse aumento, o desconto, em relação ao preço de tabela, passou a ter:

a) 8%. b) 10%. c) 12%. d) 15%. e) 14%.

19 (UFC–CE) Logo após Joaquim comprar um par de tênis novo por 70 reais, a loja aumentou seus preços em 30%. Dois meses depois, como as vendas não estavam boas, a loja resolveu fazer uma liquidação, aplicando um desconto de 30% em todos os seus produtos. Pede-se determinar o valor do par de tênis:

a) após o primeiro reajuste e antes da liquidação;
b) durante a liquidação.

20 (UEG–GO) Um capital é emprestado à taxa de 8% ao ano, no regime de juros compostos. Determine o tempo necessário de aplicação, de modo que o montante seja 80% superior ao capital emprestado inicialmente.

Para os cálculos, se necessários, utilize as aproximações: $\log 1{,}8 = 0{,}255$ e $\log 1{,}08 = 0{,}035$.

21 (UFG-GO) Um pecuarista deseja fazer 200 kg de ração com 22% de proteína, utilizando milho triturado, farelo de algodão e farelo de soja. Admitindo-se que o teor de proteína do milho seja 10%, do farelo de algodão seja 28% e o do farelo de soja seja 44%, e que o produtor disponha de 120 kg de milho, calcule as quantidades de farelo de algodão que ele deve adicionar ao milho para obter essa ração.

22 (Vunesp) Os professores de Matemática e Educação Física de uma escola organizaram um campeonato de damas entre os alunos. Pelas regras do campeonato, cada colocação admitia apenas um ocupante. Para permitir os três primeiros colocados, a direção da escola comprou 310 chocolates, que foram divididos entre os 1º, 2º e 3º colocados no campeonato, em quantidades inversamente proporcionais aos números 2, 3 e 5, respectivamente. As quantidades de chocolates recebidas pelos alunos premiados, em ordem crescente de colocação no campeonato, foram:

a) 155, 93 e 62.
b) 155, 95 e 60.
c) 150, 100 e 60.
d) 150, 103 e 57.
e) 150, 105 e 55.

23 (FGV-SP) Em uma escola, a razão entre o número de alunos e o de professores é 50 para 1. Se houvesse mais 400 alunos e mais 16 professores, a razão entre o número de alunos e o de professores seria de 40 para 1. Podemos concluir que o número de alunos da escola é:

a) 1000.
b) 1050.
c) 1100.
d) 1150.
e) 1200.

24 (UEPG-PR) Marcelo tinha um capital de R$ 5000,00. Parte desse capital ele aplicou no banco **A**, por um ano, à taxa de juros simples de 2% ao mês, obtendo R$ 360,00 de juros. O restante aplicou no banco **B**, também pelo período de 1 ano, à taxa de juros simples de 20% ao ano. Com base nesses dados, assinale o que for correto.

01) No banco **B** ele aplicou menos de R$ 3000,00.
02) Marcelo obteve um montante de R$ 6060,00 referente às duas aplicações.
04) A aplicação no banco **B** rendeu R$ 700,00 de juros.
08) Ele aplicou no banco **A** 20% do seu capital.

Assunto	Resumo
Geometria espacial	**Geometria espacial de posição**

Geometria espacial de posição

Uma reta fica determinada por dois pontos distintos.

Um plano fica determinado por:

- três pontos não colineares;
- duas retas paralelas distintas;
- duas retas concorrentes;
- uma reta e um ponto fora dela.

Posições relativas de duas retas no espaço

Duas retas no espaço
- distintas
  - coplanares
    - paralelas
    - concorrentes
      - perpendiculares
      - oblíquas
  - reversas
    - ortogonais
    - não ortogonais
- coincidentes (paralelas iguais)

Posições relativas de uma reta e um plano no espaço

Uma reta **r** e um plano α no espaço
- a reta é paralela ao plano ($r // \alpha$)
- a reta está contida no plano ($r \subset \alpha$)
- a reta intersecta o plano
  - a reta é perpendicular ao plano ($r \perp \alpha$)
  - a reta é oblíqua ao plano ($r \wedge \alpha$)

Posições relativas de dois planos no espaço

Dois planos no espaço
- distintos
  - paralelos
  - secantes
    - perpendiculares
    - oblíquos
- coincidentes (paralelos iguais)

Exercícios

1 (ESPCEX–SP) Considere as seguintes proposições:

I) Toda reta paralela a um plano é paralela a qualquer reta desse plano.

II) Uma reta e um ponto determinam sempre um plano.

III) Se uma reta é perpendicular a duas retas concorrentes de um plano, então ela é perpendicular a esse plano.

Pode-se afirmar que:

a) só I é verdadeira.
b) só III é verdadeira.
c) só I e III são verdadeiras.
d) só III é falsa.
e) só I e III são falsas.

2 (Ufal) Se uma reta **r** é perpendicular a dois planos α e β, $\alpha \neq \beta$, então é verdade que:

a) α é paralelo a qualquer plano que contenha **r**.
b) β contém todas as retas perpendiculares a **r**.
c) a distância entre α e β é igual a 10 cm.
d) α e β são paralelos entre si.
e) α e β são perpendiculares entre si.

3 (Mack–SP) O plano γ intercepta dois planos paralelos α e β. O conjunto dos pontos equidistantes de α, β e γ é:

a) unitário.
b) uma reta.
c) um plano.
d) a reunião de duas retas.

4 (Faap–SP) A única proposição falsa é:

a) no espaço, duas retas paralelas a uma terceira são paralelas entre si.
b) uma reta ortogonal a duas retas de um plano é ortogonal ao plano.
c) dois planos perpendiculares à mesma reta são paralelas entre si.
d) um plano perpendicular a uma reta de outro plano é perpendicular a este plano.
e) um plano perpendicular a dois planos que se interceptam é perpendicular à reta de intersecção destes.

5 (Fuvest–SP) Uma formiga resolveu andar de um vértice a outro do prisma reto de bases triangulares ABC e DEG, seguindo um trajeto especial. Ela partiu do vértice **G**, percorreu toda a aresta perpendicular à base ABC, para em seguida caminhar toda a diagonal da face ADGC e, finalmente, completou seu passeio percorrendo a aresta reversa a CG.

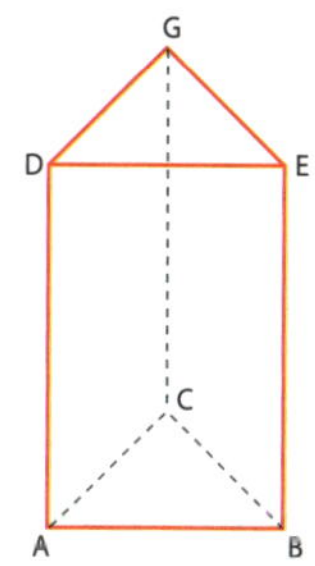

A formiga chegou ao vértice:

a) **A**.
b) **B**.
c) **C**.
d) **D**.
e) **E**.

6 (UEPG–PR) Considerando dois planos α e β e uma reta **r**, assinale o que for correto.

01) Se **r** é perpendicular a α e a β, então α é paralelo a qualquer plano que contenha **r**.

02) Se **r** é perpendicular a α e β, então α e β são paralelos entre si.

04) Se α e β são perpendiculares e a reta **r** está contida em α, então **r** é também perpendicular a β.

08) Se **r** é paralelo a α, então todo plano contendo **r** é paralelo a α.

16) Se $r \cap \alpha = \varnothing$, então **r** e α são paralelos.

7 (UEG–GO) Observe e classifique as afirmações abaixo como sendo verdadeiras ou falsas:

I) Se um plano intercepta dois outros planos paralelos, então as intersecções são retas paralelas.

II) Se dois planos são paralelos, qualquer reta de um deles é paralela a qualquer reta do outro.

III) Se uma reta é paralela a dois planos, então esses planos são paralelos.

IV) Se dois planos são paralelos, uma reta de um deles pode ser reversa a uma reta do outro.

Marque a alternativa correta:

a) Apenas as afirmações I e II são verdadeiras.
b) Apenas as afirmações I e III são verdadeiras.
c) Apenas as afirmações I e IV são verdadeiras.
d) Apenas as afirmações II e IV são verdadeiras.
e) Apenas as afirmações III e IV são verdadeiras.

8 (UFC–CE) Coloque **V** nas afirmações verdadeiras e **F** nas afirmações falsas.

( ) Dado um ponto **M** num plano, existe uma única reta passando por **M** e contida no plano.

( ) Dados dois pontos distintos **P** e **Q** no espaço, existe um plano que os contém.

( ) Existe um único plano que contém pontos não colineares.

( ) Três pontos quaisquer num plano determinam sempre três retas contidas nesse plano.

A sequência correta de letras, de cima para baixo, é:

a) V, V, F, F. c) F, V, V, F.
b) V, F, F, V. d) F, F, V, V.

9 (UFC–CE) Coloque **V** nas afirmações verdadeiras e **F** nas afirmações falsas.

( ) O lugar geométrico dos pontos de um plano, situado a uma distância **d** de um ponto **P**, é uma reta.

( ) A intersecção de dois planos não paralelos é uma reta.

( ) Para que uma reta seja paralela a um plano, é necessário e suficiente que seja paralela a toda reta do plano.

( ) Um plano fica bem determinado por uma reta e um ponto.

A sequência correta de letras, de cima para baixo, é:

a) V, F, V, V. c) V, V, F, V.
b) F, F, V, F. d) F, V, F, F.

10 (UFBA) Na(s) questão(ões) a seguir escreva nos parênteses a soma dos itens corretos.

Sobre pontos, retas e planos, pode-se afirmar:

01) Por três pontos, passa uma única reta.
02) Por três pontos, passa um único plano.
04) Por um ponto fora de um plano, passa uma única reta perpendicular a esse plano.
08) Planos paralelos interceptam duas retas distintas quaisquer, determinado sobre elas segmentos proporcionais.
16) O plano que contém uma perpendicular a outro plano é perpendicular a esse segundo plano.
32) Toda reta paralela a um plano é paralela a qualquer reta desse plano.

Soma ( ).

11 (Ufam) Considere as seguintes proposições:

I) Se dois planos α e β são paralelos a uma reta **r**, então α é paralelo a β.

II) Se as projeções ortogonais de duas retas, sobre um plano, são paralelas, então as retas são paralelas.

III) Se dois pontos distintos de uma reta pertencem a um plano, então a reta está contida nesse plano.

IV) Se duas retas **r** e **s** são concorrentes, então elas possuem um único ponto em comum.

Podemos afirmar que:

a) Somente as proposições I e II são falsas.
b) Somente as proposições II e III são falsas.
c) Somente as proposições I e IV são verdadeiras.
d) Todas as proposições são falsas.
e) Todas as proposições são verdadeiras.

13 (Faap–SP) O galpão da figura a seguir está no prumo e a cumeeira está "bem no meio" da parede.

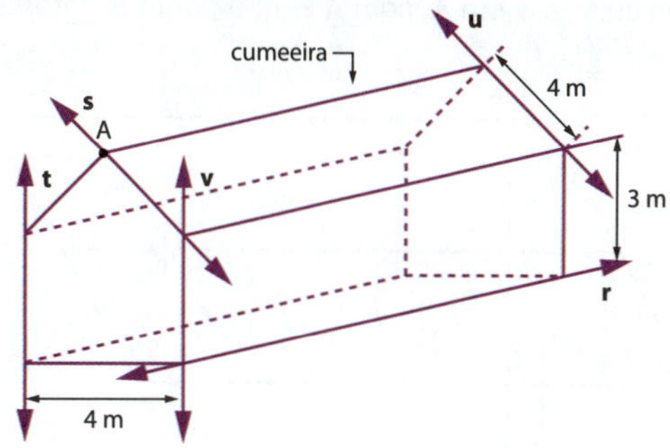

Sobre as retas assinaladas, podemos afirmar que:

a) **t** e **u** são reversas.
b) **s** e **u** são reversas.
c) **t** e **u** são concorrentes.
d) **s** e **r** são concorrentes.
e) **t** e **u** são perpendiculares.

12 (Faap–SP) Considere as proposições:

I) Dois planos paralelos a uma mesma reta são paralelos.

II) Um plano paralelo a duas retas pertencentes a outro plano é paralelo a este.

III) Um plano perpendicular a uma reta de outro plano é perpendicular a este.

IV) Um plano paralelo a uma reta de outro plano é paralelo a este.

Nessas condições:

a) nenhuma das proposições é verdadeira.
b) somente as proposições I e III são verdadeiras.
c) uma única proposição é verdadeira.
d) todas as proposições são verdadeiras.
e) uma única proposição é falsa.

14 (Fatec–SP) Seja **A** um ponto pertencente à reta **r**, contida no plano α. É verdade que:

a) existe uma única reta que é perpendicular à reta **r** no ponto **A**.
b) existe uma única reta, não contida no plano α, que é paralela à reta **r**.
c) existem infinitos planos distintos entre si, paralelos ao plano α e que contêm a reta **r**.
d) existem infinitos planos distintos entre si, perpendiculares ao plano α e que contêm a reta **r**.
e) existem infinitos planos distintos entre si, contidos no plano α e que são paralelas à reta **r**.

15 (Fatec-SP) Na figura a seguir tem-se: o plano α, definido pelas retas **c** e **d**, perpendiculares entre si; a reta **b**, perpendicular a α em **A**, com $A \in c$; o ponto **B**, intersecção de **c** e **d**.

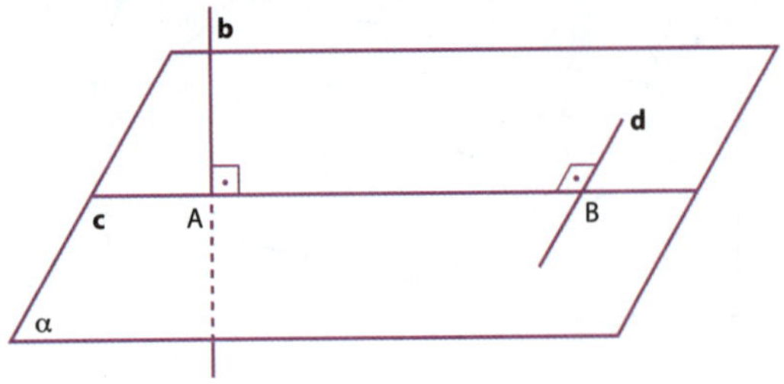

Se **X** é um ponto de **b**, $X \notin \alpha$, então a reta **s**, definida por **X** e **B**:

a) é paralela à reta **c**.
b) é paralela à reta **b**.
c) está contida no plano α.
d) é perpendicular à reta **d**.
e) é perpendicular à reta **b**.

16 (Mack-SP) **r**, **s** e **t** são retas distintas tais que **s** é perpendicular a **r** e **t** é perpendicular a **r**. Relativamente às retas **s** e **t**, podemos afirmar que:

a) elas podem ser unicamente paralelas ou concorrentes.
b) elas podem ser unicamente paralelas ou reversas.
c) elas podem ser unicamente concorrentes ou reversas.
d) elas podem ser paralelas, concorrentes ou reversas.
e) elas podem ser unicamente reversas.

17 (UFPB) A figura ao lado representa uma escultura que se encontra em uma praça de certa cidade.

Essa escultura foi feita com tubos de ferro, soldados uns aos outros, de forma que:

- os pontos **A**, **B**, **C**, **D**, **E**, **F**, **G** e **H** são os vértices de um paralelepípedo reto regular;
- os pontos **I**, **J**, **K** e **L** são os vértices de um quadrado;
- os quatros triângulos, ADK, EFJ, GHI e BCL, são isósceles e congruentes dois a dois.
- os oito trapézios, AFJK, DEJK, CDKL, EHIJ, CHIL, BGIL, ABLK e FGIJ, são congruentes dois a dois.

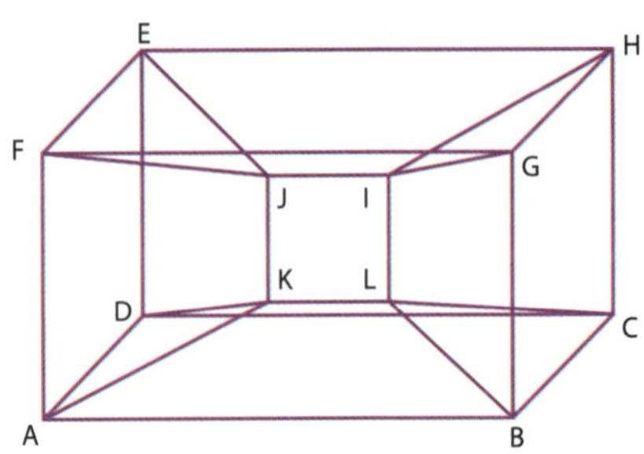

Com base nessas informações, identifique as afirmativas corretas:

I) Os lados EJ e HI são coplanares.
II) Os lados BG e DE são congruentes.
III) Os lados AD e EF são paralelos.
IV) Os pontos **A**, **B**, **E** e **G** são coplanares.
V) Os trapézios AFJK e EJKD têm um lado em comum.

18 (Fatec–SP) O ponto **A** é um ponto perpendicular à reta **r**, contida no plano α.

É verdade que:

a) existe uma única reta perpendicular à reta **r** no ponto **A**.

b) existe uma única reta, não contida no plano α, que é paralela à reta **r**.

c) existem infinitos planos distintos entre si, paralelos ao plano α, que contêm a reta **r**.

d) existem infinitos planos distintos entre si, perpendiculares ao plano α e que contêm a reta **r**.

e) existem infinitas retas entre si, contidas no plano e que são paralelas à reta **r**.

19 (Fuvest–SP) O ângulo θ formado por dois planos α e β é tal que $\text{tg}\ \theta = \frac{\sqrt{5}}{5}$. O ponto **P** pertence a α e a distância de **P** a β vale 1. Então a distância de **P** à reta intersecção de α e β é igual a:

a) $\sqrt{3}$. b) $\sqrt{5}$. c) $\sqrt{6}$. d) $\sqrt{7}$. e) $\sqrt{8}$.

20 (Fatec–SP) No cubo ABCDEFGH, da figura, cuja aresta tem medida **a**, $a > 1$, sejam:

- **P** um ponto pertencente ao interior do cubo, tal que $DP = 1$;
- **Q** o ponto que é a projeção ortogonal do ponto **P** sobre o plano ABCD;
- α a medida do ângulo agudo que a reta $\overleftrightarrow{DP}$ forma com o plano ABCD;
- **R** o ponto que é a projeção ortogonal do ponto **Q** sobre a reta $\overleftrightarrow{AD}$;
- β a medida do ângulo agudo que a reta $\overleftrightarrow{DQ}$ forma com a reta $\overleftrightarrow{AD}$.

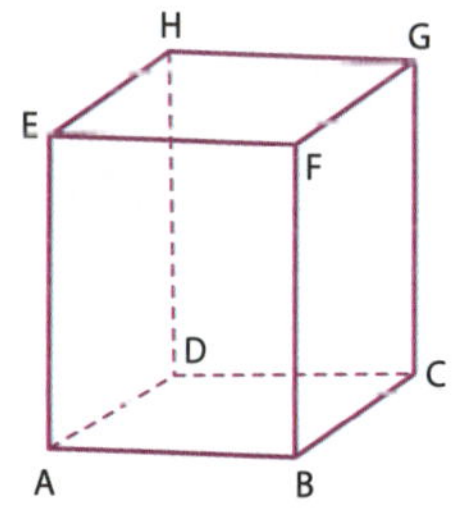

Nessas condições, a medida do segmento $\overline{DR}$, expressa em função de α e β, é:

a) $\text{sen}\ \alpha \cdot \text{sen}\ \beta$.
b) $\text{sen}\ \alpha \cdot \text{tg}\ \beta$.
c) $\cos \alpha \cdot \text{sen}\ \beta$.
d) $\cos \alpha \cdot \cos \beta$.
e) $\text{tg}\ \alpha \cdot \cos \beta$.

POLIEDROS: PRISMAS E PIRÂMIDES

Assunto	Resumo
Relação de Euler	$V - A + F = 2$
Soma dos ângulos da face de um poliedro convexo	$S = (V - 2) \cdot 360°$
Paralelepípedo reto retangular 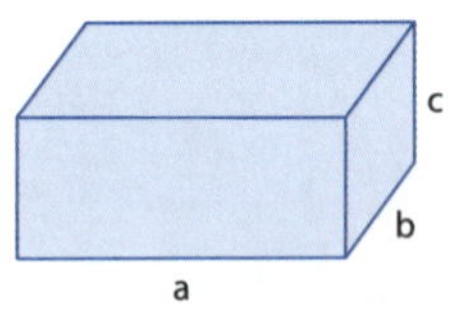 	**Área total:** $A_t = 2(ab + ac + bc)$ **Volume:** $V = abc$ **Diagonal:** $d = \sqrt{a^2 + b^2 + c^2}$
Cubo 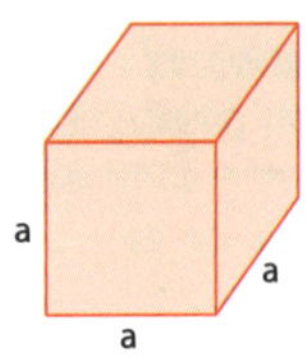 	**Diagonal:** $d = a\sqrt{3}$ **Área total:** $A_t = 6a^2$ **Volume:** $V = a^3$
Prismas regulares 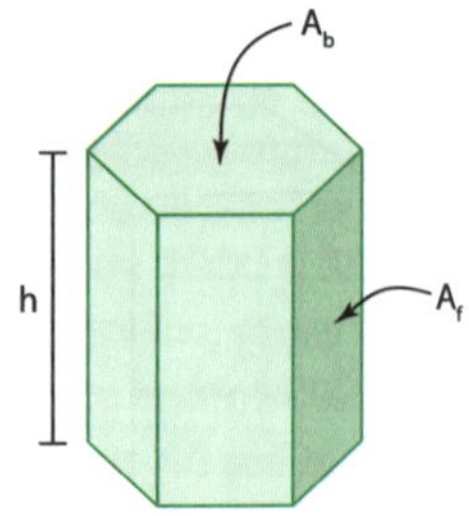 	$\mathbf{A_b}$: área da base (polígono de **n** lados) $\mathbf{A_f}$: área de uma face (retângulo) **h:** altura **Área lateral:** $A_\ell = n \cdot A_f$ **Área total:** $A_t = 2A_b + A_\ell$ **Volume:** $V = A_b \cdot h$
Pirâmide regular 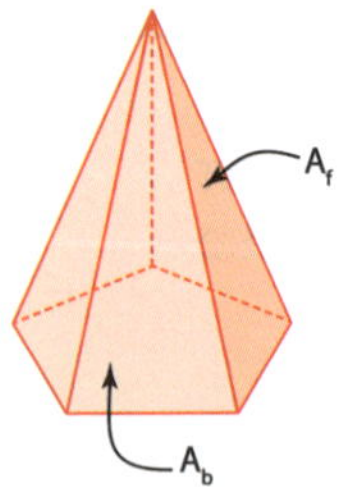 	$\mathbf{A_b}$: área da base (polígono de **n** lados) $\mathbf{A_f}$: área da face (triângulo) **Área lateral:** $A_\ell = n \cdot A_f$ **Área total:** $A_t = A_b + A_\ell$ **Volume:** $V = \dfrac{A_b \cdot h}{3}$
Tronco de pirâmide 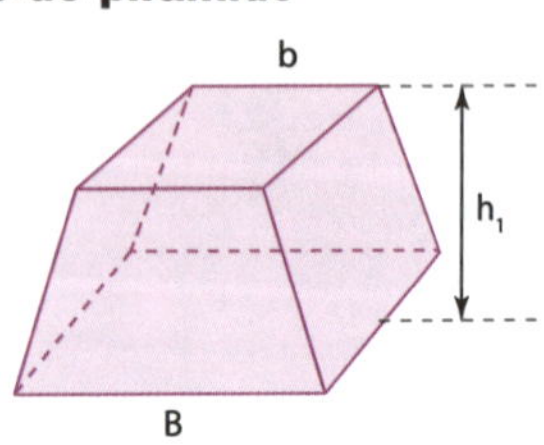 	$V = \dfrac{h_1}{3}(B + \sqrt{Bb} + b)$

Exercícios

1 (Ufam) Num poliedro convexo, o número de arestas excede o número de vértices em 12 unidades. O número de faces deste poliedro é:

a) 8. b) 10. c) 12. d) 14. e) 16.

2 (UFG–GO) Leia o texto abaixo.

> Era uma laje retangular enorme, uma brutidão de mármore rugoso [...].
> É a mãe da pedra, não disse que era o pai da pedra, sim a mãe, talvez porque viesse das profundas, ainda maculada pelo barro da matriz, mãe gigantesca sobre a qual poderiam deitar-se quantos homens, ou ela esmagá-los a eles, quantos, faça as contas quem quiser, que a laje tem de comprimento trinta e cinco palmos, de largura quinze, e a espessura é de quatro palmos, e, para ser completa a notícia, depois de lavrada e polida, lá em Mafra, ficará só um pouco mais pequena, trinta e dois palmos, catorze, três, pela mesma ordem e partes, e quando um dia se acabarem palmos e pés por se terem achado metros na terra, irão outros homens a tirar outras medidas [...].
>
> SARAMAGO, José. *Memorial do convento*. 17. ed. Rio de Janeiro: Bertrand Brasil, 1996. p. 244-245.

No romance citado, Saramago descreve a construção do Palácio e Convento de Mafra (século XVIII), em Portugal, no qual a laje (em forma de paralelepípedo retângulo) foi colocada na varanda da casa de Benedictione. Supondo que a medida de um palmo seja 20 cm, então o volume retirado do mármore, após ser polido e lavrado, em m^3, foi de:

a) 0,024. c) 10,752. e) 60,480.
b) 6,048. d) 16,800.

3 (Unemat–MT) Se um cubo tem suas arestas aumentadas em 50%, o seu volume aumentará em:

a) 237,5%. d) 235,5%.
b) 337,5%. e) 100%.
c) 50%.

4 (UEA–AM) Certa empresa fabrica xarope de açaí, acondicionado em vasilhames na forma de um paralelepípedo retângulo de dimensões 8 cm, 10 cm e 20 cm (medidas internas).

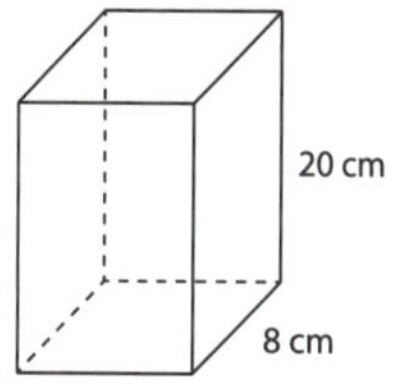

(figura fora de escala)

Cada vasilhame custa para a empresa R$ 0,30. O valor exato gasto com vasilhames pela empresa para acondicionar 9 600 cm^3 do xarope é:

a) R$ 0,60. d) R$ 12,00.
b) R$ 1,20. e) R$ 18,00.
c) R$ 1,80.

5 (UEPG–PR) Dado que um poliedro convexo tem 2 faces pentagonais, 4 faces quadrangulares e **n** faces triangulares, assinale o que for correto.

01) Se o número de vértices do poliedro é 11, então n = 4.

02) Se o número de faces do poliedro é 16, então n = 10.

04) O menor valor possível para **n** é 1.

08) Se a soma dos ângulos de todas as faces do poliedro é 3 600°, então n = 6.

16) Se o número de arestas do poliedro é 25, então n = 8.

6 (Enem) A siderúrgica "Metal Nobre" produz diversos objetos maciços utilizando o ferro. Um tipo especial de peça feita nessa companhia tem o formato de um paralelepípedo retangular, de acordo com as dimensões indicadas na figura que segue.

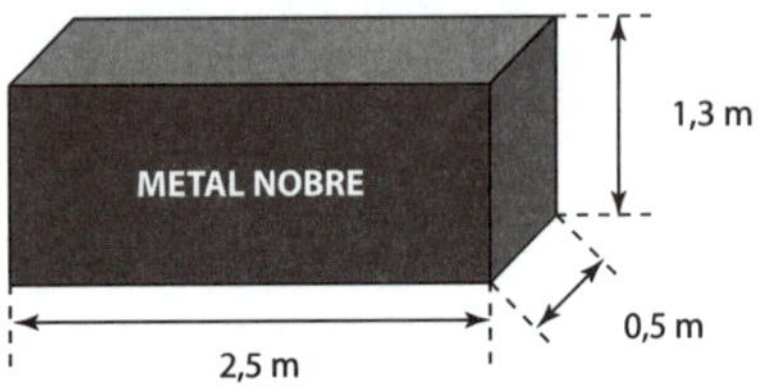

O produto das três dimensões indicadas na peça resultaria na medida da grandeza:

a) massa.
b) volume.
c) superfície.
d) capacidade.
e) comprimento.

7 (Enem) Uma fábrica produz barras de chocolate no formato de paralelepípedo e de cubo, com o mesmo volume. As arestas da barra de chocolate no formato de paralelepípedo medem 3 cm de largura, 18 cm de comprimento e 4 cm de espessura.

Analisando as características das figuras geométricas descritas, a medida das arestas dos chocolates que têm o formato de cubo é igual a:

a) 5 cm. b) 6 cm. c) 12 cm. d) 24 cm. e) 25 cm.

8 (UFG–GO) Em uma aula de geometria espacial foi construído um paralelepípedo retangular utilizando-se como arestas canudos inteiros de refrigerante, sendo oito canudos de 12 cm e quatro canudos de 16 cm. Para garantir que o paralelepípedo ficasse "firme" deveriam ser colocados suportes nas diagonais do paralelepípedo. Tendo em vista esses dados, qual o comprimento da diagonal do paralelepípedo?

10 (PUC–PR) O tetraexaedro é um sólido convexo limitado por 4 faces triangulares e 6 hexagonais, todas regulares. O número de arestas e vértices desse sólido é:

a) A = 21 e V = 13.

b) A = 24 e V = 16.

c) A = 48 e V = 40.

d) A = 32 e V = 24.

e) A = 34 e V = 24.

9 (PUC–PR) Um poliedro convexo é formado por faces quadrangulares e 4 faces triangulares. A soma dos ângulos de todas as faces é igual a 12 retos. Qual o número de arestas desse poliedro?

a) 8 b) 6 c) 4 d) 2 e) 1

11 (UFC–CE) Um poliedro convexo só tem faces triangulares e quadrangulares. Se ele tem 20 arestas e 10 vértices; então, o número de faces triangulares é:

a) 12. b) 11. c) 10. d) 9. e) 8.

12 (Unifesp) Considere o poliedro cujos vértices são os pontos médios das arestas de um cubo.

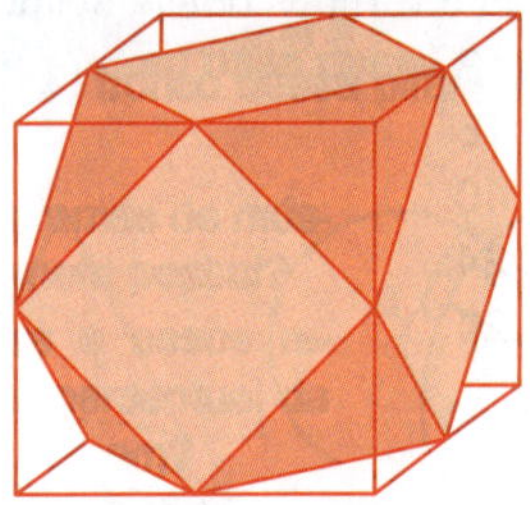

O número de faces triangulares e o número de faces quadradas desse poliedro são, respectivamente:

a) 8 e 8.
b) 8 e 6.
c) 6 e 8.
d) 8 e 4.
e) 6 e 6.

14 (UFF–RJ) A grande pirâmide de Quéops, antiga construção localizada no Egito, é uma pirâmide regular de base quadrada, com 137 m de altura. Cada face dessa pirâmide é um triângulo isósceles cuja altura relativa à base mede 179 m. A área da base dessa pirâmide, em m^2, é:

a) 13 272.
b) 26 544.
c) 39 816.
d) 53 088.
e) 79 432.

13 (UFFRJ) Observe o bloco retangular da figura 1, de vidro totalmente fechado com água dentro. Virando-o, como mostra a figura 2, podemos afirmar que o valor de **x** é:

a) 12 cm. b) 11 cm. c) 10 cm. d) 5 cm. e) 6 cm.

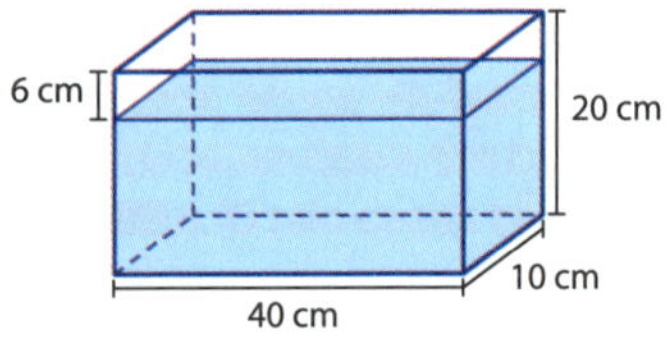

Figura 1

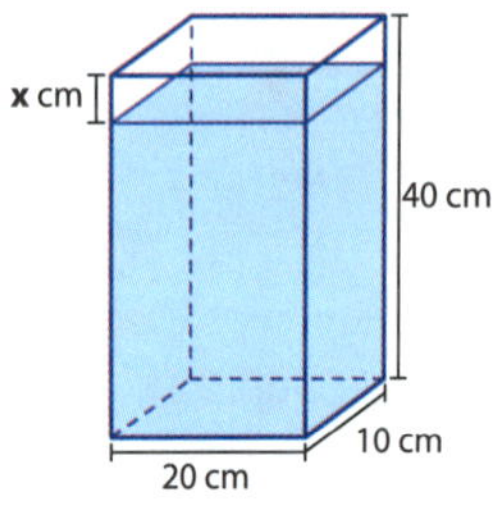

Figura 2

15 (UFU–MG) Um paralelepípedo com 75 cm de largura, 60 cm de comprimento e 18 cm de altura deve ser dividido em cubos iguais, com arestas de medida inteira, que tenham o maior volume possível. Qual o número de cubos resultantes dessa divisão?

16 (Unicamp–SP) Ao serem retirados 128 ℓ de água de uma caixa-d'água de forma cúbica, o nível da água baixa 20 cm.

a) Calcule o comprimento das arestas da referida caixa.

b) Calcule a sua capacidade em litros. (1 ℓ equivale a 1 dm^3.)

17 (PUC–SP) A altura de um prisma reto mede 8 cm e sua base é um hexágono regular cujo apótema mede $\sqrt{3}$ cm. Nessas condições, determine a área total e o volume desse prisma.

18 (Ufop–MG) A aresta lateral de uma pirâmide quadrangular regular mede 10 m e a altura, 8 m. Encontre o seu volume.

19 (Vunesp) É dada uma pirâmide de altura H = 9 cm e volume V = 108 cm^3. Um plano paralelo à base dessa pirâmide corta-a determinando um tronco de pirâmide de altura h = 3 cm. O volume desse tronco de pirâmide resultante é:

a) 36 cm^3.

b) 38 cm^3.

c) 54 cm^3.

d) 72 cm^3.

e) 76 cm^3.

20 (PUC–SP) No cubo abaixo, faz-se um corte pelo plano que passa pelos vértices **A**, **C** e **N**, retirando-se o sólido ABCN assim obtido. Determine o volume do sólido restante em função de **a**, sabendo que **a** é a medida do lado.

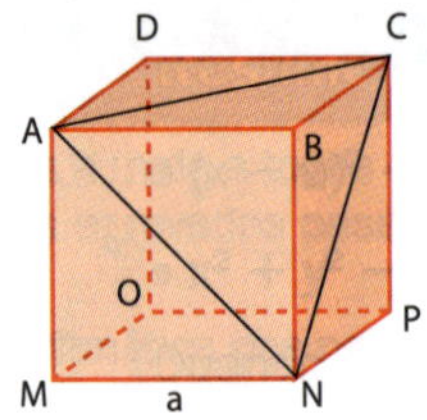

21 (UMA–MG) Se um tijolo, dos usados em uma construção, pesa 4,8 kg, então um tijolinho de brinquedo, feito do mesmo material e cujas dimensões sejam 4 vezes menores, pesará:

a) 75 g. b) 300 g. c) 1 728 g. d) 1 200 g.

22 (ITA–SP) Seja uma pirâmide regular de base hexagonal e altura 10 m. A que distância do vértice devemos cortá-la por um plano paralelo à base de tal modo que o volume da pirâmide obtida seja $\frac{1}{8}$ do volume da pirâmide original?

a) 2 m b) 4 m c) 5 m d) 6 m e) 8 m

23 (Unifor–CE) A figura abaixo representa um cubo de cartolina, do qual são fornecidas algumas medidas:

AB = 3 cm; BE = 5 cm; ED = 5 cm; CD = 7 cm.

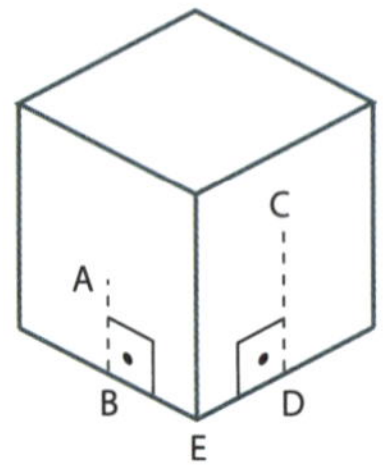

Uma formiga vai de **A** para **C**, caminhando sobre as faces do cubo pelo caminho mais curto. Pode-se calcular o comprimento desse caminho, imaginando o cubo desmontado e as faces em que estão **A** e **C** estendidas sobre um mesmo plano. Dessa forma, conclui-se que a formiga percorrerá:

a) $2\sqrt{29}$ cm.
b) $6\sqrt{3}$ cm.
c) $5\sqrt{3}$ cm.
d) $2\sqrt{23}$ cm.
e) $3\sqrt{3}$ cm.

24 (PUC–PR) Um garimpeiro encontrou um diamante bruto, com a forma de um cristal octaédrico perfeito, que pesou 1,031 quilate, com volume $0{,}009\sqrt{2}$ cm³.

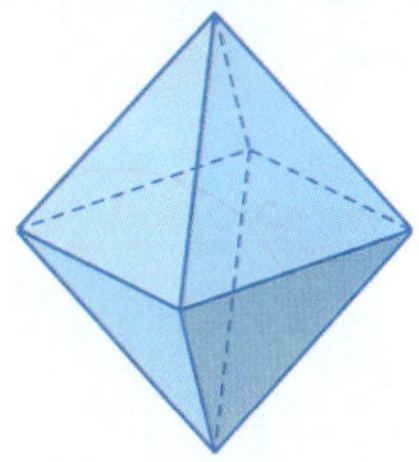

A aresta deste cristal mediu:

a) 0,2 cm.
b) 0,5 cm.
c) 0,4 cm.
d) 0,3 cm.
e) 0,6 cm.

25 (UFMG) Nesta figura, estão representados o cubo ABCDEFGH e o prisma ACRPQO:

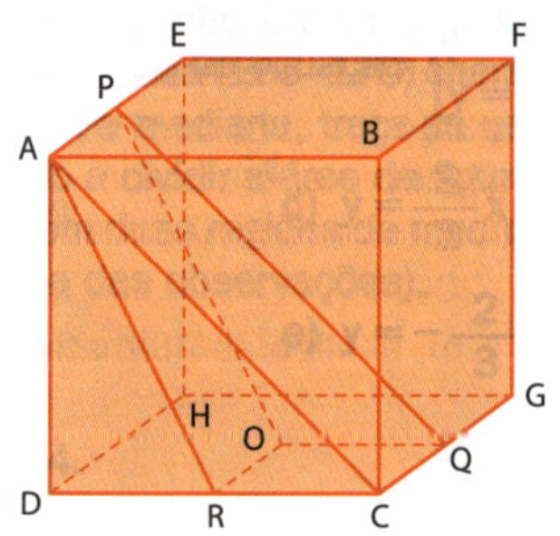

Sabe-se que:

- **P**, **Q** e **R** são, respectivamente, os pontos médios das arestas AE, CG e CD;
- o ponto **O** é o centro da face CDHG; e
- o volume do prisma ACRPQO é 24 cm³.

Então, é correto afirmar que o comprimento de cada aresta desse cubo é:

a) $4\sqrt[3]{2}$ cm.
b) $2\sqrt[3]{3}$ cm.
c) $4\sqrt[3]{3}$ cm.
d) $2\sqrt[3]{2}$ cm.

26 (Unifor–CE) A figura abaixo é um prisma oblíquo cuja base é um triângulo equilátero de perímetro 18 cm.

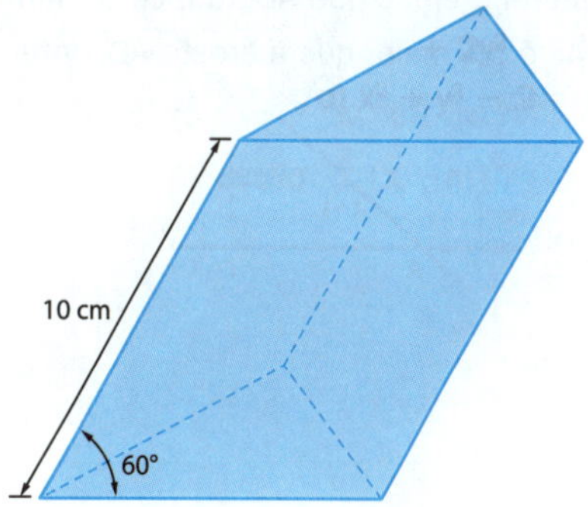

O volume desse prisma, em centímetros cúbicos, é igual a:

a) 270.
b) 135.
c) $45\sqrt{3}$.
d) $45\sqrt{2}$.
e) 45.

27 (Uece) Um triângulo equilátero, cuja medida do lado é 6 m, é a base de uma pirâmide regular cuja medida de uma aresta lateral é $\sqrt{15}$ m. O volume dessa pirâmide, em m³, é:

a) 9.
b) 10.
c) $\frac{9}{2}\sqrt{3}$.
d) $\frac{9}{2}\sqrt{5}$.

28 (Ufscar–SP) As bases ABCD e ADGF das pirâmides ABCDE e ADGFE são retângulos e estão em planos perpendiculares. Sabe-se também que ABCDE é uma pirâmide regular de altura 3 cm e apótema lateral 5 cm, e que ADE é face comum às duas pirâmides.

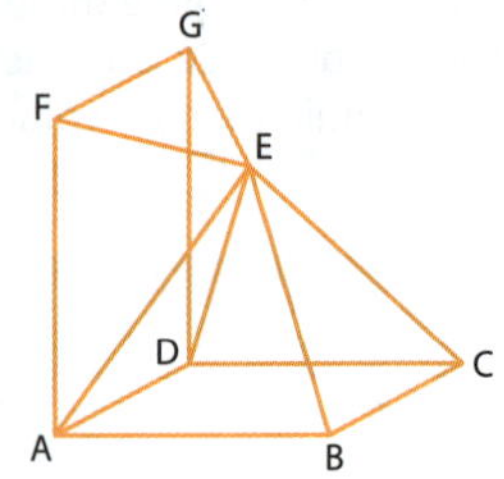

Se a aresta AF é 5% maior que a aresta AD, então o volume da pirâmide ADGFE, em cm^3, é:

a) 67,2. b) 80. c) 89,6. d) 92,8. e) 96.

---

29 (UFT–TO) De acordo com Ifrah (2005) desde o século VI a.C. há evidências sobre a descoberta dos números irracionais, pois a descoberta de que a diagonal de um quadrado de lado unitário (ou seja, de lado igual a 1) não corresponde a um número inteiro era algo impensável até então. Certa lenda, datada da Grécia Antiga, mostra que, por volta de 429 a.C. durante a Guerra do Peloponeso, uma praga exterminou boa parte da população de Atenas e que sacerdotes foram enviados ao oráculo de Apolo, na cidade de Delfos, com o objetivo de obter respostas para uma cura da peste. O oráculo então responde: o Altar de Apolo, localizado na cidade de Delfos, que tem formato cúbico, deve ser duplicado. Os atenienses, de imediato, dobraram todas as dimensões das arestas do Altar e, mesmo assim, a peste continuou a atacar.

IFRAH G. *Os números*: história de uma grande invenção. 11 ed. São Paulo: Globo, 2005.

Considerando que o Altar de Apolo tinha o formato inicial de um cubo de aresta 1 m, analise as afirmativas a seguir com base nas informações acima:

I) O volume duplica já que a medida da aresta dobrou.

II) O volume octuplica tendo em vista que a medida da aresta dobrou.

III) As medidas das diagonais são respectivamente $\sqrt{3}$ m e $2\sqrt{3}$ m.

IV) As medidas das diagonais do Altar de Apolo antes e depois da duplicação são respectivamente $\sqrt{2}$ m e $2\sqrt{2}$ m.

Concluiu-se então que:

a) I, II, III e IV são falsas.

b) I, II, III e IV são verdadeiras.

c) apenas II e IV são verdadeiras.

d) apenas II e III são verdadeiras.

e) apenas I, II e III são falsas.

30 (UFPB) O reservatório de água de certo edifício tem a forma de um paralelepípedo reto retangular com base de dimensões internas 3 m × 4 m, conforme a figura abaixo.

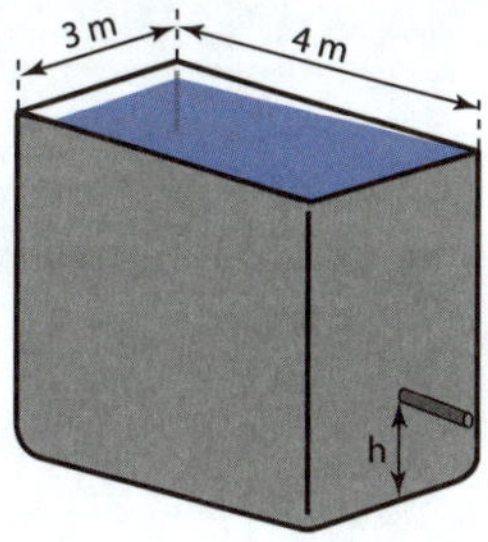

De acordo com as condições do edifício, por medida de segurança, recomenda-se que, no reservatório, deve ficar retida uma quantidade de água correspondente a 18 m^3, para combater incêndio. Para atender essa recomendação, o ponto de saída da água, destinada ao consumo diário dos moradores e do condomínio, deve ficar a uma determinada altura (**h**) do fundo do reservatório, de modo que a água acumulada no reservatório até essa altura seja destinada para combate a incêndio.

Nessas condições, a altura (**h**) da saída da água para consumo diário deve ser, pelo menos, de:

a) 1 m. b) 1,5 m. c) 2 m. d) 2,5 m. e) 3 m.

31 (Vunesp) Há 4 500 anos, o Imperador Quéops do Egito mandou construir uma pirâmide regular que seria usada como seu túmulo. As características e dimensões aproximadas dessa pirâmide hoje são:

1ª) Sua base é um quadrado com 220 metros de lado;

2ª) Sua altura é de 140 metros.

Suponha que, para construir parte da pirâmide equivalente a $1{,}88 \times 10^4$ m^3, o número médio de operários utilizados como mão de obra gastava em média 60 dias. Dados que $2{,}2^2 \cdot 1{,}4 \simeq 6{,}78$ e $\frac{2,26}{1,88} \simeq 1,2$ e mantidas estas médias, o tempo necessário para a construção de toda a pirâmide, medido em anos de 360 dias, foi de, aproximadamente:

a) 20. b) 30. c) 40. d) 50. e) 60.

32 (UFPE) Uma pirâmide hexagonal regular tem a medida da área da base igual à metade da área lateral. Se a altura da pirâmide mede 6 cm, assinale o inteiro mais próximo do volume da pirâmide, em cm^3. (Dado: use aproximação $\sqrt{3} \simeq 1,73.$)

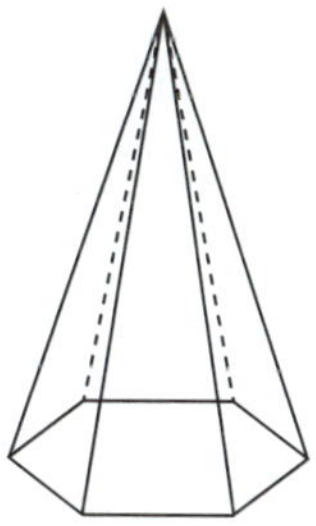

33 (ESPCEX–MG) Na figura abaixo, está representado um sólido geométrico de 9 faces, obtido a partir de um cubo e uma pirâmide.

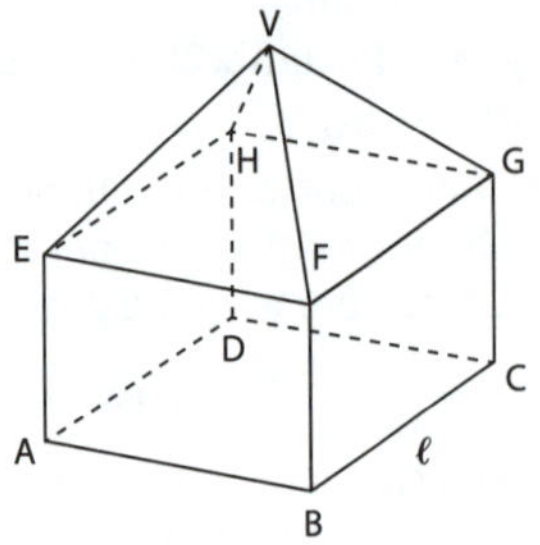

Sabendo que todas as arestas desse sólido têm medida ℓ, então as medidas da altura (distância do ponto **V** à face ABCD) e da superfície total desse sólido são respectivamente:

a) $\ell\left(\frac{\sqrt{2}+2}{2}\right)$ e $\ell^2(\sqrt{3}+4)$.

b) $\ell\left(\frac{\sqrt{2}+2}{2}\right)$ e $\ell^2(\sqrt{3}+5)$.

c) $\ell\left(\frac{\sqrt{3}+2}{2}\right)$ e $\ell^2\left(\frac{\sqrt{3}}{4}+5\right)$.

d) $\ell\left(\frac{\sqrt{2}}{2}\right)$ e $\ell^2(\sqrt{3}+5)$.

e) $\ell\left(\frac{\sqrt{3}}{2}\right)$ e $\ell^2\left(\frac{\sqrt{3}}{4}+4\right)$.

34 (Enem) Um porta-lápis de madeira foi construído no formato cúbico, seguindo o modelo ilustrado abaixo. O cubo de dentro é vazio. A aresta do cubo maior mede 12 cm e a do cubo menor, que é inteiro, mede 8 cm.

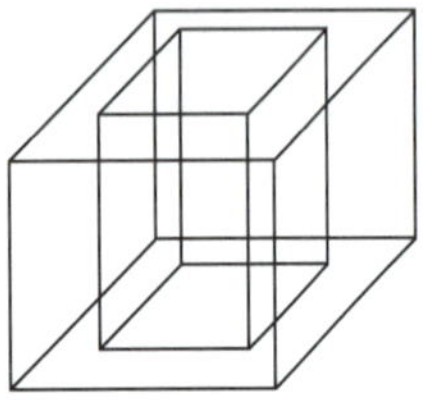

O volume de madeira utilizado na confecção desse objeto foi de:

a) 12 cm^3.
b) 64 cm^3.
c) 96 cm^3.
d) 1 216 cm^3.
e) 1 728 cm^3.

35 (UEL–PR) Uma metalúrgica produz uma peça cujas medidas são especificadas na figura a seguir.

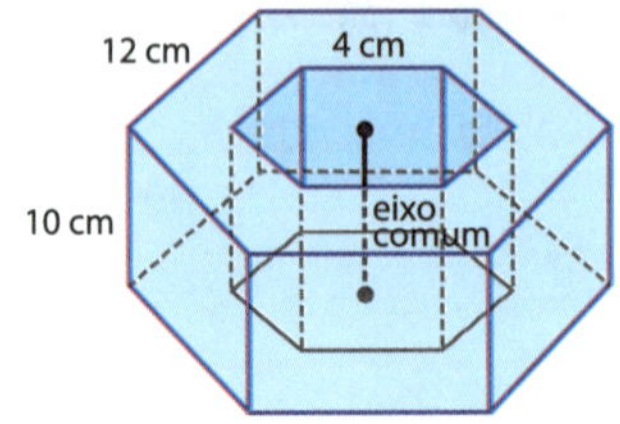

A peça é um prisma reto com uma cavidade central e com base compreendida entre dois hexágonos regulares, conforme a figura.

Considerando que o eixos da peça e da cavidade coincidem, qual o volume da peça?

a) $640\sqrt{3}$ cm^3
b) $1\,280\sqrt{3}$ cm^3
c) $2\,560\sqrt{3}$ cm^3
d) $320\sqrt{3}$ cm^3
e) $1\,920\sqrt{3}$ cm^3

36 (Vunesp) A figura mostra um paralelepípedo reto-retângulo ABCDEFGH, com base quadrada ABCD de aresta **a** e altura **2a**, em centímetros. A distância, em centímetros, do vértice **A** à diagonal BH vale:

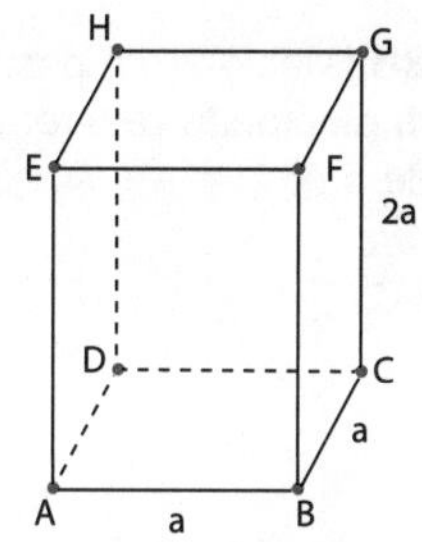

a) $\frac{\sqrt{5}}{6}a.$

b) $\frac{\sqrt{6}}{6}a.$

c) $\frac{\sqrt{5}}{5}a.$

d) $\frac{\sqrt{6}}{5}a.$

e) $\frac{\sqrt{30}}{6}a.$

---

37 (Fuvest–SP) Em um tetraedro regular de lado **a**, a distância entre os pontos médios de duas arestas não adjacentes é igual a:

a) $a\sqrt{3}$.

b) $a\sqrt{2}$.

c) $\frac{a\sqrt{3}}{2}$.

d) $\frac{a\sqrt{2}}{2}$.

e) $\frac{a\sqrt{2}}{4}$.

38 (Mack–SP) A peça da figura, de volume $\mathbf{a^2}$, é o resultado de um corte feito em um paralelepípedo reto-retângulo, retirando-se um outro paralelepípedo reto-retângulo. O valor de **a** é:

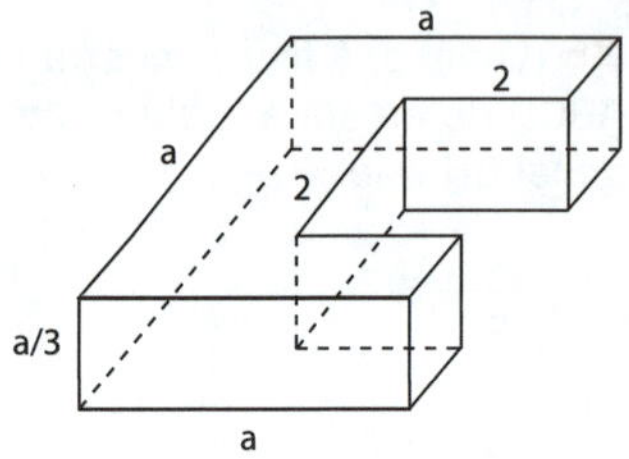

a) $\frac{2}{3}$. b) 5. c) 6. d) 4. e) $\frac{4}{5}$.

---

39 (Fuvest–SP) Na figura ao lado, o cubo de vértices **A**, **B**, **C**, **D**, **E**, **F**, **G** e **H** tem lado ℓ. Os pontos **M** e **N** são pontos médias das arestas $\overline{AB}$ e $\overline{BC}$, respectivamente. Calcule a área da superfície do tronco de pirâmide de vértices **M**, **B**, **N**, **E**, **F** e **G**

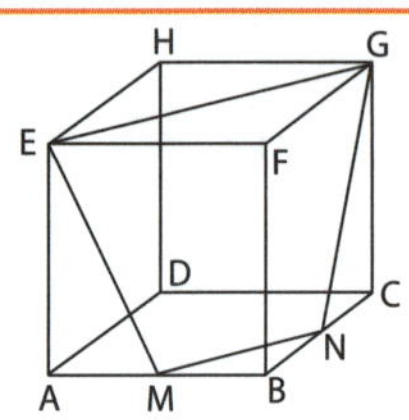

40 (Unicamp–SP) Uma caixa-d'água tem o formato de um tronco de pirâmide de bases quadradas e paralelas, como mostra a figura abaixo, na qual são apresentadas as medidas referentes ao interior da caixa.

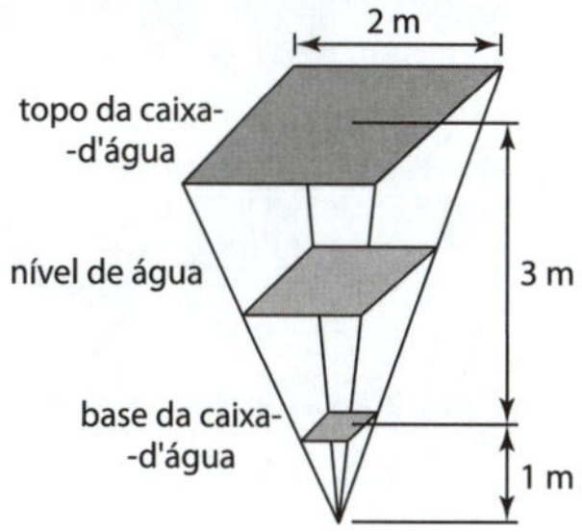

a) Qual o volume total da caixa-d'água?

b) Se a caixa contém $\left(\dfrac{13}{6}\right)$ m^3 de água, a que altura de sua base está o nível de água?

41 (Fuvest–SP) A base de uma pirâmide regular é um quadrado ABCD de lado 6 e diagonais $\overline{AC}$ e $\overline{BD}$. A distância de seu vértice **E** ao plano que contém a base é 4.

a) Determine o volume do tetraedro ABDE.

b) Determine a distância do ponto **B** ao plano que contém a face ADE.

42 (Unicamp–SP) Dado um cubo de aresta ℓ, qual é o volume do octaedro cujos vértices são os centros das faces do cubo?

43 (Fuvest-SP) No cubo de aresta **a** abaixo, **X** e **Y** são os pontos médios das arestas $\overline{AB}$ e $\overline{GH}$ respectivamente. Considere a pirâmide de vértice **F** cuja base é o quadrilátero XCYE. Calcule, em função de **a**:

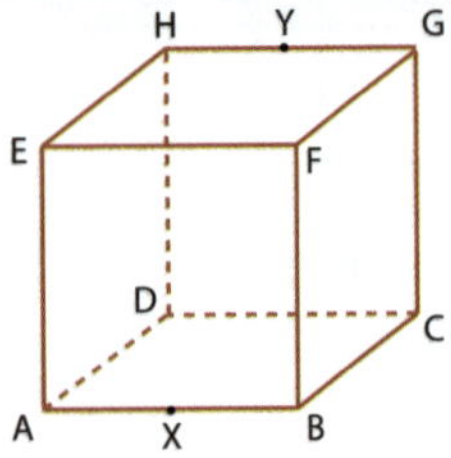

a) o comprimento do segmento $\overline{XY}$;

b) a área da base da pirâmide;

c) o volume da pirâmide.

44 (Vunesp) Uma piscina de forma retangular tem 8 m de largura, 15 m de comprimento, 0,9 m de profundidade num de seus extremos e 2,7 m de profundidade no outro extremo, sendo seu fundo um plano inclinado. Calcule o volume de água da piscina quando a altura do nível da água é de 0,6 m na extremidade mais funda.

45 (Unicamp-SP) Uma pirâmide regular, de base quadrada, tem altura igual a 20 cm. Sobre a base dessa pirâmide constrói-se um cubo de modo que a face oposta à base do cubo corte a pirâmide em um quadrado de lado igual a 5 cm. Faça uma figura representativa dessa situação e calcule o volume do cubo.

Assunto	Resumo

Cilindro

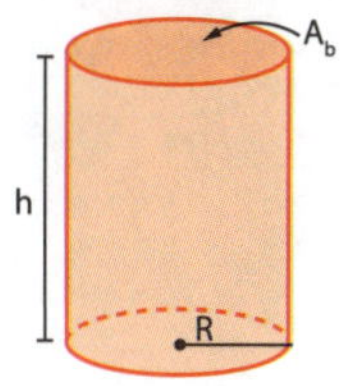

$A_b = \pi R^2$ $\qquad$ $A_t = 2\pi R(R + h)$

$A_l = 2\pi Rh$ $\qquad$ $V = \pi R^2 h$

Cilindro equilátero: $h = 2R$

Cone

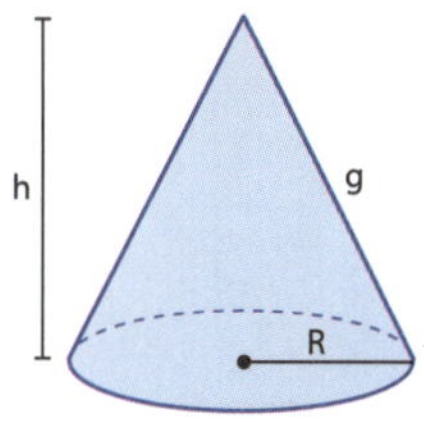

$g^2 = h^2 + R^2$ $\qquad$ $A_b = \pi R^2$

$A_l = \pi Rg$ $\qquad$ $A_t = \pi R(g + R)$

$$V = \frac{\pi R^2 h}{3}$$

Cone equilátero: $g = 2R$

Ângulo do setor circular que equivale à área lateral: $\alpha = \dfrac{2\pi R}{g}$ (em radianos)

Tronco de cone

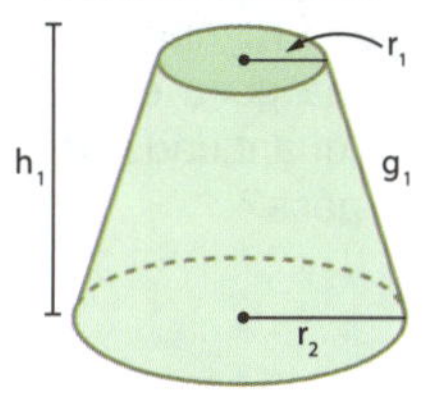

$A_l = \pi g_1(r_1 + r_2)$

$$V = \frac{\pi h_1}{3}\left(r_1^2 + r_1 r_2 + r_2^2\right)$$

Esfera

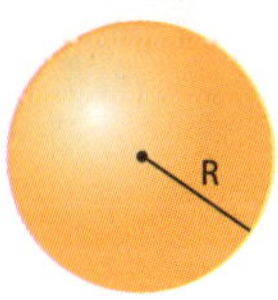

$A = 4\pi R^2$

$$V = \frac{4}{3}\pi R^3$$

Fuso esférico

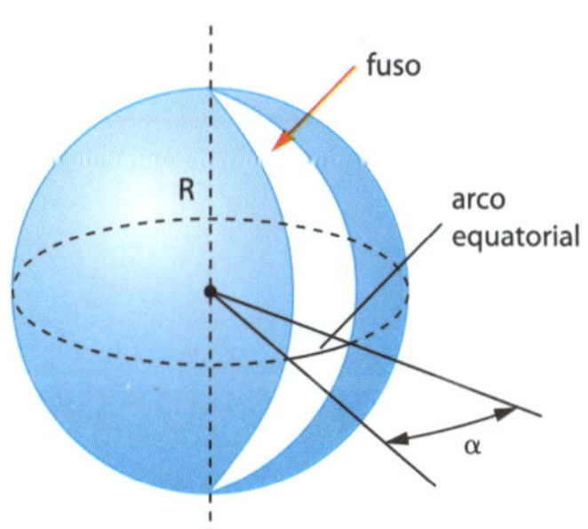

$$\frac{A_{fuso}}{4\pi R^2} = \frac{\alpha_{graus}}{360°} = \frac{\alpha_{rad}}{2\pi}$$

Cunha esférica

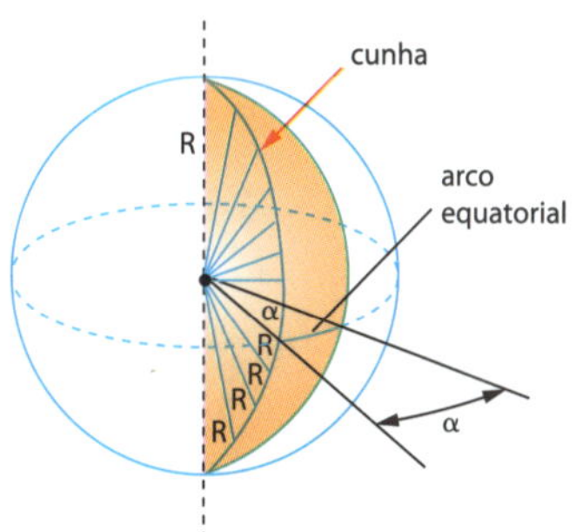

$$\frac{V_{cunha}}{\frac{4}{3}\pi R^3} = \frac{\alpha_{graus}}{360°} = \frac{\alpha_{rad}}{2\pi}$$

Exercícios

1 (UFSC) Um cilindro reto tem 63π cm³ de volume. Sabendo que o raio da base mede 3 cm, determine a sua altura.

2 (Unemat–MT) Para projetar um reservatório cilíndrico de volume 81π m³, dispõe-se de uma área circular de 6 m de diâmetro. Considerando $\pi = 3{,}14$, a altura deverá ser de:

a) 6 m.
b) 9 m.
c) 12 m.
d) $\frac{81}{6}\pi$ m.
e) 3π m.

3 (Ufop–MG) Encontre o volume da esfera inscrita em um cilindro de volume 30π m³.

4 (UEG–GO) Uma peça mecânica de ferro tem a forma de um prisma cuja base é um hexágono regular de 10 cm de lado e altura de 3 cm. No centro da peça existe um furo cilíndrico de 2 cm de raio. Qual é a quantidade de ferro, em volume, utilizada na confecção da peça?

5 (PUC–RS) A representação geométrica da função que calcula o volume de uma esfera de raio **x** é:

a)

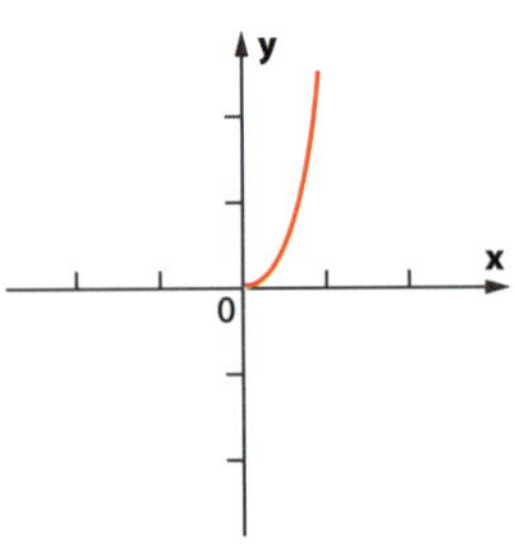

b)

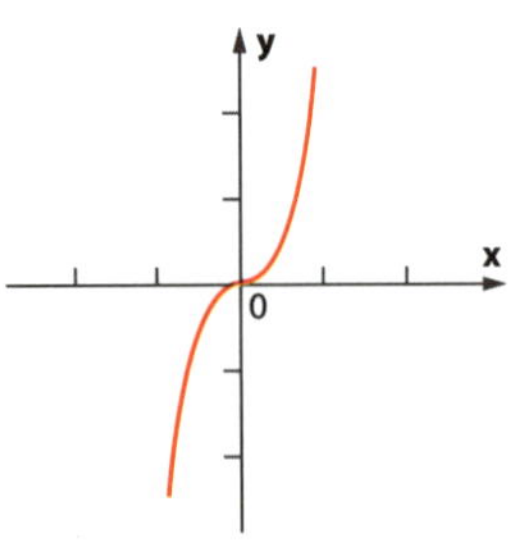

c)

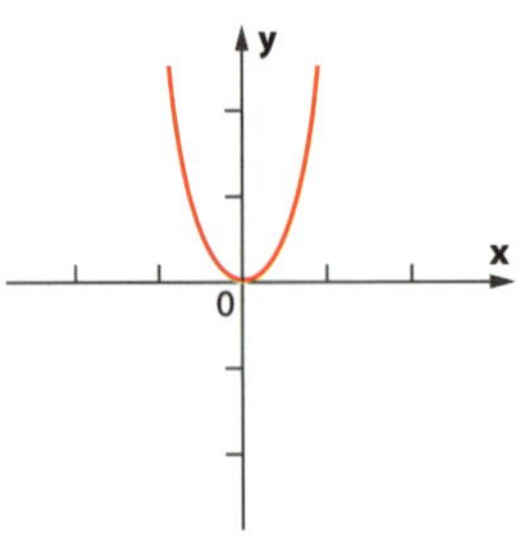

d)

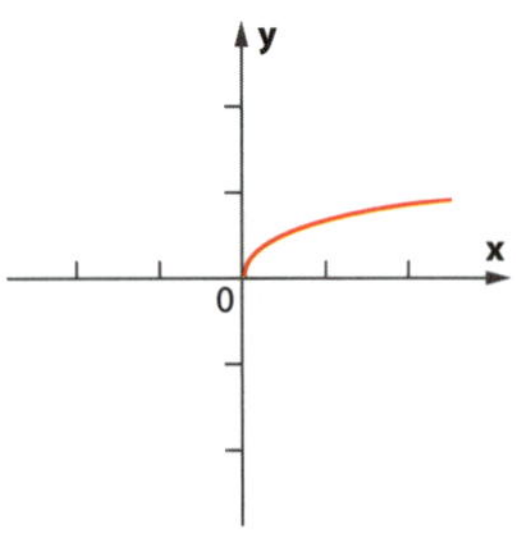

6 (Vunesp) O trato respiratório de uma pessoa é composto de várias partes, dentre elas os alvéolos pulmonares, pequeninos sacos de ar onde ocorre a troca de oxigênio por gás carbônico. Vamos supor que cada alvéolo tem forma esférica e que, num adulto, o diâmetro médio de um alvéolo seja, aproximadamente, 0,02 cm. Se o volume total dos alvéolos de um adulto é igual a 1 618 cm^3, o número aproximado de alvéolos dessa pessoa, considerando $\pi = 3$, é:

a) $1\,618 \cdot 10^3$.

b) $1\,618 \cdot 10^4$.

c) $5\,393 \cdot 10^2$.

d) $4\,045 \cdot 10^4$.

e) $4\,045 \cdot 10^5$.

7 (UFPA) Uma rasa é um paneiro utilizado na venda de frutos de açaí. Um típico exemplar tem forma de um tronco de cone, com diâmetro de base 28 cm, diâmetro de boca 34 cm e altura 27 cm. Podemos afirmar, utilizando $\pi = 3{,}14$, que a capacidade da rasa, em litros, é aproximadamente:

a) 18. b) 20. c) 22. d) 24. e) 26.

8 (Vunesp) Um produto é acondicionado em três tipos de embalagens cilíndricas, todas de mesma altura, mas de raios **a**, **b** e **c**, distintos entre si. Se a capacidade da embalagem de raio **c** é igual à soma da capacidade da embalagem de raio **a** com a de raio **b**, prove que $c^2 = a^2 + b^2$.

9 (Uece) Um fabricante de latas de alumínio com a forma de cilindro circular reto vai alterar as dimensões das latas fabricadas de forma que o volume seja preservado. Se a medida do raio da base das novas latas é o dobro da medida do raio das bases das antigas, então a medida da nova altura é:

a) a metade da medida da altura das latas antigas.

b) um terço da medida da altura das latas antigas.

c) um quatro da medida da altura das latas antigas.

d) dois terços da medida da altura das latas antigas.

10 (Fuvest–SP) Uma garrafa de vidro tem a forma de dois cilindros sobrepostos. Os cilindros têm a mesma altura de 4 cm e raios das bases **R** e **r**, respectivamente.

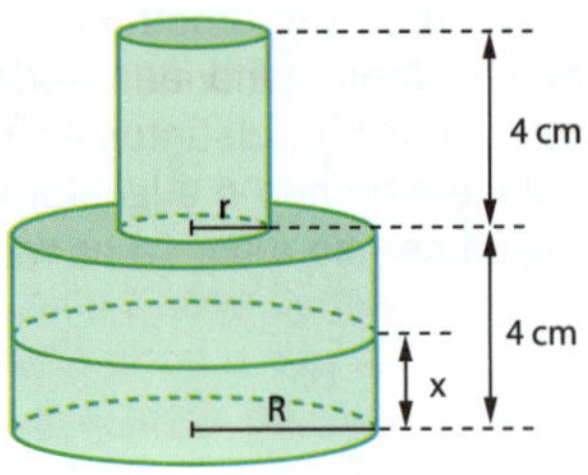

Se o volume V(x) de um líquido que atinge a altura **x** da garrafa se expressa segundo o gráfico a seguir, quais os valores de **R** e de **r**?

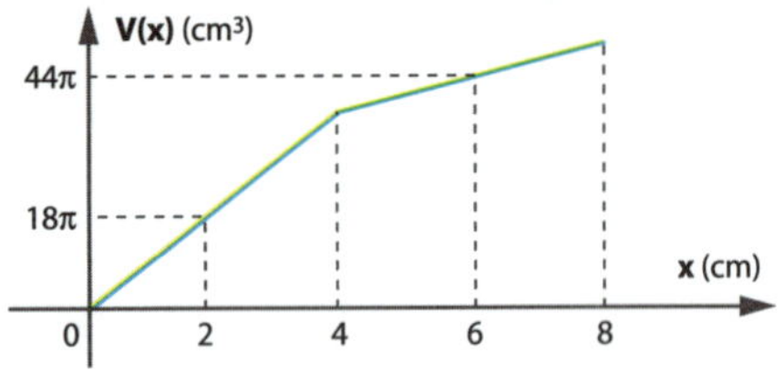

12 (Cesgranrio–RJ) Um tanque cônico, de eixo vértice para baixo, tem águas até metade da sua altura. Se a capacidade do tanque é de 1 200 litros, então a quantidade de água nele existente é de:

a) 600 litros.
b) 450 litros.
c) 300 litros.
d) 200 litros.
e) 150 litros.

11 (PUC–SP) A altura e o raio da base de um cone circular reto medem 4 cm e 15 cm, respectivamente. Aumenta-se a altura e diminui-se o raio da base desse cone, de uma mesma medida **x**, $x \neq 0$, para obter-se outro cone circular reto, de mesmo volume que o original. Determine **x**, em centímetros.

13 (Vunesp) Uma quitanda vende fatias de melancia embaladas em plásticos transparentes. Uma melancia com forma esférica de raio de medida **R** cm foi cortada em 12 fatias iguais, que têm, cada uma, a forma de uma cunha esférica, como representado na figura.

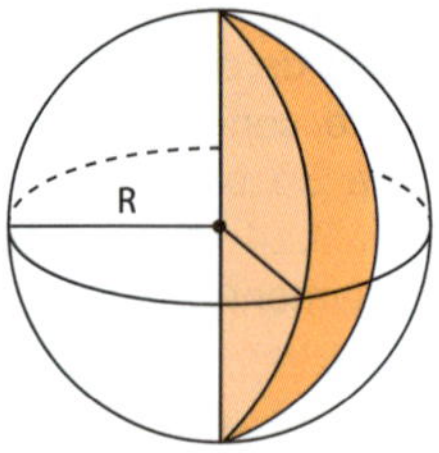

Sabendo que a área de uma superfície esférica de raio **R** cm é $4\pi R^2$ cm^2, determine, em função de π e de **R**:

a) a área da casca de cada fatia de melancia (fuso esférico);
b) quantos centímetros quadrados de plástico foram necessários para embalar cada fatia (sem nenhuma perda e sem sobrepor camadas de plástico), ou seja, qual é a área da superfície total de cada fatia.

14 (Vunesp) Considere um cilindro circular reto de altura **x** cm e raio da base igual a **y** cm. Usando a aproximação $\pi = 3$, determine **x** e **y** nos seguintes casos:

a) O volume do cilindro é 243 cm^3 e a altura é igual ao triplo do raio.

b) A área de superfície lateral do cilindro é 450 cm^2 e a altura tem 10 cm a mais que o raio.

16 (Ufla–MG) Um reservatório de forma cônica para armazenamento de água tem capacidade para atender às necessidades de uma comunidade por 81 dias. Esse reservatório possui uma marca a uma altura **h** para indicar que a partir desse nível a quantidade de água é suficiente para abastecer a comunidade por mais 24 dias. O valor de **h** é:

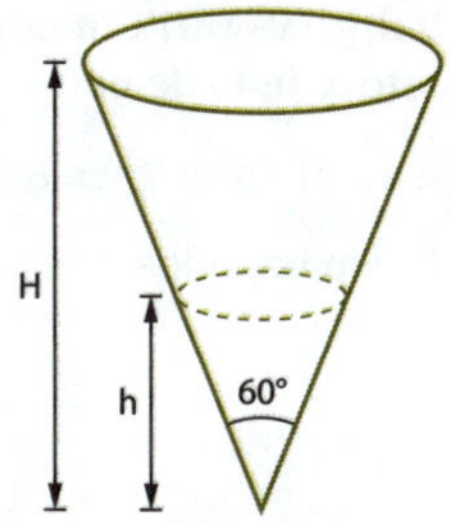

a) $h = \frac{2}{9}H$.

b) $h = \frac{2}{3}H$.

c) $h = \frac{8}{27}\sqrt{H}$.

d) $h = \frac{1}{10}\sqrt[3]{H}$.

e) $h = \frac{1}{2}H$.

15 (Uerj) Para revestir externamente chapéus em forma de cones com 12 cm de altura e diâmetro da base medindo 10 cm, serão utilizados cortes retangulares de tecido, cujas dimensões são 67 cm por 50 cm. Admita que todo o tecido de cada corte poderá ser aproveitado. O número mínimo dos referidos cortes necessários para forrar 50 chapéus é igual a:

a) 3. b) 4. c) 5. d) 6.

17 (UFV–MG) A área da superfície de uma esfera e a área total de um cone circular reto são iguais. Se o raio da base do cone mede 4 cm e o volume do cone é 16π cm^3, o raio da esfera é dado por:

a) $\sqrt{3}$ cm.

b) 2 cm.

c) 3 cm.

d) 4 cm.

e) $4 + \sqrt{2}$ cm.

18 (UFV–MG) Um chapéu, no formato de um cone circular reto, é feito de uma folha circular de raio 30 cm, recortando-se um setor circular de ângulo $\theta = \frac{2\pi}{3}$ radianos e juntando os lados.

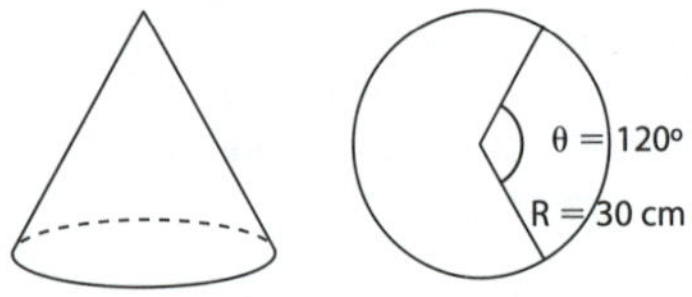

A área da base do chapéu, em cm^2, é:

a) 140π. b) 110π. c) 130π. d) 100π. e) 120π.

19 (UFPB/PSS) Depois de desistir de retirar a pipa do poste, João foi jogar futebol no quintal de casa. Ao chutar a bola com muita força, fez com que ela caísse num reservatório de água com a forma de um cilindro circular reto, cujo diâmetro é de 96 cm. Maria percebeu que exatamente a metade da bola ficou submersa, o que elevou o nível da água do reservatório em 0,5 cm (ver desenho). O raio dessa bola é:

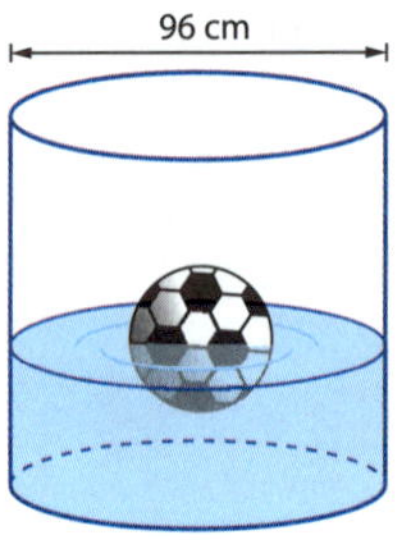

a) 10 cm.
b) 11 cm.
c) 12 cm.
d) 13 cm.
e) 14 cm.

20 (UFRGS–RS) No desenho ao lado, em cada um dos vértices do cubo está centrada uma esfera cuja medida do diâmetro é igual à medida da aresta do cubo. A razão entre o volume da porção do cubo ocupado pelas esferas e o volume do cubo é:

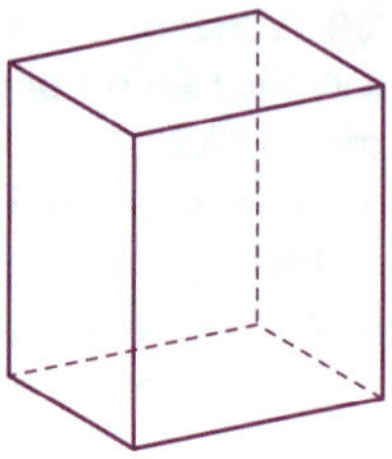

a) $\frac{\pi}{6}$. b) $\frac{\pi}{5}$. c) $\frac{\pi}{4}$. d) $\frac{\pi}{3}$. e) $\frac{\pi}{2}$.

21 (Enem) Para construir uma manilha de esgoto, um cilindro com 2 m de diâmetro e 4 m de altura (de espessura desprezível) foi envolvido homogeneamente por uma camada de concreto, contendo 20 cm de espessura.

Supondo que cada metro cúbico de concreto custe R$ 10,00 e tomando 3,1 como valor aproximado de π, então o preço dessa manilha é igual a:

a) R$ 230,40.
b) R$ 124,00.
c) R$ 104,16.
d) R$ 54,56.
e) R$ 49,90.

22 (Enem) Em um casamento, os donos da festa serviam champanhe aos seus convidados em taças com formato de um hemisfério (figura 1), porém um acidente na cozinha culminou na quebra de grande parte desses recipientes. Para substituir as taças quebradas, utilizou-se um outro tipo com formato de cone (figura 2). No entanto, os noivos solicitaram que o volume de champanhe nos dois tipos de taças fosse igual.

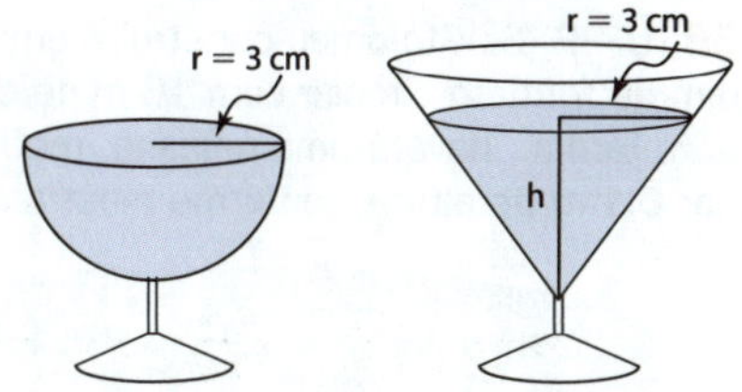

figura 1 figura 2

Considere:

$V_{esfera} = \frac{4}{3}\pi R^3$ e $V_{cone} = \frac{1}{3}\pi R^2 h$

Sabendo que a taça com o formato de hemisfério é servida completamente cheia, a altura do volume de champanhe que deve ser colocado na outra taça, em centímetros, é de:

a) 1,33. b) 6,00. c) 12,00. d) 56,52. e) 113,04.

23 (Ufam) Na figura 1, temos uma taça de vinho na forma cônica com capacidade máxima de 36π cm³.

figura 1 figura 2

Despeja-se um pouco de vinho nesta taça, gerando um novo cone, conforme a figura 2. Logo o volume de vinho servido, em cm³, será de:

a) $\frac{1}{3}\pi$ cm³.
b) $\frac{4}{5}\pi$ cm³.
c) $\frac{4}{3}\pi$ cm³.
d) $\frac{2}{3}\pi$ cm³.
e) $\frac{3}{4}\pi$ cm³.

24 (UFSC) O volume de um cone reto é de $1\,024\pi$ cm³. Se a altura, o raio da base e a geratriz desse cone formam, nessa ordem, uma progressão aritmética, então calcule a medida da geratriz, em centímetros.

25 (UFPB) Sr. Ptolomeu construirá em sua chácara um jardim de formato circular com 16 m de diâmetro. Contornando o jardim, haverá uma calçada, medindo 1 m de largura por 0,1 m de altura, conforme mostra a figura a seguir.

Use: $\pi = 3,14$.

Supondo que o preço médio do m^3 da calçada a ser construída é de 100 reais, conclui-se que a despesa do sr. Ptolomeu com a construção da calçada será, aproximadamente, de:

a) 685,30 reais.
b) 653,80 reais.
c) 583,30 reais.
d) 533,80 reais.
e) 835,30 reais.

26 (UEL–PR) Uma chapa com forma de um setor circular de raio 20 cm e ângulo de **x** graus é manuseada para se transformar num cone.

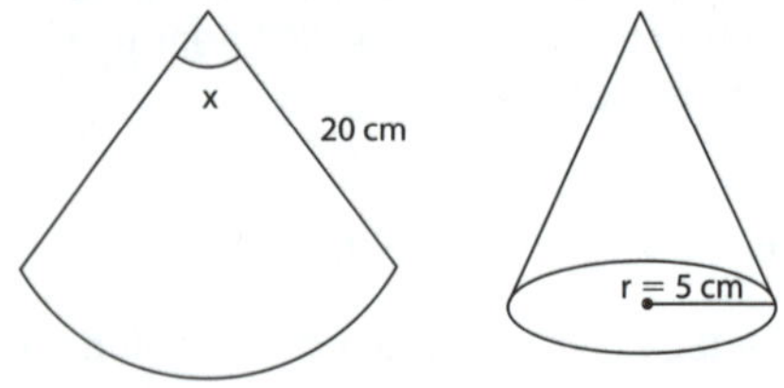

Se o raio da base do cone obtido é r = 5 cm, então o valor de **x** é:

a) 60°. b) 75°. c) 80°. d) 85°. e) 90°.

27 (UFPB) A prefeitura de um certo município realizou um processo de licitação para a construção de 100 cisternas de placas de cimento para famílias da zona rural do município. Esse sistema de armazenamento de água é muito simples, de baixo custo e não poluente. A empreiteira vencedora estipulou o preço de 40 reais por m^2 construído, tomando por base a área externa da cisterna. O modelo de cisterna pedido no processo tem a forma de um cilindro com uma cobertura em forma de cone, conforme a figura ao lado.

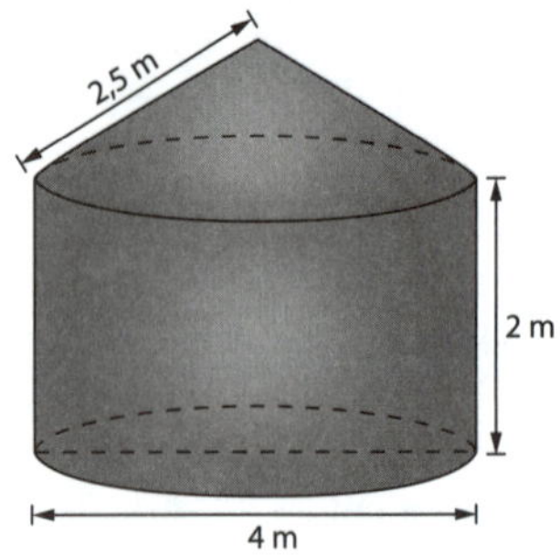

Considerando que a construção da base das cisternas deve estar incluída nos custos, é correto afirmar que o valor, em reais, a ser gasto pela prefeitura na construção das 100 cisternas será, no máximo, de:

Use: $\pi = 3,14$.

a) 100 960. b) 125 600. c) 140 880. d) 202 888. e) 213 520.

28 (Udesc) A figura ao lado ilustra duas moedas brasileiras, e a de R$ 1,00 e de R$ 0,50, descritas abaixo.

Moeda de R$ 1,00 – As faces da moeda são compostas de dois círculos concêntricos. O diâmetro do círculo maior é igual a 2,8 cm e o diâmetro do círculo menor é igual a 1,8 cm. A espessura dessa moeda é igual a 1,5 mm.

Moeda de R$ 0,50 – As faces da moeda são compostas de um círculo de diâmetro igual a 2,2 cm. A espessura dessa moeda é igual a 3 mm.

CASA DA MOEDA DO BRASIL/ MINISTÉRIO DA FAZENDA

Com base nessas informações, analise as proposições abaixo.

I) O volume de metal necessário para cunhar a região situada entre os círculos concêntricos da moeda de R$ 1,00 é aproximadamente $0{,}1725\pi$ cm³.

II) Para cunhar uma moeda de R$ 1,00 é necessário aproximadamente $0{,}069\pi$ cm³ de metal a mais que para cunhar uma moeda de R$ 0,50.

III) A área entre os círculos concêntricos da moeda de R$ 1,00 é $0{,}34\pi$ cm² maior que a do círculo interno.

Assinale a alternativa correta.

a) Somente as afirmativas II e III são verdadeiras.
b) Somente as afirmativas I e III são verdadeiras.
c) Somente as afirmativas I e II são verdadeiras.
d) Todas as afirmativas são verdadeiras.
e) Todas as afirmativas são falsas.

29 (UFPR) A parte superior de uma taça tem o formato de um cone, com as dimensões indicadas na figura.

a) Qual o volume de líquido que essa taça comporta quando está completamente cheia?

b) Obtenha uma expressão para o volume **V** de líquido nessa taça, em função da altura **x** indicada na figura.

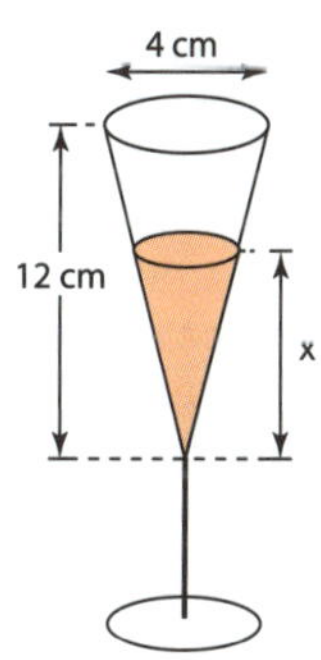

30 (PUC-SP) Um artesão dispõe de um bloco maciço de resina, com a forma de um paralelepípedo retângulo de base quadrada e cuja altura mede 20 cm. Ele pretende usar toda a resina desse bloco para confeccionar contas esféricas que serão usadas na montagem de 180 colares. Se cada conta tiver 1 cm de diâmetro e na montagem de cada colar forem usadas 50 contas, então, considerando o volume do cordão utilizado desprezível e a aproximação $\pi = 3$, a área total da superfície do bloco de resina, em cm², é:

a) 1 250.
b) 1 480.
c) 1 650.
d) 1 720.
e) 1 850.

31 (Unicamp–SP) Depois de encher de areia um molde cilíndrico, uma criança virou-o sobre uma superfície horizontal. Após a retirada do molde, a areia escorreu, formando um cone cuja base tinha raio igual ao dobro do raio da base do cilindro.

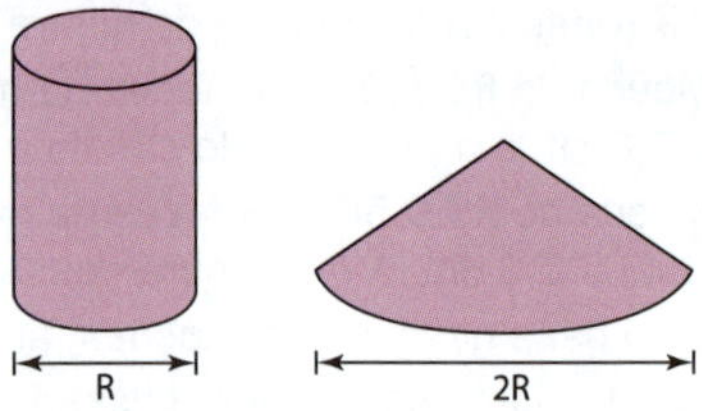

A altura do cone formado pela areia era igual a:

a) $\frac{3}{4}$ da altura do cilindro.

b) $\frac{1}{2}$ da altura do cilindro.

c) $\frac{2}{3}$ da altura do cilindro.

d) $\frac{1}{3}$ da altura do cilindro.

32 (UFMA) O volume do sólido gerado pela rotação da figura plana ABCD abaixo em torno do eixo **z** é:

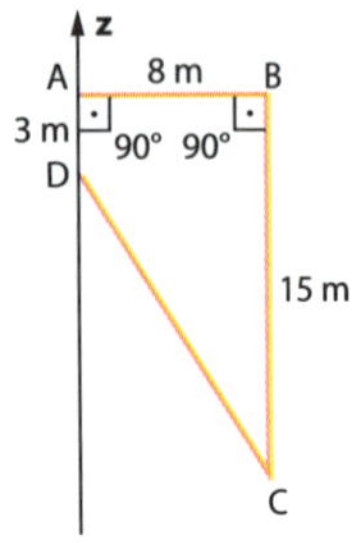

a) 532π m³.

b) 360π m³.

c) 704π m³.

d) 680π m³.

e) 725π m³.

33 (FGV–SP) Um cálice com a forma de cone contém **V** cm³ de uma bebida. Uma cereja de forma esférica com diâmetro de 2 cm é colocada dentro do cálice. Supondo-se que a cereja repousa apoiada nas laterais do cálice e o líquido recobre exatamente a cereja a uma altura de 4 cm a partir do vértice do cone, determine o valor de **V**.

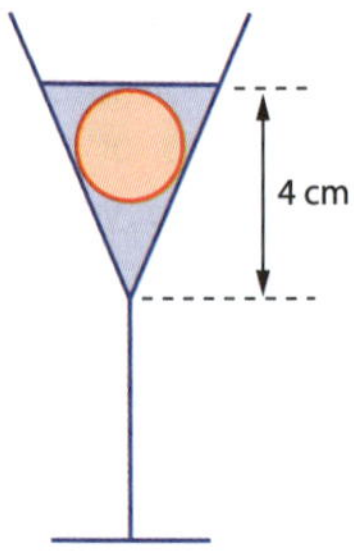

34 (ITA–SP) Considere um cone circular reto cuja geratriz mede $\sqrt{5}$ cm e o diâmetro da base mede 2 cm. Traçam-se **n** planos paralelos à base do cone, que o seccionam determinando n + 1 cone, incluindo o original, de modo que a razão entre os volumes do cone maior e do cone menor é 2. Os volumes destes cones formam uma progressão aritmética crescente cuja soma é igual a 2π. Então, o volume, em centímetros cúbicos, do tronco do cone determinado por dois planos consecutivos é igual a:

a) $\frac{\pi}{33}$.　　b) $\frac{2\pi}{33}$.　　c) $\frac{\pi}{9}$.　　d) $\frac{2\pi}{15}$.　　e) π.

---

35 (PUC–SP) Deseja-se confeccionar caixas na forma de paralelepípedos para embalar 16 bolas de bilhar, todas com o mesmo diâmetro. Cada bola tangencia a tampa e o fundo da caixa e cada bola tangencia também uma outra bola que lhe é vizinha, ou uma parede da caixa.

$\left(\textbf{Observação}: \text{Volume da esfera de raio } r = \frac{4}{3}\pi r^3.\right)$

a) Quais devem ser as dimensões da caixa para que se use o mínimo de material possível na sua confecção?

b) Qual é o volume, no interior da caixa, que não é ocupado pelas bolas?

36 (Unicamp–SP) Em uma pirâmide de base quadrada, as faces laterais são triângulos equiláteros e todas as oito arestas são iguais a 1.

a) Calcule a altura e o volume da pirâmide.

b) Mostre que a esfera centrada no centro da base da pirâmide, e que tangencia as arestas da base, também tangencia as arestas laterais.

c) Calcule o raio do círculo intersecção da esfera com cada face lateral da pirâmide.

---

37 (ITA–SP) Um dos catetos de um triângulo retângulo mede $\sqrt[3]{2}$ cm. O volume do sólido gerado pela rotação desse triângulo em torno da hipotenusa é π cm^3. Determine os ângulos desse triângulo.

38 (UEL–PR) Um *designer* deseja projetar um recipiente para perfume no formato da figura 1 ao lado. O recipiente é resultado da intersecção de dois cilindros iguais com 10 cm de altura cada um, cujas bases possuem raio igual a 6 cm. Sabe-se que o segmento de reta AB, representado na figura 2 ao lado, une a intersecção das circunferências de centros $\mathbf{C_1}$ e $\mathbf{C_2}$ e passa exatamente pelo ponto médio do segmento C_1C_2.
É correto afirmar que o recipiente comportará um volume igual a:

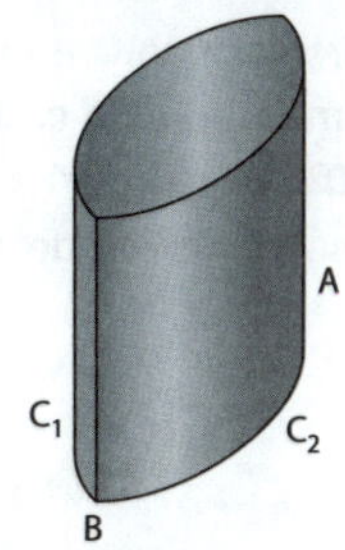

figura 1

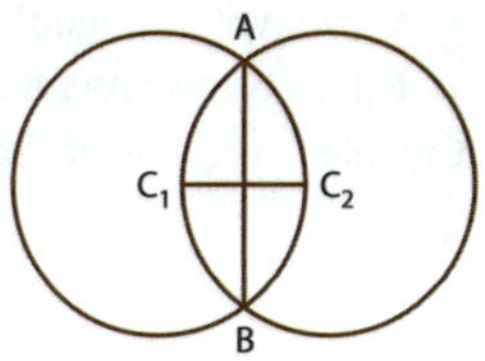

figura 2

a) $240\pi - 360\sqrt{3}$ cm³.
b) $240\pi - 180\sqrt{3}$ cm³.
c) $120\pi - 180\sqrt{3}$ cm³.
d) $12\pi - 90\sqrt{3}$ cm³.
e) $60\pi - 270\sqrt{3}$ cm³.

39 (UFG–GO) A terra retirada na escavação de uma piscina semicircular de 6 m de raio e 1,25 m de profundidade foi amontoada, na forma de cone circular reto, sobre uma superfície horizontal plana. Admita que a geratriz do cone faça um ângulo de 60° com a vertical e que a terra retirada tenha volume 20% maior que o volume da piscina. Nessas condições, a altura do cone, em metros, é de:

a) 2,0.
b) 2,8.
c) 3,0.
d) 3,8.
e) 4,0.

40 (ITA–SP) A área total da superfície de um cone circular reto, cujo raio da base mede **R** cm, é igual à terça parte da área de um círculo de diâmetro igual ao perímetro da seção meridiana do cone. O volume deste cone, em cm³, é igual a:

a) πR^3.
b) $\pi\sqrt{2}\,R^3$.
c) $\frac{\pi}{\sqrt{2}}R^3$.
d) $\pi\sqrt{3}\,R^3$.
e) $\frac{\pi}{\sqrt{3}}R^3$.

41 (UFBA) Sobre um cilindro circular reto **C** e uma pirâmide triangular regular **P** sabe-se que:

- **C** tem volume igual a 24π cm^3 e área de cada base igual a 4π cm^2;
- **P** tem a mesma altura que **C** e base inscrita em uma base de **C**.

Calcule o volume do tronco dessa pirâmide determinado pelo plano paralelo à base que dista 2 cm do vértice.

42 (UFMT) Considere um cilindro circular reto de perímetro de base 16π cm inscrito em um cubo que, por sua vez, está inscrito em uma esfera. Determine a área da superfície dessa esfera.

43 (Ufop–MG) Um cone circular reto está inscrito em uma esfera de 36π cm^3. Sabendo que a altura do cone mede 4 cm, determine sua área lateral.

Assunto	Resumo
Média aritmética	$MA = \frac{x_1 + x_2 + x_3 + ... + x_n}{n} = \frac{\sum_{i=1}^{n} x_i}{n}$ em que $\mathbf{x_i}$ são os valores.
Média aritmética ponderada	$MP = \frac{x_1 \cdot p_1 + x_2 \cdot p_2 + ... + x_n \cdot p_n}{p_1 + p_2 + ... + p_n}$ em que $\mathbf{x_i}$ são os valores e $\mathbf{p_i}$ são os respectivos pesos.
Moda (Mo)	Em Estatística, moda é a medida de tendência central definida como o valor mais frequente de um grupo de valores observados.
Mediana (Me)	Dados **n** números em ordem crescente ou decrescente, a mediana será: • o número que ocupar a posição central se **n** for ímpar; • a média aritmética dos dois números que estiverem no centro se **n** for par.
Variância (V)	$V = \frac{\sum_{i=1}^{n} (x_i - MA)^2}{n}$
Desvio padrão	$DP = \sqrt{V}$

Exercícios

1 (UFRGS-RS) As questões de Matemática do Concurso de Vestibular da UFRGS de 2004 foram classificadas em categorias quanto ao índice de facilidade, como mostra o gráfico de barras ao lado.

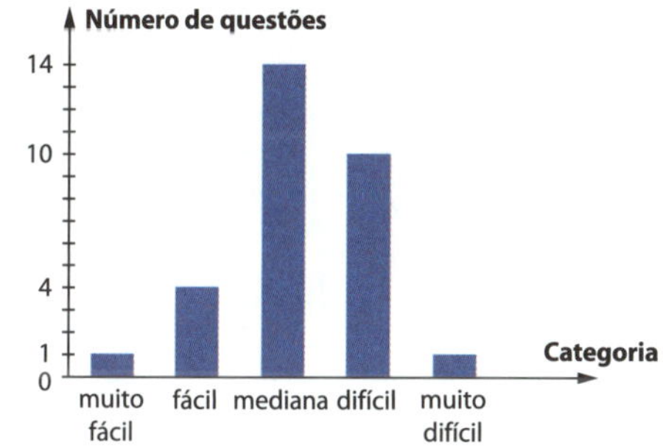

Se essa classificação fosse apresentada em um gráfico de setores, a cada categoria corresponderia um setor circular. O ângulo maior desses setores mediria:

a) 80°. b) 120°. c) 157°. d) 168°. e) 172°.

2 (UFMG) Este gráfico representa o resultado de uma pesquisa realizada com 1 000 famílias com filhos em idade escolar:

Responsáveis pela renda familiar

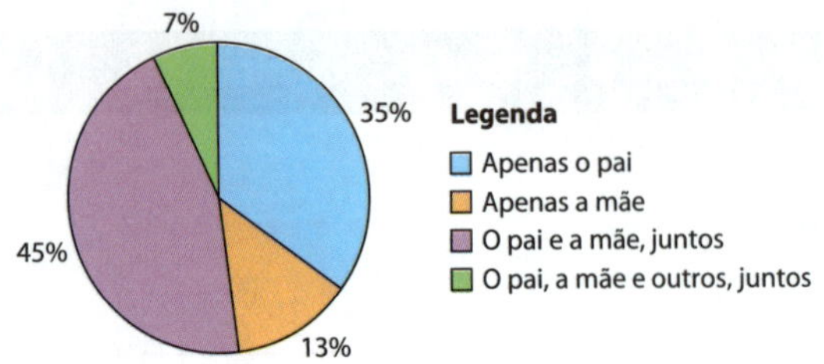

Considere estas afirmativas referentes às famílias pesquisadas:

I) O pai participa da renda familiar em menos de 850 dessas famílias.

II) O pai e a mãe participam, juntos, da renda familiar em mais de 500 dessas famílias.

Então, é correto afirmar que:

a) nenhuma das afirmativas é verdadeira.
b) apenas a afirmativa I é verdadeira.
c) apenas a afirmativa II é verdadeira.
d) ambas as afirmativas são verdadeiras.

3 (FGV–SP) A sequência definida abaixo por recorrência é chamada sequência de Fibonacci.

$$\begin{cases} a_1 = 1 \\ a_2 = 1 \\ a_n = a_{n-1} + a_{n-2} \text{ para } n \geq 3 \end{cases}$$

A média aritmética dos 5 primeiros termos dessa sequência vale:

a) 2,1. b) 2,2. c) 2,3. d) 2,4. e) 2,5.

4 (UFPB) A tabela ao lado apresenta o percentual de candidatos por faixa de pontuação, na prova discursiva de Matemática do PSS-2005/UFPB.

Pontos	%
0	10,1
1 a 4	36,3
5 a 8	31,3
9 a 12	13,2
13 a 16	5,6
17 a 20	2,6
21 a 24	0,9

Fonte: Coperve/UFPB

Com base nesses dados, é correto afirmar que:

a) mais de 10% obtiveram, no mínimo, 13 pontos.
b) no máximo, 40% obtiveram até 4 pontos.
c) mais de 70% obtiveram, no máximo, 8 pontos.
d) mais de 3% obtiveram de 17 a, no máximo, 20 pontos.
e) mais de 4% obtiveram de 17 a 24 pontos.

5 (UFG–GO) Um estudante encontrou um fragmento de jornal que apresentava o resultado da votação da Unesco sobre a admissão da Palestina como Estado-membro. Porém, as quantidades de abstenções e de votos contrários estavam ilegíveis, como indica a figura abaixo.

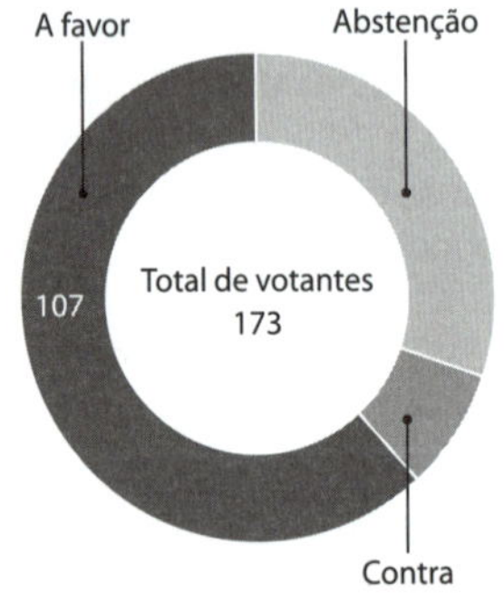

FOLHA DE S. PAULO, 1º nov. 2011. (Adaptado)

Curioso para saber quantos países votaram contra e observando que se trata de um gráfico de setores, o estudante mediu com um transferidor o ângulo do setor circular correspondente aos votos contrários e obteve, aproximadamente, 29º. Com base nesta informação, determine o número de países que votaram contra a admissão da Palestina na Unesco.

6 (UEL–PR) De acordo com os dados apresentados pela tabela, é correto afirmar:

	Rendimento/hora em reais, segundo nível de instrução e sexo Regiões Metropolitanas – 1999						
	Analfabeto	**Ensino Fundamental incompleto**	**Ensino Fundamental completo**	**Ensino Médio incompleto**	**Ensino Médio completo**	**Ensino Superior**	**Total**
Distrito Federal Homens Mulheres	1,98 – (1)	2,47 1,51	3,57 2,04	3,49 2,19	6,68 4,47	16,64 12,52	6,56 4,87
Porto Alegre Homens Mulheres	1,69 1,27	2,42 1,60	3,01 2,02	2,79 2,04	4,41 3,15	9,09 6,90	3,75 2,96
Salvador Homens Mulheres	1,09 0,71	1,53 0,87	2,18 1,26	2,17 1,80	3,94 2,61	10,12 7,10	3,10 2,31
São Paulo Homens Mulheres	2,02 1,69	2,94 1,96	3,74 2,58	3,38 2,48	5,71 3,90	14,33 10,03	5,28 4,03

Fonte: Convênio DIEESE/SEADE, MTB/FAT e convênios regionais, PED – Pesquisa de Emprego e Desemprego
Elaboração: DIEESE/janeiro de 2000

a) O ingresso de mulheres no Ensino Superior proporcionou a equiparação dos rendimentos salariais entre os sexos nas regiões metropolitanas.

b) Nas regiões apresentadas, os homens são mais bem remunerados do que as mulheres, porque possuem nível de instrução mais elevado.

c) A relação entre as variáveis sexo e escolaridade permite inferir que a diferença de gênero determina rendimentos menores às mulheres.

d) A diferença entre a remuneração de homens e mulheres é menor na coluna "Ensino Superior", se comparada às demais colunas.

e) A diferença absoluta dos rendimentos entre homens e mulheres, na coluna "Ensino Fundamental incompleto", é maior na cidade da região Nordeste.

7 (Ibmec–SP) Chama-se mediana de um conjunto de 50 dados ordenados em ordem crescente o número **x** dado pela média aritmética entre o 25º e o 26º. Observe no gráfico ao lado uma representação para as notas de 50 alunos do primeiro semestre de Ciências Econômicas numa determinada prova.

A mediana das notas dos 50 alunos de Ciências Econômicas nesta prova é igual a:

a) 3. b) 4. c) 5. d) 6. e) 7.

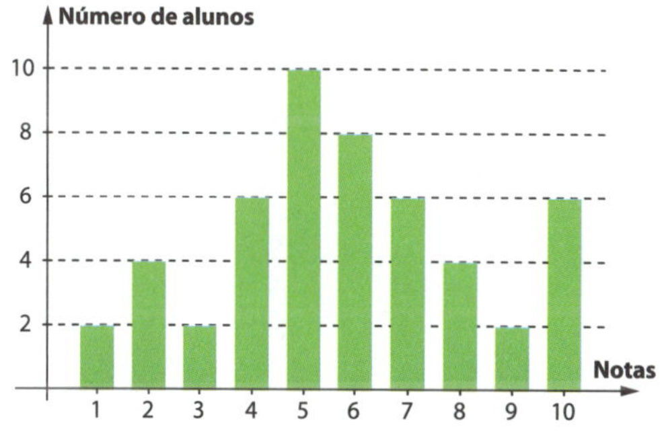

8 (UFPR) Dado um conjunto $X = \{x_1, x_2, x_3, ..., x_n\}$ com **n** elementos, definimos a média $\bar{x}$ e o desvio padrão **d** de **X** por:

$$\bar{x} = \frac{x_1 + x_2 + ... + x_n}{n}$$

$$d = \sqrt{\frac{(x_1 - \bar{x})^2 + (x_2 - \bar{x})^2 + ... + (x_n - \bar{x})^2}{n}}$$

Uma informação útil para quem analisa um conjunto de dados como **X** é que a maioria desses dados pertence ao intervalo $C = [\bar{x} - 2d,\ \bar{x} + 2d]$. Sendo $X = \left\{\frac{5}{2}, 4, \frac{7}{2}, 3\right\}$ um conjunto de dados:

1) calcule a média $\bar{x}$ e o desvio padrão **d**;

2) verifique quais dados do conjunto **X** acima pertencem ao intervalo **C**.

---

9 (Vunesp) O gráfico representa, em milhares de toneladas, a produção no estado de São Paulo de um determinado produto agrícola entre os anos de 1990 a 1998.

Analisando o gráfico, observa-se que a produção:

a) foi crescente entre 1992 e 1995.

b) teve média de 40 mil toneladas ao ano.

c) em 1993 teve acréscimo de 30% em relação ao ano anterior.

d) a partir de 1995 foi decrescente.

e) teve média de 50 mil toneladas ao ano.

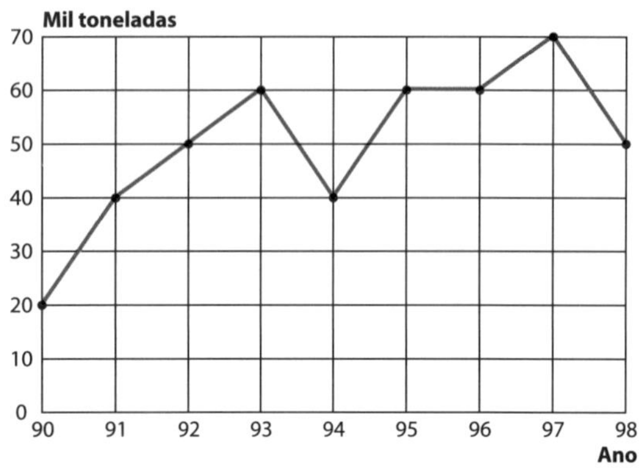

10 (UFPB) A tabela ao lado apresenta a quantidade exportada de certo produto, em milhares de toneladas, no período de 2000 a 2009.

Considerando os dados apresentados na tabela, identifique as afirmativas corretas:

I) A quantidade exportada, de 2006 a 2008, foi crescente.

II) A média da quantidade exportada, de 2003 a 2006, foi de 53 mil toneladas.

III) A moda da quantidade exportada, de 2000 a 2009, foi de 52 mil toneladas.

IV) A média da quantidade exportada, de 2000 a 2004, foi maior que a média de 2005 a 2008.

V) A mediana da quantidade exportada, de 2000 a 2009, foi de 51 mil toneladas.

Ano	Quantidade exportada (em milhares de toneladas)
2000	48
2001	52
2002	54
2003	52
2004	52
2005	50
2006	48
2007	52
2008	54
2009	52

11 (UFPR) Em 2010, uma loja de carros vendeu 270 carros a mais que em 2009. Abaixo temos um gráfico ilustrando as vendas nesses dois anos.

Nessas condições, pode-se concluir que a média aritmética simples das vendas efetuadas por essa loja durante os dois anos foi de:

a) 540 carros.
b) 530 carros.
c) 405 carros.
d) 270 carros.
e) 135 carros.

12 (Enem) Uma enquete, realizada em março de 2010, perguntava aos internautas se eles acreditavam que as atividades humanas provocam o aquecimento global. Eram três as alternativas possíveis e 279 internautas responderam à enquete, como mostra o gráfico.

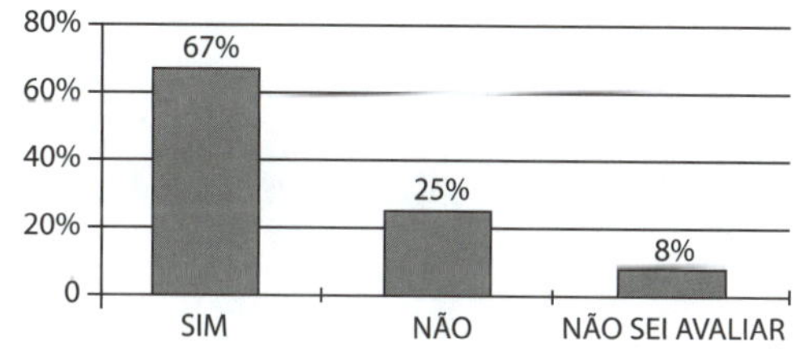

ÉPOCA. Ed. 619, 29 mar. 2010 (adaptado).

Analisando os dados do gráfico, quantos internautas responderam "NÃO" à enquete?

a) Menos de 23.
b) Mais de 23 e menos de 25.
c) Mais de 50 e menos de 75.
d) Mais de 100 e menos de 190.
e) Mais de 200.

13 (Enem) Uma equipe de especialistas do centro meteorológico de uma cidade mediu a temperatura do ambiente, sempre no mesmo horário, durante 15 dias intercalados, a partir do primeiro dia de um mês. Esse tipo de procedimento é frequente, uma vez que os dados coletados servem de referência para estudos e verificação de tendências climáticas ao longo dos meses e anos.

As medições ocorridas nesse período estão indicadas no quadro ao lado.

Em relação à temperatura, os valores da média, mediana e moda são, respectivamente, iguais a:

a) 17 °C, 17 °C e 13,5 °C.
b) 17 °C, 18 °C e 13,5 °C.
c) 17 °C, 13,5 °C e 18 °C.
d) 17 °C, 18 °C e 21,5 °C.
e) 17 °C, 13,5 °C e 21,5 °C.

Dia do mês	**Temperatura** (em °C)
1	15,5
3	14
5	13,5
7	18
9	19,5
11	20
13	13,5
15	13,5
17	18
19	20
21	18,5
23	13,5
25	21,5
27	20
29	16

14 (Uece) A média aritmética entre os divisores primos e positivos do número 2 310 é:

a) 5,6. b) 6,0. c) 6,3. d) 6,7.

15 (UFG–GO) Em uma turma, originalmente com 18 estudantes, a altura média dos alunos era de 1,61 m. Essa turma recebeu um novo aluno com 1,82 m e uma aluna com 1,60 m. Com isso, a altura média, em metros, dos estudantes dessa turma passou a ser de:

a) 1,60. b) 1,62. c) 1,64. d) 1,66. e) 1,68.

16 (Uece) Considere três números inteiros e positivos **a**, **b** e **c**, onde um deles é igual à média aritmética dos outros dois. A soma 2a + 2b + 2c é igual ao:

a) dobro de um dos números dados.

b) triplo de um dos números dados.

c) quádruplo de um dos números dados.

d) sêxtuplo de um dos números dados.

17 (Enem) Marco e Paulo foram classificados em um concurso. Para classificação no concurso o candidato deveria obter média aritmética na pontuação igual ou superior a 14. Em caso de empate na média, o desempate seria em favor da pontuação mais regular. No quadro a seguir são apresentados os pontos obtidos nas provas de Matemática, Português e Conhecimentos Gerais, a média, a mediana e o desvio padrão dos dois candidatos.

Dados dos candidatos no concurso.

	Matemática	Português	Conhecimentos Gerais	Média	Mediana	Desvio Padrão
Marco	14	15	16	15	15	0,32
Paulo	8	19	18	15	18	4,97

O candidato com pontuação mais regular, portanto mais bem classificado no concurso, é:

a) Marco, pois a média e a mediana são iguais.

b) Marco, pois obteve menor desvio padrão.

c) Paulo, pois obteve a maior pontuação da tabela, 19 em Português.

d) Paulo, pois obteve maior mediana.

e) Paulo, pois obteve maior desvio padrão.

18 (UFPB) Segundo dados do IBGE, as classes sociais das famílias brasileiras são estabelecidas, de acordo com a faixa de renda mensal total da família, conforme a tabela a seguir.

Classe	Faixa de renda
A	Acima de R$ 15300,00
B	De R$ 7650,01 até R$ 15300,00
C	De R$ 3060,01 até R$ 7650,00
D	De R$ 1020,01 até R$ 3060,00
E	Até R$ 1020,00

Adaptado de: <http:// www.logisticadescomplicada.com/o-brasil-suas-classes-sociais- e-a-implicacao-na-economia>. Acesso em: 5 nov. 2010.

Após um levantamento feito com as famílias de um município, foram obtidos os resultados expressos no gráfico a seguir.

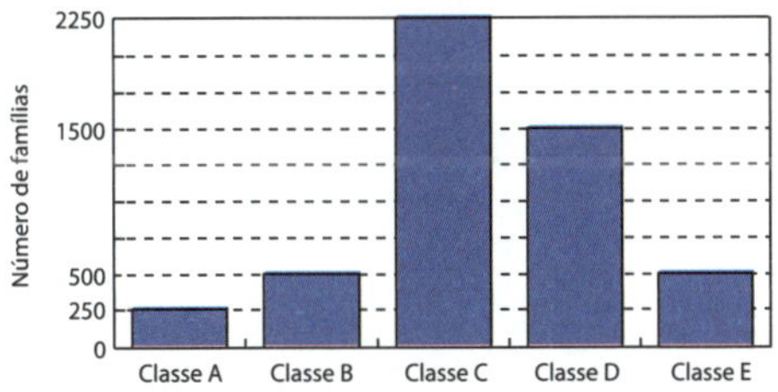

Com base nas informações contidas no gráfico e na tabela, concluiu-se que o percentual das famílias que têm renda acima de R$ 3 060,00 é de:

a) 45%. b) 60%. c) 70%. d) 85%. e) 90%.

19 (UFPR) O gráfico de setores abaixo ilustra como a massa de um homem de 80 kg está distribuída entre os músculos, gordura, ossos e outros. O ângulo de cada setor está mostrado em graus. Com base nesse gráfico, responda às perguntas:

a) Quantos quilogramas de músculos esse homem possui?

b) Juntos, gordura e ossos representam que percentual da massa desse homem?

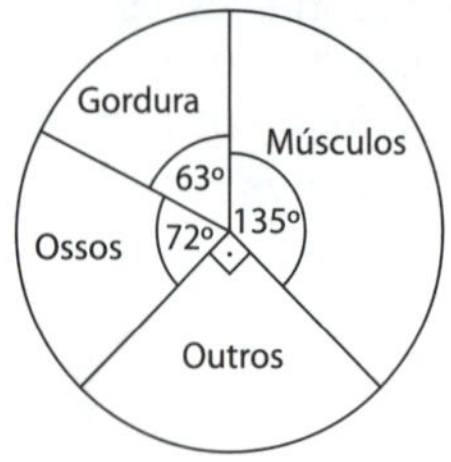

20 (Ufpel–RS) Em um concurso, as notas finais dos candidatos foram as seguintes:

Número de Candidatos	Nota Final
7	6,0
2	7,0
1	9,0

Com base na tabela acima, é correto afirmar que a variância das notas finais dos candidatos foi de:

a) 0,75. c) $\sqrt{0,65}$. e) 0,85.

b) 0,65. d) $\sqrt{0,85}$. f) I.R.

21 (UFC–CE) A média aritmética das notas dos alunos de uma turma formada por 25 meninas e 5 meninos é igual a 7. Se a média aritmética das notas dos meninos é igual a 6, a média aritmética das notas das meninas é igual a:

a) 6,05. b) 7,2. c) 7,4. d) 7,8. e) 8,0.

22 (FGV–SP) O gráfico abaixo apresenta os lucros anuais (em milhões de reais) em 2008 e 2009 de três empresas **A**, **B** e **C** de um mesmo setor.

A média aritmética dos crescimentos percentuais dos lucros entre 2008 e 2009 das três empresas foi de aproximadamente:

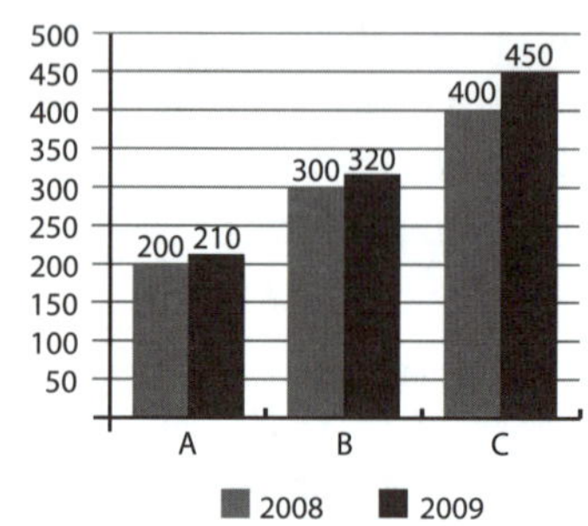

a) 8,1%. b) 8,5%. c) 8,9%. d) 9,3%. e) 9,7%.

23 (FGV–SP) A média aritmética dos elementos do conjunto {17, 8, 30, 21, 7, x} supera em uma unidade a mediana dos elementos desse conjunto. Se **x** é um número real tal que $8 < x < 21$ e $x \neq 17$, então a média aritmética dos elementos desse conjunto é igual a:

a) 16. b) 17. c) 18. d) 19. e) 20.

24 (Unicamp–SP) O gráfico abaixo mostra o total de acidentes de trânsito na cidade de Campinas e o total de acidentes sem vítimas, por 10 000 veículos, no período entre 1997 e 2003. Sabe-se que a frota da cidade de Campinas era composta por 500 000 veículos em 2003 e era 4% menor em 2002.

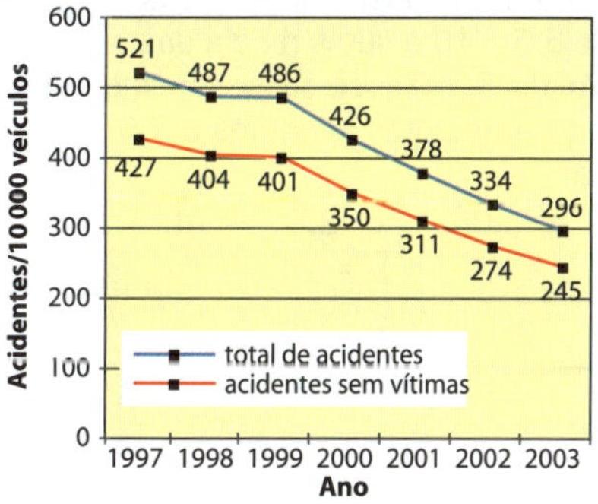

Adaptado de: *Sumário Estatístico da Circulação em Campinas 2002-2003*, Campinas, EMDEC, 2004, p. 12.

a) Calcule o número total de acidentes de trânsito ocorridos em Campinas em 2003.

b) Calcule o número de acidentes com vítimas ocorridos em Campinas em 2002.

25 (Fuvest–SP) Uma prova continha cinco questões, cada uma valendo 2 pontos. Em sua correção, foram atribuídas a cada questão apenas as notas 0 e 2, caso a resposta estivesse, respectivamente, errada ou certa. A soma dos pontos obtidos em cada questão forneceu a nota da prova de cada aluno. Ao final da correção, produziu-se a seguinte tabela, contendo a porcentagem de acertos em cada questão:

Questão	Porcentagem
1	30%
2	10%
3	60%
4	80%
5	40%

Logo, a média das notas da prova foi:

a) 3,8. b) 4,0. c) 4,2. d) 4,4. e) 4,6.

26 (Uece) A média aritmética dos elementos de um conjunto de números inteiros e positivos é 14,625. Se **n** é o número de elementos desse conjunto, então o menor valor de **n** é:

a) 4. b) 6. c) 8. d) 16.

27 (Fuvest–SP) Numa classe com 20 alunos as notas do exame final podiam variar de 0 a 100 e a nota mínima para aprovação era 70. Realizado o exame, verificou-se que 8 alunos foram reprovados. A média aritmética das notas desses 8 alunos foi de 65, enquanto a média dos aprovados foi 77. Após a divulgação dos resultados, o professor verificou que uma questão havia sido mal formulada e decidiu atribuir 5 pontos a mais a todos os alunos. Com essa decisão, a média dos aprovados passou a ser 80 e a dos reprovados 68,8.

a) Calcule a média aritmética das notas da classe toda antes da atribuição dos 5 pontos extras.

b) Com a atribuição dos 5 pontos extras, quantos alunos, inicialmente reprovados, atingiram nota para aprovação?

28 (UFMS) Uma empresa tem 18 funcionários. Um deles pede demissão e é substituído por um funcionário de 22 anos de idade. Com isso, a média das idades dos funcionários diminuiu dois anos. Assim, a idade do funcionário que se demitiu é de:

a) 50 anos.
b) 48 anos.
c) 54 anos.
d) 56 anos.
e) 58 anos.

29 (UFMG) Os 40 alunos de uma turma fizeram uma prova de Matemática valendo 100 pontos. A nota média da turma foi de 70 pontos e apenas 15 dos alunos conseguiram a nota máxima. Seja **M** a nota média dos alunos que não obtiveram a nota máxima. Então, é correto afirmar que o valor de **M** é:

a) 53. b) 50. c) 51. d) 52.

30 (UFG–GO) A média das notas dos alunos de um professor é igual a 5,5. Ele observou que 60% dos alunos obtiveram nota de 5,5 a 10 e que a média das notas desse grupo de alunos foi de 6,5. Nesse caso, considerando o grupo de alunos que tiveram notas inferiores a 5,5, a média de suas notas foi de:

a) 2,5. b) 3,0. c) 3,5. d) 4,0. e) 4,5.

31 (Vunesp) Numa certa empresa, os funcionários desenvolvem uma jornada de trabalho, em termos de horas diárias trabalhadas, de acordo com o gráfico:

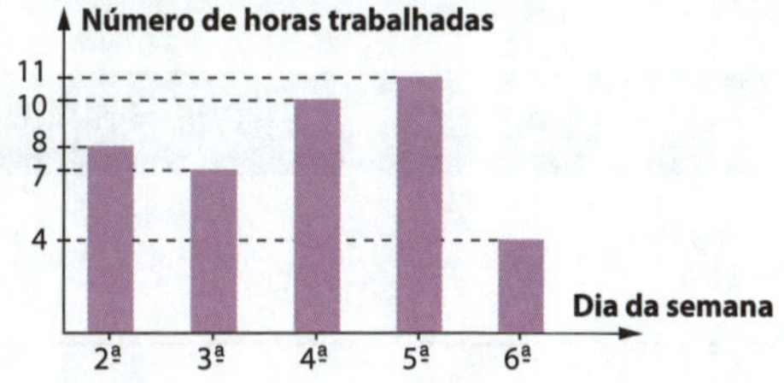

a) Em média, quantas horas eles trabalham por dia durante uma semana?

b) Numa dada semana ocorrerá um feriado de 1 dia. Qual a probabilidade de eles trabalharem ao menos 30 horas nessa semana?

32 (FGV–SP)

a) Considere **n** números reais não nulos $x_1, x_2, x_3, ..., x_n$. Em que condição a variância desses números é nula? Justifique.

b) Dados três números reais $\mathbf{x_1}$, $\mathbf{x_2}$ e $\mathbf{x_3}$, qual o valor de **m** que minimiza a expressão $\sum_{i=1}^{3} (x_i - m)^2$?

33 (PUC–SP) O histograma ao lado representa a distribuição das estruturas de 100 pessoas e as respectivas frequências. Por exemplo, na terceira classe (155–160) estão situados 11% das pessoas com estaturas de 1,55 m a 1,59 m. A quinta classe (165–170) chama-se classe mediana. Pelo ponto **M** situado na classe mediana, traça-se uma reta paralela ao eixo das frequências dc modo a dividir a área da figura formada pelos nove retângulos das frequências em duas regiões de mesma área. Determine a abscissa do ponto **M** (mediana das observações).

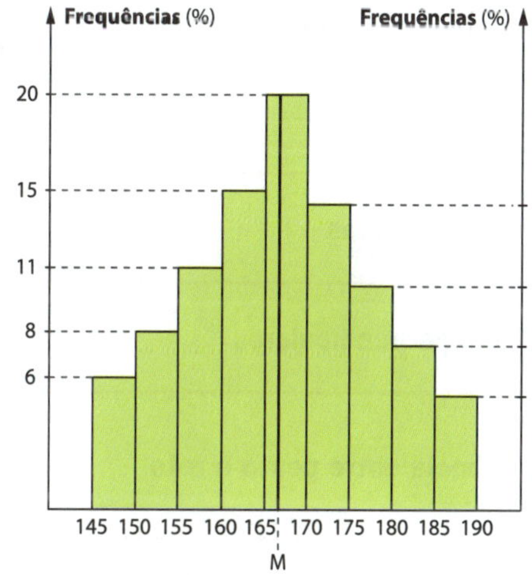

Assunto	Resumo
Distância entre dois pontos	$d = \sqrt{(x_B - x_A)^2 + (y_B - y_A)^2}$
Ponto médio	$\mathbf{M}\left(\frac{x_A + x_B}{2}, \frac{y_A + y_B}{2}\right)$
Baricentro do triângulo	$\mathbf{G}\left(\frac{x_A + x_B + x_C}{3}, \frac{y_A + y_B + y_C}{3}\right)$
Condição de alinhamento de três pontos	$\begin{vmatrix} x_A & y_A & 1 \\ x_B & y_B & 1 \\ x_C & y_C & 1 \end{vmatrix} = 0$
Coeficiente angular da reta	$m = \text{tg } a = \frac{y_A - y_B}{x_A - x_B} = \frac{\Delta y}{\Delta x}$ (se $x_A \neq x_B$)
Equações da reta	• $y - y_0 = m(x - x_0)$ (fundamental) • $y = mx + n$ (reduzida) • $ax + by + c = 0$ (geral) • $\frac{x}{q} + \frac{y}{n} = 1$ (segmentária)
Retas paralelas	$m_1 = m_2$
Retas perpendiculares	$m_1 \cdot m_2 = -1$
Distância entre ponto e reta	$d = \frac{\lvert ax_p + by_p + c \rvert}{\sqrt{a^2 + b^2}}$
Distância entre duas paralelas	$d = \frac{\lvert c_1 - c_2 \rvert}{\sqrt{a^2 + b^2}}$
Ângulo formado por duas retas	$\text{tg } \theta = \left\lvert \frac{m_1 - m_2}{1 + m_1 m_2} \right\rvert$
Área do triângulo	$S = \frac{1}{2}\lvert D \rvert$, em que $D = \begin{vmatrix} x_1 & y_1 & 1 \\ x_2 & y_2 & 1 \\ x_3 & y_3 & 1 \end{vmatrix}$

Exercícios

1 (PUC–SP) Determine a distância do ponto **O**(1, 1) à reta **t**, cuja equação é $x + y - 3 = 0$.

2 (UFC–CE) A quantidade de pares ordenados (x, y) tais que $1 \leq x < y \leq 7$, sendo **x** e **y** números inteiros, é:

a) 15. b) 21. c) 30. d) 42.

3 (Unifor–CE) Se em determinado ponto do plano cartesiano a abscissa é menor que a ordenada, então o quadrante onde ele **não** pode estar é:

a) primeiro.
b) segundo.
c) terceiro.
d) quarto.
e) primeiro ou terceiro.

4 (Uece) Se (2, 5) é o ponto médio do segmento de extremos (5, y) e (x, 7), então o valor de $x + y$ é:

a) 1. b) 2. c) 3. d) 4. e) 5.

5 (Ibmec–SP) Para que os pontos do plano cartesiano de coordenadas (1, 1), (a, 2) e (2, b) estejam sobre uma mesma reta é necessário e suficiente que:

a) $ab = a - b$.
b) $ab = a + b$.
c) $ab = b - a$.
d) $ab = a^2 - b^2$.
e) $ab = a^2 + b^2$.

6 (Unemat–MT) Dada a equação de reta (**s**): $2x - y + 1 = 0$, a equação da reta paralela a **s** pelo ponto **P**(1, 1) será:

a) $2x - y = 0$.
b) $2x + y + 1 = 0$.
c) $2x + y - 1 = 0$.
d) $2x - y - 1 = 0$.
e) $2x - y + 2 = 0$.

7 (Fuvest–SP) Calcule a distância entre a reta $\mathbf{r_1}$, de equação $3y = 4x - 2$, e a reta $\mathbf{r_2}$, de equação $3y = 4x + 8$, sabendo que $r_1 // r_2$.

8 (UFBA) Um dos vértices de um quadrado ABCD é **A**(−2, −1). Uma circunferência inscrita no quadrado tem centro (1, 3). A medida da diagonal do quadrado é:

a) $5\sqrt{2}$. b) 5. c) $\frac{5\sqrt{2}}{2}$. d) $\sqrt{10}$. e) 10.

9 (Unifor–CE) Uma reta **r** corta um dos eixos cartesianos no ponto, $(0, \sqrt{3})$ e tem inclinação de 30°. O gráfico de **r** pode ser:

a) 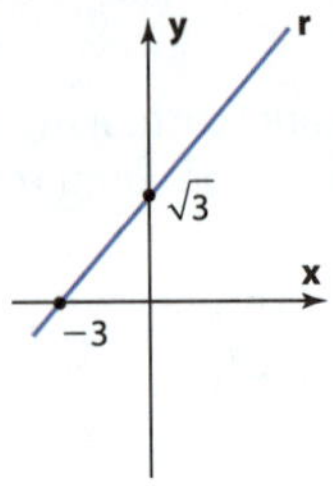

b) 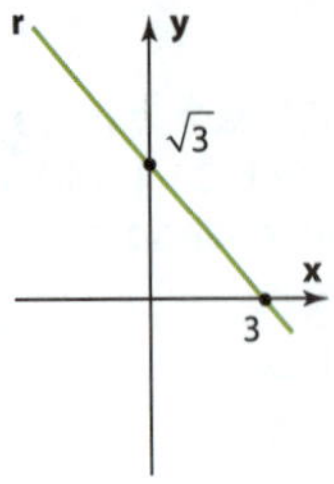

c) 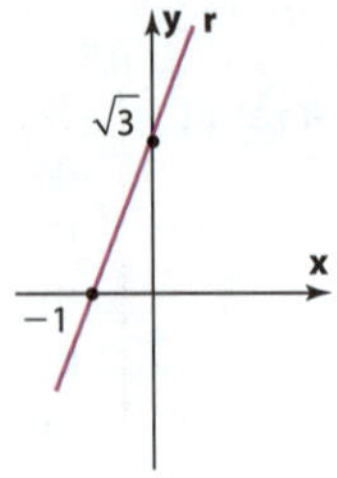

d) 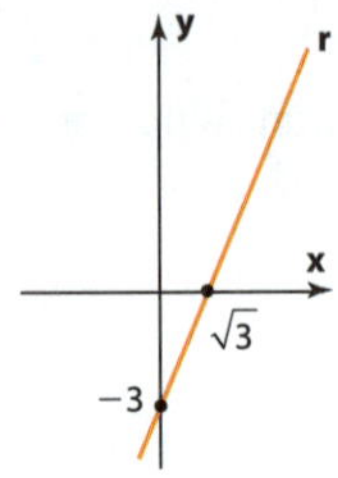

e) 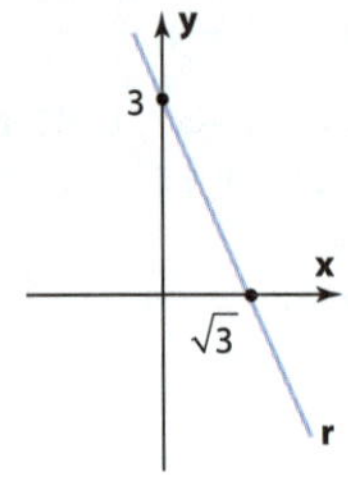

10 (UFC–CE) Sejam **P**(2, 3) e **Q**(−4, 5) dois pontos do plano. Se o segmento PQ é prolongado de seu próprio comprimento até o ponto **M**, que se encontra à esquerda de **Q**, então o ponto **M** é:

a) (−10, 7).

b) $\left(-\frac{21}{2}, 7\right)$.

c) $\left(-10, \frac{15}{2}\right)$.

d) $\left(-\frac{21}{2}, \frac{15}{2}\right)$.

11 (Unifesp) Um ponto do plano cartesiano é representado pelas coordenadas (x + 3y, −x −y) e também (4 + y, 2x + y), em relação a um mesmo sistema de coordenadas. Nessas condições, x^y é igual a:

a) −8. b) −6. c) 1. d) 8. e) 9.

12 (Fuvest–SP) Seja **r** a reta que passa pelo ponto **P**(3, 2) e é perpendicular à reta **s**, de equação $y = -x + 1$. Qual é a distância do ponto **A**(3, 0) à reta **r**?

14 (UPE) Sobre a equação reduzida da reta que intercepta o eixo **y** no ponto (0, 4) e o eixo **x** no ponto (2, 0), é correto afirmar que o coeficiente angular:

a) da reta será um número positivo ímpar.

b) da reta será um número positivo par.

c) da reta será um número negativo cujo módulo é um número ímpar.

d) da reta será um número negativo cujo módulo é um número par.

e) da reta é nulo.

13 (Ufam) Sejam A = (2, 4), B = (1, 1) e C = (6, 1) vértices de um triângulo. A medida da altura referente à base BC deste triângulo é:

a) 5,0 unidades.

b) 4,5 unidades.

c) 4,0 unidades.

d) 3,5 unidades.

e) 3,0 unidades.

15 (Uece) Na figura a reta **r** passa pelos pontos (4, 0) e (0, 3) e ABCD é um quadrado cujo vértice **C** está sobre **r**.

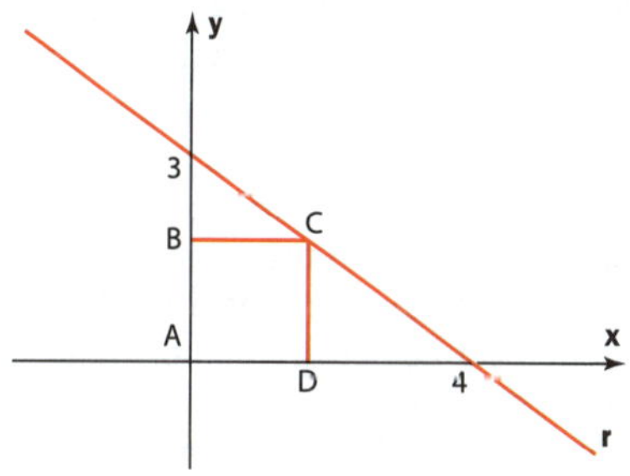

O perímetro desse quadrado, em unidades de comprimento, é:

a) 6,4 u.

b) 6,8 u.

c) $\frac{48}{7}$ u.

d) 7 u.

16 (UFC–CE) Um losango do plano cartesiano Oxy tem vértices **A**(0,0), **B**(3, 0), **C**(4, 3) e **D**(1, 3).

a) Determine a equação da reta que contém a diagonal AC.

b) Determine a equação da reta que contém a diagonal BD.

c) Encontre as coordenadas do ponto de intersecção das diagonais AC e BD.

17 (Enem) Um bairro de uma cidade foi planejado em uma região plana, com ruas paralelas e perpendiculares, delimitando quadras de mesmo tamanho. No plano de coordenadas cartesianas seguinte, esse bairro localiza-se no segundo quadrante, e as distâncias nos eixos são dadas em quilômetros.

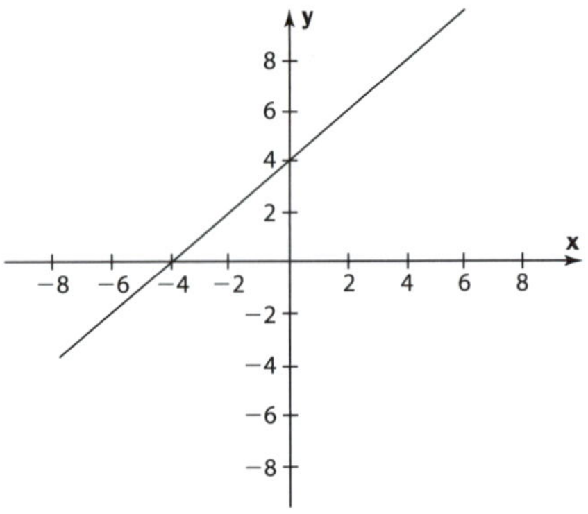

A reta da equação $y = x + 4$ representa o planejamento do percurso da linha do metrô subterrâneo que atravessará o bairro e outras regiões da cidade. No ponto $P = (-5, 5)$, localiza-se um hospital público. A comunidade solicitou ao comitê de planejamento que fosse prevista uma estação do metrô de modo que sua distância ao hospital, medida em linha reta, não fosse maior que 5 km. Atendendo ao pedido da comunidade, o comitê argumentou corretamente que isso seria automaticamente satisfeito, pois já estava prevista a construção de uma estação no ponto:

a) $(-5, 0)$. b) $(-3, 1)$. c) $(-2, 1)$. d) $(0, 4)$. e) $(2, 6)$.

18 (UFT–TO) Qual o perímetro do triângulo ABC representado na figura a seguir, sabendo-se que as retas **r** e **t** são definidas pelas equações: **r**: $-\frac{3}{4}x - y + 6 = 0$ e **t**: $\frac{3}{4}x - y = 0$?

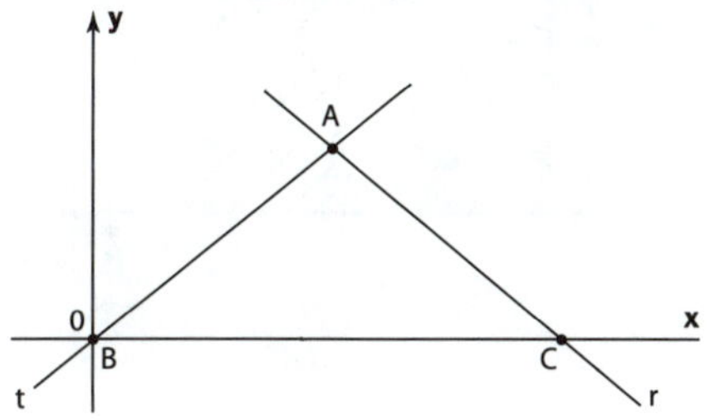

a) 18 unidades de medida
b) 17 unidades de medida
c) 16 unidades de medida
d) 15 unidades de medida
e) 14 unidades de medida

19 (Uerj) Em uma folha de fórmica retangular ABCD, com 15 dm de comprimento $\overline{AB}$ por 10 dm de largura $\overline{AD}$, um marceneiro traça dois segmentos de reta, $\overline{AE}$ e $\overline{BD}$. No ponto **F**, onde o marceneiro pretende fixar um prego, ocorre a intersecção desses segmentos.

A figura ao lado representa a folha de fórmica no primeiro quadrante de um sistema de eixos coordenados.

Considerando a medida do segmento $\overline{EC}$ igual a 5 dm, determine as coordenadas do ponto **F**.

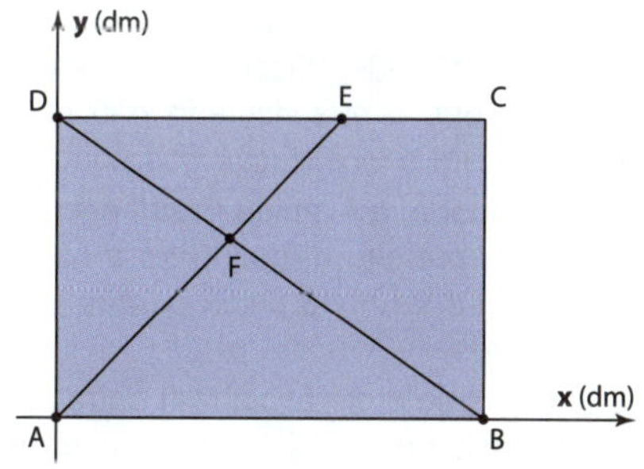

20 (UFPR) Na figura a seguir estão representados, em um sistema cartesiano de coordenadas, um quadro cinza de área 4 unidades, um quadrado hachurado de área 9 unidades e a reta **r** que passa por um vértice de cada quadrado. Nessas condições, a equação da reta **r** é:

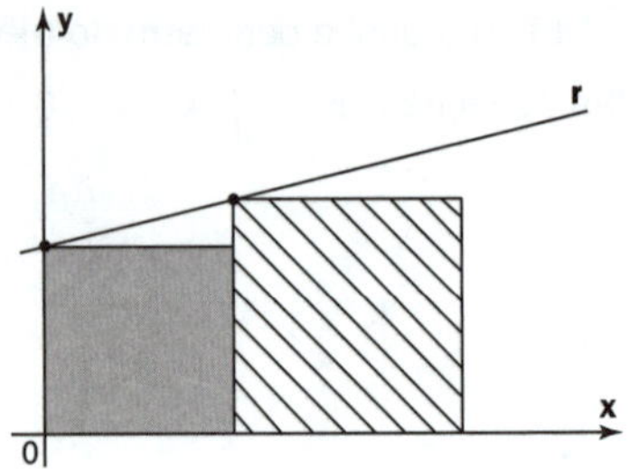

a) $x - 2y = 24$.
b) $4x - 9y = 0$.
c) $2x + 3y = 21$.
d) $x + y = 3$.
e) $2x - y = 3$.

---

21 (Unicamp–SP) A figura ao lado apresenta parte do mapa de uma cidade, no qual estão identificadas a catedral, a prefeitura e a câmara de vereadores. Observe que o quadriculado não representa quarteirões da cidade, servindo apenas para a localização dos pontos e retas no plano cartesiano.

Nessa cidade, a Avenida Brasil é formada pelos pontos equidistantes da catedral e da prefeitura, enquanto a Avenida Juscelino Kubitschek (não mostrada no mapa) é formada pelos pontos equidistantes da prefeitura e da câmara de vereadores.

Sabendo que a distância real entre a catedral e a prefeitura é de 500 m, podemos concluir que a distância real, em linha reta, entre a catedral e a câmara de vereadores é de:

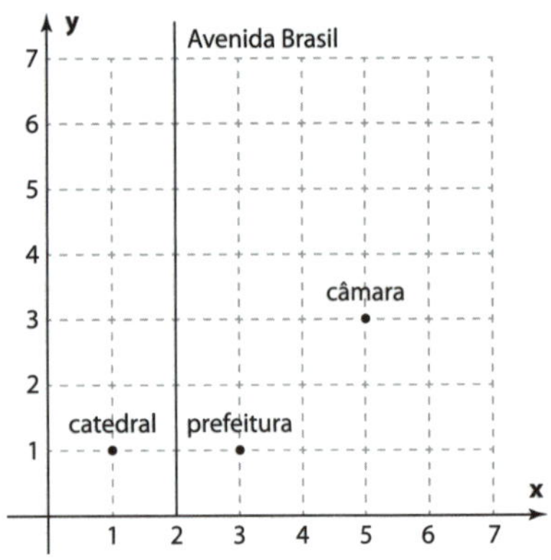

a) 1 500 m. b) $500\sqrt{5}$ m. c) $1\,000\sqrt{2}$ m. d) $500 + 500\sqrt{2}$ m.

22 (Unicamp–SP) A área do triângulo OAB esboçada na figura ao lado é:

a) $\frac{21}{4}$. b) $\frac{23}{4}$. c) $\frac{25}{4}$. d) $\frac{27}{4}$.

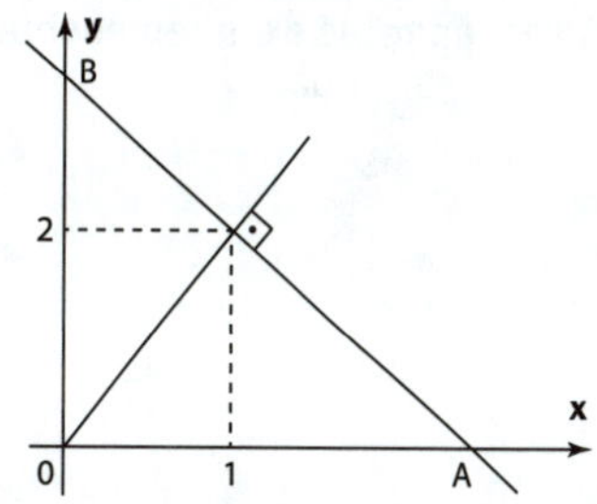

23 (FEI–SP) A reta **s** é perpendicular à reta **r** e a reta **t** é paralela à reta **s**. Determine a equação da reta **s** e a equação da reta **t**.

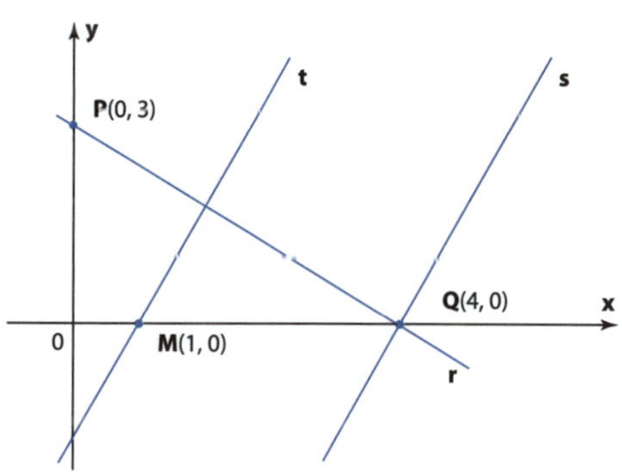

24 (Unifor–CE) Sejam as retas **r** e **s** representadas na figura abaixo.

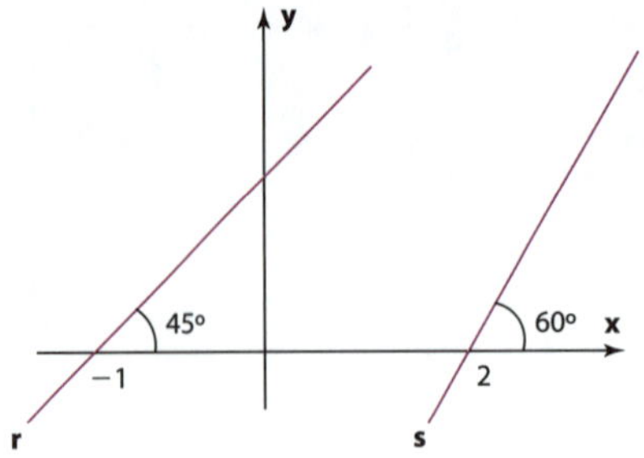

A abscissa do ponto de intersecção de **r** e **s** é:

a) $\frac{-3\sqrt{3}-5}{2}$.　　b) $\frac{3\sqrt{3}+7}{2}$.　　c) $\frac{3\sqrt{3}-7}{2}$.　　d) $\frac{3\sqrt{3}+5}{2}$.　　e) $\frac{3\sqrt{3}-5}{2}$.

25 (UFC–CE) Determine a área do paralelogramo de vértices (3, 0), (15, 12), (13, 14) e (1, 2).

26 (Uece) A reta que passa pelo ponto (2, 1) e forma um ângulo de 45° com a reta $2x + 3y + 4 = 0$ é dada pela equação:

a) $2x - y - 3 = 0$.
b) $x - 3y + 1 = 0$.
c) $3x - y - 5 = 0$.
d) $x - 5y + 3 = 0$.

27 (Unifor–CE) A medida, em radianos, do ângulo agudo formado pelas retas de equações $\sqrt{3}\,x - y + 1 = 0$ e $x - 1 = 0$ é:

a) $\frac{\pi}{10}$. b) $\frac{\pi}{9}$. c) $\frac{\pi}{8}$. d) $\frac{\pi}{6}$. e) $\frac{\pi}{5}$.

28 (UFPB) Em uma lâmina triangular homogênea, com vértices nos pontos **A**(a, b), **B**(c, d) e **C**(e, f), o seu centro de massa é, por definição, o ponto $\mathbf{M}\left(\frac{a+c+e}{3}, \frac{b+d+f}{3}\right)$.

Se os vértices dessa lâmina estão nos pontos **A**(0, 0), **B**(12, 0) e **C**(0, 9), a distância, em unidades de comprimento, do seu centro de massa **M** à reta que passa pelos pontos **B** e **C**, será:

a) $\frac{4}{5}$. c) $\frac{3}{5}$. e) 12.

b) $\frac{12}{15}$. d) 5. f) 4.

29 (Unifor–CE) Sejam $x - y = 4$, $x + y = 0$ e $y = 2$ as equações das retas **r**, **s** e **t** representadas num sistema de eixos cartesianos ortogonais, como mostra o gráfico ao lado.

Se as retas dadas interceptam-se, duas a duas, nos pontos **A**, **B** e **C**, a área do triângulo ABC, em unidades de superfície, é:

a) 6. b) 8. c) 12. d) 14. e) 16.

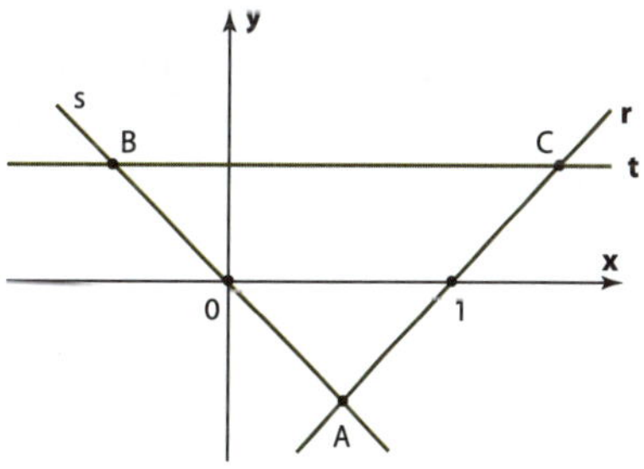

30 (Unifap) Dadas as equações das retas **r**: $y = x - 1$ e **s**: $4y = 2x - 3$:

a) encontre a reta **t** perpendicular a **s** passando pelo ponto $\left(\frac{7}{2}, 1\right)$;

b) calcule a área da figura delimitada pelas retas **r**, **t** e o eixo **x**.

31 (Ufscar–SP) Os pontos **A**(3, 6), **B**(1, 3) e **C**(x_C, y_C) são vértices do triângulo ABC, sendo **M**(x_M, y_M) e **N**(4, 5) pontos médios dos lados AB e AC, respectivamente.

a) Calcule a distância entre os pontos **M** e **N**.

b) Determine a equação geral da reta suporte do lado BC do triângulo ABC.

32 (Vunesp) Dados dois pontos, **A** e **B**, com coordenadas cartesianas (−2, 1) e (1, −2), respectivamente, conforme a figura:

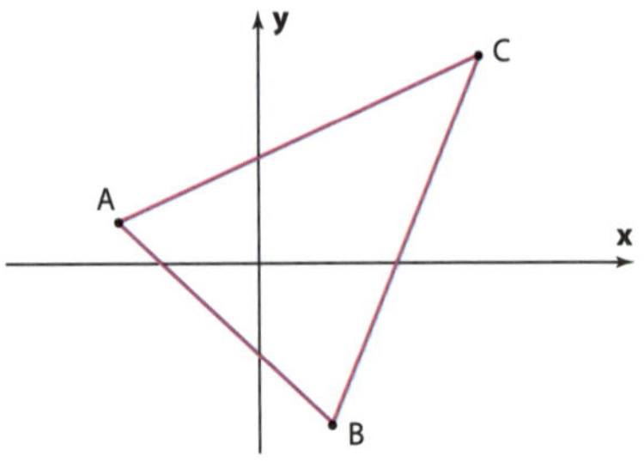

a) Calcule a distância entre **A** e **B**.

b) Sabendo-se que as coordenadas cartesianas do baricentro do triângulo ABC são $(x_G, y_G) = \left(\frac{2}{3}, 1\right)$, calcule as coordenadas (x_C, y_C) do vértice **C** do triângulo.

33 (Vunesp) Seja **r** uma reta que passa pelo ponto (0, −2). Por dois pontos do eixo das abscissas, distantes entre si uma unidade, traçam-se retas perpendiculares a esse eixo. Se estas perpendiculares intersectam **r** em dois pontos do primeiro quadrante cuja distância é $\sqrt{10}$ unidades, estabeleça a equação de **r**.

34 (Ufscar–SP) Considere a reta

r: $(a + 1)^2x + (a^2 - a)y - 4a^2 + a - 1 = 0$.

a) Mostre que essa reta passa por um ponto cujas coordenadas não dependem do parâmetro **a**.

b) Determine **a** de modo que **r** seja perpendicular à reta **s**: $x - 1 = 0$.

35 (Uece) Uma reta passa pelo ponto (1, 2) e intercepta os semieixos positivos formando um triângulo retângulo. Se a área desse triângulo é 4 unidades de área, então o coeficiente angular da reta é:

a) −4.

b) −3.

c) −2.

d) −1.

36 (Unifor–CE) Considere a reta **r**, representada na figura abaixo.

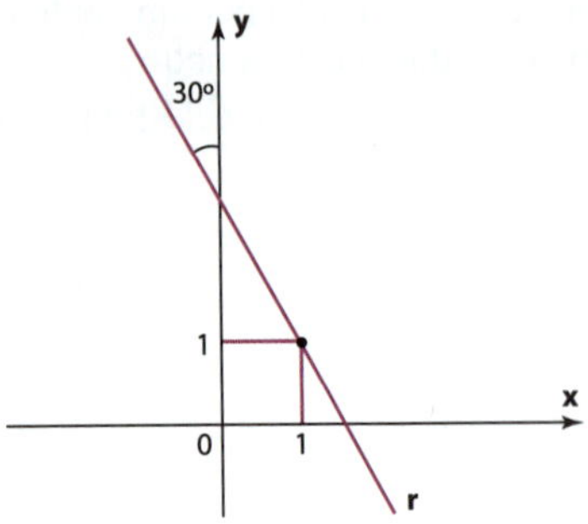

Sua equação é:

a) $\sqrt{3}\,x + y = 1 + \sqrt{3}$.

b) $\sqrt{3}\,x - y = 1 - \sqrt{3}$.

c) $\sqrt{3}\,x + y = -1 - \sqrt{3}$.

d) $\sqrt{3}\,x - y = -1 + \sqrt{3}$.

e) $\sqrt{3}\,x + y = \sqrt{3}$.

37 (UFG–GO) Considere, no plano cartesiano, duas retas, **r** e **s**, cujas equações são, respectivamente, dadas por $y = x - 5$ e $y = 2x + 12$. Encontre a equação da reta que passa pelo ponto **P**(1, 3) e intersecta **r** e **s** nos pontos **A** e **B**, com $A \in r$ e $B \in s$, do modo que o ponto **P** seja o ponto médio do segmento AB.

38 (UFPR) Um balão de ar quente foi lançado de uma rampa inclinada. Utilizando o plano cartesiano, a figura ao lado descreve a situação de maneira simplificada. Ao ser lançado, o balão esticou uma corda presa aos pontos **P** e **Q**, mantendo-se fixo no ar. As coordenadas do ponto **P**, indicado na figura, são, então:

a) (21, 7). b) (22, 8). c) (24, 12). d) (25, 13). e) (26, 15).

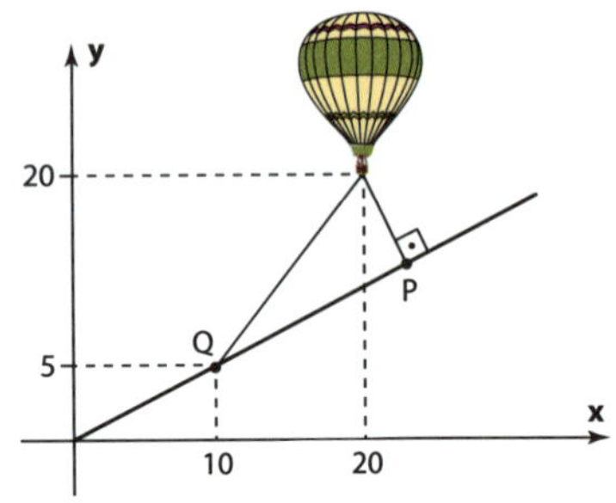

39 (UEL–PR) Um pássaro sobrevoa uma rampa coforme mostra a figura. A ave faz seu voo em linha reta e paralela à calçada.

a) Sabendo-se que a rampa forma um ângulo de 135° com a calçada, conforme a figura, e que a distância do muro de apoio até o pé da rampa é de 3 metros, calcule o comprimento da rampa.

b) Determine a menor distância entre o pássaro e a rampa no instante em que o pássaro se encontra a 5 metros do muro e a 6 metros da calçada em que se apoia a rampa.

Apresente os cálculos realizados na resolução de cada item.

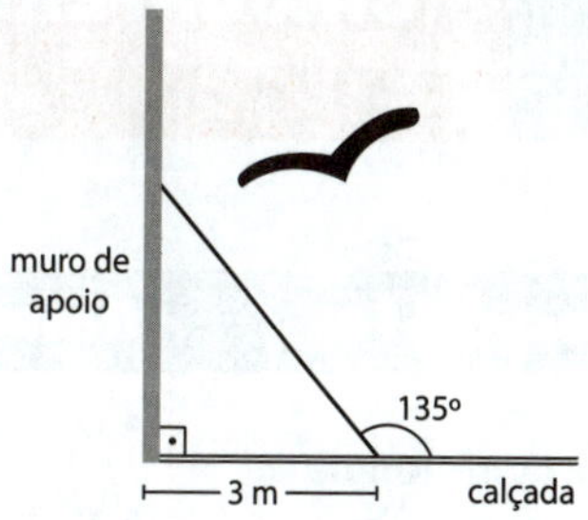

---

40 (FGV–SP) No plano cartesiano, são dadas as retas **r** de equação $y = -\sqrt{3}x + 7$, e **s** de equação $y = x + 7$.

Se θ é a medida, em graus, do maior ângulo do triângulo formado pelas retas **r**, **s** e o eixo **x**, determine:

a) o valor do ângulo θ;

b) a área desse triângulo.

CIRCUNFERÊNCIA

Assunto	Resumo
Circunferência	• $(x - a)^2 + (y - b)^2 = r^2$ (reduzida) • $x^2 + y^2 - 2ax - 2ay + (a^2 + b^2 - r^2) = 0$ (normal)
Reta tangente à circunferência	Quando a reta é tangente à circunferência: • O raio é perpendicular à reta tangente no ponto de tangência; • A distância do centro da circunferência à reta tangente é o raio.

Exercícios

1 (FEI–SP) Qual é o centro e o raio da circunferência da equação $x^2 + y^2 = 2(x - 1) + 1$?

2 (Fuvest–SP) No plano cartesiano Oxy, a circunferência **C** é tangente ao eixo Ox no ponto de abscissa 5 e contém o ponto (1, 2). Nessas condições, o raio **C** vale:

a) $\sqrt{5}$.   b) $2\sqrt{5}$.   c) 5.   d) $3\sqrt{5}$.   e) 10.

3 (UFC–CE) $\mathbf{C_1}$ e $\mathbf{C_2}$ são circunferências concêntricas. O raio $\mathbf{C_2}$ mede 5 e a equação de $\mathbf{C_1}$ é $x^2 + y^2 - 6y + 5 = 0$. A equação de $\mathbf{C_2}$ é:

a) $x^2 + y^2 - 6y - 16 = 0$.

b) $x^2 + y^2 - 6y + 16 = 0$.

c) $x^2 + y^2 - 6y = 0$.

d) $x^2 + y^2 + 6y = 0$.

4 (FEI–SP) Determine uma equação da circunferência com centro no ponto **C**(2, 1) e que passa pelo ponto **A**(1, 1).

5 (UFT–TO) Considere as equações das circunferências

$\mathbf{C_1}$: $x^2 - 2x + y^2 - 2y = 0$

$\mathbf{C_2}$: $x^2 - 4x + y^2 - 4y = 0$,

cujos gráficos estão representados abaixo:

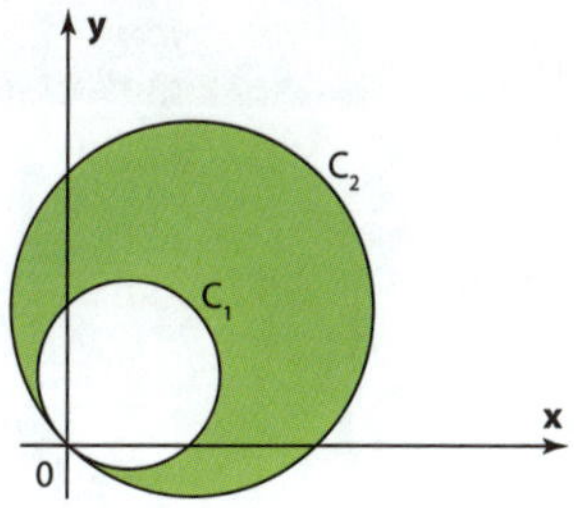

A área da região colorida é:

a) 3π unidades de área.
b) π unidades de área.
c) 5π unidades de área.
d) 6π unidades de área.
e) $\frac{\pi}{2}$ unidades de área.

6 (Ufam) A equação da reta **r** que passa pelo centro da circunferência λ de equação $x^2 + y^2 + 4x - 2y + 1 = 0$ e é perpendicular à reta **s** de equação $\begin{cases} x = 2 - 3t \\ y = 1 + 2t \end{cases}$, $t \in \mathbb{R}$, é:

a) $y = \frac{2}{3}x + 4$.
b) $y = \frac{3}{2}x - 4$.
c) $y = -\frac{3}{2}x + 4$.
d) $y = \frac{3}{2}x + 4$.
e) $y = -\frac{2}{3}x + 4$.

7 (Uece) No sistema usual de coordenadas cartesianas, a equação da circunferência inscrita no quadrado representado pela equação $|x| + |y| = 1$ é:

a) $2x^2 + 2y^2 + 1 = 0$.
b) $x^2 + y^2 - 1 = 0$.
c) $2x^2 + 2y^2 - 1 = 0$.
d) $x^2 + y^2 - 2 = 0$.

8 (Unemat–MT) Dada uma circunferência de centro **C**(3, 1) e raio $r = 5$, e seja o ponto **P**(0, a), com $a \in \mathbb{R}$, é correto afirmar:

a) Se $-3 < a < 5$, então **P** é externo à circunferência.
b) Se $-3 < a < 5$, então **P** pertence à circunferência.
c) Se $a = 5$ ou $a = -3$, então **P** é interno à circunferência.
d) Se $a < -3$ ou $a > 5$, então **P** é externo à circunferência.
e) Se $a < -3$ ou $a > 5$, então **P** é interno à circunferência.

9 (UEL–PR) Determine a equação da circunferência centrada no vértice da parábola $y = x^2 - 6x + 8$ e que passa pelos pontos em que a parábola corta o eixo **x**.

a) $(x - 2)^2 + (y - 4)^2 = 4$
b) $(x - 3)^2 + (y + 1)^2 = 2$
c) $(x - 1)^2 + (y - 3)^2 = 9$
d) $(x + 1)^2 + (y - 3)^2 = \sqrt{2}$
e) $(x - 2)^2 + (y - 3)^2 = 4$

10 (PUC–SP) O ponto **P**(3, b) pertence à circunferência de centro no ponto **C**(0, 3) e raio 5. Calcule o valor da coordenada **b**.

11 (Mack–SP) Uma circunferência de centro (4, y), com $y \in \mathbb{Z}$, é tangente às retas $x + y - 2 = 0$ e $x - 7y + 2 = 0$. O raio dessa circunferência é:

a) 4. b) 5. c) $4\sqrt{2}$. d) $5\sqrt{2}$. e) $6\sqrt{2}$.

12 (FGV–SP) No plano cartesiano, uma circunferência, cujo centro se encontra no segundo quadrante, tangencia os eixos **x** e **y**. Se a distância da origem ao centro da circunferência é igual a 4, a equação da circunferência é:

a) $x^2 + y^2 + (2\sqrt{10})x - (2\sqrt{10})y + 10 = 0.$
b) $x^2 + y^2 + (2\sqrt{8})x - (2\sqrt{8})y + 8 = 0.$
c) $x^2 + y^2 - (2\sqrt{10})x + (2\sqrt{10})y + 10 = 0.$
d) $x^2 + y^2 - (2\sqrt{8})x + (2\sqrt{8})y + 8 = 0.$
e) $x^2 + y^2 - 4x + 4y + 4 = 0.$

13 (UFPR) A figura ao lado mostra uma circunferência tangente ao eixo **y**, com centro **C** sobre o eixo **x** e diâmetro de 10 unidades.

a) Sabendo que $A = (8, 4)$ e que **r**: $3y + x = 20$ é a reta que passa por **A** e **B**, calcule a área do triângulo CAB.

b) Encontre as coordenadas do ponto **D**, indicado na figura ao lado, no qual a reta **r** intercepta a circunferência.

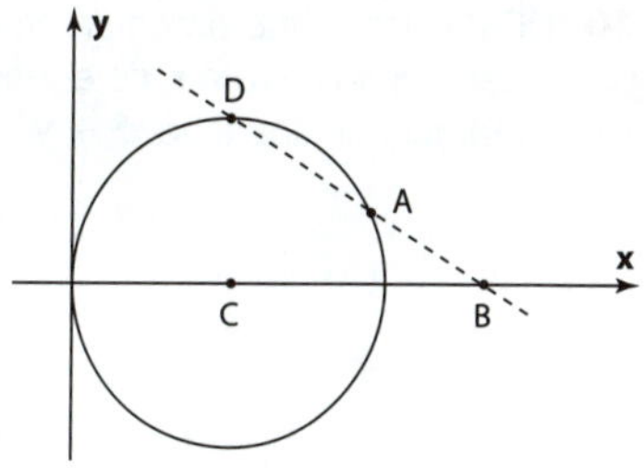

14 (FGV–SP) Determine uma equação da reta que passa pelo centro da circunferência de equação $x^2 + y^2 - 4x - 4y + 4 = 0$ e é paralela à reta **r**, de equação $2x + 3y = 0$.

15 (Unicamp–SP) Em um sistema de coordenadas ortogonais no plano são dados o ponto $(5, -6)$ e a circunferência $x^2 + y^2 = 325$. A partir do ponto $(5, -6)$, traçam-se duas tangentes a ela. Faça uma figura representativa dessa situação e calcule o comprimento da corda que une os pontos de tangência.

16 (UFBA) Determine o comprimento da corda determinada pela intersecção da reta **r**, de equação $x + y - 1 = 0$, com a circunferência de equação $x^2 + y^2 + 2x + 2y - 3 = 0$.

18 (UFRGS-RS) A reta **r** de equação $x = 3$ é tangente à circunferência de equação $x^2 + y^2 + 4x - 2y + k = 0$. Nessas condições, calcule o valor de **k**.

17 (Faap-SP) Unidos os pontos de intersecção da circunferência de equação $x^2 + y^2 - 4y - 4 = 0$ com os eixos de coordenadas, obteremos um quadrilátero. Calcule a área desse quadrilátero.

19 (EEM-SP) Dada a circunferência de equação $x^2 + y^2 = 1$, determine as equações das retas que lhe são tangentes e que passam pelo ponto **P**(2, 0), exterior à circunferência.

20 (Vunesp) Seja $\overline{AB}$ o diâmetro da circunferência $x^2 + y^2 - 6x - 8y + 24 = 0$ contido na reta perpendicular a $y = x + 7$. Calcule as coordenadas **A** e **B**.

21 (UFU–MG) A circunferência de equação $x^2 + y^2 - 2x + 2y - 5 = 0$ possui duas retas tangentes, $\mathbf{t_1}$ e $\mathbf{t_2}$, que são paralelas à reta **s** de equação $2x + 4y - 1 = 0$. Determine as equações das retas $\mathbf{t_1}$ e $\mathbf{t_2}$.

22 (Fuvest-SP) A reta **r**, de equação $x - y = 2$, intersecta a circunferência de equação $x^2 + y^2 - 8x - 2y + 12 = 0$ nos pontos **A** e **B**. Nessas condições, determine a equação da mediatriz da corda AB e mostre que a mediatriz contém o centro **C** da circunferência.

---

23 (Fuvest-SP) Sejam **A**(0, 0), **B**(0, 5) e **C**(4, 3) pontos do plano cartesiano.

a) Determine o coeficiente angular da reta BC.

b) Determine a equação da mediatriz do segmento BC. O ponto **A** pertence a essa mediatriz?

c) Considere a circunferência que passa por **A**, **B** e **C**. Determine a equação da reta tangente a essa circunferência no ponto **A**.

24 (PUC–SP) Dados os pontos **A**$(-1, 2)$, **B**$(0, 3)$ e **C**$(m, -1)$:

a) determine o número real **m**, não nulo, de modo que a circunferência de centro **C** e raio $2\sqrt{2}$ seja tangente à reta determinada pelos pontos **A** e **B**;

b) qual é a equação da mediatriz do segmento AB?

26 (UFSC) Determine o raio da circunferência C_1, cujo centro é o ponto de intersecção da reta **r** de equação $x - y - 1 = 0$ com a reta **s** de equação $2x - y + 1 = 0$, sabendo que C_1 é tangente exteriormente à circunferência C_2 de equação $x^2 + y^2 - 12x - 6y - 4 = 0$.

25 (FEI–SP) Determine a equação da reta tangente à circunferência de equação $x^2 + y^2 + 4x + 2y - 8 = 0$ e que passa pelo ponto **A**$(1, 1)$.

27 (UFRGS–RS) Um círculo tangencia dois eixos perpendiculares entre si, como indicado na figura a seguir.

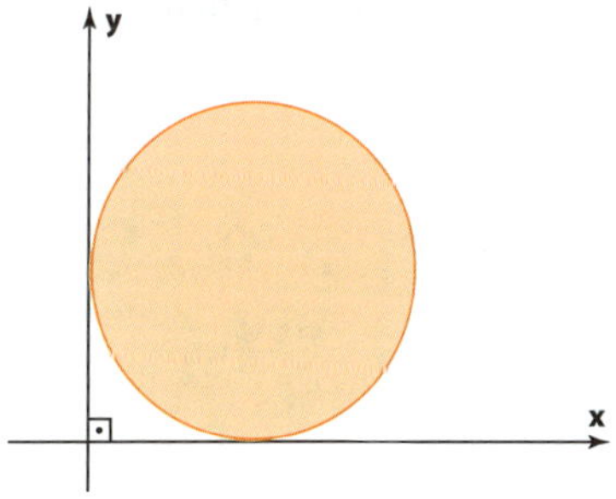

Um ponto **P** do círculo dista 9 de um dos eixos e 2 do outro. Nessas condições, a soma dos possíveis valores para o raio do círculo é:

a) 19. b) 20. c) 21. d) 22. e) 23.

28 (UFPE) Na ilustração a seguir, temos a circunferência com equação $x^2 + y^2 + 6x + 8y = 75$ e a reta passando pela origem e pelo centro da circunferência. Determine o ponto da circunferência mais distante da origem e indique essa distância.

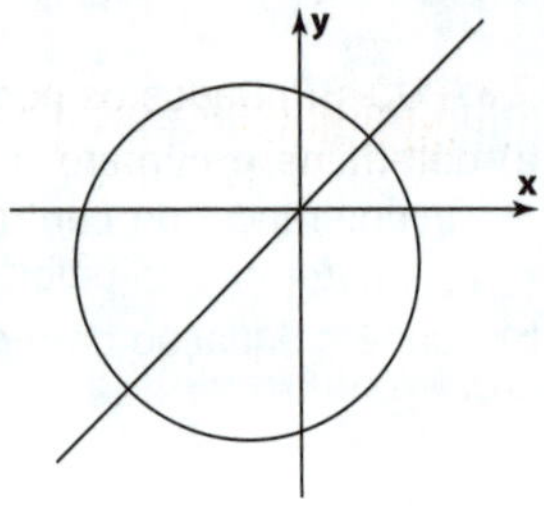

29 (Fuvest-SP)

a) As extremidades do diâmetro de uma circunferência são $(-3, 1)$ e $(5, -5)$. Determine a equação da circunferência.

b) Determine a equação da circunferência que passa pelo ponto $\left(9, \sqrt{3}\right)$ e que é tangente às retas $y = 0$ e $y = \sqrt{3}\,x$.

Assunto	Resumo
Equações da parábola com vértice na origem	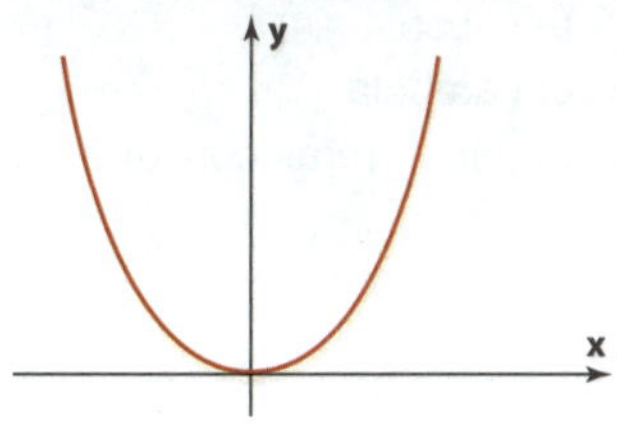 $x^2 = 4cy$
	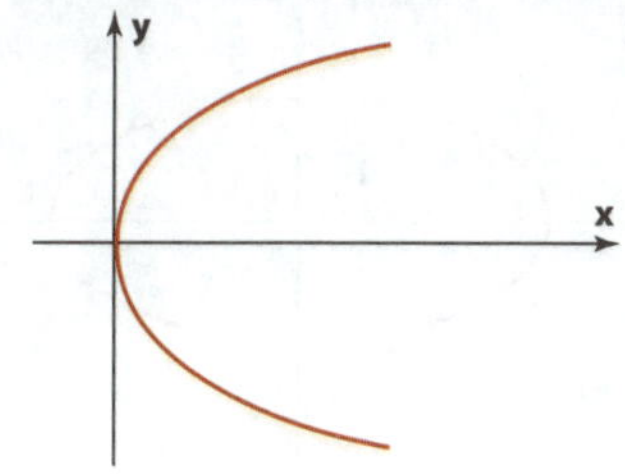 $y^2 = 4cx$
	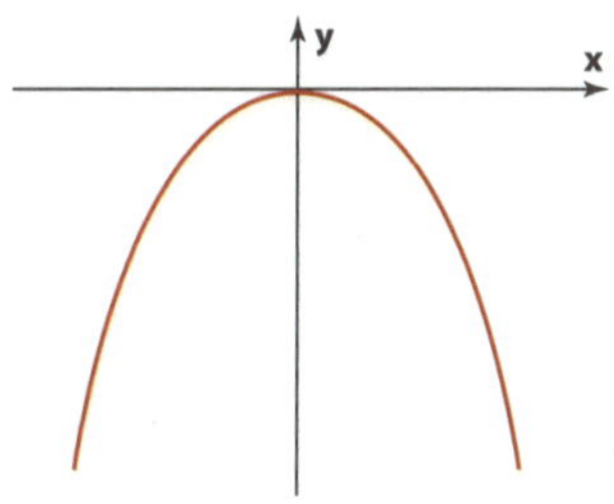 $x^2 = -4cy$
	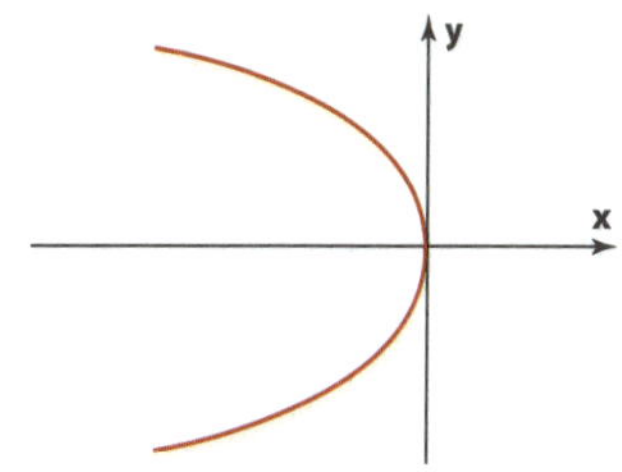 $y^2 = -4cx$
Equações da elipse com centro na origem	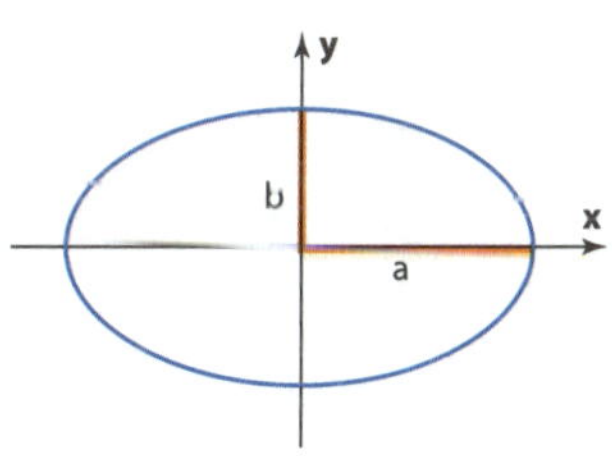 $\frac{x^2}{a^2} + \frac{y^2}{b^2} = 1$
	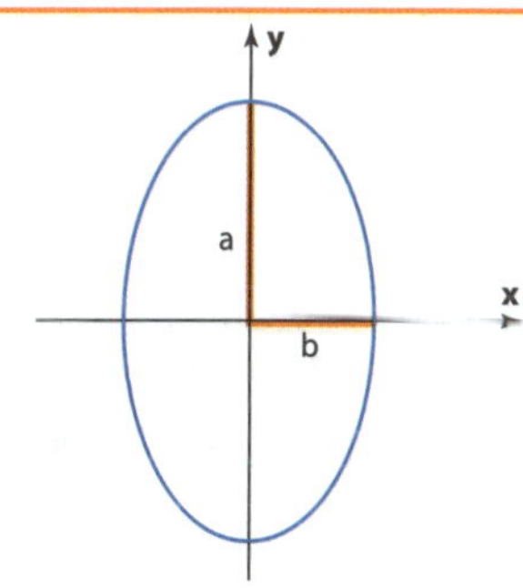 $\frac{x^2}{b^2} + \frac{y^2}{a^2} = 1$
	Excentricidade: $e = \frac{c}{a}$
Equações da hipérbole com centro na origem	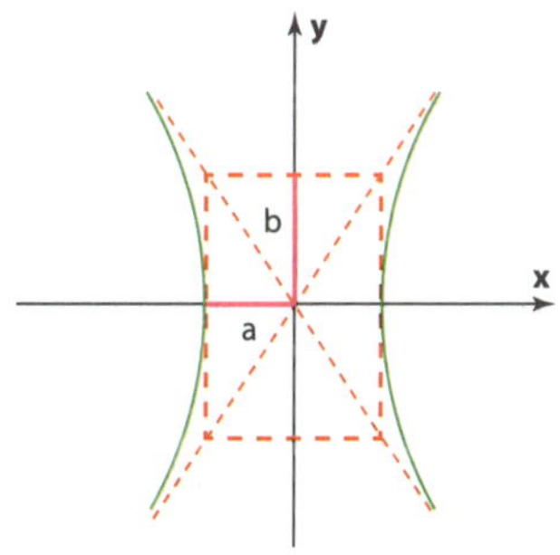 $\frac{x^2}{a^2} - \frac{y^2}{b^2} = 1$
	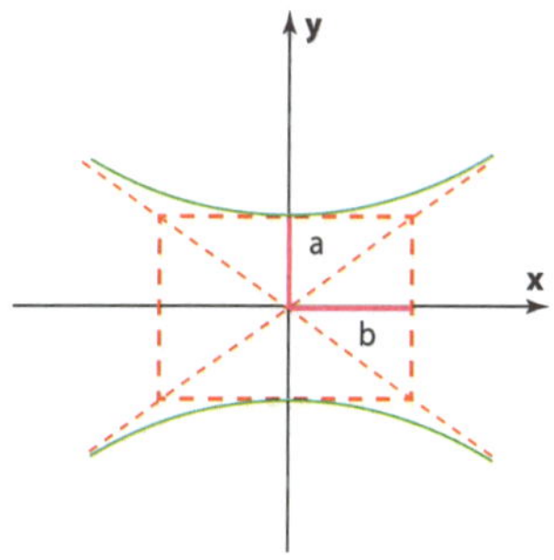 $\frac{y^2}{a^2} - \frac{x^2}{b^2} = 1$
	Excentricidade: $e = \frac{c}{a}$
	Assíntotas: $bx - ay = 0$ e $bx + ay = 0$

Exercícios

1 (Unifor–CE) Na figura abaixo tem-se uma elipse.

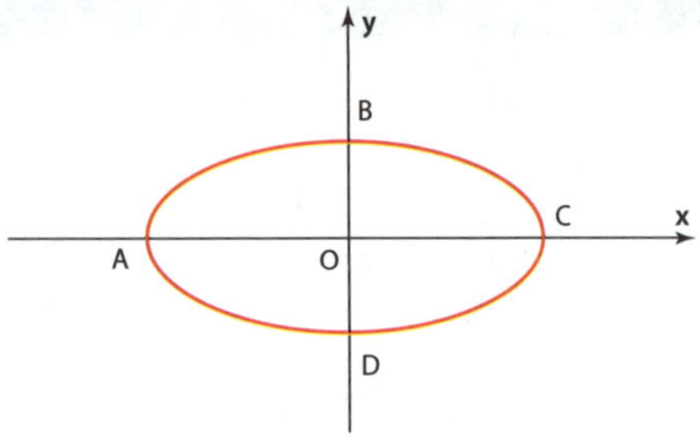

Se OB = 2 cm e OC = 4 cm, a equação dessa elipse é:

a) $\frac{x^2}{12} + \frac{y^2}{4} = 1.$

b) $\frac{x^2}{4} + \frac{y^2}{2} = 1.$

c) $\frac{x^2}{16} + \frac{y^2}{4} = 1.$

d) $\frac{x^2}{2} + \frac{y^2}{4} = 1.$

e) $\frac{x^2}{4} + \frac{y^2}{16} = 1.$

2 (UFT–TO) Considere $\mathbb{R}$ o conjunto dos números reais e $b \in \mathbb{R}$. Encontre os valores de **b**, tais que no plano cartesiano xy, a reta $y = x + b$ intercepta a elipse $\frac{x^2}{4} + y^2 = 1$ em um único ponto. A soma dos valores de **b** é:

a) 0. b) 2. c) $2\sqrt{5}$. d) $\sqrt{5}$. e) $-2\sqrt{5}$.

3 (Uece) A equação $x^2 - y^2 - 2x + 4y - 3 = 0$ representa um(a):

a) circunferência.

b) elipse.

c) parábola.

d) par de retas concorrentes.

4 (UFPB) A secretaria de infraestrutura de um município contratou um arquiteto para fazer o projeto de uma praça. Na figura a seguir, está o esboço do projeto proposto pelo arquiteto: uma praça em formato retangular medindo 80 m × 120 m, onde deverá ser construído um jardim em forma de elipse na parte central.

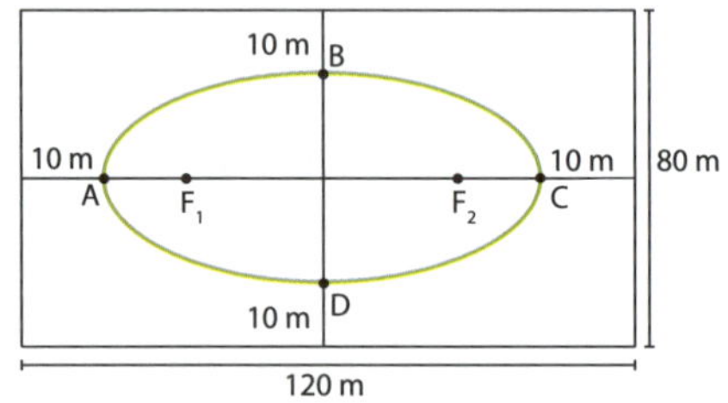

Estão destacados na figura os segmentos AC e BD que são, respectivamente, o eixo maior e o menor da elipse, bem como os pontos $\mathbf{F_1}$ e $\mathbf{F_2}$, que são os focos da elipse onde deverão ser colocados dois postes de iluminação.

Com base nessas informações, conclui-se que a distância entre os postes de iluminação será, aproximadamente, de:

a) 68 m. b) 72 m. c) 76 m. d) 80 m. e) 84 m.

5 (UFC–CE) O lugar geométrico dos pontos do plano cartesiano cujas coordenadas satisfazem a equação $y^2 - 2y = 3 - x^2$ é um(a):

a) par de retas concorrentes.

b) circunferência.

c) elipse.

d) hipérbole.

6 (Unifor–CE) Seja a parábola de equação $y = -x^2 - 4x + 1$. A equação da reta que passa pelo vértice dessa parábola e pela origem do sistema cartesiano é:

a) $2x + 5y = 0$.

b) $5x + 2y = 0$.

c) $5x - 2y = 0$.

d) $13x + 2y = 0$.

e) $13x - 2y = 0$.

7 (UFC–CE) Calcule a área do quadrilátero que tem dois vértices coincidindo com os focos da elipse $\frac{x^2}{25} + \frac{y^2}{16} = 1$ e outros dois com as extremidades do eixo menor da elipse.

8 (UFPA) Determine a distância entre os focos da elipse $5x^2 + 9y^2 - 10x - 31 = 0$.

9 (UFC–CE) O número de pontos de intersecção das curvas $x^2 + y^2 = 4$ e $\frac{x^2}{15} + \frac{y^2}{2} = 1$ é igual a:

a) 0. b) 3. c) 4. d) 5. e) 6.

10 (Uece) A intersecção dos gráficos da relação $x^2 - y^2 = 0$ e da função $y + x = 3$ ocorre:

a) em nenhum ponto.

b) em apenas um ponto $\mathbf{P}\left(\frac{3}{2}, \frac{3}{2}\right)$.

c) em apenas um ponto $\mathbf{P}\left(-\frac{3}{2}, \frac{3}{2}\right)$.

d) em exatamente dois pontos.

11 (UEL–PR) Em uma praça dispõe-se de uma região retangular de 20 m de comprimento por 16 m de largura para construir um jardim. A exemplo de outros canteiros, este deverá ter a forma elíptica e estar inscrito nessa região retangular. Para aguá-lo, serão colocados aspersores nos pontos que correspondem aos focos da elipse. Qual será a distância entre os aspersores?

a) 4 m b) 6 m c) 8 m d) 10 m e) 12 m

12 (Vunesp) A figura representa uma elipse.

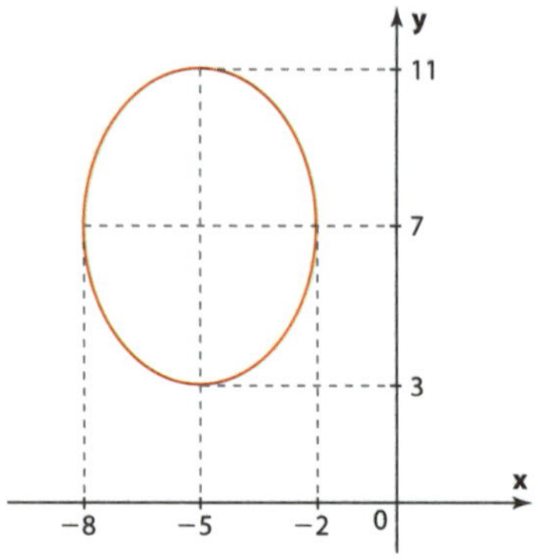

A partir dos dados disponíveis, a equação dessa elipse é:

a) $\frac{x^2}{5} + \frac{y^2}{7} = 1.$

b) $\frac{(x+5)^2}{9} + \frac{(y-7)^2}{16} = 1.$

c) $(x - 5)^2 + (y - 7)^2 = 1.$

d) $\frac{(x-5)^2}{9} + \frac{(y+7)^2}{16} = 1.$

e) $\frac{(x+3)^2}{5} + \frac{(y-4)^2}{7} = 1.$

13 (Fuvest–SP) A elipse $x^2 + \frac{y^2}{2} = \frac{9}{4}$ e a reta $y = 2x + 1$, do plano cartesiano, se interceptam nos pontos **A** e **B**. Pode-se, pois, afirmar que o ponto médio do segmento AB é:

a) $\left(\frac{-2}{3}, \frac{-1}{3}\right)$. b) $\left(\frac{2}{3}, \frac{-7}{3}\right)$. c) $\left(\frac{1}{3}, \frac{-5}{3}\right)$. d) $\left(\frac{-1}{3}, \frac{1}{3}\right)$. e) $\left(\frac{-1}{4}, \frac{1}{2}\right)$.

14 (UFPR) Alguns telescópios usam espelhos parabólicos, pois essa forma geométrica reflete a luz que entra para um único ponto, chamado foco. O gráfico de $y = x^2$, por exemplo, tem a forma de uma parábola. A luz que vem verticalmente, de cima para baixo (paralelamente ao eixo **y**), encontra a parábola e é refletida segundo a lei de que o ângulo de incidência é igual ao ângulo de reflexão. Essa lei implica que os raios de luz verticais, encontrando a parábola no ponto (a, a^2), serão refletidos na direção da reta $4ay + (1 - 4a^2)x = a$. Sendo assim, calcule o ponto em que os raios de luz verticais refletidos em (1, 1) e (2, 4) se encontrarão.

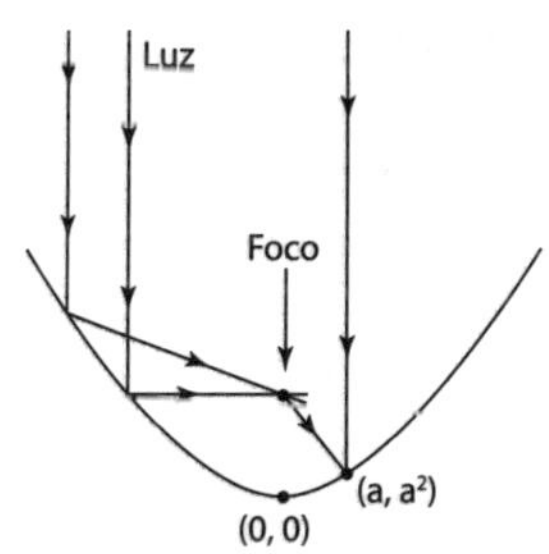

15 (Vunesp) A figura mostra a representação de algumas das ruas de nossas cidades. Essas ruas possuem calçadas de 1,5 m de largura, separadas por uma pista de 7 m de largura. Vamos admitir que:

I) os postes de iluminação projetam sobre a rua uma área iluminada na forma de uma elipse de excentricidade 0,943;

II) o centro dessa elipse encontra-se verticalmente abaixo da lâmpada, no meio da rua;

III) o eixo menor da elipse, perpendicular à calçada, tem exatamente a largura da rua (calçadas e pista).

Se desejarmos que as elipses de luz se tangenciem nas extremidades dos eixos maiores, a distância, em metros, entre dois postes consecutivos, deverá ser de, aproximadamente:

(Dados: $0,943^2 \simeq 0,889$ e $\sqrt{0,111} \simeq 0,333$.)

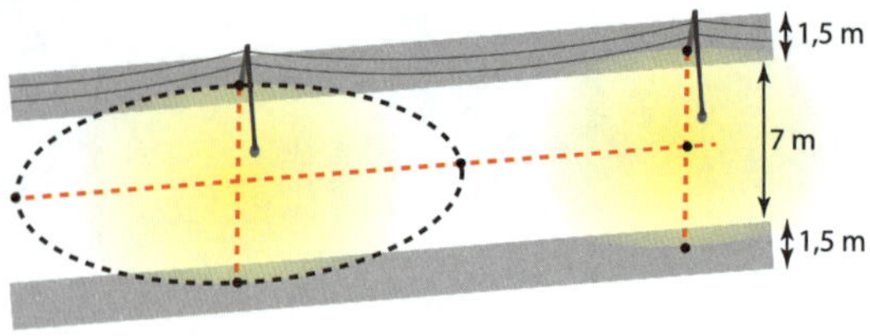

a) 35. b) 30. c) 25. d) 20. e) 15.

---

16 (Udesc) Analise as afirmações dadas abaixo e classifique-as como verdadeiras (**V**) ou falsas (**F**).

( ) A equação $x^2 - 2x + y^2 + 2y + 1 = 0$ representa uma circunferência que é tangente, tanto ao eixo das abscissas quanto ao eixo das ordenadas.

( ) A elipse de equação $9x^2 + 4y^2 = 36$ intercepta a hipérbole de equação $x^2 - 4y^2 = 4$ em apenas dois pontos, que são os vértices da hipérbole.

( ) O semieixo maior da elipse $9x^2 + 4y^2 = 36$ é paralelo ao eixo real da hipérbole $x^2 - 4y^2 = 4$.

Analise a alternativa que contém a sequência **correta**, de cima para baixo.

a) V – V – V b) V – V – F c) F – V – F d) F – F – V e) V – F – F

NÚMEROS COMPLEXOS

Assunto	Resumo
Forma algébrica	$z = a + bi$ Parte real de **z**: $Re(z) = a$ Parte imaginária de **z**: $Im(z) = b$ Unidade imaginária: **i**, tal que $i^2 = -1$
Potência de i	$i^0 = 1$ $i^1 = i$ $i^2 = -1$ $i^3 = -i$ $i^n = i^R$, em que **R** é o resto da divisão de **n** por 4: $\begin{array}{l\|l} n & 4 \\ \hline R & q \end{array}$
Conjugado $(\bar{z})$	Se $z = a + bi$, então $\bar{z} = a - bi$.
Plano de Gauss	$z = a + bi = (a, b)$ 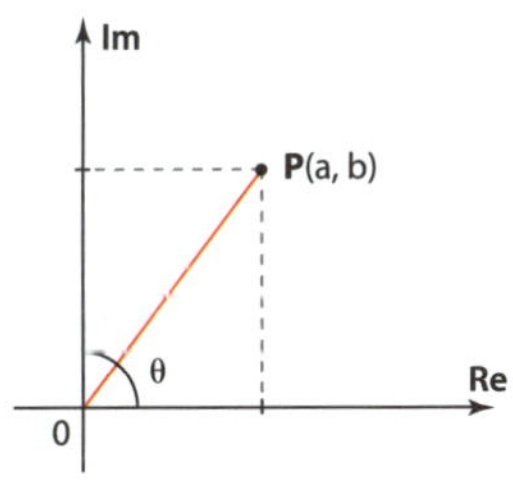
Módulo (ρ)	$\|z\| = \rho = \sqrt{a^2 + b^2}$
Argumento [θ]	$sen\ \theta = \dfrac{b}{p}$ $cos\ \theta = \dfrac{a}{p}$ $tg\ \theta = \dfrac{b}{a}$
Forma trigonométrica	$z = \rho(cos\ \theta + i\ sen\ \theta)$
Multiplicação e divisão na forma trigonométrica	Sendo $z_1 = \rho(cos\ \theta + i\ sen\ \theta)$ e $z_2 = \rho(cos\ \theta + i\ sen\ \theta)$, temos: $z_1 z_2 = \rho_1\rho_2[cos(\theta_1 + \theta_2) + i\ sen(\theta_1 + \theta_2)]$ $\dfrac{z_1}{z_2} = \dfrac{\rho_1}{\rho_2}[cos(\theta_1 + \theta_2) - i\ sen(\theta_1 + \theta_2)]$
Potenciação (1ª fórmula de Moivre)	Seja $z = \rho(cos\ \theta + i\ sen\ \theta)$, então: $z^n = \rho^n[cos(n\theta) + i\ sen(n\theta)]$
Radiciação (2ª fórmula de Moivre)	As **n** raízes enésimas de **z** são dadas por: $w_k = \sqrt[n]{\|z\|}\left(cos\dfrac{\theta + 2k\pi}{n} + sen\dfrac{\theta + 2k\pi}{n}\right)$ com $k = 0, 1, 2, ..., n - 1$

Exercícios

1 (FGV–SP) Admita que o centro do plano complexo Argand-gauss coincida com o centro de um relógio, como indica a figura.

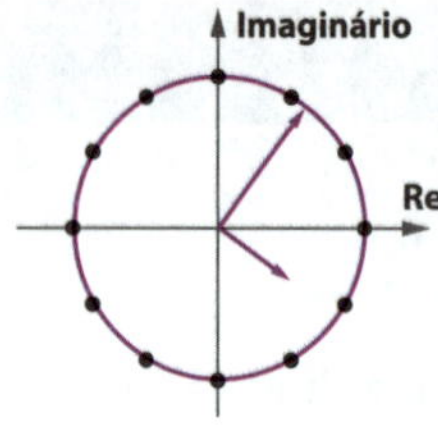

Se o ponteiro dos minutos tem 2 unidades de comprimento, às 11h55 sua ponta estará sobre o número complexo:

a) $-1 + \sqrt{3}\,i$.
b) $1 + \sqrt{3}\,i$.
c) $1 - \sqrt{3}\,i$.
d) $\sqrt{3} - i$.
e) $\sqrt{3} + i$.

2 (UEL–PR) Na figura abaixo, o ponto **P** representa um número complexo **z** no plano de Argand-gauss.

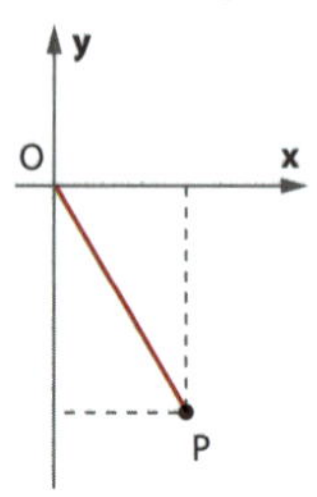

Qual dos números abaixo é **z**, sabendo-se que $OP = \sqrt{13}$?

a) $-9 + 4i$
b) $2 + 3i$
c) $2 - 3i$
d) $\sqrt{13}$
e) $-\sqrt{13}\,i$

3 (UEL–PR) Qual é a parte do número complexo $z = a + bi$, com **a** e **b** reais e $a > 0$ e $b > 0$, cujo quadrado é $-5 + 12i$?

a) $\frac{1}{3}$ b) $\frac{1}{2}$ c) 1 d) 2 e) 3

4 (Ufam) Sejam os números complexos $z = \frac{5 - 12i}{5 + 12i}$ e $w = 1 - i$. Então o valor da expressão $|z| + w^8$ será:

a) 13. b) 15. c) 17. d) 19. e) 21.

5 (FGV–SP) Sendo i a unidade imaginária, então $(1 + i)^{20} - (1 - i)^{20}$ é igual a:

a) -1024. b) $-1024i$. c) 0. d) 1024. e) $1024i$.

6 (Insper–SP) No conjunto dos números complexos, o número 1 apresenta três raízes cúbicas:

$$1, \ \frac{-1 + i\sqrt{3}}{2} \text{ e } \frac{-1 - i\sqrt{3}}{2}.$$

Os pontos que correspondem às representações desses três números no plano de Argand-gauss são vértices de um triângulo de área:

a) $\frac{\sqrt{3}}{4}$.

b) $\frac{\sqrt{3}}{2}$.

c) $\frac{3\sqrt{3}}{4}$.

d) $\sqrt{3}$.

e) 1.

7 (UFPE) A representação geométrica dos números complexos **z** que satisfazem a igualdade $2|z - i| = |z - 2|$ formam uma circunferência com raio **r** e centro no ponto com coordenadas (a, b). Calcule **r**, **a**, **b** e $9(a^2 + b^2 + r^2)$.

8 (Uece) O conjugado, $\overline{z}$, do número complexo $z = x + yi$, com **x** e **y** números reais, é definido por $\overline{z} = x - yi$. Identificando o número complexo $x = x + yi$ com o ponto (x, y) no plano cartesiano, podemos afirmar corretamente que o conjunto dos números complexos **z** que satisfazem a relação $z\overline{z} + z + \overline{z} = 0$ estão sobre:

a) uma reta.

b) uma circunferência.

c) uma parábola.

d) uma elipse.

9 (Fuvest–SP) Determine os números complexos **z** tal que $z + \bar{z} = 4$ e $z\bar{z} = 13$, em que $\bar{z}$ é o conjugado de **z**.

10 (Mack–SP) A solução da equação $|z| + z = 2 + i$ é um número complexo cujo módulo é:

a) $\frac{5}{4}$. b) $\sqrt{5}$. c) 1. d) $\frac{\sqrt{5}}{5}$. e) $\frac{5}{2}$.

11 (Vunesp) Considere o número complexo

$u = \frac{\sqrt{3}}{2} + \frac{1}{2}i$, em que $i = \sqrt{-1}$. Encontre o número complexo **v** cujo módulo é igual a 2 e cujo argumento principal é o triplo do argumento principal de **u**.

12 (Fuvest–SP)

a) Se $z_1 = \cos\theta_1 + i \cdot \text{sen}\,\theta_1$ e $z_2 = \cos\theta_2 + i \cdot \text{sen}\,\theta_2$, mostre que o produto z_1z_2 é igual a $\cos(\theta_1 + \theta_2) + i \cdot \text{sen}\,(\theta_1 + \theta_2)$.

b) Mostre que o número complexo $z = \cos 48° + i \cdot \text{sen}\,48°$ é raiz da equação $z^{10} + z^5 + 1 = 0$.

13 (UFPB) Sejam **x** e **y** elementos quaisquer do conjunto $G = \{g = m + ni \mid m, n \in \mathbb{Z}\}$, onde $i = \sqrt{-1}$. Considere as seguintes proposições e assinale com **V** a(s) verdadeira(s) e com **F**, a(s) falsa(s).

( ) Se $y \neq 0$, o quociente $\frac{x}{y} \in G$.

( ) O produto $xy \in G$.

( ) A soma $x + y \in G$.

A sequência correta é:

a) VFF.
b) FVF.
c) FFV.
d) VVF.
e) VFV.
f) FVV.

14 (ITA-SP) Sejam $w = a + bi$ com $b \neq 0$ e $a, b, c \in \mathbb{R}$. O conjunto dos números complexos **z** que verificam a equação $wz + \overline{wz} + c = 0$ descreve:

a) um par de retas paralelas.
b) uma circunferência.
c) uma elipse.
d) uma reta com coeficiente angular $m = \frac{a}{b}$.
e) n.d.a.

15 (ITA-SP) Considere, no plano cartesiano, um polígono regular cujos vértices são as soluções da equação $z^6 = 1$. A área desse polígono, em unidades de área, é igual a:

a) $\sqrt{3}$.
b) 5.
c) π.
d) $\frac{3\sqrt{3}}{2}$.
e) 2π.

16 (Unicamp-SP; adaptado) Se $z = x + iy$ é um número complexo, o número real **x** é chamado parte real de **z** e é indicado por Re(z), ou seja, $Re(x + iy) = x$. Mostre que o conjunto dos pontos que satisfazem a equação $Re\left(\frac{z + 2i}{z - 2}\right) = \frac{1}{2}$, ao qual se acrescenta o ponto (2, 0), é uma circunferência.

17 (Vunesp) Se **a**, **b** e **c** são números inteiros positivos tais que $c = (a + b)^2 - 14i$, em que $i^2 = -1$, o valor de **c** é:

a) 48. b) 36. c) 24. d) 14. e) 7.

18 (UPF–RS) Quanto ao número complexo $z = \frac{6 + 6i}{1 - i}$, a alternativa incorreta é:

a) Escrito na forma algébrica é $z = 6i$.

b) O módulo de **z** é 6.

c) O argumento de **z** é $\frac{\pi}{2}$ rad.

d) Escrito na forma trigonométrica tem-se $z = 6(\cos \pi + i \cdot \text{sen}\ \pi)$.

e) $\mathbf{z^2}$ é um número real.

19 (UFBA) Sendo $\mathbf{a_n}$ a parte real do número complexo $\left(\frac{i}{3}\right)^n$, para cada número natural **n**, determine $S = a_0 + a_1 + a_2 + ...$

20 (Uece) O valor de **a**, no intervalo $\left[0, \frac{\pi}{2}\right]$, para qual o número complexo $x = \cos a + i \cdot \text{sen}\ a$ é tal que $x^2 = \frac{1}{2} + \frac{\sqrt{3}}{2}i$, satisfaz:

a) $\frac{\pi}{3} < a < \frac{\pi}{2}$.

b) $\frac{\pi}{6} < a < \frac{\pi}{3}$.

c) $\frac{\pi}{6} < a < \frac{\pi}{4}$.

d) $\frac{\pi}{10} < a < \frac{\pi}{5}$.

21 (UFRGS-RS) O ângulo formado pelas representações geométricas dos números complexos $z = \sqrt{3} + i$ e z^4 é:

a) $\frac{\pi}{6}$.   b) $\frac{\pi}{4}$.   c) $\frac{\pi}{3}$.   d) $\frac{\pi}{2}$.   e) π.

22 (Uerj) João desenhou um mapa do quintal de sua casa, onde enterrou um cofre. Para isso, usou um sistema de coordenadas retangulares, colocando a origem **O** na base de uma mangueira, e os eixos Ox e Oy com sentidos oeste-leste e sul-norte, respectivamente. Cada ponto (x, y), nesse sistema, é a representação de um número complexo $z = x + iy$, $x \in \mathbb{R}$, $y \in \mathbb{R}$ e $i^2 = -1$.

Para indicar a posição (x_1, y_1) e a distância **d** do cofre à origem, João escreveu a seguinte observação no canto do mapa: $x_1 + iy_1 = (1 + i)^9$.

Calcule:

a) as coordenadas (x_1, y_1);   b) o valor de **d**.

23 (Vunesp) Considere os números complexos $w = 2i$ e $z = (1 + i)$. Determine:

a) z^2 e $(w^2 \bar{z} + w)$, onde $\bar{z}$ indica o conjugado de **z**.

b) $|z|$ e $|w|$. Mostre que a sequência $(1, |z|, |w|, |zw|, |w^2|)$ é uma progressão geométrica, determinando todos os seus termos e a sua razão.

24 (Fuvest-SP) Determine os números complexos **z** que satisfazem, simultaneamente, $|z| = 2$ e $\text{Im}\left(\frac{z - i}{1 + i}\right) = \frac{1}{2}$.

(Lembretes: $i^2 = -1$; se $w = a + bi$, com **a** e **b** reais, então $|w| = \sqrt{a^2 + b^2}$ e $\text{Im}(w) = b$.)

25 (Ufscar-SP) Sejam **i** a unidade imaginária e $\mathbf{a_n}$ o n-ésimo termo de uma progressão geométrica com $a_2 = 2a_1$. Se $\mathbf{a_1}$ é um número ímpar, então $i^{a_1} + i^{a_2} + i^{a_3} + ... + i^{a_{10}}$ é igual a:

a) 9i ou −9i.
b) −9 + i ou −9 − i.
c) 9 + i ou 9 − i.
d) 8 + i ou 8 − i.
e) 7 + i ou 7 − i.

26 (UFMS) Considere as seguintes informações sobre números complexos:

- Um número complexo **z** pode ser escrito sob a forma $z = x + yi$, onde $x \in \mathbb{R}$ é a parte real, $y \in \mathbb{R}$ é a parte imaginária e $i = \sqrt{-1}$.
- O conjugado de um número complexo $z = x + yi$ é indicado e definido por $\overline{z} = x - yi$.

Sejam $\mathbf{z_1}$ e $\mathbf{z_2}$ números complexos tais que $z_1^2 - z_2^2 = 2 + 16i$ e $\overline{z_1} + \overline{z_2} = 5 + i$. Calcule a soma da parte real com a parte imaginária do número complexo $26(z_1 - z_2)$.

27 (UFMG) Seja **S** o conjunto de números complexos **z** tais que $|z - (2 + 4i)| = 2$.

a) No plano complexo, faça o esboço de **S**, sendo $z = x + iy$, com **x** e **y** números reais.
b) Determine o ponto de **S** mais próximo da origem.

POLINÔMIOS

Assunto	Resumo
Polinômios	

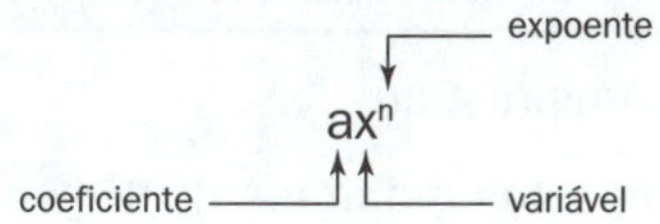

$p(x) = a_n x^n + a_{n-1} x^{n-1} + a_{n-2}x^{n-2} + ... + a_2x^2 + a_1x^1 + a_0$, em que:

- $a_n, a_{n-1}, a_{n-2}, ..., a_2, a_1, a_0$ são números complexos denominados coeficientes;
- **n** é um número inteiro positivo ou nulo.

Grau do polinômio

É o maior expoente de **x**, com coeficiente não nulo.

Polinômio identicamente nulo (PIN)

$p(x) = a_n x^n + a_{n-1}x^{n-1} + ... + a_2x^2 + a_1x^1 + a_0$ é o polinômio nulo $\Leftrightarrow a_n = a_{n-1} = \\ = ... = a_1 = a_0 = 0$

Observação: Não se define grau para o PIN.

Valor numérico de um polinômio

O valor numérico de p(x) para $x = \alpha$ é $p(\alpha)$.

Se $p(\alpha) = 0$, então α é raiz de p(x).

Observação: p(1) = soma dos coeficientes de p(x).

Igualdade de polinômios

$p(x) = q(x) \Leftrightarrow p(\alpha) = q(\alpha)$,

$\forall\, \alpha \in \mathbb{C}$

Divisão de polinômios

$$\begin{array}{l|l} p(x) & h(x) \\ \hline r(x) & q(x) \end{array} \Rightarrow p(x) = h(x) \cdot q(x) + r(x)$$

grau de r(x) < grau de h(x)

grau de q(x) = grau de p(x) − grau de h(x)

Divisão por x − a (dispositivo de Briot-Ruffini)

termo constante do divisor, com sinal trocado	coeficientes de **x** do dividendo p(x)	termo constante do dividendo p(x)
	coeficientes do quociente	resto

Teorema de D'Alembert

O resto da divisão de um polinômio p(x) por (x − a) é p(a).

Teorema do fator

Se **c** é uma raiz de p(x), então (x − c) é um fator de p(x).

Assunto	Resumo
Equações algébricas	**Teorema fundamental da Álgebra (TFA)** Toda equação algébrica p(x) = 0 de grau **n** ($n \geqslant 0$) possui pelo menos uma raiz complexa (real ou não).
	Decomposição em fatores do primeiro grau Todo polinômio pode ser decomposto em fatores do 1º grau: $p(x) = a_n(x - x_1)(x - x_2)(x - x_3) \cdot ... \cdot (x - x_n)$ em que $\mathbf{x_i}$ são raízes de p(x) e $\mathbf{a_n}$ é o coeficiente de $\mathbf{x_n}$.
	Multiplicidade das raízes É o número de vezes em que uma mesma raiz aparece. 1 vez: raiz simples 2 vezes: raiz dupla ou multiplicidade 2 3 vezes: raiz tripla ou multiplicidade 3 ⋮ **n** vezes: raiz de multiplicidade **n**
	Relações de Girard ***Grau 2*** $ax^2 + bx + c = a(x - x_1)(x - x_2)$ • $S = x_1 + x_2 = \frac{-b}{a}$ • $P = x_1x_2 = \frac{c}{a}$ ***Grau 3*** $ax^3 + bx^2 + cx + d = a(x - x_1)(x - x_2)(x - x_3)$ • $S = x_1 + x_2 + x_3 = \frac{-b}{a}$ • $x_1x_2 + x_1x_3 + x_2x_3 = \frac{c}{a}$ • $P = x_1x_2x_3 = \frac{-d}{a}$ ***Grau 4*** $ax^4 + bx^3 + cx^2 + dx + e = a(x - x_1)(x - x_2)(x - x_3)(x - x_4)$ • $S = x_1 + x_2 + x_3 + x_4 = \frac{-b}{a}$ • $x_1x_2 + x_1x_3 + x_1x_4 + x_2x_3 + x_2x_4 + x_3x_4 = \frac{c}{a}$ • $x_1x_2x_3 + x_1x_2x_4 + x_1x_3x_4 + x_2x_3x_4 = \frac{-d}{a}$ • $P = x_1x_2x_3x_4 = \frac{e}{a}$
	Raízes complexas não reais Se a + bi for raiz de p(x), então a − bi também será. $p(z) = 0 \Leftrightarrow p(\bar{z}) = 0$

Exercícios

1 (Mack–SP) Determine $m \in \mathbb{R}$ para que o polinômio $p(x) = (m - 4)x^3 + (m^2 - 16)x^2 + (m + 4)x + 4$ seja de grau 2.

2 (FEI–SP) Sendo
$p(x) = ax^4 + bx^3 + c$ e $q(x) = ax^3 - bx - c$,
determine os coeficientes **a**, **b** e **c**, sabendo que $p(0) = 0$, $p(1) = 0$ e $q(1) = 2$.

3 (Uece) Coloque **V** (verdadeira) ou **F** (falsa) nas seguintes proposições:

I) ( ) O quociente da divisão de um polinômio de grau $n + 2$ por um polinômio de grau $n - 1$ é um polinômio de grau 4.

II) ( ) O resto da divisão de um polinômio de grau $n + 1$ por um polinômio de grau **n** é um polinômio de grau menor que **n** ou é o polinômio identicamente nulo.

III) ( ) O resto da divisão de um polinômio de grau 25 por um polinômio de grau 17 pode ser um polinômio de grau 19.

IV) ( ) A soma dos coeficientes do polinômio $x^5(x^5 + 5) - x^2(10x - 1) + 8$ é igual a 5.

A sequência correta de cima para baixo é:

a) VFFV. b) FVFV. c) VFVF. d) FVVF.

4 (Mack–SP) Calcule os valores de **m**, **n** e ℓ para os quais o polinômio $p(x) = (2m - 1)x^3 - (5n - 2)x^2 + (3 - 2\ell)$ é nulo.

5 (Ufam) Dividindo o polinômio
$P(x) = 2x^4 - x^3 - 7x^2 + 31x - 10$ pelo polinômio
$Q(x) = x^2 - 3x + 5$ obtemos o polinômio:

a) $2x^2 - 5x + 2$.
b) $2x^2 + 5x - 2$.
c) $2x^2 - 5x - 2$.
d) $2x^3 + 5x - 2$.
e) $-2x^2 + 5x - 2$.

6 (Fuvest–SP) O polinômio $p(x)$ é tal que
$p(x) + xp(2 - x) = x^2 + 3$ para todo **x** real. Determine $p(0)$, $p(1)$ e $p(2)$.

7 (FCMSCSP) Numa divisão de polinômio em que o dividendo é de grau **n** e o quociente é de grau n − 4, com $n \in \mathbb{N}$ e $n \geqslant 4$, o grau do resto pode ser no máximo igual a:

a) 3. b) 4. c) 5. d) n − 4. e) n − 5.

8 (PUC–SP) Calcule o valor de **a** para que o resto da divisão do polinômio $p(x) = ax^3 - 2x + 1$ por $h(x) = x - 3$ seja igual a 4.

9 (FGV–SP) Dividindo o polinômio P(x) por $x^2 + x - 1$ obtém-se quociente igual a $x - 5$ e resto igual a $13x + 5$. O valor de P(1) é:

a) 12. b) 13. c) 15. d) 16. e) 14.

10 (UPE) Para que o polinômio $6x^3 - 4x^2 + 2mx - (m + 1)$ seja divisível por $x - 3$, o valor da raiz quadrada do módulo de **m** deve ser igual a:

a) 0. b) 1. c) 2. d) 3. e) 5.

11 (UFG–GO) Considere o polinômio

$p(x) = (x - 1)(x - 3)^2(x - 5)^3(x - 7)^4(x - 9)^5(x - 11)^6$.

O grau de p(x) é igual a:

a) 6. b) 21. c) 36. d) 720. e) 1 080.

12 (UFRGS–RS) A soma dos coeficientes do polinômio $(x^2 + 3x - 3)^{50}$ é:

a) 0. b) 1. c) 5. d) 25. e) 50.

13 (UFRGS–RS) Se P(x) é um polinômio de grau 5, então o grau de $[P(x)]^3 + [P(x)]^2 + 2P(x)$ é:

a) 3. b) 8. c) 15. d) 20. e) 30.

14 (Uece) Se os números **m**, **p** e **q** são as soluções da equação $x^3 - 7x^2 + 14x - 8 = 0$, então o valor da soma $\log_2 m + \log_2 p + \log_2 q$ é:

a) 1. b) 2. c) 3. d) 4.

15 (Unemat–MT) Seja Q(x) o quociente da divisão do polinômio $P(x) = x^4 - 1$ pelo polinômio $D(x) = x - 1$, é correto afirmar que:

a) $Q(0) = 0$.
b) $Q(0) < 0$.
c) $Q(1) = 0$.
d) $Q(-1) = 0$.
e) $Q(1) = 2$.

16 (UEL–PR) O polinômio $p(x) = x^3 + x^2 - 3ax - 4a$ é divisível pelo polinômio $q(x) = x^2 - x - 4$. Qual o valor de **a**?

a) $a = -2$
b) $a = -1$
c) $a = 0$
d) $a = 1$
e) $a = 2$

17 (UEL–PR) Na divisão do polinômio $x^4 + x^3 - 7x^2 + x + 9$ por $x^2 + 2x + 1$, pode-se afirmar que:

a) o quociente é $-x^2 + x + 6$.
b) o quociente é $x^2 - x + 6$.
c) o resto da divisão é 15.
d) o resto da divisão é $14x + 15$.
e) a divisão é exata, isto é, o resto é 0.

18 (Ibmec–RJ) Se o resto da divisão do polinômio $P(x) = x^3 + ax + b$ pelo polinômio $Q(x) = x^2 + x + 2$ é igual a 4, então podemos afirmar que $a + b$ vale:

a) 2.
b) -2.
c) 3.
d) -3.
e) 4.

19 (UEG-GO) João gosta de brincar com números e fazer operações com eles. Em determinado momento, ele pensou em três números naturais e, em relação a esses números, observou o seguinte:

- a soma desses números é 7;
- o produto deles é 8;
- a soma das três parcelas resultantes dos produtos desses números tomados dois a dois é 14.

Assim, os três números pensados por João são raízes da equação:

a) $x^3 - 7x^2 + 14x - 8 = 0$.
b) $x^3 + 7x^2 - 14x + 8 = 0$.
c) $x^3 - 7x^2 - 14x - 8 = 0$.
d) $x^3 + 7x^2 - 14x - 8 = 0$.

21 (UFPE) Se as raízes da equação $x^3 - 7x^2 - 28x + k = 0$ são termos de uma progressão geométrica, determine e assinale o valor do termo constante **k**.

20 (UFPE) Sabendo que

$$\frac{x^2 - 2x + 4}{x^3 + x^2 - 2x} = \frac{A}{x} + \frac{B}{x+2} + \frac{C}{x-1}, \text{ calcule}$$

$A + B + 2C$.

22 (Uece) Os números -2, -1, 0, 1 e 2 são as soluções da equação polinomial $p(x) = 0$, as quais são todas simples. Se o polinômio $p(x)$ é tal que $p(\sqrt{2}) = 2\sqrt{2}$, então o valor de $p(\sqrt{3})$ é igual a:

a) $2\sqrt{3}$. b) $3\sqrt{2}$. c) $3\sqrt{3}$. d) $6\sqrt{2}$.

23 (UFPR) A respeito do polinômio
$p(x) = ax^3 + bx^2 + cx + d$, sendo **a**, **b**, **c** e **d** números reais, considere as seguintes afirmativas:

I) Se 1 é a raiz de p(x), então $a + b + c + d = 0$.

II) O resto da divisão de p(x) por $(x - k)$ é p(k).

III) Se $a = 0$, então p(x) tem duas raízes reais.

IV) Se $d = 0$, então p(x) possui pelo menos uma raiz real.

Assinale a alternativa correta.

a) Somente as afirmativas I, II e IV são verdadeiras.
b) Somente as afirmativas II e IV são verdadeiras.
c) Somente as afirmativas III e IV são verdadeiras.
d) Somente as afirmativas I, II e III são verdadeiras.
e) Somente as afirmativas I e II são verdadeiras.

24 (UEL–PR) Para que o polinômio $f(x) = x^3 - 6x^2 + mx + n$ seja um cubo perfeito, ou seja, tenha a forma $f(x) = (x + b)^3$, os valores de **m** e **n** devem ser, respectivamente:

a) 3 e −1.
b) −6 e 8.
c) −4 e 27.
d) 12 e −8.
e) 10 e −27.

25 (Fuvest–SP) O polinômio $p(x) = x^3 + ax^2 + bx$, em que **a** e **b** são números reais, tem restos 2 e 4 quando dividido por $x - 2$ e $x - 1$, respectivamente. Assim, o valor de **a** é:

a) −6. b) −7. c) −8. d) −9. e) −10.

26 (FGV–SP) Um polinômio P(x) do terceiro grau tem o gráfico dado abaixo:

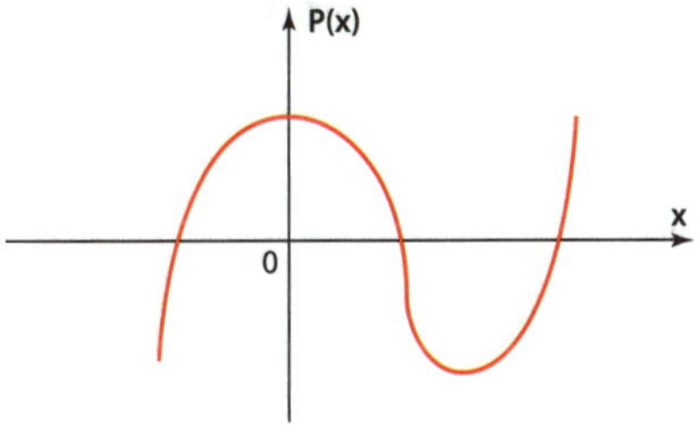

Os pontos de intersecção com o eixo das abscissas são (−1, 0), (1, 0) e (3, 0). O ponto de intersecção com o eixo das ordenadas é (0, 2). Portanto o valor de P(5) é:

a) 24. b) 26. c) 28. d) 30. e) 32.

27 (ITA–SP) Se 1 é uma raiz de multiplicidade 2 da equação $x^4 + x^2 + ax + b = 0$, com $a, b \in \mathbb{R}$, então $a^2 - b^3$ é igual a:

a) -64. b) -36. c) -28. d) 18. e) 27.

29 (Vunesp–SP) Dado que as raízes da equação $x^3 - 3x^2 - x + k = 0$, onde **k** é uma constante real, formam uma progressão aritmética, o valor de **k** é:

a) -5. b) -3. c) 0. d) 3. e) 5.

28 (FGV–SP) O polinômio $P(x) = x^4 - 5x^3 + 3x^2 + 5x - 4$ tem o número 1 como raiz dupla. O valor absoluto da diferença entre as outras raízes é igual a:

a) 5. b) 4. c) 3. d) 2. e) 1.

30 (Fuvest–SP) O polinômio $p(x) = x^4 + ax^3 + bx^2 + cx - 8$, em que **a**, **b** e **c** são números reais, tem o número complexo $1 + i$ como raiz, bem como duas raízes simétricas.

a) Determine **a**, **b** e **c** e as raízes de p(x).

b) Subtraia 1 de cada uma das raízes de p(x) e determine todos os polinômios com coeficientes reais, de menor grau, que possuam esses novos valores como raízes.

31 (PUC–SP) Determine os valores de **m**, **n** e **p** de modo que se tenha:

$(m + n + p)x^4 - (p + 1)x^3 + mx^2 + (n - p)x + n =$
$= 2mx^3 + (2p + 7)x^2 + 5mx + 2m.$

32 (Faap–SP) Calcule os valores de **a**, **b** e **c** para que o polinômio $p_1(x) = a(x + c)^3 + b(x + d)$ seja idêntico a $p_2(x) = x^3 + 6x^2 + 15x + 14$.

33 (FEI–SP) Determine os valores de **a**, **b** e **c** sabendo que

$$\frac{1}{x^3 - 1} = \frac{a}{x - 1} + \frac{bx + c}{x^2 + x + 1}.$$

34 (UFPR–PR) Determine **m** e **n** de modo que o resto da divisão do polinômio $p(x) = x^5 - mx^3 + n$ por $h(x) = x^3 + 3x^2$ seja $r(x) = 5$.

35 (UFPB) O polinômio $p(x) = x^4 - 4x^3 + mx^2 + 4x + n$ é divisível por $(x - 1)(x - 2)$. Calcule o valor de $5m + 2n$.

36 (PUC–SP) Calcule os valores de **a** e **b** para que o polinômio $p(x) = x^3 + ax + b$ seja divisível por $g(x) = (x - 1)^2$.

37 (FGV–SP) Determine o produto $m \cdot n$ sabendo que o polinômio $p(x) = x^3 - 6x^2 + mx + n$ é divisível por $(x - 1)(x - 2)$.

38 (ITA–SP) Determine os valores de **a** e **b** para que os polinômios $p(x) = x^3 - 2ax^2 + (3a + b)x$ e $g(x) = x^3 - (a + 2b)x + 2a$ sejam divisíveis por $h(x) = x + 1$.

39 (Fumec–MG) Determine **m** e **n** de modo que $p(x) = 2x^4 - x^3 + mx^2 - nx + 2$ seja divisível por $(x - 2)(x + 1)$.

40 (FEI–SP) Dado o polinômio $p(x) = 4x^4 - 5x^2 - 3bx + a$, calcule os valores de **a** e **b** de modo que p(x) seja divisível por $g(x) = x^2 - 1$.
(Sugestão: faça $x^2 - 1 = (x + 1)(x - 1)$.)

41 (Fumec–MG) Calcule **m** e **n** para que o polinômio $p(x) = 2x^4 - x^3 + mx^2 - nx + 2$ seja divisível por $h(x) = x^2 - x - 2$.

43 (Unifor–CE) $P = x - 3$, $Q = x^2 + 3x + 9$ e $R = (a + b)x^3 + (a - b)x^2 + cx + d$. Sabendo que o polinômio $P \cdot Q$ é idêntico a **R**, conclui-se que $a + b + c + d$ é igual a:

a) 28. b) 13. c) $\frac{25}{2}$. d) $\frac{3}{2}$. e) -26.

42 (UFMG) Os polinômios $P(x) = px^2 + qx - 4$ e $Q(x) = x^2 + px + q$ são tais que $P(x + 1) = Q(2x)$ para todo **x** real. Os valores de **p** e **q** são:

a) $p = 1$ e $q = -4$.
b) $p = 2$ e $q = 4$.
c) $p = 4$ e $q = -4$.
d) $p = 4$ e $q = 0$.
e) $p = -4$ e $q = 0$.

44 (Uece) Se $P(x) = (x - 1)(x^3 + x^2 + x + 13) + 5$ e $Q(x) = \frac{P(x) - P(1)}{3x - 1}$ para $x \neq \frac{1}{3}$, então o valor de $Q(0)$ é igual a:

a) 13. b) 12. c) 11. d) 10.

45 (Uece) Se os números 2 e -3 são raízes da equação $x^3 - 4x^2 + px + q = 0$, então o resultado da divisão do polinômio $x^3 - 4x^2 + px + q$ por $x^2 + x - 6$ é:

a) $x - 1$. b) $x + 1$. c) $x - 5$. d) $x + 5$.

46 (ITA–SP) A divisão de um polinômio P(x) por $x^2 - x$ resulta no quociente $6x^2 + 5x + 3$ e no resto $-7x$. O resto da divisão de P(x) por $2x + 1$ é igual a:

a) 1. b) 2. c) 3. d) 4. e) 5.

47 (PUC–SP) Dado o polinômio $f = \begin{vmatrix} x & x & x \\ x+1 & -2 & x-1 \\ x & 0 & 1 \end{vmatrix}$,

pedem-se:

a) as raízes de **f**;

b) o quociente e o resto da divisão de **f** por $x^2 - 1$.

48 (PUC–SP) Sabendo que -2 é raiz do polinômio

$f(x) = \begin{vmatrix} x & -1 & 1 \\ 1 & x & 0 \\ 0 & k & x \end{vmatrix}$, em que $x \in \mathbb{C}$ e $k \in \mathbb{R}$, determine:

a) o valor de **k**;

b) as demais raízes do polinômio.

49 (PUC–SP) Se os números -3, **a** e **b** são as raízes da equação $x^3 + 5x^2 - 2x - 24 = 0$, calcule o valor de $a + b$.

50 (Vunesp) Se **m** é raiz do polinômio real $p(x) = x^6 - (m + 1)x^5 + 32$, determine o resto da divisão de $p(x)$ por $x - 1$.

51 (Fuvest–SP) O número 2 é raiz dupla da equação $ax^3 + bx + 16 = 0$. Calcule os valores de **a** e **b**.

52 (ITA–SP) Os números **a**, **b** e **c** são as raízes da equação $x^3 - 2x^2 + 3x - 4 = 0$. Nessas condições, calcule o valor de $\frac{1}{a} + \frac{1}{b} + \frac{1}{c}$.

53 (EEM–SP) Determine as raízes da equação $x^3 - 3x - 2 = 0$, sabendo que uma delas é dupla.

54 (UFMG) Os números **a**, **b** e **c** são as raízes da equação $x^3 + x - 1 = 0$. Nessas condições, calcule o valor de $\log\left(\frac{1}{a} + \frac{1}{b} + \frac{1}{c}\right)$.

55 (UFMT) Determine **a** para que a equação $x^3 + 3x^2 + ax - 15 = 0$ apresente sua raízes em PA.

56 (EEM–SP) Dada a equação algébrica $3x^3 - 16x^2 + 23x - 6 = 0$ e sabendo que o produto de duas de suas raízes é igual a 1, calcule as raízes da equação.

57 (PUC–SP) Quais são as raízes da equação $3x^3 - 13x^2 + 13x - 3 = 0$?

58 (Mack–SP) As raízes da equação $x^3 - 6x^2 + kx + 64 = 0$ estão em PG. Nessas condições, calcule o coeficiente **k**.

59 (EEM–SP) Dada a equação $x^3 - 9x^2 + 26x + a = 0$, determine o valor do coeficiente **a** para que as raízes dessa equação sejam números naturais sucessivos.

60 (FEI–SP) Resolva a equação cúbica $x^3 - 2x^2 - 3x + 6 = 0$.

61 (ITA–SP) Quais são as raízes inteiras da equação $x^3 + 4x^2 + 2x - 4 = 0$?

62 (Fuvest–SP) Consideremos a equação $x^3 + mx^2 + 2x + n = 0$, em que **m** e **n** são números reais. O numero $1 + i$ é uma raiz dessa equação. Calcule, então, **m** e **n**.

63 (Fuvest–SP) Resolva a equação
$x^4 - 5x^3 + 13x^2 - 19x + 10 = 0$, sabendo que o número complexo $z = 1 + 2i$ é uma de suas raízes.

64 (Fuvest–SP) Considere um polinômio não nulo p(x) tal que $[p(x)]^3 = x^2p(x) = xp(x^2)$ para todo **x** real e determine:

a) o grau de p(x);

b) p(x).

65 (UFC–CE) Se a expressão

$\dfrac{2x+5}{4x^2-1} = \dfrac{a}{2x+1} + \dfrac{b}{2x-1}$, onde **a** e **b** são constantes, é verdadeira para todo número real $x \neq \pm \dfrac{1}{2}$, então o valor de $a + b$ é:

a) -2. b) -1. c) 1. d) 2. e) 3.

66 (Vunesp) Se **a**, **b** e **c** são números reais tais que $ax^2 + b(x + 1)^2 + c(x + 2)^2 = (x + 3)^2$ para todo **x** real, então o valor de $a - b + c$ é:

a) -5. b) -1. c) 1. d) 3. e) 7.

67 (PUC–PR) Dado o polinômio $x^4 + x^3 - mx^2 - nx + 2$, determine **m** e **n** para que o mesmo seja divisível por $x^2 - x - 2$. A soma $m + n$ é igual a:

a) 6. b) 7. c) 10. d) 9. e) 8.

68 (Unifesp) A divisão de um polinômio p(x) por um polinômio k(x) tem $q(x) = x^3 + 3x^2 + 5$ como quociente e $r(x) = x^2 + x + 7$ como resto. Sabendo que o resto da divisão de k(x) por **x** é 2, o resto da divisão de p(x) por **x** é:

a) 10. b) 12. c) 17. d) 25. e) 70.

69 (UFBA) Na equação $(x^3 - 2x^2 - 4x + 8)^{12} = 0$, a multiplicidade da raiz $x = 2$ é:

a) 1. b) 6. c) 12. d) 24. e) 36.

70 (Mack-SP) $\begin{array}{c|l} ax^4 + 5x^2 - ax + 4 & x^2 - 4 \\ \cline{2-2} r(x) & Q(x) \end{array}$

Considerando o resto r(x) e o quociente Q(x) da divisão acima, se $r(4) = 0$, $Q(1)$ vale:

a) 1. b) −3. c) −5. d) −4. e) 2.

71 (UEL-PR) A equação $x^3 - 10x^2 + ax + b = 0$ tem uma raiz igual a $3 + 2i$. Nela, **a** e **b** são números reais. Sobre essa equação, é correto afirmar:

a) $-3 + 2i$ também é raiz da equação.

b) A equação não possui raízes reais.

c) A equação possui uma raiz irracional.

d) O valor de **a** é −37.

e) O valor de **b** é −52.

72 (UFRGS-RS) Na figura abaixo está representado o gráfico de um polinômio de grau 3.

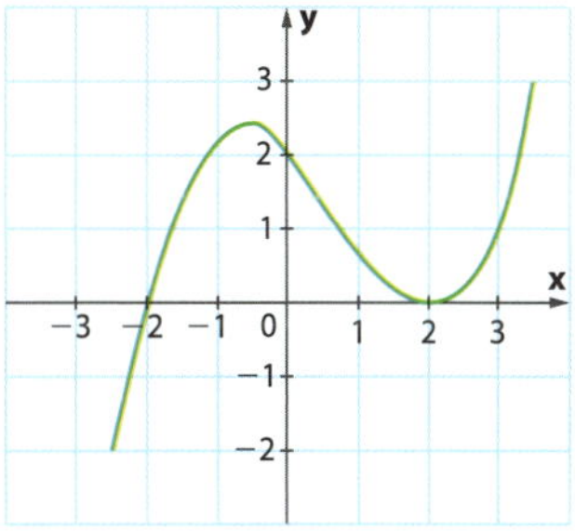

A soma dos coeficientes desse polinômio é:

a) 0,5. b) 0,75. c) 1. d) 1,25. e) 1,5.

73 (Unicamp-SP) Sabendo que a equação $x^3 - 2x^2 + 7x - 4 = 0$ tem raízes **a**, **b** e **c**, escreva, com seus coeficientes numéricos, uma equação cúbica que tenha como raízes $a + 1$, $b + 1$ e $c + 1$.

74 (FGV-SP) Se **m**, **n** e **p** são raízes distintas da equação algébrica $x^3 - x^2 + x - 2 = 0$, então $m^3 + n^3 + p^3$ é igual a:

a) -1.
b) 1.
c) 3.
d) 4.
e) 5.

75 (Unicamp-SP) Ache todas as raízes (inclusive as complexas) da equação $x^5 - x^4 + x^3 - x^2 + x - 1 = 0$.

RESPOSTAS

REVISÃO DO ENSINO FUNDAMENTAL

1. a **2.** a **3.** b
4. c **5.** d **6.** d
7. c **8.** e **9.** b
10. d 11. b 12. a
13. b
14. R$ 119 380,00
15. 249 500
16. c
17. a
18. a
19. b
20. a
21. 27 funcionários
22. e
23. b
24. b
25. c
26. **a)** 90
b) $10a^2$; sempre zero

CONJUNTOS E CONJUNTOS NUMÉRICOS

1. F V F V F
2. c
3. a
4. c
5. c
7. c
8. 17 doadores
9. a, b, c, d
10. a
11. e
12. d
13. {3, 9, 21, 27, 33, 39, 51, 57, 63, 69}
14. b
15. 93 consumidores
16. 150 pessoas
17. c
18. 46
19. c

FUNÇÕES

1. d
2. a
3. b
4. a
5. d
6. e
7. e
8. a
9. e
10. a
11. 02
12. d
15. a
16. d
17. a
18. a
19. b
20. a
21. d
22. c
23. V F V V V
24. a
25. c

FUNÇÃO AFIM

1. d
2. a
3. d
4. d
5. 60 minutos
6. $x - 1\,500 \geqslant 0$
7. c
8. c
9. b
10. **a)** E_1: $y = 1{,}04C + 60$;
E_2: $y = 1{,}03C + 150$
b) R$ 9 000,00
11. b
12. e
13. b
14. c
15. b
16. c
17. e
18. c
19. c
20. b
21. d
22. 02
23. b
24. **a)** Plano **C**
b) A partir de 50 minutos.
25. c
26. d
27. b
28. d
29. **a)** $b = 2\,400$ e $g = \dfrac{3}{5}$
b) R$ 2 880,00
30. c
31. b
32. d
33. a
34. e
35. **a)** R$ 3,75
b) 30 km
36. a
37. c
38. e
39. e
40. **a)** 25%
b) 6,25%
41. Após 24 dias.
42. e
43. **a)** 10 000 pés
b) −50 °C
44. e

FUNÇÃO QUADRÁTICA

1. a
2. $S = \{x \in \mathbb{R} \mid x < -1$ ou $x > 4\}$
3. $S = \{x \in \mathbb{R} \mid x \leqslant 1$ ou $x \geqslant 7\}$
4. {2, 3}
5. 0
6. b
7. a
8. **a)** 8,1 °C
b) 12 horas
c) 10,8 °C
9. b
10. b
11. a
12. e
13. a
14. d
15. F V V V F
16. b
17. e
18. 48
19. d
20. a
21. 8
22. $h(x) = -x^2 + 4x$
23. $\{p \in \mathbb{R} \mid p > 1\}$
24. d
25. $S = \{x \in \mathbb{R} \mid 0 < x < 2$ ou $5 < x < 6\}$
26. $S = \{x \in \mathbb{R} \mid x < -3$ ou $-2 < x < -1\}$
27. b
28. **a)** 164 cm ou 1,64 m
b) Paulo: 56 kg; Paula: 54 kg
29. a
30. c
31. d
32. **a)** $D = \{t \in \mathbb{R} \mid 0 \leqslant t \leqslant 10\}$
b) 6 s
33. e
34. d
35. **a)** 2 s
b) 4 s; 3 m
36. V F V V
37. $-\dfrac{2}{3} \leqslant a \leqslant 0 \ (a \in \mathbb{R})$
38. b

FUNÇÃO MODULAR

1. $\{x \in \mathbb{R} \mid -5 < x < -3\}$
2. e
3. a
4. e
5. d
6. V F V F V
7. d
8. c
9. **a)** t = 12 horas e t = 14 horas
b) 10 horas e 14 horas
11. $S = \{x \in \mathbb{R} \mid -1 < x < 0$ ou $x > 1\}$
12. c
13. V V F F V
14. b
15. a
16. $S = \{x \in \mathbb{R} \mid -1 < x < 0$ ou $2 < x < 3\}$
17. a
18. a
19. c
20. **b)** 5,5 unidades de área
21. a
22. b
23. d
24. a

FUNÇÃO EXPONENCIAL

1. b
2. 0,001
3. c
4. 2^{23}
5. 10^{-9}
6. $2^{\frac{1}{4}}$
7. 2
8. $x^{\frac{1}{10}}$
9. 1
10. $\dfrac{7}{5}$
11. $S = \{-2\}$
12. $S = \left\{x \in \mathbb{R} \mid x < \dfrac{2}{3}\right\}$
13. $S = \{-1, 1\}$
14. t = 4 anos
15. e
16. e
17. a
18. c
19. $\dfrac{82}{3}$
20. $a^6 \cdot b^{-2}$
21. e
22. c
23. c

24. $\frac{13}{6}$

25. e

26. a

27. 0

28. $S = \{x \in \mathbb{R} \mid -1 < x < 0$ ou $4 < x < 5\}$

29. $K = 2048$ e $a = 4$

30. $S = \{x \in \mathbb{R} \mid x \leq 1\}$

31. c **32.** b **33.** b

34. b **35.** b **36.** e

37. a, b, e

38. 28 000 anos

39. b

40. a

41. a) $k = \frac{1}{30}$

b) 2 120

42. c

43. e

44. a) 10% de **P**

b) 2 horas

LOGARITMO E FUNÇÃO LOGARÍTMICA

1. 25

2. 1

3. 0,24998

4. $m = 25$

5. 0,3505

6. 0,360

7. d

8. a

9. e

10. c

11. a

12. e

13. d

14. b

15. -2

16. d

17. $S = \{0{,}6309\}$

19. b

20. c

21. a) $7 \cdot 10^9$ kWh **b)** $10\sqrt{10}$

22. a) $8 \cdot 1{,}5^n$ km² **b)** $\simeq 6{,}6$ anos

23. $S = \left\{\left(-\frac{4}{3}, \frac{1}{3}\right)\right\}$

24. $S = \{x \in \mathbb{R} \mid x \leq -3 \text{ ou } x \geq 3\}$

25. $S = \{4, 8\}$

26. $S = \{x \in \mathbb{R} \mid 2 < x < 3\}$

27. $S = \left\{a \in \mathbb{R} \mid a \geq \frac{1}{10}\right\}$

28. d

29. F F V V V

30. F F V F

31. Uma.

32. d

33. d

34. c

35. b

36. c

37. e

38. $\simeq 14$ meses

39. V F F V V

40. b

42. $S = \{1, 8\}$

43. b

44. b

45. c

46. d

47. d

48. $t = 2$ h

50. d

51. a

52. c

53. a) $a = 120$ e $b = -\ell n2$

b) 3 m

54. a) 1968

b) 9,61 milhões de habitantes, $S = \{t \in \mathbb{R} \mid 32 \leq t \leq 80\}$; $9{,}61 \leq k \leq 17$

PROGRESSÕES

1. 299

2. d

3. c

4. b

5. e

6. $0_n + n^2$

7. 29

8. 0

9. $n = 238$

10. a

11. $S = \{8\}$

12. $\ell = 2\sqrt{2} - 1$

13. c

14. d

15. 6ª

16. $\frac{2}{3}$

17. a) $a_n = \frac{n(n+1)}{2}$, $n \in \mathbb{N}^*$

18. 60 s

19. c

20. b

21. $n = 14$

22. 2 200 unidades

23. c

24. c

25. d

26. c

27. c

28. e

29. a) 132

b) 1 063

30. 6 171

31. b

33. a) **B** recebeu 4 moedas.

b) **A**: 176; **B**: 159; **C**: 165

34. 576

35. c

GEOMETRIA EUCLIDIANA PLANA

1. d **2.** b **3.** d

4. b **5.** b **6.** c

7. a **8.** a **9.** d

10. 135 **11.** c **12.** b

13. b **14.** b **15.** d

16. a **17.** d **18.** c

19. b

20. 16 000 pessoas

21. b

22. a) 2,5 km

b) 56,25 km²

23. b **24.** 4 **25.** c

26. c **27.** d **28.** c

29. e **30.** a **31.** d

32. e **33.** a **34.** c

35. b **36.** b **37.** b

38. d **39.** 9 m **40.** c

41. d **42.** c **43.** e

44. c **45.** d **46.** c

47. $R = \frac{5}{4}$ cm

48. $25\sqrt{3}$ cm²

49. a

50. $1\,600\sqrt{3}$ km²

51. $\pi = 3$

52. a) 32 cm e 16 cm

b) 64 cm² e 16 cm²

53. c

54. 72 m²

55. a) 10,2 cm

b) 52,02 cm²

c) 947,92 cm²

56. 144π cm²

57. c

58. e

59. b

60. e

61. d

62. 3,24 m

63. c

64. b

65. 4 cm

66. $R = r\left(\sqrt{2} + 1\right)$

67. b

68. d

69. c

70. a) 12

b) 90

c) 96

71. c

TRIGONOMETRIA NO TRIÂNGULO RETÂNGULO

1. R$ 10,00

2. d

3. 8 m

4. b

5. $x = \sqrt{5}$ cm; $y = 2\sqrt{5}$ cm

6. b

7. $50\sqrt{3}$

8. 120 m

9. 75

10. b) Aproximadamente 761 m.

11. 4,08 m

12. 15 m

13. a) $\text{tg}\,\alpha = 1$;

$\text{tg}\,\beta = \frac{\sqrt{2}}{2}$;

$\text{tg}\,\gamma = \frac{\sqrt{3}}{3}$

b) $\text{tg}\,\alpha = 45°$;

$\text{tg}\,\gamma = 30°$

14. Aproximadamente 13,34 m.

15. c

16. a) $OA_2 = \sqrt{2}$; $OA_3 = \sqrt{3}$; $OA_4 = 2$; $OA_{10} = \sqrt{10}$

b) $a_1 = \frac{\sqrt{2}}{2}$; $a_2 = \frac{\sqrt{3}}{3}$;

$a_3 = \frac{1}{2}$; $a_9 = \frac{\sqrt{10}}{10}$

17. c **18.** c **19.** c

20. b **21.** b **22.** b

23. b **24.** a **25.** d

26. c **27.** d **28.** b

29. 10 cm

30. 11,5 m

31. a) $\beta = 2\theta$

b) 0,5 m

32. a

RESOLUÇÃO DE TRIÂNGULOS QUAISQUER

1. c **2.** e **3.** 29 m

4. e **5.** d **6.** d

7. b **8.** d **9.** b

10. b **11.** c **12.** e

13. 28 m **14.** a

15. 21 hm **16.** e

17. a) $\left(6 + \sqrt{2}\right)$ cm

b) $\text{sen}\,\alpha = \frac{\sqrt{2}}{10}$ e $\cos\alpha = 7\frac{\sqrt{2}}{10}$

18. $1\,000\sqrt{3}$ m

19. b **20.** b **21.** c

22. b **23.** e **24.** b

25. $AB = \sqrt{14\,900 - 14\,000\cos 36°}$ c

26. a) 70 m; 25 m

b) 45 m; $15(6 + \pi)$ m

27. a

28. a) $\frac{1}{2}$

b) $\sqrt{7}$

c) 2

d) $\frac{\sqrt{3}}{2}$

CONCEITOS TRIGONOMÉTRICOS BÁSICOS

1. b **2.** a **3.** e
4. d **5.** b **6.** e
7. c **8.** e **9.** e
10. c **11.** d **12.** b
13. c **14.** e **15.** d
16. e **17.** b **18.** c
19. b **20.** c **21.** e
22. d **23.** b **24.** c
25. b **26.** a **27.** a
28. c **29.** d **30.** c
31. e **32.** e **33.** c
34. d **35.** b
36. $\pi\left(4-\sqrt{2}\right)$ cm
37. e
38. **a)** 10 cm **b)** $\frac{20\pi}{3}$ cm
39. a
40. c

TRANSFORMAÇÕES E RELAÇÕES TRIGONOMÉTRICAS

1. a **2.** c **3.** d
4. b **5.** b **6.** c
7. $\frac{-5\pi}{3}$, $-\pi$, $\frac{-\pi}{3}$, $\frac{\pi}{3}$, π, $\frac{5\pi}{3}$ e $\frac{7\pi}{3}$
8. a **9.** d **10.** e
11. b **12.** c **13.** e
14. a
15. **a)** $\theta = 30°$; $d = 6\,400$ km
b) $\frac{3}{8}$
16. -32 **17.** e **18.** c
19. c
20. $S = \left\{-\frac{\pi}{6}, \frac{\pi}{6}\right\}$
21. c
22. b
23. $\frac{\pi}{4}$, $\frac{5\pi}{4}$, $\frac{7\pi}{4}$ e $\frac{3\pi}{4}$
24. e
25. a
26. c
27. a
28. e
29. 02
30. b
31. b
32. $\frac{\pi}{6}$
33. d
34. a
35. 80 soluções
36. c **37.** a **38.** e
39. b **40.** b **41.** d
42. a **43.** b **44.** d
45. **b)** Aproximadamente de 16h 31min a 14h 37min.
46. **a)** $\frac{\sqrt{5}}{2}$
b) $\frac{3\sqrt{10}}{10}$

FUNÇÕES TRIGONOMÉTRICAS

1. d **2.** b **3.** c
4. b **5.** e **6.** d
7. b **8.** d **9.** a
10. c **11.** c **12.** d
13. d **14.** c **15.** c
16. d **17.** d **18.** a
19. b
20. **a)** $y(x) = 2\,\text{sen}\left(\frac{\pi}{2}x\right)$ ou
$y(x) = 2 \cdot \cos\left(\frac{\pi}{2} - \frac{\pi}{2}x\right)$
b) $y(t) = 2 \cdot \text{sen}\,5\pi t$ ou
$y(t) = 2\cos\left(\frac{\pi}{2} - 5\pi t\right)$
c) 2,5 Hz
21. d
22. **a)** 6,5 m
b) 1,5 m; 21,5 m; 24 s
23. a
24. b
25. e
26. d
27. 01, 04 e 08
28. 04, 08 e 32
29. b
30. **a)** $2 - \text{sen}\,(2x)$
b) 3
31. e
32. **a)** 100 mmHg; 80 mmHg
b) 0,75 s
33. b
34. I, II, IV e V
35. d
36. **a)** $\frac{\pi}{5}$ **b)** $-\frac{\sqrt{2}}{2}$
37. e
38. a
39. F V F F V
40. b
41. a
42. a

MATRIZES

1. $x = 6$; $y = 2$
2. **a)** Instante 2 do dia 4.
b) 37,3 °C
3. d
4. d
5. b
6. c
7. b
8. e
9. II, IV, V
10. d
11. $x = 2$; $y = 2$; $z = 4$
12. **a)** R$ 1,2 mil
b) R$ 3,4 mil
13. d
15. e
16. c
17. b
18. a
19. I, II, III, IV
20. $a = 1$; $b = 3$; $c = 2$
21. $-\frac{2}{11}$
22. a
23. d
24. e
25. $\begin{bmatrix} 1 & -1 \\ -1 & 1 \end{bmatrix}$ sigilo.
26. I – M
27. AB

DETERMINANTES

1. c **2.** b **3.** e
4. a **5.** d **6.** d
7. e **8.** e **9.** c
10. d **11.** a
12. $x = 1 + \sqrt{2}$
13. **a)** 1; -1
b) $x = \frac{\pi}{8} + k \cdot \frac{\pi}{2}$, $k \in \mathbb{Z}$
14. $A = 0$
15. $S = \left\{0, \frac{\pi}{4}, \frac{3\pi}{4}, \pi, \frac{5\pi}{4}, \frac{7\pi}{4}, 2\pi\right\}$
16. a
17. 5 **18.** e **19.** d
20. **a)** 42
b) $\begin{bmatrix} -\frac{4}{21} & \frac{1}{21} \\ -\frac{5}{42} & -\frac{2}{21} \end{bmatrix}$
21. 11 anos
22. e **23.** b **24.** b
25. d **26.** d

SISTEMAS LINEARES

1. F; V; F; F; F
2. a **3.** a **4.** e
5. e **6.** d **7.** a
8. b
9. **a)** $\begin{cases} x + y + z = 0{,}5 \\ x - 3y + z = 0 \\ 5x + 20y + 16z = 5{,}75 \end{cases}$
b) Amendoim: 250 g; castanha-de-caju: 125 g; castanha-do-pará: 125 g
10. $S = \{(t, 1, t), t \in \mathbb{R}\}$
11. 40 patos
12. **a)** R$ 50,40
b) 0,09 kWh
13. a
14. a
15. 70 veículos
16. d
17. c
18. a
19. a
20. d
21. c
22. c
23. d
24. c
25. **a)**

$$\begin{pmatrix} -1 & -2 & 0 & 0 & 0 & 0 \\ 0 & -8a+1 & -1 & 0 & 0 & 0 \\ 0 & 0 & -1 & 0 & 0 & 0 \\ 0 & 0 & 2 & 1 & 1 & 0 \\ 0 & 0 & 0 & 6 & -8a+1 & 2 \\ 0 & 0 & 0 & 0 & 12 & 1 \end{pmatrix}\begin{pmatrix} x_1 \\ x_2 \\ x_3 \\ x_4 \\ x_5 \\ x_6 \end{pmatrix} = \begin{pmatrix} 0 \\ 0 \\ 0 \\ 0 \\ 0 \\ 0 \end{pmatrix}$$

b) $\frac{1}{8}$ ou $-\frac{31}{8}$ **c)** $\frac{1}{8}$
26. d
27. d
28. b
29. $\begin{cases} -x + 2y + z = 5 \\ -x + y - 4z = 8 \\ -3x - y + z = 3 \\ x + y + 4z = 4 \end{cases}$;
$x = -2, y = 2, z = -1.$
30. c

ANÁLISE COMBINATÓRIA

1. d
2. c
3. a
4. a
5. c
6. b
7. a
8. 3 600 modos
9. 2 030 maneiras
10. 84 triângulos
11. c
12. 67 600 placas
13. 48 números
14. c
15. a
16. c
17. b
18. 300 comissões distintas
19. a
20. d
21. c
22. 17 640 possibilidades
23. b
24. **a)** 360 números
b) 60 números
c) 60 números
25. b
26. a
27. e
28. 4 200 maneiras
29. c
30. 8
31. c
32. a
33. a
34. c
35. 1 500 maneiras
36. e

TRIÂNGULO DE PASCAL E BINÔMIO DE NEWTON

1. e
2. n = 12
3. b
4. b
5. b
6. b
7. S = {5}
8. a
9. c
10. x^2 é o 4º termo e seu coeficiente é 20.
11. b
12. b
13. e
14. d
15. Verdadeira.
16. a
17. −2 048
18. e
19. c
20. c
21. a
22. Sim.
23. Superior.

PROBABILIDADE

1. c
2. d
3. 30%
4. d
5. e
6. Aproximadamente 2,8%.
7. d
8. b) $\frac{1}{3}$
9. d
10. b
11. d
12. a) 120 resultados
b) Aproximadamente 4,6%.
13. $\frac{289}{480}$
14. a) Sim. **b)** Não.
15. b
16. c
17. d
18. a) $\frac{1}{512}$ **b)** $\frac{7}{8}$
19. d
20. c
21. 20%
22. d
23. c
24. $\frac{22}{45}$
25. e
26. e
27. a) 16 bolas azuis
b) x = 1 ou x = 9
28. n par, $p = \frac{n+2}{2(n+1)}$;
n ímpar, $p = \frac{n-1}{2n}$
29. a) $\frac{1}{15}$ **b)** $\frac{1}{13}$
30. a) 198 números
b) Menor.
31. a) 20 caminhos
b) $\frac{1}{8}$
32. a) Correta.
b) Correta.
c) Errada.
33. d
34. e

MATEMÁTICA FINANCEIRA

1. d
2. c
3. b
4. a
5. a) R$ 512,00; R$ 320,00; R$ 448,00.
b) R$ 320,00; R$ 800,00; R$ 160,00.
6. c
7. d
8. b
9. d
10. d
11. a) R$ 13 996,80
b) 10
12. c
13. b
14. 35%
15. R$ 5 000,00
16. a
17. b
18. c
19. a) R$ 91,00
b) R$ 63,70
20. Aproximadamente 7,3 anos.
21. 20 kg de farelo de algodão.
22. c
23. e
24. 02; 04

GEOMETRIA ESPACIAL – UMA INTRODUÇÃO INTUITIVA

1. b	**2.** d	**3.** b
4. b	**5.** e	**6.** 02 e 16
7. c	**8.** c	**9.** d
10. 28	**11.** a	**12.** c
13. a	**14.** e	**15.** d
16. d	**17.** I; II; III; V	
18. e	**19.** c	**20.** d

POLIEDROS: PRISMAS E PIRÂMIDES

1. d
2. b
3. a
4. c
5. 01; 02; 08; 16
6. b
7. b
8. $4\sqrt{34}$ cm
9. a
10. b
11. e
12. b
13. a
14. d
15. 3 000 cubos
16. a) 8 dm **b)** 512 ℓ
17. $A_t = 12(8+\sqrt{3})$ cm²;
$V = 48\sqrt{3}$ cm³
18. 192 m³
19. e
20. $\frac{5a^3}{6}$
21. a
22. c
23. a
24. d
25. c
26. b
27. a
28. c
29. d
30. b
31. a
32. 83 cm³
33. b
34. d
35. e
36. e
37. d
38. d
39. $\frac{13\ell^2}{4}$
40. a) $\frac{21}{4}$ m³ **b)** 2 m
41. a) 24 **b)** $\frac{24}{5}$
42. $\frac{\ell^3}{6}$
43. a) $a\sqrt{2}$ **b)** $\frac{a^2\sqrt{6}}{2}$ **c)** $\frac{a^3}{3}$
44. 12 000 ℓ
45. 1 000 cm³

CORPOS REDONDOS: CILINDRO, CONE E ESFERA

1. 7 cm
2. b
3. 20π m³
4. $6(75\sqrt{3} - 2\pi)$ cm³
5. b
6. e
7. b
9. c
10. R = 3 cm e r = 2 cm.
11. 5 cm
12. e
13. $\frac{4\pi R^2}{3}$ cm²
14. a) 9 cm e 3 cm **b)** 15 cm e 5 cm
15. a
16. b
17. c
18. d
19. c
20. d
21. d
22. b
23. c
24. 20 cm
25. d
26. e
27. e
28. b
29. a) 16π cm³ **b)** $\frac{x^3\pi}{108}$ cm³
30. c
31. a
32. c
33. $\frac{4\pi}{3}$ cm³
34. c
35. a) 4d, 4d e **d**
b) $\frac{64r^3}{3}(6-\pi)$
36. a) $\frac{\sqrt{2}}{2}$; $\frac{\sqrt{2}}{6}$
c) $\frac{\sqrt{3}}{6}$
37. 30°, 60° e 90°
38. b
39. c
40. e
41. $\frac{52\sqrt{3}}{9}$ cm³
42. Aproximadamente 1 607,68 cm².
43. Aproximadamente 43,51 cm².

ESTATÍSTICA

1. d	**2.** c	**3.** d
4. c	**5.** 14	**6.** c
7. d		

8. 1) $\bar{x} = 3{,}5$; $d = \frac{\sqrt{5}}{4}$
2) Todos os elementos do conjunto **X** pertencem ao intervalo **C**.
9. e
10. I; III; IV

11. a	**12.** c	**13.** b
14. a	**15.** b	**16.** d
17. b	**18.** b	

19. a) 30 kg
b) 37,5%

20. e	**21.** b	**22.** a

23. a
24. a) 14 800 acidentes
b) 2 880 acidentes

25. d
26. c
27. a) 72,2 pontos
b) 3 alunos
28. e
29. d
30. d
31. a) 8 horas por dia
b) $\frac{4}{5}$
32. a) Quando todos os valores forem iguais.
b) É a média aritmética entre x_1, x_2 e x_3.
33. 167

PONTO E RETA

1. $\frac{\sqrt{2}}{2}$
2. b
3. d
4. b
5. b
6. d
7. 2
8. e
9. a
10. a
11. a
12. $\sqrt{2}$
13. e
14. d
15. c
16. a) $4y - 3x = 0$
b) $-2y - 3x + 9 = 0$
c) $\left(2, \frac{3}{2}\right)$
17. b
18. a
19. **F**(6, 6)
20. a
21. b
22. c
23. $y = \frac{4x}{3} - \frac{4}{3}$
24. b
25. 48
26. d
27. d
28. b
29. e
30. a) $y = -2x + 8$
b) 3
31. a) $\frac{\sqrt{17}}{2}$
b) $x - 4y + 11 = 0$
32. a) $3\sqrt{2}$
b) **C**(3, 4)
33. $y = 3x - 2$
34. b) -1
35. c
36. a
37. $3x + 4y - 15 = 0$
38. c
39. a) $3\sqrt{2}$ m
b) $4\sqrt{2}$ m
40. a) 75°
b) $\frac{49(3+\sqrt{3})}{6}$

CIRCUNFERÊNCIA

1. **C**(1, −1); $r = \sqrt{3}$
2. c
3. a
4. $(x - 2)^2 + (y - 1)^2 = 1$
5. d
6. d
7. c
8. d
9. b
10. $b = 7$ ou $b = -1$
11. d
12. b
13. a) 30 **b)** (5, 5)
14. $2x + 3y - 10 = 0$
15. $\frac{60\sqrt{61}}{61}$
16. $\sqrt{2}$
17. $8\sqrt{2}$
18. −20
19. $3y - \sqrt{3}x + 2\sqrt{3} = 0$ e $3y + \sqrt{3}x - 2\sqrt{3} = 0$
20. $A\left(\frac{6+\sqrt{2}}{2}, \frac{8-\sqrt{2}}{2}\right)$; $B\left(\frac{6-\sqrt{2}}{2}, \frac{8+\sqrt{2}}{2}\right)$
21. t_1: $4y + 3x + 1 + 5^{\sqrt{7}} = 0$ e t_2: $4y + 3x + 1 - 5^{\sqrt{7}} = 0$
22. $x + y - 5 = 0$
23. a) $-\frac{1}{2}$
b) $y = 2x$; **A** pertence à mediatriz.
c) $y = -\frac{x}{2}$
24. a) −8
b) $x + y - 2 = 0$
25. $2y + 3x - 5 = 0$
26. 3
27. d
28. (−9, −12); 15
29. a) $(x - 1)^2 + (y + 2)^2 = 25$
b) $(x - 6)^2 + (y + 2\sqrt{3})^2 = 12$ e $(x-14)^2 + \left(y - \frac{14\sqrt{3}}{3}\right)^2 = \frac{196}{3}$

SECÇÕES CÔNICAS

1. c **2.** a **3.** a
4. d **5.** b **6.** b
7. 24
8. $\frac{8\sqrt{5}}{5}$
9. c
10. b
11. e
12. b
13. d
14. $\left(0, \frac{1}{4}\right)$
15. b
16. b

NÚMEROS COMPLEXOS

1. a **2.** c **3.** d
4. c **5.** c **6.** c
7. $r = \frac{2\sqrt{5}}{3}$; $a = -\frac{2}{3}$; $b = \frac{4}{3}$; $9(a^2 + b^2 + r^2) = 40$
8. b
9. $2 + 3i$ e $2 - 3i$
10. a
11. $v = 2i$
13. f **14.** d **15.** d
17. a **18.** d
19. $\frac{9}{10}$
20. d
21. d
22. a) (16, 16) **b)** $16\sqrt{2}$
23. a) $2i$ e $-4 + 6i$
b) $\sqrt{2}$ e 2
24. $z = 2i$ e $z = -2$
25. e
26. 76
27. b) $S\left(\frac{10 - 2\sqrt{5}}{5}, \frac{20 - 4\sqrt{5}}{5}\right)$

POLINÔMIOS

1. Não há valor de **m** de forma que p(x) tenha grau 2.
2. $a = 1$, $b = -1$ e $c = 0$
3. b
4. $m = \frac{1}{2}$; $n = \frac{2}{5}$ e $\ell = \frac{3}{2}$
5. b
6. $p(0) = 3$; $p(1) = 2$; $p(2) = 1$
7. a
8. $a = \frac{1}{3}$
9. e
10. e
11. b
12. b
13. c
14. c
15. d
16. e
17. d
18. c
19. a
20. 2
21. $k = 64$
22. a
23. a
24. d
25. a
26. e
27. c
28. a
29. d
30. a) $a = -2$; $b = -2$ e $c = 8$; raízes: $1 + i$, $1 - i$, -2 e 2
b) $k \cdot (x^4 + 2x^3 - 2x^2 + 2x - 3)$, com $k \in \mathbb{R}$
31. $m = 1$; $n = 2$ e $p = -3$
32. $a = 1$; $b = 3$ e $c = 2$
33. $a = \frac{1}{3}$; $b = -\frac{1}{3}$ e $c = -\frac{2}{3}$
34. $m = 9$ e $n = 5$
35. $5m + 2n = 7$
36. $a = -3$; $b = 2$
37. $mn = -66$
38. $a = -\frac{3}{7}$; $b = \frac{8}{7}$
39. $m = -6$; $n = 1$
40. $a = 1$; $b = 0$
41. $m = -6$; $n = 1$
42. d **43.** e **44.** a
45. c **46.** e
47. a) $x = 0$ ou $x = \pm\sqrt{3}$
b) quociente é $q(x) = x$ e o resto é $r(x) = -2x$.
48. a) $k = 10$
b) $S = \{-2, 1 + 2i, 1 - 2i\}$
49. $a + b = -2$
50. 30
51. $a = 1$; $b = -12$
52. $\frac{1}{a} + \frac{1}{b} + \frac{1}{c} = \frac{3}{4}$
53. As razões são −1 (multiplicidade 2) e 2 (raiz simples).
54. $\log\left(\frac{1}{a} + \frac{1}{b} + \frac{1}{c}\right) = 0$
55. $a = -13$
56. $x_1 = 3$ e $x_2 = \frac{1}{3}$
57. 1, 3 e $\frac{1}{3}$
58. $k = -24$
59. $a = -24$
60. $S = \{2, \sqrt{3}, -\sqrt{3}\}$
61. −2
62. $m = -2$; $n = 0$
63. $S = \{1 + 2i, 1 - 2i, 2, 1\}$
64. a) grau 1
b) $p(x) = x$ ou $p(x) = -x$
65. c **66.** e **67.** e
68. c **69.** d **70.** c
71. e **72.** b
73. $x^3 - 5x^2 + 14x - 14 = 0$
74. d
75. $S = \left\{1, \frac{1}{2} + \frac{\sqrt{3}}{2}i, \frac{1}{2} - \frac{\sqrt{3}}{2}i, -\frac{1}{2} - \frac{\sqrt{3}}{2}i, -\frac{1}{2} + \frac{\sqrt{3}}{2}i\right\}$

Significado das Siglas

Aman-RJ	Academia Militar das Agulhas Negras
Cefet-CE	Instituto Federal de Educação, Ciência e Tecnologia do Ceará
Cesesp-PE	Centro de Estudo Superior do Estado de Pernambuco
Cesgranrio-RJ	Fundação Cesgranrio (Rio de Janeiro)
Cetef-CE	Centro Federal de Educação Tecnológica do Ceará
EEAR-SP	Escola de Especialistas de Aeronáutica (São Paulo)
EEM-SP	Escola de Engenharia Mauá (São Paulo)
Epcar-MG	Escola Preparatória de Cadetes do Ar
ENEM	Exame Nacional do Ensino Médio
Esan-SP	Escola Superior de Administração de Negócios de São Paulo
Especx-SP	Escola Preparatória de Cadetes do Exército
ESPM-SP	Escola Superior de Propaganda e Marketing
Faap-SP	Fundação Armando Álvares Penteado
Fac. Med. ABC-SP	Faculdade de Medicina do ABC (São Paulo)
Fatec-SP	Faculdade de Tecnologia de São Paulo
FCMSCSP	Faculdade de Medicina da Santa Casa de São Paulo
FEI-SP	Faculdade de Engenharia Industrial
FGV-SP	Fundação Getúlio Vargas
Fumec-MG	Fundação Mineira de Educação e Cultura
Furg-RS	Fundação Universidade Federal do Rio Grande
Fuvest-SP	Fundação Universitária para o vestibular
Ibemec-RJ	Instituto Brasileiro de Mercado e Capitais
IFCE	Instituto Federal de Educação, Ciência e Tecnologia do Ceará
IME-RJ	Instituto Militar de Engenharia
Insper-SP	Ensino e pesquisa nas áreas de negócio e economia
ITA-SP	Instituto Tecnológico da Aeronáutica
Mack-SP	Universidade Presbiteriana Mackenzie
PUCC-SP	Pontifícia Universidade Católica de Campinas
PUC-MG	Pontifícia Universidade Católica de Minas Gerais
PUC-PR	Pontifícia Universidade Católica do Paraná
PUC-RJ	Pontifícia Universidade Católica do Rio de Janeiro
PUC-RS	Pontifícia Universidade Católica do Rio Grande do Sul
PUC-SP	Pontifícia Universidade Católica de São Paulo
Ucsal-BA	Universidade Católica de Salvador
Udesc	Universidade do Estado de Santa Catarina
UEA-AM	Universidade Estadual do Amazonas
Uece	Universidade Estadual do Ceará
UEG-GO	Universidade Estadual de Goiás
UEL-PR	Universidade Estadual de Londrina
UEM-PR	Universidade Estadual de Maringá
UEMS	Universidade Estadual do Mato Grosso do Sul
Uepa	Universidade do Estado do Pará
UEPB	Universidade Estadual da Paraíba
Uepe	Universidade Estadual de Pernambuco
UEPG-PR	Universidade Estadual de Ponta Grossa
Uerj	Universidade Estadual do Rio de Janeiro
Uesc-BA	Universidade Estadual de Santa Cruz
Ufal	Universidade Estadual de Alagoas
Ufal/PSS	Universidade Estadual de Alagoas/Processo Seletivo Seriado
Ufam	Universidade Federal do Amazonas
UFBA	Universidade Federal da Bahia
UFC-CE	Universidade Federal do Ceará
Ufes	Universidade Federal do Espírito Santo
UFF-RJ	Universidade Federal Fluminense
UFG-GO	Universidade Federal de Goiás
UFGD-MS	Universidade Federal de Grande Dourados
Ufla-MG	Universidade Federal de Lavras
UFMG	Universidade Federal de Minas Gerais
UFMS	Universidade Federal do Mato Grosso do Sul
UFMT	Universidade Federal do Mato Grosso
Ufop-MG	Universidade Federal de Ouro Preto
UFPA	Universidade Federal do Pará
UFPB	Universidade Federal da Paraíba
UFPB/PSS	Universidade Federal da Paraíba/Processo Seletivo Seriado
UFPE	Universidade Federal de Pernambuco
UFPEL	Universidade Federal de Pelotas
UFPI	Universidade Federal do Piauí
UFPR	Universidade Federal do Paraná
UFRGS-RS	Universidade Federal do Rio Grande do Sul
UFRJ	Universidade Federal do Rio de Janeiro
UFRN	Universidade Federal do Rio Grande do Norte
UFRR	Universidade Federal de Roraima
UFS-SE	Universidade Federal de Sergipe
UFSC	Universidade Federal de Santa Catarina
Ufscar-SP	Universidade Federal de São Carlos
UFSM-RS	Universidade Federal de Santa Catarina
UFT-TO	Universidade Federal de Tocantins
UFU-MG	Universidade Federal de Uberlândia
UFV-MG	Universidade Federal de Viçosa
Unarpe-SP	Universidade de Ribeirão Preto
UnB-DF	Universidade de Brasília
Uneb-BA	Universidade Estadual da Bahia
Unicamp-SP	Universidade de Campinas
Unemat-MT	Universidade do Estado de Mato Grosso
Unicentro-PR	Universidade Estadual do Centro-Oeste
Unifap	Universidade Federal do Amapá
Unifesp	Universidade Federal de São Paulo
Unifor-CE	Universidade de Fortaleza
Unip-SP	Universidade Paulista
Unir-RO	Universidade Federal de Rondônia
Unirio-RJ	Universidade do Rio de Janeiro
Unit-SE	Universidade Tiradentes
Unitau-SP	Universidade de Taubaté
Uniube-Mg	Universidade de Uberaba
UPE	Universidade de Pernambuco
UPF-RS	Universidade de Passo Fundo
UVA-RJ	Universidade Veiga de Almeida
Vunesp	Fundação para Vestibular da Unesp – Universidade Estadual Paulista de Mesquita Filho